要籍選刊

36

通志略

二

[宋]鄭樵 撰

王樹民 點校

海峽出版發行集團
THE STRAITS PUBLISHING & DISTRIBUTING GROUP
福建人民出版社

天文略第二

太微宫

上元天廷太微宫，昭昭列象布蒼穹。〔一〕端門只是門之中，左右執法門西東。門左皂衣一謁者，以次即是烏三公。三黑九卿公背傍，五黑諸侯卿後行。四箇門西主軒屏，五帝内坐於中正。幸臣太子并從官，烏列帝後從東定。郎將虎賁居左右，常陳郎位居其後。常陳七星不相誤，郎位陳東一十五。兩面宫垣十星布，左右執法是其數。宫外明堂佈政宫，三箇靈臺候雲雨。少微四星西南隅，長垣雙雙微西居。北門西外接三台，與垣相對無兵災。

太微垣，十星，在翼、軫北。張衡云：「天子之宫庭，五帝之坐，十二諸侯府也。其外蕃九卿也。」一曰，軒轅爲權，太微爲衡。衡，主平也。隋志云：「又爲天庭，理法平辭，監升授德，列宿受符，諸神考節，舒情稽疑也。」

南蕃中二星間曰端門，東曰左執法，廷尉之象也。西曰右執法，御史大夫之象也。執法，所以舉刺兇奸者也。左執法之東，左掖門也；右執法之西，右掖門也。東蕃四星，南第一曰上相，其北東太陽門也。第二星曰次相，其北中華東門也。第三星曰次將，其北東太陰門也。第四星曰上將，所謂四輔也。西蕃四星，南第一星曰上將，其北西太陽門也。第二星曰次將，其北中華西門也。第三星曰次相，其北西太陰門也。第四星曰上相，亦四輔也。東西蕃有芒及動搖者，諸侯謀天子也。執法移則刑罰尤急。月五星入太微軌道，吉。其所犯中坐，成刑。

謁者一星，在太微內左執法東北，主贊賓客也。不見，外國不賓服。謁者東北三星曰三公，內坐朝會之所居也。張衡云：「以輔弼帝者，其名與夾斗三公同。」三公北三星曰九卿內坐，主治萬事，與天紀同占。九卿西五星曰內五諸侯，內侍天子，不之國也。辟雍之禮得，則太微諸侯明。

屏四星，在端門內帝座南，近右執法。屏，所以擁蔽帝庭也。執法主刺舉，星大明潤，則君臣有禮。

黃帝內坐一星，在太微中，含樞紐之神也。天子動得天度，止得地意，從容中道，則太微五帝之坐明以光。黃帝坐不明，人主當求賢士以輔治，不然則奪勢。又

曰，太微五帝坐小弱青黑，天子國亡。四帝内坐四星，夾黃帝坐。東方星，蒼帝靈威仰之神也。南方星，赤帝赤熛怒之神也。西方星，白帝白招矩之神也。北方星，黑帝叶光紀之神也。張衡云：「五帝同明而光，則天下歸心。不然則失位。」金、火、水入太微，若順入軌道，伺其出之所守之分，則爲天子所誅也。

帝坐東北一星曰幸臣，主親愛臣。明則幸用事；微細，吉。太子一星，在幸臣西五帝坐北，儲貳之星，明而潤則太子賢，不然則否。金、火守入，太子不廢，則爲篡逆之事。從官一星，在太子西北，主從官。不見則帝不安，如常則吉。郎將一星，在郎位東北，所以爲武備。張衡云：「今左、右中郎將是也。大明芒角，將怒不可當也。」虎賁一星，在太微西蕃之外，上相之西，下台之南，靜室旄頭之騎官也。張衡云：「主侍從之武臣也與車騎同占。」常陳七星，如畢狀，在帝坐北，〔二〕天子宿衛虎賁之士，以設彊毅也。星摇動，天子自出；明則武兵用；微則武兵弱。郎位十五星，又云二十四星，在帝坐東北。一曰，依烏，郎位也。〔三〕周官之元士，漢官之光禄、中散騎、諫議、議郎、三署郎中，是其職也。張衡又云：「今之尚書郎也，欲其大小相均，光潤有常，吉。」隋志：「郎位，主守衛也。其星明，大臣有劫主。又曰，客犯上。其星不具，后死，幸臣誅。客星入之，大臣爲亂。」明堂三星，在太微西南角

外，天子布政之宫也。明，吉；暗，凶。明堂西三星曰靈臺，主觀雲物，察符瑞，候災變也。占與司怪同。少微、長垣二坐星，已釋在張星之次矣。三台六星，兩兩而居，起文昌，列招摇，太微。一曰天柱，三公之位也，在天曰三台，主開德宣符也。西近文昌二星曰上台，爲司命，主壽。次二星對軒轅曰中台，爲司中，主宗室。東二星抵太微曰下台，爲司禄，主兵。所以昭德塞違也。又曰，三台爲天階，太一躡以上下。一曰泰階。上階，上星爲天子星，下星爲女主。中階，上星爲諸侯三公，下星爲卿大夫。下階，上星爲士，下星爲庶人。所以和陰陽而理萬物也。其星有變，各以所主占之。君臣和集，如其常度。張衡云：「色齊明而行列相類，則君臣和，法令平。不齊爲乖度。」金、火守入，兵起。彗孛尤甚也。

北极紫微宫

中元北極紫微宫，北極五星在其中。大帝之坐第二珠，第三之星庶子居，第一號曰爲太子，四爲后宫五天樞。一云：第三明者帝之居，第四名曰四庶子，最小第五天之樞。左右四星是四輔，天一太一當門路。左樞右樞夾南門，兩面營衛一十五。上宰少尉兩相對，少

宰上輔次少輔。上衛少衛次上丞，後門東邊大贊府。門西喚作一少丞，以次却向前門數。陰德門裏兩黄聚，尚書以次其位五。女史柱史各一户，御女四星五天柱。大理兩星陰德邊，勾陳尾指北極顛，勾陳六星六甲前，天皇獨在勾陳裏。五帝内坐後門是，華蓋并杠十六星，杠作柄象蓋傘形，〔四〕蓋上連連九箇星，名曰傳舍如連丁。垣外左右各六珠，右是内階左天廚。階前八星名八穀，厨下五箇天棓宿。天牀六星左樞在，内厨兩星右樞對。文昌斗上半月形，希疎分明六箇星。文昌之下曰三公，太尊只向三公明。天牢六星太尊邊，太陽之守四勢前。一箇宰相太陽側，更有三公相西偏，即是玄戈一星圓。天理四星斗裏暗，輔星近著開陽淡。一本云：文昌之下三師名，天牢六星四勢前。更有三公相西偏，即是太陽一星圓。天理四星斗裏暗，輔星近著開陽淡。北斗之宿七星明，第一主帝名樞精，第二第三璇璣星，第四名權第五衡，闓陽、摇光六七名。

北極五星，在紫微宫中。一名天極，一名北辰，其紐星，天之樞也。天運無窮，三光迭耀，而極星不移，故曰居其所而衆星拱之。第一星主月，太子也。第二星主日，帝王也，亦爲太一之坐，謂最赤明者也。第三星主五星，庶子也。北極五星，最爲尊也。中星不明，主不用事。右星不明，太子憂也。其第四星爲后宫，第五星爲天樞。張衡云：「二星並爲後宫。〔五〕北極五星明大則吉，變動則憂。」抱極樞四星

曰四輔，所以輔佐北極，而出度授政也。張衡云：「抱極之細星也，爲輔臣之位，主贊萬機。小而明，吉；大明及芒角，臣逼君；暗則官不理。」天一一星，在紫宮門右星之南，天帝之神也，主戰鬬，知人吉凶者也。太一一星，在天一南相近，亦天帝神也，主使十六神，知風雨、水旱、兵革、飢饉、疾疫，災害所生之國也。張衡云：「天一逼閶闔外。其占，明而有光則陰陽和合，萬物成，人主吉。不然反是。」太一占與天一略同。

紫宮垣十五星，其西蕃七，東蕃八，在北斗之北。一曰紫微，大帝之坐也，天子之常居也，主命主度也。一曰長垣，一曰天營，一曰旗星，爲蕃衛，備蕃臣也。宮闕兵起，旗星直，天子出，自將宮中兵。張衡云：「紫微垣十五星，東蕃八，西蕃七。其東蕃近閶闔門第一星爲左樞，第二星爲上宰，第三星爲少宰，第四星爲上輔，第五星爲少輔，第六星爲上衛，第七星爲少衛，第八星爲少丞。其西蕃近閶闔門第一星爲右樞，第二星爲少尉，第三星爲上輔，第四星爲少輔，第五星爲上衛，第六星爲少衛，第七星爲上丞。皆以明大有常則吉，若盛明則内輔盛也。宮垣直而明，天子將兵；開則兵起。西藩正南開如門象，名閶闔門，有流星自門而出四野者，當有中使銜命，視其所適分野而論之也。」陰德二星，在紫微宮内尚書之西，主施德者，其占以不明

爲宜，明則新君踐極。隋志曰：「尚書西二星曰陰德、陽德，主周急振撫。」又分爲二坐星矣。門内東南維五星曰尚書，主納言，夙夜咨謀，龍作納言，此之象也。張衡曰：「八坐大臣之象，其占與四輔不殊。」極東一星曰柱下史，主左右記君之過，星明則史直辭，不明反是。柱史北一星曰女史，婦人之微者，主傳漏。故漢有侍史。張衡云：「婦官也，主記宫内之事。」其占與柱史同。御女第四星，在紫微宫内勾陳之北，八十一御妻之象也，其占，明則多内寵，不明則否。晉志謂之女御宫。天柱五星，在紫微宫門内華蓋杠左傍，近東垣北隅，法五行，主晦朔晝夜之職。明正則吉，人安，陰陽調；不然則司歷過。隋志云：「建政教，立圖法之府也。常以朔望日垂禁令於天柱，以示百司。」周禮，「以正歲之月示法象魏」，此之謂也。大理二星，在紫微門内，次近陰德，決獄之官，星明則刑憲平，不明則寃酷深。

勾陳六星，在紫微宫華蓋之下。隋志云：「後宫也，大帝之正妃也，大帝之帝居也。」張衡云：「大帝所居之宫也，亦將軍之象也。」星明則吉，暗則人主惡之。勾陳口一星曰天皇，亦曰大帝，其神曰曜魄寶，主御羣靈，秉萬機神圖也。其星隱而不見，見則爲災。六甲六星，在紫微宫内華蓋杠左傍，分掌陰陽，紀時節，明則陰陽和，不明則寒暑易節。五帝内坐五星，在華蓋下勾陳上，斧扆之象，所以備宸居者，明正

則吉，變動則災凶。隋志云：「客星犯紫宮中坐，大臣犯主。」華蓋七星，其杠九星，合十六星，在勾陳上，正當大帝，所以覆蔽大帝之坐也，明正則吉，傾動則凶。傳舍九星，在華蓋上近河，賓客之館，主胡人入中國。客星守之，備姦使，亦曰胡兵起。内階六星，在文昌北，天皇之陛也。明，吉；傾動，凶。紫微東垣北維外六星曰天廚，天子百官之厨也。見，吉；不見，凶。八穀八星，在紫微西蕃之外五車之北，其八星，一主稻，二主黍，三主大麥，四主小麥，五主大豆，六主小豆，七主粟，八主麻子。明則八穀皆成，暗則不熟。一星不見則一穀不登，八星不見則國人餬口。天棓五星，在女牀東北，天子先驅，所以禦難也，不明則國兵起。一曰，主爭訟，明大，凶；小，吉。天牀六星，當閶闔門外，主天子寢舍解息燕休之處，星正大，吉，君有慶，傾則人主不安。一云，在宮門外，聽政之象也，爲寢舍也，暗，凶。内厨兩星，在紫垣外西南角，主六宮之内飲食府也。一云，主后夫人與太子宴飲，居常，無咎；有犯守，凶。

文昌六星，在北斗魁前，天之六府也，主集計天道。一曰上將，大將軍建威武。二曰次將，尚書正左右。三曰貴相，太常理文緒。四曰司祿、司中，司隸賞功進爵。五曰司命、司怪，太史主滅咎。六曰司寇，大理佐理寶。所謂一者，起北斗魁前，近

内階者也，明潤，大小齊，天瑞臻。張衡云：〔六〕「其占，黄潤光明，萬人安；大小均，天瑞降；青黑細微，多所害；摇動移徙，大臣憂。金、火守入，兵興。孛彗犯，國亂。」一曰，文昌動則三公受誅，后崩，災福與三公同。三公三星，在北斗柄東，又三公星在北斗魁西，並爲太尉、司空、司徒之象，主爕理陰陽，弼君機務。其星移徙，不吉；居常，安。金、火守之，三公有凶。隋志曰：「杓南三星及魁第一星，皆曰三公，宣德化，調七政，和陰陽之官也。」太尊一星，在中台之北，貴戚也。巫咸云：「聖公之象，居常爲定，不見則凶。金犯守爲災，貴賤將敗者也。」

天牢六星，在北斗魁下，貴人之牢也，〔七〕主愆過，禁暴淫，與貫索同占。太陽守一星，在相西，大將大臣之象也，主戒不虞，設武備也。非其常，兵起。明，吉；暗，凶；移徙，大臣誅。勢四星，在太陽守西北，刑餘人而用事者也。不明，吉；明即閹官擅權。相一星，在北斗南。隋志曰：「相者，總領百官而掌邦教，以佐帝王，安邦國，集衆事也。明，吉。」玄戈一星，在招摇北，亦曰天戈也。芒角大而動則四夷兵起，其占與梗河相類。北斗魁中四黑星，爲貴人之牢曰天理，明及摇動與有星者，爲貴人下獄。

北斗七星，輔一星，在太微北，七政之樞機，陰陽之元本也。故運乎天中而臨制

四方，以建四時而均五行也。魁四星爲璇璣，杓三星爲玉衡。又曰，斗爲人君之象，號令之主，又爲帝車，取乎運動之義也。又魁第一星曰天樞，二曰璇，三曰璣，四曰權，五曰玉衡，六曰開陽，七曰搖光。一至四爲魁，五至七爲杓。樞爲天，璇爲地，璣爲人，權時，玉衡爲音，開陽爲律，搖光爲星。石氏云：「第一曰正星，主陽德，天子之象也。二曰法星，主陰刑，女主之位也。三曰令星，主禍害也。四曰伐星，主天理，伐無道。五曰殺星，主中央，助四旁，殺有罪。六曰危星，主天倉五穀。七曰部星，亦曰應星，主兵。」又云：「一主天，二主地，三主火，四主水，五主土，六主木，七主金。」又曰：「一主秦，二主楚，三主梁，四主吳，五主趙，六主燕，七主齊。輔星附乎開陽，所以佐斗成功也。」又曰：「主危正，矯不平。」又曰：「丞相之象也。七政星明則國昌；不明，國殃。」斗旁欲多星則安，斗中少星則人恐上，天下多訟法者。〔八〕無星二十日。〔九〕有輔星明而斗不明，臣彊主弱。斗明輔不明，主彊臣弱也。杓南三星及魁第一星皆曰三公，宣德化，調七政，和陰陽之官也。張衡云：「若天子不恭宗廟，不敬鬼神，則魁第一星不明，或變色。若廣營宮室，妄鑿山陵，則第二星不明，或變色。若不愛百姓，驟興征役，則第三星不明，或變色。若發號施令，不順四時，不明天道，則第四星不明，或變色。若廢正樂，務淫聲，則第五星不明，或變

色。若不勸農桑，不務稼穡，峻法濫刑，退賢傷政，則第六星不明，或變色。若不撫四方，不安夷夏，則第七星不明，或變色。」凡日月暈連環及斗月暈及摇動，兵起。其傍及中小星多則天下不安，人多怨。一云，小星多則天下安，不然則國人散。五曜及客星守人，皆凶，孛彗尤甚也。

天市垣

下元一宫名天市，兩扇垣牆二十二。當門六角黑市樓，門左兩星是車肆。兩箇宗正四宗人，宗星一雙亦依次。帛度兩星屠肆前，候星還在帝坐邊，帝坐一星常光明，四箇微茫宦者星。以次兩星名列肆，斗斛帝前依其次，斗是五星斛是四。垣北九箇貫索星，索口横者七公成，天紀恰似七公形，數著分明多兩星。〔一〇〕紀北三星名女牀，此坐還依織女傍。三元之象無相侵，二十八宿隨其陰，水火木土并與金，以次别有五行吟。〔一一〕

天市垣二十二星，在房、心東北，主權衡，主聚衆。一曰，天旗庭，主斬戮之事也。市中星衆潤澤則歲實，星稀則歲虚。熒惑守之，戮不忠之臣。又曰，若怒角守之，戮者臣殺主。〔一二〕彗星出，爲徙市易都。客星入之，兵大起；出之，有貴喪。張

衡曰：「天市明則市吏急，商人無利。忽忽暗則反是。」市樓六星，在市中，臨箕星之上，主司闤闠，明則吉，暗則市吏不理也。隋志：「市樓者，市府也，主市價律度，其陽爲金錢，其陰爲珠玉。變見，各以所主占之。」車肆二星，在天市垣南門之内，主車駕，不明則國車盡行。隋志：「主衆貿之區。」宗正二星，在帝坐東南，宗大夫也。彗星守之，若失色，宗正有事。客星守動，則天子親屬有變。又曰，客星守之，貴人死。又曰，宗正明則宗室有秩，暗則國家凶。宗人四星，在宗正東，主録親疏享祀，如綺文而明，主族人有序。宗星二星，在宗人東北候星之東，宗室之象，帝輔血脉之臣也。客星守之，宗人不和。帛度二星，〔一三〕在宗星東北，主度量，明則尺量平，商人不欺；暗則否。屠肆二星，〔一四〕在帛度東北，主烹宰，明大則肆中多宰殺。候一星，在帝坐東北，主伺陰陽也。明大，輔臣彊，四夷開。候細微則國安，亡則主失位，移則主不安，居常則吉。

帝坐一星，在天市中，候星西，〔一五〕天庭也。光而潤則天子吉，威令行；微小，凶，大人當之。或云，暗則大人不正。張衡云：「帝坐者，帝王之坐。」帝坐有五，一坐在紫微宮，一坐在大角，一坐在心中，一坐在天市垣，一坐在太微宮：咸云帝坐。一曰，神農所居，不見，則大人當其咎。宦者四星，在帝坐西南，帝傍之閹人也。星

微則吉，明則凶，非其常，宦者有憂，其占與勢星同。列肆二星，在斛西北，主寶玉之貨，移徙則列肆不安。火守入，兵大起。斗五星，在宦者西南，主平量。覆則歲熟，仰則大飢。明暗，與帛度同。斛四星，在市樓北，亦曰天斛，主量者也，〔一六〕占與斗同。

貫索九星，在七公前，一曰連索，一曰連營，一曰天牢，主法律，禁暴彊也。牢口一星爲門，欲其開也。九星皆明，天下獄煩。七星見，小赦；五星見，大赦。動則斧鑕用，中空則更元。漢志云，十五星。張衡云：「貫索開，有赦。不見，卽刑獄簡。若閉口及星入牢中，有繫死者。」常以午子夜候之，一星不見則有小喜；二星不見，賜禄；三星不見，人主德令行且赦。若客出，視其小大，大有大赦，小有小赦。或云，貫索爲賤人之牢，一星芒，有喜事；二星芒，賜爵禄；三星芒，有赦。門閉牢中，多死。水犯，災。火犯，米貴。七公七星，在招摇東，天之相也，三公之象。張衡云：「七公横列貫索之口，主執法，列善惡之官也。」星齊正則國法平，差戾則獄多寃酷。或云，星入河，米貴。火犯之，兵起。天紀九星，在貫索東，九卿也，爲九河，主萬事之紀，理寃訟也，明則天下多辭訟，亡則政理壞，國紀亂，散絶則地震山崩。女牀三星，在天紀之北，爲後宫御女，主女事，明則宫人恣意，常則無咎。

魏石申以赤點紀星，共一百三十八座，計八百十星。商巫咸以黄點紀星，共四十四座，計一百四十四星。齊甘德以黑點紀星，共一百一十八座，計五百十一星。三家都紀三百座，計一千四百六十五星。此舊書所紀，傳寫之訛，數目參差，無所考正。

天漢起没

臣謹按：天漢舊有圖無歌，故爲之補。

天河亦一名天漢，起自東方箕尾間，遂乃分爲南北道。南經傳説入魚淵，開籥戴弁鳴河鼓。北經龜宿貫箕邊，次絡斗魁冒左旗，又合南道天津湄。二道相合西南行，分夾瓠瓜絡人星，杵畔造父騰蛇精，王良附路閣道平。登此大陵泛天船，直到卷舌又南征。五車駕向北河南，東井水位入吾驂。水位過了東南游，經次南河向闕丘。天狗天紀與天稷，七星南畔天河没。

天漢，起東方，經箕、尾之間，謂之天河，亦謂之漢津。乃分爲二道，其南經傳説、魚、天籥、天弁、河鼓；其北經龜，貫箕下，次絡南斗魁、左旗，至天津下，而合南

道。乃西南行，又分夾瓠瓜，絡人星、杵、造父、騰蛇、王良、附路、閣道北端、太陵、天船、卷舌而南行，絡五車，經北河之南，入東井水位而東南行，絡南河、闕丘、天狗、天紀、天稷，在七星南而没。張衡云：「津漢者，金之氣也，其占曰水，漢中星多則水，少則旱。」

十二次度數

十二次，班固取三統歷十二次配十二野，其言最詳。又有費直説周易，蔡邕月令章句，所言頗有先後。魏太史令陳卓，〔一七〕更言郡國所入宿度，今附而次之。

自軫十二度至氐四度爲壽星，於辰在辰，鄭之分野，屬兗州。費直周易分野，壽星起軫七度。蔡邕月令章句，壽星起軫六度。

自氐五度至尾九度爲大火，於辰在卯，宋之分野，屬豫州。費直，起氐十一度。蔡邕，起亢八度。

自尾十度至南斗十一度爲析木，於辰在寅，燕之分野，屬幽州。費直，起尾九度。蔡邕，起尾四度。

自南斗十二度至須女七度爲星紀，於辰在丑，吴越之分野，屬揚州。費直，起斗十度。蔡邕，起斗六度。

自須女八度至危十五度爲玄枵，於辰在子，齊之分野，屬青州。費直，起女六度。蔡邕，起女二度。

自危十六度至奎四度爲娵訾，於辰在亥，衛之分野，屬并州。費直，起危十四度。蔡邕，起危十度。

自奎五度至胃六度爲降婁，於辰在戌，魯之分野，屬徐州。費直，起奎二度。蔡邕，起奎八度。

自胃七度至畢十一度爲大梁，於辰在酉，趙之分野，屬冀州。費直，起婁十度。蔡邕，起胃一度。

自畢十二度至東井十五度爲實沈，於辰在申，魏之分野，屬益州。費直，起畢九度。蔡邕起畢六度。

自東井十六度至柳八度爲鶉首，於辰在未，秦之分野，屬雍州。費直，起井十二度。蔡邕，起井十度。

自柳九度至張十六度爲鶉火，於辰在午，周之分野，屬三河。費直，起柳五度。蔡邕，起柳三度。

自張十七度至軫十一度爲鶉尾，於辰在巳，楚之分野，屬荆州。費直，起張十三度。蔡邕，起張十二度。

州郡躔次

陳卓、范蠡、鬼谷先生、張良、諸葛亮、譙周、京房、張衡並云：

角、亢、氐，鄭，兗州。

東郡入角一度。

東平、任城、山陰入角六度。

濟北、陳留入亢五度。　濟陰入氐一度。〔一八〕

東平入氐七度。　泰山入角十二度。

房、心，宋，豫州。

潁川入房一度。　汝南入房二度。

沛郡入房四度。　梁國入房五度。

淮陽入心一度。　魯國入心三度。

楚國入房四度。

尾、箕，燕，幽州。

涼州入箕中十度。上谷入尾一度。

漁陽入尾三度。右北平入尾七度。

西河、上郡、北地、遼西東入尾十度。

涿郡入尾十六度。渤海入箕一度。

樂浪入箕三度。玄菟入箕六度。

廣陽入箕九度

斗、牽牛、須女，吴越，揚州。

九江入斗一度。廬江入斗六度。

豫章入斗十度。丹陽入斗十六度。

會稽入牛一度。臨淮入牛四度。

廣陵入牛八度。泗水入女一度。

六安入女六度。

虚、危，齊，青州。

齊國入虛六度。　北海入虛九度。
濟南入危一度。　樂安入危四度。
東萊入危九度。　平原入危十一度。
菑川入危十四度。

營室、東壁，衛，并州。

定安入營室一度。　天水入營室八度。
隴西入營室四度。　酒泉入營室十一度。
張掖入營室十二度。　武都入東壁一度。
金城入東壁四度。　武威入東壁六度。
敦煌入東壁八度。

奎、婁、胃，魯，徐州。

東海入奎一度。　琅琊入奎六度。
高密入婁一度。　城陽入婁九度。
膠東入胃一度。

昴、畢，趙，冀州。

魏郡入昴一度。　鉅鹿入昴三度。
常山入昴五度。　廣平入昴七度。
中山入昴八度。〔一九〕　清河入昴九度。
信都入畢三度。　趙郡入畢八度。
安平入畢四度。　河間入畢十度。
真定入畢十三度。

觜、參，魏，益州。

廣漢入觜一度。　越嶲入觜三度。
蜀郡入參一度。　犍爲入參三度。
牂牁入參五度。　巴蜀入參八度。
漢中入參九度。　益州入參七度。

東井、輿鬼，秦，雍州。

雲中入東井一度。　定襄入東井八度。
鴈門入東井十六度。
代郡入東井二十八度。

太原入東井二十九度。

上黨入輿鬼二度。

柳、七星，張，周，三輔。

弘農入柳一度。　河南入七星三度。

河東入張一度。　河内入張九度。

翼、軫，楚，荆州。

南陽入翼六度。　南郡入翼十度。

江夏入翼十二度。　零陵入軫十一度。

桂陽入軫六度。　武陵入軫十度。

長沙入軫十六度。

七　曜

日循黄道東行，一日一夜行一度，三百六十五日有奇而周天。行東陸謂之春，行南陸謂之夏，行西陸謂之秋，行北陸謂之冬，行以成陰陽寒暑之節。是故傳云：「日爲太陽

之精，主生養恩德，人君之象也。」又：「人君有瑕，必露其慝，以告示焉。」〔二〇〕故日月行有道之國則光明，人君吉昌，百姓安寧。日變色，有暈，軍破；無暈，喪侯王。〔二一〕其君無德，其臣亂國，則日赤無光。日失色，所臨之國不昌。日晝昏，行人無影，到暮不止，上刑急，下人不聊生，不出一年，有大水。日晝昏，烏鳥羣鳴，國失政。日中烏見，主不明，爲政亂，國有白衣會，將軍出，旌旗舉。日中有黑子，有黑氣、黑雲，乍三乍五，臣廢其主。日食，陰侵陽，臣掩君之象，有亡國，有死君，有大水。日食見星，有殺君，天下分裂。王者脩德以禳之。

月者，太陰之精也。其形圓，其質清，日光照之，則見其明，日光所不照，則謂之魄。故月望之日，日月相望，人居其間，盡覩其明，故形圓也。二弦之日，日照其側，人觀其傍，故半魄也。晦朔之日，日照其表，人在其裏，故不見也。其行有遲疾，其極遲則日行十二度彊，極疾則日行十四度半彊，遲則漸疾，疾極漸遲，二十七日半彊，而遲疾一終矣。又月行之道，斜帶黄道，十三日有奇在黄道表，又十三日有奇在黄道裏，表裏極遠者，去黄道六度。二十七日有奇，陰陽一終。張衡云：「對日之衝，其大如日。日光不照，謂之闇虛。闇虛逢月則月食，〔二二〕值星則星亡。今歷家月望行黄道則值闇虛矣，值闇虛有表裏深淺，故食有南北多少。」月爲太陰之精，以之配日，女主之象也；以之比德，刑罰之

義；列之朝廷，諸侯大臣之類。故君明則月行依度，臣執權則月行失道。大臣用事，兵刑失理，則月行乍南乍北。女主外戚擅權，則或進或退。月變色，將有殃。月晝明，姦邪並作，君臣爭明，女主失行，陰國兵彊，中國飢，天下謀僭。數月重見，國以亂亡。

臣謹按：丹元子二十八宿及三元之歌所以爲美者，以其句中有圖，言下見象，而不談災祥。至五行有五篇吟，則反是。且五星爲緯，而行無定體，可以算數推，難以圖象求。今五行吟既無圖象之理，而極論災祥，未必丹元子之作也，其言濫誕，在所不取。

歲星，曰，東方春木。於人，五常，仁也，五事，貌也。仁虧貌失，逆春令，傷木氣，則罰見歲星。歲星盈縮，以其舍命國，其所居久，其國有德厚，五穀豐昌，不可伐。其對爲衝，歲乃有殃。歲星安靜中度，吉。盈縮失次，其國有變，不可舉事用兵。又曰，人主出象也，色欲明光潤澤，德合同。又曰，進退如度姦邪息，變色亂行主無福。又主福，主大司農，主齊、吳，主司天下諸侯人君之過，主歲五穀。赤而角，其國昌；赤黃而沈，其野大穰。張衡云：「歲星者，東方之精，蒼帝之子，一名攝提，一名重華，一名應星，一名紀星。」晉灼曰：「太歲在四仲，則歲行三宿。太歲在四孟、四季，則歲行二宿。二八十六，三四十二，而行二十八宿，十二歲而周天。」

熒惑，曰，南方夏火。禮也，視也。禮虧視失，逆夏令，傷火氣，罰見熒惑。熒惑法使行無常，出則有兵，入則兵散，各以其舍命國，爲亂，爲賊，爲疾，爲喪，爲飢，爲兵，所居國受殃。環繞鉤已，芒角動摇變色，乍前乍後，乍左乍右，其殃愈甚。其南丈夫，北女子，喪。周旋止息，乃爲死喪，寇亂其野，亡地。其失行而速，兵聚其下，順之戰勝。又曰，熒惑主大鴻臚，主死喪，主司空。又爲司馬，主楚、吴、越以南。又司天下羣臣之過，司驕奢亡亂妖孽。主歲成敗。又曰，熒惑不動，兵不戰，有誅將。其出色赤怒，逆行成鉤已，戰凶，有圍軍。鉤已有芒角如鋒刃，〔一三〕人主無出宫，下有伏兵。芒大則人民怒，君子違違，小人浪浪，不有亂臣，則有大喪。人欺吏，吏欺王。又爲理，外則理兵，內則理政，爲天子之理也。故曰，雖有明天子，必視熒惑所在。其入守犯太微、軒轅、營室、房、心，主命惡之。張衡云：「熒惑爲執法之星，其精爲風伯之師，或童兒歌謡嬉戲。」晉灼曰：「熒惑常以十月則入朝太微，受制而出，行列宿，司無道，出入無常也。二歲而周天。」

填星，曰，中央季夏土。信也，思心也。仁義禮智，以信爲主，貌言視聽，以心爲政，故四星皆失，填乃爲之動。動而盈，侯王不寧；縮，有軍不復。所居之宿，國吉，得地及女子，有福，不可伐。去之，失地，若有女憂。居宿久，國福厚，易則薄。失次而上二三宿曰盈，有主命不成，不乃大水。失次而下曰縮，后戚，其歲不復，不乃天裂，若地動。一

曰，填爲黄帝之德，女主之象，主德厚安危存亡之機，司天下女主之過。又曰，天子之星也，天子失信則填星大動。張衡云：「填星者，黄帝之子，女主之象也。一名地候。」晉灼曰：「常以甲辰之始建斗之歲，填行一宿，二十八歲而周天。」

太白，曰，西方秋金。義也，言也。義虧言失，逆秋令，傷金氣，罰見太白。太白進退以候兵，高卑遲速，靜躁見伏，用兵皆象之，吉。其出西方，失行，夷狄敗；出東方，失行，中國敗。未盡期日過參天，〔二四〕病其對國。若經天，天下革，人更王，是謂亂紀，人民流亡。晝與日爭明，彊國弱，小國彊，女主昌。又曰，太白主大臣，其號上公也，大司馬位謹候此。張衡云：「太白者，白帝之子，一名火政，一名官星，〔二五〕一名明堂，一名文表，一名太皞，一名終星，一名天相，一名天浩，一名序星，一名梁星，一名威星，一名大囂，一名大爽。」晉灼曰：「常以正月甲寅與熒惑晨出東方，二百四十日而入，入四十日又出西方，二百四十日而入，入三十五日而復出東方。出以寅戌，入以丑未，一歲而周天。」

辰星，曰，北方冬水。智也，聽也。智虧聽失，逆冬令，傷水氣，罰見辰星。辰星見則主刑，主廷尉，主燕、趙，又爲燕、趙、代以比宰相之象，亦爲殺伐之氣，戰鬬之象。又曰，軍於野，辰星爲偏將軍之象。無軍，爲刑事。和陽陰，應効不効，其時不和。出失其時，寒暑失其節，邦當大飢。當出不出，是謂擊卒，兵大起。在於房、心間，地動。亦曰，辰星

出入躁疾，常主夷狄。又曰，蠻夷之星也，亦主刑法之得失。色黄而小，地大動。光明與月相逮，其國大水。張衡云：「辰星一名勾星，一名爨星，一名伺星。」晉灼曰：「常以二月春分見奎、婁，五月夏至見東井，八月秋分見角、亢，十月冬至見牽牛。出以辰戌，入以丑未，二旬而入。晨候之東方，夕候之西方。一歲而周天。」

校勘記

〔一〕「上元天廷太微宫昭昭列象布蒼穹」，「天廷」二字脱，據玉海三補。「布」，玉海作「在」。

〔二〕「在帝坐北」，「帝坐」，原作「郎位」，據晉書天文志上、宋史天文志二改。

〔三〕「一曰依烏郎位也」，隋書天文志上、通考象緯考一同。晉書天文志上、宋史天文志二「郎位」作「郎府」。

〔四〕「蓋傘形」，玉海三、通考象緯考一皆作「華蓋形」。

〔五〕「二星並爲後宫」，汪本「二」作「一」，據元本、明本、于本、殿本改。

〔六〕「張衡云」，汪本「衡」作「衜」，據元本、明本、于本、殿本改。

〔七〕「貴人之牢也」，汪本「牢」作「穿」，據元本、明本、于本、殿本改。

〔八〕「天下多訟法者」，「法」，原作「德」，據隋書天文志上、通考象緯考一改。

〔九〕「無星二十日」，此文上下無所屬，各本皆同，疑有脱誤。

〔一〇〕「數著分明多兩星」，汪本「著」作「者」，據元本、明本、于本、殿本改。

〔一一〕「以次别有五行吟」，「吟」，原作「分」，據玉海三、通考象緯考一改。

〔一二〕「戮者臣殺主」，「戮」字脱，據隋書天文志上補。

〔一三〕「帛度二星」，「二」，原作「一」，據隋書天文志上、通考象緯考一改。

〔一四〕「屠肆二星」，「二」，原作「三」，據隋書天文志上、通考象緯考一改。

〔一五〕「在天市中候星西」，汪本「西」作「四」，據元本、明本、于本、殿本改。

〔一六〕「主量者也」，汪本「主」作「三」，據元本、明本、于本、殿本改。

〔一七〕「魏太史令陳卓」，晉書天文志上文同。晉志又云：「武帝時，太史令陳卓總甘、石、巫咸三家所著星圖。」是陳氏曾通仕於魏晉時期。

〔一八〕「濟陰入氐一度」，通考象緯考三文同。晉書天文志上作「二度」。

〔一九〕「中山入昴八度」，晉書天文志上、通考象緯考三「八度」皆作「一度」。

〔二〇〕「又人君有瑕必露其慝以告示焉」，「又」字脱，據隋書天文志中、通考象緯考三補。

〔二一〕「日變色有暈軍破無暈喪侯王」，二「暈」字，晉書天文志中、隋書天文志中、通考象緯考皆作「軍」。

〔二二〕「闇虛逢月則月食」，二「月」字，汪本、元本皆作「日」，據明本、于本、殿本及隋書天文志中改。

〔二三〕「鉤已有芒角如鋒刃」，汪本「鉤」作「餉」，據元本、明本、于本、殿本改。

〔二四〕「未盡期日過參天」，「日」，原作「曰」，據晉書天文志中、隋書天文志中、通考象緯考三改。

〔二五〕「一名官星」，汪本「星」作「辰」，據元本、明本、于本、殿本改。

地里略

地里序

州縣之設，有時而更。山川之形，千古不易。所以禹貢分州，必以山川定經界。使兖州可移，而濟河之兖不能移。使梁州可遷，而華陽黑水之梁不能遷。是故禹貢爲萬世不易之書。後之史家主於州縣，州縣移易，其書遂廢。今之地里，以水爲主。水者，地之脉絡也，郡縣碁布，州道瓜分，皆由水以別焉。中國之水，則江、河、淮、濟爲四瀆，諸水所歸。苟明乎此，則天下可運於掌。

四瀆

湔。

若。

淹。

涪。

羌。

巴。

白。

潛水，禹貢「沱潛既道」者，此也。舊云，出巴郡宕渠縣，南入于江。今宕渠省入蓬州伏虞。

渝。

巫溪。

沮水，亦作「雎」，出房州房陵縣景山。景山在荆山西百餘里，即荆山首也，一名發阿山。故杜云：「出新城郡西南發阿山。」東南至當陽，漳水入焉。〔一〕又東南至枝江，入江。枝江近并入松滋，隸江陵。此水在郢都之西，故楚昭王西走涉沮。

漳水，出臨沮縣東荆山。臨沮今襄陽南漳縣。東南至當陽縣，右入于沮。當陽今隸荆門軍。

褒。

文。

旬。

淯。

淮。

敖。

臼水，杜云：「江夏景陵縣西有臼水，出聊屈山，西南入漢。」按景陵今復州景陵。

溠水，舊云，出義陽厥縣西北黄山。厥縣後爲厥西，〔二〕隋廢入隋縣。其水南入于溳。

溳水，舊云，出蔡陽縣大洪山。蔡陽今隋州唐城。溳水東南至隋縣，有溠水入焉。又南過安陸，入於夏水。〔三〕

漢水，名雖多而實一水，説者紛然。其原出興元府西縣嶓冢山，爲漾水。東流爲沔水，故地曰沔陽。又東至南鄭，爲漢水，有褒水從武功來，入焉。南鄭興元治，興元故漢中郡也。又東，左與文水會。又東，過西城，旬水入焉。又東，過鄖鄉縣

南，又屈而東南，過武當縣，又東過順陽縣，有淯水自虢州盧氏縣北來，入焉。又東過中廬，別有淮水自房陵淮山東流，入焉。又東過南漳荆山而爲滄浪之水，或云，在襄陽卽爲滄浪之水。又東南過宜城，有鄢水入焉。又東過鄀，敖水入焉。又東南，臼水入焉。又東過雲杜而爲夏水，有涓水入焉。雲杜後并入安州安陸，舊屬江夏郡。又東至漢陽，觸大別山，南入于江。漢陽故夏口之地。班云，行一千七百六十里。

鄢水，本夷水，亦謂之蠻水，出房陵，今房州治也。東南至宜城縣羅川城，謂之鄢水。又東至蠻城，謂之湛水。又東入漢。蠻城在宜城東三十里，靈王沿夏將入鄢。杜云：「順漢水南至鄢。」

彭水，杜云：「出新城昌魏。」

邗溝水，一名韓江，一名邗溟溝。吳將伐齊霸中國，故於廣陵城東南築邗城，城下掘深溝，東北通射陽湖，西北至末口入淮，通江於淮，以便糧道。邗城今在揚州江都，末口在楚州山陽，而射陽湖亦在楚州。然此乃舊通江淮之道，後來以湖道多風，晉永和中，陳敏更由津湖，興寧中復以津湖多風，又自湖之南沿東岸二十里穿渠入北口，北口卽末口，自後行者不復由湖。然自末口入淮，又自彼泝淮達盱眙，然後入

汴，猶有淮患。宋朝復穿，令徑達盱眙入汴。

江水，出岷山，一名瀆山，一名汶阜山，今屬茂州汶山縣。發源不一，亦甚微，所謂發源濫觴者也。東南百餘里至天彭山，亦謂之天谷，亦謂之天彭門，兩山相對，水徑其間，其山屬今彭州。又東南過成都郫縣，又東南過江陽，有湔水從西北來，入焉。江陽隋并入隆山，唐改爲彭山，今屬眉州。又南過嘉州犍爲，又南過戎州僰道縣北，若水、淹水從西來，入焉。又東南至巴郡江州縣，有羌水、涪水、巴水、白水、潛水、渝水合流入焉。故庾仲雍謂「江州縣對二水口，右則涪内水，左則巴内水」是也。江州縣今渝州江津縣是。又東過涪州、忠州、萬州，又東過雲安軍。雲安故朐䏰縣，後周改名。又東過魚復，魚復今夔州奉節也。逕永安宫及諸葛亮圖壘南，又東南過赤岬城，又東過巫峽，巫溪水入焉。又東過秭歸，又東過夷陵，又東過宜都，又東過禹斷江，又東過枝江，有沮水入焉。又東過石首，又東過華容，有涌水入焉。又東至巴陵，合于洞庭之陂。其陂有澧水從西來，入焉。次有沅水從西南來，入焉。次有湘水從南來，入焉。共而東出，由武昌出，與漢水合而爲大江。東過九江，有九江水合而爲彭蠡陂，從南來，入焉。又東右過江寧，有丹陽水從南來，入焉。又東左過江都，邗溝出焉。又東過江陰許浦，入海。班云，行二千六百六十里，謬矣。

丹陽。

桐水，出廣德軍西南白石山，西北入丹陽湖。

彭蠡。

湘。

沅。

澧。

涌水，在華容縣入江。樂史云：「涌水在江陵府監利縣界。」

沱水，禹貢文謂：「岷山導江，東別爲沱。」班固謂：「從郫縣分而東流，至枝江入江。」今詳之不然，疑禹貢之文有衍闕。

汝水，出汝州魯山縣大盂山，其地與弘農盧氏接界，故許慎誤謂出盧氏也。其水東南過故定陵縣，溠水及昆水入焉，又有泜水、湛水入焉。定陵今許州舞陽。又東南過上蔡，至褒信縣汝口，南入于淮。班云，行千三百四十里。

湛水，舊云，出犨縣魚齒山，東至定陵入汝。疑犨後來并入葉，而定陵乃舞陽。

泜水，舊云，出魯陽，東經襄城、定陵，入汝。魯陽今汝州魯山，定陵今許州舞陽。

滍水，出汝州魯山縣堯山，東過犨縣故城北魚齒山下。疑犨縣後來并入葉縣。東過定陵縣西不羹亭，又東入汝。定陵今許州舞陽。

溱水，一名潧水，一名溱水，出滎陽潧城西北雞絡塢下，東南入洧。

黄水，宛陵縣西有黄水，西南至新鄭城西，入洧。黄崖者，是其水之側。

洧水，出滎陽密縣西馬嶺山。密今隸河南。其水東南，有溱水入焉。又過新鄭，有黄水入焉。又東南至長平，入潁。長平今陳州西華縣。班云，行五百里。

潁水，舊云，出潁川陽城縣西北少室山。今陽城縣省入河南登封矣。東南至長平縣，洧水入焉。長平隋改曰西華，今陳州。又東南過南頓縣，灃水入焉。又東南至下蔡，入淮。下蔡今壽州治。班云，行千五百里。

決。

肥水，出合肥縣雞鳴山。北流二十里許，分爲二，其一東流，經合肥縣南，又東南入巢湖。其一西北流，二百里出壽春，西投于淮。爾雅：「出同歸異曰肥。」今謂之「合肥」者，以其雖二流而合於一源也。應劭、闞駰皆謂，夏水出城父東南，與此肥合，故曰合肥，謬矣。此唐人盧潘云。

豪。

旃然水，杜云：「出滎陽成臯縣，東入汴。」又按酈道元云：「與索水合。」

汴水，一名鴻溝，一名官度水，一名通濟渠，一名蒗蕩渠。或云，蒗蕩渠别汴，首受河水，自汜水縣東南，過滎陽、陳留、睢陵、符離，至泗州，入淮。

洙水，杜云：「出魯城北，下合泗。」桑欽云：「出泰山蓋縣臨樂山，西南至下，〔四〕入泗。」許慎又云：「北入泗。」當以杜爲確。

小沂。

沂水，舊云，出蓋縣艾山。今其地在泗水、奉符間。南流，有小沂水從東北來，入焉。又南過臨沂，至下邳，入泗。班云，行六百里。

泗水，舊云，出卞縣故城東南桃虚西北。卞縣今兖州泗水縣是。説文云：「泗水受濟水。」桑欽亦云：「濟水至濟陰乘氏縣分爲二，一水東北流爲北濟，一水南流爲南濟。」按今此水與濟已不通矣。其源出泗水縣，西南流，有洙水入焉。又西南至方與縣，菏水入焉。其水出乘氏，班固亦謂之泗水。方與今單州魚臺。又云，有漷水至高平湖陸，入泗水。又南至彭城，名曰沛水，有睢水入焉。又西南至下邳，沂水入焉。又南至楚州山陽，入淮。此水今人謂之清河。或云，泗水出鄆州梁山泊睢水。杜云：「首受汴水。」班云：「首受蒗蕩水。」疑蒗蕩卽汴也。自浚儀縣東經陳

留、梁、譙、沛、彭城縣，入泗水。浚儀近改爲祥符。班云，行千三百六十里。

漷水，杜云：「出東海合鄉縣，西南經魯國至高平湖陸，入泗。按合鄉當在鄒縣東南，湖陸當在滕縣薛城之西。然樂史云：「漷出沂州費縣連青山下。」

菏水，首受濟，東南入泗。

淮水，出唐州桐柏縣大復山。東過義陽，今信陽也。又東過褒信，汝水自西北來，入焉。又東過安豐，決水自南來，入焉。又東北，有窮水從北來，入焉。又東過下蔡，潁水從西北來，入焉。又東過壽春，有肥水從東南來，入焉。又東北有豪水入焉，又北汴水入焉。酈道元云：「汴卽蒗蕩渠也。」又東過鍾離，又東過盱眙，有汴水從北來，入焉。又東至山陽，通邗溝。又東，泗水自東北來，入焉。又東至海州東海，入海。班云，行三千二百四十里。

濮水自酸棗縣傍河，東北過濮陽，又東至濟陰、鉅野，入濟。或云，首受河。

馬頰水。

濟水，從滎陽縣北，又東過敖山北，又東合滎瀆，滎瀆今無水。又東，索水入焉。又東過陽武縣北，又東過封丘縣，又東過酸棗縣之烏巢澤北，又東過乘氏縣南，分爲菏水。又東北過鉅野，濮水入焉。又東北過壽張，汶水從東北來，入焉。又北過須

城漁山之東，左合馬頰水。又北過臨邑，又東北過故盧城北，又東北，濼水入焉。又東北過華不注山，華水入焉。又東北過蒲臺縣北，又東北過鄒平，時水入焉。又東北過樂安故城南，又東北過利縣西。地理志曰：「利縣在濟城北五十里。」又東北過甲下邑，河分一枝入焉。又東北入于海。聞今濟水多涸竭。

澠水，杜云：「出臨淄縣北。」經樂安博昌縣南界，入時水。其流急，故諺云：「瘦馬不渡澠水。」

時水，一名耏，春秋襄三年「齊、晉盟于耏」是也。一名如水，一名澅水。其上源岐淺多涸竭，故又名乾時。從臨淄縣西北至博昌，澠水入焉。博昌今青州博興。又西北過高苑，至梁鄒縣，入濟。高苑舊宣化軍，今隸淄州。梁鄒疑淄州鄒平是。

濼水，出齊州歷城縣，西北入于濟，謂之濼口。

華水，出歷城縣華不注山，北入于濟。

淄水，杜云：「出泰山梁父縣，西入汶。」按，梁父今隸兖州奉符。班云：「出萊蕪縣原山，東至博昌入濟。」按，博昌今青州博興。桑欽云：「出萊蕪原山，東北入海。」按，三説異同，考其形勢，當以杜言爲正。

汶水，出萊蕪縣西南，經濟北至東平壽張縣，入濟。萊蕪今隸兖州，在州東北。

一云，出奉符原山西北。

黄水，出京縣，故亦謂之京水，東北流，入于濟。

索水，出京縣西南嵩渚山。後齊省京入滎陽，京故城在縣東南二十里。東逕大索城，又北逕滎陽城，東入于濟。

離水，出西塞外，東至枹罕，入河。

湟水，出臨羌北，東至允吾，入河。

晉水，出晉陽縣西懸甕山。晉陽宋朝改爲平晉，熙寧中省入陽曲。晉水過其縣南，又東入汾。

澮水，出絳州翼城澮高山，又西南過絳，與絳水合。又西過虒祈宫南，又西入汾。

絳水，出絳縣，西南入澮。

汾水，出太原汾陽縣北管涔山。汾陽今太原治陽曲也。東南過晉陽縣東，晉水從縣南東流，入焉。又南與文水合。又西南過高粱，高粱今屬洪洞。遂西行過臨汾，又西過絳縣西四十里虒祈宫北，又西過王澤，有澮水從東來，入焉。又西至汾陰

縣北，西入于河。汾陰今河中滎河縣也。班云，汾水西南行千三百四十里，冀州寖也。

涑水，一名洮水，出解州聞喜縣黍葭谷，俗謂之華谷。西南流至蒲阪縣，入河。蒲阪今河中治河東縣。桑欽云：「涑水南過解縣東，又西南注于張陽池。」

湛水，出河内軹縣西北山。軹縣唐省入河陽濟源縣。南行至絳州垣曲縣南，入河。

沮水，出河内軹縣，東南至温，入河。軹唐省入濟源縣，隸河陽，軹故城在懷州河内縣西北二十七里。

沇水，出河東垣縣界王屋山。垣今爲垣曲，隸絳州。其水東至温縣，爲濟水。又東南至鞏、成皐間，南入河。

沁水，一名少水，出上黨故穀遠縣羊頭山。南過沁水縣北，又東過河内縣，又東過武德縣，又東南至滎陽北，東入河。

洹水，杜云：「出汲郡林慮縣，東北至魏郡長樂縣，入清水。」按，林慮今隸相州，長樂今大名洹水是也。桑欽謂洹水出上黨泫氏縣，酈道元謂出長子，謬矣。按，此水今名安陽河，清水卽淇水也。

淇水，一名清水，鄭玄云：「卽降水也。」出衛州共城縣北山。或云，出林慮。東至湯陰，又東至黎陽，入河。

屯氏河。

鳴犢河。

濁漳水，出潞州長子縣鹿谷山。一云，發鳩山。東過壺關，〔五〕又東至武安縣，東合于清漳。

清漳水，班云：「出上黨沾縣大黽谷。」東北過磁州武安，與濁漳合而横流，故名曰衡漳。又東北過洺州曲周、平恩縣，又東北過冀州武邑，又東北過弓高縣。弓高今爲鎮，隸永靜東光。又東北過成平。成平今爲景城鎮，隸瀛州樂壽。又東北過故平舒縣，東入海。入海者，桑欽説也。班云，至阜成入河，行千六百八十里。

易水，出北新城，東至文安入滱。新城今隸涿州。

濡水，杜云：「出高陽縣，東北至河間鄚縣，入易水。」按，高陽順安軍治，鄚莫州治。正義謂高陽今無此水，平地趙、燕之界無泉出者，未知杜言何據。然臣聞水泉古有處今涸竭者何限，杜子之言豈妄哉。

滱水，出靈丘縣高氏山，靈丘今隸蔚州。班云，東至文安入大河，過郡五，行九

百四十里。按，文安今隸霸州。

滹沱水，班云，出代郡鹵城，東至文安，入海。過郡六，行千三百七十里。按鹵城今代州繁畤縣。其水東經定州深澤縣東南，卽光武所度處，今俗謂之危度口。又東過瀛州東城、平舒，開元中盧暉於此引滹沱東入淇，道溉漕。文安今隸霸州，若是入海當在滄州界。

河水，自西域來，其大原有三。正原出崑崙山東北陬而東行，一原出天竺葱嶺，一原出于闐南山，北行與葱嶺河合，而東入于崑崙河。或云，張騫窮河源至葱嶺河爾，故西域傳云，河有兩源，一出葱嶺，一出于闐，而没其正原也。三河合而東，過蒲昌。或云，入蒲昌海而復東出，於理不然，乃東至積石山下，有石門，河水冒以西南流，是爲中國河。積石山屬鄯州，禹之所道自此始，故其詳得聞焉。遂過西平，卽鄯州。又東南過枹罕，河州也，有洮水從西來，入焉。又東過臨洮，洮州也，有離水從西來，入焉。又東過金城允吾縣，湟水從西來，入焉。金城，蘭州也。遂轉而北，過武威，涼州也。又北至朔方，故夏州也。遂轉而東南，又南過上郡白土縣，圁水從西來，入焉。上郡，綏州也。又南過隰州太寧縣壺口山，又南過北屈，今慈州吉鄉也，而爲採桑津。又南過龍門，有汾水從東來，入焉。龍門縣今隸河中。又南過夏陽梁

山之東，又南過汾陰縣西，郃陽縣東，又南過蒲阪縣雷首山西。蒲阪今河東也，有涑水從東北來，入焉。又南過華陰縣潼關，渭水從西來，入焉。遂轉而東，過河北縣，今陝州平陸也。又東過陝縣底柱山，山在河中，水分流包山而過，湍急多覆溺舟船。又東，崤水從右入焉，是謂崤津，亦謂之茅津。又東左過絳州垣曲縣，湛水從北來，入焉。又東而爲孟津，又東過河陽縣南，洛陽縣北，又東過溫縣，沮水從西北來，入焉。又東右過鞏縣，洛水從西南來，入焉。左過成皋縣北，沇水從北來，入焉。成皋今孟州汜水。又東過大伾山下，又東，汜水從南來，入焉。又東過滎陽縣西北，而爲棘津。又東過滎陽縣，鴻溝出焉。鴻溝一名官度水，一名蒗蕩渠，今謂之汴河，大禹塞滎澤，開之以引河水，東南通淮泗。蒗蕩渠，據桑欽所說卽此也。而班固又云，蒗蕩渠受濟水，至陳入潁，未詳其實。又東北過懷州武陟，沁水入焉。又東過酸棗縣西，濮水東出焉。或云，漢文帝時，河決酸棗，東潰金隄，發卒塞之，其水遂絶。又東北而爲延津，又東北左過黎陽大伾山，黎陽今通利軍治也，有淇水從西來，入焉。淇水卽降水也。又東北過濮陽縣，別出而爲瓠子河。漢武帝時，河決瓠子，水注鉅野，通于淮泗，發卒塞之。又東北過東武陽，今大名朝城也，而爲漯河。又東北過大名館陶縣，別出而爲屯氏河。又東北過清河靈縣，別出而爲鳴犢河。靈縣隋省入博

平，今隸博州。鳴犢至瀛州蓨縣，與屯氏河通，三河今皆絶矣。又北過德州平原，又東北過棣州厭次，又東北過濱州渤海，又東北過青州千乘，又東北過甲下邑，别出一枝入濟，又東北入于海。

舊説，禹道河至頓丘，分爲二渠，一曰漯川，出武陽，至千乘入渤海；一曰北瀆，出貝丘，至大陸北，播爲九河，同爲逆河，入于海。舊云，大陸在鉅鹿北，乃故大陸縣，唐改爲昭慶，宋開寶改爲隆平，近省爲鎮，入趙州臨城。然禹貢大陸當只是汲郡吴澤，非趙州大陸縣也。漢成帝時，河隄都尉許商上言，古記九河之名，有徒駭、胡蘇、鬲津，今見在成平、東光、鬲縣界中。自鬲津以北至徒駭，其間相去二百里，是九河所在。徒駭最北，鬲津最南。徒駭在城平，胡蘇在東光，鬲津在鬲縣。又知其餘六河，以次推之，曰大史，曰馬頰，曰覆釜，在東光之北成平之南。曰簡，曰潔，曰鉤盤，在東光之南鬲縣之北。今按圖志，瀛州有成平故城，又有徒駭河，永靜軍有東光縣，東連滄州，有胡蘇亭，蓋因河命名，而滄州復有鬲津、鉤盤、大史河之名。鬲縣故城在德州，與滄比境。鄭氏云：「九河，齊桓公塞之，而北瀆至王莽時亦絶，故世謂王莽河，今在永靜軍。」然臣每疑禹之所道無二河，按貢禹文，「東過洛汭，至于大伾。北過降水，至于大陸。又北播爲九河，同爲逆河，入于海。」又按武帝元光三年

春，河水徙，從頓丘東南流入渤海，是爲朝城之漯河。然則今河之入海者，入渤海爾。禹貢所謂入于海者，由碣石之海。碣石今在平州，北瀆者乃禹所道之河，其後河犇漯川，入于渤海，故瀆遂絶，九河不復通。蓋故瀆在北，漯川在東，河決而東，勢則然也，恐非齊桓公所塞。自河決漯川之後，北瀆遂微，九河皆絶。但王莽河上承北瀆，下入逆河，爲一河微通，奈北勢高，故後亦絶，但由漯川爾。大抵河自西戎入塞，經秦、隴、陝、洛，夾山而行，故少有決徙之患。自河陽以下東至海，千里平田虚壤，故多奔決無定流。

瓠子河。

東汜水、鄭地水，此則僖三十年「秦軍汜南」也，謂之東汜。杜云：「在中牟。」按，此水西分濟、漯，東北逕濟陰，入于河。南汜水，鄭地水，此則僖二十四年「王處于汜」〔六〕是也，謂之南汜。出汝州襄城縣浮城山，北流至孟州汜水縣，入河。汜舊音凡，今音與辰巳之巳同，蓋因傳寫之訛，後人音爲文易。

瀍水，舊云，出穀城縣潛亭北。今穀城并爲河南地。東過洛陽，至偃師縣，又東入洛。

澗水，出河南新安縣南白石山，東南入瀍。

穀水，出澠池縣陽穀谷，東南至河南，入洛。

洛水，出商州上洛縣冢嶺山。桑欽云，出讙舉山，恐是上洛舊名讙舉。東過熊耳山，又東北過盧氏縣，又東過河南縣，穀水從西來，入焉。又東過洛陽南，伊水從西來，入焉。又東過偃師，瀍水從西來，入焉。又東北過鞏縣東，又北入于河。班云，行千七十里。

伊水，出虢州盧氏縣熊耳山。東北過陸渾伊闕，至洛陽縣南，北入于洛。班云，行四百五十里。

汧水，出隴州吴山西北，至汧源，入渭。

涇水，出鎮戎軍笄頭山，一名都盧山、一名崆峒山，一名幵頭山。鎮戎，古安定朝那縣也。東南流至永興高陵縣，入渭。班云，行千六十里。

漆水，出鳳翔普潤縣東。或云，出岐山。經華原縣，與沮水合。南至富平縣，入于渭。

沮水，出邠州界，經華原縣北，入于漆。

洛水，出同州蒲城縣洛水谷。谷在荆山，書云「荆岐既旅」是也。其水東南流，至耀州富平，入渭。

渭水，舊云，出隴西首陽縣渭首亭南鳥鼠山。首陽唐省入渭源，隸渭州，今隸熙州，在州之東。其水東過隴州汧源，汧水從西北來，入焉。又東過鳳翔郿縣，斜水從南來，入焉。又東過槐里縣南，澇水入焉。槐里今永興興平縣。又東北過咸陽縣，灃水入焉。又東北過高陵，涇水入焉。又東北過富平縣，漆水入焉。又東，洛水入焉。又東過臨潼縣，灞水入焉。又東至船司空縣，入河。船司空後省入華陰，今隸華州。班云，渭水行千八百七十里。

灞水，出永興藍田縣終南山金谷，東經臨潼縣，北流入渭。然長安志云：「灞水從上洛界入漢。」

滻水，出永興藍田谷，北入于灞。

灃水，出永興鄠縣終南山豐谷，北至咸陽，入渭。

鎬水，出鄠縣界，至長安入清渠。

斜。

洮水，出臨洮西羌中，北至枹罕東，入河。

歷代封畛

臣謹按：杜佑之序曰：昔黃帝方制天下，立爲萬國。易稱：「首出庶物，萬國咸寧。」及少皞氏之衰，其後制度無聞矣。若顓帝之所建，帝嚳受之，創制九州，統領萬國。雍、荆、豫、梁、冀、青、徐、兖、揚。至堯，遭洪水而天下分絶，使禹平水土，還爲九州，如舊制也。舜攝帝位，分爲十二州。雍、荆、豫、梁、冀、幽、并、青、營、徐、兖、揚。故虞書云「肇十有二州」是也。夏氏革命，又爲九州。塗山之會，亦云萬國。四百年間，遞相兼并。商湯受命，其能存者三千餘國，亦爲九州，分統天下。冀、荆、豫、雍、揚、兖、徐、幽、營。營則禹貢青州也。載祀六百。及乎周初，尚有千八百國，而分天下爲九畿。方千里曰王畿，其外曰侯畿，亦曰服。又外曰甸畿，又外曰男畿，又外曰采畿，又外曰衛畿，又外曰蠻畿，又外曰夷畿，要服也；又外曰鎮畿，又外曰藩畿，荒服也。〔七〕侯、甸、男、采、衛、蠻、夷、鎮、藩，即九畿也，各相去五百里爲限。至成王時，亦曰九州，屬職方氏。揚、荆、豫、青、兖、雍、幽、冀、并。其後諸侯相并，有千二百國。及平王東遷，迄于獲麟之末，二百四十有二年間，〔八〕諸侯擅兵征伐，更相吞

滅，不可勝數，而見於春秋經傳者百有七十國爾，百三十九國知土地所在，其三十一國不知其處也。其蠻夷戎狄復不在其數。逮乎下分地里，上配天象，而所定躔次，總標爲一十二焉。〔九〕及周之末，唯有七國。秦昭王時，西周盡獻其地，邑三十六，口三萬，受獻而歸其人。至莊襄王滅東、西周國，七城而已。

秦制天下爲四十郡，其地則西臨洮，而北沙漠，東縈南帶，皆臨大海。

漢興，以秦地太大，更加置郡國。其後開越攘胡，土宇彌廣，改雍曰涼，梁曰益，又置徐州，復禹舊號，置交，初爲交趾，後爲交州。北有朔方，初爲朔方，後爲并州。凡爲十三州部刺史，司隸、并、荆、兖、豫、揚、冀、幽、青、徐、益、交、涼。而不常所治。至哀、平之際，凡新置郡、國六十三，與秦四十，合百三；縣邑千三百一十四，道三十二，侯國二百四十一；地東西九千三百二里，南北萬三千三百六十八里，此漢之極盛也。

後漢光武以官多役煩，乃併省郡、國十，縣、道侯四百餘所。其後亦爲十三州部，司隸治河南，今河南府。豫治譙，今酇縣。兖治昌邑，今魯郡金鄉縣。徐治郯，郯音談。今臨淮郡下邳縣。青治臨淄，今北海郡縣。涼治隴，今天水郡隴城縣。并治晉陽，今太原府。冀治鄗，許各反。今趙郡高邑縣。幽治薊，今范陽縣。揚治歷陽，今郡縣。益治雒，今永昌郡。荆治漢壽，今武陵郡武陵縣。交治廣信。今蒼梧郡蒼梧縣。漸復加置郡國，至於靈、獻，凡百有五焉，

縣、道侯國千一百八十。桓帝永興初，有鄉三千六百八十二，亭萬二千四百二十。東樂浪郡，西燉煌郡，南日南郡，北雁門郡，西南永昌郡，四履之盛，亦如前漢。

魏氏據中原，有州十二，司隸，荆、豫、兖、青、徐、涼、秦、冀、幽、并、揚、雍，分涼州置秦州，治上邽，今天水郡。揚治壽春，今郡。徐治彭城，今郡。荆治襄陽，今郡。涼治武威，〔一〇〕今郡。餘並因前代。有郡國六十八。東自廣陵，文帝黄初六年，親征，幸廣陵故城，及旋師，留張遼屯江都。齊王嘉平後屬吴，卽今郡。壽春，毌丘儉、諸葛誕皆鎮之。合肥，明帝青龍元年，滿寵於合肥西北三十里築新城，吴軍頻攻不拔，卽今廬江郡。故魏明帝云，「先帝東置合肥，南守襄陽，西固祁山，〔一一〕賊來輒破於三城之下者，地有所必爭」是也。沔口，建安十五年，文聘爲江夏太守鎮焉。其後吴軍頻攻不拔。青龍後屬吴，卽今漢陽縣。〔一二〕西陽，黄初中，滿寵令將守之。今齊安郡。襄陽，建安二十四年，徐晃守之，蜀將關羽攻不下。重兵以備吴。是時江淮間，除鎮兵之處，更無人居。明帝青龍中，吴孫權遣數千家佃於江北，爲滿寵破之。西自隴西，今郡是。南安，今隴西郡隴西縣。齊王嘉平五年，蜀將姜維來伐，攻隴西、南安，皆不克。祁山，明帝太和二年，蜀將諸葛亮攻祁山城不拔。今同谷郡長道縣東十里。漢陽，明帝青龍二年，蜀將諸葛亮來伐，遣兵備此，卽今天水郡。陳倉，建安二十四年，蜀將破夏侯妙才於漢中，遂令張郃守陳倉。太和二年，諸葛亮以大衆攻之，將軍郝昭以千人守，亮攻二旬餘不拔。故城今在縣東二十里。〔一三〕亮攻郿，又不尅。郿故城在

今縣東北十五里，並今扶風郿縣。**重兵以備蜀。蜀全制巴蜀，置益**、治成都，今郡。**梁**治漢中，
今郡。**二州，有郡二十二。以漢中**，建安末，破夏侯妙才，遂有漢中，以魏延鎮此，後蔣琬、姜維繼
守，卽今郡地。**興勢**，後主延熙七年，將軍王平守之，魏大將軍曹爽攻不尅。今洋川郡興道縣。**白
帝**，先主章武元年，屯之，遂爲重鎮。後主建興十五年，吳將全琮來攻不尅。卽今雲安郡。**並爲重
鎮。吳主北據江南盡海，置交**、治龍編，今安南府。**廣**、孫權置，治番禺，今南海郡。**荆**、治南郡，
今江陵郡。**郢**、治江夏，卽今郡。**揚**治建業，今丹陽郡江寧縣。**五州，有郡四十有三。以建平**，
自孫權黃武初破蜀先主後得之。孫晧天紀四年，晉軍沿流來伐，守將吾彥請增兵，晧不從。今巴東
郡。**西陵**，建安二十四年，蜀將關羽北討魏將于禁等于襄陽，陸遜爲宜都守鎮此。黃武初，蜀先主來
伐，遜大破之。後步闡、陸抗並鎮焉。卽今夷陵郡。**樂鄉**，吳孫晧建衡三年，陸抗所築樂鄉城，後朱
然修之，戍焉。晉王濬攻樂鄉，獲水軍督陸景，平西將軍施洪以城降。在今江陵郡松滋縣東。**南郡**，
自建安末尅關羽後，蜀將麋芳來降，遂得之。孫晧鳳皇元年，督將伍延守此，晉軍平吳，當陽侯杜元凱
赴之，斬伍延。卽今江陵郡也。**巴丘**，建安十九年，魯肅尅之。孫晧寶鼎元年，萬彧並鎮守。卽今巴
陵郡。**夏口**，建安十三年，孫權征黃祖，尅之，後遂置兵鎮。孫晧天紀元年，孫慎守之。及晉平吳，將
軍胡奮赴於此。卽今江夏郡。**武昌**，孫權甘露元年，城武昌，陸遜、諸葛恪鎮守。及晉平吳，將軍王
戎赴於此。卽今江夏郡縣。〔一四〕**皖城**，建安十九年，孫權尅之。赤烏四年，諸葛恪屯此。今同安郡。

皖音患。牛渚圻，孫晧天紀末，何植鎮守。晉平吳，大將王渾赴於此。即今宣城郡當塗縣採石也。濡須塢，建安十七年築，後曹公頻來攻不剋。在今歷陽縣西南百八十里。並爲重鎮。其後得沔口，孫權嘉禾後，陸遜、諸葛瑾屯守。邾城，赤烏四年，陸遜常以三萬兵戍之。今齊安郡，東西界臨江，與江夏郡武昌相對。廣陵。孫亮建興二年，〔一五〕衞尉馮朝城廣陵。自三國鼎立，更相侵伐，互有勝負，疆境之守，彼此不常，纔得遽失，則不暇存也。今略紀其久經屯鎮，及要害之地焉。其守將亦略紀其知名者，餘不可偏舉，他亦類此。

晉武帝太康元年，平吳，分爲十九州部。置司州，治洛陽。今河南府。兗治廩丘。今濮陽郡雷澤縣是。豫治項。今淮陽郡項城是。冀治房子。今趙郡縣。并治晉陽。青治臨淄。徐治彭城。荆初治襄陽，後治江陵。今郡。揚初治壽春，後治建業。涼治武威。分三輔爲雍，治京兆。今府。分隴山之西爲秦，治上邽。今天水郡縣。益治成都。分巴漢之地爲梁，治南鄭。今漢中郡縣。分雲南爲寧，治雲南。今郡。幽治涿。今范陽郡范陽縣。分遼東爲平，治昌黎。今安東府。交治龍編。今安南府。分合浦之北爲廣，治番禺。又增置郡、國二十有三。〔一六〕凡州百五十有六，縣千一百有九，以爲冠帶之國盡秦漢之土。及永嘉南渡，境宇殊狹，九州之地，有其二焉。初元帝命祖逖鎮雍丘，建武初，逖北伐，便屯雍丘。今陳留郡縣。逖死，北境漸蹙。大興四年，逖死。於是荆、豫，自淮北，今汝南、汝陰、南陽等郡以

北。青、兗四州今東萊、東牟、高密、北海、淄川、濟南等郡之地。及徐州之半，今彭城、琅邪等郡。陷劉曜、石勒。以合肥、戴若思鎮守之。淮陰、劉隗鎮守。卽今山陽郡縣。壽陽、祖約鎮守，後又陷於石勒，石虎死後復之。卽今壽春郡地。泗口、劉遐鎮守。卽今臨淮郡宿遷縣界。角城安帝義熙中置，亦在宿遷縣界。爲重鎮。成帝時，酇守將退屯襄陽。咸和初，魏該屯酇，爲劉曜將黄秀所逼而退守襄陽。後亦陷石勒，尋復之。庾翼、朱序皆鎮於此。又爲苻堅將苻丕所陷，〔一七〕尋又復之。卽今郡。穆帝時，平蜀漢，永和三年，桓温西討，擒李勢。復梁、益之地。梁州則漢川，益則蜀川是。又遣軍西入關，至灞上。十年，桓温討苻健於今京兆府萬年縣白鹿原，戰敗。再北伐，一至洛陽，永和十二年，桓温討燕慕容儁，大破其將姚襄於伊水，時襄已降。一至枋頭，廢帝太和四年，〔一八〕桓温又討慕容暐，敗還。今汲郡衛縣界。枋音方。所得郡縣，軍旋又失。洎苻堅東平慕容暐，太和五年。西南陷蜀漢，西北剋姑臧，孝武太元元年，〔一九〕平張天錫。今武威郡。則漢水、長淮以北，悉爲堅有。及堅敗，太元八年。〔二〇〕再復梁、九年，將郭寶平梁州。益、蜀郡太守任權斬苻堅益州刺史李平，益州平。青、徐、兗、豫、司之地。其後青、兗陷於慕容德，安帝隆安三年，德據之，殺幽州刺史辟閭渾，時鎮廣固，卽今北海郡也。豫、司陷於姚興，隆安三年。以彭城爲北境藩扞。朱序鎮守。後益、梁陷於譙縱。義熙初陷。每因劉、石、苻、姚衰亂之際，則進兵屯戍在於漢中，襄陽、彭城，然大抵上明、今江陵郡松滋縣。江陵、夏口、武昌、合

肥、壽陽，淮陰常爲晉氏鎮守。其刺史所治皆置州兵，雖有不經攻圍，互是重鎮。他皆類此。〔二一〕義熙以後，又復青、兗、司、豫、梁、益之地，而政移於宋矣。

武帝北平廣固，時晉安帝義熙六年，平慕容超，得青州之地。廣固即今北海。西定梁、益，九年，朱齡石平譙縱。又剋長安，十三年，親征，平姚泓。盡得河南之地。長安尋爲赫連勃勃所陷，至廢帝滎陽王景平中，武牢以西復陷後魏。今大較以孝武大明爲正，凡二十有二州。揚治建業。南徐治京口。今丹陽郡丹徒縣。徐治彭城。南兗治廣陵。兗治瑕。今魯郡縣。南豫治歷陽。荆治汝南。今汝南郡汝陽縣。江治尋陽。今郡縣。青治臨淄。初治歷城，今濟南郡縣。後治廣固，後又移治臨淄，即今縣是。冀治歷城。司治義陽。荆治南郡。郢治江夏。今郡。湘治臨湘。今長沙郡。雍治襄陽。今郡。梁治南鄭。秦亦治南鄭。益治成都。今蜀郡。寧治建寧。今雲南郡。廣治南海。交治龍編。越治臨鄣。今合浦郡。自東晉成帝時，中原流民多南渡，遂於江、漢、淮之閒僑立州郡，以撫其民，中閒併省廢置，離合非一，不能詳誌焉，今紀其所治經久者。〔二二〕他皆類此。郡凡二百三十有八，縣千一百七十有九。初，文帝元嘉中，遣將北伐，水軍入河，剋魏碻磝、滑臺、虎牢、洛陽四城，碻磝即今濟陽郡城。滑臺今靈昌郡城。虎牢今汜水縣。洛陽今故洛陽城。碻音口交反。磝音敖。其後又失。又分軍北伐，西軍剋弘農、開方二城，並今弘農郡。以東攻滑臺不剋，而平碻磝守之，尋皆敗退。元嘉二十七

年，王玄謨於滑臺敗歸，時柳元景拔弘農、開方，〔二三〕及玄謨敗，亦棄而遁。於是後魏主太武總師，經彭城，臨江，屯於瓜步。今廣陵郡六合縣東。退攻盱眙，不拔而旋。臧質守之，魏師攻圍三旬不拔。今淮陽郡縣。明帝時，後魏又南侵淮北，青、冀、徐、兖四州及豫州西境悉陷没，泰始二年，徐州刺史薛安都引魏軍，自是沈文秀東陽城，崔道固歷城，並爲魏將慕容白曜所陷。安都以彭城，常珍奇以懸瓠，並降魏。懸瓠今汝南郡域。則長淮爲北境，僑徐、兖於淮南，淮陰立兖州，鍾離立徐州。立青、冀二州，寄治贛榆。今東海郡東海縣。贛古淡反。其後十年餘而宋亡。然初彊盛也。南鄭，襄陽，懸瓠，元嘉二十七年，〔二四〕後魏主太武率兵攻圍汝南，太守陳憲等距四十餘日，魏人積屍與城齊，不拔而退。彭城，歷城，東陽，營陽王景平初，竺夔鎮守，後魏攻圍數旬不剋。即今北海郡治東城。皆爲宋氏藩扞。齊氏淮北之地，所以全少。青州治朐山。今東海郡。朐音衢。冀治渦口。今臨淮郡漣水縣。豫治壽春。北豫州自東晉以後，或治淮南，或治淮北，不常其所，今舉其要害之地。北兖治淮陰。北徐治鍾離。又置巴東、治巴。今雲安郡。〔二五〕其餘州郡，悉因宋代。州二十有三，郡三百九十有五，縣千四百七十有四。其後頻爲後魏所侵，至東昏永元初，沔北諸郡，相繼敗没。今南陽郡地。又遣軍北伐，敗於馬圈，退屯盆城，魏馬圈城去襄陽三百里，時陳顯達攻圍四十餘日，不拔，魏援師至，敗還。在今南陽郡界。〔二六〕又失壽春。永元二年，豫州刺史裴叔業以城叛入魏。後三年，齊亡。齊氏七主，凡

二十四年，内難繁興，不遑外略，及東昏暴虐，北境彌蹙。始全盛也，南鄭，明帝建武二年，後魏大將元英來伐，梁州刺史蕭懿守拒，攻圍百餘日不下。樊城，今襄陽郡安養縣。建武中，後魏主孝文率兵十萬，數旬攻圍，將曹虎拒守不下。襄陽，義陽，壽春，高帝遣垣崇祖鎮之，謂曰：「兵衝要地，宜備魏師。」俄而魏將王肅以大軍來攻，敗而歸。淮陽，角城，明帝初，後魏南侵，以李安仁戍之。漣口，朐山，爲重鎮。

梁氏州郡，多沿舊制。天監中，州二十有三，郡三百五十，縣千二十有五。其後更有析置，大同中，州百有七，郡縣亦稱於此。自侯景逆亂，建康傾陷，墳籍散逸，不可得而詳焉。初，武帝受禪數年，卽失漢川及淮西之地。天監三年，梁州刺史夏侯道遷以本部叛降後魏，自劍閣以北並陷没。又魏將元英破將軍馬仙琕於義陽，失地。其後諸將頻年與魏軍交戰於淮南淮北，互有勝負，自天監四年以後，將張惠紹剋魏宿遷城，韋叡剋合肥，裴邃剋翟丘城、朐山城，尋皆敗，唯合肥獨存。雖得懸瓠、彭城，俄而又失。天監七年，〔二七〕魏軍主白早生，豫州刺史胡遜以懸瓠，普通六年，徐州刺史元法興以彭城，並内屬，無何悉復於魏。又剋壽春。普通七年，將夏侯亶、元樹等剋之，〔二八〕獲魏揚州刺史李憲。自齊東昏永元二年陷後魏，至是凡二十七年，南朝始復。大通初，大舉北伐，城鎮相次剋平，直至洛陽，蹔爲梁有。大通元年，魏將爾朱榮害胡太后及少主，魏朝大亂，遣將陳慶之率軍送元顥爲魏主，入河陽六旬五日。渡河，守北中府城，爾朱榮來

攻，〔二九〕數日顥敗，慶之亦奔退，所得之地尋亦失之。中府地卽今河陽北城是。其後又復漢中。大同中，將蘭欽剋之。自天監二年失漢川，凡經四十三年卻復。至東魏將侯景以河南地降，逆亂相尋，有名無實。及景平後，江北之地悉陷高齊，漢川、蜀川没于西魏。太清初，侯景以十三州來降，旋爲東魏將慕容紹宗所敗。二年，景舉兵反，圍建康，陷之。及景平後，元帝承聖初，齊將辛術南伐，盡取淮南江北之地，得傳國璽，反于齊。三年，西魏將達奚武陷漢川，尉遲迥陷蜀川，其漢川經九年復失。大抵雍州，今襄州。下溠音槎。戍，漢東郡棗陽縣東南。夏口，白苟堆，大同中，東魏靜帝遣將堯雄爲南境守將，雄曰：「白苟堆，梁之北面重鎮，請備之。」在今汝南郡真陽縣。硤石城，今汝陰郡下蔡縣。合州，卽合肥。鍾離，將康絢鎮守之。淮陰，朐山，爲重鎮。天監三年，角城戍主柴慶宗以角城，十一年東莞太守劉晰以朐山，並降入魏。陳氏比於梁代，土宇彌蹙，西不得蜀漢，北失淮肥，以長江爲境，文帝天嘉初，湘川之地爲周軍所陷，二年，侯瑱剋平之。湘川，今澧陽、武陵、長沙、衡陽等郡之地也。有州四十有二，地轉狹而州益多，暨後州郡又數倍多於前代，故不可詳。郡百有九，縣四百三十有八。宣帝太建中，頻年北伐，諸將累捷，盡復淮南之地，將吳明徹於壽春城斬高齊將王琳。更經略淮北，大破齊軍於吕梁。及旋師，屬高齊國亡，又總軍北伐，至吕梁，周軍來拒，又大破之。自太建五年北伐，〔三〇〕七年破齊軍，九年又破周將梁士彥，悉得梁淮北地，以兵鎮下邳、朐山。旋爲周軍所敗，悉虜其衆。時梁士彥守彭城，

明徹來攻未下。十年，周將王軌來伐，明徹退師，全軍没於清口。自是江北之地，盡没于周，又以長江爲界。十二年，周大將司馬消難以淮西地來降，又遣將周羅侯攻剋新野，尋並失之。及隋軍來伐，遣將守狼尾灘，後主禎明二年，戚昕守之。今夷陵郡宜都縣界。荆門、將吕仲肅據之。〔三一〕亦宜都界。安蜀城、將顧覺鎮之。亦夷陵郡。公安、將陳紀鎮之。今江陵郡縣。巴陵已下，並風靡退散。信州道大總管清河公楊素，自峽中舟師東下，〔三二〕東方守將相繼而破。信州即今雲安郡也。隋軍自採石、隋將韓擒虎襲陷之。京口賀若弼襲陷之。渡江而平之。

後魏起自北方，至道武，率兵下山東，攻拔慕容寶中山，今博陵郡唐昌縣。遂有河北之地，於是遷都平城。今雲中郡。慕容氏喪敗，遣將南略地，至于滑臺、許昌、今潁川郡。彭城。明元帝太恒中，始於滑臺、許昌置兵鎮守。道武天興中，長孫肥等剋滑臺、許昌，尋不能守，至是始有之。太武帝時，又得蒲阪、今河東郡。長安、統萬。始光中，遣軍伐赫連昌，剋蒲阪及長安，又剋統萬，遂滅赫連氏。統萬即赫連所都，今朔方郡是。神䴥中，宋師來伐，碻磝、今濟陽郡城。滑臺、虎牢，今河南府汜水縣是。戍將皆不守，尋並復之。神䴥三年，宋將到彦之、王仲德等陷滑臺、虎牢、洛陽，遣安頡、叔孫建等擊敗走之。太延以後，東平遼東，西平姑臧，三年東伐馮氏，五年西伐沮渠，並滅之。於是西至流沙，東接高麗，所未得者，漢中及南陽、縣瓠、彭城、青州之南而已。其後帝自南征，遂臨瓜步，宋淮北城鎮守將多有敗没。太平真君十一

年，〔三三〕因宋將王玄謨來侵，剋碻磝城，戍將濟州刺史王買得棄城而走，宋師至滑臺，敗，帝乘勝至江上。獻文天安初，自河之南長淮之北皆爲魏有。時因宋晉安王子勛之亂，遣將慕容白曜略地，破宋將沈文秀、畢衆敬、薛安都、崔道固、常珍等，遂有其地。孝文遷都洛陽，太和十九年徙都。頻歲親征，皆渡淮、沔。二十年屯八公山，三十一年屯新野及樊城。宣武初，又得壽春，景明初，齊將裴叔業以壽春來降，後至明帝孝昌二年，又陷入梁。續收漢川，至於劒閣，兼得淮西之地。正始初，梁將夏侯道遷以漢中降。又元英破梁將馬仙琕於義陽，遂有其地。莊帝時，梁軍洛陽，數旬敗走。永安初，因爾朱榮害胡太后、少帝之亂，梁將陳慶之送元顥爲魏主。爾後内難相繼，不暇外略，三四年後，分爲東、西魏矣，皆權臣擅命。具周、齊事中。自永安末年，爾朱世隆稱兵入洛，圖籍散亡，不可詳紀。今按舊史云，管州百十有一，郡五百十有九，縣千三百五十有二。按魏收史所載州郡是東魏靜帝武定中，其時洛陽以西及關中、梁、益之地，悉屬西魏，收猶總而編之。自太武以後，漸更彊盛，東征西伐，剋定中原。屬宋明以後，及于齊、梁，國土漸蹙，自守不暇，雖時有侵掠，而退不旋踵。故魏之城鎮，少被攻圍，因利進取，不常所守也。

北齊神武，東魏天平末，大舉西伐，至蒲津，靜帝天平四年，三道伐西魏，齊神武自總大衆至蒲津，竇泰自風陵濟河自潼關，高敖曹入武關，陷上洛，以泰軍敗没，並旋師。風陵在潼關北岸相

對。西魏乘勝攻陷陜州。周文帝率李弼等東征，下陜州，禽刺史李徽伯。〔三四〕即今陜郡。神武西至沙苑，其年冬，大敗而歸。今馮翊郡界。西軍又乘勝襲陷洛陽。西魏將獨孤如願據金墉。明年，西師又至于河陰，今洛陽縣北。時拒守河陽城，潘相樂守北城，即舊城，高永樂守南城，即今城，後周文帝親征，不克。西師敗歸。元象元年，〔三五〕周文帝親征敗還，如願亦棄金墉遁走，神武遂毀其城。其後神武攻圍西魏玉壁，不克。興和四年，〔三六〕西魏將王思政守之。今絳郡稷山縣。西師來伐，至于邙山。武定初，周文帝親征，神武禦之，敗殺周將王雄。後神武又圍玉壁，不克。武定四年，西魏將韋孝寬守之。文襄遣將圍潁川，拔之。自武定五年冬攻圍，至明年六月城陷。於是河南自洛陽之西，河北自晉之西，今平陽郡。悉入西魏。文宣之世，命將略地，南際于江矣。天保二年，屬侯景亂梁，遣辛術南討，遂得傳國璽。又過江得梁夏口。後二國通和旋師矣。武成河清中，〔三七〕築戍於軹關。河清二年，遣斛律光築之。今河南府濟源界。其年，周軍至洛陽，敗還。晉公護統軍將楊摽等至軹關，敗走。後主武平中，陳軍來侵，盡失淮南之地。武平五年以後，陳將吴明徹頻歲來侵，淮南城鎮皆不守，諸將累敗。周師攻拔河陰大城。周武親征，有疾班師。後主隆化末，西師攻拔晉州，今平陽郡。因之國滅。齊都於鄴，即今郡縣。自東、西魏之後，〔三八〕天下三分，梁、陳有江東，宇文有關西，高氏據河北，有州九十有七，郡百六十，縣三百六十有五。文宣天保七年，已併省州三，郡百五十三，縣五百八十九，鎮二，戍

二十六。當齊神武之時，與周文帝抗敵，十三四年間，凡四出師，大舉西伐，周師東討者三焉。略舉齊神武、周文帝統師親征，諸將攻戰則不復紀。自文宣之後，纔守境而已。大抵西則姚襄城，今文城郡西城，姚襄所築，西臨黄河，控帶龍門之險，周、齊交爭之地。後主武平二年，大將斛律光破周兵於此，遂立鎮焉。洪洞，今平陽郡縣北故城，控據要險。崇化末，周師既剋晉州，其城主張元靜以城降周。晉州，武平關，三關並今絳郡正平縣界。〔三九〕栢崖，城侯景所築，今河清縣西。軹關，河陽，南則虎牢，陸子章增築城守。洛陽，北荆州，〔四〇〕今陸渾縣東北故城是。孔城防，今伊闕縣東南故城是。汝南郡，今臨汝郡梁縣南。魯城，今臨汝郡魯山縣西北。〔四一〕置兵以防周寇。自洛陽之南，襄城、汝陰、汝南以北，皆齊有。及陳師侵軼，數歲齊亡，南境要害，未遑制置也。

周文帝，西魏大統中，東魏師至蒲津，文帝大統二年，齊神武親征，至蒲津，以竇泰死退軍。文帝東征，剋陝州，兼得宜陽郡、邵郡。〔四二〕邵郡，今絳郡垣縣。〔四三〕宜陽郡，今福昌郡。東師又至沙苑。其年冬，齊神武親征，大敗，走。後文帝東征，至河陰，先勝後敗。大統四年，殺魏將高敖曹也。築城於玉壁。大統八年，將王思政築之，齊神武攻圍不剋。至十二年，韋孝寬守之，齊神武又攻圍六旬，不剋。文帝又至邙山，先勝後敗。大統九年。得梁雍州。十六年，梁雍州刺史岳陽王詧舉州内附。廢帝初，剋平漢中，自梁侯景逆亂，遣將達奚武剋之。又遣軍平蜀，

將尉遲迥剋之。〔四四〕文帝西征至姑臧，後又平江陵。齊王廓後元初，于謹平之，殺梁元帝。自是疆理，西有姑臧，西南有全蜀，南至于江矣。明帝武成二年，將賀若敦剋陳湘州之地，三年失之。今澧陽、武陵、長沙、衡陽等地是。其河南自洛陽之東之北，河東自平陽之界，屬于高齊。至武帝建德中，東征，拔齊晉州城，尋又東征，破齊師於晉州城下，建德五年，攻拔晉州，使梁士彥守之。齊後主來攻，三旬餘不拔。六年，又破齊後主軍。乘勝平齊。後遣軍破陳軍於呂梁。將王軌破陳將吳明徹，悉虜其衆也。其東南之境，盡于長沙。通計州二百十有一，郡五百八，縣千二十有四。當全盛戰爭之際，則玉壁，初王思政守，後韋孝寬守，東軍攻不拔，遂置勳州。邵郡，齊子嶺，今王屋縣東二十里，周、齊分界處。通洛防，故函關城，武帝保定中改名，今在新安縣東。黃櫨三城，今永寧縣西北。宜陽郡，陝州，土劃，今長水郡西北二十五里。三荆，將獨孤信略定北荆州，今即伊陽縣。東荆州後改曰淮州，今淮安郡。荆州今南陽郡。三鵶鎮，今汝州魯山縣西南，名平高城。置兵以備東軍。

隋文帝開皇三年，遷都大興城，即今城。遂廢諸郡，以州治民。自三代以前爲九州，兩漢加置十三州，晉、宋之後，分析漸多。至于魏、齊、後周，雖割據鼎立，天下分裂，其於州郡，乃倍兩漢之地。隋氏以官繁民弊，遂廢五百餘郡，而以州治民。名則因循，職事同於郡守，無復刺舉之任。自九載廓定江表，尋以户口滋多，析置州縣。煬帝大業初，移洛陽城，即今城。又征林邑，更置

三州。既而併省諸州。三年，改州爲郡，乃置司隸刺史，分部巡察。本史不分别所領諸郡。〔四五〕五年，平定吐谷渾，更置四郡。〔四六〕大凡郡百九十，縣千二百五十五，東西九千三百里，南北萬四千八百一十五里。東南皆至于海，西至且末，隋氏西境，唯得今燉煌郡以東。且子余反。北至五原，即今九原郡。按隋氏北境，唯至于河。隋氏之盛，蓋極於此矣。

及唐高祖武德初，又改郡爲州，太守爲刺史。其邊鎮及襟帶之地，置總管府以領軍戎。至七年，改總管府爲都督府。自因隋季分割州府，倍多前代。貞觀初，并省州縣，始於山河形便，分爲十道。一曰關内道，二曰河南道，三曰河東道，四曰河北道，五曰山南道，六曰隴右道，七曰淮南道，八曰江南道，〔四七〕九曰劒南道，十曰嶺南道。既北殄突厥頡利，西平高昌，東西九千五百十里，南北萬六千九百十八里。高宗平高麗、百濟，得海東數千餘里，旋爲新羅、靺鞨所侵，失之。又開四鎮，即西境拓數千里，至于闐、疎勒、龜兹、焉耆諸國矣。景雲二年，又分置二十四都督府，分統諸州。時議以權重不便，尋罷之。開元二十一年，分爲十五道，置採訪使，以檢察非法。京畿，治西京城内。都畿，治東都。〔四八〕關内，多以京官遥領。河南，治陳留郡。河東，治河東郡。河北，治魏郡。隴右，治西平郡。山南東，治襄陽郡。山南西，治漢中郡。劒南，治蜀郡。淮南，治廣陵郡。江南東，治吴郡。江南西，治豫章郡。黔中，治黔中郡。嶺南。治南海郡。又於邊境置節度、經略使，式遏

四夷。節度使十，經略守捉使三。大凡鎮兵四十九萬人，戎馬八萬餘匹，每歲經費，衣賜則千二十萬疋段，軍倉則百九十萬石，大凡千二百十萬。開元天寶，每歲邊用不過二百萬。其地東至安東都護府，西至安西都護府，南至日南郡，北至單于都護府，南北如前漢之盛，東則不及，西則過之。漢之東境有樂浪郡，西境有燉煌郡，今東極安東府，則漢遼東郡也，其漢之玄菟、樂浪二郡，並在遼東郡之東，今悉爲東夷之地矣。今西極安西府，其伊吾、交河、北庭、安西，則漢代戎胡所據，皆未得而詳。

九州之區域，在昔顓帝及于陶唐，分而爲九，其制最大。顓帝置九州，堯時洪水，使禹治水，還爲九州。舜分爲十二州。夏、商、周並爲九州。〔四九〕按周之本制起於顓帝，辨其疆界始於禹貢，今分別地里，故以爲首。雍州，西據黑水，東距西河。黑水今張掖郡。西河則龍門之河。今京兆、華陰、馮翊、扶風、汧陽、新平、安定、彭原、安化、平涼、靈武、五原、寧朔、洛交、中部、延安、咸寧、上郡、銀川、新秦、朔方、九原、榆林、安北、天水、隴西、金城、會寧、安鄉、臨洮、和政、寧塞、西平、武威、張掖、酒泉、晉昌、燉煌等郡地。〔五〇〕豫州，西南至荆山，北距河。荆山在今襄陽郡南。其北境至于河。今河南府、陝郡之南境、弘農、臨汝、滎陽、陳留、睢陽、濟陰、譙郡、潁川、淮陽、汝陰、汝南、淮安、南陽、〔五一〕襄陽、武當、漢東等郡地。冀州，唐虞之都，以餘州所至，則是其境。西境雍州，南境豫州，東境兗州，皆以河爲界。河自今文城、絳郡西龍門南流至華陰，東過今汲郡黎陽縣東大岯山，又東入于海。今河內、汲郡、鄴郡、〔五二〕廣平、鉅鹿、信都、趙郡、常山、博陵、河間、文安、饒陽、上

谷、范陽、順義、歸化、歸德、嬀川、漁陽、密雲、北平、柳城、河東、絳郡、陝郡之北境、平陽、高平、上黨、樂平、陽城、大寧、文城、西河、太原、昌化、樓煩、雁門、定襄、安邊、馬邑、雲中、單于等郡地。**兖州，舊爲濟、河之間。**孔安國云：「東南據濟，西北距河。」今靈昌、濮陽、濟陽、東郡、清河、魏郡、博平、東平、平原、樂安、景城等郡地是也。**青州，東北據海，西距岱。**岱，泰山也，今在魯郡界。自泰山之東至于海。今北海、濟南、淄川、東萊、東牟、高密、安東等郡是也。**徐州，東據海，北至岱，南及淮。**自泰山之南，淮之北，海之西也。今彭城、臨淮、魯郡、東海、琅琊等郡地是也。**梁州，東據華山之陽，西距黑水。**華山之南，今華陰之西南。黑水出張掖郡，南流入海，〔五三〕即巴蜀之地皆是也。今上洛、漢中、洋川、安康、房陵、通川、潾山、南平、涪陵、南川、瀘川、清化、始寧、成安、符陽、巴川、南賓、南浦、閬中、南充、〔五四〕安岳、盛山、雲安、犍爲、陽安、仁壽、通義、和義、資陽、南溪、河池、武都、同谷、順政、懷道、同昌、陰平、江油、交川、合川、益昌、普安、巴西、梓潼、遂寧、蜀郡、德陽、濛陽、唐安、臨邛、盧山、通化、越嶲、雲南、洪源等郡地。**揚州，北據淮，東南距海。**北自淮之南，東南距于海，閩中以來地。今廣陵、淮陰、鍾離、壽春、永陽、歷陽、廬江、同安、蘄春、弋陽、宣城、丹陽、晉陵、吴郡、吴興、〔五五〕餘杭、新定、新安、會稽、餘姚、臨海、縉雲、永嘉、東陽、信安、鄱陽、尋陽之東境、豫章、臨川、廬陵、宜春、南康、建安、長樂、清源、漳浦、臨汀、潮陽郡地。自晉以後，歷代史皆云，五嶺之南至于海，並是禹貢揚州之地。按禹貢物産貢賦，職方山藪川浸，皆不及五嶺之外。又按荆州南境至衡山之陽，若五嶺之南在九州封域，則以隣接宜屬荆州，豈有捨荆而屬揚，斯不然矣，此則近史之誤。然則

嶺南之地非九州之境。荆州，北據荆山，南及衡山之陽。荆山在今襄陽郡界，南至今衡陽郡桂嶺之北，皆是也。今江陵、夷陵、巴東、竟陵、〔五六〕富水、安陸、齊安、漢陽、江夏、義陽、尋陽之西境、長沙、巴陵、衡陽、零陵、江華、桂陽、連山、邵陽、武陵、澧陽、黔中、寧夷、涪川、盧溪、盧陽、靈溪、潭陽、清江、播川、義泉、夜郎、龍標、溱溪〔五七〕等郡地。其雍州西境流沙之西，荆州南境五嶺之南，所置郡縣，並非九州封域之内也。

凡郡之土宇，秦氏分制，罷侯置守，列爲四十，其境可知。内史。雍州之域，今京兆、華陰、馮翊、扶風、汧陽、新平，及梁州之域上雒郡地皆是。北地。雍州之域，今安定、彭原、安化、平涼、靈武、五原、寧朔等郡地。隴西。雍州之域，今天水、隴西、會寧、安鄉、和政，及梁州之域河池郡地皆是。上郡。雍州之域，今洛交、中部、延安、咸寧、上郡、銀川、新秦、朔方等郡皆是。九原。雍州之域，今九原，安北皆是。三川。荆河之域，今河南府、陜郡之河南地、弘農、臨汝、滎陽、陳留，及冀州之域河内、汲郡地是也。碭郡。豫州之域，今睢陽、譙郡、濟陰，及兖州之域東平郡地是也。潁川。豫州之域，今潁川、淮陽、汝南等郡地是也。南陽。豫州之域，今南陽、淮安、漢東、武當，及荆州之域義陽郡地是也。邯鄲。冀州之域，今廣平、鄴、信都之西南境、鉅鹿之南境。上谷。冀州之域，今上谷、范陽、文安、河間、嬀川、順義、歸化、歸德、博陵之東境、饒陽之北境，及兖州之域景城之北境皆是也。鉅鹿。冀州之域，今常山、趙郡之東北境、博陵之西境、鉅鹿之北境、饒陽之南境，兼兖州之域今

清河、景城之南境是。**漁陽**。冀州之域，今漁陽、密雲郡地皆是也。**右北平**。冀州之域，今北平郡之西境。**遼西**。冀州之域，今柳城及北平郡之東境皆是。**遼東**。青州之域，今安東府是也。**河東**。冀州之域，今河東、絳郡、陝郡之北境、平陽、大寧、文城等郡是也。**上黨**。冀州之域，今上黨、高平、樂平、陽城等郡地。**太原**。冀州之域，今太原、西河、昌化、定襄、雁門之南境、樓煩等郡是也。**代郡**。冀州之域，今安邊、馬邑之北境是也。**雁門**。冀州之域，今雁門郡之北境、〔五八〕馬邑之南境是也。**雲中**。冀州之域，今雲中、單于府及雍州之域榆林郡是也。**東郡**。兗州之域，今靈昌、濮陽、濟陽、魏郡、博平，及冀州之域汲郡之東南境是也。**齊郡**。兗州之域，今平原、樂安，及青州之域北海、濟南、淄川、東萊、東牟郡是。**薛郡**。徐州之域，今魯郡、東海郡是也。**琅琊**。青州之域，今高密，及徐州之域琅琊郡地皆是。**泗水**。徐州之域，今彭城、臨淮郡是也。**漢中**。梁州之域，今漢中、洋川、安康、房陵郡地皆是也。**巴郡**。梁州之域，今通川、潾山、〔五九〕南平、涪陵、南川、瀘川、清化、始寧、咸安、符陽、巴川、南賓、南浦、閬中、南充、〔六〇〕盛山、雲安及安岳郡之東境皆是。**蜀郡**。梁州之域，今巴西、普安、梓潼、遂寧、益昌、蜀郡、德陽、濛陽、唐安、臨邛、盧山郡地是。**會稽**。〔六一〕揚州之域，今晉陵、吴郡、餘杭、會稽、餘姚、東陽、信安、縉雲、臨海、永嘉及丹陽之東境，兼吴興郡之東境地是。**閩中**。揚州之域，今建安、長樂、清源、漳浦、臨汀郡地皆是也。**南郡**。荆州之域，今江陵、清江、巴東、竟陵、〔六二〕富水、安陸、齊安、漢陽、江夏，及荆州之域襄陽郡地皆是。**長沙**。荆州之域，今

長沙、巴陵、衡陽、零陵、江華、桂陽、連山、邵陽郡地是。**黔中**。荆州之域，今武陵、澧陽、黔中、寧夷、盧溪、〔六三〕盧陽、靈溪、潭陽郡地皆是也。**南海**。南越之地〔六四〕，今南海、始興、義寧、海豐、恩平、南陵、臨賀、高要、感義、晉康、臨封、開陽、高凉、連城、新興、銅陵、懷德、揚州之域今潮陽郡皆是也。**桂林**。南越之地，今始安、平樂、蒙山、開江、蒼梧、潯江、鬱林、平琴、安城、賀水、常林、象郡、龍城、融水、朗寧、懷澤、寧仁、合浦、横山、修德、〔六五〕龍池、永定郡地皆是也。**象郡**。南越之地，今招義、南潘、普寧、〔六六〕陵水、南昌、定川、寧越、安南、武峩、〔六七〕龍水、忻城、九真、福禄、文陽、日南、承化、玉山、合浦、安樂、海康、温水、湯泉郡皆是。其餘郡府，自漢已後，歷代開拓四夷之地。今隴右道武威、張掖、西平、寧塞、酒泉、晉昌、燉煌、伊吾、交河、北庭、安西、武都、臨洮、懷道、合川，山南西道順政，劒南道犍爲、陽安、安岳之西境、仁壽、通義、和義、資陽、南溪、同昌、陰平、江油、文川、通化、臨翼、江源、歸誠、静川、蓬山、恭化、維川〔六八〕雲山、越嶲、雲南、洪源，黔中道涪川、播川、夜郎、義泉、溱溪，嶺南道臨潭、扶南、正平、樂古、朱崖、昌化、延德、瓊山、萬安郡地皆是。爰自漢代，至于有隋，或郡國參置，或年代短促，州郡無常，增省而衆，〔六九〕離合不一，疆理難詳。

開元十道圖

臣謹按：唐開元十道圖，其山川之所分，貢賦之所出，得禹貢別州任土之制，遠

不畔古，近不違令，載之六典，爲可書也。

一曰關内道，古雍州之境，今京兆、華、同、岐、邠、隴、涇、寧、坊、鄜、丹、延、慶、鹽、原、會、靈、夏、豐、勝、綏、銀，凡二十有二州焉。其原、慶、靈、夏、延又管諸蕃落降者爲羈縻州。東距河，西抵隴坂，南據終南之山，北邊沙漠。河歷銀、綏、延、丹、同、華六州之界。隴坂在隴州之西。終南山在京兆之南。沙漠在豐、勝二州之北。其名山有太白、九嵕、吴山、岐山、梁山，泰華之嶽在焉。太白在京兆武功縣。九嵕在奉天縣。吴山在隴州。岐山在岐州。梁山在同州韓城縣。華岳在華州。其大川有涇、渭、灞、滻。涇水出涇州，至京兆入渭。渭水出渭州，歷秦、隴、岐、京兆、同、華六州，入于河。灞、滻並出京兆，入渭。厥賦絹、綿、布、麻。京兆、同、華、岐四州調綿、絹，餘州布、麻。開元二十五年勑，關輔既寡蠶桑，每年庸調並宜折納粟，造米支用。其河南、河北不通水運州，宜折租造絹，以替關中。厥貢岱赭、鹽山、角弓、龍鬚席、蓯蓉、野馬皮、麝香。京兆粲草席、地骨、白皮、酸棗仁，華州伏苓、伏神、細辛，同州皺文吉莫皮，岐、隴、涇、寧、鄜、坊、丹等州龍鬚席，原、夏等州白氈、夏州角弓，鹽州鹽山，會州駞褐，靈州鹿角膠、岱赭、花蓯蓉、雕翎，靈州、豐州野馬皮，勝、銀等州女稽布，邠州火筯，翦刀、華豆、澡豆，丹、延、慶等州麝香。遠夷則控北蕃突厥之朝貢焉。

二曰河南道，古豫、兖、青、徐四州之境，今河南府、陝、汝、鄭、汴、蔡、許、豫、潁、陳、

亳、宋、曹、滑、濮、鄆、濟、齊、淄、徐、兗、泗、沂、青、萊、登、密、海，凡二十有八州焉。東盡于海，西距函谷，南瀕于淮，北薄于河。海水在青、萊、登、密、海、泗六州之境。函谷在虢州。淮水出唐州，歷豫、潁、亳、泗四州之南境。黄河歷虢、陝、河南、汴、鄭、滑、濮、濟、淄、青十州之北境。名山則有三崤、少室、砥柱、蒙山、嶧山，嵩、岱二嶽在焉。三崤在河南永寧縣界。少室在登封縣。砥柱在陝州河北縣。蒙山在沂州費縣。嶧山在兗州鄒縣。中嶽嵩山，在河南告成縣，東嶽泰山，一名岱山，在兗州乾封縣皆是。大川有伊、洛、汝、潁、沂、泗之水，淮、濟之瀆。伊出河南伊陽縣，北流入洛。洛出商州上洛縣，經虢州、河南入河。汝水在汝州。潁水在潁州。沂、泗二水並出兗州。淮水源在唐州桐柏縣。濟水源在河南濟源縣。厥賦絹、絁、綿、布。陝、許、汝、潁州調以絁、綿，唐州麻、布，餘州並以絹及綿。厥貢紬、絁、文綾、絲葛、水葱、藨心席、瓷、石之器。鄭、汴、許、陳、亳、宋、曹、濮、鄆、徐等州絹，汝州紬、絁，陝、潁、徐三州紬、絁，僊、滑二州方紋綾，豫州鸂鶒綾、雙絲綾、蓍草、棊子，潁州綿，兗州鏡花綾，齊州絲葛、綿，兗、齊等州防風，青州仙紋綾，鄭州麻黄，許州藨心席，登州水葱席，陝州括蔞根、柏子仁，曹州蛇牀子，濟州阿膠，泗州貲布，沂、兗等州紫石英，萊、登、密等州牛黄，登州文石器，海、密等州布，海州楚布，萊州石器，河南府瓷器。遠夷則控海東新羅、日本之貢獻焉。

三曰河東道，古冀州之境，今太原、潞、澤、晉、絳、蒲、虢、汾、慈、隰、石、沁、儀、嵐、

忻、代、朔、蔚、雲，虢州或屬河南。凡十有九州焉。東距恒山，西據河，南抵首陽、太行，北邊匈奴。恒山太原之東。河水經嵐、石、隰、慈、絳、蒲六州之西境。首陽在蒲州南。太行在澤州南。其名山則有雷首、介山、霍山、崞山。雷首在蒲州。介山在汾州。霍山在晉州。崞山在代州，一名五臺山。其大川有汾、晉及丹、沁之水。汾水出忻州，歷太原、汾、晉、絳、蒲五州，入河。晉水出太原，晉陽入汾。丹水出澤州，沁水出沁州，歷晉、絳、澤三州，至懷南入河。厥賦布、襺。蒲州調以襺，餘州並用麻布。厥貢[illegible]扇、龍鬚席、墨、蠟、石英、麝香、漆、人蔘。太原龍骨、甘草、礜石、鋼鐵，潞州墨、人蔘、花蜜、兔絲子，澤州白石英、野雞、禹餘糧，晉州蠟燭，絳州防風，蒲州龍骨、竹扇，虢州硯瓦、地骨、白皮，汾州石膏，慈州蠟，隰、石二州女胡布，晉、汾二州龍鬚席，儀、澤、潞等州人蔘，嵐、虢、忻等州麝香，忻州豹尾，代州熟青、熟緑，朔、代二州白鵰翎，蔚州松子，雲州鵰翎。

四曰河北道，古幽、冀二州之境，今懷、衛、相、洺、邢、趙、恒、定、易、幽、莫、瀛、深、冀、貝、魏、博、德、滄、棣、嬀、檀、營、平、安東，凡二十有五州焉。其幽、營、安東又管羈縻州。東並于海，南迫于河，西距太行、恒山，北通渝關、薊門。海在棣、滄、幽、平、營五州之東。河水經懷、衛、相、魏、博、德、棣七州之南境。太行在懷州北。恒山在定州西。渝關在平州東。薊門在幽州北。其名山有林慮、白鹿、封龍、井陘、碣石之山，恒嶽在焉。林慮在相州西。白鹿在衛州北。封龍在趙州西。井陘在恒州西。碣石在營州東。恒山北嶽在定州恒陽縣。其大川有漳、淇、

呼沲之水。漳水出潞州，歷相、洺、邢、冀、滄，入海。〔七〇〕淇水出衛州，與清水合，歷魏、貝、德、滄四州，與漳水合。呼沲在定、滄二州界，亦與漳水合。厥賦絹、綿及絲。相州調兼以絲，餘州皆以絹、綿。厥貢羅、綾、平紬、絲、布、綿紬，鳳翮葦席、墨。恒州貢春羅、孔雀等羅，定州兩窠紬綾，懷州牛膝，洺、博、魏等州平紬，邢州瓷器，魏州綿紬，衛、趙、莫、冀等州綿，瀛、深、冀、德、棣等州絹，相州紗、鳳翮席、胡粉，邢州絲、布，恒州羅，定州紬、綾，幽州、范陽綾，貝州白氈，滄州葦席、柳箱，嬀、營、歸順等州麝香，檀州、安東府人蔘，平州蔓荆子，薊州鹿角膠，易州墨，燕州墨、豹尾，安東、單于野馬皮。遠夷則控契丹、奚、靺鞨、室韋之貢獻焉。

五曰山南道，古荆、梁二州之境，今荆、襄、鄧、商、復、郢、隨、唐、峽、歸、均、房、金、夔、萬、忠，已上十六州爲山南道。梁、洋、集、通、開、壁、巴、蓬、渠、涪、渝、合、鳳、興、利、閬、果，已上西道。凡三十有三州焉。東接荆楚，西抵隴蜀，南控大江，北據商華之山。江水自蜀歷渝、涪、忠、萬、夔、歸、峽、荆八州界。其名山有嶓冢、熊耳、巫峽、銅梁、荆山、峴山。嶓冢在梁州金牛縣。熊耳在商州上洛縣。巫峽在夔州巫山縣。銅梁在合州石鑑縣。荆山在商州荆山縣。峴山在襄州襄陽縣。大川則有巴、漢、沮、淯之水。巴水在合州界，入江。漢水源出梁州金牛縣，初名漾水，一名沔水，歷洋、金、均、襄、郢、荆、復七州，至沔州，入于江。沮水源出房州永清縣，至荆州界，入江。淯水出鄧州，南入漢。厥賦絹、布、綿、紬。梁、利、隨、均、荆、襄雜用綿、絹，

合州調以綿、紬，餘州並調以麻、布。厥貢金、漆、蜜、蠟燭、鋼鐵、芒消、麝香、布、交梭白縠、細紵、綾、葛、綵綸、蘭干。利州貢金、鋼鐵，〔七一〕荆州交梭縠、子方縠、紋綾，襄州漆、隱起庫路真，鄧、利、果等州絲、布，襄、均、房、商等州麝香，復、郢、開等州白紵，隨州綾，唐州絹，峽州芒消，歸州紵麻布，金州麩金，萬州金，忠州蘇薰席，梁州燕支、紅花，洋州白交梭，壁、巴、蓬、通、忠、渠等州綿紬，集、通、合等州白藥子，通州絳香，渠州買子木并子，涪州連頭獠布，渝、峽、隨等州葛，合州牡丹皮，閬州重蓮綾，襄州白縠，鳳州蠟燭，巴州蘭干布，房州紵，襄州烏漆、碎石文漆器，白綸巾，興、鳳、集、夔等州蜜、蠟。

六曰隴右道，古雍、梁二州之境，今秦、渭、成、武、洮、岷、疊、宕、河、蘭、鄯、廓，已上隴西。涼、甘、肅、瓜、沙、伊、西、北庭、安西，已上河西。凡二十有一州焉。其秦、梁、鄯、洮、北庭、安西、甘、岷又管羈縻州。東接秦州，西逾流沙，南連蜀及吐蕃，北界朔漠。流沙在沙州已北，連延數千里。其名山有秦嶺、隴坻、西傾、朱圉、積石、合黎、崆峒、三危、鳥鼠同穴。秦嶺在秦州上邽縣。隴坻在清水縣。西傾在洮州之西南。朱圉在秦州伏羌縣。積石在河州枹罕縣。合黎在甘州張掖。崆峒在肅州福禄。三危在沙州燉煌。鳥鼠同穴在渭州渭源。其大川則有洮水、弱水、羌水，洮水出西羌中，歷岷、蘭二州界，入河。弱水在甘州删丹縣。羌水歷宕、武、文三州之界。河瀆及休屠之澤在焉。河水歷廓、河、鄯、蘭等州界。休屠澤在梁州界。厥賦布、麻。厥貢麩金、礪石、棊石、蜜蠟、〔七二〕蠟燭、毛氈、麝香、白氎及鳥獸之角、羽毛、皮革，廓、宕二州貢麩

金，宕州散麝香，沙州綦子，肅州礪石，成州、武州蠟燭，洮州毛毼，涼州毼布，甘、肅、涼、瓜等州野馬皮，西州白氈氈，瓜州吉莫皮，伊州陰牙角，胡桐律，鄯州羖羊角、野馬皮，〔七三〕岷、秦二州龍鬚席、犛牛尾、鵰翎，秦州芎藭，肅州肉蓯蓉、柏脉根，瓜州草豉子，北庭州速霍角、陰牙角、阿魏、截根，安西緋氈、硇砂、陰牙角、𣰽毛、甘、沙、渭、河、蘭、疊等州麝香。遠夷則控西域胡戎之貢獻焉。

七曰淮南道，古揚州之境，今揚、楚、和、滁、濠、壽、廬、舒、蘄、黄、沔、安、申、光，凡一十有四州焉。東臨海，西抵漢，南據江，北距淮。海在揚、楚二州東。漢在沔州。淮水，經申、光、壽、濠、楚五州北境入海。江水經沔、黄、蘄、舒、和、揚六州南境入海。其名山有八公、灊、大別、霍山、羅山、塗山。八公山在壽州壽揚縣。大别山在壽州霍山縣。霍山一名天柱，在舒州懷寧縣，自漢以來爲南嶽，隋文帝開皇九年，以南衡山爲南嶽，廢霍山爲名山。羅山在申州。塗山在濠州鍾離縣。其大川有滁、肥之水，巢湖在焉。滁水源出廬州合肥縣。巢湖在合肥、巢二縣界。厥賦絁、絹、綿、布。淮南道庸調雜有紵、貲、火、麻等布，壽州以絁、布、綿、麻，安、光二州麻、貲、絁、絹，申州綿、絹。厥貢交梭、紵絺、孔雀、熟絲布、青銅鏡。揚州進青銅鏡、莞席、細紵，廬州交梭，申、光二州貢絺、紵、葛，楚州貢孔雀布，和州紵練，滁、沔二州麻貲布，蘄、舒二州白紵布，黄州紵、貲布、烏蛇，安州青紵布，壽、廬、光等州生石斛，壽州葛布，廬州貢熟絲布。

八曰江南道，古揚州之南境，今潤、常、蘇、湖、杭、歙、睦、衢、越、婺、台、温、明、括、建、福、泉、汀，已上東道。宣、饒、撫、虔、洪、吉、郴、袁、江、鄂、岳、潭、衡、永、道、邵、澧、朗、

辰、錦、施、南、溪、敘、思、黔、費、業、巫、夷、播、溱、珍，凡五十有一州焉。黔中又管羈縻州。東臨海，西抵蜀，南極嶺，北帶江。海水在蘇、杭、越、台、温、括、泉、福八州之東。江水經岳、鄂、江、宣、潤、常、蘇七州之北，入海。其名山有茅山、蔣山、天目、會稽、四明、天台、括蒼、縉雲、金華、大庾、武夷、廬山，而衡嶽在焉。茅山在潤州丹陽、句容二縣界。蔣山一名鍾山，在潤州江寧縣。天目在杭州於潛縣。會稽在越州山陰縣。四明在餘姚縣。天台在台州始豐縣。括蒼、縉雲皆在括州。金華在婺州。大庾在虔州南康縣。武夷在建州崇安縣。廬山在江州尋陽縣。衡山在衡州湘潭縣。其大川有浙江，湘、贛、沅、澧之水，洞庭、彭蠡、太湖之澤。浙江水有三源，一出歙州，一出衢州，一出婺州，歷睦、杭、越三州界，入海。湘水出桂州湘源縣，北流歷永、衡、潭、岳四州界，入洞庭。贛水經虔、吉、洪三州界，入彭蠡。沅水歷沅、辰、朗、岳四州界，入洞庭。澧水源出澧州石門縣，至岳州界，入洞庭湖。洞庭在岳州巴陵縣界。彭蠡湖一名宫亭湖，在江州尋陽縣界。太湖在蘇、常、湖、宣四州縣界。厥賦麻、紵。潤州調火麻，餘州並以紵布。厥貢紗、編、綾、綸、蕉、葛、練、麩金、犀角、鮫魚、藤紙、朱砂、水銀、零陵香。潤州方棊水波綾，常州紫綸布、兔褐，蘇州紅綸布，杭、越二州白編，睦、越二州交梭，衢、婺二州藤紙、綿，越州吳綾、建州蕉花練，福州蕉海蛤，泉、括二州綿，饒、衡、巫等州麩金、犀角，洪、撫、江、潭、永等州葛，〔七四〕蘇州白石脂、白蛇牀子，台州金、漆、乾薑、甲香，江州生石斛，鄂、江二州銀，永州石燕，道州零陵香，澧州龜子綾、五入簟，朗州紵練，辰、錦二州光明砂、水銀，溪、錦二州朱砂，常、湖、歙、宣、虔、吉、袁、岳、道等州白紵布，施、宣二州黃連，宣州

綺，南州班布，〔七五〕思、黔、費、業、溱、珍等州蠟，夷州蠟燭，温、台二州鮫魚皮。遠夷則控五溪之蠻。

九曰劍南道，古梁州之境，今益、蜀、彭、漢、綿、劍、梓、遂、普、資、簡、陵、邛、眉、雅、嘉、榮、瀘、戎、黎、茂、龍、扶、文、當、松、静、柘、翼、悉、維、巂、姚，凡三十有三州焉。其黎、戎、瀘、茂、松、巂、姚又管羈縻州。静、柘、翼、悉、維五州並管羌夷。東連牂牁，西界吐蕃，南接群蠻，北通劍閣。劍閣在劍州普安縣界，今謂之劍門。其名山有峨眉、青城、鶴鳴、岷山。峨眉山在嘉州。青城在蜀州。鶴鳴在蜀州晉源縣。岷山在岷州，劍南道之西北界。其大川有涪、雒及西漢之水，江瀆在焉。涪水歷松、龍、綿、梓、遂、合六州界，入江。雒水出漢州什邡縣，經益、簡、資、瀘四州界，入江。西漢水歷利、閬、果、合四州界，入江。大江水自松州甘松嶺經翼、茂、彭、蜀、益、陵、眉、嘉、戎、瀘十州之界，入山南道。厥賦絹、綿、葛、紵。瀘州調以葛、紵等布，餘州皆用綿、絹及紵布。厥貢麩金、羅、綾、綿、紬、交梭、彌牟布、絲、葛、麝香、羚羊、犛牛角尾。益、蜀二州單絲羅，益州高杼衫段，彭州交梭，簡州綿紬，漢州紵布、彌牟布，綿州雙紃，梓州、遂州樗蒲綾，戎、普、瀘等州葛，邛、劍、巂等州絲布，龍、雅、眉、嘉、資等州麩金，姚、茂、扶、静、文、悉、松、維、當、柘、翼等州麝香，劍州蘇薰席，晉州天門冬煎，榮州班布，黎州蜀椒，龍州羚羊角，當、静、柘等州當歸、羌活，松州狐尾，悉州當歸、犛牛尾，維州犛牛尾，姚州金。遠夷則控西洱河群蠻之貢獻焉。

十曰嶺南道，古揚州南境，今廣、循、潮、漳、韶、連、端、康、岡、恩、高、春、封、辯、瀧、新、潘、雷、羅、儋、崖、瓊、振，已上廣府管内。桂、昭、富、梧、賀、龔、象、柳、宜、融、古、嚴，已上桂府管内。容、藤、義、竇、禺、白、廉、繡、黨、牢、巖、鬱林、平琴，已上容府管内。鬱林、平琴二州複名。邕、賓、貴、横、欽、潯、瀼、籠、田、武、環、澄，已上邕府管内。安、南、驩、愛、陸、峯、湯、萇、福禄、龐，已上安南管内。福禄一州複名。凡七十州焉。其五府又管羈縻州。東南際海，西極群蠻，北據五嶺。其名山有黄嶺及鬱水之靈洲焉。黄嶺在廣州寶安縣。靈洲在廣州南海縣鬱水之中。其大川有桂水、鬱水。桂水出桂州臨源縣，歷昭、富、梧三州界，入鬱水。鬱水一名浪水，歷藤、梧、封、康、端、廣六州界，入海。厥賦蕉、紵、落麻。廣州等調以紵布，端州調蕉布，康、封二州調以落麻布。厥貢金、銀、沈香、甲香、水馬、翡翠、孔雀、象牙、犀角、龜殼、鼅鼊、綵藤、竹布。融、象二州貢金，桂、邕、昭、柳等五十餘州貢銀，桂州銅盤，連州細布、鍾乳，崖、欽二州高良薑，廣州竺席、生沈香、水馬、甲香、鼅鼊皮、藤簟，廣州、安南並貢龜殼，循、振二州五色藤盤，振州班布、食單，安南及潮州蕉，安南檳榔、鮫魚皮、翠毛、愛、龐等州孔雀尾，驩州象牙、藥、犀角、金薄、黄屑、沈香，漳、潮等州鮫魚皮、甲香，韶州竹子布，岡州甲香、詹糖香，廣、潮、高、循、峯、邵等州及安南蚺蛇膽，春、韶、瀧、廣等州石斛，雷州絲電，富州班布、白石英，蒙州麩金，古州蠟，容州朱砂、銀，欽州翡翠毛，陸州玳瑁、鼊皮、翠毛、甲香，峯州荳蔻，福禄、郃二州白蠟，福禄、龐二州紫餅朮，昆州

桂心。其遠夷則控百越及林邑、扶南之貢獻焉。

凡天下之州府三百一十有五，而羈縻之州蓋八百焉。京兆、河南、太原爲三都，潞、揚、益、荆、幽爲大都督府，單于、安西、安北爲大都護府，安南、安東、北庭爲上都護府，涼、秦、靈、延、代、兖、梁、安、越、洪、潭、桂、廣、戎、福爲中都督府，夏、原、慶、豐、勝、營、松、洮、鄯、西、雅、瀘、茂、嶲、姚、夔、黔、辰、容、邕爲下都督府，〔七六〕同、華、岐、蒲爲四輔州，蒲新升入。陜、懷、鄭、汴、魏、絳爲六雄州，絳新升入。虢、汝、汾、晉、宋、許、滑、衛、相、洺爲十望州，汾新升入。安東、平、營、檀、嬀、蔚、朔、忻、安北、單于、代、嵐、雲、勝、豐、鹽、靈、會、涼、肅、甘、瓜、沙、伊、西、北庭、安西、河、蘭、鄯、廓、疊、洮、岷、扶、柘、維、靜、悉、翼、松、當、戎、茂、嶲、姚、播、黔、驩、容爲邊州。四萬户已上爲上州，陜、汝、虢、僊、澤、邠、隴、涇、寧、鄜、坊，户雖不足，亦爲上州。二萬户已上爲中州，不滿爲下州。凡三都之縣，在城内曰京縣，奉先同京城。城外曰畿縣，又望縣有八十五焉。同州馮翊、朝邑、澄城、白水、郃陽，華州鄭縣、華陰、下邽，岐州雍縣、扶風、陳倉，陜州陜縣、桃林、硤石、河北、芮城，虢州閿鄉、湖城，鄭州管城縣、陽武、新鄭、滎澤，汴州浚儀、開封、尉氏、雍丘，宋州宋城，滑州酸棗，兖州金鄉，許州扶溝，汝州梁縣，徐州襄城，蒲州河東、桑泉、安邑、虞鄉、汾陰、猗氏、解縣，絳州正平、龍門、夏縣、聞喜、翼城，晉州臨汾、洪洞，汾州隰城、平遥、介休，潞州上黨，懷州河内、武德、武陟、獲嘉，魏州貴鄉、魏縣、昌樂，

頓丘、元城，相州滏陽，洺州永年，冀州信都、南宫，瀛州河間，深州饒陽，益州成都、蜀縣、郫縣、新繁，彭州九隴、導江，蜀州晉原、青城，漢州雒縣，潤州曲阿、江寧，常州晉陵，蘇州吴縣，杭州餘杭，越州會稽，婺州金華，荆州江陵，襄州襄陽，揚州江都、揚子。其餘則六千户已上爲上縣，二千户已上爲中縣，一千户已上爲中下縣，不滿一千户皆爲下縣。凡天下之户八百一萬八千七百一十，口四千六百二十八萬五千一百六十一。開元二十二年數。百户爲里，五里爲鄉，兩京及州縣之郭内分爲坊，郊外爲村，里及村坊皆有正，以司督察。里正兼課植農桑，催調賦役。四家爲隣，五隣爲保，有長以相禁約。凡男女始生爲黄，四歲爲小，十六爲中，二十有一爲丁，六十爲老。每一歲一造計帳，三年一造户籍，縣以籍成于州，州成于省，户部總而領焉。

校勘記

〔一〕「漳水入焉」，汪本「漳」作「潼」，據元本、明本、于本、殿本改。

〔二〕「厥縣後爲厥西」，汪本二「厥」字作「灁」，據元本、明本、于本、殿本改。

〔三〕「入於夏水」，汪本「夏」作「富」，據元本、明本、于本、殿本改。

〔四〕「西南至卞」，汪本「卞」作「汴」，元本、明本、于本、殿本皆作「卞」，下文泗水條汪本亦

作「卞」，今據改。
〔五〕「東過壺關」，「壺」，原作「壼」，據元本、殿本改。
〔六〕「王處于汜」，汪本「于」作「子」，據元本、明本、于本、殿本改。
〔七〕「荒服也」，「荒」，原作「藩」，據殿本、通典一七一改。
〔八〕「二百四十有二年間」，「間」字脱，據通典一七一補。
〔九〕「總標爲一十二焉」，通典一七一作「總標十三」。按史記十二諸侯年表，實列十三國，故或言「十二」，或言「十三」，皆可。
〔一〇〕「涼治武威」，「涼」，原作「兖」，據通典一七一改。
〔一一〕「祁山」，「祁」，原作「祈」，據通典一七一改。下同。
〔一二〕「即今漢陽縣」，「縣」，原作「郡」，據通典一七一改。
〔一三〕「故城在今縣東二十里」，「二」，通典一七一作「三」。
〔一四〕「即今江夏郡縣」，「縣」，原作「是」，據明刻本通典一七一改。
〔一五〕「孫亮建興二年」，「二」，原作「三」，據三國志吴志三嗣主傳改。
〔一六〕「又增置郡國二十有三」，「三」，原作「二」，據晉書地理志改。
〔一七〕「又爲苻堅將苻丕所陷」，汪本「丕」作「今」，據元本、明本、于本、殿本改。
〔一八〕「廢帝太和四年」，「四」，原作「二」，據晉書海西公紀、桓温傳改。

〔一九〕「孝武太元元年」，原作「太和五年」，據晉書孝武帝紀、通鑑一〇四改。
〔二〇〕「太元八年」，「元」，原作「和」，據晉書孝武帝紀、通鑑一〇五改。
〔二一〕「他皆類此」，汪本「他」作「守」，據元本、明本、于本、殿本改。
〔二二〕「不能詳誌焉今紀其所治經久者」，「誌」，原作「制」，「紀」，原作「絶」，據通典一七一改。元本、殿本亦作「制」而「紀」字不誤。
〔二三〕「柳元景拔弘農開方」，「開」，原作「聞」，據元本、殿本改。
〔二四〕「元嘉二十七年」，「七」，原作「六」，據宋書文帝紀、索虜傳、通鑑一二五改。
〔二五〕「今雲安郡」，「安」，原作「南」，據通典一七一改。
〔二六〕「在今南陽郡界」，「南」，原作「丹」，據通典一七一改。
〔二七〕「天監七年」，「七」，原作「六」，據梁書武帝紀上改。
〔二八〕「元樹等剋之」，「樹」，原作「植」，據梁書武帝紀下改。
〔二九〕「爾朱榮來攻」，文上原有「數日」二字，乃涉下文「數日顯敗」而衍，據通典一七一删。
〔三〇〕「自太建五年北伐」，「伐」，原作「戍」，據元本、殿本改。
〔三一〕「將吕仲肅據之」，「吕」字脱，據隋書楊素傳補。
〔三二〕「自峽中舟師東下」，「東下」，原作「來于」，據通典一七一改。

〔三三〕「太平真君十一年」，「一」，原作「二」，據魏書世祖紀下、通鑑一二五改。
〔三四〕「禽刺史李徽伯」，「徽」，原作「祥」，據周書文帝紀下、通鑑一五七改。
〔三五〕「元象元年」，「元象」，原作「大象」，據北史齊本紀上、通鑑一五八改。
〔三六〕「興和四年」，「和」，原作「元」，據北史齊本紀上、通鑑一五八改。
〔三七〕「武成河清中」，汪本「成」作「城」，據元本、明本、于本、殿本改。
〔三八〕「自東西魏之後」，「西」字脱，據通典一七一補。
〔三九〕「三關並今絳郡正平縣界」，「郡」，原作「都」，據通典一七一改。
〔四〇〕「北荆州」，「州」，原作「門」，據通典一七一改。
〔四一〕「今臨汝郡魯山縣東北」，「臨汝」，原作「汝南」，據新唐書地理志二改。
〔四二〕「邵郡」，「邵」，原作「郃」，據通典一七一、通鑑一五七改。下文小字同。
〔四三〕「垣縣」，「垣」，原作「常」，據通典一七一改。
〔四四〕「將尉遲迥剋之」，「迥」，原作「迴」，據元本、殿本改。
〔四五〕「本史不分别所領諸郡」，「領」，原作「置」，據通典一七一改。
〔四六〕「更置四郡」，「郡」，原作「部」，據通典一七一改。
〔四七〕「八曰江南道」，「南」，原作「西」，據通典一七二改。
〔四八〕「治東都」，「都」，原作「郡」，據通典一七二改。

〔四九〕「夏商周並爲九州」，「周」字脱，據通典一七二補。

〔五〇〕「燉煌等郡地」，「地」，原作「也」，據通典一七二改。

〔五一〕「南陽」，二字原脱，據通典一七七補。

〔五二〕「鄮郡」，「郡」，原作「都」，據通典一七二改。

〔五三〕「南流入海」，「入」，原作「北」，據通典一七二改。

〔五四〕「南充」，「充」，原作「兖」，據通典一七二改。

〔五五〕「吴興」，二字原脱，據通典一七二補。

〔五六〕「竟陵」，「竟」，原作「景」，據通典一七二改。

〔五七〕「龍標溱溪」，「龍標」，原作「龍溪」，據通典一八三改。「溱溪」，原脱，據通典一七二補。

〔五八〕「今雁門郡之北境」，「今」下衍「爲」字，據通典一七二删。

〔五九〕「通川潾山」，汪本「川」作「州」，據元本、明本、于本、殿本改。「潾山」，原作「隣山」，據通典一七二改。

〔六〇〕「南充」，「充」，原作「兖」，據通典一七二改。

〔六一〕「蜀郡　會稽」，按，通典一七二「蜀郡」與「會稽」二郡之間有「九江」與「章郡」二郡，諸本皆脱，今補録於此：「九江。（揚州之域，今廣陵、淮陰、鍾離、壽春、永陽、歷

陽、廬江、同安、蘄春、弋陽、鄱陽、章郡、臨川、廬陵、南康、宜春、潯陽是。）章郡。（揚州之域，今宣城、新安、新定及丹陽郡之東境，吴興郡之西境皆是。）」

〔六二〕「竟陵」，「竟」，原作「景」，據通典一七二改。
〔六三〕「盧溪」，二字原脱，據通典一七二補。
〔六四〕「南越之地」，「地」，原作「域」，據通典一七二及本篇下文象郡作「南越之地」改。
〔六五〕「安城常林修德」，此三名原作「安誠」、「桂林」、「循德」，據通典一七二改。
〔六六〕「普寧」，汪本「普」作「浦」，據元本、明本、于本、殿本改。
〔六七〕「武峩」，「峩」，原作「義」，據通典一七二改。按武峩爲郡，武義爲縣，見新唐書地理志七上，故從通典改。
〔六八〕「江油　歸誠　維川」，此三名原作「油江」、「歸城」、「鶏川」，據通典一七二改。
〔六九〕「增省而衆」，「衆」字脱，據通典一七二補。
〔七〇〕「歷相洺邢冀滄入海」，汪本「洺」作「洛」，據元本、明本、于本、殿本改。
〔七一〕「利州貢金鋼鐵」，「鋼」，原作「綱」，據元本、殿本改。
〔七二〕「蠻蠟」，「蠻」，原作「密」，據元本改。
〔七三〕「鄯州牸羊角野馬皮」，汪本「州」作「川」，據元本、明本、于本、殿本改。
〔七四〕「洪撫江潭永等州」，汪本「等州」二字互倒，據元本、明本、于本、殿本改。

〔七五〕「南州班布」，汪本「班」作「斑」，據元本、明本、于本、殿本改。下文「榮州班布」、「振州班布」、「富州班布」同此。

〔七六〕「姚夔黔辰容邕爲下都督府」，汪本「姚」作「姓」，據元本、明本、于本、殿本改。

都邑略

都邑序

建邦設都，皆馮險阻。山川者，天之險阻也。城池者，人之險阻也。城池必依山川以爲固。大河自天地之西而極天地之東，大江自中國之西而極中國之東。天地所以設險之大者，莫如大河，其次莫如大江。故中原依大河以爲固，吴、越依大江以爲固，中原無事則居河之南，中原多事則居江之南。自開闢以來，皆河南建都，雖黄帝之都，堯、舜、禹之都，於今皆爲河北，在昔皆爲河南。大河故道自碣石入海，碣石今平州也，所以幽薊之邦，冀都之壤，皆爲河南地。周定王五年以後，河道堙塞，漸移南流，至漢元光三年，徙從頓丘入渤海，今濱、滄間也。自成周以來，河南之都，惟長安與洛陽，或逾河而居鄴者，非長久計也。自漢、晉以來，江南之都，惟有建業，或據上流而居江陵、武昌者，亦非長久計也。是故定都之君，惟此三都是定，議都之臣，亦惟此三都是議。此三都者，雖曰金湯

之業，屢爲車轂之場，或歷數百載，或禪數十君，高城深池，壍山堙谷，斸土既多，地絶其脉，積污復久，水化其味，此隋人所謂不甚宜人者也。而況衝車所攻，矢石所集，積骸灑血，莽爲荆榛，斷垣壞壁，鬼燐滅没，由兹鳩集，能必其蕃育乎！

唐之末年，博士朱朴獻遷都之議，曰：「古之帝王，不常厥居，皆觀天地興衰，隨時制事。關中，周、隋所都，我實因之，凡三百歲，文物資貨，奢侈僭僞，皆極焉。廣明巨盜，陷覆京闕，高祖、太宗之制蕩然矣。夫襄鄧之西，夷漫數百里，其東則漢輿，鳳林爲之關，〔一〕南則菊潭環屈而流屬於漢，西有上洛重山之險，北有白崖聯絡，誠形勝之地，沃衍之墟。若廣浚河渠，漕輓天下，可使大集。自古中興之君，去已衰之衰，就未王而王。今南陽，光武雖起而未王也。臣視山河壯麗處，多故都已盛而衰，難可興已。江南土薄水淺，人心囂浮輕巧，不可以都。河北固水深土厚，而人心彊愎狼戾，未卽可服。襄鄧既爲内地，人心質良，去秦咫尺，而有上洛爲侵軼之限，此建都之極選也。」疏奏，在廷無有是其説者，豈以其人無足取，故并廢其言與？然其論「去已衰之衰，就未王而王」，則前此或未有之及矣。

臣竊觀自昔帝王之都，未有建宸極於汴者，雖晉之十六國偏處中州，亦未聞有據夷門者，何哉？蓋其地當四戰之衝，無設險之山，則國失依憑，無流惡之水，則民多疾癘。

七國之魏，本都安邑，爲秦侵蝕，不得已東徙大梁。秦人卒決河流以灌其城，王假就虜，一國爲魚焉。自是曠千三四年無有居者。〔二〕朱全忠藉宣武資力以篡唐，因而居汴，未爲都也。不及五六年，梟鏡殞命，昏庸繼位，或獻遷都之謀，君臣皆謂夷門國家根本，不可遽易，遂爲京室。唐兵之來，梁室之禍，甚於王假。晉遵覆轍，邪律長驅，取少帝如拾芥，視朱氏又酷烈焉。逮至九朝，遂有靖康之難，豈其德之不建哉，由地埶然爾。六飛南巡，駐蹕吳越，朝曰行闕，陵曰欑寢，此豈絶念於卜宅哉！咸陽郟鄏，我陵我阿，湯湯秦淮，一葦可至，而臣鄰未聞以定鼎之謀啓陳者，毋亦以殘都廢邑，土脉絶，水泉鹵，不足復興，而夷門之痛，況未定也。嗚呼！江沱不足宴安也，毋已，則採唐人之議，取南陽爲中原新宅，且以繫人望云。

三皇都

伏犧都陳。宛丘城是也，今陳州治。周武王封舜之後於此。神農都魯，或云，始都陳。魯今兗州曲阜縣，故又云，神農營曲阜。黄帝都有熊，又遷涿鹿。有熊，今鄭州新鄭。

涿鹿卽涿州。

五帝都

少昊都窮桑。卽魯曲阜也，故曰：「封伯禽於少昊之墟。」顓帝都高陽。澶州濮陽縣，以顓帝居之，故謂之帝邱，其城中有顓帝冢存焉。帝嚳都亳，亦謂之高辛。卽偃師縣，今隸西京。帝嚳爲高辛氏，故都亦謂高辛。堯始封于唐，後徙晉陽，卽帝位都平陽。唐，今定州唐縣，猶有唐城存焉。或云，唐城在絳州翼城西二里。及徙晉陽，則以晉陽爲唐，今平定軍有古晉陽城，是其地。及爲天子，都平陽，則又以平陽爲唐。平陽今晉州也。舜始封于虞，卽帝位都蒲坂。虞卽南京虞城縣。蒲坂隋改爲河南縣，今隸河中府。

夏都

禹封於夏，受禪之後，都平陽，又徙安邑。夏，今陝州夏縣。安邑今隸蒲州。平陽卽堯都也。禹在陽城者，避商均之地，而非都也。按五子之歌曰：「惟彼陶唐，有此冀方。」言堯、舜及禹皆

在冀州界，少康中興，復還舊都。故左傳曰：「復禹之迹，不失舊物。」

商都

契封於商，後世遷于亳，卽西亳也。成湯受命，始遷于南亳，故命以殷。至仲丁遷于亳，河亶甲居于相，祖乙居于耿，及盤庚五遷，復都南亳。至紂居朝歌。商卽上雒，今爲商州。亳故京兆杜縣有亳亭是也。杜城今在長安南，故司馬遷云，「禹興西羌，湯起亳」也。及湯有天下，始居宋地，復命以亳，今南京穀熟是也。或云，河南偃師是，蓋有㴬水出陽城，東至西華、汝陽，入于潁，與潁水合流，古人并謂潁爲㴬，故命以㴬焉。此謂之南亳。囂亦作敖，卽河南之敖倉也。相今爲相州。耿河中府龍門縣南十二里故耿城是。朝歌隋改爲衛縣，衛州朝歌故城在縣西二十二里，衛縣熙寧中省爲鎮，入黎陽。

夏商之際諸侯都

昆吾。夏之伯國。杜預云：「東郡濮陽縣。」按唐武德四年，析濮州濮陽置昆吾縣，復舊名也。八年，復省入濮陽。

大彭。商之伯國。今徐州彭城是也。

豕韋。亦商之伯國，或謂之

韋。杜預云：「東郡白馬縣東南有韋城。」按今滑州韋城是也，有豢龍井在韋城古城之内。**唐杜**。唐杜，一國名。商末豕韋國於唐，周成王滅唐而遷之於杜，爲杜伯。唐，今定州唐縣，杜在永興軍長安縣南十五里，曰下杜城，猶有杜伯冢在焉。**顧**。夏之諸侯國。濮州范縣東南二十八里有故顧城。**六**。廬州舒城東南六十里有故六城，虞夏之際封皋陶於此。**蓼**。壽州霍丘縣。六、蓼皆虞夏所以封皋陶。**扈**。夏爲扈，商爲崇，秦改扈爲鄠。今鄠縣北二十里有故扈城，城周四里。亦有甘亭，卽啓與有扈戰處。**鉏**。故鉏城在澶州衛南縣東十五里。此羿本國，羿後遷于窮石。**寒**。寒浞之國。今濰州東二十三里寒亭是也。**斟灌**。夏同姓國。杜預云：「樂安壽光縣東南有灌亭。」按壽光今隸青州。**斟尋**。夏同姓國。按漢北海郡有斟縣，其地在今濰州東南五十里，尚有斟亭。京相璠云：「斟尋去斟亭七里。」**過**。澆之國，一名有過。萊州掖縣北有過鄉。**戈**。豷之國。在宋、鄭之間。**崇**。永興鄠縣東。在夏爲扈，在商爲崇。**姺**。商時國。**邳**。商時國。今淮陽治下邳是。**密須**。按今涇州靈臺有密康公墓。或云，涇州保定有陰密城。**甲父**。單州有甲父城。**飂**。飂叔安之國，亦作廖。唐州湖陽是。**褒**。褒姒之國。疑蔡州褒信是。**防風氏**。湖州武康縣是。**厥**。古厥國，鄆州中都有厥陽亭。**葛**。南京寗陵縣有故寗城是。北去亳城百里，亳卽湯始居。或云，許州鄢城北三十里有葛伯城。然皆指其處也。

周都

周本扶風郡之地名，后稷始封於此，其所居之地謂之邰。公劉遷于豳，豳亦作邠。太王避狄，去豳居岐。及文王德業光大，作邑于豐，而典治南國。武王有天下，乃居鎬京。豐在豐水之西，鎬在豐水之東。周地西迫戎俗，自岐之豐，自豐之鎬，是西遠戎而東即華也。武王克商，乃遷九鼎于郟鄏，至成王始定鼎於此，而城之以爲東都，謂之王城。及三監導紂子武庚叛，成王乃命周公營洛邑，遷商之頑民於此，謂之成周。自武王十一世至幽王，爲犬戎所滅。太子宜臼徙居王城，謂之東周，是爲平王。東徙之後，則以王城爲周，而以鎬京爲宗周。自平王十三世至敬王，有王子朝之難，王城隳廢，又還成周。成周在東，河南在西，又以王城爲西周，成周爲東周。故公羊曰：「王城者，西周也。」由春秋後至赧王時，周分爲二，而赧王復居王城爲西周。考王弟桓公之孫惠公，居成周爲東周。邰，今武功縣𨛫城是也。豳，班固云：「栒邑有豳鄉。」按栒邑故城在今邠州三水縣東北。或云，三水西南三十里有古豳城是也。岐，今鳳翔岐山是也。豐、鎬皆水名，豐在今永興鄠縣東南，鎬去豐二十里。王城，今河南縣。成周，今洛陽縣。

周諸侯都

魯都曲阜。魯本少昊摯居之，謂之少昊之墟，又大庭氏居之，魯於其上作庫，故謂大庭氏之庫。至周成王，以周公之功而封伯禽於此，其地本名魯，乃作都于曲阜。宋祥符中，改曲阜爲仙源，今隸兖州。

齊都薄姑，遷于營丘。齊本顓帝之墟。營丘今臨淄縣。薄姑亦謂之蒲姑，在其西北。或云，營丘故城在濰州昌樂，而青州博興有蒲姑故城。

宋都商丘。杜預云：「梁國睢陽縣。」按睢陽隋改爲宋城，今南京治。本陶唐氏之火正閼伯之墟，以其主火，故爲火辰之墟。相土因之。武王伐紂，封其子武庚於邶。〔三〕武庚叛，成王殺之，更封紂兄子微子啓於宋，以爲商後，故謂之商丘。

衛都朝歌，及懿公爲狄所滅，宋桓公迎衛之餘民渡河，立戴公，以廬于曹。後齊桓公城楚丘而居文公焉。至成公又遷于帝丘。朝歌故城在衛縣西二十二里。衛縣宋熙寧省爲鎮入黎陽，本紂都，故謂之商墟。曹亦作漕，今滑州白馬是也。楚丘，今單州成武。帝丘本顓帝之墟，故曰帝丘，夏王之世，昆吾氏居之，故亦謂之昆吾之墟，今澶州濮陽縣。

鄭都本西周畿内之地，周宣王以封母弟桓公友。及幽王有犬戎之變，鄭武公遂遷于濟、洛、河、潁之間，謂之新鄭。鄭之始都謂之故鄭，今華州鄭縣是也，有鄭故城在縣北。新鄭今之滎陽。

晉都唐，謂之夏墟，

大名也，本堯所都，謂之平陽。成王封母弟叔虞於此，初謂之唐，其子燮立，始改爲晉，以有晉水出焉。其地正名翼，亦名絳，而平陽者是其總名。及昭侯立，封叔父桓叔于曲沃，後曲沃盛彊，桓叔之孫武公滅翼，遂有晉都。至景公遷于新田，又謂新田爲絳，而謂平陽爲故絳。唐，今定州唐縣，猶有唐城。或云，唐城在絳州翼城西二里。平陽，今爲絳州縣。翼，晉之舊都，今絳州翼城是也，尚有故城在縣東南。曲沃，今爲絳州縣，晉先君祖廟並在此。新田一名絳，今絳州絳縣是也。或云，絳故城在曲沃南二里，景公以後並都是。

楚都丹陽，周成王封熊繹以子男之田，蓋居於此。至熊達始盛彊，僭稱王，是爲楚武王，遷都于郢。昭王爲吳所滅，又遷于鄀。楚本名荆，至成王頵始改號楚。丹陽，今江陵枝江縣。郢，江陵縣北十餘里有紀南城，〔四〕城東有小城名郢，在江之南，非今郢州。鄀，本鄀國，楚并之，在襄陽宜城縣東，按今襄州南二百二十里廢樂鄉縣是其地，今有鄀鄉在鄀水傍。又云，宜城西南有鄀亭山。至考烈王徙都壽春，復命曰郢。今楚州者，懷王孫心所都。

秦，周孝王封非子居於秦谷，至襄公赴幽王之難，以兵助送平王，故平王與之以岐豐之地，列爲諸侯。莊公居犬邱，文公居汧渭，德公遷于雍，自德公以下十八世居雍。獻公遷櫟陽，孝公乃遷咸陽。秦谷，故隴西縣秦亭是也。隴西唐末爲寨，宋熙寧廢爲鎮入汧原，今隸隴州，故秦城尚在。犬邱，漢槐里縣，今永興軍興平縣。雍，故扶風雍縣，唐改曰天興，今鳳翔治。櫟陽、咸陽，今皆爲縣，隸永興軍。

吳都吳。今蘇州城是。

虞都虞。杜預云：「河東大陽縣。」按今陝州夏縣有大陽故關，而平陸縣東北六十里見有故虞城。仲雍國於吳，其支子別封于此，故亦謂之西吳。其虞舜之後居于虞城，今爲縣，隸南京，非此虞也。

虢都上陽。上陽，今虢州虢略，此虢仲之封也，謂之西虢。而虢叔之封在鳳翔虢縣，謂之南虢。復有一虢，居於滎陽，謂之東虢，以其在虢仲國之東南。東、南二虢皆主於上陽。

曹都曹。今廣濟軍治定陶是。

許都許，後遷于葉，又遷于城父，又遷于白羽，又遷于容城。許，今許州。白羽，一名析，鄧州淅川是。或云，内鄉是。容城華容縣是。

郳都郳。今兗州曲阜東南四十里古郳城是。或云，濟州任城南二十里復有郳婁城，皆即其所也。曲阜今爲仙源縣。

莒都莒，後遷鹽官，故謂之南莒。莒，今爲密州縣。

紀都紀，遷于劇。紀，本在東海故贛榆縣紀城是。劇在青邱臨朐縣東壽光縣西，亦名紀，音訛爲劇。

滕都小郳，遷于公邱。小郳即蕃縣，及遷于公邱，則故地爲小郳國。隋以其爲滕舊都，故改蕃爲滕縣，今隸徐州。公邱，今兗州龔邱。

薛，仲虺之都，本在魯地，奚仲遷于邳。魯莊公三十一年，築臺于薛，即薛舊都也。以遷于邳，又以邳爲薛，今徐州滕縣東南五十里薛城是。

州都淳于，後遷華容。淳于，今爲密州高密。華容，今荊南府監利。

蔡本畿内之地，以爲蔡叔之采邑，及蔡叔逆命國除。至蔡仲，始改封于汝南，故以汝南爲蔡。及遷州來，則以州來爲下蔡，汝南爲上蔡。今蔡州上蔡縣西南十里故蔡城，即蔡國也。州來即下蔡縣，今壽州治。

徐都臨淮。今泗州臨淮有徐城，又有偃王

廟，徐君墓。

葛都甯。南京寧陵縣故甯城是。

越都會稽。今會稽城亦謂之勾踐城、越州城也。

陳都宛丘。宛丘，今陳州治，本太昊之墟。

南燕都胙。東郡舊有燕縣，隋改曰胙城，本胙國也，爲燕所并。胙城唐爲縣，隸滑州，故燕城在胙城東北。

遂都乘丘。乘丘，舊爲蛇丘，唐省入鉅野，今齊州治。

譚都譚。齊州歷城縣有古譚城。

管都管。鄭州管城是。

鄶都鄶。今鄭州新鄭東北三十五里有古鄶城。

戴都戴。今開封封丘縣有戴城。

任都任城。今濟州任城。

宿都無鹽。無鹽，故城在鄆州須城東三十六里。

須句都須朐，遷于須昌。鄆州壽張縣西北有須朐城。須昌今鄆州舒城也。

顓臾都費。沂州費縣西北八十里有故顓臾城。

鄫都鄫。今沂州承縣東八十里故鄫城。

向都向。今沂州有古向城。

鄅都開陽。故開陽城在臨沂縣北十五里。

蕭都蕭。徐州蕭縣。

頓都南頓。今陳州南頓縣。

息都新息。今蔡州新息縣。

沈都平輿。平輿，故城在蔡州汝陽縣東。

項都項城。陳州項城縣東北有故項城。

隨都隨。今隨州。

鄧都鄧。襄陽鄧城縣界也。

夔都夔。今歸州東二十里有故夔子城。

北燕都薊。幽州治。

邢都襄國。襄國，隋改曰龍岡，今邢州治。

梁都新里。同州夏陽有新里城。或云，新里城在澄州。

韓都韓城。故城在今同州韓城縣南十八里。

魏都魏城，遷于大梁。今陝州平陸有魏城。大梁卽開封。

趙都趙城，遷于平棘。趙城，今隸晉州縣，平棘隸趙州。

郕都郕。

武王封季載於此。今濮州雷澤北三十里有故郕城。

郜都郜。郜有南北，今單州成武有二郜城。

應都葉。汝州葉縣有故應城。

蔣都期思。期思，故城在光州固始西北七十里。

中都申。今信陽軍。

呂都呂。蔡州城。蔡古呂國。

焦都焦。陝州東北百步有焦城。

耿都耿。河中府龍門縣十二里故耿城是。

霍都霍。今晉州有霍邑。

楊都楊。晉州洪洞縣東南十八里有故楊城。

冀都冀。今河中府有冀亭。

芮都芮。杜預云：「馮翊臨晉縣有芮鄉。」按臨晉故城在今同州朝邑西南二里。

賈都賈。同州蒲城縣有賈城。

荀都荀。荀城在絳州正平西十五里。

黎都黎。今潞州黎城縣有黎侯故城。

邘都邘。京相璠云：「野王縣西北三十里有故邘城。」野王，隋改曰河內，今懷州治。

周夷狄都

戎都戎城。杜預云：「陳留濟陽縣東南有戎城。」又有戎州，是其别邑。

夷都夷安。杜預云：「在城陽。」莊武縣所治夷安縣是也。

介都黔陬。介，東邑國，今密州諸城縣東北一百一十里有黔陬故城。

根牟都安邱。今密州安邱。

萊都黃。登州黃縣東南二十五里有故黃城，卽萊子國。

右東夷

百濮都濮。今江陵建寧縣是。　舒都舒。今廬州舒城。　群舒都龍舒。今廬江西有龍舒。　允姓之戎本居瓜州，秦、晉誘而致之伊川。瓜州，今在極西瓜、沙之地。伊川故陸渾縣，其地在河南伊陽縣南。　揚、拒、泉、皐、伊、洛之戎。〔五〕杜預云：「伊闕縣北有泉亭。」　蠻氏都麻解。杜預云：「河南新成縣東南有蠻氏城，俗以爲麻解城。『蠻』『麻』聲近。」按麻解縣亦謂之蠻王城，今在汝州西南，近伊闕。　庸都上庸。房州竹山縣西二百五十里有上庸城。　盧戎都盧。今襄州中盧。　巴都江州。江州，故縣名，隋改爲江津，隸渝州。

右南蠻

狄都狄，亦謂之翟，其別都有箕。狄在慈州。箕城在遼州榆杜東南三十里。　白狄都西河。白狄與秦同州。今坊、鄜、延、綏間，皆古白狄之地。　鮮虞都鮮虞。白狄之別種。今定州安喜，舊鮮虞縣。　肥都昔陽。肥卽白狄遷于昔陽，故城在今平定軍樂平縣東五十里。　鼓都鼓城。白狄別種，今祁州鼓城縣。　驪戎都臨潼。今永興臨潼縣東二十四里有驪戎故城。

右西戎

赤狄都洺。今洺州之地。　潞都潞。今潞州是。　東山皐落氏都皐落。今絳州垣

縣西北六十里有皐落城，服虔云：「世謂之哥亳城。」蓋聲相近。山戎都薊。北狄也，號無終子，今薊州治漁陽，所以蔽北燕之路。廧咎如、甲氏、留吁、鐸辰，皆赤狄別種，散居河北。鄋瞞在夏爲防風氏，商爲汪芒氏，皆長狄國也。

右北狄

秦都

秦都已見本卷周諸侯都中。

兩漢都

前漢都長安，謂之西都。後漢都洛陽，謂之東都。光武又以南陽爲別都，謂之南都。至建安元年，曹操挾獻帝遷許。長安，宋爲永興軍治。南陽，鄧州。許，潁昌府。

三國都

魏略云：「魏以長安、譙、許昌、鄴、洛陽爲五都，洛陽其京室也。」吳志云：「吳都鄂，後遷建業，故改鄂爲武昌，改秣陵爲建業。」後避晉愍帝諱，故又改爲建康。蜀志云：「蜀都成都。」譙，今亳州。許昌，今潁昌府。鄴，相州。鄂卽鄂州。建業，今建康府。成都，益州也。

兩晉都

晉都洛陽，仍魏舊也。東晉都建業，本吳都也。

十六國都後魏雖共起，由後奄有中原，故不在十六國之數。

張軌都燉煌，謂之前涼。沙州。

呂光都姑臧，謂之後涼。涼州。

李暠都酒泉，謂之西涼。肅州。

禿髪烏孤都樂都，謂之南涼。蘭州與乞伏國仁分據，定樂在其東。

沮渠蒙遜都張掖，謂之北涼。甘州。

慕容皝初都和龍，後徙薊，又徙鄴，謂之前燕。和龍，唐柳城，宋時大遼黄龍府。薊，幽州。鄴，相州。

慕容垂都中山，謂之後燕。今中山府。

慕容德都廣固，謂之南燕。青州。

馮跋都和龍，謂之北燕。

劉淵都平陽，謂之前趙。晉州。

苻堅都長安，謂之前秦。

姚萇都長安，謂之後秦。

乞伏國仁都定樂，後遷金城，謂之西秦。定樂，蘭州東境。金城，河州。

赫連勃勃都統萬，謂之夏。朔方。

宋齊梁陳都

宋因晉舊都建業。齊因宋，梁因齊，改號不改都。梁有太清之禍，建康殘毁，元帝興復，即位于江陵。魏人滅之。陳復都建業。江陵，今荊南府。

後魏都

魏拓跋氏甚微，至道武帝諱珪始盛彊，晉太元間，作都于代。六世孝文帝，改姓元氏，于遷洛陽。後世微弱，孝武帝爲高歡所逼，出居長安，依宇文泰，是爲西魏。高歡立孝静帝，遷都于鄴，是爲東魏。高氏繼東魏，居鄴，謂之北齊。宇文氏繼西魏，居長安，謂之後周。

隋都

文帝繼周，卽都長安。開皇二年，帝以長安故城，漢來舊邑，年代既久，凋弊實多，又制度狹小，不稱皇居，乃作新都於龍首山，在漢城東南。屬杜縣，本後周之京兆郡萬年縣界也。南直終南山子午谷，北據渭水，東臨灞滻，西枕龍首，謂之大興。隋文帝初封大興公，故登極以後，其命名城、縣、門、殿、池及寺，皆以「大興」焉。

四夷都

朝鮮，都王險。漢樂浪郡。

濊，都濊，在高句麗之北。漢蒼海郡。

三韓，皆都帶方郡之東大海中，東西以海爲限，南與倭接，北與樂浪，方可四千里，有三種，曰馬韓，辰韓，弁韓，復有一種曰弁辰。其後馬韓悉王三韓之地，都目支國。

百濟，都居拔城，亦曰固麻城。晉時據遼東、晉平二郡，在柳城、北平之間。

新羅，都新羅，在百濟東南五百餘里，亦在高句麗東南，兼有漢時樂浪郡之地。

倭，初都帶方東南大海中，後都邪馬臺。邪馬臺去遼東二千里，〔六〕在百濟、新羅東南。

夫餘，都夫餘城，在玄菟北千里。南與高句麗，東與挹婁，西與鮮卑接，北有弱水，地方二千里。

高句麗，初都紇升骨城，後世遷於丸都山下。自東晉以後，移都於平壤城，又有別都曰國内城，曰漢城，號爲三京。平壤卽漢樂浪郡，王險城亦曰長安城，東西六里，隨山屈曲，南臨浿水，在遼東南千餘里。城内惟積倉儲器械，賊至方入固守，王別宅於其側。

東沃沮，都高句麗西北，在蓋馬大山之東。蓋馬縣名，屬玄菟郡。東濱大海，北與挹婁、扶餘，南與濊貊接。又有北沃沮，一名置溝婁，去南沃沮八百餘里，亦與挹婁接。

挹婁卽古肅愼國，都不咸山，在夫餘東北千餘里。東濱大海，南與北沃沮接，不知其北所極。

勿吉亦曰靺鞨。亦古肅愼氏國，其都在高句麗之北。自和龍北二百餘里有善玉山，山北行十三日，至祁黎山。又北行七日，至洛瓌水，水廣里餘。又北行十五日，至大兵魯水。又東北行十八日，至其都。

扶桑，都在大漢國東二萬餘里，地在中國之東，土多扶桑木，故以爲名。

文身，都倭國東北千餘里。

流求，都海島之中，當建安郡東，水行五日而至。

閩越，初都東冶，卽長樂郡也。後都東甌，卽永嘉郡也。或云建州，建州今有甌寧縣。

右東夷

廩君，都夷城，其後世散處巴郡、南郡，謂之南郡、巴郡蠻。板楯蠻始居巴中，其後世僭侯稱王，屯據三峽，爲後周所滅。

獠，始出漢中，達于邛、筰，其後侵暴梁、益。

南平獠，居南平，其地東距智州，南屬渝州，西接南州，北接涪州。

東謝蠻，居黔州西三百里，南距守宮獠，西連夷子，地方千里。

西趙蠻，居東謝之南，其地東至夷子，西至昆明，南至西洱河，南北十八日行，東西二十三日行。

牂柯蠻，世爲本土牧守，唐以其地爲牂州。

充州蠻，〔七〕與牂柯蠻接，唐以其地爲充州。牂柯、充州皆黔中屬州也。

西爨蠻，晉時據南寧郡。其地延袤二千餘里，隋以其地置恭州、協州、昆州，未幾復

叛。唐兵擊之，開置青蛉、弄棟爲縣。

昆彌蠻，在西爨之西，以西洱河爲境。

尾濮，居興古郡西南千五百里徼外。興古今雲南郡地。又有木綿濮、文面濮、赤口濮、黑僰濮，皆在永昌西南，與尾濮接。松外諸蠻，散處夜郎、滇池以西，凡數十姓。

右南蠻

夜郎，在蜀徼外，近牂柯。其江水趍番禺城下。

滇，在夜郎之西，卽漢益州郡也。蜀改益州郡爲建寧，分建寧、永昌爲雲南郡，又分建寧、牂柯爲興古郡。滇卽今之雲南也。

邛都，卽漢越巂郡之地。

莋都，卽漢沈黎郡之地。

冉駹，卽漢汶山郡之地。

哀牢，卽永昌郡之地。

附國，在蜀郡西北二千餘里，卽漢之西南夷也。

右西南夷

南粤，都南海，今廣州也。

右嶺南夷

黄支，在合浦、日南之南三萬里。

哥羅，在槃槃東南，亦曰哥羅富沙國。

林邑，本漢日南郡象林縣，古越裳界也，在交趾南，海行三千里。

扶南，在日南郡之南，海西大島中，去日南可七千里，在林邑西南三千餘里，去海五百里。

頓遜，去扶南可三千餘里，其國之東界通交州，其西界接天竺、安息。其所都在海崎山上，地方千里，城去海十里，羈屬扶南。

毗騫，居大海洲中，去扶南八千里。

干陀利，在南海洲上，史不言道里方向，獨稱其俗與林邑、扶南略同，當是與扶南、林邑近也。

狼牙脩在南海中，其界東西三十日行，南北二十日行，北去廣州二萬四千里。

婆利，在廣州東南海中洲上，自交趾浮海，南過赤土、丹丹國乃至其國，去廣州二月日行。國界東西十五日行，南北二十日行。

槃槃，在南海大洲中，北與林邑隔小海，自交州船行四十日至其國。

赤土，扶南之别種也，在南海中，直崖州之南，水行百餘日達其國。
真臘，都伊奢那城，在林邑西南，本扶南之屬國也，去日南郡舟行六十日而至。
羅刹，在婆利之南。
投和，在真臘之南，自廣州西南水行百日至其國。
丹丹，在羅摩羅國西北，振州東南。振州與珠崖同島上。
邊斗，都昆，拘利，比嵩，自扶南渡金鄰大灣，南行三千里，有此四國。
杜薄，在扶南東漲海中，直渡海，數十日至其國。
薄剌，在拘利南海灣中。
勃焚，在南海洲中。
火山，在杜薄東五千里。
無論，在扶南西二千餘里。

右海南夷

羌，散處三河之間。
月氏胡，居湟中。
氐，散處廣漢之西，其後保仇池，竊據秦梁之地。

葱茈羌，自婼羌西至葱嶺數千里，皆其地也。

吐谷渾，在益州西北，都伏俟城，在青海西十五里，〔八〕其地東西三千里，南北千餘里。

乙弗敵，在吐谷渾北，國有屈海，海周迴四千餘里。乙弗敵之西有契翰國，又有可蘭國，可蘭西南一千五百里隔大嶺，又度四十里海，有女王國。

宕昌羌，居今宕州。其地自仇池以西，東西千里，㴔水以南，南北八百里。

鄧至羌，世居白水，自亭街以東，武平以西，汶嶺以北，宕昌以南，皆其地也。

党項羌，居古析支之地。其地東接臨洮、西平，西拒葉護，南凭舂桑、迷桑等羌，北連吐谷渾，南北數千里。

白蘭羌，居白蘭。其地東北接吐谷渾，西至叱利模徒，南界郙鄂。

吐蕃，在吐谷渾西南，其先居跋布川，或居邏娑川，後徙都牂柯西疋播城。唐初大盛，其地東與松、茂、巂接，南極婆羅門，西取四鎮，北抵突厥，幅員萬里。

右西羌

婼羌，治婼羌城，去長安六千三百里，西與且末接。

鄯善，本名樓蘭王，治扜泥城，去長安六千一百里，西北至車師千八百九十里。

且末王，治且末城，去長安六千八百二十里。北接尉犂、丁零，東與白提，西與波斯、精絶接，南至小宛，可三日行。

小宛王，治扜零城，去長安七千二百一十里。東與婼羌接。

精絶王，治精絶城，去長安八千八百二十里。南至戎盧四日行，西通扜彌四百六十里。

戎盧王，治卑品城，去長安八千三百里。東與小宛，南與婼羌，西與渠勒接。

扜彌王，治扜彌城，去長安九千二百八十里。南與渠勒，東北與龜兹，西北與姑墨接。西通于闐三百九十里。

渠勒王，治鞬都城，去長安九千九百五十里。東與戎盧，西與婼羌，北與扜彌接。

于闐王，治西城，去長安九千六百七十里。南與婼羌接，北與姑墨接。西通皮山三百八十里。

皮山王，治皮山城，去長安萬五千里。西南至烏秅千三百四十里。南與天竺接，北至姑墨千四百五十里，西南當罽賓、烏弋山離，西北通莎車。

烏秅王，治烏秅城，去長安九千九百五十里。北與子合、蒲犂，西與難兜接。

西夜亦號子合王，治呼犍谷，去長安萬二百五十里。東與皮山，西南與烏秅，北與莎

車，西與蒲犂接。

蒲犂王，治蒲犂谷，去長安九千五百五十里。東至莎車五百四十里，北至疏勒五百五十里，南與西夜子合接，〔九〕西至無雷五百四十里。

依耐王，治依耐城，去長安萬一百五十里。東北至莎車五百四十里，至無雷五百四十里，北至疏勒六百五十里，南與子合接。

無雷王，治盧城，去長安九千九百五十里。南至蒲犂五百四十里，南與烏秅，北與捐毒接。

難兜王，治難兜城，去長安萬一百五十里。西至無雷三百四十里，西南至罽賓三百三十里，南與婼羌，北與休循，西與大月氏接。

罽賓王，治循鮮城，去長安萬二千二百里。東至烏秅二千二百五十里，東北至難兜九日行，西北與大月氏，西南與烏弋山離接。

烏弋山離，去長安萬二千二百里，東與罽賓，北與撲桃，西與犂靬、條支接，行可百餘日乃到。

條支，去陽關二萬二千一百里，在葱嶺之西，城居山上，周回四十餘里。

安息王，治番兜城，去長安萬一千六百里，在葱嶺之西，大宛之西，可數千里。北與

康居，東與烏弋山離，西與條支接。

大月氏王，治監氏城，去長安萬一千六百里。西至安息四十九日行，南與罽賓接。

小月氏王，治富樓城，在波路西南，去代萬六千六百里。

康居王，冬治樂越匿地，到卑闐城，去長安萬二千三百里。至越匿地馬行七日，至王夏所居蕃内九千一百四十里。

米國，都那密水西舊康居之地，西北去蘇對那國五百里，西南去史國二百里，東去瓜州六千四百里。

史國，都獨莫水南十里舊康居之地，北去康國二百四十里，南去吐火羅五百里，西去那色波國二百里，北去米國二百里，東去瓜州六千五百里。

曹國，都那密水南數里舊康居之地，東南去康國百里，西去何國百五十里，東去瓜州六千六百里。

何國，都那密水南數里舊康居地，東去曹國百五十里，西去小安國三百里，東去瓜州六千七百五十里。

烏那遏國，都烏滸水西舊安息之地，東北去安北四百里，西北去穆國二百餘里，東去瓜州七千五百里。

穆國，都烏滸河之西，亦安息之故地，與烏那遏鄰。

大宛王，治貴山城，去長安萬二千五百五十里。北至康居卑闐城千五百一十里，西南至大月氏六百九十里，北與康居，南與大月氏接。

桃槐國，去長安萬一千八百里。

休循王，治飛鳥谷，在葱嶺西，去長安萬二百一十里。東至捐毒衍敦谷二百六十里，西北至大宛國九百二十里，西至大月氏千六百一十里。

天竺卽捐毒也，王治衍敦谷，去長安九千八百六十里。西北至大宛千三百里，北與烏孫接。

莎車王，治莎車城，去長安九千九百五十里。西至疏勒五百六十里，西南至蒲犂七百四十里。

疏勒王，治疏勒城，去長安九千三百五十里。南至莎車五百六十里，西當大月氏、大宛、康居道。

尉頭王，治尉頭谷，去長安八千六百五十里。南與疏勒接，西至捐毒千三百一十四里。

烏孫大昆彌，治赤谷城，去長安八千九百里。西至康居蕃内地五千里。

姑墨王，治南城，去長安八千一百五十里。南至于闐馬行十五日，北與烏孫接，東通龜兹六百七十里。

温宿王，治温宿城，去長安八千三百五十里。西至尉頭三百里，北至烏孫赤谷城六百一十里，東通姑墨二百七十里。

龜兹王，治延城，去長安七千四百八十里。南與精絶，東南與且末，西南與扜彌，北與烏孫，西與姑墨接。

尉犂王，治尉犂城，去長安六千七百五十里。南與鄯善、且末接。

危須王，治危須城，去長安七千二百九十里。西至焉耆百里。

焉耆王，治員渠城，去長安七千三百里。南去尉犂百里，北與烏孫接，東去交河城九百里，西去龜兹九百里。

烏貪訾離王，治于婁谷，去長安萬三百三十里。東與單桓，南與且彌，西與烏孫接。

卑陸王，治天山東接乾當谷，去長安八千六百八十里。

卑陸後國王，治番渠類谷，去長安八千七百一十里。東與郁立師，北與匈奴，西與劫國，南與車師接。

郁立師王，治内咄谷，去長安八千八百三十里。東與車師後城長，西與卑陸，北與匈

奴接。

單桓王，治單桓城，去長安八千八百七十里。

蒲類王，治天山西疏榆谷，去長安八千三百六十里。

蒲類後國，去長安八千六百三十里。

移支王，居蒲類地。

西且彌王，治天山東于大谷，去長安八千六百七十里。

東且彌王，治天山東兑虚谷，去長安八千二百五十里。

劫國王，治天山東丹渠谷，去長安八千五百七十里。

狐胡王，治車師柳谷，去長安八千二百里。西至焉耆七百七十里。

山國，去長安七千一百七十里。西至尉犂二百四十里，西北至焉耆百六十里，西至危須二百六十里，東南與鄯善、且末接。

車師前王，治交河城，去長安八千一百五十里。

車師後王，治務塗，去長安八千九百五十里。北與匈奴接。又有車師後城長國。

滑國，與車師鄰接，車師之別種也。滑旁有小國，〔一〇〕曰阿跋、檀、周、古、何、胡、密、丹等國。又有白題國，在滑國東，去滑六日行，西極波斯。

車離，居沙奇城，在天竺東三千餘里。

高附，居大月氏西南。

大秦，居大海之西，亦云海西國。

奄蔡，去陽關八千餘里，西與大秦，東南二千里與康居接。〔一二〕後魏時稱爲粟特國，國人云，其國見在蔥嶺之西，故奄蔡地也。一名温那沙，居於大澤，在康居西北，去代一萬六千里，北距安息五千里。

小人，居大秦之南。

軒渠，居三童東北。

三童，居軒渠西南。

澤散，治北海中，北至驢分，水行半歲，與安息城郭相近。

驢分，其治去大秦都二千里。

堅昆，居康居西；呼得，居葱嶺北，烏孫西北，康居東北；丁令，在康居北。已上三國，堅昆居中，俱去匈奴單于庭安習水七千里，南至車師六國五千里，西南去康居界二千里，西去康居王治所八千里。

短人，在康居西北。

師子，居天竺旁，在西海中。

嚈噠，居于闐西，都烏滸水南二百餘里，去長安一萬一百里。王都號拔底延，蓋王舍城也。

波斯，居達曷水之西，都宿利城，去代二萬四千二百二十八里。西去海數百里，東南去穆國四千餘里，西至拂菻四千五百里，即條支之故地。

伏盧尼，都伏盧尼城，在波斯國北，去代二萬七千三百二十里。

悦般，在烏孫西北。

朱俱波，居于闐西千餘里，西至渴槃陁，南至女國三千里，北至疎勒九百里，南至葱嶺二百里。

渴槃陁，治葱嶺東，在朱俱波西，西至護密國，南至縣度山，北至疏勒國界，西北至判汗國。

鉢和，在渴槃陁西，有二道，一道西行向嚈噠，一道西南趨烏萇。

波知，在鉢和西南。

賒彌，在波知之南山。

烏萇，在賒彌南，北至葱嶺，南至天竺、波羅門。

乾陀，在烏萇西。

阿鉤羌，居莎車西南，去代一萬三千里。

副貨，去代一萬七千里。東至阿富伏其國，西至没誰國，中間相去一千里。北至奇沙國，相去一千五百里。

疊伏羅，去代三萬一千里。

拔豆，去代五萬一千里。東至多勿當國，西至旃那國，中間相去七百五十里。南至罽陵迦國，北至弗那伏且國，中間相去九百里。

者至拔，都者至拔城，在疏勒西，去代一萬一千六百二十里。

迷密，在者至拔西，去代一萬二千一百里。

悉萬斤，都悉萬斤城，在迷密西，去代一萬二千七百二十里。

忸密，在悉萬斤西，去代二萬二千八百二十八里。

石國，居於藥殺水，都柘折城。東與北至西突厥界，西至波臘國界，西南康居界，南至率都沙郍國界，南去撥汗六百里，東南去瓜州六千里。

女國，在葱嶺南。

撥汗，都葱嶺西五百餘里。東去疎勒千里，西去蘇對沙郍國五百里，北去石國五百

里，東北去突厥可二千餘里，東去瓜州五千里。

吐火羅，治薄提城，去代萬二千里。東至范陽國，西至悉萬斤，中間相去二千里。北至波斯國，中間相去一萬里。

劫國，居葱嶺中，西南與賒彌國界接，西北至挹怛國，去長安萬二千里。

陁羅伊羅，居烏茶國北，大雪山坡上。

越底延，治辛頭河北，南至婆羅門國三千里，西至賒彌國千餘里，北至瓜州五千四百里。

大食，居波斯之西。

右西域

匈奴，都單于庭，直代雲中。後分而爲二，北單于居單于庭，南單于居西河、美稷。漢建安末，魏武始分其衆爲五部，魏立五部都尉以統之。其左部都尉居太原故慈氏縣，右部都尉居祁，南部都尉居蒲子，北部都尉居新興，中部都尉居太陵。至于晉初，塞外匈奴盡向化，由是與晉人雜處，居平陽、西河、太原、新興、樂平諸郡，靡不有焉。

烏桓，都烏桓山。漢武帝徙於上谷、漁陽、右北平、遼西、〔一三〕遼東五郡塞外。

鮮卑，都鮮卑山，在柳城郡界。

軻比能，小種鮮卑也，居遼西、右北平、漁陽塞外。

宇文莫槐，居遼東塞外。

徒河段，居遼西。

蠕蠕，都弱落水，其常所會庭則燉煌、張掖之北。

高車，都鹿渾海西北百餘里。

稽胡，散居離石以西安定以東。

突厥，世居金山，後分爲二，其一曰沙鉢略可汗，居都斤山，又南徙于白道川。

西突厥，居烏孫之故地，南至突厥，西至雷翥海，南至疏勒，北至瀚海，在長安西北七千里。

鐵勒，種類最多，居西海之東，依山據谷。

庫莫奚，亦謂之奚，都饒樂水，卽鮮卑故地。

契丹，居松漠之間，後徙遼西正北二百里，依託紇臣水而居，亦鮮卑故地。其後都于和龍，卽唐之柳城也。紇臣水一作紇臨水。

室韋，居勿吉北千里，去洛陽六千里。

地豆于，居室韋西千餘里。

烏洛侯，在地豆于北，去代都四千五百餘里。

驅度寐，在室韋北。

霫，與靺鞨鄰，治黄水北，亦鮮卑故地。

拔悉彌，在北庭北海南，結骨東南，依山散居，去燉煌九千餘里。

右北狄

校勘記

〔一〕「其東則漢輿鳳林爲之關」，「關」，原作「闕」，據新唐書朱朴傳改。

〔二〕「自是曠千三四年無有居者」，按，自秦滅魏到朱全忠篡唐，歷時一千三十二年，則此文「四」字應爲「十」字之訛。

〔三〕「封其子武庚於邶」，「其」，原作「箕」，據史記殷本紀改。

〔四〕「江陵縣北十餘里有紀南城」，「紀」，原作「汜」，據通典一八三改。

〔五〕「揚拒泉皐伊洛之戎」，「揚」，原作「伊」，據左傳僖公十一年改。

〔六〕「邪馬臺去遼東二千里」，汪本「二」作「一」，據元本、明本、于本、殿本改。按通典邊防典所記里數多不同，如此文通典一八五作「去遼東萬二千里」，凡此類皆不出校，惟校正

通志各本間之異文及明顯訛誤。

〔七〕「兖州蠻」，「兖」，原作「兗」，據新唐書地理志四、通典一八七改。下同。

〔八〕「在青海西十五里」，「里」，原作「更」，據陳書西域傳、通典一九〇改。

〔九〕「南與西夜子合接」，汪本「接」作「按」，據元本、明本、于本、殿本改。

〔一〇〕「滑旁有小國」，「旁」，原作「房」，據元本、殿本改。

〔一一〕「東南二千里與康居接」，汪本「接」作「按」，據元本、明本、于本、殿本改。

〔一二〕「遼西」，「遼西」二字脱，據通典一九六補。

禮略第一

吉禮上

郊天

有虞氏禘黃帝爾雅釋天云：「禘，大祭也。」虞氏冬至大祭天於圜丘，以黃帝配坐。而郊嚳。夏正之月，祭感生帝於南郊，以嚳配焉。夏后氏禘黃帝而郊鯀。商人禘嚳而郊冥。周制，大司樂云：「冬日至，祀天於地上之圜丘。」〔一〕又大宗伯職曰：「以禋祀昊天上帝。」禮神之玉以蒼璧，其牲及幣各隨玉色，牲用一犢，幣用繒，長一丈八尺。鄭康成注曾子問云：「制幣長丈八。」鄭約逸巡狩禮文也。餘用幣長短皆准此。王服大裘，其冕無旒。尸服亦然。乘玉輅，錫，繁纓十有再就。建大常十有二旒，以祀。罇及葅醢之器以瓦，爵以匏，藉神之席以藁秸及蒲，翦而不納。藁秸藉天神，蒲越藉配帝。配以帝嚳。其樂，大司樂

云：「凡樂，圜鍾爲宮，黄鍾爲角，大蔟爲徵，姑洗爲羽，靁鼓靁鼗，孤竹之管，雲和之琴瑟，雲門之舞，冬日至於地上之圜丘奏之。」其感生帝，大傳曰：「禮，不王不禘。王者禘其祖之所自出，以其祖配之。」王者先祖皆感太微五帝之精以生。其神名，鄭康成據春秋緯説，蒼則靈威仰，赤則赤熛怒，黄則含樞紐，白則白招拒，黑則叶光紀。皆用歲之正月郊祭之，蓋特尊焉。孝經云「郊祀后稷以配天」，配靈威仰也。「宗祀文王於明堂以配上帝」，汎配五帝也。〔二〕因以祈穀。其壇名太壇，在國南五十里。禮神之玉，用四珪有邸，尺有二寸。牲用騂犢。青幣。配以稷，其配帝牲亦用騂犢。其樂，大司樂云：「迺奏黄鍾，歌大吕，舞雲門，以祀天神。」天神謂五帝及日月星辰。王者又各以夏正月祀其所受命之帝於南郊，尊之也。日用辛。按禮記及春秋，魯郊於建子月，用辛。又王者必五時迎氣者，奉承天道，從時訓人之義。故月令於四立日及季夏土德王日，各迎其王氣之神於其郊。月令云：「立春之日，天子親率公卿諸侯大夫，以迎春氣於東郊。」餘四氣皆然。若以祖之所自出，即禘祭靈威仰於南郊一神而已，若迎王氣之神，即五神同祀之。其配祭以五人帝，春以太皞，夏以炎帝，季夏以黄帝，秋以少昊，冬以顓帝。其壇位，各於當方之郊，去國五十里内曰近郊，爲兆位，於中築方壇，亦曰太壇，而祭之。禮神之玉，按大宗伯云：「青珪禮東方，赤璋禮南方，黄琮禮地，則中央也，白琥禮西方，玄璜禮北方。」牲用犢及幣，各隨玉色。樂與感帝同。

秦始皇既即位，以昔文公出獵獲黑龍，此其水德之瑞，用十月爲歲首，色尚黑，音尚大呂。東游海上，禮祀八神。二世尊雍四時上帝，名其祭處曰時也。春歲祠禱，因泮凍，秋涸凍，冬塞祠，五月嘗駒，及四仲之月祠。每時用駒四疋，木寓龍一駟，木寓車馬一駟，各如其帝色。黄犢與羔各四，珪幣各有數，皆生瘞埋，無俎豆之具。三年一郊，常以十月上宿郊見，〔三〕通舉火，拜於咸陽之旁，而衣尚白，其用如常。

漢高帝立二年，東敗項籍，〔四〕還入關，問：「秦時上帝祠何帝也？」對曰：「四帝，有白、青、黄、赤。」高帝曰：「乃待我而具五色。」遂立黑帝祠，名北時。有司進祠，帝不親往。悉召故秦祀官，復置太祝、太宰，皆如其故儀。後四年，詔御史，令九天巫祠九天，皆以歲時祠宫中。

文帝即位，詔有司增雍五時路車各一乘，駕被具。魯人公孫臣上書曰：「始秦以水德，則漢當土德，其應黄龍見，宜改正朔，易服色，尚黄。」明年，黄龍見成紀，拜公孫臣爲博士，申明土德，草改歷服色事。〔五〕有司曰：「古者天子夏親祠上帝於郊，故曰郊。」夏四月，詔郊祀上帝，始幸雍，郊見五時祠，衣皆尚赤。趙人新垣平上言：「長安東北有神氣，成五采，若人冠冕焉，宜祠上帝。」於是作渭陽五帝廟。明年四月，帝親郊見五帝廟，爟火舉，若光屬天，於是貴平至上大夫。文帝出長門，亭名。若見五人於道北，因其直立

五帝壇。人有告平詐僞，遂誅平。後渭陽、長門五帝，使祠官領，以時致禮，不親往焉。

武帝即位，初至雍，郊見五畤，後常三歲一郊。亳人謬忌曰：「天神貴者太一，太一佐曰五帝。古者天子以春秋祭太一於東南郊，日一太牢，凡七祭。爲壇，開八通鬼道。」於是令太祝立太一之祠於長安城東南郊，常奉祠如忌方。未幾，又祠天一。自此方士之言興，而迂怪之祠紛然起矣。或以祀天爲名，其實非郊天之事也。宣帝神爵元年正月，始幸甘泉，郊見泰畤，修武帝故事。二年，幸雍，祠五畤。明年春，幸河東，祠后土，然未有定制。元帝即位，始定舊儀，間歲正月一幸甘泉，郊泰畤。又東至河東，祠后土；西至雍，祠五畤。凡五奉泰畤、后土之祠，亦施恩澤，時所過毋出田租，賜百户牛酒，或賜爵，赦罪人。

成帝初即位，丞相匡衡等奏言：「先王祭天於南郊，就陽之義也；瘞地於北郊，即陰之象也。往者孝武居甘泉宮，即於雲陽立泰畤，祭於宮南。今當幸長安，〔六〕郊見皇天，反北之太陰；祠后土，反東之少陽，未合承天之意。」於是徙甘泉泰畤置於長安。又言：「今雍鄜、密、上、下畤，本秦氏各以其意所立，非禮所載，不宜復修。」遂廢雍鄜、密、上、下畤，九天、太一、天一、八神之屬，并餘淫祀陳寶等祠所不應禮者四百七十五所，皆罷。初罷甘泉泰畤作南郊日，大風壞甘泉竹宮，折拔畤中木十圍以上者百餘。天子問劉

向，向曰：「家人尚不欲絶種祠，況於國乎？且甘泉、汾陰及雍五畤始立，皆有神祇感應，然後營之。誠未易動。」帝意恨之。後以無繼嗣，遂復甘泉、泰畤及雍五畤如故，天子親郊禮如前。又復長安、雍祠明著者半。後成帝崩，皇太后詔復南北郊長安如故，以順帝意。哀帝立，寢疾，博召方士，復甘泉泰畤祀如故，遣有司行事而禮祠焉。平帝立，王莽奏，宜如建始所行丞相匡衡等議，復長安南北郊祀如故，莽又頗改其祭禮。

後漢建武元年，光武卽位，爲壇營於鄗之陽。祭告天地，采用前漢元始中郊祭故事。六宗群神從祀，未以祖配，天地共犢，餘牲尚約。二年正月，制郊兆於雒陽城南七里，依鄗故事。爲圓壇八陛，中又爲重壇，天地位其上，皆南面西上。其外壇上爲五帝位，青帝位在甲寅，赤帝位在丙巳，黄帝位在丁未，白帝位在庚申，黑帝位在壬亥。其外爲壝，重營皆紫，以象紫宮。有四通道以爲門。日月在中營内南道，日在東，月在西，北斗在北道之西，皆別位，不在群神列中。八陛，陛五十八醊。五帝陛郭，帝七十二醊。中營四門，門五十四神，外營四門，門百八神，皆背營内鄉。中營四門，門封神四，外營四門，門封神四。凡千五百一十四神。至七年五月，詔三公曰：「漢當郊堯，其與羣臣議。」時御史杜林等上疏，以爲漢起不緣堯，與商、周異，宜從舊制，以高帝配。從之。隴、蜀平後，乃增廣郊祀，高皇帝配食，位在中壇上，西面北上。天、地、高皇帝、黄帝，犢各一，四方帝共用

犢二，日、月、北斗共牛一，四營羣神共牛四。樂奏青陽、朱明、西皓、玄冥，及雲翹、育命舞。中營四門，門用席十八，外營四門，門用席三十六，皆莞簟，率一席三神。日、月、北斗無陛郭醊。既送神，燎俎實于壇南巳地。明帝即位，永平二年，以月令有五郊迎氣，因采元始故事，兆五郊于雒陽四方中。兆在未，壇皆三尺，階無等。立春日，迎春東郊，祭青帝勾芒；立夏日，迎夏南郊，祭赤帝祝融；先立秋十八日，迎黄靈于中兆，祭黄帝后土；立秋日，迎秋西郊，祭白帝蓐收；立冬日，迎冬北郊，祭黑帝玄冥。車旗服飾，各從方色。

魏文帝南巡，在潁陰，有司爲壇於繁陽故城。庚午，登壇受紱，降壇視燎，成禮，未有祖配。明帝即位，太和元年正月丁未，郊祀，武帝以配天，宗祀文帝於明堂，以配上帝。至景初元年十月乙卯，始營洛陽南委粟山爲圓丘，詔曰：「曹氏世系，出自有虞，今祀圓丘，以始祖帝舜配。」號圓丘曰皇皇帝天，郊所祭曰皇天之神，以太祖武皇帝配。十二月壬子冬至，〔七〕始祀皇皇帝天於圓丘，以始祖帝舜配。自正始以後，終魏代不復郊祀。孫權初稱尊號於武昌，祭南郊告天，用玄牡。〔八〕後自以居非土中，不修設。末年南郊，追上父堅尊號爲吴始祖以配天。後三嗣主，終吴代不郊祀。劉備章武元年，即位，設壇於成都武擔山南，用玄牡。二年十月，詔丞相諸葛亮，營南北郊于成都府。

晉武帝南郊燎告，未有祖配。泰始二年，詔定郊祀，南郊宜除五帝之座，五郊同稱昊天上帝，各設一座而已。時群臣議，五帝卽天也，隨時王氣而設號耳，名雖有五，其實一神。南郊宜除五帝座，五郊同稱昊天。從之。二月丁丑，郊，以宣皇帝配。十一月，有司奏，古者丘郊不異，宜并圓方二丘，更修壇兆，二至合祀。是月庚寅冬至，帝親祀圓丘於南郊。是後圓丘方澤不別立。太康三年正月，帝親郊祀，皇太子、皇子悉侍祠。十年十月，詔曰：「孝經，『郊祀后稷以配天，宗祀文王於明堂以配上帝』。往者衆議除明堂五帝位，考之於禮不正。詩序曰：『文武之功，起於后稷。』故推以配天焉。宣帝以神武創業，既以配天，復以先帝配天，可乎？」遂復南郊五帝位。

東晉元帝卽位於建康，議立南郊於巳地，太常賀循定制度，多依漢及晉初之儀。三月辛卯，帝親郊祀，饗如泰始故事。成帝咸和八年正月，郊天，則五帝及佐，〔九〕日、月、五星、二十八宿、文昌、北斗、三台、司命、軒轅、后土、太一、天一、太微、勾陳、北極、雨師、雷、電、司空、風伯、老人，凡六十二神從祀。康帝建元元年正月辛未，南郊，帝親奉焉。祝文稱：「嗣天子臣某。」安帝元興四年，〔一〇〕應郊，帝蒙塵于江陵，朝議宜依周禮宗伯攝事，尚書左丞王納之曰：〔一一〕「郊天極尊，非天子不祀，無使皇輿不得親奉。」時從納之議。郊廟牲幣璧玉之色，雖有成文，秦世多以騂駒，漢則但云犢，江左南北郊用玄牲，

明堂廟社用赤牲。

宋永初二年正月上辛，帝親郊祀。三年九月，司空羨之等奏，高祖武皇宜配天郊，詔可。孝武大明二年正月，有司奏，今月六日南郊，輿駕親奉。至時或雨，遂遷日，有司行事。有司奏，按魏代郊天值雨，更用後辛。晉代顧和亦云，更擇吉日南郊。自魏已來，多使三公行事。大明三年，移郊兆於秣陵牛頭山西，在宮之午地。〔一二〕徐爰曰：「禮記，燔柴於泰壇，祭天也。兆于南郊，〔一三〕就陽位也。晉代過江，郊悉在北，或南出道狹，多於巳地。宋因而弗改。今聖圖重造，舊章畢新，宜移郊正午，以定天位也。」大明五年九月甲子，有司奏郊祭用三牛。孝武崩，廢帝以郊舊地爲吉祥，移置本處。

齊高帝受禪，明年正月上辛，有事南郊而無配，犧牲之色，因晉、宋故事。建元四年，武帝繼位。明年正月，祀南郊。自兹以後，間歲而祀。永明元年，立春前郊祀，郊壇圓兆外內起瓦屋，形制宏壯。

梁武帝卽位，南郊爲圓壇，在國之南。壇高二丈七尺，上徑十一丈，下徑十八丈，其外再壝，四門。常與北郊間歲。正月，皇帝置齋於萬壽殿，上辛行事。吳操之云：「『啓蟄而郊』，郊應在立春後。」〔一四〕何佟之云：「今之郊祀，是報昔歲之功而祈今年之福，故取歲首上辛，不拘立春前後。周之冬至圓丘，大報天也，夏正又郊，以祈農事，故有啓蟄之説。」帝曰：「圓丘自是祭天，先農卽

是祈穀，祭昊天宜在冬至，祈穀必須啟蟄。」用特牛一，祀天皇大帝於壇上，以皇考太祖文帝配，五帝、天文從祀。禮以蒼璧制幣，除鬯祼。佟之啟：「按鬯者，盛以六彝，覆以畫羃，備其文飾，施之宗廟。今郊祀有祼，恐乖尚質，宜革之。」帝依此行。香用沈，器以陶匏素俎，席用藁秸。皇帝一獻，再拜受福。帝以一獻爲質，三獻爲文。自是天地之祭皆一獻，惟皇帝受福，明上靈降祚，臣下不敢同。太尉設燎壇於丙地。禮畢，器席有司燒埋之。五年，迎五帝，以始祖配。十七年，帝以威仰、魄寶俱是天神，於壇則尊，於下則卑。且南郊所祭天皇，其五帝別有明堂之祀，不煩重設。又郊祀二十八宿而無十二辰，於義闕然。南郊可除五帝祀，加十二辰，與二十八宿各於其方爲壇。

陳武帝永定元年，受禪，修圓丘，壇高二丈二尺五寸，廣一十丈。柴燎告天。明年，因以正月上辛，有事南郊，以皇考德皇帝配。除十二辰、風師、雨師及五帝位，間歲而祀。文帝天嘉中，改以高祖配，復三獻之禮。宣帝即位，以郊壇卑下，更增廣之。

後魏道武帝即位，二年正月，親祀上帝於南郊，以始祖神元皇帝配。壇通四陛，壝埒三重。天位在上，南面，神元西面，五帝以下天文從食。席用藁秸，玉以四珪，幣用束帛，牲用黝犢。後冬至祭上帝於圓丘，牲幣並同。天賜二年四月，復祀天于西郊。爲方壇，東爲二陛，土陛無等。周垣四門，門各依方色爲名。置木主七於壇上。牲用白犢、黃駒、

白羊各一。祭之日，帝御大駕，至郊所，立青門内，近南，西面；朝臣及夫人咸位於青門外；后率六宫從黑門入，列於青門内，近北，並西面。廩犧令掌牲，陳於壇前。女巫執鼓，立於陛東，西面。選帝十族子弟七人執酒，〔一五〕在巫南，西面北上。女巫陞壇，揺鼓。帝拜，后肅拜，内外百官拜。祀訖，乃殺牲。〔一六〕執酒七人西向，以酒灑天神主，復拜。如此者三，禮畢而反。自後歲一祭。孝文帝太和十二年，親築圓丘於南郊。

北齊每三年一祭，以正月上辛禘祀昊天上帝於圓丘，以高祖神武帝配，五精帝、天文等從祀。禮以蒼璧束帛，蒼牲九。皇帝初獻，太尉亞獻，光禄卿終獻。司徒獻五帝，司空獻日月、五星、二十八宿，太常丞以下薦衆星。後諸儒定禮，圓丘改以冬至祀之。南郊則歲一祀，以正月上辛，爲壇於國南，祀所感帝靈威仰，以高祖神武皇帝配，用四珪，幣如方色。其上帝及配帝，各用騂特牲一。燎同圓丘。

後周憲章，多依周制。正月上辛，祀昊天上帝於圓丘，以其先炎帝神農氏配昊天上帝於其上，五方上帝、天文並從祀。又祀所感帝靈威仰於南郊，以始祖獻侯莫那配，用牲各以方色。皇帝乘蒼輅，戴玄冕，備大駕而行，從祭者皆蒼服。

隋文帝受命，再歲冬至日，祀昊天上帝於圓丘，以太祖武元皇帝配，五方上帝、天文並從祀。其牲，上帝、配帝用蒼犢各一，五帝、日月用方色犢各一，五星以下，羊豕各九。

孟春上辛，祠感帝赤熛怒於南郊，亦以太祖武元帝配。其禮，四珪有邸，牲用騂犢二。煬帝大業元年孟春，祀感帝，改以高祖文帝配，餘並仍舊。十年冬至，祀圜丘，帝不齋于次，詰朝備法駕，至便行禮。是日大風，帝獨獻上帝，三公分獻五帝。禮畢，御馬疾驅而歸。

唐武德初，定令，每歲冬至，祀昊天上帝於圜丘，以景帝配，五方上帝、天文皆從祀。日月、内官、中官、外官及衆星皆從祀。上帝及配帝用蒼犢各一，五方帝及日月用方色犢各一，内官以下加羊豕各九。孟春辛日，祈穀，祀感帝于南郊，以元帝配，牲用蒼犢二。武德、貞觀之制，大享之外，每歲立春、立夏、季夏、立秋、立冬郊祀，並依周禮，其配食及星辰從祀亦然。貞觀中，奉高祖配圜丘，元皇帝配感帝，餘依武德制。

大雩

周制，月令，建巳月，大雩五方上帝。左氏傳曰：「龍見而雩。」角亢見時，周之六月，陽氣盛，常旱，故雩，爲百穀以祈膏雨。其壇名曰雩禜，於南郊之傍，配以五人帝。太昊配青帝，炎帝配赤帝，軒帝配黄帝，少昊配白帝，顓帝配黑帝。命樂正習盛樂，月令云，仲夏，樂師修鞀鞞鼓，均琴瑟管簫，執干戚戈羽，調竽笙篪簧，飭鐘磬柷敔而俱作，故曰盛樂也。舞皇舞。析白羽爲之，形如帗也。舞師云：「教皇舞，帥而舞旱暵之事。」月令，命有司爲民祈祀山川百源、百辟卿士有益於

民者，以祈穀實。天子雩上帝，諸侯雩山川。卿士謂古之上公以下若勾龍、社、稷之類也。何休注春秋公羊傳曰：「旱則君親之南郊，以六事謝過自責，政不善歟？人失職與？〔一七〕宮室崇歟？婦謁盛歟？苞苴行歟？讒夫昌歟？使童男童女各八人而呼雩也。」按月令本出於管子，卽周時人也，至秦吕不韋編爲吕氏春秋，漢戴聖又集成禮記，原其根本，並周制。若國大旱，則司巫帥巫而舞雩。若旱暵，則女巫舞雩。

漢，承秦滅學，雩禮廢。旱，太常禱天地宗廟。新論曰：〔一八〕「劉歆致雨，具作土龍。」武帝元封六年，旱，女子及巫丈夫不入市。成帝五年六月，始命諸官止雨，朱繩反縈社，擊鼓攻之。是後水旱常不和。干寶曰：「朱絲縈社，社太陰也，朱火色也，絲離屬。〔一九〕天子伐鼓於社，責群陰也。諸侯用幣於社，請上公也。伐鼓於朝，退自責也。此昔人厭勝之術。」

後漢，自立春至立夏盡立秋，郡國上雨澤若少，郡縣各掃除社稷，公卿官長以次行雩禮以求雨。春秋繁露曰：「大旱雩祭而請雨，大水鳴鼓而攻社。」閉諸陽，衣皁，興土龍，山海經曰：「大荒東北隅中有山名凶犂土邱，應龍處南極，殺蚩尤與夸父，不得復上，故下數旱。旱而爲應龍之狀，〔二〇〕乃得大雨。」郭璞曰：「今之土龍本此，氣應自然冥感，非人所能。」立土人，舞僮二佾。七日一變如故事。反拘朱索縈社，〔二一〕伐朱鼓，禱賽以少牢如禮。

晉武帝咸寧二年春，旱，因後漢舊典，諸旱處廣加祈請。五月，祈雨于社稷山川。東

晉穆帝永和中，有司議，〔一二〕制雩壇於國南郊之旁，依郊壇近遠，阮諶云，壇在巳地。按得衛宏漢儀稱，魯人爲雩壇，在城東南。諸儒所説皆云壇，而今作墠。又論語，樊遲從遊于舞雩之下。衛宏所説魯城東南，舊跡猶在。祈上帝百辟。旱則祈雨，大雩社稷、山林、川澤，舞僮八佾，凡六十四人，皆皁服，持羽翳而歌雲漢之詩。齊明帝建武二年，旱，雩，以武帝配饗於雩壇。梁武帝天監元年，有事雩壇。壇於南郊之左，高及廣輪四丈，周十二丈，四陛。帝以爲雨既類陰，而求之正陽，其謬已甚。東方既非盛陽，而爲生養之始，則雩壇應在東方，祈晴亦宜此地。遂移於東郊。十年，帝又以雩祭燔柴，以火祈水，於理爲乖，於是停用柴燎，從坎瘞典。時儀曹郎朱异議曰：〔一三〕「按周宣雲漢之詩，毛注有瘞埋之文，不見燎柴之説。若以五帝必柴，則明堂又無其事。」大同五年，又築雩壇於籍田兆内。四月後旱，則祈雨，行七事，一理寃獄及失職者，二賑鰥寡孤獨，三省徭輕賦，四舉進賢良，五黜退貪邪，六命會男女恤怨曠，七徹膳羞弛樂。天子降法服。七日，乃祈社稷；七日，乃祈山林川澤常興雲雨者；七日，乃祈群廟之主于太廟；七日，乃祈古來百辟卿士有益於人者；七日，乃大雩上帝，徧祈前祈所有事者。大雩禮於壇，用黄牯牛一，祈五天帝及五人帝各依其方，以太祖配，位於青帝之南，五官配食於下。七日，乃去樂，又偏祈社稷山林川澤，就故地處大雩。國南除地爲墠，舞僮六十四人，皆衣皁服，爲八列，各執羽翳，每列歌雲漢詩一章而畢。旱而祈，雨則

報以太牢，皆有司行事。唯雩則不報也。若郡國縣旱請雨，則五事同時並行。五事則謂黜退貪邪以上，如前議。守令皆齋潔三日，乃祈社稷；七日不雨，更齋祈如初；三變仍不雨，復齋，祈其界山林川澤常興雲雨者。祈而澍，亦各有報。

陳因梁故事。武帝時，以德皇帝配；文帝時，以武帝配；廢帝時，以文帝配。牲用黃牛，而以清酒四升洗其首。其壇墠配饗歌舞，皆如梁禮。天子不親奉，則太宰、太常、光禄行三獻禮，其法皆採齊建武二年舊典。

後魏文成帝和平元年四月，旱，詔州郡，於其界内神無大小悉洒掃，薦以酒脯。年登之後，各隨本秩，祭以牲牢。北齊，以孟夏龍見而雩，祭太微以五精帝於夏郊之東，爲圓壇，廣四十五尺，高九尺，四面各一陛。爲三壝外營，相去深淺并燎壇，一如南郊。若建午、未、申之月不雨，則使三公祈五帝於雩壇，禮用玉帛，有燎，不設樂，選伎工端絜善謳詠者，使歌雲漢之詩於壇南，其儀如郊禮。

隋制，雩壇國南十三里啓夏門外道左，高一丈，周二十丈。〔一四〕孟夏龍見則雩五方上帝，配以五人帝於上，以太祖配饗，五官從祀於下。牲用犢十，各依方色。若京師孟夏後旱，則祈雨，行七事。如梁之七事。七日，祈岳鎮海瀆及諸山川能興雲雨者；又七日，祈社稷及古來百辟卿士有益於人者；又七日，乃祈宗廟及古帝王有神祠者；又七日，乃

修雩祈神州；又七日仍不雨，復從岳瀆以下祈禮如初。秋分以後不雩，但禱而已，皆用酒脯。祈請後二旬不雨者，卽徙市禁屠，皇帝御素服，避正殿，減膳，撤樂，或露坐聽政，百官斷傘扇，令家人造土龍。雨則命有司報。州縣祈則理冤獄，存鰥寡孤獨，掩骼埋胔，絜齋祈于社稷。七日，乃祈界内山川能興雲雨者，徙市斷屠。雨亦有報。

唐武德初，定令，每歲孟夏，雩祀昊天上帝於圓丘，景皇帝配，牲用蒼犢二，五方上帝、五人帝、五官並從祀，用方色犢十。貞觀雩祀於南郊。顯慶禮於圓丘。開元十一年，孟夏後旱，則祈雨，審理冤獄，賑恤窮乏，掩骼埋胔，先祈岳鎮海瀆及諸山川能興雲雨者，皆於北郊遥祭而告之，又祈社稷，又祈宗廟。每以七日皆一祈，〔二五〕不雨，還從岳瀆如初。旱甚則大雩。秋分後不雩。初祈後一旬不雨，卽徙市，禁屠殺，斷扇，造大土龍。雨足則報祀。祈用酒脯醢，報准常祀，皆有司行事。

明堂

黄帝拜祀上帝于明堂，或謂之合宫。其堂之制，中有一殿，四面無壁，以茅蓋。通水，水圜宫垣。爲複道，上有樓，從西南入，名昆侖。天子從之入，以拜祀。唐、虞祀五帝於五府，蒼曰靈府，赤曰文祖，黄曰神計，白曰明紀，黑曰玄矩。夏后氏曰世室。商人曰

重屋。周人曰明堂。其制度詳於禮經。

漢武帝元封五年，祠太一、五帝於明堂，上座，高皇帝對之，牲以太牢，天子從昆侖道入，始拜明堂如郊禮。禮畢，燎堂下。其明堂制，從公玉帶所上黄帝時圖也。

後漢光武建武三十二年，〔二六〕初營明堂。明帝永平二年正月辛未，初祀五帝於明堂，光武帝配。五帝座位堂上，各處其方。黄帝在未，皆如南郊之位。光武位在青帝之南少退，西面。牲各一犢。奏樂如南郊。章帝元和二年二月壬申，宗祀五帝於孝武所作汶上明堂，光武帝配，如洛陽明堂禮。癸酉，更告祀高祖、太宗、世宗、中宗、世祖、顯宗於明堂，各一太牢。安帝延光三年，祀汶上明堂，如元和故事。初，建武營明堂，其制上圓下方，八窗四闥，九室十二座，三十六户，七十二牖。

魏明帝太和元年正月丁未，宗祀文帝於明堂，以配上帝，祝稱「天子臣某」。

晉武帝泰始二年正月丁丑，宗祀文皇帝於明堂，以配上帝。又議明堂宜除五帝之座，同稱昊天上帝，各設一座而已。太康十年十月，〔二七〕詔復明堂五帝位。東晉太元十三年，孝武帝正月後辛，祀明堂，車服之儀，率遵漢制，出以法駕，服以衮冕。

宋孝武大明五年，依漢汶上儀，設五帝位，太祖、文帝對饗，祭皇天上帝，鼎俎彝簋，一依太廟禮。堂制，但作大殿屋十二間，以應一周之數，其餘煩雜，一皆除之。六年正

月，帝親奉明堂，祭五時帝，以太祖配。

齊高帝建元元年七月，祭五帝之神於明堂，有功德之君配。明堂制五室，從王儉之議也。明帝隆昌元年，〔二八〕有司奏以武帝配。

梁祀五帝於明堂，服大裘冕，罇以瓦，俎豆以純漆，牲以特牛，餚膳准二郊，若水土之品，蔬菜之屬，猶宜以薦，郊所無者並從省。行禮自東階而升，〔二九〕從青帝始，止一獻清酒，無黍肉之禮，請停灌及授俎。十二年，毁宋太極殿，以其材爲明堂十二間，基准太廟。以中央六間安六座，悉南向，東來第一青帝，第二赤帝，第三黃帝，第四白帝，第五黑帝。配帝總配五人帝，在阼階，東上，北向。大殿後爲小殿五間，以爲五佐室焉。

陳，祀昊天上帝、五帝於明堂，牲以太牢，粢盛六飯，鉶羹蔬備薦焉。武帝以德帝配，文帝以武帝配，廢帝以文帝配。堂制，殿屋十二間，中央六間，依前代安六座，四方帝各依其方，黃帝居坤維，而配饗坐依梁法。

後魏文帝太和十五年四月，〔三〇〕經始明堂，改營太廟。遷洛之後，宣武永平、延昌中，欲建明堂，而議者或云五室，或云九室。至明帝神龜中，復議之，元乂執政，遂營九室，值亂不成。宗配之禮，迄無所設。北齊採周官考工記爲五室，後周採漢三輔黃圖爲九室，並終不立。

隋文帝開皇中，議立明堂，時將作大匠宇文愷依月令造明堂木樣以獻，帝異之，然以衆議不定，故不成。終隋代，祀五方上帝於明堂，常以季秋在雩壇上而祀。其用幣各依其方。人帝各在天帝之左，太祖在太昊南，西向，五官在庭，各依其方。牲用犢十二。皇帝、太尉、司農行三獻禮于青帝及太祖，自餘皆有司助奠。五官位於堂下，行一獻禮，有燎。其省牲進熟如南郊儀。

唐武德初，定令，每歲季秋祀五方上帝於明堂，元帝配，五人帝、五官並從祀。訖于貞觀之末，未議立明堂，季秋大享則於圓丘行事。永徽二年，又奉太宗配祠明堂，有司遂以高祖配五天帝，太宗配五人帝。下詔造明堂，内出九室之樣。顯慶元年，禮官議，太宗不當配五人帝。太尉長孫無忌等議，以高祖躬受天命，奄有神州，爲國始祖，抑有舊章。太宗道格上玄，功清下黷，拯率土之塗炭，布大造於生靈，請准詔書，宗祀於明堂，以配上帝。從之。乾封初，復議立明堂，或云九室，或云五室，以議不定又止。武后垂拱四年二月，毁東都之乾元殿，就其地造明堂，因下詔曰：「時既沿革，莫或相遵，自我作古，用適於事。今以上堂爲嚴配之所，下室爲布政之居。來年正月一日，可於明堂宗祀三聖，以配上帝。」其月明堂成，號爲萬象神宫。天授二年正月乙酉，日南至，親祀明堂，合祭天地，以周文王及武氏先考妣配，百神從祠，並於壇位次第布席而祀。〔三一〕武太后又於明

堂後造佛舍，高百餘尺。始造爲大風振倒，俄又重營，其功未畢。證聖元年正月丙申夜，佛堂災，延燒明堂，至明而盡。未幾，復令依舊規制重造明堂，凡高二百九十四尺，東西南北廣三百尺，上施寶鳳，俄以火珠代之。明堂之下，圜遶施鐵渠，以爲辟雍之象。天册萬歲二年三月，造成，號爲通天宮。四月，又行親享之禮，大赦，改元爲萬歲通天。明年九月，又享於通天宮。開元五年，幸東都，將行大享之禮。以武太后所造明堂有乖典制，遂拆，依舊造乾元殿。每臨御，依正殿禮。自是駕在東都，常以元日冬至於乾元殿受朝賀。季秋大享，依舊於圓丘行事。其大享儀，具開元禮。

朝日夕月

周制，以柴祀日月星辰。日壇曰王宮，月壇曰夜明。牲幣俱赤，樂與祭五帝同，禮神之玉以珪璧。王搢大圭，執鎮圭，繅籍五采五就，以朝日。王服玄冕，所以尚質。自朝至暮，行祭之禮。先以牲幣於柴上而燔之，升煙於天，以同五帝之儀。〔三二〕凡祭日月，歲有四焉。迎氣之時，祭日於東郊，祭月於西郊，一也。二分祭日月，二也。祭義云：「郊之祭，大報天，而主日，配以月。」三也。月令，十月祭天宗，合祭日月，四也。覲禮，禮日於南門之外，禮月於北門之外。

漢武帝立二十八年，始郊太一，朝日夕月，改周法，不俟二分於東西郊，常以郊泰畤，質明出行竹宮，東向揖日；其夕，西向揖月。魏文帝議其煩褻似家人之事，乃以黄初二年正月乙亥，朝日於東門之外。前史又以正月非二分之義。秘書監薛靖論云：「按周禮，朝日無常日，鄭玄云用二分。秋分之時，月多東升，西向拜之，背實遠矣。朝日宜用仲春之朔，夕月宜用仲秋之朏。」〔三三〕淳于睿駁之，引禮記云，「祭日於東，祭月於西，以端其位」。周禮秋分夕月，並行於上代。西向拜月，雖如背實，亦猶月在天，而祭之於坎，不復言背也。猶如天子東西遊幸，拜官猶北向朝拜，〔三四〕寧得以背實爲疑。明帝太和元年二月丁亥朔，朝日于東郊。八月己丑，夕月于西郊，始爲得禮。

晉因之，武帝太康二年，有司奏，春分朝日，寒温未適，不可親出。詔曰：「頃方難未平，故每從所奏，今戎事已息，此禮爲大。」遂親朝日。

後周，以春分朝日於東門外，爲壇如其郊。用特牲青幣，青圭有邸。皇帝乘青輅，及祀官俱青冕，執事者青弁。司徒亞獻，宗伯終獻。燔燎如圓丘。秋分夕月於國西門外，爲壇於坎中，方四丈，深四尺，燔燎禮如朝日。

隋因之，開皇中，於國東春明門外爲壇如其郊，每以春分朝日。又以國西開遠門外爲坎，深三尺，廣四丈，爲壇於坎中，高一尺，廣四尺，每以秋分夕月。牲幣與周同。

唐二分朝日夕月於國城東西，各用方色犢。

大 䄍臘

䄍者，索也，自伊耆之代而有其禮。古之君子，使人必報之，是報田之祭也。其神神農，初爲田事，故以報之。夏氏曰嘉平。商曰清祀。周因之，後名大䄍，以歲十二月，合聚萬物而索享之。其樂則歈豳頌，擊土鼓。其服則皮弁素服。又云，黄衣黄冠而祭，息田夫也，故既䄍，君子不興功。秦初因曰臘，後復曰嘉平。漢復曰臘。季冬之月，星迴歲終，陰陽以交，勞農大享臘。魏因之，高堂隆議臘用日云：「王者各以其行之盛而祖，以其終而臘。水始於申，盛於子，終於辰，故水行之君，以子祖，以辰臘。火始於寅，盛於午，終於戌，故火行之君，以午祖，以戌臘。木始於亥，盛於卯，終於未，故木行之君，以卯祖，以未臘。金始於巳，盛於酉，終於丑，故金行之君，以酉祖，以丑臘。土始於未，盛於戌，終於辰，故土行之君，以戌祖，以辰臘。今魏土德而王，宜以戌祖辰臘。」博士秦静議曰：「坤爲土，土位西南。黄精之君，盛德在未，故魏以未祖。易坤曰：『利西南得朋，東北喪朋。』丑者土之終，故以丑臘，終而復始，乃終有慶。宜如前以未祖丑臘。」奏可之。

宋氏以水德王，故祖以子，臘以辰。後周常以十月禮。隋初因周，亦以孟冬下亥禮百神。開皇四年，詔曰：「前周歲首，今之仲冬，建亥之月，大禮可也。後周以夏后之時，行姬氏之禮，考之前代，於義有違。其十月行禮者停，可以十二月爲臘。」始革前制。

唐貞觀十一年，房玄齡等議曰：「按月令，禮法唯祭天宗。近代禮五天帝、五人帝、五地祇，〔三五〕皆非古典，今並除之。」季冬寅日，禮祭百神於南郊，大明用犢二，籩豆各四，簠簋甑俎各一；神農及伊耆氏各用少牢一，籩豆等與大明同；后稷及五方、十二次、五官、五方田畯、五嶽、四鎮、四海、四瀆以下，方別各用少牢一。其日祭井泉於川澤之下，用羊一。卯日祭社稷於社宮，二十八宿、五方之山林、川澤、邱陵、墳衍、原隰、鱗、羽、贏、毛、介、水、墉坊、郵表畷、貓、虎及龍、麟、朱鳥、白虎、玄武，方別各用少牢一，每座籩豆各二，簠簋甑俎各一。禮祭凡百八十七座。當方年穀不登，則闕其祀。禮之明日，又祭社稷于社宮，如春秋二仲之禮。開元中，制儀，季冬臘日，禮百神於南郊之壇。若其方不登，則闕之。其儀具開元禮。

靈星

周制，仲秋之月，祭靈星於國之東南。漢興八年，有言周興而邑郃，〔三六〕立后稷之

祠，於是高帝命郡國縣邑立靈星祠，常以歲時祠以牛。言祠后稷而謂之靈星者，以后稷又配食星也。舊説星謂天田星也，一曰龍左角爲天田，主穀，乃於壬辰位祠之。壬爲水，辰爲龍，就其類也。縣邑令長侍祠。舞者童男十六人，舞象教田，初爲芟除，次耕種，次芸耨、驅爵及穫刈、舂簸之形，象成功也。東晉，靈星配饗南郊，不特置祀。唐開元禮，立秋之後，祀靈星於國城東南。天寶四載，敕升爲中祠。

風師雨師及諸星等祠

周制，大宗伯以實柴祀日、月、星、辰，以槱燎祠司中、司命、風師、雨師。月令，立春後丑日，祭風師於國城東北。立夏後申日，祀雨師於國城西南。秋分日，享壽星於南郊。立冬後亥日，祠司中、司命、司民、司禄於國城西北。後漢，以丙戌日祀風師於戌地，以己丑日祀雨師於丑地，牲用羊豕。又於國都南郊立老人星廟，常以仲春祀之。〔三七〕立心星廟于城南，常以季秋祀之。晉，以仲春月祀于國都遠郊老人星廟，季秋祀心星于南郊壇心星廟。東晉以來，配饗南郊，不復特立。陳令太史署，〔三八〕常以二月八日，於署廷中以太牢祠老人星，兼祀天皇大帝、天一、太一、日、月、五星、勾陳、北極、北斗、三台、二十八宿、丈人星、孫星，都四十六座。凡應合祀享官，宗太醫給除穢氣散藥，先齋一日服之以

自潔。唐開元二十四年七月，敕所司特置壽星壇，常以千秋節日修其祠典。又敕壽星壇，宜祭老人星及角亢七宿，著之常式。其儀具開元禮。天寶四載，勅風伯、雨師並宜升入中祠。仍令諸郡各置一壇，因春秋祭社之日，同申享祀。至九月，敕諸郡，風伯壇置在壇之東，雨師壇之西，各稍北三數十步，其壇卑小於社壇，其祭官准祭社例，取太守下充。

方丘 神州后土附

夏以五月祭地祇。商以六月。周制，大司樂云：「夏日至，禮地祇於澤中之方邱。」其邱在國之北，禮神之玉以黄琮，牲用黄犢，幣用黄繒，王及尸同服大裘，配以后稷。其樂則大司樂云：「凡樂，函鐘爲宮，太蔟爲角，姑洗爲徵，南吕爲羽，靈鼓、靈鼗，孫竹之管，〔三九〕空桑之琴瑟，咸池之舞，夏日至於澤中之方丘奏之。若樂八變，則地祇皆出，可得而禮矣。」其神州地祇，謂王者所卜居吉土，五千里之内地名也。玉用兩珪，五寸有邸。牲用黝犢，幣用黑繒。壇於北郊，築土爲壇，名曰太折。配亦以后稷。其樂，奏太蔟，歌應鐘，舞咸池，以祭地祇。備五齊七獻。王每獻酒，皆作樂一終。

漢高帝定天下，百度草創，詔御史置祠祀官及女巫，其梁巫主祠天地。武帝卽位，

曰：「朕親郊上帝，而后土無祀，〔四〇〕則禮不荅也。」有司與太史令談、祠官寬舒議之。於是東幸汾陰，男子公孫滂洋等見汾旁有光如絳，遂立后土祠於汾陰脽上澤中。爲五壇，壇一黄犢，以高帝配。牢具已祠盡瘞。而從祀者衣尚黄，始用樂舞，帝親望拜如上帝禮。至宣帝，修武帝故事，間歲正月一日至河東祠后土。成帝建始初，徙河東后土於長安北郊。後以帝無繼嗣，復汾陰后土如故。帝崩，皇太后詔復北郊長安。平帝立，地與天合祭於南郊壇。

後漢光武中元元年，營北郊，祀地祇。在雒陽城北四里，爲方壇，四陛。遷吕太后于園，上薄太后尊號曰高后，以配地祇。次年正月辛未，别祀地祇於郊，〔四一〕位南面西上，高皇后配，西面北上，皆在壇上。地理羣神從食，皆在壇下。中嶽食在未，四嶽各在其方。海東，河西，濟北，淮東，江南，山川各在其方。地祇、高后用犢各一，〔四二〕五嶽共牛一，四海、四瀆共牛一，羣神共牛二。樂如南郊。既送神，瘞俎實于壇北。明帝永平二年正月上丁，祀南郊畢，次郊。

魏明帝景初元年，詔祀方丘所祭曰皇皇后地，以舜妃伊耆氏配；北郊所祭曰皇地之祇，以武宣皇后配。

晉武帝受禪後，泰始二年，定郊祀，北郊除以先后配。是年，有司奏，古者丘郊不異，

遂并圓方二丘於南北郊，〔四三〕更修壇兆，其二至之祀合於二郊。十一月庚寅，帝親祠於南郊。自後方澤不別立。東晉元帝太興二年，北郊未立，地祇共在天郊。明帝太寧三年七月，始詔立北郊，未及建而帝崩。成帝咸和八年正月，〔四四〕於覆舟山南立北郊，從祀則五嶽、四望、四海、四瀆、五湖、五帝之佐，沂山、嶽山、白山、霍山、醫無閭山、蔣山、松江、會稽山、錢塘江、先農，凡四十四神。江南諸小山，蓋江左所立，如漢西京關中小水皆有祭秩。是月辛未，祀北郊，以宣穆張后配地。魏氏故事，非晉舊也。康帝建元元年正月辛未南郊，辛巳北郊，帝皆親奉。

宋武帝永初二年，親南北郊。孝武帝大明三年，移北郊於鍾山北原，與南郊相對，後還舊處。齊高帝受禪，建元二年正月次辛，北郊，犧牲之色因舊不改，而無配。武帝永明三年，議用次辛，車服之儀率遵漢制。梁武帝制，北郊爲方壇於國之北。常與南郊間歲，正月上辛，以一特牛祀后土於壇上，以德后配，禮以黄琮，五官、先農、五嶽及國內山川皆從祀。其南郊明堂用沈香，取天之質，陽所宜也。北郊用上和香，以地於人親，宜加雜馥。天監十六年，有事北郊，八座奏，省除四望、松江、浙江、五湖等座，其鍾山、白石山既土地所在，並留之如故。帝行一獻之禮。陳武帝亦以間歲正月上辛，用特牛一祀於北郊，以皇妣昭后配。及文帝天嘉中，南郊改以高祖配，北郊以德皇帝配。宣帝即位，以郊

壇卑下，更增廣之。

後魏道武瘞地於北郊，以神元竇皇后配。壇兆制同南郊，五嶽名山在中壝内，四瀆大川在外壝内。后土、神元后共用黑牲一，玉用兩珪有邸，幣用束帛。五嶽等共牛一。祭畢，瘞牲體於壇北亥地。北齊制，圓丘方澤並三年一祭，謂之禘祀。以夏至之日，禘崑崙皇地祇於方澤，以武明皇后配。其神社稷、岱岳、沂鎮、會稽鎮、云云山、亭亭山、蒙山、羽山、嶧山、崧岳、霍岳、衡鎮、荆山、内方山、大别山、敷淺原山、桐柏山、陪尾山、華岳、太岳鎮、積石山、龍門山、江山、岐山、荆山、嶓冢山、壺口山、雷首山、底柱山、析城山、王屋山、西傾、朱圉山、鳥鼠同穴山、熊耳山、敦物山、蔡蒙山、梁山、崏山、武功山、太白山、恒嶽、醫無閭山鎮、陰山、白登山、碣石山、太行山、狼山、封龍山、漳山、宣務山、閼山、方山、苟山、狹龍山、淮水、東海、泗水、沂水、淄水、濰水、江水、南海、漢水、穀水、洛水、伊水、漾水、沔水、河水、西海、黑水、澇水、渭水、涇水、酆水、濟水、北海、松水、京水、桑乾水、漳水、呼沲水、衞水、洹水、延水，並從祀。其神州位青陛之北寅地，社位赤陛之西未地，稷位白陛之南庚地，自餘並内壝之内，内向，各如其方，合用牲十二，儀同圓丘。後周祭后土、地祇，於國北郊六里爲壇，以神農配后土之祇。神州壇在其右，以獻侯莫那配焉。

隋因周制，夏至之日，祭皇地祇於宫城北郊十四里方壇之上，以太祖配。神州、迎

州、冀州、戎州、拾州、柱州、營州、咸州、揚州，其九州山林、川澤、邱陵、墳衍、原隰皆從祀。地祇及配帝等牲用黄犢二，神州以下用方色犢一，九州山海墳衍等加羊豕各九。孟冬祭神州於北郊，亦以太祖武元皇帝配，牲用犢二。凡大祀養牲，在滌九旬，中祀三旬，小祀一旬。昊天、五帝、日、月、地祇、神州、宗廟、社稷爲大祀，〔四五〕星辰、五祀、四望爲中祀，司中、司命、風師、雨師、諸星、山川爲小祀。其牲方色難備者，聽以純色代。煬帝大業元年孟冬，祀神州，改以高祖文帝配。

唐制，夏日至祭皇地祇，于宫城之北郊十四里，爲方邱壇，因隋制，以景帝配。神州、五方嶽鎮、海瀆、山林、川澤、邱陵、墳衍、原隰，皆從祀。地祇及配帝牲用黄犢二，神州用黝犢一，岳鎮以下加羊豕各五。孟冬祭神州於北郊，景帝配，牲用黝犢二。貞觀中，奉高祖配地郊。永徽中，許敬宗等奏，祭地之外，别有神州，謂之北郊，殊無典據，遂廢神州之祀。乾封初，又詔依舊祀神州。二年，詔以高祖太武皇帝崇配方丘等祀。太極元年正月初，將有事于南郊，有司議唯祭昊天上帝，續議設皇地祇位。開元二十一年夏日至，祀皇地祇于方丘，以高祖配。立冬祭神州于北郊，以太宗配。初房玄齡議，〔四六〕以神州者國之所託，餘八州則義不相及。今請除八州，惟祭皇地祇及神州，以正祀典。開元十一年，上自東都將還西京，便幸并州。至十二年二月二十二日，祠后土于汾陰脽上，太史奏，榮

光出河，休氣四塞，祥風繞壇，日揚其光。二十年，車駕欲幸太原，中書令蕭嵩上言：「去十一年親祠后土，爲蒼生祈穀，自是神明昭祐，累年豐登。有祈必報，禮之大者。且漢武親祠脽上，前後數四。伏請准舊年事，至后土行報賽之禮。」從之。

社稷

顓帝祀共工氏子勾龍爲社，烈山氏子柱爲稷。高辛氏、唐、虞、夏皆因之。商湯爲旱遷柱，而以周棄代之。欲遷勾龍，無可繼者，故止。周制，天子立三社。祭法云：「王爲羣姓立社，曰太社。」於庫門內之西立之。「王自爲立社，曰王社。」於籍田立之。亡國之社曰亳社，廟門之外立之。諸侯立三社，祭法云：「諸侯爲百姓立社，曰國社。」於臯門之西立之。「自爲立社，曰侯社。」亦於籍田中立之，而亦立亳社。大夫以下立一社，祭法云：「大夫以下成羣立社，曰置社。」今之里社也。但立名雖異，其神則同，皆以勾龍配之。稷，周棄配之。社者，五土之神。稷者，於五土之中，特指原隰之祇。援神契曰：「稷者，原隰之中能生五穀之祇也。」社壇在東，稷壇在西，俱北面，壇築牆，開四面門。天子之社，則以五色土各依方色爲壇，廣五丈；諸侯則但用當方之色爲壇，皆植木以表其處，又別爲主以象其神。大夫以下，但各以其地所宜之木而立之。

漢高帝初起，禱豐枌榆社。二年，東擊項籍，還入關，因命縣爲公社。後四年，天下定，詔御史令豐謹理枌榆社。其後又令縣常以春三月及臘，祠后稷。平帝時，王莽奏建立社稷。自高祖除秦社稷，立漢社稷，時已有官社，以夏禹配，而未立官稷，至此始立之。稷種穀樹。徐州牧歲貢五色土一斗。後漢光武建武二年，立太社稷于洛陽，在宗廟之右，皆方壇，無屋，有牆有門而已。二月、八月及臘，一歲三祠，皆太牢具，使有司祠。郡縣皆置社稷，太守、令、長侍祠，牲用羊豕。唯州所治有社無稷，以其使官也。

魏，自漢後但太社有稷，官社無稷，故常二社一稷也。至明帝景初中，立帝社。明帝祭社，但稱皇帝。晉武帝太康九年，詔曰：「社實一神，其并二社之祀。」〔四七〕東晉元帝建武元年，又依洛京立二社一稷。宋仍晉舊，無所改作。梁，社稷在太廟西，依晉元帝所創，有太社、帝社、太稷，凡三壇。至大同初，又加官社、官稷，爲五壇。陳依梁，而帝社以三牲首，餘以骨體。薦粢盛爲六飯，粳以敦，稻以牟，黄粱以簠，白粱以簋，黍以瑚，粢以璉。

後魏天興二年，置太社、太稷、帝社於宗廟之右，爲方壇，四陛。以二月、八月，日用戊，皆以太牢，勾龍配社，周棄配稷，並有司侍祠。北齊，立太社、帝社、太稷三壇於國右，每仲春、仲秋元辰及臘，各以一太牢祭焉。皇帝親祭，則司農卿省牲進熟，司空亞獻，司

農終獻。後周，立社稷於左，帝親祠，則冢宰亞獻，宗伯終獻。隋文帝開皇初，建社稷，並列於含光門内之右，仲春、仲秋吉戊，各以一太牢祭，牲色用黑。孟冬下亥，又臘祭之。州郡縣，二仲月，並以少牢祭。百姓亦各爲社。唐，社稷亦於含光門内之右，仲春、仲秋二時戊日祭太社、太稷，社以勾龍配，稷以后稷配。〔四八〕武太后天授三年九月爲社，至長安四年三月，制，社依舊用八月。神龍元年，改先農壇爲帝社壇，於太壇西立帝稷壇，禮同太社、太稷，其壇不備方色，異於太社。又其年五月，詔於東都建置太社。天寶三載二月，〔四九〕詔：「社稷列爲中祀，頗紊大猷。自今以後，升爲大祀。」

山川

黄帝祭山川爲多。虞氏秩于山川，徧于群神。周制，四坎壇祭四方，以血祭祭五嶽，以埋沈祭山林川澤。一歲凡四祭，一者謂迎氣時，二者郊天時，三者大雩時，四者大禮時，皆因以祭之。

秦并天下，令祠官所常奉名山大川鬼神可得而序。於是自崤以東名山大川祠，山曰太室、恒山、泰山、會稽、湘山，水曰淮、濟。春以脯酒爲歲禱，因泮凍，秋涸凍，冬塞。其

牲用牛犢各一牢具，圭幣各異。自華以西名山七，曰華山、薄山、岳山、岐山、吳山、鴻冢、瀆山。瀆山，蜀之岷山也。〔五〇〕名川四，曰河，祠臨晉；沔，祠漢中；湫淵，祠朝那；江水，祠蜀。亦春秋泮涸禱塞如東方山川，而牲亦牛犢圭幣各異。而四大冢鴻、岐、吳、岳，皆有嘗禾，其河加有嘗醪。此皆在雍州之域，近天子都，故加車一乘，騂駒四。灞、滻、灃、澇、涇、渭、長水，皆不在大山川數，以近咸陽，盡得比山川祠，而無車乘騂駒之加。

漢孝文十二年，五穀不登，詔增修山川羣祀。武帝因巡狩，禮其名山大川，用駒者悉以木偶馬代，行過親祠者乃用駒。後漢章帝元和二年，詔祀山川百神應禮者。魏文帝黃初二年，〔五一〕禮五岳四瀆，咸秩群祀，瘞沈圭璋。宋孝武帝大明七年六月，有司奏奠祭霍山，殿中郎丘景先議，宜使太常持節，牲以太牢之具，羞用酒脯時穀，禮以赤璋纁幣，器用陶匏，藉用茆席。梁，令郡國有五岳者，置宰祀三人，及有四瀆若海應祀者，皆以孟春、仲冬祀之。

後魏明元帝立五岳四瀆廟於桑乾水之陰，春秋遣有司祭。其餘山川諸神三百二十四所，每歲十月，遣祠官詣州鎮偏祠。有水旱災厲，則牧守各隨其界內而祈禱。王畿內諸山川，有水旱則禱之。太武帝南征，造恒山，祀以太牢。浮河、濟，祀以少牢。過岱宗，祀以太牢。遂臨江，登瓜步而還。後周，大將出征，遣太祝以羊一祭所過名山大川。隋

制，祀四鎮，東鎮沂山，西鎮吴山，南鎮會稽山，北鎮醫無閭山，冀州鎮霍山，並就山立祠。祀四海，東海於會稽縣界，南海於南海鎮南，並近海立祠，及四瀆。並取側近巫一人，主知洒掃，並令多植松柏。

唐武德貞觀之制，五嶽、四鎮、四海、四瀆，年别一祭，各以五郊迎氣日祭之。東岳岱山祭於兖州，東鎮沂山祭於沂州，東海祭於萊州，東瀆大淮祭於唐州，南嶽衡山於衡州，南鎮會稽山於越州，南海於廣州，南瀆大江於益州，中岳嵩山於洛州，西岳華山於華州，西鎮吴山於隴州，西海及西瀆大河於同州，北岳恒山於定州，北鎮醫無閭山於營州，北海及北瀆大濟於洛州，其牲皆用太牢，祀官以當界都督刺史充。先天二年，封華岳神爲金天王。開元十三年，封泰山神爲天齊王。天寶五載，封中岳神爲中天王，南岳神爲司天王，北岳神爲安天王。六載，河瀆封爲靈源公，濟瀆封爲清源公，江瀆封爲廣源公，淮瀆封爲長源公，會稽山爲永興公，岳山爲成德公，霍山爲應聖公，醫無閭山爲廣寧公。八載閏六月，封太白山爲神應公。其九州鎮山，除入諸岳外，〔五二〕並宜封公。十載正月，以東海爲廣德王，南海爲廣利王，西海爲廣潤王，〔五三〕北海爲廣澤王。分命卿監詣岳瀆及山，取三月十七日，一時備禮，兼册祭。其祭儀具開元禮。

籍田

周制，天子孟春之月，乃擇元辰，親載耒耜，置之車右，帥公卿諸侯大夫，躬耕籍田千畝於南郊。冕而朱紘，躬秉耒，天子三推，以事天地、山川、社稷、先古，以爲醴酪粢盛，於是乎取之。

漢文帝制曰：「農，天下之本。遂開籍田，朕躬耕以給宗廟粢盛。」漢舊儀云：「春始東耕於籍田，官祠先農，以一太牢，百官皆從。賜三輔二百里内孝悌、力田、三老帛。種百穀萬斛，爲立籍田倉，置令丞，穀皆以給天地、宗廟、群神之祀，以爲粢盛。」景帝詔曰：「朕親耕爲天下先。」昭帝幼即位，耕於鉤盾弄田。後漢明帝永平中，二月東巡，耕於下邳。章帝元和中，正月北巡，耕於懷縣。其籍田儀，正月始耕，常以乙日祠先農，及耕於乙地。晝漏上水初納，執事告祠先農，已享。耕時，有司請行事，就耕位，天子、三公、九卿、諸侯、百官以次耕，推數如周法。力田種各耰訖，有司告事畢。是月，命郡國守皆勸民始耕。

魏氏雖天子親耕籍田，而藩鎮闕諸侯百畝之禮。晉武帝泰始四年正月丁亥，帝躬耕籍田于東郊，詔曰：「近代以來，籍田止於數步之中，空有慕古之名，曾無供祀訓農之實，

而有百官車徒之費。今循千畝之制，〔五四〕當與群公卿士躬稼穡之艱難，以帥先天下。」於東郊之南洛水之北，乘輿御木輅以耕，以太牢祀先農。自惠帝之後，其禮遂廢。東晉元帝將修耕籍，〔五五〕事終不行。

宋文帝元嘉二十一年，將親耕，先立春九日，司空、大司農、京尹、令、尉，度宮之辰地八里之外，〔五六〕整制千畝，中開阡陌，立先農壇於中阡西陌南，設御耕壇於中阡東陌北。將耕，宿設青幕于耕壇之上。〔五七〕皇后帥六宮之人，出穜稑之種，付籍田令。耕日，太祝令以一太牢祀先農，如帝社儀。孟春上辛後吉亥，御乘耕根三蓋車，駕蒼駟，建青旂，著通天冠，青幘，青衮，佩蒼玉。蕃王以下至六百石皆衣青，唯三臺武衛不耕，不改章服。駕出如郊廟儀，至籍田，侍中跪奏：「至尊降車。」臨壇，大司農跪奏：「先農已享，請皇帝親耕。」太史贊曰：「皇帝三推三反。」於是群臣以次耕，王公及諸侯五推五反，孤卿大夫七推七反，士九推九反，籍令率其屬耕終畝，灑種即耰，禮畢。乃班下州縣，悉具其禮焉。齊武帝永明中，〔五八〕耕籍田用丁亥，使御史乘馬車，載耒耜，從五輅後。

梁初，依宋、齊禮，以正月用事，不齋不祭。天監十二年，武帝以啟蟄而耕，改用二月。乃與百官御事並齋三日，沐浴裸饗，侍中奉耒耜，載於象輅，以隨木輅之後。普通二年，又移籍田於建康北岸，築兆域如南北郊。別有望耕臺，在壇東，帝親耕畢，登此臺以

觀公卿之推反。

後魏道武帝天興三年春，〔五九〕始躬耕籍田，祭先農，用羊一。北齊，籍田於帝城東南千畝内，種赤粱、白穀、大豆、赤黍、小豆、黑穄、麻子、大麥、小麥，色別一頃。自餘一頃，地中通阡陌，作祠壇於陌南阡西，廣輪三十六尺，四陛三壝四門。又爲大營於外，設御耕壇於阡東陌北。每歲正月上辛後吉亥，祠先農神農氏於壇上，無配饗。祭訖，親耕。

隋制，於國南十四里啟夏門外，置地千畝，爲壇，行籍田之禮。播植九穀，納于神倉，以擬粢盛，穰藁以餇犧牲。

唐貞觀三年正月二十一日，太宗親祭先農，籍于千畝之甸。武后改籍田壇爲先農壇。神龍初，復改先農壇爲帝社壇。開元二十三年正月，〔六〇〕親祠神農于東郊，勾芒配。禮畢，躬御耒耜，籍于千畝之甸。時有司進儀注，天子三推，公卿九推，庶人終畝。明皇欲重勸耕籍，遂進耕五十餘步，盡壠乃止。耕畢，輦還齋宮，大赦，侍耕執牛官皆加級賜帛。其儀備開元禮。

先蠶

周制，仲春，天官内宰詔后帥外内命婦，始蠶于北郊，以爲祭服。天子諸侯必有

公桑。

漢，皇后蠶于東郊。後漢，皇后四月帥公卿列侯夫人蠶。祠先蠶，禮以少牢。

魏文帝黄初七年，皇后蠶于北郊，依周典也。

晉武帝太康六年，蠶於西郊，與籍田對其方也。先蠶壇高一丈，方二丈，爲四出陛，陛廣五尺，在皇后採桑壇東南帷宫外門之外，而東南去帷宫蓋十丈，在蠶室西南，桑林在其東。取列侯妻六人爲蠶母。蠶將生，擇吉日，皇后著十二笄步摇，依漢、魏故事，衣青衣，乘油畫雲母安車，駕六騩音貴。馬。女尚書著貂蟬佩璽陪乘，〔六一〕載筐鉤。公主、三夫人、九嬪、世婦、諸太妃、太夫人，及縣鄉君、郡公侯特進夫人、外世婦、命婦，皆步摇衣青，各載筐鉤，從蠶。先桑二日，蠶宫生蠶，著薄上。躬桑日，皇后未到，太祝令質明以太牢告祠，謁者一人監祠。祠畢，撤饌，頒餘胙於從桑及奉祠者。皇后至西郊，升壇，公主以下陪列壇東。皇后東面，躬桑，採三條，諸妃、公主各採五條，縣鄉君以下各採九條，〔六二〕悉以桑授蠶母，還蠶室。事訖，皇后還便座，公主以下乃就位，設饗宴，賜絹各有差。

江左至宋孝武大明四年，始於臺城西白石里爲蠶所，設兆域，置大殿，又立蠶觀。

北齊，爲蠶坊於京城北之西，去皇宫十八里外，有蠶宫，方九十步，牆高一丈五尺，其

中起蠶室二十七口，别殿一區，置蠶宫令丞，宦者爲之。每歲季春，穀雨後吉日，使公卿以一太牢祠先蠶黄帝於蠶壇上，無配，如祀先農。禮訖，皇后因親桑於壇，備法駕，服鞠衣，乘重翟，帥六宫，升桑壇東陛，即御座。女尚書執筐，女主衣執鈎立壇下。皇后降自東陛，執筐者處右，執鈎者居左，蠶母在後，乃躬桑三條。訖，升壇即御座。内命婦以次就桑，服鞠衣者採五條，展衣七條，褖衣九條，以授蠶母，還蠶室切之，授世婦灑一薄。凡應桑者並復本位。后乃降壇，還便殿，改服，設勞酒，頒賚而還。

後周制，皇后乘翠輅，率六宫三妃、三娍、音弋，婦官名。御媛、御婉、三公夫人、三孤内子至蠶所，以一少牢親祭，進奠先蠶西陵氏神。禮畢，降壇，令二嬪爲亞獻、終獻，因以躬桑。

隋制，先蠶壇於宫北三里，爲壇，高四尺。季春上巳，皇后服鞠衣，乘重翟，率三夫人、九嬪、内外命婦，以一太牢、制幣，祭先蠶於壇上，用一獻之禮。祭訖，就桑位於壇南，〔六三〕東面，尚功進金鈎，典制奉筐，皇后採三條，反鈎，命婦各依班採五條，九條。世婦於蠶母受切桑，灑訖，皇后乃還。

唐顯慶元年三月辛巳，皇后武氏；先天二年三月辛卯，皇后王氏；乾元二年三月己巳，皇后張氏：並有事於先蠶，其儀備開元禮。

校勘記

〔一〕「冬日至祀天於地上之圓丘」，「日至」二字互倒，據周禮大司樂改正。

〔二〕「汎配五帝也」，「五」，原作「上」，據禮記大傳篇鄭注改。

〔三〕「常以十月上宿郊見」，「宿」，原作「旬」，據史記封禪書、漢書郊祀志上改。

〔四〕「東敗項籍」，「東」，原作「冬」，據通典四二改。

〔五〕「草改歷服色事」，「草」字脱，據史記封禪書、漢書郊祀志上補。

〔六〕「今當幸長安」，「當」，原作「常」，據通典四二改。

〔七〕「十二月壬子冬至」，「十二」，原作「十一」，據三國志魏志明帝紀、晉書禮志上改。

〔八〕「用玄牡」，汪本「牡」作「牲」，據元本、明本、于本、殿本改。下同。

〔九〕「五帝及佐」，「及」，原作「之」，據通典四二改。

〔一〇〕「安帝元興四年」，按，是年正月戊戌改元義熙。晉書禮志上云：「是年（元興三年）帝蒙塵江陵未返，其明年應郊。」通典禮典二因而書爲「元興四年」，鄭氏承用其文。

〔一一〕「尚書左丞王納之」，「左」，原作「右」，據晉書禮志上改。「王納之」，晉志文同，通典四二作「王訥之」，世説新語文學篇注引王氏譜與羊氏譜，「納」皆作「訥」。

〔一二〕「在宫之午地」，「在宫」，原作「南郊」，據宋書禮志一、通典四二改。

〔一三〕「兆于南郊」，「兆」，原作「迎日」，據宋書禮志一、通典四二改。

〔一四〕「郊應在立春後」，「應」字脱，據隋書禮儀志一、通典四二改。

〔一五〕「選帝十族子弟七人執酒」，「十族」，原作「七族」，據魏書禮志一改。按魏書官氏志云：「安帝統國，諸部有九十九姓。至獻帝時，七分國人，使諸兄弟各攝領之，乃分其氏。」計爲：紇骨氏，普氏，拓拔氏，達奚氏，伊婁氏，丘敦氏，俟氏。後又加入乙旃氏，車焜氏。「凡與帝室爲十姓。」故應以「十族」爲正，「七族」乃涉下文「七人」而誤。

〔一六〕「乃殺牲」，「牲」下衍「七」字，據魏書禮志一删。

〔一七〕「人失職與」，「人」上衍「使」字，據通典四三删。

〔一八〕「新論」，「新」，原作「雜」，據後漢書禮儀志中劉昭注改。

〔一九〕「絲離屬」，「離」，原作「維」，據通典四三改。

〔二〇〕「故下數旱旱而爲應龍之狀」，「旱」字脱一，據後漢書禮儀志中注補。

〔二一〕「反拘朱索縈社」，「縈」字脱，據通典四三補。

〔二二〕「有司議」，「司」字脱，據通典四三補。

〔二三〕「儀曹郎朱异」，「儀」，原作「議」，據梁書朱异傳改。

〔二四〕「周二十丈」，通典四三文同。隋書禮儀志二作「周百二十尺」。

〔二五〕「每以七日皆一祈」，「以」，原作「月」，據通典四三改。

〔二六〕「後漢光武建武三十二年」，「二」字脱，據後漢書祭祀志上補。按後漢書祭祀志上篇云：「（建武三十二年）四月己卯，大赦天下，以建武三十二年爲建武中元元年。」一般簡稱之爲中元元年。中篇續云：「是年初營北郊明堂。」是明堂營建於建武三十二年，即中元元年。通典四四作「建武三十年」，鄭樵從之而誤。

〔二七〕「太康十年十月」，「太康」二字脱，據晉書禮志上、通鑑八二補。

〔二八〕「明帝隆昌元年」，「隆昌」，原作「永泰」，據南齊書禮志上改。通典四四作「崇昌」，乃爲唐玄宗李隆基避諱改「隆」作「崇」。

〔二九〕「行禮自東階而升」，「階」，原作「郊」，據隋書禮儀志一、通典四四改。

〔三〇〕「太和十五年四月」，「五」，原作「三」，據魏書高祖紀、禮志一改。

〔三一〕「並於壇位次第布席而祀」，「次第」，原作「以茅」，據舊唐書禮儀志二改。

〔三二〕「以同五帝之儀」，「儀」，原作「義」，據通典四四改。

〔三三〕「夕月宜用仲秋之朏」，「朏」，原作「朔」，據通典四四改，魏書禮志一亦有「夕月以朏」之文。

〔三四〕「拜官猶北向朝拜」，「官」，原作「宫」，據南齊書禮志上、通典四四改。

〔三五〕「五地祇」，「祇」，原作「極」，據通典四四改。

〔三六〕「周興而邑郃」，「郃」字脱，據史記封禪書補。

〔三七〕「常以仲春祀之」，「春」，原作「秋」，據晉書禮志上改。

〔三八〕「陳令太史署」，「陳」，原作「隋」，「署」，原作「局」，據隋書禮儀志二改。按，此條鄭氏蓋承通典之誤，汪本更誤「隋」爲「隨」。

〔三九〕「孫竹之管」，「孫」，原作「絲」，據周禮大司樂、通典四五改。

〔四〇〕「后土無祀」，「祀」，原作「配」，據漢書郊祀志上、通典四五改。

〔四一〕「次年正月辛未别祀地祇於郊」，「次年」二字脱，按後漢書祭祀志中篇稱，建武三十二年（即建武中元元年），「初營北郊」，又「北郊在雒陽城北四里，爲方壇四陛。三十三年正月辛未，郊。别祀地祇。」本書上文言「中元元年，營北郊，祀地祇」，則此處「正月辛未」實爲中元二年之事，今據補「次年」二字。又「於」下衍「南」字，據後漢書祭祀志中删。

〔四二〕「地祇高后用犢各一」，「地祇」二字脱，據後漢書祭祀志中、通典四五補。

〔四三〕「北郊除以先后配是年有司奏古者丘郊不異遂并圓方二丘於南北郊」，「除」字脱，據晉書禮志上補。下「北」字脱，據通典四五補。

〔四四〕「成帝咸和八年正月」，「正月」二字脱，據晉書禮志上補。

〔四五〕「昊天五帝日月地祇神州宗廟社稷爲大祀」，「月」下衍「星辰」二字，據隋書禮儀志一、通典四五删。

〔四六〕「初房玄齡議」，「初」，原作「時」，據通典四五改。

〔四七〕「其并二社之祀」，「二」字脱，據晉書禮志上、宋書禮志四補。

〔四八〕「以后稷配」，「后稷」，原作「后土」，據通典四五、舊唐書禮儀志四改。
〔四九〕「天寶三載二月」，汪本「二」作「三」，據元本、明本、于本、殿本改。
〔五〇〕「瀆山蜀之岷山也」，「瀆山」，涉上文而脱，據漢書郊祀志上補。
〔五一〕「魏文帝黄初二年」，「二」，原作「三」，據三國志魏志文帝紀、宋書禮志四改。
〔五二〕「除入諸岳外」，「入」，原作「大」，「岳」，原作「岱」，據殿本、通典四六改。
〔五三〕「西海爲廣潤王」，「潤」，原作「閏」，據通典四六改。
〔五四〕「今循千畝之制」，「今」，原作「令」，據殿本、通典四六改。
〔五五〕「東晉元帝將修耕籍」，「帝」，原作「年」，據晉書禮志上改。
〔五六〕「度宫之辰地八里之外」，「宫」，原作「官」，據宋書禮志上、通典四六改。
〔五七〕「宿設青幕于耕壇之上」，「設」字脱，據宋書禮志上補。
〔五八〕「齊武帝永明中」，「明」，原作「平」，據南齊書禮志上改。
〔五九〕「後魏道武帝天興三年」，「道」，原作「太」，「三」，原作「二」，據魏書道武帝紀改。
〔六〇〕「開元二十三年正月」，「正」，原作「二」，據舊唐書玄宗紀上、通鑑二一四改。
〔六一〕「女尚書著貂蟬佩璽陪乘」，「璽」，原作「璽」，據宋書禮志一、通典四六改。
〔六二〕「縣鄉君以下各採九條」，「縣鄉」二字互倒，「君」字脱，據晉書禮志上正補。
〔六三〕「就桑位於壇南」，「南」字脱，據隋書禮儀志二補。

禮略第二

吉禮下

宗廟

唐、虞立五廟。其祭尚氣。先迎牲，殺於庭，取血告於室以降神。然後奏樂，尸入，王祼以鬱鬯。夏氏因之。商制，七廟。周制，小宗伯掌建國之神位，宗廟在左。王立七廟，一壇一墠，曰考廟，曰王考廟，曰皇考廟，曰顯考廟，曰祖考廟，皆月祭之。遠廟爲祧，有二祧，享嘗乃止。去祧爲壇，去壇爲墠。壇墠，有禱焉祭之，無禱乃止。去墠曰鬼。天子遷廟之主，以昭穆合藏於二祧之中。

漢高帝令諸侯都皆立上皇廟。高帝崩，孝惠即位，令奉常叔孫通定宗廟儀法。帝東朝太后長樂宮，及間往，以數蹕煩民，乃作複道武庫南。通奏曰：「陛下何自築複道高帝

寢？衣冠月出游高廟，子孫奈何乘宗廟道上行哉！」帝懼曰：「急壞之！」通曰：「人主無過舉。今已作，百姓皆知之矣。願陛下爲原廟渭北，衣冠月出游之，益廣宗廟，大孝之本。」帝乃立原廟，又尊高帝廟爲太祖廟。景帝尊孝文廟爲太宗廟，所常幸郡國，令各立太祖、太宗廟。〔一〕至宣帝本始二年，〔二〕復尊孝武廟爲世宗廟，凡所巡狩亦立焉。凡祖宗廟在郡國者六十八，合百六十七所，而京師自高祖下至宣帝，與太上皇、悼皇考各於陵旁立廟，并爲百七十六。又園中各有寢、便殿，寢日四上食，廟歲二十五祠，便殿歲四祠。

元帝時，丞相韋玄成等言，春秋之義，父不祭於支庶之宅。元帝罷郡國廟，以高皇帝爲太祖，孝文皇帝爲太宗，孝景皇帝爲昭，孝武皇帝爲穆，孝昭與孝宣俱爲昭。皇考廟親未盡。太上、孝惠廟皆親盡宜毁，太上廟主宜瘞園，孝惠帝爲穆，主遷於太廟，寢園皆罷修。

後漢光武皇帝建武二年，立高廟于雒陽，四時祫祀，高帝爲太祖，文帝爲太宗，武帝爲世宗如舊。三年正月，立親廟雒陽，祀父南頓君以上至春陵節侯。時寇賊未平，祀儀未設。至十九年，中郎將張純等議：「禮，人子事大宗，降其私親。故孝宣帝以孫後祖，爲父立廟於奉明曰皇考廟。」於是議立平、哀、成、元帝廟，代今親廟，兄弟以下，使有司祠。宜爲南頓君立皇考廟，祭上至春陵節侯，群臣奉祠。詔以宗廟處所未定，且祫祭高

廟，其成、哀、平且祠祭長安故高廟，其南陽春陵，歲時各且因故園廟祭祀。園廟去太守治所遠者，在所令長行太守事侍祠。惟孝宣帝有功德，其上尊號曰中宗。於是雒陽高廟四時加祭孝宣、孝元，凡五帝。其西廟，成、哀、平三帝主，四時祭於故高廟，東廟京兆尹侍祠，冠衣車服如太常祠陵廟之禮。皇考南頓君以上至節侯，皆就園廟所在，郡縣侍祠。

明帝以光武中興，更爲起廟，尊號曰世祖廟，以元帝於光武爲穆，故雖非宗不毀也，後遂爲常。明帝遺詔遵儉，無起寢廟，藏主於世祖廟更衣。孝章初不敢違，以更衣有小別，上尊號曰顯宗廟，間祠於更衣，四時合祭於世祖廟。章帝遺詔，無起寢廟，如先帝故事。和帝初不敢違，上尊號曰肅宗。後帝承遵，皆藏主于世祖廟，積多無別，是後顯宗但爲陵寢之號。靈帝時，京都四時所祭，高廟五主，世祖廟七主，少帝三陵，追尊后三陵，凡牲用十八太牢，皆有副倅，故高廟三主親毀之後，亦但殷祭之歲奉祠。

獻帝初平中，董卓與蔡邕等，以和帝以下，功德無殊而有過差，不應爲宗，及餘非宗者，追尊三后，皆奏毀之。四時所祭，高廟一祖二宗及近帝四，凡七帝。

魏文帝受禪，追尊大父曰大皇帝，考曰武皇帝。以洛京宗廟未成，乃祠武帝於建始殿，親執饋奠，如家人禮。明帝太和三年，又追尊高祖大長秋曰高皇，夫人吴氏曰高皇后，並在鄴廟。廟所祠，〔三〕則文帝之高祖處士、曾祖高皇、祖大皇帝共一廟，考太祖武皇

帝特一廟，百代不毀。然則所祠止於親廟四室也。其年十一月，洛京廟成，則以親盡遷處士主置園邑，使宗正曹恪持節迎高皇以下神主，共一廟，〔四〕猶爲四室而已。景初元年六月，群公更奏定七廟之制，曰：「武皇帝肇建洪基，爲魏太祖。文帝繼天革命，爲魏高祖。上集成大命，宜爲魏烈祖。於太祖廟北爲二祧，其左爲文帝廟，號曰高祖昭祧，其右擬明帝號曰烈祖穆祧。三祖之廟，萬世不毀，其餘四廟，親盡迭遷，一如周后稷、文、武廟祧之禮。」

晉武帝即位，追尊皇祖宣王爲宣皇帝，伯考景王爲景皇帝，考文王爲文皇帝，權立一廟。後用魏廟，追祭征西將軍、豫章府君、潁川府君、京兆府君，與宣帝、景帝、文帝爲三昭三穆。是時宣皇未升，太祖虚位，所以祠六代，與景帝爲七廟。八年，因廟陷當改修創，〔五〕群臣議奏曰：「古者七廟異所，自宜如禮。」詔又曰：〔六〕「古雖七廟，自近代以來，皆廟七室，於禮無廢，於情爲叙，亦隨時之宜也。」東晉元帝上繼武帝，於禮爲禰，如漢光武上繼元帝故事。時西京神主陷於虜庭，江左建廟，皆更新造。尋以登懷帝之主，又遷潁川府君，位雖七室，其實五世，蓋以兄弟爲世數故也。于時百度草創，毀主權居别室。太興三年，將祭愍帝之主，乃更定制，還復豫章、潁川于昭穆之位。及元帝崩，則豫章復遷；至明帝崩而潁川又遷，猶十室也。于時續廣太廟，故三遷主，並還西儲，名之曰

祧，以准遠廟。成帝咸康七年，〔七〕始作武悼皇后神主，祔廟，配饗世祖。成帝崩而康帝承統，以兄弟一代，故不遷京兆，始十一室也。康帝崩，穆帝立，京兆遷入西儲，同謂之祧，如前三祖遷主之禮，故正室猶十一也。穆帝崩而哀帝、海西並爲兄弟，無所登除。咸安之初，簡文皇帝上繼元皇帝，於是潁川、京兆二主復還昭穆之位。簡文崩，潁川又遷。孝武帝太元十六年，始改作太廟殿，正室十四間，東西儲各一間，合十六間，棟高八丈四尺，備法駕，遷神主于行廟。及孝武崩，京兆又遷，如穆帝之世四祧故事。

宋武帝即尊位，祠七代爲七廟。永初初，追尊皇考爲孝穆皇帝，皇妣趙氏爲孝穆皇后。〔八〕三年，孝懿蕭皇后崩，又祔廟。高祖崩，神主升廟，猶昭穆之序，如魏、晉之制，虚太祖之位。文帝元嘉初，追尊所生胡婕妤爲章皇太后，立廟於太廟西。其後孝武昭太后、明帝宣太后並祔章太后廟。

齊高帝追尊父爲宣皇帝，母爲昭皇后，七廟。

梁武帝受禪，遷神主於太廟，爲三昭三穆，凡六廟。追尊皇考爲文皇帝，皇妣爲德皇后，廟號太祖。皇祖特進以上皆不追尊，擬祖遷於上而太祖之廟不毁，與六親廟爲七，皆同一堂，共庭而别室。

陳依梁制，七廟如禮。初，文帝入嗣，而皇考始興昭烈王廟在始興國，謂之東廟。天

嘉中，徙神主祔于梁之小廟，改曰國廟，祭用天子儀。

後魏之先，居于漠北，鑿石爲祖宗之廟於烏洛侯國西北。明元帝永興四年，立太祖道武帝廟於白登山，歲一祭，具太牢，帝親奉，無常月。又於白登西太祖舊遊之處，立昭成、獻明、太祖廟，常以九月十月之交，帝親祭，牲用馬牛羊，又親行貙劉之禮。孝文太和三年六月，〔九〕親謁七廟。十五年四月，改營太廟，詔曰：「祖有功，宗有德，後者不得擅祖宗之名，居二祧之廟。今述尊先志，宜制祖宗之號。烈祖有創業之功，世祖有開拓之德，宜爲祖宗，百代不遷。而遠祖平文功未多於昭成，然廟號爲太祖，道武建業之勳高於平文，廟號爲烈祖，比校似爲未允。朕今奉尊道武爲太祖，與顯祖爲二祧，〔一〇〕餘皆以次而遷。」十九年，遷都洛邑。二月，詔曰：「太和廟已就，神儀靈主宜時奉寧，可剋五月奉遷於廟。〔一一〕其出金墉之儀，一准出代都太和之式。入新廟之典，可依近至金墉之軌。其威儀鹵簿，如出代廟。百官奉遷，宜可省之，但令朝官四品以上，侍官五品以上，宗室奉迎。」

北齊文宣帝受禪，置六廟。獻武以下不毀。以上則遞毀，並同廟而別室，既而遷神主於太廟。文襄、文宣並太祖之子，文宣初疑其昭穆之次，欲別立廟，衆議不同，至二年秋，始祔太廟。四時并臘凡五祭，禘祫如梁制。

後周之制，思復古之道，乃右宗廟而左社稷。閔帝受禪，追尊皇祖爲德皇帝，父文王爲文皇帝，廟號太祖。擬祖以上三廟遞遷，至太祖不毁，其下相承，置二昭二穆爲五焉。明帝崩，廟號世宗，武帝崩，廟號高祖，並爲祧廟不毁。

隋文帝受命，遣兼太保宇文善等奉策詣同州告皇考桓王廟，兼用女巫，同家人之禮。追尊桓王爲武元皇帝，皇妣爲元明皇后，奉迎神主歸于京師。改周制，左宗廟而右社稷。宗廟未言始祖，又無受命之祧。自高祖以下置四親廟，同殿異室：一，皇高祖太原府君廟。二，皇曾祖康王廟。三，皇祖獻王廟。四，皇考太祖武元皇帝廟。擬祖遷於上而太祖之廟不毁。至煬帝，立七廟，太祖、高祖各一殿，〔一二〕准周文、武二祧，與始祖而三，餘並分室而祭。

唐武德元年，追尊號高祖曰宣簡公，曾祖曰懿王，祖曰景皇帝，考曰元皇帝。法駕迎神主，祔于太廟，始享四室。貞觀九年，高祖崩，詔增修太廟，中書侍郎岑文本議曰：「祖鄭玄者則陳四廟之制，述王肅者則引七廟之文，貴賤混而莫辯，是非紛而不定。春秋穀梁傳及禮記王制、祭法、禮器，孔子家語並云：『天子七廟，諸侯五廟，大夫三廟，士一廟。』尚書咸有一德曰：『七世之廟，可以觀德。』至於孫卿、孔安國、劉歆、班彪父子、孔晁、〔一三〕虞憙、干寶之徒，商較今古，咸以爲然，故其文曰：『天子三昭三穆，與太祖之

廟而七。』是以晉、宋、齊、梁，皆依斯義，立親廟六。若使違群經之正説，從累代之疑議，背子雍之篤論，遵康成之舊學，則天子之禮下逼於人臣，諸侯之制上僭於王者，非所謂尊卑有序，名位不同者也。臣等參詳，請依晉、宋故事，立親廟六，其祖宗之制，式遵舊典。」制從之。於是增修太廟，始崇祔弘農府君及高祖神主，〔一四〕并舊四室爲六室。開元十年，加置九廟，移中宗神主就正廟，仍創立九室。其後制獻祖、懿祖、太祖、世祖、高祖、太宗、高宗、中宗、睿宗，太廟九室也。

時享薦新附

有虞氏四時之制，春曰禴，夏曰禘，秋曰嘗，冬曰烝。其祭尚氣。郊特牲云：「血，腥，爓，祭，用氣也。」法先迎牲殺之，取血告於室，以降其神，然後用樂而行祭事。其祭貴首。夏氏時祭之名因有虞，其祭貴心。商人禴禘嘗烝，亦因虞、夏之制。王制云：「春禴，夏禘，秋嘗，冬烝。」其祭尚聲。郊特牲云：「臭味未成，滌蕩其聲，樂三闋，然後出迎牲。聲音之號，所以昭告於天地之間也。」其祭貴肝。周祭，春曰祠，夏曰禴，秋曰嘗，冬曰烝，以禘爲殷祭之名。其祭尚臭。郊特牲云：「周人尚臭，灌用鬯臭，鬱合鬯，臭陰達於淵泉。既灌，然後迎牲，致陰氣也。」其祭貴肺。行九獻之禮。其四時新物，皆先薦寢

廟而後食。二月獻羔開冰，四月以彘嘗麥，七月登穀，八月嘗麻，九月嘗稻，十二月嘗魚。

漢惠帝時，叔孫通曰：「古者有春嘗果。方今櫻桃熟，可獻宗廟。」諸果之獻由此興，後漢光武帝建武二年正月，立高廟于雒陽，四時祫祀，高帝爲太祖，文帝爲太宗，武帝爲世宗如舊，餘帝四時春以正月，〔一五〕夏以四月，秋以七月，冬以十月，及臘，一歲五祀。靈帝時，京都四時所祭，高廟五主，世祖廟七主，少帝三陵，追尊后三陵，凡牲用十八太牢。古不墓祭，漢諸陵皆有園寢，承秦所爲也。説者以爲古宗廟前廟後寢，以象人君之居，前有朝，後有寢。月令有「先薦寢廟」，詩稱「寢廟奕奕」，言相通也。廟以藏主，以四時祭。寢有衣冠几杖，象生之具，以薦新物。秦始出寢，起於墓側，漢因而弗改，故陵上稱寢殿，起居衣服，象生人之具。建武以來，關西諸陵以轉久遠，〔一六〕但四時特牲祠，天子每幸長安，謁諸陵，乃太牢祠。自雒陽諸陵至靈帝，皆以晦、望、二十四氣、伏、臘及四時祠。廟日上飯，太官送用物，園令、食監典省，其親陵所宫人，隨鼓漏理被枕，具盥水，陳嚴具。

魏初，高堂隆云：「按舊典，天子諸侯月有祭祀，其孟則四時之祭也，三牲黍稷，時物咸備。其仲月、季月，皆薦新之祭也，大夫以上將之以羔，或加以犬，不備三牲也，士以豚，庶人則唯其時宜，魚雁可也，皆有黍稷。禮器曰：『羔豚而祭，百官皆足。太牢而

祭，不必有餘。』羔豚則薦新之禮也，太牢則時祭之禮也。詩云：『四月其蚤，〔一七〕獻羔祭韭。』周之四月，則夏之二月也。月令，仲春，天子乃獻羔開冰。季春之月，天子始乘舟薦鮪。仲夏之月，天子乃以雛嘗黍，咸薦之寢廟。此則仲季月薦新之禮也。」

宋四時祭祀，將祭，必先夕牲。皇帝散齋七日，致齋三日，百官掌事者亦如之。致齋之日，御太極殿幄坐，著絳紗袍，黑介幘，通天金博山冠。祠之日，車駕出，百官應齋從駕，上水一刻，皇帝著平冕龍衮服，升金根車，到廟北門，治禮、謁者各引太樂令、太常、光祿勳、三公等，皆入在位。皇帝降車，入廟，脫舄，盥及洗爵訖，升殿。初獻，奠爵，樂奏，太祝令跪讀祝文，訖，進奠神座前。皇帝還本位。博士引太尉亞獻，訖。謁者又引光祿勳終獻。皇帝不親祠，則三公行事，而太尉初獻，太常亞獻，光祿勳終獻。齊永明九年正月，〔一八〕詔太廟四時祭，薦宣皇帝麪起餅、鴨臛；孝皇后筍、鴨卵、脯醬、炙白肉；高皇帝薦肉膾、葅羹；昭皇后炙魚，皆所嗜也。梁武帝宗廟，四時及臘一歲五享。天監十六年，詔曰：「夫神無常饗，饗于克誠，所以西鄰禴祭，實受其福。宗廟祭祀，猶有牲牢，無益至誠，有累冥道。自今四時烝嘗外，可量代。」八座議，以大脯代一元大武。八座又奏，既停宰殺，無復省牲之事，請立省饌儀，其衆官陪列，並同省牲。帝從之。又詔：「今雖無復用腥，猶有脯脩之類，即之幽明，義爲未盡。更可詳定，悉薦時蔬。」左丞司馬筠等參

議，大餅代脯，餘悉用蔬菜。從之。於是起至敬殿、景陽臺，〔一九〕立七廟座，月中再設淨饌。自是訖於臺城破，諸廟遂不血食。陳制，一歲五祠，謂春、夏、秋、冬、臘也。每祭共以一太牢，始祖以三牲首，餘唯骨體而已。

後魏孝文皇帝太和六年十一月，將親祀七廟，有司依禮具儀，於是群官議曰：「昔有虞親虔，祖考來格。商宗躬謁，介福攸降。大魏七廟之祭，依先廟舊事，多不親謁。今陛下孝誠發中，思親執祀。稽合古義，〔二〇〕禮之常典。臣等謹按舊章，并採漢魏故事，撰祭服冠屨牲牢之具，罍洗簠簋俎豆之器，百官助祭位次，樂官節奏之引，升降進退之法，別集爲親拜之儀。」制可，於是帝乃親祭。其後四時常祀，皆親之。北齊制，春祠，〔二一〕夏禴，秋嘗，冬烝，皆以孟月，凡四祭，每祭室一太牢。武成帝始以皇后亞獻。河清中，定令四時祭廟及元日廟庭，並設庭燎二所。後周之制，其四時祭各於其廟，亦以皇后亞獻，其儀與北齊同。所異者，皇后亞獻訖，后又薦加豆之籩，其實菱、芡、芹菹、兔醢，冢宰終獻訖，皇后親徹豆，降還版位，然後太祝徹焉。

隋四時之祭，各以太牢。四時薦新於太廟，有司行事，而不出神主。祔祭之禮，並准時享。唐四時各以其孟月享太廟，室各用一太牢。若品物時新堪進御者，有司先送太常，仍以滋味與新物相宜者配之，太常卿及少卿一人奉薦太廟。有司行事，不出神主。

祫禘

古者天子諸侯三年喪畢，皆合先祖之神而享之。以生有慶集之懽，死亦備合食之禮，因天道之成而設禘祫之享，皆合先祖之神而享之。

虞、夏，先王崩，新王元年、二年喪畢而祫。三年春特禴，夏特禘，秋特嘗，冬特烝。四年春特禴，夏祫禘，秋祫嘗，冬祫烝。每間歲皆然，以終其世。商人，先王崩，新王二年喪畢而祫。三年春特禘，夏特禴，秋特嘗，冬特烝。四年春特禘，夏祫禴，秋祫嘗，冬祫烝。

周制，天子諸侯三年喪畢，禫祭之後，乃祫於太祖。來年春，禘于群廟。爾後五年再殷祭，一禘一祫，禘以夏，祫以秋。祫祭之禮，大宗伯出高祖以下木主，守祧出先王先公祧主，皆入太祖后稷廟中。於室中之奧西壁下，東面布太祖后稷位，尸在東，北面；太祖之子於席前之北，南面，爲昭；次昭之子在南方，北面相對，爲穆；以次而東，孫與王父並列，直至禰。其尸各居木主之左，凡七尸。用九獻。禘祭之禮，一如祫祭，所異者，但祭毁廟以上，不及親廟。其神主，按鄭康成禘祫志云：「大王、王季以上遷主，祭於后稷之廟，其坐位與祫祭同。文、武以下遷主，若穆之遷主，祭於文王之廟，文王居室之奥，東

面，文王孫成王居文王之東而北面，以下穆主直至親盡之祖，以次繼而東，皆北面，無昭主。若昭之遷主，祭於武王之廟，武王亦居室之奥，東面，其昭，孫康王亦居武王之東而南面，〔二二〕以次亦繼而東，直至親盡之祖，無穆主也。其尸位，后稷廟中，后稷尸一，昭、穆尸各一。文王廟中，文王尸一，穆尸共一。武王廟中，武王尸一，昭尸共一。」

後漢光武建武二十六年，詔問張純：「禘祫之禮不行幾年？」純奏：「舊制，三年一祫，毁廟之主，合食高廟，存廟主未嘗合。元始五年，始行禘禮。父爲昭，南向；子爲穆，北向。父子不並坐，而孫從王父。禘以夏四月，陽氣在上，陰氣在下，故以正尊卑。祫以冬十月，五穀成熟，物備禮成，故骨肉合飲食。今祖宗廟未定，且合祭高廟。」遂以爲常。後以三年冬祫五年夏禘之時，但就陳祭毁廟主而已，謂之殷祭。太祖東面，惠、文、武、元四帝爲昭，景、宣二帝爲穆。惠、景、昭三帝，非殷祭時不祭也。

魏明帝太和四年六月，武宣皇后崩，至六年三月，有司以今年四月禘告，王肅議曰：「按春秋，魯閔公二年夏，禘于莊公。是時縗絰之中，至二十五月大祥便禘，不復禫，故譏其速也。去四年六月，武宣皇后崩，二十六日晚葬，除服即吉，四時之祭皆親行事。今當計始除服日數，當如禮，須至禫月乃禘。」

東晉升平五年五月，穆帝崩，十月殷祭。興寧三年二月，哀皇帝崩，明年太和元年五

月，皇后庾氏崩，十月殷祭。太元二十一年十月，應殷祭，其年九月，〔二三〕孝武崩，至隆安三年，國家大吉，乃殷祭。元興三年夏，應殷祭，太常博士徐乾等議，應用孟秋，進用孟冬時。安帝義熙三年，當殷祭，御史中丞范泰議：以章后喪未一周，不應殷祠。〔二四〕時從太常劉瑾議，小君之喪，不以廢大禮。往元興三年四月，不得殷祀，進用十月。若計常限，今當用冬，若更起端，則應四月。時尚書奏，從領司徒王謐議，反初四月，爲殷祠之始。徐邈議：「祫三時皆可者，蓋喪終則吉而祫，服終無常，故祫隨所遇，唯春不祫，故曰特礿，非殷祀常也。」

宋制，殷祭皆即吉乃行。文帝元嘉六年，祠部定十月三日殷祀，十二日烝祀。〔二五〕孝武大明七年二月，有司奏：「四月應殷祠，若事中未得，用孟秋。」詔從之。梁武帝初，用謝廣議，三年一禘，五年一祫，謂之殷祭。禘以夏，祫以冬。

後魏孝文帝太和十三年，詔曰：「鄭康成云：『天子祭圓丘曰禘，祭宗廟大祭亦曰禘。三年一祫，五年一禘。祫則毁廟群廟之主於太祖廟合而祭之。禘則增及百官配食者，審禘而祭之。魯禮，三年喪畢而祫，明年而禘。』圓丘、宗廟大祭俱稱禘，祭有兩禘，明也。王肅又云：『天子諸侯皆禘於宗廟，非祭天之祭。郊祀后稷不稱禘，宗廟稱禘。禘祫一名也，合祭故稱祫，禘而審諦之故稱禘，非兩祭之名。』三年一祫，五年一禘，總而

互舉，故稱五年再殷祭，不言一禘一祫，斷可知矣。然以禘祫爲一祭，〔二六〕王義爲長。以圓丘爲禘，與宗廟大祭同名，鄭義亦爲當。今互取鄭、王二義，禘祫并爲一名，從王；禘是祭圓丘大祭之名，上下同用，從鄭。永爲定式。」延昌四年正月，〔二七〕宣武帝崩，孝明即位。三月，時議來秋七月應祫祭于太祖，太常卿崔亮上言曰：「今宣武皇帝主雖入廟，然烝嘗時祭猶别寢室，至於祫祭，宜存古典。按禮，三年喪畢，祫於太祖，明年春，禘於群廟。又按杜元凱云，卒哭而除，三年喪畢而禘。愚謂來秋七月祫祭應停，宜待年終乃後祫禘。」從之。

唐前上元三年，有司祫享于太祖廟，時議者以禮緯「三年一祫，五年一禘」，公羊傳云，「五年而再殷祭」，兩義互文，莫能斷。太學博士史玄璨議曰：「按禮記正義引鄭康成禘祫志云：〔二八〕『春秋，僖公三十三年十二月，薨。文公二年八月丁卯，大事于太廟。公羊傳云：「大事者何？祫也。」是三年喪畢，新君二年當祫，明年春，禘于群廟。僖公，宣公，八年皆有禘，則後禘去前禘五年。以此定之，則新君二年祫，三年禘。自爾之後，五年而再殷祭，則六年當祫，八年當禘。又昭公十年，齊歸薨，至十三年，喪畢當祫，爲平邱之會，冬，公如晉。〔二九〕至十四年祫，十五年禘，傳云「有事武宫」是也。至十八年祫，二十年禘，二十三年祫，二十五年禘，昭公二十五年，「有事于襄宫」是也。』如上

所云，則禘後隔三年祫，以後隔二年禘，此則有合禮經，不違傳義。」自此禘祫之祭，依璨議。

臣謹按：杜佑議曰：「聖人制禮，合諸天道，使不數不怠，故有四時之祭焉。〔三〇〕而又設殷祭者，因天道之成，以申孝順之心，用盡事終之理。禘祫二禮，俱是大祭，先賢所釋，義各有殊。馬融、王肅皆云，禘大祫小；鄭康成注二禮，以祫大禘小；賈逵、劉歆則云，一祭二名，禮無差降。數家之説，非無典據，至於宣通經訓，鄭義爲長。誠以禮經及春秋所書，皆祫大於禘。按春秋公羊傳云：『大事于太廟。大事者，祫也。祫者，毀廟之主陳於太祖，未毀廟之主皆升合食於太祖。』至於禘，則云『禘于莊公』，『禘于僖公』，既不於太祖，則小於祫也。又逸禮記禘于太廟之禮云：『毀廟之主皆升合食而立二尸。』又按韓詩内傳云：『禘，取毀廟之主皆升合食於太祖。』則禘小於祫也。祫則群廟之主悉升於太祖廟，禘者各於其廟而行祭禮，二祭俱及毀主。禘之時，文王以上毀主自在后稷廟而祭，文王以下毀主自在二祧之廟而祭。禘則小於祫而大於四時也。曾子問主，夫子云，『自非祫祭，七廟五廟無虚主』，而不言禘，小於祫明矣。其祫則備五齊三酒，〔三一〕禘唯四齊三酒，祫則備六代之樂，禘則四代而下，又無降神之樂，以示其闕也。」

功臣配享

盤庚云：「茲予大享于先王，爾祖其從與享之。」周制，凡有功者，銘書於王之太常，祭于太烝，司勳詔之。漢制，祭功臣於庭。生時侍燕於堂，死則降在庭，位與士庶爲列。〔三二〕

魏高堂隆議曰：「按先典，祭祀之禮，皆依生前尊卑之序以爲位次。功臣配食於先王，像生時侍讌。燕禮，大夫以上皆升堂，以下則位於庭，其餘則與君同牢。至於俎豆薦羞，唯君備，公降於君，卿大夫降於公，士降於大夫。使功臣配食於烝祭，所以尊崇其德，〔三三〕明其勳以勸嗣臣也。議者欲從漢氏祭之於庭，此爲貶損，非寵異之謂也。〔三四〕貴者取貴骨，賤者取賤骨。今使配食者因君之牢以貴賤爲俎，庶合事宜。周志曰：『勇則害上，不登於明堂。』共用謂之勇，言有勇而無義，死不登堂而配食，此則配食之義，位在堂之明審也。下爲北面三公朝立之位耳，燕則脱屨升堂，不在庭也。」

晉散騎常侍任茂議：「按魏功臣配食禮，叙六功之勳，祭陳五事之品，〔三五〕或祀之於一代，或傳之於百代。蓋社稷五祀，所謂傳之於百代者。古之王臣有明德大功，若勾龍之能平水土，柱之能樹百穀，則祀社稷，異代不廢也。昔湯既勝夏，欲遷其社，不可，乃遷

稷。周棄德可代柱，而勾龍莫廢也。若四叙之屬，分主五方，則祀爲貴神，傳之異代，載之春秋。非此之類，則雖明如咎繇，勳如伊尹，功如吕尚，各於當代祀之，不祭於異代也。然則伊尹於商，雖有王功之茂，不配食於周之清廟。以今之功臣論，其勳績比咎繇、伊尹、吕尚猶或未及，凡云配食，各配食於主也。今主遷廟，臣宜從饗。」大司馬石苞等議：「魏代功臣宜歸之陳留國，使修常祀，允合事理。」

唐貞觀十六年，有司言：「禮，祫享，功臣配享於廟庭，〔三六〕禘享則不配。依令禘祫之日，功臣並得配享。請集禮官學士等議。」太常卿韋挺等議曰：「古者臣有大功享禄，其後子孫率禮，潔粢豐盛，礿祠烝嘗，四時不輟，國家大祫，又得配享焉。所以昭明其勳，尊崇其德，以勸嗣臣也。其禘及時享，功臣皆不應享，故周禮六功之官皆配大烝而已。先儒皆以大烝爲祫祭，梁初誤禘功臣，左丞何佟之駮議，武帝允而依行。降暨周、齊，俱遵此義。禮禘無配功臣，禮不可易。」〔三七〕從之。其儀具開元禮。

天子七祀 諸侯附

商制，天子祭五祀，户一，竈二，中霤三，門四，行五也，歲徧。凡祭五祀於廟，門、户主出入，竈主飲食，中霤主堂室居處，行主道路。諸侯、大夫與天子同。周制，王爲群姓立七祀，曰

司命，曰中霤，曰國門，曰國行，曰泰厲，曰户，曰竈。諸侯爲國立五祀，曰司命，曰中霤，曰國門，曰國行，曰公厲。大夫立三祀，曰族厲，曰門，曰行。適士立二祀，曰門，曰行。庶人立一祀，或立竈，〔三八〕或立户。

漢立五祀，白虎通云：「户一祀，春祭。竈二祀，夏祭。門三祀，秋祭。井四祀，冬祭。中霤五祀，六月祭。歲一徧。有司行事，禮頗輕於社稷。」祭五祀，〔三九〕天子諸侯以牛，因四時祭牲也。祀户以羊，竈以雞，中霤以牛，〔四〇〕門以犬，井以豕。或曰中霤用牛，不得用牛者用豕，井用魚也。後漢建武初，有五祀之祭，門、户、井、竈、中霤也。有司掌之，其祀簡於社稷矣。人家祀山、神、門、户。山即厲也，鬼有歸所，乃不爲厲。魏武王始定天下，興復舊祀，而造祭五祀，門、户、井、竈、中霤也。晉傅玄云：「帝之都城宜祭一門，正宮亦祭一門，正室祭一户，井、竈及中霤，各擇其正者祭之。」以後諸祀無聞，唯司命配享于南郊壇。

隋制，其司命、户以春，竈以夏，門以秋，行以冬，各於享廟日，中霤則以季夏祀黄郊日，各命有司祭於廟西門道南，牲以少牢。唐初，廢七祀，唯季夏祀祭中霤。開元中制禮，祭七祀，各因時享祭之於廟庭，司命、户以春，竈以夏，門、厲以秋，行以冬，中霤以季夏。其儀具開元禮。

上陵 拜掃及諸節上食附

三代以前無墓祭，至秦始出寢起於墓側。漢因秦，上陵皆有園寢，故稱寢殿，起居衣服象生人之具，古寢之意也。後漢都雒陽，以關西諸陵久遠，但四時特牲祀，每帝西幸，即親謁。其雒陽陵，每正月上丁，郊廟畢，以次上陵。百官、四姓親家婦女、公主、諸王大夫、袁宏漢紀曰：「明帝永平九年，〔四一〕爲外戚樊氏、郭氏、陰氏、馬氏諸子弟立學，號曰四姓小侯。」獨斷曰：「凡與先后有瓜葛者。」外國朝者侍子、郡國計吏會陵。晝漏上水，大鴻臚設九賓，隨立寢殿前。薛綜曰：「九賓謂王、侯、公、卿、二千石、六百石，下及郎、吏、匈奴侍子，共九等也。」鐘鳴，謁者引客，群臣就位如儀。乘輿自東廂下，太常導出，西向拜。折旋升于階，〔四二〕拜神座，退。後公卿群臣謁神座，太官上食，太常樂奏食舉，舞文始、五行之舞。文始舞者，本舜韶舞也，高祖更名文始，以示不相襲也。五行舞者，本周舞也，秦始皇更名五行之舞也。樂闋，〔四三〕群臣受賜食畢，郡國上計吏以次前，當神軒，告其郡國穀價，〔四四〕民所疾苦，欲神知其動靜，孝子事親，盡敬愛之心也。最後親陵，遣計吏，賜之帶珮。八月飲酎，上陵，禮亦如之。自雒陽諸陵至靈帝，皆以晦、望、二十四氣、伏、臘及四時祠。〔四五〕廟日於陵所上飯，宮人隨鼓漏理被枕盥水，陳嚴具。

魏文帝詔曰：「先帝躬履節儉，遺詔省約。子以述父爲孝，臣以繫事爲忠。古不墓祭，皆設於廟。先帝高平陵，上殿皆毁壞，車馬還廐，衣服藏府，以從先帝儉德之志。」遂革上陵之禮。文帝自作終制，又曰，壽陵無立寢殿，造園邑，自後園邑寢殿遂絶。及齊王，在位九載，始一謁高平陵。晉宣王遺令，子弟群官皆不得謁陵。景、文遵旨，至武帝猶再謁崇陽陵，景帝陵。一謁峻平陵，文帝陵。然遂不敢謁高原陵。宣帝陵。至惠帝復止也。

東晉元帝崩後，諸公始有謁陵之事，蓋由眷同友執，率情而舉也。成帝時，中宮亦年年拜陵，議者以爲非禮，遂止，以爲定制。穆帝幼沖，褚太后臨朝，又拜陵。至孝武崩，驃騎將軍會稽王道子曰：「今雖權制釋服，至於朔望諸節，自應展情陵所，以一周爲斷。」於是至陵，變服單衣，煩瀆無准，非禮也。及安帝元興元年，左僕射桓謙奏：「百僚拜陵，起於中興，非晉舊典，積習生常，遂爲近法。尋武帝詔，乃不使人主諸王拜陵。」及義熙初，又復江左之舊。宋文帝每歲正月謁初寧陵。武帝陵。孝武、明帝亦每歲拜初寧、長寧陵。文帝陵。〔四六〕後魏太和十六年九月辛未，孝文帝哭於文明太后陵左，終日不絶聲。素幕越音活。席爲次，侍臣侍哭。壬申，孝文又哭如昨，帝二日不御食。癸酉，朝、中、夕三時哭拜於陵前，夜宿鑒玄殿。甲戌，帝拜哭辭陵，還永樂宮。

唐貞觀十三年，太宗朝于獻陵。先設黃麾仗，周衞陵寢，至質明，七廟子孫及諸侯、百僚、蕃夷君長，皆陪列于司馬門内。太宗至小次，降輿納履，哭入闕門，西面再拜，〔四七〕慟絕，不能興。禮畢，改服，入于寢宮，〔四八〕親執饌，閱視高祖先后服御之物，悲慟，左右侍御者莫不歔欷。禮畢，太宗出自寢宮，步過司馬門，泥行二百餘步。〔四九〕上入寢，哭踊，絕于地。進至東階，西面再拜，號慟，久之，乃進太牢之饌，加珍羞具品。引太尉無忌、司空勣、越王貞、趙王福、曹王明及左屯衞將軍程知節，並入執爵進俎。上至神座前，拜哭奠饌，閱先帝先后衣服。拜辭訖，行哭出寢北門，乃御小輦還宮。〔五〇〕

高宗永徽二年，有司言：「謹按獻陵三年之後，每朔及月半上食，其冬夏至、伏、臘、清明、社等節日亦上食。其昭陵請依獻陵故事。」上從之。六年正月，謁于昭陵。有司先設儀衞於陵寢，質明，七廟子孫、二王後、百僚、州鎮蕃牧、四夷君長等，並陪列于位。皇帝降輦入次，易服出次，行哭就位，再拜，擗踊慟絕。禮畢，又改服奉謁寢宮。其妃嬪、公主先於神座左右侍列，如平生。帝入寢門即哭，瞻視幄座，踊絕于地。進至東階，西面再拜，號哭，乃進牢饌珍羞，引三公、諸王並入執爵進俎。帝至神座前，再拜哭，自奠饌，閱先帝先后衣服，更增感絕。拜辭訖，行哭出寢北門。

中宗景龍中，每日奠祭，太常博士彭景直上疏曰：「謹按三禮，〔五一〕無諸陵日祭之

事。又按禮論譙周祭志云，天子之廟，始祖及高祖、曾祖、祖、考，〔五二〕皆每月朔加薦新，以象平生朔食也，謂之月祭。二祧之廟時祭，無月祭之文。〔五三〕又鄭氏注儀禮云：『月朔月半，猶平常之朝夕也。大祥之後，卽四時祭焉。』〔五四〕此則古者祭皆在廟，近代以來，始分月朔月半及諸節日，祭於陵寢。至後漢陵寢致祭，無明文。自魏三祖以下，不於陵寢致祭，並符於古禮。〔五五〕至江左，亦不崇園寢。及宋、齊、梁、陳，〔五六〕其祭無聞。今參詳以爲三禮者，不刊之書，外傳所記，不與經合，不可依憑。其諸陵請准禮停日祭。」不從。詔乾陵宜依舊朝晡進奠，昭、獻二陵，每日一進，以爲常式。

舊制，每年四季之月，常遣使往諸陵起居，太常博士唐紹上疏曰：「自安宅兆，禮不祭墓，當謂送形而往，山陵爲幽静之宫，迎精而返，宗廟爲享薦之室。但以春秋仲月，〔五七〕命使巡陵，鹵簿衣冠，禮容必備。自天授以後，時有起居，因循至今，乃爲常事。起者以起動爲稱，居者以居止爲名。敢辭命使勞繁，但恐不安靈域。又降誕之日，穿針之辰，皆以續命爲名，時人多有進奉。今聖靈日遠，仙駕難攀，進止起居，恐乖先典。請停四季及降誕并節日起居陵使，但准式二時巡陵，庶合禮經。」不從。

開元二十年四月，制曰：「寒食上墓，禮經無文，近代相傳，浸以成俗。士庶有不合廟享，何以用展孝思？宜許上墓同拜掃。不得作樂。〔五八〕仍編入五禮，永爲定式。」二

十三年四月，敕：「獻、昭、乾、定、橋、恭六陵，朔望上食，歲冬至寒食日，各設一祭，如節祭共朔望日相逢，依節祭料。橋陵除此日外，仍每日進半口羊食。」天寶二年七月，敕：「詩著授衣，令存休澣，在於臣子，猶及恩私，恭事園陵，未標令式。自今以後，每至九月一日，薦衣于陵寢，貽範千載，庶展孝思。」

臣謹按：上陵之禮，謝承漢書曰：「靈帝建寧五年正月，車駕上原陵，蔡邕爲司徒掾，從上行到陵，見其儀，愾然謂同座者曰：『聞古不墓祭。朝廷有上陵之禮，始爲可損，今見其儀，察其本意，乃知孝明帝至孝惻隱，不可易舊。』或曰：『本意云何？』『昔京師在長安時，其禮不可盡得聞也。光武即世，始葬于此。明帝嗣位踰年，群臣朝正，感先帝不復聞見此禮，乃率公卿百僚，就園陵而創焉。尚書階西祭設神座，〔五九〕天子事亡如事存之意也。苟先帝有瓜葛之屬，男女畢會，王、侯、大夫、郡國計吏，各向神座而言，庶幾先帝神魂聞之。以明帝聖孝之心，親服三年，久在園陵，初興此儀，仰察几筵，下顧群臣，悲切之心，必不可堪。』邕見太傅胡廣曰：『國家禮有煩而不省者，不知先帝之用心周密之至於此也。』廣曰：『然。子宜載之，以示學者。』邕退而記焉。」又按飲酎之禮，丁孚漢儀曰：「酎金律，文帝所加，以正月旦作酒，八月成，名曰酎酒。因令諸侯助祭貢金。」漢律金布令，諸侯、列侯各以

名口數，率千口奉金四兩，奇不滿千口至五百口，亦四兩，皆會酎，少府受。又九真、交趾、日南者，用犀角二，長九寸以上，若玳瑁甲一，鬱林用象牙，長三尺以上，若翡翠各二十，准以當金。」漢舊儀曰：「皇帝於八月酎，車駕夕，視牲。以鑑、燧取水於月，取火於日，爲明水火。左袒，以水沃牛右肩，手執鑾刀，以切牛毛薦之，而即更衣。侍中上熟，乃祀。」

釋奠

周制，凡始立學，必釋奠于先聖先師。及行事，必以幣。凡學，春，官釋奠于先師。秋、冬亦如之。官謂禮、樂、詩、書之官也。周禮，凡有道者有德者使教焉，死則以爲樂祖，祭於瞽宗。此謂先師之類。不言夏，從春可知。釋奠者，設薦饌酌奠而已，無迎尸以下之事。始立學者，既釁器用幣，禮樂之器成則釁之。又用幣，告先聖先師以器成也。然後釋菜。祭菜，示敬道也。鄭康成曰：「禮先聖先師也。菜，芹藻之屬也。」天子視學，大昕鼓徵，〔六〇〕以警衆也。衆至，然後天子至，乃命有司行事，祭先師先聖焉。有司卒事反命，天子乃入。〔六一〕將出征，受命於祖，告祖也。受成於學。定兵謀也。出征執有罪反，釋奠于學，以訊馘告。釋菜奠幣，禮先師也。詩云：「在頖獻馘。」

魏齊王正始中，每講經徧，〔六二〕輒使太常釋奠於辟雍，以太牢祠孔子，以顔回配。晉武帝泰始七年，惠帝元康三年，二釋奠，皆於太學。泰始六年，元康五年，〔六三〕二行鄉事，皆於辟雍。鄉事，鄉飲酒禮也。惠帝、愍懷之爲太子，皆講經竟，並親釋奠於太學。東晉明帝之爲太子，亦行釋奠禮。成、穆、孝武三帝皆親釋奠，唯成帝在辟雍，自是一時制也。孝武以太學在水南懸遠，有司議，依穆帝升平元年於中堂權立行太學，釋奠。禮畢，會百官六品以上。有司奏，應須二學生百二十人，太學生取見人六十，而無國子生，權銓大臣子孫六十人，事訖罷之。

宋文帝元嘉二十二年，太子釋奠，採晉故事，裴松之議，應舞六佾，宜設軒懸之樂，牲牢器用悉依上公。祭畢，臨學宴會，太子以下悉在。齊武帝永明三年，有司奏：「宋元嘉舊事，學生到，先釋奠先聖先師，禮又有釋菜。未詳今當行何禮，用何樂及禮器？」時從喻希議，用元嘉故事，設軒懸之樂，六佾之舞，牲牢器用悉依上公。梁武帝天監八年，皇太子釋奠，周捨議：「既唯大禮，請依東宮元會，太子著絳紗襮，音博，衣領也。樂用軒懸，合升殿坐者皆服朱衣。」帝從之。又有司以爲禮云，凡爲人子者，升降不由阼階。吏部郎徐勉議：「鄭玄云：〔六四〕『由命士以上，父子異宮。』宮室既異，無不由阼階之禮。請釋奠及宴會，太子升堂並宜由東階。若輿駕幸學，自然中階。其會賓客，依舊西階。」大同七

年，皇太子表其子寧國、臨城公入學，時議者以與太子有齒胄之議，疑之，臣纘等以爲：「參、點、回、路，並事宣父，鄒魯稱盛，洙泗無譏。」制可。

北齊，將講於天子，先定經於孔子廟。講畢，以一太牢釋奠孔宣父，配以顔回，列軒懸樂，六佾舞。皇太子每通一經，及新立學，必釋奠，禮先聖先師。每歲春秋二仲，常行其禮。每月朔，祭酒領博士以下及國子諸學生以上、太學、四門博士升堂，助教以下、太學諸生階下，拜孔子，揖顔回，日出行事。其郡學則於坊内立孔顔廟，博士以下亦每月朝。隋制，國子寺每歲四仲月上丁，釋奠於先聖先師。年別一行鄉飲酒禮。州縣學則以春秋仲月釋奠，亦每年於學一行鄉飲酒禮。

唐武德二年，於國子學立周公、孔子廟各一所，四時致祭。貞觀二十一年制，左邱明以下二十二人同享。初以儒官自爲祭主，直云博士姓名，昭告于先聖。又州縣釋奠，亦博士爲主。許敬宗奏曰：「秦、漢釋奠無文，魏氏則太常行事，自晉、宋以降，時有親行，而學官爲主，全無典實，在於臣下，理不合專。今請國學釋奠，令國子祭酒爲初獻，詞稱皇帝謹遣，仍令司業爲亞獻，博士爲終獻。其州學，刺史爲初獻，上佐爲亞獻，博士爲終獻。縣學，令爲初獻，丞爲亞獻，主簿及尉通爲終獻。修附禮令，〔六五〕以爲永制。」景雲二年七月，〔六六〕皇太子將親釋奠於國學，有司草儀注，令從臣皆乘馬著衣冠。太子左庶子劉

知幾進議曰：「古者自大夫以上皆乘車，而以馬爲騑服。魏、晉以降，迄于隋氏，朝士又駕牛車。至如李廣北征，解鞍憩息，馬援南征，據鞍顧眄，〔六七〕斯則鞍馬之設，行於軍旅，戎服所乘，貴於便習者也。按江左官至尚書郎而輒輕乘馬，則爲御史所彈。又顏延年罷官後，好騎馬出入閭里，當時稱其放誕。此則專車憑軾，可擐朝衣，單馬御鞍，宜從褻服，求之近古，灼然之明驗也。褒衣博帶，方履高冠，本非馬上所施，自是車中之服。且長裙廣袖，襜如翼如，鳴珮紆組，鏘鏘奕奕，馳驟於風塵之内，出入於旌棨之間，儻馬有驚逸，人從顛墜，遂使屬車之右，遺履不收，清道之傍，絓驂相續，因以受嗤行路，有損威儀。其乘馬衣冠，竊謂宜從廢改。」皇太子令付外宣行，仍編入令，以爲常式。開元十一年，詔春秋釋奠用牲牢，其屬縣用酒脯而已。二十七年八月，釋奠因文宣王，始用宮懸之樂。二十八年二月，勑文宣王廟，春秋釋奠，宜令攝三公行禮，著之常式。國子祭酒劉瑗奏：「准故事，釋奠之日，群官道俗等皆合赴監觀禮。請依故事，著之常式。」制可。其儀具開元禮。

祀先代帝王名臣附

漢武帝時，有人言，古者天子以春解祠，祠黄帝，用一梟破鏡。方士云，以歲始祓除凶

災，令神仙之帝食惡逆之物，使天下爲逆者破滅。梟，鳥名，〔六八〕食母。破鏡，獸名，〔六九〕食父，如貙而虎眼。黄帝欲絶其類，使百吏祠皆用焉。漢使東郡送梟，五月五日作羹以賜百官。解祠者，解罪求福也。後漢章帝元和春，東巡狩，使使者奉一太牢祠帝堯於濟陰。

魏武帝少時，漢太尉橋玄獨先禮異焉，故建安中遣使祠以太牢。東晉孝武帝寧康三年七月，故事，祀皋陶於廷尉寺，新禮移祀於律署，以同祭先聖於太學。舊祀以社日，新改用孟秋，以應秋政。〔七〇〕

後魏文成帝東巡，歷橋山，祀黄帝。孝文太和十六年，詔曰：「法施於人，祀有明典。立功垂惠，祭有常式。其孟春應祀者，頃以事殷，遂及今日，可令以仲月而饗祀焉。凡在祀令者有五：帝堯樹則天之功，興巍巍之治，可祀於平陽。舜播太平之風，致無爲之化，可祀於廣寧。禹禦洪水之災，建天下之利，可祀於安邑。周文公制禮作樂，垂範萬葉，可祀於洛陽。其宣尼廟已於中省，別敕有司行事。自文公以上，可令當界牧守，各隨所近攝行祀事，皆用清酌尹祭也。」曲禮曰：「脯曰尹祭。」

隋制，使祀先代王公，帝堯於平陽，以契配；帝舜於河東，咎繇配；夏禹於安邑，伯益配；商湯於汾陰，伊尹配；文王、武王於灃渭之郊，周公、召公配；漢帝於長陵，蕭何配。各以一太牢而無樂，配者饗於廟庭。

唐，前修禮令，無祭先代帝王之文。禮部尚書許敬宗等奏：「謹按禮記祭法云：『聖王之制祭祀也，法施於人，以死勤事，以勞定國，能禦大災，能捍大患，則祀之。』始皇無道，所以棄之。漢祖典章，法垂於後。自隋以上，亦在祠列。今請聿遵故實，三年一祭，以仲春之月。」天寶六載正月，制，三皇置一廟，五帝置一廟，有司以時祭享。至七載五月，詔：「三皇以前帝王，宜於京城内共置一廟，仍與三皇五帝廟相近，以時致祭。天皇氏、地皇氏、人皇氏、有巢氏、燧人氏，其祭料及樂，請准三皇五帝廟，以春秋二時享祭。歷代帝王肇跡之處，未有祠宇者，所由郡置一廟享祭，仍取當時將相德業可稱者二人配享。」

老君祠 先賢附

後漢延熹八年，使中常侍之陳國苦縣，祠老子。九年，親祠老子於濯龍中，文罽爲壇，飾純金釦器，設華蓋座，用郊天樂。唐乾封元年，追號老君爲太上玄元皇帝。文明元年九月，册老君妻爲先天太后，立尊像於老君廟所。開元二年三月，〔七二〕親祠玄元皇帝廟，追尊玄元皇帝父周上御史大夫敬爲先天太皇，仍於譙郡置廟，餘一事以上准先天太后廟例。二十九年，兩京及諸州各置廟一所，并置崇玄館。天寶元年，親祠玄元廟，又於

古今人表升玄元皇帝爲上聖。其時同制，莊子號南華真人，文子號通玄真人，列子號沖虚真人，庚桑子號洞靈真人，又以其所著之書並爲經。其年九月，改兩京玄元廟爲太上玄元皇帝宫。十二載，西京改爲太清宫，東京改爲太微宫，天下諸郡爲紫極宫，祝版改爲清詞於紙上。十三載正月，令有司，每至孟月，則修薦獻上香之禮，仍爲常式。七載五月，詔，後漢張天師册贈太師，〔七二〕梁貞白陶先生册贈太保。貞元元年正月，敕，薦享太清宫，亞獻太常卿充，終獻光禄卿充，仍永爲常式。

孔子祠 先儒附

漢元帝時，孔霸以帝師賜爵號褒成君，奉孔子後。平帝元始初，追謚孔子曰褒成宣尼公，追封孔均爲褒成侯。後漢光武建武十三年，封均子志爲褒成侯。章帝元和二年二月，東巡狩，因幸魯，祠孔子、七十二弟子。漢晉春秋曰：「闕里者，仲尼之故宅也，在魯城中。帝升廟西面，群臣中庭北面，皆再拜。帝進爵而後坐。」東觀書曰：「祀禮畢，命儒者論難也。」和帝永元四年，徙封爲褒尊侯。相傳至獻帝初，國絶。魏文帝黄初二年，以孔子二十一代孫議郎羡爲宗聖侯，邑百户，奉孔子祠。令魯郡修舊廟，置百户吏卒守衛。晉武帝泰始三年，改封孔子二十三代孫宗聖侯震爲奉聖亭侯。又詔太學及魯國，四時備三牲以祀孔

子。明帝太寧三年，詔給奉聖亭侯四時祀孔子祭直，〔七三〕如泰始故事。宋文帝元嘉八年，奉聖侯有罪奪爵；至十九年，又授孔隱之；隱之兄子熙先謀逆，又失爵。二十八年，更以孔惠雲爲奉聖侯，後有重疾失爵。孝武大明二年，以孔邁爲奉聖侯。邁卒，子𡥈（詡俱反。）嗣，有罪失爵。後魏，封孔子二十七葉孫乘爲崇聖大夫。孝文帝太和十九年，改封二十八葉孫珍爲崇聖侯。文成帝詔：「其宣尼之廟，當別敕有司行薦享之禮。」北齊，改封三十一葉孫爲恭聖侯。後周武帝平齊，改封鄒國公。隋文帝仍舊封鄒國公，煬帝改爲紹聖侯。

唐貞觀十一年，封孔子裔德倫爲襃聖侯。二十一年，制曰：「左邱明、卜子夏、公羊高、穀梁赤、伏勝、高堂生、戴聖、毛萇、孔安國、劉向、鄭衆、杜子春、馬融、盧植、鄭康成、服虔、何休、王肅、王弼、杜預、范甯、賈逵，總二十二人，並爲先師。」永徽中，制令，改周公爲先聖，黜夫子爲先師，顏回、左邱明從祀。顯慶二年，禮部尚書許敬宗等奏曰：「准貞觀二十一年詔，以孔子爲先聖，更添左邱明等二十二人，與顏子俱配宣父於太學，並爲先師。今據永徽令，改周公爲先聖，黜孔子爲先師，顏回、左邱明並爲從祀。按禮記：「凡學，春，官釋奠于先師。』鄭康成注曰：『官謂詩、書、禮、樂之官也。先師者，若禮有高堂生，樂有制氏，詩有毛公，書有伏生，可以爲之。』又曰：『始立學，釋奠于先聖。』鄭注曰：『若周公、孔子也。』聖則非周卽孔，師則偏善一

經，漢、魏以來，取捨各異。顏回、夫子，互作先師，宣父、周公，更爲先聖。求其節文，遞有得失。所以貞觀之制，正夫子爲先聖，加衆儒爲先師。而今新令，輒事刊改。但周公攝政，制禮作樂，功比王者，祀之儒館，實貶其功。仲尼生衰周之末，拯文喪之弊，祖述堯舜，憲章文武，宏聖教於六經，闡儒風於千載，故孟軻稱，生民以來，一人而已。自漢以降，弈葉繼侯，崇奉其聖，迄于今日，胡可降兹先哲，俯入先師？且又丘明之徒，見行其學，貶爲從祀，亦無故事。今請改令從詔，於義爲允。其周公仍依舊禮，配享武王也。」高宗乾封元年正月，東巡，次兗州鄒縣頓，祭宣父廟，贈太師。總章元年二月，皇太子詣學，贈顏回太子少師，曾參太子少保。神龍初，詔以鄒魯百户封崇道公宣尼采邑，用供薦享。又授裔孫褒聖侯崇階朝散大夫，仍許子孫以相傳襲。開元八年，敕改顏子等十哲爲坐像，悉應從祀。曾參大孝，德冠同列，特爲素像，坐於十哲之次。圖畫七十子及二十二賢於廟壁上，以顏子亞聖，親爲之贊，以書于后。閔損以下，令當朝文士，分爲之贊。時國子司業李元瓘奏稱：「先聖孔宣父廟，先師顏子配坐，今其像立侍，配享合坐。十哲弟子，雖復列像廟堂，不應享祀。謹檢祠令，何休、范甯等二十二賢，猶霑從祀，其十哲請春秋釋奠，列享在二十二賢之上。七十子請圖形於壁，兼爲立贊。又曾參孝道可崇，獨受經於夫子，請准二十二賢應饗。」二十七年八月，制：夫子追贈謚爲文宣王，宜令三公持節册命，並撰儀注。昔緣周公南面，夫子西坐，今位既有別，坐豈仍舊？宜補其墜典，永作常式。自今以後，夫子南面而坐，內出王者衮冕之服以衣之。十哲等東西列侍，顏淵既云亞聖，須優其秩。

顏子淵，贈兗國公。　閔子騫，贈費侯。

冉伯牛，贈鄆侯。　冉仲弓，贈薛侯。

宰子我，贈齊侯。〔七四〕　端木子貢，贈黎侯。

冉子有，贈徐侯。　仲子路，贈衛侯。

言子游，贈吳侯。　卜子夏，贈魏侯。

又夫子格言，參也稱魯，雖居七十之數，不載四科之目。頃雖參於十哲，終未殊於等倫，久稽先旨，俾修舊位，庶乎禮得其序，人焉式瞻。命尚書右丞相裴耀卿攝太尉持節就國子廟册贈，〔七五〕册畢，所司奠祭，亦如釋奠之禮。又遣太子少保崔琳往東都，就廟行册禮。又敕兩京及兗州舊宅廟像，宜改服衮冕。其諸郡及縣，廟宇既小，但移南面，不須改衣服。兩京樂用宮懸。春秋二仲上丁，令三公攝行事。七十子並宜追贈：

曾參，贈郕伯。　顓孫師，贈陳伯。

澹臺滅明，贈江伯。　宓子賤，贈單伯。

原憲，贈原伯。　公冶長，贈莒伯。

南宮子容，贈郯伯。　公晳哀，贈郳伯。

曾點，贈宿伯。　顏路，贈杞伯。

商瞿，贈蒙伯。
高柴，贈共伯。
漆雕開，贈滕伯。
公伯寮，贈任伯。
司馬牛，贈向伯。
樊遲，贈樊伯。
有若，贈卞伯。
公西赤，贈郜伯。
巫馬期，贈鄫伯。
梁鱣，贈梁伯。
顔柳，贈蕭伯。
冉孺，贈紀伯。
曹卹，贈曹伯。
伯虔，贈聊伯。
公孫龍，贈黄伯。
冉季，贈東平伯。
秦子南，贈少梁伯。
漆雕子斂，贈武城伯。
顔子驕贈瑯邪伯。
漆雕徒父，贈須句伯。
壤駟赤，贈北徵伯。
商澤，贈睢陽伯。
石作蜀，贈石邑伯。
任不齊，贈任城伯。
公夏首，贈亢父伯。
公良孺，贈東牟伯。
后處，贈營邱伯。
秦子開，贈彭衙伯。
奚容蒧，贈下邳伯。
公肩定，贈新田伯。

顏襄，贈臨沂伯。鄡單，贈銅鞮伯。

句井疆，贈淇陽伯。罕父黑，贈乘邱伯。

秦商，贈上洛伯。申黨，贈邵陵伯。

公祖子之，贈期思伯。榮子祺，〔七六〕贈雩婁伯。

縣成，贈鉅野伯。左人郢，贈臨淄伯。

燕伋，贈漁陽伯。鄭子徒，贈滎陽伯。

顏之僕，贈東武伯。原亢籍，贈萊蕪伯。

樂欬，贈昌平伯。廉絜，贈莒父伯。

顏何，贈開陽伯。叔仲會，贈瑕邱伯。

狄黑，贈臨濟伯。邽巽，贈平陸伯。

公西輿如，贈重邱伯。公西蒧，贈祝阿伯。

孔忠，贈汶陽伯。蘧瑗，贈衛伯。

施恒，贈乘氏伯。林放，贈清河伯。

秦非，贈汧陽伯。陳亢，贈潁伯。

申棖，贈魯伯。琴牢，贈南陵伯。

顔噲，贈朱虚伯。琴張，贈南陵伯。今考琴牢即琴張，疑重出。

步叔乘，贈淳于伯。

太公廟

唐開元十九年四月，兩京及天下諸州各置太公廟一所，以張良配享，春秋取仲月上戊日祭。每出師命將，就廟引辭，仍簡取自古名將，功成業著，宏濟生人者十人，准十哲例雲享。至乾元元年九月十二日，太常少卿于休烈奏：「臣昨因秋享漢高祖廟，見旁無侍臣，享太公廟，有張良在側。良實漢佐命，請移配享於漢祖廟。」從之。上元元年，追封太公望爲武成王，依文宣王置廟，仍擇古今名將，准文宣王置亞聖及十哲等，享祭之典一同文宣王。

巡狩

唐虞五載一巡狩。歲二月，東巡狩，至于岱宗，柴，望秩于山川。羣后四朝，肆覲東后，協時月，正日，同律度量衡，修五禮，五玉、三帛、二生、一死，贄。五月，南巡狩，至于南嶽。八月，西巡狩，至于西嶽。十有一月，北巡狩，至于北嶽。皆如岱宗之禮。歸，格

于藝祖，用特。夏后氏因之。

周制，十二年一巡狩。天子將巡狩，類于上帝，宜乎社，造乎禰。乘金輅，建大旂。歲二月，東巡狩，至于岱宗，柴，望祀于山川，而覲諸侯。其方之諸侯，先於境首待之。所過山川，則使祝宗先以三等璋瓚，皆以黄金爲勺，酌鬱鬯以禮神，次乃校人殺黄駒以祭之。既至方岳，先問百年，就見之，若八十、九十者，路經其門則見之，不然則不。天子乃令太師採民之歌謡，以樂播而陳之，以觀風俗，以審善惡。令典市之官陳百物之貴賤，以觀民之好惡。又命典禮之官考校四時節氣，月之晦朔甲乙等日，及候氣之律吕，所用禮樂、宫室、車旗等制度，君臣上下之衣服，皆以王者所頒制度考校之。諸侯封内有名山大川不舉而祭之者，爲不敬，削其地。有祭宗廟不順昭穆者，爲不孝，絀其爵。變禮易樂者，爲不從，其君流。革制度衣服者，爲畔，其君討。有功德於民者，加地進律。其諸侯待王之牢禮以一犢。既黜陟諸侯，乃與之相見方岳之下，築壇，與覲禮壇制同。其壇外爲土埒，方三百步，謂之宫，開四門。壇方九丈六尺，高四尺，上爲堂，下爲三等，謂之三成，成每等高一尺。其堂上置司盟之神位，謂之方明。諸侯之上介，各以其君之旂置於宫内，以表立位之處。詔王升壇訖，諸侯皆就其旂而立其位。鄭氏按明堂位云，諸公，中階之前，北面東上。諸侯，阼階之東，西面北上。諸伯，西階之西，東面北上。諸子，門

東，北面東上。〔七七〕諸男，門西，北面東上。王乃於壇上揖之，以定其位。諸侯乃進，升壇奠玉。〔七八〕公於上等奠桓圭，侯伯於中等奠信圭躬圭，子男於下等奠穀璧蒲璧。諸侯各奠玉訖，降，拜。又升，成拜。訖，擯者乃延諸侯升堂，授王玉。訖，乃以璧琮行享禮，謂之將幣。玉人云，「璧琮九寸，諸侯以享天子」是也。諸侯既朝見王訖，乃退而自相與盟，王宮之伯臨之。其五月，南巡狩至于南嶽，如東巡狩之禮。八月，西巡狩至于西嶽，如南巡狩之禮。十有一月，北巡狩至于北嶽，如西巡狩之禮。巡狩訖，却歸，每廟用一牛以告至，謂之歸格于祖禰，用特。

秦始皇三年，〔七九〕東巡狩郡縣，祠鄒嶧山，頌功業。其年復遊海上。三年，遊碣石，從上郡歸。五年，始南至湘山，遂登會稽，並海到沙邱，崩。此求神仙奇藥之術，無復觀民風問百年也。並，步浪反，下同。二世元年，東巡碣石，並海，南歷泰山，至會稽，皆禮祠之，而勒始皇所立石書旁，以彰始皇之功德。

漢武帝元狩四年，始巡郡縣，寖尋於泰山。元封初，復至海上，又北至碣石，又自遼西，歷北邊至九原。五月乃至甘泉，周萬八千里。武帝亦如秦始皇之事。

後漢光武建武三十年三月，幸魯。漢祀令曰：「天子行有所之，至河，沈白馬、珪、璧各一，衣以繒緹五尺，祠用脯二束，酒六升，鹽一升。涉渭、灞、涇、洛他名水如此者，沈圭、璧各一。律，在所

給祠具；及行，沈祠他川水，先驅投石，少府給璧珪。不滿百里者不沈。」過泰山，祭泰山及梁父。章帝元和二年二月，東巡狩，使使者奉一太牢祠帝堯於濟陰成陽靈臺。至泰山。辛未，柴祭天地群神如故事。〔八〇〕壬申，宗祀五帝於孝武所作汶上明堂，光武配。卒事，遂覲東后，饗賜王侯群臣。因行郡國，幸魯，祠東海恭王、孔子、七十二弟子。四月，還京師。庚申，告至，祠高祖、光武廟各一特牛。安帝延光三年，東巡狩至泰山，柴祭及祠汶上明堂，如元和中故事。

魏明帝凡三東巡狩，所過存問高年，恤疾苦，或賜穀帛，有古巡幸之風焉。齊王正始中，巡洛陽縣，賜高年、力田各有等差。晉初新禮，巡狩方岳，柴望告至，設壝宮如禮。諸侯之覲者，擯及執贄皆如朝儀，而不建旂。摯虞以：「覲禮，諸侯各建其旂章，所以殊爵命，示等威。詩稱：『君子至止，言觀其旂。』宜定新禮，建旂如舊禮。」詔可其議，然終晉代其禮不行。武帝泰始四年，詔使使持節、侍中、黃門侍郎銜命四出，周行天下，其萬民之利害爲一書，禮俗政事教理刑禁逆順爲一書，悖逆暴亂作慝犯令爲一書，扎喪荒凶厄貧爲一書，康樂和親安平爲一書，每國辨異之，以反命于王。

宋文帝元嘉四年二月，東巡狩，至于丹徒，告覲園陵。三月，饗會父老舊勳于行宮，加賜衣裳幣帛，蠲租原刑。戰亡之家及單孤，隨宜隱卹。二十六年二月，東巡幸，至京

城，并謁二陵，會舊京故老萬餘人，饗勞賚發，赦躅徭役。

後魏文成帝和平元年正月，東巡狩，歷橋山，祀黄帝。幸遼西，〔八一〕遥祀醫無閭山。遂緣海幸冀州，北至中山，過恒嶽，禮其神而返。明年，南巡，過石門，遣使者用玉璧牲牢禮恒嶽。

隋煬帝自文帝山陵纔畢，即事巡遊，乃慕始皇、漢武之事，西征東幸，無時暫息，六宫與文武吏士常十餘萬人，然非省方展義之行也。

唐皇帝將巡狩，所司承制，先頒告于東方諸州曰：「皇帝二月東巡狩，各修平乃守，考乃職事。」駕將發，告圓丘、宗廟、社稷，皆如開元禮。高宗調露元年九月，幸并州，令度支郎中狄仁傑爲知頓使。并州長史李知玄以道出妬女祠，俗云，盛衣服過者必致風雨之變，遂發數萬人，别開御道。仁傑曰：「天子之行，千乘萬騎，風伯清塵，雨師灑道，何妬女之害。」遽令罷之。上聞之，歎曰：「真大丈夫也！」

封禪

古者帝王之興，每易姓而起，以致太平，必封乎泰山，所以告成功也。禮云：「因名山升中于天。」封禪必於泰山者，萬物交代之處，封增其高，順其類也。升，上也。中，成也。刻石

紀號著功績。封訖而禪梁父，亦以告太平也。封禪者，高厚之道也。封土於山，而禪祭于地。天以高爲尊，地以厚爲德。增泰山之高以報天，厚梁父之階以報地。梁父者，泰山之支山，卑下者也。能以其道配成高德，故禪梁父亦以告太平也。無懷氏封泰山，禪云云。管仲對齊桓公曰：「古者封泰山禪梁父者七十二家，而夷吾所記者十有二焉。」韓詩外傳曰：「孔子升泰山，觀易姓而王可得而數者七十餘氏，不可得而數者萬數。」袁准正論曰：「唯周官有王大封之文。按成王封禪而文武皆不在七十二君，而無一言見于經傳，學者疑焉。」晉灼曰：「云云山在蒙陰縣故城東北，〔八二〕下有云云亭。」伏羲、神農並因之。黄帝禪亭亭，晉灼曰：「漢地理志，鉅平有亭亭山。」顓帝、帝嚳、堯、舜復禪云云，禹禪會稽，湯依禪云云，〔八三〕其所封皆於泰山也。周成王封泰山，禪社首，社首山，晉灼曰：「在鉅平南十三里。」〔八四〕其儀不存。襄王時，齊桓公既霸，會諸侯於葵邱而欲封禪，謂管仲曰：「寡人兵車之會三，而乘車之會六，九合諸侯，一匡天下，諸侯莫違我。昔三代受命，亦何以異於是。」管仲覩桓公不可窮以辭，因設之以事曰：「古之封禪，必鄗上之黍，北里之禾，所以爲盛。江淮之閒，一茅三脊，所以爲藉也。東海致比目之魚，西海致比翼之鳥，〔八五〕然後物有不召而自至者十有五焉。今鳳凰麒麟不至，嘉禾不生，而欲封禪，無乃不可乎。」於是桓公乃止。

秦始皇平天下，三年，東巡郡縣，祠騶嶧山，紀秦功業，於是召齊魯儒生七十人，至于泰山下。諸儒或議曰：「古者封禪爲蒲車，惡傷山之土石草木。掃地祭，席用葅稭，音戛。禾稾也，去其皮以爲席。言其易遵也。」始皇聞此議各乖異，難施用，由此黜儒生，而遂除

車道，上自泰山陽，至巔。立石頌德，文曰：「事天以禮，立身以義，事父以孝，成人以仁。四守之内，莫不郡縣，四屬八蠻，咸來貢職。民庶蕃息，天禄永得。刻石改號。」文出晉太康郡國志。有金册石函金泥玉檢之事焉。從陰道下，禪梁父。其禮頗采泰祝之祀雍上帝所用，而封藏皆秘之，〔八六〕固不得而記之。封禪之後十一歲，秦亡。諸生疾秦焚詩書，戮文學，皆謁曰：〔八七〕「始皇上太山，爲風雨所擊，不得封禪。」

漢武帝立二十八年，元鼎中，汾得寶鼎，遂議封禪。而群儒不能知其儀，又牽拘於詩書古文，於是帝盡罷諸儒，用方士言，以三月東上泰山，立石泰山之巔。石高二丈一尺，〔八八〕方博皆三尺，壇及墠皆廣長十二丈，增高三尺。帝因東至海上。四月，還至奉高。晉太康郡國志曰：「奉高户千五百六户，此爲奉高者，以祀東嶽帝王禪代之處，是以殊之也。故有明堂，在縣西南四里，又有奉高宫。」又至梁父，禮祠地主。乙卯，令侍中儒者，皮弁薦紳，射牛行事，封泰山下東方，如郊祠太一之禮。封廣丈二尺，高九尺，其下則有玉牒書，書秘。禮畢，天子獨與侍中奉車子侯霍去病子也。上泰山，亦有封，其事皆禁。明日，下陰道。丙辰，禪泰山下趾東北肅然山，晉太康郡國志曰：「漢武封泰山，禪梁父。」參諸家所説，宜肅然爲定也。如祭后土禮。天子皆親拜見，衣尚黄，而盡用樂焉。江淮間一茅三脊爲神藉，五色土益雜封，縱遠方奇獸蜚禽及白雉諸物，頗以加禮，兕牛犀象之屬不用。皆至泰

山，然後去。封禪祠，其夜若有光，晝有白雲起封中。天子從禪還，坐明堂，群臣更上壽，改元爲元封。時作明堂汶上。太史公曰，「其封禪之禮，則有司存」，而漢史不得其制。

後漢光武建武三十年，群臣上言，宜封禪泰山。詔書曰：「即位三十年，百姓怨氣滿腹，吾誰欺？欺天乎！」三月，帝幸魯，祭泰山及梁父。三十二年，詔梁松按索河雒讖文言九世封禪事者，松等列奏，乃許焉。東觀書曰：「羣臣奏言，登封告成，爲民報德，百王所同。陛下輒拒絕不許，臣下不敢頌功述德業。」求元封時故事，議封禪所施用。有司奏：「當用方石再累置壇中，皆方五尺，厚一尺，用玉牒書藏方石。牒厚五寸，長尺三寸，廣五寸，有玉檢。又用石檢十枚，列於石旁，東西各三，南北各二，皆長三尺，〔八九〕廣一尺，厚七寸。檢中刻三處，深四寸，方五寸，有蓋。檢用金縷五周，以水銀和金以爲泥。玉璽一，其一方一寸二分，其一方三寸。〔九〇〕方石四角又有距石，皆再累。枚長一丈，厚一尺，廣二尺，皆在圓壇上。其下用距石十八枚，皆高三尺，厚一尺，廣二尺，如小碑，環壇立之，去壇三步。距石下皆有石跗，入地四尺。又用石碑，高九尺，廣三尺五寸，厚尺二寸，立壇之丙地，去壇三丈以上，以刻書。」帝以用石功難，又欲及二月封禪，故詔梁松欲因故封石空檢，更加封而已。欲及二月者，書：「歲二月，東巡狩，至于岱宗，柴。」祭山曰燔柴，積柴加牲於其上而燔之也。松上疏爭之，以爲：「登封之禮，告功皇天，垂後無窮，以爲萬民也。承天之

敬，猶宜章明，奉圖書之瑞，尤宜顯著。今因舊封，竄寄玉牒故石下，恐非重命之義。受命中興，宜當特異，以明天意。」遂使泰山郡及魯趣音促。石工，宜取完青石，無必五色，令印工刻玉牒書，書秘。刻方石中，命容玉牒。二月，帝至奉高，遣侍御史與蘭臺令史將工先上山刻石。二十二日辛卯，晨，燎祭天於泰山下南方，群神皆從祀，用樂如南郊，諸王、王者後二公、孔子後褒成君，皆助祭位事也。事畢，將升封，或曰，泰山雖已從食於柴祭，今親升告功，宜有禮祭。於是使謁者以一特牲，於常祠泰山處告祠泰山，如親耕、貙劉、先祠、先農、先虞故事。至食時，帝御輦升山，日中後到山上，更衣。早晡時，即位于壇，北面，群臣以次陳後，西上，畢位。升壇，尚書令奉玉牒檢，皇帝以寸二分璽親封之。訖，太常命人發壇上石，尚書令藏玉牒，已，復石。覆訖，尚書令以五寸印封石檢。封禪儀曰：「以金爲繩，以石爲檢，東方西方各三檢，檢中石泥及壇土各如其方色也。」事畢，皇帝再拜，群臣稱萬歲。命人立所刻石碑，乃復道下。二十五日甲午，禪祭地于梁甫陰，以高后配，山川群神從祀，如元始中北郊故事。項威曰：「除地曰墠。後改墠曰禪，神之也。」四月己卯，大赦天下，以建武三十二年爲建武中元元年，復博、奉高、嬴，勿出元年租芻稾。以吉日刻玉牒書，函藏金匱，璽印封之。乙酉，使太尉行事，以特牲告至高廟。太尉奉匱以告高廟，藏于廟室西壁石室高主室之下。崔靈恩曰：「自周以前，封者皆封土爲壇，至秦始皇、漢武帝

始用石檢。」

魏明帝時，中護軍蔣濟請封禪，帝雖拒濟議，而實使高堂隆草封禪儀，以天下未一，不欲便行大禮。會高堂隆卒，不行。晉武帝平吳，太康元年九月，衛瓘議封禪，帝曰：「此盛德事，所未議也。」瓘等又奏，至于再三，詔報絶之。宋文帝在位長久，有意封禪，詔學士山謙之草其儀注，屬後魏師南逼，其意乃息。孝武大明元年十一月戊申，太宰江夏王義恭表三請，帝以文軌未一，不從。北齊有巡狩之禮，并登封之儀，終不行。

隋開皇十四年，群臣請封禪，文帝命牛弘等創定其禮，帝曰：「此事體大，朕何德以堪之？但當東巡，因拜岱山耳。」十五年春，行幸兖州，遂次岱嶽，爲壇如南郊。又壝外爲柴壇，飾神廟，展宫懸之樂於庭，爲埋埳二於南門外。又陳樂設位於青帝壇，如南郊。帝服衮冕，乘金輅，備法駕而行。禮畢，遂詣青帝壇而祭焉。

唐貞觀十一年，左僕射房玄齡等議封禪儀注。至高宗麟德三年正月戊辰朔，有事于泰山，皇帝親祀昊天上帝於封祀之壇。己巳，登于泰山，行封禪之禮。庚午，降，禪于社首山。壬申，大赦天下，改元爲乾封。武后天册萬歲二年臘月甲申，登封于嵩山，大赦天下，改元爲萬歲登封。丁亥，禪于少室山。明皇開元十三年十一月，〔九二〕封祀于泰山，去山趾五里，西去社首山三里。〔九三〕丁亥，服衮冕於行宫，致齋於供帳前殿。己丑，大備法

駕，至山下，乃御馬而登，侍臣從。帝以靈山清潔，不欲多人上，乃召禮官學士賀知章等入講儀注。以三獻悉於山上，而在一處行其事，五方帝及諸神座於山下壇行事。儀注之詳，具開元禮。

歷代所尚

高陽氏尚赤，以十一月爲正。薦玉以赤繒。高辛氏尚黑，以十月爲正。〔九三〕薦玉以黑繒。陶唐氏尚白，以十二月爲正。薦玉以白繒。有虞氏尚赤，以十一月爲正。並出尚書中候。夏后氏尚黑，以建寅月爲正。大事斂用昏，戎事乘驪，馬黑色曰驪。牲用玄，以黑爲徽號。徽謂旌旃斿也。朝燕服收冠而黑衣。宮室之制，屋。十寸爲尺。商人尚白，以建丑月爲正。大事斂用日中，戎事乘翰，白馬。牲用白，以白爲徽號。朝燕服冔冠而縞衣。宮室之制，屋。十二寸爲尺。周人用赤，以建子月爲正。大事斂用日出，戎事乘騵，音元，馬腹赤。〔九四〕牲用騂，以赤爲徽號。朝燕服冕冠而玄衣。宮室之制，屋。八寸爲尺。

秦，水德。漢書律歷志，秦自以水德，故十月爲歲首。

漢，火德。初亦以十月爲歲首，及文帝立，公孫臣言：「漢當土德，其應黃龍見。」丞相張蒼以爲漢乃水德，河決金隄是其符也，年始冬十月，色外黑內赤。〔九五〕十月，陰氣在

外，故黑。陽氣尚伏在内，故赤。明年，黄龍果見於成紀。帝於是令博士諸生，申明土德，草改歷、服色事。至武帝元封七年，用倪寬等議，改用夏正，以建寅月爲歲首。劉向以爲赤帝斬蛇之符爲火德。後漢並同前漢。

魏，土德。文帝以建寅月爲正，服尚黄，臘以丑，牲以白，節毛當赤，節幡當黄，郊祀朝會四時之服如漢制，宗廟所服如周禮。明帝青龍五年三月，用博士秦静等議，改爲景初元年，以建丑月爲正。三年正月，帝崩，齊王立，以明帝建丑月崩，若以其月正朝會設樂，不合於禮，於是改以建寅之月爲歲首。袁准正論曰：「自非繼亂，不宜改正也。」

晉，金德。武帝泰始二年，散騎常侍傅玄上議：「帝王受命應歷，禪代則不改正朔，遭變征伐則改之。舜正月上日受終于文祖，無改正之文，唐虞正朔皆同，明矣。至商周革命，乃改。魏受漢禪，亦已不改，至於服色，皆從其本，唯節幡用黄。大晉以金德王天下，順五行三統之序矣。」詔從之。由是正朔服色，並依前代。東晉並同西晉。

宋，水德，亦如魏晉故事。

齊，木德，餘一依前代。

梁，火德，餘一依前代。

陳，木德，餘一依前代。

後魏，初爲土德，言繼黄帝之後也，故數用五，服尚黄，犧牲用白。至孝文太和十四年，用秘書丞李彪等議，承晉後改爲水德，祖辰，臘申。

北齊，木德，正朔服色皆如後魏。

後周，承西魏用水德，以文帝誕有玄氣之祥，又有黑水讖故也，建寅月爲正，服色尚黑。

隋，火德，以赤雀降祥之故，衣服、旗幟、犧牲尚赤，戎服以黄。七月，帝始服黄。

唐，土德，建寅月爲歲首。武太后永昌元年十一月一日，依周制，以建子之月爲正，改元爲載初元年，改十一月爲正月，十二月爲臘月，來年正月爲一月，十月建亥爲年終。載初元年九月九日，改元天授，稱周，改皇帝爲皇嗣。二年正月，旗幟尚赤也。天寶九年，制，應緣隊仗所用緋色幡等，並改爲赤黄色，天下皆然。納崔昌議，以土德承漢火德。

享司寒藏冰開冰附

周制，凌人掌冰。正歲十有二月，令斬冰，三其凌。正歲，季冬，火星中，大寒，冰方盛之時也。凌，冰室也。三其凌，三倍其冰，備消釋也。春始治鑑。鑑如甄，大口，以盛冰，置食物于中，以禦温氣。春而始治之，爲二月將獻羔而開冰。鑑，胡暫反。甄音直僞反。祭祀供冰鑑，賓客供

冰，大喪供夷槃冰。尸之槃曰夷槃。〔九六〕夏頒冰掌事。暑氣盛，王以冰班賜，則主爲之。秋刷。月令：「仲春，天子乃獻羔開冰，先薦寢廟。」謂立春藏冰，至春分方温，故獻羔以祭司寒，而後開冰，先薦寢廟而後食之。左傳，魯大夫申豐曰：「古者日在北陸而藏冰，陸，道也。夏十二月，日在虚危，冰堅而藏之。西陸朝覿而出之。夏三月，日在昴畢，蟄蟲出而用冰。春分之中，奎婁在東方。其藏冰也，深山窮谷，固陰沍寒，用黑牡秬黍，以享司寒，於是取而藏之也周。其出之也，桃弧棘矢，以除其災，於是以風出而用之。順春風而散用之。朝之禄位，賓食喪祭，〔九七〕自命夫命婦，至于老疾，冰皆與焉。」宋孝武帝大明六年，立凌室藏冰。有司奏，季冬之月，冰壯之時，凌室長率山虞及輿隸，取冰於深山窮谷固陰沍寒之處，以納于凌陰，務令周密，無洩其氣。先以黑牡秬黍祭司寒於凌室之北。仲春之月，春分之日，以黑羔秬黍祭司寒，啓冰室，先薦寢廟。凌室在樂遊苑内，置長一人，吏一人，保舉吏二人。隋以季冬藏冰，仲春開冰，並因用黑牡秬黍，於冰室祭司寒神。開冰依以桃弧棘矢。唐制，先立春三日，因用黑牡秬黍祭司寒之神於冰室。祭訖，鑿冰千段，方三尺，厚尺五寸，而藏之。仲春開冰，祭如藏禮，依以桃弧棘矢設於冰室户内之右。禮畢，遂留之。餘具開元禮。

禜

周制，春官大祝掌六祈，其四曰禜。祭法云：「幽禜，祭星也。雩禜，祭水旱也。」漢制，謂禜爲請晴，服赤幘朱衣。晉武帝咸寧及太康中，時雨多則禜祭，赤幘朱衣，閉諸陰，朱絲縈社，伐朱鼓焉。梁制，霖雨祈晴，亦如雩禮。隋制，霖雨則禜京城諸門；三禜不止，則祈山川岳鎮海瀆社稷；又不止，則祈宗廟神州。報以太牢。州郡縣苦雨，亦各禜其城門；不止，則祈界山川社稷。報用羊豕。唐因之。禜門不止，乃祈山川岳鎮海瀆，三日不止，祈社稷宗廟。並用酒脯，國城門用少牢。

葦茭桃梗 禳祠

夏后氏金行，初作葦茭，言氣所交也。呂氏春秋曰：「始得伊尹，祓之於廟，薰以萑葦。」茭者，交易，陰陽代興之義也。商人水德，以螺首，慎其閉塞，使如螺也。周人木德，以桃爲梗。漢制，厲殃，祀天地日月星辰四時陰陽之神，以師曠配之。其壇常祀以禳災，兼用三代之儀，以葦茭桃梗。五月五日，朱索五色印爲門户飾，以儺止惡氣。後漢，仲夏之月，萬物方盛，日夏至，陰氣萌作，恐物不楙。其禮，以朱索連葷菜，彌牟朴蠱鍾。以桃印，長六

寸，方三寸，五色，書文如法，以施門户。魏明帝大修禳禮，故何晏禳祭議雞特牲供禳釁之事。磔雞起於魏，未詳改仲夏在歲旦之所起耳。晉依魏制，每歲朝設葦茭桃梗，磔雞於宮及百寺之門，以辟惡氣。〔九八〕泰始二年，有司奏，春分祀厲殃及禳祠，詔曰：「不在祀典，除之。」宋，皆省其禮，而郡縣往往猶存。

高禖

周制，月令：「仲春，玄鳥至之日，以太牢祠于高禖。高辛氏之世，玄鳥遺卵，娀簡吞之，生契。後王以爲媒官，嘉祥而立其祠。天子親往，后妃帥九嬪御，乃禮天子所御，帶以弓韣，〔九九〕授以弓矢，于高禖之前。」天子所御，謂今有娠者。禮，謂酌飲於高禖之庭。〔一〇〇〕帶以弓韣，求男之祥。漢武帝年二十九，乃得太子，甚喜，始立爲高禖之祠於城南，祭以特牲。晉博士束皙云：「漢武帝晚得太子，始爲立高禖之祠，立石爲主，祀以太牢也。」後漢因之，祀于仲春之月。晉以仲春之月高禖，祀于城南，祀以特牲。惠帝元康六年，高禖壇上石中破，博士議，禮無高禖置石之文，未知設造所由，既已毀破，可無改造。束皙議，以爲石在壇上，蓋主道也。禮，祭器弊則埋而置新。〔一〇一〕今宜埋而更造，不宜遂廢。後得高堂隆故事，詔更鐫石，令如舊，置高禖壇上，埋破石入地一丈。按，江東太廟北門内道西有石，文如竹葉，

小屋覆之。宋文帝元嘉中修廟所得石，陸澄以爲晉孝武時郊禖石，然則江左亦有此禮矣。或曰，百姓祀其傍，或謂之落星也。北齊，制高禖壇於南郊旁，廣輪二十六尺，高九尺，四陛三壝。每歲玄鳥至之日，皇帝親帥六宮，祀青帝於壇，以太昊配，而祀高禖之神以祈子。其儀，青帝北方南向，配帝東方西向，禖神壇下東陛之南，西向。禮用青珪束帛，牲共以一太牢。祀日，皇帝袞冕，乘玉輅，皇后褘衣，乘重翟。皇帝初獻，降自東陛，皇后亞獻，降自西陛，並詣便座，夫人終獻。上嬪獻于禖神訖，帝及后並詣攢位。乃送神，皇帝皇后及群臣皆拜。乃撤就燎。禮畢而還。〔一〇二〕隋，亦以玄鳥至日，祀高禖於南郊壇，牲用一太牢。唐月令，亦以仲春玄鳥至之日，以太牢祀于高禖，天子親往。月令經文及注不言有壇廟也。

祓禊

周制，春官女巫掌歲時祓除釁浴。漢，高后八月祓於灞上。後漢，三月上巳，官民皆絜於東流水上，曰洗濯祓除，去宿垢疢爲大絜。魏氏以來，但用三月三日，不用上巳也。晉公卿以下至于庶人，皆禊洛水之側。趙王倫簒位三日，會天泉池，誅張林。懷帝亦會天泉池，賦詩。陸機云：「天泉池南石溝，引御溝水。池西積石爲禊堂，跨水，流杯飲酒。」不言曲水。韓詩曰：「鄭國之俗，三月上巳，之溱洧兩水上，〔一〇三〕招魂續魄，秉蘭

草，祓除不祥。」蔡邕曰：「今三月上巳，祓於水濱，蓋出此也。」一説，三月三日清明之節，將修事於水側，以祈豐年也。一説，郭虞三月上辰日、上巳日，二日産三女，並不育，俗以爲大忌，至此月巳日諱止家，皆於東流水上爲祈禳自潔濯，謂之禊祠，引流行觴，遂成曲水。梁劉昭曰：「郭虞之説，良爲虚誕。假有庶人旬内夭其三女，何足警彼風俗乎？杜篤賦乃稱：『王、侯、公主，暨于富商，用事伊洛，帷幔玄黄。』本傳，大將軍梁商亦歌泣於洛禊也。」劉楨魯都賦曰：「素秋二七，天漢指隅，人胥祓禳，國子水嬉。」此用七月十四日也。東晉元帝詔罷三日弄具。海西公於鍾山立流杯曲水，延百僚。皆其事也。齊，以三月三日曲水會，古禊祭也。今相承爲百戲之具，雕弄巧飾，增損無常。

諸雜祠

周立壽星祠於杜亳，〔一〇四〕徐廣云，京兆杜縣有亳亭也。時奉焉。又立杜主祠，因宣王殺右將軍杜伯不以罪，後宣王田於圃田，見杜伯執弓矢射王，王伏弓衣而死，〔一〇五〕故周人尊其鬼而以歲時奉祠。

秦立陳寶祠，因文公獲若石于陳倉北阪城，祠之。蘇林曰：「質如石如肝。」其神或歲不至，或歲數來，其來常以夜，光輝若流星，色赤黄，長五丈，從東方來，集于祠城，若雄野

雞，其聲殷殷云，野雞夜鳴以應之。祠以一牢，名曰陳寶。臣瓚曰：「陳倉縣有寶夫人祠，或一歲二歲，與葉君合。葉君神來時，天爲之雷鳴。」二世時，若陳寶節來，一祠，春夏用騂，秋冬用駵。德公立，卜居雍，雍之諸祠自此興。用三百牢於鄜畤，作伏祠。孟康曰：「六月伏日也。周時無，至此乃有之。」師古曰：「立秋之後，以金代火，金畏於火，故至金日必伏。庚，金也。」磔狗邑四門，以禦蠱災。始皇東游海上，祠八神，求仙人，其祀莫知起時。八神，一曰天主，祠天齊。天齊淵水，居臨菑南郊山下者。二曰地主，祠泰山、梁父，蓋天好陰，祠之必於高山之下小山之上，命曰時。地貴陽，祭之必於澤中圓邱。三曰兵主，祠蚩尤。蚩尤在東平陸監鄉，齊之西境也。四曰陰主，祠三山。三山卽蓬萊、方丈、瀛洲三神山。五曰陽主，祠之罘山，在東萊。六曰月主，祠萊山。山在東萊長廣，皆在齊北，並渤海。七曰日主，祠成山。山在東萊不夜縣，斗入海，最居齊東北隅，以迎日出。八曰四時主，祠琅邪。琅邪在齊東北，蓋歲之所始也。皆用一牢具祠，而巫祝所損益，珪幣雜異焉。

漢高帝，天下已定，令祝立蚩尤之祠於長安。又置祠祀官女巫，其梁巫祀天地、天社、天水、房中、堂上之屬；晉巫祠五帝、東君、雲中君、巫社、巫祠、族人炊之屬；師古曰：「東君，日也。雲中君，謂雲神也。族人炊，古主炊母之神也。」秦巫祠杜主、巫保、族纍之屬；杜主卽周之杜伯也。〔一〇六〕巫保、族纍，二神名。纍音力追反。荆巫祠堂下、巫先、司命、施糜之屬；堂下，在堂之下。巫先，巫之最先者也。司命，說者云，文昌第四星也。施糜，其先常施設

糜虋者也。九天巫祠九天。師古曰：「九天者，謂中央四方四維也。」皆以歲時祠宮中。武帝即位，厚禮置祠神君於内中，聞其言不見其人。神君者，長陵女子，産乳而死，見神於先後宛若。宛若祠於其室，人多往祠。平原君往祠，其後子孫尊顯。案平原君，武帝外祖母也。先後，妯娌也。宛若，字也。又帝師少君求仙，始親祠竈。少君言於帝曰：〔一〇七〕「祠竈皆可致物。」物，鬼也，致物而丹沙可化爲金。又立粤祠，雞卜自此用。持雞骨而卜，〔一〇八〕如鼠卜也。是時既滅兩粤，粤人勇之乃言粤人俗鬼。師古曰：「勇之言其土俗尚鬼神之事，而其祠皆見鬼，數有効。昔東甌王敬鬼，壽百六十歲。後世怠慢，故衰耗。」〔一〇九〕乃命粤巫立粤祝祠，安臺無壇，亦祠天神帝百鬼。宣帝時，南郡獲白虎，獻其皮牙爪，帝爲立祠。又方士言，隋侯劍、寶、玉寶璧、周康寶鼎，立四祠於未央宫。又祠天封苑火井於鴻門。西河鴻門有天封苑火井祠，火從地中出也。又立歲星、辰星、太白、熒惑、南斗祠於長安城傍。又祠三山八神於曲成，東萊縣也。蓬山石社石鼓於臨朐。又有月祠，〔一一〇〕蚩尤、勞谷、五牀山、五帝、仙人、玉女、金馬、碧雞等神，遣諫大夫王褒使持節而求焉。〔一一一〕

後魏道武帝初，有兩彗星見，劉后使日者占，曰：「祈之則掃定天下。」后從之，故立其祠。又立歲神十二，歲一祭，以十月，用牛一雞三。又立土神四，歲二祭，常八月、十月，用羊。又立獻明以上天神四十所，歲二祭。〔一一二〕其神，尊以馬，次以牛，小以羊，皆

女巫行事。

校勘記

〔一〕「令各立太祖太宗廟」，「太宗」二字脱，據漢書韋玄成傳、通典四七補。

〔二〕「宣帝本始二年」，「本」，原作「太」，據漢書宣帝紀改。

〔三〕「廟所祠」，「廟」，原作「之」，據晉書禮志上、宋書禮志三改。

〔四〕「迎高皇以下神主共一廟」，「皇」，原作「祖」，據三國志魏志明帝紀、晉書禮志上改。

〔五〕「八年因廟陷當改修創」，「八年」，原作「六年」，據晉書武帝紀改。通典五一引唐人孫平子所上封事亦作「八年」。

〔六〕「詔又曰」，「詔」字脱，據晉書禮志上補。

〔七〕「成帝咸康七年」，「七」，原作「五」，據晉書禮志上改。

〔八〕「追尊皇考爲孝穆皇帝皇妣趙氏爲孝穆皇后」上「穆」字、下「孝」字皆脱，據宋書禮志三補。

〔九〕「孝文太和三年六月」，通典四七文同。魏書禮志一作「六年十一月」。

〔一〇〕「朕今奉尊道武爲太祖與顯祖爲二祧」，「與顯祖爲」四字原作「而立」，據魏書禮志

一改。

〔一一〕「可剋五月奉還於廟」，通典四七文同。魏書禮志一作「三月三日己巳」。

〔一二〕「太祖高祖各一殿」，「高祖」二字脱，據隋書禮儀志二補。

〔一三〕「孔晁」，「晁」，原作「昆」，據通典四七、唐會要一二、舊唐書禮儀志五改。

〔一四〕「始崇祔弘農府君及高祖神主」，「祔」字脱，據唐會要一二、舊唐書禮儀志五補。

〔一五〕「餘帝四時春以正月」，「帝」下衍「不祀」二字，據後漢書祭祀志下删。

〔一六〕「以轉久遠」，「轉」，原作「傳」，據後漢書祭祀志下、通典四九改。

〔一七〕「四月其蚤」，按，詩豳風七月：「四之日，其蚤獻羔祭韭。」古人引書不甚嚴格，惟不失原意即可，下文言「周之四月則夏之二月也」，即説明此處「四月」乃謂周曆四月也。

〔一八〕「齊永明九年正月」，「九」，原作「元」，據南齊書禮志上、通鑑一三七改。

〔一九〕「於是起至敬殿景陽臺」，「起」字脱，據隋書禮儀志二補。

〔二〇〕「稽合古義」，「合」，原作「今」，據魏書禮志一、通典四九改。

〔二一〕「春祠」，「祠」，原作「祀」，據隋書禮儀志二、通典四九改。

〔二二〕「其昭孫康王亦居武王之東而南面」，「而」，原作「北」，據通典四九改。

〔二三〕「其年九月」，「年」字脱，據通典四九補。

〔二四〕「御史中丞范泰議以章后喪未一周不應殷祠」，通典四九文同。宋書禮志三以此爲劉瑾

之言。

〔二七〕「延昌四年正月」，文上原有「北齊」二字，按「延昌」爲後魏宣武帝年號，明爲衍文，通典五〇無此二字，故删。

〔二八〕「禮記正義引鄭康成禘祫志云」，「引」，原作「列」，據唐會要一三、舊唐書禮儀志六改。

〔二九〕「公如晉」，「晉」，原作「齊」，據春秋昭公十三年、通典五〇改。

〔三〇〕「故有四時之祭焉」，「祭」，原作「制」，據通典四九改。

〔三一〕「其祫則備五齊三酒」，「則」字脱，據通典四九補。

〔三二〕「位與士庶爲列」，「列」，原作「例」，據通典五〇改。

〔三三〕「尊崇其德」，「崇」，原作「宗」，據通典五〇改。

〔三四〕「非寵異之謂也」，「謂」，原作「位」，據通典五〇改。

〔三五〕「祭陳五事之品」，「事」，原作「祀」，據北宋本通典五〇、文獻通考宗廟考一三改。

〔三六〕「祫享功臣配享於廟庭」，「祫享」二字脱，據通典五〇、唐會要一八、舊唐書禮儀志六補。

〔三七〕「禮不可易」，「禮」，原作「理」，據唐會要一八、舊唐書禮儀志六改。

〔二五〕「十二日烝祀」，「二日」，原作「三」，「祀」，原作「禮」，據宋書禮志四改。

〔二六〕「禘祫爲一祭」，「禘」字脱，據魏書禮志一、册府元龜五八〇補。

〔三八〕「或立竈」,「立」下衍「霤」字,據禮記祭法删。

〔三九〕「祭五祀」,「五」字脱,據白虎通一及本書上文補。

〔四〇〕「中霤以牛」,「牛」,白虎通一作「豚」。

〔四一〕「袁宏漢紀曰明帝永平九年」,「九」,原作「元」,據後漢書明帝紀、通典五〇改。今本後漢紀無此文。

〔四二〕「折旋升于階」,「折」,原作「止」,據通典五二改。

〔四三〕「樂闋」,「樂」上衍「禮」字,據通典五二删。

〔四四〕「告其郡國穀價」,「國」字脱,據通典五二補。

〔四五〕「自雒陽諸陵至靈帝皆以晦望二十四氣伏臘及四時祠」,此文據後漢書祭祀志下補正。所補者,「自雒陽諸陵至」六字,「皆」字。所正者,「望」,原作「朔」。通典五二作「至靈帝皆以弦晦二十四氣伏社臘及四時祀祠」,與後漢志相較,有異文,亦有闕文,似非鄭氏所取者。

〔四六〕「文帝陵」,「帝」,原作「武」,據通典五二改。

〔四七〕「哭入闕門西面再拜」,「闕」,原作「關」,「面」字脱,據唐會要二〇、舊唐書禮儀志五改補。

〔四八〕「入于寢宮」,「宮」,原作「躬」,據唐會要二〇、舊唐書禮儀志五改。

〔四九〕「太宗出自寢宮步過司馬門泥行二百餘步」，按，唐會要二〇云：「初，甲辰之夜，大雨雪。及太宗入陵，悲號嗚咽，百辟哀慟。有頃，雲出于丘陵之上，俄而彌布，天地晦冥。禮畢，太宗出自寢宮，步過司馬門，泥行二百餘步。于是風静雪止，天色開霽，咸以爲孝感之所致焉。」本文截取中間十七字，前後皆無着落。此文原出於通典，原本殆已殘缺，鄭氏承之而誤。

〔五〇〕「上入寢至乃御小輦還宮」，按，以唐會要二〇之文相校，此乃永徽六年正月唐高宗謁拜昭陵之事，錯出於此。原爲通典之誤，鄭氏承襲之而未予校正。

〔五一〕「謹按三禮」，「三」，原作「二」，據元本、殿本、通典五二改。

〔五二〕「始祖及高祖曾祖祖考」，「曾祖」二字脱，據唐會要二一補。

〔五三〕「無月祭之文」，「月」，原作「日」，據唐會要二一改。

〔五四〕「卽四時祭焉」，「祭」字脱，據儀禮士喪禮鄭氏注補。

〔五五〕「並符於古禮」，「符」，原作「附」，據通典五二改。

〔五六〕「及宋齊梁陳」，「宋」字脱，據唐會要二一補。

〔五七〕「但以春秋仲月」，「春秋」二字脱，據唐會要二〇補。

〔五八〕「宜許上墓同拜掃不得作樂」，「掃」下衍「禮」字，按通典五二：「宜許上墓同拜掃，禮於塋南門外奠祭，饌訖，泣辭。食餘饌任於他處，不得作樂。」鄭樵删節此文，誤以

「拜掃禮」爲一詞，故删。

〔五九〕「尚書階西祭設神座」，「祭」字脱，據通典五二補。

〔六〇〕「大昕鼓徵」，「徵」字脱，據禮記文王世子篇、通典五三補。

〔六一〕「天子乃入」，「入」，原作「命」，據通典五三改。

〔六二〕「每講經徧」，「每」，原作「有」，據晉書禮志下、宋書禮志一、通典五三改。

〔六三〕「元康五年」，按，通典五三文同。晉書禮志下、宋書禮志一皆作「元康九年」。

〔六四〕「吏部郎徐勉議」，「郎」下衍「中」字，據隋書禮儀志四、通典五三删。

〔六五〕「修附禮令」，「修」，原作「循」，據通典五三改。

〔六六〕「景雲二年七月」，「雲」，原作「龍」，據唐會要三五、舊唐書禮儀志四改。

〔六七〕「據鞍顧眄」，「眄」，原作「盻」，據後漢書馬援傳改。

〔六八〕「梟鳥名」，「鳥」字脱，據漢書郊祀志上孟康注補。

〔六九〕「破鏡獸名」，「獸」字脱，據漢書郊祀志上孟康注補。

〔七〇〕「故事至以應秋政」，按，此爲西晉初年之事，見晉書禮志上。通典誤置於東晉孝武帝寧康三年七月下，鄭氏承之而誤。

〔七一〕「開元二年三月」，按，此下所記親祠玄元皇帝廟等事均爲天寶二年三月之事，見舊唐書玄宗紀下與禮儀志四、唐會要五〇、通鑑二一五等處，但下文所記二十九年之事仍在開

元年間。此爲承用通典五三之文。

〔七二〕「詔後漢張天師册贈太師」，「後」，原作「修」，據通典五三改。

〔七三〕「祀孔子祭直」，「直」，原作「宜」，據晉書禮志上改。

〔七四〕「宰子我贈齊侯」，按，唐會要三五、舊唐書禮儀志四，宰我與子貢一行列於冉有及子路一行之後。

〔七五〕「命尚書右丞相裴耀卿攝太尉持節就國子廟册贈」，「尚書右丞相」，通典五三、唐會要三五文同，舊唐書禮儀志四、裴耀卿傳，「右」皆作「左」。「贈」字脱，據舊唐書禮儀志四補。唐會要作「命」。

〔七六〕「榮子祺」，「祺」，通典五三、唐會要三五皆作「期」，史記仲尼弟子列傳作「祈」。

〔七七〕「北面東上」，「東」，原作「西」，據禮記明堂位改。

〔七八〕「升壇奠玉」，「玉」，原作「王」，據殿本、通典五四改。

〔七九〕「秦始皇三年」，按，此謂秦始皇統一後三年，即在位二十八年。此下所記出巡年代，多不確切，應以史記所載者爲正。

〔八〇〕「柴祭天地群神如故事」，「神」，原作「臣」，據通典五四改。

〔八一〕「幸遼西」，「幸」字脱，據魏書禮志一補。

〔八二〕「云云山在蒙陰縣故城東北」，「東北」二字互倒，據史記封禪書索隱改。

〔八三〕「湯依禪云云」，按，北宋本、明刻本及傅增湘校本通典皆文同，今本通典五四「依」作「亦」，似爲後人以聲近臆改者。
〔八四〕「在鉅平南十三里」，「南」字脱，「三」，原作「二」，據史記封禪書集解補改。
〔八五〕「比翼之鳥」，汪本「比」作「北」，據元本、明本、于本、殿本改。
〔八六〕「而封藏皆秘之」，「而」，原在「藏」字下，據史記封禪書、漢書郊祀志上改。
〔八七〕「皆謁曰」，「謁」，原作「僞」，據史記封禪書改。
〔八八〕「石高二丈一尺」，「二」，原作「三」，據通典五四改。
〔八九〕「皆長三尺」，汪本「三」作「二」，據元本、明本、于本、殿本改。
〔九〇〕「其一方三寸」，後漢書祭祀志上作「五寸」，宋本通典五四作「三寸」，與通志同。
〔九一〕「開元十三年十一月」，「一」字脱，據舊唐書禮儀志三補。
〔九二〕「西去社首山三里」，「三」，原作「十」，據通典五四、舊唐書禮儀志三改。
〔九三〕「以十月爲正」，按，通典五五「十月」作「十三月」。
〔九四〕「馬腹赤」，通典五五文同。按，詩大雅大明毛傳，禮檀弓上鄭注，皆言「騂馬白腹曰騵」，與此異。
〔九五〕「色外黑内赤」，「色」，原作「以」，據史記封禪書、漢書郊祀志上改。
〔九六〕「尸之槃曰夷槃」，「尸」，原作「日」，據周禮凌人注、通典五五改。

〔九七〕「賓食喪祭」，「食」，原作「客」，據左傳昭公四年、通典五五改。

〔九八〕「魏明帝大修禳禮至以辟惡氣」，此文殊不分明。按晉書禮志上云：「歲旦常設葦茭桃梗，磔雞於宮及百寺之門，以禳惡氣。案漢儀則仲夏設之，有桃印，無磔雞。及魏明帝大修禳禮，故何晏禳祭議雞特牲供禳釁之事。磔雞宜起於魏，桃印本漢制，所以輔卯金，又宜魏所除也。但未詳改仲夏在歲旦之所起耳。」夾漈依據此文，移易改寫，提魏明帝之事於前，致「未詳改仲夏在歲旦之所起」一句全無着落，又誤「何晏禳祭議」之「議」字爲「儀」，其義更晦。（已據改）須以晉書禮志之文校正之。

〔九九〕「帶以弓韣」，「以」字脱，據禮記月令補。

〔一〇〇〕「高禖之庭」，「禖」，原作「媒」，據元本、殿本改。

〔一〇一〕「祭器弊則埋而置新」，「祭」，原作「制」，據通典五五改。

〔一〇二〕「禮畢而還」，汪本「禮」作「神」，據元本、明本、于本、殿本改。

〔一〇三〕「之溱洧兩水上」，「之」下衍「日」字，又脱「兩」字，據後漢書禮儀志上注删補。

〔一〇四〕「周立壽星祠於杜亳」，「於」下衍「下」字，據史記封禪書、漢書郊祀志上删。

〔一〇五〕「王伏弓衣而死」，「衣」字脱，據漢書郊祀志上顔注補。

〔一〇六〕「杜主卽周之杜伯也」，「杜」，原作「社」，據殿本、通典五五改。

〔一〇七〕「少君言於帝曰」，「君」，原作「翁」，據史記封禪書、漢書郊祀志上、通典五五改。

〔一〇八〕「持雞骨而卜」，「骨」字脱，據漢書郊祀志下李奇注補。

〔一〇九〕「故衰耗」，汪本「衰」作「哀」，據元本、明本、殿本改。又以上之文見漢書郊祀志下，非「師古曰」。

〔一一〇〕「又有月祠」，按，漢書郊祀志下云：「成山祠日，萊山祠月。」此文「月祠」之上應有「日祠」二字。其文原出於通典五五，或通典已有闕文，鄭氏承用而未補。

〔一一一〕「遣諫大夫王襃使持節而求焉」，「諫」下衍「議」字，據漢書郊祀志下删。

〔一一二〕「歲二祭」，「二」字脱，據魏書禮志一補。

禮略第三

嘉　禮

天子加元服

周制，文王年十二而冠，文王十三生伯邑考。左傳曰：「冠而生子，禮也。」成王十五而冠。譙周五經然否論云：「古文尚書，武王崩，成王年十三。推武王庚辰歲崩，周公以壬午歲出居東，癸未歲反。禮公冠記周公冠成王，命史作祝辭告，是除喪冠也。周公未反，成王冠弁，開金縢之書，時十六矣。是成王十五，周公冠之而後出也。」按禮傳，天子之年，近則十二，遠則十五，必冠矣。將冠，筮日筮賓，行之於廟。冠委貌於阼，三加彌尊。冠義曰：「冠於阼，以著代也。」或曰，「三加彌尊」，士禮也。大戴禮公冠篇曰：「公冠四加，後加玄冕。天子亦有四加，後加衮冕。」祼享樂于廟。左傳曰：「晉侯問魯大夫季武子襄公年，曰『君可冠矣』。武子對曰：『君冠必以祼享之禮行之，以

金石之樂節之，以先君之祧處之。」周公冠成王，命史雍頌曰：〔一〕「近於民，遠於年。〔二〕遠於佞，近於義。嗇於時，惠於財。禄賢，使能。」

漢改皇帝冠爲加元服。惠帝加元服，用正月甲子若丙子爲吉。後漢遵前制，皆以正月甲子若丙子爲吉日，可加元服，儀從冠禮。乘輿初加緇布進賢，次爵弁，次武弁，次通天冠。冠訖，皆於高祖廟如禮謁見。和帝冠以正月甲子，乘金根車，駕六玄虯，至廟成禮，乃迴軨反宮，朝服以饗宴，撞太蔟之鐘，咸獻壽焉。順帝以初月丙子，加元服於高廟。獻帝興平元年正月甲子，加元服，司徒淳于嘉爲賓，加賜玄纁駟馬，司隸校尉、城門五校及侍中、尚書、給事黄門侍郎各一人爲太子舍人。魏氏，天子冠一加。其説曰：「古之士禮，服必三加彌尊，所以喻其志。至於天子諸侯，無加數之文者，將以踐阼臨人，尊極德成，不復與士以加喻勉爲義。」禮冠於廟，自魏不復在廟矣。

東晉諸帝冠儀，一加幘冕。將冠，金石宿設，百僚陪位。又先於殿上鋪大牀，御府令奉冕、幘、簪導、衮服，以授侍中常侍，太尉加幘，太保加冕，太尉讀祝文，曰：「令月吉日，始加元服。皇帝穆穆，思弘衮職。欽若昊天，六合是式。率遵祖考，永永無極。眉壽惟祺，介兹景服。」加冕訖，侍中繫玄紘，〔三〕脱帝絳紗服，加衮服。冠事畢，太保率群臣奉觴上壽，王公以下三稱萬歲，乃退。成帝用三元吉日，既加元服，拜于太廟。穆帝、孝武

將冠，皆先以幣告廟，訖事又廟見。臺符問：「修服未畢，吉凶不相干，爲可加元服與不？」太常王彪之議：「禮雖有喪冠，當是應冠之年，服制未終，若須服終，便失應冠之年故也。今便准喪冠，闕饗樂而行事，不須修服畢。」按晉故事及兩漢，亦不必三元，當任時事之宜耳。

後魏正光元年秋，孝明帝年十一，加元服訖，拜太廟，大赦，改元。北齊制，皇帝加元服，以玉帛告圜丘方澤，以幣告廟，擇日臨軒。皇帝著空頂介幘以出，太尉盥訖，升，脱空頂幘，以黑介幘奉加訖，太尉進太保之右，北面讀祝訖，太保加冕，侍中繫玄紘，〔四〕脱絳紗袍，加袞服。事畢，太保上壽，群官三稱萬歲。皇帝入温室，移御座，會而不上壽。〔五〕後日，文武群官朝服上禮酒十二鐘，米十二囊，牛十二頭。又擇日，親拜圜丘方澤，謁廟。唐制，具開元禮。

皇太子冠皇子、皇孫附

周制，天子元子猶士也，天下無生而貴者也。家語冠頌曰：「天子之元子之冠，擬諸侯之冠，四加。」

漢宣帝冠太子以正月。冠諸王，遣使行事。魏氏冠太子，再加。皇子、王公嗣子乃

三，孫毓以爲一加再加，皆非禮也。冠諸王，因漢遺使行事。晉惠帝之爲太子，將冠，武帝臨軒，使兼司徒高陽王珪加冠，兼光禄大夫、屯騎校尉華廙贊冠。泰始六年，〔六〕南宮王承年十五，依舊應冠，有司議奏，禮十五成童，國君十五而生子，以明可冠之宜。〔七〕又漢、魏遣使冠諸王非古典，於是制諸王十五而冠，〔八〕遂革使命。咸寧二年閏九月，遣使冠汝南王柬。惠帝以正月丙午冠太子訖，乃廟見。懷帝亦以正月冠皇太子。宋，冠皇太子及蕃王以一加。齊武帝孫南郡王昭業冠，從尚書令王儉議，使太常持節一加冠，大鴻臚爲贊。醮酒之儀，國官陪位，拜賀如常。其日内外二品清官以上，詣公車門集賀，并詣東宮南門通牋。別日上禮，宮臣亦詣門稱慶，如上臺之儀。既冠之後，尅日謁廟。祝辭曰：「皇帝使給事中、太常、武安侯蕭惠基加南郡王冠。〔九〕筮日戒賓，肇加元服。棄爾幼志，從厥成德，親賢使能，克隆景福。」〔一〇〕醮酒辭曰：「旨酒既清，嘉薦既盈。兄弟具在，淑慎儀刑。永永眉壽，於穆斯寧。」明帝冠太子用正月。梁武帝天監十三年正月，冠太子於太極殿，修前代之儀。

後魏孝文帝冠皇太子恂於廟，詔曰：「司馬彪漢志，漢帝有四加冠，一緇布，二進賢，三武弁，四通天。朕見家語冠頌篇，四加冠，公也。家語、夫子之言，與正經何異？諸儒忽司馬彪志，致使天子之子而行士冠。朕以爲有賓，諸儒皆以爲無賓。孔氏所云『斐然

成章』，其斯之謂矣。」北齊制，皇太子冠，則太尉以制幣告七廟，擇日臨軒，有司供帳於崇正殿。中嚴，皇太子空頂幘公服出，立東階之南，西面，使者入，立西階之南，東面。太子受詔訖，入室盥櫛，出南面，使者進揖，詣冠席西面坐。光祿卿盥訖，詣太子前跪櫛。使者又盥，奉進賢三梁冠至太子前，東面祝，脱空頂幘，加冠。太子興，入室更衣，出，又南就冠席。光祿卿盥櫛，使者又盥祝，脱三梁冠，再加遠遊冠。太子入室更衣。設席中楹之西，使者揖就席南面。光祿卿洗爵酌醴，使者詣席前北面祝。太子拜受醴，即席坐，祭之，啐之，奠爵，降階，復位西面。三師、三少及在位群官拜。事訖，又擇日會宫臣，又擇日謁廟。

隋制，皇太子將冠，前一日，帝齋於大興殿，太子與賓贊及預從官齋於正寢。其日質明，有司告廟，各設筵於阼，帝衮冕即御座。賓揖太子進，升筵，西向坐，贊冠者坐櫛，設纚。賓盥訖，初加緇布冠，贊進設頍邱癸切。纓。賓揖太子適東序，衣玄衣，衣素裳，以出。贊者又坐櫛，賓進加遠遊冠，改服訖，賓又授冕，太子適東序，改服以出。賓揖太子南面立，賓受醴，進筵前，北面立祝，之又切。太子拜，受觶。賓復位，東面答拜。贊者奉饌於筵前，太子祭奠。禮畢，降筵，進當御，東面拜。納言承詔詣太子戒，訖，太子拜。贊者引太子降自西階，賓少進，字之。贊者引太子進，立於庭，東面，諸親拜，訖，贊者拜，太

子皆答拜，與賓贊俱復位。納言承詔降命，令有司致禮，賓贊又拜，帝復降阼階下拜，太子以下皆拜。帝出，更衣，還宮。太子從至閤，因入見皇后，拜而還。〔一一〕

唐貞觀五年正月，有司上言，皇太子將行冠禮，〔一二〕宜用二月爲吉，請追兵以備儀注。太宗曰：「今東作方興，恐妨農事。」令改用十月。太子少保蕭瑀奏稱：「準陰陽家，用二月爲勝。」上曰：「陰陽拘忌，朕所不行。若動靜必依陰陽，不顧禮義，欲求福祐，其可得乎！若所行皆遵正道，自然當與吉會。且吉凶在人，豈假陰陽拘忌。農時甚要，不可暫失。」開元六年，侍中宋璟上表曰：「臣伏以太常狀，准東宮典記，有上禮之儀。謹按上禮非古，從南齊、後魏方始有此事，而垂拱、神龍更扇其道，群臣斂錢獻食，君上厚賜答之，姑息施恩，方便求利。皇太子冠乃盛禮，自然合有賜賚，上臺東宮兩處宴會，非不優厚，其上禮宜停。」其儀具開元禮。

諸侯大夫士冠

夏小正記，二月，冠子之時也。周制，繼世以立諸侯，象賢也。冠禮，筮日筮賓，冠於阼，醮於客位，三加彌尊。已冠而字之。見於母，母拜之。見於兄弟，兄弟拜之。成人而與爲禮。晉王堪冠禮儀云：「永平元年惠帝時。正月戊子，冠中外四孫。立于步廣里舍之

阼階，設一席于東廂。引冠者以長幼次于席南，東上。賓宗人立于西廂，東面南上。堪立于東軒西，南面西上。陳元服于席上，宗人執儀，以次呼冠者，各應曰『諾』。宗人申誡之曰：『以歲之正，以月之令，兄弟具來，咸加爾服。棄爾幼志，順爾成德，克慎威儀，惟民之則。壽考惟祺，永受景福。』冠者高跪而冠，各自著布。興，再拜，從立于賓，南上。酌四杯酒，各拜醮而飲。事訖，上堂，向御史府君再拜。訖，冠者皆東面坐，如常燕禮時。賓宗人東平王隆叔祚、王循道安、王業建始。此皆古禮也，但以意斟酌，從其簡者耳。」唐制具開元禮。

天子納妃后 册后附

伏羲氏制嫁娶，以儷皮爲禮。夏氏親迎於庭。殷迎於堂。周制，限男女之歲，定婚姻之時。媒氏云：「令男三十而娶，女二十而嫁。」婚姻之時，卽仲春之月。親迎於户，六禮之儀始備。一曰納采，二曰問名，三曰納吉，四曰納徵，五曰請期，六曰親迎。惟納徵用束帛，他皆用雁。

天子聘女，納徵加穀珪。漢惠帝納后，納采雁、璧、乘馬、束帛，聘黄金二百斤，馬十二匹。吕氏爲惠帝娶魯元公主女，故特優其禮。平帝立，王莽納女爲后以固權，及莽所聘杜陵史氏女，〔一三〕皆侈大其事，不足爲法。後漢桓帝立，明年，有司奏太后曰：「春秋，迎皇后

于紀，在塗則稱后。今大將軍冀女弟，應紹聖善，結婚之際，有命既集，宜備禮幣。」於是悉依孝惠皇帝納后故事，聘黄金二百斤，納采雁、璧、乘馬、束帛，一如舊典。靈帝册宋貴人爲皇后。天子御章德殿軒，百官陪位。太尉襲使持節奉璽紱，皇后北面，帝南面，太尉立階下東向，宗正大長秋西向，宗正讀册。畢，皇后拜，稱臣妾，就位。太尉授璽紱，中常侍、長樂太僕、高鄉侯覽長跪受璽紱，奏於殿前，女史以次受之，至于昭儀，受而長跪以帶皇后。皇后伏，起，拜，稱臣妾。畢，黄門鼓吹三通。鳴鼓畢，群臣以次出。后即位，大赦天下。

魏制，天子册后，以皮馬庭實，加穀珪。齊王正始四年，立后甄氏，其儀不存。晉武帝咸寧二年，臨軒，遣太尉賈充策立皇后楊氏，因大赦，賜王公已下各有差，百僚上禮。尚書朱整議，按魏婚故事，天子以皮馬爲庭實，加以穀珪。納悼后。太康八年，有司奏，大婚納徵，用玄纁束帛，加穀珪，馬二駟，羊雁酒米如故。東晉成帝咸康二年，臨軒，遣使持節兼太保、領軍諸葛恢，兼太尉、護軍孔愉，六禮備物，拜皇后杜氏，即日入宫，帝御太極殿，群臣畢賀。康帝建元元年，納后褚氏，而儀注陛者不設旄頭。殿中御史奏：「今迎皇后，〔一四〕依昔成恭皇后入宫御物，而儀注至尊衮冕升殿，旄頭不設。又按，昔迎成恭皇后，唯作青龍旂，其餘皆即御物。今當臨軒遣使，而立五牛旂旗，〔一五〕旄頭畢罕並出即

用，故致今闕。」〔一六〕詔曰：「今所以正法服升太極者，以謹其始，故備禮也。今云何闕所重而撤法物邪！又恭后神主入廟，先帝詔后禮宜有降，不宜建五牛旗，既不設五旗，則旄頭畢罕之物易具也。」又詔：「舊制既難準，且於今而備法服，儀飾粗舉，其兼副雜器停之。」穆帝永和十年，臺符問：「六禮版文，舊稱皇帝。今太后臨朝，當何稱？」博士曹耽云：「公羊傳，婚禮不稱主人，母命諸父爲主。」太常王彪之云：「三傳異義，不可全據。今皇后臨朝稱制，文告所達，國之大典，皆仰稟成命，非無外事也，豈婚聘獨不通乎！六禮版文應稱皇太后詔。」符又問：「今太后還政，不復臨朝，當何稱？」彪之云：「當稱皇帝詔。」升平元年，將納皇后何氏，彪之正禮曰：「王者之於四海，無不臣妾，雖復父兄之親，師友之賢，皆純臣也。夫崇三綱之始，定乾坤之儀，安有天父之尊而稱臣下之命以納伉儷？安有臣下之卑而稱天父之名以行大禮？遠尋古禮，於義不通。按咸寧二年納悼皇后，時弘訓太后臨天下，而無命戚屬之臣爲武皇父兄主婚之文。考咸寧故事，不稱父兄師友，則當時華恒所上合於舊也。〔一七〕謂今納后儀制，宜一依咸康故事。」〔一八〕從之。華恒定六禮云，〔一九〕宜依舊，唯娶婦之家三日不舉樂，而咸康群臣賀爲失禮，故但依咸寧上禮，不復賀。其告廟六禮版文等，皆彪之所定。博士荀納云：「凡六禮版，長尺二寸，以應十二月；博四寸，以象四時；厚八分，以象八節。皆真書。后家答鮫脚書之。」納采、問名、納

吉、請期、親迎，皆用雁、白羊各一，酒米各十二斛，唯納徵用白羊一，玄纁帛三疋，絳二疋，絹二百疋，獸皮二枚，錢二百萬，〔二〇〕玉璧一枚，酒米各十二斛，馬六匹，鄭康成所謂五雁六禮也。六禮之文皆稱「皇帝咨」，后家稱「糞土臣某頓首稽首再拜」以答。其策皇后之文曰：「惟升平元年八月，皇帝使使持節兼太保、侍中、太宰武陵王晞，册命故散騎侍郎女何氏爲皇后。咨爾，易本乾坤，詩首關雎，王化之本，寔由内輔。〔二一〕是故皇英嬪虞，帝道以光；妊姒母周，胤嗣克崇。皇后其祗勗厥德，以肅承宗廟，虔恭中饋，盡其婦道，帥導六宫，作軌儀于四海。皇天無親，惟德是依，可不慎歟！」

北齊皇帝納后之禮，納采、問名、納徵訖，告圜邱方澤及廟。是日，皇帝臨軒，命太尉爲使，司徒副之，持節詣后行宫，東向，奉璽綬册以授中常侍。皇后受册於行殿，使者出，〔二二〕與公卿以下皆拜。有司備迎禮。太保、太尉受詔而行。〔二三〕主人公服迎拜於門。使者入，升自賓階，東面；主人升自阼階，西面。禮物陳於庭，設席於兩楹間，童子以璽書版升，主人跪受。送使者，拜于大門外。有司先於昭陽殿兩楹間供帳，爲同牢之具。皇后服大嚴繡衣，帶綬珮，加幜。音景。女長御引出，升畫輪四望車。女侍中負璽陪乘，鹵簿如大駕。皇帝服衮冕出，升御座。皇后入門，大鹵簿住門外，小鹵簿入。到東上閤，施步障，降車，席道以入昭陽殿。前至席位，姆去幜。皇后先拜後起，皇帝後拜先起。

升自西階，詣同牢座，與皇后俱座，各三飯訖，〔二四〕又各酳二爵一卺。奏禮畢，后興，南向立。皇帝御太極殿，王公以下拜，皇帝興，入。明日，后展衣，於昭陽殿拜表謝。〔二五〕又明日，以榛栗棗脩見皇太后於昭陽殿。擇日，群官上禮。〔二六〕又擇日，謁廟，皇帝使太尉先以太牢告，而後遍見群廟。唐皇帝納后，卜日告天地，臨軒命太尉爲使，宗正卿爲副，並如開元禮。

天子册妃嬪夫人

周制，天子后立六宫，三夫人、九嬪、二十七世婦、八十一御女，以聽天下之内治。後漢獻帝建安十八年，曹操進三女憲、節、華爲夫人，聘以束帛玄纁，絹五萬疋，〔二七〕小者待年於國。二十年，並拜貴人。晉武帝泰始十年，將聘三夫人、九嬪，有司奏，禮，皇后聘以穀珪，無妾媵禮贄之制。詔曰：「拜授可依魏氏故事。」於是臨軒，使使持節兼太常拜三夫人，兼御史中丞拜九嬪。

皇太子納妃皇子諸王婚公主嫁附

漢制，皇太子納妃，奉常迎。時叔孫通定禮，以天子無親迎之義，皇太子以奉常迎也。晉太

康中，有司奏，太子婚，納徵用玄纁束帛，加羊馬二駟。〔二八〕東晉太子婚，納徵禮用玉璧一，獸皮二。漢、魏之禮，公主居第，尚公主者來第成婚，司空王朗以爲不可，其後乃革。魏公主嫁，用絹百九十疋。晉故事，用絹三百疋。太元中，公主納徵以獸豹皮一。

宋文帝元嘉十五年四月，皇太子納妃，六禮文與納后不異，百官上禮。其月壬戌，於太極殿西堂敘宴，二宫隊主副、司徒侍郎以上，諸二千石在都邑者，並在會。〔二九〕又詔今小會可停伎樂。〔三〇〕時有臨川曹太妃喪。明帝泰始五年，有司奏：「按晉江左以來，太子婚，納徵用璧一，獸皮二。未詳合用珪璋豹皮及熊羆皮與不？〔三一〕若應用者，爲各用一？爲用兩？」博士裴昭明議：〔三二〕『按周禮，納徵玄纁束帛、儷皮。鄭康成曰：「束帛以致命，兩皮庭實。皮，鹿皮。」晉納妃以虎皮二。虎豹雖文，禮所不用。熊羆吉祥，婚典不及。珪璋之美，爲用各異。今儲皇聘納，宜准經誥。』兼太常丞孫詵議，以爲：『聘幣之典，損益惟義。禮稱束帛儷皮，則珪璋數合同璧，〔三三〕熊羆文豹，各應用二。』博士虞龢議：『按儀禮直云：「玄纁束帛儷皮。」禮記郊特牲云：「虎豹皮與玉璧。」非虚作也。虎豹皮居然用兩，珪璋宜仍舊各一。』〔三四〕參議詵、龢二議不異，今加珪璋各一，豹熊羆皮各二，以龢議爲允。」詔可。

齊武帝永明中，以婚禮奢費，〔三五〕敕諸王納妃，上御及六宫依禮上棗栗腶脩，加以香

澤花粉，其餘衣物皆停。唯公主降嫁則上遺舅姑。

北齊，皇太子納妃禮，皇帝遣使納采，其次問名、納吉，並如納采禮。納徵則使司徒及尚書令爲使，備禮物而行。請期則以太常宗正卿爲使，如納采。親迎以太尉爲使。三日，妃朝皇帝於昭陽殿，又朝皇后於宣光殿。擇日，群臣上禮。他日，妃還。又他日，皇太子拜閤。皇太子及王聘禮，納采、問名、納吉、請期、親迎，皆用羔一，雁一，酒黍稷稻米麪各一斛；〔三六〕納徵用玄三疋，纁二疋，束帛十疋，大璋一，虎皮二，錦綵六十疋，絹二百疋，羔一，羊四，犢二，酒黍稷稻米麪各十斛，〔三六〕從車百乘。

隋，皇太子納妃禮，皇帝臨軒，使者受詔而行。主人候於廟門，使者執雁，主人迎拜於大門之東。使者入，升自西階，立於兩楹間，南面。納采訖，乃行問名儀。事畢，主人請致禮於從者，禮有幣馬。其次擇日納吉，又擇日以玉帛乘馬納徵，又擇日告期，又擇日命有司以特牲告廟册妃。皇太子將親迎，皇帝臨軒醮而誡曰：「往迎爾相，承我宗事，勗帥以敬。」對曰：「謹奉詔。」既受命，〔三七〕羽儀而行。主人几筵於廟，妃服褕翟，立於東房。主人迎於門外，西面拜，皇太子答拜。主人揖皇太子先入，主人升，立於阼階，西面。皇太子升進，當房户前，北面跪奠雁，俛伏，興，拜，降，出。妃父少進，西面戒之。母於西階上施衿結帨，及門内，施鞶申之。出門，妃升輅，乘以几，姆加幜。皇太子乃馭輪三周，

馭者代之。皇太子出大門，乘輅，羽儀還宮。妃三日，雞鳴夙興以朝，奠笲於皇帝，皇帝撫之；又奠笲於皇后，皇后撫之。席於户牖間，妃立於席西，祭奠而出。

唐，皇太子納妃禮，臨軒命使，行納采、問名、納吉、納徵、請期、告廟，臨軒醮戒、親迎、同牢、朝見，並如開元禮。開元十九年四月，敕於京城置禮會院，屬司農寺，其什物各令所司供。院在崇仁坊南街。

建中元年十一月，禮儀使顏真卿等奏：「郡縣主見舅姑，請於禮會院過事。明日早，舅姑坐堂，行執笲之禮。其覿華燭非宜，並請停障車下婿、卻扇詩等。〔三八〕行禮之夕，可以感思，至於聲樂，尤須禁斷。」初貞觀中，侍中王珪之子尚太宗女南平公主，珪請于帝，乞存舅姑之義，於是夫妻西向坐，公主親行盥饋之禮。自是公主有舅姑者皆備婦禮，其後此禮陵遲，故真卿建明之。

公侯大夫士婚禮

周制，婚禮，其詳見於禮經。漢平帝詔光禄大夫劉歆等雜定婚禮。四輔、公卿、大夫、博士、郎、吏家屬皆以禮娶，親迎立軺倂馬。〔三九〕軺，立乘小車也。〔四〇〕倂馬，儷駕也。新定此制也。倂音步幸切。後漢鄭衆百官六禮辭，大略因於周制，而禮物凡三十種，各内有謁

文，外有贊文。魏制，諸侯娶妃以皮馬爲庭實，加以大璋。王娶妃，公主嫁，用絹百九十疋。晉太康八年，有司奏，王侯婚禮，玄纁束帛，加璧、乘馬。大夫用玄纁束帛，加羊。奏曰：「古者以皮馬庭實，天子加穀珪，諸侯加大璋。可依周禮改璧用璋，其羊雁酒米玄纁如故。」諸侯婚禮，加納采、告期、親迎各帛五疋，及納徵馬四匹。皆令夫家自備，唯璋官爲具足。尚書朱整議，按魏氏故事，王娶妃、公主嫁之禮，天子諸侯以皮馬爲庭實，天子加以穀珪，諸侯加以大璋。漢高后制，聘后黃金二百斤，馬十二匹，聘夫人金五十斤，馬四匹。魏制，〔四一〕娶妃、公主嫁之禮，用絹一百九十疋。晉故事，用絹三百疋。北齊聘禮，第一品以下至三品，用玄三疋，纁二疋。束帛十疋，璧一，四品以下皆無璧。豹皮二。六品以下至從九品用鹿皮。錦綵四十疋，二品三十疋，三品二十疋。四品雜綵十六疋，五品十疋，六品、七品五疋。絹百四十疋，二品百二十疋，三品百疋。六品以下至九品，遞降二十疋。〔四二〕羔一，羊二，犢二，酒黍稷稻米麪各四斛。四品、五品犢一，酒黍以下各二斛。六品以下無犢，酒黍以下各一斛。唐顯慶四年十月，詔：「天下嫁女受財，〔四三〕三品以上之家不得過絹三百疋，四品、五品不得過二百疋，六品、七品不得過一百疋，八品以下不得過五十疋，皆充所嫁女資裝等用，其夫家不得受陪門之財。」李義府奏。太極元年十一月，左司郎中唐紹上表曰：「士庶親迎之禮備諸六禮，所以承宗廟，事舅姑，當須昏以爲期，詰朝謁見。往者下俚庸鄙，時有障車邀其酒食，

以爲戲樂。近日此風轉盛，上及王公，乃廣奏音樂，多集徒侶，遮擁道路，留滯淹時，邀致財物，動踰萬計。遂使障車禮貺，過於聘財，歌舞喧譁，殊非助感，既虧名教，又蠹風猷。請一切禁斷。」從之。

臣謹按：後漢之俗，聘禮三十物者，以玄纁、羊、雁、清酒、白酒、粳米、稷米、蒲、葦、卷栢、嘉禾、長命縷、膠、漆、五色絲、合歡鈴、九子墨、金錢、禄得香草、鳳凰、舍利獸、鴛鴦、受福獸、魚、鹿、烏、九子婦、陽燧鑽，〔四四〕凡二十八物，又有丹爲五色之榮，青爲東方之始，共三十物，皆有俗儀，不足書。臣又按：杜佑之議曰：「上古人食禽獸之肉而衣其皮毛，周氏尚文去質，玄衣纁裳，猶用皮爲韠，所以制婚禮，納徵用玄纁儷皮，充當時之所服耳。秦漢以降，衣服制度與三代殊，乃不合更以玄纁及皮爲禮物也。又有用虎皮豹皮者，王彪之云，『取威猛有斑彩』，尤臆説也。人之常情，非今是古，不詳古今之異制，禮數之從宜。今時俗用五色，信頗謂得禮之變也。〔四五〕或曰，近代所以尚循玄纁儷皮之制，男女配合，教化大倫，示存古儀，務重其禮，安可捨棄，有類去羊。荅曰，玄纁及皮，當時之要，詳觀三代制度，或沿或革不同，皆貴適時，並無虛事。豈今百王之末，畢循往古之儀？如三代制，天子諸侯至庶人，祭則立尸，秦漢廢之。又天下列國，唯事征伐，志存於射，建侯擇士，皆主於斯。

秦漢以降，改制郡縣，戰爭既息，射藝自輕。唯祀與戎，國之大事，今並豈要復舊制乎？其朝宗覲遇，行朝享禮畢，諸侯皆右肉袒于廟門之東，乃入門右，北面立，告聽事，今豈須行此禮乎？賓禮甚重，兩楹間有反爵之坫，築土爲之，今會客豈須置坫乎？又並安能復古道邪？略舉數事，其可知也。易曰：『隨時之義，其大矣哉！』先聖之言，不可誣也。」

元正冬至受朝賀

漢高帝十月定秦，遂爲歲首。七年，長樂宮成，叔孫通制諸侯群臣朝賀儀。先平明，謁者治禮引以次入殿門。庭中陳車騎，設兵，張旗幟。功臣、列侯、諸將軍、軍吏以下陳西方，東向；文官丞相以下陳東方，西向。於是皇帝輦出房，諸侯王以下至吏六百石以次奉賀。禮畢，復置法酒，諸侍坐殿上者，皆伏抑首，尊卑以次起上壽。壽觴九行，謁者言「罷酒」。御史執法，舉不如儀者，輒引去，群臣莫不振肅。

武帝雖用夏正，然每月朔朝，至於十月朔，猶常享會，以高祖定秦之月元年歲首也。其儀，夜漏未盡七刻，鐘鳴，受賀及贄，公侯璧，二千石羔，千石、六百石雁，四百石以下雉。百官賀正月，決疑要注云：「古者朝會皆執贄，侯伯執珪，子男執璧，孤執皮帛，卿執羔，大夫執

雁，士執雉。漢魏粗依其制，正旦大會，〔四六〕諸侯執玉璧，薦以鹿皮，公卿以下所執如古禮。古者衣皮，故用皮帛爲幣。玉以象德，璧以稱事。」二千石以上上殿稱萬歲，舉觴御坐前。司空奉羹，大司農奉飯，奏食舉樂。百官受賜宴饗，大作樂。蔡質漢儀曰：「正月旦，天子幸德陽殿，臨軒，公卿百官各陪位朝賀。百蠻朝貢畢，屬郡計吏皆陛覲，〔四七〕庭燎。宗室諸劉親會萬人以上，〔四八〕立西面。位既定，上壽。羣計吏中庭北面立，〔四九〕太官賜酒食，西入東出。御史四人執法殿下。〔五〇〕虎賁、羽林，張弓挾矢，〔五一〕陛戟左右，戎頭偪脛，陪前向後。左、右中郎將位東南，羽林、虎賁將位東北，五官將位中央，悉坐，就賜。作九賓散樂。〔五二〕舍利獸從西方來，〔五三〕戲於庭極，乃畢入殿前，激水，化成比目魚，跳躍嗽水，作霧障日。畢，化爲黃龍，長八丈，出水遨遊，炫耀日光。又以絲繩係兩柱間，相去數丈，兩倡女對舞，行於繩上，相逢切肩不傾，又蹋局出身，藏形斗中。鐘磬倡樂畢，作魚龍曼延。小黃門鼓吹三通，謁者引公卿以次拜，微行出，〔五四〕皐官在前，尊官在後。其德陽殿周旋容萬餘人。陛高一丈，〔五五〕文石作壇，畫屋朱梁，玉陛金柱刻鏤。」

魏文帝受禪後，修洛陽宮室，權都許昌。宮殿狹小，元日於城南立氈殿，青帷以爲門，設樂饗會。後還洛陽，依漢舊事，其藩王不得朝覲。明帝時，有朝者皆由特恩，不得爲常。

晉氏受命，武帝更定元會儀。咸寧注云：「先正旦一日，有司各宿設。夜漏未盡十刻，群臣集，庭燎起火。上賀，謁報，又賀皇后。還，從雲龍、東中華門入，詣東閤下，便

坐。漏未盡七刻，百官及受贄郎官已下至計吏，皆入，立其次，其陛衛者如臨軒儀。漏未盡五刻，謁者、僕射、大鴻臚各奏群臣就位定。漏盡，侍中奏外辦。皇帝出，鐘鼓作，百官皆拜伏。太常導皇帝升御坐，鐘鼓止，百官起。大鴻臚跪奏：『請朝賀。』掌禮郎贊：『皇帝延王登。』大鴻臚跪贊：『藩王臣某等奉白璧各一，再拜賀。』太常報：『王悉登。』謁者引上殿，當御坐。皇帝興，王再拜。皇帝坐，復再拜。跪置璧御坐前，復再拜。成禮訖，謁者引下殿，還故位。掌禮郎贊：『皇帝延太尉等。』於是公、特進、匈奴南單于、金紫將軍當大鴻臚西，中二千石、二千石、千石、六百石當大行令西，皆北面伏。〔五六〕鴻臚跪贊：『太尉、中二千石等奉璧、皮、帛、羔、雁、雉，再拜賀。』太常贊：『皇帝延公等登。』掌禮郎引公至金紫將軍上殿。皇帝興，皆再拜。皇帝坐，又再拜。跪置璧皮帛御坐前，復再拜。成禮訖，謁者引下殿，還故位。公置璧成禮時，大行令並贊殿下，中二千石以下同。成禮訖，以贄授贄郎，郎以璧帛付謁者，〔五七〕羔雁雉付太官。太樂令跪請奏雅樂，〔五八〕樂以次作。乘黃令乃出車，皇帝罷入，百官皆坐。晝漏上水六刻，諸蠻夷胡客以次入，皆再拜，訖，坐。御入後三刻又出，鐘鼓作，謁者僕射跪奏：『請群臣上。』謁者引王公二千石上殿，千石、六百石停本位。謁者引王詣樽酌壽酒，跪授侍中，侍中跪置御坐前。王還，自酌置位前，謁者跪奏：『藩王臣某等奉觴再拜上千萬歲壽。』四廂

樂作，百官再拜。已飲，又再拜。謁者引王等還本位。陛下者傳就席，〔五九〕群臣皆跪諾。侍中、中書令、尚書令各於殿上上壽酒。登歌樂升，太官又行御酒。御酒升階，太官令跪授侍郎，侍郎跪進御坐前，乃行百官酒。太樂令跪奏：『奏登歌。』〔六〇〕三終乃降。太官令跪請具御飯，到階，群臣皆起。太官令持羹跪授司徒，持飯跪授大司農，尚食持案並授持節，持節跪進御坐前。群臣就席。太樂令跪奏：『奏食舉樂。』〔六一〕太官行百官飯按遍。食畢，太樂令跪奏『請進樂』。樂以次作。鼓吹令又前跪奏請以次進衆妓。乃召諸郡計吏前，受敕戒於階下。宴樂畢，謁者一人跪奏：『請罷退。』鐘鼓作，群臣北面再拜，出。」然則夜漏未盡七刻謂之晨賀，晝漏上三刻更出，百官奉壽酒，謂之晝會。別置女樂三十人於黃帳外，奏房中之歌。

江左多虞，不復晨賀。夜漏未盡十刻，開宣陽門，至平旦始開殿門。晝漏上五刻，皇帝乃出受賀。皇太子出會者，則在三恪下王公上。正旦元會，設白虎樽於殿庭，樽蓋上施白虎，若有能獻直言者，則發此樽飲酒。案禮，白虎樽乃「杜舉」之遺式也。

宋因晉制，升皇太子在三恪上。齊因之。梁元會之禮，雖有更革，亦損益晉制也。皇帝服通天冠，王公上壽上食。既畢之後，二品以上尚書騶騎引計吏，郡國各一人，皆跪受詔。〔六二〕侍中讀五條詔，計吏更應諾訖，令陳便宜者聽詣白虎樽。皇太子朝，則遠遊

冠服，〔六三〕乘金輅，鹵簿以行，與會則劍履升坐。天監六年，詔曰：「頃代以來，元日朝畢，次會群臣，則移就西壁下，東向坐。求之古義，王者譤萬國，唯應南面，何更居東面。」於是御坐南向，以西方爲上；皇太子以下在北壁坐者，悉西邊東向；尚書令以下在南方坐者，悉東邊西向。陳制，先元會十日，百官並習儀注，令僕以下，悉公服監之。設庭燎，街闕、城上、殿前，皆嚴兵，百官各設部伍而朝，宮人皆於東堂隔綺疎而觀。宮門既無籍，外人但絳衣者亦得入觀。是日，上事人發白虎樽，自餘亦多依梁禮云。

隋制，正朝及冬至，文物充庭，皇帝出西房，即御座。皇太子鹵簿至顯陽門外，〔六四〕入賀，復詣皇后殿拜賀，訖，還宮。皇太子朝訖，群官客使入就位，再拜。上公一人詣西階，解劍升賀，降階，帶劍，復位而拜。有司奉諸州表，群臣在位者又拜而出。皇帝入東房。有司奏行事訖，乃出西房，坐定。群官入就位，上壽訖，上下俱拜。皇帝舉酒，上下舞蹈，三稱萬歲。皇太子與會，則設坐於御東南，西向。群臣上壽畢，入位，解劍以升。會訖，先興。

唐開元八年十一月，中書門下奏曰：「伏以冬至，一陽始生，萬物潛動，所以自古聖帝明王，皆此日朝萬國，觀雲物，禮之大者，莫逾是時。其日亦祀圜丘，皆令攝官行事，質明既畢，日出視朝。國家以來，更無改易。緣修新格將畢，其日祀圜丘，遂改用立冬日受

朝。〔六五〕伏請改正。」從之。因敕：「自今以後，冬至日受朝，永爲常式。」至天寶三載十一月五日甲子冬至，勑：「伏以昊天上帝，義在尊嚴，恭惟祀典，每用冬至。既於是日有事圜丘，更受朝賀，實深兢惕。自今以後，冬至宜取以次日受朝，仍永爲常式。」

讀時令

後漢制，太史每歲上其年歷。先立春、立夏、大暑、立秋、立冬，常讀五時令。皇帝所服，各隨五時之色。帝升御座，尚書令以下就席位，尚書三公郎以令置桉上，奉以入，〔六六〕就席伏讀訖，賜酒一巵。魏明帝景初元年，通事奏曰：「前後但見讀四時令，至於服黄之時獨闕。」太史令高堂隆以爲：「黄屬土也，土王四季各十八日。土生於火，故於火用事之末服黄，三季則不。其令則隨四時，不以五行爲令也。是以服黄無令。」斯則魏代不讀大暑令也。東晉成帝咸和五年，有司奏讀秋令，時侍中荀奕上議云：「武皇帝時，光禄大夫華恒議，以秋夏盛暑，常闕不讀令，在春冬則不廢也。夫先王所以順時讀令者，蓋後天而奉天時，正服尊嚴之所重。〔六七〕今比熱炎赫，服章多闕，請如恒議。」詔可。六年，有司奏：「立夏日正服漸備，祇述天和，〔六八〕宜讀夏令。」奏可。宋文帝元嘉六年，讀時令。三公郎每讀，〔六九〕皇帝臨軒，百僚備位，多震悚失常儀，唯孝武帝時劉勰，明帝

時謝綽，善於其事，人主公卿並屬目稱歎。北齊制，立春日，皇帝服通天冠，青介幘，青紗袍，佩蒼玉，青帶，青袴，青韈舄，而受朝於太極殿西廂，東向。尚書令等坐定，三公郎中詣席，跪讀時令訖，典御酌卮酒置郎中前，郎中拜，還席伏飲，禮成而出。至立夏、立秋，則施御座於中楹，南向。立冬如立春，〔七〇〕東向。各以其時之色服，儀並如春禮。唐貞觀十一年，復修四時讀令。武太后聖歷元年臘月，制，每月一日於明堂行告朔之禮。開元二十六年，〔七一〕命太常少卿韋縚每月進月令一篇。是後孟月朔日御宣政殿，側置一榻，東西置案，令韋縚坐而讀之，諸司官長亦升殿列坐聽焉。歲除罷之。餘並具開元禮。

册拜諸王侯

後漢制，拜諸王侯三公之儀。百官會，位定，謁者引光祿勳前。謁者引當拜者前，當座伏殿下。光祿勳前，一拜，舉手曰：「制詔，其以某爲某。」按丁孚漢儀，〔七二〕安帝策夏勤文曰：「維元初六年三月甲子，制詔以大鴻臚勤爲司徒，曰：『朕承天序維稽古，建爾于位爲漢輔。往率舊職，慎敷五教，五教在寬。〔七三〕左右朕躬，宣力四表，保乂皇家。於戲！秉國之鈞，旁祗厥序，時亮天工，可不慎歟。勤其戒之！』」此其例也。讀策書畢，拜者稱臣再拜。尚書郎以璽印

綬付侍御史，侍御史前，東面立，授璽印綬。當受策者再拜頓首三。贊謁者曰：「某王臣某新封，某公某初除，〔七四〕謝。」中謁者報：「謹謝。」贊者立曰：「皇帝爲公興。」皆冠謝，起，就位。供賜禮畢，罷。

北齊策諸王，以臨軒日，上水一刻，吏部令史乘馬，齎召版詣王第。王乘高車，鹵簿至東掖門止，乘軺車。既入，至席。尚書讀策訖，以授王，又授章綬。事畢，出，乘軺車。入鹵簿，乘高車，詣閶闔門，伏闕表謝。報訖，拜廟還第。則鴻臚卿持節，吏部尚書授册，侍御史授節，使者受而出，乘軺持節詣王第。入就西階，東面。王入，立於東階，西面。使者讀册，博士讀版，王俛伏，興，進受策章綬茅土，俛伏三稽首，還本位，謝如上儀。在州鎮則使者授節册，乘軺車至州，如王第。諸王、三公、儀同、尚書令、五等開國、太妃、妃、公主恭拜册，〔七五〕軸一枚，長二尺，以白練衣之，用竹簡十二枚，六枚與軸等，六枚長尺二寸，文出集書，書皆篆字。哀册、贈册亦同。諸王、五等開國及鄉男恭拜，以其封國所在方，取社壇方面土，〔七六〕苞以白茅，内青廂中，函方五寸，以青塗飾封，授之以爲社。隋，臨軒册命三師、諸王、三公，並陳車輅，餘則不。百司定列，内史令讀册訖，受册者拜受出。又引次受册者如上儀。若册開國，郊社令奉茅土，立於仗南，西面。每受册訖，授茅土焉。唐之制如開元禮。

三老五更

有虞氏深衣而養老。夏后氏燕衣而養老。商人縞衣而養老。周人玄衣而養老。天子父事三老，兄事五更，親袒割牲，執醬而饋，執爵而酳。三公設几，九卿正履，祝鯁在前，祝饐在後，使者安車輭輪，送迎至家，天子獨拜于屏。其明日，三老詣闕謝，以其禮遇太尊故也。

後漢明帝以李躬爲三老，桓榮爲五更。安帝以魯丕、李充爲三老。靈帝又以袁逢爲三老，賜以玉杖。魏高貴鄉公卽位，幸太學，命王祥爲三老，鄭小同爲五更。祥南面几杖，以師道自居，天子北面乞言，祥陳明王聖帝君臣政化之要以訓之，聞者莫不砥礪。後魏孝文養老於明堂，以尉元爲三老，游明根爲五更。帝再拜三老，肅拜五更，鄭衆云，但俯下手，今時撎拜是也。撎音於志反，卽今之揖也。給三老上公之祿，五更元卿之祿。後周武帝保定三年，詔以太傅燕國公謹于謹。爲三老，賜延年杖。帝幸太學以食之，三老入門，皇帝迎拜門屏之間，三老荅拜。有司設三老席於中楹，南向。太師晉國公護升階，設几於席。三老升席，南面憑几而坐。大司冠楚國公寧升階，正舃。皇帝升，立於斧扆之前，西面。有司進饌，皇帝跪設醬豆，〔七七〕親自袒割。三老食訖，皇帝又親跪授爵以酳。有司

撤訖，皇帝北面立訪道。三老乃起，立於席後。皇帝曰：「猥當天下重任，自惟不才，不知政治之要，公其誨之！」三老荅曰：「木受繩則正，后從諫則聖。自古明王聖主，皆虛心納諫，以知得失，天下用安。惟陛下念之」云云。三老言畢，皇帝再拜受之，三老荅拜，禮成而出。唐制，仲秋吉辰，皇帝親養三老五更於太學，其儀具開元禮。

臣謹按：五更，蔡邕云，五叟是也。叟字或作更，今人於嫂字之「叟」，亦或作「更」而爲㛐，其實一也。

鄉飲酒

臣謹按：鄉飲酒者，王道之始也。尚齒尊賢，莫尚乎此，自漢歷唐，未嘗廢也。惟國家以淳化中講究未備，遂爾因循。近日緣明州舉行其事，朝廷遂下明州會例而頒之天下。未幾而廢，以明州之士不識禮意，不可以行也。何哉？鄉飲禮者，惟儀禮詳明，所以唐太宗但録其一卷而頒之。明州之行，不知本儀禮，但取禮記鄉飲義，不本全經，何以行事？臣爲是作鄉飲禮三種書，蓋本儀禮於古，而參開元禮於今，復取於歷代而損益之。今此篇但記前代所行云。

後漢永平二年，郡縣行鄉飲酒于學校，祀先聖先師周公、孔子，牲以犬。晉武帝泰始

六年十二月，帝臨辟雍，行鄉飲酒之禮。詔曰：「禮儀之廢久矣，乃今復講肄舊典。」〔七八〕賜太常絹百疋，丞、博士及學生牛酒。咸寧三年及惠帝元康九年，復行其禮。唐貞觀六年，詔曰：「比年豐稔，閭里無事。乃有墮業之人，不顧家産，朋遊無度，酣宴是耽，危身敗德，咸由於此。自非澄源正本，何以革茲弊俗。可先録鄉飲酒禮一卷，頒於天下。每年令州縣長官親率長幼，依禮行之。庶乎時識廉耻，人知禮節。」開元十八年，宣州刺史裴耀卿上疏曰：「州牧縣宰，所主者宣揚禮樂，典校經籍，所教者返古還淳，上奉君親，下安鄉族。外州遠郡，俗習未知，徒聞禮樂之名，不知禮樂之實。竊見以鄉飲酒禮一頒於天下，比來唯貢舉之日略用其儀，閭里之間未通其事。臣在州之日，率當州所管，一一與父老百姓勸遵，行禮奏樂。歌至白華、華黍、南陔、由庚等章，言孝子養親以羣物遂性之義，〔七九〕或有泣者，則人心有感，不可盡誣。但以州縣久絶雅聲，不識古樂。伏計太常具有樂器，太樂久備和聲，〔八〇〕請令天下三五十大州，簡有性識人，於太常調習雅聲，仍付笙竽琴瑟之類各三兩事，令比州轉次造習。每年各備禮儀，准令式行，稍加勸獎，以示風俗。」其儀具開元禮。

賓禮

三恪二王後

虞舜以堯子丹朱爲賓，曰虞賓，而不臣之。夏禹封丹朱於唐，舜子商均於虞，皆有疆土以奉先祀，服其車服，用其禮樂，加之以客禮，不臣也。

周武王克商，而封夏後於杞，殷後於宋，皆公爵，封舜後於陳，侯爵，以備三恪。周得天下，封夏、商二王後，又封舜後，謂之恪。恪，恭也，義取王之所恭禮。司几筵延國賓于牖前，左彤几。王者立三恪二王之後者，欲通師法之義，以其前代之後，使之郊天，以天子禮祭其始祖、受命之王，自行正朔服色，以此得通三正也。

魏文帝封後漢帝協爲山陽縣公，邑萬户，位在諸侯王上，奏事不稱臣，受詔不拜，以天子車服郊祀天地，宗廟、祖、臘如漢制，〔八二〕都山陽濁鹿城。青龍二年薨，謚曰孝獻皇帝，以漢天子禮儀葬于禪陵。

晉武帝泰始元年十二月，遣太僕劉原告太廟，封魏帝奐爲陳留王。詔曰：「明德昭

融，遠鑒天命，欽象歷數，用禪厥位。敢咨詢故訓，恭授青土于東國，永爲晉賓。載天子旌旗，〔八二〕乘五時副車，行魏正朔，郊祀天地，禮樂制度，皆如魏舊，以承王顯祖之禋祀。」又詔：「王上書不稱臣，荅報不爲詔，一如賓禮。」二年，詔：「陳留王操尚謙冲，每事輒表，非所以優崇之也。主者諭意，非大事皆使王官表上之。」三年，博士祭酒劉喜等議：「漢、魏爲二王後，衛公署於前代，爲二王後，於大晉在三恪之數，應降稱侯，祭祀制度宜與五等公侯同。」有司奏：「陳留王、山陽公爲二代之後，衛公備三恪之禮。易稱『有不速之客三人來』，此則以三爲斷，不及五代也。」東晉明帝太寧三年，〔八三〕詔曰：「三恪二王，世之所重，興滅繼絶，政之所先。禋祀不傳，甚用傷悼。主者詳議立後以聞。」時曹勱爲嗣陳留王，〔八四〕以主魏祀。升平元年，陳留王勱表稱，廢疾積年，不可以奉祭祀，求放罷。太學博士曹耽議：「勱爲祭主而無執祭之期，宜與穆子、孟縶事同。」太常王彪之云：「二王之後，不宜輕廢立，記傳未見有已爲君而以疾罷者。孟縶、穆子是方應爲君，非陳留之比。」孝武帝太元十二年，博士庾弘之等議：「陳留王前代之後，遇以上賓之禮。皇太子雖國之儲副，在人臣之位，今班次宜在王下。」

宋武帝永初元年，封晉恭帝爲零陵王，居于秣陵，行晉正朔，車旗服色一如其舊。有其文而不備其禮。文帝元嘉五年，散騎常侍荀伯子上疏曰：「伏見百官位次，陳留王在

零陵王上。〔八五〕按春秋次序諸侯，宋居杞、陳之上。臣以零陵王位宜在陳留王上，陳留王宜降爵爲公。」十一年，升在三恪。

隋封後周静帝爲介國公。

唐武德元年五月，詔曰：「革命創制，禮樂變於三正。修廢繼絶，德澤崇於二代。其以莒之酅邑，奉隋帝爲酅公，行隋正朔，車旗服色，一依舊章。」

軍禮

天子諸侯將出征類宜造禡並祭所過山川

周制，天子將出征，類于上帝，宜于社，造于禰。肆師爲帝位。帝謂五德之帝，〔八六〕所祭於南郊者。類，宜，造，皆祭名。禡於所征之地。禡，師祭也。受命於祖，以遷廟主載于齋車以行。無遷主，以幣帛皮珪告于祖禰，遂奉以出，載于齋車以行。每舍奠焉，而後就舍。以脯醢禮神，乃敢卽安也。受成於學。過大山川則用事焉。令祝用祭事告之。凡告必用牲幣，〔八七〕反亦如之。出征執有罪，反釋奠于學，以訊馘告。諸侯將出征，宜社，造禰，及無

遷主以主命，並如天子之制。

梁天監初，陸璉定軍禮，依古制，類、造等用牲幣。帝曰：「宜者請征討之宜，造者禀謀於廟，類者奉天時以明伐，並明不敢自專，陳幣承命可也。」璉不能對，嚴植之又爭之，於是告用牲幣，反亦如之。

北齊，天子親征纂嚴，則服通天冠，文物充庭。有司奏更衣，乃入，冠武弁，左貂附蟬以出。誓訖，擇日備法駕，乘木輅，以造于廟，載遷廟主於齋車以俟行。次宜于社，有司以毛血釁軍鼓，載帝社祏主於車以俟行。次擇日陳六軍，備大駕，類于上帝。次擇日祈后土、神州、嶽鎮、海瀆、川源等。乃爲坎盟，督將列牲於坎南，北首。有司於坎前讀盟文，割牲耳，承血。皇帝受牲耳，徧授大將，乃置于坎。又歃血，歃徧，又以置坎。禮畢，埋牲及盟書。又卜日，建牙旗於墠，〔八八〕祭以太牢。及所過名山大川，使有司致祭。將屆戰所，卜剛日，備玄牲，列軍容，設柴，於辰地爲墠而禡祭。大司馬奠矢，有司奠毛血，樂奏大濩之音。禮畢，徹牲，柴燎。戰前一日，皇帝禱祖，司空禱社，戰勝則各報以太牢。又用太牢賞用命于祖，引功臣入旌門，卽神庭而授版焉。又罰不用命于社，卽神庭行戮。訖，振旅而還，格廟詣社。訖，擇日行飲至之禮，文物充庭，有司執簡紀年號月朔，陳六師凱入格廟之事，飲至策勳之美，用述其功，不替賞典焉。

隋制，天子行幸，有司祭所過嶽瀆以太牢，山川以少牢。若親征及巡狩，則類上帝，宜社，造廟。還，禮亦如之。

唐制，車駕行幸及親征，有司類宜造禡，如開元禮。

軷祭

周制，天子將出師，太馭掌馭玉輅以祀。及犯軷，王自左馭，馭下祝，登，受轡，犯軷，遂驅之。行山曰軷。犯之者，封土爲山象，以菩芻棘柏爲神主。既祭之，以車轢之而去，喻無險難也。後周，迎太白，出國門而軷祭。隋制，皇帝行幸親巡狩則軷祭。其禮，有司於國門外委土爲山象，設埋埳。有司刳羊，陳俎豆。駕將至，委奠幣，薦脯醢，加羊於軷，西首。又奠酒解羊，並饌埋於埳。〔八九〕駕至，太僕祭兩軹及軓前，〔九〇〕乃飲，授爵，遂轢軷上而行。

唐車駕親征，如開元禮。

田獵

周制，天子諸侯無事，則歲行蒐、苗、獮、狩之禮。漢、晉以來，有閱兵之制，而史闕田獵之儀。

宋元嘉二十五年閏二月，〔九一〕大蒐于宣武場。其法，置行軍殿於幕府山南岡，并設王公百官幕。先獮一日，遣馬騎布圍，右領軍將軍督右，左領軍將軍督左，大司馬董正諸軍。獮日，侍中三奏，一奏搥一皷爲一嚴。三嚴訖，引仗爲小駕鹵簿，皇帝乘馬戎服，從者悉絳衫幘，黄麾警蹕，鼓吹如常儀。獮訖，宴會享勞，比校多少，戮一人以懲亂法。會畢還宫。梁、陳因之。

北齊，春蒐禮，有司規大防，建獲旗，以表獲車。前一日命布圍，領軍將軍一人督左甄，護軍將軍一人督右甄，大司馬一人居中，節制諸軍。天子陳小駕，服通天冠，乘木輅，詣行宫。將親禽，服戎服，鈒戟者皆嚴。武衛張甄圍，旗皷相望，銜枚而進。甄常開一方，以令三驅。圍合，吏奔騎令曰：「鳥獸之肉不登於俎者，不射。皮革齒牙骨角毛羽不登於器者，不射。」甄合，大司馬鳴皷促圍，衆軍皷譟鳴角，至期處而止。大司馬屯北旌門，二甄帥屯左右旌門。天子乘馬，從南旌門入，〔九二〕親射禽。謁者以獲車收禽載還，陳於獲旗之北。王公以下以次射禽，皆送旗下。事畢，大司馬鳴鼓解圍，復屯。殿中郎中率其屬收禽，以實獲車。天子還行宫。命有司每禽擇取三十，一曰乾豆，二曰賓客，三曰充君之庖，其餘卽於圍下量犒將士。禮畢，改服，鈒者韜刃而還。夏苗，秋獮，冬狩，禮皆同。

後周，仲春教振旅，大司馬建大麾於萊田之所，鄉稍之官，以旗物鼓鐸鉦鐃，各帥其人而致，誅其後至者。建麾於後，表之軍中，以集衆庶。〔九三〕質明偃麾，誅其不及者。乃陳徒騎如戰之陣，大司馬北面誓之，軍中皆聽鼓角以爲進止之節。田之日，於萊之北建旗爲和門，諸將帥徒騎序入其門，有司居門以平其人。既入而分其地，險野則徒前而騎後，易野則騎前而徒後。既陣，皆坐，乃設驅逆騎，有司表禡於陣前，以太牢祭黄帝，於狩地爲墠，建二旗，列五兵於坐側，行三獻禮，遂蒐田致禽以祭社。仲夏教茇舍，遂苗田；仲秋練兵，遂獮田；仲冬大閲，遂狩田。其致禽、礿祀、享烝、教習之儀，並如古周法。

隋大業三年，煬帝在榆林，突厥啓民及西域、東胡君長並來朝貢。帝欲示以甲兵之盛，乃命有司陳冬狩之禮，詔虞部量拔延山南北周二百里，並立表記。

唐高祖武德五年十二月，幸涇陽之華池校獵，謂羣臣曰：「今日畋樂乎？」諫議大夫蘇世長進曰：「陛下遊獵，薄廢萬機，不滿十旬，未爲大樂。」高祖色變，既而笑曰：「狂態發邪？」世長曰：「爲臣私計卽狂，爲陛下國計卽忠。」貞觀十六年十二月，狩于驪山，時陰寒晦冥，圍兵斷絶，上乘高遥見之，欲捨其罰，恐虧軍令，乃迴轡入谷以避之。永徽元年冬，出獵，在路遇雨，因問諫議大夫谷那律曰：「油衣若爲得不漏？」對曰：「能以瓦爲之，必不漏矣。」上大悦，因此不復出獵。先天元年十一月，獵於驪山之下。

開元三年十月，大蒐于岐州鳳泉場，屬夜雪天寒，其圍兵並放散，各賜布一端，綿一屯。蒐狩之制，具開元禮。

講武

漢興，設南北軍之備外，命天下郡國選能引彊蹶張材力武猛者，以爲輕車、騎士、材官、樓船，常以立秋後郊禮畢，斬牲於東門，以薦陵廟，肄孫吴兵法六十四陣。每十月，都課試金革騎士，各有員數。如有寇警，平地用車騎，山阻用材官，水泉用樓船。孝文納晁錯之策，以爲軍之勝負定於内，有事則可以應於外，頗祖周司馬法，齊寓政之制，管子寓軍令。徙人於邊，以起軍伍。元帝用貢禹議，始罷角觝戲。

後漢初，立秋之日，自郊禮畢，始揚威武，斬牲於郊東門，以薦陵廟。其儀，乘輿御戎輅，白馬朱鬛，躬執弩射牲，太宰令、謁者各一人，載以獲車，馳駟送陵廟。還宫，遣使者齎束帛以賜武官。武官肄兵，習戰陣之儀，斬牲之禮，名曰貙劉。兵、官皆肄孫吴兵法六十四陣。既還，公卿以下陣雒陽前街，乘輿到，公卿已下拜。天子下車，公卿親識顔色，然後還宫。古語曰，「在車爲下」，則唯此時施行。〔九四〕漢代以爲常。靈帝中平五年，以天下黄巾賊起，大發四方兵，講武耀兵於平樂觀。以小黄門蹇碩爲上軍校尉，凡八校尉，皆統

於碩。起大壇，上建十二重五采華蓋，〔九五〕高十丈。壇東北爲小壇，復建九重華蓋，高九丈。列步騎兵士數萬人，結營爲陣。天子親出臨軍，駐大華蓋下，大將軍何進駐小華蓋下。禮畢，帝躬擐甲介馬，稱無上將軍，行陣三匝，還。獻帝建安二十一年，有司奏：「古四時講武。按漢西京承秦制，〔九六〕三時不講，唯十月都試金革。今兵戈未偃，士衆素習，可無四時講武，但以立秋擇吉日，大朝車騎，號曰閱兵。上合禮名，下承漢制。」是冬，閱兵，魏王曹操親執金鼓，以令進退。延康元年，曹丕嗣魏王。其年秋，閱兵于郊，公卿相儀，王御華蓋，親執金鼓之節。

魏明帝太和二年十月，閱兵於東郊。晉武帝泰始四年、九年，〔九七〕咸寧元年，太康四年、六年冬，皆自臨宣武觀，〔九八〕大閱衆軍，然不自令進退。自惠帝以後，其禮遂廢。東晉太興元年，詔左右衛及諸營教習，依大習儀作雁羽仗。成帝咸和中，〔九九〕詔內外諸軍戲兵於南郊之場，故其地因名閱場。晉志作「䦨」。自後藩鎮桓、庾諸方伯，往往閱習，然朝廷無事焉。宋文帝依故事，肄習衆軍，兼用漢魏之禮，其後以時講武於宣武堂。〔一〇〇〕

後魏明元帝永興五年，以九月十月之交，親行貙劉之禮。文成帝和平三年，因歲除大儺，遂耀兵示武，更爲制令，步兵陳於南，騎士陳於北，各擊鐘鼓以爲節度。其步兵所

衣青、赤、黑、黄，别爲部隊，楯矟矛戟，相次周迴轉易，以相赴就。有飛龍騰蛇之變，爲函箱、魚鱗、四門之陣，凡十餘法，跪起前却，莫不應節。陣畢，南北二軍皆鳴鼓角，衆盡大譟，各令騎將六人去來挑戰，步兵更進退以相拒擊，南敗北捷，以爲盛觀。〔一〇一〕自後以爲常。

北齊，常以季秋，皇帝講武於都外。有司先芟萊野爲場，作二軍進止之節。輿駕停觀，遂命將教衆爲戰場之法，凡爲陣，少者在前，長者在後，其還則長者在前，少者在後。長者持弓矢，短者持旌旗，勇者持鉦鼓刀楯爲前行，戰士持槊者次之，弓箭爲後行。將帥先教士目，使習見旌旗指麾之蹤，發起之意，旗卧則跪。次教士耳，使習聽金鼓動止之節，聲鼓則進，鳴金則止。次教士心，使知刑罰之苦，賞賜之利。次教士手，使習持五兵之便，戰鬭之備。次教士足，使習跪起及行嶮泥之塗。〔一〇二〕前五日，皆請兵嚴於場所，依方色建旗爲和門。都墠之中及四角，建五綵牙旗，應講武者，各集於其軍。戒鼓一通，軍士皆嚴備。二通，將士擐甲。三通，步軍各爲直陣以相俟。大將各處軍中，立旗鼓下。有司陳小駕鹵簿，皇帝武弁，乘革輅，大司馬介冑乘馬，奉引入行殿，百司陪列，位定。二軍迭爲客主，先舉爲客，後舉爲主，從五行相勝法，爲陣以應之。

唐顯慶二年十一月，講武於滍水之南，行三驅之禮，上設次於尚書臺以觀之。時許州

長史封道弘奏言，後漢南郡太守馬融講尚書於此，因以爲名，今請改爲講武臺。從之。五年三月八日，又講武於并州城北，上御飛閣，引羣臣臨觀之。〔一〇三〕左衛大將軍張延師爲左軍，左右驍武等六衛、左羽林騎士屬焉。左武候大將軍梁建方爲右軍，左右威領武候等六衛、右羽林騎士屬焉。一鼓而誓衆，再鼓而整列，三鼓而交前。左爲曲直圓鋭之陣，右爲方鋭直圓之陣，三挑而五變，步退而騎進，五合而各復位。許敬宗奏曰：「延師整而堅，建方敢而鋭，皆良將也。」上曰：「講閲者，安不忘危之道也。梁朝衣冠甚盛，人物亦多，侯景以數千人渡江，一朝瓦解。武不可黷，又不可棄，〔一〇四〕此之謂也。」武太后聖歷二年，欲以季冬講武，有司延入孟春，時王方慶上疏曰：「孟春之月，不可講兵者，兵金也，金性刻木，〔一〇五〕春盛德在木。孟春行冬令，則水潦爲敗，雪霜大摯，首種不入。請至明年孟冬教習，以順天道。」從之。先天二年十月十三日，〔一〇六〕講武於驪山之下，調兵二十萬，戈鋋金甲，照曜天地，列大陣於長川，坐作進退，以金鼓之聲節之。明皇親擐戎服，持大鎗，立於陣前。兵部尚書郭元振以虧失軍容，坐于纛下，將斬之，宰臣劉幽求、張説跪于馬前，諫曰：「元振翊戴上皇，有大功於國，雖違軍令，不可加刑，伏願寬宥。」乃捨之，配流新州。給事中知禮儀唐紹，以草軍儀有失，斬之。薛訥爲左軍節度，衆以元帥及禮官得罪，諸節部頗亦失序，唯訥及解琬軍不動。上令輕騎召訥等，至軍門不得入。禮

畢，特加慰勞。

命將出征

漢高帝初爲漢王，都漢中。將還定三秦，擇良日，齋戒，設壇場，具禮拜韓信爲大將軍。部署諸將，東出陳倉，收秦地。魏故事，遣將出征，符節郎授節鉞，跪而推轂。北齊命將出征，則太卜詣廟灼龜，授鼓旗於廟。皇帝陳法駕，服衮冕，至廟，拜於太祖。徧告訖，降就中階，引上將，操鉞授柯曰：「從此上至天，〔一〇七〕將軍制之！」又操斧授柯曰：「從此下至泉，〔一〇八〕將軍制之！」將軍既受斧鉞，〔一〇九〕對曰：「國不可從外理，軍不可從中制。臣既受命，有鼓旗斧鉞之威，願假一言之命於臣。」帝曰：「苟利社稷，將軍裁之！」將軍就車，載斧鉞而出。皇帝推轂度閫，曰：「從此以外，將軍制之！」後周制，大將出征，遣太祝以羊一祭所過名山大川。明帝武成元年，吐谷渾寇邊，帝戎服乘馬，遣大司馬賀蘭祥討之。告於太祖之廟，司憲奉鉞進，授大將。大將拜受，以授從者。禮畢，出受甲兵。隋制，皇太子親戎及將軍出師，則以猳肫一釁鼓，皆告社廟。受斧鉞訖，〔一一〇〕不得反宿於家。開皇八年，晉王廣將伐陳，内史令李德林攝太尉，告于太廟。禮畢，又命有司宜于太社。〔一一一〕二十年，太尉晉王廣又北伐突厥，次河上，禡祭軒轅黄

帝以太牢、制幣，陳甲兵，行三獻之禮。唐之制如開元禮。

宣露布

後魏，每攻戰尅捷，欲天下聞知，乃書帛，建於漆竿上，名爲露布，自此始也。其後相因施行。隋文帝開皇中，詔太常卿牛弘撰宣露布禮。及九年平陳，元帥晉王以驛上露布，兵部奏請依新禮。集百官、四方客使等，並赴廣陽門外，〔一一二〕服朝衣，各依其列，内史令稱有詔，在位者皆拜。宣訖，拜，蹈舞者三，〔一一三〕又拜而罷。唐，每平蕩寇賊，宣露布。其日，守宫量設羣官次，露布至，兵部侍郎奉以奏聞。仍集文武羣官、客使於東朝堂，中書令宣布，具如開元禮。

大射鄉射

周制，天子之大射，天官司裘供虎侯、熊侯、豹侯，設其鵠。夏官射人以射法治射儀。王以六耦射三侯，三獲三容，樂以騶虞，九節五正。諸侯以四耦射二侯，二獲二容，樂以貍首，七節三正。孤卿大夫以三耦射一侯，一獲一容，樂以采蘋，五節二正。士以三耦射豻侯，一獲一容，樂以采蘩，五節二正。若王大射，則以貍步張三侯。

鄉射之禮，地官鄉大夫各掌其鄉之政，正月之吉，受法于司徒，退而以鄉射之禮五物詢其衆庶，一曰和，二曰容，三曰主皮，四曰和容，五曰興舞。

漢宣帝甘露三年三月，黃門侍郎臨失其姓。奏：「經曰：『鄉射合樂，大射不。』何也？」韋玄成曰：「鄉射所以合樂者，鄉人本無樂，故合樂歲時，所以合和百姓以同其意也。至諸侯當有樂。傳曰：『諸侯不釋懸。』明用無時也，故不云合樂。」晉咸康五年春，征西庾亮行鄉射之禮，依古周制，親執其事，洋洋然有洙泗之風。

宋武帝爲宋公，在彭城，九月九日出項羽戲馬臺射，其後相承以爲舊準。

北齊，三月三日，皇帝常服乘輿詣射所，升堂即座，皇太子及羣官坐定，登歌，進酒行爵。皇帝入便殿，更衣以出，驊騮令進御馬，有司進弓矢。皇帝射訖，還御座，射懸侯，又畢，羣官乃射五埒。一品，二品三十發，〔一一四〕一發調馬，十發射下，十發射上，三發射麞，三發射帖，三發射獸頭。三品二十五發，一發調馬，五發射下，十發射上，三發射麞，三發射帖，三發射獸頭。〔一一五〕四品二十發，一發調馬，五發射下，八發射上，二發射麞，二發射帖，二發射獸頭。〔一一六〕五品十五發，一發調馬，四發射下，五發射上，二發射麞，二發射帖，一發射獸頭。侍官御仗以上十發。一發調馬，四發射下，五發射上。季秋大射，皇帝御七寶輦，射七埒。正三品已上第一埒，一品五十發，一發調馬，十五發射下，二十五發射上，三發射麞，三發射帖，三發射

獸頭。二品、三品四十五發。〔一一七〕一發調馬，十五發射下，二十二發射上，二發射麞，餘與三品以下同也。從三品、四品第二垜，三品四十二發，一發調馬，十二發射下，二十二發射上，二發射麞，二發射帖，三發射獸頭。四品三十七發。一發調馬，十一發射下，十九發射上，一發射麞，二發射帖，三發射獸頭。五品第三垜，三十二發。一發調馬，九發射下，十七發射上，一發射麞，二發射帖，二發射獸頭。六品第四垜，二十七發。一發調馬，八發射下，十六發射上，一發射麞，一發射帖。七品第五垜，二十一發。一發調馬，六發射下，十二發射上，餘與六品同也。八品第六垜，十六發。一發調馬，四發射下，九發射上，餘同七品。九品第七垜，十發。一發調馬，三發射下，四發射上，餘與八品同也。大將、太尉公爲之。射司馬各一人，録事二人，七垜各置垜將、射正、參軍各一人，垜士四人，威儀一人，乘白馬以導，的別參軍一人，懸侯下府參軍一人，又各置令史、垜士等員，〔一一八〕以司其事。

唐之制，皇帝射于射宮則張熊侯，觀于射宮則張麋侯，皆去殿九十步，太樂令設宮懸之樂，鼓吹令設十二案於殿之庭，若遊宴射則不陳樂懸。三月三日，九月九日，賜百僚射。自貞觀至麟德元年，〔一一九〕行三月之射，行九月之射，其禮遂。〔一二〇〕至景雲二年，諫議大夫源乾曜上表請行射禮，直至先天元年、二年。開元八年九月，賜百官九日射，給事中許景先駁奏曰：「近三九之辰，頻賜宴射，以著格令，猶降綸言。但古制雖在，禮章多闕，官員累倍，

郛藏未充，水旱相仍，繼之師旅，既不以觀德，又未足威邊，耗國損民，且爲不急。夫古天子以射選諸侯，以射飾禮樂，以射觀容志，故有騶虞貍首之奏，采蘋采蘩之樂。天子則以備官爲節，諸侯以時會爲節，卿大夫以循法爲節，士以不失職爲節，皆審志固行，德美事成，陰陽克和，暴亂不作。故諸侯貢士，亦試於射宫，容體有虧，則黜其地。是以諸侯君臣，皆盡志於射。射之禮也，其大矣哉！今則不然，衆官既多，鳴鏑亂下，以苟獲爲利，以偶中爲能，素無五善之容，頗失三侯之禮。凡今一箭偶中，〔一二一〕是費一丁庸調，〔一二二〕用之既無惻隱，獲之固無慙色。」疏奏，罷之。至二十一年八月，敕下：「大射展禮，先王創儀，雖沿革或殊，而遵習無曠，往有陳奏，遂從廢寢，永鑒大典，無忘舊章，將射侯以觀德，豈愛羊而去禮？緬惟古訓，罔不率由，自我而闕，何以示後。其三九射禮，〔一二三〕即宜依舊遵行，以今年九月九日，賜於安福樓下。」自此以後，其禮又息。其射侯儀，具開元禮。

臣謹按：貞觀元年，太宗謂蕭瑀曰：「朕少好弓矢，自謂能盡其妙，近得良弓十數，以示弓工，乃曰皆非良材也。朕問其故，曰：『木心不正則脈理皆邪，弓雖剛勁而遺箭不直，非良弓也。』朕始悟焉。朕以弧矢定天下四方，用弓多矣，而有天下之日淺，〔一二四〕得爲治之意固未及乎弓。弓猶失之，何況于治。」自是遂延耆老，問以

政術。

合朔伐鼓

夏書曰：「乃季秋月朔，辰弗集于房。瞽奏鼓，嗇夫馳，庶人走。」周制，日有蝕之，天子不舉樂，素服，置五麾，陳五鼓五兵及救日之弓矢，又以朱絲縈社，而伐鼓責之。

漢制，天子救日蝕，素服，避正殿，陳五鼓五兵，以朱絲縈社，内外嚴警。太史登靈臺，候日有變，〔一二五〕便伐鼓，祝史陳辭以責之。聞鼓音，侍臣皆著赤幘，帶劒入侍，三臺令史以上皆持劒立其户前，衛尉驅馳繞宮，伺察守備。日復常，皆罷。

後漢建安中，將元會，而太史上言正朝當日蝕，朝臣議應會不，共咨尚書令荀彧。時廣平計吏劉邵在坐，〔一二六〕曰：「梓慎、裨竈，古之良史，猶占水火錯失天時。禮，諸侯旅見天子，入門不得終禮者四，日蝕在一。然則聖人垂制，不爲變異預廢朝禮者，〔一二七〕或災消異伏，或推術謬誤也。」時尚書令荀彧及衆人咸善而從之，遂朝如舊，日亦不蝕，邵由此著名。晉武帝咸寧三年、四年，並以正朝合朔却元會。〔一二八〕

東晉元帝大興元年四月，合朔，有司奏議：「按春秋，日有蝕之，天子伐鼓于社，攻諸陰也；諸侯伐鼓於朝，臣自攻也。按尚書符，若日有變，便擊鼓於諸門，有違舊典。」詔

曰「所陳有正義」，輒敕外改之。至康帝建元元年，太史上元日合朔，後復疑應却會與不，庾冰輔政，寫劉邵議以示八座。蔡謨著議非之，曰：「邵論災消異伏，又以黿慎猶有錯失，太史上言亦不必審，其理誠然也，而云聖人垂制，不爲變異先廢朝禮，此則謬矣。災祥之發，所以譴告人君，王者之所重誡，故素服廢樂，退避正寢，百官降物，用幣伐鼓，躬親救之。夫警誡之事，與其疑而廢之，寧慎而行之。禮記云，『諸侯入門不得終禮』者，謂日官不先言，諸侯既入，見蝕乃知耳，非先聞當蝕而朝會不廢也。邵引此文，失其義旨。」於是衆議從之。穆帝永和中，殷浩輔政，又欲從劉邵議不却會。〔一二九〕王彪之曰：「禮云：『諸侯旅見天子，不得終禮而廢者四。』自謂卒暴有之，非謂先存其事，而僥倖史官推術錯謬，故不預廢朝禮。」又從彪之議。宋因晉制。

齊武帝永明元年十二月，有司奏：「今月三日臘祠太社稷，一日合朔，日蝕既在致齋內，未審於社祠無疑不？」尚書令王儉議：「禮記曾子問，天子嘗禘、郊社、五祀之祭，簠簋既陳，唯大喪乃廢。至於當祭之日，火及日蝕則停。尋伐鼓用牲，由來尚矣，而簠簋初陳，問所不及。據此而言，致齋初日，乃值薄蝕，則不廢祭。按漢初平四年，士孫瑞議以日蝕廢冠而不廢郊，朝議從之。王者父天親地，郊社不殊，此則前准，謂不宜廢。」詔可。

北齊制，日蝕，則太極殿西廂東向，東堂東廂西向，各設御座，羣官公服。晝漏上水

一刻，內外皆嚴，三門者閉中門，單門者掩之。蝕前三刻，皇帝服通天冠，即御座，直衛如常，不省事。有變，聞鼓音，則避正殿，就東堂，服白袷單衣，侍臣皆赤幘帶劍，升殿侍。諸司各於其所，赤幘持劍，出户，向日立。有司各率官屬，並行宮內諸門、掖門，屯衛太社。鄴令以官屬圍社，守四門，以朱絲繩繞繫社壇三匝，太祝令陳辭責社。太史令二人，走馬露版上尚書，門司疾上之。又告清都尹，鳴鼓如嚴鼓法。日光復乃止，奏解嚴。唐合朔伐鼓，具開元禮。

祭馬祖

周制，春祭馬祖，夏祭先牧，秋祭馬社，冬祭馬步。隋制，常以仲春用少牢祭馬祖於大澤，諸預祭官皆於祭所致齋一日，〔一三〇〕積柴於燎壇，禮畢就燎。仲夏祭先牧，仲秋祭馬社，仲冬祭馬步，並於大澤，皆以剛日，牲用少牢，如祭馬祖，埋而不燎。唐，馬祭因隋之制，其儀如開元禮。

時儺

周制，夏官方相氏，掌蒙熊皮，黃金四目玄衣朱裳，執戈揚盾，帥百隸而時儺，以索室

歐疫。月令，季春，命國儺，九門磔攘，以畢春氣。仲秋，天子乃儺，以達秋氣。季冬，命有司大儺旁磔，以送寒氣。

後漢，季冬先臘一日，大儺，謂之逐疫。漢舊儀曰：「顓帝有三子，生而亡去爲疫鬼，一居江水爲瘧鬼，〔一三一〕一居若水爲罔兩蜮鬼，一居人宮室區隅，〔一三二〕善驚人小兒。」月令章句曰：「日行北方之宿，北方大陰，恐爲所抑，故命有司作大儺，所以扶陽抑陰也。」盧植禮記注云：「所以逐衰而迎新。」其儀，選中黄門子弟，年十歲以上十二以下百二十人爲侲子，皆赤幘皁製，執大鼗。侲音振。方相氏，黄金四目，蒙熊皮，玄衣朱裳，執戈揚盾。十二獸，有衣毛角。中黄門行之，冗從僕射將之，以逐惡鬼于禁中。夜漏上水，朝臣會，侍中、尚書、御史、謁者、虎賁、羽林、郎將執事，皆赤幘陛衛。乘輿御前殿。黄門令奏曰：「侲子備，請逐疫。」於是中黄門倡，侲子和曰：「甲作食　，胇胃食虎，雄伯食魅，騰簡食不祥，攬諸食咎，伯奇食夢，彊梁、祖明共食磔死寄生，委隨食觀，錯斷食巨，窮奇、騰根共食蠱。凡使十二神追惡凶，赫汝軀，拉汝幹，節解汝肉，抽汝肺腸，汝不急去，後者爲糧。」東京賦曰：「捎魑魅，斮獝狂。斬蜲蛇，腦方良。囚耕父於清泠，溺女魃於神潢。殘夔魖與罔象，〔一三三〕殪野仲而殲遊光。」注曰：「魑魅，山澤之神。獝狂，惡鬼。蜲蛇，大如車轂。方良，草澤神。耕父、女魃，皆旱鬼，惡水，故囚溺於水中，使不能爲害。夔魖與罔象，木石之怪。野仲、遊光，兄弟八人，在人閒作怪害也。」孔子曰：「木石之怪夔、罔兩，水之怪龍、罔象。」劉昭曰：〔一三四〕「木石，山怪也。夔一足，越人謂山獶。

罔兩，山精，好學人聲而迷惑人。龍，神物也，非所常見，故曰怪。罔象食人，一名沐腫。」〔一三五〕埤蒼曰：「獝狂，無頭鬼。」因作方相與十二獸舞，讙呼周徧前後省，三過，持炬火送疫出端門。東京賦曰：「煌火馳而星流，逐赤疫於四裔。」注曰：「煌，火光，煌然火光如星馳。〔一三六〕逐，驚走赤疫鬼惡者也。」侲子合三行，從東序上，西序下。門外騶騎傳炬出宮司馬闕門，門外五營騎士傳火，棄雒水中。東京賦注曰：「衛士千人在端門外，五營千騎在衛士外，爲三部，更送至雒水中。凡三輩逐鬼，投雒水中，仍上天池，絶其橋梁，使不復度還。」百官官府各以木面獸能爲儺人師，訖，設桃梗、鬱壘、葦茭。畢，執事陛者罷。山海經曰：「東海中有度朔山，上有大桃樹，蟠屈三千里，其卑枝門曰東北鬼門，萬鬼出入也。上有二神人，一曰神荼，一曰鬱壘，主閱領衆鬼之惡害人者，執以葦索而用食虎。於是黄帝法而象之。」毆除畢，因立桃梗於門户，上畫鬱壘持葦索以御凶鬼，畫虎於門，當食鬼。葦戟桃杖以賜公卿、將軍、諸侯云。是月也，立土牛六頭於國都郡縣城外丑地，以送大寒。月令章句曰：「是月之會建丑，丑爲牛，寒將極，是故出其物類形象，以示送達之，且以升陽也。」

北齊制，季冬晦，選樂人子弟爲侲子如漢法，合二百四十人。百二十人赤幘皁衣執鼗，百二十人赤布袴褶執鞞角，方相氏執戈揚盾，又作窮奇、祖明等十二獸，皆有毛角，鼓吹令率之，中黄門行之，冗從僕射將之，以逐惡鬼于禁中。其日戊夜三唱，開諸里門，儺

者各集，被服器仗以待事。戊夜四唱，開諸城門，二衛皆嚴。上水一刻，皇帝常服即御座，王公執事官一品以下從六品以上陪列觀。〔一三七〕儺者鼓譟入殿西門，徧於禁內，分出二上閤，作方相與十二獸舞戲，喧呼周徧前後，鼓譟出殿南門，分爲六道，出於郭外。

隋制，季春晦儺，磔牲於宮門及城四門，以禳陰氣。秋分前一日，禳陽氣。季冬旁磔大儺亦如之。其牲每門各用羝羊及雄雞一，選侲子如北齊法。冬八隊，〔一三八〕二時儺則四隊。問事十二人，赤幘褠衣，執皮鞭。工人二十二人，〔一三九〕其一人方相氏如周禮，一人爲唱師，著皮衣，執棒，鼓角各十人。有司預備雄雞、羝羊及酒，於宮門爲次。未明，鼓譟以入，〔一四〇〕方相氏執戈揚盾，周呼鼓譟而出，合趣顯陽門，〔一四一〕分詣諸城門。將出，諸祝師執事與疈牲胷磔之於門，酌酒禳祝，舉牲并酒埋之。唐制，季冬大儺及州縣儺禮，並如開元禮。

校勘記

〔一〕「史雍」，大戴禮公冠篇、後漢書禮儀志上劉昭注皆作「祝雍」。按古代「祝」、「史」職務相通，二名文異而實同。

〔二〕「近於民遠於年」，「年」，原作「耳」，據殿本、大戴禮公冠篇、通典五六改。

〔三〕「侍中繫玄紘」，「紘」，原作「紞」，參看本篇校記〔四〕。晉書禮志下、通典五六皆誤作「紞」。

〔四〕「侍中繫玄紘」，「紘」，原作「紞」，據隋書禮儀志四改。儀禮士冠禮之「卒紘」，卽此義也。

〔五〕「會而不上壽」，「會」字脱，據隋書禮儀志四補。

〔六〕「泰始六年」，通典五六文同。晉書禮志下、宋書禮志一「六年」皆作「十年」。

〔七〕「有司議奏禮十五成童國君十五而生子以明可冠之宜」，「議奏」二字互倒，「宜」原作「儀」，據晉書禮志下、宋書禮志一改。

〔八〕「於是制諸王十五而冠」，「諸」，原作「儀」，據晉書禮志下、宋書禮志一改。

〔九〕「蕭惠基」，「基」，原作「本」，據南齊書禮志上改。通典避唐玄宗諱改「基」爲「本」，鄭氏承用通典之文，今改回。

〔一〇〕「克隆景福」，「隆」，原作「崇」，據南齊書禮志上改。通典避唐玄宗諱改「隆」爲「崇」，鄭氏承用通典之文，今改回。

〔一一〕「因入見皇后拜而還」，「拜」字脱，據隋書禮儀志四補。

〔一二〕「皇太子將行冠禮」，「行」字脱，據唐會要二六補。

〔一三〕「莽所聘杜陵史氏女」，「史」字脱，據漢書王莽傳下補。

〔一四〕「今迎皇后」，「今」，原作「令」，據殿本、通典五改。

〔一五〕「立五牛旂旗」，「立」字脱，據晉書禮志下補。

〔一六〕「故致今闕」，「故致」，原作「舊置」，據晉書禮志下改。

〔一七〕「考咸寧故事不稱父兄師友則當時華恒所上合於舊也」，「當時」，晉書禮志下、宋書禮志一、通典五八皆作「咸康」，於義爲明。今改用「當時」二字，則似爲咸寧之事矣。

〔一八〕「宜一依咸康故事」，「宜」字脱，「康」，原作「寧」，據晉書禮志下、宋書禮志一、通典五八補改。

〔一九〕「華恒定六禮云」，「云」字脱，據通典五八補。

〔二〇〕「錢二百萬」，汪本「二」作「三」，據大德本、明本、于本、殿本改。

〔二一〕「寔由内輔」，汪本「寔」作「定」，據大德本、明本、于本、殿本改。

〔二二〕「使者出」，「出」字脱，據隋書禮儀志四補。

〔二三〕「太保太尉受詔而行」，「太保」、「太尉」，原互倒，據隋書禮儀志四改正。

〔二四〕「各三飯訖」，「飯」，原作「飲」，據隋書禮儀志四、通典五八改。

〔二五〕「皇帝輿入明日后展衣於昭陽殿拜表謝」，「殿拜」以上十四字皆脱，據隋書禮儀志四補。

〔二六〕「擇日群官上禮」，「官」，原作「臣」，據隋書禮儀志四改。

〔二七〕「絹五萬疋」，「絹」字脱，據三國志魏志武帝紀裴注補。

〔二八〕「加羊馬二駟」，「加」下衍「璧」字，據晉書禮志下删。

〔二九〕「二宫隊主副司徒侍郎以上諸二千石在都邑者並在會」，按，宋書禮志一作：「二宫隊主副，司徒、征北、鎮南三府佐，揚、兗、江三州綱，彭城、江夏、南譙、始興、武陵、廬陵、南豐七國侍郎以上，諸二千石在都邑者，並豫會。」通典采用此文而簡化「司徒」至「侍郎以上」之文爲六字，意義殊爲含糊，鄭氏承用之，致成失誤。

〔三〇〕「今小會可停伎樂」，「今」，原作「令」，據宋書禮志一改。

〔三一〕「珪璋豹皮」，「珪」字脱，「璋」，原作「獐」，據宋書禮志一補改。通典五八脱「珪」字，「璋」字不誤。

〔三二〕「裴昭明議」，「議」字脱，據宋書禮志一補。

〔三三〕「聘幣之典損益惟義禮稱束帛儷皮則珪璋數合同璧」，「義」，原作「我」，「合」字脱，據宋書禮志上改補。

〔三四〕「珪璋宜仍舊各一」，「珪」字脱，據宋書禮志一、册府元龜五七六補。

〔三五〕「以婚禮奢費」，「費」，原作「貴」，據南齊書禮志上改。

〔三六〕「酒黍稷稻米麪」，「稻」字脱，據隋書禮儀志四補。二處之文同脱。

〔三七〕「既受命」，「既」字脱，據隋書禮儀志四補。

〔三八〕「卻扇詩等」，「詩」字脱，據唐會要八三補。

〔三九〕「親迎立軺併馬」，「親」字脱，據漢書平帝紀補。

〔四〇〕「軺立乘小車也」，「軺」字脱，據漢書平帝紀注補。

〔四一〕「魏制」，「制」，原作「志」，據通典五八改。

〔四二〕「三品百疋六品以下至九品遞降二十疋」，按，此文承通典五八之誤，漏記四品、五品之數。隋書禮儀志四云：「三品一百匹，四品八十匹，五品六十匹，六品、七品五十匹，八品、九品三十匹。」據此則「六品」應爲「四品」之誤，但五品與六品之間相差十匹，亦於例不合。總之，此文删削失當，應以隋志之文爲正。

〔四三〕「天下嫁女受財」，「下」，原作「子」，據通典五八改。

〔四四〕「舍利獸」、「陽燧鑽」，「舍」，原作「含」，「陽」，原作「賜」，據通典五八改。

〔四五〕「信頗謂得禮之變也」，「謂」字脱，據通典五八補。

〔四六〕「正旦大會」，「旦」，原作「朝」，據後漢書禮儀志中劉昭注引決疑要注改。通典諱「旦」，故改爲「朝」字，鄭氏承用之，今改回。

〔四七〕「屬郡計吏皆陛覲」，「陛」字脱，據通典七〇補。

〔四八〕「親會萬人以上」，「親」，原作「雜」，據通典七〇改。

〔四九〕「羣計吏中庭北面立」，「羣」字脱，據通典七〇補。

〔五〇〕「執法殿下」，「殿」，原作「陛」，據後漢書禮儀志中劉昭注引蔡質漢儀改。

〔五一〕「張弓挾矢」，原作「弧弓撮矢」，據通典七〇改。

〔五二〕「作九賓散樂」，「散」，原作「徹」，據通典七〇改。

〔五三〕「舍利獸從西方來」，汪本、殿本「舍」作「含」，大德本、明本、于本作「合」，皆誤，據後漢書禮儀志中劉昭注引蔡質漢儀、通典七〇改。

〔五四〕「微行出」，「微」，原作「徹」，據後漢書禮儀志中劉昭注引蔡質漢儀、通典七〇改。

〔五五〕「陛高一丈」，通典七〇文同。後漢書禮儀志中劉昭注引蔡質漢儀作「二丈」。

〔五六〕「中二千石二千石千石六百石當大行令西皆北面伏」，「二千石」三字脱，據晉書禮志下、宋書禮志一補。汪本「皆」作「階」，據各本改。

〔五七〕「郎以璧帛付謁者」，「付」下衍「諸」字，據晉書禮志下、宋書禮志一、通典七〇刪。

〔五八〕「太樂令跪請奏雅樂」，「請」字脱，據晉書禮志下、宋書禮志一、通典七〇補。

〔五九〕「陛下者傳就席」，「下」字脱，據晉書禮志下、通典七〇補。

〔六〇〕「太樂令跪奏奏登歌」，脱一「奏」字，據晉書禮志補。

〔六一〕「太樂令跪奏奏食舉樂」，脱一「奏」字，據晉書禮志補。

〔六二〕「王公上壽上食至皆跪受詔」，按，隋書禮儀志四云：「王公上壽禮畢，食。食畢，樂伎奏。

太官進御酒，主書賦黄甘，逮二品已上。尚書騶騎引計吏，郡國各一人，皆跪受詔。」通典七〇文同隋志，鄭氏撮述頗爲失當，如省去「賦黄甘」之文，「逮二品已上」五字即無着落。

〔六三〕「遠遊冠服」，「服」字脱，據隋書禮儀志四補。

〔六四〕「至顯陽門外」，「顯」，原作「明」，據隋書禮儀志四改。通典避唐中宗李顯之諱改「顯」爲「明」，鄭氏承用之，今據隋志改回。

〔六五〕「遂改用立冬日受朝」，「遂」，原作「還」，「立」，原作「小」，據唐會要二四改。又會要「受朝」下有「既令攝祭，理不可移」等語，本文略去，文意不明。

〔六六〕「尚書三公郎以令置案上奉以入」，「郎」下衍「中」字，「奉以」下衍「先」字，據晉書禮志上、宋書禮志二删。通典七〇有此二字，爲鄭氏所從者。

〔六七〕「正服尊嚴之所重」，「正」下衍「時」字，據晉書禮志上、宋書禮志二、通典七〇删。

〔六八〕「祗述天和」，「述」，原作「迓」，據晉書禮志上、宋書禮志二、通典七〇改。

〔六九〕「三公郎每讀」，「郎」下衍「中」字，據宋書禮志二删。

〔七〇〕「立冬如立春」，「立春」之「立」字脱，據隋書禮儀志四補。

〔七一〕「開元二十六年」，「二」字脱，據唐會要二六補。

〔七二〕「丁孚漢儀」，「漢」字脱，據後漢書禮儀志中注補。

〔七三〕「五教在寬」，「五教」二字脱，「寬」下衍「允」字，據後漢書禮儀志中注補删。
〔七四〕「某公某初除」，「除」字脱，據通典七一補。
〔七五〕「太妃妃公主恭拜册」，「妃」字脱一個，據隋書禮儀志四補。
〔七六〕「以其封國所在方取社壇方面土」，上「方」字脱，下「方」字原作「西」，據隋書禮儀志四改。
〔七七〕「跪設醬豆」，「設」，原作「授」，據周書于謹傳改。
〔七八〕「乃今復講肄舊典」，「今」，原作「令」，通典七三文同。按，晉書禮儀志下「令」作「今」，則此句應爲詔書中語，據改。鄭氏承用通典之文。
〔七九〕「羣物遂性之義」，「羣」字脱，據唐會要二六補。
〔八〇〕「太樂久備和聲」，「樂」，原作「常」，據唐會要二六改。
〔八一〕「宗廟祖臘如漢制」，「祖」字脱，據後漢書獻帝紀、通典七四補。
〔八二〕「載天子旌旗」，「載」，原作「戴」，據晉書武帝紀、通典七四改。
〔八三〕「太寧三年」，「三」，原作「二」，據晉書明帝紀改。
〔八四〕「時曹勱爲嗣陳留王」，點校本晉書成帝紀咸和元年，穆帝紀升平二年，皆作「曹勱」，成帝紀附校記云：「宋本、類聚五一、册府一七三、御覽二〇一引晉中興書及通典七四『勱』並作『勵』。」按，百衲本影印宋本晉書，咸和元年作「勱」，升平二年作「勵」。

今概從原文作「勷」。下同。

〔八五〕「陳留王在零陵王上」，汪本「零陵王」之「王」字作「上」，據大德本、明本、于本、殿本改。

〔八六〕「帝謂五德之帝」，「謂」，原作「位」，據禮記王制鄭注改。

〔八七〕「凡告必用牲幣」，「告」，原作「出」，據禮記曾子問、周禮太祝鄭注改。

〔八八〕「卜日建牙旗於墠」，汪本「建」作「延」，據大德本、明本、于本、殿本改。

〔八九〕「薦脯醢加羊於軷西首又奠酒解羊並饌埋於埳」，「醢」字及「於軷西首又奠酒解羊並」十字皆脱，據隋書禮儀志三補。

〔九〇〕「太僕祭兩軹及軓前」，「軓」，汪本作「軌」，據于本改。「前」字脱，據隋書禮儀志三補。

〔九一〕「元嘉二十五年閏二月」，「閏」字脱，據宋書禮志一、通典七六補。

〔九二〕「從南旌門入」，「入」，原作「外」，據隋書禮儀志三、通典七六改。

〔九三〕「表之軍中以集衆庶」，汪本脱「軍」字，大德本、明本、于本、殿本脱「以」字，據通典七六校補。

〔九四〕「在車爲下則唯此時施行」，「爲」字脱，「則」上衍「車」字，據後漢書禮儀志中注引蔡邕獨斷補刪。汪本脱「行」字，據大德本、明本、于本、殿本補。

〔九五〕「上建十二重五采華蓋」，「建」字脱，據後漢書何進傳補。

〔九六〕「漢西京承秦制」，「秦」字脱，據後漢書禮儀志中、晉書禮志下、宋書禮志一補。

〔九七〕「九年」，「年」，原作「月」，據宋書禮志一改。

〔九八〕「皆自臨宣武觀」，「觀」字脱，據晉書禮志下、宋書禮志一補。

〔九九〕「成帝咸和中」，「和」，原作「平」，據晉書禮志下改。

〔一〇〇〕「以時講武於宣武堂」，「宣」，原作「講」，據宋書禮志一改。

〔一〇一〕「各令騎將六人去來挑戰步兵更進退以相拒擊南敗北捷以爲盛觀」，「六」下衍「千」字，「盛」，原作「威」，據魏書禮志四删改。

〔一〇二〕「行嶮泥之塗」，「行」下衍「列」字，據通典七六删。

〔一〇三〕「引羣臣臨觀之」，「引」字脱，據唐會要二六、舊唐書高宗紀補。

〔一〇四〕「又不可棄」，「又」，原作「人」，據唐會要二六改。

〔一〇五〕「金性刻本」，汪本「刻」作「步」，據大德本、明本、于本改。唐會要二六、通典七六皆作「剋」。

〔一〇六〕「先天二年十月十三日」，「三」，原作「二」，據唐會要二六改。先天二年十二月方改元開元，原作「開元元年」，今亦從會要改正。

〔一〇七〕「從此上至天」，「此」字脱，據隋書禮儀志三補。

〔一〇八〕「從此下至泉」，「此」字脱，據隋書禮儀志三補。

〔一〇九〕「將軍既受斧鉞」，「受」，原作「授」，據隋書禮儀志三改。

〔一一〇〕「受斧鉞訖」，「受」，原作「授」，據隋書禮儀志三改。

〔一一一〕「又命有司宜于太社」，「太」字脱，據隋書禮儀志三補。

〔一一二〕「並赴廣陽門外」，汪本「陽」作「賜」，據大德本、明本、于本、殿本改。

〔一一三〕「拜蹈舞者三」，「拜」字脱，據隋書禮儀志三補。

〔一一四〕「一品二品三十發」，隋書禮儀志三文同。按通典七七作「一品三十二發」，又云「二品、三品二十五發」，無「二品三十發」之文。上文言「群官乃射五埒」，自一品至侍官共爲六級，其中必有兩品合一者，而每級相差五發，亦成規律，通典一品二品之間相差七發，已不合此規律。鄭氏取隋志之説，其義爲長。

〔一一五〕「三發射獸頭」，「三」，原作「二」，據隋書禮儀志三改。

〔一一六〕「二發射獸頭」，「二」，原作「一」，據隋書禮儀志三改。

〔一一七〕「二品三品四十五發」，按，隋書禮儀志三作「二品四十六發」，無三品之文。通典七七作「二品四十發」，亦無三品之文。三書各不相同。

〔一一八〕「各置令史埒士等員」，「埒」，原作「將」，據隋書禮儀志三、通典七七改。

〔一一九〕「麟德元年」，「元」，原作「七」，據唐會要二六改。

〔一二〇〕「其禮遂」，原文有闕。按唐會要二六：「麟德元年三月三日，展大射禮。」注云：「自後不行此禮。」本文「遂」下似脱「息」字或「廢」字，下文有「其禮又息」及「遂從廢寢」之文。

〔一二一〕「凡今一箭偶中」，「今」，原作「令」，據通典七七、唐會要二六改。

〔一二二〕「是費一丁庸調」，「庸」，原作「租」，據通典七七、唐會要二六改。

〔一二三〕「其三九射禮」，「九」，原作「元」，據唐會要二六改。

〔一二四〕「而有天下之日淺」，汪本「而」作「不」，據大德本、明本、于本、殿本改。

〔一二五〕「候日有變」，「日」下衍「月」字，據晉書禮志上删。

〔一二六〕「時廣平計吏劉邵在坐」，「廣平」，原作「博平」，通典七八同。晉書禮志上作「廣平」，三國志魏志劉邵傳稱其爲廣平邯鄲人，建安中爲計吏，故從晉志改正。

〔一二七〕「不爲變異預廢朝禮者」，「者」字脱，據晉書禮志上、宋書禮志一補。

〔一二八〕「並以正朝合朔却元會」，汪本「正」作「立」，據大德本、明本、于本、殿本改。

〔一二九〕「從劉邵議不却會」，「却」，原作「既」，據晉書禮志上、宋書禮志一改。

〔一三〇〕「諸預祭官」，「預」，原作「合」，據隋書禮儀志三改。通典七八爲唐代宗李豫避諱，改「預」爲「合」，鄭氏承用之，今據隋志改回。

〔一三一〕「一居江水爲瘧鬼」，「瘧鬼」，原作「虎」，據文選東京賦注引漢舊儀改。

〔一三二〕「一居人宮室區隅」,「隅」下衍「漚庾」二字,據文選東京賦注引漢舊儀删。
〔一三三〕「殘夔魖與罔象」,「殘」,原作「踐」,據文選東京賦改。
〔一三四〕「劉昭曰」,按,以下之文爲劉昭注續漢書引用韋昭國語解,原作「臣昭曰」,通典七八改作「劉昭曰」,實爲韋昭之語,鄭氏承用之。
〔一三五〕「一名沐腄」,「腄」,韋昭國語解作「腄」,點校本後漢書禮儀志中據百衲本影印宋紹興本作「腄」,王先謙集解謂「腄」音纏,爲本字,「腄」爲省文。
〔一三六〕「煌然火光如星馳」,「然火光」三字脱,據後漢書禮儀志中注補。
〔一三七〕「從六品以上陪列觀」,「從」字脱,據隋書禮儀志三補。
〔一三八〕「冬八隊」,「冬」,原作「令」,據通典七八改。
〔一三九〕「工人二十二人」,下「二」字脱,據隋書禮儀志三補。
〔一四〇〕「未明鼓譟以入」,「明」下衍「呼」字,據隋書禮儀志三删。
〔一四一〕「合趣顯陽門」,「顯」,原作「明」,據隋書禮儀志三改。通典避唐中宗李顯諱改爲「明」字,鄭氏承用之,今據隋志改回。

禮略第四

凶禮

大喪及山陵制 并爲周以下親哭及不親事附

周制，始崩，太僕戒鼓傳達于四方，內宗掌序哭者，外宗敍外內朝暮哭者，世婦掌比外內命婦之朝暮哭，不敬者而呵罰之。小宗伯縣縗冠之式于路門之外，太僕掌縣喪首服之法于宮門。首服之法，謂免髽笄總廣狹長短之數。三日祝先服，五日官長服，官長，大夫、士。七日國中男女服，庶人。三月天下服。諸侯之大夫也。宮正掌授廬舍，辨其親疏貴賤之居。廬，倚廬也。舍，堊室也。親者貴者居倚廬，疎者賤者居堊室。

漢舊儀曰：「高帝崩，三日，小斂室中牖下。作栗木主，長八寸，前方後圓，圍一尺，置牖中，望外，內張綿絮以鄣，外以皓木大如指，長三尺，四枚，纏以皓皮，四方置牖中，主居

其中央。七日大斂棺，以黍飯羊舌祭之牖中。已葬，收主，爲木函，藏廟太室中西牆壁埳中。」帝初登遐，朝臣稱曰「大行皇帝」。風俗通云：「俗説易稱四海爲家，雖都二京，巡有方嶽。又曰行在，所由以行爲辭。天命有終，往而不返，故曰大行。天子新崩，梓宫在殯，太子已即位，存亡有别，不可但稱皇帝，未及定謚，故曰大行皇帝。宫車晏駕，周康王一朝晏起，詩人深刺。如今崩殯，則爲晏駕，其喪葬儀無聞。」文帝遺詔，其令天下吏民，令到，出臨三日，皆釋除。無禁取婦、嫁女、祠祀、飲酒、食肉。自當給喪事服臨者，皆無踐。經帶無過三寸，無布車及兵器，無發民哭臨宫殿中。霸陵山川因其故，無有所改。歸夫人以下至少使。中尉亞夫爲車騎將軍，屬國悍爲將屯將軍，郎中令張武爲復土將軍。師古曰：「穿壙出土下棺也，已而實土爲墳，故云復土。」發近縣卒萬六千人，發內史卒萬五千人，〔一〕藏郭穿復土屬將軍武。即張武。賜諸侯王已下至孝悌力田金帛各有差。每天子即位，明年，將作大匠營陵地，用地七頃，方中用地一頃，深十三丈，堂壇高三丈，墳高十二丈。武帝墳高二十丈，明中高一丈七尺，四周二丈，內梓棺，柏黄腸題湊，以次百官藏畢，其設四通羨門，容大車六馬，皆藏之內方，外陟車石。外方立，先閉劍户，户設夜龍、莫耶劍、伏弩，設伏火。已營陵，餘地爲西園后陵，餘地爲婕妤以下，次賜親屬功臣。題，頭也。湊，以頭向內，所以爲固也。

後漢志：〔二〕

皇帝不豫，太醫令丞將醫入，就進所宜藥，嘗藥監、近臣中常侍、小黃門皆先嘗藥，過量十二。公卿朝臣問起居無閒。太尉告請南郊，司徒、司空告請宗廟，告五嶽、四瀆、群祀，並禱求福。

登遐，皇后詔三公典喪事。百官皆衣白單衣，白幘不冠。閉城門、宮門，近臣中黃門持兵，虎賁、羽林、郎中署皆嚴宿衛，〔三〕宮府各警，北軍五校繞宮屯兵，黃門令、尚書、御史、謁者晝夜行陳。三公啓手足色膚如禮，皇后、皇太子、皇子哭踊如禮，沐浴如禮，守宮令兼東園匠將女執事，黃緜、緹繒、金縷、玉柙如故事，漢舊儀曰：「帝崩，唅以珠，纏以緹繒十二重。以玉爲襦如鎧狀，連縫之，以黃金爲縷。腰以下以玉爲札，長一尺，廣二寸半，爲柙，下至足，亦縫以黃金縷。請諸衣衿斂之。凡乘輿衣服已御，輒藏之，〔四〕崩皆以斂。」飯唅珠玉如禮，〔五〕天子飯以珠，唅以玉。盤冰如禮，大盤廣八尺，長一丈二尺，〔六〕深三尺，漆赤中。百官哭臨殿下。是日夜，下竹使符告郡國二千石、諸侯王，應劭曰：「凡與郡國守相竹使符，皆以竹箭五枚，長五寸，鐫刻篆書第一至第五。」張晏曰：「符以代古之珪璋，從簡易也。」竹使符到，皆伏哭盡哀。漢舊制，發兵皆以銅虎符，其餘徵調，〔七〕竹使而已，符第合會爲大信。小斂如禮。東園匠、考工令奏東園秘器，表裏洞赤，虡文畫日、

月、烏、龜、龍、虎、連璧、偃月，牙檜梓宮如故事。大斂于兩楹之間。五官、左右虎賁、羽林五將，各將所部，執虎賁戟，屯殿端門陛左右廂，中黄門持兵陛殿上。夜漏，羣臣入。晝漏上水，大鴻臚設九賓，隨立殿下；謁者引諸侯王立殿下，西面北上；宗室諸侯、四姓小侯在後，西面北上。治禮引三公就位殿下，北面；特進次中二千石，列侯次二千石，六百石、博士在後。群臣陪位者皆重行，西上。位定，大鴻臚言具，謁者以聞。皇后東向，貴人、公主、宗室婦女以次立後，皇太子、皇子在東，西向，皇子少退在南，北面，皆伏哭。大鴻臚傳哭，羣臣皆哭。三公升自阼階，安梓宮内珪璋諸物，近臣佐如故事。嗣子哭踊如禮。東園匠、武士下釘衽，截去牙。喪大記曰：「君蓋用漆，三衽三束。」鄭注曰：「衽，小要。」太常上太牢奠，太官食監、中黄門、尚食次奠，執事者如禮。太常、大鴻臚傳哭如儀。

三公奏尚書顧命，太子即日即天子位于柩前。請太子即皇帝位，皇后爲皇太后。奏可。羣臣皆出，吉服入，會如儀。太尉升自阼階，當柩御座北面稽首，讀册畢，以傳國玉璽綬東面跪授皇太子，即皇帝位。中黄門掌兵以玉具、〔八〕隋侯珠、斬蛇寶劒授太尉，告令羣臣，羣臣皆伏稱萬歲。或大赦天下。遣使者詔開城門、宫門，罷屯衛兵。羣臣百僚罷，入成喪服如禮，三公、太常如禮。

故事，百官五日一會臨，故吏二千石、刺史、在京都郡國上計掾史皆五日一會。天下吏民發喪臨三日，先葬二日，皆旦晡臨，既葬，釋服，無禁嫁娶、祠祀。佐史以下，布衣冠幘，絰帶無過三寸，臨庭中。武吏布幘大冠。大司農出見錢穀，給六丈布直。以葬，喪期依前漢制。部刺史、二千石、列侯在國者及關內侯、宗室長吏及因郵奉奏，諸侯王遣大夫一人奉奏，弔臣請驛馬露布，奏可。

以木爲重，高九尺，廣容八歷，裹以葦席。巾門、喪帳皆以簟。車皆去輔轓，疏布惡輪。走卒皆布褠幘。太僕駕四輪輈爲賓車，〔九〕大練爲屋幙。中黄門、虎賁各二十人執紼。司空擇土造穿。太史卜日。謁者二人，中謁者僕射、中謁者副將作，油緹帳以覆坑。方石治黄腸題湊便房如禮。

大駕，太僕御。方相氏，黄金四目，蒙熊皮，玄衣朱裳，執戈揚盾，立乘四馬先驅。旂之制，長三仞，十有二斿，曳地，畫日、月、升龍，書旐曰「天子之柩」。謁者二人立乘六馬爲次。大駕甘泉鹵簿，金根容車，蘭臺法駕，喪服大行載飾如金根車。皇帝從送如禮。太常上啓奠。夜漏二十刻，太尉冠長冠，衣齋衣，乘高車，詣殿，止車門外。使者到，南向立，太尉進，伏拜受詔。太尉詣南郊。未盡九刻，大鴻臚設九賓隨立，羣臣入位。太尉行禮，執事皆冠長冠，衣齋衣。太祝令跪讀謚策，太尉再拜

稽首。治禮告事畢，太尉奉謚策，還詣殿端門。太常上祖奠，中黄門尚衣奉衣登容根車，東園武士載大行，司徒却行道立車前。治禮引太尉入就位大行車西少南，東面，奉謚策。〔一〇〕太史令奉哀策立後。太常跪曰：「進。」皇帝進。太尉讀謚策，藏金匱。皇帝次科藏于廟。太史奉哀策葦篋詣陵。太尉旋復公位，再拜，立。〔一一〕太常跪曰：「哭。」大鴻臚傳哭，十五舉音，止哭。太常行遣奠，皆如禮。請哭止哭如儀。〔一二〕

晝漏上水，請發。司徒、河南尹先引車轉，太常跪曰：「請拜送。」載車著白系參繆音糾。紼，長三十丈，大七寸，爲輓，六行，行五十人。公卿以下子弟凡三百人，皆素幘委貌冠，衣素裳。校尉三百人，〔一三〕皆赤幘不冠，絳科單衣，持幢幡，候司馬丞爲行首，皆銜枚。羽林孤兒、巴渝櫂歌者六十人，爲六列，鐸司馬八人，執鐸先。大鴻臚設九賓，隨立陵南羨門道東，北面。諸侯、王公、特進道西，北面東上；中二千石、二千石、列侯直九賓東，〔一四〕北面西上。皇帝白布幕素裹，夾羨道東，西向，如禮。容車幄坐羨道西，南向，車當坐，南向，中黄門尚衣奉衣就幄坐。車少前，太祝進醴獻如禮。司徒跪曰：「大駕請舍。」太史令自車南，北面，讀哀策，掌故在後，已哀哭。太常跪曰：「哭。」大鴻臚傳哭如儀。司徒跪曰：「請就下位。」東園武士奉

下車。司徒跪曰：「請就下房。」都導東園武士奉車入房，司徒、太史令奉謚、哀策。東園武士執事下明器：明器，神明之也。孔子謂爲明器，知喪道矣，備物而不可用也。筲八盛，容三升，黍一，稷一，麥一，粱一，稻一，麻一，菽一，小豆一。甕三，容三升，醯一，醢一，屑一。屑，薑桂之屑。黍飴。載以木桁，桁，所以庋苞筲甕甒也。〔一五〕覆以疏布。甒二，容三升，醴一，酒一。載以木桁，覆以功布。瓦鐙一。彤矢四，軒輖中，亦短衛。彤矢四，骨，短衛。既夕曰：「猴矢一乘，骨鏃短衛。」鄭注云：「猴猶候也，候物而射之矢也。四矢曰乘。骨鏃短衛，亦示不用。〔一六〕生時猴矢金鏃。凡爲矢，五分笴長而羽其一。」彤弓一。卮八，牟八，豆八，籩八，形方酒壺八，盤匜一具。鄭注既夕曰：「槃匜，盥器也。」杖、几各一。蓋一。鐘十六，無虡。鎛四，無虡。磬十六，無虡。壎一，簫四，笙一，箎一，柷一，敔一，瑟六，琴一，竽一，筑一，坎侯一。干戈各一，笮一，甲一，冑一。輓車九乘，芻靈三十六匹。鄭注禮記曰：「芻靈，束茅爲人馬，謂之芻靈，神之類。」瓦竈二，瓦釜二，瓦甑一。瓦鼎十二，容五升。匏勺一，容一升。瓦案九。瓦大杯十六，容三升。瓦小杯二十，容二升。瓦飯槃十。瓦酒罇二，容五斗。〔一七〕匏勺二，容一升。

祭服衣送皆畢，東園匠曰：「可哭。」在房中者皆哭，太常、大鴻臚請哭止哭如

儀。〔一八〕司徒曰：「百官事畢，臣請罷。」從入房者皆再拜，出，就位。太常導皇帝就贈位，司徒跪曰：「請進贈。」侍中奉持鴻洞。贈玉珪，長尺四寸，薦以紫巾，廣袤各三寸，緹裏，赤纁周緣；贈幣，玄三，纁二，各長尺二寸，廣充幅。皇帝進，跪臨羨道房户，西向，手下贈，投鴻洞中三。東園匠奉封入藏房中。太常跪曰：「皇帝敬再拜，請哭。」大鴻臚傳哭如儀。太常跪曰：「贈事畢。」皇帝促就位。續漢書曰：「明帝崩，司徒鮑昱典喪事。葬日，三公入安梓宮，還至羨道半，逢上欲下，〔一九〕昱前叩頭言：『禮，天子鴻洞以贈，所以重郊廟也。陛下奈何冒危險，不以義割哀。』上即還。」容根車游載容衣。司徒至便殿，並䡰苦耕切。騎皆從容車玉帳下。司徒跪曰：「請就幄。」導登。尚衣奉衣，以次奉器衣物，藏於便殿。太祝進醴獻。凡下，用漏十刻。禮畢，司空將校復土。

皇帝、皇后以下皆去麄服，服大紅，還宮反廬，立主如禮。桑木主，尺二寸，不書謚。虞禮畢，祔於廟如禮。

先大駕日游冠衣于諸宫諸殿，羣臣皆吉服從會如儀。皇帝近臣喪服如禮。醳大紅，服小紅，十一升都布練冠；醳小紅，服纖；醳纖，服留黄，冠常冠。近臣及二千石以下，皆服留黄冠，百官衣皁。每變服，從哭詣陵會如儀。祭以特牲，不進毛血

首。司徒、光禄勳備三爵如禮。

太皇太后、皇太后崩，司空以特牲告謚于祖廟如儀。長樂太僕、少府、大長秋長樂宫，太后所居，在西京，後漢都洛陽無長樂宫，或是當時便循舊名爲太后耳。典喪事，三公奉制度，他皆如禮儀。

合葬，羨道開通，皇帝謁便房，太常導至羨道，去杖，中常侍受，至柩前，謁，伏，哭止如儀。辭，太常導出，中常侍授杖，〔二〇〕升車還宫。以下反虞立主如禮。諸郊廟祭服皆下便房，五時朝服各一襲在陵寢，其餘及宴服皆封以篋笥，藏宫殿後閤室。

永平七年，陰太后崩，晏駕詔曰：「柩將發於殿，羣臣百官陪位。黄門鼓吹三通，〔二一〕鳴鐘鼓，天子舉哀。女侍史官三百人皆著素，參以白素，引棺挽歌，下殿就車，黄門宦者引以出宫省。太后魂車，鑾輅，青羽蓋，駟馬，龍旂九旒，前有方相，鳳凰車。大將軍妻參乘，太僕妻御，女騎夾轂悉導。〔二二〕公卿百官，如天子郊鹵簿儀。」後和熹鄧后葬，按以爲儀，自此皆降損於前事也。

魏武帝以禮送終之制，襲稱之數，繁而無益，俗又過之。先自制送終衣服四篋，題識其上，春、秋、冬、夏，曰：「有不諱，隨時以斂，金珥珠玉銅鐵之物，一不得送。」黄初三年，文帝又作終制曰：「禮，國君即位爲椑，存不忘亡也。壽陵因山爲體，無封樹，無立寢

殿，無造園邑。」此詔藏之宗廟。

明帝時，毛皇后崩，未葬，詔宜稱大行。議者謂：「漢天子稱行在所，言不常居，崩曰大行者，不反之謂也。未葬未有謚而言大行者，爲嫌與嗣天子同號。至於后崩未葬，禮未立后，宜無所嫌，故漢氏諸后不稱大行，謂未葬宜直稱皇后。」詔曰：「稱大行者，所以別存亡之號，故事已然，今當稱大行。」

晉，尚書問：「今大行崩含章殿，安梓宫宜在何殿？」博士卞搉、楊雍議曰：「臣子尊其君父，必居之以正。今太極殿，古之路寢，梓宫宜在太極殿，依周人殯于西階。」「既殯之後，别奠。下室之饌，朝夕轉易，諸所應設祭，朔望牲用，宜所施行，按禮具荅。」搉、雍議：「按禮，天子日食少牢，月朔太牢。喪禮，下室之饌如他日，宜隨御膳朝夕所常用也。朔望則奠，用太牢備物。」又問：「按景帝故事，〔一三〕施倚廬於九龍殿上東廂。今御倚廬爲當在太極殿不？諸王廬復應何所？」搉、琳議：〔一四〕「按尚書顧命，成王崩，康王居于翼室。先儒云，翼室於路寢。今宜在太極殿上，諸王宜各於其所居爲廬，朝夕則就位哭臨。」

東晉成帝咸康七年，皇后杜氏崩。詔外官五日一入臨，内官朝一入而已，過葬虞祭禮畢止。有司奏，大行皇后陵所，作凶門柏歷門，號顯陽端門。詔曰：「門如所處。凶門

柏歷，大爲繁費，停之。」按蔡謨説，以二瓦器盛始死之祭，〔二五〕繫於木，裹以葦席，置庭中近南，名爲重，今之凶門是其象也。禮，既虞而作主，今未葬未有主，故以重當之。禮稱爲主道，此其義也。范堅又曰：「凶門非禮。禮有懸重，形似凶門，後人出門外以表喪，俗遂行之，簿帳即古弔幕之類也。」是時又詔曰：「重壤之下，豈宜崇飾，陵中唯絜掃而已。」有司又奏，依舊選公卿以下六品子弟六十人爲挽郎，詔又停之。

宋崔元凱喪儀云：「銘旌，今之旐也，天子丈二尺，皆施跗，樹於壙中。遣車九乘，謂結草爲馬，以泥爲車。疎布輤，四面有障，置壙四角，以載遣奠，牢肉斬取骨脛，車各載一枚。」陳永定三年七月，武帝崩，尚書左丞庾持云：〔二六〕「晉、宋以來，皇帝大行儀注，未祖一日，告南郊太廟，奏策奉謚。梓宫將登轀輬，侍中版奏已稱某謚皇帝。〔二七〕遣奠，出於陛階下，方以此時，乃讀哀策。而前代策文猶稱大行皇帝，請明加詳正。」國子博士、知禮儀沈文阿等謂：「應劭風俗通，前帝謚未定，臣子稱大行，以别嗣主。〔二八〕近檢梁儀，自梓宫將登轀輬，版奏皆稱某謚皇帝登轀輬。伏尋今祖祭已奉策謚，哀策既在廷，遣祭不應猶稱大行，且哀策篆書，藏於玄宫，請依梁儀，以傳無窮。」詔可。

唐貞觀九年，高祖崩。詔定山陵制度，令依漢長陵故事，務在崇厚，時限既促，功役勞弊。祕書監虞世南上封事曰：「臣聞古之聖帝明王所以薄葬者，非不欲崇高光

顯，〔二九〕珍寶異物，以厚其親，然審而言之，高墳厚壠，珍物必備，此適所以爲親之累也，非曰孝也。是以深思遠慮，安於菲薄，以爲長久萬代之計，割其常情以定之耳。昔漢成帝造延、昌二陵，制度甚厚，功費甚多，諫大夫劉向上書曰：〔三〇〕『孝文居霸陵，悽愴悲懷，顧謂羣臣曰：「嗟乎！以北山石爲椁，用紵絮斮陳漆其間，豈可動哉。」張釋之進曰：「使其中有可欲，雖錮南山猶有隙，使其無可欲，雖無石棺又何戚焉。」夫死者無終極，而國家有廢興，釋之所言，爲無窮計也，孝文寤焉，遂以薄葬。』又漢氏之法，人君在位，三分天下貢賦，以一分入山陵。武帝歷年長久，比葬，陵中不復容物。〔三一〕霍光暗於大體，奢侈過度。其後至更始之敗，赤眉入長安，破茂陵，取物猶不能盡。無故聚斂百姓，爲盜之用，甚無謂也。魏文帝於首陽東爲壽陵，作終制，可謂達於事矣。今爲邱壠如此，其内不藏珍寶，亦無益也。萬代之後，人但見高墳大冢，豈謂無金玉也。臣之愚計，以爲漢文霸陵既因山勢，雖不起墳，自然高敞。今之所卜，地勢即平，不可不起，宜依白虎通所陳周制，爲三仞之墳，其方中制度，事事減少。且臣下除服用三十六日，已依霸陵，今爲墳壠，又以長陵爲法，非所依也。伏願深覽古今，爲長久之慮！」書奏，不報。虞世南又上疏曰：「漢家即位之初，便營陵墓，近者十餘歲，遠者五十年，方始成就。〔三二〕今以數月之間而造數十年事，其於人力亦以勞矣。漢家大郡五十萬户，即日人

衆未及往時，〔三三〕而工役與之一等，此臣所致疑也。」又公卿上奏，請遵遺詔，務從節儉，於是山陵制度，頗有減省。

喪期

易云，古者喪期無數。賈公彦曰：「此黄帝時也，是其心喪終身也。」虞書稱：「三載，四海遏密八音。」按唐虞雖行心喪，更三年爲限，三王乃制喪服。商高宗諒闇，三年不言。檀弓云：「子張問曰：『書云，高宗三年不言，言乃讙。有諸？』仲尼曰：『胡爲其不然也。古者天子崩，王世子聽於冢宰。』」周武王崩，成王十三而嗣立，周公居冢宰攝政。明年六月，既葬，周公冠成王而朝于祖，以見諸侯。

漢文帝遺制，革三年之喪，「其令天下吏民，令到出臨，三日皆釋服。殿中當臨者，皆以旦夕，各十五舉音，禮畢而罷，非旦夕臨時，禁無得擅哭臨。服大紅十五日，小紅十四日，纖七日，釋服。此喪制者，文帝自率己意創而爲之，非有取於周禮也。他不在令中者，皆以此令比類從事。佈告天下，使明知朕意。」喪期之制，自後遵之不改。成帝時，丞相翟方進母終，既葬，三十六日除服視事，自以爲身備漢相，不敢踰國典。然而原涉行父喪三年，名彰天下；河間惠王行母喪三年，詔書褒稱，以爲宗室儀表，是則喪制三年能行者貴

之矣。及平帝崩，王莽欲眩惑天下示忠孝，使吏六百石已上皆服喪三年。莽母死，但服天子弔諸侯之服，一弔再會而已，令子新都侯宗服喪三年。及元后崩，莽返自服三年，顛倒姦謬若此。後漢安帝初，長吏多避事棄官，乃令自非父母服不得去職。是後吏又守職居官，不行三年喪服矣。建光元年，尚書孟布奏，宜復如建武、永平故事，〔三四〕絶刺史二千石告寧及父母喪服，又從之。至桓帝永興二年，復令刺史二千石行三年服。永壽二年，又使中常侍已下行三年服。至延熹二年，〔三五〕又皆絶之。

魏武帝遺令，葬畢便除服。文帝崩，國内服三日。蜀劉備臣下發喪，滿三日除服，至葬復如禮，此則魏、蜀又異於漢也。吴孫權令諸有居任者，遭三年之喪，皆須交代，犯者定大辟之科。又使代未至不得告，告者抵罪。其後吴令孟仁聞喪輒去，陸遜陳其素行，得減死一等，自此遂減。

晉武帝泰始元年，詔諸將吏二千石以下遭三年喪者，聽歸終寧，庶人復除傜役。二年，帝遵漢、魏改葬除服，按文帝以魏公咸熙二年八月辛卯崩，九月癸酉葬。武帝以十二月丙寅受魏禪，改元泰始。猶深衣素冠，〔三六〕降席撤膳，遂以此禮終三年。後居太后之喪，亦如文帝之崩也。東晉康帝建元元年正月晦，成恭杜皇后周忌，有司奏，至尊周年應改服。詔曰：「君親，名教之重也，權制出於近代耳。」於是素服如舊。興寧元年，章皇太妃薨，哀帝欲服重，江虨啓，〔三七〕先王制禮，應在緦麻服，詔降周。虨又啓，厭屈私情，所以上嚴祖

考，於是制緦麻三月。孝武太元中，〔三八〕崇德太后褚氏崩。后於帝爲從嫂，或疑其服，博士徐藻議，以禮其夫屬父道者，妻皆母道，則夫屬君道，妻亦后道矣，服后宜以資母之義，於是帝制周服。安帝隆安四年，太后李氏崩，帝服齊縗三年。百僚疑所制服，尚書左僕射何澄等議：「太皇太后名位允正，體同皇極，理制備盡，情禮合伸。春秋之義，母以子貴，既稱夫人，禮服宜從正，故成風著夫人之號，文公服之三年。〔三九〕子於父之所生，體尊義重，且禮祖不厭孫，固宜遂服無屈，而緣情立制，嫌文不明，則宜從重，應同爲祖母後齊縗周。永安皇后無服，但一舉哀，百官亦一周。」詔可。於西堂設菰廬，神武門施凶門柏歷。

宋永初三年，〔四〇〕武帝崩，蕭太后制三年之服。文帝元嘉十七年七月，元皇后崩，兼司徒給事中劉温持節監喪，神武門設凶門柏歷，〔四一〕至西上閤。皇太子於東宮崇正殿及永福省並設廬，諸皇子未有府第者，於西廨設廬。太子心喪三年，心喪有禫無禫，禮無成文，世或兩行。皇太子心喪畢，詔使博議，有司奏：「喪禮有禫，以祥變有漸，不宜便除，心喪已經十三月，大祥十五月，宜下以爲永制。」詔可。

後魏，自道武及諸帝，悉依漢魏，既葬公除。後周，武帝母叱奴太后崩，帝居倚廬，朝夕供一溢米，羣臣表請，累旬乃止。及葬，帝袒跣陵所，行三年之制，五服内並依禮。隋

制，皇帝本服大功以上親及外祖父母、皇后父母、諸官正一品喪，帝不視事三日。本服五服内親，百官正二品已上喪，並一舉哀。太陽虧，國忌日，本服小功、緦麻親，百官三品已上，不視事一日。〔四二〕皇太后、皇后爲本服五服内親一舉哀。皇太子爲本服五服内親及東宫三師、三少、宫臣三品已上一舉哀。

唐元陵遺制，其喪儀及山陵制度，務從儉約，並不以金銀錦綵飾，天下節度觀察團練使刺史等，並不須赴哀，祀祭之禮亦從節儉。其天下人吏，敕到後出臨，三日皆釋服，無禁婚娶、祠祀、酒肉。其宫殿中當臨者，朝夕各十五舉音。禮固從宜，喪不可久。皇帝宜三日聽政，十三日小祥，二十五日大祥，二十七日而釋服。皇帝本服周者，凡三朝哭而止；本服大功者，晡哭而止；本服小功以下，一舉哀而止。

天子弔大臣服

周制，司服職，掌王之吉凶衣服。王爲三公六卿錫衰，爲諸侯緦衰，爲大夫士疑衰，其首服皆弁絰。

魏蔣濟奏：「會喪不宜去冠。奏事者上言，前會故鎮軍朱鑠喪，自卿以下皆去冠，以布巾帕額，使者、侍中、散騎則不，皆非舊法。夫冠，成德之表，於服爲尊。唯君親之喪，

小斂之前與服罪之人去冠，其餘禮儀，雖齊縗之痛，有變無廢。今爲弔去冠，甚違禮意。」下博士評議。博士杜布議，以爲：「論語曰，『羔裘玄冠不以弔』，故周人去玄冠，代以素弁，〔四三〕漢去玄冠代以布巾，亦王者相變之儀，未必獨非也。古禮野夫著巾，古者軍禮韋弁冠，今者赤幘，此明轉相變易，不可悉還反古，〔四四〕今宜因漢氏故事。又按漢儀注，諸侯王薨，天子遣使者往，皆言使者素服。又禮自天子下達于士，臨殯斂之事，去玄冠，以素弁。君子臨喪，必有哀素之心，是以去玄冠，代之以素。是以漢中興臨喪之事與禮合。自是之後，或言臨喪使者常吉服布巾，以爲使者亦宜去玄冠，代以布巾，示不純吉服。侍中、散騎諸會喪，亦宜去玄冠，代以布巾。」詔從布議。吳謝慈喪服圖，〔四五〕天子弔三公，弁經錫縗；弔大夫士，皆弁經疑縗；弔畿内諸侯，弁經緦縗服。

晉摯虞云：「凡使弔祭同姓者，素冠幘，白練深衣，器用皆素。異姓者，服色器用皆不變。」唐之制，如開元禮。

天子爲大臣及諸親舉哀

後漢明帝時，東海恭王薨，帝出幸津門亭發哀。

魏大司馬曹真薨，王肅爲舉哀表云：「在禮，大臣大喪，天子臨弔；諸侯之薨，又庭

哭焉。同姓之臣，崇於異姓。自秦逮漢，多闕不修。暨光武頗遵其禮，于時羣臣莫不兢勸，博士范升上疏稱揚以爲美。可依舊禮，爲位而哭之，〔四六〕敦睦宗族。」於是帝幸城東，張帳而哭之。及鍾太傅薨，又臨弔焉。

晉武帝咸寧二年，詔諸王公大臣薨，應三朝發哀者，踰月舉樂。其一朝發哀者，三日不舉樂。按摯虞決疑注云，國家爲同姓王公妃主發哀於東堂，爲異姓公侯都督發哀於朝堂。東晉元帝姨廣昌鄉君喪，〔四七〕未葬，中丞熊遠表云：「按禮，君於卿大夫，比葬不食肉，比卒哭不舉樂，惻隱之心未忍行吉事故也。被尚書符，冬至後二日小會。〔四八〕臣以爲廣昌鄉君喪殯日，〔四九〕聖恩垂悼。禮，大夫死廢一時之祭。祭猶可廢，而況餘事。冬至唯可奉賀而已，未便小會。」詔以遠表示賀循，循荅云：「按古者君臣義重，雖以至尊之義，降而無服，三月之内猶錫縗以居，不接吉事。故春秋晉大夫智悼子未葬，平公作樂，杜蕢譏之。咸寧詔書，宜爲定制。」

唐之制，如開元儀。

諸侯及公卿大夫爲天子服

周制，喪服斬縗章：「諸侯爲天子，天子至尊也。」漢戴德喪服變除云：「臣爲君笄

縗，不徒跣。始死，深衣素冠，其餘與子爲父同。」鄭玄變除云：「臣爲君不笄縗，不徒跣。」

張祖高問：「士服天王云何？要記唯道，大夫服君及家臣服大夫耳，不説士，恐有脱誤。鄭云『士服君亦斬縗』，無明文。而雜記云『士居堊室』，此則士制周耶？〔五〇〕士下吏服士，恐亦應同。」謝沈荅曰：「朝廷之士服天王斬縗，禮之明文也。邑宰外任之士居堊室，制周。〔五一〕要記非脱誤，是簡略耳。」

晉尚書問：「天子崩，于今臺書令史以上爲皆服斬縗之服不？」博士卞搉、應琳議：「禮，命士以上皆服斬。臺書令史，列職天朝，皆應服斬。」又問：「天子崩，今司州及河南郡吏出入導從，應易服制不？」卞搉荅：「禮，庶人在官者服齊衰三月。又近臣服斬。導從出入皆應從服。」又問：「服隨君輕重，今司隸服斬，下吏服齊，爲合禮意不？」搉荅：「凡臣從君，皆降一等。今之牧守，皆古諸侯，以禮相況，輕重宜矣。」又問：「禮，義服不從。今司隸爲君斬縗，〔五二〕義服也，下吏爲從不？每降一等，當爲君喪其親者耳。古今行事復云何？」搉荅：「禮，庶人爲國君齊，今則不服。然吏若都官從事有職司於喪庭者，〔五三〕故宜依庶人在官義耳。義服不從，謂近臣服君斬服之衰，依降一等者之差耳。前稱導從，指謂近臣。」

魏晉故事云：「又問：『諸二千石長吏見在京城，皆應制服不？』博士卞搉、楊雍、應琳等上云：『禮，臣爲君斬衰。』自士以上見在官者，皆應制服。」

唐元陵遺詔，天下人吏，敕到後三日釋服。伏以公卿百僚不同人吏，準禮，臣爲君服斬衰三年。按高宗實録，昭陵臣下喪服，皆準漢文帝故事三十六日。又按高宗崩，服紀輕重亦依太宗故事。中宗、睿宗時，臣下喪制，並所遵守。據禮及故事，今百官並合準遺詔，二十七日釋服。其小祥内，百官並無假日，每日平明詣延英門，進名起居，不入正衙。至臨時，赴西内哭，訖，各歸。至小祥日，去首絰，著布冠，〔五四〕其日早集於西内哭。望日及大祥，又赴西内哭。大祥日除衰冠杖等，服慘公服。至山陵時，却服本衰服，事畢除之。

皇太后長公主及三夫人已下爲天子服杖

魏晉故事：「問：『皇太后、三夫人已下皆服斬，諸長公主及諸居崇陽園循容服制之宜。』卞搉等議：『按禮，與諸侯爲兄弟者服斬。依禮，則公主宜服斬而不杖。禮，君夫人爲長子三年，妾爲君之嫡子，與夫人同。則崇陽園循容宜三年。』又問：『太后及公主應杖不？』卞搉、應琳議：『禮，爲夫杖，自天子達，皇太后應杖明矣。婦爲舅姑，

禮無杖文，皇后不應杖也。君之喪，夫人、世婦在次則杖，即位則使人執之如禮。三夫人已下皆杖。』」東晉太元二十一年，孝武帝崩，李太后制三年之服。宋永初三年，武帝崩，蕭太后制三年之服。至唐天寶七載五月，宗正卿褒信王璆奏：「皇妹及女準禮出嫁後，各降本親一等，今並降爲第二等。臣以爲執禮故親，有虧常典。伏請一切依服屬等第爲定，不在降服限。仍請永爲常式。」〔五五〕奉敕依。

挽歌

魯哀公十一年，吴子伐齊，將戰，齊將公孫夏命其徒歌虞殯。孔穎達曰：「虞殯者，謂啓殯將虞之歌也，今人謂之挽歌。」漢高帝時，齊王田横自殺，其故吏不敢哭泣，但隨柩敍哀，而後代相承以爲挽歌，蓋因於古也。晉成帝咸康七年，杜后崩，〔五六〕有司聞奏，依舊選公卿以下六品子弟六十人爲挽郎，詔又停之。摯虞云：「漢魏故事，大喪及大臣之喪，執紼者挽歌。新禮以爲挽歌出於漢武帝役人之勞歌，聲哀切，遂以爲送終之禮。雖音曲悽愴，非經典所制，不宜以歌爲名。按挽歌，詩稱：『君子作歌，惟以告哀。』〔五七〕以歌爲名，亦無所嫌，宜定新禮如舊。」宋文帝元嘉十七年，元皇后崩，詔停選挽郎。唐元陵之制，屬三繆練紼於輼輬車爲挽，凡六紼，各長三十丈，圍七寸。執紼挽士虎賁千人，皆白

布袴褶，白布介幘，分爲兩番。挽郎二百人，皆服白布深衣，白布介幘，助之挽，兩邊各一紼。挽歌二部，各六十四人，八人爲列，執翣。品官左右各六人，皆服白布褠衣，白布介幘。左右司馬各八人，皆戴白布武弁，服白襹布，襹音屬，謂襦長。無領緣，並執鐸。代哭百五十人，衣幘與挽歌同。至時有司引列於輼輬車之前後。其百官制，鴻臚寺司儀署令掌挽歌，三品以上六行三十人，六品以上四行十六人，皆白練褠衣，皆執鐸帔。

秀孝爲舉將服

魏景元元年，傅玄舉將僕射陳公薨，以諮時賢。光禄鄭小同云：「宜準禮而以情義斷之，服弔服加麻可也，三月除之。」司徒鄭公云：「昔王司徒爲諫議大夫，遭舉將喪，雖有不反服，今不同古，便制齊衰三月。漢代名臣皆然。」宋庾蔚之謂：「白衣舉秀孝，既未爲吏，故不宜有舊君之服。尊卑不同，則無正服，弔服加麻可也。今人爲守相刺史又無服，但身蒙舉達，恩深於常，謂宜如鄭小同弔服加麻爲允。今已違適爲異，與舊君不同議論，〔五八〕不奔弔故郡將喪。」

郡縣吏爲守令服

魏令曰：「官長卒官者，吏皆齊衰，葬訖而除之。」蜀譙周云：「大夫受畿内采邑，有家臣，雖又别典鄉遂之事，其下屬皆上相屬，其吏非臣也。秦漢無服采邑之家臣，郡縣吏權假斬衰，代至則除之。」晉喪葬令曰：「長吏卒官，吏皆齊衰，以喪服理事，若代者至，皆除之。」武昌太守徐彦與征西桓温牋云：「蔡徐州薨，主簿服斬。王征北薨於京都，王丞相時在喪庭，徐州主簿以服事諮公，公謂輕重可依蔡侯。時北中郎劉公薨於淮陰，州主簿相承持重。至郄太宰薨，州主簿改服齊衰。中興以來，江南皆從之。公卿以下至邑宰，吏服其君齊衰。吏服其君齊衰則無從服之文，而由來多有從服者。陶大司馬遭兄子喪，府州主簿從服，時卞光禄經過，自説爲太傅主簿，太傅喪母，已不從服，此是用晉令也。郄太宰遭姊喪，吏服惟疑。郄問譙秀，言不應從服，諸主簿仍便從服。既服君旁親，則服君便應重矣，乃二公之薨，〔五九〕府州主簿服齊衰。」宋庾蔚之謂：「晉令云，『代至而除』，施之州郡縣員吏，宜用齊周之制。禮，代殊事異，理有大斷。今州府之君既不久居其位，暫來之吏不得以爲純臣，則齊周之制不爲輕也。君齊矣，豈有從乎。母妻其猶不從，本無義於旁親，卞光禄所行是也。二公使吏從服姪姊，可謂疎罔，其乖遠矣。」

師弟子相爲服

魏王肅曰：「禮，師弟子無服，以弔服加麻臨之，哭之於寢。」凡弔服加麻者，三月除之。晉賀循謂：「如朋友之禮，異者，雖出行猶絰，所以尊師也。按禮記：『夫子之喪，門人疑所服。子貢曰：「昔夫子喪顔回若喪子而無服，請喪夫子若喪父而無服。」於是門人廬于墓所，心喪三年。』孔子之喪，二三子皆絰而出，注曰：『爲師也。』蓋師徒之恩重也。無服者，謂無正喪之服也。然則凡弔服加麻者，出則變服矣。」新禮，弟子爲師齊衰三月。摯虞駁曰：「仲尼聖師，止弔服加麻，心喪三年。淺教之師，暫學之徒，不可皆爲之服，或有廢興，悔吝生焉。宜定新禮，無服如舊。」范甯問曰：「奔喪禮：『師，哭於廟門外。』孔子曰：『師，吾哭之寢。』何邪？」徐邈荅曰：「蓋殷、周禮異也。」宋庾蔚之謂：「今受業於先生者，皆不執弟子之禮。惟師氏之官，王命所置，故諸王之敬師，國子生之服祭酒，猶粗依古禮，弔服加麻，既葬除之，但不心喪三年耳。」

朋友相爲服

周制，檀弓云，曾子曰：「朋友之墓有宿草而不哭焉。」又曰：「朋友，吾哭寢門之

外。」漢戴德云：「以朋友有同道之恩，加麻三月。」魏劉德議，問曰：「小記云『朋友虞祔而已』，此謂主幼而爲虞祔也。若都無主族，神不歆非類，當爲虞祔不？」田瓊荅曰：「虞，安神也。祔，以死者祔於祖也。既朋友恩舊歡愛，固當安之祔之，然後義備也。但後日不當祭之耳。」又問：「朋友無所歸，於我殯，若此者當迎彼還己館，皆當停柩於何所？」荅曰：「朋友無所歸，故呼而殯之，不謂已殯迎之也。於己館而殯之者，殯之而已，不於西階也。」晉曹述初問：「有仁人義士，矜幼攜養積年，爲之制服，當無疑耶？」〔六〇〕徐邈荅曰：「禮緣情耳。同爨緦，又朋友麻。」

校勘記

〔一〕「發内史卒萬五千人」，「五」，原作「三」，據漢書文帝紀、通典七九改。

〔二〕「後漢志」，「志」，原作「制」，據通典七九改。

〔三〕「郎中署」，「郎」字脱，據後漢書禮儀志下、通典七九補。

〔四〕「輒藏之」，「輒」字脱，據後漢書禮儀志下注、通典七九補。

〔五〕「飯唅珠玉如禮」，「玉」字脱，據後漢書禮儀志下、通典七九補。

〔六〕「長一丈二尺」，「二」，原作「三」，據後漢書禮儀志下注、通典七九改。

〔七〕「漢舊制發兵皆以銅虎符其餘徵調」，「漢舊」二字互倒，「徵調」二字脱，據後漢書禮儀志下注、通典七九改補。

〔八〕「玉具」，「具」，原作「貝」，據後漢書禮儀志下、通典七九改。

〔九〕「太僕駕四輪輈爲賓車」，「駕」字脱，據後漢書獻帝紀注引續漢書禮儀志補。今本後漢書禮儀志下脱此文。

〔一〇〕「奉謚策」，「謚」字脱，據後漢書禮儀志下補。

〔一一〕「再拜立」，「立」下衍「哭」字，據後漢書禮儀志下盧文弨校正删。

〔一二〕「止哭如儀」，「止」，原作「上」，據後漢書禮儀志下、通典七九改。

〔一三〕「校尉三百人」，「百」字脱，據後漢書禮儀志下錢大昕校正補。

〔一四〕「列侯直九賓東」，「直」，原作「宜」，據通典七九改。

〔一五〕「所以庋苞筲甕甒也」，「庋苞」，原作「度卮」，據儀禮既夕鄭注、通典七九改。

〔一六〕「亦示不用」，「示」，原作「行」，據大德本、殿本改。

〔一七〕「容五斗」，「斗」，原作「升」，據後漢書禮儀志下改。

〔一八〕「止哭如儀」，「哭」字脱，據後漢書禮儀志下盧文弨校正補。

〔一九〕「逢上欲下」，「逢」，原作「途」，據後漢書禮儀志下劉昭注改。

〔二〇〕「中常侍授杖」，「授」，原作「受」，據後漢書禮儀志下、通典七九改。

〔二一〕「黄門鼓吹三通」，「三」字脱，據後漢書禮儀志下、通典七九補。

〔二二〕「女騎夾轂悉導」，「女騎夾轂」四字脱，據後漢書禮儀志下惠棟校正補。

〔二三〕「按景帝故事」，「按」，原作「漢」，據通典七九改。

〔二四〕「摧琳議」，按，「摧琳」謂下摧、應琳。宋刊本通典七九「摧」作「權」，通考王禮考一六亦作「權」。「摧」、「權」二字，易於相混，如韓非子揚摧俗本即作揚權。今本通典此文又作「摧雍」。紛紜難定，今姑從原文。

〔二五〕「以二瓦器盛始死之祭」，「盛」字脱，據晉書禮志中補。

〔二六〕「尚書左丞庾持」，「持」，原作「特」，據隋書禮儀志三、通典七九改。

〔二七〕「已稱某謚皇帝」，「某」，原作「其」，據隋書禮儀志三改。

〔二八〕「以别嗣主」，汪本「主」作「王」，據大德本、明本、于本、殿本改。

〔二九〕「崇高光顯」，「顯」，原作「明」，據唐會要二〇改。通典避唐中宗李顯諱改作「明」，鄭氏承用之，今改回。

〔三〇〕「諫大夫劉向上書」，「諫」下原有「議」字，按諫議大夫爲東漢始設之官，劉向曾爲諫大夫，上書時爲光禄大夫。唐人隨手用之，致有違史實，鄭氏承用未改，今予删正。

〔三一〕「陵中不復容物」，「復」，原作「得」，據通典七九、唐會要二〇改。

〔三二〕「遠者五十年方始成就」，「五十」二字互倒，據通典七九、唐會要二〇改。

〔三三〕「即日人衆未及往時」，「日」，原作「目」，據通典七九改。

〔三四〕「宜復如建武永平故事」，「武」，原作「元」，據通典八〇改。

〔三五〕「至延熹二年」，「二」，原作「元」，據後漢書桓帝紀改。
〔三六〕「深衣素冠」，「冠」下衍「服」字，據晉書禮志中删。
〔三七〕「江虨」，「虨」，原作「彪」，據晉書本傳、通典八〇改。下同。
〔三八〕「孝武太元中」，「太元」，原作「寧康」，據晉書孝武紀、宋書禮志二改。按，晉書禮志中作「寧康」，通典、通志皆因之而誤。
〔三九〕「文公服之三年」，「文公」，原作「僖公」，據晉書后妃傳下改。
〔四〇〕「宋永初三年」，「三」，原作「二」，據大德本、殿本改。
〔四一〕「神武門」，「武」，宋書禮志二作「虎」。通典避李虎之諱改「虎」爲「武」，鄭氏承用之。後世已通用。
〔四二〕「不視事一日」，文上衍「舉哀」二字，據隋書禮儀志三、通典八〇删。
〔四三〕「今爲弔去冠甚違禮意下博士評議博士杜布議以爲論語曰羔裘玄冠不以弔故周人去玄冠代以素弁」，「甚」，原作「其」，「博士評議」四字、「去」字脱，並據通典八一改補。又「杜布」，通典八一文同，而卷八三作「杜希」，二名應有一誤，無從校定。
〔四四〕「不可悉還反古」，「反」，原作「及」，據通典八三改。
〔四五〕「吴謝慈喪服圖」，「吴」，原作「蜀」，據通典八一改。
〔四六〕「爲位而哭之」，「爲」，原作「臣」，據通典八一改。
〔四七〕「廣昌鄉君喪」，「鄉」字脱，據晉書禮志中補。下同。

〔四八〕「冬至後二日小會」,「後」字脱,據晉書禮志中補。
〔四九〕「廣昌鄉君喪殯日」,「鄉」字脱補已見上。「喪」下衍「未」字,又脱「日」字,據晉書禮志中删補。
〔五〇〕「此則士制周耶」,「耶」,原作「制」,據通典八一改。
〔五一〕「居堊室制周」,「制周」二字互倒,據通典八一改。
〔五二〕「司隸爲君斬縗」,「斬」,原作「輕」,據通典八一、八八改。
〔五三〕「都官從事」,「事」,原作「士」,據通典八八改。
〔五四〕「著布冠」,「布」,原作「巾」,據通典八一改。
〔五五〕「仍請永爲常式」,「仍」,原作「乃」,據通典八一改。
〔五六〕「杜后崩」,三字脱,據宋書禮志二補。
〔五七〕「詩稱君子作歌惟以告哀」,「詩」,原作「傳」,據晉書禮志中改。按,此爲小雅四月之文。
〔五八〕「與舊君不同議論」,「同」,通典九九作「通」。
〔五九〕「乃二公之薨」,「乃」,原作「及」,據通典九九改。
〔六〇〕「當無疑耶」,「耶」,原作「耳」,據通典一〇一改。

謚　略

謚　上

臣謹按：字有不可避諱者，謚法是也，故此三篇並從本字。

序論第一

古無謚，謚起於周人。羲皇之前，名是，氏亦是，號亦是。至神農氏，則有炎帝之號；軒轅氏，則有黄帝之號，二帝之號雖殊，名氏則一焉。堯曰陶唐，舜曰有虞，禹曰夏后，湯曰殷商，則氏已異於名。堯曰放勳，舜曰重華，禹曰文命，湯曰武王，則號已異於氏。然是時有名號之别者，不過開基之祖耳。夏自啓，商自太甲，皆一名而生死通稱，若其曰祖曰宗，爲中爲高，則又不可常也。以諱事神者，周道也。周人卒哭而諱，將葬而謚，有諱則有謚，無諱則謚不立。蓋名不可名已，則後王之語前王，後代之及前代，所以

爲昭穆之次者，將何以别哉。生有名，死有謚，名乃生者之辨，謚乃死者之辨，初不爲善惡也。以謚易名，名尚不敢稱，况可加之以惡乎？非臣子之所安也。嗚呼！春秋紀實事而褒貶之説行，謚法别昭穆而美刺之説行，當其時已紛紜矣，後之人何獨不然。臣恐褒貶之説不已，則春秋或幾乎息矣，於是作春秋考、春秋傳；又恐美刺之説不已，則周公之意其亡矣夫，於是作謚法。使百代之下，爲人臣爲人子者，知尊君嚴父，奉亡如存，不敢以輕重之意行乎其閒，以傷名教者也。

序論第二

天下有難行之道，雖曰古有是道，而後世終不可行者，非古有是道也，後之人設是道以實之耳，豈有可行於古而不可行於今之道乎？若曰臣子可以議君父之得失，使有德則謚善，無德則謚惡，大行受大名，細行受細名，行生於己，名生於人，此真不可行之道也。自非伐無道，誅有罪，收其鯨鯢，以爲京觀，則安得有惡謚之稱乎！臣以爲立謚之意本爲昭穆，命謚之義取於尊隆。且生有惡，死無惡者，人之情也。生可簡，死不可簡者，禮之事也。生雖侯伯，死必稱公，生不踰等，死必加等，先王之通制也。豈有稱生之號有隆，而命死之名有虧乎？謚亦有惡，惡謚非所以加君父也。子曰：「父在觀其志，父没觀其

行，三年無改於父之道，可謂孝矣。」不若是，是不當於人心。子議父，臣議君，秦人之所厭而削之也，今先儒之所爲謚者，正秦人之論耳，不合乎古道。

序論第三

按謚法，惡謚莫如「桀」、「紂」，其次莫如「桓」、「靈」，其次莫如「幽」、「厲」，此古今之所聞也。以臣所見皆不然，桀、紂是名耳，非謚也。名者，生之所命而非死之所加也。當夏之季，當殷之興，則未有謚，桀非謚也。當殷之季，當周之興，雖有謚法，然得謚爲榮，不得謚爲辱，名之以紂，辱莫大焉。桀之所名者取於木，猶高柴、公孫枝之所取云耳，豈有賤人多殺之名而可以爲名乎？紂之所名者取於絲，猶臧紇、南宫縚之所取云耳，豈有殘義損善之名而可以爲名乎？是名也，非己之所更，卽父兄之所命也，安得有是義乎？「桓」於經典並無惡義。如「公執桓圭」，桓乃珪璋之首稱；如「桓桓武王」，桓乃果毅之盛德。齊之桓公，用能霸業，周之桓王，元無累行，安得「桓」爲惡名乎？「靈」者神聖之異名。周之東也，王綱不振，四方解體，迨夫靈王，周道始昌，諸侯服從。故傳曰：「惟有髭王，甚神聖。」以其生有神聖之德，死則謚之以「靈」，是爲名實允當。其曰「請爲『靈』若『厲』」者，荆蠻不根之論也，安得「靈」爲惡名乎？「幽」者

隱之並名也。周幽王喪於犬戎之禍，魯隱公卒於羽父之難，皆臣子所不忍言，故以「幽」、「隱」命之，痛惻之甚也，豈有擁遏不通之義乎？語曰：「子温而厲，威而不猛，恭而安。」「厲」與安並德，故於厲言「而」，猛則異於是，故於猛言「不」。「厲」非惡也，豈有暴虐無親之義乎？厲王過矣，使厲王而有暴虐無親之名，則宣王不得爲孝子。幽王過矣，使幽王而受擁遏不通之責，則晉文侯、鄭武公不得爲良臣。成周之法，初無惡謚，謚之有惡者，後人之所立也，由有美刺之説行，然後人立惡謚。

序論第四

謚之有善惡者，卽文而見，不卽説而見。且曰戾曰剌，豈不見其有凶德，何必以不悔前過然後爲「戾」，暴慢無親然後爲「剌」乎？一戾不足其説，又益之以戾，一剌不足其説，又益之以剌，非古之道也。曰蕩曰荒，豈不見其有淫行，何必好内遠禮然後爲「蕩」，縱樂無度然後爲「荒」乎？一蕩不足其説，又益之以蕩，一荒不足其説，又益之以荒，非古之道也。謚之善惡，可卽一文以見義，一文不得而盡者，卽複文以見義，複文不足以盡者，又從而加之。如衛之公孫枝，是爲貞惠文子，亦古之道，何必爲之説以釋之乎？釋之之言既多，又非載籍之常義，學者而盡欲以善惡之義通之，其有名實相違而義

不可通者，則必迂其説，曲而通之也。「桀」、「紂」初非惡名，「桓」、「靈」亦非惡謚，由其君而衆惡所集，使名與謚不能主也。人聞其名，見其謚，則翕然以爲惡矣。且愛人愛其人之烏，惡人惡其人之狗，烏狗何與於善惡，但隨人好惡所生矣。是以君子惡居下流，故名之曰「幽」、「厲」。〔一〕

序論第五

法之爲謚者，取一文耳，非有説也。謚法行而其説紛紛，其書見於世者，有周公謚法，有春秋謚法，有廣謚，有今文尚書，有大戴記，有世本，有獨斷，有劉熙之書，有來奥之書，有沈約之書，有賀琛之書，有王彦威之書，有蘇冕之書，有扈蒙之書，有蘇洵之書。其實皆由漢魏以來儒生取古人之謚而釋以己説，集而爲法也。故蘇氏曰：「周公之法，反取賀琛之新法而載之書，是知世之謚法其名尤古者，益非古法也。」今考周公之書所用後人之語甚多，是皆爲謚法者展轉相因，言文雜揉，無足取也。惟沈約之書，博採古今，詮次有紀，然亦無所建明。至蘇氏承詔編定六家謚法，乃取周公、春秋、廣謚、沈約、賀琛、扈蒙之書，斷然有所去取，其善惡有一成之論，實前人所不及也。皇也，帝也，王也，公也，侯也，君也，師也，長也，胥也，實尊卑之號，上下之稱。且生有爵，死有謚，以是爲

謚，未之敢聞也。若帝王可以爲謚，則天子亦可以爲謚矣。若公侯可以爲謚，則卿大夫亦可以爲謚矣。若師長可以爲謚，則父兄亦可以爲謚矣。無義之談，莫此爲甚，經幾百年間，而後蘇子闢之。「堯」取累土以命名，「舜」取濃華以命名，「禹」取於獸，「湯」取於水，「桀」以喬木，「紂」以繹絲，是非己之所更，必父兄之所命也。且生有爵，死有謚，以是爲謚，未之敢聞也。蘇氏未暇及，臣不敢後焉。謹條其可用者二百十謚，分爲三類，只以一文見義，無事乎文之廣，無事乎説之繁，庶乎表裏蘇氏之學，是亦典禮之大者。

謚中

上謚法

神　聖　賢　文　武　成　康

獻　懿　元　章　釐　景　宣

明　昭　正　敬　恭　莊　肅

穆戴翼襄烈桓威

勇毅克壯圉或作禦。魏安

定簡貞節白匡質

靖真順思考暠顯

和玄高光大英睿

博憲堅孝忠惠德

仁智慎禮義周敏

信達寬理凱清直

欽益良度類基慈

齊深温讓密厚純

勤謙友祁廣淑儉

靈榮厲比絜舒賁

逸退訥偲述懋宜

哲察通儀經庬協

端休悅綽容確恒

熙　洽　紹　世　果

右百三十一謚，用之君親焉，用之君子焉。

中謚法

懷　悼　愍亦作閔。　哀　隱　幽　沖

夷　懼　息　攜　鄉　愿　儆

右十四謚，用之閔傷焉，用之無後者焉。

下謚法

野　夸　躁　伐　荒　煬　戾

剌　虛　蕩　墨　愆　亢　千

褊　專　輕　苛　介　暴　虐

愎　悖　凶　慢　忍　毒　惡

殘　嬰　攘　頑　昏　驕　酗

湎　僥　狃　侈　惑　靡　溺

僞　妄　讟　諂　誣　詐　譎

訩　詭　姧　邪　慝　蠱　危

圮　懦　撓　覆　敗　斁　疵

饕　費

右六十五謚，用之殲夷焉，用之小人焉。

凡上、中、下謚，共二百十言，以備典禮之用。

謚　下

後論第一

凡蘇氏所取一百六十八謚，三百十一條。臣今只即一文以見義，即文可以見文，不必曰「施而中理曰文」，「經緯天地曰文」。即武可以見武，不必曰「克定禍亂曰武」，「保大定功曰武」。即孝可以見孝，不必曰「慈惠愛親曰孝」，「能養能恭曰孝」。即忠可以見忠，不必曰「盛衰純固曰忠」，「臨患不忘曰忠」。且即文以見義，則文簡而義

顯，舍文而從説，則説多而義惑。蘇氏所削爲多矣，臣今復削去三百十一條之説，只從百六十八謚而增損焉。實得二百十謚，分而爲三，上謚百三十，用於君親，用於君子；下謚六十五，用於殲夷，用於非君子；中謚十四，用於閔傷，用於無後者。其有堯、舜、禹、湯、桀、紂六文，乃人名非謚法，所宜去也。陳胡公滿者，言其老也，有胡耇之稱焉，「胡」非謚義。齊有丁公，名也，漢有丁公，姓也，「丁」非謚義，故去「胡」去「丁」。曰商，曰使，曰軍，曰趯，曰鼎，曰莫，曰敵，曰震，曰攝，曰革，曰易，曰素，曰頃，凡十三文，雖有其謚，於辭義未安，所宜去也。曰原，曰愛，曰聲，曰聞，曰要，曰强，曰平，凡七文，文雖可用，於義不專，亦宜去。蘇氏所取者百六十八謚，今去其二十八，凡蘇氏所去者百九十八，今取其七十二謚。披沙得金，甄金去土，非相違也，而相從也。

後論第二

蘇氏去其歷代所以爲尊卑之號者九，皇、帝、王、公、侯、君、師、長、胥是也。子曰：「左丘明恥之，丘亦恥之。」蘇氏去其義之不安者八，今取其「賁」，取其「逸」，所以待邱園也。蘇氏去其子孫不忍稱者九十四，今取其「暴」，取其「虐」，取其「愎」，取其「凶」，取其「悖」，取其「慢」，取其「忍」，取其「毒」，取其「惡」，取其「奰」，取其

「攘」，取其「頑」，所以待暴戾。取其「昏」，取其「驕」，取其「酗」，取其「湎」，取其「僥」，取其「狃」，取其「侈」，取其「惑」，取其「靡」，取其「溺」，所以待淫侈。取其「諂」，取其「僞」，取其「讟」，取其「妄」，取其「誣」，取其「詐」，取其「譎」，取其「訕」，取其「詭」，取其「姧」，取其「邪」，取其「慝」，取其「蠱」，所以待姦回。取其「危」，取其「圮」，取其「撓」，取其「覆」，取其「敗」，取其「斁」，所以待覆亡。取其「懦」，取其「疵」，取其「饕」，所以待貪鄙。蘇氏去其名之不能舉其人之要者八，今取其「退」，取其「訥」，所以待恬退之士。取其「修」，取其「訓」，所以待禮法之人。蘇氏去其鄙陋不足以訓者十有一，今取其「偲」，取其「逑」，爲靖專者備也。蘇氏去其泛濫不可指明善惡之狀者七，今取其「懋」，爲黽勉者備也。取其「宜」，爲中庸者備也。蘇氏去其重複而無益於用者五十七，今取其「哲」，有異於智也。取其「察」，有異於明也。取其「通」，有異於敏也。取其「儀」，有異於穆也。取其「經」，有異於憲也。取其「庇」，有異於禮也。取其「協」，有異於順也。取其「端」，有異於直也。取其「費」，有異於夸也。取其「休」，取其「悅」，有異於凱也。取其「綽」，取其「容」，有異於寬也。取其「確」，取其「恒」，有異於介也。取其「熙」，取其「洽」，有異於和也。

後論第三

蘇氏於百六十八謚之外有七去，三百十一條之中有六類，七去者削其文，六類者易其義。臣今此書，只以文顯，不用義説，故於六類亦無所用，但第四類中「比」、「儉」二義於文未安，不得不爲之説。儉乃恭儉之儉，比乃協比之比，儉也，比也，古之美謚也。蘇氏引「儉則固」之義，而更之曰「非薄廢禮曰儉」。引「君子周而不比」之義，而更之曰「事君有黨曰比」。以「比」、「儉」二謚内於惡德，此臣之所不取也。儉若爲惡德，則「夫子温良恭儉」之儉，其將何處？比若爲惡德，則「協比其鄰，婚姻孔云」之比其將何爲？若之何以不中禮之儉爲儉，朋比之比爲比乎。臣今易置，從古道也。

後論第四

語曰：「孔文子何以謂之文也？子曰，敏而好學，不恥下問，是以謂之文也。」然則文子之謚初無謚法，仲尼則因問而即其人之行事以釋之，奈何先立其法必使人之曲中也。規矩本爲方圓設，而非豫爲小大劑量，使制器者範圍於此，況所作之法只採經傳之言，其間有大不通理處。子曰，「敏而好學，不恥下問，是以謂之文」，而云「敏而好學

曰文」可也。孟子曰，「陳善閉邪謂之敬」，而云「陳善閉邪曰敬」可也。易之益曰，「君子見善則遷，有過則改」，而云「遷善改過曰益」可也。左氏曰，「共用之謂勇」，而云「率義共用曰勇」可也。奈何詩曰，「哿矣能言，巧言如流」，「曰哿」可乎？〔二〕書曰，「賓于四門，四門穆穆」，而云「闢于四門曰穆」可乎？傳曰，「季子生而有文在其手曰『友』」，遂命之」，而云「有文在手曰友」，何義也？書曰，「乃聖乃神，乃武乃文」，而云「乃聖乃神曰武」，何義也？詩序曰，「太平之君子能持盈守成」，而云「持盈守滿曰成」，何義也？至於終始如一者則謂之「終」，爲人所渴望者則謂之「渴」，於義安乎？取「並后匹嫡」之義而爲「並」，取「牝雞之晨，惟家之索」義而爲「索」，是可用乎？千百年間，學者見之，禮官博士行之，而斷無以爲非者。

校勘記

〔一〕「故名之曰幽厲」，汪本脱「曰」字，據元本、明本、于本、殿本補。

〔二〕「曰哿可乎」，按，依下文「書曰」之例，此文應作：「而云『巧言如流曰哿』可乎？」因涉上文，脱去六字。

器服略第一

尊彝爵觶之制

臣舊嘗觀釋奠之儀，而見祭器焉，可以觀翫，可以説義，而不可以適用也。夫祭器者，古人適用之器，若内圓而外方，内方而外圓，若之何飲食？若臺而安器，若器而安臺，或盛多而受少，或質輕而任重，若之何持執？以此事神，其不得於古之道明矣。原其制作，蓋本於禮圖。禮圖者，初不見形器，但聚先儒之説而爲之，是器也，姑可以説義云耳。由是疑焉，因疑而思，思而得，古人不徒爲器也，而皆有所取象，故曰制器尚象。器之大者莫如罍，物之大者莫如山，故象山以制罍，或爲大器而刻雲雷之象焉。其次莫如尊，又其次莫如彝，最小莫如爵，故受升爲爵，受二斗爲彝，受五斗爲尊，受一石爲罍。按獸之大者莫如牛象，其次莫如虎蜼，禽之大者則有雞鳳，小則有雀，故制爵象雀，制彝象雞鳳，差大則象虎蜼，制尊象牛，極大則象象。尊

罍以盛酒醴，彝以盛明水鬱鬯，爵以爲飲器，皆量其器所盛之多寡，而象禽獸賦形之大小焉。臣謹按沈約與劉杳論宗廟犧尊，約云：「鄭康成荅張逸，謂爲畫鳳凰尾婆娑然，今無復此器，則不依古。」杳曰：「此言未必可按。古者尊彝皆刻木爲鳥獸，鑿頂及背以出内酒。魏時，魯郡地中得齊大夫子尾送女器，有犧尊作犧牛形。晉永嘉中，曹嶷於青州發齊景公冢，得二尊，形亦爲牛象。」此古之尊彝爲可據也。又按王肅注禮，以犧象二尊並全刻牛象之形，鑿背爲尊，其説益可據也。又按陸佃禮象所記，章惇家有古銅象尊，三足，象其鼻形，望而視之，真象也。此又見象尊之制出於近代矣。又按爵與觶皆飲器，觶大而爵小，陸佃禮象云，今秘閣及文彦博、李公麟家皆有古銅爵，有首有尾，有柱有足有柄。祭統曰：「尸酢夫人執柄，夫人受尸執足。」〔一〕先儒謂柄爲尾，蓋不見此制焉。然古銅爵今之士大夫家亦多有之，臣見者屢矣，謂其口似雀之狀，如今之荷葉杯葵花盞，皆取其口之象，而非謂通體爲雀也。今祭器之爵，徒設雀形，而妨於飲者。按禮器云：「卑者舉角。」注云：「四升曰角。」角之類則有觚，有觶，有散，有觥。觶與爵同爲飲器，而爵爲小。角與觚、觶、散、觥同爲一類，而觥爲大，故觥則取兕角而以爲罰器，兕之爲獸，獸之大者也。按舊圖，匏爵用匏片爲之，則知角爵刳角爲之，所謂觚，謂觶，謂散，謂觥者，名號不同，

大小異制耳。

君臣冠冕巾幘等制度

歷代冕弁

黄帝作冕，垂旒，目不邪視也；充纊，耳不聽讒言也。唐、虞以上，冠布無緌。夏后，以牟追，以收。商制，章甫或以哻，形制並無文。周制，弁師掌王之五冕，皆玄冕，朱裏，綖紐，五采繅十有二就，皆五采玉十有二，玉笄朱紘。諸侯及孤、卿、大夫之冕，各以其等爲之。

秦滅禮學，〔二〕郊社服用，皆以袀玄。漢興草創，仍秦之舊。蔡邕獨斷云：「袀，紺繒也。」班固東都賦注云：「袀，皁也。」袀音鈞。及光武踐阼，郊祀天地、明堂，皆冠旒冕，前後邃綖。孝明帝永平初，詔有司采周官、禮記、尚書夏侯氏説，公卿以下，冕皆廣七寸，長尺二寸，前圓後方，朱緑裏，玄上，前垂四寸，後垂三寸，係白玉珠爲十二旒，以其綬采色爲組纓。禮記曰，「玄冠朱組纓，天子之冠」是也。〔三〕其旒珠用真白玉。三公、諸侯七旒，青玉

珠；卿大夫五旒，黑玉珠；皆有前無後，各以其色綬爲組纓，旁垂黈纊。助天子郊祀天地、明堂則冠之。

魏因漢故事。明帝好婦人之飾，冕旒改用珊瑚珠。晉因之。東晉元帝初過江，服章多闕，而冕飾以翡翠珊瑚雜珠。侍中顧和奏：「舊禮，冕旒用白玉珠，今美玉難得，可用白璇珠。」從之。後帝郊祀天地、明堂、宗廟及元會臨軒，改服黑介幘，通天冠，平冕，皁表，朱緑裏，廣七寸，長一尺二寸，加於通天冠上，前圓後方，垂白玉珠十二旒，以朱組爲纓，無緌。王、公、卿助祭郊廟，冠平冕，王、公八旒，卿七旒，組爲纓，色如綬也。宋因之，更名曰平天冕，天子郊祀及宗廟服之。王、公並用舊法。齊因之。梁因之。其制，前垂四寸，後垂三寸，旒長齊肩，以組爲纓，色如其綬，傍垂黈纊，充耳珠以玉瑱，乘輿郊祀天地、明堂，享宗廟，元會臨軒，則服之。五等諸侯助祭，平冕，九旒，青玉爲珠，有前無後，各以其綬色爲組纓，旁垂黈纊。陳因之，以爲冕旒。皇太子朝服遠遊冠，〔四〕侍祭則平冕九旒。五等諸侯助祭郊廟，皆平冕九旒，青玉爲珠，有前無後，各以其綬色爲組纓，旁垂黈纊。

北齊，採陳之制，旒玉用五采，以組爲纓，色如其綬，其四時郊祀、封禪大事，皆服衮冕。皇太子平冕，黑介幘，白珠九旒，飾以三采玉，以組爲纓，色如其綬。未加玄服則空

頂，黑介幘，雙童髻，雙玉導。後周，設司服之官，掌皇帝十二冕。祀昊天則蒼冕，五帝各隨方色，朝日用青冕，夕月用素冕，地祇用黄冕，神州社稷用玄冕，〔五〕享先皇，加玄服等以象冕，享先帝、食三老、耕籍等以衮冕，視朔、大射等以山冕，視朝、臨法門、適宴等以鷩冕，皆十有二旒。諸公之冕九，一曰方冕，二曰衮冕，三曰山冕，四曰鷩冕，五曰火冕，六曰毳冕，皆九旒；七曰韋弁，八曰皮弁，九曰玄冠。諸侯八，無衮冕。諸伯七，又無山冕。諸子六，又無鷩冕。諸男五，又無火冕。冕五旒。三公之冕九，一曰祀冕，二曰火冕，三曰毳冕，四曰藻冕，五曰繡冕，〔六〕六曰爵弁，七曰韋弁，八曰皮弁，九曰玄冠。三孤自祀冕而下八，無火冕。公卿七，又無毳冕。上大夫六，又無藻冕。中大夫五，又無皮弁。下大夫四，又無爵弁。士之服三，一曰祀弁，二曰爵弁，三曰玄冠。庶士玄冠而已。

隋，採北齊之法，衮冕垂白珠十二旒，以組爲纓，色如其綬。黈纊充耳，玉笄，〔七〕太子庶子裴政奏，色並用玄，旒齊於膊，纊齊於耳。唯應著幘者，任依漢、晉法。〔八〕皇太子衮冕，垂白珠九旒，青纊充耳，犀笄。國公冕，青珠九旒，初受册命，執贄入朝，祭祀親迎，三公助祭，並服之。侯伯則鷩冕，子男則毳冕，五品以上繡冕，〔九〕九品以上爵弁。

唐依周禮，制天子之六冕，有大裘冕，衮冕，鷩冕，毳冕，繡冕，玄冕。大裘冕無旒，廣八寸，長一尺六寸，玄表，纁裏。以下廣狹准此。金飾玉簪導，簪亦謂之笄，所以拘冠，使不墜也。

導以掠髮，使入巾幘之中。以組爲纓，色如其綬，祀天地神祇服之。衮冕加金飾。垂白珠十有二旒，以組爲纓，色如其綬，黈纊充耳，玉簪導，諸祭祀及享廟、遣上將、征還飲至加玄服，元日受朝等服之。鷩冕有事遠主服之。按周禮，遠主謂先公。毳冕祭海嶽服之。繡冕祭社稷、帝社服之。玄冕蜡百神、朝日、夕月服之。自衮冕而下，旒數並依周禮。皇太子衮冕，白珠九旒。諸臣衮冕，青珠九旒，青纊充耳，簪導，第一品服之。〔一〇〕鷩冕七旒，第二品服之。毳冕五旒，第三品服之。繡冕四旒，第四品服之。玄冕三旒，第五品服之。龍朔以後，改更不同。

緇布冠。一曰進賢冠。周制，士冠禮云：「緇布冠，以爲始冠之冠，冠而敝之可也。」注云：「初加緇布冠，次加皮弁，次加爵弁。加皮弁後而棄之。」後漢制，進賢冠爲儒者之服，前高七寸，後高三寸，長八寸，公侯三梁，中二千石以下至博士兩梁，小史、私學弟子皆一梁。〔一一〕蔡邕云，千石以下一梁。晉因之，天子玄服，始加緇布，〔一二〕則冠五梁進賢冠。三公及封郡公、縣公、郡侯、縣侯、鄉亭侯，則三梁，〔一三〕卿、大夫下至千石，則兩梁。中書門下至門郎、小吏，並一梁。宋因之，爲儒冠。齊因之，爲開國公侯下至小吏之服，其以梁數爲降殺，則依晉制。梁因之，以爲乘輿宴會之服，則五梁進賢冠。陳因之，爲文散內外百官所服，以梁數爲高卑，天子所服則五梁。北齊，進賢五梁冠，不通于下。隋因陳制，內外文官通服之，降殺一如舊法。唐因之，若親王則加金附蟬爲飾。復依古制，緇布冠爲始冠之冠，進賢、緇布二制存焉。

牟追冠。夏后氏牟追冠，長七寸，高四寸，廣五寸，後廣二寸，制如覆杯，前高廣，後卑鋭。商因之，制章甫冠，高四寸半，後廣四寸，前櫛首。周因之，制委貌冠。司服云：「凡甸，冠弁服。」甸，田獵也。漢制，委貌以皁繒爲之，形如委穀之貌，上小下大，長七寸，高四寸，前高廣，後卑鋭，無笄，有纓，行大射禮於辟雍，諸公卿大夫行禮者冠之。宋依漢制。

通天冠。通天冠本秦制，其狀不傳。漢因秦名，制高九寸，正竪，頂少斜却，乃直下爲鐵卷梁，前有山，展筩爲述，〔一四〕駮犀簪導，乘輿所常服。晉依漢制，前加金博山、述。注云，述卽鷸也，鷸知天雨，故冠像焉，前有展筩。宋因之，又加黑介幘，舊有冠無幘。齊因之，東昏侯改用玉簪導。梁因之，復加冕於其上，爲平天冕。陳因之。北齊依之，乘輿釋奠所服。隋因之，加金博山，附蟬，十二首，施珠翠，黑介幘，玉簪導，朔日元會、冬朝會、諸祭還則服之。唐因之，其纓改以翠緌。

長冠。漢高帝採楚制，長冠形如板，以竹爲裏，亦名齋冠。〔一五〕後以竹皮爲之，高七寸，廣三寸。以高帝所制，曰劉氏冠，故爲享廟之服，恭之至也。鄙人或謂之鵲尾冠。晉依之，去竹用漆纚，救日蝕諸祀則冠之。梁天監中，祠部郎中沈宏議，竹葉冠是漢祖微時所服，不可爲祭服，宜改用爵弁。司馬褧云，若必遵三王，則所廢非一，遂不改矣。

遠遊冠。有具服遠遊冠，有公服遠遊冠。按遠遊冠，秦採楚制。楚莊王通梁組纓，似通天冠而無山述，有展筩，横之于前。漢，天子五梁，太子三梁，諸侯王通服之。晉，皇太子及諸王後常冠焉，以翠羽爲緌，綴以白珠。帝之兄弟、帝之子封郡王者，〔一六〕通服之，則青絲爲緌。梁爲皇太子朝服，加

金博山，翠緌。陳因之，其藻飾服用，依晉故事也。北齊依之，制五梁冠，乘輿所服，不通于下。隋制，三梁，加金附蟬，九首，施珠翠，黑介幘，翠緌，犀簪導，皇太子元朔入朝釋奠則服之。唐因之，其制具開元禮序例。

高山冠。秦滅齊，獲其君冠以賜近臣，因而制之。形如通天冠，頂不斜却，直竪，〔一七〕鐵爲卷梁，高九寸，無山、述，展筩，〔一八〕故亦名側注冠，其體側立而曲注故也。中外官、〔一九〕謁者、僕射、行人使者等所服。漢舊儀云：「乘輿冠高山冠，飛月之纓。」一云，飛翮之纓，通天子之服也。魏明帝以其制似通天、遠遊，故改令卑下，除去卷筩，如介幘，幘上加物以象山，行人使者服之。晉、宋、齊、梁、陳歷代因之。隋因魏制，參用之，形如進賢，於冠加三峯，謁者大夫以下服之，梁數依其品降殺。唐因之，內侍省內謁者監及親王司閤等服之。

法冠。秦滅楚，獲其君冠賜御史，以纚爲展筩，鐵爲柱梁，一名柱後惠文冠，執法者服之。或謂之獬豸冠，注云：「獬豸，神羊，一角，能別曲直。楚王獲之，以爲冠。」漢、晉至陳，歷代相因襲不易。隋開皇中，於進賢冠上加二真珠，爲獬豸角形。大業中，改制一角。或云：〔二〇〕「獬豸，神獸，蓋一角，今二角者非也。」執法者服之。唐用一角，爲獬豸之形，御史臺監察以上服之。

建華冠。漢制，以鐵爲柱卷，貫大銅珠九枚，形似縷鹿。薛綜曰：「下輪大，上輪小也。」記曰：「知天者冠述，知地者履絇。」左氏傳曰：「鄭子臧好聚鷸冠。」建華是也。祠天地、五郊、明堂，舞人服之。晉及陳代，相因不易，餘並無聞。

趙惠文冠。一名武冠，秦滅趙，以其君冠賜近臣。胡廣曰：「趙武靈王效胡服，以金璫飾首，前插貂尾，爲貴職。」或以北土多寒，胡人以貂皮温額，後代效之。亦曰惠文。惠者蟪也，其冠文細如蟬翼，故名惠文。或曰，齊人見千歲涸澤之神，名曰慶忌，冠大冠，乘小車，好疾馳，因象其冠。漢因之，曰武弁，一名大冠，諸武官冠之。侍中、中常侍加黄金璫，附蟬爲飾，插以貂尾，黄金爲竿，侍中插左，常侍插右，貂用赤黑色。又名鵕鸃冠。倉頡解詁曰：「鵕鸃鷩卽翟，山鷄之屬，尾彩鮮明。」是將飾冠以代貂焉。」幸臣閎孺爲侍中，皆服大冠。天子玄服，亦爲先加，又加雙鶡尾，竪左右，〔二一〕名鶡冠。鶡，鷙鳥之暴者，每所攫撮，應爪摧碎，天子武騎，故冠之。徐廣曰：「鶡似黑野鷄，出上黨。」晉因之，名繁冠，一名建冠，一名籠冠，卽惠文冠也。宋因之不易。齊因之，侍臣加貂蟬，餘軍校武職、黄門散騎等皆冠之，唯武騎虎賁插鶡尾於武冠上。梁因制遠遊平上幘武冠。陳因之不易，後爲鶡冠，武者所服。北齊依之，曰武弁，季秋講武出征告廟則服之。隋亦名武弁，武職及侍臣通服之。侍臣加金璫附蟬，以貂爲飾，侍左者左珥，侍右者右珥。天子則金博山。三公以上玉枝，四品以上金枝，文官七品以上毦白筆，八品以下及武官，〔二二〕皆不毦筆。唐因之，乘輿加金附蟬，平巾幘，侍中、中書令則加貂蟬，侍左右珥。諸武官府衛領軍九品以上等亦准此。

方山冠。漢制，似進賢冠，以五采縠爲之，祠宗廟，大予、〔二三〕八佾、四時、五行樂人服之，冠衣各如其方之色而舞焉。晉因之。

巧士冠。漢制，高七寸，要後相通，直竪，〔二四〕似高山冠。不常服，唯郊天，黄門從官者四人冠

之，在鹵簿中，次乘輿車前，以備宦者四星云。晉因之。自後無聞。

却非冠。漢制，似長冠，皆縮垂五寸，有纓緌，宫殿門吏僕射等冠之。梁北郊圖，執事者縮纓緌。隋依之，門者禁防伺非服也。唐因之，亭長門僕服之。

樊噲冠。漢將樊噲造次所冠，以入項羽軍。其制似平冕，廣九寸，高七寸，前後出各四寸，〔二五〕殿門司馬衞士服之。或曰，樊噲常持鐵楯，聞項羽有意殺漢王，噲裂裳以裹楯，冠之入軍門，立漢王傍，視項羽。晉、宋、齊、陳不易其制。餘並無聞。

術氏冠。漢制，前圓，差池四重。趙武靈王好服之。今不施用。〔二六〕或曰，楚莊王獬冠是也。晉因之。宋以後無聞。

却敵冠。漢制，〔二七〕前高四寸，通長四寸，後高三寸，似進賢冠。凡當殿門衞士服之。陳依之，餘並廢。

翼善冠。唐貞觀中制，月一日十五日視朝常服之。又與平巾幘通用。太宗初服翼善冠，賜貴臣進德冠，因謂侍臣曰：「幞頭起於周武帝，蓋取便於軍容耳。今四海無虞，此冠頗採古法，兼類幞頭，乃宜常服。」開元十七年，廢不用。

皇。有虞氏皇而祭，其制無文，蓋爵弁之類。夏后氏因之曰收，純黑，前小後大。商因之曰冔，黑而微白，前大後小。周因制爵弁。爵弁，冕之次也，赤而微黑，如爵頭然，前小後大。三代以來，皆廣八寸，長尺二寸，如冕無旒，皆三十六升漆布爲之。〔二八〕士冠禮，三加，成人服之。漢依周制。或

云，中古以下，其制用絲，祠天地、五郊、明堂，雲翹舞樂，服之。〔二九〕晉依漢制，更名廣冕，有收持笄，服用如舊。隋依之，以角爲簪導，士助君祭服之。唐因之，以繒代布，用玄纓簪導，九品以上冠、親迎、助祭，私家祭祀服之。

皮弁。周禮弁師云：「王之皮弁，會五采玉璂，象邸，玉笄。」司服云：「視朝，則皮弁服。」士冠禮曰：「三王共皮弁。」以鹿皮爲之。晉依舊制，以鹿淺毛黄白色者爲之。其服用等級，並准周官。後周田獵則服之，以鹿子皮爲之。隋因之，大業中所造，通用烏漆紗，前後二傍如蓮葉，四間空處又安拳花，頂上當縫安金梁，梁上加璂，天子十二真珠爲之，皇太子及一品九璂，二品八璂，下六品各殺其一璂，以玉爲之，皆犀簪導。六品以下無璂，皆象簪導，唯天子乃用金稜。後制鹿皮者，以賜近臣。唐因之，以鹿皮爲之，玉簪導，十二璂，朔日受朝服之。

韋弁。周官司服云：「凡兵事，韋弁服。」晉以韋爲之，頂上少尖。宋因之，或爲車駕親戎中外戒嚴之服。後周巡兵即戎則服之。自此以來，無復其制。

幘。古者有冠無幘，其戴也加首有頍，所以安物。故詩曰：「有頍者弁。」此之謂也。秦雄諸侯，乃加其武將首爲絳袙，以表貴賤。其後稍稍作顔題。袙音盲百切。漢因續其顔，却摞之，施巾連題，卻覆之。至孝文，乃高其顔題，續之爲耳，崇其巾爲屋，貴賤皆服之。文者長耳，謂之介幘，武者短耳，謂之平上幘，稱其冠也。尚書幘收方三寸，名曰納言，示以忠正，〔三〇〕明近職也。迎氣五郊，各如

其色，從章服也。武吏常赤幘，成其威也。未冠童子幘無屋者，示未成人也。入學小童幘勾卷屋者，〔三一〕示尚幼小未遠冒也。喪幘却摞，反本禮也。制紺幘以齋，青幘以耕，緗幘以獵。晉因之。東晉哀帝從博士曹弘之等議，〔三二〕立秋御讀月令，改用素幘。宋因之，以黑幘，騎吏、鼓吹、武官服之。其救日蝕，文武官皆免冠著赤幘。〔三三〕齊因之，以黑幘拜陵所服。梁因之，以黑介幘爲朝服。元正朝賀畢，還儲，更出所服。未加玄服，則空頂介幘。〔三四〕陳因之，諸軍司馬服平巾幘，長吏介幘黃鉞。即朝服赤介幘簪筆。隋依之，天子田獵、御戎，文官出遊田里，武官自一品以下至九品，并流外吏等，上下通服黑介幘，平巾黑幘。又制緑幘，〔三五〕庖人服之。其平巾黑幘之制，玉枝金花飾，犀簪導，紫羅褶。其御五輅人，隨其車色。唐因制乘輿空頂介黑幘，雙玉導，加寶飾，祭還及冬至朔日受朝會、臨軒拜王公則服之。黑介幘，拜陵則服之。平巾幘，金寶飾，導簪、冠支皆以玉，乘馬則服之。皇太子平巾幘，乘馬則服之。空頂介幘，雙玉導，加寶飾，謁廟還宮，元日、冬至、朔日入朝，釋奠，則服之。冠幘，五品以上陪祭服之。

臣謹按：蔡邕獨斷曰：「幘，古之卑賤執事不冠者所服也。漢元帝額有壯髮，不欲使人見，始進幘服之，羣臣皆隨焉，然尚無巾。王莽頂禿，幘上施屋。」壯髮，謂當額前侵下而生者是。

帢。〔三六〕魏武以天下凶荒，資財乏匱，擬古皮弁，裁縑帛以爲帢。〔三七〕苦洽反。帢合乎簡易隨時之義，以色別其貴賤，本施軍飾，非爲國容。或云，本未有歧，荀文若巾之行，觸木枝成岐，謂之爲

善，〔三八〕遂不改，因通以慶弔。帢與帢同。晉因之，咸和中，制聽尚書八座丞郎、門下三侍官乘車白帢。齊依以素爲之，舉哀臨喪服之。梁因之，以代古疑縗爲弔服，爲群臣舉哀，〔三九〕臨喪則服之。陳因之，而初婚冠送餞則服之。隋依梁不易。唐因之。

帽。帽，野人之服也。董巴云：「上古穴居野處，衣毛帽皮。」以此而言，不施衣冠明矣。周成王問周公曰：「舜之冠何如焉？」曰：「古之人上有帽而勾領。」〔四〇〕魏管寧在家，常著皁帽。〔四一〕晉因魏制。宋制，黑帽綴紫標，標以繒爲之，長四寸，廣一寸，後制高屋白紗帽。齊因之。梁因之，制頗同，至於高下翅之卷，小異耳，皆以白紗爲之。陳因之，天子及士人通冠之。白紗者名高頂帽，皇太子在上省則烏紗，〔四二〕在永福省則白紗，又有繒皁雜紗爲之，〔四三〕高屋下裙，蓋無定準。後周之時，咸著突騎帽，如今胡帽，垂帬覆帶，蓋索髮之遺象也。又文帝項上瘤疾，不欲人見，每常著焉。相魏之時，着而謁帝，故後周一代以爲雅服，小朝公宴，咸許戴之。隋開皇初，文帝常著烏紗帽，自朝貴已下至于冗吏，通著入朝。後復制白紗高屋帽，其服，練裙襦，烏皮履，宴接賓客則服之。大業中，令五品以上通服朱紫，是以烏紗帽漸廢，貴賤通服折上巾。唐因之，制白紗帽。又制烏紗帽，視朝聽訟、宴見賓客服之。

臣謹按：玄中記云：「句始作帽。」晉志云：「帽名猶冠也，義取於蒙覆其首，本纚也。古者冠無幘，冠下有纚，以繒爲之。後世施幘於冠，因或裁纚爲帽。自乘輿宴居，下至庶人無爵者，皆得服之。」又按：吳書云：「陸遜破曹休於石亭，還，當

反西陵。朝臣燕賜終日，上脱裙帽以賜遜，時同羣臣朝謁而服之。」又按：後漢郭林宗行遇雨，霑巾角折，後周武帝建德中，因制折上巾。

葛巾。東晉制，以葛爲之，形如帢而横著之，爲尊卑共服。太元中，國子生見祭酒博士，冠角巾。齊依之。陳依之。北齊依之。自後無聞。

臣謹按：角巾之制，宋不存，至齊立學，王儉議更存焉。

幅巾。後漢末，王公名士以幅巾爲雅，是以袁紹、崔鈞之徒，〔四四〕雖爲將帥皆着縑巾。時有妖賊以黄爲巾，時號黄巾賊。後周武帝因裁幅巾爲四腳。〔四五〕唐因之。

臣謹按：方言云，巾，趙魏之間，通謂之承露。郭林宗折巾謂此也。袁紹戰敗，幅巾渡河。按此則庶人及軍旅皆服之。用全幅帛而向後襆髮，謂之頭巾，俗人謂之襆頭。

巾子。唐武德初始用之，初尚平頭小樣者。天授二年，武太后内宴，賜群臣高頭巾子，呼爲武家諸王樣。景龍四年三月，中宗内宴，賜宰臣以下内樣巾子，其樣高而踣，皇帝在藩時所冠，人號爲英王踣樣。

君臣服章制度 袍附

虞書曰：「予欲觀古人之象，日、月、星辰、山、龍、華蟲作繢，宗彝、藻、火、粉米、黼、黻絺繡，備十二章。」衣玄裳黄，上六章在衣，下六章在裳。上畫，下繡。夏、商之世，皆相襲而無變。周官司服，掌王之吉凶衣服。大裘以祀天，大裘，黑羔裘，示質也。衮冕之服享先王，升日月於旌旗，服備九章，一曰龍，二曰山，三曰華蟲，四曰火，五曰宗彝，皆畫以爲繢。六曰藻，七曰粉米，八曰黼，九曰黻，皆絺以爲繡。則衮之衣五章，裳四章，凡九。鷩冕之服享先公，鷩，畫雉，謂華蟲。其衣三章，裳四章，凡七。毳冕之服祀四望山川，毳，畫虎蜼，謂宗彝也。其衣三章，裳四章，凡五。絺冕之服祭社稷五祀，絺，刺粉米，無畫。其衣一章，裳二章，凡三。玄冕之服祭群小祀。其衣無文，裳刺黻而已。凡冕服皆玄衣纁裳。凡兵事，韋弁服。以韎韋爲弁，又以爲衣裳。春秋傳曰，「晉郤至衣韎韋之跗注」者是也。眂朝，則皮弁服。視内外朝之事，其服十五升，白布衣，積素以爲裳。王受諸侯朝覲於廟則衮冕。凡甸，冠弁服。甸，田獵也。冠弁，委貌。其服緇布衣，亦積素以爲裳。公之服，自衮冕而下如王之服。侯伯之服，自鷩冕而下如公之服。子男之服，自毳冕而下如侯伯之服。孤之服，自絺冕而下如子男之服，卿大夫之服，自玄冕而下

如孤之服。士之服，自皮弁而下如大夫之服。其齋服，有玄端、素端。自公之袞冕至卿大夫之玄冕，皆其朝聘天子及助祭之服，諸侯非二王之後，其餘皆玄冕而祭於己。雜記曰：「大夫冕而祭於公，弁而祭於己。士弁而祭於公，冠而祭於己。」大夫爵弁自祭家廟唯孤爾，其餘皆玄冠與士同。玄冠自祭其廟者，其服朝服玄端。

秦制，水德，服尚袀黑。袀音均。

後漢光武踐阼，始修郊祀。天子冕服，從歐陽氏說。三公、九卿、特進朝侯、侍祠侯，從夏侯氏說。祀天地明堂，皆冠旒冕，衣裳皆玄上纁下，一服而已。明帝永平中，議乘輿備文日月十二章，刺繡文，三公、諸侯用山龍九章，九卿以下用華蟲七章，皆備五采，大佩，赤舄、絇履，以承大祭。百官執事者，冠長冠，皆祗服。五嶽、四瀆、山川、宗廟、社稷諸沾秩祠，皆袀玄，絳緣領袖爲中衣，絳袴襪，示其赤心奉神也。其五郊迎氣，衣幘袴襪，各如方色云。百官不執事者，各服常冠袀玄以從。〔四六〕大射禮於辟雍，公卿、諸侯、大夫行禮者，冠委貌，衣玄端素裳。鄭玄曰：「端取其正也。」鄭衆曰：「衣有襦裳者爲端。」執事者冠布弁，衣緇麻衣，皁領袖，下素裳。若冠通天冠，服衣，深衣制，有袍，隨五時色。梁劉昭曰：〔四七〕「袍者，或曰周公抱成王宴居，故施袍。孔子衣縫掖之衣。縫掖其袖，合而縫大之，近今袍者也。今下至踐更小史，〔四八〕皆通制袍，單衣，皁緣領袖中衣，爲朝服云。」

魏氏多因漢法，其所損益之制無聞。按後漢志，孝明皇帝永平二年，詔從歐陽、夏侯二家所説，制冕服，乘輿刺繡文，公卿以下織成文。據晉志云，魏明帝以公卿衮黼之服擬於至尊，多所減損，始制服刺繡，公卿織成。未詳孰是。

晉因不改，大祭祀，衣皁上絳下，裳前三幅後四幅，衣畫而裳繡，日、月、星辰凡十有二章。素帶，廣四寸，朱裏，以朱緣裨飾其側。中衣以絳緣領袖。〔四九〕赤皮爲韍，絳袴韈，赤舄。未加玄服者，空頂介幘。其釋奠先聖則皁紗袍，〔五〇〕絳緣中衣，絳袴韈，黑舄。又朝服通天冠，絳紗袍，皁緣中衣，拜陵則黑介幘，〔五一〕單衣。雜服有青、赤、黄、白、黑五色紗袍。其武弁，素服單衣。公卿助祭郊廟，王公，山龍以下九章；卿，華蟲以下七章。其緇布冠，衣黑而裳素，中衣以皁緣領袖。袴褶之制，未詳所起。其後車駕親戎，中外戒嚴，服無定色。冠黑帽，綴黑幖，以繒爲之，長四寸，〔五二〕廣一寸。腰有絡帶，以代鞶革。中官紫幖，外官絳幖。又有纂嚴戎服，而不綴幖，行留文武悉同。

宋因之，制平天冕服，不易舊法，更名韍曰蔽膝。其未加玄服，釋奠先聖、視朝、拜陵等服，及雜色紗帬，武冠素服，並沿舊不改。王公助祭郊廟，章服降殺亦如之。袴褶因晉不易。腰有絡帶，以代鞶革。中官紫幖，外官絳幖。又有纂嚴戎服，而不綴幖，行留文武悉同。其田獵巡幸，惟從官戎服帶鞶革。文帝元嘉中，巡幸、蒐狩、救廟、水火皆如之。

明帝泰始四年，詔曰：「近改定令，脩成六服。朕以大冕純玉繅，玄衣黃裳，郊祀天，〔五三〕宗祀明堂。又以法冕，玄衣絳裳，祀太廟，元正大會朝諸侯。又以飾冕，紫衣紅裳，小會宴饗，送諸侯，臨軒會王公。又以繡冕，朱衣裳，征伐不賓，〔五四〕講武校獵。又以紘冕，青衣裳，耕稼，饗國子。又以通天冠，朱紗袍，爲聽政之服。」泰始六年正月，有司奏：「被敕議，皇太子正冬，服衮冕九章以朝賀。」詔可。

齊因制平天冠服，不易舊法，郊廟臨朝所服也。舊衮服用織成，建武中，明帝以織成重，乃采畫爲之，加飾金銀薄，〔五五〕時亦謂爲天衣。通天冠服絳紗袍，皁緣中衣，乘輿臨朝所服。其朝服，臣下皆同。〔五六〕拜陵則黑介幘，服無定色。舉哀臨喪，白帢單衣，亦謂之素服。王公助祭，平冕，服山龍以下九章，卿七章，皆畫皁絳繒爲之。袴褶，相因不改。

梁因制平天冠服，衣畫而裳繡十二章，素帶，朱裏，以朱緣裨飾其側。更名赤韍爲韠，餘因舊法。又有通天冠服，絳紗袍，皁緣中衣，黑舄，是爲朝服，元正賀畢，還儲更衣，出所服也。其釋奠先聖，則皁紗袍，絳緣中衣，絳袴韈，黑舄。拜陵則箋布單衣。又有白帢單衣，以代古之疑縗。天監三年，何佟之議：「公卿以下祭服，〔五七〕裏有中衣，即今中單也。後漢從夏侯氏說，祭服，絳緣領袖爲中衣，絳袴韈，示其赤心奉神也。今中衣絳緣，足有所明，無俟於袴。既非聖法，謂不可施。」遂依議除之。七年，周捨議：「按禮，

有虞氏皇而祭，深衣而養老。鄭玄云，皇是畫鳳皇羽也。今衮衣宜畫鳳，以示差降。」帝曰：「古文日、月、星辰，此以一辰攝三物也。山、龍、華蟲，又以一山攝三物也。藻、火、粉米，又以一藻攝三物也。是爲九章。今衮衣畫龍，則宜畫鳳。」又五經博士陸瑋等議：「王者祀昊天，服大裘。鄭玄注司服云：『大裘，羔裘也。』〔五八〕既無所出，未爲可據。按六冕之服皆玄上纁下，今宜以玄繒爲之，〔五九〕其制式如裘，其裳以纁，皆無文繡。」詔可。九年，司馬筠等議云：「按玉藻：『諸侯玄冕以祭，裨冕以朝。』雜記又云：『大夫冕而祭於公，弁而祭於己。』今之尚書，上異公侯，下非卿士，止有朝衣，本無冕服。既從齋祭，不容同於在朝，宜依太常及博士諸齋官例，著皁衣，〔六〇〕絳襈，中單，竹葉冠。」

陳因之。永定元年，武帝即位，徐陵白：〔六一〕「乘輿御服，皆採梁制。」帝曰：「今天下初定，務從節儉，應用繡、織成者，並可彩畫。」至文帝天嘉初，悉改易之。

後魏天興六年，詔有司始制冠冕，各依品秩，以示等差。然自晉左遷，中原禮儀多缺，未能皆得舊制。至太和中，方考故實，正定前繆，更造衣冠，尚不能周洽。及熙平二年，太傅、清河王懌、黃門侍郎韋延祥等奏定五時朝服，准漢故事，五郊衣幘，各如方色焉。北齊因之。河清中，改易舊物，著爲定制云。後周，設司服之官，掌皇帝十二服：祀昊天上帝，則蒼衣蒼冕；五方上帝，各隨方色；朝日，用青衣青冕；祭皇地祇，用黃衣黃

冕；夕月，用素衣素冕；神州社稷，用玄衣玄冕；享先皇、加玄服、納后、朝諸侯，則用十二章之服；享諸先帝、食三老五更、享諸侯、耕藉，則用龍以下九章之服；祀星辰、祭四望、視朔、大射、饗群臣等，則用山冕八章之服；群祀、視朝、臨太學、入道法門、燕射、養庶老、適諸侯家，則用鷩冕七章之服。其九章以下，衣重衮、山、鷩，裳重黼、黻，俱十有二等。通以升龍爲領褾。巡兵卽戎，則韎韋以爲衣裳。田獵則皮弁，謂以鹿子皮爲弁。白布衣而素裳也。諸公之服，九章，服之章數，皆隨冕而降其一。其八章以下，衣重藻、粉米，裳重黼、黻，俱九等，皆以山爲領褾。諸侯服，八章，而下俱八等，皆以華蟲爲領褾。諸伯服，七章，而下俱七等，皆以火爲領褾。諸子服，六章，俱六等，皆以宗彝爲領褾。諸男服，五章，皆以藻爲領褾。三公之服有九，章有六，衣重宗彝與藻，裳重黼、黻，俱爲九等，皆以宗彝爲領褾。三孤之服有八，章有五，衣重藻與粉米，裳重黼、黻，俱爲八等。公卿之服有七，章有四，衣重粉米，裳重黼、黻，爲七等，皆以藻、火爲領褾。上大夫之服有六，章有三，衣重粉米，裳重黼、黻，爲六等。中大夫之服有五，章有三，衣重粉米，爲五等。下大夫之服有四，章有三，衣重粉米，爲四等。士之服三，則祀弁、爵弁、玄冠，服皆玄衣；其裳，上士以玄，中士以黃，下士雜裳。謂前玄後黃。庶士玄冠服，其在官府史之屬，〔六二〕服緇衣裳。

隋文帝即位，將改後周制度，乃下詔曰：「宣尼制法，損益可知。朕受天命，赤雀來儀，五德相生，宜爲火色。其郊邱廟社，可依衮冕之儀，朝會衣裳，宜盡用赤。昔丹烏木運，周有大帛之旂。黄星土德，曹乘黑首之馬。今之戎服，皆可尚黄。在外所著者，通用雜色。祭祀之服，須合禮經。宜集通儒，更可詳議。」太子庶子攝太常少卿裴政奏曰：〔六三〕「後魏以來，法度咸闕。天興草創，多參胡制。周氏因襲，不可以訓。今採東齊之法。」乘輿衮冕，玄衣纁裳。衣，山、龍、華蟲、火、宗彝五章；裳，藻、粉米、黼、黻四章。衣重宗彝，裳重黼黻，爲十二等。衣褾領織成升龍，白紗内單。黼領，〔六四〕青褾襈裾。革帶，玉鉤觽，大帶，素帶朱裏，紕其外，上以朱，下以緑。韍隨裳色，龍、火、山三章。轆轤玉具劍，火珠鏢首。白玉雙珮，玄組。雙大綬，六采，玄、黄、赤、白、縹緑，純玄，質長二丈四尺，五百首，廣一尺。小雙綬，長二丈六寸，色同大綬而首半之，間施三玉環。朱韈，赤舄，舄加金飾。祀圓邱、方澤、感帝、〔六五〕明堂，五郊，雩，䄍，封禪，朝日，夕月，宗廟，社稷，籍田，廟遣上將，〔六六〕征還飲至，玄服，納后，正月受朝，及臨軒拜王公，則服之。通天冠，加金博山，附蟬，十二首，施珠翠，黑介幘，玉簪導。絳紗袍，深衣制，白紗内單，皁領褾襈裾，絳紗蔽膝，白假帶，方心曲領。其革帶、劍、珮、綬、舄，與上同。黑介幘，白紗單衣，烏皮履，拜陵則服之。白紗帽，白練裙襦，烏皮履，視朝、聽訟及宴見賓客皆服

之。白帢，白紗單衣，烏皮履，舉哀則服之。皇太子衮冕，玄衣纁裳。衣，山、龍、華蟲、火、宗彝五章；裳，藻、黼、黻、粉米四章，織成爲之。白紗内單，黼領，青褾襈裾。革帶，金鉤鰈，大帶、素帶不朱裏，亦紕以朱緑。韍隨裳色，火、山二章。玉具劍，火珠鏢首。瑜玉雙佩，朱組。雙大綬，四采，赤、白、縹紺，純朱，質長丈八尺，三百二十首，廣九寸。小雙綬，長二尺六寸，色同大綬而首半之，間施二玉環。朱韈，赤舄，舄以金飾。侍從皇帝祭祀及謁廟、加玄服、納妃，則服之。遠遊三梁冠，加金附蟬，九首，施珠翠，黑介幘，犀簪導。絳紗袍，白紗内單，皁領褾襈裾，白假帶，方心曲領，絳紗蔽膝，韈，舄。其革帶、劍、珮、綬，與上同。謁廟還宫、元日朔日入朝、釋奠，則服之。遠遊冠，公服，絳紗單衣，革帶，金鉤鰈，假帶，方心。紛長六尺四寸，廣二寸四分，色同其綬。金縷鞶囊，韈，履。五日常朝，則服之。衮冕，服九章，同皇太子。王、國公、開國公初受册，執贄，入朝，祭祀，親迎，則服之。三公助祭者亦服之。鷩冕，服七章。衣，華蟲、火、宗彝三章；裳，藻、粉米、黼、黻四章。侯、伯初受册，執贄入朝，祭祀，親迎，則服之。毳冕，服五章。〔六七〕衣，宗彝、藻、粉米三章；裳，黼、黻二章。子、男初受册，執贄入朝，祭祀，親迎則服之。絺冕，服三章，正三品以下，從五品以上，助祭則服之。自王公以下服章，皆繡爲之。祭服冕，皆簪導，青纊充耳，玄衣纁裳，白紗内單，黼領，絺冕以下，内單青領。白褾襈裾，革帶，

鈎䚢，大帶，王、三公及公、侯、伯、子、男，素帶不朱裏，皆紕其外，上以朱，下以緑。正三品以下，從五品以上，素帶紕其垂，外以玄，內以黄，鈎皆用青組。朱韍，凡韍皆隨裳色，衮、鷩、毳，火、山二章。絺，山一章。劍，佩，綬，襪，赤舄。爵弁，從九品以上，助祭則服之。玄衣纁裳無章，白絹內單，青領褾襈裾，革帶，大帶。武弁，平巾幘，諸武職及侍臣通服之。侍臣加金璫，附蟬，以貂爲飾，侍左者左珥，侍右者右珥，委貌冠，未冠則雙童髻，空頂黑介幘，皆深衣，青領，烏皮履。國子、太學、四門生服之。朝服，亦名具服。絳紗單衣，白紗內單，皁領袖，皁襈，革帶，鈎䚢，假帶，曲領方心，絳紗蔽膝，韈，舄，綬，劍，珮。從五品以上，陪祭、朝饗、拜表，凡大事則服之。六品以下，從七品以上，去劍、珮、綬，餘並同。自餘公事，皆從公服。亦名從省服。

唐制，天子衣服有大裘，衮冕，鷩冕，毳冕，絺冕，〔六八〕玄冕，通天冠，武弁，黑介幘，白紗帽，平巾幘，白帢，凡十二等。貞觀四年，制：三品以上服紫，四品、五品以上服緋，六品、七品以上緑，八品、九品以上青。婦人從夫之色，仍通服黄。

后妃命婦首飾制度

周制，追師掌王后之首服，爲副、編、次，追衡、笄，爲九嬪及外内命婦之首服，以待祭祀、賓客。鄭玄謂，副之言覆，所以覆首爲之飾，其遺象若今步摇。編，編髮爲之，其遺象若今假紒矣。次，次第髮長短爲之，所謂髮髢也。追猶治也。王后之衡笄皆以玉爲之。唯祭服有衡，垂于副之兩旁，當耳，其下以紞垂瑱。笄，卷髮者。

漢制，太皇太后、皇太后入廟，翦氂蔮，簪珥。珥，耳璫垂珠也。簪以瑇瑁爲擿，長一尺，端爲華勝，上爲鳳皇爵，以翡翠爲毛羽，下有白珠，垂黄金鑷，左右一，横簪之以安蔮。諸簪珥皆同制，其擿有等級焉。皇后謁廟，假髻步摇，俗謂之珠松是也。簪珥步摇，以黄金爲山題，貫白珠爲枝，相繆，八爵九華，〔六九〕熊、虎、赤羆、天鹿、辟邪、南山豐大特六獸，詩所謂「副笄六珈」。珈，笄飾之最盛者，所以别尊卑者也。南山豐大特，按史記「秦文公二十七年，伐南山大梓，豐大特」。徐廣注云：「今武都故道有怒特祠，圖大牛，上生樹本，〔七〇〕有牛從木中出，後見於豐水中。」諸爵獸皆以翡翠爲毛羽，金題白珠璫，繞以翡翠爲華云。貴人助蠶，大手髻，黑瑇瑁，又加簪珥。長公主加步摇，公主大手髻，皆有簪珥。公、卿、列侯、中二

千石、二千石夫人，紺繒幗，黄金龍，首銜白珠，魚須擿，長一尺，爲簪珥。

魏制，貴人夫人以下助蠶，皆大手髻，七鏌音莫。蔽髻，黑瑇瑁，又加簪珥。九嬪以下五鏌，世婦三鏌。諸王妃、長公主大手髻，七鏌蔽髻，其長公主得有步摇，皆有簪珥。公、特進、列侯、卿、校、世婦以下夫人，紺繒幗，黄金龍，首銜白珠，魚須擿，長一尺，爲簪珥。晉依前代。皇后首飾則髻、步摇、簪珥。步摇以黄金爲山題，貫白珠爲枝，相繆。八爵九華，熊、虎、赤羆、天鹿、辟邪、南山豐大特六獸。諸爵獸皆以翡翠爲毛羽，金題，白珠璫，繞以翡翠爲華。

宋依漢制。太后入廟祭祀，首飾翦氂幗。皇后親蠶，首飾假髻，步摇，八雀九華，加以翡翠。復依晉法，皇后十二鏌，步摇，大手髻。公主、三夫人，〔七一〕大手髻，七鏌蔽髻。公夫人五鏌，世婦三鏌，其長公主得有步摇。公、特進、列侯夫人，二千石命婦，年長者，紺繒幗。齊因之，公主會見大手髻，不易舊法。陳依前制，皇后謁廟，首飾假髻、步摇、簪珥。步摇以黄金爲山題，貫白珠爲枝，相繆。八爵九華，熊、虎、赤羆、天鹿、辟邪、南山豐大特六獸，諸爵獸皆以翡翠爲毛羽，金題，白珠璫繞，〔七二〕以翡翠爲華。開國公侯太夫人、夫人，大手髻，七鏌蔽髻。九嬪及公夫人五鏌，世婦三鏌，其長公主得有步摇。公、特進、列侯、卿、校、中二千石夫人，紺繒幗，黄金龍，首銜白珠，魚須擿，長一尺，爲簪珥。

後魏天興六年，詔有司始制冠冕，各依品秩，以示等差，然未能皆得舊法。北齊依前制，皇后首飾，假髻步摇，十二鏌，八爵九華。内命婦以上，蔽髻唯以鏌數花釵多少爲品秩，二品以上金玉飾，三品以下金飾。内命婦、左右昭儀、三夫人視一品，假髻，九鏌。三品五鏌蔽髻，四品三鏌，五品一鏌。又有宫人女官，第二品七鏌蔽髻，三品五鏌，四品三鏌，五品一鏌，六品、七品大手髻，八品、九品偏髾髻。〔七三〕皇太子妃，假髻，步摇，九鏌。郡長公主，七鏌蔽髻。太子良娣視九嬪。女侍中五鏌。内外命婦、宫人女官，從蠶則各依品次，還著蔽髻。後周制，皇后首飾，花釵十有二樹。諸侯之夫人亦皆以命數爲之節。三妃、三公夫人以下又各依其命，一命、再命者又俱以三爲節。隋因之，皇后首飾，花十二樹。皇太子妃、公主、王妃、三師三公夫人、一品命婦，並九樹。侯夫人、二品命婦，並八樹。伯夫人、三品命婦，並七樹。子夫人、世婦及皇太子昭訓、四品以上命婦，並六樹。男夫人、五品命婦，並五樹。女御及皇太子良娣，三樹。自皇后以下，小花並如大花之形。唐武德中，制令皇后褘衣，首飾花釵十二樹，餘各有差。開元中又定品令。

后妃命婦服章制度

周制，内司服掌王后之六服，褘衣，揄翟，闕翟，鞠衣，展衣，褖衣，素沙。王后之服，刻繒爲之形而采畫之，綴於衣，以爲文章。褘衣，畫翬者。揄翟，畫摇者。闕翟，刻而不畫。此三者皆祭服，從王祭先王則服褘衣，祭先公則服揄翟，祭羣小祀則服闕翟。今世有袿衣者，蓋三翟之遺俗。鞠衣，黄桑服也，色如麴塵，象桑葉始生。月令，三月，「薦鞠衣于先帝」，〔七四〕告桑事。展當爲襢，襢衣，以禮見王及賓客之服，其色白。褖衣，御於王之服，亦以燕居，其色黑。六服備於此矣，以下推次其色，則闕翟赤，揄翟青，褘衣玄，此鄭據五行相生爲説也。素沙者，今之白縛也。六服皆袍制，以白縛爲裏，使之張顯，今世有沙縠者，名出於此。其翟多少，各依命數。揄，音摇。縛，音絹。辨内外命婦之服，鞠衣，展衣，褖衣，素沙。内命婦之服，鞠衣，九嬪也。展衣，世婦也。褖衣，女御也。外命婦者，其夫孤也，則服鞠衣；其夫卿大夫也，則服展衣；其夫士也，則服褖衣。三夫人及公之妻並闕翟。以下至侯伯之夫人揄翟，子男之夫人亦闕翟，唯二王後褘衣也。

漢制，太皇太后、皇太后、皇后入廟服，紺上皁下；蠶服，青上縹下，皆深衣制，徐廣曰：「即單衣也。」縹音疋繞反。隱領袖緣以絛。貴人助蠶服，純縹上下。長公主見會衣服，加步摇，公主大手結，皆有簪珥，衣服同制。〔七五〕自公主封君以上，皆帶綬，以采組爲緄

帶，各如其綬色。黃金辟邪首爲帶鐍，飾以白珠。公、卿、列侯、中二千石夫人入廟佐祭者服，皁絹上下；助蠶者，縹絹上下。自二千石夫人以上至皇后，皆以蠶衣爲朝服。公主、貴人、妃以上，嫁娶得服錦綺羅縠繒，〔七六〕采十二色，重緣袍。特進、列侯以上，錦繒，采十二色。六百石以上，重練，采九色，禁丹、紫、紺。三百石以上，五采，青、絳、黃、紅、緑。二百石以上，四采，青、黃、紅、緑。賈人緗縹而已。緗，赤黃色。

魏之服制，不依古法，多以文繡。晉依前漢制，皇后謁廟，服皁上皁下，親蠶則青上縹下，〔七七〕隱領，袖緣。元康六年，詔以純青服。貴人、夫人、貴嬪，是爲三夫人，皆金章，紫綬。九嬪銀印，青綬，佩采瓄玉。助蠶之服，純縹爲上下。皇太子妃，金璽龜鈕，纁朱綬，佩瑜玉。諸王太妃、妃、諸長公主，公主、封君，〔七八〕金印紫綬，佩山玄玉。自公主、封君以上，〔七九〕皆帶綬，以綵組爲緄帶，各如其綬色，金辟邪首爲帶玦。郡縣公侯太夫人、夫人，〔八〇〕銀印青綬，水蒼玉。公特進列卿世婦、中二千石夫人，入廟助祭者，皁絹上下；助蠶者，縹絹上下。〔八一〕自二千石以上至皇后，皆以蠶衣爲朝服。

宋制，太后、皇后入廟，服袿襡上袿，下襡。大衣，謂之褘衣。公主、封君以上，皆帶綬，以采組爲緄帶，〔八二〕各如綬色。公特進列侯夫人、卿校世婦、二千石命婦年長者，入廟佐祭，皁絹上下；助蠶則青絹上下。自皇后至二千石命婦，皆以蠶衣爲朝服。按漢劉向曰：

「古者天子至于士，王后至于命婦，必佩玉，尊卑各有其制。」皇后至命婦所佩玉，古制不存，今與外同制。齊因之，袿襹用繡爲衣裳，黄綬。貴嬪、夫人、貴人、王大妃、長公主、封君，皆紫綬。六宫、郡公侯夫人，青綬。陳依前制，皇后謁廟，袿襹大衣，皁上皁下；親蠶則青上縹下，隱領袖緣。貴妃、嬪，金章龜鈕，紫綬，佩于闐玉，獸頭鞶。九嬪以下，章綬佩帶各有差。自公主、封君以上，皆帶綬，以綵組爲緄帶，各以其綬色，金辟邪首爲帶玦。自二千石以上至皇后，皆以蠶衣爲朝服。

北齊，皇后助祭、朝會以褘衣，祠郊禖以揄翟，小宴以闕翟，親蠶以鞠衣，禮見皇帝以展衣，宴居以褖衣。六服俱有蔽膝、織成緄帶。内外命婦，從五品以上，金章，紫綬，服揄翟，雙佩山玄玉。九嬪視三品，銀章，青綬，鞠衣，佩水蒼玉。其餘各有差，餘與女侍中同。外命婦皆如其夫，若夫假章印綬佩，妻則不假。一品、二品服闕翟，三品服鞠衣，四品展衣，五品褖衣。内外命婦、宫人從蠶，則各依品次，皆服青紗公服。其外命婦綬帶鞶囊，皆准其夫公服之例。百官之母，詔加太夫人者，朝服，公服，各與其命婦服同。

後周制，皇后之服十有二等。其翟衣六，從皇帝祀郊禖、享先皇、朝皇太后，則服翬衣。祭陰社、朝命婦，則服揄衣。祭群小祀、受獻繭，則服鷩衣。採桑則服鳪衣。黄色。音卜。從皇帝見賓客、聽女教，則服鵫衣。白色。音罩。食命婦、歸寧，則服翊衣。玄色。

音秩。俱十有二等，以翬翟爲領褾，各有二。臨婦學及法道門、燕命婦，則蒼衣。春齋及祭還，則青衣。夏齋及祭還，則朱衣。採桑齋及祭還，則黄衣。秋齋及祭還，則素衣。冬齋及祭還，則玄衣。自青衣而下，其領褾以相生之色。〔八三〕諸公夫人，自揄衣以下，鷩、鳪、鵫、翙、朱、黄、素、玄等衣而九；諸侯夫人，自鷩衣而下八；諸伯夫人，自鳪衣而下七；諸子夫人，自鵫衣而下六；諸男夫人，自翙衣而下五，其翟衣翟皆依其等數，而領褾各有差。三妃、三公夫人之服九，鳪衣，鵫衣，翙衣，青衣，朱衣，黄衣，素衣，玄衣，綃衣，其翟亦九等，以鳪翟爲領褾，各九。三妭、〔八四〕三孤之内子，自鵫衣而下八，翟皆八等，以鵫翟爲領褾，各八。六嬪、六卿之内子，〔八五〕自翙衣而下七，翟皆七等，以翙翟爲領褾，各七。上媛、上大夫之孺人，自青衣而下六。中媛、中大夫之孺人，自朱衣而下五。下媛、下大夫之孺人，〔八六〕自黄衣而下四。御婉士之婦，自素衣而下三。中宫六尚，緅子侯反。衣。諸命秩之服曰公服，其餘常服曰私衣。

隋制，皇后褘衣，鞠衣，青衣，朱衣四等。褘衣，深青質織成。領、袖文以翬翟，五采重行十二等。素紗内單，黼領，羅縠褾襈，色皆以朱。蔽膝，隨裳色，以緅爲緣，用翟三章。大帶隨衣裳，飾以朱緑之錦。〔八七〕革帶，青韈舄，舄以金飾。白玉佩，玄組綬，章采尺寸同於乘輿。祭及朝會大事服之。鞠衣，黄羅爲質織成。領、袖、蔽膝、革帶及舄隨衣

色，餘准褘衣。親蠶服也。青服，〔八八〕去大帶及珮、綬、金飾履，禮見天子則服之。朱服，如青服。有金璽，盤螭鈕，文曰「皇后之璽」。冬正大朝，則并璜琮各以笥貯，進於座隅。皇太后同於后服。而貴妃以下，並亦給印。三妃，服揄翟，金章龜鈕，文從其職。紫綬，金縷織成獸頭鞶囊，〔八九〕佩于闐玉。九嬪，服闕翟，金章龜鈕，文從其職，佩采瓄玉。婕妤，銀縷織成，他如嬪服。美人、才人，鞠衣，銀印珪鈕，獸爪鞶囊，佩水蒼玉。寶林，服展衣，艾綬，鞶囊，珮玉，同婕妤。承衣刀人、采女，皆褖衣，無印綬。皇太子妃，服揄翟衣九章。金璽龜鈕。素紗內單，黼領，羅褾、襈，色皆用朱。蔽膝二章。大帶，同褘衣。青綠革帶，〔九〇〕朱韈，青舄，舄加金飾。佩瑜玉，纁朱綬，獸頭鞶囊。凡大禮見皆服之，唯侍親桑則用鞠衣，珮綬與褕衣同。良娣，鞠衣，銀印，青綬，獸爪鞶囊，餘同世婦。寶林、八子，展衣，銅印，佩水蒼玉，艾綬。諸王太妃、妃、長公主、公主、〔九一〕三公夫人、一品命婦，揄翟，繡爲九章，佩山玄玉，獸頭鞶囊，綬同夫色。公夫人、縣主、二品命婦，亦揄翟，繡八章，從親桑，同鞠衣。自此以下，珮皆水蒼玉。侯伯夫人、三品命婦，亦服揄翟，繡爲七章。子夫人、四品命婦，服闕翟，刻赤繒爲翟，綴衣上爲六章。男夫人、五品命婦，闕翟，五章。若從親蠶，皆同鞠衣。唐武德令，皇后服有褘衣，鞠衣，鈿釵禮衣三等。皇太子妃，揄翟，鞠衣。自皇后至內外命婦，衣服制度，並具開元禮。

天子諸侯玉佩劍綬璽印

周制，天子佩白玉而玄組綬，公侯佩山玄玉而朱組綬，大夫佩水蒼玉而緇組綬，世子佩瑜玉而綦組綬，士佩瓀玟而緼組綬。〔九二〕綬者，所以貫佩玉。綦，文雜色。緼，赤黄色。王鎮圭長尺有二寸，大圭長三尺，杼上終葵首，終葵，椎也，爲椎於其杼上。杼，殺也。繅藉五采五就以朝日。公執桓圭九寸，侯執信圭，伯執躬圭，皆七寸，繅皆三采三就。子執穀璧，男執蒲璧，繅皆二采再就，以朝覲、宗遇、會同于王。三采，朱、白、蒼。二采，朱、緑也。凡玉，天子用全，上公用龍，侯用瓚，伯用將。龍，瓚，將，皆雜名。

自五霸迭興，戰兵不息，佩非戰器，韍非兵旗，於是解去綬佩，留其係璲，以爲章表，韍珮遂廢。又三代之制，人臣皆以金玉爲印，龍虎鈕，唯所好也。

秦始制璽以玉，不通臣下，用制乘輿六璽，曰「皇帝行璽」，「皇帝之璽」，「皇帝信璽」，「天子行璽」，「天子之璽」，「天子信璽」。又始皇得藍田白玉爲璽，螭虎鈕，文曰「受天之命，皇帝壽昌」。韍珮既廢，乃以采組連結於璲，光明章表，轉相結受，故謂之綬。

漢高帝入關，得秦始皇白玉璽，佩之，曰「傳國璽」，與斬蛇劍俱爲乘輿之寶。韍承

秦制，用而弗改，加之以雙印佩刀。後漢孝明帝乃爲大佩，衝牙雙瑀璜，皆以白玉。月令章句曰：「佩上有雙珩，〔九三〕下有雙璜，琚瑀以雜之，衝牙蠙珠以納其間。」纂要曰：「琚瑀，所以納珠在玉之間，今白珠也。」乘輿落以白珠，公卿諸侯以采絲，其玉視冕旒，〔九四〕爲祭服云。佩刀，乘輿黄金通身貂錯，半鮫魚鱗金漆錯，雌黄室，五色罽隱華室。諸侯王黄金錯，環挾半鮫，黑室。公卿百官皆淳黑，不半鮫。小黄門雌黄室，中黄門朱室，童子皆虎爪文，虎賁黄室虎文，其將白虎文，皆以白珠爲鐍口之飾。刀鋒曰鐍。匹燒反。乘輿者加翡翠山，紆嬰其側。佩雙印，長寸二分，方六分。乘輿、諸侯王、公、列侯以白玉，中二千石以下至四百石，皆以黑犀，二百石以至私學弟子，〔九五〕皆以象牙。上合絲，乘輿以縢貫白珠，赤罽蕤，諸侯王以下，綔口故反。赤絲蕤，縢綔各如其印質。刻書文曰：「正月，剛卯既決，靈殳四方，赤青白黄，四色是當。帝令祝融，以教夔龍，庶疫剛癉，莫我敢當。疾日嚴卯，帝令夔龍，〔九六〕慎爾周伏，化兹靈殳。既決既直，〔九七〕既觚既方，庶疫剛癉，莫我敢當。」前漢注云：「以正月卯日作。」乘輿黄赤綬，四采，黄、赤、紺、縹，淳黄圭，長二丈九尺九寸，〔九八〕五百首。凡綬先合單紡爲一系，〔九九〕四系爲一扶，五扶爲一首，五首成一文，采純爲一圭，首多者系細，首少者系麤。漢官儀曰：「璽皆白玉螭虎鈕，文曰『皇帝行璽』，『皇帝之璽』，『皇帝信璽』，『天子行璽』，『天子之璽』，『天子信璽』，凡六璽。『皇帝行璽』封常行詔敕，『之璽』賜

諸侯王書，『信璽』發兵，召大臣。『天子行璽』策拜外國事，『之璽』賜外國書，『信璽』發外國兵及事天地鬼神。璽皆以武都紫泥封青布囊，白素裏，兩端無縫，尺一版中約署。皇帝帶綬，〔一〇〇〕黄地六采，不佩璽，璽以金銀縢組，侍中組負以從。秦前民皆佩綬，以金、玉、銀、銅、犀、象爲方寸璽，各服所好。奉璽書使者乘馳傳，其驛騎也，三騎行晝夜千里爲程。諸侯王赤綬，四采赤、黄、縹、紺，淳赤圭，長二丈一尺，三百首。太皇太后、皇太后、皇后，其綬皆與乘輿同。長公主、天子貴人與諸侯王同綬者，加「特」也。諸國貴人、相國，皆緑綬，三采，緑、紫、紺，淳緑圭，長二丈一尺，二百四十首。前漢書曰：「相國、丞相，皆秦官，金印紫綬。高帝相國，緑綬。」徐廣曰：「金印緑綟綬。」綟，音戾，〔一〇一〕草名，以染似緑，又云似紫，紫綬名緺綬。〔一〇二〕緺，音瓜，其色青紫。公加殊禮，皆得服之。公、侯、將軍紫綬，二采，紫、白，淳紫圭，長丈七尺，百八十首。前漢書曰：「太尉，金印紫綬。御史大夫，位上卿，銀印青綬。成帝更名大司空，金印紫綬，將軍亦金印。」漢官儀曰：「馬防爲車騎將軍，銀印青綬，在卿上，絶席。」和帝以竇憲爲車騎將軍，始加金紫，司次空。九卿、中二千石，青綬，三采，青、白、紅，淳青圭，長丈七尺，百二十首。一號青緺綬。自青綬以上，縌，音逆。皆長三尺二寸，與綬同采而首半之。縌者，古佩璲也，佩綬相迎受，故曰縌。紫綬以上，縌綬之間得施玉環鐍云。通俗文曰：「缺環曰鐍。」漢舊儀曰：「其斷獄者，印爲章也。」千石、六百石，黑綬，三采，青、赤、紺，淳青圭，長丈六尺，八十首。

四百石、三百石長同。漢官曰：〔一〇三〕「尚書僕射，銅印青綬。」四百石、三百石、二百石，黄綬，一采，淳黄圭，〔一〇四〕長丈五尺，六十首。自黑綬以下，縌綬皆長三尺，與綬同采而首半之。百石青紺綸，一采，宛轉繆織圭，〔一〇五〕長丈二尺。

晉制，盛服則雜寶爲佩，金銀校飾。綬，黄、赤、縹、紺四采。太子諸王，纁朱綬，赤、黄、縹、紺。相國，緑綟綬，三采，緑、紫、紺。郡公玄朱，〔一〇六〕侯伯青朱，子男素朱，皆三采。公嗣子紫，侯嗣子青，鄉、亭、關内侯紫綬，皆二采。〔一〇七〕郡國太守、内史青，尚書令僕射、中書監令、秘書監皆黑，丞皆黄，諸府丞亦然。其佩刀者，以木代真刀也。

宋，皇太子金璽龜鈕，朱綬，四采，赤、黄、縹、紺。佩瑜玉。諸王金璽龜鈕，纁朱綬，四采，赤、黄、縹、紺。佩山玄玉。太宰、太傅、太保、丞相、司徒、司空金章紫綬，佩山玄玉。相國則緑綟綬，三采，緑、紫、紺。自相國而下，或銅印銀章，或青綬，或黑綬，以至別部司馬以下假黑綬者，凡六十等，各有差。凡此前衆職，江左多不備，又多闕朝服。諸應給朝服佩玉，而在京師者給朝服，非諸烏丸、羌、戎、蠻諸校尉以上及刺史、西域戊己校尉，皆不給佩玉。其來朝會，權時假給，會罷輸還。凡應朝服者，而官不給，聽自具之。諸假印綬而官不給鞶囊者，得自具作。其但假印不假綬者，〔一〇八〕不得佩綬。鞶，古制也。〔一〇九〕按漢代著鞶囊者，側在腰間。或云傍囊，或云綬囊，然則以此囊盛綬也。或盛或散，各有其時。

齊乘輿制，六璽以金爲之，並依秦漢之制。皇太子、諸王，金璽，皆龜鈕。公侯五等，金章。其公、將軍，金章。光禄大夫、卿、尹、太子傅、諸領護將軍、中郎將、校尉、郡國太守、内史、四品五品將軍，皆銀章。尚書令僕射、中書監令、秘書監丞、太子二率、諸府長史、卿、尹、丞、尉、都水使者、諸州刺史，〔一一〇〕皆銅印。其綬，乘輿黄赤綬，黄、赤、縹、緑、紺五采。〔一一一〕太子朱綬，〔一一二〕諸王纁朱綬，赤、黄、縹、紺色亦同。相國緑綟綬，三采，緑、紫、紺。郡公玄朱，侯伯青朱，〔一一三〕子男素朱，皆三采。公嗣子紫，侯嗣子青，鄉、亭侯，關中、關内侯，墨綬，〔一一四〕皆二采。郡國太守、内史青，尚書僕射、中書監令、秘書監皆黑，丞皆黄，諸府丞亦然。

梁制，乘輿印璽並如齊制。皇太子金璽龜鈕，朱綬，三百二十首，〔一一五〕佩瑜玉，帶鹿盧劒，火珠首，素革帶，玉鈎燮，〔一一六〕獸頭鞶囊。諸王金璽龜鈕，纁朱綬，百六十首，佩山玄玉，垂組，大帶，獸頭鞶，腰劒。若加餘官，則服其加官之服。開國公金章龜鈕，玄朱綬，百四十首，佩山玄玉，獸頭鞶，腰劒。自開國公而下，或金章，或金印，或銀章，或銀印，或銅印；或青綬，或紫綬，或墨綬，或黄綬，或艾綬；或佩水蒼玉，或佩五采，或無佩而簪筆者；或獸頭鞶，或獸爪鞶；或腰劒，或紫荷執笏，或赤舄絇履，或彤縠單衣介幘，以至四品將兵以下所領不滿五十人，除版而不給章者，凡七十等，各有差。陳永定元年，

武帝所定乘輿服御，皆採梁舊制。以天下初定，務從節儉，應用繡織成者，並可彩畫。珠玉之飾，任用蚌也。至天嘉初，悉改易之，令一依梁天監舊事。

北齊制，天子六璽，並依舊式。「皇帝行璽」、「之璽」、「信璽」，並白玉爲之，方一寸三分。「天子行璽」、「之璽」、「信璽」，並黃金爲之，方一寸二分。又有傳國璽，白玉爲之，方四寸，螭獸鈕，上交五蟠螭，〔一一七〕隱起鳥篆書，文曰「受天之命，皇帝壽昌」，凡八字，在六璽外，唯封禪以封石函。又有督攝萬機印一鈕，以木爲之，长尺二寸，廣二寸五分，背上爲鼻鈕，鈕長九寸，厚一寸，廣七分，腹下隱起篆文書，爲「督攝萬機」，凡四字。此印常在內，唯以印籍縫，用則左戶部郎中、度支尚書奏取，印訖轉內。皇太子璽，黃金爲之，方一寸，龜鈕，文曰「皇太子璽」。宮中大事用璽，小事用門下典書坊印。諸侯印綬，二品以上並金章紫綬；三品銀章青綬；四品得印者，銀印青綬；五品、六品得印者，銅印墨綬；七品、八品、九品得印者，銅印黃綬。金銀章印及銅印，並方一寸，皆龜鈕。東、西、南、北四藩諸國王之章，上藩用中金，中藩用下金，下藩用銀，並方寸龜鈕。佐官，唯公府長史、尚書二丞給印綬。六品以下九品以上，唯當曹爲官長者給印，餘自非長官，雖位尊亦不給。諸王，纁朱綬，四采，赤、黃、縹、紺，純朱質，纁文織，長二丈一尺，二百四十首，廣九寸。開國郡縣公、散郡縣公，〔一一八〕玄朱綬，四采，玄、赤、縹、紺，朱質，玄文織，長丈八尺，百

八十首，廣八寸。開國縣侯伯，青朱綬，四采，青、赤、白、縹，朱質，青文織，長丈六尺，百四十首，廣七寸。開國縣子男、名號侯、開國鄉男，素朱綬，三采，青、赤、白，朱質，白文織，長丈四尺，百二十首，廣六寸。一品、二品，紫綬，三采，紫、黄、赤，純紫質，長丈八尺，百八十首，廣八寸。三品、四品，青綬，三采，青、白、紅，純青質，長丈六尺，百四十首，廣七寸。五品、六品，墨綬，二采，青、紺，純紺質，長丈四尺，一百首，廣六寸。七品、八品、九品，黄綬，二采，黄、白，純黄質，長丈二尺，六十首，廣五寸。官品從第二以上，小綬間得施玉環。官有綬者，則有紛，皆長八尺，廣三寸，各隨綬色。若服朝服則佩綬，公服則佩紛。官無綬者，不給佩紛。其鞶囊，二品以上金縷，三品金銀縷，四品銀縷，五品、六品綵縷，七、八、九品絲縷，獸爪鞶。官無印綬者，並不給佩鞶囊及爪。其佩及劍，一品，玉具劍，佩山玄玉。二品，金裝劍，佩水蒼玉。三品及開國子男、五等散品名號侯，雖四品、五品，並銀裝劍，佩水蒼玉。侍中以下通直郎以上，陪位則象劍。木劍也，言其象真劍。帶劍者入宗廟及升殿，若在仗内，皆解劍。

後周，皇帝八璽，有神璽，有傳國璽，皆寶而不用。神璽明受之於天，傳國璽明受之於運。皇帝負扆，則置神璽於筵前之右，置傳國璽於筵前之左。其六璽並因舊制，皆白玉爲之，方一寸五分，高一寸，螭獸鈕。三公諸侯皆金印，方一寸二分，高八分，龜鈕。七命以上

銀，四命以上銅，皆龜鈕。三命以上銅印銅鼻，〔一一九〕其方皆寸，其高六分，文曰「某公官之印」。凡組綬，皇帝以蒼、青、朱、黄、白、玄、纁、紅、紫、緅、碧、緑十有二色。諸公九色，自黄以下；諸侯八色，自白以下；諸伯七色，自玄以下；諸子六色，自纁以下；諸男五色，自紅以下。三公之綬如諸公，三孤之綬如諸侯，六卿之綬如諸伯，上大夫之綬如諸子，中大夫之綬如諸男，下大夫綬自紫以下，〔一二〇〕士之綬自緅以下。其璽印綬，亦如之。保定四年，百官始執笏常服焉。内外命婦皆執笏，其拜俛伏方興。宇文護始命袍加下襴，〔一二一〕遂爲後制。

隋制，神璽寶而不用，受命璽封禪則用之，餘六璽行用，並因舊制。其綬，自王、公、侯伯、子男爲四等，又以正從一品、〔一二二〕三品、四品、五品，亦爲四等之差，大抵遵北齊之制，采純及首，微有加減焉。自王、公以下皆有小雙綬，長二尺六寸，色同大綬而首半之。正從一品施二玉環，以下不合有綬者則有紛，皆長六尺四寸，廣二寸四分，各隨綬色。其鞶囊如北齊制，其佩，一品及五等諸侯並山玄玉，五品以上水蒼玉。

唐貞觀十六年，太宗刻受命玄璽，白玉爲螭首，其文曰「皇天景命，有德者昌」。永徽二年四月，敕開府儀同三司及京官文武職事四品、五品，並給隨身魚袋。〔一二三〕上元元年八月，敕文武官三品以上金玉帶十二銙，〔一二四〕四品金魚帶十一銙，五品金帶十銙，六

品、七品并銀帶九銙，八品、九品服並鍮石帶八銙，庶人服黃銅鐵帶六銙。其一品以下文官並帶手巾、算袋、刀子、磨石。其武官欲帶手巾、算袋，亦聽之。〔一二五〕武太后天授元年九月，改内外官所佩魚爲龜。〔一二六〕至神龍元年二月，京文武官五品以上，依舊式佩魚袋。垂拱二年正月，敕文，諸州都督、刺史，並准京官帶魚袋。〔一二七〕長壽三年，改玉璽爲符寶。開元二年七月，敕珠玉錦繡既令禁斷，准式三品以上飾以玉、四品以上飾以金、五品以上飾以銀者，宜於腰帶及馬鐙酒杯杓依式，自外悉禁斷。天授二年八月，左羽林大將軍建昌王攸寧借紫衫金帶，借紫自此始。八年二月，敕都督、刺史品卑者，借緋及魚袋，永爲常式。天寶十載，改傳國寶爲承天大寶。天子之寶八：一曰「神寶」，所以臣百王，鎮萬國，寶而不用。二曰「受命寶」，所以修封禪，禮神祇。三曰「皇帝行寶」，答疏於王公則用之。四曰「皇帝之寶」，勞來勳賢則用之。五曰「皇帝信寶」，召大臣則用之。六曰「天子行寶」，荅四夷書則用之。七曰「天子之寶」，慰撫蠻夷則用之。八曰「天子信寶」。發蕃國兵則用之。凡大朝會，則奉寶以進于御座。車駕行幸，則奉寶以從于黃鉞車之內。

臣謹按：梁制，左右光禄大夫加金章紫綬、銀章青綬者，同其位。但加金紫者謂之金紫光禄大夫，但加銀青者謂之銀青光禄大夫。又按北齊之制，三品以上，凡是五省官及中侍中省官，皆爲印，不爲章。四品以下，凡是開國子男及五等散品名

號侯，皆爲銀章，不爲印。

校勘記

〔一〕「夫人受尸執足」，「受」，原作「授」，據禮記祭統改。

〔二〕「秦滅禮學」，汪本「學」作「樂」，據元本、明本、于本、殿本改。

〔三〕「天子之冠也」，「冠」，原作「服」，據禮記玉藻改。

〔四〕「皇太子朝服遠遊冠」，「服」，原作「冠」，據隋書禮儀志六改。

〔五〕「朝日用青冕夕月用素冕地祇用黄冕神州社稷用玄冕」，四「用」字原作「同」，據通典五七改。

〔六〕「五曰繡冕」，「繡」，原作「絺」，據隋書禮儀志六、通典五七改。

〔七〕「黈纊充耳玉笄」，汪本「玉」作「五」，據元本、明本、于本、殿本改。

〔八〕「太子庶子裴政奏色並用玄唯應著幘者任依漢晉法」，「政」，原作「正」，「任」字脱，據隋書禮儀志七改補。

〔九〕「繡冕」，「繡」，原作「絺」，參看本篇校記〔六〕。下同。

〔一〇〕「第一品服之」，此五字脱，據舊唐書輿服志補。

〔一一〕「小史私學弟子皆一梁」，「史」，原作「吏」，據後漢書輿服志下改。
〔一二〕「始加緇布」，「緇布」二字脱，據晉書輿服志補。
〔一三〕「三公及封郡公縣公郡侯縣侯鄉亭侯則三梁」，「縣公郡侯」四字脱，據晉書輿服志補。
〔一四〕「展筩爲述」，「述」下衍「筩」字，據後漢書輿服志下删。
〔一五〕「亦名齋冠」，「齋」，原作「齊」，據後漢書輿服志下改。
〔一六〕「帝之子封郡王者」，「帝」字脱，據晉書輿服志補。
〔一七〕「直豎」，「豎」，原作「植」，據後漢書輿服志下、通典五七改。
〔一八〕「無山述展筩」，「述」字脱，據後漢書輿服志下、晉書輿服志補。
〔一九〕「中外官」，「官」字脱，據後漢書輿服志下補。
〔二〇〕「或云」，「或」，原作「注」，據通典五七改。
〔二一〕「豎左右」，「豎」，原作「植」，參看本篇校記〔一七〕。
〔二二〕「八品以下及武官」，「下」，原作「上」，據隋書禮儀志七改。
〔二三〕「大予」，二字原脱，據後漢書輿服志下補。
〔二四〕「直豎」，「豎」，原作「植」，參看本篇校記〔一七〕。
〔二五〕「前後出各四寸」，「出」字脱，據後漢書輿服志下、通典五七補。
〔二六〕「今不施用」，「不」下衍「以」字，據後漢書輿服志下删。

〔二七〕「漢制」，「漢」，原作「晉」，按後漢書輿服志下已有却敵冠，知「晉」字有誤，今據改。

〔二八〕「皆三十六升漆布爲之」，「六」、「漆」二字脱，據後漢書輿服志下注補。

〔二九〕「雲翹舞樂服之」，「舞樂」二字互倒，據後漢書輿服志下、晉書輿服志改。「樂」下應依之補「人」字。

〔三〇〕「尚書幘收方三寸名曰納言示以忠正」，「方」字脱，「示」，原作「亦」，據後漢書輿服志下補改。

〔三一〕「入學小童」，文前衍「未」字，據後漢書輿服志下删。

〔三二〕「博士曹弘之」，「弘之」，原作「洪」，據晉書輿服志改。

〔三三〕「免冠着赤幘」，「免」，原作「冕」，據晉書輿服志、通典五七改。

〔三四〕「則空頂介幘」，「介」字脱，據隋書禮儀志六補。

〔三五〕「又制緑幘」，「緑」，原作「緣」，據殿本、通典五七改。

〔三六〕「帢」，原作「帕」。按，「帢」音恰，「帕」音滔，二字形音義皆異，不應混用，今改正。下同。

〔三七〕「裁縑帛以爲帢」，「帛」，原作「皁」，據後漢書輿服志下、通典五七改。

〔三八〕「本未有岐荀文若巾之行觸木枝成岐謂之爲善」，「未」，原作「末」，「謂」，原作「因」，「善」，原作「名」，據晉書輿服志改。

〔三九〕「爲群臣舉哀」，「爲」字脱，據隋書禮儀志六補。
〔四〇〕「上有帽而勾領」，「領」，原作「頷」，據通典五七改。
〔四一〕「長著皁帽」，「皁」，原作「帛」，據通典五七改。
〔四二〕「皇太子在上省則烏紗」，「紗」下衍「帽」字，據隋書禮儀志六、通典五七删。
〔四三〕「又有繒皁雜紗爲之」，「繒皁」二字互倒，據隋書禮儀志六、通典五七改。
〔四四〕「崔鈞之徒」，「鈞」，原作「豹」，據晉書輿服志改。
〔四五〕「因裁幅巾爲四腳」，「因」，原作「四」，據通典五七改。
〔四六〕「各服常冠」，「常」，原作「長」，據後漢書輿服志下改。
〔四七〕「梁劉昭曰」，按，所引者爲後漢書輿服志下之文，非劉昭注語。
〔四八〕「今下至踐更小史」，「踐更小史」，原作「賤夫小吏」，據後漢書輿服志下改。
〔四九〕「以絳緣領袖」，「袖」字脱，據晉書輿服志、通典六一補。
〔五〇〕「未加玄服者空頂介幘其釋奠先聖則皁紗袍」，自「者」至「聖」共十字皆脱，據晉書輿服志補。
〔五一〕「拜陵則黑介幘」，「黑介幘」三字原作「蔑」，據晉書輿服志、通典六一改。
〔五二〕「長四寸」，「寸」，原作「尺」，據宋書禮志五、通典六一改。
〔五三〕「朕以大冕純玉繅玄衣黄裳郊祀天」，「繅」，原作「璪」，「郊」字脱，據宋書禮志五

改補。

〔五四〕「征伐不賓」，「不賓」二字脱，據宋書禮志五補。

〔五五〕「明帝以織成重乃采畫爲之加飾金銀簿」，「成」，原作「太」，「飾金」二字互倒，據南齊書輿服志改正。

〔五六〕「其朝服臣下皆同」，「其朝服」三字脱，據南齊書輿服志補。

〔五七〕「公卿以下祭服」，「公」字脱，據隋書禮儀志六補。

〔五八〕「大裘羔裘也」，「羔」上衍「黑」字，據周禮春官司服注、隋書禮儀志六、通典六一删。

〔五九〕「今宜以玄繒爲之」，「玄」字脱，據隋書禮儀志六補。

〔六〇〕「著皁衣」，「皁」，原作「白」，據隋書禮儀志六改。

〔六一〕「徐陵白」，「白」原作「曰」，據隋書禮儀志六改。

〔六二〕「其在官府史之屬」，「史」，原作「吏」，據隋書禮儀志六改。

〔六三〕「太常少卿裴政」，「政」，原作「正」，參看本篇校記〔八〕。

〔六四〕「黼領」，「黼」下衍「黻」字，據隋書禮儀志七、通典六一删。

〔六五〕「感帝」，「感」，原作「五」，據隋書禮儀志七、通典六一改。

〔六六〕「廟遣上將」，「廟」字脱，據隋書禮儀志七、通典六一補。

〔六七〕「服五章」，「服」字脱，據隋書禮儀志七、通典六一補。

〔六八〕「繡冕」，「繡」，原作「絺」，據通典六一、舊唐書輿服志改。

〔六九〕「八爵九華」，後漢書輿服志下作「一爵」，晉書輿服志作「八爵」，晉志是。

〔七〇〕「上生樹本」，「樹」，原作「木」，據史記秦本紀集解改。

〔七一〕「公主三夫人」，「主」下衍「會見」二字，據宋書禮志五删。

〔七二〕「諸爵獸皆以翡翠爲毛羽金題白珠璫繞」，「以」字至「繞」字十二字皆脱，隋志亦脱，據後漢書輿服志下補。

〔七三〕「六品七品大手髻八品九品偏髾髻」，「六品」、「八品」皆脱，據隋書禮儀志六補。

〔七四〕「薦鞠衣于先帝」，「先」，原作「上」，據禮記月令改。

〔七五〕「長公主見會衣服加步摇公主大手結皆有簪珥衣服同制」，上「衣」字至「制」字十八字皆脱，據後漢書輿服志下補。

〔七六〕「嫁娶得服錦綺羅縠繒」，「得」，原作「則」，據後漢書輿服志下、通典六二改。

〔七七〕「皇后謁廟服阜上阜下視蠶則青上縹下」，「阜下」至「青上」七字脱，據晉書輿服志補。

〔七八〕「諸王太妃妃諸長公主公主封君」，脱一「妃」字，又脱「公主封君」四字，據晉書輿服志補。

〔七九〕「自公主封君以上」，「封君」二字脱，據晉書輿服志補。

〔八〇〕「郡縣公侯太夫人夫人」，「太夫人」三字脱，據晉書輿服志補。
〔八一〕「縹絹上下」，「縹」，原作「緇」，據晉書輿服志改。
〔八二〕「公主封君以上皆帶綬以采組爲緄帶」，「主」下衍「會見」二字，「組」字脱，宋書禮志五亦脱，據後漢書輿服志下、晉書輿服志删補。
〔八三〕「自青衣而下其領褾以相生之色」，「衣」字脱，「領褾」二字互倒，據隋書禮儀志六補改。
〔八四〕「三妣」，二字原脱，據隋書禮儀志六補。
〔八五〕「六嬪六卿之内子」，「六嬪」之「六」，原作「九」，據隋書禮儀志六改。
〔八六〕「自朱衣而下五下媛下大夫之孺人」，此十四字全脱，據隋書禮儀志六補。
〔八七〕「飾以朱緑之錦」，「緑」，原作「緣」，「錦」字脱，據隋書禮儀志六、通典六二改補。
〔八八〕「青服」，「服」，原作「衣」，據隋書禮儀志七改。
〔八九〕「金縷織成」，「織成」二字脱，據隋書禮儀志七補。
〔九〇〕「青緑革帶」，「緑」，原作「緣」，據隋書禮儀志七、通典六二改。
〔九一〕「長公主公主」，原脱「公主」二字，據隋書禮儀志七補。
〔九二〕「士佩瓀玟而緼組綬」，汪本「緼」作「緇」，據元本、明本、于本、殿本改。
〔九三〕「佩上有雙珩」，「珩」，後漢書輿服志下注引月令章句作「衡」。

〔九四〕「其玉視冕旒」，「玉」字從黄山後漢書校補輿服志下增補。

〔九五〕「三百石以至私學弟子」，後漢書輿服志下「三百石」作「二百石」。

〔九六〕「帝令夔龍」，按，後漢書輿服志下「龍」作「化」。

〔九七〕「既決既直」，按，後漢書輿服志下「決」作「正」。

〔九八〕「長二丈九尺九寸」，「二」字脱，據通典六三補。

〔九九〕「凡綬先合單紡爲一系」，「系」，原作「絲」，據後漢書輿服志下及本篇下文改。按隋書禮儀志六作「絲」。

〔一〇〇〕「皇帝帶綬」，汪本「帶」作「紫」，據元本、明本、于本、殿本改。

〔一〇一〕「金印緑綟綬綟音戾」，「綬綟」二字脱，據後漢書輿服志下、通典六三補。

〔一〇二〕「紫綬名緺綬」，「緺綬」二字脱，據後漢書輿服志下注補。

〔一〇三〕「漢官曰」，「官」下衍「儀」字，據後漢書輿服志下注删。

〔一〇四〕「黄綬一采淳黄圭」，「一采」原在「淳黄圭」之下，從惠棟後漢書補注説校正。

〔一〇五〕「宛轉繆織圭」，「圭」字從惠棟後漢書補注説校補。

〔一〇六〕「郡公玄朱」，「玄」字脱，據宋書禮志五補。

〔一〇七〕「皆二采」，「皆」，原作「白」，據本篇下文改。「白」字乃因「皆」字上半損壞而成。

〔一〇八〕「其但假印不假綬者」，「但」，原作「位」，「假印不」三字脱，據宋書禮志五改補。

〔一〇九〕「肇古制也」，「肇」，原作「革」，據宋書禮志五改。

〔一一〇〕「諸州刺史」，汪本「史」作「使」，據元本、明本、于本、殿本改。

〔一一一〕「乘輿黄赤綬黄赤縹緑紺五采」，「黄赤綬」三字及「緑」字脱，「五」，原作「四」，據南齊書輿服志補改。

〔一一二〕「太子朱綬」，「朱綬」二字脱，據南齊書輿服志補。

〔一一三〕「郡公玄朱侯伯青朱」，「玄」字及下「朱」字脱，據南齊書輿服志補。

〔一一四〕「墨綬」，「墨」，原作「紫」，據南齊書輿服志改。

〔一一五〕「三百二十首」，「二十」二字脱，據隋書禮儀志六補。

〔一一六〕「玉鈎爕」，「鈎爕」，原作「劒」，據隋書禮儀志六改。

〔一一七〕「上交五蟠螭」，「五」字脱，據隋書禮儀志六補。

〔一一八〕「散郡縣公」，「縣」字脱，據隋書禮儀志六補。

〔一一九〕「三命以上銅印銅鼻」，「上」，原作「下」，據隋書禮儀志六、通典六三改。

〔一二〇〕「中大夫之綬如諸男下大夫綬自紫以下」，「如諸男下大夫綬」七字脱，據隋書禮儀志六補。

〔一二一〕「宇文護始命袍加下襴」，「命」字脱，據隋書禮儀志六補。

〔一二二〕「又以正從一品」，「正從」二字互倒，據隋書禮儀志七、通典六三改。

〔一二三〕「並給隨身魚袋」，「袋」字脱，據唐會要三一補。

〔一二四〕「銙」，原作胯，據唐會要三一、新唐書車服志改。下文六處同。

〔一二五〕「其一品以下文官並帶手巾算袋刀子磨石其武官欲帶手巾算袋亦聽之」，二「算袋」皆作「筭袋」，據通典六三、唐會要三一、新唐書車服志改。

〔一二六〕「改内外官所佩魚爲龜」，「佩」，原作「授」，據唐會要三一、新唐書車服志改。

〔一二七〕「並准京官帶魚袋」，「袋」字脱，據通典六三、唐會要三一補。

器服略第二

臣謹按：考工記曰：「一器而工聚焉者，車爲多。」上蓋如規象天，二十八撩音老。象列宿，方輿象地，三十幅象日月，前則聽鸞和之響，傍則睹四時之運。等威有辨，貴賤有序者，車之制也。故書曰：「明試以功，車服以庸。」洎乎魏晉，政教陵遲，僭踰莫禁，世有變改，異制殊狀，今畧舉沿革云。

天子車輅

五　輅

古史考云：「黄帝作車，至少昊始駕牛，及陶唐氏制彤車，乘白馬，則馬駕之初也。」有虞氏因彤車而制鸞車。夏后氏因鸞車而制鈎車。鈎之言不揉自曲也。奚仲爲車正，建斿旐，尊卑上下，各有等級。商因鈎車而制大輅。禮緯曰：「山車垂鈎，〔一〕乃鈎車之象。昔成

湯用而郊祀，有山車之瑞。山車謂之桑金車，似金根之色，亦謂之大輅。」周因商輅以制木輅。約木以加飾，爲五輅：一曰玉輅，以祀。二曰金輅，以賓，同姓以封。三曰象輅，以朝，異姓以封。四曰革輅，以即戎，以封四衛。五曰木輅，以田，以封藩國。其制度之詳，在禮經。

秦平天下，閱三代之禮，或曰商瑞山車，金根之色，乃因金根車，用金飾而爲帝軫，黑旗皁斿，以從水德，復法水數，駕馬以六。

漢武帝天漢四年，始定輿服之制。郊祀所乘，謂之大駕，車千乘，騎萬疋，其儀甚盛，不必師古。及赤眉之亂，文物無遺。後漢光武平公孫述，始獲葆車輿輦，因舊制金根車，擬周之玉輅，最尊者也。輪皆朱班重牙，貳轂兩轄。轂外復有一轂抱轄，其外乃復設轄，抱銅置其中。金簿繆龍，爲輿倚較。徐廣曰：「繆，交錯之形也。較在箱上。」說文曰：「⿰木虡文，畫蕃箱也。」通俗文曰：「車箱爲較。」文虎伏軾，龍首銜軛，左右吉陽筩，鸞雀立衡，⿰木虡文畫轅，羽蓋華蚤。建大旂十有二斿，畫日、月、升龍。駕六馬，象鑣鏤鍚，〔二〕金鍐方釳，插翟尾，朱兼樊纓，赤罽易茸，金就十二。左纛以氂牛尾爲之，在左騑馬軛上，〔三〕大如斗，是爲德車。大駕則御鳳凰車，以金根車爲副。其駕黑馬六，因秦不改。或云始自漢制。許慎五經異義說，天子駕六馬，以經言「時乘六龍以御天」，故所御皆六，餘皆駕四，後從爲副車。

魏武王受漢獻帝命，乘金根車，駕六馬，設五時副車。至明帝景初中，山茌縣黃龍

見，以爲魏得地統，服色尚黃，戎事乘黑首白馬。齊王正始中，詔出入必御輦乘輿。晉武帝承魏陳留王命，乘金根車，駕六馬，備五時副車。及受禪，設玉、金、象、革、木五輅，並爲法駕，旗旍服用，悉取周制。文物華藻，因金根車更增其飾，朱班漆輪，加畫轓文。兩箱之後加玳瑁爲鶡翅，加以金銀雕飾，時人亦謂爲金鶡車。斜注旂旗於車之左，又加棨戟於車之右，皆槖而施之。棨戟韜以黻繡，上爲亞字，〔四〕繫大蛙蟆幡，長丈餘，於戟之杪。轅皆曲向上，取夏商「山車垂鉤」之義。玉輅駕六馬，以黑。金、象、革、木，駕四馬，以黃金爲文髦，插以翟尾。〔五〕象鑣而鏤錫，金鍐而方釳，許乞反。鞶纓赤罽易茸，金就十有二。五輅皆有錫鸞之飾，和鈴之響，鈎膺玉瓌，龍輈華轙朱幩。音紛。法駕行則五輅各有所主。復制金根車，去漢之文物，駕四馬，不建旗幟，上如畫輪，車下猶金根之飾。東晉元帝始建戎輅、大輅各一。以商人祀用大輅，周人即戎用戎輅故也。因金根車飾，皆駕黑駟，是爲玄牡。安帝義熙中，平關洛，得姚興僞車輦，或時乘用焉。

宋孝武大明中，尚書左丞荀萬秋改造五輅。玉輅，〔六〕依晉金根車，加赤漆轓畫，玉飾諸末，建青旗十有二旍，駕駟以黑。復因漢之安車，章施羽葆蓋，以祀。金根爲金輅，建青旂，駕黑馬四，羽葆蓋，以賓。象、革、木輅並擬玉輅，漆轓畫，羽葆蓋。象輅視朝，革輅即戎，二輅並建赤旆，駕黑馬四。木輅建赤麾，以田，駕赤馬四。大事，法駕，五輅

俱出。

齊武帝永明初，〔七〕伏曼容議，齊德尚青，車旗先青。〔八〕次赤，次白，次黑。軍容戎事，宜依漢道行運之色。因宋金根車而脩玉輅。五輅，江左相承駕駟，左右騑爲六。初加玉輅爲重蓋，棲寶鳳皇，綴金鑷珠璫玉蜯珮，四角金龍銜五采旄。又麒麟頭，加以采畫，馬首戴之。竟陵王子良啟曰：「蓋圓象天，軫方象地，上無二天之儀，下設兩蓋之飾，求諸志録，難爲折衷。又假爲麟首，加乎馬頭，事不師古，鮮或可施。」至建武中，明帝乃省重蓋等。金輅之飾，如玉輅而減少。象輅減金輅，革輅如象輅而尤減，木輅如革輅。建大赤麾，首施大騶幡。金輅、玉輅，建碧旂。象輅、木輅，建赤旂。

梁武帝初因齊制。天監三年，五輅，旗麾同用赤，而斿不異，以從行運也。七年，帝據周禮「玉輅以祀，金輅以賓」，今祀乘金輅，詔下詳議。周捨謂金輅爲齊車，本不關於祭祀，於是改陵廟皆乘玉輅，轡以朱絲。

陳天嘉初，令到仲舉，〔九〕議造玉、金、象、革、木等五輅，及五色副車。皆金薄交龍，爲輿倚較，文貔伏軾，〔一〇〕虬首銜軛，左右吉陽筩，鸞雀立衡，櫎文畫轓，緑油蓋，黄紋裏，相思橑，金華末。邪注旂旗於車之左，各依方色；加棨戟於車之右，韜以黻繡。〔一一〕獸頭幡，長丈四尺，揭於戟杪。玉輅，正副同駕六馬，餘皆駕駟，並金文髦，〔一二〕插以翟尾，

玉爲鏤錫。又以彩畫蛙蟆，綴兩軸頭，即漢之飛軨遺象也。五輅兩箱後，皆用玳瑁爲鵾翅，加以金銀雕飾。兩箱之裏，衣以紅錦，金花帖釘，上用紅紫錦爲後檐，青紋純帶，夏用花簟，冬用綺繡褥。此後漸脩，具依梁制。

後魏天興初，始制軒冕，未知古式，多違舊章。至孝文太和中，儀曹令李韶更議改正，唯備五輅，各依方色，其餘車輦，猶未能具。明帝熙平中，侍中崔光等議，大造車服，五輅並駕五馬，亦無經據。北齊車服制度，多因後魏。天保中所乘，是太和中李韶所制五輅。後周依周禮設六官，置司輅之職，掌皇帝之輅，十有二等：一曰蒼輅，以祀昊天上帝。二曰青輅，以祀東方上帝。三曰朱輅，以祀南方上帝及朝日。四曰黄輅，以祭地祇中央上帝。五曰白輅，以祀西方上帝及夕月。六曰玄輅，以祀北方上帝及感帝，祭神州。此六輅，通漆之而無他飾，即周木輅之遺象也。馬皆疏面，旓、就以方色，俱十有二。七曰玉輅，以享先皇，加玄服，納后。八曰碧輅，以祭社稷，享諸先帝，大卜，食三老五更，享諸侯及耕籍。九曰金輅，以祀星辰，祭四望，視朔，射，饗。十曰象輅，以望秩群祀，視朝，燕射，巡省，臨學，幸道法門。十一曰革輅，以巡兵即戎。十二曰木輅，以田獵，行鄉畿。此六輅，又以六色漆畫之，用玉碧金象革物以飾諸末。皆錫面，金鈎，就以五采，俱十有二。其輅之式飾，重輪重較加耳焉。〔一三〕

隋開皇元年，內史李德林奏，後魏輿輦乖制，請皆廢之，唯留太和時李韶所制五輅，北齊所遵者。後著令，玉輅，青質，以玉飾諸末。重箱盤輿，左龍，右虎，金鳳翅，畫櫕文鳥獸。黃屋左纛，金鳳一在軾前，八鑾在衡，二鈴在式。龍輈之上前設障塵，青蓋黃裏，繡旍帶，金博山，綴以鏡子，下垂八珮，植四十葆羽。輪皆朱班，重牙複轄。左建太常，十有二旒，皆畫升龍日月，其長曳地。右載闟戟，長四尺，廣三尺，黻文。旗首金龍頭，銜鈴及綏，垂以結綬。駕蒼龍，金鍐方釳，插翟尾五隼，鏤錫鞶纓，十有二就，皆五采，繒罽爲飾。天子祭祀、納后則乘之。金輅，赤質，以金飾諸末。左建旗，畫飛隼，右建闟戟，盤輿鳳翅等，並同玉輅。駕赤騮，臨朝會同，饗射飲至，則乘之。象輅，黃質，以象飾諸末。左建旌，畫黃麟，〔一四〕右建闟戟。駕黃騮。祀后土則乘之。革輅，白質，輓之以革。左建旗，畫騶虞，右建闟戟。駕白輅。巡狩、臨兵則乘之。木輅，黑質，漆之。左建旐，畫玄武，右闟戟。駕黑騮。田獵則乘之。其五輅並駕六馬，飾同玉輅。復制安車，重輿，曲壁，紫油纁裏，通幰，〔一五〕朱絲絡網，朱鞶纓。駕赤騮。臨幸所乘。按隋氏五輅，遠酌周禮，旗旍藻飾，近約漢制，文質相半。

唐因隋制，玉、金、象、革、木，是爲天子五輅。玉輅，青質。重輿，左青龍，右白虎，金鳳翅，畫櫕文鳥獸，黃屋左纛。金鳳一在軾前，十二鑾在衡，五輅鸞數，皆準此制。副輅及耕

根車則八。二鈴在軾。龍輈前設障塵，青蓋黃裏，繡飾。博山，鏡子，植羽。輪皆朱班重牙。左建旂十有二旒，旒畫升龍，其長曳地。右載闟戟，長四尺，廣三尺，黻文。旂首金龍頭銜結綬及鈴緌。駕蒼龍，金鍐方釳，插翟尾五隼，鏤錫，鞶纓，十有二就。祭祀、納后則供之。金輅，赤質。餘同玉輅。駕赤騮。饗射、祀還飲至則供之。象輅，黃質。餘同金輅。駕黃騮。行道則供之。革輅，白質，鞔以革。餘同象輅。駕白駱。巡狩、臨兵事則供之。木輅，黑質，漆之。餘同革輅。駕黑騮。田獵則供之。旌旗鞶纓及蓋，皆從輅色。其蓋，文裏俱用黃。其鏤錫，五輅並同其飾，武德初，著令，天子鑾輅，玉、金、象、革、木五等，屬車十乘：指南車，記里鼓車，白鷺車，鑾旗車，辟惡車，皮軒車，耕根車，安車，四望車，羊車。貞觀元年十一月，始加黃鉞車，豹尾車，通爲十二乘，以爲儀仗之用。大駕行幸，則分前後，施於鹵簿之内。若大陳設，則分左右，〔一六〕施於儀仗之中。高祖、太宗大禮則乘輅。高宗不喜乘輅，每有大禮，則御輦，至武太后以爲常。明皇以輦不中禮，廢而不用。開元十一年冬，祀南郊，乘輅而往，禮畢，騎還。自是行幸郊祀皆騎，於儀仗之内，其五輅腰輿，陳於鹵簿而已。

副車

秦平天下，以諸侯所乘之車爲副車。漢制，安車、立車各五乘，爲乘輿副車。輪皆朱班重牙，貳轂兩轄。金薄繆龍，爲輿倚較。文虎伏軾，龍首銜軛。左右吉陽筩，鸞雀立衡，櫗文畫輈，羽蓋華蚤。建大旂，十有二斿，畫日月升龍。駕六馬，象鑣鏤錫，金鍐方釳，插翟尾，朱兼樊纓，赤罽易茸，金就十有二。左纛以氂牛尾爲之，在左騑馬軛上，大如斗。其馬各如方色。白馬者，朱其髦尾爲朱鬣云。所御駕六，餘皆駕四，後從爲副車。應劭漢官鹵簿圖曰：「乘輿大駕則御鳳皇車，〔一七〕以金根爲副。」魏因漢制，五時副車，置髦頭雲罕。晉制，五安車，五立車，合十乘，名五時車，俗謂五帝車。建旗十二斿，各如車色。立車則正植其旗，安車則斜注。駕馬仍漢制，左右騑驂，金鍐鏤錫。黃屋左纛，如金根之制。行則從後。東晉過江，副車遺缺，有事權以馬車代之，建旗其上。其後制五色木牛，〔一八〕象五時車，植旗於牛背，行則使人輿之。牛之爲義，蓋取負重致遠而安穩。旗常纏而不舒，所謂德車結旌。唯天子親戎，五旗舒旆。所謂武車綏旌。宋因晉而無副車。齊王儉議，乘黃無副，今衣書車十二乘，古副車之象也，亦曰五時副車。青萌車，是謂搶他合反。幰車。梁依晉制，五牛旗車，左青、赤，右白、黑，黃居其中，象古之五時副車。復制

衣書車，〔一九〕一曰副車。陳因舊制，五時副車，飾同五輅，並駕六馬。隋因陳制，五時副車，色及旗章一同正輅，唯降二等，駕用四馬。唐之制，副輅五乘，大駕行幸，皆次於五輅。

戎車。周，巾車氏革輅，即戎車。車僕掌戎輅之萃，音倅。廣車之萃，闕車之萃，苹車之萃，輕音磬。車之萃。萃猶副也。此五者兵車，所謂五戎也。漢戎車，不巾不蓋。其飾如耕車，蕃以矛麾金鼓，羽析幢翳，轓胄甲弩之箙。魏景初改正朔，戎事乘黑首白馬，建大赤之旗。泰始中，并建赤旗。晉制，輕車駕二馬，古之戰車也。〔二〇〕前後二十乘，分居左右，輿輪洞朱，建矛戟麾幢，置弩於軾上。大駕出，射聲校尉、司馬吏士載，以次屬車後。宋依漢制，戎車建矛麾邪注之，載金鼓羽幢，置甲弩於軾上。輕車之制，因漢不易，〔二一〕以武剛車爲殿。孫子兵法曰：「有巾有蓋，謂之武剛車。」齊、梁已下，及後周與隋，或並用之。

獵車。周謂之奇車。曲禮曰：「國君不乘奇車。」注云：「獵車也。巾車氏，木輅以田。」漢制，其飾如安車，重輞縵輪，繆龍繞之。一曰闟猪車，親校獵乘之。魏因漢制，改名闟虎車。晉因魏制，一名闟戟車。宋因晉制。自後無聞。

指南車。黄帝與蚩尤戰於涿鹿之野，蚩尤作大霧，將士皆迷四方，黄帝於是作指南車，以示方向，故後常建焉。出崔豹古今注。周致太平，越裳氏重譯來獻，使者迷其歸路，周公爲司南之制，使載之南，周年至國。故常爲先導，示服遠人而正四方。漢初置俞兒，騎馬爲先驅之乘。左思曰：「俞兒

騁路，指南司方。」後廢其騎，而存其車。後漢張衡始復創造，漢末喪亂，其器不存。魏明帝青龍中，令博士馬鈞紹作焉。車上有木仙人，舉手常指南，車箱回轉，所指微差。晉亂復亡。東晉義熙十三年，劉裕平長安，始得此車，復修之，一名司南車。駕駟，其下制如樓，三級四角，金龍銜羽葆，刻木爲仙人，衣羽衣，立車上，車雖迴運，而手常指南。大駕出行，爲先啓之乘。此車戎狄所制，機數不精，迴曲頻驟，猶須人力正之。范陽人祖冲之，有巧思，常謂宜更造。宋順帝昇明中，齊高帝爲相，命冲之造焉。車成，使撫軍將軍丹陽尹王僧虔等試之，其制甚精，百屈千迴，未嘗移變。齊因宋制而加飾焉。梁復名司南車，大駕出爲先啟之乘。後魏太武帝使工人郭善明造之，彌年不就。扶風人馬岳又造，垂成，善明酖殺之。唐修之。備於大駕，行則先導。

記里鼓車。東晉安帝義熙十三年，劉裕滅後秦所獲，未詳其所由來。制如指南車，駕駟，中有木人，執槌向鼓，行一里則打一槌。崔豹古今注云，亦名大章車，所以識道里也。車上有二層，皆有木人執槌，行一里下一層擊鼓，行十里上一層擊鐲。尚方故事存其作法，然未詳。宋因之不易，大駕鹵簿，次指南車後。齊因宋制而加飾焉。梁因齊制，改駕以牛。唐復修，大駕鹵簿，次指南車後。

白鷺車。隋一名鼓吹車，車上施層樓，樓上有翔鷺棲焉。唐因之，駕四馬，大駕出，在記里鼓車後。

鸞旗車。漢制，鸞旗車，析羽旄而編之，〔一二〕列繫幢傍。胡廣曰：「以銅作鸞鳥於車衡上。」晉、宋因之，駕四馬，先輅所載也。唐備於大駕鹵簿，次白鷺車後。

辟惡車。秦制也。桃弓葦矢，所以禳祓不祥。太卜令一人，在車執弓箭。出崔豹古今注。唐之制，駕四馬，大駕出，在鸞旗車後。

皮軒車。漢制，皮軒車，以虎皮爲軒。晉、宋相因，駕四馬，皆大夫載。自後無聞。唐備之，以大駕鹵簿，次於辟惡車後。

耕根車。漢制，耕根車，如副車。有三蓋。一曰芝車，置轐耒耜之箙。上親耕所乘也。魏因之，建赤旗。晉因之，駕駟，天子親耕所乘，置耒耜於軾上。一名三蓋車。宋因之。隋以青爲質，三重蓋，羽葆，雕裝，同玉輅。駕六馬。其軾平，以青囊盛耒耜而加之。藉田則乘之。唐因隋，其飾不易，大駕行則備焉。

安車。周制，致仕之老及后乘之。漢制，乘輿金根車，安車，立車。蔡邕曰：「五安，五立。」徐廣曰：「立乘曰高車，坐乘曰安車。」是爲德車。五時車，安、立亦皆如之，各如方色，馬亦如之。建大旂，十有二旒。駕六馬，餘皆駕四。皇太子、王、公、列侯皆乘之。自漢以後，亦爲副車。晉制因之。天子所御則駕六，餘皆駕四。三公下至九卿，各一乘，公駕三，特進駕三，卿駕一。宋因之。齊制，諸王、三公、國公、列侯等行禮則乘之。隋制，金飾，紫通幰，朱裏，駕四馬，臨幸及賜予則供之。唐之制，以金飾，駕四馬。臨幸則乘之。大駕出，在耕根車後。

四望車。齊四望車，通幰，油幢絡，班漆輪轂。亦曰皁輪車，以加禮貴臣。〔二三〕隋制，同犢車，黃金飾，青油幢朱裏，〔二四〕紫通幰，紫絲網。駕一牛。拜陵、臨弔則乘之。唐之制，以金飾。駕四馬。

拜陵、臨弔則乘之。大駕出，在安車後。

遊車。漢制，九遊車九乘，大駕爲先乘。宋因之。自後無聞。

羊車。晋制，羊車，一名輦車，其上如軺，伏兔箱，漆畫輪軛。武帝時，護軍羊琇乘羊車，爲司隸校尉劉毅糾劾。梁因制羊車。小兒衣青布袴褶，五辮髻，數人引之。貴賤通得乘之，名牽子也。隋大業始置焉，制如軺車，金寶飾，紫錦幰，朱絲網。馭童二十人，皆兩環髻，服青衣，年十四五者乘之，謂之羊車小史。駕以果下馬，其大如羊。唐因之，小史十四人。

畫輪車。晋制，畫輪車，駕牛，以彩漆畫輪轂，上起四夾杖，左右開四望，緑油幢，朱絲青交絡，〔二五〕其上形制如輦，其下猶犢車。貴者不乘牛車，漢武帝推恩之末，諸侯寡弱，貧者至乘牛車。其後稍貴，天子至士遂爲常乘。至尊出朝堂舉哀乘之。大駕次羊車後。宋、齊、梁相因，爲群公所乘。自後無聞。

鼓吹車。梁制，鼓吹車，上施層樓，四角金龍銜旒蘇，羽葆。凡鼓吹，陸則樓車，水則樓船，在殿庭則畫筍簴爲樓，上有翔鷺棲烏，〔二六〕或爲鶴形。自後無聞。

象車。晋武帝太康中，平吴後，南越獻馴象。詔作大車駕之，載鼓吹十人，使越人騎之，元正大會入庭。大駕鹵簿行，則試橋道。自後不見。

黄鉞車。晋制，黄鉞車，駕一馬，大駕行，次於華蓋後御麾左右。又有金鉞車，金鉦車，並駕三馬。唐貞觀以後，加之備於大駕鹵簿。天寶元年，改爲金鉞車。

豹尾車。周制也，古者軍正建之。漢制，大駕出，屬車八十一乘；法駕出，屬車三十六乘。最後一乘，垂豹尾。晉因之，在鹵簿之末。宋志，徐廣按：「淮南子云：『軍正執豹皮以制正其衆。』〔二七〕禮記曰：『前有士師，〔二八〕則載虎皮。』乘輿豹尾，亦其義類。」〔二九〕唐之制，大駕出在黄鉞車後，駕二馬，武衛隊正一人，在車執之。

建華車。晉制，建華車二乘，駕四馬。大駕出，分在左右行。自後無聞。

皇太后皇后車輅

周禮，王后之五輅：〔三〇〕一曰重翟，二曰厭翟，三曰安車，四曰翟車，五曰輦車。漢，皇后鷩輅，青羽蓋，駕四馬，旂九斿。後漢，太皇太后、皇太后、皇后法駕，皆御金根車，重翟羽蓋，加青交絡帷裳。其非法駕，〔三一〕則乘紫罽軿車，雲檁文畫輈，黄金塗五末，五末，轅一，轂二，箱二，共五也。蓋蚤施金花。駕三馬，左右騑。晉制，后乘重翟羽蓋金根車，加青絡，青帷裳，雲檁畫轅，黄金塗五末，蓋蚤施金華。駕三馬，左右騑。其廟見小駕，則乘紫罽軿車，飾及駕馬如重翟。非法駕則皇太后乘輿，皇后畫輪車。〔三二〕后先蠶，乘油畫雲母安車，駕六騩馬；騩，淺黑色，音貴。油畫兩轅安車，駕五騩馬，爲副。又金薄石山軿、

紫絳罽軿車，〔三三〕皆駕三騩馬。宋因之，法駕乘重翟。齊因重翟車，車加金塗飾。後魏熙平中，有司穆紹議，〔三四〕皇后之輅，其從祭則御金根車，親桑則御雲母車，並駕四馬。〔三五〕歸寧則御紫罽車，遊行御安車，弔問御紺罽車，並駕三馬。〔三六〕北齊因之。後周，皇后之車十二等：一曰重翟，以從皇帝祀郊禖，享先皇，朝皇太后。二曰厭翟，以祭陰社。三曰翟輅，以採桑。四曰翠輅，以從皇帝見賓客。五曰雕輅，以歸寧。六曰篆輅，以臨諸道法門。六輅皆錫面朱總，金鈎。七曰蒼輅，以適命婦家。〔三七〕八曰青輅，九曰朱輅，十曰黃輅，十一曰白輅，十二曰玄輅，五時常出則供之。六輅皆疏面繢總。隋開皇初，李德林奏，用後魏熙平穆紹議皇后之輅。後著令，制重翟，青質，金飾諸末。朱輪金根朱牙。其箱飾以重翟羽，青油幢，朱裏，通幰，繡紫帷，朱絲絡網，繡紫絡帶。八鑾在衡，鏤錫，鞶纓十二就，金鍐方釳，插翟尾，朱總。駕蒼龍。受册、從祀郊禖、享廟則供之。厭翟，赤質，金飾諸末。輪畫朱牙。其箱飾以翟羽，紫油幢，朱裏，通幰，紅錦帷，朱絲絡網，紅錦絡帶。餘如重翟。駕赤騮。親桑則供之。翟車，黃質，金飾諸末。輪畫朱牙。其車側飾以翟羽，黃油幢，黃裏，通幰，白紅錦帷，朱絲絡網，白紅錦絡帶。餘如重翟。駕黃騮。歸寧則供之。諸鞶纓之色，皆從車質。安車，赤質，金飾。紫通幰，朱裏。駕四馬。臨幸及弔則供之。輦車，〔三八〕金飾，同於蓬輦，通幰，班輪。駕四馬。宮苑近行則乘

之，屬車三十六乘。唐因隋制，重翟，厭翟，翟車，安車，其飾不易。又制四望車，朱質，紫油通幰，油畫絡帶。〔三九〕拜陵、臨弔則供之。又制金根車，朱質，紫油通幰，油畫絡帶，〔四〇〕朱絲絡網。常行則供之。

皇太子皇子車輅

周制，巾車氏掌王五輅。金輅，建大旂以封同姓。同姓謂王子母弟，率以功德出封，若魯、衛之屬。

漢，皇太子皆安車，朱班輪，飛軨青蓋，金花爪，倚虎較，伏鹿軾，樻文畫轓，吉陽筩，文輈，金塗五末，旂九斿，畫降龍。皇太子爲王，賜以乘之。皇孫緑車以從，皆左右騑，三馬。名皇孫車。魏因之，文帝問：「東平王有輅，爲是特賜乎？」鄭稱對曰：「天子五輅，金輅以封同姓，諸侯得與天子同乘金輅，非特賜。」晉因魏，安車而駕三馬。非法駕則乘畫輪車，上開四望，緑油幢，朱絲繩絡，兩箱裏飾以金錦，黃金塗五末。〔四一〕其副車三乘，形制如所乘，但不畫輪耳。王青蓋車，皇孫緑蓋車，並駕三，左右騑。東晉安帝時，乘後山安車，制如金輅。宋因之，皇子爲王，亦錫以皇太子之安車。〔四二〕皇孫緑車，亦因舊

法。齊，皇太子乘象輅，校飾如御，旂旗九斿降龍。梁，因齊象輅制鑾輅，駕三，左右騑。朱班輪，倚獸較，伏鹿軾，九斿降龍，青蓋，畫轓，文輈，金塗五末，以畫輪車爲副。常乘畫輪，則衣書車爲副。其畫輪車，上開四望，緑油幢，朱繩絡，兩箱裹飾以金錦。陳因梁制。後魏，乘金輅，朱蓋赤質，駕四馬。北齊因之。隋，皇太子金輅，赤質，金飾諸末。重較，箱畫橫文鳥獸，黄屋，〔四三〕伏鹿軾，龍輈。金鳳一，在軾前。設障塵。朱蓋黄裏。輪畫朱牙。左建旂九斿，右載闟戟。旂首金龍頭，銜結綬及鈴緌。駕赤騮四。〔四四〕八鑾在衡，二鈴在軾。金鋄方釳，插翟尾五隼，鏤錫，鞶纓九就。從祀享廟、正冬大朝、納妃則乘之。軺車，金飾諸末，紫通幰朱裏，駕一馬。五日常朝、饗宮官、出入行道乘之。四望車，金飾諸末，紫油幢，通幰朱裏，朱絲絡網。駕一馬。弔臨則乘之。唐因隋制。

公侯大夫等車輅

周制，巾車掌王五輅。象輅以封異姓，革輅以封四衛，木輅以封藩國。又曰，服車五乘。孤乘夏篆，卿乘夏縵，大夫乘墨車，士乘棧車，庶人乘役車。

漢景帝中元五年，始詔六百石以上施車轓，得銅五末，軛有吉陽筩。〔四五〕中二千石

以上右騑，三百石以上皁布蓋，千石以上皁繒蓋，二百石以下白布蓋，皆有四維杠衣。賈人不得乘馬車。除吏赤畫杠，〔四六〕其餘皆青。大使車，立乘，駕駟，赤帷裳。持節者重導從，賊曹車，斧車，督車，功曹車，皆兩。大車，伍伯璅弩十二人，辟車四人，從車四乘。小使車，不立乘，有騑，赤屏泥油，重絳帷，導無斧車。近小使車，蘭輿赤轂，白蓋，赤帷裳，從騎四十人，此謂追捕考按，有所敕取者之所乘也。諸使車皆朱班輪，四幅，赤衡軛。公、卿、二千石郊廟、明堂、祠陵，法出，皆大車，立乘，駕駟，他出乘安車。公卿以下至縣三百石長導從，〔四七〕置門下五吏，賊曹、督察盜賊功曹，皆帶劍，三車導；主簿、主記，兩車爲從。縣令以上，加導斧車。後漢制，公、侯乘安車，駕二右騑，皆朱班輪，飛軨，倚鹿較，伏熊軾，皁繒蓋，黑幡。中二千石、二千石，皆皁蓋，朱兩幡。千石、六百石，朱左幡。

晉制，雲母車，以雲母飾犢車，臣下不得乘，以賜王公耳。皁輪車，駕四牛，形如犢車，皁漆輪轂，上加青油幢，朱絲繩絡，諸王三公有勳德者，特加之，位至公，或四望、三望、夾望車。油幢車，形制如皁輪，但不漆轂耳。通幰車，駕牛，如犢車，但舉其幰，通覆車上也，諸王三公並乘之。諸公給朝車駕駟、安車黑耳駕三，各一乘，皁輪犢車各一乘。自祭酒掾屬以下及令史，皆皁軨。特進及車騎、驃騎以下諸大將軍，〔四八〕不開府非持節都督者，給安車黑耳駕二。三公、九卿、中二千石、二千石、河南尹、謁者僕射，郊廟法出，

皆大車立乘，駕四，他出乘安車。其去位致仕告老，賜安車駟馬。郡縣公侯，安車駕二，右騑。皆朱班輪，倚鹿較，伏熊軾，黑轓，皁繒蓋；公旗旂八斿，侯七斿，卿五斿，皆畫降龍。中二千石、二千石，皆皁蓋，朱兩轓，駕二。中二千石以上，右騑。千石、六百石，朱左轓。王公之元子攝命理國者，安車，駕三，旗旂七斿。其封侯之元子，五斿。大使車，立乘，駕四，赤帷裳，騶騎導從。舊公卿二千石郊廟上陵，從駕所乘。小使車，不立乘，駕四，輕車之流也，蘭輿皆朱，赤轂，〔四九〕赤屏泥，白蓋，赤帷裳。又別有小使車，赤轂，皁蓋，追捕執取者所乘。凡諸使車皆朱班輪，赤衡軛。追鋒車，去小平蓋，加通幰，〔五〇〕如軺車，駕二。追鋒者，以迅速爲名，施於戎陣之間，是爲傳乘。軺車，古之時軍車也。〔五一〕一馬曰軺車，二馬曰軺傳。按，漢世貴輜軿而賤軺車，魏晉重軺車而賤輜軿。三品將軍以上、尚書令軺車，黑耳，有後户，僕射但有後户，無耳，並皁輪也。

宋因晉，有追鋒車，雲母車，四望車。公及列侯所乘安車，依漢舊制，駕二馬。旂旗斿，王公八，〔五二〕侯七，卿五，皆降龍。公卿中二千石郊陵法出，皆大車立乘，駕四，他出、去位、致仕，皆安車駟馬。中二千石皆皁蓋，朱轓，銅飾五末，駕二，右騑。王公世子攝命理國者，安車，駕三，旂旗七斿。侯世子，五斿。齊制，黃屋車，建碧旂九斿，九命上公所乘。青蓋安車，朱轓漆班輪，〔五三〕駕一，左右騑，通幰車爲副，諸王禮行所乘。皁蓋安車，

朱轓漆班輪，駕一馬，通幰，牛車爲副，〔五四〕三公禮行所乘。安車，黑耳，皁蓋，朱轓，駕一，牛車爲副，國公列侯禮行所乘。馬車，駕一，九卿、領、護、二衛、驍、游、四軍、五校從郊陵所乘。餘同晉法。梁制，二千石四品以上及列侯皆給軺車，駕牛，伏兔箱，青油幢，朱絲絡網，轂皆黑漆。天監二年令，三公、開府、尚書令，則給鹿轓軺，施耳，後户，皁輞。尚書僕射、左右光禄大夫、侍中、中書監令、秘書監，則給鳳轄軺，後户，皁輞。領、護、國子祭酒、太子詹事、尚書、侍中、列卿等，則給聊泥軺，無後户，漆輪。車騎、驃騎及諸王除刺史、帶將軍，則給龍雀軺，以金銀飾。御史中丞給方蓋軺，形小如傘。諸王三公有勳德者，皆特加皁輪車，駕牛，形如犢車，但烏漆輪轂，黄金雕裝，上加青油幢，朱絲絡，通幰。王公加禮者，給油幢絡車，駕牛，朱輪華轂。

後魏三公及王車，朱屋青蓋，制同五輅，名曰高車，駕三馬。庶姓王、侯及尚書令、僕以下，列卿以上，並給軺車，駕一馬。或乘四望通幰車，駕一牛。北齊因之，王、庶姓王至儀同三司以上，〔五五〕翟尾扇，紫傘，皇宗及三品以上官，青傘朱裏。其青傘碧裏，達於士人不禁。正從一品執事官，〔五六〕散官及儀同三司，乘油色朱絡網車，車牛飾得用金塗及純銀。二品、三品得乘卷通幰車，車牛飾用金塗。四品以下七品以上，得乘偏幰車，車牛飾以銅。後周諸公之輅九：方輅，各象方之色。碧輅，金輅，皆錫面，鞶纓九就，金鉤。象

輅，犀輅，貝輅，革輅，篆輅，木輅，皆疏面，鞶纓九就。凡就，皆以朱、白、蒼三采。諸侯自方輅而下八，無碧輅。諸伯自方輅，而下七，又無金輅。諸子自方輅而下六，又無象輅。諸男自方輅而下五，又無犀輅。凡就，各如其命。三公之輅車九：祀輅，犀輅，貝輅，篆輅，木輅，夏輅，縵車，〔五七〕墨車，棧車。自篆輅以上，金塗諸末，疏錫，鞶纓，金鉤。木輅以下，銅飾諸末，疏面，鞶纓皆九就。三孤自祀輅而下八，無犀輅。六卿自祀輅而下七，又無貝輅。上大夫自祀輅而下六，又無篆輅。中大夫自祀輅而下五，又無木輅。下大夫自祀輅而下四，又無夏輅。士車三：〔五八〕祀車，墨車，棧車。凡就，各如其命數。自孤以下，就以朱、緑二采。

隋制，公及一品象輅，黄質，以象飾諸末。〔五九〕建旟，畫以鳥隼。受册、告廟、升壇、上任、親迎及葬則乘之。侯、伯及二品、三品革輅，白質。建旟，畫熊虎。受册、告廟、親迎及葬則乘之。子、男及四品木輅，黑質，以漆飾之。建旐，畫龜蛇。受册、告廟、親迎及葬則乘之。象輅以下，旂及就數，各依爵品。犢車，則魏武賜楊彪七香車也，駕牛，自王公已下至五品以上，並給乘之。三品以上，青幰朱裏，五品以上，紺幰碧裏，皆白銅裝。唯有慘及弔喪者，〔六〇〕則不張幰而乘鐵裝車。六品以下不給，任自乘犢車，弗許施幰。初，五品以上乘偏幰車，其後嫌其不美，停不用，以亘幰代之。〔六一〕三品以上通幰車則青

壁，一品軺車，油幰朱網，唯車輅一等，聽勑始得乘之。

唐，王公以下車輅，親王及武職一品象輅，自餘及二品、三品革輅，四品木輅，五品軺車。象輅朱班輪，左建旂，旂畫龍，一升一降。右載闟戟。革輅以革飾，左建旜，通帛爲旜。餘同象輅。木輅以漆飾之，餘同革輅。軺車曲壁青通幰。諸輅質、蓋、旂、旜皆朱。一品九斿，二品八斿，三品七斿，四品六斿，其鞶纓就數皆准此。

主妃命婦等車

漢制，長公主乘赤罽駢車。大貴人、貴人、〔六二〕公主、王妃、封君，油畫駢車，大貴人加節畫輈，皆右騑而已。公、列侯、中二千石、二千石夫人，會朝若親蠶，各乘其夫之安車，右騑，加交絡帷裳，皆皁。非公會不得乘朝車，得乘漆布輜軿車，銅飾五末。

晉制，三夫人油軿車，駕兩馬，左騑，其貴人加節畫輈。三夫人助蠶，乘青交絡安車，駕三，皆以紫絳罽軿車。九嬪世婦乘軿車，駕三。長公主赤罽軿車，駕兩馬。公主、王太妃、王妃皆油軿車，駕兩馬，右騑。公主油畫安車，駕三，青交絡，以紫絳罽軿車，駕三馬爲副。王太妃、三夫人亦如之。公主助蠶，乘油畫安車，駕三。公主有先置者，乘青交絡

安車，駕三。諸王妃，公太夫人、夫人，縣鄉君、諸郡公侯、特進夫人助蠶，〔六三〕乘阜，交絡安車，駕三。諸侯監國世子之世婦、侍中常侍尚書中書監令卿校世婦、命婦助蠶，乘阜交絡安車，儷駕。郡縣公侯、中二千石、二千石夫人會朝及蠶，各乘其夫之安車，皆右騑，阜交絡，阜帷裳。自非公會，則不得乘軺車。王妃、特進夫人、封郡君，安車，駕三，阜交絡。封縣鄉君油軿車，駕兩馬，右騑。宋、齊依晉，無大更革。梁天監二年令，上臺、六宮、長公主、公主、諸王太妃、王妃，皆得乘青油輿揭幢通幰車，〔六四〕以揭幢涅幰爲副。采女、皇女、諸王嗣子侯夫人，皆乘赤油揭幢車，以涅幰爲副。侍女，直乘涅幰之乘。〔六五〕

後周制，公夫人之輅車九：厭翟，翟輅，翠輅，皆錫面，朱總，金鈎。雕輅，篆輅，皆勒面，刻白黑韋爲當顱。繢總。朱輅，黃輅，白輅，玄輅，皆雕面，刻漆韋爲當顱。鷖總。總，青黑色繒，〔六六〕其著如朱總。諸侯夫人，自翟輅而下八；諸伯夫人，自翠輅而下七；諸子夫人，自雕輅而下六；諸男夫人，自篆輅而下五。鞶纓就數，各視其君。三妃、三公夫人之輅九：篆輅，朱輅，黃輅，白輅，玄輅，皆勒面，繢總。夏篆，夏縵，墨車，棧車，皆雕面，鷖總。三妐、由力反。三孤內子，自朱輅而下八；六嬪、六卿內子，自黃輅而下七；上媛婦、中大夫孺人，自玄輅而下五；下媛婦、下大夫孺人，自夏篆而下四；御婉、士婦人，自夏縵而下三。其鞶纓就，各以其等。皆簟第，漆之，君以赤，卿大夫士以黑。君駕四馬，三軥六

轡。卿大夫駕三馬，二鞅五轡。〔六七〕士駕二馬，一鞅四轡。

隋制，皇太子妃乘翟車，以赤爲質，駕三馬，畫轅金飾。犢車爲副，紫幰，朱絡網。〔六八〕良娣以下，並乘犢車，青幰朱裏。三公夫人、公主、王妃，並犢車，紫幰，朱絡網。五品以上命婦，並乘青幰，與其夫同。唐制，內命婦、夫人乘厭翟車，嬪乘犢車，婕妤以下乘安車，各駕二馬。外命婦、公主、王妃乘厭翟車，駕二馬。自餘一品乘白銅飾犢車，青通幰，朱裏，油幢，朱絲絡網，〔六九〕駕牛。二品以下，去油幢絡網。四品青偏幰。〔七〇〕其三公以下車輅，〔七一〕皆太僕官造貯掌之，若受制行册命及二時巡陵婚葬，〔七二〕則給之。

輦輿

輦，人所輦也。徐爰釋問云：「天子御輦，侍中陪乘。」今輦制象軺車而不施輪，通幰朱絡，飾以金玉，用人荷之。或曰，夏后氏末代制輦，名曰余車，商曰胡奴車，周曰輜車，即輦也。王后輦車，組輓，有翣，羽蓋。秦爲人君之乘。漢因之，成帝遊後庭則乘輦。魏、晉小出則乘之，亦多乘輿。東晉過江，亡其制度。至太元中，謝安率意造焉。及破苻堅於淮上，獲京都舊輦，形制無差。義熙五年，劉裕執慕容超，獲金鉦輦。宋因之。齊亦

因之，而盛增其飾。又制卧輦，校飾如坐輦，不堪服用。復制小輿，形如軺車，小行幸則乘之。輿，説文云：「篗，竹輿也。」周禮考工記曰：「周人上輿。」漢室制度，以雕玉爲之，方徑六尺。今輿制如輦而但小耳，宫苑宴私則御之。梁制，小輿似軺車，金裝漆畫，施八横。元正大會，乘出上殿，西堂舉哀亦乘之。行則從後。一名羊車。一名輦。其上如軺，小兒衣青布袴褶，五辮髻，數人引之。漢氏或以人牽，或駕果下馬。梁貴賤通乘，名曰牽子。又制步輿，方四尺，上施隱膝。優老者，人輿升殿。司徒謝朏以脚疾優之。自天子至下賤，得通乘步輿。又制副輦，加笨，步本反。如犢車，通幰朱絡，謂之蓬輦。後魏道武帝天興初，始修軒冕。制乾象輦，羽葆，圓蓋。畫日、月、五星、二十八宿，天街雲罕，山林奇瑞，遊麟、飛鳳，朱雀、玄武，騶虞、青龍。駕二十四馬。又制大樓輦車，龍輈加玉飾，四轂六衡，方輿圓蓋。建太常，畫升龍日月，駕二十牛。又制象輦，左右金鳳，白鹿，仙人，羽葆旒蘇，金鈴玉佩。初駕二象，後以六駝代之。復有遊觀、小樓等輦，駕十五馬。車等草創脩制，多違舊章。隋，制輦而不施輪，通幰朱絡，飾以金玉，而人荷之。又依梁制副輦。復制輿如輦而小，宫苑私宴御之。小輿，幰方，形同幄帳，自閤内升正殿御之。唐制，輦有七：一曰大鳳輦，二曰大芳輦，三曰仙遊輦，四曰小輕輦，五曰芳亭輦，六曰大玉輦，七曰小玉輦。轝有三：一曰五色轝，二曰常平轝，三曰腰轝。大駕鹵簿，先五

輅而行。

旌旗

黄帝振兵，教熊羆貔貅貙虎。制陣法，設五旗五麾。夏氏，奚仲爲車正，建旗斿旐，以別尊卑等級。商因之。周制，司常掌九旗：王建太常，諸侯建旂，孤卿建旜，大夫士建物，師都建旗，州里建旟，縣鄙建旐，道車載旞，游車載旌。大麾以田，大帛以即戎，翿旌龍旃。秦，水德，旗斿皆尚黑，其制未詳。漢制，龍旂九斿七仞，以象大火。鳥旟七斿五仞，以象鶉火。熊旗六斿五仞，〔七三〕以象參伐。龜蛇旐四斿四仞，以象營室。弧旌枉矢，以象弧也。此諸侯以下之所建也。後周，太常畫三辰，旃畫青龍，〔七四〕旟畫朱鳥，旌畫黄麟，旗畫白虎，旐畫玄武，皆加雲氣。其旜物在軍，亦書其事號，〔七五〕加以雲氣。徽幟亦如之。旌節又畫白虎，而析羽於其上。又司常掌旗物之藏。通帛之旗六，以供郊邱之祀。蒼、青、朱、黄、白、黑六旗。畫繢之旗六，〔七六〕以充玉輅之等：一曰三辰之常，二曰青龍之旗，三曰朱鳥之旟，四曰黄麟之旌，五曰白虎之旂，六曰玄武之旐。皆左建旗而右建闟戟。又有繼旗四，以施軍旅。一曰麾，以供軍將；二曰旞，以供師帥；三曰旐，以供

旅帥；四曰旆，以供倅長。〔七七〕諸公方輅、碧輅建旂，金輅建旗，篆輅建物，木輅建旐。諸侯自金輅而下，如諸公之旗。諸伯自象輅而下，如諸侯之旗。諸子自犀輅而下，如諸伯之旗。諸男自篆輅而下，如諸子之旗。三公犀輅、貝輅、篆輅建旝，木輅建旐，夏篆、夏縵及棧車建物。孤卿以下，各以其等建其旗。旌杠，皇帝六刃，諸侯五，大夫四，士三。斿，皇帝曳地，諸侯及軹，大夫及轂，士及軫。凡注毛於杠首曰綏，析羽曰旌，全羽曰旞。

鹵簿 屬車附

古者諸侯貳車九乘。〔七八〕秦滅九國，兼其車服。故制，大駕屬車八十一乘，〔七九〕薛綜曰：「屬者相連屬也，皆在後，爲三行。」〔八〇〕法駕半之。左右分行。其車皆皁蓋，赤裏，朱轓。輜戈矛弩箙，尚書、御史所載。最後一乘垂豹尾，豹尾以前爲省中。〔八一〕胡廣曰：「施之道路，故須豹尾，過後屯圍乃得解。」省中即今之仗内。漢制，乘輿大駕，備車千乘，騎萬匹，屬車八十一乘，公卿奉引，太僕御，〔八二〕大將軍參乘。祀天於甘泉用之。後漢明帝上原陵大喪，並因前代爲大駕，用八十一乘。祀天南郊則法駕，用三十六乘。河南尹、執金吾、雒陽令奉引，奉車郎御，〔八三〕侍中參乘。前驅有九斿雲罕，鳳皇車，闟戟車，皮軒車，

鸞旗車。後有金鉦車，黄鉞車，黄門鼓車。黄門令校駕。祀天南郊以法駕，祀地明堂省什三，祀宗廟尤省，謂之小駕。每出，太僕奉駕上鹵簿，中常侍、小黄門副，尚書主者郎令史副，侍御史、蘭臺令史副，皆執法以督整車騎，謂之護駕。春秋上陵尤省於小駕，直事尚書一人從。

晉制，大駕鹵簿，先象車，鼓吹一部，十三人，中道。次静室令，駕一，中道。式道候二人，駕一，分左右。次洛陽尉二人，騎，分左右。次洛陽亭長九人，赤車，駕一，分三道，鼓吹正二人引。〔八四〕次洛陽令，皁車，駕一，中道。次河南中部掾，中道。河橋掾在左，功曹史在右，并駕一。次河南尹，駕駟，戟吏六人。次河南主簿，駕一，中道。次河南主記，駕一，中道。次司隸部河南從事，中道。都部從事居左，别駕從事居右，並駕一。次司隸校尉，駕三，戟吏六人。〔八五〕次司隸主簿，駕一，中道。次司隸主記，駕一，中道。次廷尉明法掾，中道。五官掾居左，功曹史居右，並駕一。次廷尉卿，駕駟，戟吏六人。次廷尉主簿、主記，並駕一，在左；太僕引從如廷尉，在中；宗正引從如廷尉，在右。次太常，駕駟，中道，戟吏六人。次太常外部掾居左，五官掾、功曹史居右，並駕一。次光禄引從，中道。太常主簿、主記居左，〔八六〕衛尉引從居右，並駕一。次太尉外督令史，駕一，中道。次西東賊倉户等曹屬，〔八七〕並駕一，引從。次太尉，駕駟，中道。太尉主簿、舍人各

一人，祭酒二人，並駕一，在左右。〔八八〕次司徒引從，駕駟，中道。次司空引從，駕駟，中道。三公騎令史戟各八人，鼓吹各一部，七人。次中護軍，中道，駕駟，鹵簿左右各二行，戟楯在外，弓矢在内，鼓吹一部，七人。次步兵校尉在左，長水校尉在右，並駕一，各鹵簿左右二行，戟楯在外，刀楯在内，鼓吹各一部，七人。次射聲校尉在左，翊軍校尉在右，並駕一，皆鹵簿左右各二行，戟楯在外，刀楯在内，鼓吹各一部，七人。次驍騎將軍在左，〔八九〕游擊將軍在右，並駕一，皆鹵簿左右引，各二行，戟楯在外，刀楯在内，鼓吹各一部，七人。騎隊，五在左，五在右，隊各五十匹，命中督二人分領左右，各有戟吏二人，麾幢揭鼓在隊前。〔九〇〕次左將軍在左，前將軍在右，並駕一，皆鹵簿左右各二行，戟楯在外，刀楯在内，鼓吹各一部，七人。次黄門麾騎，中道。次黄門前部鼓吹，左右各一部，十三人，駕駟。八校尉佐仗，左右各四行，外大戟楯，次九尺楯，次弓矢，次弩，〔九一〕並熊渠、佽飛督領之。次司南車，駕駟，中道。護駕御史，騎，夾左右。次謁者僕射，駕駟，中道。次御史中丞，駕一，中道。次虎賁中郎將，〔九二〕騎，中道。次九游車，中道，武剛車，夾左右，並駕駟。次雲罕車，駕駟，中道。次闟戟車，駕駟，中道，長戟邪偃向後。次皮軒車，駕駟，中道。次鑾旗車，中道，建華車，分左右，並駕駟。次護駕尚書郎三人，都官郎，中道，駕部在左，中兵在右，並騎。又有護駕尚書一人，騎，督攝前後無常。次相風，中道。

次司馬督，在前，中道，左右各司馬史三人引仗，左右各六行，外大戟楯二行，次九尺楯，次刀楯，次弓矢，次弩。次五時車，左右有遮列騎。〔九三〕次典兵中郎，中道，督攝前卻無常，左殿中御史，右殿中監，並騎。次高蓋，中道，左罼，右罕。次御史，中道，左右節郎各四人。次華蓋，中道。次殿中司馬，中道，殿中都尉在左，殿中校尉在右，左右各四行，細楯一行在弩内；又殿中司馬一行，殿中都尉一行，殿中校尉一行。次棡鼓，中道。次金根車，駕六馬，中道。太僕卿御，〔九四〕大將軍叅乘。左右又各增三行爲九行，司馬史九人引，大戟楯二行，九尺楯一行，刀楯一行，由基一行，細弩一行，〔九五〕跡禽一行，椎斧一行，力人刀楯一行，〔九六〕連細楯、殿中司馬、都尉、殿中校尉爲左右，各十二行。金根車建青旂，斿十二，〔九七〕左將軍騎在左，右將軍騎在右，殿中將軍持鑿腦斧夾車，車後衣書主職步從，六行，合左右三十二行。次曲華蓋，中道，侍中、散騎常侍、黃門侍郎並騎，分左右。次黃鉞車，駕一，在左，御麾騎在右。次相風，中道。次中書監騎左，秘書監騎右。次殿中御史騎左，殿中監騎右。次五牛旗，赤、青在左，黃在中，白、黑在右。次大輦，中道，太官令丞在左，太醫令丞在右。次金根車，駕駟，不建旗。次青立車，次青安車，〔九八〕次赤立車，次赤安車，次黃立車，次黃安車，次白立車，次白安車，次黑立車，次黑安車，合十乘，並駕駟，建旗十二斿，〔九九〕如車色，立車正豎旗，安車邪拖之。次闟猪車，駕駟，中道，

無旗。次耕根車，駕駟，中道，赤旗十二斿，〔一〇〇〕熊渠督左，佽飛督右。次御軺車，次御四望車，次御衣車，次御書車，次御藥車，並駕牛，中道。次尚書令在左，尚書僕射在右，又尚書郎六人，分左右，並駕；又治書侍御史二人，分左右，又侍御史二人，分左右，又蘭臺令史，分左右，並騎。次豹尾車，駕一。自豹尾車後而鹵簿盡矣。但以神弩二十張夾道，至後部鼓吹，其五張神弩置一將，左右各二將。次輕車二十乘，左右分駕。次旒蘇馬六十匹。次金鉞車，駕三，中道，左右護駕尚書郎并令史，並騎，各一人。次金鉦車，駕三，中道，左右護駕侍御史并令史，並騎，各一人。次黃門後部鼓吹，左右各十三人。次戟鼓車，駕牛，二乘，分左右。次左大鴻臚外部掾，〔一〇一〕右五官掾、功曹史，並駕一。次大鴻臚，駕駟，鉞吏六人。〔一〇二〕次大司農引從，中道，左大鴻臚主簿、主記，〔一〇三〕右少府引從。次三卿，並騎，吏四人，鈴下二人，執馬鞭辟車六人，執方扇羽林十人，朱衣。次領軍將軍，中道，鹵簿左右各二行，九尺楯在外，弓矢在內，鼓吹如護軍。次後軍將軍在左，右軍將軍在右，各鹵簿鼓吹如左軍、前軍。〔一〇四〕次越騎校尉在左，屯騎校尉在右，〔一〇五〕各鹵簿鼓吹如步兵、射聲。次領、護、驍騎、〔一〇六〕遊擊校尉，〔一〇七〕皆騎。吏四人，乘馬夾道，都督兵曹各一人，乘馬在中。騎將軍四人，騎校、鞉角、金鼓、鈴下、信幡、軍校，並駕一。功曹史、主簿，並騎從。繖扇幢麾各一騎，鼓吹一部，七騎。次領護

軍，加大車斧，五官掾，騎從。次騎十隊，隊各五十匹，將一人，持幢一人，持鞉一人，並騎，在前，督戰伯長各一人，並騎，在後，羽林騎督、幽州突騎督分領之。郎簿十隊，隊各五十人。絳袍將一人，騎、鞉各一人，在前，督戰伯長各一人，〔一〇八〕步，在後。騎皆持矟。次大戟一隊，九尺楯一隊，刀楯一隊，〔一〇九〕弓一隊，弩一隊，隊各五十人。黑袴褶將一人，騎校、鞉角各一人，〔一一〇〕步，在前，督戰伯長各一人，步，在後。金顏督將并領之。其屬車因後漢制，東晉屬車五乘而已，其一車又是軺車。舊儀天子所乘，駕六，元興中屬車唯九乘，苻堅敗，又得僞車輦，增爲十二乘。宋孝建中，尚書令建平王宏議：〔一一一〕「屬車起秦，八十一乘及三十六乘，〔一一二〕並不出經典，自胡廣、蔡邕傳說耳。又是從官所乘，非常副車正數。江左五乘，則儉不中禮。帝王文物旗旒，皆十二爲節，今宜依禮十二乘爲制。」

後魏道武皇帝天興二年，命禮官採古法制三駕鹵簿。一曰大駕，設五輅，建太常，屬車八十一乘。大祠則設之。二曰法駕，屬車三十六乘。小祠則設之。三曰小駕，屬車十二乘。遊宴離宮則設之。隋開皇中，大駕十二乘，法駕減半。煬帝大業初，復備八十一乘，並如櫝車，紫通幰，朱絲絡網，黃金飾，駕一牛，在鹵簿中，單行正道。後帝嫌多，大駕減爲三十六乘，法駕用十二，小駕除之。唐，大駕屬車十二乘，大駕行幸則分前後，於鹵

簿之内。若陳設則分左右，施於衛内。其鹵簿制，具開元禮。

校勘記

〔一〕「山車垂鈎」，「垂」，原作「乘」，據本篇下文改。

〔二〕「象鑣鏤鍚」，「鍚」，原作「錫」，據通典六四改。殿本不誤。明本與汪本下文此字多誤，皆逕改而不出校。

〔三〕「在左騑馬軛上」，「在左」，原作「左右」，據通典六四改。

〔四〕「棨戟韜以黻繡上爲亞字」，「黻」，原作「黼」，「爲亞字」三字脱，據晉書輿服志改補。

〔五〕「以黄金爲文髦插以翟尾」，「文」，原作「乂」，「插」字脱，據晉書輿服志、通典六四改補。

〔六〕「玉輅」，二字原脱，據宋書禮志五補。

〔七〕「永明初」，「明」，原作「平」，據南齊書輿服志改。

〔八〕「車旗先青」，「車」字脱，據南齊書輿服志補。

〔九〕「到仲舉」，「到」，原作「劉」，據隋書禮儀志五改。

〔一〇〕「文貔伏軾」，隋書禮儀志五、通典六四文同。按，「貔」應作「虎」，唐人避李虎諱改，

鄭氏承用之。

〔一一〕「韜以黻繡」，「黻」，原作「黼」，據隋書禮儀志五、通典六四改。

〔一二〕「並金文髦」，「文」，原作「乂」，據晉書輿服志改。

〔一三〕「重輪重較加耳焉」，「重輪」二字脱，「耳」，原作「茸」，據隋書禮儀志五補改。

〔一四〕「畫黄麟」，「黄麟」，原作「桴麟」，據隋書禮儀志五改。

〔一五〕「紫油纁裏通幰」，「纁裏」，原作「纕裳」，據隋書禮儀志五、通典六四改。殿本「纁」字不誤。

〔一六〕「若大陳設則分左右」，「則」下衍「行」字，據唐會要三二删。

〔一七〕「乘輿大駕則御鳳皇車」，「車」字脱，據後漢書輿服志上、通典六四補。

〔一八〕「其後制五色木牛」，「牛」，原作「車」，據晉書輿服志、通典六四改。

〔一九〕「復制衣書車」，此五字脱，據通典六四補。

〔二〇〕「古之戰車也」，「戰」，原作「獸」，據晉書輿服志改。

〔二一〕「因漢不易」，汪本「易」作「多」，據元本、明本、于本、殿本改。

〔二二〕「析羽旄而編之」，「旄」，原作「毛」，據後漢書輿服志上、通典六四改。

〔二三〕「班漆輪轂亦曰皁輪車以加禮貴臣」，上「輪」字原作「輸」，「禮」字脱，據南齊書輿服志改補。

〔二四〕「青油幢朱裏」，「油」下衍「紫」字，據隋書禮儀志五、通典六四刪。

〔二五〕「朱絲青交絡」，晉書輿服志作「朱絲絡青交路」，通典六四作「纁朱絲青交絡」。

〔二六〕「上有翔鷺棲烏」，「烏」，原作「焉」，據隋書禮儀志五、通典六四改。

〔二七〕「以制正其衆」，「制」字脱，據宋書禮志五補。

〔二八〕「前有士師」，「有」字脱，據宋書禮志五、通典六四補。

〔二九〕「亦其義類」，「亦」，原作「以」，據宋書禮志五改。

〔三〇〕「王后之五輅」，汪本「王」作「皇」，據元本、明本、于本、殿本改。

〔三一〕「其非法駕」，「其非」二字互倒，據通典六五改。

〔三二〕「皇后畫輪車」，「輪」字脱，據晉書輿服志、通典六五補。

〔三三〕「又金薄石山軿紫絳罽軿車」，「薄石」二字原作「博」，上「軿」字作「駢」，下「軿」字脱，據晉書輿服志改補。

〔三四〕「有司穆紹議」，「穆」，原作「蘇」，據魏書禮志四改。下同。

〔三五〕「親桑則御雲母車並駕四馬」，「桑」，原作「喪」，「並駕四馬」四字脱，據隋書禮儀志五改補。

〔三六〕「並駕三馬」，「三」，原作「四」，據隋書禮儀志五改。

〔三七〕「以適命婦家」，「家」字脱，據隋書禮儀志五補。

〔三八〕「輦車」，「車」字脱，據隋書禮儀志五補。

〔三九〕「朱質紫油通幰油畫絡帶」，「朱質」、「紫油」二詞互倒，下「油」字脱，據舊唐書輿服志改補。

〔四〇〕「油畫絡帶」，「油」字脱，據舊唐書輿服志補。

〔四一〕「黄金塗五末」，「金」下衍「漆」字，據晉書輿服志删。

〔四二〕「亦錫以皇太子之安車」，汪本「錫」作「賜」，據元本、明本、于本、殿本改。

〔四三〕「鳥獸黄屋」，「鳥」，汪本作「爲」，各本不誤。「屋」字脱，據隋書禮儀志五、通典六五補。

〔四四〕「銜接緌及鈴綏駕赤騮四」，「緌」，原作「綴」，「四」原作「駟」，據隋書禮儀志五改。

〔四五〕「軛有吉陽筩」，「吉」字脱，據後漢書輿服志上、通典六五補。

〔四六〕「除吏赤畫杠」，「畫」，原作「蓋」，據後漢書輿服志上、通典六五改。

〔四七〕「三百石」，「石」，原作「户」，據後漢書輿服志上、通典六五改。

〔四八〕「以下諸大將軍」，「下」，原作「上」，據晉書輿服志、通典六五改。

〔四九〕「赤轂」，「赤」字脱，據晉書輿服志補。

〔五〇〕「加通幰」，「幰」，原作「幔」，據晉書輿服志改。

〔五一〕「古之時軍車也」，「時」，原作「將」，據晉書輿服志改。

〔五二〕「王公八」，「八」字脱，據宋書禮志五、通典六五補。

〔五三〕「朱幡漆班輪」，「漆」字脱，據南齊書輿服志補。

〔五四〕「牛車爲副」，「牛」，原作「朱」，據南齊書輿服志、通典六五改。

〔五五〕「王庶姓王至儀同三司以上」，上「王」字脱，「上」，原作「下」，據隋書禮儀志五補改。

〔五六〕「正從一品執事官」，「官」字脱，據隋書禮儀志五補。

〔五七〕「夏輅縵車」，按，隋書禮儀志五作「夏篆夏縵」。通典六五同隋志。

〔五八〕「士車三」，汪本「士」作「七」，據元本、明本、于本、殿本改。

〔五九〕「以象飾諸末」，汪本「諸」作「朱」，據元本、明本、于本、殿本改。

〔六〇〕「唯有慘及弔喪者」，「慘」，原作「參」，下又衍「謁」字，據隋書禮儀志五改删。

〔六一〕「其後嫌其不美停不用以亘幰代之」，上「不」字脱，「亘」，原作「白」，據隋書禮儀志五、通典六五補改。

〔六二〕「大貴人貴人」，「貴人」二字脱，據後漢書輿服志上補。

〔六三〕「縣鄉君諸郡公侯特進夫人助蠶」，「君諸」二字脱，據晉書輿服志、通典六五補。

〔六四〕「皆得乘青油輿搨幰通幰車」，按，隋書禮儀志五無「搨」字，通典六五無「輿」字。

〔六五〕「涅幰之乘」，「之」，原作「二」，據隋書禮儀志五改。

〔六六〕「總青黑色繒」，「青」字脱，據通典六五補。

〔六七〕「駕三馬二鞅五轡」，此七字脱，據隋書禮儀志五、通典六五補。

〔六八〕「朱絡網」，「絡網」二字互倒，據隋書禮儀志五改。

〔六九〕「竹絲絡網」，「絡」字脱，據通典六五補。

〔七〇〕「四品青偏幰」，「幰」，原作「縵」，據舊唐書輿服志改。

〔七一〕「其三公以下車輅」，「三」，原作「王」，據舊唐書輿服志改。

〔七二〕「二時巡陵婚葬」，「二」，原作「三」，據通典六五改。

〔七三〕「熊旗六斿五仞」，「旗」，原作「旂」，據後漢書輿服志改。

〔七四〕「旃畫青龍」，「旃」，原作「旂」，據隋書禮儀志五改。

〔七五〕「亦書其事號」，「書」，原作「畫」，據隋書禮儀志五改。

〔七六〕「畫繢之旗六」，「旗六」二字脱，據隋書禮儀志五補。

〔七七〕「以供倅長」，「倅」，原作「卒」，據隋書禮儀志五補。

〔七八〕「古者諸侯貳車九乘」，「貳車」二字脱，據後漢書輿服志上補。

〔七九〕「大駕屬車八十一乘」，「乘」字脱，據後漢書輿服志上、通典六六補。

〔八〇〕「爲三行」，「爲」字脱，「三」，原作「貳」，據後漢書輿服志上注補改。

〔八一〕「豹尾以前爲省中」，「豹尾」二字脱，據後漢書輿服志上、通典六六補。

〔八二〕「太僕御」，「御」字脱，據後漢書輿服志上補。

〔八三〕「奉車郎御」，「御」下衍「史」字，據後漢書輿服志上删。

〔八四〕「鼓吹正二人引」，通典六六文同。晉書輿服志「鼓」作「各」。

〔八五〕「戟吏六人」，通典六六文同。晉書輿服志作「八人」。

〔八六〕「太常主簿主記居左」，「主簿」二字脱。據晉書輿服志、通典六六補。

〔八七〕「次西東賊倉户等曹屬」，「西東」二字互倒，其下衍「捕」字，據晉書輿服志改删。

〔八八〕「並駕一在左右」，通典六六文同。晉書輿服志無「右」字。

〔八九〕「次驍騎將軍在左」，「次」字脱，據晉書輿服志、通典六六補。

〔九〇〕「麾幢揭鼓在隊前」，「揭」，汪本作「楬」，各本不誤。通典六六文同各本。晉書輿服志作「麾幢獨揭，鼓在隊前」。

〔九一〕「次弩」，次字脱，據晉書輿服志補。

〔九二〕「次虎賁中郎將」，「中」字脱，據晉書輿服志、通典六六補。

〔九三〕「左右有遮列騎」，「列」，原作「則」，據晉書輿服志、通典六六改。

〔九四〕「太僕卿御」，「御」字脱，據點校本晉書輿服志補。

〔九五〕「細弩一行」，「行」下衍「細」字，據晉書輿服志、通典六六删。

〔九六〕「刀楯一行」，文上衍「力人」二字，據晉書輿服志删。

〔九七〕「建青旍斿十二」，通典六六文同。晉書輿服志無「斿」字。
〔九八〕「次青安車」，此四字脱，據晉書輿服志、通典六六補。
〔九九〕「建旗十二斿」，通典六六文同。晉書輿服志無「斿」字。
〔一〇〇〕「赤旗十二斿」，通典六六文同。晉書輿服志無「斿」字。
〔一〇一〕「次左大鴻臚外部掾」，「部」字脱，據晉書輿服志、通典六六補。
〔一〇二〕「鉞吏六人」，「鉞」，原作「戟」，據晉書輿服志改。
〔一〇三〕「左大鴻臚」，「左」字脱，據晉書輿服志補。
〔一〇四〕「如左軍前軍」，下「軍」字原作「後」，據晉書輿服志、通典六六改。
〔一〇五〕「屯騎校尉在右」，「校尉」二字脱，據晉書輿服志、通典六六補。
〔一〇六〕「次領護驍騎」，「驍」字脱，據晉書輿服志補。
〔一〇七〕「遊擊校尉」，「擊」，原作「軍」，據周家禄晉書校勘記改。
〔一〇八〕「督戰伯長各一人」，「各」字脱，據晉書輿服志補。
〔一〇九〕「刀楯一隊」，此四字脱，據晉書輿服志、通典六六補。
〔一一〇〕「騎校鞉角各一人」，此七字脱，據晉書輿服志、通典六六補。
〔一一一〕「建平王宏」，「建平」二字脱，據通典六六補。
〔一一二〕「八十一乘」，「乘」字脱，據通典六六補。

樂略第一

樂府總序

古之達禮三：一曰燕，二曰享，三曰祀。所謂吉、凶、軍、賓、嘉，皆主此三者以成禮。古之達樂三：一曰風，二曰雅，三曰頌。所謂金、石、絲、竹、匏、土、革、木，皆主此三者以成樂。禮樂相須以爲用，禮非樂不行，樂非禮不舉。自后夔以來，樂以詩爲本，詩以聲爲用，八音六律爲之羽翼耳。仲尼編詩，爲燕享祀之時用以歌，而非用以說義也。古之詩，今之辭曲也，若不能歌之，但能誦其文而說其義，可乎？不幸腐儒之說起，齊、魯、韓、毛四家，各爲序訓而以說相高，漢朝又立之學官，以義理相授，遂使聲歌之音湮没無聞。然當漢之初，去三代未遠，雖經生學者不識詩，〔一〕而太樂氏以聲歌肄業，往往仲尼三百篇，瞽史之徒例能歌也。奈義理之說既勝，則聲歌之學日微，東漢之末，禮樂蕭條，雖東觀、石渠議論紛紜，無補於事。曹孟德平劉表，得漢雅樂郎杜夔，夔老矣，久不肄習，所得於

三百篇者，惟鹿鳴、騶虞、伐檀、文王四篇而已，餘聲不傳。太和末又失其三，左延年所得惟鹿鳴一篁，每正旦大會，太尉奉璧，群臣行禮，東廂雅樂常作者是也。古者歌鹿鳴必歌四牡、皇皇者華，三詩同節，故曰工歌鹿鳴之三，而用南陔、白華、華黍三篁以贊之，然後首尾相承，節奏有屬。今得一詩而如此用，可乎？應知古詩之聲爲可貴也。至晉室，鹿鳴一篇又無傳矣。自鹿鳴一篇絶，後世不復聞詩矣。然詩者，人心之樂也，不以世之汙隆而存亡，豈三代之時，人有是心，心有是樂，三代之後，人無是心，心無是樂乎？

繼三代之作者，樂府也。樂府之作，宛同風雅，但其聲散佚無所紀繫，所以不得嗣續風雅而爲流通也。按三百篇在成周之時，亦無所紀繫，有季札之賢而不别國風所在，有仲尼之聖而不知雅頌之分。仲尼爲此患，故自衞反魯，問於太師氏，然後取而正焉。列十五國風，以明風土之音不同；分大小二雅，以明朝廷之音有間；陳周、魯、商三頌之音，所以侑祭也；定南陔、白華、華黍、崇邱、由庚、由儀六篁之音，所以叶歌也。得詩而得聲者三百篇，則繫於風、雅、頌，得詩而不得聲者則置之，謂之逸詩，如河水、祈招之類，無所繫也。今樂府之行於世者，章句雖存，聲樂無用。崔豹之徒，以義説名，吴兢之徒，以事解目，蓋聲失則義起，其與齊、魯、韓、毛之言詩，無以異也，樂府之道或幾乎息矣。

臣今取而繫之，千載之下，庶無絶紐。一曰短簫鐃歌，二十二曲。二曰鞞舞歌，五

曲。三曰拂舞歌，五曲。四曰鼓角横吹，十五曲。五曰胡角，十曲。六曰相和歌，三十曲。七曰吟歎，四曲。八曰四絃，一曲。九曰平調，七曲。十曰瑟調，三十八曲。十一曰楚調，十曲。十二曰大曲，十五曲。十三曰白紵歌，五曲。十四曰清商，八十四曲。凡二百五十一曲，繫之正聲，即風雅之聲也。一曰郊祀，十九章。二曰東都五詩。三曰梁十二雅。四曰唐十二和。凡四十八曲，繫之正聲，即頌聲也。一曰漢三侯之詩，一章。二曰漢房中之樂，十七章。三曰隋房内，二曲。四曰梁，十曲。五曰陳，四曲。六曰北齊，二曲。七曰唐，五十五曲。凡九十一曲，繫之別聲，而非正樂之用也。正聲之餘則有琴，琴五十七曲，別聲之餘則有舞，舞二十三曲。古者絲竹與歌相和，故有譜無辭，所以六詩在三百篇中，但存名耳。漢儒不知，謂爲六亡詩也。琴之九操十二引，以音相授，並不著辭。琴之有辭，自梁始。舞與歌相應，歌主聲，舞主形，自六代之舞，至于漢魏，並不著辭也。舞之有辭，自晉始。今之所繫，以詩繫於聲，以聲繫於樂，舉三達樂，行三達禮，庶不失乎古之道也。古調二十四曲，征戍十五曲，遊俠二十一曲，行樂十八曲，佳麗四十七曲，別離十八曲，怨思二十五曲，歌舞二十一曲，絲竹十一曲，觴酌七曲，宮苑十九曲，都邑三十四曲，道路六曲，時景二十五曲，人生四曲，人物十曲，神仙二十二曲，梵竺四曲，蕃胡四曲，山水二十四曲，草木二十一曲，車馬六曲，魚龍六曲，鳥獸二十一曲，雜體六

曲。總四百十九曲，不得其聲，則以義類相屬，分爲二十五門，曰遺聲。遺聲者，逸詩之流也，庶幾來者復得其聲，則不失其所繫矣。

然三代既没，漢魏嗣興，禮樂之來，陵夷有漸，始則風雅不分，次則雅頌無别，次則頌亡，次則禮亡。按，上之回、聖人出，君子之作也，雅也；艾如張、雉子班，野人之作也，風也，合而爲鼓吹曲。燕歌行，其音本幽薊，則列國之風也；煌煌京洛行，其音本京華，則都人之雅也，合而爲相和歌。風者鄉人之用，雅者朝廷之用，合而用之，是爲風雅不分。然享，大禮也；燕，私禮也。享則上兼用下樂，燕則下得用上樂，是則風雅之音雖異，而享燕之用則通。及明帝定四品：一曰大予樂，郊、廟、上陵用之。二曰雅頌樂，辟雍、享、射用之。三曰黄門鼓吹樂，天子宴群臣用之。四曰短簫鐃歌樂，軍中用之。古者雅用於人，頌用於神。武帝之立樂府采詩，雖不辨風雅，至於郊祀、房中之章，未嘗用於人事，以明神人不可以同事也。今辟雍、享、射，雅頌無分，應用頌者而改用大予，應用雅者而改用黄門，不知黄門、大予於古爲何樂乎？風雅通歌，猶可以通也，雅頌通歌，不可以通也。曹魏凖鹿鳴作於赫篇，以祀武帝；凖騶虞作巍巍篇，以祀文帝；凖文王作洋洋篇，以祀明帝。且清廟祀文王，執競祀武王，莫非頌聲，今魏家三廟純用風雅，此頌之所以亡也。頌亡則樂亡矣。是時樂雖亡，禮猶存，宗廟之禮不用之天，明有尊親也，鬼神之禮不用之

人，知有幽明也。梁武帝作十二雅，郊、廟、明堂，三朝之禮，展轉用之，天地之事，宗廟之事，君臣之事，同其事矣。樂之失也自漢武始，其亡也自魏始。禮之失也自漢明始，其亡也自梁始。禮樂淪亡之所由，不可不知也。

正聲序論

古之詩曰歌行，後之詩曰古近二體。歌行主聲，二體主文。詩爲聲也，不爲文也。浩歌長嘯，古人之深趣。今人既不尚嘯，而又失其歌詩之旨，所以無樂事也。凡律其辭則謂之詩，聲其詩則謂之歌，作詩未有不歌者也。詩者樂章也，或形之歌詠，或散之律呂，各隨所主而命。主於人之聲者，則有行，有曲。散歌謂之行，入樂謂之曲。主於絲竹之音者，則有引，有操，有吟，有弄。各有調以主之，攝其音謂之調，總其調亦謂之曲。凡歌、行雖主人聲，其中調者皆可以被之絲竹。凡引、操、吟、弄雖主絲竹，其有辭者皆可以形之歌詠。蓋主於人者，有聲必有辭，主於絲竹者，取音而已，不必有辭，其有辭者，通可歌也。近世論歌行者，求名以義，彊生分別，正猶漢儒不識風雅頌之聲，而以義論詩也。且古有長歌行、短歌行者，謂其聲歌之短長耳。崔豹、吴兢，大儒也，皆謂人壽命之短長，

當其時已有此說，今之人何獨不然？嗚呼！詩在於聲，不在於義，猶今都邑有新聲，巷陌兢歌之，豈爲其辭義之美哉，直爲其聲新耳。禮失則求諸野，正爲此也。孔子曰：「吾自衞反魯，然後樂正，雅頌各得其所。」亦謂雅頌之聲有別，然後可以正樂。又曰：「關雎樂而不淫，哀而不傷。」亦謂關雎之聲和平，聞之者能令人感發而不失其度，若誦其文，習其理，能有哀樂之事乎？二體之作，失其詩矣。縱者謂之古，拘者謂之律，一言一句，窮極物情，工則工矣，將如樂何。

樂府在漢初雖有其官，然采詩入樂，自漢武始。武帝定郊祀，迺立樂府，采詩夜誦，則有趙、代、秦、楚之謳，莫不以聲爲主。是時去三代未遠，猶有雅頌之遺風。及後人泥於名義，是以失其傳。故吳兢譏其不覩本章，便斷題取義。贈利涉則述公無渡河，慶載誕乃引烏生八九子，賦雉子班者但美繡頸錦臆，歌天馬者惟敘驕馳亂蹋。其間有如劉猛、李餘輩，賦出門行不言離別，將進酒乃敘列女，事用古題，不用古義，知此意者，蓋鮮矣。然使得其聲，則義之同異又不足道也。自永嘉之亂，禮樂日微日替。暨隋平陳，得其一二，則樂府之清商也。文帝聽而善之，曰：「此華夏正聲也。」乃置清商府，博采舊章，以爲樂之所本在此。自隋之後，復無正聲。至唐，能合于管絃者，明君，楊叛兒，驍壺，春歌，秋歌，白雪，堂堂，春江花月夜，八曲而已，不幾於亡乎。臣謹考摭古今，編繫節

奏，庶正聲不墜於地矣。

漢短簫鐃歌二十二曲

亦曰鼓吹曲。按漢晉謂之短簫鐃歌，南北朝謂之鼓吹曲。觀李白作鼓吹入朝曲，亦曰「鐃歌列騎次，颯沓引公卿」，則知唐時猶有遺音，但大樂氏失職耳。

朱鷺。鷺惟白色，漢有朱鷺之祥，因而爲詩。梁元帝放生碑云：「玄龜夜夢，終見取於宋王。朱鷺晨飛，尚張羅於漢后。」謂此也。魏曰楚之平，言魏平陵也。吳曰炎精缺，言漢衰而孫堅扶王室也。晉曰靈之祥，言宣帝佐魏而石瑞之祥也。梁曰木紀謝，言齊謝梁升也。北齊曰水德謝，言魏謝齊興也。後周曰玄精季，言魏道陵遲，太祖肇開王業也。

思悲翁。魏曰戰滎陽，言曹公也。吳曰漢之季，言孫堅閔漢也。晉曰宣受命，言宣帝禦諸葛也。梁曰賢首山，言武帝破魏軍於司州，肇王迹也。北齊曰出山東，言神武戰廣阿，破爾朱兆也。後周曰征隴西，言太祖誅侯莫陳悅，掃清隴右也。

艾如張。温子昇辭云：「誰在閑門外，羅家諸少年，張機蓬艾側，結網槿籬邊。若能飛自勉，豈爲繒所纏，黄雀儻爲戒，朱絲猶可延。」此艾如張之事也。觀李賀詩有「艾葉綠花誰翦刻，中藏禍機不可測」，似翦艾葉爲蔽張之具也。魏曰獲吕布，言曹公圍臨淮禽吕布也。吳曰攄武師，言孫權征伐也。晉曰征遼東，言宣帝討滅公孫氏也。梁曰桐柏山，言武帝牧司州興王業也。北齊曰戰韓陵，言神武滅四胡定京洛也。後周曰迎魏帝，言武帝西幸，太祖奉迎宅關中也。

上之回。漢武帝元封初，因至雍，遂通回中道，後數遊幸焉。其歌稱帝「遊石關，望諸國，月支臣，匈奴服」，蓋誇時事也。魏曰克

官渡，言曹公破袁紹於官渡也。吳曰烏林，言周瑜破魏武於烏林也。晉曰宣輔政，言宣帝之業也。梁曰道亡，言東昏失道，義師起樊鄧也。北齊曰殄關隴，言神武遣侯莫陳悅誅賀拔岳，定關隴也。後周曰平竇泰，言太祖討平竇泰也。

擁離。魏曰舊邦，言曹公勝袁紹於官渡，還譙，收死亡士卒也。吳曰秋風，言悅以使民，民忘其死也。晉曰時運多難，言宣帝討吳方，有征而無戰也。梁曰抗威，言破加湖元勳也。北齊曰滅山胡，言神武屠蠡升高車而蠕蠕向化也。後周曰復弘農，言太祖收復陝城，關東震懼也。古辭云：「擁離趾中可築室，何用葺之蕙用蘭。擁離趾中。」

戰城南。古辭言：「戰城南，死郭北。野死不葬烏可食。」此言野死不得葬，爲烏鳥所食，願爲忠臣義士，朝出戰而暮不得歸。後來作者皆體此意。魏曰定武功，言曹公初破鄴也。吳曰克皖城，言孫權勝魏武於此城也。晉曰景龍飛，言景帝也。梁曰漢東流，言克魯山城也。北齊曰立武定，言神武立魏主，遷都於鄴而定天下也。後周曰克沙苑，言太祖俘齊軍十萬於沙苑，神武脱身遁也。

巫山高。古辭：「巫山高，高以大。淮水深，難以逝。」大略言江淮深，無梁以渡，臨水遠望，思歸而已。後之作者皆涉陽臺雲雨之説，非舊意也。魏曰屠柳城，言曹公破三郡烏丸於柳城也。吳曰關背德，言關羽背吳爲孫權所擒也。晉曰平玉衡，言景帝調萬國也。梁曰鶴樓峻，言平郢城也。北齊曰戰芒山，言神武克周師也。〔二〕後周曰戰河陰，言太祖破神武於河上，斬其三將也。

上陵。漢章帝元和三年，帝自作詩四篇，一曰思齊姚皇，二曰六麒麟，三曰竭肅雝，四曰陟屺，與鹿鳴、承元氣二曲爲宗廟食舉，〔三〕又以重來、上陵二曲合八曲，爲上陵食舉。據此所言，則上陵自是八曲之一名，或作於章帝之前，亦不可

知。蓋因上陵而爲之也。魏曰平南荆，言曹公平荆州也。吴曰通荆州，言吴與蜀通好也。晉曰文皇統百揆，言文帝也。梁曰昏主恣淫慝，〔四〕言東昏政亂，武帝起義伐罪弔民也。北齊曰禽蕭明，言梁遣明來寇，爲清河王岳所禽也。後周曰平漢東，言太祖命將平隨郡安陸也。將進酒。魏曰平關中，言曹公征馬超定關中也。吴曰章洪德，言孫權之德也。晉曰因時運，言時運之變，聖策潛施也。梁曰石首篇，言平京城廢東昏也。北齊曰破侯景，言清河王岳破侯景復河南也。後周曰取巴蜀，言太祖遣軍平定蜀地也。有所思，亦曰嗟佳人。漢太樂食舉十三曲，第七曰有所思，漢人亦以此樂侑食。魏曰應帝期，言文帝以聖德受命，應期運也。吴曰順歷數，言孫權建大號也。晉曰惟庸蜀，言文帝平蜀，封建復五等之爵也。梁曰期運集，言武帝受禪也。北齊曰嗣丕基，言文宣帝也。後周曰拔江陵，言太祖命將禽蕭繹平南土也。芳樹。魏曰邕熙，言君臣邕穆，庶績咸熙也。吴曰承天命，言踐位也。晉曰天序，言用人盡其才也。梁曰於穆，言君臣和樂也。北齊曰克淮南，言文宣遣清河王岳禽梁司徒陸法和，克壽春，盡取江北之地也。後周曰受魏禪，言閔帝受魏禪作周也。上邪。魏曰太和，言明帝繼統，得太和平而改元也。吴曰元化，言以道化天下也。晉曰大晉承運期，言應籙受圖也。梁曰惟大梁，言梁德廣運也。北齊曰平瀚海，言文宣命將滅蠕蠕國也。後周曰宣重光，言明帝入承大統也。君馬黄。晉曰金靈運，言晉乘金運也。北齊曰定汝潁，言文襄遣清河王岳禽周將王思政於長葛，汝潁悉平也。後周曰哲皇出，言高祖之聖德也。按古辭云：「君馬黄，臣馬蒼，二馬同逐臣馬良。」終言美人歸以南，以北，駕車馳馬，令我心傷。但取第一句以命題，其主意不

在馬也。李賀之作，其得古道乎。如張正見、蔡知君之流，只言馬而已。按謝燮云：「或聽鐃歌曲，惟吟君馬黃。」古人知音別曲，見於賦詠者如此，後世只於言語上計較，此道無聞。

雉子班。晉曰於穆我皇，言武帝也。北齊曰聖道洽，言文宣之德，無思不服也。後周曰平東夏，言高祖禽齊主於青州，一舉定山東也。按吳兢所引古辭云：「雉子高飛比黃鵠，高飛已千里，雄來飛從雌。」視以爲始作之辭。然樂府之題亦如古詩題，所謂關雎、葛覃之類，只取篇中一二字以命詩，初無義也，後人即物即事而賦，故於題有義。據此古詞無「雉子班」之語，往往「雉子班」之作復在此古辭之前，吳兢未之見也。如吳均「可憐雉子班」，又後人所作也。

聖人出。晉曰仲春振旅，言大晉蒐田以時也。北齊曰受魏禪，言文宣受禪，應天順人。後周曰禽明徹，言高祖遣將克陳將吳明徹而俘之也。

臨高臺。古辭云：「臨高臺，臺下清水清且寒。江有香草雜以蘭。黃鵠高飛離或翻，開弓射鵠令我生萬年。」晉曰夏苗田，言大晉蒐田爲苗除害也。北齊曰服江南，言梁主蕭繹來附化也。

遠如期，亦曰遠期。漢太樂食舉十三曲，一曰鹿鳴，二曰重來，三曰初造，四曰俠安，五曰來歸，六曰遠期，七曰有所思，八曰明星，九曰清涼，十曰涉大海，十一曰大置，十二曰承元氣，十三曰海淡淡。魏時以遠期、承元氣、海淡淡三曲多不通利，故省之。及晉荀勗傅玄之流，并爲歌辭。晉曰仲秋獮田，言蒐狩以時，雖有文德，不廢武事也。北齊曰刑罰中，言孝昭舉直措枉，獄訟無怨也。

石留。晉曰順天道，言仲冬大閱，用武修文也。北齊曰遠夷至，言至海外西夷諸國遣使朝貢也。

務成。晉曰唐堯，言聖皇陟位，化被四表也。北齊曰嘉瑞臻，言聖王應期，河清龍見，符瑞總至也。

玄雲。

北齊曰成禮樂，言功成化洽，制禮作樂也。黃爵行。晉曰伯益，言赤鳥銜書，有周以興，今聖皇受命，神雀來也。釣竿篇。伯常子避仇河濱爲漁父，其妻思之，而爲釣竿歌，每至河側輒歌之。後司馬相如作釣竿詩，遂傳以爲樂曲。

漢鞞舞歌五曲

關中一作東。有賢女。魏曰明明魏皇帝。晉曰洪業篇。章和二年中。漢章帝所造。魏曰太和有聖帝。晉曰天命篇。樂久長。魏曰魏歷長。晉曰景皇篇。四方皇。魏曰天生烝民。晉曰大晉篇。殿前生桂樹。魏曰爲君既不易。晉曰明君篇。

右鞞舞之歌五曲，未詳所始，漢代燕享則用之。傅毅、張衡所賦，皆其事也。章和二年中則章帝所作，舊辭並亡。曹植鞞舞詩序云：「故西園鼓吹李堅者，能鞞舞，遭世亂，越關西，隨將軍段煨。先帝聞其舊伎，下書召堅。堅年踰七十，中間廢而不爲，又古曲甚多謬誤，異代之文，未必相襲，故依前曲作新歌五篇。」晉泰始中，又製其辭焉。按鞞舞本漢巴渝舞，高祖自蜀漢伐楚，其人勇而善鬭，好爲歌舞，帝觀之曰：「武王伐紂之歌。」使工習之，號曰巴渝舞。其舞曲四篇：一曰矛渝，二曰安弩渝，三曰安臺，四曰行辭。其辭既古，莫能曉句讀。魏使王粲制其辭，粲問巴渝帥而

得歌之本意，故改爲矛渝新福、弩渝新福、曲臺新福、行辭新福四歌，以述魏德。其舞故常六佾，桓玄將僭位，尚書殿中郎袁明子啓增滿八佾。梁復號巴渝。隋文帝以非正典，罷之。

拂舞歌五曲魏武帝分碣石爲四曲共八曲。

白鳩篇。亦曰白鳧舞，以其歌且舞也，亦入清商曲。　濟濟篇。　獨禄篇。李白作「獨鹿」。　碣石篇。晉樂奏。魏武帝分爲四篇：一曰觀滄海，二曰冬十月，三曰土不同，四曰龜雖壽。　淮南王篇。舊説淮南王安求仙禮方士，遂與八公相攜而去，莫知所在。其家臣小山之徒思戀不已，乃作是歌，言安仙去也。此則恢誕家爲此説耳，不然亦是後人附會也。

按，晉楊泓舞序云：「自到江南，見白符舞。符即鳧也，白鳧舞即白鳩舞也。白鳧之辭出於吳，其本歌云：『平平白鳧，思我君惠，集我金堂。』謂晉爲金德，吳人患孫皓虐政而思從晉也。」然碣石章又出於魏武，則知拂舞五篇，並晉人採集三國之前所作，惟白鳧不用吳舊歌而更作之，命以白鳩焉。

鼓角横吹十五曲

黄鵠一作鶴。吟。　隴頭吟，亦曰隴頭水。　望行人。　關山月。　洛陽道。　長安道。　豪俠行。亦曰俠客行。　梅花落。胡笳曲。　紫騮馬。　驄馬。復有驄馬驅，非横吹曲。　雨雪。　劉生。不知何代人，觀齊、梁以來所爲劉生之辭，皆稱其任俠，周遊三秦間。或云，抱劍專征爲符節郎。　古劍行。　洛陽公子行。

右鼓角横吹曲。按周禮以鼖鼓鼓軍事。舊云用角，其説謂蚩尤氏帥魑魅與黄帝戰于涿鹿之野，帝命吹角爲龍吟以禦之。其後魏武帝北征烏桓，越涉沙漠，軍士聞之悲思，於是減爲中鳴，尤更悲矣。按此有十五曲，後之角工所傳者只得梅花耳。今太常所試樂工第三等五十曲，抽試十五曲，〔五〕及鳴角人習到大梅花、小梅花、可汗曲，是梅花又有小大之别也。然角之制始於胡，中國所用鼓角，蓋習胡角而爲也。黄帝之説多是謬悠，况鼓角與胡角聲類既同，故其曲亦相參用，而梅花之辭本於胡笳，今人謂角鳴爲邊聲，初由邊徼所傳也。關山月、洛陽道、長安道、豪俠行、梅花落、紫騮馬、驄馬八曲，後代所加也。

胡角十曲

黄鵠吟。隴角頭吟，亦曰隴頭水。出關。入關。出塞。入塞。折楊柳。黄覃子。赤之楊。望行人。

右胡角者，本以應胡笳之聲，後漸用之，故横吹有雙角，即胡樂也。漢博望侯張騫入西域，傳其法，惟得摩訶、兜勒二曲，是爲胡曲之本。摩訶、兜勒，皆胡語也。協律校尉李延年因胡曲更新聲，二十八解其法，乘輿以爲武樂。後漢以給邊將。魏晉以來，二十八解不復具存，但用十曲而已。鼓角之本，出於胡角。

相和歌三十曲

江南曲。梁簡文辭云：「陽春路，時使佳人度。枝中水上青，併歸長楊樹。〔六〕拂地桃花飛，清風吹人光照衣。景將夕，擲黄金，留上客。」古辭古之詩，卽今之曲也，由梁武之後皆能音律，故創激越之辭，發靡麗之音，世所好尚，至今曲與詩分爲二矣。簡文辭美則美矣，其如失古意何！度關山，亦曰度關曲。古辭，曹魏樂奏。長歌行。古辭。按長短歌行，皆言其歌聲發越自有短長。魏武燕歌行曰：「短歌微吟不能長。」傅玄艷歌行曰，「咄來長歌續短歌」是也。崔豹古今注

言，長歌乃續命之長，吳兢亦如是說。謬哉！

薤露歌，亦曰薤露行，亦曰天地喪歌，亦曰挽柩歌。田橫門人作辭云：「薤上朝露何易晞，薤露明朝更復落，人死一去何時歸？蒿里誰家地，聚斂魂魄無賢愚。鬼伯一何相催促，今乃不得少踟躕。」按左傳，齊將與吳戰于艾陵，公孫夏使其徒歌虞殯。注云：「送葬歌也。」是古有喪歌矣。使挽柩者歌之，故謂喪歌，亦謂挽柩歌。此二章之作，乃田橫門人歌以葬橫也，但悲其亡耳，亦無怨言。足見古人之用心，任所遇而已，未嘗尤人焉。本一詩也，而有二章。至漢武時，李延年分爲二曲，薤露送王公貴人，蒿里送士大夫庶人。當其時，聲亦自有別，所以爲二曲。後人通謂之挽歌者，以其聲無異也，故不復存其名。薤露亦謂之泰山吟行者，言人死則精爽歸于泰山。

蒿里傳，亦曰蒿里行，亦曰泰山吟行。喪歌，亦曰挽柩歌。

雞鳴，亦曰雞鳴高樹顛。蓋本古辭，所謂「雞鳴高樹顛，狗吠深巷中」也。

對酒行。古辭，曹魏樂奏。

烏生八九子。古辭：「烏生八九子，端坐秦氏桂樹間。」言烏母生子本在南山巖石間，而來爲秦氏所彈。白鹿在苑中，人得以爲脯，黃鵠摩天，鯉魚在深淵，人可得而煮之。皆由有所欲也。此言爲隱者戒耳，今劉孝威之詩，但言烏而已。

平陵東。古辭云：「平陵東，松柏桐。不知何人劫義公。」取第一句以命篇。此則漢翟義門人所作也。義爲東郡太守，起兵誅王莽，不克而死，門人作是歌以哀之。

陌上桑，亦曰艷歌羅敷行，亦曰日出東南隅行，亦曰日出行，亦曰採桑曲，曹魏改曰望雲曲。按古辭陌上桑有二，此則爲羅敷也。羅敷者，邯鄲秦氏女也，嫁千乘王仁。仁後爲趙王家令，羅敷採桑於陌上，趙王登臺，見而悦之，置酒欲奪焉。羅敷善彈箏，作陌上桑以

自明不從。其辭稱羅敷採桑陌上，爲使君所邀，羅敷甚誇其夫爲侍中郎以拒之。或言與舊説不同，然侍中郎漢官也，恐仁初爲趙王家令，後爲漢侍中郎也。呼趙王爲使君者，郎君之稱本於漢，恐言使君者猶今言使長也。其辭有「日出東南隅，照我秦氏樓」之句，故亦曰日出東南隅行，亦曰日出行。別有秋胡行，其事與此不同，以其亦名陌上桑，致後人差互其説。如王筠陌上桑云：「秋胡始停馬，羅敷未滿箱。」〔七〕蓋合爲一事也。

短歌行，亦曰鰕䱜。晉樂奏。

燕歌行。晉樂奏。燕，北地也。是歌始於魏文帝，其辭云：「秋風蕭瑟天氣涼，草木搖落露爲霜。群燕辭歸雁南翔，念君客游思斷腸。慊慊思歸戀故鄉，何爲淹留寄他方？賤妾煢煢守空房，憂來思君不敢忘，不覺淚下沾衣裳，援琴鳴絃發清商，短歌微吟不敢長。明月皎皎照我牀，星漢西流夜未央，牽牛織女遥相望，爾獨何辜限河梁。」

秋胡行，亦曰陌上桑，亦曰採桑，亦曰在昔。魯有秋胡子，納妻五日而官於陳，五年乃歸。未至家，於路傍見婦人採桑，色美，説之，下車曰：「力田不如逢豐年，力耕不如見公卿。吾有金，願以與汝。」婦人曰：「婦人當採桑力作，以養舅姑，〔八〕不願人之金。」秋胡歸，奉金以遺母，母使呼婦，婦至，乃向採桑者。婦惡其行，因東投河而死。後人哀之，而作秋胡行，故亦曰陌上桑，亦曰採桑。後人多與羅敷行無別。

苦寒行，亦曰吁嗟。晉樂奏。古辭云：「北上太行山，艱哉何巍巍，羊腸坂詰屈，車輪爲之摧。樹木何蕭瑟，北風聲正悲。熊羆對我蹲，虎豹夾道啼。溪谷少人民，雪落何霏霏。延頸長歎息，遠行多所懷。我心何怫鬱，思欲一東歸。水深橋梁絕，中路正徘徊。迷惑失故路，薄暮無宿栖。行行日已遠，人馬同時飢。擔囊行取薪，斧冰持作糜。悲彼東山詩，悠悠使我

哀！」

董逃行。古辭云：「吾欲上謁從高山，山頭危險道路難。」言五嶽之上，皆以黄金爲宫闕，多靈獸仙草，以人君多欲壽考，求長生不死之藥，故令天神擁護。疑此辭作於漢武之時，蓋武帝有求仙之興。董逃者，古仙人也。後漢遊童競歌之，有董卓之亂，卒以逃亡。此則謡讖之言，因其所尚之歌，故有是事實，非起於後漢也。梁簡文詠行幸甘泉云：「董逃拜金紫，賢妻侍禁中。」又云：「不羨神仙侣，排煙遠駕鴻。」所言仙事也。然陸機、謝靈運之作，皆言節物易徂，可及時行樂；晉傅休奕九秋十二篇有擬董逃行，但言夫婦離别，各隨其意。

塘上行，亦曰塘上辛苦行。晉樂奏。或云甄后所作，或云魏文帝作。按古歌曰：「蒲生我池中，緑葉何離離。」然觀陸機二篇之作，皆言婦人見棄於君之情也。舊云，甄后被讒見棄而作，必是也。

善哉行，亦曰日苦短。古辭云：「來日大難，口燥脣乾。」言人命不可保，當樂見親友，求長生術，與王喬八公游也。

東門行。晉樂奏。古辭云：「出東門，不願歸。」言士有貧不安其居，拔劍將去，妻子牽衣留之，願其餔糜斯足，不求富貴也。

西門行。古辭。

煌煌京洛行。晉樂奏。

艷歌何嘗行，亦曰飛鶴行。古辭云：「飛來雙白鶴，乃從西北來。」言雌病雄不能負之而去，五里一返顧，六里一徘徊，雖遇新相知，終傷生别離。

步出夏東門行，亦曰隴西行。古辭。

野田黄雀行。晉樂奏。

滿歌行。大曲，古辭。

櫂歌行。晉樂奏。魏明帝將用舟師平吴，故作是歌以明王化所及。後之作者，多言方舟鼓櫂之興耳。

雁門太守行。按古辭，是後漢孝和時洛陽令王涣也。涣嘗爲安定太守，有安邊恤民之功，百姓歌之。然此則雁門太守，若非其事偶相合，則是作詩者誤以

安定爲雁門。　白頭吟。西京雜記，司馬相如將聘茂陵人女爲妾，文君作白頭吟以自絶，相如乃止。後人作白頭吟，皆是以直道被讒，見疎於君。故古辭云：「凄凄重凄凄，嫁娶不須啼。願得一心人，頭白不相離。」　氣出唱。亦曰惟乾。　精列。古辭。　東光。

右漢舊歌也。曰相和歌者，並漢世街陌謳謡之辭，絲竹更相和，令執節者歌之。按詩南陔之三笙以和鹿鳴之三雅，由庚之三笙以和魚麗之三雅者，相和歌之道也。本一部，魏明帝分爲二部，更遞夜宿。始十七曲，魏晉之世，朱生、善琵琶。宋識、善擊節。列和善吹笛。等復爲十三曲。自短歌行以下，晉荀勗採撰舊詩施用，以代漢、魏，故其數廣焉。

相和歌吟嘆四曲

大雅吟。　王昭君。　楚妃嘆。　王子喬。

右張永元嘉技録四曲也。古有八曲，曰小雅吟，蜀琴頭，楚王吟，東武吟，四曲闕。

相和歌四絃一曲

蜀國四絃。

右張永元嘉技録有「四絃一曲，蜀國四絃」是也，居相和之末，三調之首。古有四曲，其張女四絃，李延年四絃，嚴卯四絃，三曲闕。蜀國四絃，節家舊有六解，宋歌有五解，今亦闕。

相和歌平調七曲

長歌行。 短歌行，亦曰鰕䱇。 猛虎行。 君子行。 燕歌行。

從軍行。 鞠歌行。

右宋王僧虔大明三年宴樂技録平調有七曲也。

相和歌清調六曲三婦艷詩一曲附。

苦寒行。 豫章行。 董逃行。 相逢狹路間行，亦曰長安有狹斜行，亦曰相逢行。 三婦艷詩，亦曰：「大婦織綺羅，中婦織流黄。」 塘上行。 秋

胡行。

右王僧虔技録清調六曲也。其三婦艶詩，技録不載。張氏云，非管弦音聲所寄，似是命笛理弦之餘。

相和歌瑟調三十八曲

善哉行，亦曰日苦短。　步出夏門行，亦曰隴西行。　折楊柳。　西門行。　東門行。　東西門行。　却東西門行。　順東西門行。　飲馬長城窟行，亦曰飲馬行。　上留田行。　新城安樂宮行。　婦病行。　孤子生行，亦曰孤兒行，亦曰放歌行。　大牆上蒿行。　野田黄雀行。　釣竿行。　臨高臺行。　長安城西行。　武舍之中行。　雁門太守行。　艶歌何嘗行，亦曰飛鵠行。　艶歌福鍾行。　艶歌雙鴻行。　煌煌京洛行。　帝王所居行。　門有車馬客行。　牆上難爲趨行。　日重光行。　月重輪行。　蜀道難。　櫂歌行。　有所思行。　蒲坂行。　採梨橘行。　白楊行。　胡無人行。　青龍行。　公無渡河行，亦曰箜篌行。

右王僧虔技録。

相和歌楚調十曲

白頭吟行。　泰山吟行。　梁甫吟行。　東武吟，亦曰東武琵琶吟行。

怨詩行，亦曰怨歌行，亦曰明月照高樓。　長門怨，亦曰阿嬌怨。　班婕妤，亦曰婕妤怨。　娥眉怨。　玉階怨。　雜怨。

右王僧虔技録五曲，自長門怨以下五曲續附。〔九〕

大曲十五曲

東門。東門行。　西山。折楊柳行。　羅敷。艷歌羅敷行。　西門。西門行。

默默。折楊柳行。　園桃。煌煌京洛行。　白鵠。艷歌何嘗行。　碣石。步出夏門行。　何嘗。艷歌何嘗行。　置酒。野田黄爵行。　爲樂。滿歌行。　夏門。步出夏門行。　王者布大化。櫂歌行。　洛陽令。雁門太守行。　白頭吟。

白紵歌一曲古辭。梁武改爲子夜吴聲四時歌四曲，共五曲。

白紵歌。白紵歌有白紵舞，白鳧歌有白鳧舞，並吴人之歌舞也。吴地出紵，又江鄉水國，自多

梟鷙，故興其所見以寓意焉。始則田野之作，後乃大樂氏用焉。其音入清商調，故清商七曲有子夜者，即白紵也。在吳歌爲白紵，在雅歌爲子夜，梁武令沈約更制其辭焉。古辭云：〔一〇〕「白紵白質如輕雲，色似銀。制以爲袍餘作巾，袍以光軀巾拂塵。」

右白紵，與子夜一曲也。在吳爲白紵，在晉爲子夜，故梁武本白紵而爲子夜四時歌。後之爲此歌者曰白紵則一曲，曰子夜則四曲。今取白紵於白紵，取四時歌於子夜，其實一也。

清商曲七曲 附五十曲，并夷樂四十一曲，〔一一〕除內七曲同，實計八十四曲。

子夜，亦曰子夜吳聲四時歌，亦曰子夜吳歌。晉有女子名子夜，作是歌，其聲甚哀。晉孝武太元中，琅邪王軻家有鬼歌之。子夜之音同於白紵，皆清商調也，故梁武本白紵而爲子夜吳聲四時歌，明此子夜亦有晉聲者，其實不離清商。前溪。晉車騎將軍沈玩所作，舞曲也。烏夜啼。宋臨川王義慶所作。宋元嘉中，徙彭城王義康於豫章郡，義慶時爲江州，相見而哭。文帝聞而怪之，召還宅，義慶大懼。妓妾聞烏夜啼，叩齋閤云：「明日應有赦。」及旦，改南兗州刺史，因作此歌。故其辭云：「籠窓窓不開，烏夜啼，夜夜望郎來。」蓋詠其妾也。石城樂。宋臧質所作也。石城在景陵，質爲景陵太守，於城上見群少年歌詠之樂，因爲此辭。其辭曰：「生長石城下，開門對城樓。城中美少年，出入相依投。」莫愁樂。出於石城之作。石城有女子名莫愁，善歌謠，故石

城之外復有莫愁。古又有莫愁，洛陽女，非此。古辭云：「莫愁在何處？莫愁石城西。艇子打兩槳，催送莫愁來。」來，音釐。

襄陽樂。宋隋王誕始爲襄陽郡，元嘉末仍爲雍州，夜聞諸女歌謡，因爲之辭焉。宋劉道彦爲雍州，有惠化，百姓歌之，謂之襄陽樂，非此也。古辭云：「朝發襄陽城，暮至大堤宿。大堤諸女兒，花艷驚郎目。」

王昭君，亦曰王嬙，亦曰王明君。名嬙，字昭君，避晉文諱，改曰明君。漢元帝時，匈奴盛，請婚於漢，帝以後宫良家子昭君配焉。元帝之時，後宫掖庭員數多，帝不及徧識，令毛延壽畫圖，延壽取金於後宫，而昭君不與，故陋其姿。及昭君既出宫，帝爲愕然，殺延壽。其時公主嫁烏孫，爲馬上彈琵琶作樂，以慰其道路之思。其事多見載籍。其辭云：「吾家嫁我兮天一方，遠託異國兮烏孫王，穹廬爲室兮旃爲牆。」旃，帳也。按漢書，烏孫使使獻馬，願得尚公主，乃遣江都王建女爲公主，以妻烏孫焉，此則是也。若以爲延壽畫圖之説，則委巷之談，流入風騷人口中，故供其賦詠，至今不絶。

右按，清商曲亦謂之清樂，出於清商三調，所謂平調、清調、瑟調是也。三調者，乃周房中樂之遺聲，漢、魏相繼，至晉不絶。永嘉之亂，中朝舊曲散落江右，而清商舊樂猶傳江左，所謂梁宋新聲是也。元魏孝文纂漢，收其所獲南音，謂之清商樂，即此等是也。隋平陳，因置清商府，傳採舊曲，若巴渝、白紵等曲皆在焉。自此漸廣，雖經喪亂，至唐武后時猶存六十三曲，其傳者有焉。

白雪。楚曲也，或云周曲。唐顯慶三年十月，太常寺奏：「按張華博物志云，白雪是黄帝使素女

鼓五十絃瑟曲名，以其調高，人和遂寡，自宋玉以來，迄今千祀，未有能歌白雪者。臣今准敕，依琴中舊曲，定其宫商，然後教習，並合於歌，輒以御製雪詩爲白雪歌辭。又樂府奏正曲之後，皆有送聲，君唱臣和，事彰前史，輒取侍中許敬宗等奏和雪詩十六首，以爲送聲，各十六節。」上善之，乃付太常，編於樂府。

公莫舞。即巾舞也。蓋取高祖鴻門會飲，項伯以袖隔之，使不得害高帝，且語莊云「公莫」。古人相呼爲公，莫害漢王也，亦謂之公莫曲。後之舞者用巾，蓋像項伯衣袖之遺式也。本即舞，後人因爲辭焉。

巴渝。本舞名，即鞞舞也。漢高自蜀漢將定三秦，閬中范因率賨人以從，爲前鋒，號板楯蠻，勇而善鬬。及定三秦，封因爲閬中侯，復賨人七姓。其俗喜舞，高帝使樂人習之，閬中有渝水，因以爲名，故曰巴渝舞。舞曲四篇，其辭既古，莫能曉其句度，〔一二〕魏使王粲改創其調，晉及江左皆制其辭。

明君。

明之君。漢鞞舞曲。梁武改其曲辭，以歌君德。

鐸舞。漢曲。

白鳩。吴拂舞曲。

白紵。吴舞。

子夜。晉曲。

吴聲四時歌。梁曲。

前溪。晉曲。

阿子歌，亦曰歡聞歌。晉穆帝升平初，童子輩或歌於道，歌畢輒呼：「阿子，汝聞否？」又呼：「歡聞否？」以爲送聲。後人演其聲爲二曲。宋齊間用莎乙子之語，稍訛異也。

團扇郎。晉中書令王珉好執白團扇，其侍人謝芳歌之。或云，珉與嫂婢謝芳有情，嫂鞭撻過苦，婢善歌而作此曲。其辭云：「團扇復團扇，持許自遮面。憔悴無復理，羞與郎相見。」

懊憹。憹音農。〔一三〕亦作惱。石崇侍人緑珠所作絲布澁難縫一曲而已，東晉隆安初，民間訛謡之。曲云：「春草可攬結，女兒可攬擷。」齊高帝謂之中朝歌。

長史變。晉司徒左長史王廞臨

敗所作。

丁督護。亦曰丁都護，亦曰督護歌。宋武帝女夫徐逵之，爲彭城內史，爲魯軌所殺，武帝使內直督護丁旿收殯之。逵之妻呼旿至閤下，自問殯送之事，每問輒嘆息曰「丁督護」！其聲甚哀，後人因其聲廣其曲焉。其辭二首，一曰：「督護上征去，儂亦惡聞許，願作石尤風，四面斷行旅。黃河流無極，洛陽數千里，轗軻戎旅間，何由見歡子。」

讀曲。宋人爲彭城王義康作。其歌云：「死罪劉領軍，誤殺劉四弟。」古今樂録曰：「元嘉十七年，袁后崩，百官不敢聲歌，或因酒燕，只竊聲讀曲細吟而已。」

烏夜啼。宋臨川王義慶作。

估客樂。齊武帝所作也。武帝爲布衣時，常游樊鄧，踐阼已後，追憶往事，而作是歌。使太樂令劉瑤教習，百日無成。或啓釋寶月善音律，帝使寶月奏之便就，敕歌者重爲感憶之聲。梁改爲商旅行。其辭二首，一曰：「昔經樊鄧後，假楫梅根渚。感昔追往事，意滿情不敘。」二曰：「有信數寄書，無信長相憶。莫作缾落井，一去無消息。」

石城樂。宋臧質作。

莫愁。出於石城。

襄陽。亦曰襄陽樂。宋隋王誕作。

烏夜飛。亦曰棲烏夜飛。宋荊州刺史沈攸之所作也。攸之舉兵發荊州，未敗之前，思歸京師，所以歌之曰：「白日落西山，還去來。」

楊叛兒，亦曰西曲楊叛兒。本童謡也。齊隆昌時，女巫之子曰楊旻，隨母入內，及長爲太后所寵愛。童謡云：「楊婆兒，共戲來。」語訛轉「婆」爲「叛」也。

雅歌。未詳所起。

驍壺。投壺樂也。隋煬帝所造，以投壺有躍矢爲驍壺，今謂之驍壺是。

常林歡。常林即長林也，〔一四〕今之荊門長林縣是也。樂人誤以「長」爲「常」。此則梁宋間曲也。宋代以荊雍爲南方重鎮，皆王子爲之牧，江左辭詠，莫不稱之，以爲樂土。故宋隋王誕

作襄陽樂，齊武追憶樊鄧，作估客樂是也。梁簡文辭云：「分手桃林岸，遂別峴山頭。若欲寄音信，漢水向東流。」

三洲。商人之歌也。商客數由巴陵三江口往還，因共作此歌。

採桑度。三洲曲所出也，與羅敷、秋胡行所謂採桑者異矣。

玉樹後庭花。玉樹後庭花與堂堂、黃鸝留、金釵兩臂垂，凡四曲，皆陳後主所作。常與宮女學士及朝臣相唱和爲詩，太樂令何胥採其尤輕豔者，以爲此曲。

堂堂。陳後主所作者。唐高宗朝常歌之。

泛龍舟。隋煬帝幸江都宮所作。又令太樂令白明達造新聲，剏萬歲樂、藏鉤樂、七夕相逢樂、舞席同心髻、（一五）玉女行觴、神仙留客、擲磚續命、鬬雞子、鬬百草、還舊宮、長樂花、十二時等曲，掩抑摧藏，哀音斷絶。

春江花月夜。隋煬帝所作也。凡二首，一曰：「暮江平不動，春花滿正開。流波將月去，潮水帶星來。」二曰：「夜露含花氣，春潭漾月暉。漢水逢游女，湘川值兩妃。」

右三十三曲，明之君、雅歌各二首，四時歌四首，凡三十八曲。又有四曲，上林、鳳雛、平折、命嘯，其聲與辭皆訛失。又有三曲，曰平調、清調、瑟調，有聲無辭。又蔡邕云：「清商曲，其詩不足採，有出郭西門、陸地行車、俠鍾、朱堂寢、奉法，五曲往往在。」漢時所謂清商者，但尚其音爾，晉、宋閒始尚辭。觀吳兢所纂七曲，皆晉、宋間曲也，故知梁宋新聲，有自來矣。因隋文帝篤好清樂，以爲華夏正聲，故特盛於隋焉。大業中，煬帝乃定清樂、西涼、龜茲、天竺、康國、疏勒、安國、高麗、禮畢，以爲

九部。

西涼五曲：楊澤新聲。神白馬。永世樂。萬世豐解。于闐佛舞。〔一六〕　龜茲：萬歲樂。藏鉤樂。七夕相逢樂。玉女行觴。神仙留客。擲磚續命。投壺樂。舞席同心髻。泛龍舟。鬭雞子。鬭百草。善善。還舊宮。長樂花。十二時曲。摩尼解。婆伽兒舞。小天舞。聖明樂。疏勒鹽。

天竺二曲：沙石彊歌。天曲樂舞。　康國四曲：戢殿農和正歌。末奚波地舞曲。前拔地舞曲。惠地舞曲。　疏勒三曲：兀利死遜歌。遠服舞。監曲解。　安國三曲：附薩單時歌。居和祇解。末奚舞。　高麗二曲：芝栖歌。芝栖舞。　禮畢二曲：單交路行。散花舞。

禮畢者，九部樂終則陳之。唐高祖即位，仍隋制，亦設九部樂，曰燕樂伎，曰清商伎，曰西涼伎，曰天竺伎，曰高麗伎，曰龜茲伎，曰安國伎，曰疏勒伎，曰康國伎，其實皆主於清商焉。

琴操五十七曲 九引　十二操　三十六雜曲

思歸引，亦曰離拘操。舊説衞賢女之所作也。邵王聞其賢而聘之，未至而王死，太子留之，不聽，拘於深宮，思歸不得，援琴而歌，曲終乃縊。初但有聲，至晉石崇始作辭，但述其思歸河陽所居而

已。劉孝威胡地憑良馬，亦只言思歸之狀。

走馬引。樗里牧恭所造也。爲父報讎殺人，而藏山谷中，有天馬夜降，鳴于其室，聞而驚，以爲吏追己，犇逃入川澤中，援琴而彈之，作天馬之聲，命之曰走馬引。又張敞爲京兆尹，無威儀，時罷朝會，走馬章臺街，時人鄙笑之，有「毆君馬者路傍兒」之語，故張率詩曰：「吾畏路傍兒。」

霹靂引，亦曰吟白虎，亦曰舞玄鶴。楚商梁所作。商梁出游九皋之澤，遇風雷霹靂，懼而歸，作此引。又晉平公召師曠援琴而鼓，清徵一奏，有玄鶴二八來集，再奏而列，三奏延頸而鳴，舒翼而舞。所謂舞玄鶴者，蓋本於此。往往其音不殊，故合爲一，不然則本舞玄鶴之聲，而爲霹靂引。

烈女引。亦曰操，楚樊姬作也。伯妃引。魯伯妃作。

琴引。秦時屠高門作。楚引，亦曰龍邱引。楚龍邱子高作。〔一七〕貞女引。魯女所作。

箜篌引，亦曰公無渡河，亦曰箜篌謡。朝鮮津卒霍里子高妻麗玉所作。子高晨起刺船，見一白首狂夫，被髮攜壺，亂流而渡，其妻隨呼止之，不及，遂援箜篌而鼓之，歌曰：「公無渡河，公終渡河。公墮而死，當奈公何！」聲音悽愴，曲終，亦投河而死。子高還，以其聲語麗玉，玉傷之，乃引箜篌寫其聲，聞者莫不墮淚。麗玉以其聲傳鄰女麗容，名曰箜篌引。舊史稱漢武帝滅南粤，祠太一后土，令樂人侯暉依琴造坎侯，坎者聲也，侯者工人姓也，後語訛坎爲空。然以臣所見，今大樂有箜篌器，何得如此説。

右九引。

將歸操。世言孔子作。孔子之趙，聞殺竇鳴犢，賢者也，孔子知必不用己，故將歸，其辭曰：「翱

翔于衞，復我舊居。從吾所好，其樂只且。」猗蘭操，亦曰幽蘭操。世言孔子作。孔子傷不逢時，以蘭薺麥自喻，且云：「我雖不用，於我何傷。」言雪霜之時，薺麥乃茂，蘭者取其芬香也。今此操只言猗蘭，蓋省辭也。〔一八〕龜山操。世言孔子作。季桓子受齊女樂，孔子欲諫不得，退而望魯之龜山而作此曲，言位尊非其人，嗟予莫之依也。或言季氏若龜山之蔽魯。越裳操。世言周公作。越裳國獻白雉，周公作是歌。拘幽操。世言文王拘於羑里而作。岐山操。世言周公爲太王作。述古豳公之績，患時黷武也。或云周人爲文王所作。履霜操。世言尹吉甫子伯奇無罪，爲後母所譖見逐，自傷而作也。追帝舜之事，明怨其身之不爲父母憐也。言人之不得於父母者，當益親也。雉朝飛操。世言齊宣王時處士犢牧子作也。年七十，無妻，採薪於野，見雉雌雄雙飛，乃仰天而嘆曰：「聖王在上，恩及草木鳥獸，而我不獲。」因援琴而歌，其聲中絶。魏武帝有宮人盧女者，陰叔之妹，七歲入漢宮，學鼓琴，琴特鳴異，爲新聲，能傳此曲。至魏明帝崩，出降爲尹更生妻，故得此聲不絶。按揚雄琴清英曰：「雉朝飛操者，衞女傅母之所作也。衞女嫁於齊太子，中道聞太子死，問傅母曰：『且往當喪。』喪畢不肯歸，終之以死。傅母悔之，取女所自操琴於冢上鼓之，忽二雉俱出墓中。傅母撫雉曰：『女果爲雉耶？』言未畢，俱飛而起，不見所往。傅母悲痛，援琴作操，曰雉朝飛。」據雄所記，大概與思歸操之言相類，恐是訛易。別鶴操。商陵牧子娶妻，五年無子，父兄爲之改娶，其妻聞之，中夜起，倚户悲歌。牧子感之，爲作此曲。或云，其時亦有雙鶴悲鳴，故因以命操。殘形操。世言曾子夢一狸，不見其首，以爲不祥，而作此曲。水僊

操。世言伯牙所作。伯牙學鼓琴於成連先生，三年而成，至於精神寂寞，情之專一，尚未能也。成連云：「吾師子春在海中，能移人情。」乃與伯牙延望無人，至蓬萊山，留伯牙曰：「吾將迎吾師。」刺船而去，旬時不返，但聞海上水汩没漰澌之聲，山林窅冥，羣鳥悲號。愴然嘆曰：「先生將移我情。」乃援琴而歌之，曲終，成連刺船而還。伯牙遂妙絶天下。

懷陵操。世言伯牙所作。

右十二操，韓愈取十操以爲文王、周公、孔子、曾子、伯奇、犢牧子所作，則聖賢之事也，故取之。水僊、懷陵二操，皆伯牙所作，則工技之爲也，故削之。嗚呼！尋聲狥迹，不識其所由者如此。九流之學皆有義，所述者無非聖賢之事，然而君子不取焉者，爲多誣言飾事以實其意。所貴乎儒者，爲能通今古，審是非，胸中了然，異端邪説無得而惑也。退之平日所以自待爲如何？〔一九〕所以作十操以貽訓後世者爲如何？臣有以知其爲邪説異端所襲，愚師瞽史所移也。琴操所言者何嘗有是事！琴之始也，有聲無辭，但善音之人，欲寫其幽懷隱思而無所憑依，故取古之人悲憂不遇之事，而以命操。或有其人而無其事，或有其事又非其人，或得古人之影響又從而滋蔓之。君子之所取者，但取其聲而已，取其聲之義而非取其事之義。君子之於世多不遇，小人之於世多得志，故君子之於琴瑟，取其聲而寫所寓焉，豈尚於事辭哉！若以事辭爲尚，則自有六經聖人所説之言，而何取於工伎所志之事哉！琴工之

爲是説者，亦不敢鑿空以厚誣於人，但借古人姓名而引其所寓耳，何獨琴哉！百家九流，皆有如此，惟儒家開大道，紀實事，爲天下後世所取正也。蓋百家九流之書皆載理，無所繫着，則取古之聖賢之名，而以己意納之於其事之域也。且以卜筮家論之，最與此相近也。如以文王拘羑里而得明夷，文王拘羑里或有之，何嘗有明夷乎？又何嘗有箕子遇害之事乎？孔子問伯牛而得益，孔子問伯牛實有之，何嘗有益乎？又何嘗有過其祖之語乎？琴操之所紀者，皆此類也。又如稗官之流，其理只在唇舌間，而其事亦有記載。虞舜之父，杞梁之妻，於經傳所言者數十言耳，彼則演成萬千言。東方朔三山之求，諸葛亮九曲之勢，於史籍無其事，彼則肆爲出入。琴操之所紀者，又此類也。顧彼亦豈欲爲此誣罔之事乎？正爲彼之意向如此，不得不如此，不説無以暢其胸中也。又如兔園之學，其來已久，其所言者無非周孔之事，而不得爲正學，不爲學者所取信者，以意卑淺而言陋俗也。今觀琴曲之言，正兔園之流也，但其遺聲流雅，不與他樂並肩，故君子所尚焉。或曰，退之之意，不爲其事而作也，爲時事而作也。曰，如此所言，則白樂天之諷諭是矣。若懲古事以爲言，則隋堤柳可以戒亡國，若指今事以爲言，則井底引銀瓶可以止淫奔，何必取異端邪説，街談巷語以寓其意乎？同是誕言，同是飾説，伯牙何誅焉。臣今論此，非好攻古人也，正

欲憑此開學者見識之門，使是非不雜揉其間。故所得則精，所見則明，無古無今，無愚無智，無是無非，無彼無己，無異無同，概之以正道，爍爍乎如太陽正照，妖氛邪氣不可干也。

河間雜弄，二十一章。　蔡氏五弄。　雙鳳。　雜鸞。　歸風。　送遠。　幽蘭。　白雪。太常丞呂才以唐高宗雪詩爲白雪歌，被之以琴。　長清。　短清。　長側。　短側。　清調。　大遊。　小遊。　明君。　胡笳。　白魚歎。　廣陵散。嵇康死後，此曲遂絶，往往後人本舊名而別出新聲也。　楚妃歎。　風入松。　烏夜啼。　楚明光。　石上流泉。　臨汝侯子安之。　流澌淍。　雙燕離。　陽春弄。　悦人弄。　連珠弄。　中揮清。　暢志清。　蟹行清。　看客清。　便僻清。　婉轉清。

右三十六雜曲。

遺聲序論

遺聲者，逸詩之流也。今以義類相從，分二十五正門，二十附門，總四百十八曲，無

非雅言幽思，當採其目，以俟可考。今採其詩，以入系聲樂府。

古調二十四曲

古辭十九曲。無名氏。　擬行行重行行。陸機。　古意。李白。　淫思古意。顏峻。　古樂府。權德輿。

征戍十五曲將帥　城塞　校獵

戎行曲。　遠征人。　南征曲。　老將行。　將軍行。　霍將軍行。
司馬將軍歌。　長城。　築城。　古築城曲。　塞上曲。　塞下曲。
古塞曲。　邊思。　校獵曲。

遊俠二十一曲

遊俠篇。　俠客行。　博陵王宮俠曲。　臨江王節士歌。　少年子。
少年行。　刺少年。　邯鄲少年行。　長安少年行。　羽林郎。　輕薄篇。　劍客。　結客。　結客少年場。曹植詩云：「結客少年場，報怨洛北芒。」故取

一句。沐浴子。結襪子。結援子。壯士吟。公子行。燉煌子。扶風豪士歌。

行樂十八曲

遊子移。遊子吟。嘉遊，亦曰喜春遊。王孫遊。棗下何纂纂。攜手曲。樂未央。永明樂。今樂歌。吾生作宴樂。今日樂相樂。苦樂相倚曲。唐元稹作。言人情不常，恩寵反覆，專引班姬、趙飛燕事爲言。合歡詩。晉楊方所作，婦人也。其詩言，我情與君猶形影不相離，願食共並根穗，飲共連理盃，衣同雙絲絹，寢共無縫裯，坐必接膝，行必攜手，如鳥同心，如魚比目，利斷金石，密逾膠漆焉。定情篇。漢繁欽所作。言婦人不能自相悅媚，乃解衣服玩好致之，用敍綢繆之志，若臂環致拳拳，指環致勤勤，耳珠致區區，香囊致和和，跳脱致契闊，佩玉結恩情。自以爲至矣，而期於山隅、山陽、山西、山北，終而不答，乃自傷悔。還臺樂。河曲遊。行幸甘泉宮。宮中行樂。〔二〇〕

佳麗四十七曲女功　才慧　貞節

美女篇，亦曰齊瑟行，亦曰齊吟。美人。織女辭。錦石擣流黃。

丹陽孟珠歌。　錢塘蘇小小歌。　孫綽情人碧玉歌。　中山王孺子妾歌。孺子者，幼小之稱。漢書曰：「詔賜中山王噲及孺子妾并未央才人歌詩四篇。」　吳王夫差女紫玉歌。　董嬌饒。　烏孫公主。漢武帝以江都王女細君爲公主，嫁烏孫昆彌。至其國，别治宫室，歲時一再會，公主悲怨而作是詩。　情人桃葉歌，亦曰千金意。桃葉者，王獻之妾名，緣於篤愛，所以作歌。或云是童謡。「桃葉復桃葉，桃葉連桃根。相憐兩樂事，獨使我殷勤。」又曰：「桃葉復桃葉，渡江不用楫。但道無所苦，我自楫迎汝。」　李夫人。漢武帝喪李夫人，令寫真甘泉殿。又令方士合靈藥曰反魂香，以降夫人之魂，髣髴其狀，背燈隔帳不得語。　楚妃吟。　楚妃歎。　楚明妃曲。　杜秋娘。金陵女，年十五，爲李錡妾。錡叛滅，籍之入宫，有寵於景陵。穆宗立，命爲皇子傅母，皇子封章王。鄭注事被罪，放還故鄉。其辭云：「勸君莫惜金縷衣，勸君須惜少年時。花開堪折直須折，莫待無花空折枝。」　女秋蘭。　木蘭辭。木蘭，女子也。其父被調從征，木蘭代父往防邊，獲功而歸。與人同伴十二年，而人不知其爲女子，故其詩之卒章有「雄兔脚撲朔，雌兔眼迷離，兩兔傍地走，焉能知我是雄雌」之句。　昭君歎。　劉勳妻。　焦仲卿妻。　杞梁妻歌。杞殖妻之妹朝日所作也。殖戰死，妻泣曰：「上則無父，中則無夫，下則無子，人生之苦至矣！」乃放聲長號，杞城爲之頹，遂投水死。其妹悲之，爲作是歌。梁乃殖字。　湘夫人，亦曰湘君，亦曰湘妃。堯二女，長曰娥皇，次曰女英，爲舜二妃。舜南巡，

二妃追隨不及，没於湘渚，今有其祠。 未央才人歌。 邯鄲才人嫁爲厮卒婦。 愛妾换馬。 胡姬年十五。 黄門倡。 舞媚娘。舞亦作武。唐則天朝常歌此曲。 五媚娘。 妾薄命，亦曰惟日月。 妾安所居。 皚如山上雪。 燕美人。 映水曲。 蠶絲歌。 貞女。 孀婦吟。 麗人行。 上陽白髮人。唐天寶五載已後，楊貴妃專寵，後宫人無復進幸矣。六宫有美色者，輒置别所，上陽是其一也。貞元中尚存焉。

静女辭。 繚綾。 時世粧。 王家少婦。 委舊命。 秦女卷衣。

别離十九曲迎客

生别離。 離歌。 長别離。 河梁别。 春别曲。 自君之出矣。

送歸曲。 思歸篇。 送遠曲。 母别子。 寄衣曲。 迎客曲。

送客曲。 遠别離。 久别離。 古離别。 怨别。 離怨。一作雜怨。 井底引銀瓶。

怨思二十五曲

傷歌行。 怨辭。 青樓怨。 春女怨。 秋閨怨。 閨怨。 寒夜怨。 征婦怨。 綵書怨。 鳳樓怨。 緑墀怨。 四愁。 七哀。 長相思。 憂且吟。 獨處愁。 思公子。 思君去時行。 洛陽夫七思詩。 湘妃怨。 娼樓怨。 西宫秋怨。 西宫春怨。 遺所思。 獨不見。

歌舞二十一曲技能

浩歌行。 緩歌行。 前緩聲歌。 會吟行。 同聲歌。 勞歌。 悲歌行。 上聲歌。此因上聲促柱得名。或用一調,或用無調名,如古歌辭所謂哀思之音,不合中和。梁武因之改辭,無復雅句。 大垂手。舞而垂手也。小垂手、獨摇手亦然。其辭云:「垂手忽迢迢,飛燕掌中嬌。羅衫恣風引,輕薄任情摇。詎似長沙地,促舞不回腰。」 小垂手。其辭云:「舞女出西秦,躡節舞陽春。且復小垂手,廣袖拂紅塵。折腰㠊兩笛,頓足轉雙巾。蛾眉與慢臉,見此空愁人。」 鈞天曲。 豔歌行。古辭有「翩翩堂前燕,冬藏夏來見」,言兄

弟流宕他之。或言魏武始作。　童謡。　入朝曲。　清歌發。　獨舞調嘯辭。急聲也。至今猶存。　正古樂。　三臺辭。舞辭也。今猶存。　齊謳行。　吴趨曲。齊謳者，齊人之歌。吴趨者，吴人之舞。故陸機所引牛山，陸厥所言稷下，皆齊地。閶門乃吴門，闔閭所築，亦名破楚門。千載而下，欲爲齊謳者，必本齊音，欲爲吴趨者，必本吴調。

絲竹十一曲

挾琴歌。　相如琴。　薄暮動絃歌。　鼓瑟有所思。　趙瑟。　秦箏。　龍笛曲。　短簫。　鳳笙。　華原磬。唐天寶中，始廢泗濱磬，用華原石代之。詢諸磬人，則曰：「故老云，泗濱磬石調之不能和，得華原石，考之乃和，由是不改。」　五絃彈。

觴酌七曲

羽觴飛上苑。　前有一樽酒。　城南偶燕。　當置酒。　當壚。　獨酌謡。　山人勸酒。

宫苑十九曲 樓臺 門厥

魏宫辭。 玉華宫。 長信宫。 連昌宫。 楚宫行。 雍臺。 凌雲臺。 新成長樂宫。〔二一〕 登樓曲。 青樓曲。 建興苑。 芳林篇。 上林。 閶闔篇。 駕言出北闕。 坐玉堂。 内殿賦新詩。 西園遊上才。 春宫曲。

都邑三十四曲

名都篇，亦曰齊瑟行。 京兆歌。 左馮翊歌。京兆，京師也。馮翊在左，扶風在右。謂之三輔。京兆今永興，馮翊今同州，扶風今鳳翔。 扶風歌。 荆州樂。 燉煌樂。涼州之地也。 青陽樂。今青州。 潯陽樂。今江州。 壽陽樂。南平穆王爲荆河州作也。 涼州樂。今屬西夏。

按：今之樂有伊州、涼州、甘州、渭州之類，皆西地也。又按：隋煬帝所定九部夷樂，西涼、龜兹、天竺、康居之類，皆西夷也。觀詩之雅頌，亦自西周始。凡是清歌妙舞，未有不從西出者。八音之音，以金爲主，五方之樂，惟西是承。雖曰人爲，亦

莫非禀五行之精氣而然。

邯鄲歌。今趙州。　長平行。秦白起所坑趙降兵處。　故絳行。晉雖遷新田，以舊地爲故絳。　西長安行。　臨碣石。平州之地，臨北海，禹所導河，從此入海，故曰「碣石送反潮」。　白銅鞮歌，亦曰襄陽蹋銅鞮。　南郡歌。今南陽也。　荆州歌。今荆南府。　陳歌。　吴歌。　鄴都引。　蔡歌行。　越城曲。　越謡。　孟門行。　燕支行。　汾陰行。　新昌里。　洛陽陌。　大堤曲。　出自薊北門行。　江南行。　江南思。　長干行。

道路六曲

陰山道。　太行路。　行路難。　變行路難。　沙路曲。　沙隄行。

時景二十五曲

陽春歌。楚曲。　青陽歌。　春日行。　秋風辭。帝幸河東祠后土，顧視帝京欣然，中流與群臣宴，上賦秋風。　北風行。　苦熱行。　秋歌。　朝歌。　晨風歌。　朝來曲。　夜夜曲。　夜坐吟。　遥夜吟。　春旦有所思。

玄雲。　朝雲。　雷歌。　驚雷歌。　雪歌。　胥臺露。　白日歌。

明月篇。　明月子。　日出行。　日與月。

人生四曲

百年歌。陸機作。十年爲一章，共十章。言句泛濫，無可采。　人生。　老年行。

老詩。

人物九曲

大禹。　成連。　湘東王。　祖龍行。　百里奚。　項王，亦曰蓋世。

楚王曲。　安定侯曲。　李延年歌。

神仙二十二曲隱逸　漁父

步虛辭。　神仙篇。　外仙篇。　升仙歌。　升天行。　仙人篇。

遊仙篇。　仙人覽六著篇。　海漫漫。　桃源行。　上雲樂，亦曰洛濱曲。

武陵深行。一曰武溪深行。　招隱。本楚辭，漢淮南王安小山所作。言山中不可久留。

或言即安所作也。後人改爲五言，若晉左思杖策、招隱數篇是也。晉王康琚又作反招隱。舊説淮南書有小山，亦有大山，亦猶詩有小雅，有大雅。

反招隱。　四皓。　蕭史曲。　方諸曲。　王喬歌。　元丹邱歌。　紫谿翁歌。序云：「紫谿翁過甪里先生，舉酒相屬，醉而歌。」　漁父。　歸去來引。

梵竺四曲

舍利弗。　法壽樂。　阿那瓌。　摩多樓子。

蕃胡四曲

于闐採花。　高句麗。　紀遼東。隋煬帝爲遼東之役而作是詩。　出蕃曲。

山水二十四曲 登臨　泛渡

桐柏山。山在唐州桐柏縣，淮水發源之處。　華陰山。在華州，西嶽。　巴東三峽歌。　灔豫歌，亦曰灩豫歌。其辭云：「淫豫大如服，瞿唐不可觸。」「金沙浮轉多，桂浦忌經

過。」此舟人商客刺水行舟之歌，亦非簡文所作也。蜀江有瞿唐之患，桂江有桂浦之難，故過瞿唐者則準灩澦，涉桂浦者則準金沙。又有「灩澦如馬，瞿唐莫下」，「灩澦如象，瞿唐莫上」之語，是單言瞿唐也。

河中之水歌。　曲池之水歌。　東海。　小臨海歌。　江上曲。

江皋曲。　方塘含白水歌。　日暮望涇水。　曲江登山曲。　巫山。

中流曲。　濟黄河。　渡易水曲。　桂楫泛河中。　登名山行。　昆明春水滿。此唐貞元中作也。自唐後不都長安，昆明池遂爲民田矣。　半路溪。　泛水曲。

幽澗泉。

草木二十一曲 採種　花菓

赤白桃李花，〔二二〕亦曰桃李。唐高祖時歌。　秋蘭篇。　芙蓉花。　採蓮曲。　採菱曲。　採菊。　茱萸篇。　蒲生歌。　城上麻。　夾樹。

夾樹有緑竹。　緑竹。　樹中草。　冉冉孤生竹。取古詩第一句作題。按何偃作此詩，所言者婚姻之事。　楊花曲。　桃花曲。　隋堤柳。　種葛。　江蘺生幽渚。　浮萍篇。　桑條。太史迦葉志忠上桑條歌十二篇，言韋后當受命。

車馬六曲

車遥遥篇。　高軒過。　白馬篇，亦曰齊瑟行。　驅車。　天馬歌。　八駿圖。

龍魚六曲 蟲豸

尺蠖。　應龍篇。　飛龍篇。　飛龍引。　枯魚。　捕蝗。

鳥獸二十一曲

白虎行。　烏栖曲。　東飛伯勞歌。　擬東飛伯勞。　雙燕。　燕燕于飛。　澤雉。　滄海雀。　空城雀。　雀乳空井中。　鬬雞。　晨雞高樹鳴。　鴛鴦。　鳴雁行。　鴻雁生北塞行。　黄鸝飛上苑。　飛來雙白鶴。　雙翼。　隻翼。　鳳凰曲。　秦吉了。

雜體六曲隱語

雜曲。　五雜俎曲。〔一三〕　寓言。　雜體。　藁砧，亦曰藁砧今何在。

兩頭纖纖。

祀饗正聲序論

仲尼所以爲樂者，在詩而已。漢儒不知聲歌之所在，而以義理求詩，别撰樂詩以合樂，殊不知樂以詩爲本，詩以雅頌爲正。仲尼識雅頌之旨，然後取三百篇以正樂，樂爲聲也，不爲義也。漢儒謂雅樂之聲世在太樂，樂工能紀其鏗鏘鼓舞，而不能言其義。以臣所見，正不然。有聲斯有義，與其達義不達聲，無寧達聲不達義。若爲樂工者，不識鏗鏘鼓舞，但能言其義，可乎？譚河安能止渴，畫餅豈可充飢，無用之言，聖人所不取。或曰，郊祀，大事也，神事也；燕饗，常事也，人事也。舊樂章莫不先郊祀而後燕饗，今所采樂府，反以郊祀爲後，何也？曰積風而雅，積雅而頌，猶積小而大，積卑而高也。所積之序如此，史家編次，失古意矣，安得不爲之釐正乎。

漢武帝郊祀之歌十九章

練時日，一。　帝臨，二。　青陽，三。　朱明，四。　西顥，五。　玄冥，六。　惟泰元，七。建始初，丞相匡衡奏罷「鸞輅龍鱗」，更定惟泰元。　天地，八。匡衡奏罷「黼繡周張」，〔二四〕更定天地。　日出入，九。　天馬，十。元狩三年，渥洼水生馬作。太初四年，伐大宛得宛馬作。　天門，十一。　景星，十二。元鼎五年，得鼎汾陰作。　齋房，十三。元封二年，〔二五〕芝生甘泉齋房作。　后皇，〔二六〕十四。　華爗，十五。　五神，十六。　朝隴首，十七。元狩元年，行幸雍，獲白麟作。　象載瑜，十八。太始三年，行幸東海，獲赤雁作。　赤蛟，十九。

班固東都五詩

明堂。　辟雍。　靈臺。　寶鼎。　白雉。

臣謹按：古詩風、雅皆無序，惟頌有序者，以風、雅者所采之詩也，不得其始，兼所用之時，隨其事宜，亦無定著。或於一篇之中，但取一二句以見意而已，不必序也。頌者係乎所作，而獨用之廟樂，不可用於郊天柴望，不可用於講武，所以蔡邕獨

斷惟載頌序，以爲祀典，而風、雅本無序也。自齊、魯、韓、毛四家之説起，各爲風、雅之序，度其初意，只欲放頌詩之序而爲之。其實不知風、雅無用於序，有序適足以惑頌聲也。今觀漢武十九章郊祀歌，即詩可見者則無序，非憑詩可見者必言所作之始，可謂得古頌詩之意矣。風、雅之詩皆不得其始，其間有得於甘棠之美召伯，常棣之思周公，豈無一二以用之？不繫於其始，不必序也。樂府之詩亦皆不得其始，其間有得於採桑之女子，渡河之狂夫，豈無一二亦以用之？不繫於其始，不必序焉。觀頌詩與郊祀之詩，皆言所作之始，風、雅詩與樂府所採之詩，不言其始之作，則可以知漢人之迹近於三代，故詩章相襲，自然相應如此。後之人則遠矣。按郊祀十九章，皆因一時之盛事，爲可歌也而作是詩，各有其名，然後隨其所用，故其詩可采。魏、晉則不然，但即事而歌，如夕牲之時，則有夕牲歌，降神之時，則有降神歌。既無偉績之可陳，又無題命之可紀，故其詩不可得而採。如隨廟立舞，酌獻登歌，各逐時代，而匪流通，亦不可得而援也。惟梁武帝本周九夏之名，以作十二雅，庶可備編采之後。

梁武帝雅歌十二曲

俊雅。取禮記「司徒論選士之秀者而升之學，曰俊士」也。衆官出入奏俊雅，二郊、太廟、明堂、三朝同用。皇雅。取詩「皇矣上帝，臨下有赫」也。皇帝出入奏皇雅，二郊、太廟同用。胤雅。取詩「君子萬年，永錫祚胤」也。皇太子出入奏之，三朝用焉。寅雅。取尚書周官「貳公弘化，寅亮天地」也。王公出入奏寅雅，三朝用焉。介雅。取詩「君子萬年，介爾景福」也。上壽酒奏介雅，三朝用焉。需雅。取易「雲上於天，需，君子以飲食宴樂」也。食舉奏需雅，三朝用焉。雍雅。取禮記「大享客出以雍撤」也。撤饌奏雍雅，〔二七〕三朝用焉。滌雅。取禮記「帝牛必在滌三月」也。牲出入奏滌雅，北郊、明堂、太廟同用。牷雅。取春秋左傳「牲牷肥腯」也。薦毛血奏牷雅，北郊、明堂、太廟同用。諴雅。取尚書「至諴感神」也。南北郊、明堂、太廟並同用諴雅，降神及迎送奏之。獻雅。取禮記祭統：「尸飲五，君洗玉爵獻卿。」今之飲福酒，亦古獻爵之義也。皇帝飲酒奏獻雅，北郊、明堂、太廟同用。禋雅。取周禮大宗伯「以禋祀祀昊天上帝」也。北郊、明堂、太廟之禮，埋、燎俱奏禋雅。

有宗廟之樂，有天地之樂，有君臣之樂，尊親異制，不可以不分，幽明異位，不可以無別。按漢叔孫通始定廟樂，有降神、納俎、登歌、薦祼等曲。武帝始定郊祀之

樂，有十九章之歌。明帝始定黄門鼓吹之樂，天子所以宴群臣也。嗚呼！風、雅、頌三者不同聲，天地、宗廟、君臣三者不同禮，自漢之失，合雅而風，合頌而雅，其樂已失，而其禮猶存。至梁武十二曲成，則郊廟、明堂、三朝之禮，展轉用之，天地、宗廟、君臣之事，同其事矣，此禮之所以亡也。雖曰本周九夏而爲十二雅，然九夏自是樂奏，亦如九淵、九莖可以播之絲竹，有譜無辭，而非雅、頌之流也。

唐雅樂十二和曲

豫和。以降天神。冬至祀圜丘，上辛祈穀，孟夏雩，季秋享明堂，朝日，夕月，巡守告于圜丘，燔柴告至，封祀泰山，類于上帝，皆以圜鍾爲宫，三奏。黄鍾爲角，太蔟爲徵，姑洗爲羽，各一奏。文舞六成。五郊迎氣，黄帝以黄鍾爲宫，赤帝以函鍾爲徵，白帝以太蔟爲商，黑帝以南吕爲羽，青帝以姑洗爲角，皆文舞六成。

順和。以降地祇。夏至祭方丘，孟冬祭神州地祇，春秋社，巡狩告社，宜于社，禪社首山，皆以函鐘爲宫，太蔟爲角，姑洗爲徵，南吕爲羽，各三奏，文舞八成。望于山川，以蕤賓爲宫，三奏。

永和。以降人鬼。時享禘祫，有事而告謁于廟，皆以黄鍾爲宫，三奏。大吕爲角，太蔟爲徵，應鍾爲羽，各二奏。文舞九成。祀先農，皇太子釋奠，皆以姑洗爲宫，文舞三成。送神各以其曲，一成。蜡兼天地人，以黄鍾奏豫和，蕤賓、姑洗、太蔟奏順和，無射、夷則奏永和，六均皆一成，以

降神，而送神以豫和。

肅和。登高以奠玉帛，于天神以大吕爲宫，于地祇以應鍾爲宫，于宗廟以圜鍾爲宫，祀先農釋奠以南吕爲宫，望于山川以函鍾爲宫。

雍和。凡祭祀以入俎。天神之俎以黄鍾爲宫，地祇之俎以太蔟爲宫，人鬼之俎以無射爲宫。又以徹豆，凡祭祀俎入之後，接神之曲亦如之。

壽和。凡以酌獻飲福，以黄鍾爲宫。

太和。以爲行節，亦以黄鍾爲宫。凡祭祀，天子入門而即位，與其升降，至于還次，行則作，止則止。其在朝廷，天子將自内出，撞黄鍾之鍾，右五鍾應，乃奏之。其禮畢，興而入，撞蕤賓之鍾，左五鍾應，乃奏之。皆以黄鍾爲宫。

舒和。以出入二舞，及皇太子、王公、群后、國老，若皇后之妾御、皇太子之宫臣，出入門則奏之。皆以太蔟爲商。

昭和。皇帝、皇太子以舉酒。

休和。皇帝以飯，以肅拜三老，皇太子亦以飯，皆以其用之律均。

正和。皇后受册以行。

承和。皇太子在其宫，有會以行。若駕出，則撞黄鍾，奏承和。出太極門而奏采薺，至于嘉德門而止。其還也亦然。

祖孝孫本梁十二雅以作十二和，故可采也。周太祖迎魏帝入關，平荆州，大獲梁氏之樂，乃更爲九夏之奏。皇帝出入，奏皇夏。賓出入，奏昭夏。蕃國客出入，奏納夏。有功臣出入，奏章夏。皇后進羞，奏齊夏。宗室會聚，奏族夏。上酒宴樂，奏陔夏。諸侯相見，奏驁夏。雖曰本於成周賓撥之樂，抑亦取於梁氏十二雅，有其議而未能行，後復變更。大抵自兩朝以來，祀饗之章，隨時改易，任理不任音，任情不任樂，

明樂之人不能主樂，主樂之司未必明樂，所行非所作，所作非所行。惟梁武帝自曉音律，又詔百司各陳所聞，帝自糾擿前違，裁成十二雅，付之大樂，自此始定。雖制作非古，而音聲有倫，準十二律，以法天之成數，故世世因之，而不能易也。

祀饗别聲序論

正聲者，常祀饗之樂也。别聲者，非常祀饗之樂也。出於一時之事爲可歌也，故備於正聲之後。

漢三侯之章

大風歌，亦曰風起之詩。

右高祖既定天下，過沛，與故人父老飲，極懽哀之情而作是詩，令沛中童兒百二十人習而歌之。至孝惠時，以沛宫爲原廟，令歌兒習吹以相和，得以四時歌舞於廟，常以百二十人爲之。文、景之閒，禮官亦肄業。

漢房中祠樂十七章

房中樂本周樂，秦改曰壽人，漢惠改曰安世樂。

右房中樂者，婦人禱祠於房中也，故宫中用之。漢房中祠樂，乃高祖唐山夫人所作也。高祖好楚聲，故房中樂楚聲也。孝惠二年，使樂府令夏侯寬備其簫管，更名曰安世樂。

隋房内曲二首

地厚。　天高。

右高祖龍潛時，頗好音樂，常倚琵琶作歌二首，名曰地厚、天高，託言夫婦之義。因即取之爲皇后房内曲，命婦人并登歌、上壽並用之。

梁武帝述佛法十曲

善哉。　大樂。　大歡。　天道。　仙道。　神王。　龍王。

滅過惡。　除愛水。　斷苦轉。

陳後主四曲

黄鸝留。　玉樹後庭花。　金釵兩臂垂。或言隋煬帝作。　堂堂。

北齊後主二曲

無愁。　伴侶。

唐七朝五十五曲舞曲夷樂並不在此

傾盃曲。長孫無忌作。　樂社樂曲。魏徵作。　英雄樂曲。虞世南作。　黄驄疊曲。太宗破竇建德也，乘馬名黄驄驃，及征高麗，死於道，頗哀之，命樂工製黄驄疊曲。

右四曲，太宗因内宴，詔無忌等作之，皆宫調也。

景雲河清歌。亦名燕歌，高宗即位，景雲見，河水清，張文收采古義爲此歌焉。　慶善樂。　破陣樂。　承天樂。　一戎大定樂。將伐高麗，宴洛陽城門，觀屯營教舞，按親征用武之勢。　八紘同軌樂。象高麗平，天下大定。　夷美賓曲。遼東平，李勣作是曲以獻。

右七曲，高宗朝所作也。

立部伎八曲太常選坐部伎無性識者退入立部伎，又選立部伎無性識者退入雅樂部，則雅聲可知。

一，安舞。　二，太平樂。安舞、太平，並周、隋遺音。　三，破陣樂。　四，慶善樂。　五，大定樂。　六，上元樂。　七，聖壽樂。　八，光聖樂。

坐部伎六曲

一，燕樂。　二，長壽樂。　三，天授樂。武后天授年作。　四，鳥歌萬歲樂。武后時，有鳥能人言「萬歲」。　五，龍池樂。明皇爲平王時，賜第隆慶坊，坊之南地忽變爲池，中宗泛以厭其祥。明皇即位，乃作龍池樂。　六，小破陣樂。

夜半樂。明皇自潞州還京師舉兵，夜半誅韋后，故作夜半樂、還京樂。　還京樂。　文成曲。明皇作。　霓裳羽衣曲。河西節度使楊敬忠獻。一說，羅公遠與明皇遊月宮，見仙女數百，皆素練霓衣舞，問其曲曰霓裳羽衣，帝默記其音調而還，故作是曲。　玄真道曲。道士司馬承禎奉詔作。　大羅天曲。茅山道士李會元作。　紫清上聖道曲。工部侍郎賀知章作。　景雲。　九真。　紫極。　小長壽。　承天樂。　順天樂。六曲並太清宮成，太常卿韋縚作。　君臣相遇樂曲。商調，韋縚作。　荔枝香。明皇幸驪山，楊貴妃生日，命小部張樂長生殿，因奏新曲，未有名，會南方進荔枝，故名荔枝香。　梨園法曲。法曲本隋樂，其音清而近雅，煬帝

厭其聲淡。明皇愛之，選坐伎三百，教於梨園，宮女數百，亦爲梨園弟子。涼州。伊州。甘州。天寶樂曲皆以邊地名之。又詔道調法曲與胡部新聲合作。千秋節。明皇生日。

右三十四曲，並明皇朝所作也。

寶應長寧樂。代宗由廣平王復二京，梨園供奉官劉日進作以獻，十八曲宮調。廣平太一樂。大曆元年作。

右二曲，代宗朝所作也。

定難曲。河東節度馬燧獻。中和樂。德宗生日，自作。繼天誕聖樂。德宗生日，昭義節度王虔休所獻，以宮爲調。孫武順聖樂。山南節度于頔所獻。〔二八〕

右四曲，德宗朝所作也。

雲韶法曲。霓裳羽衣舞曲。

右二曲，文宗詔太常卿馮定采開元雅樂作也。臣下功高者賜之樂，又改法曲爲仙韶曲。

萬斯年曲。

右一曲，武宗朝李德裕命樂工作萬斯年以獻。

播皇猷曲。

右一曲，宣宗每宴群臣，備百戲，帝自製新曲，故有播皇猷之作。

文武舞序論

古有六舞，後世所用者，韶、武二舞而已。後世之舞，亦隨代皆有制作，每室各有形容，然究其所常用，及其制作之宜，不離是文、武二舞也。臣疑三代之前，雖有六舞之名，往往其事所用者亦無非是文、武二舞，故孔子謂：「韶盡美矣，又盡善也。武盡美矣，未盡善也。」不及其他。誠以舞者聲音之形容也，形容之所感發，惟二端而已。自古制治不同，而治具亦不離文、武之事也。然雲門，大咸，大韶，大夏，大濩，大武，凡六舞之名，南陔，白華，華黍，崇邱，由庚，由儀，凡六笙之名，當時皆無辭。故簡籍不傳，惟師工以譜奏相授耳。古之樂惟歌詩則有辭，笙舞皆無辭，故大武之舞，秦始皇改曰五行之舞。大韶之舞，漢高帝改曰文始之舞。魏文帝復文始曰大韶舞，五行舞曰大武舞，並有譜無辭，雖東平王蒼有武德舞之歌，未必用之。大抵漢魏之世，舞詩無聞。至晉武帝泰始九年，荀勗曾典樂，更文舞曰正德，武舞曰大豫，使郭夏、宋識爲其舞節，而張華爲之樂章。自此以來，舞始有辭，舞而有辭，失古道矣。

文武舞二十曲

晉，文舞曰正德舞，武舞曰大豫。宋，文舞曰前舞，武舞曰後舞。梁，武舞曰大壯舞，文舞曰大觀舞。隋，文舞，武舞。唐，文舞曰治康舞，武舞曰凱安舞。

唐三大舞

七德舞。本名秦王破陣樂。太宗爲秦王，破劉武周，軍中相與作秦王破陣樂。及即位，宴會必奏之。乃制舞圖，左圓右方，先偏後伍，〔二九〕交錯屈伸，以象魚麗、鵝鸛。後令魏徵、褚亮、虞世南、李伯藥更制歌辭，名曰七德舞，元日、冬至，朝會慶賀，與九功舞同奏。後又改爲神功破陣樂。

九功舞。本名功成慶善樂。太宗生於慶善宫，貞觀六年幸之，宴從臣，賞賜閭里，同漢沛、宛。帝歡甚，賦詩。起居郎吕才被之管弦，名曰功成慶善樂，號九功舞，進蹈安徐，以象文德。麟德三年，詔郊廟享宴奏，文舞用功成慶善樂，武舞用神功破陣樂。

上元舞。高宗所作也。大祠享皆用之。

右三大舞，唐之盛樂也，然後世所行者，亦惟二舞而已，神功破陣樂有武事之

象，功成慶善樂有文事之象。五代因之。晉用九功舞，改曰觀象舞，用七德舞，改曰講功舞。周用觀象，改爲崇德舞，用講功，改爲象成舞。按唐人降神用文舞，送神用武舞，其餘即奏十二和之樂。每室酌獻一曲，則别立舞名，至今不替焉。然每室之舞，蓋本於梁，自梁以來，紛然出於私意，莫得而紀。

校勘記

〔一〕「經生學者不識詩」，「生」，原作「主」，據元本改。

〔二〕「北齊曰戰芒山言神武克周師也」，「師」，原作「帥」，按隋書音樂志中云：「漢巫山高改名戰芒山，言神武斬周十萬之衆，其軍將脱身走免也。」據此改作「師」。

〔三〕「四曰陟屺與鹿鳴承元氣二曲爲宗廟食舉」，汪本「二曲」作「三曲」，據元本、明本、于本、殿本改。

〔四〕「梁曰昏主恣淫慝」，「慝」，原作「匿」，據隋書音樂志上改。

〔五〕「抽試十五曲」，汪本「抽」作「胡」，據元本、明本、于本、殿本改。

〔六〕「併歸長楊樹」，「樹」字脱，據殿本補。

〔七〕「羅敷未滿箱」，汪本「箱」作「相」，據元本、明本、于本、殿本改。

〔八〕「以養舅姑」，汪本「舅姑」二字互倒，據元本、明本、于本、殿本改。

〔九〕「自長門怨以下五曲續附」，「門」，原作「明」，據殿本及本篇上文改。

〔一〇〕「古辭云」，「辭」，原作「爲」，依本篇文例改。

〔一一〕「并夷樂四十一曲」，汪本「夷」作「實」，明本、于本作「突」，皆誤，據元本、殿本改。

〔一二〕「莫能曉其句度」，按，上文漢鞞舞歌五曲巴渝舞節内作「莫能曉其句讀」，晉書樂志上作「莫能曉其句度」，今各從原文，不作校改。

〔一三〕「儂音農」，原本及元本無「音農」二字，殿本無「儂」字，是各有脱文，合校如本文。

〔一四〕「常林即長林也」，汪本「即」作「聚」，據元本、明本、于本、殿本改。

〔一五〕「舞席同心髻」，汪本、元本「席」作「夕」，據明本、于本、殿本改。

〔一六〕「于闐佛舞」，汪本「佛」作「拂」，據元本、明本、于本、殿本改。

〔一七〕「楚龍邱子高作」，「作」，原作「引」，依本篇文例改。

〔一八〕「今此操只言猗蘭蓋省辭也」，汪本「只」字在「蓋」字上，據元本、明本、于本、殿本改。

〔一九〕「退之平日所以自待爲如何」，汪本「如何」作「何如」，據元本、明本、于本、殿本改。

〔二〇〕「宫中行樂」，汪本「宫」字空格，據元本、明本、于本、殿本補。

〔二一〕「新成長樂宫」，汪本「成」作「城」，據元本、明本、于本、殿本改。

〔二二〕「赤白桃李花」，汪本「白」作「曰」，據元本、明本、于本、殿本改。

〔二三〕「五雜鉏曲」，汪本「鉏」作「組」，據元本、明本、于本、殿本改。

〔二四〕「匡衡奏罷黼繡周張」，「黼」原作「黻」，據漢書禮樂志改。

〔二五〕「元封二年」，「封」，原作「狩」，據漢書禮樂志改。

〔二六〕「后皇」，原作「皇后」，據漢書禮樂志改。

〔二七〕「以雍撤」、「撤饌奏雍雅」，二「撤」字原作「徹」，據隋書音樂志上改。

〔二八〕「山南節度于頔所獻」，「頔」，原作「顒」，據新唐書二二禮樂志改。

〔二九〕「先偏後伍」，汪本「偏」作「徧」，據元本、明本、于本、殿本改。

樂略第二

十二律周

先王通於倫理，以候氣之管爲樂聲之均。吹建子之律，以子爲黄鍾，丑爲大吕，寅爲太蔟，卯爲夾鍾，辰爲姑洗，巳爲中吕，午爲蕤賓，未爲林鍾，申爲夷則，酉爲南吕，戌爲無射，亥爲應鍾。陽管有六爲律者，謂黄鍾、太蔟、姑洗、蕤賓、夷則、無射，此六者爲陽月之管，謂之爲律。陰管有六爲吕者，謂大吕、應鍾、南吕、林鍾、中吕、夾鍾，此六者爲陰月之管，謂之爲吕。變陰陽之聲，故爲十二調。調各文之以五聲，播之以八音，乃成爲樂。故有十二懸之樂焉。

五聲八音名義

五聲者：一曰宫，二曰商，三曰角，四曰徵，五曰羽。八音者，八卦之音。卦各有風。

謂之八風，其一曰乾之音石，其風不周。二曰坎之音革，其風廣莫。三曰艮之音匏，其風融。四曰震之音竹，其風明庶。五曰巽之音木，其風清明。六曰離之音絲，其風景。七曰坤之音土，其風涼。八曰兑之音金，其風閶闔。月令云：「正月，其音角。四月，其音徵。中央土，其音宮。七月，其音商。十月，其音羽。」樂記曰：「宮爲君，商爲臣，角爲民，徵爲事，羽爲物。五者不亂，則無怗懘之音矣。」

五聲十二律還相爲宮

伏犧氏作易，紀陽氣之初，以爲律法。建日冬至之聲，以黄鍾爲宮，太蔟爲商，姑洗爲角，林鍾爲徵，南呂爲羽，應鍾爲變宮，蕤賓爲變徵，此聲氣之元，五音之正也。〔一〕按，應鍾爲變宮，蕤賓爲變徵。自商已前，但有五音，此二者，自周已來加文、武二聲，調之爲七，其五聲爲正，二聲爲變。變者和也。故各統一日，其餘以次運行，當日者各自爲宮，而商、徵以類從焉。揚子雲曰：「聲生於日，律生於辰，取法於五行十二辰之義也。」聲生於日者，謂日有五，故聲亦有五。日謂甲巳爲角，乙庚爲商，丙辛爲徵，丁壬爲羽，戊癸爲宮，是五行合爲五日，五音之聲生於日也。律生於辰者，十二律出於十二辰，子爲黄鍾之類是也，餘已見上文。五聲六律，還相爲宮。其用之之法，先以本管爲均，使八音相生，或上或下，皆取五聲令足，然後爲十二律，還相爲

宮。**若黃鍾之均**，以黃鍾爲宮，黃鍾下生林鍾爲徵，林鍾上生太蔟爲商，太蔟下生南呂爲羽，南呂上生姑洗爲角。此黃鍾之調，皆三分之次，故用正律之聲也。**大呂之均**，以大呂爲宮，大呂下生夷則爲徵，夷則上生夾鍾爲商，夾鍾下生無射爲羽，無射上生中呂爲角。此大呂之調，皆三分之次，故用正律之聲。**太蔟之均**，以太蔟爲宮，太蔟下生南呂爲徵，南呂上生姑洗爲商，姑洗下生應鍾爲羽，應鍾上生蕤賓爲角。此太蔟之調，皆三分之次，故用正律之聲。**夾鍾之均**，以夾鍾爲宮，夾鍾下生無射爲徵，無射上生中呂爲商，中呂上生黃鍾爲羽，黃鍾正律之聲長，非中呂爲商三分去一之次，此用其子聲爲羽也。黃鍾下生林鍾爲角，林鍾子聲短，非中呂爲商之次，故還用林鍾正管之聲爲角。夾鍾之調，有四正聲，一子聲。**姑洗之均**，以姑洗爲宮，姑洗下生應鍾爲徵，應鍾上生蕤賓爲商，蕤賓上生大呂爲羽，大呂正聲長，非蕤賓爲商三分之次，故用其子聲爲羽，是三分去一之次。大呂下生夷則爲角，夷則子聲短，非蕤賓爲商三分去一之次，故還用正聲爲角。此爲姑洗之調，亦正聲四，子聲一也。**中呂之均**，以中呂爲宮，中呂上生黃鍾爲徵，黃鍾正聲長，非中呂三分去一之次，故用其子聲爲徵，是亦三分去一之次。黃鍾下生林鍾爲商，林鍾子聲短，非中呂爲宮之次，故還用正聲爲商。林鍾上生太蔟爲羽，太蔟正聲長，非林鍾爲商三分去一之次，故用其子聲爲羽，亦是三分去一之次。太蔟下生南呂爲角。此中呂之調，正聲三，子聲一。**蕤賓之均**，以蕤賓爲宮，蕤賓上生大呂爲徵，大呂正聲長，非蕤賓三分去一之次，故用子聲爲徵。大呂下生夷則爲角，夷則上生夾鍾爲羽，夾鍾正聲長，非夷則三分去一爲羽之次，故用子聲爲羽，亦是三分去一之次。夾鍾下生無射爲角，無射子聲短，非夷則爲商之次，

還用正聲爲角。此蕤賓之調，亦一子聲，四正聲也。**林鍾之均**，以林鍾爲宫，林鍾上生太蔟爲徵，太蔟正聲長，非林鍾爲宫三分去一爲徵之次，故用子聲爲徵，亦是三分去一之次。太蔟下生南吕爲商，南吕上生姑洗爲羽，姑洗正聲長，非南吕三分去一爲羽之次，故用子聲爲羽，亦是三分去一之次。姑洗下生應鍾爲角，應鍾子聲短，非南吕爲商之次，故還用正聲爲角。此林鍾之調，亦子聲二，正聲三也。**夷則之均**，以夷則爲宫，夷則上生夾鍾爲徵，夾鍾正聲長，非夷則三分去一爲徵之次，故用子聲爲徵，亦是三分去一之次。夾鍾下生無射爲商，無射子聲短，非夷則爲宫之次，故還用正聲爲商，無射上生中吕爲羽，中吕正聲長，非無射爲商三分去一之次，故用子聲爲羽，亦是三分去一之次。中吕上生黄鍾爲角，黄鍾正聲長，非無射三分去一爲商之次，故用子聲爲角。此夷則之調，正聲二，子聲三也。**南吕之均**，以南吕爲宫，南吕上生姑洗爲徵，姑洗正聲長，非南吕三分去一爲徵之次，故用子聲爲徵，亦是三分去一之次。姑洗下生應鍾爲商，應鍾子聲短，非南吕三分去一之次，故用正聲爲商。應鍾上生蕤賓爲羽，蕤賓正聲長，非應鍾爲商三分去一之次，故用子聲爲羽。蕤賓上生大吕爲角，大吕正聲長，非應鍾爲商之次，故用子聲爲角，亦是三分去一之次。此南吕之調，正聲二，子聲三也。**無射之均**，以無射爲宫，無射上生中吕爲徵，中吕正聲長，非無射三分去一爲徵之次，故用子聲爲徵，亦是三分去一之次。中吕上生黄鍾爲商，黄鍾正聲長，非無射爲宫之次，故用子聲爲商，亦是其宫之次。黄鍾下生林鍾爲羽，林鍾正聲長，非黄鍾爲商三分去一之次，故用子聲爲羽。林鍾上生太蔟爲角，太蔟正聲長，非黄鍾爲商三分去一之次，故用子聲爲角。此無射之調，正聲一，子聲四也。**應鍾之均**，

以應鍾爲宫，應鍾上生蕤賓爲徵，蕤賓正聲長，非應鍾三分去一爲徵之次，故用子聲爲徵。蕤賓上生大吕爲商，大吕正聲長，非應鍾爲宫之次，故用子聲爲商。大吕下生夷則爲羽，夷則正聲長，非蕤賓爲徵之次，故用子聲爲羽。夷則上生夾鍾爲角，夾鍾正聲長，非大吕爲商之次，故用子聲爲角。此應鍾之調，亦正聲一，子聲四也。

此謂迭爲宫、商、角、徵、羽也。

若黄鍾之律，自爲其宫。爲夾鍾之羽，爲中吕之徵，爲夷則之角，爲無射之商，此黄鍾之五聲也。

大吕之律，自爲其宫。爲姑洗之羽，爲蕤賓之徵，爲南吕之角，爲應鍾之商，此謂大吕之五聲也。

太蔟之律，自爲其宫。爲中吕之羽，爲林鍾之徵，爲無射之角，爲黄鍾之商，此謂太蔟之五聲也。

夾鍾之律，自爲其宫。爲蕤賓之羽，爲夷則之徵，爲應鍾之角，爲大吕之商，此夾鍾之五聲也。

姑洗之律，自爲其宫。爲林鍾之羽，爲南吕之徵，爲黄鍾之角，爲太蔟之商，此姑洗之五聲也。

中吕之律，自爲其宫。爲夷則之羽，爲無射之徵，爲大吕之角，爲夾鍾之商，此謂中吕之五聲也。

蕤賓之律，自爲其宫。爲南吕之羽，爲應鍾之徵，爲太蔟之角，爲姑洗之商。此蕤賓之五聲也。

林鍾之律，自爲其宫。爲無射之羽，爲黄鍾之徵，爲夾鍾之角，爲中吕之商，此謂林鍾之五聲也。

夷則之律，自爲其宫。爲應鍾之羽，爲大吕之徵，爲姑洗之角，爲蕤賓之商，此謂夷則之五聲也。

南吕之律，自爲其宫。爲黄鍾之羽，爲太蔟之徵，爲中吕之角，爲林鍾之商，此謂南吕之五聲也。

無射之律，自爲其宫。爲大吕之羽，爲夾鍾之徵，爲蕤賓之角，爲夷則之商，此謂無射之五聲也。

應鍾之律，自爲其宫。爲太蔟之羽，爲姑

洗之徵，爲林鍾之角，爲南吕之商，此謂應鍾之五聲也。所謂五聲六律十二管還相爲宫者也。

五聲十二律相生法

古之神瞽，考律均聲，必先立黄鍾之均。黄鍾之管，以九寸爲法，故用九自乘爲管絃之數。九九八十一數。管數多者則下生，其數少者則上生，相生增減之數皆不出於三，又生取之數不出於八。宫從黄鍾而起，下生得八爲林鍾，上生太蔟，亦復依八而取爲商，其增減之法，以三爲度，以上生者皆三分益一，下生者皆三分去一。宫生徵，三分宫數八十一，分各二十七，下生者去一，去二十七，餘有五十四，以爲徵，故徵數五十四也。徵生商，三分徵數五十四，則分各十八，上生者益一，加十八於五十四，得七十二，以爲商，故商數七十二也。商生羽，三分商數七十二則分各二十四，下生者去一，去二十四，得四十八，以爲羽，故羽數四十八。羽生角，三分羽數四十八，則分各十六，上生者益一，加十六於四十八，得六十四，以爲角，故角數六十四。此五聲大小之次也。是黄鍾爲均，用五聲之法。以下十二辰，辰各有五聲，其爲宫商之法亦如之。故辰各有五聲，合爲六十聲，是十二律之正聲也。聲本制，唯以宫、商、角、徵、羽各得上下三分之次爲聲。其十二律相生之法，皆以黄鍾爲始。黄鍾之管九寸。下生者三分去一，上生者三分益一，五下六上，仍得一終。黄鍾下生林鍾，林鍾之管六寸。林鍾上生太

蔟，太蔟之管八寸。太蔟下生南吕，南吕之管五寸三分寸之一。南吕上生姑洗，姑洗管長七寸九分寸之一。姑洗下生應鍾，應鍾之管長四寸二十七分寸之二十。應鍾上生蕤賓，蕤賓之管長六寸八十一分寸之二十六。蕤賓上生大吕，大吕之管長四寸二百四十三分寸之五十二，倍之爲八寸分寸之一百四。大吕下生夷則，夷則之管長五寸七百二十九分寸之四百五十一。〔二〕夷則上生夾鍾，夾鍾之管長三寸二千一百八十七分寸之一千六百三十一，倍之爲七寸分寸之一千七十五。夾鍾下生無射，無射之管長四寸六千五百六十一分寸之六千五百二十四。無射上生中吕。中吕之管長六寸萬九千六百八十三分寸之萬二千九百七十四。此謂十二律長短相生，一終於中吕之法。又制十二鍾，準爲十二律之正聲也。鳧氏爲鍾，以律計身，倍半。半者，準正聲之半，以爲十二子。律制爲十二子。聲比正聲爲半，則以正聲於子聲爲倍，以正聲比子聲則子聲爲半。但先儒釋用倍聲，自有二義。一義云，半以十二正律爲十二子聲之鍾。二義云，從於中吕之管寸數，以三分益一上生黄鍾，以所得管之寸數，然半之以爲子聲之鍾。其爲半正聲之法者，以黄鍾之管正聲九寸爲均，子聲則四寸半，黄鍾下生林鍾之子聲，三分去一，故林鍾子聲之律三寸。林鍾上生太蔟之子聲，三分益一，太蔟子聲之律四寸。太蔟下生南吕之子聲，三分去一，南吕子聲之管長三寸三分寸之二。南吕上生姑洗之子聲，三分益一，姑洗子聲之律長三寸九分寸之五。姑洗下生應鍾之子聲，三分去一，應鍾子聲之律長二寸二十七分

寸之十。應鍾上生蕤賓之子聲，三分益一，蕤賓子聲之律二寸八十一分寸之十三。蕤賓上生大呂之子聲，三分益一，大呂子聲之律四寸二百四十三分寸之五十二。大呂下生夷則之子聲，三分去一，夷則子聲之律長二寸七百二十九分寸之五百九十。夷則上生夾鍾之子聲，三分益一，夾鍾子聲之律三寸二千一百八十七分寸之一千六百三十一。夾鍾下生無射之子聲，三分去一，無射子聲之律二寸六千五百六十一分寸之三千二百六十二。無射上生中呂之子聲，三分益一，中呂子聲之律三寸一萬九千六百八十三分寸之六千四百八十七，還終於中呂。此半正聲法。其半相生之法者，以正中呂之管長六寸一萬九千六百八十三分寸之萬二千九百七十四。中呂上生黄鍾，三分益一，得八寸五萬九千四十九分寸之五萬一千八百九十六，半之得四寸五萬九千四十九分寸之二萬五千九百四十八，以爲黄鍾。黄鍾下生林鍾，三分去一，還以下生所得林鍾之管寸數半之，以爲林鍾子聲之管，以次而爲上下相生，終於中呂。皆以相生所得之律寸數半之，各以爲子聲之律，故有正聲十二，子聲十二，分大小有十二，以爲二十四鍾。通於二神，迭爲五聲，合有六十聲，即爲六十律。其正管長者爲均之時，則自用正聲爲五音；正管短者爲均之時，則通用子聲爲五音，亦皆三分益一減一之次，還以宫、商、角、徵、羽之聲得調也。

歷代製造漢　魏　晉　梁　陳　後魏　北齊　隋　唐

漢文帝令丞相北平侯張蒼始定律歷。武帝以李延年爲協律都尉，蓋掌音律也。元帝時，郎中京房知五音六十律之數，上使韋玄成等試問房於樂府，房對受學於故小黄令焦延壽。六十律相生之法，以上生下，皆三生二，以下生上，皆三生四，陽下生陰，陰上生陽，終於中呂，而十二律畢矣。中呂上生執始，執始下生去滅，上下相生，終於南事，六十律畢矣。〔三〕夫十二律之變，至於六十，猶八卦之變，至於六十四也。又造準，如瑟而十三絃，隱間九尺，中央一絃，下有畫分寸，〔四〕以爲六十律清濁之節。史官傳之，至後漢建武之後，不能定其絃緩急矣。王莽召天下通知鍾律者百餘人，令劉歆領之，造銅律，其所制與京房不殊。

魏武帝時，杜夔精識音韻，爲雅樂郎中。〔五〕鑄銅工柴玉，巧有意思，形器之中，多所造作，亦爲時人見知。夔令玉鑄鍾，其聲均清濁多不如法，數毁改作。玉甚厭之，〔六〕謂夔清濁任意，更相訴白於魏武，魏武取所鑄鍾雜錯更試，然後知夔爲精，而玉之謬也。明帝青龍中，鑄大鍾，高堂隆諫曰：「夫禮樂者，爲治之大本也。故簫韶九成，鳳凰來儀。雷鼓六變，天神以降。是以升平刑措，和之至也。新聲發響，〔七〕商辛以隕。大鍾既鑄，

周景以死。存亡之機，由此而作。君舉必書，古之道也，作而不法，何以示後？」帝稱善久之。

晉張華、荀勗校魏杜夔所造鍾律，其聲樂多不諧合，乃出御府古今銅竹律二十五具，銅尺、銅斛七具，校減新尺，短夔尺四分，因造十有二笛，笛具五音，以應京房之術。笛體之音，皆各用蕤賓、林鍾之角，短則又倍之，二笛八律而後成。去四分之一，而以本宮管上行度之，則宮穴也。因宮穴以本宮徵管上行度之，則徵穴也。各以其律，展轉相因，隨穴疎密所宜，置之，或半之，或四之，以調，律呂正，雅樂正。會殿庭作之，自謂宮商克諧，然論者謂勗爲暗解。初，勗常於路逢趙賈人牛鐸，及掌樂事，律呂未諧，曰：「得趙人牛鐸則諧矣。」遂下郡國，悉送牛鐸，果得諧者。時阮咸善達八音，論者謂之神解。咸常心譏勗新律聲高，以謂高近哀思，不合中和。每公會作樂，勗自以爲遠不及咸。常意咸謂之不調，以爲異己，乃出咸爲始平相。後有田夫耕於野，得周玉尺，勗以校己所理鍾石絲竹，皆短校一米。勗由是伏咸之妙，復召咸歸。

梁武帝天監元年，下詔博采古樂，無所得。帝既素善音律，詳悉舊事，遂自制立四器，名之爲通。通受聲廣九寸，宣聲長九尺，臨岳高一寸二分。每通施三絃，一曰玄英通，應鍾絃，用百四十二絲，長四尺七寸四分差強；黃鍾絃，用二百七十絲，長九尺；大

呂絃，用二百五十二絲，長八尺四寸三分差弱。二曰青陽通，太蔟絃，用二百四十絲，長八尺；夾鍾絃，用二百二十四絲，長七尺五寸弱；姑洗絃，用二百三十二絲，〔八〕長七尺一寸一分强。三曰朱明通，中呂絃，用百九十九絲，長六尺六寸六分弱；蕤賓絃，用百八十九絲，長六尺三寸二分强；林鍾絃，用百八十絲，長六尺四寸。〔九〕四曰白藏通，夷則絃，用百六十八絲，長五尺六寸二分弱；南呂絃，用百六十絲，長五尺三寸二分大强；無射絃，用百二十九絲，〔一〇〕長四尺九寸一分强。〔一一〕因以通聲轉推月氣，悉無差違，而還相得中。又制爲十二笛，黃鍾笛長三尺八寸，大呂笛長三尺六寸，太蔟笛長三尺四寸，夾鍾笛長三尺二寸，姑洗笛長三尺一寸，中呂笛長二尺九寸，蕤賓笛長二尺八寸，林鍾笛長二尺七寸，夷則笛長二尺六寸，南呂笛長二尺五寸，無射笛長二尺四寸，應鍾笛長二尺三寸。用笛以寫通聲，飲古夾鍾玉律，〔一二〕并周代古鍾，並皆不差。於是被以八音，施以七聲，〔一三〕莫不和韻。陳山陽太守毛爽傳習京房候氣術，陳亡，祖孝孫學之於爽。周歲之日，日異其律。冬至之日，以黃鍾爲宮，林鍾爲徵，太蔟爲商，南呂爲羽，姑洗爲角，應鍾爲變宮，蕤賓爲變徵，隨月異宮，匝歲而復焉。

後魏孝明帝神龜元年，有陳仲儒者，自江南歸魏，頗閑樂事，請依前漢京房，立準以調八音。有司問狀。〔一四〕仲儒言：「前被符，問：『京房準定六十律之後，雖有器存，曉

之者尠，至後漢嘉平末，張光等猶不能定絃之急緩，聲之清濁。仲儒授自何師，出何典籍，而云能曉？』」荅曰：「仲儒在江左之日，頗愛琴，又常覽司馬彪所撰續漢書，見京房準術，成數昭然，而張光等不能定。準者，本以代律，取其分數，調校樂器，則宮商易辨。若尺寸小長，則六十宮商相與微濁，若分數加短，〔一五〕則六十徵羽類皆小清。至於清濁相宣，諧會歌管，皆得應合。雖積黍驗氣，取聲之本，清濁諧會，亦須有方。若閑準意，則辨五聲清濁之韻；若善琴術，則知五調調音之體。參此二途，以均樂器，則自然應和，不相奪倫。舊誌唯云，準形如瑟十三絃，隱間九尺，以應黃鍾九寸，調中一絃，令與黃鍾相得。按房準九尺之内爲十七萬七千一百四十七分，〔一六〕一尺之内爲萬九千六百八十三分，又復十之，是爲於準一寸之内亦爲萬九千六百八十三分，然則於準一分之内乘爲二千分，又爲小分，以辨强弱。中間至促，雖離朱之明猶不能窮而分之。仲儒私曾考驗，但前卻中柱，使入常準尺分之内，相生之韻已自應合。自上代以來，消息調準之方，並史文所略，出仲儒愚思。且燧人不師資而習火，延壽不束脩以變律，謂之天授，豈必經師傅而後得其要妙哉。」時尚書蕭寶夤亦以仲儒學不師授，不可施用，遂已之。

北齊霸府田曹參軍信都芳，世號知音，能以管候氣，仰觀雲色，常與人對語，忽指天曰：「孟春之氣至矣。」人往驗管，而飛灰已應。每月所候，言皆無爽。又爲輪扇二十四

埋地中，以測二十四氣，每一氣感，則一扇自動，他扇並住，與管灰相應無少異。

隋開皇二年，文帝詔定音樂。沛公鄭譯云：「考尋樂府，鍾石律呂，皆有宮、商、角、徵、羽、變宮、變徵之名。七聲之內，三聲乖應，每常求訪，終莫能通。後得龜茲人蘇祇婆，所奏琵琶，其一均之中，間有七調，調有七種。以其七調勘校七聲，冥若合符。因習而彈之，得七聲之正。於七調之中，又有五旦，旦作七調。以華言譯之，旦卽均也。其聲亦應黄鍾、太蔟、林鍾、南吕、姑洗五均，以外七律，更無調聲。遂因其所捻琵琶絃柱，相飲爲均，推演其聲，更立七均，合成十二，以應十二律。律有七音，音立一調，故成七調，十二律合八十四調，旋轉相交，盡皆和合。仍以其聲考校太樂所奏，林鍾之宮應用林鍾爲宮，乃用黄鍾爲宮；應用南吕爲商，乃用太蔟爲商；應用應鍾爲角，乃取姑洗爲角；故林鍾一宮七聲，三聲並戾。其十一宮七十七音，例皆乖越，莫有通者。又以編懸有八，因作八音之樂。七聲之外，更立一聲，謂之應聲。」譯因作書二十餘篇，明其指趣焉。至是，譯以其書宣示朝廷，并立議正之。

時有萬寶常者，妙達鍾律，偏工八音，帝召寶常問以鄭譯所定之樂，可施用與否。寶常曰：「此亡國之音，豈陛下所宜聞？」上不悦。寶常極陳樂聲哀怨淫放，請更之。乃用水尺爲律以調樂器，其損益頗多，然不爲時人所取。

又太子洗馬蘇夔駮譯曰：「韓詩外傳所載樂聲感人，及月令所載五音所中，並皆有五，不言變宮、變徵。又左氏所云：『七音六律，以奉五聲。』準此而言，每宮應立五調，不聞更加變宮、變徵二調爲七調。〔一七〕七調之作，所出未詳。」譯荅曰：「周有七音之律，漢書律歷志，天地人及四時謂之七始。黄鍾爲天始，林鍾爲地始，太蔟爲人始，是爲三始。姑洗爲春，蕤賓爲夏，南吕爲秋，應鍾爲冬，是爲四時。四時三始，是以爲七。今若不以二變爲調曲，則是冬夏聲闕，四時不備。是故每宮立七調。」於是衆從譯議。

譯又與夔俱云：「按今樂府黄鍾，乃以林鍾爲調首，失君臣之義。清樂黄鍾宮以小吕爲變徵，乖越相生之道。今請雅樂黄鍾宮以黄鍾爲調首。清樂去小吕，還用蕤賓爲變徵。」衆皆從之。

夔又與譯議，欲累黍立分，正定律吕。時以音律久不通，夔、譯等一朝能爲之，以爲樂聲可定。而何妥舊以學問，推爲儒首，帝素不悦學，不知樂，妥又恥己宿儒不逮譯等，欲沮壞其事，乃立議非十二律還相爲宮，曰：「經文雖道還相爲宮，恐是直言其理，亦不通隨月用調，是以古來不取。若依鄭玄及司馬彪，須用六十律方得和韻，今惟取黄鍾之正宮，兼得七始之妙義，非止金石諧韻，亦乃簨簴不繁，可以享百神而合萬舞矣。」而又非其七調之義，曰：「近代書記所載，縵樂鼓琴吹笛之人多云三調。三調之聲，其來久

矣。請存三調而已。」時牛弘總知樂事，不能精究音律。寶常又脩洛陽舊曲，〔一八〕言幼學音律，師於祖孝徵，知其上代脩調古樂，周之壁翣，商之崇牙，懸八用七，盡依周禮，〔一九〕備矣。所謂正聲，又近前漢之樂，不可廢也。是時競爲異議，各立朋黨，是非之理，紛然淆亂。或欲各令脩造，待成，擇其善者而從之。妥恐樂成，善惡易見，乃請張樂試之。遂先説曰：「黄鍾者，以象人君之德。」及奏黄鍾之調，帝曰：「洋洋和雅，甚與我心會。」妥因陳用黄鍾一宫，不假餘律。帝大悦，班賜妥等脩樂者，自是譯等議寢。

帝又遣毛爽及蔡子元、于普明等以候節氣，依古於三重密屋之内，以木爲案十有二具，每取律吕之管，隨十二辰位置于案上，〔二〇〕而以土埋之，上平於地，中實葭莩之灰，以輕緹素覆律口。每地氣至，與律冥符，則灰飛衝素，散出于外。而氣應有早晚，灰飛有多少，或初入月其氣即應，或至中下旬間氣始應者，或灰飛出三五夜而盡，或終一月纔飛少許者。帝異之，問牛弘，弘對曰：「灰飛半出爲和氣，全出爲猛氣，吹灰不能出爲衰氣。和氣應者其政平，猛氣應者其臣縱，衰氣應者其君暴。」帝駁之曰：「臣縱君暴，其政不平，非月別而有異也。今十二月律，於一歲内應不同，安得暴君縱臣若斯之甚也。」弘不能對。

初，萬寶常聽太常所奏樂，泫然而泣。人問其故，對曰：「樂淫厲而哀，天下其亂

乎？」開皇初，復有盧賁、蕭吉，並撰著樂書。又有安馬駒、曹妙達、王長通、郭令樂等，〔二一〕皆能造曲，天機既不逮竇常，復多鄭聲，不歸於雅。煬帝之將幸江都也，有樂人王令言者，號知音律，聞其子彈琵琶作翻安公子調，令言歔欷流涕曰：「此曲宮聲往而不返。宮者，君也。帝其不還乎？」竟如其言，語具竇常傳中。

唐高祖受禪後，軍國多務，未遑改刱，樂府尚用隋氏舊文。至武德九年正月，始命太常少卿祖孝孫考正雅樂。至貞觀二年六月，樂成，奏之。太宗謂侍臣曰：「禮樂之作，蓋聖人緣情設教，以爲樽節。治之興替，豈此之由？」御史大夫杜淹對曰：「前代興亡，實由此樂。陳之將亡也，爲玉樹後庭花；齊之將亡也，爲伴侶曲，〔二二〕行路聞之，莫不悲泣，所謂亡國之音也。以是觀之，蓋樂之由也。」太宗曰：「不然，夫音聲能感人，自然之道，故歡者聞之卽大悅，憂者聞之卽大悲，悲悅之情在於人心，非由樂也。將亡之政，其人必苦，然苦心所發，故聞之則悲耳，何有樂聲，憂怨能使人悅者悲乎？今玉樹後庭花、伴侶之曲，其聲具存，朕當爲公奏之，知公必不悲矣。」初，孝孫以梁、陳舊樂用吳、楚之音，周、齊舊樂涉胡戎之伎，於是斟酌南北，考以古音，而作大唐雅樂。以十二律各順其月，還相爲宮。按禮記云：「大樂與天地同和。」「治世之音安以樂，其政和。」故製十二和之樂，合三十二曲，八十有四調。祭圓邱以黃鍾爲宮，〔二三〕方澤以林鍾爲宮，宗廟以太蔟爲宮，五郊、朝賀、饗宴則隨月用律爲宮。初，隋但用黃鍾一宮，

惟扣七鍾，餘五鍾虛設而不扣。及孝孫建旋宮之法，扣鍾皆徧，無復虛設矣。周禮旋宮之義亡絶已久，莫能知之，一朝復古，自孝孫始也。

貞觀初，張文收善音律，常覽蕭吉樂譜，以爲未甚詳悉，乃取歷代沿革，截竹爲十二律，吹之，備盡還宮之義。太宗召文收於太常，令與少卿祖孝孫參定雅樂。太樂有古鍾十二，近代惟用其七，餘有五鍾，俗號啞鍾，莫能通者。文收吹律調之，聲皆響徹，時人咸服其妙。尋授協律郎。及孝孫卒，文收復採三禮，更加釐革，以定十二和之樂，然後樂教大備焉。

權量　八音

金一　石二　土三　革四　絲五　木六　匏七　竹八　八音之外又有　桃一　貝二　葉三

權　量

杜佑曰：「漢書云：『推歷生律，制器。規圓，矩方；權重，衡平；準繩，嘉量。探賾索隱，鉤深致遠，莫不用焉。』『度者，分、寸、尺、丈、引也。本起黄鍾之長，以子穀秬黍

中者，一黍之廣，度之九十分，黃鍾之長。一爲一分，十分爲寸，十寸爲尺，十尺爲丈，十丈爲引，而五度審矣。』『量者，龠、合、升、斗、斛也。本起於黃鍾之龠，用度數審其容，以子穀秬黍中者千有二百實其龠，以井水準其槩，十龠爲合，十合爲升，十升爲斗，十斗爲斛，而五量嘉矣。』『權者，銖、兩、斤、鈞、石也。本起於黃鍾之重，一龠容千二百黍，重十二銖，兩之爲兩，二十四銖爲兩，十六兩爲斤，三十斤爲鈞，四鈞爲石。』『權與物鈞而生衡，衡運生規，規圓生矩，矩方生繩，繩直生準，準正則平衡而鈞權矣。是謂五則』也。」

魏初，杜夔造斛，卽周禮所謂「嘉量」也。深尺，方尺，實一鬴。音輔。臀一寸，實一豆。耳三寸，實一升。重一鈞。聲中黃鍾。晉氏播遷，亡其彝量。隋制，前代三升當今一升，三兩當今一兩，一尺二寸當今一尺。唐貞觀中，張文收鑄銅斛、稱、尺、升、合，咸得其數。詔以其副藏於樂府。至武延秀爲太常卿，以爲奇翫，以律與古玉尺、玉升斗合獻焉。開元十七年，將考宗廟樂，有司請出之，敕唯以銅律付太常，而亡其九管。今正聲有銅律三百五十六，唐志作三百六十。銅斛二，銅稱二，銅甌十四。唐志有稱尺一。斛左右耳與臀皆正方，積十而登，以至於斛。銘云：「大唐貞觀十年，歲次玄枵，月旅應鍾，依新令，累黍尺定律校龠，成茲嘉量，與古玉斗相符，同律度量衡，協律郎張文收奉敕修定。」稱盤銘云：「大唐貞觀稱，同律度量衡。」匣上有朱漆題「稱尺」二字。尺亡，其跡猶存。以今

常用度量校之，尺當六之五，衡皆三之一。一斛一稱，是文收總章年所作。斛正圓而小，與稱相符也。

金一　鍾　棧　鎛〔二四〕　錞于　鐃　鐲　鐸　方響　銅鈸　銅鼓

鍾，世本云：「黄帝工人垂所造。」山海經云：「炎帝之孫鼓延始爲鍾。」禮記云：「垂之和鍾。」鄭康成云：「垂，堯時鍾工。」並未知孰是。周禮冬官考工記，鳧氏爲鍾，其制詳矣。爾雅曰：「大鍾曰鏞，中者曰剽，音漂。小者曰棧。」春秋左氏傳曰：「景王將鑄無射，無射，鍾名，律中無射。伶州鳩曰：『王其以心疾死乎？』」言鍾聲之能感人也如是。

棧鍾，東晉初得之，則爾雅所謂「鍾小者棧」也。小而編次之，亦曰編鍾。

鎛，如鍾而大。按前代有大鍾，若周之無射，非一皆謂之鍾也。

錞于，古禮器也，錞，音時旬反。圓如錐頭，大上小下。周禮：「以金錞和鼓。」宋史云：「今人間猶時有其器。」則宋非廟廷所用。廣漢什邡人段祖，以錞于獻始興王鑑。其器高三尺六寸六分，圍二尺四寸，圓如筩，音動。銅色黑如漆，甚薄，上有銅馬，以繩懸馬，令去地尺餘，灌之以水，又以器盛水於下，以芒莖當心，〔二五〕跪注錞于，以手震芒，則聲如雷清響，良久乃絶。後周平蜀得之，斛斯徵觀之，曰錞于也，依干寶周禮注驗之，如

其言也。

鐃，如編鍾而無舌，有柄摇之，以止鼓。漢鼓吹曲有鐃歌。

鐲，鉦也，形如小鍾，軍行鳴之，以爲鼓節。周禮：「以金鐲節鼓。」近代有如大銅疊，垂而擊之以節鼓，呼曰鉦。

鐸，大鈴也。周禮：「以金鐸通鼓。」三禮圖云：「以銅爲之，木舌爲木鐸，金舌爲金鐸。」

方響，梁有銅磬，蓋今方響之類也。方響以鐵爲之，脩九寸，廣二寸，圓上方下，架如磬而不設業，倚於架上，以代鍾磬，人間所用者纔三四寸。

銅鈸，亦謂之銅盤，出西戎及南蠻，其圓數寸，隱起如浮漚，貫之以韋，相擊以和樂也。南蠻國大者圓數尺，或謂齊穆士素所造。〔二六〕

銅鼓，鑄銅爲之，虚其一面，覆而擊其上，南夷扶南、天竺類皆如此。嶺南豪家則有之，大者廣丈餘。西戎有吹銅角，長可二尺，形如牛角。

石二 磬 馨

磬，世本云：「叔所造。」不知何代人。又曰：「無句作磬。」古史考曰：「堯時人也。」

禮記曰：「叔之離磬。」周禮冬官考工記，磬氏爲磬。磬師掌教擊磬，教縵樂、燕樂之鍾磬。甗，虛嬌反。爾雅云，甗形似黎錧，以玉石爲之。〔二七〕書云：「泗濱浮磬。」言泗濱石可爲磬。〔二八〕唐代用華原石，故白樂天作華原磬以譏之。

土三 塤　缶

塤，世本云：「暴辛公所造。」亦不知何代人。周畿内有暴國，豈其時人乎？爾雅曰，燒土爲之，大如鵝子，鋭上平底，形似稱錘，六孔，小者如雞子，大曰嘂。〔二九〕音叫。

缶，説文曰：「瓦器也，所以盛酒漿。秦人鼓之以節歌也。」爾雅曰：「盎謂之缶。」注云：「盆也。」「坎其擊缶。」史記趙王與秦王會于澠池，秦王爲趙王擊缶是也。李斯上秦王逐客論云：「擊甕扣缶，真秦之聲也。」

革四 鼓　齊鼓　擔鼓　羯鼓　都曇鼓　毛員鼓　荅臘鼓　雞婁鼓　正鼓　節鼓　撫拍　雅

鼓，世本云：「夷作鼓。」以桴擊之曰鼓，以手摇之曰鞉。周禮地官，鼓人，掌教六鼓四金之音聲，以節聲樂，以和軍旅，以正田役。教爲鼓而辨其聲用，〔三〇〕以雷鼓鼓神祀，以靈鼓鼓社祭，以路鼓鼓鬼享，以鼖鼓鼓軍事，以鼛鼓鼓役事，以晉鼓鼓金奏。〔三一〕禮記

云：「夏后之鼓足，殷楹鼓，周懸鼓。」足，謂四足也。楹，謂之柱，貫中上出也。懸者，設之簨簴。應鼓，在大鼓側，以和大鼓。小鼓有柄曰鞀，大鞀謂之鞞。月令，「仲夏修鞀鞞」是也。然則鞀鞞卽鞉類也。帝王世紀〔三二〕曰：「帝嚳命垂作鞞。」又有鼉鼓焉。近代有腰鼓，大者瓦，小者木，皆廣首而纖腹。

齊鼓，狀如漆甯，大一頭，〔三三〕設齊於鼓面，如麝齊，故曰齊鼓。

擔鼓，如小甕，先冒以革而漆之。

羯鼓，正如漆甯，兩頭俱擊，以出羯中，故號羯鼓，亦謂之兩杖鼓。

都曇鼓，似腰鼓而小，以槌擊之。

毛員鼓，似都曇而稍大。

荅臘鼓，制廣羯鼓而短，以指揩之，其聲甚震，俗謂之揩鼓。

雞婁鼓，正員，而首尾可擊之處平可數寸。

正鼓、和鼓者，一以正，一以和，皆腰鼓也。

節鼓，狀如博局，中開圓孔，適容其鼓，擊之以節樂也。節，不知誰所造。傅玄節賦云：「黃鑛唱歌，九韶興舞。口非節不詠，手非節不拊。」此則所從來亦遠矣。鑛音橫。

撫拍，以韋爲之，實之以糠，撫之以節樂也。

雅，周禮春官，笙師掌教雅，〔三四〕以教祴樂。教，教視瞭也。鄭衆曰：「雅狀如漆筩而弇口，大二圍，長五尺六寸，〔三五〕以羊韋鞔之，有兩紐，疏畫之。」賈公彦云：「長疏而畫之，賓醉而出，奏祴夏，以此器築地爲之行節，明不失禮。」祴，古來反。

絲五 琴　瑟　筑　箏　琵琶　阮咸　箜篌　豎箜篌

琴，世本云：「神農所造。」琴操曰：「伏羲作琴，所以修身理性，反其天真。」廣雅曰：「琴長三尺六寸六分，象三百六十六日。五絃象五行，大絃爲君，寬和而温，小絃爲臣，清廉不亂。文王、武王加二絃，以合君臣之恩也。」揚雄琴清英曰：「舜彈五絃之琴而天下化。堯加二絃以合君臣之恩。」桓譚新論曰：〔三六〕「五絃第一絃爲宮，其次商、角、徵、羽，文王、武王各加一絃，以爲少宮、少商。」説者不同。又琴之始作，或云伏犧，或云神農，諸家所説，莫能詳矣。爾雅曰：「大琴謂之離。」二十七絃，今無其器。齊桓公曰號鍾，楚莊曰繞梁，相如曰緑綺，伯喈曰焦尾，而傅玄琴賦則曰：「非伯喈也。」

瑟，世本云：「庖羲作，五十絃。黄帝使素女鼓瑟，哀不自勝，乃破爲二十五絃，具二均聲。」爾雅曰：「大瑟謂之灑。」〔三七〕禮圖：「舊云，雅瑟長八尺一寸，廣一尺八寸，二十三絃，其常用者十九絃。頌瑟長七尺二寸，廣尺八寸，二十五絃，盡用之。」易通卦驗曰：「人君冬至日，使

八能之士，鼓黃鍾之瑟，瑟用槐木，長八尺一寸。夏至日，瑟用桑木，長五尺七寸。」槐取氣上也。桑取氣下也。

筑，不知誰所造也。史籍惟云高漸離善擊筑。漢高祖過沛所擊。釋名曰：「筑，似箏，細項。」按今制，身長四尺三寸，項長三寸，圍四寸五分，頭七寸五分，上闊七寸五分，下闊六寸五分。

箏，秦聲也。傅玄箏賦序曰：「世以爲蒙恬所造。今觀其器，上崇似天，下平似地，中空準六合，絃柱擬十二月。設之則四象在，鼓之則五音發，斯乃仁智之器，豈蒙恬亡國之臣能關思哉。」今清樂箏並十有二絃，他樂皆十有三絃。軋箏，以片竹潤其端而軋之。〔三八〕彈箏則用骨爪長寸餘以代指。

琵琶，傅玄琵琶賦曰：「漢遣烏孫公主嫁昆彌，念其行道思慕，故使工人裁箏筑，爲馬上之樂。今觀其器，中虛外實，天地象也。盤圓柄直，陰陽敍也。柱十有二，配律呂也。四絃，法四時也。以方俗語之曰琵琶，取其易傳於外國也。」風俗通曰：「以手琵琶，因以爲名。」釋名曰：「推手前曰批，引手卻曰把。」杜摯曰：「秦苦長城之役，百姓絃鼗而鼓之。」並未詳孰實。其器不列四廂，今清樂奏琵琶，俗謂之「秦漢子」。圓體修頸而小，疑是絃鼗之遺制。傅玄曰：「體圓柄直，柱有十二，」其他皆兖上鋭下曲項，

形制稍大，本出胡中，俗傳是漢制，兼似兩制者。謂之「秦漢」，蓋謂通用秦漢之法。梁史稱侯景之害簡文也，使大樂令彭儁齎曲項琵琶就帝飲，則南朝似無曲項者。五絃琵琶稍小，蓋北國所出。舊彈琵琶皆用木撥彈之，唐貞觀中始有手彈之法，今所謂搊琵琶者是也。風俗通所謂以手琵琶之，乃知非用撥之義，豈上代固有搊之者。手彈法近代已廢，自裴洛兒始爲之。

阮咸，亦秦琵琶也，而項長過於今制，列十有三柱，武后時蜀人蒯朗於古墓中得之。晉竹林七賢圖，阮咸所彈與此類同，因謂之阮咸。咸世實以善琵琶知音律稱。蒯朗初得銅者，時莫有識之，太常少卿元行沖曰：「此阮咸所造。」乃令匠人改以木爲之，聲甚清雅。

箜篌，漢武帝使樂人侯調所作，以祠太一。或云，侯暉所作。其聲坎坎應節，謂之坎侯，聲訛爲箜篌。篌者，〔三九〕因樂工人姓耳。古施郊廟雅樂，近代專用於楚聲。宋孝武大明中，吴興沈懷遠被徙廣州，造繞梁，其器與箜篌相似。懷遠亡，其器亦絶。或謂師延靡靡樂，非也。舊説一依琴制，今按其形，似瑟而小，絃用撥彈之，如琵琶也。

豎箜篌，胡樂也。漢靈帝好之，體曲而長，二十三絃，豎抱於懷中，用兩手齊奏，俗謂之擘箜篌，鳳首箜篌，頸有軫。

木六柷　敔　舂牘　拍板

柷、敔，不知誰所造。樂記曰：「聖人作爲椌、楬。」謂柷、敔也。椌，苦江反。楬，苦八反。柷如漆筩，方二尺四寸，深一尺八寸，中有椎柄連底，旁開孔，内手於中，擊之以舉樂。敔狀如伏虎，背上有二十七鉏鋙，碎竹以擊其首而逆戛之，以止樂。

舂牘，周制，笙師掌，以教祴樂。虛中如筒，無底。鄭衆曰：「舂牘以竹，大五六寸，長七尺，短者一二尺，其端有兩空髹畫，以手築地，賓醉而出以節之。」髹，許牛反。舂杵，〔四〇〕亦謂之頓相。相，助也，以節樂也。或謂梁孝王築睢陽城，擊鼓爲下杵之節。睢陽操用舂牘，後代因之。

拍板長闊如手，重十餘枚，以韋連之，擊以代抃。抃，擊其節也。情發於中，手抃足蹈。抃者因其聲以節舞。龜茲伎人彈指爲歌舞之節，亦抃之意也。

匏七笙　竽

笙，世本云：「隨作笙。」未知其何代人也。禮記曰：「女媧之笙簧。」説文云：「笙，正月之音。物生，故謂之笙。」十三簧象鳳之身，列管匏内，施簧管端。宮管在中

央，三十六簧曰竽，宮管在左旁，十九簧至十三簧曰笙，其他皆相似也。大笙謂之巢，〔四一〕小笙謂之和。詩傳曰：「吹笙則鼓簧矣。」蓋笙中之簧也。周禮大司樂，笙師掌教歈笙、竽。鄭衆云：「竽三十六簧，笙十三簧。」歈，音吹。爾雅曰，笙十九簧者曰巢，十三簧者曰和。〔四二〕漢章帝時，零陵文學奚景於舜祠得笙白玉管，後代易之以竹耳。竽，亦匏也。今之笙、竽，以木代匏而漆，殊愈於匏。荆梁之南，尚仍古制。南蠻笙則是匏，其聲甚劣。

竹八　簫　管　箎　七星　籥　笛　篳篥　笳　角

簫，世本曰：「舜所造。」其形參差，象鳳翼，十管，長二尺。爾雅曰，編二十三管，長一尺四寸者，曰管。音言。十六管，長尺二寸者，曰筊。音交。凡簫，一名籟。〔四三〕前代有洞簫，今無其器。蔡邕曰：「簫，編竹有底，大者二十三管，小者十六管。長則濁，短則清，以蜜蠟實其底而增減之則和。」然則邕時無洞簫矣。

管，爾雅曰，長尺，圍寸，併漆之，有底，大者曰簥，音嬌。中者曰篞，乃結反。小者曰篎。〔四四〕音妙。古者以玉爲管，舜時西王母獻白玉琯是也。〔四五〕月令，「均琴瑟管簫」，

蔡邕章句曰：「管者，形長尺，圍寸，有孔無底，其器今亡。」說文曰：「管如篪，六孔，十二月之音。詩云：『嘒嘒管聲。』」周禮：「孤竹之管，於圓邱奏之。孫竹之管，於方邱奏之。陰竹之管，於宗廟奏之。」鄭氏云：「孤竹，竹特生者。孫竹，竹枝根之末生者。陰竹，生於山北也。」

篪，世本云：「暴辛公所造。」舊志云，一曰管，非也。雖不知暴辛公何代人，而非舜前人明矣。舜時西王母獻琯，則是已有此器，辛公安得造篪乎？爾雅曰：「大篪謂之沂。」篪以竹爲之，長尺四寸，圍三寸，一孔，上出寸三分，名曰翹，横吹之。小者尺二寸。廣雅云，八孔。今有胡吹，非雅器也。蔡邕月令章句云：「篪，竹也，六孔有距，横吹之。」詩云：「仲氏吹篪。」

七星，不知誰所作，其長盈尋。

籥，不知誰所造。按禮記，葦籥，伊耆氏之樂也。伊耆已有籥矣。周禮有籥師，掌教國子秋冬吹籥。歷代文舞之樂，所執羽籥是也。蓋詩所謂「左手執籥，右手秉翟」。爾雅云，籥如笛，三孔而短小。〔四六〕廣雅云，七孔，大者曰産，中者仲，小者箹。中，音丁仲反。箹，音握。

笛，馬融長笛賦：「此器起近代，出於羌中，京房備其五音。」又稱邱仲工其事，不言所造。風俗通曰：「邱仲造笛，長尺四寸，七孔，武帝時人。後更有羌笛。」二説不同，未詳孰實。今橫笛去觜，其加觜者謂之義觜笛。按，橫笛，小篪也。漢靈帝好胡笛，〔四七〕宋書云，「有胡篪，出於胡吹」，卽謂此。梁胡吹歌云：〔四八〕「快馬不須鞭，拗折楊柳枝。下馬吹橫笛，愁殺路旁兒。」此歌元出於北國，知橫笛是北名也。〔四九〕

篳篥，本名悲篥，出於胡中，其聲悲。或云，儒者相傳，胡人吹角以驚馬，後乃以笳爲首，竹爲管。

笳，杜摯有笳賦，云：「李伯陽入西戎所造。」晉先蠶儀注：〔五〇〕「車駕住，吹小菰；發，吹大菰。」菰卽笳也。又有胡笳，漢舊箏笛録有其曲，不記所出本末也。

角，書記所不載，或出羌胡，以驚中國馬。馬融又云，出吳越。

八音之外又有三

一桃皮，東夷有卷桃皮。二貝，大蠡也，容可數升，並吹之以節樂，亦出南蠻。三葉，銜葉而嘯，其聲清震，橘柚尤善。或云，卷蘆葉爲之，形如笳首也。

校勘記

〔一〕「此聲氣之元五音之正也」，「氣」字脱，「音」，原作「聲」，據漢書律曆志上、宋書律曆志上補改。

〔二〕「夷則之管長五寸七百二十九分寸之四百五十一」，汪本「五寸」之「寸」與「二十」之「十」二字互倒，據元本、殿本改。明本、于本「五寸」之「寸」字不誤，「二十」之「十」則誤作「寸」。

〔三〕「中吕上生執始執始下生去滅上下相生終於南事六十律畢矣」，「去滅」，原作「去而」，其下有「六十律」三字，下文「六十律」三字則作「去滅」，錯亂不能卒讀，各本皆然。今照後漢書律曆志上、通典一四三改正。

〔四〕「下有晝分寸」，汪本「晝」作「畫」，據元本、明本、于本、殿本改。

〔五〕「爲雅樂郎中」，「中」下衍「令」字，據三國志魏志方技傳删。

〔六〕「玉甚猒之」，「猒」，原作「饜」，據通典一四三改。

〔七〕「新聲發響」，「聲」，原作「春」，據三國志魏志高堂隆傳改。

〔八〕「姑洗絃用二百三十二絲」，隋書音樂志上作「一百四十二絲」，二説皆有誤。點校本隋書音樂志上據隋書律曆志上引梁武帝鍾律緯：「黄鍾之絃二百七十絲，長九尺，以次三分損益其一，以生十二律之絃絲數及絃長。」推定姑洗絃應爲「二百一十四絲」。

〔九〕「（林鍾絃）長六尺四寸」，點校本隋書音樂志上推定爲「六尺」。

〔一〇〕「無射絃用百二十九絲」，點校本隋書音樂志上推定爲「百四十九絲」。

〔一一〕「長四尺九寸一分强」，點校本隋書音樂志上推定爲「四尺九寸九分强」。

〔一二〕「飲古夾鍾玉律」，「飲」，原作「校」，據隋書音樂志上、律曆志上改。律曆志有「夾」字，音樂志無，今從律曆志。

〔一三〕「施以七聲」，「施」，原作「旋」，據隋書音樂志上改。

〔一四〕「有司問狀」，「狀」字脱，據魏書樂志補。

〔一五〕「若分數加短」，「加」，原作「如」，據魏書樂志、通典一四三改。

〔一六〕「按房准九尺之内爲十七萬七千一百四十七分」，「爲」，原作「若」，據魏書樂志改。

〔一七〕「不聞更加變宫變徵二調爲七調」，「不」，原作「下」，據元本改。

〔一八〕「寶常又脩洛陽舊曲」，「曲」，原作「典」，據隋書音樂志中改。

〔一九〕「盡依周禮」，文下重出「周禮」二字，爲衍文，據隋書音樂志中、通典一四三删。

〔二〇〕「隨十二辰位」，「位」字脱，據隋書律曆志上補。

〔二一〕「郭令樂」，隋書藝術傳文同，音樂志下作「郭金樂」。

〔二二〕「爲伴侣曲」，「曲」字脱，據舊唐書音樂志一、貞觀政要七補。

〔二三〕「祭圓邱以黄鍾爲宫」，「宫」下衍「郊廟」二字，據舊唐書音樂志一、唐會要三二删。

〔二四〕「鏄」，汪本作「鏄」，據元本、殿本改。下同。

〔二五〕「以芒莖當心」，「莖」字脱，據南齊書高祖十二王傳補。

〔二六〕「齊穆士素所造」，「士」，原作「王」，據舊唐書音樂志二改。又唐志「造」下有「非也」二字。

〔二七〕「爾雅云𩐋形似黎錧以玉石爲之」，按，此爲爾雅釋樂郭璞注之文。「錧」，原作「管」，「石」字脱，據郭注改補。

〔二八〕「言泗濱石可爲磬」，「言」字脱，據舊唐書音樂志二補。

〔二九〕「爾雅曰燒土爲之大如鵝子鋭上平底形似稱錘六孔小者如雞子大曰䳄」，按，此文除最後三字外，皆爾雅釋樂郭璞注之文。

〔三〇〕「教爲鼓而辨其聲用」，「爲」，原作「以」，據周禮地官改。又「用」下殿本有注文：「教擊鼓者大小之數，又别其聲所用之事。」此注文各本皆無，疑爲後人據通典一四四之文補入者。

〔三一〕「以晉鼓鼓金奏」，按，殿本此下有注文云：「雷鼓八面鼓也。神祀，祀天神也。靈鼓，六面鼓也。社祭，祭地祇也。路鼓，四面鼓也。鬼享，享宗廟也。大鼓謂之鼖，鼖鼓長八尺，鼛鼓長一丈二尺，晉鼓長六尺六寸。金奏謂樂作擊編鍾。」原本及元本皆無此注文，惟殿本有之，疑爲後人據通典一四四之文補入者。

〔三二〕「帝王世紀」，「世」字脱，據通典一四四補。
〔三三〕「大一頭」，「一」字脱，據舊唐書音樂志二補。
〔三四〕「笙師掌教雅」，「師」下衍「而」字，據周禮春官删。
〔三五〕「長五尺六寸」，「五」，原作「三」，據通典一四四改。
〔三六〕「桓譚新論」，「新」，原作「雜」，據通典一四四改。于本作「維」，亦誤。
〔三七〕「大瑟謂之灑」，「灑」，原作「離」，據爾雅釋樂、通典一四四改。
〔三八〕「片竹」，「片」，原作「斤」，據通典一四四改。
〔三九〕「篌者」，「篌」字脱，據通典一四四補。
〔四〇〕「舂杵」，文上衍「舉」字，據通典一四四删。
〔四一〕「大笙謂之巢」，「巢」，原作「簧」，據爾雅釋樂、宋書樂志改。
〔四二〕「爾雅曰笙十九簧者曰巢十三簧者曰和」，按，爾雅釋樂云：「大笙謂之巢，小者謂之和。」郭璞注謂，大者十九簧，小者十三簧。此文引爾雅乃兼正文與注文而言者。
〔四三〕「爾雅曰編二十三管長一尺四寸者曰管十六管長尺二寸者曰筊凡簫一名籟」，按，爾雅釋樂云：「大簫謂之言，小者謂之筊。」郭璞於「言」下注云：「編二十三管，長尺四寸。」於「筊」下注云：「十六管，長尺二寸。簫一名籟。」此文引爾雅乃兼正文與注文而言。又「尺二寸」，原作「尺三寸」，據郭注改正。

〔四四〕「爾雅曰長尺圍寸併漆之有底大者曰簥中者曰篞小者曰篎」，按，爾雅釋樂云：「大管謂之簥，其中者謂之篞，小者謂之篎。」郭璞於「簥」下注云：「管長尺，圍寸，併漆之，有底。」此文引爾雅乃兼正文與注文而言。

〔四五〕「舜時西王母獻白玉琯是也」，「玉」字脱，據宋書樂志一補。

〔四六〕「爾雅云簥如笛三孔而短小」，按，此文爲爾雅釋樂郭璞注之文。

〔四七〕「漢靈帝好胡笛」，文上衍「出」字，據舊唐書音樂志二删。

〔四八〕「梁胡吹歌」，文上衍「君」字，據舊唐書音樂志二删。

〔四九〕「是北名也」，「北」，原作「此」，據通典一四四改。

〔五〇〕「晉先蠶儀注」，「儀」字脱，據通典一四四補。

職官略第一

官制總序

伏羲氏以龍紀，故以龍名官。共工以水紀，故以水名官。神農氏以火紀，故以火名官。黄帝氏以雲紀，故以雲名官。少昊摯之立也，鳳凰至，故爲鳥紀而以鳥名官：鳳鳥氏，歷正也；玄鳥氏，司分也；伯趙氏，司至也；青鳥氏，司啓也；丹鳥氏，司閉也；祝鳩氏，司徒也；鴡鳩氏，司馬也；鳲鳩氏，司空也；爽鳩氏，司寇也；鶻鳩氏，司事也。五鳩，聚民者也，五雉爲五工正，九扈爲九農正。自顓帝以來，不能紀遠，乃紀於近，爲民師而命以民事。又有五行之官，是謂五官。社稷五祀，是尊是奉，春官木正曰勾芒，夏官火正曰祝融，秋官金正曰蓐收，冬官水正曰玄冥，中官土正曰后土。

唐堯之代，分命羲和，欽若昊天，歷象日月星辰，以授人時。内有百揆、四岳，外有州牧、侯伯。虞舜氏有天下，以禹作司空，使宅百揆；棄作稷官，播百穀；契作司徒，敷五

教；皋繇作士，正五刑；垂作共工，利器用；益作虞，育草木鳥獸；伯夷秩宗，典三禮；夔典樂，教胄子，和神人；龍作納言，出納帝命。蓋亦爲六官，以主天地并四時也。

夏后之制，亦置六卿，其官名次，猶承虞制。

商人制，天子建天官，先六太，曰太宰，太宗，太史，太祝，太士，太卜，典司六典。天子之五官，曰司徒，司馬，司空，司士，司寇，典司五衆。天子之六府，曰司土，司木，司水，司草，司器，司貨，典司六職。天子之六工，曰土工，金工，石工，木工，獸工，草工，典制六材。五官致貢曰享。五官之長曰伯。千里之内爲王畿。千里之外設方伯。五國以爲屬，屬有長；十國以爲連，連有帥；三十國以爲卒，卒有正；二百一十國以爲州，州有伯。八州八百五十六正，百六十八帥，三百三十六長。八伯各以其屬屬於天子之老二人，分天下以爲左右，曰左右伯。

周成王參改商官，制爲周禮，以作天地四時之名，謂之六卿。立天官冢宰，掌邦治；地官司徒，掌邦教；春官宗伯，掌邦禮；夏官司馬，掌邦政；秋官司寇，掌邦刑；冬官司空，掌邦事。各有徒屬，用於百事。歲終，天子齋戒受諫，六卿以百官之成質於天子，百官齋戒受質，然後休老勞農，成歲事，制國用。自周衰官失而百職亂。戰國並爭，各有變易。

秦始皇兼天下，建皇帝之號，立百官之職，不師古，始罷侯置守，太尉主五兵，丞相總百揆，又置御史大夫以貳於丞相。漢初，因循而不革，隨時宜也，其後頗有所改。大司馬，左、右、前、後將軍，侍中，常侍，散騎諸吏爲中朝，丞相以下至六百石爲外朝。王莽篡位，慕從古官，而吏民皆弗便。光武中興，務從節約，并官省職，費減億計。後漢建武六年，詔曰：「百姓遭難，户口耗少，而官吏尚繁。」於是司隸州牧條奏，并省四百餘縣，吏職減損，十置其一。廢丞相與御史大夫，而以三司綜理衆務。洎于叔世，事歸臺閣，論道之官，但備員而已。

魏與吳、蜀，多依漢制。晉氏繼及，大抵略同。山公啓事曰：「晉制，諸坐公事者，皆三年乃得叙用，其中多有好人，令逍遥無事。臣以爲略依左遷法，隨資裁減之，亦足懲戒。」又傅玄議曰：「諸官有病，滿百日不差，宜令去職，既差復用。」太元六年，改制減費，損吏士職員凡七百人。時議省州郡縣半吏，以赴農功。爰及宋、齊，亦無改作。宋時新制，〔一〕長吏以父母疾去官，禁錮三年。山陰令沈叔任父疾去職，御史中丞鄭鮮之上議曰：「所以爲其制者，莅官不久則奔競互生，故杜其欲速之情，〔二〕以申考績之實耳。今父母之疾而加以罪名，損義疾理，莫此爲大。」詔從之。於是自二品以上，父母及爲祖父母後者，墳墓崩毁及疾病，親屬輒去，並不禁錮。又劉祗爲中書郎，江夏王義恭領中書監，服親不得相臨，表解職也。孝武詔曰：「昔二王兩謝，俱至崇禮，自今三臺五省，悉同此例。」又詔曰：「方鎮所假禮白版郡縣，〔三〕年限依臺除，食禄三分之一，不給送。」官司有三臺、五

省之號，三臺蓋兩漢舊名，五省謂尚書、中書、門下、秘書、集書省也。郡縣有三歲爲滿之期。宋州郡縣居職，以三周爲小滿。梁武受終，多遵齊舊，然而定諸卿之位分配四時，置戎秩之官至百有餘號。陳遵梁制，不失舊物焉。

後魏昭成之卽王位，初置官司，分掌衆職，然而其制草創，名稱乖疎。皇始元年，道武平并州，始建臺省，置百官，封公侯、將軍。刺史、太守、尚書郎等官，悉用文人。天興中，太史言天文錯亂，當改王易政，故官號數革。初道武制官，皆擬遠古雲鳥之義，諸曹走使謂之鳧鴨，取飛之迅疾也；以伺候官禁謂之白鷺，取其延頸遠視。他皆此類。至孝文太和中，王肅來奔，爲制官品，百司位號，皆准南朝，〔四〕改次職令，以爲永制。凡守令以六年爲滿，後經六年乃叙。又作考格，以之黜陟。太和十八年，詔曰：「古者三載考績，三考黜陟。朕今三載一考，考便黜陟。各令當司考其優劣爲三等，六品以下尚書重問，五品以上朕與公卿親論善惡，上上者遷之，下下者黜之，中中者守本位。又宣武帝行考陟之法，任事上中者，三年升一階，散官上第者，四載登一級。孝明以後，授受多濫。齊高氏創業，亦遵後魏，臺省位號，多類江東。以門下省掌獻納諫正，中書省管司王言，秘書省典司經籍，集書省掌從容諷議，中常侍省掌出入門閤，御史臺察糾彈劾。後主臨御，爵禄犬馬。宇文氏之初據關中，猶依魏制，及平江陵之後，別立憲章，酌周禮之文，建六官之職，其他官亦兼用秦、漢。及隋文帝踐極，百度伊始，復廢

周官，還依漢、魏，其於庶僚，頗有損益，凡官以四考而代。又制，凡官以理去職，聽並執笏。至煬帝，意存稽古，〔五〕多復舊章。百官不得計考增級，如有德行功能灼然顯著者，擢之。大業三年，始行新令，有三臺、五省、五監、十二衛，十六府。殿内，尚書，門下，内史，祕書，五省也。謁者，司隸，御史，三臺也。少府，長秋，國子，將作，都水，五監也。左、右翊，左、右驍，左、右武，左、右屯，左、右禦，左、右候，十二衛也。左、右備身，左、右監門等，凡十六府也。或是舊名，或是新置。諸省及左、右衛，武候，領軍，監門府爲内官，自餘爲外官。于時天下繁富，四方無虞，衣冠文物爲盛矣。既而漸爲不道，百度方亂，號令日改，官名月易，圖籍散逸，不得而詳備。

唐之職員多因隋制，雖有小變革，而大較不異。貞觀六年，大省内官，凡文武定員六百四十有三而已。顯慶元年初制，拜三師，三公，親王，尚書令，雍州牧，開府儀同三司，驃騎大將軍，左、右僕射，並臨軒册授。太子，三少，侍中，中書令，諸曹尚書，諸衛大將軍，特進，鎮軍輔國大將軍，光禄大夫，太子詹事，太常卿，都督及上州刺史在京者，朝堂受册。又制，文武官五品以上老及病不因罪解者，並聽同致仕例。龍朔二年，又改官名。咸亨元年，復舊。至于武太后，再易庶官，或從宜創號，改尚書省爲文昌臺，門下省爲鸞臺，中書省爲鳳閣，御史臺爲肅政臺，及諸寺衛等名，又置控鶴府官員。或參用古典。改六尚書爲天地四時之官。天授二年，凡舉人無賢不肖，咸加擢拜，大置試官以處之，試官蓋起於此也。試者，未爲正命。凡正官皆稱「行」、「守」，

其階高而官卑者稱「行」，階卑而官高者稱「守」，階官同者並無「行」、「守」字。太后務收物情，其年二月，十道使舉人，并州石艾縣令王山耀等六十一人，並授拾遺、補闕，懷州録事參軍崔獻可等二十四人，並授侍御史，并州録事參軍徐昕等二十四人，並授著作郎，魏州内黄縣尉崔宣道等二十二人，並授衛佐、校書、御史等。故當時諺曰：「補闕連車載，拾遺平斗量，杷推侍御史，椀脱校書郎。」〔六〕試官自此始也。于時擢人非次，刑網方密。雖驟歷榮貴，而敗倫繼軌。神功元年，制曰：「自今本色出身，解天文者進轉官不得過太史令，音樂者不得過太樂鼓吹令，醫術者不得過尚藥奉御，陰陽卜筮者不得過太卜令，解造食者不得過司膳。」神龍初，官復舊號。二年三月，又置員外官二千餘人，舊有員外官，至此大增，加兼超授諸門官爲員外官者，亦千餘人。中書令李嶠，初自地官尚書貶通州刺史，至是召拜吏部侍郎。嶠志欲曲行私惠，求名悦衆，冀得重居相位，乃奏請大置員外官，多引用勢家親識。至是，嶠又自覺銓衡失序，官員倍多，府庫由是減耗也。於是遂有員外、員外官其初但云員外，至永徽六年，以蔣孝璋爲尚藥奉御員外，特置仍同正員，自是員外官或有同正員者。其加「同正員」者，唯不給職田耳，其禄俸賜會與正官同。單言「員外」者，禄俸減正官之半。檢校、試攝、判、知之官。攝者，言敕攝，非州府板署；檢校者，云檢校某官；判官者，云判某官事；知者，云知某官事：皆是詔除而非正命。逮乎景龍，官紀大紊，復有斜封，「無坐處」之誦興焉。景龍中，有太平、安樂、長寧、宜城等諸公主，及皇后陸氏妹郕國夫人，李氏妹崇國夫人，并昭容上官氏與其母沛國夫人鄭氏，尚宫柴氏、賀婁氏，女巫隴西夫人趙氏，皆引用親識，亦多猥濫，或出自

贓獲，或由於屠販，多因賂貨，累居榮秩，咸能別於側門降墨敕斜封以授焉，故時人號爲「斜封官」。時既政出多門，遷除甚衆，自宰相至于内外員外官及左右臺御史，多者則數踰十倍，皆無廳事可以處之，故時人謂之「三無坐處」，謂宰相、御史及員外官也。先天以來，始懲其弊。至開元二十五年，刊定職次，著爲格令。此格皆武德、貞觀之舊制，〔七〕永徽初已詳定之，至開元二十五年，再刪定焉。至二十八年，又省文武六品以下官三百餘員及諸流外番官等。蓋尚書省以統會衆務，舉持繩目。門下省以侍從獻替，規駮非宜。中書省以獻納制册，敷揚宣勞。祕書省以監録圖書。殿中省以供脩服御。内侍省以承旨奉引。尚書，門下，中書，秘書，殿中，内侍，凡六省。御史臺以肅清僚庶。九寺、太常，光禄，衛尉，宗正，太僕，大理，鴻臚，司農，太府，爲九寺。五監，少府，將作，國子，軍器，都水，爲五監。以分理群司。六軍、左、右羽林，左、右龍虎，左、右神武，爲六軍。十六衛，左、右衛，左、右驍衛，左、右武，左、右威，左、右領軍，左、右金吾，左、右監門，左、右千牛，爲十六衛。以嚴其禁禦。一詹事府、二春坊、有左、右春坊，又有内坊，掌閤内諸事。三寺、家令寺，率更寺，太僕寺。十率，左、右衛，左、右司禦，左、右清道，左、右監門，左、右内侍，凡十率府。俾乂儲宮。牧、守、督護，分臨畿服。京府置牧，餘府州置都督、都護、太守。設官以經之，置使以緯之。按察、採訪等使，以理州縣。節度、團練等使，以督府軍事。租庸、轉運、鹽鐵、青苗、營田等使，以毓財貨。其餘細務，因事置使者，不可悉數。其轉運以下諸使，無適所治，廢置不常，故不別

列於篇。自六品以下，率由選曹。居官者以五歲爲限。於是百司具舉，庶績咸理，亦一代之制焉。一歲爲一考，四考有替則爲滿，若無替則五考而罷。六品以下，吏部注擬，謂之旨授。五品以上，則皆敕除。自至德之後，天下多難，甄才録効，制敕特拜，繁於吏部，於是兼試、員外郎，倍多正員。至廣德以來，乃立制，限州縣員外、兼試等官，各有定額。並云，額内溢於限者，不得視職。其有身帶京官冗職資名清美兼州縣職者，云占闕焉，即如正員之例，官以三考而代，無替四考而罷。由是官有常序焉。

歷代官制要略

官數

唐，六十員。虞，六十員。尚書云：「建官惟百。」鄭玄云：「虞官六十。唐官未聞，堯舜同道，或皆六十，并屬官而言，則皆有百。」夏，百二十員。尚書云：「夏商官倍。」則當二百。鄭玄曰：「百二十。」商，二百四十員。明堂位，二百。鄭玄曰：「二百四十。」周，六萬二千六百七十五員。内一千六百四十二人，外諸侯同官六萬一千三十二人。按禮記王制計之。商制同。漢，

自丞相至佐史，凡十三萬二百八十五員。哀帝時數，兼諸州府郡胥吏。後漢，七千五百六十七員。晉，六千八百三十六員。宋，六千一百七十二員。齊，二千一百三員。後魏，七千七百六十四員。北齊，二千三百二十二員。並內官。後周，二千九百八十九員。並內官。隋，一萬二千五百七十六員。內官二千五百八十一，外郡縣官九千九百九十五。唐，一萬八千八百五員。內官二千六百二十，外郡縣官一萬六千一百八十五。

官品

周官九命。漢，自中二千石至百石，凡十六等。後漢，自中二千石至斗食，凡十三等。魏，秩次多因漢制，更置九品。晉、宋、齊並因之，梁因之，更置十八班，班多爲貴。陳並因之。後魏置九品，〔八〕品各置從，凡十八品；自四品以下，每品分爲上下階，凡三十階。北齊並因之。後周制九命，每命分爲二，以正爲上，凡十八命。隋置九品，品各有從；自四品以下，每品分爲上下，凡三十階。自太師始焉，謂之流內，流內自此始焉。煬帝除上、下階，唯留正、從，各九品。又置視正二品至九品，品各有從，自行臺尚書令始焉，謂之視流內，視流內自此始。唐，自流內以上並因隋制。又置視正五品，視從七品，以署薩寶及正祓，謂之視流內。又置勳品九品，自諸衛録事及五省令史始焉，謂之流外，流外自

此始。勳品自齊、梁即有之。

設官沿革略舉崇著者，其當部之官長，雖品秩下者亦附出。

黃帝，六相堯有十六相。爲之輔相，不必名官。少昊，司徒，前漢嘗加「大」，後漢又加「大」。司馬，項羽加「大」。漢以後曰大。後周又加「大」。司空，前漢加「大」，改御史大夫爲之。後周又加「大」。司寇。後周有內司寇卿，後又加「大」。〔九〕唐，羲和，羲仲、羲叔、和仲、和叔，州牧。虞，太師，太保，納言，隋及唐嘗改侍中爲之。后稷，秩宗，士，共工，虞。夏，九卿。商，太宰，晉、宋、齊、梁、陳改太師爲之。太宗，太史，太祝，太士，太卜，司士，司土，司木，司水，司革，司器，司貨，太子太師，太子太保，太子太傅，太子少傅，方伯。周，太傅，少師，少保，冢宰，後周加「大」。宗伯，後周加「大」。內史，秦置內史，治京師，如諸郡守。後周有內史中丞大夫。隋改中書爲內史監令。唐亦嘗以中書爲內史。太僕正，至漢爲太僕。梁爲卿。唐嘗爲司馭卿，又嘗爲司僕卿。大將軍，自戰國時楚置。前、後、左、右將軍。周末置。秦，太尉。左、右丞相，丞相，後周末加「大」。相國。侍中，本丞相史，隋改爲納言，又改爲侍內。唐嘗爲納言，或爲左相，或爲黃門監。黃門侍郎，後周納言大夫。唐爲鸞臺侍郎，又改爲門下侍郎。散騎常侍。魏加侍郎，又加員外，又加通直。唐分爲左、右。少府吏，在殿中主發書，

謂之**尚書**，**四人**。漢置五人，其一人爲僕射，四人分曹，後漢爲五曹，至晉有六曹。**尚書令**、**僕射**，漢置左、右，唐嘗改爲左、右匡政，或爲左、右丞相，武太后嘗爲文昌左、右相。**尚書丞**。漢置四人，後漢減三人，爲左、右丞。唐嘗爲左、右肅機。**御史大夫**。唐嘗爲大司憲，武太后又嘗改爲肅政，又分爲左、右。**奉常**。漢改曰太常，後曰奉常，又改爲太常。後漢爲奉常，自後爲太常。梁謂之卿。唐嘗爲奉常卿，又嘗爲司禮卿。**郎中令**。漢爲光禄勳。後漢嘗爲郎中令。魏爲光禄勳。梁除「勳」字，謂之卿。唐嘗爲司宰卿，又嘗爲司膳卿，又爲光禄卿。**衛尉**。漢嘗爲中大夫令，至梁謂之卿，至唐嘗爲司衛卿。**宗正**。漢嘗改爲宗伯，至唐嘗爲司宗卿，又嘗爲司屬卿。**治粟内史**。漢改曰大農令，又改曰大司農。後漢末爲大農。魏爲司農，至梁謂之卿，後魏又加「大」。唐嘗爲司稼卿。**主爵中尉**。漢以右扶風代之。**廷尉**。二漢、梁、北齊爲大理，梁謂之卿，後代曰廷尉。唐嘗爲詳刑卿，又爲大理卿。**典客**。漢改爲大鴻臚，又嘗曰大行。至梁除「大」字，謂之卿。唐爲同文卿，又嘗爲司賓卿，又爲鴻臚卿。**典屬國**。**少府**。至梁謂之卿。唐嘗爲内府監，亦嘗爲尚方監，又爲少府監。**將作少府**。漢改爲大匠。梁爲大匠卿。隋爲將作大監，又改爲大匠。唐亦嘗爲大匠，又嘗爲繕工監，又嘗爲營繕監，又爲將作監。**中尉**。漢武更名執金吾。**中書謁者令**、**僕射**。至漢嘗以宦者爲之。魏爲中書監令，專掌機務。隋爲内史監令，尋改爲内史，又改爲尚書，又爲内史令。唐復爲中書令，嘗爲右相，又爲内史，又爲紫薇令。**詹事**。唐嘗改爲端尹，又嘗改爲官尹，少詹事，並爲少尹。**中**

庶子，庶子。晉改庶子爲左、右。〔一〇〕隋罷中。唐嘗爲左、右中護。太子家令。唐嘗爲宫府大夫。率更令、唐嘗爲司更大夫。僕。唐嘗爲馭僕大夫。衛率。〔一一〕内史。理京師，漢分爲左、右，又置京兆尹、左馮翊代之。郡守。漢改爲太守。後魏每部置三太守，隋制通守。魏之二守，隋之通守，並佐貳。太中大夫。唐並爲文散。

漢，領尚書事。至後漢爲録尚書事。三公曹尚書。常侍曹尚書，主公卿事。〔一二〕後漢改爲吏曹，主選舉，〔一三〕又爲選部。魏爲吏部。宋嘗置爲員。唐嘗改爲司列太常伯，又爲天官。中書侍郎。東晉嘗爲通事郎。隋爲内史侍郎，又爲内書侍郎。唐爲内史侍郎，又爲中書侍郎，又爲紫薇侍郎。御史中丞。後魏曰中尉。唐改治書侍御史爲之，嘗爲司憲大夫。光禄大夫。優寵者則加銀章青綬，至魏晉則有加金章紫綬。齊嘗置左、右。至隋，爲散官。中散大夫。王莽置。唐爲文散。太皇太后卿長信少府，太后以下卿，以至于陳。自後魏無。皇太后卿長信少府，皇后卿大長秋。隋有令。唐改爲内侍。中常侍。唐爲内常侍。都水使者。至宋嘗爲水衡令。梁曰大舟卿。隋嘗爲都水監。唐嘗爲司津監，又嘗爲水衡都尉。驃騎、後漢加「大將軍」。〔一四〕唐爲武散。游擊、唐爲武散。衛、車騎、驍騎、梁置左、右。伏波、上、騎、材官、輕車、樓船、横海、護軍、唐爲勳官。渡遼、貳師、蒲類、彊弩、戈船、奮威、建威、積射二十一將軍。奉車、騎、駙馬三都尉。至梁，尚主者爲之。司隸校尉，督察三輔。隋有司隸大夫。唐京畿採訪使亦其職。刺

史，刺舉郡縣。至隋，治民。都護，京兆尹，左馮翊，右扶風。特進。唐爲文散。諸加官。左、右曹諸吏，散騎、中常侍、侍中爲之。

後漢，賊曹尚書，尚書侍郎三十六人。初稱尚書郎中，滿歲稱尚書郎，三歲稱侍郎，五歲遷大縣令。魏有尚書郎。晉又有郎中。隋初置三十六侍郎，後置員外郎一人，後又六曹各置侍郎，每曹有郎有員外郎。唐改曹郎爲郎中。祕書監。後又置令。唐嘗爲蘭臺太史，少監爲侍郎，又嘗爲麟臺。武衛、至隋，置左、右。唐爲左、右鷹揚衛。輔國、晉加「大」。宋改爲輔師。唐爲武散。四征、四鎮、四安、虎牙、征虜、捕虜、横野、鷹揚、討逆、討虜、破虜等將軍。四中郎將。都督。至晉加「大」。河南尹。留守。班同三司。前漢文帝以宋昌爲衛將軍，亞三司，未爲官也。儀同三司。魏有開府儀同三司。晉又有如開府儀同三司。後魏有儀同三司。北齊有開府儀同三司，又有儀同三司。後周有開府儀同，又有上開府儀同大將軍。至隋，爲散官，又諸衛各置開府一人。八座。

魏，五兵尚書，至後魏，有七兵尚書。隋曰兵部。唐嘗爲司戎太常伯，或爲夏官，或爲武部，又爲兵部。度支尚書，吴有户部。晉已後爲度支。至隋，爲民部。唐嘗爲度支，又爲户部。祠部曹尚書。至後魏，有儀曹尚書。後周有禮部。隋置禮部尚書。唐嘗爲司禮太常伯，或爲春官，又爲禮部。殿中監。秩甚卑。隋曰殿内監。唐嘗爲中御府大監。中衛。晉分爲左、右衛將軍。隋改爲

左、右翊衛。唐復爲左、右衛。中領軍。尋改曰領軍。隋改曰左、右屯衛。唐嘗爲左、右戎衛，又嘗爲左、右玉鈐衛，又爲左、右領軍。鎮軍、大冠軍、游騎、唐並爲武散。四平、鎮北、虎威、撫軍、淩江、寧朔等將軍。行臺。

晉，三公尚書，掌刑獄。起部尚書。有事即置，事畢則省。國子祭酒。唯宋曰總明觀祭酒。唐嘗爲大司成，又爲成均祭酒。中軍，龍驤，寧遠。唐爲武散。宋，殿中將軍。齊，都官尚書。至隋改爲刑部。唐嘗爲司刑太常伯，又嘗爲秋官，又改爲憲部，又爲刑部。梁，太府卿。唐嘗爲外府卿，又嘗爲司府卿。雲麾、中武、壯武、明武、定遠、唐並爲武散。宇宙等大將軍。始以太常等名卿，分爲四時，凡十二卿。〔一五〕

後魏，柱國、唐爲勳官。天柱二大將軍，諸少卿。後周，軍器。隋，左、右武侯府大將軍，唐爲金吾衛。左、右監門府將軍。唐改府爲衛。大總管，通守。佐太守。折衝府。正議、通議、朝議、朝請、朝散等大夫。左、右驍衛府。唐除「府」字。

唐，太子賓客。漢之四皓非官。左、右千牛衛，左、右屯營，後改爲羽林軍，嘗改爲衛。左、右威衛，嘗改左、右豹韜衛。左、右龍虎將軍。平章事，知政事，叅知機務，同中書門下三品，平章軍國重事。節度使。採訪使。宣威、武散。懷化、歸德等將軍。並武散，以授歸義蕃官。

封爵

黄帝，方制萬里，爲萬國，各百里。唐、虞、夏，建國凡五等，曰公，侯，伯，子，男。商，公，侯，伯三等。公百里，侯七十里，伯五十里。周，公，侯，伯，子，男，五等。公、侯百里，伯七十里，子、男五十里。周公居攝改制，大其封。公五百里，侯四百里，伯三百里，子二百里，男百里。秦，爵二十等。最高徹侯，乃得食縣。其次關内侯，食租税於關内。餘十八等，大庶長以下則如吏職。漢，國王，國侯，亭侯，三等。王皆裂地，侯以户數爲差，分民自此始。漢初論功封侯者，凡百四十三人。食邑者，除租每户一歲更輸錢二百。後漢亦三等。皇子封王，其郡爲國。其列侯雖鄧寇元勳，不過四縣。魏，王，公，侯，伯，子，男，次縣侯，次鄉侯，次亭侯，次關内侯，凡九等。關内侯爲虚封，自此始。晉，亦有王，公，侯，伯，子，男，又有開國郡公、縣公，郡縣侯，伯、子、男，及鄉、亭、關内等侯，凡十五等。王大國二萬户，三軍兵五千。次國一萬户，二軍兵三千。下國五千户，一軍兵千五百。其公之制如五千户國；侯如不滿五千户國，並置一軍千人。其伯、子、男以下各有差，不置軍。宋，皆因晉制，惟大小國皆三軍。至孝建中，凡國官屬不得稱臣於其主，改稱下官。齊因之。梁因前代。定制，諸王言曰「令」，境内稱之曰「殿下」。公侯言曰「教」，境内稱之曰「第下」。皆自稱曰「寡人」。相已下表疏如臣而不得稱臣，文書下群官皆曰「告」。陳，

有郡王，嗣王，藩王，開國郡縣公，開國郡縣侯，開國縣伯，開國子、男，湯沐食侯，鄉亭侯，關中、關外侯，凡十二等。〔一六〕後魏，有王，開國郡公，散公，侯，散侯，伯，散伯，子，散子，男，散男，凡十一等。王食半，公三分食一，侯、伯四分食一，子、男五分食一。北齊，有王，公，侯，伯，子，男，六等。後周，有公，侯，伯，子，男，五等。隋，有國王，郡王，國公，郡公，縣公，侯，伯，子，男，凡九等。唐，國王，郡王，國公，郡公，開國郡公、縣公，開國侯、伯、子、男，凡九等。〔一七〕並無其土，加實封者乃給租庸。自武德至天寶，實封者百餘家。自至德至大曆三年，實封者二百六十五家。

三公

夏、商以前，云，天子無爵，三公無官。伊尹曰：「三公調陰陽。」周，以太師、太傅、太保曰三公。漢，以丞相、大司馬、御史大夫爲三公。後漢，又以太尉、司徒、司空爲三公。天地災變即皆册免，自太尉徐防始焉。靈帝就長安拜張温爲太尉，三公在外自温始也。魏、晉、宋、齊、梁、陳、後魏、北齊，皆以太尉、司徒、司空爲三公。後周，以太師、太傅、太保爲三公。司徒爲卿。隋，以太尉、司徒、司空爲三公。唐因之。

宰相

黄帝置六相。堯有十六相。商湯有左、右相。周成王有左、右相。秦悼武王始置左、右丞相，始皇又始置相國。漢置丞相，嘗置相國，或左、右丞相，尋復舊。成帝改御史大夫爲司空，與大司馬、丞相是爲三公，皆宰相也。哀帝改丞相爲大司徒，亦爲宰相。後漢以太尉、司徒、司空爲宰相，獻帝復置丞相。魏改丞相爲司徒，而文帝置中書監、令，並掌機密，自是中書多爲樞機之任，亦宰相也。又置大丞相及相國。晉惠帝改丞相爲司徒，尋復舊，俱爲宰相，而中書監、令常管機要，亦是相也。宋、齊、梁、陳，並相因習，或爲丞相，或爲相國，多非尋常人臣之職。或掌機密，或録尚書，或綜朝權，或管朝政，或爲侍中或給事中，或受顧命，皆爲宰相。然中書職任機務之司，不必他名，亦爲宰相。其有侍中兼外官若宋王弘，侍中兼内官若沈演之，其例不少，即非宰相，並在當時委任而已。後魏、北齊，亦置丞相，俱爲宰相。尤重門下官，多以侍中輔政，亦宰相也。後周大冢宰，亦其任也，其後亦置左、右丞相。隋有内史、納言，是真宰相。柳述爲兵部尚書參軍機密。又楊素爲右僕射，與高熲專掌朝政。唐侍中、中書令，爲真宰相，中間嘗改爲左、右相。他官參者無定員，但加「同中書門下三品平章事」、「知政事」、「知機務」、「參與政事」及「平章軍國重事」之名

者，並爲宰相，亦漢行丞相事之例也。其同中書門下三品，自貞觀中兵部尚書李勣始。

禄秩

周制，自天子至下士，凡六等：諸侯國君，十卿禄；食二千八百八十人。卿，四大夫禄；食二百八十八人。大夫，倍上士；食七十二人。上士，倍中士；食三十六人。中士，倍下士；食十八人。下士，與庶人在官者同。食九人。庶人在官爲未命爲士者。

漢制，自中二千石至百石，凡十三等：〔一八〕中二千石，月俸百八十斛。二千石，百二十斛。比二千石，百斛。千石，八十斛。六百石，七十斛。比六百石，六十斛。四百石，五十斛。比四百石，四十五斛。三百石，四十斛。比三百石，三十七斛。二百石，三十斛。比二百石，二十七斛。百石。十六斛。後漢，大將軍、三公俸各三百五十斛。凡諸受俸皆半錢半穀。延平中定制，中二千石，月俸錢九千，米七十二斛。真二千石，錢六千五百，米三十六斛。比二千石，錢五千，米三十四斛。千石，錢四千，米三十斛。六百石，錢三千五百，米二十一斛。四百石，錢二千五百，米十五斛。三百石，錢二千，米十二斛。二百石，錢一千，米九斛。百石。錢八百，米四斛八斗。臘及立春，更班賜有差。

宋制，州郡秩俸多隨土所出，無有定準。有父母祖父母年登七十者，並給見錢。其

郡縣田禄，以芒種爲斷。此前去官者，則一年秩皆入前人。此後去官者，悉入後人。梁制，一品秩萬石，二品、三品秩爲中二千石，四品、五品秩爲二千石。

後魏，其禄每一季一請。諸宰人之官，各隨近給公田，刺史十五頃，太守十頃，治中、別駕各八頃，縣令、郡丞六頃，更代相付。北齊，官秩一品每歲八百疋，從一品七百疋，二品六百疋，從二品五百疋，三品四百疋，從三品三百疋，四品二百四十疋，從四品二百疋，五品一百六十疋，從五品一百二十疋，六品一百疋，從六品八十疋，七品六十疋，從七品四十疋，八品三十六疋，從八品三十二疋，九品二十八疋，從九品二十四疋。執事官一品以下給公田各有差。後周制禄秩，下士一百二十五石，中士以上至上大夫各倍之〔一九〕，上大夫是爲四千石，卿二分，孤三分，公四分，各益其一，公因盈數爲一萬石。其九秩一百二十石，八秩至於七秩，每二秩六分而下各去其一，二秩一秩俱爲四十石〔二〇〕。

隋，京官一品禄九百石，其下每以百石爲差，至正四品是爲三百石。從四品二百五十石，其下每以五十石爲差，至正六品是爲一百石。從六品九十石，以下每以十石爲差，至從八品是爲五十石。其給皆以春秋二季。刺史、太守、縣令，則計户而給禄，各以户數爲九等之差。其禄唯及刺史、〔二一〕二佐及郡守、縣令。京官給職分田。一品者給田五頃，至五品則爲田三頃，其下每品以五十畝爲差，至九品爲一頃。外官亦各有職分田，又

給公廨田以供。

唐定給禄之制〔二二〕，京官正一品，米七百石，錢九千八百。從一品，米六百石。〔二三〕正二品，米五百石，錢八千。從二品，米四百六十石。正三品，米四百石，錢六千一百。從三品，米三百六十石。正四品，米三百石，錢四千二百。從四品，米二百六十石。正五品，米二百石，錢三千六百。從五品，米一百六十石。正六品，米一百石，錢二千四百。從六品，米九十石。正七品，米八十石，錢二千一百。從七品，米七十石。正八品，米六十七石，錢一千六百。從八品，米六十二石。正九品，米五十七石，錢一千三百。從九品，米五十二石。從品同外官，各降一等。其幹力及防閤庶僕並別給。内外文武官自一品以下給職田，京官諸司及郡縣又給公廨田，並有差。

校勘記

〔一〕「宋時新制」，「新制」二字互倒，據宋書鄭鮮之傳改。

〔二〕「莅官不久則奔競互生故杜其欲速之情」，汪本「競」作「兢」，據元本、明本、于本、殿本改。「情」，原作「請」，據宋書鄭鮮之傳改。

〔三〕「方鎮所假禮白版郡縣」，「版」字脱，據宋書孝武紀補。

〔四〕「皆准南朝」，「准」，原作「淮」，據元本、殿本改。

〔五〕「至煬帝意存稽古」，「意」，原作「初」，據隋書百官志上改。

〔六〕「杷推侍御史椀脱校書郎」，「杷推」，原作「把椎」，「椀」，原作「腕」，據容齋隨筆四筆一一改。又「王山耀」，隨筆作「王山輝」。「崔獻可」，隨筆作「霍獻可」。

〔七〕「貞觀之舊制」，「貞」，原作「正」，宋人避仁宗趙禎之諱改，今據通典一九改回。

〔八〕「後魏置九品」，汪本「置」作「制」，據元本、明本、于本、殿本改。

〔九〕「後周有內司寇卿後又加大」，「內」，原作「大」，「後又」之「後」下衍「周」字，據通典一九改正。明本、于本「司」字作「吉」，尤誤。

〔一〇〕「晉改庶子爲左右」，「晉」，原作「甞」，據通典一九改。殿本作「隋」，亦誤。

〔一一〕「僕唐甞爲馭僕大夫衛率」，汪本「率」在「僕」字下，元本、明本、于本、殿本皆在注文「唐甞爲馭僕大夫」之下，「衛」字皆脱，今據漢書百官公卿表、後漢書百官志四改補。

〔一二〕「常侍曹尚書主公卿事」，「曹」，原作「郎」，「主」下衍「客」字，據後漢書百官志三改刪。

〔一三〕「主選舉」，「舉」，原作「奉」，據通典一九改。

〔一四〕「後漢加大將軍」，「大將軍」三字原作「大夫」，據通典一九改。

〔一五〕「凡十二卿」，「二」，原作「一」，據元本、通典一九改。

〔一六〕「陳有郡王嗣王藩王開國郡縣公開國郡縣侯開國縣伯開國子男湯沐食侯鄉亭侯關中關外侯凡十二等」，按：此文原作：「陳有郡王，嗣王，藩王，開國郡公，開國縣公、侯、伯、子、男，沐食侯，鄉亭侯，開國中關外侯，凡十二等。」全同於通典一九之文。其中脱誤訛衍之處甚多，如「開國郡縣公」脱「縣」字；「開國郡縣侯」脱「郡」字，衍「公」字；「開國縣伯」脱「開國縣」三字；「開國子男」脱「開國」二字；「湯沐食侯」脱「湯」字；「關中」二字訛爲「開國中」三字。今依隋書百官志上校正。

〔一七〕「唐國王郡王國公郡公縣公開國郡公縣公開國侯伯子男凡九等」，此文出於通典一九，惟「縣公」之「公」字脱，據通典補入，又「男」字爲通典所無。按，舊唐書職官志一「開國郡公」下注云：「貞觀十一年加『開國』之稱也。」是「郡公」與「開國郡公」爲二名一實。以各本相校，通典脱去「男」字，又舊唐志有「嗣王」一級，爲通典所無。今附記舊唐志之爵位如下：王（正一品），嗣王、郡王、國公（從一品），開國郡公（正二品），開國縣公（從二品），開國侯（從三品），開國伯（正四品上），開國子（正五品上），開國男（從五品上）。

〔一八〕「凡十三等」，「三」，原作「二」，按下文所列者爲十三等，因據改。

〔一九〕「中士以上至上大夫各倍之」，「上大夫」之「上」字脱，據隋書百官志中補。

〔二〇〕「二秩一秩俱爲四十石」，「一秩」二字脱，據通典一九補。

〔二一〕「其禄唯及刺史」，此六字原脱，據隋書百官志下補。

〔二二〕「唐定給禄之制」，按，唐代禄制，通典一九所載者與本篇略有出入，列舉如下：正一品，通典，钱六千八百；通志，钱九千八百。正二品，通典，钱六千；通志，钱八千。正三品，通典，钱五千一百；通志，钱六千一百。

〔二三〕「米六百石」，「米」字脱，據通典一九補。

職官略第二

三公第一

三公總序 四輔三大附

記曰：「虞、夏、商、周有師、保，有疑、丞，設四輔及三公，尚書大傳曰：「古者天子必有四鄰，前疑，後丞，左輔，右弼。天子有問無以對，責之疑。有志而不志，責之丞。可正而不正，責之輔。可揚而不揚，責之弼。其爵視卿，其祿視次國之君。」不必備，唯其人。」故天子無爵，三公無官，參職天子。何官之稱，天文三台，以三公法焉。伊尹曰：「三公調陰陽，九卿通寒暑，大夫知人事，列士去其私。」周成王作周官，立太師、太傅、太保，曰三公，論道經邦，爕理陰陽。立少師、少傅、少保，曰三孤，貳公弘化，寅亮天地，以弼天子。則三太周之三公也，故不以一職爲官名。公，八命也。九命則分陝爲二伯。又以三少爲孤卿，與六卿爲九焉。舜

之於堯，伊尹之於湯，周公、召公之於周，是其任也。故周禮建外朝之法，左九棘，孤、卿、大夫位焉，群士在其後。右九棘，公、侯、伯、子、男位焉，群吏在其後。面三槐，三公位焉，州長衆庶在其後。三公壹命，衮，若有加則賜也，不過九命。三公八命矣，復加一命則服衮龍，與王者之後同，多於此則賜也，非命服也。虞夏之制，天子有日月星辰。周禮曰：「諸公之服，自衮冕而下如王之服也。」春秋九命則作伯，尊公曰宰，言於海内無不宰統焉。或説司馬主天，司徒主人，司空主土，是爲三公。

漢初，唯有太傅、太尉，後加置太師、太保、大司徒、大司空。王莽居攝，置四輔官。後漢，唯有太傅一人，謂之上公，及有太尉、司徒、司空，而無師保。太尉公主天，部太常、衛尉、光禄勳。司徒公主人，部太僕、鴻臚、廷尉。司空公主地，部宗正、少府、司農。而分部九卿，漢制，二公號稱萬石，其俸月各三百五十斛。風俗通云：「三公一歲共食萬石也。」蓋多以九卿爲之。若天地災變則皆册免，自太尉徐防始焉。漢制，三公不與盜賊，若領兵入見，皆交戟叉頸而前。使虎賁執刃扶之也。魏武爲司空破張繡，入覲天子，亦行此制，汗流洽背，自此不復朝覲也。朝臣見三公皆拜，天子御座卽起，在輿爲下。凡拜公，天子臨軒，六百石以上悉會，直事卿贊拜，御史授印綬，公三讓然後受。至安帝時，三府任薄，選舉誅賞一由尚書，其災眚變咎則免公台。靈帝臨朝，始遣使者就長安拜張温爲太尉，三公在外，自温始也。

至獻帝建安十三年，乃罷三公官。魏初復置，與後漢同，有太傅、太尉、司徒、司空。然皆無事，不與朝政。初封司空崔林爲安陽亭侯，三公封列侯，自林始也。黄初二年，又分三公户邑，封子弟各一人爲列侯。末年增置太保。

晉武帝即位之初，以安平王孚爲太宰，鄭冲爲太傅，王祥爲太保，義陽王子初爲太尉，何曾爲司徒，荀顗爲司空，石苞爲司馬，陳騫爲大將軍，凡八公同時並置，唯無丞相焉。時所謂「八公同辰，攀雲附翼」者也。遂以太傅、太保爲上公，論道經邦，燮理陰陽，無其人則闕，蓋居者甚寡。諸公品第一，食俸日五斛；太康二年，又給絹，春百疋，秋二百疋，綿二百斤；〔一〕元康元年，給菜田十頃，〔二〕騶十人，立夏以後不及田者食俸一年，又給虎賁二十人，持班劒，給朝車，駕安車黑馬。〔三〕其太尉、司徒、司空，自漢歷魏，皆爲三公，及晉迄于江左，相承不改。前代三公册拜皆設小會，所以崇宰輔之制也。自魏末廢而不行，至晉拜石鑒爲左光禄大夫，開府領司徒，始有詔令會，遂以爲常。宋，皆有八公之官，而不言爲八公也。齊時，三公唯有太傅。梁，有丞相、太宰、太傅、太保、大司馬、大將軍、太尉、司徒、司空、開府儀同三司等官。諸公及位從公開府者，〔四〕亦置官屬。陳，以丞相、太宰、太傅、太保、大司馬、大將軍，並謂贈官。三公之制，開黄閤，廳事置鴟尾。

後魏，以太師、太傅、太保，謂之三師，上公也。大司馬、大將軍，謂之二大。太尉、司

徒、司空，謂之三公。北齊，皆有三師、二大、三公之官，並置府。其府三門，當中門黄閤設内屏。三師、二大置佐史，則同太尉府。後周，置六卿之外，又改三師官，謂之三公，兼置三孤以貳之。而以司徒爲地官，大司馬爲夏官，司空爲冬官，如姬周之制，無復太尉、三師之號。宣帝又置四輔官。以大冢宰越王盛爲大前疑，蜀國公尉遲迥爲大右弼，申國公李穆爲大左輔，隋國公楊堅爲大後丞。

隋，置三師，不主事，不置府僚，俱與天子坐而論道。置太尉、司徒、司空，以爲三公，參議國之大事，依北齊置府僚，無其人則闕，祭祀則太尉亞獻，司徒奉俎，司空行掃除，其位多曠，皆攝行事。尋省府及僚佐，〔五〕置公則坐於尚書都省朝之，衆務總歸於臺閣矣。煬帝即位，廢三師官。唐復置三師，以師範一人，儀刑四海，置三公以經邦論道，燮理陰陽，祭祀則與隋制同。並無其人則闕。天寶以前，凡三師公雖有其位而無其人。

太師。古官。紂時箕子，周武王時太公，成王時周公，並爲太師。周公薨，畢公代之。秦及漢初並無，至平帝元始元年初置，以孔光居焉，金印紫綬，位在太傅上，太保次太傅。漢東京又廢。獻帝初，董卓爲太師，卓誅，又廢。魏世不置。晉初置三公，以景帝諱師，故置太宰，以代太師之名，秩增三司。後魏、北齊、後周、隋、唐，皆有之。

臣謹按：孔光爲太師，王莽爲太傅，光常稱疾，不敢與莽並。〔六〕太后詔令，太

師無朝，賜靈壽杖，省中坐置几，賜食十七物。

太傅。古官。周成王時，畢公爲太傅。漢高后元年，初置太傅，金印紫綬，初用王陵，後省。八年，復置，後省。哀帝元壽二年，復置，位在三公上。平帝以孔光爲之。後漢有太傅上公一人，掌以善道，無常職。光武以卓茂爲之，薨，省。明帝又以鄧禹爲之。其後每帝初卽位，輒置太傅録尚書事，薨則省。桓帝踐阼，初加元服，不復置傅，但令太尉胡廣、司徒趙戒領尚書事。至靈帝，復以陳蕃爲太傅，與廣參録尚書事。魏初，置太傅，以鍾繇爲之。晉、宋，金章紫綬，進賢三梁冠，介幘，絳朝服，〔七〕佩山玄玉。梁、後魏、北齊、後周及唐，皆有之。

臣謹按：鍾繇遷太傅，有疾，時華歆亦以高年病，朝見皆使乘輿入殿就坐。是後三公有疾遂以爲故事。

太保。古官。太甲時伊尹，周成王時召公，皆爲之。漢平帝元始元年，始用王莽爲之。光武中興，省。魏初不置，末年始置，以鄭冲爲之，位在三司上。晉武初踐阼，以王祥爲太保，進爵爲公，加置七官之職。太保所以訓護人主，導以德義者也，章綬佩服冠秩與太傅同。梁、後魏、北齊、後周、隋及唐，皆有之。

臣謹按：晉汝南王亮爲太宰，録尚書事，與太保衛瓘對掌朝政。又衛瓘爲太傅，以公就第，置長史、司馬、從事中郎，掾屬也。

太宰。於商爲六太，於周爲六卿，亦曰冢宰，周武時周公始居之，掌建邦之治。秦、漢、魏並不

置，惟平帝加王莽號曰宰衡。晉初依周禮備置三公。三公之職，太師居首，以景帝名師，故置太宰以代之，而以安平獻王孚居焉。增掾屬十人，蓋爲太師之互名，非周冢宰之任也。宋大明中，用江夏王義恭爲之，冠綬服秩，悉與太傅同。至齊，以爲贈。梁初有之。至陳，又以爲贈，有事則權兼之。後魏初無，至孝莊時，以太尉上黨王天穆爲之，增置佐史。北齊無聞。後周文帝，又依周禮建六官，遂置天官大冢宰，卿一人，掌邦治，以建邦之六典佐皇帝治邦國。自隋而無。

臣謹按：晉何曾爲太宰，朝會乘輿入朝，劍履上殿，如蕭何、田千秋、鍾繇故事。

太尉。秦官。漢因之，金印紫綬，掌武事。漢文三年，省。景帝三年，復置，其尊與丞相等。五年，又省。元狩四年，更名大司馬。後漢建武二十七年，復舊名爲太尉公。每帝初卽位，多與太傅同録尚書事，府門無闕，掌四方兵事功課，歲盡則奏其殿最而行賞罰。凡郊祀之事，掌亞獻。〔八〕大喪則告謚南郊。凡國有大造大疑，則與司徒、司空通而論之。國有過事，與二公通諫諍之。〔九〕靈帝末，劉虞爲大司馬而太尉如故，自此則大司馬與太尉始並置矣。魏亦有之。晉太尉，進賢二梁冠，介幘，絳朝服，金章紫綬，佩山玄玉。若郊廟，冕服七旒，玄衣纁裳七章。宋制，武冠，山玄玉。齊制，九旒。後魏初，與大將軍不並置，正光之後亦皆置焉。歷七代，唯後周無，其餘皆有，悉爲三公。

臣謹按：月令曰：「孟夏，太尉贊俊傑。」自上安下曰尉，故武官咸以爲號。

司徒。古官。少皞時，祝鳩氏爲之。堯時，舜爲之。舜攝帝位，命禼爲司徒。禼玄孫之子曰微，亦爲夏司徒。周時司徒爲地官，掌邦教。秦置丞相，有司徒。漢初因之，至哀帝元壽二年，罷丞相，置

大司徒。後漢，大司徒主徒衆，教民以禮義，凡國有大疑大事，與太尉同。建武二十七年，去「大」爲司徒公。建安末，爲相國。魏黄初元年，改爲司徒。晉司徒與丞相通職，更置迭廢，未嘗並立。至永嘉元年，王衍爲司徒，東海王越爲丞相，始兩置焉。宋制，司徒金章紫綬，進賢三梁冠，佩山玄玉，掌治民事。郊祀則省牲視滌濯。大喪安梓宫。凡四方功課，歲盡則奏其殿最而行賞罰。亦與丞相並置。齊，司徒之府，領天下名數户口簿籍。梁罷丞相，置司徒。歷代皆有。至後周，以司徒爲地官，謂之大司徒卿，掌邦教職如周禮。隋、唐復爲三公。

司空。古官。少皞時，鳲鳩氏爲之。舜攝帝位，以禹爲之。禼玄孫之子曰冥，亦爲夏司空。湯以咎單爲司空。周禮，司空爲冬官，掌邦事，凡營城起邑，復溝洫，脩墳防之事，則議其利，建其功。四方水土功課，歲盡則奏其殿最而行賞罰。凡國有大造大疑，諫諍與太尉同。秦無司空，置御史大夫。漢初因之，至成帝綏和元年，始更名御史大夫曰司空。初改爲司空時，議者又以縣道官有獄司空，故復加大司空。金印紫綬，禄比丞相。哀帝建平二年，〔一〇〕復爲御史大夫。元壽二年，復爲大司空。後漢初，爲大司空。建武二十七年，去「大」爲司空公。獻帝建安十二年，又罷司空，置御史大夫，自郄慮免，不復補。魏初，又置司空，冠綬及郊廟之服與太尉同。宋制，進賢三梁冠，佩山玄玉，掌治水土，祠祀掌掃除樂器，大喪掌將校復土。歷代皆有之。至後周，爲冬官，謂之大司空卿。隋、唐，復爲三公。

大司馬。古官也，掌武事。少皡時，鴡鳩氏爲之。堯時，棄爲后稷兼掌司馬。周時，司馬爲夏官，掌邦政。項羽以曹咎、周殷爲大司馬。漢初不置。武帝元狩四年，初罷太尉，置大司馬以冠「將軍」之號，霍光以大司馬大將軍輔政。武帝又令大將軍、驃騎將軍皆有大司馬之號。宣帝地節三年，置大司馬，以霍禹爲之，不冠「將軍」，亦無印綬官屬。成帝綏和元年，初賜大司馬金印紫綬，置官屬。禄比丞相，去「將軍」。哀帝建平二年，復去大司馬印綬官屬，冠「將軍」如故。〔一一〕元壽二年，復賜大司馬印綬官屬，去「將軍」，位在司徒上。始置大司馬，〔一二〕議者以漢有軍候千人司馬官，故加「大」。王莽居攝，以漢乃無小司徒，而定司馬、司徒、〔一三〕司空之號，並加「大」。後漢光武建武二十七年，省大司馬，以太尉代之，故常與太尉迭置不並列。至靈帝末，始置司馬。魏文帝黄初二年，復置大司馬，以曹仁居之，而太尉如故，則太尉、大司馬、大將軍各自爲官，位在三司上。吴有左、右大司馬。晉定令，亦在三司上。武冠，絳朝服，金章紫綬，佩山玄玉，與大將軍同。宋時，唯元嘉中用彭城王義康爲之，冠玉與晉同。至齊，以爲贈。梁時，置官屬。陳，以爲贈。後魏、北齊，與大將軍爲二大，位居三師之下，三公之上。後周，以爲夏官，謂之大司馬卿。自隋而無。

臣謹按：漢律，丞相、大司馬、大將軍俸錢，月六萬。

大將軍。見武官類。

總叙三師三公以下官屬

三師。太師，太傅，太保，歷代多有之。一太，商建官有六太，其一曰太宰，自周以後，亦常有

之，餘五太則無。〔一四〕三公，太尉，司徒，司空，歷代有之。二大，大司馬，大將軍，歷代亦有之。諸位從公諸將軍及光禄大夫開府者，歷代亦時有之。官屬等。漢有三師而不見官屬，以丞相爲公，置司直、長史，後改丞相爲司徒，則曰司徒司直、長史。其太尉後改爲大司馬，綏和初，始置長史一人，掾屬二十四人，御屬一人，令史二十四人。改御史大夫爲大司空，置長史如中丞。後漢初，唯置太傅，有長史一人，掾屬十人，御屬一人。後置太師，董卓嘗居之，蓋自爲也，而不見官屬。

太尉屬官，有長史一人，主諸曹事，掾史屬二十四人，分主二千石長吏遷除、〔一五〕民户、祠祀、農桑、奏議、詞訟、郵驛、轉運、盗賊、罪法、兵、貨幣、鹽鐵、倉穀等事。黄閤主簿，省録衆事，掌閤下威儀。記室令史，掌上章奏報。後漢末，陳琳、阮瑀皆爲曹公記室，軍國書檄皆所作。御屬。掌爲公卿閤下威儀。

司徒屬官，有長史一人，掾屬三十一人，令史及御屬三十六人。

司空屬官，有長史一人，掾屬二十九人，令史及御屬三十二人。正曰掾，副曰屬。漢書注云，〔一六〕公府掾比古元士三命者也。或曰，漢初掾史辟皆上言之，故有秩，皆比命士，其所不言則爲百石屬，其後皆自辟除，故通爲百石云。其大司馬屬官，並同前漢。

魏置太傅、太保，而不見官屬。太尉、司徒、司空，有長史，司馬、從事中郎、正行參

軍。大司馬亦有正行參軍也。晉有太宰、太傅、太保，唯楊駿爲太傅，增祭酒爲四人，掾屬二十人，兵曹爲左右也。太宰、太保官屬不見。太尉、司徒、司空，並有長史、司馬。太尉雖不加兵者，吏屬皆絳服。泰始三年，又置太尉軍參軍六人，騎司馬五人，官騎十人。而司徒加置左長史，掌差次九品，銓衡人倫，冠綬與丞相長史同。主簿，左、右、東、西曹掾各一人。若有所循行者，增置掾屬十人。武帝時，司徒奏州郡農桑未有賞罰之制，宜遣屬循行，詔遂使司徒督察州郡播殖，若有所循行者，增掾屬十人。又溫嶠請司徒置田曹掾，州一人，勸課農桑。初，王渾遷司徒，仍加兵，渾以司徒文官，主吏不持兵，持兵乃吏屬絳衣，〔一七〕自以非是舊典，皆令皁服，論者美其謙而識禮。司空府加置導橋掾一人，餘畧同後漢。咸寧初，詔以前太尉府爲大司馬府，增置祭酒二人，帳下司馬，官騎大車鼓吹。左、右光禄，光禄三大夫開府者，皆爲位從公品秩俸賜，儀制與諸公同。加兵者，增置司馬一人；從事中郎二人；主簿、記室督各一人；〔一八〕舍人四人；兵、鎧、士曹，營軍、刺姦、帳下都督，外都督，令史各一人。主簿以下，令史以上，皆絳服。司馬給吏卒如長史，從事中郎給侍二人，主簿、記室督各給侍一人，〔一八〕其餘臨時增崇者則裒加，各因其時爲節文，〔一九〕不爲定制。其祭酒掾屬，白蓋小車七乘，〔二〇〕大軺車施耳後户、皁輪犢車各一乘。自祭酒以下，令史以上，皆皁零，辟朝服。其爲持節都督者，增參軍爲六人，其餘如常加兵公制。

宋，有太傅、太保、太宰、太尉、司徒、司空、大司馬諸府，皆有長史一人，將軍一人，又各置司馬一人，而太傅不置長史，掾屬亦與漢略同。自江左以來，諸公置長史，倉曹掾，户曹屬，東、西閤祭酒，各一人，主簿、舍人二人，御屬二人，令史無定員。領兵者置司馬一人，從事中郎二人，參軍無定員。加崇者置左右長史、司馬、從事中郎四人，掾屬四人，則倉曹增置屬，户曹置掾，加崇極於此也。其司徒府若無公，唯省舍人，其府常置，其職僚異於餘府，有左、右長史，東、西曹掾屬，餘則同矣。餘府有公卽置，無則省。

齊，有太宰、大司馬，並爲贈官，無僚屬。太尉、司徒、司空，是爲三公。特進，位從公。諸開府儀同三司，位從公。開府儀同，如公。凡公督府置佐：長史、司馬各一人，諮議參軍二人。諸曹有録事，功曹，記室，户曹，倉曹，中、直兵，〔二二〕外兵，騎兵，長流，賊曹，城局，法曹，田曹，水曹，鎧曹，集曹，右户，十八曹。城局曹以上署正參軍，〔二三〕法曹以下署行參軍，各一人。其行參軍無署者，爲長兼員。〔二三〕其公府佐史，〔二四〕則從事中郎二人，倉曹掾，户曹屬，東、西閤祭酒，各一人，主簿舍人御屬二人。加崇者，則左、右長史四人，中郎掾屬並增數。其未及開府，則亦置佐史，〔二四〕其數有減。小府無長流，置禁防參軍。〔二五〕初，晉令公府長史著朝服，自宋大明以來著朱衣。

梁武帝受命之初，官班多同宋、齊之舊，有丞相、太宰、太傅、太保、大司馬、太尉、司

徒、司空、開府儀同三司等官。諸公及位從公開府者，置官屬，有長史，司馬，諮議參軍；掾屬，從事中郎，記室，主簿，列曹參軍，行參軍，舍人等官。其司徒則有左、右二長史，褚球爲司徒左長史，〔二六〕加貂。台佐加貂自球始也。又增置左西掾一人，〔二七〕自餘僚佐，同於二府。有公則置，無則省。而司徒無公，唯省舍人，餘官常置。開府儀同三司，位次三公，左、右光禄大夫優者則加之，同三公，〔二八〕置官屬。陳，三師、二大，並爲贈官，而無僚屬。其三公有府長史，司馬，諮議參軍，從事中郎；掾曹屬，主簿，祭酒，録事，記室，正參軍，板正參軍。

後魏，三師無官屬。後又置太宰，以元天穆爲之，增置佐史。〔二九〕三公及二大，並有長史，司馬，諮議參軍，從事中郎；掾屬，主簿，録事參軍，功曹，記室、户曹、中兵等參軍，諸曹行參軍，祭酒，參軍事，長兼行參軍，督護。其太尉、司徒，與二大屬官階同，唯司空府官每降一階。

北齊，三師、二大、三公，各置長史，司馬，諮議參軍，從事中郎；掾屬，主簿，録事，功曹，記室，户曹，倉曹、中兵、外兵、〔三〇〕騎兵、長流、城局、刑獄等參軍，東、西閤祭酒，參軍事，法、墨、田、水、鎧、集、士等曹行參軍事，〔三一〕督護等員。司徒則加左、右長史。長史，主吏。司馬，主將。舍人，主閤内事。皆自秦官也。從事中郎；從事中郎，漢有官也。陳湯爲大

將軍王鳳從事中郎，在主簿上，其掌秩與長史同。掾屬，主諸曹事。主簿，所主與舍人同，祭酒所主亦同。令史，主諸曹文書。此皆自漢官也。御屬，參軍，自後漢也。孫堅參驃騎將軍事是也。參軍所主，與掾屬同。其儀同三司加開府者，〔三二〕亦置長史以下官屬，而減記室、倉、城局、〔三三〕田、水、鎧、士等七曹各一人。其品亦下三公府一階，其三師、二大佐史，〔三四〕則同太尉府也。

後周，以太師、太傅、太保爲三公，而不見僚屬。隋，三師亦不見官屬，而三公依北齊置府僚。後省府及寮佐，置公則坐於尚書都省朝之，衆務總歸於臺閣。唐，三師三公，並無官屬。

宰相第二

宰相總序 官屬附

黃帝得六相，而天地治，神明至。虞舜臣堯，舉八愷，使主后土，以揆百事，莫不時敍，地平天成；舉八元，使布五教于四方，內平外成，謂之十六相。及成湯居亳，初置二

相，以伊尹、仲虺爲之。武丁得傅説，爰立作相，王置諸其左右。周時，召公爲保，周公爲師，相成王爲左右，亦其任也。

秦悼武王三年，始置丞相官，以樗里疾、甘茂爲左、右丞相。莊襄王又以呂不韋爲丞相，及始皇立，尊不韋爲相國。則相國、丞相皆秦官，又漢官儀云，皆六國時官。金印紫綬，掌丞天子，助理萬機。秦初有左、右，至二世復有中丞相。二世已誅李斯，乃拜趙高爲中丞相，事無大小，皆決之。

漢高帝卽位，一丞相，緑綬，以蕭何爲之；及誅韓信，乃拜何爲相國。何薨，以曹參爲之。孝惠、高后，置左、右丞相。文帝二年，復置一丞相，月俸錢六萬。成帝綏和元年，御史大夫何武建言：「古者民謹事約，國之輔佐必得聖賢，然猶則天三光，備三公官，各有分職。今末俗之弊，政事煩多，宰相之才不能及古，而今丞相猶兼三公之事，所以大化久未洽也。宜建三公官，定卿大夫之任，分職授政，以考功效。」於是上拜曲陽侯王根爲大司馬，而何武自御史大夫改爲大司空，皆金印紫綬，比丞相，則三公俱爲宰相。漢御史大夫副丞相事，若今之「同平章事」及「參知機務」之類。所以漢書云：「薛、貢、韋、匡，迭爲宰相。」薛宣、韋賢、匡衡則是丞相，而貢禹但爲御史大夫。又蕭望之謂朱雲曰：「吾備位將相。」蕭嘗任御史大夫及前將軍。至哀帝，復罷大司空。大司空朱博奏曰：「帝王之道，不必相襲。高祖置

御史大夫，位次丞相，〔三五〕典正法度，以職相參，〔三六〕歷載二百，天下安寧。今更大司空，與丞相同位。故事，選郡國守相高第爲中二千石，中二千石爲御史大夫，任職者爲丞相，位次有敍，所以尊聖德重國相也。今中二千石未更御史而爲丞相，非所以重國政也。願罷大司空，以御史大夫爲百僚師表。」帝從之。元壽二年，更名丞相爲大司徒。

初，漢制常以列侯爲相，唯公孫弘布衣，數年登相位，武帝乃封爲平津侯。其後爲故事，至丞相而封，自弘始也。到光武，絶不復侯，或自以際會授立見封。漢儀注曰：「御史大夫爲丞相，更春乃封，故先賜爵關内侯。」李奇曰：「以冬月非封侯，故且先賜爵關内侯。」白事教令，稱曰君侯。春秋之義，尊上公謂之宰，言海内無不統焉。故丞相進，天子御座爲起，在輿爲下。丞相有疾，御史大夫三朝問起居，百僚亦然。丞相有病，皇帝法駕親至問疾，從西門入。後漢，三公疾，令中黄門問疾。魏、晉卽黄門郎，尤重者或侍中。及瘳視事，尚書令若光禄大夫，賜以養牛、上尊酒。有天地大變，天下大過，則丞相以疾聞。皇帝使侍中持節，乘四白馬，賜上尊酒十斛，牛一頭，策告殃咎。使者回至半道，丞相追上病。使者還來白事，尚書以丞相不起病聞。若丞相不勝任，使者奉策書駕駱馬，卽時布衣步出府，免爲庶人。若丞相有佗過，使使者奉策書，駕騅騩馬，卽時步出府，乘棧車牝馬，〔三七〕歸田里思過。凡丞相府，門無闌，不設鈴鼓，言其大開無節限。

後漢，廢丞相及御史大夫，而以三公綜理衆務，則三公復爲宰相矣。至於中年以後，事歸臺閣，則尚書官爲機衡之任。至獻帝建安十三年，復置丞相，而以曹公居之。又有相國。魏黄初元年，改爲司徒。而文帝復置中書監、令，並掌機密，自是中書多爲樞機之任。其後定制，置大丞相第一品。後有相國，齊王以司馬師爲之，高貴鄉公以司馬昭爲之。

晉惠帝永寧元年，罷丞相，復置司徒。永昌元年，罷司徒并丞相，則與司徒不並置矣。其後或有相國，或有丞相，省置無常，而中書監、令常管機要，多爲宰相之任。自魏晉以來，相國、丞相多非尋常人臣之職。晉趙王倫、梁王肜、成都王穎、南陽王保，並爲之。元帝渡江，以王敦爲丞相，轉司徒荀組爲太尉，〔三八〕以司徒官屬并丞相爲留府，敦不受。成帝以王導爲丞相，罷司徒府，以爲丞相府。導薨，罷丞相府，復爲司徒府。宋孝武帝初，唯以南郡王義宣爲丞相，而司徒府始如故，亦有相國。丞相金章紫綬，進賢三梁冠，絳服，佩山玄玉。相國則緑盭綬也。齊，丞相不用人，以爲贈官。梁，罷相國，置丞相。罷丞相，置司徒。陳，又置相國，位列丞相上，并丞相，並爲贈官。按，自魏晉以來，宰相但以佗官參掌機密，或委知政事者則是矣，無有常官。其相國、丞相，或爲贈官，或則不置，自爲尊崇之位，〔三九〕多非人臣之職，其真爲宰相者，不必居此官。魏文帝以劉放，孫資爲中

書監、令，並掌機密。晉武帝詔，亦荀勗爲中書監、侍中，毗贊朝政，張華爲中書令、侍中，劉卞謂華曰，「公居阿衡之地」是也。然或掌機密，或録尚書，或綜機權，或管朝政，或單侍中，或給事中，或受顧命，皆爲宰相也。然侍中職任機務之司，不必它名，亦多爲宰相。

後魏，舊制有大將軍，不置太尉。有丞相，不置司徒。自正光以後，始俱置之。神瑞元年，置八大人官，總理萬機，時號八公。然而尤重門下官，多以侍中輔政，則侍中爲樞密之任。北齊乾明中，置丞相。河清中，分爲左、右，各置府僚。然而爲宰相秉持朝政者，亦多爲侍中。後周，大冢宰，亦其任也。其後亦置左、右丞相。大象二年，以楊堅爲大丞相，遂罷左、右丞相官。隋，有内史、納言，卽中書令、侍中。是爲宰相，亦有他官參與焉。柳述爲兵部尚書，參掌機密。又楊素爲右僕射，與高熲專掌朝政。

唐，侍中、中書令，是真宰相，尚書左右僕射亦嘗爲宰相，〔四〇〕其間或改爲納言、内史、左相、右相、黄門監、紫薇令等名，其本卽侍中、中書令也，共有四員。其僕射，貞觀末始加「平章事」，方爲宰相，具僕射篇。其餘以他官參掌者無定員，但加「同中書門下三品」，貞觀十七年，以兵部尚書李勣同中書門下三品。同中書門下三品自此始也。及「平章事」、「知政事」、「參知政事」、「參與政事」及「平章軍國重事」之名者，並爲宰相，亦漢行丞相事之例也。韓安國爲御史大夫，行丞相事。後漢書曰：「周澤行司徒事如真。」自先天之前，其員頗多，景龍中至

十餘人。開元以來，常以二人爲限，或多則三人。武太后聖曆三年四月，敕，同中書門下三品平章事賜會，並同中書門下三品例。開元十年十一月，敕，自今以後，中書、門下宜共食實封三百户。二十二年十一月，制，宰相兼官者，並兩給俸禄。天寶十五年之後，天下多難，勳賢並建，故備位者衆，然其秉鈞持衡亦一二人而已。舊制，起居舍人及起居郎，唯得對仗承旨，仗下之後謀議不得聞。武太后時，文昌右丞姚璹以爲：「帝王謨訓不可無紀，若不宣自宰相，史官無從而知。」表請仗下所言軍國政要，則宰相一人撰録，每月封送史館，謂之時政記，自璹始也。舊制，宰相常於門下省議事，謂之政事堂，至永淳二年七月，〔四二〕中書令裴炎以中書執政事筆，其政事堂合在中書，遂移在中書省。開元十一年，張説奏改政事堂爲中書門下，其政事印亦改爲「中書門下之印」。至德二載三月，宰相分直主政事筆，每一人知十日。貞元十年五月八日，又分每日一人執筆。

丞相司直。漢武元狩五年置，掌佐丞相舉不法，位在司隸校尉上。翟方進爲司直，旬歲間免兩司隸。後漢罷丞相，光武以武帝故事，置司徒司直，居司徒府，助司徒督録諸州郡所舉上奏，司直考察能否，以别虚實。建武十一年，省。獻帝建安八年，復置司直，不屬司徒，掌督中都官，不領諸州。九年，詔司直皆比司隸校尉，坐同席在上，假傳置也。後無。

臣謹按：伏湛，光武以其才任宰相，拜爲司直，行大司徒事。

丞相長史。漢文帝二年置。一丞相有兩長史，蓋衆史之長也，職無不監，介幘，進賢一梁冠，朱

衣，銅印黄綬。劉屈氂爲左丞相，分丞相兩史爲兩府，以待天下遠方之選，得賢則拜右丞相。後漢建武中，省司直，有長史一人。魏武爲丞相以來，置左、右二長史而已。丞相諸曹史，掾屬三十，御屬一。魏武爲丞相，置徵事二人。舊有東、西曹，自魏武大軍還鄴，乃省西曹。及咸熙中，司馬昭爲相國，相國府置中衛、驍騎二將軍，左、右長史，司馬，從事中郎，主簿，舍人，參軍，參戰，東、西曹，及户、賊、金、兵、〔四二〕騎兵、車、鎧、水、集、法、奏、倉、士、馬、媒等曹掾屬，凡四十二人。晉元帝以鎮東大將軍爲丞相，府置從事中郎，分掌諸曹，有録事中郎，度支中郎，三兵中郎。其參軍則有諮議參軍二人，主諷議事。江左初置軍諮祭酒，有録事、記室、東曹、西曹等十三曹，其後又置七曹。宋武帝爲相，合中兵、直兵，置一參軍曹，則猶二也。又有參軍督護、東曹督護。二督護，江左置也。

門下省第三

門下省，後漢謂之侍中寺。嘉平六年，改侍中寺。晉志曰：「給事黄門侍郎，與侍中俱管門下衆事，或謂之門下省。」至齊，亦呼侍中爲門下，領給事黄門侍郎，公車、太學、太醫等令丞，及内外殿中監，内外驊騮廄，散騎常侍，給事中，奉朝請，駙馬都尉等官。梁，門下省，有侍中、給事黄門侍郎各四人，〔四三〕掌侍從儐相，盡規獻納，糾正違闕，監合嘗御藥，封璽書。後魏尤重。北齊，門下省，掌獻納諫正，及司進御之職。有侍中、給事黄門

侍郎各六人，統左、右局，左、右局掌承華閤内諸事。尚食，尚藥，尚衣，殿中，領殿中監，掌駕前奏引行事，制請脩補，東耕則進耒耜事。〔四四〕隋改爲殿内。凡六局焉。隋，門下省，有納言二人，給事黄門侍郎四人，煬帝減二人。及散騎常侍、諫議大夫等官，並掌陪從朝直，兼統六局。開皇三年，罷門下省員外散騎常侍員。煬帝即位，加給事員，廢常侍、諫議等官，又改殿内省隸門下省。唐龍朔二年，改門下省爲東臺；咸亨初，復舊。至武太后臨朝，光宅初，改爲鸞臺；神龍初，復舊。開元元年，改爲黄門省；五年，復舊。有侍中二人，黄門侍郎二人，給事中四人，左散騎常侍二人，諫議大夫四人，典儀二人，起居郎、左補闕、右拾遺各二人，城門郎四人，符寶郎四人，弘文館校書二人，其餘小吏各有差。

侍中。周公戒成王立政之篇所云，常伯、常任以爲左右，卽其任也。秦爲侍中，本丞相史也，使五人，往來殿内東廂奏事，故謂之侍中。漢，侍中爲加官，凡侍中、左右曹諸吏、散騎中常侍，皆爲加官。漢儀注曰：「諸吏給事中，日上朝謁，平尚書奏事，分爲左右曹。」所加或列侯、將軍、卿大夫、郎將、都尉、尚書、太醫、太官令至郎中，〔四五〕多至數十人。侍中、中常侍得入禁中，諸曹受尚書事，諸吏得舉法。漢侍中，冠武弁大冠，亦曰惠文冠，加金璫，附蟬爲文，貂尾爲飾。侍中服則左貂，常侍服則右貂。此本趙武靈王胡服之制，秦破趙得其冠，以賜侍中。漢則因之，故便蕃左右，與帝升降。舊用儒者，勳貴子弟榮其觀好，至乃襁褓坐受寵位，貝帶脂粉，綺襦紈絝，鵔鸃冠，〔四六〕直侍左右，分掌乘輿服物，下至褻器虎子之屬。武帝時，孔安國爲侍中，以其儒者，特聽掌御唾壺，〔四七〕朝廷榮之。本有

僕射一人，〔四八〕蓋秦、漢以侍中功高者一人爲僕射，後光武改僕射爲祭酒，或置或否，而又屬少府，掌贊導衆事，顧問應對。法駕出，則多識者一人，負國璽，操斬白蛇劒，參乘。餘皆騎，在乘輿後。獻帝即位，初置六人，贊法駕，出則次直侍中一人護駕，正直一人負璽陪乘，不帶劒。餘皆騎從。殿内門下衆事皆掌之。後選侍中，皆舊儒高德，學識淵懿，仰占俯視，切問近對喻旨，公卿上殿，稱制秉笏陪見。舊在尚書令僕射下，尚書上。司隸校尉見侍中，執板揖侍中。舊與中官俱止禁中，因武帝時侍中莽何羅挾刃謀逆，由是出禁外，有事乃召之，畢即出。王莽秉政，侍中復入，與中官共止禁中。〔四九〕章帝元和中，郭舉與後宫通，拔佩刀驚上，舉伏誅，侍中由是復出外。秦、漢無定員。蔡質漢儀曰：「員本八人。」魏、晉以來置四人，别加官者則非數。御登樓，與散騎常侍扶，侍中居左，常侍居右。備切問近對，拾遺補闕。及江左，興寧四年，桓温奏省二人，〔五〇〕後復舊。侍中，漢代爲親近之職，魏、晉選用，稍增華重，而大意不異。武冠，絳朝服，佩水蒼玉。舊遷列曹尚書，美遷中領護吏部尚書。宋文帝元嘉中，王華、王曇首、殷景仁等並爲侍中，情任親密。齊，侍中高功者稱侍中祭酒，其朝會多以美姿容者兼官。永元三年，東昏南郊，不欲親朝事，以主璽陪乘，前代未嘗有。梁，侍中功高者，在職一年，詔加侍中祭酒，與散騎侍郎功高者一人，對掌禁令，此頗爲宰相矣。陳，侍中亦如梁制。後魏，置六人，加官在其數。宜都王穆壽、廣平公張黎，並以侍中輔政。北齊，侍中亦六人。後周，初有御伯、中大夫二人，掌出入侍從，屬天官府。保定四年，改御伯爲納言，斯侍中之職也。宣帝末，又别置侍中，爲加官。隋，又改侍中爲納言，置二人。煬帝大業十二年，又改納言爲侍内，隋氏諱「忠」故也。唐

初爲納言。武德四年，改爲侍中，亦置二人。龍朔二年，改爲左相；咸亨元年，復舊。光宅元年，又改爲納言；神龍元年，復爲侍中。開元元年，又改爲黄門監；五年，復爲侍中。天寶元年，改爲左相；至德初，復爲侍中。自隋至唐，皆爲宰相。舊班正三品，大曆三年，升爲從二品。按令文，掌侍從，負寶，獻替，贊相禮儀，審署奏抄，駁正違失，監封題，給驛券，監起居注，總判省事。

臣謹按：晉武帝時，彭權爲侍中，帝問：「侍臣髦頭之義何也？」權曰：「秦紀云，秦國有怪獸，觸山截波，無不崩潰，唯畏髦頭，故使持之，以衛至尊也。」

門下侍郎。秦官有黄門侍郎。漢因之，與侍中俱管門下衆事，無員。郊廟則一人執蓋，臨軒朝會則一人執麾。凡禁門黄闥，故號黄門，其官給事於黄闥之内，故曰黄門侍郎。初，秦、漢别有給事黄門之職，揚雄嘗爲之。後漢並爲一官，故有黄門侍郎，掌侍從左右，給事中使，關通中外，及諸王朝見於殿上，引王就坐。無員。屬少府。日暮，入對青瑣門，拜，故謂之夕郎。獻帝初即位，置侍中、給事黄門侍郎，員各六人，出入禁中，近侍帷幄，省尚書事。後改給事黄門侍郎爲侍中侍郎，去給事黄門之號，旋復故。初誅黄門後，侍中、侍郎出入禁闥，機事頗露，由是王允乃奏比尚書，不得出入。不通賓客自此始。魏、晉以來，給事黄門侍郎並爲侍衛之官，員四人。宋制，武冠，絳朝服，多以中書侍郎爲之。齊，亦管知詔令，呼爲小門下。梁，增品第，與侍中同掌侍從，儐相威儀，盡規獻納，糾正違闕，監合嘗御藥，封璽書。陳制亦然。後魏亦有。崔光爲之，未嘗留心文案，唯從容論議，參贊大政。北齊，置六人，所掌與侍中同。後周，天官府置御伯下大夫一人，武帝改爲納言下大夫。隋六人，屬門下省。

至煬帝減二人，而去給事之名。唐龍朔二年，改黄門侍郎爲東臺侍郎；咸亨元年，〔五一〕復舊。光宅元年，改爲鸞臺侍郎；神龍元年，復舊。天寶元年，改爲門下侍郎，員二人，掌侍從，署奏抄，駁正違失，通判省事。若侍中闕，則監封題，給驛券。

給事中。加官也，秦置。漢因之，所加或大夫、博士、議郎，掌顧問應對，位次中常侍、侍中、黄門，無員。漢官表曰，凡「侍中，左右曹諸吏，散騎，中常侍，〔五二〕皆加官」也。諸給事中，日上朝謁，平尚書奏事，分爲左右曹，以有事殿中，故曰給事中。漢東京，省。魏代復置，或爲加官，或爲正員。晉，無加官，亦無常員，在散騎常侍下，給事黄門侍郎上，武冠，絳朝服。宋、齊，隸集書省。梁、陳，亦掌獻納，省諸聞奏。後魏，無員。北齊，亦屬集書省，凡六十人。後周，天官之屬有給事中士六十人，掌理六經及諸文語，給事左右。其後別置給事中，在六官之外。隋初，無。至開皇六年，始於吏部置給事郎，凡置八郎。煬帝乃移吏部給事郎爲門下之職，位次黄門下，置員四人，以省讀奏案。唐武德三年，改給事郎爲給事中，後定爲四員。龍朔二年，改爲東臺舍人；咸亨元年，復舊。常侍從，讀署奏抄，駁正違失，分判省事。若侍中、侍郎並闕，則監封題，給驛券。前代雖有給事中之名，非今任也。今之給事中，蓋因古之名，用隋之職。

散騎常侍。自秦置散騎，又置中常侍。其散騎並乘輿，專獻可替否，騎而散從，無常職也。中常侍得入禁中。漢因之，並用士人，無常員，皆加官。後漢，省散騎，而中常侍改用宦者。〔五三〕魏文帝黄初初，置散騎，合於中常侍，謂之散騎常侍。復用士人，始以孟達補之。久次者爲祭酒。散騎常

侍掌規諫，不典事，貂璫插右，騎而散從。又有員外者，因曰員外散騎常侍。晉泰始中，令員外散騎常侍二人與散騎常侍通員直，因曰通直散騎常侍。亦武冠，右貂金蟬，絳朝服，佩水蒼玉，雖隸門下，而别爲一省。自魏至晉，共平尚書奏事。東晉乃罷之，而以中書職入散騎省，故散騎亦掌表詔焉。宋，置四人，屬集書省。齊，散騎侍郎、通直散騎侍郎、員外散騎侍郎並爲集書省職，而散騎常侍爲東省官。散騎常侍、通直散騎常侍、員外散騎常侍舊爲顯職，與侍中通官，其通直、員外用衰老人士，故其官漸替。宋大明中，雖革選比侍中，而人情久習，終不見重，尋復如初。梁，謂之散騎省。天監六年，詔又革之。自是散騎視中丞，通直視侍中，〔五四〕員外視黄門郎，然常侍終非華胄所悦。常侍亦四人，功高者一人爲祭酒，與侍中功高者一人，對掌禁令，糾諸逋違。陳因梁制。後魏、北齊，皆爲集書省，掌諷議左右，從容獻納，領諸散騎常侍、侍郎及諫議大夫、給事中等官，兼以出入王命。位在中書之右，其資敍爲第三清。故明亮爲常侍，加勇武將軍，〔五五〕進曰：「臣本官常侍，是第三清，今授勇武，其號至濁。」北齊，常侍定限八員，如金紫光禄大夫。隋，諸散騎官並屬門下省。凡歷代散騎官，有郎騎常侍，郎騎侍郎，散騎常侍，散騎侍郎，員外散騎常侍，〔五六〕員外散騎侍郎，通直散騎常侍，通直散騎侍郎。故史傳中，謂員外散騎侍郎或單謂之員外郎，謂通直散騎侍郎或單爲通直郎，其非員外及通直者，或謂之正員散騎侍郎，或單謂之正員郎。唐貞觀二年，制，諸散騎常侍皆爲散官，從三品。後悉省之。十七年，復置，爲職事官，始以劉洎爲之。顯慶二年，遷二員隸中書，遂分爲左、右，並金蟬珥貂，左屬門下，右屬中書。左散騎與侍中左貂，右散騎與中書令右貂，謂之八貂。龍朔二年，改左、右散騎

常侍爲左、右侍極。咸亨元年，復舊。

臣謹按：山公啓事曰：「郄詵才志器局爲黄散。」黄散謂黄門侍郎及散騎常侍。又曰：「散騎常侍闕，當取素行者補之。」

諫議大夫。秦置諫大夫，〔五七〕掌論議，無常員，多至數十人，屬郎中令。至漢武帝元狩五年，始更置之。及後漢，增諫大夫爲諫議大夫，亦無常員。二漢並屬光禄勳。後魏，亦曰諫議大夫。北齊，有七人，屬集書省。後周，地官府有保氏下大夫，規諫於天子，蓋此其任也。隋，亦曰諫議大夫，置七人，屬門下省。煬帝廢之。唐武德五年，復置，屬門下。龍朔二年，改諫議大夫爲正諫大夫。武后臨朝，垂拱二年六月，置匭四區，共爲一室，列於朝堂，令正諫大夫、補闕、拾遺等一人充使，知匭事。後又置諫議大夫，屬中書。開元以來，廢正諫大夫，復以諫議大夫屬門下，凡四人，掌侍從規諫。貞元四年，分爲左右，各四員，其右諫議大夫隸中書省。

臣謹按：至德元年九月，制：「諫議大夫論事，自今以後，不須令宰相先知。」乾元二年四月，兩省諫官十日一上封事，直論得失，無假文言，冀成殿最，用存沮勸。

起居。周官有左史記言，右史記事，蓋今起居之本。漢武帝有禁中起居，後漢馬皇后撰明帝起居注，則漢起居似在宫中，爲女史之任。又王莽時，置柱下五史，秩如御史，聽事侍傍，記其言行，此又起居之職。自魏至晉，起居注則著作掌之，其後起居皆近侍之臣録記也。録其言行與其動作，歷代有其職而無其官。後魏，始置起居令史，每行幸宴會，則在御左右，記録帝言，及宴賓客訓答。後又别置

修起居注二人，以他官領之。北齊，有起居省。後周，有外史，掌書王言及動作之事，以爲國志，卽起居之職。又有著作二人，掌綴國録，則起居注著作之任，自此而分也。至隋初，以吏部散官及校書正字有敍述之才者，掌起居之職，以納言統之。至煬帝，以爲古有外史，今著作如外史矣，宜置起居官以掌其內，乃於內史省置起居舍人二員，次內史舍人下。唐貞觀二年，省起居舍人，移其職於門下，置起居郎二人。顯慶中，復於中書省置起居舍人，遂與起居郎分掌左右。龍朔二年，〔五八〕改郎爲左史，舍人爲右史；咸亨元年，復舊。天授元年，又爲左、右史；神龍初，復舊。每皇帝御殿，則對立於殿下，有命則臨陛俯聽，退而書之，以爲起居注。凡册命、啓奏、封拜、薨、免，悉載之，史館得之以撰述焉。

補闕，拾遺。詩云：「衮職有闕，仲山甫補之。」後漢伏湛出入禁闥，拾遺補闕。唐武后垂拱中，因以置官補闕、拾遺，左、右各二員，掌供奉諷諫。天授二年，左、右各增三員，通前爲十員。〔五九〕三年，舉人無賢愚，咸加擢用，高者試鳳閣侍郎、給事中，次或試員外郎、侍御史、補闕、拾遺、校書郎，時頗以爲濫，故著於謡曰：「補闕連車載，拾遺平斗量，杷推侍御史，椀脱校書郎。」〔六〇〕自開元以來，尤爲清選。左、右補闕各一人，內供奉者各一人，左、右拾遺亦然。左屬門下，右屬中書。

典儀。二人，唐置。周禮秋官有司儀上士八人，中士十六人，蓋此典儀之任也。齊職儀云：「東宫殿中將軍屬官有導客局，置典儀録事一人，掌朝會之事。」梁，有典儀之職，未詳何曹之官，掌唱警唱奏之事，朱服，武官。陳亦有之。後魏，置典儀監，史闕其員及所掌。唐初，隸門下省。初用人皆輕，至貞觀末，李義府爲之，是後常用七人，領贊者以知贊唱之節及殿廷版位之次。

城門郎。周禮地官有司門下大夫二人，上士四人，並城門郎之任。初，漢置城門校尉員一人，秩二千石，掌城門屯兵，有司馬及丞各一人。十二城門候各一人，出從緹騎百二十人，蓋兼監門將軍之職。魏因之。晉氏，品第四，銀章青綬，絳朝服，武冠，佩水蒼玉。元帝省之。宋、齊，俱以衞尉掌宫城屯兵及管鑰之事。梁、陳二代，依秦、漢以光禄卿等掌宫殿門户，亦無城門之職。後魏，置城門校尉。北齊，衞尉寺統城門寺，置城門校尉二人，掌宫殿城門并諸倉庫管鑰之事。後周，地官府置宫門中士一人，〔六一〕下士一人，掌皇城十二門之禁令，蓋並在其任也。隋氏，門下省統城門局，校尉二人。煬帝大業二年，又隸殿中省，十二年又減一人，後又改校尉爲城門郎，置四人，又隸門下省。唐因之。

符寶郎。周官有典瑞、掌節二官，掌瑞節之事。秦爲符璽令。漢因之，置符節令、丞，領符璽郎。昭帝幼冲，霍光秉政，殿中夜驚，光召符璽郎取璽，郎不肯授，光奪之，郎按劒對曰：「臣頭可得，璽不可得也。」光壯之，增秩二等。文帝二年，初與郡守爲銅虎符、竹使符之制，又皆屬焉。後漢，有符節令，兩梁冠，位次御史中丞。别爲一臺，而符節令一人爲臺率，掌符節之事，屬少府。魏，與後漢同。晉泰始元年，省并蘭臺，置符節御史掌其事。宋因之。齊，置主璽令史於蘭臺，以治書侍御史領之。梁、陳，御史臺亦有符節令史。後魏，御史臺置符節令，領符璽郎中。北齊，有符節署，餘與後魏同。後周，天官府有主璽下士四人，分掌國璽之藏。隋初，有符璽局，置監二人，屬門下省。煬帝改監爲郎。唐因之。長壽三年，〔六二〕改爲符寶郎。神龍初，復爲符璽郎。開元初，復爲符寶郎。其符節並納於宫中，有行從則請之，郎掌諸進，符寶出納幡節也。

弘文館。唐武德初，置修文館，後改名弘文館。神龍初，改爲昭文；二年，又卻爲修文；尋又爲昭文；開元七年，又詔爲弘文焉。儀鳳中，以館中多圖籍未詳正，委學士校理。自垂拱以來，多大臣兼領。館中有四部書。自貞觀初，褚亮檢校館務，學士號爲館主，〔六三〕因爲故事。每令給事中一人判館事，校書二人，學生三十人。

中書省第四

中書之官舊矣，謂之中書省，自魏、晉始焉。梁、陳時，凡國之政事，並由中書省，有中書舍人五人領之，主書十人，書吏二百人，分掌二十一局事，各當尚書諸曹，並爲上司，總國内機要，而尚書唯聽受而已。被委此官，多擅威勢。後魏亦謂之西臺。北齊，中書省管司主言，並司進御之樂及清商、龜兹諸部伶官。隋初，改爲内史省，置令二人，侍郎四人。煬帝減侍郎一人。舍人八人，煬帝減去四人。通事舍人十六人，煬帝加起居舍人，而改通事舍人爲謁者臺職。唐武德三年，復中書省。龍朔二年，改爲西臺；咸亨初，復舊。光宅元年，改爲鳳閣；神龍初，復舊。開元元年，改爲紫薇省；五年，復舊。時謂尚書省爲南省，門下、中書爲北省，亦謂門下省爲左省，中書爲右省，或通謂之兩省。令

二人，侍郎二人，舍人二人，右散騎常侍、起居舍人、右補闕、右拾遺各二人，通事舍人十六人，其餘小吏各有差。

中書令。舜攝位，命龍作納言，出入帝命。周官，內史掌王之八柄，爵禄廢置，生殺予奪，執國法及國令之貳，以考政事，蓋今中書之任。其刱置中書之名，因漢武帝遊宴後庭，始令宦者典事尚書，謂之中書謁者，置令、僕射，不言謁者，省文也。元帝時，令弘恭，僕射石顯，秉勢用事，權傾內外。蕭望之以爲中書政本，宜以賢明之選，更置士人，自武帝用宦者，非舊制也。成帝建始四年，改中書謁者令曰中謁者令，更以士人爲之，皆屬少府。後漢因之。魏武帝爲魏王，置祕書令，典尚書奏事，此其任也。文帝黄初初，改爲中書令。又置監，以秘書左丞劉放爲中書監，右丞孫資爲中書令，並掌機密。中書監、令始於此也。及明帝時，中書監、令號爲專任。晉因之，置監、令一人。〔六四〕始皆同車，及和嶠爲令，荀勗爲監，嶠素鄙荀，以意氣加之，專車而坐。自此監、令始異車。魏、晉以來，中書監、令掌贊詔命，記會時事，典作文書。以其地在樞近，多承寵任，是以人固其位，謂之鳳凰池。晉制，銅印墨綬，進賢兩梁冠，絳朝服，佩水蒼玉，乘軺車。東晉，嘗併其職入散騎省，尋復置之。宋，冠佩印綬與晉同。梁，中書監、令，清貴華重，大臣多領之。其令，舊遷吏部尚書才地俱美者爲之。陳因梁制。後魏亦有監、令，高允爲中書令，孝文重之，不名，呼爲令公。北齊因魏制。後周，置內史中大夫二人，掌王言，亦其任也。隋初，改中書爲內史，置監、令各一人，尋廢監，置令二人。帝廢三公府寮，令中書令與侍中知政事，遂爲宰相之職。煬帝大業十二年，又改內史爲內書，後復爲內史令。唐武德初，爲內史

令。三年，改爲中書令，亦置二人。龍朔二年，改爲右相。咸亨元年，復爲中書令。開元元年，改爲紫薇令。五年，復爲中書令。天寶元年，改爲右相。至德初，復爲中書令。自隋至唐，皆爲宰相，舊班正三品，大歷二年，升爲從二品。按令文，掌侍從獻替，制敕册命，敷奏文表，授册，監起居注，總判省事。

中書侍郎。

漢置中書，領尚書事，有丞、郎。魏黄初初，中書既置監、令，又置通事郎。魏志曰：「掌詔草，卽漢尚書郎之位。」次於黄門郎。黄門郎已署事，過通事，乃署名。已署，奏入，爲帝省讀，書可。後改通事郎爲中書侍郎。晉，置四員。及江左初，又改爲通事郎，尋復爲中書侍郎。其職副掌王言，更入直省五日。從駕則正直從，次直守。宋，中書侍郎，進賢一梁冠，介幘，絳朝服，用散騎常侍爲之。齊、梁，皆四人，梁以功高者一人主省内事。陳因之。後魏、北齊，置四員。隋初，爲内史侍郎。亦四員。煬帝減二員，改爲内書侍郎。唐初，爲内史侍郎。武德三年，改爲中書侍郎。龍朔以後，隨省改號，而侍郎之名不易。舊制正四品，至大曆二年，升從三品，員二人。掌侍從獻替，制敕册命，敷奏文表，通判省事。

中書舍人。

魏置中書通事舍人，或曰，舍人、通事各爲一職。魏明帝時，有通事劉泰。晉江左，乃合之，謂之通事舍人，武冠，絳朝服，掌呈奏案章。後省之，而以中書侍郎一人直西省，卽侍郎兼其職而掌其詔命。宋初，又置中書通事舍人，四員，入直閤内，出宣詔命。凡有陳奏，皆舍人持入，參決於中，自是則中書侍郎之任輕矣。齊永明初，〔六五〕中書通事舍人四員，各住一省，時謂之四户，權傾天下，與給事中爲一流。梁，用人殊重，簡以才能，不限資地，多以他官兼領。後除「通事」字，直曰

中書舍人，專掌詔誥，兼呈奏之事。魏晉以來，詔誥並中書令及侍郎掌之，〔六六〕至是始專於舍人。後周，置五人。後魏，有舍人省，而不言其員。北齊，舍人省掌署敕行下，宣旨勞問，領舍人十人。後周，有小史上士二人，此其任也，屬春官。隋，内史舍人八員，專掌詔誥。煬帝減四人，後改爲内書舍人，唐初，爲内史舍人，至武德三年，改爲中書舍人，置六員。龍朔以後，隨省改號，而舍人之名不易。掌詔誥，侍從，署敕，宣旨勞問，授納訴訟，敷奏文表，分判省事。自永淳以來，天下文章道盛，臺閣髦彦無不以文章達，故中書舍人爲文士之極，在朝廷之盛選，諸官莫比焉。

臣謹按：後漢章、和以後，尚書爲機衡之任。尚書郎含香握蘭，〔六七〕直宿於建禮門，太官供膳，奏事明光殿，下筆爲詔誥，出語爲誥令。曹公爲魏王，置祕書令，典尚書奏事，則祕書之職近密，尚書之職疎遠。魏文帝初，改祕書爲中書，自後歷代相沿，並管樞密。而後漢尚書郎非今之尚書郎，乃中書舍人也。

通事舍人。秦置謁者。漢因之，掌儐贊受命。員七十人，秩比六百石。選孝廉年未五十，威容嚴恪能儐贊者爲之。燕太子使荆軻劫始皇，變起兩楹之閒，其後謁者持匕首刺腋。漢高帝偃武行文，故易之以版。有僕射，秩比千石，冠高山冠。後漢，有常侍謁者五人，謁者三十五人，以謁者僕射爲謁者臺士主，銅印青綬。天子出，掌奉引。謁者僕射見尚書令，對揖無敬。謁者見，執版拜。謁者初上官，稱曰灌謁者，滿歲稱給事。胡廣云：「灌者，明、章二帝服勤園陵，謁者灌柏，後遂假兹名焉。」雷義爲灌謁者，使持節督郡國，行風俗，太守、令、長留者凡七十人。和帝時，陳郡何熙爲謁者僕射，贊拜

殿中，音動左右，然則又掌唱贊。漢儀曰：「謁者缺，選郎中美鬚眉大音者以補之。功次當遷，欲留增秩者，許之。」二漢隸光禄勳。魏，置僕射，掌大拜授，及百官班次，統謁者十人。及晉武省僕射，以謁者并蘭臺。江左，復置僕射，後又省。宋武帝大明中，復置僕射一人，職與魏同，亦領謁者十人，掌小拜授及百官報章。齊因之。梁，謁者臺僕射一人，〔六八〕掌朝覲賓享之事。屬官謁者十人，掌奉詔出使，拜假朝會儐贊，功高者一人爲假吏，掌差次謁者。陳亦有之。後魏、北齊，謁者臺掌凡諸吉凶公事，導相禮儀，僕射二人，謁者三十人。隋煬帝增置謁者、司隸二臺，并御史爲三臺。謁者臺有大夫一人，掌受詔勞問，出使慰撫，持節策授，及受寃枉而申奏之。駕出，對御史引駕，領議郎以下官。其屬官有丞、主簿、録事等。尋詔門下、内史、御史、司隸、謁者五司監受表，以爲常式，不復專在謁者矣。隋初，始置通事舍人十六員，承旨宣傳。開皇二年，又增爲二十四員。及煬帝置謁者臺，乃改通事舍人爲謁者臺職，謂之通事謁者，置二十人。乃於建國門外置四方館，以待四方使者，隸鴻臚寺。〔六九〕唐，廢謁者臺，復以其地爲四方館，改通事謁者爲通事舍人。掌通奏，引納辭見，承旨宣勞，皆以善辭令者爲之。隸四方館而又屬中書省。

集賢殿書院。

唐開元中置。漢、魏以來，祕書省有其職。梁武帝於文德殿内列藏衆書，北齊有文林館學士，後周有麟趾殿學士，皆掌著述。隋平陳之後，寫書正副二本，藏于宫中。煬帝於東都觀文殿東西廂貯書。自漢延熹至隋、唐，皆祕書掌圖籍，而禁中之書時或有焉。及太宗在藩邸，有秦府學士十八人，其後弘文、崇文館皆有學士。則天時亦有珠英學士，皆其任也。開元五年十一月，於乾

元殿東廊下寫四部書，仍令祕書監馬懷素、右散騎常侍褚無量總其事，於麗正殿安置爲修書使。至十三年，學士張説等宴於集仙殿，於是改殿名集賢，改修書使爲集賢殿書院學士，五品以上爲學士，六品以下爲直學士，每以宰相爲學士者知院事。初，燕國公張説爲中書令，以爲大學士知院事，説累辭「大」字，詔許之。其後更置修撰校理官，又有待制官名，其來尚矣。漢世朱買臣待詔公車，東方朔等待詔金馬門是也。又有侍講學士，開元中，褚無量、馬懷素侍講禁中爲侍讀。其後康子元等爲侍講學士，修撰官、校理官同直學士。〔七〇〕

史館。史官，黄帝有之。自後顯著，夏太史終古，商太史向摯，周則曰大史、小史、内史、外史，而諸侯之國亦置其官。又春秋、國語引周志及鄭書，似當時記事各置其職。秦有太史令胡毋敬。至漢武，始置太史，以司馬談爲之。卒，其子遷嗣。卒。後宣帝以其官爲令，行太史公文書，其修撰之職以他官領之，於是太史之官唯知占候而已。自漢以前，職在太史。當王莽時，改置柱下五史，記疏言行。自後漢以後，至于有隋，中間唯魏明太和中，史職隸中書，其餘悉多隸祕書。唐武德初，因隋舊制，史官屬祕書省著作局。至貞觀三年閏十二月，移史館於門下省北，宰相監修，自是著作局始罷史職。及大明宫初成，置史館於門下省之南，其修撰史事以他官兼領，或卑品而有才者亦有焉。開元二十五年，宰臣李林甫監史，以中書地切樞密，記事者宜其附近，遂移於中書省北，其地本尚藥局内藥院。

校勘記

〔一〕「綿二百斤」，汪本「百」作「二」，據元本、明本、于本、殿本改。
〔二〕「給菜田十頃」，「菜」，原作「采」，據晉書職官志、通典二〇改。
〔三〕「駕安車黑耳」，「耳」，原作「馬」，據晉書職官志、通典二〇改。
〔四〕「諸公及位從公開府者」，「位」字脱，據隋書百官志上補。
〔五〕「其位多曠皆攝行事尋省府及僚佐」，「皆」字、「及」字脱，據隋書百官志下補。
〔六〕「不敢與莽並」，「莽並」二字脱，據漢書孔光傳補。
〔七〕「絳朝服」，「絳」，原作「縫」，據元本、殿本改。
〔八〕「掌亞獻」，「掌」，原作「常」，據後漢書百官志一改。
〔九〕「與二公同諫諍之」，「二」，原作「三」，據通典二〇改。
〔一〇〕「哀帝建平二年」，「平」，原作「武」，據通典二〇改。
〔一一〕「冠將軍如故」，「將」字脱，據漢書百官公卿表上補。
〔一二〕「始置大司馬」，汪本「置」作「制」，據元本、明本、于本、殿本改。
〔一三〕「司徒」，二字原脱，據宋書百官志上補。
〔一四〕「餘五太則無」，「太」，原作「代」，據通典二〇改。
〔一五〕「分主二千石長吏遷除」，「吏」，原作「史」，據後漢書百官志一改。

〔一六〕「漢書注云」，「書」，原作「舊」，據通典二〇改。

〔一七〕「持兵乃吏屬絳衣」，「持兵」二字脱，「乃」，原作「及」，據晉書王渾傳補改。

〔一八〕「主簿記室督各一人」，主簿記室督各給侍一人，二「督」字上皆衍「都」字，據晉書職官志删。

〔一九〕「各因其時爲節文」，「各」字脱，據晉書職官志、通典二〇補。

〔二〇〕「白蓋小車七乘」，「七乘」二字脱，據晉書職官志補。

〔二一〕「中直兵」，「直」字脱，據南齊書百官志、通典二〇補。

〔二二〕「城局曹以上署正參軍」，「城」字脱，據册府元龜七一六補。

〔二三〕「其行參軍無署者爲長兼員」，汪本「者」作「行」，各本不誤。「長」字脱，據南齊書百官志補。

〔二四〕「其公府佐史」，「則亦置佐史」，二「史」字原作「吏」，據南齊書百官志改。

〔二五〕「置禁防參軍」，「禁防」二字互倒，據南齊書百官志、通典二〇改。

〔二六〕「褚球爲司徒左長史」，按，梁書褚球傳亦作「左長史」，而南史褚球傳作「右長史」，通典二〇同南史。

〔二七〕「又增置左西掾一人」，「掾」下衍「屬」字，據隋書百官志上、通典二〇删。

〔二八〕「同三公」，「同」，原作「日」，據隋書百官志上改。

〔二九〕「增置佐史」，「史」，原作「吏」，據隋書百官志中改。

〔三〇〕「外兵」，二字原脱，據隋書百官志中補。

〔三一〕「等曹行參軍事」，「事」字脱，據隋書百官志中補。

〔三二〕「其儀同三司加開府者」，「加」，原作「如」，據隋書百官志中改。

〔三三〕「城局」，「局」，原作「屬」，據隋書百官志中改。

〔三四〕「二大佐史」，「二」，原作「三」，「史」，原作「吏」，據隋書百官志中改。

〔三五〕「位次丞相」，「位」字脱，據漢書朱博傳補。

〔三六〕「以職相參」，汪本「職」作「歷」，據元本、明本、于本、殿本改。

〔三七〕「乘棧車牝馬」，汪本「牝」作「牡」，據元本、明本、于本、殿本改。

〔三八〕「荀組爲太尉」，「荀」，原作「苟」，據元本、通典二一改。

〔三九〕「自爲尊崇之位」，「尊崇」二字互倒，據通典二一改。

〔四〇〕「尚書左右僕射」，「右」字脱，據唐六典一補。

〔四一〕「永淳二年七月」，「二」，原作「三」，據舊唐書職官志二改。

〔四二〕「參戰」、「兵」，此三字原脱，據宋書百官志上補。

〔四三〕「有侍中給事黄門侍郎各四人」，「各」字脱，據隋書百官志上補。

〔四四〕「制請脩補東耕則進耒耜事」，「請」，原作「諸」，「耒」字脱，據隋書百官志中改補。

〔四五〕「太官令至郎中」，「官」下衍「史」字，據通典二一删。

〔四六〕「貝帶脂粉綺繻紈絝鵕鸃冠」，「貝」，原作「俱」，「鵕鸃」，原作「鵔鵕」，據通典二一改。

〔四七〕「特聽掌御唾壺」，汪本「掌」作「尚」，據元本、明本、于本、殿本改。

〔四八〕「本有僕射一人」，汪本「一」作「二」，據明本、于本、通典二一改。

〔四九〕「與中官共止禁中」，「共」字脱，據宋書百官志上補。

〔五〇〕「桓温奏省二人」，「二」，原作「三」，據晉書職官志、通典二一改。

〔五一〕「咸亨元年」，「亨」，原作「通」，杜佑避唐肅宗李亨諱，改「亨」爲「通」，後唐懿宗以「咸通」爲年號，尤爲混亂，通志多承用通典之文，今爲改回。下文類此者皆逕改，不再出校。

〔五二〕「散騎中常侍」，「中」字原在「散」字上，據元本、殿本改。

〔五三〕「中常侍改用宦者」，「宦」，原作「官」，據殿本、通典二一改。

〔五四〕「自是散騎視中丞通直視侍中」，通典二一文同。按隋書百官志上作：「自是散騎視侍中，通直視中丞。」似應從之。

〔五五〕「明亮爲常侍加勇武將軍」，「亮」，原作「亳」，「勇武」二字互倒，據魏書良吏傳、北史循吏傳改。下文「勇武」二字同此。

〔五六〕「員外散騎常侍」，「外」下衍「郎」字，據通典二一删。

〔五七〕「秦置諫大夫」，「諫」下衍「議」字，據漢書百官公卿表上删。

〔五八〕「龍朔二年」，「二」，原作「三」，據唐六典八、舊唐書職官志二改。

〔五九〕「左右各增三員通前爲十員」，唐六典八文同。通典二一作：「各增置，通前爲五員。」唐會要五六、舊唐書職官志二作：「加置三員，通前五員。」

〔六〇〕「杷推侍御史椀脱校書郎」，參看上卷校記〔六〕。

〔六一〕「地官府置宫門中士一人」，「中」，原作「上」，據唐六典八改。

〔六二〕「長壽三年」，「壽」，原作「慶」，據唐會要五六改。

〔六三〕「學士號爲館主」，「士」，原作「館」，據通典二一改。

〔六四〕「置監令一人」，「置」，原作「晋」，據元本、殿本改。

〔六五〕「齊永明初」，「明」，原作「平」，按南齊無「永平」年號，初學記一一引南齊書記此事作「永明」，今據改。

〔六六〕「詔誥並中書令及侍郎掌之」，汪本「及」作「史」，據元本、明本、于本、殿本改。

〔六七〕「含香握蘭」，汪本「含」作「舍」，據元本、明本、于本、殿本改。

〔六八〕「謁者臺僕射一人」，「一人」二字脱，據隋書百官志上補。

〔六九〕「隸鴻臚寺」，「寺」，原作「事」，據殿本、通典二一改。

〔七〇〕「修撰官校理官同直學士」，「官同」二字原作「爲司」，據唐六典九改。

職官略第三

尚書省第五上并總論尚書

總論尚書

秦時，少府遣吏四人在殿中主發書，故謂之尚書，尚猶主也。漢承秦置。及武帝遊宴後庭，始用宦者主中書，以司馬遷爲之，中間遂罷其官，以爲中書之職。至成帝建始四年，罷中書宦者，又置尚書五人，一人爲僕射，四人分爲四曹，通掌圖書、祕記、章奏之事及封奏宣示内外而已，其任猶輕。〔一〕至後漢，則爲優重，出納王命，敷奏萬機，蓋政事之所由宣，選舉之所由定，罪賞之所由正，斯乃文昌天府，衆務淵藪，内外所折衷，遠近所稟仰。故李固云：「陛下之有尚書，猶天之有北斗。斗爲天之喉舌，尚書亦爲陛下之喉舌。斗斟酌元氣，運平四時，尚書出納王命，賦政四海。」令及左丞，總領綱紀，無所不統；僕

射及右丞，分掌廩假錢穀。漢初尚書雖有曹名，不以爲號。及靈帝以侍中梁鵠爲選部尚書，於是始見曹名，總謂之尚書臺，亦謂之中臺。大事八座連名，而有不合，得建異議。二漢皆屬少府。

魏置中書省，有監、令，遂掌機衡之任，而尚書之權漸減矣。晉以後，所掌略同。八座丞郎初拜，並集都省交禮，遷職又解交，本漢制也，至於晉、宋，唯八座解交，丞郎不復解交也。宋曰尚書寺，居建禮門内，亦曰尚書省，亦謂内臺。每八座以下入寺，門生隨入者各有差，不得雜以人士。凡尚書官，大罪則免，小罪遣出，遣出者百日無代人，聽還本職。其令及二僕射出行分道之制，與中丞同，令、僕各給威儀十八人。自晉以後，八座及郎中多不奏事。梁天監元年，詔曰：「自禮闈陵替，歷兹永久，郎寺備員，無取職事，糠粃文案，貴尚虚閑，空有趨墀之名，了無握蘭之實，曹郎可依昔奏事。」自是始奏事矣。又詔：「尚書中有疑事，先於朝堂參議，然後啓聞。」舊尚書官不以爲贈，唯朱异卒，特贈右僕射，武帝寵之故也。自魏、晉重中書之官，居喉舌之任，則尚書之職稍以疎遠。至梁、陳，舉國機要，悉在中書，獻納之任，又歸門下，而尚書但聽命受事而已。

後魏天興元年，置八部大人於皇城，四方四維，面置一人，〔二〕以擬八座，謂之八國常侍，〔三〕各有屬官，分尚書三十六曹。天賜元年，罷尚書三十六曹，別置武歸、修勤二職，

分主省務。武歸比郎中，修勤比令史。至神麚元年，始置僕射、左右丞及諸曹尚書十餘人，各居別寺。北齊，尚書省亦有録、令、僕射，總理六尚書事，謂之都省，亦謂之北省。後濟南王以太子監國，〔四〕立大都督府，與尚書省分理衆事，仍開府置佐。後周，無尚書。隋及唐皆有，其制略同。凡尚書省，事無不總。龍朔二年，改尚書省爲中臺；咸亨初，復舊。光宅元年，改爲文昌臺；垂拱元年，又改爲都臺；咸通初，復舊。〔五〕長安三年，又改爲中臺；神龍初，復爲尚書省。亦謂南省。都堂居中，左右分司。都堂之東，有吏部、户部、禮部三行，每行四司，左司統之。都堂之西，有兵部、刑部、工部三行，每行四司，右司統之。凡二十四司，分曹共理，而天下之事盡矣。左、右僕射各一人，總統省事。左丞一人，掌轄吏部、户部、禮部十二司事。右丞一人，掌轄兵部、刑部、工部十二司事。左、右司郎中各一人，員外郎各一人，各掌付左、右丞所管諸司事。尚書六人，吏、户、禮、兵、刑、工六部，各一人。侍郎九人，吏部、户部、兵部，各二人，餘各一人。郎中二十八人，吏部、户部、兵部、刑部，各二人，餘各一人，并左右司則三十人。員外郎二十九人，吏、户、兵、刑四部及司勳，各一人，餘司各一人，并左右司共三十一人。都事六人。

臣謹按：蔡質漢儀曰：「凡三公、列卿、將、大夫、五營校尉，行複道中，遇尚書令、僕射、左右丞郎、御史中丞、侍御史，皆避車先相迴避。衛士傳不得迕臺官，臺官

過乃得去。」至晉、宋以來，尚書官上朝及下，禁斷行人，猶其制也。

録尚書。自漢武帝時，左、右曹諸吏分平尚書奏事，知樞要者始領尚書事。張安世以車騎將軍，霍光以大將軍，王鳳以大司馬，師丹以左將軍，並領尚書事。後漢章帝以太傅趙憙，太尉牟融，並録尚書事。尚書有録名，蓋自憙、融始，亦西京領尚書事之任也。和帝時，太尉鄧彪爲太傅録尚書事，位在三公上。漢制遂以爲常，每少帝立，制置太傅録尚書事，猶古冢宰總己之義。薨，輒罷之。鄧彪録尚書事，後以老病，上還樞機職。又李固、張禹、張防，並録尚書事。自魏、晉以後，亦公卿權重者爲之，職無不總。晉宗室會稽王道子及世子元顯，並録尚書事，時道子爲東録，元顯爲西録。晉康帝時，何充辭録表曰：「咸康中，分置三録，〔六〕王導録其一，荀崧、陸曄各録一條事。」晉江右有四録，則四人參録也。凡重號將軍、刺史，皆得命曹授用，唯不得施陳及加節。宋孝武孝建中，不欲威權外假，省録。大明末，復置。此後或置或省。齊世，録尚書令並總領尚書臺二十曹，爲内臺主，行遇諸王以下皆禁駐，號爲録公。齊明帝爲宣城王録尚書，廢帝昭文思蒸魚，〔七〕太官以無録公命不與。高帝崩，遺詔以褚彦回録尚書事。江左以來，無單爲録者，有司擬立優策，王儉議宜有策書，乃從之。北齊，録尚書一人，位在令上，掌與令同，俱不糾察。自隋而無。

尚書令。商湯制官有冢宰，君薨則百官總己以聽焉，故伊尹以三公攝冢宰。周之冢宰爲天官，掌邦之治，六卿之職總屬焉，於百官無所不主。至秦，置尚書令，尚主也。漢因之，銅印青綬。武帝用宦者，更爲中書謁者令。成帝去中書謁者令官，更以士人爲尚書令。時弘恭、石顯相繼爲中書令，專

權邪僻。前將軍蕭望之領尚書事，建言以爲：「尚書百官之本，國家樞機，宜以通明公正之人處之。武帝遊宴後庭，故用宦者，非古制也，宜罷中書宦官。」後漢，衆務悉歸尚書，三公但受成事而已。尚書令主贊奏事，總領紀綱，無所不統，與司隸校尉、御史中丞，朝會皆專席而坐，京師號曰「三獨坐」。故公爲令、僕射者，朝會不陛奏事。天子封禪，則尚書令奉玉牒檢，兼藏封之禮。魏、晉，印綬與漢同，冠進賢兩梁，納言幘，五時朝服，佩水蒼玉。受拜則策命之，以在端右故也。薨，於朝堂發哀。太熙元年，詔曰：「夫總百揆之得失，管王政之開塞者，端右之職也。是以自漢代以來，慎選其人。議郎王戎，可爲尚書令。」自魏、晉以上，任總機衡，事無大小，咸歸令、僕。齊、梁，舊用左僕射，美遷司空。梁、陳並有之。後魏、北齊，掌彈糾見事，與御史中丞更相廉察，隋，亦總領衆務。唐，尚書令，朝服鷩冕，八旒七章，三梁冠。武德初，太宗爲秦王嘗居之，其後人臣莫敢當，故自龍朔三年，制，廢尚書令。至廣德中，郭子儀勳業既盛，乃特拜焉，子儀以文皇帝故，讓不敢受。

臣謹按：謝朏爲司徒尚書令，朏辭脚疾，不堪朝謁，仍角巾自輿詣雲龍門謝。既見，乘小車就席。

僕射。秦官。漢因之，自侍中、尚書、博士、郎皆有之。古者重武官，以善射者掌事，故有主射以督課。僕，主也。軍屯吏，騶宰，永巷宫人，皆有僕射，隨所領之事以爲號也。成帝建始元年，初置尚書五人，以一人爲僕射，主封門，掌授廩假錢穀。而鄭崇爲尚書僕射，亦數諫諍，每見曳革履，上笑曰：「我識鄭尚書履聲。」後漢，尚書僕射一人，署尚書事，令不在則奏下衆事，印綬章服與令同。獻

帝建安四年，以執金吾榮邵爲左僕射，衞臻爲右僕射。僕射分置左、右，〔八〕蓋自此始。經魏至晉，及於江左，省置無常。置二則爲左、右僕射，或不兩置，但曰尚書僕射。令闕則左爲尚書省主，若並闕則置尚書僕射以主左事，置祠部尚書以掌右事。〔九〕則尚書僕射、祠部尚書不恒置矣。宋，尚書僕射勝右減左，右居二者之間。〔一〇〕僕射職爲執法，置二則爲左、右執法，又與尚書分領諸曹，兼掌彈舉。故王弘爲僕射，奏彈康樂縣侯謝靈運溺其孽女，〔一一〕請免官削爵，付大理。內臺舊體，不得用風聲舉彈，此事彰赫，暴之朝野，不敢拱默。武帝令免官而已。齊，左、右僕射，行則分道，左僕射領殿中、主客二曹，右僕射領祠部、儀曹。黃案，左僕射上署，右僕射次署。凡僕射掌朝軌，尚書掌讞奏，〔一二〕都丞任在彈違。齊、梁，舊制，右僕射遷左僕射，左僕射美遷令，其僕射處於中。陳亦然。後魏，二僕射，左居上，右居下。北齊，僕射職爲執法，置二則爲左、右僕射，皆與令同，左糾彈而右不糾彈。隋文帝開皇三年，詔，左、右僕射，從二品。左掌判吏部、禮部、兵部三尚書，御史糾不當者，兼糾彈之。右掌判都官、度支、工部三尚書，又知用度。餘並依舊。唐，左、右二僕射，因前代。本副尚書令，自尚書令廢闕，二僕射則爲宰相。故太宗謂房玄齡、杜如晦曰：「公爲僕射，當洞開耳目，訪求賢才，是爲宰相宏益之道。今以決辭聽訟不暇，豈助朕求賢之意。」乃令尚書細務悉委於兩丞，其寃濫大故當奏聞者，則關於僕射。及貞觀末，除拜僕射，必加「同中書門下平章事」及「參知機務」等名，方爲宰相，不然則否，然爲僕射者，亦無不加焉。至開元以來，則罕有加者。初，龍朔二年，改左、右僕射爲左、右匡政；咸亨元年，復舊。官品第四。上元三年閏三月，制，尚書省頒下諸州府，宜用黃紙。武太

后改二僕射爲文昌左、右相，進階爲從三品，尋復本階。神龍初，復爲左、右僕射。二年九月，敕門下及都省宜日別録制敕，〔一三〕三月一進。開元元年，改爲左、右丞相，從二品。統理衆務，舉持綱目，總判省事。御史糾不當者，兼得彈之。至天寶元年，復舊。

臣謹按：漢儀，丞相進，天子御坐爲起，在輿爲下。有疾，法駕至第問，得戮二千石。申屠嘉欲斬内史晁錯是也。臣又按：後魏之制，令、僕射、中丞，騶唱而入宫門，至於馬道。及郭祚爲僕射，以爲非盡恭之宜，乃奏請，御在太極，騶唱至公車門；御在朝堂，止司馬門。騶唱不入宫，自此始也。臣又按：唐開元二年四月，敕，在京有訴寃者，並於尚書省陳牒，所司爲理。若稽延致有屈滯者，委左、右丞及御史臺訪察聞奏。如未經尚書省，不得輒於三司越訴。

左、右丞。秦置尚書丞一人，屬少府。漢因之。至成帝建始四年，置丞四人。及後漢光武，始減其二，唯置左、右丞，佐令、僕之事，臺中紀綱，無所不總。左丞主吏民章服及騶伯史，右丞與僕射皆掌授廩假錢穀，又假署印綬及紙筆墨諸財用庫藏。左、右丞闕，以次夕郎補之。三歲爲刺史。漢，御史中丞、侍御史，行複道中，遇尚書及丞、郎，避車執板揖，丞、郎坐車舉手禮之，車過遠乃去。尚書言左、右丞，敢告知如詔書律令。郎見左、右丞，對揖無敬，稱曰左、右君。丞、郎見尚書，執版對揖，〔一四〕稱曰明時。郎見令、僕，執板拜，朝賀對揖。魏、晉，左、右丞，銅印青黑綬，進賢一梁冠，介幘，絳朝服。左丞主臺内禁令，寢廟祠祀，朝儀禮制，選用署吏，〔一五〕糾諸不法，無所迴避，兼糾彈之

事。右丞掌臺内庫藏廬舍，凡諸器用之物，及刑獄兵器，督録遠道文書章表奏事。宋因之，而右丞亦主錢穀，皆銅印黄綬。白案則右丞上署，左丞次署。黄案則左丞上署，右丞次署。諸立格制，及詳讞大事，郊廟朝廷儀禮，亦左丞上署，右丞次署。梁，皆銅印黄綬，一梁冠。陳因之。後魏、北齊，左丞爲上階，右丞爲下階。北齊，左丞掌吏部、考功、主爵、殿中、儀曹、三公、祠部、主客、左右中兵、左右外兵、都官、二千石、度支、左右户十七曹，并糾彈見事，又主管轄臺中違失，並糾駁之。右丞掌駕部、虞曹、屯田、起部、兵部、比部、水部、膳部、金部、倉部、庫部十一曹，亦管轄臺中，唯不糾彈，餘悉與左同。隋，左、右丞，掌分尚書諸司糾駁。唐因隋制。龍朔二年，改爲左、右肅機；〔一六〕咸亨元年，復舊。左丞掌管轄諸司，糾正省内勾吏部、禮部、户部等十二司，〔一七〕通判都省事。右丞掌管兵部、刑部、工部等十二司，餘與左丞同。

臣謹按：晉傅咸答辛曠詩序曰：「尚書左丞，彈八座以下，居萬機之會，乃皇朝之司直，天臺之管轄。」又郄詵爲左丞，奏推吏部尚書崔洪，洪曰：「我舉郄丞，而還奏我，此挽弓自射。」又按：齊任遐爲右丞，奏御史中丞陸澄不糾事，請免澄官。是右丞可以糾御史也。又按：隋元壽爲尚書左丞，蕭摩訶妻患將死，奏令其子向江南收家産。壽奏劾之，曰：「摩訶遠念資財，近忘匹好，〔一八〕令其子捨危惙之母，爲聚斂之行。御史韓微之等見而不彈，請付大理。臣忝居左轄，無容寢默。」是左丞亦可以糾御史也。

左、右司郎中。隋煬帝三年，於尚書都省初置左、右司郎二人，品同諸曹郎，從五品，掌都省之職。唐貞觀二年，改爲郎中。龍朔二年，改爲左成務；咸亨元年，復舊。令掌副左、右丞所管諸司事，省署抄目勘稽失，知省内宿直，判都省事。若右司不在，則左併行之，左司不在，右亦如之。

員外郎。唐武后永昌元年置，與郎中分掌曹務。神龍元年，省；二年，復置。

尚書總序八座附

秦，尚書四人。漢成帝初，置尚書五人，其一人爲僕射，四人分爲四曹：尚書曹名，自此而有。常侍曹，主公卿。二千石曹，主郡國二千石。民曹，主凡吏民上書。客曹。主外國夷狄。後又置三公曹，主斷獄。是爲五曹。後漢，尚書五曹六人，其三公曹尚書二人。掌天下歲盡集課州郡。吏曹，掌選舉齋祠。後漢志謂之常侍曹，亦謂之選部。二千石曹，掌中都官水火、盜賊、辭訟、罪法，亦謂之賊曹。民曹，掌繕理功作、鹽池、苑囿。客曹，掌羌、胡朝賀。法駕出則護駕。後漢光武，分二千石曹及客曹爲南主客、北主客二曹。兩梁冠，納言幘。或説有六曹。按後漢志云，分客曹爲二，是爲六曹。張陵爲尚書，歲朝，梁冀帶劍入省，陵叱令奪劍劾冀，詔以歲俸贖。又鄭均爲尚書，淡泊無爲，以病還第，賜尚書禄，號爲白衣尚書。

魏有吏部，左民，客曹，五兵，度支，凡五尚書。晉初，有吏部，三公，客曹，駕部，屯

田，度支六曹。無五兵。太康有吏部，殿中，五兵，田曹，度支，左民，爲六曹尚書。無駕部、三公、客曹。及渡江，有吏部，祠部，五兵，左民，度支，五尚書。皆銅印墨綬，進賢兩梁冠，納言幘，絳朝服，佩水蒼玉，乘軺車皁輪，執笏負荷。加侍官者，武官左貂金蟬。宋，有吏部，祠部，度支，左民，左民尚書統左民及駕部二曹。都官，五兵，六尚書。尚書納言幘，進賢兩梁冠，佩水蒼玉。齊、梁與宋同。侯景改梁五兵爲七兵尚書。又職官録曰：「齊尚書品服，悉與令同。」亦別有起部，而不常置也。梁何胤爲左民尚書，後辭官，隱於若邪山雲門寺，敕給白衣尚書禄。又到洽爲御史中丞，兄溉爲左民尚書，舊中丞不得入尚書下舍，洽引服親不應有礙，刺省詳決，〔一九〕乃許入溉省，亦以其兄弟素篤，不能相別。陳與梁同。後魏初，有殿中，掌殿内兵馬倉庫。樂部，掌伎樂及角觝伍伯。駕部，掌牛馬驢騾。南部，掌南邊州郡。北部，掌北邊州郡。五尚書。其後亦有吏部，初曰選部。兵部，都官，度支，七兵，祠部，民曹等尚書。又有金部，庫部，虞曹，儀曹，右民，宰官，元禔爲宰官尚書。都牧，元禎爲都牧尚書。牧曹，右曹，太倉，太官，祈曹，神都，儀同曹等尚書。自金部以下，但有尚書之名，而不詳職事。北齊，有吏部，殿中，殿中統殿中曹，主駕行百官留守名帳宮殿禁衛，及儀曹、三公、駕部四曹。祠部，五兵，都官，度支，六尚書。後周，無尚書。隋，有吏、禮、兵、刑、户、工六部尚書。唐，尚書與隋同。龍朔二年，改尚書爲太常伯；咸亨初，復舊。歷代吏部尚書及侍郎等秩，悉高於諸曹。

八座，後漢以六曹尚書并令、僕二人，謂之八座。魏以五曹尚書二僕射一令爲八座。宋、齊八座，與魏同。晉、梁、陳，不言八座之數。隋，以六尚書左、右僕射及令爲八座。唐，與隋同。凡歷代尚書有五曹則以一僕射一令爲八座，有六曹則以左、右僕射爲一座，兼令共爲八座，若有六曹而左、右僕射並闕，則以尚書僕射及令爲八座，若尚書唯有五曹又無左、右僕射則不備矣。

郎官總序

郎官謂之尚書郎。漢置四人，分掌尚書事，一人主匈奴單于營部，一人主羌夷吏民，一人主户口墾田，一人主財帛委輸。後漢，尚書侍郎三十六人，後漢志曰：「尚書六曹侍郎三十六人。」一曹六人也。主作文書起草，〔二〇〕取孝廉年未五十，先試牋奏，選有吏能者爲之，從三署諸臺試。初上臺稱「守尚書郎中」，滿歲稱「尚書郎」，三歲稱「侍郎」，五歲遷大縣。其遷爲縣令，縣令秩滿自占縣，詔書賜錢三萬，與三臺租錢，餘官則否。吏部典劇，多超遷者。鄭弘爲僕射，奏以臺職任尊而賞薄，人無樂者。諸吏郎補二千石，自此始也。八座受成，事決於郎，下筆爲詔策，出言爲誥命。後漢尚書陳忠上疏曰：「尚書出納帝命，爲王喉舌之官。臣等既愚闇，諸郎多文俗吏，鮮有雅才，每爲詔文，宣示内外，轉相求請。」其入直，官供青縑白綾被，或以錦緤爲之，緤，私列反。緤，繫也。給帳帷茵褥通中枕。太官供食

物，湯官供餅餌，及五熟果實之屬。五日一美食，下天子一等。給尚書郎侍史一人，女侍史二人，皆選端正妖麗，執香爐香囊，護衣服。奏事明光殿，因得省中。省中皆以胡粉塗壁，畫古賢烈女，〔二一〕以丹朱漆地，故謂之丹墀。尚書郎口含雞舌香，以其奏事答對，欲使氣息芬芳也。奏事則與黃門侍郎對揖，黃門侍郎稱已聞，乃出。丞郎月賜赤管大筆一雙，隃麋墨一笏。馮豹爲尚書郎，每奏事未報，常俯伏省閣下，或從昏至明，天子默使持被覆之，不驚也。日暮諸郎下，豹每獨在後，帝嘉之。隃麋，今汧陽縣，出墨。

魏，自黃初改秘書爲中書，置通事郎掌詔草，即今中書舍人之任。而尚書郎有二十三人，有殿中、吏部、駕部、金部、虞曹、比部、南主客、祠部、度支、庫部、農部、水部、儀曹、三公、倉部、民曹、二千石、中兵、〔二二〕外兵、别兵、都兵、考功、定課。非復漢時職任。青龍二年，尚書令陳矯奏置都官、騎兵，合凡二十五郎。每一郎缺，白試諸孝廉能給文案者五人，謹封奏其姓名以補之。魏韓宣爲尚書郎，嘗以職事當受罰，已背縛，束杖未行，文帝輦過，聞而解之。晉，尚書郎選極清美，號爲大臣之副。武帝時有三十四曹。加魏直事、屯田、起部、左士、右士，其民曹、中兵、外兵分爲左、右，主客又爲左、右、南、北，無農部、定課、考功，凡三十四曹。後又置運曹，爲三十五曹，置郎中二十三人，更相統攝。晉魏舒爲尚書郎，時欲沙汰郎官，非其才者罷之，舒曰：「吾即其人也。」襆被而出。同寮無清論者，咸有媿色。或爲三十六曹。當五王之難，其都官、

中、騎三曹郎，晝出督戰，夜還理事。東晉，有十五曹。殿中、祠部、吏部、儀曹、三公、比部、金部、度支、都官、左民、騎部、倉部、庫部、中兵、外兵。自過江之後，官資小減。王坦之，選曹將擬爲尚書郎，坦之聞曰：「自過江，尚書郎正用第二人，何得以此見擬。」其子國寶，好傾側，婦父謝安惡之，〔二三〕除尚書郎。國寶以爲中興膏腴之族，唯作吏部，不作餘曹郎，辭不拜。又宋江智淵改尚書庫部郎，時高流官序不爲臺郎，智淵門孤援寡，此選意不悅，固辭不拜。梁王筠除尚書殿中郎，〔二四〕王氏過江以來，未有居郎署者，或勸不就。筠曰：「陸平原東南之秀，王文度獨步江東，吾得比蹤昔人，何所多恨。」乃欣然就職。桓玄僭位，改都官郎爲賊曹。

宋高祖時，有十九曹。元嘉以後，有二十曹郎，三公、比部主法制，度支主算，都官主軍事刑獄，其餘曹所掌，各如其名。宋武帝初，加置騎兵、主客、起部、水部四曹，並東晉舊十五曹，合爲十九曹。元嘉十八年，增刪定曹郎，即魏世之定科郎也。三十年，又置功論郎，後又省騎兵，故爲二十曹。齊，依元嘉之制，其拜吏部郎，亦有表讓之禮。齊謝朓遷尚書吏部郎，上表三讓。中書疑朓官未及讓，以問沈約，約曰：「宋元嘉中，范曄讓吏部，朱循之讓黃門，蔡興宗讓中書，並三表詔答，其事宛然。近代小官不讓，遂成常俗，恐此有乖讓意。王藍田、劉安西並貴重，初自不讓，今豈可慕此不讓邪？孫興公、孔顗並讓記室，今豈可三署皆讓耶？謝吏部今授超階，讓別有意，豈關官之大小。」梁，加三曹爲二十三曹。殿中、虞曹、屯田。其郎中舊用員外郎正主簿正佐有才地者爲之，遷通直郎。天監三年，復置侍郎，視通直郎，郎中遷爲之。梁到溉爲尚書殿中郎，溉

兄弟群從遞居此職，時人榮之。又殿中郎闕，武帝曰：「此曹舊用文學，且居雁行之首，宜詳擇其人。」乃以張緬爲之。陳，有二十一曹。後魏，三十六曹。至西魏，改爲十二部。北齊，有二十八曹，吏部、考功、主爵、殿中、儀曹、三公、祠部、駕部、主客、虞曹、屯田、起部、左中兵、右中兵、左外兵、右外兵、都兵、都官、二千石、比部、水部、膳部、度支、倉部、左民、右民、金部、庫郡。其吏部、三公各二人，餘並一人，凡三十郎中。後魏、北齊，唯置郎中。

隋初，尚書有六曹二十四司，凡領三十六侍郎，吏部、司勳、主客、膳部、兵部、職方、都官、司門、度支、户部、比部、刑部等侍郎各二人。主爵、考功、禮部、祠部、駕部、庫部、金部、倉部、工部、屯田、虞部、水部侍郎各一人。分司官曹務，直禁省，如漢之制。至開皇六年，〔二五〕二十四司又各置員外郎一人，以司其曹之籍帳，侍郎闕則釐其曹事。〔二六〕今尚書員外郎，其置自此始。以前歷代皆謂之尚書郎，各以曹名爲稱首，或謂之侍郎，皆無員外之號。前代史傳及職官要録或有言員外郎者，蓋謂員外散騎侍郎耳，非尚書之職。前代所言郎官上應列宿，蓋謂三署郎，非謂今尚書郎中也。煬帝即位，以六尚書六曹各置侍郎一人，以貳尚書之職，今之侍郎，其置自此始也。或有曹加二人者。夫侍郎之名舊矣，漢凡諸郎，皆掌更直，執戟宿衛諸殿門，以侍衛之故，通謂之侍郎。故武帝時東方朔爲郎，當時謂之「官不過侍郎，位不過執戟」是也。歷代尚書亦有侍郎，隋初尚書諸曹二十四司諸郎，皆謂之侍郎，通若今之郎官耳，非今六部侍郎之任。自漢以來，尚書侍郎悉然。改諸司侍郎但曰郎。則今郎中之職。又改吏部爲選部郎，禮部爲儀部郎，兵部爲兵曹郎，刑

部爲憲曹郎，工部爲起曹郎，以異六侍郎之名。廢諸司員外郎，而每司增置一曹郎，各爲二員。都司置左右司郎中各一人，品同諸曹郎，掌都省之職。尋又每減一郎，〔二七〕置承務郎一人，同開皇員外郎之職。唐，改隋諸司郎爲郎中，每曹又復置員外郎。武德六年，廢六司侍郎；貞觀二年，復舊。今尚書省有左、右司郎中各一人，員外郎各一人，分管尚書六曹事。其諸曹諸司郎中，總三十一人，通謂之郎官，尤重其選，其職任名數，各列在六曹之後。凡郎中章服，皆玄冕五旒，衣無章，裳刺黻一章，兩梁冠。凡員外郎章服，並爵弁玄纓簪，尊者衣纁裳，一梁冠。

都事主事令史總序

都事，晉有尚書都令史，八人，秩二百石，與左、右丞總知都臺事。宋、齊，八人。梁，五人，謂之五都令史，職與晉同。舊用人常輕，武帝詔曰：「尚書五都，職參政要，非但總領衆局，亦乃方軌二丞。頃雖求才未臻妙簡，可革用士流，以盡時彥。」乃以都令史視奉朝請。其時以太學博士劉訥兼殿中都，司空法曹參軍劉顯兼吏部都，太學博士孔虔孫兼金部都，司空法曹參軍蕭軌兼左民都，宣毅墨曹參軍王顒兼中兵都，五人並以才地兼美，歷兹選矣。隋開皇初，改都令史爲都事，置八人。煬帝分隸六尚書，置六人，領六曹事。唐因之。

主事，二漢有之。漢光禄勳有南北庭主事、〔二八〕三署主事，〔二九〕於諸郎之中察茂才者爲之。後漢范滂自光禄四行遷光禄主事，時陳蕃爲光禄勳，滂執公儀詣蕃，蕃亦不止，〔三〇〕滂懷恨投版棄官而去。郭泰聞之曰：「若范孟博者，豈宜以公禮格之。」〔三一〕蕃乃謝之。又胡伯蕃、公沙穆並爲之。後魏，於尚書諸司置主事令史。〔三二〕隋，於諸省又各置主事令史員。煬帝三年，並去令史之名，但曰主事，隨曹閑劇而每十令史置一主事，不滿十者亦一人，雜用士人。唐，並用流外。

令史，漢官也。後漢，尚書令史十八人，曹有三人主書，後增劇曹三人，合二十一人，皆選於蘭臺符節，簡練有吏能者爲之。漢官儀云：「能通蒼頡史籀篇，補蘭臺令史，滿歲補尚書令史，滿歲爲尚書郎。」後漢韋彪上疏曰：「往時楚獄大起，故置令史以助郎職，而類多小人，〔三三〕好名姦利。今者務簡，可皆停省。」其尚書郎，初與令史皆主文簿，其職一也，郎闕以令史久次者補之。光武始革用孝廉，孝廉恥焉。故事，尚書郎闕，以令史久次補之，光武始改用孝廉爲郎，而孝廉丁邯稱病不就。詔問：「實病，羞爲郎乎？」對曰：「臣實不病，恥以孝廉爲令史職耳。」帝怒，杖之數十。詔問：「欲爲郎否？」邯曰：「能殺臣者陛下，不能爲郎者臣也。」中詔遣出，終不能爲郎。又郎中袁著詣闕上書，訟梁冀驕暴，冀陰殺之。學生劉常，當代名儒，素善於著，冀召常，補令史以辱之。舊制，尚書郎限滿補縣長，令史補丞尉，尚書令鄭弘奏曰：「職尊賞薄，多無樂者。請郎補千石，〔三四〕令史爲長。」帝從之。蜀志，董厥爲府令史，諸葛亮稱之曰：「董令

史，良士也。」後遷至尚書令，〔三五〕平臺事。西晉，令史朝晡詣都座朝。江左，唯早朝而已。又賈充爲尚書令，以目疾表置省事吏四人。尚書置省事自此始也，其品職與諸曹令史同。姚萇圍苻堅，遣僕射尹緯詣堅問事。堅見其瓌傑，〔三六〕問曰：「卿於朕世爲何官？」緯答曰：「尚書令史。」堅曰：「卿宰相才，王景畧之儔也，而朕失之。今日之亡，不亦宜乎。」晉、宋，蘭臺寺正、書令史，雖行文書，皆有品秩，朱衣執板。孔顗爲御史中丞，坐鞭令史，爲有司所糾。梁、陳，與晉、宋同。後魏，令史亦朱衣執笏，然謂之流外勳品。北齊，尚書郎判事，正令史側坐，書令史過事。令史皆平揖郎，無拜。自隋以來，令史之任，文案煩屑，漸爲卑冗，不參官品。開皇十五年，詔，州縣佐史，三年一代，不得重任。煬帝以四省三臺皆曰令史，九寺五監諸府衛皆曰府史，于時令史得官者甚少，年限亦賒。隋牛弘嘗問於騎尉劉炫曰：〔三七〕「案周禮，士多而府史少，今令史百倍於前，減則不濟，其故何也？」炫曰：「古人委任責成，歲終考其殿最，〔三八〕案不重校，文不繁悉，府史之任，掌要目而已。今之文簿，常慮覆理，鍛鍊苦辛甚密，萬里追徵百年舊案，故諺曰：『老吏抱案死。』今古不同，若此之相懸也。」〔三九〕弘又曰：「後魏、北齊之時，令史從容而已。今則不遑寧舍，其事何由？」炫曰：「齊氏立州不過數十，三府行臺遞相統領，〔四〇〕文書行下不過十條。今州二百，其繁一也。往者州唯置綱紀，郡置守丞，縣唯令而已，其所具寮則長官自辟，受詔赴任，每州不過數十。今則不然，大小之事悉由吏部，纖介之迹皆屬考功，其繁二也。省官不如省事，省事不如清心，官事不省而欲從容，〔四一〕其可得乎？」弘甚善其言，而不能用

耳。唐武德中，天下初定，京師穀糴貴，遠人不願仕流外，始於諸州調佐史及朝集典充選，不獲已而爲之，遂促年限，優以敍次，六七年有至本司主事及上縣尉者，自此之後，遂爲官途。總章中，詔，諸司令史考滿合選者，限試一經，時人嗟異，著於謡頌。時閻立本爲右相，姜恪爲左相。立本無他才識，時以善畫稱之，恪累爲將軍，立功塞外。是歲京師饑旱，弘文、崇賢、司成三館學生並放歸本貫，當時爲之語曰：「左相宣威沙漠，右相馳譽丹青，三館學生放散，五臺令史明經。」

行臺省總序

行臺亦曰行臺省，自魏、晉有之。昔魏末晉文帝討諸葛誕，散騎常侍裴秀、尚書僕射陳泰、黃門侍郎鍾會等以行臺從。至晉永嘉四年，東海王越帥衆許昌，以行臺自隨是也。及後魏，謂之尚書大行臺，别置官屬。後魏道武帝置中山行臺，以秦王儀爲尚書令以鎮之。孝武永熙三年，〔四二〕以宇文泰爲大行臺，以蘇綽爲行臺度支尚書。北齊，行臺兼統民事，自辛術始焉。武定八年，辛術爲東南道行臺。東徐州刺史郭志殺郡守，文宣聞之，敕術曰：「江淮初附，百姓難向京師，留卿爲行臺，亦欲理邊民寃枉，監治牧守。自今以後，所統十餘州地，諸有犯法者，刺史則先啓聽報，以下先治後表。」齊代行臺兼總民事，自術始也。其官置令、僕射，其尚書丞、郎皆隨時

權制。江左無行臺，唯梁末以侯景爲河南王大行臺承制，如鄧禹故事。隋，謂之行臺省，有尚書令、僕射左右任置。各一人，主事四人，有考功、兼吏部、主爵、司勳。禮部、兼祠部、主客。膳部、兵部、兼職方。駕部、庫部、刑部、兼都官、司門。度支、兼倉部。金部、工部、屯田兼水部、虞部。侍郎各一人。每行臺置食貨、農圃、武器、百工監副，各置丞、食貨四人，農圃一人，武器二人，〔四三〕百工四人。録事等員，食貨、農圃、百工各二人，武器一人。蓋隨其所管之道，置於外州，以行尚書事。唐初，亦置行臺，貞觀以後廢。其後諸道各置採訪等使，每使有判官二人，兼判尚書六行事，亦行臺之遺制。

尚書省第五下

吏部尚書

侍郎　郎中　員外郎　司封郎中　員外郎　司勳郎中　員外郎　考功郎中　員外郎

吏部尚書。周禮，天官太宰之職也。漢成帝初置尚書，有常侍曹，主公卿事。後漢，改爲吏曹，主選舉、祠祀。後又有選部，靈帝以梁鵠爲選部尚書。魏，改選部爲吏部，主選事。晉，與魏同。宋時，吏部尚書領吏部、删定、三公、比部四曹。孝武不欲權威在下，大明二年，分吏部尚書置二人，以輕

其任，而省五兵。後還置一吏部尚書。順帝昇明元年，又置五兵二尚書。晉、宋以來，吏部尚書資位尤重，梁、陳亦然。後魏、北齊，吏部統吏部、考功、主爵三曹。後周，有吏部中大夫一人，小吏部下大夫一人，領司勳上士等官，屬大司馬。隋，吏部統吏部、主爵、司勳、考功四曹。唐，龍朔二年，改吏部尚書爲司列大常伯；咸亨初，復舊。光宅元年，改吏部爲天官；神龍元年，復舊。天寶十一年，改爲文部；至德初，復舊。掌文官選舉，總判吏部、司封、司勳、考功四曹事。舊令，班在侍中、中書令上。開元令，移在侍中、中書令下。尚書六曹，吏部、兵部爲前行，户、刑爲中行，〔四四〕禮、工爲後行，其官屬自後行遷入二部者以爲美。自魏以來，凡吏部官屬悉高於諸曹，其選舉皆尚書主之。自隋置侍郎，貳尚書之事，則六品以下銓補多以歸之。唐，自貞觀以前，尚書掌五品選事。至景龍中，尚書掌七品以上選，侍郎掌八品以下選。至景雲元年，宋璟爲尚書，始通其選而分掌之，因爲常例。開元以前，諸司之官兼知政事者，午前議政於朝堂，午後理務於本司。自開元以來，宰相員少，資地崇高，又以兵部尚書權位尤美，而宰相多兼領之，但從容衡軸，不自銓綜，其選試之任皆侍郎掌之，尚書通署而已，遂爲故事。或分領其事，則列爲三銓，尚書掌其一，侍郎分其二，尚書所掌謂之尚書銓，侍郎所掌，其一爲中銓，其一爲東銓。

臣謹按：魏延康元年，陳群爲尚書，始建九品官人之法，拜吏部尚書。及毛玠爲之，公卿無敢好衣美食者，魏武歎曰：「孤之法不如毛尚書。」又按：晉山濤爲吏部尚書，用人皆先密啓，然後公奏，舉無失才，凡所題目，終始如其言。唯用陸亮，尋

以賄敗。啓事曰：「臣欲以郄詵爲温令。」詔可。尋又啓曰：「訪聞詵喪母不時葬，遂於所居屋後假葬，有異同之議，請更選之。」詔曰：「君爲管人倫之職，此輩應爲清議與不，便當裁處之。」〔四五〕又按後魏自洛陽遷鄴已後，掌大選知名者數四，北齊文襄帝，少年高明，所蔽也踈；袁叔得沈密謹厚，〔四六〕所傷者細；楊愔風流辨給，取士失於浮華；唯辛術爲尚書，性尚貞明，擢士以器，循名責實，新舊參舉，管庫必擢，門閥不遺，前後銓衡，術最爲折衷，甚爲當時所稱。又按：唐貞觀二十二年二月，文部侍郎盧承慶兼檢校兵部侍郎，仍知五品選事，承慶辭曰：「五品選事，職在尚書，臣今掌之，便是越局。」太宗不許，曰：「朕今信卿，卿何不自信？」由此侍郎尚書皆知五品選事。又按：開元四年六月，敕，其員外郎、御史併餘供奉官，直進名敕授，自此不在吏部。

侍郎。二人，隋煬帝置，説在歷代郎中篇。凡六司侍郎，皆貳尚書之事。吏部初置一員，唐總章元年，加一員。龍朔二年，改爲司列少常伯；咸亨元年，復舊。分掌選部流内六部以下官，是爲銓衡之任。凡初仕進者，無不仰屬焉。當選集之際，勢傾天下，列曹之中，資位尤重。初，隋世高孝基爲吏部侍郎，房玄齡、杜如晦與選，孝基特加賞異，後以爲知人。唐鄧玄挺爲此官，不稱職，甚爲時談所鄙，常患消渴，選人因號爲鄧渴。坐此遷澧州刺史，有能名，武太后重拜爲天官侍郎，其弊愈甚。又以許

子儒爲之，子儒不以藻鑑爲意，其補官悉委令史，時曰平配。

郎中。二人。周禮，太宰屬官有下大夫，即其任也。漢、魏以來，尚書屬或有侍郎，或有郎中，或曰尚書郎，或曰某曹郎，或則兩置，或爲互名，雖稱號不同，其職一也，皆今郎中之任。晉山公啓事曰：「吏部郎主選舉，宜得能整風俗理人倫者。」齊謝朓爲吏部郎，上表三讓，説在郎官篇。又王儉爲吏部郎，專斷曹事。又陸慧曉爲吏部郎，吏部都令史歷政以來咨執選事，慧曉任己獨行，未嘗與語。帝遣左右以事誚問之，慧曉曰：「六十之年，不復能諮都令史爲吏部郎也。」自過江，吏部郎不復典大選。又王亮爲吏部郎，選序著稱，及後爲吏部尚書，拘資次而已，當代謂爲不能。又職官録曰：「梁吏部郎舊視中丞，遷侍中。」隋初，諸曹郎皆謂之侍郎。煬帝三年，置六司侍郎，後遂改諸曹侍郎但曰郎，其吏部郎改爲選部郎。唐初，復爲選部郎中。武德五年，改爲吏部郎中。龍朔二年，改爲司列大夫；咸亨元年，復舊。掌選補流外官，謂之小銓，并掌文官名簿、朝集、禄賜、假使及文官告身，分判曹事。

員外郎。二人。隋開皇六年，置吏部員外郎一人。煬帝三年，改爲選部承務郎。武德三年，復舊，後加置一人，一員判廢置，一員判南曹，起於總章二年，司列少常伯李敬玄奏置。未置以前，銓中自勘責。故事，兩員轉廳，至建中以後，遂不轉廳。貞元十一年閏八月，侍郎杜黄裳奏依舊例轉廳。初，武太后載初元年，又加一員；聖曆二年八月，省。開元十二年四月，敕兵、吏各專定兩人判南曹，尋却一人判，貞元元年九月，又兩人判，至十二年八月，又却一員判。

司封郎中。一人。漢尚書有封爵之任而無其官，故光武以馮勤爲郎中，給事尚書，〔四七〕使典諸侯封事。勤量功次輕重，國土遠近，地勢豐薄，不相踰越，莫不厭伏焉。自是封爵之制，非勤不定。晉，尚書有左、右主客曹。北齊河清中，改爲主爵，置郎中一人，屬吏部，主封爵之事。隋初，爲主爵侍郎，煬帝改爲主爵郎。武德初，爲主爵郎中，龍朔二年，改爲司封大夫；咸亨元年，復舊。光宅元年，改爲司封郎中。掌封爵、皇室枝族及諸親内外命婦告身及道士女冠等。天寶八載十一月，敕，道士女冠籍，每十載一造，永爲常式。至德二年十一月，敕，道士女冠等，宜依前屬司封曹。

員外郎。一人。隋文帝置，煬帝改爲主爵承務郎。唐武德初，改爲主爵員外郎，其後曹改而官不易也。

司勳郎中。一人。周禮，夏官有司勳上士，掌六卿賞地之法。凡有功者，司勳詔之。歷代無聞。至後周，吏部有司勳上士一人，掌六勳之賞，以等其功，如古之主爵。隋文帝置司勳侍郎，煬帝改爲司勳郎。永徽五年十一月四夜，司勳庫失火，甲曆並盡。龍朔二年，改爲司勳大夫；咸亨初，復故。掌校定勳績，論官賞勳官告身等事。

員外郎。二人。隋文帝置，煬帝改司勳承務郎。唐武德初，爲司勳員外郎。

考功郎中。一人。漢元帝時，〔四八〕京房作考功課吏之法，然無其職。至光武，改尚書三公曹，主歲書考課，課諸州郡。魏尚書有考功、定課二曹。宋元嘉三十年，又置功論郎。並其任也，例在吏部郎中篇。〔四九〕後魏考功郎，掌考第孝秀。北齊，考功郎中亦掌考第及孝秀貢士。隋文帝置考功侍

掌考察內外百官及功臣家傳碑頌誄誌等事。

郎，煬帝改爲考功郎。唐武德初，復爲考功郎中。龍朔二年，改考功爲司績；咸亨初，復舊。

員外郎。一人。隋文帝置，煬帝改考功承務郎。唐武德初，復爲考功員外郎。其後曹改而官不易。武德舊令，考功郎中監試貢舉人。貞觀以來，乃以員外郎專掌貢舉。至開元二十四年，移貢舉於禮部，而考功員外郎分判事而已。

户部尚書侍郎　郎中　員外郎　度支郎中　員外郎　金部郎中　員外郎　倉部郎中　員外郎

户部尚書。周禮，地官大司徒之職也。漢，置尚書郎四人，其一主財帛委輸。至魏文帝，置度支尚書寺，專掌軍國支計。吳有户部，孫休初即位，户部尚書階下讀奏。晉有度支，時杜預爲度支尚書，內以利民，外以備邊。張華爲度支尚書；量計運漕，決定廟算，皆主算也。宋、齊，度支尚書領度支、金部、倉部、起部四曹。梁亦有之。後魏，度支亦掌支計。崔亮爲度支尚書，〔五〇〕經營費用，歲減億計。北齊，度支統度支、倉部、左户、右户、金部、庫部六曹。後周，置大司徒卿一人，如周禮之制，其屬有民部中大夫二人，掌承司徒教，以籍帳之法贊計人民之衆寡。隋初，有度支尚書，則併後周民部之職。開皇三年，改度支爲民部，統度支、民部、金部、倉部四曹。唐修隋志，謂之户部，蓋以太宗之諱故也。唐實自永徽初始改民部爲户部，以太宗在位，詔官名及公私文籍有「世」、「民」兩字不相連者並不諱，至高宗始諱之。顯慶元年，改户部爲度支。龍朔二年，改度支尚書爲司元太常伯；咸亨元

年，復爲户部尚書。初户部居禮部之後，武太后改置天地四時之官，以户部爲地官，由是遂居禮部前。神龍元年，復改地官爲户部，總判户部、金部、度支、倉部事。

臣謹按：漢成帝初置尚書，有民曹，主凡吏民上書，悉經此曹理之。後漢光武改民曹主繕修、功作、鹽池、苑囿。魏，置左民尚書，晉惠帝又加置右民尚書。至于宋、齊、梁、陳，皆有左民尚書。而後魏有左民、右民等尚書，多領工官，非今户部之例。而梁、陳兼掌户籍，此則略同。自周、隋有民部，始爲今户部之職。

侍郎。二人。蓋周官小司徒中大夫也。後周依周官。隋煬帝置民部侍郎。唐因之，後改曰户部。龍朔二年，改爲司元少常伯；咸亨元年，復爲户部侍郎。他時曹名或改而官不易。舊置一員，長安四年加一員，神龍元年減，二年復加。〔五一〕

郎中。二人。漢，尚書郎一人，主户口墾田。吴時，張温爲尚書户曹郎。魏，有民曹郎。晉，分爲左、右民曹。宋、齊以下，或爲左民，或爲左户。後魏，有左户曹郎。北齊，有左、右民曹，例在吏部郎中篇。隋初爲户部侍郎，煬帝除「侍」字，隋末改爲民部郎。唐武德初，爲民部郎中。龍朔二年，改郎中爲大夫；咸亨元年，復舊。他時曹名或改而官號不易。掌户口籍帳賦役、孝義優復蠲免、婚姻繼嗣、百官衆庶園宅、口分永業等。建中二年正月，户部侍郎判度支杜佑奏：「天寶以前，户部民繁，所以郎中、員外各二人判書。自兵興以後，户部事簡，度支事繁，唯郎中、員外各一人，請迴輟郎中、員外各一人分判度支案，待天下兵革息，却歸本曹。」從之。

員外郎。二人。隋文帝置，煬帝改承務郎。唐武德三年，復爲員外郎。

度支郎中。一人。漢初，張蒼善算，以列侯主計居相府，領郡國上計者，謂之計相，殆今度支之任。魏，有度支尚書。晉、宋、齊、梁、陳、後魏，並有。隋初爲度支侍郎，煬帝除「侍」字，唐武德初，加「中」字。龍朔二年，改度支爲司度大夫；咸亨元年，復舊。掌支使國用。至德以後，戎事費多。二年十二月，吕諲爲兵部侍郎平章事，充度支使。寶應元年正月，劉晏爲户部侍郎度支使。〔五二〕貞元二年十二月，〔五三〕韓滉以宰相加度支使。五年二月，〔五四〕竇參爲中書侍郎平章事度支使。自後雖無，亦有他官判，或云權判，亦云專判。

員外郎。二人。改置與户部員外郎同。

金部郎中。一人。周官有職金，掌金玉、錫石、丹青之戒令。〔五五〕魏，尚書有金部郎，歷代多有之。北齊，金部主裁量尺度内外諸庫藏文帳。隋，祖孝徵薦盧昌衡爲尚書金部郎，每謂人曰：「吾用盧子均爲尚書郎，真無媿幽明矣。」隋初爲金部侍郎，〔五六〕煬帝除「侍」字，唐武德中，加「中」字。龍朔二年，改金部爲司珍大夫；咸亨初，復舊。掌庫藏金寶貨物、權衡度量等事。自開元二年，置鑄錢使，皆以他官爲之。

員外郎。一人。改置與户部員外郎同。

倉部郎中。一人。周官有倉人，主藏九穀。又有廩人，主藏九穀之數，賙賜稍食。魏，尚書有倉部郎。後魏，太倉尚書亦其任也。故後魏書曰：「李訢爲太倉尚書，攝南部事，令千里之外，户别轉

運，諂倉輸之。所在委積，延停歲月，大爲困弊。」晉、宋以來，歷代多有倉部曹，皆掌倉廩之事。後周，有地官屬司倉下大夫。隋初，爲倉部侍郎，煬帝除「侍」字，唐武德中，加「中」字。龍朔二年，改倉部爲司庾大夫；咸亨初，復舊。天寶中，改爲司儲；至德初，復舊。掌諸倉廩之事。開元二十六年以後，〔五七〕置出納使，皆以他官爲之。

員外郎。

一人。改置與户部員外郎同。

禮部尚書

侍郎　郎中　員外郎　祠部郎中　員外郎　膳部郎中　員外郎　主客郎中　員外郎

禮部尚書。

唐虞之時，秩宗典三禮。周禮，春官大宗伯，掌建邦之天神、人鬼、地祇之禮。漢成帝置尚書五人，其四曰客曹，主外國夷狄事。後漢，尚書吏部兼掌齋祀，亦其職也。魏，尚書有祠部曹，及晉江左，有祠部尚書，掌廟祧之禮，常與右僕射通職，不常置，以右僕射攝之。歷代皆與右僕射通職。宋，祠部尚書領祠部、儀曹二曹。齊、梁、陳，皆有祠部尚書。後魏，爲儀曹尚書。北齊，祠部尚書統祠部、主客、虞部、屯田、起部五曹。又有儀曹，主吉凶禮制，屬殿中尚書。後周，置春官卿，又有禮部而不言職事，後改禮部爲宗伯。又春官之屬有典命，掌内外九族之差，及玉帛衣服之令，沙門道士之法。後改典命爲大司禮，俄改大司禮復爲禮部，謂之禮部大夫。至隋，置禮部尚書，統禮部、祠部、主客、膳部四曹，蓋因後周禮部之名兼前代祠部儀曹之職。唐龍朔二年，改禮部尚書爲司禮太常伯；咸亨元年，復舊。光宅元年，改禮部爲春官；神龍元年，復舊。總判祠部、禮部、膳部、主客事。

侍郎。一人。周官春官小宗伯中大夫，頗同今任〔五八〕。今侍郎則隋煬帝置。唐因之。龍朔二年，改爲司禮少常伯；咸亨元年，復舊。他時曹名或改而官號不易。掌策試貢舉及齋郎，弘、崇、國子生等事。舊制，考功員外郎掌貢舉。開元二十三年，考功員外郎李昂爲進士李權所詆，〔五九〕朝議以考功位輕，不足以臨多士，至二十四年，遂以禮部侍郎掌焉。開元天寶之中，昇平既久，群士務進，天下髦彦由其取捨，故勢傾當時，資與吏部侍郎等同。

郎中。一人。周官春官肆師下大夫，亦頗同今任。魏，尚書有儀曹郎，掌吉凶禮制。歷代多有，例在吏部郎中篇。宋、齊，儀曹屬祠部。梁書曰：「武帝謂徐勉云，今帝業初基，須一人有學藝解朝儀者爲尚書儀曹郎。勉曰，孔休源識見清通，詳練故事，自晉、宋起居注畧誦，遂拜爲儀曹郎。」後周，依周官。隋初爲禮部侍郎，煬帝除「侍」字，又改爲儀曹郎。唐武德初，改爲禮部郎中。龍朔二年，改爲司禮大夫；咸亨初，復舊。其後曹名或改而官號不易。掌禮樂學校、儀式制度、衣冠符印、表疏册命、祥瑞鋪設、喪葬贈賻及宫人等。

員外郎。一人。周禮，肆師上士。後周依焉。至隋文帝，置禮部員外郎，煬帝改爲儀曹承務郎。唐武德三年，復舊。其後曹改而官不易。

祠部郎中。一人。魏，尚書有祠部郎。歷代皆有，主禮制。後魏裴修爲中大夫兼祠部曹，祠部曹主禮樂，每有疑議，修斟酌故實，〔六〇〕咸有條貫。後周，有典祠中大夫。隋初爲侍郎，煬帝除「侍」字。唐武德中，加「中」字。龍朔二年，改爲司禋大夫；咸亨元年，復舊。延載元年五月，制，天下僧

尼隸祠部，不須屬司賓。開元十一年，改祠部爲職祠；至德初，復舊。掌祠祀、天文、漏刻、國忌、廟諱、卜祝、醫藥等及僧尼簿籍。自天寶六載及至德三年，常置祠祭使，〔六一〕以他官爲之。

員外郎。一人。改置與户部員外郎同。

膳部郎中。一人。膳部於周官即膳夫、凌人二職也。晉，尚書有左士、右士曹。後魏，都官尚書管左士郎。北齊，改左士爲膳部郎，掌侍官百司禮食肴饌，屬都官尚書。後周，有膳部大夫一人，亦掌飲食，屬大冢宰。隋，膳部屬祠部，初置侍郎，煬帝除「侍」字，唐武德中，加「中」字。龍朔二年，〔六二〕改爲司膳；至德初，復舊。掌飲膳藏冰及食料。

員外郎。一人。改置與户部員外郎同。

主客郎中。一人。漢成帝初置五尚書，有客曹，主外國夷狄。後漢光武分改爲南主客、北主客二曹。魏，亦有南主客。晉氏，分爲左、右、南、北四主客，或單爲客曹。宋、齊、梁、陳，單有主客。後魏，吏部管南主客，祠部管左主客。北齊，改左主客爲主爵，南主客爲主客。隋初爲侍郎，煬帝除「侍」字，尋又改爲司藩郎。〔六三〕唐武德初，改爲主客郎中。龍朔二年，又改主客爲司藩；咸亨元年，復舊。掌二王後及諸藩朝聘。

員外郎。一人。改置與户部員外郎同。

兵部尚書侍郎　郎中　員外郎　職方郎中　員外郎　駕部郎中　員外郎　庫部郎中　員外郎

兵部尚書。周禮，夏官大司馬之職也。魏，置五兵尚書。五兵謂中兵、外兵、騎兵、别兵、都兵

也。晉初無，太康中乃有之，而又分中兵、外兵各爲左、右，與舊五兵爲七曹。然尚書唯置五兵而已，無七兵尚書之名。後魏始有七兵尚書。今諸家或謂晉太康中置七兵尚書，誤矣。宋，五兵尚書唯領中兵、外兵二曹，餘則無矣。齊、梁、陳，皆有之。後魏，爲七兵尚書。北齊，爲五兵，統五曹：曰左中兵，掌諸都督告身、諸宿衛官；曰右中兵，掌畿内丁帳事、諸兵力士；曰左外兵，掌河南及潼關以東諸州丁帳，及發召諸兵；曰右外兵，掌河北及潼關以西諸州，所典與左外兵同；曰都兵，掌鼓吹、太樂、部小兵等事。後周，置大司馬，其屬又有兵部中大夫，小兵部下大夫，其職並闕。至隋，乃有兵部尚書，統兵部、職方、駕部、庫部四曹，蓋因後周兵部之名兼前代五兵之職。唐龍朔二年，改兵部尚書爲司戎太常伯；咸亨元年，復舊。光宅元年，改爲夏官；神龍元年，復舊。天寶十一年，改爲武部；至德初，復舊。掌武官選舉，總判兵部、職方、駕部、庫部事。其分領選舉亦爲二銓制，如吏部。尚書所掌，謂之尚書銓，侍郎所掌，其一爲中銓，其一爲西銓，各有印。

侍郎。二人。隋煬帝置。唐因之。龍朔二年，改爲司戎少常伯；咸亨元年，復舊。他時曹名或改而官不易。舊制一員，總章元年，加一員。掌署武職、武勳官、三衛及兵士以上簿書，朝集、禄賜，假告、〔六四〕使差、發配，親士帳内考覈及給武職告身。

郎中。二人。歷代兵部曹皆有郎，見尚書中。或單爲郎，或置郎中，例在吏部郎中篇。隋初爲兵部侍郎，煬帝除「侍」字，又改爲兵曹郎。唐武德三年，改爲兵部郎中。龍朔二年，改爲司戎大夫；咸亨元年，復舊。掌與侍郎同。

員外郎。二人。隋文帝置兵部員外郎，煬帝改爲兵曹承務郎。唐武德三年，復舊。其後曹改而官不易。

職方郎中。一人。周禮，夏官有職方氏，掌天下之圖，辨九州之國。歷代無聞。至後周，依周官。隋初有職方侍郎，煬帝除「侍」字，唐武德中，加「中」字。龍朔二年，改爲司城大夫；咸亨元年，復舊。掌地圖、城隍、鎮戍、烽候、防人、路程遠近、歸化酋渠。

員外郎。一人。周官，夏官職方上士。後周，依周官。隋，改置，與户部員外郎同。

駕部郎中。一人。周禮，夏官之屬有輿司馬之職，是其任也。魏、晉，尚書有駕部郎。宋時，駕部屬左民尚書。齊，亦有之。後魏與北齊，並曰駕部郎中。後周，有駕部中大夫，屬夏官。隋初爲駕部侍郎，屬兵部。辛公義爲駕部侍郎，勾檢馬牧，所獲十餘萬匹，〔六五〕文帝喜曰：「唯我公義，奉國竭忠。」煬帝除「侍」字。唐武德三年，加「中」字。龍朔二年，改爲司輿大夫；咸亨初，復舊。天寶中，改駕部爲司駕；至德初，復舊。掌輿輦車乘、郵驛廄牧，司牛馬驢騾闌遺之政。開元十八年閏六月，敕：「比來給傳使人，爲無傳馬，〔六六〕事頗勞煩。自今以後，應乘傳者，宜給紙券。」〔六七〕二十三年七月，敕：「新除都督、刺史，并關三官州上佐，並給驛發遣。」二十八年六月，敕：「有陸驛處，不得置水驛。」〔六八〕自二十年以後，常置館驛使，以他官爲之。

員外郎。一人。周官有輿上士。後周有小駕上士，蓋其任也。至隋，置與户部同。

庫部郎中。一人。周官有司甲，掌戈盾弓矢之長，各辨其物，以待軍事。魏，尚書有庫部郎。

晉因之。宋，庫部主兵仗。文帝宴會，有荒服外歸化人，帝問尚書庫部郎顧琛曰：「庫中仗有幾許？」琛詭對曰：「有十萬人仗。」舊武庫仗多祕不言，帝既失問，及琛詭對，善之。歷代或有或闕，後魏、北齊，庫部屬度支尚書，掌凡戎仗器用。後周，有武藏中大夫。〔六九〕隋，屬兵部，初爲庫部侍郎，煬帝除「侍」字，唐武德中，加「中」字。龍朔二年，改爲司庫大夫；咸亨初，復舊。後天寶十一年，又改庫部爲司庫；至德初，復舊。掌軍器、儀仗、鹵簿法式及乘具等。

員外郎。一人。周官有司兵中士。後周，有小武藏下大夫。隋，改置，與户部同。

刑部尚書 侍郎　郎中　員外郎　都官郎中　員外郎　比部郎中　員外郎　司門郎中　員外郎

刑部尚書。唐虞之時，士官以正五刑。周禮，秋官大司寇之任也。漢成帝時，尚書初置二千石曹，主郡國二千石。又置三公曹，主斷獄。後漢光武改三公曹主歲盡考課諸州郡政，二千石曹掌中都官水火、盜賊、辭訟、罪法，亦謂之賊曹，重於諸曹。吳、晉以來，始重吏部。魏青龍二年，置尚書都官郎，佐督軍事。晉，復以三公尚書掌刑獄。宋，三公、比部皆主刑法。又置都官尚書，主軍事刑獄，領都官、水部、庫部、功論四曹。齊、梁、陳，並有都官尚書。後魏，亦有都官尚書。北齊，都官統都官、二千石、比部、水部、膳部五曹。又有三公曹，掌諸曹囚帳斷罪赦日建金雞等事，又掌五時讀時令，屬殿中尚書。後周，有秋官大司寇卿，掌刑邦國。其屬官又有刑部中大夫，掌五刑之法。隋初有都官尚書。開皇三年，改都官爲刑部尚書，統都官、〔七〇〕刑部、比部、司門四曹，亦因後周之名。唐因之。龍

朔二年，改刑部尚書爲司刑太常伯；咸亨元年，復舊。武太后改刑部爲秋官；神龍初，復舊。天寶中，改爲憲部；至德初，復舊。總判刑部、都官、比部、司門事。

侍郎。一人。周官，小司寇中大夫，蓋今任也。後周，依周官。至隋煬帝，置刑部侍郎。唐因之。龍朔二年，改爲司刑少常伯；咸亨元年，復舊。他時曹名或改而官號不易。掌律令定刑名及諸州應奏之事。

郎中。二人。周官，大司寇屬官有士師下大夫，蓋今任也。漢，尚書有三公曹。後漢，有二千石曹。魏，有都官曹。皆掌刑法獄訟之事。歷代沿革，具尚書中。或爲侍郎，或置郎中，例在吏部郎中篇。後周，有小刑部下大夫，屬秋官府。隋初置刑部侍郎，煬帝除「侍」字，又改憲部郎。唐武德三年，改爲刑部郎中。龍朔二年，改爲司刑大夫；咸亨元年，復舊。與侍郎同。

員外郎。二人。隋文帝置刑部員外郎，煬帝改爲憲部承務郎。唐武德三年，改爲刑部員外郎。其後曹改而官不易。

都官郎中。一人。漢，司隸校尉屬官有都官從事，掌中都官不法事。後漢，又改尚書二千石曹，掌中都官水火盜賊。魏青龍二年，始置尚書都官郎，佐督軍事。晉、宋，尚書都官兼主刑獄。歷代事具尚書中，其官例在吏部郎中注。後周，則曰司厲。隋初爲都官侍郎，掌簿録配没官私奴婢良賤訴競俘囚等事。煬帝除「侍」字，置員外二人。唐武德二年，加「中」字，減一人。龍朔二年，改爲司僕大夫；咸亨元年，復舊。

員外郎。一人。周官曰司厲下士，蓋並今任也。後周依焉。隋，改置，與户部同。

比部郎中。一人。魏，尚書有比部曹。晉因之。宋時，比部主法制。齊、梁、陳，皆有比部曹。後魏亦然。北齊，掌詔書律令勾檢等事。後周，曰計部中大夫，蓋其任也。隋初爲比部侍郎，煬帝除「侍」字。唐武德中，加「中」字。龍朔二年，改爲司計大夫；咸亨元年，復舊。天寶十一年，又改比部爲司計；至德初，復舊。掌内外諸司俸料、公廨及公私債負、徒役功程、贓贖物帳及勾用度物。

員外郎。一人。改置，與户部員外郎同。

司門郎中。一人。周禮，地官有司門下大夫，掌授管鍵啓閉。歷代多闕。至後周，依周官。隋初有司門侍郎，煬帝除「侍」字。唐武德三年，加「中」字。龍朔二年，改爲司門大夫；咸亨元年，復舊。掌門籍關橋及道路過所闌遺物事。

員外郎。一人。周官有司門上士。後周依焉。後改置，與户部同。

工部尚書侍郎　郎中　員外郎　屯田郎中　員外郎　虞部郎中　員外郎　水部郎中　員外郎

工部尚書。周禮，冬官，其屬有考工，掌百工之事，曰：「國有六職，百工是其一焉。」漢成帝初置尚書，有民曹，主凡吏民上書。後漢光武改民曹主繕修、功作、鹽池、園苑之事。魏置左民尚書，亦領其職。晉、宋以來，有起部尚書，而不常置，每營宗廟宫室則權置之，事畢則省，以其事分屬都官、左

民二尚書。北齊，起部亦掌工造，屬祠部尚書。後周，有冬官大司空卿，掌五材九範之法。其屬有工部中大夫二人，承司之事，掌百工籍而理其禁令。至隋，乃有工部尚書，統工部、屯田二曹，蓋因後周工部之名兼前代起部之職。唐龍朔二年，改工部尚書爲司平太常伯；咸亨元年，復舊。武太后改工部爲冬官；神龍初，復舊。總判工部、〔七一〕屯田、虞部、水部事。

侍郎。一人。〔七二〕隋煬帝改置工部侍郎。唐因之。龍朔二年，改司平少常伯；咸亨元年，復舊。他時曹名或改而官不易。掌興造工匠諸公廨屋宇五行並紙筆墨等事。

郎中。一人。晉，尚書有起部曹。歷代皆有，具尚書中。隋初爲工部侍郎，煬帝除「侍」字，又改爲起部郎。唐武德三年，〔七三〕改爲工部郎中。龍朔二年，改爲司平大夫；咸亨元年，復舊。其後曹名改而官不易。所掌與侍郎同。

員外郎。一人。隋文帝置工部員外郎，煬帝改爲起部承務郎。唐武德三年，復爲工部員外郎。其後曹改而官不易。

屯田郎中。一人。漢成帝置尚書郎四人，其一人主户口墾田，蓋尚書屯田郎之始也。至魏，尚書有農部郎，又其職也。晉，始有屯田郎中。及太康中，謂之田曹，後復爲屯田。江左及宋、齊，則左民郎中兼知屯田事。梁、陳，則曰侍郎。後魏、北齊，並爲屯田郎。隋初爲屯田侍郎，兼掌儀式之事。煬帝除「侍」字。唐武德三年，加「中」字。龍朔二年，改爲司田大夫；咸亨元年，復舊。掌屯田、

官田、諸司公廨官人職分賜田及官園宅等。

員外郎。一人。改置，與户部員外郎同。

虞部郎中。一人。虞部蓋古虞人之遺職。至魏，尚書有虞曹郎中。晉因之。梁、陳曰侍郎。後魏、北齊，虞曹掌地圖、山川、近遠園圃、田獵雜味等，並屬虞部尚書。後周，有虞部下大夫一人，掌山澤草木鳥獸而蕃阜之。又有小虞部，並屬大司馬。隋初爲虞部侍郎，屬工部。煬帝除「侍」字，唐武德中，加「中」字。龍朔二年，改司虞大夫；咸亨元年，復舊。天寶十一年，又加虞部爲司虞；至德初，復舊。掌京城街巷種植、山澤苑囿草木、薪炭供須、田獵等事。

員外郎。一人。隋初置，與户部員外郎同。唐龍朔以後，曹名改而官不易也。

水部郎中。一人。周禮，夏官有司險，掌設國之五溝五塗而達其道路，蓋其職也。魏，尚書有水部郎。歷代或置或否。後魏、北齊，有水部，屬都官尚書，亦掌舟船津梁之事。後周，有司水大夫。隋初爲水部侍郎，屬工部。煬帝除「侍」字。唐武德三年，加「中」字。龍朔二年，改爲司川大夫；咸亨元年，復舊。天寶中，改水部爲司水；至德初，復舊。掌川瀆津濟、船艫、浮橋、渠堰、漁捕、運漕、水碾磑等事。

員外郎。一人。後周，小司水上士。隋，改置，與户部員外郎同。唐龍朔二年以後，曹名改而官不易。

校勘記

〔一〕「其任猶輕」，「猶」，原作「尤」，據通典二二改。

〔二〕「面置一人」，汪本「面」作「而」，據元本、明本、于本、殿本改。

〔三〕「謂之八國常侍」，「常侍」二字脱，據魏書官氏志補。

〔四〕「後濟南王以太子監國」，「南」，原作「北」，據北齊書趙郡王琛傳、北史齊宗室諸王傳改。

〔五〕「咸通初復舊」，北宋本通典二二文同，殿本通典「咸通」作「通天」。兩唐志皆無此文，惟唐會要五七作「咸亨初復爲尚書省」，但會要上文已有「咸亨元年（六七〇年）十二月二十三日改爲尚書省」，而在「垂拱元年（六八五年）二月二日改爲都臺」之後，又記此文，明顯有誤。通典與會要同誤，通志則承用其文而誤。會要下文又云：「長安三年（七〇三年）閏四月十五日又改爲中臺。」按武后時期，官名多改動，在垂拱元年至長安三年之間，尚書省似曾有一次改名，惟確切年代已難考定，後人妄改「咸通」爲「通天」，實無依據，且武后之年號爲「萬歲通天」，亦不能省稱爲「通天」。又「咸通」應爲「咸亨」，參看本書職官略第二校記〔五一〕。

〔六〕「咸康中分置三録」，「咸」，原作「成」，據宋書百官志上改。

〔七〕「廢帝昭文思蒸魚」，「昭文」，原作「昭業」，據南齊書海陵王紀、南史齊本紀改。

〔八〕「僕射分置左右」，「僕射」，原作「侍者」，據晉書職官志改。

〔九〕「置祠部尚書以掌右事」，汪本「右」作「一」，據元本、明本、于本、殿本改。

〔一〇〕「宋尚書僕射勝右減左右居二者之間」，通典二二文同。按唐六典卷一作：「宋百官階次云：『尚書僕射，勝右減左，望在二者之間。』」

〔一一〕「王弘爲僕射奏彈康樂縣侯謝靈運淫其孽女」，按，宋書王弘傳作：「康樂縣公謝靈運力人桂興淫其孽妾，殺興江涘。」本文節録頗失原意。

〔一二〕「凡僕射掌朝軌尚書掌讞奏」，「軌」，原作「覲」，「讞」，原作「獻」，據南齊書百官志、通典二二改。

〔一三〕「宜日別録制敕」，「日」，原作「曰」，據殿本改。

〔一四〕「執版對揖」，「對」字脱，據後漢書百官志三注補。

〔一五〕「選用署吏」，「署」，原作「置」，據晉書職官志改。

〔一六〕「改爲左右肅機」，「機」，原作「譏」，據唐六典一、唐會要五八、舊唐書職官志二、新唐書百官志一改。

〔一七〕「勾吏部禮部户部等十二司」，「勾」，原作「幹」，據通典二二、舊唐書職官志二改。

〔一八〕「近忘匹好」，「忘」，原作「志」，據隋書元壽傳改。

〔一九〕「刺省詳決」，「刺」下衍「史」字，據梁書到洽傳删。

〔二〇〕「主作文書起草」，「起」字脱，據後漢書百官志三、晉書職官志補。

〔二一〕「奏事明光殿因得省中省中皆以胡粉塗壁畫古賢烈女」，「因得」二字及上「中」字脱，據唐六典一補。「古賢烈女」，六典文同，宋書百官志上作「古賢烈士」。

〔二二〕「比部南主客」、「中兵」，汪本「比」作「北」，「客」作「官」，據元本、明本、殿本改。于本「比」亦作「北」，「客」字不誤。汪本「兵」作「員」，據元本、明本、于本、殿本改。

〔二三〕「婦父謝安惡之」，「婦父」，原作「媢人」，據晉書王國寶傳、通典二二改。

〔二四〕「梁王筠除尚書殿中郎」，「筠」，原作「均」，據元本、殿本改。

〔二五〕「至開皇六年」，「六」，原作「三」，據隋書百官志下、唐六典一改。

〔二六〕「侍郎闕則羞其曹事」，「羞」，原作「離」，據隋書百官志下改。

〔二七〕「尋又每減一郎」，汪本「又」作「文」，據元本、明本、于本、殿本改。

〔二八〕「漢光禄勳有南北庭主事」，汪本「禄」作「武」，據元本、明本、于本、殿本改。

〔二九〕「三署主事」，「主」，原作「之」，據唐六典一改。

〔三〇〕「蕃亦不止」，「止」，原作「正」，據元本、殿本改。

〔三一〕「豈宜以公禮格之」，「格」，原作「隔」，據後漢書范滂傳、通典二二改。

〔三二〕「尚書諸司置主事令史」，汪本「司」作「事」，據元本、明本、于本、殿本改。

〔三三〕「類多小人」，汪本「小」作「少」，據元本、明本、于本、殿本改。

〔三四〕「請郎補千石」，「郎」，原作「卽」，據元本、通典二二改。
〔三五〕「後遷至尚書令」，「令」下衍「史」字，據三國志蜀志諸葛亮傳删。
〔三六〕「堅見其瓌傑」，「瓌」，原作「瓌」，據元本、殿本改。
〔三七〕「隋牛弘嘗問於騎尉劉炫」，「嘗」，原作「常」，據隋書儒林傳改。
〔三八〕「歲終考其殿最」，「殿最」二字互倒，據隋書儒林傳改。
〔三九〕「若此之相懸也」，「懸」，原作「遠」，據隋書及北史儒林傳改。
〔四〇〕「齊氏立州不過數十三府行臺遞相統領」，「數」字脱，「三」，誤作「二」，據隋書儒林傳補改。
〔四一〕「官事不省而欲從容」，「事」字脱，據隋書儒林傳補。
〔四二〕「孝武永熙三年」，「孝武」，原作「孝文」，據北史魏本紀、周書文帝紀上改。
〔四三〕「武器二人」，「器」，原作「品」，據殿本、通典二二改。
〔四四〕「户刑爲中行」，「刑」，原作「部」，據通典二二改。殿本作「户部刑部爲中行」，下句仍作「禮工爲後行」，應以通典爲正。
〔四五〕「當裁處之」，「之」字脱，據通典二三補。
〔四六〕「袁叔得沈密謹厚」，「叔」，原作「淑」，「得」字脱，據北史辛雄傳改補。
〔四七〕「給事尚書」，「尚書」，原作「郎中」，據通典二三改。

〔四八〕「漢元帝時」，「元帝」，原作「明帝」，據漢書京房傳改。
〔四九〕「宋元嘉三十年又置功論郎並其任也例在吏部郎中篇」，「十」字脱，據宋書百官志上補。「例」，原作「列」，據通典二三改。
〔五〇〕「張華爲度支尚書」、「崔亮爲度支尚書」，汪本「華」作「革」，「崔」作「催」，據元本、明本、于本、殿本改。
〔五一〕「二年復加」，「二年」，明本、汪本皆作「一年」，據元本、于本、殿本改。
〔五二〕「劉晏」，汪本「晏」作「宴」，據元本、明本、于本、殿本改。
〔五三〕「貞元二年十二月」，「貞元」二字、「十」字皆脱，據舊唐書德宗紀上、韓滉傳補。
〔五四〕「五年二月」，「年」，原作「月」，「月」，原作「日」，據唐會要五九改。
〔五五〕「掌金玉錫石丹青之戒令」，「戒」字脱，據周禮秋官補。
〔五六〕「隋初爲金部侍郎」，汪本「部」作「郎」，據元本、明本、于本、殿本改。
〔五七〕「開元二十六年以後」，「二」字脱，據唐會要五九、通典二三補。
〔五八〕「周官春官小宗伯中大夫頗同今任」，「中大夫頗同今任」七字脱，據通典二三補。
〔五九〕「李昂爲進士李權所詆」，「詆」，原作「抵」，據通典二三改。
〔六〇〕「修斟酌故實」，「修」下衍「撰」字，據魏書裴修傳删。
〔六一〕「常置祠祭使」，「祭」，原作「部」，據唐會要五九改。

〔六二〕「龍朔二年」，汪本「二」作「三」，據元本、明本、于本、殿本改。

〔六三〕「尋又改爲司藩郎」，「藩」，原作「籍」，據隋書百官志下、唐六典四改。

〔六四〕「禄賜假告」，「禄」，原作「録」，「告」字脱，據新唐書百官志一改補。

〔六五〕「所獲十餘萬匹」，「十」，原作「千」，據隋書與北史循吏傳改。

〔六六〕「爲無傳馬」，「無」，原作「先」，據唐會要六一改。

〔六七〕「宜給紙券」，「宜」，原作「官」，據唐會要六一改。

〔六八〕「不得置水驛」，「不」字脱，據唐會要六一補。

〔六九〕「後周有武藏中大夫」，汪本「藏」作「職」，據元本、明本、于本、殿本改。

〔七〇〕「統都官」，「官」下原衍「爲」字，據元本、殿本、通典二三删。

〔七一〕「總判工部」，「工」，原作「二」，據元本、殿本、通典二三改。

〔七二〕「一人」，汪本「一」字空格，據元本、明本、于本、殿本補。

〔七三〕「武德三年」，「三」，原作「二」，據元本、殿本、通典二三改。

八閩文庫

八閩文庫

八閩文庫

要籍選刊

36

通志略

三

[宋]鄭樵 撰

王樹民 點校

海峽出版發行集團
THE STRAITS PUBLISHING & DISTRIBUTING GROUP
福建人民出版社

職官略第四

御史臺第六

御史之名，周官有之，蓋掌贊書而授法令，非今任也。戰國時亦有御史，秦、趙澠池之會，各命書其事；又淳于髡謂齊王曰，「御史在前」，〔一〕則皆記事之職也。至秦、漢，爲糾察之任。秦以御史監郡。漢初，叔孫通新定禮儀，以御史執法，舉不如儀者輒引而去是也。所居之署，〔二〕漢謂之御史府，亦謂之御史大夫寺，漢御史大夫寺在大司馬門内，無塾，其門署用梓版，不臒色，〔三〕題曰「御史大夫寺」。亦謂之憲臺。成帝時，御史府吏舍百餘區井水皆竭，又其府中列柏樹，常有野烏數千棲宿其上，晨去暮來，號曰朝夕烏。烏去不來者數月，長老異之，後果廢御史大夫爲大司空，是其徵也。後漢以來，謂之御史臺，亦謂之蘭臺寺。顔師古曰：「官曹通名爲寺。」應劭官儀曰：「廷尉案責上御史臺。」又謝靈運晉書曰：「漢尚書爲中臺，御史爲憲臺，謁者爲外臺，是謂三臺。」後漢蔡邕，以侍御史轉治書御史，遷尚書，三日之間，周歷三臺。〔四〕梁及後魏、北齊，或謂之南臺。東魏時，高澄用崔暹爲御史中尉，宋遊道爲尚書左丞，謂之曰：「卿一人處南臺，一人處北省，當使天下肅然。」後魏之制，有公事，百官朝會，名簿自尚書令、僕以下悉送南臺。後魏臨洮王舉哀，兼尚書左僕射元順不肯送名，〔五〕詔又不送簿。中尉舉彈之，順奏曰：「尚書百揆之本，令、僕，納言之貴，不宜下隸中尉，送名御史。」詔許之。後元子思爲御史中尉，朔朝，臺移尚書索應朝名帳，尚書郎裴獻伯移注云：〔六〕「按蔡氏漢儀，御史中尉逢臺郎於複道，中尉下避執板，郎中車上舉手禮之。以此而言，明非敵體。」子思奏曰：「臣按漢書，御史中丞爲獨坐。又案魏書曰：『崔琰爲中丞，百寮震恐。』則中丞不揖省郎，亦已久矣。憲臺不屬都堂，〔七〕亦非今日。又按孝文帝職令：『朝會失時，則御史彈之。』若不送名，到否何驗？獻伯等亂常變紀，請付法。」詔曰：「國異政，不可據以古事。檢孝文帝舊格以聞。」〔八〕尋從子思奏。後周曰司憲，屬秋官府。隋及唐皆曰御史臺。龍朔二年，改爲憲臺；咸亨元年，復舊。門北闢，主陰殺也。按北齊楊楞伽鄴都故事云：「御史臺在宮闕西南，其門北開，取冬殺之義。」斯事久矣。今東都臺門所以不北向者，蓋欲變古之制，或建造者不習故事耳。唐龍朔中，改司經局爲桂坊，置司直，爲東宮之憲府，亦開北門，以象御史臺，其例明矣。或云，隋初置長安城，造御史臺，時有兵部尚書李圓通檢校御史大夫，〔九〕欲於尚書省近，故開北門。此說非也。故御史爲風霜之任，彈糾不法，百僚震恐，官之雄峻，莫之比焉。

舊制，但聞風彈事，提綱而已，舊例，御史臺不受訴訟，有通辭狀者，立於臺門候御史，御史往門外收採，如可彈者，略其姓名，皆云「風聞訪知」。唐永徽中，崔義玄爲大夫，始定受事御史，人知一日，劾狀題告人姓名或訴訟之事。其鞫案禁繫，則委之大理。貞觀末，御史中丞李乾佑以囚自大理來往，滋其姦僞，又按事入法，多爲大理所反，乃奏於臺中置東西二獄，以自繫劾。開元中，大夫崔隱甫復奏罷之。其後罕有聞風彈舉之事，多受辭訟，推覆理盡，然後彈之。將有彈奏，則先牒監門，禁止勿許其入。按宋書云，二臺劾奏，符光禄加禁止，不得入殿省，是其先例。光禄主殿門。武太后時，改御史臺爲肅政臺，凡置左、右肅政二臺，別置大夫、中丞各一人，侍御史、殿中監察各二十人，又置肅政臺使六人，尋罷之。左以察朝廷，右以澄郡縣。時議以右多名流，左多寒畯，其遷登南省者，右殆倍焉，以其不陵朝貴故也。二臺迭相糾正，而左加畏憚。神龍以後，〔一〇〕去肅政之名，但爲左、右御史臺。初置兩臺，每年春秋發使，春曰風俗，秋曰廉察，令地官尚書韋方質爲條例，删定爲四十八條，以察州縣。載初以後，奉敕乃巡，不每年出使也。睿宗即位，詔二臺並察京師，資位既等，競爲彈糾，百僚被察，殆不堪命。太極元年，以尚書省悉隸左臺，月餘，右臺復請分綰尚書西行事，左臺大夫竇懷貞乃表請依貞觀故事，遂廢右臺，而本御史臺官復舊，廢臺之官並隸焉。大夫一人，中丞二人，侍御史四人，殿中侍御史六人，監察御史十人，主簿一人。內供奉裏行者，各如正員之半。太宗朝始有裏行之名，高宗時方置內供奉及裏行官，皆非正官也。開元初，又置御史裏使、殿中裏使、監察裏使等官，並無定員，義與裏行同。穆思泰、元光謙、吕太一、翟章並爲裏使，尋省。建中三年九月，御史臺請置推官二人，〔一二〕常與本臺御史同推覆，奉敕依。

其臺憲故事，官資輕重，則杜易簡、韓琬注記詳焉。杜易簡撰御史雜注四卷。韓琬撰御史臺記十二卷。

御史大夫中丞　侍御史　殿中侍御史　監察侍御史　主簿

御史大夫。秦官，侍御史之率，故稱大夫。漢因之，位上卿，銀印青綬，掌副丞相。故事，選郡守相高第爲御史大夫，任職者爲丞相。成帝綏和元年，更名大司空。成帝欲修辟雍，通三公官，故改御史大夫爲大司空，金印紫綬，秩比丞相。哀帝建平二年，朱博奏請罷大司空，以御史大夫爲百僚帥。帝從之，遂復爲御史大夫，皆宰相之任。元壽二年，復爲大司空。凡爲御史大夫，而丞相次也，其心冀幸丞相物故，或乃陰私相毁害，欲代之。故史記謂鄭弘爲大夫，守之數年不得，匡衡居之，未滿歲而丞相死，即代之。後漢初，廢御史大夫。至建安十三年，罷三公官，始復置之。以郗慮居焉，不領中丞，置長史一人。魏黄初二年，又改御史大夫爲司空。末年，復有大夫。而吴有左、右焉。晉書曰，魏以司空何曾爲晉國丞相，以王沈爲御史大夫，吴孫休以丁密、孟宗爲左、右御史大夫是也。晉初，省之。此皆爲三公，非今御史大夫也。今御史大夫，即漢以來御史中丞是也。後代或置大夫，皆中丞之互名，非漢舊大夫之任。唯劉聰僭號，置御史大夫，亞於三公，頗似漢制也。

臣謹按：漢舊儀，拜御史大夫爲丞相，左、右、前、後將軍贊，五官中郎將授印。拜御史大夫，二千石贊，左、右郎將授印。

中丞。初，漢御史大夫有兩丞：一曰御史丞，一曰中丞，亦謂中丞爲御史中執法。漢高帝詔徵賢良，御史大夫下相國，相國下諸侯王御史中執法。晉灼曰：「中執法，中丞也。」中丞在殿中蘭臺，有石室以藏祕書圖讖之屬。以其在殿中，故曰中丞。外督部刺史，內領侍御史十五員。受公卿奏事，舉劾案章，蓋居殿中察舉非法也。及御史大夫轉爲大司空，而中丞出外爲御史臺率，即隋、唐御史大夫任也。周官小宰之職，掌建邦之宫刑，以治王宫之政令，凡宫之糾禁。注曰：「若今御史中丞。」初，御史大夫更名大司空，置長史，而中丞官職如故。武帝時，以中丞督司隸，司隸督丞相，丞相督司直，司直督刺史，刺史督二千石下至墨綬。哀帝元壽二年，御史中丞更名御史長史。後漢光武復改爲中丞。兩梁冠，銅印青綬，與尚書令、司隸校尉，朝會皆專席而坐，京師號爲獨坐，言其尊也。凡中丞以下至侍御治書，並文官，屬少府。魏初，改中丞爲宫正，舉鮑勛爲之，百僚嚴憚。後復爲中丞。晉亦因漢，以中丞爲臺主，與司隸分督百僚，自皇太子以下無所不糾，初不得糾尚書，後亦糾之，從傅咸之奏也。中丞專糾行馬內，司隸專糾行馬外，雖制如是，然亦更奏衆官，實無其限。宋，中丞一人，每月二十五日繞行宫垣白壁。漢志，執金吾每月一日繞行宫城。疑是省金吾此事併中丞也。銅印墨綬，進賢兩梁冠，佩水蒼玉，介幘，絳朝服。孝武帝孝建二年，制，中丞與尚書令分道，雖丞、郎下朝相值，亦得斷之，餘內外衆官皆受停駐。齊，中丞職無不察，專道而行，騶輻禁呵，加以聲色，武將相逢，輒致侵犯，若有鹵簿，至相毆擊。梁國初建，又置御史大夫。天監元年，復曰中丞。中丞一人，掌督司百僚，皇太子以下，〔一二〕其在宫門行馬内違法者，皆糾彈之，雖在行馬外，而監司不糾，亦得奏之。專道而行，逢尚書丞、郎亦得停駐。其尚書令、僕、御史中丞，各給威儀十人。自齊、梁皆謂中丞爲南司。江淹爲中丞，齊明帝謂曰：「今君爲南司，足以震肅百僚也。」陳因梁制。江左中丞，雖亦一時髦彦，然膏粱名士猶不樂。王氏分枝居烏衣者，爲官微減，僧虔爲此官，乃曰：「此是烏衣諸郎坐處，我亦可試爲耳。」後魏，爲御史中尉，督司百僚。其出入千步清道，與皇太子分路，王公百辟咸使遜避，其餘百僚下馬弛車止路傍，其違緩者，以棒棒之。其後洛陽令得與分道。自東魏徙鄴，無復此制。北齊高道穆爲御史中丞，武成帝姊壽陽公主犯清路，呵之不止，道穆令卒棒破其車，主泣訴於帝，帝不責道穆，謂曰：「家姊行路相犯，極以爲媿。」後周，有司憲中大夫二人，掌司寇之法，辨國之五禁。隋，以國諱改中丞爲大夫。唐，因隋亦曰大夫。龍朔二年，改爲大司憲；咸亨初，復舊。武太后改置左、右肅政臺御史大夫各一人；太極初，復舊。掌肅清風俗，彈劾内外，總判臺事。故事，侍御史以下與大夫抗禮。光宅元年九月，韋思謙除右肅政大夫，〔一三〕遂坐受拜。其後大夫又與之抗禮。至開元十八年，有敕申明隔品致敬，其禮由之不改。至二十四年六月，李適之爲大夫，又坐受拜。後復與抗禮，至後不改。御史中丞，舊治書侍御史也。初，漢宣帝元鳳中，感路温舒尚德緩刑之言，季秋後請讞，時帝幸宣室，齋居而決事，令侍御史二人治書。治書御史起於此也，後因别置。冠法冠，有印綬，與符節郎共平廷尉奏事罪當輕重。後漢亦二人，銅印青綬，選明法律者爲之。蔡質漢儀曰：「選御史高第者補之。」凡天下諸讞疑事，〔一四〕掌以法律當其是非。自桓帝之後，無所平理，苟充其位而已。魏置治書執法，掌奏劾，而治書侍御史掌律令，二官俱置。晉，置四人。泰始四年，又置黄沙獄治書侍御史一人，秩與中丞同，掌詔獄及廷尉不當者，皆理之。後并河南，〔一五〕遂省黄沙治書侍御史。及太康中，又省治書侍御史二員。魏、晉以來，治書侍御史分掌侍御史所掌諸曹，若尚書二丞。宋代，掌舉劾；齊、梁並同，皆統侍御史。自宋、齊以來，此官不重，自郎官轉治書者，謂之南奔。梁天監初，始重其選，車前依尚書二丞給三騶，執盛印青囊，舊事糾彈官印綬在前故也。後魏，掌糾禁内朝會失時，服章違錯，饗宴會見，悉所監之。北齊，亦有焉。後周，有司憲上士二人，亦其任也。隋，又爲治書侍御史，臺中簿領悉以主之。唐永徽初，高宗即位，以國諱故，改治書侍御史爲御史中丞。龍朔二年，改爲司憲大夫。咸亨元年，復爲中丞，二人。亦時有内供奉。職副大夫通判臺事。開元二十一年三月，置京畿都採訪處置使，以中丞爲之。

臣謹按：漢中丞，故二千石爲之，或選侍御史高第執憲中司，出爲二千石。又按：宋文帝元嘉十三年，有司奏：「御史中丞劉式之議：『每至出行，未知制與何官分道。舊科法唯稱，中丞專道，傳詔荷信，詔喚衆官，〔一六〕應詔者得行，制令無分別他官之文。皇太子不宜與衆同例，中丞應與分道。揚州刺史、丹楊尹、建康令，並是京輦土地之主，或檢校非違，或赴救水火，事應神速，不宜稽駐，並合分道。又尋六門則爲行馬之内，且禁衛非違，並由二衛及領軍。』既非郡縣界，則京尹、建康令即不合依門外也。」又按：後魏元志爲洛陽令，與中尉李彪争路，俱入見。彪曰：「御史中尉，辟乘華羽蓋，駐論道劍鼓。安有洛陽令與臣抗衡？」志曰：「臣神州縣主，普天之下，誰非編民？豈有俯同衆官，趨避中尉！」孝文遂令分路。

侍御史。於周爲柱下史，老聃嘗爲之，以其在殿柱之閒，故曰柱下史。秦時，張蒼爲御史，主柱下方書。又云，蒼爲柱下御史，明習天下圖書計籍，〔一七〕一名柱後史。冠曰法冠，一名柱後惠文，以鐵爲柱，言其審固不撓也。法冠者，〔一八〕秦始皇滅楚，以其君冠賜御史，亦名獬豸冠。獬豸，獸一角，以觸邪，故執法者冠之。亦爲侍御史。漢因之，凡十五員。其舉郡國孝廉第四科云：「有能按章覆問，文中御史。」惠帝三年，相國奏遣御史，以九條監三輔不法事，每三歲一更，當十一月奏事，三月還。其後又置監御史。漢官儀曰：「侍御史，出督州郡盜賊，運漕軍糧。」武帝時，侍御史又有繡衣直指者，出討姦猾，理大獄訟，觀覽風俗，專行誅賞，而不常置。沈約云：「繡衣御史，光武省。順帝復置，魏罷之。」後漢，亦有侍御史員，察舉非法，受公卿羣吏奏事，有違失舉劾之。凡郊廟之祠及大朝會大封拜，則一人監威儀，有違失則劾奏。以公府掾屬高第補之，或故牧、守、議郎、郎中爲之，唯德所在。初上稱守，滿歲拜真。出劇爲刺史二千石，平遷補縣令。見中丞執板揖。順帝復絶他選，專用宰士。凡二漢侍御史，所掌有五曹：一曰令曹，掌律令；二曰印曹，掌刻印；三曰供曹，掌齋祀；四曰尉馬曹，掌廐馬；五曰乘曹，掌車駕。豹尾之内，便爲禁省。魏，置八人，所掌凡八部，有治書曹，課第曹，其餘則闕。當大會殿中，御史簪白筆，側陛而坐。〔一九〕晉，侍御史九人，頗用郡守爲之。品同治書，而所掌有十三曹，曰：吏曹，課第曹，直事曹，印曹，中都督曹，外都督曹，媒曹，符節曹，水曹，中壘曹，營軍曹，法曹，算曹。及江左初，省課第曹，置庫曹，掌廄牧牛馬市租。後分庫曹，置內左庫、外左庫二曹。〔二〇〕宋代，多併諸曹，凡十人焉。自漢以來，皆朝服法冠。齊，亦置十人。梁、陳，皆九人，居曹，糾察不法。後魏，御史八人，其權甚重，必以對策高第者補之。侍御史與殿中侍御史，晝則外臺受事，夜則番直內臺。御史舊式不隨臺主簡代，延昌中，王顯有寵於宣武，爲御史中尉，始請革選。此後踵其事，每一中尉，則更簡代御史。北齊，有八人，亦重其選。後周，有司憲中士，則其任也。隋，侍御史八人。自開皇前，猶踵後魏革選，自開皇之後，始自吏部選用，不由臺主，仍依舊入直禁中。大業中，始罷御史直宿，臺內文簿皆治書主之，〔二一〕侍御史但侍從糾察而已，由是資位少減。唐，自貞觀初以法治天下，尤重憲官，故御史復爲雄要。其將除拜，皆吏部與臺長官宰相議定，然後依選例補奏。其內詔別拜者，不在其限。麟德以來，用人尤重，選授之命，不由銓管。及李義府掌大選，寵任既重，始得補之。自義府之後，無出於吏部者。舊御史遭長官於塗，皆免帽降乘，長官戢轡，辭而止焉。乾封中，王本立爲侍御史，意氣頗高，塗逢長官，端揖而已。自是諸人或降而立，或一足至地，或側鞍弛鐙，輕重無常，開元以來，但舉鞭聳揖而已。侍御史凡四員，內供奉二員，掌糾察內外，受制出使，分判臺事。又分直朝堂，〔二二〕與給事中、中書舍人同受表理冤訟，迭知一日，謂之三司受事。其事有大者，則詔下尚書刑部、御史臺、大理寺同按之，亦謂此爲三司推事。後漢永平中，〔二三〕侍御史寒朗共三府按楚獄，亦此三司之例也。武太后時，刑獄滋章，凡二臺御史多苛刻無恩，以誅暴爲事，猜阻傾奪，更相陵暴，此其爲弊也。神龍以來，稍革之。其後名流慎選，侔於貞觀、永徽矣。侍御史之職有四：曰推，掌推鞫；曰彈，掌彈舉；曰公廨，知公廨事；曰雜事，臺事悉判之。凡殿中監察以下職事，及進名改轉臺内之事，悉主之，號爲臺端，他人稱之曰端公。其知雜事者，謂之雜端，最爲雄劇。食坐之南設横榻，謂之南牀，殿中監察不得坐。亦謂之癡牀，言處其上者皆驕傲自得，使人如癡，故謂之癡牀。

殿中侍御史。

魏，蘭臺遣侍御史居殿中，察非法，卽殿中侍御史之始也。晉，置四人。江左，多置二人。梁，有四人，掌殿内禁衛内事。後魏、北齊，皆有之。隋初改曰殿内侍御史，置十二人。至煬帝，省。唐，置六員，内供奉三員。初掌駕出於鹵簿内糾察非違，餘同侍御史，唯不判事。咸亨以前，遷轉及職事與侍御史相亞。自開元初以來，權歸侍御史，而遷轉猶同。兼知庫藏出納及宫門内事。凡兩京城内則分知左、右巡，各察知所巡之内有不法事，諸州諸衛兵禁隸焉，彈舉違失，號爲副端。閤門之外，百僚班序，有離立失列言囂而不肅者，則糾罰之。其正冬大會，則戴玄豸，乘馬加飾，大夫、中丞，加金勒珂珮，具服上殿，供奉左右。其郊祀巡幸，大備鹵簿，出入由旌門者，監其隊伍。初武太后時，有殿中裏行及員外殿中御史官。或有起家爲之而卽真者。神龍以來，無監察則有裏行。

監察侍御史。

秦以御史監理諸郡，謂之監察史。漢罷其名。至晉孝武太元中，始置檢校御史，以吴混之爲之，掌行馬外事。晉志云，〔二四〕古司隸知行馬外事，晉過江，罷司隸官，故置檢校御史，專掌行馬外事。宋、齊以來，無聞。後魏太和末，亦置此官，宿直外臺，不得入宿内省。北齊，檢校御史十二人。後周，司憲旅下士十八人，蓋亦其職。隋開皇二年，改檢校御史爲監察御史，凡十二人。煬帝增置十六員，掌出使檢校。唐，監察御史十員，裏行五員，掌内外糾察，并監祭祀，及監諸軍出使等，罪人當笞於朝者亦監之。分爲左、右巡，糾察違失，以承天朱雀街爲界，每月一代。將晦，即巡刑部大理東西徒坊金吾及縣獄。若蒐狩，則監圍，察斷絶，失禽者量宜劾奏。開元初，革，以殿中掌左、右巡，監察或權掌之，非本任也。職務繁雜，百司畏懼。其選拜多自京畿縣尉。又有監察御史裏行者，太宗置，自馬周始焉。始馬周以布衣，有詔令於監察御史裏行，遂以爲名。後高宗時，王本立自忻州定襄縣尉爲之。〔二五〕凡裏行皆受俸於本官。武太后時，復有員外監察、試監察，或有起家爲之而即真者。又有臺使八人，俸亦於本官請。餘並同監察。時人呼爲六相。吏部式其試監察。神龍以來，無復員外及試，但有裏行。凡諸内供奉及裏行，其員數各居正官之半，唯俸禄有差，職事與正同。

臣謹按：隋末亦遣御史監軍。唐垂拱三年十一月，鳳閣侍郎韋方質奏言，舊制有御史監軍。武太后曰：「將出師，君授之以斧鉞，閫外之事皆使裁之。比來御史監軍，乃有控制，軍中大小之事皆須承禀，非所以委專征也。」又按：萬歲通天元年五月，監察御史紀履忠劾奏御史中丞來俊臣五罪。長安四年三月，監察御史蕭至忠彈宰相蘇味道贓污，貶官。御史大夫李承嘉常召諸御史，責之曰：「近日彈事，不咨大夫，禮乎？」衆不敢對。至忠進曰：「故事，臺中無長官。御史，人君耳目，比肩事主，得各自彈事，不相關白。若先白大夫而許彈事，如彈大夫，不知白誰也？」承嘉默然，憚其剛正。又按：景龍三年，監察御史崔琬彈奏宰相宗楚客、紀處訥等：「驕恣跋扈，請收劾之。」舊制，大臣有被御史彈者，皆俯僂趨出，待罪朝堂。今楚客等瞋目作色，稱以忠鯁被誣。中宗令琬與楚客約爲兄弟，時人竊號爲「和事天子」。

主簿。漢有御史主簿，張忠爲御史大夫，以孫寶爲主簿是也。魏、晉以來，無聞。至隋大業三年，御史臺始置主簿二人，〔二六〕兼置録事二人。〔二七〕唐，置主簿一員，掌印及受事發辰，勾檢稽失，兼知官厨及黄卷，〔二八〕其俸禄與殿中御史同。唐武德末，杜淹爲大夫，以吏部主事林懷信爲之。貞觀中，自張弘濟爲此官之後，遂爲美職。

諸卿第七上

總論諸卿 少府附

夏制九卿。記曰：「夏后氏官百。」天子有三公九卿也，亦有六卿，商、周皆然。商亦九卿。

伊尹曰：「三公調陰陽，九卿通寒暑。」周之九卿，即少師、少傅、少保、冢宰、司徒、宗伯、司馬、司寇、司空。漢，以太常、光禄勳、衛尉、太僕、廷尉、大鴻臚、宗正、司農、少府，謂之九寺大卿。後漢，九卿分屬三司，太常、光禄勳、衛尉三卿，並太尉所部。太僕、廷尉、大鴻臚三卿，並司徒所部。宗正、大司農、少府三卿，並司空所部。多進爲三公，各有署曹掾史，隨事爲員。九卿有疾，使者臨問，加賜錢布。尚書令陳忠常欲褒崇大臣，故奏建此禮。魏，九卿名數，與漢皆同。晉，以太常等九卿，即漢九卿。兼將作大匠、太后三卿、大長秋，皆爲列卿，各置丞、功曹、主簿、五官等員。太康四年，增九卿禮秩。元帝以賀循爲太常，而散騎常侍如故，循以九卿舊不加官，唯拜太常而已。宋、齊及梁初，皆因舊。宋卿尹皆銀章青綬，進賢兩梁冠，佩水蒼玉。衛尉則武冠。晉服制以九卿皆文冠，乃進賢兩梁冠，非舊也。梁武帝天監七年，以太常爲太常卿，〔二九〕加置宗正卿，以大司農爲司農卿，三卿是爲春卿。加置太府卿，以少府爲少府卿，加置太僕卿，三卿是爲夏卿。以衛尉爲衛尉卿，廷尉爲廷尉卿，將作大匠爲大匠卿，三卿是爲秋卿。以光禄勳爲光禄卿，大鴻臚爲鴻臚卿，都水使者爲太舟卿，三卿是爲冬卿。凡十二卿，皆置丞及功曹、主簿。後魏，又以太常、光禄勳、衛尉謂之三卿，太僕、廷尉、大鴻臚、宗正、大司農、少府爲六卿，各有少卿。太和十五年，初置少卿官，掌同大卿。北齊，以太常、光禄、衛尉、宗正、太僕、大理、鴻臚、司農、太府爲九寺，晉荀勗曰：「九寺可併於尚書。」後魏亦有三府九寺，則九卿稱寺久矣，然通其名，不連官號。其官寺連稱，自北齊始也。自昔三代以上，分置六卿，比周百事。至秦及漢，雖事不師古，猶制度未繁。後漢有三公九卿，而尚書之任又益重矣。魏、晉以降，職制日增。後周依周禮置六官，而年代短促，人情相習已久，不能革其視聽。故隋氏復廢六官，多依北齊之制。官職重設，庶務煩滯。加六尚書似周之六卿，又更別立寺監，則户部與太府分地官司徒職事，禮部與太常分春官宗伯職事，刑部與大理分秋官司寇職事，工部與將作分冬官司空職事，自餘百司之任，多類於斯。欲求理要，實在簡省。**置卿、少卿、丞各一人，各有功曹、五官、主簿、録事等員。隋，九寺與北齊同。煬帝降光禄以下八寺卿階品於太常，而少卿各置二人。**始開皇中，諸司寺唯典掌受納。至煬帝，署令爲判首，取二卿同判，丞唯知勾檢。〔三〇〕令闕，丞判。**唐，九寺與北齊同，卿各一人，少卿各二人，丞以下有差。龍朔二年，改九寺之名，凡卿皆加正。**若太常卿爲奉常正卿，他皆如此。**後各復舊。**

太常卿丞　主簿　博士　太祝　奉禮郎　協律郎　兩京郊社〔三一〕　太樂　鼓吹　太醫　太卜　廪犧　汾祠　太公廟

太常卿。秦曰奉常。漢初曰太常。顔師古曰：「太常者，王之旌也，畫日月焉，王者有大事則建以行，禮官主奉持之，故曰奉常。後改爲太，尊大之義也。」惠帝更名奉常。景帝六年，更名太常。後漢，秩與漢同。每祭畢前奏其禮儀，及行事贊天子。每選試博士，奏其能否。大射、養老、大喪，皆奏其儀。每月前晦，察行陵廟。助祭則平冕七旒。漢舊常以列侯忠謹孝慎者居之，後漢不必侯也。舊制，陵縣悉屬，歲舉孝廉，後漢則否。建安中爲奉常。魏黄初元年，改爲太常。魏、晉改銀章青綬，進賢兩梁冠，絳朝服，佩水蒼玉。宋、齊，皆有之。舊用列曹尚書，多遷選曹尚書領護。梁，視金紫光禄大夫。陳因之。後魏，爲上卿，兼置小卿官。周禮有小宗伯中大夫二人，卽其任也。北齊曰太常寺，置卿及少卿、丞，各一人，掌陵廟、群祀、禮樂、儀制、天文、術數、衣冠之屬。後周，建六官，置大宗伯卿一人，是爲春官。隋曰太常，與北齊同。煬帝加置少卿二人。唐因之。龍朔二年，改太常爲奉常；咸亨元年，復舊。光宅元年，改太常爲司禮；神龍初，復舊。卿一人，掌禮儀祭祀，總判寺事。少卿二人，通判。領丞一人，主簿二人，博士四人，太祝三人，奉禮郎、協律郎各二人，齋郎五百五十二人，其餘小吏各有差。郊社、太公廟、太樂、鼓吹、太醫、太卜、廩犧等署，各有令，具郊社及太公廟。兩京皆有之。

丞。秦置，一人。漢，多以博士、議郎爲之。後漢，凡諸丞皆掌行禮及祭祀小事，總署曹事，舉廟中非法。皆銅印墨綬，進賢兩梁冠。歷代皆有。梁，舊用員外郎，遷尚書郎，天監七年，改視尚書郎。陳因之。後魏、北齊，亦有之。隋，有二人。唐因之，分判寺事，餘寺丞職並同。

主簿。漢有之。漢鹵簿之制，太常駕四馬，主簿前車八乘。魏、晉，亦有焉。梁天監七年，十二卿各置主簿一人，惟太常主簿視二衛主簿。陳因之。北齊，有功曹五官主簿二人。唐，二人，掌付事勾稽省署抄目、〔三二〕監印、給紙筆等事，餘寺主簿並同職。

博士。魏官也。魏文帝初置。晉因之。掌引導乘輿，王公以下應追謚者，則博士議定之。端委，佩玉。朝之大典，必於詢度。歷代皆有。隋，有四人。唐因之。甚爲清選，資位與補闕同。掌撰五禮儀注，導引乘輿，贊相祭祀，定誄謚，及守祧廟，開閉埳室及祥瑞之事。

太祝。商官，與太宰等官爲六太。周官，太祝下大夫三人上士四人，掌六祝之辭，以祈福祥。秦、漢，有太祝令、丞。後漢，太祝令一人，六百石，丞二人。晉、宋、齊、梁、陳、後魏、北齊，皆因之。後周，依周官。至隋，置太祝署，太祝令、丞。煬帝罷署太祝八人。唐初，有七人，後增爲九人。開元二十三年，減置三人。掌讀祝文，出納神主。

奉禮郎。漢，大鴻臚有治禮郎四十七人。〔三三〕晉，博士有治禮郎四人，屬大行令。後魏，有治禮郎四人。北齊，有奉禮郎三十人，屬鴻臚寺之司儀署。後周，有治禮中士、下士各一人。隋，有奉禮郎一十六人，屬太常寺，煬帝減置六人。唐武德初，有治禮郎四人，掌設版位，執儀行事。至永徽二年，以犯廟諱改爲奉禮郎。〔三四〕開元二十三年，減二員。

協律郎。漢曰協律都尉，李延年爲之。武帝以延年善新聲，故爲此官。後漢，亦有之。魏，以杜夔爲之。魏武平荆州得夔，以知音識舊樂，故使爲此官。晉，改爲協律校尉。後魏，有協律郎，又有協律中郎。北齊及隋，協律郎皆二人。唐因之。掌舉麾節樂，調和律吕，監試樂人典課。〔三五〕

兩京郊社令。周官有典祀，掌以時祭祀。秦、漢，有太祝令、丞，屬奉常。景帝改爲祠祀。武帝更曰廟祀。後漢，祠祀屬少府。魏、晉，有太祝令、丞。宋，曰明堂令、丞，掌祀五帝之事。齊，有太祝及明堂二令；梁，有明堂、太社二令，並屬太常。北齊，太廟令兼領郊祀、崇虛二丞，郊祀掌五郊，崇虛掌五嶽四瀆。後周有司郊上士、中士，司社中士、下士。隋，太常寺置郊社令、丞各一人。唐因之。掌郊社、明堂、祠祀、祈禱及茅土衣冠等事。

太樂令。周官有大司樂，掌成均之法，亦謂之樂尹，以樂舞教國子。左傳，楚鍾建爲樂尹，即大司樂也。秦、漢，奉常屬官有太樂令及丞，又少府屬官并有樂府令、丞。後漢永平三年，改太樂爲太予樂令，掌伎樂人。凡國祭享，掌諸奏樂。魏，復曰太樂令、丞。晉，亦有之。齊，銅印墨綬，進賢一梁冠，絳朝服。梁、陳因之。後魏，置太樂博士。北齊，曰太樂令、丞。後周，有大司樂，掌成均之法，後改爲樂部，有上士、中士。隋，有太樂令、丞各一人。唐因之。掌習音樂、樂人簿籍。

臣謹按：盧植禮注云：「太予令如古大胥。〔三六〕漢太樂律，卑者之子不得舞宗廟之酎。除吏二千石到六百石，及關内侯到五大夫子，取適子高五尺以上，年十二到三十，顔色和順，身體修治者，〔三七〕以爲舞人。」

鼓吹令。周禮有鼓人，掌六鼓四金之音。後漢，有承華令，典黄門鼓吹，屬少府。晉，置鼓吹令、丞，屬太常。元帝省太樂并鼓吹。哀帝復省鼓吹而存太樂。梁，有鼓吹令、丞，又有清商署。北齊，鼓吹令、丞及清商部，並屬太常。隋，有鼓吹、清商二令、丞，至煬帝，罷清商署。唐，鼓吹署令、丞各一人，所掌頗與太樂同。

太醫令。周官有醫師、上士、下士，掌醫之政令。秦、兩漢，有太醫令、丞，主醫藥，屬少府。後漢又有藥丞，有醫工長。魏因之。晉，銅印墨綬，進賢一梁冠，絳朝服，而屬宗正。過江，省宗正，而屬門下省。宋、齊，隸侍中。梁、陳因之。後魏，有太醫博士、助教。北齊，又曰太醫令、丞。後周，太醫下大夫。隋，有太醫署令二人。唐因之。主醫藥。凡領醫、針灸、按摩、呪禁，各有博士。

臣謹按：唐武德中，關中多骨蒸病，得之必死，遞相傳染，許胤宗每療皆愈。或謂曰：「何不著書，以貽將來？」答曰：「醫乃意也，在人思慮。有脉候幽微，苦其難別，意之所解，口莫能宣，古之名手，〔三八〕唯是別脉，然後識病。病之於藥，有正相當者，唯須單用一味，直攻彼病，立即可愈。今人不能別脉，〔三九〕莫識病源，以情意度，多用藥味。譬之於獵，不知兔處，多發人馬，空廣遮圍，或冀一兔，偶然逢也。如此療病，不亦疎乎。既不可言，故無著述。」

太卜令。商官，太卜爲六太。周官，太卜掌三兆之法。秦、漢，有太卜令。後漢并于太史。自後無聞。後魏，有卜博士。北齊，有太卜局丞。後周，有太卜大夫，小卜上士，龜占中士。隋，曰太卜令、丞，一人。唐因之。

廩犧令。周禮有牧人，掌牧六牲，以供祭祀。秦、漢，內史左馮翊廩犧令、丞，並掌犧牲雁鶩，後屬大司農。後漢，河南尹屬官有廩犧丞。魏、晉、宋、齊、梁、陳、後魏、北齊、隋，皆有之。唐，令、丞各一人。掌犧牲粢盛之事。

汾祠及齊太公廟。並有令、丞各一人。唐開元中置。掌享祀灑掃之事。

光禄卿丞　主簿　太官署　珍羞署〔四〇〕　良醞署　掌醢署

光禄卿。秦，有郎中令，以主郎内諸官，故曰郎中令，掌宫殿掖門户。漢因之。至武帝太初元年，更名光禄勳。胡廣曰：「勳猶閽也，主宫殿門故也。」王莽改光禄勳爲司中。後漢曰光禄勳，所掌同典三署郎，更直執戟，宿衛門户，考其德行而進退之。郊祀之事，掌三獻。光禄勳居禁中，有獄在殿門外，謂之光禄外部。兩漢自光禄、太中、中散、諫議等大夫，及謁者僕射，羽林郎、郎中、侍郎，五官、虎賁、左右等中郎將，奉車、駙馬二都尉，車、户、騎三將，並屬光禄勳。建安末，復改光禄勳爲郎中令。魏黄初元年，復爲光禄勳。東晉哀帝興寧二年，省光禄勳，併司徒。孝武寧康元年，復置。自魏、晉以後，無復三署郎，而光禄不復居禁中，唯外官朝會，則以名到焉。二臺奏劾則符光禄加禁止，解禁止亦如之，〔四一〕謂禁人殿省也。其宫殿門户，至宋文猶屬焉。梁除「勳」字，謂之光禄卿。卿舊視列曹尚書，天監中，視中庶子，職與漢同。後魏，又置少卿。北齊，曰光禄寺，置卿、少卿，兼掌諸膳食帳幕。隋文帝開皇三年，廢光禄寺，入司農。十二年復置。初有卿及少卿各一人，煬帝加置二少卿。唐龍朔二年，改光禄寺爲司宰寺；咸亨初，復舊。光宅元年，爲司膳；神龍初，復舊。卿一人。掌終獻行事。少卿二人，領太官、珍羞、良醞、掌醢等四署，署各有令、丞。

臣謹按：漢東京三署郎，有德應四科者，歲舉茂才二人，四行二人。及三署郎罷省，光禄勳猶依舊舉四行衣冠子弟以充之。又按：張湛拜光禄勳，光武臨朝，或有惰容，湛輒陳諫其失。嘗乘白馬，上後見湛，輒曰：「白馬生且復諫矣。」又杜林爲光禄勳，内供奉宿衛，外總三署，周密謹慎，選舉稱平。郎有好學者，輒見誘進，朝夕滿堂，士以此高而慕附。又荀爽爲光禄勳，視事三日，册拜司空。

丞。漢，二人，多以博士、議郎爲之。後漢，一人。魏、晉因之，銅印黄綬。梁、陳，視員外郎。後魏、北齊，並有之。隋，有三人。唐，置二人。

主簿。漢置。晉、宋、齊、梁、陳，並有之。北齊，曰功曹五官主簿。隋，二人。唐因之。

太官令、丞。於周官爲膳夫、庖人、外饔中士、下士，蓋其任也。秦，爲太官令、丞，屬少府。兩漢因之。桓帝延熹元年，使太官令得補二千石。魏，亦屬少府。晉，屬光禄勳。宋、齊，屬侍中。梁，門下省領太官。陳因之。後魏，分太官爲尚食、中尚食、知御膳，隸門下省，而太官掌百官之饌，屬光禄卿。北齊因之。後周，有典庖中士，内膳中士。隋，如北齊。唐因之。各一人。

珍羞令、丞。於周官有籩人，掌四籩之實。後漢，少府屬官有甘丞，主膳具。晉，太官令有餳官，果官。自後無聞。北齊，餚藏令屬光禄寺。後周，有餚藏中士、下士。隋，如北齊。唐因之。長安中，改爲珍羞；神龍初，復舊。開元初，又改之。有令、丞各一人。

良醞令、丞。於周官有酒正中士、下士，掌酒之政令。後漢，湯官丞主酒及餅餌，屬少府。晉，有酒丞一人。齊，食官局有酒吏。梁，曰酒庫丞。北齊，有清漳令、丞，主酒。後周，如古周之制。隋，曰良醞令、丞，各一人。唐因之。

掌醢令、丞。於周官有醢人，掌四豆之實。自後無聞。至齊，諸公府有釀食典庫二人。後周，有掌醢中士、下士。隋，曰掌醢令、丞，各一人。唐因之。

衛尉卿 丞 主簿 武庫署 武器署 守宫署 公車司馬 左右都候

衛尉卿。秦官有衛尉，掌門衛屯兵。漢因之。漢舊儀曰：「衛尉寺在宫内。」胡廣云：「主宫闕之内衛士，於周垣下爲區廬。〔四二〕區廬者，若今之仗宿屋。」景帝初，更名中大夫令，後元年復爲衛尉。又有長樂、建章、甘泉衛尉，皆掌其宫，其職略同，而不常置。後漢，有衛尉卿一人，職與漢同。晉，銀章青綬，五時朝服，武冠，佩水蒼玉，掌諸冶。〔四三〕江左，省衛尉。宋孝武復置。南齊，掌宫城管鑰以警夜。梁，衛尉卿位視侍中，職與漢同。卿每月，丞每旬，行宫徼，糾察不法。陳因之。後魏，亦有之。北齊，爲衛尉寺，有卿及少卿各一人。隋文帝開皇三年，廢衛尉寺，入太常及尚書省。十三年，復置，掌軍器儀仗帳幕之事，而以監門衛掌宫門屯兵。唐因之。龍朔二年，改衛尉爲司衛；咸亨初，復舊。光宅二年，又改爲司衛；神龍初，復舊。卿一人，少卿一人，領武庫、武器、守宫三署，署各有令。

丞。秦、漢，多以博士、議郎爲之。後漢，一人。魏、晉並同。宋孝武增置一人。梁，亦有之。後魏、北齊，並有。隋因之。唐，置二人。

主簿。一人。漢，衛尉駕四馬，主簿前車以乘。晉，有衛尉主簿二人。宋、齊、梁、陳因之。北齊、隋，亦有二人。唐因之。

武庫令、丞。於周官司甲、司弓矢等下大夫，司戈盾等中士、下士，蓋其任也。兩漢曰武庫令，屬執金吾。後漢又有考工令、丞，屬太僕，主造兵器，成則付武庫令。魏、晉因之。晉後屬衛尉。宋、齊，武庫令、丞，屬尚書庫部。梁、陳，屬衛尉卿。北齊，亦有。後周，如周官。隋，如北齊。唐因之，各一人。掌藏天下之兵仗器械。

武器令、丞。隋，行臺尚書省有武器監、令。唐，永徽中始置，各一人，掌祭祀及朝會巡幸及公卿拜命與其婚葬鹵簿之事。〔四四〕

守宮令。漢，有守宮令、丞，掌御紙筆墨及諸財用并封泥之事，屬少府。晉及北齊，屬光禄勳。北齊，守宮令，掌張設之事。梁、陳，屬大匠卿。隋，屬衛尉寺。唐，置令一人，掌諸鋪設帳幕氊褥牀薦几席之事。

臣謹按：唐廣德二年二月赦文，京兆府諸司諸使幕士丁匠，總八萬四千五百人數内，宜月支二千九百四十四人，仍令河東、關内諸州府據户口分配，不得偏出京兆府。餘八萬一千一百十四人，並停。

公車司馬令。秦，屬衛尉。漢因之。掌殿司馬門，夜徼宫中。天下上章，四方貢獻，及闕下凡所徵詣公車者，皆總領之。後漢，有丞一人。丞選曉諱，掌知非法。尉主闕門兵，禁戒非常。晉江左以來，直曰公車令。宋以後，屬侍中。隋，有公車署，置令、丞。唐無。

臣謹按：漢張釋之爲公車令，時景帝爲太子，與梁王共車入朝，不下司馬門，釋之遂劾其不敬。文帝免冠謝太后，太后詔赦之，然後得入。

左、右都候。後漢，各一人，主劍戟士徼循宫，及天子有所收考，屬衛尉。後無。

宗正卿

丞　主簿　崇玄署〔四五〕　諸陵署　太廟署

宗正卿。周官，小宗伯掌三族之别，以辯其親疏。秦，置宗正，掌親屬。漢因之，更以敍九族。平帝元始四年，更名宗伯。五年，又於郡國置宗師，以糾皇室親疏世氏，致教訓焉，選有德義者爲之。有寃失職者，宗師得因郵亭上書宗伯，請以聞。常以正月賜宗伯帛十匹。王莽併宗伯於秩宗。後漢，曰宗正卿，一人，掌序録王國嫡庶之次，及諸皇室親屬遠近。郡國歲因計上皇族名籍。若有犯法，當髡以上，先上諸宗正，宗正以聞，乃報決。胡廣曰：「宗正又歲一理諸王世譜，差敍秩第。」兩漢皆以皇族爲之，不以他族，故楚元王子郢客、劉辟彊、劉德等，迭爲此官。又後漢劉軼，〔四六〕梁孝王之裔，皆宗正卒官，遂世掌焉。魏亦然。晉，兼以庶姓，故山公啓事曰：「羊祜忠篤寬厚，然不長理劇，宗正卿缺，〔四七〕不審可轉作否。」咸寧三年，又置宗師，以扶風王亮爲之，使皇室戚屬奉率忠義，所有施行，必令諮之。〔四八〕東晉，省，屬太常。宋、齊，不置宗正。梁天監七年，復置之，視列曹尚書，主皇室外戚之屬，以皇族爲之。陳因之。後魏，有宗正卿、少卿。北齊亦然。後周，有宗師中大夫，屬大冢宰。隋，如北齊之制。唐，龍朔二年，改爲司宗；咸亨元年，復舊。光宅元年，改爲司屬；神龍初，復舊。卿一人，少卿二人。掌皇族外戚簿籍及邑司名帳，領崇玄署及諸陵太廟。開元二十五年，制：「宗正等寺官屬，皆以皇族爲之。」

丞。漢，亦用皇族。後漢，一人。歷代皆有之。至隋，有二人。唐因之。

主簿。梁置。陳、北齊、隋，皆有。唐因之，置一人。

崇玄署。令一人。後魏天興二年，置仙人博士，嘗煮煉百藥。北齊，置昭玄等寺，掌諸佛教。有大統一人，都維那三人，兼置功曹、主簿等員，以管諸州縣沙門之法。後周，置司寂上士、中士，掌法門之政。又置司寂中士、下士，掌道門之政。隋初，置崇玄署令、丞。至煬帝，改郡縣佛寺爲道場，置道場監，一人；改觀爲玄壇監，一人。唐，復置崇玄署。初又每寺觀各置監一人，屬鴻臚。貞觀中，省。開元中，以崇玄署隸宗正寺，掌觀及道士女冠簿籍齋醮之事。

諸陵。漢，有諸陵園寢官，屬太常。元帝永光元年，分諸陵邑屬三輔，故史記曰：「司馬相如爲孝文園令。」後漢，每陵園令各一人，掌按行掃除。丞及校長各一人，校長主兵戎盜賊。晉、宋，皆曰令。而梁，初則爲監，後亦改爲令。梁以下皆有之。唐，每陵令、丞各一人，初屬太常，開元二十五年，並屬宗正寺。

臣謹按：漢長陵令，秩二千石，爲高祖陵也，故尊其秩。

太廟令。漢，有諸廟寢園令、長、丞。宋志曰：「漢西京曰長，東京曰令。」晉，有太廟令。宋，太廟令領齋郎一十四人。齊、梁以下皆有。舊屬太常，唐開元二十五年二月，敕：「宗廟所奉，尊敬之極，因以名署，情所未安。宜令禮官詳擇所宜，〔四九〕奏聞。」至五月，太常少卿韋縚奏曰：「謹詳經典，兼尋令式，宗廟享薦，皆主奉常，別置署司，事非稽古。其太廟署請廢省，本司專奉其事。」許之。二十五年，敕，「宗正設官，實司屬籍，而陵寢崇敬，宗廟惟嚴，割隸太常，殊乖本系奉先之旨，深所未委。自今已後，諸廟署並隸宗正寺」也。

臣謹按：後魏有太常齋郎。漢書曰，田千秋爲高廟寢郎。

太僕卿

丞　主簿　乘黄署　典廐署　典牧署　車府署　諸牧署

太僕卿。周官有太僕下大夫，掌正王之服位，出入王之大命，如今太僕之職。一云，周穆王置太僕正，以伯冏爲之，掌輿馬。秦因之。在周官則校人掌馬，巾車掌車，及置太僕，兼其事也。漢初，夏侯嬰常爲之。高祖爲沛公時，嬰爲太僕，至文帝時，猶居其職，領五監六廐，皆有令。王莽改太僕爲太御。後漢，太僕與漢同，亦掌車馬。天子每出，奏駕上鹵簿，用大駕則執馭。是時約省，唯置一廐。魏因之。晉初，有之。銀章青綬，五時朝服，進賢兩梁冠，佩水蒼玉。領典牧、乘黄、驊騮、龍馬等廐令。自元帝過江之後，或置或省。太僕既省，故驊騮廐爲門下之職。晉、宋以來，不常置。郊祀則權置太僕執轡，事畢則省。齊亦然。梁，太僕卿位視黄門侍郎，統南牧、左右牧、龍廐、内外廐。陳因之。後魏，兼置少卿。北齊，太僕寺統驊騮、左右龍廐，左右駞牛羊司，乘黄、車府、典牧牛羊等署，〔五〇〕卿及少卿各一人。後周，如古周。隋，如北齊。煬帝加署少卿一人。唐龍朔二年，改太僕爲司馭；咸亨初，復舊。光宅元年，改爲司僕；神龍初，復舊。卿一人，掌馭五輅。少卿本一員，景雲元年，加一員。領乘黄、典廐、典牧、車府等四署，署各有令。天下監牧，置八使五十六監。

臣謹按：漢武帝承文景蓄積，海内繁富，廐馬有四十萬匹。時匈奴數寇邊，遣衛青、霍去病發十萬騎，并負私從馬，凡十四萬匹，窮追，大破匈奴，漢馬死者十餘萬匹。匈奴雖病遠去，而漢亦馬少，無以復往。又按：後魏太武帝平統萬赫連昌，定隴右羌、沮渠等，河西水草善，乃以爲牧地，六畜滋息，馬三百餘萬匹，駝駝將半之，牛則無數。孝文帝遷洛陽之後，復以河陽爲牧場，常置戎馬十萬匹，以擬京師軍警之備。每歲自河西徙牧於并州，漸南，欲其習水土，無死傷也，而河西之牧滋甚。又按：唐貞觀初，僅有牧牝三千匹，從赤岸澤徙之隴右。十五年，始令太僕卿張萬歲幹群牧，至麟德，四十年間，馬至七十萬六千匹，置八使，領六監。初置四十八監，跨隴、渭、秦、原四州之地，猶爲隘狹，更增八監，布於河曲。其時天下以一縑易一馬。儀鳳三年，少卿李思文檢校隴右諸牧監，方稱使。爾後或戎狄外侵，牧圉乖散，洎乎垂拱，潛耗太半。開元初，牧馬二十四萬匹，十三年，加至四十五萬匹。初有牛三萬五千頭，〔五一〕是年亦五萬頭。初有羊十一萬二千口，是年亦二十萬六千口，〔五二〕盛於垂拱。

丞。秦、漢，有兩人。後漢，一人。魏、晉因之。東晉，或省或置。梁，有丞。陳因之。後魏、北齊，丞一人。隋，三人。唐因之。掌判寺事。凡捕獸醫業優長者，進以爲博士。

主簿。梁置，一人。北齊，亦一人。隋，二人。唐因之。

乘黃令。後漢，太僕有未央廄令。魏改爲乘黃廄。乘黃，古之神馬，因以爲名。晉以下因之。宋，屬太常。銅印墨綬，進賢一梁冠，絳朝服。歷代皆有，悉掌乘輿。唐，令、丞各一人，掌乘輿車輅。

典廄令。周官有牧人、圉師、趣馬，掌十二閑之馬。漢西京，太僕有龍馬長；東京，有未央廄令，掌乘輿及宮中之馬。魏，爲驊騮廄。晉，有驊騮、龍馬二廄。自宋以後，分驊騮廄屬門下。梁，太僕有龍廄及內外等廄。陳因之。北齊，有驊騮、左右龍等署。後周，有左、右廄，各上士一人。隋，如北齊。唐，改龍廄爲典廄署，令二人，丞四人，掌在廄繫飼馬牛及雜畜事。

典牧監。周官，牧師下士四人，掌牧馬而頒之。秦、漢，邊郡置六牧師令。魏、晉以下因之。隋，有典牧牛羊等監，各置令、丞。唐，有乘黃等四監，令、丞各四人，掌外牧及造酥酪脯腊之事。

車府令。秦，以趙高爲之。歷代皆有。漢、魏，屬太僕。宋、齊以後，屬尚書駕部。北齊以下又屬太僕。唐，置令、丞各五人，掌王公以下車輅。

諸牧監。漢，太僕有牧師諸苑三十六所，在北邊、西邊，以郎爲苑監官。魏置牧官都尉。晉因之。自後無聞。北齊，有左右牝牡駝牛羊等署令。後周，曰典牝、典牡上士、中士，又有典駝、典羊、典牛中士。隋，曰典牧署、牛羊署令、丞。唐初因之，分曰牧監，置監副、監丞、主簿。

大理卿正　丞　主簿　獄丞　司直　評事　監

大理卿。舜攝帝位，皋繇作士，正五刑。孔安國曰：「士，理也。」成周則秋官之任也。韓詩外傳曰：「晉文公使李離爲大理，過聽殺人，自拘於廷，遂伏劍死。君子曰：『忠與仁。』」故後世謂之李官。秦，爲廷尉。漢因之，掌刑辟。景帝以中元六年，更名大理。武帝建元四年，復爲廷尉。哀帝元壽二年，復爲大理。後漢，廷尉卿，凡郡國讞疑，皆處當以報。多以世家爲之，而郭氏尤盛。郭躬爲廷尉，家世掌法，務在寬平，躬乃條諸重文可從輕者四十一事，奏之。事皆施行，著于令。建安中，復爲大理。黄初元年，改爲廷尉。鍾毓爲廷尉，聽君父亡歿，臣子得爲理謗，及士爲侯其妻不復改嫁，〔五三〕毓所制也。歷代皆爲廷尉。梁國初建，曰大理。天監元年，復改爲廷尉。舊用黄門，後視祕書監。有正、監、平三人。〔五四〕元會，廷尉三官與建康三官，皆法冠玄衣朝服，以監東、西中華門，手執方木，長三尺，方一寸，〔五五〕謂之執方。天監元年，詔建康獄依廷尉三官置正、監、平。革選士流，視給事中，以尚書郎出爲之。冠服與廷尉三官同。陳因之。後魏，亦曰廷尉。北齊曰大理寺，置卿、少卿各一人。後周，有刑部中大夫，掌五刑之法，附萬民之罪，屬大司寇。隋初與北齊同，至煬帝，加置少卿二人。唐龍朔二年，改大理爲詳刑；咸亨元年，復舊。光宅元年，改爲司刑；神龍元年，復舊。卿一人，掌鞫獄，定刑名，決諸疑讞。少卿二人，正二人，丞六人，主簿二人，録事二人，獄丞四人，司直六人，評事十二人。

臣謹按：隋文帝時，議置六卿，將除大理，盧思道奏曰：「省有駕部，寺留太僕，省有刑部，寺除大理，斯則重畜産而賤刑名也。」

正。秦，置廷尉正。漢因之。後漢，一人。魏，謂正、監、平爲廷尉三官。晉，廷尉三官通視南臺持書，舊尚書郎下遷。梁制，服獬豸冠，介幘，皁衣，銅印墨綬。歷代皆有。隋，開皇三年，增爲四員。煬帝增爲六員。唐，二人，通判寺事。龍朔二年，改爲詳刑大夫；咸亨初，復舊。

臣謹按：魏司馬芝爲大理正，有盜官練，置都厠上者，吏疑女工，收以付獄。芝曰：「贓物先得而後訊其辭，若不勝掠，或至誣服，誣服之情不可以折獄。且簡而易從，大人之化也，不失有罪，庸世之理耳。」魏武從之。

丞。自晉武咸寧中，曹志上表請廷尉置丞，宋、齊、梁，並因之。後魏亦然。北齊，曰大理丞，一人。隋初，二人。至煬帝改爲勾檢官，增爲十六人，分判獄事。唐，又曰丞，置六人。

臣謹按：唐杜正倫、徐有功並爲司刑丞，與來俊臣、侯思止同制獄，人稱之曰：「遇徐、杜必生，遇來、侯必死。」

主簿。自魏、晉、宋、齊、梁、陳，皆有。唐，置二人。

獄丞。晉，有左、右丞，各一人。宋、齊因之。梁、陳，置二人。後魏、齊，亦然。隋，有獄掾，八人。唐，曰丞，有四人。

司直。後魏永安二年，置司直十人，御史中尉高穆所請也。視五品，隸廷尉，位在正監上。不署曹事，〔五六〕唯覆理御史檢劾事。北齊、隋因之。隋初置十人，煬帝置十六人。唐置六人。掌承制出使推覆，若寺有疑獄，則參議之。

評事。漢宣帝地節三年，初於廷尉置左、右平員四人。宣帝詔曰：「今遣廷吏與郡鞫獄，任輕禄薄，其爲置正平員四人，其務平之。」涿郡太守鄭昌上言曰：「聖王立法明刑者，非以爲治，救衰亂之起也。今明主躬垂明聽，不置廷平，獄將自正。若開後嗣，不若删定律令。律令壹定，愚民知所避就，姦吏無所弄法。今不正其本，而置廷平以理其末，世衰聽怠，則廷平將摇權而爲亂首也。」後漢光武省右平，唯有左平一人，掌平決詔獄，冠法冠。魏、晉以來，無左、右，而直謂之廷尉評。後魏、北齊及隋，廷尉評各一人。開皇三年，罷。至煬帝，乃置評事四十八人，掌與司直同。其後官廢。唐貞觀二十二年，褚遂良議重法官，復奏置評事十員，掌出使推覆。後加二人，爲十二員。〔五七〕

監。秦，置廷尉監。漢，有左、右監。邴吉爲廷尉監。光武省右監，唯有左監一人。魏、晉以來，無左、右，而直云廷尉監。隋開皇三年，罷大理監。

諸卿第七中

鴻臚卿丞　主簿　典客署　司儀署

鴻臚卿。周官，大行人掌大賓客之禮。秦官有典客，掌諸侯及歸義蠻夷。史記曰：「韓信亡楚歸漢，爲連敖。」徐廣注云：「連敖，典客。」漢改爲鴻臚。應劭曰：「郊廟行禮，贊導九賓。鴻，聲也。臚，傳也。所以傳聲贊導，故曰鴻臚。」景帝中二年，〔五八〕令，諸侯王薨，列侯初封及之國，大鴻臚奏謚、誄、策。列侯薨，及諸侯太傅初除之官，大行奏謚、誄、策。周禮有大行人、小行人，主謚官，故以名之。中六年，〔五九〕改大鴻臚爲大行令。武帝太初元年，更名大鴻臚，又更名其屬官行人爲大行令。其屬官又有郡邸長、丞，主諸郡之邸在京師者。至後漢，省，但令郎治郡邸。秦時又有典屬國官，掌蠻夷降者。漢因之。成帝河平元年，省之，併大鴻臚。後漢，大鴻臚卿一人，諸王入朝當郊迎，典其禮儀，及郡國上計，餘職與漢同。凡皇子拜王，贊授印綬。及拜諸侯、諸侯嗣子及四方夷狄封者，臺下鴻臚召拜之。王薨，則使弔之，〔六〇〕及拜王嗣。魏及晉初，皆有之。自東晉至于宋、齊，有事則權置兼官，畢則省。梁除「大」字，但曰鴻臚卿，位視尚書左丞，常導護贊拜。後魏，曰大鴻臚。北齊，曰鴻臚寺，有卿、少卿各一人，亦掌蕃客朝及吉凶弔祭。後周，司寇有蕃部中大夫，掌諸侯朝覲之敘。有賓部中大夫，掌大賓客之儀。隋文帝開皇三年，廢鴻臚，入太常。十二年復置，領典客、司儀、崇玄三署。至煬帝，置少卿二人。唐龍朔二年，改鴻臚爲同文；咸亨初，復舊。光宅初，改爲司賓；神龍初，復舊。卿一人，掌賓客凶儀之事，及册諸蕃。少卿本一員，景雲二年，加一員。領典客、司儀二署，署各有令。

丞。秦，曰典客丞。漢，爲鴻臚丞。魏、晉亦然。王敦爲鴻臚卿，謂阮修曰：「卿常無食，鴻臚差有禄，能作否？」修遂爲丞。梁、陳、後魏、北齊，皆有之。後周，曰賓部上士。隋，如北齊。唐因之，有二人。

主簿。一人。

典客。周官有掌客上士、中士。秦官有典客。漢，改爲鴻臚。鴻臚屬官有大行令、丞，本名行人，武帝改爲大行令、丞。魏，改大行令爲客館令。晉，改爲典客。宋，分置南、北客館令。齊、梁、陳，皆有客館令、丞。後魏，初曰典客監，太和中置主客令。北齊，有典客署。後周，置東、西、南、北四掌客上士、下士。〔六二〕隋初又曰典客署，置令、丞。煬帝改爲典蕃署。唐，爲典客署，置令、丞各一人。掌二王後，蕃客辭見、宴接、送迎，及在國夷狄。

司儀。周官有司儀上士、中士。漢，大鴻臚有治禮郎。自後無聞。後魏，置司儀官。北齊，置令、丞。後周，置上士等員。隋，如北齊。唐因之，置令、丞各一人，掌凶事儀式及喪葬之事。

司農卿丞　主簿　上林署　太倉署　鈎盾署　導官署　苑總監　諸倉監　司竹監　温泉湯監　諸屯監　騪粟都尉　均輸令　斡官長　籍田令　典農中郎將等官

司農卿。少皡氏以九扈爲九農正。舜攝帝位，命棄爲后稷。周則爲太府下大夫。秦爲治粟内史，掌穀貨。漢景帝更名大農令。武帝太初初，更名大司農，掌九穀六畜之供膳羞者，凡郡國諸倉農監、都水六十五官皆屬焉。王莽改曰羲和，後更爲納言。後漢，大司農掌諸錢穀金帛。郡國四時上月旦見錢穀簿，其逋未畢，各具别之。邊郡諸官請調度者，皆爲給報，損多益寡，〔六二〕取相給足。初，郡國鹽官、鐵官並屬司農，中興皆屬郡縣。建安中，爲大農。魏黄初元年，又改爲司農。晉初因之。渡江哀帝末，省司農，并都水。孝武復置。宋、齊，皆有之。梁，司農卿位視散騎常侍，主農功倉廪。陳因之。後魏，曰大司農。北齊，曰司農寺，有卿、少卿各一人，掌倉市薪米、園池果實。後周，有司農上士一人，掌三農九穀稼穡之政令，屬大司徒。隋初，與北齊同。煬帝置少卿二人。潁川太守趙元淑入朝，〔六三〕會司農不時納諸郡租穀，元淑奏之。煬帝曰：「如卿意者，幾時當了？」元淑曰：「不過十日。」即日拜元淑爲司農卿，納天下租，如言而畢。唐龍朔二年，改司農爲司稼；咸亨初，復舊。卿一人，少卿二人。掌東耕供進耒耜及邦國倉儲之事。領上林、太倉、鈎盾、導官四署，署各有令、丞。

丞。秦，曰治粟内史丞，有二人。漢，爲大司農丞，二人，或謂之中丞。耿壽昌爲大司農中丞，奏乞設常平倉，給北邊省轉漕。又桑弘羊爲大司農中丞，管諸計會事。平帝又置大司農部丞十三人，人部一州，勸農桑。後漢，司農丞一人，部丞一人，部丞主帑藏。魏、晉因之。銅印黄綬。宋、齊以來，墨綬，進賢一梁冠，介幘，阜衣。後魏、北齊，皆有司農丞。隋，置五人。唐，六人。

主簿。晉太康中置。自後無聞。梁、陳又有。北齊亦然。唐因之。

上林署。漢，水衡都尉之職。後漢，曰上林苑令、丞，主苑中禽獸。魏、晉因之。江左無聞。宋初，復置，隸尚書殿中曹。齊因之。梁、陳，屬司農。北齊及隋亦然。唐因之。有令二人，丞四人，掌諸苑囿池沼、種植蔬果、藏冰之事。

太倉署。周官有廪人下大夫、上士。秦官有太倉令、丞。漢因之，屬大司農。後漢，令主受郡國轉漕穀。其滎陽敖倉官，中興皆屬河南尹。歷代並有之。北齊亦然。後周，曰司倉下大夫。隋，有令二人，丞六人。唐，有令三人，丞二人，掌倉廪出納。

鈎盾署。漢，鈎盾令宦者，典諸近園苑游觀之事，屬少府。後漢亦有之。晉，大鴻臚屬官有鈎盾令。自後無聞。北齊，如晉制。隋，如北齊，令三人，丞十二人。唐因之，令二人，丞四人，掌薪炭鵝鴨藪澤之物。天寶五載九月，侍御史楊釗充木炭使。自後相循，或以京尹，或以户部侍郎爲之。

導官署。導，擇也。周有舂人。秦、漢，有令、丞，屬少府。漢東京，令、丞主舂御米及作乾糒，屬大司農。歷代皆有。唐，置令二人，丞四人，掌舂碾米麪油燭之事。

苑總監。自隋而置，東西南北各有監及副監。唐因之，兼有丞、主簿等官，以掌苑内宫館園池之事。

諸倉監。後漢，河南尹屬官有滎陽敖倉長、丞。梁，司農有左、中、右三部倉丞。陳因之。隋，諸倉各有監官。唐因之，掌倉廩出納。

司竹監。漢，有司竹長、丞。魏、晉，河南淇園竹，各置官守之。後魏，有司竹都尉。隋，曰司竹監。唐因之，有監副、監丞，掌植養園竹之事。

温泉湯監令。唐置，掌湯院宇修整器物，以備供奉。

諸屯監。隋置諸屯監及副監，畿内者隸司農，自外者隸諸州。唐因之，置監及丞，掌營種屯田功課畜産等事。

騪粟都尉。騪音搜，索也。漢武帝軍官，不常置。又有治粟都尉，以桑弘羊爲之。

均輸令。漢有之。後漢省。

斡官長。漢有之。如淳曰：「斡音管，主均輸之事，所謂斡鹽鐵而榷酒酤也。」晉灼曰：「此竹箭之官長，均輸自有令。」顔師古曰：「如説近是。」初屬少府，中屬主爵，後屬大司農。

籍田令。掌耕國廟社稷之田。於周爲甸師。漢文帝初，立籍田，置令。漢東京及魏，並不置。晉武泰始十年，復置。江左，省。宋文帝元嘉中，又置。

典農中郎將。

典農都尉。

典農校尉。並曹公置。晉武帝泰始二年，罷農官爲郡縣。後復有之。隋煬帝罷典農官。

勸農謁者。梁武天監九年置，視殿中御史。自騣粟以下，盡屬司農。今並無。

太府卿

丞　主簿　諸市署　平準署　左右藏署　常平署

太府卿。周官有太府下大夫，掌貢賦之貳，受其貨賄之入，頒其貨賄于受藏之府。歷代不置，然其職在司農、少府。至梁天監七年，置太府卿，位視宗正，掌金帛府帑及關津市肆。陳因之。後魏太和中，改少府爲太府卿，兼有少卿，掌財物庫藏。北齊，曰太府寺，亦有卿、少卿各一人，又兼掌造器物。後周，有太府中大夫，掌貢賦貨賄以供國用，屬大冢宰。隋初，與北齊同，所掌左、右藏及尚方、司染、甄官等署。煬帝置少卿二人，又分太府寺置少府監，管尚方、織染等，而太府但管京都市及平準、左右藏等。唐龍朔二年，改太府爲外府；咸亨元年，復舊。光宅元年，改爲司府；神龍元年，復舊。卿二人，少卿二人，領兩京諸市平準、左右藏、常平等九署，署各有令、丞。

丞。周官爲太府上士之任。自後無聞。梁，太府丞一人。陳因之。後魏、北齊，各一人。後周，曰太府上士。隋，又曰府丞。唐因之，有四人。

主簿。周官太府下士之任，自後無聞。梁置，一人。陳因之。後魏亦然。隋置四人。唐因之，減一人。

諸市署。周官有司市下大夫。漢，京兆尹屬官有長安市長、丞。後漢，則河南尹屬官有雒陽市長、丞。魏、晉因之。東晉，則丹楊尹管之。宋、齊因之。梁，始隸太府。陳因之。後魏，有京邑市令。北齊，則司州牧領東、西市令、丞。後周，司市下大夫。隋初，京市令、丞屬司農，煬帝改隸太府。唐因之，每市令一人，丞二人。

平準署

周官有質人中士、下士，〔六四〕主平定物價。秦，置平準令。漢因之，掌知物價及主練染作彩色。趙廣漢，州舉茂才，爲平準令。後漢，平準令、丞隸大司農。熹平四年，改平準爲中準，使宦者爲之，列於内署。自是諸署悉以閹人爲令、丞。魏，少府屬官有平準令。〔六五〕宋，唯掌染。順帝即位，以帝諱準故曰染署。齊，又曰平準，屬少府。梁、陳，則曰平水令、丞。北齊，平準屬司農。後周，曰平準中士、下士。隋初，如北齊，煬帝改隸太府。唐因之，令二人，丞四人，掌官市易。

左、右藏署

周官有職幣上士、中士，主貨幣之入。又外府中士，主泉藏之在外者，掌邦布之出入，以供百官而待邦用。蓋今左藏之職也。至秦、漢，則分在司農、少府。後漢，少府屬官有中藏府令、丞。魏因之。晉，有左、右藏令，屬少府。晉江東，置御史，掌庫曹，後分庫曹曰外左庫、内左庫。至宋，省外左庫，而内左庫直曰左庫。齊、梁、陳，曰右藏。北齊，曰左、右藏令，屬太府寺。後周，曰外府上士、中士。隋，如北齊。唐因之，置左藏令三人，掌庫藏錢物布帛雜綵。右藏令二人，掌銅鐵毛角玩弄之物、金玉珠寶、香畫綵色、諸方貢獻雜物。

常平署

漢宣帝時，耿壽昌請於邊郡皆築倉，穀賤時增價而糴，貴時減價而糶，名曰常平倉，常平之名起於此也。後漢明帝置常滿倉。晉，又曰常平倉。自後無聞。梁，亦曰常平倉而不糴糶。陳因之。後魏太和中，雖不名曰常平，亦各令官司糴貯，儉則出糶。隋，曰常平。唐武德中，置常平監官，以均天下之價，市肆騰踊則減價而出，田穡豐羨則增糴而收，觸類長之。常平令一人，掌倉糧管籥、出納糴糶。凡天下倉廩，和糴者爲常平倉，正租爲正倉，地子爲義倉。〔六六〕

臣謹按：唐天寶八年，通計天下倉糧屯收并和糴等見數，凡一億九千六百六萬二千二百二十石。

祕書監丞　祕書郎　校書郎　正字　著作郎　佐郎　校書正字　太史令丞

祕書監。周官，太史掌建邦之六典。又有外史，掌四方之志，三皇五帝之書。漢氏，圖籍所在，有石渠石室，延閣、廣內，貯之於外府；又有御史中丞居殿中，掌蘭臺祕書，及麒麟、天祿二閣，藏之於內禁。後漢，圖書在東觀。延熹二年，始置祕書監一人，掌典圖書古今文字，考合同異，屬太常。以其掌圖書祕記，故曰祕書。後省。魏武帝又置祕書令，典尚書奏事，卽中書令之任也。文帝黃初初，乃置中書令，典尚書奏事，而祕書改令爲監，掌藝文屬籍之事。初屬少府，自王肅爲監，乃不屬焉。其蘭臺亦藏書籍，而御史掌之。魏薛夏云：「蘭臺爲外臺，祕書爲內閣。」晉武帝以祕書併入中書省，其祕書著作之局不廢。惠帝永平中，復別置祕書監，并統著作局，掌三閣圖書，自是祕書之府始居於外。其監，銅印墨綬，進賢兩梁冠，絳朝服，佩水蒼玉。宋，與晉同。梁，曰祕書省。陳因之。後魏，亦有之。後周，祕書監亦領著作監，掌國史。隋，祕書省領著作、太史二曹。煬帝增置少監一人，後又改監、少監並爲令。唐武德初，復改爲監。龍朔二年，改祕書省爲蘭臺，改監爲太史，少監爲侍郎；咸亨初，復舊。天授初，改祕書省爲麟閣；神龍初，復舊。掌經籍圖書，監國史，領著作、太史二局。太極元年，增祕書少監爲三員，通判省事。其後國史、太史分爲別曹，而祕書省但主書寫校勘而已，雖非要劇，然好學君子亦求爲之。

臣謹按：漢初御史中丞掌蘭臺祕書圖籍之事，至魏、晉，其制猶存。故歷代營都邑置府寺，必以祕書省及御史臺爲隣。

丞。魏武帝置祕書令及丞一人，典尚書奏事。後文帝黃初中，欲以何禎爲祕書丞，而祕書先自有丞，乃以禎爲祕書右丞，其後遂有左、右二丞。劉放爲左丞，孫資爲右丞。後省。晉，復置祕書丞。銅印墨綬，進賢一梁冠，絳朝服。〔六七〕嵇紹、司馬彪、傅暢、王謐等，並爲此官。宋，爲黃綬，餘與晉同。齊、梁尤重。齊王儉爲祕書丞，上表求校墳籍，依七略撰七志四十卷，先獻之。梁劉孝綽除祕書丞。武帝曰：「第一官當與第一人。」又張率，吳郡人，遷祕書丞，武帝曰：「祕書丞天下清官，東南胄緒未有爲者。今以相處，爲卿定名稱也。」陳、隋，印綬與齊同。歷代皆有。後周，柳蚪爲祕書丞。時祕書雖領著作，不參史事，因蚪爲丞，始令監掌焉。唐龍朔二年，改爲蘭臺大夫；咸亨初，復舊。掌府事，檢稽省署抄目。

祕書郎。後漢馬融爲祕書郎，詣東觀典校書。及魏武建國，又置祕書郎，嘗以劉劭爲之，出乘鹿車。王肅表曰：「臣以爲祕書職於三臺爲近密，中書郎在尚書丞、郎上，祕書丞、郎宜次尚書郎下，不然則宜次侍御史下。祕書丞、郎俱四百石遷，宜比尚書，出亦宜爲郡。此陛下崇儒術之盛者也。尚書郎、侍御史皆乘犢車，而祕書丞、郎獨乘鹿車，不得朝服，又恐非陛下轉臺郎爲祕書丞、郎之本意也。」晉，祕書郎掌中外三閣經書，校閱脱誤。進賢一梁冠，絳朝服。亦謂之郎中。武帝分祕書圖籍列爲甲、乙、丙、丁四部，使祕書郎中四人各掌其一。左太沖爲三都賦，自以所見不博，求爲祕書郎中。鄭默爲祕書郎，删省舊文，除其浮穢，中書令虞松曰：「而今而後，朱紫别矣。」宋、齊，祕書郎皆四員，尤爲美職，皆爲甲族起家之選，待次入補，其居職，例十日便遷。宋王敬弘子恢之，召爲祕書郎，敬弘爲求奉朝請，與恢之書曰：「祕書日有限，〔六八〕故有競；朝請無限，故無競。吾欲使汝處無競之地。」文帝許之。梁，張纘爲祕書郎，固求不遷，欲徧觀閣内圖籍。自齊、梁之末，多以貴游子弟爲之，無其才實，當時諺曰：「上車不落則著作，體中何如則祕書。」歷代皆有。北齊，又謂之郎中。隋，除「中」字，亦四員。唐，亦四員，分掌四部經籍圖書，分判校寫功程事。龍朔中，改爲蘭臺郎；咸亨初，復舊。開元二十八年，減一員。

祕書校書郎。

漢之蘭臺，及後漢東觀，皆藏書之室，亦著述之所，文學之士，使讐校於其中，故有校書之職。初，漢成帝時，已命光禄大夫劉向於天禄閣校經傳諸子詩賦，步兵校尉任宏校兵書，太史令尹咸校數術，太醫監李柱國校方伎。後於蘭臺置令史十八人，秩百石，屬御史中丞，又選他官入東觀，皆令典校祕書，或撰述傳記。後漢明帝以班固爲蘭臺令史，撰光武本紀及諸傳記。又曰，傅毅爲蘭臺令史，與班固、賈逵共典校書。蓋有校書之任，而未爲官也，故以郎居其任則謂之校書郎，楊終、竇章皆以郎爲之；以郎中居其任則謂之校書郎中，蔡邕、馬融皆以郎中爲之。當時重其職，故學者稱東觀爲「老氏藏室」、「道家蓬萊山」焉。晉、宋以下無聞。至後魏，祕書省始置校書郎。北齊，亦有校書郎。後周，有校書郎下士十二人，屬春官之外史。隋，校書郎十二人，煬帝初減二人，尋更增爲四十人。唐，置八人，掌讎校典籍，爲文士起家之良選。其弘文、崇文館著作，司經局，並有校書之官，皆爲美職，而祕書省爲最。

祕書正字。

後漢桓帝初，置祕書監，掌圖書古今文字，考合同異。歷代無聞。齊，集書省有正書，蓋正字之任也。北齊，祕書省有正字。隋，置四人。唐因之，掌刊正文字。其官資輕重，與校書郎同。貞元八年，割校書四員，正字兩員，屬集賢殿。

著作郎。

漢東京圖書悉在東觀，故使名儒碩學入直東觀，撰述國史，謂之著作東觀，皆以佗官領焉，蓋有著作之任，而未爲官員也。蘭臺令史班固、傅毅，洛陽令陳宗，長陵令尹敏，司隸校尉孟冀，及楊彪等，並著作東觀。魏明帝太和中，始置著作郎，隸中書省，專掌國史。時衛覬以侍中尚書典著作。晉元康二年，詔曰：「著作舊屬中書令，祕書既典文籍，宜改中書著作爲祕書著作。」於是改隸祕書。後別自置省，謂之著作省，而猶隸祕書。著作郎一人，謂之大著作，專掌史任。李充爲大著作，于時典籍混亂，充刪除煩重，分作四部，祕閣以爲永制。又荀勗以中書監，孫盛以祕書監，並領著作。孫綽以散騎常侍及陳壽，並爲大著作。進賢兩梁冠，介幘，絳朝服。王隱待詔著作，單衣介幘，月朔，詣於著作省。宋、齊，與晉同。梁制，一梁冠而無印綬，比並大著作也。魏氏又置佐著作郎，亦屬中書。晉，佐著作郎八人，進賢一梁冠，絳朝服，祕書監自調補之。鄒湛謂祕書監華嶠曰：〔六九〕「閣纂可佐著作。」嶠曰：「此職閑重，勢貴多争，不暇求才。」按此則大著作亦監自調。晉制，佐著作郎始到職，必撰名臣傳一人。宋初，以國朝始建，未有合撰者，其制遂廢矣。宋、齊以來，遂遷「佐」於下，謂之著作佐郎，亦掌國史，集注起居。梁初，周捨、裴子野皆以他官領其職，冠制與大著作同。陳氏，爲令、僕子起家之選。後魏，有著作郎、佐郎。北齊，著作郎、佐郎各二人。後周，有著作上士一人，中士四人，掌綴國録，屬春官之外史。隋，以祕書省爲著作曹，著作郎二人，佐郎八人。煬帝加佐郎爲十二人。唐，爲著佐局，置著作郎二人，佐郎四人。開元二十六年，減佐郎二員，亦屬祕書省。自宋已後，國史悉屬祕書。龍朔二年，改著作郎爲司文郎中，佐郎爲司文郎；咸亨初，復舊。初，著作郎掌修國史及製碑頌之屬，分判局事，佐郎貳之，徒有撰史之名，而實無其任，其任盡在史館矣。其屬官有校書郎二人。後魏，著作省置校書郎。北齊，著作亦置校書郎二人。隋亦司掌校讐書籍。若本局無書，兼校本省典籍。正字二人。唐，減一人，掌同校書。

太史局令。

昔少皞氏以鳥名官，其鳳鳥氏爲歷正。至顓帝氏，命南正重以司天，北正黎以司地。唐虞之際，羲氏、和氏紹重黎之後，世序天地。夏有太史終古者，當桀之暴，知其將亡，乃執其圖法而奔于商。商太史向摯，〔七〇〕見紂之亂，載其圖法出奔于周。周官太史，掌建邦之六典，正歲年以序事，頒告朔于邦國。魯昭公二年，晉韓宣子聘魯，觀書於太史氏，見易象與魯春秋，曰：「周禮盡在魯矣。」又有馮相氏，掌天文之變。〔七一〕當周宣王時，太史官失其守，而爲司馬氏。司馬氏世典周史。惠、襄之間，有子頹、叔帶之亂，故司馬氏適晉。晉中軍隨會奔秦，而司馬氏入梁。秦爲太史令，胡母敬之爲之。漢武置太史，以司馬談爲之，位在丞相上，天下計書先上太史，副上丞相。談卒，子遷嗣之。遷死後，宣帝以其官爲令，行太史文書而已。後漢，太史令掌天時星歷，凡歲將終，奏新年歷；凡國祭祀喪娶之事，掌奏良日及時節禁忌；國有瑞應災異，則掌記之。秦、漢以來，太史之任，蓋併周之太史、馮相、保章三職。自漢、晉、宋、齊，並屬太常，銅印墨綬，進賢一梁冠，絳朝服。江左，高嵩以侍郎，陳卓以義熙守，吴道欣以殿中侍御史，皆兼領太史。梁、陳，並同晉氏。後魏、北齊，並如晉、宋。後周之制，春官府置太史中大夫一人，掌歷家之法。隋，曰太史曹，令、丞各置二人，而屬祕書省。煬帝又改曹爲監，有令。唐初，改監爲局，置令。龍朔二年，又改太史局爲秘書閣，改令爲郎中，丞爲祕書閣郎。咸亨初，復舊。初屬秘書省，久視元年，改爲渾天監，不隸麟臺，改令爲監，置一人。其年，又改爲渾儀監。長安二年，復爲太史局，又隸麟臺，其監復爲太史局令，置二人。景龍二年，復改局爲監，而令名不易，不隸祕書。開元二年，復改令爲監，改一員爲少監。十四年，復爲太史局，置令二人，復隸祕書。後又改局爲監。乾元元年，又改其局爲司天臺，掌天文歷數，風雲氣色有異，則密封以奏。其小吏有司歷、保章正、靈臺郎、挈壺正等官，各有差。

丞。二人。司馬彪續漢志云：「太史有丞一人。」魏以下歷代皆同。隋，置二人，煬帝減一人。唐初，不置丞。久視初，改爲渾儀監，始置丞二人。〔七二〕長安二年，又省。景龍二年，復置。凡天下測影之處，分至表準，其詳可載，故參考星度，稽驗晷影，各有典常。

臣謹按：唐開元中，測影使者大相元太云，交州望極，纔出地三十餘度，以八月自海中南望老人星殊高，老人星下衆星粲然，其明大者甚衆，圖所不載，莫辯其名。大率去南極二十度以上，〔七三〕其星皆見，乃自古渾天家以爲常没地中，伏而不見之所也。

殿中監 丞　尚食　尚藥　尚衣　尚舍　尚乘　尚輦　奉御　直長

殿中監。魏始置焉。晉、宋，並同。齊，有内殿中監、外殿中監，各八人。梁、陳因之，其資品極下。後魏，亦有殿中監。北齊，有殿中局，置監四人，屬門下省，掌駕前奉引。隋，改爲殿内局，置監二人。大業三年，分門下、太僕二司，取殿内監名，以爲殿内省，有少監、監丞各一人。掌諸供奉，領尚食、尚藥、尚衣、尚舍、尚乘、尚輦等六局，每局各置奉御二人以總之。置直長以貳之，屬門下省。唐，改爲殿中省，加置少監二人，丞亦二人。其官局職任，一如隋制，爲一司，不屬門下。龍朔二年，改殿中省爲中御府，改監爲中御大監、少監，改丞爲中御大夫。咸亨初，復舊。

臣謹按：漢儀注曰：「省中有五尚，卽尚食，尚冠，尚衣，尚帳，尚席。」或云，秦置六尚，謂尚冠，尚衣，尚席，尚沐，尚食，尚書，若今殿中之任。

丞。隋置，一人。唐，加一人。

尚食局奉御。始秦置六尚，有尚食焉。如淳曰：「掌天子之物曰尚。」後漢以後，并其職於太官湯官。北齊，門下省又有尚食局，置典御二人。後周，有内膳上士、中士，凡進食先嘗之。隋，分屬殿内，改典御爲奉御，有二人。唐因之。龍朔二年，改爲奉膳大夫；咸亨初，復舊。直長，隋置六人。唐因之，減置五人。

尚藥局奉御。自梁、陳以後，皆太醫兼其職。北齊，門下省有典御二人。隋，如北齊之制，後改爲奉御而屬殿内。唐因之。龍朔二年，改爲奉醫大夫；咸亨初，復舊。直長，隋置四人。唐因之。

尚衣局奉御。周官有司服中士，掌王之服，辯其名物。戰國有尚衣、尚冠之職。秦、漢有御府令、丞，掌供御服而屬少府。後漢，又掌宦者典官婢作中衣服。魏因之。晉，屬光禄勳。江東，省。宋大明中，改尚方曰左、右御府，各置令、丞一人。後廢帝初，省御府，置中署，〔七四〕隸右尚方，其後又置。初，宋氏用三品勳位，〔七五〕明帝改用二品，准南臺御史。〔七六〕掌金銀綵帛，凡諸造作以供奉及妃主六宫。梁、陳，其職隸在尚方。後魏，有掌服郎。北齊，門下省統主衣局，都統、子統各二人。後周，有司服上士二人，中士二人。隋，分屬殿内省，其後又改爲尚衣局，置奉御二人。唐因之。龍朔二年，〔七七〕改爲奉冕大夫；咸亨元年，復舊。直長，隋置八人。唐因之，減二人。

尚舍局奉御。周禮有掌舍，掌行所解止之處，帷幕幄帟之事。〔七八〕漢，少府屬官有守宫令、丞，掌宫殿陳設。魏，殿中監掌帳設監護之事。晉、宋以下，其職並在殿中監。隋煬帝置殿中監，改殿内局爲尚舍局，置奉御二人。唐因之。龍朔二年，改爲奉扆大夫；咸亨元年，復舊。直長，隋置八人。

唐因之，而減二人。

尚乘局奉御。自秦、漢以來，其職皆在太僕。北齊，太僕驊騮署，有奉乘十人，管十二閑馬。隋煬帝取之，置尚乘局，奉御二人。唐因之，增置奉御四人。龍朔二年，改爲奉駕大夫；咸亨元年，復舊。尚乘奉御掌六閑馬，一曰飛黄閑，二曰吉良閑，三曰龍媒閑，四曰騊駼閑，五曰駃騠閑，六曰天苑閑。開元年中，減二人。先是别置閑廄使，〔七九〕因隸焉，猶屬殿中。直長，隋置十四人。唐減四人。

尚輦局奉御。周官，小司徒中大夫，掌六畜車輦。又宗伯巾車下大夫，掌王后之五輅。輦車組輓有翣羽，蓋漢、魏、晉並太僕屬官車府令掌之。東晉，省太僕，遂隸尚書駕部。宋、齊、梁、陳，車府乘黄令、丞掌之。後魏、北齊，則乘黄車府令兼掌之。後周，則司車輅主之。隋，又乘黄車府令、丞掌之。煬帝置殿内省尚輦局奉御二人。唐因之。龍朔二年，改爲奉輦大夫；咸亨元年，復舊。直長四人，隋置，唐因之。

臣謹按：古謂人牽爲輦。春秋，宋萬以乘車輦其母。秦始皇乃去其輪而輿之。漢代遂爲人君之乘。後漢有乘輿六輦。魏、晉小出則乘之，及過江而亡。孝武太元年中，謝安率意而作，及破苻堅得之，形制無差，大小如一，時人嗟其默識。宋武破慕容超，獲金鉦輦。古之輦輿大率以六尺爲度。齊武帝造大小二輦輿，雕飾甚工，下榈輳軛悉金花銀獸。梁大輦，中方八尺，左右開四望，金鸞栖軛。隋有六輦，大禮皆乘之。

諸卿第七下

内侍省

内侍　内常侍　内給事　内謁者監　内寺伯　掖庭局　宫闈局　奚官局　内僕局　内府局

内侍。天文有宦者四星，在帝座之西。周官有内小臣閽人、寺人，詩有巷伯寺人，春秋皆謂之寺人。戰國時，趙有宦者令繆賢。秦，少府屬官有中書謁者令、丞。又有將行、〔八〇〕衛尉、少府各一人，並皇后卿也。又云，詹事掌皇后太子家，屬官有中長秋，私府宦官皆屬焉。漢景帝中元六年，改將行爲大長秋，或用中人，或用士人。成帝加置太僕一人，掌太后輿馬，通謂之皇太后卿，皆隨太后宫爲官號，在正卿上，無太后則闕。又有長信詹事，掌皇太后宫。景帝六年，更名長信少府。平帝元始四年，〔八一〕更名長樂少府。帝祖母稱長信宫，帝母稱長樂宫，故有長信少府，長樂少府。職如長秋，位在長秋上，及職吏，皆宦者也。後漢，常用宦者，職掌奉宣中宫命。〔八二〕凡給賜族親，及當謁見者，關通之。中宫出則從。屬官有丞、中宫僕、謁者、私府署令。初，秦又置中常侍官，參用士人，皆銀璫左貂，給事殿省。漢制，置侍中、中常侍各一人，省尚書事。黄門侍郎一人，傳發書奏。皆用姓族。後漢，中常侍贊導内事，顧問應對。永平中，始定員數，中常侍四人，漢舊儀曰：「秩千石，得出入卧内，禁中。」小黄門十人。自明帝以後，員數稍增，改以金璫右貂，兼領卿署之職。自和熹太后以女主稱制，不接公卿，乃以閹人爲常侍，小黃門通命兩宮。自此已來，悉用閹人，不調他士。自安迄桓，權任尤重，手握王爵，口含天憲。桓帝既與宦官謀誅梁冀，乃封宦者五人同日爲侯，皆食邑，故世號五侯焉。及袁紹大誅宦者之後，永巷掖庭，復用士人，闈闥出入，莫有禁切，侍中、侍郎，門部騶宰，中外雜錯，醜聲彰聞。魏改漢制，三卿在九卿下。晉復舊，在同號卿上，有后則置，無后則闕。齊鬱林王立，文安太后卽尊號，以宮名置宣德衛尉、少府、太僕。梁，有弘訓太后，亦置屬官。陳，亦有太后三卿。後魏，大長秋掌顧問應對。自文明馮后，閹宦用事，大者令、僕，小者卿、守。時有宦者趙黑爲選曹尚書。北齊，有中侍中省，置中侍中二人，中常侍四人，掌出入門閤。又有長秋寺，置卿、中尹各一人，掌諸宮閤，領掖庭等令，並用宦者。後周，有司內上士、小司內中士、巷伯中士等官。隋，曰內侍省，領內侍、內常侍等官。內侍卽舊長秋也。內常侍卽舊中常侍也。煬帝改內侍省爲長秋監，令一人，少一人，丞二人，並用士人，餘用宦者。領掖庭、宮闈、奚官三署，亦參用士人。唐武德初，改爲內侍省，皆用宦者。龍朔二年，改爲內侍監；咸亨元年，復舊。光宅元年，改爲司宮臺；神龍元年，復舊。有內侍四人，掌知宮內供奉，中宮駕出夾引，總判局事。舊二人，開元中加二人。貞元七年三月，〔八三〕敕，內侍五品以上，許養一子，仍以同姓者，初養日不得過十歲。

内常侍。六人，通判省事。屬官有內給事八人，內謁者監六人，內寺伯二人，寺人六人。領掖庭、宮闈、奚官、內僕、內府等五局。

臣謹按：後漢和帝幼冲，竇憲以外家專政，鈎盾令鄭衆等專謀禁中，收憲印綬，竭忠盡瘁，一心王室，每策勳班賞，辭多受少，由是常與議事。中官用權，自衆始也。又按：唐神龍元年以後，始以中使出監諸軍兵馬。寶應元年五月，勑諸道州所承上命，須憑正勑可施行，不得便信中使宣勑卽遵行。

内給事。周禮，内小臣之職，掌王后之命，后出入前驅。後漢，少府有給事黄門，掌侍左右，止在内宫，關通中外及中宫已下衆事。自魏、晉至于梁、陳，無其職。後魏，有中給事中，後改爲中給事。北齊，中侍中省，有中給事中四人。煬帝改爲内承直。唐，復爲内給事，置八人。

内謁者。後漢，大長秋屬官有中宫謁者三人，主報中章。後魏、北齊，有中謁者僕射。隋，内侍省有内謁者監六人，内謁者十二人。唐因之。

内寺伯。周禮，寺人掌王之内人及女宫之戒令。隋，内侍省有内寺伯二人。唐因之。

掖庭局。令。秦置永巷。漢武更名掖庭，置令，掌宫人簿帳、公桑養蠶及女工等事。後漢，〔八四〕掖庭令掌後宫貴人采女。又有永巷令，典官婢，皆宦者，並屬少府。唐，置二人。

宫闈局。令二人。隋置令，掌宫内門閤之禁，及出納神主，并内給使名帳糧廪事。唐因之。

奚官局。令二人。周禮，酒人、漿人、籩人、醢人、醯人、鹽人、冪人、女祝、司服、守祧，並閹宦所職，皆有奚奴。或曰，奚，官女也。齊、梁、陳、隋，有奚官令，掌宫人疾病醫藥罪罸喪葬等事。唐，置二人。

内僕局。令二人。後漢，有中宫僕，〔八五〕掌車輿雜畜及導等事。唐，置二人。

内府局。令二人。漢，少府屬官，有内者局令。隋，曰内者。唐，爲内府，置令二人，掌内庫出納帳設澡沐之事。

少府監丞　主簿　中尚　左尚　右尚　織染　掌冶等五署　暴室等三丞

少府監。少府，秦官。漢因之，是爲九卿，掌山海池澤之税以給供養。應劭曰：「山澤之税名曰禁錢，以給私養，故稱少府。」顔師古曰：「大司農供軍國之用，少府以養天子也。」天子曰少府，諸侯曰私府。後漢，少府卿一人，掌中服御之諸物衣服寶貨珍膳之屬，朝賀則給璧。凡中書謁者、尚書令僕、侍中、中常侍、〔八六〕黄門、御史中丞以下皆屬焉。晉制，銀章青綬，五時朝服，進賢兩梁冠，絳朝服，佩水蒼玉。哀帝末，省，并丹陽尹。孝武復置。宋，少府領左右尚方、御府、東冶、南冶、平準等令、丞，齊，又加領左右銀鍛署。梁，少府爲夏卿，位視尚書左、右丞。陳因之。後魏，少府謂之六卿，蓋以少府、宗正、太僕、廷尉、司農、鴻臚爲六卿。至孝文太和中，易制官品，遂改少府爲太府。北齊，無少府，其尚方等署皆隸太府。至隋煬帝大業五年，又分太府爲少府監，置監及少監，復領尚方、織染等署，後又改監、少監並爲令。唐武德初，置軍器監，廢少府監。貞觀元年五月，分太府中尚方、織染坊、掌冶坊，置少府監。龍朔二年，改爲内府監；咸亨元年，復舊。光宅元年，改爲尚方監；神龍元年，復舊。監一人，總判。少監二人，通判。領中尚、右尚、左尚、織染、掌冶等五署。開元十年五月，於北都置軍器監。至二十六年五月，又廢。

臣謹按：後漢東平王蒼爲驃騎，正月朔朝，蒼當入賀。故事，少府給璧。時陰就爲少府，貴傲不奉法，漏將盡而求璧不得。蒼掾朱暉遥見少府主簿持璧，乃往紿曰：「試請觀之。」既得而馳奉之，就復以他璧朝。

丞。漢，有六人。後漢，省五而有一丞。歷代皆一人。山公啓事曰：「中郎衛昱往爲少府丞，甚有損益。」唐，置四人。

主簿。晉置，二人。歷代一人。唐，有二人。

中尚署。周官爲玉府。〔八七〕秦，置尚方令。漢因之。後漢，掌上手工作，御刀劍、玩好器物及寶玉作器。宦者蔡倫爲尚方令，監作祕劍及諸器械，莫不精工堅密，爲後代法。兩漢又有考工令，主作兵器，其職稍同。按考工令作兵器，兵器成則付執金吾，入武庫。及主織綵諸雜工，初屬少府，中屬主爵，光武時屬太僕。漢末，分尚方爲中、左、右三尚方。魏、晉因之。自過江，唯置一尚方，哀帝以隸丹楊尹。宋武帝踐阼，以相府作部配臺，謂之左尚方，而本署謂之右尚方，並掌造軍器。令、丞各一人，隸門下。孝武大明中，改右尚方曰御府。御府，二漢已有之，典官婢作褻衣服補浣之事。魏、晉猶置其職，江左乃省焉。後廢帝初，省御府，置中署，隸右尚方。則漢之考工令如宋之尚方令，尚方令如宋中署矣。齊，左、右尚方令各一人。梁，有中、左、右尚方。北齊，亦三尚方，隸太府。隋煬帝分隸少府。唐，省「方」字，有中、左、右三尚署，令、丞各一人。中尚署供内營造雜作，左尚掌車輦繖扇膠漆畫鏤等作，右尚掌皮毛膠墨雜作席薦等事。開元以後，别置中尚使以監。

織染署。令一人。周禮，天官典絲，掌綬文織絲組焉。染人，掌染絲帛。秦置平準令。韋昭辨釋名曰：〔八八〕「平準令，主染色。染有常平之法，故准而則之。」漢因之，及主物價練染。初，少府屬官有東織、西織，成帝省東織，更名西織爲織室。北齊，中尚方領涇州、雍州絲局定州細綾局丞。後周，有司織下大夫。隋，有司織、司染二署。煬帝合織染爲一，令掌織絍組綬錦綾冠幘并染色等。唐因之，有令、丞。

掌冶署。秦、漢，郡國有鐵官，諸郡國出鐵者，則置鐵官長、丞。晉，冶令掌工徒鼓鑄，隸衛尉。東晉，省衛尉，始隸少府。宋，有東冶、南冶，各置令、丞，而屬少府。齊因之。江南諸郡縣有鐵者，或置冶令，或置冶丞，多是吴所置。梁、陳，有東、西冶。北齊，詔冶屬太府。後周，有冶工、鐵工中士。隋，有掌冶令、丞。唐，於京師置冶署，有令、丞各一人，掌造鑄金銀銅鐵塗飾琉璃玉作等事。

暴室丞。後漢，暴室丞，宦者也，主中婦人疾病者就此室治之。其皇后貴人有罪，亦就此室，屬少府。其後無之。

海丞。漢平帝置少府海丞一人，掌海税。後無。

果丞。與海丞同置，掌諸果實。後無。

將作監丞　主簿　左右校　左校　右校　甄官　中校　東園主章令

將作監。少皞氏以五雉爲五工正，以利器用，唐虞共工，周官之冬官，蓋其職也。秦，有將作少府，〔八九〕掌治宮室，漢景帝中元六年，更名將作大匠。後漢，位次河南尹。中元二年省，以謁者領之。章帝建初元年，復置。初以任隗爲之，掌修作宗廟路寢宮室陵園木土之功，并植桐梓之類，列于道側。李固遷大匠，常推賢貢士。孔融以將作大匠遷少府。魏、晉因之。江左至宋、齊，皆有事則置，無事則省。梁，改爲大匠卿。陳因之。後魏，亦有之。北齊，有將作寺，其官曰大匠，有功曹、主簿、長史、司馬等官屬。後周，有匠師中大夫，掌城郭宮室之制，及諸器物度量。又有司木中大夫，掌木工之政令。隋，與北齊同。至開皇二十年，改寺爲監，大匠爲大監；初加置副監。煬帝改大監、少監爲大匠、少匠，十三年又改爲大令、少令。唐，復皆爲匠。龍朔二年，改將作爲繕工監；咸亨元年，復舊。光宅元年，改爲營繕監；神龍元年，復舊。大匠一人，總判。少匠二人，通判。天寶中，改大匠爲大監，少匠爲少監，領左校、右校、甄官、中校四署。

丞。漢，有二人。後漢，一人。魏、晉因之。東晉以後，有事則置，無事則省。梁，又置一人。陳因之。後魏，有之。北齊，四人。後周，曰匠師中士。隋，二人。唐，四人。

主簿。晉置，自後與丞同。隋，二人。唐因之。

左、右校署。秦及漢初，有左、右、前、後、中五校令，後唯置左、右校令。後漢因之，掌左、右工徒。度尚自右校令擢拜荆州刺史。魏併左校、右校於材官。晉，左、右校屬少府。宋以後，並有左校令、丞。北齊，亦有之。隋，左、右校令、丞，屬將作。唐因之。

左校署。令、丞二人，〔九〇〕掌營繕木作採材等事。

右校署。令、丞二人，〔九一〕掌營土作瓦泥，并燒石灰厠溷等事。

甄官署。令、丞二人。〔九二〕後漢，有前、後、中甄官令，屬將作。晉，有甄官署，掌塼瓦之事。宋、齊、北齊、隋，悉有之。唐因之，掌營塼石瓷瓦。

中校署。秦、漢有之，後無。唐，置令、丞各一人，掌舟車、雜兵仗、廄牧。

東園主章令。漢有之，武帝更名木工。如淳曰：「章謂木材也。」後世無此官。

國子監祭酒　司業　丞　主簿　國子　太學　廣文　四門　律學　書學　算學博士助教等

國子祭酒。孫卿在齊爲三老，稱祭酒。胡廣曰：「凡官名祭酒，皆一位之元長。古者，賓得主人饌，則老者一人舉酒以祭地。」故以祭酒爲稱。漢之侍中，魏之散騎常侍，功高者並爲祭酒，用其義也。公府有祭酒，亦因其名。漢吴王濞年老不朝，爲劉氏祭酒，則祭酒之名久矣。王莽以安車駟馬迎夏侯勝爲講學祭酒，勝推而不授。又漢置博士，至東京凡十四人，而聰明有威重者一人爲祭酒，謂之博士祭酒。蓋本曰僕射，中興轉爲祭酒。魏因之。晉武帝咸寧四年，初立國子學，置國子祭酒一人。永嘉中，又置儒林祭酒，以杜夷爲之。國子者，周之舊名。周官有師氏之職，卽國子祭酒也。晉，介幘，皁朝服，進賢兩梁冠，佩水蒼玉。舊視侍中列曹尚書。劉毅、嵇紹並爲此官。又袁瓌爲國子祭酒，時屬經喪亂，禮教陵遲，瓌上疏求立學徒，故國學之興，自瓌始也。又裴頠爲祭酒，奏立太學，起講堂，築門刻石，寫五經焉。宋不置學，則助教唯置一人，而祭酒、博士不常置也。明帝太始六年，以國學廢，初置總明觀祭酒一人，有玄、儒、文、史四科，科置學士各十人。齊高帝建元四年，有司奏置國學，祭酒准諸曹尚書，博士准中書郎，助教准南臺御史，選經學爲先，若其人難備，給事中以選明經者以本位領。其後國諱廢學。永明三年，立學，尚書令王儉領祭酒。學既建，乃省總明觀。八年，國子博士何胤單爲祭酒，疑所服，陸澄等皆不能據，遂以玄服臨試。月餘日，博議定，乃服朱衣。齊、梁，號爲國師。梁王承爲國子祭酒。承祖儉，父暕，並居此職，〔九三〕三代爲國師，前代未有，當時以爲榮。（暕音簡。）陳因之。後魏，亦曰國子祭酒。其初定中原，先立太學，置五經博士。北齊，國子寺有祭酒一人。隋開皇十三年，國子寺罷，隸太常。凡國學諸官，自漢已下，並屬太常，至隋始革之。又改寺爲學。仁壽元年，罷國子學，唯立太學一所。省國子祭酒、博士，置太學博士，總知學事。煬帝即位，改國子學爲國子監，依舊置祭酒。唐因之。龍朔元年，東都亦置。龍朔二年，改爲司成館，又改祭酒爲大司成；咸亨初，復舊。光宅元年，改國子監爲成均監；神龍元年，復舊。領國子學學生三百人，太學學生五百人，四門學學生五百人，俊士八百人，〔九四〕律學學生五十人，書學學生三十人，算學學生三十人。置祭酒一人，掌監學之政。皇太子受業，則執經講説。皆以儒學優重者爲之。〔九五〕天寶九載，置廣文館，領學生爲進士業者，置博士、助教各一人，品秩同太學。

臣謹按：漢昭帝增博士弟子員滿百人。宣帝末，增倍之。元帝時，詔能通一經者，皆復。數年，郡國置五經百石卒史。成帝末，增弟子員三千人。平帝時，王莽增元士之子得受業如弟子，勿以爲員，〔九六〕歲課甲科四十人爲郎中，乙二十人爲太子舍人，丙四十人補文學掌故。後漢安帝薄於藝文，博士倚席不講，學舍頽弊，鞠爲園蔬，牧兒蕘豎，至於薪刈。順帝感翟酺之言，乃更修黌宇，凡所構二百四十房，千八百五十室，增甲、乙之科員各十人，除郡國耆儒皆補郎、舍人。又按：唐神龍之後，六學生徒二千二百一十人，每學各置博士以總學事，及有助教等員。天寶九年，又於國子監置廣文館，領學生爲進士業者，置博士、助教各一人，品秩與太學同。

國子司業。隋煬帝大業三年，於國子監初置司業一人。禮曰：「樂正司業，父師司成。」因以爲名。唐，置二人，副貳祭酒，通判監事。龍朔二年，改爲少司成；咸亨初，復舊。凡祭酒、司業，皆儒重之官，非其人不居。

丞。隋置，三人。唐，一人。

主簿。北齊置。隋，一人。唐因之。

國子博士。班固云：「按六國時，往往有博士，掌通古今。」又曰：「博士，秦官，漢因之。」漢，博士多至四十人，兩梁冠。漢儀云：「文帝博士七十餘人，爲待詔。博士朝服，玄端章甫冠。」武帝建元五年，初置五經博士。宣帝稍增員十二人。博士選有三科，高第爲尚書，次爲刺史，其不通政事，以久次補諸侯太傅。于時孔光爲博士，數使録冤獄，行風俗。後漢，博士凡十四人：易，施，孟，梁丘，京氏。尚書，歐陽，大、小夏侯。詩，齊，魯，韓。〔九七〕禮，大、小戴。春秋，公羊，嚴、顔各一博士。初欲立左氏傳博士，范升以爲左氏淺末，不宜立。陳元聞之，乃詣闕上疏争之，卒立左氏學。〔九八〕掌以五經教子弟，國有疑事，掌承問對。舊時從議郎爲博士，其通叡異藝，入平尚書，〔九九〕出部刺史諸侯守相，久次轉諫議大夫。中興，高第爲侍中，小郡若都尉。〔一〇〇〕博士限年五十。安帝以博士多非其人，詔命三公、將軍、中二千石舉博士各一人，務得經明行高，卓爾茂異。是時群僚承風，凡所旌貢，綽有餘裕。後旋復故，遂用陵遲。初，平帝元始四年，改博士爲博士師，後漢兼而存之，並擇儒者桓榮、魯恭、戴憑等並爲博士。魏及西晉朝，博士置十九人。武帝咸寧四年，初立國子學，置國子博士一人，皆取履行清淳，〔一〇一〕通明典義，若散騎常侍、中書侍郎、太子中庶子以上，乃得召試。元帝時，荀崧上疏曰：「昔咸寧、太康、永嘉之中，侍中、常侍、黄門通洽古今行爲世表者，領國子博士。」宋、齊，諸博士皆阜朝服，進賢兩梁冠，佩水蒼玉。梁，國學有博士二人。天監四年，置五經博士各一人。魏、晉、宋、齊，並不置五經博士，至此始置焉。〔一〇二〕舊國子學生限以貴賤，武帝欲招來後進，五館生皆引寒門儁才，不限人數。陳因之。後魏、北齊，並有之。隋仁壽元年，省國子博士。大業三年，復置，一人。唐，增置二人。龍朔二年，改爲司成宣業；咸亨初，復舊。諸州府亦有經學博士，一人。

臣謹按：後魏崔逸爲國子博士，每有公事，〔一〇三〕逸常被詔獨進。博士特命，自逸始也。

助教。晉咸寧四年，初立國子學助教十五人，以教生徒。江左及宋，並十人。宋制，易、尚書、毛詩、禮記、周禮、儀禮、左傳、公羊、穀梁，各爲一經，論語、孝經爲一經，合十經，助教分掌。宋、齊並同。梁，國子助教，舊視南臺御史，品服與博士同。陳因之。後魏亦有。北齊，置十人。隋，置四人。唐，國子學助教三人，諸府州縣各有助教員，府州二人，縣一人，學生各有差。

太學博士。晉江左，增置國子博士十六人，謂之太學博士，品服同國子博士。梁，置太學博士八人。陳因之。後魏亦然。北齊，國子寺有太學博士十人。後周，置太學博士下大夫六人。隋初，置太學博士五人。仁壽元年，罷國子，唯立太學，置博士五人。大業三年，減置二人。唐因之。

助教。後魏始置。北齊，亦有之，置二十人。後周，曰太學助教上士。隋，又曰太學助教，五人。大業三年，減三人。唐因之。

廣文館博士。一人，助教一人，並以文士爲之。唐天寶九載置。

四門博士。後魏書劉芳表云：「太和二十年，立四門博士，於四門置學。按禮記曰：『天子設四學。』鄭玄注：『周四郊之虞庠也。』〔一〇四〕今以其遼遠，故置於四門，請移與太學同處。」從之。北齊，二十人。隋，五人。唐，三人。

助教。北齊，國子寺有二十人。隋初，則五人。唐因之。

直講。四人。唐初置，無員數。長安四年，始定爲四員。

大成。二十人。唐置。取貢舉及第人，〔一〇五〕簡聰明者，試書日誦得一千言，并日試策所習業等，十條通七，然後補充，仍散官。禄俸賜會同直官例給。武太后長安中，省，而有直講，定爲四員。

律學博士。晉置，屬廷尉。梁，曰胄子律博士，屬廷尉。陳，亦有律博士。後魏、北齊，並有之。隋，大理寺官屬有律博士八人。唐因之，而置一人，移屬國學。掌教文武八品以下及庶人之子爲生者，以律令爲專業，格式法例兼習之。助教一人，位從九品上。

書學博士。唐置，三人。掌教文武八品已下及庶人之子爲生者，以石經、説文、字林爲專業，餘字書兼習之。又典學二人。

算學博士。二人，典學二人。掌教文武八品已下及庶人之子爲生者，二分其經以爲之業，習九章、海島、孫子、五曹、張邱建、夏侯陽、周髀等，及綴術、緝古之術，其記遺三等數，亦兼習之。

軍器監　丞　主簿　甲坊署　弩坊署

軍器監。後周武帝四年，初置軍器監。唐武德初，因之。貞觀元年，罷軍器大監，置少監。後省之，以其地隸少府監，爲甲弩坊。開元初，復以其地置軍器使。至三年，以使爲監，更置少監一員，丞二員，主簿一員，録事一員，及弩坊等署。十一年，悉罷之，復隸少府爲甲弩坊。十六年，移其名於北都，置軍器監，亦嘗以太原尹兼領。天寶六載，復於舊所置軍器監，監一人，領甲坊、弩坊兩署。

丞、主簿。各一人，唐置。

甲坊署令、丞。隋，少府有甲鎧署，唐改焉。

弩坊署令、丞。隋，有弓弩署，唐改焉。

都水監使者　丞　主簿　舟檝署　河渠署

都水使者。虞舜命益作虞，以掌山澤。周官有林衡、川衡二官，掌林麓川澤之禁。漢武帝元鼎二年，初置水衡都尉，掌上林苑。其屬有上林、均輸、御羞、禁圃、楫櫂、鍾官伎巧六廄，辨銅九官令、丞，又衡官、水司空、都水、農倉及甘泉、上林、都水七官長、丞，皆屬焉。蓋主上林離宫燕休之處。〔一〇六〕後漢光武省之，并其職於少府。每立秋貙劉之日，輒暫置水衡都尉。貙劉，將祭大獵也。事訖，省。初，秦、漢又有都水長、丞，主陂池灌溉，保守河渠，自太常、少府及三輔等皆有其官。漢武帝以都水官多，乃置左、右使者以領之。至漢哀帝，省使者官。至東京，凡都水皆罷之，併置河隄謁者。漢之水衡都尉，本主上林苑。魏世，主天下水軍舟船器械。晉武帝省水衡，置都水臺，有使者一人，掌舟航及運部，而河隄爲都水官屬。元康中，復有水衡都尉。時陳慎、戴熊俱以都水使者領水衡都尉。懷帝永嘉六年，胡賊入洛陽，都水使者奚濬先出督運，得免。江左，省河隄。宋，都水使者，銅印墨綬，進賢兩梁冠，與御史中丞同。孝武帝初，省都水臺，罷都水使者，置水衡令。孝建元年，復置。齊，有都水臺使者一人。梁初，與齊同。天監七年，改都水使者爲大舟卿，位視中書郎，列卿之最末者，主舟航河隄。陳因之。後魏，初皆有水衡都尉及河隄謁者、都水使者官。至永平二年，都水臺依舊置二使者。北齊，亦置二使者。隋開皇三年，廢都水臺，入司農。十三年，復置。仁壽元年，改臺爲監，更名使者亦爲監。煬帝又改爲使者，尋又爲監，加置少監，又改監及少監並爲令，領兵檝、河渠二署。唐武德八年，置都水臺，後復爲都水監，置令，隸將作。貞觀中，復爲都水監，置使者。龍朔二年，改都水使者爲司津監、丞；咸亨元年，復舊。光宅元年，改都水監爲水衡，置都尉。神龍元年，復爲都水監，置使者二人，分總其事，不屬將作，領舟檝、河渠二監。

丞。漢，有水衡丞五人，亦有都水丞。後漢、晉初，都水使者有參軍二人，蓋亦丞之職任。宋因之。梁大舟卿有丞。陳因之。後魏、北齊，又曰參軍。隋，曰都水丞。唐，二人。

主簿。晉，水衡都尉有之，爲左、右、前、後、中五水衡令，悉皆有之。梁，大舟卿亦有之。至隋，又置。唐因之。

舟檝署。漢，主爵中尉屬官，有都船令、丞。水衡都尉有檝櫂令、丞。晉，曰船曹吏。齊，曰官船典軍。後周，曰舟中士。隋，爲舟檝令、丞。唐因之。令，丞各一人。

河渠署。隋煬帝置，令、丞各一人。唐因之。

校勘記

〔一〕「御史在前」，按，史記滑稽列傳作：「執法在旁，御史在後。」此處引文不嚴格。

〔二〕「所居之署」，「之署」二字脱，據通典二四補。

〔三〕「不艧色」，「艧」，原作「艧」，形近而誤，據北宋本通典二四改。

〔四〕「後漢蔡邕以侍御史轉治書御史遷尚書三日之間周歷三臺」，「邕」下衍「時」字，據通典二四删。「歷」，原作「遷」，據後漢書蔡邕傳改。

〔五〕「兼尚書左僕射元順不肯送名」，「兼」下衍「上」字，據魏書元子思傳删。

〔六〕「裴猷伯移注云」，「注」，汪本作「臺」，明本作「生」，皆誤，據元本、于本、殿本、通典二四改。

〔七〕「憲臺不屬都堂」，「堂」，原作「坐」，據魏書元子思傳改。

〔八〕「檢孝文帝舊格以聞」，汪本「聞」作「開」，據元本、明本、于本、殿本改。

〔九〕「李圓通檢校御史大夫」，「圓」，原作「員」，據隋書李圓通傳、唐會要六〇改。

〔一〇〕「神龍以後」，「神龍」，原作「龍朔」，據唐六典一三、唐會要六〇、舊唐書職官志三、新唐書百官志三改。

〔一一〕「御史臺請置推官二人」，「二人」，原作「一人」，據唐會要六二、通典二四改。

〔一二〕「皇太子以下」，「以下」二字脱，據隋書百官志上補。

〔一三〕「韋思謙除右肅政大夫」，「右」，原作「左」，據唐會要六〇、兩唐書韋思謙傳改。

〔一四〕「凡天下諸讞疑事」，「諸」，原作「詣」，據元本、殿本改。

〔一五〕「後并河南」，「河」，原作「江」，據晉書職官志改。

〔一六〕「傳詔荷信詔喚衆官」，「信詔」二字互倒，據宋書禮志二改。

〔一七〕「明習天下圖書計籍」，汪本「計」下衍「吏」字，元本、明本、于本、殿本皆作「史」，按史記、漢書張蒼傳皆作「計籍」，「吏」字明爲衍文，故删。

〔一八〕「法冠者」，「冠」，原作「官」，據元本、殿本改。

〔一九〕「側陛而坐」，「陛」，原作「階」，據通典二四改。

〔二〇〕「置内左庫外左庫二曹」，「外左」之「左」，原作「右」，據晉書職官志改。

〔二一〕「臺内文簿皆治書主之」，汪本「主」作「上」，據元本、明本、于本、殿本改。

〔二二〕「又分直朝堂」，「分直」二字互倒，據通典二四改。

〔二三〕「後漢永平中」，「平」，原作「安」，據後漢書寒朗傳改。

〔二四〕「晉志云」，「晉」，原作「宋」，據通典二四改。

〔二五〕「王本立自忻州定襄縣尉爲之」，「本立」二字互倒，據唐會要六〇及本篇上文改。

〔二六〕「始置主簿二人」，汪本「置」作「制」，據元本、明本、于本、殿本改。

〔二七〕「兼置録事二人」，「二」，原作「一」，據殿本、通典二四改。

〔二八〕「兼知官厨及黄卷」，「厨」字脱，據唐六典一三、舊唐書職官志三補。

〔二九〕「以太常爲太常卿」，「以太常」三字脱，據隋書百官志上補。

〔三〇〕「丞惟知勾檢」，「勾檢」，原作「檢局」，據隋書百官志下改。

〔三一〕「兩京郊社」，汪本「社」作「祀」，據元本、明本、于本、殿本改。

〔三二〕「勾稽省署抄目」，「目」，原作「日」，據通典二五改。

〔三三〕「治禮郎四十七人」，「四」，原作「三」，據後漢書百官志二、通典二五改。

〔三四〕「以犯廟諱」，汪本「犯」作「祀」，據元本、明本、于本、殿本改。

〔三五〕「監試樂人典課」，「課」，原作「樂」，據通典二五改。唐六典一四作「監試爲之課限」。

〔三六〕「太予令如古大胥」，「予」，原作「樂」，據後漢書百官志二錢大昕、惠棟校正改。

〔三七〕「身體修治者」，「修治」，原作「循理」，據後漢書百官志二注引盧植禮注改。

〔三八〕「古之名手」，「古」，原作「求」，據舊唐書許胤宗傳、通典二五改。

〔三九〕「今人不能别脉」，汪本「今」作「令」，據元本、明本、于本、殿本改。

〔四〇〕「珍羞署」，汪本「署」作「置」，據元本、明本、于本、殿本改。

〔四一〕「解禁止亦如之」，「解禁止」三字脱，據通典二五補。

〔四二〕「於周垣下爲區廬」，「區廬」二字脱，據漢書百官公卿表上注引胡廣語補。

〔四三〕「掌諸冶」，汪本「冶」作「治」，據元本、明本、于本、殿本改。

〔四四〕「公卿拜命與其婚葬鹵簿之事」，「其」，原作「具」，據唐六典一六、舊唐書職官志三改。

〔四五〕「崇玄署」，汪本「署」作「階」，據元本、明本、于本、殿本改。

〔四六〕「後漢劉軼」，「軼」，原作「軫」，據後漢書儒林傳改。

〔四七〕「宗正卿缺」，「缺」，原作「郵」，據殿本、通典二五改。

〔四八〕「必令誥之」，「誥」，原作「詰」，據通典二五改。

〔四九〕「詳擇所宜」，汪本「擇」作「懌」，據元本、明本、于本、殿本改。

〔五〇〕「北齊太僕寺統驊騮左右龍廐左右駞牛羊司乘黄車府典牧牛羊等署」，按，隋書百官志中言北齊：「太僕寺，掌諸車輦馬牛畜産之屬，統驊騮（掌御馬及諸鞍乘）、左右龍、左右牝（掌駝馬）、駝牛（掌飼駝騾驢牛）、司羊（掌諸羊）、乘黄（掌諸輦輅）、車府（掌諸雜車）等署令丞。」本文概括隋志之文，籠統不明，且多訛誤，無從校正，故附隋志原文於校記中。

〔五一〕「牛三萬五千頭」，汪本「千」作「十」，據元本、明本、于本、殿本改。

〔五二〕「二十萬六千口」，「千」字脱，據通典二五補。

〔五三〕「及士爲侯其妻不復改嫁」，「及士」二字互倒，據通典二五改。

〔五四〕「有正監平三人」，汪本「正」作「平」，據元本、明本、于本、殿本改。

〔五五〕「方一寸」，「方」字脱，據隋書百官志上補。

〔五六〕「不署曹事」，「署」，原作「書」，據通典二五改。

〔五七〕「爲十二員」，「二」，原作「一」，據通典二五改。

〔五八〕「景帝中二年」，「中」字脱，據漢書景帝紀補。

〔五九〕「中六年」，「中」上衍「建」字，據通典二六删。

〔六〇〕「則使弔之」，「使」字重衍，據後漢書百官志二删。

〔六一〕「後周置東西南北四掌客」，「置」，原作「署」，據殿本、通典二六改。

〔六二〕「損多益寡」，汪本「損」作「捐」，據元本、明本、于本、殿本改。

〔六三〕「潁川太守趙元淑入朝」，「潁川」，原作「潁州」，據隋書趙元淑傳、通典二六改。

〔六四〕「周官有質人中士下士」，「質」，原作「貨」，據周禮地官改。

〔六五〕「魏少府屬官有平準令」，按，唐六典二〇云：「魏氏闕文。晉少府屬官有平準令丞。」此處或爲脱去「氏闕文晉」四字，以致言魏而不及晉。

〔六六〕「地子爲義倉」，「地」，原作「他」，據通典二六改。

〔六七〕「絳朝服」，「絳」，原作「綬」，據元本、殿本改。

〔六八〕「爲求奉朝請」，秘書日有限」，「爲求」二字互倒，「日」，原作「自」，據宋書王敬弘傳改。

〔六九〕「華嶠」，「華」，原作「和」，據晉書閻纘傳改。

〔七〇〕「商太史向摯」，「向」，原作「高」，據吕氏春秋先識篇改。

〔七一〕「又有馮相氏掌天文之變」，按，周禮春官：「馮相氏視天文之次序，保章氏掌天文之變。」此文節録失當，各本皆誤，惟殿本已照周禮原文補正。

〔七二〕「始置丞二人」，文下原有「煬帝減一人」五字，乃涉上文而衍，據通典二六删。

〔七三〕「大率去南極二十度以上」，「去」，原作「云」，據通典二六改。

〔七四〕「置中署」，汪本「署」作「置」，據元本、明本、于本、殿本改。

〔七五〕「宋氏用三品勳位」，「三」，原作「二」，據通典二六改。

〔七六〕「准南臺御史」，「准」，原作「淮」，據元本、殿本改。

〔七七〕「龍朔二年」，「二」，原作「三」，據通典二六改。

〔七八〕「周禮有掌舍掌行所解止之處帷幕幄帟之事」，按，周禮天官，幕人掌帷幕幄帟之事，唐六典一一、通典二六皆記於掌舍之下，通志承之而誤。

〔七九〕「先是別置閑廄使」，「閑」字脱，據唐六典一一補。

〔八〇〕「又有將行」，「將行」，原作「將作」，據漢書百官公卿表上、通典二七改。下同。

〔八一〕「平帝元始四年」，「始四」二字脱，據漢書百官公卿表上補。

〔八二〕「後漢常用宦者職掌奉宣中宫命」，「用宦者」、「宣」字皆脱，據通典二七補。

〔八三〕「貞元七年三月」，「貞元」二字脱，據唐會要六五補。

〔八四〕「後漢」，汪本「漢」作「庭」，據元本、明本、于本、殿本改。

〔八五〕「後漢有中宫僕」，「僕」下衍「令」字，據後漢書百官志四删。

〔八六〕「侍中中常侍」，脱一「中」字，據後漢書百官志三補。

〔八七〕「周官爲玉府」，「玉」，原作「王」，據元本、殿本改。

〔八八〕「韋昭辨釋名」，「辨」字脱，據三國志吳志韋昭傳補。

〔八九〕「秦有將作少府」，「作」下衍「大匠後漢」四字，據漢書百官公卿表、通典二七删。

〔九〇〕「左校署令丞二人」，唐六典二三、舊唐書職官志三作：「左校署令二人，丞四人。」

〔九一〕「右校署令丞二人」，唐六典二三、舊唐書職官志三作：「右校署令二人，丞三人。」

〔九二〕「甄官署令丞二人」，唐六典二三、舊唐書職官志三作：「甄官署令一人，丞二人。」

〔九三〕「承祖儉父暕並居此職」，「祖」，原作「相」，據通典二七改。

〔九四〕「俊士八百人」，「八」，原作「七」，據唐六典二一、通典二七改。

〔九五〕「皆以儒學優重者爲之」，「優」字脱，據通典二七補。

〔九六〕「勿以爲員」，「勿」字脱，據通典二七補。

〔九七〕「詩齊魯韓」，「魯」下衍「毛」字，據後漢書儒林傳删。

〔九八〕「卒立左氏學」，「學」下衍「各」字，據通典二七删。

〔九九〕「入平尚書」，汪本「平」作「部」，據元本、明本、于本、殿本改。

〔一〇〇〕「小郡若都尉」，「若」，原作「都」，據殿本、通典二七改。

〔一〇一〕「皆取履行清淳」，「清」，原作「精」，據晉書職官志改。

〔一〇二〕「至此始置焉」，「此」，原作「北齊」，據通典二七改。

〔一〇三〕「每有公事」，「有」字脱，據魏書崔辯傳補。

〔一〇四〕「周四郊之虞庠也」，「周四」，原作「同兩」，據唐六典二一改。

〔一〇五〕「取貢舉及第人」，汪本「貢」作「員」，據元本、明本、于本、殿本改。

〔一〇六〕「蓋主上林離宫燕休之處」，「蓋」，原作「益」，據通典二七改。

職官略第五

武官第八上

將軍總叙

三代之制，天子六軍，其將皆命卿。故夏書曰：「大戰于甘，乃召六卿。」蓋古之天子寄軍政於六卿，居則以田，警則以戰，所謂入使治之，出使長之之義。其職，在國則以比長、閭胥、族師、黨正、州長、鄉大夫爲稱，在軍則以卒伍、司馬、將軍爲號，所以異軍國之名。諸侯之制，大國三軍，次國二軍，小國一軍，其將亦命卿也。晉獻公初作二軍，公將上軍，未有其號。魏獻子、衛文子始有將軍稱。左傳曰：「晉閻没、女寬謂魏子曰，豈將軍食之而有不足。」注曰：「獻子爲將軍率，故謂之將軍。」又禮記曰：「將軍文子之喪。」自戰國置大將軍，周末又置前、後、左、右將軍。秦因之，位上卿，金印紫綬。漢興，置大將軍，驃騎將軍，位次丞相；車騎將軍，衛將軍，左、右、前、後將軍，皆金印紫綬，位次上卿。後漢志曰：「漢將軍比公者四，謂大將軍、驃騎、車騎、衛將軍。」掌京師兵衛，四夷屯警。孝武征閩越、東甌，又有伏波、樓船，及伐朝鮮、大宛，復置橫海、度遼、貳師。宣帝增以蒲類、破羌。權時之制，若此非一，亦不常設。光武中興，諸將軍皆稱「大」。及天下已定，武官悉省。

四征興於漢代，四安、四平起於魏初，後漢有三鎮之稱，魏有鎮北之號。晉武帝重兵官，故軍校多選朝廷清重之士居之，置中軍將軍以統宿衛七軍。及五王作難，東海王越以頊興事皆由殿省，乃奏宿衛有侯爵者皆罷之。時殿中武官並封侯，由是出者略盡，皆涕泣而去，乃以東海國官領左、右衛，以國兵宿衛。晉、宋以來，以領軍，護軍，左、右二衛，驍騎、游擊將軍，謂之六軍。宋輿服志曰：「驃騎、車騎、衛將軍及諸將軍加『大』者，皆金章紫綬，武冠，佩水蒼玉。諸軍司馬，銀章青綬，朝服，武冠。」其四安、四平、左、右、前、後、征虜等將軍，及四中郎將，晉代荀羨、王胡之並居此官，宋、齊以來，唯處諸王，素族無爲者。齊以二衛，四軍，五校，驍騎、游擊、積射、彊弩、殿中、員外殿中、武衛七將軍，殿中司馬督及虎賁中郎將，〔二〕宂從僕射，羽林監，武騎常侍，謂之西省，而散騎爲東省。梁武帝以將軍之名高下舛雜，命更加釐定。於是有司奏置一百二十五號將軍。以鎮衛、驃騎、車騎爲二十四班，四征、四中爲二十三班，八鎮爲二十二班，八安爲二十一班，四平、四翊爲二十班，凡三十五號，〔二〕爲重號將軍。又有五德將軍。忠武、軍師，武臣、爪牙、龍騎、雲麾，鎮兵、翊師、宣惠、宣毅，〔三〕智威、仁威、勇威、信威、嚴威，智武、仁武、勇武、信武、嚴武：是爲五德將軍也。以班多者爲貴。凡十二品二十四班，品取其盈數，班法氣候之數，制簿悉以大號居後，以爲選法，自小遷大也。前史所記，以位得從公，故將軍之名次于台槐之下，至是備其班品，敍於百官之外，凡一百二十五將軍。

後魏將軍之名多矣，謂驃騎、車騎、衞爲三將軍。末年有八柱國、大將軍，其中六人各督二大將軍，凡十二大將軍。元贊、元育、元廓，侯莫陳順、宇文導、〔四〕達奚武、李遠、豆盧寧、宇文貴、賀蘭祥、楊忠、王雄是也。又各分統開府二人，〔五〕一開府領一軍兵，是爲二十四軍，分掌禁旅，當爪牙禦侮之寄。自大統十六年以後，功臣位至柱國及大將軍者衆矣，咸是散秩，無復統御。〔六〕後周武帝三年，改諸軍軍士並爲侍官。隋煬帝以左右衞、左右屯衞、左右禦衞、左右候衞，凡十二衞，〔七〕各置大將軍一人，將軍二人，以總府事，每衞各置長史，〔八〕録事參軍，司倉，兵、騎、鎧等參軍員。軍人總名衞士。蓋魏、周十二大將軍之遺制。

唐武德初，秦王既平王世充及竇建德，高祖以秦王功殊今古，自昔位號不足以爲稱，乃特置天策上將軍以拜焉，位在王公上。及升儲宮，遂廢天策府。二年七月，高祖以天下未定，事資武力，將舉關中之衆以臨四方，乃置十二軍，分關中諸府以隸焉。以萬年道爲參旗軍，長安道爲鼓旗軍，富平道爲玄戈軍，醴泉道爲丹鉞軍，同州道爲羽林軍，華州道爲騎官軍，寧州道爲折威軍，岐州道爲平道軍，豳州道爲招摇軍，〔九〕麟州道爲苑游軍，涇州道爲天紀軍，宜州道爲天節軍。每軍將一人，副一人，取威名素重者爲之。楊恭仁、劉弘基、長孫順德等爲其將。督耕戰之備，自是士馬彊勁，無敵於天下。五年，省。七年，以突厥寇掠，復置十二軍，〔一〇〕後又省之。其後定制，有左、右衛，左、右驍，〔一一〕左、右武，左、右威，左、右領軍，左、右金吾，左、右監門，左、右千牛，凡十六衛，大將軍各一人，左、右衛及左、右金吾，總謂之四衛，其餘謂之雜衛。將軍總三十人。左、右千牛衛將軍各一人，餘衛各二人。左、右羽林，左、右龍虎，左、右神虎六軍，大將軍各一人，將軍各三人，皆有衛署。其餘驃騎、輔國、鎮軍、冠軍四大將軍，雲麾、忠武、〔一二〕壯武、宣威、明威、定遠、寧遠、游騎、游擊等九將軍，並爲五品以上武散官。先天二年正月十日，詔：「往者衛士計户取充，使二十一入幕，〔一三〕六十出軍，既憚劬勞，咸欲避匿。今改取二十五以上充，十五年即放出，頻經征鎮者，十年放出。自今已後，羽林、飛騎，先於衛士中簡擇。」開元六年，始詔折衝府兵，每六歲一簡。自高宗、武后時，天下久不用兵，府兵之法浸壞，番役更代，多不以時，衛士稍稍亡匿，至是益耗散，宿衛不能給。宰相張説乃請一切募士宿衛。十一年，取京兆、蒲、同、岐、華府兵及白丁，而益以潞州長從兵，共二十萬，號長從宿衛，歲一番。命左丞蕭嵩與州刺史共選之。明年，更號曰彍騎。

臣謹按：宋志曰：「冗從僕射，漢東京有中黃門冗從僕射，非其職也。魏代因其名而置冗從僕射。」職官要録曰：「本期門之職，後漢桓帝時置冗從僕射，掌諸散從，其射事則主帥之。」

左右衛并親衛官屬附

漢京師有南、北軍，掌理禁衛。南軍若唐諸衛，北軍若唐羽林等軍，周勃馳入北軍是也。初有衛將軍。魏末，晉文王又置中衛將軍。武帝受禪，分中衛爲左、右衛將軍，以羊琇爲左，趙序爲右。並置佐史，皆掌宿衛營兵。銀章青綬，武冠，絳朝服，佩水蒼玉。宋、齊謂之二衛，各領營兵，每暮一人宿直，後增二衛儀從爲九十人。陳因之。後魏永光初，又增置左、右衛將軍各二人。北齊二人分掌左、右廂，所主朱華閤以外，各武衛將軍二人貳之。隋之初，左、右衛大將軍各一人，將軍各二人，又各統親衛。煬帝改左、右衛爲左、右翊衛，又加置親衛，并領勳、武二衛。煬帝改三衛爲三侍，〔一四〕非翊衛府皆無三侍。其所領軍士名爲驍騎。唐復爲左、右衛，大將軍各一人，掌宫掖禁禦，督攝隊伍。將軍各二人。貳大將軍事。長史。左、右衛各一人。晉武帝置左、右衛，各有長史、司馬。東晉省長史，歷宋、齊、梁、陳、後魏、北齊，並同。至隋，左、右衛各置長史一人。唐因之。

録事參軍。左、右衛各一人。東晉元帝初爲鎮東大將軍，置録事參軍。自後無聞。〔一五〕梁，皇子府有録事參軍各一人。後魏，二人，公府及第一、第二、第三品將軍府，及始蕃王、二蕃王、三蕃王府各有録事參軍官。北齊因之。隋，左、右衛府各有録事參軍一人。唐因之。

倉曹參軍。左、右衛各二人。東晉元帝爲鎮東大將軍，有倉曹參軍。宋武帝相府亦置。後魏，與録事參軍同置。北齊因之。隋，左、右衛府各有倉曹參軍一人。唐因之，置二人。

兵曹參軍。左、右衛各二人。歷代皆與倉曹同置。

騎曹參軍。左、右衛各一人。魏司馬景王爲大將軍，有騎兵掾。〔一六〕宋武帝爲相，有騎兵參軍。隋，左、右衛府有騎兵參軍。唐初因之，其後改爲騎曹。

胄曹參軍。左、右衛各一人。東晉元帝爲鎮東大將軍，有鎧曹參軍。宋武帝爲相，亦有之。北齊，有左、右鎧曹各一人。隋，左、右衛府有鎧曹行參軍事一人。唐因之。長安初，改爲胄曹。神龍初，復爲鎧曹。開元初，復爲胄曹。凡自十六衛及東宮十率府録事及兵、倉、騎、胄等曹參軍，通謂之衛佐，並爲美職。漢、魏以來，諸將軍有長史以下官屬，及唐諸衛所置，蓋亦因其舊號，考其資位，則全校微矣。其下諸衛官屬並同。

左、右親衛中郎將府。中郎將之名，秦、漢以來有之。隋，每衛各置開府一員以統之。唐武德七年，改開府爲中郎將，親衛爲一府，勳衛、翊衛各爲一府，中郎將各一人，掌領校尉以下宿衛，總判府事。唐武德七年，改親衛驃騎將軍爲之，其勳、翊二衛亦然。左、右郎將一人，隋備身府置左、右郎將，唐因其名，武德七年，改親衛車騎將軍爲之，其勳、翊二衛亦然，掌貳中郎將之職。録事參軍一人，掌受府事。兵曹參軍一人，掌判府事。校尉五人。

左右驍衛

漢有驍衛將軍，謂之雜號將軍，武帝以李廣爲之。後省。後漢初，改屯衛爲驍騎，置爲中軍。晉領營兵，兼統宿衛。梁以來，其任愈重，天監六年，置左、右驍騎，領朱衣直閤，並給儀從。北徐州刺史昌義之首爲此職，出則羽儀清道，入則與二衛通直，臨軒則升殿夾侍。〔一七〕改舊驍騎曰雲騎。陳有左、右驍騎及雲騎。韋翽爲驍騎將軍，素有名稱，每大事常令夾侍左右，時人榮之。後魏、北齊，並有驍騎將軍之職。後周，有左、右驍騎率上士。隋開皇十八年，置備身府。煬帝即位，改左、右備身府爲左、右驍衛府，所領軍士，名曰豹騎，其備身府又別置焉。唐因隋，置左、右驍衛府。龍朔二年，去「府」字。光宅元年，改左、右驍衛爲左、右武威；神龍元年，復舊。大將軍各一人，所掌與左、右衛同。將軍各二人以副之。領官屬並隋置。唐因之，同左、右衛。

左右武衛

後漢末，曹公爲丞相，有武衛營，及魏文帝，乃置武衛將軍，以主禁旅。晉、宋、齊、梁、陳，〔一八〕又有建武、奮武、廣武等將軍。至隋，採諸武之名，置左、右武衛大將軍一人，將軍二人，以總府事。煬帝改所領軍士名熊騎。唐光宅元年，改爲左、右鷹揚衛；神龍元年，復爲武衛。其制與隋同，所掌如左、右衛。領官屬並隋置。唐因之，同左、右衛。

左右威衛

隋初有領軍府，煬帝改爲左、右屯衛。唐因之。貞觀十二年，左、右屯衛始置飛騎，出游幸，即衣五色袍，乘六閑馬，賜猛獸衣韉而從焉。龍朔二年，改左、右屯衛爲左、右威衛，而别置左、右屯營，亦有大將軍等官。尋改左、右屯營爲羽林。光宅元年，改威衛爲豹韜衛；神龍元年，復舊。所掌如左、右衛。領官屬並隋置，唐因之，同左、右衛。龍朔二年，〔一九〕左、右威衛舊官之員外各置録事參軍一人，府三人，史四人，並隸左、右羽林軍，統本司事。

左右領軍衞

初，魏武爲漢丞相，相府自置領軍，非漢官也。建安十二年，改爲中領軍，以史渙爲之，與護軍韓浩皆領禁兵。文帝受漢禪，始置領軍將軍，以曹休爲之，主五校、中壘、武衞三營。晉武帝初，省，使中軍將軍羊祜統二衞、前、後、左、右驍騎七軍營兵，即領軍之任也。祜遷，罷，復置北軍中候。懷帝永嘉中，改中軍曰中領軍。元帝永昌元年，復改曰北軍中候，尋復爲領軍。成帝時，復以爲中候，而陶侃居之。尋復爲領軍。魏、晉，領、護皆金章紫綬，中領，中護銀章青綬，武冠，絳朝服，佩水蒼玉。晉郄鑒、庾亮、紀瞻、卞壼、陸曄、諸翼、王彪之、會稽王道子、沈嘉、武陵王遵、孔安國、謝混等並爲領軍。〔二〇〕宋，置領軍將軍一人，掌內軍；護軍將軍一人，掌外軍。齊，有領軍及中領軍。梁，領軍將軍管天下兵要，謂之禁司，與左、右僕射爲一流，中領軍與吏部尚書爲一流。梁蕭景爲領軍將軍，管天下兵要。監局官僚皆近倖，多驕侈，景在職峻切，官曹肅然。其監局多事，唯景及臧盾長於撥繁，繼居此職，並著聲稱。陳因之。後魏，有領軍、護軍，二職若侍臣帶者加「中」。又有領軍將軍、護軍將軍，二將軍與領、護不並置。北齊，領軍府，凡禁衞官皆主之，以高歸彥爲領軍大將軍。領軍加「大」，自歸彥始。隋，有左、右領軍府，各掌十二軍籍帳差科辭訟之事，不置將軍，唯有長史、司馬、諸曹掾屬等官。煬帝改領軍爲左、右屯衛。即左、右威衛。唐，復採舊名，別置領軍衛，分爲左、右。龍朔二年，改爲左、右戎衛；咸亨元年，復舊。光宅元年，改爲左、右玉鈐衛；神龍元年，復舊。各置大將軍一人，掌宮掖禁備，督攝隊伍，與左、右諸衛同。將軍各一人，以副之。長史，齊、梁、陳並有之。北齊有長史、司馬。隋置録事以下諸曹。唐因之，同左、右衛。

左右金吾衛

秦有中尉，掌徼循京師。如淳曰：「所謂游徼循禁，備盜賊也。」顏師古曰：「徼謂遮繞。」漢武帝太初元年，更名執金吾。顏師古曰：「金吾，鳥名也，主辟不祥。天子出，職主先導，以備非常，故執此鳥之象，因以名官。」緹騎二百人。緹騎無秩，比史食俸。五百二十人輿服導從，光生滿路，群僚之中，斯最壯矣。光武徼時，歎曰：「仕宦當爲執金吾。」舊掌京師盜賊，考按疑事。後漢，掌宮外戒司非常水火之事。衛尉巡行宮中，金吾徼巡宮外，相爲表裏，以擒姦討猾。月三繞行宮外，及主兵器。自中興，但專徼循，不與他政。魏武秉政，復爲中尉。晉初，罷。直至後周，置武環率、武候率下大夫各二人。隋，置左、右武候府，大將軍一人，將軍三人，掌車駕出入，先驅後殿，晝巡夜察，執捕姦非，烽候道路，水草所宜。巡狩師田，則掌其營禁。煬帝大業三年，改爲左、右武候衛，所領士名佽飛。漢百官表曰：「漢有左弋令，武帝太初元年，更名佽飛，掌弋射，屬少府。」光武省之。隋氏採舊名。唐初，又爲左、右武候府。龍朔二年，改爲左、右金吾衛，置大將軍一人，所掌與隋同。將軍二人，副其事。領官屬並隋置。唐因之。

左右監門衛

隋初有左、右監門府，將軍各一人，掌宮殿門禁及守衛事。各置郎將二人，校尉、直長各三十人。有長史，司馬，録事及倉、兵二曹參軍，鎧曹行參軍，各十人。二漢有城門校尉，掌京師城門屯兵，非今任也。煬帝改將軍爲郎將，各一人，正四品，署官屬並同備身府。唐，左、右監門府，置大將軍、中郎將等官。龍朔二年，改府爲衛，大將軍各一人，所掌與隋同。將軍各二人，以副之。中郎將各四人，分掌諸門，以時巡檢。領官屬並隋置。唐因之。

左右千牛衛

千牛，刀名。後魏有千牛備身，掌執御刀，因以名職。謝綽宋拾遺有千牛刀，即人君防身刀也。齊尚書楊玉夫取千牛刀殺蒼梧王是也。其義蓋取莊子云，庖丁解牛十九年，所割者數千牛，而刀刃若發於硎，因以爲備身刀名。北齊，千牛備身屬左、右將軍。隋，有左右領左右府，大將軍一人，將軍二人，掌侍衛左右，供御兵仗。領千牛備身十二人，掌執千牛刀；備身左右十二人，掌供御刀箭；備身十六人，掌宿衛侍從。左右置長史，司馬，録事及倉、兵二曹參軍事，鎧曹行參軍。煬帝改左右領左右府爲左右備身府，置備身郎將等官。唐貞觀中，復爲左右領左右府。顯慶五年，始置左、右千牛府。龍朔二年，改左、右千牛府爲左、右奉宸衛，後改爲左、右千牛衛。神龍二年，各置大將軍一人，所掌與隋同，總判衛事。將軍各一人，以副之。中郎將各一人，通判衛事。領官屬即隋左右領左右府長史以下，唐改之。左、右千牛備身各十二人，掌執御刀，宿衛侍從。皆以門蔭子弟年少姿容美麗者補之，爲貴冑起家之良選。備身左右各十二人，〔二二〕執御刀弓箭，宿衛侍省。備身各一百人。掌宿衛侍從。

左右羽林衛

漢武太初元年，初置建章營騎，後更名羽林。象天文羽林星，主車騎也。宣帝令中郎將騎都尉監羽林，謂之羽林中郎將。領郎百人，謂之羽林郎，選隴西、漢陽、安定、北地、西河、上郡良家子便弓馬者以爲之。一名巖郎。後漢志曰：「言從游獵，還宿殿階巖下室中，故號巖郎。」又置羽林左、右監，後漢志曰：「羽林左監一人，主羽林左騎；羽林右監一人，主羽林右騎，皆六百石。」取從軍死事之子孫養之，羽林官教以五兵，號曰羽林孤兒。光武中興，以所征伐士勞苦者爲之。其後復簡五營高手，別爲左、右監羽林，父死子繼，與虎賁同，所居之處謂之寺。延熹六年，減虎賁、羽林郎住寺不任事者半俸。二漢並屬光禄勳。後漢竇固、鄧彪並爲羽林。魏，羽林左、右監與漢同。夏侯太初爲右，桓範爲左。晉，罷羽林中郎將，又省一監，置一監而已。哀帝，省。宋武帝永初初，復置。江右領營兵，江左無復營兵。羽林監及虎賁中郎將，並銅印黑綬，武冠，絳朝服，其在陛列則鶡尾冠，鶡鳥每鬬死不止。絳紗縠單衣。江左不復著鶡冠。齊因之。後魏有羽林監。北齊，置監十五人。後周，有左、右羽林率，屬大司馬。隋煬帝改左、右領軍爲左、右屯衞，所領兵爲羽林。唐貞觀十二年，於玄武門置左、右屯營，以諸衞將軍領之，其兵名曰飛騎。又於飛騎中簡材力驍捷善射者，號爲百騎，扈從游幸則衣五色袍，乘六閑馬，賜猛獸衣韉。龍朔二年，改左、右屯營爲左、右羽林軍。武太后臨朝，永昌元年，改百騎爲千騎。天授中，改軍爲衞。中宗景龍元年，改千騎爲萬騎。大將軍一人，大足元年，左、右羽林衞各增置將軍一人。所掌與左、右衞同。將軍各二人，以副之。領官屬並唐置。

左右龍虎軍

唐之初，有禁兵號爲百騎，屬羽林。永昌元年，改羽林百騎爲千騎。景龍元年，改千騎爲萬騎，仍分爲左、右營。開元二十六年，析羽林軍爲左、右龍虎軍，以左、右萬騎營隸焉。官屬並唐置。至德中，分置左、右神虎軍，各置官屬如羽林之制。

武官第八下

大將軍并官屬

大將軍。戰國時官也。楚懷王與秦戰，秦敗楚，虜其大將軍屈丐是矣。漢高帝以韓信爲大將軍。武帝又置。初，武帝以衛青數征伐有功，以爲大將軍，欲尊寵之，故置大司馬官號以冠之。青爲車騎將軍，擊匈奴有功，引兵還，帝使使者持大將軍印，因軍中拜青爲大將軍，位在公上，又加青大司馬位冠於大將軍上，共爲一官。後霍光、王鳳等皆然。成帝綏和二年，賜大司馬印綬，罷將軍官。後漢光武時，吴漢以大將軍爲大司馬，時以大將軍自爲一官，其大司馬不加於其上。和帝時，以竇憲爲之。舊大將軍位在三公下，置官屬依太尉，憲威權震朝廷，公卿希旨，奏憲位次太傅下三公上，長史、司馬秩中二千石，從事中郎二人六百石，自下各有增。自安帝政治衰缺，始以嫡舅耿琺爲大將軍，常在京都。順帝即位，又以皇后父兄弟相繼爲大將軍，如三公。漢末，猶在三公上。魏武爲大將軍，袁紹爲太尉，紹恥班在下，魏武乃因以大將軍推紹。魏黄初中，又有上大將軍，以曹真爲之。明帝青龍三年，晉宣帝自大將軍爲太尉。然則大將軍在三司下矣，其後又在三司上。自漢東京，大將軍不常置，爲之者皆擅朝權。至晉景帝爲大將軍，亦受非常之任。後以叔父孚爲太尉，奏改大將軍在太尉後，位次三司下，後復舊在三司上。太康元年，琅邪王伷遷大將軍，復制在三司下。伷薨，復如舊。冠綬珮服，與大司馬同。宋唯彭城王義康爲之，章綬冠珮亦與晉同。齊以爲贈。梁有之。陳以爲贈。後魏、北齊爲二大，與大司馬同。後周建德四年，增置上大將軍。隋並以爲武散官，不治事，上大將軍從二品，大將軍正三品。唐貞觀二年九月，敕六軍先已各置統軍一人，今十六衛宜各置上將軍一人，秩從二品。漢，不見官屬。後漢，大將軍、驃騎將軍、車騎將軍、衛將軍，有長史一人，司馬一人，從事中郎二人，掾屬二十九人，令史及御屬三十一人，又賜官騎四十人及鼓吹。其領軍皆有部曲。大將軍營五部，部校尉一人，軍司馬一人。部下有曲，曲有軍候一人。曲下有屯，屯長一人。其不置校尉部，但有軍司馬一人。其别營領屬爲别部司馬，其多少各隨時宜。門有門候。魏以司馬景王爲大將軍，掾十人，則無屬官。其驃騎、車騎府有長史、司馬。晉，驃騎、衛將軍，伏波、撫軍、都護、鎮軍、中領、四征、四鎮、龍驤、典軍、上軍、輔國等大將軍開府者，皆爲位從公品秩，俸賜亦與諸公同。加兵者增置司馬一人，從事中郎二人，主簿、記室、督各一人，官屬並與公同。後周，有大將軍長史、司馬、中郎掾屬、諸曹參軍、典籤等員。隋以後無。

車騎將軍

車騎將軍。漢文帝元年，始用薄昭爲車騎將軍。灌嬰、周亞夫、金日磾並爲之。後漢章帝時，西羌反，以舅馬防行車騎將軍征之，銀印青綬，在卿上，絕席，還復罷。和帝即位，以舅竇憲爲車騎將軍，征匈奴，始賜金紫，次司空。安帝即位，西羌寇亂，以舅鄧騭爲車騎將軍征之，數年復罷。靈帝數以拜嬖臣，又以贈之。〔二二〕魏，車騎爲都督，儀與四征同。若不爲都督，雖持節屬四征者，與前、後、左、右、雜號將軍同。其或散還，從文官之例，則位次三司。晉、宋，車騎、衛不復爲四征所督，故羊祜爲車騎將軍，開府如三司之儀。後魏，制與驃騎同。隋，車騎屬驃騎府。唐省之。

衛將軍

衛將軍。漢文帝始用宋昌爲衛將軍，位亞三司，其官屬附見大將軍後。凡驃騎、車騎、衛三將軍，皆金印紫綬，武冠，絳朝服，佩水蒼玉。晉以陸曄爲衛將軍，兼儀同三司，加千兵百騎。東晉已後，尤爲要重。後魏初加「大」，則次儀同三司。孝文太和中，制，加「大」則位在太子太師上。〔二三〕歷代多有。唐無之。

前、後、左、右將軍

前、後、左、右將軍。皆周末官。秦因之，位上卿，金印紫綬。漢不常置，或有前、後，或有左、右，皆掌兵及四夷。李廣爲前將軍，趙充國爲後將軍，辛慶忌、王商爲左將軍，馮奉世爲右將軍。光武建武七年，省。魏以來，復置。晉武初，又置前軍、左軍、右軍。泰始八年，又置後軍。是爲四軍。齊，亦號前、後、左、右四軍。陳，並有之。北齊，左、右將軍，領千牛備身。唐無。

四征將軍。皆漢、魏以來置，加「大」者始曰方面。征東將軍，漢獻帝初平三年，以馬騰爲之。或云，以張遼爲之。征西將軍，光武建武中，以馮異爲征西大將軍。征南將軍，建武二年置，以馮異爲之，亦以岑彭爲征南大將軍。征北將軍，魏明帝太和中置，劉靖爲之。魏黄初中，位次三公。後魏加「大」，則次衞將軍。唐無。

四鎮將軍。鎮東將軍，後漢末魏武帝爲之。鎮南將軍，後漢末劉表爲之。魏張魯，晉杜預，並爲之。鎮西將軍，後漢劉表爲之。魏鍾會、鄧艾並爲之。鎮北將軍，魏明帝太和中置，劉靖、許允並爲之。宋時四鎮與中軍爲雜號。後魏加「大」，次尚書令。唐無。

四安將軍。安東將軍，後漢陶謙、曹休並爲之。安南將軍，光武元年始以岑彭爲之。安西將軍，後漢末段煨，魏鍾會、石鑒，並爲之。安北將軍，晉以郄鑒爲之。後魏亦有。唐無。

四平將軍。平東將軍，晉杜預、王濬等爲之。平南將軍，晉盧欽、羊祜、胡奮等爲之。平西將軍，晉嵇紹爲之。平北將軍，漢獻以張燕，晉以阮坦爲之。並漢魏間置。後魏亦有之。唐無。

雜號將軍。歷代雜號將軍凡數百，不可具載，今録其著者。　上將軍，漢以吕禄爲之。

樓船將軍，漢元封三年，以荀彘爲之。　横海將軍，漢武帝以公孫敖及公孫賀爲之。

材官將軍，漢李息爲之，掌治宫室。　貳師將軍，李廣利爲之，征貳師城取善馬，故以爲號。

輕車將軍，漢武以公孫賀爲之。　伏波將軍，漢武帝征南越，始置此號，以路博德爲之。後漢馬援亦爲之。伏波者，船涉江海欲使波浪伏息。　中軍將軍，漢武帝以公孫敖爲之。　彊弩將軍，漢武帝以李沮爲之。　戈船將軍，環氏要略云：「建戈於船上，浮渡沮水以討北狄。」　奮威將軍，漢元帝以任千秋爲之。〔二四〕　度遼將軍，漢武帝初以范明友爲之。後漢明帝永平八年又置，屯五原，銀印青綬。　積射將軍，漢有之。晉武帝泰始四年，省。太康十五年，立射營、弩營，置積射、彊弩將軍主之。　建威將軍，漢元帝以韓安國、王晏並爲之。　九虎將軍，王莽拜將軍九人，皆以虎爲號，號九虎將軍。　征虜將軍，後漢建武中，始以祭遵爲之。　後張飛亦爲之。虎牙將軍，後漢光武以蓋延爲之。　橫野將軍，漢光武以王常爲橫野大將軍，位與諸將絶席。　捕虜將軍，後漢永平中，馬武爲之。　鷹揚將軍，後漢建安中，魏武以曹洪爲之。　破虜將軍，後漢末，以孫堅爲之。　討逆將軍，後漢以孫策爲之。　討虜將軍，後漢末，以孫權爲之。　安漢將軍，蜀麋竺爲之，班在軍師將軍之右。　武威將軍，魏武帝以于禁爲之。　撫軍將軍，魏武帝置，以司馬懿爲之。　凌江將軍，魏置，〔二五〕初以羅獻爲之。　寧朔將軍，魏以王渾爲之。　橫江將軍，吴魯肅爲之。　龍驤將軍，晉武帝始以王濬爲之。　殿中將軍，宋初置之。　黑矟將軍，後魏于栗磾好持黑矟以自衛，劉裕書與之曰「黑矟公麾下」，明帝因授黑矟將軍。　牙門將軍，冠服與將軍同。　魏文帝黄初中置，明帝以胡烈爲之。又王隱晉書云：「陸機少襲父爲牙門將，吴人重武官也。故晉惠帝特置四部牙門，以汝南王祐爲之。」蜀以趙雲爲之。

監軍。　齊景公使穰苴將兵捍燕、晉之師，穰苴願得君之寵臣以監軍，公使莊賈往，賈不時至，苴斬之，是其始也。漢武帝置監軍使者。光武以來，歛監諸將。後漢末，劉焉以監軍使者領益州牧。劉璋亦爲監軍使者。魏、晉世皆有之。魏時司馬昭征壽春，石苞爲監軍。鍾會伐蜀，衛瓘爲監軍。晉孟康持節監石苞諸軍事。初，隗囂軍中嘗置軍師，囂聘平陵人方望爲之。又袁紹請盧損爲軍師。至魏武帝，又置師官四人，以荀攸爲軍師，軍國選舉及刑獄法制，皆使决焉。又涼茂爲左軍師。吴朱然爲右軍師。蜀以諸葛亮爲軍師將軍。晉避景帝諱，改爲軍司，凡諸軍皆置之，以爲常員，所以節量諸軍，亦監軍之職也。而太尉軍司尤重，故山公啓事曰：「太尉軍司缺，當選上宰監，宜得宿有資重者也。」宋、齊以來，此官頗廢。至梁大通四年，元法僧北討，復以羊侃爲其太尉軍司。後代多不置。至隋末，或以御史監軍事。唐亦然，時有其職，非常官也。開元二十年後，並以中官爲之，謂之監軍使。軍師祭酒，後漢建安三年，曹公還許，初置此官。理曹掾屬，後漢建安十九年，魏武令曰：「軍中典獄者或非其人，而任以三軍死生，吾甚懼之。」遂署此，選明達法理者爲之。

三署郎官敍

漢，中郎將分掌三署郎，有議郎、中郎、皆比六百石。侍郎、比四百石。郎中，比三百石。凡四等。皆秦官，無員，多至千人。漢靈帝時，三署郎吏二千餘人。皆掌門户，出充車騎。其散郎謂之外郎。故卿、校、尉、牧、守，待價於此。公車特召，賢良方正，敦樸有道，高節，公府掾曹，試博士者，亦充茲位。其下第白衣試博士者，皆拜郎中。中郎有五官、左、右三將。謂五官中郎將，左、右郎將。郎中有車、户、騎三將。如淳曰：「主車曰車郎，主户衛曰户郎。」漢舊儀曰：「郎中令主郎中，左、右車將主左、右車郎，左、右户將主左、右户郎。」〔一二六〕凡郎官皆主更直，執戟宿衛諸殿門，唯議郎不在直中。漢儀曰：「三署郎見光禄勳，執版拜，見五官、左、右將，執版不拜，於三公諸卿無敬。」郎官，故事令出錢市財用，給文書，乃得出，時號曰山郎，謂以貲財爲郎，山者財用所出，故名。貧者或至經歲不得休沐。其豪富郎，日出游戲，或行錢得善部，貨賂流行，轉相放效。楊惲爲中郎將，罷山郎，其疾病休沐皆以法令，有過奏免，薦舉其高第有行能者，多至郡守九卿。三署化之，莫不自勵，宮殿之内，翕然同聲，其後遂以爲常。後漢和帝永元元年，初令郎官詔除者得占丞尉，以比秩爲真。凡三署郎官，二漢並屬光禄勳。光禄選三署郎有行應四科者，歲舉茂才二人，四行二人。又上廉吏六人，爲長治劇。隨缺多少，萬户以上爲劇縣，其缺少者不選，公府亦然。故明帝時館陶公主爲子求郎，帝不許，賜錢千萬，曰：「夫郎官上應列宿，出宰百里，有非其人，人受其殃。」後漢桓、靈間，三署見郎七百餘人，而郡國計吏多留拜爲郎。太尉楊秉上疏諫曰：「先王建國，順天制官，太微積星，名爲郎位，入奉宿衛，出牧百姓」云云。案自近代，皆謂郎官上應列宿，出宰百里，爲尚書郎故事。且夫天有虎賁郎位等星，皆在太微帝座之後，爲翊衛之象，則三署郎也，而世人謂之尚書郎則誤矣。徵其失也，蓋自梁陶藻職官要録，以漢三署郎故事通爲尚書郎。舊有郎中，將右騎，光武中興，悉省之。晉議郎遷爲太守，山公啓事曰：「議郎許允，宜參廣漢太守選。」亦有郎中等官。其後雖有中郎將等官，而無三署郎矣。

中郎將，五官、左、右中郎將。皆秦官。漢因之，並領三署郎。後漢，郡國舉孝廉以補之，三署郎年五十以上，屬五官。後漢黄琬爲五官中郎將，時陳蕃爲光禄勳，深相禮待，每與議事。舊制，光禄舉三署郎，以功高久次才德尤異爲茂才、四行。時權富者多以人事得舉，而安貧守志者見遺，京師謡曰：「欲得不能，光禄茂才。」於是蕃、琬同心，顯用志士，故皆爲權富郎所中傷。其次分屬左、右署，左、右郎將各領左、右署郎，二署皆有中郎、侍郎、郎中三郎，並屬光禄勳。魏無三署郎，猶置左、右中郎將。晉武帝省左、右中郎將官。宋孝武大明中，復置。銀章青綬，武冠，絳朝服，佩水蒼玉。齊，左、右中郎將，屬西省。梁代，並分司丹禁。唐，亦置諸衞中郎將。永徽三年八月，避太子名，郎中、郎將爲旅賁郎將，又改爲翊軍郎將。尋復舊。

虎賁中郎將。周官有虎賁氏，掌領虎士八百人。漢武帝建元三年，初置期門，比郎中，蓋以微行出游，選材力之士執兵從送，期之殿門，故名期門。無員，多至千人。平帝元始元年，更名虎賁郎。舊曰虎賁，言如虎之奔。置中郎將領之，故有虎賁中郎將，主虎賁宿衞。冠插兩鶡尾。鶡，鷙鳥之中果勁者。尾，上黨所貢。後漢崔鈞爲虎賁中郎將。武弁戴鶡尾，紗縠單衣，虎文錦袴，餘郎亦然。凡有虎賁中郎、虎賁侍郎、虎賁郎中、節從虎賁，皆父死子繼，若死王事亦如之，前賢亦多爲者。後漢馬援、孔融並爲虎賁中郎將。魏桓階爲虎賁中郎將，遷尚書，典選。唐無。

東、西、南、北四中郎將。東中郎將，後漢靈帝以董卓爲之。南中郎將，漢獻帝以臨淄侯曹植爲之。西中郎將，晉以謝曼、桓冲爲之。北中郎將，後漢以盧植爲之。建安中，以鄢陵侯曹彰爲之。按此四中郎將並後漢置。江左彌重，或領刺史，或持節爲之，銀印青綬，服同將軍。後魏靈太后時，四中郎將兵數寡弱，不足以襟帶京師，任城王澄奏：「宜以東中帶滎陽郡，南中帶魯陽郡，西中帶弘農郡，北中帶河南郡，選一品三品親賢兼稱者居之，配以彊兵，則深根固本之計也。」靈太后初從之，後復止。唐至德後，節度都團練使，殆其遺職也。

雜中郎將。匈奴中郎將，後漢主護南單于，以張奐爲之。後魏天興四年，罷。平越中郎將，晉武帝置，治廣州，主護南越。司金中郎將，魏王脩爲之。〔二七〕武衛中郎將，魏始以許褚爲之。

折衝府。隋初，左、右衛，左、右武衛，左、右武侯，各領軍坊鄉團，以統戎卒。開皇中，置驃騎將軍，每府置驃騎、車騎二將軍。大業三年，改驃騎府爲鷹揚府，改驃騎將軍爲鷹揚郎將，改車騎將軍爲鷹揚副郎將。五年，又以鷹揚副郎將爲鷹擊郎將。九年，别置折衝、果毅及武勇、雄武等郎將官，以統領驍果。至唐初，猶有驃騎府及驃騎、車騎將軍之制。武德七年，乃改驃騎爲統軍，車騎爲别將。貞觀中，復採隋折衝、果毅郎將之名，改統軍爲折衝都尉，别將爲果毅都尉。其府多因其地各自爲名，無鷹揚之號，凡五百七十四府，分置於諸州，而名隸諸衛及東宫率府，各領兵滿一千二百人爲上府，千人爲中府，八百人爲下府，每府置折衝都尉一人，左、右果毅都尉各一人，别將一人，長史一人，兵曹一人，校尉六人。凡府在赤縣爲赤府，在畿縣爲畿府。衛士以三百人爲團，團有校尉；五十人爲隊，隊有正；十人爲火，火有長。備六馱馬。〔二八〕每歲十一月以衞士帳上于兵部，以候調發。天下衞士向六十萬人，初置以成丁而入，六十出役，其家不免征徭，〔二九〕遂漸逃散，年月漸久，逃死者不補。天寶八載五月，停折衝府，以無兵可校故也。十一年八月，改諸衞士爲武士。

奉車、駙馬、騎三都尉，奉朝請。

三都尉並漢武帝元鼎二年置，舊無員，或以冠常侍，或卿、尹、校尉左遷爲之。奉車掌御乘輿車。駙馬掌駙馬，駙，副也，非正駕車者。騎都尉本監羽林騎。奉朝請者，漢律，諸侯春曰朝，秋曰請，後漢並屬光禄勳。奉朝請，無員，本不爲官。東京罷省三公、外戚、皇室、諸侯，多奉朝請，謂但奉朝會請召而已。晉武帝亦以皇室、外戚爲三都尉，奉朝請。元帝爲晉王，以參軍爲奉車都尉，掾屬爲駙馬都尉，行參軍舍人爲騎都尉，皆奉朝請。後罷奉車、騎二都尉，唯留駙馬都尉奉朝請。諸尚公主者，若劉惔、桓温等，皆爲之。宋武帝永初以來，以奉朝請選雜，〔三〇〕其尚公主者唯拜駙馬都尉。齊武帝永明中，奉朝請至六百餘人。梁，三都尉並無員秩，其奉車、駙馬，皆武冠，絳朝服，銀印青綬。梁、陳，駙馬皆尚公主者爲之。後魏，駙馬都尉亦爲尚公主官，雖位高卿尹而此職不去。奉車二十人，騎都尉六十人。北齊，駙馬與後魏同。隋開皇三年，罷奉朝請。煬帝時，奉車、駙馬並廢。唐，駙馬都尉從五品，皆尚主者爲之。開元三年，敕駙馬都尉從五品，皆宜依式，仍借紫金魚袋。天寶已前，皆以美儀容者充選。奉車都尉五員，掌馭副車，不常置，若大備陳設，則以餘官攝行，屬左、右衞。

東宮官第九

東宮官序

凡三王教世子，必立太傅、少傅以資之，太傅則示之父子君臣之道，少傅則奉世子以觀太傅之德行而審諭之。太傅在前，少傅在後。謂其在學時也。入則有保，出則有師。謂燕居出入時也。漢班彪上書曰：「昔成王爲孺子，出則周公、召公，入則太顛、閎夭、南宫适、散宜生，左右前後皆正之以禮。」師也者，教之以事而諭諸德者也。保也者，慎其身以輔翼之而歸諸道者也。秦、漢以下，始加置詹事、中庶子及諸府寺等官，亦有以他官而監護者。自魏明帝以後，久曠東宫，制度闕廢，官司不具。吴孫權即位，孫登爲太子，兼置四友等官。以諸葛恪爲左輔，張休爲右弼，顧譚爲輔正都尉，陳表爲翼正都尉，是爲四友，於是東宫號爲多士。晉初，詹事、左右率、庶子、中舍人諸官並未置，唯置衛率令典兵，二傅并攝衆事。至咸寧元年，始置詹事，以領宫事。宋武置東宫率更令等官，其中庶子、庶子、中舍人、舍人、洗馬，各減舊員之半。後周，加置太子諫議員四人。至隋，罷詹事，分東宫置門下坊、典書坊，北齊已有典書坊。以分統諸局。比門下、内史二省。門下坊有左庶子二人，内舍人四人，録事二人，統司經、宫門、内直、典膳、藥藏、齋帥等六局。典書坊有右庶子二人，舍人、通事舍人各八人，領内坊。唐，置詹事府以統衆務，置左、右二春坊以領諸局。左春坊置左庶子二人，中允二人，司議郎四人，録事二人，左諭德一人，左贊善大夫五人，崇文館校書二人，亦統六局。右春坊置右庶子二人，中舍人二人，舍人四人，録事二人，右諭德一人，右贊善大夫五人，通事舍人八人，兼領内坊。因隋制也。

臣謹按：漢孝宣帝欲令中郎將監護太子家，疏廣以爲示狹，非所以廣太子也。後漢順帝立太子，居承光宫，以侍御史种暠監護。有中常侍卒乘衣車來載太子，太子太傅杜喬憂懼不能止，〔三二〕開門將出而暠至，手劍當車曰：「太子國之儲副，常侍來無尺一，何以得將太子去！今日之事，有死而已。」乃遣喬詣臺啓白，得中決勑，乃聽之。

太子六傅。太子師傅，商、周已有。逮乎列國，秦亦有之。漢高帝以叔孫通爲太子太傅，位次太常，後亦有少傅。後漢，太傅禮如師，不領官屬，而少傅主太子官屬。漢魏故事，太子於二傅執弟子禮，皆爲書，不曰令，少傅稱臣，而太傅不臣。吴薛綜，綜子瑩，瑩子兼，三代並爲太子少傅。晉泰始三年，武帝始建東宫，各置一人，尚未置詹事，宫事無大小，皆由二傅，少傅立草，太傅書真，以爲儲訓。

並有功曹、主簿、五官，秩與後漢同。皇太子先拜諸傅，然後答之，如弟子事師之禮。二傅不得上疏曲敬。武帝後以儲副體尊，遂命諸公居之，以本位重故，或行或領。時侍中任愷，武帝所親敬，復使領之，蓋一時之制也。咸寧元年，〔三二〕以給事黄門侍郎楊珧爲詹事，掌宫事，二傅不復領官屬。及楊珧爲衛將軍，領少傅，復省詹事，遂崇廣傅訓，命太尉賈充領太保，司空齊王攸領太傅，所置吏屬復如舊。其後太尉汝南王亮，車騎將軍楊駿，司空衛瓘、石鑒，皆領傅、保，猶不置詹事，以終武帝之世。惠帝元康元年，復置詹事。及愍懷太子建宫，乃置六傅，三太三少焉。晉二傅給菜田六頃，〔三三〕田騶五十人，夏後不及田者，食俸一年，給赤耳安車一乘。又晉書曰：「東宫舊制，月請錢五十萬，以備衆用。」景帝諱師，故改太師爲太帥，〔三四〕通省尚書事，詹事文書，關由六傅。自元康之後，諸傅或二或三，〔三五〕或四或六。渡江之後，有太傅、少傅，不立師保。宋，有太傅、少傅，各兼丞一人，其保傅並銀章青綬。齊，與宋同。武帝時以王儉爲少傅。舊太子致敬二傅同，至是朝議接少傅以賓友之禮。梁，太傅位視尚書令，少傅視左僕射。陳因之。自宋以下，唯有傅而無師保。後魏，有太師、太傅、太保，謂之東宫三師，少師、少傅、少保謂之東宫三少。北齊，皆有之，出則三師在前，三少在後。後周，不置。隋，與北齊同。唐，六傅不必備，唯其人，太子出則乘輅備儀，以爲後從。

臣謹按：後魏孝明在東宫，宣武皇帝以崔光爲太子傅，光固辭。〔三六〕帝令太子南面再拜，宫臣皆從太子拜，光北面立，不敢答拜，唯西面拜謝而出，乃授光太子少傅。又按：唐貞觀中，太宗撰太子接三師之儀，出殿門迎，太子先拜，三師答拜，每門讓三師坐。與三師書，前名皇恐，後名皇恐再拜。

太子賓客。

漢高帝時，有四人年老，以上慢侮，逃匿山中，義不爲漢臣，謂之四皓：東園公，綺里季夏，黄公，甪里先生〔三七〕。高帝不能致。及將廢太子，太子致禮而四人至，鬚眉皓白，衣冠甚偉。高帝異之，太子由是不廢。至孝武帝，又爲太子立博望苑，使通賓客。晉元康元年，愍懷太子始之東宫，惠帝詔曰：「太保衛瓘息庭，司空隴西王泰息略，太子太傅楊濟息毖，太子少師裴楷息憲，太子少傅華廙息恒，五人與太子往來，以備賓客。」時雖非官，而謂之東宫賓客。其後無聞。唐顯慶元年正月，以太子太傅兼侍中韓瑗，中書令來濟，禮部尚書許敬宗，左僕射兼太子少師于志寧，並爲皇太子賓客，遂爲官員，定置四人，掌調護侍從規諫。凡太子有賓客之事，則爲上齒，蓋取象於四皓焉。資位閑重，其流不雜。天寶中，賀知章自太子賓客度爲道士，還鄉，舍宅爲觀，明皇賦詩贈别，時議榮之。

太子詹事。

秦官。漢因之，掌皇后太子家。漢時太子門大夫、庶子、洗馬、舍人，皆屬二傅。其太子家令丞、率更令丞、僕、中盾、衛率等官，並屬詹事。後漢，省詹事，而太子官悉屬少傅。魏，復置詹事，領東宫衆務。晉不置，至咸寧元年，復置，以掌宫事。及永康中，復不置，自大安以來，又置。終孝懷之世，晉職擬尚書令，掌三令、四率、中庶子、庶子、洗馬、舍人等官，銀印青綬，介幘，進賢兩梁冠，絳朝服，佩水蒼玉。宋，與晉同。齊，置府，領官屬。梁、陳，任總宫朝。後魏，有太子左、右詹事。北齊，東宫衆事無大小皆統之，領三寺、二坊，又左、右衛。後周，置太子宫正、宫尹。隋開皇初，置詹事。

二年，罷之。唐，復置詹事一人，掌内外衆務，糾彈非違，總判府事。置少詹事一人以貳之。龍朔二年，改詹事爲端尹，詹事府爲端尹府，少詹事爲少尹；咸亨初，復舊。垂拱元年，又改詹事爲宫尹，少詹事爲少尹；神龍初，復舊。

臣謹按：漢皇后太子，各置詹事，隨其所在以名官。漢官儀曰：「詹事位在長秋上，亦宦者，主中諸官。」後漢志曰：「初，成帝鴻嘉三年，省詹事職，并大長秋。是後皇后當法駕出，則中謁、中宦者職吏權兼詹事奉引，訖罷。宦者誅後，尚書選兼職吏一人奉引。」此皆皇后詹事也。

丞。秦官。漢因之。後漢，省。魏、晉皆隨詹事省置。至晉永康中，詹事特置丞一人，掌文書，關通六傅。過江，多用員外郎及博士爲之，遷尚書郎。宋、齊因之。梁、陳制，一梁冠，皁朝服，銅印墨綬，後魏、北齊，並有之。隋初，置一人。唐，置二人，掌文武官簿帳、朝集假使，分判府事。

臣謹按：後魏楊昱爲詹事丞，孝明爲太子，尚在懷抱，其所出入，唯乳母而已，不令宫僚聞知。昱諫曰：「太子動止，宜令翼從。陛下若召太子，必降手敕，令臣下咸知。」乃詔曰：「自此已後，非朕手敕，勿令兒出宫，宫臣在直，從至萬歲門。」

主簿。一人，晉始置，歷代皆有。掌付事，〔三八〕及三寺、十率府文符之隱漏程限稽失者。

司直。二人，唐龍朔三年置桂坊，比御史臺，置令一人，比大夫，司直二人，比侍御史，掌彈劾宫府寮。〔三九〕其後廢桂坊，以司直隸詹事府。

太子庶子。古者天子有庶子之官，周官謂之諸子。職諸侯卿大夫之庶子，掌其戒令與其教治。有大事則帥國子而致於太子，唯所用之。秦因之，置中庶子、庶子員。漢因之，有庶子員五人。史丹、王商、歐陽地餘並爲中庶子。王莽改曰中尚翼子。後漢，員五人，職如侍中，而庶子無員，職如三署中郎。凡庶子主宮中并諸吏之適子及支庶版籍。魏因之。在吴爲親近之官，張温言於孫權曰：「中庶子官最親密，切問近對，宜用儁選。」由是以顧譚爲之。晉，中庶子、庶子各四員，職比散騎常侍及中書監令，皆以俊茂者爲之。或以郡守參選。若釋奠，中庶子扶左，庶子扶右。宋，與晉同。武冠，平巾幘，絳朝服。元嘉初，詔二率、中庶子隨太子入直上官。十四年，又詔還直東宮。至齊，其庶子用人卑雜。梁天監七年，詔革選，其年以太子中舍人、司徒從事中郎爲之。凡中庶子四人，以功高者一人爲祭酒，行則負璽前後部護駕，與功高中舍人一人共掌其坊之禁令。庶子四人，掌侍從左右，獻納得失。功高者一人，與功高舍人一人共掌其坊之禁令。〔四〇〕冠服並同前代。陳因梁制。後魏亦有中庶子、庶子官。北齊，門下坊，中庶子四人領之。典書坊，庶子四人領之。隋，分爲左、右庶子，各二人，分統門下、典書二坊事。唐，亦各二人，分掌左、右春坊事，左擬侍中，而右擬中書令。中允、司議郎、司經、洗馬、文學、校書、正字、典膳、藥藏、内直、典設、宮門等局郎、丞，崇文館，並屬左春坊。中舍人、舍人、通事舍人，並屬右春坊。〔四一〕其諭德、贊善亦左右分隸焉。

中允。後漢，太子官屬有之，職在中庶子下，洗馬上。漢制，太子五日一朝，其非朝日，即使僕及中允朝，朝請問起居。其後無聞。宋、齊，有中舍人，是其職也。唐貞觀初，改太子中舍人爲中允，置二員，其後復置中舍人。龍朔二年，又改中允爲左贊善大夫。咸亨元年，復爲中允，而左贊善仍置焉。中允掌侍從禮儀，駮正啓奏，並監藥及通判坊局事。若庶子闕，則監封題，職擬黄門侍郎。

司議郎。唐貞觀五年，皇太子上表請置史職，用司箴誡。乃於門下坊置太子司議郎，四人，精選名士以居之。掌侍從規諫，駮正啓奏，并録東宫記注，分判坊事，職擬給事中。

中舍人。晉咸寧初置，四人，以舍人才學之美者爲之。與中庶子共掌文翰，在中庶子下，洗馬上。凡奏事文書，皆綜典之，監和嘗藥，月檢奏直臣名，更直五日，典文疏如中書郎。宋，亦四人。齊，有一人。梁時，功高者一人與中庶子祭酒共掌其坊之禁令。陳因之。後魏、北齊，共有之。隋，曰内舍人，四員，屬門下坊。煬帝減二人。唐，中舍人二員，掌侍從，令書奏疏，通判坊事。擬中書侍郎，或謂之太子中書舍人。

舍人。秦官也。漢因之，比郎中，選良家子爲之。後漢，無員，更置宿衛如三署郎中。魏因之。晉，有十六人，職比散騎、中書侍郎。從駕則正直從，次直守；妃出，次直從。宋，有四人。齊，有一人。梁，有十六人，掌文記。陳因梁制。後魏，亦有之。北齊，典書坊置二十人。隋，典書坊有八人，煬帝改爲管記舍人，減四員。唐，復爲太子舍人四人，掌侍從表啓，宣行令旨，分判坊事。

通事舍人。齊，中庶子下有門下通事守舍人四人，又庶子下有内典書通事舍人二人，掌宣傳令旨，内外啓奏。梁，亦有之，視南臺御史，多以餘官兼職。陳因之。北齊，門下坊有通事舍人八人。至隋，亦有之。煬帝改爲宣令舍人八員。唐，復爲通事舍人，亦有八員，掌引導辭見，承旨勞問。

左、右諭德。唐龍朔三年初，置太子左、右諭德各一員，掌侍從贊諭，職比右散騎常侍。

左、右贊善大夫。唐龍朔二年初，置左贊善大夫替中允，置右贊善大夫替中舍人。咸亨元年，中允舍人復舊，而贊善大夫別自爲官。左、右各五人，皆掌侍從翊贊，比諫議大夫。

崇文館學士。魏文帝始置崇文館，以王肅爲祭酒。其後無聞。唐貞觀中，置崇賢館，有學士、直學士員，掌經籍圖書，教授諸生，（四二）屬左春坊。龍朔二年，改司經局爲桂坊，管崇賢館，而罷隸左春坊，兼置文學四員，司直二員。司直正七品上，職爲東宫之憲司，府門北向，以象御史臺。其後省桂坊，而崇賢又屬左春坊，後沛王賢爲皇太子，避其名，改爲崇文館。其課試舉選，與弘文館同。

洗馬。秦官。漢亦曰先馬。如淳曰：「前驅也。」國語曰：「勾踐親爲夫差洗馬。」先或作洗。後漢，員十六人，職如謁者，太子出則當直者前驅，導威儀也。漢選郎中補之。安帝時，太子謁廟，洗馬高山冠。非乘從時，著小冠。魏因之。晉，有八人，職如謁者，准祕書郎，集賢一梁冠，黑介幘，絳朝服。宋，與晉同。齊，置一人。梁，有典經局，又置八人，掌文翰，尤爲清選，皆取甲族有才名者爲之，位視通直郎。陳因之。北齊，典經坊洗馬二人。隋，曰司經局，置洗馬四人。煬帝減二人。唐，司經局洗馬二人。龍朔二年，改洗馬爲司經大夫。三年，改司經局爲桂坊，一云析司經局置桂坊，司經大夫通判坊事，罷隸左春坊。咸亨初，復舊。掌侍奉及經史圖籍，判局事。

臣謹按：梁庾於陵拜洗馬舍人。舊東宫官屬通爲清選，洗馬掌文翰，尤其清者。近代用人，皆取甲族有才名者，時於陵、周捨並擢充斯職，武帝曰：「官以人而清，豈限於甲族。」時論美之。

文學。漢時，郡及王國並有文學，而東宮無聞。魏武爲丞相，以司馬宣王爲太子文學。自後並無。後周建德三年，置太子文學十人，後省。唐龍朔三年，置太子文學四員，屬桂坊，桂坊廢而屬司經。開元中，定制爲三員，掌侍奉，分掌四部書，判書功事。

校書。宋孝建中，洗馬有校書吏四人。自後無聞。北齊，有太子校書。隋，太子校書有六人。唐，四人，掌讎校經籍，無「郎」字。初，弘文、崇文二館置讎校，開元六年，省讎校，置校書，弘文四員，崇文二員。

正字。隋，太子正字二員，煬帝改爲正書。唐，復爲正字，亦置二人，掌刊正文字。

典膳郎。漢、魏以來，並有太子食官局。至北齊，門下坊始別置典膳局，有監、丞各二人。隋，如北齊之制。唐，典膳局有郎二人，丞二人。郎掌進膳嘗食之事，丞貳之。

臣謹按：唐乾封元年，皇太子久在内不出，典膳丞邢文偉減膳，上啓曰：「竊見禮大戴記曰：『太子既冠成人，免於保傅之嚴，則有司過之史，虧膳之宰。史之義不得不書過，不書則死之。宰之義不得不撤膳，不撤則死之。』近代以來，未甚談議，不接謁見，常三朝之後，但與内人獨居，何由發揮聖智，使睿哲文明者乎？今史雖闕官，〔四三〕宰當奉職，忝備所司，不敢逃死，謹守禮經，遽申減膳。」其年右史闕，宰臣進擬數人，高宗曰：「邢文偉嫌我兒不讀書，不肯與肉喫。此人甚直，可用。」遂拜焉。

藥藏郎。北齊，門下坊領藥藏局，有監、丞各二人，侍藥四人。隋，如齊之制。唐，藥藏局有郎二人，丞二人。郎掌和劑醫藥之事，丞貳之。

内直郎。齊，有太子内直兵局，内直兵史二人。梁，有齋内、主璽、主衣、扶侍等局，各置有司，以承其事。〔四四〕陳因之。北齊，門下坊領殿内局，有内直監二人，副監四人。隋，如北齊制。唐，内直局有郎二人，丞二人。掌符璽繖扇几杖衣服之事。丞貳之。

典設郎。南齊，置齋居局，齋居庫丞一人。梁，有齋内局，各置有司，以承其事。〔四四〕陳因之。北齊，門下坊有齋帥局，有太子齋帥、内閤帥各二人。〔四五〕隋，如北齊制。唐，典設局，有郎四人。掌凡大祭祀湯沐灑掃鋪陳之事。

宫門郎。秦，有太子門大夫。漢因之，員二人，職比郎將。漢官儀曰：「門大夫，選四府掾屬爲之。」安帝時，太子謁廟，門大夫乘從，冠兩梁冠。魏因之。晉，太子門大夫准公車令，掌通牋表及宫門禁防。宋因之。梁代，視謁者僕射。陳因之。北齊，謂之門大夫坊，并統伶官。隋煬帝改門大夫爲宫門監。唐，初爲宫門大夫，後爲宫門局，有郎二人，丞二人。郎掌東宫殿門管鑰及啓閉之事。丞貳之。

太子家令。家令，秦官，屬詹事。太子稱家，故曰家令。漢因之，有丞，主倉穀飲食，職似司農、少府。漢代，太子食湯沐邑十縣，家令主之。後漢，則屬少傅，主倉穀飲食。魏因之。晉，又兼主刑獄，職比廷尉、司農、少府。其家令、率更令及僕射，爲太子三卿。太康八年，進品與中庶子二率同。自漢至晉，家令在率更下，宋則居上。銅印墨綬，進賢兩梁冠，絳朝服。主内茵褥牀几諸供中之物，及官奴婢、月用錢、内庫、〔四六〕鹽米、車牛、刑獄。齊因之。自宋、齊以來，清流者不爲之。至梁天監六年，武帝以三卿陵替，乃詔革選，家令視通直常侍，〔四七〕率更、僕視黄門。陳因之。後魏，亦曰三卿。北齊，詹事領家令，有丞、功曹、主簿。領食官、典倉、司藏等三署，及領内坊令、丞。隋，掌刑法食膳倉庫奴婢等。煬帝改爲司府令。唐，復爲家令寺，置家令一人，唯不主刑法，餘與隋同。丞二人，主簿一人，領食官署、典倉署、司藏署。署令各一人，丞各二人。

太子率更令

率更令，秦官。顔師古曰：「掌知漏刻，故曰率更。」漢因之，有丞、主簿、庶子、舍人，更直，職似光禄勳，而屬詹事。後漢因之，爲太子少傅屬官。魏因之。晉，主宫殿門户及賞罰事。銅印墨綬，進賢兩梁冠，絳朝服。宋、齊因之。梁、陳、後魏，並有。北齊，領中盾署，掌周衞禁防、漏刻鍾鼓，亦屬詹事。隋，掌伎樂漏刻，有令、丞、録各一人。唐因之，加掌皇族次序及刑法事，丞、主簿各一人。

太子僕

僕，秦官。漢因之。又有長、丞，主車馬。又有太子廄長一人，亦主車馬。後漢因之，而屬少傅，職如太僕。太子五日一朝，其非太子朝日，即與中允入問起居。魏因之。晉，主輿馬兼主親族，如太僕、宗正，從駕乘安車，次家令，而屬詹事。宋、齊，並有之。梁，視黄門郎。陳因之。後魏亦有。北齊，詹事領僕寺，置令、丞、功曹、主簿，領廐牧署令。隋，僕寺置僕一人，掌皇族親疏、車輿騎乘，領廐牧署令、丞。唐因之，加掌儀仗喪葬，而不掌親族，丞、主簿各一人，統廐牧署。廐牧有令一人，丞二人，掌車馬閑廐畜牧之事。

左、右衛率府。

衛率府，秦官。漢因之，屬詹事。後漢，主門衛徼循衛士而屬少傅。魏因之。晉武帝建東宮，置衛率，初曰中衛率，泰始五年，分爲左、右衛率，各領一軍。惠帝時，〔四八〕愍懷太子在東宮，又加前、後二衛率。晉志曰：「凡太子出，前衛率導在前，黄麾；左、右二率從，夾導輿車；後衛率從，在烏皮外，並帶戟執刀。」成都王穎爲太弟，又置中衛率，是爲五率。及江左，省前、後率。孝武太元中，又置。宋、齊止置左、右二率。梁，二率視御史中丞，銅印墨綬，武冠，絳朝服，左率領七營，右率領四營。陳，有一率。後魏，曰左、右衛率。北齊，謂之左、右衛率坊。後周，東宮有司戎、司武、司衛等員。隋，曰左、右率，兼有副率二人。煬帝改左、右衛率爲左、右侍率，兼置副率二人。唐，爲左、右衛率府。龍朔三年，改其府爲左、右典戎衛；咸亨元年，復舊。置率各一人，領兵宿衛，督攝隊伍，總判府事。副率二人，長史、録事及倉、兵、胄曹參軍各一人，〔四九〕親府、勳府、翊府中郎將各一人。

臣謹按：晉劉卞爲愍懷太子左率，知賈后欲害太子，乃問張華。華曰：「君欲如何？」卞曰：「東宮儁乂如林，四率精兵萬人，公居阿衡之任，若得公命，皇太子因朝，使録尚書事廢賈后於金墉，兩黄門力耳。」華不從。賈后微聞，遷卞雍州刺史，卞乃服藥卒。又按：隋以大臣領其職，蘇孝慈自兵部尚書拜右衛率，〔五〇〕尚書如故。又按：唐以李靖爲中書令，行左衛率，轉兵部尚書。

左、右司禦率府。隋文帝置左、右宗衛，其官制如左、右衛，各掌以皇族侍衛。煬帝後爲左、右武侍率。唐，復爲左、右宗衛率府。〔五一〕龍朔二年，改爲左、右司禦衛，後改衛爲率府焉。副率各二人，長史，〔五二〕録事及倉、兵、胄曹參軍各一人。〔五三〕

左、右清道率府。隋，有左、右虞候，各置開府一人，掌斥堠道路，先驅後殿，伺察姦非。副率各二人，長史、録事及倉、兵、胄曹參軍各一人。〔五四〕

左、右監門率府。隋，左、右監門率，各置一人，掌諸門禁。煬帝改爲監門將軍。唐，復爲左、右監門率，擬左、右監門，各置率一人，掌門禁之籍。副率二人，長史、録事參軍及兵、胄二曹參軍，各一人。

左、右内率府。隋，置左、右内率，〔五五〕副率，各一人，掌領備身以上，禁内侍衛，供奉兵仗。唐，爲左、右内率府，各置率一人，掌侍衛左右，供奉兵仗。副率、長史、録事參軍及兵、胄曹參軍各一人。〔五六〕千牛各十六人，掌執細刀弓箭，宿衛侍從。備身各二十八人，〔五七〕掌宿衛侍從。

旅賁中郎將。一人，職如虎賁中郎將。宋初置。天子有虎賁，習武訓也。諸侯有旅賁，禦災害也。唐，諸率府初有中郎、郎將官，永徽元年，以太子名忠，改諸率府中郎將爲旅賁郎將，其郎將改爲翊軍。後或改或省。

太孫官屬。唐永淳元年二月，立皇孫重昭爲皇太孫，將置府寮，高宗召吏部郎中王方慶，問曰：「前代故事如何？」方慶進曰：「按周禮，有嫡子，無嫡孫。〔五八〕漢、魏以來，皇太子在，亦不立太孫。晉惠帝永寧元年，立愍懷太子第三子襄陽王尚爲皇太孫，太子官屬卽轉爲太孫官屬。南齊永明十年，立文惠太子長子南郡王昭業爲皇太孫，便居東宮。今皇太子在而立太孫，旁求載籍，未有前例。」上曰：「自我作古，可乎？」對曰：「五帝不相沿樂。苟不失上下之序，不虧政理之道，亦何事而不可？詩曰：『貽厥孫謀，以燕翼子。』禮曰：『君子抱孫不抱子。』孫可以爲王父尸，以其昭穆同也。今陛下肇建皇孫，栩斯盛典，所以彰子孫千億之盛，福祚靈長之應也。」上悦，使方慶詳求典故官屬員品。乃奏太孫府置師、傅、友、文學、祭酒、〔五九〕及長史、曹掾、主簿、管記、司録以下六曹從事等官，各加王府一級。後上頗以爲疑，竟不被授而止。

校勘記

〔一〕「殿中司馬督及虎賁中郎將」，「督」，原作「左右」，「賁」下衍「之」字，據南齊書百官志改删。

〔二〕「凡三十五號」，「五」，原作「六」，據隋書百官志上改。

〔三〕「忠武」、「鎮兵」、「宣毅」，「武」，原作「勇」，「鎮」，原作「領」，「宣」，原作「果」，據隋書百官志上改。

〔四〕「宇文導」，「導」，原作「遵」，據周書侯莫陳崇傳改。

〔五〕「各分統開府二人」，「二」，原作「一」，據周書侯莫陳崇傳改。

〔六〕「無復統御」，「御」，原作「禦」，據周書侯莫陳崇傳改。

〔七〕「隋煬帝以左右衛左右屯衛左右禦衛左右候衛凡十二衛」，按，隋書百官志下云：「（煬帝）改左右衛爲左右翊衛，左右備身爲左右騎衛，左右武衛依舊名，改領軍爲左右屯衛，加置左右禦衛，改左右武候爲左右候衛，是爲十二衛。」本文節録多誤漏，應以隋志爲正。

〔八〕「每衛各置長史」，「史」，原作「吏」，據元本、殿本改。

〔九〕「豳州道爲招摇軍」，「豳」，原作「幽」，據殿本、通典二八改。

〔一〇〕「五年省七年以突厥寇掠復置十二軍」，通典二八文同。唐會要七二、新唐書兵志、通鑑一九〇、一九一，皆作六年省，八年復置。

〔一一〕「左右驍」，汪本「左」作「右」，據元本、明本、于本、殿本改。

〔一二〕「忠武」，「忠」，原作「勇」，據唐六典五、唐會要八一、舊唐書職官志一、新唐書百官志一改。

〔一三〕「使二十一入幕」，「一」下衍「人」字，據元本、殿本删。

〔一四〕「煬帝改三衛爲三侍」，「三侍」，原作「二侍」，據隋書百官志下、通典二八改。

〔一五〕「自後無聞」，「聞」字脱，據通典二八補。

〔一六〕「騎兵掾」，「掾」字脱，據宋書百官志上、唐六典二四補。

〔一七〕「臨軒則升殿夾侍」，「夾」字原作「俠」，據殿本、通典二八改。下注文「夾侍」同。

〔一八〕「晉宋齊梁陳」，「陳」，原作「隋」，據通典二八改。

〔一九〕「龍朔二年」，「二」，原作「三」，據殿本、通典二八改。

〔二〇〕「謝混等並爲領軍」，「混」，原作「鯤」，據晉書謝安傳改。

〔二一〕「備身左右各十二人」，「各」字脱，據唐六典二五補。

〔二二〕「靈帝數以拜嬖臣又以贈之」，通典二九作「靈帝數以車騎拜嬖臣及贈亡人」，北宋本通典「拜」上有「過」字，本文節録通典稍失原意。

〔二三〕「後魏初加大則次儀同三司孝文太和中制加大則位在太子太師上」，通典二九文同。按魏書官氏志，「魏初加大則次儀同三司」爲孝文帝太和中事，「孝文太和中制加大」爲宣武帝景明初事。本文承通典之誤，應以魏書官氏志爲正。

〔二四〕「漢元帝以任千秋爲之」，「元」，原作「武」，據漢書元帝紀改。

〔二五〕「凌江將軍魏置」，「魏」，原作「後漢」，據宋書百官志上改。

〔二六〕「左右户將主左右户郎」，「將」下衍「郎」字，據通典二九删。

〔二七〕「魏王脩爲之」，「魏」，原作「趙」，「脩」，原作「循」，據魏書王脩傳改。

〔二八〕「火有長備六馱馬」，「長」字、「六馱馬」三字皆脱，據新唐書兵志補。

〔二九〕「其家不免征徭」，「征」，原作「王」，據通典二九改。

〔三〇〕「以奉朝請選雜」，「奉」字脱，據宋書百官志下補。

〔三一〕「杜喬憂懼不能止」，「杜喬」，原作「高褒」，據後漢書杜喬傳、通典三〇改。下文「喬」字亦誤作「褒」。

〔三二〕「咸寧元年」，「寧」，原作「康」，據晉書職官志改。

〔三三〕「晉二傅給菜田六頃」，「菜」，原作「采」，據晉書職官志、通典三〇改。

〔三四〕「又晉書曰東宮舊制月請錢五十萬以備衆用景帝諱師故改太師爲太帥」，按，「錢五十萬」，通典三〇「五」作「三」。此文不見於今本晉書，疑出於臧榮緒晉書。「改太師爲太帥」，唐六典二六、通典三〇文同，今本晉書「太帥」作「太保」，李慈銘晉書札記云，若改「師」爲「保」，則有兩太保，兩少保。似不可取。

〔三五〕「或二或三」，「或二」二字脱，據晉書職官志補。

〔三六〕「光固辭」，「固」，原作「因」，據通典三〇改。

〔三七〕「甪里先生」，「甪」，原作「角」，據漢書王吉傳改。

〔三八〕「掌付事」，「付」原作「府」，據唐六典二六改。

〔三九〕「掌彈劾宫府寮」，「宫」，原作「官」，據唐六典二六、舊唐書職官志三、新唐書百官志四上改。

〔四〇〕「功高者一人與功高舍人共掌其坊之禁令」，「功高者一人」五字脱，「高舍」二字間衍「通事」二字，據隋書百官志上補删。

〔四一〕「並屬左春坊」、「並屬右春坊」，「左」，原作「右」，「右」，原作「左」，據唐六典二六、舊唐書職官志三、新唐書百官志四上改。

〔四二〕「教授諸生」，「生」，原作「王」，據唐六典二六、舊唐書職官志三、新唐書百官志四上改。

〔四三〕「今史雖闕官」，汪本「今」作「令」，據元本、明本、于本、殿本改。

〔四四〕「以承其事」，「承」，原作「丞」，據隋書百官志上、唐六典二六改。二處同誤。

〔四五〕「北齊門下坊有齋帥局有太子齋帥内閣帥各二人」，「齋帥局」之「帥」字脱，「太子齋帥」之「齋」下衍「内閣」二字，據隋書百官志中補删。

〔四六〕「内庫」，二字互倒，據唐六典二七改。

〔四七〕「家令視通直常侍」，「視通直」三字脱，據隋書百官志上、唐六典二七補。

〔四八〕「惠帝時」，汪本「惠」作「衞」，據元本、明本、于本、殿本改。

〔四九〕「録事及倉兵冑曹參軍各一人」，「事」，原作「史」，據唐六典二八、舊唐書職官志三改。

〔五〇〕「蘇孝慈自兵部尚書拜右衞率」，汪本「拜」作「并」，據元本、明本、于本、殿本改。「右」，原作「左」，據隋書蘇孝慈傳、通典三〇改。

〔五一〕「唐復爲左右宗衞率府」，「復」，原作「後」，據通典三〇改。

〔五二〕「副率各二人長史」，「各」字脱，據唐六典二八、舊唐書職官志三補。「長」上衍「以」字，據元本、殿本删。

〔五三〕「録事及倉兵胄曹參軍各一人」，「胄」字脱，據唐六典二八、舊唐書職官志三補。

〔五四〕「副率各二人長史録事及倉兵胄曹參軍各一人」，「各」字，「胄」字脱，據唐六典二八、舊唐書職官志三補。

〔五五〕「置左右内率」，「内」字脱，據隋書百官志下補。

〔五六〕「兵胄曹參軍各一人」，「參軍」二字脱，據唐六典二八、舊唐書職官志三補。

〔五七〕「備身各二十八人」，「備」，原作「横」，據殿本、通典三〇改。

〔五八〕「有嫡子無嫡孫」，「嫡子無」三字脱，據舊唐書高宗紀下補。

〔五九〕「乃奏太孫府置師傅友文學祭酒」，「友」，原作「及」，據通典三〇改。

職官略第六

王侯第十

歷代王侯封爵公主并官屬附

昔黄帝旁行天下，分建萬國。至于唐虞，別爲五等，曰公、侯、伯、子、男，則虞書所謂「輯五瑞」，「修五玉」，是其制也。夏與唐虞同。商制，天子之田方千里，公侯百里，伯七十里，子男五十里，不能五十里者不合於天子，附於諸侯。鄭玄云：「此乃商所因夏爵三等之制。」凡四海之内九州。州方千里，州建百里之國三十，七十里之國六十，五十里之國百有二十，凡二百一十國，名山大澤不以封，其餘以爲附庸閒田。凡九州千七百七十三國。千里之外設方伯，五國爲屬，屬有長；十國爲連，連有帥；三十國爲卒，卒有正；二百一十國爲州，州有伯。八州八伯，五十六正，百六十八帥，三百三十六長。八伯各以其屬屬於天子之老二人，分天下以爲左右曰二伯。千里之内曰甸，千里之外曰采。

周制，封王者後，凡有功之諸侯，大者地方五百里，侯四百里，伯三百里，子二百里，男百里。方千里曰王畿，其外方五百里曰侯服，又其外方五百里曰甸服，又其外方五百里曰男服，又其外方五百里曰采服，又其外方五百里曰衛服，又其外方五百里曰蠻服，又其外方五百里曰夷服，又其外方五百里曰鎮服，又其外方五百里曰藩服。周之初，列爵惟五，公、侯、伯、子、男，分土惟三，公侯方百里，伯方七十里，子男方五十里，並因商制。至周公居攝，制禮作樂，列爵分土皆五等焉，公五百里，侯四百里，伯三百里，子二百里，男一百里。凡諸侯世子世國，大夫不世爵。使人以德，爵人以功。謂縣内及列國諸侯爲天子大夫者，不世爵而世禄，所以避賢也。諸侯有上大夫卿，下大夫，上士，中士，下士，凡五等，諸侯之大夫不世爵禄。公國孤一人。公之孤四命。大國三卿，皆命於天子。次國三卿，二卿命於天子，一卿命於其君。左傳曰：「管仲受下卿之禮，避天子之二守國、高故也。」明國、高是天子之命卿也。小國三卿，一卿命於天子，二卿命於其君。每國下大夫五人，上士二十七人。大國之卿不過三命，下卿再命，小國之卿與大夫一命，其士不命。次國之上卿，位當大國之中，中當其下，下當其上大夫。小國之上卿，位當大國之下卿，中當其上大夫，下當其下大夫。至于周衰，諸侯失制。號令自己，其名不一，於是正卿當國謂之相，而楚謂之令尹，其他異同，難悉數矣。

秦制，爵二十等，以賞功勞。二十徹侯，後漢志曰：「徹侯，金印紫綬，功大者食縣，小者食鄉亭，得臣其所食吏民。後避漢武帝諱，改曰通侯，或曰列侯。」十九關内侯，顔師古曰：「言有侯號而居京畿，無國邑也。」十八大庶長，劉昭曰：「自左庶長以上至大庶長，皆軍將也，〔二〕所將庶人更卒，故以一爲大庶長，卽大將軍也，左、右庶長卽左、右偏裨也。」十七駟車庶長，言乘駟馬之車，而爲衆庶之長。十六大上造，言皆主上造之士。十五少上造，十四右更，言主領更率部其役事。十三中更，十二左更，十一右庶長，言爲衆列之長。十左庶長，九五大夫，劉昭曰：「自公士至五大夫，皆軍吏也。」八公乘，言得乘公家之車也。劉昭曰：「自吏民爵不得過公乘，過者得貰與子孫若同産。」然則公乘者，軍吏之爵最尊。七公大夫，與下同。六官大夫，加官者示稍尊也，亦謂之國大夫。五大夫，列位從大夫。四不更，言不預更率之事。三簪裹，以組帶馬曰裹，簪裹者主飾此馬。二上造，造成也，言有成命於上。一公士。言有爵命，異於士卒。劉昭曰：「步卒之有爵爲士者也。」戰國之際，秦項之間，權設班寵，有加賜邑君者，蓋假其位號，或空受其爵耳。則田嬰爲靖郭君，白起爲武安君，魏冉弟爲華陽君，秦昭王弟爲涇陽君及高陵君，蔡澤爲剛成君，其後項梁爲武信君，陳餘爲成安君，李左車爲廣武君之類是也，至漢尤多，蓋在封爵之外別加美號。

漢興，設爵二等，曰王，曰侯。皇上而封爲王者，其實古諸侯也，故謂之諸侯王。王子封爲侯者，謂之諸侯。羣臣異姓以功封者，謂之徹侯，大者不過萬家，小者五六百户，以爲差降。而諸王國皆連城數十，〔二〕踰於古制。其諸侯功德優盛，朝廷所敬異，有賜特進者，其位在三公下。其次列侯有功德，天子命爲諸侯者，謂之朝侯，其位次九卿下。皆平冕文衣，侍祠郊廟。其稱侍祠侯者，但侍祠而無朝位。其非朝侯、侍祠侯，而以下土小國或以肺腑宿親若公主子孫或奉先侯墳墓在京師者，亦隨時見會，謂之猥諸侯。凡諸王侯皆金璽盭綬，古者印璽通名，今則尊卑有别。漢舊儀云：「諸侯王，金印，黄金驝駞紐，文刻曰『某王之璽』，赤地綬。列侯，黄金印，龜紐，文曰『某侯之印』，亦以紫綬。」掌治其國。王常冠遠遊冠，綬五采而多朱，自稱曰寡人，教曰令。凡諸侯王官，傅爲太傅，相爲丞相，又有御史大夫、諸卿，皆秩二千石，百官皆如漢朝。漢朝唯爲置丞相，〔三〕其御史大夫以下皆自置之。及七國作亂之後，景帝懲之，遂令諸侯王不得治民，令内史治之，改丞相曰相，省御史大夫、廷尉、少府、宗正、博士官。武帝改漢内史、中尉、郎中令之名，内史爲京兆尹，中尉爲執金吾，郎中令爲光禄勳。而王國如故，職員皆不得自置。又令諸王得推恩封子弟爲列侯，於是齊分爲七，趙分爲六，梁分爲五，淮南分爲三。又令諸侯十月獻酎金，不如法者國除。作左官之律、附益之法，自後諸侯王唯得衣食税租。至成帝綏和元年，省内史，更令相治民，大司空何武奏罷内史，相如太守，中尉如都尉參職。是後中尉爭權，與王相奏，常不和。

太傅但曰傅。漢初論功封列侯者凡百四十有三人，蕭何爲冠。外戚與定天下侯者二人，凡列侯，金印紫綬，大者食縣，小者食鄉亭，得臣其所食吏民。凡皇帝之女公主皆列侯尚之。王國有傅，初曰太傅，後除「太」字。相，本統衆官，後省内史，而相理民，如郡太守。史記曰：「曹參相齊。」又曰：「石慶爲齊相，舉國皆慕其家行，不言而齊國大治，而爲立石相社也。」内史，治國民。中尉，掌武事。郎中令，秩千石，墨綬。僕，本曰太僕，改曰僕，墨綬。文學，宋志云：「前漢王國已置文學。」大司農，衛士長，太倉長。列侯國亦有相，餘略與王國同。公主有家令。門尉，亦有賜重封者。顏師古曰：「重封謂加二號耳。」成帝鴻嘉三年，詔，七大夫以上，皆令食邑，秦本制，〔四〕列侯乃得食邑。七大夫卽公大夫。非七大夫以下，皆復其身，及户勿事。是歲，又令吏民得買爵，賈級千錢。

後漢，爵亦二等，皇子封王，其郡爲國，其列侯雖鄧、寇元勳，所食不過四縣，爲侯國。舊制，列侯奉朝請在長安者，皆位次三公，中興以來，唯以功德賜位特進者次車騎將軍，賜位朝侯次五校尉，賜位侍祠侯次大夫，其餘以肺腑及公主孫子或奉墳墓，亦爲猥諸侯。漢官儀曰：「皇后父兄率爲特進侯，朝會位次三公。」〔五〕明帝爲四姓小侯開立學校，置五經師。外戚樊氏、郭氏、陰氏、馬氏諸子弟立學，號曰四姓小侯。以非列侯，故曰小侯。諸王封者受茅土，歸以立社。罪侯歸國，不得臣吏民。至獻帝建安初，封曹操爲費亭侯。亭侯之制，〔六〕自此始也。二十年，曹公始置名號侯，置五大夫，與舊列侯、關内侯凡六等，以賞軍功。

初漢制，皇女皆封縣公主，儀服同列侯，其尊崇者加號「長公主」，儀服同蕃王。諸王女皆封鄉亭翁主，儀服同鄉亭侯。漢諸王女亦謂之翁主。漢書謂齊厲王姊爲紀公主，以紀氏所生，因以爲號。章帝唯特封東平憲王蒼、琅邪孝王京女爲縣公主。其後漢安帝姊妹亦封長公主，同之皇女。蔡邕獨斷曰：「漢帝子女曰公主，儀比諸侯。姊妹曰長公主，儀比諸侯王也。」其皇女封公主者，所生之子，襲母封爲列侯，皆傳國于後。鄉亭之封則不傳襲。永初元年，鄧太后封清河孝王慶女十一人皆爲鄉公主，分食邑奉。王國有傅，如師不臣，二千石。相，秩二千石。刁聦爲魯相，〔七〕行縣，三老執轡，學官處士皆乘馬隨後，所頓亭鄉，傳輟講經。內史，如郡丞。中尉，郎中令，掌王大夫、郎中宿衛，官如光祿勳。〔八〕僕，主車馬。治書，奉使至京都。謁者，禮樂長，衛士長，醫工長，永巷長，祠祀長，郎中。其紹封削絀者，中尉、内史官屬亦以率減。列侯國置相，其秩各如本縣主，治民如令長，不臣也，但納租于侯，以户數爲限。其官隨國大小爲增減，食邑千户以上置家丞、庶子各一人，不滿千户則不置家丞。舊置行人、洗馬、門大夫等官，又悉省。諸公主各置家令一人。

魏黄初三年，初制封王之庶子爲鄉公，嗣王之庶子爲鄉侯，公之庶子爲亭侯。其後定制，凡國，王、公、侯、伯、子、男六等，次縣侯，次鄉侯，次亭侯，次關内侯，又置名號侯爵十八級，關中侯爵十七級，皆金印紫綬。又關外侯十六級，銅印龜紐墨綬。五大夫十五級，銅印環紐亦墨綬。自關内侯皆不食租，虛封爵自魏始，而有保、傅、相、常侍、侍郎、郎中令、中尉、大農、文學、友、謁者大夫，諸雜署令、丞。公主有家令、僕、丞、行夜督郵。王太妃有家令、僕、丞。

晉，亦有王、公、侯、伯、子、男六等之封，晉令曰：「有開國郡公、縣公、郡侯、縣侯、伯、子、男及鄉亭、關中、關内外等侯之爵。」唯安平郡公孚邑萬户，制度如魏諸王。其餘縣公，邑千八百户，地方七十五里。大國侯，邑千六百户，地方七十里。次國侯，邑千四百户，地方六十五里。大國伯，邑千二百户，地方六十里。次國伯，邑一千户，地方五十里。大國子，邑八百户，地方五十里。次國子，邑六百户，地方四十五里。〔九〕男邑四百户，地方四十里。武帝受禪之初，泰始元年，封建子弟爲王二十餘人，以郡爲國，邑二萬户爲大國，置上、中、下三軍，兵五千人。邑萬户爲次國，置上軍、下軍，兵三千人。邑五千户爲小國，置一軍，兵千五百人。王不之國，官於京師。罷五等之制，公侯邑萬户以上國爲大國，五千以上爲次國，不滿五千户爲小國。初雖有封國，而王公皆在京師，咸寧三年，詔徙諸王公皆歸國。時楊珧、荀勗以齊王攸有時名，懼惠帝有後難，乃追故司空裴秀立封建之旨，遂詔王公悉令歸國。乃更制户邑，皆中尉領兵，其平原、汝南、琅邪、扶風、齊爲大國，梁、趙、樂安、燕、安平、義陽爲次國，其餘爲小國。既遣就國，而諸公皆戀京師，涕泣而去。凡名山大澤不以封，鹽鐵金銀銅錫，始平之竹園，別都宮室園囿，皆不爲屬國。其仕在天朝者，與之國同，皆自選其文武官。諸入作卿士而其世子年已壯者，皆遣蒞國。其王公侯以下茅社符璽車旗命服，一如泰始故事。凡王，金印龜紐練朱綬，遠遊三梁冠，絳紗朝服，佩山玄玉。開國縣公、郡公，金章皁朱紱綬。郡侯，青朱綬，同進賢三梁冠，絳朝服，佩山玄玉。開國縣侯、伯、子、男，金章朱墨綬，冠佩亦同。初，武帝踐阼，封宣帝孫永爲東莞郡王，始置二卿。侯以下置官屬，隨國大小無定制。諸侯並三分食一。東晉元帝太興元年，始置九分食一。元帝以西陽王羕屬尊，元會特爲設牀。明帝以羕皇室元老，特爲之拜。成帝詔羕依安平獻王孚故事，設牀帳於殿上，帝親迎拜。王國有傅，傅卽師也，以景帝諱師，故曰傅。友，武帝初置一人，蓋因文王、仲尼四友之名。典書令、丞，掌國教令。職官録曰：「漢制本曰尚書，改爲治書，國諱又改爲典書，至晉武置典書令」是也。文學，一人。郎中令，中尉，大農，此爲三卿。左、右常侍，大國各二人，次國各一人，掌贊相獻替。內史，改太史爲內史。又晉書曰：「改國相爲內史。」將軍，大國上、中、下軍三將軍，次國上、下二軍將軍各一人，小國用上軍而已。典祠，典衛，學官令，治書，中尉，司馬，世子庶子，陵廟牧長，謁者，中大夫，舍人，典府等。其後省相及僕，省郎中，置侍郎二人。公侯以下國，官屬遞減。晉書曰：「詔，以壽光公鄭沖及朗陵公何曾國皆置郎中令。」又曰：「元帝初渡江，即晉王位，諸參軍奉車都尉掾屬者百餘人，時皆謂之曰百六掾。」

宋氏，一用晉制，唯大小國皆有三軍。凡王子爲侯者，食邑皆千户。諸王世子皆金印紫綬，進賢兩梁冠，佩山玄玉。初，江夏王義恭爲孝武所忌，憂懼，故奏革諸侯聽事不得南向坐，國官正冬不得跣登國殿，及夾侍障扇不得雉尾，劒不得鹿盧形，刀不得過銀銅爲飾。詔可。王國有師，改傅爲之。自内史、相、記室以下官，多與晉同。凡郡縣内史、相，並於國主稱臣，去任便止。孝武孝建中，始革此制，不得追敬，不得稱臣，止宜云下官而已。〔一〇〕齊，封爵史闕。王國有師、諮議、文學等官，公侯置郎中令一人卿，〔一一〕餘與晉、宋同。梁，封爵亦如晉、宋之制。諸王皆假金獸符第一至第五左，竹使符第一至第十左。諸公侯皆假銅獸符、竹使符第一至第五。名山大澤不以封，鹽鐵金銀銅錫及竹園、別都、宫室、園圃皆不以屬國。諸王言曰令，境内稱之曰殿下。公侯封郡縣者，言曰教，境内稱之曰第下。自稱皆曰寡人。〔一二〕諸王公侯國官皆稱臣，上於天朝皆稱陪臣。王國置傅、相、公以下則臺各爲選置之，皆掌知民事。典祠等官。若王加將軍開府，則置長史、司馬及記室掾屬，祭酒、主簿、録事官屬。嗣王則唯置郎中令、中尉、常侍、大農。藩王則無常侍，制與後漢同。陳，置九等。公主有家令之制。〔一三〕郡有王，嗣王，藩王，開國郡、縣公，開國縣侯，開國縣伯，開國縣子，開國縣男，沐食侯，鄉、亭侯，關内侯，關外侯。鄱陽王之封也，遣度支尚書蕭睿持節兼太宰告于太廟，五兵尚書王質持節兼太宰告于太社。凡親王起家則爲侍中，若將軍方得有佐史，無將軍則無府，止有國官。皇太子子家嫡者封王，依諸王起家。餘子並封公，起家中書郎。諸王子并諸侯代子，起家給事。王公子起家員外散騎侍郎，〔一四〕令、僕子起家祕書郎，若員滿，亦爲版法曹。次令、僕子起家著作佐郎，亦爲版行參軍。外有揚州主簿、太學博士、國常侍、奉朝請、嗣王行參軍，並起家官。皇弟、皇子府，置師、長史、司馬、從事、中郎、諮議、參軍、友、掾屬、記室等官，其嗣王、藩王府，則遞減之。王國置郎中令、將軍、常侍、典祠令、舍人等官，其嗣王、藩王，則遞減其員。

後魏道武皇始元年，始封五等。至天賜元年，減五等之爵，始分爲四，曰王、公、侯、子，除伯男之號。皇子及異姓元功上勳者封王，皇族及始藩王皆降爲公，諸公降爲侯、子。於是封王者十人，〔一五〕公者二十二人，侯者七十九人，子者百有三人。王封大郡，公封小郡，侯封大縣，子封小縣。其後復加伯、男焉。孝文太和十八年，〔一六〕詔，凡王、公、侯、伯、子、男開國食邑者，王食半，公三分食一，侯、伯四分食一，子、男五分食一。舊制，諸鎮將刺史假五等爵，及有所貢獻而得假爵者，皆得世襲。延興二年，詔革此類，不得世襲。又舊制，諸以勳賜官爵者，子孫世襲，并襲軍號，後改降五等始革之，止襲爵而已。

凡公主皆嫁于賓附之國，朝臣子弟雖名族美彥，不得尚焉。後魏道武帝因見漢書婁敬說高帝，欲以魯元公主妻匈奴，良久，故立此制矣。諸王侯各亦有師友、文學、侍郎、掾屬、舍人等官。時王國舍人應取八族及清修之門。公主有家令、丞。高平公主薨，欲使公主家令居廬制服，太常博士常景曰：「婦人無專國之理。婦人爲君，男子爲臣，古禮初不載。則家令不得爲純臣，公主不得爲正君，明矣。」乃寢。北齊，有王、公、侯、伯、子、男六等之爵。王位列大司馬上，非親王則在三公下。封內之調盡以入臺，三分食一，公以下四分食一。王置師一人，餘官大抵與晉、宋、梁制不異。公主則置家令、丞等官。後周制，有公、侯、伯、子、男五等爵者，皆加「開國」，授柱國大將軍開府儀同者，並加「使持節大都督」。皇弟、皇子置友及學士等員外，餘吏闕聞。

隋開皇中，制，國王、郡王、國公、郡公、縣公、侯、伯、子、男，凡九等。樊子蓋進爵封爲濟公，言其功濟天下，特爲立名，無此郡國。至煬帝，唯留王、公、侯三等，餘並廢之。皇伯叔昆弟皇子，是爲親王，及大長公主、長公主皆置官屬。親王置師，友，文學，長史，司馬，諮議，掾，主簿，録事，功曹，記室，户、倉、兵、騎、法、士等曹參軍等，東、西閤祭酒，參軍事，典籤等員。嗣王無師、友。煬帝更名王府參軍爲諸司書佐，屬參軍則直以屬爲名，改國令爲家令，餘以國爲名者皆去之。諸公主各置家令、丞，主簿，謁者，舍人等員。郡主唯無主簿。

唐高祖之初，以天下未定，廣封宗室，從弟及姪年始孩童數十人，皆封爲郡王。太宗卽位，問侍臣曰：「徧封宗子於天下，便乎？」右僕射封德彝對曰：「不便。歷觀往古，封王者今日最多。兩漢以降，唯封帝子及親兄弟，若宗室疎遠者，非有大功，如周之郇、滕，漢之賈、澤，並不得濫叨名器，所以別親疎也。先朝敦睦九族，一切封王，爵命既崇，多給力役，蓋以天下爲私，殊非至公馭物之道也。」太宗然之，於是率以屬疎降爵，唯有功者數人得王，餘並封縣公。

貞觀二年十二月，太宗謂公卿：「欲使子孫長久，社稷永安，其理如何？」右僕射蕭瑀對曰：「臣觀前代，國祚所以長久者，莫不建諸侯以爲盤石之固。秦併六國，罷侯置守，二代而亡。漢有天下，參建藩屏，年踰四百。魏、晉廢之，不能永久。封建之法，實可遵行。」始議裂土之制。禮部侍郎李百藥上議曰：「自古皇王君臨寓内，莫不受命上玄，飛名帝籙。祚之長短，必在天時。政或盛衰，有關人事。而述著之家，多守常轍，莫不情忘今古，理蔽澆淳，欲以百王之季，行三代之法也。」中書侍郎顔師古論曰：「臣愚以爲，當今之要，莫如量其遠近，分置王國。均其户邑，彊弱相齊，畫埜分疆，不得過大，間以州縣，雜錯而居，互相維持，永無傾奪。使各守其境而不能爲非，協力同心則足扶京室。」

特進魏徵又陳五不可之議。六年，監察御史馬周上牋，大略如李百藥，且謂宜賦以茅土，疇其户邑，必有材行，隨器方授。

十一年六月，詔荆王元景等二十一王爲諸州都督刺史，咸令子孫代代承襲，非有大故，無或黜免。其後並不願行，迺止。後定制，皇兄弟、皇子爲王，皆封國之親王，龍朔二年，制，諸王王子嫡者封郡王，任職從四品下叙。其衆子封郡公，從五品上叙。貞觀中，王珪奏曰：「三品以上遇親王於塗，皆降乘。違法申敬，有乖儀准。」太宗曰：「卿皆自尊，而卑吾子乎？」魏徵曰：「自古迄今，親王班次三公之下，今三品者皆天子公卿及八座之長，爲王降乘，非王所宜當也。」詔從之。親王府各置官屬。凡府官，〔一七〕國官，王未出閤則不置。太子男封郡王，其庶姓卿士功業特盛者，亦封郡王。自至德元年至大曆三年，封異姓之人爲王者，凡百十二人。其次封國公，其次有郡、縣開國公、侯、伯、子、男之號，亦九等，並無官土。其加實封者，則食其封，分食諸郡，以租調給。自武德至天寶，實封者百餘家。自至德二年至大曆三年，食實封者二百六十五家。凡食四萬四千八百有六十户。十六年，制，王府官，〔一八〕以四考爲限。

嗣聖二年，初置公府官員。武太后天授二年，又置皇孫官員。皇姑爲大長公主，後亦謂之長長公主。姊妹爲長公主，〔一九〕女爲公主，皆封國，視正一品。太子女爲郡主，封郡，視從一品。親王女爲縣主，封縣，正二品。凡諸王及公主，皆以親爲尊，皇之昆弟姊妹先拜於皇子，上書稱啓。神龍初，下詔革之。開元四年三月，制，下詔封諸國，自始封至曾孫，其封户三分減一。十年，加永穆公主封千户。初永穆等各封五百户，左右云太薄，上曰：「戰士出萬死不顧一生，所賞賜纔不過一二十疋。此輩何功於人，頓食厚封，約之使知儉嗇，不亦可乎。」左右以長公主皆二千户，請與比，上曰：「吾嘗讀後漢書，見明帝曰：『朕子不敢望先帝子，車服下之。』吾未嘗不廢卷歎息，如何欲令此輩望長公主乎。」左右不敢復言。至是，公主等車服殆不給，故加焉。自後公主皆封千户，遂成其例。凡諸王及公主以下所食封邑，〔二〇〕皆以課户充，州縣與國官、邑官共執文帳，准其户數，收其租調，均爲三分，其一入官，其二入國。公所食邑，則全給焉。二十年五月，敕，諸食邑實封，並以三丁爲限，不須一分入官，其物仍令封隨租調送入京。

親王府置傅一人，師範輔導，參議可否，初置王師，景雲二年改爲傅。諮議參軍一人，弼政幕府，諮謀庶事。友一人，陪隨左右，拾遺補闕。文學二人，修撰文章，讎校經史。東、西閤祭酒各一人，接引賓客。長史、司馬各一人，通判。掾一人，通判公、胄、户三曹。屬一人，通判兵、騎、法、士四曹。主簿一人，覆省教命。史二人，〔二一〕記室參軍二人，掌表啓書疏，宣行教命。録事參軍一人，受事勾檢。録事一人，〔二二〕功曹、倉曹、户曹、兵曹、騎曹、法曹、士曹等參軍各一人，各有所主。參軍二人，行參軍四人，掌出使及雜檢校。〔二三〕典籤二人。宣傳教命。

親事府置典軍、〔二四〕副典軍各二人，掌守衛陪從。執仗親事、執弓刀衛仗。執乘親事各十六人，供進騎乘。親事三百三十三人。帳内府置典軍、副典軍各二人，〔二五〕掌儀衛陪從，兼知鞍馬等司事。帳内六百六十七人。親王國國令一人，大農二人，通判國司。尉二人，〔二六〕分判。丞一人，監印勾稽。小吏有差。若府主薨，則諸府佐視事帳内，過葬追退，雖無妻子亦准此。其國官聽終喪。若有襲爵者，聽其迴事。諸公主邑司有家令、丞，録事，各一人。並隸宗正寺，出降者不置。

州郡第十一上

司隸校尉。司隸，周官也，掌五隸之法，帥其民而捕盜賊。漢武帝征和四年，初置司隸校尉，持節從中都官，徒千二百人，〔二七〕捕巫蠱，督大姦猾。後罷其兵，察三輔、三河、弘農。晉志曰：「漢武帝初置十三州刺史，各一人。又置司隸，察三輔、三河、弘農七郡。」元帝初元四年，去節。後諸葛豐爲司隸，又加節。尋復去之。司隸去節，自豐始也。成帝元延四年，省。綏和二年，哀帝復置，但爲司隸，除「校尉」字。冠進賢冠，屬大司空，比司直。司隸掌察皇太子以下，行馬内事皆主之。專道而行，專席而坐。初除皆謁兩府，謂丞相、御史也。後漢，復爲司隸校尉，所部河南尹、河内、右扶風、左馮翊、京兆尹、河東、弘農，凡七郡。治河南洛陽。〔二八〕無所不糾，唯不察三公。廷議處九卿上，朝賀處公卿下。凡司隸屬官，有從事史十二人，其都官從事史特爲雄劇，主察百官之犯法者。魏、晉，司隸與二漢同。司隸於端門外，坐在諸卿上，絶席。其入殿，按本品秩，在諸卿下，不絶席。鍾會爲司隸，雖在外司，時政損益，當世與奪，無不畢綜。初，以司隸官屬制置如州儀，而俗稱司州，及魏、晉，〔二九〕乃以京輔所部，定名置司州，以司隸校尉統之。及東晉渡江，罷司隸校尉官，變其職爲揚州刺史。後魏、北齊，爲司州牧。後周，有司隸下大夫，掌五隸及徒者，捕盗賊囚執之事，屬大司寇。隋初，有雍州牧。後煬帝置司隸臺，有大夫一人，掌諸巡察。薛道衡爲司隸大夫。别駕二人，分察畿内，一人按東都，一人按京師。後又罷司隸臺，而留司隸從事之名，不爲常員，臨時選京官清明者，權攝以行。唐，無司隸校尉，而有京畿採訪使，亦其職也。

州牧、刺史。

黄帝立四監，以治萬國。唐有九州，舜置十二州，有牧。夏爲九州牧。商、周，八命曰牧。秦，置監察御史。漢興，省之。至惠帝三年，又遣御史監三輔郡，察詞訟，所察之事凡九條。監者二歲更之，常以十月奏事，十二月還監。其後諸州復置監察御史。文帝十三年，以御史不奉法，下失其職，乃遣丞相史出刺，并督監察御史。武帝元封元年，御史止不復監。至五年，乃置部刺史，掌奉詔六條察州，凡十二州焉。居部九歲，舉爲守相。成帝綏和元年，以爲刺史位下大夫而臨二千石，輕重不相準。乃更爲州牧，秩真二千石，位次九卿，九卿缺以高第補。哀帝建平二年，復爲刺史。元壽二年，復爲牧。後漢光武建武十八年，復爲刺史，外十二州各一人，其一州屬司隸校尉。漢刺史，乘傳周行郡國，無適所治。中興，所治有定處。舊常以八月巡行所部，録囚徒，考殿最，歲盡詣京都奏事。中興，但因計吏，不復自詣京師，雖父母之喪，不得去職。或謂州府爲外臺。謝夷吾爲荆州刺史，第五倫薦之曰：「尋功簡能，爲外臺之表。聽察聲實，爲九伯之冠。」靈帝中平五年，改刺史，唯置牧。是時天下方亂，豪傑各欲據有州郡，而劉焉、劉虞並自九卿出領州牧，州牧之任自此重矣。舊制，州牧奏二千石長吏不任位者，事皆先下三公，三公遣掾史按驗，然後黜退。光武卽位以來，不用舊典，時用法明察，不復委任三府，故權歸舉刺之吏。魏、晉爲刺史，任重者爲使持節都督，輕者爲持節。皆銅印墨綬，進賢兩梁冠，絳朝服，而領兵者武冠。西晉罷司隸，置司州。江左則揚州刺史。自魏以來，庶姓爲州而無將軍者，謂之單車刺史。凡單車刺史加「督」進一品，「都督」進二品，不論持節、假節。晉制，刺史三年一入奏。宋，與魏同。梁，刺史受之明日，辭宮廟而行，皆持節。後魏天賜二年，又制諸州置三刺史，皇室一人，異姓二人，比古之上、中、下三士也。郡置三太守，縣置三令長。自後魏、北齊，則司州曰牧。而北齊制州爲上、中、下三等，每等又有上、中、下之差，自上上州至下下州凡九等。〔三〇〕後周，則雍州曰牧，而制刺史初除奉辭之日，備列鹵簿。凡總管、刺史則加「使持節諸軍事」，以此爲常。及蘇綽爲六條之制，初文帝秉魏政，令百官誦習，其牧、守、令、長，非通六條及計帳者不得居官。靜帝大象元年，詔總管、刺史及行兵者，加「持節」，餘悉罷之。隋，雍州置牧，餘州並置刺史，亦同北齊九等之制。總管、刺史，加「使持節」。至開皇三年，罷郡，以州統縣，自是刺史之名存而職廢。刺史、縣令，三年一遷，諸有兵處則刺史帶軍事以統之。十四年，改九等州縣爲上、中、下，凡三等。〔三一〕煬帝大業初，復罷州置郡，爲司隸臺大夫一人，巡察畿內。其刺史十四人，巡察畿外諸郡，亦有六條之制，與漢六條不同。從事四十人，副刺史巡察。每年二月，乘軺巡郡縣，十月入奏。唐武德元年，罷郡置州，而雍州置牧。至神龍二年二月，分天下爲十道，置巡察使二十人，以左、右臺及外、内官五品以下，堅明清勁者爲之，兼按郡縣，再朞而代。至景雲二年，改置按察使，道各一人，開元十年，省。十七年，復置。二十二年，改置採訪處置使，治於所部之大郡。其有戎旅之地，卽置節度使，仍各置印。天寶九年三月，敕：「本置採訪使，令舉天下大綱，若大小必由，是一人兼理數郡。自今已後，採訪使但考察善惡，舉其大綱，自餘郡縣所有奏請，並委郡守，不須干及。」至德之後，改採訪使爲觀察，并領都團練使，其僚屬隨事增置。分天下爲四十餘道，大者十餘州，小者二三州，各因其山川區域爲制，諸道增減，不常員額。自天寶以後，因十五事再置措置使，訪察河東、西，及京師以來運司採訪，各以其職，再建屯田使。又使名沿革不一，其職事攝置運使司。又至開元敕録，令諸道置隨軍監察御史，各守司隸政事，又自建中元年定矣。

臣謹按：漢制，刺史以六條問事，非條所問卽不省。一條，彊宗豪右，田宅踰制，以彊陵弱，以衆暴寡。二條，二千石不奉詔書，遵承典制，背公向私，旁緣牟利，〔三二〕侵漁百姓，聚歛爲姦。三條，二千石不邺疑獄，風厲殺人，怒則任刑，喜則任賞，煩擾刻暴，剥截黎元，爲百姓所疾。山崩石裂，〔三三〕妖祥訛言。四條，二千石選辟不平，〔三四〕苟阿所愛，蔽賢寵頑。五條，二千石子弟恃怙榮勢，請託所監。六條，二千石違公下比，阿附豪彊，通行貨賂，割損正令。又按：後周六條之制，其略曰，其一先治心，心不清淨則思慮妄生，見理不明，是以治民之要，在於清心而已。其二敦教化。其三盡地利。其四擢賢良。其五邺獄訟。其六均賦役。

總論州佐

別駕　治中　主簿　功曹書佐　部郡國從事　典郡書佐　祭酒從　事史　中正　都督　都護〔三五〕

州之佐吏，漢有別駕，治中，主簿，功曹，書佐，簿曹，簿曹從事史，主錢穀簿書。兵曹，兵曹從事史，有軍事則置之，以主兵事。部郡國從事史，典郡書佐等官。又有孝經師，主監試經。月令師，主時節祠祀。律令師，主平法律。皆州自辟除，通爲百石，又後漢書，或云秩六百石。〔三六〕職與司隸官屬同，唯無都官從事。漢、魏之際，復增祭酒，文學從事員。晉，又有武猛從事員。其州邊遠有山險寇賊者，置弓馬從事五十人。歷代職員，互相因襲，雖小有更易，而大抵不異。自魏、晉已後，刺史多帶將軍、開府，則州與府各置僚屬，州官理民，別駕、治中以下是。府官理戎。長史、司馬等官是。後魏，舊以州牧親民，班九條之制，使前政選吏以待後人。獻文帝革制，「刺史、守宰到官之日，仰自舉擇以爲選官。若簡任失所，以罔上論」。自孝明孝昌以後，四方多難，刺史、太守皆爲當部都督，雖無兵事，皆立僚佐，頗爲煩擾。高隆之乃表請：「自非實在邊要，見有兵馬者，悉皆斷之。」北齊，上上州刺史屬官佐史，合三百九十三人，以下州遞減十人，其州卽佐吏皆州府辟除。及後主失政，賜諸佞幸，賣官分州郡，下逮鄉官，多降中旨，故有敕用州主簿、郡功曹者。後周，刺史府官則命於天朝，州刺史並牧守自置。至隋，以州爲郡，無復軍府，則州府之吏，變爲郡官矣。唐，無州府之名，而有採訪使及節度使。節度使說見都督篇。採訪使有判官二人，分判尚書六行事及州縣簿書。支使二人，分使出入，職如節度使之隨軍。〔三七〕推官一人。推鞫獄訟。皆使自辟召，然後上聞。未奉報者稱攝。其節度、防禦等使寮佐，辟奏之例亦如之。今舉州之舊職，以列于左。舊職謂隋以前州職。

別駕從事史。一人。從刺史行部，別乘一乘傳車，故謂之別駕，漢制也。歷代皆有之。隋、唐並爲郡佐。

臣謹按：庾亮答郭豫書云：「別駕與舊刺史，別乘同流，宣王化於萬里，其任居刺史之半。」

治中從事史。一人。居中治事，主衆曹文書，漢制也。歷代皆有。隋爲郡官。唐，改爲司馬。

主簿。一人。録門下衆事省署文書，漢制也。歷代至隋，皆有之。〔三八〕

功曹書佐。一人。主選用，漢制也。其司隸功曹從事史兼録衆事。晉以來，改功曹爲西曹書佐。宋有別駕西曹，主吏及選舉，〔三九〕卽漢之功曹書佐也。

部郡國從事史。每郡國各一人，漢制也。主督促文書，舉非法。

典郡書佐。每郡國各一人，漢制也。各主一郡文書，以郡吏補，歲滿一更。

祭酒從事史。漢、魏以來置。宋世分掌諸曹兵、賊、倉、户、水、鎧之事。自江左揚州無祭酒，而以主簿代之也。

中正。陳勝爲楚王，以朱房爲中正，而不言職事。兩漢無聞。魏，司空陳群以天臺選用不盡人才，擇州之才優有照鑒者，除爲中正，自拔人才，銓定九品，州郡皆置。吴有大公平，亦其任也。晉宣帝加置大中正，故有大、小中正，其用人甚重。齊、梁亦重焉。後魏有之。北齊，郡縣皆有，其本州中正以京官爲之。隋，有州都，其任亦重。唐以來，無之。

臣謹按：晉劉毅年七十，已告老，後舉爲青州大中正。尚書以毅致仕，不宜勞以碎務。孫尹表曰：「司徒魏舒，司隸嚴詢，與毅年齒相近，管四十萬户州，兼董司百僚，總攝機要。舒所統既廣，兼執九品，銓十六州，議者不以爲劇。昔鄭武公年過八十，入爲司徒。毅志氣聰明，一州品第不足勞其思慮。」毅遂爲州都，銓正人流，清濁區別，其所彈貶，自親貴始。

都督。總管、節度、團練、都統等使附。後漢光武建武初，征伐四方，始權置督軍御史，事後罷。建安中，魏武爲相，始遣大將軍督之。而袁紹分沮授所統諸軍以授郭圖、淳于瓊，爲三都督。魏武征孫權還，又使夏侯惇督二十六軍。魏文帝黄初三年，始置都督諸州軍事，或領刺史。又上軍大將軍曹真都督中外諸軍，假黄鉞，則總統外内諸軍矣。明帝太和四年，司馬懿征蜀，加號大都督。高貴鄉公正元二年，司馬昭都督中外諸軍，尋加「大都督」。及受魏禪，〔四〇〕則「都督諸軍」爲上，「監諸軍」次之，「督諸軍」爲下。「使持節」爲上，「持節」次之，「假節」爲下。使持節得殺二千石以下；持節殺無官位人，若有軍事則與使持節同；假節唯軍事得殺犯軍令者。及伐吴之役，以賈充爲使持節，假黄鉞，大都督，總統六師，〔四一〕兼給羽葆、鼓吹、緹幢，兵萬人，騎二千，置左、右長史，司馬，〔四二〕左、右中郎，增參軍、騎司馬各十人，〔四三〕帳下司馬二十人，大車、官騎各三十人。太康中，都督知軍事，刺史治民，各用人也。惠帝末，乃并任，非要州則單爲刺史。江左以來，「都督中外」尤重，唯王導等權重者乃居之。宋氏，人臣無居者，唯江夏王義恭得假黄鉞，則專戮節將，非人臣常器。又有都督諸州諸軍事者，則爲常職，舊曰監某州諸軍事，文帝卽位，改監爲都督。後魏，有都督中外諸軍，永安以後，遠近多事，置京畿大都督，總攝軍民，立府置佐。後周，改都督諸軍爲總管，則總管爲都督之任矣。又有大都督，帥都督，都督。至隋，三都督並以爲散官。煬帝改大都督爲校尉，帥都督爲旅帥，都督爲隊正。按此都督之名微矣。隋文帝以并、益、荆、揚四州置大總管，其餘總管府置於諸州，列爲上、中、下三等，加「使持節」。煬帝悉罷之。唐，諸州復有總管，亦加號「使持節」。刺史加號「持節」。〔四四〕武德元年，諸州總管亦加號「使持節」。五年，以洛、荆、并、幽、交等州爲大總管府。七年，改隋上大都督爲驍騎尉，大都督爲飛騎尉，帥都督爲雲騎尉，都督爲武騎尉。又改大總管府爲大都督府，總管府爲都督府。舊洛州已置都督府，武德四年廢府，置大行臺。復有行軍大總管者，蓋有征伐則置於所征伐之道，〔四五〕以督軍事。自武德以來，亦有元帥之號。太宗爲秦王，加西討元帥。中宗爲周王，爲洮河道元帥。睿宗爲相王，爲并州道行軍元帥。安祿山反後，天寶十五年，哥舒翰爲諸道兵馬元帥。其後李光弼、郭子儀，復爲副元帥。太極初，并、益、荆、揚爲四大都督府。開元十七年，加潞州爲五焉。其餘都督並爲上、中、下等，上都督府五，中都督府十三，下都督府十六。前後置制，改易不常，難可備敘。凡大都督府，置都督一人，掌所管都督諸州城隍兵馬甲仗食糧鎮戍等，親王爲之，多遥領其任，亦多爲贈官，長史居府，以總其事。分天下州縣，制爲諸道，每道置使，治於所部，卽採訪、防禦等使也。其邊方有寇戎之地，則加以旌節，謂之節度使。自景雲二年四月，始以賀拔延嗣爲涼州都督，充西河節度使。其後諸道因同此號，得以軍事專殺，行則建節，府植六纛，外任之重莫比焉。本皆兼支度、營田使。〔四六〕開元九年十一月，敕：「其河東、河北不須別置，並令節度使兼充。」有副使一人，行軍司馬一人，申習法令。判官二人，分判倉、兵、騎、胄四曹事。副使及行軍司馬通署。掌書記一人，掌表奏書檄。參謀無員，或一人，或二人，參預謀畫。隨軍四人，分使出入。開元中，凡八節度使：磧西、河西、隴右、朔方、河東、幽州、劒南、嶺南是也。後更增加，兼改名號。蓋古之都督持節，江左四中郎將，近代行軍總管之任。凡將帥出行，兵滿萬人以上，則置長史，司馬，倉、兵等曹參軍。若萬人以下，員數遞減。至德以來，天下多難，諸道皆聚兵，增節度使，爲二十道。其非節度使者，謂之防禦使，以採訪使并領之，採訪理州縣，防禦理軍事。初，節度與採訪各置一人，天寶中，始一人兼領之。代宗爲廣平王時，充天下兵馬元帥，親總軍旅，剋定禍亂。以大臣宿將郭子儀、李光弼，隨其方面以爲副，謂之副元帥，以督諸道事。及德宗踐阼，以雍王爲之。王升儲宮，而元帥闕。乾元中，又置都統，使監總管諸道，或領三道，或領五道，皆古方岳牧伯之任也。上元末，省都督。後又改防禦使爲團練、守捉使，皆主兵事，而無旌節，僚屬省減。有副使一人，掌貳使事。判官二人，分判軍事。自永泰以來，都團練使、守捉使皆主兵事，稍有加置，而任使則擇之。

臣謹按：宋武帝起義兵，討桓玄，既平京口，向建鄴，以孟昶爲長史，總攝後事。及討司馬休之，伐荆州，以中軍將軍劉道憐監留府事。皆留後之任也。自後無代無之，不復徧舉。

都護。漢宣帝地節二年，初置西域都護，爲加官也。或以騎都尉、諫大夫使護西域三十六國，〔四七〕有副校尉，始以鄭吉爲之。後廢。至後漢永平十七年，復置。班超爲西域都護，大破焉耆、尉黎，斬其主，自是西域降服，納質者五十餘國。晉、宋以後，有都護之官，亦其任也。齊書曰：「廣州西南有二江，川源深遠，别置都護，專征討之。」陳伯超爲江西都護。沈顗爲江南都護。唐永徽中，始於邊方置安東、安西、安南、安北四大都護府，後又加單于、北庭都護府。府置都護一人，掌所統諸蕃，征討斥候，安輯番人，及諸賞罰，總判府事。副都護二人，掌貳都護事。長史、司馬，各一人。録事、功曹、倉曹、户曹、兵曹、法曹參軍，各一人。參軍事三人。

州郡第十一下 京兆尹　左馮翊　右扶風　河南尹　留守附

京兆。周官有内史。秦因之，掌治京師。漢景帝二年，分置左、右内史。武帝太初元年，更名右内史爲京兆尹。絶高曰京，十億曰兆，大衆所聚，故曰京兆。更名左内史爲左馮翊。〔四八〕馮，輔；翊，佐也。秦官有主爵中尉，掌列侯。漢景帝中元六年，更名都尉。武帝太初元年，更名右扶風。扶，助；風，化也。與左馮翊、京兆尹，是爲三輔，治長安城中。三輔黄圖曰：「長安以東爲京兆尹，長陵以北爲左馮翊，渭城以西爲右扶風，皆治在城中。」故趙廣漢歎曰：「亂吾治者二輔也，誠得兼之，直差易耳。」銀章青綬，進賢兩梁冠，絳朝服，佩水蒼玉，秩異凡州。〔四九〕所監郡爲京師，〔五〇〕置尹一人，丞一人。漢初，三輔治長安。後漢都雒陽，置河南尹，以三輔陵廟所在，不改其號，但減其秩，與太守同。後漢，左馮翊、右扶風屬司隸，尋省。魏、晉，爲京兆太守。後周都關中，又爲京兆郡。隋，京兆郡置尹，併佐吏合二百四十四人。唐，京兆府本爲雍州，置牧一人，以親王爲之。太宗爲秦王、中宗爲英王、睿宗爲相王時，並居其任，多以長史治民。開元元年，改雍州爲京兆府，置牧如故，掌宣導風俗，肅清所部，或以親王居閤而遥領焉。初，雍州置别駕，以貳牧守事。永徽中，改别駕爲長史。開元中，改雍州長史爲京兆府尹，總理衆務。凡前代帝王所都皆曰尹，南朝曰丹陽尹，後魏初曰代尹，東魏曰魏尹，齊曰清都尹。

河南尹，其地在周爲王城，成王命君陳分正東郊，成周曰尹。兹東郊蓋今河南牧之任，亦留守之始也。秦兼天下，置三川守。三川，河、洛、伊也。漢興，更名三川爲河南，後增守爲太守。王莽改太守爲大尹，改河南大尹爲保忠信卿。光武中興，徙都洛陽，改太守爲尹，章綬服秩與京兆尹同，特奉朝請。魏、晉皆爲河南尹。後魏太和中，遷都洛陽，又置河南尹。東魏置洛州刺史。後周置洛州總管，尋罷之。隋初爲洛州刺史，後爲河南内史。大業初爲荆河州刺史，又爲河南太守，尋爲河南尹，與京兆同。唐武德四年，置洛州都督。貞觀十七年，改爲刺史。顯慶二年，置東都，改刺史爲長史，而洛州置牧一人，以親王爲之。中宗爲周王時，及衛王重俊，並居其任，多以長史治民。至開元元年，改洛州爲河南府，改長史爲尹，其牧尹之制一如京兆，諸曹寮佐亦如之，各有少尹二員，通判府事。按京兆少尹，魏、晋以來，治中之任。隋文帝改爲司馬，煬帝又改爲贊治，後又改爲丞。武德初，復爲治中。永徽元年，又以大皇帝諱改爲司馬。本一員，太極元年，雍、洛二州各加司馬一員，分爲左、右。開元元年，並改爲少尹。開元以後，增置太原府爲北京，官屬制置，悉同兩京。初，武太后長壽元年，以并州后之故里，改爲北都。神龍初，廢。開元十一年，又以并州高祖起義之始，復置太原府，號曰北京。初，開元元年正月，於蒲州置中都，〔五一〕改州爲河中府，至六月而罷。後上元元年，復置岐州爲鳳翔府，〔五二〕又以益州爲成都府。

留守，周之君陳則其任也。此後無聞。後漢和帝南巡，祠園廟，張禹以太尉兼衛留守。晋張方劫惠帝幸長安，僕射荀藩等與其遺官在洛陽爲留臺，承制行事，號東、西臺。至安帝時，劉裕置留臺，具百官。又後魏孝文南伐之時，以太尉元丕、廣陵王羽爲留守京師，加持節。留守因此始也。

郡太守

郡太守。郡守，秦官。秦滅諸侯，以其地爲郡，置守、丞、尉各一人。守治民，丞佐之，尉典兵。漢景帝中元二年，更名郡守爲太守。凡在郡國，皆掌治民，進賢勸功，決訟檢姦。常以春行所主縣，秋冬遣無害吏按訊諸囚，平其罪法，論課殿最，并舉孝廉。漢制，歲盡遣上計掾、史各一人，條上郡内衆事，謂之計偕簿。郡爲諸侯王國者，置內史，以掌太守之任。宣帝以爲太守吏民之本，數變易則下不安。民知其將久，不可欺罔，乃服從其教化。每拜刺史守相，輒親見問，〔五三〕觀其所由，退而考察，以質其言。嘗稱曰：「與我共治者，唯良二千石乎！」是以漢世良吏於斯爲盛，稱中興焉。成帝綏和元年，省內史，以相治民，則相職爲太守。王莽改太守曰大尹。後漢亦重其任，或以尚書令、僕射出爲郡守，鍾離意、黄香、桓榮、胡廣是也。或自郡守入爲三公，虞延、第五倫、桓虞、鮑昱是也。三國時，有郡守、國相、內史。晉，郡守皆加將軍，無者爲恥。晉、宋守相、內史，並銀章青綬，進賢兩梁冠。後魏初，郡置三太守。孝文初，二千石能靜二郡至三郡者，遷爲刺史。太和中次職令，太守、內史、相、縣令，並以六年爲限。北齊，制郡爲上、中、下三等，每等又有上、中、下之差，自上上郡至下下郡，凡九等。後周，郡太守各以户多少定品命。隋，郡太守如北齊之制。至開皇三年，罷天下諸郡，以州統縣。時楊尚希上表曰：「當今郡縣，倍多於古，十羊九牧，人少官多，請存要去閑，併小爲大。」帝嘉之，遂罷諸郡。大業三年，又改州爲郡，郡置太守。唐武德元年，改郡爲州，改太守爲刺史，加號「持節」，後加號爲「持節諸軍事」，而實無節，但頒銅魚符而已。天寶元年，加州爲郡，刺史爲太守。自是州郡史守，更相爲名，其實則一也。太宗初理天下，重親民之任，疏督守之名于屏，俯仰視焉，其人善惡必書其下，是以州郡無不率理。逮貞觀之末，升平既久，群士多慕省閣，不樂外任，其折衝、果毅有才力者，先入爲中郎、郎將，以補郡守，其輕也如是。武后垂拱二年，諸州都督、刺史，宜准京官帶魚。長安四年，納言李嶠、同平章事唐休璟奏曰：「切以物議重內官而輕外職，凡所出守，多因貶累，非所以澄風俗，安萬民。臣請擇材於臺閣省寺之中，〔五四〕分典大州，共康庶政。臣等請輟近侍，率先具寮。」太后乃令書名採之，中者當行。於是鳳閣侍郎韋嗣立、御史大夫楊再思二十人中之，皆以本官檢校刺史。後二十人中政績可稱者，獨常州刺史薛光謙、徐州刺史司馬鍾二人而已。當時復有爲員外刺史者，不領州務。開元中，定天下州府自京都都督及都護府之外，以近畿之州同、華、岐、蒲爲四輔，鄭、陝、汴、絳、懷、魏爲六雄，宋、亳、滑、許、汝、晉、洛、虢、衛、相十州爲十望。又有十緊州，後入緊者甚多，不復具列。及有上、中、下之差。都督、刺史品卑者借緋魚。按，武德令，三萬户以上爲上州。永徽令，二萬户以上爲上州。開元十八年三月，敕，太平時久，户口日盛，宜以四萬户以上爲上州，二萬五千户爲中州，不滿二萬户爲下州。亦有不滿户口以別敕爲上州者。六千户以上爲上縣，三千户以上爲中縣，不滿二千户爲下縣。天寶中，通計天下，凡上州一百九州，中州二十九州，下州一百八十九州，總三百二十七州是也。自至德之後，州縣凋弊，刺史之任，大爲精選，諸州始各有兵鎮者，刺史皆加團練使，故其所責任重矣。

臣謹按：漢文帝二年，初與郡守爲銅虎符、竹使符。至隋開皇七年，又別頒青龍符於東方總管、刺史，西方以騶虞，南方朱雀，北方玄武。九年，又頒木魚符於總管、刺史，雌一雄三。至十年，悉頒木魚符於五品以上官。義寧二年，罷竹使符，頒銀菟符於諸郡。唐武德元年，又改銀菟符爲銅魚符。〔五五〕

總論郡佐郡丞　别駕　長史　司馬　録事　參軍　司功　司倉　司户　司兵　司法　司士參軍事〔五六〕　博士　醫博士　中正　通守　五官掾　督郵　郡尉　縣令

郡之佐吏，秦、漢有丞、尉，丞以佐守，〔五七〕尉典武職。後漢，諸郡各置諸曹掾、史，略如公府曹，無東、西曹。晉、宋以來，雖官曹名品，互有異同，大抵略如漢制。北齊，上郡太守屬官合二百一十二人，以下郡遞減之。隋初，以州爲郡，無復軍府，則州府之職，參爲郡官，故有長史，司馬，録事參軍，功、户、兵、法等七曹。開皇三年，詔佐官以曹爲名者，並改爲司。十二年，諸州司從事爲名者，並改爲參軍。又制，刺史二佐，每歲暮更入朝上考課。煬帝置通守贊持。東、西曹掾，主簿、司功、倉、户、兵、法、士等書佐，各因郡之大小而爲增減，改行參軍爲行書佐。唐，州府佐吏與隋制同，有别駕、長史、司馬各一人。〔五八〕大都督府有司馬左、右二員。凡别駕、長史、司馬，通謂之上佐。

録事參軍。京府謂之司録參軍，置二人，餘並各爲録事參軍。大都督府亦有二人，其餘郡止各一人。

司功、司倉、司户、司兵、司法、司士等六參軍。景龍三年，諸州加置司田，開元中，省。乾元之後，又分司户置參軍一員，位在司户下。諸府則曰田曹，開元中，省，乾元之後，又分置司户焉。

以其廢置不常，故田曹不列。在府爲曹，在州爲司。府曰功曹，倉曹。州曰司功，司倉。大與上府置二員，州置一員。自司功以下，通謂之判司。參軍事各有差。京府參軍事有六員，餘府州或四或三。博士一員。醫博士一員。凡以州府大小而爲增減。

郡丞。秦置之，以佐守。漢，因而不改。晉成帝咸康七年，省諸郡丞，唯丹陽丞不省。宋文帝元嘉四年，復置。齊、梁有之。至隋開皇三年，改别駕、治中爲長史、司馬。至煬帝，又罷長史、司馬，又置贊治者一人，後又改郡贊治爲丞，位在通守下。及郡丞廢，其職分爲别駕、長史、司馬，自隋爲郡府之官，去從事史。唐永徽二年，改爲長史。上元元年，復置别駕，多以皇族爲之。神龍中，廢。至開元初，復置，始通用庶姓。天寶八年，以明皇由潞州别駕入定内難，遂登大位，乃廢别駕官。至德中，復置。諸州、府各一人，而大都督府不置。通判其事，以都督、刺史各兼之，共職其事。

長史。秦置郡丞，其郡當邊戍者，丞爲長史，掌兵馬。漢因而不改。古今注曰：「有守、相病，丞、長史、司馬行事。後罷邊郡太守、丞，而長史領丞職。」其後長史遂爲軍府官。至隋，爲郡官。唐初無。永徽二年，有别駕刺史及長史之名。其後二職並置，州、府各一人，王府長史理府事，〔五九〕餘通判而已。

司馬。本主武之官，自魏、晉以後，刺史多帶將軍開府者，則置府寮，司馬爲軍府之官，理軍事。至宋，司馬銅印墨綬，絳朝服，武冠。至隋，廢州府之任，無復司馬而有治中焉。治中乃舊州之職也，州廢，遂爲郡官。開皇三年，改治中爲司馬。煬帝又改司馬及長史，併置贊治一人，尋又改贊治爲郡丞。唐武德初，復爲治中。貞觀二十三年，高宗卽位，遂改諸州治中並爲司馬。長安元年，洛、雍、并、荆、揚、益六州置左、右司馬各一員。四年，復舊。太極元年，又制，大都督府各置左、右司馬一員。

録事參軍。晉置，本爲公府官，非州郡職也，掌總録衆曹文簿，舉彈善惡。後代刺史有軍而開府者並置之。自後漢有郡主簿官，職與州主簿官同。隋初，以録事參軍爲郡官，則并州郡主簿之職矣。煬帝又置主簿。唐武德元年，復爲録事參軍。開元中，改京兆尹屬官曰司録參軍，掌付事勾稽，〔六〇〕省署抄目，糾彈部内非違，監印給紙筆之事。乾元元年，加進一品，仍升一資。又置尹司。凡縣令及判司，與録事及州郡別置司功曹參異禮，尊其任也。

司功參軍。兩漢有功曹史，主選署功勞。歷代皆同。北齊，諸州有功曹參軍。隋亦然。及罷郡置州，以曹爲名者皆改曰司。煬帝罷州置郡，又改曰司功書佐。唐改曰司功參軍。開元初，京尹屬官及諸州都督府並曰功曹參軍，而列郡則曰司功參軍，令掌管園廟祭祀及學校、禮樂、選舉、表疏、醫筮、考課及喪葬之事也。

司倉參軍。兩漢有倉曹史，掌倉庫。北齊以下，並同功曹。唐，亦掌倉廩庖廚及財物等廛市之價一切之事。

司户參軍。漢、魏以下有户曹掾，主民户。北齊以下，與功曹同。唐，掌户口籍帳、婚嫁田宅并雜徭道路一切之事。

司兵參軍。漢司隸屬官有兵曹從事史，蓋有軍事則置之以主兵事。至北齊以後，同功曹。唐，掌軍防烽火、驛馬傳送、門禁田獵及儀仗之雜事。

司法參軍。兩漢有決曹、賊曹掾，主刑法。歷代皆有。或謂之賊曹，或謂法曹，或謂墨曹。隋以後，與功曹同。唐，掌律令定罪及緝盜賊之事。

司士參軍。兩漢無聞。北齊以後，與功曹同。唐，掌管河津營造橋梁及廨宇之事。

參軍事。後漢靈帝時，陶謙以幽州刺史參司空車騎張温軍事。晉時，軍府乃置官員。歷代皆有。至隋，置州爲郡，又有郡官，謂之書佐。〔六一〕唐，改爲參軍，掌直侍督守，無常職，有事則出使。前代又有行參軍者，晉河間王顒以太宰輔政，始置之，掌使命。歷代皆有。唐，唯王府有之，餘則無矣。

經學博士。漢郡國皆有文學掾。後漢光武問功臣曰：「諸卿不遭際會，自度爵禄何所至乎？」鄧禹曰：「臣少嘗學問，可充郡文學。」歷代多闕。隋潘徽爲州博士。唐，府、郡置經學博士各一人，掌以五經教授學生。多寒門鄙儒爲之，助教各有差。

醫博士。一人。唐開元十一年七月，置。制，每州寫本草、百一集驗方與經史同貯。其年九月，御撰廣濟方五卷，頒行天下。貞元十二年二月，御撰廣利方五卷，頒天下。「自今後諸州府應闕醫博士，宜令長史各自訪求選試，取人藝業優長堪效用者，〔六二〕卽以具名申聞請行。已出身人及有前資官與正授，未出身人且令權知，四考後州司與正授，吏部更不須選集。」

中正。魏置。晉，諸中正率一國所推，臺閣取信。後魏孝明正光元年，罷諸郡中正。北齊，郡縣各皆有之。他史多闕。隋初有，後罷，而有州都。唐，並無此官，每歲貢士於所在之處。又符書所關及鄉飲酒之禮，〔六三〕則司功參軍主其事。

通守。隋煬帝置。郡各一人，位次太守。京兆府及河南皆謂之内史。

五官掾。後漢有之，主功曹及諸曹主事。後無。

督郵。漢有之，掌監屬縣，各有東、西、南、北、中部，謂之五部督郵也。故督郵，功曹之極位。

臣謹按：漢尹翁歸爲河東督郵。時太守田延年分河東二十八縣爲兩部，閎孺部汾北，翁歸部汾南，舉法皆得其罪，屬縣長吏雖中傷，莫有怨者。又有孫寶爲京兆尹，以立秋日用故吏侯文爲東部督郵，敕之曰：「今日鷹隼始擊，當順天氣，取姦惡以成嚴冬之誅。」

郡尉。京輔、屬國等都尉附。秦官有郡尉，掌佐守，典武職甲卒。漢，凡郡口二十萬舉一人典兵禁，備盜賊。景帝更名曰都尉。武帝元鼎四年，又置三輔都尉，各二員，譏出入。邊郡置農都尉，〔六四〕主屯田殖穀。又置屬國都尉，主蠻夷降者。中興建武七年，省諸郡尉，并諸太守。每有劇賊，郡臨時置都尉，事訖罷。又省關都尉，唯邊郡往往置都尉及屬國都尉。宋志曰：「光武省郡尉。後往往置東、南、西、北四部都尉。」稍有分縣，治民比郡。安帝以西羌盛，三輔有陵園之守，乃復置右扶風都尉於雍，京兆虎牙都尉於長安。自後無聞。至隋煬帝時，別置都尉領兵，與郡不相知。又京輔都尉，立府於潼關，主兵鎮。唐無其制。

縣令。周官有縣正，各掌其縣之政令而賞罰之。春秋時，列國相滅，多以其地爲縣。縣大而郡小，故傳云：「上大夫受縣，下大夫受郡。」又周書作雒篇曰：「千里百縣，縣有四郡。」縣邑之長，晋謂之大夫，魯、衛謂之宰，楚謂之公，謂之尹，其職一也。至于戰國，則郡大而縣小矣。故甘茂謂秦武王曰：「宜陽大縣，名曰縣，其實郡也。」漢制，列侯所食縣曰國，皇太后、公主所食曰邑，有蠻夷曰道。凡縣，萬户以上爲令，減萬户爲長。侯國爲相，秩次亦如之。皆秦制也。漢因之。漢書曰：「凡縣大率方百里，民稠則減，稀則曠。」成帝綏和元年，長、相墨綬。哀帝建平二年，復黄綬。秋冬集課，上計於所屬郡國。其郡有鹽官、鐵官、工官、都水官者，隨事廣狹置令、長及丞，秩次皆如縣道，無分士給均吏。〔六五〕後漢，凡郡縣出鹽多者置鹽官，主鹽稅。出鐵多者置鐵官，主鼓鑄。有工多者置工官，主稅物。有水池及魚利多者置水官，主平水收魚稅。所在諸縣，均差吏更給之，補吏隨事，不具縣員。晋制，大縣令有治績，官報以大郡，不經宰縣，不得入爲臺郎。宋，諸縣令，銅印墨綬，進賢兩梁冠。自晋、宋以後，令、長、國相皆如漢制。後魏，縣置三令長。孝文初制，縣令能靜一縣劫盜者，兼理二縣，即食其禄。能靜二縣者，兼理三縣，三年遷爲郡守。二千石能靜二郡者，兼理至三郡，亦如之，三年遷爲刺史。太和中，次職令，其禄甚厚。故孝文以北中府長史裴聿〔六六〕、中書侍郎崔亮並清貧，欲以俸禄優之，乃以亮帶野王令，聿帶温縣令，時人榮之。其後令、長用人益雜，但選勤舊令史爲之，而縉紳之流，恥居其位。北齊，制縣爲上、中、下三等，復於每等又有上、中、下之差，自上上縣至下下縣，凡九等。然猶因循後魏，用人濫雜，至於士流恥居之。元文遥遂奏武成帝請革之，乃密令搜揚世胄子弟，恐其辭訴，總召集神武門，宣旨慰諭而遣。自此縣令始以士人爲之。隋，縣有令，有長。煬帝以大興、長安、河南、洛陽四縣令並增正五品，諸縣皆以所管閑劇及衝要之處，以爲等級。唐，縣有赤、畿、望、緊、上、中、下七等之差。〔六七〕京都所治爲赤縣，京之旁邑爲畿縣，其餘則以户口多少之資地美惡爲差。凡六赤，八十二畿，七十八望，百一十一緊，四百四十六上，二百九十六中，五百五十四下，一千五百七十三縣。

總論縣佐 丞　主簿　尉　五百附

漢，縣有丞、尉及諸曹掾。後漢，縣諸曹略如郡員。又五官爲廷掾，監鄉五部，春夏爲勸農掾，秋冬爲制度掾。晉，縣有主簿，功曹，廷掾，法曹、金倉、賊曹掾，兵曹賊捕掾等員。煬帝改尉爲縣正，尋改正爲户曹、法曹，分司以丞郡之六司。其京四縣，則加置功曹爲三司，司各二人。唐，縣有令，而置七司，一如郡制。丞爲副貳，如州上佐。主簿上轄，如録事參軍，其曹謂之録事司，〔六八〕并司功以下，謂之六事七司。尉分理諸曹，如州判司。〔六九〕録事省受符歷，佐史行其簿書。

臣謹按：漢縣丞、尉及諸曹掾，多以本郡人爲之，三輔則兼用他郡。及隋氏革選，盡用他郡人。又按：後漢外黄令牛述，禮請爰延爲廷掾。范丹爲功曹，〔七〇〕濮陽潛爲主簿，常共言談而已。

丞。漢，諸縣皆有，兼主刑獄囚徒。後漢，令、長、國相各置丞一人，主文書，典倉獄，署諸曹掾史。凡諸縣丞，皆銅印黃綬，進賢一梁冠。自晉已後，並無丞。宋時，唯建康府有獄丞。及至隋、唐，則縣各有丞，丞各一人，兼通判縣事。有赤縣各置丞二人。

主簿。漢、晉各有之。他史多闕。唐，赤縣置二人，他縣各一人，掌付事勾稽省署抄目，糾正縣內非違，監印及給紙之用。

臣謹按：主簿自漢以來，皆令、長自調用，至隋始自上置。又按：後漢繆彤仕縣爲主簿，〔七二〕時縣令被章見考，吏皆畏懼自誣，而彤獨證據，掠考苦毒，至乃體生蟲蛆，因轉換五獄，踰涉四年，令卒以自免。又寧陽主簿詣闕訴其縣令之枉，積六七歲不省，乃復上書曰：「臣爲陛下子，陛下爲臣父。臣章百上，終不見省，臣豈可北詣單于以告冤乎？」帝大怒，劾以大逆。虞詡駮之曰：「主簿所訟，乃君父之怨，百上不達，是有司之過。」

尉。漢，諸縣皆有之，長安有四尉，分爲左、右部。後漢，令、長、國相亦皆有尉，大縣二人，小縣一人，主追捕盜賊，按察姦宄，署諸曹掾史。邊縣有鄣塞尉，掌禁備羌夷犯塞。洛陽有四尉，東、南、西、北四部，曹公爲北部尉是也。魏因之。晉，洛陽、建康皆置六部尉。宋、齊、梁、陳並因之，餘縣如漢制。諸縣道尉，銅印黃綬，朝服，武冠。江左止單衣介幘。北齊，郡縣置三尉。隋，改爲正，後置尉，又分爲户曹、法曹。唐初，因隋制。武德中，復改爲正。七年三月，復改爲尉。赤縣置六員，他縣各有差，分判諸司事。上縣二員，萬户以上者又增一員。中縣一員，各以四千户以上者又增置一員。亦以上上縣、中中縣、下下縣，中下一員，〔七二〕佐史以下，〔七三〕各有差別。

五百。宋志曰：「謂官府州郡都各置五百。」又韋曜曰：「五百字本爲伍伯，伍當也，伯道也，使之導引當道陌中以驅除也。」今州縣官有雜職者，掌行鞭撻，每官出則執楚導引，呵闢行路，殆其職也。

鄉官

周禮有鄉師、鄉老、鄉大夫之職，其任大矣。鄉大夫管萬二千五百家以上。次有州長、二千五百家爲州。黨正、五百家爲黨。族師、百家爲族。閭胥、二十五家爲閭。鄙師、五酇爲鄙。酇長、四里爲酇。里宰、五鄰爲里。鄰長，五家爲鄰。皆不命之士爲之。皆鄉里之官也。大凡各掌其鄉黨州里之政治云。

秦制，十里一亭，亭有長。十亭一鄉，鄉有三老，有秩嗇夫、游徼。三老掌教化。嗇夫職聽訟，收賦税；游徼徼循禁盜賊。〔七四〕漢，鄉亭及官，皆依秦制也。縣大率方百里，其人稠則減，稀則曠，鄉亭亦如之。高后元年，初置孝悌力田二千石者一人，特置孝悌力田官，以尊其秩，欲以勸厲天下，令敦行務本。後廢。至文帝十二年，又置三老及孝悌力田，無常員。平帝又置外史閭師。後漢，鄉官與漢同。有秩，郡所置，秩百石。鄉户五千，則置有秩。掌一鄉人。其鄉小者，縣置嗇夫一人。爰延爲鄉嗇夫，仁化大行，民但聞嗇夫，不知郡縣也。皆主知民善惡，爲役先後；知民貧富，爲賦多少，平其差品。三老掌教化，凡有孝子順孫，貞女義婦，推財救患，及學士爲民式者，皆扁表其門，以興善行。又有鄉佐，屬鄉，主民以收稅賦。亭有亭長，十里一亭，五里一郵，郵間相去二里半，司姦盜。亭持二尺板以劾賊，素繩以收執賊。主禁盜賊。亭吏舊名負弩，後改爲長，或爲亭父。先賢傳曰：「逢萌爲縣亭長，時尉行過亭，萌候迎謁拜。既而擲盾歎曰：『大丈夫安能爲人役哉？』遂去之。至王莽時，逢萌解冠掛於東都門而遁。」里有里魁，民有什伍。〔七五〕里魁主一里百家，什主十家，伍主五家，以相檢察，民有善惡，以告監官。

晉，縣五百户以上皆置一鄉，三千户以上置二鄉，五千户以上置三鄉，萬户以上置四鄉。鄉置嗇夫一人。縣率百里户置里吏一人，其土廣人稀，聽隨宜置里吏，限不得減五十户。户千以上置校官掾一人。縣皆置方略吏四人。宋，五家爲伍，伍長主之。二伍爲什，什長主之。什十爲里，里魁主之。十里爲亭，亭長主之。十亭爲鄉，鄉有鄉佐，三老，有秩，嗇夫，游徼，各一人，所職與秦、漢同。

隋，以周、齊郡縣職自州都、郡正、縣正以下，皆州郡將縣令而自調，用理時事，至開皇初不知時事，直謂之鄉官，官別置品，皆吏部除受，每歲考殿最。開皇十五年，罷州縣鄉官。

唐，凡百户爲一里，里置正一人。五里爲一鄉，鄉置耆老一人，以耆年平謹者縣補之，亦曰父老。貞觀九年，每鄉置長一人，佐二人。至十五年，省。太極元年，初令：老人年九十以上，版授下州刺史，朱衣執象笏；八十以上，版授上州司馬，綠衣執木笏。天寶七年，詔：父老六十，版授本縣丞；七十以上，授縣令。三十里置一驛，其非通途大路則曰館。驛各有將，以州里富彊之家主之，以待行李。自至德之後，民貧不堪命，遂以官司掌焉。凡天下水陸驛一千五百八十七處。

校勘記

〔一〕「皆軍將也」，汪本「軍將」二字互倒，據元本、明本、于本、殿本改。

〔二〕「諸王國皆連城數十」，「王」，原作「三」，據元本、殿本改。

〔三〕「漢朝唯爲置丞相」，「爲」字脱，據通典三一補。

〔四〕「秦本制」，汪本「制」作「志」，據元本、明本、于本、殿本改。

〔五〕「朝會位次三公」，「次」下衍「以次」二字，據通典三一删。

〔六〕「亭侯之制」，「亭侯」二字脱，據通典三一補。

〔七〕「刁韙爲魯相」，「韙」，原作「曜」，據後漢書黄瓊傳改。

〔八〕「掌王大夫郎中宿衛官如光禄勳」，「王」，原作「五」，「官」字脱，據後漢書百官志五改補。

〔九〕「地方四十五里」，「五」字脱，據晉書地理志上補。

〔一〇〕「止宜云下官而已」，「止」，原作「正」，據殿本、通典三一改。

〔一一〕「公侯置郎中令一人卿」，南齊書百官志無「人」字。北宋本、明刻本通典三一文同本書，今本通典「卿」字在「一」字上，殿本通志改從之。今仍如原文。

〔一二〕「自稱皆曰寡人」，「自」下衍「第十」二字，據隋書百官志上删。

〔一三〕「公主有家令之制」，「主」，原作「王」，據通典三一改。

〔一四〕「王公子起家員外散騎侍郎」，「王」，汪本作「三」，據元本、明本、于本、殿本、通典三一改。

〔一五〕「於是封王者十人」，「十」上衍「七」字，據魏書官氏志删。

〔一六〕「孝文太和十八年」，「十」字脱，據通典三一補。

〔一七〕「凡府官」，「凡」，原作「九」，據通典三一改。

〔一八〕「制王府官」，「制」，原作「置」，據通典三一改。

〔一九〕「姊妹爲長公主」，「妹」字脱，據舊唐書職官志二補。
〔二〇〕「凡諸王及公主以下所食封邑」，「主」，原作「上」，據元本、殿本改。
〔二一〕「史二人」，文脱，據唐六典二九、舊唐書職官志三補。
〔二二〕「録事一人」，文脱，據唐六典二九、舊唐書職官志三補。
〔二三〕「雜檢校」，「雜」，原作「惟」，據通典三一改。
〔二四〕「親事府置典軍」，「置」，原作「致」，據殿本、通典三一改。
〔二五〕「帳内府置典軍副典軍各二人」，「二」，原作「三」，據唐六典二九、舊唐書職官志三改。
〔二六〕「尉二人」，「二」，原作「三」，據元本、殿本改。
〔二七〕「徒千二百人」，「二百」二字互倒，據殿本、通典三二改。
〔二八〕「治河南洛陽」，「治」，原作「始」，據通典三二改。
〔二九〕「及魏晉」，「魏晉」二字互倒，據通典三二改。
〔三〇〕「自上上州至下下州」，「至」，原作「上」，據元本、殿本改。
〔三一〕「改九等州縣爲上中下凡三等」，隋書百官志下作「上、中、中下、下，凡四等」。
〔三二〕「旁缘牟利」，按，後漢書百官志五注引蔡質漢儀作「旁詔守利」，通典三二同後漢書注。
〔三三〕「山崩石裂」，汪本「石」作「不」，據元本、明本、于本、殿本改。
〔三四〕「選辟不平」，按，後漢書百官志五注引蔡質漢儀「辟」作「署」，通典三二同後漢書注。

〔三五〕「都督」、「都護」，二目原脱，據文内補。

〔三六〕「或云秩六百石」，汪本「石」作「百」，據元本、明本、于本、殿本改。

〔三七〕「分使出入職如節度使之隨軍」，上「使」字原作「節吏」，據通典三二改。「軍」，原作「車」，通典亦誤，據舊唐書職官志三、新唐書百官志四下改。

〔三八〕「録門下衆事省署文書漢制也歷代至隋皆有之」，「署」，原作「事」，「至」字脱，據通典三二改補。「署」字殿本通志不誤。

〔三九〕「主吏及選舉」，「吏」，原作「史」，「舉」，原作「用」，據殿本、通典三二改。

〔四〇〕「及受魏禪」，「魏」，原作「晉」，據通典三二改。

〔四一〕「以賈充爲使持節假黄鉞大都督總統六師」，「督」，原作「統」，「總」字脱，「統」下衍「領」字，據晉書賈充傳、通典三二改補删正。

〔四二〕「長史司馬」，二詞原互倒，據晉書賈充傳、通典三二改正。

〔四三〕「增參軍騎司馬各十人」，「騎」下衍「車馬」二字，據殿本、通典三二删。

〔四四〕「刺史加號持節」，「加號」二字脱，據通典三二補。

〔四五〕「置於所征伐之道」，「所」字原在「伐」字下，據通典三二改。

〔四六〕「本皆兼支度營田使」，「支度」二字互倒，據唐會要七八、新唐書百官志四下改。

〔四七〕「或以騎都尉諫大夫使護西域三十六國」，「諫」下衍「議」字，據漢書百官公卿表上删。

〔四八〕「更名左内史爲左馮翊」，「左馮翊」之「左」，原作「右」，據殿本、通典三三改。

〔四九〕「秩異凡州」，「秩異」二字脱，「凡」，原作「九」，據通典三三補正。元本、殿本皆脱「秩異」二字，而「凡」字不誤。

〔五〇〕「所監郡爲京師」，「郡」，原作「都」，據通典三三改。

〔五一〕「於蒲州置中都」，汪本「州」作「川」，據元本、明本、于本、殿本改。

〔五二〕「復置岐州爲鳳翔府」，「岐」，原作「峡」，據通典三三改。

〔五三〕「輒親見問」，「問」，原作「間」，據元本、殿本改。

〔五四〕「省寺之中」，「寺」，原作「事」，據通典三三改。

〔五五〕「頒銀菟符於諸郡」、「改銀菟符爲銅魚符」，汪本「菟」作「兔」，元本、明本、于本、殿本皆作「菟」，舊唐書高祖紀亦作「菟」，按「菟」、「兔」二字通用，今改從原字。

〔五六〕「參軍事」，「事」字脱，據文内補。

〔五七〕「丞以佐守」，「丞」，原作「員外」，據通典三三改。

〔五八〕「有别駕長史司馬各一人」，「各」字脱，據唐六典三〇、舊唐書職官志三補。

〔五九〕「王府長史理府事」，「王」，原作「五」，據通典三三改。

〔六〇〕「掌付事勾稽」，「付」，原作「府」，據唐六典三〇改。

〔六一〕「謂之書佐」，「謂」，原作「爲」，據通典三三改。

〔六二〕「堪效用者」，「用」字脱，據通典三三補。
〔六三〕「符書所闕及鄉飲酒之禮」，汪本「闕」作「闕」，據元本、明本、于本、殿本改。
〔六四〕「邊郡置農都尉」，「郡」，原作「境」，據通典三三改。
〔六五〕「無分土給均吏」，通典三三文同。後漢書百官志五作「無分士給均本吏」，爲本文所出，則「土」應作「士」，並增補「本」字。
〔六六〕「北中府長史裴聿」，「中」，原作「平」，據魏書裴延儁傳改。
〔六七〕「七等之差」，「七」，原作「六」，據通典三三改。
〔六八〕「如録事參軍其曹謂之録事司」，「如」，原作「加」，「司」字脱，據通典三三改補。
〔六九〕「如州判司」，汪本「如」作「加」，據元本、明本、于本、殿本改。
〔七〇〕「范丹爲功曹」，「丹」，原作「寧」，據後漢書爰延傳改。
〔七一〕「後漢繆肜仕縣爲主簿」，「肜」，原作「彤」，據後漢書獨行傳改。
〔七二〕「亦以上上縣中中縣下下縣中下一員」，按，通典三三無「亦以」至「下下縣」十一字，末句作「中下縣一員」，殿本有此十一字，末句同通典，元本、明本、于本皆如本文。
〔七三〕「佐史以下」，「以下」二字脱，據通典三三補。
〔七四〕「游徼徼循禁盗賊」，脱一「徼」字，據漢書百官公卿表、通典三三補。
〔七五〕「民有什伍」，「有」，原作「可」，據通典三三改。

職官略第七

文散官第十二上

開府儀同三司

漢文帝元年，始用宋昌爲衞將軍，位亞三司。後漢章帝建初三年，始使車騎將軍馬防班同三司。「同三司」之名自此始也。殤帝延平元年，以鄧隲爲車騎將軍儀同三司。「儀同」之名自此始也。魏黄權以車騎將軍開府儀同三司。「開府」之名自此始也。齊，開府儀同三司如公。梁，開府儀同，位次三公，諸將軍、左右光禄大夫優者則加之，同三公置官屬。自晉以來，又有加「開府如三司之儀」者，〔一〕自羊祜始焉。江左多有之。後魏普泰初，特以爾朱世隆爲儀同三司，位次上公。北齊，亦有儀同三司者。後周建德四年，改開府儀同三司爲儀同大將軍，仍增置上開府儀同大將軍，又改儀同三司爲儀同大將軍，仍增置上儀同大將軍。隋文帝並以爲散官。又諸衛各置開府，府置開府一人。又有儀同府，儀同以下置員與開府同。初，開府儀同三司爲四品散實官，至煬帝，又改爲從一品，同漢、魏之制，位次三公。唐武德七年，改上開府儀同三司爲上輕車都尉，開府儀同三司爲輕車都尉，儀同三司爲騎都尉。後又以開府儀同三司爲文散官。開元以前，舊例開府特進雖不帶職事，皆給俸禄，得與朝會，班列依本品之次，皆崇官盛德，罷劇就閑者居之。天寶六載正月，制，内外文武五品以上官，父祖無資廕者，其所用廕，宜同子孫用廕之例。〔二〕

特進

漢制，諸侯功德優盛，朝廷所欽異者，賜位特進，位在三公下。故成都侯王商以特進領城門兵，置幕府，得舉吏如將軍是也。後漢，皇后父兄率爲特進侯，朝會位次三公。隋志曰：「特進舊位從公。光武以鄧禹列侯就第，特進奉朝請。是特進引見之稱，無定官之實也。」而竇篤進位特進，得舉吏，見禮依三公。自二漢及魏、晉，以爲加官，從本官車服，無吏卒。太僕羊琇遜位，拜特進，加散騎常侍，無餘官，故給吏卒車服。其餘加特進者，唯食其禄賜，列其班位而已。晉惠帝元康中，定令，特進位次諸公，在開府驃騎上。冠進賢兩梁冠，黑介幘，五時朝服，佩水蒼玉。食俸日四斛。太康二年，始賜春絹五十疋，秋絹百五十疋，綿百五十斤。元康元年，給菜田八頃，〔三〕田騶八人，立夏後不及田者，食俸一年。置主簿、功曹史、〔四〕門亭長、門下書佐各一人，給安車黑耳駕駁一人，軺車施耳後户一乘。〔五〕無章綬。齊時，班位從公。陳因之。後魏、北齊，用人皆以舊德就閑居者居之。隋文帝以爲散官，不理事。煬帝即位，廢特進官。唐，改爲文散官。

光禄大夫以下

秦時，光禄勳屬官有中大夫。漢武帝太初元年，更名光禄大夫，銀章青綬，掌議論，屬光禄勳，門外特施行馬以旌別之。無常事，唯顧問應對，詔命所使，無員。後漢，光禄大夫三人，凡諸國嗣王之喪則掌弔問，多以爲拜假賵贈之使，及監護喪事。魏氏以來，無員，轉優重，不復以爲使命之官。其諸公告老者，皆家拜此位，及在朝顯職，復用加之。魏文帝以楊彪爲光禄大夫，賜几杖衣服。因朝會引見，令彪着布單衣，鹿皮冠，杖而入，待以賓客之禮。及晉受命，置左、右光禄大夫，假金章紫綬。而光禄大夫如故，着進賢兩梁冠，黑介幘，五時朝服，佩水蒼玉，并禄賜，班位吏卒，皆與特進同。復以爲優崇之制，而諸公遜位，不復加之。其以爲加官者，唯假章綬禄賜班位而已，不別給車服吏卒也。或更拜上公，或以本封食公禄。其諸卿尹中朝大官年老致仕者，及内外之職加此者，前後甚衆。由是或因得開府，或進加金章紫綬，又復以爲禮贈官。其假銀章青綬者，位在金紫將軍下，諸卿上。泰始中，唯太子詹事楊珧加給事中光禄大夫。加兵之制，諸所供給，依三品將軍。晉宣帝子平原王幹拜光禄大夫加侍中，以特進假金章紫綬章服，班次三司。其餘皆如舊制。終於武、惠、孝懷三世。秩，食俸日三斛。〔六〕太康二年，給春絹五十疋，秋絹百疋，綿百斤。至惠帝元康元年，始給菜田六頃，〔七〕田騶六人。又置主簿、功曹史、門亭長等及門下書佐，〔八〕各一人。宋氏因之。齊，左、右光禄大夫皆據舊制，位從公，開府置佐吏如公，年重加親信二十人。魏、晉以來，無有定員，以左、右光禄大夫，光禄三大夫，皆銀章青綬，其重者，詔加金章紫綬，則謂之金紫光禄大夫。樂安任遐爲光禄卿，就王晏乞一片金，晏乃啓轉爲金紫是也，猶屬光禄勳。梁，又有左、右金紫光禄大夫，視吏部尚書；左、右光禄大夫視諸曹，並養老病。陳因之。自晉以後，多爲兼官。後魏，有光禄大夫，金紫、銀青光禄大夫。北齊，皆以舊德就閑者居之，與特進同。後周，有左、右金紫，左、右銀青，四光禄大夫。隋，有光禄大夫，左、右光禄大夫，皆爲散官，不理事。唐初，猶有左、右之名，貞觀以後，唯曰光禄大夫，金紫光禄，銀青光禄，並爲文散官。按前代光禄大夫，始加「金章紫綬」及「銀章青綬」，並尊之，合在「光禄」之上，後魏定令，遂因仍不改正。

正議大夫，通議大夫，皆隋置散官，蓋取秦大夫掌論議之義。唐並因之。

太中大夫，秦官，亦掌論議。漢因之。後漢，置二十人。後漢張堪拜太中大夫，居中東門候舍，故人號爲中東門君。又隗囂廣置職位，以自尊高，鄭興止之曰：「夫太中大夫使持節官，皆王者之器，非人臣所當制也。」胡廣云：「諫議、光禄、中大夫及中散大夫，此四等者，於古禮皆爲天子之下大夫，列國之上卿也。」魏以來，無員。晉，視中丞吏部，絳朝服，進賢一梁冠，介幘。泰始末，詔除王覽爲太中大夫，禄賜與卿同。梁、北齊，皆有。唐亦有之。

中大夫，秦官，漢武改爲光禄大夫，自後無聞。北齊有之。唐又置之。龍朔二年七月，制，諸王承嫡封郡王者，出身從四品下敘。

中散大夫，王莽所置。後漢因之，置三十人。漢官儀曰：「光武中興置。」魏、晉無員。齊、梁視黄門侍郎，品服冠幘與太中同。陳亦有之。唐又置。

朝議大夫，隋置散官，以取漢諸大夫得上奉朝議爲名。唐因之。

朝請大夫，隋置散官，取漢將軍公卿年高德重者，以列侯就第特進奉朝請之義。唐因之。龍朔制，諸王衆子封郡公者，出身從五品上敘。

朝散大夫，隋置散官。唐因之。自正議以下，並爲文散官。

朝議郎，承議郎，並隋置散官。唐因之。顯慶五年八月，制，郡公出身正六品下敘。

通議郎，隋置散官。隋文帝於吏部別置朝議、通議、朝請、朝散、給事、承奉、儒林、文林等八郎，武騎、屯騎、驍騎、游騎、飛騎、旅騎、雲騎、羽騎八尉。其品則正六品以下，從九品以上。上階爲郎，下階爲尉。〔九〕散官番直，常出使監檢。至隋煬帝皆罷。唐改通議爲奉議郎。顯慶制，縣公出身從六品上敍。〔一〇〕

隋置通直郎三十人，蓋採晉、宋以來諸官皆有通直，謂官高下而通爲宿直者也，因此爲名。唐因之。

朝請郎，隋置散官，蓋採晉、宋、齊、梁、陳並有奉朝請員爲名。唐因之。顯慶制，侯出身正七品上敍。

宣德郎，朝散郎，並隋置散官。唐因之。顯慶制，伯出身正七品下敍，子出身從七品上敍。

游騎尉，隋置散官。唐改爲宣義郎，蓋取梁宣義將軍之名。顯慶制，男出身從七品以下敍。

承事郎，〔一一〕承奉郎，並隋置散官。唐因之。

承務郎，蓋因隋尚書省二十四司承務郎之名也。

儒林郎，隋置散官，蓋取前史儒林傳之義。唐因之。

登仕郎，唐置。

文林郎，隋置散官，蓋取北齊文林館召徵文學之士以充之義。唐因之。

將仕郎，隋置散官。唐因之。自朝議郎以下並爲文散官。其散官自五品依本品衣服而無俸禄，不朝會。自六品以下，黄衣執笏，於尚書省分番上下。兩番以上，即便隨番許揀通時務者，〔一二〕始得參選。武德令，職事高者解散官，欠一階不至者爲兼，職事卑者不解散官。貞觀十一年改令，以職事高者爲守，職事卑者爲行，其欠一階依舊爲兼，與當階者皆解散官。官階相當，無行無守。其子孫用廕，皆依散官。其後類例紛錯，〔一三〕難可悉舉。乾封元年正月，制，内外官九品以下加一階，〔一四〕七品以上加二階，八品以下更加勳轉。乾封以前，〔一五〕未有泛階，應入三品，皆以恩舊特拜，入五品多因選敘。〔一六〕計階至朝散大夫以上，〔一七〕奏取進止。每年量多少進敘，餘依本品授官。若滿三計，至即一切聽入。乾封以後，始有由泛階入五品、三品。

武散官第十二下

驃騎將軍

漢武帝元狩二年，始用霍去病爲驃騎將軍，定令，令驃騎將軍禄秩與大將軍等。光武中興，以耿丹爲驃騎大將軍，位在三公下。明帝初即位，以弟東平王蒼有賢才，以爲驃騎將軍，以王故，位在公上。蒼爲驃騎輔政，開東閤延英雄。及蒼歸國，有驃騎時吏丁牧、周栩，以蒼敬賢下士，不忍去之，遂爲王家大夫數十年，事祖及孫。後帝聞，又襃表之。數年復罷。魏、晉並有之。梁，雜號中亦有。陳後主以蕭摩訶爲侍中驃騎大將軍，加左光禄大夫，特開黄閤，施行馬，聽事寢堂置鴟尾，如三公制。後魏，初加「大」，則在三司上。太和中，制加「大」，則在都督中外諸軍之下。後周，亦有之。隋開皇中，置驃騎將軍府，每府置驃騎將軍、車騎將軍各二人。十七年，頒銅獸符於驃騎、車騎府。煬帝改驃騎將軍爲鷹揚郎將，改車騎爲鷹揚副郎將。唐，復改爲車騎、驃騎，其制如開皇而復益微矣。故武德元年，詔以軍頭爲驃騎將軍，軍副爲車騎將軍。又詔太子諸率府各置驃騎將軍五員，車騎將軍一十員。後皆省之。顯慶元年，仍置，復以驃騎將軍、大將軍爲武散官。

輔國將軍

後漢獻帝置輔國將軍，以伏完爲之。晉、王濬平吴後，拜輔國大將軍。有司奏輔國依比末爲達官，不置司馬，不給官騎，詔依征鎮給大車，增兵五百人爲輔國營，親騎百人，官騎十人，置司馬。宋明帝太始四年，改爲輔師將軍。後廢帝元徽二年，復故。梁、後魏、後周、隋，並有之。唐，輔國大將軍爲武散官。

鎮軍將軍以下

鎮軍大將軍，魏置，文帝以陳羣爲之。晉則楊駿、胡奮並領鎮軍將軍。齊、後周、隋，亦有之。唐因之。冠軍將軍，魏置，以文欽爲之。此因史記楚義帝以宋義爲卿子冠軍，漢武帝以霍去病功冠三軍，封冠軍侯之義也。晉亦有之。金章紫綬，給五時服，武冠，佩水蒼玉。歷代並有。隋文帝置翊軍等四十三號將軍，品凡十六等，爲散號將軍，以加汎授。居曹有職務者爲執事官，無職務者爲散官。武官以上柱國以下爲散實官，將軍各爲散號官。至煬帝時，定令罷之。唐因之。雲麾將軍，梁置雜號。陳及唐，並有之。忠武將軍，壯武將軍，梁置雜號。陳有之。唐因之。宣威將軍，唐置。明威將軍，梁置雜號。後魏亦有之。唐因之。定遠將軍，梁置雜號。唐因之。寧遠將軍，晉置。唐因之。游騎將軍，魏置。陳有之。唐因之。游擊將軍，漢武帝置，以蘇建、韓説爲之。後漢鄧晨亦爲之。晉及陳，並有之。唐因之。又置懷化大將軍，歸德將軍，以授蕃官。

諸校尉

漢武帝初置中壘、屯騎、步兵、越騎、長水、胡騎、射聲、虎賁等校尉，爲八校，各有司馬。後漢，以屯騎、越騎、步兵、長水、射聲，爲五校，皆掌宿衛兵。蔡質漢儀曰：「五營司馬，見校尉執版不拜。」並屬北軍中候。時五校官顯職閑，而府寺寬敞，輿服光麗，伎巧必給，故多以皇族肺腑居之。至靈帝，又置西園八校尉。其名上軍、中軍、下軍、典軍、助軍、佐軍，以及左、右二校尉。自魏、晉以下，五校之名與後漢同，唯後魏五校各置二十人。中壘校尉。漢掌北軍營壘門內，又外掌西域。後漢省中壘，但置北門中候，掌監五營門。屯騎校尉。漢掌騎士。後漢初改爲驍騎，建武十五年如舊。步兵校尉。漢掌上林苑門屯兵。晉阮籍聞步兵騎營人善釀，有貯酒三百斛，乃求爲之。又至隋時，列屬鷹揚府。越騎校尉。漢掌越人內附，以爲騎也。後漢初，改爲青巾左校尉。〔一八〕至建武十五年，復如舊制。長水校尉。漢掌長水宣曲胡騎。宣曲觀名，胡騎之屯宣曲者。宋志引韋昭曰：「長水校尉典胡騎，廐近長水亭之左，〔一九〕故以爲名。」又爲宣曲之稱。長水蓋關中小水名也。又主烏桓騎。胡騎校尉。漢掌池陽胡騎，不常置，胡騎之屯池陽者。〔二〇〕後漢并長水。射聲校尉。漢掌待詔射聲士。〔二一〕工射者，冥冥中聞聲射則中，因以名也。須待所命而射，故曰待詔射聲。虎賁校尉。漢掌輕車。至後漢，并射聲。城門校尉。漢掌京師城門屯兵，凡八屯。後漢以掌雒陽城門十二所，若周禮司門。晉干寶注曰：「如今校尉也。」驃姚校尉。漢武以霍去病爲之。護烏桓校尉。漢武帝時，烏桓屬漢，始於幽州部置之，擁節監領。後漢亦謂之領烏桓校尉，主領烏桓胡，并領鮮卑。李膺爲此官也。戊己校尉。漢元帝初元元年，置。甲、乙、丙、丁、庚、辛、壬、癸，皆有正位，唯戊、己寄治耳。此所置校尉亦無常居，故取戊、己爲名。一説戊、己居中，鎮覆四方，漢所置校尉亦處西域之中而撫諸國也。〔二二〕護羌校尉。後漢在涼州部，持節，職主西羌。元康元年，改爲涼州刺史。儒林校尉。蜀先主以周羣爲之。南蠻校尉。晉武帝於襄陽置之。元康中，改爲荆州刺史。及江左初，省。尋又置於江陵。齊書曰：「晉、宋之際，〔二三〕刺史多不領南蠻，别以重人居之。」唯齊豫章郡王嶷爲南蠻校尉，又改爲荆、湘二州刺史。〔二四〕南夷校尉。晉武帝於寧州置之。江左改曰鎮蠻校尉。西戎校尉。晉武帝於長安置之。元康中，改爲雍州刺史。安帝義熙中，又置治於漢中。寧蠻校尉。晉安帝置。治襄陽，以授魯宗之。護三巴校尉。宋置。齊建元二年，〔二五〕改爲刺史。武騎尉、屯騎尉、驍騎尉、游騎尉、飛騎尉、旅騎尉、雲騎尉、羽騎尉、建節尉、奮武尉、宣惠尉、綏德尉、懷仁尉、守義尉、奉誠尉、立信尉：都十六尉，並隋置，以爲武散官。昭武、振威、致果、翊衛、宣節、禦侮、仁勇、倍戎：八校尉，各有副尉，並唐採前代諸校尉以下舊名置。自鎮軍將軍以下，爲武散官次。

勳官第十三

上柱國、柱國，皆楚之寵官。楚懷王使柱國昭陽將兵攻齊，陳軫問楚國之法，破軍殺將者何以貴之？昭陽曰，「其官爲上柱國」是也。陳勝爲王，蔡賜爲上柱國。歷代無聞。至後魏孝莊，以爾朱榮有翊戴之功，拜爲柱國大將軍，位在丞相上。又拜大丞相天柱大將軍，增佐吏。及榮敗後，天柱及柱國將軍官遂廢。至大統中，始以宇文泰爲之。其後功參佐命，聲實俱重者，亦居此職。自大統十六年以前任者，凡有八人。宇文泰、元欣、隴西公諱、〔二六〕李弼、獨孤信、趙貴、于謹、侯莫陳崇。時宇文泰任總百揆，督中外軍事，元欣以魏氏懿戚，從容禁闥而已，其餘六人，各督二大將軍，凡十二大將軍，當時榮盛，莫與爲比，其稱門閥者，咸推八柱國家。其後功臣位至柱國者衆矣，咸是散秩，無復統御也。後周建德四年，增置上柱國大將軍。隋，置上柱國、柱國，以酬勳勞，並爲散官，實不理事。唐，改爲上柱國及柱國。

秦有護軍都尉，漢因之。高帝時，以陳平爲護軍中尉，盡護諸將，然則復以都尉爲中尉。陳平爲護軍中尉，人讒之曰：「平受諸將金，多者得善處，少者得惡處。」武帝元狩四年，以護軍都尉屬大司馬，于時復爲都尉矣。成帝綏和元年，居大司馬府，比司直也。哀帝元壽元年，更名曰司寇。平帝元始元年，更名護軍。初，韓安國以護軍將軍擊匈奴，趙充國以大將軍都尉擊武都。漢東京，省。班固爲大將軍中護軍，隸將軍幕府，非漢朝列職。魏武帝爲丞相，以韓浩爲護軍，史奐爲領軍，亦非漢官也。建安十二年，改護軍爲中護軍，領軍爲中領軍。魏初因置護軍將軍，主武官選，隸領軍。晉世則不隸矣。元帝永昌元年，省護軍，并領軍。明帝太寧二年，復置。魏、晉江右領護各領營兵，江左以來，領軍不復別置營，總管二衛、驍騎、材官諸營，護軍猶有別營也。周顗、庾亮、王羲之、謝安、王彪之等，並爲中護軍。宋，護軍將軍一人，掌外軍。領護資重者爲領軍將軍、護軍將軍，資輕者爲中領軍、護軍。其官屬有長史、司馬、功曹、主簿、五官，其官受命出征，則置參軍。齊、梁、陳，並有之。北齊，護軍府統四中郎將，皆置佐史。隋煬帝十二衛，每衛置護軍四人，以副將軍，將軍無則一人攝，尋改護軍爲虎賁郎將。唐，採前代舊名，置上護軍、護軍。

輕車將軍，漢武帝置，以公孫賀爲之。又有輕車校尉。梁、陳、後魏、北齊，亦有輕車將軍。唐，採舊名，置上輕車都尉，輕車都尉。

騎都尉，漢武帝置，以李陵爲之。更始初亦有，故時謠云：「爛羊胃，騎都尉。」晉以後，歷代皆有之。唐，採舊名，置上騎都尉，騎都尉。

驍騎尉，飛騎尉，雲騎尉，武騎尉，並隋置，爲文散官。唐採置之。自上柱國以下，並爲勳官。

命婦第十四

凡皇帝嬪妃及太子良娣以下爲内命婦，公主及王妃以下爲外命婦。公主及縣主之制，已附見后妃傳，今所載者，王公以下之妻耳。凡三代之制，諸侯之婦曰夫人，大夫曰孺人，士曰婦人，庶人曰妻。公侯有夫人，有世婦，有妻，有妾。邦君之妻，君自稱之曰夫人。夫人自稱於天子曰老婦，自稱於天子，謂畿内諸侯之夫人。自稱於諸侯曰寡小君，謂饗來朝諸侯之時。自稱於其君曰小童。邦人稱之曰君夫人。異邦人稱之。亦曰君夫人。自世婦以下，自稱曰婢子。凡婦人無爵，從夫之爵，坐以夫命之齒。爵謂夫命也，〔二七〕夫爲大夫，則以妻爲命婦。至秦、漢，婦人始有封君之號，公主有邑司之制。

唐，外命婦之制，諸王母妻及妃，文武官一品及國公其非始封者，帶三品以上亦同。母妻，爲國夫人；三品以上母妻，爲郡夫人；四品母妻，爲郡君；若勳官二品有封，亦同四品。五品母妻，爲縣君；若勳官三品有封者，亦同。散官同職事。若勳官四品有封母妻爲鄉君，其母邑號皆加「太」字，視夫、子之品。若夫、子兩有官及爵，或一人有官及爵者，皆從高廕。其不因夫、子別有邑號者，夫人云某品夫人，郡君云某品郡君。縣君、鄉君准此。諸庶子有五品以上官封者，若嫡母在，所生之母不得爲太妃以下。無者聽之，其承重者不合。中宗時，韋皇后表請，諸婦人不因夫、子而加邑號，許同見任職事，聽子孫用廕，門施棨戟。制從之。武太后時，契丹寇平州，刺史鄒保英妻奚氏，〔二八〕率城内女子助守，賊遂退，封爲誠節夫人。〔二九〕開元八年五月，敕：「准令王妻爲妃，文武官及國公妻爲國夫人，〔三〇〕母加『太』字，一人有官及爵者，聽從高敍。但王者名器，殊恩或須異姓，妻合從夫，授秩甲令，更無別條，率循舊章，須依往例。自今已後，郡嗣王及異姓王母妻，〔三一〕並宜准令爲妃。」貞元六年，太常卿崔縱奏，諸國王母未有封號，請遵典故，爲某國太妃。吏部郎中柳冕等狀稱，歷代故事及六典，無公主母稱號，伏請降於王母一等，命爲「太儀」，各以公主本封加「太儀」之上。〔三二〕從之。

臣謹按：如淳曰：「列侯之妻稱夫人，列侯死，子復爲列侯，乃得稱太夫人，子不爲列侯，則不得稱之。」晉亦有之。羊祜卒二歲而平吴，武帝流涕曰：「羊太傅之功。」因以策告祜廟，仍依蕭何故事，封其夫人夏侯氏爲萬歲鄉君，食邑五千户。〔三三〕又泰始六年，〔三四〕詔太傅壽光公鄭冲，太保朗陵公何曾，皆假夫人、世子印綬，〔三五〕食本秩三分之一，皆如郡公侯比。又王導妻卒，贈金章紫綬。又虞潭母，亦拜爲武昌侯太夫人，加金章紫綬。潭立養堂於家，王導以下皆就拜謁。

臣又按：宋鄱陽侯孟懷玉上母檀氏拜國太夫人，有司奏，許之。〔三六〕御史中丞袁豹以爲：「婦人從夫之爵，懷玉父綽見任大司農，〔三七〕其妻不宜從子。」奏免尚書右僕射劉柳、左丞徐羨之、郎何劭之官，詔並贖論。又按：後周宣帝令内外命婦皆執笏，其拜廟及天臺皆俛伏。

禄秩第十五

禄秩〔三八〕幹力　白直　仗身　庶僕　親事　帳内　執衣　防閤　邑士　士力　門夫等附

周班爵禄之制，孟子言其略，而王制亦言之矣。上至天子，下至庶人之在官者，各有差焉。漢制禄秩，自中二千石至百石，各有等差。宣帝又益天下吏百石以下奉十五。至成帝陽朔二年，除八百石、五百石秩。除八百就六百，除五百就四百。綏和二年，又益吏三百石以下奉。凡吏比二千石以上年老致仕者，三分故禄，一以與之，終其身。其時亦有俸錢之差，但本史不具文耳。故元帝時禹貢上書曰：「臣爲諫大夫，〔三九〕秩八百石，俸錢月九千二百，廩食太官。又拜爲光禄大夫，秩二千石，俸錢月萬二千。禄賜愈多，家室日益富矣。」中二千石，月俸百八十斛。二千石，百二十斛。比二千石，百斛。千石，九十斛。比千石，〔四〇〕八十斛。六百石，七十斛。比六百石，六十斛。〔四一〕四百石，五十斛。比四百石，四十五斛。三百石，四十斛。比三百石，三十七斛。二百石，三十斛。比二百石，二十七斛。百石。十六斛。自四百石至二百石爲長吏，百石以下有斗食、佐史之秩，顔師古曰：「漢官名秩簿云，斗食月俸一十斛，佐史月俸八斛也。一説云，斗食者，一歲俸不滿百石，計日而食，日一斗二升，故謂之斗食也。」是爲小吏。本史，王莽詔曰：「自公卿以下，一月之禄十緵，〔四二〕布二疋，帛一疋。予每念之。今俸禄一歲六十六斛，〔四三〕稍以差增，上至四輔而爲萬斛。」孟康曰：「緵，八十縷也。」舊禄及穀粟及布帛又至已上，增爲三分之一，舊令再從月俸增之。後漢，大將軍、三公俸，月三百五十斛。風俗通曰：「漢制，三公一歲共食萬石。」按此則有出，蓋舉大數也。至建武二十六年，增百官俸，其千石以上減於西京舊制，六百石以下增於舊秩。本史，永初四年，又減百官及州縣俸各有差。凡諸受俸，皆取半錢半穀。〔四四〕延平中定制，中二千石，月俸錢九千，米七十二斛。真二千石，錢六千五百，米三十六斛。比二千石，錢五千，米三十四斛。千石，錢四千，米三十斛。〔四五〕六百石，錢三千五百，米二十一斛。四百石，錢二千五百，米十五斛。三百石，錢二千，米一十二斛。二百石，錢一千，米九斛。一百石。錢八百，米四斛八斗。凡中二千石丞，比千石。真二千石丞、長史，六百石。比二千石丞，比六百石。令、相千石者丞、尉，皆四百石。其六百石者丞、尉，皆三百石。長、相四百石及三百石者丞、尉，皆二百石。諸侯公主家丞秩，皆比三百石。諸邊障塞尉、諸陵校尉長，皆二百石。有常例者不署秩。本志例同。大將軍、三公臘賜錢各二十萬，牛肉二百斤，粳米二百石。特進侯以下各有差。立春之日，遣使者賜文官司徒、司空帛三十疋，九卿十五疋，武官太尉、大將軍各六十疋，執金吾諸校尉各三十疋，武官倍文官。漢官儀。獻帝建安八年，頒賜三公以下金帛，由是三年一賜，以爲常制。本史。

宋氏以來，州郡秩俸及雜供給，多隨土所出，無有定准，其郡縣田禄，以芒種爲斷，前去官者則一年秩禄皆入前人，此後去者悉入後人。元嘉末，又改此制，計月分禄。武帝初即位，制，凡中二千石禄者，加公田一頃。齊氏，衆官有僮幹之役而不詳其制。幹者，若門僕之類也。梁武帝天監元年，定九品令，帝於品下注，一品秩爲萬石，第二、第三品爲中二千石，第四、第五品爲二千石。及侯景之亂，國用常褊，京官文武月得廪食，多遥帶一郡縣官，而取其禄秩焉。

北齊官秩，一品每歲八百疋，二百疋爲一秩。從一品七百疋，一百七十五疋爲一秩。二品六百疋，一百五十疋爲一秩。從二品五百疋，一百二十五疋爲一秩。三品四百疋，一百疋爲一秩。從三品三百疋，七十五疋爲一秩。四品二百四十疋，六十疋爲一秩。從四品二百疋，五十疋爲一秩。五品一百六十疋，四十疋爲一秩。從五品一百二十疋，三十疋爲一秩。六品一百疋，二十五疋爲一秩。從六品八十疋，二十疋爲一秩。七品六十疋，十五疋爲一秩。從七品四十疋，十疋爲一秩。八品三十六疋，九疋爲一秩。從八品三十二疋，八疋爲一秩。九品二十八疋，七疋爲一秩。從九品二十四疋。六疋爲一秩。禄率一分以帛，一分以粟，一分以錢。事繁者優一秩，平者守本秩，閑者降一秩，長兼試守者亦降一秩。官非執事不朝拜者，皆不給禄。州郡縣制禄之法，刺史、守、令，下車各前取一時之秩。上上州刺史歲秩八百疋，與司州牧同。上中、上下各以五十疋爲差。中上降上下一百疋。中中及中下亦以五十疋爲差。下上降中下一百疋。下中、下下亦各以五十疋爲差。上郡太守歲秩五百疋，降清都尹五十疋。上中、上下各以五十疋爲差。中上降上下四十疋。中中及中下各以三十疋爲差。下上降中下四十疋。下中、下下各以二十疋爲差。〔四六〕上上縣歲一百五十疋，與鄴、臨漳、成安三縣同。上中、上下各以十疋爲差。中上降上下三十疋。中中及中下各以五疋爲差。下上降中下二十疋。下中、下下各以十疋爲差。州自長史下逮于史吏，郡縣自丞以下逮于掾佐，亦皆以帛爲秩。郡有尉者，尉減丞之半，皆以其所出常調課給之。自一品以下至流外勳品，各給士力，一品至三十人，以下至於流外勳品，〔四七〕或以五人爲等，或以四人、三人、二人、一人爲等，繁者加一等，平者守本力，閑者降一等。諸州刺史、守、令以下，幹及力皆聽敕乃給，其幹出所部之人，一幹輸絹十八疋，幹身放之，力則以其州郡縣白直充。

後周制禄秩，下士一百二十五石，中士以上至於上大夫各倍之，上大夫是爲四千石，卿二分，孤三分，公四分，各益其一，公因盈數爲萬石。凡頒禄視年之上下，畝至四釜爲上年，上年頒其正；三釜爲中年，中年頒其半；二釜爲下年，下年頒其一；無年爲凶荒，不頒禄。

隋，京官正一品，禄九百石，其下每以百石爲差，至正四品，是爲三百石。從四品二百五十石，其下每以五十石爲差，至正六品，是爲一百石。從六品九十石，以下每以十石爲差，至從八品，是爲五十石。食封及官不判事者，并九品，皆不給禄。其給皆以春秋二季。刺史、太守、縣令，則計户而給禄，各以户數爲九等之差。大州六百二十石，其下每以四十石爲差，至於下下則三百石。大郡三百四十石，其下每以三十石爲差，至於下下則一百石。大縣百四十石，其下每以十石爲差，至於下下則六十石。其禄唯及刺史二佐及郡守、縣令。〔四八〕本志。文帝時，嘗以百僚供費不足，臺、省、府、寺咸置廨錢，收息取給。工部尚書蘇孝慈以爲官人爭利，非興化之道，上表請罷，從之。公卿以下又給職田各有差。〔四九〕義寧二年，唐王爲相國，罷外官給禄，每十斛給地二十畝也。

唐武德中，外官無禄。貞觀二年，制，有上考者乃給禄，其後遂定給禄俸之制。以民地租充之。京官正一品，七百石。從一品，六百石。正二品，五百石。從二品，四百六十石。正三品，四百石。從三品，三百六十石。正四品，三百石。從四品，二百六十石。正五品，二百石。從五品，一百六十石。正六品，一百石。從六品，九十石。正七品，八十石。從七品，七十石。正八品，六十七石。從八品，六十二石。正九品，五十七石。從九品。五十二石。諸給禄者，三師、三公及太子三師、三少，若在京國諸司文武官職事九品以上，并左、右千牛備身，左、右太子千牛，並依官給。其春夏二季春給，秋冬二季秋給，在京文武官，每歲給禄總一十五萬一千五百三十三石二斗，〔五〇〕自至德後不給。其在外文武官九品以上准官，皆降京官以上一等給，其文武官在京長上者則不降。諸給禄應降等者，正、從一品各以五十石爲一等，二品、三品皆以三十石爲一等，四品、五品皆以二十石爲一等，六品、七品皆以五石爲一等，八品、九品皆以二石五㪷爲一等。其俸錢之制，在京諸司官，初置公廨及蕃官興易以充其俸。

貞觀十二年，罷公廨，置胥士七千人，取諸州上户爲之，准防閤例而收其課，三歲一更，計員少多而分給焉。十五年。以府庫尚虛，敕在京諸司，依舊置公廨給錢充本，置令史、府史、胥士等，令迴易納利，以充官人俸。諫議大夫褚遂良上疏曰：「國家制令，憲章三代，商賈之人，不居官位。陛下近許諸司令史，捉公廨本錢，諸司取此色人，號爲捉錢令史。不簡性識，寧論書藝，但令身能賈販，家足貲財，録牒吏部，即依補擬。輸錢於官，以獲品秩，苟得無恥，豈蹈廉隅。」太宗納之，停諸司捉錢，依舊本府給月俸。二十一年，復依故制置公廨，給錢爲之本，置令史、府史、胥士等職，〔五一〕賈易收息，以充其俸。永徽元年，悉發胥士等，更以諸州租調脚直充之。其後又令薄賦百姓一年稅錢，〔五二〕依舊令高户及典正等掌之，每月收息錢以充官俸。其後又以稅錢爲之，而罷其息利。凡在京文武正官，每歲供給俸食等錢，并防閤庶僕及雜息等錢。總一十五萬三千七百二十貫。員外官不在此數。外官則以公廨田收及息錢等，常食公用之外，分充月料。先以長官定數，其州縣少尹、長史、司馬及丞，各減長官之半，尹、大都督府長史及副都督別駕及判司，准二佐，以職田數爲加減。其參軍及博士減判司、主簿，縣尉減縣丞，各三分之一。儀鳳二年，制，内外官俸、食邑、防閤、邑士、白直等，宜令王公以下率口出錢充給焉。調露元年九月，職事五品以上，准舊給仗身。

開元十年正月，省王公以下視品官參佐，及京官五品以上官仗身職員。凡在京司文武職事官五品以上給防閤，一品，九十六人。二品，七十二人。三品，四十八人。四品，三十二人。五品。二十四人。六品以下給庶僕，六品，五人。七品，四人。八品，三人。九品，二人。公主、邑主，八十人。郡主，六十人。縣主，四十人。特封縣主。三十四人。京官仕兩職者，從多給。凡州縣官皆有白直，二品，四十人。〔五三〕三品，三十二人。四品，二十人。五品，十六人。六品，十人。七品，六人。八品，五人。九品。四人。凡諸親王府屬並給士力，數如白直。其防閤、庶僕、白直、士力納課者，每年不過二千五百，執衣元不過一千文，防閤、庶僕，舊制季分，月俸食料雜用即月分，〔五四〕諸官應月給。開元二十四年六月，乃撮而同之，通謂之俸料。〔五五〕一品月俸八千，食料千八百，雜用千二百，防閤十五千，通計二十六千。自二品而下各有差，二品通計二十四千二百，三品通計十七千四百，四品通計十一千五百六十七，五品通計九千二百。六品月俸二千，食料四百，雜用四百，庶僕二千五百，通計五千三百。自六品而下，皆用庶僕，亦各有差。七品通計四千五十，八品通計二千五百五十，九品通計千九百。其數自唐初以來即有，中間色目，或有加減，此方爲定制。諸州倉庫門須守護者，謂之門夫，後亦舉其名而收其資，以給郡縣官。

致仕官禄

唐令，諸職事官年七十，五品以上致仕者，各給半禄。〔五六〕開元五年十月敕，致仕應請物，令所由送至所居之宅。

職田　公廨田

古者自卿以下必有圭田，圭田五十畝，餘夫二十五畝。故王制曰：「公田籍而不税。」秦、漢之間，不詳其制。至晉，公卿猶各有菜田及田騶多少之級。〔五七〕後魏孝文太和五年，州刺史、郡太守并官節級給公田。隋文帝開皇中，以百僚供費不足，咸置廨錢，收息取利。蘇孝慈上表請罷，於是公卿以下内外官給職分田，一品給五頃，至五品則爲三頃，其下每以五十畝爲差。又給公廨田以供用。

唐，凡，應在京諸司，各有公廨田：司農寺，給二十六頃。殿中省，二十五頃。少府監，二十二頃。太常寺，二十頃。京兆府、河南府，各十七頃。太府寺，十六頃。吏部、户部，各十五頃。兵部、内侍省，各十四頃。中書省、將作監，各十三頃。刑部、大理寺，各十二頃。尚書都省、門下省、太子左春坊，各十一頃。工部，十頃。光禄寺、太僕寺、祕書省，各九頃。禮部、鴻臚寺、都水監、太子詹事府，各八頃。御史臺、國子監，各七頃。其京縣亦准此。左、右衛，太子家令寺，各六頃。衛尉寺，左、右驍衛，左、右武衛，左、右威衛，左、右領軍衛，左、右金吾衛，左、右監門衛，太子左、右春坊，各五頃。太子左、右衛率府，太史局，各四頃。宗正寺，左、右千牛衛，太子僕寺，左、右司禦率府，左、右清道率府，左、右監門率府，各三頃。內坊，左、右內率府，率更府。各二頃。在外諸司，公廨田亦各有差：大都督府，四十頃。中都督府，三十五頃。下都督府、都護府、上州，各三十頃。中州，二十頃。宮總監、下州，〔五八〕各十五頃。上縣，十頃。中縣，八頃。下縣，六頃。上牧監、上鎮，各五頃。下縣及中下牧司、竹監、中鎮、諸軍折衝府，各四頃。諸冶監、諸倉監、下鎮、上關，各三頃。互市監、〔五九〕諸屯監、上戍、中關及津，各二頃。其津隸都水使者不給。下關，一頃十五畝。中戍、下戍、岳瀆。各一頃。諸京官文武職事各有職分田：一品，十二頃。二品，十頃。三品，九頃。四品，七頃。五品，六頃。六品，四頃。七品，三頃五十畝。八品，二頃五十畝。九品，二頃。並去京城百里內給。其京兆、河南府及京縣官人職分田亦准此。即百里內地少，欲於百里外給者，亦聽之。諸州及都護府、親王府官人職分之田，亦各有差：二品，十二頃。三品，十頃。四品，八頃。五品，七頃。六品，五頃。京畿縣亦准此。七品，四頃。八品，三頃。九品。二頃五十畝。鎮戍關津岳瀆及在外監官：五品，五頃。六品，二頃五十畝。七品，三頃。八品，二頃。九品。一頃五十畝。三衛中郎將、上府折衝都尉，各六頃。中府，五頃五十畝。下府及諸郎將，各五頃。上府果毅都尉，四頃。中府，三頃五十畝。下府，三頃。〔六〇〕上府長史、別將，各三頃。中府、下府。各二頃五十畝。親王府典軍，五頃。〔六一〕副典軍，四頃。千牛備身、備身左右、〔六二〕太子千牛備身，各三頃。諸軍上折衝府兵曹，二頃十畝。〔六三〕中府、下府，各一頃五十畝。其外軍校尉，一頃二十畝。旅帥，一頃。隊正、副。各八十畝。皆於領側州縣界内給。其校已下在本家及去家百里内領者不給。

諸職分陸田，限三月三十日，稻田限四月三十日，以前上者並入後人，以後上者入前人。其麥用田以九月三十日爲限，若前人自耕未種，後人酬其功直；已自種者，准租分法。其田亦借民佃植，至秋冬受數而已。

開元十年六月，敕：「所置職田，本非古法，爰自近制，是以因循，事有變通，應須删改。其内外官所給職田地子，〔六四〕從今年九月以後，並宜停給。」十八年六月，京官職田，特令准令給受，復用舊制。自大曆以來，關中匱竭，時物騰踴，内官不給，仍減外官職田三分之一以給京官俸，每歲通計給文武官正員、外員，及内侍省閑廄、五坊、南北宿衛使并教坊人家雜糧等，凡給田米前後可約七十萬石數。

官品第十六

書言，唐虞建官惟百，夏商倍之。明堂位言，虞官五十，夏官百，商官二百。然其秩命則未之聞。周始分九命以官人。秦制爵二十等，以賞功勞。見王侯封爵篇。二漢亦因秦二十等，以爲差功之賞，而不爲常秩。其官秩自二千石至百石，有等降。魏之禄秩差次，亦遵漢制，以定九品焉。晉、宋因之。梁之禄秩，不異於魏，而易品爲班，更定十八班。陳復舊制，仍遵九品。後魏建官，初有九品，又有從品，每一品之中，分上、中、下三等。至孝文太和二年十二月，改次職令，除其中等，自第四品以下，正、從又分上、下階。北齊因之。後周，效成周建六官，亦以九命官人，其六官之外，兼用秦、漢等官。然於九命之中而分正命，猶下上階也，謂王朝之官爲内命，諸侯及州縣官爲外命。隋開皇中，削周用齊，而以九品定流内，分正、從，自第四品以下，又分上、下階，其流外官又置視流内品。至煬帝，除上、下階，惟留正、從九品。又定朝之班敍，以品之高卑爲列，品同則以省、府爲前後，省、府同則以局、寺爲前後。唐，自四品以下亦分上、下階，〔六五〕大抵因隋制。然自魏定九品之後，與今不殊，惟漢制異於是。後漢守前漢之規而有加焉，其間亦小有升降，不爲差異，今獨存西京之故制云。

漢官秩差次丞相、太尉、司徒、司空、諸將軍及諸侯王國官，不在此目。後漢則太傅、三公、大將軍、驃騎大將軍，亦不在此目。

中二千石，月百八十斛，王莽改曰卿。御史大夫，太常，光禄勳，衛尉，太僕，大鴻臚，廷尉，宗正，大司農，少府，執金吾。二千石，月百二十斛，亦曰真二千石。王莽改爲上大夫。〔六六〕太子太傅、少傅，將作大匠，太子詹事，大長秋，典屬國，水衡都尉，京兆尹，左馮翊，右扶風，司隷校尉，城門校尉，中壘校尉，屯騎校尉，步兵校尉，越騎校尉，長水校尉，胡騎校尉，射聲校尉，虎賁校尉，州牧，郡太守。比二千石，月百斛。王莽亦改爲中大夫。丞相司直，光禄大夫，光禄中郎五官左、右三將，光禄虎賁中郎將，光禄中郎將騎都尉，西域都護副校尉，奉車都尉，駙馬都尉，郡尉。千石，月八十斛。〔六七〕王莽改爲下大夫。丞相長史，大司馬長史，御史中丞，更名御史長史。前、後、左、右將軍長史，太常丞，光禄勳丞，衛尉丞，太僕丞，廷尉左、右監，大鴻臚丞，宗正丞，大司農丞，少府丞，執金吾丞，太子衛率，萬户以上縣令。其次比千石，〔六八〕光禄太中大夫，光禄郎中車、户、騎三將，光禄謁者僕射，光禄虎賁郎。八百石，成帝除八百石秩。太子家令。下比八百石，光禄勳諫大夫。六百石，月七十斛。王莽改曰元士。衛尉公車司馬令，衛士令，旅賁令，廷尉左、右平，太子門大夫，太子庶子，將作大匠丞，太子詹事丞，水衡都尉丞，京兆尹丞，左馮翊丞，右扶風丞，州刺史，郡丞，郡長史，郡尉丞，次萬户以上縣令。比六百石，月六十斛。太常博士，〔六九〕光禄議郎、中郎，光禄謁者，掌賓讚受事員，〔七〇〕西域都護丞、司馬候。五百石，成帝除五百石秩，王莽復置，改以爲命士。減萬户縣長。四百石，月四十五斛。〔七一〕自四百石至二百石爲刺史，王莽改曰中士。

太子中盾，萬户以上縣丞，次萬户以上縣丞，減萬户縣丞。比四百石，〔七二〕光禄侍郎。三百石。月四十斛。王莽改爲下士。次減萬户縣長。比三百石，月三十七斛。光禄郎中。二百石，月三十斛。〔七三〕萬户以上縣尉，次萬户以上縣尉，減萬户縣尉。百石，〔七四〕自百石已下，有斗食、佐史之秩，〔七五〕爲少吏。王莽改百石秩曰庶士。

校勘記

〔一〕「又有加開府如三司之儀者」，「如」下衍「儀同」二字，「儀」，原作「名」，據晉書羊祜傳删改。

〔二〕「内外文武五品以上官父祖無資廕者其所用廕宜同子孫用廕之例」，「五品」與「以上」互倒，「官」下又衍「以上」二字，據通典三四改删。「祖」下「無」字脱，據唐會要八一補。「其所用」下「廕」字脱，據通典與唐會要補。

〔三〕「給菜田八頃」，「菜」，原作「采」，據晉書職官志、通典三四改。

〔四〕「功曹史」，「史」，原作「吏」，據晉書職官志、通典三四改。

〔五〕「軺車施耳後户一乘」，「軺」上衍「乘」字，據晉書職官志、通典三四删。

〔六〕「秩食俸日三斛」，「三」，原作「二」，據晉書職官志、通典三四改。

〔七〕「始給菜田六頃」，「菜」，原作「采」，據晉書職官志、通典三四改。

〔八〕「功曹史門亭長」，「史門」二字互倒，據晉書職官志、通典三四改。汪本「史」作「吏」，各本不誤。

〔九〕「上階爲郎下階爲尉」，二「階」字原作「皆」，據隋書百官志下改。

〔一〇〕「縣公出身從六品上敍」，汪本脱「縣」字，據元本、明本、于本、殿本補。

〔一一〕「承事郎」，按，通典三四作「給事郎」，其下更有「徵事郎」一職。

〔一二〕「即便隨番許揀通時務者」，「揀通」二字，汪本作「練知」。按舊唐書職官志一作「隨番許簡通時務者」，通典三四易「簡」爲「揀」，通志遂訛爲「練」，明本作「練之」，汪本又作「練知」，皆誤，今從通典校正。

〔一三〕「皆依散官其後類例紛錯」，「散官」與「其後」互倒，據通典三四改。

〔一四〕「内外官九品以下加一階」，唐會要八一文同。通典三四作「九品以上」。

〔一五〕「乾封以前」，「前」，原作「來」，據唐會要八一、通典三四改。

〔一六〕「入五品多因選敍」，「選」，原作「進」，據唐會要八一、通典三四改。

〔一七〕「計階至朝散大夫以上」，「階」，原作「偕」，據唐會要八一、通典三四改。

〔一八〕「青巾左校尉」，「左」，原作「右」，據後漢書光武帝紀下改。

〔一九〕「廄近長水亭之左」，「長」下衍「安」字，據宋書百官志下、通典三四删。

〔二〇〕「胡騎之屯池陽者」，「者」字脱，據通典三四補。

〔二一〕「漢掌待詔射聲士」，「士」，原作「主」，據漢書百官公卿表、通典三四改。

〔二二〕「亦處西域之中」，「西」字脱，據殿本、通典三四補。

〔二三〕「晉宋之際」，「晉」，原作「齊」，據南齊書蕭嶷傳改。

〔二四〕「改爲荆湘二州刺史」，「湘」，原作「襄」，據南齊書蕭嶷傳改。

〔二五〕「齊建元二年」，「二」，原作「一」，據元本、殿本改。

〔二六〕「隴西公諱」，此四字脱，據通典三四補。「諱」，原作「緯」，按西魏八柱國無名緯者，隴西公爲李虎之封爵，通典諱「虎」，故注「諱」字，後訛爲「緯」，今改正。

〔二七〕「爵謂夫命也」，「謂」，原作「爲」，據通典三四改。

〔二八〕「鄒保英妻奚氏」，「奚」，原作「爰」，據舊唐書烈女傳改。

〔二九〕「封爲誠節夫人」，「誠」，原作「成」，據舊唐書烈女傳改。

〔三〇〕「爲國夫人」，「國」字脱，據唐會要四七補。

〔三一〕「郡嗣王及異姓王母妻」，上「王」字脱，據唐會要四七補。

〔三二〕「各以公主本封加太儀之上」，「之」，原作「云」，據通典三四改。

〔三三〕「食邑五千户」，汪本「千」作「十」，據元本、明本、于本、殿本改。

〔三四〕「泰始六年」，「六年」二字脱，據通典三四補。

〔三五〕「皆假夫人世子印綬」，「夫人」下原空四字，以「世子」提行，據元本、殿本消除之。

〔三六〕「上母檀氏拜國太夫人有司奏許之」，「檀」，原作「擅」，「氏」字、「太」字、「司」字皆脱，據宋書袁豹傳改補。

〔三七〕「懷玉父綽見任大司農」，「綽」，原作「導」，據宋書袁豹傳、通典三四改。

〔三八〕「禄秩」，按，此篇與職官略第一禄秩篇多重複，今各如其舊。

〔三九〕「臣爲諫大夫」，「諫」下衍「議」字，據漢書貢禹傳删。

〔四〇〕「九十斛比千石」，此六字脱，據漢書百官公卿表上注補。

〔四一〕「比六百石六十斛」，此七字脱，據漢書百官公卿表上注補。

〔四二〕「自公卿以下一月之禄十緵」，「十」下原有「斛」字。此文出於通典三五，漢書王莽傳所載原文較此爲詳，而無「斛」字，是「斛」字爲衍文，今據删。

〔四三〕「今俸禄一歲六十六斛」，「今」，原作「令」，據通典三五改。「六十六斛」，原作「六十斛」，據漢書王莽傳補「六」字。

〔四四〕「半錢半穀」，下「半」字脱，據後漢書百官志五補。

〔四五〕「米三十斛」，「十」下衍「二」字，據後漢書百官志五注、通典三五及本書職官略一删。

〔四六〕「各以二十疋爲差」，「二」，原作「三」，據隋書百官志中、通典三五改。

〔四七〕「以下至於流外勳品」，「至於」二字脱，據隋書百官志中補。

〔四八〕「其禄唯及刺史二佐」，「及」字脱，據隋書百官志下、通典三五補。

〔四九〕「又給職田各有差」，「又」，原作「及」，據隋書食貨志改。

〔五〇〕「一十五萬一千五百三十三石二斗」，汪本「二斗」作「三斗」，據元本、明本、于本、殿本改。

〔五一〕「置令史府史胥士等職」，下「史」字脱，據唐會要九一補。

〔五二〕「其後又令薄賦百姓一年税錢」，「薄賦」二字互倒，又「薄」誤作「簿」，據通典三五改正。

〔五三〕「四十人」，汪本「十」作「人」，據元本、明本、于本、殿本改。

〔五四〕「月俸食料雜用即月份」，下「月」字原作「有」，據册府元龜五〇六改。

〔五五〕「通謂之俸料」，通典三五文同。唐會要九一、新唐書食貨志五「俸料」作「月料」。下文所記數字，各書互有出入，難於校正，今不具列。

〔五六〕「各給半禄」，「禄」下原有「謂如元制依」五字，爲衍文，據通典三五删。

〔五七〕「公卿猶各有菜田」，「菜」，原作「采」，據通典三五改。

〔五八〕「宫總監下州」，「宫」，原作「官」，據唐六典三改。

〔五九〕「互市監」，「互」，原作「五」，通典三五作「牙」，皆爲「互」字之訛，據唐六典二二、舊唐書職官志三改正。

〔六〇〕「下府三頃」，「三」，原作「二」，據通典三五改。

〔六一〕「親王府典軍五頃」，通典三五文同。唐六典三、新唐書食貨志五皆作「五頃五十畝」。

〔六二〕「千牛備身備身左右」，「備身」二字原不重文，據唐六典三補。

〔六三〕「諸軍上折衝府兵曹二頃十畝」，按，通典三五無「十畝」二字。

〔六四〕「其内外官所給職田地子」，「官」字、「地子」二字脱，據唐會要九二補。

〔六五〕「唐自四品以下亦分上下階」，「自」，原作「有」，據本篇上文文例改。

〔六六〕「亦曰真二千石王莽改爲上大夫」，「亦」上衍「王莽」二字，「王莽改爲」四字脱，據通典三六刪補。

〔六七〕「月八十斛」，通典三六文同。漢書百官公卿表上顔注作「月九十斛」。

〔六八〕「其次比千石」，通典三六文同。漢書百官公卿表上顔注文下有小注：「月八十斛。」

〔六九〕「太常博士」，「常」字下各本原有「太」字，汪本作「衍」字，按通典三六作「太常太卜博士」，「太」字乃「太卜」之脱文，「太卜」二字實爲衍文，汪本作爲衍文處理而又將「衍」字刊入，今一律删去。

〔七〇〕「光禄謁者掌賓讚受事員」，按，漢書百官公卿表上云：「謁者掌賓讚受事，員七十人。」通典三六節録失當，通志承之而誤，自「掌」字以下六字應視爲衍文。

〔七一〕「月四十五斛」，通典三六文同。漢書百官公卿表上顔注作「五十斛」。

〔七二〕「比四百石」，通典三六文同。漢書百官公卿表上顔注文下有附注作「月四十五斛」。

〔七三〕「月三十斛」，汪本「三十」作「二十」，明本、于本作「三千」，皆誤，據元本、殿本改。

〔七四〕「百石」，通典三六文同。漢書百官公卿表上顔注文下有附注作「月十六斛」。

〔七五〕「自百石已下有斗食佐史之秩」，「下」字脱，「斗」，原作「計」，據通典三六補改。

選舉略第一

歷代制

周 秦 漢 後漢 魏 晉 東晉 宋 齊 梁 陳 後魏 北齊 後周 隋 唐

周官，大司徒之職，「以鄉三物教萬民而賓興之，一曰六德，二曰六行，三曰六藝」。詩、書、禮、樂，謂之四術，四術既脩，九年大成。凡士之有善，鄉老論士之秀者，升諸司徒，曰選士。司徒論選士之秀者，而升諸學，曰俊士。既升而不征者，曰造士。大樂正論造士之秀者，升諸司馬，曰進士。司馬論進士之賢者，及鄉老群吏獻賢能之書于王。王再拜受之，登于天府，藏於祖廟，内史書其貳而行焉。在其職也，則鄉大夫鄉老舉賢能而賓其禮，司徒教三物而興諸學，司馬辨官材以定其論，太宰詔廢置而持其柄，内史贊與奪而貳於中，司士掌其版而知其數。論定然後官之，任官然後爵之，位定然後禄之。蓋擇材取士如此之詳也。

秦自孝公納商鞅策，富國彊兵爲務，仕進之途唯闢田與勝敵而已。以至始皇，遂平天下。

漢高祖初，未遑立制。至十一年，乃下詔曰：「賢士大夫既與我定有天下，而不與吾共安利之，可乎？其有稱明德者，御史中執法下郡守，〔一〕必身勸駕，遣詣丞相府，署其行義及年。有其人而不言者免官。」又制，諸侯王得自除內史以下，漢獨爲置丞相也。惠帝四年，詔舉民孝悌力田者，復其身。高后元年，初置孝悌官二千石者一人。文帝因晁錯言，務農貴粟，詔許民納粟得拜爵及贖罪。至于景帝後元二年，詔曰：「有市籍貲多不得官，廉士寡欲易足，今貲算十以上乃得官，貲少則不得官。朕甚憐之，減至四算得官。」有市籍，謂賈人，有財不得爲吏，廉士無貲，減至四算乃得官也。貲萬錢算百二十也，算十，十萬。〔二〕時疾吏之貪，以爲衣食足知榮辱，故限貲十萬乃得爲吏。

武帝建元初，詔天下舉賢良方正、直言極諫之士，其治申、商、韓非、蘇秦、張儀之言亂國政，皆罷之。元光元年，舉賢良，董仲舒對曰：「今之郡守縣令，民之師帥，所使承流而宣化也。故師帥不賢，則主德不宣，恩澤不流。夫長吏多出於郎中、中郎，吏二千石子弟，選郎吏又以富貲，未必賢也。且古所謂功者，以任官稱職爲差，非謂積日累久也。故小材雖累日不離於小官，賢材雖未久不害爲輔佐。是以有司竭力盡智，務治其業，而以赴功。今則不然，累日以取貴，積久以致官，是以廉恥貿亂，賢不肖混殽也。請令諸侯、列卿、郡守、二千石擇其吏民之賢者，歲貢各二人，以給宿衛，且以觀大臣之能，所貢賢者有賞，不肖者有罰。夫如是，諸侯、吏二千石皆盡心於求賢，天下之士可得而官使也。無以日月爲功，實試賢能爲上，〔三〕量材而授官，録德而定位，則廉恥殊路，賢不肖異處矣。」帝於是令郡國舉孝廉各一人。又制，郡國口二十萬以上，歲察一人，四十萬以上二人，六十萬三人，八十萬四人，百萬五人，百二十萬六人，不滿二十萬，二歲一人，不滿十萬，三歲一人。限以四科：一曰德行高妙，志節清白。二曰學通行修，經中博士。三曰明習法令，足以決疑，能按章覆問，文中御史。四曰剛毅多略，遭事不惑，明足決斷，材任三輔縣令。至五年，又詔，徵吏民有明當世之務，〔四〕習先聖之術者，縣次給食，令與計偕。至元朔元年，又詔曰：「十室之邑必有忠信，三人並行厥有我師。今或至闔郡而不薦一人，是化不下究，而積行之君子壅於上聞也。且進賢受上賞，蔽賢蒙顯戮，古之道也。其與中二千石、禮官、博士議不舉者罪。」是時天下慎法，莫敢謬舉，而貢士蓋鮮，故有斯詔。有司奏請議曰：「古者諸侯貢士，壹適謂之好德，再適謂之賢賢，三適謂之有功，迺加九錫。不貢士，一則黜爵，再則黜地，三則黜爵削地畢矣。其不舉孝，不奉詔，當以不敬論。不察廉爲不勝任也，當免。」奏可。凡郡國之官，非傅相，其他既自辟置。又調屬僚及部民之賢者，舉爲秀才、廉吏而貢於王庭，多拜爲郎，居三署，無常員，或至千人，屬光禄勳。

故鄉校牧守居閑待詔，或郡國貢送，公車徵起，悉在焉。光禄勳復於三署中詮第郎吏，歲舉秀才、廉吏，出爲佗官，以補缺員。元封五年，又詔州縣察吏民有茂材異等，可爲將相及出使絶國。

初，公孫弘以儒術爲丞相，天下之學士靡然鄉風。時太常孔臧等曰：「請太常博士官置弟子五十人，復其身。太常擇民年十八以上儀狀端正者，補博士弟子。郡國縣道邑有好文學、敬長上、肅政教、順鄉里、出入不悖所聞者，二千石謹察可者，當與計偕，〔五〕詣太常，得受業如弟子。一歲皆輒試，能通一藝以上補文學掌故缺。其高第可以爲郎中者，太常籍奏，卽有秀才異等，輒以名聞。其不事學若下材及不能通一藝，輒罷之。而請諸不稱者罰。」時外事四夷，内闕用度，仍募人入羊穀奴婢，得授官增秩，復役除罪，大至封侯、卿大夫，小者郎吏。繇是吏雜而多端，官職復耗廢矣。

孝昭始元初，遣故廷尉王平等五人持節行郡國，舉賢良。至孝宣帝時，諫大夫王吉上言曰：〔六〕「今使吏得任子弟，率多驕驁不通古今，至於積功治民，無益於人，此伐檀所爲作也。宜明選求賢，除任子弟之令。」黄龍初，制，凡官秩六百石者，不得舉爲廉吏。〔七〕

孝元帝永光元年春二月，詔丞相、御史，舉質朴敦厚遜順有行者，光禄歲以此科第郎、從官。後又詔列侯舉茂才。諫大夫張勃舉太官獻丞陳湯，湯有罪，勃坐削户二百，會薨，故賜謚曰繆侯。其爲勸勵也如是，故官得其才，位必久安，爲吏者長子孫，居官者以爲姓號，三代以降，斯之爲盛也。建昭中，因西羌反及日蝕，京房奏，百官各試其功，災異可息，遂詔房作考課吏法。成帝建始四年，初置常侍曹尚書一人，主公卿；又有二千石曹尚書一人，掌郡國二千石，蓋選曹之所由起也。

漢諸帝凡日蝕、地震、山崩、川竭、天地大變，皆詔天下郡國舉賢良方正、極言直諫之士，率以爲常。又其有要任使，皆標其目而令舉之。王莽時，太常學官子弟歲課甲科四十人爲郎中，乙科二十人爲太子舍人，丙科四十人爲文學掌故。

後漢光武建武十二年，〔八〕詔，三公舉茂才各一人，廉吏各一人，左、右將軍歲察廉吏各二人，光禄歲舉茂才、四行各一人，察廉吏三人，中二千石歲察廉吏各一人，廷尉、大司農二人，將兵將軍歲察廉吏各二人，監御史、司隸、州牧歲舉茂才各一人，改前漢常侍曹尚書爲吏曹尚書。〔九〕其時選舉於郡國屬功曹，於公府屬東、西曹，於天臺屬吏曹，尚書亦曰選部，而尚書令總之。其所進用，加以歲月先後之次。凡郡國守相視事未滿歲，不得察舉孝廉、廉吏，以其未久，不周知也。所徵舉率皆特拜，不復簡試，士或矯飾，則謗議漸生。章帝建初元年，詔曰：「夫鄉舉里選，必累功勞。今刺史、守、相，不明真僞，茂才、孝廉，歲以百數，既非能著而當授之政事，甚無謂也。每尋前代舉人貢士，或起畎畝，不繫閥閱，敷奏以言則文章可採，明試以功則治有異迹，文質斌斌，朕甚嘉之。」始復用前漢丞相故事，以四科辟士。武帝因董仲舒之言立制，故事在丞相府，今復用之。第一科補西曹南閤祭酒，二科補議曹，三科補四辭八奏，四科補賊決。〔一〇〕凡所舉士，先試之以職，乃得充選，其行尤異不宜試職者，疏於佗狀。舉非人兼不舉者罪。

舊制，大郡口五六十萬舉孝廉二人，小郡二十萬并有蠻夷者亦舉二人。和帝以爲不均，下公卿議，司徒丁鴻、司空劉方上言：「凡口率之科宜有階品，蠻夷雜錯，不得爲數。自今郡國率二十萬口歲舉孝廉一人，四十萬二人，六十萬三人，八十萬四人，百萬五人，百二十萬六人，不滿二十萬二歲一人，不滿十萬三歲一人。」帝從之。又制，緣邊郡口十萬以上，歲舉孝廉一人，不滿十萬，二歲舉一人，五萬以下，三歲一人。推校當時户口，而一歲所貢不過二百餘人。安帝永初二年，詔，王國官屬墨綬下至郎、謁者，經明任博士，〔一一〕居鄉里，有廉清孝順之稱，才任治民者，國相歲移名，與計偕上尚書，公府通調，令得外補。順帝又增甲、乙科員十人，除郡國耆儒，皆補郎、舍人焉。

陽嘉元年，尚書令左雄議改察舉之制，限年四十以上，儒者試經學，文吏試章奏，如有顔回、子奇之類，不拘年齒。雄又言：「郡國孝廉，古之貢士，出則宰民，宣協風教，若其面牆，則無所施用。孔子曰『四十不惑』，禮稱『彊仕』。請自今孝廉年不滿四十不得察舉，皆先詣公府，諸生試家法，〔一二〕文吏課牋奏，副之端門，練其虚實，以觀異能，以美風俗。有不承科令者，正其罪法。若有茂才異行，自不拘年齒。」乃班下郡國。明年，有廣陵孝廉徐淑，年未及舉，臺郎疑而詰之，對曰：「詔書有如顏回、子奇，不拘年齒，是故本郡以臣充選。」郎不能屈。雄詰之：「昔顏回聞一知十，孝廉聞一知幾？」淑無以對，乃遣還郡。於是濟陰太守胡廣等十餘人皆坐謬舉免黜，唯汝南陳蕃、潁川李膺、下邳陳球等三十餘人得拜郎中。自是牧守畏慄，莫敢輕舉。雄在尚書，迄于永嘉，〔一三〕十餘年間，察選清平，故多得其人。雄又奏徵海内名儒爲博士，使公卿子弟爲諸生，有志操者，加其俸禄。及汝南謝廉、河南趙建，年始十二，各能通經，雄並奏拜童子郎。自是負書來學，雲集于京師。

侍中張衡上疏曰：「自初舉孝廉，到今三百年，必先孝行，行有餘力，乃草文法耳。今詔書一以能誦章句結奏案爲限，雖有至孝，不當其科，所謂損本而求末者也。自改試以來，累有妖星震裂之災，是天意不安於此法也。」後黄瓊爲尚書令，以雄前所上孝廉之選專用儒學、文吏，於取士之義猶有所違，乃奏增孝悌及能從政者爲四科。范曄曰：「漢初詔舉賢良、方正，州郡察孝廉、秀才，斯古諸侯貢士之方也。中興以後，復增敦朴、有道、賢能、〔一四〕直言、獨行、高節、質直、清白、敦厚之屬。榮路既廣，自是竊名僞服，浸以流競，權門貴士，請謁繁興。自左雄任事，限年試才，雖頗有不密，固亦因識時宜。而黄瓊、胡廣、張衡、崔瑗之徒，〔一五〕泥滯舊方，互相詭駮，循名者屈其短，算實者挺其効。雄在尚書，天下不敢妄選，〔一六〕十餘年間，稱爲得人，斯亦効實之徵乎。」舊典，選舉委任三府，三府有選，參議掾屬咨其行狀，度其器能，受試任用，責以成功。名無可察者，然後付之尚書舉刺，請下廷尉，覆察虚實，得以行其誅罰。

桓帝建和初，詔，諸學生年十六以上，比郡國明經試，次第上名，高第十五人，上第十六人，爲中郎；中第十七人，爲太子舍人；下第十七人，爲王家郎。至永壽二年甲午，詔復課試諸生補郎、舍人。其後復制：「學生滿二歲，試通二經者，補文學掌故；其不能通二經者，須後試，復隨輩試，試通二經者，亦得爲文學掌故。其已爲文學掌故者，滿二歲，試能通三經者，擢其高第爲太子舍人；其不得第者，後試，復隨輩試，第復高者，亦得爲太子舍人。已爲太子舍人，滿二歲，試能通四經者，擢其高第爲郎中；其不得第者，後試，復隨輩試，第復高者，亦得爲郎中。已爲郎中，滿二歲，試能通五經者，擢其高第補吏，隨才而用；其不得第者，後試，復隨輩試，第復高，亦得補吏。」其後綱紀隳紊，凡所選用，莫非親故。時議以州郡相阿，人情比周，乃制婚姻之家及兩州之人不得相臨，遂復有三互法。三互，謂婚姻之家及兩州不得交互爲官吏。時史弼遷山陽太守，其妻鉅野薛氏女，以三互自上，轉拜平原相是也。禁網益密，選用彌艱，幽、冀二州久闕，而公府限以三互，經時不補。議郎蔡邕上言曰：「伏見幽、冀舊壤，鎧馬所出，比年兵飢，漸至空耗，闕職經時，吏民延屬。而三府選舉，逾月不定，以避三互，十一州有禁，當取二州而已。又二州之士，或復限以歲月，狐疑淹遲，以失事會。愚以爲三互之禁，禁之薄者，但申以威靈，明其憲令，在任之人豈不戒懼，而坐設三互，自生留閡邪？昔韓安國起自徒中，朱買臣出於幽賤，並以才宜，還守本邦，豈復顧循三互，繼以末制者乎。臣願蠲除近禁，其諸州刺史，器用可授者，無拘日月三互，以差厥中。」靈帝不省。

是時諸博士試甲、乙科，爭第高下，更相告訟，頗行賄賂，改蘭臺漆書之經以合其私文者。帝乃詔諸儒讎定五經，而鐫石以刊其文，使蔡邕等書爲古文、篆、隸三體，立於太學門，謂之石經，由是爭者乃息。凡學士不得有金痍痼疾，督郵書其版，舉主保之。其督郵版狀曰：「生事愛敬，喪没如禮。如治易、尚書、孝經、論語，兼綜載籍，窮微闡奥。師事某官，見授門徒五十人以上，隱居樂道，不求聞達。身無金痍痼疾，三十六屬，不與妖惡交通。王侯賞賜，行應四科，經任博士。」下署某官某甲保舉。

魏文帝爲魏王時，三方鼎立，士流播遷，四民錯雜，詳覈無所。延康元年，吏部尚書陳群以天朝選用不盡人才，乃立九品官人之法。州郡皆置中正，以定其選，擇州郡之賢有識鑒者爲之，區別人物，第其高下。又制，郡口十萬以上歲察一人，其有秀異，不拘户口。其武官之選，則俾護軍主之。黄初三年，始除漢限年之制，令郡國貢舉，勿拘老幼，儒通經術，吏達文法，到皆試用焉。〔一七〕自明帝太和之後，俗用浮靡，遞相標目，而夏侯、諸葛、何、鄧之儔，有「四聰、八達」之稱，帝深忌嫉之，於是惡士大夫之有名聲者，或禁錮廢黜以懲之。吏部尚書盧毓奏曰：「古者敷奏以言，明試以功。今考績之法廢，而以毁稱相進退，故真僞混雜也。」帝遂詔散騎常侍劉邵作都官考課之法，以考覈百官焉。

齊王嘉平初，曹爽既誅，司馬懿秉政，乃詳求治本，中護軍夏侯玄言曰：「夫官才用人，〔一八〕國之柄也。故銓衡專於臺閣，上之分也。孝行考乎閭巷，優劣任之鄉人，下之敍也。奚必使中正干銓衡之機於下，而執機柄者有所委杖於上，上下交侵以生紛錯哉。且衆職之屬，各有官長，但使官長各以其屬能否獻之臺閣。如其不稱，責負在外，則内外相參，得失有所，庶可静風俗而審官才矣。」懿因辭不能改，請俟於佗賢。按，九品之制，初因後漢建安中天下兵興，衣冠士族多離本土，欲徵源流，慮難委悉。魏氏革命，州郡縣俱置大、小中正，各取本處人任諸府公卿及臺省郎吏有德充才盛者爲之，區别所管人物，定爲九等。其有言行修著，則升進之，或以五升四，以六升五。儻或道義虧缺，則降下之，或自五退六，自六退七矣。是以吏部不能審定覈天下人才士庶，故委中正銓第等級，憑之授受，以免乖失。及法弊也，唯能知其閥閲，非復辨其賢愚，所以劉毅云：「下品無高門，上品無寒士。」南朝至于梁、陳，北朝至于周、隋，選舉之法，雖互相損益，而九品及中正，至隋開皇中方罷之。

晉依魏氏九品之制，內官吏部尚書、司徒、左長史，外官州有大中正，郡國有小中正，皆掌選舉，若吏部選用，必下中正問其人居及父祖官名。武帝泰始初，又議考課，散騎常侍傅玄、皇甫陶以爲政教頹弊，風俗不淳，各言其故。玄之議，以：「散官衆而學校未設，遊手多而親農者少，工器不盡其宜。臣以爲宜亟定其制。」陶之議，欲令賜拜散官皆課使親耕。「今文武之官既衆，而拜賜不在職者又多，〔一九〕加服役爲兵，不得耕稼，當農者之半，南面食禄者，參倍於前。使冗散之官爲農而收其租税，家得其實，而天下之穀可以無乏矣。虞書曰：『三載考績，三考黜陟幽明。』是爲九年之後乃有遷敍也。故居官久則念立慎終之化，不久則競爲一切之政。六年之限，日月淺近，不周黜陟。」武帝甚善其議，而終不能用。

于時雖風教頹失而無典制，然時有清議，尚能勸俗。陳壽居喪，使女奴丸藥，積年沉廢。郄詵篤孝，以假葬違常，降品一等。其爲懲勸也如是。其後中正任久，愛憎由己，而九品之法漸弊，遂計官資以定品格，天下唯以居位者爲貴。

尚書僕射劉毅以九品者，始因魏初喪亂，是軍中權時之制，非經久之典也。因用土斷，復古鄉舉里選之法，上疏陳八損之義，謂：「職名中正，實爲姦府，事名九品，而有八損。臣以爲宜罷中正，除九品，棄魏氏之弊法，立一代之美制。」司空衞瓘又表請除九品，復古鄉議里選。及劉頌爲吏部尚書，復建九班之制，令百官在職少遷。時賈、郭專朝，仕者務速進，故皆不行。及東晉元帝，制，揚州歲舉二人，諸州各一人。以天下喪亂，務存慰勉，遠方孝秀，不復策試，到卽除授。既經略粗定，乃詔試經有才不中舉者，免其太守。其後孝秀莫敢應命，有送至京師，皆以疾辭。太興三年，尚書孔坦議，請普延五歲，許其講習，乃詔孝廉申至七年，而秀才如故。

宋初，制，丹陽、吴、會稽、吴興四郡歲舉二人，餘郡各一人。凡州秀才郡孝廉至，皆策試，天子或親臨之。及公卿所舉，皆屬于吏部，序才銓用。凡舉得失，各有賞罰，失者其人加之禁錮，年月多少，隨群議制。文帝元嘉中，限年三十而仕，郡縣以六周而代，刺史或十有餘年。及孝武卽位，仕者不拘老幼，守宰以三周爲滿。左衛將軍謝莊以其時搜才路狹，又上表曰：「九服之曠，九流之難，提鈞懸衡，委之選部。一人之鑒易限，而天下之材難源，以易限之鑒照難源之才，使國罔遺授，野無滯器，其可得乎？請普令大臣各舉所知，以付尚書銓用。」不從。帝又不欲重權在下，乃分吏部置兩尚書，以散其權。裴子野曰：「官人之難，先王言之尚矣。居家視其孝友，鄉黨察其誠信，出入觀其志義，憂難取其智謀，煩之以事以求其理，臨之以利以察其廉。周禮始於學校，論之州里，告諸六事，而後貢于王庭。其在漢家，尚猶然也。州郡積其功能，然後爲五府所辟，五府舉其掾屬而升之於朝，三公參其得失，除署尚書，奏之天子，一人之身所閲者衆，一賢之進其課也詳，故能官得其才，鮮有敗事。魏、晉易是，而所失弘多，夫厚貌深衷，險如谿壑，擇言觀行，猶懼弗周。〔二〇〕況今萬品千群，俄折乎一面，庶僚百位，專斷於一司。於是囂風遂行，不可止也。孝武雖分選曹爲兩，不能反之於周、漢，朝三暮四，其病愈甚。」

齊，尚書都令史駱宰議，策秀才格，五問並得爲上，四三爲中，二爲下。詔從之。因習宋代限年之制，然而鄉舉里選，不覈才德，其所取進，以官婚胄籍爲先，遂令甲族以二十登仕，後門以三十試吏，故有增年矯貌以圖進者。其時士人皆厚結姻援，奔馳造請，浸以成俗焉。至和帝時，梁武帝爲丞相，上表曰：「前代選官，皆立選簿，應在貫魚，自有銓次，胄籍升降，行能臧否，或素定懷抱，或得之餘論，故得簡通賓客，無俟掃門。頃代陵夷，九流乖失，其有勇退忌進，懷質抱真者，選部或以未經朝謁，難於進用。或有晦善藏聲，自埋衡蓽者，又以名不表著，絶其階緒。必須書刺投狀，然後彈冠。則是驅迫廉隅，獎成澆競。」遂依舊例立簿。

梁初，無中正，制，年二十有五方得入仕。〔二一〕天監中，又制，凡九流常選，年未三十，不通一經者，不得爲官。若有才同甘顔，勿限年次。至七年，州置州重，郡置郡宗，〔二二〕鄉置鄉豪，各一人，專典搜薦，無復膏粱寒素之隔。普通七年，詔，凡州歲舉二人，大郡一人。至敬帝太平二年，復令諸州各置中正，仍舊訪舉，〔二三〕皆須中正押上，然後量授，不然則否。

陳代，依梁制。凡年未三十，不得入仕，唯經學生策試得第，諸州迎主簿，西曹左奏及嘗爲挽郎，得未壯而仕。諸郡唯正王爲丹陽尹，經迎得出身者亦然，庶姓尹則否。有高才異行殊勳，別降恩旨敘用者，不在常例。凡選無定時，隨缺則補。官有清濁，以爲升降，從濁得清，則勝於遷。若有遷授，吏部先爲白牒，列十數人名，〔二四〕尚書與參掌者共署奏敕，或可或否。其可者則下於選曹，量貴賤，別内外，隨才補用，以黄紙録名，八座通署，奏可乃出，以付於典名，典名書其名帖鶴頭版，脩容整儀，送所授之家。其別發詔除者，卽宣付詔局，詔局草奏聞，敕可，黄紙寫出門下，門下答詔，請付外施行，又畫可，付選司行召。得官者不必皆待召到，〔二五〕但聞詔出，明日卽入謝，後詣尚書，上省拜受。若拜王公則臨軒。凡拜官皆在午後。初，武帝承侯景喪亂之後，綱維頽壞，制度未立，百官無復考校殿最之法，但更年互遷，驟班進秩，法無可稱者。後徐陵、孔奐繼爲吏部尚書，差有其序焉。

後魏，州郡皆有中正掌選舉，每以季月與吏部銓擇可否。其秀才對策，第居中上，表敘之。文成帝和平三年，詔曰：「今選舉之官，多不以次，令班白處後，晚進居先，豈所謂彝倫攸敘者也。諸曹選補，宜各書勞舊才能。」初，崔浩爲冀州大中正，薦冀、定、相、幽、并五州士數十人，各起家爲郡守。景穆帝謂浩曰：「先召之人亦州郡選也，在職已久，勤勞未答。今可先補前召，〔二六〕外任郡縣，以新召者代爲郎吏。又守令宰人，宜使更事者。」〔二七〕浩固爭而遣之。高允聞之，謂東宮博士管恬曰：「崔公其不免乎？苟逞其非，而校勝於上，〔二八〕何以能濟。」又李孝伯，趙郡人，父曾，治鄭氏禮、左氏春秋，郡三辟功曹不就。門人勸之，曾曰：「功曹之職，雖曰鄉選高第，猶是郡吏耳，北面事人，亦何容易。」仕郡主簿，到官月餘日，乃歎曰：「梁叔敬有云，州郡之職，徒勞人耳。道之不行，身之憂也。」遂還家。又郭祚爲吏部尚書，持身潔清，〔二九〕重惜官位，至於銓授，假令得人，必徘徊久之，然後下筆，卽云此人便已貴矣。由是事頗爲稽滯，當時每招怨讟。然所拔用者量才稱職，時又以此歸之。其後中正所銓，但在門第，吏部彝倫，仍不以才舉。至孝文帝，勵精求治，內官通班以上，皆自考覈以爲黜陟。宣武帝詔，庶族子弟年未十五，〔三〇〕不聽入仕。任城王澄從幸鄴宮，除吏部尚書。及幸代，輦駕自北巡，留澄銓簡舊臣。初，魏自公侯以下迄于選臣，動有萬數，冗散無事。澄品爲三等，〔三一〕量其優劣，盡其能否之用，咸無怨者。又皇甫光兄子瑒爲吏部郎，〔三二〕性貪婪，鬻賣吏官，皆有定價。自太和以前，精選中正，德高鄉國者充，其邊州小郡人物單鮮者，則併附佗州，其在僻陋者，〔三三〕則闕而不置，當時稱爲簡當，頗謂得人。及宣武孝明之時，州無大小，必置中正，既不可悉得其人，故或有蓄落庸鄙操銓覈之權，而選敍頹紊。至正始元年冬，乃罷諸郡中正。時有以雜類冒登清流，遂令在位者，皆五人相保，無人任據者，則奪官還役。

初，孝明嗣位幼冲，靈太后臨朝。征西將軍冀州大中正張彝之子仲瑀上封事，請銓別選格，排抑武夫，不使在清品。於是武夫怨怒，聲諠道路，乃牓於衢，會期屠害彝父子。靈太后於是乃命武官得依資入選，既而官員少而應調者多，選曹無以處之。及崔亮爲吏部尚書，乃奏爲格制，官不問賢愚，以停解日月爲斷，雖復官，須此人停日，後者終不得取。庸才下品，年月久者則先擢用，時沉滯者皆稱其能。時亮外生司空諮議劉景安書規亮曰：「商、周以鄉塾貢士，兩漢由州郡薦才，魏、晉因循，又置中正。諦觀在昔，莫不審舉，雖未盡美，〔三四〕足應十收六七。朝廷貢才，止求其文，不取其理，察孝廉唯論章句，不及理道，立中正不考人才行業，空辨姓氏高下，至於取士之途未溥，沙汰之理未精。而舅屬當銓衡，宜須改張易調，如之何反爲停年之格以限之，天下士誰復修厲名行哉！」後甄琛、元脩義、城陽王徽相繼爲吏部尚書，利其便己，踵而行之。自是賢愚同貫，涇渭無別，魏之失才，從亮始也。

及辛雄爲尚書右丞，轉吏部郎中，上疏曰：「自神龜以來，專以停年爲選。士無善惡，歲久先敍，職無劇易，名到授官。執案之吏以差次日月爲功能，銓衡之人以簡得老舊爲平直。且庸劣之人莫不貪鄙，委斗筲以共理之重，託碩鼠以百里之命，可乎？蓋助陛下理天下者，唯在守令，最須簡置，〔三五〕以康國道。但郡縣選舉，由來所輕，貴遊儁才，莫肯居此，宜改其弊，以定官方。請上等郡縣爲第一清，中等爲第二清，下等爲第三清，不得拘以停年。三載黜陟，有稱者補在京名官。如前代故事，不歷郡縣，不得爲内職，則人思自勉。」書奏，會明帝崩。及孝莊帝初，詔求德行、文藝、政事、彊直者，縣令、郡守、刺史皆敘其志業，具以表聞，得三人以上，縣令、太守、刺史賞一階，舉非其人者，黜一階，凡官郡守，縣令，六年爲滿，滿之後六年乃叙之。

北齊，選舉多沿後魏之制，凡州縣皆置中正。其課試之法，中書策秀才，集書策考貢士，考功郎中策廉良。天子常服乘輿出，坐於朝堂中楹，秀、孝各以班草對，字有脱誤者，呼起立席後；書有濫劣者，飲墨水一升；文理孟浪者，奪席脱其容刀。

初，東魏元象中，文襄王高澄秉政，攝吏部尚書，乃革後魏崔亮年勞之制，務求才實。自遷鄴以後，掌大選知名者不過數四，文襄年少高爽，其弊也疎；袁聿脩沈密謹厚，所傷者細；楊遵彦風流辯給，所取失於浮華；唯辛術貞明簡實，〔三六〕新舊參舉，管庫必擢，門閥不遺，衡鑑之美者，一人而已。至孝昭帝皇建二年，詔：「内外執事官從五品以上，三府主簿、録事參軍，諸王文學、侍御史、廷尉三官，尚書郎中、中書舍人，每在三年之内，〔三七〕各舉一人。」或夙在朝倫，沈屈未用；或先官後進，今見停散；或白屋之人，巾褐未釋。其高才良器，允文允武，理識深長，幹具通濟，操履凝峻，學業宏贍。諸如此輩，隨取一長，無待兼資，方充舉限。所薦之文，指論事實，隨能量用，必陳所堪，不得高談，謬加褒飾。所舉之人，止在一職，三周之内，有犯死罪以下刑年以上，舉主準舉人犯，各罰其金。自鞭以下，舉主勿論。凡所舉人，主事立功，裨益時政，舉主之賞，亦當非次，被舉之人，別當擢授。其違限不舉，依式罰金。又擁旄作鎮，任總百城，分符共治，職司千里，凡其部統，理宜委悉。刺史於所管之内，〔三八〕下郡太守，縣令、丞、尉；府佐，録事參軍以降；州官，州都、主簿以下，但需在吏職，並聽表薦。太守則曹掾以下，及管内之人，〔三九〕亦聽表舉。其大州、中州、下州，畿内上郡、中郡，並三年之内，各舉一人。其不入品州，并自餘郡守，不在舉限。

昔三代以前，天下列國有三卿、五大夫、二十七士。大國三卿，二卿命於天子，一卿命於其君。小國三卿，一卿命於天子，二卿命於其君。公、侯、伯之大夫再命，子、男之大夫一命，其士以下不命，皆國君專之。漢初，王侯國百官皆如漢朝，唯丞相命於天子，其御史大夫以下皆自置。及景帝懲吳楚之亂，殺其制度，罷御史大夫以下官。至武帝，又詔，凡王侯吏職秩二千石者，不得擅補。其州郡佐吏，自別駕、長史以下，皆刺史、太守自辟。歷代因而不革。洎北齊武平中，後主失政，多有佞倖，乃賜其賣官，分占州郡，下及鄉官，多降中旨，故有敕用州主簿、郡功曹者。自是之後，州郡辟士之權浸移於朝廷，以故外吏不得精覈，皆由此起也。〔四〇〕

後周以吏部中大夫一人掌選舉，吏部下大夫一人以貳之。〔四一〕初霸府時，蘇綽爲六條詔書，其四曰擢賢良。綽深思本始，懲魏、齊之失，罷門資之制，其所察舉，頗加精慎焉。及武帝平齊，廣收遺逸，乃詔山東諸州舉明經幹理者，上縣六人，中縣五人，下縣四人。至宣帝大成元年，詔州舉高才博學者爲秀才，郡舉經明行修者爲孝廉，上州上郡歲一人，其刺史僚佐州吏則自署，府官則命於朝廷。

至隋文帝開皇七年，制，諸州歲貢三人，工商不得入仕。開皇十八年，〔四二〕又詔京官五品以上及總管、刺史，並以志行修謹、清平幹濟二科舉人。牛弘爲吏部尚書，高構爲侍郎，最爲稱職。當時之制，尚書舉其大者，侍郎銓其小者，則六品以下官吏咸吏部所掌。自是海內一命以上之官，州郡無復辟署矣。自後魏末北齊以來，州郡僚佐多爲吏部所授，至隋一切歸在省司。牛弘嘗問劉炫曰：「按周禮，士多而府史少。今吏百倍於前，判官減卽不濟，其故何也？」炫對曰：「古人委任責成，歲終考其殿最，案不重校，文不繁悉，府史之任，〔四三〕掌要目而已。今之文簿，常慮覆理，鍛鍊若不密，萬里追證百年舊案，故諺云，『老吏抱案死』。今古不同，若此之相懸也。事繁政弊，蓋職此之由。」弘又問：「魏、齊之時，令史從容而已。今則不遑寧舍，其事何由？」炫對曰：「往者州唯置綱紀，郡置守、丞，縣唯令而已，其寮屬則長官自辟，受詔赴任，每州不過數十。今則不然，大小之官悉由吏部，〔四四〕纖介之迹皆屬考功，所以繁也。省官不如省事，省事不如清心。官事不省而欲從容，其可得乎。」弘甚善其言，而不能用。

自後周以降，選無清濁。初，盧愷攝吏部尚書，與侍郎薛道衡、陸彥師甄别物類，頗爲清簡，而譖愬紛紜，愷及道衡皆除名焉。大業煬帝始建進士科。又制，百官不得計考增級，其功德行能有昭然者，乃擢之。大業三年，始置吏部侍郎一人，分掌尚書職事。時武夫參選，多授文職。大業八年，詔曰：「頃自班朝治人，乃由勳叙，拔之行陣，起自勇夫，蠹政害民，寔由於此。自今以後，諸授勳官者，並不得因授文官職事。」

唐人貢士之法，多循隋制。上郡歲三人，中郡二人，下郡一人，有才能者無常數。其常貢之科，有秀才，有明經，有進士，有明法，有書，有算。自京師郡縣，皆有學焉。每歲仲冬，郡縣館監課試其成者，長吏會屬僚，設賓主，陳俎豆，備管絃，牲用少牢，行鄉飲酒禮，歌鹿鳴之詩，徵耆艾，叙少長而觀焉。既餞而與計偕。其不在館學而舉者，謂之鄉貢。舊令諸郡雖一、二、三人之限，而實無常數。到尚書省，始由户部集閲，而關于考功，課試可者爲第。武德舊制，以考功郎中監試貢舉。貞觀以後，則考功員外郎專掌之。律曰：「諸貢舉非其人，及應貢舉而不貢舉者，一人徒一年，二人加一等，罪止徒三年。」

初，秀才科等最高，試方略策五條，有上上、上中、上下、中上，凡四等。貞觀中，有舉而不第者，坐其州長，由是廢絶。開元二十四年以後，復有此舉。其時以進士漸難，而秀才本科無帖經及雜文之限，反易於進士。主司以其科廢久，不欲收奬，應者多落之，三十年來無及第者。至天寶初，禮部侍郎韋陟始奏請，有堪此舉者，令官長特薦，其常年舉送者並停。自是士族所趣嚮，唯明經、進士二科而已。其初止試策，貞觀八年，詔加進士試讀經史一部。至調露二年，考功員外郎劉思立始奏二科並加帖經，後又加老子、孝經，使兼通之。高宗永隆二年，詔：「明經帖十得六，進士試文兩篇，識文律者，〔四五〕然後試策。」武太后載初元年二月，策問貢人于洛城殿，數日方了，殿前試人自此始。長壽三年，制，始令舉人獻歲，〔四六〕元會列於方物之前，以備充庭。長壽二年，太后自製臣軌兩篇，令貢舉習業，仍停老子。

長安二年，教人習武藝，每歲如明經、進士之法，行鄉飲酒禮，送于兵部。開元十九年，詔，武貢人與明經、進士同行鄉飲酒禮。其課試之制，畫帛爲五規，置之於垜，去之百有五步，列坐引射，名曰長垜。弓用一石力，箭重六錢。又穿土爲埒，其長與垜均，綴皮爲兩鹿，歷置其上，馳馬射之，名曰馬射。鹿子長五寸，高三寸，弓用七斗以上力。又斷木爲人，戴方版於頂，凡四偶人，互列埒上，馳馬入埒，運槍左右觸，必版落而人不踣，名曰馬槍。槍一丈八尺，徑一寸五分，重八斤，其木人上版方三寸五分。皆以儇好不失者爲上。兼有步射穿札、翹關負重、身材言語之選，通得五上者爲第。其餘復有平射之科，不拘色役，高第者授以官，其次以類升。又制爲土木馬於里閭間，〔四七〕教人習騙。天寶六年正月，制：「文武之道，既惟並用，宗敬之儀，不可獨闕。其鄉貢武舉人上省，先令拜謁太公廟。每拜大將及行師尅捷，亦宜告廟。」神龍二年二月，制，貢舉人停臣軌，依舊習老子。

開元八年七月，國子司業李元瓘上言：〔四八〕「三禮、三傳及毛詩、尚書、周易等，並聖賢微旨，生民教業，必事資經遠，則斯道不墜。今明經所習，務在出身，咸以禮記文少，人皆競讀。周禮經邦之軌則，儀禮莊敬之楷模，公羊、穀梁歷代崇習，今兩監及州縣，以獨學無友，四經殆絶。事資訓誘，不可因循。其學生請各量配作業，〔四九〕并貢人參試之日習周禮、儀禮、公羊、穀梁，並請帖十通五，許其入策，以此開勸，卽望四海均習，九經該備。」詔從之。二十一年，明皇新注老子成，詔天下每歲貢士，減尚書、論語二策，而加老子焉。二十四年，制，移貢舉於禮部，以侍郎掌之。因考功員外郎李昂詆訶進士李權文章，大爲權所陵折，朝議以郎官地輕，故移之於禮部，遂爲永例。二十五年二月，制，明經帖十取通五以上，免舊試一帖，仍按問大義十條；取通六以上，〔五〇〕免試經策十條，令答時務策三道，取粗有文理者與及第。其進士停小經，準明經帖大經，十帖取通四以上，然後準例試雜文及策，考通與及第。其明經中有明五經以上，試無不通者；進士中兼有精通一史，能試策十條得六以上者，奏聽進止。其應試進士等，唱第訖，具所試雜文及策，送中書、門下詳覆。禮部侍郎姚奕奏。明皇方弘道化，至二十九年，始於京師置崇玄館，諸州置道學，生徒有差。京都各百人，諸州無常員，習老、莊、文、列，謂之四子，蔭第與國子監同。謂之道舉，舉送課試，與明經同。

凡舉司課試之法，帖經者，以所習經掩其兩端，中間開唯一行，裁紙爲帖，凡帖三字，隨時增損，可否不一，或得四、得五、得六者爲通。後舉人積多，故其法益難，務欲落之，至有帖孤章絶句，疑似參互者以惑之。甚者或上抵其注，下餘一二字，使尋之難知，謂之「倒拔」。既甚難矣。而舉人則有驅縣孤絶，〔五一〕索幽隱，爲詩賦而誦習之，不過十數篇，則難者悉詳矣，其於平文大義，或多牆面焉。

天寶元年，明經停老子，加習爾雅。十一載，禮部侍郎楊浚始開爲三行。不得帖斷絶疑似之言也。而明經所試一大經及孝經、論語、爾雅，帖各有差。帖既通而口問之，一經問十義，得六者爲通。問通而後試策，凡三條，三試皆通者爲第。進士所試一大經及爾雅，舊制，帖一小經并注。至開元二十五年，改帖大經，其爾雅亦并令帖注。帖既通而後試文試賦各一篇，文通而後試策，凡五條，三試皆通者爲第。經策全通爲甲第，通四以上爲乙第。通三帖以下，及策全通而帖經文不通四，或帖經通四以上而策不通四，皆爲不第。明法，試律令各十帖，試策共十條，律七條，令三條。全通爲甲，通八以上爲乙，自七以下爲不第。書者，試説文、字林凡十帖，説文六帖，字林四帖。口試無常限，皆通者爲第。算者，試九章、海島、孫子、五曹、張邱建、夏侯陽、周髀、五經、綴術、緝古，帖各有差，九章三帖，五經等七部各一帖，綴術六帖，緝古四帖。兼試問大義，皆通者爲第。凡衆科有能兼學，則加超獎，不在常限。

按令文，科第秀才與明經同爲四等，進士與明法同爲二等。然秀才之科久廢，而明經雖有甲、乙、丙、丁四科，進士有甲、乙二科，自武德以來，明經唯有丁第，進士唯乙科而已。於先試之期，命舉人謁于先師，有司卜日，宿張於國學，宰輔以下皆會而觀焉。博集群議，講論而退之。禮部閱試之日，皆嚴設兵衛，薦棘圍之，搜索衣服，譏訶出入，以防假濫者焉。其進士大抵千人得第者百一二，明經倍之，得第者十一二。其制詔舉人，不有常科，皆標其目而搜揚之，試之日，或在殿庭，天子親臨觀之。試已，糊其名於中，考之文策，高者特授以美官，其次與出身。開元以後，四海晏清，士無賢不肖，恥不以文章達，其應詔而舉者，多則二千人，少猶不減千人，所收百纔有一。武后頗涉文史，好雕蟲之藝，永隆中始以文章選士。及永淳之後，太后君臨天下二十餘年，當時公卿百辟無不以文章達，因循遐久，浸以成風。

寶應二年六月，禮部侍郎楊綰奏，諸州每歲貢人，依鄉舉里選，察秀才孝廉。敕旨，州縣每歲察孝廉，取在鄉閭有孝悌廉恥之行薦焉，委有司以禮待之。試其所通之學，五經之内精通一經，兼能對策達於治體者，並量行業授官。其明經、進士、道舉並停。旋復其故矣。貞元二年，詔，習開元禮者，舉人同一經例。〔五二〕明經習律，以代爾雅。至六年，詔，禮部侍郎親故移試考功，謂之别頭。十六年，中書舍人高郢奏罷，議者是之。元和十三年，權知禮部侍郎庾承宣奏復考功别頭之試。初開元中，禮部考試畢，送中書、門下詳覆，其後中廢，是歲，侍郎錢徽所舉送覆試，多不中選，由是貶官，而舉人雜文復送中書、門下。長慶三年，侍郎王起言：「故事，〔五三〕禮部已放牓而中書、門下始詳覆，今請先詳覆而後放牓。」議者以起雖避嫌疑，然失貢職矣。諫議大夫殷侑言：「三史爲書，勸善懲惡，亞於六經。比來史學都廢，至有身處班列而朝廷舊章莫能知者。」於是立史科及三傳之科。

先是進士試詩賦及時務策五道，明經策三道，建中二年，中書舍人趙贊權知貢舉，乃以箴論表贊代詩賦，而皆試策三道。太和八年，禮部復罷進士議論而試詩賦。文宗從内出題以試進士，謂侍臣曰：「吾患文格浮薄，昨自出題，所試差勝。」乃詔禮部歲取登第者三十人，苟無其人，不必充其數。是時文宗好學嗜古，鄭覃以經術位宰相，深嫉進士浮薄，屢請罷之。文宗曰：「敦厚浮薄，色色有之，進士科取人二百年矣，不可遽廢。」

武宗即位，宰相李德裕尤惡進士，嘗論公卿子弟艱於科舉。武宗曰：「向聞楊虞卿兄弟朋比貴勢，妨仕進之路，昨黜楊知至、鄭朴等，抑其太甚耳。有司不識朕意，不放子弟郎過矣，但取實藝可也。」德裕曰：「鄭肅、封敖子孫皆有才，不敢應舉。臣無名第，不當非進士，然臣祖天寶末以仕進，無他岐，勉彊隨计，一舉登第。自後家不置文選，蓋惡其不根藝實。然朝廷顯官須公卿子弟爲之，何者？少習其業，目熟朝廷事，臺閣之儀，不教而自成，寒士縱有出人之才，固不能閑習也，則子弟未易可輕。」及唐之季世，進士之科尤爲浮薄，時皆知其非而不能更革也。

凡旨授官，悉由于尚書，文官屬吏部，武官屬兵部，謂之銓選，唯員外郎御史及供奉之官則否。供奉官，若起居、補闕、拾遺之類，雖是六品以下官，〔五四〕而皆敕授，不屬選司，開元四年始有此制。凡吏部、兵部文武選事，各分爲三銓，尚書典其一，侍郎分其二。文選舊制，尚書掌六品、七品選，侍郎掌八品、九品選。景雲初，宋璟爲吏部尚書，始通其品員而分典之，〔五五〕遂以爲常。凡選始於孟冬，終於季春。先時五月頒格於郡縣，示人科限而集之。初皆投狀於本郡，或故任所，述罷免之由，而上尚書省，限十月至省。〔五六〕乃考覈資緒，郡縣鄉里名籍，父祖官名，内外族姻，年齒形狀，優劣課最，譴負刑犯必具焉。以同流者五五爲聯，以京官五人爲保，一人爲識，皆列名结款，不得有刑家之子，工賈殊類，及假名承僞、隱冒升降之徒。應選者有知人之詐冒而糾得三人以上者，優以授之。其試之日，除場援棘，譏察防檢，如禮部舉人之法。其擇人有四事：一曰身，取其體貌豐偉。二曰言，取其詞論辨正。三曰書，取其楷法遒美。四曰判。取其文理優長。四事可取，則先乎德行，德均以才，才均以勞。其六品以降，計資量勞而擬其官，五品以上不試，列名上中書、門下，聽制敕處分。凡選，始集而試，觀其書判；已試而銓，察其身言；已銓而注，詢其便利，乃擬其官。已注而唱示之，不厭者得反通其辭。他日更其官而告之如初，又不厭者亦如之。三唱而不服，聽冬集。服者以類相從，攢之爲甲，先簡僕射，乃上門下省，給事中讀之，黄門侍郎省之，侍中審之，不審者皆得駮下，既審然後上聞，下主者受旨而奉行焉。各給以符而印其上，謂之告身，其文曰「尚書吏部告身之印」。自出身之人至于公卿，皆給之。武官則受於兵部。兵部武選亦然，課試之法，如舉人之制，取其軀幹雄偉，應對詳明，有驍勇材藝，及可爲統帥者。若文吏求爲武選，取身長六尺以上，籍年四十以下，彊勇可以統人者。武夫求爲文選，取書判精工，有治民之材，而無殿犯者。凡官已受成，皆殿庭謝恩。其黔中、嶺南、閩中郡縣之官，不由吏部，以京官五品以上一人充使就補，御史一人監之，四歲一往，謂之南選。凡居官以年爲考，六品以下四考爲滿。武德初，因隋舊制，以十一月起選，至春則停。至貞觀二年，劉林甫爲吏部侍郎，以選限既促，多不究悉，遂奏四時聽選，随到注擬，當時以爲便，十九年十一月，馬周爲吏部尚書，以吏部四時提衡，略無休暇，遂請取所由文解，十月一日起省，〔五七〕到三月三十日畢。

自高宗麟德以後，承平既久，民康俗阜，求進者衆，選人漸多。總章二年，裴行儉爲司列少常伯，始設長名姓歷牓，引銓注之法，又定州縣官資高下升降，以爲故事，其後莫能革焉。至于明皇開元中，行儉子光庭爲侍中，以選人既無常限，或有出身二十餘年而不獲禄者，復作循資格，定爲限域。凡官罷滿，以若干選而集，各有差等，卑官多選，高官少選，賢愚一貫，必合乎格者乃得銓授，自下升上，限年躡級，不得踰越。久淹不收者皆便之，謂之聖書。雖小有常規，而掄材之方失矣。此起於後魏崔亮停年之制也。其有異才高行，聽擢不次。然有其制而無其事，有司但守文奉式，循其資例而已。初，吏部選才，將親其人，覆其吏事，始取州縣案牘疑議，試其斷割而觀其能否，此所以爲判也。按，顯慶初，黄門侍郎劉祥道上疏曰：「今行署等勞滿，唯曹司試判，不簡善惡，雷同注官。」此則試判之所起也。後日月浸久，選人猥多，案牘淺近，不足爲難，乃採經籍古義，假設甲乙，令其判斷。既而來者益衆，而通經正籍又不足以爲問，乃以僻書曲學隱伏之義問之，唯懼人之能知也。工者登于科第，謂之入等，其甚拙者謂之藍縷，各有升降。選人有格限未至，而能試文三篇，謂之宏詞，試判三條，謂之拔萃，亦曰超絶。詞美者，〔五八〕得不拘限而授職焉。初，州縣混同，無等級之差，凡所拜授，或自大而遷小，或始近而後遠，無有定制。其後選人既多，叙用不給，遂累增郡縣等級之差。郡自輔至下凡八等。縣自赤至下凡八等。其折衝府亦有差等。按格令，内外官萬八千八十五員，而合入官者，自諸館學生以降，凡十二萬餘員。弘文、崇文館學生五十員，國子、太學、四門、律、書、算凡二千二百一十員，州縣學生六萬七百一十員，兩京崇玄館學生二百員，諸州學不計，太史歷生三十六員，天文生百五十員，太醫藥、童、針、呪諸生二百一十一員，〔五九〕太卜卜筮生三十員，千牛備身八十員，備身二百五十六員，進馬十六員，齋郎八百六十二員，諸三衛監門直長三萬九千四百六十二員，諸屯主副千九百八十四員，諸折衝府録事、府史千七百八十二員，〔六〇〕校尉三千五百六十四員，執杖，執乘每府六十四員，親事、帳内一萬員，集賢院御書手一百員，翰林藥童數百員，諸臺，省、寺、監、軍、衛、坊、府之胥吏及上州市令、録事，省司補授者約六千餘員。其外文武貢士，及應制、挽郎、輦脚、軍功、使勞、徵辟、奏薦、神童、陪位，諸以親蔭，并藝術、百司、雜直，或恩賜出身受職，不爲常員者，不可悉數。大率約八九人爭官一員。

初武德中，天下兵革方息，萬姓安業，士不求禄，官不充員，吏曹乃移牒州府，課人應集，至則授官，無所退遣。四五年閒，求者漸多，方稍有沙汰。貞觀元年，〔六一〕京師穀貴，始分人於洛州選集，參選者七千人，而得官者六千人。是時太宗謂吏部尚書杜如晦曰：「今吏部取人，獨取其言辭刀筆而不詳其才行，或授職數年，然後罪彰，雖刑戮繼及，而人已弊矣。如之何？」對曰：「昔兩漢取人，必本於鄉閭選之，然後入官，是以稱爲多士。今每歲選集，動踰數千人，厚貌飾辭，何可知也。選曹但校其階品而已，若掄材辨行，未見其術。」上由是將依漢法令本州辟召，會功臣議行封建，事乃寢。佗日，上又曰：「夫古今致治，在於得賢。今公等不能知，〔六二〕朕不偏識，日月其逝，而人遠矣。吾將使人自舉，如之何？」魏徵曰：「知人則哲，自知者明。知人誠難矣，而自知豈易乎？且自媒自衒，士女之醜行，是長澆競也。」故復寢。是時吏部之法行始二十餘年，雖已爲弊矣，而未甚滂流，故公卿輔弼，或有未之覺者。貞觀十七年，吏部侍郎高季輔知選，凡所銓録，〔六三〕時稱允愜。十八年，獨知選事，太宗賜金背鑑一面，以表其清鑒焉。太宗初知其微，而未及更。因循至于永徽中，官紀已紊。迨麟德之後，不勝其弊焉。

及武太后臨朝，務悦人心，不問賢愚，選集者多收之，職員不足，乃令吏部大置試官以處之，故當時有「車載、斗量」之謡。又以鄧玄挺、許子儒爲侍郎，無所藻鑒，委成令史，依資平配。其後諸門人仕者猥衆，不可禁止，有僞立符告者，有接承佗名者，有遠人無親而買保者，有試判之日求人代作者，如此假濫，不可悉數。武太后又以吏部選人多不實，剗革其弊，神功元年，勑：「自今以後，本色出身，解天文者，進官不得過太史令；音樂者，不得過太樂鼓吹令；醫術者，不得過尚藥奉御；陰陽卜筮者，不得過太卜令；解造食者，不得過司膳令。有從勳官品子、流外國官參佐視品等出身者，自今以後，不得任京清要等官。若累限應至三品，不須進階，每一階酬勳兩轉。」而乃繁設等級，遞立選防，多方以抑之。及神龍以來，復置員外官二千餘人，兼超授閹官爲員外官者又千餘人。時中宮用事，恩澤横出，除官有不由宰司，特敕斜封便拜。於是内外盈溢，居無廨宇，時人謂之「三無坐處」，言宰相、御史及員外官也。時以鄭愔爲吏部侍郎，大納貨賄，留人過多，無闕注擬，逆用三年闕員，於是綱紀大紊焉。〔六四〕及先天以後，宋璟爲尚書，李乂、盧從愿爲侍郎，方革前弊，量闕留人，雖資高考深而非才實者，並罷選。當時選者，十不收一，由是吏曹之職復理矣。自有唐以來，居吏部者，唯馬載、裴行儉、崔玄暐、韋嗣立四人最爲稱職。

開元十三年，明皇又以吏部選試不公，乃置十銓試人。禮部尚書蘇頲，刑部尚書韋抗，工部尚書盧從愿，右常侍徐堅，御史中丞宇文融，朝集使蒲州刺史崔琳，魏州刺史崔沔，荆州長史韋虚心，鄭州刺史賈曾，懷州刺史王邱，各掌其一。時左庶子吴兢上表諫，仍停此十銓分選，依舊以三銓爲定也。明年，仍行故。至天寶八載六月，敕旨，授官宜立攢符，下諸郡府。十一載，楊國忠爲吏部尚書，以肺腑爲相，懼招物議，取悦人心，乃以選人非超絶當留及藍縷當放之外，其餘常選，從年深者率留，故惷愚廢滯者咸荷焉。其明年，三銓注官，皆自專之，於尚書都堂，與左相相偶唱注，一旬而畢，不復再經門下考審。舊制，中書、門下便除授。

貞元四年正月制，春秋薦舉。至五年六月，敕：「在外者，委諸道觀察使及州府長史。其在京城者，委中書、門下、尚書省，御史臺常參清官，并諸使三品以上官，左、右庶子，少詹事，少卿監，司業，少尹，諭德，國子博士，長安、萬年縣令，著作佐郎，郎中，中允，中舍人，祕書，太常丞，贊善，洗馬等，每年一度薦聞。」至八年正月，敕：「比來所舉人數頗多。自今以後，中書、門下兩省，及御史臺五品以上，尚書省四品以上，諸司三品以上應合舉人，各令每人薦不得過兩人，餘官不得過一人。」至九年十一月，勑：「每年冬薦官，吏部準式檢勘，成者宜令尚書左右丞、本司侍郎引於都堂，訪以治術，兼商量時務狀，考其理識通者及考第事，疏定爲三等，并舉主名録奏。」試日，仍令御史一人監試。

考績周　漢　魏　晉　後魏　唐

周制，三載考績，三考黜陟。其訓曰：「三歲而小考其功也，小考者，正職而行事也。九歲而大考有功也，大考者，黜無職而賞有功也。」

漢元帝建昭中，西羌反，日蝕，又久青無光。〔六五〕召京房問，對曰：「古帝王以功舉賢，則萬化成，瑞應著。末代以毁譽取人，故功業廢，而致災異。宜令百官各試其功，災異可息。」詔房作其事，房奏考功課吏法。晉灼曰：「令、丞、尉治一縣，崇教化，無犯法者，輒遷。有盜賊滿三日不覺者，〔六六〕尉事也，令覺之，自除，二尉負其辠。率相準如此法也。」帝令公卿與房會議，皆以房言煩碎，令上下相司，不可許。上意鄉之。時部刺史奏事京師，帝召見，令房曉以課事，諸刺史復以爲不可，唯御史大夫鄭弘、光禄大夫周堪言善。是時中書令石顯專權，顯友人五鹿充宗爲尚書令，與房同經，議論相非，時充宗嫉房，出爲魏郡太守，唯許房至郡自行考課法。

魏明帝時，以士人毀譽是非，混雜難辨，遂令散騎常侍劉卲作都官考課之法七十二條，考覈百官。其略，欲使州郡考士必由四科，皆有効然後察舉，或辟公府爲親民長吏，轉以功次補郡守者，或就秩而加賜爵焉。至於公卿及内職大臣，率考之。事下三府，由是大議考課之制，後亦不行。

晉武帝泰始初，務崇治本，詔河南尹杜預爲黜陟之課。其略曰：「臣聞上古之政，因循自然，虚己委誠而信順之道應，神感心通而天下之理得。及至末代，不得紀遠而求於密微，疑諸心而信耳目，疑耳目而信簡書，簡書愈繁而官方愈僞，法令滋彰，巧飾彌多。昔漢之刺史，亦歲終奏事，不制算課，而清濁粗舉。魏氏考課，卽京房之遺意，其文可謂至密，然由於累細，故歷代不能通也。豈若申唐堯之舊典，去密就簡，則簡而易從也。〔六七〕今科舉優劣，莫若委任達官，各考所統。在官一年以後，每歲優者一人爲上第，劣者一人爲下第，因計偕以名聞。如此六載，主者總集採按，其六歲處優舉者超用之，六歲處劣舉者奏免之，其優多劣少者敍用之，劣多優少者左遷之。今考課之品，所對不均，誠有難易，若以難取優，以易而否，主者固當準量輕重，微加降殺，不足復曲以法盡也。」〔六八〕

後魏孝文帝太和中，詔曰：「三載考績，自古通經，三考黜陟，以彰能否。今若三考然後黜陟，可黜者不足爲遲，可進者大成賖緩。朕今三載一考，考卽黜陟，欲令愚滯無妨於賢者，才能不擁於下位。各令當曹考其優劣，爲三等。六品以下，尚書重問。五品以上，朕將親與公卿論其善惡，上上者遷之，下下者黜之，中中者守其本任。」時否臧必舉，賞罰大行，其薄賞者猶錫車馬器服，以申奬勸。後帝臨朝堂，顧謂録尚書兼廷尉卿廣陵王羽曰：「凡考績，上、下二等，可爲三品，中等但爲一品。所以然者，上下是黜陟之科，故旌絲髮之美惡，中等守本事而已。」帝又謂尚書等曰：「卿等在任，年垂二周，未嘗進一賢，退一不肖，此二事罪之大者。」謂羽曰：「汝居樞端之任，在職以來，功勤之績不聞於朝，阿黨之音頻于朕聽。今黜汝録尚書廷尉，但居特進太保。」自尚書令、僕射以下，凡黜退二十餘人，皆略舉遺闕。諸如此黜官者，令一年之後，任官如初。〔六九〕

宣武帝時，徐州刺史蕭寶夤論曰：「方今守令，厥任非輕，及考課悉以六載爲程，既而限滿代還，復經六年而敍，是則歲周十二始得一階，於東、西兩省文武閑職，公府散佐，無事冗官，或數旬方應一直，或弦朔止於暫朝，及其考日，更得四年爲限，是則一紀之内便登三級。彼以實勞劇任而遷貴之路至難，此以散官虚名而升陟之方甚易，何内外之相遠，令厚薄之如是。」

孝明帝延昌二年，又將大考百寮，散騎常侍領三公郎中崔鴻，以考令於體例不通，乃建議曰：「古者爲官求才，朝升夕進，豈拘一階半級，闕以同寮等位者哉。二漢以降，太和以前，苟必官須此人，人稱其職，或超騰轉陟，數歲而至公卿，或長兼試守，稱允而遷，進者披卷則人人而是，舉目則朝貴皆然，故能時收多士之稱，國號豐賢之美。竊見景明以來，考格三年成一考，轉一階，貴賤内外，萬有餘人，自非犯罪，不問賢愚，莫不上中，才與不肖比肩同轉，雖有善政如龔黄，儒學如王鄭，史才如班馬，〔七〇〕文章如張蔡，得一分一寸，必爲常流所攀，選曹亦抑爲一槩，不曾甄别。琴瑟不調，改而更張，雖明旨已行，猶宜消息。」時不從。

唐考課之法，有德義、清慎、公平、恪勤各一善，自近侍至于鎮防，並據職事目爲之最，凡二十七焉。一最以上有四善，爲上上。一最以上有三善，或無最而有四善，爲上中。一最以上有二善，或無最而有三善，爲上下。一最以上有一善，或無最而有二善。

爲中上。一最以上或無最而有一善，爲中中。職事粗理，善最弗聞，爲中下。愛憎任情，處斷乖理，爲下上。背公向私，職務廢闕，爲下中。居官諂詐及貪濁有狀，爲下下。若於善最之外，別有可嘉尚，及罪雖成殿而情狀可矜，或雖不成殿而情狀可責者，省校之日，皆聽考官臨事量定。諸州縣官人撫育有方，〔七二〕户口增益者，各準見户爲十分論，每加一分，刺史、縣令各進考一等。增户口謂課丁，率一丁同一户法，增不課口者，每五口同一丁例，其有破除者得相折。其州户口不滿五千，縣户不滿五百者，各準五千、五百户法爲分。若撫養乖方，户口減損者，各準增户法，亦每減一分降一等。其勸課農田能使豐殖者，亦準見地爲十分論，每加二分，各進考一等。此爲永業口分之外，別能墾起公私荒田者。其有不加勸課以致減損者，謂永業口分之内有荒廢者。每損一分，降考一等。若數處有功，並應進考者，並聽累加。

神龍中，御史中丞盧懷慎上疏曰：「語云『三年有成』。書謂『三載考績』。子産，賢者也，其爲政尚累年而化成，况其常材乎。竊見比來州縣官佐，下車布政，有多者一二年，少者三五月，遽卽遷除，不論課考。或歷時未改，便傾耳而聽，企踵而覯，爭求冒進，不顧廉恥，亦何暇宣風布化，求瘼恤民哉！户口流散，百姓凋弊，職爲此也。何則？人知吏之不久則不從其吏，吏知遷之不遥又不盡其能，偷安苟且，脂韋而已。又古之爲吏者長子孫，倉氏，庾氏，卽其後也。臣請都督、刺史上佐，兩畿縣令等，在任未經四考，不許遷除，察其課効尤異，或錫以車裘，或就加禄秩，或降使臨問，并璽書慰勉。若公卿有闕，則擢以勸能。政績無聞，抵犯貪暴者，放歸田里，以明賞罰。致治救弊，莫過於此。」

開元二十五年十二月，命諸道採訪使考課官人善績，三年一奏，永爲常式。至二十七年二月，赦文：「三載考績，黜陟幽明，允叶大猷，以勸天下。比來諸道所通善狀，但優仕進之輩，與爲選調之資，責實循名，或乖古義。自今以後，諸道使更不須通善狀。每至三年，朕自擇使臣觀察風俗，有清白政治著聞者，當別擢用之。」

校勘記

〔一〕「其有稱明德者御史中執法下郡守」，「德」，原作「法」，「下」字脱，據漢書高帝紀下改補。

〔二〕「算十十萬」，脱一「十」字，據通典一三補。

〔三〕「實試賢能爲上」，「試」下衍「用」字，據漢書董仲舒傳删。

〔四〕「徵吏民有明當世之務」，「徵」字脱，據漢書武帝紀、通典一三補。

〔五〕「當與計偕」，「當」，原作「常」，據通典一三改。

〔六〕「諫大夫王吉上言曰」，「諫」下衍「議」字，據漢書王吉傳删。

〔七〕「不得舉爲廉吏」，汪本「得」作「待」，據元本、明本、于本、殿本改。

〔八〕「建武十二年」，「建武」二字脱，據後漢書百官志一注補。

〔九〕「改前漢常侍曹尚書爲吏曹尚書」，「吏曹」之「曹」，原作「部」，據後漢書百官志三注改。

〔一〇〕「四科補賊決」，「賊」，原作「賦」，據通典一三改。按後漢書百官志一太尉下有賊曹，主盗賊事；決曹，主罪法事。

〔一一〕「詔王國官屬墨綬下至郎謁者經明任博士」，「國」字、「明」字脱，據後漢書安帝紀補。安帝紀「國」原作「主」，從劉攽刊誤改正。

〔一二〕「諸生試家法」，汪本、元本、明本「法」作「經」，據于本、殿本改。

〔一三〕「迄于永嘉」，「永嘉」，汲古閣本與殿本後漢書左雄傳皆作「永熹」，錢大昕校正作「永憙」，但「永嘉」之名傳用已久，故出校不改字。

〔一四〕「賢能」，文上衍「仁」字，據後漢書左雄傳、通典一三删。

〔一五〕「崔瑗之徒」，「瑗」原作「瓊」，據後漢書左雄傳、通典一三改。

〔一六〕「天下不敢妄選」，「妄選」，原作「謬舉」，據後漢書左雄傳改。通典一三作「謬選」，通志因之而愈誤。

〔一七〕「到皆試用焉」，「到」，原作「則」，據三國志魏志文帝紀改。

〔一八〕「夫官才用人」，汪本「官」作「宜」，據元本、明本、于本、殿本改。

〔一九〕「今文武之官既衆而拜賜不在職者又多」，按此下爲傅玄疏中語。「拜賜」二字互倒，據晉書傅玄傳改。

〔二〇〕「猶懼弗周」，「周」，原作「同」，據通鑑一二八改。

〔二一〕「年二十有五方得入仕」，「二」，原作「三」，據元本、通典一四改。

〔二二〕「郡置郡宗」，「宗」，原作「崇」，據梁書武帝紀中、南史梁本紀上改。

〔二三〕「仍舊訪舉」，「訪」下衍「選」字，據梁書敬帝紀删。

〔二四〕「列十數人名」，隋書百官志上作「録數十人名」。

〔二五〕「又畫可付選司行召得官者不必皆待召到」，「畫」，原作「書」，二「召」字皆作「名」，據隋書百官志上改。

〔二六〕「今可先補前召」，「今可」，原作「令」，據魏書高允傳改。

〔二七〕「守令宰人宜使更事者」，「令」字、「宜」字脱，據魏書高允傳補。

〔二八〕「校勝於上」，「校」，原作「伎」，據魏書高允傳改。

〔二九〕「持身潔清」，「持身」，原作「特」，據魏書郭祚傳改。

〔三〇〕「庶族子弟年未十五」，「未」字脱，據册府元龜六三九補。

〔三一〕「澄品爲三等」，「三」下衍「品」字，據魏書任城王澄傳、通典一四删。

〔三二〕「皇甫光」，原作「韋伯昕」，據魏書裴叔業傳改。

〔三三〕「其在僻陋者」，「僻」，原作「選」，據通典一四改。

〔三四〕「雖未盡美」，汪本「雖」作「猶」，據元本、明本、于本、殿本改。

〔三五〕「唯在守令最須簡置」，「令」下衍「令」字，據魏書辛雄傳、通典一四删。

〔三六〕「辛術貞明簡實」，原作「辛雄學術精明簡習」，據通典一四改。按，北史辛術傳稱：「術性尚貞明，取士以才以器，循名責實。」通典爲概括此文之語，鄭氏避宋仁宗諱改「貞」爲「精」，又誤以「辛術」爲「辛雄學術」，以致甚誤。

〔三七〕「每在三年之内」，按北齊書孝昭紀、北史齊本紀皆作「二年之内」。

〔三八〕「理宜委悉刺史於所管之内」，「委悉」二字互倒，「管」，原作「綰」，據通典一四改。

〔三九〕「州官州都主簿以下但需在吏職並聽表薦太守則曹掾以下及管内之人」，「州都」之間衍「官」字，「管」，原作「綰」，據通典一四删改。

〔四〇〕「以故外吏不得精覈皆由此起也」，按，自「初東魏元象中」至此爲總結北朝銓選之文，全録自通典一四選舉典二。其中引用皇建二年詔書，北齊書孝昭紀與北史齊本紀皆止於「每在二年之内各舉一人」，且「三年」二書作「二年」，與此不同。本篇下文又有「三年之内各舉一人」之文，則此處「三年」非「二年」之誤，應爲别有所據。可知

「或夙在朝倫」云云，與皇建二年之詔非同一文件，通典節録失當，致語意含混不明，與北齊書及北史皆不合。通志則承之而誤。

〔四一〕「吏部下大夫一人」，「吏」上衍「小」字，據通典一四删。

〔四二〕「開皇十八年」，汪本「皇」作「年」，據元本、明本、于本、殿本改。

〔四三〕「府史之任」，「任」字脱，據北史儒林傳補。

〔四四〕「大小之官悉由吏部」，「由」，原作「是」，據北史儒林傳改。

〔四五〕「識文律者」，「識」，原作「職」，據唐會要七五改。

〔四六〕「長壽三年制始令舉人獻歲」，通典一五文同。按，唐會要七六作「長壽二年十月，左拾遺劉承慶上疏」云云，「制曰『可』。」

〔四七〕「制爲土木馬於里閭間」，汪本「土」作「上」，據元本、明本、于本、殿本改。

〔四八〕「國子司業李元瓘」，「瓘」，原作「璀」，據通典一五、唐會要七五改。

〔四九〕「其學生請各量配作業」，「請」下衍「停」字，據唐會要七五删。

〔五〇〕「取通六以上」，「通」字脱，據唐會要七五補。

〔五一〕「驅縣孤絶」，北宋本通典一五及册府元龜六三九「縣」作「聯」。

〔五二〕「舉人同一經例」，「人」字脱，據通典一五補。

〔五三〕「故事」，汪本「故」作「放」，據元本、明本、于本、殿本改。

〔五四〕「雖是六品以下官」，「雖」，原作「惟」，據通典一五改。
〔五五〕「始通其品員而分典之」，汪本「而」作「品」，據元本、明本、于本、殿本改。
〔五六〕「而上尚書省限十月至省」，「上」字脱，「月」，原作「日」，據通典一五補改。
〔五七〕「十月一日起省」，「省」字脱，據通典一五補。
〔五八〕「詞美者」，「美」，原作「義」，據通典一五改。
〔五九〕「天文生百五十員太醫藥童針呪諸生二百一十一員」，「五」，原作「三」，「針」，原作「科」，據通典一五、新唐書選舉志下改。「藥」字脱，據新唐書選舉志下補。
〔六〇〕「諸折衝府録事府史千七百八十二員」，「史」，原作「吏」，據唐六典二四、新唐書百官志四上改。
〔六一〕「貞觀元年」，「元年」二字脱，據唐會要七五補。
〔六二〕「今公等不能知」，「等」字脱，據貞觀政要三、唐會要五三補。
〔六三〕「凡所銓録」，「録」，原作「綜」，據通典一五改。
〔六四〕「綱紀大紊焉」，「紀」，原作「統」，據通典一五改。
〔六五〕「日蝕又久青無光」，汪本「青」作「青」，據元本、明本、于本、殿本改。
〔六六〕「滿三日不覺者」，「日」，原作「百」，據漢書京房傳、通典一五改。
〔六七〕「則簡而易從也」，「則簡」二字脱，據通典一五補。

〔六八〕「不足復曲以法盡也」，「盡」，原作「書」，據晉書杜預傳改。

〔六九〕「任官如初」，「任」，原作「仕」，據通典一五改。

〔七〇〕「史才如班馬」，「史才」二字互倒，據魏書崔光傳附崔鴻傳改。

〔七一〕「撫育有方」，「方」，原作「萬」，據通典一五改。

選舉略第二

雜議論上

漢哀帝初立，欲匡成帝之政，多所變動。時丞相王嘉上疏曰：「古者繼世立諸侯，象賢也。雖不能盡賢，天子爲擇臣，立命卿以輔之。居是國也，累代尊重，然後士民之衆附焉，是以教化行而治功立。今之郡守重於古諸侯，而輕易之，可乎？孝文帝時，吏居官者或長子孫，以官爲氏，倉氏、庾氏，〔一〕則倉、庾吏之後也。其二千石長吏，亦安官樂職，然後上下無苟且之意。其後稍稍變易，公卿以下轉相促急，又數以改更政事，司隸、部刺史察過悉劾，發揚陰私，吏或居官數月而退，〔二〕送故迎新，交錯道路。中材苟容求全，下材懷危内顧，一切營私者多，二千石益輕賤，吏民慢易之。孝宣愛良吏，有章劾，〔三〕事留中，會赦一解。故事，尚書希下章，爲煩擾百姓，證驗繫治，〔四〕或死獄中，章文必有『敢告之』字迺下。陛下留神擇賢，記善忘過，容忍臣子，勿責以備。二千石、部刺史、三輔縣令有材任職者，人情不能不有過差，宜可闊略，令盡力者有所勸。此方今急務，國家之利也。」嘉因薦儒者公孫光、滿昌及能吏蕭咸、薛修等，〔五〕皆故二千石有名稱，天子納而用之。

後漢光武時，陳事者多言郡國貢舉，率非功次，故守職益懈，而吏事寖疎，咎在州郡。有詔下公卿朝臣議。韋彪上議：〔六〕「士宜以才行爲先，不可純以閥閲，然其要歸於選二千石，二千石賢則貢舉得其人矣。」帝深納之。張衡上疏曰：「古者取士，諸侯歲貢。孝武之代，郡舉孝廉，又有賢良、文學之選，於是名臣皆出，文武並興。漢之得人，數路而已。夫書畫辭賦，才之小者，游意篇章，當代博奕，以此取士。諸生競利，作者鼎沸，其高者頗引經訓風喻之言，下則連偶俗語，有類俳優，或竊成文，虚冒名氏。臣每受詔於盛化門，差次録第，其未及者，亦復隨輩，皆見拜擢。既加之恩，難復收改，但守俸禄，於義已加，不可復使理民及仕州郡。」

魏文帝時，詔曰：「選舉莫取有名。名如畫地作餅，不可啖也。」吏部尚書盧毓對曰：「名不足以致異人，而可以得常士。常士畏教慕善，然後有名。」其後士人多務進趨，廉遜道缺，時劉寔乃著崇讓論以矯之。

晉始平王文學李重，以爲等級繁多，又外官輕而内官重，議曰：「秦采古制，漢仍秦舊，倚丞相，任九卿，雖置五曹尚書令、僕射之職，始於掌封奏以宣外内事，任尚輕，而郡守牧人之官重。漢宣稱所與爲治，〔七〕唯良二千石，其有殊政者，或賜爵進秩，諒得爲治大體，所以遠比三代也。及于東京，尚書雖漸優重，然令、僕出爲郡守，便入爲三公，虞延、第五倫、桓虞、鮑昱是也。近自魏朝名守杜畿、滿寵、田豫、胡質等，居郡或十餘年，或二十年，或加秩假節而不去郡，此亦古人苟善其事，雖没世不徙官之義也。漢、魏以來，内官之貴，於今最崇，而百官等級遂多，遷補轉徙如流，能否無以著，黜陟不得彰，此爲治之大弊也。夫階級繁多而冀官久，官不久而冀治功成，不可得也。」帝雖善之而不能行。

齊左僕射王儉請解領選，謂褚彦回曰：「選曹之始，近自漢末。今若反古，使州郡貢計，三府辟士，與衆共之，猶賢一人之意。古者選衆，今則不然，奇才絶智所以見遺於草澤也。」彦回曰：「誠如卿言，但行之已久，卒難爲改也。」

梁尚書左僕射沈約論曰：「漢末喪亂，魏武始創，軍中倉卒，權立九品，蓋以論人才優劣，非謂世族高卑。因此相沿，遂爲成法，自魏至晉，莫之能改。州都郡正以才品人，而舉世人才升降蓋寡，徒以憑藉世資，用相凌駕。都正俗士，斟酌時宜，品目少多，隨事俯仰，劉毅所云『下品無高門，上品無賤族』也。歲月遷訛，斯風漸篤。」天監中，約又上疏曰：「頃自漢代，本無士庶之别，自非仕宧，不至京師。罷公卿牧守，並還鄉里，小人瞻仰，以成風俗。且横校棊布，傳經授業，學優而仕，始自鄉邑，本於小吏幹佐，方至文學、功曹。積以歲月，乃得察舉，人才秀異，始爲公府所辟，遷爲牧守，入作台司。漢之得人，於斯爲盛。當今士子，略以萬計，常患官少才多。假使秀才對五問可稱，孝廉答一策能過。此雕蟲小道，非關治功得失，以此求才，徒虚語耳。」

後魏孝文帝時，高祐上疏云：「今之選舉，不采識理之優劣，專簡年勞之多少，斯非盡才之謂。宜停此薄藝，棄彼功勞，唯才是取，官方斯穆。又勳舊之臣，雖年勤可録，而才非撫民，則可加之以爵賞，不宜委之以方任，所謂王者可私人以財，不私人以官。」帝善之。薛琡爲吏部郎中，〔八〕先是崔亮奏立停年之格，不簡人才，專問勞舊。琡乃上書曰：「若使選曹唯取年勞，不簡賢否，便即義均行雁，次若貫魚，勘簿呼名，一吏足矣，數人而用，何謂銓衡？今請郡縣之職，吏部先盡擇才，務取廉平淳直〔九〕，素行有聞，并學通古今，曉達治體者，以應其選。不拘入職近遠，年勳多少，其積勞之中，有才堪牧民者，先在用之限。其餘不堪者，既壯藉其力，〔一〇〕豈容老而棄之，將佐丞尉，去民積遠，小小當否，未爲多失，〔一一〕宜依次補序，以酬其勞。」書奏，不報。徐因引見，復陳言曰：「漢朝常令三公大臣舉賢良方正、有道直言之士，以爲長吏，監撫黎元。自晉以來，此風遂替。今四方初定，務在養民，臣請依漢氏更立四科，令三公宰貴各薦時賢，以補郡縣，明立條格，防其阿黨之端。」詔下公卿議之，事亦寢。

隋文帝開皇中，治書侍御史李諤以選才失中，上書曰：「自魏之三祖，更尚文詞，忽君人之大道，好雕蟲之小藝。下之從上，有同影響，競騁文華，遂成風俗。江左、齊、梁，其弊彌甚。貴賤賢愚，唯務吟詠，遂復遺理存異，尋虚逐微，競一韻之奇，〔一二〕爭一字之巧，連篇累牘，不出月露之形，積案盈箱，唯是風雲之狀。世俗以此相高，朝廷據兹擢士，禄利之路既開，愛尚之情愈篤。是以開皇四年，普詔天下，公私文翰，並宜實録。其年九月，泗州刺史司馬幼之上表華豔，付所司治罪。由是公卿大臣咸知正路，莫不鑽仰墳素，棄絶華綺，擇先王之令典，行大道於兹代。如聞在外州縣，仍踵弊風，選吏舉人，未遵典則，臣既忝憲司，職當糾察，若聞風即劾，恐挂網者多，請勒諸司，普加搜訪，有如此者，具狀送臺。」

唐貞觀八年三月，詔進士讀一部經史。二十二年九月，考功員外郎王師旦知貢舉，〔一三〕時冀州進士張昌齡、王公治，〔一四〕並有俊才，聲振京邑，而師旦考其文策全否，舉朝不知所以。及奏等第，太宗怪無昌齡等名，因召師旦問之。對曰：「此輩誠有詞華，然其體輕薄，文章浮豔，必不成令器。臣若擢之，恐後生相倣傚，有變陛下風雅。」帝以爲名言，後並如其言。

高宗顯慶初，黄門侍郎劉祥道以選舉漸弊，陳奏。其一曰：「吏部比來取人，傷多且濫。每年入流，數過千四百人，是傷多；永徽五年，一千四百三十人。六年，一千十八人，顯慶元年，一千四百五十人。不簡雜色，人卽注官，是傷濫。雜色解文：三衞、内外行署、内外番官、親事、帳内品子、任雜掌、伎術、直司書手、兵部品子、兵部散官、勳官、記室，及功曹、參軍、檢校官、屯副、驛長、校尉、牧長。經學時務等比雜色人，三分不居其一。經明行脩之士猶罕有正人，多取胥徒之流，豈可皆求德行？其雜色應入流人，請令曹司試判訖，簡爲四等，奏聞。量有材用兼有景行者，爲第一等；身品彊壯，及第八上，〔一五〕并兵部所送人不沾第一等，及準例合送兵部者，〔一六〕爲第二等；餘量簡爲第三、第四等。第一等付吏部，第二等付兵部，第三等付主爵，第四等付司勳，並準例處分。」其二曰：「古之選者，爲官擇人，不爲人擇官。今之選者亦擇人，但人多而官員少，擇之無準約。官員有數，入流無限，以有數供無限，人隨歲積，豈得不賸？」其三曰：「雜色人請與明經、進士通充入流之數，以三分論，每二分取明經、進士，一分取雜色人。」嶺南及瘴癘之所，四考不得替者，不在此限例。〔一七〕若計至五品，及有中上以上私犯、中下公坐、下上以下考者，四考滿，依舊置替，得替人依式聽選。奉勑付所司，集群臣詳議，議者多難於改作。

乾封二年八月，上引侍臣，〔一八〕責以不進賢良，宰相李安期進曰：「比來公卿有所薦引，卽遭囂謗，以爲朋黨。沈屈者未申，而在位者已損，所以人思苟免，競爲緘默。若陛下虚己招納，務於搜訪，不忌親讎，唯能是用，讒毁不入，誰不竭誠？此皆事由陛下，非臣等所能致也。」上深然之。

武太后臨朝，垂拱中，納言魏玄同以爲吏部選舉未盡得人之術，上疏曰：「昔之列國，今之州縣，士無常君，人有定主，自求臣佐，各選英賢，大臣乃命于王朝耳。秦并天下，罷侯置守。漢氏因之，有沿有革。諸侯得自置吏四百石以下，其傅相大官則漢爲置之，州郡掾史、督郵、從事，悉任之於牧守。爰自魏、晉，始歸吏部，遞相因循，以迄于今。以刀筆求才，以簿書察行，法之弊久矣。今諸色入流，年以千計，群司列位，無復新加，官有常員，人無定限。選集之始，霧積雲屯，擢敍於終，十不收一。淄澠混淆，玉石不分，用捨去留，得失相半，既卽事爲弊，致後來滋甚。按成周之制，諸侯之臣不皆命於天子，王朝庶官亦不專於一職。故穆王以伯冏爲太僕正，命之曰：『愼簡乃僚，無以巧言令色便僻側媚，其唯吉士。』此則令其自擇下吏之文也。太僕正，中大夫耳，尚以僚屬委之，則三公九卿亦然矣。周禮，太宰、内史，並掌爵禄廢置，司徒、司馬，别掌興賢詔事。當是分任於群司，而統之以數職，各自求其小者，而王命其大者也。」疏奏，不納。

天授三年，右補闕薛謙光以其時雖有學校之設，禁防之制，而風俗流弊，皆背本而趨末，矯飾行之，以請託奔馳爲務，上疏曰：「自七國以來，雖雜以縱橫，而漢興求士，以行爲先，既爲閭里推高，然後爲府寺所辟。而魏氏取人，好其放達。晉、宋之後，祇重門資。梁、陳之間，特好詞賦，故其俗以詩酒爲重，未嘗以修身爲務。降及隋室，餘風尚存，文筆日煩，政事日靡。文帝於是禁浮詞而罪司馬幼之，風俗始改，政化大行。及煬帝又變前法，置進士等科，故後生復相倣傚，皆以浮華爲貴。今之舉人，有乖事實。或明制適下，試令搜揚，則驅馳府寺，請謁權貴，陳詩奏記，希咳唾之澤，摩頂至足，冀提攜之恩，故俗號舉人爲覓舉。夫選曹授職，諠囂於禮闈，州郡貢士，諍訟於陛闥，謗議紛紜，浸成風俗。今夫舉人，詢於鄉閭，歸於里正而已。設如才應經邦，唯令試策，武能制敵，只驗彎弧。文擅清奇，則登甲科，藻思小減，則爲不第，以此收人，恐乖事實。何者？樂廣假筆於安仁，靈運詞高於穆之，平津文劣於長卿，子建藻麗於荀彧。若以射策爲官，則潘、謝、曹、馬必居荀、樂之右；協贊機猷，則安仁、靈運亦無裨附之益。由此言之，固不可一槩而取也。其武藝亦然。故謀將不長於弓馬，良相寧資於射策？伏願陛下降明制，頒峻科，〔一九〕文則試以理官，武則令其守禦，使僥名濫吹之伍，〔二〇〕無所藏其庸謬。又按漢法，所舉之主，終身保任。揚雄之坐田儀，責其冒薦。成子之居魏相，酬於得賢。賞罰之令行，則請謁之心絕，辭遜之義著，則貪競之路塞矣。仍請寬立年限，容其採訪簡汰，堪用者令試守，以觀能否，參檢行事，以覈是非。〔二一〕稱職者受薦賢之賞，濫舉者抵欺罔之罪，自然舉得才行，而君子之道長矣。」

聖曆三年二月，武太后令宰相各舉尚書郎一人，狄仁傑獨薦男光嗣，由是拜地官尚書郎，莅事有聲。太后謂仁傑曰：「祁奚内舉，果得人也。」長安二年，武太后下求賢令，狄仁傑曰：「荆州長史張柬之，其人雖老，真宰相才也。」乃召爲洛州司馬。他日又求賢，仁傑曰：「臣前言張柬之。」太后曰：「已遷之矣。」對曰：「臣薦之謂爲相也，今爲洛州司馬，非用之。」又遷秋官侍郎。

開元三年，左拾遺張九齡上書曰：「夫元元之衆，莫不縣命於縣令，宅生於刺史，宜重其選。而今刺史、縣令，除京輔近處之州，刺史猶擇其人，縣令或備員而已。其餘江、淮、隴、蜀、三河諸處，除大府之外，稍稍非才，但於京官之中出爲州縣者。或是緣身有累，在職無聲，用於牧宰之間，以爲斥逐之地，因勢附會，遂忝高班，比其勢衰，亦爲刺史。至於武夫流外，積資而得官，成於經久，不計有才。諸若此流，盡爲刺史，其餘縣令以下，固不可勝言。今朝廷卿士入而不出，在外者又技癢求入。臣愚以爲宜立科條，定其資歷，凡不歷都督、刺史，雖有高第者，不得入爲侍郎、列卿；不歷縣令，雖有善政者，〔二二〕亦不得入爲臺郎、給、舍。雖遠處都督、刺史，至於縣令，〔二三〕遞次差降，以爲出入。亦不十年頻任京職，又不得十年盡任外官。如此設科以救其失，則内外通理，萬姓獲安。又古之選用賢良，取其稱職，或遥聞而辟召，或一見而任之，是以士修素行，不圖僥倖。今吏部條章，動盈千萬，刀筆之吏，辯析毫釐。始造簿書，以備用人之遺忘耳，今反求精於案牘，不急於人才，亦何異遺劍中流，而刻舟以記，去之彌遠，可爲傷心。凡稱吏部之能者，則曰從縣尉與主簿，從主簿與縣丞，斯選曹執文而善知官次者也。唯據其合與不合，而多不論賢與不肖。陛下若不以吏部尚書、侍郎爲賢，必不授以職事，尚書、侍郎既以賢而受委，豈復不能知人？人之難知，雖自古所慎，而拔十得五，其道可行。今則執以格條，貴於謹守，其能自覺者，每選所拔，亦有三五人。若又專固者，則亦一人不拔，據資配職，自以爲能爲官擇人，初無此意，故使時人有平配之議，官曹無得賢之實。故臣以爲選部之法，弊於不變。〔二四〕變法甚易，在陛下涣然行之。今若刺史、縣令，精覈其人，即每年當管之内應有合選之色，且先委曲考其才行，堪入品流，然後送臺。臺又推擇，據所用之多少爲州縣之殿最。一則州縣慎於所舉，必取入官之才，二則吏部因其有成，無多庸人干冒。」

十七年三月，國子祭酒楊瑒上言：〔二五〕「伏聞承前之例，每年應舉，常有千數，及第兩監，不過一二十人。臣恐三千舉徒，虚費官廩，兩監博士，濫縻天禄。臣竊見入仕諸色出身，每歲向二千餘人，方於明經、進士，多十餘倍，臣之微誠，實所未曉。今監司課試，十已退其八九，考功及第，十又不收一二，長以此爲限，恐儒風漸墜，小道將興。若以出身人多，應須諸色都減，豈在獨抑明經、進士也。」上然之。

左監門衛録事參軍劉秩論曰：「商鞅說秦孝公曰：『利出一孔者王，利出二孔者彊，利出三孔者弱。』於是下令，非戰非農，不得爵位。秦卒以是能并吞六國。漢室干戈以定禍亂，貴尚淳質。高后舉孝悌力田，文、景守而不變，故下有常業，而朝稱多士。及孝武察孝廉，置五經博士弟子，雖門開二三，而未失道德也。逮至晚歲，務立功名，鋭意四夷，故權譎之謀設，荊楚之士進。軍旅相繼，官用不足，是以聚歛計料之政生，設險興利之臣起。番係、嚴熊羆等經淮造渠，以通漕運。東郭偃、孔僅建鹽鐵諸利策。富者冒爵射官，免刑除罪。公用彌多，而爲官者狥私，上下並求，百姓不堪刓弊。由是精通秀穎之士不遊於學，遊於學者率章句之儒也。是以昭帝之時，霍光問民疾苦，不本之於太常諸生，徵天下賢良文學以訪之，是常道不足以取人也。漢氏失馭，曹魏僭竊，中正取士，權歸著姓，雖可以鎮伏甿庶，非尚賢之術。洎乎晉、宋、齊、梁，遞相祖習，謂善賦者廊廟之人，雕蟲者台鼎之器。下以此自負，上以此選材，上下相蒙，持此爲業。周書曰：『以言取人，人竭其言。以行取人，人竭其行。』取人之道，不可不慎也。隋氏罷中正，舉選不本鄉曲，故里閭無豪族，井邑無衣冠，人不土著，萃處京畿，士不飾行，人弱而愚。夫古者任人之制，以勳賞功，以才莅職，是以職與人宜。近則以職賞功，是以官與人乖。古者計人而貢士，計吏而用人，故士無不官，官無乏吏。近則官倍於古，士十於官，求官者又十於士，故士無官，官乏禄，吏擾人。古者王畿千里，千里之外，封建諸侯，諸侯之吏，自卿以降各自舉任。當乎漢室，除保傅將相，餘盡專之，州縣佐史則皆牧守選辟。夫公卿者，主相之任也，甸外之官吏者，又諸侯牧守之事也，然則主司之所選者，獨甸内之吏，公卿府之屬耳，豈不寡哉。所選既寡，則焉得不精。近則有封建而無國邑，五服之内，政決王朝，一命拜免，必歸吏部，按名授職，猶不能遣，何暇採訪賢良，搜覈行能邪！」又曰：「三代之制，家有世業，國有世官。孔子曰：『醫不三世，不服其藥。』史墨曰：『古之爲官，世守其業。』朝夕思之，一朝失業，死則及焉。是知業不世習，則其事不精，此周之所以得人也。昔羲氏、和氏世掌天地，劉氏世擾龍，籍氏世司民，庾氏、庫氏世司出納，制氏世司鑄鍾，即其事也。至後代，以世卿執柄，益私門，卑公室。齊奪於田氏，魯弱於三桓。革世卿之失而不復世業之制。醫工筮數，其道浸微，蓋爲此也。」

洋州刺史趙匡舉選議曰：三代建侯，與今事異，請自漢言之。漢朝用人，自詔舉之外，其府寺郡國屬吏，皆令自置，故天下之士，修身於家，而辟書交至，以此士務名節，風俗用修。魏氏立九品之制，中正司之，於是族大者第高，而寒門之秀屈矣。國朝舉選，用隋氏之制，歲月既久，其法益訛。夫才智因習而就，固然之理。進士者，時共貴之，主司褒貶，實在詩賦，務求巧麗，以此爲賢，不唯無益於用，實亦妨其正習，不唯撓其淳和，實又長其佻思，自非識度超然，時或孤秀，其餘溺於所習，悉昧本源。欲以啓導性靈，獎成後進，斯亦難矣，故士林鮮體國之論，其弊一也。又人之心智，蓋有涯分，而九流七略，書籍無窮。主司問目，〔二六〕不立程限，故脩習之時，但務鈔略，比及就試，偶中是期。業無所成，固由於此。故當代寡人師之學，其弊二也。疏以釋經，蓋筌蹄耳。明經讀書，勤苦以甚，其口問義，又誦疏文，徒竭其精華，習不急之業，而當代禮法，無不面牆，及臨民決事，取辦胥吏之口而已，〔二七〕所謂所習非所用，所用非所習者也。故當官少稱職之吏，其弊三也。舉人大率二十人中方收一人，故没齒而不登科者甚衆，其事難，其路隘也如此，而雜色之流廣通其路也。此一彼十，此百彼千，揆其秩序，無所差降，故受官多底下之人，修業抱後時之嘆。待不才者何厚，處有能者何薄？崇末抑本，啓昏窒明，故士子捨學業而趨末伎。其弊四也。收人既少，則爭第急切，交馳公卿，以求汲引，毁訾同類，用以爭先。故業因儒雅行成，險薄非受性如此，勢使然也。浸以成俗，虧損國風。其弊五也。大抵舉選人以秋末就路，春末方歸。休息未定，聚糧未辦，即又及秋。事業不得脩習，益令藝能淺薄。其弊六也。羈旅往來，縻費實甚，非唯妨闕生業，蓋亦隳其舊產，未及數舉，索然以空。其弊七也。貧窶之士在遠方，欲力赴京師，而所冀無際。以此揆度，遂至没身。使茲人有抱屈之恨，國家有遺才之闕。其弊八也。官司運江淮之儲，計五費其四，乃達京邑。芻薪之貴又十倍四方。而舉選之人，〔二八〕每年攢會，計其人畜，蓋將數萬。無成而歸，十乃七八，徒令關中煩耗。其弊九也。爲官擇人，唯才是待。今選司並格之以年數，合格者判雖下劣，一切皆收，如未合格而應科目者，纔有小瑕，莫不見棄。故無能之士，禄以例臻，才俊之流，坐成白首。此非古人求賢審官之義，亦以明矣。其弊十也。選人不約本所試，悉令聚於京師，〔二九〕人既浩穰，文簿煩雜，因此偷濫，其事百端。故俗間相傳云：「入試非正身，十有三四。赴官非正身，十有二三。」此弊之尤者。今若未能頓除舉選以從古制，且稍變易以息弊源，則官多佳吏，風俗可變。其條例如後：

舉人條例

一，立身入仕，莫先於禮，尚書明王道，論語詮百行，孝經德之本，學者所宜先習。其明經通此，謂之兩經舉，論語、孝經爲之翼助，諸試帖一切請停，唯令策試義及口問。其試策自改問時務以來，經業之人鮮能屬綴，以此少能通者。所司知其若此，亦不於此取人，故時人云：「明經問策，禮試而已。」所爲變實爲虚，無益於政。今請令其精習。試策問經義及時務各五節，並以通四以上爲第。但令直書事義，解釋分明，不用空寫疏文及務華飾。其十節總於一道之内問之。餘科準此。其口問諸書，每卷問一節，取其心中了悟，解釋分明，往來問答，無所滯礙，不用要令誦疏，亦以十通八以上爲第。諸科亦準此。外更通周易、毛詩，名四經舉，加左氏春秋爲五經舉。不習左氏者，任以公羊、穀梁代之。其但習禮記及論語、孝經，名一經舉。既立差等，隨等授官，則能否區分，人知勸勉。

一，明法舉，亦請不帖，但策問義并口問，準經業科。

一，學春秋者，能斷大事。其有兼習三傳，參其異同，商推比擬，得其長者，謂之春秋舉。策問經義并口問，並準前。

一，進士習業，請令習禮記、尚書、論語、孝經并一史。其雜文請試兩首，共五百字以上，六百字以下。試牋、表、議、論、銘、頌、箴、檄等有資於用者，不試詩賦。其理通其詞雅爲上，理通詞平爲次，餘爲否。其所試策，於所習經史内問，經問聖人旨趣，史問成敗得失，并時務共十節。貴觀理識，不用求隱僻，詁名數，爲無益之能，言詞不至鄙陋卽爲第。

一，其有通禮記、尚書、論語、孝經之外，更通道德諸經、通玄經、孟子、荀卿子、吕氏春秋、管子、墨子、韓子，謂之茂才舉。達觀之士，既知經學，兼有諸子之學，取其所長，捨其偏滯，則於理道無不該矣。試策問諸書義理，并時務共二十節，仍與之言論，觀其通塞。

一，其有學兼經史，達於政體，策略深正，其詞典雅者，謂之秀才舉。經通四經，或三禮，或三家春秋，兼通三史以上，卽當其目。其試策，經問聖人旨趣，史問成敗得失，并時務共二十節，仍與之談論，以究其能。

一，學倍秀才，而詞策同之，談論貫通，究識成敗，謂之宏才舉。以前三科，其策當詞高理備，不可同於進士。其所問每十節通八以上爲第。

一，其史書，史記爲一史，漢書爲一史，後漢書并劉昭所注志爲一史，三國志爲一史，晉書爲一史，李延壽南史爲一史，北史爲一史，習南史者兼通宋、齊志，習北史者通後魏、隋書志。自宋以後，史書煩碎冗長，請但問政理成敗所因，及其人物損益關於當代者，其餘一切不問。國朝自高祖下及睿宗實録，并貞觀政要，共爲一史。

一，天文律歷，自有所司專習，且非學者卒能尋究，並請不問。唯五經所論，蓋舉其大體，不可不知。

一，每年天下舉人來秋入貢者，今年九月，州府依前科目先起試其文策，通者，注等第訖，試官、本司官、録事參軍及長史連押其後。〔三〇〕其口問者，題策後云「口問通若干」，即相連印縫，並依寫解爲先後，不得參差。封題訖，十月中旬送觀察使，觀察使差人送都省司，隨遠近比類，須合程限。省司重考定訖，其入第者，二月内符下諸道諸州追之，限九月内盡到，到即重試之。其文策，皆勘會書跡詞理，與州試同，即收之，僞者送法司推問。其國子監舉人，亦準前例。

一，諸色身名都不涉學，昧於廉恥，何以居官？其簡試之時，雖云試經及判，其事苟且，與不試同。請皆令習孝經、論語。其孝經口問五道，論語口問十道，須問答精熟，知其義理，並須通八以上。如先習諸經書者，任隨所習試之，不須更試孝經、論語。其判問以時事，取其理通，必在責其重保，以絶替代。其合外州申解者，依舉選例處分。

一，一經及第人，選日請授中縣尉之類，判入第三等及蔭高，授上縣尉之類。兩經出身授上縣尉之類，判入第三等及蔭高，授緊縣尉之類。用蔭止於此，其以上當以才進。四經出身，授緊縣尉之類，判入第三等，授望縣尉之類。五經，授望縣尉之類，判入第二等，授畿縣尉之類。明法出身，與兩經同資。進士及三禮舉、春秋舉，與四經同資。其宏才，請送詞策上中書、門下，請授諫官、史官等。其茂才、秀才，請授畿尉之類。其禮經舉人，若更通諸家禮論及漢以來禮儀沿革者，請便授太常博士。茂才等三科，爲學既優，並準五經舉人便授官。其雜色出身人，量書判授中縣尉之類，判入第三等及蔭高者，加一等。凡蔭除解褐官外，不在用限。

一，其今舉人所習既從簡易，士子趨學必當數倍往時，每年諸色舉人，主司簡擇常以五百人爲大限，此外任收雜色。

選人條例

一，其前資官及新出身，並請不限選數任集。庶有才不滯，官得其人。

一，不習經史，無以立身。〔三二〕不習法理，無以効職。人出身以後，當宜習法。其判問，請旨問以時事疑獄，令約律文斷決。其有既依律文，又約經義，文理宏雅，超然出羣，爲第一等。其斷以法理，參以經史，無所虧失，粲然可觀，爲第二等。判斷依法，頗有文彩，爲第三等。頗約法式，直書可否，言雖不文，其理無失，爲第四等。此外不收。但如曹判及書題，如此則可，不得拘以聲勢文律，翻失其真。故合於理者數句亦收，乖於理者詞多亦捨。其倩人暗判，人間謂之判羅，此最無恥，請牓示以懲之。

一，其授試官及員外官等，若悉不許選，恐抱才者負屈，若並令集，則僥倖者頗多，當酌事宜，取其折中。請令所在審加勘責，但無渝濫，〔三二〕並準出身人例，試判送省。授官日，其九品、八品官，請同黄衣選人例；七品、六品官，依前資解褐官例；五品、四品依前資第二正官例〔三三〕。其官好惡，約判之工拙也。

一，舊法，四品、五品官不復試判者，以其歷任既久，經試固多，且官班已崇，人所知識，不可復爲僞濫矣。自有兵難，仕進門多，僥倖超擢，不同往日，並請試判。待三五年，舉選路清，然後任依舊法。其曾經登科及有清白狀，并曾任臺省官，并諸司長官判史者，〔三四〕已經選擇，並不試，依常例處分。

一，每年天下選人欲赴來冬選，則令秋九月，依舉人召集審勘，責絶其姦濫。試時，長吏親自監臨，皆令相遠，絶其口授及替代。其第四等以上封送省，皆依舉人例處置。吏部計天下闕員訖，卽重考天下所送判。審定等第訖，從上等據本色人數收人具名，下本道觀察使追之，限十月内到，並重試之。訖，取州試判，類其書蹤及文體。有僞濫者，準法處分。其合留者，依科目資序，隨穩便注擬。

一，其兩都選人，不比外州。請令省司自試，隔年先試，一同外州。東都選人判，亦將就上都考定等第，兼類會人數，〔三五〕明年依例追集重試之，還以去秋所試，驗其書蹤及詞理。則隔年計會替代，事亦難爲。

一，兵興以來，士人多去鄉土。既因避難。所在寄居，必欲網羅才能，隔年先試，令歸本貫，爲弊更深。其諸色舉選人，並請準所在寄莊寄住處投狀，請試舉人。既不慮僞濫，其選人但勘會符告，并責重保，知非僞濫，卽準例處分。

一，宏詞拔萃以甄逸才，進士、明經以長學業，並請依常年例，其平選判人第二等，亦任超資授官。

一，〔三六〕諸以蔭緒優勞準敕授官者，如判劣惡者，請授員外官，待稍習法理，試判合留，依資授正員官。

一，諸合授正員官人，年未滿三十，請授無職事京官及外州府參軍，〔三七〕不得授職事官。

後論。有司或詰於議者曰：「吏曹所銓者四，謂身、言、書、判。今外州送判則身、言闕矣，如何？」對曰：「夫身、言者，豈非洪範『貌、言』乎？貌謂舉措可觀，言謂詞説合理，此皆才幹之士方能及此。今所試之判，不求浮華，但令直書是非，以觀理識。於此既蔽，則無『貌、言』，斷可知矣。書者，非理人之具，但字體不至乖越，卽爲知書。判者，斷決百事，真爲吏所切，故觀其判，則才可知矣。〔三八〕彼身、言及書，豈可同爲銓序哉！」有司復詰曰：「王者之盛，莫逾堯舜。書稱『敷納以言』，爲求才之通軌。今以言爲後，亦有説乎？」對曰：「夫『敷納以言』者，謂引用賢良，升於達位，方將詢以庶政，非言無以知之。其唐虞官百，咨俞無幾，其下小吏，官長自求，各行敷納，事至簡易。今吏曹所習，輒數千人，三銓藻鑒，心目難溥，酬喧競之不暇，又何敷納之有乎？其茂才以上，學業既優，可以言政教，接以談論，近於敷納矣。」有司復曰：「士有言行不差而闕於文學，或頗有文學而言行未修，但以諸科取之，無乃未備？」對曰：「吏曹所銓，必求言行，得之既審，然後授官，則外州遥試未爲通矣。今銓衡之下，姦濫所革，紛爭劇於獄訟，僞濫深於市井，法固致此，無如之何。豈若外州先試，兼察其行，苟居宅所在，則隣伍知之，官司耳目，易爲采聽，古之鄉舉里選，方斯近矣。且今之新法，以學舉者，一經畢收，以判選者，直書可否，可謂易矣。修言行者，心當敦固，不能爲此，餘何足觀。若有志性過人，足存激勸，及躬爲惡行，不當舉用者，則典章已備，但舉而行之耳。」有司復曰：「其有効官公清，且有能政，以其短於詞判，不見褒升，無乃闕於事實乎？」對曰：「苟能如此，最爲公器，使司善狀，國有常規，病在不行耳。但令諸道觀察使，每年終必有褒貶，不得僭濫，則善不蔽矣。」問曰：「試帖經者求其精熟，今廢之，有何理乎？」對曰：「夫人之爲學，帖易於誦，誦易於講。今口問之，令其講釋，若不精熟，如何應對？此舉其難者，何用帖爲。且務於帖則於義不專，非演智之術，固已明矣。夫帖者，童穉之事，今方授之以職，而待以童穉，於理非宜。」有司復曰：「舊法口問並取通六，今令通八，無乃非就易之義乎？」答曰：「所習者少，當務其精。止於通六，失在鹵莽，是以然耳。」復曰：「舉人試策，例皆五通，今併爲一，有何理？」對曰：「夫事尚實則有功，狥虛則益寡。試策五通，多書問目，數立頭尾，狥虛多矣，豈如一策之内併問之乎。」

雜議論下

德宗時，禮部員外郎沈既濟議曰：「計近代以來，爵禄失之者久矣。其失非佗，在四太而已。何者？入仕之門太多，世胄之家太優，禄利之資太厚，督責之令太薄。夫入仕者多，則農工益少，農工少則物不足，物不足則國貧，是以言入仕之門太多。禮曰：『天子之元子，士也。』天下無生而貴者，則雖儲貳之尊，與士伍同。故漢王良以大司徒免歸蘭陵，後光武巡幸，始復其子孫邑中徭役，丞相之子不得蠲戶課。而近代以來，九品之家皆不征，其高蔭子弟，重承恩獎，端居役物，坐食百姓，〔三九〕其何以堪之？是以言世胄之家太優。先王制士，所以理物也。置祿，所以代耕也。農工商有經營作役之勞，而士有勤民致治之憂，雖風猷道義，士伍爲貴，其苦樂利害，與工農商等不甚相遠也。後代之士，乃撞鐘鼓，植臺榭，以極其歡。而農工鞭臀背，役筋力，以奉其養。得仕者如升仙，不得仕者如沈泉，歡娛憂苦若天地之相遠也。是以言祿利之資太厚。語曰：『陳力就列，不能者止。』昔李膺、周舉爲刺史，〔四〇〕守令畏憚，覩風投印綬者四十餘城。夫豈不懷祿而安榮哉，顧漢之法不可偷也。自隋變選法，則雖甚愚之人，蠕蠕然第能乘一勞，結一課，獲入選叙，則循資授職，族行之官，隨列拜揖，藏俸積祿，四周而罷，因緣侵漁，抑復有焉。其罷之日，必妻孥華楚，僕馬肥腯，而偃仰乎士林之間。及限又選，終而復始，非爲巨害，至死不黜。故里語謂人之爲官若死然，未有不了而倒還者。爲官如此易，享祿如此厚，上法如此寬，下歛如此重，則人孰不違其害以就其利者乎？是以言督責之令太薄。」既濟以爲：「當輕其祿利，重其督責，使不才之人，雖虛座設位，置印綬于旁，揖而授之，不敢受。寬其征徭，安其田里，使農商百工各樂其業，雖以官誘之而莫肯易。如此則規求之志不禁而息，多仕之門不扃而閉。夫古今選用之法，九流常叙有三科而已，曰德也，才也，勞也，而今選曹皆不及焉。何以言之？且吏部之本存乎甲令，雖曰度德居官，任才授職，計勞升叙，其文具矣。然考校之法，皆在書判簿歷言詞俯仰之間，侍郎非通神不可得而知之，則安行徐言非德也，麗藻芳翰非才也，累資積考非勞也。按前代選用，皆州府察舉。及年代久遠，訛失滋深。至于齊、隋，不勝其弊，凡所署置，多由請託。故當時議者以爲，與其率私，不若自舉，與其外濫，不若内收。是以罷州府之權，而歸於吏部，此矯時懲弊之權法，非經國不刊之常典。今吏部之法蠹矣，復宜掃而更之，無容循默，坐守刓弊。或以爲當今選舉，人未土著，不必本於鄉閭，鑒不獨明，不可專於吏部。謹按詳度古制，折量今宜，謂五品以上及羣司長官，俾宰臣進叙，吏部、兵部得參議焉。〔四一〕其六品以下或僚佐之屬，許州府辟用。則銓擇之任，悉委於四方，結奏之成，咸歸於二部。必先擇牧守，然後授其權，高者先署而後聞，卑者聽版而不命。其牧守將帥或選用非公，則吏部、兵部得察而舉之。夫如是則接名僞命之徒，菲才薄行之人，貪叨賄貨，懦弱姦宄，下詔之日隨聲而廢，通計大數，十除八九。則人少而員寬，事詳而官審，賢者自進，不肖者不抑而自退。除隋權道，復古美制，則衆才咸得，而天下幸甚。」

選舉雜議七條

一，或曰：「按國家甲令，凡貢舉人本求才德，不選文詞，故律曰：『諸貢舉人非其人者，徒。』注云：『謂德行乖僻者也。』居州郡則廉使升聞，在朝廷則以時黜陟，用茲懲勸，足爲致理。有司因循，不修厥職，寖以訛謬，使其陵頽。今但修舊令，舉舊政，則人服矣，焉用改作？」答曰：「州郡以德行貢士，禮闈以文詞揀才，試官以帖問求學，銓曹以書判擇吏，俱存甲令，何令宜修？且惟德無形，惟才不器，搏之弗得，〔四二〕聆之弗聞，非在所知，焉能辨用？今禮部、吏部一以文詞貫之，則人斯遠矣。使臣廉舉，但得其善惡之尤者耳，每道累歲罕獲一人。至如循常諄諄蚩騃愚鄙者，或身甚廉謹，政爲人蔽者，或善爲姦濫，祕不彰聞者，一州數十人，曷常聞焉。若銓不委外，任不責成，不疏其源，以導其流，而以文字選士，循資授職，雖口誦律文，〔四三〕拳操斧鉞，以臨其民，無益也，非改之不可。」

二，或曰：「昔後漢貢士，諸生試經學，文吏試牋奏，則舉人試文乃前王之典故，而子獨非於今，何也？」答曰：「漢代所貢乃王官耳。凡漢郡國每歲貢士，皆拜爲郎，分居三署，儲才待詔，無有常職，故初至必試其藝業而觀其能否。至於郡國僚吏，皆府主所署，版檄召用，至而授職，何常賓貢，亦不試練，其遐州陋邑，一掾一尉，或津官戍吏，皆登銓上省。受試而去者，自隋而然，非舊典也。」

三，或曰：「若使外州辟召，必是牧守親故，或權勢囑託，或旁隣交質，多非實才，奈其濫何？」答曰：「誠有之也，然其濫孰與吏部多？請較其優劣。且州牧郡守，古稱共理，政能有美惡之迹，法令有殿最之科，分憂責成，誰敢濫舉。設如年多人怠，法久弊生，天網恢疎，容其姦謬，舉親舉舊，有囑有情，十分其人，五極其濫，猶有一半，尚全公道，如吏部者十無一焉。請試言之，凡在銓衡，唯徵書判，至於補授，祇校官資。善書判者何必吏能，美資歷者寧妨貪戾。假使官資盡愜，刀筆皆精，此爲吏曹至公之選，則補授之際，官材匪詳，或性善緝人，則職當主辦；或才堪理劇，則官授散員；或時有相當，亦幸中耳，非吏曹素得而知也。有文無賴者，計日可升；有用無文者，終身不進。況其書判多是假手，或佗人替入，或旁坐代爲，或臨事解衣，或宿期定估，才優者一兼四五，自製者十不二三，況造僞作姦，冒名接脚，又在其外。令史受賂，雖積謬而誰尤，選人無資，雖正名而猶剥。又聞昔時公卿子弟親戚，隨位高低，各有分數，或得一人、二人、三人、四人，不在放限者，禮部明經等亦然，俗謂之省例，斯非濫歟？若等爲濫，此百而多者也。」

四，或曰：「吏部有濫，止由一門，州郡有濫，其門多矣。若等爲濫，豈若杜衆門而歸一門乎？」答曰：「州郡有濫，雖多門易改也。吏部有濫，雖一門不可改也。何者？凡今選法，皆擇才於吏部，述職於州郡。若才職不稱，紊亂無任，責於刺史，則曰官命出於吏曹，不敢廢也；責於侍郎，則曰量書判資，考而授之，不保其往也；責於令史，則曰按由歷出入而待之，不知其佗也。黎庶從弊，誰任其咎？若牧守自用，〔四四〕則罪將焉逃！必州郡之濫，獨換一刺史則革矣，如吏部之濫，雖更其侍郎無益也。蓋九流浩浩，不可得知，法使之然，非主司之過。故云門雖多而易改，門雖一而不可改者以此。」

五，或曰：「今人多情，故吾恐許其選吏，必綱紀紊失，不如今日之有倫也。」答曰：「不假古義，請將目前以言之。〔四五〕今諸道節度、都團練、觀察、租庸等使，自判官、副將以下，皆使自銓擇，縱其間或有情故，大舉其例，十猶七全，則辟吏之法見行於今，但未及於州縣耳。利害之理，較然可觀，何紀之失？何綱之紊？嚮令諸使僚佐盡授於選曹，〔四六〕則安獲鎮方隅之重，理財賦之殷也。」

六，或曰：「頃年常見州縣有攝官，皆是牧守所自署置，政多苟且，不議久長，纔始到官，已營生計，迎新送故，勞弊極矣。今令州郡召辟，則其弊亦爾，奈何？」答曰：「國家職員，皆禀朝命，攝官承乏，苟濟一時，不日不月，必乎停省。人雖流而責不及，績雖著而官不成，便身而行，不苟何待？若職無移奪，命自州邦，所攝之官，便爲己任，〔四七〕上酬知己，下利班榮，爭竭智力，人誰不盡？今常調之人，遠授一職，已數千里赴集，又數千里之官，挈攜妻孥，復往勞苦，必一周而在路，料間歲而停官，成名非知己之恩，後任可計考而得。此之不苟，而誰爲苟！」

七，或曰：「今四方諸侯或有未朝覲者。若天下士人，既無常調，久不得禄，人皆怨嗟，必相率去我，入於佗境，則如之何？」答曰：「善哉問乎！夫辟舉法行，則搜羅畢盡，自中人以上皆有位矣。此禄之不及者，皆下劣無任之人，復何足惜。當今天下凋弊之本，實爲士人太多。何者？凡士人之家，皆不耕而食，不織而衣，使下奉其上，不足故也。大率一家有養百口者，有養十口者，多少通計，一家不減二十人，萬家約有二十萬口。今有才者既爲我用，愚劣者盡歸佗人。有萬家歸之，則有二十萬人隨之，食其黍粟，衣其縑帛，享其禄廩，役其人庶。我收其賢，彼得其愚，我減浮食之口二十萬，彼加浮食之人二十萬，則我弊益減，而彼人益困。自古興邦制敵之術，莫出於是，惟懼去我之不速也，夫何患焉。」

請改革選舉事條〔四八〕

内外文武百官五品以上應非選司注擬者。

右請宰相總其進叙，吏部、兵部得參議可否。

吏部尚書侍郎

右請掌議，文官五品以上除拜，六品以下攢奏，兼察舉選用之不公者。諸京司長官及觀察使、刺史舉用僚佐，有才職不稱背公任私者，得察舉彈奏，非選用濫失不得舉。凡有所察，郎中剌舉，員外郎判成，侍郎、尚書署之而後行。諸官長若犯他過，使司自當彈奏，卽非吏部所察，故云非選用濫失不得舉。餘所掌準舊。若官長選用濫失有聞而吏部不舉，請委御史臺彈之。御史臺不舉，卽左、右丞彈之。按六典，御史有糾不當者，卽左、右丞得彈奏。

兵部尚書侍郎

右請掌議，武官五品以上除拜，六品以下攢奏，兼察舉選用之不公者。諸軍衞長官及節度、都團練使舉用將校，才職不稱背公任私者，得察舉彈奏，非選用濫失不得舉。凡有所察舉及臺省糾彈，如吏部之法。餘所掌準舊。

禮部每年貢舉人

右並請停廢。有別須經藝之士，請於國子監六學中銓擇。國子學，太學，四門學，律學，書學，算學。

兵部舉選

右請停廢。昔隋置折衝府，分鎮天下，所以散兵。及唐武后昇平，置武舉，恐人之忘戰，則武官武選，本末可徵。今內外邦畿皆有師旅，偏裨將校所在至多，誠宜設法減除，豈復張門誘入。況若此輩又非驍雄，徒稱武官，不足守禦，雖習弓矢，不堪戰鬬，而坐享禄俸，規逃王傜。今請悉停，以絶姦利。

京官六品以下應合選司注擬者。

右請各委本司長官自選用。初補稱「攝」，然後申吏部、兵部。吏部、兵部奏成，乃下敕牒，并符告於本司，是爲正官。考從奏成日計。凡攝官俸禄各給半。

州府佐官別駕、少尹、五府司馬、赤令，不在此例。

右自長史以下至縣丞、縣尉，諸州長史、司馬，或雖是五品以上官，亦同六品官法。請各委州府長官自選用，不限土客。其申報正攝之制，與京官六品以下同。其邊遠羈縻等州，請兼委本道觀察使，共銓擇補授。

上州省事市令中州參軍博士下州判司録事參軍不在此例。**中下縣丞以下及關津鎮戍官等**〔四九〕

右請本任刺史補授訖，申吏部、兵部。吏部、兵部給牒，然後成官，並不用聞奏。其員數不得踰舊制。雖吏部未報，並全給禄俸。若承省牒，在任與正同，去任後不得稱其官。若州司以勞効未著而不申者，請不限年月，並聽之。

州　縣

右請準舊令，州爲三等，上、中、下。縣爲五等，赤、畿、上、中、下。其餘緊、望、雄、輔之名請廢。夫等級繁多，則仕進淹滯，使其周歷，即務速遷，官非久安，政亦苟且。請減衆級，以懲僥心，則宦達可期，〔五〇〕羣才無壅。

六品以下官資歷

右並請以五周爲滿，唐、虞遷官，必以九載。魏、晉以後，皆經六周。唐家因隋爲四，近又減削爲三。〔五一〕考今三四則太少，六九則太多，請限五周，庶爲折中。其遷轉資歷，請約修舊制，修舊制謂遷轉資次也。但以一官未滿，卽任召用，並無選數。若才行治績有尤異者，請聽超遷。每長官代换，其舊僚屬若有負犯及不稱職者，請任便替。若無負犯，皆待考滿，未滿者不得替。

諸道使管内之人及州縣官屬，有政理尤異，識略宏通，行業精修，藝能超絶，及懷才未達隱德邱園，或堪充内官不稱州縣者。並申送吏部。〔五二〕**將校偏裨，有兵謀武藝，或堪充宿衞，可爲統帥者。**申送兵部。〔五三〕

右請不限多少，各令長官具述才行謀略，舉送朝廷，皆申上吏部、兵部，各設官署以處之。審量才能，銓第高下，每官職有闕及别須任使，則隨才擢用。如漢光禄勳領三署郎。

稱舉者舉主加階進爵，得賢俊者遷其官。若自用僚屬，雖得賢不賞。

禁約雜條

一，諸使及諸司州府長官舉用僚屬，請明書事迹，德行才能，請授某官某職，皆先申吏部、兵部。若諸使奏官兼帶職掌者，即以職掌分其文武，不計本官，帶州縣職即申吏部，帶軍職即申兵部。吏部、兵部謄其詞而奏，云「得某使、某曹司、某州府狀稱」。以元狀人入，按每使、每司、每州，各爲一簿。

一，所舉官吏，在任日有行迹乖謬，〔五四〕不如舉狀，及犯罪至徒以上者，請兼坐舉主。其所犯人，自依常法本條處分。一人奪禄一年，諸使無禄者，準三品官以料錢折納，依時估計。二人奪賜，無賜者貶其色，降紫從緋，降緋從緑，降緑從碧。三人奪階及爵，有爵無階，有階無爵者，加奪賜及勳。四人解見任職事官，已上任者，并追解之。五人貶官，節度、觀察使降爲刺史，刺史降爲上佐，皆以邊州。六人除名。〔五五〕有犯贓罪至流以上者，倍論之。倍謂一人從二人之法，二人從四人之法，三人從六人之法，罪止三人。若舉用後續知過謬，具狀申述，及自按劾者，請勿論。此謂所知不審，舉用失誤者。

一，所舉官有因姦納賂而舉者，有親故非才而舉者，有容受囑託而舉者，有所知不善而故舉者。有犯一科，請皆以罔上論，不在官贖限。囑託舉者兩俱爲首，規求者爲從。

杜佑評曰：「夫人生有欲，無君乃亂，君不獨治，故建庶官。昔在唐虞，皆訪於衆，則舜舉八元、八凱，四岳之舉夔、龍、稷、契，蓋所用人之大略也。降及三代，擇於鄉庠，然後授任，〔五六〕其制漸備。秦、漢之道，雖不師古，閭塾所推，猶本乎行。而郡國佐吏，並自獎擢，備嘗試効，乃登王朝。内官有僚屬者，亦得徵求俊彦。暨于東漢，初置選職，推擇之制，尚習前規。左雄議以限年，其時不敢謬舉，所以二漢號爲多士。魏、晉設九品，置中正，蓋論閥閲，罕考行能，選曹之任，益爲崇重。州郡之刺史太守，内官之卿尹大夫，咸吏部所署，而辟召及鄉里之舉，舊式不替。永嘉之後，天下幅裂，三百餘祀，方遂混同。中間各承正號，凡有九姓，大抵不變魏、晉之法，皆亂多治少，諒無足可稱。夫文質相矯，有如循環，教化所由，興衰是繫。自魏三主，俱好屬文。晉、宋、齊、梁，風流彌扇。體非典雅，詞尚綺麗，澆訛之弊，極於隋世。且三代以來，憲章可舉，唯稱漢室，繼漢之盛，莫若有唐。惜乎當創業之初，承文弊之極，可謂遇其時矣。羣公不議救弊以質，而乃因習尚文，風教未淳，慮由於此。緬觀往昔，論選舉者，無代無之。或云官繁人困，要省吏員。或云等級太多，患在速進。或云守宰之職，所擇殊輕。或云以言取人，不如求行。是皆能知其失，莫究所失之由。何者？按秦法，唯農與戰始得入官。漢有孝悌力田、賢良方正之科，乃時令徵辟，而常歲郡國率二十萬口貢止一人，約計當時推薦，天下纔過百數，則考精擇審，必獲器能。自兹厥後，轉益煩廣。開元、天寶之中，一歲貢舉凡有數千，而門資、武功、藝術、胥吏，衆名雜目，百户千途，入爲仕者，不可勝紀。比於漢代，且增數十百倍，安得不重設吏職，多置等級，遞立選限，以抑之乎。常情進趨，共慕榮達，升高自下，由邇陟遐，固宜驟歷方至，何暇淹留著績。秦氏列郡四十，兩漢郡國百餘，太守入作公卿，郎官出宰縣邑，便宜從事，闊略其文，無所可否，責以成効，寄委斯重，酬獎亦崇。今之剖符，三百五十，郡縣差降，復爲八九，邑之俊乂，不得有之，事之利病，不得專之，八使十連，舉動咨禀，地卑禮薄，勢下任輕，誠曰徒勞，難階超擢，容易而授，理固然也。始後魏崔亮爲吏部尚書，無問賢愚，以停解日月爲斷，時沈滯者皆稱其能，魏之失才，實從亮始。洎隋文帝，素非學術，盜有天下，不欲權分，罷州郡之辟，廢鄉里之舉，内外一命，悉歸吏曹，纔廁班列，皆由執政。則執政參吏部之職，吏部總州郡之權，罔究體國推誠，代天理物之本意，是故銓綜失叙，受任多濫。豈有萬里封域，九流叢湊，掄材授職，仰成吏曹，以俄頃之周旋，定才行之優劣，求無其失，不亦謬歟。爾後有司尊賢之道先於文華，辯論之方擇於書判。靡然趨尚，其流猥雜，所以閲經號爲倒拔，徵詞同乎射覆。置循資之格，立選數之制，壓例示其定限，平配絶其踰涯，或糊名考覈，或十銓分掌，苟濟其末，不澄其源。則吏部專總是作程之弊者，文詞取士是審才之末者，書判又文詞之末也。凡爲國之本資乎民甿，民之利害繫乎官政。欲求其治，在久其任；欲久其任，在少等級；欲少等級，在精選擇；欲精選擇，在減名目，俾士寡而農工商衆，始可以省吏員，始可以安黎庶矣。誠宜斟酌治亂，詳覽古今，推仗至公，矯正前失。或許辟召，或令薦延，舉有否臧，論其誅賞。課績以考之，升黜以勵之，拯斯刓弊，其効甚速，寔爲大政，可不務乎。」

學　校

有虞氏，大學爲上庠，小學爲下庠。夏后氏，大學爲東序，小學爲西序。商制，大學爲右學，小學爲左學，又曰瞽宗。周制，大學爲東膠，小學爲虞庠。又云，天子曰辟雍，王太子，王子，群后之太子，卿大夫元士之適子，國之俊選，皆造焉。古之教者，家有塾，黨有庠，遂有序，國有學。

漢高帝以叔孫通爲奉常，諸弟子共定禮儀者，咸爲選首。其後亦未遑庠序之事。至孝文時，頗登用文學之士，然帝本好刑名之言。及孝景不任儒學，竇太后又好黄老術，故諸博士具官待問，未有進者。武帝立後，竇太后崩，田蚡爲丞相，黜黄老刑名百家之言，延儒者百數，乃因舊博士置弟子五十人，太常擇年十八以上儀狀端正者，補博士弟子。昭帝舉賢良、文學，增博士弟子員數滿百人。至成帝時，劉向請興辟雍，設庠序，帝下公卿議，會向病卒。成帝末，增弟子員三千人，歲餘如故。及王莽爲宰衡，欲耀衆庶，遂興辟雍，增元士之子，得受業如弟子甲、乙之科。

後漢質帝本初元年，梁太后詔：「大將軍以下至六百石，悉遣子弟就學，每春秋輒於鄉射月一享會，以此爲常。」有勸勉進用之端，於是遊學者增至三萬餘生。然章句漸疎，而多以浮華相尚，儒者之風蓋衰矣。桓帝建和初，詔，諸學生課試補官。永壽二年，復課試諸生，補郎、舍人。獻帝建安中，侍中鮑衡奏：「按王制，立大學、小學，自王太子以下，皆教以詩書，而升之司馬，謂之賢者，任之以官，故能致刑措之盛，立太平之化也。今學博士並設表章，而無所教授，兵戎未戢，人並在公，而學者少。可聽公卿二千石、六百石子弟在家者，及將校子弟見爲郎、舍人者，皆可聽諸博士受業，其高才秀達，學通一藝，太常爲作品式。」從之。晉摯虞決疑云：「漢初，置博士而無弟子。後置弟子五十人，與博士俱共習肄禮儀。又增滿五百人。漢末至數千人。」

魏文帝黄初五年，立太學於洛陽。時慕學者始詣太學爲門人，滿二歲試通一經者，稱弟子，不通者罷遣。弟子滿二歲試通二經者，補文學掌故；不通者，聽隨後輩試，試通二經，亦得補掌故。掌故滿二歲試通三經者，〔五七〕擢高第爲太子舍人；不第者，隨後輩復試，試通亦爲太子舍人。舍人滿二歲試通四經者，擢其高第爲郎中；不通者，隨後輩復試，試通亦爲郎中。郎中滿二歲能通五經者，擢高第，隨才叙用；不通者，隨後輩復試，試通亦叙用。

晉武帝初，太學生三千人。泰始八年，有司奏，太學生七千餘人，才任四品聽留。詔曰：「已試經者留之。大臣子弟堪受教者令入學，其餘遣還郡國。」咸寧二年，起國子學。周禮，國之貴游子弟，故曰國子。東晉元帝時，太常賀循上言：「尚書被符，經置博士一人，又多故歷紀，儒道荒廢，學者能兼明經義者少。今宜周禮、儀禮二經置博士二人，春秋三傳置三人，其餘則經置一人，合八人。」太常車胤上言：「按二漢舊事，博士之職，唯舉明經之士，遷轉各以本資，初無定班。魏及中朝，多以侍中、常侍儒學最優者領之。今博士八人，愚謂宜依魏氏故事，擇朝臣一人經學最優者，不繫位之高下，常以領之，每舉太常共研厥中，其餘七人自依常銓選。」大興初，欲修立學校，唯周易王氏，尚書鄭氏，古文孔氏，毛詩、周官、禮記、論語、孝經鄭氏，春秋左傳杜氏、服氏，各置博士一人，其儀禮、公羊、穀梁及鄭易，皆省，不置博士。孝武帝太元初，於中堂權立行太學，行釋奠禮。于時無復國子生，置太學生六十人，國子生權銓大臣子孫六十人，行事訖，罷。其國子生見祭酒、博士，單衣角巾，執經一卷，以代手板。自穆帝至孝武，並以中堂爲太學。太元九年，尚書謝石請興國學，以訓冑子，頒下州郡，普修鄉校。帝納其言。其年，〔五八〕選公卿二千石子弟爲生，然品課無章，君子恥與其列。國子祭酒殷茂上言：「臣聞舊制，國學生皆取冠族華冑，比列皇儲。中間混雜蘭艾，遂令人情恥之。」詔雖褒納，終不施行。

宋武帝詔有司立學，未就而崩。文帝元嘉二十年，立國學。二十七年，廢。明帝泰始中，初置總明觀，祭酒一人。有道、儒、文、史四科，科置學士十人。齊高帝建元四年，詔立國學，置學生百五十人，取王公以下子孫，年十五以上二十以下，家去都二千里爲限。帝崩，乃以國諱廢學。武帝永明三年，詔立學。乃省總明觀，召公卿以下子弟，置生二百二十人，其年秋中悉集。東昏侯永元初，詔依永明舊事廢學。時有司奏，國學、太學兩存焉。領國子助教曹思文上表曰：「太學之與國學，斯是晉代殊其士庶，異其貴賤耳。然貴賤士庶皆須教之，國學、太學，兩存可也。」時太尉王儉復依晉代，國子生單衣角巾，執經代手板。

後魏道武帝初定中原，始於平城立太學，置五經博士，生員千餘人。天興二年春，增國子太學生員三千。太武始光三年，別起太學於城東，後徵盧玄、高允等，令州郡各舉才學，是人多砥礪，儒術轉興。獻文帝天安初，立鄉學，郡置博士二人，助教二人，學生六十人。後令大郡學立博士二人，助教四人，學生百人。次郡立博士二人，助教四人，學生八十人。中郡博士一人，助教二人，學生六十人。下郡立博士一人，助教一人，學生四十人。郡縣學始乎此矣。孝文太和中，改中書爲國子，又開皇子之學。及遷都洛邑，立國子、太學、四門、小學。隋文帝開皇中，國子寺不隸太常，自前代皆屬太常也。並令置學。

唐武德元年，詔皇族子孫及功臣子弟，於祕書外省別立小學。七年，詔諸州縣及鄉，並令置學。有明一經以上者，有司試策，加階叙。貞觀五年，太宗數幸國學，遂增築學舍千二百間，國學、太學、四門亦增生員，其書、算各置博士，凡三千二百六十員。其屯營、飛騎，亦給博士，授以經業。無何，高麗、百濟、新羅、高昌、吐蕃諸國酋長，亦遣子弟，請入國學，凡八千餘人，國學之盛，近古未有。

龍朔二年，東都置國子監，丞、主簿、録事各一員，四門博士、助教，四門生三百員，俊士二百員。置弘文館於上臺，生徒三十人。置崇文館於東宮，生徒二十人。皆以皇族緦麻以上親，皇太后、皇后大功以上親，散官一品、中書門下平章事、六尚書、功臣身食實封者、京官職事正三品、供奉官三品子孫，京官職事從三品、中書黄門侍郎子孫爲之，並尚書省補。西京國子監領六學：生徒皆尚書省補。一曰國子學，生徒三百人。分習五經，一經六十人，以文武官三品以上及國公子孫、從三品以上之曾孫爲之。二曰太學，生徒五百人。每一經百人，以四品、五品及郡縣公子孫及從三品之曾孫爲之。三曰四門學，生徒千三百人。分經之制與太學同，其五百人以六品、七品及侯伯子男之子爲之，其八百人以庶人之俊造者爲之。四曰律學，生徒五十人。取年十八以上二十五以下，以八品、九品子孫及庶人之習法令者爲之。五曰書學，生徒三十人。以習文字者爲之。六曰算學，生徒三十人。以習計數者爲之。凡二千二百一十人。州縣學，生徒有差。州縣學生門蔭與律、書、算學同。諸生皆限年十四以上十九以下，皆郡縣自補。京都八十員，大都督、中都督府，上郡，各六十員，下都督府，中郡，各五十員，下郡四十員，京縣五十員，上縣四十員，中縣三十員，下縣二十員也。凡諸學皆有博士、助教，授其經藝。每歲仲冬，郡縣館監課試其成者，長吏會屬僚，設鄉飲之禮，而薦送之。

開元七年十月，皇太子詣國學，行齒胄禮。二十六年正月，赦文：「天下州縣，每一鄉之内，里別各置一學，仍擇師資，令其教授。」天寶初，明經、進士習爾雅。九載，國子監置廣文館，知進士業，博士、助教各一人。十二載七月，詔：〔五九〕舉人不得充鄉貢，皆補學生。四門俊士停之。永泰二年正月，敕：「諸道節度、觀察、都督、防禦使等子弟，并宰相朝官及神策六軍軍將子弟，〔六〇〕欲習業者，自今以後，並令補國子學生，欲其業重籯金，器成琢玉。其中身雖有官，欲附學讀書者聽。其學官，委中書、門下卽簡擇行業堪爲師範者充數。學生員數多少，所習經業，考試等第，并所供糧料，各委本司作事件聞奏。」

校勘記

〔一〕「倉氏庾氏」，通典一六文同。漢書王嘉傳作「倉氏庫氏」。下同。

〔二〕「吏或居官數月而退」，「官」字脱，據漢書王嘉傳補。

〔三〕「有章劾」，「章」，原作「常」，據漢書王嘉傳、通典一六改。

〔四〕「證驗繫治」，「證」，原作「徵」，「治」，原作「理」，據漢書王嘉傳改。

〔五〕「薛修等」，「修」，原作「循」，據漢書王嘉傳、通典一六改。

〔六〕「韋彪上議」，按後漢書韋彪傳，其上議在章帝元和二年，通典叙在光武帝時，通志承之而誤。

〔七〕「漢宣稱所與爲治」，「稱」字脱，據通典一六補。

〔八〕「薛琡爲吏部郎中」，「琡」，原作「淑」，據北齊書薛琡傳改。下同。

〔九〕「務取廉平淳直」，「務」，原作「慕」，據北史薛彪子傳改。

〔一〇〕「既壯藉其力」，汪本、元本「藉」作「籍」，據明本、于本、殿本改。

〔一一〕「未爲多失」，「多」字脱，據北史薛彪子傳補。

〔一二〕「競一韻之奇」，汪本「競」作「兢」，據元本、明本、于本、殿本改。

〔一三〕「考功員外郎王師旦知貢舉」，「旦」，原作「明」，通典避唐睿宗李旦諱改「旦」爲「明」，通志承用之，今據新唐書選舉志上改回。下同。「貢」字脱，據通典一七補。

〔一四〕「王公治」，原作「王公謹」，宋本通典作「王公理」，乃避唐高宗李治諱改「治」爲「理」，後「理」字又訛爲「謹」，今據新唐書文藝傳上改回。

〔一五〕「量有材用兼有景行者爲第一等身品彊壯及第八上」，「第一等」之「第」字脱，據通典一七補。「八」，汪本作「入」，據各本改。

〔一六〕「準例合送兵部者」，汪本「者」作「著」，據元本、于本、殿本改。明本亦誤。

〔一七〕「嶺南及瘴癘之所四考不得替者不在此限例」，按，劉祥道奏疏之第六項，論四考遷官之制不若久居所職爲有利，而以嶺南及瘴癘之所爲例外。通志未取此項正文而存其注文，遂無着落。

〔一八〕「上引侍臣」，「引」，原作「列」，據唐會要五三、舊唐書李百藥傳改。

〔一九〕「頒峻科」，「科」，原作「刑」，據舊唐書薛登傳改。

〔二〇〕「使僥名濫吹之伍」，「伍」，原作「正」，據元本、殿本、通典一七改。

〔二一〕「以覈是非」，「覈」字脱，據通典一七補。

〔二二〕「雖有高第者不得入爲侍郎列卿不歷縣令雖有善政者」，二「雖」字脱，據通典一七補。

〔二三〕「至於縣令」，「於」下衍「遠」字，據通典一七删。

〔二四〕「弊於不變」，「變」下衍「法」字，據曲江集一六、册府元龜五三三删。

〔二五〕「國子祭酒楊瑒上言」，「瑒」，原作「湯」，據唐會要七五改。楊瑒，新、舊唐書皆有傳。

〔二六〕「主司問目」，通典一七作「主司徵問」。

〔二七〕「取辦胥吏之口而已」，汪本「辦」作「辨」，據元本、明本、于本、殿本改。

〔二八〕「又十倍四方而舉選之人」，「四方」與「而」字互倒，據通典一七改。

〔二九〕「悉令聚於京師」，「令」字脱，據通典一七補。

〔三〇〕「長史連押其後」，「史」，原作「吏」，據通典一七改。

〔三一〕「不習經史無以立身」，「經」下衍「書」字，據通典一七删。

〔三二〕「但無渝濫」，「渝」，原作「偷」，據通典一七改。

〔三三〕「依前資第二正官例」，「正」，原作「政」，據通典一七改。

〔三四〕「諸司長官判史者」，「判史者」三字脱，據通典一七補。

〔三五〕「兼類會人數」，「會」字脱，據通典一七補。

〔三六〕「一」，汪本、明本、于本皆脱，據殿本補。

〔三七〕「及外州府參軍」，「外」字脱，據通典一七補。

〔三八〕「則才可知矣」，「則」字脱，據通典一七補。

〔三九〕「坐食百姓」，「姓」，原作「世」，據通典一八改。

〔四〇〕「昔李膺周舉爲刺史」，「舉」，原作「乘」，據通典一八改。

〔四一〕「吏部兵部得參議焉」，「兵部」二字脱，據新唐書選舉志下補。

〔四二〕「摶之弗得」，「摶」，原作「搏」，據通典一八改。

〔四三〕「雖口誦律文」，通典一八「文」作「令」。

〔四四〕「若牧守自用」，「牧守」二字互倒，據通典一八改。

〔四五〕「請將目前以言之」，通典一八作「請徵目前以明之」。

〔四六〕「諸使僚佐盡授於選曹」，「盡」，原作「書」，據通典一八改。

〔四七〕「便爲己任」，汪本「便」作「使」，據元本、明本、于本、殿本改。

〔四八〕「請改革選舉事條」，「條」，原作「件」，據通典一八改。按此爲沈既濟議論之一部分，原本分條排列，以期明晰。

〔四九〕「上州省事市令中州參軍博士下州判司録事參軍不在此例中下縣丞以下及關津鎮戍官等」，按，此小標題較長，原本以「録事參軍不在此例」以上誤連上文，而以「中下縣丞」以下成一標題，據通典一八改正。

〔五〇〕「宦達可期」，北宋本通典一八「宦」作「官」。

〔五一〕「近又減削爲三」，「三」，原作「二」，據通典一八改。

〔五二〕「並申送吏部」，此五字原爲正文大字，據通典一八改爲小字注文。

〔五三〕「申送兵部」，此四字，原本、元本及通典一八皆無，惟殿本有，爲正文大字，今依例改爲小字注文。

〔五四〕「在任日有行迹乖謬」，「日」，原作「自」，據元本、殿本、通典一八改。

〔五五〕「六人除名」，通典一八此下有注「雖六人以上，罪止除名」。

〔五六〕「然後授任」，「授」，原作「受」，據通典一八改。

〔五七〕「掌故滿二歲試通三經者」，「掌故」二字脱，「二」，原作「三」，據通典五三補改。

〔五八〕「其年」，「其」，原作「明」，據宋書禮志一改。

〔五九〕「十二載七月詔」，「詔」字脱，據舊唐書禮儀志四補。

〔六〇〕「神策六軍軍將子弟」，「軍將」二字脱，據舊唐書禮儀志四補。

刑法略

歷代刑制

虞 夏 商 周 秦 漢 後漢 晉 東晉 宋 齊 梁 陳 後魏 北齊 後周 隋 唐

黄帝以兵定天下，此刑之大者。陶唐以前，未聞其制。虞舜聖德聰明，建法曰：「象以典刑，流宥五刑，鞭作官刑，扑作教刑，金作贖刑，眚災肆赦，怙終賊刑。欽哉！欽哉！惟刑之恤哉！」於是流共工于幽州，放驩兜于崇山，竄三苗于三危，殛鯀于羽山，四罪而天下咸服。又五流有宅，五宅三居，惟明克允。

夏啓即位，有扈不道，誓衆曰：「不用命，戮于社。」後又作禹刑。

商作湯刑。洎紂無道，迺重刑辟，有炮烙之刑。

周，秋官之職，建三典。〔一〕正月之吉始和，布刑于邦國都鄙，乃揭刑象之法于象魏，使萬民觀之，浹旬而斂。又執旌節以宣布于四方。而憲邦之刑禁，一曰刑新國用輕典，二曰刑平國用中典，三曰刑亂國用重典。凡盜賊，軍鄉邑及家人殺之無罪。凡報仇讎者，書於士，殺無罪。凡殺其親者焚之，殺王之親者磔之，殺人者踣諸市，肆之三日。〔二〕傷人見血不以告者，攘獄遏訟者，告而誅之。坐爲盜賊者，其孥男子入于罪隸，女子入于舂槀。凡有爵者，與七十者，與未齓者，皆不爲奴。五刑之法，墨罪五百，劓罪五百，宫罪五百，刖罪五百，殺罪五百，〔三〕凡二千五百，所謂刑平國用中典者也。墨者使守門，劓者守關，宫者守内，刖者守囿，髡者守積。王之同族不處宫刑，是不翦其類也，但髡頭而已。凡王族皆於隱處罰之，故使守積，音恣。穆王享國百年，耄荒，命吕侯作刑，訓夏贖刑，訓夏禹贖刑之法，從輕也。墨罰之屬千，劓罰之屬千，剕罰之屬五百，宫罰之屬三百，大辟之罰其屬二百，五刑之屬三千。多於初制五百章。其後又作九刑。正刑五，及流、贖、鞭、扑。孔子曰：「大罪有五，而殺人爲下。逆天地者罪及五代，誣神鬼者罪及四代，逆人倫者罪及三代，亂教化者罪及二代，手殺人者罪止其身。」又曰：「析言破律，亂名改作，執左道以亂政者，殺。作淫聲，造異服，設怪伎奇器，以蘯上心者，殺。行僞而固，言僞而辯，學非而博，順非而澤，以惑衆者，殺。假於鬼神、時日、卜筮，以疑人者，殺。此四誅者，不待時，不以聽。」

秦文公二十年，法，初有三族罪。張晏曰：「父母，兄弟，妻子。」如淳曰：「父族，母族，妻族。」武公三年，誅三父等而夷三族，以其殺出子。寧公子三，長武公，爲太子，次德公，次出子。寧公卒，大庶長弗忌、威壘、三父廢太子而立出子爲君，後三父等復共殺出子，立武公。孝公初，衛鞅請變法令。令人爲什伍而相收司連坐，不告姦者腰斬，告姦者與斬敵首同賞，匿姦者與降敵同罰。人有二男以上不分異者，倍其賦。有軍功者，各以率受上爵。〔四〕爲私鬭者，各以輕重被刑。大小戮力本業耕織，致粟帛多者，復其身。事末利及怠而貧者，舉以爲收孥。宗室非有軍功論，不得爲屬籍。明尊卑爵秩等級，各以差次，名田宅臣妾衣服以家次，有功者尊榮，無功者雖富無所芬華。令既具未布，恐人之不信己，乃立三丈之木於國都市南門，募人有能徙者與五十金，以明不欺。秦人初言令不便者以千數。於是太子犯法，衛鞅曰：「法之不行，自上犯之。」將法太子。太子，君嗣也，不可施刑，刑其傅公子虔，黥其師公孫賈。明日，秦人皆趨令。〔五〕令初下，有言令不便者，有來言令便者，衛鞅曰：「此皆亂化之人也。」盡遷於邊城，其後人莫敢議令。甘龍、杜摯極非之。令之初作，一日臨渭刑七百餘人，百姓皆苦之。居三年，道不拾遺，山無盜賊，家給人足，勇於公戰，怯於私鬭，秦人大治而大悅。魏文侯師李悝撰次諸國法著法經，皆罪名之制也。商君受之以相秦，具魏世語中。

始皇即位，遣將成蟜擊趙，反死屯留，軍吏皆斬及戮其屍。士卒死，皆戮其屍。其後嫪毐作亂，敗其徒二十人，皆梟首車裂，狥，滅其宗，輕者爲鬼薪。取薪給宗廟爲鬼薪。律曰：「鬼薪，作三歲。」後又體解荊軻。及平六國，制，藏詩書及偶語，棄市。以古非今者，族。吏見知不舉，與同罪。令下三十日不燒，黥爲城旦。髡髮，輸邊，築長城。城旦，四歲刑也。燕人盧生，竊言始皇樂以刑殺爲威，因亡去。始皇聞之，怒，諸生在咸陽者四百六十餘人，皆坑之。其後東郡星隕爲石，或刻其石曰：「始皇死。」始皇盡誅石旁人。胡亥立，以趙高爲郎中令，更變律令，有罪者相坐收族。又羣盜起，胡亥責李斯，斯懼，上書請行督責，刑者相半。其後趙高譖斯，具五刑，腰斬，夷其三族。

漢高祖初入咸陽，約法三章，曰：「殺人者死，傷人及盜抵罪。」蠲削秦法，兆民大悦。然大辟尚有三族之誅，先黥，劓，斬左右趾，笞殺，梟其首，葅其骨肉於市。其誹謗詈詛，又先斷舌，故謂之具五刑。彭越、韓信之屬，皆受此戮。其後又制曰：「有耐罪以上，請之。」髡其耏鬢曰耐。後以三章之法不足禦姦，遂令蕭何攗摭秦法，取其宜於時者，作律九章。文帝二年，〔六〕制曰：「今法有誹謗妖言之罪，過誤之言以爲妖言。是使衆臣不敢盡情，而上無由聞過失也，其除之。」又制：〔七〕「上造以上及内外公孫耳孫，有罪當刑及當城旦舂者，皆耐爲鬼薪、白粲。上造，爵滿十六者也。耳孫，玄孫之子也。今以上造有功勞，内外孫有骨肉屬婕，故事從其輕也。城旦舂，旦起行治城，舂者婦人不參外徭，但舂作米，皆四歲刑也。今皆就鬼薪、白粲，鬼薪已具上，白粲，坐擇米使正白爲粲，皆三歲刑也。人年七十以上，若不滿十歲，有罪當刑者，全之。」除挾書律。挾，藏也。秦律，敢挾書者棄市。呂太后初，除三族罪。

文帝制，民有犯法已論，其父母妻子同産坐之，及收孥律令，宜除之，孥，子也。秦法，一人有罪，收其家。罪疑者從輕。於是刑罰大省，斷獄四百。又感齊女淳于緹縈之言，除肉刑，定律曰：「諸當完者，完爲城旦舂。以完易髡，以笞代劓，以釱左、右趾代刖。今既曰完矣，不復云以完代完，此當言髡者完之矣。當黥者，髡鉗爲城旦舂。當劓者，笞三百。當斬左趾者，笞五百。當斬右趾，及殺人先自告，及吏受賕枉法，守縣官財物而即盜之，已論命復有笞罪者，皆棄市。命者，名也，成其罪也。罪人獄已決，完爲城旦舂，滿三歲爲鬼薪、白粲。鬼薪、白粲一歲，爲隸臣、妾。隸臣、妾一歲，免爲庶人。男子爲隸臣，女子爲隸妾。隸臣、妾滿二歲，爲司寇。司寇一歲及作如司寇二歲，皆免爲庶人。罪降爲司寇，故一歲。正司寇，故二歲。其亡逃及有罪耐已上，不用此令。」在本罪中又重犯者也。是後外有輕刑之名，内實殺人，斬右趾者又當死，斬左趾者笞五百，當劓者笞三百，率多死。笞數既多亦不活。景帝制，改定律：「笞五百曰三百，笞三百曰二百。」猶尚不全，自今吏及諸有秩，皆受其官屬所監，所治，所行，所將，行，謂按察，夏孟反。其與飲食計償費，〔八〕勿論。計所費而償其直，勿論罪。他物，謂非飲食。吏遷徙免罷，受其故官屬所將監治送財物，奪爵爲士伍，免之。謂奪其爵令爲士伍，又免其官職，即今律所謂除名也。士伍者，言從士卒之伍。無爵，罰金二斤，没入所受。有能捕告，畀其所受臧。」其後罷磔曰棄市。先此諸死刑皆磔之於市，今罷之，若妖逆則磔之，磔謂張其尸也。復下詔曰：「長老，人所尊也。鰥寡，人所憐也。其著令，年八十以上，八歲以下，孕者未乳，乳，産。師，侏儒，樂師，瞽者。侏儒，短人不能走。當鞠繫者，頌繫之。頌讀曰容，容，寬不桎梏。罪死欲腐者，許之。」如腐木不生實矣。中六年，〔九〕定鑄錢僞黄金棄市律。又以笞者或至死未畢，復減笞三百曰二百，笞二百曰百，其定箠令，箠長五尺，其本厚一寸，其末薄半寸，皆平其節。笞臀，先時笞背。畢一罪乃得更人。更人更易行笞人。自是笞者得全。然死刑即重，而生刑又輕，人易犯之。

孝武調發煩數，民窮犯法，遂令張湯、趙禹條定法令，作見知故縱、監臨部主之法，見知人犯法不告爲故縱，而所監臨部主有罪并連坐。緩深故之罪，孝武欲急刑，吏深害及故入人罪者，皆寬緩之。急縱出之誅。律令凡三百五十九章。蕭何本定律九篇，叔孫通又加十八篇，張湯又撰越宫律二十七篇，趙禹撰朝律六篇，合爲六十篇。大辟四百九條，千八百八十二事，死罪決事比萬三千四百七十二事。比，以例相比況。文書既繁，主者不能遍睹，或罪同而論異。

孝昭制：「子首匿父母，妻匿夫，孫匿大父母，皆勿坐。其父母匿子，夫匿妻，大父母匿孫，罪誅死，皆上請。」宣帝患刑法不一，置廷平四人平之。成帝鴻嘉初，又定令：「年未滿七歲，賊鬬殺人及犯殊死者，上請，廷尉以聞。」得減死，合於三赦幼、弱、老眊之人。〔一〇〕此皆法令稍定，近古而便人者也。哀帝綏和二年，除誹謗抵欺法。平帝元始中，制曰：「前詔有司復貞婦，歸女徒，誠欲以防邪僻，全貞信。及眊悼之人刑罰所不加，聖王之所制也。惟苛暴吏多拘繫犯法者親屬婦人老弱。其明敕百僚，婦女非身犯法，及男子年八十以上七歲以下，家非坐不道，詔所名捕，他皆無得繫。名捕，謂下詔特所捕也。其當驗者，即驗問。就其所居而問之。定著令。」王莽居攝，翟義、劉信起兵討莽，爲莽敗之，夷三族。其後陳良、終帶叛入匈奴，莽求得，行焚如之刑，具峻酷篇。〔一一〕

後漢光武留心庶獄，然自王莽篡位之後，舊章不存，法網弛縱，無以懲肅。梁統上疏曰：「臣竊見元帝初元五年，輕殊死刑三十四事。哀帝建平元年，輕殊死刑八十一事。其四十二事，手殺人者減死一等，〔一二〕自後人輕犯法，吏易殺人。臣愚以爲刑罰不苟務輕，務其中也。是以五帝有流、殛、放、殺之誅，三王有大辟、刻肌之刑，所以爲除殘去亂也。高帝定法，傳之後代。文帝遭世康平，因時施恩，省肉刑、相坐之法，天下幾平。武帝值中國全盛，征伐遠方，百姓罷弊，豪傑犯禁，姦吏弄法，故重遁匿之科，著知縱之律。

宣帝履道握要，〔一三〕以御海內，臣下奉憲，不失繩墨，天下稱安。孝元、孝哀，即位日淺，丞相王嘉等便以數年之間，虧除先帝舊約，穿令斷律，〔一四〕凡百餘事。臣取其尤妨政者條奏，伏請擇其善者而從之，定不易之典。」時廷尉議，以爲崇刑峻法，非明王急務，遂罷之。

章帝時，郭躬條奏，請重文可從輕者三十一事，著于令。陳寵又代躬爲廷尉，帝納寵言，制，除鉆鑽諸慘酷之科，解妖惡之禁，又除文致請讞五十餘事，著于令。寵復校律令，刑法溢於甫刑者，奏除之，曰：「今律令，犯死刑者六百一十，耐罪千六百九十八，贖罪以下二千六百八十一，溢於甫刑千九百八十九，其四百一十大辟，千五百耐罪，〔一五〕七十九贖罪。請令三公、廷尉集，平律令可施行者，大辟二百，耐罪、贖罪二千八百，合爲三千，其餘千九百八十九事，悉可詳除。」會寵得罪，遂罷。安帝永初中，法稍苛繁，人不堪之。陳寵子忠復爲尚書，略依寵意，奏上三十三條，爲決事比，比，例也，必寐反。以省請讞之弊。又上除蠶室刑。西漢文、景已除宮刑，今復除蠶室刑者，是當時雖有文而未悉斷，武帝時司馬遷犯法下蠶室，則其事矣，今申明除之。獻帝初，應劭又删定律令，撰具律本章句、尚事舊事、廷尉版令、決事比例、司徒都目、五曹詔書及春秋折獄，凡二百五十篇。又集議駁三十篇，以類相從，凡八十二事。於是舊事存焉。

曹公秉政，欲復肉刑，陳羣深陳其便，鍾繇亦贊成之，孔融、王修不同其議，遂止。於是乃定甲子科，犯鈦左右趾者，易以木械，是時乏鐵，故易以木焉。又以漢律太重，故令依律論者，聽得科半，使從半減也。

魏文帝受禪後，有大女劉朱撾子婦酷暴，前後三婦自殺，論朱減死作尚方，因是下怨毒殺人減死之令。明帝改士庶罰金之令，男聽以罰代金，婦人加笞，還從鞭督之例，以其形體裸露故也。

時所用舊律，其文起自魏文侯師李悝。悝撰次諸國法，著法經。〔一六〕以爲王者之政，莫急於盜賊，故其律始於盜、賊。盜賊須劾捕，〔一七〕故著囚、捕二篇。其輕狡、越城、博戲、借假不廉、淫侈踰制，以爲雜律一篇。又以具律具其加減，〔一八〕是故所著六篇而已，然皆罪名之制也。商君傳習，以爲秦相。漢承其制，蕭何定律，除參夷連坐之罪，增部主見知之條，益事律興、廄、户三篇，〔一九〕合爲九篇。叔孫通益律所不及傍章十八篇，張湯越宫律二十七篇，趙禹朝律六篇，合爲六十篇。又漢時決事，集爲令甲以下三百餘篇，〔二〇〕又司徒鮑昱撰嫁娶辭訟決爲法比都目，凡九百六卷。世有增損，輕重乖異，而通條連句，上下相蒙，雖大體異篇，實相採入。〔二一〕盜律有賊傷之例，賊律有盜章之文，興律有上獄之法，廄律有逮捕之事，若此之比，錯糅無常。後人生意，各爲章句，叔孫宣、郭令卿、馬融、鄭康成諸儒章句十有餘家，家數十萬言。凡斷罪所當由用者，合二萬六千二百七十二條，七百七十三萬二千二百餘言。言數益繁，覽者益難。天子於是詔，但得用鄭氏章句，不得雜用餘家。衛覬又奏曰：「刑法者，國家之所貴重，而私議之所輕賤。獄吏者，百姓之所懸命，而選用者之所卑下。請置律博士，〔二二〕轉相教授。」然而律文煩廣，事比衆多，離本依末，決獄之吏如廷尉獄吏范洪受囚絹二丈，附輕法論之，〔二三〕獄吏劉象受屬，偏考囚張茂物故，附重法論之。洪、象雖皆棄市，而輕枉者相繼。其後天子又下詔改刑制，命陳羣、劉邵等删約舊科，旁採漢律，定爲魏法，制新律十八篇，州郡令四十五篇，尚書官令、軍中令合百八十餘篇。其序略曰：「舊律所以難知者，由於六篇篇少故也。篇少則文荒，文荒則事寡，事寡則罪漏。故集罪例以爲刑名，冠於律首。凡所定增十三篇，就故五篇，合十八篇，於正律九篇爲增，於旁章科令爲省矣。更依古義，制爲五刑。其死刑有三，髠刑有四，完刑、作刑各三，贖刑十一，罰金六，雜抵罪七，凡三十有七名，〔二四〕以爲律首。」

司馬景王輔政時，犯大逆者，其法誅及已出之女。毌丘儉之誅，其子甸妻荀氏應坐死，其族兄顗通表魏帝以乞其命，詔聽離婚。荀氏所生女芝，爲潁川太守劉子元妻，亦坐死，以懷姙繫獄。荀氏辭詣司隸校尉何曾，乞恩求没爲官婢，以贖芝命。曾哀之，使主簿程咸上議曰：「臣以爲女人有三從之義，無自專之道。出適他族，降父母之服，所以明外成之節也。而父母有罪則追刑，夫黨見誅又隨戮，一人之身，内外受辟。女既産育，則他族之母，無辜受戮，傷孝子之心。且男既不得罪於他族，而女獨嬰戮於二門。臣以爲在室宜從父之誅，既醮可隨夫之罰。」於是詔有司改定律令。

司馬文王繼秉魏政，患前代律令煩雜，陳羣、劉卲雖經改革，而科綱太密，於是命賈充、鄭沖、荀顗、荀勗、羊祜、王業、杜友、杜預、裴楷、周雄、郭頎、成公綏、柳軌、榮邵等定法令。就漢九章增十一篇，仍其族類，正其體號，合二十篇，六百三十條，〔二五〕二萬七千六百五十七言。蠲其苛穢，歸於益時。其餘未宜除之者，若軍事、田農、酤酒，未得皆從人心，權設其法，太平當除，故不入律，悉以爲令。施行制度，以此設教，違令有罪，則入律也。其常事品式章程，各還其府，爲故事。減梟斬族誅從坐之條，除謀反適養母出女嫁皆不復還坐父母棄市，省禁錮相告之條。去捕亡、亡没爲官奴婢之制。輕過誤老小女人當罰金杖者，皆令半之。重姦伯叔母之令，棄市。淫寡女，三歲刑。崇嫁娶之要，峻禮教之防，準五服以制罪也。凡律令合二千九百二十六條，十二萬六千三百言，六十卷，故事三十卷。

晉武帝泰始三年，賈充等修律令成，帝親自臨講，使裴楷執讀。四年正月，大赦天下，乃班新律。其後明法掾張裴又注律，〔二六〕表上之，其要曰：「律始於刑名者，所以定罪制也。終於諸侯者，所以畢其政也。是以經略罪法之輕重，正加減之等差，明發衆篇之多義，補其章條之不足，較舉上下綱領。其犯盜賊、詐僞、請賕者，則求罪於此，作役、水火、畜養、守備之細事，皆求之作本名。告訊爲之心舌，捕繫爲之手足，斷獄爲之定罪，名例齊其法制。自始及終，往而不窮，變動無常，周流四極，上下無方，不離于法律之中。其知而犯之謂之故，意不以爲然謂之失，違忠欺上謂之謾，背信藏巧謂之詐，虧禮廢節謂之不恭，〔二七〕兩訟相趣謂之鬭，兩和相害謂之戲，無變斬擊謂之賊，不意誤犯謂之過失，逆節絶理謂之不道，陵上僭貴謂之惡逆，將害未發謂之戕，唱首先言謂之造意，二人對議謂之謀，制衆建計謂之率，不和謂之彊，攻惡謂之略，三人謂之羣，取非其物謂之盜，貨財之利謂之贓：凡二十者，律義之較名也。五刑不簡，正于五罰；五罰不服，正于五過；意善功惡，以金贖之。故律制，生罰不過十四等，死刑不過三，徒加不過六，因加不過五，累作不過十一歲，累笞不過千二百，刑等不過一歲，金等不過四兩。夫操刀執繩，刀妄加則傷物，繩妄彈則侵直。梟首者惡之長，斬刑者罪之大，棄市者死之下，髡作者刑之威，贖罰者誤之誡。王者立此五刑，所以寶君子而逼小人也。五刑成章，輒相依準，法律之義也。」

東晉元帝爲丞相，在江東承制，時百度草剏，議斷不循法律，人立異議，高下無狀。主簿熊遠奏曰：「自軍興以來，臨事改制，朝作夕改，至於主者不敢任法，每輒關諮，委之大官，非爲政之體。若本曹處事不合法令，監司當以法彈違，不得動用開塞，〔二八〕以壞成事。按法蓋麤術，非妙道也，矯割物情以成法耳。若每隨物情，輒改法制，此爲以情壞法。法之不一，是謂多門，開人事之路，廣私請之端，非先王立法之本意也。凡爲駁議者，若違律令節度，當合經傳及前比故事，不得任情以破成法。愚謂宜令録事更立條制，諸立議者皆當引律令經傳，不得直以情言，無所依準，以虧舊典也。」是時帝以權宜從事，尚未能從。而河東衞展爲晉王大理，考擿故事有不合情者，又上書論之。元帝令曰：「先自元康以來，事故荐臻，刑禁滋蔓。〔二九〕大理所上，宜朝堂會議，蠲除詔書不可用者，此孤所虛心者也。」

宋文帝時，蔡廓爲侍中，建議，以爲鞫獄不宜令子孫下辭，明言父祖之罪。自今但令家人與囚相見，無乞鞫之訴，〔三〇〕便足以明伏罪，不須責家人下辭。朝議咸以爲允，從之。時王弘上疏曰：「主守偷五疋，常偷四十疋，並死，太重。請加主守至十疋，常偷至五十疋。」謝莊爲都官尚書，奏改定州獄，曰：「舊官長竟囚畢，郡遣督郵案驗，仍就施刑。〔三一〕督郵賤吏，非能異於官長，雖有案驗之名，而無研究之實。〔三二〕愚謂此制宜革，自今入重之囚，縣考正畢，以事言郡，并送囚身，委二千石親臨覆辯，必收聲吞釁，然後就戮。若二千石不能決，乃度廷尉神州統外，移之刺史，刺史有疑，亦歸臺獄，必令死者不怨而坐者無恨。」

齊武帝令删定郎王植之集注張、杜舊律，合爲一書，凡千五百三十條。事未施行，其文殆滅。

梁武帝制，依周、漢舊事，有罪者贖其科。凡在官身犯罰金鞭杖督之罪，悉入贖停罰。其臺省令史士卒欲贖者，聽之。時齊時舊郎蔡法度能言齊王植之律，於是使損益舊本，以爲梁律。天監初，又令王亮等定爲二十篇：一曰刑名，二曰法例，三曰盗劫，四曰賊叛，五曰詐僞，六曰受賕，七曰告劾，八曰討捕，九曰繫訊，十曰斷獄，十一曰雜，十二曰户，十三曰擅興，十四曰毁亡，十五曰衞宫，十六曰水火，十七曰倉庫，十八曰廄，十九曰關市，二十曰違制。其制刑爲十五等之差：棄市以上爲死罪，大罪梟其首，次棄市。刑二歲以上爲耐罪，言各隨伎能而任使之也。有髡鉗五歲刑，笞二百，收贖絹男子六十疋。又有四歲刑，男子四十八疋。又有三歲刑，男子三十六疋。又有二歲刑，男子二十四疋。罰金一兩以上爲贖罪。贖死者，金二斤，男子十六疋。贖髡鉗五歲刑、笞二百者，金一斤十二兩，男子十四疋。贖四歲刑者，金一斤八兩，男子十二疋。贖三歲刑者，金一斤四兩，男子十疋。贖二歲刑者，金一斤，男子八疋。罰金十二兩者，男子六疋。罰金八兩者，男子四疋。罰金四兩者，男子二疋。罰金二兩者，男子一疋。罰金一兩者，男子二丈。女子各半之。五刑不簡，正于五罰；五罰不服，正于五過，以贖論，故爲此十五等之制。又制九等之差：〔三三〕一歲刑，半歲刑，百日刑，鞭杖二百，鞭杖一百，鞭杖五十，鞭杖三十，鞭杖二十，鞭杖十。又有八等之差：一曰免官，加杖督一百；二曰免官；三曰奪勞百日，杖督一百；四曰杖督一百；五曰杖督五十；六曰杖督四十；七曰杖督三十；八曰杖督十。其鞭，有制鞭、〔三四〕法鞭、常鞭，凡三等之差。制鞭，生革廉成。法鞭，生革去廉。常鞭，熟靼，之舌反。不去廉。皆作鶴頭紐，長一尺一寸，〔三五〕稍長二尺七寸，廣三寸，〔三六〕靶長尺五寸。〔三七〕杖皆用生荆，長六尺。有大杖、法杖、小杖，三等之差。大杖大頭圍寸三分，小頭八分半。法杖圍寸一分，〔三八〕小頭五分。小杖圍寸一分，小頭極杪。諸督罰，大罪無過五十、三十，小者二十。當笞二百以上者，笞半，餘半後決，中分鞭杖。老小於律令當行鞭杖罰者，皆半之。其制鞭、制杖，法鞭、法杖，自非特詔，皆不得用。士人有錮禁之科，亦以輕重爲差，其犯清議則終身不齒。凡定罪二千五百二十九條，又有令三十卷。其後除贖罪之科。

陳武帝令尚書删定郎范果參定律令，〔三九〕又令徐陵等知其事，制律三十卷，科三十卷。〔四〇〕其制惟重清議禁錮之科，若搢紳之族犯虧名教不孝及内亂者，終身不齒。自餘一用梁法。當刑於市者，夜須明，雨須晴。朔日，〔四一〕八節，六齋，月在張心日，〔四二〕並不得行刑。廷尉寺爲北獄，建康縣爲南獄，並置正、監、平。又制，常以三月，〔四三〕侍中、吏部尚書、三公郎、部都令史、三公録冤局、〔四四〕御史中丞、侍御史、蘭臺令史，親行京師諸獄及冶署，〔四五〕治察囚徒冤枉。

後魏起自北方，屬晉室之亂，部落漸盛，其主乃峻刑法，每以軍令從事，人乘寬政，多以違令，得罪死者以萬計，於是國落騷然。其後當死者，聽其家獻金馬以贖。犯大逆者，親族男女無少長皆斬。男女不以禮交，皆死。人相殺者，聽與死家牛馬四十九頭，及送葬器物以平之，無繫訊連逮之坐。盜官物一備五，私物一備十。〔四六〕及道武既平定中原，患舊制太峻，命三公郎王德除其酷法，約定科令。至太武帝神麚中，詔崔浩定律令。除五歲、四歲刑，增一年刑。大逆不道腰斬，誅其同籍，年十四以下腐刑，女子没縣官。害其親者，轘之。爲蠱毒者，男女皆斬而焚其家。〔四七〕其巫蠱者，負羖羊抱犬沈諸泉。當刑者贖，貧則加鞭二百。〔四八〕畿内人富者燒炭於山，貧者役於圊溷，女子入舂槀，其癄疾不逮于人，守苑囿。王官階九品，得以官爵除刑。婦人當刑而孕，産後百日乃決。年十四以下，〔四九〕降刑之半。八十及九十，非殺人不坐。拷訊不踰四十九。論刑者，部主言狀，〔五〇〕公車鞫辭，而三都決之。當死者，定按奏聞，帝親臨問，無異辭怨言，乃刑之。諸州國之大辟，〔五一〕皆先讞報，乃施行。其後因官吏黷貨，太延中，詔吏民得舉告牧守之不法，於是凶悖者求得牧宰之失，乃貪暴於閭閻。太平真君中，以有司斷法不平，詔諸疑獄皆付中書，依經義論決。初，盜律贓四十疋致大辟，人多慢政，乃減至三疋。十一年，誅崔浩。正平初，又令胡方回、游雅改定律制，凡三百七十條，門房之誅四，大辟百四十五，刑二百二十一。文成帝太安中，以庶士多因酒致酗訟，制禁釀酒，沽飲皆斬。吉凶賓親則開禁，有日程。增置候官伺察。諸違犯贓二丈皆斬。又增律七十九章，門房之誅十有三，大辟三十五，刑六十二。至獻文帝，除口誤，開酒禁。

故事，斬皆裸形伏鑕，砧也。孝文太和初，制，不令裸形。又令高閭修改舊文，隨例增減，凡八百三十二章，門房之誅十有六，大辟之罪二百三十五，刑三百七十七，除羣行剽劫首謀門誅，律重者止梟首。時法官及州縣多爲重枷，復以石縋囚頸，傷肉至骨，勒以誣服，吏以爲能。帝聞而傷之，乃制，非大逆有明證而不疑辭者，不得大枷。宣武帝永平初，〔五二〕尚書令高肇等奏曰：「杖之小大，鞭之長短，令有定式，但枷之輕重，先無成制。請造大枷，長丈三尺，喉下長丈，通頰木各方五寸，以擬大逆外叛。」自是枷杖之制，頗有定準。法例律：「五等爵及在官品令從第五，以階當刑二歲。〔五三〕免官者，三載之後聽仕，降先階一等。」邢巒奏：「官人若有罪本除名，以職當刑，猶有餘資，得降階而叙。至於五等封爵，除刑若盡，永即甄削，〔五四〕便同之除名，於例實爽。愚謂自王公以下，有封邑，罪除名，三年之後，宜各降本爵一等，王及郡公降爲縣公，公爲侯，侯爲伯，伯爲子，子爲男，至于縣男則降爲鄉男。〔五五〕五等爵者，并依此而降，至於散男。其鄉男、散男無可降授者，〔五六〕三年之後，聽依其本品之資出身。」從之。及齊神武秉東魏政，遷都於鄴，群盜頗起，遂立嚴制，諸彊盜殺人者，首從皆斬，妻子同籍配爲樂户。其不殺人及贓不滿五疋，魁首斬，從者死，妻子亦爲樂户。小盜贓滿十疋以上，魁首死，妻子配驛，從者流。

北齊文宣帝受禪後，命群官刊定魏朝麟趾格，又議造齊律，積年不成，其決獄猶依魏舊式。武成帝河清三年，尚書令趙郡王叡等奏上齊律十二篇：一曰名例，二曰禁衛，三曰户婚，〔五七〕四曰擅興，五曰違制，六曰詐僞，七曰鬬訟，八曰盜賊，九曰捕斷，十曰毁損，十一曰廄牧，十二曰雜。其定罪九百四十九條。又上新令四十卷，大抵採魏、晉故事。其制刑名五：一曰死，重者轘之。轘音患。其次梟首，並陳屍三日，無市者列於鄉亭。其次斬刑，殊身首。其次絞刑，死而不殊。凡四等。二曰流刑，謂論犯可死，原情可降，鞭笞各百，〔五八〕髡之，投于邊裔，以爲兵卒，未有道里之差。其不合遠配者，男子長徒，女子配舂，並六年。三曰刑罪，即耐罪也，有五歲、四歲、三歲、二歲、一歲之差，凡五等。各加鞭百。其五歲者加笞八十，〔五九〕四歲者六十，三歲者四十，二歲者二十，一歲者無笞。並鎖輸作左校而不髡，〔六〇〕無保者鉗之。婦人配舂及掖庭織。四曰鞭，有百、八十、六十、五十、四十之差，凡五等。五曰杖，有三十、二十、一十之差，凡三等。當加者上就次，當減者下就次。贖罪者舊有金，〔六一〕皆代以中絹。死者百疋，流九十二疋，刑五歲七十八疋，四歲六十四疋，三歲五十疋，二歲三十六疋，各通鞭笞論。一歲無笞，則通鞭二十四疋。鞭杖每十，續絹一疋，至鞭百則絹十疋。無絹之鄉，皆準絹收錢。自贖笞十以上至死，又爲十五等之差。當加減次，如正決法。合贖者，謂流内官及爵秩比視、老小閹癡并過失之屬。犯罰絹一疋及杖十以上，〔六二〕皆名爲罪人。盜及殺人而亡者，即揭名注籍，〔六三〕甄其一房配驛户。宗室則不注盜，不入奚官，不加宮刑。自犯流罪以下合贖者，及婦人犯刑以下，侏儒、篤疾、殘廢非犯死罪，皆頌繫之。又列重罪十條：一曰反逆，二曰大逆，三曰叛，四曰降，五曰惡逆，六曰不道，七曰不敬，八曰不孝，九曰不義，十曰内亂。其犯此十者，不在八議論贖之限。是後法令明審，科條簡要，又敕仕門子弟常講習之，故齊人多曉法律。其不可爲定法者，別制權令二卷，與之並行。

後周文帝秉西魏政令，有司斟酌今古通變，修撰新律。革命後，武帝保定三年，司憲大夫拓跋迪奏新律，謂之大律，凡二十五篇：一曰刑名，二曰法例，三曰祀享，四曰朝會，五曰婚姻，六曰户禁，七曰水火，八曰興繕，九曰衛宫，十曰市廛，十一曰鬭競，十二曰劫盜，十三曰賊叛，十四曰毁亡，十五曰違制，十六曰關津，十七曰諸侯，十八曰廄牧，十九曰雜犯，二十曰詐僞，二十一曰請求，二十二曰告言，二十三曰逃亡，二十四曰繫訊，二十五曰斷獄。大凡定罪千五百三十七條。〔六四〕其制罪：一曰杖刑五，自十至五十。二曰鞭刑五，自六十至于百。〔六五〕三曰徒刑五，徒一年者，鞭六十，笞十；徒二年者，鞭七十，笞二十；徒三年者，鞭八十，笞三十；徒四年者，鞭九十，笞四十；徒五年者，鞭百，笞五十。四曰流刑五，〔六六〕流衛服，去皇畿二千五百里者，鞭百，笞六十；流要服，去皇畿三千里者，鞭百，笞七十；流荒服，去皇畿三千五百里者，鞭百，笞八十；流鎮服，去皇畿四千里者，鞭百，笞九十；流藩服，去皇畿四千五百里者，鞭百，笞百。五曰死刑五，一曰磬，二曰絞，三曰斬，四曰梟，五曰裂。五刑之屬各有五，合二十五等。不立十惡之目，而重惡逆、不道、大不敬、不孝、不義、内亂之罪也。凡惡逆，肆之三日。〔六七〕盜賊群攻鄉邑及入人家者，殺之無罪。若報讎者，造於法造，七報反。而自殺之，不坐。經爲盜者，注其籍，惟皇宗則否。凡死罪枷而拲，流罪枷而梏，徒罪枷，鞭罪桎，杖罪散，以待斷。皇族及有爵者，死罪以下鏁之，徒以下散之。獄成將殺者，書其姓名及其罪於拲而殺之市，惟皇族與有爵者隱獄。其贖杖刑五，金一兩至五兩。贖鞭刑五，金六兩至十兩。贖徒刑五，〔六八〕一年金十二兩，二年十五兩，三年一斤二兩，四年一斤五兩，五年一斤八兩。贖流刑，一斤十二兩。俱役六年，不以遠近爲差等。贖死刑，金二斤。鞭者以百爲限，加笞者合二百止。應加鞭笞者，皆先笞後鞭。婦人當笞者，聽以贖論。徒輸作者，皆任其所能而役使之。若再犯徒，三犯鞭者，一身永配下役。應贖金者，鞭杖十收中絹一疋，流徒者依限歲收絹十二疋，死罪者百疋。其贖刑，死罪五旬，流刑四旬，徒刑三旬，鞭刑二旬，杖刑一旬。〔六九〕限外不輸者，歸於法。貧者請而免之。大凡定法千五百三十七條，其大略滋章，條流苛密，比於齊法，煩而不要。又初除復讎之法，犯者以殺論。帝又以齊之舊俗，未改昏政，賊盜姦宄，頗乖憲章，其年又爲刑書要制以督之。〔七〇〕大抵持杖群盜一疋以上，不持杖群盜五疋以上，監臨主掌自盜二十疋以上，盜及詐請官物三十疋以上，正長隱五户及十丁以上及地三頃以上，〔七一〕皆死。自餘依大律。由是澆詐頗息焉。宣帝虐忍無度，令撰刑書，謂之刑經聖制。

隋文帝初，令高熲等更定新律，其刑名有五：一曰死刑二，有絞，有斬。二曰流刑三，有千里，千五百里，二千里。應配者，千里居作二年，千五百里居作二年半，二千里居作三年。三曰徒刑五，有一年，一年半，二年，二年半，三年。四曰杖刑五，自五十至于百。五曰笞刑五，自十至于五十。而蠲除前代鞭刑及梟首轘裂之法。其流徒之罪，皆減從輕，流役六年改爲五年，徒刑五年改爲三年。惟大逆謀反叛者，父子兄弟皆斬，家口没官。又置十惡之條，多採後齊之制，而頗有損益。一曰謀反，二曰謀大逆，三曰謀叛，四曰惡逆，五曰不道，六曰大不敬，七曰不孝，八曰不睦，九曰不義，十曰内亂。犯十惡及故殺人獄成者，〔七二〕雖會赦猶除名。其在八議之科及官品第七以上犯罪，皆例減一等。其品第九以上犯者，聽贖。應贖者，皆以銅代絹。銅一斤爲負，負十爲殿。笞十者銅一斤，加至杖百則十斤。徒一年，贖銅二十斤，每等則加銅十斤，三年則六十斤矣。流千里，贖銅八十斤，每等則加銅十斤，二千里則百斤矣。二死皆贖銅百二十斤。犯私罪以官當徒者，〔七三〕五品以上一官當徒二年，九品以上一官當徒一年。當流者，三流同比徒三年。若犯公罪者，徒各加一年，〔七四〕當流者各加一等。其累徒過九年者，流二千里。自前代相承，有司訊考，皆以法外，〔七五〕或有用大棒束杖，車輻鞵底，壓踝杖桄之屬，盡除之。訊囚不得過二百，枷杖大小咸爲之程品，行杖者不得易人。又敕四方，敦理辭訟，〔七六〕有枉屈縣不治者，令以次經郡及州，至省，仍不治，乃詣闕申訴。有所未愜，聽撾登聞鼓，有司録狀奏之。帝又每季親録囚徒，常以秋分之前，省閲諸州申奏罪狀。後因覽刑部奏，斷獄數猶至萬條，以爲律尚嚴密，故人多陷罪。又敕蘇威、牛弘等更定新律，除死罪八十一條，流罪百五十四條，徒杖等千餘條，定留惟五百條，凡十二卷。一曰名例，二曰禁衛，三曰職制，四曰户婚，五曰廄庫，六曰擅興，七曰賊盜，八曰鬬訟，九曰詐僞，十曰雜律，十一曰捕亡，十二曰斷獄。自是刑綱簡要，疎而不失。於是置律博士弟子員。斷決大獄，皆先牒明法，定其罪名，然後依斷。其後帝以用律者多致踳駮，罪同論異，詔諸州死罪不得便決，悉移大理按覆，事盡，然後上取奏裁。十三年，改徒及流並爲配防。十五年，制，死罪者三奏而後決。帝無學，以文法繩下。諸州有主典盜倉粟者，差人馳驛斬之，又於殿前決之，人或有盜一錢亦死。煬帝即位，以文帝禁網深刻，又敕修律令，除十惡之條。時斗秤皆小舊二倍，其贖銅亦加三倍爲差，杖百則三十斤矣。徒一年者六十斤，每等加三十斤爲差，三年則百八十斤矣。流無異等，贖二百四十斤。二死同贖三百六十斤。舊制，「釁門子弟不得居宿衛近侍之官。」帝下制曰：「諸犯罪被戮之門，〔七七〕期以下親，仍令合仕，聽參宿衛近侍之官。」三年，新律成，凡五百條，爲十八篇。詔施行之，謂之大業律。一曰名例，二曰衛宫，三曰違制，四曰請求，五曰户，六曰婚，七曰擅興，八曰告劾，九曰賊，十曰盜，十一曰鬬，十二曰捕亡，十三曰倉庫，十四曰廐牧，十五曰關市，十六曰雜，十七曰詐僞，十八曰斷獄。其五刑之内，降從輕典二百餘條，其枷杖決罰訊囚之制，蓋並輕於舊。是時百姓久厭苛刻，喜於刑寬。其後帝外征四夷，内窮嗜慾，兵革歲動，賦斂繁滋，盜賊蜂起，更爲嚴制。

肉刑議 漢　後漢　魏　晉　東晉

漢文帝十三年，齊太倉令淳于意有罪，遂繫長安，當刑。其女緹縈上書曰：「妾父爲吏，齊中皆稱廉平，今坐法當刑。妾痛死者不可復生，刑者不可復屬，屬，聯也，之欲反。雖欲改過自新，其道無由。妾願没入爲官婢，贖父刑罪。」天子憐其意，遂下令曰：「蓋聞有虞氏之時，畫衣冠異章服以爲戮，而民弗犯。今有肉刑三，黥、劓二，左右趾。而姦不止，吾甚自愧。夫訓道不純，愚人陷焉。詩曰：『愷悌君子，民之父母。』今刑者斷支體，刻肌膚，終身不息，息，生也。或欲改行爲善，而道無由，豈稱爲民父母之意哉。其除肉刑。」丞相張蒼、御史大夫馮敬奏：「議定律令，諸當完者，完爲城旦舂；當黥者，髡鉗爲城旦舂；當劓者，笞三百；當斬左趾者，笞五百。」班固之論曰：「禹承堯舜之後，自以德衰，而制肉刑。湯、武順而行之者，以俗薄於唐虞故也。今漢承衰周暴秦極弊之流，俗以薄於三代，而行堯舜之刑，是猶以鞿而御駻突，〔七八〕以繩繫馬口謂之鞿。駻突，惡馬也。馬絡頭曰羈。〔七九〕違救時之宜矣。且除肉刑者，本欲全人之生也，今去髡鉗一等，轉而入於大辟，故死者歲以萬數，刑重之所致也。至于穿窬之盜，忿怒傷人，男女淫佚，吏爲姦贓，若此之惡，髡鉗之罰又不足以懲也。故刑者歲十萬數，〔八〇〕人既不畏，又曾不恥，刑輕之所生也。故思所以清源正本之論，删定律令，篹音撰。二百章，以應大辟。其餘罪次，於古當生，今觸死者，皆可募行肉刑。〔八一〕欲死邪？欲腐邪？〔八二〕及傷人與盜，吏受賕枉法，男女淫亂，皆復古刑，爲三千章。詆欺文致微細之法，悉蠲除。如此則刑可畏而禁易避，吏不專殺，法無二門，順稽古之制，成時雍之化矣。」

後漢獻帝之時，天下既亂，刑罰不足以懲惡，於是名儒大才崔寔、鄭康成、陳紀之徒，咸以爲宜復肉刑。及曹公令荀彧博訪百官，欲復申之。少府孔融議，以爲：「紂斮朝涉之脛，〔八三〕天下謂之無道。九牧之地千八百君，若各刖一人，〔八四〕是天下常有千八百紂也。且被刑之人，慮不念生，類多趨惡。夙沙亂齊，伊戾禍宋，趙高、英布爲世大患。不能止人遂爲非也。雖忠如鬻拳，信如卞和，智如孫臏，寃如巷伯，才如史遷，達如子政，〔八五〕一罹刀鋸，没世不齒。漢開改惡之路，凡爲此故。」朝廷善之，卒不改焉。

魏武秉漢政，下令又欲復肉刑，御史中丞陳羣深陳其便，相國鍾繇亦贊成之，奉常王脩不同其議，〔八六〕魏武亦難以藩國改漢朝之制，遂不行。至齊王芳正始中，征西將軍夏侯太初河南尹李勝相論難，勝主肉刑，而太初不主肉刑，凡往復數四，文多不載。丁謐又論曰：「舜典曰：『象以典刑，流宥五刑，鞭作官刑，扑作教刑，金作贖刑，怙終賊刑。』」

咎繇曰：『天討有罪，五刑五用哉。』呂刑曰：『蚩尤惟始作亂，延及于平民，罔不寇賊，鴟義姦宄，寇攘矯虔。苗民惟作五虐之刑曰法。殺戮無辜，爰始淫爲刵、劓、椓、黥。』按此肉刑在於蚩尤之世，而堯舜以流放代之，故黥、劓之文不載唐虞之籍，而五刑之數亦不具於聖人之旨也。禹承舜禪，與堯同治，必不釋二聖而遠則凶頑，固可知矣。〔八七〕湯、武之王，獨將奚取於呂侯？故叔向云：『三辟之興，皆叔世也。』此則近君子有徵之言矣。」

晉武帝初，廷尉劉頌上言曰：「臣昔上行肉刑，竊以爲議者徇孝文之小仁，而輕違聖王之典刑，未詳之甚，莫過於此。今死刑重，故非命者衆，生刑輕，故罪不禁姦。所以然者，肉刑不用之所致也。古者用刑以止刑，今反於此。諸重犯亡者，髮過三寸，輒重髡之，此以刑生刑；加作一歲，此以徒生徒也。亡者積多，繫囚猥畜。復從而赦之，〔八八〕此爲刑不制罪，法不勝姦。聖王之制肉刑，遠有深理，非徒懲其畏剥割之痛而不爲也，乃去其爲惡之具。亡者刖足，無所用復亡；盜者截手，無所用復盜；淫者割其勢，理亦如之。除惡塞源，莫善於此。此等已刑之後，便各歸家，父母妻子共相養恤，不流離於塗路。今宜取死刑之限輕，〔八九〕及三犯逃亡淫盜，悉以肉刑代之。隨發被刑，去其爲惡之具。此爲已刑者，皆良士也，〔九〇〕豈與全其爲姦之手足而蹴居必死之窮地同哉。周禮，三赦三宥，施於老幼悼耄，黔黎不屬逮者。此非爲惡之所出，故刑法逆舍而宥之。非此犯罪，則必刑而無赦。暨至後代，以時嶮多難，因赦解結，〔九二〕權而行之，又不以寬罪人也。而今常以罪積獄繁，赦以散之，是以赦愈數而獄愈塞，如此不已，將至不勝。原其所由，肉刑不用之故也。去此二端，獄不得繁，故無取於數赦也。」疏上，又不見省。

東晉元帝即位，廷尉衛展上言：「古者肉刑，事經前聖，漢文除之，增加大辟。今人户凋荒，百不遺一，而刑法峻重，非勾踐養胎之義也。」詔內外通議。於是王導等議，以肉刑之典由來尚矣。引班固之論以爲據。尚書令刁協等議，以今中興祚隆，大命惟新，誠宜設內刑，寬法以育人。然懼群小之愚，習翫所見而忽異聞，或未能咸服。愚謂行刑之時，先明申法令，樂刑者刖，甘死者殺，則心服矣。古典刑不上大夫，今士人有犯者，謂宜如舊，不在刑例，則進退爲允。尚書周顗等議，以爲：「肉刑平世所應立，非救弊之宜也。方今聖化草創，民有餘姦，習惡之徒，爲非未已，截頭絞頸，尚不能禁，而乃更斷足劓鼻，以止之乎？恐受刑者轉廣，而爲非者日多，踊貴屨賤，有鼻者醜也。」元帝猶欲從展所上，大將軍王敦以爲：「百姓習俗日久，忽復肉刑，必駭遠近。且逆寇未殄，不宜有慘酷之聲，以聞天下。」於是乃止。安帝元興末，桓玄輔政，又議欲復肉刑斬左右趾之法，以輕死刑，命百官議。蔡廓上議曰：「肉刑之設，肇自哲王，故能勝殘去殺，化隆無爲。〔九二〕季末澆僞，設網彌密。至於棄市之條，實非不赦之罪，事非手殺，考律同歸，輕重均科，減降路塞。鍾、陳以之抗言，元皇所爲留愍。今誠宜明慎用刑，愛民宏育，申哀矜以革濫，移大辟於支體，全性命之至重，恢繁息於將來。」而孔琳之議不同，用王朗、夏侯太初之旨。時論多與琳之同，故遂不行。

赦宥放生附

易解卦曰：「雷雨作，解。君子以赦過宥罪。」虞書曰：「宥過無大，刑故無小。罪疑惟輕，功疑惟重。與其殺不辜，寧失不經。」周官司寇曰：「三刺、三宥、三赦之法，一曰訊羣臣，二曰訊群吏，三曰訊萬民。聽民之所刺宥，以施上服、下服之刑。宥，寬也。人言殺，殺之；言寬，寬之。上服劓、墨，下服宮、刖之刑。一宥曰不識，再宥曰過失，三宥曰遺忘。一赦曰幼弱，再赦曰老耄，三赦曰惷愚。又國君過市，刑人赦。」呂刑云：「五刑之疑有赦，五罰之疑有赦，其審克之。墨辟疑赦，其罰百鍰。刑疑，則赦從罰。六兩曰鍰。鍰，黃鐵。劓辟疑赦，其罪惟倍。剕辟疑赦，其罪倍差。宮辟疑赦，其罰六百鍰。大辟疑赦，其罰千鍰。」禮曰：「疑獄汎問，與衆共之，衆疑赦之。」管仲曰：「赦者先易而後難，久而不勝其禍。法者先難而後易，久而不勝其福。故惠者人之仇讎也，法者人之父母也。凡赦者，小利而大害者也。無赦者，小害而大利者也。夫盜賊不勝則良民危，法禁不立則姦邪繁。故赦者，奔馬之委轡也。」

漢景帝四年，赦，有犯死罪欲腐者，許之。腐，宮刑也。丈夫割勢，不復生子，如腐木不生實矣。

後漢光武建武中，大司馬吳漢疾篤，帝親臨，問所欲言，對曰：「臣無識知，惟願慎無赦而已。」章帝章和元年，赦天下繫囚在四月丙子以前，減死罪一等，勿笞，詣金城，而文不及亡命未發覺。郭躬上封事曰：「聖恩所以減死罪，使戍邊者，〔九三〕重人命也。今死罪亡命無慮萬人，又自赦以來，捕得甚衆，而詔令不及，皆當重論。〔九四〕惟天恩莫不蕩宥，臣以爲赦前犯死罪而繫在赦後者，可皆勿詣金城，以全人命，有益於諸邊。」帝善之，下詔赦焉。安帝永初中，尚書陳忠上言，母子兄弟相代死者，聽赦所代者，從之。

北齊赦日，武庫令設金雞及鼓於閶闔門外之右，勒集囚徒於闕前，撾鼓千聲，脫枷鎖遣之。

唐令曰：「赦日，武庫令設金雞及鼓於宮城門外之右，勒集囚徒於闕前，撾鼓千聲訖，宣制，放。」其赦書頒諸州，用絹寫行下。貞觀二年七月，上謂侍臣曰：「凡赦惟及不軌之輩。古語云：『小人之幸，君子不幸。』『一歲再赦，婦兒喑啞。』凡養稂莠者傷禾稼，惠姦宄者賊良民。昔文王作罰刑，玆無赦。夫小仁者大仁之賊，故我有天下以來，不甚放赦。今四海安寧，禮義興行，數赦則愚人常冀僥倖，惟欲犯法，不能改過，當須慎赦。」

武太后聖曆三年，斷屠殺。鳳閣舍人崔融上議曰：「春生秋殺，天之常道。冬狩夏苗，國之大事。豺祭獸，獺祭魚，自然之理也。一乾豆，二賓客，不易之義也。上自天子，下至庶人，莫不揮其鸞刀，烹之鶴鼎，所以充庖廚。故能幽明感通，人祇輯睦，萬王千帝，殊塗同歸。今者禁屠宰，斷弋獵，三驅莫行，一切不許。將恐違聖人之達訓，紊明王之善經。一不可也。且江南諸州以魚爲命，河西諸國以肉爲齋。一朝禁止，倍生勞弊，富者未革，貧者難堪。二不可也。如有貧賤之流，刲割爲事，〔九五〕家業儻失，性命不全。雖復日戮一人，終慮未能總絕，但益恐嚇，惟長姦欺。外有斷屠之名，内誠鼓刀者衆，勢利依倚，請託紛紜。三不可也。雖好生惡殺，是君子之小恩，而考古會今，非國家之大體。但使順月令，奉天經，造次合禮儀，從容中刑典，自然人得其性，物遂其生，何必改革，方爲盡善。」景龍元年，遣使往江淮分道贖生，以所在官物充直。中書舍人李乂上疏曰：「江淮水鄉，採捕爲業，魚鼈之利，黎元所資。雖雲雨之私有霑於末類，而生成之惠未洽於平民。何則？江湖之饒，生育無限，府庫之用，〔九六〕支供易殫。費之若少，則所濟何成？用之儻多，則常支有闕。在於拯物，豈若憂民？且鬻生之徒，惟利斯視。錢刀日至，網罟年滋，施之一朝，營之百倍。未若迴救贖之錢物，減貧無之徭賦，治國愛民，其福勝彼。」二年九月，敕：「鳥雀昆蟲之屬，不得擒捕，以求贖生。犯者，先決三十。宜令金吾及州縣市司，嚴加禁斷。」

校勘記

〔一〕「秋官之職建三典」，通典一六三文同。按周禮秋官大司寇：「掌建邦之三典。」漢書刑法志云：「若周之法，建三典以刑邦國。」班固、杜佑、鄭樵皆本此略變其文以敍事，北宋本通典「建」作「之」，似不足取。

〔二〕「殺人者踣諸市肆之三日」，「肆之」二字脱，據周禮秋官掌戮補。

〔三〕「殺罪五百」，「殺」，原作「髡」，據周禮秋官司刑改。

〔四〕「各以率受上爵」，「率」，原作「律」，據史記商君傳改。

〔五〕「秦人皆趨令」，「令」下衍「行之」二字，史記商君傳原文爲「行之十年」云云，通典節略不當，通志承之而誤，故删。

〔六〕「文帝二年」，「文帝」，原作「惠帝」，據通典一六三改。按，通典下文又敍惠帝之事，時間顛倒。通志改文帝爲惠帝，更使史實失誤。

〔七〕「又制」，按，此爲惠帝初即位時之制，不應敍在文帝事之後。下文除挾書律及呂后除三族罪，皆爲文帝以前之事，其誤始於通典，鄭樵采録而未予改正。

〔八〕「皆受其官屬所監所治所行所將其與飲食計償費」，「所監」二字脱，「與」，原作「餘」，據漢書景帝紀補改。

〔九〕「中六年」，「中」字脱，據漢書景帝紀補。

〔一〇〕「合於三赦幼弱老眊之人」，「幼」，原作「劣」，據漢書刑法志改。

〔一一〕「具峻酷篇」，按，本書無此篇，乃承用於通典之文。

〔一二〕「手殺人者減死一等」，「死」字脱，據後漢書梁統傳、晉書刑法志補。

〔一三〕「宣帝履道握要」，「握」字脱，據晉書刑法志補。

〔一四〕「穿令斷律」，「穿」原作「定」，據晉書刑法志改。

〔一五〕「千五百耐罪」，「百」下衍「七」字，據後漢書陳寵傳删。

〔一六〕「悝撰次諸國法著法經」，「悝」字、「法經」之「法」字皆脱，據晉書刑法志補。

〔一七〕「其律始於盜賊盜賊須劾捕」，「盜賊」二字原不重舉，「須劾」原作「頃劾追」，據晉書刑法志補改。

〔一八〕「又以具律具其加減」，「具律」二字脱，據晉書刑法志補。

〔一九〕「益事律興廄户三篇」，「律」下衍「擅」字，據晉書刑法志删。

〔二〇〕「集爲令甲以下三百餘篇」，「集」字脱，據晉書刑法志補。

〔二一〕「實相採入」，「採」，原作「探」，據晉書刑法志、通典一六三改。

〔二二〕「請置律博士」，「律」字脱，據晉書刑法志、通典一六三補。

〔二三〕「廷尉獄吏范洪受囚絹二丈附輕法論之」，「洪」，原作「弘」，「之」字脱，據晉書刑法志、通典一六三改補。下文「洪」字同。

〔二四〕「凡三十有七名」，「名」，原作「各」，據晉書刑法志改。

〔二五〕「六百三十條」，通典一六三文同。晉書刑法志作「六百二十條」。

〔二六〕「其後明法掾張裴又注律」，「張裴」，通典一六四文同。晉書刑法志作「張裴」，隋書經籍志、南齊書孔稚珪傳作「張斐」。

〔二七〕「謂之不恭」，晉書刑法志、通典一六四皆作「不敬」，鄭氏爲宋之先祖諱，改「敬」爲「恭」。

〔二八〕「不得動用開塞」，「開」，原作「闢」，據晉書刑法志、通典一六四改。

〔二九〕「刑禁滋蔓」，通典一六四文同。晉書刑法志作「法禁滋漫」。

〔三〇〕「無乞鞫之訴」，「訴」，原作「詳」，據宋書蔡廓傳改。

〔三一〕「仍舊施刑」，「刑」，原作「行」，據宋書謝莊傳改。

〔三二〕「無研究之實」，「研」，原作「刑」，據宋書謝莊傳、通典一六四改。

〔三三〕「故爲此十五等之制又制九等之差」，「五」，原作「四」，下「制」字脱，據隋書刑法志改補。

〔三四〕「制鞭」，「制」，原作「刑」，據隋書刑法志、通典」，六四改。下同。

〔三五〕「長一尺二寸」，通典一六四文同。隋書刑法志作「一尺一寸」。

〔三六〕「廣三寸」，隋書刑法志、通典一六四文皆同。太平御覽六四九引晉令作「三分」，點校本隋書從御覽校正作「三分」。

〔三七〕「靶長尺五寸」，通典一六四文同。隋書刑法志作「二尺五寸」。

〔三八〕「大杖大頭圍寸三分小頭八分半法杖圍寸二分」，「大頭」之「大」字脱，據隋書刑法志補。「寸二分」，隋書刑法志作「寸三分」。

〔三九〕「范果參定律令」，「果」，通典一六四作「杲」，隋書刑法志作「泉」。

〔四〇〕「科三十卷」，通典一六四文同。隋書刑法志作「令律四十卷」。

〔四一〕「朔日」，通典一六四文同。隋書刑法志作「晦朔」。

〔四二〕「月在張心日」，「月」上衍「日」字，據隋書刑法志删。原承通典一六四之誤。

〔四三〕「又制常以三月」，「三」，原作「二」，據隋書刑法志、通典一六四改。

〔四四〕「三公録寃局」，「局」，原作「屈」，據隋書刑法志改。

〔四五〕「京師諸獄及冶署」，「冶」，原作「治」，據元本、隋書刑法志、通典一六四改。

〔四六〕「無繫訊連逮之坐盜官物一備五私物一備十」，「之」，原作「人」，據魏書刑罰志改。「一備五私物」五字脱，據通典一六四補，魏書刑罰志作「盜官物一備五，私則備十」。

〔四七〕「男女皆斬而焚其家」，「而」，原作「女」，據魏書刑罰志改。

〔四八〕「貧則加鞭二百」，「貧」，原作「負」，據魏書刑罰志、通典一六四改。

〔四九〕「年十四以下」，「下」字脱，據魏書刑罰志補。

〔五〇〕「部主言狀」，魏書刑罰志「言」作「具」。

〔五一〕「諸州國之大辟」，「國」，原作「囚」，據魏書刑罰志改。

〔五二〕「宣武帝永平初」，「永平」，原作「正始」，據魏書刑罰志、世宗紀改。

〔五三〕「以階當刑二歲」，「階」，原作「上皆」，蓋爲「階」字分拆，通典一六四已誤，據魏書刑罰志改。

〔五四〕「永即甄削」，「即」，原作「既」，據魏書刑罰志、通典一六四改。

〔五五〕「至于縣男則降爲鄉男」，「縣男」之「男」字脱，據魏書刑罰志、通典一六四補。

〔五六〕「其鄉男散男無可降授者」，「散男」下衍一「男」字，據魏書刑罰志、通典一六四删。

〔五七〕「户婚」，隋書刑法志、唐六典六、唐律疏議一二皆作「婚户」。

〔五八〕「鞭笞各百」，「各」字脱，據隋書刑法志、通典一六四補。

〔五九〕「各加鞭百其五歲者加笞八十」，「百」字與「加笞」二字脱，據隋書刑法志、通典一六四補。「其」字上原有「六歲者加笞百」六字，爲二書所無，按上文明言刑罪有五歲至一歲五等之差，此言「六歲」，自爲衍文，故删。

〔六〇〕「並鎖輸作左校而不髡」，通典一六四文同。隋書刑法志無「作」字。

〔六一〕「贖罪者舊有金」，通典一六四無「者」字，隋書刑法志「有」作「以」。

〔六二〕「杖十以上」，「上」，原作「下」，據隋書刑法志、通典一六四改。

〔六三〕「揭名注籍」，「揭」，隋書刑法志、通典一六四皆作「懸」。

〔六四〕「千五百三十七條」，「七」字脱，據隋書刑法志補。

〔六五〕「自六十至于百」，汪本「于」作「千」，據元本、明本、于本、殿本改。

〔六六〕「流刑五」，「五」字脱，據隋書刑法志、通典一六四補。

〔六七〕「肆之三日」，「日」，原作「曰」，據隋書刑法志、通典一六四改。

〔六八〕「贖徒刑五」，「五」字脱，據隋書刑法志補。

〔六九〕「鞭刑二旬杖刑一旬」，「二旬杖刑」四字脱，據隋書刑法志、通典一六四補。

〔七〇〕「其年又爲刑書要制以督之」，按，其年爲建德六年，與上文脱節，乃承用通典一六四之文而誤。

〔七一〕「正長隱五户及十丁以上及地三頃以上」，「十丁」，原作「丁五」，「三」字脱，據周書武帝紀下補正。

〔七二〕「犯十惡及故殺人獄成者」，「犯」字脱，據隋書刑法志補。

〔七三〕「犯私罪以官當徒者」，「犯」下衍「法」字，據隋書刑法志、通典一六四删。

〔七四〕「三流同比徒三年若犯公罪者徒各加一年」，「同」，原作「周」，「徒各」二字脱，據通典一六四改，隋書刑法志有「徒各」二字而「同」作「周」。

〔七五〕「皆以法外」，「以」字脱，據隋書刑法志補。

〔七六〕「敦理辭訟」，「敦理」二字脱，據隋書刑法志補。

〔七七〕「諸犯罪被戮之門」，「諸」下衍「州」字，據隋書刑法志、通典一六四删。

〔七八〕「是猶以鞿而御駻突」，「鞿」下衍「羈」字，據漢書刑法志、通典一六八删。鞿即古羈字。

〔七九〕「駻突惡馬也馬絡頭曰羈」，「絡」字錯在「駻」字上，據通典一六八改。

〔八〇〕「若此之惡髡鉗之罰又不足以懲也故刑者歲十萬數」，「之惡髡鉗」四字脱，「萬數」二字互倒，據漢書刑法志補改。

〔八一〕「皆可募行肉刑」，「募」，原作「簒」，據漢書刑法志、通典一六八改。

〔八二〕「欲死耶欲腐耶」，按漢書刑法志及通典一六八，此爲李奇注文，通志混入正文。

〔八三〕「紂斮朝涉之脛」，「斮」，原作「斬」，據晉書刑法志改。

〔八四〕「若各刖一人」，「各」字脱，據晉書刑法志、通典一六八補。

〔八五〕「達如子政」，「政」，原作「正」，據後漢書孔融傳改。

〔八六〕「奉常王脩不同其議」，晉書刑法志文同。通典一六八「脩」作「循」。

〔八七〕「固可知矣」，汪本「固」作「國」，據元本、明本、于本、殿本改。

〔八八〕「復從而赦之」，「而」字脱，據晉書刑法志補。

〔八九〕「今宜取死刑之限輕」，「輕」，原作「經」，據晉書刑法志、通典一六八改。

〔九〇〕「皆良士也」，「皆」下衍「非」字，據晉書刑法志删。

〔九一〕「因赦解結」，「因」，原作「囚」，據晉書刑法志改。

〔九二〕「化隆無爲」，「隆」，原作「崇」，乃承用通典諱改之文，今據晉書刑法志改回。

〔九三〕「使戍邊者」，「者」字脱，據後漢書郭躬傳補。

〔九四〕「皆當重論」，「論」，原作「狀」，據後漢書郭躬傳改。

〔九五〕「封割爲事」，「封」，原作「剥」，據通典一六九、唐會要四一改。

〔九六〕「府庫之用」，「用」，原作「内」，據舊唐書李乂傳改。

食貨略第一

田制

禹别九州，制田九等：雍州第一等，徐州第二等，青州第三等，豫州第四等，冀州第五等，兗州第六等，梁州第七等，荆州第八等，揚州第九等。九州之地，墾田九百一十萬八千二十頃。周文王在岐，用平土之法，以爲治民之道。地著爲本，故建司馬法。六尺爲步，步百爲畝，畝百爲夫，夫三爲屋，屋三爲井，井十爲通，通十爲成，成十爲終，終十爲同，同方百里。同十爲封，封十爲畿，畿方千里。故邱有戎馬一疋，牛三頭。甸有戎馬四疋，兵車一乘，牛十二頭，甲士三人，步卒七十二人。一同百里，提封萬井，戎馬四百疋，車百乘，此卿大夫采地之大者，是謂百乘之家。一封三百六十六里，提封十萬井，定出賦六萬四千井，戎馬四千疋，車千乘，此諸侯之大者，謂之千乘之國。天子之畿内方千里，提封百萬井，定出賦六十四萬井，戎馬四萬疋，兵車萬乘，戎卒七十二萬人，故曰萬乘之主。小司徒之職，乃經土地而井牧其田野。九夫爲井，四井爲邑，四邑爲丘，四丘爲甸，四甸爲縣，四縣爲都，以任地事而令貢賦。民受田，上田夫百畝，中田夫二百畝，下田夫三百畝。歲耕種者，爲不易上田。休一歲者，爲一易中田。休二歲者，爲再易下田。三歲更耕之。農民户人已受田，其家衆男爲餘夫，亦以口受田。士工商家受田，五口乃當農夫一人。凡一口受田二十畝。此謂平土，可以爲法者也。若山林、藪澤、原陵、淳鹵之地，〔一〕各以肥磽多少爲差。民年二十受田，六十歸田。七十以上，上所養也；十歲以下，上所長也；十一以上，上所彊也。

商鞅相秦孝公，以三晉地狹民貧，秦地廣民寡，於是誘三晉之民，而廢井田，開阡陌，任其所耕，不限多少。數年之閒，國富兵彊，無敵於天下。及漢孝武，外事四夷，内興功利，役費並興，而民去本。董仲舒説上曰：「秦用商鞅之法，改帝王之制，除井田，民得賣買，富者田連阡陌，貧者亡立錐之地。漢興，循而未改。古井田法雖難卒行，宜少近古，限民名田，以贍不足，塞兼并之路，然後可善治也。」終不能用。及末年，悔征伐之事，乃封丞相田千秋爲富民侯，以趙過爲搜粟都尉。過能爲代田，一畝三甽，歲代處，故曰代田。代田者，耕田之法耳，而非受田之制也。哀帝時，師丹輔政，建限田之制，以裁抑兼并。天子下其議，丞相孔光、大司空何武奏請，諸侯王、列侯，〔二〕皆得名田國中。列侯在長安，公主名田縣道，及關内侯、吏民名田，皆無過三十頃。諸侯王奴婢二百人，列侯、公主百人，關内侯、吏民三十人。期盡三年，犯者没入官。時田宅奴婢賈爲減賤，丁、傅用事，董賢隆貴，皆不便也。詔書且須後，遂寢不行。

晉武帝平吳之後，有司奏，王公以國爲家，京城不宜復有田宅，未暇作邸，當使城中有往來之處，近郊有芻藁之田。今可限之，國王、公、侯，京城得有宅一處，近郊田大國十五頃，次國十頃，小國七頃。城内無宅城外有者，皆聽留之。男子一人占田七十畝，女子三十畝，其丁男課田五十畝，丁女二十畝，次丁男半之，女則不課。其官第一品五十頃，每品減五頃，以爲差，第九品十頃。而又各以品之高卑蔭其親屬，多者及九族，少者三代。宗室、國賓、先賢之後、士人子孫亦如之。而又得蔭人爲衣食客及佃客，量其官品以爲差降。

後魏文帝時，李安世上疏曰：「臣聞量地畫野，〔三〕經國大式，邑地相參，致理之本。井税之興，其來日久，田萊之數，制之以限。蓋欲使土不曠功，人罔遊力，雄擅之家，不獨膏腴之美，單陋之夫，亦有頃畝之分。竊見州郡之民，或因年儉流移，棄賣田宅，漂居異鄉，事涉數代，三長既立，始返舊墟。廬井荒涼，桑榆改植，事已歷遠，易生假冒。彊宗豪族，肆其侵凌，遠認魏、晉之家，近引親舊之驗，年載稍久，鄉老所惑，群證雖多，莫可取據。爭訟遷延，連紀不判。良疇委而不開，柔桑枯而不採，欲令家豐人給，其可得乎！愚謂今雖桑井難復，宜更均量，審其徑術，〔四〕令分藝有准，力業相稱，細民獲資生之利，豪右靡餘地之盈。又所爭之田，宜限年斷，事久難明，悉屬今主。」帝深納之，均田之制起於此矣。太和九年，下詔均給天下民田。諸男夫十五以上受露田四十畝，不栽樹者謂之露田。婦人二十畝，奴婢依良。丁牛一頭，受田三十畝，限四牛。所授之田率倍之，三易之田再倍之，以供耕休及還受之盈縮。人年及課則受田，老免及身沒則還田。奴婢、牛，隨有無以還受。諸桑田不在還受之限，但通入倍田分。〔五〕於分雖盈，不得以充露田之數。不足者以露田充倍。諸初受田者，男夫一人給二十畝，課蒔餘，〔六〕種桑五十樹，棗五株，榆三根。非桑之土，夫給一畝，依法課蒔榆棗。於桑榆地分雜蒔餘果，〔七〕及多種桑榆者，不禁。諸應還之田，不得種桑榆棗果，種者以違令論，地入還分。諸桑田皆爲世業，身終不還，恒從見口。有盈者無受無還，不足者受種如法。盈者得賣其盈，不足者得買所不足。不得賣其分，亦不得買過所足。諸麻布之土，男夫及課，別給麻田十畝，婦人五畝，奴婢依良。皆從還受之法。諸有舉户老小殘疾無受田者，年十一已上及疾者，各授以半夫田。年踰七十者，不還所受。寡婦守志者，雖免課亦授婦田。諸還受人田恒以正月，若始受田而身亡及賣買奴婢牛者，皆至明年正月乃得還受。諸土廣人稀之處，隨力所及，官借人種蒔。後有來居者，依法封授。諸地狹之處，有進丁受田而不樂遷者，則以其家桑爲正田分，又不足不給倍田，又不足家内人别減分。無桑之鄉，準此爲法。樂遷者，聽逐空荒，不限異州他郡，唯不聽避勞就逸。其地足之處，不得無故而移。諸人有新居者，三口給地一畝，以爲居室，奴婢五口給一畝。男女十五以上，因其地分，口課種菜五分畝之一。諸一人之分，正從正，倍從倍，不得隔越他畔。進丁受田者，恒從所近。若同時倶受，先貧後富。再倍之田，放此爲法。諸遠配流謫無子孫及户絶者，墟宅桑榆盡爲公田，以供授受。授受之次，給其所親，未給之間，亦借其所親。諸宰人之官，各隨近給公田，刺史十五頃，太守十頃，治中、别駕各八頃，縣令、郡丞六頃。更代相付，賣者坐如律。職分田起於此。

北齊，給授田令仍依魏朝。每年十月普令轉授，成丁而授，丁老而退，不聽賣易。文宣帝天保八年，議徙冀、瀛、定無田之人，謂之樂遷，於幽州寬鄉以處之。武成帝河清三年，令，男子率以十八受田，輸租調，二十充兵，六十免力役，六十六退田，免租調。京城四面諸坊之外，〔八〕三十里内爲公田。受公田者，三縣代遷户執事官一品以下，逮于羽林虎賁，各有差。其外畿郡，華人官第一品以下，羽林虎賁以上，各有差。職事及百姓請墾田者，名爲永業田。奴婢受田者，親王止三百人，嗣王二百人，第二品嗣王以下及庶姓王百五十人，正三品以上及皇宗百人，七品以上八十人，八品以下至庶人六十人。〔九〕奴婢依限外不給田者，皆不輸。其方百里外及州人，一夫受露田八十畝，婦人四十畝。奴婢依良人，限數與在京百官同。〔一〇〕丁牛一頭，受田六十畝，限止四牛。每丁給永業二十畝，爲桑田。其田中種桑五十根，榆三根，棗五根，不在還受之限。非此田者，悉入還受之分。土不宜桑者，給麻田，如桑田之法。昔漢氏募民徙田，恐遺墾課，令就良美。而齊氏全無斟酌，有連畛亘陌，貧無立錐之地。關東風俗傳曰：「其時彊弱相淩，恃勢侵奪，富雖有當年權格，時暫施行，爭地文案有三十年不了者，此由授受無法者也。」

後周文帝霸政之初，創置六官，司均掌田里之政令。凡人口十以上，宅五畝；口七以上，〔一一〕宅四畝；口五以下，宅三畝。有室者，田百四十畝。丁者，田百畝。隋志作九。

隋文帝令，自諸王以下至于都督，皆給永業田，各有差，多者至百頃，少者至三十頃。〔一二〕其丁男、中男永業、露田，皆遵後齊之制，並課樹以桑榆及棗。其田宅率三口給一畝。京官又給職分田，一品者給田五頃，至五品則爲田三頃，其下每品以五十畝爲差，至九品爲一頃。外官亦各有職分田，又給公廨田以供用。開皇九年，任墾田千九百四十萬四千二百六十七頃。開皇中，總八百九十萬七千五百三十六户，按定墾之數，每户合墾田二頃餘。開皇十二年，文帝以天下户口歲增，京輔及三河，地少而人衆，衣食不給，議者咸欲徙就寬鄉。帝乃發使四出，均天下之田。其狹鄉每丁纔至二十畝，老小又少焉。至大業中，天下墾田五千五百八十五萬四千四十頃。按其時有户八百九十萬七千五百三十六，則每户合得墾田五頃餘，恐本史非實。〔一三〕

唐開元二十五年，令，田廣一步長二百四十步爲畝，百畝爲頃。此秦、漢以來頃畝之制也。丁男給永業田二十畝，口分田八十畝。其中男年十八以上，亦依丁男給。老男、篤疾、廢疾，各給口分田四十畝。寡妻妾，各給口分田三十畝。先永業者，通充口分之數。黄、小、中丁男女，及老男、篤疾、廢疾、寡妻妾當户者，各給永業田二十畝，口分田二十畝應給寬鄉，並依所定數。若狹鄉新受者，減寬鄉口分之半。其給口分田者，易田則倍給。其永業田，親王百頃，職事官正一品六十頃，郡王及職事官從一品各五十頃，國公若職事官正二品各四十頃，郡公若職事官從二品各三十五頃，縣公若職事官正三品各二十五頃，職事官從三品二十頃，侯若職事官正四品各十四頃，伯若職事官從四品各十頃，子若職事官正五品各八頃，男若職事官從五品各五頃，上柱國三十頃，柱國二十五頃，上護軍二十頃，護軍十五頃，上輕車都尉十頃，輕車都尉七頃，上騎都尉六頃，騎都尉四頃，驍騎尉、飛騎尉各八十畝，雲騎尉、武騎尉各六十畝。其散官五品以上，同職事給。諸永業田皆傳子孫，不在收授之限。襲爵之人惟得承父祖永業，不合別請。其縣界内所部受田悉足者爲寬鄉，〔一四〕不足者爲狹鄉。諸狹鄉田不足者，聽於寬鄉遥受。應給園宅地者，良口三口以下給一畝，每三口加一畝；賤口五口給一畝，每五口加一畝，並不入永業、口分之限。其京城及州郡縣郭下園宅，不在此例。諸京官文武職事職分田，一品十二頃，二品十頃，三品九頃，四品七頃，五品六頃，六品四頃，七品三頃五十畝，八品二頃五十畝，九品二頃，並去京城百里内給。其京兆、河南府及京縣官人職分田亦準此，即百里外給者亦聽。諸州及都護府、親王府官人職分田，二品十二頃，三品十頃，四品八頃，五品七頃，六品五頃，七品四頃，八品三頃，九品二頃五十畝。鎮戍、關津、岳瀆及在外監官，五品五頃，六品三頃五十畝，七品三頃，八品二頃，九品一頃五十畝。三衛中郎將、上府折衝都尉各六頃，中府五頃五十畝，〔一五〕下府及郎將各五頃，上府果毅都尉四頃，中府三頃五十畝，下府三頃，上府長史、別將各三頃，中府、下府各二頃五十畝，親王府典軍五頃五十畝，副典軍四頃，千牛備身、左右太子千牛備身各三頃，親王府文武官隨府出藩者，於所在處給。諸軍上折衝府兵曹二頃，中府、下府各一頃五十畝，其外軍校尉一頃二十畝，旅師一頃，隊正、副各八十畝，皆於領側州縣界内給。其校尉以下在本縣及去家百里内領者，不給。諸驛封田皆隨近給，每馬一疋給地四十畝，若驛側有牧田之處，疋各減五畝。其傳送馬每疋給田二十畝。諸庶人有身死家貧無以供葬者，聽賣永業田。諸以工商爲業者，永業、口分田各減半給之，在狹鄉者並不給。又田令，在京諸司及天下州、府、縣、監、折衝府、鎮戍、關津、岳瀆等公廨田、職分田，各有差。職分陸田限三月三十日，稻田限四月三十日，以前上者並入後人，以後上者入前人。其麥田以九月三十日爲限，若前人自耕未種，後人酬其功直，已自種者，準租分法，其價六斗以下者依舊定，以上者不得過六斗，並取情願，不得抑配。親王出藩者，給地一頃作園。若城内無可開拓者，於近城便給。如無官田，取百姓地充其地，給好地替。天寶中，應受田一千四百三十萬三千八百六十二頃十三畝。按，十四年有户八百九十萬餘，計定墾之數，每户合一頃六十餘畝。至建中初，分遣黜陟使按比墾田田數，都得百十餘萬頃。

陂渠

魏襄王以史起爲鄴令。起進曰：「魏氏之行田也以百畝，鄴獨二百畝，是田惡也。漳水在其旁，西門豹爲鄴令不知用。」於是以史起爲鄴令，遂引漳水溉鄴，以富魏之河内。民歌曰：「鄴有賢令兮爲史公，決漳水兮灌鄴旁，終古潟鹵兮生稻粱。」其後韓聞秦之好興事，欲疲之無令東伐，乃使水工鄭國間説秦，令鑿涇水，自仲山西抵瓠口爲渠，並北山，東注洛，三百餘里，欲以溉田。中作而覺，秦欲殺國，國曰：「始臣爲間，然渠成，亦秦之利也。」秦以爲然，卒使就渠，注填閼之水，溉澤鹵之地四萬餘頃，收皆畝一鍾。於是關中爲沃野，無凶年，命曰鄭國渠。

秦平天下，以李冰爲蜀守。冰壅江水作堋，穿二江成都中，雙過郡下，以通舟船，因以溉灌諸郡。於是蜀沃野千里，號爲陸海。漢文帝以文翁爲蜀郡太守，穿湔洩口，溉灌繁田千七百頃，人獲其饒。武帝元光中，大司農鄭當時言：「引渭穿渠，起長安，並南山下，至河，三百餘里。渠下民田萬餘頃，又可得以溉田，益肥關中之地，得穀。」天子以爲然，令齊水工徐伯表，悉發卒數萬人，穿漕渠，三歲而通，渠下民頗得以溉田矣。其後河東守番係請：「穿渠，引汾溉皮氏、汾陰下，引河溉汾陰、蒲坂下，皮氏，今龍門縣地，屬絳郡。汾陰，今寶鼎縣地；蒲坂，今河東縣地，並屬河東郡。度可得五千頃。五千頃故盡河壖棄地，民茭牧其中耳，今溉田之，度可得穀二百萬石以上。」天子以爲然，發卒數萬人作渠田。數歲，河移徙，渠不利，則田者不能償種。久之，河東渠田廢，與越人，令少府以爲稍入。時越人有徙者，以田與之，其租稅入少府也。其後嚴熊言：〔一六〕「臨晉民願穿洛以溉重泉以東萬餘頃。重泉在今馮翊郡界，今有乾阬，即莊熊羆之所穿渠。故惡地，誠得水，可令畝十石。」於是爲發卒萬餘人穿渠，自徵引洛水，至商顏下。徵在馮翊，卽今郡之澄城縣。商顏，今馮翊縣界。岸善崩，乃鑿井，深者四十餘丈，往往爲井，井下相通行水。水頽，以絶商顔，東至山嶺十餘里間。井渠之開自此始。穿渠得龍骨，故名曰龍首渠。作之十餘歲，渠頗通，猶未得其饒。是時用事者爭言水利，朔方、西河、河西、酒泉皆引河及川谷以溉田，而關中靈軹、成國、漳渠引諸川，汝南、九江引淮，東海引鉅定，泰山下引汶水，皆穿渠爲溉田，各萬餘頃。佗小渠，陂山通道，不可勝言。

自鄭國渠起，至元鼎六年，百三十六歲，而兒寬爲左内史，奏請穿鑿六輔渠，在鄭國渠之裏，今尚謂之輔渠，亦曰六渠。以益溉鄭國傍高仰之田。後十六歲，趙中大夫白公復奏，穿渠引涇水，首起谷口，尾入櫟陽，注渭，中袤二百里，溉田四千五百餘頃，因名曰白渠。民得其饒，歌之曰：「田於何所？池陽谷口。鄭國在前，白渠起後。舉鍤爲雲，決渠爲雨。涇水一石，其泥數斗。且溉且糞，長我禾黍。衣食京師，億萬之口。」言此兩渠饒也。

元帝建昭中，邵信臣爲南陽太守，於穰縣之南六十里造鉗盧陂，壘石爲堤，傍開六石門，以節水勢。澤中有鉗盧王池，因以爲名。用廣溉灌，歲歲增多，至三萬頃，人得其利。及後漢杜詩爲太守，復修其業。時歌之曰：「前有邵父，後有杜母。」

後漢章帝建初中，王景爲廬江太守，郡部安豐縣有楚孫叔敖所起芍陂，先是荒廢，景重修之，境内豐給。其陂徑百里，灌田萬頃。芍音鵲。今壽春郡安豐縣界。順帝永和五年，馬臻爲會稽太守，始立鑑湖，築塘，周迴三百十里，灌田九千餘頃。

東晉張闓爲晉陵内史，時所部四縣並以旱失田，闓乃立曲阿新豐塘，丹陽郡丹陽界。溉田八百餘頃。每歲豐稔，葛洪爲其頌。宋文帝元嘉七年，劉義欣爲荆河刺史，〔一七〕鎮壽陽。于時土荒民散，義欣乃經理芍陂，爲之堤堰，引淠匹詣反。水入陂，開榛伐木，水得通涇，歲獲豐稔。

後魏刁雍爲薄骨律鎮將，至鎮上表曰：「富平西三十里薄骨律鎮，今靈武郡。富平，今迴樂縣。有艾山，南北二十六里，東西四十五里，鑿以通河，似禹舊迹。其兩岸作溉田大渠，廣十餘步，山南引水入此渠中，水則充足，溉官私田四萬餘頃。旬日之間，則水一徧。水凡四溉，穀得成實。」從之，公私獲其利。裴延儁爲幽州刺史。范陽郡有舊沉渠，徑五十里，漁陽燕郡有故戾諸堰，廣袤三十里，皆廢毁多時，莫能修復，水旱不調，人多飢餒。延儁自度水形營造，未幾而就，溉田萬餘頃，爲利十倍。〔一八〕

屯田

漢昭帝始元二年，詔，發習戰射士詣朔方，調故吏將屯田張掖郡。孝宣帝神爵元年，遣後將軍趙充國將兵擊先零羌，充國以擊虜殄滅爲期，乃欲罷騎兵，屯田以待其弊。上從之。於是留步士萬人屯田，大獲其利。明年，遂破先零。屯田之詳，見充國傳。

魏武帝破黄巾，欲經略四方，而苦軍食不足。羽林監潁川棗祗建置屯田，於是以任峻爲典農中郎將，募百姓屯田於許下，得穀百萬斛。郡國例置田官，數年之中，所在積粟，倉廩皆滿。廢帝齊王芳正始四年，司馬懿督諸軍伐吴，時欲廣田蓄穀，爲滅賊資，乃使鄧艾行陳、項以東至壽春。艾以爲：「田良水少，不足以盡地利。宜開河渠，可以大積軍糧，又通運漕之道。」乃著濟河論，以喻其指。又以爲：「昔破黄巾，因爲屯田積穀於許都，以制四方。今三隅已定，事在淮南，每大軍征舉，運兵過半，功費巨億，以爲大役。陳、蔡之間，土下田良，可省許昌左右諸稻田，并水東下。令淮北屯二萬人，淮南三萬人，十二分休，常有四萬人，且田且守，水豐常收三倍於西。計除衆費，歲得五百萬斛，以爲軍資。六七年間，可積三千萬斛於淮上，此則十萬之衆五年食也。以此乘吴，無往而不克。」懿善之，如艾計。遂北臨淮水，自鍾離西南横石以西，盡沘水四百餘里，五里置一營，營六十人，且佃且守。兼脩廣淮陽、百尺二渠，上引河流，下通淮、潁。大治諸陂於潁南北，穿渠三百餘里，溉田二萬頃。淮南、淮北皆相連接。自壽春到京師，農官兵田，鷄犬之聲，阡陌相屬。每東南有事，大軍興衆，汎舟而下，達于江淮，資食有儲，而無水害，艾所建也。

晉羊祜爲征南大將軍，鎮襄陽，吴石城守去襄陽七百餘里，每爲邊害。祜患之，以詭計令吴罷守，於是戍邏減半，分以墾田八百餘頃，大獲其利。祜之始至也，軍無百日之糧，及至季年，有十年之積。太康元年平吴之後，杜預在荆州脩邵信臣遺跡，激用滍、淯諸水，以浸原田萬餘頃。分疆刊石，使有定分，公私同利，衆庶賴之，號曰杜父。舊水道唯沔漢達江陵，千數百里，北無通路，又巴邱湖，沅、湘之會，表裏山川，實爲險固，荆蠻之所恃。預乃開楊口，起夏水，達巴陵，千餘里，内瀉長江之險，外通零桂之漕。南土歌之曰：「後世無叛由杜翁，孰識智名與勇功。」

東晉元帝督課農功，二千石長吏以入穀多少爲殿最，其非宿衛要任，皆令赴農，使軍各自佃作，〔一九〕即以爲廩。穆帝升平初，荀羨爲北部都尉，鎮下邳，屯田于東陽之石鼈，臨淮郡界。公私利之。

後魏孝文帝太和十一年，〔二〇〕大旱。十二年，祕書丞李彪上表：「請別立農官，取州郡户十分之一爲屯田人。相水陸之宜，料頃畝之數，以贓贖雜物市牛科給，令其肆力。一夫之田，歲責六十斛，蠲其正課并征戍雜役。行此二事，數年之中則穀積人足矣。」帝覽而善之，尋施行焉。自此公私豐贍，雖有水旱，不爲之害也。

北齊廢帝乾明中，尚書左丞蘇珍芝又議修石鼈等屯，歲收數十萬石，自是淮南軍防糧足。孝昭帝皇建中，平州刺史嵇曅建議，開幽州督亢舊陂、長城左右營屯，歲收稻粟數十萬石，北境得以周贍。又於河内置懷義等屯，以給河南之費，自是稍止轉輸之勞。武成帝河清三年，詔，沿邊城守堪墾食者，營屯田。置都子使以統之，一子使當田五十頃，歲終課其所入，以論褒貶。

隋文帝開皇三年，突厥犯塞，吐谷渾寇邊，轉輸勞弊，乃令朔方總管趙仲卿於長城以北大興屯田。

唐開元二十五年，令諸屯隸司農寺者，每三十頃以下二十頃以上爲一屯；隸州鎮諸軍者，每五十頃爲一屯，應置者皆從尚書省處分。其舊屯重置者，一依承前封疆爲定，新置者並取荒閑無籍廣占之地。天寶八年，天下屯收百九十一萬三千九百六十石，關内五十六萬三千八百一十石，河北四十萬三千二百八十石，河東二十四萬五千八百八十石，河西二十六萬八十八石，隴右四十四萬九百二石。後上元中，於楚州置洪澤屯，壽州置芍陂屯，厥田沃壤，大獲其利。

賦稅

古之有天下者，必有賦稅之用。計口而入謂之賦，公田什一及工商衡虞之入謂之稅。稅以供郊廟社稷，天子奉養，百官禄食。賦以給車馬兵甲士徒之役，充實府庫賜予之用。禹定九州，量其貢賦。三代因之，而什一之法未嘗廢。

秦孝公十二年，初爲賦，蓋納商鞅之説而易其制也。自時厥後，内興功作，外攘夷狄，收太半之賦而猶爲不足。

漢高帝懲其弊，於是約法省禁，輕田租，什五而稅一，量吏禄，度官用，以賦於民。而山川、園池、市肆租稅之入，自天子以至封君湯沐邑，皆各爲私奉養，不領於天子之經費。又令賈人不得衣絲乘車，重租稅以困辱之。四年八月，初爲算賦。漢儀注：「人年十五以上至五十六，出賦錢，人百二十爲一算，爲治庫兵車馬。」孝惠六年，令女子年十五以上至三十不嫁，五算。漢律，人出一算，算百二十錢，唯賈人與奴婢倍算。今使五算，罪謫之也。孝文，人賦四十，丁男三年而一事。常賦歲百二十，〔二〕歲一事。時天下之人多，故出賦四十，三歲而一事。鼂錯説上：「令民入粟，得以拜爵。邊食足支五歲，可令入粟郡縣。足支一歲以上，可時赦，勿收農人租。如此，德澤加於萬民。」帝從其言。後天下充實，乃下詔，賜民十二年租税之半。〔二二〕十三年，詔曰：「農，天下之本，務莫大焉。今勤身從事，而有租税之賦，是謂本末者無以異也。其於勸農之道未備。其除田之租税。」孝景帝二年，令民半出田租，三十而税一。時上溢而下有餘。又禮高年，九十者一子不事，八十者二算不事。令天下男子年二十始傅。

孝武即位，董仲舒説上曰：「古者税民不過什一，其求易供。使民不過三日，其力易足。至秦則不然，用商鞅之法，又加月爲更卒，已復爲正。一歲屯戍，一歲力役，三十倍於古。田租、口賦、鹽鐵之利，二十倍於古。或耕豪民之田，見税什五。故貧民常衣牛馬之衣，而食犬彘之食矣。」建元元年，制，八十復二算，九十復甲卒。孝昭始元六年七月，罷榷酤官，令民得以律占租。武帝時，賦斂繁多，律外而取，今始復舊。元鳳二年，三輔、太常郡得以菽粟當賦。四年，三年以前逋更賦未入者，皆勿收。毋收四年、五年口賦。〔二三〕漢儀注，民年七歲至十四，出口賦錢，人二十三。二十錢以食天子，其三錢者，武帝加口錢以補車騎馬。六年，詔曰：「夫穀賤傷農。今三輔減賤，其令以菽粟當今年賦。」〔二四〕元平元年，詔減口賦錢。有司奏請減什三，上許之。孝宣帝甘露二年，減民算三十。孝成建始二年，減天下賦錢算四十。本算百二十，今減四十，爲八十。孝平元始元年，詔，天下女徒已論歸家，顧出錢月三百。

後漢光武建武六年，詔，田租三十稅一，如舊制。有産子者，復以三年之算也。明帝即位，人無横徭，天下安寧。時穀貴，尚書張林上言：「穀所以貴，由錢賤故也。可盡封錢，一取布帛爲租，以通天下之用。」從之。

魏武初平袁紹鄴都，令收田租，畝粟四升，户絹二疋，綿二斤，餘不得擅興。

晉武帝平吳之後，制户調之式，丁男之户，歲輸絹三疋，綿三斤，女及次丁男爲户者半輸，其諸邊郡，或三分之二，遠者三分之一。夷人輸賨布，户一疋，遠者或一丈。不課田者輸義米，户三斛，遠者五斗。極遠者輸算錢，人二十八文。成帝咸和五年，始度百姓田，取十分之一，率畝稅米三升。是後頻年水旱，田稅不至。咸康初，算田稅米，空縣五十餘萬斛，尚書諸曹以下免官。哀帝即位，乃減田租，畝收二升。孝武帝太元二年，除度定田收租之制，王公以下口稅三斛，〔二五〕唯蠲在役之身。八年，又增稅米，口五石。

宋孝武大明五年，制，天下人户歲輸布四疋。〔二六〕

齊高帝初，竟陵王子良上表曰：「宋文帝元嘉中，皆責成郡縣。孝武徵求急速，以郡縣遲緩，始遣臺使。百姓駭迫，不堪其命，恣意贓賄，人無敢言。守宰務在裒刻，圍桑品屋，以準貲課，致令斬樹發瓦，以充重賦。又臺符既切，畏失嚴期，乃有自殘軀命，斬絶手足，以避徭役。守長不務富民，惟言益國，豈有民貧於下，而國富於上邪！」子良之言雖切，而終不見用。

自東晉寓居江左，百姓南奔者，並謂之僑人。其無貫之人，不樂州縣編户者，〔二七〕謂之浮浪人。惟其所輸，終優於正課。至齊武帝時，都下人多爲諸王公貴人左右、佃客、典計、衣食客之類，皆無課役。官品第一、第二，佃客無過四十户，每品減五户，至第九品五户。其佃穀，皆與大家量分。其典計，官品第一、第二置三人，第三、第四置二人，第五、第六及公府參軍、殿中監、監軍、長史、司馬、部曲督、關外侯、材官、議郎以上一人。皆通在佃客數中。官品第六以上，并得衣食客三人，第七、第八二人，第九品轝輦、迹禽、前驅、彊弩、司馬、羽林郎、殿中宂從武賁、殿中虎賁、持椎斧武騎虎賁、持鈒宂從虎賁、命中武賁武騎一人。〔二八〕其客皆注家籍。其課，丁男調布絹各二丈，絲三兩，綿八兩，禄絹八尺，禄綿三兩二分，租米五石，禄米二石。〔二九〕丁女並半之。男年十六，亦半課；年十八，正課，六十六，免課。其男丁，每歲役不過二十日。田，畝税米二斗。〔三〇〕蓋大率如此也。其量，三升當今一升，〔三一〕秤則三兩當今一兩，尺則一尺二寸當今一尺。自梁武帝末侯景之亂，國用常褊，京官文武月例唯得廩食，〔三二〕多遥帶一郡縣官，而取其禄秩焉。揚、徐等大州，比令、僕班。寧、桂等小州，比參軍班。丹陽郡、吴郡、會稽等郡，同太子詹事、尚書班。高涼、晉康等小郡，〔三三〕三班而已。大郡六班，〔三四〕小縣兩轉方至一班，品第既殊，不可委載。

後魏，令，每調一夫一婦帛一疋，粟二石。人年十五以上未娶者，四人出一夫一婦之調。奴任耕婢任績者，八口當未娶者四。耕牛二十頭當奴婢八。〔三五〕其麻布之鄉，一夫一婦布一疋，下至牛，〔三六〕以此爲降。大率十疋中，五疋爲公調，二疋爲調外費，三疋爲內外百官俸。人年八十以上者，聽一子不從役。孤獨病老篤貧不能自存者，亦一人不從役。〔三七〕舊制，民間所織絹布，皆幅廣二尺二寸，長四十尺，爲一疋；六十尺，爲一端。後乃漸至濫惡，不依尺度。孝文帝延興三年秋，更立嚴制，令一準前式，違者罪各有差。冬十月，〔三八〕詔，州郡人十丁取一，以充行，户收租五十石，以備軍糧。〔三九〕太和八年，始準古班，百官之禄，以品第各有差。先是天下户以九品混通，户調帛二疋，絮二斤，絲一斤，粟二十石，又入帛一疋二丈，委之州庫，以供調外之費。至是，户增帛三疋，粟二石九㪷，以爲官司之禄，復增調外帛滿二疋。所調各隨其土所出。〔四〇〕其司、冀、雍、華、定、相、秦、洛、荆河、懷、兗、陝、徐、青、齊、濟、南河、東兗、東徐等州，〔四一〕貢綿絹及絲，其餘郡縣少桑蠶處，皆以麻布充。正光後，國用不足，乃先折天下六年租調而徵之，百姓怨苦。有司奏斷百官常給之酒，計一歲所省米五萬三千五十四斛九㪷，〔四二〕蘖穀六千九百六十斛，麴三十萬五百九十九斤。〔四三〕有司又奏内外百官及諸蕃客廩食及肉，悉三分減一，〔四四〕計歲終省肉百五十九萬九千八百五十六斤，米五萬三千九百三十二石。〔四五〕

北齊文宣受禪，多所草創。六坊内從者，更加簡練。每一人必當百人，任其臨陣必死，然後取之，謂之「百保鮮卑」。又簡華人之勇力絶倫者，謂之「勇士」，以備邊要。始立九等之户，富者稅其錢，貧者役其力。後南征頻歲，陷没士馬，死者以數十萬計。重以修創臺殿，所役甚廣，豪黨兼并，〔四六〕户口益多隱漏。舊制，未娶者輸半牀租調。陽翟一郡，户至數萬，籍多無妻。有司劾之，帝以爲生事，不許。由是姦欺尤甚，户口租調，十亡六七。是時用度轉廣，賜予無節，府藏之積不足以供，乃減百官之禄，徹軍人之常廩，并省州郡縣鎮戍之職。又制刺史、守宰行兼者並不給幹，以節國用之費焉。河清三年，定令，乃率以十八受田，輸租調，二十充兵，六十免力役，六十六退田，免租調。率人一牀，調絹一疋，綿八兩，凡十斤綿中折一斤作絲，墾租二石，義租五斗。奴婢各準良人之半。牛調二尺，〔四七〕墾租一斗，義租五升。墾租送臺，義租納郡，以備水旱。

後周文帝霸府初開，制，司賦掌均賦之政令。凡人自十八至六十四，與輕癃者，皆賦之。其賦之法，有室者，歲不過絹一疋，綿八兩，粟五斗，丁者半之。其非桑土，有室者，布一疋，麻十斤，丁者又半之。豐年則全賦，中年半之，下年一之，皆以時徵焉。若艱凶札，則不徵其賦。司役掌力役之政令。凡人自十八至五十九，皆任於役。豐年不過三旬，中年則二旬，下年則一旬。起徒役，無過家一人。有年八十者，一子不從役。百年者，家不從役。廢疾非人不養者，一人不從役。若凶札，又無力征。武帝保定元年，改八丁兵爲十二丁兵，率歲一月役。建德二年，改軍士爲侍官，募百姓充之，除其縣籍。是後夏人半爲兵矣。

隋文帝霸府初開，尉遲迥、王謙、司馬消難相次阻兵，興師誅討，賞費鉅萬。及受禪，又遷都，發山東丁毀造宮室，仍依周制，役丁爲十二番，匠則六番。丁男一牀，租粟三石，桑土調以絹絁，麻土調以布。絹絁以疋，加綿三兩，布以端，加麻三斤。單丁及僕隸各半之。有品爵及孝子、順孫、義夫、節婦，並免課役。開皇三年，減十二番每歲爲二十日役，〔四八〕減調絹一疋爲二丈。時蘇威爲納言，遵父綽之遺訓，減寬賦徭，務從輕典。帝又躬行節儉，海内繁富。以江表初定，給復十年，餘州並免當年租賦。十二年，有司上言，庫藏皆滿。帝曰：「朕既薄賦於民，又大經賜用，何得爾也？」對曰：「用處常出，納處常入。略計每年賜用至數百萬段，曾無減損。」乃更開左藏之院，構屋以受之。詔曰：「既富而教，方知廉恥。寧積於人，無藏府庫。河北、河東，今年田租三分減一，兵減半功，調全免。」先是京官及諸州，並給公廨錢，迴易生利，以給公用。十四年六月，〔四九〕

工部尚書蘇孝慈等以爲所在官司，因循往昔，皆以公廨錢物出舉興生，唯利是求，煩擾百姓。奏皆給地以營農，迴易取利皆禁止。十七年十一月，〔五〇〕詔内外諸司，公廨在市迴易及諸處興生，並聽之，唯禁出舉收利。煬帝即位，户口益多，府庫盈溢，乃除婦人及奴婢部曲之課。其後將事遼碣，增置軍府，掃地爲兵，租賦之入益減矣。

唐武德七年，始定律令，以度田制。五尺爲步，步二百四十爲畝，畝百爲頃。丁男、中男給一頃，篤疾、廢疾給四十畝，寡妻妾給三十畝，若爲户者加二十畝。所授之田，十分之二爲世業，八爲口分。世業之田身死則承户者便授之，口分則收入官，更以給人。賦役之法，每丁歲入租粟二石，調則隨鄉土所産，綾絹絁各二丈，布加五分之一，輸綾絹絁者，兼調綿三兩，輸布者，麻三斤。其絹絁爲匹，布爲端，綿爲屯，麻爲綟。闊尺八長四丈者謂之匹，若當户不成匹端屯綟者，皆隨近合成。凡丁，歲役二旬。若不役，則收其資，每日絹三尺。有事而加役者，旬有五日免其調，三旬則税調俱免，通正役並不過五十日。若嶺南諸州，則税米上户一石二斗，次户八斗，下户六斗。若夷獠之户，皆從半輸。蕃胡内附者，上户丁税錢十文，次户五文，下户免之。附經二年者，上户丁輸羊二口，次户一口，下户三户共一口。凡水旱蟲霜爲災，十分損四以上免租，損六以上免租調，損七以上課役俱免。凡天下之户，量其資産，定爲九等，每三年縣司注定，州司覆之。百户爲里，五里爲鄉。四家爲鄰，五家爲保。在邑居者爲坊，在田野者爲村。村坊鄰里遞相督察。士農工商四民各業，食禄之家不得與下人爭利，工商雜類不得預於士伍。

租庸調之法，以人丁爲本。自開元以後，天下户籍久不更造，丁口轉死，田畝賣易，貧富升降不實。其後國家侈費無節，而大盜起兵興，財用益困，而租庸調法弊壞。自代宗時，始以畝定税，而斂以夏秋。至德宗時，相楊炎，遂作兩税法。夏輸無過六月，秋輸無過十一月，置兩税使以總之。量出制入，户無主客，以居者爲簿，人無丁中，以貧富爲差。商賈税三十之一，度與所居者均役。其田税視大曆十四年墾田之數爲定，遣黜陟使按比諸道丁産等級，免鰥寡煢獨不濟者。敢有加斂，以枉法論。議者以租庸調，高祖、太宗之法也，不可輕改。而德宗方信用楊炎，不疑也。

按天寶中，天下計帳，户約有八百九十餘萬。其税錢約得二百餘萬貫，大約高等少，下等多，今一例爲八等以下户計之。其八等户所税四百五十二，九等户則二百二十二，今通以二百五十爲率。自七載至十四載，六七年間，與此大數或多少，加減不同，所以言約，他皆類此。其地税約得千二百四十餘萬石。兩漢每户所墾田不過七十畝，今亦準此約計數。〔五二〕課丁八百二十餘萬。其庸調租等，約出絲綿郡縣，計三百七十餘萬丁，庸調輸絹約七百四十餘萬疋，每丁計兩疋。綿則百八十五萬餘屯，兩丁三兩，六兩爲屯，則兩丁合一屯。租粟則七百四十餘萬石，每丁兩石。約出布郡縣，計四百五十餘萬丁，庸調輸布約千三十五餘萬端。每丁兩端一丈五尺，十丁則二十三端也。其租約百九十餘萬丁，江南郡縣，折納布約五百七十餘萬端；大約八等以下户計之，八等折租每丁三端一丈，九等則二端二丈，今通以三端爲率。二百六十餘萬丁，江北郡縣，納粟約五百二十餘萬石。大凡都計租稅庸調，每歲錢粟絹綿布約得五千二百二十餘萬端、疋、屯、貫、石。〔五二〕諸色資課及勾剥所獲，不在其中。據天寶中度支每歲所入，端、屯、疋、貫、石都五千七百餘萬，計税錢地税庸調折租得五千三百四十餘萬端、疋、屯，其資課及勾剥等，〔五三〕當合得四百七十餘萬。其度支歲計粟則二千五百餘萬石，三百萬折充絹布，添入兩京庫。三百萬迴充米豆，供尚食及諸司官厨等料，并入京倉。四百萬江淮迴造米，轉入京充官禄及諸司糧料。五百萬留當州官禄及遞糧。一千萬諸道節度軍糧及貯備當州倉。布絹綿則二千七百餘萬端、屯、疋，千三百萬入西京，一百萬入東京，千三百萬諸道兵賜及和糴并遠小州使充官料郵驛等費。〔五四〕錢則二百餘萬貫。百四十萬諸道州官課料及市驛馬，六十餘萬添充諸州軍和糴軍糧。自開元中及于天寶，開拓邊境，多立功勳，每歲軍用日增。其費糴米粟則三百六十萬疋段，朔方、河西各八十萬，隴右百萬，伊西、北庭八萬，安西十二萬，河東節度及群牧使各四十萬。給衣則五百二十萬，朔方百二十萬，隴右百五十萬，河西百萬，伊西、北庭四十萬，安西五十萬，河東節度四十萬，群牧二十萬。別支計則二百一十萬，河東五十萬，幽州、劒南各八十萬。

餽軍食則百九十萬石，河東五十萬，幽州、劍南各七十萬。凡一千二百八十萬。開元以前，每歲邊夷戎所用不過二百萬貫，自後經費日廣，以至於此。而錫賚之費，此不與焉。其時錢穀之司，唯務割剥，迴殘賸利，名目萬端，府藏雖豐，閭閻困矣。尚書省度支總天下經費，自安禄山反，至德、乾元之際，置度支使。永泰之後，度支置副使，以掌其外，度支以掌其内。建中初，又置轉運使，復歸度支，分命出職，使往諸道收户口錢穀名數。每歲天下共斂三千餘萬貫，其二千五十餘萬貫以供外費，九百五十餘萬貫供京師。外税米麥，共千六百餘萬石，其二百餘萬石供京師，千四百萬石給充外費。

臣謹按：井田之法所以爲良者，以田與賦不相離，雖暴君不能違田而取賦，汚吏不能什一而加多。至秦孝公開阡陌之法，田賦始相離，故所取者不多乎什一，則少乎什一也，其弊至於收太半焉。漢高帝欲革秦之弊，什五而税一。孝景二年，始令民半出田租，三十而税一。至後漢，以三十而税一爲通用之法。荀悦曰：「今漢人田或百一而税，則知漢法之優民可謂至矣。然豪彊占田踰多，浮客輸太半之賦，官家之惠優於三代，富室之暴酷於亡秦。皆緣無授田之法，所以惠不及齊民。」偉哉！後魏孝文帝之爲人君也，真英斷之主乎。井田廢七百年，一旦納李安世之言，而行均田之法，國則有民，民則有田。周、齊不能易其法，隋、唐不能改其貫。故天下無無田之夫，無不耕之民，口分、世業，雖非井田之法，而得三代之遺意。始者則田租户調以爲賦税，至唐祖開基，乃爲定令，曰租，曰調，曰庸。有田則有租，有家則有調，有身則有庸。租者，什一之税也。調者，調發兵車，井田之賦也。庸者，歲役二旬。不役則收其資，役多則免調，過役則租調俱免，無傷於民矣。舍租調之外而求則無名，雖無道之世亦不爲。自太和至開元，三百年之民，抑何幸也。天寶之季，師旅既興，誅求無藝，生齒流移，版圖焚蕩。然是時賦役雖壞，而法制可尋。不幸建中天子用楊炎爲相，遂作兩税之法。自兩税之法行，則賦與田不相系也，況又取大歷中一年科率多者爲兩税定法，此總無名之暴賦，立爲常規也。且言利之臣，無代無之，有恨少，無恨多；有言加，無言減。自兩税以來，賦不系於田，故名色之求，罔民百出，或以方圓取，或以羨餘取，或言獻奉，或言假貸，初雖暫時，久爲成法。建中以來，將五百年，世不乏楊炎，不知所以加於大曆中一年之多，數目復幾倍乎？嗚呼！後世之爲民也，其難爲民矣。且開元之前，户口至衆，而民皆有田，至於癃老童穉寡妻女子，亦皆有田。一丁授田百畝，百畝之田，歲輸粟二石，絹二丈，無絹則布二丈五尺。嶺南諸州則以户計，上户一斛二㪷，下户六㪷，夷僚半之。内附之家，上户十丈，下户無出。當是時也，民之所以爲民也如此，官之所以取諸民也如此。後魏去三代爲遠，今去開元不遠，是非難行之道也。後之言治道者，當使一民有百畝之田，然後可以議魏、齊、周、隋、唐之事。若有無田之民，不耕之夫，則於魏、齊、周、隋、唐之事，未可輕議也。言利之臣，則亦當量開元之前所以爲重賦者，百畝之田不過二石粟，二丈絹耳，所以爲輕賦者，上户之家不過十丈耳。今百畝之田，賦斂如此，上户之家，出錢如此。吾於如此之中，復何容心哉。

歷代户口 夏 商 周 秦 漢 後漢〔五五〕 魏 晉 宋 齊 後魏 北齊 後周 隋 唐

禹平水土爲九州，有民千三百五十五萬三千九百二十三口。塗山之會，執玉帛者萬國。夏之衰也，逮成湯受命，其能存者，三千餘國。商德之衰也，逮周武王受命，定五等之封，有千七百七十三國。及周公相成王，致治刑措，有民千三百七十萬四千九百二十三口。此周之極盛也。東遷之後，莊王之十三年，自太子公侯下至庶人，凡千一百八十四萬一千九百二十三人。其後戰國相併，摧殘民命。伊闕之敗，斬首二十四萬。長平之戰，血流漂鹵。然考蘇、張之説，計秦及山東六國，戎卒尚踰五百餘萬，推人口數，尚當千餘萬。

秦兼諸侯，所殺三分居一，猶以餘力，北築長城四十餘萬，南戍五嶺五十餘萬，阿房、驪山七十萬。三十年間，百姓死没相踵于路。陳、項又肆其酷烈，新安之坑二十餘萬，彭城之戰，睢水不流。漢高帝定天下，人之死傷亦數百萬。是以平城之卒不過三十萬，方之六國，十分無三。至孝平元始二年，人户千二百二十三萬三千，〔五六〕口五千九百五十九萬四千九百七十八。此漢之極盛也。及王莽篡位，續以更始、赤眉之亂，率土遺黎，十纔有二三。

後漢光武建武中，兵革漸息，至中元二年，户四百二十七萬六百三十四，口二千一百萬七千八百二十。明、章之後，天下無事，務在養民，至孝和，人户滋殖。桓帝永壽三年，户千六十七萬七千九百六十，口五千六百四十八萬六千八百五十六。建安之際，海内荒殘，人户所存，十無一二。

魏武據中原，劉備割巴蜀，孫權盡有江東之地，三國鼎立，戰争不息。及平蜀，得户二十八萬，口九十四萬，帶甲將士十萬二千，吏四萬，通計户九十四萬三千四百二十三，口五百三十七萬二千八百八十一。除平蜀所得，當時魏氏唯有户六十六萬三千四百二十三，口有四百四十三萬二千八百八十一。晉武帝太康元年平吴，收其圖籍，户五十三萬，吏三萬二千，兵二十三萬，〔五七〕男女口二百三十萬，後宫五千餘人。九州攸同，大抵編户二百四十五萬九千八百四十，〔五八〕口千六百一十六萬三千八百六十三。此晉之極盛也。蜀劉禪炎興元年，則魏常道鄉公景元四年，歲次癸未，是歲魏滅蜀。至晉武太康元年，歲次庚子，凡一十八年，户增九十八萬六千三百八十一，口增八百四十九萬九百八十二。則當三國鼎峙之時，天下通計户百四十七萬三千四百三十三，口七百六十七萬二千八百八十一，以奉三主，斯以勤矣。後趙石勒據有河北，初文武官上疏，請依劉備在蜀、魏王在鄴故事，魏王即曹公，以河内魏、汲等十一郡，并前趙國，合二十四，户二十九萬，爲趙國。前秦苻堅滅前燕慕容暐，入鄴，閱其名籍，户二百四十五萬八千九百六十九，口九百九十八萬七千九百三十五。〔五九〕徙關東豪傑及諸雜夷十萬户于關中，〔六〇〕平燕，定蜀，蓋爲僞代之盛也。時關隴清晏，百姓豐裕。自長安至于諸州，二十里一亭，四十里一驛。旅行者取給於途，工商資販於道。

宋武帝北取南燕，平廣固，西滅後秦，平關洛，長河以南，盡爲宋有。孝武大明八年，户九十萬六千八百七十，口四百六十八萬五千五百一。齊既短祚，梁則喪亂宏多，逮陳之末年，隋家所收五十萬户，二百萬口而已。

後魏起自陰山，盡有中夏，孝文遷都河洛，定禮崇儒。明帝正光以前，時爲全盛，户口之數，比夫晉太康，倍而餘矣，可謂盛哉。及經爾朱之亂，東西流移，猶不下三百三十七萬五千三百六十八户焉。北齊承魏末喪亂，與周人抗衡，雖開拓淮南，而郡縣褊小。文宣受禪，性多殘虐，武成、後主，俱爲僻王，至隆化二年，爲周所滅，有户三百三萬二千五百二十八，口二千萬六千八百八十。後周大象中，有户三百五十九萬，口九百萬九千六百四。隋以外戚代周，無干戈之患，文帝克己，無誅斂之求，至大業二年，户八百九十萬七千五百三十六，口四千六百一萬九千九百五十六。此隋之極盛也。後周靜帝末授隋禪，有户三百五十九萬九千六百四。〔六一〕至開皇九年平陳，得户五十萬。及是纔二十六七年，直增四百八十萬七千九百三十二。

煬帝承富庶之資，恣荒淫之行，登極之初，即建洛邑，每月役丁二百萬人。導洛至淮及河，又引沁水達河北，通涿郡。築長城，東西千餘里。皆徵百萬餘人，丁男不充，以婦人兼役，而死者太半。及親征吐谷渾，駐軍青海，遇雨雪，士卒死者十二三。又三駕東征遼澤，皆興百餘萬衆，餽軍者倍之。又逆徵數年之賦，窮侈極奢，舉天下之人十九爲盜賊。至唐貞觀間，而户猶不滿三百萬。三年，户部奏，中國人因塞外來歸，及突厥前後降附，開四夷爲州縣，獲男女一百二十餘萬口。十四年，侯君集破高昌，得三郡五縣二十二城，户八千四十六，口三萬七千三十一，馬四千三百疋。〔六二〕永徽三年，〔六三〕户部尚書高履行奏，去年進户一十五萬。高宗以天下進户既多，謂長孫無忌曰：「比來國家無事，户口稍多，三二十年，足爲充實。」因問隋有幾户，今有幾户。履行奏：「隋大業中户八百七十萬，今户三百八十萬。」顯慶二年十月，上幸許、汝州，問中書令杜正倫曰：「此間田地極寬，百姓太少。」因又問隋有幾户，正倫奏：「大業初有八百餘萬户，末年離亂，至武德有二百餘萬户。」總章元年十月，司空李勣破高麗國，虜其王，下城百七十，户六十九萬七千二百，配江淮以南，山南，京西。天寶十四載，管户總八百九十一萬四千七百九，應不課户三百五十六萬五千五百一，應課户五百三十四萬九千二百八。管口總五千二百九十一萬九千三百九。不課口四千四百七十萬九百八十八，課口八百二十萬八千三百二十一。此唐家之極盛也。自天寶十四年至乾元三年，損户總五百九十八萬二千五百八十四，不課户損二百三十九萬一千九百九，課户損三百五十九萬六百七十五；損口總三千五百九十二萬八千七百二十三，不課口損三千七十一萬三百一，課口損五百二十一萬八千四百三十二。户至大曆中，唯有百三十萬户。建中初，命黜陟使往諸道按比户口，約都得主户百八十餘萬，客户百有三十餘萬。

丁中

漢孝景二年，令天下男子年二十而始傅。音附。晉武帝平吳後，有司奏，男女年十六以上至六十爲正丁，〔六四〕十五以下至十三，六十一以上至六十五，〔六五〕爲次丁，十二以下六十六以上爲老小，不事。宋文帝元嘉中，從王弘之言，〔六六〕以十五至十六爲半丁，十七爲全丁。北齊武成河清三年，〔六七〕乃令男子十八以上六十五以下爲丁，十六以上十七以下爲中，六十六以上爲老，十五以下爲小。

隋文帝頒新令，男女三歲以下爲黄，十歲以下爲小，十七以下爲中，十八以上爲丁，丁從課役。六十爲老，乃免。開皇三年，令軍人以二十一成丁。煬帝即位，户口益多，男子以二十二成丁。高熲奏，以民間課税雖有定分，年常徵納，除注恒多，長吏肆情，文帳出没既無定簿，難以推校。乃爲輸籍之樣，請遍下諸州，每年正月五日，縣令巡人，各隨便近，五黨三黨，各爲一團，依樣定户上下。帝從之，自是姦無所容矣。

唐武德七年，定令，男女始生爲黄，四歲爲小，十六爲中，二十一爲丁，六十爲老。神龍元年，韋皇后求媚於人，上表請天下百姓年二十二成丁，五十八免役。制從之。天寶三年十二月，制，自今以後，百姓宜以十八以上爲中男，二十三以上成丁。按開元二十五年户令云：「諸户主皆以家長爲之，户内有課口者爲課户，無課口者爲不課户。諸視流内九品以上官及男年二十以上老男、廢疾、妻妾、部曲、客女、奴婢，皆爲不課户。」〔六八〕

善乎杜佑之論也。家足不在於逃税，國足不在於重斂。若逃税則不土著而人貧，重斂則多養羸而國貧。三王以前，井田定賦。秦革周制，漢因秦法，魏、晉已降，名數雖繁，亦有良規，不救時弊。昔東晉之宅江南也，慕容、苻、姚迭居中土，人無定本，傷理爲深，遂有庚戌土斷之令，財豐俗阜，實由於茲。其後法制廢弛，舊弊復起。義熙之際，重舉而行，已然之效，著在前志。隋受周禪，得户三百六十萬，開皇九年平陳，又收户五十萬，洎于大業二年，干戈不用唯十八載，有户八百九十萬矣。自平陳後，又加四百八十餘萬。其時承西魏喪亂，周、齊分據，暴君慢吏，賦重役勤，人不堪命，多依豪室，禁網隳紊，姦僞尤滋。高熲覩流冗之病，建輸籍之法，於是定其名，輕其數，使人知：「爲浮客，被彊家收太半之賦；爲編甿，奉公上，蒙輕減之征。」先敷其信，後行其令，烝庶懷惠，姦無所容。隋氏資儲遍於天下，民俗康阜，熲之力焉。功規蕭、葛，道亞伊、吕，近代以來，未之有也。唐家貞觀中，有户三百萬，至天寶末，百三十餘年，纔如隋氏之數。唐氏之盛，邁於西漢，約計天下編户，合踰元始之間，而名籍所少三百餘萬。直以選賢授任，多在藝文，才與職乖，法因事弊，隳循名責實之義，闕考言詢事之道。崇秩之所至，美價之所歸，不無輕薄之曹，浮華之伍。習程典，親簿領，謂之淺俗。務根本，去枝葉，目以迂闊。風流相尚，奔競相驅。職事委於郡胥，貨賄行於公府，而至此也。

校勘記

〔一〕「山林藪澤」，汪本「藪」作「數」，據元本、明本、于本、殿本改。

〔二〕「諸侯王列侯」，「王」字脱，據通典一補。

〔三〕「量地畫野」，「地」，原作「民」，據魏書李安世傳改。

〔四〕「審其徑術」「徑」，原作「經」，據魏書李安世傳、通典一改。

〔五〕「通入倍田分」，「入」，原作「人」，據通典一改。

〔六〕「課蒔餘」，下衍「果」字，據魏書食貨志、通典一删。

〔七〕「依法課蒔榆棗於桑榆地分雜蒔餘果」，「榆棗」至「雜蒔」九字脱，據魏書食貨志補。

〔八〕「京城四面諸坊之外」，「坊」，原作「方」，據隋書食貨志改。

〔九〕「八品以下至庶人六十人」，「下」，原作「上」，據隋書食貨志改。

〔一〇〕「限數與在京百官同」，「與」下衍「者」字，據隋書食貨志删。

〔一一〕「口七隋志作九以上」，按，「七」，應從隋志作「九」，「以上」，應作「以下」，其中包括「口九」至「口六」之家，故「上」應作「下」。通典訛「九」爲「七」，致與下文「口五以下」之文不相應。通志承通典之誤而以「口七」爲疑，不知隋志「以上」之文亦有誤，因略作説明如上。

〔一二〕「少者至三十頃」，隋書食貨志作「四十畝」。

〔一三〕「恐本史非實」，「史」下衍「之」字，據通典二刪。

〔一四〕「其縣界内所部受田悉足者爲寬鄉」，「所」下衍「有」字，據唐六典三刪。

〔一五〕「中府五頃五十畝」，「五頃」二字原重出，據殿本與通典二刪其一。

〔一六〕「其後嚴熊言」，漢書溝洫志文同，史記河渠書、通典二「熊」下皆有「羆」字。下文「莊熊」同此。

〔一七〕「劉義欣爲荆河刺史」，汪本「河」作「州」，據元本、明本、于本、殿本改。

〔一八〕「爲利十倍」，「利」字原在「信」字下，據通典二改。

〔一九〕「其非宿衛要任皆令赴農使軍各自佃作」，「非」字、「作」字脱，據晉書食貨志補。

〔二〇〕「後魏孝文帝太和十一年」，「孝」字脱，「太和」，原作「大統」，據魏書食貨志補改。

〔二一〕「常賦歲百二十」，汪本「常」作「當」，據元本、明本、于本、殿本改。

〔二二〕「賜民十二年租税之半」，「十二年」，原作「十一年」，乃承通典四之誤，據漢書文帝紀、食貨志改。

〔二三〕「四年三年以前逋更賦未入者皆勿收毋收四年五年口賦」，上「四年」、下「毋收」四字脱，「五年」，原作「出」，據漢書昭帝紀補改。

〔二四〕「其令以菽粟當今年賦」，「今」，原作「年」，據通典四改。

〔二五〕「王公以下口税三斛」，「王公」二字互倒，據晉書食貨志改。

〔二六〕「天下人户歲輸布四疋」，「疋」，原作「尺」，據宋書孝武帝紀、通典四改。

〔二七〕「不樂州縣編户者」，「户」字脱，據隋書食貨志補。

〔二八〕「第九品轝輦迹禽前驅彊弩司馬羽林郎殿中宂從武賁殿中虎賁持椎斧武騎虎賁持鈒宂從虎賁命中武賁武騎一人」，「轝」，原作「舉」，「殿中宂從武賁」六字、「命中」下「武賁」二字皆脱，據隋書食貨志改補。

〔二九〕「禄絹八尺禄綿三兩二分租米五石禄米二石」，前二「禄」字原作「緑」，「租」，原作「粗」，「禄米四石」四字脱，據隋書食貨志改補。

〔三〇〕「畝税米二斗」，「斗」，原作「升」，據隋書食貨志改。

〔三一〕「當今一升」，此承隋志與通典之文，「今」乃謂唐初也。下同。

〔三二〕「京官文武月例唯得廪食」，隋書食貨志「例」作「别」。

〔三三〕「高涼晉康等小郡」，「涼」，原作「粱」，據隋書食貨志改。

〔三四〕「大郡六班」，隋書食貨志「郡」作「縣」。

〔三五〕「耕牛二十頭當奴婢八」，「二」字脱，據隋書食貨志補。

〔三六〕「下至牛」，「牛」，原作「半」，據魏書食貨志改。

〔三七〕「孤獨病老篤貧不能自存者亦一人不從役」，汪本「老篤」二字互倒，據元本、明本、于本、殿本改。「亦一人不從役」，魏書食貨志作「三長内迭養食之」。

〔三八〕「冬十月」，原作「四年」，據魏書高祖紀上改。

〔三九〕「以備軍糧」，「軍」，原作「年」，據魏書高祖紀上改。

〔四〇〕「所調各隨其土所出」，「其」字脱，據魏書食貨志、通典五補。

〔四一〕「東兖東徐等州」，「兖」字脱，據魏書食貨志補。

〔四二〕「省米五萬三千五十四斛九㪷」，通典五文同。魏書食貨志「㪷」作「升」。

〔四三〕「麯三十萬五百九十九斤」，「麯」，通典五作「麴」，二字異體同義，魏書食貨志作「麪」。「三十」之「十」，原作「千」，據通典與魏志改。

〔四四〕「三分減一」，通典五文同。魏書食貨志作「二分減一」。

〔四五〕「米五萬三千九百三十二石」，「二」，原作「三」，據魏書食貨志、通典五改。

〔四六〕「重以修創臺殿所役甚廣豪黨兼并」，「重」，原作「武成」，「豪黨」二字脱，據隋書食貨志改補。此爲文宣帝時事，與武成帝無關。

〔四七〕「牛調二尺」，「尺」，原作「丈」，據隋書食貨志改。

〔四八〕「每歲爲二十日役」，「二」，原作「三」，據隋書食貨志改。

〔四九〕「十四年六月」，「十四年」三字脱，據隋書食貨志補。

〔五〇〕「十七年十一月」，「十七年」三字脱，據隋書食貨志補。

〔五一〕「今亦準此約計數」，「約計」二字互倒，「數」字脱，據通典六改補。

〔五二〕「五千二百二十餘萬端疋屯貫石」，按，上列八項租賦合計爲五千二百三十餘萬。

〔五三〕「其資課及勾剥等」，汪本「剥」作「引」，據元本、明本、于本、殿本改。

〔五四〕「遠小州使充官料郵驛等費」，「使」，原作「便」，據北宋本通典六改。

〔五五〕「後漢」，原本脱「漢」字，以「後」字與下面之「魏」字相接，甚誤，今依文内順序改正。

〔五六〕「人户千二百二十三萬三千」，汪本「三千」作「二千」，據元本、明本、于本、殿本改。

〔五七〕「兵二十三萬」，汪本「十」作「千」，據元本、明本、于本、殿本改。

〔五八〕「大抵編户二百四十五萬九千八百四十」，末「十」字脱，據晉書地理志上補。

〔五九〕「口九百九十八萬」，「口」下衍「九千」二字，據晉書苻堅載記上删。

〔六〇〕「十萬户于關中」，「户」，原作「口」，據晉書苻堅載記上改。

〔六一〕「有户三百五十九萬九千六百四」，「五」，原作「九」，據本篇上文改。

〔六二〕「口三萬七千三十一馬四千三百疋」，「口」下「三」字，「馬」下「四」字脱，據唐會要九五、舊唐書高昌傳補。

〔六三〕「永徽三年」，「三」，原作「元」，據唐會要八四、舊唐書高宗紀上改。

〔六四〕「男女年十六以上至六十爲正丁」，「女」，原作「子」，據晉書食貨志改。

〔六五〕「六十一以上至六十五」，「一」字脱，據晉書食貨志補。

〔六六〕「宋文帝元嘉中從王弘之言」，「文帝元嘉」，原作「孝武帝大明」，「王弘」，原作「王敬弘」，據宋書與南史王弘傳改。

〔六七〕「北齊武成河清三年」，「河清」二字互倒，據北齊書武成帝紀改。

〔六八〕「諸視流内九品以上官及男年二十以上老男廢疾妻妾部曲客女奴婢皆爲不課户」，按，通典七文同。新唐書食貨志一作：「若老及男廢疾、篤疾、寡妻妾、部曲、客女、奴婢及視九品以上官，不課。」據此則應補入「篤疾寡」三字於「廢疾」下，又「年二十」應爲「年六十」，方與「若老」之文相符合。

食貨略第二

錢幣

太昊　夏　商　周　秦　漢　王莽　後漢　魏　晉　宋　齊　梁　陳　後魏　北齊　後周　隋　唐

自太昊以來，則有錢矣。太昊氏、高陽氏謂之金，有熊氏、高辛氏謂之貨，陶唐氏謂之泉，商人、周人謂之布，齊人、莒人謂之刀。謂之泉者言其形，謂之金者言其質，謂之刀者言其器，謂之貨、謂之布者言其用。

古文錢字作泉者，其形如泉文，一變而爲刀器，再變而爲圜法。太公作九府圜法，黄金方寸，而重一斤，錢圜函方，輕重以銖。布帛廣二尺二寸爲幅，長四丈爲疋，以爲貿易之制。自圜法流通於世，民實便之，故泉與刀並廢，後人不曉其謂也。觀古錢，其形卽篆泉文也。後世代以錢字，故泉之文借爲泉水之泉，其實泉之篆文，下體不從水也。先儒不知本末，謂流於泉，布於布，竇於金，利於刀，此皆沿鑿之義也。錢所以權天下之利而便於民，古人與金、銀、龜、貝相參爲幣。惟管仲之論詳焉，以先王所以守財物、御人事而平天下者在乎此。

禹有五年之水，湯有七年之旱，民之無饘有賣子者，禹以歷山之金鑄幣以賑之，湯以莊山之金鑄幣以贖之。

周景王時，患錢輕，便鑄大錢，徑一寸二分，重十二銖，文曰「大泉五十」，肉好皆有周郭，以勸農贍不足，百姓蒙其利。楚莊王以爲幣輕，便以小爲大，百姓不便，皆去其業。孫叔敖爲相，市令言於相曰：「市亂，人莫安其處，行不定。」叔敖白於王，遂令復如故，而百姓乃安也。

秦一中國之幣爲二等，黄金以溢爲名，上幣。二十兩爲溢，改周一斤之制。銅錢質如周錢，文曰「半兩」，重如其文，爲下幣。而珠玉龜貝銀錫之屬，爲器飾寶藏，不爲幣。然各隨時而輕重無常。

漢興，以爲秦錢重難用，更令民鑄莢錢，如榆莢也，錢重銖，半徑五分，文曰「漢興」。黄金一斤。復周之制，更以斤名金。高后二年，行八銖錢。秦錢文曰「半兩」，卽八銖錢。漢以其太重，更鑄榆莢，人患太輕，至此復行八銖錢。六年，行五分錢。徑以五分，用莢錢也。孝文五年，爲錢益多而輕，乃更鑄四銖錢，其文爲「半兩」。除盜鑄錢令，便民放鑄。是時吴以諸侯，卽山鑄錢，富埒天子，文字與四銖同，微重耳。後卒叛逆。鄧通，大夫也，以鑄錢文字稱兩，同四銖。財過王者。故吳、鄧錢布天下。

孝武帝有事於四夷，又徙貧民七十萬口於新秦中。用度既廣，出御府錢以贍不足，而冶鑄或累萬金，不佐公家之急。於是天子與公卿議，更造錢幣以贍用，〔一〕而摧浮淫并兼之徒。是時禁苑有白鹿，而少府多銀錫，乃以白鹿皮方尺，緣以藻繢，爲皮幣，直四十萬。王侯宗室朝覲聘享，必以皮幣薦璧，然後得行。又造銀錫爲白金，以爲天用莫如龍，地用莫如馬，人用莫如龜，故白金三品。其一曰重八兩，圜之，其文龍，名曰白選，漢志曰白撰。直三千。二曰以重差小，方之，其文馬，直五百。以半斤之重，差爲三品，此重六兩，則下品重四兩。三曰復小，撱之，其文龜，直三百。令縣官銷半兩錢，更鑄三銖錢，文如其重。盜鑄諸金錢罪皆死，而吏民之盜鑄白金者，不可勝數。有司言三銖錢輕，易姦詐，乃更請郡國鑄五銖錢，是爲白金五銖錢。四五年間，郡國姦鑄益多。公卿請令京師官鑄赤仄，以赤銅爲其郭。一當五，賦官用非赤仄不得行。白金稍賤，民不寶用，縣官以令禁之無益，歲餘，終廢不行。其後二歲，赤仄錢賤，民巧法用之，不便，又廢。於是悉禁郡國毋鑄錢，專令上林三官鑄。錢既多，而令天下非三官錢不得行，諸郡國前所鑄錢皆廢銷之，輸入其銅三官。而民之鑄錢益少，計其費不能相當，唯真工大姦乃盜爲之。宣帝時，貢禹言：「鑄錢采銅，一歲十萬人不耕。民坐盜鑄，陷刑者多。富人藏錢滿室，猶無厭足。民心搖動，棄本逐末，耕者不能半，姦邪不可禁，原起於錢。疾其末者絶其本，宜罷采珠玉、金銀、鑄錢之官，毋復以爲幣，除其販賣租銖之律，租稅祿賜皆以布帛及穀。使百姓壹意農桑。」議者以爲交易待錢，布帛不可尺寸分裂，禹議亦寢。自孝武元狩五年，三官初鑄五銖錢，至平帝元始中，成錢二百八十億萬餘云。

王莽居攝，變漢制。以周錢有子母相權，於是始造大錢，徑一寸二分，重十二銖，文曰「大錢五十」。又造契刀、錯刀，契刀環如大錢，身形如刀，長二寸，文曰「契刀五百」。錯刀以黄金錯其文，曰「一刀直五千」。與五銖錢，凡四品，並行。莽卽真，以爲書「劉」字有「金刀」，乃罷錯刀、契刀及五銖錢，而更作金、銀、龜、貝、錢、布之品，名曰寶貨。於是爲錢貨六品，黄金重一斤值錢萬，〔二〕銀貨二品，龜寶四品，貝貨五品，布貨十品，凡寶貨五物，六名，二十八品。鑄作錢、布皆用銅，殽以鏈錫，文質周郭放漢五銖錢云。其金銀與他物雜色不純好，龜不盈五寸，貝不盈六分，皆不得爲寶貨。元龜爲蔡，非四民所得居，有者入太卜受直。其後百姓憒亂，其貨不行，民私以五銖錢市買。莽患之，下詔敢挾五銖錢者，爲惑衆，投諸四裔。於是農商失業，食貨俱廢。其後改易不常，品名頗衆，不足記也。及公孫述僭號於蜀，廢銅錢，置鐵官，鑄鐵錢，百姓貨幣不行。

後漢光武除王莽貨泉。自莽亂後，貨幣雜用布帛金粟。建武十六年，馬援上書曰：「富國之本，在於食貨，宜如舊鑄五銖錢。」帝從之，於是復鑄五銖錢，天下以爲便。及章帝時，穀價貴，縣官經用不足，朝廷憂之，尚書張林言：「今非但穀貴，百物皆貴，此錢賤故爾。宜令天下悉以布帛爲租，市買皆用之，封錢勿出，如此則百物皆賤矣。」帝用其言，少時復止。和帝時，有上書言，民以貨輕錢薄，故致貧困，宜改鑄大錢。事下四府群寮及太學能言之士，孝廉劉陶上議曰：「當今之憂不在於貨，在乎民飢，蓋民可百年無貨，不可一朝有饑，故食爲至急也。議者不達農殖之本，多言鑄冶之便，或欲因緣行詐，以賈國利。國利將盡，取者爭競，造鑄之端於是乎生。蓋萬人鑄之，一人奪之，猶不能給，况今一人鑄之，則萬人奪之乎。夫欲民繁財阜，要在止役禁奪，則百姓不勞而足。」帝乃不鑄錢。靈帝作五銖錢，而爲四出道連於邊緣，有識者尤之。董卓焚燒宫室，乃劫鑾駕西幸長安，悉壞五銖錢，更鑄小錢，大五分，盡取長安飛廉之屬充鼓鑄。其錢無輪郭文章，不便時人，由是貨輕而物貴，穀一斛至錢數百萬。曹公爲相，於是罷之，還用五銖。

魏文帝黄初二年，罷五銖錢，使百姓以穀帛爲市買。至明帝時，錢廢穀用既久，人間巧僞漸多，競濕穀以要利，作薄絹以爲市，雖處以嚴刑，而不能禁也。司馬芝等舉朝大議，以爲用錢非徒豐國，亦所以省刑，今若更鑄五銖，於事爲便。帝乃更立五銖錢，至晉用之，不聞有所改創。蜀先主劉備攻劉璋，〔三〕與士衆約：「若事定，府庫百姓，孤無取焉。」及拔成都，士衆皆捨干戈，赴諸庫藏取寶物。軍用不足，備甚憂之。西曹掾劉巴曰：「此易耳，但當鑄錢一直百，平諸物價，令吏爲官市。」備從之，數月之間，府庫充實。文曰「直百」，亦有勒爲「五銖」者，大小稱兩如一焉，並徑七分，重四銖。吳孫權嘉平五年，鑄大錢，一當五百，文曰「大泉五百」，徑一寸三分，重十二銖，而使吏民輸銅。〔四〕計鑄畢，設盜鑄之科。赤烏元年，鑄一當千大錢，徑一寸四分，重十六銖，故呂蒙定荆州，孫權賜錢一億。錢既太貴，但有空名，民間患之。後孫權下令曰：「往日鑄大錢，云以廣貨，故聽之。今聞人意，不以爲便，其省之。」

晉元帝過江，用孫氏赤烏舊錢，輕重雜行，大者謂之比輪，中者謂之四文。吳興沈充又鑄小錢，謂之沈郎錢。錢既不多，由是稍貴。孝武帝太元三年，詔曰：「錢，國之重寶。小人貪利，銷壞無已，監司當以爲意。廣州夷人寶貴銅鼓，而州境素不出銅，聞官私賈人皆貪比輪錢斤兩差重，以入廣州，貨與夷人，鑄敗作鼓。其重爲禁制。」安帝元興中，桓玄輔政，立議欲廢錢用穀帛。孔琳之議曰：「聖王制無用之貨，以通有用之財，既無毁敗之費，又省運致之苦，此錢所以嗣功龜貝，歷代不廢者也。穀帛本充衣食，今分以爲貨，致損必多。魏明帝廢錢用穀四十年矣，終以不便，故捨穀帛而復用錢，此已然之驗也。」玄議遂不行。

宋文帝元嘉七年，立錢署，鑄四銖錢，〔五〕文曰「四銖」，重如其文。人間頗盜鑄，多翦鑿古錢取銅。帝甚患之。録尚書江夏王義恭建議，以一大錢當兩，以防穿鑿。議者多同之，遂以一錢當兩，行之經時，公私非便，乃罷。自元嘉中鑄四銖錢，輪郭形制與古五銖同價，無利，百姓不資盜鑄。孝武孝建初，鑄四銖，文曰「孝建」，一邊爲「四銖」，其後稍去「四銖」，專爲「孝建」。三年，尚書右丞徐爰議曰：「貨薄民貧，公私俱罄，不有革造，將至大乏。〔六〕宜應式遵古典，收銅繕鑄。納贖刊刑，著在往策。今宜以銅贖刑，隨罪爲品。」詔可之。所鑄錢形式薄小，輪郭不成就。於是民間盜鑄者雲起，雜以鉛錫，並不牢固，又翦鑿古錢，以取其銅。錢既轉小，稍違官式，雖重制嚴刑，人吏官長坐死免者相係，而盜鑄彌甚，百物踊貴，人患苦之。乃立品格，薄小無輪郭者，悉加禁斷。時議者又以銅轉難得，欲鑄二銖錢，顏竣陳三不可。逮廢帝景和二年，〔七〕遂鑄二銖錢，文曰「景和」，形式轉細。官錢每出，民間卽模効之，而大小厚薄皆不及也。無輪郭，不磨鑢，如今之翦鑿者，〔八〕謂之耒子，尤薄輕者，謂之荇葉，市井通用之。永光元年，沈慶之啓通私鑄，由是錢貨亂改，一千錢長不盈三寸，大小稱此，謂之鵝眼錢。劣於此者，謂之綖環錢，入水不沉，隨手破碎，市井不復斷，數十萬錢不盈一掬，斗米一萬，商貨不行。明帝太始初，唯禁鵝眼、綖環，其餘皆通用。復禁民鑄，官署亦廢工。尋又普斷，唯用古錢。

齊高帝建元四年，奉朝請孔覬上書曰：「三吳國之關閫，比歲被水潦而糴不貴，是天下錢少，非穀穰賤，此不可不察也。鑄錢之弊，在輕重屢變。重錢患難用，而難用爲無累，輕錢患盜鑄，而盜鑄爲禍深。民所盜鑄，嚴法不禁者，由上鑄錢惜銅愛工也。惜銅愛工也者，謂錢無用之器，以通交易，務欲質輕而數多，不慮其患也。自漢鑄五銖錢，至宋文帝歷五百餘年，〔九〕制度有廢興，而不變五銖者，其輕重可法，得貨之宜也。」上乃使諸州大市銅，欲更鑄，會上崩乃止。

梁初，唯京師及三吳、荆、郢、江、湘、梁、益用錢，其餘州郡則雜以穀帛交易，交、廣之域，則全以金銀爲貨。武帝乃鑄錢，肉好周郭，文曰「五銖」，重如其文。而又別鑄，除其肉郭，謂之女錢。二品並行。百姓或私以古錢交易，有「直百五銖」、「五銖女錢」、「太平百錢」、「定平一百」、「五銖雉錢」、「五銖對文」等號，輕重不一。天子頻下詔書，非新鑄二種之錢，並不許用。而趨利之徒，私用轉甚。至普通中，乃議盡罷銅錢，更鑄鐵錢。人以鐵賤易得，並皆私鑄。及大同以後，所在鐵錢遂如邱山，物價騰貴，交易者以車載錢，不復計數而唯論貫。商旅姦詐，因之以求利。自破嶺以東，〔一〇〕八十爲百，名曰東錢。江郢以上，七十爲百，名曰西錢。京師以九十爲百，名曰長錢。中大同元年，天子乃詔通用足陌。詔下而人不從，錢陌益少，至於末年，遂以三十五爲百云。

陳初，承梁喪亂之後，鐵錢不行。始梁末又有兩柱錢及鵝眼錢，于時人雜用，其價同，但兩柱重而鵝眼輕。私家多鎔鑄，又間以錫鐵，兼以粟帛爲貨。至文帝天嘉五年，改鑄五銖。初出，一當鵝眼之十。宣帝大建十一年，又鑄大貨六銖，以一當五銖之十，與五銖並行。後還當一，人皆不便，乃相與訛言曰：「六銖錢有不利縣官之象。」未幾而帝崩，遂廢六銖而行五銖，以至陳亡。而嶺南諸軍州，多以鹽米布帛交易，俱不用錢云。

北齊神武霸政之初，承魏猶用永安五銖。遷鄴已後，百姓私鑄，體制漸別，遂各以爲名，有「雍州青赤」、「梁州生厚」、「緊錢」、「吉錢」、「河陽生澀」、「天柱」、「赤牽」之稱。冀州之北，錢皆不行，交易者皆以絹布。神武帝乃收境内之銅及錢，仍舊文更鑄，流之四境。未幾之間，漸復細薄，姦僞競起。文宣受禪，除永安之錢，改鑄「常平五銖」，重如其文，其錢甚貴，且制造甚精。至乾明、皇建之間，往往私鑄。鄴中用錢，有赤熟、青熟、細眉、赤生之異。〔一二〕河南所用，有青薄鉛錫之别。青、齊、徐、兖、梁、豫、荆、河等州，輩類各殊。武平以後，私鑄轉甚，或以生鐵和銅，至于齊亡，卒不能禁。

後周之初，尚用魏錢。及武帝保定元年七月，乃更鑄布泉錢，以一當五，與五銖並行。是時梁益之境，又雜用古錢交易，而河西諸郡，或用西域金銀錢，而官不禁。建德三年六月，更鑄五行大布錢，以一當十，大收商賈之利，與布泉錢並行。四年七月，又以邊境之上人多盜鑄，乃禁五行大布錢不得出入四關，其布泉錢聽入而不聽出。五年正月，以布泉漸賤而人不用，遂廢之。初令私鑄者絞，從者遠配爲户。齊平已後，山東之人猶雜用齊氏舊錢。至宣帝大象元年十一月，又鑄永通萬國錢，以一當十，〔一二〕與五行大布及五銖，凡三品並用。

隋高祖既受周禪，以天下錢貨輕重不等，乃更鑄新錢，背面肉好皆有周郭，文曰「五銖」，而重如其文，每錢一千重四斤二兩。是時錢既新出，百姓或有私鎔鑄。三年四月，詔：「四面諸關，各付百錢爲樣，從關外來，勘樣相似，然後得過。樣不同者，卽壞以爲銅入官。」詔行新錢已後，前代舊錢有五行大布、永通萬國及齊常平，所在勿用。以其貿易不止，四年，詔：「仍依舊不禁者，縣令奪半年禄。」然百姓習用既久，猶不能絶。五年正月，詔又嚴其制。自是錢貨始一，所在流布，百姓便之。是時見用之錢皆須和以錫鑞，錫鑞既賤，求利者多私鑄之錢，不可禁約。其年詔，乃禁出錫鑞之處，並不得私有採取。十年，詔晉王廣，聽於揚州立五鑪鑄錢。其後姦猾稍多，漸磨鑢錢郭，取銅私鑄，又雜以鉛錫，遞相放效，錢遂輕薄。乃下惡錢之禁。京師及諸州邸肆之上，皆令立榜置樣爲準，不中樣者，不入於市。十八年，詔漢王諒，聽於并州立五鑪鑄錢。是時江南民間錢少，晉王又請於鄂州白紵山有銅鑛處，錮銅鑄錢，於是詔聽置十鑪鑄錢。又詔蜀王秀，聽於益州立五鑪鑄錢。是時錢益濫惡，乃令有司括天下邸肆見錢，非官鑄者皆毀之，其銅入官。而京師以惡錢貿易，爲吏所執，有死者。數年之間，私鑄頗息。大業已後，王綱弛紊，巨姦大猾，遂多私鑄。錢轉薄惡，初每千猶重二斤，後漸輕至一斤。或翦鐵鍱，〔一三〕裁皮糊紙以爲錢，相雜用之。貨賤物貴，以至於亡。

唐高祖卽位，仍用隋之五銖錢。武德四年，廢五銖錢，鑄開元通寶錢。徑八分，重二銖四參，積十文重一兩，千文重六斤四兩。仍置鑄錢監於洛、并、幽、益、桂等州。秦王、齊王各賜三鑪鑄錢，右僕射裴寂一鑪。議者以新錢輕重大小最爲折衷，遠近甚便之。後盜鑄漸起，而所在用錢濫惡。顯慶五年九月，以天下惡錢轉多，乃令所在官爲市取之，五惡錢酬一好錢，百姓以惡錢價賤，私自藏之，候官禁之弛。高宗又令以好錢一文買惡錢兩文，〔一四〕弊仍不息。至乾封元年，封岳之後，又改造新錢，文曰「乾封泉寶」，徑一寸，重二銖六分，仍與舊錢並行。新錢一文當舊錢十，周年之後，舊錢並廢。初，開元錢文，給事中歐陽詢制詞及書，時稱其工，其字含八分及篆隸體，其詞先上後下，次左後右，流俗謂之「開通元寶」錢。及鑄新錢，乃同流俗，「乾」字直上，「封」字在左。尋寤錢文之誤，又緣改鑄。商賈不通，米帛增價，乃議却用舊錢。二年正月，下詔曰：「開元通寶，高祖創之，太宗承之，萬代之法也。乾封新錢，更不須鑄，仍令天下置鑄之處，並鑄開元通寶錢。」既而私鑄更多，有將船栰宿於江中鼓鑄，所部不能覺察，錢復惡濫。儀鳳四年四月，令東都出遠年糙米及粟，就市給糴，斗别納惡錢百文，其惡錢令少府司農毁之。是時鑄多，錢賤粟貴，於是權罷少府鑄錢，尋復舊。則天長安中，揭様於市，令民間依様用錢。俄而簡擇艱難，交易留滯，〔一五〕又降勑，非穿穴及鐵錫銅蕩者，〔一六〕又許用之。自是盜鑄蜂起，有鎔錫以錢模夾之，斯須則盈千百。開元五年，知政事宋璟請禁天下惡錢，行二銖四參錢。時江淮錢尤濫惡，有官鑪、偏鑪、稜錢、時錢等數色，璟乃遣監察御史蕭隱之充江淮使，隱之乃令率户出錢，務加督責。百姓乃以上青錢充惡錢納之，其小惡者或沉之於江湖，以免罪戾。於是市井不通，物價騰起，流聞京師，隱之貶官，璟因罷相。張嘉貞知政事，請不禁鑄錢，弛其禁，民乃安之。二十二年，張九齡初知政事，明皇下其議，左監門衛録事參軍劉秩上議曰：「古者以珠玉爲上幣，黄金爲中幣，刀布爲下幣，今之錢卽古之下幣也。今若捨之，任人自鑄，則上無以御下，下無以事上。」遂陳五不可。時黄門侍郎裴耀卿等皆以爲恐小人棄農逐利，而濫惡更甚，事遂不行，但下詔禁惡錢而已。

天寶中，内作判官韋倫請厚價募工，由是役用減而鼓鑄多，天下置九十九鑪鑄錢，絳州三十鑪，揚、潤、宣、鄂、蔚各十鑪，益、鄧、郴各五鑪，洋州三鑪，定州一鑪。約每鑪役丁匠三十人，每年除六月七月停作，餘十月作十番。每鑪約用銅二萬一千二百二十斤，白鑞三千七百九斤，黑錫五百四十斤。每千錢除工匠外，用銅鑞錫約價七百五十文。每鑪歲鑄錢三千三百緡，約一歲計鑄錢三十二萬七千餘緡。肅宗乾元元年，經費不給，有司請鑄錢使第五琦鑄乾元重寶錢，徑一寸，每緡十斤，與開元錢參用，以一當十。二月，琦入爲相，又請更鑄重輪乾元錢，一當五十，二十斤成貫，詔可之。於是新錢與開元、乾元錢，三品並行。尋而穀價騰貴，米斗至七千，餓死者相枕於道。乃擡舊開元錢以一當十，減重稜乾元錢以一當三十。緣人厭錢價不定，民間擡加價錢爲虛錢。長安城中競爲盜鑄，京兆尹鄭叔清擒捕之，數月間榜死者八百餘人。上元元年，以重稜當五十錢減作三十，以開元舊錢一當十。寶應元年，改乾元重稜小錢一當二，重稜大錢一當三。尋又改行乾元大小錢並以一當一。自第五琦更鑄，犯法者日數百，至是人甚便之。鹽鐵轉運使劉晏以江淮諸州，任土所出，皆賤弱難致之貨，以輸京師，不足償道路之直。於是積之江淮，易銅鉛薪炭，廣鑄錢，歲得十餘萬緡，輸京師及荆、揚二州，自是錢始增加。大曆七年，禁天下鑄銅器。

建中元年，户部侍郎韓洄上言：「江淮錢監歲供鑄錢四萬五千貫，輸于京師，度工用轉送之費，每貫計錢二千，是本倍利也。今商州有紅崖冶，出銅益多，又有洛源監，不理久廢。請增工鑿山以取銅，興洛源錢監，置十鑪鑄之。每歲計出錢七萬二千貫，度工用轉送之費，貫計錢九百，則利浮本也。其江淮七監，請皆停罷。」從之。元和三年，鹽鐵使李巽上言：「郴州平陽、高亭兩縣之境，有平陽冶，及馬迹、曲木等古銅坑二百八十餘井。今請於郴州舊桂陽監，置鑪兩所，日鑄二十萬。以年計之，鑄成七千萬貫，有利於人。」從之。其年六月，下蓄錢之禁。又以有銀之山必有銅鑛，銅可資鼓鑄，銀無益於生民，自五嶺以北，銀宜禁採，惟課採銅，資官鑄作。四年，京師用錢，每緡除二十陌，於是禁之。又禁錢出嶺，除採銀禁。六年，制公私交易，十緡以上卽兼用段疋。其年三月，河東節度使王鍔奏，請於蔚州加置至五鑪。八年四月，敕，以錢重貨輕，出内庫錢五十萬貫，令兩市收市布帛，每端疋估加十之一。十二年，禁藏錢不得過五十緡。十五年八月，中書門下奏，令諸道公納銅器，各納所在節度、團練、防禦、經略使，給與價直，仍令鑄錢。長慶元年九月，敕：「泉貨之義，所貴通流。如聞比來用錢，所在除陌不一。與其禁人之必犯，未若從俗之所宜，交易往來，務令可守。其内外公私給用錢貨，從今以後，每千墊八十以用，九百二十爲貫。」

漕運

秦欲攻匈奴，運糧，使天下飛芻輓粟，起於黄、腄，腄，音誰。東萊二縣。琅琊負海之郡，轉輸北河，北河，今朔方之北河。率三十鍾而致一石。至漢興，高皇帝時，漕轉山東之粟，以給中都官，歲不過數十萬石。孝武建元中，通西南夷，作者數萬人，千里負擔饋糧，率十餘鍾致一石。其後東滅朝鮮，置滄海郡，人徒之費擬西南夷。又衛青擊匈奴，取河南地，今朔方之地。復興十萬餘人，築衛朔方，轉漕甚遠，自山東咸被其勞。元光中，大司農鄭當時言於帝曰：「異時關東運粟，漕水從渭中上道九百餘里，度六月而罷。若引渭穿渠，起長安，傍南山下，至河，三百餘里，度可三月而罷。此損漕省半。」天子乃令齊水工徐伯表，發卒穿漕渠以運，大便利。其後河東守番係言：「漕從山東、西，歲百餘萬石，更底柱之險，敗亡甚多，而亦煩費。請穿渠，引汾溉皮氏、汾陰下，引河溉汾陰、蒲坂下，度可得五千頃。故盡河壖棄地，度可得穀二百萬石以上。穀從渭上與關中無異，而底柱之東可無復漕。」天子又以爲然，渠田數歲，河徙，渠田遂廢。其後人有上書，欲通褒斜道，褒、斜，二水名。褒水東流南入沔，今漢中郡褒斜縣。斜水北流入渭，今武功縣及扶風郡。及漕。

事下御史大夫張湯，湯聞其事，言：「抵蜀故道，多坂，迴遠。今穿褒斜道，少坂，近四百里。而褒水通沔，斜水通渭，皆可以行船漕。漕從南陽上沔入褒，褒之絶水至斜，間百餘里，以車轉，從斜入渭。如此，漢中之穀可致，山東從沔無限，便於底柱之漕。且褒斜材木山箭之饒，擬於巴蜀。」天子然之。拜湯子卬爲漢中守，發數萬人，作褒斜道五百餘里。道果便近，而水多湍石，不可漕。孝宣即位，百姓安土，歲數豐稔，穀石五錢，農人少利。時耿壽昌以善爲算，能商功利，得幸於上，五鳳中奏言：「故事，歲漕關東穀四百萬斛，以給京師，用卒六萬人。宜糴三輔、弘農、河東、上黨、太原等郡穀，足可以供京師，可以省關東漕卒過半。」天子從其計。御史大夫蕭望之奏言：「壽昌欲近糴漕關内之穀，築倉理船，費直二萬萬餘。有動衆之功，恐生旱氣，人被其災。壽昌習於商功分銖之事，其深計遠慮，誠未足任。宜且如故。」帝不聽，漕事果便。

魏齊王正始二年，〔一七〕司馬懿使鄧艾行陳、項以東至壽春。艾以爲田良水少，不足以盡地利，宜開河渠，可以大積軍糧，又通運漕之道。懿從之，乃廣開漕渠，東南有事，興衆泛舟而下，〔一八〕達于江淮，資食有儲而無水害，艾所建也。

晉武帝太始十年，鑿陝南山，決河，東注洛，以通漕運。雖有此詔而未成功。懷帝永嘉元年，修千金堨於許昌以通運。成帝咸和六年，以海賊寇抄，運漕不繼，發王公已下千餘丁，各運米六斛。穆帝時，頻有大軍，糧運不繼，制王公已下十三户共借一人，助度支運。

後魏，自徐、揚内附之後，仍世經略江淮，於是轉運中州以實邊鎮，百姓疲於道路。有司請於水運之次，隨便置倉，乃於小平、石門、白馬津、漳涯、黑水、濟州、陳郡、大梁，凡八所，各立邸閣。每軍國有須，應機漕引，自此費役微省。〔一九〕時三門都將薛欽上言：「計京西水次，汾、華二州，弘農、河北、河東、平陽等郡，年常綿絹及貲麻，皆折公物，雇車牛送京。道險人弊，費公損私。略計華州一車，官酬絹八疋三丈九尺，別有私人雇價，布八十疋。〔二〇〕河東一車，官酬絹五疋二丈，別有私人雇價，布五十疋。自餘州郡，雖未練多少，推之遠近，應不減此。今求車取雇絹三疋，市材造船，不勞採斫。計船一艘舉十三車，車取三疋，合有三十九疋，雇作手並匠，〔二一〕及船上雜具食直，足以成船。計一船賸絹七十八疋，布七百八十疋。又租車一乘，官格二十斛成載，〔二二〕私人雇價，遠者五斗布一疋，近者一石布一疋。準其私費，一車布遠者八十疋，〔二三〕近者四十疋。造船一艘，計舉七百石，準其雇價，應有千四百疋。今取布三百疋造船一艘，并船上覆理雜事，計一船有賸布千一百疋。又汾州有租調之處，〔二四〕去汾不過百里，華州去河不滿六十里，并令計程，依舊酬價，車送船所。船之所運，唯達瀶陂。其陸路從瀶陂至倉門，調一車雇絹一疋，租一車布五疋，則於公私爲便。」詔從之，而未能盡行也。孝文太和七年，薄骨律鎮將刁雍上表曰：「奉詔高平、安定、統萬，薄骨律鎮，今靈武郡。統萬，今朔方郡是也。及臣所守四鎮，出車五千乘，運屯穀五十萬斛，付沃野鎮，以供軍糧。臣鎮去沃野八百里，道多深沙，輕車往來，猶以爲難，設令載穀二十石，〔二五〕每至深沙，必致滯陷。又穀在河西，轉至沃野，越渡大河，計奉五千乘，運十萬斛，百餘日乃得一返，大廢生民耕墾之業，車牛艱阻，難可全至。一歲不過二運，〔二六〕五十萬斛乃經三年。臣聞鄭、白之渠，遠引淮海之粟，泝流數十，周年乃得一至，猶稱國有儲糧，民用安樂。求於崲峗山在今平原郡高平縣，今笄頭山。河水之次，造船二百艘，二船爲一舫，一船勝穀二千斛，〔二七〕一舫十人，計須千人。臣鎮內之兵，率皆習水，一運二十萬斛，方舟順流，五日而至。自沃野牽上，十日還到，合六十日得一返。從三月至九月，三返運送六十萬斛，計用人工輕於車運十倍有餘，不費牛力，又不廢田。」詔曰：「知欲造船運穀，一冬即成，〔二八〕大省人力，既不費牛，又不廢田，甚善。非但一運，自可永以爲式。」

隋文帝開皇三年，以京師倉廩尚虛，議爲水旱之備。詔於蒲、陝、〔二九〕虢、熊、伊、洛、鄭、懷、邵、〔三〇〕衞、汴、許、汝等水次十三州，置募運米丁，又於衞州置黎陽倉，陝州置常平倉，華州置廣通倉，轉相灌注，漕關東及汾、晉之粟，以給京師。又遣倉部侍郎韋瓚，向蒲、陝以東募民，能於洛陽運米肆拾碩，經底柱之險，達於常平者，免其征戍。其後以渭水多沙，流有深淺，漕者苦之。四年，詔宇文愷率水工鑿渠，引渭水自大興城東至潼關，三百餘里，名曰廣通渠，轉運通利，關内賴之。

煬帝大業元年，發河南諸郡男女百餘萬，開通濟渠，自西苑引穀、洛水達於河，又引河通于淮、海，自是天下利於轉輸。四年，又發河北諸郡百餘萬衆，開永濟渠，引沁水南達于河，北通涿郡，自是丁男不供，始以婦人從役。五年，於西域之地，置西海、鄯善、且末等郡。逐吐谷渾得其地，並在今酒泉、張掖、晉昌郡之北，今悉爲北狄之地。謫天下罪人，配爲戍卒，大開屯田，發西方諸郡運糧以給之。七年冬，大會涿郡，分江、淮南兵，配驍衛大將軍來護兒，別以舟師濟滄海，舳艫數百里，並載軍糧，期與大兵會於平壤。

唐，咸亨三年，於岐州陳倉縣東南開渠，引渭水入昇原渠，通船栰，至長安故渠。〔三一〕開元十八年，明皇問朝集使利害之事，宣州刺史裴耀卿上便宜曰：「江南户口稍廣，倉庫所資，唯出租庸，更無征防。緣水陸遥遠，轉運艱辛，功力雖勞，倉儲不益。竊見每州所送租庸調等，本州正月二月上道，至揚州入斗門，卽逢水淺，已有阻礙，須停留一月以上。三月四月以後，始渡淮入汴，多屬汴河乾淺，又船運停留。至六月七月後，〔三二〕始至河口，卽逢黄河水漲，不得入河，又須停一兩月。待河水小，始得上河。入洛，即漕路乾淺，〔三三〕船艘隘鬧，般載停滯，備極艱辛。計從江南至東都，停滯日多，得行日少，糧食既皆不足，折欠因此而生。又江南百姓不習河水，皆轉雇河師水手，更爲損費。伏見國家舊法，往代成規，擇制便宜，以垂長久。河口元置武牢倉，江南船不入黄河，即於倉内便貯；鞏縣置洛口倉，從黄河不入漕洛，即於倉内安置；爰及河陽倉、栢崖倉、太原倉、永豐倉、渭南倉，節級取便，例皆如此。水通則隨近轉運，不通則且納在倉，不滯遠船，不憂欠耗，比於曠年長運，利便一倍有餘。今若且置武牢、洛口等倉，江南船至河口，即卻還本州，更得其船充運，並取所減脚錢，更運江淮變造義倉。每年剩得一二百萬石，即數年之外，倉廩轉加。其江淮義倉，多爲下濕，不堪久貯，若無舡運，〔三四〕三兩年色變，即給貸費散，公私無益。」疏奏，不省。

至二十一年，耀卿爲京兆尹，京師雨水害稼，穀價踴貴。耀卿奏曰：「國家帝業，本在京師，萬國朝宗，百代不易之所。但爲秦中地狹，收粟不多，儻遇水旱，便則匱乏。往者貞觀、永徽之際，禄廩數少，每年轉運不過一二十萬石，所用便足，以此車駕久得安居。今昇平日久，國用漸廣，每年陝、洛漕運，數倍於前，支猶不給。陛下數幸東都，以就貯積，爲國大計，不憚劬勞，皆爲憂民而行，豈是故欲來往？若能更廣陝運，支入京倉，廩常有二三年糧，即無憂水旱。今日天下輸丁約有四百萬人，每丁支出錢百文，充陝、洛運脚，五十文充營窖等用，貯納司農及河南府、陝州，以充其費。租米則各隨遠近，任自出脚送納。東都至陝，河路艱險，既用陸脚，無由廣致。若能開通河道，變陸爲水，則所支有餘，動盈萬計。且江南租船，所在候水，始敢進發，吴人不便河漕，由是所在停留，日月既淹，遂生隱盜。臣請於河口置一倉，納江東租米，便放船迴。〔三五〕從河口分入河、洛，官自雇船載運。河運者，至三門之東，置一倉。既屬水險，卽於河岸傍山車運十數里，至三門之西，又置一倉。每運置倉，卽般下貯納，水通卽運，水細便止。漸至太原倉，泝河入渭，更無停留，所省巨萬。臣常任濟、定、冀等三州刺史，詢訪故事。前漢都關內，年月稍久，及隋亦在京師，緣河皆有舊倉，所以國用常贍。若依此行用，利便實深。」上大悦，尋以耀卿爲黄門侍郎同中書門下平章事，敕鄭州刺史河南少尹蕭炅，自江淮至京以來，檢古倉，節級貯納，仍以耀卿爲轉運都使。於是始置河陰縣及河陰倉，河清縣置栢崖倉，三門東置集津倉，三門西置三門倉，開三門北山十八里，陸行以避湍險。自江淮西北泝鴻溝，悉納河陰倉。自河陰候水調浮，漕送含嘉倉。又取曉習河水者，遞送納于太原倉，所謂北運也。自太原倉浮渭以實關中。凡三年運七百萬石，省脚三十萬。耀卿罷相後，緣邊運險澁，頗有欺隱，議者又言其不便，事又停廢。

二十七年，河南採訪使汴州刺史齊澣，以江淮漕運，經淮水波濤，有沉損，遂開廣濟渠下流。自泗州虹縣至楚州淮陰縣北十八里，合于淮，不踰時畢功。〔三六〕既而以水流峻急，行旅艱險，旋卽停廢，却由舊河。二十九年，陝州刺史李齊物，避三門河路急峻，於其北鑿石渠通運船，爲漫流河泥旋塡淤塞，不可漕而止。天寶三年，左常侍兼陝州刺史韋堅，開漕河，自苑西引渭水，因古渠至華陰入渭，引永豐倉及三門倉米以給京師，名曰廣運潭。以堅爲天下轉運使。灞、滻二水會於漕渠，每夏大雨，輒皆塡閼，大曆之後，漸不通舟。天寶中，每歲水陸運米二百五十萬石入關。舊於河南路運至陝郡太原倉，又運至永豐倉及京師太倉。開元初，河南尹李傑始爲陸運使，從含嘉倉至太原倉，置八遞場，相去每場四十里。每歲冬初起運八十萬石，後至一百萬石。每遞用車八百乘，分爲前後交，兩月而畢。其後漸加，至天寶七年，滿二百五十萬石，每遞用車千八百乘，自九月至正月畢。天寶九年九月，河南尹裴迥以遞重恐傷牛，於是又以遞場爲交場，兩遞簡擇近水處爲宿場。天寶十年九月，相州刺史李南金又上表曰：「臣以舊籍，天下水陸估價車乘有綱運，各令官兵提巡，共五十萬。」大率大曆之後，以水陸運使兼防押，四十萬石，各押入關。

鹽鐵茶

鹽筴之利，管子言之盡矣。其所以相桓公霸齊，鹽筴之利也。

漢孝武中年，大興征伐，財用匱竭，於是大農上鹽鐵丞孔僅、東郭咸陽言：「山海，天地之藏，宜屬少府，陛下弗私，以屬大農佐賦。願募民自給費，因官器作煮鹽，官與牢盆。牢盆者，煮鹽之器也。浮食奇民欲擅管山海之貨，以致富羨，役利細民。其沮事之議，不可勝聽。敢私鑄鐵器煮鹽者，鈦左趾，鈦，音徒計反，足鉗也。沒其器物。郡不出鐵者，置小鐵官，使屬在所縣。」使僅、咸陽乘傳，舉行天下鹽鐵，作官府，主煮鑄及出納。除故鹽鐵家富者爲吏。吏益多賈人矣。卜式爲御史大夫，見郡國多不便縣官作鹽鐵，器苦惡，價貴，或彊令民買之。而船有算，商者少，物貴。乃因孔僅言船算事，上不說。

孝昭元始六年，令郡國舉賢良文學之士，問以民所疾苦，教化之要。皆對曰：「願罷鹽鐵、酒榷、均輸官，無與天下爭利，示以儉節，然後教化可興。」御史大夫桑弘羊難，以爲：「此國家大業，所以制四夷，安邊足用之本。往者豪彊之家得管山海之利，成姦僞之業。家人有寶器尚猶柙而藏之，況天地之山海乎。夫權利之處必在山澤，非豪民不能通其利。異時鹽鐵未籠，布衣有朐邴，人君有吳王，亦可見矣。鹽鐵之利，佐百姓之急，奉軍旅之費，不可廢也。」於是丞相奏曰：「賢良之士不明縣官，猥以鹽鐵爲不便，宜罷郡國榷酤酒、關内鐵。」奏可。於是利復流下，庶民休息。孝元帝時，嘗罷鹽鐵官，三年而復之。

後漢章帝時，〔三七〕尚書張林上言：「鹽鐵，食之急者，官自可鬻。」和帝即位，詔曰：「孝武榷收鹽鐵之利，以奉師旅之費，中興以來，猶未能革。先帝恨之，故遺戒罷鹽鐵之禁，縱民煮鑄，入税縣官如故事。」布告天下。獻帝建安初，關中百姓流入荆州者十餘萬家，及聞本土安寧，皆企願思歸，而無以自業。於是衛覬議，以爲：「鹽者，國之大寶，自喪亂以來，放散。今宜如舊置使者監賣，〔三八〕以其直益市犂牛，百姓歸者，以供給之，勸耕積粟，以豐殖關中。遠者聞之，必多競還。」魏武於是遣謁者僕射監鹽官，移司隸校尉居弘農，流民果還，關中豐實。

後魏宣武時，河東郡有鹽池，舊立官司以收税利，先是罷之，而人有富彊者，專擅其用，窮弱者不得資益。延興末，復立監司，量其貴賤，節其賦入，公私兼利。其後更罷更立，至於永熙。自遷鄴後，於滄、瀛、幽、青四州之境，傍海煮鹽。滄州置竈一千四百八十四，瀛州置竈四百五十二，幽州置竈百八十，青州置竈五百四十六，又於邯鄲置竈四，計終歲合收鹽二十萬九千七百八斛四㪷。軍國所資，得以周贍矣。

後周文帝霸政之初，置掌鹽之政令：一曰散鹽，煮海以成之。二曰盬鹽，〔三九〕引池以化之。三曰形鹽，掘地以出之。四曰飴鹽，於戎以取之。凡盬鹽形鹽每地爲之禁，〔四〇〕百姓取之皆爲税。隋開皇三年，通鹽池鹽井，與百姓共之。

唐開元元年十一月，左拾遺劉彤上表曰：「臣聞漢孝武之時，廄馬三十萬，後宫數萬人，外討夷狄，内興宫室，殫費之甚，實倍當今。然而古費多而貨有餘，今用少而財不足者，何也？豈非古取山澤，而今取貧民哉。取山澤則公利厚，而人歸於農。取貧民則公利薄，而人去其業。故先王作法也，山海有官，虞衡有職，輕重有術，禁發有時，一則專農，二則饒國。」明皇令宰臣議其可否，咸以鹽鐵之利，甚益國用。遂令將作大匠姜師度、户部侍郎强循，俱攝御史中丞，與諸道按察使，檢責海内鹽鐵之課。二十五年，倉部格：蒲州鹽池，令州司監當租，分與有力之家營種之，課收鹽，每年上、中、下畦通融收一萬石。又屯田格：幽州鹽屯，每屯配丁五十人，一年收率滿二千八百石。又成州長道縣鹽井一所，並節級有賞罰。蜀道陵、綿等十州鹽井，總九十所，每年課鹽都當錢八千七百五十一貫。〔四二〕陵州鹽井一所，課都當錢二千六十一貫。綿州井四所，都當錢二百九十二貫。資州井六十八所，都當錢一千八十三貫。瀘州井五所，都當錢一千八百五十貫。榮州井十二所，都當錢四百貫。梓州都當錢七百一十七貫。遂州四百一十五貫。閬州一千七百貫。普州二百七十八貫。遂寧府都當錢二千七百九十三貫。果州都當錢九千九百八十七貫。邛州都當錢三百七貫。

初，德宗納户部侍郎趙贊議，税天下茶、漆、竹、木，十取一，以爲常平本錢。至貞元八年，鹽鐵使張滂奏，出茶州縣若山及商人要路，以三等定估，什税其一。自是歲得錢四十萬緡，然水旱亦未嘗拯之也。穆宗即位，兩鎮用兵，帑藏空虛，鹽鐵使王播增天下茶稅，率百錢增五十。及王涯判二使，置榷茶使，徙民茶樹於官場，焚其舊積，天下大怨。武宗即位，鹽鐵轉運崔珙增江淮茶稅。是時茶商所過州縣有重稅，或掠奪舟車，露積雨中，諸道置邸以收稅，謂之搨地錢，故私販益起。

鬻爵

漢孝文時，晁錯說上曰：「欲人務農，在於貴粟。貴粟之道，在於使人以粟爲賞罰。今募天下入粟縣官，得以拜爵，得以除罪。如此，富人有爵，農人有錢，粟有所洩。夫能入粟以受爵，皆有餘者也。取有餘以供上用，則貧人之賦可損，所謂以有餘補不足，令出而人利者也。順於人心。所補者三，一曰主用足，二曰民賦少，三曰勸農功。爵者，上之所擅，出於口而無窮。粟者，人之所種，生於地而不乏。夫得高爵與免罪，人之所甚欲也。使天下人入粟於邊，以受爵免罪，不過三歲，塞下之粟必多矣。」於是從錯之言，令人入粟邊，六百石爵上造，第二等爵。稍增至四千石爲五大夫，第九等爵。萬二千石爲大庶長，第十八等爵。各以多少級數爲差。錯復奏言：「陛下幸使天下入粟塞下以拜爵，甚大惠也。竊恐塞卒之食，不足用大洩天下粟。邊食足以支五歲，可令入粟郡縣矣。入諸郡縣，以備凶災。足支一歲以上，可時赦，勿收農人租。如此，德澤加於萬民矣。」上從之。孝景帝時，上郡以西旱，復修賣爵令，而裁其價以招人，裁謂減省。及徒復作，得輸粟於縣官以除罪。

孝武帝元朔元年，外事四夷，內興功利，國用空竭，乃募人能入奴婢得以終身復，爲郎增秩，及入羊爲郎，〔四二〕始於此。五年，有司議，令民得買爵及贖禁錮免減罪，請置賞官，名曰武功爵。茂陵中書有武功爵，一級曰造士，二級曰閑輿衛，三級曰良士，四級曰元戎士，五級曰官首，六級曰秉鐸，七級曰千夫，八級曰樂卿，九級曰執戎，十級曰政戾庶長，〔四三〕十一級曰軍衛。此武帝所制，〔四四〕以寵軍功也。顏師古云，〔四五〕此下云：「級十七萬，凡直三十餘萬金。」茂陵書止十一級，皆前漢之制。至後漢和帝依級散其賞，曰「乃故制軍功也」。則計數不足，與本文乖矣。或者茂陵之書不説盡也。級十七萬，凡直三十餘萬金。請買武功爵官首者，試補吏，先除千夫如五大夫，五大夫者，舊二十等爵之第九級也，至此以上始免徭役，故每先選以爲吏。千夫者，乃武功十一等爵之第七也，亦得免役，今則先除爲吏，比於五大夫也。其有罪又減二等爵，得至樂卿。樂卿者，乃武功爵第八，言買爵唯得至第八。以崇軍功，軍功多用超等，大者封侯卿大夫，小者郎吏。吏道雜而多端，然官職耗廢矣。元鼎初，豪富皆爭匿財，不助縣官，唯卜式數求入財。天子乃超拜式爲中郎，賜爵左庶長，田十頃，布告天下，以風百姓。始令吏得入粟補官，郎至六百石。後桑弘羊請令民得入粟補官，及罪人贖。令民能入粟甘泉各有差，以復終身。所忠又言，世家子弟富人，或鬬雞走狗，弋獵博戲，亂齊民。乃徵諸犯，令相引數千人，名曰株送徒，入財者得補郎。

後漢孝安永初三年，天下水旱，用度不足。三公奏請，令吏民入穀，得關内侯。靈帝縣鴻都之榜，開賣官之路，公卿以降悉有等差。廷尉崔烈入錢五百萬，以買司徒。刺史二千石遷除，皆責助理宮室錢，大都至二三千萬錢，不畢至，自殺。羊續爲太尉，時拜三公者，皆輸東園禮錢千萬，令中使督之，名爲左騶，其所往輒迎致禮，厚加贈賂。續乃坐使人於單席上，舉緼袍以示之。

晉武帝太康三年，問劉毅曰：「卿以吾可方漢何主也？」對曰：「桓、靈之主。」帝曰：「吾雖德不及古人，猶克己爲理。南平吳會，一同天下，方之桓、靈，不亦甚乎。」對曰：「桓、靈賣官，錢入官庫。陛下賣官，錢入私門。以此言之，乃不如也。」

後魏莊帝初，〔四六〕承喪亂之後，倉廩空虚，遂班入粟之制。輸粟八千石賞散侯，六千石散伯，四千石散子，三千石散男。職人輸七百石，賞一大階，授以實官。白人輸五百石，聽依第出身，千石加一大階。諸沙門有輸粟四千石入京倉者，授本州統，各有差。

唐至德二年七月，宣諭使侍御史鄭叔清奏：「承前諸使下召納錢物，多給空名告身，雖假以官，賞其忠義，猶未盡才能。今皆量文武才藝奏聞，便寫告身。諸道士女道士及僧尼如納錢，請準敕迴授，餘人并情願還俗授官勳邑號等，亦聽。又準敕納錢百千文，與明經出身。如曾受業粗通帖策，脩身慎行，鄉曲所知者，量減二十千文。如先經舉送到省落第者，減五十千文。若粗識文字者，準元敕處分。未曾讀學不識文字者，加三十千。其商賈準令所在收税，如能據所有資財，十分納四助軍者，便與終身優復。如於敕條外有悉以家產助國，嘉其竭誠，待以非次。如先出身及官資，並量資歷好惡，各據本條格例節級，優加擬授。如七十以上情願授致仕官者，每色內量十分減二分錢。」時屬幽寇內侮，天下多虞，軍用不充，權爲此制，尋卽停罷。

榷酤 漢　陳　隋　唐

漢孝武天漢三年，初榷酒酤。孝昭始元末，丞相車千秋奏罷酒酤。賣酒，升四錢。〔四七〕孝元時，貢捐之上書曰：「昔孝文時，天下人賦四十，丁男三年而一事。今天下人賦數百，造鹽鐵榷酒之利，以佐用度，猶不能足，而人困矣。」王莽時，羲和魯匡言：

「名山、大澤、鹽、鐵、錢、布帛、五均賒貸，斡在縣官，唯酒酤獨未斡。請法古，令官作酒，以二千五百石爲一均，率開一壚以賣，壚謂賣酒之區也，以其一邊高，形如壚，故取其名也。讎五十釀爲準。〔四八〕一釀用麤米二斛，麴一斛，得成酒，六斛六㪷。除米麴本價，計其利而什分之，以其七入官，其三及糟截灰炭，截，酢漿也。截，才代反。給工器薪樵之費。」於是置命士，督五均六斡，而人愈病。陳文帝天嘉中，虞荔等以國用不足，奏請榷酤，從之。隋文帝開皇三年，罷酒坊，與百姓共之。唐廣德二年十二月，敕天下州，各量定酤酒户，隨月納税。除此外，不問官私，一切禁斷。大曆六年二月，量定三等，逐月税錢，並充市絹進奉。建中三年，制，禁人酤酒，官司置店自酤，收利以助軍費。

算緡 漢 晉 宋 齊 梁 陳

漢孝武元狩四年，自作皮幣，鑄白金。後商賈以幣之變，多積貨逐利。於是公卿言，商賈滋衆，〔四九〕貧者蓄積無有，皆仰縣官。異時筭軺車，賈人緡錢，皆有差，請筭如故。緡，絲也，以貫錢，一貫千文，出二十爲筭也。詩云：「維絲伊緡。」軺，小車也。諸賈人末作，貰貸買賣，〔五〇〕居邑貯積諸物，及商人取利者，雖無市籍，各以其物自占，占，隱度也，各隱度其財物多少而爲名簿，送之於官也。占音之贍反。率緡錢二千而算一。率計有二千錢者，則出一筭也。諸作有租及鑄，以手力所作而賣也。率緡錢四千而算一。非吏比者，三老，北邊騎士，比，例也，身非爲吏之例，非爲三老，非爲北邊騎士，而亦有軺車，皆令之出一筭。軺車一筭。商賈人軺車二筭，船五丈以上一算。匿不自占，占不悉，戍邊一歲，沒入緡錢。〔五一〕有能告者，以其半畀之。天子既下緡錢令而尊卜式，百姓終莫分財佐縣官，於是楊可告緡偏天下，中家以上大抵皆遇告。憲司理之，獄少反者。得民財物以億計，奴婢以千萬數，〔五二〕田大縣數百頃，小縣百餘頃，宅亦如之。初，大農管鹽鐵官布多，置水衡，欲以主鹽鐵。及楊可告緡，上林財物衆，乃令水衡主上林。上林既充滿益廣，乃分緡錢諸官。而水衡、少府、大農、太僕，各置農官，往往卽郡縣比沒入田田之。其沒入奴婢，分諸苑養狗馬禽獸及與諸官。其後令吏得入粟補官，及罪人贖入粟甘泉，不復告緡。

晉自過江，至于梁、陳，凡貨賣奴婢馬牛田宅，有文券，率錢一萬輸估四百入官，賣者三百，買者一百。無文券者，隨物所堪，亦百分收四，名爲散估。歷宋、齊、梁、陳，如此以爲常。〔五三〕以人競商販，不爲田業，故使均輸，欲爲懲勵，雖以此爲辭，其實利在侵削。此亦筭緡之類。

雜税 漢 後漢 宋 齊 陳 後魏 北齊 後周 隋 唐

漢高帝十一年，令諸侯王、通侯，常以十月朝獻，及郡各其以口數率人歲六十三錢，以給獻費。孝武元光六年冬，初算商車。太初四年冬，行回中，徙弘農都尉治武關，税出入者，以給關吏卒食。孝昭元鳳二年，〔五四〕令郡國無斂今年馬口錢。往時有馬口出斂錢，今省之，所謂租及六畜。〔五五〕宣帝時，耿壽昌奏，請增海租三倍，天子從其計。御史大夫蕭望之奏，言：「故御史屬徐宮家在東萊，言往年加海租，魚不出。長老皆言，武帝時縣官嘗自漁，海魚不出，後予人，〔五六〕魚乃出。夫陰陽之感，物類相應，萬事盡然，宜且如故。」上不聽。王莽令諸取鳥獸魚鼈百蟲於山林水澤及畜牧者，嬪婦桑蠶織紝紡績補縫，工匠、醫巫、卜祝及他方伎，商販，賈人坐肆列里區謁舍，謁舍，若今客舍。皆各自占所爲於其在所之縣官，除其本，計其利，十一分之，而以其一爲貢。末年，盜賊群起，匈奴侵寇，大募天下囚徒人奴，名曰豬突豨勇，一切税吏民貲，三十而取一。

後漢靈帝時，南宮災，中常侍張讓、趙忠等説帝，令斂天下田税十錢，以治宮室。

宋元嘉二十七年，後魏南侵，軍旅大起，用度不充，王公妃主及朝士牧守各獻金帛等物，以助國用，下及富室小人，亦有獻私財數千萬者。揚、南徐、兗、江四州，富有之家資滿五十萬，僧尼滿二十萬者，並四分換一，過此率計，事息即還。

齊武帝時，王敬則爲東揚州刺史。以會稽邊帶湖海，人無士庶，皆保塘陂，敬則以功力有餘，悉評券爲錢，以送臺庫。帝納之。竟陵王子良上表曰：「臣忝會稽，粗閑物俗。塘丁所上，本不入官，良由陂湖宜壅，橋路須通，均夫訂直，人自爲用。若甲分毁壞，則年一修改，乙限堅完，則終歲無役。今乃通課此直，悉以還臺，租賦之外，更生一調。致令塘路崩蕪，湖源洩散，害人損政，實此爲劇。」

自東晉至陳，都西有石頭津，東有方山津，各置津主一人，賊曹一人，〔五七〕直水五人，以檢察禁物及亡叛者。荻炭魚薪之類，小津者並十分税一以入官。淮水北有大市百餘，小市十餘所。大市備置官司，〔五八〕税券既重，時甚患之。

後魏明帝孝昌二年，税市入者人一錢。其店舍又爲五等，收税有差。北齊，黄門侍郎顔之推奏請立關市邸店之税，開府鄧長顒贊成之，後主大悦，於是以其所入以供御府聲色之費，軍國之用不在此焉。税僧尼令曰：「僧尼坐受供養，遊食四方，損害不少，雖有薄斂，何足爲也。」後周閔帝初，除市門税。及宣帝即位，復興入市之税，每人一錢。隋文帝登庸，又除入市之税。

唐開元十八年，御史大夫李朝隱奏，請薄百姓一年税錢充本，依舊令高户及典正等捉，隨月收利，將供官人料錢。自天寶末年，盜賊奔突，克復之後，府庫一空，又所在屯師，用度不足。於是遣御史康雲間出江淮，陶鋭往蜀漢，豪商富户，皆籍其家資，所有財貨畜産，或五分納一，謂之率貸，所收巨萬計，蓋權時之宜。其後諸道節度、觀察使多率税商賈，以充軍資雜用。或於其津濟要路及市肆間交易之處，計錢至一千以上者，皆以分數税之。自是商旅無利，多失業矣。上元中，敕江淮堰埭商旅牽船過處，〔五九〕準斛㪷納錢，謂之埭程。大曆初，諸州府應税青苗錢，每畝十文，充百司手力資課。三年十月十六日，臺司奏，兵馬事，緣上元十一年冬人民失業之後，又其昨北寇未平之日，百司支計不給，每畝更加五文，充大計錢。

平準 均輸

漢武帝征伐四夷，國用空竭，興利之官，自此始也。桑弘羊爲大農中丞，管諸會計事，稍稍置均輸，以通貨物矣。謂諸當所輸於官者，皆令輸其土地所饒，平其所在時價，官更於佗處賣之，輸者既便，而官有利。漢書百官表，大司徒屬有平準令。元封元年，桑弘羊爲治粟都尉，領大農，盡管天下鹽鐵。以諸官各自市相與爭，物故騰躍，而天下賦輸或不償其僦費，乃請：「置大農部丞數十人，分部主郡國，各往往縣置均輸鹽鐵官，令遠方各以其物，如異時商賈所轉販者爲賦。〔六〇〕置平準于京師，盡籠天下之貨物，貴則賣之，賤則買之。如此，富商大賈無所牟大利，卽反本，而萬物不得騰踴，故抑天下物，名曰平準。」天子以爲然而許之。時南越初置郡，數反，發南方吏卒往誅之，間歲萬餘人。帝數行幸，所過賞賜，用帛百餘萬疋，錢金巨萬計，皆取足大農。諸均輸一歲之中，帛得五百萬疋，人不益賦，而天下用饒。

後漢章帝時，尚書張林上言：「宜自交趾、益州上計吏來市珍珤，收採其利，武帝時所謂均輸也。」〔六一〕謂租賦并雇運之直，官總取而官轉輸於京，故曰均輸也。詔議之，尚書僕射朱暉奏曰：「按王制，天子不言有無，諸侯不言多少，食禄之家不與百姓爭利。今均輸之法與賈販無異，鹽利歸官則下窮怨，布帛爲租則吏多姦盜，〔六二〕誠非明主所當宜行。」帝不從。其後用度益奢。

平糴 常平　義倉

漢宣帝時，歲數豐穰，〔六三〕穀石至五錢，農人少利。大司農中丞耿壽昌請令邊郡皆築倉，以穀賤時增其價而糴以利農，穀貴時減價而糶，名曰常平倉，人便之。上乃下詔，賜壽昌爵關内侯。元帝卽位，罷之。後漢明帝永平五年，作常平倉。

晉武帝欲平一江表，時穀賤而布帛貴，帝欲立平糴法，用布帛市穀，以爲糧儲。四年，乃立常平倉，豐則糴，儉則糶，以利百姓。

宋文帝元嘉中，三吴水潦，穀貴，人飢。彭城王義康立議：「以東土災荒，人凋穀踊，富商蓄米，日成其價。宜班下所在，隱其虚實，令積蓄之家，聽留一年儲，餘皆勒使糶貨，爲制平價。此所謂常道行於百代，權宜用於一時也。又緣淮歲豐，邑地沃壤，麥既已登，黍粟行就。可折其估賦，仍就交市，三吴飢人卽以貸給，使彊壯轉運，以贍老弱。」未盡施行，人賴之矣。

齊武帝永明元年，天下米穀布帛賤，上欲立常平倉，市積爲蓄。六年，詔，出上庫錢五千萬，於京師市米，買絲綿紋絹布。揚州出錢千九百一十萬，揚州治建業，今江寧縣也。南徐州二百萬，南徐州治京口。各於郡所市糴。南荆河州二百萬，南荆河州治壽春。市絲綿紋絹布米大麥。江州五百萬，市米胡麻。荆州五百萬，郢州三百萬，皆市絹綿布米大小豆大麥胡麻。湘州二百萬，市米布蠟。司州二百五十萬，司州治汝南，今義陽郡是也。西荆河州二百五十萬，西荆河州治歷陽。南兖州二百五十萬，南兖州治廣陵。雍州五百萬，市絹綿布米。使臺傳並於所在市易。

後魏孝文時，〔六四〕祕書丞李彪上奏曰：「今山東饑，京師儉。臣以爲宜折州郡常調九分之二，京都度支歲用之餘，〔六五〕各立官司，年豐糴積於倉，時儉則減私之十二糶之。如此人必力田以買官絹，又務貯錢以取官粟。年豐則常積，歲凶則直給。」明帝神龜、正光之際，自徐、揚內附之後，收內兵資，與人和糴，積爲邊備也。

北齊河清中，令諸州郡皆別置富民倉。初立之日，準所領中下户口數，得支一年之糧，〔六六〕適當州穀價賤時，斟量割當年義租充入。齊制，每歲人出墾租二石，〔六七〕義租五㪷，墾租送臺，義租納郡，以備水旱。穀貴，下價糶之，賤則還用所糴之物，依價糴貯。

後周文帝創置六官，司倉掌辨九穀之物，以量國用，足即蓄其餘，以待凶荒，不足則止，餘用足則以粟貸人，春頒秋斂。

隋文帝開皇三年，衞州置黎陽倉，陝州置常平倉，華州置廣通倉，轉相灌注，漕關東及汾、晉之粟，以給京師。京師置常平監。五年，工部尚書長孫平奏：「古者三年耕而餘一年之積，九年作而有三年之儲。雖水旱爲災，人無菜色，皆由勸導有方，蓄積先備。請令諸州百姓及軍人，勸課當社，共立義倉。收穫之日，隨其所得，勸課出粟及麥，於當社造倉窖貯之，卽委社司，執帳檢校，每年收積，勿使損敗。若時或不熟，當社有饑饉者，卽以此穀賑給。」自是諸州儲峙委積。至十五年，以義倉貯在人間，多有費損，詔曰：「本置義倉，止防水旱，百姓之徒，不思久計，輕爾費損，於後乏絶。又北境諸州，異於餘處，靈、夏、甘、瓜等十一州，所有義倉雜種，並納本州。若人有旱歉少糧，先給雜種及遠年粟。」十六年，又詔，秦、渭、河、廓、豳、隴、涇、寧、原、敷、丹、延、綏、銀等州社倉，並於當縣安置。又詔，社倉準上、中、下三等税，上户不過一碩，中户不過七㪷，下户不過四㪷。

唐貞觀初，尚書左丞戴冑上言曰：「水旱凶災，前聖之所不免。國無九年之儲蓄，禮經之所明誡。今喪亂之後，户口凋殘，每歲租米未實倉廩，隨卽出給，纔供當年。若遇凶災，將何賑恤？故隋開皇立制，天下之人，節級輸粟，名爲社倉。終於文皇，得無饑饉。及大業中，國用不足，並取社倉以充官費，故至末塗，無以支給。今請自王公以下，爰及衆庶，計所墾田稼穡頃畝，每至秋熟，準其見苗，以理勸課，盡令出粟，稻麥之鄉，亦同此税，各納所在，爲立義倉。年穀不登，百姓饑饉，當所州縣，隨便取給。」太宗從之。自是天下州縣始置義倉，每有饑饉，則開倉賑給。

高宗永徽二年九月，頒新格，義倉據地取税，實是勞煩，宜令率户出粟，〔六八〕上上户五碩，餘各有差。六年，京東、西市置常平倉。高宗、武太后數十年間，義倉不許雜用。其後公私窘迫，貸義倉支用，自中宗神龍之後，天下義倉費用向盡。開元二十五年，定式，王公以下，每年户別據所種田畝，別税粟二升，以爲義倉。其商賈户若無田及不足者，上上户税五碩，上中以下遞減，各有差。諸出給雜種準粟者，稻穀一㪷伍升當粟一㪷，〔六九〕其折納糙米者，稻三碩折納糙米一碩四㪷。

天寶八年，凡天下諸色米，都九千六百六萬二千二百二十碩。

和糴，一百一十三萬九千五百三十碩。

關内五十萬九千三百四十七石。

河東十一萬二百二十九石。

河西三十七萬一千七百五十石。

隴右一十四萬八千三百四石。

諸色倉糧，總千二百六十五萬六千六百二十碩。〔七〇〕

北倉六百六十一萬六千八百四十石。

太倉七萬一千二百七十石。

含嘉倉五百八十三萬三千四百石。

太原倉二萬八千一百四十石。

永豐倉八萬三千七百二十石。

龍門倉二萬三千二百五十石。

正倉，總四千二百一十二萬六千一百八十四碩。

關内道百八十三萬一千五百一十六石。

河北道百八十二萬一千五百一十六石。

河東道三千五十八萬九千一百八十石。

河西道七十萬二千六十五石。

隴右道三十七萬二千七百八十石。

劍南道二十二萬三千九百四十石。

河南道五百八十二萬五千四百一十四石。

淮南道六十八萬八千二百五十二石。

江南道九十七萬八千八百二十五石。

山南道十四萬三千八百八十二石。

義倉，六千三百一十七萬七千六百六十碩

關内道五百九十四萬六千二百一十二石。

河北道一千七百五十四萬四千六百石。

河東道七百三十萬九千六百一十石。

河西道三十八萬八千四百三石。

隴右道三十萬三十四石。

劍南道百七十九萬七千二百二十八石。

河南道千五百四十二萬九千七百六十三石。

淮南道四百八十四萬八百七十五石。

江南道六百七十三萬九千二百七十石。

山南道二百八十七萬一千六百六十八石。

常平倉，四百六十萬二千二百二十碩。

關内道二十七萬五千五百七十石。

河北道百六十六萬三千七百七十八石。

河東道五十三萬五千三百八十六石。

河西道三萬一千九十石。

隴右道四萬二千八百五十石。

劍南道七萬七百四十石。

河南道百二十一萬二千四百六十四石。

淮南道八萬一千二百五十二石。

山南道四萬九千一百九十石。

江南道闕。

校勘記

〔一〕「更造錢幣以贍用」，「造錢」二字互倒，據漢書食貨志下、通典八改。

〔二〕「黄金重一斤值錢萬」，諸本脱此八字，據漢書食貨志、通典八補。

〔三〕「劉備攻劉璋」，汪本「攻」作「改」，據元本、明本、于本、殿本改。

〔四〕「使吏民輸銅」，汪本「吏」作「利」，據元本、明本、于本、殿本改。

〔五〕「立錢署鑄四銖錢」，「署」，原作「置」，其下衍「法」字，下「錢」字脱，據宋書文帝紀、南史宋本紀中改删補。

〔六〕「將至大乏」，「至」字脱，據宋書顔峻傳補。

〔七〕「景和二年」，按，景和無二年，此承通典九之誤。永光元年八月，改元景和，十一月二十九日，宋廢帝子業被殺，明帝卽位，改元泰始，計景和年號使用時間，猶不足半年。通鑒一三〇記鑄二銖錢事在永光元年二月庚辰，未言其以「景和」爲名。

〔八〕「不磨鑢如今之翦鑿者」，「鑢如今之」四字脱，據宋書顔峻傳補。

〔九〕「至宋文帝歷五百餘年」，「歷」字脱，「五」，原作「四」，據南齊書劉悛傳補改。

〔一〇〕「自破嶺以東」，隋書食貨志文同。通典九作「自陂嶺以東」。

〔一一〕「有赤熟青熟細眉赤生之異」，汪本二「熟」字皆作「郭」，他本及通典九上「熟」字作「郭」，下「熟」字不誤，今據隋書食貨志改正。

〔一二〕「以一當十」，「十」，原作「千」。通典九、通鑑一七三、北史及宋本周書本紀、太平御覽八三六皆作「千」，殿本周書及隋書食貨志、册府元龜五〇〇皆作「十」。按鑄大錢實爲通貨膨漲性質，如以一當千，膨漲率太高，必將引起市場嚴重混亂，而史無過分混亂之記載，可知應作「十」字爲正，今據改。

〔一三〕「或翦鐵鍱」，「鍱」，原作「鏶」，據隋書食貨志改。

〔一四〕「高宗又令以好錢一文買惡錢兩文」，汪本「宗」作「年」，據元本、明本、于本、殿本改。

〔一五〕「簡擇艱難交易留滯」，「艱」字、「留滯」二字皆脱，「交」上衍「於」字，據舊唐書食貨志上補删。

〔一六〕「非穿穴及鐵錫銅蕩者」，「蕩」，原作「液」，據舊唐書食貨志上改。

〔一七〕「正始二年」，「二」，原作「四」，據三國志魏志鄧艾傳改。

〔一八〕「興衆泛舟而下」，「興」，原作「輿」，據三國志鄧艾傳、通典一〇改。

〔一九〕「自此費役微省」，「自」字脱，據魏書食貨志、通典一〇補。

〔二〇〕「布八十疋」，通典一〇文同。魏書食貨志作「六十疋」。

〔二一〕「雇作手並匠」，「手」，原作「首」，據魏書食貨志、通典一〇改。

〔二二〕「官格二十斛成載」，通典一〇文同。魏書食貨志作「四十斛」。

〔二三〕「一車布遠者八十疋」，「車」下衍「有」字，據魏書食貨志删。

〔二四〕「汾州有租調之處」，「租」下衍「庸」字，據魏書食貨志删。

〔二五〕「設令載穀二十石」，「十」，原作「千」，據魏書刁雍傳、通典一〇改。

〔二六〕「一歲不過二運」，「二」，原作「三」，據魏書刁雍傳改。

〔二七〕「一船勝穀二千斛」，「穀」字脱，據魏書刁雍傳補。

〔二八〕「一冬即成」，「成」字脱，據魏書刁雍傳補。

〔二九〕「以京師倉廩尚虚議爲水旱之備詔於蒲陝」，汪本「廩尚」作「庫向」，「蒲」作「浦」，據元本、明本、于本、殿本改。

〔三〇〕「邵」，原作「郊」，據隋書食貨志改。

〔三一〕「至長安故渠」，通典一〇作「至京故城」。

〔三二〕「六月七月後」，「後」字脱，據通典一〇補。

〔三三〕「漕路乾淺」，「路」，原作「洛」，據通典一〇改。

〔三四〕「若無舡運」，「舡」，原作「般」，據舊唐書食貨志下改。

〔三五〕「便放船迴」，「放」，原作「於」，據舊唐書食貨志下改。

〔三六〕「不踰時畢功」，「不」，原作「而」，據通典一〇改。

〔三七〕「後漢章帝時」，「章」，原作「明」，據後漢書朱暉傳改。

〔三八〕「今宜如舊置使者監賣」，「如」字脱，據三國志魏志衛覬傳補。

〔三九〕「二曰鹽鹽」，「鹽」，原作「監」，據隋書食貨志改。

〔四〇〕「凡鹽鹽形鹽每地爲之禁」，「鹽」，原作「監」，「形鹽」二字脱，「地」，原作「池」，據隋書食貨志改補。

〔四一〕「每年課鹽都當錢八千七百五十一貫」，通典一〇作「八千五十八貫」。注文所列各地鹽井與鹽課亦多不同，今列其相異者於下：

通志	通典
資州井六十八所	二十八所（北宋本作六十八所）
榮州井十二所	十三所（北宋本作十二所）
普州二百七十八貫	二百七貫
遂寧府都當錢二千七百九十三貫	無
果州都當錢九千九百八十七貫	二十六貫
邛州都當錢三百七貫	無

〔四二〕「募人能入奴婢得以終身復爲郎增秩及入羊爲郎」，「得」字脱，「羊」下衍「馬」字，據史記平准書、漢書食貨志上補删。

〔四三〕「十級曰政戾庶長」，按，此從漢書食貨志與通典一一，史記平准書作「左庶長」。

〔四四〕「此武帝所制」，「制」，原作「置」，據史記平准書集解、通典一一改。

〔四五〕「顔師古云」，按，所引顔説爲漢書食貨志注語，其中間「皆前漢之制」及後漢和帝之事，則非顔氏之説，而爲鄭氏插入者。

〔四六〕「後魏莊帝初」，「莊」，原作「明」，「帝」下衍「孝昌二年」四字，據魏書食貨志改删。

〔四七〕「賣酒升四錢」，「升」，原作「斗」，據漢書昭帝紀改。

〔四八〕「讎五十釀爲準」，文上衍「月」字，據漢書食貨志下删。

〔四九〕「商賈滋衆」，「滋」，原作「之」，據漢書食貨志下、通典一一改。

〔五〇〕「貰貸買賣」，「貰」，原作「貫」，據元本、殿本改。

〔五一〕「戍邊一歲没入緡錢」，「一歲没」三字脱，據漢書食貨志下、通典一一補。

〔五二〕「奴婢以千萬數」，「以」字脱，「千」，原作「十」，據史記平准書、漢書食貨志下補改。

〔五三〕「如此以爲常」，「以」字脱，據隋書食貨志補。

〔五四〕「元鳳二年」，「二」，原作「六」，據漢書昭帝紀改。

〔五五〕「往時有馬口出斂錢今省之所謂租及六畜」，「錢」字、「及」字脱，據漢書昭帝紀補。

〔五六〕「後予人」，汪本、明本「予」作「子」，據元本、于本、殿本改。

〔五七〕「都西有石頭津東有方山津各置津主一人賊曹一人」，「都」字脱，「賊」，原作「賦」，據隋書食貨志補改。

〔五八〕「淮水北有大市百餘小市十餘所大市備置官司」，「百」，原作「自」，下「大市」二字脱，據隋書食貨志改補。

〔五九〕「江淮堰埭」，「埭」，原作「壞」，據宋本通典一一改。

〔六〇〕「如異時商賈所轉販者爲賦」，「賦」字脱，據漢書食貨志下、通典一一補。

〔六一〕「武帝時所謂均輸也」，「時」字脱，據後漢書朱暉傳補。

〔六二〕「則吏多姦盜」，「多」字脱，據後漢書朱暉傳補。

〔六三〕「歲數豐穰」，「歲數」二字互倒，據通典一二改。

〔六四〕「後魏孝文時」，「文」，原作「莊」，據魏書食貨志、李彪傳改。

〔六五〕「京都度支歲用之餘」，「京」下衍「師」字，據魏書食貨志、李彪傳删。

〔六六〕「得支一年之糧」，「支」字脱，據魏書食貨志補。

〔六七〕「每歲人出墾租二石」，「墾」字脱，據通典一二補。

〔六八〕「宜令率户出粟」，「率」字脱，據唐會要八八、舊唐書食貨志下補。

〔六九〕「稻穀一㪷五升當粟一㪷」，「升」，原作「勝」，據殿本、通典一二改。

〔七〇〕「諸色倉糧總千二百六十五萬六千六百二十碩」，按，通典一二所記總數與本文同，其分列之數則多相異，列舉如下：

通志	通典
正倉關内道百八十三萬一千五百一十六石	百八十二萬一千五百一十六石
河北道百八十二萬一千五百一十六石	百八十二萬一千五百四十六石（北宋本「四十」作「一十」）
河東道三千五十八萬九千一百八十石	三百五十八萬九千一百八十石（北宋本「三百」作「三千」）
義倉淮南道四百八十四萬八百七十五石	四百八十四萬八百七十二石
常平倉關内道二十七萬五千五百七十石	三十七萬三千五百七十石（北宋本「三千」作「五千」）
河西道三萬一千九十石	百六十六萬三千七百七十八石（北宋本與通志同）
淮南道八萬一千二百五十二石	八萬一千一百五十二石

此外義倉河南道「九千」原作「五千」，常平倉「二十碩」原作「三十碩」，皆據元本改正，與通典之數字相同，不復列出。

藝文略第一

經類第一

易古易　石經　章句　傳　注　集注　義疏　論説　類例　譜　考正　數　圖　音　讖緯　擬易

連山，十卷。夏后氏易，至唐始出，今亡。　　歸藏，三卷。商易，晉薛貞注。　　三皇太古書，三卷。柴霖傳。

連山亡矣。歸藏，唐有司馬膺注十三卷，今亦亡。隋有薛貞注十三卷，今所存者，初經、齊母、本蓍，三篇而已。言占筮事，其辭質，其義古。後學以其不文，則疑而棄之，往往連山所以亡者復過於此矣，獨不知後之人能爲此文乎？子曰：「周監於二代，郁郁乎文哉！」以周易較商易，則周、商之文質可知也。以商易較夏易，則商、夏之文質又可知也。三易皆始乎八，而成乎六十四。有八卦卽有六十四卦，六十四卦非至周而備也，但法之所立，數之所起，皆不相爲用。連山用三十六策，歸藏用四十五策，周易用四十九策。誠以人事代謝，星紀推移，一代二代，漸繁漸文，又何必近耳目而信諸，遠耳目而疑諸。三皇太古書亦謂之三墳，一曰山墳，二曰氣墳，三曰形墳。天皇伏犧氏本山墳而作易曰連山，人皇神農氏本氣墳而作易曰歸藏，地皇黄帝氏本形墳而作易曰坤乾。雖不畫卦，而其名皆曰卦爻大象。連山之大象有八，曰君、臣、民、物、陰、陽、兵、象，而統以山。歸藏之大象有八，曰歸、藏、生、動、長、育、止、殺，而統以氣。坤乾之大象有八，曰天、地、日、月、山、川、雲、氣，而統以形。皆八而八之，爲六十四。其書漢魏不傳，至元豐中始出于唐州比陽之民家。世疑僞書，然其文古，其辭質而野，其錯綜有經緯，恐非後人之能爲也。如緯書猶見取於前世，況此乎！且歸藏至晉始出，連山至唐始出，然則三墳始出於近代，亦不爲異事也。

右古易三部，十六卷。

石經周易，十卷。　今字石經易篆，三卷。　一字石經周易，一卷。

按：石經之學，始於蔡邕始也。秦火之後，經籍初出，諸家所藏，傳寫或異，箋傳之儒皆馮所見，更不論文字之訛謬。邕校書東觀，奏求正定六經文字，靈帝許之，乃自爲書，而刻石于太學門外，後儒晚學咸所取正。奈當漢之末祚，所傳未廣，而兵火無存，後之人所得者亦希矣。今之所謂石經者，但刻諸石耳，多非蔡氏之經。

右石經三部，十四卷。

周易，十卷。漢魏郡太守京房章句。周易，十卷。漢曲臺長孟喜章句，隋八卷，唐十卷。周易，四卷。漢費直章句。費氏之學，出於民間，不列學官。至唐，其書始出。周易，十卷。漢南郡太守馬融章句。周易，五卷。漢荆州牧劉表章句。周易，十卷。漢司空荀爽章句。

右章句六部，四十九卷。

周易傳，二卷。卜子夏。易傳，三卷。漢京房傳，吴陸績注。周易傳，一卷。後魏關朗撰，唐趙蕤注。周易傳，三卷。唐陸希聲去彖象而自爲辭，亦自注。周易外傳，二十二卷。高定撰。周易言象外傳，十卷。宋朝王洙撰。

右傳注附，六部，四十一卷。

周易，十卷。後漢大司農鄭玄注，隋九卷，唐十卷。周易，十卷。漢宋忠。周易，十卷。魏將軍王肅。周易，十卷。魏大司農董遇。周易，七卷。魏尚書郎王弼。周易，十卷。吴太常姚信。周易，九卷。吴侍御史虞翻。周易，十三卷。吴陸績。周易，十卷。魏散騎常侍荀煇。周易，十卷。晉散騎常侍干寶。周易，十卷。

蜀才。周易，十卷。晉儒林從事黃穎注，梁十卷，隋四卷，唐復十卷。周易，十卷。後魏司徒崔浩。周易，七卷。姚規。周易，十三卷。崔覲。周易，十卷。梁處士何胤。周易，十卷。盧氏。周易，十四卷。傅氏。周易，十卷。王又玄。〔一〕周易，十卷。王凱沖。周易，十卷。任希古。祥符注，十卷。宋朝龍昌期。周易，六卷。劉牧。周易，十卷。張葆光。補注，三卷。皇甫似。繫辭，二卷。晉桓玄注。繫辭，二卷。晉西中郎將謝萬。繫辭，二卷。晉太常韓康伯。繫辭，二卷。梁太中大夫宋褰。繫辭，二卷。荀柔之。繫辭，二卷。荀諺。

右注三十一部，二百五十四卷。

集解周易，十卷。馬、鄭、二王四家。集注周易，十卷。荀爽九家。集二王注，十卷。楊氏。集解周易，十卷。張璠。集注周易，十七卷。唐李鼎祚。集注周易，一百卷。唐元載。集注繫辭，二卷。隋志。周易會釋記，二十卷。僞吳僧陸希覺。

右集注八部，一百七十九卷。

周易義疏，二十卷。宋明帝集群臣講。周易講疏，二十卷。張該等群臣講。周易講疏，三十五卷。梁武帝。周易講疏，十六卷。梁五經博士褚仲都。周易義疏，十四卷。梁都官尚書蕭子政。　周易講疏，三十卷。陳諮議參軍張譏。　周易義疏，十六卷。陳尚書左僕射周弘正。　周易文句義疏，二十卷。梁蕃。　周易講疏，十三卷。國子祭酒何妥。　周易文句義疏，二十四卷。陸德明。　周易新傳疏，十卷。陰弘道。　周易王道小疏，十卷。　周易廣疏，三十六卷。勾徽。　乾坤義疏，一卷。劉瓛。　周易大義，二十一卷。梁武帝。　周易證義疏，二十卷。宋朝范諤昌。　周易正義，十四卷。唐孔穎達。　會通正義，三十二卷。縱康乂。　周易新注本義，十四卷。唐薛仁貴。　正義補闕，七卷。四庫書目。　周易甘棠正義，三十卷。五代任貞一。　繫辭義疏，二卷。劉瓛。　周易口義，二十卷。宋朝胡瑗。　繫辭義疏，一卷。梁武帝。　繫辭義疏，二卷。梁蕭子政。

右義疏二十五部，四百二十八卷。

周易論，十卷。齊中書郎周顒。　周易論，四卷。范氏。　略論，一卷。張璠。　周易論，三卷。唐僧一行。　明易論，一卷。應吉甫。　周易論，三十三卷。宋朝王昭素。　周易論，十卷。陳皐。　周易窮微論，一卷。王弼。　周易盡神論，一卷。晉司空鍾會。　通易象論，三卷。晉尚書郎欒肇。　大衍論，三卷。唐明皇。　通易象論，一卷。宣聘。　通易論，一卷。晉荊州刺史宋岱。　周易卦序論，一卷。晉司徒右長史楊乂。　統略論，三卷。晉少府卿鄒湛。　二阮難答論，二卷。阮長成、阮仲容。　卦德統論，一卷。劉牧。　制器尚象論，一卷。陳希亮。　易卦正名論，一卷。劉不疑。　廣論，一卷。　又大義疑問，二十卷。　周易大義，一卷。　又周易發義，一卷。　周易開題義，十卷。梁蕃。　周易大義，二卷。陸德明。　周易幾義，一卷。梁南平王蕭偉。　周易異議論，十卷。劉遵。　周易外義，三卷。　周易義，六卷。魏徵撰。唐志無。　易義，五卷。盧行超。　易説精義，三卷。四庫書目。　周易括囊大義，十卷。四庫書目。　易義，八卷。皇甫泌。　易義，十卷。聱隅先生黄晞。　易義，一卷。黄通。　易義，二卷。李貴。　易義，一卷。周孟陽。　周易義略，九卷。張簡。　周易問，二十卷。　周易問難，二卷。王氏撰。　周易難王輔嗣義，一卷。晉顧夷等。　義決，一卷。唐藝文志。　爻義，一卷。干寶。　大衍義，一卷。李覺。　繫辭義，二卷。蕭子政。　周易新義上、下，二卷。沈季長。　易義，二卷。葉子長。　周易釋序義，三卷。梁蕃。　周易玄品，二卷。　周易發揮，五卷。唐王勃。　周易物象釋疑，一卷。唐東鄉助。　易忘象，三卷。崔良佐。　周易玄統，一卷。白雲子述。　周易聖斷，七卷。鮮于侁。　周易流演，五卷。　周易發題，一卷。張元。　周易明疑録一卷。　周易啓玄，一卷。張元。

周易啓源，十卷。蔡廣成。辨劉牧易，一卷。陳希亮。王劉易辯，二卷。宋咸。

易旨歸議，一卷。周易玄談，六卷。周易要削，三卷。周易釋疑，一卷。

周易玄悟，三卷。周易文言，一卷。周易髓，十卷。郭璞。周易意學，十卷。陸秉。

周易意蘊，一卷。徐庸。周易卦斷，一卷。邱鑄。周易口訣，六卷。唐魏鄭公。

周易口訣，六卷。王錡。周易口訣，六卷。史之徵。〔二〕周易口訣，七卷。陸太易。

周易微旨，三卷。陸希聲。周易隱訣，一卷。周易精微，三卷。皇甫佖。

周易析微通説，三十卷。楚泰。易筌，一卷。阮逸。周易質疑卜傳，三十卷。楚泰。

易訓，三卷。宋咸。周易明文，十卷。郭思永。

周易析蘊，一卷。孫坦。易筩精義，二卷。周易通神，二卷。周易精微，三卷。周鎮。

窮理盡性經，一卷。周易義證總要，二卷。周易絶筆書，四卷。龍昌期。

周易發隱，二十卷。陳良獻。易書，一百五十卷。唐裴通。

右論説九十二部，五百八十八卷。

周易統例，十卷。崔覲。周易略例，一卷。王弼。周易略例義，一卷。黄黎獻。

略例疏，一卷。莊道名。略例，一卷。桂詢。周易編例，十卷。周易義類，三卷。顧棠。

經類，一卷。卦類，一卷。類纂，一卷。

右類例十部，三十卷。

周易譜，一卷。隋志。　略譜，一卷。袁宏。　周易譜，一卷。沈熊。

右譜三部，三卷。

周易舉正，三卷。唐郭京。　周易證墜簡，一卷。范諤昌。　先儒遺事，一卷。劉

牧。一作陳純臣。

右考正三部，六卷。

周易卦象數旨，一卷。東晉李顒。　揲蓍法，一卷。不爲子。　易數，一卷。陳高。

右數三部，三卷。

大衍玄圖，一卷。唐僧一行。　鉤隱圖，三卷。劉牧。　續鉤隱圖，一卷。黃黎

獻。　周易稽頤圖，三卷。荆州田家書目。　龍圖，一卷。　河圖洛書解，一卷。

沈濟。　伏羲俯仰畫卦圖，一卷。彭汝礪。　周易乾生歸一圖，十卷。彭汝礪。

刪定易圖，一卷。　八卦小成圖，一卷。

右圖十部，二十三卷。

周易音，一卷。東晉尚書郎李軌。　周易音，一卷。范氏。　周易并注音，七卷。

唐陸德明。　雜音，三卷。唐志。　周易釋文，一卷。陸德明。

右音五部，十三卷。

乾坤鑿度，二卷。伏羲文，黃帝演，倉頡修注。乾鑿度，二卷。鄭玄注。易緯稽覽圖，七卷。鄭玄注。京房易鈔，一卷。

右讖緯四部，十二卷

太玄經，九卷。揚雄撰，宋衷注。太玄經，十卷。陸績、宋衷注。太玄經，十卷。蔡文邵注。太玄經，十二卷。陸績注。太玄經，十四卷。虞翻注。太玄經，十二卷。范望注。太玄經講疏，四十六卷。章察。太玄經發隱，三卷。章察。說玄，一卷。王涯。玄賾，一卷。太玄經，六卷。王涯注。太玄經，十卷。宋維翰注。太玄經，十卷。林瑀注。太玄經傳，三卷。杜元穎撰。太玄經疏，十八卷。郭元亨。演玄，十卷。陳漸。補正太玄經，十卷。范諤昌。太玄經釋文，一卷。林瑀。太玄經手音，一卷。程賁。太玄音訓，一卷。馮元。太玄圖，一卷。林共。玄圖發微，三卷。太玄正義，一卷。孫冑。太玄叩鍵，一卷。通玄，十卷。晉王長文。洞極真經，一卷。玄包，十卷。唐衞元嵩撰，蘇源明傳，李江注。太易，十五卷。唐張志和撰。潛虛，一卷。司馬温公作，擬太玄。

右擬易二十九部，二百三十一卷。

凡易十六種，二百四十一部，一千八百九十卷。

書 古文經　石經　章句　傳　注　集注　義疏　問難　義訓　小學　逸篇　圖　音　續書　讖緯　逸書

古文尚書，九卷。鄭玄注。

古文尚書，十三卷。漢臨淮太守孔安國傳。

按：易、詩、書、春秋皆有古文，自漢以來盡易以今文，惟孔安國得屋壁之書，依古文而隸之。安國授都尉朝，朝授膠東庸生，謂之尚書古文之學。鄭玄爲之注，亦不廢古文，使天下後學於此一書而得古意。不幸遭明皇更以今文，其不合開元文字者，謂之野書。然易以今文，雖失古意，但參之古書，於理無礙亦足矣。明皇之時，去隸書既遠，不通變古之義，所用今文違於古義尤多。臣於是考今書之文，無妨於義者從今，有妨於義者從古，庶古今文義兩不相違，曰書考，迨武成，而未及終編。

又有書辨訛七卷，皆可見矣。

古文尚書舜典，一卷。晉豫章太守范甯注。

按：百篇之書，莫大於二典。而舜典自永嘉後失孔氏所傳，故范甯爲之解。至齊建武四年，姚方興於大航頭得而獻之。議者以爲安國之所注也，或言王肅注耳。

隋志作姚方興於大桁市得其書，奏上。

古文大義，二十卷。任孝恭。　三字石經尚書古篆，三卷。

右古文經五部，四十六卷。

今字石經鄭玄尚書，八卷。　今字石經尚書本，五卷。　一字石經尚書，六卷。

三字石經尚書，九卷。

見隋志。

右石經四部，二十八卷。

歐陽章句，三十一卷。　大、小夏侯章句，各二十九卷。

右章句三部，八十九卷。

伏生大傳，三卷。鄭玄注。　今字尚書，十三卷。孔安國傳。按隋志，十四卷。

洪範五行傳論，十一卷。漢光禄大夫劉向。　五行傳記，一篇。漢許商。　洪範外傳，

十卷。唐穆元休。　洪範傳，一卷。曾致。

右傳六部，三十九卷。

尚書，十一卷。馬融。　尚書，十一卷。王肅。　尚書，十五卷。晉祠部郎謝沈。

尚書，十卷。范甯。　尚書，十卷。王元度。

右注五部，五十七卷。

集解尚書，十一卷。李顒。　集釋尚書，十一卷。宋給事中姜道盛。　尚書會解，十三卷。四庫書目。

右集注三部，三十五卷。

尚書大義，二十卷。梁武帝。　尚書述義，二十卷。隋國子助教劉炫。　尚書正義，二十卷。唐國子祭酒孔穎達等。　尚書義疏，十卷。梁國子助教費甝。　尚書義疏，三十卷。梁司徒蔡大寶。　尚書義疏，七卷。隋志。　尚書疏，二十卷。顧彪。　尚書義疏，三十卷。隋劉焯。　義疏，十卷。梁國子助教巢猗。

右義疏九部，一百六十七卷。

尚書駁議，五卷。王肅。　尚書釋問，四卷。魏侍中王粲。　尚書百問，一卷。齊太學博士顧歡。　尚書百釋，三卷。梁國子助教巢猗。　尚書釋問，一卷。虞氏。　尚書釋問，四卷。鄭玄注。　尚書糾繆，十卷。王元感。

右問難七部，二十八卷。

尚書義，三卷。梁國子助教巢猗。　尚書義，三卷。隋劉先生。　尚書釋義，四卷。伊說。　尚書新釋，二卷。李顒。　尚書義注，三卷。呂文優。　尚書文外義，一卷。〔三〕顧彪。　尚書閏義，一卷。　尚書大義，二卷。吳孜。　暢訓，一卷。漢伏

勝。百篇義，一卷。劉炫。略義，三卷。劉炫。尚書孔目，一卷。劉炫。書義

尚書義宗，三卷。尚書闕言，三卷。黄君俞。略義，一卷。樂敦逸。

十述，一卷。孫覺。洪範口義，一卷。胡瑗。尚書斷章，十三卷。成伯璵。

右義訓十八部，四十七卷。

古文尚書，一卷。尚書要記名數，一卷。

右小學二部，二卷。

尚書亡篇序，一卷。梁五經博士劉叔嗣注。尚書逸篇，二卷。尚書逸篇，三

卷。徐邈注。

右逸篇三部，六卷。

河圖傳，一卷。李平西。尚書治要圖，一卷。

右圖二部，二卷。

古文尚書音，一卷。徐邈。今文尚書音，一卷。顧彪。音義，四卷。王儉。古

文尚書釋文，十三卷。

右音四部，十九卷。

續尚書。唐陳正卿，纂漢至唐十二代詔策、章疏、歌頌、符檄、議論成書，開元末上之。卷亡。

續尚書，三卷。本朝韓氏。　尚書演範。唐崔良佐撰，卷亡。

右續書三部，三卷，餘卷亡。

尚書緯，三卷。鄭玄注。　尚書中候，五卷。鄭玄注。

右讖緯二部，八卷。

周書，七十一篇。顔師古曰：「劉向云，周時誓誥號令也，蓋孔子所論百篇之餘也。今存四十五篇。」

汲冢周書，十卷。　汲冢周書，八卷。孔晁注。　古文璅語，四卷。汲冢書。

右逸書四部，二十二卷，七十一篇。

凡書十六種，八十部，五百九十八卷，七十一篇。

詩石經　故訓　傳　注　義疏　問辨　統説　譜　名物　圖　音　緯學

一字石經魯詩，六卷。隋志。　今字石經毛詩，三卷。

右石經，二部，九卷。

魯故訓，二十五卷。漢魯申公。　齊后氏故訓，二十卷。漢齊后蒼。　齊孫氏故訓，二十七卷。　韓故訓，三十六卷。漢常山太傅韓嬰。　毛詩故訓，二十卷。漢河間太傅毛萇撰，〔四〕鄭玄箋。

按：詩舊惟魯、齊、韓三家而已，魯申公，齊轅固，燕韓嬰也。終于後漢，惟此三家並立學官。漢初又有趙人毛萇者，自言其詩傳自子夏，蓋本論語「起予者商」之言也。河間獻王雖好之，而漢世不以立學官。毛公嘗爲北海相，其詩傳於北海，鄭玄北海人，故爲之箋。毛詩自鄭氏既箋之後，而學者篤信鄭玄，故此詩專行，三家遂廢。齊詩亡於魏，魯詩亡於西晉，隋唐之世，猶有韓詩可據，迨五代之後，韓詩亦亡。致今學者只憑毛氏，且以序爲子夏所作，更不敢擬議。蓋事無兩造之辭，則獄有偏聽之惑。臣爲作詩辨妄六卷，可以見其得失。

右故訓五部，一百二十八卷。

韓嬰傳，二十二卷。薛氏章句。　毛萇傳，十卷。　韓詩內傳，四卷。　韓詩外傳，十卷。

齊后氏傳，三十九卷。　齊孫氏傳，二十八卷。

按：后、孫之傳，其亡已久，必不可得。今存其名，使學者知傳注之門户也。今之學者專溺毛氏，由其不知有他之故。

右傳六部，一百一十二卷。

毛詩，二十卷。王肅注。　毛詩，二十卷。葉遵注。　毛詩，二十卷。王元度注。

石經毛詩，二十卷。蜀本。　毛詩集注，二十四卷。梁桂州刺史崔靈恩。　周詩集解，二十卷。宋朝邱鑄注，只取序中第一句，以爲子夏作，後句則削之。

右注集注附，六部，一百二十四卷。

毛詩大義，十一卷。梁武帝。　毛詩大義，三卷。蘇子才。　毛詩正義，四十卷。唐孔穎達等。　毛詩義疏，二十卷。舒援。　毛詩義疏，二十八卷。梁常侍沈重。　毛詩述義，四十卷。隋劉炫。　毛詩章句義疏，四十卷。魯世達。　毛詩小疏，二十卷。崇文館目。　毛詩釋義，十卷。晉祠部郎謝沈。　毛詩纂義，十卷。許叔牙。　張氏義疏，五卷。　毛詩義方，二十卷。林洪範。　毛詩折衷義，二十卷。劉宇。

右義疏十三部，二百六十七卷。

毛詩義問，十卷。魏太子文學劉公幹。　毛詩義駁，八卷。王肅。　毛詩駁，五卷。魏司空王基。隋志，一卷。　毛詩異同評，十卷。晉孫毓。　難孫氏毛詩評，四卷。晉陳統。　毛詩辨異，三卷。晉楊乂。　毛詩異義，二卷。楊乂。　問難，二卷。唐藝文志。　毛詩雜答問，五卷。韋昭、朱育等。　雜義難，十卷。唐藝文志。　箋傳辨誤，八卷。周式。　毛詩餘辨，四卷。　毛詩釋疑，一卷。　毛詩正論，十卷。劉孝孫。

右問辨十四部，八十二卷。

韓詩翼要，十卷。漢侯苞。毛詩奏事，一卷。王肅。毛詩拾遺，一卷。郭璞。毛詩解序義，一卷。顧歡等。毛詩序義，二卷。宋通直郎雷次宗。毛詩集小序，一卷。劉炫。毛詩發題序義，一卷。梁武帝。毛詩序義疏，一卷。劉瓛等。毛詩誼府，三卷。後魏元延明。表隱，二卷。晉陳統。毛詩指説，一卷。唐成伯璵。毛詩斷章，二卷。毛詩章疏，二卷。毛詩題綱，一卷。毛詩玄談，一卷。毛詩別録，一卷。張郃。毛鄭詩學，十卷。毛詩外義，二卷。宋咸。毛詩重文説，七卷。判篇，二卷。劉泉。別集正義，一卷。毛詩正紀，一卷。詩統解序，一卷。闢言，二十三卷。黄君俞。毛詩十五國解，一卷。吳申。

右統説二十五部，七十九卷。

毛詩譜，三卷。鄭玄撰。毛詩譜，三卷。吳太常卿徐整撰。毛詩譜，二卷。太叔求及劉炫注。謝氏毛詩譜鈔，一卷。詩譜補闕，三卷。歐陽脩。

右譜五部，十二卷。

草木鳥獸魚蟲疏，二卷。吴陸璣。　毛詩名物解，十卷。　毛詩物性，八卷。

右名物三部，二十卷。

毛詩圖，三卷。　毛詩孔子圖經，十二卷。　毛詩古賢聖圖，二卷。三書並蕭梁人作，已亡。

毛詩草木魚蟲圖，二十卷，唐藝文志。　小戎圖，一卷。

右圖五部，三十九卷。

毛詩箋音證，十卷。後魏太常劉芳。　毛詩音，十六卷。梁徐邈等撰。　毛詩音，二卷。徐邈撰。

按：徐氏音今雖亡，然陸音所引多本於此。

毛詩并注音，八卷。隋祕書學士魯世達撰。按唐志有魯世達音義二卷。　鄭玄等諸家音，十五卷。

右音五部，五十一卷。

詩緯，十八卷。魏博士宋均注。

右緯學一部，十八卷。

凡詩十二種，九十部，九百四十二卷。

春秋　經　五家傳注　三傳義疏　傳論　序　條例　圖　文辭　地里　世譜　卦繇　音　讖緯

春秋經，十一卷。吳衛將軍士燮注。　春秋經，十二卷。　春秋左氏長經，二十卷。漢侍中賈逵章句。　三傳經解，十一卷。胡訥集撰。　春秋加減，一卷。　三傳經字異同，一卷。丁副。　一字石經春秋，一卷。　三字石經春秋，三卷。

按：春秋之經，則魯史記也。初無同異之文，亦無彼此之說，良由三家所傳之書有異同，故是非從此起。臣作春秋考所以是正經文，以凡有異同者皆是訛誤。古者簡編艱繁，學者希見親書，惟以口相授。左氏世爲楚史，親見官書，其訛差少，然有所訛從文起。公、穀，漢之經生，惟是口傳，其訛差多，然有所訛從音起。以此辨之，了無滯礙。又有春秋傳十二卷，以明經之旨，備見周之憲章。

右經八部，六十卷。

三字石經左傳古篆書，十二卷。　今字石經左傳經，十卷。　春秋左氏解詁，三十卷。賈逵。　春秋左氏傳解誼，三十一卷。服虔。　春秋左氏傳，三十卷。王肅。　春秋左氏經傳章句，三十卷。董遇。　春秋左氏傳義注，十八卷。孫毓。　春秋左氏傳，十二卷。魏司徒王朗。　春秋左氏經傳集解，三十卷。杜預。

杜預解左氏，顏師古解漢書，所以得忠臣之名者，以其盡之矣。左氏未經杜氏之前凡幾家，一經杜氏之後，後人不能措一辭；漢書未經顏氏之前凡幾家，一經顏氏之後，後人不能易其說。縱有措辭易說之者，如朝月曉星，不能有其明也。如此之人，方可以解經。苟爲文言多而經旨不見，文言簡而經旨有遺，自我說之後，後人復有說者，皆非箋釋之手也。傳注之學起，惟此二人，其殆庶幾乎。其故何哉？古人之言所以難明者，非爲書之理意難明也，實爲書之事物難明也；非爲古人之文言難明也，實爲古人之文言有不通於今者之難明也。能明乎爾雅之所作，則可以知箋注之所當然，不明乎爾雅之所作，則不識箋注之旨歸也。善乎二子之通爾雅也，顏氏所通者訓詁，杜氏所通者星曆地里。當其顏氏之理訓詁也，如與古人對談。當其杜氏之理星歷地里也，如羲和之步天，如禹之行水。然亦有所短，杜氏則不識蟲魚鳥獸草木之名，顏氏則不識天文地里。孔子曰：「知之爲知之，不知爲不知，是知也。」杜氏於星曆地里之言無不極其致，至於蟲魚鳥獸草木之名，則引爾雅以釋之。顏氏於訓詁之言甚暢，至於天文地里則闊略焉。此爲「不知爲不知」也，其他紛紛，是何爲者，釋是何經？明是何學？

春秋左氏注，十卷。杜、服二氏。王元度注左傳。卷亡。一字石經公羊傳，九卷。嚴彭祖。春秋公羊解詁，十一卷。何休。春秋公羊集解，十四卷。孔衍。春秋公羊經傳，十三卷。王愆期。春秋公羊傳，十二卷。高襲。春秋公羊傳，五卷。春秋穀梁傳，十五卷。漢諫大夫尹更始。〔五〕春秋穀梁傳，十三卷。吴唐固。春秋穀梁傳，十二卷。魏樂平太守麋信。〔六〕春秋穀梁疏，十二卷。唐楊士勛。

右三傳義疏十五部，三百三十九卷。

春秋釋訓，一卷。賈逵。春秋決事，十卷。董仲舒。春秋繁露，十七卷。董仲舒。春秋左氏經傳朱墨例，一卷。賈逵。春秋決疑論，一卷。左氏膏肓，十卷。何休。穀梁廢疾，三卷。何休。公羊墨守，十四卷。何休。春秋漢議，十三卷。何休。駁何氏漢議，二卷。鄭玄。駁何氏漢議叙，一卷。春秋左氏膏肓釋痾，十卷。服虔。駁何氏漢議，十一卷。服虔。理何氏漢議，二卷。魏麋信。春秋議，十卷。何休。春秋成長説，九卷。服虔。春秋左氏達義，一卷。漢司徒掾王玢。春秋塞難，三卷。服虔。春秋説要，十卷。麋信。春秋左傳評，二卷。杜預。春秋傳賈服異同略，五卷。孫毓。春秋叢林，十二卷。李謐。春秋左氏區別，三十卷。宋尚書郎何始真。春秋義林，一卷。春秋五辨，一卷。梁博士沈宏。　春秋辨證，六卷。　春秋旨通，十卷。王述之。　穀梁傳，十卷。晉堂邑太守張靖。　春秋穀梁傳，十六卷。程闡。　春秋穀梁傳，十四卷。孔衍。　春秋穀梁傳，十二卷。徐邈。　春秋穀梁傳，十四卷。段肅注，疑漢人。　春秋穀梁傳，四卷。孔君指訓。　春秋穀梁傳，十二卷。范甯集解。　春秋穀梁傳，四卷。殘缺。張、程、孫、劉四家集解。　春秋穀梁傳，十三卷。晉給事郎徐乾。　春秋鄒氏傳，十一卷。　春秋夾氏傳，十一卷。

鄒、夾傳雖亡，今取而備之，以見五家之所始。

右五家傳注三十二部，四百五十一卷。

春秋左氏經傳義略，二十五卷。陳國子博士沈文阿。唐志，二十七卷。　王元規續沈文阿春秋左氏傳義略，十卷。　春秋義略，三十卷。陳右軍將軍張沖。　春秋左氏義略，八卷。　春秋左氏傳立義，十卷。崔靈恩。　春秋左氏傳述義，四十卷。東京太學博士劉炫。　左氏鈔，十卷。　春秋義函傳，十六卷。干寶。隋志作春秋左氏函傳，十五卷。　春秋正義，三十六卷。孔穎達。　左氏義疏，六十卷。徐文遠。　春秋精義，三十卷。　春秋公羊疏，十二卷。見隋志。　春秋公羊疏，三十卷。　春秋穀梁傳義，十卷。徐邈。　春秋申先儒傳論，十卷。崔靈恩。　春秋左氏經傳解，四卷。

王述之。徐邈答春秋穀梁義，三卷。春秋經傳解，六卷。崔靈恩。薄叔玄問穀梁義，二卷。春秋公羊穀梁集傳，十二卷。晉博士劉兆。春秋公羊穀梁二傳評，三卷。春秋三家經本訓詁，十二卷。賈逵。春秋三傳論，十卷。魏大長秋韓益。春秋經合三傳通論，十卷。潘叔度。春秋成奪，十卷。潘叔度。春秋三傳評，十卷。胡訥。以上見隋志。左氏釋滯，十卷。殷興。經傳解，六卷。沈宏。難經傳解，六卷。崔靈恩。攻昧，十二卷。劉炫。規過，三卷。劉炫。蕭邕答論，一卷。王愆期。荀爽徐欽答問，五卷。公羊違義，三卷。劉寔。春秋問傳義，三卷。三家集解，十一卷。劉兆。公穀二傳評，三卷。江熙。春秋二傳異同，十二卷。李鉉。雜義難，五卷。左氏杜預評，二卷。春秋纂要，四十卷。高重。三傳旨要，十五卷。劉軻。春秋振滯，二十卷。王元感。春秋通，一卷。韓滉。〔七〕春秋指掌，十五卷。李瑾。春秋指元，十卷。張傑。左氏釋疑，七卷。裴安時。春秋折衷論，三十卷。陳岳。春秋義鑑，三十卷。郭翔撰。以上見唐志。集傳春秋微旨，三卷。唐陸淳。集傳春秋辨疑，七卷。陸淳。左傳引帖斷義，七卷。僞蜀蹇遵品。春秋龜鑑，一卷。春秋纂要，十卷。僞唐姜虔嗣。春秋集傳，十五卷。宋朝王沿。春秋纂類義統，十卷。春秋原要，二卷。王曉。春秋三傳雜評，十卷。春秋闡微纂類義統，十二卷。陸淳。春秋先儒異同，三卷。李鉉。春秋義囊，七卷。春秋要論，五卷。馬擇言。春秋會元，十二卷。鄭昭慶。三傳集義，三十卷。李堯俞。左氏鼓吹，一卷。吳元緒。春秋異義解，十二卷。王哲。春秋通義，十二卷。王哲。皇綱論，五卷。王哲。春秋左氏傳鑑，三卷。春秋摘微，一卷。盧仝。春秋經社，十二卷。春秋闕言，十二卷。黄君俞。春秋義，二十卷。王棐。春秋本旨，四卷。何涉。春秋碎玉，一卷。唐李瑾。春秋索隱，五卷。陳洙。春秋經社要義，六卷。孫覺。春秋尊王發微，十二卷。孫復。春秋總論，三卷。孫復。左氏指元，十卷。楊希範。春秋會義，三十卷。杜諤。春秋新義，十卷。宋堂。春秋義略，十四卷。董敦逸。春秋要義，三十卷。胡瑗。春秋口義，二十卷。胡瑗。春秋正論，三卷。龍昌期。春秋復道論，十五卷。龍昌期。春秋意，十五卷。皮元。春秋褒貶志，五卷。劉夔。春秋折衷義，十一卷。吳孜。三傳玄談，一卷。

右傳論一百四部，九百三十六卷。

劉寔等集解春秋序，一卷。春秋序論，二卷。干寶撰。春秋序，一卷。賀道春秋序，一卷。崔靈恩撰。　春秋序，一卷。田元休注。　春秋左傳杜預序集解，一卷。劉炫注。　春秋序義疏，二卷。　春秋公羊解序，一卷。鮮于公撰。　春秋穀梁傳序，一卷。范甯注。

右序八部，十卷。

春秋釋例，十卷。漢公車聘士穎容。　左傳條例，九卷。漢大司農鄭衆。　春秋釋例，十五卷。杜預。　春秋條例，十一卷。晉太尉劉寔。　春秋經例，十一卷。晉方範。　左氏傳條例，二十五卷。　春秋義例，十卷。　春秋左傳例苑，十九卷。梁簡文帝。　春秋五十凡義疏，二卷。　春秋公羊謚例，一卷。何休。　公羊傳條例，一卷。何休。　穀梁傳例，一卷。范甯。　牒例章句，九卷。鄭衆。　春秋經傳說例疑隱，一卷。梁吳略。　中先儒傳例，一卷。　三傳總例，二十卷。韋表微。　李氏三傳異同例，十三卷。　集傳春秋纂例，十卷。陸質。　春秋通例，三卷。陸希聲。　公穀總例，十卷。成玄。　春秋總例，十二卷。周希聖。　春秋統例，二十卷。朱臨。　春秋演聖統例，二十卷。丁副。　春秋雜體例，一卷。

右條例二十四部，二百三十五卷。

春秋左氏圖，十卷。梁簡文帝。　春秋圖，七卷。漢嚴彭祖。　春秋圖，五卷。唐張傑。　春秋手鑑圖，一卷。　春秋圖鑑，五卷。　春秋明例隱括圖，一卷。王哲。

右圖六部，二十九卷。

春秋嘉語，六卷。以上見隋志。　春秋文苑，六卷。梁沈宏。

春秋大夫辭，三卷。　春秋辭苑，五卷。

右文辭四部，二十卷。

春秋盟會地圖，一卷。漢嚴彭祖。　春秋土地名，三卷。晉裴秀客京相璠等撰。

春秋諸國録。　春秋釋例地名譜，一卷。杜預。　春秋列國圖，一卷。

右地里五部，六卷。

春秋左氏諸大夫世族譜，十三卷。顧啓期。　春秋世譜，七卷。　帝王歷紀譜，二卷。　演左傳謚族圖，五卷。　春秋名號歸一圖，二卷。馮繼先。　小公子譜，六卷。杜預。　春秋公子譜，一卷。吴楊藴。　春秋世次圖，四卷。鄭壽。　春秋名字異同録，五卷。馮繼先。　春秋諸臣傳，三十卷。鄭昂。　春秋列國諸臣贊傳，五十一卷。王當。　春秋括甲子。　春秋十二國年歷，一卷。　春秋機要，一卷。

春秋宗族名謚譜，五卷。　春秋國君名例，一卷。　春秋謚族譜，一卷。

右世譜十七部，一百三十五卷。

師春，二卷。　魯史春秋卦名，一卷。

右卦繇二部，三卷。

春秋左傳音，三卷。魏中散大夫嵇康。　左傳音，三卷。李軌。　左傳音，三卷。杜預。　左傳音，三卷。徐邈。　左傳音隱，一卷。　左傳音，三卷。王元規。　左傳音，十二卷。見唐志。　左傳音，三卷。徐文遠。　春秋音義，六卷。陸德明。　公羊音，二卷。王儉。　又，一卷。陸德明。　穀梁音，一卷。徐邈。　又，一卷。陸德明。

右音十三部，四十二卷。

春秋災異，十五卷。郄萌撰。　春秋災異應録，五卷。　春秋緯，三十卷。宋均注。　春秋内事，四卷。　春秋包命，二卷。　春秋祕事，十一卷。

右讖緯六部，六十七卷。

凡春秋十三種，二百四十六部，二千三百三十三卷。

春秋外傳國語注解　章句　非駁　音

春秋外傳國語，二十卷。賈逵。　春秋外傳國語，二十一卷。虞翻。　春秋外傳國語，二十二卷。韋昭。　春秋外傳國語，二十卷。晉五經博士孔晁。　春秋外傳國語，二十一卷。唐固。

右注解五部，一百四卷。

春秋外傳章句，二十二卷。王肅。

右章句一部，二十二卷。

非國語，二卷。柳宗元。

右非駁一部，二卷。

國語補音，三卷。宋庠。國語音略，一卷。

右音二部，四卷。

凡國語四種，九部，一百三十二卷。

孝經

古文　注解　義疏　音　廣義　讖緯

古文孝經，一卷。孔安國傳。梁末亡逸，今疑非古本。古文孝經旨解，一卷。司馬温公。

秦人焚書，孝經爲河間人顔芝所藏。漢初，芝子貞出之，凡十八章，而長孫氏、博士江翁、少府后蒼、諫大夫翼奉、〔八〕安昌侯張禹皆名其學。又有古文孝經，與古文尚書同出，而長孫有閨門一章，其餘經文大較相似，篇簡缺解，又有衍出三章，并前合爲二十二章，孔安國爲之傳。至劉向典校經籍，以顔本比古文，除其繁惑，以十八章爲定，鄭衆、馬融並爲之注。又有鄭氏注，或云鄭玄，非也，其義與鄭玄所注餘書不同。梁代安國及鄭氏二家並立國學，而安國之本亡於梁亂，陳及周、齊惟傳鄭氏。至隋，祕書監王劭於京師訪得孔傳，送至河間劉炫，炫因序其得喪，述其義疏，講于人間，漸聞之朝廷，後遂著令，與鄭氏並立。儒生諠諠，皆云炫自作之，非孔氏舊本也。

右古文二部，二卷。

孝經，一卷。鄭氏注。〔九〕　孝經，一卷。王肅。　孝經，一卷。劉邵。　孝經，一卷。韋昭。　孝經，一卷。孫熙。　孝經，一卷。蘇林。　孝經，一卷。謝万。　孝經，一卷。虞盤佐。　孝經，一卷。孔光。　孝經，一卷。殷仲文。　孝經，一卷。殷叔道。　孝經，一卷。釋慧琳。　孝經，一卷。唐明皇。　孝經，一卷。袁克己。　孝經，一卷。尹知章。　孝經，一卷。王元感。　孝經嘿注，一卷。徐整。　集議孝經，一卷。荀昶。〔一〇〕　集議孝經，一卷。晉東陽太守袁彦伯。〔一一〕　孝經集解，一卷。

右注解二十部，二十卷。

孝經義疏，十八卷。梁武帝。　孝經義疏，一卷。趙景韶。　孝經義疏，三卷。皇侃。　孝經講疏，六卷。徐孝克。　孝經義，一卷。　古文孝經述義，五卷。劉炫。

孝經義，一卷。梁揚州文學從事太史叔明。　孝經敬愛義，一卷。蕭子顯。　孝經私記，四卷。

孝經私記，二卷。周弘正。　宋大明中皇太子講義疏，二卷。何約之。

孝經發題，四卷。太史叔明。　孝經新義，十卷。任希古。　御注孝經，二卷。元行沖。

孝經疏，五卷。賈公彦。　孝經指要，一卷。李嗣真。　孝經義疏。孔穎達。卷亡。

孝經正義，三卷。宋朝邢昺。　孝經簡疏，一卷。張崇文。　孝經疏，一卷。蘇彬。

孝經講疏，一卷。任奉古。

右義疏二十一部，七十二卷。

孝經釋文，一卷。陸德明。

右音一部，一卷。

演孝經，十二卷。張上儒。　廣孝經，十卷。徐浩。　國語孝經，一卷。魏氏遷洛，未達華語，孝文命侯伏侯可悉陵，以夷言譯孝經之旨，教國人。

右廣義三部，二十三卷。

孝經勾命決，六卷。宋均注。　孝經援神契，七卷。宋均注。　孝經内事，一卷。

孝經緯，五卷。宋均注。　孝經雜緯，十卷。宋均注。　孝經元命包，一卷。

孝經古祕援神，二卷。　孝經左右握，二卷。　孝經左右契圖，二卷。　孝經雌雄圖，三卷。　孝經分野圖，一卷。　孝經内事星宿講堂七十二弟子圖，一卷。　口授圖，一卷。　應瑞圖，一卷。

讖緯之學，起於前漢。及王莽好符命，光武以圖讖興，遂盛行於世。漢時又詔東平王蒼正五經章句，皆命從讖。俗儒趨時，益爲其學，惟孔安國、毛公、王璜、賈逵獨非之。至宋大明中，始禁圖讖。梁天監已後，又重其制。隋煬帝發使四方，搜天下書籍，與讖緯相涉者皆焚之，爲吏所糾者至死，自是無復有其學。至唐，惟餘書、易、禮、樂、春秋、論語、孝經七緯，詩二緯，共九緯書而已。

右讖緯十四部，四十三卷。

凡孝經六種，六十一部，一百六十一卷。

論語古論語　正經　注解　章句　義疏　論難　辨正　名氏　音釋　讖緯　續語

古文論語，十卷。鄭玄注。　古論語義注譜，一卷。徐氏。

右古論語二部，十一卷。

蔡邕今文石經論語，二卷。

右正經一部，二卷。

論語，十卷。鄭玄。　論語，十卷。王肅。　論語，七卷。盧氏。　論語，十卷。晉著作郎李充。　論語，十卷。梁覬。　論語，九卷。孟整。〔一二〕　論語，十卷。袁喬。　論語，十卷。尹毅。　論語，十卷。張氏。　論語，十卷。韓愈。　集解論語，十卷。何晏。　集注論語，六卷。衞瓘。　論語集義，八卷。晉尚書左中兵郎崔豹。　集解論語，十卷。晉兖州別駕江熙。　盈氏集義，十卷。　集解論語，十卷。晉孫綽。　續注論語，十卷。史辟原。　贊鄭玄注，十卷。虞喜。　補衞瓘注，十卷。宋明帝。

右注解十九部，百八十卷。

論語章句，二十卷。劉炫。　論語講疏文句義，五卷。徐孝克。

右章句二部，二十五卷。

論語別義，十卷。范廙。　論語義疏，十卷。褚仲都。　論語義疏，十卷。梁皇侃。　論語大義解，十卷。崔豹。　論語述義，十卷。劉炫。　論語義疏，八卷。　論語義疏，二卷。張冲。　論語述義，二十卷。戴詵。　雜義，十三卷。　剔義，十卷。　論語正義，十卷。宋朝邢昺。　論語展掌疏，十卷。

右義疏十二部，一百二十三卷。

論語難鄭一卷。　論語標指，一卷。司馬氏。　論語雜問，一卷。　論語體略，二卷。晉郭象。　論語旨序，三卷。晉繆播。　論語釋疑，三卷。王弼。　論語釋，一卷。張憑。　論語釋疑，十卷。晉欒肇。　論語駁，三卷。欒肇。　論語義注隱，三卷。　論語陳説，一卷。僧贊寧。　論語筆解，二卷。韓愈。　論語樞要，十卷。　論語玄義，二卷。

右論難十四部，四十三卷。

論語刊誤，二卷。李涪。　論語辨，十卷。周式。

右辨正二部，十二卷。

論語孔子弟子目録，一卷。鄭玄。　論語撰人名，一卷。　論語世譜，一卷。

右名氏譜三部，三卷。

論語音，二卷。徐邈。　論語釋文，十一卷。

右音釋二部，十三卷。

論語讖，八卷。

右讖緯一部，八卷。

孔叢子，七卷。陳勝博士孔鮒撰。孔志，十卷。梁劉被撰。孔叢子釋文，一卷。孔子

宋咸。孔子家語，二十一卷。王肅注。當家語，二卷。魏博士張融撰。

正言，二十卷。梁武帝。次論語，十卷。王勃撰。

右續語七部，七十一卷。

凡論語十一種，六十五部，四百八十二卷。

爾雅 注解　圖　義　音　廣雅　雜爾雅　釋言　釋名　方言

爾雅，三卷。漢中散大夫樊光。爾雅，七卷。孫炎。爾雅，三卷。劉歆。

爾雅，三卷。漢犍爲文學中黄門李巡。爾雅，五卷。郭璞。集註爾雅，十卷。梁黄

門沈璇。

右注解六部，三十一卷。

爾雅圖，十卷。郭璞。爾雅圖贊，二卷。江灌。

右圖二部，十二卷。

爾雅正義，十卷。邢昺。爾雅兼義，十卷。爾雅發題，一卷。

右義三部，二十一卷。

爾雅音，八卷。江灌。爾雅音，一卷。孫炎。爾雅音義，一卷。爾雅音略，二卷。郭璞。音訓，二卷。

右音五部，十五卷。

廣雅，四卷。魏博士張揖。廣雅音，四卷。隋祕書學士曹憲。博雅，十卷。曹憲撰，避煬帝諱改曰「博」。

右廣雅三部，十八卷。

小爾雅，一卷。楚孔鮒撰，李軌注。續爾雅，一卷。劉伯莊。蜀爾雅，三卷。李商隱。

羌爾雅，一卷。

右雜爾雅四部，六卷。

釋俗語，八卷。劉霽。稱謂，五卷。後周盧辨。俗說，三卷。沈約。古今訓，十一卷。張顯。

右釋言四部，二十七卷。〔一三〕

釋名，八卷。劉熙。辨釋名，一卷。韋昭。

右釋名二部，九卷。

方言，十三卷。揚雄撰，郭璞注。方言，十四卷。王浩撰。方言釋音，一卷。

吴良輔撰。　河洛語音，一卷。王長孫。　列郡雅言，一卷。　國語，十五卷。　國語真歌，十卷。　國語十八傳，一卷。　國語御歌，十一卷。　國語雜文，十五卷。　國語物名，四卷。後魏侯伏侯可悉陵。　國語雜物名，三卷。侯伏侯可悉陵。　國語號令，四卷。

後魏初定中原，軍容號令皆以夷語。後染華俗，多不能通，故録其本言，相傳教習，謂之國語。

鮮卑語，五卷。　鮮卑語，十卷。　鮮卑號令，一卷。周武帝。　林邑國語，一卷。　雜號令，一卷。　辨鳩録，一卷。　西蕃譯語，一卷。　釋梵語，一卷。　譯夷語録，一卷。僧惟古。　蕃爾雅，一卷。

右方言二十三部，一百一十六卷。

凡爾雅九種，五十二部，二百五十五卷。

經解諡法

五經通義，九卷。劉向。　白虎通，六卷。班固等。　五經異義，十卷。許慎。　五經然否論，五卷。晉散騎常侍譙周。　五經鉤沉，十卷。晉楊方。　五經大義，五經異同評，一卷。賀瑒。五經大義，十卷。周楊思。五經大義，五卷。何妥。五經咨疑，八卷。戴逵。五經大義，十卷。後周樊文深。經典大義，十二卷。沈文阿。五經正名，十二卷。劉炫。五經通義，八卷。劉炫。五經要義，五卷。雷氏。五經雜義，六卷。孫暢之。五經析疑，二十八卷。邯鄲綽。五經宗略，二十三卷。元延明。遊玄桂林，二十卷。張譏。六經通數，十卷。梁舍人鮑泉。長春義記，一百卷。梁簡文帝。七經義綱略，三十卷。樊文深。七經論，三卷。樊文深。質疑，五卷。樊文深。經典玄儒大義序録，十卷。沈文阿。六藝論，一卷。鄭玄。聖證論，十二卷。王肅。鄭志，十一卷。魏侍中鄭小同。鄭記，六卷。鄭玄弟子。五經對訣，四卷。趙英。五經要略。顔真卿。六説，五卷。劉迅。六經外傳，三十七卷。劉貺。五經微旨，十四卷。張鎰。九經師授譜，一卷。韋表微。微言集注，四卷。袁僑卿。經傳要略，十卷。高重。經史釋題，二卷。唐李肇。授經圖，三卷。九經餘義，一百卷。宋朝處士黄敏。演聖通論，三十六卷。胡旦。辨經正義，七卷。張沂。兼明書，五卷。邱光庭。五經要旨，五十卷。齊唐。九經類義，二卷。九經抄，二卷。九經要抄，一卷。叙元要抄，一卷。九經釋難，五卷。九經演義，十卷。九經旨，九卷。　經典質疑，六卷。胡順之。　詩樂説，三卷。　群經索隱，三十卷。

七經小傳，五卷。劉敞。　經傳發隱，七卷。李景陽。　刊謬正俗，八卷。顔師古。

經典釋文序録，一卷。陸德明。

右經解五十八部，七百四十四卷。

周公謚法，一卷。　春秋謚法，一卷。　謚法，三卷。劉熙。　謚例，十卷。

沈約。　魏晉謚議，十三卷。何晏。　謚法，五卷。梁太府卿賀瑒。　特進中軍將軍

續古今謚法，十四卷。唐王彦威。　君臣謚議，一卷。虞世南。　謚議，五卷。蘇洵。

汝南君謚議，二卷。見隋志。　諱行録，一卷。見唐志。

右謚法十一部，五十六卷。

凡經解二種，六十九部，八百卷。

校勘記

〔一〕「王又玄」，汪本作「王又元」，元本、明本、于本、殿本皆作「王文元」，兩唐志作「王又玄」。按，「元」爲「玄」之避諱字，「文」爲「又」字之訛，今據兩唐志改正。

〔二〕「史之徵」，汪本作「史文證」，元本、明本、于本、殿本皆作「史之證」。按，晁氏郡齋讀書

志作「唐史證」，馬氏經籍考引崇文總目作「河南史證」，云：「不詳何代人。」陳氏直齋書録解題作「史之徵」，云：「避諱作『證』字。」宋史藝文志作「史文徽」，清輯本周易口訣從永樂大典作「史徵」。綜合各説，「證」爲「徵」字諱改，「徽」爲訛字，「之」與「文」二字應有一誤，今姑從陳氏解題作「史之徵」。

〔三〕「尚書文外義一卷」，汪本「一」作「二」，據元本、明本、于本、殿本改。

〔四〕「漢河間太傅毛萇撰」，「太傅」，各本原作「太守」，據姚振宗隋書經籍志考證改。

〔五〕「漢諫大夫尹更始」，「諫」下衍「議」字，據漢書儒林傳删。

〔六〕「魏樂平太守糜信」，「樂平」二字誤倒，據姚氏隋書經籍志考證改。

〔七〕「韓滉」，汪本脱此名，據元本、明本、于本、殿本補。

〔八〕「諫大夫翼奉」，「諫」下衍「議」字，據漢書翼奉傳删。

〔九〕「孝經一卷鄭氏注」，「鄭氏」，原作「蘇氏」，據隋書經籍志一、兩唐志改。

〔一〇〕「荀昶」，「昶」，原作「勗」，據姚氏隋書經籍志考證改。

〔一一〕「袁彦伯」，「彦伯」，原作「敬仲」，據姚氏隋書經籍志考證改。

〔一二〕「孟整」，「整」，原作「釐」，據姚氏隋書經籍志考證改。又所傳之論語九卷，從兩唐志所著録者，隋書經籍志一作「十卷」。

〔一三〕「四部二十七卷」，汪本脱「卷」字，據元本、明本、于本、殿本補。

藝文略第二

禮類第二

周官傳注　義疏　論難　義類　音　圖

周官禮，十二卷。馬融傳。　周官禮，十二卷。鄭玄注。　周官禮，十二卷。王肅注。　周官禮，十二卷。伊説注，唐有十卷。　周官禮，十二卷。干寶注。　周官禮集注，二十卷。崔靈恩。

按：漢有李氏，得周官，以爲周公所制官政之法，上於河間獻王，獨闕冬官一篇，獻王求以千金不得，遂取考工記以補之。至王莽時，劉歆始置博士，以行於世。河南緱氏及杜子春受業於歆，因以教授。是後馬融作傳，以授鄭玄。玄作周官注。

右傳注六部，八十卷。

周官禮義疏，四十卷。沈重。　周禮疏，五十卷。唐賈公彥。　周禮關言，十二卷。黄君俞。

右義疏三部，百單二卷。

周官禮異同評，十二卷。晉司空長史陳劭。　周官論評，十二卷。傅玄。　周官禮駁難，四卷。孫略。　周官駁難，五卷。孫琦問，干寶駁，虞喜撰。　周禮義決，三卷。唐王玄度。

右論難五部，三十六卷。

緱氏要鈔，六卷。　周官寧朔新書，八卷。司馬伷。　周官分職，四卷。　周官致太平論，十卷。李泰伯撰。

右義類四部，二十八卷。

禮音，三卷。劉昌宗。　周官音訓三鄭異同辨，二卷。王曉。

右音二部，五卷。

周官禮圖，十四卷。隋經籍志。

右圖一部，十四卷。

凡周官六種，二十一部，二百六十五卷。

按：漢曰周官，江左曰周官禮，唐曰周禮，推本而言，周官則是。

儀禮石經　注　疏　音

一字石經儀禮，九卷。隋志。　今字石經儀禮，四卷。

右石經二部，十三卷。

儀禮，十七卷。鄭玄注。　儀禮，十七卷。王肅注。　儀禮，一卷。袁準注。

儀禮，一卷。孔倫注。　儀禮，一卷。陳銓注。　儀禮，二卷。蔡超注。〔一〕　儀禮，二卷。田僧紹注。

按：漢初有高堂生傳十七篇。又有古經，出於淹中，河間獻王得而獻之，合五十六篇，又得穰苴兵法及明堂陰陽之記。唯古經十七篇與高堂生所傳不殊。自高堂生至宣帝時，后蒼最明其業，乃爲曲臺記。蒼授梁人戴德，及德從兄子聖，沛人慶普。於是有大戴、小戴、慶氏，三家並立。是知禮記出於儀禮，三家出於高堂也。

右注七部，四十一卷。

儀禮義疏，二卷。　儀禮義疏，六卷。　儀禮疏，五十卷。唐賈公彥。

右疏三部，五十八卷。

儀禮音，一卷。鄭玄。　儀禮音，一卷。王肅。　儀禮音，一卷。李軌、劉昌宗。

右音三部，六卷。

凡儀禮四種，十五部，一百十八卷。

喪服　傳注　集注　義疏　記要　問難　儀注　譜　圖　五服圖儀

喪服經傳，一卷。馬融。　喪服經傳，一卷。鄭玄。　喪服經傳，一卷。王肅。

喪服經傳，一卷。晉給事中袁準。　略注喪服經傳，一卷。雷次宗。　喪服經傳，一卷。陳銓。　喪服傳，一卷。梁裴子野。

右傳注七部，七卷。

集注喪服經傳，一卷。晉孔倫。　集注喪服經傳，一卷。宋裴松之。　集注喪服經傳，二卷。宋蔡超。　集注喪服經傳，二卷。齊田僧紹。

右集注四部，六卷。

喪服義疏二卷。梁五經博士賀瑒。　喪服經傳義疏，一卷。梁何佟之。　喪服經傳義疏，四卷。沈文阿。　喪服文句義疏，十卷。梁皇侃。〔三〕　喪服義，十卷。陳謝嶠。　喪服義鈔，三卷。

右義疏六部，三十卷。

喪服要記，一卷。王肅。　喪服要記，一卷。蜀蔣琬。　喪服要記，六卷。〔三〕賀循。

喪服世行要記，十卷。齊光禄大夫王逡。〔四〕　喪服記，十卷。王氏。　喪服古今集記，三卷。齊太尉王儉。　喪服要記，五卷。庾蔚之。　喪服正要，二卷。孟詵。

喪服要集，二卷。杜預。　喪服五要，一卷。嚴氏撰。　喪服要略，一卷。晉博士環濟。

喪服要略，二卷。　喪服制要，一卷。徐氏。　喪服義鈔，三卷。

喪服鈔，三卷。王隆伯。　喪服變除，一卷。戴德。　喪王變除，一卷。葛洪。

喪服加減，一卷。

右記要十八部，五十八卷。

喪服答要難，一卷。袁祈。　駁喪服經傳，一卷。卜氏傳。　喪服疑問，一卷。樊氏。

喪服要問，一卷。　喪服問答目，十三卷。皇侃。　喪服發題，二卷。沈文阿。

論喪服決，一卷。　喪服極議，一卷。殷价。

右問難八部，二十一卷。

喪服儀，一卷。晉衞瓘。　新定喪禮，一卷。漢劉表。　凶禮，一卷。晉廣陵相孔衍。

陳雜儀注凶儀禮，十三卷。　凶儀，一卷。鄭珣瑜。　雜凶禮，四十二卷。

梁皇帝崩凶儀，十一卷。　梁皇太子喪禮，五卷。　梁王侯以下凶禮，九卷。　梁士喪禮儀注，十四卷。　梁天子喪禮，七卷。　又，五卷。　梁大行皇帝皇后崩儀注，一卷。　梁太子妃薨凶儀注，九卷。　喪服假寧制，三卷。　梁諸侯世子卒凶儀注，九卷。　梁陳大行皇帝崩儀注，八卷。　陳皇太子妃薨儀注，四卷。　陳諸帝后崩儀注，五卷。　陳皇太后崩儀注，四卷。　唐葬王播儀，一卷。　北齊皇太后喪禮，十卷。　喪儀纂要，九卷。張戩。　喪服治禮儀注，九卷。何胤。　晉修復山陵故事，五卷。車灌撰。

右儀注二十五部，一百八十七卷。

喪服譜，一卷。鄭玄注。　喪服譜，一卷。晉蔡謨撰。　喪服譜，一卷。賀循。　喪服制，一卷。龐景昭。

右譜四部，四卷。

喪服圖，一卷。王儉。　喪服圖，一卷。賀遊。　喪服圖，一卷。崔逸。　喪服禮圖，一卷。　喪服君臣圖，一卷。　喪服圖，一卷。崔游。　喪服天子諸侯圖，一卷。

右圖七部，七卷。

五服略例，一卷。喪禮五服，七卷。袁憲。五服制度，一卷。五服圖，一卷。張薦撰。卷亡。五服圖，十卷。仲子陵。五服志，〔五〕三卷。南齊五服制，一卷。五服法纂，三卷。五服年月敕，一卷。

右五服圖儀九部，二十七卷。

凡喪服九種，八十八部，三百四十七卷。

禮記大戴　小戴　義疏　書鈔　評論　名數　音義　中庸　讖緯

大戴禮記，十三卷。漢信都王太傅戴德撰。

漢初河間獻王得仲尼弟子及後學者所記一百三十篇，獻之，時亦無傳之者。至劉向考校經籍，檢得百三十篇，向因第而敍之。又得明堂陰陽記三十三篇，孔子三朝記七篇，王史氏記二十有一篇，樂記二十三篇，凡五種合二百十四篇。戴德删其煩重，合而記之，爲八十五篇，謂之大戴記。而戴聖又删大戴之書爲四十六篇，謂之小戴記。漢末馬融遂傳小戴之學，融又定月令一篇，〔六〕明堂位一篇，樂記一篇，合四十九篇。鄭玄受業於融，爲之注解。後學惟傳鄭氏學，故小戴禮行於世。

右大戴一部，十三卷。

禮記，二十卷。漢戴聖撰，鄭玄注。　禮記，二十卷。漢北中郎將盧植注。　禮記，三十卷。王肅注。　禮記，三十卷。魏孫炎注。　禮記，十二卷。葉遵注，隋志作「業遵」。

禮記略解，十卷。庾氏。

戴聖爲九江太守，行治多不法，何武爲揚州刺史，聖懼自免。後爲博士，毀武於朝廷，武聞之，終不揚其惡。而聖子賓客爲盜，繫廬江，聖自以子必死，武平心決之，卒得不死。自是聖慚服。武每奏事至京師，聖未嘗不造門謝恩。戴聖爲禮家之宗，身爲贓吏，而子爲賊徒，可不監哉！學者當玩其言而已矣。

右小戴注附，六部，一百二十二卷。

禮記新義疏，二十卷。賀瑒。　禮記講疏，九十九卷。〔七〕皇侃。　禮記義疏，四十八卷。〔八〕皇侃。　禮記義疏，四十卷。沈重。　禮記義疏，三十八卷。　禮記義疏，四十卷。熊安生。　禮記義，十卷。何佟之。　禮記大義，十卷。梁武帝。　禮記文外大義，三卷。祕書學士褚暉撰。　禮記義記，四卷。鄭小同。　禮記正義，七十卷。孔穎達等。　禮記正義，八十卷。唐賈公彥。　禮記正義，十卷。王方慶。　禮記小疏，二十卷。　禮記精義，十六卷。李文叔。　禮記外傳，四卷。成伯璵撰，張幼倫注。　禮略，二卷。

右義疏十七部，五百一十四卷。

禮記寧朔新書，二十卷。司馬伷撰，王懋約注。　禮記要抄，十卷。緱氏。　魏徵次禮記，二十卷。

右書鈔三部，五十卷。

禮記評，十卷。劉儁。　禮記繩愆，三十卷。王玄感。　禮記義證，十卷。劉芳。

禮記評要，十五卷。

右評論四部，六十五卷。

禮記名數要記，三卷。　禮記名義，十卷。　禮記外傳名數，二卷。　禮記含文，三卷。

右名數四部，十八卷。

禮記音義隱，二卷。謝慈。　禮記音義隱，七卷。　禮記音，二卷。徐爰。

禮記音，三卷。徐邈。　禮記音，三卷。曹耽。　禮記音，二卷。李軌。　禮記音，二卷。尹毅。　禮記字例異同，一卷。

右音義八部，二十三卷。

禮記中庸傳，二卷。戴顒。　中庸講疏，一卷。梁武帝。　禮記制旨中庸義，五卷。　中庸傳，一卷。胡瑗。

右中庸四部，九卷。

禮緯，三卷。鄭玄注。　禮記默房，二卷。宋均注。

右讖緯二部，五卷。

凡禮記九種，四十九部，八百一十八卷。

月令古月令　續月令　時令　歲時

夏小正，一卷。戴德撰。　月令章句，十二卷。漢蔡邕撰。　月令章句，十二卷。戴顒撰。　御刊定禮記月令，一卷。　月令疏，二卷。　周書月令，一卷。王涯月令圖，一卷。

右古月令七部，三十卷。

崔寔四民月令，一卷。　孫氏千金月令，三卷。孫思邈撰。失一卷。　月令并時訓詩，一卷。李林甫撰。　復月令奏議，一卷。　月令詩，一卷。杜仲連撰。　乘輿月令，十二卷。裴澄。　十二月纂要，一卷。　十二月鑑，一卷。任琬撰。　纂日書，要月令。保生月録，一卷。韋行規撰。齊民月令，一卷。崇文總目。三卷。譚融。

右續月令十二部，二十六卷。

國朝時令，一卷。丁度修。國朝時令，六卷。賈昌朝重定。時鑑新書，五卷。劉安靖。四序總要，四卷。李彤撰。四時纂要，五卷。韓鄂撰。四時記，二十卷。薛登。王氏四時録，十二卷。四時總要，十二卷。李彤撰。續時令故事，一卷。

右時令九部，六十六卷。

荆楚歲時記，二卷。梁宗懍撰，杜公瞻注。玉燭寶典，十二卷。杜臺卿撰。楚苑實録，一卷。金谷園記，一卷。唐李邕撰。秦中歲時記，一卷。李綽撰。歲華紀麗，二卷。韓鄂撰。歲時廣記，一百十二卷。徐鍇撰。歲中記，一卷。歲時雜録，二十卷。

右歲時，九部，一百五十二卷。

凡月令四種，三十七部，二百七十四卷。

會禮 論鈔　問難　三禮　禮圖

石渠禮論，四卷。戴聖。　禮論，三百卷。宋御史中丞何承天。　禮論條牒，十卷。任預。　禮論帖，三卷。任預。　禮論鈔，二十卷。庾蔚之。　禮論要帖，十卷。王儉。　禮論要鈔，一百卷。賀瑒。　禮論鈔，六十九卷。按，唐志有六十六卷。　禮論要鈔，十卷。　禮論，六十卷。李敬玄。　禮論鈔，二十卷。　禮雜鈔略，二卷。荀萬秋。　禮統，十二卷。賀述。　禮論要鈔，十三卷。　禮區分，十卷。　禮論鈔略，十三卷。　禮略，十卷。杜肅。　禮粹，二十卷。張頻。　禮志，十卷。丁公著。　禮類聚，十卷。　類禮，二十卷。陸質。　類禮義疏，五十卷。元行冲。

右論鈔二十二部，七百七十六卷。

禮論答問，八卷。宋徐廣。　禮論答問，十三卷。徐廣。　禮答問，二卷。徐廣。　禮問答，六卷。庾蔚之。　禮答問，三卷。王儉。　禮雜問，十卷。范甯。　禮論答問，九卷。范甯。　禮答問，十卷。何佟之。　禮雜問答鈔，一卷。何佟之。　問禮俗，十卷。董勛。　問禮俗，九卷。董子弘。　答問雜儀，二卷。任預。　禮義答問，八卷。王儉。　禮疑義，五十二卷。梁護軍周捨。　禮議，一卷。傅隆。

雜禮義問答，四卷。戚壽。

右問難十六部，百四十八卷。

三禮目録，一卷。鄭玄撰。　三禮義宗，三十卷。崔靈恩撰。　三禮宗略，二十卷。元延明。

三禮大義，十三卷。　三禮大義，四卷。　三禮雜大義，三卷。

右三禮六部，七十一卷。

三禮圖，九卷。鄭玄及後漢阮諶等撰。　三禮圖，九卷。張鎰。　三禮圖，十二卷。夏侯伏朗。

三禮圖，二十卷。聶崇義集。　周室王城明堂宗廟圖，一卷。祁諶撰。

王制井田圖，一卷。阮逸。　王制井田圖，一卷。徐希文。　禮書，一百五十卷。陳祥道。

唐禮圖等雜畫，五十六卷。　宣和博古圖，六十卷。

右禮圖十部，三百一十九卷。

凡會禮四種，五十四部，一千三百一十四卷。

儀注

禮儀　吉禮　賓禮　軍禮　嘉禮　封禪　汾陰　諸祀儀注　陵廟制　家禮祭儀　東宮儀注

后儀　王國州縣儀注　會朝儀　耕籍儀　車服　國璽　書儀

漢舊儀，四卷。衛宏。　蔡邕獨斷，二卷。　晉尚書儀曹新定儀注，四十一卷。徐廣。晉儀注，三十九卷。晉新定儀注，四十卷。晉安成太守傅瑗。晉尚書儀曹事，九卷。甲辰儀，五卷。江左撰。晉雜儀注，二十一卷。宋尚書儀注，三十六卷。宋儀注，二卷。宋尚書雜注，十八卷。南齊儀注，二十八卷。嚴植之。梁儀注，十卷。沈約。梁尚書儀曹儀注，十八卷。又，二十卷。雜儀注，百八十卷。陳雜儀注，六卷。陳尚書雜儀注，五百五十卷。後魏儀注，五十卷。常景。後齊儀注，二百九十卷。雜儀注，一百卷。新儀，三十卷。鮑泉。禮儀注，九卷。何點。齊典，四卷。王逸。要典，三十九卷。王景之。要典雜事，五十卷。皇典，五卷。邱仲孚。五禮要記，三十卷。韋叔夏。隋儀注目録，四卷。中禮儀注，八卷。王愨。隋江都集禮，一百二十卷。牛弘、潘徽。大唐儀禮，一百卷。永徽五禮，一百三十卷。開元禮，一百五十卷。蕭嵩等。開元禮儀鑑，一百卷。蕭嵩。開元禮京兆義羅，十卷。開元禮類釋，二十卷。開元禮目録，一卷。開元禮百問，二卷。貞元新集開元後禮，二十卷。韋渠牟。唐禮纂要，六卷。柳郢。禮閣新儀，二十卷。韋公肅。元和曲臺禮，三十卷。王彥威。續曲臺禮，三十卷。竇氏吉凶禮要，二十卷。直禮，一卷。李宏澤。古今儀集，五十卷。王方慶。開寶通禮，二百卷。通禮目録，三卷。王暤。開寶通禮義纂，一百卷。義纂目録，一卷。禮閣新編，六十卷。魏鄭公。禮院雜録。卷亡。太常新禮，四十卷。賈昌朝等。類儀，一卷。摯虞。五禮新儀，二百四十卷。歷代創制儀，五卷。決疑要注，一卷。顔真卿。禮樂集，十卷。

右禮儀五十九部，三千一百一十九卷。

晉尚書儀曹吉禮儀注，三卷。梁吉禮，十八卷。明山賓等。梁吉禮儀注，四卷。梁吉禮儀注，十卷。陳吉禮，百七十一卷。陳雜吉儀注，三十卷。隋吉禮，五十四卷。高熲。吉書儀，二卷。王儉。祭典，二卷。雜制注，六卷。盧諶。祀典，五卷。盧辯。〔九〕太清宮祠，三卷。劉智。駕幸昭應宮儀注，一卷。

右吉禮十三部，三百十卷。

梁賓禮，一卷。賀瑒。梁賓禮儀注，十三卷。賀瑒。陳賓禮，六十五卷。陳賓禮儀注，六卷。張彦。

右賓禮四部，八十五卷。

梁軍禮，四卷。陸璉。陳軍禮，六卷。

右軍禮二部，十卷。

梁嘉禮，三十五卷。司馬褧。　嘉禮儀注，四十五卷。　陳嘉禮，一百二卷。

冠昏儀，四卷。

右嘉禮四部，一百八十六卷。

古封禪群祀，二十二篇。　封禪議對，十九篇。　漢封禪群祀，三十六篇。　皇帝封禪儀，六卷。令狐德棻。　東封記，一卷。韋述。　封禪録，十卷。孟利貞。　神岳封禪儀注，十卷。裴守真。　祥符封禪記，五十二卷。丁謂等修。

右封禪九部，八十五卷，七十七篇。

祥符祀汾陰記，五十二卷。丁謂等修。　汾陰后土故事，三卷。

右汾陰二部，五十五卷。

晉明堂郊社議，三卷。孔晁等。　明堂儀，一卷。張大頤。　明堂儀注，三卷。姚璠等。　大享明堂儀注，二卷。郭山惲。　明堂序，一卷。李襲譽。　明堂新禮，十卷。李嗣真。　明堂記紀要，二卷。　皇祐大享明堂記，二十卷。文彦博。　皇祐大享明堂記紀要，二卷。文彦博。　駕幸玉清昭應宫儀注，一卷。　魏氏郊邱，三卷。　南郊記圖，一卷。　大唐郊祀録，十卷。王涇。　梁南郊儀注，一卷。

梁祭地祇陰陽儀注，二卷。　南郊圖一卷。　天禧大禮記，五十卷。王欽若。

元豐釋奠祭社稷風雨師儀注，三卷。　諸州縣祭社稷儀，一卷。　祀風雨雷師儀

注，一卷。　釋奠儀注，一卷。　祈雨雪法，一卷。　郊廟奉祀禮文，三十卷。楊

全等。

右明堂、郊祀、社稷、釋奠風雨師儀注二十三部，百五十卷。

晉七廟議，三卷。蔡謨。　親享太廟儀注，三卷。　崇豐二陵集禮。裴瑾。卷亡。

永昭陵儀式，一卷。　四季祠祭文，一卷。　列國祖廟式，一卷。梁隱。　三

品官祔廟禮，二卷。王方慶。　景靈宫須知，一卷。　仁宗山陵須知，一卷。

右陵廟制九部，一十三卷。

家祭儀，一卷。唐徐潤。　家祭禮，一卷。孟詵。　寢堂時享儀，一卷。唐范傳

式。〔一〇〕　祠享儀，一卷。唐鄭正則。　祭録，一卷。唐周元陽。　家薦儀，一卷。

唐賈頊。　盧宏宣家祭儀。卷亡。　孫氏仲享儀，一卷。唐孫日用。　家儀，一卷。

徐爰。　婚儀祭儀，二卷。崔浩。

右家禮祭儀十部，十卷。

晉東宮舊事，十卷。張敞撰。　東宮新記，二十卷。蕭子雲。　宋東宮儀記，二十三卷。張鑑。　東宮雜事，二十卷。蕭子雲。　東宮典記，七十卷。宇文愷等。　隋皇儲故事，二卷。　國親皇太子序親簿，一卷。　皇太子方岳亞獻儀，二卷。　青宮懿典，十五卷。宋朝王純臣撰。

右東宮儀注九部，百五十四卷。

王后儀範，三卷。　坤儀令，一卷。僞蜀王衍撰。

右后儀二部，四卷。

諸王國雜儀注，十卷。　雜府州郡儀，十卷。范汪。　縣令禮上儀，一卷。李淑等。

右王國州縣儀注三部，二十一卷。

武后紫宸禮要，十卷。　閤門儀制，十卷。陳彭年修。　景祐閤門儀制，十二卷。李淑等。　閤門儀制，六卷。梁顥。　寶元二年閤門儀制，十二卷。　内東門儀制，五卷。宋綬修。　熙寧閤門儀制，十卷。　正旦朝會儀注，十卷。　至道合班儀并追封條，一卷。　朝堂須知，一卷。　奉朝要課，一卷。　朝制要覽，十五卷。宋咸撰。

右會朝儀一十二部，九十三卷。

雍熙籍田故事，二卷。　耕籍田儀制，五卷。　恭謝籍田儀注，三卷。　州縣打春牛儀，一卷。

右耕籍儀四部，十一卷。

大漢輿服志，一卷。魏博士董巴。　車服雜注，一卷。徐廣。　禮儀制度，十三卷。王逡之。　古今輿服雜事，二十卷。梁周遷撰。　古今輿服雜事，二十卷。蕭子雲。　隋鹵簿儀，二卷。　陳鹵簿圖，一卷。　晉鹵簿圖，一卷。　齊鹵簿儀，一卷。　大駕鹵簿，一卷。　鹵簿圖，三卷。王欽若。　鹵簿圖記，十卷。宋綬。　內衣庫須知，一卷。　隋諸衛左右廂旗圖樣，十五卷。　染院須知，一卷。　二儀實録，一卷。劉孝孫。　二儀實録衣服名義圖，一卷。袁郊。　服飾變古元録，三卷。袁郊。　內外親族五服儀，二卷。裴茝。　北蕃冠帽巾髻牌信制度，一卷。

右車服二十部，九十九卷。

玉璽譜，一卷。紀僧真。　傳國璽，十卷。姚察。　玉璽正録，一卷。徐令言。　國寶傳，一卷。無名氏著，秦玉璽相傳至肅宗時。　秦傳玉璽譜，一卷。謝朏。〔一一〕　玉璽雜記，一卷。　國璽記，一卷。嚴士元。　續國璽記，一卷。　國璽傳，一卷。

右國璽〔一二〕九部，一十八卷。

內外書儀，四卷。謝玄。　書儀，二卷。蔡超。　書筆儀，二十一卷。謝朏。

宋長沙檀太妃薨弔答書，十二卷。　弔答書儀，十卷。王儉。　書儀疏，一卷。周捨。

皇室書儀，十三卷。鮑行卿。　吉書儀，二卷。王儉。　文儀，二卷。梁修端。

書儀，十卷。唐瑾。　言論儀，十卷。　婦人書儀，八卷。唐瑾。　僧家書儀，五卷。釋曇瑗。　書儀，二卷。謝允。　童悟，十三卷。　大唐書儀，十卷。

書儀，三卷。裴茝。　書儀，二卷。鄭餘慶。　裴度書儀，二卷。裴矩、虞世南。

杜有晉書儀，二卷。　新定書儀，二卷。劉岳。　胡先生書儀，二卷。

右書儀二十二部，一百三十八卷。

凡儀注十八種，二百十六部，四千五百六十一卷，七十七篇。

樂類第三

樂書　歌辭　題解　曲簿　聲調　鍾磬　管絃　舞　鼓吹　琴　讖緯

樂元起，二卷。漢桓譚。　樂社大義，十卷。梁武帝。　樂論，三卷。梁武帝。

樂論，一卷。蕭吉。　刪注樂書，九卷。後魏信都芳。　古今樂録，十二卷。陳沙門

智匠。樂雜書，三卷。樂元，二卷。魏僧撰。樂要，一卷。何妥。樂部，
一卷。樂略，四卷。元愍。樂律義，四卷。沈重。鍾律，五卷。沈重。
鍾律義，一卷。樂論事，二卷。樂府志，十卷。蘇夔。樂經，三十卷。李玄
楚。〔一三〕古今樂記，八卷。李守真。樂書要録，十卷。唐武后。新樂書，十
二卷。張文收。太樂令壁記，三卷。劉貺。歷代樂儀，三十卷。徐景安。教
坊記，一卷。崔令欽撰。開元中，雜伎始隸太常，以不應典禮，乃置教坊以處俳優。聲律要
訣，十卷。唐田琦。樂府雜記，一卷。大周正樂，一百二十卷。樂苑，五卷。
陳游。補亡樂書，三卷。房庶。樂儀，十卷。李上交。樂說，五卷。和峴。
新纂樂書，三十卷。聶冠卿。景祐大樂圖，三十卷。聶冠卿。大樂圖儀，二卷。
宋祁。景祐廣樂記，八十一卷。皇祐樂圖記，三卷。阮逸、胡瑗。樂論，一
卷。沈括。樂府記，一卷。李上交。太常樂纂，一卷。樂本書，二十卷。宋
朝王箴。元祐新定樂法，一卷。范鎮。律管說，一卷。阮逸。顯德正樂目，
一卷。樂書，二十卷。劉炳。隆韶導和集，一卷。姚公立。詩樂說，三卷。
吴良輔。樂記，三十六卷。大晟樂書，十三卷。樂書，五卷。吴良輔。
樂演卦，一卷。樂傳，二卷。景祐大樂制度，一卷。樂髓新經，一卷。

審樂要記，一卷。樂府雜録，一卷。段安節。

右樂書五十四部，五百七十五卷。

大樂雜歌辭，三卷。晉荀勗。大樂歌辭，二卷。荀勗。樂府歌詩，十卷。

新録樂府集，十一卷。謝靈運。樂府歌辭，八卷。隋岐州刺史鄭譯。翟子樂府歌詩，十卷。翟子三調相和歌辭，五卷。周優人曲辭，二卷。歷代歌，六卷。

和樂府古辭，一卷。裴煜。齊三調雅辭，五卷。三調相和歌辭，五卷。

奏鞞鐸舞曲，二卷。陳郊廟歌辭，三卷。徐陵。樂府新歌，十卷。秦王記室崔子發撰。

樂府新歌，二卷。秦王司馬殷首僧。〔一四〕樂府三校歌詩，十卷。

魏燕樂歌辭，七卷。晉燕樂歌辭，十卷。荀勗。宋太始祭高禖歌辭，十一卷。

右歌辭二十部，一百二十三卷。

樂府古題要解，一卷。吴兢。樂府古題解，一卷。劉餗。樂府詩目録，一卷。

樂府古今題解，三卷。郗昂。樂府解題，一卷。樂府題解，十卷。劉沈建。

右題解六部，一十七卷。

次莊。

樂簿，十卷。齊朝曲簿，一卷。隋總曲簿，一卷。正聲伎雜等曲簿，一卷。　太常寺曲名，一卷。　太常寺曲簿，十一卷。　歌曲名，五卷。　歷代樂名，一卷。　唐郊祀樂章譜，二卷。張説、王涇。　歷代曲名，一卷。　外國伎曲，三卷。　又，一卷。　樂府廣題，一卷。　太常大樂曲部并譜，一卷。　樂章記，五卷。

右曲簿十五部，四十五卷。

樂府聲調，六卷。鄭譯。　樂府聲調，三卷。鄭譯。　推七音，二卷。并尺法。

聲律指歸，一卷。元殷。　律吕五法圖，一卷。蕭吉。　黄鐘律，一卷。　明堂教習音律，一卷。

右聲調七部，一十五卷。

鐘磬志，二卷。公孫崇。　鐘書，六卷。四庫書目。　寶鐘釋文，一卷。任之奇。

樂懸，一卷。隋藝文志。　又樂懸圖，一卷。

右鐘磬五部，十一卷。

管絃記，十卷。淩秀。　管絃記，十二卷。留進。　琵琶譜，一卷。賀褱智。

琵琶録，一卷。段安節。　當管七聲，二卷。魏僧撰。　觱栗格，三卷。　胡笳録，一卷。蔡文姬。　集胡笳辭，一卷。劉商。　胡笳調，一卷。蔡文姬。　胡笳十八拍，一卷。　小胡笳十九拍，一卷。蔡翼纂。

右管絃十一部，三十四卷。

歌舞式，一卷。　柘枝譜，一卷。　舞鑑圖，三卷。　採蓮舞譜，一卷。

右舞四部，六卷。

漢魏吳晉鼓吹曲，四卷。　鼓吹樂章，一卷。　羯鼓録，一卷。南卓。　銜鼓吹格，一卷。

右鼓吹四部，七卷。

琴操，三卷。晉廣陵相孔衍。　琴操鈔，二卷。〔一五〕　琴操鈔，一卷。　琴譜，四卷。戴氏。　琴經，一卷。　琴說，一卷。　琴歷頭簿，一卷。以上並隋志。　琴譜，二十一卷。陳懷。　琴敍譜，九卷。趙邪利。　金風樂，一卷。唐明皇。　無射商九調譜，一卷。蕭祐。　琴書，三卷。趙惟暕。　大唐正聲新徵琴譜，十卷。陳拙。　廣陵止息譜，一卷。呂渭。　廣陵止息譜，一卷。李良輔。　東杓引譜，一卷。李約。　琴雅略，一卷。齊嵩。　琴調，四卷。陳康士。　琴譜，十三卷。陳康士。　離騷譜，一卷。　琴手勢譜，一卷。趙邪利。　琴說，一卷。李勉。　琴說，一卷。鄭文祐。　三樂圖，一卷。世言棨啓期撰。　雅樂均聲格，一卷。　正聲五弄譜，一卷。　琴箋，一卷。崔遵度。　琴經，一卷。崔亮。　琴訣，一卷。　薛易簡。　琴操引，三卷。　琴心，三卷。　琴義，一卷。劉籍。　阮譜，一卷。

琴指圖，一卷。　進琴式，一卷。　擘阮指法，一卷。　琴傳，七卷。　隱韶集，一卷。　琴阮二弄譜，一卷。　阮咸譜，一卷。蔡翼撰。　琴調，十七卷。　琴聲韻圖，一卷。　琴德譜，一卷。　沈氏琴書，一卷。　張淡正琴譜，一卷。　琴式圖，一卷。　三樂譜，一卷。　琴書正聲，九卷。　阮咸調弄，二卷。　阮咸金羽調，一卷。　降聖引譜，一卷。　阮咸譜，二十卷。　雅琴名録，一卷。謝希逸。　碧落子斷琴法，一卷。石汝礪。

右琴五十四部，一百六十八卷。

樂緯，三卷。宋均注。

右讖緯一部，三卷。

凡樂十一種，一百八十一部，一千四卷。

小學類第四

小學　文字　音韻〔一六〕　音釋　古文　法書　蕃書　神書

三蒼，三卷。郭璞撰。秦相李斯作蒼頡篇，漢揚雄作訓纂篇，後漢郎中賈魴作滂喜篇，故曰三蒼。　蒼頡訓詁，二卷。杜林注。　埤蒼，三卷。張揖。隋志，二卷。　三蒼訓詁，三卷。　廣蒼，一卷。樊恭。　急就章，一卷。史游。　急就章，二卷。崔浩注。　急就章，一卷。顔之推注。　急就章，三卷。豆盧氏撰。　急就章，一卷。顔師古注。　吴章，二卷。陸機。　在昔篇，一卷。班固。　太甲篇，一卷。班固。　凡將篇，一卷。司馬相如。　黄初篇，一卷。　小學篇，一卷。晉下邳内史王義。　少學篇，九卷。楊方。　始學，一卷。　勸學，一卷。蔡邕。　幼學篇，一卷。朱嗣卿。　始學篇，十二篇。項峻。　小學篇，一卷。王羲之。　發蒙記，一卷。晉著作郎束晳。　啓蒙記，三卷。晉顧愷之。　啓疑記，三卷。顧愷之。　詰幼文，三卷。顔延之。〔一七〕千字文，一卷。蕭子雲。　次韻千字文，一卷。梁周興嗣。　演千字文，五卷。　古今字詁，三卷。張揖。　雜字指，一卷。後漢郭顯卿。　字指，二卷。晉李彤。　小學總録，二卷。

右小學三十三部，七十七卷。

説文，二十卷。漢許慎纂，唐李陽冰刊定。　説文，十五卷。宋朝徐鉉刊定。　説文解字繫傳，三十八卷。徐鍇。　補説文字解，三十卷。僧曇域。　説文音隱，四卷。　説文韻譜，十卷。徐鍇。　説文字源，一卷。唐李騰集。　字林，七卷。晉弦令吕忱。　字林音義，五卷。宋揚州督護吴恭。　古今字書，十卷。　字書，十卷。

字統，二十一卷。楊承慶。　玉篇，三十一卷。陳左將軍顧野王。　像文玉篇，三十
卷。唐釋慧力。　玉篇解疑，三十卷。道士趙利正。　類篇，四十五卷。司馬光等。　括字苑，十三
卷。馮幹。　字類敍評，三卷。侯洪伯。　要字苑，一卷。宋豫章太守謝康樂。　字屬篇，一
卷。賈魴。　要用字苑，一卷。葛洪。　常用字訓，一卷。殷仲堪。　解文字，七卷。
周成。　要用雜字，三卷。鄒里。　文字要記，三卷。王義。　文字譜，一卷。
釋文，十卷。江邃。　文字集略，六卷。梁阮孝緒。　字宗，三卷。薛立。　難字
要，三卷。　文字志，三卷。王愔。　文字要說，一卷。王氏。　字旨篇，一
卷。郭訓。　覽字知源，三卷。　字源偏旁小說，三卷。東林生解。　俗語難
字，一卷。隋王劭。　桂苑珠叢，一百卷。諸葛穎。　桂苑珠叢略要，二十卷。　文字
整疑，一卷。　雜字要，三卷。隋李少通。　雜字書，八卷。僧正度。
文字釋疑，一卷。　正名，一卷。　纂文，三卷。何承天。　纂要，六卷。顏延之。
字指歸，四卷。　今字辨疑，三卷。李少通。　啓疑，三卷。顧愷之。〔一八〕　文
卷。郭忠恕。　字海，一百卷。唐武后。　干祿字書，一卷。顏元孫。　佩觿，三
十卷。梁僧寶誌。　稽正辨訛，一卷。　龍龕手鑑，四卷。燕僧智光。　文字釋訓，三
開元文字音義，三十卷。唐明皇。　五經文字，三卷。唐張參。

九經字樣，一卷。唐玄度。　經典分毫正字，一卷。唐歐陽融。

右文字五十八部，七百二卷。

音書考源，一卷。　聲韻，四十一卷。周研。　聲類，十卷。魏左校令李登。　韻集，十卷。　韻集，六卷。晉安復令吕静。　四聲韻林，二十八卷。張諒。　韻集，八卷。段弘。　群玉典韻，五卷。　文章音韻，二卷。王該。　韻略，一卷。陽休之。　脩續音韻決疑，十四卷。李槩。　纂韻抄，十卷。　四聲指歸，一卷。劉善經。　四聲，一卷。沈約。　四聲韻略，十三卷。夏侯詠。　韻篇，十三卷。趙氏。　音譜，四卷。李槩。　韻英，三卷。釋静洪。　切韻，五卷。陸慈。　音韻，二十卷。蕭鈞。　唐韻，五卷。孫愐。　韻銓，十五卷。唐武元之。　韻英，五卷。明皇。　韻海鑑源，三百六十卷。顔真卿。　切韻，十卷。唐李舟。　辨體補修加字切韻，五卷。唐僧猷智。　唐廣韻，五卷。張參。　唐切韻，五卷。　唐韻要略，一卷。李邕。　雍熙廣韻，一百卷。宋朝句中正等詳定。　集韻，十卷。丁度等修。　禮部疑韻，二十卷。　宋朝重修廣韻，五卷。陳彭年。　五音廣韻，五卷。吴鉉。　景祐韻，五卷。　禮部韻略，五卷。王洙等修。　雜文字音，七卷。王延。　辨嫌音，一卷。陽休之。　異字同音，一卷。　證俗音，三卷。張推。　證俗音略，一卷。顏愍楚。　敍同音，三卷。　聲韻圖，一卷。　五音切韻樞，三卷。
柳曜。　切韻指元論，三卷。　切韻指元疏，五卷。僧鑑言。　歸字圖，一卷。劉
守錫。　三十六字母圖，一卷。僧守溫。
切韻之學，起自西域，舊所傳十四字貫一切音，文省而音博，謂之婆羅門書。然猶未
也，其後又得三十六字母，而音韻之道始備。中華之韻，只彈四聲，然有聲有音，聲
爲經，音爲緯。平、上、去、入者，四聲也，其體縱，故爲經。宮、商、角、徵、羽、半徵、
半商，七音也，其體横，故爲緯。經緯錯綜，然後成文。臣所作韻書備矣。釋氏謂此
學爲小悟，學者誠不可忽也。
定清濁韻鈐，一卷。僧行慶。　切韻内外轉鈐，一卷。　内外轉歸字，
一卷。
右音韻五十一部，七百九十卷。
經典釋文，三十卷。陸德明。　經典集音，三十卷。劉鎔。　音訣，八卷。郭逸。
群經音辨，七卷。宋朝賈昌朝。
右音釋四部，七十五卷。
古文官書，一卷。後漢議郎衛宏集。　古文奇字，二卷。郭顯卿集。　古文雜字，

一卷。　汗簡，八卷。郭忠恕。　纂古，一卷。崔希裕集。　尚書古字，一卷。　古字略。李商隱。　集綴古文。裴光遠。　集古文。張揖。　義雲章。　古文字訓，二卷。　集古四聲韻，五卷。夏竦。　鍾鼎篆韻，三卷。王楚。　古篆禮部韻，五卷。釋守隆。

右古文十四部，二十九卷。

六文書，一卷。　四體書勢，一卷。晉衛恒。　雜體書，九卷。釋正度。　古今八體六文書法，一卷。　古今篆隸雜字體，一卷。蕭子政。　古今篆隸訓詁名録，一卷。　古今文等書，一卷。　篆隸雜體書，二卷。　古今字圖雜録，一卷。隋曹憲。　文字圖，二卷。　秦皇東巡會稽刻石文，一卷。　聖章草，一卷。蔡邕。　飛龍篇篆草勢合，三卷。崔瑗。　法書目録，六卷。虞龢。　五十二體書，一卷。蕭子雲。　書品，一卷。庾肩吾。　筆墨法，一卷。顔之推。　麄紙筆墨疏，一卷。　書後品，一卷。李嗣真。　書譜，一卷。徐浩。　古跡記，一卷。徐浩撰。　書斷，三卷。張懷瓘。　評書藥石論，一卷。張懷瓘。　書則，一卷。張景玄撰。　書指論，一卷。褚長文。　法書要録，十卷。張彦遠。　草書雜體。裴行儉撰。　荆浩筆法記，一卷。　王氏八體書範，四卷。王方慶。　書祖，一卷。張懷瓘。

書法藥石論，一卷。張懷瓘。　六體論，一卷。張懷瓘。　御製評書，一卷。唐太宗。
有唐名書評贊，一卷。　臨書關要，一卷。僧應之。　字學要録，一卷。　授
筆法，一卷。　古文篆隸體書記，二卷。　辨字圖，一卷。　敍書，四卷。　懷
素傳，一卷。陸羽。　書禁經，一卷。　傳授記，一卷。　篆髓，六卷。鄭惇方。
飛白書録，一卷。　文房四譜，四卷。　金壺記，二卷。僧適之。　隸書決疑
賦，一卷。　書品，十卷。　明皇八分孝經，一卷。　十般篆書，一卷。　王逸
少筆勢圖，一卷。　續書評，一卷。呂總。　法書，一卷。蔡希綜。　古今書人優
劣評，一卷。梁武帝。　述書賦，三卷。竇臮撰，竇蒙注。　古來能書人名，一卷。王
僧虔。　隸書正字賦，一卷。石懷德。　張長史筆法十二意，一卷。　圖書會粹，
六卷。　蔡氏口訣，一卷。　書隱法，一卷。　墨藪，五卷。　古今書法苑，十
卷。宋朝周越。　書評，一卷。袁昂。　筆體論，一卷。虞世南。　筆法要訣，一
卷。李陽冰篆。　筆法，一卷。羊欣。　筆經，一卷。　法帖釋文，十卷。石蒼舒。
法帖釋文。劉次莊。

右法書七十一部，一百五十一卷。

婆羅門書，四卷。隋志，一卷。　外國書，四卷。

右蕃書二部，八卷。

蜀川鐵鑑子，一卷。　吳國山天篆，一卷。　崆峒山石文，一卷。　合山鬼篆，一卷。　湘潭鑑銘，一卷。　羅漢寺仙篆，一卷。　羅漢寺仙隸，一卷。

右神書七部，七卷。

凡小學八種，二百四十部，一千八百三十九卷。

校勘記

〔一〕「蔡超」，原作「蔡超宗」，據姚振宗隋書經籍志考證删「宗」字。下同。

〔二〕「梁皇侃」，「梁」，原作「陳」，據梁書儒林傳改。

〔三〕「喪服要記六卷」，「六」，原作「十」，據隋書經籍志一改。按隋志别著録喪服要記十卷，賀循撰，庾蔚之注。賀循之原本應作「六卷」。

〔四〕「齊光禄大夫王逡」，「逡」，原作「逸」，據姚氏隋書經籍志考證改。

〔五〕「五服志」，汪本「志」作「制」，據元本、明本、于本、殿本改。按馬氏經籍考引崇文總目作「志」，云：「不著撰人名氏，據江都、開元二禮，參引前人所論輕重之制，蓋唐人所編次云。」據此以作「志」爲是。

〔六〕「融又定月令一篇」，「定」，原作「足」，據通典四一改。

〔七〕「禮記講疏九十九卷」，「講」，原作「義」，據姚氏隋書經籍志考證改。

〔八〕「禮記義疏四十八卷」，「義」，原作「講」，據姚氏隋書經籍志考證改。

〔九〕「盧辯」，「辯」，原作「辨」，據周書本傳改。

〔一〇〕「范傳式」，汪本「傳」作「傅」，據元本、明本、于本、殿本改。

〔一一〕「謝朏」，汪本、元本皆無此名，據明本、于本、殿本補。

〔一二〕「右國璽」，「璽」，原作「譜」，據殿本及上文儀注目改。

〔一三〕「李玄楚」，新唐書藝文志一同本書，舊唐書經籍志上作「季玄楚」。

〔一四〕「殷首僧」，汪本「首僧」二字互倒，據元本、明本、于本、殿本改。

〔一五〕「琴操鈔二卷」，汪本「二」作「一」，據元本、明本、于本、殿本改。

〔一六〕「音韻」，汪本「韻」作「類」，據元本、明本、于本、殿本改。

〔一七〕「顔延之」，「顔」原作「顧」，據隋書經籍志及兩唐志改。又按「詁幼文」，兩唐志文同，隋志作「詰幼文」，姚振宗云，「詰」與「詁」皆爲「誥」字之訛。

〔一八〕「顧愷之」，汪本「顧」作「顔」，據元本、明本、于本、殿本改。

藝文略第三

史類第五

正史史記　漢　後漢　三國　晉　宋　齊　梁〔一〕　陳　後魏　北齊　後周　隋　唐　通史

史記，一百三十卷。目録一卷，漢中書令司馬遷撰。〔二〕　史記，八十卷。宋南中郎外兵參軍裴駰注。

史記，一百三十卷。許子儒注。　史記，一百三十卷。王元感注。

史記，一百三十卷。陳伯宣注。今存八十七卷。　史記，一百三十卷。徐堅注。　史記，一百三十卷。李鎮注。

續史記，一百三十卷。唐韓琬撰。　史記音義，十二卷。宋中散大夫徐廣。

史記音，三卷。梁輕車録事參軍鄒誕生注。〔三〕　史記音，三卷。許子儒注。

史記鈔，十四卷。葛洪撰。　史記義林，二十卷。李鎮。　史記索隱，三十卷。司馬貞。

史記纂訓，二十卷。裴安時。　史記地名，二十卷。劉伯莊。

史記正義，三十卷。唐張守節。 史記名臣疏，三十四卷。竇羣。 史要，十卷。
衛颯撰，約史記要言，以類相從。 史記正傳，九卷。張瑩。

右史記二十部，一千一百九十五卷。

漢書，一百十五卷。漢護軍班固撰，太山太守應劭集解。 御銓定漢書，八十七卷。
漢書，一百二十卷。顔師古注。 漢書集解音義，二十四卷。應劭。 漢書音
訓，一卷。服虔。 漢書音義，七卷。韋昭。 漢書音，二卷。梁尋陽太守劉顯。
漢書音，二卷。夏侯泳。 漢書音義，十二卷。國子博士蕭該。 漢書音，十二卷。廢
太子勇命包愷等。 漢書音義，九卷。孟康。 漢書音，一卷。諸葛亮。 漢書音
義，十七卷。晉灼。 漢書音義，二卷。崔浩。 孔氏漢書音義鈔，二卷。孔文祥。
漢書音義，二十六卷。劉嗣等。 漢書音，十二卷。蕭該。 漢書律曆志音義，
一卷。陰景倫撰。 漢書音義，十二卷。恭播撰。〔四〕 漢書集注，十三卷。晉灼撰。
漢書注，一卷。齊金紫光禄大夫陸澄撰。 漢書注，四十卷。恭播撰。〔五〕 漢書
續訓，三卷。梁北平諮議參軍韋稜撰。 漢書訓纂，三十卷。陳吏部尚書姚察撰。 漢
書集解，一卷。姚察撰。 漢書議苑。元懷景撰。 漢書紹訓，四十卷。姚挺撰。
論前漢事，一卷。諸葛亮撰。 漢書駁議，二卷。晉安北將軍劉寶撰。 定漢書疑，

二卷。姚察撰。　漢書決疑，十二卷。顏游秦撰。　漢書辨惑，三十卷。李善撰。〔六〕　漢書問答，五卷。沈遵撰。　漢書叙傳，五卷。項岱撰。　漢疏，四卷。　漢書舊隱義，一卷。舉三使者，禮部問科目百餘條。　漢書正義，三十卷。唐僧務靜撰。　漢書正名氏義，十二卷。　漢書英華，八卷。　漢書古今集義，二十卷。顧胤。　前漢考異，一卷。　漢書鈔，三十卷。葛洪撰。　漢尚書，一十卷。孔衍撰。

右漢書四十四部，八百二卷。

東觀漢記，一百四十三卷。起光武記注，至靈帝，長水校尉劉珍等撰。　後漢書，一百三十卷。無帝紀，吳武陵太守謝承撰。　後漢記，一百卷。晉散騎常侍薛瑩撰。　續漢書，八十三卷。晉祕書監司馬彪撰。　後漢書，九十七卷。隋得十七卷，唐得三十一卷。晉少卿華嶠撰。　後漢南記，五十八卷。晉江州從事張瑩撰。　後漢書，一百一卷。晉祕書監袁山松撰。　後漢書，九十七卷。宋太子詹事范曄撰。　後漢書，五十八卷。梁剡令劉昭補注。　後漢書，一百二十二卷。范曄本，劉熙撰。　後漢書，一百卷。章懷太子賢注。　後漢書音義，二十七卷。韋機撰。　後漢書音，一卷。後魏太常劉芳撰。　後漢音訓，三卷。陳宗道先生臧兢撰。　後漢外傳，十卷。謝沈撰。　後漢音，三卷。蕭該撰。　後漢書纘，十八卷。范曄撰。　後漢書鈔，三十卷。葛洪撰。　後漢書論贊，五卷。范曄撰。後漢尚書，六卷。孔衍撰。前後漢著明論，二十卷。三史刊誤，四十五卷。宋朝余靖等撰。三史要略，三十卷。張温撰。三史菁英，三十卷。

右後漢二十四部，一千三百一十六卷。

魏書，四十八卷。晉司空王沈撰。魏尚書，八卷。孔衍撰。吳書，五十五卷。韋昭撰。吳書實録，三卷。魏國志，三十卷。晉太子庶子陳壽撰。蜀國志，十五卷。陳壽撰。刪補蜀記，七卷。王隱撰。吳國志，二十一卷。陳壽撰。魏志音義，卷。盧宗道撰。吳志抄，一卷。論三國志，九卷。何常侍撰。三國志評，三卷。徐爰撰。三國志序評，三卷。晉王濤撰。

右三國志十三部，二百四卷。

晉書，九十三卷。晉著作郎王隱撰。晉書，五十八卷。晉散騎常侍虞預撰。晉書，十四卷。未成，晉中書郎朱鳳撰，訖元帝。晉書，三十六卷。宋臨川内史謝靈運撰。晉中興書，七十八卷。宋湘東太守何法盛撰，起東晉。晉書，一百十卷。齊徐州主簿臧榮緒撰。晉書，九卷。本百二卷，殘缺。蕭子雲撰。晉書，二十二卷。殘缺。干寶撰。晉史草，三十卷。梁蕭子顯撰。晉書，一百三十卷。唐太宗命群臣撰。晉書，一百一十卷。徐堅撰。　注晉書，百三十卷。高希嶠撰。　晉書鴻烈，六卷。張氏撰。

晉書音義，三卷。唐處士何超撰。　晉書鈔，三十卷。張緬撰。　晉諸公讚，二十二卷。傅暢撰。

右晉書十六部，八百八十一卷。

宋書，六十五卷。宋中散大夫徐爰撰。　宋書，六十五卷。齊孫嚴撰。〔七〕　宋書，一百卷。梁尚書僕射沈約撰。　宋書，三十卷。梁王智深撰。舊六十一卷，殘缺。　齊書，六十卷。梁吏部尚書蕭子顯撰。　齊史，十卷。吴兢撰。　齊紀，十三卷。劉陟撰。　齊紀，二十卷。沈約撰。　梁書，四十九卷。梁中書郎謝昊撰。　梁史，五十三卷。陳領軍大著作郎許亨撰。　梁書帝紀，七卷。姚察撰。　梁書，五十六卷。姚思廉撰。　梁史，十卷。吴兢撰。　陳書，三卷。顧野王撰。　陳書，三卷。傅縡撰。　陳書，四十二卷。訖宣帝，陳吏部尚書陸瓊撰。　陳書，三十六卷。唐姚思廉撰。　陳史，五卷。吴兢撰。

右宋、齊、梁、陳書十八部，六百二十七卷。

後魏書，一百三十卷。後齊僕射魏收撰。　後魏書，一百卷。隋著作郎魏彦深撰。

後魏書，一百卷。張太素撰。今惟有天文志二卷。　元魏書，三十卷。裴安時撰。

北齊書，二十四卷。修未成書，李德林撰。　北齊書，二十卷。張太素撰。　北齊書，五十卷。李百藥撰。　後周書，五十卷。令狐德棻撰。　周史，十卷。吴兢等撰。

隋書，三十二卷。張太素撰。　隋書，八十五卷。　隋志，三十卷。

唐貞觀中，詔諸臣分修五代史，顏師古、孔穎達撰次隋事，起文帝，作三紀五十列傳，惟十志未奏。又詔于志寧、李淳風、韋安仁、〔八〕李延壽、令狐德棻共加裒綴，高宗時上之，志寧乃上包梁、陳、齊、周，屬之隋事，析爲三十篇，號五代志，與書合八十五篇。臣按，隋志極有倫類，而本末兼明，惟晉志可以無憾，遷、固以來，皆不及也。正爲班、馬只事虚言，不求典故實迹，所以三代紀綱，至遷八書，固十志，幾於絶緒，雖其文彩灑然可喜，求其實用則無有也。觀隋志所以該五代，南北兩朝，紛然殽亂，豈易貫穿，而讀其書則了然如在目。良由當時區處各當其才，顏、孔通古今而不明天文地理之序，故只令修紀傳，而以十志付之志寧、淳風輩，所以粲然具舉。

隋史，二十卷。吴兢等撰。　隋書，六十卷。〔九〕未成，祕書監王劭撰。

右後魏、北齊、後周、隋書十四部，七百四十一卷。

唐書，一百卷。吴兢撰。　唐書，一百三十卷。韋述等撰。　國史，一百六卷。

國史，一百十三卷。　舊唐書，二百卷。劉昫、張昭遠等撰。　唐書直筆新例，一卷。呂夏卿撰。唐書釋音，二十五卷。董氏撰。新唐書，二百二十五卷。歐陽修、宋祁等撰。新唐書糾繆，二十卷。吳縝撰。史系，二十卷。自會昌至光啓時事，有禮樂、刑法、食貨、五行、地理志，孝行、忠節、儒林、隱逸傳。

右唐書十部，九百四十卷。

通史，六百二卷。梁武帝撰，起三皇訖梁。古史考，二十五卷。晉義陽亭侯譙周撰。南史，八十卷。李延壽撰。北史，一百卷。李延壽撰。高氏小史，一百二十卷。高峻撰。劉氏洞史，二十卷。劉權，乃晏曾孫。史雋，十卷。唐鄭暐撰，紀南北朝事。統史，三百卷。姚康復撰。令史，二十卷。蕭肅撰。古史，六十卷。宋朝蘇轍撰。五代史，一百五十卷。宋朝薛居正等撰。五代史記，七十五卷。歐陽修撰。五代史纂誤，五卷。吳縝撰。五代志，三十卷。十三代史選，五十卷。敘史記、前後漢、三國志、晉、宋、齊、梁、陳、後魏、北齊、後周、隋十三家史。正史削繁，九十四卷。〔一〇〕阮孝緒撰。史要，二十八卷。王延秀撰。續史雋，二十卷。張伯玉撰。史通，二十卷。唐劉知幾撰。史通析微，十卷。唐李瓖撰。正史雜論，十卷。僞蜀陽九齡撰。史例，三卷。唐劉餗撰。

右通史二十二部，一千七百五十二卷。

凡正史九種，一百八十二部，八千四百六十卷。

編年古魏史　兩漢　魏　吴　晉　宋　齊　梁　陳　後魏　北齊　隋　唐　五代　運歷　紀録

紀年，十四卷。汲冢書，并竹書同異一卷，隋志作十二卷。

右古魏史一部，十四卷。

漢紀，三十卷。

漢獻帝以班史文繁難省，故令祕書監荀悦約二百四十三年之行事，起高祖，迨王莽，凖左傳爲漢紀三十篇。辭約而事詳，本末先後，不失條理，當世偉之。學者循習班馬之日久，故此書不行，自唐以前猶不能忘焉，今或幾乎泯矣。

漢紀，三十卷。應劭等撰。　漢紀音義，三卷。崔浩撰。　漢表，十卷。袁希之撰。

漢皇德紀，三十卷。侯瑾撰。　後漢紀，三十卷。袁宏撰。　後漢紀，三十卷。張璠撰。

後漢略，二十五卷。張緬撰。　後漢靈獻二帝紀，六卷。劉艾撰。

漢獻帝春秋，十卷。袁曄撰。　山陽公載紀，十卷。樂資撰。　漢春秋，十卷。孔衍撰。

漢春秋，一百卷。宋朝胡旦撰。　漢春秋問答，一卷。胡旦與門人郄羽問答。

後漢春秋，六卷。孔衍撰。

右兩漢十五部，三百三十一卷。

漢魏春秋，九卷。孔舒元撰。魏氏春秋，二十卷。孫盛撰。魏陽秋異同，八
卷。孫壽撰。〔一一〕魏武本紀年歷，五卷。魏紀，十二卷。左將軍陰澹撰。〔一二〕
魏略，五十卷。魚豢撰。吳紀，十卷。晉太學博士環濟撰。吳歷，六卷。胡沖撰。
吳録，三十卷。張勃撰。吳書實録，三卷。

右魏、吳十部，一百五十三卷。

漢晉陽秋，五十四卷。訖愍帝，晉滎陽太守習鑿齒撰。晉紀，四卷。陸機撰。晉
紀，二十三卷。干寶撰，訖愍帝。晉紀，十卷。晉前軍諮議曹嘉之撰。晉紀，十一
卷。晉荆州別駕鄧粲撰，訖明帝。晉陽秋，三十二卷。訖哀帝，孫盛撰。晉紀，二十
五卷。宋中散大夫劉謙之撰。晉紀，十卷。宋吳興太守王韶之撰。晉紀，四十五卷。宋中
散大夫徐廣撰。續晉紀，五卷。宋新興太守郭季產撰。續晉陽秋，二十卷。宋永嘉太守檀
道鸞撰。晉録，五卷。晉史草，三十卷。蕭景暢撰。隋志作蕭子顯。〔一三〕晉春秋略，
二十卷。唐杜延業撰。晉後略，五卷。荀綽撰。晉歷，二卷。漢魏晉帝要紀，三
卷。賈匪之撰。

右晉十七部，三百四卷。

建康實録，二十卷。唐許嵩撰，記江左六朝事，作編年體。　宋略，二十卷。梁通直郎裴子野撰。　宋春秋，二十卷。梁吴興令王琰撰。　宋春秋，二十卷。鮑衡卿撰。　宋紀，三十卷。王智深撰。

右宋六朝附，五部，一百十卷。

齊春秋，三十卷。梁奉朝請吴均撰。　齊典，五卷。王逸撰。

右齊二部，三十五卷。

梁典，三十卷。劉璠撰。　梁典，三十卷。陳始興王諮議何之元撰。　梁撮要，三十卷。陳征南諮議陰僧仁撰。　梁後略，十卷。姚最撰。　梁太清紀，十卷。梁長沙藩王蕭韶撰。　梁典，三十九卷。謝昊撰。　梁末代紀，一卷。　皇帝紀，七卷。　棲鳳春秋，五卷。臧嚴撰。　梁帝紀，七卷。　梁承聖中興略，十卷。劉仲威撰。　後梁春秋，十卷。蔡允恭撰。

右梁十二部，一百八十九卷。

陳王業歷，二卷。陳中書郎趙齊旦撰。

右陳一部，二卷。

後魏紀，三十三卷。盧彦卿撰。　魏國紀，十卷。梁祚撰。　魏典，三十卷。唐元行冲撰。三國典略，二十卷。唐邱悦撰，以關中、鄴都、江南爲三國，記南北朝事。

右後魏四部，九十三卷。

北齊紀，三十卷。崔子發撰。北齊志，十卷。王劭撰。周史，十八卷。未成，隋牛弘撰。

右北齊周附，三部，五十八卷。

隋後略，十卷。張太素撰。隋紀，二十卷。吕才撰。隋紀，十卷。邱啟期撰。

右隋三部，四十卷。

唐歷，四十卷。唐柳芳撰，起隋義寧元年，訖建中三年。續唐歷，二十二卷。韋澳等撰。

唐歷目録，一卷。唐崔令欽撰，據柳芳歷，鈔其事目。唐春秋，三十卷。吴兢撰。

唐春秋，二十卷。韋述撰。唐春秋，六十卷。陸長源撰。唐統紀，一百卷。陳嶽撰。

唐朝年代記，十卷。唐焦璐撰。唐紀，四十卷。宋朝陳彭年撰。唐年

歷，一卷。唐劉軻撰。唐年補録，六十五卷。晉賈緯撰。唐歷帝紀，一卷。

唐餘録，六十卷。王皥撰。唐年統略，十一卷。郭儵撰。續唐録，一百卷。宋敏求撰。

唐典，七十卷。王彦威撰。唐録政要，十二卷。凌璠撰，自獻祖訖僖宗。

唐鑑，十二卷。范祖禹撰。唐鑑，五卷。石介撰。

右唐十九部，六百六十卷。

五代通録，六十五卷。宋朝范質撰，起梁開平元年，盡周顯德六年。

開皇紀，三十卷。鄭向撰。

五代春秋，二卷。尹洙撰。

周恭帝日歷，三卷。扈蒙撰。

右五代四部，百卷。

王氏五位圖，十卷。唐王起撰。

廣五運圖。

五運録，十二卷。唐曹珪撰。

正閏位歷，三卷。唐柳璨撰。

歷代帝王正閏五運圖，一卷。

五運歷，一卷。

運歷圖，六卷。宋朝龔穎撰，至雍熙。

五運紀年志，一卷。

五運甲子編年歷，三卷。劉蒙叟撰。

三五歷紀，二卷。徐整撰。

渾天帝王五運歷年紀，一卷。

通歷，二卷。徐整撰。

雜歷，五卷。

長歷，十四卷。

千年歷，二卷。

許氏千歲歷，三卷。

帝王年歷，五卷。陶弘景撰。

分王年歷，五卷。羊瑗撰。

國志歷，五卷。孔衍撰。

年歷，六卷。皇甫謐撰。

共和以來甲乙紀年，一卷。盧元福撰。

古今年代歷，一卷。唐賈欽文撰。

建元歷，二卷。唐張敦素撰。

帝王歷數歌，一卷。唐劉軻撰。

古今年號録，一卷。唐封演撰。

嘉號録，一卷。唐進士韋美撰。

兩漢至唐年紀，一卷。唐李康乂撰。

唐至五代紀年記，二卷。

歷代君臣圖，三卷。

元類，一卷。

歷代年號，一卷。宋朝李昉等奉詔撰。

帝王年代圖，一

古今類聚年號圖，一卷。郭伯邕撰，訖隋。　紀年録，一卷。起黃帝，至宋朝至道。　古今年表，一卷。僞蜀杜光庭撰，自漢至魏蜀。　年號歷，一卷。起漢建元，訖唐天祐。　古今年表，一卷。周韶纂。　表年歷，一卷。　歷代年譜，一卷。徐鍇撰。　編年手鑑，一卷。周韶纂。　帝王歷數圖，十卷。路惟衡撰。　歷代統紀，一卷。章實撰。　視古圖，一卷。侯利建撰。　古今通系圖，一卷。魏森撰。　帝王事迹相承圖，三卷。牛檢撰。　紀年指歸，五卷。　唐聖運圖，二卷。唐薛璫撰。　紀運圖，一卷。　疑年譜，二卷。劉恕撰。　帝系譜，二卷。唐張愔撰。　帝系圖，一卷。　國朝年表，八卷。

右運歷五十一部，一百四十八卷。

帝王世紀，十卷。皇甫謐撰，起三皇，盡漢魏。　帝王世紀音，四卷。虞綽撰。　帝王本紀，十卷。來奥撰。　續帝王世紀，十卷。何茂林撰。　洞紀，四卷。韋昭撰，起庖犧已來，至漢建安十七年。　續洞紀，一卷。臧榮緒撰。　帝王要略，十二卷。環濟撰，紀帝王及天官、地理、喪服。　十五代略，十卷。吉文甫撰，起庖犧至晉。　周載，八卷。東晉孟儀撰，略記前代下至秦。其書已亡缺。　先聖本紀，十卷。劉縚撰。唐志作「滔」。　帝王世録，一卷。甄鸞撰。　華夷帝王紀，三十七卷。楊曄撰。　年歷帝紀，三十卷。姚恭撰。　帝王諸侯世略，十一卷。　歷代記，三十二卷。庾和之撰。

世譜，四十八卷。諸葛耽撰。〔一四〕　十代記，十卷。熊襄撰。
帝王編年録，五十一卷。盧元福撰。　洞歷記，九卷。周樹撰。　帝王紀録，三
卷。褚無量撰。　三國春秋，二十卷。唐員半千撰。　六代略，三十卷。李吉甫撰。
稽古典，一百三十卷。唐穎撰。　三國春秋。崔良佐撰。卷亡。　古今紀年新傳，
三十卷。張昌宗撰。　史略，三十卷。杜信撰。　廣軒轅本紀，三卷。王權撰。
通歷，七卷。李仁實撰。　通歷，十卷。馬總撰。　續通歷，十卷。孫光憲撰。　海
東三國通歷，十卷。　古今通要，四卷。苗台符撰。　紀年通譜，十二卷。宋庠撰。
續補通歷，十五卷。王淑撰。　編年通載，十卷。章衡撰。　資治通鑑，二百九
十四卷。司馬光撰。　舉要歷，八十卷。司馬光撰。　資治通鑑節文，六十卷。〔一五〕
司馬光撰。　資治通鑑外紀，三卷。劉恕撰。　外紀目録，三卷。劉恕撰。

右紀録四十一部，一千九十卷。

凡編年十五種，一百八十八部，三千三百二十一卷。

霸史

華陽國志，十二卷。晉常璩撰，以巴漢風俗及公孫以後據蜀者，各爲之志。　漢之書，十

卷。常璩撰。
蜀李書，九卷。
漢趙紀，十卷。和苞撰。
趙書，二十卷。一曰趙石記，一曰二石集，載石勒事，僞燕太傅長史田融撰。
二石傳，二卷。晉北中郎參軍王度撰。
二石僞治時事，一卷。王度撰。
燕書，二十卷。記慕容儁事，僞燕尚書范亨撰。
南燕録，五卷。記慕容德事，僞燕尚書張銓撰。〔一六〕
南燕録，六卷。僞燕中書郎王景暉撰。
南燕書，七卷。遊覽先生撰。
燕志，十卷。記馮跋事，後魏侍中高閭撰。
秦書，八卷。記苻健事，何仲熙撰。
苻朝雜記，〔一七〕一卷。田融撰。
秦紀，十卷。記姚萇事，魏左民尚書姚和都撰。
秦記，十一卷。宋殿中將軍裴景仁撰，梁雍州主簿席惠明注。
涼記，八卷。記張軌事，僞燕右僕射張諮撰。
涼書，十卷。記張軌事，僞涼大將軍從事中郎劉昞撰。
西河記，二卷。記張重華事，晉侍御史喻歸撰。
涼記，十卷。記吕光事，僞涼著作佐郎段龜龍撰。
涼書，十卷。高道讓撰。
涼書，十卷。沮渠國史撰。
拓跋涼録，十卷。
燉煌實録，十卷。劉昞撰。
吐谷渾記，二卷。宋新亭侯段國撰。
桓玄僞事，二卷。
鄴洛鼎峙記，十卷。
天啓記，十卷。記梁元帝子諝據州事，守節先生撰。
十六國春秋，一百二十卷。魏崔鴻撰。
十六國春秋略，二卷。
三十國春秋，三十卷。梁湘東王世子蕭方等撰，〔一八〕起漢建安，訖晉元熙，凡百五十六年，以晉爲主，包吳孫、劉淵等三十國事。
三十國春秋鈔，二卷。
三十國春秋，一百卷。武敏之

撰。

戰國春秋，二十卷。李槩撰。

右霸史上三十四部，五百一十卷。

吳越備史，十五卷。宋朝范坰、林禹撰，記錢氏據有吳越事。

忠懿王勳業志，三卷。錢儼撰。

錢氏戊申英政録，一卷。錢儼編。

錢氏家話，一卷。錢易編。

吳録，二十卷。僞唐徐鉉等撰，記楊行密據淮南，盡楊溥。

淝上英雄小録，二卷。僞吳信都鎬撰，記楊行密起廬州入廣陵所從將吏五十人。

邗溝要略，九卷。記楊行密據淮南事。

吳楊氏本紀，六卷。僞吳陳濬撰，記楊氏始終。

吳將佐録，一卷。記楊行密時功臣三十九人行事，又三十四人只載姓名。

江南録，十卷。徐鉉、湯悦等撰，記江南李氏三主事。

江南別録，四卷。陳彭年撰。

高皇帝過江事實，一卷。記僞吳太和三年李昪還鎮金陵事。

烈祖開基録，十卷。僞唐王顔撰，記李昪據金陵事，昪號烈祖。

江南李氏事迹，一卷。

江表志，三卷。鄭文寶撰。

江南野史，二十卷。龍衮撰。

江南餘載，二卷。

吳唐拾遺録，十卷。許氏撰。

南唐近事，二卷。鄭文寶撰。

前蜀王氏紀事，二卷。僞蜀毛文錫撰，〔一九〕記王建未僭號前事。

前蜀書，四十卷。僞蜀李昊撰，記王氏本末。

後蜀孟先主實録，三十卷。僞蜀李昊等撰，記孟知祥一朝事。

後蜀孟後主實録，八十卷。李昊等撰，記孟昶事。

後蜀孟氏紀事，二卷。宋朝董淳撰，記孟昶事。

廣政雜録，三卷。僞蜀何光遠撰，廣政乃僞蜀年號，記王、孟據蜀事。廣政雜記，十五卷。僞蜀浦仁裕撰。蜀檮杌，十卷。張唐英撰。劉氏興亡録，一卷。叙僞漢劉龑等四主事。三楚新録，三卷。宋朝周羽冲撰，紀湖南馬殷、周行逢、荆南高季興事。湖湘馬氏故事，二十卷。宋朝曹衍撰。荆湘近事，十卷。陶岳撰。閩中實録，十卷。蔣文懌撰，紀王氏據閩，盡留從効、李仁達事，惟不及陳洪進。渤海行年記，十卷。曾顔撰。陰山雜録，四卷。閩王審知傳，一卷。僞唐陳致雍撰。九國志，四十九卷。曾顔撰，記五代國事。十國紀年，四十二卷。宋朝劉恕撰，紀五代十國事。天下大定録，十卷。五國故事，二卷。記吴、唐、蜀、漢、閩五國事。

右霸史下三十九部，四百六十五卷。

凡霸史上下，七十三部，九百七十六卷。

雜史古雜史　兩漢　魏　晉　南北朝　隋　唐　五代　宋朝

越絶書，十六卷。子貢撰。或曰子胥。舊有内紀八，外傳十七，今纔二十篇，又載春申君，疑後人竄定。或言二十篇者，非是。春秋前傳，十卷。何承天撰。春秋前傳雜語，十卷。何承天撰。春秋後傳，三十一卷。晉著作郎樂資。魯後春秋，二十卷。劉允濟吳越春秋，十二卷。趙曄撰。吳越春秋削繁，五卷。楊方撰。吳越春秋傳，十卷。皇甫遵撰。吳越記，六卷。戰國策，三十四卷。劉向録。戰國策，二十一卷。高誘撰注。戰國策論，一卷。漢京兆尹延篤撰。南越志，八卷。沈氏撰。十二國史，四卷。春秋時國語，十卷。孔衍撰。春秋後國語，十卷。孔衍撰。

右古雜史十八部，二百三十九卷。

聖賢事迹，三十卷。宋朝蘇易簡撰。閬古堂名臣贊，一卷。韓琦撰。

楚漢春秋，九卷。陸賈撰。九州春秋，十卷。司馬彪撰，記漢末事。九州春秋抄，一卷。劉孝標注。史漢要集，二卷。王蔑撰。漢表，十卷。袁希之撰。漢末英雄記，十卷。王粲撰。後漢雜事，十卷。後漢文武釋論，二十卷。王越客撰。

右兩漢八部，七十二卷

魏晉世語，十卷。晉襄陽令郭頒撰。魏末傳，二卷。呂布本事，一卷。毛范撰。晉武平吳記，二卷。周世宗將討江南，張昭撰。

右魏、晉四部，十五卷。

宋中興伐逆事，二卷。宋拾遺，十卷。梁少卿謝綽撰。王霸記，三卷。潘傑撰。宋齊語録，十卷。孔思尚撰。五代新記，二卷。唐張詢古撰，〔二〇〕記梁、陳、北金陵樞要，一卷。王豹撰，記六朝事。六朝採要，十卷。齊梁相齊、周、隋事。乘輿龍飛記，二卷。鮑衡卿撰。淮海亂離志，四卷。蕭世怡撰，叙梁末侯景之亂。〔二二〕繼事迹，一卷。

右南北朝十部，四十五卷。

隋開業平陳記，十二卷。裴矩撰。隋平陳記，一卷。稱臣悦，亡其姓。大業拾遺，一卷。唐杜寶撰。大業略記，三卷。唐趙毅撰。大業拾遺録，一卷。記煬帝幸江都。大業雜記，十卷。杜寶撰。隋季革命記，五卷。唐杜儒童撰，記大業之亂。劉氏行年記，十卷。唐劉仁軌撰，起大業十三年，盡武德三年，紀河洛寇攘事。朝野僉載，二十卷。唐張鷟撰，記周隋以來事迹。

右隋九部，六十三卷。

唐創業起居注，三卷。温大雅撰，記高祖起義至于禪位。唐聖述，一卷。裴烜之撰。今上王業記，六卷。温大雅撰。唐太宗勳史，一卷。吳兢撰。太宗建元實迹，一卷。貞觀政要，十卷。吳兢撰。太宗政典，三十卷。李延壽撰。高宗承祚實迹，一卷。裴烜之撰。唐書備闕記，十卷。吳兢撰，起太宗，至明皇。明皇政録，十卷。李康撰。明皇雜録，二卷。鄭處晦撰。天寶亂離西幸記，一卷。温畬撰。

幸蜀記，一卷。宋巨撰。

開天傳信記，一卷。鄭棨撰，得開元天寶事於傳聞。

開元天寶遺事，六卷。王仁裕撰。

天寶艱難記，十卷。

河洛春秋，二卷。唐包諝撰，起禄山叛，訖史朝義敗。

禄山事迹，三卷。唐華陰尉姚汝能。

邠志，一卷。凌準撰，天寶之亂，準從事邠府。

大唐新語，十三卷。唐劉肅撰，起武德，訖大曆。

奉天記，一卷。唐徐岱撰，起德宗幸奉天。

奉天録，四卷。唐趙元一撰。

德宗幸奉天録，一卷。唐崔光庭。

建中西狩録，十卷。張讀撰。

文宗朝備問，一卷。

國史補，三卷。唐李肇撰，雜記開元至長慶間事。

補國史，六卷。唐林愼思撰。

唐朝綱領圖，一卷。唐南卓撰，載唐事之綱目。

逸史，三卷。大中時人所作。

闕史，三卷。唐高彦休撰，記大曆以後至乾符事。

唐書純粹，一百卷。林瑀撰。

唐機要，三十卷。劉直方撰。

唐小記，一卷。

玉泉子見聞真録，五卷。紀唐懿宗至昭宗時事。

封氏見聞記，五卷。唐封演撰。

天祚承歸記，一卷。唐蕭叔和撰，記睿宗即位。

唐末見聞，八卷。紀僖、昭兩朝事。

金華子雜編，三卷。僞唐劉崇遠，記大中、咸通後事。

燕南記，三卷。唐谷況撰，以建中時河朔叛，惟易定張孝忠不從。

唐故事稽疑，十卷。唐崔立撰。

平蔡録，一卷。唐鄭澥，記李愬平吳元濟事。

平淮西記，一卷。唐路隋撰，記吳元濟始末事。

河南記，一卷。薛圖存撰，記元和中平李師道事。

太和辨謗録，三

卷。〔二二〕李德裕撰。

太和摧凶記，一卷。記太和甘露事，誅鄭注等，作十八傳。

乙卯記。〔二三〕李潛用撰，記太和乙卯歲李訓等甘露事。

甘露記，二卷。

開成紀事，三卷。記太和甘露事。

次柳氏舊聞，一卷。李德裕撰。

開成承詔録，二卷。李石纂，記文宗朝與鄭覃等奏對事。

文武兩朝獻替記，三卷。李德裕撰，記太和、會昌間事。

唐録備闕，十五卷。僞蜀歐陽炯撰，記武宗、僖宗中和初事。

上黨紀叛，一卷。劉從諫事。

貞陵遺事，二卷。唐令狐澄撰。

會昌伐叛記，一卷。記李德裕相武宗，破回鶻，平劉稹。

壺關録，三卷。韓昱撰，昱遭安史之亂，追述李密、王世充事。

續貞陵遺事，一卷。唐柳玭撰。

太和野史，十卷。公沙仲穆撰。

平剡録，一卷。唐鄭吉撰，記太和末禽越盗裘甫，平剡縣。

東觀奏記，三卷。唐裴廷裕撰，記宣、懿、僖三宗事。

彭門紀亂，三卷。唐鄭樵撰，記懿宗朝徐州龐勛叛。

咸通解圍録，一卷。張雲撰，記咸通中雲南蠻寇成都。

南楚新聞，三卷。唐尉遲樞，記寶曆至天祐時事。

廣陵妖亂志，三卷。唐鄭廷誨撰，記高駢鎮廣陵，爲妖人吕用之所惑致生亂，至楊行密。

中朝故事，三卷。僞唐尉遲樞撰，記宣、懿、昭三宗事。

唐補紀，二卷。唐程柔撰，記宣、懿、僖宗事。

會稽録，一卷。記唐末越州董昌叛。

雲南事狀，一卷。記唐末羣臣奏議招輯雲南蠻事。

譚賓録，十卷。唐胡

據撰，雜載唐世事正史遺者。

金鑾密記，一卷。唐韓偓撰，記昭宗幸華州，梁太祖以兵圍華事。

三朝革命録，三卷。載隋唐事，盡于天祐禪梁，僞吳徐㢈撰。

右唐七十一部，四百卷。

汴水滔天録，一卷。五代王振撰，記梁太祖事。

汴州記，一卷。記梁太祖鎮汴州事。

梁太祖編遺録，三十卷。梁敬翔撰。

梁列傳，十五卷。周張昭遠撰。

後唐列傳，三十卷。周張昭遠撰。

莊宗召禍記，一卷。後漢黄彬撰。

晉朝陷蕃記，四卷。宋朝范質等修。

陷蕃記，四卷。范質撰。

陷虜記，三卷。周胡嶠撰，嶠陷虜，歸記其事。

周世宗征淮録，一卷。記征壽州劉仁贍事。

入洛私書，十卷。周江文秉撰，記同光至顯德事。

後史補，三卷。周高若拙，雜記唐及五代史。

備史，六卷。賈緯撰，記晉末之亂，每一事作一詩以系之。

五代史初要，十卷。歐陽顗撰。

王氏聞見集，三卷。漢王仁裕撰，記前蜀事。

續皇王寶運録，十卷。唐韋昭度等撰，楊岑作皇王寶運録，止于憲宗，而昭度續其後，記唐末亂世事。楊岑録已亡。

五代史補，五卷。陶岳撰。

五代史闕文，一卷。王禹偁撰。

皮氏見聞録，十三卷。皮光業撰，記唐乾符至五代時事。

玉堂閑話，十卷。漢王仁裕撰。

耳目記，二卷。記唐末五代以來事。

北夢瑣言，三十卷。孫光憲撰。

右五代二十二部，〔二四〕一百九十三卷。

宋世龍飛故事，一卷。王延德撰。　仙源積慶圖，一卷。　太宗皇帝潛龍事迹，一卷。石介撰。　光聖録，一卷。錢儼撰。　三朝逸史，一卷。陳湜撰。　三朝聖政録，三卷。石介撰。　宋朝政録，十二卷。　三朝訓鑒圖，十卷。李淑等撰。　太平故事，二十卷。　三朝聖政略，十四卷。　三朝寶訓，三十卷。呂夷簡撰。　兩朝寶訓，二十卷。林希編。　仁宗政要，四十卷。　寶訓要言，十五卷。　邇英聖覽，十卷。丁度編。　神宗聖訓録，二十卷。林虙撰。　宋朝事實，三十卷。沈攸編。　熙寧奏對日録，一百卷。王安石撰。　熙豐政事，十五卷。　太平紀要，二十卷。　太平盛典，五卷。　三朝經武聖略，十五卷。王洙編。　治平經費節要，三卷。　皇猷録，一卷。錢信撰，記太平興國以後事。　嘉祐名臣傳，五卷。張唐英撰。　仁英兩朝列傳，二十卷。　皇祐平蠻記，二卷。馮炳撰。　征南録，一卷。滕甫撰。　儂賊入廣州事，一卷。霍建中撰。　征蠻録，一卷。呂璹撰。　元祐分疆語録，一卷。游師雄撰。　本朝要録，一卷。　水洛城記，一卷。〔二五〕李格非。　平燕録，一卷。　南歸録，一卷。沈琯撰。　孤臣泣血録，一卷。丁特起撰。

右宋朝三十六部，四百二十四卷。

凡雜史九種，一百七十八部，一千四百五十一卷。〔二六〕

起居注 起居注　實録　會要

穆天子傳，六卷。汲冢古文，郭璞注，其言似今起居注。　漢獻帝起居注，五卷。　晉泰始起居注，二十卷。李軌撰。　晉咸寧起居注，十卷。李軌撰。　晉太康起居注，二十二卷。李軌撰。　晉元康起居注，一卷。　晉建武大興永昌起居注，九卷。　晉咸和起居注，十六卷。李軌撰。　晉咸康起居注，二十二卷。　晉建元起居注，二卷。　晉永和起居注，十七卷。　晉升平起居注，十卷。　晉太元起居注，五十四卷。　晉太寧起居注，十卷。　晉起居注，三百十七卷。劉道薈撰。　流別起居注，三十七卷。　晉宋起居注鈔，五十一卷。何始真撰。　晉起居注鈔，二十四卷。　宋永初起居注，十卷。〔二七〕　宋景平起居注，三卷。　宋元嘉起居注，五十五卷。　宋孝建起居注，十二卷。　宋大明起居注，十五卷。　宋泰始起居注，十九卷。　宋泰豫起居注，四卷。　齊永明起居注，二十五卷。　梁大同起居注，十卷。　後魏起居注，三百三十六卷。　陳永定起居注，八卷。　陳天嘉起居注，二十三卷。　陳天康光大起居注，十卷。　陳至德起居注，四卷。　後周太祖號令，三卷。　隋開皇起居注，六十卷。　南燕起居注，六卷。　三代起居注鈔，十五卷。王逡之撰。　大唐創業起居注，三卷。温大雅撰。　開元起居注，三千六百八十二卷。　修時政記，四十卷。姚璹撰。

右起居注三十九部，四千九百七十六卷。

梁皇帝實録，二卷。周興嗣撰。　梁皇帝實録，五卷。謝昊撰。　梁太清實録，十卷。　唐高祖實録，二十卷。　太宗實録，二十卷。　貞觀實録，四十卷。長孫無忌撰。　高宗後實録，三十卷。劉知幾撰。　高宗實録，三十卷。韋述撰。　則天實録，二十卷。劉知幾等撰。　中宗實録，二十卷。劉知幾、吴兢撰。　太上皇實録，十卷。劉知幾撰，起景雲元年。　睿宗實録，五卷。吴兢撰。　開元實録，四十七卷。　明皇實録，五卷。元載等撰。　明皇實録，二十卷。張説撰。　肅宗實録，三十卷。元載撰。　代宗實録，四十卷。令狐峘撰。　建中實録，十卷。沈既濟撰。　德宗實録，五十卷。裴垍撰。　順宗實録，五卷。韓愈撰。　憲宗實録，四十卷。路隋等撰。　穆宗實録，二十卷。路隋撰。　敬宗實録，十卷。　文宗實録，四十卷。李讓夷等撰。　武宗實録，三十卷。韋保衡等撰。　宣宗實録，三十卷。宋敏求撰。　懿宗實録，三十卷。宋敏求修。　僖宗實録，三十卷。宋敏求修。　昭宗實録，三十卷。宋敏求修。

哀帝實録，八卷。〔二八〕宋敏求修。

梁太祖實録，三十卷。梁郗象等撰。

後唐獻祖紀年録，二卷。

後唐懿祖紀年録，一卷。

後唐太祖紀年録，十七卷。

後唐莊宗實録，三十卷。後唐趙鳳、史官張昭遠等修，獻祖、懿祖、太祖爲紀年，莊宗爲實録。

後唐明宗實録，三十卷。姚顗等撰。

後唐廢帝實録，十七卷。宋朝張昭、劉温叟同修。

後唐愍帝實録，三卷。張昭等修。

晉高祖實録，三十卷。漢竇貞固、史官賈緯等修。

晉少帝實録，二十卷。竇貞固等修。

漢高祖實録，二十卷。漢蘇逢吉等修。

漢隱帝實録，十五卷。張昭等修。

周太祖實録，三十卷。張昭、劉温叟等修。

周世宗實録，四十卷。宋朝王溥等修。

本朝政録，十二卷。

三朝録要，十二卷。

六朝實録，五百四十卷。

續添，一百七十卷。

三朝紀，十卷。吕夷簡修。

聖政記，百五十卷。丁謂等修。

右實録五十部，一千八百六十六卷。

西漢會要，十卷。

會要，四十卷。唐蘇冕撰，起高祖訖代宗。

續會要，四十卷。唐崔鉉撰，次德宗以來至大中間事。

唐會要，一百卷。宋朝王溥撰，起宣宗至唐末，以蘇冕、崔鉉二書合爲百卷。

國朝會要，一百五十卷。章得象等編。

國朝會要，三百卷。王珪等編。

五代會要，三十卷。王溥撰，起梁訖周。

右會要七部，六百七十卷。

凡起居注三種，九十六部，七千五百一十二卷。

故　事

秦漢以來舊事，十卷。漢武故事，二卷。韋氏三輔舊事，三卷。西京雜記，二卷。葛洪撰。建武故事，三卷。永平故事，二卷。漢魏吳蜀舊事，八卷。晉朝要事，三卷。晉故事，四十三卷。晉泰始太康故事，八卷。晉建武故事，三卷。隋志，一卷。晉建武咸和咸康故事，四卷。孔愉撰。隋志無「建武」字。晉諸雜故事，二十二卷。交州雜事，九卷。記士燮及陶璜事。晉八王故事，十二卷。盧綝撰。晉四王起事，四卷。盧綝撰。大司馬陶公故事，二卷。桓玄僭僞事，二卷。沔南故事，三卷。應思遠撰。天正舊事，三卷。華林故事名，一卷。先朝故事，二十卷。劉道薈撰。中興伐逆事，二卷。魏永安故事，三卷。温子昇撰。梁魏舊事，三十卷。蕭大圜撰。征南故事，三卷。應詹撰。救襄陽上都府事，一卷。王愆期撰。春坊要録，四卷。杜正倫撰。春坊舊事，三卷。鄴都故事，十卷。裴矩撰。唐年小録，八卷。馬總撰。國朝舊事，四十卷。紀唐事。　集説，一卷。記唐十五事。　孝和中興故事，三卷。張齊賢撰。〔二九〕　南宮故事，十二卷。王方慶撰。　南宮故事，三十卷。盧若虛撰。　衛公平突厥故事，二卷。李仁實撰。　文貞公傳事，四卷。敬播撰。　文貞公事，六卷。劉禕之撰。　魏文貞故事，八卷。張大業撰。　文貞公事録，一卷。王方慶撰。　英公故事，四卷。謝偃撰。　英國貞武公故事，四卷。劉禕之撰。　彭城公故事，一卷。陳諫等撰。　張九齡事迹，一卷。　李渤事迹，一卷。　杜悰事迹，一卷。　吳湘事迹，一卷。

凡故事一種，四十八部，三百五十三卷。

職官

漢官解詁，三卷。漢新汲令王隆撰，胡廣注。　漢官，五卷。應劭注。今存一卷。　漢官儀，十卷。應劭撰。　漢官典儀，一卷。漢衛尉蔡質撰。　漢官儀式選用，一卷。丁孚撰。　魏官儀，一卷。荀攸撰。　魏晉百官名，五卷。　晉公卿禮秩故事，九卷。傅暢撰。　晉新定儀注，十四卷。　晉官品，一卷。徐宣瑜撰。　百官表注，十六卷。荀綽撰。　晉惠帝百官名，三卷。陸機撰。　晉百官名，十四卷。舊三十卷。

晉官屬名，四卷。　晉過江人士目，一卷。　晉永嘉流士，二卷。衛禹撰。
登城三戰簿，三卷。　百官階次，一卷。范曄撰。　宋百官階次，三卷。荀欽明撰。
宋百春官秋，六卷。　魏官品令，一卷。　齊職官儀，五十卷。齊長水校尉王珪
之撰。　齊職儀，五卷。　梁新定官品，十六卷。沈約撰。　職官要録，三十卷。
陶藻，唐志作「彦藻」。　梁官品格，一卷。　百官階次，三卷。　官族傳，十四
卷。〔三〇〕何晏撰。　百官春秋，五十卷。王秀道撰。　百官春秋，二十卷。　梁尚
書職制儀注，四十一卷。郭衍撰。〔三一〕　職令古今百官注，十卷。郭衍撰。〔三二〕　職
員舊事，三十卷。　陳太建十一年百官簿狀，二卷。　隋官序録，十二卷。郭楚之
撰。　職官要録抄，三卷。上古訖隋。　具員故事，十卷。梁載言撰。　唐六典，三
十卷。唐明皇撰，李林甫注。　具員事迹，十卷。　職該，二卷。唐杜英師撰。　官
品纂要，十卷。任戩撰。　元和國計簿，十卷。李吉甫撰。　元和百司舉要，一卷。
李吉甫撰。　太和國計，二十卷。韋處厚撰。　元和會計録，三十卷。　會昌中唐
雜品，一卷。　唐百官職紀，二卷。　唐書官品志，一卷。　官班兩列，一卷。
歷任儀式，一卷。　寄禄新格，一卷。　文昌損益，二卷。唐張之緒撰。　唐百
官俸料，一卷。何慶撰。　職林，二十卷。楊侃撰。　官職訓，一卷。　唐外典職

官紀十卷。杜佑撰。　官制目録格子。　職官分紀，十四卷。孫逢吉撰。　搢紳
集，三卷。　朝官班簿，一卷。天聖四年修。　叙官朝儀，一卷。　唐國要圖，五
卷。　文武百官圖，一卷。萬當世撰。
右職官上六十三部，五百八十一卷。
尚書考功簿，五卷。王方慶撰。　尚書考功課績簿，十卷。王方慶撰。　尚書科
配簿，五卷。　梁選簿，三卷。徐勉撰。　梁勳選格，一卷。　天官舊事，一卷。
劉貺撰。　選譜，十卷。裴行儉撰。　選舉志，十卷。沈既濟撰。　舉選衡鑑，三
卷。　占額圖，一卷。王彥威撰。　隋吏部用人格，一卷。　唐循資格，一卷。天
寶中修定。　唐循資格，一卷。王涯修定。　梁循資格，一卷。後唐清泰中修定。
循資歷，一卷。　銓曹條例遠近，一卷。　五省遷除，二十卷。　唐宰相表，三
卷。柳芳撰。　宋輔相表，十卷。陳繹撰。　熙豐宰輔年表，一卷。　鳳池録，五
十卷。唐馬宇撰。　輔佐記，十卷。賀蘭氏撰。　中台志，十卷。唐李筌撰，起商訖唐。
國相事狀，七卷。唐韋瑲撰。　唐宰輔録，七十卷。蔣乂撰。　唐宰輔圖，二卷。
起高祖，訖昭宗，宰相名氏拜免年月。　宋宰輔拜罷録，二十四卷。　中書故事，一卷。
尉遲渥撰。　宰輔明鑑，十卷。僞吳張翼撰。　唐中書則例，一卷。　唐宰相歷任

記，二卷。　大丞相唐王官屬記，一卷。溫大雅撰。　司徒儀注，五卷。晉干寶撰。

陳新定將軍名，一卷。　御史臺雜注，五卷。唐杜易簡撰。　御史臺記，十二卷。

唐韓琬撰。　御史臺記，十卷。唐韋述撰。　御史臺故事，三卷。唐李構撰。　御

史臺儀，一卷。　御史臺直廳雜儀，一卷。　御史臺儀制，六卷。張知白撰。　御

史臺三院因話，一卷。　御史臺總載，一卷。　右臺記，一卷。　翰林志，一卷。

唐李肇撰。　翰林内志，一卷。　翰林學士院舊規，一卷。唐楊鉅撰。　翰林故

事，一卷。唐韋執誼撰。　續翰林故事，一卷。申文炳撰。　承旨學士院壁記，一卷。

唐元稹撰。　蓬山志，五卷。宋朝羅畸撰。　續翰林志，二卷。本朝蘇易簡撰。　次

續翰林志，二卷。宋朝蘇耆撰。　翰林雜事抄，一卷。　翰林雜記，一卷。李宗諤撰。

掖垣叢志，三卷。宋庠撰。　舍人院題名，一卷。　金門統例，三卷。　金坡

遺事，三卷。錢惟演撰。　續金坡遺事，一卷。　集賢注記，三卷。唐韋述撰。

史館故事録，三卷。五代周史官所録。　史官懋官志，五卷。宋朝趙鄰幾撰。　宮卿舊

事，一卷。王方慶撰。　東宮官屬，一卷。　九寺三監録，一卷。　羣牧故事，三

卷。王曉撰。　養馬事宜，一卷。廖康撰。　金牧圖，一卷。　州牧要，一卷。

牧宰政術，一卷。蕭秩撰。　客省條例，七卷。　四方館儀，一卷。　外臺糺纏叙

事，一卷。　鹽鐵轉運圖，一卷。夏侯頗撰。　制置司指掌，一卷。　制置司備問，一卷。　廣州市舶録，三卷。趙思恊撰。　十七路轉運司圖，一卷。　景德會計録，六卷。丁謂撰。　皇祐會計録，六卷。田况撰。　慶曆會計録，二卷。　漑漕新書，四十卷。

右職官下八十三部，四百四十三卷。

凡職官二種，一百四十六部，一千二十四卷。

刑法 律　令　格　式　敕　總類　古制　專條　貢舉　斷獄　法守

律本，二十一卷。賈充、杜預撰。　漢晉律序注，一卷。晉僮長張斐撰。　雜律解，二十一卷。張斐撰。　晉宋齊梁律，二十卷。蔡法度撰。　齊永明律，八卷。宗躬撰。　梁律，二十卷。蔡法度撰。　陳律，九卷。范泉等撰。　後魏律，二十卷。　北齊律，十二卷。　周律，二十五卷。趙肅等撰。　隋律，十二卷。高熲等撰。　隋大業律，十八卷。　唐武德律，十二卷。　貞觀律，十二卷。　永徽律，十二卷。　律略論，五卷。劉邵撰。　律疏，三十卷。　律音義，一卷。宋朝孫奭撰。　律鑑，一卷。　律令手鑑，一卷。唐王行先撰。　四科律心要訣，一卷。

金科玉律，一卷。　金科易覽，一卷。趙緒撰。

右律二十三部，二百六十五卷。

晉令，四十卷。賈充、杜預撰。　梁令，三十卷。　北齊令，五十卷。　北齊權令，二卷。〔三三〕　陳令，三十卷。范泉等撰。　隋開皇令，三十卷。牛弘等撰。　隋大業令，三十卷。　唐武德令，三十一卷。長孫無忌等撰。　貞觀令，二十七卷。　永徽令，三十卷。　梁令，三十卷。朱梁時修。　宋朝淳化令，三十卷。　天聖令，三十卷。　元豐令，五十卷。　元祐令，二十五卷。　熙寧編敕赦降附令，二十二卷。王安石定。

右令十六部，四百八十七卷。

梁科，三十卷。

賈充、杜預删定律令，有律，有令，有故事，故事即張蒼之章程也。梁時，又取故事之宜於時者爲梁科。後齊武帝時，又於麟趾殿删正刊典，謂之麟趾格。後周太祖又命蘇綽撰大統式。隋則律、令、格、式並行。

陳科，三十卷。　麟趾格，四卷。　唐格，十八卷。　留司格，一卷。　留本司行格，十八卷。　散頒天下格，七卷。　永徽留本司格後，十一卷。　垂拱太極格，十卷。留司格，六卷。散頒格，三卷。新格，二卷。格，十卷。開元新格，十卷。開元格抄，一卷。開元後格，十卷。開元前格，十卷。李林甫等修。朱梁格目録，一卷。梁格，十卷。開成詳定格，十卷。狄兼謩撰。陶穀修。宋乾德長安格，十卷。傍通開元格，一卷。後唐長定格，一卷。元豐賞格，五卷。開寶長定格，三卷。盧多遜等修。

右格二十五部，二百二十二卷。

永徽式，十四卷。貞觀式，三十三卷。唐武德式，十四卷。周大統式，三卷。蘇綽撰。式開元式，二十卷。垂拱式，二十卷。式本，一卷。熙寧支賜式，一卷。併贓折杖式，一卷。梁式，二十卷。苑，四卷。唐元泳撰。一卷。

右式十一部，一百三十一卷。

大中刑法總要格後敕，六十卷。太和格後敕，四十卷。開元格後長行敕，六卷。宣宗朝編。雜敕，三卷。元和刪定制敕，三十卷。元和格敕，三十卷。唐大中以後至昭宗朝詔敕。天福編敕，三十卷。天成雜敕，三卷。後唐詔敕，僞蜀人編。宋朝建隆編敕，四卷。竇儀與法官編。天福編敕，一卷。後唐制敕，晉朝編。

太平興國編敕，十五卷。　咸平敕，十二卷。柴成務等編。　咸平敕目，一卷。
大中祥符編敕，三十卷。陳彭年與法官編。　諸路宣敕，十二卷。天聖中刊正祥符敕，頒下諸路。　舉明自首敕，一卷。　天聖編敕，十二卷。呂夷簡等修。　景祐刺配敕，五卷。　慶曆編敕，二十卷。韓琦等定。　熙寧續降敕，二十卷。　元豐敕，二十卷。　元祐敕，二十卷。

右敕二十二部，〔三四〕三百五十五卷。

漢建武律令故事，三卷。　大中刑律統類，十二卷。唐張戣撰。　江南刑律統類，十卷。僞吳天祚中姜虔嗣撰。　顯德刑律，二十卷。周張昭撰。　顯德刑統目，一卷。　開寶刑統，三十卷。竇儀與法官蘇曉等修。　刑統釋文，三十卷。范遂良撰。
唐開元格令科要，一卷。裴光庭撰，記律令科目。　刑法要録，十卷。唐盧紓撰。
唐格式律令事類，四十卷。李林甫纂，律令格式長行敕，附尚書省二十四司，總爲篇目。　五刑纂徑，三卷。唐黄克昇撰，雜抄律令格式。　法鑑，八卷。唐李崇編，律令格式條目。
僞吳刪定格令，五十卷。楊行密時所修。　後唐統類目，一卷。後唐滕起撰。　江南刪定條，三十卷。僞唐李氏刪定。　唐趙仁本法例，二卷。　唐崔知悌法例，一卷。
刑法總歷，七卷。張善言纂。　元豐諸司總統要目，一卷。　元豐敕令格式，七十卷。元祐敕令格式，五十六卷。元符敕令格式，一百三十二卷。崇寧申明敕令格式，二卷。政和敕令格式，一百三十四卷。紹興敕令格式，一百卷。五刑旁通圖，一卷。路仁恕纂。類刑賦，一卷。王言撰。法紀精英，二卷。王大川撰。鈙法，二卷。

右總類三十部，七百七十一卷。

儀制赦書德音，十卷。陳彭年删定。漢朝議駁，三十卷。應劭撰。漢名臣奏事，三十卷。廷尉決事，二十卷。廷尉駁事，十一卷。廷尉雜詔書，二十六卷。晉雜議，十卷。晉彈事，十卷。南臺奏事，二十二卷。魏王奏事，十卷。魏名臣奏，四十卷。陳壽撰。晉駁事，四卷。晉雜制，六十卷。陳新制，六十卷。後魏六條，一卷。蘇綽撰。

右古制十四部，三百三十四卷。

晉刺史六條制，一卷。度支長行旨，五卷。李林甫編。諸路轉運司編敕，三十卷。陳彭年編。皇祐審官院敕，一卷。賈壽編。三司編敕，二卷。宋朝索湘等編。三司咸平雜敕，十二卷。林特等修。景德農田敕，四卷。丁謂等定。元豐司農敕令式，十五卷。嘉祐禄令，十卷。嘉祐驛令，四卷。熙寧常平敕，三卷。元豐江湖鹽令敕，六卷。熙寧八路差官敕，一卷。元祐新修差官出使條，三卷。一司一務敕，三十卷。兩浙轉運須知，一卷。元祐廣西衙規，一卷。茶法易覽，一卷。茶法總例，一卷。

右專條十九部，一百三十一卷。

熙寧貢舉敕，三卷。元祐貢舉敕，三卷。貢舉條制，五卷。貢舉事目，一卷。元祐新修制科條，一卷。崇寧通用貢舉法，十二卷。崇寧州學制，一卷。御製八行八刑條，一卷。大觀州縣學法，十卷。大觀新修學制，三卷。大觀學制敕令格式，三十五卷。禮部考試進士敕，一卷。宋朝晁迥等撰。

右貢舉十二部，七十六卷。

熙寧法寺斷例，八卷。元祐法寺斷例，十二卷。紹聖斷例，四卷。大理寺例總要，十二卷。六贓論，一卷。疑獄集，三卷。後晉和凝撰。續疑獄，一卷。斷獄指南，一卷。繩墨斷例，三卷。斷獄立成，三卷。許公辨正案問録，一卷。許長卿編。案前決遣，二卷。

右斷獄十二部，五十一卷。

仕途守法，二卷。元豐仕途守法，二卷。作邑自箴，十卷。吕觀文縣法，十卷。　牧宰政術，二卷。唐蕭秩撰。　公侯政術，十卷。唐魯人名初撰。

右法守六部，三十六卷。

凡刑法十一種，一百九十部，二千八百八十九卷。

傳記 耆舊　高隱　孝友　忠烈　名士　交遊　列傳　家傳　列女　科第　名號　冥異　祥異

三輔決録，七卷。漢太僕趙岐撰，摯虞注。　海内先賢傳，四卷。魏明帝時撰。

四海耆舊傳，一卷。韋氏撰。　海内士品録，三卷。魏文帝撰。　海内先賢行狀，三卷。李氏撰。　諸國先賢傳，一卷。　兗州先賢傳，一卷。　徐州先賢傳，九卷。王義度撰。　徐州先賢傳贊，九卷。劉義慶撰。　海岱志，二十卷。齊前將軍記室崔蔚祖撰。　魯國先賢傳，三卷。晉大司農白褒撰。　東萊耆舊傳，一卷。王基撰。

陳留耆舊傳，二卷。漢議郎圈稱撰。　陳留耆舊傳，一卷。魏散騎侍郎蘇林撰。　陳留先賢像贊，一卷。陳英宗撰。　陳留人物志，十五卷。東晉剡令江敞撰。　濟北先賢傳，一卷。　廬江七賢傳，二卷。　廣陵烈士傳，一卷。華隔撰。　襄陽耆舊傳，五卷。習鑿齒撰。　汝南先賢傳，五卷。魏周斐撰。　會稽先賢傳，七卷。謝承撰。　會稽後賢傳記，二卷。鍾離岫撰。　會稽典録，二十四卷。虞預撰。　會稽先賢像贊，四卷。賀氏撰。　會稽記，四卷。朱育撰。　會稽太守像贊，二卷。賀氏撰。　吳先賢傳，四卷。吳左丞相陸凱撰。　吳先賢像贊，三卷。　吳郡錢塘先賢傳，五卷。吳均撰。　東陽朝堂像贊，一卷。晉南平太守留叔先撰。　豫章舊志，三卷。熊默撰。　豫章烈士傳，三卷。徐整撰。　零陵先賢傳，一卷。　長沙舊邦傳贊，三卷。〔三五〕晉臨川王郎中劉彧撰。　武昌先賢志，二卷。宋郭緣生撰。　江表傳，三卷。虞溥撰。　楚國先賢傳，十二卷。晉張方撰。　荊州先賢傳，三卷。高範撰。　山陽先賢傳，一卷。仲長統撰。　交州先賢傳，三卷。晉范瑗撰。　廣州先賢傳，一卷。陸胤志撰。　廣州先賢傳，七卷。劉芳撰。　桂陽先賢畫贊，五卷。吳左中郎張勝撰。　益部耆舊傳，十四卷。陳壽撰。　續益部耆舊傳，三卷。　蜀文翁學堂像題記，二卷。　錦里耆舊傳，八卷。勾延慶撰。　續錦里耆舊傳，十卷。僞蜀張彰撰。　幽州古今人物志，三十卷。陽休之撰。　閩川名士傳，一卷。黃璞撰。　臨川聖賢名跡傳，三卷。　南陽先民傳，二十卷。王氏撰。　釣臺耆舊傳，三卷。

右耆舊五十四部，二百九十一卷。

聖賢高士傳贊，三卷。嵇康撰。　高士傳，十卷。晉皇甫謐撰。　逸士傳，一卷。皇甫謐撰。　逸民傳，七卷。張顯撰。　逸人傳，七卷。鍾離儒撰。　高士傳，二卷。虞盤佐撰。　高道傳，十卷。道士賈善翊撰。　至人高士傳贊，二卷。晉孫綽撰。　高隱傳，十卷。阮孝緒撰。　真隱傳，二卷。袁淑撰。　續高士傳，七卷。周弘讓撰。　止足傳，十卷。齊竟陵文宣王子良撰。　陰德傳，二卷。范晏撰。　大隱傳，三卷。徐堅撰。　遺士傳，一卷。　六賢圖贊，一卷。唐李渤撰，前代夫婦偕隱者六人。

右高隱十六部，七十八卷。

孝子傳，十五卷。晉輔國將軍蕭廣濟撰。　孝子傳，八卷。師覺授撰。　孝子傳贊，三卷。王韶之撰。　孝子傳，十卷。宋員外郎鄭緝之撰。　孝子傳，二十卷。宗躬撰。　孝子傳，三卷。徐廣撰。　孝德傳，三十卷。梁元帝撰。　孝友傳，八卷。申秀撰。　曾參傳，一卷。　孝子傳，三十卷。梁武帝撰。　友義傳，十卷。崔元暐撰。　友悌録，十五卷。王方慶撰。　孝行志，二十卷。趙琉撰。　兄弟傳，三卷。裴懷貴撰。　忠孝圖贊，二十卷。李襲譽撰。　孝子後傳，三十卷。郎餘令撰。　唐孝悌録，十五卷。宋朝樂史撰。　孝悌録，二十卷。樂史撰，起唐及五代至宋朝。　廣孝新書，五十卷。樂史撰。　孝子拾遺，七卷。宋朝危皋撰。　孝女傳，二十卷。唐武后撰。　孝感義聞録，三卷。曹希達撰。

右孝友二十二部，三百四十一卷。

顯忠録，二十卷。梁元帝撰。 忠臣傳，三十卷。梁元帝撰。 自古忠臣傳，二十卷。武謹撰。〔三六〕 功臣録，三十卷。自太公至郭子儀。 武成王廟配享事迹，三十卷。宋朝乾德三年修，自太公及張良以下七十三人。 凌煙功臣故事，四卷。令狐德棻撰。 義士傳，十五卷。崔元暐撰。 異域歸忠傳，三卷。唐李德裕撰，起由余至尚可孤。 丹陽尹傳，十卷。梁元帝撰。 良吏傳，十卷。鍾岏撰。 忠烈圖，一卷。僞吴徐温客記安金藏等二十六人。 凌煙功臣秦府十八學士史臣等傳，四十卷。蔣乂撰。

右忠烈十三部，二百十四卷。

英雄録，一卷。記秦漢至唐佐命功臣。

海内名士傳，一卷。 正始名士傳，三卷。袁宏撰。 江左名士傳，一卷。劉義慶撰。 竹林七賢論，二卷。晉戴逵撰。 七賢傳，五卷。孟氏撰。 高才不遇傳，四卷。後齊劉晝撰。 烈士傳，二卷。劉向撰。 上古以來聖賢高士傳贊，三卷。周續之撰，隋志作續之注。 高識傳，十卷。傅弈撰。 英雄録，一卷。 先儒傳，五卷。 英藩可録事，三卷。張萬賢撰，邵武侯新注。 六賢圖贊，一卷。李渤撰。 梁四公子傳，四卷。唐盧詵撰。 續高識傳，十卷。 文林館紀，十卷。鄭忱

撰。〔三七〕
文士傳，五十卷。張騭撰。
益州文翁學堂圖，一卷。隋志作蜀文翁學堂像題記，二卷。
文館詞林文人傳，一百卷。許敬宗撰。
續文士傳，十卷。裴朏撰。
景龍文館記，十卷。李嶠、宗楚客等二十四學士。
唐十八學士真贊，一卷。
悼善列傳，四卷。
幼童傳，十卷。劉昭撰。

右名士二十四部，二百五十一卷。

懷舊志，九卷。
知己傳，一卷。盧思道撰。
賓佐記，二卷。杜佑撰。
交遊傳，二卷。鄭世翼撰。
宦遊記，七十卷。李義府撰。
幕府故吏録，一卷。哥舒翰撰。
成都幕府石幢記，二卷。記賓佐姓名，起貞元訖咸通。

右交遊七部，八十七卷。

春秋列國名臣傳，九卷。孫敏撰。
孔子弟子先儒傳，十卷。
玄晏春秋，三卷。
訪來傳，十卷。來奥撰。
雜傳，三十六卷。任昉撰。
雜傳，四十卷。賀縱撰。
雜傳，十九卷。陸澄撰。
雜傳，六十九卷。
東方朔傳，八卷。
毌邱儉記，三卷。
管輅傳，三卷。管辰撰。
李固別傳，七卷。
梁冀傳，二卷。
何顒傳，一卷。
桓玄傳，二卷。
陶潛傳，一卷。梁昭明太子撰。
陶弘景傳，一卷。
列藩正論，三十卷。章懷太子撰。
李密傳，三卷。賈閏甫撰。
狄仁

傑傳，三卷。李邕撰。 張巡姚闇傳，二卷。李翰撰。 高氏外傳，一卷。郭湜撰，高氏即高力士也。 顏公傳，二卷。唐殷亮撰，顏杲卿事。 段公別傳，二卷。唐馬宇撰，段秀實事。 孔子系葉傳，三卷。唐王恭之撰。 自古諸侯王善惡録，二卷。魏徵撰。 諸葛亮隱没五事，一卷。郭沖撰。 永寧公輔梁記，十卷。王緒撰。 尚書故實，一卷。唐李綽爲張延賞客，因録延賞事。 許國公勤王録，三卷。唐李巨川撰，記韓建迎昭宗東幸事。 郭元振傳，一卷。 周延禧傳，一卷。 种太尉傳，一卷。 陳明遠傳，一卷。瞿慶撰。 王文正公言行録，一卷。王皡撰。 鄭畋事迹，一卷。

右列傳三十六部，二百九十三卷。

太原王氏家傳，二十三卷。 王朗王肅家傳，一卷。 褚氏家傳，一卷。褚顗等撰。 薛常侍家傳，一卷。 江氏家傳，七卷。江祚等撰。唐志作「江饒」。 漢南庾氏家傳，三卷。庾斐撰。南志作十卷。唐志注「庾守業」。〔三八〕 裴氏家傳，四卷。裴松之撰。 虞氏家記，五卷。虞覽撰。 曹氏家傳，一卷。曹毗撰。 范氏世傳，一卷。范汪撰。 紀氏家紀，一卷。紀友撰。 韋氏家傳，一卷。 何顒使君家傳，一卷。 明氏家訓，一卷。僞燕衛尉明岌撰。 明氏世録，六卷。梁信武記室明粲撰。 陸史，十五卷。陸煦撰。 王氏江左世家傳，二十卷。王褒撰。 孔氏家傳，五卷。崔氏五門家傳，三卷。崔氏撰。暨氏家傳，一卷。周齊王家傳，一卷。姚氏撰。爾朱家傳，二卷。王劭撰。周氏家傳，一卷。令狐氏家傳，一卷。何妥家傳，二卷。裴若弼家傳，一卷。令狐家傳，一卷。令狐德棻撰。燉煌張氏家傳，二十卷。張太素撰。郭公家傳，八卷。陳氏撰。顏氏家傳，一卷。殷亮，撰，記杲卿事。鄴侯家傳，十卷。李繁撰。〔三九〕李趙公行狀，一卷。王起撰。河東張氏家傳，三卷。張茂樞撰。遠祖越國公行狀，一卷。鍾紹京撰。顏氏行狀，一卷。殷亮，記魯公事。魏公桑維翰傳，三卷。宋朝范質撰。張公行狀，一卷。張宗益撰。章氏家傳，慶德編，一卷。

右家傳二十八部，一百六十一卷。

列女傳，十五卷。劉向撰，曹大家注。列女傳，七卷。趙母注。列女傳，八卷。高氏撰。列女傳頌，一卷。曹植撰。列女傳頌，一卷。劉歆撰。列女傳贊，一卷。繆襲撰。列女後傳，十卷。項原撰。唐志作「項宗」。列女傳，六卷。皇甫謐撰。〔四〇〕列女傳，七卷。綦毋邃撰。女記，十卷。杜預撰。后妃記，四卷。虞通之撰。王嬪傳，五卷。王方慶撰。貞絜記，一卷。諸葛亮撰。列女傳略，七卷。魏徵撰。列女傳，一百卷。唐武后撰。王氏女記，十卷。王方慶撰。保傅乳母傳，七卷。唐武后撰。　美婦人傳，六卷。　妬記，二卷。虞通之撰。　續妬記，五卷。王方慶撰。　曹大家女誡，一卷。　內訓，二十卷。辛德原、王劭等撰。　婦人訓誡集，十卷。徐湛之撰。　娣姒訓，一卷。馮少胄撰。　女則要録，十卷。唐長孫皇后撰。　古今內範，一百卷。武后撰。　內範要略，十卷。唐武后撰。　鳳樓新誡，二十卷。王搏妻楊氏撰。　誡女書，一卷。李大夫撰。　女論語，十卷。尚宮宋氏撰。　女誡，一卷。　女議，一卷。　續大家女訓，十二章。薛蒙妻韋氏撰。　古今女規新類，一卷。　彤管懿範，七十卷。王欽若編，后妃事。

右列女三十五部，四百六十九卷，十二章。

科第録，十六卷。唐姚康撰，起武德，盡長慶，科第入仕者。　唐顯慶登科記，五卷。崔氏撰。　唐登科記，二卷。李弈撰。　重定科第録，十卷。宋朝樂史撰。　諱行録，一卷。唐由進士中第者姓名，起貞元，訖中和。　宋朝登科記，一卷。建隆至景祐。　宋朝登科記，三卷。樂史撰。　重修登科記，三十卷。樂史撰，起唐訖五代。　江南登科記，一卷。樂史撰。　五代登科記，一卷。趙僇修撰。　登科小録，二卷。文嵩撰。　大遼登科記，一卷。　周顯德二年小録，一卷。　唐取士詔科目，一卷。　唐文場盛事，一卷。　唐代衣冠盛事録，一卷。蘇持撰。　唐衣冠盛事圖，五卷。竇氏撰。

文場内舉人儀則，一卷。僞蜀禮部考試儀式，多沿唐舊。初舉子，一卷。後唐同光時人記當時舉進士禮部試之式。唐志作「盧光啓」。蜀桂堂編事，二十卷。僞蜀楊九齡撰。

宋朝衣冠盛事，一卷。錢明逸撰。制舉編事，八卷。制舉備對，二卷。

右科第二十三部，一百十五卷。

同姓名録，一卷。梁元帝撰。同姓名譜，六卷。南北朝小名録，一卷。

小名録，五卷。唐陸龜蒙撰，記秦漢至隋人。名賢姓字相同録，一卷。邱光庭撰。

歷代鴻名録，八卷。僞蜀李遠撰，記帝王稱號。名字族，十卷。楊知惲撰。同字録，一卷。楊蘊撰。歷代聖賢名氏録，十五卷。

右名號九部，四十八卷。

神異經，二卷。東方朔撰。宣驗記，十三卷。劉義慶撰。應驗記，一卷。宋光禄大夫傅亮撰。冥祥記，十卷。王琰撰。列異傳，三卷。魏文帝撰。感應傳，八卷。王延秀撰。古異傳，三卷。宋袁王壽撰。甄異傳，三卷。晉西戎主簿戴祚撰。述異記，十卷。祖冲之撰。異苑，十卷。宋給事劉敬叔撰。志怪，二卷。祖台之撰。志怪，四卷。孔氏撰。神録，五卷。劉之遴撰。齊諧記，七卷。宋散騎侍郎東陽無疑撰。續齊諧記，一卷。梁吴均撰。搜神記，三十卷。干寶撰。

搜神後記，十卷。陶潛撰。　靈鬼志，三卷。荀氏撰。　幽明録，二十卷。劉義慶撰。　補續冥祥記，一卷。王曼穎撰。　漢武洞冥記，一卷。郭氏撰。　研神記，十卷。蕭繹撰。　旌異記，十五卷。侯君素撰。　近異録，二卷。劉質撰。　鬼神列傳，二卷。謝氏撰。　集靈記，二十卷。顔之推撰。　寃魂志，三卷。顔之推撰。因果記，十卷。劉泳撰。　冥報記，二卷。唐臨撰。　王氏神通記，十卷。王方慶撰。　大唐奇事記，十卷。李隱撰。　窮神祕苑，十卷。焦潞撰。　傳奇，三卷。裴鉶撰。　還魂記，一卷。戴少平撰。　靈怪集，二卷。張薦撰。　集異記，三卷。薛用弱撰。　纂異記，一卷。李玫撰。　獨異志，十卷。李元撰。　博異志，三卷。谷神子撰。　玄怪録，十卷。牛僧孺撰。　續玄怪録，五卷。李復言撰。　宣室志，十卷。唐張讀撰。　瀟湘録，十卷。唐柳祥撰。　紀聞，十卷。唐牛肅撰，記釋氏、道家異事。　通幽記，三卷。唐陳劭撰。　古異記，二卷。　卓異記，一卷。唐陳翺撰。　續卓異記，一卷。唐裴紫芝撰。　廣卓異記，三卷。宋朝樂史撰。　周子良冥通録，三卷。記梁隱士周子良與神仙感應事。　補江總白猿傳，一卷。記梁歐陽紇妻事。　感應類從譜，一卷。狐剛子撰。　通籍録異，二十卷。劉振撰。　湖湘神仙類異，三卷。曹衍撰。　聞奇録，三卷。　異僧記，一卷。　離魂記，一卷。陳元祐，雜記張氏女事。妖怪録，五卷。皮光業撰。冥洪録，一卷。稽神録，十卷。宋朝徐鉉撰。洛中紀異，十卷。宋朝秦再思撰。新纂異要，一卷。唐段成式撰。黄靖國再生傳，一卷。廖子孟撰。感應書，一卷。甘澤謡，一卷。唐袁郊撰。録異誡，一卷。童蒙亨撰。虬鬚客傳，一卷。記李衛公事。拾遺録，二卷。僞秦姚萇方士王子年撰。王子年拾遺記，十卷。杜陽雜編，三卷。唐蘇鶚撰。前定録，一卷。唐鍾簵撰。定命論，十卷。唐趙自勤撰。定命録，二卷。唐吕道生撰。報應録，三卷。後唐王轂撰。廣前定録，一卷。唐鍾簵撰。警誡録，五卷。僞蜀周珽撰。奇應録，三卷。夏侯大珏撰。續定命録，一卷。唐温畬撰。感定命録一卷。科名定分録，七卷。宋朝張君房撰。

右冥異八十部，四百三十三卷。

嘉瑞記，三卷。陸瓊撰。祥瑞記，三卷。符瑞記，十卷。許善心撰。祥瑞録，十卷。魏徵撰。符瑞圖，十卷。陳顧野王撰，起三代，止梁武。符瑞故實，一卷。符瑞圖目，一卷。顧野王撰。稽瑞，一卷。劉賡撰。二十二國祥異記，三卷。宋朝張觀撰，起西晉，包孫吴，訖林邑國。祥瑞圖，八卷。侯亶撰。張掖郡玄石圖，一卷。孟衆撰。又，一卷。高堂隆撰。瑞應圖記，三卷。孫柔之撰。瑞應圖贊，三卷。熊理撰。　祥瑞圖，十卷。顧野王撰。　皇隋靈感志，十卷。王劭撰。　皇隋瑞文，十四卷。許善心撰。　災異圖，一卷。見隋志。　災祥，一卷。京房撰。　災祥集，七十六卷。見隋志。　地動圖，一卷。　祺祥記，一卷。　醴泉記，一卷。　瑞應翎毛圖，一卷。　祥瑞格式，一卷。　獬豸記，一卷。顔師古撰。

右祥異二十六部，一百七十六卷。

凡傳記十三種，三百八十三部，二千八百五十七卷，十二章。

校勘記

〔一〕「梁」，汪本脱「梁」字，明本、于本有而在「陳」字下，據元本、殿本補正。

〔二〕「漢中書令司馬遷撰」，汪本「中書」二字作「太史」，明本、于本前有「漢中」二字，後有「撰」字，中間空五字，殿本作「漢太史公司馬遷撰」，今從元本改正。

〔三〕「梁輕車録事參軍鄒誕生注」，諸本脱「生」字，據隋書經籍志二補。

〔四〕「恭播撰」，按，「恭」應作「敬」，鄭氏避宋諱而改。

〔五〕「恭播撰」，按，「恭」應作「敬」，鄭氏避宋諱而改。

〔六〕「李善撰」，元本、明本、于本、殿本皆作「李喜」。按新唐志同各本，舊唐志同汪本，而舊唐書曹憲傳附李善傳稱其「撰漢書辨惑三十卷」，則汪本爲是，今從之。

〔七〕「齊孫嚴撰」，汪本「嚴」作「巖」，據元本、明本、于本、殿本改。

〔八〕「韋安仁」，「仁」，原作「化」，據史通古今正史改。

〔九〕「隋書六十卷」，汪本「六」作「八」，據元本、明本、于本、殿本改。

〔一〇〕「正史削繁九十四卷」，元本、明本、于本、殿本皆無「九」字。按兩唐志皆作「十四卷」，同於各本，似脱「九」字，隋志作「九十四卷」，同於汪本，今從之。

〔一一〕「孫壽撰」，汪本「孫」作「陳」，據元本、明本、于本、殿本改。

〔一二〕「左將軍陰澹撰」，「陰」，原作「魏」，據隋書經籍志二改。

〔一三〕「蕭景暢撰隋志作蕭子顯」，按，「蕭景暢」，兩唐志文同，蕭子顯字景陽，是「暢」字應爲「陽」字之誤。

〔一四〕「帝録十八卷諸葛耽撰」，兩唐志皆作「十卷」，疑「八」字爲衍文。又舊唐志「耽」作「忱」。

〔一五〕「資治通鑑節文六十卷」，汪本脱「十」字，據元本、明本、于本、殿本補。

〔一六〕「南燕録五卷記慕容德事僞燕尚書張銓撰」，隋書經籍志二書名卷數同，而作者爲「僞燕尚書郎張詮撰」。兩唐志皆作「南燕書」，「張銓撰」，舊志卷數同，新志作「十卷」。

〔一七〕「記苻健事」、「苻朝雜記」，二「苻」字原皆作「符」，據元本、殿本改。

〔一八〕「梁湘東王世子蕭方等撰」，原本脱「等」字，據殿本補。

〔一九〕「僞蜀毛文錫撰」，汪本「錫」作「鍚」，據元本、明本、于本、殿本改。

〔二〇〕「唐張詢古撰」，「詢」字從汪本，宋史藝文志二同。元本、明本、于本、殿本皆作「絢」，新唐書藝文志二、崇文總目二與之同。

〔二一〕「淮海亂離志四卷蕭世怡撰敘梁末侯景之亂」，按，此從隋志。史通補注篇及兩唐志皆以作者爲蕭大圜，周書蕭圜肅傳又以圜肅爲作者，紛紜難定。

〔二二〕「太和辨謗録三卷」，「太和」，元本、明本、于本、殿本皆作「元和」。宋史藝文志二作：「太和辨謗略，三卷。」玉海藝文類引崇文總目云：「元和辨謗録，十卷，太和中，李德裕以其文繁，刪爲三卷。」是二書繁簡有别，汪本校改爲是。

〔二三〕「乙卯記」，原無卷數，按本書唐雜史部分統計數字推算，應爲二卷，新唐書藝文志二、宋史藝文志二皆作「一卷」。

〔二四〕「二十二部」，汪本作「二十五部」，據元本、明本、于本、殿本改。

〔二五〕「水洛城記一卷」，汪本「水」作「永」，據元本、明本、于本、殿本改。

〔二六〕「凡雜史九種一百七十八部一千四百五十一卷」，雜史總計原脱，今爲補入。

〔二七〕「宋永初起居注十卷」，汪本「十」作「六」，據元本、明本、于本、殿本改。按，隋志作

「十卷」，兩唐志作「六卷」，本書多從隋志，汪本改從唐志，有失原旨。

〔二八〕「哀帝實録八卷」，「帝」，原作「宗」，據直齋書録解題四改。

〔二九〕「張齊賢撰」，汪本「齊」作「孝」，據元本、明本、于本、殿本改。

〔三〇〕「官族傳十四卷」，汪本「傳」作「簿」，據元本、明本、于本、殿本改。

〔三一〕「梁尚書職制儀注四十一卷郭衍撰」，隋志不著撰人，姚氏考證云：「隋有郭衍，以材武得幸於煬帝，史不言其有著述。」

〔三二〕「職令古今百官注十卷郭衍撰」，隋志、新唐志皆作「郭演撰」，舊唐志作「郭演之」，未有作「郭衍」者。通志似因上條有「郭衍」之文而誤「演」爲「衍」。

〔三三〕「北齊權令二卷」，汪本「卷」作「令」，據元本、明本、于本、殿本改。

〔三四〕「二十二部」，汪本「二十」前衍「二百」二字，據元本、明本、于本、殿本删。

〔三五〕「長沙舊邦傳贊三卷」，汪本「舊」上有「者」字，無「邦」字。隋書經籍志二則二字皆無，元本、明本、于本、殿本同隋志。兩唐志皆有「邦」字，無「者」字，今從之校補。

〔三六〕「自古忠臣傳二十卷武謹撰」，「撰」，原作「傳」，音同而訛，今正。「武謹」，新唐書藝文志二作「武誼」，云：「字子思。」「誼」、「謹」二字應有一誤。

〔三七〕「鄭忱撰」，汪本「忱」作「耽」，據元本、明本、于本、殿本改。

〔三八〕「南志作十卷唐志注庾守業」，按，此十一字元本附注於正文右旁，蓋後人附加，非夾漈之文也。刻書者附刻之，翻刻者更混入正注之內，又誤「庾」字爲「虞」，今據新唐志改正。

〔三九〕「李繁撰」，汪本「繁」作「蘩」，據元本、明本、于本、殿本改。

〔四〇〕「皇甫謐撰」，「謐」，原作「謚」，據隋書經籍志二改。

藝文略第四

地里 地里　都城宫苑　郡邑　圖經　方物　川瀆　名山洞府　塔寺〔一〕　朝聘　行役　蠻夷

地里書，一百五十卷。陸澄撰。　地記，二百五十二卷。梁任昉增陸澄之書，曰地記。

隋諸州圖經集記，一百卷。郎蔚之撰。　周地圖，一百三十卷。　雜記，十二卷。

雜地志，五卷。　三代地理志，六卷。　地里書抄，二十卷。陸澄撰。

地里書抄，九卷。任昉撰。　地里書抄，十卷。劉黄門撰。　唐地域方丈圖，一卷。

唐地域方尺圖，一卷。　職方記，十六卷。　晉太康土地記，十卷。　太康三年地記，六卷。　元嘉六年地記，三卷。　輿地志，三十卷。顧野王撰。　括地志，五百五十卷。　又序略，五卷。　長安四年十道圖，十三卷。　開元三年十道圖，十卷。　元和郡縣圖志，五十四卷。李吉甫撰。　元和十道圖，十卷。　貞元十道録，一卷。　十道志，十六卷。梁載言撰。　賈耽地圖，十卷。　皇華四達記，十卷。賈耽撰。　古今郡國縣道四夷述，四十卷。　文括九州要略，三卷。劉之推撰。　元和郡國志，十卷。　十三州志，十四卷。闞駰撰。　太康州郡縣名，三卷。　大唐國照圖，一卷。孫結撰。　國照，十卷。曹臻撰。　太平寰宇記，二百卷。宋朝樂史撰。　方輿記，一百三十卷。僞唐徐鍇撰。　九域圖，三卷。宋朝王曾撰。　九域志，十卷。王存等撰。　十道記，一卷。　方岳志，五十卷。晏殊等撰。　貞觀郡國志，十卷。　開元分野圖，一卷。　唐新集地里志，九卷。　十道四蕃志，三卷。梁載言撰。　古今地名，三卷。　隋州郡縣簿，七卷。　九州郡縣名，九卷。　皇祐方域圖志，五十卷。王洙等撰。　古來國名，二卷。　周公城名録，一卷。　九州要記，四卷。　諸州雜記，八卷。　天下郡縣目，一卷。朱梁時人作。　坤元録抄，二十卷。　巨鼇記，六卷。　元魏諸州記，二十一卷。　世界記，五卷。釋僧祐撰。　隋諸郡土俗物産，一百五十一卷。　方物志，二十卷。許善心撰。　京兆方物志，二十卷。　劒南方物略圖贊，一卷。宋祁撰。　古今地譜，二卷。　風土記，三卷。晉周處撰。　元康六年户口簿記，三卷。

右地理六十四部，二千二百七十五卷。

三輔黄圖，一卷。記漢三輔宮觀、陵廟、明堂、辟雍、郊畤等事。　漢宮閣簿，三卷。　洛陽宮殿簿，三卷。　歷代宮殿名，一卷。宋朝李昉撰。　歷代宮名，一卷。

南朝宮苑記，二卷。　洛城圖，一卷。晉楊佺期撰。　西京記，三卷。薛冥撰。　洛陽記，一卷。陸機撰。　洛陽記，一卷。戴延之撰。　後魏洛陽記，五卷。　京師録，七卷。　關中記，一卷。潘岳撰。　兩京新記，五卷。韋述撰。　東都記，三十卷。鄧世隆撰。　東都記，二十卷。韋機撰。　兩京道里記，三卷。唐世記洛陽至長安道路事。　京師録，七卷。　隋朝移洛都記，一卷。　京邦記，二卷。　國都城記，九卷。　十國都城記，十卷。顧野王撰。　河南志，二十卷。宋敏求撰。　長安志，十卷。宋敏求撰。　洛陽類事，一卷。王正倫撰。　東京記，三卷。宋敏求撰。　又，三卷。　天下至京地里圖，一卷。　天下驛程記，一卷。　唐太極大明興慶三宮圖，一卷。　洛陽京城圖，一卷。　長安京城圖，一卷。　東京宮禁圖，一卷。　唐園陵記，一卷。　昭陵建陵圖，一卷。　聖賢冢墓記，一卷。李彤撰。　城冢記，一卷。　後園記，一卷。　廟記，一卷。　治平八廟圖，一卷。　學士院新撰目，一卷。宋朝國初改軍鎮及宮殿名，詔學士院撰。

右都城宮苑四十一部，一百六十八卷。

金陵地記，一卷。黄元之撰。　秣陵記，二卷。　江左記，一卷。張參撰。　鄴中記，二卷。晉陸翽撰。　鄴都故事，二卷。馬温撰。　魏永安記，三卷。温子昇撰。

鄴城新記，二卷。劉公鋭撰。　鄴縣記，一卷。　相臺志，十二卷。陳臻撰。
唐關中隴右山南九州別録，六十卷。　華陽風俗録，一卷。唐張周封撰。　九隴
記，一卷。王韶撰。　成都記，五卷。唐盧求撰。　益州理亂記，三卷。唐鄭暐撰。
續成都記，一卷。杜光庭撰。　成都古今集記，三十卷。趙抃撰。　蜀王本記，一
卷。揚雄撰。　益州記，三卷。隋李充撰。　蜀志，一卷。後漢常寛撰。　巴蜀記，
一卷。　三巴記，一卷。譙周撰。　梁益記，十卷。　分吳會丹陽三郡記，二卷。
吳興統記，十卷。　吳興記，三卷。山謙之撰。　吳地記，一卷。齊陸道瞻撰。
吳都記，一卷。張勃撰。　吳地記，一卷。張勃撰。　會稽土地記，一卷。朱育撰。
會稽記，一卷。賀循撰。　吳會須知，一卷。魏羽撰。　南徐州記，二卷。山謙之
撰。　毗陵記，一卷。　京口記，二卷。宋劉損撰。　南兗州記，一卷。阮叙之撰。
南雍州記，三卷。鮑堅撰。　荆州記，二卷。郭仲産撰。　荆南地志，二卷。梁元
帝撰。　荆州記，三卷。宋盛宏之撰。　渚宫故事，十卷。唐余知古撰。　廣梁南
徐州記，九卷。虞孝恭撰。　陳留風俗傳，三卷。圈稱撰。　司州記，二卷。　夷
門記，一卷。王權撰。　徐地録，一卷。劉芳撰。　三齊記，一卷。李朏撰。　齊地
記，二卷。晏模撰。　齊州記，四卷。李叔布撰。　鄱陽記，一卷。王仲通撰。　鄱

陽縣圖經，一卷。　零陵總記，十五卷。陶岳撰。　零陵録，一卷。韋宙撰。　淮南記，一卷。　燉煌新録，一卷。唐李延範撰。　巴陵古今記，一卷。范致明撰。　曹甸雜記，一卷。范致明撰。　恩平郡譜，三卷。楊備撰。　江夏辨疑，一卷。王得臣撰。　豫章記，一卷。雷次宗撰。　豫章記，三卷。雷次宗撰。　東陽記，一卷。鄭緝之撰。　尋陽記，二卷。張僧監撰。　九江新舊録，三卷。唐張容撰。　湘州記，四卷。　湘川記，一卷。羅含撰。〔二〕　湘中記，一卷。　湘中新録，七卷。周衡撰。　湘州圖副記，一卷。　襄沔記，三卷。唐吴從政撰。　中岳潁州志，五卷。樊文深撰。　西河舊事，一卷。　并州入朝道里記，一卷。蔡允恭撰。　并州總管内諸州圖，一卷。　趙記，十卷。　河東記，三卷。　代都略記，三卷。　太原事迹記，十四卷。李璋撰。　東都記，三十卷。鄧行儼撰。　南越記，一卷。陳承韜撰。　南越志，五卷。宋沈懷遠撰。　邕管雜記，一卷。宋朝范旻撰。　珠崖傳，一卷。僞燕蓋泓撰。　交廣二州記，一卷。王範撰。　桂林風土記，三卷。唐莫休符撰。　廣西要會，五卷。張田撰。　安南會要，一卷。　番禺雜録，三卷。鄭熊撰。　廣東要會，四卷。　番禺建立城池，一卷。　番禺記，一卷。王德璉撰。　甌閩傳，一卷。　閩中記，一卷。〔三〕唐林諝撰。　泉南録一卷。僧洞源撰。　重修閩中記，十卷。林世程撰。　戎州記，一卷。唐李仁實撰。

右郡邑九十五部，三百七十六卷。

周地圖記，一百九卷。　冀州圖經，一卷。　齊州圖經，一卷。　幽州圖經，一卷。　隋諸州圖經集，一百卷。郎蔚之撰。　潤州圖注，十二卷。孫處玄撰。

唐劒南地圖，二卷。　開封府圖經，十八卷。　畿内諸縣圖經，十八卷。　河北三十四郡地圖，一卷。　京東路圖經，九十八卷。　京西路圖經，四十六卷。

河北路圖經，一百六十一卷。　陝西路圖經，八十四卷。　河東路圖經，一百一十四卷。　淮南路圖經，九十卷。　江南路圖經，一百十四卷。　兩浙路圖經，九十五卷。　吳郡圖經，六卷。李宗諤撰。　吳郡續圖經，三卷。朱長文撰。　荆湖南路圖經，三十九卷。　荆湖北路圖經，六十三卷。　川陝路圖經，三十卷。

益州路圖經，八十二卷。　利州路圖經，六十三卷。　夔州路圖經，五十二卷。

梓州路圖經，六十九卷。　廣東路圖經，五十七卷。　廣西路圖經，一百六卷。

福建路圖經，五十三卷。　南劒州圖經，六卷。　吉州圖經，九卷。　江寧府圖經，六卷。

右圖經三十三部，一千七百一十七卷。

山海經，二十三卷。郭璞撰。〔四〕 山海經，十八卷。 山海經圖讚，二卷。郭璞注。 山海經圖，十卷。宋朝舒雅等撰。 山海經音，二卷。 神異經，二卷。東方朔撰，張華注。 異物志，一卷。後漢楊孚撰。 南州異物志，一卷。吴丹陽太守萬震撰。 發蒙記，一卷。束皙撰。 交州異物志，一卷。楊孚撰。 扶南異物志，一卷。朱應撰。 臨海水土異物志，一卷。隋沈瑩撰。 涼州異物志，一卷。 南方異物志，一卷。房千里撰。 嶺南異物志，一卷。孟琯撰。 嶺表録異，三卷。〔五〕劉恂撰。 晉安海物異名記，二卷。僞唐陳致雍撰。 番禺紀異集，五卷。馮拯撰。 異魚圖，五卷。 青城山方物志，五卷。句台符撰。

右方物二十部，八十四卷。

水經，三卷。漢桑欽撰，郭璞注。 水經，四十卷。酈道元注。 四海百川水源記，一卷。晉僧道安撰。 江圖，一卷。張氏撰。 江圖，二卷。劉氏撰。 江記，五卷。庾仲雍撰。 浙江論，一卷。潘洞撰。 漢水記，五卷。庾仲雍撰。 尋江源記，五卷。 删水經，十卷。唐李吉甫撰。 水飾圖，二十卷。 江行備用圖，一卷。 太虚潮論，一卷。 燕肅海潮論，三卷。 邱光庭海潮論，一卷。 張君房海潮論，三卷。 海濤志，一卷。竇叔蒙撰。 靈異治水記，一卷。 姑蘇水利，一卷。刺正甫撰。　濟水圖，一卷。　岷江渠堰譜，十卷。張賁撰。　吐蕃黄河録，四卷。　導河形勝書，三卷。李聖撰。　古今大河指掌，一卷。　神壤記，一卷。黄閔撰，記滎陽山水。　永初山川古今記，二十卷。齊都官尚書劉澄之撰。　司州山川古今記，三卷。劉澄之撰。　諸道山河地名要略，九卷。唐韋澳撰。　六路水陸地里記，一卷。　大禹治水玄奥録，一卷。　河防通議，一卷。沈立撰。

右川瀆三十一部，一百六十卷。

九峻山記。唐王方慶撰。　嵩山記，一卷。盧鴻撰。〔六〕　又，一卷。張景儉撰。　廬山雜記，一卷。張密撰。　武林山記，一卷。　九華山舊録，一卷。　九華山新録，一卷。滕宗諒撰。　九華山録，一卷。釋應物撰。　西山圖，一卷。蔣炳撰。　五嶽諸山記，一卷。　五嶽圖，一卷。　五嶽記，一卷。　九華山拾遺，一卷。　齊山記，一卷。　顧渚山記，一卷。　雁蕩山記，一卷。　豫章西山記，二卷。李上交撰。　幕阜山記，一卷。　九疑山圖記，一卷。　王屋山新記，一卷。　四明山記，一卷。　青城山記，一卷。　玉笥山記，一卷。唐道士令狐見堯撰。　清溪山記，一卷。法琳撰。　武夷山記，一卷。杜光庭撰。　華山記，一卷。　茅山記，一卷。　茅山新小記，一卷。　諸山記，一卷。　武夷山記，一

卷。劉夔撰。　天台山記，一卷。　九疑山圖記，一卷。　會稽洞記，一卷。賀知
章撰。　閤皁山記，一卷。楊申撰。　南嶽衡山記，一卷。　又，一卷。宋居士撰。
羅浮山記，一卷。郭之美撰。　南嶽小録，一卷。李仲昭撰。　遊名山記，一卷。
謝靈運撰。　居名山志，一卷。謝靈運撰。　李氏宜都山川記，一卷。　湘中山水
記，三卷。盧拯撰。〔七〕　十洲記，一卷。東方朔撰。　洞庭譜，一卷。　嶽瀆福地
圖，一卷。　福地記，一卷。　玄中記，一卷。　瀨鄉記，一卷。崔氏撰。　桃
花源集，二卷。姚孳撰。　名山洞天記，一卷。　十大洞天記，三十六小洞天記，一
卷。　洞天集，五卷。王正範撰。

右名山洞府五十二部，五十七卷。

聘遊記，三卷。劉師知撰。　朝覲記，六卷。　魏聘使行記，五卷。　聘北道
里記，三卷。江德藻撰。　遣使録，一卷。陸贄撰。　皇華四達記，十卷。賈耽撰。
接伴語録，八卷。　接伴入國館伴録。　林内翰北朝國信語録，二卷。　接伴
北使回答土物録，一卷。　黠戛斯朝貢圖，一卷。吕述撰。〔八〕　富韓公入國語録，
一卷。　余襄公奉使録，一卷。　陳襄奉使録，一卷。　賀正人使例，一卷。
南北國信記，一卷。　通好後南北人使姓名録，一卷。　使遼圖抄，一卷。沈括

撰。　虜庭須知，一卷。　重修虜庭須知，一卷。　西夏須知，一卷。　隣國
政事，一卷。　匈奴須知，一卷。　契丹須知，一卷。　北鄙須知，一卷。田瑋撰。
奉使高麗記，一卷。　西南蠻入朝首領記，一卷。　商胡行道圖，一卷。
高麗國海外使程記，三卷。昇元中録。　西蕃會盟記，三卷。　錢王貢奉録，一卷。
四夷朝貢録，十卷。唐高少逸撰。　于闐進奉記，一卷。　職貢圖，一卷。梁元
帝撰。　職貢圖，三卷。　古今貢録，一卷。　軺車事類，三卷。編春秋及史傳奉使
之辭。

右朝聘三十七部，九十二卷。

張騫出關志，一卷。　江表行記，一卷。　封君義行記，一卷。　序行記，十
卷。姚最撰。　李諧行記，一卷。　南嶽勝遊録，一卷。僧文政撰。　周秦行記，
一卷。韋瓘撰。　輿駕東行記，一卷。隋薛泰撰。　巡撫揚州記，七卷。諸葛穎撰。
北伐記，七卷。諸葛穎撰。　宋武北征記，一卷。戴氏撰。　郭緣生述征記，二
卷。　戴祚西征記，二卷。　姚最述行記，二卷。　隋王入沔記，一卷。宋侍中沈
懷文撰。　諸道行程血脉圖，一卷。馬敬寔撰。　張氏燕吳行役記，二卷。　雲南
行記，一卷。　韓琬南征記，十卷。　李德裕南遷録，一卷。　丁謂南遷録，一

卷。　平蜀記，一卷。　李氏朝陵記，一卷。李遵勗朝永熙陵撰。　入洛記，十卷。周王仁裕撰。　王氏東南行記，一卷。　王仁裕南行記，一卷。　李昉南行記，一卷。遣祠南岳。　蜀程記，一卷。唐韋莊撰。　峽程記，一卷。唐韋莊撰。　遊蜀記，一卷。宋朝李用和撰。

右行役三十部，七十三卷。

交州以南外國傳，一卷。　日南傳，一卷。　交趾事迹，一卷。　諸蕃風俗記，二卷。　突厥所出風俗事，一卷。　大隋翻經婆羅門法師外國傳，五卷。〔九〕外國傳，五卷。釋曇景撰。　西域圖，三卷。裴矩撰。　西域道里記，三卷。程士章撰。　西域國志，六十卷。　大唐西域記，十二卷。唐僧玄奘撰。　西域記，十二卷。唐僧辨機撰。　諸蕃國記，十七卷。　北荒風俗記，二卷。　男女二國傳，一卷。　真臘國事，一卷。　高麗風俗，一卷。裴矩撰。　新羅國記，一卷。顧愔撰。渤海國記，三卷。張建章撰。　諸蕃記，一卷。戴氏撰。　海南諸蕃行記，一卷。達奚通撰。　蠻書，十卷。樊綽纂。　雲南記，一卷。袁滋撰。　北荒君長録，一卷。李繁撰。〔一〇〕　雲南別録，一卷。竇滂撰。　南詔録，三卷。徐雲虔撰。　投荒雜録，一卷。房千里撰。　赤土國記，二卷。常駿等撰。　中天竺國行記，十卷。王玄策撰。　佛國記，一卷。釋法顯撰。　遊行外國傳，一卷。釋智猛撰。　歷國傳，二卷。僧法盛撰。　慧生行傳，一卷。　北户雜録，三卷。段公路撰。　契丹録，一卷。　北庭會要，一卷。　聚米圖經，五卷。　陰山雜録，六卷。趙至忠撰。　燕北雜記，三卷。　契丹夏州事迹，一卷。　平戎記，五卷。　西戎記，二卷。　大理國行程，一卷。　蒲甘國行程略，一卷。　邕管溪洞雜記，一卷。譚掞撰。　于闐國行程記，一卷。平居誨撰。　邊陲利害，三卷。薛向撰。

右蠻夷四十七部，二百丹一卷。

凡地里十種，四百五十部，五千一百四十卷。

譜系　帝系　皇族　總譜　韻譜　郡譜　家譜

世本，二卷。劉向撰。　世本，四卷。宋衷撰。　帝譜世本，七卷。宋均撰。　世本王侯大夫譜，一卷。　世本譜，二卷。王氏注。　漢氏帝王譜，三卷。　帝系譜，二卷。張愔等撰。　尚書血脉，一卷。　宋譜，四卷。　齊帝譜屬，十卷。　梁帝譜，十三卷。　後魏譜，十卷。　齊高氏譜，六卷。　周宇文氏譜，一卷。　大唐皇室新譜，一卷。唐李衢撰。　唐皇室維城録，一卷。唐李衢等撰。　天潢

源派，一卷。唐李匡乂撰。〔一一〕　本朝仙源積慶圖，一卷。　本朝維城録，一卷。天
聖十八年。

右帝系十九部，七十二卷。

齊永元中表簿，六卷。　梁大同四年表簿，三卷。　齊梁宗簿，三卷。　國親
皇太子親傳，三卷。賈冠撰。　梁親表譜，五卷。〔一二〕　後魏皇帝宗族譜，四卷。
後魏辨宗録，二卷。元暉業撰。　魏孝文列姓族牒，一卷。　後齊宗譜，一卷。
南族譜，二卷。　皇唐玉牒，一百一十卷。李衢等撰。　唐偕目譜，一卷。唐李匡
乂撰，紀高祖至昭宗，中宮及太子諸王公主名號封拜出降年月。　玉牒行樓，二卷。唐李匡乂
撰。　皇孫郡王譜，一卷。唐李匡乂撰。　元和縣主譜，一卷。唐李匡乂撰。　唐
書總紀帝系，三卷。　宗室齒序圖，一卷。　仙源類譜，一卷。王鞏撰。　皇族具
員，一卷。　皇親故事，二卷。宋朝李至撰。

右皇族戚里附，二十部，百五十三卷。

族姓昭穆記，十卷。晉摯虞撰。　百家集譜，十卷。王儉撰。　續百家譜，四卷。
梁王逡之撰。　百家譜拾遺，一卷。　百家譜，三十卷。王僧孺撰。　百家譜集鈔，
十五卷。王僧孺撰。　百家譜，二十卷。賈執撰。　百家譜，十五卷。傅昭撰。

百家譜世統，十卷。百家譜鈔，五卷。賈執撰。〔一三〕百家譜，二十卷。徐勉撰。
姓氏英賢譜，一百卷。賈執撰。姓苑，十卷。何承天撰。複姓苑，一卷。
氏族要狀，十五卷。賈希鑑撰。官族傳，十五卷。諸姓譜，一百十六卷。梁司
空王儉撰。〔一四〕大唐氏族志，一百卷。姓氏譜，二百卷。吕才等撰。大唐姓
族系録，二百卷。柳冲撰。大唐十四家貴族，一卷。吴兢、韋述等撰。衣冠譜，六
十卷。路敬淳撰。著姓略記，二十卷。路敬淳撰。姓氏實論，十卷。王玄感撰。
姓苑略，一卷。崔日用撰。開元譜，二十卷。韋述撰。天寶雜譜，一卷。明皇
撰。國朝宰相甲族，一卷。韋述撰。百家類例，三卷。韋述撰。唐新定諸家
譜録，一卷。李林甫等撰。姓氏雜録，一卷。孔至撰。唐官姓氏記，五卷。李利涉
撰。編古命氏，三卷。李利涉撰。永泰新譜，二十卷。柳芳撰。續譜，十卷。
柳璟撰。聖朝臣寮家譜，一卷。宋朝人撰。姓史，四卷。氏族譜，一卷。
姓氏祕略，三卷。唐譜傳引，一卷。姓解，三卷。邵思撰。熙寧姓纂，六
卷。錢明逸撰。千姓編，一卷。吴可幾撰。
右總譜四十三部，一千七十四卷。
姓氏韻略，六卷。柳璨撰。姓源韻譜，四卷。曹大宗撰。姓源韻譜，三卷。張

九齡撰。　系纂，七卷。唐竇從一撰。　元和姓纂，十卷。唐林寶撰。　姓林，五
卷。唐陳湘撰。　五姓證事，二十卷。　元和姓纂抄，一卷。

右韻譜八部，五十八卷。

新集諸州譜，十二卷。司空王儉撰。〔一五〕　梁武帝總集境内十八州譜，〔一六〕七百十
二卷。王僧孺撰。　益州譜，四十卷。　關東關北譜，三十三卷。　冀州姓族譜，
二卷。　洪州諸姓譜，九卷。　吉州諸姓譜，八卷。　江州諸姓譜，十一卷。
諸州雜譜，八卷。　袁州諸姓譜，八卷。　揚州譜鈔，五卷。　天下姓望郡譜，
一卷。

右郡譜十二部，八百四十九卷。

孔子系葉傳，二卷。黄恭之撰。　孔聖真宗録，五卷。　孔子家譜，一卷。
司馬氏世家，三卷。　京兆韋氏譜，二卷。　韋氏譜，十卷。　韋氏諸房略，一
卷。　謝氏譜，十卷。　謝氏家譜，一卷。　楊氏血脉譜，二卷。　楊氏家譜
狀并墓記，一卷。　楊氏枝分譜，一卷。　楊氏譜，一卷。魏朝楊侃撰。　北地傳
氏譜，一卷。　蘇氏譜，一卷。　裴氏家牒，二十卷。裴守真撰。　王氏家牒，十
五卷。王方慶撰。　家譜，二十卷。王方慶撰。　王氏著録，十卷。　王氏譜，一

卷。　劉氏譜考，三卷。　劉氏家史，十五卷。　劉氏大宗血脉，一卷。劉復禮撰。　河南劉氏傳，一卷。　劉輿家譜，一卷。　劉晏家譜，一卷。　南華劉氏家譜，一卷。　趙郡東祖李氏家譜，二卷。　李氏房從譜，一卷。　李用休家譜，二卷。唐李用休撰。　李氏家譜，一卷。唐李匡乂撰。〔一七〕　蔣王惲家譜，一卷。李惲，太宗第七子，書載其後。　紀王慎家譜，一卷。　南陽李英公家譜，一卷。韓王家譜，一卷。　東萊吕氏家譜，一卷。　薛氏家譜，一卷。　顔氏家譜，一卷。　虞氏家譜，一卷。　孫氏家譜，一卷。　吴郡陸氏宗系譜，一卷。唐陸景獻撰。　徐氏譜，一卷。　徐義倫家譜，一卷。　徐詵家譜，一卷。　新定徐氏譜圖，四卷。唐徐商撰。　周長球家譜，一卷。　周氏大宗血脉譜，一卷。　施氏家譜，一卷。　萬氏家譜。一卷。　滎陽鄭氏家譜，一卷。　竇氏家譜，一卷。唐竇澄之撰。　鮮于氏家譜，一卷。　唐氏譜略，一卷。　唐納家譜，一卷。趙異世家譜，一卷。　費兼家譜，一卷。　沈氏譜書，一卷。　沈氏衣冠集，一卷。藥玩撰。〔一八〕　京兆杜氏家譜，一卷。　曲江張氏家譜，一卷。　錢氏慶系圖，二十五卷。　錢氏慶系譜，一卷。　符魏王譜，一卷。　向文簡譜，一卷。潯陽陶氏家譜，一卷。　建安章氏家譜，一卷。　建陽陳氏家譜，一卷。　范陽家志，五卷。盧藏用撰。

右家譜六十八部，二百五卷。

凡譜系六種，一百七十部，二千四百一十一卷。

食貨 貨寶　器用　豢養　種藝　茶　酒

錢譜，一卷。梁顧烜撰。　錢神論，一卷。晉魯褒撰。　錢圖，一卷。　續錢譜，一卷。唐封演撰。　錢譜，三卷。張台撰。　錢本草，一卷。唐張説撰。　錢譜，一卷。宋朝董逌撰。　鑄錢故事，一卷。宋朝杜鎬撰。　池州永豐錢監須知，一卷。　古今鼎録，一卷。隋虞荔撰。　九鼎記，四卷。唐許康佐撰。　古今刀劒録，一卷。梁陶弘景撰。　銅劒讚，一卷。　鑄劒術，一卷。出道藏。　劒法，一卷。　仙寶劒經，二卷。見隋志。　古鑑記，一卷。隋王劭撰。　錦譜，一卷。　解玉格，一卷。段成式撰。　鹽鐵論，十卷。漢桓寬撰。　鹽筴總類，二十卷。　鹽須知，一卷。　鹽池利害，一卷。

右貨寶二十三部，五十七卷。

魯史欹器圖，一卷。隋儀同劉徽注。　欹器銘，一卷。　器準圖，一卷。後魏信都芳撰。　水飾，一卷。　墨苑，一卷。　墨圖，一卷。　墨譜，一卷。蔡襄撰。
硯録，二卷。唐詢撰。　文房四譜，四卷。蘇易簡撰。　權衡記，一卷。祖暅之
撰。〔一九〕香譜，四卷。沈立撰。　天香傳，一卷。丁謂撰。

右器用十二部，十九卷。

治馬經，三卷。〔二〇〕俞極撰。　治馬經圖，一卷。　馬經孔穴圖，一卷。　伯
樂相馬經，一卷。　相馬經，三卷。　周穆王相馬經，三卷。　相馬經，二卷。徐
成等撰。　相馬經，六十卷。諸葛穎撰。　闕中銅馬法，一卷。　周穆王八駿圖，
一卷。晉史道碩畫。　騏驥須知，一卷。　辨馬圖，一卷。　辨養良馬論，一卷。
辨馬口齒訣，一卷。　醫馬經，一卷。　景祐醫馬方，一卷。　甯戚相牛經，
一卷。　高堂隆相牛經，一卷。　牛馬書，一卷。　醫牛經，一卷。　浮邱公
相鶴經，一卷。　淮南八公相鵠經，一卷。　鷙擊録，二十卷。堯須跋撰。　東川
白鷹經，一卷。　鷹經，一卷。　鷹鶻病候，一卷。唐諸葛穎撰。　鷹鶻五藏病
源，一卷。　淮南王蠶經，三卷。　蠶書，二卷。孫光憲撰。　范蠡養魚經，一卷。
猩猩傳，一卷。王綱撰。　禽經，一卷。師曠撰。　卜式養猪羊法，二卷。
卜式月政蓄牧栽種法，一卷。　相鴨經，一卷。　相雞經，一卷。　相鵝經，一

卷。　相貝經，一卷。　論駞經，一卷。　醫駞方，一卷。　治馬牛駝騾等經，三卷。

右豢養四十一部，一百三十二卷。

竹譜，一卷。戴凱之撰。見隋志。　竹記，一卷。　筍譜，一卷。宋朝僧贊寧撰。　樹萱録，一卷。　園庭草木疏，二十一卷。唐王方慶撰。　四時栽接記，一卷。　種植法，七十七卷。唐諸葛穎撰。　禁苑實録，一卷。見隋志。　花目録，七卷。宋朝張宗誨撰。　花品，一卷。宋朝僧仲林撰。〔三二〕　海棠記，一卷。　郊居草木記，一卷。　茘枝新譜，一卷。蔡襄撰。　又，一卷。　莆田茘枝譜，一卷。徐師閔撰。　增城茘枝譜，一卷。張宗閔撰。　洛陽花木記，一卷。周師厚撰。　洛陽牡丹記，一卷。歐陽修撰。　牡丹花品，一卷。越僧仲林撰。　洛陽貴尚録，十卷。邱濬撰。　洛陽花譜，三卷。張峋撰。　禾譜，一卷。　平泉山居草木記，一卷。唐李德裕撰。　漆經，三卷。僞唐朱遵度撰。

右種藝二十四部，一百三十九卷。

茶經，三卷。唐陸羽撰。　茶記，三卷。陸羽撰。　採茶録，三卷。唐温庭筠撰。　煎茶水記，一卷。唐張又新撰。　茶譜，一卷。僞蜀毛文錫撰。　北苑茶録，三卷。宋朝丁謂撰。　茶山節對，一卷。蔡宗顔撰。　茶譜遺事，一卷。蔡宗顔撰。

北苑拾遺，一卷。丁謂撰。　北苑煎茶法，一卷。　茶苑總録，十四卷。曾伉撰。

茶法易覽，十卷。

右茶十二部，四十二卷。

酒孝經，一卷。劉炫撰。　貞元飲略，三卷。　醉鄉日月，三卷。皇甫松撰。

醉鄉小略，五卷。胡節還撰。　令圃芝蘭集，一卷。陽曾龜撰。　酒録，一卷。竇常撰。　小酒令，一卷。　庭萱譜，一卷。同塵先生修飲酒令譜，謂之庭萱。

右酒八部，十六卷。

凡食貨六種，一百二十部，四百五卷。

目録 總目　家藏總目　文章目　經史目

七略別録，二十卷。劉向撰。　七略，七卷。劉歆撰。　晉中經簿，十四卷。荀勗撰。　晉義熙已來新集目録，三卷。邱深之撰。　宋元徽元年四部書目録，四卷。王儉撰。　今書七志，七十卷。王儉撰。　梁天監六年四部書目，四卷。殷鈞撰。

梁東宮四部目録，四卷。劉遵撰。　梁文德殿四部目録，四卷。劉孝標撰。　七録，十二卷。阮孝緒撰。　魏闕書目録，一卷。　陳天嘉六年壽安殿四部目録，四卷。　陳德教殿四部目録，四卷。　陳承香殿五經史記目録，二卷。　隋開皇四年四部目録，四卷。牛弘撰。　開皇八年四部目録，四卷。　開皇二十年書目，四卷。王劭撰。　香厨四部目録，四卷。　隋大業正御書目録，九卷。　四部書目序録，三十九卷。殷淳撰。　唐群書四録，二百卷。殷踐猷等撰。　古今書録，四十卷。唐毋煚撰。　唐集賢書目，一卷。韋述撰。　唐四庫搜訪圖書目，一卷。　開元四庫書目，四十卷。　唐祕閣書目，四卷。　僞蜀王建書目，一卷。　紫微樓書目，一卷。　崇文總目，六十六卷。王堯臣等撰。　祕閣四庫書，十卷。　史館書目，二卷。張方平撰。　嘉祐訪遺書詔并目，一卷。　求書目録，一卷。　國子監書目，一卷。　禁書目録，一卷。　川本書籍目録，三卷。

右總目三十六部，五百九十卷。

吴氏西齋書目，一卷。唐吴兢撰。　新集書目，一卷。唐蔣彧撰。　東齋集籍，二十卷。唐杜信撰。　都氏書目，一卷。　沈諫議書目，三卷。沈立。　沈少卿書目，二卷。　李正議書目，三卷。李定。　荆州田氏書目，六卷。田瑋。　籯金堂書目，三卷。吴良嗣。　慶善樓書目，三卷。台州陳氏。　李邯鄲書目，三卷。李淑。

漳浦吴氏藏書目，四卷。吴興。　方作謀萬卷樓書目，一卷。　余衛公萬卷藏書目，一卷。　歐陽参政書目，一卷。

右家藏總目十五部，五十三卷。

文章家集叙，十卷。荀勗撰。　文章志，四卷。摯虞撰。　宋世文章志，二卷。沈約撰。　文選著作人名目，三卷。唐韋寶鼎。　文樞祕要目，七卷。唐尹植撰。　羣書麗藻目録，五十卷。僞唐朱遵度撰。〔二二〕　上清文苑目，二卷。

右文章目七部，七十八卷。

經史釋題，二卷。唐李肇撰。　十三代史目，十卷。唐宗諫撰。　史目，三卷。唐楊松珍撰。　唐列聖實録目，二十五卷。唐孫玉汝撰。〔二三〕　河南東齋史目，三卷。唐人撰。　唐書叙例目録，一卷。見唐志。　十九代史目，二卷。宋朝舒雅等撰。　太祖實録目，二卷。　太宗實録目，二卷。　太宗新修五代史目，二卷。　歷代史目，十五卷。　高氏小史目，一卷。　史鑑目，三卷。　經史目録，七卷。楊九齡撰。　經史目録，三卷。　十三代史目，三卷。殷仲茂撰。　唐餘録目，二卷。宋敏求撰。　羣書備檢録，十卷。　漢書叙例目，一卷。

右經史目十九部，九十三卷。

凡目録類四種，七十七部，八百一十四卷。

諸子類第六

儒術　道家　釋家　法家　名家　墨家　縱横家　雜家　農家　小説　兵家

儒術

晏子春秋，七卷。齊大夫晏嬰撰。　曾子，二卷。目一卷。曾參撰。　子思子，七卷。魯穆公師孔伋撰。　漆雕子，十三篇。漆雕開後。　宓子，十六篇。孔子弟子宓不齊撰。　世子，二十一篇。名碩，陳人也，七十子之弟子。　魏文侯，六篇。　李克，七篇。子夏弟子，爲魏文侯相。　公孫尼子，一卷。七十子之弟子。　孟子，十四卷。齊卿孟軻撰，趙岐注。　孟子，七卷。鄭氏注。　孟子，七卷。劉熙注。　孟子，七卷。綦毋邃撰。　孟子，七卷。陸善經注。　孟子音義，三卷。張鎰撰。　孟子音義，二卷。宋朝孫奭撰。　續孟子，二卷。唐林慎思撰，名伸蒙子。　删孟子，一卷。馮休撰。　荀卿子，十二卷。楚蘭陵令荀况撰。　荀子，二十卷。楊倞注。　非荀，二十八篇。吴申撰。　削荀，一卷。陳之方撰。　芈子，十八篇。齊人芈嬰，七十子之後。

甯越，一篇。王孫子，一篇。公孫固，一篇。李氏春秋，二篇。羊子，四篇。秦博士羊百章撰。徐子，四十二篇。宋外黄人。魯仲連子，五卷。齊人魯連，不仕，稱先生。虞氏春秋，十五篇。虞卿撰。新語，二卷。陸賈撰。劉敬，三篇。賈子，十卷。漢梁太傅賈誼撰。〔二四〕秦子，三卷。何子，五卷。劉子，三卷。梁劉勰撰。賈山，八篇。董仲舒，百二十三篇。兒寬，九篇。公孫弘，十篇。終軍，八篇。吾邱壽王，六篇。新序，二十卷。〔二五〕録一卷。劉向撰。説苑，二十卷。劉向撰。揚子法言，十五卷。解一卷。揚雄撰，李軌注。揚子法言，六卷。侯芭注。揚子法言，十卷。宋衷注。揚子法言，十三卷。柳宗元注。揚子法言，十卷。司馬光集注。桓子新論，十七卷。後漢六安丞桓譚撰。潛夫論，十卷。後漢處士王符撰。申鑒，五卷。荀悦撰。魏子，三卷。後漢會稽人魏朗撰。牟子，二卷。後漢太尉牟融撰。中論，六卷。魏徐幹撰。典論，五卷。魏文帝撰。徐氏中論，六卷。魏太子文學徐幹撰。萬機論，八卷。蔣濟撰。王子政論，十卷。王肅撰。去伐論，三卷。王粲撰。杜氏體論，四卷。魏幽州刺史杜恕撰。述政論，十三卷。齊陸澄撰。誓論，三十卷。張儼撰。顧子新語，十二卷。吴太常顧譚撰。新言，五卷。裴元撰。新義，十八卷。劉廞撰。

新略，十卷。章道孫撰。　文禮通語，十卷。　正訓，十卷。陸機撰。　典訓，十卷。陸景撰。　譙子法訓，八卷。譙周撰。　譙子五教志，五卷。　古今通論，二卷。松滋令王嬰撰。　周生烈子，五卷。　袁子正論，二十卷。袁準撰。　袁子正書，二十五卷。　孫氏成敗志，三卷。孫毓撰。　新論，十卷。晉散騎常侍夏侯湛撰。　物理論，十六卷。晉處士楊泉撰。　太玄經，十四卷。楊泉撰。　新論，十卷。晉華譚撰。　篤論，四卷。杜恕撰。　蒭蕘語論，五卷。鍾會撰。　志林新書，二十卷。虞喜撰。　後林新書，十卷。虞喜撰。　顧子義訓，十卷。晉揚州主簿顧夷撰。　正言，十卷。干寶撰。　立言，十卷。干寶撰。　又，十卷。蘇道撰。　閎論，二卷。晉江州從事蔡韶撰。　臥龍十六策，一卷。諸葛亮撰。　正覽，十卷。晉郡儒林祭酒吕竦撰。　要覽，三卷。陸機撰。　正覽，六卷。梁太子詹事周捨撰。　諸葛武侯集誡，二卷。　衆賢誡，十三卷。　綦毋氏誡林，三卷。　顔氏家訓，七卷。　典言，四卷。後魏李穆叔撰。　典言，四卷。後齊荀士遜撰。　百里昌言，二卷。王滂撰。　崔子至言，六卷。　墳典，三十卷。盧辯撰。　典墳數集，十卷。范謐撰。　讀書記，三十二卷。〔二六〕王劭撰。　王通中說，五卷。　正訓，二十卷。辛德源撰。　唐太宗序志，一卷。　帝範，四卷。唐太宗撰。　天訓，四卷。唐高宗撰。紫樞要録，十卷。唐武后撰。臣軌，二卷。唐武后撰。百寮新誡，五卷。春宮要録，十卷。章懷太子撰。少陽政範，三十卷。列藩正論，三十卷。嚴尤三將軍論，一卷。皇太子諸王訓，十卷。丁公著撰。青宮要記，十卷。唐武后撰，以賜太子。修身要覽，十卷。章懷太子撰。帝王集要，三十卷。崔氏撰。君臣相起發事，三卷。魏徵諫事，五卷。自古諸侯王善惡録，二卷。魏徵撰。平臺百一寓言，三卷。張太玄撰。君臣政理論，三卷。楊相如撰。五經妙言，四十卷。李襲譽撰。六經法言，二十卷。諸經纂要，十卷。崔郾撰。經史要録，二十卷。鄭澣撰。續説苑，十卷。劉貺撰。百行章，一卷。杜正倫撰。前代君臣事迹，十四篇。唐憲宗撰。訓記雜載，十卷。武后撰。維城典訓，二十卷。維城前軌，一卷。裴光庭撰。諫苑，二十卷。于志寧撰。諫林，五卷。齊晉陵令何望之撰。諫林，二十卷。王方慶撰。聖典，三卷。楊浚撰。千秋金鑑録，五卷。張九齡撰。唐次辨謗略，二卷。元和辨謗略，十卷。令狐楚等撰。太和新修辨謗略，三卷。裴潾撰。格論，三卷。李仁實撰。王政，三卷。趙冬曦撰。正録，十卷。馮中庸撰。賈子，一卷。開元中藍田尉撰。正論，十五卷。儲光羲撰。理源，二卷。牛希濟撰。君臣圖翼，二十五卷。陸贄撰。

古今説苑，十一卷。康教論，一卷。邱光庭撰。元子，十卷。元結撰。浪説，七篇。元結撰。漫説，七篇。元結撰。元和子，二卷。杜信撰。仲蒙子，三篇。唐林慎思撰。冀子，五卷。冀重撰。傅子，五卷。晉司隸校尉傅玄撰。舊有百二十卷。皇王大政論，一卷。朱梁李琪撰。鯫子，一卷。趙鄰幾撰。前朝君臣正論，二十五卷。晉趙瑩撰。帝王旨要，三卷。徐融撰。資理論，三卷。宋朝朱昂撰。本説，十卷。宋朝刁衎撰。素履子，一卷。張弘撰。〔二七〕里訓，十卷。張涉撰。東筦子，十卷。儒門誡節忠經，三卷。商子新書，三卷。商子逸撰。真宗皇帝正説，十卷。孫綽子，十卷。家國鑑，三卷。爲臣要紀，三卷。治書，十卷。郭昭度撰。至性書，三卷。茅知至撰。泉書，十卷。黄君俞撰。姚元崇六誡，一卷。四部言心，十卷。劉守恭撰。理道集，十卷。隋李文博撰。檢志，三卷。唐李知保撰。羣書治要，五十卷。魏徵撰。十代興亡論，十卷。朱敬則撰。帝王略論，五卷。虞世南撰。忠經，一卷。海鵬撰，失其姓名。行己要範，十卷。崔元暐撰。叙訓，二卷。辛之諤撰。理道要訣，十卷。杜佑撰。用人權衡，十卷。賀蘭正元撰。魁紀公，三十卷。樊宗師撰。輔弼名對，四十卷。宋朝劉顔撰。樊子，三十卷。樊宗師撰。致理書，十卷。朱朴撰。

誡子拾遺，四卷。唐李恕撰。　治亂集，三卷。蘇源明撰。　紳誡，二卷。張楚金撰。　開元御集誡子書，一卷。　狄仁傑家範，一卷。　盧公家範，一卷。　家誡，一卷。僞吴黄訥撰。　司馬温公家範，六卷。　先賢誡子書，二卷。

凡儒術一種，二百四部，一千六百一十三卷，三百七十篇。

校勘記

〔一〕「塔寺」，按，文内無此項。

〔二〕「湘川記一卷羅含撰」，按，似即下文之「湘中山水記」，誤置於「郡邑」項内。

〔三〕「閩中記一卷」，汪本作「十卷」，元本、明本、于本、殿本皆作「一卷」，新唐志作「十卷」。按直齋書録解題八云：「閩中記，十卷，唐林諝撰，本朝慶曆中，有林世程者重修。」是十卷本爲林世程重修者，本書已著録，而林諝原本則爲一卷，汪本乃從新唐志誤校，故今從各本作「一卷」。

〔四〕「山海經二十三卷郭璞撰」，按，「撰」應作「注」。

〔五〕「嶺表録異三卷」，元本、明本、于本、殿本皆作「一卷」，宋史藝文志三作「一卷」，同於各本。新唐書藝文志二、馬氏經籍考三三引直齋書録解題皆作「三卷」，同於汪本，今從之。

〔六〕「盧鵂撰」，汪本「鵂」作「鴻」，據元本、明本、于本、殿本改。

〔七〕「湘中山水記三卷盧拯撰」，「三卷」，原作「一卷」，據崇文總目二、直齋書録解題八、宋史藝文志三改。又上舉各書稱作者爲羅含，盧拯爲注者，原書似即上文之湘川記。

〔八〕「黠戛斯朝貢圖一卷吕述撰」，元本、明本、于本、殿本皆作「十卷」，按十卷本爲李德裕所撰者，與此非一書。新唐書藝文志二作「一卷」，與汪本同，但其「圖」字下有「傳」字。

〔九〕「大隋翻經婆羅門法師外國傳五卷」，汪本作「一卷」，據元本、明本、于本、殿本改。隋書經籍志二作「五卷」。

〔一〇〕「李繁撰」，「繁」，原作「蘩」，據新唐書藝文志二改。

〔一一〕「天潢源派一卷唐李匡乂撰」，「乂」，原作「文」，據崇文總目二改。新唐書藝文志二、宋史藝文志三皆作「李匡文」，錢繹在崇文總目校語中云：「皆傳寫之誤。」下文同此。

〔一二〕「梁親表譜五卷」，汪本「譜」作「簿」，據元本、明本、于本、殿本改。

〔一三〕「百家譜鈔五卷賈執撰」，按，隋志不著撰人，兩唐志有賈執撰百家譜五卷，此處或承用之而衍「鈔」字。

〔一四〕「諸姓譜一百十六卷梁司空王儉撰」，按，隋志不著撰人。王儉卒於齊永明七年，生平未嘗爲司空。儉之叔父王僧虔卒後贈司空，然不在梁時。故此注甚誤。

〔一五〕「新集諸州譜十二卷司空王儉撰」，隋志作「梁有王司空新集諸州譜十一卷」，未言王司空爲何人，鄭氏坐實爲王儉，甚誤。

〔一六〕「梁武帝總集境内十八州譜」，「集」，原作「責」，據姚振宗隋書經籍志考證改。

〔一七〕「李氏家譜一卷唐李匡乂撰」，「乂」，原作「文」，參看本卷校記〔二〕。

〔一八〕「藥玩撰」，「玩」，原作「玩」，據元本、明本、于本、殿本改。

〔一九〕「祖晅之撰」，原脱「之」字，據南史文學傳補。

〔二〇〕「治馬經三卷」，汪本作「四卷」，據元本、明本、于本、殿本改。隋書經籍志三作「三卷」。

〔二一〕「宋朝僧仲林撰」，「林」，原作「休」，據宋史藝文志四改。

〔二二〕「僞唐朱遵度撰」，「朱」，原作「宋」，據殿本、宋史藝文志三改。

〔二三〕「唐孫玉汝撰」，「玉」，原作「王」，據宋史藝文志三改。

〔二四〕「漢梁太傅賈誼撰」，「撰」，原作「傳」，音同而訛，今正。

〔二五〕「新序二十卷」，汪本「二」作「三」，據元本、明本、于本、殿本改。

〔二六〕「讀書記三十二卷」，「二」，原作「三」，據兩唐志改。

〔二七〕「張弘撰」，汪本「弘」作「弧」，據元本、明本、于本、殿本改。

八閩文庫

要籍選刊

36

通志略

一

［宋］鄭　樵　撰

王樹民　點校

海峽出版發行集團
THE STRAITS PUBLISHING & DISTRIBUTING GROUP
福建人民出版社

圖書在版編目 (CIP) 數據

通志略 /（宋）鄭樵撰；王樹民點校 . -- 福州：福建人民出版社，2024. 10. --（八閩文庫）. -- ISBN 978-7-211-09534-6

Ⅰ . K204.1

中國國家版本館 CIP 數據核字第 2024TH6835 號

本書經中華書局授權許可使用

通志略

作　　者：〔宋〕鄭樵撰　王樹民點校
責任編輯：史霄鴻
責任校對：林　芬
裝幀設計：張志偉
美術編輯：陳培亮
出版發行：福建人民出版社
電　　話：0591-87533169（發行部）
網　　址：http://www.fjpph.com
電子郵箱：fjpph7221@126.com
地　　址：福建省福州市東水路 76 號
經　　銷：福建新華發行（集團）有限責任公司
印刷裝訂：雅昌文化（集團）有限公司
地　　址：深圳市南山區深雲路 19 號
電　　話：0755-86083235
開　　本：890 毫米 ×1240 毫米　1/32
印　　張：75.625
字　　數：1369 千字
版　　次：2024 年 10 月第 1 版第 1 次印刷
書　　號：ISBN 978-7-211-09534-6
定　　價：456.00 元

八閩文庫編纂委員會

八閩文庫總序

葛兆光 張 帆

一

在傳統中國的文化史上，福建算是後來居上的區域。經歷了東晉、中唐、南宋幾次大移民潮，浙、閩之間的仙霞嶺，早已不是分隔内外的屏障，而成了溝通南北的通道。歷史使得福建越來越融入華夏文明之中，唐宋兩代，特别是在「背海立國」的宋代，東南的經濟發達，海洋的地位凸顯，福建逐漸從被文明中心影響的邊緣地帶，成爲反向影響全國文明的重要區域。在七世紀的初唐，詩人駱賓王曾説「龍章徒表越，閩俗本殊華」（駱臨海集箋注卷二晚憩田家，陳熙晉箋注，上海古籍出版社一九八五年，第三六頁），前一句説的是華夏的衣冠對斷髮文身的越人没有用，後一句説的是閩地的風俗本來就與華夏不同，意思都是瞧不起東南。但是，到了十五世紀的明代中期，黄仲昭在弘治八閩通志序裏卻説，八閩雖爲東南僻壤，但自唐以來文化漸盛，「至宋，大儒君子接踵而出」，實際上它的文明程度，已經「可以不愧於鄒魯」（四庫全書存目叢書史部一七七册，齊魯書社一九九六年，第三六四頁）。

的確，自從福建在唐代出了第一個進士薛令之，而且晉江有歐陽詹，福清有王棨，莆田有徐夤、黄滔這些傑出人物之後，到了更加倚重南方的宋代，福建出現了蔡襄（一〇一二—一〇六七）、陳襄（一〇一七—一〇八〇）、游酢（一〇五三—一一二三）、楊時（一〇五三—一一三五）、鄭樵（一一〇四—一一六二）、林光朝（一一一四—一一七八）、朱熹（一一三〇—一二〇〇）、蔡元定（一一三五—一一九八）、陳淳（一一五九—一二二三）、真德秀（一一七八—一二三五）等一大批著名文人士大夫。這些出身福建或流寓福建的士人學者，大大繁榮和提升了這裏的文化，甚至使得整個中國的文化重心逐漸南移，也許，就像程頤説的那樣「吾道南矣」（宋史卷四二八道學楊時傳，中華書局一九七七年，第一二七三八頁）。也就是説宋代之後，原本偏在東南的福建，逐漸成了中國重要的文化區域。

不過，習慣於中原中心的學者，當時也許還有偏見。以來自中心的偏見視東南一隅的福建，那時福建似乎還是「邊緣」。雖然人們早已承認福建「歷宋逮今，風氣日開」

（黄虞稷閩小紀序，撰於康熙五年，續修四庫全書史部七三四册，上海古籍出版社二〇〇二年，第一二七頁），但有的中原士人還覺得福建「僻在邊地」。像北宋樂史的太平寰宇記，一面承認「此州（福州）之才子登科者甚衆」，一面仍沿襲秦漢舊説，稱閩地之人「皆蛇種」，並引十道志説福建「嗜欲、衣服，别是一方」（樂史太平寰宇記卷一〇〇江南東道一二，中華書局二〇〇七年，第一九九一頁）。所以，歷史上某些關於福建歷史、文化和風俗的著作，似乎還在以中原或者江南的眼光，特别留心福建地區與核心區域不同的特異之處，筆下一面凸顯異域風情，一面鄙夷南蠻鴃舌。但是從大的方面説，我們看到宋代以降，實際上福建與中原的精英文化越來越趨向同一，正如宋人祝穆方輿勝覽所説，「海濱幾及洙泗，百里三狀元」，前一句裏所謂「洙泗」即孔子故鄉，這是説福建沿海文風鼎盛，幾乎趕得上孔子故里；後一句裏「三狀元」是指南宋乾道年間福建登第的三個狀元，即乾道二年（一一六六）的蕭國梁、乾道五年的鄭僑和乾道八年的黄定，他們都是福建永福（今永泰）這個地方的人（祝穆新編方輿勝覽卷一〇，施和金點校，中華書局二〇〇三年，第一六三頁）。

文化漸漸發達，書籍或者文獻也就越來越多，福建文獻的撰寫者中不僅有本地人，也有流寓或任職於閩中的外地人。日積月累，這些文獻記録了這個多山臨海區域千年的文化變遷史，而八閩文庫的編纂，正是把這些文獻精選並彙集起來，爲現代人留下唐宋以來有關福建的歷史記憶。

二

福建鄉邦文獻數量龐大，用一個常見的成語説，就是「汗牛充棟」。那麽多的文獻，任何歸類或叙述都不免挂一漏萬。不過，我們這裏試圖從區域文化史的角度，談一談福建文獻或書籍史的某些特徵。

毫無疑問，中國各個區域都有文獻與書籍，秦漢之後也都大體上呈現出華夏同一思想文化的底色，但各區域畢竟有其地方特色。如果我們回溯思想文化的歷史，那麽，唐宋之後福建似乎也有一些特點。恰恰因爲是後來居上的文化區域，所以福建積累的傳統包袱不重，常常會出現一些越出常軌的新思想、新精神和新知識。這使得不少代表新思想、新精神和新知識的人物與文獻，往往先誕生在福建。衆所周知的方面之一，就是宋代儒家思想的變遷。應當説，宋代的理學或者道學，最初乃是一種批判性的新思潮，一些儒家士大夫試圖以屬於文化的「道理」鉗制屬於政治的「權力」，所以，極力强調

「天理」的絶對崇高，人們往往稱之爲道學或理學，也根據學者的出身地叫作「濂洛關閩之學」。其中，「閩」雖然排在最後，卻應當説是宋代新儒學的高峰所在，以至於後人乾脆省去濂溪和關中，直接以「洛閩」稱之（如清代張夏雒閩源流録），以凸顯道學正宗，恰在洛陽的二程與福建的朱熹，而道學最終水到渠成，也正是在福建。因爲宋代道學集大成的代表人物朱熹，雖然祖籍婺源，卻出生在福建，而且相當長時間在福建生活。他的學術前輩或精神源頭，號稱「南劍三先生」的楊時、羅從彦（一〇七二—一一三五）、李侗（一〇九三—一一六三），也都是南劍州即今福建南平一帶人，他的提攜者之一陳俊卿（一一一三—一一八六），則是興化軍即今莆田人，而他的最重要的弟子黄榦（一一五二—一二二一）是閩縣（今福州）人、陳淳是龍溪（今龍海）人。

正是在這批大學者推動下，福建逐漸成爲圖書文獻之邦。慶元元年（一一九五），朱熹在福州州學經史閣記中曾經説，一個叫常濬孫的儒家學者，在福州地方軍政長官詹體仁、趙像之、許知新等資助下，修建了福州府學用來藏書的經史閣，即「開之以古人斆學之意，而後爲之儲書，以博其問辨之趣」（朱文公文集卷八〇，朱子全書第二四册，上海古籍出版社、安徽教育出版社二〇一〇年，第三八一四頁）。宋代之後，經由近千年的日積月累，我們看到福建歷史上出現了相當多的儒家論著，也陸續出現了有關儒家思想的普及讀物。大家可以從八閩文庫中看到，這裏收録的不僅有朱熹、真德秀、陳淳的著述，也有明清學者詮釋理學思想之作，像明人李廷機性理要選、清人雷鋐雷翠庭先生自耻録等等，應當説，這些論著構成了一個歷經宋元明清近千年的福建儒家文化史。

三

説到福建地區率先出現的新思想、新精神和新知識，當然不應僅限於儒家或理學一系。更應當記住的是，從宋代以來，中國政治、經濟和文化的重心，逐漸從西北轉向東南，一方面由於中原文化南下，被本地文化激蕩出此地異端的思想，另一方面海洋文明東來，同樣刺激出東南濱海的一些更新的知識。

我們注意到，在福建文獻或書籍史上，呈現了不少過去未曾有的新思想、新精神和新知識。比如唐宋之間，福建不僅出現過譚峭（生卒年不詳）化書這樣的道教著作，也出現過像百丈懷海（約七二〇—八一四）、潙山靈佑（七七一—八五三）、雪峰義存（八二二—九〇八）那樣充滿批判性的禪僧，還出現過禪宗史上撰於泉州的最重要禪史著作祖堂集。又如明代中後期，那個驚世駭俗而特立獨行的李贄（一五二七—一六〇二），有人説他的獨特思想，就是因爲他生在各種宗教交匯融合的泉州，傳説他曾受到伊斯蘭教之影響，當然更因爲有佛教與心學的刺激，使他成了晚明傳統思想世界的反叛者。而另一個莆田人林兆恩（一五一七—一五九八），則是乾脆開創了三一教，提倡「三教合一」，也同樣成爲正統的政治意識形態的挑戰者。再如明清時期，歐洲天主教傳教士「梯航九萬里」，也把天主教傳入福建，特别是明末著名傳教士艾儒略（一五八二—一六四九）應葉向高（一五五九—一六二七）之邀來閩傳教二十五年，從而福建才會有「三山論學」這樣的思想史事件，也産生了三山論學記這樣的文獻，無論是葉向高，還是謝肇淛，這些思想開明的福建士大夫，多多少少都受到外來思想的刺激。最後需要特别提及的是，由於宋元以來，福建成爲向東海與南海交通的起點，所以，各種有關海外的新知識，似乎都與福建相關，宋代趙汝适撰寫諸蕃志的機緣，是他在泉州市舶司任職；元代汪大淵撰寫島夷志略的原因，也是他從泉州兩度出海。由於此後福州成爲面向琉球的接待之地，泉州成爲南下西洋的航線起點，因而福建更出現了像張燮東西洋考、吴朴渡海方程、葉向高四夷考、王大海海島逸志等有關海外新知的文獻，這一有關海外新知的知識史，一直延續到著名的林則徐四洲志。老話説「草蛇灰線，伏脈千里」，歷史總有其連續處，由於近世福建成爲中國的海外貿易和海上交通的中心，所以，這裏會成爲有關海外新知識最重要的生産地，這才能讓我們深切理解，何以到了晚清，福建會率先出現沈葆楨開辦面向現代的船政學堂，出現嚴復通過翻譯引入的西方新思潮。

甚至還可以一提的是，近年來福建霞浦發現了轟動一時的摩尼教文書，這些深藏在道教科儀抄本中的摩尼教資料，説明唐宋元明清以來，福建思想、文化和宗教在構成與傳播方面的複雜性和多元性。所以，在八閩文庫中，不僅收録了譚峭化書，李贄焚書續焚書、藏書續藏書，林兆恩林子會編等富有挑戰性的文獻，也收録了張燮東西洋考、趙新續琉球國志略等關係海外知識的著作，讓我們看到唐宋以來，福建歷史上新思想、新精神和新知識的潮起潮落。

四

在八閩文庫收録的大量文獻中，除了福建的思想文化與宗教之外，也留存了有關福建政治、文學和藝術的歷史。如果我們看明人鄧原岳編閩中正聲、清人鄭杰編全閩詩録收録的福建歷代詩歌，看清人馮登府編閩中金石志、葉大莊編閩中石刻記、陳棨仁編閩中金石略中收録的福建各地石刻，看清人黄錫蕃編閩中書畫録中收録的唐宋以來福建書畫，那麼，我們完全可以同意歷史上福建的後來居上。這正如陳衍（一八五六—一九三七）在閩詩録的序文中所説「余維文教之開，吾閩最晚，至唐始有詩人，至唐末五代中土詩人時有流寓入閩者，詩教乃漸昌，至宋而日益盛」（續修四庫全書集部一六八七册，第四一一頁）。可見，宋史地理志五所説福建人「多向學，喜講誦，好爲文辭，登科第者尤多」，「今雖閭閻賤品處力役之際，吟詠不輟」（杜佑通典州郡十二），真是一點兒不假。

清代學者朱彝尊（一六二九—一七〇九）曾説「閩中多藏書家」（曝書亭集卷四四淳熙三山志跋，四部叢刊初編集部二七九册，上海書店一九八九年，第六〇一頁）。千年以來的人文日盛，使得現存的福建傳統鄉邦文獻，經史子集四部之書都很豐富，翻檢八閩文庫，就可以感覺到這一點，這裏不必一一叙説。需要特别指出的是，福建歷史上不僅有衆多的文獻留存，也是各種書籍刊刻與發售的中心之一。福建多山，林木葱蘢，具備造紙與刻書的有利條件，從宋元時代起，福建就成爲中國書籍出版的中心之一。宋元時代福建的所謂「建本」或「麻沙本」曾經「幾遍天下」（葉夢得石林燕語卷八，侯忠義點校，中華書局一九八四年，第一一六頁），更有所謂「麻沙、崇安兩坊産書，號稱『圖書之府』」的説法（新編方輿勝覽卷一一，第一八一頁）。版本學家也許將它與蜀本、浙本對比，覺得它並不精緻，但是，從書籍流通與文化貿易的角度看，正是這些廉價圖書，使得很多文化知識迅速傳向中國四方，也深入了社會下層。淳熙六年（一一七九），朱熹在建寧府建陽縣學藏書記中曾説到，「建陽版本書籍行四方，無遠不至」，可當時嘉禾縣學居然藏書很少，「學於縣之學者，乃以無書可讀爲恨」，於是一個叫姚耆寅的知縣，就「鬻書於市，上自六經，下及訓傳、史記、子、集，凡若干卷以充入之」。當地刊刻的書籍，豐富了當地學者的知識，也增加了當地文獻的積累，甚至扭轉了當地僅僅重視「世儒所誦科舉之業」的風氣（朱文公文集卷七八，朱子全書第二四册，第三七四五頁），這就是一例。到了清代，汀州府成爲又一個書籍刊刻基地，近年特别受到中外學者注意的四堡，就是一個圖書出版和發行中心，文獻記載這裏「以書版爲産業，刷就發販，幾半天下」（咸豐長汀縣志卷三一物産）。所以，美國學者包筠雅（Cynthia J. Brokaw）文化貿易：清代至民國時期四堡的書籍交易（劉永華、饒佳榮等譯，北京大學出版社二〇一五年）就深入研究了這個位於汀州府長汀、清流、寧化、連城四縣交界地區的客家聚集區的書籍事業，繼承宋元時代建陽地區（如麻沙）刻書業，這裏再一次出現中國書籍出版史上佔據重要位置的福建書商群體。

可以順便提及的是，福建刻書業也傳至海外。福建莆田人俞良甫，元末到日本，由九州的博多上岸，寓居在京都附近的嵯峨，由他刻印的書籍被稱爲「博多版」。據説，俞氏一面協助京都五山之天龍寺雕印典籍，一面自己刻印各種圖書，由於所刊雕書籍在日本多爲精品，所以被日本學者稱爲「俞良甫版」。

從建陽到汀州，福建不僅刊刻了精英文化中的儒家九經三傳、諸子百家以及文選、文獻通考、賈誼新書、唐律疏議之類的典籍，也刊刻了很多大衆文化讀本，諸如西廂記、花鳥争奇和話本小説。特別在明清兩代書籍流行的趨勢和作爲商品的書籍市場的影響下，蒙學、文範、詩選等教育讀物，風水、星相、類書等實用讀物，小説、戲曲等文藝讀物，在福建大量刊刻。如果我們不是從版本學家的角度，而是從區域文化史的角度去看，這種「易成而速售」（石林燕語卷八，第一一六頁）的書籍生産方式，使得各種文獻從福建走向全國甚至海外，特別是這些既有精英的、經典的，也有普及的、實用的各種知識的傳播，是否正是使得華夏文明逐漸趨向各地同一，同時也日益滲透到上下日常生活世界的一個重要因素呢？

五

八閩文庫的編纂，當然是爲福建保存鄉邦文獻，前面我們説到，保存鄉邦文獻，就是爲了留住歷史記憶。

這次編纂的八閩文庫，擬分爲三個部分。第一部分是「文獻集成」，計劃選擇與收録唐宋以來直到晚清民初的閩人各種著述，以及有關福建的文獻，共一千餘種，這部分採取影印方式，以保存文獻原貌。這是八閩文庫的基礎部分，按傳統的經史子集四部分類，這是爲了便於呈現傳統時代福建書籍面貌，因而數量最多；第二部分是「要籍選刊」，精選一百三十餘種最具代表性的閩人著述及相關文獻，以深度整理的方式點校出版，不僅爲了呈現歷代福建文獻中的精華，也爲了便於一般讀者閲讀；第三部分則爲「專題彙編」，初步擬定若干類，除了文獻總目之外，還將包括書目提要、碑傳集、宗教碑銘、官員奏折、契約文書、科舉文獻、名人尺牘、古地圖等，我們認爲，這是以現代觀念重新彙集與整理歷史資料的一個新方式，它將無法納入傳統的四部分類，卻是對理解福建文化與歷史至關重要的文獻，進行整理彙集，必將爲研究與理解福建，提供更多更系統的資料。

經歷幾年討論與幾年籌備，八閩文庫即將從二〇二〇年起陸續出版，力争用十年時間，經過一番努力，打下一個比較完備的福建文獻的基礎。

當然，不能説八閩文庫編纂過後，對於福建文獻的發掘與整理就已完成。八閩文庫僅僅是我們這一兩代人的工作，還有更多或更深入的工作，在等待著未來的幾代人去努力。無論從舊材料中發現新問題，還是以新眼光發現新材料，都是建立在前人的基礎上，而又對前人的工作不斷修正完善的過程。還是朱熹寫給陸九齡的那句廣爲流傳的老話：「舊學商量加邃密，新知培養轉深沉。」用舊的傳統融會新的觀念，整理這些縱貫千年的歷史文獻，也就無論「人間有古今」了。

八閩文庫要籍選刊出版説明

福建自唐代以降，名家輩出，著述繁興，流傳千載，聲光燦然。遺存之文獻，多可彰顯福建歷史發展脈絡，展示前賢思想學術及文學藝術成就，爲研究福建區域文化之基本典籍。八閩文庫「要籍選刊」擇取重要之閩人著作及相關福建文獻百數十種，予以點校。其中具備條件者，將採用編年、箋注、校證等方式整理。諸書略依經史子集分部編次，陸續出版。

二〇二一年八月

目次

前言

通志略是鄭樵所著通志一書中的精華部分。通志全書共二百卷，由紀、譜、略、世家、列傳、載記等六種形式組成。略分二十篇，五十二卷，通稱通志二十略，簡稱爲通志略。鄭樵於史書編撰力主博通之論，通志即其所撰之通史。其書除二十略之外，皆爲隋以前各史書之粗略綜合，惟二十略有其獨到之處，在體例方面，與其前杜佑之通典及其後馬端臨之文獻通考相近，世人遂有「三通」之稱，在史書編撰中，與紀傳、編年二體可鼎立而三。

鄭樵字漁仲，福建莆田人，卜居縣内之夾漈山，學者尊稱爲夾漈先生。生於宋徽宗崇寧三年（一一〇四年），卒於高宗紹興三十二年（一一六二年），享年五十九歲。宋史卷四三六有傳。其爲學頗有認真求實之精神，自述其爲學經過云：「本山林之人，入山之初，結茅之日，其心苦矣，其志遠矣。欲讀古人之書，欲通百家之學，欲討六藝之文而爲羽翼，如此一生則無遺恨。忽忽三十年，不與人間流通事，所以古今之書稍經耳目，百家之學粗識門庭。」（夾漈遺稿卷中獻皇帝書）宋史本傳也説他：「乃游名山大川，搜奇訪古，遇藏書家必借留，讀盡乃去。」因其專心於治學，不樂仕進，在史學方面又提出廣博與會通的重要理論，不同於世俗的見解，所以他的書著成後，獻給朝廷，雖有人推薦，並得到宋高宗召見，而排擠他的人更多，終身未任高官顯職，身後也多受譏貶。直到清朝中葉，才有章學誠寫出申鄭、答客問等文，指出他的主要成就在發凡起例，非一般人所能及。民國年間，顧頡剛作鄭樵傳與鄭樵著述考二文，更闡明了鄭樵的重要學術成就，其學術地位方爲世人所肯定。今本書已收章氏申鄭與顧氏二文爲附録，故不更詳予論述，惟就鄭氏論學及有關二十略者稍作説明。

通志總序是一篇極好的史學論文，起首即説：「百川異趣，必會於海，然後九州無浸淫之患。萬國殊途，必通諸夏，然後八荒無壅滯之憂。會通之義大矣哉！」各種學問包括史學，必須會通，是鄭樵的重要學術理論。因此對於用通史體著書的司馬遷評價很高，對於用斷代史體著書的班固便力加貶抑，用詞或不免於偏激，如稱：「班固者，浮華之士也，全無學術，專事剽竊。」於司馬遷亦感有所不足：「大著述者必深於博雅，而盡見天下之書，然後無遺恨。當遷之時，挾書之律初除，得書之路未廣，亘三千年之史籍，而跼蹐於七八種書。所可爲遷恨者，博不足也。」又稱：「遷書全用舊文，間以俚語，良由採摭未備，筆削不遑。……所可爲遷恨者，雅不足也。」這些評語，失之於偏，無待詳論，但與會通博雅之主旨相衡，自有本末之分。而後人置其正大之主旨不論，惟就其偏失之言攻之不已。如馬端臨云：「鄭氏此書名之曰通志，其該括甚大，卷首序論譏詆前人，高自稱許，蓋自以爲無復遺憾矣。然夷考其書，……天文、地理、器服則失之太簡，如古人器服之制度至詳，今止鐏罍一二而謂之器服略，可乎？若禮及職官、選舉、刑罰、食貨五者，則古今經制甚繁，沿革不一。……今通志此五略，天寶以前則盡寫通典全文，略無增損，天寶以後則竟不復陸續。又以通典細注稱爲己意附其旁，而亦無所發明。疎略如此，乃自謂『雖本前人之典而亦非諸史之文』，不亦誣乎！夾漈譏司馬子長全用舊文，間以里俗，采摭未備，筆削不遑；又譏班孟堅全無學術，專事剽竊，自高祖至武帝七世，盡竊遷書，不以爲慚。至其所自爲書，則不堪檢點如此，然則著述豈易言哉！」（文獻通考經籍考卷二八）四庫提要即本此意，於各略摘列其疏漏處數例而作斷言：「蓋宋人以義理相高，於考證之學罕能留意，樵恃其該洽，睥睨一世，遂不能一一精密，致後人多所譏彈也。」周中孚則云：「兩宋三百餘年，未有如樵之大言欺人者。世徒震於『三通』之名，方將奔走鄭樵之不暇，何能測其淺深？其實樵之於杜、馬兩家，如猪之於龍，何堪鼎立！故用其序文句法論之，所謂即以其人之道還治其人之身也。」（鄭堂讀書記卷一八）這些評論的話，惟斤斤計較於詞句之末，而不及鄭氏爲學之本旨，自爲有識之士所不取。

章學誠云：「鄭樵無考索之功，而通志足以明獨斷之學，君子於斯有取焉。」所謂獨斷之學即具有別識心裁之著作。又說：「今之學者，凡遇古人獨斷之著述，於意有不慊，囂然紛起而攻之，亦見其好議論而不求成功矣。」（並見文史通義答客問中）特稱鄭氏：「獨取三千年來遺文故册，運以別識心裁，蓋承通史家風，而自爲經緯，成一家言者也。」（文史通義申鄭）章氏確能指出鄭樵爲學之主旨，並說明其多受攻擊之原因。顧頡剛說：「鄭樵的真學問，原不在精上，也不在博上，乃在『部伍』與『覈實』的兩個方法上。……考據家見不到他的實學問是如何的，更見不到整個的學問領域是怎樣大的，只會搞了零碎的事實去比長較短，那得不由他們尋出了幾個漏洞！漏洞尋出了，方法永看不見，而鄭樵逢到古人不合處不肯留一點餘地，又最犯他們的忌，於是他就爲衆惡所歸了。」（鄭樵傳）這幾句話講得更爲透徹。鄭樵確爲古代一位值得尊重和發揚的學者，如對於漢唐以來把持學術正統地位的經傳注疏，他極坦率地說：「如論語所謂『學而時習之，不亦說乎』，無箋注，人豈不識！孟子所謂『亦有仁義而已矣，何必曰利』，無箋注，人豈不識！中庸所謂『天命之謂性，率性之謂道』，無箋注，人豈不識！此皆義理之言，可詳而知，無待注釋。有注釋則人必生疑，疑則曰：『此語不徒然也。』乃舍經之言而泥注解之言，或者復舍注解之意而泥己之意以爲經意，故去經愈遠。」（爾雅注序）鄭樵之務實精神於此可見。又如他説：「詩主於聲，不在於義。猶今都邑有新聲，巷陌競歌之，豈其辭義之美哉，直爲其聲新耳。禮失則求諸野，正爲此也。」（樂略正聲序論）寥寥數語，道破詩經之本質，在衛道者心目中，自然視爲「邪説」了。而一向尊爲標準釋義的毛傳、衛序、鄭箋、孔疏，都被歸結爲一個「失」字，可見其絶不盲從經師謬説與自信心之强。

鄭樵自稱：「山林三十年，著書千卷。」（夾漈遺稿卷下上宰相書）可知其著作之富，但除通志二百卷爲全帙，又爾雅注及夾漈遺稿等不完全之篇卷外，都已失傳。而通志一書爲其晚年所著。紹興二十九年（一一五九年）他寫的上宰相書中説：「今年料理文字，明年修書（按，即通志）。若無病不死，筆札不乏，遠則五年，近則三年，可以成書。」實際上到三十一年就全書告成了，次年他就死了，修書的時間，連準備階段在内也不足三年。幸而他的基礎深厚，才能在這樣短的時間内寫出這樣一部大書來，如氏族略是從氏族志節録而來，藝文略是從羣書會記删汰而成。但無論如何，成書是比較倉卒的，因而存在不少漏洞亦不足爲怪，這是我們需要特别理解的一點。

二十略爲通志一書的精華所在，不僅爲世所公認，在通志總序中，於二十略亦言之獨詳，可知確爲鄭氏用心之所在。其說云：「臣今總天下之大學術而條其綱目，名之曰略，凡二十略，百代之憲章，學者之能事，盡於此矣。其五略，漢、唐諸儒所得而聞；其十五略，漢、唐諸儒所不得而聞也。」又說：「夫學術超詣，本乎心識，如人入海，一入一深。臣之二十略，皆臣自有所得，不用舊史之文。」這幾句話，確實道出了鄭氏的心聲，其遭謗也多由這幾句話而起。其實再往下看，便可知道鄭氏之言是有所爲而發，不是目中無人的狂言妄語：「嗚呼！酒醴之末，自然澆漓，學術之末，自然淺近，九流設教，至末皆弊。然他教之弊，微有典刑，惟儒家一家，去本太遠。此理何由？班固有言：『自武帝立五經博士，開弟子員，設科射策，勸以官禄，訖于元始，百有餘年，傳業者寖盛，枝葉繁滋，一經說至百餘萬言，大師衆至千餘人。蓋禄利之路然也。』且百年之間，其患至此，千載之後，弊將若何？……經既苟且，史又荒唐，如此流離，何時返本？道之汙隆存乎時，時之通塞存乎數，儒學之弊，至此而極。寒極則暑至，否極則泰來，此自然之道也。臣蒲柳之質，無復餘齡，葵藿之心，惟期盛世。」原來他所謂「自有所得」者，自認爲是得到了聖人的真義，是可以隆道通時的，也就是在總序開頭所說的：「惟仲尼以天縱之聖，故總詩、書、禮、樂而會于一手，然後能同天下之文，貫二帝三王而通爲一家，然後能極古今之變。是以其道光明百世之上，百世之下不能及。」這種被說成爲儒家的最高真理，實際上是一種海市蜃樓式的幻想，他很認真地照樣作下來。他雖然很注重實際知識，但他離不開書本，脱離不開書本的影響；雖然要打破傳統思想的束縛，而最後則跳不出聖道的圈子。所以通志二十略雖有許多可取之處，同時也存在了不少可議之處，和許多優良的舊史書一樣，是一部精華與糟粕並具而瑕不掩瑜的書。在讀這部書的時候，這更是我們要特別理解的一點。

通志修成之後，當時並無刊本，惟有鈔本流傳，二十略作爲其書的重點部分，曾單行於世。文獻通考經籍考（卷二八）故事類著録「鄭夾漈通志略」，有按語云：「此書刊本元無卷數，止是逐略分一二耳。中興四朝藝文志別史類載通志二百卷……非此二十略之書也。」由此可知，馬端臨僅見到刊本二十略而未見到通志全書，同時亦可知二十略早已有單行之本。宋史藝文志（卷二〇二）小學類載「通志六書略，五卷」，是不僅二十略曾單行，各略似亦有單行本。就今日所知，通志全書刊本存世者，爲元大德年間所刊本（校記中簡稱大德本）和至治二年（一三二二年）刊本（校記中簡稱元本）。單行之二十略則爲明正德年間陳宗夔巡按於閩中時所刻（校記中簡稱明本），清乾隆十三年（一七四八年）于敏中（校記中簡稱于本），十四年汪啓淑（校記中簡稱汪本），均重刊陳氏本。陳本多訛誤，而于本則亦步亦趨，因循不改。汪本則多予改正，然誤改者亦不少，在今日傳世之通志略刊本中，尚爲最佳之本。

今點校本書，即以汪氏刊本爲底本，並參校了大德本、元本、明本、于本，又清代武英殿三通本亦爲參校之本（校記中簡稱殿本）。以上各書均存於北京圖書館。其中明本、于本與汪本，校記中合稱原本，此外則稱之爲各本，總稱之爲諸本。通志本書之外用爲參校者，主要爲通典與各史之志。凡有改動處及須説明者，皆寫成校記，編號附於每卷之後。原書於宋朝皆作「國朝」，避諱宋帝之名，如匡衡作「康衡」，貞觀作「正觀」等，又多用古字，如尺作「赤」，單作「丹」等。元以後刻本皆改「國朝」爲「宋朝」，諱名古字亦多改爲通行之字。汪本有改回者，亦有未改者，今除易致誤解者外，不再一一回改，但必要時在校記中予以説明。明刻本原有吳繹與龔用卿之序文各一篇，于氏與汪氏於所刊本之前亦各撰有序文，今並收爲附録。又四庫全書總目之提要及章學誠之申鄭，顧頡剛之鄭樵傳、鄭樵著述考等文，亦皆收於附録中。望讀者不吝賜教爲幸！

王樹民一九八七年七月五日於北京

前言附記

點校本書，原計劃衹校正本書各刊本脱誤字句，後因原書訛誤甚多，乃擴大範圍，及於通典及各史。經一再修改，故點校的時間較長，計從一九八三年初選定底本到現在，已有十年之久，雖然很長，由於工作時斷時續，和個人的水平能力所限，失誤必然很多，惟望達者有以教正爲感！又自一九八七年初稿完成後，承王文錦、王瑞來、張烈等同志提出寶貴意見，補充改正多處，並致謝忱。

王樹民一九九二年十二月二十五日於北京

通志總序

右迪功郎鄭樵

百川異趣，必會于海，然後九州無浸淫之患。萬國殊途，必通諸夏，然後八荒無壅滯之憂。會通之義大矣哉！自書契以來，立言者雖多，惟仲尼以天縱之聖，故總詩、書、禮、樂而會于一手，然後能同天下之文，貫二帝三王而通爲一家，然後能極古今之變。是以其道光明百世之上，百世之下不能及。

仲尼既没，百家諸子興焉，各效論語，以空言著書。論語，門徒集仲尼語。至於歷代實蹟，無所紀繫。迨漢建元、元封之後，司馬氏父子出焉。司馬氏世司典籍，工於制作，故能上稽仲尼之意，會詩、書、左傳、國語、世本、戰國策、楚漢春秋之言，通黄帝、堯、舜至于秦、漢之世，勒成一書，分爲五體。本紀紀年，世家傳代，表以正歷，書以類事，傳以著人，使百代而下，史官不能易其法，學者不能舍其書，六經之後，惟有此作。故謂：「周公五百歲而有孔子，孔子五百歲而在兹乎。」是其所以自待者已不淺。然大著述者必深於博雅，而盡見天下之書，然後無遺恨。當遷之時，挾書之律初除，得書之路未廣，亘三千年之史籍，而跼蹐於七八種書。所可爲遷恨者，博不足也。凡著書者，雖採前人之書，必自成一家言。左氏，楚人也，所見多矣，而其書盡楚人之辭。公羊，齊人也，所聞多矣，而其書皆齊人之語。今遷書全用舊文，間以俚語，良由採摭未備，筆削不遑。故曰：「予不敢墮先人之言，乃述故事，整齊其傳，非所謂作也。」劉知幾亦譏其多聚舊記，時插雜言。所可爲遷恨者，雅不足也。

大抵開基之人不免草創，全屬繼志之士爲之彌縫。晉之乘，楚之檮杌，魯之春秋，其實一也。乘、檮杌，無善後之人，故其書不行。春秋得仲尼挽之於前，左氏推之於後，故其書與日月並傳。不然，則一卷事目，安能行於世？自春秋之後，惟史記擅制作之規模，不幸班固非其人，遂失會通之旨，司馬氏之門户自此衰矣。班固者，浮華之士也，全無學術，專事剽竊。肅宗問以制禮作樂之事，固對以在京諸儒必能知之，儻臣鄰皆如此，則顧問何取焉。及諸儒各有所陳，固惟竊叔孫通十二篇之儀以塞白而已，儻臣鄰皆如此，則奏議何取焉。肅宗知其淺陋，故語竇憲曰：「公愛班固，而忽崔駰，此葉公之好龍也。」固於當時已有定價，如此人材，將何著述。史記一書，功在十表，猶衣裳之有冠冕，木水之有本原。班固不通旁行邪上，以古今人物彊立差等，且謂漢紹堯運，自當繼堯，非遷作史記厠於秦、項，此則無稽之談也。由其斷漢爲書，是致周、秦不相因，古今成間隔。自高祖至武帝，凡六世之前，盡竊遷書，不以爲慚。自昭帝至平帝，凡六世，資於賈逵、劉歆，復不以爲恥。況又有曹大家終篇，則固之自爲書也幾希。往往出固之胸中者，古今人表耳，他人無此謬也。後世衆手修書，道傍築室，掠人之文，竊鍾掩耳，皆固之作俑也。固之事業如此，後來史家，奔走班固之不暇，何能測其淺深。遷之於固，如龍之於猪，奈何諸史棄遷而用固，劉知幾之徒尊班而抑馬。且善學司馬遷者莫如班彪，彪續遷書自孝武至于後漢，欲令後人之續己，如己之續遷，既無衍文，又無絶緒，世世相承，如出一手，善乎其繼志也。其書不可得而見，所可見者，元、成二帝贊耳，皆於本紀之外，别記所聞，可謂深入太史公之閫奥矣。凡左氏之有「君子曰」者，皆經之新意。史記之有「太史公曰」者，皆史之外事，不爲褒貶也，間有及褒貶者，褚先生之徒雜之耳。且紀傳之中既載善惡，足爲鑒戒，何必於紀傳之後更加褒貶？此乃諸生決科之文，安可施於著述，殆非遷、彪之意，況謂爲贊，豈有貶辭？後之史家，或謂之論，或謂之序，或謂之銓，或謂之評，皆效班固，臣不得不劇論固也。司馬談有其書，而司馬遷能成其父志。班彪有其業，而班固不能讀父之書。固爲彪之子，既不能保其身，又不能傳其業，又不能教其子，爲人如此，安在乎言爲天下法。范曄、陳壽之徒繼踵，率皆輕薄無行，以速罪辜，安在乎筆削而爲信史也。

孔子曰：「殷因於夏禮，所損益可知也。周因於殷禮，所損益可知也。」此言相因也。自班固以斷代爲史，無復相因之義，雖有仲尼之聖，亦莫知其損益，會通之道，自此失矣。語其同也，則紀而復紀，一帝而有數紀；傳而復傳，一人而有數傳；天文者，千古不易之象，而世世作天文志；洪範五行者，一家之書，而世世序五行傳。如此之類，豈勝繁文。語其異也，則前王不列於後王，後事不接於前事；郡縣各爲區域，而昧遷革之源；禮樂自爲更張，遂成殊俗之政。如此之類，豈勝斷綆。曹魏指吳、蜀爲寇，北朝指東晉爲僭，南謂北爲索虜，北謂南爲島夷。齊史稱梁軍爲義軍，謀人之國，可以爲義乎？隋書稱唐兵爲義兵，伐人之君，可以爲義乎？房玄齡董史册，故房彦謙擅美名。虞世南預修書，故虞茘、虞寄有嘉傳。甚者桀犬吠堯，吠非其主。晉史黨晉而不有魏，凡忠於魏者目爲叛臣，王淩、諸葛誕、毌邱儉之徒，抱屈黄壤。齊史黨齊而不有宋，凡忠於宋者目爲逆黨，袁粲、劉秉、沈攸之之徒，含寃九原。噫！天日在上，安可如斯。似此之類，歷世有之，傷風敗義，莫大乎此。

遷法既失，固弊日深，自東都至江左，無一人能覺其非。惟梁武帝爲此慨然，乃命吴均作通史，上自太初，下終齊室，書未成而均卒。隋楊素又奏令陸從典續史記，訖于隋，書未成而免官。豈天之靳斯文而不傳與？抑非其人而不祐之與？自唐之後，又莫覺其非，凡秉史筆者，皆準春秋，專事褒貶。夫春秋以約文見義，若無傳釋，則善惡難明。史册以詳文該事，善惡已彰，無待美刺。讀蕭、曹之行事，豈不知其忠良？見莽、卓之所爲，豈不知其凶逆？夫史者，國之大典也，而當職之人不知留意於憲章，徒相尚於言語，正猶當家之婦不事饔飱，專鼓唇舌，縱然得勝，豈能肥家？此臣之所深恥也。

江淹有言，修史之難，無出於志。誠以志者憲章之所繫，非老於典故者不能爲也，不比紀、傳，紀則以年包事，傳則以事繫人，儒學之士皆能爲之。惟有志難，其次莫如表。所以范曄、陳壽之徒，能爲紀傳，而不敢作表、志。志之大原，起於爾雅。司馬遷曰書，班固曰志，蔡邕曰意，華嶠曰典，張勃曰録，何法盛曰説，餘史並承班固謂之志，皆詳於浮言，略於事實，不足以盡爾雅之義。臣今總天下之大學術而條其綱目，名之曰略，凡二十略，百代之憲章，學者之能事，盡於此矣。其五略，漢、唐諸儒所得而聞；其十五略，漢、唐諸儒所不得而聞也。

生民之本，在於姓氏。帝王之制，各有區分，男子稱氏，所以别貴賤；女子稱姓，所以别婚姻，不相紊濫。秦并六國，姓氏混而爲一，自漢至唐，歷世有其書，而皆不能明姓氏。原此一家之學，倡於左氏，因生賜姓，胙土命氏，又以字、以謚、以官、以邑命氏，邑亦土也。左氏所言，惟兹五者；臣今所推，有三十二類，左氏不得而聞。故作氏族略。

書契之本，見於文字。獨體爲文，合體爲字。文有子母，主類爲母，從類爲子。凡爲字書者，皆不識子母。文字之本，出於六書。象形，指事，文也。會意，諧聲，轉注，字也。假借者，文與字也。原此一家之學，亦倡於左氏。然「止戈爲武」，不識諧聲。「反正爲乏」，又昧象形。左氏既不别其源，後人何能别其流？是致小學一家皆成鹵莽，經旨不明，穿鑿蠭起，盡由於此。臣於是驅天下文字盡歸六書，軍律既明，士乃用命。故作六書略。

天籟之本，自成經緯，縱有四聲以成經，横有七音以成緯。皇頡制字，深達此機。江左四聲，反没其旨，凡爲韻書者，皆有經無緯。字書眼學，韻書耳學，眼學以母爲主，耳學以子爲主。母主形，子主聲，二家俱失所主。今欲明七音之本，擴六合之情，然後能宣仲尼之教，以及人面之俗，使裔夷之俘皆知禮義。故作七音略。

天文之家在於圖象，民事必本於時，時序必本於天。爲天文志者，有義無象，莫能知天。臣今取隋丹元子步天歌，句中有圖，言下成象，靈臺所用，可以仰觀。不取甘石本經，惑人以妖妄，速人於罪累。故作天文略。

地理之家在於封圻，而封圻之要在於山川。禹貢九州，皆以山川定其經界。九州有時而移，山川千古不易，是故禹貢之圖至今可别。班固地理，主於郡國，無所底止，雖有其書，不如無也。後之史氏，正以方隅，郡國併遷，方隅顛錯，皆因司馬遷無地理書，班固爲之創始，致此一家，俱成謬學。臣今準禹貢之書而理川源，本開元十道圖以續今古。故作地理略。

都邑之本，金湯之業，史氏不書，黄圖難考。臣上稽三皇五帝之形勢，遠探四夷八蠻之巢穴，仍以梁汴者，四朝舊都，爲痛定之戒；南陽者，疑若可爲中原之新宅。故作都邑略。

謚法一家，國之大典。史氏無其書，奉常失其旨。周人以諱事神，謚法之所由起也。古之帝王，存亡皆用名，自堯、舜、禹、湯至于桀、紂，皆名也。周公制禮，不忍名其先君。武王受命之後，乃追謚太王、王季、文王，此謚法所由立也。本無其書，後世僞作周公謚法，欲以生前之善惡爲死後之勸懲。且周公之意，既不忍稱其名，豈忍稱其惡？如是則春秋爲尊者諱，爲親者諱，不可行乎周公矣，此不道之言也。幽、厲、桓、靈之字本無凶義，謚法欲名其惡，則引辭以遷就，其意何爲？皇頡制字，使字與義合，而周公作法，使字與義離。臣今所纂，並以一字見義，削去引辭，而除其曲説。故作謚略。

祭器者，古人飲食之器也。今之祭器，出於禮圖，徒務説義，不思適用，形制既乖，豈便歆享？夫祭器尚象者，古之道也。器之大者莫如罍，故取諸雲山；其次莫如尊，故取諸牛象；其次莫如彝，故取諸雞鳳；最小者莫如爵，故取諸雀。其制皆象其形，鑿項及背，以出内酒。惟劉杳能知此義，故引魯郡地中所得齊子尾送女器有犧尊，及齊景公家中所得牛尊、象尊以爲證。其義甚明，世莫能用。故作器服略。

樂以詩爲本，詩以聲爲用。風土之音曰風，朝廷之音曰雅，宗廟之音曰頌。仲尼編詩，爲正樂也。以風、雅、頌之歌爲燕享祭祀之樂，工歌鹿鳴之三，笙吹南陔之三，歌間魚麗之三，笙間崇邱之三，此大合樂之道也。古者絲竹有譜無辭，所以六笙但存其名。序詩之人不知此理，謂之有其義而亡其辭，良由漢立齊、魯、韓、毛四家博士，各以義言詩，遂使聲歌之道日微。至後漢之末，詩三百僅能傳鹿鳴、騶虞、伐檀、文王四篇之聲而已。太和末，又失其三。至于晉室，鹿鳴一篇又無傳。自鹿鳴不傳，後世不復聞詩。然詩者人心之樂也，不以世之興衰而存亡，繼風、雅之作者，樂府也。史家不明仲尼之意，棄樂府不收，乃取工伎之作以爲志。臣舊作系聲樂府，以集漢魏之辭，正爲此也。今取篇目以爲次，曰樂府正聲者，所以明風、雅；曰祀享正聲者，所以明頌；又以琴操明絲竹，以遺聲準逸詩。語曰：「韶盡美矣，又盡善也。武盡美矣，未盡善也。」此仲尼所以正舞也。韶卽文舞，武卽武舞。古樂甚希，而文、武二舞猶傳於後世，良由有節而無辭，不爲義說家所惑，故得全仲尼之意。五聲、八音、十二律者，樂之制也。故作樂略。

學術之苟且由源流之不分，書籍之散亡由編次之無紀。易雖一書，而有十六種學，有傳學，有注學，有章句學，有圖學，有數學，有讖緯學，安得總言易類乎？詩雖一書，而有十二種學，有詁訓學，有傳學，有注學，有圖學，有譜學，有名物學，安得總言詩類乎？道家則有道書，有道經，有科儀，有符籙，有吐納内丹，有爐火外丹，凡二十五種，皆道家，而渾爲一家，可乎？醫方則有脉經，有灸經，有本草，有方書，有炮炙，有病源，有婦人，有小兒，凡二十六種，皆醫家，而渾爲一家，可乎？故作藝文略。

册府之藏，不患無書，校讎之司，未聞其法。欲三館無素餐之人，四庫無蠹魚之簡，千章萬卷，日見流通。故作校讎略。

河出圖，天地有自然之象，圖譜之學由此而興。洛出書，天地有自然之文，書籍之學由此而出。圖成經，書成緯，一經一緯，錯綜而成文。古之學者，左圖右書，不可偏廢。劉氏作七略，收書不收圖，班固即其書爲藝文志。自此以還，圖譜日亡，書籍日冗，所以困後學而隳良材者，皆由於此。何哉？即圖而求易，即書而求難，舍易從難，成功者少。臣乃立爲二記：一曰記有，記今之所有者，不可不聚。二曰記無，記今之所無者，不可不求。故作圖譜略。

方册者，古人之言語。款識者，古人之面貌。方册所載，經數千萬傳，款識所勒，猶存其舊。蓋金石之功，寒暑不變，以茲稽古，庶不失真。今藝文有志而金石無紀，臣於是採三皇五帝之泉幣，三王之鼎彝，秦人石鼓，漢、魏豐碑，上自蒼頡石室之文，下逮唐人之書，各列其人而名其地。故作金石略。

洪範五行傳者，巫瞽之學也，歷代史官皆本之以作五行志。天地之間，災祥萬種，人間禍福，冥不可知，若之何一蟲之妖，一物之戾，皆繩之以五行？又若之何晉厲公一視之遠，周單公一言之徐，而能關於五行之沴乎？晉申生一衣之偏，鄭子臧一冠之異，而能關於五行之沴乎？董仲舒以陰陽之學倡爲此説，本於春秋牽合附會。歷世史官自愚其心目，俛首以受籠罩而欺天下。臣故削去五行，而作災祥略。

語言之理易推，名物之狀難識。農圃之人識田野之物而不達詩書之旨，儒生達詩書之旨而不識田野之物。五方之名本殊，萬物之形不一。必廣覽動植，洞見幽潛，通鳥獸之情狀，察草木之精神，然後參之載籍，明其品彙。故作昆蟲草木略。

凡十五略，出臣胸臆，不涉漢、唐諸儒議論。禮略所以敍五禮，職官略所以秩百官，選舉略言掄材之方，刑法略言用刑之術，食貨略言財貨之源流：凡兹五略，雖本前人之典，亦非諸史之文也。

古者記事之史謂之志。書大傳曰：「天子有問無以對，責之疑。有志而不志，責之丞。」是以宋、鄭之史皆謂之志。太史公更志爲記，今謂之志，本其舊也。桓君山曰：

「太史公三代世表，旁行邪上，並效周譜。」古者紀年，別繫之書，謂之譜。太史公改而爲表，今復表爲譜，率從舊也。然西周經幽王之亂，紀載無傳，故春秋編年，以東周爲始。自皇甫謐作帝王世紀及年歷，上極三皇，譙周、陶弘景之徒，皆有其書，學者疑之，而以太史公編年爲正，故其年始於共和。然共和之名已不可據，況其年乎。仲尼著書，斷自唐虞，而紀年始於魯隱，以西周之年無所考也。今之所譜，自春秋之前稱世，謂之世譜；春秋之後稱年，謂之年譜。太史公紀年以六甲，後之紀年者以六十甲，或不用六十甲而用歲陽歲陰之名。今之所譜，卽太史公法，既簡且明，循環無滯。禮言臨文不諱，謂私諱不可施之於公也。若廟諱，則無所不避。自漢至唐，史官皆避諱，惟新唐書無所避。臣今所修，準舊史例，間有不得而避者，如謚法之類，改易本字則其義不行，故亦準唐舊。漢景帝名啓，改「啓」爲「開」。安帝名慶，改「慶」爲「賀」。唐太祖名虎，改「虎」爲「武」。高祖名淵，改「淵」爲「水」。若章懷太子注後漢書，則濯龍淵不得而諱，杜佑作通典，則虎賁不得而諱。

夫學術超詣本乎心識，如人入海，一入一深。臣之二十略，皆臣自有所得，不用舊史之文。紀傳者，編年紀事之實蹟，自有成規，不爲智而增，不爲愚而減，故於紀傳，卽其舊文從而損益，若紀有制詔之辭，傳有書疏之章，入之正書，則據實事，寘之別録，則見類例。唐書、五代史皆本朝大臣所修，微臣所不敢議，故紀傳訖隋。若禮樂政刑，務存因革，故引而至唐云。

嗚乎！酒醴之末自然澆漓，學術之末自然淺近。九流設教，至末皆弊，然他教之弊，微有典刑，惟儒家一家，去本太遠。此理何由？班固有言：「自武帝立五經博士，開弟子員，設科射策，勸以官禄。訖于元始，百有餘年，傳業者寖盛，枝葉繁滋，一經説至百餘萬言，大師衆至千餘人。〔一〕蓋禄利之路然也。」且百年之間，其患至此，千載之後，弊將若何？況禄利之路，必由科目，科目之設，必由乎文辭。三百篇之詩，盡在聲歌，自置詩博士以來，學者不聞一篇之詩。六十四卦之易，該於象數，自置易博士以來，學者不見一卦之易。皇頡制字，盡由六書，漢立小學，凡文字之家，不明一字之宗。伶倫制律，盡本七音，江左置聲韻，凡音律之家，不達一音之旨。經既苟且，史又荒唐，如此流離，何時返本？道之汙隆存乎時，時之通塞存乎數，儒學之弊，至此而極。寒極則暑至，否極則泰來，此自然之道也。臣蒲柳之質，無復餘齡，葵藿之心，惟期盛世。謹序。

校勘記

〔一〕「大師衆至千餘人」，汪本、明本「千」作「十」，據于本、漢書儒林傳改。

通志略總目録〔二〕

氏族略第二……一一八

氏族略第四……二一三

禮略第二……七七二

吉禮下……七七二

樂略第一……一〇三〇

武官第八下

藝文略第八

校勘記

〔一〕「通志略總目録」，按，此目録爲各本原有者，皆題作「通志總目録」，今於「通志」下加「略」字，避免與「通志」全書相混。總目録有重要脱誤者，即據正文補正，並作校記説明之。間有文字略異而無關弘旨者，如六書略之會意，正文分作「會意第三上」、「會意第三下」二項，總目録衹作「會意」一項。又如天文略正文作「天文序」，總目録作「總序」；二十八宿正文分作「東方」、「北方」、「西方」、「南方」，總目録各加「七宿」二字於「方」字之下。「地里略」，總目録作「地理略」。凡此類者皆各如其舊，明顯錯誤則逕改而不出校。

〔二〕「生而有文第十三」，原脱此目，據文内補。

〔三〕「論衡從」，「衡」，原作「便」，正文各本亦作「便」，汪本作「衡」，詳察文義，作「衡」爲是，故據改。

〔四〕「歷代王侯封爵公主並官屬附」，原脱此目，據文内補。

〔五〕「總管」，汪本「管」作「等」，據明本、于本改。

〔六〕「禄秩」，原脱此目，據文内補。

〔七〕「上州省事市令中州參軍博士下州判司録事參軍不在此例」，原脱此文，據正文補。

氏族略第一

宋右迪功郎夾漈　鄭樵　著
後學錢塘　汪啓淑　校

臣謹按：司馬遷曰書，班固曰志，東觀曰記，華嶠曰典，張勃曰録，何法盛曰説，諸史通謂之志。然志者古史之名，今改曰略，略者舉其大綱云。

氏族序

自隋、唐而上，官有簿狀，家有譜系，官之選舉必由於簿狀，家之婚姻必由於譜系。歷代並有圖譜局，置郎、令史以掌之，仍用博古通今之儒知撰譜事。凡百官族姓之有家狀者則上之，官爲考定詳實，藏於秘閣，副在左户。若私書有濫，則糾之以官籍；官籍不及，則稽之以私書。此近古之制，以繩天下，使貴有常尊，賤有等威者也。所以人尚譜系之學，家藏譜系之書。自五季以來，取士不問家世，婚姻不問閥閲，故其書散佚而其學不傳。

三代之前，姓氏分而爲二，男子稱氏，婦人稱姓。氏所以别貴賤，貴者有氏，賤者有名無氏。今南方諸蠻，此道猶存。古之諸侯，詛辭多曰「墜命亡氏，踣其國家」，以明亡氏則與奪爵失國同，可知其爲賤也。故姓可呼爲氏，氏不可呼爲姓。姓所以别婚姻，故有同姓、異姓、庶姓之别。氏同姓不同者，婚姻可通。姓同氏不同者，婚姻不可通。三代之後，姓氏合而爲一，皆所以别婚姻，而以地望明貴賤。於文，女生爲姓，故姓之字多從女，如姬、姜、嬴、姒、嬀、姞、妘、婤、姶、姺、嫪之類是也。所以爲婦人之稱，如伯姬、季姬、孟姜、叔姜之類，並稱姓也。奈何司馬子長、劉知幾謂周公爲姬旦，文王爲姬伯乎？三代之時無此語也。良由三代之後，姓氏合而爲一，雖子長、知幾二良史猶昧於此。

姓氏之學，最盛於唐，而國姓無定論。林寶作元和姓纂，而自姓不知所由來。漢有鄧氏官譜，應劭有氏族篇，又有潁川太守聊氏萬姓譜。魏立九品，置中正，州大中正主簿，郡中正功曹，各有簿狀，以備選舉。晉、宋、齊、梁因之。故晉散騎常侍賈弼、太保王弘、齊衛將軍王儉、梁北中郎諮議參軍知撰譜事王僧孺之徒，各有百家譜，徐勉又有百官譜。宋何承天撰姓苑，與後魏河南官氏志，此二書尤爲姓氏家所宗。唐太宗命諸儒撰氏族志一百卷，柳沖撰大唐姓系録二百卷，路淳有衣冠譜，韋述有開元譜，柳芳有永泰譜，柳璨有韻略，張九齡有韻譜，林寶有姓纂，邵思有姓解。其書雖多，大概有三種：一種論地望，一種論聲，一種論字。論字者則以偏旁爲主，論聲者則以四聲爲主，論地望者則以貴賤爲主。然貴賤升沈，何常之有，安得專主地望？以偏旁爲主者可以爲字書，以四聲爲主者可以爲韻書，此皆無與於姓氏。

凡言姓氏者皆本世本、公子譜二書，二書皆本左傳。然左氏所明者，因生賜姓，胙土命氏，及以字、以謚、以官、以邑，五者而已。今則不然，論得姓受氏者有三十二類，左氏之言隘矣。

一曰以國爲氏，二曰以邑爲氏。天子諸侯建國，故以國爲氏，虞、夏、商、周、魯、衛、齊、宋之類是也。卿大夫立邑，故以邑爲氏，崔、盧、鮑、晏、臧、費、柳、楊之類是也。三曰以鄉爲氏，四曰以亭爲氏。封建有五等之爵，降公而爲侯，降侯而爲伯，降伯而爲子，降子而爲男。亦有五等之封，降國侯而爲邑侯，降邑侯而爲關內侯，降關內侯而爲鄉侯，降鄉侯而爲亭侯。學者但知五等之爵，而不究五等之封。關內邑者，溫、原、蘇、毛、甘、樊、祭、尹之類是也。但附邑類，更不別著。裴、陸、龐、閻之類封於鄉者，故以鄉氏。麋、采、歐陽之類封於亭者，故以亭氏。五曰以地爲氏。有封土者，以封土命氏；無封土者，以地居命氏。蓋不得受氏之人，或有善惡顯著，族類繁盛，故因其所居之所而呼之，則爲命氏焉。居傅巖者爲傅氏，徙嵇山者爲嵇氏，主東蒙之祀則爲蒙氏，守橋山之冢則爲橋氏。耏氏因耏班食於耏門，潁氏因考叔爲潁谷封人，東門襄仲爲東門氏，桐門右師爲桐門氏，皆此道也。隱逸之人，高傲林藪，居於禄里者，呼之爲禄里氏，居於綺里者，呼之爲綺里氏，所以爲美也。優倡之人，取媚酒食，居於社南者，呼之爲社南氏，居於社北者，呼之爲社北氏，所以爲賤也。又如介之推、燭之武未必亡氏，由國人所取信也，故特標其地以異於衆。凡以地命氏者，不一而足。六曰以姓爲氏。姓之爲氏，與地之爲氏，其初一也，皆因所居而命，得賜者爲姓，不得賜者爲地。居於姚墟者賜以姚，居於嬴濱者賜以嬴。姬之得賜，居於姬水故也。姜之得賜，居於姜水故也。故曰因生以賜姓。七曰以字爲氏，八曰以名爲氏，九曰以次爲氏。凡諸侯之子稱公子，公子之子稱公孫，公孫之子不可復言公孫，則以王父字爲氏。如鄭穆公之子曰公子騑，字子駟，其子曰公孫夏，其孫則曰駟帶、駟乞。宋桓公之子曰公子目夷，字子魚，其子曰公孫友，其孫則曰魚莒、魚石。此之謂以王父字爲氏。無字者則以名。魯孝公之子曰公子展，其子曰公孫夷伯，其孫則曰展無駭、展禽。鄭穆公之子曰公子豐，其子曰公孫段，其孫則曰豐卷、豐施。此諸侯之子也，天子之子亦然。王子狐之後爲狐氏，王子朝之後爲朝氏是也。無字者以名，然亦有不以字而以名者。如樊皮字仲文，其後以皮爲氏。伍員字子胥，其後以員爲氏。皆由以名行故也。亦有不以王父字爲氏，而以父字爲氏者。如公子遂之子曰公孫歸父，字子家，其後爲子家氏是也。又如公孫枝字子桑，其後爲子桑氏者亦是也。亦有不以王父名爲氏，而以名父爲氏者。如公子牙之子曰公孫茲，字戴伯，其後爲茲氏是也。又如季公鉏字子彌，其後爲公鉏氏者亦是也。以名字爲氏者，不一而足，左氏但記王父字而已。次以次爲氏者，長幼之次也，伯仲叔季之類是也。次亦爲字，人生其始也皆以長幼呼，及乎往來既多，交親稍衆，則長幼有不勝呼，然後命字焉，長幼之次可行於家里而已，此次與字之別也。所以魯國三家，皆以次命氏，而亦謂之字焉，良由三家同出，其始也一家之人焉，故以長幼稱。十曰以族爲氏。按左傳云：「爲謚因以爲族。」又按楚辭云：〔二〕「昭、屈、景，楚之三族也。」昭氏，景氏，則以謚爲族者也。屈氏者，因王子瑕食邑于屈，初不因謚，則知爲族之道多矣，不可專言謚也。族近於次，族者氏之別也，以親別疎，以小別大，以異別同，以此別彼。孟氏、仲氏，以兄弟別也。伯氏、叔氏，以長少別也。丁氏、癸氏，以先後別也。祖氏、禰氏，以上下別也。第五氏、第八氏，同居之別也。南公氏、南伯氏，同稱之別也。孔氏、子孔氏，旗氏、子旗氏，字之別也。軒氏、軒轅氏，熊氏、熊相氏，名之別也。季氏之有季孫氏，仲氏之有仲孫氏，叔氏之有叔孫氏，適庶之別也。韓氏之有韓餘氏，傅氏之有傅餘氏，梁氏之有梁餘氏，餘子之別也。遂人之族分而爲四，商人之族分而爲七，此枝分之别也。齊有五王，合而爲一，謂之五王氏。楚有列宗，合而爲一，謂之列宗氏。此同條之别也。公孫歸父字子家，襄仲之子也，歸父有二子，一以王父字襄仲爲仲氏，一以父字子家爲子家氏。公子郢字子南，其後爲子南氏，而復有子郢氏。伏羲之後，有伏、虙二氏，同音異文。共叔段之後，有共氏，又有叔氏，又有段氏。凡此類無非辨族。十一曰以官爲氏，十二曰以爵爲氏。有官者以官，無官者以爵。如周公之兄弟也，周公爲太宰，康叔爲司寇，聃季爲司空，是皆有才能可任以官者也。五叔無官，是皆無才能不可任以官者也。然文王之子，武王、周公之兄弟，雖曰無官，而未嘗無爵土。如此之類，乃氏以爵焉。以官爲氏者，太史、太師、司馬、司空之類是也，雲氏、庾氏、籍氏、錢氏之類亦是也。以爵爲氏者，皇、王、公、侯是也，公乘、公士、不更、庶長亦是也。十三曰以凶德爲氏，十四曰以吉德爲氏。此不論官爵，惟以善惡顯著者爲之。以吉德爲氏者，如趙衰，人愛之如冬日，其後爲冬日氏。古有賢人，爲人所尊尚，號爲老成子，其後爲老成氏。以凶德爲氏者，如英布被黥，爲黥氏。楊玄感梟首，爲梟氏。齊武惡巴東王蕭子響爲同姓，故改蕭爲蛸。後魏惡安樂王元鑒爲同姓，故改元爲兀。十五曰以技爲氏，此不論行而論能。巫者之後爲巫氏，屠者之後爲屠氏，卜人之後爲卜氏，匠人之後爲匠氏，以至豢龍爲氏，御龍爲氏，干將爲氏，烏浴爲氏者，亦莫不然。十六曰以事爲氏，此又不論行能，但因其事而命之耳。夏后氏遭有窮之難，后緡方娠，逃出自竇，而生少康，支孫以竇爲氏。漢武帝時，田千秋爲丞相，以年老，詔乘小車出入省中，時號車丞相，其後因以車爲氏。微子乘白馬朝周，兹白馬氏之所始也。魏初平中，有隱者常乘青牛，號青牛先生，兹青牛氏之所始也。十七曰以謚爲氏。周人以諱事神，謚法所由立。生有爵，死有謚，貴者之事也，氏乃貴稱，故謚亦可以爲氏。莊氏出於楚莊王，僖氏出於魯僖公。康氏者，衛康叔之後也。宣氏者，魯宣伯之後也。文氏、武氏、哀氏、繆氏之類，皆氏於謚者也。

凡複姓者，所以明族也，一字足以明此，不足以明彼，故益一字，然後見分族之義。言王氏則濫矣，本其所系而言，則有王叔氏、王孫氏。言公氏則濫矣，本其所系而言，則有公子氏、公孫氏。故十八曰以爵系爲氏。唐氏雖出於堯，而唐孫氏又爲堯之别族。滕氏雖出於叔繡，而滕叔氏又爲叔繡之别族。故十九曰以國系爲氏。季友之後，傳家則稱季孫，不傳家則去「孫」稱季。叔牙之後，傳家則稱叔孫，不傳家則去「孫」稱叔。故二十曰以族系爲氏。士季者字也，有士氏，又别出爲士季氏。伍參者名也，有伍氏，又别出爲伍參氏。此以名氏爲氏者也。又有如韓嬰者，本出韓國，加國以名爲韓嬰氏。如臧會者，本出臧邑，加邑以名爲臧會氏。如屠住者，本出住鄉，加鄉以名爲屠住氏。故二十一曰以名氏爲氏，而國、邑、鄉附焉。禹之後爲夏氏，杞他奔魯，受爵爲侯，又有夏侯氏出焉。嬀姓之國爲息氏，公子邊受爵爲大夫，又有息夫氏出焉。此以國爵爲氏者也。白氏，舊國也，楚人取而邑之，以其後爲白侯氏。故二十二曰以國爵爲氏，而邑爵附焉。原氏以周邑而得氏，申氏以楚邑而得氏，及乎原加「伯」爲原伯氏，以别於原氏，申加「叔」爲申叔氏，以别於申氏，是之謂以邑系爲氏。魯有沂邑，因沂大夫相魯，而以沂相爲氏。周有甘邑，因甘平公爲王卿士，而以甘士爲氏。故二十三曰以邑系爲氏，而邑官附焉。師氏者，太師氏也。史氏者，太史氏也。師延之後爲師延氏，史晁之後爲史晁氏。此以名隸官，是之謂以官名爲氏。吕不韋爲秦相，子孫爲吕相氏。酈食其之後爲食其氏，曾孫武爲侍中，改爲侍其氏。此以官氏爲氏者也。故二十四曰以官名爲氏，而官氏附焉。以謚爲氏，所以别族也，邑而加謚，如苦成子之後爲苦成氏，臧文仲之後爲臧文氏。氏而加謚者，如楚蟄子之後爲蟄子氏，鄭共叔之後爲共叔氏。爵而加謚者，如衛成公之後爲成公氏，楚成王之後爲成王氏。故二十五曰以邑謚爲氏，二十六曰以謚氏爲氏，二十七曰以爵謚爲氏也。

按古人著複姓之書多矣，未有能明其義者也。有中國之複姓，有夷狄之複姓。中國之複姓所以明族，有重複之義，二字具二義也，以中國無衍語，一言見一義。夷狄多侈辭，數言見一義，夷狄有複姓者，侈辭也，一言不能具一義，必假數言而後一義具焉。其於氏也，則有二字氏，有三字氏，有四字氏。其於音也，則有二合音，有三合音，有四合音。觀譯經潤文之義，則知侈辭之道焉。臣昔論中國亦有二合之音，如「者焉」二合爲「旃」，「者與」、「之與」二合爲「諸」之類是也。惟無三合、四合之音。今論中國亦有二字之氏，惟無三字、四字之氏，此亦形聲之道，自然相應者也。二十八曰代北複姓，二十九曰關西複姓，三十曰諸方複姓。此皆夷狄二字姓也。三十一曰代北三字姓，侯莫陳之類是也。三十二曰代北四字姓，自死獨膊之類是也。此外則有四聲，又有複姓。四聲者，以氏族不得其所系之本，乃分爲四聲以統之。複姓者，以諸有複姓而不得其所系之本者，則附四聲之後，氏族之道終焉。

五帝之前無帝號，有國者不稱國，惟以名爲氏，所謂無懷氏、葛天氏、伏羲氏、燧人氏者也。至神農氏、軒轅氏，雖曰炎帝、黄帝，而猶以名爲氏，然不稱國。至二帝而後，國號唐、虞也。夏、商因之，雖有國號，而天子世世稱名。至周而後，諱名用謚，由是氏族之道生焉。最明著者，春秋之時也。春秋之時，諸侯稱國，未嘗稱氏，惟楚國之君，世稱熊氏，荆蠻之道也。支庶稱氏，未嘗稱國，或適他國則稱國。如宋公子朝，在衛則稱宋朝，衛公孫鞅，在秦則稱衛鞅是也。秦滅六國，子孫皆爲民庶，或以國爲氏，或以姓爲氏，或以氏爲氏，姓氏之失自此始。故楚之子孫可稱楚，亦可稱芊。周之子孫可稱周子南君，亦可稱姬嘉。又如姚恢改姓爲嬀，嬀皓改姓爲姚，兹姓與氏渾而爲一者也。

自漢至唐，世有典籍討論兹事，然皆出於一時之意，不知澄本正源，每一書成，怨望紛起。臣今此書則不然，帝王列國世系之次本之史記，實建國之始也。諸家世系之次本之春秋世譜，實受氏之宗也。先天子而後諸侯，先諸侯而後卿大夫士，先卿大夫士而後百工技藝，先爵而後謚，先諸夏而後夷狄，先有紀而後無紀，繩繩秩秩，各歸其宗。使千餘年湮源斷緒之典，燦然在目，如雲歸于山，水歸于淵，日月星辰麗乎天，百穀草木麗乎土者也。臣舊爲氏族志五十七卷，又有氏族源、氏族韻等書，幾七十卷。今不能備，姑載其略云。

氏族目録

以國爲氏

唐　虞　夏　商　殷　北殷

周　西周　周生　秦　漢　魯

晉 衛 蔡 曹 滕（騰） 燕
鄭 吳 魏 韓 何 虢
郭 管 焦 滑 霍 聃
郜 浩 雍 畢 酆 郇
郕（成） 盛 于（邘） 應 凡 蔣
邢 茅 胙 作 賈 芮
隨 胡 巴 杷（爬） 遂 頓
道 邠（豳） 耿 岑 彤 形
齊 楚 宋 荊 陳 趙
田 許 莒 郲 朱 婁（僂）
郳 兒 倪 杞 樓（東樓） 越
紀 息（鄎） 鄧 梁 薛 蕭
沈 曾（鄫、繒） 徐 邔（妘、鄖、云） 鄅 宿
羅 夔 淳于（州公） 夷 穀（國） 舒（舒鳩）
舒蓼 舒鮑 須句（須） 郯 談 黎（犂）

申 章 向 葛 諸葛 蓼
黄 權 江 顓臾 鄶 英
六 莘 辛 謝 射 偪陽
封 吕 仇吾 祝 萊 賴
譚 覃 弦 戴 載 項
暴 陽 冀 牟 鄟 鬲
巢 柏 軫 絞 貳 程
崇 扈 房 杜 箕 密須
寒 過 庸 戈 邶 鄘
鑄 邳 觀 褒 縉 岐
仍 奄 雙 武羅 吾 昆
昆吾 梅 癸北 雷 玄 冥
斟 斟尋 鄘 用 摯 胤 灌 斟灌
廖 飂 竹 郅 習 西陵 安陵
甲父 有窮 有扈 蒲姑 西王 孤竹

封父　終利　夙沙　秣　末　栢成
顧　阮　共恭〔二〕　龔　洪　苑宛
逢　彭　韋　狄　白狄　翟
代　路潞　戎　支　驪　卑
盧　郇　甌歐　安　瞞　蠻
羌　鼓　米　滿　竺　落
洛　淮夷　臯落　義渠　西申

以郡國爲氏

紅　蘄　番　郴　鄮　東陽
東陵　櫟陽　周陽　信都　冠軍　武彊
廣武

以邑爲氏

祭　尹　蘇　毛　樊　尋鄩

單 甘 緱 榮 郗 鞏

氾（汎） 謝邱 營 劉 原 召（邵）

臧 郈（后） 費 郎 柳 匡

管 鄆 落姑 鄒 卞 瑕邱

矍相 菟裘 欒 郄 苦 祁

荀 智 輔 續 戲陽 函與

邯鄲 羊舌 羊 絳 步 蒯（蕢）

堯 曲 范（士、隨） 苗 邴（丙） 吾邱（虞邱）

令狐 溫 揚 孟 壺 鞮（銅鞮）

適 繇 解 州 鄔 萊

俠 鄂 翼 甯 元 儀

常 裘 承 濮 戚 汲

聶 棗（棘） 商邱 五鹿 馮 京

閭邱 間 隰 崔 盧 鮑

棠 穰 晏 書 檀 來（郲）

菑　盆　即墨　即　葵邱　梁邱

籍邱　余邱　安平　高堂　鬬　薳蔿

屈　陰　鍾　鍾離　春　上官

詹　蔓　白　葉　商密　軒邱

三閭　鄧陵　諸梁　棠谿　留　合

坎　華　平　横　鄰　信

馬　睢　藺　鹿　武成　鄡

衙　武安　華陽　涇陽　高陵　通

譙　鄾　鄴　縣　酈　取慮

薊　鮮于　鮮　毌邱　毌　三烏

渠邱著邱　漁陽　堂邑　泉全　揭陽

以鄉爲氏

裴　陸　耨　龐　閭　郝

尸　肥　資　郟　胡母　大陸

以亭爲氏

麋　采　俞豆　歐陽

以地爲氏 所居附

傅　蒙　陵陽　少室　城　池

涂　嵇　鮭　橋　喬　勞

東關　闞　潁　狐邱　邱　壺邱

桑邱　龍邱　虵邱　陶邱　於邱　苞邱

水邱　曹邱　楚邱　廩邱　曼邱　咸邱

浮邱　安邱　淄邱　稷邱　雍邱　何邱

麥邱　北邱　獻邱　崎邱　羌邱　逢邱

厚邱一作原　羑　綺　濟　巷　艾

柘　燭　昝　闕　辟閭　申屠

申徒　東門　西門　西　南門　北門

陽門 桐門 夷門 闕門 木門 逢門
胥門 弋門 雍門 彤門 門 東宮
西宮 南宮 北宮 東郭 西郭 南郭
北郭 東閭 西閭 屋廬 市南 社南
社北 三邱 三州 延陵 於陵 平陵
梁垣 蒲圃 東方 西方 九方 東里
百里 東鄉 西鄉 南鄉 北鄉 東野
西野 南野 北野 北唐 北海 成陽
濮陽 鮮陽 鮭陽 梗陽 落下 瓜田
角 禄里 綺里 夏里 梈里 桐里
空同 延州 郄州 阪上 鉛陵

以姓爲氏 氏附

姚 嬀 姜 歸 任 風
姬 嬴 姓 是 子 芊

姒似　隗　允　偃有偃、匽　禿　姞吉

酉　妘　漆　弋　侯岡　伊祁

伊　己　嫪

以字爲氏

林　家　忌　謀　顯　旅

方　責　槐　吉　施　奇

爲　貢　衆　騫　顓孫　公父

公之　公石　公索　公伯　公慎　公輸

公西　公罔　公治　公祖　公羊　公良

公齊　公山　公儀　公沙　公玉　少施

夏父　子服　子家　子桑　子陽　子叔

子士　子言　子楊　子孟　子我　子有

子仲　子羽　張　矯　嘉　胥

先　利孫　丕丕　叔帶　叔向　叔魚

孫　彌　析　石　南　子南
子玉　子伯　子齊　公南　公叔　公孟
公明　公文　公析　游　國　駟
印　良　伯有　羽　罕　子師
子國　子罕　子孔　子游　子駟　子晳
子豐　子人　孔　牛　樂　皇甫
靈　邊　正政　禄　乙　魚
事父　子革　子儀　慶　賀　尚
旗　子旗　子乾　子工　子泉　子襄
子雅　子尾　顏　董　明　子臧
子華　子州　公賓　袁　轅　爰
占　子獻　子占　子鞅　子芒　子尚
子禽　子輿　子痦　子沮　子宋　子夏
子枋　成　包　潘　乘　椒
囊　叔敖　無鈎　若敖　伯比　子庚

子季　子西　子重　子期　子囊　桑

逢孫

以名爲氏

大庭　大　懷　鬷　戲　伏

宓　有　神　軒轅　軒　鴻

金　青陽　青　媯　盤　昊（皞）

少　高陽　顓玉　堯　禹　啓

湯　甲　沃　槐　力　牧

王（音宿）　三苗　夷鼓　疇　堪　頡

倉頡　僑　蟜　童　僮　老

廣　放（上聲）　奮　薵　栗　尊盧

鬷夷　勾龍　熙　脩　白冥　根水

奔水　列（烈）　夙　訾　蚩　融

勾　尊　渾沌　屯　汪　稽

泠 冷 倫 泠倫 臺 回

敳 廉 龍 容 重 幕

莫 和 羲 殳 禹 狸

纍 實 達 格 雄 終

季連 善 嚻 臯 敖 陸終

丹 臨 參（薓） 徵 咸 飛廉

昌 豹 倉 蒼 服 鞠

麳 稷 篇 皮 輿 晁（鼂、朝）

狐 昔 太 季騧 季隨 閎

牙 展 弓 賜 玆 意如

遺 述 牢 犨 麗 招

居 曠 萬（娩） 盈 號射 季嬰

季夙 樓季 弗忌 甥 大狐 大戊

嬰 夷吾 梁其 瞫 段 司

豐 蘭 然 子然 去疾 壽

要　既　常壽　慶忌　輒　兼

強梁　子郢　高　柴　臼季　激

刁　弱　連　法　光　駱

望　將具　將鉅　熊　能　鬻

班　員　建　渦　冉　染

枝　到　鈞　倚相　辛廖　接輿

棄疾　射入聲　拳　僚　大心　楚季

無庸　季融　翠　子建　子午　圍龜

越椒　嬰齊　黑肱　巫臣　鮮虞　羿

悅説　奚　衍　微　微生　幾

仇　求　獲　季老　子蕩蕩　鐸遏

督　目夷　祝其　耦　泥　庶其

茅夷　噲　搖　由由余　余　孫陽

偃師　卿　無婁　苴　離　綸

鱗　渾　禆　開　狼　名

顛 麻 柯 瑕 儋 舟
攸 祁 干 禽 琴 萇
黔 易 苫 弘 臼 冶
苟 梓 倚 尾 汝 伍
禮 免 蹇 散 繞 肆
具 闞 洩 捷 賓 恩
肩吾 徐吾 鍾吾 由吾 叔山 叔先
叔達 叔夜 叔服 方叔 陶叔 申鮮
申章 子師 富父 仲熊 仲顔 原仲
慶父 安國 仲長 仲行 榮叔 墨台
墨 台怡 立如 邴意 舒堅

以次爲氏 親附

孟 仲仲孫 种 叔叔孫、叔仲 季 伯
丁 癸 祖 舅 咎 古

禰　稚　次(佽)　孺　太叔　太伯

叔仲　中叔　仲叔　第五　第二　第八

太士　主父　主　南伯　南公　大季

以族爲氏

因　領　飢　錡　條　昭

繁　嗣　左　景　賞　索

陘　黨　掌　長勺　尾勺　趙陽

魯陽　終葵　工婁　傅餘　餘　韓餘

褐餘　梁餘　須遂　列宗　運奄　脩魚

五王　小王　屈南　續祁　羌憲　會厗

樂利　幹獻　伊秋

夷狄大姓

党　朴　釋　赫　塞　宜

傍平聲　單平聲　雕　口　歙　異

騶　紙　緩　畿　論　副

沓　蔓　郤　徐盧　源　茹

乜

以官爲氏

雲　五鳩　爽鳩　桑扈　烏　史

南史　内史　青史　太史　王史　侯史

祝史　左史　右史　終古　監　士

籍　席　師　帥　中英　樂正

太祝　庾　褚師　褚　錢　山

司馬　司寇　寇　司徒　司空　司城

司功　司鴻　司褐　司工　公正　宗正

宗宗伯　符　軍　偏　調　衡

阿　環　箴　淩　酒　委猒

柱　豎　宰　宰氏　保　度

庫　御　訓　憲　諫　校

候　漏　節　畜　鄐　僕

粟　謁　閣　職　嗇　大師

大羅　牧師　馬師　少師　少正　宰父

行人　王人　徒人　左人　廚人　雍人

封人　寺人　太傅　中行　中壘　王官

亓官〔三〕　左尹　右尹　門尹　箴尹　工尹

厩尹　連尹　沈尹　陵尹　季尹　芊尹

藍尹　樂尹　監尹　清尹　占尹　將匠

正令　趣馬　尚方　將軍　下軍　右行

右宰　右師　亞飯　三飯　四飯　理

里　相里　李

以爵爲氏

皇　王　公　霸　侯　公乘

公士　不更　庶長

以凶德爲氏

蛸　莽　聞人　聞　梟　兀

勃　杌　黥　蝮唐武后賜有罪人以虺氏。

以吉德爲氏

冬日　老成　考成

以技爲氏

巫　屠　甄　陶　優　卜

匠　豢龍　御龍　擾龍　屠羊　烏浴

路洛　干將

以事爲氏

竇　所　痛　兒　車　鴟夷
冠　褐冠　新垣　白馬　乘馬　青牛
白象　白鹿　蒲　苻　芻　鋭
空桑　白石　章仇

以謚爲氏

莊　嚴　敬（文、恭）　康　武　桓
穆（繆）　僖（釐）　文　哀　幽　宣
昭　襄　聲　寧　威　隱
閔　簡（耿）　靖　懿　惠　厲
獻　孝　繆（謬、穆）　肅

以爵系爲氏

王叔　王子　王孫　公子　公孫　士孫

以國系爲氏

唐孫　室孫　廖叔　滕叔　蔡仲　齊季

以族系爲氏

仲孫　叔孫　季孫　臧孫　魚孫　楊孫

賈孫　古孫　福子　卷子

以名爲氏國、邑、鄉附

士丐〔四〕　士季　士吉　士蔿　士貞　士思

伍參　胡非　鬬耆　伯宗　祁夜　鬬班

鬬彊　魏彊　巫咸　匠麗　祝圉　臧會

韓嬰　韓言　韓厥　韓籍　韓褐　孟獲
史葉　封具　精縱　屠住　邵皓　于己
先縠　彭祖　熊率　熊相

以國爵爲氏邑爵附

夏侯　柏侯　韓侯　屈侯　羅侯　白侯
莒子　戎子　舒子　滑伯　葛伯　息夫

以邑系爲氏邑官附

原伯　温伯　召伯　申叔　沂相　甘士

以官名爲氏官氏附

師宜　師延　師祁　尹午　吕相　史晁
侍其

以邑謚爲氏

苦成　古成　庫成　臧文　丁若

以謚氏爲氏

鳌子　共叔　惠叔　顔成　士成　尹文

闞文　武仲

以爵謚爲氏

成公　成王

代北複姓

長孫　万俟　宇文　慕容　慕輿　慕利

豆盧　獨孤　達奚　賀蘭　賀若　爾朱

赫連　賀拔　尉遲　屈突　斛律　斛斯

賀婁 伊婁 庫狄 若干 呼延 柘王
乙弗 薩孤 紇骨 丘敦 綦連 是連
可達 叱利 拔也 叱干 乙干 屋引
賀遂 拓跋 沮渠 禿髮 乞伏 折婁
谷渾 素和 吐萬 車焜 車非 紇干
乙旃 可頻 仇尼 賀悦 徒何 谷會
大野 拔略 俟利 俟玄 俟畿 俟力
俟奴 賀魯 賀葛 賀賴 賀兒 是婁
是賁 是云 是奴 叱利 叱門 叱呂
叱李 叱盧 宥連 費連 叱羅 叱奴
出連 費羽 黜弗 莫盧 莫輿 莫者
莫侯 蓋婁 疋婁 悦力 勑力 倍利
多蘭 賀術 吐奚 越勒 尒綿 温孤
解毗 牒云 護諾 鐵伐 胡掖 木易
者舌 尸逐 何柰 先賢 唯徐 呼毒

渠復　植黎　奇斤　茹茹　吐賀　吐突
紇單　悉[屋]　麗飛　吐門　吐難　渴單
阿單　渴侯　統萬　統稽　悉雲　安遲
輾遲　烏蘭　副呂　柯拔　温盆　鄙邗
如羅　丘林　如稽　鐵弗　薄奚　紇奚
達奚　口引　須卜　烏丸　可地　沓盧
茂眷　去斤　菟賴　素黎　庫門　可沓
醜門　庫汗　婆衍　若久　宿勤　地倫
武都　普屯　折掘　昝盧　達步　斯引
叱靈　郁朱　鮑俎　鶻也　渠金　軍車
叱雷　駱雷　吐粟　都車　生耳　薄野
鶻奚　九盧　荷訾　李蘭　默容　三種
吐火　吐和　屋南　鶻野已上二十一姓見複姓録，並不詳所出。
契苾　阿跌　僕固　高車　哥舒　執失
舍利　沙叱　沙陁　蘇農　似和　䟃跌

大拔　啜剌已上十四姓，並唐朝歸化。

關西複姓

鉗耳　莫折　荔菲　彌姐　夫蒙
攜蒙已上西羌人，不詳所出。　昨和　屈男　罕井　魯步
同蹄　彡且　不蒙　吔咥

諸方複姓

夫餘　黑齒　皛臾　似先　朝臣　瞿曇
鳩摩　佛圖　迦葉　鄯善　烏氏　焉耆
且末　昭武　波斯

代北三字姓

俟莫陳　破六韓　乙速孤　可朱渾　步大汗　郁久閭
步六孤　丘穆陵　紇豆陵　没鹿回　莫多婁　莫那婁

莫胡盧　莫且婁　莫侯盧　阿史那　阿史德　阿伏干
乙那婁　斛瑟羅　步鹿孤　普陋茹　可地延　拔列蘭
阿鹿桓　宿六斤　烏落蘭　破多羅　庫若干　白揚提
吐谷渾　叱伏列　庫傉官　勿忸于　普六茹　樹若干
扈地干　俟伏斤　地駱拔　郁原甄　若口引　費也頭
破落那　没路真　譬歷辰　温石蘭　烏石蘭　紇突隣
骨咄禄　俟吕陵　大莫于　大利稽　俟力代　大洛稽
俟伏斤　壹斗眷　步鹿根　獨孤渾　末那樓　奚什盧
可足渾　渴燭渾　越質詰　阿逸多　突黎人　赤小豆

代北四字姓

自死獨膊　井疆六斤

平　聲

東　桐　宮　躳　叢　中

茙蟲同充翁儂
冬佟琮從松邦
涳危馳蓁慈蟗
斯移脂之其亓
時遲茨治蘱雖
衣斐希賁扶塗
都區瞿俞倶衢
模呼雩梧軒辜
軲蒖如絇儲紆
蘧璩沮於洙渠
疎束平聲初鉏虛犀
陡注毒嵐淮棓
枚新真頻欣仁
闇勤筋芬言垣
湶薰鐏敦僤乾

端　讙　官　莞　但　籛
難　姗　瞯　閒　馯　堅
全　肩　賢　蜎　涓　便
牽　延　虔　呑　纏　銚
饒　韶　遼　聊　貂　超
朝　麃　膠　蒿　桃　蛾
傰　荼　沙　佘　蛇　諸
查　花　琅　相　疆　將
芳　涼　彊　印　荒　鄉
當　喪　鄺　杭　征　訇
經　零　庚　更　星　瓶
稱　登　繒　恒　傰〔五〕　憂
尤　脩　郵　秋　不　巷
猷　投　摎　侵　鐔　欽
諶　鹽　潛　鍼　函　藍

上聲

奉重隴闖起俟
被弭紫履鬼舞
宇萬府鬴栩序
舉處巨仵堵浦
圃姥補禮邸洗
亥改海忖菌本
雋棧琯嫚蹇圈
卷究典庫紹表
考稻寶我假仉
仰養强鞅象驃
汻井永幸杏秉
省猛斜鈕守糗
醜聚厚後部審

品 枕 檢 儉 湛 啖

昝 覽 湳 減（咸） 橄 範

去聲

統 鳳 秘 利 義 騎

匱 類 貴 尉 嚫 意

謂 露 固 故 喻（諭） 布

樹 遇 附 務 瓠 錯

據 住 鑢 庶 絮 桂

呑 計 棣 隸 制 毳

蒂 税 藝 裔 弊 世

炔 帶（蠆） 藹 沛 貝 兖

佴 進 遴 慎 靳 貫

冠 爨 贊 炭 戰 戀

賤 練 變 見 薦 燃

｜淖｜漕｜好｜秏｜播｜操
｜舍｜庫｜化｜晉｜斥｜暢
｜伉｜抗｜亢｜曠｜相｜諒
｜亮｜盎｜況｜浪｜聖｜性
｜豆｜鏤｜勾｜富｜繡｜救
｜庛｜灸｜冑｜舊｜就｜禁
｜念

入聲

｜澓｜木｜沐｜谷｜睦｜潚
｜鵠｜蔌｜郁｜束｜鎐｜鄭
｜逯｜卓｜偓｜濁｜濯｜朔
｜學｜術｜暨｜悉｜帙｜肮
｜鬱｜尉（｜蔚）｜茀｜恤｜郙｜厥
｜骨｜髮｜笪｜察｜脫｜羅

折　渫　桀　蘖　齧　別

鐵　恪　佫　洛　薄　錯

矍　鐸　博　略　藥　約

直　食　勑　墨　勒　植

特　錫　壁　⿰亻水　夕　室

赤　辟　笮　適　麥　帛

益　革　澤　給　集　襲

蓋　厔　垂　納　涉　接

複姓以茲複姓不知其本，故附四聲之後。

綦母　西乞　西都　西鉏　南榮　北人

九百　段干　青萍　長盧　索盧　蒲盧

盧蒲　茲毋　巨毋　毋將　毋終　毋車

宣于　鬬于　多于　梁由　梁石　梁可

仲梁　穀梁　將梁　容成　廣成　務成

析成　陽成　上成　盆成　將閭　林閭
庚桑　有男　澮臺　浩星　墨夷　養由
安期　沐蘭　端木　姑布　黔婁　中梁
中野　室中　路中　步叔　石作　古野
壤駟　合博　漆雕　空相　京相　馬矢
馬適　巫馬　關龍　青烏　羊角　苑羊
羳羊　浩羊　長魚　昭沙　樂王　泠州
老萊　列禦　瞻葛　瑕呂　不弟　鉤弋
呂管　陵終　邑裘　懸潘　屠岸　函冶
洞沐　甫爽　安是　遬僕　補禄　游棣

總論十三篇

同名異實第一　改氏第二　改惡氏第三漢、魏受氏第四　變夷第五
變於夷第六　別族第七　避諱第八　音訛第九　省文第十
省言第十一　避仇第十二　生而有文第十三

校勘記

〔一〕「又按楚辭云」，汪本「又」作「父」，據元本、明本、于本、殿本改。

〔二〕「共恭」，汪本無「共」字，而「恭」字作大字，據元本、明本、于本、殿本改。

〔三〕「亓官」，元本、明本、于本、殿本皆作「并官」。

〔四〕「士丐」，汪本「丐」作「丏」，據元本、明本、于本、殿本改。

〔五〕「傭」，此目重出。氏族略第五本文亦重出。

氏族略第二

以國爲氏

古帝王氏

唐氏。祁姓，亦曰伊祁，出陶唐氏之後。堯初封唐侯，其地中山唐縣是也。舜封堯之子丹朱爲唐侯。至夏時，丹朱裔孫劉累，遷于魯縣，累孫猶守故地。至商，更號豕韋氏。周復改爲唐公，成王滅唐，以封弟叔虞，號曰唐叔，乃遷唐公於杜，降爵爲伯，今長安杜城是也。周之季世，又封劉累裔孫在魯縣者爲唐侯，以奉堯嗣，其地今唐州方城是也。傳曰：「自虞以上爲陶唐氏，在夏爲御龍氏，在商爲豕韋氏，在周爲唐杜氏。」成王滅唐，故子孫爲唐氏。此晉之唐也。宣十二年傳：「楚子使唐狡與蔡鳩居告唐惠侯，使潘黨率游闕四十乘，從唐侯爲左拒。」其地在今隨州唐城縣。此楚之唐也。定公五年，楚滅唐，子孫亦以唐爲氏。在晉者仕晉，在秦、楚者仕秦、楚。晉有唐睢，爲魏大夫，西説秦，不敢加兵於魏。楚有唐狡、唐勒，勒與宋玉、景差俱師屈原，事楚襄王，文章齊名。秦有唐厲，爲漢中尉，擊黥布有功，封斥丘侯。

臣謹按：釋例，唐，姬姓。又公子譜，一曰：「成王封叔虞於唐，號曰唐叔侯。其子燮父之後，春秋時，國小微弱，遂屬爲楚邑。」據此當云：「其子燮父之後，別封于唐，近於楚，微弱，遂爲楚屬邑。」又按：堯之後分爲六，唐氏，杜氏，范氏，劉氏，韋氏，祁氏，皆爲著姓，豈堯澤之不泯歟。

虞氏。姚姓。舜之建國也，舜以天下授禹，禹封舜之子商均於虞城，爲諸侯。後世國絶，以國爲氏。又周太王之子太伯之弟仲雍，是爲虞仲，嗣太伯之後於句吴。武王克商，封舜之後胡公滿於陳，封虞仲之庶孫於虞城，以爲虞仲後。虞仲國於吴，其支庶封于此，故亦謂之西吴。此姬姓之虞也。今陝州平陸縣東北六十里有故虞城在。僖五年，晉滅之，子孫亦以國氏。

夏氏。亦曰夏后氏，姒姓，顓帝之後也。當堯之時，有洪水之患，使鯀治之，九載不成功，乃殛鯀于羽山。用其子禹爲司空，治水有大功，舜以天下授之，是爲夏后氏。今陝州夏縣，禹之所都也。禹之受舜禪至桀，〔二〕凡十七君，十四世，四百七十一年。爲湯所伐，放于南巢。武王克商，封其後於杞，其非爲後不得封者，以夏爲氏焉。又陳宣公之子少西，字子夏，其孫夏舒以王父爲氏，是爲陳夏氏也。後漢有夏馥，夏牟。

商氏。子姓。商本上雒，今之商州也。及成湯有天下，始遷于亳，而命以殷，然商之號亦未始廢焉。商始祖契，其母曰簡狄，爲帝嚳次妃，三人行浴，見玄鳥隕卵，取而吞之，孕而生契。舜命契爲司徒，封於商。十四世至湯，放桀。又三十世至紂，周武王滅之，子孫以國爲氏。魯有商瞿，仲尼弟子。

又秦有衞鞅，本衞公子也，封爲商君，子孫亦以商氏焉。宋朝登科有商庭，又有商言詩，登州人。

殷氏。契始封于商，後世遷于亳，故京兆杜縣有亳亭是也，杜城今在長安南，故司馬遷云，禹興西羌，湯起亳也。及有天下，始居宋地，復命以亳，今南京穀熟是也。蓋有溵水出陽城東，至西華，汝陽，入于潁水合流，古人并謂潁爲溵，故命以殷。舊有溵水縣，宋建隆改商水，隸陳州。然遷于囂，遷于相，遷于耿，遷于朝歌，皆謂之殷，以成湯建國之所命也。或謂之商，以契始封之所命也。自湯至雍己，而商道始衰，諸侯或不至。雍己弟太戊立，任伊尹之子伊陟爲相。桑穀共生于朝，一夕大拱，伊陟曰：「妖不勝德，君之政無乃有闕？」太戊修德，祥桑枯死，商道復興，故稱中宗。太戊崩，子仲丁立，遷于囂。至河亶甲，遷于相，商復衰。子祖乙立，遷于耿，任巫賢而商道復興。至于陽甲，王業益不振。良由自仲丁以來，廢適而更立諸弟，子弟或爭相代而立，比九世亂，於是諸侯不朝。陽甲崩，弟盤庚立。是時都河北，盤庚渡河南，凡五遷，復居湯之故都，治亳，行湯之政，諸侯始朝。其弟少辛立，商復衰，百姓思盤庚之治，乃作盤庚三篇。至武丁卽位，因夢而求得傅說爲相，爲中興主，廟號高宗。至武乙，復去亳徙河北，好射獵，爲革囊盛血，仰而射之，曰射天，暴雷震死。至紂，爲周武王所滅，封微子於宋，以奉湯祀。其子孫不得封者，以國爲氏。

北殷氏。成湯之後，有北殷氏。

周氏。姬姓，黄帝之苗裔，后稷棄之後。有邰氏曰姜原，爲帝嚳元妃，出見巨人跡，踐之而孕，期月生稷。初以爲不祥而棄之，故名曰棄。好種藝，堯聞之，舉爲農師。舜封於邰，號曰后稷。邰，今武功縣斄城是也。邰之總名曰周，故國號周。后稷卒，子不窋立。不窋末年，夏太康失國，稷官遂廢，不窋失職，乃奔戎狄之間。孫公劉，復修后稷之業，詩人歌之，遷于豳，今邠州三水有古豳城是也。至古公亶父，有熏鬻之難，去豳居岐，豳人扶老攜幼盡歸之，隣國亦歸之，今鳳翔岐山是也。至文王，始伯諸侯。武王光有天下，追封古公、季歷、文王爲王。文王都豐，武王都鎬。豐在永興鄠縣東南，鎬在豐之東二十里。昭王之時，王綱不振，乃南巡狩，卒於江上。穆王得八駿，西巡於崑崙之丘，以見西王母，樂而忘歸，徐偃王作亂。厲王無道，國人畔之，出奔于彘，召公、周公二相行政，號曰共和。共和十四年，立厲王之太子靖，是爲宣王，周室中興。其子幽王，爲褒姒蠱惑，欲立其子伯服，而廢申后太子宜咎，宜咎奔申。申侯與犬戎攻周，殺幽王于戲。晉文侯與鄭武公迎宜咎于申而立之，是爲平王，徙居東都王城，今西京河南縣是也。平王四十九年，魯隱公之元年也。敬王又遷成周，今洛陽縣也。敬王三十九年，獲麟之歲也。敬王四十一年，春秋終。元王以下十有二世，二百二十一年，赧王爲秦所滅，黜爲庶人，百姓號曰周家，因爲氏焉。又平王之子别封汝南者，亦爲周氏，見志猶詳。又有周公黑肩之後，世爲周卿士。又商有太史周任，豈其食采于周與？又秦相有周恢。又有姬氏，唐先天中避明皇嫌名，改爲周氏。又上元中，暨佐時準制改爲周氏。又代北複姓有賀魯氏，改爲周氏。又後魏獻帝次兄普氏，改爲周氏。又後周改周氏爲車非氏。

西周氏。

赧王爲西周武公，其後爲西周氏。

周生氏。

見姓苑。今人呼人亦曰某生，不必外生也。晉中經簿云，魏侍中周生烈，本姓唐，外養周氏。

秦氏。

嬴姓，少皞之後也。以臯陶爲始祖，十世曰蜚廉，生二子：一曰惡來，其後爲秦。二曰季勝，其後爲趙。惡來之後五世曰非子，初封於秦谷，爲秦氏。秦谷，故隴西秦亭是也。隴西并入汧原，今隸隴州，有故秦城在。後徙封平陽，復遷于岐、豐之間，又遷于犬邱，又遷于雍，又遷于櫟陽，又遷于咸陽，皆本於秦谷，故號秦焉。非子好馬及畜，周孝王使主馬于汧、渭之間，馬大蕃息。孝王曰：「昔柏翳佐舜主畜，畜多息，故有土，賜姓嬴。今後世亦爲朕息馬，朕其分土爲附庸，邑之秦。」使續嬴氏祀，號曰秦嬴。或曰，伯益佐舜，賜姓嬴氏。秦嬴四世曰秦仲，爲周宣王大夫，始有車馬禮樂，以討西戎死之。莊公立，長子世父曰：「戎殺我大父，我非殺戎王，不敢入邑。」讓與其弟襄公。周幽王有犬戎之難，襄公救周，以兵送平王都雒邑，平王封襄公爲諸侯，賜之岐以西之地。至穆公用百里奚、蹇叔爲大夫，納公子重耳爲晉君，不殺孟明視、西乞術、白乙丙，以報晉人殽之役，禮亡臣由余以伐戎，益國十二，開地千里，遂霸西戎。至孝公，用衛鞅之術，以富國彊兵，自此以還，六國不能與之爭衡。凡三十五世。自子嬰降漢，秦之子孫以國爲氏焉。魯又有秦氏，居於秦邑，今濮州范縣北舊秦亭，是其地。又楚有秦商，魯有秦非，秦有秦祖、秦冉者，皆爲仲尼弟子。漢有潁川太守秦彭。晉有秦起。

太史公曰：「秦之先爲嬴姓，其後分封，以國爲姓，有徐氏、郯氏、莒氏、鍾離氏、運奄氏、菟裘氏、将梁氏、黄氏、江氏、修魚氏、白冥氏、蜚廉氏、秦氏，然秦以其先造父封趙城爲趙氏。」

臣謹按：嬴，姓也。秦，氏也。何謂以國爲姓乎？徐、郯、莒、黄、江，國也，以國爲氏者。鍾離，楚邑；菟裘，魯邑也，以邑爲氏者。蜚廉，人名也，以名爲氏者。何謂以國爲姓乎？凡此十三氏，并趙爲十四氏，其爲氏不同，而姓則同嬴也。由司馬氏作紀、世家，爲譜系之始，而昧於此義，致後世之言姓氏者無别焉。言秦者又有三：秦國之後，以國爲氏。其有出於魯者，以邑爲氏，蓋魯有秦邑故也。出於楚者，未知以邑、以字與？然此三秦者，所出既殊，皆非同姓。彼十四氏雖不同秦而同嬴，是爲同姓。此三秦者雖同秦而不同嬴，是不爲同姓。古者婚姻之制，别姓不别氏，三秦可以通婚姻，十四氏不可以通婚姻。此道湮蕪已久，譜諜之家初無識别。

漢氏。姓苑云，東莞有此姓，云漢高帝之後。初，項羽封沛公爲漢王，王巴蜀、漢中，今興元府漢中郡也。自高帝至光武，終於獻帝，通王莽十八年，劉聖公二年，計四百二十五年，傳漢祚。漢亡，子孫或以國爲氏。

臣謹按：三代之時，天子諸侯傳國，支庶傳氏，其傳國者，國亡則以國爲氏。三代之後，雖有國號，無問適庶，皆以氏傳，而謂之姓，如漢家雖亡，亦稱劉氏。或有稱漢者，雖存古道，而存爲希姓。

周同姓國

臣謹按：以國爲氏者有二，諸侯之子，在其國稱公子，在他國則稱國；國亡無爵者亦稱國。

魯氏。武王克商，封其弟周公旦於曲阜，本少昊之墟，又大庭氏居之，魯於其上作庫，故謂大庭氏之庫。其地本名魯，因以命國，乃作都于曲阜。宋祥符中，改曲阜爲仙源，今隸兗州。周公留相成王，而使元子伯禽就封於魯，錫之山川、土田、附庸、官司、典策、四代之樂，郊上帝，與周同制。伯禽之國，周公戒之曰：「我文王之子，武王之弟，今王之叔父，我於天下亦不賤矣，然我一沐三握髮，一飯三吐哺，猶恐失天下之士。汝之魯，慎無以國驕人。」伯禽之魯，三年而報政，周公曰：「何遲也？」曰：「變其俗，革其禮，喪三年然後除之。」太公封於齊，五月而報政，周公曰：「何速也？」曰：「吾簡其君臣禮，從其俗爲也。」周公歎曰：「魯後世其北面事齊矣！不簡不易，民不有近，平易近民，民必歸之。」宣公之後，三家盛，公室微弱，昭公見逐，卒于乾侯。自隱公至哀公，凡十二世，見春秋。自悼公至頃公，爲楚考烈王所滅。頃公亡，遷于卞邑，爲家人，子孫以國爲氏。

臣謹按：魯自莊公之時，齊桓公始伯。爾後齊爲盟主，魯共命之不暇，則報政之言，周公不虛也。況魯自襄仲殺適立庶，宣公之後，公室微弱，政在三家。昭公不反國，哀公卒于有山氏，可哀也哉！魯起周公至頃公，三十四世。豈周公之澤，流芳浸遠，而微弱之漸，亦由伯禽立政之所始也。

晉氏。晉，大夏之墟也。堯之所都平陽，其國曰唐。及叔虞封於唐，其子爕父嗣封，改爲晉，以其地有晉水故也，今爲晉州。其地正名翼，亦名絳，而平陽者是其總名。至景公遷于新田，謂新田爲絳，今絳州也，而謂平陽爲故絳。叔虞者，武王第二子。初，邑姜方娠，武王夢天謂之曰：「余命而子虞，與之唐。」及生，有文在其手曰「虞」，遂命曰虞，字子于。成王立，唐有亂，周公滅之。成王與叔虞戲，削桐葉爲珪，曰：「以此封若。」史佚因請擇日立叔虞，成王曰：「吾與之戲耳。」佚曰：「天子無戲言。」遂封於唐，在河汾之東，地方百里。至昭侯，封其叔成師於曲沃，號桓叔。曲沃大於翼，是謂末大於本。桓叔之孫武公滅翼，以其寶器獻于周釐王，〔二〕王命武公爲晉君。獻公始彊大，文公伯諸侯，文公之後，世爲盟主。至景公遷于新田，晉始作六卿，自此政在私門。韓、趙、魏盛彊，烈公十九年，周威烈王命三家皆爲諸侯。靜公二年，魏武侯、韓哀侯、趙敬侯滅晉而三分其地，靜公遷爲家人，子孫爲晉氏。凡三十三代。魏將有晉鄙，蓋其後也。漢有晉寶，爲樂安相。

臣謹按：晉、魯大國，而其子孫希少者，皆由彊臣剥喪公室，枝葉凋落，其來已久，及夫亡國之日，公族無幾矣。齊亦如是。

衛氏。文王第九子康叔封之國也。武王克商之後，以商餘民封紂子武庚禄父以奉先祀，武王又令其弟管叔、蔡叔相之，以和其民。武王崩，成王幼，周公攝政，管、蔡疑周公，挾武庚禄父作亂。周公以王命伐之，而以商之餘民封康叔爲衛君，居河、淇之間故商墟。周公與康叔至相睦，故以其地封之，作康誥、酒誥、梓材三篇，命之國，而行魯國之政。故曰：「魯、衛之政，兄弟也。」其地曰朝歌，漢、晉爲縣，隸汲郡，隋始改爲衛縣，遂爲衛州衛縣。朝歌故城在縣西二十二里。衛縣，宋熙寧中省爲鎮，入黎陽。及懿公爲狄所滅，齊桓公率諸侯城楚邱而立文公。楚邱，今單州成武是也。魯僖公三十一年衛成公始遷于帝邱，今澶州濮陽是也。桓公十二年，魯隱公之元年也。出公輒十二年，獲麟之歲也。

凡傳世四十餘，至衛君角之九年，秦并天下，子孫以國爲氏。至漢有丞相建陵侯衛綰。

蔡氏。

周文王第五子蔡叔度之國也，或言第十四子。同母兄弟十人，唯發、旦賢，故文王舍伯邑考而立武王，周公輔之。武王平天下，封功臣兄弟，乃封叔鮮於管，叔度於蔡，二人相紂子武庚禄父，治商餘民。武王崩，成王少，管、蔡疑周公不利於成王，乃挾武庚以作亂。周公以王命伐之，殺管叔而放蔡叔，與車十乘，徒七十人從，而分商餘民爲二，其一封微子啓於宋，以續商祀；其一封康叔爲衛君。蔡君叔度既遷而死，其子曰胡，改德率行，周公聞之，舉以爲魯卿士，魯國治。於是言於成王，復封於蔡，以奉蔡叔之祀，是爲蔡仲。其地今蔡州上蔡縣西南十里故蔡城是也。至平侯，徙居新蔡，今蔡州新蔡是也。至昭侯，衰微，服役於楚，遂徙于州來，謂之九江，下蔡是也。下蔡今爲縣，隸壽州。宣侯二十八年，魯隱公之元年也。昭侯子成侯，十年，獲麟之歲也。自昭侯以下春秋後。相承二十六世，爲楚所滅，子孫以國爲氏。又後周改賜姓爲大利稽，隋復舊。晉有蔡墨，秦相蔡澤，或以邑，或以地，未知其得氏之由。漢功臣表，肥如侯蔡演，演玄孫丞相義，義玄孫勳，爲長安邸長，累召不至。勳曾孫攜。

曹氏。

叔振鐸，文王子而武王弟也。武王克商，封之於陶邱，今廣濟軍定陶是也。振鐸後十四世桓公，二十五年，魯隱公之元年也。至二十四世伯陽立，爲宋景公所滅，時魯哀公八年也。初，國人有夢衆君子立于社宫，謀亡曹，曹叔振鐸止之，請待公孫彊，許之。夢者求之曹，無此人，而戒其子曰：「我亡，爾聞公孫彊爲政，必去曹，無罹禍。」及伯陽卽位，好田弋之事。六年，曹野人公孫彊亦好田弋，獲白雁而獻之，且言弋之説，因訪政事，伯陽説之，使爲司城以聽政。夢者之子乃亡去。十四年，公孫彊說曹伯背晉奸宋，十五年，爲宋景公所滅。子孫以國爲氏。

滕氏。文王第十四子叔繡後也，武王封之於滕。舊云，滕在沛國公邱縣東南。按晉志，公邱屬魯國，今兖州龔邱是。隱十一年，滕、薛來朝，爭長。自叔繡及宣公十七世，始見春秋。國小弱，不能朝王，每朝于魯，名不赴，故不書。隱公以下春秋後。至公邱二十一世，爲秦所滅。釋例云：「春秋後七世，爲齊所滅。」又有騰氏，卽滕也，因避難改爲騰。後漢有北海相騰撫。梁孝行傳有騰曇恭。今開封有此姓。

燕氏。北燕也，舊幽州薊縣是也。南燕今滑州胙城是也。召康公奭，周之支族，食邑於召，武王滅紂，封召公於北燕。成王以爲三公，與周公分陝而治。決獄於甘棠之下，後世思之，不忍伐焉。然其國僻小，不能通諸夏盟會。自召公以下九世至惠侯，始見載籍。又惠侯九世莊公之時，齊桓公始伯，北伐山戎，爲燕開路。自莊公十三世簡公，始見春秋。簡公卒，獻公立，始有年次。自獻公至易王八世，始稱王。易王卒，燕噲立，讓國與其相子之。子之南面行王事，國人不悦，齊王令章子將五都之兵因北地之衆以伐燕，子之亡。燕昭王卽位，欲雪齊耻，乃卑身厚幣以招賢者，築宮以尊郭隗而師事之，樂毅自魏往，劇辛自趙往，鄒衍自齊往，士爭趨燕，乃與秦、楚、三晉合謀而伐齊，齊兵大敗，湣王亡。自易王至王喜，七世稱王，爲秦所滅。自獻公之子孝公以下六世，始大稱王，十二世，二百二十五年。太史公謂，燕崎嶇彊國之間，最爲弱小，幾滅者數矣，然社稷血食八九百歲，於姬姓獨後亡，豈非召公之烈邪。南燕姞姓，伯爵，黄帝之後，實故國猶存於周者。南燕，北燕皆爲燕氏，此異姓而同氏者，望在范陽。漢有功臣宜城侯燕倉，後漢中郎將燕瑗，北齊有右僕射燕子獻，唐有補闕燕欽融，宋朝有龍圖閣學士燕肅。望出上谷、范陽。

鄭氏。周厲王之少子宣王之母弟桓公友之後也。桓公初受封於鄭，在周之畿內，今華州鄭縣是也。封三十三歲，爲周大司徒，當幽王時，桓公問於太史伯曰：「王室多故，吾安逃死乎？」對曰：「獨洛之東土，河、濟之南可居。地近虢、鄶，其君貪而好利。今君爲司徒，民皆愛公，公誠居之，虢、鄶之民，皆君之民也。」桓公從之。後幽王有犬戎之禍，桓公死難。其子武公從平王東遷，卒有虢、鄶之地，號爲新鄭，今之鄭州也。武公生莊公，莊公之二十年，魯隱公之元年也。聲公二十年，獲麟之歲也。聲公三十七年，卒。自聲公三世至幽公，韓武子伐鄭，殺幽公。子孫播遷陳、宋之間，以國爲氏。自幽公二世鄭君乙之二十一年，復爲韓所并。幽公生公子魯，魯六世孫榮，號鄭君，生當時，漢大司農，居滎陽、開封。〔三〕唐志云：「魯七代孫鄭君，生當時。」

吳氏。今蘇州城是也。太伯與弟仲雍，皆周太王之子，而王季歷之兄也。季歷有聖子昌，太王欲立季歷以及昌，故太伯、仲雍相攜而奔荆蠻。太伯號句吾，舊曰，句吾地名，然吳有勾吾，越曰勾踐，皆是名號，非謂地名，勾者，吳、越之語辭也。荆蠻之人義太伯，從而歸之千餘家，立以爲君長。太伯卒，無子，仲雍立。至武王克商，求太伯、仲雍之後，得仲雍之曾孫周章，巳君吳矣，從而封之爲吳子，追封太伯爲吳伯，又別封周章之弟虞仲於虞，皆爲諸侯。自太伯五世而得封，十二世而晉滅虞。虞滅而吳始大，至壽夢而稱王。其子季札來聘，始見春秋。自壽夢以上，可知世數而不可紀年。壽夢之元年，魯成公之六年也。夫差十五年，獲麟之歲也。二十三年，魯哀公之二十二年也，是年勾踐滅吳。子孫以國爲氏。季札避國，子孫居齊、魯之間。

魏氏。始祖畢公高，封於畢，爲畢氏。杜預曰：「畢在長安西北。」今長安縣西有杜山，又曰畢陌。至畢萬事晉，封於魏。杜預曰，魏在河東河北縣。河北今爲平陸縣，陝州治有魏城。後雖遷徙不常，自封魏之後皆號魏，惟徙梁之後，亦謂之梁。按畢公高，周文王第十五子，蓋庶子也，故云姬姓之别族。武王伐紂，而高封於畢，其後絶封爲庶人。其苗裔曰畢萬，卜事晉，遇屯之比，辛廖占之，曰：「吉。此公侯之卦。」獻公十六年，趙夙爲御，畢萬爲右，以伐耿、霍、魏三國而滅之，以魏封畢萬爲大夫。生魏犨，從晉公子重耳出奔，及重耳立，以犨襲魏氏後，治於魏。武子之後，世爲晉卿。生悼子，徙治霍，今晉州霍邑是也。生魏絳，晉悼公曰：「自吾用魏絳，八年之間，九合諸侯，和戎翟，絳之力也。」賜之樂，是爲莊子，徙治安邑，今爲縣，隸解州。自莊子七世文侯，始稱侯，受經於子夏，過段干木之閭，未嘗不式也。其子武侯之十年，與韓、趙滅晉而分其地。武侯之子稱王，徙治大梁，今開封治也，是爲梁惠王。自文侯而下，二侯，七王。秦將王賁灌大梁城，滅王假，以其地爲郡縣。子孫以國爲氏。安釐王封其弟公子無忌爲信陵君，其後蕃盛。漢有高梁侯魏無知者，信陵君之孫也。又有寗陵君魏咎，陳勝立爲魏王；其弟魏豹，項羽立爲魏王後，乃魏之諸公子也。

韓氏。姬姓之别族。出晉穆侯之少子曲沃成師，是爲桓叔，生萬，是爲武子，食采韓原。一云，成王封叔虞於唐，賜畢萬韓原之地，其地今同州韓城縣南十八里故城是。武子生厥，是爲獻子。晉景公之時，晉作六卿，獻子在一卿之位，從其始封，遂爲韓氏，世爲晉卿。厥生起，是爲宣子。起聘于周，天子嘉其有禮，曰：「韓氏其昌阜於晉。」宣子徙居州，今懷州武德是也。生貞子，徙居平陽，今晉州也。

貞子五世景侯，與趙、魏俱得爲列侯。景侯四世哀侯，與趙、魏分晉國，滅鄭而徙都焉。哀侯四世宣惠王，始稱王。至王安五年，秦攻韓急，使韓非使秦，秦留非，殺之。九年，秦虜王安，盡入其地爲潁川郡。自景侯至王安，六侯五王，百七十九年。子孫分散，江淮音訛，以韓爲何氏。漢有何武，爲膠東相。孫比干，爲丹陽都尉。

何氏。姬姓。唐叔虞裔孫韓王安爲秦所滅，子孫

虢氏。有二，皆王季之子。虢仲之國，在今虢州，謂之西虢，僖五年，晉滅之。虢叔之國，在鳳翔虢縣。公子譜云：「在滎陽，謂之東虢，虢叔之國，爲鄭所并，以建鄭國。虢仲之國，僖五年，晉滅之。」子孫以國爲氏。左傳，晉大夫虢射。漢有虢廣，爲春秋博士。

郭氏。春秋有郭公，遂以爲氏。公羊曰，虢謂之郭，聲之轉也。或言郭爲晉所滅，公子配奔周，遂爲郭氏。今虢氏無聞，惟著郭氏。左傳，齊有郭最。燕有郭隗。後漢郭丹。又有郭泰，字林宗，舉有道。

管氏。周文王第三子管叔鮮之國，其地今鄭州管城是也，子孫以國爲氏焉。又齊有管夷吾，出自周穆王，至夷吾始顯於齊。夷吾裔孫修，仕楚。齊又有管至父。漢有燕令管少卿，未知其自齊往與？此皆以邑爲氏者。

焦氏。史記，周武王封神農之後於焦，今陝州東北百步焦城是也。左傳曰，虞、虢、焦、滑，皆姬姓也，爲晉所滅。子孫以國爲氏。漢有外黄令焦貢。後漢有焦儉。魏志有河東焦先。吳志有會稽焦征羌。

滑氏。周同姓。舊云，河南緱氏縣是。緱氏，今廢爲鎮，隸偃師。其國爲晉所滅，子孫以國爲氏。左傳，鄭大夫滑羅。漢有詹事滑興。望出京兆、安陸。宋朝登科，滑君俞，濟州人；滑延年，邢州人。

霍氏。周文王第八子霍叔處之國，今晉州霍邑是其地。閔元年，晉滅之，子孫以國爲氏。

聃氏。風俗

通，周文王第十子聃季載之後。按世系譜，聃季載，文王第十七子。周有聃啓。

郜氏。周文王之子，封於郜。或又言第十一子，聃季之弟，子爵。今單州成武有二郜城，是其地也。晉有高昌長郜玖。望出安定、京兆。

浩氏。音告。漢青州刺史浩寶。吴都尉浩舟。唐隰州刺史浩聿。狀云：「本郜氏，因避難改爲浩氏。」聿生虚舟。

雍氏。去聲。舊云，河内山陽縣。按山陽在懷州修武。范曄云，山陽有雍城。文王第十三子雍伯受封之國，其後裔爲雍氏。又宋有雍氏，姞姓也。鄭有雍糾。齊有雍廩、雍巫。楚有雍子。望出京兆、平原。宋政和登科，雍舟卿、雍源，並閬州人。大觀，雍觀復，利州人。政和，雍垣，鄭州人。紹興，雍朝瑛，普州人。

畢氏。周文王第十五子畢公高始封於此。其子萬事晉，乃封於魏，居於畢者，以畢爲氏。今長安縣西有杜山，又曰畢陌，是其地也。漢有滕侯畢取，本南越將軍，生奉義。宋朝宰相畢士安，狀頭畢漸。又有出連氏改爲畢氏，虜姓也。

酆氏。周文王之子酆侯之後，或言第十七子。此文王之舊都也，故城在今永興鄠縣北三十里。其後以國爲氏。又有酆舒。宋朝登科，酆伸之，嚴州人。

郇氏。周文王之子，封郇侯，或言第十七子。郇國故城在邠州三水東。其後以國爲氏。郇音荀，一音環。今有環音之氏，而未聞荀者。

臣謹按：譜文王十七子，然原、郇二侯不在其列，此譜系之家失於記載，原、郇爲文王之昭，左氏見之甚明。

郕氏。亦作「成」，伯爵，文王第五子郕叔武之所封，或言武王封季載於此。其地在今濮州雷澤北三十里郕國故城是也。其後以國爲氏，或去「邑」爲「成氏」，與周之成肅公，楚之成得臣，同爲一成。宋朝登科，成唐，晉州人。成黼，應天人。成斯立，蜀人。今三衙太尉成閔。

盛氏。周之同姓國也，後爲齊所滅。穆天子傳云，盛姬之國。公羊云：「成降于齊師。成者盛也，以諱滅同姓，故言成也。」又有奭氏，召公奭之後也，蓋以名爲氏，後避漢元帝諱，故改奭氏爲盛氏焉。漢有司徒盛吉。後漢有北海太守盛苞。

于氏。卽邘氏，周武王之子邘叔所封之國。京相璠云：「野王縣西北三十里有故邘城及邘臺。」野王，隋改曰河内，今懷州治。子孫以國爲氏，其後去「邑」，但爲「于氏」，亦有不去「邑」者。後魏官氏志有萬紐氏，改爲于氏。始有自東海隨拓拔隣徙代，改爲萬紐于氏，後魏孝文時，復爲于氏。又淳于氏，唐元和初，避憲宗嫌名，改爲于氏。

應氏。侯爵，武王第四子。今汝州葉縣故應城是也。漢初有隱者應曜，居淮陽山，與四皓俱被召，時人語之曰：「南山四皓，不如淮陽一老。」玄孫順，後漢將作大匠，望出汝南、潁川。

凡氏。周公第二子凡伯之後，爲周畿内諸侯，袁崧云：「凡在共縣西南。」今衛州城西南二十二里有凡城。皇甫謐謂，凡氏避秦亂，添「水」爲「汎氏」。

臣謹按：凡者，周公之後爲凡國；汎者，周大夫采邑也，自是兩家。因知姓氏家有避地改姓之言，多無足取。

蔣氏。周公之第三子伯齡所封之國也。杜預云，弋陽期思縣是。按期思，宋改爲樂安，今光州仙居縣是也。漢有隱者蔣詡，又有蔣期。劉宋時有蔣恭，靈異，後封爲蔣神。

邢氏。侯爵，周

公之第四子受封於邢。今邢州治龍岡是其故地也。僖二十五年，衛滅之。子孫以國爲氏。**茅氏**。周公之後也，今濟州金鄉是其地。子孫以國爲氏。又有茅戎，卽戎之别裔。又郲大夫有茅地、茅夷鴻。秦有博士茅焦，上書説始皇。神仙傳有茅盈，又有茅氏兄弟三人隱句曲山，成仙去，未知其爲茅國之裔，或别有茅邑也。

胙氏。周公之後也，今滑州胙城是。其國爲南燕所并，子孫以國爲氏。

作氏。風俗通，周公之子胙侯，子孫因避地改爲作氏。漢有涿郡太守作顯。

賈氏。伯爵，康王封唐叔虞少子公明於此。同州有賈城，卽其地，或言河東臨汾有賈鄉是也。爲晉所滅，子孫以國爲氏。又晉既并賈，遂以爲邑，故晉之公族狐偃之子射姑，食邑於賈，謂之賈季，其後則以邑爲氏。

芮氏。伯爵，周同姓之國，司徒芮伯之後也。其後有芮伯萬。其地卽陝州芮城。爲晉所滅。齊景公妾曰芮姬。

隨氏。侯爵，今隨州是其地。楚滅之，子孫以國爲氏。又杜伯之玄孫爲晉大夫，食采於隨，曰隨會，子孫以邑爲氏。至隋，以周、齊不遑寧處，故去「走」作「隋」。搜神記，隨侯行野，見蛇傷，乃傅之藥，蛇報以明珠，所謂隨侯之珠是也。未知隨侯爲何代人。

胡氏。子爵，其地在今潁州汝陰西二里胡城是也。定十五年，楚滅之，其後以國爲氏。或云，胡公滿封於陳，其後亦爲胡氏。又樂陵之胡，賜姓李。又河南之胡，改紇骨氏爲胡也。

巴氏。子爵。世本云，巴子國。子孫以國爲氏。其地，杜預云，巴郡江州縣。按江州，隋改江津，今隸渝州。漢有太常巴茂。後漢黨錮傳有巴肅。又有揚州刺史巴祗，以清貧著名。

杷氏。杷，闢牙切，字亦作

遂氏。子爵。莊十三年，齊滅之。其地在濟州鉅野。或言燧人氏之後，非也。頓氏。子爵，頓子牂之國也。今陳州南頓卽其地。定十四年，楚滅之，子孫以國爲氏。魏志華佗傳有督郵頓子獻。漢有頓肅，爲邵陽長，望出魏郡。宋世登科有頓起、頓趪，皆蔡州人。道氏。姬姓之國，今蔡州確山西南有故道城。疑爲楚所并，子孫以國爲氏。楚有大夫道朔。宋世有登科道大亨，常州人。邰氏。亦作「斄」，姓苑云，周太王居邰，因氏焉。

臣謹按：太王去邰居岐，其族屬留于邰者爲邰氏。

耿氏。姬姓，商時侯國。閔元年，爲晉所滅。今河中龍門縣南十二里故耿城是。尚書祖乙圮于耿，是此地也。岑氏。呂氏春秋云：「周文王封異母弟耀之子渠爲岑子。」其地梁國岑亭是也。子孫以國爲氏。宋有岑平、岑頔，登科。元祐有岑穰，濟州人。彤氏。出於彤伯，周同姓之國，爲成王宗伯。肜氏。本彤氏，避仇改爲「肜」。

周異姓國

齊氏。姜姓，四嶽之苗裔也，與申、呂、許皆姜姓。四嶽佐禹有功，或封於申，或封於呂，故太公謂之呂望。文王得於渭濱，以爲太師，股肱周室，相武王克商，封於營邱，卽今臨淄縣是也。或云，營邱故城在濰州昌樂，其地本顓帝之墟。晏子曰：「昔爽鳩氏始居於此，季萴因之，逢伯陵因之，蒲姑氏因之，而後太公因之。」又管仲曰：「昔召康公命我先君太公曰：『五侯九伯，汝實征之，以夾輔周室。』賜我先君履，東至于海，西至于河，南至于穆陵，北至于無棣。〔四〕」僖公九年，魯隱公之元年也。簡公四年，獲麟之歲也。凡二十九世，爲彊臣田氏所簒。子孫以國爲氏。又衛大夫齊子，以字爲氏。戰國時有齊明，周人也。漢有光禄大夫齊晉。功臣表，平恭侯齊受，傳封四代。晉有齊恭，注漢書。前涼將軍齊肅。後涼僕射齊難。

楚氏

芈姓。始居於丹陽，今江陵枝江是也。後遷于郢，今江陵縣北有舊郢城，本國號荊，遷郢始改楚。又遷于鄀，今襄陽宜城西南有鄀亭山。後遷于壽春，今之壽春府也。楚之先出顓帝高陽氏，曰重黎，爲帝嚳火正，使伐共工氏，不克事，帝誅之，而以其弟吳回爲重黎後，復居火正爲祝融。吳回生陸終，陸終生季連。季連之苗裔曰鬻熊，爲文王師。及成王舉文王之勞臣，封其曾孫熊繹居丹陽，國號荊，今江陵枝江是其故地。熊繹與周公之子伯禽，康叔之子牟，晉侯之子燮，太公之子吕伋，俱事成王。然世以名稱，皆無爵號。至熊達始盛彊，十九年則魯隱公之元年也。三十五年，伐隨，使隨人爲請於周，以尊爵號，王室不聽。三十七年，熊達怒曰：「吾先君鬻熊，文王師也，不幸早世。成王舉我先君，錫以子男之田，令居楚，蠻夷率服，而王不加位，我自尊耳。」乃自立爲武王，始開濮地而有之。武王卒，子文王立，始都郢，改號楚，今江陵縣北舊郢城是也。文王卒，子成王立，結舊好於諸侯，使人獻天子，天子錫之胙，曰：「鎮爾南服，使夷越之亂，無侵中國。」於是開地千里。三十九年，滅夔，以不祀祝融與鬻熊故也。靈王之七年，築章華臺，内亡人實之。共王有寵子五人，無適立，乃望祭群神而決之，〔五〕陰與巴姬謀而埋璧於室内，召五子齊而入。康王跨之，靈王肘加焉，子比、子皙皆遠之，平王幼，抱而入，再拜皆壓紐。故康王以長立，至其子失之。圍爲靈王，及身而弒。四子皆無後，惟平王續楚祀。昭王十年冬，伍子胥復父兄之仇，相吴王闔閭以伐楚，入郢，焚平王之墓。十二年，吴復伐楚，楚去郢，北徙都鄀，今襄陽宜城西南有鄀亭山，是其地。懷王三十年，秦昭王詐遺懷王書，欲親結盟于武關。既至，伏兵劫懷王而西，至咸陽，朝章臺如蕃臣，不與亢禮。楚人立太子横爲頃襄王。二年，懷王卒于秦，秦歸其喪，楚人哀之。考烈王二十二年，秦王政立，楚與諸侯共伐秦，不利，東徙壽春，命曰郢。王負芻五年，秦將王翦、蒙武破楚，虜王負芻，滅之爲楚郡。凡四十五世。其後以國爲氏。魯有楚邱，又有林楚，是楚邱者，必林楚之後，以名爲氏者。又趙襄子之家臣有楚隆者，未知楚隆以何爲氏焉。〔六〕又古有賢者楚老。宋有驍衛上將軍楚公輔，望出江陵。祥符登科有楚咸。

臣謹按：陸終氏娶鬼方之女，孕而不育，十一年，開其左脇而出三人焉，又開其右脇而出三人焉。長曰昆吾，名樊，爲己姓，封於衛墟。次曰參胡，董姓，封韓墟，周時爲胡國，楚滅之。三曰彭祖，名翦，彭姓，封於韓大彭之墟，卽彭城也。〔七〕四曰會人，妘姓，封於鄭墟。五曰安，曹姓，封於邾之墟。六曰季連，芊姓，其後爲楚。昆吾氏爲夏伯，湯伐桀滅之。彭祖氏爲商伯，商之末世始亡。按干寶之論曰：「先儒多疑此事，譙周作古史考，以爲妄記，廢而不論。然六子之世，子孫有國，數千年間，迭爲伯王。天將興之，必有尤物。若夫前志所傳，修己背坼而生禹，簡狄胸坼而生契，歷代久遠，莫足相證。近魏黄初五年，汝南屈雍妻王氏生男，從右胳下水腹上出，而平和自若，數月創合，母子無恙。」

臣按：浮屠氏稱釋迦生於摩邪夫人之右脇，亦此理也。其徒信之而不疑，何學者之疑陸終氏之事？近莆田尉舍之左，有市人之妻生男，從股髀間出，亦能創合，母子無它。此又足以明屈雍之事不誣。臣又按：以王父字爲氏者，古之道也，然亦有以名爲氏者。楚以鬻熊之故，世稱熊氏，女子則稱芈焉。楚國亡於秦漢之世，是時姓氏之道泯矣，故楚以熊著，而楚族無聞。

宋氏。子姓，商之裔也。武王克商，封紂子武庚以紹商。武庚與管、蔡作亂，成王誅之，立紂庶兄微子啓爲宋公，以備三恪，都商邱。杜預云，梁國睢陽是也。按睢陽，隋改爲宋城，今南京治，本陶唐氏火正閼伯之墟，以其主火，故又爲大辰之墟。杞、宋二國皆公爵，於周爲客，得用其先王禮樂。微子卒，立其弟衍，是爲微仲。至穆公十三世，穆公之七年，魯隱公之元年也。穆公以宣公舍其子而立己，不敢忘宣公，而立其子殤公與夷。自殤公至景公十二世，獲麟之歲也。凡三十一世，至宋君偃，自立爲王，東敗齊，取五城，南敗楚，取地三百里，西敗魏，乃與齊、魏爲敵國。盛血以韋囊，揭而射之，曰射天。於是諸侯目之爲桀宋，齊湣王與魏、楚滅之而三分其地。

荆氏。芈姓，楚國舊號荆，此

未號楚之前受氏也。燕有荆軻，望出廣陵。宋朝太平興國登科有荆伯玠。

陳氏。嬀姓。初封虞城，今應天府之縣也。後封於遂，今濟州鉅野。後封于陳，今陳州治宛邱縣是也。本太昊伏羲氏之墟。舜傳天下於禹，禹封舜之子商均於虞城。周武王克商，乃求舜後以備三恪，得胡公滿，封之於陳，以奉舜祀。或曰，當周之興，有虞遏父者，爲周陶正，武王賴其器用，妻以元女太姬，生子滿而封於陳，以奉舜祀。滿號胡公，往往以頟胡之故而得此號。成公元年，楚王爲夏徵舒弒靈公，遂率諸侯伐陳，謂陳人曰：「無恐，吾誅徵舒而已。」已而縣陳，羣臣皆賀，申叔時不賀，王問其故，曰：「鄙語有之，牽牛以蹊人之田，田主奪之牛，蹊則有罪矣，而奪之牛，不亦甚乎。今君徵兵諸侯以討不義，〔八〕已而取之，以利其地，何以令於天下？是以不賀。」王曰：「善。」乃迎陳靈公太子午於晉而立之，是爲成公。孔子讀史記至楚復陳，曰：「賢矣哉！楚莊王輕千乘之國，而重一言。」哀公三十四年，司徒招作亂，楚靈王使公子棄疾帥師圍陳，滅之，使棄疾爲陳公。晉平公問太史趙曰：「陳遂亡乎？」對曰：「陳，顓帝之族，自幕至于瞽瞍無違命，舜重之以明德，寘德於遂。蓋商之興也，存舜之後而封於遂，世世守之。及胡公不淫，故周賜之姓，以舜居嬀汭，故姓之曰嬀，而祀虞帝。且盛德必百世祀，〔九〕虞之世未也。」五歲，棄疾弒靈王而自立，是爲平王，欲和諸侯，乃求陳悼太子偃師之子吳，立爲陳侯，是爲惠公。湣公二十二年，獲麟之歲也。二十四年，楚惠王使子西之子公孫朝伐陳而滅之。子孫以國爲氏。又廣陵之陳，實劉氏，魯相無子，以外孫劉矯嗣。河南官氏志云，侯莫陳之後亦改爲陳氏。又白永貴，隋初改爲陳氏，是爲萬年之陳也。

臣謹按：陳，嬀姓也。然伍員曰：「夏少康爲有仍牧正，逃奔有虞，虞思妻之以二姚。」是則又爲姚姓也。蓋嬀姓始於周，姚姓自夏有之。然則堯妻舜以二女而賜之姓者，賜以姚也，謂爲嬀誤矣。自夏之前爲虞國，至商爲遂國，未知虞之存於商否。然至周則遂、虞皆爲姬姓國矣，而封胡公於陳，自是陳稱嬀，不復言姚矣。

趙氏。嬴姓，與秦同祖。少皞之後，皆祖皋陶。皋陶十世曰蜚廉，蜚廉二子，一曰惡來，惡來之後爲秦，二曰季勝。季勝生孟增，得幸於周成王，是爲宅皋狼。皋狼生衡父，衡父生造父，爲周穆王御，穆王賜以趙城，爲趙氏。趙城，今晉州縣。造父六世曰奄父，爲周宣王御。奄父生叔帶，幽王無道，去周如晉，爲晉文侯御，始建趙氏于晉。叔帶五世曰夙，晉獻公賜之耿。夙生共孟，共孟生衰，事文公爲原大夫。衰生盾，爲晉正卿。盾生朔，景公三年，晉人攻滅趙氏。朔有子曰武，韓厥言於公，更立之，後亦相晉，是爲文子。文子之孫曰簡子鞅。簡子卒，子襄子毋恤立。毋恤傳位於其兄伯魯之孫浣爲獻侯，獻侯居中牟，其地在漯水之北。獻侯卒，子烈侯籍立，周命籍與韓、魏並爲諸侯。烈侯卒，弟武公立。武公卒，烈侯太子章立爲敬侯，敬侯始都邯鄲。邯鄲，今磁州縣。十一年，晉亡，韓、趙、魏三分其地。敬侯生成侯種，成侯生肅侯，肅侯生武靈王。武靈王傳國於子何，爲惠文王。惠文王卒，太子丹立，爲孝成王。孝成王生悼襄王偃，悼襄王生幽穆王遷。秦併六國，滅邯鄲。遷兄嘉立爲代王，秦復滅之。自襄子已下六侯四王，凡十一世。秦併代，使嘉子公輔主西戎，世居天水。其趙宗散處者，皆以國爲氏。居涿郡者後有天下。

田氏。卽陳氏。陳厲公子完，字敬仲。陳宣公殺其太子禦寇，敬仲懼禍奔齊，遂匿其氏爲田，「陳」、「田」聲近故也。應劭云，始食采地，然齊無田邑。至田和篡齊爲諸侯，九世至王建，爲秦所滅。建弟假及田儋，儋子市，儋從兄榮，榮弟横，弟子廣，項羽時並裂地稱王，旋皆破滅。漢興，諸田並徙陽陵，後又徙北平。又田都、田角、田閒，亦田氏之族也，漢興徙關中。春秋時，晉有田蘇，宋有田景，齊有田巴。漢有魯相田叔，太尉田蚡，丞相田千秋，大鴻臚田廣明，大司農田延年，魏議郎田疇，皆敬仲之苗裔也。後周田弘爲大司空鴈門郡公，賜姓紇干氏。宋世有田況，爲樞密。

許氏。姜姓，與齊同祖，炎帝之後，堯四岳伯夷之子也。周武王封其苗裔文叔於許，以爲太岳後，今許州是也。靈公遷于葉，悼公遷于城父，又遷于白羽，許男斯遷于容城。自文叔至莊公十一世，始見春秋。元公子結元年，獲麟之歲也。至戰國時，爲楚所滅。昭十九年，許悼公瘧，飲太子止之藥卒，太子奔晉。定六年，鄭游速帥師滅許，以許男斯歸。哀元年，楚子、許男圍蔡。杜預注曰，此蓋楚之封也。哀十三年，許男成卒。秋，葬許元公。晉有許偃，楚有許伯，鄭有許瑕，皆以失國不能庇其本枝，故適他國。

莒氏。嬴姓，少昊之後也。周武王封茲輿其於莒，今密州莒縣是也。世本曰：「自紀公已下爲己姓。」鄭語曰：「曹姓，鄒、莒。」以爲陸終第五子曰安之後。未知孰是。十一世茲丕公始見春秋。共公以下微弱，不復見矣。四世，楚滅之。按史記，當楚惠王時，越滅吴而不能正江淮北，楚東侵，廣地至泗上而滅莒矣。子孫以國爲氏。楚有大夫莒伯。漢有緱氏令莒誦。

邾氏。顓帝玄孫陸終第五子曰安，賜姓爲曹，其子孫亦以姓爲氏。周武王時，封安之苗裔曰邾挾爲附庸，居於邾，今兖州仙源東南四十里古邾城是也。挾以下至儀父，名字始見春秋。齊桓公霸，儀父附從，進爵稱子。十四代孫文公，徙于繹，今兗州鄒縣北嶧山是也。邾自桓公革以下，春秋後八世，而楚滅之。又小邾國，亦出邾挾之後，姓曹，其子孫亦以姓爲氏。挾七世孫夷父顏，有功於周，其子友別封爲附庸，居郳。曾孫黎郳，始見春秋，附從齊桓，以尊周室，命爲小邾子。晉志云：「蕃縣，古小邾國。」按，蕃縣，隋改曰滕，今隸沂州，縣之東南郳城是。樂史云：郳城在承縣。自小邾子穆公之孫惠公以下，春秋後六世，而楚滅之。

朱氏。本邾也，姓曹，其世系見於邾。邾既失國，子孫去「邑」，以「朱」爲氏。其後盛大者，有沛國、丹陽、永城、吴郡、錢塘、義陽、丹陽、太康、河南之九族，〔一〇〕顯於漢、唐間。又有渴燭渾、可朱渾，並改爲朱氏，虜姓也，則爲河南之族。

婁氏。亦作「僂」。風俗通云：「邾婁之國。」子孫或以婁爲氏，或以邾婁爲氏。陸終産六子，其第五子曰安，賜姓爲曹，邾卽安之後。挾，安之裔，曰邾挾，周初受封爲附庸。挾之後不得其名字，十二世至儀父，始通于大國。魯隱公之元年，與隱公盟于姑蔑。其後爲楚所滅。齊大夫婁裡其後也。又有疋婁氏，改爲婁，虜姓也。宋朝登科婁瑄、婁昞、婁汝勵，並臨江軍人。察院婁寅亮，温州人。

郳氏。曹姓，卽小邾也。邾挾七世孫夷父顏有功於周，次子友父別封附庸，爲小邾國，以居郳，故又稱郳國，今沂州滕縣東南郳城是也。樂史云，郳城在承縣。或云，邾武公封次子于郳，是爲小邾。後失國，〔一一〕子孫爲郳氏。

兒氏。卽郳氏也，或省文作「兒」。兒良，六國時人，見吕氏春秋。漢有御史大夫兒寬，受業於孔安國，家貧，賃作帶經而鋤，寬千乘人。又賀兒氏，虜姓也。

倪氏。卽郳氏也，避仇改爲倪。漢有揚州刺史倪諺。唐有刑部郎中倪若水，中山藁城人。

杞氏。姒

姓，夏禹之後。成湯放桀，其後稍絶。武王克紂，求禹後，得東樓公，而封之於杞，今東京雍邱縣卽杞故城。九世及成公，遷于緣陵，今濰州營邱是也。文公居淳于，今密州高密有故淳于城是也。成公始見春秋，黜爲伯。桓公用夷禮，黜爲子。僖公子緡公六年，獲麟之歲也。緡公弟哀公三年，春秋之傳終矣。自哀公以下，二世十三年，而楚滅之，凡二十世。子孫以國爲氏。又杞康，漢末時避董卓難改姓抱，北史有抱嶷、抱老壽。

樓氏。亦爲東樓氏，姒姓，夏少康之後。周封杞東樓公，支孫以樓爲氏。城陽諸縣有婁鄉，是其地。秦有相樓緩。漢有大尚書樓瑝。又杞大夫有東樓羽。

越氏。姒姓。賈逵注國語曰，夔、越皆芊姓，實夏后氏之苗裔。少康之庶子封於會稽，以奉禹之杞，文身斷髮，披草萊而邑焉，自號於越。於越者，夷言發聲也，其地今越州城是也。濱在南海，不與中國通。後二十餘世至於允常，魯定公五年始伐吴。允常卒，子勾踐立，是爲越王。越王元年，魯定公十四年也。哀公二十二年，勾踐滅吴，霸中國。自勾踐七世下至王無彊，爲楚所破，殺無彊，〔一二〕盡取吴地至浙江。越以此潰散，諸族子爭立，或爲王，或爲君，濱於江南海上，服朝於楚。後七世至閩君摇，佐諸侯平秦。漢高帝復以摇爲越王，以奉越後，東越、閩君皆其後也。又河南官氏志有越彊氏，改爲越氏。又後秦録有北梁州刺史越質詰歸，三字虜姓也，亦改爲越氏。

紀氏。炎帝之後，侯爵，姜姓。莊四年，齊滅之。杜預云，東莞劇縣。按「紀」訛爲「劇」，在青邱臨朐縣東，壽光縣西，故魯連曰：「朐、劇之人辨。」漢有紀信，弟成生通，封襄平侯。宋朝登科有紀瑛、紀元規。

息氏。亦作「鄎」，侯爵，嬀姓，今蔡州新息縣是。莊十四年，楚滅之。子孫以國爲氏。

鄧氏。曼姓，商之侯

國，其地今襄陽鄧城是也。春秋時，鄧侯吾離朝魯。莊十六年，楚文王滅之。子孫以國爲氏。又鄭有鄧析，復爲一氏。

梁氏

梁氏。嬴姓，伯爵，伯益之後。秦仲有功，周平王封其少子康於夏陽梁山。夏陽今爲同州縣，猶有新里城。新里，梁伯所城者。樂史云，新里在澄城。僖十九年，秦取之。子孫以國爲氏。晉有梁益、梁弘、梁由靡，以晉有解梁城、高梁、曲梁之地，此則以邑命氏者。又有拔列蘭氏，改爲梁氏，虜姓也。

薛氏

薛氏。任姓，黄帝之孫顓帝少子陽封於任，故以爲姓。十二世孫奚仲，爲夏車正，禹封爲薛侯。奚仲遷于邳。十二世孫仲虺，爲湯左相，復居薛。舊云魯國薛縣，今徐州有薛城，在滕縣東南五十里是也。臣扈、祖己，皆仲虺之胄也。祖己七世孫曰成，徙國於摯，更號摯國。女太任，生周文王。至武王克商，復封爲薛侯。隱十一年，滕、薛爭長。齊桓之霸也，薛侯不從，黜爲伯。獻公始與諸侯盟。杜預云：「小國無紀，世次不盡知也。」然唐世系表，自畛至愍侯弘，爲楚所滅，凡二十一世，父子相傳。其語無所經見，只本人家譜籍，無足信也，今但從杜氏所紀而不得其世次者也。自仲虺爲諸侯，歷三代凡六十四世，至愍侯弘，爲齊所滅。公子登仕楚懷王，賜沛邑爲大夫，遂以國爲氏。或言登隱於博徒，號薛公者。曾孫倪，爲楚令尹，生翁。翁生鑒，漢初獻策滅黥布，封千户侯。玄孫廣德，御史大夫；生饒，長沙太守；生愿，淮陽太守，因徙居焉。愿孫漢，爲後漢千乘太守。生漢生彪，司徒祭酒。彪生侍御史安期。六代孫蘭爲曹操所害，生永，遂依蜀先主，官至蜀郡太守。生齊，爲巴、蜀郡太守，歸晉，爲光禄大夫、河東太守，子孫因家汾陰，世號蜀薛，二子懿、始。又河南官氏志云，叱干氏改爲薛，此虜姓也。又遼西薛氏，本東北蕃。又姓苑云，東莞薛氏，本姓薛氏，避仇改爲臣謹按：薛氏血脉譜，文王曹夫人姜氏，見赤龍交而孕，十二月生子，手把「薛」字，因氏爲薛。乃知譜牒家言，多無足取者。

蘗氏。〔一三〕

蕭氏。子姓。杜預曰，古之蕭國也。其地卽徐州蕭縣是也。後爲宋所并，微子之支孫大心，平南宫長萬有功，封於蕭，以爲附庸。宣十二年，楚滅之。子孫因以爲氏，世居豐、沛之間。裔孫不疑，爲楚相春申君客。漢有丞相酇文終侯何，六代孫望之，御史大夫。又齊武帝以巴東王子響叛，改姓爲蛸氏。

沈氏。姒姓，子爵。春秋有沈子逞、沈子嘉。定四年，蔡滅之。其地，杜預云，汝南平輿縣沈亭。按平輿故城在蔡州汝陽縣東。此沈國也，子孫以國爲氏。又楚有沈邑，楚莊王之子公子貞封於沈鹿，故爲沈氏，其地在今潁州沈邱。襄五年，楚子襄爲令尹。昭二十三年，子囊孫瓦爲令尹。定四年，吴、楚戰于柏舉，楚師敗績，囊瓦奔鄭。宣十二年，楚子北師，次于郔，沈尹將中軍。襄二十四年，舒鳩人叛楚，楚使沈尹壽讓之。昭四年，吴伐楚，入棘櫟麻。五年，沈尹射待命于巢。哀十七年，王與葉公枚卜子良以爲令尹，沈尹朱曰：「吉，過於其志。」

臣謹按：唐表云，沈氏出自姬姓，周文王第十子聃叔季，字子揖，食采於沈，成八年爲晉所滅。沈子生逞，字循之，奔楚，遂爲沈氏。生嘉，字惟良，二子，尹丙、尹戊。尹戊字仲達，奔楚，隱於零山，爲楚左司馬，生諸梁。據春秋釋例，沈國，今言食采，則邑耳。又釋例所記沈子揖、沈子嘉、沈子逞，皆本春秋，今唐表言聃季字子揖，何所本也？逞字循之，嘉字惟良，此皆野書之言，無足取也。

曾氏。亦作「鄫」，亦作「繒」，姒姓，子爵。今沂州承縣東八十里故鄫城是也。夏少康封其少子曲烈于鄫。襄六年，莒滅之。鄫太子巫仕魯，去「邑」爲「曾氏」，見世本。巫生阜，阜生皙，皙生參，字子輿，父子並仲尼弟子。參生元、申。裔孫偉，後漢尚書令。望出魯國。

徐氏。子爵，嬴姓，皋陶之後也。皋陶生伯益，伯益佐禹有功，封其子若木於徐，〔一四〕在今徐城縣北三十里。徐城并入臨淮，今泗州臨淮有徐城。自若木至偃王，三十二世，爲周所滅，復封其子宗爲徐子。宗十一世孫章羽，昭三十年爲吴所滅。子孫以國爲氏。又一族出於嬴氏，十四姓之一也。

䢵氏。亦作「妘」，亦作「鄖」，又去「邑」作「云」，嬴姓，子爵，祝融之後。封於羅，號妘子，見國語。其地在今安州雲夢縣，猶有鄖公廟焉。漢有云敞，爲諫議大夫，與梅福同傳。又吴有鄖邑，今泰州海陵是。又有牒云氏，改爲云。

鄅氏。子爵，風姓，一云䢵姓。杜氏謂琅邪開陽縣即其地。按開陽城在臨沂北十五里。又夏禹之後爲禹氏，故此鄅氏者，往往去「邑」作「禹」。

宿氏。風姓，伏羲之後。武王封之，使主太昊與濟水之祀。宋人遷之，不復見。左傳云：「任、宿、須句、顓臾，風姓。」杜預云，宿國在東平無鹽縣。無鹽故城在鄆州須城東三十六里。子孫以國爲氏。後漢有宿仲談。又有宿六斤氏，改爲宿氏。宋朝有宿千之，舉進士。

羅氏。子爵，熊姓，一曰祝融之後，妘姓。初封宜城，徙枝江，爲楚所滅，周末居長沙。漢有梁相羅懷。襄陽記有羅象。又郯公德儁，賜姓李氏。〔一五〕又叱羅氏，改爲羅氏。五代有羅紹威。望出豫章、長沙。

夔氏。子爵，芈姓，楚君熊摯之後。

今歸州東二十里故夔子城是。僖二十六年，楚滅之。子孫以國爲氏。又天竺亦有夔氏。

臣謹按：傳言，夔之先，楚鬻熊之嫡嗣，有疾不得代，而別封於夔，爲楚附庸，其後爲夔子。然據夔氏譜，則鬻熊十世而後有夔子。未知孰是。

淳于氏。亦曰州公，姜姓。風俗通曰，春秋時之小國也。桓五年，不復其國，子孫以國爲氏。唐元和初，避憲宗嫌名改爲于氏。其地本在密州高密，爲杞所并，遷江南。杜預云，南郡華容縣是也。華容，今荊南府監利縣。宋皇祐登科，淳于復，登州人。又淳于興宗，南劍人。

夷氏。邳姓，春秋夷詭諸之裔。杜預云，在城陽莊武縣所治夷安縣是其地。子孫以國爲氏。又逸民夷逸，齊大夫夷仲年之後，邾大夫夷射姑，皆以字爲氏。

穀氏。嬴姓，伯爵，春秋穀伯綏之裔也。今襄陽穀城縣西北五里故穀城是也。子孫以國爲氏。漢有穀思，爲魯相。

舒氏。亦曰舒鳩氏，子爵，偃姓，皋陶之後也。舒子平，僖三年爲徐所滅，其後復立。襄二十一年，舒鳩子爲楚所滅。子孫以國爲氏。今廬州舒城，本舊名也。其地在楚、徐之間，故爲二國所滅。或言舒之種類多，舒子平與舒鳩子自是二國，故舒城西有龍舒。或曰，舒有五名：一曰舒，二曰群舒，三曰舒蓼，四曰舒庸，五曰舒鳩。

舒蓼氏。世本，舒蓼，偃姓，皋陶之後，楚東境小國也。舒蓼與蓼國自異。**舒**望出鉅鹿。

鮑氏。世本，舒鮑，偃姓國也。晉悼公大夫有舒鮑無終。

須句氏。子爵，風姓，太昊之後也。鄆州壽張縣西北須朐城是其國。子孫以國爲氏，或省「句」爲「須氏」，或省「須」爲「句氏」。又有須國，姞姓。又商有密須國，其後亦爲須氏，今涇州靈臺是其國也。

郯氏。祁姓，子爵，或言

嬴姓，少昊之後。春秋時，郯子朝魯，能下古官，仲尼師之。今下邳東北百五十里有古郯城。

談氏。即郯也，亦作「談」。六國時有談生。蜀録有征東將軍談巴。後趙録有晉將軍談元。望出梁國、廣平。宋太平登科，談堯叟。紹興有談誼，廣德人。

黎氏。字亦作「犂」，子姓，侯爵，商時諸侯。風俗通云，九黎之後。尚書西伯戡黎，亦見毛詩，今潞州黎城縣有黎侯故城，是其地。又齊有大夫黎彌、黎且者，即齊之黎邑也，此以邑命氏者。又有素稽氏，改爲黎，虜姓也。宋朝黎威爲安南節度。嘉祐登科，黎上行，益州人。黎仲，吉州人。今嶺南多此姓。

申氏。伯爵，姜姓。炎帝四嶽之後，封於申，號申伯，周宣王元舅也。今信陽軍乃唐申州，即其國也。子孫以國爲氏。後爲楚之邑，申公居之，又爲申氏，是以邑爲氏也。魯有申豐。鄭有申侯。齊有申蒯。韓有申不害，著書。漢有申巡。石趙有申鐘，爲司徒。宋慶曆登科，申顗，信州人。政和，申好問，鄆州人。

章氏。即鄣國之後也，姜姓。齊太公支孫封於鄣，爲紀附庸之國，今密州有古鄣城，爲齊所滅。子孫去「邑」爲「章氏」。齊威王將有章子。秦將有章邯，字少榮，收趙滅韓有功，封雍王。望出豫章。

向氏。祁姓，附庸之國。今沂州古向城是也。子孫以國爲氏。又宋桓公之後公子肹，字向父，其後以字爲氏。哀十四年，向魋奔衛，向巢來奔，司馬牛適齊，卒于魯郭門之外。

臣謹按：公子肹字向父，其義音響，與晉叔向名字同音，今以爲氏而音餉，疑古人讀肹向之向有響、餉二音也。

葛氏。伯爵，嬴姓，夏時諸侯。今許州鄢城北三十里有葛伯城，即其地也。子孫以國爲氏。又風俗通云，葛天氏之裔。又賀葛氏，改爲葛氏，虜姓也。漢有潁川太守葛興。後漢有汾陰令葛龔，有文集七卷。

諸葛氏。本葛氏，夏、商諸侯葛伯之後。英賢傳云，舊居琅邪諸縣，後徙陽都，時人謂之諸葛，因以爲氏焉。風俗通云，葛嬰爲陳涉將軍，有功，非罪而誅，漢文追封其孫爲諸侯，因以爲氏。世本云，有熊氏之後爲詹葛氏，齊人語訛，以「詹葛」爲「諸葛」。

蓼氏。偃姓，皋陶之後。文五年，楚滅之。今壽州霍邱卽其地也。子孫以國爲氏。

黃氏。嬴姓，陸終之後，受封於黃。今光州定城西十二里有黃國故城在。楚與國也。僖十二年，爲楚所滅。子孫以國爲氏。亦嬴姓十四氏之一也。楚有春申君黃歇也。

權氏。羋姓，顓帝之後。唐表云，子姓，商武丁之裔。杜預云，南郡當陽東南有權城。按當陽隸荆門軍，今其地名權口。楚武王滅權，子孫爲權氏。或云，楚武王使鬬緡尹權，因以爲氏。秦滅楚，遷大姓於隴西，因居天水。

江氏。舊云，汝南安陽縣江亭。按此在信陽縣之東南，新息縣之西，安陽故城是也。嬴姓之國，顓帝玄孫伯益之後也。文四年，楚滅之。子孫以國爲氏。

顓臾氏。風姓，伏羲氏之後，魯附庸國，主東蒙及濟水之祀。任、宿、須句、顓臾四國近濟水，故祀濟。舊有顓臾縣，隋省入費縣，今隸沂州，故顓臾城在費西北八十里。子孫以國爲氏。或去「顓」爲「臾氏」，晉大夫臾駢是其族。或去「臾」爲「顓氏」，及顓帝支孫亦爲顓氏。陳大夫顓孫。仲尼弟子有顓孫師，字子張。神仙傳有太玄女顓和，顓或作敨。

鄶氏。房姓，卽鄶仲之國。本祝融之墟，在溱、洧之間，爲鄭武公所并，遂爲新鄭，今新鄭縣東北三十五里有古鄶城是也。子孫以國爲氏。宋朝有鄶士隆，登進士第。又有鄶唐，越州人。或去「邑」爲「會氏」。

又風俗通云，陸終之子會乙之後，邲姓。有武陽令會炳。

英氏。偃姓，皋陶之後，以國爲氏。漢有英布，爲九江王。望出晉陵。宋朝登科，英秉臣，洪州人。

六氏。偃姓，皋陶之後。文五年，楚滅之。今廬江故六城是也。子孫以國爲氏。

莘氏。姒姓。夏后啓封支子于莘，亦曰有莘氏。後世以國爲氏。宋朝莘融，舉進士，錢塘人。望出天水。

辛氏。卽莘氏也，「莘」、「辛」聲相近，遂爲辛氏。周太史辛甲，文王封之於長子。有辛俞美，爲昭王友。秦有將軍辛騰，家中山苦陘。曾孫蒲，漢初以豪族徙隴西狄道。又有項亶，賜姓辛氏。又計然，本辛氏，改爲計氏。宋朝有辛仲甫，爲太子少傅。

謝氏。姜姓，炎帝之裔。申伯以周宣王舅受封於謝，今兗州龔邱縣謝城是也。後失爵，以國爲氏焉。魯有謝息。漢有謝弘、謝弼，謝該。

射氏。三輔決録云：「後漢末，鴻臚謝服，天子以爲將軍出征，姓謝名服不祥，改姓射名咸。」咸子登、援，登蜀郡太守，援中郎將。又吳有射慈。

偪陽氏。妘姓，祝融之孫陸終第四子求言之後。爲晉所滅。今沂州承縣有偪陽城。

封氏。姜姓。炎帝裔孫鉅，爲黄帝師，胙土命氏。至夏后氏之世，封父列爲諸侯，今開封府封邱有封父亭，卽封父所都之地。至周失國，子孫爲齊大夫，遂居渤海蓨縣。裔孫岌，後漢侍中、涼州刺史。又有賁氏，改爲封氏，虜姓也。望出武陵。宋元符登科有封賡。大觀登科有封祥，懷州人。

吕氏。姜姓，侯爵，炎帝之後也。虞、夏之際，受封爲諸侯。或言伯夷佐禹有功，封於吕，今蔡州新蔡卽其地也。歷夏、商不墜，至周穆王，吕侯入爲司寇。或言宣王時改吕爲甫，然「吕」、「甫」聲相近，未必改也，故又有甫氏出焉。吕望相武王，吕姜爲衞莊公妃，其時吕國猶存故也。吕望封齊之後，本國微弱，爲宋所并，故宋有吕封人樂懽，吕封人華豹。又晉有吕氏，出於魏氏，未知其以字以邑與？漢有單父吕公，女爲高帝后，封臨泗侯。又後魏有比邱氏，改爲吕氏，虜姓也。**仇吾氏**。韓子云，仇吾國爲智伯所滅，因氏焉。或作仇繇。**祝氏**。己姓，黄帝之後。周武王封黄帝之裔于祝，祝阿、祝邱是其地，祝因氏焉。鄭有祝聃。衛有祝鮀、祝鼀。或云，祝史之後，以官爲氏。又有叱盧氏，改爲祝氏。

周不得姓之國

萊氏。子爵，其俗夷，故亦謂之萊夷。今登州黄縣東南二十五里有故黄城是萊子國。襄六年，齊滅之。子孫以國爲氏。晉有大夫萊駒。漢有萊章。**賴氏**。子爵。今蔡州褒信有賴亭，即其地也。昭四年，爲楚所滅。子孫以國爲氏。漢有交趾太守賴先。蜀有零陵太守賴文。唐有光禄少卿賴文雅。宋初有畫工賴祚。又有賴克紹，登進士第。望出南康、潁川、河南。**譚氏**。子爵。莊十年，齊滅之。今齊州歷城有古譚城。子孫以國爲氏。急就章，漢有譚平定。巴南六姓有譚氏，盤瓠之後也。**覃氏**。本譚，或去「言」爲「覃」。梁有東南寧州刺史覃無克。又音尋，〔一六〕今嶺南多此姓焉。宋登科，覃日嚴，開州人。**弦氏**。江、黄、道、柏之姻。〔一七〕杜預云，在弋陽軑縣東南。按古軑城，今在光州仙居北四十里。僖五年，楚滅之。子孫以國爲氏。又鄭有商人弦高。齊有大夫弦多、弦施。漢有博士弦訢。**戴氏**。開封封邱縣戴城是其國，隱十年，鄭人伐取之。或云，舊考城縣是，爲宋人所滅，改名穀城。子孫以國爲氏。又宋戴公之後，亦爲戴氏，是以謚爲氏者。漢有信都太傅戴德，九江太守戴聖，父子修禮記。後漢有司徒戴涉、戴良、戴憑、戴就。晉有戴逵。南史有戴顒、戴法興、戴僧靜。宋世有戴興，爲定武軍節度使。望出廣陵、清河。

載氏。疑卽戴之訛也。漢有載戴。宋太平登科有載永。

項氏。或言姬姓之國。故城在陳州項城縣東北一里。爲齊所滅，子孫以國爲氏。項槖八歲，孔子師之。又漢賜姓劉氏，周賜姓辛氏。望出遼西。

暴氏。一音瀑。暴公，周卿士，見毛詩。風俗通，暴辛公，周諸侯也。秦有將軍暴鳶。漢御史大夫暴勝之，字公子，河東人。後魏有暴顯，魏郡人也。

陽氏。其國近齊，閔二年，齊人遷之，子孫以國爲氏。或言周景王封少子於陽樊，而以爲陽國，誤矣。陽樊，周畿内之邑。晉有陽處父。魯有陽氏。楚有陽氏，芈姓。

冀氏。左傳，冀國，今晉州冀氏縣也。子孫以國爲氏。晉滅冀，爲郤氏食邑，冀芮之子孫以邑爲氏。宋朝冀儨，登進士第，并州人。望出渤海。

牟氏。風俗通云，牟子國，祝融之後。望出鉅鹿。宋登科，牟景先，陳州人。牟冲，陵井監人。牟企，吉州人。牟莘起，梓州人。又蜀有牟氏，善畫雞。

鄟氏。魯附庸國。成六年，魯取之。子孫以國爲氏，去「邑」作「專」，又作「鱄」。刺客專諸，亦作鱄諸，卽其裔也。

鬲氏。卽有鬲之國，今德州平原有故鬲城在。子孫以國爲氏。又商有賢人曰膠鬲，子孫以名爲氏。

巢氏。有巢氏之後。堯時有巢父。夏、商有巢國，其地在廬江。子孫以國爲氏。左傳，吳有巢牛臣。後漢有司空巢堪。又巢元方，著病源。望出彭城。宋朝登科有巢安上，眉州人。

柏氏。子爵。風俗通，柏皇氏之裔。又柏亮父，顓帝師。柏招，帝嚳師。柏景，爲周太僕。柏國在今蔡州西平縣，爲楚所滅。子孫以國爲氏。漢有柏英，爲大鴻臚。魏大將軍柏直。晉宣帝柏夫人，生趙王倫。

軫氏。左傳，軫國，在楚之東。楚屈瑕將盟貳、軫，注云，二國也。

絞氏。左傳，絞國，在隨唐之南。漢光武時，山陽盜長佼强，「佼」卽「絞」也，後人以爲氏，故更从人。

貳氏。或言姬姓。左傳，楚屈瑕將盟貳、軫，並小國也。貳國在隨州南。

夏商以前國

程氏。伯爵，風姓，重黎之後也。重爲火正，裔孫封於程，洛陽有上程聚，卽其地也。至周宣王時，程伯休父失其官守，〔一八〕以諸侯入爲王司馬。又晉有程鄭、程嬰。漢有程不識。魏有程昱。吳有程普。宋朝自開國之始年，有程浩然登科，自是程氏世有人焉。

崇氏。商時侯國也。其地在今永興鄠縣東。崇侯虎不道，周文王滅之。子孫以國爲氏。唐開元登科有崇穎。宋朝登進士第崇大年，吳郡人。

扈氏。姒姓，夏時諸侯也。夏爲扈，商爲崇。扈，秦改爲鄠。今永興鄠縣北二十里有故扈城。國亡，子孫以國爲氏。漢有將軍扈輒，又上郡太守扈育，廣漢太守扈商。又有扈地于氏，改爲扈，此虜姓也。宋朝有扈蒙，爲尚書。元豐登科，扈垣，大名人。政和，扈瑜，河南人。宣和有扈拱。

房氏。祁姓。舜封堯子丹朱於房，今蔡州遂平故吳房縣是也。以楚後封吳王夫槩於此，故謂之吳房。丹朱生陵。後世國絶，子孫以國爲氏。陵三十五世孫鐘，周昭王時，食采於靈壽，生沈。十二世孫漢常山太守雅，徙清河繹幕。又屋引氏，改爲房，虜姓也。

杜氏。亦曰唐杜氏，祁姓。帝堯之後，建國于劉，爲陶唐氏。裔孫劉累，以能擾龍事孔甲，故在夏爲御龍氏，在商爲豕韋氏，在周爲唐杜氏。成王滅唐而封叔虞，乃遷唐氏於杜，是爲杜伯，今永興長安縣南十里有下杜，猶有杜伯冢在。至宣王滅其國以爲大夫，杜伯無罪被殺，子孫分適諸侯，居杜城者爲杜氏。在魯有杜洩，避季平子之難，奔於楚，生大夫綽。又後魏有獨孤渾氏，改爲杜氏，實虜姓之杜也。

箕氏。子姓。箕子之國，商畿内諸侯。杜預云，太原陽邑縣南有箕陽邑。隋改曰太谷，今隸太原。武王克商，改封箕子於朝鮮，其地後爲晉邑。漢有西華令箕堪。臧荼相箕肆。〔一九〕

密須氏。世本，商時姞姓之國。今涇州靈臺有密康公墓。或云，涇州保定有陰密城是也。子孫以國爲氏。或去「密」爲「須氏」，魏有須賈，漢有須無。或去「須」爲「密氏」，仲尼弟子密不齊。

寒氏。夏時諸侯寒浞之後。或言周武王子寒侯之後。且寒浞爲夏諸侯矣，周無寒國，今濰州東二十三里寒亭是也。其後以國爲氏。望出尋陽。

過氏。夏時諸侯澆之國也。亦曰有過氏，〔二〇〕少康滅之。今萊州掖縣北有過鄉。子孫以國爲氏。漢有兖州刺史過急。急就章有過説。宋朝有尚書郎過勉。登科有過詡衍，建昌人。又過勸。望出高平。

庸氏。商時侯國。周武王時，來助伐紂。今房州西二百五十里故上庸城是。文十六年，楚滅之。子孫以國爲氏。漢有庸光，又有膠東庸生。

戈氏。夏時諸侯猹之國也，少康滅之。其地在宋、鄭之間。子孫以國爲氏。

邶氏。亦作「鄁」，亦作

「背」，卽商都也。武王伐紂，分其地爲三監。自紂城而東謂之邶。漕，邶地也，封紂子武庚於此，以霍叔尹之。及三監叛，周公伐之，而并其地爲衛，邶國往往自此亡矣。子孫以國爲氏。

鄘氏。卽商都之地。武王伐紂，分其地爲三監。自紂城而南謂之鄘。楚邱，鄘地也，管叔尹之。及三監叛，周公伐之，而并其地爲衛，鄘國往往自此絶矣。子孫以國爲氏。

鑄氏。風俗通，鑄國，堯後。公子譜云，姬姓。杜預云，濟北蛇邱縣。按蛇邱後爲乘邱，唐省入鉅野，今濟州治。左傳，臧宣叔娶於鑄氏。

邳氏。符悲切。風俗通云，奚仲爲夏車正，自薛封邳。今泗州故下邳郡，卽其地也。公子譜云，邳國，商諸侯。按奚仲本封薛，既遷于邳，則以邳爲薛，而舊名不廢，故子孫亦以爲氏。後漢二十八將有衛尉信都邳彤。

觀氏。去聲，又平聲。姒姓，侯爵。左傳云：「夏有觀、扈」。皆同姓之國。至商失國，子孫以國爲氏。今澶州有觀城，是其地也。楚有觀氏。

褒氏。姒姓之國，禹之後也。今興元府褒城是其地。周幽王后褒姒。河南官氏志，達勃氏改爲褒氏。

緡氏。夏時諸侯，子孫以國爲氏。今濟州金鄉有古緡城。姓苑有緡氏。

岐氏。周故都也。今鳳翔岐山是也。太王居之，至文王始遷于豐，其支庶留岐，故爲岐氏。又古有岐伯，爲黄帝師。望出安化、趙郡。宋端拱登科有岐賁。

仍氏。卽有仍氏，夏之諸侯。后相娶有仍氏，生少康。以國爲氏。

奄氏。風俗通云，奄，國號，卽商奄也，魯地。衛祝佗曰：「因商奄之民，命以伯禽。」〔一一〕今兖州有奄城。尚書，成王既踐奄。左傳秦大夫奄息其後也。望出内黄。

雙氏。顓帝之後，封於雙蒙城。

其後因以命氏焉。宋朝有尚書郎雙漸，無爲軍人。武羅氏。夏時侯國之後。吾氏。己姓，夏之諸侯昆吾氏之後也。昆吾爲夏伯，其地卽濮陽縣，唐武德四年，析置昆吾縣，是其地也。八年，復省入濮陽。漢有廣陵令吾扈。晉有交州刺史吾彦，吳人也。吳有吾粲。昆氏。己姓，夏之諸侯昆吾氏之後也。齊有昆辨，見戰國策。昆吾氏。世本，古己姓之國，夏時諸侯伯祝融氏之後。梅氏。商紂時有梅伯，以國爲氏。宋朝有梅詢，龍圖閣學士，族子堯臣，有詩名，宣城人。癸北氏。國名，女爲舜妃。雷氏。方雷氏之後，女爲黄帝妃，生玄枵，蓋古諸侯之國。後漢有雷義，又有雷次宗。蜀有將軍雷同。吳陸抗傳有宜都太守雷譚。玄氏。風俗通云，玄都，古諸侯國也。子孫以國爲氏。冥氏。史記云，姒姓之國。子孫以國爲氏。漢有冥都，爲丞相史，治公羊春秋，疏廣弟子。斟氏。曹姓。亦作斟尋氏，亦作斟灌氏，亦作斟戈氏，亦作介斟氏，並夏諸侯，以國爲氏，皆祝融之裔。國語注曰，曹姓之别也。姓纂云，斟尋、斟灌，並姒姓。斟戈，禹後，亦姒姓。介斟，杜預云，夏同姓。鄅氏。普肯切。穆天子傳，鄅伯綮之後，國在虞、芮之間。用氏。風俗通，古有用國。漢有高唐令用虬。名士録有高士用羽。摯氏。風俗通，摯疇，古諸侯國也，見毛詩。周有摯荒。或言帝嚳子摯之後。漢貨殖傳有茂陵摯綱。胤氏。風俗通云，夏時侯國，子孫氏焉。灌氏。亦作斟灌氏。風俗通，斟灌氏，夏諸侯也，子孫氏焉。又有張氏冒灌氏。廖氏。亦作「飂」，並力救切，今呼爲料。風俗通，古有廖叔安，左傳作飂，蓋其後也。漢有廖覬，爲鉅鹿太守。今衡山南劒多廖氏，或言周文王子伯廖之後。

竹氏。姜姓。孤竹君，成湯封之遼西，至伯夷、叔齊，有讓國之賢，子孫以竹爲氏。後漢竹曾爲下邳相，又擬陽侯竹晏，並東莞人。宋朝有竹滋，登進士第，開州人也。

郅氏。音質。風俗通，郅，商時侯國也，見毛詩。漢有濟南太守郅都，入酷吏傳。宋朝登科，郅之邵，延安人。

習氏。風俗通云，習，國名。漢有習響，爲陳相。晉衡陽太守習鑿齒，著漢晉春秋五十四卷，襄陽人。

西陵氏。古侯國也。黃帝娶西陵氏女爲妃，名纍祖。春秋時有西陵高，爲大夫。

安陵氏。戰國策，安陵，小國侯也，其後氏之。安陵纏，楚王妃。〔二二〕

甲父氏。古諸侯，以國爲氏。今單州有甲父城。漢有侍御史甲父沮。

有窮氏。古諸侯國也，至后羿，篡夏后相。

有扈氏。夏諸侯國。夏爲扈，商爲崇。其地在今永興鄠縣北二十里。姓氏英賢傳曰，有扈氏，今爲弘農人。

蒲姑氏。商諸侯，居齊地。

西王氏。新序，子夏曰：「禹學于西王國。」

孤竹氏。商之諸侯也。夷、齊讓國，其後遂以國氏。

封父氏。夏、商國名。鄭有封父真，爲大夫。

終利氏。嬴姓，與秦同姓。

夙沙氏。英賢傳曰，炎帝時侯國。左傳，宦者夙沙衛。

秝氏。秝陽，國也。以國爲氏。

末氏。本秝氏，避難去「禾」。今秝陵是其後也。

柏成氏。風俗通，柏成子高，堯時諸侯也。

顧氏。己姓，伯爵，夏、商之諸侯。今濮州范縣東南二十八里有故顧城，是其地也。子孫以國爲氏。又顧氏譜云，越王勾踐七代孫閩君摇，漢封東甌，摇别封其子爲顧余侯，漢初居會稽，亦爲顧氏。漢有荆州刺史顧容。晉有顧悦之、愷之。

阮氏。商之諸侯，國在岐、渭之間。周文王侵阮徂共，見於詩。子孫以國爲氏。後漢有巴吾令阮敦，阮氏惟盛於晉、宋。

共氏。亦作「恭」，商末侯國。今河内共城，卽其地也。文王侵阮徂共。其子孫以國爲氏。晉有左行共華。或言共氏共叔段之後也。又晉太子申生謚恭君，其後以爲氏。此皆以謚爲氏者。

龔氏。左傳，晉大夫龔堅。漢渤海太守龔遂。後漢巴郡蠻酋有龔氏。

臣謹按：項羽傳，義帝柱國共敖。顏師古云：「共讀曰龔。」龔卽共也，籀文从龍。又按：後漢巴郡蠻酋，羅、朴、督、鄂、度、夕、龔，凡七姓，是巴蠻亦有龔氏。

洪氏。本共氏，因避仇改爲洪。豫章有弘氏，因避宋朝諱，亦改爲洪。

苑氏。亦作「宛」。狀云，商武丁子，先受封於苑，因以爲氏。或音怨，非也。左傳，齊有苑何忌，衛有苑春，鄭有苑射犬。漢有太山太守苑康，下邳相苑暹，吴興太守苑方。望出范陽。南唐有苑文。宋朝有登科苑鈞、苑湛，並潁昌府人。

逄氏。〔一三〕音龐。商諸侯，封於齊土。至商、周之間，有蒲姑氏代之。至武王伐商，而後封太公焉。其地在今臨淄。古有逄蒙善射。齊大夫有逄丑父。後漢處士逄萌。宋朝有尚書郎逄冲，齊人。望出北海、譙國。又密州逄序，開州逄汝舟，並登科。

彭氏。卽大彭之國，在商時爲諸侯伯。古祝融氏之後，有陸終氏六子，第三子彭祖，建國于彭，子孫以國爲氏。又彭亦爲姓。國語云，祝融之後八姓，己、董、彭、秃、妘、斟、曹、芊。周滅之。楚有大夫彭仲爽、彭名。漢有梁王彭越，大司馬彭宣。後漢有彭寵。望出宜春。

韋氏。亦曰豕韋氏，風姓。杜預云，彭，商之伯國。今滑州韋城卽其地。能豢龍，故韋城古城内有豢龍井，尚存。按唐表云，顓帝孫大彭，爲夏諸侯。少康之世，封其別孫元哲于豕韋。大彭，豕韋迭爲商伯，周赧王時始失國，徙居彭城，以國爲氏。然元哲之名無所經見，春秋時自無韋國，何得至赧王也。韋伯遐二十四世孫孟，爲漢楚王傅，去位，徙居魯國鄒縣。

夷狄之國

狄氏。周文王封少子於狄城，因氏焉。或言成王封母弟孝伯於狄城。其地在今慈州。魯大夫有狄虒彌。古賢人有狄儀。仲尼弟子有狄黑，衛人也，裔孫漢博士狄山。白狄氏。狄之別種。杜預云，故河西郡有白狄部。翟氏。亦作「狄」，音宅，又音狄。祁姓，黄帝之後，世居翟地。國語云，翟國爲晉所滅。子孫以國爲氏。秦有翟傁新。魏有翟黄。漢文景時，延尉翟公，下邽人。望出南陽。代氏。古代君，翟國也，在常山北，今代州是也。稱王，爲趙襄子所滅。其遺族以代爲氏。史記，趙有代舉，漢有京兆尹代武。宋朝有代淵，登進士第。路氏。路舊作潞。國語，潞、洛、泉、余、滿，赤狄別種。隗姓，子爵。其地在今上黨潞縣。宣十五年，晉滅之。子孫以國爲氏。姓纂云，炎帝之後，黄帝封其支子於潞，春秋時潞子嬰兒是也。唐表云，姬姓，帝摯子玄元，堯封於中路，歷虞、夏稱侯。又有没路真氏，改爲路。戎氏。隱公會戎于潛之戎也。杜預云，陳留濟陽縣東南有戎城。漢功臣有柳邱侯戎賜。宣帝婕妤戎氏，生中山哀王。望出江陵、扶風。支氏。

石趙司空支雄傳云，其先月支胡人也，實西域之國。晉有高僧支遁，字道林，天竺人。後趙有司空支雄。唐有武寧節度使支祥。宋朝有支允文，太平興國登科。又支詠，華州人。

驪氏。左傳驪戎國之後，在昭應縣。按昭應縣，古新豐縣，唐改昭應，宋大中祥符改臨潼縣，東二十四里有驪戎故城。

卑氏。卑耳國之後，或云，鮮卑種類。漢有右北平太守卑躬。

盧氏。亦作「盧」，音通。盧子戢黎之後，此南蠻也。今襄州有中盧，即其地。

郙氏。風俗通，朝郙，東夷也，其後單姓郙。後燕録，遼西太守郙頡。西魏有揚州刺史郙椿。望出丹陽，天水。

甌氏。亦作「歐」。東甌王之後也。甌冶子，吴人，善鑄劒。

安氏。安息王子入侍，遂爲漢人，故其族出涼州。風俗通，漢有安成。盧山記，吴有安高。唐賜抱玉爲李氏，其餘即安氏也。望出姑臧、河内。

蠻氏。芈姓，荆之後。

瞞氏。風俗通云，荆蠻之後。本姓蠻，音訛遂爲「瞞氏」。左傳有司徒瞞成。

羌氏。晉石氏將羌迪。

鼓氏。鼓氏鳶鞮之後也，白狄别種。今祁州鼓城縣是其地也。

米氏。西域米國胡人也。唐有供奉歌者米嘉榮。五代米至誠望出隴西、高平。

滿氏。國語，潞、洛、泉、余、滿，皆赤狄，隗姓。風俗通，荆蠻有瞞氏，音舛爲「滿氏」。漢有滿昌。宋朝登科，滿中正、滿中行，開封人；滿執中、滿周，揚州人。

竺氏。本天竺胡人，後漢歸中國而稱竺氏。竺固爲後漢侍中西平侯。或言後漢竺晏本姓「竹」，避仇加「二」，此謬論也。宋朝竺既，舉進士。

落氏。風俗通云，皐落氏，翟國也。此赤翟别種，其地在今絳州垣縣。漢有落下閎，巴郡人，撰太初歷。洛氏。卽落氏，落下閎亦去「草」。後魏書，宦者洛齊；又有洛子淵，爲虎賁。淮夷氏。姓纂云，淮夷小國，入周，因氏焉。其地今淮甸。皐落氏。姬姓。東山皐落氏，赤狄別種。今絳州垣縣西北六十里有皐落城。義渠氏。風俗通，義渠，狄國，爲秦所滅，因氏焉。漢書，光禄大夫義渠安國。西申氏。瑞應圖，周成王時西申國獻鳳，留中國，因氏焉。

以郡國字爲氏

漢郡國

紅氏。楚元王交子劉富，初封休侯，後更封紅侯。曾孫無子，國絶，支庶或以國爲氏。蘄氏。姓苑云，蘄，春秋之後也。漢有弘農太守蘄良。番氏。番音婆，見姓苑。吴芮封番君，支孫氏焉。郴氏。芈姓。楚懷王孫心號義帝，都郴，子孫氏焉。晉陶侃別傳有江夏郴寶。鄮氏。姓纂云，越人以郡爲姓。今明州鄮縣是也。東陽氏。見姓苑。此出於東陽郡也。東陵氏。風俗通，東陵侯邵平，子孫氏焉。又齊景公時有隱居東陵，因以爲氏。又東陵聖母，廣陵人，適杜氏。**櫟陽氏**。風俗通，後漢景丹封櫟陽侯。丹曾孫分，避亂隴西，因封爲氏焉。

周陽氏。漢書，淮南王舅趙兼受封周陽侯，子由爲河東尉，因父封爲周陽氏，由入酷吏傳。郭頒世語云，魏文帝時，有周陽成，能占異。

信都氏。風俗通云，張敖尚漢魯元公主，封於信都，因氏焉。一云，本申屠氏，古者「信」、「申」音同，故爲信都。北齊有信都芳。

冠軍氏。漢霍去病封冠軍侯，其後氏焉。晉有太傅東海王參軍冠軍夷，見太傅佐史簿。

武彊氏。漢二十八將王梁封武彊侯，因氏焉。

廣武氏。漢廣武君李左車，因封氏焉。

校勘記

〔一〕「禹之受舜禪至桀」，汪本「受」作「授」，據元本、明本、于本、殿本改。

〔二〕「是謂末大於本至以其寶器獻于周釐王」，汪本「末」、「釐」二字互倒，據元本、明本、于本、殿本改。

〔三〕「居滎陽開封」，汪本「封」作「於」，據元本、明本、于本、殿本改。

〔四〕「北至于無棣」，「棣」，原作「隸」，據元本、殿本改。

〔五〕「乃望祭群神而決之」，汪本「神」作「臣」，據元本、明本、于本、殿本改。

〔六〕「未知楚隆以何爲氏焉」，「楚隆以何爲氏焉」七字，原空格，據元本補。殿本以「未知」

直接下文，甚誤。

〔七〕「次曰參胡董姓封韓墟至三曰彭祖名翦彭姓封於韓大彭之墟卽彭城也」，諸本皆同，按「韓大彭之墟」之「韓」字似涉上文而衍。

〔八〕「今君徵兵諸侯以討不義」，汪本「兵」作「邱」，據元本、明本、于本、殿本改。

〔九〕「且盛德必百世祀」，汪本「盛」作「成」，據元本、明本、于本、殿本改。

〔一〇〕「有沛國丹陽永城吴郡錢塘義陽丹陽太康河南之九族」，按：所列九族之名，「丹陽」居其二。新唐書宰相世系表朱氏項下云：「禹，司隸校尉、青州刺史，坐黨錮誅。子族避難丹楊，丹楊朱氏之祖也。」是二「丹陽」中其一應爲「丹楊」。丹陽爲縣名，魏晉以來，爲與丹陽郡相區别，書之爲「丹楊」，或稱「小丹陽」與「小丹楊」。通鑑晉紀成帝咸和三年，蘇峻進攻建康，陶回曰：「峻知石頭有重戍，不敢直下，必向小丹楊南道步來。」是其例。其地在今江蘇溧水與安徽當塗二縣之間，與鎮江以南之丹陽縣異地而同名，宜加「小」字或改書「楊」字爲妥，或加附註説明之。

〔一一〕「後失國」，汪本「失」作「朱」，據元本、明本、于本、殿本改。

〔一二〕「自勾踐七世下至王無彊爲楚所破殺無彊」，汪本「世」作「年」，「彊」作「疆」，據元本、明本、于本、殿本改。

〔一三〕「姓苑云東莞薛氏本姓薛氏避仇改爲糵氏」，按本書氏族略第五入聲糵氏下引姓苑云，

「東莞蘖，本姓薛，避仇改焉。」此文以言薛氏變遷爲主，故稱「東莞薛氏」，與彼文稱「東莞蘖氏」者異。

〔一四〕「封其子若木於徐」，「封」上原空二字，因脱上文「伯益」二字之故，元本、大德本、殿本皆不空，連上文，今從之。

〔一五〕「郯公德雋賜姓李氏」，按，此文過於簡略，疑有脱誤。

〔一六〕「又音尋」，汪本「音尋」二字倒作「尋音」，據元本、明本、于本、殿本改。

〔一七〕「江黄道柏之姻」，「柏」原作「相」，據元本、大德本改。

〔一八〕「程伯休父失其官守」，汪本「程」作「陳」，據元本、明本、于本、殿本改。

〔一九〕「臧荼相箕肆」，「荼」原作「茶」，據元本、大德本、殿本改。

〔二〇〕「亦曰有過氏」，汪本「曰」作「日」，據元本、明本、于本、殿本改。

〔二一〕「命以伯禽」，「命以」原作「以命」，據左傳定公四年之文改。

〔二二〕「安陵纏楚王妃」，按，説苑權謀篇云：「安陵纏以顔色美壯得幸於楚共王。」是纏爲楚王之幸臣，非妃嬪也，此蓋爲夾漈誤記。

〔二三〕「逄氏」，汪本作「逢氏」，下文小字五處同誤。明本、于本大字作「逄」，小字作「逢」。元本、大德本大小字皆作「逄」，今從之改正。

氏族略第三

以邑爲氏

周 邑

祭氏。姬姓。周公第七子所封，其地今鄭州管城東北祭城是也。周畿内之邑，故祭氏世爲周卿士，子孫以邑爲氏。又鄭有祭仲足，以其地近於鄭，故亦爲鄭所并。

尹氏。少昊之子封於尹城，因以爲氏。子孫世爲周卿士，食采於尹，今汾州有尹吉甫墓，卽其地也。古今人表，尹壽爲堯師。漢有尹咸、尹賞、尹齊、尹翁歸。後漢有尹敏。晉有尹奉。

蘇氏。已姓。顓帝裔孫吴回爲重黎，生陸終，陸終生昆吾，封於蘇，其地鄴西蘇城是也。至周武王用忿生爲司寇，邑於蘇。子孫因以爲氏，世居河内。又有拔略氏，改爲蘇氏，虜姓也。

毛氏。周文王之子毛伯明之所封，世爲周卿士，食采於毛，子孫因以爲氏。趙有毛遂。漢有毛公，治詩，趙人也，爲河間王博士。毛萇亦治詩，爲詁訓。又有代北之族，世爲酋長。

樊氏。姬姓。周太王之子虞仲支孫仲山甫，爲周宣王卿士，食采於樊，曰樊侯，因邑命氏。其地一名陽樊，今河南濟源東南三十八里皮城是也。以樊皮居之，故名皮城。又商人七族有樊氏。仲尼弟子有樊遲，魯人，蓋其後也。

尋氏。亦作「鄩」，曹姓。古斟鄩之後，或言與夏同姓。今濰州東五十里尚有鄩亭，京相璠云，斟鄩去鄩亭七里。周有鄩肸。

單氏。周室卿大夫。成王封蔑於單邑，故爲單氏。魯成公元年，始見春秋。晉侯使瑕嘉平戎於王，單襄公如晉拜成。襄十年，傳曰：「王叔氏與伯輿爭政，坐獄於庭，王叔不能舉其要辭，故奔晉。於是單靖公爲政於王室，代王叔也。」二十餘代爲周卿士。漢有功臣中牟侯單左車，傳封六代。昌武侯單究，傳封七代也。

甘氏。夏時侯國。酈道元云：「甘水東十里洛陽南有故甘城，世謂之鑒城。」一云，周武王封同姓於畿內，因氏焉。甘昭公者，周惠王之子王子帶也，〔一〕魯僖元年，又封之於甘。僖二十四年，傳曰：「甘昭公有寵於惠后，惠后欲立之。」昭十二年：「甘簡公無子，立其弟過。將去成，景之族，丙申，殺甘悼公，而立成公之孫鰌。」子孫以邑爲氏。秦有甘茂，生羅。楚有甘公，撰星占。漢義陽侯甘延壽。吴將軍甘寧。

緱氏。周卿士食采之邑也。又渴侯氏，改爲緱氏。

榮氏。周大夫榮夷公，其先食邑於榮。杜預云，鞏縣西有榮錡澗，周畿內地也。又魯亦有榮氏。漢有榮廣。宋朝有榮諲，爲光禄卿。望出樂安、上谷。太平登科有榮見素、榮真素、榮輯。今知臨安有榮嶷。

郗氏。音絺，已姓，青陽氏之後。蘇忿生支子封郗邑，因氏焉。趙有郗疵。今望出濟南。

鞏氏。今鞏縣也。周卿士鞏簡公，甸內侯也。晉有鞏朔。漢有侍中鞏攸。宋朝鞏申，爲光禄卿。望出山陽。

氾氏。音凡，本亦作「汎」。周大夫食采於氾，因以爲氏。漢有氾勝之，爲黄門侍郎，撰農書十二篇。

謝邱氏。風俗通，周宣王支子食采謝邱。漢書古今人表，魯有謝邱章。

訾氏。風俗通，周成王卿士訾伯之後也。後漢有京兆尹訾郃。望出成陽。宋朝有訾道，學究出身。

劉氏。祁姓。帝堯陶唐氏之後受封於劉，其地今定州唐縣也。裔孫劉氏，以能擾龍事夏后孔甲，爲御龍氏，在商爲豕韋氏，在周爲唐杜氏，亦爲杜伯，以成王滅唐而遷之於杜也。今永興長安縣南十里下杜城是也。至宣王滅其國，杜伯之子隰叔奔晉，爲士師，故爲士氏。孫士會適秦，後歸晉，其處於秦者爲劉氏。此祁姓之劉也，以國爲氏。又成王封王季之子於劉邑，因以爲氏。杜預云，緱氏西北舊有劉亭。按緱氏，熙寧中省入河南偃師。此姬姓之劉也，以邑爲氏。姬姓之劉，世爲周卿士，康公、獻公其後也。祁姓之劉，卽士會之後，周末家于魏，又徙豐，此班固之説也。劉煓字執嘉，生四子，伯、仲、季、交，季卽漢高祖也，名邦。漢自高祖至光武，光武至獻帝，享國四百二十五年。又有東郡、河南、雕陰三族，俱出匈奴之族。漢高祖以宗女妻冒頓，其俗貴者皆從母姓，因改爲劉氏。又漢賜項氏姓爲劉氏。

原氏。周文王第十六子原伯之後，封於河内，今澤州泌水是其地也。周有原莊公，世爲周卿士，故以邑爲氏。魯有原壤。陳有原仲。晉有原軫。往往其族散在他國而以本國爲氏者。

召氏。或作「邵」，姬姓，召公食邑也。杜預云，扶風雍縣東南有召亭。雍，今鳳翔天興，此舊地也。東遷之後，其地在今王屋縣。周公封魯，召公封燕，雖各之本國，然其後有留佐周室者，世爲周卿士也。周厲王時，周德衰微，兄弟道缺，召穆公於東都收會宗族，而作常棣之詩。

召簡公之後，不見春秋。「召」與「邵」一氏，而後世分爲二。齊有召忽。漢功臣有召歐，又南陽太守召信臣，生馴，孫材。此單「召」者也。秦有邵不疑，及汝南，安陽之族，皆從「邑」。

魯邑

臧氏。姬姓。魯孝公之子公子彄，食邑于臧，因以爲氏。隱十年，臧僖伯諫觀魚。桓二年，臧哀伯諫納郜鼎。襄二十三年，〔二〕臧紇爲季氏廢長立庶，被孟氏所譖，斬鹿門之關以出奔邾，乃立臧爲，致防而奔齊。漢有燕王臧荼，城陽王太傅臧璋。後漢二十八將城門校尉臧宫。望出東海。**郈氏**。亦作「后」。魯孝公八世孫成叔爲郈大夫，因以爲氏。郈邑，今鄆州須城東三十六里郈鄉亭是。孔子弟子去處郈邑。〔三〕漢有少府后倉。古今人表作「厚」。**費氏**。亦音祕，姬姓。懿公之孫費伯之邑也。今沂州費縣西北二十里故費城是。紂幸臣費仲，夏禹之後也。楚有費無極。又費連氏，改爲費氏，虜姓也。**郎氏**。姬姓。魯懿公孫費伯城郎，因以居之，子孫遂以爲氏。今單州魚臺縣舊有郁郎亭，是其地。漢有郎舍。後漢中郎郎顗，北海人。石趙司空郎闓。宋朝郎簡，爲侍郎，錢塘人。皇祐登科，郎淑，蘇州人，又有郎誼，湖州人。**柳氏**。魯孝公之後。孝公生子展，展孫無駭生展禽，字季，爲魯士師，謚曰惠，食采於柳下，故謂之柳下惠。子孫以邑爲氏。楚滅魯，仕楚。秦并天下，柳氏遷於河東。**匡氏**。魯匡邑宰，匡，句須之後。開封長垣縣西南十里匡邑故城，亦屬衛。又疑魯别有匡邑。廬山記，楚威王時有匡裕先生。**管氏**。魯大夫食采於管，因氏焉。**鄆氏**。魯大夫食采於鄆，子孫氏焉。「鄆」亦作「運」。**落姑氏**。魯大夫食采於落姑，因氏焉。漢博士落姑仲異。**鄒氏**。子姓。宋湣公之後正考父食邑於鄒，生叔梁紇，遂爲鄒氏。其地今兖州鄒縣是也。齊有鄒衍、鄒忌。望出范陽。**卞氏**。魯邑也，今兖州泗水有卞城。姓纂云，曹叔振鐸之後，有支庶食采於卞，因以氏焉，然卞非曹邑之地。魯有卞莊子。楚有卞和。南史儒林，卞華。宋朝卞衮，爲鹽鐵副使。**瑕邱氏**。姬姓。風俗通，魯桓公庶子食采瑕邱。漢有瑕邱申陽。**矍相氏**。魯大夫食采矍相，因氏。姓苑云，沛人。**菟裘氏**。史記，秦嬴姓之後也。其地魯邑，今在兖州奉符。

晉　邑

欒氏。姬姓。晉靖侯孫欒賓食邑，趙州平棘西北十六里古欒城是其地，以邑爲氏。欒氏世爲晉卿。又齊有欒氏，姜姓，齊惠公之後。惠公子堅，字子欒，是以字爲氏者。漢有欒布，又有尚書欒巴。望出西河、魏郡。宋朝登科有欒副。**郤氏**。姬姓，晉之公族也。晉大夫郤文子食邑於郤，世爲晉卿。以邑爲氏。望出山陽。宋朝登科，郤濟川，真定人。又景祐登科，郤晉卿。**苦氏**。卽郤氏。郤犨亦號苦成子，苦爲別封之邑。潛夫論，苦成城在鹽池東北。越大夫苦成。漢有苦灼，爲會稽太守。音庫。**祁氏**。姬姓。晉獻侯四世孫奚，爲晉大夫，食邑于祁，遂以爲氏。其地卽今太原祁縣是也，猶有祁奚墓。或云，隰叔之後，與士氏同族。又祁亦姓也，出黄帝後，所謂伊祁是也。亦作「耆」。望出太原、樂陵。宋朝登科，祁高，開封人。又有祁融。

荀氏。晉之公族也，隰叔之後。僖二十八年，荀林父將中軍，故曰中行氏。荀邑在絳州正平西十五里。宣十二年，荀林父與楚子戰于邲，荀首、趙同爲下軍大夫。荀首食邑於智，號曰智莊子。襄十四年，知朔生盈而死，故荀氏同見。又爲田氏、程氏、輔氏。荀本侯國，姬姓，晉滅之以爲邑。荀侯之裔亦以國爲氏。

智氏。姬姓，即荀氏。荀首別食智邑，又爲智氏。至荀瑶，爲趙、魏所滅，故智氏亦謂荀氏。望出河東、天水、陳留。

辅氏。姬姓，晉之公族也。本荀氏，又食邑於智，故又爲智氏。智果以智伯剛愎，必亡其宗，別爲輔氏。又晉大夫有輔躒。漢有輔狼，爲尚書令。今河東有此姓。望出扶風。宋朝登科，輔章，無爲軍人。

續氏。姬姓，晉大夫狐鞫居，食采於續，故謂之續簡伯，又爲續氏。一云，舜七友續牙之後。漢功臣表，續相如封承父侯。晉有續武威，撰異物志。石趙有太子少保續咸。上黨、河東、襄陽並有此姓。望出雁門。宋元祐登科，續涣若，汝州人。建炎，續商賢，兖州人。近續觱，爲吏部郎。

戲陽氏。晉邑也，舊屬衛，今相州安陽縣永和鎮東二十五里戲陽城。衛大夫戲陽速，晉有戲陽扶，爲卿。

函輿氏。晉大夫范皋夷食采函輿，因氏焉。

邯鄲氏。嬴姓。晉趙盾從父昆弟子曰趙穿，食邑邯鄲，因以爲氏。其地今爲邑，隸磁州。漢有衛尉邯鄲義。

羊舌氏。姬姓，晉之公族也。靖侯之後食采於此，故爲羊舌大夫。有四族，皆彊家。羊舌，晉邑名，未詳其所。或言羊舌氏姓季名果。有人盗殺羊而遺其頭，不敢不受，受而埋之，後盗事發，詞連季氏，乃掘而示之，以明己不食，惟舌存而得免。此不根之論也。

羊氏。卽羊舌氏之後，春秋末始單爲羊氏。秦亂，徙居泰山。戰國有羊千，著書。漢隴西功曹羊嘉。宋朝登科，羊夷，濰州人。

絳氏。晉絳縣老人之後，其地在今絳州。

步氏。姬姓，晉公族郤氏之後步揚，食采於步，遂以爲氏。仲尼弟子有步叔乘，齊人。又步鹿氏，改爲步氏。望出潯陽。宋朝登科，步覺民，河南府人。

蒯氏。風俗通，晉大夫蒯得之後。又衞有蒯聵，見左傳。前漢有蒯徹。又有蕢氏，同音。宋初登科有蒯謂。

彘氏。左傳，士會支子士魴別食采於彘邑，在平陽北，號彘恭子。

曲氏。姬姓。晉穆侯封少子成師于曲沃，支孫氏焉。今絳州曲沃卽其地。漢有代郡太守曲謙。貨殖傳有曲叔。後漢太常卿曲仲尼。唐貞元中，陳許節度使曲環，陝州人。望出陝郡、雁門。宋朝登科，曲全昌，和州人。

范氏。陶唐之裔，歷虞、夏、商、周，成王遷之杜，爲伯。宣王殺杜伯，其子隰叔奔晉，爲士師，故爲士氏，其子孫處隨及范，故經傳見三族焉。范，晉邑也，其地濮州范縣是也。范氏，帝堯裔孫劉累之後，伊祁姓。自虞以上爲陶唐氏，夏爲御龍氏，商爲豕韋氏，周爲唐杜氏，周衰奔晉，爲范氏。按隰叔生士輿，士輿生士蔿。而釋例云，士蔿，杜伯之孫，隰叔之子也，士蔿字子輿，因疑此而爲士輿也。越有范蠡著書曰計然。魏有范痤。項羽有范增，居巢人。

苗氏。芊姓，楚大夫伯棼之後。伯棼以罪誅，其子賁皇奔晉，晉人與之苗，因以爲氏。河内軹縣南苗亭，卽其地也。漢有長水校尉苗浦。王莽時有苗訢。東晉有苗願。望出東陽。

邴氏。亦作「丙」。晉大夫邴豫食邑于邴，因以爲氏。齊亦有邴邑，而亦有邴氏。漢有博士邴丹；丞相丙吉，出魯國。功臣表有高苑侯丙倩，傳封八代。又漢都尉李陵降匈奴，裔孫歸魏，見於丙殿，賜氏曰丙。唐應公邴粲其後也，與高祖有舊，以其姓犯廟諱，賜姓李。

吾邱氏。吾音魚，卽虞邱氏也。晉大夫虞邱子，著書。楚莊王相虞邱子，薦孫叔敖自代者。

令狐氏。姬姓。周文王子畢公高之後有畢萬，仕晉，其子犨封於魏。犨之子顆，以獲秦將杜回功，別封於令狐，故爲令狐顆。其地在今猗氏縣西十五里。漢有令狐邁，避王莽亂，居燉煌，生稱。宋慶曆登科有令狐詠，河中人。元符有令狐相如，鄆州人。大觀有令狐皡如，汝州人。

温氏。姬姓，唐叔虞之後。晉郤至爲温大夫，號温季，因以爲氏。按姓纂、唐表皆言唐叔虞之後以公族封於河內，此卽郤至之封，言郤至食采于温，亦號温季，一事分而爲二，誤矣。温今河內温縣是也。漢功臣表，温疥封椿侯。疥孫何，始居太原。又有温忩氏，改爲温氏。

揚氏。姬姓。周宣王子尚父，幽王時封爲揚侯，爲晉所滅，其後爲氏焉。或曰，周景王之後。一云，唐叔虞之後，至晉出公，孫于齊，生伯僑，歸周，天子封揚侯。然傳言虞、虢、焦、滑、霍、揚、韓、魏，皆姬姓之國，爲晉所滅，晉以爲羊舌氏之邑，此甚明也。揚雄自敘云伯僑，不知周何別也。又云：「晉武公子伯僑，生文，文生突，羊舌大夫也。」又云：「晉之公族食邑於羊舌，凡三縣：一曰銅鞮，二曰揚氏，三曰平陽。」〔四〕突生職，職生五子，赤、肸、鮒、虎、季夙。赤字伯華，爲銅鞮大夫，生子容。肸字叔向，亦曰叔譽，鮒字叔魚，虎字叔羆，號羊舌四族。叔向，晉太傅，食采揚氏，其地平陽揚氏縣是也。叔向生伯石，字食我，以邑爲氏曰揚石，黨於祁盈，盈得罪於晉，并滅羊舌氏。叔向子孫逃于華山仙谷，遂居華陰。又有揚突，後周賜姓獨孤氏，隋復本姓。又有莫胡盧氏，改爲揚氏。又煬帝誅揚玄感，改姓爲梟氏。

孟氏。晉大夫食

采孟邑，因氏焉。其地今爲太原孟縣。晉有孟丙。衛有孟縶。

壺氏。晉大夫邑也，因以爲氏。其地今潞州黎城東壺口關是也。衛有壺黯。漢有諫議大夫壺遂。列仙傳有壺公。

鞮氏。亦爲銅鞮氏。風俗通云，晉有銅鞮伯華之後，晉之别邑也。今屬威勝軍，有故城及銅鞮宫遺阯。

遰氏。音帝。今同州澄城多此姓。本銅鞮氏，避事改焉。

緜氏。晉大夫食采緜上，因氏焉。今大通監縣上縣是其地。晉張方腹心有緜思。又河南官氏志，爾緜氏，改爲緜。望出河南、梓潼。

解氏。晉大夫解揚、解狐之後，其先食采於解，今解州卽其地。漢有御史大夫解延年，司隸校尉解光。又解毗氏，改爲解。宋熙寧登科，解澄，開封人。又有解九皋。

州氏。風俗通云，晉有州綽、州賓，其先食采于州，因以爲氏。其地今懷州武陟縣是也。衛有公子州吁。漢有州輔。魏有州秦。又淳于氏謂之州公，其後亦爲州氏，姜姓，春秋時小國也。

郻氏。晉大夫郻臧之後也，食邑于郻。杜預云，太原郻縣。宋登科，郻執權，撫州人。郻大昕，惠州人。

萊氏。風俗通，萊成偆子，晉大夫也，見世本。王僧孺百家志云，荀永之娶平陽萊氏。又漢藝文志有夾氏春秋，音萊。

俠氏。卽萊氏，音萊。韓俠累之後。急就章有俠卻敵。

鄂氏。姬姓。晉鄂侯之後，以居於鄂邑，故支庶以爲氏焉。〔五〕漢初功臣安平侯鄂千秋，沛人。又巴郡蠻七姓，鄂其一也。望出武昌焉。

翼氏。姬姓。晉翼侯居翼城，因氏焉。漢諫議大夫翼奉，東海下邳人。

衛邑

寧氏。姬姓。衛武公生季亹，食采於甯，因以爲氏。杜云，汲郡修武縣。按修武今屬懷州武陟，然獲嘉有甯城。周有寧越。晉有甯嬴。

元氏。左傳，衛大夫元咺之後也。咺食邑於元，今大名府元城是其地，子孫以邑爲氏。又拓跋氏，云黄帝子昌意之後。昌意少子悃，居北土，世爲鮮卑君長。宋書云，李陵之後。自昌意三十九世至昭成皇帝什翼犍，始號代王，都雲中。至道武皇帝，始改號魏。至孝文帝，更爲元氏，都洛陽。又有紇骨氏，改爲元氏。又有是云氏，改爲元氏。又有景氏，改爲元氏。

儀氏。衛大夫儀封人之後。徐大夫儀楚。陳大夫儀行父。望出晉陽。

常氏。姬姓。衛康叔支孫食邑於常，因以爲氏。或言黄帝臣常先之後。左傳，越大夫常壽過。漢有右將軍長羅侯常惠。宋朝登科有常九思。又有常琪，成都人。又有恒氏，避國諱亦改爲常。〔六〕

裘氏。衛大夫食采於裘，因氏焉。或云，本求氏，改爲裘。望出渤海、號略。

承氏。衛大夫承成之後，見世本。望出千乘。

濮氏。衛大夫食采於濮，因而氏焉。其地在澶州濮陽。今新定有此姓。望出魯國濮陽。宋朝登科，濮俊民，開封人。濮温其，邵武人。

戚氏。衛大夫食采於戚，因氏焉。其地在衛州頓邱。昔賢有戚子，著書。漢高祖戚夫人，生趙王如意。功臣表有臨轅侯戚鰓，傳封七世。望出齊郡。宋建隆登科有戚維。

汲氏。風俗通，衛宣公太子伋之後居汲，因以爲氏。

然汲衛邑也，其大夫所治之邑，又何必子伋爲哉。其地今衛州衛縣。宋尚書郎汲熙載。望出清河。

聶氏。衛大夫食采於聶，因氏焉。史記，軹人聶政，殺韓相俠累。漢有太守聶良，護羌校尉聶尚，又有聶壹。吴志有將軍聶支。石趙録，冉閔有中書令聶熊。望出河東，又新安。

棗氏。本棘氏，衛大夫棘子成之後，避地改爲棗。後漢有棗祗。

商邱氏。衛大夫食邑於此。漢有御史大夫秺侯商邱成。又有商邱子胥，高邑人，見列仙傳。

五鹿氏。姬姓。風俗通，衛邑也。晉公子重耳封舅犯於五鹿，支孫氏焉。漢有少府五鹿充宗。代郡成陽縣有五鹿氏。

鄭邑

馮氏。世本云，歸姓，鄭大夫馮簡子之後。姓纂云，周文王第十五子畢公高之後畢萬封魏，支孫食采於馮城，因氏焉。漢書云，秦末，馮亭爲上黨太守，入趙，其宗族或留潞，或在趙。秦丞相去疾，御史大夫劫，漢博成侯毋擇，並亭之後也。至馮唐，徙安陵，爲楚相。弟奪，自上黨徙杜陵。孫奉世，左將軍，生譚、逡、野王、立、參。野王，左馮翊、上郡太守。參，宜鄉侯。漢功臣又有閼氏侯馮解散；穀陵侯馮谿，傳封六代。後漢司馬馮勤，魏郡人。馮衍，杜陵人，生豹，爲尚書。司空馮魴，南陽人。廷尉馮緄，巴郡人。

京氏。鄭武公少子段封於京，謂之京城太叔，因氏焉。舊滎陽京縣是其地，後齊廢入滎陽，其故城在縣東南二十里。又李氏改爲京氏。望出譙國。

齊　邑

閭邱氏。志籍不言所出，然邾國有閭邱。杜預云，高平南陽縣北有顯閭亭，本邾地，爲齊所并。往往閭邱氏食邑於此，故以命氏。釋例、公子譜皆略，惟世本詳焉，蓋春秋閭邱嬰之後也。迨齊宣王時，有閭邱卬、閭邱光。漢有廷尉閭邱勳。後漢太常閭邱遵。魏有閭邱決，著書十二篇。晉有太常閭邱沖，南陽太守閭邱羨。

閭氏。齊大夫閭邱嬰之後，或單言閭氏，從省文也，又改爲盧氏。

隰氏。姜姓。齊莊公子廖，事桓公，封於隰陰爲大夫，故以爲氏。杜預云，濟南有隰陰縣。

崔氏。姜姓。出齊丁公嫡子季子，讓國於叔乙，食采于崔，遂爲崔氏。杜預云，濟南東朝陽縣西北有崔氏城是也。季子生穆伯，穆伯生沃，沃生野，八世孫夭。僖二十八年，晉侯、宋公、齊國歸父、崔夭次于城濮。夭生杼。宣十九年，齊惠公卒。崔杼有寵於惠公，高、國畏其偪也，公卒而逐之，書曰「崔氏出奔衛」，非其罪也。成十七年，齊侯使崔杼爲大夫。襄二十五年，崔杼弒莊公。崔杼生成及彊，後妻生明，嫡庶爭立。二十七年，慶封使盧蒲嫳殺成及彊，杼及其妻縊，崔明奔魯，生良。十五世孫意如，爲秦大夫，封東萊侯，二子伯基、仲牟。伯基居清河東武城，仲牟居博陵安平，並爲著姓。

盧氏。姜姓，齊太公之後也。齊文公之子高，高之孫傒，食采於盧，今齊州盧城是也，因邑爲氏。秦有博士盧敖，子孫家于涿水之上，遂爲范陽涿人。漢有燕王盧綰，其裔也。又有盧蒲氏，出自桓公，亦爲盧氏。皆齊之盧也。按河南後魏官氏志有莫蘆氏，虜姓也，後改爲蘆，復去「草」。〔七〕又有范陽雷氏，以

「盧」、「雷」聲近，改爲弋陽之盧。〔八〕又有三原閭氏，准制改爲盧氏。又章仇大翼善天文，隋煬帝賜姓盧氏。

鮑氏。姒姓，不知所出。或云，夏禹之後有鮑叔，仕齊，食采於鮑，因以爲氏。鮑叔字叔牙，進管仲於齊桓公，遂霸諸侯。其後有鮑牽曰鮑莊子，爲夫人聲孟子所譖，靈公刖其足。傳曰：「鮑莊子之智不如葵，葵猶能衛其足。」齊人召鮑國而立之。定九年，陽虎奔齊，請伐魯，鮑文子諫曰：「魯未可取也。」世爲齊卿。又俟力氏，改爲鮑，虜姓也。望出上黨、東海。

棠氏。姜姓。齊桓公之後，邑于棠，曰棠公，其後爲棠氏。又楚亦有棠邑，大夫伍尚之所封，號曰棠君，其後亦爲棠氏。

穰氏。風俗通，田穰苴，諸田之族，穰所食之邑，因以氏焉。穰苴爲齊大司馬。

晏氏。或云齊公族。襄公二十九年，吴季札聘于齊，説晏平仲，謂之曰：「子速納邑與政，無邑與政，乃免於難。」故晏子因陳桓子納政與邑，以免欒、高之難。漢有司隸校尉晏稱。南燕有晏漢。宋朝有宰相晏殊，應神童舉，臨川人。望出齊國。

晝氏。風俗通，齊大夫食采晝邑，因氏焉。

檀氏。姓纂云，姜姓。齊公族有食瑕邱檀城，因以爲氏。然瑕邱魯地也，或齊之公族奔于魯者，受邑于檀也。禮記，魯有檀弓，是其裔也。又周卿士檀伯達。六國時齊有檀子。望出清河、平盧、高平。

來氏。本作「郲」，子姓。商之支孫食采於郲，因以爲氏，其後避難去「邑」。齊有來章，秦末徙義陽之新野。風俗通，楚有來英。漢功臣表，軑侯來蒼。軑音待。宋朝登科，來章，磁州人。

菑氏。齊邑也，見姓苑。孔融集，菑莊，青州人，爲北海望族。

盆氏。齊邑也，盆城子之後。漢盆

謚爲中郎將。望出齊郡。

卽墨氏。齊將田單守卽墨，支孫氏焉。漢書儒林傳，城陽相卽墨成。

卽氏。風俗通，漢單父令卽費，其先食采卽墨，因以命氏。

葵邱氏。齊邑也。英賢傳，古有葵邱頎。又石虎時有龍驤將軍葵邱直。

梁邱氏。齊大夫食采梁邱。景公時有梁邱據。漢少府梁邱賀，諸縣人。王莽時有梁邱賜。

籍邱氏。齊大夫籍邱子鉏。

余邱氏。齊公族，食采余邱。漢有侍御史余邱炳。又隱士余邱靈，居曲阿。

安平氏。齊將田單封安平君，因氏焉。

高堂氏。齊公族也。風俗通，齊卿高敬仲食采於高堂，因氏焉。其地在博州高唐。

楚　邑

鬬氏。羋姓，若敖之後。按若敖名熊義，其先無字，鬬者必邑也，其地未詳。若敖娶於䢵，生鬬伯比，淫於䢵子之女，生子文焉。棄諸夢中，虎乳之，䢵子見而收之。楚人謂乳爲「穀」，謂虎爲「於菟」，故名之曰鬬穀於菟。子文，楚之良也，世爲令尹，秉楚政。

薳氏。亦作「蔿」，羋姓，楚蚡冒之後。薳章食邑于薳，故以命氏。按楚有地名蔿，又有薳澨，則知薳爲楚邑矣。又晉士蔿之後亦爲蔿氏，此以王父字爲氏者。

屈氏。羋姓，楚之公族也。莫敖屈瑕食邑於屈，因以爲氏。三閭大夫屈平字原，其後也。漢有屈燕。又屈突氏，改爲屈氏。望出河南。宋朝登科，屈符、屈唐臣。又同州屈理，耀州屈長吉、屈大方，廬州人屈中美，並登科。

陰氏。姬姓。管夷吾七代孫修，適楚，

爲陰大夫，因以爲氏。風俗通又云，陰康氏之後。周有陰不佞，陰里人也。又後周賜姓邱目陵氏，〔九〕隋復舊姓。宋朝登科，陰信臣、陰昭，又有陰晫，鳳翔人。

鍾氏。晉伯宗之後。伯宗，晉之賢者也，爲郤氏所譖，被殺。子伯州犂奔楚，邑于鍾離，今濠州也。子孫以邑爲氏，或言鍾，或言鍾離。楚有鍾儀、鍾建、鍾子期，與伯牙爲友。項羽將鍾離眛，眛有二子，長曰發，居九江，仍故姓；次曰接，居潁川長社，爲鍾氏。南唐有鍾傳。

鍾離氏。姬姓，郋鍾氏。以伯州犂居鍾離，故曰鍾離氏，亦省言鍾氏。州犂與晉同祖，而世本云，與秦同祖，嬴姓，何也？戰國策，齊賢人鍾離子眛。楚人鍾離岫，撰會稽後賢傳。後漢鍾離意，會稽山陰人，曾孫緒，樓船都尉，生駰。

春氏。風俗通云，楚相黄歇春申君之後。

上官氏。楚王子蘭爲上官邑大夫，因以爲氏。秦滅楚，徙隴西之上邽。漢有右將軍安陽侯上官桀，生安，桑樂侯，女爲昭帝皇后，拜車騎將軍，後以反伏誅，裔孫勝。

詹氏。楚詹尹之後，有詹何，善釣。周有詹父，又有詹喜。楚辭有太卜詹尹。宋朝爲著姓。望出渤海、河間。

蔓氏。楚有鬭成然，食采於蔓，曰蔓成然，其後以邑爲氏。

白氏。芈姓，楚白公勝之後也。楚有白邑，其地在蔡州褒信。秦大夫白乙丙，武安君白起。史記有白圭，周富人也。漢書，白生，魯人，爲楚元王博士。晉有白褒。苻秦大鴻臚白景。〔一〇〕望出南陽、太原。

葉氏。舊音攝，後世與木葉同音。風俗通，楚沈尹戌生諸梁，食采於葉，因氏焉。吴志有都尉葉雄。唐有葉法善。宋朝爲著姓。望出下邳、南陽。

商密氏。楚大夫食采之邑，其地在今鄧州穰縣。

軒邱氏。芈姓。楚文王庶子食采軒邱，因氏。漢有梁相軒邱豹。

三閭氏。芈姓。楚屈原爲三閭大

夫，因氏焉。**鄧陵氏**。芈姓。楚公子食邑鄧陵，因氏焉。鄧陵氏著書，見韓子。**諸梁氏**。楚莊王之後，食邑諸梁，因氏焉。**棠谿氏**。姬姓。吴王闔閭弟夫槩王奔楚，爲棠谿氏。其地在今蔡州遂平。漢有棠谿惠，又五官中郎將棠谿典。

宋　邑

留氏。按姓纂，衛大夫留封人之後，然無據。宋有留邑，此則宋之留邑大夫，因以邑爲氏。其地在今徐州泗水東南二十五里留城是也。漢功臣彊圉侯留肦，傳封四代。吴有將軍留贊。又有劉誕，謀逆貶姓爲留。五代留從効，爲泉州節度使。望出會稽。宋朝登科，留鎔，漳州人。留穀，衢州人。**合氏**。子姓。宋向戌食采於合，爲宋左師，故謂之合左師。望出馮翊。**坎氏**。英賢傳云，宋附庸有坎氏。**華氏**。子姓。宋戴公子考父食采於華，因氏焉，世爲宋卿。漢功臣表，終陵侯華無害，傳封四代。宋朝有華相、華泰，登科。

韓　邑

平氏。姬姓。韓哀侯少子婼，食采平邑，因以爲氏。秦滅韓，徙下邑。漢有丞相平當，生晏，司徒。北齊有平銓。望出河内、燕郡。宋朝登科，平天倪，大名府人。**横氏**。風俗通云，韓公子咸號橫陽君，子孫氏焉。

魏邑

鄴氏。魏邑名，今爲相州治縣。風俗通，漢有梁令鄴鳳。**信氏**。風俗通，魏公子信陵君之後。

趙邑

馬氏。卽馬服氏，嬴姓，伯益之後。趙奢封馬服君，因以爲氏，或去「服」爲「馬」。秦滅趙，奢孫興徙咸陽。**睢氏**。息爲切。趙大夫食采於睢邑，因以命氏。**藺氏**。姬姓。韓厥玄孫曰康，仕趙，食采於藺，因氏焉。康裔孫相如，爲趙上卿。子孫仕秦，隨司馬錯伐蜀，因家成都。望出中山、華陰。宋朝登科，藺中謹，開封人；藺中行，永静人。**鹿氏**。趙大夫食采五鹿，因氏焉。漢有巴郡太守鹿旗，子孫因家焉。又阿鹿元氏，改爲鹿氏。後魏黄門侍郎鹿悆。宋朝鹿稹，登進士第。又有鹿元規，單州人。鹿敏求，陳州人。**武成氏**。嬴姓。風俗通，趙平原君勝封武成君，因氏焉。**鄡氏**。苦遥切。趙大夫食采深澤鄡邑，因氏焉。孔子弟子鄡單，字子家。望出太原、鉅鹿。

秦邑

衙氏。嬴姓。秦穆公子食采於衙，因氏焉。其地卽彭衙也，同州白水東北六十里有彭衙城。漢有長平令衙謹卿，七世同居。蜀志，晉有督護衙傳。望出江夏。武安氏。芈姓。秦將白起封武安君，因氏焉。漢有千乘侯武安恭。華陽氏。秦宣太后弟封華陽君，子孫氏焉。漢有諫議大夫華陽通。涇陽氏。秦宣太后弟封涇陽君，因氏焉。漢有駙馬都尉涇陽犨。高陵氏。嬴姓。秦昭王弟封高陵君，因氏焉。漢有諫大夫高陵顯。

諸國邑

通氏。巴大夫食采於通川，因氏焉。譙氏。曹大夫食采於譙，因氏焉。漢譙隆，爲上林令，以忠諫拜侍中。望出巴西、譙國。宋朝登科，譙南薰。鄾氏。鄧大夫食采鄾邑，子孫因氏焉。杜預云，地在鄧縣南沔水之北。酇氏。音鑽。海内先賢傳，酇授字仲華，漁陽人。縣氏。或爲平聲。其先有爲縣大夫者。望出扶風。風俗通，縣成父，孔子門人。漢有甘陵相縣芝。吴中書令縣默。酈氏。黄帝之後，支孫食采於酈，因氏焉。漢有廣野君酈食其，沛人。弟商，右相，曲周景侯，生寄，一名況。食其子疥，封高梁侯，傳封三代。後魏酈道元，字善長，注水經，官至御史中丞。望出新蔡。宋朝登科，酈因，江陵人。取慮氏。徐偃王子食邑取慮，因氏焉。姓纂云，今臨淮有此姓。薊氏。邑名，在燕地。神仙傳有薊子訓。望出内黄。鮮于氏。子姓，鮮音仙，商後。周武王封箕子於朝鮮，支子仲食采於于，子孫以鮮于爲氏。宋慶曆登科，有鮮于綽，鄭州人。政和有鮮于陶，宣和有鮮于先知，並閬州人。鮮氏。音仙，鮮于氏之後，亦爲鮮氏。蜀李壽司空鮮思明。望出南安。宋朝登科有鮮洪範，開封人。熙寧有鮮符，戎州人。毌邱氏。其先食采毌邱，因氏焉。宋朝登科有毌邱會。政和有毌邱儼、毌邱斌，並閬州人。毌氏。毌邱氏或爲毌氏。唐開元補闕毌景，洛陽人，一云吳人。宋朝毌湜，直龍圖閣。又毌隨，登科。望出平昌、鉅鹿。三烏氏。風俗通，凡氏於職三烏五鹿，有三烏大夫，因氏焉。漢有三烏羣，爲上郡計。渠邱氏。亦作著邱氏，嬴姓。莒國之君居於渠邱，故謂之渠邱公。今密州莒縣有渠邱城。英賢傳，彭城有渠邱氏。漁陽氏。燕大夫受封漁陽，因以爲氏。漢有少府漁陽鴻，北平人。堂邑氏。漢張騫使西域，從百餘人，堂邑氏二人得還。

漢魏邑

泉氏。狀云，本姓全氏，全琮之後。琮孫暉，魏封南陽侯，食封白水，遂改爲泉氏。然國語，潞、洛、泉、余、滿皆赤翟隗姓，是則舊有泉氏矣。後魏洛州刺史上洛侯泉企。揭陽氏。漢功臣安道侯揭陽定爲南海揭陽令，因氏焉。

以鄉为氏

臣謹按：封土之制，降國而爲邑，降邑而爲關内邑，降關内邑而爲鄉，降鄉而爲亭。後世但知傳國邑之封，而失鄉亭之旨，今自國至亭列五等。

裴氏。嬴姓，伯益之後。秦非子支孫封䣙鄉，因以爲氏。今聞喜䣙城是也。按聞喜隸解州。六代孫陵，當周僖王之時，封爲解邑君，乃去「邑」從「衣」爲裴。裴，衣長皃。一云，晉平公封顓帝之孫鍼於周川之裴中，號裴君。又唐開元右驍衛大將軍疏勒王裴夷健之後，爲西域裴。又後趙録有壘氏，本姓裴，改爲壘。自魏、晉至周、隋，裴氏七代有傳。

陸氏。嬀姓，田敬仲之後也。十一世齊宣王少子通，封於平原般縣陸鄉，卽陸終氏之故地，因以爲氏。通謚元侯，生恭侯發，爲齊上大夫，生二子，萬、臯。臯孫賈，爲漢太中大夫。萬生烈，爲吴令，遷豫章都尉，既卒，吴人思之，迎其喪葬于胥屏亭，子孫遂爲吴郡吴縣人。十世孫閎，潁川太守，生三子，卬、温、威，號潁川枝。威生續，揚州別駕，生三子，稠、逢、裦，號荆州枝。稠爲荆州刺史，二子肅、謙。肅爲丹徒令，號丹徒枝。又代北有部落大人號步陸孤氏，後魏孝文遷洛陽，改爲陸氏，虜姓也。

耨氏。廣信府多此姓。本姓陸，避事改爲耨。女玉切。

龐氏。姬姓，周文王子畢公高之後。其支庶封於龐，因以爲氏。魏有王少子生而有文在其手曰「閻」，康王封於閻城。又云，唐叔虞之後，晉成公子懿食采於閻，晉滅之，子孫散處河洛。然太伯無後，武王克商，求仲雍之孫叔達之子周章，封於吳，爲太伯後；周章之弟曰虞仲，封於虞，爲仲雍後，未聞仲奕者也。有文在手之言多爲迂誕。晉有閻沒。齊有閻職。又有雲中族，後周賜姓大野氏，隋復舊。望出樂安。

郝氏。出於赫胥氏，太昊氏之佐也。殷帝乙時，有子期，封太原郝鄉，因氏焉。漢有上谷太守郝賢。後漢有郝蘭。宋朝郝太冲，雍熙二年及第。郝居中，景德元年登第。

尸氏。漢書，尸佼，晉人，爲商君師，著尸子。風俗通云，其先封尸鄉，因以爲氏。齊相有尸臣。

肥氏。恐其先有封於肥鄉者。戰國策，趙賢人肥義之後。風俗通云，漢有肥詔。英布將肥赫。又仁恕掾肥親。

資氏。黄帝之後，食采益州資中，因以爲氏。風俗通，資成，陳留人。望出南陽、會稽。

郟氏。左傳，鄭大夫郟張，其先封郟鄉，因氏焉。宋郟良，子修輔，並登進士第，吳興人。望出滎陽、武陵。嘉祐有郟亶，開封人。紹興有郟升卿，平江人。

胡母氏。嬀姓。齊宣王封母弟於母鄉，其鄉本胡國，因曰胡母氏。漢有太史胡母恭。

大陸氏。姜姓。齊太公之後食邑陸鄉，因號大陸氏。齊簡公時有大陸子方。

以亭爲氏

麋氏。楚大夫受封於南郡麋亭，因以爲氏。或言工尹麋之後，以名爲氏。望出東海、南陽。

采氏。黄帝封其子於右北平采亭，因氏焉。**俞豆氏**。芈姓。楚公子食采於南陽俞豆亭，因氏焉。

歐陽氏。姒姓。越王勾踐之後，支孫封烏程歐陽亭，因氏。烏程，今隸湖州。漢有歐陽和伯，授尚書。曾孫高，博士。孫地餘，少府。子政。

以地爲氏 所居附

傅氏。商相傅説之後，築於傅巖，因以爲氏。唐傅游藝，賜姓武氏。**蒙氏**。風俗通，東蒙主以蒙山爲氏。秦有將軍蒙驁，生武，武生恬，皆仕秦。望出安定。宋蒙傳，祥符元年登科。又有蒙汲，台州人。蒙著，封州人。

臣謹按：蒙山在沂州費縣西北八十里。又有東蒙，在費西北七十五里，在蒙山之東，主其山之祀者，子孫因山爲氏。

少室氏。國語，少室周爲趙簡子戎右。陵陽氏。搜神記，陵陽子明止陵陽山，得仙。其後因山爲氏。

池氏。以所居爲氏也。漢有中年令池瑗。城氏。風俗通，凡氏於事者，城、郭、園、池，皆姓也。

涂氏。洪州人，因水爲氏。宋朝登科，涂天明、涂正勝、涂壙，並撫州人。今爲福州大姓，有池鍔，登科。魏有城門侯池仲魚。望出西平。

嵇氏。姒姓。夏少康封子季杼於會稽，遂爲會稽氏。漢初徙譙嵇山，改爲嵇氏。又統稽氏，改爲嵇氏。宋翰林學士嵇穎。

橋氏。黃帝葬橋山，子孫守冢，因爲橋氏。漢有橋庇仁。鮭氏。音圭。以居鮭陽，改爲鮭氏。後漢有鮭陽鴻，爲少府，傳孟氏易。

喬氏。即橋氏也。後周文帝作相，命橋氏去「木」，義取高遠。一云，匈奴貴姓，世爲輔相。宋朝有喬惟岳，給事中。

勞氏。其先居東海勞山，因氏焉。望出松陽。

闞氏。風俗通云，關令尹喜之後也。一云，夏大夫關龍逢之後。漢有長水校尉關陽。蜀有前將軍漢壽亭侯關羽。望出隴西、東海。東關氏。晉有東關嬖五。漢有將軍北亭侯東關義。

潁氏。鄭大夫潁考叔爲潁谷封人，故以爲氏。今許州長社有潁谷，即其地也。後漢潁容，字子嚴，著春秋釋例。望出陳留。

狐邱氏。晉大夫狐邱林之後，見世本。英賢傳曰，出自狐邱封人之裔。邱氏。姜姓。太公封於齊而都營邱，其支庶居於營邱者，遂以邱爲氏。其地在今齊州臨淄。或云，濰州昌樂有營邱故城。左傳有邾大夫邱弱。邱氏世居扶風。又有邱林氏、邱敦氏，並改爲邱氏，虜姓也。

壺邱氏。列子師壺邱子林，鄭人。桑邱氏。漢書，桑邱公著書五篇。姓纂云，今下邳有此姓。龍邱氏。見風俗通。漢有高士龍邱萇，吴郡人。

蛇邱氏。見英賢傳。後漢河内太守蛇邱彧，生重，濟北太守；女適羊續重，濟北人。陶邱氏。帝堯子丹朱居陶邱，因氏焉。齊大夫陶邱德。漢侍御陶邱仁。於邱氏。其先家於邱，因氏焉。漢有宛朐令於邱略。苞邱氏。楚苞邱先生，荀卿弟子。水邱氏。漢司隸校尉水邱崇。曹邱氏。漢書，楚有曹邱生，見季布傳。楚邱氏。新序，楚邱先生，孟嘗君時人。

廩邱氏。齊大夫廩邱子之後，見世本。英賢傳有廩邱充，齊隱者。曼邱氏。齊士曼邱不澤。漢韓信將曼邱臣。咸邱氏。齊有隱士咸邱蒙。浮邱氏。列仙傳，周太子晉時，道士浮邱伯控鶴上嵩山。漢書，楚元王與申公學詩浮邱伯，荀卿門人。安邱氏。漢有長陵三老安邱望之，注老子，行於世，京兆人。淄邱氏。英賢傳，齊勇士淄邱許。〔一二〕稷邱氏。漢稷邱子，得仙道。雍邱氏。晉郭默將軍雍邱洛。何邱氏。楚有何邱子。後魏殿中將軍何邱勍，列威將軍何邱寄。麥邱氏。英賢傳，齊桓公時賢人麥邱老。北邱氏。

獻邱氏。崎邱氏。羌邱氏。逢邱氏。厚邱氏。並見姓苑。羑氏。地名。羑里卽文王所囚之地也。居於此地者，以羑爲氏。或言，羑里獄官。綺氏。漢初四皓隱商山，號綺里季，其後爲綺氏，以季居於綺里也。

臣謹按：四皓非顯達之人，其初不得受氏之祖，故以所居爲氏。此三代之事也，如介之推、燭之武、冀芮、潁考叔之類是矣。

巷氏。毛詩寺人巷伯之後。

濟氏。以所居近濟水，故以爲氏。襄陽有此姓，見姓苑。

艾氏。晏子春秋大夫艾孔之後，即左傳裔欵也。艾亦謂之艾陵，齊、魯境上山。風俗通，龐儉母艾氏。南燕有牙門艾江，又東平太守艾銓。唐有侍郎御史艾敬直，北平人。宋朝艾潁，爲御史。元豐登科，艾早，真州人。元祐，艾與言，沂州人。望出隴西、河南、天水。又河南官氏志，艾斤氏改爲艾氏。

柘氏。楚大夫，以地爲氏。急就章，漢有柘温舒。望出武陵。

燭氏。鄭人燭之武不得氏，以其居於燭地，故言「燭之」者，猶言介之推、佚之狐也。

弇氏。所嫁切。風俗通云，新鄭人揚弇村，在縣西二十五里。

闞氏。風俗通，闞黨童子之後。漢有荆州刺史闞翊。漢書藝文志，闞子，著書。後漢末，闞宣，下邳人。王僧孺百家譜云，蕭遠娶下邽闞氏之女。

辟閭氏。姬姓。衛文公支孫居楚邱，營辟閭里，因爲辟閭氏焉，漢書儒林傳，太子少傅辟閭曾孫某爲昌邑王太傅。

申屠氏。姜姓。周幽王申后兄申侯之後，支子居安定屠原，因以爲氏。一説，申徒狄，夏賢人，後音轉改爲申屠氏。又有作「勝屠」者。或云，申屠，楚官號。

申徒氏。風俗通云，本申徒氏，隨音改爲申屠氏。申徒狄，夏賢人也，湯以天下授之，耻不以義聞己，自投於河。莊子，申徒兀者，鄭人也。漢有西屏將軍申徒建。

東門氏。姬姓。魯莊公子公子遂，字襄仲，居東門，號東門襄仲，因氏焉。漢有荆州刺史東門雲。又有東門京，善相馬。

西門氏。鄭大夫居西門，因氏焉。

列子有西門子。魏文侯時，西門豹爲鄴令。漢王莽時，有西門息。神仙傳有西門惠。宋祥符登科，西門治。大觀有西門解，濱州人。

西氏。姓苑云，西門豹之後改爲「西」。

南門氏。見姓苑。

北門氏。左傳有北門駟。尸子有北門子。莊子有北門成。

陽門氏。禮記陽門介夫之後。

桐門氏。子姓。左傳，宋樂大心爲右師，食采桐門，因氏焉。

夷門氏。史記，魏隱士侯嬴爲夷門門者，因氏焉。

闕門氏。漢書儒林傳，膠東内史闕門慶忌，鄒人，申公弟子也。

木門氏。宋公子食采木門，因氏焉。說苑，衛大夫有木門子高。

逢門氏。漢書古今人表有逢門子豹。藝文志，逢門子著兵法。

胥門氏。左傳吳大夫胥門巢之後也。

弋門氏。姓苑云，漢陽人。

雍門氏。齊頃公之子公子勝居雍門，故爲雍門氏。戰國策，雍門周以鼓琴干孟嘗君。說苑，齊有雍門子秋。

彨氏。宋有彨班，以其守彨門，故以爲氏。漢功臣表，芒侯彨跖，生昭，昭生申，尚景帝女南宮公主。

門氏。周禮，公卿之子入王端門，教以六藝，謂之門子，其後爲氏。後魏有門文愛。今望出河南，又廬江。河南官氏志有叱門氏，改爲門氏。又有吐門氏，改爲門氏。又有庫門氏，改爲門氏。

東宮氏。東宮得臣，齊大夫也。其後東宮得疾，隱嵩山，年三百歲。

西宮氏。見姓苑。

南宮氏。姬姓，孟僖子之後也。或言文王四友南宮子之後。宋有南宮長萬、南宮牛。仲尼弟子南宮縚，字子容，魯人。宋天聖登科，南宮誠。慶曆有南宮觀，洪州人。紹興有南宮瑞。

北宮氏。姬姓，衛之公族也。左傳有北宮奢。漢書有北東郭氏。姜姓，齊公族，桓公之後也。宮伯子。晉有西河太守北宫協。前涼有護軍北宫萌。

東郭氏。莊子有東郭子。魏文侯時有東郭子方、東郭惠，見説苑。齊大夫東郭書，見左傳。又大陸子方號東郭賈，齊人。

西郭氏。姓氏英賢傳云，齊有賢者，居西郭，因氏焉。漢有謁者僕射西郭嵩。晉有祕書西郭陽，北海人，何承天云，西朝名士也。

南郭氏。莊子有南郭子綦。左傳有南郭偃、南郭且于。

北郭氏。左傳齊大夫北郭子車之後也。子車名佐，生北郭啓。説苑，齊人有北郭騷，與晏子爲友。

東閭氏。東閭子嘗富貴，後乞食於道，曰：「吾爲相六年，未嘗薦一士。」見説苑。

西閭氏。説苑有西閭過。

屋廬氏。晉賢人屋廬子，著書，言彭聃之法。

市南氏。左傳，楚人有市南宜僚。亦見莊子。

社南氏。其先齊倡，見風俗通。又姓苑云，扶風、安陵有社南氏。

社北氏。風俗通，與社南皆齊倡也。漢有高煬娶扶風社北氏。

臣謹按：優倡依社而居，則其志可知也。

三邱氏。蜀志有三邱務。

三州氏。孝子傳有三州昏。

延陵氏。姬姓。吴季札居延陵，因氏焉。亦爲延州來氏。

於陵氏。姜姓。風俗通，陳仲子，齊世家，辭爵，灌園於於陵，子孫氏焉。

平陵氏。史記平陵老之後。

梁垣氏。吕氏春秋，延陵玉，趙襄子謀臣。陳留風俗傳，周畢公後有梁垣演，居大梁之墟，子孫因氏焉。漢光武時，侍御史梁垣列，字惠伯。又武陵太守梁垣成。

蒲圃氏。魯地，以所居爲氏。

東方氏。風俗通，伏羲之後。帝出於震，

位主東方，子孫因氏焉。宋嘉祐登科有東方潁叔，梓州人。熙寧有東方暉，開封人。

西方氏。列子，秦穆公時九方皐，一名歅，善相馬，姓苑云，少昊金天氏位主西方金，因氏焉。宋朝登科，西方琥，淄州人。

九方氏。列子，秦穆公時九方皐，一名歅，善相馬，

東里氏。姬姓。鄭大夫子産居東里，因氏焉。曹瞞傳有南陽太守東里昆。〔一二〕泰始先賢狀有東里晃。魏志有東里衮。〔一三〕

百里氏。風俗通，秦大夫百里奚之後。其先虞人，家于百里，因氏焉。後漢徐州刺史吉陽亭侯百里嵩，陳留人。

東鄉氏。宋大夫東鄉爲人之後，見世本。漢有并州護軍東鄉子琴，高密人，見英賢傳。

西鄉氏。風俗通，宋大夫西鄉錯之後，見世本。尸子有隱者西鄉曹。

南鄉氏。晉高士居隱南鄉，因氏焉。後漢有羽林左監南鄉槐。

北鄉氏。見姓苑。

東野氏。家語有東野畢弋。東野稷見莊子。

西野氏。

南野氏。

北野氏。並見姓苑。

北唐氏。英賢傳曰，晉有高人越者，隱伏於北唐，因氏焉。漢有北唐子真，治京氏易。

北海氏。英賢傳曰，古有劉河者，處於北海，其後以爲氏。吳大夫有北海子高。

成陽氏。見姓苑。漢有安陽護軍成陽恢，生諷者僕射昇，

濮陽氏。其地在今澶州。後漢外黄令牛述以濮陽潛爲主簿。

鮮陽氏。漢有河東人。

鮭陽氏。音珪。漢有少府鮭陽鴻，治孟氏易。揚州刺史鮮陽戩，孫滔，武騎常侍。

梗陽氏。晉有梗陽巫皐。漢有侍御史謁者梗陽真。

落下氏。漢武帝時，落下閎善天文、地里、曆數，巴郡閬中人。神仙傳有落下公。

瓜田氏。王莽時，臨淮瓜田儀，爲盗賊。

甪氏。亦

作甪里氏。漢初商山四皓有甪里先生，以其所居在甪里。後漢有甪若叔者，其後也。**禄里氏**。即甪里也，以甪音禄，故亦作禄。神仙傳有禄里先生。**綺里氏**。漢商山四皓綺里季之後。**夏里氏**。四皓夏里黄公，河内人。**欞里氏**。亦作欞氏，嬴姓。秦丞相欞里子之後也，名疾，秦惠文王弟。**桐里氏**。見英賢傳。後漢御史中謁者桐里斥，生儒，議郎。晉博昌令桐里夫。並河東人。**空同氏**。世本云，子姓。蓋因空同山也。**延州氏**。姬姓。吴季札居延州來，因氏延州。**郄州氏**。世本，晉郄豹孫步楊生郄州，因氏焉。**阪上氏**。上黨屯留人，其先居阪上，因氏焉。晉惠帝時有殿中將軍阪上嚻。**鉛陵氏**。吕氏春秋有鉛陵卓子。

以姓爲氏 氏附

姚氏。虞之姓也。虞舜生於姚墟，故因生以爲姓，後世亦有以爲氏者，左傳鄭大夫姚句耳是也。漢有諫議大夫姚平。舜後胡公封陳，至敬仲仕齊，又爲田氏。至田豐，王莽封爲代睦侯，奉舜後。子恢，避莽亂居吴郡，改姓嬀氏，五代孫敷，又爲姚氏。

臣謹按：虞有二姓，曰姚，曰嬀。因姚墟之生而姓姚，因嬀水之居而姓嬀，故姚恢改姓爲嬀，而嬀皓又改姓爲姚，知姚與嬀二姓可通。

嬀氏。帝舜之後也。舜居嬀汭，因以爲姓。或言舜生嬀汭，此姓也，世亦以爲氏。後漢有嬀皓，改爲姚氏。文士傳有嬀覽。

姜氏。姓也。炎帝生於姜水，因生以爲姓。其後太公封於齊，世與周、魯爲婚姻。歷二十九世，爲田氏所滅，子孫分散，或以國爲氏，或以姓爲氏。又桓庭昌，唐上元中，准制改爲姜氏。

歸氏。姓也，未詳得姓之始。左傳，胡子國姓歸，爲楚所滅。子孫或以國爲氏，或以姓爲氏。以姓爲氏者，世居吳郡。

任氏。姓也，未詳因生之始。然妊娠女子之事也，姓女子之稱也，「妊」古作「壬」，又作「任」。或云，黄帝二十五子十二人以德爲姓，一爲任氏，六代至奚仲封薛。又云，黄帝之孫顓帝少子陽，封於任，故以爲任氏。又任爲風姓之國，實太昊之後，主濟祀，今濟州任城卽其地也。任姓之任與任國之任，子孫皆以任爲氏。魏有任鄙。漢有御史大夫廣阿侯任敖。武帝時有任安。

風氏。姓也，伏羲氏之姓。任、宿、須句、顓臾四國皆風姓。風作凨，卽古文「風」字，世亦有此姓。此雖姓也，古之時亦有以爲氏者，黄帝之臣風后是也。

姬氏。姓也，帝嚳生姬水，因以爲姓。裔孫周文王，三十餘代至赧王，子孫號姬氏。漢有周子南君姬嘉。唐水部郎中姬處遜，世居長安，開元初，明皇以嫌名，改爲周氏。望出南陽。

嬴氏。伯益之後。伯益作朕虞有功，賜姓嬴氏。漢有嬴公，治公羊。望出河東、太原。

臣謹按：嬴，地名也。杜預云，泰山嬴縣。唐并入兖州博城，博城今爲奉符，以所居於嬴，故因生以姓。或言，河間有嬴水，故爲瀛州，卽嬴姓所居之地。

姓氏。齊人有此姓，見漢書貨殖傳，臨菑姓偉，貲五千萬。注云，姓姓，名偉。**是氏**。本氏氏，齊大夫之後也。吳志，北海氏儀，本姓氏，孔融嘲之曰：「氏者，民無上，可改爲是。」遂改焉。仕吳，官至侍中都亭侯。唐天寶祕書少監是光，又改姓齊。又是云氏，改爲是氏。亦有氏氏，五代梁將氏叔琮、氏延賞。

子氏。帝嚳之子契，受封於商，賜姓子。湯有天下，微子基宋，世爲子姓，或以爲氏。又楚有屈建，字子木；公子申，字子西，皆爲子氏。左傳，魯叔孫之車士有子商鉏，家語注，姓子名商鉏。鄭大夫子人九、子熙、子丁、子上。又宋有子韋，明天文。宋朝皇祐九年，子元瑜，登科，開封人。

芈氏。楚姓也，陸終之子季連之後也。陸終娶鬼方之女，孕而不育，十一年，開左脅出三人焉，又開右脅出三人焉，第六子曰季連，是爲芊姓。周文王時，季連苗裔鬻熊，爲文王師，事成王。成王舉文王勞臣，封其裔子于丹陽，是爲楚國。漢初楚懷王孫芊心，項羽封爲楚懷王，後爲義帝。

臣謹按：三代之時，男子未嘗稱姓，支庶未嘗稱國。秦滅六國，諸侯子孫皆爲民庶，故或以國或以姓爲氏，所以楚之子孫可稱楚，亦可稱芈。

姒氏。伯鯀之姓。鯀爲堯崇伯，賜姓姒氏。其子禹受舜禪爲夏家，至桀而絕，杞國爲姒姓之後。王莽時，封夏後遼西姒豐爲章功侯。按官氏志，「姒」亦改爲「似」。後魏渴侯氏改爲似氏。

隗氏。姓也。赤狄姓隗，潞子嬰兒是也，廧咎如、東山皐落氏，皆其別種，而亦姓隗。

允氏。允

姓之戎居於瓜州者，其後以爲氏。或言允格之後。**偃氏**。皋陶生於曲阜，是爲偃姓。六、蓼皆偃姓之國，祀皋陶。文公五年，楚滅之。又國語，舒庸、舒鳩，並偃姓。吳有偃州員。王莽時有偃參。又有偃氏，卽偃之別族也，公羊傳，有偃子皐，爲晉士官。又有匽氏，後漢匽皇后。**禿氏**。國語云，祝融後八姓，己、董、彭、禿、妘、斟、曹、芈，周皆滅之。賈逵云，禿，彭姓別族也。**姑氏**。史記，姑氏爲后稷元妃。南燕、密須，皆姑姓之國，後改爲吉氏。宋朝登科，吉臨，澤州人。**酉氏**。黃帝十四子之一姓也，見國語。或作「羑」。魏有陳留人酉收。今望出太原。**妚氏**。方几切，見纂要。又據此當是姓。**漆氏**。長狄僑如本鄋瞞之國，姓漆，又爲氏。一云，漆室女之後，古有漆沈，爲魯相。或云，卽漆雕開。亦單爲漆氏。宋有郎中令漆凱之。望出南昌。**弋氏**。姓也。姓纂云，今蒲州有弋氏。望出河東。宋朝弋子元，太平興國二年登進士第。**侯岡氏**。地記，蒼頡姓侯岡氏，居馮翊衙縣。**伊祈氏**。堯之姓。亦作「伊耆」。**伊氏**。卽伊祈氏之後也。裔孫伊尹，名摯，相湯，生陟、奮。風俗通，漢有議郎伊推。又伊嘉，爲雁門都尉，石顯黨。又伊婁氏，改爲伊氏。宋朝登科有伊尚。**己氏**。音自己之己，昆吾之姓也。漢有太常卿己茂。**嫪氏**。郎到切。按從女者姓也。秦有嫪毐。

以字爲氏

周人字

林氏。姬姓。周平王庶子林開之後，因以爲氏。開生林英，英生林茂、林慶，世系甚明，而譜家謂王子比干爲紂所戮，其子堅逃長林之山，遂爲氏。按古人受氏之義，無此義也。魯有林放，仲尼弟子。齊有林阮，見説苑。林類見列子。林回見莊子。林雍、林不狃、林楚，世仕季氏，故曰，林氏之先皆季氏之良也。然桓王之孫又有林茂、林英者，王子克之子也。恐有差訛，不應一族而同名氏者兩人。又有邱林氏，改爲林，虜姓也。

臣謹按：林氏在唐末爲昌宗，而特詳著，豈林寶作元和姓纂故爾？然林氏出比干之子堅之説，由寶傳之也。著書之家，不得有偏狥而私生好惡，所當平心直道，於我何厚，於人何薄哉。

家氏。姬姓。周大夫家父之後，以字爲氏。又魯有子家氏，亦爲家氏，魯之公族。宋朝家靜，登進士第，蜀人也。又有家彬、家仲，並眉州人。望出南安、京兆。

忌氏。風俗通，周公忌父之

後，以王父字爲氏。

謀氏。風俗通云，周卿士祭公謀父之後，以字爲氏。

顯氏。周大夫顯父之後。

旅氏。風俗通，周大夫子旅之後。漢高功臣昌平侯旅卿，傳封六代。望出南安。又共侯旅罷師，傳封四代。

方氏。周大夫方叔之後，以字爲氏。風俗通云，方雷氏之後。漢有方賀。唐有詩人方干，嚴州人。宋朝方氏爲著姓，閩中爲多。望出河南。

賁氏。縣賁父之後。風俗通，魯有賁浦。賁音奔，又音肥。漢功臣表，賁赫。

槐氏。左傳富父槐之後，以王父字爲氏。槐音回。

吉氏。尹吉甫之後也。或云，黃帝之裔伯儵之後，封於南燕，賜姓姞氏，後改爲吉。漢有漢中太守吉恪。魏有吉茂。晉有魏興太守吉挹。劉宋有將軍吉幹。宋熙寧登科有吉甫，絳州人。紹聖有吉觀國、康國，並通利軍人。建炎吉與忠，兖州人。

魯人字

施氏。姬姓。魯惠公之子公子尾，字施父，其子因以爲氏。齊有施常，仲尼弟子。漢有博士施讎。

奇氏。伯奇之後，以王父字爲氏。又後魏河南官氏志，奇斤氏改爲奇氏。望出河南。今開封有此姓。宋朝登科，奇軾，代州人。

爲氏。姬姓。魯昭公子公爲之後，以字爲氏。後漢南郡太守爲昆。

貢氏。仲尼弟子端木賜，字子貢，其後以字爲氏。漢有御史大夫貢禹。望出廣陵、琅邪。

衆氏。姬姓。魯公子益師，字衆仲，亦曰衆父，以字爲氏。衆一音終。

鶱氏。

風俗通云，仲尼弟子閔子騫之後，以王父字爲氏。閔損字子騫。顓孫氏。嬀姓。陳公子顓孫仕晉，子孫氏焉。顓孫師字子張，仲尼弟子。顓孫子英，見説苑。

公父氏。姬姓。魯季悼子之子靖字公父之後也。

公之氏。姬姓。季悼子之子鞅字公之之後是也。

公石氏。姬姓。悼公子堅字公石之後也。

公索氏。魯有公索氏，將祭而亡其牲，見家語。

公伯氏。魯有公伯僚，仲尼之弟子。

公慎氏。魯有公慎氏。

公輸氏。魯公輸般之後也。

公罔氏。仲尼時，魯有公罔氏。

公西氏。見姓苑。魯有公西赤子華，公西蔵子上，並仲尼弟子。

公祖氏。仲尼弟子公祖句茲，魯人，見纂要。

公冶氏。公冶長，齊人，仲尼弟子。

公良氏。仲尼時，魯人公良孺。

公齊氏。公羊氏。魯有公羊高，子夏弟子，注春秋。

公儀氏。公儀仲子，魯人，見禮記。史記，公儀休爲魯相。

公山氏。魯有公山不狃，爲季氏宰。

公王氏。仲尼弟子公齊定。

公沙氏。後漢遼東屬國都尉公沙穆，北海膠東人。

夏父氏。王音肅。黄帝時公王帶，造明堂。

少施氏。姬姓。世本魯惠公子施父之後。

魯大夫夏父弗忌。宋大夫夏父徵。

子服氏。姬姓。魯桓公之子公子慶父玄孫孟懿伯，字子服，其後以爲氏。

子家氏。姬姓。魯莊公之孫公孫歸父，字子家，其後爲子家氏。

子桑氏。魯大夫子桑伯子之後也。秦公孫枝字子桑，其後亦氏焉。莊子有子桑雩。

子陽氏。姬姓。魯公族有子陽者，其後以王父字爲氏。

子叔氏。姬姓。魯文公之子公子叔肸之子子叔聲伯之後，爲子叔氏，亦爲叔氏。

子士氏。姬姓。魯桓公之後叔孫氏之裔也。叔孫成子爲子士氏，亦爲叔孫氏。

子言氏。姬姓。魯季平子生昭伯，字子言，其後也。本季氏。

子楊氏。姬姓。世本，季桓子生穆叔，其後爲子楊氏。

子孟氏。姬姓。魯公子子孟之後，見英賢傳。又齊簡王時有子孟卿，爲大夫。

子我氏。姬姓。魯叔孫成子生申，字子我，因氏焉。又衛大夫有子我封人。

子有氏。魯有子有善祥，見禮記。宋有若是也。又宋有子有恭叔，亦爲有氏。

子仲氏。姬姓。風俗通，魯宣公子子仲之後，見毛詩。

子羽氏。姬姓。晉公族子羽之後，爲楚隨邑大夫。鄭有行人子羽。

晉人字

張氏。世仕晉，晉分爲三，又世仕韓，此卽晉之公族，以字爲氏者。譜家謂黄帝子少昊青陽氏第五子揮爲弓正，觀弧星始制弓矢，主祀弧星，賜姓張氏，此非命姓氏之義也。按晉有解張，字張侯，自此晉國世有張氏，則因張侯之字以命氏，可無疑也。趙有張談，韓有張開地，趙、韓分晉，皆張侯之裔也。漢有張耳、張釋之。後周改賜叱羅氏，隋復舊。

矯氏。晉大夫矯父之後。漢有將軍矯望。後魏有矯慎，扶風人。郭頒世語，北海有高士矯應。

嘉氏。晉大夫嘉父之後，欒氏黨也。

胥氏。晉大夫胥臣之後，以字爲氏。或言出赫胥氏之後。宋有胥偃，爲翰林學士。慶曆登科有胥世臣，撫州人。熙寧有胥彥回，潭州人。先氏。晉大夫先輔之後，世爲晉卿。漢有先虞。宋有瀘州人先詔，登科。利孫氏。晉大夫公子利孫，其後氏焉。漢東萊太守任秉娶利孫氏。丕氏。「丕」亦作「丕」，晉大夫丕鄭之後也。

臣謹按：丕鄭亦曰丕鄭父，名字通稱也。父者男子之美稱，則知自稱爲丕鄭，人稱之曰丕鄭父。

叔帶氏。嬴姓。趙夙字叔帶，以字爲氏。齊大夫有叔帶子莊父，爲宰御，見説苑。叔向氏。晉羊舌大夫之後也。羊舌肸字叔向，以字爲氏。叔魚氏。晉羊舌大夫之後也。羊舌鮒字叔魚。

衛人字

孫氏。姬姓，衛武公之後也。武公和生公子惠孫，惠孫生耳，爲衛上卿，食邑於戚，生武仲，亦曰孫仲，以王父字爲氏。孫仲生炎，曰孫昭子。自昭子六世至孫嘉。世居汲郡，晉有孫登，卽其裔也。又有孫氏，羋姓，楚令尹孫叔敖之後也。又有孫氏，嬀姓，齊陳敬仲四世孫孫桓子無宇之後也。或言桓子之子書，伐莒有功，〔一四〕齊景公賜姓孫氏，非也。以字爲氏，何用賜爲？此當是桓子祖父字也。桓子曾孫武，以齊之田、鮑四族謀爲亂，奔吳，爲將。武之子明，食邑於富春，自是世爲富春人。

彌氏。姬姓。史記，衛公孫彌牟，彌牟孫子瑕，以王父字爲氏。

臣謹按：王父字爲氏者，皆公子也，諸侯支庶之子爲所始之宗，故以其字爲氏。今彌牟者，公子郢之子，靈公之孫也。以此則知亦有以公孫之字爲氏者。

析氏。衛公族，大夫析朱鉏之後也。朱鉏，公子黑背之孫，〔一五〕以王父字爲氏。齊有大夫析歸父。後漢析像，通京氏易。像者鬱林太守析國之子也，廣漢雒縣人，像入後漢方術傳。望出廣漢、西河也。

臣謹按：鄭公孫黑字子皙，楚公子黑肱亦字子皙，今析朱鉏乃公子黑之子，疑析卽黑之字耳。「皙」亦作「析」。

石氏。姬姓。靖伯之孫石碏，有大功於衛，世爲衛大夫。齊有石之紛如。楚有石奢、石乞。鄭有石甲父、石癸、石楚、石制、石首、石㚖。周有石速、石張、石尚。漢有石奮，生建、慶，號萬石君。五代石氏建國號晉。又烏石蘭氏，改爲石氏。

臣謹按：晉揚食我字伯石，鄭公孫段字子石，則知此之爲石者，必其字也。

南氏。姬姓。衛靈公之子公子郢，字子南，以字爲氏。或言周宣王南仲之後；又魯亦有南氏；又楚有子南氏亦爲南氏，是皆以字爲氏者。或言晉高士居隱於南鄉，因以爲氏，此以鄉爲氏者。姓源韻譜云，盤庚妃姜氏，夢龍入懷，因孕，十二月而生，手把「南」字，長荆州，因號南赤龍，此里巷之言也。六國時，有南公子，著書，言五行陰陽之事。漢有南謁，爲北平太守。又有南季，善筭。王莽時有南觀，觀一作歡。後漢有南韜，爲雍州刺史。南纂爲平昌太守。唐有南霽雲，忠義之士。宋朝南楚、南翥，登進士第。望出汝南。宣和有南得臣，燕人。望出汝南。又姓源韻譜云，亦改爲宇文氏。

子南氏。衛靈公之子公子郢之後爲子南氏；鄭穆公之孫公孫楚之後爲子南氏，姬姓也。楚莊王之子公子追舒之後爲子南氏，芈姓也。子玉氏。姬姓。衛大夫子玉霄之後。秦穆公時大夫有子玉房。子伯氏。姬姓。衛大夫子伯季之後。魏有子伯先，子夏門人，居西河。子齊氏。姬姓。衛公族也。公南氏。姬姓。衛獻公之子楚，字公南，生子牟，爲公南氏。公叔氏。姬姓。衛獻公之公子當字公叔之後。公孟氏。姬姓。衛公孟縶之後也。公明氏。衛大夫公明賈。公文氏。衛大夫公文要。公析氏。姬姓。衛公子黑背字子析之後也。〔一六〕

鄭人字

游氏。姬姓。鄭穆公之子公子偃，字子游，其後以王父字爲氏。鄭大夫游吉，裔孫尋，漢御史中丞。後漢有游因，前趙有游子遠，前燕有游宗，皆爲股肱之任。國氏。姬姓。鄭穆公之子公子發，字子國，其後以王父字爲氏。齊有國氏，姜姓，其先共伯，齊之公族也。高氏、國氏、世爲齊上卿，蓋天子所以命相齊者，故曰「有天子之二守國、高在」。宋朝登科，國鼎臣，海州人；國經，衡州人。

又有國宗。望出下邳、樂安。

駟氏。姬姓，鄭穆公子子駟之後也。公子騑字子駟，其孫駟帶、駟乞，以王父字爲氏。漢恩澤侯表，鄍侯駟鈞，齊哀王舅。

印氏。姬姓，鄭穆公子子印之後也。公子睔字子印，〔一七〕其孫印段以王父字爲氏。望出馮翊。南唐印粲，登第。宋朝有印況，舉進士，江寧人。

良氏。姬姓，鄭穆公子子良之後。漢有河間相良就，又有良賀。

伯有氏。姬姓，鄭穆公玄孫良霄字伯有之後也。伯有爲良氏，復爲伯有氏，所以別其族。

羽氏。姬姓，鄭子羽之後也。漢有俠士羽公。後魏官氏志，弗羽氏改爲羽氏。望出河南。

罕氏。姬姓。鄭穆公之子公子喜，字子罕，其孫罕虎、罕魋，遂爲罕氏。

子師氏。姬姓，鄭大夫子師僕之後也。漢有北平太守子師將。

子國氏。姬姓，鄭公子發字子國之後也，亦爲國氏。

子罕氏。姬姓，鄭公子喜字子罕之後也。或作子軒氏，亦爲罕氏。

子孔氏。鄭公子嘉字子孔之後也，姬姓。又有公子志，謂之士子孔，並穆公之子，亦爲孔氏。

子游氏。姬姓，鄭公子偃字子游之後也，亦爲游氏。

子駟氏。姬姓，鄭公子騑字子駟之後也，亦爲駟氏。

子皙氏。姬姓，鄭公孫黑字子皙之後也。

子豐氏。姬姓，鄭公子去疾字子豐之後也，亦爲豐氏。

子人氏。鄭子人九之後也，亦爲子氏。

宋人字

孔氏。子姓，出宋閔公之後。閔公生弗父何，以有宋而授厲公，三世生正考父，傳所謂「三命滋益恭」者。考父生孔父嘉，爲大司馬。魯隱公三年，宋穆公疾，召孔父而屬殤公焉。桓二年，〔一八〕宋華父督見孔父之妻于路，目逆而送之，曰美而艷，遂殺嘉而取其妻，其子奔魯。嘉字孔父，後世以字爲孔氏，又爲孔父氏。自孔父六世而生仲尼，三歲喪父，十九而娶，娶一年而生鯉。以哀公十六年四月己丑卒，年七十三，葬魯城北泗上。自漢以來，孔氏襲奉，百世不絕。又衛有孔氏，不知所出，爲衛世卿。魯文公元年，孔達始見傳。昭七年，衛襄公夫人無子，嬖人婤姶生孟縶。孔成子夢康叔謂己：「立元，余使羈之孫圉與史狗相之。」故孔氏之孫世爲衛大夫。又鄭有孔氏，穆公蘭之後也。穆公之子十三人，其二皆爲孔氏。宋子生子曰公子喜，字子孔，遂爲孔氏。圭嬀生子曰公子志，字士子孔，亦爲孔氏，後無聞。

牛氏。子姓。宋微子之後司寇牛父之子孫，以王父字爲氏。趙有武靈王將軍牛翦。秦大儒有牛缺。漢護羌校尉牛邯。前秦有大夫牛夷。北涼有郎中牛温。後秦有牛犨。淮南子有牛哀。又有牛金之後，逃難改姓牢氏，又改爲寮氏，後復牛氏。

樂氏。子姓，宋微子之後，戴公生公子衎，字樂、父，子孫以王父字爲氏。曾孫樂莒，莒孫喜，字子罕。燕有樂毅。毅孫臣叔，漢高祖封爲華成君，裔孫恢。宋朝樂史，作寰宇記。又有樂良、樂泌，登科。樂希孟、樂璠，並邛州人。

皇甫氏。子姓。宋戴公之子充石，字皇父，其後以王父字爲氏。漢興，改「父」爲「甫」。後漢安定都尉皇甫儁，生稜，始居安定。稜子彪，有八子，號八祖。皇甫氏爲著姓。**靈氏**。子姓，宋大夫子靈之後也。文公之子公子圍龜，字子靈，以字爲氏。或曰齊靈公之後，以字爲氏者。左傳有靈輒。**邊氏**。子姓，宋公子城之後。城字子邊。或言宋平公子御戎，字子邊，以王父字爲氏。孫卬爲司徒。又周大夫有邊伯。**正氏**。亦作「政」，子姓，宋正考父之後。魏志，永昌太守正帛。宋祥符登科，正尹。**禄氏**。子姓。風俗通云，紂子武庚字禄父，其後以字爲氏。涇陽有此禄姓，亦出扶風。又吐蕃酋長有禄東贊。**乙氏**。子姓。商湯字天乙，支孫因以王父氏字氏。前燕有護軍乙逸。今襄陽有乙氏。又燕有鴻臚乙歸，揚威將軍乙愛，皆北狄種類。又河南官氏志，乙弗氏改爲乙氏。或云，望出平原。**魚氏**。子姓。風俗通云，宋桓公子公子目夷，字子魚，子孫以王父字爲氏。漢有長安富人魚翁叔。唐有魚朝恩。宋朝有御史中丞魚周詢，開封人。**事父氏**。子姓。宋人。**子革氏**。世本，宋司城子革之後。又曰，季平子支孫亦爲子革氏。**子儀氏**。左傳，宋桓司馬之臣子儀克。

齊人字

慶氏。姜姓，齊桓公之子公子無虧之後也。無虧生慶克，亦謂之慶父，名字通用，是亦以字爲氏者。望出廣陵。

臣謹按：諸侯之子稱公子，公子之子稱公孫，公孫之子以王父字爲氏。今無虧之子慶父，其後爲慶氏。此又以父字爲氏，而不以王父字爲氏也，不可一概言。

賀氏。卽慶氏也，姜姓，齊桓公之支庶也。自齊慶父之後，皆以慶爲氏。至後漢汝陰令慶儀，卽慶普之裔也。儀之孫酺，酺子侍中質，避安帝父諱，改爲賀氏。又後魏賀蘭氏、賀賴氏，並改爲賀氏，虜姓也。望出廣平。宋賀恂，青州人，慶曆登科。賀理，蔡州人，熙寧登科。賀旂，元祐；賀衛，政和；賀紱，並齊人也。賀密、賀天覺，並密州人，宣和登科。

尚氏。姜姓，齊太公之後也。太公號太師尚父，支孫因氏焉。後漢高士尚長，字子平。望出汲郡、清河、上黨。

旗氏。風俗通，齊卿公孫竈之孫欒施，字子旗，子孫以王父字爲氏。後漢有九江太守旗況。

子旗氏。姜姓。齊惠公曾孫欒施字子旗之後也，本欒氏。

子乾氏。姜姓。世本，齊公子都字子乾之後也。

子工氏。姜姓。世本，齊頃公之子公子子工之後也。

子泉氏。姜姓。世本，齊項公之子公子湫字子泉之後也。又子泉捷，齊大夫，見新序。

子襄氏。姜姓。齊惠公之子公子子襄之後也。

子雅氏。姜姓。齊惠公之孫公孫竈字子雅之後也。

子尾氏。姜姓。齊惠公之孫公孫蠆字子尾之後也，亦爲高氏。

郱人字

顏氏。曹姓。顓帝玄孫陸終第五子曰安，安裔孫挾，周武王時封之於郱，爲魯附庸。郱挾之後，至於夷父，字顔，公羊謂之顔公，子孫因以爲氏。據圈稱陳留風俗傳及葛洪要字，皆如此云，但謂顔爲武公，然郳自顔六世至文公蘧蒢，始有爵謚，武公之號，未必然也。王儉譜云，顔氏出自魯侯伯禽支庶，食采顔邑，因氏焉。真卿尚書譜云，未知儉何所憑，故當依圈、葛二家及舊譜爲定。仲尼弟子達者顔氏八人，四科之首稱顔淵。然惟齊、魯多顔氏，豈其近於郳，故顔公之子孫散在二國與？漢有大司農顔異，濟南人。顔駟，江都人。後漢顔良，爲袁紹將，臨沂人。

諸國人字

董氏。已姓，或言姬姓。黄帝之裔孫有飂叔安，生董父，其後遂爲董氏。又有陸終之子參胡姓董，周時爲胡國，其後亦爲董氏。晉有董狐、董安于。漢有江都相董仲舒，清河廣川人。後漢有董宣、董鈞，宣陳留人，鈞犍爲人。晉有董京、董養。又有范陽董秦，大曆賜姓李氏。

明氏。姬姓，虞仲之後也。有百里奚者，爲虞之公族大夫，晉獻公滅虞，虜虞公及其大夫百里奚，以媵秦穆姬，自此遂爲秦大夫。奚生孟明視，視名也，明字也，以字爲氏。宋朝有明鎬，參知政事。熙寧登科，明覰，吉州人。紹興撫諭使明槖，潭州人。

子臧氏。姬姓，曹公子欣時字子臧之後也。

子華氏。韓有子華子，因以爲氏焉。

子州氏。莊子，堯以天下與子州支父。舜以天下與子州支伯。

公賓氏。王莽校尉公賓就，斬莽首，傳於宛。就，北海人。

陳人字

袁氏。亦作「轅」，亦作「爰」，嬀姓，舜後陳胡公之裔。胡公生申公，申公生靖伯，十八世孫莊伯生諸，字伯爰。孫濤塗以王父字爲氏。世爲陳上卿。

轅氏。陳轅濤塗之後，其詳見袁氏譜。史記儒林有轅固。漢書有轅豐。後漢功臣禦兒侯轅終古。

爰氏。即袁氏也，陳胡公裔九代孫爰伯諸之後。漢有袁盎，楚人。後漢侍中爰延，陳留人。魏郎中令爰節。

占氏。陳子占之後，以王父字爲氏。

子獻氏。嬀姓。世本，陳桓公孫子獻之後。風俗通云，齊大夫子獻之後也。楚文王之時，子獻遼爲大夫。

子占氏。世本陳桓子生書字子占之後也。

子鞅氏。嬀姓。陳信公生簡子齒，爲子鞅氏。

子芒氏。嬀姓，陳信公生盈字子芒之後也。

子尚氏。嬀姓。世本，陳信公生廩邱子尚意兹，因氏焉。國語，鄭大夫子尚伯父。

子禽氏。嬀姓，陳信公生惠子子得，爲子禽氏。

子輿氏。嬀姓，陳桓公生子石難，爲子輿氏。

子寤氏。嬀姓，陳信公生宣子，其後爲子寤氏。

子沮氏。嬀姓，陳桓公生子輿，爲子沮氏。

子宋氏。嬀姓，陳宣公生子楚，其後爲子宋氏。

子夏氏。嬀姓，陳公子少西字子夏之後也。

子枋氏。

楚人字秦人字附

成氏。楚若敖之後，以字爲氏。僖二十六年，成得臣、鬬宜申帥師滅夔。冬，令尹子玉、司馬子西伐宋，圍緡。二十八年，晉及楚戰于城濮，楚師敗績，子玉及連穀而死。文五年，成大心率師滅六。〔一九〕十二年，令尹大孫伯卒，成嘉爲令尹。昭十二年，或譖成虎於楚子，成虎知之而不能行，楚子謂成虎若敖之餘也，遂殺之。又有郕國之後，亦去「邑」爲「成」。又周成肅公、成桓公，未知其以字以邑與？後漢成瑨。魏有成濟、成倅。

包氏。出自申氏，楚大夫申包胥之後，以字爲氏。宋朝包拯，爲樞密副使，廬州人。

潘氏。羋姓，楚之公族，以字爲氏。潘崇之先，未詳其始。或言畢公高之子季孫食采於潘，謬矣。潘岳家風詩自可見。晉亦有潘父，恐自楚往也。漢有潘瑾。後漢有潘勉。又有破多羅氏，改姓潘氏，虜姓也。宋朝潘美，爲太師。

乘氏。風俗通，楚大夫子乘之後，以王父字爲氏。又乘睢，古賢人，見世本。漢有煮棗侯乘昌。乘平聲，或音賸。又有乘和，治易，爲博士。

椒氏。楚伍參之後也。或爲伍氏，或爲椒氏。

囊氏。羋姓，楚莊王子子囊之後也。公子貞字子囊，以字爲氏。孫囊瓦爲令尹。齊大夫囊帶。

叔敖氏。羋姓，楚蚡冒之後也。蔿艾獵爲令尹，字叔敖，以字爲氏。

無鉤氏。羋姓。潛夫論云，楚蚡冒生蒍章，爲王子無鉤氏焉。

若敖氏。羋姓，楚君若敖之後也。

臣謹按：若敖者，楚君熊義字也。或言楚國尊者稱敖，如霄敖、郟敖之類是也。

伯比氏。芈姓，楚若敖之後也。懷王時有大夫伯比仲華，則知伯比雖以鬬氏傳家，而復以伯比爲氏，亦所以别族。

子庚氏。芈姓。楚公子午字子庚，其後以王父字爲氏。

子季氏。芈姓，楚之公族也。

子西氏。芈姓，楚公子申字子西之後也。

子重氏。芈姓，楚公子嬰齊字子重之後。

子期氏。芈姓，楚公子結字子期之後也。

子囊氏。芈姓，楚公子貞字子囊之後也。

桑氏。嬴姓，秦大夫子桑之後也。公孫枝字子桑，以字爲氏。漢有御史大夫桑弘羊。成帝時有桑欽，撰水經三卷。五代尚書令桑維翰。望出宋城、黎陽。宋朝登科，桑景舒，高郵人。

臣謹按：以王父字爲氏者，公子之爲王父者也，今公孫枝之後亦用公孫字爲氏。

逢孫氏。英賢傳，秦大夫逢孫之後。漢有隴西都尉逢孫依。

校勘記

〔一〕「甘昭公者周惠王之子王子带也」，諸本「也」字在「王子带」之前，今依文義改正。

〔二〕「襄二十三年」，諸本「三」皆作「四」，據左傳改正。

〔三〕「孔子弟子去處郈邑」，元本、大德本、明本、于本、殿本「去處郈邑」皆作「后處之邑」，文疑有誤，今姑從汪本。

〔四〕「一曰銅鞮二曰揚氏三曰平陽」，汪本三「曰」字皆作「日」，據元本、明本、于本、殿本改。

〔五〕「故支庶以爲氏焉」，汪本「故」作「改」，據元本、明本、于本、殿本改。

〔六〕「又有恒氏避國諱亦改爲常」，元本、明本、于本、殿本「國」字皆作「宋」，宋真宗名恒，故宋人稱「避國諱」，後人翻刻或改「國」爲「宋」，今從汪本。書中此類之例甚多，汪本亦有作「宋」者，皆從之而不改，亦不再出校。

〔七〕「後改爲蘆復去草」，汪本「蘆」作「盧」，據元本、明本、于本、殿本改。

〔八〕「改爲弋陽之盧」，元本、明本、于本、殿本皆作「故亦改爲盧焉」，今姑從汪本。

〔九〕「後周賜姓邱目陵氏」，汪本「陵」作「陰」，各本「目陵」作「月陰」，更誤，據本書氏族略第六變於夷篇改。

〔一〇〕「苻秦大鴻臚白景」，「苻」，原作「符」，據元本、大德本、殿本改。

〔一一〕「齊勇士淄邱許」，汪本「許」作「訢」，據元本、明本、于本、殿本改。

〔一二〕「曹瞞傳有南陽太守東里昆」，「傳」，原作「狀」，據三國志魏志武帝紀注改。實卽下文之「東里衮」。

〔一三〕「魏志有東里衮」，按，應作魏志裴注引曹瞞傳有東里衮。

〔一四〕「伐莒有功」，元本、明本、于本、殿本「伐」皆作「戍」。按齊莒爲隣近之國，或伐或戍，均有可能，今姑從汪本。

〔一五〕「朱鉏公子黑背之孫」，「黑背」，元和姓纂一作「黑臀」，錢熙祚云，當作「背」。

〔一六〕「衛公子黑背字子祚之後也」，按，同上條。

〔一七〕「公子睔字子印」，汪本「睔」作「倫」，據明本、于本改。元本字漫漶。

〔一八〕「桓二年」，「二」，原作「三」，據左傳改。

〔一九〕「成大心率師滅六」，汪本「六」作「之」，據元本、明本、于本、殿本改。

氏族略第四

以名爲氏

臣謹按：謚法起於周，自堯、舜、禹、湯之前，雖天子亦以名呼，故其後之人亦以名氏焉。

古天子名

大庭氏。英賢傳曰，古天子號。一云，炎帝時諸侯。　大氏。風俗通，大庭氏之後。又大填、大山稽，並黄帝師，大款爲顓帝師。禮記，大連，東夷之子。　懷氏。無懷氏之後。吴志顧雍傳有尚書懷敍。望出河内。宋政和二年，懷芑，登科，陳州人。　𩫖氏。古𩫖夷氏之後。左傳，鄭有𩫖蔑，晉有𩫖戾。　戲氏。伏羲氏之後也。音羲，亦去聲。魏志有戲志才，潁川人。

伏氏。風姓。伏羲氏之後，遂以爲氏，與任、宿、須句、顓臾同祖。又俟伏氏，改爲伏氏。望出高陽。

宓氏。即伏羲氏之後也。「伏」亦作「宓」。仲尼弟子宓不齊，字子賤，魯人。後轉爲「密」。

臣謹按：伏、宓同出伏羲氏，異文者，其後之人以别族也。

有氏。風俗通，有巢氏之後。仲尼弟子有若，魯人。漢有有禄。神氏。風俗通，神農氏之後。漢有騎都尉神曜。姓苑云，琅邪有神氏。軒轅氏。亦爲帝鴻氏。風俗通，軒轅即黄帝也，姓公孫。或言姓姬。宋祥符登科，軒轅損。軒氏。即軒轅氏也，亦省作軒氏。漢有諫議大夫軒和。宋登科軒彦績。鴻氏。大鴻氏之後也。大鴻即黄帝，亦謂帝鴻氏。左傳，衛有鴻聊魋。齊有直閤將軍鴻選。金氏。金天氏之後也。黄帝之子玄枵，亦爲少昊氏，曰少昊摯，亦爲青陽氏，己姓，後爲嬴姓，鳥官。漢功臣表有金安上。望出渤海。青陽氏。風俗通，青陽，黄帝子也。始得姓焉，見國語。漢有東海太守青陽愔，又東海王國中尉青陽精。宋咸平登科有青陽相。元符有青陽回，陵井監人。青氏。即青陽氏之後，亦爲青氏。宋登科，青傑，應天府人。媧氏。女媧氏之後。盤氏。盤瓠氏之後，與冉、元、巴、李、田爲巴南六姓。昊氏。又作「皥」。風俗通云，昊英氏之後也。一云，少昊之後。少氏。少昊氏之後。一云，少典之後。禮記，少連，善居喪，東夷之子。高陽氏。高陽氏之後。吕氏春秋，古辯士高陽魋。顓玉氏。帝高陽氏也，黄帝之孫。

帝王名

臣謹按：中古之前，一代質於一代，中古之後，一代文於一代。觀堯、舜、禹、湯猶且名焉，則二帝之前良可知。伏羲又曰太昊，帝嚳又曰高辛，皆二命也。堯曰放勛，舜曰重華，禹曰文命，湯曰天乙，從可知也。

堯氏。帝堯之後也，支孫以爲氏。望出河間、上黨。

臣謹按：謚義起於周，後人不知而作謚法，以堯、舜、禹、湯爲謚，誤矣，此皆名也。

禹氏。姓姒，夏禹之後也。王僧孺百家譜云，蘭陵蕭道遊娶禹氏女。南唐將禹萬誠。望出隴西。

啓氏。姓姒，夏后啓之後也。後燕有啓崙。

湯氏。子姓。夏、商之前，未有謚法，堯、舜、禹、湯皆名也。南史道人湯休。唐貞元道人湯霊澈，宋州刺史湯桑，並吴人。宋湯氏爲著姓。望出中山，范陽。

甲氏。子姓。風俗通，太甲之後。一云，鄭大夫石甲之後。

臣謹按：商人之道，以實不以文，故命名無義，死亦無謚。自太甲至帝乙、紂辛，幾四十世，惟以十日命，生之與死，皆以是；己之所稱，人之所呼，亦以是。逮周，生有名，死有謚，生以義名，死以義謚，生曰昌曰發，死曰文曰武。微子啓、微仲衍、箕子、比干，皆周人也，故去其甲、乙、丙、丁之類，始尚文焉。

沃氏。子姓。風俗通，商王沃丁之後。神仙傳，沃焦，吴人。槐氏。音懷。夏王帝槐之後也。其音回者，富父槐之後，與此同文異音。宋朝有尚書郎槐京。

古人名

力氏。黄帝臣力牧之後。漢有魯相力題。漢末有力子都，爲盜。今臨安多有此姓。牧氏。黄帝臣力牧之後。漢有越嶲太守牧良。王氏。音宿。黄帝時公王帶，造合宫明堂，見尸子，後爲王氏。後漢司徒王況，字文伯。三苗氏。姜姓。炎帝之後爲侯國，因氏焉。夷鼓氏。英賢傳，黄帝之子夷鼓之後。國語，秦大夫有夷鼓德宜。

或作「儔」。堪氏。姓苑，古八元仲堪之後。頡氏。姓苑，倉頡之後。風俗通云，頡衞，古之賢人。倉頡氏。黄帝史官，子孫氏焉，馮翊縣人。疇氏。風俗通云，摯疇之後。僑氏。風俗通，黄帝孫僑極之後。「僑」亦作「蟜」。蟜氏。音矯。高陽氏之玄孫蟜牛之後，舜之祖也。禮記有蟜固。漢有逸人蟜慎。望出扶風。童氏。顓帝生老童，其子孫以王父字爲氏。今建昌有此姓。望出渤海。

臣謹按：以王父字爲氏，惟見於周，未知五帝之時有此義否。

僮氏。卽童也，或從「人」，以别其族。漢有交趾刺史僮尹。吴志，丹陽僮芝，自擅廬陵，詐言被旨爲郡太守。

老氏。風俗通，顓帝子老童之後。左傳，宋有老佐。論語，老彭，卽彭祖也。或云，老氏，老聃、老萊子之後，並無聞焉，以其老也，故以老稱之，遂爲氏。

廣氏。風俗通云，廣成子之後也。

放氏。上音。堯臣放齊之後也。

奮氏。高辛氏才子八元伯奮之後。楚有奮揚。

蓐氏。風俗通云，蓐收之後。

栗氏。栗陸氏之後也。漢有栗融，字容卿。又有富人栗氏，長安人。漢景帝時栗夫人，生臨江王榮。

尊盧氏。古太昊時諸侯。

鬷夷氏。左傳，祝融董父之後爲鬷夷氏。

勾龍氏。共工氏之後勾龍爲土正，今社神也。紹興御史中丞勾龍如淵。

熙氏。英賢傳曰，帝嚳使玄冥爲水正，熙氏佐之，因以爲氏。

脩氏。玄冥之佐有脩氏，因以爲氏焉。

白冥氏。史記，秦嬴姓有白冥氏。

根水氏。世本，老童娶根水氏。

奔水氏。神農納奔水氏爲妃。

列氏。亦作「烈」。神農之世，有烈山氏焉，子孫爲列氏。鄭有隱者列禦寇，著書八篇，號列子。晉有協律郎列和，善吹笙。

夙氏。古夙沙氏之後。衞有夙沙衞，閽寺之屬。

訾氏。音紫。風俗通，帝嚳妃訾娵氏女。

蚩氏。蚩尤氏之後也。

姓苑云，今齊人。漢功臣表有樓虛侯訾順。望出渤海。

姓苑云，本姓祭，以爲不祥，改爲訾。

融氏。祝融氏之後也。

勾氏。勾芒氏之後。史記有勾彊。宋登科，勾希言。又有勾士良，益州人。

尊氏。古尊盧氏之後也。

渾沌氏。太昊佐渾沌氏也。

屯氏。姓苑云，渾沌氏之後，去「水」爲「屯」。漢有太山太守屯莫巴都。〔一〕有後蜀法部尚書屯度。望出巴郡。

汪氏。汪芒氏之裔。禮記有汪踦，魯人也。宋朝爲著姓。

稽氏。黄帝臣太山稽之後。風俗通云，稽黄，秦賢人也。漢貨殖有稽發。

泠氏。風俗通云，黄帝時典樂泠倫之後。左傳，秦大夫泠至。周有泠州鳩。漢功臣下相侯泠耳。元帝功臣騶望侯泠廣。又有泠褒、泠豐。宋登科有泠洙，開封府人。

伶氏。卽泠氏，又有作上音者。前趙徐州刺史泠道，江都人。唐貞元兼監察御史泠朝陽，吴人。望出新蔡、臨安。

倫氏。風俗通云，黄帝樂人泠倫氏之後。今密州多此姓。唐監察御史倫慶，京兆人。

泠倫氏。黄帝樂官。二名分爲四氏，所以别族。

臺氏。臺駘之後。漢有侍中臺崇。後漢高士臺佟。晉有術士臺彦。前趙録，特進臺彦高。五代有臺濛。

回氏。祝融子吴回之後。

敳氏。八凱隤敳之後，以王父字爲氏。

廉氏。顓帝曾孫大廉之後，以王父字爲氏。趙有廉頗。漢有廉丹、廉范。宋廉布，登科，楚州人；廉操毅，昌州人。

臣謹按：古者帝王猶以名行，況臣下乎，此以名爲氏。然以名字爲氏者，起於商、周之世，今此廉氏未有所徵，且從大廉之號焉。

龍氏。舜臣也，龍爲納言，子孫以名爲氏。又董父，己姓，以能畜龍，故賜氏爲豢龍氏。龍且，楚人，爲項羽將。漢有將軍龍伯高。急就章，龍未央，亦楚人也。今望出天水、武陵。宋朝登進士科龍起之後有龍滑，夔州人；龍瑜，汾州人；龍溥，吉州人。

容氏。帝王紀，黄帝臣曰容成，造歷。舜八愷有仲容。何承天姓苑云，禮記，容居，吴人也。望出燉煌。

重氏。風俗通云，顓帝重黎

之後，少昊時重爲南正司天之事，黎爲北正司地之事。**幕氏**。風俗通，舜祖幕之後也。幕見左傳。**莫氏**。即幕氏省文。漢有富人莫氏，見游俠傳。唐大曆比部員外郎莫藏用。又河南官氏志，邢莫氏改爲莫氏。望出江陵。**和氏**。羲和，堯時掌天地之官，和仲、和叔因以爲氏。晉有和組父。漢有和武。又後魏有素和氏，改爲和氏。五代有侍中和凝。宋太平登科有和蒙，咸平有和郁。

臣謹按：堯、舜二典所命之官，如臯、夔、益、稷之類，皆以名稱，和以名爲氏，「仲」、「叔」又其長幼之稱也。

羲氏。羲和，堯掌天地之官，子孫氏焉。**殳氏**。尚書，殳戕，舜臣。南史有殳嘉興，又有殳真，得道經訣。望出武功。**禺氏**。音愚。禺彊之後，出姓苑。**狸氏**。舜八元季狸之後也。**纍氏**。風俗通，纍祖之後。左傳，晉七輿大夫纍虎。**實氏**。實沈之後。**達氏**。八凱叔達之後也。**格氏**。允格之後。後漢有御史格班。裔孫顯，後魏青州刺史。**雄氏**。舜七友雄陶之後，以名爲氏。**終氏**。陸終之後，以名爲氏。望出濟南、南陽。宋有終慎思。**季連氏**。芈姓。鬼方氏。陸終第六子季連，因氏焉。**善氏**。善卷之後。善卷，堯時高士，見吕氏春秋。**嚚氏**。亦作「㮮」。世本云，玄囂之後。**臯氏**。臯陶之後。左傳，越大夫臯如。風俗通，漢有司徒長史臯誨。**敖氏**。顓帝師太敖之後。宋敖潁士，登進士第。又有敖知言，臨江軍人。望出譙國。

陸終氏。祝融子陸終之後也。

丹氏。堯子丹朱之後。漢有丹王君，長安富人。

臨氏。八凱大臨之後也。石趙秦州刺史臨深，東海人。隋日者儀同臨孝恭，知天文，京兆人。望出西河。

參氏。董姓。陸終第二子參胡後，見世本。唐開元登科有參開。又作蓡氏，卽古文參字。

徵氏。杜云，理徵之後。吳有率更令徵宗，河南人。

咸氏。姓苑有咸氏，云巫咸之後。唐開元中有殿中侍御史咸廙業，世居東海臨朐。

飛廉氏。史記，秦嬴姓有飛廉氏。

昌氏。風俗通云，黃帝子昌意之後。今嶺南多昌族。望出汝南、東海。

豹氏。八元叔豹之後也。

倉氏。黃帝史官倉頡之後。或言古有世掌倉庾者，各以爲氏。春秋時周有倉葛。魏有燉煌太守倉慈。望出武陵。

蒼氏。風俗通云，八凱蒼舒之後。漢有江夏太守蒼英，子孫遂爲江夏人。望出武陵。

周人名

服氏。周内史叔服之後。漢有江夏太守服徵。又後漢九江太守服虔，注漢書，河南人。望出西平。

鞠氏。姬姓。后稷之孫，生而有文在手曰「鞠」，因以名之。裔孫鞠武，爲燕太子丹傅。風俗通，漢尚書令鞠譚。或爲麴氏，音之訛也。宋鞠詠，爲天章閣待制。又有鞠先、鞠整、鞠仲謀，登科。

麴氏。卽鞠氏也。漢尚書令鞠譚，生閎，避難湟中，因居西平，改姓麴氏。宋開寶登科有稷氏。姬姓。后稷之子孫氏焉，見姓苑。漢稷嗣君叔孫通，支孫亦爲稷氏。今兗州有此姓。

篇氏。周大夫史篇之後。

皮氏。風俗通，周卿士樊仲皮之後。漢有皮尚。後漢有諫議大夫皮究。北齊有皮柔和。唐末有皮日休。宋皮仲容，登進士第。

臣謹按：世譜，樊皮字仲文。此則以名爲氏，不以字爲氏也。

輿氏。云周大夫伯輿之後，以王父字爲氏。又莫輿氏改爲輿。

臣謹按：伯輿，名也。

晁氏。亦作「朝」，亦作「鼂」，姬姓。周景王子王子朝之後，「朝」亦作「晁」。一云，衛大夫史晁之後。漢有御史大夫晁錯。宋翰林學士晁迥，子宗慤，參知政事。望出潁川、京兆。

狐氏。姬姓。周平王之子王子狐之後，以名爲氏。或言晉唐叔之後，世爲晉卿。蜀有狐篤。

臣謹按：左傳，大戎狐姬生公子重耳，小戎子生夷吾。姬，姓也。狐，氏也。戎，國也。言戎國狐氏姬姓之女。凡姓別婚姻，氏別貴賤，此言狐姬者，明此姬出於王子狐之後，貴族之女，故兼氏言之。蓋戎國不足貴矣，所貴者狐氏，則知王子狐之後，有居於戎者也。

昔氏。風俗通，周大夫封昔，因氏焉。漢有昔登，爲烏傷令。唐開元有昔安仁，生豐，大禮評事，汝州人。太氏。文王四友太顛之後。咸陽有此姓。季騶氏。周八士季騶之後。晉有祁邑大夫季騶息。季隨氏。世本，周八士季隨之後。宋有季隨逢。閎氏。周文王四友閎夭之後。漢有廣陵相閎孺。牙氏。風俗通云，周穆王司徒君牙之後，以王父字爲氏。

臣謹按：穆王所以命君牙，無因不以名命也。

魯人名

展氏。姬姓，魯孝公之子公子展之後，以名爲氏。又有輾遲氏，改爲展氏，虜姓也。梁有畫工展子虔。望出河東。

臣謹按：隱八年，無駭卒。無駭者，展之孫也。傳言羽父請氏，公命以字爲展氏。然孝公之子四人，惠公公子益師，字衆父，其後爲衆氏；公子彄，食臧邑，其後爲臧氏；公子展，名也。古人尚質，有名無字者多矣，益師有字則以字氏，彄有邑則以邑氏，展無字邑則以名爲氏，何必專守王父字之説乎。

弓氏。魯大夫叔弓之後。漢有光禄勳弓祉。賜氏。仲尼弟子端木賜之後，以王父名爲氏。

茲氏。姬姓，魯桓公之孫公孫茲之後。今望出會稽。

臣謹按：公孫茲曰戴伯，戴謚也，伯長也，皆不以爲氏，而以名爲氏。則知古人以名行者，初不以爲惡也；以此亦知不以公子字而以公孫名者，亦可爲氏也。

意如氏。姬姓。魯季孫意如之後。遺氏。魯費宰南遺之後。急就章有遺餘人。

述氏。魯大夫仲述之後，見世本。牢氏。仲尼弟子琴牢之後，以王父名爲氏。漢中書僕射牢梁，石顯黨。前漢儒林傳有牢邱。後漢有牢愼。

晉人名

犨氏。姬姓，晉大夫郤犨之後。麗氏。晉匠麗之後。招氏。晉步招之後。漢有大鴻臚招猛。居氏。晉大夫先且居之後，以王父字爲氏。漢有來城侯居般。今錢塘多此姓。望出渤海、信都。

臣謹按：先且居字霍伯，此以名爲氏者。

曠氏。風俗通，師曠之後。萬氏。亦作「娩」。姬姓。畢萬之後。一云，芮伯萬之後。孟軻門人萬章。漢有萬攀。又有吐萬氏改萬氏。盈氏。姬姓，晉欒盈之後。虢射氏。晉大夫虢射之後。漢桓帝時羽林右監虢射鏘。季嬰氏。世本、晉樓季嬰之後。季夙氏。世本，潛夫論，晉靖侯孫季夙之後。樓季氏。姬姓。潛夫論，晉穆侯庶子樓季之後。

弗忌氏。姬姓，晉大夫欒弗忌之後也。弗忌者，靖侯之玄孫也。甥氏。亦作「生」。晉吕甥之後也。郤瑕呂飴生，亦作陰飴生，故又爲生氏。**大狐氏**。姬姓。世本，晉大夫大狐伯生突，生饒，爲大狐氏。其後大狐容爲晉大夫。**大戊氏**。姬姓，晉公子大戊之後也。世本，大戊教昭爲原大夫。**嬰氏**。嬴姓。風俗通云，晉大夫趙嬰齊之後。**夷吾氏**。姬姓。晉惠公名夷吾，懷公繼之，不享其位，其後支庶以名爲氏也。**梁其氏**。姬姓，晉大夫梁其踁之後。英賢傳云，魯伯禽庶子梁其之後。**瞫氏**。狼瞫之後。後漢書，武落鍾離山黑穴有楚氏、瞫氏、鄭氏、相氏。〔二〕

鄭人名

段氏。姬姓。鄭武公子共叔段之後，以王父字爲氏。戰國韓相段規。三輔決録云，段氏干木之子隱如，入關，去「干」字。漢文帝時段卬爲北地都尉，成帝時段會宗爲西域都護，〔三〕後漢桓帝世段熲爲太尉，〔四〕皆其裔也。

臣謹按：共叔段者，共謚，叔字，段名也，此以名爲氏者。春秋，鄭伯克段于鄢。段名也，封於京，故謂京城太叔，亦謂之太叔氏。

司氏。鄭司臣之後。宋朝有司超，爲防禦使。望出頓山。**豐氏**。左傳，鄭穆公子豐之後，以王父字爲氏。望出松陽。宋豐稷，登進士第。元豐登第有豐安常，明州人。

臣謹按：穆公之子皆以王父字爲氏。公子去疾字子良，其後爲良氏，良霄、良止是也。公子喜字子罕，其後爲罕氏，罕虎、罕魋是也。公子騑字子駟，其後爲駟氏，駟帶、駟乞是也。公子偃字子游，其後爲游氏，游吉、游眅是也。以至子孔、子國、子印、子然皆然。惟公子豐無字，其後爲豐施、豐卷，並以名爲氏。

蘭氏。姬姓，鄭穆公裔也。穆公名蘭，其支庶以王父名爲氏。漢有太守蘭廣。後漢書，南匈奴四姓有蘭氏。又河南官氏志，烏蘭氏改爲蘭。唐太和登第有蘭承。　然氏。姬姓，鄭穆公子然之後也。然丹仕楚爲右尹。姓苑云，今蒼梧人。望出山陽。　子然氏。姬姓，鄭公子然之後也。又爲然氏。　去疾氏。姬姓。世本，鄭穆公子去疾之後。去疾字子良，又有良氏，所以別族。

吳人名

壽氏。姬姓。風俗通，吳王壽夢之後。吳大夫壽越，又有壽於姚。漢末兖州牧壽良。晉有太僕壽冲。南涼有尚書壽悦。南史將軍壽寂之。望出京兆、博陵。宋登科壽朋，漢州人。　要氏。風俗吳人要離之後。漢有河南令要兢。唐建中朔方大將軍要珍。望出魯國。　既氏。姬姓。風俗通云，吳王夫槩之後，因避仇改爲「既氏」。漢有南安長既良。　常壽氏。姬姓，吳仲雍之後。左傳，越大夫常壽過。　慶忌氏。姬姓。吳公子慶忌之後。

衛人名

輒氏。姬姓。風俗通，衛出公輒之後。漢有輒終古。**兼氏**。風俗通，衛公子兼之後也。

彊梁氏。世本，衛將軍文子生慎，子會生彊梁，因氏焉。秦有左庶子長水校尉彊梁皋。

子郢氏。姬姓。衛公子郢之後也。

臣謹按：公子郢字子南，已有子南氏，復有子郢氏，此後之人所以別族也。

齊人名

高氏。姜姓。齊太公六代孫文公之子公子高之孫傒，以王父名爲氏。裔孫洪，後漢渤海太守，因居之。又有惠公之子公子祁字子高之後，亦爲高氏。鄭有高克、高渠彌，不得氏。又高麗羽真氏改爲高氏。又是婁氏改爲高氏。又高獲，自高麗歸魏，周賜姓獨孤氏。**柴氏**。姜姓，齊文公子高之後。高孫傒，以王父名爲氏，十代孫高柴，仲尼弟子。孫舉，又以王父名爲柴氏。漢有棘蒲侯柴武。裔孫守禮，五代周太祖無後，以守禮子榮爲嗣，是爲世宗。**臼季氏**。姜姓，齊公子臼季之後。魯有臼季宣孟。**激氏**。齊太史激之後。漢書淮南王傳有激章。**刁氏**。音凋。風俗通，齊大夫童刁之後。戰國時有刁勃。漢有刁間，齊人，以富聞，子孫居渤海。後漢有侍中刁榮。宋有刁湛、刁約、刁獻可，登科。弜氏。音黎。蜀有刁逵，避難改焉。又百濟八姓，其三曰弜氏。連氏。左傳，齊大夫連稱之後。又是連氏改爲連。法氏。姜姓，田氏之裔也。齊襄王名法章，支孫以名爲氏。光氏。狀云，田光之後，秦末子孫避地，以光爲氏。宋有光垂裕，登進士第。又有光利賓，絳州人。駱氏。姜姓。齊太公之後有公子駱，子孫以名爲氏。吳有駱統，東陽人，後居會稽，曾孫勍。又他駱伏氏改爲駱氏。望出河南、會稽。宋駱偃、駱輿京，登進士第。宣和，駱武仲，京兆人。望氏。姜姓。風俗通，齊太公望之後。姓苑云，今魏興人。景祐登科記有望儼。將具氏。姜姓。英賢傳，齊太公子將具之後，見國語。將鉅氏。卲將具氏之訛也。漢藝文志，六國時將具子彰，著書五篇。漢章帝時中謁者將具彌。

楚人名

熊氏。楚鬻熊之後，以名爲氏。今望出南昌、江陵。

臣謹按：古之諸侯，傳國者爲諸侯則稱國，支庶非諸侯乃稱氏。今楚有國稱王，而其君世稱熊氏，蠻夷之道也。

能氏。姓苑云，長廣人。狀云，楚熊摯之後，避難改爲能氏。能音耐。宋醫官能日宣。又有能迪，登科，建州人。能將，撫州人。鬻氏。芈姓，祝融之後。周文王師鬻熊，受封於楚，著鬻熊子，鬻拳其後也。姓苑云，建平有此姓。

班氏。芈姓。楚若敖生鬬伯比，伯比生令尹子文，爲虎所乳，謂虎有班文，因以爲氏。秦有班壹，避地樓煩，生孺，孺生長，長生況，況生穉，穉生彪，班固之父也。宋雍熙登第有班絢。

臣謹按：鬬穀於菟因爲虎所乳，故名穀於菟，而字之曰子文。其子曰鬬般，與班同音，不應父曰班而子亦以般名者，此以名爲氏者。

員氏。音運，亦作「鄖」。芈姓，楚伍員之後也。伍子胥名員，以父伍奢被執而奔吴，爲吴行人以謀楚，又使於齊，屬其子於鮑氏，是爲王孫氏。吴王聞之，賜子胥屬鏤以死。伍氏以其祖伍參食邑於椒，故其後爲椒氏。又子胥以名員，其後亦以名爲氏。前涼有安夷人員半千，〔五〕金城人員敞，大夏人員景。唐吏部郎員嘉靜。宋登科，員安輿、員子思，並陵井監人。〔六〕員安宇，開封人。員逢辰，華州人。

建氏。芈姓。風俗通，楚太子建之後。漢元后傳有建居。趙幽王臣建德。

渦氏。楚大夫封渦，因氏焉。三輔決録，扶風太守渦尚。

冉氏。楚大夫叔山冉之後，以名爲氏。一云，高辛之後。宋冉宗閔、冉夔，登進士第。望出武陵。

染氏。即冉氏。石虎將染閔，魏郡内黄人，簒石趙，號魏，三年爲燕慕容儁所滅。

枝氏。楚大夫枝如子躬之後，或姓枝如。

臣謹按：此必晉欒枝或秦大夫公孫枝之後也，以名爲氏者。若枝如子躬，其後自爲枝如氏矣。

到氏。楚屈到之後，以名爲氏。

鈞氏。風俗通，楚大夫元鈞之後。漢有御史鈞喜。

倚相氏。楚左史倚相之後。威王時有倚相季文，爲士官。

辛廖氏。楚大夫辛廖之後。漢有河間相辛廖通。

接輿氏。楚隱者，其後因爲氏。

棄疾氏。楚平王名棄疾，後人爲氏。悼王時，棄疾休爲左宰卿。

射氏。晉大夫虢射之後。漢有大鴻臚射咸。吳有中書郎射慈，善治喪服。射食亦切，又如字。

拳氏。芈姓。楚鬻拳之後。衞有大夫拳彌。

僚氏。姓苑，宜僚之後。晉大夫僚安。魯寺人僚祖。

大心氏。芈姓。英賢傳，楚有大心，令尹得臣之子，因氏焉。楚懷王時，大心子成，爲黄邑大夫。

楚季氏。芈姓。世本，楚若敖生楚季，因氏焉。陳大夫有楚季融。

無庸氏。芈姓。姓氏英賢傳，楚熊渠生無庸，因氏焉。又無庸先生，學仙道。

季融氏。芈姓。世本，楚鬭廉生季融，子孫氏焉。

翠氏。芈姓。急就章有翠鴛鴦，其先楚景翠之後，因避難以祖名爲氏。

子建氏。芈姓，楚太子建之後也。頃襄王時，有子建叔子，爲大夫。

子午氏。芈姓，楚公子午之後也。齊有大夫子午明。

圍龜氏。芈姓，楚鬭圍龜之後。

越椒氏。芈姓，楚大夫鬭越椒之後也。

嬰齊氏。芈姓，楚穆王之子公子嬰齊之後也。嬰齊字子重，爲令尹。

黑肱氏。芈姓，楚共王之子公子黑肱之後也。黑肱字子皙。

巫臣氏。芈姓，楚屈蕩之子屈申也。亦曰申公巫臣，奔晉。

鮮虞氏。楚申鮮虞之後也，本齊人。

夏人名

羿氏。有窮后羿篡夏后相之位。羿本國在澶州衞南東十五里，故鉏城是也。後遷窮石。

悦氏。亦作「說」。傅說之後，以名爲氏。後燕録，左僕射悦綰，生壽。南燕尚書綰，昌黎人。又有鮮卑人消泉侯悦真，亦其族也。望出昌黎。

奚氏。夏車正奚仲之後。漢功臣表，魯侯奚涓，成陽侯奚意，傳封三代。又薄奚氏改爲奚氏。望出譙國。宋登科奚知常，徽州人。

臣謹按：奚仲封於薛。薛，任姓也。

宋人名

衍氏。子姓，宋微仲衍之後，見風俗通。

微氏。子姓，宋微仲之後。左傳，魯大夫微虎。

微生氏。猶今人曰某生也。微生畝，魯武城人。又微生高，或云卽尾生也。

幾氏。風俗通，宋大夫仲幾之後，以王父字爲氏。

臣謹按：幾氏子姓，仲幾字子然，此以名爲氏者。

仇氏。宋大夫仇牧之後。王莽時有仇延。唐宦者仇士良。宋朝仇靄，登進士第。又有仇著、仇伯玉，並開封人。又有仇悆，待制。望出南陽。

求氏。姓苑云，本仇氏，避難改焉。後漢有求仲。宋朝登科，求利忠，越州人。

獲氏。風俗通，宋大夫猛獲之後。

季老氏。子姓。宋華氏有華季老，子孫氏焉，見世本。

子蕩氏。亦作蕩氏。子姓，宋桓公之子公子蕩之後也。

鐸遏氏。宋襄公下大夫鐸遏章。左傳，晉上軍尉鐸遏寇。

督氏。子姓，宋大夫華父督之後。晉有督戎，欒盈之臣。漢有督瓚，見風俗通。又五原太守督瓊。隋有督君謨，善射。又後漢書，巴郡蠻酋有督氏，與羅、朴、鄂、度、夕、龔爲七姓。望出巴郡。

目夷氏。子姓，宋公子目夷之後也。目夷字子魚，又有魚氏、魚孫氏，皆所以别族。

祝其氏。子姓。風俗通，宋戴公之子公子祝其爲大司寇，因氏焉。漢有清河郡尉祝其承先。

耦氏。子姓。風俗通云，宋卿華耦之後。漢有侍中耦嘉。又姓苑云，今廣平有耦氏。

泥氏。世本云，宋大夫卑泥之後。

諸國人名

庶其氏。邾大夫庶其之後。

茅夷氏。邾大夫茅夷鴻之後。

噲氏。音快。姬姓，燕王噲之後。孝子傳有噲恭，鶴銜珠與之，又有璯氏，同音。漢有璯錢。

摇氏。姒姓，越王勾踐裔孫東越王摇之後，以王父名爲氏。漢功臣表有海陽侯摇毋餘。舊爲會稽望族，今居餘杭。

由氏。亦爲由余氏。西戎由余相秦，子孫氏焉。楚王孫由于亦爲由氏。急就章有由廣國。風俗通，漢長沙太守由彰。

余氏。風俗通云，由余之後。世居歙州，爲新安大族。望出下邳、吳興。

臣謹按：余氏，隗姓。國語，潞、洛、泉、余、滿皆赤翟隗姓。

孫陽氏。嬴姓。英賢傳曰，秦穆公子有孫陽伯樂，善相馬。漢有侍御史孫陽放。偃師氏。嬀姓，陳太子偃師之後。卿氏。風俗通，虞卿之後。戰國有卿秦，爲魏將。或云，項羽將卿子冠軍宋義之後。〔七〕宋朝卿尚，學究出身。望出渤海。無婁氏。嬴姓，莒公子無婁之後。「無」亦作「務」。又無婁先生，著書。姓纂云，今琅邪有此姓。苴氏。子餘切。司馬穰苴之後。望出平陵。漢書貨殖傳有平陵苴氏。離氏。風俗通，離婁，孟子門人。〔八〕漢有中庶子離常之。後燕有離班。

名字未辨

綸氏。魏志云，公孫懿大臣有綸直、綸魚。鱗氏。左傳，宋大夫鱗矔、鱗朱。渾氏。左傳，鄭大夫渾罕，衛渾良夫。又官氏志，吐谷渾氏改爲渾。又唐表，渾氏出自匈奴渾邪王，隨拓跋氏徙河南，因以爲氏。自迴貴至瑊，世襲皋蘭州都督府。禆氏。鄭大夫禆諶、禆竈。姓苑云，今宣州有禆氏。開氏。姬姓。衛公子開方之後。漢有開章。望出隴西。狼氏。左傳，晉大夫狼瞫。齊有狼蘧疏。又河南官氏志，叱奴氏改爲狼。名氏。楚大夫彭名之後也。顛氏。晉大夫顛頡之後。或言周亂臣太顛之後也。麻氏。風俗通，齊大夫麻嬰之後。

漢有麻光，爲御史大夫。又有麻達，注論語。唐麻嗣宗，賜姓李。望出上谷。宋祥符登科有麻温其。元豐有麻中孚。懷州人。皇祐有麻元伯，開封人。

柯氏。姓苑云，吴公子柯盧之後。望出錢唐及齊郡。宋沈季文傳有錢唐富人柯隆。齊書，南兖州典籤柯益孫，齊郡人。唐朝尚書郎柯穎。又河南官氏志，柯拔氏改爲柯氏。

瑕氏。周大夫瑕禽。晉有瑕嘉。漢有廷尉瑕更，又有瑕蒼。

儋氏。周大夫儋翩之後。吴志有九真太守儋萌，或云儋耳國人。

舟氏。晉大夫舟之僑之後。宋端拱登科有舟宗閔。

攸氏。北燕有尚書攸邁。

祁氏。周司馬祁父之後。左傳，祁瞞干命。晉有祁嘉，聞窗外人招隱者。

干氏。宋大夫干犨之後。陳有干徵師。漢有蜀郡尉干獻。吴有軍師干吉。晉有將軍干瓚。望出滎陽、潁川。

禽氏。魯大夫禽鄭者，管于奚之子也。墨翟弟子有禽滑釐。高士傳有禽慶。孝子傳有禽賢。望出魯國。

琴氏。家語，仲尼弟子琴牢，字子開，一名張，衛人。列仙傳，琴高，趙人，得水仙，嘗於漢上乘赤鯉。望出天水。

萇氏。左傳，周大夫萇弘之後。唐大曆有奉天尉萇總。望出魏郡、東平。

黔氏。禮記，齊有黔敖。又有黔婁先生，隱者。

易氏。齊大夫易牙之後。魏有雍州刺史易愷，魏郡人。晉陵令易雄，長沙人。前涼有將軍易犍。望出太原、濟陽。今江東多此姓。宋易準、易林、易東，登科。

苦氏。魯大夫苦夷之後也。

弘氏。風俗通，衛大夫弘演之後。漢有宦者弘恭，爲中書令。吴孫權姊夫弘咨。

臼氏。左傳，華氏家臣臼任。

冶氏。衛有冶廑。魯有冶區夫。

苟氏。

國語云，黃帝之後有苟實、苟參。或言以河內多苟杞，因以爲氏。又若干氏改爲苟氏。宋朝登科有苟師顏、苟鐸，並滁州人；又有苟穀，易州人；苟全，夔州人。

倚氏。楚左史倚相之後也。

尾氏。魯有尾生，或云卽微生高。

梓氏。魯大夫梓慎之後也。

汝氏。尚書有汝鳩、汝方。左傳，晉大夫汝寬、汝齊。漢有長水校尉汝隨。後漢孝子傳有汝郁，潁川人。宋朝汝孝恭，登進士第。又有汝孝隆、汝日休，並普州人。望出渤海。

伍氏。芈姓。楚大夫伍參之後也。伍子胥奔吳，其子又爲王孫氏，適齊。漢有伍被，楚人。望出安定、武陵。又有五氏，本伍氏，避仇改爲「五」。蜀有五梁。晉有始興太守五裔。

禮氏。衞大夫禮孔、禮至。漢有新市長禮賢。後漢禮震，受尚書於歐陽歙，平原人也。

免氏。音勉，一音問。姬姓。左傳，衞有免餘，衞公孫也。漢有免乙，爲上郡太守。

蹇氏。秦有蹇叔，或云西乞術、白乙丙皆蹇叔子。風俗通，漢有蹇蘭，爲交趾刺史。後漢小黃門蹇石。望出山陽、襄陽。宋朝登科，蹇序臣、蹇逢辰，成都人；蹇士堯，彭州人；蹇綬，懷安軍人。

散氏。文王四友有散宜生。今江都有此姓。

繞氏。秦大夫繞朝之後也。

肆氏。風俗通，宋大夫肆臣之後。姓苑有漁陽太守肆敏。

具氏。晉大夫具丙之後。漢有中山太守具裒。後漢宦者中常侍具瑗。

闞氏。齊卿闞止之後也。宋尚書郎闞洞，開封人。又有闞洙，登第，與國軍人。望出會稽、天水。

洩氏。亦作「泄」。左傳，鄭大夫洩駕，陳大夫洩冶。

捷氏。曹姓。風俗通云，邾公子捷菑之後。漢藝文志有捷子二篇，六國時人。**賓氏**。左傳，齊大夫賓須無；周賓起，爲王子朝傳。望出梁國。**恩氏**。風俗通云，陳大夫成仲不恩之後。前燕録有東庠祭酒恩茂。**肩吾氏**。莊子，肩吾，古賢者。晉袁宏集有東海太守肩吾民。**徐吾氏**。左傳，鄭大夫徐吾犯之後。**鍾吾氏**。左傳，鍾吾子之後。漢尉氏令鍾吾蒼。**由吾氏**。姓纂云，由余之後，仕吳，子孫入越，因號由吾氏。北齊有諫議大夫由吾道榮，琅邪人。**叔山氏**。左傳，叔山冉之後。莊子，魯有叔山無趾。**叔先氏**。後漢書，犍爲叔先雄。**叔達氏**。八凱叔達之後。公羊有叔達段，爲景王大夫。**叔夜氏**。周八士叔夜之後也。楚康王時，有叔夜子莊，見國語。**叔服氏**。周内史叔服之後也。晉武公大夫有叔服子要。**方叔氏**。鼓方叔之後也，見世本。漢功臣，新壽侯方叔無咎。**陶叔氏**。姓纂云，周司徒陶叔之後也。晉有陶叔真，爲原大夫。文公時陶叔狐。漢有陶叔卷，爲青州刺史。今平原有此姓。**申鮮氏**。齊有申鮮虞。漢有中謁者申鮮泚。**申章氏**。漢有長沙王太傅申章昌。**子師氏**。左傳，鄭有子師僕。漢有北平太守子師磐。**富父氏**。魯富父終生之後。魯又有大夫富父槐。**仲熊氏**。芈姓。潛夫論云，楚公族有仲熊氏。**仲顔氏**。左傳，魯有仲顔莊叔。齊臨淄大夫仲顔據。**原仲氏**。陳大夫原仲之後。楚悼王時原仲蔑。**慶父氏**。世本，楚大夫慶父之後。又慶父籍，爲楚王工正。**安國氏**。漢武帝使安國少季使南越，見姓氏英賢傳。**仲長氏**。見纂要文。**仲行氏**。左傳，秦三良仲行之後。

世本，宋有仲行寅；晉大夫有仲行氏。**榮叔氏**。周大夫榮叔之後。韓有大夫榮叔遥。

墨台氏。子姓，宋成公子墨台之後。漢書有墨台悺。**墨氏**。姓纂云，孤竹君之後，本墨台氏，後改爲墨氏。望出梁郡。戰國時宋人墨翟，著書號墨子。**台氏**。亦作「怡」。本墨台氏，避事改焉。後魏遼西郡守寬，玄孫峰，後周樂陵公。峰子昂，長沙公。昂弟光，安平侯。**立如氏**。魯賢人立如子，著書，見風俗通。**邴意氏**。齊大夫邴意兹之後。**舒堅氏**。潛夫論，楚公族有舒堅文叔，爲大夫。

以次爲氏 親附

孟氏。姬姓，魯桓公子慶父之後也。慶父曰共仲，本仲氏，亦曰仲孫氏，爲閔公之故，諱弑君之罪，更爲孟氏，亦曰孟孫氏。又衛有公孟縶之後，亦曰孟氏。齊有孟軻，字子車。〔九〕秦有孟説。齊有仲孫湫。韓子有仲孫章。**仲氏**。高辛氏才子八元仲堪、仲熊之後。又仲虺爲湯左相，其後並爲仲氏。又魯公子慶父曰共仲，亦爲仲氏，亦爲仲孫氏。慶父有弑君之罪，更爲孟氏。又公子譜云，宋莊公子仲之後，亦稱仲氏。衛人仲由，爲孔子弟子。漢有廷尉仲定，少府監仲景。唐司門員外郎仲子陵，成都人。宋朝登科，仲伯達，曹州人；仲楫，隨州人；紹興，仲安常，爲郡守。**种氏**。本仲氏，或言仲山甫之後，因避難改爲种。宋种放，自處士召，拜司諫，長安人。望出河南。

叔氏。姬姓，魯桓公之子叔牙之後。叔牙與慶父同母，慶父弑閔公，叔牙有罪，飲酖而死，遂立公孫茲爲叔氏，亦曰叔孫氏，亦曰叔仲氏。又魯文公之子叔肹，後世亦爲叔氏。或言八凱叔達之後，及晉叔向之後，亦爲叔氏。東觀漢記，光武時壯武將軍叔壽。

季氏。姬姓，魯桓公季子友之後也。亦曰季孫氏。一曰，陸終氏之子季連之後。漢功臣表，戚圉侯季必，傳封四代。望出壽昌、魯國。

臣謹按：世譜云，諸侯之子稱公子，公子之子稱公孫，公孫以王父字爲氏。行父是季友之孫，故爲季氏，又爲季孫氏也。然季氏自行父至季孫彊，並稱季孫氏，以傳家故也。如季公鳥、季公亥之類，凡支庶並稱季氏以別。

伯氏。晉大夫荀林父之後。林父爲中行伯，孫伯黶，以王父字爲氏。伯黶爲正卿，司晉之典籍，以爲大政，故又爲籍氏。孔子弟子伯虔，字子析，或言嬴姓，伯益之後。漢有并州刺史伯柳，又有伯至。

丁氏。姜姓。齊太公生丁公伋，支孫以丁爲氏。漢有丁固。功臣表陽都侯丁復，宣曲侯丁義，並傳封四代。樂成侯丁禮，傳封七代。

臣謹按：謚法雖始有周，周自文王以後，世世稱謚，是時諸侯猶未能偏及。晉、魯大國也，魯再世伯禽稱魯公，晉再世爕父稱晉侯，曹、蔡皆四世未稱謚。齊再世伋稱丁公，三世得稱乙公，四世慈母稱癸公，五世哀公不辰而後稱謚，則知所謂丁公者，長第之次也。

癸氏。姜姓，齊癸公之後，見姓苑。祖氏。子姓。商王祖甲、祖乙、祖丁，支庶因氏焉。商有祖伊。漢有祖沂，始家涿郡。今建州有此姓。祖秀實，屢作監司。祖日新，宋宣和登科。

臣謹按：祖者，子孫所稱其先也，支庶以是爲氏，不獨祖乙也，祖辛、祖丁、祖庚、祖甲之子孫，往往皆稱祖氏。

舅氏。晉大夫舅犯之後也，姬姓，狐氏。晉惠公、文公皆狐氏甥，故以犯爲舅，因以爲氏。

咎氏。卽舅氏。舅犯，左傳亦作咎犯。成湯司空又有咎單氏。古氏。風俗通云，古公亶父之後，因氏焉。言「古公」者，猶言先公也。晉平公時，有舟人古乘。漢有孝子古初。蜀志，廣漢功曹古牧。後魏尚書令古弼。今望出新平、河内。又吐奚氏改爲古氏。宋端拱登科，古成之後有古華，〔一〇〕梅州人；古亶，懷安軍人。禰氏。父廟爲禰，此從父而别氏也。後漢禰衡，字正平，平原人。稚氏。子姓。姓纂云，商後，見史記。次氏。次非，荆之勇者，見吕氏春秋，亦作「佽」。漢功臣表有嘹侯次公。孺氏。魯有孺悲，欲見孔子。太叔氏。姬姓，衞文公之子太叔儀之後也。漢有尚書太叔雄。太伯氏。姬姓。周古公之長子讓國季歷，爲周之太伯，故以爲氏。叔仲氏。姬姓，魯公子牙之後也。公孫兹生得臣、彭生，得臣爲叔孫氏，彭生爲叔仲氏。史記，叔仲會，魯人，仲尼弟子。中叔氏。中叔圉之後。晉有中叔無忌。漢光武時侍御史中叔僚。

仲叔氏。左傳，仲叔于奚，衛大夫。其後有仲叔圉。

第五氏。嬀姓，齊諸田之後。田氏大族，漢初徙園陵者多，故以次第爲氏。

第二氏。其先齊諸田，漢武帝徙之諸陵，以門秩次第，田廣之孫田登爲第二氏。

第八氏。出陳留。風俗通，亦齊諸田之後，田廣弟田英爲第八門，因氏焉。王莽時有講學大夫第八矯。

太士氏。漢建安太守太士靈秀。永嘉松陽有太士氏。

主父氏。嬴姓。趙武靈王號主父，支孫因以爲氏。漢齊相主父偃，齊郡臨淄人。宋登科，主父喆，開封人。

主氏。嬴姓。卽主父氏也，或單言主氏。姓纂云，今同州有此姓。

南伯氏。莊子有南伯子綦、南伯子葵，並古之賢人也。

南公氏。戰國時有南公子，著書三十一篇，言五行陰陽事，蓋衛南公子之後。

大季氏。姬姓。鄭穆公之子有二子孔，此大子孔謂之大季氏，卽公子志之後也。

以族爲氏

因氏。遂人之四族也。

頒氏。音邠。遂人之族也。

飢氏。商人之七族也。

錡氏。商人之七族。漢書洛陽錡華，後有荆州刺史錡嵩。

條氏。左傳，商人七族有條氏。冉閔司空條攸。姓苑云，安定人。姓纂云，今宛句有此姓。宛句，曹州也。

昭氏。楚辭云，昭、

繁氏。音婆。左傳，商人七族有繁氏。屈、景，楚之三族也。戰國時，楚有昭奚恤，爲上柱國。漢有御史大夫繁延壽。望出潁川、上黨。

左氏。姜姓。齊公族有左、右公子，因以爲氏。楚有左史倚相。

嗣氏。風俗通云，衛嗣君之後。

左史老者，以爲左史官，故亦爲左氏。望出濟陽。

景氏。羋姓，楚公族也。漢初徙山東豪族於關中，今好時、華陽諸景是也。楚有景差。漢有景風。宋景大方、景泰，登進士科。望出晉陽。又有景淵，徽州人；景光，京兆人，並登科。

臣謹按：所著春秋傳，卽倚相之後世爲楚左史官，非左邱明。明居左邱，爲左邱氏，非左氏也。又按，景，諡也，楚末之聞，疑齊景公之後盛繁，此爲姜姓之族與？

賞氏。職尙反。姓苑云，賞氏，吴中八族也。晉有賞慶。

索氏。桑國切。商人七族索氏之後。唐索元禮。宋索湘、索周臣、索逑，並登科。望出燉煌、汝南。

陘氏。魯公孫有陘氏之後也。

黨氏。公族，見釋例周世族譜。

掌氏。魯大夫黨氏之後，以音掌，故從音。又揚雄與劉向、歆書云，林閭妻蜀郡掌氏。晉有掌同。前梁有遂興侯掌據。宋有直秘閣掌禹錫。又有掌奏、掌天鈞，密州人；掌世衡，許州人，並登科。望出瑯邪、燉煌。

長勺氏。左傳，商人六族有長勺氏。

尾勺氏。左傳，商人六族有尾勺氏。

趙陽氏。姬姓。潛夫論，衛公侯有趙陽氏。〔一一〕

魯陽氏。潛夫論，羋姓，楚公族有魯陽氏。

終葵氏。左傳，商人七族有終葵氏。

工婁氏。左傳，遂國有工婁氏。齊大夫有工婁濟。

傅餘氏。姓氏英賢傳云，傅說爲相，

子孫留傳巖者號傳餘氏。晉傳餘頎，撰復姓録。

臣謹按：餘者，餘子之族也，世本於韓餘已言之矣。

餘氏。晉餘頎著復姓録，自云本出傳氏。前燕録有餘元、餘和、餘巖崇，舊云鮮卑種類。然既出傳氏，無因出鮮卑。韓餘氏。世本，韓宣子餘子之後，因氏焉。褐餘氏。潛夫論，曲沃桓叔之後也。

臣疑褐冠子之後也，桓叔之後何以言褐？

梁餘氏。晉下軍御梁餘子養之後，本衛人。須遂氏。遂國有須遂氏。列宗氏。潛夫論，楚公族列宗氏，芈姓。運奄氏。史記秦嬴有運奄氏。脩魚氏。史記秦嬴有脩魚氏。五王氏。嬀姓。風俗通，齊自威、宣、湣、襄至王建五王，因以爲氏。小王氏。衛大夫小王桃甲之後也。屈南氏。芈姓，楚屈全之後。裔孫仕後魏，時重複姓，以自南來，乃加「南」，或作「男」。續祁氏。姬姓，晉隰叔之後，與士氏同族。祁奚舉子祁午自代，父子相續爲政，因氏焉。羌憲氏。姬姓。衛公族羌子孫憲，爲羌憲氏。會庌氏。音雅。姓纂云，衛靈公子虺，生竈，爲會庌氏。樂利氏。姓纂云，齊胡公支子爲樂利氏。幹獻氏。世本，宋司徒華定爲幹獻氏。伊秩氏。伊尹之孫又爲伊秩氏。

夷狄大姓

党氏。党，去聲，今人呼爲上聲。本出西羌，姚秦有將軍党耐虎，自云夏后氏之後，世爲羌豪。又有吳平男党娥，子孫居同州。宋党進，節度使。党祺，淳化登第。慶曆登科有党師經，延州人。

朴氏。亦作「樸」，普木切。後漢書，巴郡蠻酋七姓，羅、朴、督、鄂、度，夕、龔。　釋氏。悉達太子成道，姓釋。　赫氏。風俗通云，赫胥氏之後也。　塞氏。入聲。天竺胡人之姓，卽釋種也。　宜氏。隋西南夷有宜繒、宜林。左傳，陳大夫宜咎。　傍氏。平聲。西羌姓也。唐初有傍企，本北地羌豪，爲薛舉將，來降，後叛，伏誅。　單氏。音丹。本可丹氏，改爲單氏。又阿單氏，改爲單氏。又渴單氏，亦改爲單氏。　雕氏。漢功臣有臧馬侯雕延年，匈奴降王。

口氏。羌姓也。今同州有此姓。　歛氏。姚秦録有將軍歛憲、歛方、歛岐，並南安人，皆羌酋也。

異氏。姓纂云，今温州白水蠻有此姓。　騶氏。閩越王無諸之後。　紙氏。官氏志云，渴侯氏改爲紙氏。　緩氏。官氏志，和稽氏改爲緩氏。　畿氏。後魏官氏志，俟畿氏改爲畿氏。　論氏。去聲。吐蕃大姓禄東贊，生論欽陵，欽陵生贊婆，生弓仁，唐左衛大將軍。生傪、偕、伾、惟真、惟明、惟賢。惟明檢校工部尚書、鄜坊節度。惟賢右羽林大將軍。宋論九齡，登科，華州人。副氏。河南官氏志，副呂氏改爲副氏。沓氏。官氏志，沓盧氏改爲沓氏。

蔞氏。音蘆。官氏志云，那蔞氏改爲蔞氏。郚氏。官氏志，大莫干氏改爲郚氏。徐盧氏。漢景帝匈奴徐盧庸來降。源氏。出自代北。後魏聖武皇帝詰汾長子疋孤七世孫禿髮傉檀，據南涼，生賀，降後魏，太武見之曰：「與卿同源，可改爲源氏。」位太尉，隴西王。生懷，侍中、馮翊公。生子邕、子恭。宋建隆登第有源獲，景祐有源永勵。茹氏。音如。官氏志，蠕蠕入中國爲茹氏。又普陋茹氏改爲茹氏。望出河內。宋尚書郎茹孝標。慶曆登科，茹約，越州人。元豐，茹平仲，汝州人。乜氏。彌也切。蕃姓也。今秦隴多此姓。望出晉昌、趙郡。

以官爲氏

雲氏。縉雲氏之後也。黃帝時官名，以雲紀者爲縉雲氏。又連宥氏改爲雲氏，虜姓也。望出琅邪、河南。宋大觀中，雲景祥登第，太原人。五鳩氏。少昊氏官名，因氏焉。趙有將軍五鳩盧。爽鳩氏。左傳，少昊氏官名，國于齊土，因氏焉。桑扈氏。金天氏以鳥名官，故有九扈之官，桑扈者，九扈之一也。烏氏。姬姓。黃帝之後，少昊氏以鳥名官，以世功命氏。齊有烏餘、烏枝鳴。莒有烏存。秦有烏獲，唐表言，烏餘之裔，世居北方，號烏洛侯，後徙張掖。又烏石蘭改爲烏氏。

史氏。周太史史佚之後，以官爲氏。漢有史恭，其女弟爲戾太子良娣。生史皇孫進，進生宣帝。恭三子，高、曾、元。高侍中、大司馬、車騎將軍、樂陵安侯，生術、丹。術樂陵嚴侯，生崇、淑。丹左將軍、武陽頃侯，生邯，武陽煬侯，生獲。高曾孫岑，嗣樂陵侯。曾侍中、中郎將、將陵哀侯。元侍中、中郎將、平臺康侯，生恁，平臺戴侯，生習。又有阿史那氏，改爲史氏。

臣謹按：史之爲氏者，非獨佚也。周有史佚、史興，晉有史蘇、史黯、史趙、史龜、史墨，楚有史猈、史皇，衛有史鰌、史狗、史朝，齊有史嚚。凡此之類，並以史爲氏，而未得世系者，又有太史氏、內史氏、左史氏、右史氏，皆主於「史」，不容無別。

南史氏。齊有南史氏，其後子孫氏焉。內史氏。風俗通，周內史叔興之後也。周又有內史過。青史氏。英賢傳，晉太史董狐之子，受封青史之田，因氏焉。漢書藝文志，青史子，著書。

太史氏。齊太史子餘之後。王史氏。風俗通，周先王太史號王史氏。英賢傳，周共王生圉，圉曾孫滿生簡，簡生業，業生宰，世傳史職，因氏焉。漢清河太守王史篆，生音，新豐令。藝文志有王史氏。後漢侍中王史元庠。晉亦有王史氏。侯史氏。風俗通，董狐爲晉侯史官，因氏焉。

祝史氏。衛有祝史揮，因氏焉。姓纂云，今下邳有此姓。左史氏。古者左史記言。楚有左史倚相，左史老其後也。右史氏。古者右史記事。周有右史武，見宋東世本。終古氏。風俗通，終古，桀內史也，因氏焉。監氏。音鑑。風俗通，衛康叔爲連屬之監，其後以爲氏。宋朝監由，舉進士。

士氏。陶唐之苗裔，歷虞、夏、商、周，至成王，遷之杜爲伯。宣王殺杜伯，其子隰叔奔晉，爲士師，故爲士氏。其子孫居隨及范，故又爲隨氏、范氏，有三族焉。伊祁姓。隰叔生士蔿，字子輿，故亦謂之士輿，此爲士氏。又有士季氏，亦爲士氏。後漢末有交趾太守士燮。宋朝有尚書郎士建中。

籍氏。出於伯氏。晉大夫荀林父爲中行伯，孫伯黶，以王父字爲伯氏。司晉之典籍，故亦謂之籍氏，以官爲氏也。昭公十五年，〔一二〕傳曰：「王曰，叔氏，而忘之乎？而高祖孫伯黶司晉之典籍，以爲大政，故曰籍氏。」或言晉文侯仇弟陽叔伯黶。晉爲三家所滅，籍氏播遷于宋。漢有倖臣籍孺，又諫議大夫籍禋。石趙有侍中籍羆。唐太常博士籍知幾，云其後也。今望出廣平。

席氏。本籍氏，晉大夫籍談之後。談十三世孫，避項羽諱改爲席氏，漢初徙關東豪傑席氏於安定、臨涇。宋紹興參政席益，河南人也。

師氏。風俗通，師，樂人瞽者之稱。晉有師曠，魯有師乙，鄭有師悝、師觸、師蠲、師成也。〔一三〕宋師顔，爲翰林學士。建隆登科有師庚、師先，並眉州人；師晞孟，汝州人。望出琅邪、平原、太原。

帥氏。音率，亦作「率」。狀云，本姓師氏，避晉景帝諱改爲帥氏。宋有率汀。

中英氏。虞舜有五英樂，有掌中英者，因以爲氏。

樂正氏。周禮樂正，因官氏焉。孟子，魯有樂正子春，曾子弟子。

太祝氏。見姓苑。

庚氏。堯時掌庚大夫，以官命氏。至春秋時，周有大夫庚皮。皮子過，邑于緱氏。衛有庚公差。望出潁川、新野、千乘、齊郡。

褚師氏。宋共公子子石爲褚師，因氏焉。又有褚師子服。衛有大夫褚師圃亦爲褚氏。

褚氏。即褚師氏。漢梁相褚大，元、成間有褚先生少孫，並以儒學稱焉。

臣謹按：褚氏卽褚師氏，後世略去「師」，遂爲褚氏。然衞亦有褚師氏，不獨宋也。

錢氏。顓帝曾孫陸終，生彭祖，裔孫孚，周錢府上士，因官命氏焉。戰國時有隱士錢丹。秦有御史大夫錢産。子孫居下邳。漢哀、平間，錢遜爲廣陵太守，避王莽亂，徙居烏程。遜子晟。東晉有青州刺史錢端，歷陽太守錢鳳。宋有太史令錢樂之。五代時有錢鏐，據吴越，宋贈武穆王。望出彭城、吴興。

山氏。周山師，掌山林之官，以官爲氏。風俗通云，烈山氏之後。左傳，晉大夫山祁。漢有武都太守山昱。又吐難氏，後魏改爲山氏。宋朝登科，山説。

司馬氏。重黎之後，唐、虞、夏、商代掌天地。周宣王時，裔孫程伯休父爲司馬，克平徐方，錫以官族，爲司馬氏。其後世或在衞，或在趙，或在秦。在衞者相中山。在趙者曰凱，以傳劒論知名，蒯聵其後也。在秦者名錯，與張儀論伐蜀。錯孫靳，事武安君白起。靳孫昌，爲秦鐵官。〔一四〕昌生漢市長無澤，無澤生五大夫喜，喜生太史公談，談生中書令遷。

臣謹按：晉有司馬鄔、司馬彌牟、司馬寅，齊有司馬竈，楚有司馬子魚、司馬督，宋有司馬彊，陳有司馬桓子，是皆以「司馬」爲氏，不獨程伯休父也。

司寇氏。世本云，衞靈公之子公子郢之後也。〔一五〕郢之子孫爲衞司寇，以官爲氏。司寇亥，卽其裔也。風俗通云，蘇忿生爲周武王司寇，其後氏焉。禮記，司寇惠子，魯大夫。

寇氏。周有蘇忿生爲司寇，子孫以官氏焉。一云，衞康叔爲周司寇，支孫以官爲氏。秦滅衞，君角家于上谷，寇恂其八世孫也。又後魏改口引氏爲寇氏。

臣謹按：司寇氏或略去「司」，然蘇忿生之後爲蘇氏，此以司寇氏者，未必忿生之裔。

司徒氏。帝王世紀曰，舜爲堯司徒，支孫氏焉。衛有司徒瞞成，宋有司徒邊卬，陳有司徒公子招，其後皆爲司徒氏。漢有安平相司徒肅，中謁者司徒發。宋元祐登科有司徒公綽，恩州人。

司空氏。禹爲堯司空，支孫氏焉。堯後有隰叔，孫士蔿爲晉司空，亦因氏焉。晉大夫胥臣號司空季子，又有司空靖、司空督。惟晉官備司空，餘國無之，言司空氏者，系出於晉。宋太平登科有司空舜賓。紹聖有司空宗韓，洛州人。

司城氏。宋以武公名司空，故改爲司城，公子蕩爲司城，其後曰蕩氏，世爲司城，因氏焉。又陳亦有司城氏，哀公之子公子勝爲之也。

司功氏。世本云，晉大夫司功景子，士丐弟他，因官氏焉。

臣謹按：世本世系多與經典異同，如春秋世系有士丐，而無景子，亦無弟他。

司鴻氏。風俗通，古有司鴻苟，著書。漢中大夫司鴻儀。

司褐氏。古今人表有司褐拘。又有司褐扶，楚靈王大夫，見韓子。

司工氏。周宣王時司工錡，因官氏焉。

公正氏。古官也。其後氏焉。宋建中朝邑令公正範，吴人。

宗正氏。狀稱，本劉氏，楚元王交之孫劉德爲宗正，支孫氏焉。裔孫宗正珍孫。唐有殿中少監宗正辯，濟陰人。

宗氏。又爲宗伯氏，周大夫

宗伯之後，以官命氏。齊有宗樓。衞有宗魯。又宗伯氏，漢平帝時有少府宗伯鳳。唐表云，宗氏，子姓。宋襄公母弟敖，仕晉，孫伯宗爲三郤所殺，子州犂奔楚，少子連，家於南陽，以王父字爲氏。

臣謹按：宗伯掌禮之官，然伯夷秩宗，其來久矣，則宗氏不必因周宗伯而後命氏。

符氏。姬姓。魯頃公爲楚所滅，頃公之孫公雅，爲秦符節令，因以爲氏。後漢有符融。宋符彦卿，以戚里封魏王。望出琅邪。

軍氏。冠軍侯之後，因以爲氏。

偏氏。古偏將軍之後。急就章，漢有偏呂張。

調氏。周禮調人之後，因官爲氏。

衡氏。風俗通，伊尹爲湯阿衡，子孫以衡爲氏。一云，魯公子衡之後，以王父字爲氏。漢有衡威、衡驃卿。又袁氏改爲衡氏。

阿氏。風俗通，伊尹爲阿衡，支孫以官爲氏。又河南官氏志，阿伏氏及阿賀氏並改爲阿。

環氏。楚有環列之尹，子孫因氏焉。楚有環泉。漢有河東太守環餘。隗囂將環安。晉有環濟，撰要略。宋有環中、環申，登科，並淮陽人。

箴氏。姓苑，楚大夫箴尹克黄之後也。主箴規之官，子孫以官爲氏。又有箴尹宜咎，本陳人。

凌氏。姬姓。衞康叔支子爲周凌人，子孫以官爲氏。吴志有凌統。晉有凌嵩。望出渤海。

酒氏。周官酒正，因官命氏。

委氏。周禮有委人，掌委積，其後氏焉。漢太原太守委進。

柱氏。柱下史官之後。古有柱厲叔。

豎氏。閽寺之官，賤者爲之。晉有豎頭須。齊有豎刁。鄭有豎拊。

宰氏。姬姓。周卿士宰周公之後。

又有宰孔者，皆周太宰，以官爲氏。仲尼弟子宰予。漢有司空掾宰直。今望出西河。宋登科，宰需，揚州人。

宰氏氏。范蠡傳云，范蠡師計然，姓宰氏，字文子，葵丘濮上人。

保氏。周禮保章氏，因官爲氏。呂氏春秋，楚有保申。

度氏。古掌度之官，因以命氏。西京雜記，漢成帝時侍郎度安世，居山陽胡陸。後漢荆州刺史古鄉侯度尚，撰曹娥碑。子禮。

庫氏。漢文時有倉氏、庫氏，爲吏之久，故子孫以爲氏。後漢竇融傳有輔義侯庫鈞。又河南官氏志，庫傉官氏改爲庫氏。望出河南、魯國。

御氏。周禮有御人之職，其後爲氏。左傳有御叔。漢書有御長倩者，丞相公孫弘故人也。

訓氏。周禮有訓方氏，以官爲氏。

憲氏。姓纂云，周之憲官，司寇之屬也。急就章有憲義渠。

諫氏。周禮有司諫氏，因以爲氏。漢有持書御史諫忠，見風俗通。望出歙郡。

校氏。周官校人之後。唐天寶有校傑，河南士曹。

候氏。周禮候人氏，子孫因氏焉。

漏氏。古掌漏之官，因以爲氏。今吴興有此姓。

節氏。姓纂，周禮掌節上士，子孫以官爲氏。

畜氏。嬴姓，自云秦非子之後也。非子爲周孝王主馬，畜牧於汧渭之間，馬大蕃息，邑之秦，號秦嬴。支庶以畜爲氏。姓苑云，今天水有畜氏。

鄐氏。卽畜氏。漢東海太守鄐熙，因官居焉。

僕氏。周禮僕人之後。漢時匈奴降者僕朋，封煇渠侯，生雹雷，屬國都尉。又河南官氏志，僕蘭氏改爲僕氏。今吴興有此姓。望出河南。

粟氏。漢有治粟都尉，因以爲氏。魏志，袁紹魏郡太守粟舉。今嶺南多此姓。宋登科，粟彭年，定州人。

謁氏。風俗通云，

古有謁者官，因以爲氏。漢有汝南太守謁瓊。又張湯小吏謁居。閹氏。姓纂云，周之閹人守王宫者，所以止扇，謂之閹并，因以爲氏。〔一六〕急就章有閹并訢。漢有閹并孺者，太守田延年使部汾北，後至廣陵相，有治名。唐有潭州橋口鎮副閹輔奴，自云其望出河北。職氏。周禮職方氏之後也。嗇氏。風俗通云，古嗇夫，子孫因氏焉。太師氏。商有太師摯。周有太師疵。大羅氏。周禮羅氏，掌羅鳥獸。秦有將軍大羅弘。牧師氏。漢依周禮置牧師令，主養馬，因氏焉。馬師氏。姬姓。鄭穆公之孫公孫鉏爲馬師氏，〔一七〕因以爲氏。子羽之孫羽頡爲馬師，亦氏焉。列仙傳有馬師皇。少師氏。英賢傳，魯有少師彊，又有少師慶。少正氏。韓詩内傳，魯大夫有少正卯，仲尼誅之。宰父氏。仲尼弟子有宰父黑。行人氏。周禮大行人也。又有行氏，卽行人氏。左傳，陳行人之儀衞有行人燭過。王人氏。風俗通，王人子突之後。因氏焉。漢有安平太守王人宰公。徒人氏。左傳，齊有徒人費。國語，齊有徒人回。左人氏。仲尼弟子左人郢，見史記。厨人氏。周禮厨人，因官爲氏。宋有厨人濮，見釋例。雍人氏。周禮雍人，以官爲氏。魯雍人高、雍人檀，並見左傳。封人氏。守封畿之官，其後爲氏。左傳，晉有蕭封人。漢有司空掾封人嬰。寺人氏。掌府寺之官。宋寺人惠牆之後。太傅氏。漢太子太傅疎廣曾孫彦則，避王莽亂於太原，因氏焉。中行氏。晉公族隰叔之後也。荀林父將中行，故曰中行氏。漢文時有宦者中行説。中壘氏。風俗通，劉向爲中壘校尉，支孫氏焉。王官氏。晉有王官無地。楚有王官子羽爲郚邑大夫。亓官氏。〔一八〕白褒魯先賢傳，孔子娶宋之亓官氏。左尹氏。楚左尹郄宛之後。宛字子惡。穀梁有左尹子息。右尹氏。楚公子辛爲右尹，子孫氏焉。門尹氏。宋門尹般之後。宋又有門尹沮渠。箴尹氏。芈姓，楚箴尹克黄之後也。楚又有箴尹宜咎，本陳人。工尹氏。楚工尹壽之後也。楚又有工尹齊、工尹餘、工尹赤、工尹麇，並見左傳。禮記又有楚工尹商陽，則工尹氏盛於楚矣，由其世官故也。廄尹氏。芈姓。姓纂云，楚大夫廄尹然之後。

臣謹按：廄尹卽宮廄尹也，鬬氏世爲之。

連尹氏。芈姓。楚屈氏之後也。連尹襄老。沈尹氏。沈邑之尹官也，沈姓。沈尹之後世爲之。陵尹氏。楚大夫陵尹喜、陵尹招之後。季尹氏。楚有季尹然。齊有季尹明。芈尹氏。楚有大夫芈尹，申無宇之後。藍尹氏。楚大夫藍尹亹之後也。樂尹氏。楚昭王以鍾建爲樂尹。監尹氏。楚監尹大心之後也。清尹氏。楚大夫清尹弗忌之後也。又楚有大夫清尹午子叔。占尹氏。齊有占尹德，又有占尹應堅。將匠氏。風俗通，漢官有將匠少府，因官爲氏。吳中散大夫將匠彧，曲陽令將匠熙。晉侍御史將匠進。梁太末令將匠道李。正令氏。周禮太僕，掌貳車正令，因氏焉。趣馬氏。英賢傳曰，周趣馬蹶之後也。後漢南陽功曹趣馬恩。尚方氏。傳餘頗複姓録有尚方氏。將軍氏。世本，衛靈公子昭，生子郢，生文子才芳，爲將軍氏。

臣謹按：世譜，子郢者，靈公之子，未聞有子昭。

右行氏。晉屠擊將右行，因氏焉。晉右行賈華，右行辛爲司空。漢有御史中丞右行綽。

下軍氏。左傳，晉欒黶爲下軍大夫，支孫因氏焉。

右宰氏。左傳，衞大夫右宰穀。

右師氏。世本，宋莊公生公子申，世爲右師氏。漢有中郎將右師譚。後漢有博士右師細君。

亞飯氏。商末賢人亞飯干之後也。

三飯氏。三飯繚之後也。

四飯氏。四飯缺之後也。

理氏。咎繇爲堯理官，子孫遂爲理氏。商末有理徵，改姓李。望出河西。

里氏。本理氏，春秋改焉。晉有里克。魯有里革。鄭有里析。後居相城者，又爲相里氏。

相里氏。咎繇之後爲理氏，商末，理徵孫仲師，遭難去「王」爲「里」。至晉大夫里克，爲惠公所戮，克妻司城氏攜少子季連，逃居相城，因爲相里氏。季連玄孫勤，見莊子。韓子云，相里子，古賢人也，著書七篇。漢有河隄謁者相里平。又持書御史相里虎。濟陰太守相里祉，始居西河。前趙録，偏將軍相里覽。梁有相里係孫，本仕索虜東平王侍郎，大通二年歸化。

李氏。嬴姓。高陽氏生大業，大業生女華，女華生皋陶，字庭堅，爲堯大理，因官命族爲理氏。夏、商之季有理徵，爲翼隸中吳伯。以直道不容，得罪于紂，其妻契和氏攜子利真，逃于伊侯之墟，食木子而得全，遂改「理」爲「李氏」。利真十一代孫老君，名耳，字伯陽，以其聃耳，故又號爲老聃，居苦縣賴鄉曲仁里。或言聃六世祖碩宗，周康王賜采邑於苦縣。聃曾孫曇，生崇、璣。崇子孫居隴西。璣子孫居趙郡。崇五代孫仲翔，生伯考，伯考生尚，尚生廣。又徐氏、邴氏、安氏、杜氏、胡氏、弘氏、郭氏、麻氏、鮮于氏、張氏、阿布氏、阿跌氏、舍利氏、董氏、羅氏、朱邪氏，並以立功，從唐國姓爲李氏。

臣謹按：李氏涼武昭王有國二十年，高祖有天下三百年，支庶既蕃，子孫必衆。然譜牒之議紛紛，不知何始，以理官爲氏，以食木子又爲李氏，此何理也？以官爲氏者，容有此理，以食木子爲氏，而取理同音者，無是理也，今不得其始，姑從理說，寘在官列。臣又按：唐家有天下，必欲世系詳明。然自成紀令之後，信以傳信；自成紀令之前，疑以傳疑。蓋譜諜之家，信疑相半。尚爲成紀令，因居之，其後遂爲隴西成紀人，故言李者稱隴西。

臣又按：自明皇以後凡十四代，諸王不出閤，不分房，子孫闕而不見。唐之初也，自高祖至睿宗，子孫皆使之治官臨民，然後立功立事，故有可著者，而其後亦盛大。且以天族龍種之慧，而使之出人間，親世事，知稼穡之艱難，是故功臣文士輩出，雖經武后中宗之變，而唐祚不衰。自明皇之後，皇子王孫皆因納於富貴嗜欲之閫，遂令文章事業之姿，變爲奇技淫巧之行。枝葉披離，則本根無所芘，所以唐室自明皇之後，一日不振於一日。以此觀之，則周家享國長久也，宜哉。

以爵爲氏

皇氏。風俗通云，三皇之後，因氏焉。左傳，鄭大夫皇頡、皇辰。宋有皇氏，世爲上卿，本皇甫充石之後，以字爲氏者。漢有琅邪相皇運。吳有青州刺史皇象，工書。宋元豐登科，皇漢傑，常州人。元祐有皇淳，安州人。

王氏。天子之裔也。所出不一，有姬姓之王，有嬀姓之王，有子姓之王，有虜姓之王。若琅邪、太原之王，則曰，周靈王太子晉，以直諫廢爲庶人，其子宗恭爲司徒，時人號曰王家。若京兆、河間之王，則曰，周文王第十五子畢公高之後畢萬，封魏，後分晉爲諸侯，至王假爲秦所滅，子孫分散，時人號曰王家。或言魏至昭王彤生無忌，封信陵君。信陵生閒憂，閒憂生卑子。秦滅魏，卑子逃于泰山，漢高帝召爲中涓，封蘭陵侯，時人以其王族也，謂之王家。此皆姬姓之王也。出於北海、陳留者，則曰舜之後也。其先齊諸田爲秦所滅，齊人號爲王家。此嬀姓之王也。出於汲郡者，則曰王子比干之後。此子姓之王也。出於河南者，則爲可頻氏；出於馮翊者，則爲鉗耳族；出於營州者，本高麗；出於安東者，本阿布思：此皆虜姓之王也。以其所出既多，故王氏之族最爲蕃盛云。

公氏。姬姓。左傳，魯昭公子公衍、公爲之後。漢有主爵都尉公儉。

臣謹按：公衍、公爲卽公子衍、公子爲，去「子」而言「公」，則公爲爵矣。昭公失國，故其子孫以爵爲氏。

霸氏。益部耆舊傳有霸栩。侯氏。姬姓。晉侯緡之後也。二十八年，曲沃武公伐晉侯緡而滅之，緡之子孫適他國，稱侯氏，以爵爲氏也。或云，夏后氏之裔封於侯，無義，未聞有國號侯者也。鄭有侯宣多、侯羽。魯有侯叔夏、侯犯。齊有侯朝。魏有侯嬴。又後魏有侯植，從孝武西遷，賜姓侯伏氏，又賜姓賀屯氏，其後復舊。又古引氏改爲侯氏，虜姓也。宋侯益，爲太師。公乘氏。古爵也。久居是爵者，子孫氏焉。宋嘉祐登科有公乘良弼，相州人。建炎有公乘博文，東平人也。

公士氏。古爵也。久居是爵者，子孫氏焉。漢功臣汲侯公士不害，傳封四代。不更氏。更音郎。秦大夫爵也。英賢傳云，公子不更之後。秦簡公時，不更苗爲執法。庶長氏。秦爵也。左傳，秦庶長鮑、庶長武、庶長無地。

以凶德爲氏

蛸氏。子姓，卽蕭氏也。齊武帝以巴東王子響叛逆，改爲蛸氏也。莽氏。莫補切。漢書，馬何羅逆誅，後漢馬后之先也，后惡其先有反者，改爲莽氏。聞人氏。風俗通，少正卯，魯之聞人，其後遂以聞人爲氏。然聞達之人皆謂聞人，何必少正卯，以惡聞也。漢有太子舍人聞人通，沛人，治后氏禮。宋大觀登科，聞人宏。政和，聞人潁立，秀州人。聞氏。卽聞人也。宋登科有聞見昌、聞舜舉。

梟氏。隋煬帝誅楊玄感，改爲梟氏。

兀氏。後魏改安樂王元鑒曰兀氏。

勃氏。梁武帝改豫章王綜爲勃氏。又風俗通，宋左師勃之後也。晉有寺人勃鞮。

杌氏。左傳，楚檮杌之後。檮杌，惡獸也，故以爲號。

黥氏。偃姓。皋陶之後。淮南王英布，少時以罪被黥，遂爲黥氏。

蝮氏。唐史補，乾封元年，改武惟良爲蝮氏。

以吉德爲氏〔一九〕

冬日氏。晉趙衰之於人，如冬日可愛，故因氏焉。

老成氏。古賢人老成子之裔孫也。老成方爲宋大夫，著書十篇，言黃老之道。

考成子。古有考成子，著書，述黃老之道。列子有考成子，幼學於尹先生。

以技爲氏

巫氏。風俗通，凡氏於事，巫、卜、匠、陶也。商有巫咸、巫賢。漢有冀州刺史巫捷。又有巫都，著養性經。望出平陽。宋紹興簽書樞密巫伋，建康人。

臣謹按：此以技術傳家，因以爲氏。魯有巫尪，又有鍼巫氏。晉有巫皋。

屠氏。左傳，晉大夫屠蒯，禮記作杜蕢。又屠羊説，楚人。晉有屠岸賈。鄭有屠擊。風俗通，漢末有屠景先，河東人。望出陳留。

臣謹按：屠蒯者，晉之膳宰也。屠氏之職，以割牲爲事。

甄氏。音真。虞舜陶甄河濱，因以爲氏。或音堅。漢末，太保甄邯，生豐，爲司徒，著望中山。宋甄履、甄昂，登進士第，開封人。又有甄好古，瀛州人。甄徹，陳州人。

陶氏。陶唐氏之後，因氏焉。虞思爲周陶正，亦爲陶氏。左傳，商人七族有陶氏。此皆以陶冶爲業者也。陶叔爲周司徒。漢功臣開封侯陶舍，生青，爲丞相。後漢徐州牧陶謙。

優氏。史記，優孟，楚樂人也，子孫氏焉。滑稽傳有優旃。

卜氏。周禮卜人氏也。魯有卜楚邱，晉有卜偃，楚有卜徒父，皆以卜命之，其後遂以爲氏，如仲尼弟子卜商之徒是也，又須卜氏改爲卜氏，虜姓也。宋有尚書郎卜伸，會稽人。望出西河、武陵、河南也。

匠氏。風俗通，氏於事者，巫、卜、陶、匠是也，古有匠石。

豢龍氏。古飂叔安裔子曰董父，好龍，龍多歸之。帝舜嘉之，賜氏曰豢龍氏。

御龍氏。風俗通，陶唐氏之後有劉累，學擾龍，事夏孔甲，賜氏曰御龍氏。

擾龍氏。劉累之後。漢有侍御史擾龍羣。

屠羊氏。韓詩内傳，楚有屠羊説。

烏浴氏。伯益佐堯，有養鳥獸之功，賜氏烏浴。

路浴氏。伯益支孫又以路浴爲氏者，此烏浴之訛也。

干將氏。善鑄劍，故劍以干將

得名。

以事爲氏

竇氏。姒姓，少康之後。帝相遭有窮氏之難，后緡方娠，逃出自竇，而生少康，支孫以竇爲氏。至周，世爲大夫。竇犫爲晉大夫，仕趙簡子。裔孫漢丞相嬰。又有鮮卑賜姓紇豆陵氏，後魏孝文改爲竇氏。

所氏。所者伐木聲，本虞衡主伐木之官，聞聲以爲氏。風俗通，宋大夫，所華之後也。漢有諫議大夫所忠，武帝時人。望出平原。後漢有平原所輔。

痛氏。周穆王盛姬早卒，改其族曰痛氏。急就章，宋有痛無忌。

兒氏。吴郡有語兒，生而能語，子孫氏焉。又河南官氏志，賀兒氏改爲兒氏。

車氏。尺遮切。嬀姓。漢武帝時丞相田千秋，以年老，詔乘小車出入省中，時號車丞相，子孫因氏焉。又後魏疎屬曰車焜氏，改爲車氏。

鴟夷氏。潛夫論，子姓，宋微子之後。説苑，鴟夷子皮，齊人。風俗通云，本范蠡也。

冠氏。風俗通，鶡冠子之後。

褐冠氏。風俗通，賨人以褐冠爲姓，褐冠子，著書。

新垣氏。風俗通，魏將新垣衍，畢公高之後。漢書，文帝時新垣平，善望氣。

白馬氏。風俗通，微子乘白馬朝周，因氏焉。一云，漢公孫瓚在幽、并，常乘白馬，因氏焉。

臣謹按：周時無白馬氏，此當爲公孫瓚事也。

乘馬氏。漢書溝洫志有諫議大夫乘馬延年。又張掖有乘馬敦。**青牛氏**。魏略，初平中有青牛先生，山東人也。

白象氏。風俗通，白象先生，古隱者。**白鹿氏**。風俗通，白鹿先生，古賢人，著書。

蒲氏。姒姓。有扈氏之後，爲啓所滅，世爲西羌酋長。晉書苻洪傳，因其家池水生昌蒲，長五丈，五節，形如竹，時人遂以爲蒲家，後改爲「苻」。風俗通有詹事蒲昌，又有蒲遵。今蜀中多此姓。望出河東。

苻氏。本蒲氏，苻洪以其孫堅背上有「草付臣又土」之文，遂改爲苻氏。

芻氏。牛哀食芻，後姓芻氏，見姓苑。**鋭氏**。主鋭兵者。齊有鋭司徒女，嫁爲辟司徒妻。晉昇平中，有鮮卑御史大夫鋭管，有作「銑管」者，非。

白石氏。神仙傳，白石生，中黄大夫弟子，常煮白石爲糧。**空桑氏**。姓氏英賢傳云，伊尹生於空桑，支孫氏焉。

章仇氏。姜姓。本章氏，齊公族。漢有章弇，因避仇遂加「仇」字。唐長安元年，右史知貢舉張説下進士章仇嘉勉。又隋賜姓盧氏。

以謚爲氏

莊氏。芈姓。楚莊王之後，以謚爲氏。楚有大儒曰莊周，六國時常爲蒙漆園吏，著書號莊子。

齊有莊賈。周有莊辛。**嚴氏**。羋姓。即楚莊王之後，以謚爲氏，因避後漢明帝諱，遂改爲嚴氏。魏、晉之際，有復本氏者，故有莊、嚴二氏行於世。前漢有會稽嚴助。後漢光武友嚴光，始居南陽，或新野，後居新安江側，有釣臺，祠貌存。又蜀郡嚴遵，字君平，善易，注老子。又河南尹嚴延年，母有五子，位各二千石，號爲萬石嚴嫗。華陽國志，嚴邁爲揚州刺史，每值遷官，吏民塞路攀轅。

敬氏。嬀姓。陳厲公子敬仲之後，以謚爲氏。姓苑云，黄帝孫敬康之後。秦有敬丕，子教，爲平陽太守。

臣謹按：姓氏之别，起於商、周。如姓苑所引黄帝之事，多不經之語。又敬氏至宋朝以諱改爲文，今潞公家是其氏也。亦改爲恭氏。而晉太子申生謚恭君，其後以爲氏，亦作「共」，漢代郡太守共友。

康氏。姬姓。衛康叔支孫，以謚爲氏。前趙有黄門侍郎康安。前燕有康遷。宋有康説。梁有康約。望出會稽、東平、京兆。宋朝登科有康戩、康亞之，爲盛族。

武氏。子姓，宋武公之後也。姓纂云，周平王少子，生而有文在手曰「武」，遂以爲氏。此繆論也。漢武臣爲趙王。又有武涉。功臣表，梁鄒侯武彪，傳六代，後居沛國。漢又有祭酒武忠。望出太原。

桓氏。姜姓。齊桓公之後，以謚爲氏。又宋桓公之後向魋，亦號桓氏。後漢有太子少傅桓榮，又司徒桓虞，又桓庭昌。唐上元中，准制改姜氏。又烏丸氏改桓氏，虜姓也。

穆氏。或作繆，音同，又繆或有紕繆之音。子姓。宋穆公之後也，其支孫以謚爲氏。左傳有穆伯。漢有穆生，爲楚元王師友。又有邱穆陵氏，改爲穆氏。宋登科，穆守危、穆説、穆修、穆琪。嘉祐，穆演，河中人。紹興登科有繆若虛，温州人。繆渥，越州人。

僖氏。姬姓。「僖」或作「釐」。姓苑云，魯僖公之後。今彭城人。左傳，僖負羈。今望出彭城。

文氏。姬姓。風俗通云，周文王支孫，以謚爲氏。越大夫文種。宋潞公家本敬氏，避國諱改爲文氏。

哀氏。謚也，未詳何王公之謚與？漢有哀章，事王莽。金陵有哀仲種述異記。宋有哀道訓。望出南康、東陽。今建州多哀族。

幽氏。未詳何氏謚，然死非其道者，則謚之以「幽」、「隱」，不欲彰之也。幽氏見姓苑。

宣氏。姬姓，魯大夫叔孫僑如之後也。僑如謚宣伯，以謚爲氏。又風俗通云，宋宣公之後也，子姓。後漢有司空宣酆。又漢年表有南安侯宣虎。今望出汝南。

昭氏。羋姓。楚辭云，昭、屈、景，楚之三族也，鬻熊之後。戰國時楚有大夫昭奚卹。

襄氏。姬姓。魯莊公公子遂謚襄，故曰襄仲，子孫以謚爲氏。

聲氏。姬姓，蔡大夫聲子之後也。公孫歸生字子朝，故爲朝氏，謚聲子，故又爲聲氏。

寧氏。秦寧公之後也。漢有都尉寧昱，又濟南都尉寧城。

威氏。嬀姓。風俗通云，齊威王之後，以爲田氏始王，故其後以爲氏。今望出南安。

隱氏。姬姓。吴志有廷尉左監隱蕃，云魯隱公之後，以謚爲氏。考古之命謚，凡人君遭弑虐而不明者，不謂之「幽」，則謂之「隱」。隱蕃北海人。又河間中尉隱哀，或作河間太守隱翁。

閔氏。謚也，夭折而死於不道者，則謚之「閔」。仲尼弟子有閔損，字子騫，魯人。望出太原，又魯國。宋登科有閔昌言、閔敷、閔從周。又開封有閔叔獻。

簡氏。姬

姓，晉大夫狐鞫居之後也。狐鞫居號續簡伯，續邑也，簡謚也。漢有簡鄉。蜀志，簡雍，善滑稽，傳云幽州人，本姓耿，幽人以耿爲簡，音訛。**靖氏**。風俗通，單靖公之後，以謚爲氏。一云，齊田氏之族，靖郭君之後。

懿氏。姜姓。風俗通，本齊懿公之後。姚秦有吏部郎懿横。**惠氏**。姬姓。周惠王支孫，以謚爲氏。戰國有惠施爲梁伯。漢有交趾太守惠乘，太僕惠根。宋惠演，舉進士第。望出扶風、琅邪。又有惠歎、惠柔時，常州人。惠厚下，耀州人。**厲氏**。或作「酈」。姜姓。風俗通，齊厲公之後。漢有魏郡太守義陽侯厲温，見功臣表。吴志，孫皓以孫秀奔魏，改姓厲氏。唐有厲歸真，善畫。又光啓登科有厲自南。今東陽多厲氏。望出范陽。宋登科有厲申，開封人。又有加「邑」者，酈靜，嘉祐登科，湖州人。**獻氏**。姬姓，晉獻公之後也，見風俗通。戰國時有秦大夫獻則。

孝氏。姜姓，齊孝公支孫之後也。**繆氏**。音謬，亦作「繆」，亦作「穆」。嬴姓，秦繆公之後。亦作「穆」，漢書，楚有穆生，爲楚元王師。亦作「謬」，後漢獨行有謬彤。宋登科有謬潛，懷州人。繆彦，常州人。**肅氏**。舊云，周文王之子郕叔之後，以謚爲氏。

臣謹按：郕叔武未聞有謚，此則周卿士成肅公之後也。一云，肅慎氏歸中國，改爲肅氏。梁有吴郡太守西豐侯肅正一。

校勘記

〔一〕「漢有太山太守屯莫巴都」，汪本「巴」作「如」，據元本、明本、于本、殿本改。

〔二〕「狼瞫之後後漢書武落鍾離山黑穴有楚氏瞫氏鄭氏相氏」，諸本皆脱一「後」字，按武落鍾離山事見後漢書南蠻傳，今據補。

〔三〕「成帝時段會宗爲西域都護」，諸本皆脱「宗」字，據漢書段會宗傳補。

〔四〕「後漢桓帝世段熲爲太尉」，汪本「熲」作「纇」，據元本、明本、于本、殿本改。

〔五〕「前凉有安邑人員半千」，按新唐書員半千傳稱，其先本彭城劉氏，十世祖凝之，事宋，齊受禪，奔元魏，以忠烈自比伍員，因賜姓員。據此則與前凉無關。元和姓纂三稱半千爲懷遠六世孫，而懷遠爲凝之賜名。野客叢書二二稱，白水縣民得員半千墓誌，云「十八代祖凝」。「十八」似爲「六」字分裂，如此則與姓纂合。新書「十」字應爲「六」字之誤。

〔六〕「並陵井監人」，汪本「陵」作「衍」，據元本、明本、于本、殿本改。

〔七〕「項羽將卿子冠軍宋義之後」，按宋義爲楚懷王將，援趙時項羽奪軍殺之，此文誤記。

〔八〕「離婁孟子門人」，按離婁爲古之明目者，非孟子門人，此文誤記。

〔九〕「齊有孟軻字子車」，按孟軻爲鄒人，曾遊齊，非齊人，此文誤記。

〔一〇〕「古成之後有古葦」，汪本「葦」作「革」，明本、于本作「華」，從大德本、殿本改。

〔一一〕「衛公侯有趙陽氏」，按，依文義，「侯」字應爲「族」字之誤。

〔一二〕「昭公十五年」，「公」，原作「二」，據左傳改。

〔一三〕「鄭有師悝師觸師蠲師成也」，汪本「成」作「戊」，據元本、明本、于本、殿本改。

〔一四〕「在趙者曰凱以傳劔論知名蒯聵其後也在秦者名錯與張儀論伐蜀錯孫蘄事武安君白起蘄孫昌爲秦鐵官」，元本、明本、于本、殿本皆無「曰凱」二字，「論知名」作「顯」，「蘄」作「靳」。按史記索隱與正義引各家説云，在趙者「名凱」，又云：「手搏論而知名也。」又集解引徐廣曰：「靳，一作蘄。」漢書司馬遷傳即作「蘄」，汪本蓋依此校改者。

〔一五〕「衞靈公之子公子郢之後也」，汪本「郢」作「顯」，據元本、明本、于本、殿本改。

〔一六〕「謂之閣并因以为氏」，汪本脱「因」字，元本、明本、于本、殿本脱「并」字，合校如本文。

〔一七〕「鄭穆公之孫公孫鉏爲馬師氏」，汪本「鄭」作「秦」，據元本、明本、于本、殿本改。

〔一八〕「亓官氏」，元本、明本、于本、殿本皆作「并官」。下文小字同此。

〔一九〕「以吉德爲氏」，汪本「吉」作「古」，據元本、明本、于本、殿本改。

氏族略第五

臣謹按：複姓者，爲有重複之義，兩字具二義也。有王氏，而又有「叔」、有「子」，所以別王氏之族。有公氏，而又有「子」、有「孫」，所以別公氏之義。或以爵系別，或以國系別，或以族系別，或以名氏別，或以邑氏別，皆本乎兩字之義所以別族，是之謂複也。後世虜姓多兩字，而無兩字之義，名雖同而實異耳。

以爵系爲氏

王叔氏。姬姓，周襄王之子王叔虎之後也。王子氏。姬姓，周大夫王子狐、王子城父之後也。漢有王子中同，治尚書。王孫氏。姬姓，周王孫滿之後也。滿，頃王孫也。衛有王孫賈。楚有王孫由于。漢書貨殖有王孫大卿。陳留耆舊傳有王孫滑，治三禮，爲博士。公子氏。春秋時，列國公子之後。公孫氏。春秋時，諸侯之孫亦以爲氏者曰公孫氏，皆貴者之稱。或言黄帝姓公孫，因亦以爲氏。元祐登科有公孫尚，漢州人。士孫氏。漢書，平陵士孫張，爲博士，揚州牧，明梁邱易。生仲徹，長安令。裔孫睦，後漢弘農太守。生瑞，尚書令。

以國系爲氏

唐孫氏。祈姓。堯之裔唐侯，子孫仕晉，號唐孫氏。**室孫氏**。王室之孫也。古有室孫子，著書。姓纂云，今棣州有室孫氏。**廖叔氏**。古飂叔安之後。秦惠公有大夫廖叔。**滕叔氏**。滕叔繡之後。楚考烈時有滕叔辛。**蔡仲氏**。姬姓，蔡仲胡之後。趙將有蔡仲其。**齊季氏**。姜姓。齊襄公子季奔楚，因氏焉。世本，魯有大夫齊季窺。

以族系爲氏

仲孫氏。魯公子慶父之後。慶父曰共仲，故以爲仲氏，亦曰仲孫氏。爲閔公之故，諱弒君之罪，更爲孟氏，亦曰孟孫氏。**叔孫氏**。魯公子叔牙之後。叔牙與慶父同母，慶父弒閔公，故牙有罪，飲酖而死。遂立公孫兹，爲叔孫氏，亦曰叔仲氏，卽叔氏也。又後魏乙旃氏，改爲叔孫氏。

臣謹按：叔氏，桓公子叔牙之後。叔牙飲酖而卒，季友爲之立後，故以叔爲氏。

至於得臣，則叔牙之孫也，故爲叔孫氏。

季孫氏。魯公子季友之後也，亦曰季氏。

臧孫氏。姬姓。魯公子彄，食邑于臧，其後謂之臧孫。

魚孫氏。子姓。宋公子目夷，字子魚，其後以魚孫爲氏。

楊孫氏。楊，晉邑也。其先有食於楊者，猶臧孫然。秦有下大夫楊孫氏。始皇時楊孫皓。

賈孫氏。衛大夫王孫賈之後。以去王室賈爲始祖。後漢侍中賈孫暱，北海人。

古孫氏。姬姓。王孫賈之後，亦隨音改爲古孫氏，見姓纂。

福子氏。齊大夫福子丹，見國語。

卷子氏。姬姓，衛文公之後也。

以名氏爲氏國、邑、鄉附

士丏氏。〔一〕姬姓，晉士氏之子士丏之後也。

士季氏。姬姓。晉士氏之子士季，生渥濁，爲士季氏，見姓氏英賢傳。

士吉氏。姬姓。晉士蔿生吉，爲士吉氏。

士蔿氏。姬姓。晉隰叔爲士氏之祖。士蔿其子也，爲晉士官，故以爲氏。

士貞氏。穀梁，晉康公支子士貞之後。

士思氏。古今人表，晉有士思癸，鄭有士思卜，秦有將軍士思穆。

伍參氏。世本，楚伍參之後，支孫以爲氏。國語，楚昭王時有伍參蹇。

胡非氏。嬀姓。陳胡公後有公子

非，其後子孫爲胡非氏。戰國有胡非子，著書。

鬭耆氏。羋姓。英賢傳云，鬭伯比之孫鬭耆，仕晉，因氏焉。

伯宗氏。世本，晉孫伯起生伯宗，因氏焉。

祁夜氏。英賢傳，祁大夫之後。後漢龍驤將軍祁夜豐。

鬭班氏。羋姓。世本，鬭彊生班，因氏焉。

鬭彊氏。羋姓。世本，若敖生鬭彊，因氏焉。

臣謹按：世本世系及名氏多與春秋公子譜不同，譜中自無鬭彊，雖有鬭般，又鬭穀於菟之子，若敖之曾孫也。

魏彊氏。姬姓。魏武子支孫莊子快生彊，〔二〕爲魏彊氏。

巫咸氏。商卿也，其後氏焉。

匠麗氏。左傳，晉有匠麗氏。漢功臣祝其侯匠麗舒。

祝圉氏。衛祝圉之後。漢侍御史祝圉遥。

臧會氏。姬姓，魯大夫臧會之後。

韓嬰氏。姬姓。姓纂云，晉韓宣子玄孫也，爲韓嬰氏。

臣謹按：世譜，韓宣子玄孫無名嬰者，惟韓襄王太子嬰。

韓言氏。姬姓。世本，晉韓厥生無忌，無忌生襄，襄生子魚，爲韓言氏。

韓厥氏。姬姓，韓獻子厥支孫氏焉。

韓籍氏。姬姓。晉韓起之子籍，字叔禽，爲韓籍氏。

韓褐氏。姬姓。英賢傳云，晉韓厥之後。韓子云，趙肅侯大夫韓褐胥居。

孟獲氏。吕氏春秋，齊力人孟獲之後。一云，卽宋猛獲也。

史葉氏。姬姓。釋例云，衛頃侯之後公子史，食采於葉，因氏焉。

左傳作史華。

封具氏。姬姓。鄭公子具，食采開封，因氏焉。鄭城父大夫封具狐人。

精縱氏。姬姓。周平王子精，別封縱邑，因氏精縱。

屠住氏。羋姓。英賢傳，楚公子屠，食采於住鄉，因氏焉。

邵皓氏。晉有平陽從事邵皓宣邪。

干已氏。陳大夫干徵師，食采於已，因氏焉。漢京兆尹干已衍。

先穀氏。晉國士氏之別族也。隰叔初封于先，故以爲氏。

彭祖氏。彭姓也。陸終氏之子，支孫氏焉。

熊率氏。羋姓。左傳，衛大夫熊率且比之後。

熊相氏。羋姓。英賢傳，楚熊相宜僚之後。懷王時將軍熊相祁。

以國爵爲氏 邑爵附

夏侯氏。姒姓，夏禹之後。至東樓公，封爲杞侯。至簡公，爲楚惠王所滅。弟他奔魯，悼公以他夏後，受爵爲侯，因氏焉。後去魯之沛，分沛立譙，遂爲郡人。漢有太僕夏侯嬰，又有夏侯始昌，生勝。宋朝建隆初，夏侯冕登科。後又有夏侯嶠、夏侯嘉真。

柏侯氏。柏成子高，堯時諸侯也，因氏焉。漢有尚書令柏侯奮。管寧從柏侯子安受春秋，子安南陽人。

韓侯氏。周宣王時韓侯，支孫氏焉。

屈侯氏。屈舊國也。風俗通，魏賢人屈侯鮒。史記，漢有郎中令屈侯豫。

羅侯氏。羅君之後也，支孫氏焉。其國在宜城山中，後遷枝江。晉中山王司馬服妃，蜀郡羅侯氏。

白侯氏。白，楚邑也。白，舊侯國，楚人取而邑之。後漢尚書郎白侯攜。吴志，白侯子張。**莒子氏**。嬴姓。春秋時，楚滅之，子孫以莒子爲氏。**戎子氏**。戎子駒支之後。此允姓之戎也，而姓纂謂姜姓。**舒子氏**。偃姓。僖公三年，徐滅之，子孫氏焉。**滑伯氏**。姬姓。舊河南緱氏縣卽其地，今廢爲鎮，隸偃師。**葛伯氏**。嬴姓。夏時諸侯，爲商所滅，子孫因以爲氏。許州鄢城北三十里有葛伯城。**息夫氏**。嬀姓，風俗通，息公子邊爲大夫，因氏焉。漢有光禄大夫息夫躬。世居河内、河陽。

以邑系爲氏邑官附

原伯氏。左傳，周原伯絞之後，因氏焉。今澤州沁水有原城。晉孝公時，有原伯，蓋見英賢傳。**温伯氏**。周邑也，其地在河陽縣温西南。**召伯氏**。周邑也，召公食采之地。姓纂云，左傳，召伯奭之後。**申叔氏**。楚大夫申叔侯，食邑于申，此申叔時之後也。**沂相氏**。英賢傳云，魯沂大夫爲相，因氏焉。漢侍御史沂相封。**甘士氏**。周甘平公爲王卿士，因氏焉。

以官名爲氏 官氏附

師宜氏。後漢有師宜官，南陽人，善隸書。　師延氏。宋有大夫師延宜，其先掌樂職。

師祁氏。左傳，楚有師祁黎。漢有郎中師祁番。　尹午氏。楚大夫敖尹午之後。又楚有大夫尹午子叔。

呂相氏。秦相呂不韋本陽翟賈人，子孫以貴氏焉。　史晁氏。世本，衛史晁之後。

侍其氏。漢廣野君酈食其，曾孫賜，以食其爲氏。玄孫武，平帝時爲侍中，改爲侍其焉。宋朝雍熙登科有侍其頴，皇祐登科有侍其瑋，嘉祐登科侍其端，並開封人。

以邑謚爲氏

苦成氏。姬姓。郄犨别封於苦，爲苦成子。潛夫論，苦成城名，在鹽池東北。然此城因苦成子之封而得苦成城之名，其實成謚也。　古成氏。風俗通，苦成之後，後隨音改焉。有廣漢都尉古成雲。姚興給事中黄門侍郎古成詵。又將軍古成和。晉袁宏集有南海太守古成彪，唐開元雲陽尉古成夔。　庫成氏。風俗通云，本苦成，方言音變爲庫成。燉煌實録，石趙奉車都尉庫成述，生濟，大夏令。又郎中庫成佇。廣平太守庫成防，從孫馗。

臧文氏。姬姓，魯大夫臧文仲之後。

丁若氏。姜姓。風俗通，齊丁公子懿伯，食采於若，因氏焉。晉遂興令丁若堅，高密人。

以謚氏爲氏

鼇子氏。出楚鼇子觀起之後，芈姓。楚有大夫鼇子班，「鼇」即「傗」字。

共叔氏。姬姓，鄭武公之子共叔段之後。

惠叔氏。姬姓，魯大夫孟惠叔之後。漢有尚書惠叔儉。

顔成氏。曹姓。邾婁顔之後有謚成者，其後以爲氏。莊子有顔成子游。

士成氏。莊子有士成綺。

尹文氏。世本，齊有尹文子，著書五篇。

鬬文氏。姓纂云，楚若敖生鬬文子，因氏焉。

武仲氏。姬姓，臧武仲之後也。

以爵謚爲氏

成公氏。姬姓，衛成公之後，以謚爲氏。

成王氏。芈姓，楚成王之後。漢中郎成王弼。

代北複姓

長孫氏。出自拓跋鬱律，生二子，長曰沙莫雄，次曰什翼犍，〔三〕卽後魏道武皇帝祖也。後魏獻帝拓跋與鄰七分國人，以兄弟分統之。沙莫雄爲南部大人，後改名仁，號爲拓跋氏。至孝文帝，以拓跋爲皇枝之長，改爲長孫氏，以與鄰長兄爲紇骨氏；次兄普氏，改爲周氏，帝拓跋氏，改爲元氏；次兄爲達奚氏；次兄爲伊婁氏，改爲婁氏；次兄敦邱氏，改爲丘氏；次兄俟氏，改爲万俟氏；又叔父之後乙旃氏，改爲叔孫氏；踈屬車焜氏，改爲車氏，是爲十姓。

臣謹按：北朝之制，雖文采不足，而古道猶存。觀武王得天下，封同姓五十國，而兄弟之國十有六。今獻帝十姓，而七分兄弟其國，豈非成周之道乎。元魏之起甚微，其後盛彊，奄有中原，垂百六十載，豈無所自而然！

万俟氏。後魏獻帝季弟之後。獻帝七分國人，與兄弟統領之，是爲十姓。官氏志云，万俟氏中間失譜。太平興國登科有万俟湘。政和二年登科乃右丞相万俟卨。望出開封。

宇文氏。本出遼東南單于之後。有葛烏兎，爲鮮卑君長，世襲大人。至普迴，因獵得玉璽，自以爲天所授，鮮卑謂天子爲「宇文」，因號宇文氏。或云，神農氏爲黄帝所滅，子孫遁居北方，〔四〕以神農有嘗草之功，北俗呼草爲「俟汾」，音訛爲「宇文」。普迴子莫那，自陰山徙居遼西，至後周追謚獻侯。獻侯生可地汗，號莫何單于，闢地西出玉門，東踰遼水。六世孫失豆歸，自稱大單于，爲慕容皝所滅，生拔拔、壞、陵。拔拔、壞、陵，後周所承也。西魏遷豪傑於代都，故陵徙居代州武川。壞卽安化、化政、清河、南安四公子所承也。

慕容氏。高辛少子居東北夷，後徙遼西，號鮮卑，國于昌黎棘城。至涉歸，爲鮮卑單于，自云「慕二儀之德，繼三光之容」。或云冠步摇，音訛爲「慕容」。初慕容氏破後，種族仍繁，後魏天賜末，頗忌而誅之。時有免者，皆以輿爲氏。延昌末，詔復舊姓，而其子女先入掖庭者，猶號慕容，多於他族。元豐登科有慕容彦達。

慕輿氏。卽鮮卑慕容氏，音訛又爲慕輿。前燕録有將軍慕輿虎，領軍慕輿根，御史中丞慕輿千，司徒慕輿拔。虎生常，侍中、零陵公，居昌黎。

慕利氏。後魏有吐谷渾主慕利延，與慕容氏同祖。

豆盧氏。本姓慕容，燕主廆弟西平王慕容運孫北地王精之後，入後魏，北人謂歸義爲「豆盧」，道武因賜姓豆盧氏。天信登科有豆盧若。

獨孤氏。本姓劉氏，北蕃右賢王之後，其先尚公主，因從母姓劉氏。後漢度遼將軍劉進伯擊匈奴，兵敗被執，囚之孤山下，生尸利單于，以爲谷蠡王，號獨孤部。尸利六世孫羅辰，從後魏孝文徙洛陽，爲河南人，初以其部爲氏。姓纂云，後魏代北有三十六部，有伏留屯爲部大人，居於雲中，和平中，以貴人子弟鎮武川，因家焉。伏留屯之後有俟尼，生庫者，後魏司空，生信。又高護自高麗歸，賜姓獨孤氏。又獨孤楷，本姓李氏也。

達奚氏。後魏獻帝第五弟之後，爲十姓。遠祖長寧公革，生司空斤，亦單姓奚氏，與于、婁、賀、劉、尉爲北人八族。斤玄孫武，後周太保、大冢宰、鄭國公。

賀蘭氏。有紇伏者，與後魏俱起，爲賀蘭莫何弗，因以爲氏。其後鎮武川，因家之。後生庫者。

賀若氏。

代居玄朔，隨魏南遷，北俗謂志正爲「賀若」，因以命氏。孝文時，代人咸改單姓，惟賀若氏不改。遠祖達羅安樂王。

爾朱氏。其先契胡部落大人，世爲酋帥，居爾朱川，因以爲氏。後魏有爾朱羽健，從駕平晉陽，定中山，有功，割秀容三百里封之，以爲世業。

赫連氏。劉去卑之後也。去卑，獨孤氏之祖也。勃勃僭帝號，稱夏，都朔方，自云「赫赫連天」，因以爲氏。二主共二十五年。

賀拔氏。與後魏同出陰山，世爲酋長，北人謂地爲「拔」，言總有其地而人相賀，因以爲氏。

尉遲氏。與後魏同起，號尉遲部，如中華之諸侯國。孝文改爲尉遲氏。崇寧登科有尉遲繹，濰州人。

屈突氏。本居玄朔，後徙昌黎。孝文改爲屈氏，至西魏復本姓。

斛律氏。代人，世爲部落統帥，號斛律部，因爲氏焉。

斛斯氏。其先居廣牧，世襲莫弗大人，號斛斯部，因氏焉。

賀婁氏。代人，本居漠北，以國爲氏。孝文改爲婁氏。

伊婁氏。後魏獻帝與鄰第六弟爲伊婁氏，爲十姓，見官氏志。

庫狄氏。鮮卑段疋磾之後，避難改姓庫狄，居代，後還中夏。

若干氏。出自代北，以國爲氏。

呼延氏。匈奴四族有呼衍氏，入中國改爲呼延氏。又有呼衍氏，見匈奴傳。宋太平登科有呼延遇。大觀有呼延次升，壽春人；呼延範，邠州人。

栢王氏。狀云，本姓王，樂浪人。遠祖羆，後魏伏波將軍，鎮武川，賜姓栢王氏。

乙弗氏。前燕有高麗王乙弗利。後魏書云，代人。世統部落。太武時，乙弗疋知隨魏南遷，遂爲河南人。孝文改爲乙氏。又有乙弗根。周有乙弗鳳。

薩孤氏。代人，隨魏南徙。

紇骨氏。後魏獻帝兄紇骨

氏，爲十姓，見官氏志。居代北。

邱敦氏。後魏獻帝弟爲邱敦，爲十姓。孝文改爲邱氏。

綦連氏。代人，號綦連部，卽以爲氏。史家謂其先姬姓，六國末，避亂出塞，保祁連山，因以山爲姓，北人語訛，故曰綦連。

是連氏。自代北隨魏南徙。

可達氏。代北武川人，隨魏南徙。

叱利氏。一云叱列。西部大人，世爲酋帥。後魏初，各依舊號爲叱利氏。後周改爲利氏。

拔也氏。與斛律同祖，爲拔也部，後因氏焉。

叱干氏。代人，後魏獻帝定姓爲叱干氏，居武川，

乙干氏。代人，隨魏南徙。

屋引氏。本居玄朔，隨魏南遷。孝文改爲屋氏。唐洪仁府統軍屋引豐，生封，渭原縣公，貫盩厔。

賀遂氏。晉州稽胡。晉初賜姓呼延，居西州。後魏正始中，呼延勤爲定州刺史於定陽鎭，賜姓賀遂氏。因住南汾州仵城縣，音訛者又爲賀悅。

拓跋氏。後魏書云，黃帝子昌意之後，受封北土，黃帝土德王，北人以土爲「拓」，謂后爲「跋」，號拓后跋氏，後從省爲拓跋。孝文帝遷都洛陽，改爲元氏。唐開元後有右監門大將軍西平公靜邊州都督拓跋守寂，亦北蕃也。孫乾暉，銀州刺史。姪澄峴，任銀州刺史。

沮渠氏。本臨松盧水胡人，其先爲匈奴官，號沮渠，因氏焉。吳有沮渠萬年，爲張掖王。晉末沮渠蒙遜，僭稱西河王，號北涼，都張掖，二主三十九年，爲後魏所滅也。

禿髮氏。西河鮮卑也，與後魏同出。聖武帝詰汾長子疋孤，神元時率其部衆徙河西。六代孫樹機能，據有涼州。其族孫思復鞬，生烏孤，僭號西平王，稱南涼，都廣武，弟利鹿孤、傉檀，三王十八年，爲乞伏熾盤所滅。傉檀之子賀，歸魏，太武賜姓源氏。

乞伏氏。乞伏國仁，本鮮卑乞伏部酋帥也，晉孝武時，僭號西秦王大單于。弟乾歸生熾磐，熾磐生慕末，四王四十七年，赫連勃勃滅之，見載記。宋端拱登科有乞伏矩。

折婁氏。本鮮卑，隨魏南徙。

谷渾氏。吐谷渾歸化，因氏焉。

素和氏。鮮卑檀石槐之支裔。後魏有尚書素和跋，弟毗，又將軍素和突。後魏書云，以本白部故號素和。孝文改爲和氏。

吐萬氏。代人，世爲部落酋帥也。

車焜氏。後魏獻帝命疎屬爲車焜氏，繫十姓之列。孝文改爲車氏。

車非氏。後魏獻帝次兄爲普氏，孝文改爲周氏。至金水公摇，周閔帝賜姓車非氏。

紇干氏。代人。孝文改爲干氏。

乙旃氏。後魏官氏志，獻帝命叔父之裔爲乙旃氏，是爲十姓，見長孫氏譜。孝文改爲叔孫氏。

可頻氏。周書王雄傳云，太原人。唐貞觀志云，代人。雄涇州總管庸國公，西魏賜姓可頻氏。生謙，周益州總管，阻兵，爲隋文帝所滅。宋朝建中中，藍田尉可頻瑜，其後也。

仇尼氏。後燕録有滎州刺史洛陽公仇尼倪。

賀悅氏。即賀遂氏之訛也。姓纂云，今關西有此姓。

徒何氏。周書，柱國太尉李弼，賜姓徒何氏。

谷會氏。官氏志，改爲谷氏。後有谷會琨。

大野氏。後魏末，南青州刺史大野拔，都督大野况。周書，閻慶賜姓大野氏。後魏龍驤將軍謝懿，賜姓大野氏。孫孝政，孫偃，有詞賦，並行於世。

拔略氏。後魏官氏志，拔略改爲蘇氏。賀拔勝傳有都督拔略昶。

俟利氏。後魏疋孤之後，猶中國方伯也。

俟玄氏。改爲玄氏。

俟畿氏。改爲畿氏。

俟力氏。改爲鮑氏。

俟奴氏。改爲

賀魯氏。改爲周氏。賀葛氏。改爲葛氏。賀賴氏。南燕有徐州刺史賀賴盧。賀兒氏。改爲兒氏。是婁氏。改爲高氏。是賁氏。改爲封氏。是云氏。改爲是氏。西魏有是氏開府是云寶。是奴氏。改爲是氏。叱利氏。改爲利氏。叱門氏。改爲門氏。叱吕氏。改爲吕氏。叱李氏。改爲李氏。叱盧氏。改爲祝氏。宥連氏。改爲雲氏。費連氏。改爲費氏。叱羅氏。改爲羅氏。西魏有柱國叱羅協。叱奴氏。改爲狼氏。西魏開府叱奴興。周文帝叱奴后生武帝。又光禄大夫叱奴祐。出連氏。改爲畢氏。西秦録，乞伏國仁之先如弗，與出連、斯引、叱靈三部自漠北出陰山。〔五〕有丞相出連乞，都尉雍州刺史出連本，右僕射出連虔，右輔將軍出連高明。費羽氏。改爲羽氏。黜弗氏。改爲弗氏。莫盧氏。改爲盧氏。莫輿氏。改爲輿氏。莫者氏。西秦録有右衛將軍莫者羖羝，西安太守莫者幼春，尚書郎莫者阿胡。莫侯氏。西秦録有南涼州刺史莫侯弟眷。蓋婁氏。改爲婁氏。疋婁氏。改爲婁氏。後魏疋婁内干女，爲齊神武皇帝高歡后，生文宣等三帝，詳見婁氏。勑力氏。後魏高車別帥勑力犍。倍利氏。斛律部別帥倍利，奔後魏，封孟都公。悦力氏。後魏有謁者悦力延。多蘭氏。後魏初，多蘭部大人，因氏焉。賀術氏。後魏初，賀術部居賀術山，因氏焉。吐奚氏。後魏吐古弼大人，本姓吐奚名華，後魏司徒，賜姓古名弼。越勒氏。後魏有越勒部，因氏焉。尔綿氏。改爲綿氏。後魏蠕蠕渠帥尔綿他拔來降。温孤氏。代人，改爲温。垂拱中有温孤元軌。解毗氏。改爲解。後魏高車別帥解毗莫弗幡豆建。牒云氏。北齊營州刺史漢中公牒云樂。護諾氏。後魏西河胡護諾于内附。鐵伐氏。赫連勃勃以其本宗支庶非正統者，並爲鐵伐氏。胡掖氏。禿髮思復鞬娶胡掖氏，生烏孤。木易氏。後魏有木易于，爲多蘭部帥。者舌氏。本康居國人，朝後魏，因留中國。尸逐氏。姓氏英賢傳云，南匈奴尸逐鞬裔孫降漢，因氏焉。何奈氏。匈奴單于之裔歸漢，爲何奈氏。晉幽州牧王浚有將軍何奈彪。先賢氏。匈奴單于從兄日逐王先賢撣，漢元時降漢，封歸德侯，生富昌，傳封三代。唯徐氏。按史記，景帝時有容成侯唯徐盧。呼毒氏。漢武帝時匈奴王呼毒尼降，封下摩侯，傳封三代。渠復氏。漢武帝時屬國酋渠，復累封昆侯，傳子絶。植黎氏。後魏有蠕蠕別帥植黎勿地來降。奇斤氏。蠕蠕別帥，歸中國後改爲奇氏。茹茹氏。其先蠕蠕種類，爲突厥所破，歸中國。後魏蔚州刺史高平公茹茹敦，生慎。周寧州刺史洋公，生師寶、海寶。師寶，隋車騎大將軍安次公，生盛壽。海寶，唐右屯衛大將軍。吐賀氏。後魏有吐賀真。吐突氏。唐有中官右監門大將軍吐突承璀。紇單氏。改爲單。唐有日者紇單珐。〔六〕悉居氏。古西夜國人也。麗飛氏。與荔菲同承。吐門氏。改爲門氏。吐難氏。改爲山氏。渴單氏。改爲單氏。阿單氏。改爲單氏。渴侯氏。改爲紙氏。統萬氏。改爲萬氏。統嵇氏。改爲嵇氏。悉雲氏。改爲雲氏。安遲氏。改爲遲氏。輾遲氏。改爲展氏。烏蘭氏。改爲烏氏。副呂氏。改爲呂氏。柯拔氏。改爲柯氏。温盆氏。改爲温氏。馝邗氏。改爲邗氏。如羅氏。改爲羅氏。邱林氏。改爲邱氏。如稽氏。改爲緩氏。鐵弗氏。改爲弗氏。薄奚氏。改爲奚氏。紇奚氏。改爲紇氏。達奚氏。改爲褒氏。口引氏。改爲寇氏。須卜氏。改爲卜氏。烏丸氏。改爲桓氏。可地氏。改爲延氏。沓盧氏。改爲沓氏。莪眷氏。改爲眷氏。去斤氏。改爲艾氏。菀賴氏。改爲就氏。素黎氏。改爲黎氏。庫門氏。改爲門氏。可沓氏。梁日南王可沓振。醜門氏。西魏將軍醜門弟子。庫汗氏。唐貞元范陽判官殿中御史庫汗勳。婆衍氏。見複姓録。若久氏。後燕步兵校尉若久和。宿勤氏。後魏賊帥宿勤明達。地倫氏。見複姓録。武都氏。西秦録有武都氏。普屯氏。周書，辛威賜姓普屯氏。折掘氏。南凉録，禿髮傉檀立折掘氏爲皇后。昝盧氏。改爲昝氏。達步氏。周文帝妃達步氏，生齊王憲，茹茹人。斯引氏。西秦録，乞伏氏與斯引氏自漢北出陰山。叱靈氏。乞伏與斯引、出連、叱靈三部至隴西。郁朱氏。鮑俎氏。鶻也氏。渠金氏。軍車氏。叱雷氏。

駱雷氏。 吐粟氏。 都車氏。 生耳氏。 薄野氏。 鶻奚氏。
九盧氏。 荷訾氏。 李蘭氏。 默容氏。 三種氏。 吐火氏。 吐
和氏。 屋南氏。 鶻野氏。

已上二十一姓，見複姓録，並不詳所出。

契苾氏。九姓迴鶻，匈奴苗裔，後魏謂之高車，亦曰勑勒，周、隋又曰鐵勒。居金山之陰，獨洛河北。其一曰契苾部，號榆溪州。唐右驍衛大將軍涼國公契苾何力，改號賀蘭都督，生明、光、貞。明，賀蘭都督。貞司膳少卿。〔七〕曾孫演，貞元中檢校郎中、河中元帥判官。阿跌氏。九姓阿跌部，爲雞田州都督。唐單于都護振武節度使兼御史大夫阿跌光進，元和二年，詔賜姓李名光顔，陳許節度使。僕固氏。九姓僕固部，爲金州都督，或號僕固。廣德中，中書令朔方節度大寧郡王僕固懷恩叛逆，與子瑒並誅死。高車氏。即九姓迴鶻種類也，入中國者，號高車氏。後魏有高車或如。哥舒氏。突騎施本號西突厥，首領有哥舒部，因氏焉。唐左清道率哥舒沮，世居安西，生道元，安西副都護。生翰，天寶左僕射平章事、西平王、東討先鋒兵馬副元帥，生曜、晃、晧、曄。曜，檢校工部尚書，東都汝州節度使，生峘，大理主簿。晧，試太常卿，兼御史中丞。曄，慶州刺史，御史大夫。執失氏。北番酋帥有屈密支頡利發，〔八〕姓執失氏。生思力，唐左驍衛將軍、定襄州都督、駙馬，尚高祖女九江公主，生紹德、紹宗、歸仁、歸真。舍利氏。北番酋帥舍利部大人，因氏焉。

龍朔中，左威衛大將軍舍利阿博。曾孫葛旃，兼御史大夫，賜姓李氏，名奉國。從父弟澄，左神武大將軍。

沙吒氏。北番酋帥也。神龍左驍衛大將軍郕國公沙吒義。

沙陁氏。西北番突騎施首領也。神龍右驍衛大將軍、蒲州都督、張掖公沙陀金山，開元左羽林大將軍、永壽郡王沙陁輔國，左金吾大將軍同正、酒泉公沙陁盡忠。

蘇農氏。貞觀左屯衛將軍、穀州刺史蘇農泥孰，亦北蕃歸化。

似和氏。開元左威衛大將軍、赤水軍副使、武威公似和舒。

跌跌氏。北蕃首領。

大拔氏。突騎施首領。開元左武衛大將軍、燕山王大拔石失卑，生歸仁，襲燕山王。

啜刺氏。突厥首領。長壽中司僕卿同正、榆林伯啜刺真。生元崇，左威衛將軍同正、樓煩男。生瓌，尚永壽奉御。

已上十四姓，並唐朝歸附。

關西複姓

鉗耳氏。西羌人。狀云，周王季之後，爲虔仁氏，音訛爲鉗耳。姓氏英賢傳曰，本胡姓，梁天監初有鉗耳期陵，自河南歸化，父同，祖光，並仕虜爲三品。

莫折氏。本西羌，世居渭州襄武縣。

荔菲氏。西羌種類也。隋有荔菲雄，涇州人，伏誅。唐彭州刺史荔菲某，生寶應節度荔菲元禮，寧州人。彌姐氏。後秦冠軍大將軍彌姐婆觸，遼東侯彌姐要地，立節將軍彌姐威。後魏末都督彌姐元進，夏州酋望也。唐右領軍延州刺史彌姐長通。

夫蒙氏。西羌人。後秦建威將軍夫蒙羌命。姓纂云，今同、蒲二州多此姓。或改姓爲憑。

擕蒙氏。

已上西羌人，不詳所出。

昨和氏。屈男氏。罕井氏。魯步氏。同蹄氏。彡且氏。彡音陝，且音子且反，今合二字爲亶，音陝。唐上元中，有左金吾大將軍、關西節度亶復，弟震、賁。

不蒙氏。音夢。西羌人。後魏書，不夢蛾使内脩。吔咥氏。上音野。下音絰。

諸方複姓

夫餘氏。風俗通，吴太子夫槩王奔楚，餘子在吴，以夫餘爲氏。百濟國王夫餘寬。生璋，號帶方郡王。生義兹，唐拜帶方郡王、金紫光禄大夫。生隆，熊州都督、帶方郡王。生文宣，司膳卿、左衛大將軍、樂浪郡公。黑齒氏。百濟西部人也。唐左武衛大將軍、燕國公黑齒常之。鼻臾氏。百濟之夫餘音轉爲鼻臾氏。似先氏。本高麗餘種也。唐武德中，右驍衛大將軍似先英問。朝臣氏。日本國使人朝臣真人，唐長安中，拜司膳卿同正；副使朝臣大父拜率更令同正。

瞿曇氏。西域天竺國人。唐司天監瞿曇誤，子晏，爲冬官正。鳩摩氏。晉西域天竺人鳩摩炎，世爲國相，生羅什，爲僧，入中國。佛圖氏。晉書，佛圖澄，天竺高僧也，本姓白氏，永嘉中至洛。迦葉氏。西域天竺人。唐貞觀，涇原大將試太常卿迦葉濟。鄯善氏。西域人，以國爲氏。烏氏氏。音之。西域人。焉耆氏。西域人。且末氏。西域人。昭武氏。康居人。波斯氏。西域人。

代北三字姓

侯莫陳氏。其先後魏別部，居庫斛真水。周書云，武川人，世爲渠帥，隨魏南遷，號侯莫陳氏。破六韓氏。其先代人，隨魏南遷。乙速孤氏。代人，隨魏南遷。可朱渾氏。出自代北，〔九〕又居懷朔，隨魏南遷。步大汗氏。出自塞北，遷中土。郁久閭氏。後魏神元時，掠騎獲木骨閭，北方言青首禿也。自云，匈奴之甥車鹿會，有部衆，聲訛爲郁久閭氏。魏帝號之爲茹茹，或爲蠕蠕。步六孤氏。代北人。後魏有步六孤真，爲長安鎮將。孝文改爲陸氏。邱穆陵氏。代人。孝文改爲穆氏。紇豆陵氏。代人。孝文改爲竇氏。沒鹿回氏。紇豆陵氏本沒鹿回部大人，或爲沒鹿氏。孝文改爲竇氏。莫多婁氏。代人。隨後魏遷洛陽。

莫那婁氏。代人。後魏中山太守高邑公莫那婁題。後無聞。莫胡盧氏。代人。孝文改爲陽氏。

莫且婁氏。代人。莫侯盧氏。代人。阿史那氏。夏氏之裔，居兜牟山，北人呼爲突厥窟。歷魏、晉十代，爲君長。後屬蠕蠕，阿史那最爲首領，後周末，遂滅蠕蠕。霸彊北土，蓋百餘年。至處羅、蘇尼失等歸化，號阿史那。唐開元更爲史氏，並已見史官氏。長安右衛大將軍、賓國公阿史那忠節，左驍衛大將軍阿史那大節，貞元神策將軍兼御史大夫阿史那思暕，並其支族。貞觀内屬有阿史那社爾，乃突厥可汗之次子，十年，入朝，授左驍衛大將軍。生道真，左屯衛大將軍。又有阿史那忠，乃蘇尼失之子也，擢右驍衛大將軍。宿衛四十八年，無纖毫過失，人比金日磾。

阿史德氏。突厥始善可汗之裔，别號阿史德氏。通天司賓卿、瀚海侯阿史德元珍，右武衛大將軍阿史德覽，並其後也。阿伏干氏。改爲阿氏。乙那婁氏。改爲婁氏。斛瑟羅氏。改爲羅氏。步鹿孤氏。改爲鹿氏。普陋茹氏。改爲茹氏。可地延氏。改爲延氏。拔列蘭氏。改爲梁氏。阿鹿桓氏。改爲恒氏。宿六斤氏。改爲宿氏。烏落蘭氏。改爲蘭氏。破多羅氏。改爲羅氏。庫若干氏。改爲干氏。

白揚提氏。後魏有白揚提度汗，吐谷渾别帥，率户附魏。吐谷渾氏。魏、晉之際，鮮卑慕容廆兄吐谷渾，率部落止青海之西，國號吐谷渾。或有歸中國，因氏焉。叱伏列氏。周書云。代郡西部人。其先爲第一領人酋長。周侍中、常州刺史、長樂公叱伏列龜。生椿，幽州刺史。

庫傉官氏。改爲庫氏。前燕録有岷山公庫傉官泥。生津，後燕太師、安定王。又有西河公庫傉官驥，大司農庫傉官乾。

勿忸于氏。官氏志云，改爲于氏。疑與万紐于同。

普六茹氏。周書，楊忠賜姓普六茹。疑與普陋如同。「茹」或作「如」。

樹若干氏。改爲樹氏。

扈地干氏。改爲干氏。

俟伏斤氏。改爲斤氏。

地駱拔氏。改爲駱氏。

郁原甄氏。改爲甄氏。

若口引氏。改爲冠氏。

費也頭氏。與費野頭同。

破落那氏。大宛之後。改爲那氏。

没路真氏。改爲路氏。

譬歷辰氏。代人。改爲辰氏。

温石蘭氏。改爲石氏。

烏石蘭氏。改爲石氏。

紇突隣氏。改爲隣氏。

骨咄禄氏。改爲禄氏。

俟吕陵氏。改爲吕氏。周賜韓裒姓俟吕陵。

大莫干氏。周末尉迥將大莫干元章，生後。

大利稽氏。官氏志，改爲郘氏。周賜蔡祐姓大利稽。

俟力代氏。改爲俟氏。

大洛稽氏。改爲稽氏。

俟伏斤氏。改爲伏氏。疑與俟伏斤同。

壹斗眷氏。改爲明氏。

步鹿根氏。改爲步氏。

獨孤渾氏。改爲杜氏。

末那樓氏。後燕録有襄城公末那樓富。

奚什盧氏。官氏志，改爲索盧氏。

可足渾氏。前燕慕容儁皇后可足渾氏。又有散騎常侍可足渾常。後燕有新汲侯可足渾健，生譚平公。

渴燭渾氏。改爲朱氏。渴燭渾、可足渾疑與可朱渾同而音轉矣。

越質詰氏。後秦録有北梁州刺史平襄公越質詰歸。

阿逸多氏。西域人。

突黎人氏。西域人。

赤小豆氏。改爲

豆氏。

代北四字姓

自死獨膊氏。代人。　井疆六斤氏。代人。

平聲

臣謹按：舊氏族家皆以聲類或以字别。今之所修，盡本所系，故以國、以邑、以地、以人、以官、以爵、以姓、以謚爲主，其有不得所系者，則莫爲之主，遂從舊書，從聲分韻云耳。

東氏。舜七友東不訾之後。望出平原。　桐氏。神仙傳，桐君爲廬，著藥録，白日升仙。

宫氏。虞大夫宫之奇後。魏有宫延和。唐有殿中侍御史宫志惲。宋有宫詠，登進士科第，齊州人。又有宫聲，海州人。　躬氏。何承天姓苑云，人姓。　叢氏。見姓苑。南唐叢鐇，許昌人。望出許昌。　中氏。何承天纂要云，漢少府中京。　芃氏。見姓苑。春秋，芃律。又河南官氏志，莪眷氏改爲莪氏。蟲氏。漢功臣曲成侯蟲達。同氏。前涼録有同善。

充氏。急就章，漢有充申。仙人充尚之後，見洞仙傳。望出贊皇。翁氏。漢有翁伯，販脂而傾縣邑。唐有比部郎中翁義，洛陽人。一本作義恪，富陽人。五代有諫議大夫翁承讚，莆田人。

儂氏。音農。邕州賊儂智高。元豐登第有儂奭，青州人。冬氏。前燕録，慕容皝左司馬冬壽。

佟氏。北燕有遼東佟萬，以文章知名。琮氏。宋登科，琮師古，開封人。從氏。七松切，又如字。漢將軍從成公。望出東莞。松氏。見姓苑。隋有松贇，名士也。望出東莞。

邦氏。見姓苑。涳氏。去江切。見何承天纂要。危氏。南唐將危全諷。宋太常博士危佑。姓苑云，臨川多此姓。今邵武最多，累有登科者。馳氏。見姓苑。綦氏。姓苑云，義興人。後漢將軍綦儁。望出河南。又河南官氏志，綦連氏改爲綦氏。

有慈仁。姓纂云，高陽氏才子之後，美其宣慈惠和，因以爲氏。以臣觀之，無是理也。慈氏。急就章後秦録有釐黯。斯氏。姓苑云，吳人。吳志，剡縣史斯從。望出東陽與渤海。南齊書，東陽郡有斯氏。

移氏。漢有弘農太守移良。脂氏。見姓苑。魏志，中散大夫脂習，哭孔融者，京兆人。之氏。見姓苑。其氏。漢功臣表有陽阿侯其石，傳封六代。又有亓氏。

亓氏。亦作「亓」，音其。唐有亓志。宋有諸司使亓贇。時氏。齊有賢人時子，著書，見孟子。新論有時農。遲氏。商賢人遲任。望出太原。東晉有湘東太守遲超。茨氏。後漢有桂陽太守茨先。治氏。平聲。見何承天纂要。蘂氏。姓苑云，淮南有此姓。雎氏。晉七輿大夫雎歂。鄧有雎甥。衣氏。見姓苑。斐氏。音非。左傳有斐豹。漢有斐禹。希氏。三輔決録有希海字子江。賁氏。音肥。嬴姓。風俗通，秦非子之後。漢功臣表賁赫，告黥布反，封期思侯。扶氏。漢有廷尉扶嘉。河南官氏志，乞扶氏改爲扶氏。望出京兆，河南。塗氏。風俗通，漢有諫議大夫塗惲。又塗子真，治尚書。宋登進士第有塗會。都氏。吴興人。姓苑云，都稽，臨淄人。又望出黎陽。宋登科有都公琬；又有都貺，潭州人；都隨，饒州人。區氏。音驅。風俗通云，歐冶子之後，轉爲區氏，又音歐。王莽時有郎中區博。吴有區景，長沙人，官至蒼梧太守。今江、嶺南多此姓。宋誅宜州蠻酋區希範。又廣州區傑，登進士第。望出渤海。瞿氏。晉東海王越參軍瞿莊，博陵人。又王僧孺譜云，河東裴桃兒娶蒼梧瞿寶女。風俗通，漢南太守瞿茂。梁鎮北將軍瞿延。唐絳州刺史瞿積。望出高平，松陽。今平江府與温州平陽有瞿氏。宋登科，瞿珣。俞氏。平聲，又吐溜切。古有俞跗，善醫。漢有司徒掾俞連。前趙劉聰中常侍俞容。唐天后時有俞文俊，江陵人也。今爲平聲之氏甚多。望出漢東、河間。俱氏。南涼有鎮北將軍俱起延。唐宦者俱文珍。開元國學博士俱康辟。望出潁川。衢氏。江陵人，見姓苑。模氏。宋登科有模道成，沅州人。呼氏。列仙傳有呼子先。雩氏。音呼。姓苑云，沛人。梧氏。見姓苑。軒氏。音呼。纂要云，人姓。辜氏。姓纂云，今泉州晉安有此姓，不詳所出。按今泉州有此姓。宋嘉祐登科有辜甫，泉州人。又紹興登科有辜氏，其後也。　軲氏。音枯。見字統。　萸氏。音胥，又音滑。見姓苑。望出吳郡。　如氏。桓譚新論有道人如子禮。漢書，長安富人如氏。又有如羅氏，改爲如氏。　絇氏。宋登科，絇紡，開封人。　儲氏。後漢儲大伯。又富人儲老，王莽亂，以五百人據大庾嶺。唐開元汜水尉儲光羲，潤川人。裔孫隱，檢校郎中。宋儲卿材，登進士第。望出河東。今泉州有儲氏也。　紓氏。後漢有肥鄉侯始平紓邈。　蘧氏。衛大夫蘧瑗字伯玉之後。漢有大行令蘧正。望出黎陽。　璩氏。唐神功登科有璩抱朴。望出豫章。宋登科，璩秉、璩重，並岳州人。　沮氏。音葅。黃帝史臣沮誦之後。後漢射聲校尉沮雋。　於氏。出姓苑。唐初宇文化及將於澄，以魏州降。今餘杭有之。望出廣陵、京兆。　洙氏。宋登科有洙頎。　渠氏。周大夫渠伯之後。衛有渠孔。漢有渠參，封贊侯。　疎氏。望出東海。漢太子太傅疎廣，廣兄子受。世本有疎踦。　束氏。晉書，疎廣之後，曾孫孟達，避王莽亂，自東海徙鹿山，因去「足」爲「束氏」。望出南陽。　初氏。見姓苑。宋初房，舉賢良方正。熙寧登科，初爕，密州人。元豐，初西美，鄆州人。初汝爲，登州人。　鉏氏。左傳，晉有力士鉏麑。　虚氏。見姓苑。　犀氏。史記，秦有犀首。　陒氏。卽古隄字。見姓苑。　洼氏。音洼。望出南陽。後漢大鴻臚洼丹。　毒氏。下珪反、見纂要，云，人姓。　嶲氏。下珪反。梁有嶲闖。　淮氏。

見姓苑。

棓氏。音裴。漢書，爰盎從棓塑問占。文穎曰，秦末之賢士也。

枚氏。六國時賢人枚被。漢弘農太守枚乘。望出淮陰。

新氏。晉大夫新穆稚子之後，見國語。

真氏。風俗通云，漢有太尉長史真祐。西京雜記，真元菟，善筭。又百濟八姓，其一曰真。望出上谷。

頻氏。風俗通云，漢有酒泉太守頻陽。

欣氏。望出西河。五代貞明登科有欣彪，渤海人。今臨海有此姓。

仁氏。見姓苑。出彭城。

闓氏。姓苑，廣平人。

勤氏。風俗通，魯有大夫勤成。唐勤曾爲館陶尉。

筋氏。見姓苑。

芬氏。風俗通，晉大夫芬賢，見戰國策。

言氏。孔子弟子言偃，字子游。望出汝南。

垣氏。漢西河太守垣恭之。南齊司馬垣歷生。

溒氏。音袁。出何氏纂要。

薰氏。見姓苑。

鐏氏。見纂要。

敦氏。陳留風俗傳，敦氏，姞姓之後。急就章有敦倚。

僤氏。牛坤切。見纂要文。

乾氏。居寒切。見姓苑。

端氏。讙氏。官氏。並見姓苑。

莞氏。姓苑云，吳人。

但氏。平聲。漢有西域都護但欽。又濟陰太守但巴。

籛氏。音㦰，姓苑云，彭祖姓籛名鏗。

難氏。見姓苑。

姍氏。古刪字。姓纂云，人姓。

瞯氏。音閑。濟南瞯氏，豪族，爲郅都所滅。又前漢有宗氏、瞯氏，長安大豪也。

閒氏。見姓苑。

馯氏。丘奸切。前漢馯臂，字子弓，吳人，治易。

堅氏。見姓苑。

全氏。祥符登科有全安石。

肩氏。賢氏。並見姓苑。

蜎氏。如字，又狂兖切。漢書藝文志有蜎子十三篇，楚人也，老子弟子，名淵。

涓氏。列仙傳，涓子，齊人。　便氏。平聲。漢有少府便樂成。望出魯國。　牽氏。見姓苑。　延氏。見姓苑。後漢有延岑。又有延篤，南陽人，爲京兆尹，殺梁冀使者。又河南官氏志，可地延氏，改爲延氏。　虔氏。風俗通云，陳留虔氏，黄帝之後。又莊子有虔天根。

吞氏。音天。漢有吞景雲。望出晉陽。或作「天」者，非。　纏氏。藝文志，纏子，著書。

銚氏。音姚。　饒氏。見姓苑。　韶氏。出姓苑。今開封有此姓。望出太原。　遼氏。何氏姓苑有遼氏。　聊氏。望出潁川。風俗通，漢侍中聊蒼，著書，號聊子。又有潁川太守聊某，著萬姓譜。　貂氏。見姓苑。　超氏。漢有太僕超喜。　朝氏。音雕。左傳，蔡大夫朝吾。　麃氏。秦始皇將軍麃公。漢有太守麃宣。　膠氏。商末賢人膠鬲之後。漢有膠倉。　蒿氏。見姓苑。　桃氏。見姓苑。　蛾氏。見姓苑。左傳，晉大夫蛾析之後。後魏平東將軍蛾青。蛾又音螘。　傰氏。音多，又音朋。漢南山盜帥傰宗。　荼氏。徒加切。蘇林云，音琅邪之邪。漢書江都易王傳有男子荼悟。　沙氏。見姓苑。望出東莞。姓纂云，今東莞有沙氏。風俗通，晉有沙廣。又百濟八族，其一曰沙族。又五代貞明登科，沙承贊，渤海人。今吴興亦有此姓。望出汝南。　佘氏。音蛇，從「示」。唐開元有太學博士佘欽，南昌人。唐又有右司郎中佘珩祖文集，隋考功主事，洛陽人。宋登科，佘賛，洪州人；佘剛，衢州人；佘赫，徽州人。　蛇氏。見姓苑。姚萇蛇后，南安人。兄越滂，爲南安太守。又有建武將軍蛇元。望出雁門。**諸氏**。音遮。後漢洛陽令諸施，吴郡人。今吴郡有此氏。**查氏**。側加切。望出齊郡。宋登科，雍熙有查盛。待制查道，新安人也。**花氏**。出姓苑。唐有倉部員外郎花季睦。宋有尚書郎花尹。今望出東平。**琅氏**。姓苑云，齊有琅過。**相氏**。音湘。見姓苑。

疆氏。晉大夫疆鉏。後漢疆華；又漢陽太守疆釋之，並見風俗通。**將氏**。平聲。石趙常山太守將容，見姓苑。又有將先生，出道語。**芳氏**。風俗通，漢有幽州刺史芳垂敷。**涼氏**。魏志有太子太傅涼茂。望出山陽。**彊氏**。望出丹陽與扶風。姓苑云，丹陽有彊氏。前秦有將軍彊求。北齊有彊諫。後漢光武同舍生彊華。注云，又作强，其兩切。宋登科有彊弼。**卬氏**。漢公卿表，御史大夫卬祗。**荒氏**。**鄉氏**。**當氏**。**喪氏**。並見姓苑，無定望。**鄺氏**。音荒，一音廣。姓苑云，今臨淮有此姓。望出廬江。**杭氏**。宋登科，杭開，饒州人。

征氏。姓苑，今淮南有此姓。宋征復，登科。**訇氏**。許横切。蜀録，關中流人訇琦、訇廣。

經氏。見姓苑。晉太元中有經曠，〔一〇〕出還寃記。望出范陽。**零氏**。見姓苑。**庚氏**。唐太常博士庚季良。**更氏**。國語，魏有更盈，能虚弓落雁。**星氏**。見姓苑。南陽太守羊續娶濟北星重女，見羊氏家傳。**瓶氏**。見姓苑。風俗通有太子太傅瓶守。**稱氏**。漢元帝功臣有新山侯稱忠。**登氏**。後漢有左馮翊登道。又將作大匠登豹。蜀録有關中流人始平登定。望出始平、南陽。**繒氏**。漢功臣表有繒賀。**恒氏**。風俗通，楚大夫恒思公之後，見世本。漢有東安長恒裴，子孫因居之。望出東海。

倗氏。音朋，又音多。或作「䔢」。漢南山盜長倗宗。

憂氏。見姓苑。

尤氏。見姓苑。宋尤鶴，登進士第。又有尤絢、尤昱，南劒人。望出吳興。

脩氏。漢有左騎校尉脩炳，不詳所出。吳有合浦太守脩允，臨川人。又王太后外孫脩成子仲。或爲脩氏。

郰氏。古今人表有郰無恤。西京雜記，公孫弘故人郰長倩。望出臨菑。

秋氏。姓苑，古有秋胡子。宋中書舍人秋富。望出天水。

不氏。甫鳩切。晉時有汲郡人不準，發魏襄王冢，得竹書科斗文者。又姚興安遠將軍不蒙世。

巷氏。音浮。見纂要。

猷氏。風俗通，衛有猷康。望出遼西。

投氏。漢有光祿投調。或言其先周郇伯，因桓王伐鄭，投先驅以策，其後氏焉，無是理也。

摎氏。居求切，一音留。史記，南越王趙嬰齊在長安時，娶邯鄲摎氏女。魏有河內大守摎尚。漢功臣表有龍侯摎廣德。

侵氏。望出扶風。三輔決録有扶風太守侵恭，因居焉。

鐔氏。音尋，又音淫。漢有廷尉鐔政。後漢有鐔顯。蜀志有太常鐔丞。望出廣漢。今蜀中有此姓，乃呼爲蟾，蜀音之訛也。

欽氏。見姓苑。

諶氏。姓苑，陶侃母諶氏。今南昌多此姓。望出豫章。

鹽氏。見姓苑。望出北海。魯國先賢傳，漢北海相鹽津，因居之。

潛氏。望出臨川。姓苑云，今臨川有此姓。宋潛有成，登進士第，開封人。又有潛時舉，江陵人。

鍼氏。左傳，魯大夫鍼巫、鍼季。

函氏。見姓苑。漢南昌太守函熙。

藍氏。望出中山。戰國策，中山大夫藍諸。宋有尚書郎藍丞。端拱登科，藍成務。天聖，藍晝。今望出東莞、汝南。

上聲

奉氏。　重氏。　隴氏。並見姓苑。　闞氏。音蔫。國語，闞大夫之後也。

起氏。見姓苑。　俟氏。風俗通，俟子，著書，六國時人。又後魏獻帝次弟爲俟亥氏，改爲俟氏。又俟奴氏，改爲俟氏。　被氏。吕氏春秋，鄭有大夫被瞻。風俗通，漢有牂牁太守被條。

弭氏。三輔決録云，王莽時有弭彊，漢末新豐人。弭仲叔，亦見決録。望出新豐。　紫氏。

履氏。並見姓苑。　鬼氏。古今人表，鬼臾區。　舞氏。　宇氏。並見姓苑。

萬氏。音矩。前漢游俠傳有萬章。急就章「萬」改「卿」。又作「楀」，詩謂「楀維師氏」。

府氏。風俗通，漢有府悝，爲司徒掾。　鬴氏。卽釜字。見姓苑。望出襄陽。　栩氏。陳留先賢傳有栩氏。又董賢傳有栩丹。　序氏。禮有序點，侍孔子，點揚觶。後漢有序淵。

舉氏。見姓苑。　處氏。漢書藝文志，趙有辨士處子，著書。風俗通有處興，爲北海太守。望出潁川。晉有處桂，又陳留相處就，並潁川人。後魏有處德。又望出沛國。　巨氏。漢有荆州刺史巨武。望出平昌。　仵氏。望出襄陽。急就章，仵終古。今莆田多此姓。宣和六年，仵良翰登科，大名府人。

堵氏。又音者。左傳有堵寇、堵師叔、堵俞彌。鄭有堵狗、堵女父。魏志，張燕本姓堵。

浦氏。晉起居注有尚方丞浦選。宋有員外郎浦延熙。望出京兆。

圃氏。

姥氏。亡古切。

補氏。

禮氏。見姓苑。衛大夫禮孔。後漢禮震，受尚書於歐陽歙。望出平原。

邸氏。風俗通，漢有上郡太守邸社。北齊有行臺僕射邸珍，中山曲陽人。孫懷道，唐左司郎中，又居洛陽。望出中山。

洗氏。又音線。晉忠義傳有洗勁，南海人。

亥氏。戰國策晉有隱者亥唐。河南官氏志，俟亥氏改爲亥氏。望出河南。

改氏。秦有大夫改産。

海氏。見姓苑。

忖氏。齊有忖乙，管仲誅之。

菌氏。見姓苑。

本氏。見姓苑。

雋氏。才兖切。漢有京兆尹雋不疑，渤海人。望出渤海、平陽。

棧氏。見姓苑。魏志有棧潛。望出任城。

琯氏。見纂要。

曼氏。音緩。晉有西中郎將曼清，又寧州刺史曼靜。望出荊州。今江陵多此姓。

蹇氏。其偃切。宋蹇綬，登進士第，蜀人。

圈氏。音倦。芊姓。風俗通，楚鬻熊之後。望出陳留。漢有圈稱，撰陳留風俗傳。又有圈宣明。郭林宗傳有陳留人圈文宣。

卷氏。音捲。望出琅邪。陳留風俗傳，陳留太守琅邪卷基，本圈氏，因避仇去「口」。又有琅邪卷焉。

兖氏。宋登科兖公序。

典氏。風俗通，魏志有校尉典韋，多力者，生滿。望出陳留。

庫氏。卽肇字。戰國策，趙有大夫庫賈。

紹氏。見姓苑。

表氏。見姓苑。

考氏。見姓苑。今開封有此姓。

稻氏。見姓苑。今爲晉陵人。

寳氏。見姓苑。我氏。六國時有我子，著書。假氏。漢有假倉，治尚書，陳留人。望出陳留。仉氏。音掌。梁州有仉啓。仰氏。出姓苑。今新安、吴興並有此姓。宋紹興登科，仰文蔚，温州人。望出汝南、錢唐。養氏。楚有養由基。孝子傳有養奮。梁有養彭舒。望出山陽。强氏。苻秦録有强永、强帛。姚秦有强起、强斌，西陽侯强京，並略陽氏人。唐兵部郎中强寳質，孫修，御史中丞，其先略陽氏人，徙扶風。望出扶風。宋强至、强浚明，登進士第，餘杭人。又有强相如、强公諶，皆登第，常州人。望出天水。

臣謹按：「彊」、「强」一字耳，舊以爲氏，分二族兩音，彊，平聲。强，上聲。後世無復上聲，只作「强」字，用平聲。

鞅氏。見姓苑。象氏。見姓苑。穎川望族，今南昌多此姓。䮰氏。略養反。見姓苑。許氏。呼廣反。今涇州有此姓。井氏。穆天子傳云，周有大夫井利。又左傳，虞大夫井伯。漢有司徒掾井宗。後漢有井丹。望出扶風、南陽。宋有尚書郎井淵。又井亮功、井宗元，嘉祐六年登科，澶州人。又有井公南，崇寧登科，蔡州人。永氏。見姓苑。列仙傳有永石公。幸氏。望出南昌。晉書，術士幸靈；唐幸南容，並洪州人。宋有幸白、幸佑、幸之武，登進士第。望出雁門。杏氏。見姓苑。秉氏。漢有秉寬。省氏。宋有大夫省臧。猛氏。宋有猛獲。望出城陽。斜氏。天口切。今臨海有此姓。五代漢斜滔，爲處州刺史。

鈕氏。音紐。又有紐氏。東晉有鈕滔，吴興人。隋有鈕回，以孝行稱。宋登科，鈕昌言，永興軍人。守氏。見姓苑。粿氏。風俗通，漢有粿宗，爲嬴長。醜氏。後漢袁紹傳有醜長。聚氏。側紂反，又音鄒。晉有聚籌。今襄陽、江南並有此姓。厚氏。見姓苑。後氏。五代有後贊，爲飛龍使。今開封有此姓。望出東海。部氏。見姓苑。審氏。漢辟陽侯審食其，爲左丞相，沛人。後漢末，袁紹將審配。望出魏郡。品氏。見姓苑。枕氏。姓苑云，下邳人。檢氏。漢末勾章尉檢某，見姓苑。儉氏。見姓苑。湛氏。後漢有大司農湛重。晉荆州刺史陶侃母湛氏，新淦人。又有湛方。宋有湛茂。梁有司州刺史湛僧智。唐有湛賁，袁州人。宋有尚書郎湛俞，閩人。望出新淦及豫章也。啖氏。亦作「噉」。前秦有將軍啖鐵。又啖助，治春秋。大曆水部郎中啖彦珍。會昌進士啖鱗。避武宗諱，改爲「澹」。望出河東。昝氏。子感切。何氏姓苑有昝氏，蜀人也。晉書，桓温將昝堅。唐昝慎盈。宋昝居潤，爲宣徽使。望出太原、彭城。元祐登科有昝昌。覽氏。望出彭城。滳氏。乃感切。見纂要。減氏。亦作「咸」。漢有減宣，爲司隸校尉。急就章有減罷軍。或云，巫咸氏之後。望出汝南、魯國。今東海有此姓。橄氏。胡減切。懷州人橄氏。望出河内。範氏。宋登科，範昱，饒州人。

去聲

統氏。見姓苑。鳳氏。神仙傳有鳳綱。望出平陽、郃陽。祕氏。漢功臣表，戴侯祕彭祖，傳封七代。西秦録有僕射祕宣。五代有祕瓊。望出天水。宋登科，祕景儉，真定人。

利氏。或言楚公子食采於利，後以爲氏。利，今之葭萌也。漢有利幾。又仙人利真源，漢陽人。風俗通，漢有利乾，爲中相。又河南官氏志，叱利氏改爲利氏。宋利溉，舉進士。又有利璨，登科，吴州人。望出河南。義氏。漢有酷吏南陽太守義縱，世居河東，封岸頭侯。蜀録有上庸都尉義歆。宋義積，登進士第。近有義道人，年百五十歲，泰州人。望出河東及平原。騎氏。去聲。史記有燕將騎劫。匱氏。見姓苑。望出盧江。今盧州有此姓。類氏。出姓苑。近爲福州寧德尉類演。宋登科，類從道，密州人。貴氏。風俗通云，陸終之後。漢有盧江太守貴遷。晉武帝才人常山貴氏，生東海王越。又有司空中郎將貴霸。尉氏。鄭大夫尉翩之後。又音鬱。

嘳氏。古氣字。見纂要。意氏。見姓苑。謂氏。唐以前無聞。宋太平興國登科有謂準。露氏。風俗通，漢有上黨都尉露平。固氏。晉平公時有舟人固來。故氏。見姓苑。喻氏。又音樹。望出南昌。姓苑云，南昌有喻氏。東晉有喻歸，撰西河記三卷。又有諭氏，今喻氏多作諭氏。布氏。風俗通，趙有布子，善相馬。望出江夏。晉陶侃別傳有江夏人布興。

樹氏。姓苑云，今河東有樹氏。宋有諸司使樹滋，近改作壹。望出河南及河東。又河南官氏志，樹洛于氏改爲樹氏。

遇氏。風俗通，漢有東安太守遇沖。宋登進士第遇昌朝。望出東莞。

附氏。後漢段熲將附都。魏志有附傳。唐監察御史附得意。上元登科有附不疑。望出新平。

務氏。堯時有務成子，見易傳。列仙傳，務光，夏時人。

瓠氏。淮南子，古有瓠巴，善鼓琴。

錯氏。音措。宋有太宰錯居。

據氏。

住氏。並見姓苑。

鑪氏。音慮，又音盧。楚大夫有鑪金。

庶氏。子思之出母庶氏。急就章有庶霸遂。

絮氏。女據切，又女居切。漢書張敞傳有京兆捕賊掾絮舜，謂敞爲「五日京兆」，敞殺之。姓纂有，去聲，非是。

桂氏。見風俗通。望出燕郡、天水。漢有揚州刺史桂褒，燕人。唐永寧令桂仲武，吳人。宋桂軻，登進士第。

臣謹按：後漢太守陳球碑陰，有城陽炅橫，被誅，四子，一守墳，姓炅；一避難徐州，姓香；一居幽州，姓桂；一居華陽，姓炔。四字並音桂，字各九畫，以避難也。

昋氏。音桂，或作「炅」。有昋道元，著衍天公論。〔一二〕今臨海有此姓。望出弘農號略。漢有衛尉昋橫。又有上計掾昋景雲。魏志吕虔傳有炅母。

計氏。國語有計然，爲越大夫范蠡之師，本葵邱濮上人，姓辛字文子，其先晉國亡公子也。漢有司空掾計訓。後漢有計子勳。望出齊郡、京兆。宋有尚書郎計用章。又有計良輔、計有功，登科，並邛州人。**棣氏**。王莽時有司馬棣立。**隷氏**。古有隷首，善筭。**制氏**。漢初有制氏，以雅樂聲律，世在樂官。**毳氏**。見姓苑。**蒂氏**。亦作「蔕。」王莽傳有中常侍蒂惲。張細切，又徒蓋切。**稅氏**。盛弘之荆州記云，建平信陵縣有稅氏。昔蜀王欒君王巴蜀，王見廩君兵彊，結好飲宴，以稅氏五十人遺巴蜀廩君。〔一二〕望出河間。宋稅挺，登進士第。**藝氏**。**裔氏**。並見姓苑。古今人表有裔欵。**弊氏**。左傳有弊無存。**世氏**。戰國時有秦大夫世鈞。漢有九江尉世寵。又世顧，著子書。**炔氏**。漢書，齊人炔欽，治尚書。**帶氏**。六國時有帶他，見姓苑。**藹氏**。去聲。齊南海太守藹煥。**沛氏**。望出吴興。**貝氏**。宋貝寶，登科，常州人。**兊氏**。見姓苑。**佴氏**。如代切。晉山公集有佴湛。**進氏**。後漢有進延爲小黄令，見華嶠後漢書。「延」或作「儉」。**遾氏**。古文㕘字，見纂要。**慎氏**。風俗通，慎到爲韓大夫，著慎子三十篇。晉有東陽太守慎脩。望出天水。宋有給事中慎鏞。又有慎錡，祥符登科。**靳氏**。楚大夫靳尚。漢有靳歙，又汾陽侯靳彊。後漢末，范陽令靳先。後燕録有太史令雁門靳安。唐金紫光禄大夫靳孝謨，武功人。吏部郎中靳常，館陶人，又居汝南。今望出西河。宋乾德登科有靳顥；又有靳裁之，潁昌人；靳守中，齊州人。**貫氏**。戰國策，齊有貫珠。漢初趙相貫高。後漢西羌校尉貫友，又博士貫長卿。望出西河。**冠氏**。列仙傳有冠玉。**爨氏**。望出晉昌。後漢河南尹爨肅，見謝承後漢書。蜀志，交趾刺史爨琛，建寧大姓也。又有寧州刺史爨頠。華陽國志，爨習，官至領軍，昌寧大姓也。

贊氏。出姓苑。今開封有之。

炭氏。西京雜記，長安有炭虬。

戀氏。漢有戀秘，爲南郡太守。

戰氏。後漢初戰兢，爲諫議大夫。五代有戰貽慶，登進士第。

綀氏。出姓苑。今建安多此姓。嘉祐登科記有綀定。

賤氏。風俗通，漢有右北平太守賤瓊，又有賤虞。

燃氏。女見切。見纂要。同州有此姓。

變氏。

見氏。

薦氏。並見姓苑。

漕氏。漢書，任俠漕仲叔，西河人。少子游，亦以俠聞。

淖氏。音鬧。魯恭王有淖姬。姓纂，楚將淖齒。

耗氏。見姓苑。

好氏。火報切。見纂要。

操氏。隋大業末，鄱陽賊操天成，自號元興王，建元始興。

播氏。風俗通，播鞉武，商末賢人。

化氏。見姓苑。

舍氏。見姓苑。

厙氏。音舍。姓苑云，人姓。今天台括蒼有此姓。

暢氏。陳留風俗傳有暢氏，不詳所出。齊有暢惠明，撰論語義十卷。宋暢适、暢彥雄，登科，並河中人。暢鈎，河南人。

晋氏。音亞。見纂要。

斥氏。音拓。蔡州有此姓。

抗氏。望出丹陽。後漢泰山都尉抗徐，世居丹陽。

佽氏。漢有中大夫佽喜。晉有漢中太守佽嘉。

曠氏。宋登科有曠湜，潭州人。

亢氏。出姓苑。唐登科有亢潮，京兆人。又有五官正亢軫。

相氏。去聲，亦作平聲。漢書武洛山出四姓，其二曰相氏。姚秦有相雲，作獵德賦，世居馮翊。望出西河。

盎

亮氏。

諒氏。後漢有洛陽令諒輔，廣漢人。

氏。並見姓苑。　況氏。姓苑云，廬江有此姓。　浪氏。晉書，永嘉中，張平保青州，爲其下浪逢所殺。　聖氏。　性氏。並見姓苑。　豆氏。後魏將軍豆大田。　鏤氏。姓苑云，今遼東有此姓。　勾氏。舊去聲，今作平聲。蜀志，左將軍宕渠侯勾扶，巴西人。今蜀川多此姓。　富氏。周大夫富辰之後。又魯大夫富父終生。鄭有富子。　繡氏。漢書游俠傳有繡君賓，馬嶺人。　救氏。風俗通，漢有諫議大夫救乂。「乂」或作「仁」。　廐氏。

炙氏。　胄氏。　舊氏。並見姓苑。　就氏。見姓苑。河南官氏志，就賴氏改爲就氏。望出河南。　禁氏。姓苑，吳興。　念氏。望出河南。西魏太傅安定公念賢，代人也。生華，合州刺史。

入聲

澓氏。望出東海。澓仲翁爲漢宣帝師。　木氏。端木賜之後，因避仇改爲木氏。晉文章志有木華，作海賦，爲太傅楊駿主簿。又有木槩，著戰國策春秋二十卷，見七録。又百濟八姓，其五曰木氏。宋熙寧登科，木炎，開封人。崇寧，木輅，温州人。　沐氏。漢有木寵，爲東平太守。狀云，端木賜之後，避難改爲沐氏。　谷氏。有聞於漢。宋登科，谷大向、大方，並曹州人；谷大忠，興仁人；谷椿，衢州人。　睦氏。宋登科，睦緯，大名府人。　潚氏。漢有雁門太守潚何。　鵠氏。望出東海。　蔌氏。望出晉陵。　郁氏。望出魯國。國語云，魯相郁貢，子孫因居之。今吴中有此姓。又望出黎陽。宋郁藻、郁澄，登科，皆浙人。　束氏。附平聲，疎氏。宋登科，束向，揚州人；束長孺，博州人；束贇卿，鄆州人。　鎐氏。子木切。望出彭城。　鄏氏。於六切。出姓苑。　逯氏。音録，風俗通，漢大司馬逯並。後漢有逯明，廣平人。唐夏官郎中逯仁傑，河陽人。望出廣平及河内。又爲緑氏。緑圖，顓帝師。今或讀作禄字。宋景祐登科，逯昂、逯湛。元祐有逯勉，大名府人。　卓氏。史記，蜀郡卓氏，本趙人，以鐵冶致富，徙臨卭。後漢太傅卓茂，南陽宛人。望出南陽、西河。　偓氏。列仙傳有偓佺。　濁氏。漢書貨殖傳有濁氏，賣脯。　濯氏。見風俗通。　朔氏。望出南陽。　學氏。　術氏。並見姓苑。　暨氏。音訖。吴有尚書暨豔。唐天寶有暨晃，弟昱。望出餘杭、渤海。又有暨善應，廬陵人。又暨佐時，上元中准制改爲周氏。宋登科，暨唐裔，建州人；暨商俊，南雄人。　悉氏。古今人表，悉清，爲神農師。　帙氏。見纂要。　朊氏。古聿字。見纂要。　鬱氏。見姓苑。　尉氏。音鬱，亦作「尉」〔一三〕。鄭有尉止、尉翩。古賢有尉繚，著書，號尉繚子。又河南官氏志，尉遲氏，魏孝文改爲尉氏。近有朝請大夫尉大廉，未知何許人。宋初有尉昭敏，爲節度使。又有尉春，登科，永靜人。　茀氏。音弼。左傳有茀翰胡。論語，佛肸以中牟叛，古今人表作茀

肸。恤氏。恤由之後也。恤由之喪，哀公使孺悲弔之，孔子學士喪禮。郙氏。音弗。漢
有九江太守郙脩。厥氏。漢文帝賜衡山王宮人厥氏。姓苑云，今京兆人。骨氏。望出
河南。隋京兆郡丞骨儀。官氏志，紇骨氏改爲骨氏。南唐有歙州刺史骨言。望出郃陽。髮氏。
漢有髮福，東海人，治詩。笪氏。音妲。今建州多此姓。宋笪深，舉進士，建平人。又有笪揆，
登科，廣濟人。察氏。脱氏。並見姓苑。羅氏。又音兆。晉大夫羅茷。折
氏。常列切。望出西河。宋爲大姓，世守麟州，猶古諸侯。今端明殿學士折彦質。渫氏。古
有渫子，賢人也，見韓子。桀氏。古隱者桀溺。漢襄城侯桀龍。蘖氏。望出東莞。姓苑
云，東莞蘖，本姓薛，避仇改焉。齧氏。莊子，齧缺，堯時賢人，學於王倪。别氏。姓苑
云，京兆人。宋有别仝。望出天水、京兆。鐵氏。隋有將軍鐵士雄。宋有進士鐵南仲，淮甸
人。恪氏。晉有郎中令恪啓。望出陳留。佫氏。音各。洛氏。並見姓苑。
薄氏。風俗通，衛賢人薄疑。漢高帝薄夫人，生文帝。夫人弟昭，封軹侯，官至車騎將軍，子戍奴
嗣。唐天寶中大理評事薄芬，櫟陽人。望出雁門、譙國。宋太平登科，薄賁。皇祐，薄洙，并州人。
錯氏。姓纂云，今温州有此姓。矍氏。唐有黄州刺史矍璋。又四門博士矍參。鐸
氏。晉大夫鐸遏寇。楚將有鐸椒，漢藝文志，春秋鐸氏微旨三篇。風俗通，漢有廷尉鐸政。望出絳
郡。姓苑云，今絳州有鐸氏。博氏。風俗通，漢有博子勞，善相馬。望出淮南、廣平。睪

氏。姜姓。吳志有睘統。望出武陵。

藥氏。望出河内。後漢南陽太守藥崧。又有太尉掾藥穆。蜀録，晉有牙門藥沖。唐大曆有閑厩使兼御史大夫藥子昂，生峰、崙。望出河内。宋藥丕顯、藥咸寧、藥太元，並登科。

約氏。韓子，古賢人約續。馬融妾約氏。

直氏。漢御史大夫直不疑，封塞侯。姓苑云，〔一四〕楚人直躬之後。

食氏。望出河南。風俗通，漢有博士食子通，河南人。

敕氏。音棘。望出遼東。後燕合浦公敕勃，東夷人。

墨氏。孤竹君之後，有墨台、墨翟。望出梁郡。

勒氏。晉鎮南將軍王歆，騎督勒滿，討張昌於隨郡。

植氏。姓纂云，南越有此姓。

特氏。左傳，晉大夫特宫，望出平昌。

錫氏。錫壽之後也。漢末有交趾太守錫光。後梁有錫休，爲益州刺史。望出樂安。

壁氏。齊有壁司徒。

休氏。古溺字。見纂要。

夕氏。後漢巴中渠帥有夕氏。巴郡七姓，一曰夕。蜀志，尚書令夕斌。

室氏。見姓苑。唐朝虞相室昉歸明，爲諸衛將軍。

赤氏。風俗通，帝嚳師赤松子之後，見神仙傳。

辟氏。左傳有辟司徒。漢書，富人辟子方。

笮氏。側伯切，亦作「筰」。吳志，漢中有笮融，丹陽人。風俗通，楚有笮倫。今吳郡有此姓。

適氏。見姓苑。

麥氏。姓苑云，高要始興有此姓。隋有麥鐵杖，始興人，官至萊州刺史、右屯衛大將軍。今望出汝南。宋登科，麥致遠，廣州人。

帛氏。姓苑云。吳郡人，漢五威將軍帛敞。後漢有帛宣。神仙傳有帛和。晉有高僧帛道佺。

益氏。今望出城陽，馮翊。

革氏。漢初功臣有煮棗侯革朱。望出清河。

澤氏。見姓苑。給氏。見姓苑。集氏。風俗通，漢有外黄令集一。襲氏。晉有隱士襲元之。南史有襲蔦。

蓋氏。古盍切。漢有蓋公，又司隸校尉蓋寬饒。後漢二十八將有蓋延。又官氏志，蓋樓氏改爲蓋氏。宋有蓋源、蓋沂、蓋寓，〔一五〕登科，並大名人。蓋傳，兖州人。

厍氏。古闔字。見纂要。盇氏。才盍切。見纂要。納氏。見姓苑。接氏。三輔決録有接子，名昕，著書十篇。

涉氏。晉大夫涉他。神仙傳，涉正。宋太平登科有涉緯。

複　姓

凡複姓有不知其詳本者，則附四聲之後。

綦母氏。左傳，晉有綦母張。風俗通，漢有廷尉綦母參。戰國策，綦母子與公孫龍爭辨。大觀登科有綦母賁，南平人。

西乞氏。秦將西乞術之後。西都氏。見王符潛夫論。

西鉏氏。左傳，宋大夫西鉏吾。漢有侍御史西鉏虚，見英賢傳。南榮氏。南榮疇，見古今人表。

北人氏。莊子，舜友北人無擇。晏子云，古有北人無擇，清身潔己，疾世人濁，自投清泠之淵。

九百氏。姓苑云，代縣有九百里，爲小吏。段干氏。見姓苑。段干木之後也。西河人。

青萍氏。見姓苑。長盧氏。列子，楚賢者長盧氏，著書。索盧氏。呂氏春秋，禽滑釐門人索盧參。後漢淮陽令索盧放。蒲盧氏。姜姓。齊人蒲盧胥，善弋射。盧蒲氏。姜姓。齊桓公之後。左傳，齊有盧蒲就魁、盧蒲癸、盧蒲嫳。兹毋氏。毋音無，下同。左傳，齊大夫兹毋還。漢有侍御史兹毋常。巨毋氏。王莽時有長人巨毋霸。毋將氏。毋終氏。左傳，毋終子嘉父，翟國君也。毋車氏。見風俗通，漢下邳相毋車伯奇。望出樂安。宣于氏。前趙録有劉淵太史令宣于修之。鬬于氏。多于氏。並見姓苑。梁由氏。晉有梁由靡。漢有將軍梁由是先，安帝時人。梁石氏。漢隱者梁石君，曹參所禮者也。梁可氏。後魏上谷梁可頭，又代郡太守梁可浪。仲梁氏。魯大夫仲梁懷，見左傳。又春秋後語，仲梁閔。穀梁氏。魯有穀梁赤，傳春秋。尸子云，穀梁淑，字元始，魯人，亦傳春秋十五篇。望出下邳。姓纂，今下邳有穀梁氏。將梁氏。史記，秦爲嬴姓，有將梁氏。容成氏。古容成子，造歷。神仙傳有容成公。廣成氏。神仙傳，廣成子，居崆峒山。務成氏。呂氏春秋，務成子，堯師也。新序，子夏曰：「舜學于務成跗。」析成氏。左傳，齊有析成鉏。陽成氏。風俗通，陽成胥梁，晉隱士也。漢有諫議大夫陽成公衡。功臣表，梧齊侯陽成延，傳封六代。「成」或作「城」。王莽時陽成修，獻符命。上成氏。後漢書，密縣上成公，白日昇天。盆成氏。孟子有盆成括，仕齊。將閭氏。漢書藝文志，將閭子名菟，著書。

林閭氏。嬴姓。漢蜀郡林閭翁孺，博學能文，見文章志。

庚桑氏。莊子，庚桑楚之後。

有男氏。姒姓。史記，禹後有有男氏。

澹臺氏。風俗通，澹臺滅明字子羽，武城人。漢有博士澹臺恭。

浩星氏。漢有浩星公，治穀梁。又有浩星賜，趙充國所善也。

墨夷氏。風俗通，宋大夫有墨夷須、墨夷皋。

養由氏。楚大夫養由基之後。

安期氏。英賢傳，安期生，古仙人。漢有安期生，蒯通友人。

沐蘭氏。望出任城。

端木氏。端木賜，仲尼弟子。

姑布氏。趙簡子時姑布子卿，善相，見史記。又漢有姑布子。望出東平。

黔婁氏。列女傳，黔婁先生，古賢士。

中梁氏。姓氏英賢傳，古隱者中梁之後。

中野氏。子姓。潛夫論，宋微子之後。楚文王御史中野彪。

室中氏。漢書藝文志有室中周，著書十篇。王莽時室中公避地漢中。漢功臣表，清簡侯室中同，傳封四代。

路中氏。漢書，路中大夫之後。

步叔氏。家語，步叔乘，齊人，仲尼弟子。

石作氏。姓氏英賢傳，石作蜀，仲尼弟子，見史記。

古野氏。晏子春秋，齊景公勇士也。一作古冶。

壤駟氏。家語，壤駟赤，秦人，仲尼弟子。

合博氏。漢功臣昔侯合博胡害，曾孫興，昭帝時將軍。

漆雕氏。史記，漆雕徒父、漆雕開、漆雕哆，並仲尼弟子。

空相氏。史記，商後有空相氏。晉惠時有空相機。

京相氏。見英賢傳。望出濟南。晉京相播，作春秋土地名三卷。

馬矢氏。漢有大司徒馬宮，本馬矢氏。

馬適氏。英賢傳，漢有畢梁侯馬適育。漢功臣馬適求，聚黨討王莽，見害。　巫馬氏。史記，巫馬施，字子期，仲尼弟子。　闞龍氏。夏桀時忠臣闞龍逢之後。青烏氏。漢青烏子，善術數。神仙傳有青烏公。　羊角氏。列女傳有羊角氏。　苑羊氏。左傳，〔一六〕莒大夫苑羊牧之後。　羺羊氏。左傳，衛石碏宰羺羊肩。　浩羊氏。風俗通，齊大夫浩羊嘉。　長魚氏。左傳，晉有長魚矯。　昭沙氏。一作「昭涉」。史記功臣表，〔一七〕平州侯昭沙掉尾。　樂王氏。晉大夫樂王鮒之後也。漢有郎中樂王茂。　泠州氏。左傳，周泠州鳩之後。　老萊氏。老萊子，楚賢人，著書。　列禦氏。鄭穆公時，列禦寇，著書。　瞻葛氏。英賢傳，有熊氏之後。世本，宋景公時有瞻葛祁，爲大夫。　瑕呂氏。左傳，晉有瑕呂飴甥。　不弟氏。子姓。潛夫論，宋不弟氏。　鉤弋氏。英賢傳，漢昭帝母鉤弋夫人，又爲鉤弋氏。神仙傳有鉤弋君。　呂管氏。英賢傳，漢鉅鹿都尉呂管次祖，中山人。陵終氏。王莽曾祖翁孺與東平陵終氏有怨。　邑裘氏。衛大夫邑裘氏之後。　縣潘氏。衛大夫柳莊卒，君贈邑裘、縣潘二邑，書納諸棺，見禮記。　屠岸氏。晉屠岸賈，見史記。函治氏。英賢傳，後漢黄門侍郎函治子覺。　洞沐氏。漢有洞沐孟陽，善易。　甫爽氏。世本，宋大夫甫爽之後。　安是氏。英賢傳，晉厲公大夫安是叔施。　遨僕氏。漢校尉遨僕多，見霍去病傳。　補禄氏。英賢傳，晉惠帝時殿中中郎補禄彪。　游棣氏。英賢傳，游棣子，著書一篇，言法家事。

校勘記

〔一〕「士丐氏」，汪本「丐」作「丏」，據元本、明本、于本、殿本改。下逕改，不出校。

〔二〕「魏武子」，汪本「武」作「公」，據元本、明本、于本、殿本改。

〔三〕「次曰什翼犍」，「什」，原作「仲」，據元本、大德本改。

〔四〕「子孫遁居北方」，汪本「北方」作「之北」，據元本、明本、于本、殿本改。

〔五〕「與出連斯引叱靈三部自漠北出陰山」，「三」，原作「二」，據元本、大德本改。

〔六〕「唐有日者紇單琂」，汪本「有」作「南」，據元本、明本、于本、殿本改。

〔七〕「生明光貞明賀蘭都督貞司膳少卿」，諸本皆作「生明、光，貞觀中賀蘭都督、司膳少卿。」訛脱不成句讀，今據舊唐書契苾何力傳改正。

〔八〕「北番酋帥有屈密支頡利發」，汪本「北」作「此」，據元本、明本、于本、殿本改。

〔九〕「出自代北」，諸本「出自」二字互倒，依文義改正。

〔一〇〕「晉太元中有經曠」，汪本「元」作「原」，據元本、明本、于本、殿本改。

〔一一〕「衍天公論」，元本、明本、于本、殿本「衍」皆作「與」，今姑從汪本。

〔一二〕「昔蜀王欒君王巴蜀王見廩君兵彊結好飲宴以税氏五十人遺巴蜀廩君」，諸本皆同。按文義，「遺」下「巴蜀」二字應爲衍文。

〔一三〕「亦作尉」，按「尉」字與「尉氏」之文無别，應爲「尉」字之訛。

〔一四〕「姓苑云」，「云」字原空格，據元本、殿本補。

〔一五〕「宋有蓋源蓋沂蓋寓」，汪本「寓」作「萬」，據元本、明本、于本、殿本改。

〔一六〕「左傳」，汪本「傳」作「羺」，據元本、明本、于本、殿本改。

〔一七〕「史記功臣表」，按史記應作漢書，此文誤記。

氏族略第六

同名異實第一

唐氏有二：堯之後爲唐，周以封晉，此晉之唐也，伊祁姓。燮父之後封于唐，爲楚所并，此楚之唐也，姬姓。

虞氏有二：姚姓之虞，舜後也。姬姓之虞，仲雍之後也。

夏氏有二：夏后之後，以國爲氏。陳宣公之子子夏之後，以字爲氏。

商氏有二：成湯之後爲商。衞鞅封商君，其後亦爲商。

周氏有五：后稷之後爲周氏。又姬氏，唐先天中避諱改爲周氏。又暨氏，上元中准制改爲周氏。又代北賀魯氏、普氏，後魏並改爲周氏。

秦氏有三：秦國爲秦氏。魯有秦邑，亦爲秦氏，秦非是也。楚又有秦商。

燕氏有二：有姬姓之燕。有姞姓之燕。

管氏有二：叔鮮之後，以國爲氏，出自文王。又齊管仲，出自穆王。

畢氏有二：畢公高之後爲畢。後魏出連氏，改爲畢。

于氏有三：周武王之子邗叔之後，或去「邑」爲于氏。後魏萬紐于氏，改爲于。又淳于氏，避唐諱改爲于。

胡氏有二：周之胡國爲胡氏。後魏紇骨氏，亦爲胡氏。

齊氏有二：太公之後，以國爲氏。衛大夫齊子之後，以字爲氏。

楚氏有二：鬻熊之後，以國爲氏。魯林楚之後，以名爲氏。

陳氏有四：舜之後，以國爲氏也。又白氏，隋初改爲陳，此萬年之陳也。又魯相無子，以外孫劉矯嗣，此廣陵之陳也。又侯莫陳之後，亦改爲陳氏。

朱氏有三：邾子之後，去「邑」爲朱。又渴燭渾氏、可朱渾氏，並改爲朱。

婁氏有二：邾婁之後也。又疋婁氏，改爲婁氏。

兒氏有二：郳氏去「邑」爲兒。又賀兒氏，亦改爲兒。

越氏有三：勾踐之後，以國爲氏。又有越彊氏，改爲越氏。又有越質詰氏，改爲越氏。

薛氏有三：奚仲之後，以國爲氏。又叱干氏，改爲薛。又有遼西薛氏。

沈氏有二：沈子逞之後，以國爲氏。又楚莊王之子公子正，封於沈鹿，其後以邑爲氏。

徐氏有二：若木之後，以國爲氏。又一族出於黄帝十四姓。

云氏有二：邧國之後，去「邑」爲云。又後魏牒云氏，改爲云。

禹氏有二：鄅國去「邑」爲禹。又夏禹之後，以名爲氏。

宿氏有二：風姓之後，以國爲氏。又有宿六斤氏，改爲宿。

羅氏有二：妘姓之後，以國爲氏。又有叱羅氏，改爲羅。

夔氏有二：熊摯之後，以國爲氏。又天竺亦有夔氏。

夷氏有四：夷詭諸之後爲夷氏。又逸民夷逸，齊大夫夷仲年，郳大夫夷射姑之後，皆以名字爲氏。

須氏有二：密須之後爲須。須句之後亦爲須。

黎氏有三：子姓之後，以國爲氏。又齊大夫黎彌、黎且，以邑爲氏。又後魏素黎氏，改爲黎氏。

申氏有二：姜姓之後，以國爲氏。又楚之申邑，申公居之，以邑爲氏。

向氏有二：祁姓之後，以國爲氏。又宋公子肹，字向，以字爲氏。

葛氏有三：嬴姓之後，以國爲氏。又葛天氏之後，亦爲葛氏。後魏賀葛氏，改爲葛。

會氏有二：鄶國去「邑」爲氏。又會乙之後，亦爲會氏。

辛氏有三：莘氏訛爲辛。又計然本姓辛。又周有項亶，賜姓辛氏。

吕氏有五：姜姓之後，以國爲氏。又晉有吕氏，出於魏氏。又有叱邱氏、副吕氏、叱吕氏，並改爲吕。

譚氏有二：子爵，以國爲氏。又巴南六姓，有譚氏。

冀氏有二：冀國之後，以國爲氏。晉滅冀以爲邑，郤氏食之，爲冀芮，子孫以邑爲氏。

鬲氏有二：有鬲之國，以國爲氏。又商人膠鬲，以名爲氏。

顧氏有二：顧國，夏、商諸侯也。又句踐之後，别封顧余，以邑爲氏。

共氏有三：共者，商之侯國也，其後以國爲氏。鄭公子段曰共叔，晉太子申生曰共君，並以謚爲氏。

龔氏有三：恭國，籀書作龔。又晉大夫龔堅之後也。又漢巴郡蠻酋有龔氏。

洪氏有二：共氏改爲洪氏。又豫章弘氏，避唐明皇諱改爲洪。

彭氏有二：大彭之國爲彭氏。祝融之後八姓，亦有彭氏者。

祭氏有二：周公之後，以國爲氏。又鄭有祭邑，祭仲足其後也。

毛氏有二：毛伯聃之後，以國爲氏。又有北代之族，世爲酋長。

劉氏有五：堯之後有劉累，爲劉氏。成王封王季之子於劉邑，亦爲劉。漢賜項氏、婁氏並爲劉氏。又匈奴之族，從母姓劉。

欒氏有二：晉欒賓之後，姬姓也，以邑爲氏。齊子欒之後，姜姓也，以字爲氏。

荀氏有二：荀本侯國也。又晉荀林父，以邑爲氏。

丙氏有二：邴豫之後，或去「邑」作丙。又李陵降匈奴，裔孫歸魏，見丙殿，因賜氏焉。

薳氏有二：薳章之後，亦作「蔿」，以邑爲氏。晉士蔿之後，以字爲氏。

裴氏有二：秦非子支孫，封裴鄉，以鄉爲氏。又西域有裴氏。

孫氏有三：衛公子惠孫之後，以字爲氏。又楚有芈姓之孫，齊有嬀姓之孫，皆以字爲氏。

南氏有三：衛公子郢字子南，其後爲南氏；又楚有子南氏，亦爲南氏，並以字爲氏者。晉有南氏，以鄉爲氏。

國氏有二：鄭子國之後，以字爲氏，姬姓也。齊有國氏，姜姓也。

孔氏有三：宋孔父嘉之後也。又衞有孔氏，爲世卿；鄭亦有孔氏，皆以字爲氏者。

董氏有二：董父之後，以字爲氏。又有陸終之子參胡，姓董，以姓爲氏。

成氏有二：楚若敖之後，以字爲氏。又周有成氏。

孟氏有二：魯慶父之後，爲孟氏。又衞公孟縶之後，亦爲孟氏。

仲氏有二：魯慶父曰共仲之後，爲仲氏。又宋莊公之子子仲之後，亦爲仲氏。

叔氏有四：魯叔牙之後，魯文公之子叔肸之後，八凱叔達之後，晉叔向之後，並以叔爲氏。

季氏有二：魯公子季友之後也。又陸終之子季連，亦爲季氏。

伯氏有二：晉中行伯之後也。或言伯益之後，亦爲伯氏。

士氏有二：隰叔爲晉士師，以官爲氏。又有士季氏之後，以字爲氏。

山氏有二：烈山氏以山爲氏。而周有山師之官，以官爲氏。

王氏有四：有姬姓之王，有嬀姓之王，有子姓之王，有虜姓之王。姬姓之王有二族，嬀姓之王有一族，子姓之王有一族，虜姓之王有四族。

任氏有三：黄帝二十五子，得姓爲任者，其後以姓爲氏。又顓帝少子陽封於任，其後以國爲氏。又任爲風姓之國，太昊之後也，亦以國爲氏。

偃氏有二：有偃氏之國，後爲偃氏。又皋陶之後，姓偃，亦以姓爲氏。

宣氏有二：魯叔孫僑如謚宣伯，與宋宣公之後，並以謚爲氏。

稷氏有二：后稷之後有稷氏。漢稷嗣君叔孫通支孫，亦爲稷氏。

改氏第二

婁氏、項氏，漢並賜劉氏。

酈食其曾孫，漢賜以食其爲氏。玄孫武，平帝時爲侍中，復改侍其。

晉州稽胡，晉初賜呼延氏。

項氏，後周賜辛氏。

獨孤屯本姓李，從齊神武，沙苑戰敗，爲柱國獨孤信所擒，配爲士伍，賜獨孤氏。

章仇禿髮氏，歸後魏，太武賜源氏。

章仇大翼，隋煬帝賜盧氏。

唐傅游藝，賜武氏。

唐徐氏以勣，邴氏以元紘，安氏以抱玉，杜氏以伏威，胡氏以大恩，弘氏以播，郭氏以子和，麻氏以延昌，鮮于氏以叔明，安氏以元諒，張氏以寶臣，阿希布氏以懷遜，阿跌氏以光進，舍利氏以奉國，董氏以忠臣，羅氏以德儁、以藝，朱邪氏以國昌，並由立功賜李氏，從國氏也。

桓庭昌，唐上元准制改爲姜。

暨佐時，唐上元准制改爲周。

嫣氏，改爲姚氏。

袁氏，改爲衡氏。

裴氏，改爲壘氏。

羊舌氏，改爲吉氏。

姞氏，改爲羊氏。

閭氏，改爲盧氏。

辛氏，改爲計氏。

鐵伐氏，赫連勃勃以其本宗支庶非正統，並爲鐵伐氏。

氏氏，孔融謿氏儀，以氏字民無上，遂改爲是氏。

梁鴻氏，改爲運期氏。

馬矢氏，改爲馬官氏。

渾沌氏，改爲屯氏，去「水」。

屈全氏，裔孫仕後魏，以自南方，乃加「南」，或作「男」。

謝服爲鴻臚卿，後漢末出征，嫌其名姓不祥，乃改爲射咸。

京房本姓李，吹律定姓，改爲京氏。

改惡氏第三

蕭氏，齊武帝以巴東王子響叛逆，改爲蛸氏。

馬氏，以何羅逆誅，馬后惡之，改爲莽氏。

梟氏，隋煬帝誅楊玄感，改爲梟氏。

勃氏，梁武帝改豫章王綜爲勃氏。

黥氏，淮南王英布少時以罪被黥，遂爲黥氏。

蝮氏，唐乾封元年，改武惟良爲蝮氏。

劉誕謀逆，貶爲留氏。

漢魏受氏第四

臣謹按：成周以國命氏，漢則稱郡國者亦有之。

楚元王交之子劉富，初封休侯，更封紅侯，其後遂爲紅氏。楚懷王孫心都郴，其後遂爲郴氏。番音婆氏，因吳芮封番君，支孫氏焉。櫟陽氏，後漢景丹封櫟陽侯，曾孫分，避亂隴西，因封爲氏。周陽氏，漢淮南王舅趙兼封周陽侯，子由，爲河東尉，因封爲氏。東陵氏，因邵平之封，子孫遂以爲氏。廣武氏，因李左車之封，子孫遂以爲氏。冠軍氏者，因霍去病之封也。信都氏者，因張敖之封也。武彊氏者，因後漢王梁之封也。蘄氏者，姓苑云，蘄春侯之後。鄮氏者，姓纂云，越人以郡爲姓，今明州鄮縣是也。如此之類，是爲以郡命氏者也。

春秋之時，冀芮居冀地，潁考叔居潁谷，介之推、燭之武，並以地命氏者。漢四皓亦然。如綺里季，居於綺里也，其後有綺氏，亦有綺里氏。甪里先生，居於甪里也，其後有甪氏，亦有甪里氏。少康之後，漢初徙居嵇山，遂爲嵇氏。後漢鮭陽鴻，爲少府，居鮭陽，遂爲鮭氏。鮭音圭。如此之類，漢亦多矣，是爲以地命氏者也。

成周以邑命氏，漢、魏亦有之。揭陽氏者，因漢功臣安道侯揭陽定爲揭縣令，因氏焉。泉氏，因全琮之孫暉，魏封南陽侯，食封白水，遂改爲泉氏。如此之類，是爲以邑命氏者也。

三代之時，貴者有氏，賤者有名無氏。按漢郊祀志，汾陰人無錦，粤人勇之。是亦有名無氏者，蓋錦爲工技之賤，勇之爲蠻夷之賤也。

臣謹按：無氏之賤，漢猶有之，受氏之道，漢、魏猶傳，略載一二，以備考古。漢、魏之後無所聞，惟用古姓氏耳。

變夷第五

賀魯之爲周。　賀葛之爲葛。　是婁之爲高。　叱盧之爲祝。　口引之爲寇。　如稽之爲緩。　去斤之爲艾。　是賁之爲封。　叱奴之爲狼。　那婁之爲婁。　吐難之爲山。　古引之爲侯。　出連之爲畢。　乞扶之爲扶。　是連之爲連。　俟幾之爲俟。　可單之爲單。　紇骨之爲骨。　沓盧之爲沓。　莫于之爲郃。　屈突之爲屈。　俟亥之爲亥。　俟畿之爲畿。

賀兒之爲兒。叱利之爲利。叱李之爲李。柯枝之爲柯。叱羅之爲羅。那莫之爲莫。莫輿之爲輿。費連之爲費。費羽之爲羽。黜弗之爲弗。莫盧之爲盧。爾綿之爲綿。解毗之爲解。奇斤之爲奇。統萬之爲萬。統稽之爲稽。安遲之爲安。輾遲之爲展。[谷必]邗之爲邗。如羅之爲如。薄奚之爲古。若干之爲苟。昝盧之爲昝。姒先之爲姒。渴侯之爲紙。拔略之爲蘇。紇干之爲干。乙弗之爲乙。步鹿之爲步。屋引之爲房。車焜之爲車。普周之爲周。高護之爲李。莪眷之爲莪，又爲眷。莫蘆之爲蘆，或爲盧。邱林之爲林，又爲邱；邱敦亦爲邱。副呂之爲副，又爲呂；叱邱亦爲呂。就賴之爲就；菟賴亦爲就。温狐之爲温；温盆亦爲温。阿伏之爲阿；阿賀亦爲阿。紇單之爲紇；紇奚亦爲紇。羽真之爲高；楚婁亦爲高。是云之爲是；是奴亦爲是。蓋婁之爲婁；疋婁亦爲婁。侯力之爲鮑；侯力代亦爲鮑。烏丸之爲桓；阿鹿桓亦爲桓。可地之爲延；可地延亦爲延。侯奴之爲侯；侯伏斤亦爲侯。費羽之爲羽，拂羽亦爲羽。黜弗之爲弗；燕弗亦爲弗；鐵弗亦爲弗。吐門之爲門；叱門亦爲門；庫門亦爲門。拓跋之爲元；紇骨亦爲元；是云亦爲元；景氏亦爲元。　阿單之爲單；渴單亦爲單。　悉雲之爲雲；宥連亦爲雲。賀蘭之爲賀；賴氏亦爲賀。

右二字變夷

吐谷渾之爲渾。　俟呂隣之爲呂。　没鹿回之爲竇；紇豆陵亦爲竇。　萬紐于之爲于；勿忸于亦爲于。　斛瑟羅之爲羅；破多羅亦爲羅。　温石蘭之爲石；烏石蘭亦爲石，又爲烏。　步六孤之爲陸。　邱穆陵之爲穆。　阿伏干之爲阿。　普陋茹之爲茹。　拔烈蘭之爲梁。　烏落蘭之爲蘭。　宿六斤之爲宿。　庫若干之爲干。　扈地干之爲扈。　俟伏斤之爲斤。　地駱拔之爲駱。　郁原甄之爲甄。　若口引之爲冠。　破多羅之爲潘。　破落郍之爲郍。　步鹿如之爲鹿。　阿史郍之爲史。　没路真之爲路。　譬歷辰之爲辰。　紇突隣之爲隣。　骨咄禄之爲禄。　大利稽之爲郃。　俟力代之爲俟。　大洛稽之爲稽。　俟伏斤之爲伏。　壹斗眷之爲明。　步鹿斤之爲步。　獨孤渾之爲杜。　庫傉官之爲庫。　奚什盧之爲盧。　渴燭渾之爲朱。　莫胡盧之爲陽。

右三字變夷

臣謹按：代北之人，隨後魏遷河南者，後魏獻帝爲之定姓，爲複姓，或爲三字姓，或爲四字姓。其音多似西域梵書，有二合、三合、四合者，皆指一字之音，故孝文用夏變夷，革以華俗，皆改爲單字之姓。〔二〕又孝文詔，南遷者死不得還，卽葬洛陽，故虜姓皆在河南。又按：其書曰河南官氏志者，蓋僾代北之人隨後魏南遷，因作其書而爲之志。又按：孝文之時咸改單姓，惟賀若氏不改，及乙旃氏改爲叔孫，拔拔氏改爲長孫。

變於夷第六

閻慶之爲大野氏。　辛威之爲普屯氏。　韓哀之爲俟呂鄰氏。　李弼之爲徒何氏。　田弘之爲紇干氏。　王雄之爲可頻氏。　王熊之爲柘王氏。　蔡氏之爲大利稽氏。　陰氏之爲邱目陵氏。　張氏之爲叱羅氏。　周氏之爲車非氏。　南氏之爲宇文氏。

臣謹按：後周宇文氏以其起於夷虜，故欲變夏爲夷，以夷爲貴也。然官制一遵三代，而姓氏用夷虜，何相反之如是。

別族第七

魯季氏，自季孫行父以至季孫彊，大宗也，故稱季孫。如季公鳥、季子差、季寤之類，但稱季者，所以別支庶。

叔氏之大宗亦稱叔孫，其支庶稱叔仲氏，又曰仲壬、孟丙亦是也。

仲氏之大宗亦稱仲孫氏，其支庶則稱南宮氏、南氏、子服氏。

臧氏之大宗稱臧氏，〔二〕至於臧會氏、臧文氏，皆支庶之別系其所自出之祖。

傅餘氏者，傅氏餘子之族也。

韓餘氏者，韓氏餘子之族也。

褐餘氏，褐冠氏餘子之族也。

成湯之後爲殷氏，又有北殷氏。

后稷之後爲周氏，又有西周氏，又有周生氏。

舒氏之族，見於當時者，一曰舒，二曰羣舒，三曰舒蓼，四曰舒庸，五曰舒鳩，六曰舒鮑。

斟氏之族，見於當時者，一曰斟，二曰斟鄩，三曰斟灌，四曰斟戈，〔三〕五曰介斟。

荀氏之族，見於後世者，有田氏，有程氏，有輔氏，有智氏。

田氏之族，見於後世者，有第二，有第五，有第八。

顓臾之族三：有顓臾，有去「臾」爲顓，有去「顓」爲臾。

密須之族三：有密須，有去「須」爲密，有去「密」爲須。

葛氏居於諸邑者爲諸葛。

里氏居於相城者爲相里。

避諱第八

宋以武公名司空，改爲司功氏。　晉以僖侯名司徒，改爲司城氏。　籍氏避項羽諱，改爲席氏。　奭氏避漢元帝諱，改爲盛氏。　莊氏避漢明帝諱，改爲嚴氏。　慶氏避漢安帝父諱，改爲賀氏。　師氏避晉景帝諱，改爲帥氏。　姬氏避唐明皇諱，改爲周氏。　弘氏避唐明皇諱，改爲洪氏。　淳于氏避唐憲宗諱，改爲于氏。　啖氏避唐武宗諱，改爲澹氏。　敬氏避宋諱，改爲文氏，又爲恭氏。　恒氏避宋諱，改爲常氏。

音訛第九

陳氏爲田氏。　韓氏爲何氏。　莘氏爲辛氏。　黨氏爲掌氏。　歐氏爲區氏。　戴氏爲載氏。　鑾氏爲瞞氏。　虢氏爲郭氏。　吕氏爲甫氏。　郯氏爲談氏。　姒氏爲似氏。　苦氏爲庫氏。　雷氏爲盧氏。　恭氏爲共氏。　共氏爲洪氏。　王孫賈之後亦爲古孫氏者，「賈」近於「古」故也。苦成子以成子食苦邑，故以爲氏，後訛爲古成，又爲庫成。　慕容氏爲慕輿氏。　賀遂氏爲賀悦氏。　夫餘氏爲梟臾氏。　吾邱氏爲虞邱氏。　毌邱氏爲曼邱氏。　申徒氏爲申屠氏。　鄫氏爲繒氏。　穆氏爲繆氏。　簡雍本姓耿，幽州人，以耿爲簡，遂爲簡氏。

省文第十

鄣之爲章。 邴之爲丙。 郲之爲來。 鄟之爲專。 鄩之爲尋。 鄫之爲曾。 邵之爲召。 郈之爲后。 鄶之爲會。 鄅之爲禹。 郧之爲云。 郳之爲兒。 邾之爲朱。 郕之爲成。 郇之爲旬，去「邑」。 橋之爲喬，去「木」。 理之爲里，去「玉」。 譚之爲覃，去「言」。 熊之爲能，去「火」。

省言第十一

盧蒲之爲盧。 閭邱之爲閭。 即墨之爲即。 鍾離之爲鍾。 馬服之爲馬。 褚師之爲褚。 毌邱之爲毌。 司寇之爲寇。 宗伯之爲宗。 褐冠之爲冠。 主父之爲主。

避仇第十二

端木賜之後改爲木氏，又爲沐氏。　墨台之後改爲墨氏，又改爲怡氏。　刁氏之後改爲弜。　伍氏之後改爲五。　巴氏之後改爲杷。　鞠氏之後改爲麴。　譚氏之後改爲覃。　仇氏之後改爲求。　銅鞮氏之後改爲遆。　秘邗氏之後改爲邗。　滕氏之後改爲騰。　秣氏之後改爲末。　陸氏之後改爲褥。　部氏之後改爲浩。　胙氏之後改爲作。　杞氏之後改爲抱。　樓氏之後改爲蓋。　薛氏之後改爲蘖。　棘氏之後改爲棗。　凡氏之後改爲汎。　鮮卑氏之後改爲庫狄。　圈氏去「口」爲卷氏。　章氏避仇爲章仇氏。　疎氏避王莽之難，去「足」爲束。　又云，疎廣之曾孫彥，避王莽於太原，改爲太傅。　牛金之子逃難改爲牢，後改奪，後又爲牛氏。

臣謹按：避仇之説多非，或省文，或訛音，何必爲避仇也。據皇甫謐云，凡氏遭秦亂，避地添「水」爲汎氏，此何所憑哉？凡氏者，凡伯之後，以國爲氏。汎者，周之邑也，其大夫食采於此，其後之人以邑爲氏。自是兩家源流，應知避地改姓之説多附會。然疎廣之後爲束，爲太傅；牛金之後爲牢，爲寮，此又爲避地之事明矣。

生而有文第十三

武氏，唐元和姓纂云，周平王少子，生而有文在手曰「武」，遂以爲氏。

南氏，姓源韻譜云，盤庚妃姜氏，夢龍入懷，孕十二月而生，手把「南」字，長封荆州，號南赤龍。

鮮于氏，鮮于血脉譜云，子仲之子曰文，生而有文在手，左曰「魚」，右曰「羊」，及長，封漁陽，爲燕附庸。

閻氏，唐表云，昭王少子，生而有文在其手曰「閻」，康王封於閻城。

臣謹按：左氏謂季友生而有文在其手曰「友」，因以命之，每疑其誕也，後人由此復廣其道焉。且武氏者，以謚爲氏。南氏者，以字爲氏。鮮于者，武王封箕子於朝鮮，支子仲食采於于，故有鮮于氏。閻氏者，武王封太伯曾孫仲奕於閻鄉，故有閻氏。安得無稽之言流於後世。大抵氏族之家言多誕，博雅君子不可不審。

校勘記

〔一〕「改爲單字之姓」，汪本「字」作「氏」，據元本、明本、于本、殿本改。

〔二〕「臧氏之大宗稱臧氏」，諸本皆同。按文義應作「稱臧孫氏」。

〔三〕「四曰斟戈」，「戈」，原作「弋」，據前卷氏族略第二改。

六書略第一

六書圖

- 象形
  - 正生
    - 天物之形八
    - 山川之形三十
    - 井邑之形十四
    - 艸木之形四十五
    - 人物之形百二十三
    - 鳥獸之形七十五
    - 蟲魚之形二十三
    - 鬼物之形二
    - 器用之形八十七
    - 服飾之形十五
  - 側生
    - 象貌四十四
    - 象數十四
    - 象位十一
    - 象氣十五
    - 象聲十三
    - 象屬二
  - 兼生
    - 形兼聲五十
    - 形兼意三十七

凡象形類，計六百八。

諧聲
- 正生歸本 二萬一千三百四十一
- 變生
  - 子母同聲三十七
  - 母主聲二十一（二）
  - 主聲不主義四
  - 子母互爲聲四
  - 三體諧聲三十
  - 聲兼意三百七十三

凡諧聲類，計二萬一千八百十。

指事
- 正生歸本 七十八
- 兼生
  - 事業聲六
  - 事兼形十一
  - 事兼意十二

凡指事類，計百七。

會意
- 正生歸本 上四百五十二 下二百四十六
- 續生
  - 三體會意四十二

凡會意類，七百四十。

- 轉注
  - 並生
    - 建類主義轉注五十
    - 建類主聲轉注二十
    - 互體別聲轉注二百十四
    - 互體別義轉注四十八

凡轉注類，三百七十二。

- 假借
  - 正不生
    - 託生
      - 同音借義三十五
      - 借同音不借義四十五
      - 協音借義二百八
      - 借協音不借義百三十三
      - 因義借音二十五
      - 因借而借四十三
      - 語辭之借四十
      - 五音之借五
      - 三詩之借三
      - 十日之借十
      - 十二辰之借十二
      - 方言之借九
    - 反生
      - 雙音并義不爲假借三十

凡假借類，計五百九十八。

右六书，总计二万四千二百三十五。

六書序

經術之不明，由小學之不振。小學之不振，由六書之無傳。聖人之道，惟藉六經。六經之作，惟藉文言。文言之本，在於六書。六書不分，何以見義？經之有六書，猶奕之有二棊，博之有五木。奕之變無窮，不離二色。博之應無方，不離五物。苟二棊之無別，則白猶黑也，黑猶白也，何以明勝負？苟五木之不分，則梟猶盧也，盧猶梟也，何以決雌雄？小學之義，第一當識子母之相生，第二當識文字之有間。象形、指事，文也。會意、諧聲、轉注，字也。假借，文、字俱也。象形、指事，一也，象形別出爲指事。諧聲、轉注，一也，諧聲別出爲轉注。二母爲會意，一子一母爲諧聲。六書也者，象形爲本，形不可象則屬諸事，事不可指則屬諸意，意不可會則屬諸聲，聲則無不諧矣，五不足而後假借生焉。一曰象形，而象形之別有十種：有天物之形，有山川之形，有井邑之形，有艸木之形，有人物之形，有鳥獸之形，有蟲魚之形，有鬼物之形，有器用之形，有服飾之形，是象形也。推象形之類，則有象貌，象數，象位，象氣，象聲，象屬，是六象也，與象形並生，而統以象形。又有象形而兼諧聲者，則曰形兼聲；有象形而兼會意者，則曰形兼意。十形猶子姓也，六象猶適庶也，兼聲、兼意猶姻婭也。二曰指事。指事之別，有兼諧聲者，則曰事兼聲；有兼象形者，則曰事兼形；有兼會意者，則曰事兼意。三曰會意。二母之合，有義無聲。〔二〕四曰轉注。別聲與義，故有建類主義，亦有建類主聲，有互體別聲，亦有互體別義。五曰諧聲。母主形，子主聲者，諧聲之義也。然有子母同聲者，有母主聲者，有主聲不主義者，有子母互爲聲者，有三體主聲者，有諧聲而兼會意者，則曰聲兼意。六曰假借，不離音義。有同音借義，有借同音不借義，有協音借義，有借協音不借義，有因義借音，有因借而借，有語辭之借，有五音之借，有三詩之借，有十日之借，有十二辰之借，有方言之借。六書之道，備於此矣。臣舊有象類之書，極深研幾，盡制作之妙義，奈何小學不傳已久，見者不無疑駭。今取象類之義，約而歸於六書，使天下文字無所逃，而有目者可以盡曉。嗚呼！古者有尉律，所以勑小學也。學童十七已上，始試諷籀書九千字，乃得爲吏。又以八體試之，郡移太史，并課最者以爲尚書史。書或不正，輒舉劾之。夫古文變而爲籀書，籀書變而爲篆隸，秦漢之人習篆隸必試以籀書者，恐失其原也。後之學者，六書不明，篆籀罔措，而欲通經，難矣哉！且尉律者，廷尉治獄之律也，古人於獄訟之書猶不敢苟簡若是，而況聖人之經乎。

象形第一

序曰：書與畫同出，畫取形，書取象，畫取多，書取少。凡象形者，皆可畫也，不可畫則無其書矣。然書窮能變，故畫雖取多而得算常少，書雖取少而得算常多。六書也者，皆象形之變也。今推象形有十種，而旁出有六象。

天物之形

日太陽之精，正圓不虧，其中象日烏之形。　○古文星，小則爲星，大則爲槃。　月太陰之精，多虧少盈，故其形缺。　天一大爲天，象天垂示之形。　旦日初出於地上。　云古雲字，象其形。後人加「雨」，故以云爲云回之云。　回古雷字，後人加「雨」作雷，又作靁，省作雷。回象靁形，借爲回旋之回。古尊罍器多作云回。　雨古作𠕲，又作𠕒。𠕒即𠕲而成文，雨即𠕒而備體。

右八

山川之形

丘象山丘在地。一，地也。　山。　嵒魚銜切。岸也。　𠙵於口切。山名，在陽羨。

广音儼。説文：「因广爲屋，象對刺高屋之形。」　厂呼旱切，山石之厓巖，人可居。

石。　喦魚咸切。磛喦也。　水坎之體也，從則爲水。　川水會爲川。　く卽畎字，小水爲く。　巜卽澮字，廣尺深尺曰く，廣二尋深二仞曰巜。書曰：「濬く巜，距川。」　泉本錢字，象錢貨之形。自九府圜法行，然後外圓內方。此實錢也，借爲泉水之泉，所以生字皆取借義。

𠂢蒲糜切。水邪流。　𠂢匹卦切，從反永。徐鍇曰：「永，長流也，反卽分𠂢也。」　永象水巠理之長。詩曰：「江之永矣。」　土象物在土中，坼土而出之形。　凷卽塊字，从土一屈，象形。　坙卽坐字，象人據土而坐之形。　𠂤都回切。説文：「小𠂤也。」　𨸏卽阜字。説文：「大陸山無石者。」　𨺅亦作隭，音阜。兩阜之閒也。　鹵郎古切。説文：「西方鹹地，从西省，象鹽形。」　屾所臻切，二山也。　磊魯猥切。衆石也。　垚音堯。説文：「土高也。」　凹於交切。窊也。　凸陁没切。出貌。又徒結切。　囘昵洽切。凹囘，物低垂貌。　岳説文：「東岱，南霍，西華，北恒，中泰室，王者所以巡狩所至。」嶽古作岳，象高形。

右三十

井邑之形

丼即井字。説文：「八家一井，象井幹之形。其中點者，罋之象也。」　丹説文：「巴越之赤石也，象采丹井。其中之點象丹形。」　田象田有所畫疆畛之形。　高亦作髙，象臺觀高之形。从冂口，與倉舍同意。口即圍字。　京説文：「人所爲絶高邱也。从高省，丨象高形。」　冂即坰字。邑外謂之郊，郊外謂之野，野外謂之林，林外謂之冂，象遠界。　𩫏即郭字。説文：「民所度居也。从回，象城𩫏之重，兩亭相對也。」　㐭即廩字。方曰倉，圜曰㐭，上象其蓋。　壸苦本切。今作壸。説文：「宮中道，從口，象宮垣道上之形。」引詩：「室家之壸。」　宀音綿。説文：「交覆深屋也。」　穴胡決切。象穿土爲室之形。　畕居良切，比田也。　畾魯水切。田間謂之畾。又盧回切。雷也。　𤳳音𩐰。仲𤳳，湯左相。闕本義。

右十四

艸木之形

屮隸作之，今作芝。象芝出於地。　丕从不，不音跗。象華之不萼敷披於地上之形。　帝象華蔕之形。　才説文：「艸木之初也。从丨，上貫一，將生枝葉；下一，地也。」　屮丑列切，又采早切。象屮木初生，有二葉附芽而出。　屯株倫切。象屮木初自地出，從屮貫一。一，象地也。　丵仕角切。叢生屮。　丯音介。説文：「屮蔡也。象屮生之散亂也。」　未木之滋也，於木有加焉。一曰，木生未遂也。　木上象枝幹，下象根荄。　𠀀牙葛切，又牛代切。木屈頭不出也。　桑木之類惟桑葉茂，故詩曰：「桑之未落，其葉沃若。」从叒，象葉盛也。出華英也。華皆五出，故象五出之形。　𠂹音垂。象屮木華葉垂敷之形。　𢎘乎感切。象屮木之華未發，𢎘然之形。　卤田聊切。象屮木之實垂卤卤然。　朿亡晹切。木芒也。麥從來，象其實也。從夕，象其根也。　來説文：「周所受瑞麥來麰，一來二麰，象芒朿之形。」詩曰：「貽我來麰。」　禾象根葉及垂穗之形。　秀茂盛也，象根壅盛而禾高茂。　米象禾實之形。　朩匹仞切。枲莖皮也。从屮，從八，象枲之皮莖。　尗音叔。豆也，象豆生之形。　韭象韭芽初生於地上之形。　瓜象葉芘其實也。　耑音端。説文：「物初生之題也。上象生形，下象其根。」　𥝌音稽。木之曲頭，止不能上也。　桼今作漆。説文：「木汁可以髹物，象形，桼如水滴而下。」　不音跗。象華蕚蔕之形。詩曰：「常棣之華，蕚不韡韡。」火象火形。又魚燕借爲尾象。　个竹枚也。　乇陟格切。屮葉也。从垂穗，上貫一，下有根。一，地也。　桀説文：「磔也。从舛在木上。」一曰，高木也。　枼弋涉切。木葉也。　果木實也。　朵説文：「木之垂朵朵也。」　芔詡鬼切。隷作卉。屮之緫名。　茻音莽。蕨類，繁薈而叢生。一曰，衆艸。

艸象艸並出之形。

芻説文：「刈艸也。象包束艸之形。」

马胡先切。艸木马盛也。

秝郎擊切。稀疏適也。一曰，歷也，季从禾，歷从二禾，皆以禾爲節。歷亦作厤。

𣏟匹卦切。説文：「葩之總名。」

㼌勇主切。説文：「本不勝末，微弱也。」

右四十五

人物之形

人象人立也。

匕今作化。説文：「變也。从到人。」臣按，道家謂，順行則爲人，逆行則爲道，人死則歸于土，道則離人，故能變化而上升。

丩古文殄字。从反匕。

身人身從，禽獸身衡。此象人之身。

儿古文奇字，人也。人象立人，儿象行人。立有所負，行有所戴。〔三〕

兒説文：「孺子也。象小兒頭囟未合。」

旡今作簪。説文：「从人匕，象簪形。」

皃説文：「頌儀也。从白，象人面之形。」

𠑹今作弁。象戴弁之形。

𠑼公户切。説文：「廱蔽。从人，象左右皆蔽之形。」

兜當侯切。兜鍪，冑也，象人戴冑形。

禿象人之髮禿少，如禾之芒爾。

𦣝與之切。頤也。

面説文：「顏前也。从百，象人面。」

𦣻隸作首，从百，从巛。巛象髮，謂之鬊，鬊即巛也。鬊，舒閏切。〔四〕

百書九切。頭也。

県古堯切。斬𦣻到縣，故

从到省。

長展兩切。在人上者，故古文从上，从人。後之爲字者，因古文而成體，其上則象發號施令，其下則象垂衣裳之形，从匕，所以化下也。其實本古文之㐬耳。

元人頭也。从二，从儿。二，古文上字，象人頭。儿，象其身。

大說文：「大，象人形。」又曰：「大，人也。」

亦說文：「人之臂亦也。从大，象兩亦之形。」今別作腋。

夫說文：「丈夫也。从大一，以象簪也。周制以八寸爲尺，十尺爲丈。人長八尺，故曰丈夫。」

夭於兆切。說文：「屈也。从大，象形。」又古老切，不長也。

夨阻力切，又力結切。傾頭也。

亢古郎切，又寒剛切。說文：「人頸也。从大省，象頸脉形。」

交交脛也。〔五〕

尣烏光切。說文：「彼，曲脛也。从大，象偏曲之形。」

夲〔六〕士力切。說文：「進也。」臣按，夲與交、尣同意，交以脛之交，尣以脛之偏，夲以脛之進。

六他達切。象人形。亦作大。

立象人立地之上。从大，人也。一，地也。

夒今作夏。說文：「中國之人也。从夊，从頁，〔七〕从臼。臼，兩手。夊，兩足。」

囟息進切。說文：「頭會匘蓋。」

心。

耳。

耴陟涉切。〔八〕耳垂也。

手。

女象婦人斂容儀之形。

母從女，象裹子之形。又曰，象乳子。

毋武扶切。說文：「止之也。从女，有奸之者。」

也說文：「女陰也。」

民氓也。象俯首力作之形。

而說文：「頰毛也。」

力筋也。力由筋以生，故象筋之形。

甲象人被甲之形。故古文甲从人頭。

子。

𠫓他骨切。說文：「不順出。𠫓，到子。」

了盧鳥切。脛之椎骨。

㇁丁了切。男子陰。

孑居桀切。説文：「無右臂。」　子居月切。説文：「無左臂。」　厶息夷切。陰謂之厶，與ㄥ同體。　口。　𠬝牛刀切。諠也。　㗊魚各切。驚動也。　走从夭，从止。止，足也。夭，象人之仰首張足而奔之形。　止象足趾。　𣥂他達切。説文：「蹈也。从反止。」　步行也，象二趾相前後。　𣦶蒲末切。足相戾而蹎也。　辵丑略切。从彳，从止。彳，行也。止，足也。象足而行也。隸作辶。　彳丑亦切。小步也。象人脛三屬相連也。　亍丑玉切。説文：「步止也。从反彳。」　廴余忍切。説文：「長行也。从彳引之。」　行从彳，左步也；从亍，右步也；左右步俱舉而後爲行者。　牙説文：「牡齒也。象上下相錯之形。」　足象股脛下屬於趾之形。　疋所葅切。説文：「足也。上象腓腸，下从止。」　舌象吐舌之形。　𧮫極虐切。口上阿也。从口，上象其理。　㐁他感切。吐舌皃。　㐁他點切，舌皃。　壬如林切。象懷妊之形，與巫同意。　廾居竦切。竦手也。　𠬞普班切。引也。從反廾。　臼居玉切。叉手也。　要伊消切。説文：「身中也，象人要自臼之形。」　申以書告上也。从象書，从臼，捧書也。　曳余制切。委地而行。　爪側絞切。説文：「丮也，覆手曰爪。」　𠂀止兩切。丮也，與爪相向。　𠬤居六切。掬也，覆手掬也。　丮紀劇切。持也，象手有所丮據也。　𠬜居玉切。持也。从反丮。　鬥都豆切。从丮，从丮，象對敵之形。　又説文：「手也。三指者手之列，多略不過三也。」　𠂇音左。左手也。　乚音肱。臂上也。　丑械其手也。　彗旋芮切。說文：「埽竹也。从又持甡。」　夬古邁切。說文：「分決也。从又口，象決形。」徐鍇曰：「工物也，丨所以決之。」又古穴切。　目說文：「人眼，重童子也。」　奭恭于切。从大。大，人也，象人具兩目之形。　䀠古倦切。目圍也，如鼻間兩目之形。　眉旻悲切。說文：「目上毛也。从目，象眉之形，上象額理也。」　自疾二切。鼻也，象鼻形。又始生之子亦爲自。　幺於堯切。說文：「小也，象子初生之形。」　呂脊骨也。　予余呂切。說文：「推予也，象相予之形。」　骨說文：「肉之覈也。从冎有肉。」　冎古瓦切。剔人肉置其骨也。　肉外象臠，中象肉理。　巫說文：「祝也。女能事無形以舞降神者，象人兩褎舞形，與工同意。古者巫咸初作巫。」　舛昌兖切。說文：「對卧也。从反夂相背。」　夋美忝切。說文：「甾盖也，象布包覆腦，下有兩臂，而夂在下。」或作㚈，莫坎切。　夊楚危切。說文：「行遲曳夊，夊象人兩脛有所躧也。」　夂陟侈切。說文：「从後至也，象人兩脛後有致之者。」　久說文：「从後灸之，象人兩脛後有距也。」引周禮「久諸牆以觀其橈。」　疒音疾。說文：「人有疾病，象倚着之形。」　苜徒結切。目不正也。或作苜，象目生花之形。　尸主所祭之神而託於人，故象人之形。　包說文：「象人裹妊。巳在中，象子未成形。」　𠂸古懷切。背呂也，象脅肋之形。　吅音暄。驚呼也，象並口呼之象。　㗊側立切。衆口也。　䀠九遇切。左右視也。　从相聽也。　比毗志切。相聽爲从，反从爲比。　北蒲昧切。乖也。从一人相背。　从魚音切。衆立也。　扶薄旱切。並行也。　竝隸作並。併也。　孖津之切。一産二子也。　頣須兖切。選具也。闕本義。

右百二十三

鳥獸之形

𦫳工瓦切。羊角也。　丫於加切。物之歧頭者。　釆蒲莧切。獸之迹也，象指爪之分。

羊孔子曰：「牛羊之字以形舉。」　莧胡官切。羊細角。　牛説文：「象角頭三封尾之形。」　㚔音牢。象圈養之狀。　牽象牽牛之狀。　角。　虍荒胡切。説文：「虎文也。」按：此象虎而剟其肉，象其皮之文。　虎象虎踞而回顧之形。　毛説文：「眉髮之屬及獸毛也。」　尾象毛在後體之形。　豕。　豙魚記切。豕怒毛起。　彑居例切。豕之頭。　彖何加切。从互，下象其足。　彖通貫切。豕走也。

希羊至切。説文：「修豪獸。一曰，河内名豕也。从彑，下象毛足。」　豸池爾切。説文：「獸長脊，行豸豸然，欲有所司殺形。」又丈蟹切。蟲無足。　𤉡徐姊切。如野牛而青。古作兕。

易羊益切。説文：「蜥蜴、蝘蜓、守宫象形。」秘書説日月爲易，象陰陽也。」　禺牛具切。母猴。

象説文：「象，長鼻牙，南越大獸，三年一乳，象耳牙四足之形。」古作𤉢。　馬。　𦐇何開切，又胡關切。説文：「馬一歲也。从馬，一絆其足。」亦作馬。　馵朱戍切。馬後左足白。　馽陟立切。絆馬也。　鹿。　廌宅買切。獬廌獸似山牛一角，古者決獄，令觸不直。　㲋丑略切。似兔，青色而大。　兔。　犬説文：「狗之有垂蹏者也。」孔子曰：「視犬之字如畫狗。」　尨莫江切。犬之多毛者。　犮蒲撥切。説文：「走犬皃。從犬而丿之，曳其足則刺犮也。」　鼠。　能奴來切，獸也。又爲三足鼈。　熊羽弓切。説文：「獸似豕，山居，冬蟄。」　巤良涉切。説文：「毛巤也，象髮在囟上，及毛髮巤巤之形。」　离音離，又音摛。説文：「山神獸也。」歐陽喬説：「离，猛獸也。」　禹説文：「蟲也。」或曰：「獸類。」　嶲符朱切。如人被髮。一名梟羊。　萬無販切。説文：「蟲也。」　禼私列切。説文：「蟲也。」　嘼許救切。説文：「犍也，象耳頭足厹地之形。」　革象獸之皮。凡取皮者必張之，頭角尾足皆具焉。　皮象以手剥取其皮之形。　血象薦血之形。　夔渠追切。説文：「神魖也，如龍一足，象有角足人面之形。」　夒奴刀切。説文：「貪獸也。」一曰母猴。又奴冬切。　鳥。　烏。　焉鳶也。　朋音鳳。説文：「神鳥也，五色備舉，出於東方君子之國，見則天下安寧。」　舃七約切。即鵲也。　萑胡官切。説文：「鴟屬。从隹，从廾，有毛角。」　隹説文：「鳥之短尾總名也。」　羽鳥長毛也。　彡所銜切。説文：「毛飾畫文也。」　乙之忍切。説文：「新生羽而飛也。」　几音殳。説文：「鳥之短羽，飛几几也。」　弱亦作弱。説文：「撓也，上象撓曲，彡象毛氂。撓弱也，弱物并，故从二彡。」 翜色入切。説文：「不滑也。从四止。」臣按，獸畜少滑者，有四止也。 西古作卥。鳥在巢上象形。 巢説文：「鳥在木上曰巢，在穴曰窠。」 飛説文：「鳥翥也。」 朐權俱切。脯挺也。朐猶芻也，芻象束艸，朐象束脯。 雔所江切。雙鳥。 雥徂合切。羣鳥。 虤五閑切。虎怒也。 䀠音矍，頸飾也。 豩悲巾切，二豕也。 㹜語巾切。兩犬相齧也。 毳充芮切。説文：「獸細毛也。」

右七十五

蟲魚之形

魚其中从仌，象鱗。其下似火，象尾。 燕説文：「玄鳥也，籋口，布翄，枝尾。」 乙魚腸也。又魚鰓骨。 虫許偉切。説文：「一名蝮，博三寸，首大如擘指，象其卧形。物之微細，或行，或毛，或蠃，或介，或鱗，以虫爲象。」 蜀説文：「葵中蠶也。从虫，上目象蜀頭形，中象其身。」 它湯何切。説文：「虫也。从虫而長，象冤曲垂尾形。上古艸居患它，故相問『無它乎？』」或作蛇。又時遮切。 龜説文：「頭與它同。天地之性，廣肩無雄。龜鼈之類，以它爲雄。象足甲尾之形也。」 黽莫杏切。説文：「鼃黽也。从它，象形。」 龍渠幽切。龍子有角者。 卵盧管切。説文：「凡物無乳者卵生。」臣按，此象蟲之卵附著於木枝之形，如雀甕螵蛸之類是也。 卵公渾切。鯤魚子。 白魚胞也。 巴説文：「蟲也。或曰，食象蛇。」

丁蠆尾也。又爲著物之丁。 卜灼剥龜也，象灸龜之形。 兆灼龜坼也。 丙魚尾也。 貝説文：「海介蟲也，居陸名猋，在水名蜬，象形。古者貨貝而寶龜，至秦廢貝行錢。」

矛時丑切。堪矛，魚名。 贔平秘切。贔屭，鼇也。一曰，雌鼇爲贔。 鱻語居切。二魚也。 蚰音昆。蟲之總名。 蟲説文：「有足曰蟲，無足曰豸。」

右二十三

鬼物之形

鬼象鬼魅之形。 甶敷物切，鬼頭也。

右二

器用之形

弋橜也，象折木衺鋭著形。从厂，象物挂之也。 戈説文：「平頭戟也。」 亅音橜，逆鉤也。 乚居月切。説文：「鉤識也。从反亅。」又株衛切。鉤戟皃。 𠄌古本切。鉤逆鋌也。　乚於謹切。說文：「象迟曲隱蔽形。」　匚甫良切。說文：「受物之器也。」　甾今作甾。東楚名缶曰甾。　瓦象甃瓦之形。　弓。　弓徒案切。說文：「行丸也。」

几亦作己。踞几也。周禮有五几。　囧俱永切，象窗牖漏明。　且子余切。說文：「薦也。从几，足有二橫，一其下地也。」臣按，此卽俎豆之俎。　凵淺野切。薦也。　斤斧屬，象曲柄之形。　斗說文：「十升也，象形，有柄。」　升說文：「十龠也，从斗，亦象形。」　斝古雅切。玉爵也，象形，與爵同意。一曰，斝受六升。又居迓切。鬱尊。　矛說文：「酋矛也。建於兵，車長二丈。」　車。　軎于歲切。車軸耑也。　酉卽卣也。卣卽尊也。　冊以章編竹爲書。　玉象貫玉之形。　主之庾切。說文云：知庾切。象鐙，「鐙中火主也」。鐙中主，火燄之形。　丳楚限切。燔肉器。　干象干戟之形。　屰魚戟切。於古爲戟字。　庚鬲之類，故亦有三足。　率捕鳥畢也。　鬲鼎屬。說文：「實五觳。斗二升曰觳。象腹交文三足。」　珏訖岳切。二玉相合爲一珏。　鬴古禾切。說文：「秦名土釜曰鬴。」亦作鬲。　丸胡官切。說文：「圜傾側而轉者，从反仄。」　攴他刀切。戎鼓大首謂之攴。从又，象手執之也。　叉初加切。象叉物之形。　爾尼輒切。箝也，象竹篾交錯成物之狀。　盾食閏切。說文：「瞂也，所以扞身蔽目。」　華北潘切。說文：「箕屬，所以推棄之器也。」又壁吉切。　畢說文：「田罔也。從華，象畢形微也。」　冓古候切。說文：「交積林也，象對交之形。」　壴中句切。說文：「陳樂立而上見也。」　皿說文：「飯食之用器也。」

豈可亥切。樂器，與壴同體。　豆說文：「食肉器也。」　豐音禮。行禮之器。　豐說文：「豆之滿者。」一曰鄉飲酒有豐侯者，自是器名。　登禮器也，象肉在豆中之形。　缶說文：「瓦器，所以盛酒漿。秦人鼓之以節歌。」　矢說文：「从入，象鏑括羽之形。古者夷牟初作矢。」　医卽侯字。射侯也。　䠶卽射字。象張弓發矢之形。　臼說文：「舂也。古者掘地爲臼，其後穿木石。」　兩古作网。二十四銖爲兩，象秤形。　月莫報切。說文：「小兒蠻夷頭衣也。」　舟古作𦨶。隸作舟。　方併船也，象兩舟省總頭形。　䢅逆及切。象人持舟之形。　尺昌石切。說文：「十寸也。人手卻十分動脈爲寸口，十寸爲尺。周制寸、尺、咫、尋、常、仞諸度量，皆以人之體爲法。」　卩今作節。符信也，象相合之形。　㔾則侯切。左卪也。合符有二，與者執左，取者執右。　勺之若切。說文：「挹取凹，象形，中有實，與包同意。」　壺說文：「昆吾圜器也。」臣按，禮經古有壺，何必取於昆吾。　疊新室改爲疊，從晶，從宜。宜，盛社肉之器，象肉多之形，與豐、登同意。　正諸盈切。射的也。詩曰：「終日射侯，不出正兮。」　乏扶法切。从反正，藏矢之具。　丏彌兖切。避箭短牆。　刀。　刃象刀有刃之形。　匕必履切。小刀也。　办楚良切。　片說文：「判木也。」　爿音牆。殳也。亦判木也。　鼎說文：「三足兩耳，和五味之寶器也。易卦，巽木於下者爲鼎，象析木以炊也。」

門、户闔爲門，偏爲户。傘亦作繖。顙旱切。蓋也。宁直吕切。當屏間也。業説文：「大版也，所以飾鍾鼓。捷業如鋸齒，以白畫之，象其鉏鋙相承也。从丵，从木。木象版。」詩：「巨業維樅。」樂逆角切。説文：「五聲八音總名，象鼓鞞木虡也。」乘食陵切。説文：「覆也。从入桀。桀，黠也。軍法曰乘。」匸音徯。説文：「衺徯，有所俠藏也。」區踦區，藏匿也。從品在匸中。品，衆也。閚今作曲。象器曲受物也。

右八十七

服飾之形

衣象人披衣之形。㐆卽衣字。从向身。衰蘇禾切。説文：「艸雨衣。」巾佩巾也。從冂丨，象糸也。市分勿切。説文：「韠也。上古衣蔽前而已，市以象之。」帶説文：「紳也。男子鞶帶，婦人鞶絲。象繫佩之形。」㡀毗祭切。敗衣也。网今作網。説文：「庖犧氏始結繩以漁。」示音祈。象旗斿之形。勿州里所建旗，象其柄有三斿。㫃於阮切。旌旗之斿也，左象人執旗杠，右象旗斿。於丑許切。旌旗杠皃。系胡計切。繫也。从系而有所著焉。糸莫狄切。説文：「細絲也，象束絲之形。」圖象圖畫之形

右十五

象貌

八象分別之皃。　入說文：「象从上俱下也。」　爻象交加通疏皃。　㸚力几切。象希明之皃。　丨音衮。上下通皃。　爽通疏而明皃。　𦬁空媧切。物不齊也。一曰，𦬁邪，離絶皃。　冂莫狄切。覆物之皃。　冃莫保切。重覆皃。　岗苦江切。幬帳之象。从冃，覆也。从之，飾也。　襾呼訝切。說文：「覆也。从冂，上下覆之。」　壬他鼎切。說文：「象物出地挺生也。」　王于況切。象物出地而盛也。　生象屮木出土上。　丰敷容切。屮盛丰丰也。　束縛也。又舂遇切。約也。　丌居之切。象薦物之皃。　畀必至切。說文：「相付與之，約在閣上也。」　亓渠之切。象播物之皃。　𠬝常句切。說文：「老人行才相逮。从老省易省，行象。」　文說文：「錯畫也，象交文。」　勹音包。說文：「裹也，象人曲形有所包裹。」　凶說文：「惡也，象地穿交陷其中。」　乚居月切。也乚，動皃。　丩居謁切。也丩，動皃。　卂息進切。說文：「疾飛也，似飛而羽不見。」　非違也。从飛下翄，取其相背。　氏與民同體，象民俯首力作之皃。　丩居虬切。說文：「相糾繚也。一曰瓜瓠結丩起。」　冄而談切。說文：「毛冄冄也。」　叕陟劣切。象聯綴之皃。　乂魚廢切。芟艸也。从丿，从乀，相交也。又牛蓋切。創乂，懲也。　毌古患切。象穿物之皃。　串古患切。穿也。 □音韋。象環繞之狀。 至象鳥飛而至地之皃。 小象水之微也。

㕣音兖。説文：「山間泥地。从口，从水敗皃。」 录音禄。説文：「刻木录录也。」

亝音齊。象禾麥吐穗，上平也。 厽力軌切。象累土石爲墻壁皃。 㠯象人臣事君屈服之皃。 翏力弔切。高飛皃。从㐱。㐱者，羽之稠也。 燹敷文切。又蘇典切。野火皃。

右四十四

象數

一。 二。 三。 亖。 乂音五。 五。 七。 九。 十。

千。 廿日執切。二十并也。 卅蘇沓切。三十并也。亦作卉。 世三十年。

卌息入切。四十并也。一、二、三、亖，象正數，餘並合數。

右十四

象位

上。 下。 中。 㫄亦作旁，象位取聲。 亼音集。象三方合。 丿房密切，又於兆切，又匹蔑切。右戾也。 乀分勿切。左戾也。 厂余制切。説文：「抴也。」

乁弋支切。説文：「流也。从反厂。」又以制切。曳足也。又力結切。左戾也。　十今作左。　七今作右。

徐鍇曰：「象丿而不舉首。」

右十一〔九〕

象气

气亦作氣。象气上升之狀。　只語已之辭，象言訖而气散。　䰜郎激切，　也，象孰飪，五味气上出也。　白疾二切。説文：「此亦自字也，省自者。詞言之气從鼻出，與口相助也。」　回亦作曶。音忽。説文：「出气詞也。从曰，象气出形。」　丂音考。説文：「气欲舒出，勹上礙於一也。」　𠀀虎何切。訶也。从反丂。　兮説文：「語所稽也。从丂，从八，象气越丂。」　乎語之餘也。一曰，疑辭。　乃説文：「曳詞之難也，象气之出難。」　于説文：「於也，象气之舒。」　平説文：「語平舒。从于，从八。八，分也。」　兊舊作兑。説也。徐鉉曰：「从口，从八，象气之分散。」　欠説文：「張口气悟也，象气從人上出之形。」　旡隸作无。音既。説文：「飲食气逆不得息曰旡。从反欠。」

右十五

象聲

牟說文：「牛鳴也。从牛，象其聲，气從口出。」臣按，此象其開口出气，蓋聲無形不可象。

芈綿婢切。說文：「羊鳴也，象聲气上出，與牟同意。」　囂虛矯切。說文：「聲也，气出頭上。」

吳說文：「大言也。从夨口。」徐鍇曰：「大言故夨口以出聲。」　轟呼宏切。說文：「群車聲也。」　喿先到切。鳥在木上群鳴也。　曰王伐切。象口气出也。口气出，聲乃發。

号胡到切。說文：「痛聲也。从口在丂上。」　㗊郎丁切。象衆聲。　噐尼輒切。多言之聲。

彭蒲庚切。鼓聲也。从彡，象擊聲。　砳力摘切，石聲也，二石相擊而成聲。　朁魚巾切。說文：「兩虎争聲。从曰，象口气出也。」

右十三

象屬

巳、亥十日、十二辰皆假借，惟巳、亥爲正書者，以其日辰不可名象，惟取同音而借，巳亥無同音之本，故無所借。巳不可爲也，象蛇之形而爲巳。亥不可爲也，象豕之形而爲亥。

右二

形兼聲

齒从止聲。〔一〇〕　聿余律切。筆也。从聿一。聿，尼輒切。〔一一〕　殳長丈二尺，軍中士所持。司馬法曰：「執羽从杸。」亦音殊。　箕今作箕。說文：「簸也。从竹，𠀠，象形，下其丌也。」𠀠亦爲箕字。丌亦音箕。　笸卽互字。說文：「可以收繩也。从竹，象形，互象人手所推握也。」　曐今作星。晶，象星之散明。生，象其發渙也。　禽說文：「走獸總名。从厹，象形，今聲。禽离兕頭相似。」　厹人九切。說文：「獸足蹂地也。象形，九聲。」按，九亦象足蹂。　戉王伐切。斧也。从戈𠃊。𠃊音厥，象斧刃。　金說文：「象金在土中形，今聲。」〔一二〕　屵五葛切。說文：「岸高也。從山厂。厂，亦聲。」　龍說文：「從肉飛之形，童省聲。」　韋說文：「相背也。从舛，口聲。獸皮之韋，可以束枉戾。」　齨巨九切。說文：「老人齒如臼也。」　爨犁針切。以水沃竈中火也。　厷姑宏切。臂上也。从厶。厶音肱。　疈今作疈。判也。　辨今作辨。判也。從力，从辡。辡，平免切，別也。　辯說文：「治也。从言在辡之間。」　辧匹見切。斷也。或言韋中絕也。　畞今作畆。說文：「六尺爲步，步百爲畆。或作畮。从田十久。」徐氏曰：「十四方也，久聲。」　虡貟許切。今作虡。說文：「鐘鼓之柎也。飾爲猛獸，從虍異，象其下足也。」　舝胡戛切。說文：「車軸耑鍵也，兩穿相背。从舛。𥎊省聲。」

舜隷作舜。説文：「艸也。楚謂之葍，秦謂之藑〔一三〕。藑地連華，象形。從舛。舛亦聲。」　雩况于切。説文：「艸木華也。」臣按，从亏雖聲，亦象蒂萼。　疔當經切。病創。一曰，倚也。人有疾病，象倚著之形。又尼厄切。　裘亦作裘。説文：「皮衣也。从衣，求聲。一曰象形，與衰同意。」　㲋説文：「豕也。後蹏廢謂之㲋。从彑，矢聲。从二匕，㲋足與鹿足同。」　奰乙獻切。説文：「大皃。从大，㗊聲。」按，㗊雖聲，亦象人之面目。　淵亦作㴊。説文：「回水也。从水，象形。左右岸也，中象水皃。」臣按，水復加「㴊」，是爲形兼聲。　滷籠五切。西方鹹地也。鹵象鹽形，今以爲聲。　靁今省作雷。古作畾。　𢇍音關。説文：「从絲，貫杼也。」卝古礦字。　𤰈今作疇。从𠃬。時流切。象耕屈之形。　所魚斤切。二斤也。　頛音耒。説文：「頭不正也。从頁，从耒。耒，頭傾也。」　頩音弁，冠傾也。

右三十七

形兼意

侖説文：「樂之竹管，三孔，以和衆聲。」臣按，从冊，象編竹。从亼，从吅，集衆聲也。亼音集。吅音吟。　寸説文：「十分也。人手卻一寸動𧖴謂之寸口。从又，从一。」又曰：「寸，人手也。」又曰：「法度也。」　耒説文：「手耕曲木也。从木推丰。古者垂作耒耜，以振民也。」臣按，丰亦音朱，象形。　彤說文：「丹飾也。从彡，彡其畫也。」　皀皮及切。說文：「穀之馨香也。象嘉穀在裹中之形，匕所以扱之。或說，皀，一粒也。」　鬯說文：「以秬釀鬱艸，芬芳攸服，以降神也。从凵，器也，中象米，匕所以扱也。」　鬱紆勿切。說文：「芳艸也。十葉爲貫，百廾貫築以煮之爲鬱。從臼冂缶鬯，彡其飾也。」臣按，鬱之上體與爨同意，象煮鬱之形。从彡，所以飾鬯也。

爵篆作爵。說文：「禮器也，象爵之形，中有鬯酒，又持之也。」　舂說文：「擣粟也。从廾持杵臨臼上。午，杵省也。」　臿楚洽切。說文：「舂去麥皮也。從臼，千所以臿之。」　函容也。　舀以沼切。說文：「抒臼也。從爪臼。」引詩：「或簸或舀。」夷周切。　臽乎韜切。說文：「小阱也。从人在臼上。」　頁胡結切。頭也。从百，从儿。　舁居容切。竦手也。

弇渠龜切。說文：「持弩拊也。从廾肉。」　兵說文：「械也。从廾持斤并力之皃。」　弄玩也，謂寶玉可玩。　弃拘也。　具說文：「共置也。从廾，从貝省，〔一四〕古以貝爲貨。」

戒警也。从廾持戈，以戒不虞。　奐呼貫切。說文：「取奐也。」　共同也。古作䢼。

丱直紹切。灼龜坼也。　肩經天切。髆也。〔一五〕俗作肩。　胃今作胃。說文：「穀府也。从図，从肉，象形。」　脊篆作脊。說文：「背呂也。从𠂹，〔一六〕从肉。」　彪必幽切。虎文也。

盇勑合切。和五味以烹也。　盥古玩切。說文：「澡手也。从臼水臨皿。」　䍐居宜切。馬絡頭也。從网，從馬。馬，馬絆也。　須說文：「面毛也。从頁，从彡。」　彡篆作彡。

船中也。 鬼說文：「從人，象鬼頭。鬼陰气賊害，从厶。」 鬽明祕切。說文：「老精物也。从鬼彡。彡，鬼毛。」 粦良刃切。說文：「兵死及牛馬之血爲粦。」徐鍇曰：「粦者，人足也。言光行著人。」 夾失冉切。說文：「盜竊褱物也。从亦有所持。俗謂蔽人俾夾是也。从二入。今陝郡之字从此。」 㡭今作絶。說文：「斷絲也。从系从刀，从卩。古作𢇍。象不連體，絶二絲。」

素篆作𦃃。說文：「白緻繒也。从系𠂹，取其澤也。」 蠆說文：「毒蟲也。」 蠤上同。

畺今作疆。說文：「界也。从畕，三其界畫也。」 鋰音斗。說文：「酒器也。从金㽙，象器形。」㽙亦音斗。 𨺅今作阜。音阜。說文：「兩𠂤之間也。」 酋說文：「繹酒也。從酉，水半見於上。禮有大酋，掌酒官也。」 虘今省作虐。說文：「殘也。從虍，虎足反爪人也。」

𤦡戶快切。合會善言也。 㠭知衍切。極工者也。說文：「从四工。」又象疊物之形。 炎火光上也。 焱以冉切，火華也。又以瞻切。焱焱，火盛皃。

右五十

凡象形類，計六百八。

指事第二

序曰：指事類乎象形，指事，事也；象形，形也。指事類乎會意，指事，文也；會意，字也。獨體爲文，合體爲字。形可象者曰象；形非形不可象者，指其事曰指事。此指事之義也。

尹說文：「治也。从又丿，握事者也。」　史篆作叏。記事者。說文：「从又持中，中正也。」
外說文：「遠也。卜尚平旦，今夕卜，於事外矣。」　与賜予也。說文：「一勺爲与。」
丈說文：「十尺也。从又持十。」篆作支。　羊忍甚切。說文：「撴也。从干，入一爲干，入二爲羊，言稍甚也。」　疐陟利切。說文：「礙不行也。从叀，引而止之也。叀者如叀馬之鼻，从，〔一七〕此与牽同意。」叀音專。　事職也。与吏同意也。　聿〔一八〕尼輒切。說文：「手之疌巧也。从又持巾。」　隶徒耐切。說文：「及也。从又从尾省。又持尾者从後及之也。」尾今作尾。　玄說文：「黑而有赤色者玄，象幽而入覆之也。」　叀今作專。說文：「小謹也。从幺省，屮財見也。」　爭象二手而競一物之狀。　㸒倚謹切。說文：「所依據也。」　𤔔今作亂。說文：「治也。幺子相亂，𠬪治之也。」　亯今作享。說文：「獻也。从高省曰，象進熟物形。」　夅平江切。說文：「服也。从夊㐄，相承不敢並也。」　柬賈限切。說文：「分別簡之。从束八。八，分別也。」　帚止酉切。說文：「糞也。从又持巾埽冂內。古者少康初作箕帚秫酒。少康，杜康也。」　弔多嘯切。問終也。古之葬者，厚衣以薪，故弔者必持弓貫矢，警烏鳶也。
尣余箴切。說文：「尣尣，行皃。从人出冂，冂卽坰也。」　兀說文：「高而上平也。从一在人上。」　古說文：「故也。从十口，識前言者也。」又音故。古作䛃。　畏今作畏。說文：「惡也。从甶虎省，鬼頭而虎爪，可畏也。」　厃五委切。說文：「仰也。从人在厂上。」〔一九〕

仄說文：「側傾也。从人在厂下。」　直說文：「正見也。从乚，从十，从目。」徐鍇曰：「乚，隱也。今十目所見，是直也。」　亡篆作亾。說文：「逃也。从入，从乚。」乚音隱。　辛〔二〇〕去虔切。〔二一〕辠愆也。从干二。二，古文上字。干上則爲辠矣。或曰：「干亦爲䇂字，在䇂獄之上，則辠愆之人也。」　辛辛辠也，辛被辠者也，故辛視辛而有加焉。〔二二〕　臾羊朱切。說文：「束縛捽抴爲臾。从申，从乙。」臣按，从臼从人，則有捽抴之義。　百篆作𦣻。从自。自一至十十爲百。　𠱫牙葛切。說文：「語相訶歫也。从口歫辛。辛，惡聲也。」〔二三〕　章說文：「樂終爲一章。从音，从十。十，數之終也。」　竟說文：「樂曲盡爲竟。从音，从人。」　𠬛音没。說文：「入水有所取也。从又在回下。回，古文回。回，淵水也。」　及逮也。从又，从人。徐鍇曰：「及前人也。」古文作乁。秦刻石作弓。　善篆作譱。古作譱。說文：「吉也。从誩，从羊。」此与義、美意同。　美說文：「甘也。从羊，从大。羊在六畜主給膳也。」美與善同。　肎今作肯。說文：「骨間肉肎肎著者也。」又可亥切。　奇說文：「異也。從大，从可。」　𥁕篆作𥁕。烏昆切。說文：「仁也。从皿，从囚，食囚也。」官溥說。　全純玉也。从入，从王。古作仝。

内入也。从冂，自外而入也。　夃攻乎切。說文：「秦以市買多得爲夃。」引詩：「我夃酤彼金䨻。」从夕，从乃。乃，益至也。又果五切。　言从二，从舌。二，古文上字。自舌上而出者，言也。　音說文：「聲也。从言含一。」　畫說文：「日之出入，與夜爲界。从畫省〔二四〕，从日。」　再說文：「一舉而二也。」　爯處陵切。說文：「并舉也。从爪冓省。」　甘說文：「美也。从口含一。一，道也。」臣按，此象𠙹物含而不去之狀。　叵普火切。不可也。从反可。　央說文：「中央也。从大在冂之內。大，人也。」央、旁同意。　隺胡沃切。說文：「高至也。从隹上欲出門。」　𣆪今作厚。厚也。从到亯，謂上之所以亯下，可謂厚下矣。　𡨄起戟切。說文：「際見之白也。从白，上下小見。」　𡿧祖財切。說文：「害也。从一雝川。」引春秋傳曰：「川雝爲澤，凶。」　𢎗今作弗。兩己相背。　公說文：「平分也。」臣按，从八，从厶，所以別厶也。　𠁥今作乖。戾也。从𠆢。𠆢，彼列切。　介畫也。說文：「从八，从人。人各有介。」　分別也。以刀分別物也。　谷象谷形。從口，能應聲之義。　夕說文：「莫也。从月半見。」　𥄕於交切。深目皃。从目反也。　負亦作負。房九切。說文：「恃也。从人守貝，有所恃也。一曰，受貸不償。」　𧴪蘇果切。說文：「貝聲也。从小貝。」　員今作員。于權切。數也。徐鍇曰：「古以貝爲貨，故數之。」　𠤎博抱切。說文：「相次也。从匕，从十。鴇从此。」　艮篆作𥃩。說文：「狠也。从目匕。匕目猶目相比不相下。易曰：『𥃩其限。』目匕爲𥃩，匕目爲真。」　㐱之忍切。說文：「稠髮也。从彡，从人。」引詩曰：「㐱髮如雲。」

令篆作令。力政切。説文：「發號也。从亼卪。」徐鍇曰：「集而爲之節制也。」　赤説文：「南方赤色也。从大，从火。」　夰古老切。説文：「放也。从大而八分也。」又下老切。　卒尼輒切。説文：「所以驚人也。从大，从羊。」一曰，大聲也。一曰，俗語以盜下止爲卒。　羌墟羊切。説文：「西戎牧羊人也。从羊，从人。」

右七十八

事兼聲

用説文：「可施行也。从卜，从中。」　庸説文：「用也。从用，从庚。庚，更事也。」易曰：『先庚三日。』　甫説文：「男子美稱。从用父。」　菐蒲沃切。煩瀆也。从廾，从丵。又方六切。　今説文：「是時也。从亼，从乛。」乛，古文及字。　㚘逋還切。説文：「賦事也。从八，从八亦聲。」

右六

事兼形

支説文：「去竹之枝也。从手持半竹。」　吏説文：「治人者也。」徐鍇曰：「吏之治人，心主於一，故从一。」臣疑吏、史之字象人形，吏从一象簪，與夫之一同。按説文，夫从一，象簪也。

父説文：「矩也，家長率教者。」臣按，人道尊又，故父於又有加焉。父向左，子向右，是尊卑相向之義也。

厶今作幻。相詐惑也。从到予。　爭象二手而競一物之狀。　戊亡撫切。从戈，前垂象盾。執戈揚盾，所以爲武。戊卽武也。　引説文：「開弓也。从弓丨。」　申有所上也。从臼，從丨。丨象束書臼而上之也。　克篆作亨。説文：「肩也，象屋下刻木之形。」臣按，今匠者治材，刻之以承上木，則曰肩。　亘今作宣。上下象天地，中卽雷字，雷所以發宣天地之气。

畫胡麥切。説文：「界也，象田四界，聿所以畫之。」

右十一

事兼意

歬今作前。人在舟上，不行而進。故説文：「不行而進謂之歬。」　爨七亂切。説文：「齊謂之炊爨。臼象持甑，冂爲竈口，廾推林内火。」臣按，此説頗迂，爨上象竈以安甑，下象廾而焚也。

爰平小切。受也。从爪，从又，象爪取而手受之也。　奴財干切。説文：「殘穿也。从歺，从又。」臣按，歺，殘骨也。又，取之也。然凡从奴者，皆有深意。　曹篆作䡮。説文：「獄之兩曹也。在廷東从棘，治事者从曰。」　寒説文：「凍也。从人在宀下，从茻薦覆之，下有仌。」　侵説文：「漸進也。从人又持帚，若埽之進。又，手也。」　**義**說文：「己之威儀也。从羊。」与善、美同意也。　**后**說文：「繼體君也。象人之形，从口施令，以告四方也。」　**司**說文謂「臣司事於外者」是矣，謂「从反后」非也。司，向后者也。　**邑**說文：「國也，从口。先王之制，尊卑有大小，从卪。」　**邑**怨阮切。向邑成文，卽花苑之苑。

右十二

凡指事類，計百七。

校勘記

〔一〕「母主聲二十一」，汪本脱「一」字，元本亦脱，據明本、于本、殿本補。

〔二〕「有義無聲」，汪本「義」作「意」，據元本、明本、于本、殿本改。

〔三〕「行有所戴」，汪本「戴」作「載」，據元本、明本、于本、殿本改。

〔四〕「舒閏切」，汪本「閏」作「閨」，據元本、明本、于本、殿本改。

〔五〕「交脛也」，汪本「脛」作「頸」，據元本、明本、于本、殿本改。

〔六〕「䍃」，汪本作「卒」，據元本、明本、于本、殿本改。

〔七〕「从百」，汪本「百」作「百」，據元本、明本、于本、殿本改。

〔八〕「陟涉切」，汪本「陟」作「豬」，據元本、明本、于本、殿本改。

〔九〕「右十一」，汪本脱「一」字，據元本、明本、于本、殿本補。

〔一〇〕「从止聲」，「止」，原作「上」，據殿本、説文二下齒部改。

〔一一〕「从聿一聿尼輒切」，二「聿」字原作「聿」，據元本、大德本、殿本改。

〔一二〕「象金在土中形今聲」，「金」、「今」二字互倒，據元本改。大德本、殿本二字雖不誤，但「土」字誤作「上」。

〔一三〕「秦謂之蘷」，汪本「蘷」作「蔓」，據元本、明本、于本、殿本改。

〔一四〕「从貝省」，「貝」，原作「具」，據元本、大德本改。

〔一五〕「髆也」，「髆」，原作「髆」，據元本、殿本改。

〔一六〕「从烝」，「从」，原作「灰」，據元本、大德本、殿本改。

〔一七〕「从」，按「从」下有脱文，説文段注補作「从冂」，應从之。

〔一八〕「聿」，汪本作「聿」，據元本、明本、于本、殿本改。

〔一九〕「从人在厂上」，「上」，原作「七」，據元本、殿本改。

〔二〇〕「辛」，原作「平」，據説文三上辛部改。

〔二一〕「去虔切」，「虔」，原作「度」，據元本、殿本改。

〔二二〕「辛辠也辛被辠者也故辛視辛而有加焉」，二「辛」字汪本皆作「辛」，各本前「辛」

作「辛」，後「辛」字不誤，今據以校正。

〔二三〕「从口𠯑辛辛惡聲也」，二「辛」字汪本作「平」，據元本、明本、于本、殿本改。

〔二四〕「从畫省」，「畫」，原作「晝」，據說文三下畫部改。

六書略第二

會意第三上

序曰：象形、指事，文也；會意，字也，文合而成字。文有子母，母主義，子主聲，一子一母爲諧聲。諧聲者，一體主義，一體主聲，二母合爲會意。會意者，二體俱主義，合而成字也。其别有二，有同母之合，有異母之合，其主意則一也。

社說文：「地主也。」春秋傳曰：「共工之子句龍爲社神。」一曰，周禮：「二十五家爲社，各植其土所宜之木。」　**祟**雖遂切。神之變也。又說律切。　**祝**職救切，詛也。又之六切。告神之語。

瑞說文：「以玉爲信也。从玉耑。」徐鍇曰：「耑，諦也。」　**班**分瑞玉也，故从刀。

斑駁文也。　**琿**房六切。說文：「車軨間皮篋。古者使奉玉以藏之。」又筆力切，又蒲蒙切。

毒徒沃切。厚也。害人之草，从屮從毒。　**熏**篆作熏。說文：「火煙上出也。从屮，从黑，屮黑，熏象也。」又吁運切。灼也。

蒐艸名。說文：「茅蒐茹藘，人血所生，可以染絳。」　**芟**

除艸也。　春篆作萅。説文：「推也。从艸，从日。艸春時生。屯聲。」　苗稼生曰苗。又説文：「艸生於田者。」　若説文：「擇菜也，从艸右。右，手也。」　尖壯咸切。鋭也，火形鋭。　尖思嗟切。少也。　尟思淺切。説文：「是少也。」又宣遇切，或作尠。　乳乃后切。乳子也。

番符袁切。又補過切。獸足謂之番。从釆，从田，象足履於田也。　宷式荏切。説文：「悉也。宷宷，諦也。」徐鍇曰：「宀，覆也。釆，别也。包覆而深别之。」篆文作審。　悉息七切。詳盡也，古作悳。　觕樞玉切。牴也。(一)古作牜。　犇逋昆切。牛羣走也。

奥郎刀切。閑養牛馬圈也，此象圈養之狀。説文謂「從牛冬省，取其四周帀」之説，謬矣。或从穴。　告牛觸人，角著横木也。　吹吹氣也。　吽於金切。牛鳴。　咶火夬切，又呼刮切。息也。又胡化切。言也。　喜許已切，又許記切。悦也。或作憘、歖。　名説文：「自命也。从口，从夕。夕者，冥也。冥不相見，故以口自名。」臣按，此説非也。大凡義理，但見其説，不徑直卽不爲實義，名从口見義，从夕見聲，　启遣禮切。説文：「開也。」　咸説文：「皆也。从口，从戌。戌，悉也。」(二)　各説文：「異辭也。从口夂。夂者，有行而止之，不相繼也。」臣按，在上爲夂，陟紀切；在下爲夊，音綏，則有行義。　吉善也。从士，从口。士君子之口，無非善言。

咠卽入切。咠咠，語也。或作唈。又七入切。詩：「咠咠幡幡。」又一入切。　喆今作哲。智也。古亦作嚞。　嚚牛刀切。讙也。或作嚻。又虚嬌切。　喪息郎切。从哭亡。隸作喪。又四浪切。　企遺爾切。舉踵也。　整齊也。从敕，从正。〔三〕　連說文：「負連也。」一曰連屬。又力展切。難也。易：「往蹇來連。」又連彥切。及也。　道說文：「所行道也。一達謂之道。」又大到切。　逐追也。又亭歷切。逨也。易：「其欲逐逐。」又直祐切。奔也。山海經，夸父與日逐。一曰，牝牡合。　𢓊今作遠。御說文：「使馬也。」徐鍇曰：「卸解車馬也。或彳或卸，皆御者之職。」古作御。又魚駕切，相迎也。　衜杜皓切。所行道也。又大到切，導引也。　𧗳熒絹切。說文：「行且賣也。」或从玄。　齔楚引切。博雅：「毀齒謂之齔。」又初堇切。說文：「男八月生齒，八歲而齔，女七月生齒，七歲而齔。从齒，从匕。」或作齓。　𤼽符轅切。說文：「獸足謂之番。」　鼟蒲孟切。蹗鼟蹋地聲。从鼓，聲也。　扁補典切。說文：「署也，从户册。户册者，署門户之文也。」一曰，不圓爲扁。　甜徒兼切。美也。　䛀託盍切。歠也。或从習。又託協切，大小䛀。　卻乞約切。說文：「節欲也。」一曰，退也。或作却。　協胡頰切。說文：「衆之和同也。从劦，从十。」徐鉉曰：「十，衆也。」古作旪。或作叶。　开子玄切。事之制也。　話說文：「合會善言也。」傳曰：「告之話言。」或作話。　設式別切。說文：「施陳也。从言，从殳。殳，使人也。」　啻乙力切。說文：「快也。」　信信無所立，惟馮人言。　誓時制切。說文：「約束也。」蓋誓之以言。　䚻餘招切。說文：「徒歌。」或作謠。䚻又夷周切。或書作脂。　計說文：〔四〕「會也。」又吉屑切。畫也。　討从言，从寸。言，責也。寸，法度也。責以法度。　訥奴骨切。言不出。　謕虛訝切。誑也。又乎刀切。號也。　諰想止切。又所隹切。思意。一曰語失。　誩渠慶切。言之争也。古作譶。篆作競。隸作競。

譶直立切。譅言不止也。又達合切。說文：「直言也。」　叢徂聰切。聚也。从聚省。又徂外切。从最省。叢木，灌木也。　舁以諸切。並舉也。又苟許切。　興虛陵切。說文：「起也。从舁，从同。同，力也。」　與演女切。說文：「黨與也。」或作舁、與。〔五〕又羊茹切，及也。

𩰫渠容切。說文：「所以支鬲者。从爨省，从鬲省。」又古勇切，又苟許切。　䨣匹名切。說文：「雨濡革也。」　䰭人移切。有骨醢也。　𤮊狼狄切。鼎屬，實五觳斗二升，象腹交文三足。

䰞居行切。五味香鬻也。从羹省。　孚芳無切。說文：「卵孚也。从爪，从子。」說者烏伏子，常以爪反覆其卵。古作𤔀。又方遇切，育也。方言：「鷄伏卵而未孚。」　閔胡畎切。試力士錘也。　鬧擾也。或作𠆞。

取說文：「捕取也。」周禮，獲者取左耳，故从又从耳。司馬法，載獻聝，聝耳也。　秉說文：「禾束也。从又持禾。」或曰，粟十六斛曰秉。　友說文：「同志爲友。从二又，相交友也。」篆作𠬛。　叒日灼切。二又爲友，三又爲叒，所助者多，故爲順也。

肅說文：「持事振敬也。從聿在𣶒上，戰戰兢兢也。」　隶對鄰切。筆飾也。俗以書好爲隶。从彡，有文也。　臤〔六〕苦閑切。又丘寒切。說文：「堅也。即古文賢字。」从臣，从又，臣能致力也。

臥吾貨切。說文：「伏也。从人臣，取其伏也。」或作卧。〔七〕　毆居又切。揉屈也。

从殳，从㿝。㿝，古文叀字。祋丁外切。說文：「殳也。或說，城郭市里高掛羊皮，有不當入而欲入者，暫下以驚牛馬曰祋，故从示殳。」引詩：「何戈與祋。」役說文：「戍邊也。」㪃古文道字。

㝵方歛切。說文：「傾覆也。从寸，从巢省。寸，人手也。」或曰，〔八〕郎貶損之貶。

㝵牛代切。止也，出浮屠書。又有得音。从旦，从寸。攸說文：「行分也。」又以九切。从支，从人水省。徐鍇曰：「支，入水所杖也。」敗毀也。古作敗、贁。寇說文：「暴也。从支，从完。」敬說文：「肅也。」牧養牛人也。葡平祕切。說文：「具也。从用苟省。」徐鉉曰：「苟，急敕也。」隸作葡。旻火劣切。舉目使人也。又莫結切，又七役切。目小動。又忽域切。夐況晚切。說文：「大視也。从大旻。」取委遠切。从目也。又鄔管切。

𥄎烏括切。說文：「揞目也。从目叉。」瞑眠格切。耳目不相信也。相思將切。說文：「省視也。」引易：「地可觀者莫可觀於木。」詩曰：「相鼠有皮。」又息亮切。明眉兵切。視瞭也。盲目亡牟子。眔達合切。說文：「目相及也。从目，从隶省。」昳式荏切。視也。又舒閏切。開闔目數搖也。窅伊鳥切，又音於交切。深目也。瞤音域輒切。說文：「光也。」隸作曄、曅。𥈒古穴切，又一決切。說文：「目深皃。」瞀女利切，又烏括切。說文：「深目皃。」一曰塞也。瞐黑角切。美目。一曰目深。叟舒仁切。引目。

睘眣迴切。大目也。瞁許尤切。目多汁。省息井切。目瞖也，與眚同。又視也。又所景切。簡也。〔九〕説文，从眉省。　瞂扶發切。盾也。　頣眦志切。犬初生子。一曰首子。
臭尺救切。説文：「禽走臭而知其迹者，犬也。」或作臰，臰，腐氣也。　皆居諧切。説文：「俱詞也。从比，从自或省。」　歕迄洽切。齁歕，鼻息。或从夾，从合，⿰鼻合⿰鼻夾也。　羿研計切。説文：「羽之羿風。亦古諸侯。一曰射師。」臣按，从开，音堅。堅也，射所以破堅也。从羽，箭必以羽。有窮國君。　翟直格切。矩名。又直角切。鳥名。　⿱曰羽託盍切。説文：「飛盛皃。从曰。」曰即冒也。　瞢木空切。説文：「目不明也。从苜，〔一〇〕从旬。旬，目數摇也。」又眉耕切。無眸子也。　蔑莫結切。説文：「勞目無精也。从首。人勞則蔑。」　羴尸連切。羊臭也。又羊閑切。　⿰羊臭牛閑切。羊臭。　羌説文：「西戎牧羊人也。从人，从羊。南方蠻、閩从虫，北方狄从犬，東方貉从豸，西方羌从羊，此六種也。西南僰人、僬僥从人，蓋在坤地，頗有順理之性。東夷从大，大人也，夷俗仁，仁者壽，有君子不死之國。孔子曰：『道不行，欲之九夷，乘桴浮於海。』有以也。」古作𦍋。　羹五味盉鬻也。　⿰羊彖寵戀切。羊長尾。一曰，羊棧也。　羼初限切。羊相厠也。一曰，相出前也。又初莧切。一曰，傍入曰羼。从屋省。　羸力爲切。羊瘦者也。　靃呼郭切。説文：「飛聲也。兩而雙飛者，其聲靃然。」　雙隹二枚也。从又持之也。
雧秦入切。説文：「群鳥在木上也。或省。」　鳴鳥聲也。又眉病切。相呼也。　鳭當侯切。鴠鴠，鳥名，人面鳥喙，〔一一〕有翼不能飛。又丁聊切。目熟視也。　舃即約切。説文：

「鵂鶹別名。」　丝於蚪切。説文：「微从丝二幺。又津之切，黑也。兹，古作丝。　兹説文：「黑也。」引春秋傳：「何故使吾水兹。」　幾説文：「微也，殆也。从丝，从戍。戍，兵守也。丝而兵守者，危也。」古作𢆶。　幽説文：「隱也。」　叜舉起切。問數也。幾古作叜。〔一二〕　兹龍都切。黑弓也。　㓜于達切。小意。　𩔂魯果切。説文：「畜產疫病也。」　㱙昨間切。禽獸所食餘也。　歾側入切。字林：「夭死也。」或作歺。又子列切。　死从歺，从人。人之殘也。或曰，从匕聲。　別皮列切。分解也。　肥説文：「多肉也。」徐鉉曰：「肉不可過多，故从卪。」　脃此芮切。説文：「小耎易斷也。从肉，从絶省。」或作膬。　殂財干切。禽獸食餘也。　肰如延切。説文：「犬肉也。」　俎説文：「禮俎也。从半肉在且上。」　肘説文：「臂節也。」　刕憐題切。裂也。　初裁衣之始。　利説文：「銛也。从刀和然後利，从和省。」引易：「利者義之和。」臣按从刀，从禾。二母相合，以刀取禾也。古作𥝢。　則説文：「等畫物也。从刀，从貝。貝，古之物貨也。」按，今人稱金之劑曰則。一曰法也。古作𠟭。𠟭籀从鼎。　刪師姦切。説文：「剟也，从刀，从冊，以刀削書也。」　罰説文：「辠之小者。从刀，从詈。未以刀有所賊，但持刀罵詈則應罰。」　釗之遥切。説文：「刓也。周康王名。又弩機。」　剈古屑切。楚人謂治魚人。　刓吾官切。説文：「剸也。或作㓈。」　划胡瓜切。舟進竿謂之划。又古火切。割也。又古卦切。鎌也。　觲思瞀切。説文：「用角低昂便也。」引詩：「觲觲角弓。」或少省。　解舉蟹切。説文：「判也。从刀判牛角。」　𧢲今作觸。説文：「牴也。」亦作觗。　等得肯切。説文：「齊簡也。从竹，从寺。寺官曹之等平也。」　筮時制切。説文：「易卦用蓍也。从竹，从𢍰。」𢍰，古巫字。　簋矩鮪切。説文：「黍稷方器也。从竹，从皿，从皀。」　筭蘇貫切。説文：「長六寸，計歷數者。从竹，从弄，常弄乃不誤也。」

筋説文：「肉之力也。」臣按，从竹，从肋。惟竹肋多筋絲，所以爲筋之主，故説文曰：「竹，物之多筋者。」　典説文：「五帝之書也。从冊在丌上，尊閣之也。莊都説，典，大冊。」古作籅。　奠堂練切。説文：「置祭也。從酋，酋酒也，下其丌也。禮有奠祭者。」　覡胡狄切。説文：「能齋肅事神也。男曰覡，女曰巫。从巫見。」〔一三〕見音睍。　甚食荏切。説文：「尤安樂也。从甘匹。匹，耦也。」古作𠯑、𨁧。　沓達合切。語多沓沓也。遼東有沓縣。一曰合也。从水者，象多言之人口出涎沫。　朁今作替。説文：「廢一偏下也。」按，从竝，一上而一下也。从曰，告也。　尌上主切。説文：「立也。从壴，从寸，持之也。」　鼓説文：「从壴支，象其手擊之也。」臣按，从支，土刀切。説文於弓弢則曰从支。支垂飾，與鼓同意。　鼙補蒙切，鼓舞。　鼕徒東切。鼓聲。从角者，鼓作而角鳴也。　鏧虛冬切，鼓聲。從金者，鼓作金止。　𪔐託合切，鼓鼙聲。从缶，擊鼓擊缶聲爲同類。　𧯠隸作登。説文：「禮器也，从廾持肉在豆上。」篆作𧯠，从𠙹，象肉在豆中之形。　𧯷直質切。説文：「爵之次第也，故从弟。」書：「平𧯷東作。」或从失。　虔説文：

「虎行皃。」按此从文，當有虎文之義。　虓薄報切。彊侵也。周官有司虓。　覤乞逆切。覤

覤，驚懼皃。　贙胡犬切。說文：「分別也。从虤，對爭皃也。一曰，獸名，出西海大秦國，似狗多

力，獿惡也。」又熒絹切。　盈說文：「滿器也，从夃。」夃音姑，古者以買物多得為夃。　益說

文：「饒也。从水皿。皿，益之意也。」　衄文六切。說文：「鼻出血也。」　盩張流切。說

文：「引擊也，从㚔攴，見血也。」　盇轄臘切。說文：「覆也。」一曰何不也。隸作盍。　⿰享黃

地官切。黃色。　覢癡貞切，从穴中正見也。青光者，隙穴之明也。竀或作覢。　艶千定切。

黤艶，青黑色。　阱疾正切。陷也。或作汬。　食說文：「一米也。从皀亼聲，或說从皀也。」

飢居夷切。餓也。　飤祥吏切。說文：「糧也。从人食。」　湌七安切。說文：「吞

也。」又蘇昆切。水沃飯也。　飱蘇昆切。說文：「餔也。」謂晡時食。或作餐，餐又千安切。說

文：「吞也。」　⿸厂食求位切。說文：「餉也。」饋，古作⿸厂食。　⿰食又牛據切。餞也。　蝕實職

切。敗食也。　侖龍春切。說文：「思也。从亼，从冊。」籀作龠、穼。　僉說文：「皆也。从

亼，从口，从从。」引虞書：「僉曰伯夷。」按，此叩、从，無義；但亼，人口之多耳。　⿱亼正方合切。

古文灋字，从亼，从正。　合曷閤切。說文：「合口也。」　㑒巨險切。約也，好合人也，故未

成僉。　會合也，从人，从曾省。曾，益也。　倉說文：「穀藏也。从食省，从口。」奇字作仺。

仚相然切。山居長往也。又虛然切。輕舉也。　屳狙箴切。說文：「入山之深也。」

𦉼餘招切。廣雅：「瓶也。」又夷周切。説文：「瓦器也。」按，从肉，藏肉器。　罜去冀切。皿也。器，或作罜，从器省。　是時也。从日，从正。日，辰也，正其辰也。篆作昰。又田黎切。

醢呼雞切。説文：「酸也。作醢以𩰪以酒，从𩰪酒並省。」　躲説文：「弓弩發於身而中於遠也。篆作射，从寸。寸，法度也。」食亦切，又寅謝切。　矣昨木切。矢鋒也。或作矣。　亮虚交切。灌也。　䜈輕皎切。高也。　亯余封切。从亯，从自。自，鼻也，知臭香所食也。按，此與𦎫同體，卽烹飪調庸之義。或作庸，从庚，庚乃烹飪器。亯以烹爲主，借爲庸用之庸，後人不知，但識借義而已。　𦎫常侍切。説文：「孰也。从亯从羊。」按从亯，普庚切。一曰，䰞也。篆文作𦎫。　覃徒南切。説文：「長味也。」引詩：「實覃實訏。」从𩫖，从鹹省，或不省。古作𠧟、𠪚、𠪚。　㫗隸作厚。説文：「丘陵之厚也。从㫗，从厂。」　嗇隸作嗇。説文：「愛濇也。从來，麥也。从㐭，受麥之府也。故田夫謂之嗇夫。」古作𤲸。　啚補美切。説文：「嗇也。从口㐭。㐭，受也。」　麦閭承切。説文：「越也。从夊，从㐬。㐬，高也。」　夔苦感切。説文：「繇也，舞也，樂有章，从章，从夅，从夊。」引詩：「夔夔舞我。」　夋烏代切。夊，行也，心之行也。

畟初力切。説文：「治稼畟畟，進也。」引詩：「畟畟良耜。」按，此从夊从畟省。説文从田，从人夊，誤矣。又節力切。　棘臧曹切。月出門也。从二東。曹字从此。　梟堅堯切。説文：「不孝鳥也。日至捕梟，磔之。从鳥首在木上。」　休息止也。从人依木。　臬五結切。射準的也。

从木，从㓝省。又九芮切。　采取也。　析破木也。　床說文：「安身之坐者。」　杏說文：「果也。从木，可省聲。」按，从可亦不得聲，从口，木實之可食者。　林从二木，木多爲林。說文：「平土有叢木曰林。」　森說文：「木多皃。从林，从木。」　彬悲巾切。說文：「文質備也。」又逋還切，采明也。　梵房丸切。木得風也，疑从風省。　埜以者切。郊外也。古作壄。　槑虛檢切，槑槑，蔭也。　𣝗盧感切。悲愁皃。一說，林木君子所感，故宋玉曰：「入林悲心。」或从心。　敖牛刀切。說文：「出游也。从出，从放。」篆作敖。　賣莫懈切。說文：「出物貨也。从出，从買。」隸作賣。　𡴀戈灼切。岸上出皃。　𣐺博蓋切。行皃。詩：「赤芾在股。」今二芾相從，自爲行也。　索昔各切。說文：「艸有莖葉可作繩。从宋糸。」　孛蒲妹切。說文：「㪍也。从宋。人色也。从子。」引論語：「色孛如也。」又薄没切。色惡也。　甡疏臻切。說文：「衆生竝立之皃。」引詩：「甡甡其鹿。」　𦋐古文姓字。　華户瓜切。說文：「榮也。从艸，从㝃。」隸作華。　剌郎達切。說文：「戾也。从束，从刀。刀者，剌之也。」　囚徐由切。說文：「繫也。从人在口中。」　囷區倫切。說文：「廩之圜者。圜謂之囷，方謂之京。」　𡚸女蟹切。博雅：「母也。」　圂胡困切。說文：「厠也。从口，象豕在口中也。」　困苦悶切。說文：「故廬也。从木在口中。」　図昵立切，図図，私取物。又昵洽切。說文：「下取物縮藏之。」　囝九件切。閩人呼兒曰囝。又魚厥切。闕也，太陰之精。

圉魚舉切。説文：「囹圄，所以拘罪人。从㚔，从口。」　買毋蟹切。説文：「市也。从网貝。」引
孟子：「登龍斷而网市利。」　賵撫鳳切。贈死之物。　贄脂利切。説文：「至也。」引周
書：「大命不摯。」亦作贄。　員子禮切。物數也。徐鍇曰：「古以貝爲貨，故數之。」隸作員。籀
作鼎。　郵説文：「境上行書舍。从邑垂。垂，邊也。」　𨛜从邑相向。説文：「鄰道也。」隸
作郷。胡降切。　鄉胡降切。説文：「里中道也。」篆省作巷。隸省作巷。　昍許元切。明
也。　昆公渾切。説文：「同也。」　昏呼昆切。説文：「日冥。从氏省。」　昌尺良切。
説文：「美言也。从日，从曰。一曰，日光也。」引詩：「東方昌矣。」籀作昌。　曇徒南切。雲布
謂之曇。　晡那含切。國名，唐天寶中封其王爲懷寧王。　暹思廉切。日光升也。　普
滂古切。説文：「日無光。」徐鍇曰：「無光則遠近皆同，故從並。」　昶丑兩切。通也。又丑亮
切，達也。　昢普罪切。日未明皃。又普没切。　㬎呼典切。説文：「衆微杪也。从日中視
絲。」一曰，頭明飾也。又五合切。　𣅀伊鳥切。〔一四〕説文：「望遠合也。从曰匕。匕，〔一五〕合
也。」　早子皓切。説文：「晨也。从日在甲上。」隸作早。　炅眏迥切。見也。或作昋。又
涓惠切。　㫾戈笑切。光也。或从光。　晉即刃切。易：「明出地上，晉。」説文：「進也，日
出萬物進。从日，从臸。」隸作晉。　㬥薄報切。説文：「晞也。从日，从出，从収，從米。」或作
暴。　昰夏，古作是，言日於是乎正也。　𣅸莫筆切。説文：「不見也。」　昝隸作昔。説

文：「乾肉也。从殘肉，日以晞之。」旋旬宣切。說文：「周旋，旌旗之指麾也。从㫃，从疋。疋，足也。」斿亦作游，旌旗之斿。旅說文：「軍之五百人爲旅。从㫃，从久，从俱也。」古作衣。族說文：「矢鋒也，束之族族也。从㫃，从矢。」一曰，聚也。晶說文：「精光也。从三日。」古作𠂤，子盈切。又爲古文日字。朏普乃切，又芳尾切。說文：「月未盛之明。从月。」引周書：「丙午朏。」朙照也。朙，古作明。奣苦礦切。明也。又古猛切。夗於阮切。說文：「轉臥也。从夕，从卩。臥有卩也。」㚢今作夙。說文：「早敬也。从丮持事。」多說文：「重也。从重夕。夕者，相繹也，故爲名。」𥻆隸作栗。說文：「嘉穀實也。」㮚力質切。說文：「木也。其實下垂，故从卤。」秝隸作兼。并也。从又持秝。兼持二禾，秉持一禾。床忙皮切。床穰，地名，在今秦州。秦說文：「伯益之後所封國，地宜禾，从禾春省。一曰，秦禾名。」籀作𥡆。科說文：「程也。从禾，从斗。斗者，量也。」穲毋罪切。禾傷雨。采徐醉切。說文：「禾成秀也，人所以收。从爪禾。」𥝩訖黠切。禾稾去其皮祭天。𪏽說文：「芳也。从黍，从甘。」春秋傳：「黍稷馨香。」隸省作香。𦥺巨九切。說文：「舂糗也。」䊦郎達切。博雅：「𢮦也。」㯃蘇旰切。說文：「分離也。从攴林。林，分散之意。」古作枚。又顙旱切。麻分也。麻說文：「與林同，〔一六〕人所治也。从广，在屋下。」宗說文：「尊祖廟也。」容說文：「盛也。从宀谷。」徐鉉曰：「屋與谷皆所以盛受也。」

安説文：「静也。从女在宀下。」 家説文：「居也。从宀豭省。」臣按，説文「从豭省」，疑非也。家與牢同意。家豕居，後人用爲室家之家。牢牛屋，後人用爲牢獄之牢。 寍奴丁切。説文：「安也。从宀心在皿上。人之飲食器，所以安人。」 宂乳勇切。説文：「散也。从宀，人在屋下，無田事。」引周書：「宮中之宂食。」 寡説文：「少也。从宀，从頒。頒，分賦也，故爲少。」

宰子亥切。説文：「辠人在屋下執事者。从宀，从辛。辛，辠也。」 守始九切，説文：「寺官也。从宀，从寸。寺府之事者从寸。寸，法度也。」 官胡慣切。説文：「仕也。一曰，闇人。」

寘虚訝切。墉也。亦作墉。 向説文：「北出牖也。从宀，从口。」引詩：「塞向墐户。」徐鍇曰：「牖所以通人氣，故从口。」 定説文：「安也。从宀，从正。」古作正。 實説文：「富也。从宀貫。貫，貨貝也。」 宋説文：「居也。一曰，木者所以成室以居人也，故从宀，从木。」

竄七丸切。穴皃。又取亂切。匿也。 穿説文：「通也。从牙在穴中，或从身。」 窔一叫切。深也。 突陁没切。説文：「犬從穴中暫出也。从犬在穴中。」方言：「江湘卒相見曰突。」一曰，出皃。

穻烏入切。穿也。 㾑餘招切。痤㾑，疾名。 疢丑刃切。熱病。

[illegible]訖洽切。創也。一曰，獸足病謂之[illegible]。又乞洽切。按，此从足，从瘗省。 最祖外切。説文：「犯而取也。从曰，从取。」 同隸作冒。説文：「蒙而前也。从冃，从目。」 同説文：「合會也。从目，从口。」徐鍇曰：「同，爵名也。」引周書：「太保受同嚌。」故从口。 冡莫紅切。説

文：「覆也。从冂豕。」　羅說文：「以絲罟鳥也。从网，从維。古者芒氏初作羅。」　罪說文：「捕魚竹网。从网非。秦以罪爲辠字。」　詈說文：「罵也。从网，从言，网辠人。」　帘鋤臻切。幕也。又離鹽切，酒家幟。又一叫切。　⿱埶巾脂利切。博雅：「犛⿱埶巾，巾也。」又輪芮切。

⿰白白吉了切。白也。又薄陌切。　皛烏鳥切。說文：「顯也。从三白。」　黹陟几切，說文：「箴縷所紩衣。从㡀丵省。」徐鉉曰：「丵衆多也。言箴縷之工不一。」　伊說文：「商聖人阿衡，尹治天下者。」

儗魚其切。感也。又偶起切。說文：「僭也。一曰，相疑。」　伮農都切。奴婢皆古之罪人，古文奴从人，或作仅。　信思晉切。說文：「誠也。」　仁从人，从二。徐鉉曰：「仁者兼愛，故从二。」古作忎。　真說文：「僊人變形。」臣按，从匕，从具，變化之具也。

屳馨煙切。說文：「人在山上。」又虛延切，輕舉也。又虞爲切。危也。　件說文：「分也。从牛大物，故可分。」　咎其九切。說文：「灾也。从人，从各。各者，相違也。」〔一七〕　企去智切。說文：「舉踵也。或从足。」　位于累切。說文：「列中庭之左右謂之位。」　付方遇切。說文：「與也。从寸，持物對人。」　債側賣切。逋財也。　伩思晉切。說文：「誠也。」信，古作伩。　偘墟旰切。剛直也。　伏房六切。伺也。　儥徒谷切，又余六切。說文：「賣也。」又他督切。買也。　佩蒲妹切。說文：「大帶佩也。从人，从几，从巾。佩必有巾，巾謂之飾。」　便毗連切。說文：「安也。人不便，更之。」　卬五剛切。說文：「望欲有庶及也。从匕，从卩。」詩曰：「高山卬止。」今作仰。頃去營切。説文：「頭不正也。」臣按，从頁，从匕。飯匕之匕，其形不正。

卓篆作皁。説文：「高也。早匕爲皁，匕卩爲卬，皆同義。」

眾説文：「多也。从乑目。衆意。」

𨈬癡鄰切。走皃。

殷説文：「作樂之盛稱。从㐆，从殳。易曰：『殷薦之上帝。』」

孝説文：「善事父母者。从老省，从子。子，承老也。」

耋徒結切。説文：「年八十曰耋。从老省，从至。」

笔逋密切。所以書。説文：「秦謂之筆，或作笔。」

𢾺俱爲切。乖也。

屍升脂切。説文：「終主。从尸，从死。一曰，在牀曰屍。」

㞋人善切。説文：「柔皮也。」按，此从皮省，从又。又者，以手柔之也。

𡲕莫白切，履也，青絲頭履。从履省，从糸。

屋説文：「居也。从尸，尸所主也。一曰，尸象屋形。从至，至所至止。屋室皆从至。」籀作𡱁，或作臺。

𡳞今作尿。人小便也。从尾，从水。奴弔切。

般逋潘切。説文：「辟也，象舟之旋。从舟，从殳。殳，所以旋也。」

俞容朱切。説文：「空中木爲舟也。从亼，从舟，从巜。巜，水也。」〔一八〕

舠五忽切。説文：「船行不安也。从舟，从刖省。」

兄呼榮切。説文：「長也。从口，从儿。」臣謂从口所以訓子弟也。又許放切，古况作兄也。

先蘇前切。説文：「前進也。从儿，从之。」

見説文：「視也。从儿，从目。」

冐莫逢切。説文：「突前也。」徐鉉曰：「冃，重覆也。犯冃而見，是空前也。」又莫報切。觸也。

㝵的則切。説文：「取也。从見，从寸。寸度之，亦手也。」隸作㝵。

覊虛器切。見雨止息也。

規居隨切。説

文：「有法度也。从夫，从見。」
覞弋笑切。說文：「竝視也。从二見。」古作覞。
款說文：「意有所欲也。从欠𥨊省。」徐鉉曰：「𥨊，塞也。意有所欲而猶塞，款款然。」
歖許其切。說文：「卒喜也。从欠，从喜。」
㳄徐連切。說文：「慕欲口液也。从欠，从水。」
盜大到切。說文：「私利物也。从㳄，㳄欲皿也。」
頙須袞切。選具也。又蘇困切。
煩符袁切。說文：「熱頭痛也。」
頫匪矩切。說文：「低頭也。从頁逃省。太史卜書頫仰字如此。」徐鉉曰：「頫首逃亡之皃。」
䪼而由切。說文：「面和也。」
顥下老切。說文：「白皃。从頁，从景。」引楚詞：「天白顥顥。」商山四顥，白首人。徐鉉曰：「景日月之光明，白也。」
頪盧時切。說文：「難曉也。从頁米。一曰，鮮白皃。从粉省。」
顊呼内切。面多肉。
䪿康禮切。下首也。說文謂「从𦣻旨」，非也，从詣省。
奅普伴切。面大。
䐡耳由切。面和也。从肉，从百。
縣胡涓切。繫也。从系持県。
𩕢大凡切。說文：「截也。从𦣻，从斷。」又旨沇切。
彥彼眷切。更也。變，古作彥。
髟說文：「長髮猋猋也。从長，从彡。」彡，師御切。
髩陟賄切。假髻。
卮說文：「圜器也。一名觛，所以節飲食，象人卩在其下也。」引易：「君子節飲食。」
印說文：「執政所持信也。从E，从卩。」
𠃉乙力切。與印相向成文。說文：「按也。」隸作抑。
艷麗而豊也。
危說文：「在高而懼也。从产，自卩止之。」
勹說文：「少也。从勹一。」
旬說文：「徧也，十日爲旬。从勹日。」
勽薄皓切。說文：「覆也。」

从勹覆人。」 匊說文：「在手曰匊。从勹米。」俗作掬。 昜與章切。从旦，从勿，謂太陽自朝而升，勿勿然而涣散。 嵩思融切。中岳嵩高山。古作崇。 㕞所劣切。說文：「拭也。从又持巾在尸下。」 畫篆作畫。胡麥切。說文：「界也，象田四界，聿所畫之。」 𧆯今省作虐。說文：「殘也。从虎足反爪人也。」 毄籒文磬字。从殳，擊之乃有聲焉。 矗初六切。直皃。 幵古賢切。說文：「平也。象二干相對上平也。」 冤於袁切。說文：「屈也。从兔，从冂。兔在冂下不得走，益屈折也。」 戾說文：「曲也。从犬出户下。戾者，身曲戾也。」 糞今作糞。說文：「棄除也。从廾推𠦒。棄采也。官溥說，似米而非米者，矢字。」𠦒，北潘切。 𢀩龍輟切。說文：「撮也。从𠬪，从己。」徐鉉曰：「己者物也，又爪撮取之。」 𨳿陟刃切。登也。从二，从門。二其門所以爲登也。 𦣟音誑。說文：「乖也。从二臣相違。」 看丘閑切。說文：「睎也。从手下目。」臣按，今人視遠物，多以手掌於目上蔽日曜。

右四百五十二。

會意第三下

庫說文：「兵車藏也。从車在广下。」 廛說文：「二畝半，一家之居。」〔一九〕臣按，此从广，从里，从坴省。説文「从广里八土」，誤矣。 庡之奢切。篆作庡，廚也，遏也，从广，从苂。苂卽光字，謂光爲广所蔽也。又傷注切。説文：「屋下衆也。」 厘澄延切。二畝半，一家之居。

砅鄰知切。履石渡水也。又力制切。詩：「深則砅。」 礊蒲孟切。磅礊，石聲。或从彭。

峇子末切。水激石皃 豦求於切。説文：「鬭相丮不解也。从豕虍。豕虍之鬭不相捨。」引司馬相如説，豦，封豕之屬。一曰，虎兩足舉。又居御切，獸名。爾雅：「豦，迅頭。大如狗，似獮猴，黄黑色，多髯鬛，好奮迅其頭。」 豗呼回切。豕發土也。 豱丁候切，又竹角切。龍尾星，東方星也。从龍省。 豖株玉切。豕絆足行皃。又丑玉切。 豚小豕也。 貄今作肆。説文：「希屬。」引虞書：「貄類于上帝。」 彖豕走也。从互，从豕省。 驫悲幽切。説文：「衆馬也。」又卑遥切，衆走。又仕戢切。 騳丑郢切。今作騁。説文：「直馳也。」古作騳。 犑莫後切，畜父也。 闖丑甚切。馬出門皃。又丑禁切。 馭使馬也。 麤食胡切。説文：「行超遠也。从三鹿。」又作鹿。 㹎盧谷切。獸皮有文皃。 薦作甸切。説文：「獸之所食艸。古者神人以廌遺黄帝，帝曰：『何食何處？』曰：『食薦。夏處水澤，冬處松柏。』」或从豕。 灋方乏切。〔二〇〕説文：「刑也，平之如水。从廌，所以觸不直者去之，从去。」省文作法。

𪋻池鄰切。説文：「鹿行揚土也。」或省作塵。 毚士咸切。説文：「狡兔也，兔之駿者。从㲋兔。」 娩芳遇切。説文：「疾也。从三兔。」又匹陌切。 娩芳萬切。説文：「兔子也。娩疾也，从女兔。」　逸夷質切。説文：「失也。从辵兔。」　猋卑遥切。説文：「犬走皃。」

獿居六切。説文：「獿獿也。从犬夒。」　狧甚爾切。以舌取物。又訖合切。説文：「犬食也。」　獄説文：「确也。从㹜，从言，二犬所以守也。」古作圄。　狺魚巾切。犬吠聲。楚辭：「猛犬狺狺。」　獟虚交切。虎聲。又乎包切。犬聲。　吠房廢切。犬鳴也。　尞鄰蕭切，又力照切。説文：「柴祭天也。从火，从昚。昚，古慎字，祭天所以慎。」　灰呼回切。説文：「死火餘㶳。从火，从又。又，手也，火既滅，可以執持。」　㷉紆冒切，又音紆勿切。説文：「從上案下也。从𡰥又，持火以尉申繒。」隸作尉。　𪚊兹消切。説文：「灼龜不兆也。」引春秋傳「龜𪚊不兆」。或書作𪚊。　票卑遥切。説文：「火飛也。」篆作㶾，从囟，與䙴同意。　㶴敞尒切。説文：「盛火也。」　臾達負切。蟲入火皃。　㶾卑遥切。輕脆也。从火䙴省。　威翾劣切。説文：「滅，从火戌。火死於戌，陽氣至戌而盡。」引詩：「赫赫宗周，褒姒威之。」臣按，从火，从戌，戌聲也，未必有義。　杰巨列切，𩬈杰，梁四公子名。　熒火迥切。火光。　焚符分切。火灼物也。或作樊，符袁切。説文：「燒田也。」　炅扃閴切。説文：「視皃。一曰，犬視。」　光説文：「明也。从火在人上，光明意也。」古作炗　燅徐鹽切。於湯中爚肉。从炎，从熱省。又徐心切。　黑説文：「火所熏之色也。从炎上出囪。」囪古窻字。篆作黑。　炙説文：「炮肉也。从肉在火上。」之石切。　𤋎徐廉切。湯中瀹肉。从熱省。　赫説文：「火赤皃。」　奄說文：「覆也，大有餘也，又欠也。从大，从申展也。」又於瞻切。精氣閉藏也。
夷說文：「平也。从大，从弓。東方之人也。」　奃口瓠切。大也。　夽土皓切。長大也。又
切號切。　奓今作奢。張也。籀从多。奓又敞爾切。　契說文：「大約也。」〔一二〕引易：「後
代聖人易之以書契。」　報篆作報。說文：「當罪人。从㚔𠬝。𠬝，服罪。」　𡚁下耿切。說
文：「吉而免凶也。从屰，从夭。夭，死之事，故死謂之不𡚁。」隸作幸。　壼今作緼。說文：「壹
壼也。从凶，从壼。不得泄，凶也。」引易曰：「天地絪緼。」　奏說文：「奏進也。从𠦍，从廾，从
中。中，上進之義。」　臭古老切。說文：「大白澤也。从大，从白。」古文以爲澤字。　奰平
祕切。說文：「壯大也。从三大三目。二目爲𥄕，三目爲奰，益大也。一曰，迫也，詩曰：『不醉而怒
謂之奰。』」　惢寸規切，又寸累切，又損果切。說文：「心疑也。从三心。」又將支切，善也。
慶說文：「行賀人也。从心，从夊。吉禮以鹿皮爲贄，故从鹿省。」　思師姦切，又思廉切。說
文：「㥛利口也。从心冊。」引商書：「相時思民。」徐鍇曰：「冊言衆也。」　意說文：「从心，从
音，察言而知意也。」　懣母本切。煩也。　惷于求切。異也。尤，古作惷。　愁盧感切。
悲愁皃。一說，林木君子所感，故宋玉曰：「入林悲心。」　忍魚記切。說文：「怒也。」　息
說文：「喘也。」按，此从心，从自，自卽鼻也。　慎殊閏切。說文：「理也。」順，古作慎。
㳻子宋切。水激石皃。　涉徒行厲水也。　㴇水行也。从水㐬。㐬音突，忽也。篆文从水。

歰色入切。不滑也。或作澀、澁。 㳷昵角切。没也。莊子："大浸稽天而不溺。"溺或作㳷。又乃歷切。 濬須閏切。从水谷，通川也。 湏呼内切。説文："洒面也。"或作頮。 涇失入切。説文："幽涇也。从水一，所以覆也，覆而有土，故涇也。" 邕於容切。説文："四方有水，自邕城池者。"籀作㽞。又巨勇切，揭塞也。 灥詳遵切，又從緣切，又取絹切。雨而泉出。 𧖴莫獲切。説文："血理分衺行體者。"籀作䘑，亦作脈。 覛莫狄切。説文："衺視也。"籀作䁦。或作覓。 𧮐私閏切。深通川也。从谷，从𣦵。𣦵，殘地阬坎意也。虞書曰："𧮐畎澮距川。"又逵員切。 冰筆陵切。水堅也。 冬都宗切。説文："四時盡也。从仌，从夂。夂，古文終字。"古作各。 屚郎豆切。説文："屋穿水下也。从雨，从屋省。" 霍忽郭切。飛聲也。一曰，揮霍，猝遽也。 䨣匹各切。説文："雨濡革也。" 霅直甲切。説文："雷霅，震雷皃。一曰，衆言也。" 霼虚器切。見雨而止息。 䲆語居切。二魚也。又訛胡切。魚之大者。 䲜逆怯切。魚盛皃。 魝語計切，又吉削切。説文："楚人謂治魚人。" 鱻相然切。説文："新魚精也，从三魚，不變魚。"按，今人以小魚爲鱻，从魚之多也。 魰牛居切。捕魚也。 龖徒合切。飛龍也。从二龍。 𩇯疾盍切。惡也。 孔説文："通也。从乙，从子。乙，請子之候鳥也，乙至而得子，嘉美之也。古人名嘉字子孔。" 乳而主切。説文："人及鳥生子曰乳，獸曰産。从孚，从乙。乙者，玄鳥也。明堂月令：『玄鳥至之日，祠于高禖以請子。』故乳从乙。請子必以乙至之日者，玄鳥春分來，秋分去，開生之候鳥，帝少昊分司之官也。」又儒遇切。育者也。

亂澄之切。理也。

臸人質切。到也。从二至。

𡒄丑利切。忿戾也。从至，至而復遜，遜遁也。周書曰：「有夏氏之民叨𡒄。」古作𡒄。又質利切。

肁治小切。說文：「始開也。從戶，從聿。」徐鉉曰：「聿者，始也。」

扇說文：「扉也。从戶，从翄省。」一曰，竹曰扇。」又尸連切，摇翣也。

開隷作開。說文：「張也。」篆从开。

間居閑切。說文：「隙也。从門，从月。」徐鍇曰：「門夜閉，閉而見月光，是有間隙也。」

閃失冉切。說文：「闚頭門中也。从人在門中。」

閉說文：「闔門也。从門，才所以拒門。」

闑魚列切。說文：「門梱也。」

閦初六切，衆在門中。

聯陵延切。說文：「連也。从耳，耳連於頰也。从絲，絲連不絶之貌也。」

耿古幸切。說文：「耳著頰也。从耳烓省。」杜林說：「耿，光也。从光聖省。」

奞德蓋切。大耳曰奞。

聕仍吏切。聽音也。

聅刺列切。說文：「軍法，以矢貫耳也。」引司馬法：「小罪聅，中罪刵，大罪剄。」

聶昵輒切。說文：「附耳私語也。」

䎽的協切。說文：「安也。」又陟膈切，耳堅皃。

拜布怪切。說文：「首至地也。」揚雄說，拜从兩手下。」

摯脂利切。說文：「握持也。」

承辰陵切。說文：「奉也，受也。从手，从卩，从収。」

折之列切，又食列切。說文：「斷也。」

奻居還切。說文：「訟也。从二女。」又音女患切。諠詔也。

姦私也。

威說文：「姑也。从女，从戌。」引漢律文曰：「婦告威姑。」一曰，有威可畏也。 如説文曰：「隨也。」按，从女，从口。女子之口，惟从命。 奴説文：「奴婢皆古之辠人也。」引周禮：「其奴，男子入于罪隸，女子入于舂槀。」 娿於何切。説文：「女師也。杜林説。加教於女。」 婁郎侯切。説文：「空也。从毋中女，空之意也。一曰，婁務也。」臣按，此與孟子「摟則得妻」之摟同，婁是本文，挑婦人也。 好許皓切。説文：「美也。从女子。」通作⿰王子。 婦説文：「服也。从女持帚灑掃也。」 媿齒九切。説文：「可惡也。」古作㗊。 媿又基位切。説文：「慙也。」 委説文：「委隨也。从女，从禾。」 妻説文：「婦與夫齊者也。从女，从屮，从又。又，持事，妻職也。」 嫋乃了切。説文：「姌也。」又回灼切。弱也。 毐遏在切。人無行也。从士，从毋。賈侍中説：「秦太后與嫪毐淫坐誅，故世罵淫曰嫪毐。」又鋪枚切，又於開切。 戔昨干切。説文：「賊也。从二戈。」周書曰：「戔戔巧言。」又楚限切，擣傷也。 戒今作戎。説文：「兵也。」 找胡瓜切。舟進竿謂之划。或从手。 戚房越切。盾也。 戛訖黠切。説文：「戟也。从戈，从百。」 戟訖逆切。説文：「有枝兵也。」引周禮：「戟長丈六尺。」从戈，从榦省。或作戟。 我五可切。説文：「施身自謂也。或説，我，頃頓也。从戈，从手。手，或説古垂字，一曰古殺字。」臣按，許氏如此之説，不知我之於六書爲何義乎？我也，戍、戚也，戊也，皆从戈，有殺伐之意。説文不知會同取義，而其説枝離。況我既从殺，古文成又从刀，此爲殺之義何疑。又借爲吾我之我。許氏惑於借義。 萌眉耕切。目無眸子。或作蔄。又莫更切。蔄倀，失道貌。　匃古代切。説文：「氣也。」逯安説：「亡人爲匃。」或作丏。〔二三〕匃又居謁切，求也。　匠説文：「木工也。从匚，从斤。斤所以作器也。」　瓦吾化切。施瓦於屋也。　弢他刀切。〔二三〕説文：「弓衣也。」　弜其兩切。説文：「彊也。从二弓。」又翹移切。　弜徒案切。説文：「行丸也。彈或作弜。从弓持丸。」或作弓。　医於計切。盛弓弩矢器也。國語曰：「兵不解医。」　盭郎計切。弻戾也。从弦省，从盭。又力結切。

緜説文：「聯微也。从系，从帛。」　孫説文：「子之子曰孫。从系，从子。系，續也。」

繭説文：「蠶衣也。从系，从虫，从芇省。」古作絸。俗作蠒。　綏宣隹切。説文：「車中把也。从系，从妥。」徐鍇曰：「禮升車必正立，執綏所以安也，當从爪，从女省。」説文無「妥」字。

甸説文：「天子五百里地。从田包省。」又石證切，六十四井爲甸。　㗛都敢切。㗛㗛，陰也。

畜敕六切。説文：「田畜也。」引淮南子曰：「玄田爲畜。」又曰：「魯郊禮畜。」或作蓄，从茲，茲，益也。

里説文：「居也。从田，从土。」臣按，埋、貍之字並从里，則知里字復有霾音。又按：貍、悝之字並从里，則知里字又有恢音也。　轂胡光切，又美辨切。夘中之黄也。　嬲乃了切。戲相擾也。

嬲數省切。一乳兩子也。又乃了切，戲相擾也。　鈲攻乎切。鐵鈲。　銜説文：「馬勒口中。从金，从行。銜行馬者也。」　尻九魚切。説文：「處也。从尸，从几。尸得几而止。」引孝經曰：「仲尼尻。」謂閒居如此。故或作居。　凭皮冰切。説文：「依几也。」引周書：「凭玉几。」或从凭。又部孕切。　処昌與切。止也，得几而止。或从虍。　彫乃代切。説文：「罪不至髡曰彫。字或从寸，諸法度字皆从寸也。」亦作耐。彫又人之切。　釁許慎切。殺牲釁其血，而後薦其肉，故从且，从釁省。　斷凡有三音：音覩暖切者，絶也。音都玩切者，決也。音徒玩切者，説文：「截也。」　斬説文：「截也。从車，从斤。古者斬人，以車裂之也。」　斲竹角切。斫也。从斤，从䀠。䀠音斗。或从畫。　料洛蕭切。説文：「量也。从斗，从米，米在斗中。」春秋傳：「臣料虞君。」又力弔切。　殺刑狄切。矛屬。長殺謂之勃盧。　軍説文：「圜圍也。四千人爲軍。从車，从包省。車，兵車。」〔二四〕周制，萬二千五百人爲軍。　輦説文：「輓車也。从車，从㚘，在車前引之者。」　䜌盧官切。亂也，理也。又龍眷切。言不絶。　絲説文：「蠶所吐也。从二系。」　縣渠飲切。絮中小繭。　師説文：「二千五百人爲師。从帀，从𠂤。𠂤，四帀，衆意也。」　官今作官。説文：「吏事君也。从宀，从𠂤。𠂤猶衆也。」　𦣝去演切。説文云：「𦣝小塊也。从臾，从𠂤。臾古貴字。」隸省作𦣞。　陟説文：「登也。」　隉倪結切。説文：「危也。从𠂤，从毁省。徐巡以爲，隉凶也。賈侍中説，隉法度也。班固説，不安也。」引周書：「邦之阢隉。」　獸説文：「守備者也。」　辤説文：「不受也。从辛，从受。受辛宜辤。」　辭説文：「訟也。从𤔔。𤔔猶理辜也，𤔔理也。」　燮悉協切。火熟也。从又持炎辛。辛者，物熟味也。　辟毗益切，法也。从辛，辠也。从命省，出令以治人辠也。説文謂「从卩，从口」，誤矣。　辟必益切。君也。辟君之辟或从官也。　孨只兖切。説文：「謹也。从三子。」又昵立切。衆皃。　孱士連切。説文：「迮也。一曰，呻吟也。从孨在尸下。」徐鉉曰：「尸，屋也。」　孴魚記切。説文：「盛皃。从孨，从日。」籀作㬰，或作孖。孴又爲奇字。　醯説文：「酸也。作醯以鬻以酒，从鬻酒並省，從皿。皿，器也。」俗作醯，非是。　醢許亥切。酒器。　醉説文：「醉，卒也。各卒其度量，不至於亂也。」　尊租昆切。説文：「酒器也。从酋，廾以奉之。」引周禮六尊，犧尊、象尊、著尊、壺尊、大尊、山尊，以待祭祀賓客之禮。或从寸。古作兕。　灥愚原切。説文：「水泉本也。从灥出厂下。」篆作原。今作源。　戍春遇切。説文：「守邊也。从人持戈。」　伐説文：「擊也。从人持戈。」　埶倪祭切。説文：「穜也。从坴丮，持而穜之。」引詩：「我埶黍稷。」　㪊竹角切。説文：「斫也。斵或从丮晝聲。」〔二五〕　卟堅奚切。説文：「卜以問疑也。」書「稽疑」舊作卟，亦作乩。唐開元改用稽，無義。　占説文：「視兆問也。」　希疏巾也。从爻，从巾。　棥附袁切。藩也。从爻，从林，象林薄交加，有藩籬之狀。　隼聳尹切。説文：「祝鳩也。隹从十，象射隼之形。」　雋徂兖切。説文：「肥肉。从弓，所以射隹。」　䍜陟教切。覆鳥之具。　隻之石切。鳥一枚也。　雀卽約切。説文：「依人小鳥也。」　奞息遺切。説文：「鳥張毛羽自奮也。从大，从隹。」　奮説文：「翬也。从隹在田上。」一曰，振也。　奪説文：「手持隹失之也。」臣今按，从寸者，攘人不顧法度，如奄攫然。

蒦乙虢切。説文：「規蒦，商也。从又持萑。一曰，視遽皃。」

叡俞芮切。説文：「深明也。通也。」臣按，此从目，从叡省。或言从谷省，非。古作睿。

叡黑各切。深溝也。或从土。

飍必幽切。風也。

䬍許勿切。疾風也。

圭説文：「瑞玉也。上圜下方。公執桓圭，九寸；侯執信圭，伯執躬圭，皆七寸；子執穀璧，男執蒲璧，皆五寸，以封諸侯，以重土。楚爵有執圭。」

埽蘇老切。説文：「棄也。」又先到切。

圣苦骨切。説文：「汝潁之間謂致力於地曰圣。」

堯説文：「高也。從垚在几上，高遠也。」臣按，堯當从垚，从几。因帝堯以垚爲名，故又加几焉。古文作兟，亦从二几，可知也。

堇巨斤切。説文：「黏土也。从土，从黄省。」

堅從遇切。説文：「土積也。」或作㙤。

封方容切。説文：「爵諸侯之土也。从之，从土，从寸，守其制度也。公侯百里，伯七十里，子男五十里。」徐鍇曰：「各之其土也。」

加説文：「語相增加也。从力，从口。」

勞説文：「劇也。从力熒省。熒火燒門，用力者勞。」臣按，从力，从營省，言用力經營也。又郎到切。

劦胡頰切。説文：「同力也。从三力。」引山海經：「惟號之山，其風苦劦。」

協説文：「同心之和。从劦，从心。」

勰胡頰切。説文：「同思之和。从劦，从思。」

劣説文：「弱也。」

勶翾劣切。拽也。

勖許六切。勉也。臣按，从力，从冒，會意。説文謂聲，誤矣。

右二百四十六

三體會意

序曰：二母之合爲會意。二母者，二體也，有三體之合者，非常道也，故別之。

復今作退字。从彳，从日，从夊。　後遲也。从彳、幺、夊者，後也。徐鍇曰：「幺猶𦃃躓之也。」　䛰託盍切。歠也。从舌，从水，从口。　龠音藥。从亼，从品冊，樂之竹管三孔，以和衆樂聲。　丞翊也。从廾，从卩，从山，山高奉承之義。　㕞从又持巾在尸下，尸屋也。　攸行水也。从攴，从人水省。徐鍇曰：「攴入水所杖也。」秦刻石作攺。　糞音糞，棄除也。從廾推華棄采也。官溥說：「似米而非米者矢字。」　棄今作棄。从廾推𠦒棄之，从𠫓。𠫓，逆子也。　觲息營切。用角低仰便也。从羊牛角。詩：「觲觲角弓。」　解佳買切。判也。从刀判牛角。　簋黍稷方器。从竹，从皿，从皀。　箕亦作箕。从竹𠀠，象形，下其丌也。　或越逼切。邦也。从口，从戈以守一。一，地也。　廛从广，从里，从坴省，卽陸而居。　帚止酉切。糞也。从又持巾埽門內。　灋刑也。从水，平準也。从廌去，觸不直者去之。　尉以上案下也。从𡰥又，持火以尉申繒也。　𡿺音隙。際見之白也。从白上下小見。　舂从廾持杵臨臼上。午，杵省。　爵象爵之形，中有鬯酒，又持之也。　鬱迂勿切。上體與爨同意，象煮鬱之形。从彡，所以飾鬯也。　僉皆也。从亼，从吅，从从。　鬯从凵，凵器也。象米。匕所以投

之。　盥澡手也。从臼水臨皿。　彝都騰切。禮器也。从廾持肉在豆上。　虐亦省作

虐。从虎足反爪人。　竷音坎。繇也，舞也，樂也。樂有章，从章，从夅，从夂。《詩》：「竷竷舞我。」

盭張流切。引擊也。从夲支見皿。　醯呼雞切。作醯以鬻以酒，從鬻酒並省，從皿。皿，器也。

䂂知衍切。極巧而視之也。从四工。　祭从示，从又，手持肉。　祝从示，从人口。

醬从肉，从酒省，酒以和醬。　朢音妄。月滿與日相朢以朝君。从月，从臣，从壬。壬，朝廷。〔二六〕

直从乚，从十，从目。　燮从又持炎辛。辛者，物熟味。　㦤盧感切。君子所感也。宋玉曰：「入林悲心。」

寒从人在宀下，以茻薦覆之，下有仌。　封爵諸侯之土也。从之，从土，从寸，守其制度也。

斝舉下切。玉爵也。从吅，从冖，从斗。　冠弁冕之總名。从冂，从元，冠有法制，从寸。

右四十二。

凡會意類，計七百四十。

轉注第四

序曰：諧聲、轉注，一也。役它爲諧聲，役己爲轉注。轉注也者，正其大而轉其小，

正其正而轉其偏者也。

建類主義轉注

序曰：立類爲母，從類爲子，母主義，子主聲。主義者，是以母爲主而轉其子。主聲者，是以子爲主而轉其母。

老〔二七〕耆、考、耇、耈、孝、耆、耋。　履屨、屐、〔二八〕屐、屖、屣、屨、屄、屜、屩、屐、屧、屟。

㝱寱、寐、寢、寤、寱、〔二九〕寐、寢、寣、寱。　㝱寣、寤、寎、寣、寐、寤、寱、寣。　瞢甍、薨、薎、蘦、薨、甍。

八四、六。

右并注五十。

建類主聲轉注

弌式、弍。　鳳凰。　糴糶。　畱卣。　㥯㥯、㥯。　弦紗、盭、緆。　䡈軦。　虒褫。

右并注二十。

互體別聲轉注

序曰：諧聲、轉注，皆以聲別。聲異而義異者，曰互體別聲。義異而聲不異者，曰互體別義。

杲東、杳。本禾、朱。昜明。尖尒。𤙖牟。告吽。吴吠。

古叶。〔三〇〕卟占。〔三一〕听斥。啼啻。唯售。吥否。吱吝。

含吟。嘆暮。啁周。叨召。䶬躘。衠躛。䜧譜。碁

諆。謷謎。謦讟。眇省。晰晢。眂昏。盳盲。相眛。

眓晟。鵃雛。鶘鴐。鸛鱹。鸞鷁。鯖鶄。鱳鸔。骴髊。

胡胋。槩概。櫜櫜。棸棷。朵朸。楪桒。根杲。梶屎。

某柑。栞枅。架枷。森棼。暑睹。秄季。𪎭黐。襱

襲。衺衸。袍袌。衾衿。裹裸。袞袔。褻䙝。襛䙞。

峇砯。猸屜。威烕。谿豀。擘擗。撕㩜。㩧㩐。妏妄。

娶娵。媸媸。婺婿。媨敀。壀壁。垔垔。垢垕。塹壍。

諅諆。酥醔。恭供。忔氣。悲悱。惧惎。忲怵。愈

愉。　忘忙。　怢怣。　悳愼。　愔意。　怗点。　怘怗。　憞憝。

怡怠。　蒽慲。　悍悬。　悺寔。　廮懭。　忉忍。　忠忡。　𢘦恪。

悲怫。　怓怒。　忦忿。　惪慎。　忍忉。　惋怨。　憾感。　㣰恤。

惵惎。　惐惑。　念恰。　愀愁。　感慽。　悆悇。　嶜巑。　岺

岭。　靠嶊。　嵬巍。　栞汫。　澼檗。　沸㶒。　蛗蜱。　蜑蜓。

蜃蜄。　蠆蠇。　蜇蜥。

右并注二百五十四。

互體別義轉注聲同義異

㯮樅。　旻旼。　棊期。　猶猷。　嫯獓。　𢡃慵。　愚偶。　愿

愿。　懰劉。　㦽鼈。　挈揳。　忽忔。　縏緐。　蜊蜇。　蜃蝷。

蚤蚊。　坒比。　鑋鏊。　嚨巄。　彥喭。　攏龒。　憚罩。　櫳龒。

槲桀。

右并注四十八。

凡轉注類，計三百七十二。

轉注音義

建類主義轉注音義

老説文：「七十曰老。从匕毛。匕音化，言須髮變白也。」老去其下體而成字。 **耆**渠脂切。説文：「老也。」 **考**説文：「老也。」 **耇**古厚切。説文：「老人面凍黎若垢。」 **耉**常句切。説文：「老人行才相逮。从老省易省，行象。」 **孝**説文：「善事父母者。从老省，从子，子承老也。」 **耆**丁念切。説文：「老人面如點也。」 **耋**徒結切。説文：「年八十曰耋。」

履从尸，聲也。从舟，象其形也。从彳，从夂，行而曳者，其惟履乎。 **屩**舉履切。赤舄。 **屦**徂回切。粗履也。 **屐**呼肥切。鞮屬。 **屐**徐吕切。履屬。 **屣**所寄切。履不躡跟也。 **屨**履也。一曰，鞮也。 **屐**遲據切。履也。 **屉**他計切。履中薦。 **屩**居酌切。屐也。 **屐**屩也。 **歷**音歷。履下也。 **屧**施協切。履中薦。

㝱音夢。説文：「寐而有覺也。从宀，从疒，夢聲。」引周禮：「以日月星辰占六㝱之吉凶。」或作蔮。 **寐**縣批切。㝱驚。 又母禮切。寐而未厭。 **寢**披尤切。寐聲。 **寢**呼含切。寢不褫衣。 **寢**人余切。假寐。 **寢**七稔切。説文：「病卧也。」或作寢。 **寢**其季切。説文：「熟寐也。」 **寢**依據切。楚人謂寐曰寢。 **寢**母亘切。寢寢，眠寤也。 **寢**思鄧切。寢寢，眠寤也。

寣謨郎切。寐言也。亦是从寱省。　㾪吾含切。寐聲。　㾉皮命切。説文：「卧驚病也。」　寑七稔切。視皃。　寐密二切。説文：「卧也。」　寤五故切。説文：「寐覺而有信曰寤。一曰，晝見而夜夢也。」　寱倪祭切。説文：「瞑言也。」　寣呼八切。説文：「卧驚也。一曰，小兒號寣寣。一曰，河内相評也。」　瞢木空切。説文：「目不明也。从首，从旬。旬，目數揺也。」又眉耕切，無眸子也。　瞢徒登切。瞢瞢，目暗。　夢郎鄧切。夢卧初起皃。　夢謨郎切。勉也。又彌登切。　寢莫鳳切。寐而有覺也。　夢莫葛切。食馬穀也。　寢謨中切。寐言。从眠，从瞢省。　八數也。　四脉八之數，未能上徹。　六與四同體，而有加焉。

建類主聲轉注音義

弌从一，數也。从弋，聲也。　弍、弎式、弍从弋，無聲，以弌爲類之聲，故可以轉二、三而爲注。

鳳从鳥，義也。从几，聲也。　凰从几，無聲，以凰爲建類。　䍜从䍜，聲也。从入，義也。　羅从䍜，無聲，以䍜爲建類。〔三二〕　圅胡南切。舌也。象形，从弓，舌體弓。又户感切。口上曰臄，下曰圅。　圅曷合切。从圅省，亦聲也。　㒆都黎切，又田黎切。説文：「不能行，爲人所引。」　㒆音提。从允，从提省。以㒆爲建類之聲，故又从奚省。　𤼵音攜。説文：「㒆𤼵也。从允，从攜省。」以㒆爲建類之聲，故又从奚省。　弦説文：「弓弦也。从弓，象絲軫之形。」凡字，母主義，子主聲，未有省母而立子者，惟弦省母，以子主類，故爲建類主聲之注也。

紗於霄切。急戾也。从絃省，少聲。　緆於罽切。不成遂急戾也。从弦省，曷聲。　盭音戾。弼戾也。从弦省盭。

馻丘召切。馻虓。　虓牛召切。馻虓，不安也。馻从亢，義也。从喬，聲也。虓从亢，無聲，以馻爲建類之聲。

虒相支切。説文：「委虒，虎之有角者。」从虎，義也。从厂，聲也。厂音移，又大耳切。　扁補典切。扁虒，薄皃。扁从無聲，以虒爲建義之聲。

互體別聲轉注音義

杲古老切。明也。从日在木上。　東从日在木中。　杳冥也。从日在木下。木，若木也，日之所升降。

本説文：「木下曰本。」本、朱、末同意，一在下爲本，在中爲朱，在上爲末。一無義也，但記其別耳。　末木上曰末。　朱説文：「赤心木，松栢屬。」一曰，丹也。　易羊益切。祕書説，日月爲易，象陰陽也。　明日月並明。　尖子廉切。銳也。　奈以冉切。本廣末狹。

犓坐五切。牛角直皃。　犨樞玉切。抵也。古作牪。　告牛觸人，角著横木，所以告人也。

吽於金切。牛鳴。　吳胡化切。口大皃。　吠音大。嘗也。

古説文：「故也。从十口，識前言者也。」　叶音協。衆口同也。　叶堅奚切。説文：「卜以明疑也。」

占之廉切。説文：「視兆問卜也。」　听魚其切。听嗞，口開皃。　后陟列切。博雅：「塞也。」

啼説文：「號也。」　啻説文：「語時不啻也。」　唯夷隹切。專辭。又愈水切。諾也。　售承呪切。賣去手也。　吥普溝切。吸也。　否不可也。
吻武粉切。說文：「口邊也。」　吝說文：「恨惜也。」　含嗛也。　吟說文：「呻也。」
又宜禁切，長詠也。　嘆末各切。說文：「啾嘆也。」一曰，定也。　暮蒙晡切。謀議也。
啁陟交切。說文：「啁嘐也。」　周時流切。噟也。　叨貪也。　召呼也。　龍盧
東切。龍蹈，行皃。　蹱盧鍾切。蹱踵，行皃。　躗于歲切。過也。　躕姑衛切。僵也。
一曰，跳也。　矐翾規切。說文：「相毀也。」一曰，諉也。　譴土禾切。方言：「慧也。楚謂
之譴。」或省。　諅居之切。忌也。又渠記切。說文：「妄也。」引周書：「上不諅于凶德。」
諆丘其切。說文：「欺也。」　謩咨邪切。咨也。　謎楚懈切。異言。　譥壹計切。
博雅：「譥也。」又户禮切。誠言也。　譖於其切。恨聲。　眇說文：「一目小也。」　省
察也。　晰之列切。目明也。　晢征例切。目美也。　眡章移切。視也。又時利切。
昏呼昆切。目暗也。　盳蒲光切。盳洋，仰視皃。　盲眉耕切。說文：「目無眸子。」
相思將切。說文：「省視也。」引易：「地可觀者，莫可觀於木。」詩曰：「相鼠有皮。」　眛
莫目切。目不明也。　眓翾劣切。說文：「視高皃。」　昃休必切。目深皃。　鴝於諫
切。鴛屬。　雊朱惟切。鳥名，小鳩也。一名鳺鴀。　鶘洪孤切。鵜鶘，好羣飛，沈水食魚。
鷶洪孤切。雗鷶，似鴞，青身白頭。　鸛古玩切。說文：「小雀也。」詩：「鸛鳴于垤。」今

按，鸛，水鳥之大者。**鸛**呼官切。爾雅：「鸛鶇鶝鶔，如鵲短尾，射之，銜矢射人。」**鸞**鳥名。説文：「亦神靈之精，赤色五采，雞形，鳴中五音，頌聲作則至。周成王時，氏羌獻之也。」**鸓**謨還切。山海經：「有鳥如梟，一翼一目，相得乃飛，名曰鸓。」或省。**鶄**咨盈切。鵁鶄也。

鶬倉經切。鶬鶴，鳥名，畜之以厭火。**鷃**蒲木切。鳥名。鷃，説文：「鳥鷃也。」**鶪**薄報切，又北角切。水鳥，似鶂而短頸。**骴**才枝切，又疾智切。説文：「鳥獸殘骨，骴骴可惡。」引明堂月令：「掩骼埋骴。」**髊**蔣氏切。鳥骨。一曰，骨有肉也。**胋**空胡切。博雅：「胋，膪臁也。」**槩**許既切。平斗木。又居代切。**概**古外切。杖也。又巨列切。杙也。**櫑**夫涉切。博雅：「枝也。」**杈**蒲涉切。説文：「木葉搖白也。」**椒**將侯切。戢謂之椒。又甾尤切。説文：「木薪也。」**朵**都果切。説文：「木垂朵朵也。」**杤**人枝切。木名。又如證切。一曰，止車木。**栧**以制切。楫謂之栧。**枼**弋涉切。説文：「楄也。从世聲。」徐鉉謂从世非聲，改而爲卉，卉，蘇合切。臣按，此卽木葉象形，非聲也。**根**説文：「木株也。」**杲**下簡切。閫也。**柅**女夷切。絡杙。又女履切。説文：「木也，實如梨。」一曰，止車木。又乃禮切。**杘**丑貳切。籆柄也。**某**謨杯切。果名。説文：「柟也。」又莫後切。酸果也。**柑**果名，似橘。又其淹切。以木銜馬口也。春秋傳：「柑馬而秣之。」**栞**丘寒切，又稽延切。入山刊木，以識道也。**枅**經天切。屋櫨也。**架**

居迓切。杙也，所以舉物。或作嫁。　枷居牙切。說文：「拂也。淮南謂之柍。」　森木多皃。　棨居蔭切。承樽桉。　署熱也。　睹董五切。說文：「旦明也。」　秄祖似切。說文：「穮禾本。」　季說文：「少稱也。」　穈忙皮切。說文：「穄也。」　穊謨加切。廣雅：「稃也。」

襱盧東切。方言：「齊魯謂之襱，關西謂之袴。」一曰，帬也。又柱勇切。說文：「袴踦也。」　襲說文：「左衽袍也。从衣龖省聲。」籒作𧞫。　袲乃可切。袲袲，衣皃。〔三三〕　袳敞尒切。說文：「衣張也。」　袍說文：「襺也。」引論語：「衣敝縕袍。」又薄報切，衣前襟。　褒薄皓切。說文：「裦也。」　衾祛音切。說文：「大被也。」　衿居吟切。衣系也。又其俺切。　裹包束也。　裸袒也。　𧙃倚可切。𧙃𧙃，衣皃。〔三四〕　袦口箇切。夾衣。又何佐切。博雅：「袸袖也。」　褻說文：「私服。」引詩：「是褻袢也。」　褹倪祭切。方言：「複襦謂之筩褹。」　襛彼小切。說文：「上衣也。从衣，从毛。古者衣裘，以毛爲表。」篆作𧝲。　襃薄報切。衣前襟。一曰，褁也。

砦子末切。水激石皃。　砅鄰知切。履石渡水也。又力智切。詩：「深則砅。」　𡰯渠勿切。埤倉：「短尾犬也。」　𤞞九勿切。結𤞞，西域獸名，食香，無毛，但自鼻有毛，廣寸，至尾，燒刺不能傷。　烕翾劣切。說文：「滅也。从火戌。火死於戌，陽氣至戌而盡。」引詩：「赫赫宗周，褒姒烕之。」臣按，从火，从戌。戌聲也，未必有義。又莫列切。　烕休必切，狂也，齊人語。　谿說文：「山瀆無所通者。」

谿弦雞切。反戾也。莊子曰：「婦姑勃谿。」　擘博厄切。説文：「撝也。」一曰，大指。　擗
毗亦切。撫也。　撕師咸切。芟也。禮：「有撕而播。」　擊在敢切。擊也。　筰昨木
切。劍也。　㩼仕角切。刺也。　奻居還切。説文：「訟也。」　妄古巧切。好也。
娶逡遇切。説文：「取婦也。」　娵遵須切，星名，爾雅：「娵觜之口，營室東壁也。」又菑尤切。
嬔芳遇切。兔子。又孚袁切。　嫚孚萬切。説文：「生子齊均也。」　娎許列切。説
文：「娎娎也。」又顯計切。喜也。　娖之列切。女字。　媨在九切。博雅：「好也。」又以九
切。醜也。　敂七六切。説文：「醜也。一曰，老女。」　媲普米切。媲垸，陴也。　壁必
歷切。説文：「垣也。」　堊祖果切。篆作㘴。説文：「止也。」从土，从丣。古作坐。並象人據坐
之形。又並徂卧切。　坲於九切。邑名。　垢説文：「濁也。」一曰，塵也。或作坸。
𡰵狠口切。説文：「山陵之厚也。」　壍財甘切。鏨也。又在敢切。　鏩鋤咸切。鏩鏩，鋭進
皃。又疾染切。　碁居之切。疾恚也。　曩墍己切。長踞也。　醔初尤切。漉取酒也。
酳字秋切。説文：「繹酒也。从酉水半見其上。」　恭居容切。肅也。　烘胡公切。戰
慄也。　忔聲夷切。喜皃。　氣許既切。癡皃。　悲逋眉切。説文：「痛也。」　悱
憒也。　惧渠之切。心有所繫也。　惎渠記切。説文：「毒也。」　怤芳無切。説文：
「思也。」一曰，悦也。　怤扶遇切。心附也。　愈勝也，瘳也。　愉容未切。説文：「薄

也。」引論語：「私覿愉愉。」一曰，樂也，和也。 忘武方切。説文：「不識也。」又無放切，棄忘
也。 忙謨郎切。心迫也。 怢吐内切。緩也，忘也。 恙于求切。異也。尤，古作恙。
惪於求切。説文：「愁也。」 慎古文順字。 愔伊淫切。愔愔，安和也。 意説
文：「从心，从音，察言而知意。」 怗多忝切。静也。一曰，服也。又託協切。 惉癡廉切。
惉懘，樂音不和。 怘音固。專也。 怙後五切。説文：「恃也。」 憞他昆切。憞惃，心
不明也。 憝杜罪切。恨也。 怡悦也。 怠慢也。 惷母本切。煩也。 懣
謨官切。忘也。 悍性急也。 㥕音奸。僞也。 悺鄔版切。人名。漢有左悺。
悹古丸切，又古緩切。悹悹，無依也。 懬口黨切。大意。又苦謗切。 懭苦晃切。懭悢，意
不得也。又古猛切。 忉都勞切。忉忉，憂勞也。 忍魚既切。説文：「怒也。」 忠説
文：「欽也。」 忡説文：「憂也。」 悲音弼。輔也。 怫芳未切。忿皃。 怓尼交
切。亂也。 怒恚也。 忦若怪切。恨也。又牛戒切。説文：「憂也。」 忿許介切。説
文：「忽也。」引孟子：「孝子之心，不若是忿。」 惪音嗔。怒也。 慎時刃切。説文：「謹
也。」 忍説文：「能也。」 忉而振切。心能於事也。 惋烏貫切。驚歎也。 窓
於袁切。讎也，恚也。 慽含歷切。憂也。 慼子六切。慙也。 忠呼弦切。急也。
恤雪律切。憂也。 惵託協切。静也。 葸私列切。〔三五〕不安皃。 惐乙六切。痛

心也。　惑説文：「亂也。」　怠迄及切。合也。太玄：「應而怠之。」又乞洽切。　恰乞洽切。説文：「用心也。」　愀千遥切。色變也。莊子：「愀然變容。」又七小切。　愁鋤尤切。説文：「憂也。」又財勞切，揚雄有畔牢愁。　㤲居尤切。聚也。　惢巨九切。説文：「怨仇也。」　感不忘於心也。　惐丘廉切。惐猗，意不安皃。　悆羊茹切。説文：「忘也，嘾也。」引周書：「有疾不悆。」悆，喜也。　悇同都切。苦憂也。　㟧容林切。山高大皃。

嶜鉏簪切。嶜岑，高鋭皃。　崖説文：「高邊也。」　崕魚羈切。崎崕，石危皃。　岑鉏簪切。説文：「山小而高。」　岭其淹切。山名。　嵟祖回切。説文：「大高也。」　嶊祖猥切。山皃。　嵬五灰切。説文：「高不平也。」　嵔鄔毀切。山皃。　𡾟疾郢切。陷也。　洴棄挺切。〔三六〕洴涏，小水皃。　澼匹辟切。腸間水也。　𪧛匹智切。水中洲也。　沸方未切。涫也。　𣴾敷勿切。灑也。　蛗紕招切。螵蛸也。或作螵。　蜱賓弥切，又部迴切。蜃屬。　蜑蕩旱切。蠻屬。　蜒夷然切。蟲名。方言：「燕北謂析易曰祝蜒。」　蜃是忍切。蛤也。説文：「雉入海化爲蜃。」　蜄之刃切。動也。又時刃切，蛟屬。

蠆丑邁切。説文：「毒蟲也。」　蠣力制切。説文：「蚌屬，似蠊微大，出海中，民食之。」一曰，雕百歲化爲蠣。或作蠇。　蜇陟列切。螫也。　蜥似絶切。鮆鮹，魚名，似蝤蛑，生海中。

互體別義轉注音義

橤乳捶切。垂也。　樬木名。　旻眉貧切。説文：「秋天也。」　旼旼旼，和也。

朞居之切。説文：「復其時也。」　期説文：「會也。」　猶説文：「玃屬。一曰，隴西謂犬子爲猶。」一曰，似麂，居山中，聞人聲豫登木，無人乃下。世謂不決曰猶豫。　猷道也。

嫯牛刀切。説文：「犬知人心可使者。」引春秋傳：「公嗾夫嫯。」　獓山海經：「三危之山有獸焉，牛身四角，豪如被簑，名曰獓。」　龐盧東切。龐忽，遽皃。　巃巃悷，多惡皃。　愚元俱切。説文：「戇也。从心，从禺。禺，猴屬，獸之愚者。」　㥥説文：「懼也。」瑯邪朱虛有㥥亭。」　懰力求切。懰慓，憂皃。一曰，怨也。或从留。　劉定意。　懢下介切。忖度也。　[illegible]傾心也。

愿愚袁切。測量也。　愿愨慎也。周禮：「上愿糾暴。」劉昌宗讀。

忥許訖切。癡皃。　忔喜也。　揧郎達切。博雅：「𢫦也。」　揦撥攋，手披也。　繴博尼切。説文：「繴謂之罿，罿謂之罬，罬謂之罦，捕鳥覆車也。」　繴織絲帶也。　蜊良脂切。蛤蜊，海蚌也。　蛪蠑蛪，蟲名，似蝗，大腹，長角，食蛇腦。　螈愚轅切。重蠶爲螈。

螈説文：「榮蚖，蛇醫以注鳴者。」即蜥蜴也。　蝱匪父切，蟲名，食瓜者。　蛟王蛟，蟲名，蟾諸也。爾雅：「不蝈，王蛟。」〔三七〕　坒毗至切。説文：「地相次，坒也。」　坒配合也。太玄：「陰陽坒參。」　鑾巨兩切。鉛屬。　鏹以繈貫錢。　嚨盧東切。喉也。　讋大聲也。 嘐弔失國曰嘐。 攏盧東切。理也。 ⿱音手⿱音手擊也。

憚徒案切。 讆魚戰切。傳言。 罳罳狐，邑名，在洛南百五十里，秦遷周赧王於此。

櫳盧東切。檻也。一曰，養獸圈。 龔房室之疏也。又盧鍾切。 㯕相支切。博雅：「木下

枝謂之椑㯕。」 槧木薪。

校勘記

〔一〕「牴也」，原本「牴」作「抵」，據元本、大德本、殿本改。

〔二〕「从戌戌悉也」，原本「戌」作「戍」，據元本、大德本、殿本改。

〔三〕「从正」，汪本「从」作「化」，據元本、明本、于本、殿本改。

〔四〕「説文」，汪本「説」作「此」，據元本、明本、于本、殿本改。

〔五〕「舁舆」，汪本作「弃臤」，據元本、明本、于本、殿本改。

〔六〕「臤」，汪本作「臥」，據元本、明本、于本、殿本改。

〔七〕「説文伏也从人臣取其伏也或作卧」，上「伏」字原作「休」，據説文卷八上臥部改。汪本「卧」作「臥」，據元本、明本、于本、殿本改。

〔八〕「或曰」，汪本作「曰曰」，元本、明本同誤，據于本、殿本改。

〔九〕「簡也」，汪本「簡」作「箇」，據元本、明本、于本、殿本改。

〔一〇〕「从首」，「首」，原作「首」，據說文四上首部改。

〔一一〕「人面鳥喙」，「喙」，原作「啄」，據元本、大德本、殿本改。

〔一二〕「幾古作𢆻」，「𢆻」，原作「𢆷」，據元本、大德本改。

〔一三〕「从巫見」，「巫」字脱，據說文五上巫部補。

〔一四〕「依鳥切」，汪本「鳥」作「烏」，據元本、明本、于本、殿本改。

〔一五〕「說文」，汪本「說」作「設」，據元本、明本、于本、殿本改。

〔一六〕「與林同」，「同」，原作「司」，據殿本改。

〔一七〕「从人从各各者相違也」，「各」原脱一字，據說文八上人部補。

〔一八〕「从亼从巜巜水也」，下「巜」字原作「从」，據說文八下舟部改。

〔一九〕「二畝半一家之居」，「二」，除汪本外，各本皆作「一」，說文九下广部廛字下原亦作「一」，段注校正作「二」，汪本乃從段注校改之文。下同。

〔二〇〕「方乏切」，汪本「乏」作「泛」，據元本、明本、于本、殿本改。

〔二一〕「說文大約也」，「大」，原作「木」，據說文十下大部改。

〔二二〕「或作丏」，汪本「丏」作「丐」，據元本、明本、于本、殿本改。

〔二三〕「他刀切」，汪本「刀」作「多」，據元本、明本、于本、殿本改。

〔二四〕「車兵車」，上「車」字原作「軍」，據説文十四上車部段注校正。

〔二五〕「斲或从𠃨畫聲」，「畫」原作「書」，「聲」字脱，據説文十四上斤部改補。

〔二六〕「从壬壬朝廷」，汪本「壬」作「王」，據元本、明本、于本、殿本改。

〔二七〕「老」，汪本作「孝」，明本亦誤，據元本、于本、殿本及下文改。

〔二八〕「屦」，汪本作「屡」，據元本、明本、于本、殿本及下文改。

〔二九〕「𤼸」，汪本作「𤼸」，據下文改。

〔三〇〕「古叶」，汪本「叶」作「卟」，據元本、明本、于本、殿本改。

〔三一〕「卟占」，汪本「卟」作「叶」，據元本、大德本、明本、殿本改。

〔三二〕「从糴無聲以糴爲建類」，汪本「糴」作「糶」，「糴」作「糴」，明本、于本二字皆作「糴」，據元本、大德本、殿本改。

〔三三〕「哀褢衣皃」，汪本「哀」作「𧘝」，據元本、明本、于本、殿本改。

〔三四〕「哀褢衣皃」，汪本「哀」作「𧘝」，據元本、明本、于本、殿本改。

〔三五〕「私列切」，汪本「列」作「利」，據元本、明本、于本、殿本改。

〔三六〕「棄挺切」，汪本「棄」作「葉」，據元本、明本、于本、殿本改。

〔三七〕「爾雅不蜩王蚥」，「蚥」原作「父」，據爾雅釋蟲改。

六書略第三

諧聲第五

序曰：諧聲與五書同出，五書有窮，諧聲無窮，五書尚，諧聲尚聲，天下有有窮之義，而有無窮之聲。擬之而後言，議之而後動者，義也。不疾而速，不行而至者，聲也。作者之謂聖，述者之謂明，五書作者也，諧聲述者也。諧聲者，觸聲成字，不可勝舉，今略，但引類以記其目。

一，五。　二，四。　示，百十二。　玉，二百八十。　玨，四。　气，四。　士，三。　屮，三。　艸，千一百四十六。　茻，一。　八，二。　采，四。　牛，三十一。　口，五百七十二。　吅，九。　品，二。　㗊，五。　走，百七十六。　止，二十四。　是，二。　辵，二百十六。　彳，二百二十八。　廴，二。　行，十六。　齒，九十六。　牙，三。　足，三百五十二。

龠，十。　冊，一。　舌，十。　谷，二。　句，三。　言，五百二十一。
音，二十七。　廾，十九。　昇，一。　臼，一。　爨，一。　革，百九十
二。　鬲，二十。　䰜，十六。　爪，六。　丮，六。　門，十一。　又，
四。　支，五。　聿，二。　臣，五。　殳，三十四。　寸，七。　皮，五十
一。　攴，百七十三。　卜，五。　用，一。　爻，二。　旻，二。　目，三
百四十七。　眀，一。　眉，二。　盾，二。　自，九　白，四。　鼻，二十
六。　羽，九十二。　隹，九十三。　萑，四。　羊，六十四。　雔，一。
鳥，四百三十六。　幺，五。　妥，四。　𣦼，二。　歺，百二十九。
骨，十二。　肉，四百五十四。　刀，百八十七。　刃，四。　耒，五十六。
角，八十一。　竹，五百七十。　丌，四。　工，四。　巫，三。　甘，八。
曰，四。　丂，八。　壴，十五。　鼓，十七。　豈，二。　豆，二十六。　丹，
虍，十。　虎，十八。　皿，五十二。　去，七。　血，二十五。
六。　皀，三。　鬯，三。　食，二十一。　亼，二。　入，二。　缶，四十
二。　矢，二十七。　高，十。　𩫏，九。　㫗，三。　亩，一。　麥，八
十。　及，七。　舛，二。　韋，五十七。　反，二。　木，九百十七。

林，十。桑，八。出，七。朩，三。生，四。㳄，六。术，五。

桼，二。束，八。橐，七。口，三十七。貝，百二十三。邑，九十。䶾，二。倝，三。㫃，二十八。晶，一。月，二十五。夕，四。多，二十六。弓，二。朿，二。片，五十三。爿，六。鼎，五。禾，二百八十九。黍，二十六。香，二十五。米，百六十八。臼，十四。求，十六。𣏟，十一。韭，五。瓜，三十三。宀，九十六。穴，百十七。疒，三百五十六。冂，五。月，十六。网，八十二。襾，四。巾，八十八。帛，十。白，四十八。㡀，九。人，五百八十六。匕，二。从，五。壬，十一。身，三十二。衣，三百五十五。毛，九十。尸，二十九。尾，二。舟，百十九。几，七。

見，九十一。欠，百五十三。頁，二百三十。面，四十。𥄉，六。

須，六。彡，十九。文，九。髟，百四十七。卩，三十一。勹，二十一。鬼，四十六。山，三百四十五。屵，八。广，四十一。厂，四十九。石，三百五十一。長，十七。豕，七十一。旦，三。〔一〕

豸，六十九。馬，二百六十四。鹿，四十五。㲋，四。兔，三。

犬，二百九十二。　鼠，五。　能，二。　火，三百十三。　炎，七。　黑，百五。　炙。〔三〕　赤，十九。　大，三十。　夨，四。　允，六。　亢，三十四。　壺，三。　乑，三。　六，六。　立，四十四。　囟，六。　心，七百二。　水，千五十七。　川，二十七。　泉，一。　𠂢，一。　谷，二十八。　欠，五十七。　雨，百四十五。　雲，六。　魚，三百二十六。　龍，二。　飛，四。　乙，七。　至，七。　鹵，二十五。　户，十六。　門，百十二。　耳，八十五。　手，七百二十五。　女，五百五十。　丿，一。　氏，五。　戈，三十八。　乚，五。　匚，三十五。　閠，二。　甾，十一。　瓦，二百二十一。　弓，六十七。　弦，三。　系，三。　糸，四百九十。　素，八。　虫，五百五十四。　䖵，五十六。　蟲，五。　風，百九。　龜，五。　黽，二十五。　卵，四。　土，三百七十四。　田，六十八。　黄，十四。　男，二。　力，百二。　金，三百九十一。　几，七。　且，一。　斤，二十。　斗，十八。　矛，三十三。　車，七十六。　𠂤，五。　𨸏，七十六。　𨺅，五。　叕，一。　厽，二。　甲，五。　巴，一。　辛，十一。

子，二十三。　申，二。　酉，六十二。　船，六。

右諧聲字，多不能紀，今取二百七十六部之中，而得二萬一千三百四十一字。

並見六書證篇。

子母同聲

嚳枯沃切。急告之甚也。　殄丑忍切。走也。　卙〔三〕卽入切。説文：「卙卙，盛也。汝南名蠶盛曰卙。」　卙籍入切。説文：「詞之卙矣。」　牾五故切。逆也。　韽魚音切。呻也。　韽於金切。小聲。又鄔感切。鐘病聲。周禮：「微音韽。」　攲邱奇切。持去也。　㱿丘奇切。攲嶇也。　鼓株垂切。鼓鼓，不齊。　歧攀麋切。方言：「南楚之間，器破而未離謂之歧。」　隸郎計切。説文：「附著也。」一曰，賤稱。　隸徒桼切。及也。引詩：「隸天之未陰雨。」从隶，臮聲。臮亦音息。　隸羊至切。習也。又以制切。勞也。　𪕬莊持切。手足膚黑。　竘當侯切。小穿也。　粭郎才切。至也，勤也。　蔡浴哀切。説文：「强曲毛可以著起衣。」　棽癡林切。説文：「木枝條棽儷也。」　粌良刃切。獸名，似㲋，身黃尾白。　笐渠營切。説文：「回疾也。」　䨽非尾切。説文：「別也。」　陛邊兮切。説文：「牢也，所能拘非也。从非陛省聲。」　𩅦今作無。説文：「亡也。从亡，無聲。奇字作无。通於无者，王育説：『天屈西北爲無。』」 𩰠里之切。説文：「蒙福也。」 劉居蚪切。説文：「相糾繚也。一曰，瓜瓠結ㄐ起，象形。」或作斗。 怵祛尤切。戾也。 朻渠尤切。鼆也。

㝠郎丁切。撞也。 鄧中莖切。張也。 㲹湯丁切。評議也。从㲹。古文平字。

𡥈七支切。人子腸也。 孶子之切。説文：「汲汲生也。从子，玆聲。」 孷陵之切。方言：「陳楚之間，凡人嘼乳而雙産謂之孷。」 疑語其切。或也。説文：「从子止上，矢聲。」

譏渠希切。説文：「訖事之樂也。」 㪷音鳩。㪷大牝也。

右三十七。

母主聲

瞿九遇切。説文：「鷹隼之視也。一曰，心鷩皃。」 界俱遇切。舉目鷩界然。 朒仕角切。説文：「角長皃。」 筑張六切。説文：「以竹曲五絃之樂也。从竹，从巩。巩，持之也。」

𤕰囊何切。廣雅：「𤕰，𢁒多也。」 𡖅陟加切。説文：「厚脣皃。从尚多从。」徐鍇曰：「多卽厚也。」又抽加切。 牆慈良切。垣蔽也。 䡴羊進切。説文：「擊小鼓，引樂聲也。从申，柬聲。」又以忍切。 甠沽三切。南方山有甠蠊林，東方朔説。 桊居蔭切。承樽桉。

聃仍吏切。神聽告響謂之聃。 㝒洪孤切。履也。 瞉胡光切。夘中黄。 䵗胡肓切。夅舍。　料當口切。勺也。　㢟抽前切。說文：「安步㢟㢟也。」　延長行也。

䠠都回切。坐皃。　䫂覞猥切。㔉䫂，木垂皃。　綴株衛切。合著也。　𦕊側律切。

雛子出殼聲。

右二十一。

主聲不主義

戾養里切。踞也。　尼說文：「從後近之。」徐鍇曰：「妮也。」　匏瓠也。　魏闕名。

右四。

子母互爲聲

靡忙皮切。分也。易曰：「吾與爾靡之。」又文披切。說文：「披靡也。」又眉陂切。散也。又謨加切。收靡，縣名。又靡詖切。偃也，曳也。

釁承真切。說文：「日月合宿爲釁。」又黃外切。

𤕭子兩切。大也。又坐五切。

蜼徒冬切。山海經：「松果山有鳥名渠，狀如山雞，黑身，赤足，可以已𦢊。」又魯水切。獸似犺，卬鼻長尾。

右四。

聲兼意

禮古作禮。事神人之文也。从示，从豊。豊，祭器。　祰苦浩切。説文：「告祭也。」

祏常焦切。石藏宗廟主。　祫總祭其先，無間遠近曰祫。周禮：「三歲一祫。」　禘周禮：「五歲一禘，大祭也。」一曰，配帝。　禜干平切，又爲命切。説文：「設緜蕝爲營，以禳風雨雪霜水旱疫癘。从示榮省聲。」臣按，此从營省，爲營以祀日月星辰山川也。　禬古外切。説文：「會福祭也。」引周禮：「禬之祝號。」　琥火五切。説文：「發兵瑞玉爲虎文。」一曰，禮，西方之玉。　瓏盧鍾切。説文：「禱旱玉龍。」　瑁莫報切。説文：「諸侯執圭朝天子，執玉以冒之，似犁冠。」周禮：『天子執瑁四寸。』」　珥忍止切。耳璫。又仍吏切。瑱也。　珩何庚切。佩上玉也。　琀胡南切。送死口中玉。又胡紺切。　芬撫文切。説文：「屮初生，其香分布。」亦作芬。　芝真而切。菌類。説文：「神草也」。　菑莊持切。始治田也。一歲曰菑，二歲曰畬。或省屮，或从禾。又將來切。　苷沽三切。甘屮也。　莽謨黨切。即茻也。南昌謂犬善逐兎，屮中爲莽，故从犬，从茻。　莫莫故切。日且冥也。从日在茻中。　葬則浪切。説文：「藏也。从死在茻中。」　少尺沼切。説文：「不多也。从小，丿聲。」　尐子列切。説文：「少也。从小，丿聲。」　穴兵列切。説文：「分也。从重八。」引孝經説云：「上下有別。」〔四〕兆字亦類此。　衾以諸切，二余也。　叕補過切。布也。从釆，从丁。丁音播。　孯輕甸切。牛不從羈謂之孯。　牭息利切。説文：「四歲牛。」　虓呼形切。聲也。　唬虚交切。説文：「虎鳴也。」　吠徒蓋切。嘗也。　絫力鬼切。增也。絫，十黍之重也。　垒力軌切。垒擊也。　返孚袁切。回行也。又甫遠切。　遯都困切。逃也。　逻五各切。説文：「相遇驚也。从辵，从屰，屰亦聲。」　猱刃九切。説文：「復也。」　復吐内切。郤也。从彳，从日夊。日夊卽退也。　後下豆切。詩傳：「相導前後曰先後。」从彳，从幺夊。幺夊卽後也。　齵下八切。齧骨聲。　踶測角切。行也。　蹂而由切。踐也。詩：「或簸或蹂。」又忍九切。獸足蹂地也。　踄蒲故切。説文：「蹈也。」又白各切。　跇去智切。舉踵也。或省。　趾足也。　趩丑例切。跳也。又去例切。跛也。　蹵達協切。説文：「蹵足也」。一曰，小步。　顩弋灼切。呼也。　甜他念切。舌皃。　劦歷德切。説文：「材十人也。」　晨隸作晨。説文：「早昧爽也。从臼，从辰，辰時也。丮夕爲夙，臼辰爲晨，皆同意。」　弄口舉切。徹也。　爨麤尊切。鼎欲沸皃。　釁許慎切。説文：「血祭也，象祭竈也。从爨省，从酉，酉，所以祭也。从分，分亦聲。」　齋莊皆切。説文：「戒潔也。」齋或作齋。　鬻居行切。説文：「五味盉鬻也。从羹省，从鬻。」　緊頸忍切。説文：「纏絲急也。」　麗天黎切。

卧也。一曰，虎卧息微。又田黎切。 毄吉歷切。相擊中也。如車相擊，故从殳，从軎。 ⿰㝵取
的則切。取也。 專說文：「六寸薄也。从寸，叀聲。一曰，專，紡專。」 政說文：「正也。」
又諸盈切。賦也。周禮：「聽政役以比居。」 敆葛合切。合會也。 𢿢盧玩切。煩也。
攻說文：「擊也。」一曰，治也。 畋亭年切。說文：「平田也。」引周書：「畋爾田。」 敕
測革切。說文：「擊馬也。」或作策。 眅披班切。說文：「多白眼也。」引秋春傳：「鄭游眅字子
明。」又普版切，又普患切。轉目視。 睍胡典切。說文：「出目也。」一曰，好視。又形甸切。
目小也。 䞣延面切。相顧視而行也。或作⿰目延。 瞑忙經切。翕目也。又毋迥切。瞑睦，目
不明。 眇說文：「一目小也。」 矏民堅切。說文：「目旁薄緻矏矏也。」〔五〕 睯瞢隻
切。視也。 瞁呼役切。驚視皃。 ⿰目墨密比切。⿰目墨矉，視無所見。 齅許救切。說文：
「以鼻就臭也。」 莧莫結切。說文：「火不明也。周書曰：『布重莧席。』織蒻席也。」 戚
疾正切。深坑也。 殯必仞切。說文：「死在棺，將遷葬柩，賓遇之。夏后氏殯於阼階，商人殯於
兩楹之間，周人殯於賓階。」 薧呼高切。說文：「死人里也。从死，从蒿省。」 薨說文：
「公侯殚也。」 殭巨兩切。僵仆也。 ⿰歹次資四切。說文：「戰見血曰傷，亂或爲惛，死而復生
爲⿰歹次。」 獘斃毗祭切。說文：「頓仆也。」引春秋傳：「與犬，犬獘。」或从死。 ⿰骨自都回切。
骨起。 骿蒲眠切。說文：「并脅也。晉文公骿脅。」 骹丘交切。說文：「脛也。」 肵

匹見切。半體也。　刂丁聊切。博雅：「斷也。」　刌取本切。説文：「切也。」博雅：「斷也。」　判説文：「分也。」　剥説文：「裂也。从刀，从录。录，刻割也。」　劃胡麥切。裂也。又忽麥切。説文：「錐刀曰劃。」　劑才詣切。説文：「齊也。」　刵仍吏切。説文：「斷耳也。」　劓魚器切。説文：「刖鼻也。」　刺説文：「君殺大夫曰刺。刺，直傷也。」

刅紕民切。分也。　耕説文：「犂也。一曰，古者井田，故从井。」　衡何庚切。説文：「牛觸横大木，著其角。从角，从大，行聲。」引詩：「設其楅衡。」　簺先代切。説文：「行棊相塞謂之簺。」　筑張六切。説文：「以竹曲五絃之樂也。从竹，从巩。巩，持之也。」　箕説文：「簸也。从竹甶，象形，下其丌也。」古作甶。　異説文：「分也。」从廾，从畀，畀予也。」　𢍏居號切。卽古文誥字。　左則箇切。今作佐。説文：「左手相佐助也。」　甛徒兼切。美也。

𪎭徒南切。説文：「和也。从麻。麻，調也。」又沽三切。　猒於鹽切。説文：「飽也。从甘，从肰。」　吁吹也。又雲俱切。嘆也。　号説文：「痛聲也。从口在丂上。」　可説文：「肯也。从口丂，丂亦聲。」　哥説文：「聲也。从二可。」古文以爲謌字。　哿賈我切。説文：「可也。」引詩：「哿矣富人。」　呿虎何切。開口聲。　愷説文：「康也。」亦作凱。

𥃝盧回切。龜目酒尊。　監他感切。説文：「血醢也。禮有監醢，以牛脯粱䴹鹽酒也。」

𩰫舅許切。説文：「黑黍一稃二米以釀也。」　饜於鹽切。飽也。又於艷切。　餂徒兼切。美也。从食，从昏省。　䭇沽三切。餌也。　餽吴人謂祭曰餽。　𩜨去久切。食物爛也。　鬵丞真切。説文：「日月合宿爲鬵。」又黄外切。　糴徒歷切。説文：「市穀也。从入，从糴。」或省。　罍盧回切。説文：「龜目酒尊，刻目作雲雷象，施不窮也。」　罄説文：「器中空也。」引詩：「缾之罄矣。」　知説文：「詞也。或曰，覺也。」臣按，从矢，發也。發口而後人知之。　矣羽已切。説文：「語已爲也。」　矤亦作矧。説文：「况也，詞也。从矢，从引。从矢取詞之所之如矢也。」　亶黑各切。大也。　喬巨矯切。説文：「高而曲也。从夭，从高省。」　𩫏傾雪切。説文：「缺也。古者城闕其南方，謂之𩫏。从亯缺省。」　稟筆錦切。説文：「賜穀也。」　𢖻今作愛。説文：「行皃，从夊，㤅聲。」　致陟利切。説文：「詣送也。」　罤今作昆。周人謂兄爲罤。从弟，从眔。徐鉉曰：「眔目相及也。」或省作䍊。　朲而鄰切。字林：「屋間木人。」　栅測革切。説文：「編木也。」　櫑盧回切。龜目酒尊，刻木作雲雷象。　枰蒲兵切。枰仲，木名。一曰，博局。又皮命切。博雅：「平也。」　栮忍止切。木蕈。　杻敕九切。説文：「械也。」　𣐺胡感切。木垂華實。从木，从丂。　檒符風切。風行木上曰檒。又方馮切。厚葉弱枝善摇。　貧説文：「財分少也。」　貸財干切。害物貪財也。　𧷸尸羊切。説文：「行賈也。」　賀説文：「以禮相奉慶也。」　貹所慶切，富也。　貫説文：「錢貝之貫。从毌貝。」　暒今作晴。雨止而星見也。　昇日之升也。　曽彌登切。瞢曀，日無光。　旦儻旱切。明也。又徒案切。　暥乃管切。温也。　晛呼典切。日見也。又形甸切。說文：「見也。」引詩：「見晛曰消。」　晄户廣切。說文：「明也。」

晻鄔感切。說文：「不明也。」　軋古案切。說文：「日始出，光軋軋也。从旦，於聲。」　朙照也。古作明。　辦匹見切。革中絶也。　稴又郎才切。說文：「齊謂麥曰稴。」　毀虎委切。說文：「米一斛舂爲八斗也。从臬殳。臬，糲也。殳，治米之器。」　宔腫庚切。說文：「宗廟宔祏。」　窨所禁切。禁省。　窣蘇骨切。說文：「穴中卒也。」　窫一決切。說文：「深抉也。」　㾓初危切。說文：「減也。」　瘑倫爲切。病瘦也。　瘖眉耕切。目無眸子。　瘕噎甯切。歐聲也。　疚居又切。久病。　瘃式類切。腫病。　痜他谷切。首瘍。　冟莫報切。觸也。　繯古泫切。挂也。　神居銀切。佩巾也。　帣輕甸切。幡係於棨者，从棨省。　佃亭年切。治土也。古者一夫一婦佃田百畝。一曰，古卿車。又堂練切。說文：「中也。春秋傳曰：『乘中佃一轅車。』」　倇胡昆切，又胡囷切。說文：「全也。」引逸周書：「朕實不明，以倇伯父。」　佼居肴切，又下巧切。說文：「交也。」　僜都騰切。上車也。　仕上吏切。說文：「學也。」　使爽士切。說文：「伶也。」又疏史切，將符者。

仟千人之長曰仟。　伍五人之長也。說文：「相參伍。」　什說文：「相什保也」。　伯說文：「長也。」　俔輕甸切。說文：「譬喻也。一曰，閒見。」引詩：「俔天之妹。」　化說文：「教行也。」古作𠂤。　仲説文：「中也。」　係説文：「絜束也。」　倌沽丸切。主駕人也。又古患切。説文：「小臣也。詩：『命彼倌人。』」　倌胡慣切。仕也。一日，閹人。或省。　𡿺奴皓切。説文：「頭髓也。从七，七相七著也。巛象髮。囟象𡿺形。」　𨘢兹用切。説文：「隨行也。」隸作從。　𣯛甫微切。説文：「細毛紛紛也。」或省。　毳謨袍切。毛或作毷。又莫報切。輕毛。　氉莫卜切。鳥澤羽。　毛普刀切。毛起皃。　屎馨夷切。呻也。又𣏟視切。糞也。　屎牀史切。待也。从俟省。　眉虚器切。卧息也。从自，自卽鼻。又許介切。　兢居陵切。説文：「競也。从二兄，二兄競意。从手聲。一日，兢謹也。」隸省作兢。　兟子林切。説文：「朁朁，鋭意也。」又則旰切，二人屈己以朁也。　兟所臻切。説文：「進也。从二先。」贊從此。　欯丘既切。气也。　歊虚嬌切。説文：「歊歊氣出皃。从欠高，高亦聲。」　歒以九切。説文：「言意也。从欠，从卤，卤亦聲。」或省。　吹弋質切。説文：「詮詞也。从欠，从日，日亦聲。詩：『吹求厥寧。』」　次説文：「不前不精也。」　䖘鳥瓦切。色敗。　艴蒲没切。説文：「色艴如也。」或作艴。又敷勿切。孟子：「艴然不悦。」　胞匹交切。説文：「兒生裹也。」　傀古委切。怪異也。　䰟所介切。鬼名。或省作魏。　嵡蒲奔切。山形似瓫。　庥虚尤切。説文：「息止也。从人依木，或从广。」　廟説文：「尊先祖皃也。」古作庿。　座坐具。　磬説文：「樂石也。」又棄挺切，擊石聲。

硻丘耕切。説文：「餘堅也。」　硅腫庚切。宗廟宔祏。从石，从主。　䋺經天切。説文：「三歲豕肩相及者。」引詩：「並驅從兩豜兮。」　豴莫後切。豕名。　驂説文：「駕三馬也。」

駟説文：「一乘也。」　馬八音八。説文：「馬八歲。」　騑匪微切。説文：「馬逸足也。」

駁無分切。説文：「馬赤鬣縞身，目若黃金，名曰駁，古皇之乘，周文王時，犬戎獻之。」〔六〕。引春秋傳：「文馬百駟。」「畫馬也，西伯獻紂以全其身。」或書作媽。　馺悉合切。説文：「馬行相及也。」一曰，馳也。　駐謨袍切。馬長尾。　馲蒲故切。習馬也。　奘慈良切。妄強犬也。又在黨切。　猗於咸切。説文：「竇中犬聲。」　獑鋤咸切。狡兎也。　猱丈蟹切。獬豸，獸也，似山牛，一角，古者決訟令觸不直。　爆比角切。落也，一曰，火聲。　煣忍九切。屈伸木也。又如又切。　燎憐蕭切。火在地上曰燎。又郎鳥切。説文：「放火也。」又力照切。柴祭天也。　墨密北切。説文：「書墨也。」　奰房密切。説文：「从大，弗聲，大也。讀若『予違汝弼』。」又分物切。　㚒胡黨切。説文：「直項莽㚒皃。从亢，从夋。夋，倨也。亢亦聲。」

絞説文：「縊也。」　𧭼倫爲切，膝病也。又魯果切。　逮力至切。説文：「臨也。从立，从隶。隶及也。」　竦息拱切。説文：「謹也。从立，从束。束，自申束也。」　竩〔七〕宜寄切。人所宜也。　兇虛容切，又許拱切。説文：「擾恐也。从人在凶下。春秋傳曰：『曹人兇懼。』」

悳今作德。説文：「外得於人，内得於己也。」　憼居慶切。説文：「肅也。」〔八〕或从心。

弦胡千切。説文：「急也。」河南密縣有弦亭。

㥥口黨切。大意。又若謗切。説文：「闊也。」

懝牛代切。説文：「騃也。」一曰，惶也。」或書作懝。

愚説文：「戇也。从心，从禺。禺，猴屬，獸之愚者。」

䛢古况切。説文：「誤也。」

忘説文：「不識也。」又無放切，棄忘也。

患説文：「憂也。从心上貫吅，吅亦聲。」

愾許既切。説文：「大息也。」引詩：「愾我寤歎。」又丌蓋切。

態説文：「意也。从心，从能。」徐鍇曰：「心能其事，然後有態度也。」臣按，能音耐，此即諧聲字。

沝之壘切。闔人謂水曰沝。从二水。

泩羽兩切。去也。揚雄弔屈原作此，以其去水中，故从水。

𩂣疾郢切。陷也。

雷盧回切。説文：「陰陽薄動，雷雨生物者也。」籀文靁間有回，回，雷聲也。

雲説文：「山川氣也。从雨云，象雲回轉之形。」臣按，古雲作云，雷作回，皆象其形，尊罍器見之矣。後人借云爲云曰之云，回爲回旋之回，故於雲、雷復加「雨」以别。

漁語居切。捕魚也。又牛據切。説文：「澱滓濁泥。」〔九〕

䨻郎丁切。説文：「龍也。从龍，霝聲。」

靠苦到切。相違也。或書作㽃。

亂説文：「治也。从𤔔，从乙。乙，治之也。」一曰，系也。

乿似絶切。拈也。

闢説文：「特立之户，上圜下方，有似圭狀。」

寱説文：「寐而有覺也。从宀疒，夢聲。」

閽説文：「常以昏閉門隸也。」

圞澄延切。市門。

聲説文：「音也。」古作殸。

聵五滑切。説文：「吴楚之外，凡無耳者謂之聵，言若斷耳爲盟。」一曰聾也。

插測洽切。刺肉也。又七接切。擂也。

挻尸

連切。說文：「長也。」方言：「楚部謂取物而逆曰挻。」　授說文：「予也。」　投說文：「擿
也。」一曰，合也。　拱說文：「斂手也。」　抓莊交切。博雅：「搔也。」又側絞切，又止雨
切。批擊也。　姓息正切。說文：「人所生也。古之神聖，母感天而生子，故稱天子。」引春秋
傳：「天子因生以賜姓。」　娶說文：「取婦也。」　婚說文：「婦家也。禮，娶婦以昏時。」
姻說文：「婿家也。女之所因，故曰姻。」　妊如林切。孕也。　娣說文：「女弟也。」
婢說文：「女之卑者也。」　媄母鄙切。說文：「色好也。」　媛于眷切。美女。詩曰：「邦
之媛兮。」　奸說文：「犯婬也。」　嫛霜夷切。女巫。或書作姉。　匭矩鮪切。黍稷方
器也。古作匭。　蟘敵德切。說文：「蟲食苗葉者，吏乞貸則生。」引詩：「去其螟蟘。」　蝕
實職切。說文：「敗創也。从虫人食，食亦聲。」或省。　蠅說文：「營營青蠅，蟲之大腹者。」
蠧都故切。說文：「木中蟲。」　蠱造蠱之法，以百蟲寘皿中，俾相啖食，其存者爲蠱，故从蟲皿
也。　孵芳無切。孵化也。陸續曰：「自孵而㲉。」又俞戍切，育也。　坤說文：「地也。易之
卦也。从土，位在申。」　坪蒲兵切。地平也。或書作埾。又皮命切。　均說文：「平徧也。」
亦書作垍。　城說文：「以盛民也。」　墾苦本切。耕也。　墲蒙晡切。規度墓地也。方
言：「凡葬無墳謂之墓，所以墓謂之墲。」又罔甫切。　黃說文：「地之色。从田，从艾，艾亦聲。」
艾，古文光也。　功說文：「以勞定國也。」　劕刺列切。說文：「發也。」　勥渠良切。

說文：「迫也。」古从彊、舉兩切。勐甥，力拒也。劥哺橫切。大力也。勥口蟹切。勵勥，疲也。勵部買切。勵勥。㑜子賀切。手相佐助。鑾說文：「人君乘車，四馬鑣八鑾鈴，象鸞鳥聲，和則肅也。从鸞省。」鉎師庚切。鐵衣也。又桑經切。鍒而由切。說文：「鐵之耎也。」鈌矧視切。箭鏃。又作木切。利也。釦去厚切。說文：「金飾器口。」

鏨財甘切。鑿也。又在敢切。鐫謂之鏨。又疾冉切，並昨濫切。鈴郎丁切。說文：「令丁也。」

鍪脂利切。說文：「羊箠耑有鐵。」一曰，田器。又私列切，又質入切。一說東夷謂鍪爲鍪。又的協切。

𨌈居隱切。謹身所承也。又苛起切。𨌬汝甘切。須也。料博慢切。量物分半也。

軓府遠切。說文：「車耳反出也。」軵乳勇切。說文：「反推車，令有所付也。」一曰，輕車。或从茸，从冗。又符遇切。車廂立木，承重較之材。轚吉詣切。舟車序行也。又吉歷切。說文：「車轄相轚。」引周禮：「舟輿轚互者。」輎辛於切。相和集也。

頤窺營切，又犬頴切。反也。陷說文：「高下也。一曰，陊也。」或从土。陸力竹切。說文：「高平地。」籀作𨻳。亦姓。阢五忽切。危也。又語韋切。石山戴土。隙乞逆切。說文：「壁際孔也。」䜥展呂切。所以載盛米。从宁，从甾。甾，缶也。䂞展呂切。積也。

嵲渠追切。說文：「九達道也。似龜背，故謂之嵲。嵲，高也，从九，从首。」辪苦故切。搗茱萸爲之，味辛而苦。辧悲巾切。駮也。字說文：「乳也。从子在宀下，子亦聲。」一曰，文也。又津之切，養也。鄭康成曰：「小國貢輕，字之也。」　𢀖古平切。説文：「無父也。」

季説文：「少稱也。从子，从稚省。」　挽芳萬切。説文：「生子免身也。」　孰説文：「食飪也。」　㝷徐侵切。長也。馬融曰：「踔㝷枝。」　頤與之切。説文：「顧也，象形。」篆从頁，籀从𦣞。又曳來切。　順説文：「理也。」　顖思晋切。頭會䏙蓋也。　醮慈消切。説文：「面焦枯小也。」　詵疏臻切。説文：「致言也。」引詩：「螽斯，羽詵詵兮。」　諟士紙切。理也，審也。　誡居拜切。敕也。　諰渠記切。誡也。　詔告也。　証諸盈切，又之盛切。諫也。　警舉影切。言戒。　謙千簾切。議也。　誼宜寄切。言之當也。

誇枯瓜切。説文：「譀也。」古作夸。　訕去厚切。説文：「扣也。如求婦，先訕叕之。」

繼説文：「續也。从糸㡭。」一曰，反㡭爲繼。　紅質力切。説文：「作布帛之總名也〔一〇〕。樂浪挈令織。从糸，从式。」徐鉉曰：「挈令，蓋律令之書也。」　緤疾葉切。合也。又即入切。一曰蠻夷貨。　絑母禮切。説文：「繡文如聚細米也。」　緉里養切。説文：「履兩枚也。〔一一〕一曰，緉絞，絞也。」　珍沽紅切。巧飾也。　影物之陰影也。舊作景，葛洪始加彡。或書作㬌。　彣無分切。説文：「䰋也。」　髦説文：「髮也。」　髻邱顏切。寡髮也。

髯如占切。説文：「頰須也。」

右三百七十三。

三體諧聲四體附

序曰：一子一母爲諧聲，是合二體者也。有三體之合者，非常道也，故別之。

薵徒沃切。从艸，从水，毒聲。 蒍五厚切。从艸，从水，禹聲。 歸女嫁也。从止，婦省，𠂤聲。 奉承也。从手，从廾，丰聲。 衛从行，从帀，韋聲。行帀，列衛也。 釁象祭竈也。从爨省，从酉，酉所以祭，从分，分亦聲。 春从艸，从日，屯聲。 鬻音煮。从䰜，从水，从煮省聲。 飤作代切。説文：「設飪也。从丮，从食，才聲。」 𢮦音雚。坼也。从支，从厂。蓋厂之性坼，果孰有味亦坼，故謂之𢮦。从牙聲。徐鍇曰：「厂，厓也。」 矍从明，从隹，隹欲逸走。从又，持之矍矍也。 䧹今作鷹。从隹疒省聲。或从人，人亦聲。徐鉉曰：「鷹隨人指縱，故从人。」 雁今作鴈。从隹，从人，厂聲。徐鉉曰：「大夫以爲贄，昏禮用之，故从人。」 衡户庚切。牛觸横大木，着其角。从角，从大，行聲。 簠黍稷圜皿。从竹，甫聲。 寁悉則切。从宀，屋也。从廾，捧也。 𡨄象疊物之形，捧而塞於屋中。 盬公户切。器也。从皿，从缶，古聲。 虜獲也。从母，从力，虍聲。 槱余救切。从木，从火，酉聲。 寢寐而有覺也。从宀，从疒，夢聲。 彘直例切。豕也。从彑，从矢聲，从北，象足。 陘之笑切。耕以臿浚出下壚土也。从𨸏，从土，召聲。 冥幽也。从日，从六，冖聲。 梁水橋也。从木，从水，刅聲。刅，初良切。　**履**足所依也。从彳，从夂舟，象形，从尸聲。　**疑**惑也。从子止匕，矢聲。　**𧖴**傷痛也。从血聿，皕聲。　**虒**音斯。虎卧息。从卧，从虎，从厂聲。　**寶**珍也。从宀，从貝，缶聲。　**害**从宀，从口，言从家起也，丯聲。丯音介。

右三十。

凡諧聲類，計二萬一千八百十。

校勘記

〔一〕「三」、「三」字上原空白，應有脱文。

〔二〕「炙」，下面原無數字，應有脱文。

〔三〕「斟」，原作「㪇」，據元本、大德本、殿本改。下同。

〔四〕「引孝經説云上下有别」，「云」，原作「文」，據元本、殿本改。

〔五〕「目旁薄緻矏矏也」，按説文四上目部「矏矏」作「宀宀」。

〔六〕「名曰駮古皇之乘周文王時犬戎獻之」，按説文十上馬部「古皇」作「吉皇」，「周文王」作「周成王」。段玉裁云，「駮」字爲衍文。

〔七〕「㙇」，原作「𡐓」，據元本、殿本改。

〔八〕「慭居慶切説文肅也」，説文十下心部「慭」字下作「敬也」，夾漈避宋諱改作「肅」。

〔九〕「説文㵐滓濁泥」，按此文與「漁」之字義無關，説文「漁」字下亦無此文，不知何故錯置於此。

〔一〇〕「説文作布帛之總名也」，按此文見説文十三上系部，爲「織」字之釋文，今誤置於「紝」字下。

〔一一〕「説文履兩枚也」，「枚」，原作「板」，據説文十三上系部改。

六書略第四

假借第六

序曰：六書之難明者，爲假借之難明也。六書無傳，惟藉說文，然許氏惟得象形、諧聲二書以成書，牽於會意，復爲假借所擾，故所得者亦不能守焉。學者之患，在於識有義之義，而不識無義之義。假借者，無義之義也。假借者，本非己有，因他所授，故於己爲無義。然就假借而言之，有有義之假借，有無義之假借，不可不別也。曰同音借義，曰協音借義，曰因義借音，曰因借而借，此爲有義之假借。曰借同音不借義，曰借協音不借義，曰語辭之借，曰五音之借，曰三詩之借，曰十日之借，曰十二辰之借，曰方言之借，此爲無義之假借。先儒所以顛沛淪於經籍之中，如汎一葦於溟渤，靡所底止，皆爲假借之所魅也。嗚呼！六書明則六經如指諸掌，假借明則六書如指諸掌。

同音借義

初，裁衣之始，而爲凡物之始。基，築土之本，而爲凡物之本。始，女子之初，而爲凡物之初。本，木之基，而爲凡物之基。小，水之微也，凡微者皆言小。永，水之長也，凡長者皆言永。牛爲牝牡，而牝牡通於畜獸。隹爲雌雄，而雌雄通於鳥雀。狀，本犬之形，而爲凡物之狀。物，本牛之事，而爲凡事之物。馬言駕，凡驅乘皆曰駕。牛言牧，凡豢養皆曰牧。木曰落，而爲墮落之落。雨曰零，而爲飄零之零。英，本英華之英，而爲飾物之英。苦，本苦良之苦，而爲滋味之苦。蔓，本藤蔓之蔓，而爲蔓衍之蔓。爻，乃交疏之爻，而爲爻象之爻。希，乃疏巾之希，而爲希少之希。柞，本柞木之柞，而爲芟柞之柞。鑿，本金鑿之鑿，而爲疏鑿之鑿。旋，反旆也，而爲回旋之旋。戲，兵交也，而爲嬉戲之戲。平，气之平也，而爲均平之平。封，爵土之封也，而爲封殖之封。戚，斧也，而爲親戚之戚。塵，土也，而爲塵積之塵。賢，多財也，而爲賢良之賢。妃，嘉偶也，而爲后妃之妃。純，絲也，而爲純全之純。茸，草也，而爲龙茸之茸。珣，夷玉也，而玉器亦謂之珣。蘆，葦也，而薺根亦謂之蘆。饒，食之餘也，而爲饒衍之饒。約，絲之束也，而爲儉約之約。凡此之類，並同音借義者也。

右三十五。

借同音不借義

汝，水也，而爲爾汝之汝。爾，花盛也，詩：「彼爾維何？維常之華。」而爲汝爾之爾。示，旗也，而爲神示之示。業，大版也，而爲事業之業。牢，牛圈也，而爲牢固之牢。畜，田畜也，而爲畜聚之畜。它，蛇屬也，而爲它人之它。蚤，虱類也，而爲蚤夜之蚤。爲，母猴也，而爲作爲之爲。率，鳥畢也，而爲率循之率。來，麥也，而爲來往之來。易，蟲屬也，而爲變易之易。能，熊類也，而爲賢能之能。黽，鼃也，而爲黽勉之黽。翁，毛也，而爲翁老之翁。題，頟也，而爲題命之題。薄，本林薄之薄，而爲涼薄之薄。茀，本茀茂之茀，而爲茀祿之茀。登，豆也，而爲升登之登。干，盾也，而爲干犯之干。革，皮也，而爲更革之革。鞠，革囊也，而爲鞠養之鞠。難，禽也，而爲難易之難。雍，禽也，而爲雍和之雍。溱，水也，而爲「室家溱溱」之溱。棣，栘也，而爲「威儀棣棣」之棣。丁，當也，而爲「椓之丁丁」之丁。薨，卒也，而爲「度之薨薨」之薨。胥，蟹醢也，而爲相胥之胥。方，並舟也，而爲方所之方。節，竹目也，而爲節操之節。管，竹箫也，而爲主管之管。韋，相違也，而爲皮革之韋。貿，相易也，而爲眊矇之貿。禮：「貿貿而來。」休，憩也，而爲休美之休。財，貨也，而爲財成之材。易：「財成天地之道。」齎，財之齎，而爲齎咨之齎。易：「齎咨涕洟。」時，辰之時，而爲時是之時。晉，先明也，而爲晉國之晉。夢，寐也，而爲雲夢之夢。風，虫之風，而爲吹噓之風。字，養之字，而爲文字之字。勿，州里之旗也，而爲勿不之勿。出，花英也，而爲出入之出。久，距也，而爲久遠之久。凡此之類，並同音不借義者也。

右四十五。

協音借義

旁之爲旁。去聲。中之爲中。去聲。上之爲上。時掌切。下之爲下。却稼切。分之爲分。去聲。少之爲少。去聲。歸之爲歸。音饋。遺之爲遺。惟季切。與也。御之爲御，音迓。爲御。音禦。行之爲行，下孟切。爲行。户浪切。「子路行行。」數之爲數，尸故切。爲數。色角切。趨之爲趨，七六切。爲趨。側九切。春秋傳：「賓將趨。」鄭康成讀。咽之爲咽，音燕。爲咽。以結切。哽咽。蕃音藩。樊也。之爲蕃。音煩。草之蕃蕪。蕪之爲蕪。亡甫切。蕪茂。徹通也。之爲徹。直列切。歛之爲歛。去聲。蔓藤也。之爲蔓。草干切。蔓菁。吹之爲吹。去聲。呼之爲呼，去聲。爲呼。呼賀切。春秋傳：「呼役夫。」嘸才笑切。嚼也，之爲噍，音焦。禮：「志微噍殺之音。」爲噍。子流切。禮：「燕雀啁噍之頃。」否之爲否，音鄙。臧否。爲否。部鄙切。否泰。喧之爲喧。上聲。詩：「赫兮喧兮。」趣之爲趣。平聲，爲趣。七口切，周官：「有趣馬。」幾之爲幾，音冀。春秋傳：「庸可幾乎。」爲幾。渠希切。近也。樂之爲樂，五教切。爲樂。音洛。華之爲華，音譁。榮也。爲華。去聲，聚也。酇作管切。聚也。之爲酇，音贊。南陽縣名。爲酇。在河切。沛縣名。空之爲空，音孔。窟也。爲空。苦貢切。詩：「不宜空我師。」從之爲從，才用切。爲從。七容切。從容閑暇也。比毗至切。之爲比，音皮。和也。爲比，上聲。方也。爲比。蒲必切。次也。爲比。音芘。朋也。放之爲放。上聲。敖音遨。之爲敖。音傲。背脊也。之爲背。音佩。違也。衡横木。之爲衡。音横。筍之爲筍。私閏切。筍輿也。塞之爲塞。去聲，塞垣。奇之爲奇。居宜切。奇偶。嘉之爲嘉。户嫁切。春秋傳：「公賦嘉樂。」枝之爲枝。音岐。栽之爲栽。音在，築也。回古文雷字。之爲回。亦作迴。繞也。暴步卜切。灼也。之爲暴。虐也。粢稷屬。之爲粢。才細切。禮：「粢醍在堂。」鹽之爲鹽。去聲。定之爲定。丁佞切。詩：「定之方中。」仰之爲仰。去聲。伏之爲伏。去聲。禮：「羽者嫗伏，毛者孕育。」并之爲并。去聲。裨補支切。之爲裨。婢支切，副也。辟必益切。君也。之爲辟。蒲益切。法也。厭之爲厭。去聲。覺之爲覺。古孝切。夢覺也。騶之爲騶。仕救切。麗之爲麗。力之切。詩：「魚麗于罶。」靡之爲靡。平聲。間之爲間。去聲。援之爲援。平聲，引也。折之列切。之爲折。士列切。女之爲女。
尼句切。妻之爲妻。去聲。姓之爲姓。音生。春秋傳：「蔡公孫歸姓。」孫之爲孫。音遜。純
之爲純。之尹切。緣也。總之爲總。子公切。詩：「素絲五總。」織之爲織。隻吏切。徽也。
詩：「織文鳥章。」累之爲累。力僞切。土之爲土。音杜。詩：「徹彼桑土。」壞之爲壞。音
怪。錢之爲錢。上聲。詩：「庤乃錢鎛。」鍼音針。之爲鍼。其兼切。親之爲親。去聲。婚姻
相謂也。賓之爲賓。去聲。客以禮會曰賓。衣之爲衣。去聲。冠之爲冠。去聲。枕之爲枕。
去聲。飲之爲飲。去聲。食之爲食。時吏切。膏之爲膏。古到切。詩：「羔裘如膏。」熏之
爲熏。去聲。陰之爲陰。去聲。輕之爲輕。去聲。春秋傳：「戎輕而不整。」兩之爲兩。去
聲。詩：「葛屨五兩。」三之爲三。去聲。論語：「三思而後行。」左上聲。之爲左。音佐。右上
聲。之爲右。音佑。先之爲先。去聲。後之爲後。去聲。遠之爲遠。去聲。近之爲近。
去聲。復之爲復。扶又切。重之爲重。去聲。離之爲離。去聲。沈之爲沈。去聲。量之
爲量。去聲。度之爲度。徒洛切。長之爲長。去聲。廣之爲廣。去聲。染之爲染。去聲。
縫之爲縫。去聲。別彼列切。之爲別。皮列切。斷都管切。之爲斷。徒管切。〔一〕盡卽忍切。
之爲盡。慈忍切。解之爲解。胡買切。通也。相之爲相。息亮切。走之爲走。去聲。書：
「矧咸奔走。」奔之爲奔。逋悶切。散之爲散。去聲。和之爲和。去聲。凝之爲凝。去聲。

冰之爲冰。彼凭切。彊之爲彊。其亮切。箸之爲箸，陟略切。爲箸。真略切。施之爲施，式豉切。爲施。以豉切。冥之爲冥。去聲。煎之爲煎。去聲。炙之爲炙。之夜切。收之爲收。式救切。當之爲當。去聲。悔之爲悔。去聲。應平聲。之爲應。應封之應。帥之爲帥。所類切。監之爲監。去聲。使之爲使。去聲。守之爲守。去聲。任之爲任。平聲。勝之爲勝。平聲。争之爲争。去聲。迎之爲迎。去聲。選之爲選。去聲。聽之爲聽。平聲。論之爲論。平聲。知之爲知。音智。思之爲思。去聲。便之爲便。平聲。好之爲好。去聲。令之爲令。平聲。教之爲教。平聲。語之爲語。去聲。怨之爲怨。平聲。衆之爲衆。平聲。雨之爲雨。去聲。種之爲種。去聲。緣之爲緣。去聲。張之爲張。去聲。藏之爲藏。去聲。處之爲處。去聲。乘之爲乘。去聲。卷之爲卷。上聲。祝之爲祝。之又切。傳之爲傳。去聲。聞之爲聞。去聲。稱之爲稱。平聲。譽之爲譽。平聲。勞之爲勞。去聲。興之爲興。去聲。與之爲與。去聲。繫之爲繫。古諸切。遲之爲遲。去聲。屬之爲屬。章玉切。含之爲含。去聲。遺之爲遺。去聲。禮有「遺奠」。引以忍切。之爲引。余忍切。臨之爲臨。去聲。假之爲假。古訝切。春秋傳：「不以禮假人。」借之爲借。入聲。貸之爲貸。入聲。敗之爲敗。音拜。見之爲見。胡甸切。告之爲告。古禄切。禮：「出必告。」養之爲養。去聲。共之爲共。音恭。去之爲去。上聲。喪之爲喪。去聲。忘之爲忘。去聲。恐之爲恐。丘用切。射之爲射。食亦切。取之爲取。土句切。禮:「聞取於人。」大之爲大。音太。焉之爲焉。於乾切。會之爲會。音檜。披之爲披。上聲。降之爲降。户江切。覆之爲覆。甫六切。朝之爲朝。直遥切。刺之爲刺。入聲。奉之爲奉。音捧。父扶雨切。之爲父。音甫。子之爲子。將吏切。禮:「子庶民也。」凡此之類,並協音而借義者也。

右二百八。

借協音不借義

荷之爲荷。胡可切。負也。茹茹藘茅。蒐也。之爲茹。去聲。度也。鮮之爲鮮。上聲。燕之爲燕。平聲。薄之爲薄。必各切。迫也。菑側其切。田也。之爲菑。音災。苴七余切。麻也。之爲苴。子餘切。包苴。竟之爲竟。音□。旁之爲旁。補彭切。詩:「駟介旁旁。」屯之爲屯。徒門切。聚也。莫音暮。之爲莫,模各切。爲莫。音陌。春秋傳:「德正應和曰莫。」个之爲个,音介。副也。禮:「明堂有左右个。」爲个。音幹。禮:「梓人爲侯,上兩个與其身三。」番附袁切。獸足也。之爲番,音翻。次也。爲番。音波。番番,勇也。台音怡。我也。之爲台,音胎。星名。爲台。音臺。春秋傳:「季孫宿救台。」范寧讀。句之爲句,古侯切。爲句。古切。詩:「敦弓既句。」調之爲調,徒杳切。品調。爲調。陟留切。詩:「惄如調飢。」召之爲召。音邵。咽之爲咽。音淵。詩：「伐鼓咽咽。」登之爲登。音得。春秋傳：「登來。」正音征，〔二〕射侯之正也。之爲正，去聲。邪琅邪，地名。之爲邪。邪正之邪。追之爲追。丁回切。追琢也。徼古堯切。之爲徼，古弔切。邊徼。訏之爲訏，音栩。詩：「川澤訏訏。」說之爲說。音悅。識之爲識。音志。信之爲信。音伸。樊之爲樊。音盤。樊纓。革之爲革。紀力切。忽也。殺之爲殺。去聲。降殺。占之爲占。去聲。甫之爲甫。音圃。圃田。省昔井切。之爲省。所景切。雅今作鴉。之爲雅。上聲。瞿九遇切。驚也。之爲瞿。平聲。戟類。鳥之爲鳥。音島。倏脯也。之爲倏。音卣。中尊。肺之爲肺。音沛。詩：「其葉肺肺。」脫之爲脫。音退。詩：「舒而脫脫兮。」創音瘡，傷也。之爲創。去聲。削之爲削。音肖。刀室。箾音簫。之爲箾。音朔。象箾以舞。簿蠶曲。之爲簿。簿書。平之爲平。辨年切。盛音成。之爲盛。索之爲索。生革切。稽之爲稽。音啓。稽首。鄉之爲鄉。音響。昭之爲昭。音韶。游之爲游。音流。旗游。旋之爲旋。音選。鍾縣。盟之爲盟。音孟。盟津。貫之爲貫。古患切。習也。栗之爲栗。堅也。齊之爲齊。音咨。齊衰。冒之爲冒。莫北切。貪也。俾之爲俾。普計切。俾倪。北音佩。違也。之爲北。入聲。方也。屏之爲屏。上聲。兄之爲兄。音況。詩：「倉兄填兮。」弁之爲弁。蒲官切。詩小弁。縣平聲。之爲縣。驕之爲驕。許喬切。詩：「載獫歇驕。」薦之爲薦。音荐。詩：「天方薦瘥。」麋麛也。之爲麋。丘隕切。衆也。扃之爲扃。上聲。春秋：「我心扃扃。」〔三〕間之爲間。音閑。耿工迥切。光也。之爲耿。古幸切。耿耿，憂也。拒之爲拒。音矩。招拒，白帝。振之爲振。平聲。詩：「振振公子。」揖之爲揖。子入切。詩：「螽斯，羽揖揖兮。」蟄之爲蟄。尺十切。詩：「宜爾子孫，蟄蟄兮」。紀之爲紀。音起。詩：「有紀有堂。」縱之爲縱。平聲。絮之爲絮。敕慮切。禮：「毋絮羹。」繆之爲繆。音穆。謚也。絀之爲絀。音詘。軒之爲軒。音憲。禮：「野豕爲軒。」斤之爲斤。紀覲切。斤斤，明也。險之爲險。音儉。春秋傳：「險而易行。」隊之爲隊。音墜。舍之爲舍。音捨。王于況切。之爲王。宿之爲宿。思宥切。星也。要之爲要。去聲。風之爲風。音諷。夏胡賈切。中夏也。之爲夏。胡嫁切。冬夏也。予之爲予。音與。委之爲委。於僞切。委積。女之爲女。音汝。卷之爲卷，音衮。禮：「三公一命卷。」爲卷，音拳。禮：「執女手之卷然。」爲卷。起權切。冠武也。鞠毬也。之爲鞠，音麴。爲鞠，音芎。鞠藭。鬻亦作粥。之爲鬻，音育。賣也。爲鬻。居六切。詩：「鬻子之閔斯。」殿音奠。擊聲。之爲殿，丁見切。爲殿。音店。詩：「民之方殿屎。」將之爲將，去聲。爲將。七羊切。詩將仲子。敦之爲敦，都隊切。玉敦。爲敦，都回切。詩：「敦彼獨宿。」爲敦。徒本切。渾敦。肉之爲肉，而救切。禮：「寬裕肉好之音。」爲肉。而注切。禮：「豐肉而短。」膴凶武切。大臠也。之爲膴，亡古切。詩：「則無膴仕。」爲膴。音模。詩：「民雖靡膴。」從之爲從，則庸切。從衡。爲從，七容反。從容。爲從，音縱。爲從。音總。禮：「爾無從從爾。」衰衰之爲衰，楚危切，等衰。爲衰。衰微。耆之爲耆，音嗜。爲耆。音底。辟必益切。君也。之爲辟，音避。爲辟，音弭。土也。爲辟，音裨。禮：「素帶終裨。」爲辟。音僻。禮：「負劍辟咡。」厭於鹽切。之爲厭，於葉切。「厭浥行露。」爲厭，音壓。禮：「死而不弔曰厭。」爲厭。於驗切。服也。貉之爲貉，音陌。狄也。爲貉。音禡。率捕鳥具。之爲率，將帥之帥亦作率。爲率。音律。約也。凡此之類，並協音不借義者也。

右百三十三。

因義借音

琢，本琢玉之琢，而爲大圭不琢之琢。音篆。輅，本車輅之輅，而爲狂狡輅鄭人之輅。音迓。以有惡入聲。也，故可惡。烏路切。以其内也，故可内。音納。佚，夷質切。縱也，而爲佚宕之佚。音迭。伯，長也，而爲伯王之伯。音霸。幬，帳也，而爲覆幬之幬。音燾。春秋傳：「如天之無不幬。」幕，帷也，而爲幕覆之幕。音覓。蓼，本葒蓼之蓼，而爲「蓼彼蕭斯」之蓼。力竹切。錞，本金錞之錞，音淳。而爲「厹矛沃錞」之錞。徒對切。術，邑中道也，以其所行，故爲鄉術之術。音遂。嬴秦姓也〔四〕，以其所居，故爲嬴水之嬴。音爲。

嘯呼之嘯，而爲指嘯之嘯。音叱。跛躃之跛，彼我切。而爲跛倚之跛。彼義切。禮：「立無跛。」副，普逼切。剖也，而爲副貳之副。承，奉也，而爲賻承之承音贈。禮：「賵賻承含。」甄，吉然切。本甄陶之甄，而爲聲甄之甄。音震。禮：「薄聲甄。」封，本封土之封，而爲封棺之封。音窆。禮：「縣棺而封。」齊，本齊一之齊，而爲齊莊之齊。俱皆切。巡，本巡行之巡，而爲相巡之巡。音緣。禮：「始終相巡。」推，本推與之推，而爲推挽之推。土回切。摶，本摶攝之摶，而爲摶束之摶。除轉切。禮：「十羽爲摶。」〔五〕獻，本獻享之獻，而爲獻尊之獻。素何切。衰，本雨衣之衰，素何切。而爲衰絰之衰。音崔。橇，本音毳，以其義通於橋，故又音橋。凡此之類，並因義借音。

右二十五。

因借而借

難，鳥也，因音借爲艱難之難；因艱難之難，借爲險難之難。去聲。爲，母猴也，因音借爲作爲之爲；因作爲之爲，借爲相爲之爲。去聲。射，本射御之射，因義借爲發射之射；食亦切。因發射之音借爲無射之射。音亦，律名。斁，本厭斁之斁，羊益切。因義借爲斁敗之斁；答路切。書：「彝倫攸斁。」因斁敗之音借爲斁塈之斁。音徒。書：「惟其斁塈茨。」亨，〔六〕音享。本饗也，因義借爲亨飪之亨；普庚切。因亨飪之音借爲亨嘉之亨。來，本麥也，因音借爲往來之來；因往來之義借爲勞來之來。音賚。矜，本矛柄也，〔七〕因音借爲矜憐之矜；因矜憐之義借爲矜寡之矜。音鰥。適，往也，因音借爲適責之適；音謫。詩：「勿予禍適。」因適責之音借爲適匹之適。音敵。禮：「大夫訃於同國適者。」參，七南切。間厠也，因義借爲參差之參；楚金切。因參差之音借爲參伐之參。所金切。邪，本琅邪之邪，因音借爲語辭之邪；因語辭之義借爲虚邪之邪。音徐。詩：「其虚其邪。」食，本啖食之食，因義借爲飲食之食；音伺。因飲食之音借爲食其之食。音異。費，本費用之費，因音借爲費邑之費；因費邑之義借爲費氏之費。扶未切。〔八〕崔，本「南山崔崔」之崔，子推切。因義借爲崔嵬之崔；慈回切。因崔嵬之音借爲崔氏之崔。音崔。不，本「鄂不韡韡」之不，音趺。因音借爲可不之不；音否。因可不之義借爲不可之不。音弗。填，本填塞之填，因義借爲填壓之填；音鎮。因填壓之音借爲填久之填。音塵。詩：「倉兄填兮。」罷，本罷置之罷，因義借爲罷困之罷；音疲。因罷困之音借爲罷辜之罷。鋪逼切。禮：「以罷辜祭四方。」質，本質幣之質，音贄。因義借爲交質之質；音至。因交質之音借爲形質之質。畜，本田畜之畜，勑六切。借爲畜養之畜；因畜養之義借爲六畜之畜。許又切。治，平聲。水也，因音借爲治理之治；因治理之義借爲平治之治。去聲。乞，氣也，因音借爲與人之乞，音氣。因與人之義借爲求人之乞。入聲。能，奴來切。獸也，因義借爲能鼊之能；三足鼊。因能鼊之音借爲能事之能，音耐。又爲三能之能。音台。凡此之類，並因借而借。

右四十三。

語辭之借

序曰：書者象也。凡有形有象者，則可以爲象，故有其書。無形無象者，則不可爲象，故無其書，語辭是也。語辭之用雖多，而主義不立，並從假借。

之，菌也。者，陰也。於，烏也。云，雲也。焉，鳶也。邪，琅邪之地。每，原田之皃。每本音梅，借爲上聲。惟，思也。唯，應也。本上聲，乃唯諾之唯，借平聲。而，面毛也。須，髭也。夫，音扶。本丈夫也。害，本災害也。本去聲，借音曷。詩：「害澣害否。」斯，析也。然，燎也。蓋，艸覆也。其，箕也。豈，鎧也。以，薏苡實也。矣，箭鏃也。員，物數也。音云。詩：「聊樂我員。」己，几也。既，小食也。盍，覆也。且，子余切。薦几也。爲，母猴也。居，蹲也。諸，辨也。詩：「日居月諸。」與，授也。爲語辭，平聲。爾，華繁也。詩：「彼爾維何？維常之華。」耳，人耳也。哉，言之間也。乎，气也。兮，气也。于，气也。只，气也。

凡語辭，惟乃，气也。思，慮也。旃，旆也。詩：「舍旃舍旃。」承，奉也。音懲。楚人語辭。哉、乎、兮、于、只、乃有義，他並假借。以語辭之類，虚言難象，故因音而借焉。

右四十。

五音之借

宫，本宫室之宫。商，本商度之商。角，本頭角之角。徵，本徵召之徵。羽，本羽毛之羽。

右五。

三詩之借

風，本風蟲之風。雅，本烏鴉之鴉。頌，本顔容之容。三詩五音皆聲也，聲不可象，並因音而借焉。

右三。

十日之借

甲，本戈甲。乙，本魚腸。丙，本魚尾。丁，本蠆尾。戊，本武也。己，本几也。庚，鬲也。辛，被罪也。壬，懷妊也。癸，艸木實也。

右十。

十二辰之借

子，人之子也。丑，手之械也。寅，臏也。卯，牖也。辰，未詳本義。巳，蛇屬也。午，未詳本義。未，本之滋也。申，持簡也。酉，卣也。戌，與戊戚同意。亥，豕屬也。十日、十二辰，惟巳、亥有義，他並假借。以日辰之類，皆虚意難象，故因音而借焉。

右十二。

方言之借

鮦之爲鮦。音胃。鮦陽，縣名。歜之爲歜。上音觸，下徂感切。昌歜，卽昌蒲也。覃之爲覃。上如字，下音剡。詩：「以我覃耜。」羹之爲羹。上更字，下音郎。楚地名。咎之爲咎。上如字，下音皋。皋陶字亦如此。穀之爲穀。奴走切。楚人謂乳穀。枹之爲枹。上必茅切，下音桴。鼓枹也。敦之爲敦，音燾。禮：「每敦一几。」〔九〕爲敦。音凋，敦弓。此皆非由音義而借，蓋因方言之異，故不易其字。

右九。

雙音並義不爲假借

陶也，陶冶之陶。陶也。皋陶之陶。鵰也，都聊切。隼類。鵰也。陟交切。鶻鵰鳭鵃。駣也，徒刀切。馬四歲曰駣。駣也。他彫切。馬三歲曰駣。鷂也，以照切。鷂也。音遥。雉也。杷也，補訝切。枋也。杷也。白加切。收麥器。榮也，永兵切。桐也。榮也。音瞢。屋榮。枸也，音苟。枸杞。枸也。音矩。枳枸。椹也，知林切。禮：「射甲革椹質。」椹也。徐甚切。桑實。校也，古孝切。木囚也。校也。户教切。木闌也。幅也，布帛之剸。幅也。音逼。行縢也。幓也，所銜切。旂幅。幓也。七消切。頭括髮。襢也，音但。袒裼也。襢也。張彦切。后六服有襢衣。被也，部委切。寢衣也。被也。普義切。春秋傳：「翠被豹舄。」衿也，居吟切。領也。衿也。其鴆切。結也。褎也，音袖。袂也。褎也。由救切。盛服也。凡此之類，並雙音並義，不爲假借者也。

右三十。

凡假借類，計五百九十八。

六書總計：

象形類計六百八。

指事類計百七。

會意類計七百四十。

轉注類計三百七十二。

諧聲類計二萬一千八百十。

假借類計五百九十八。

凡六書總計二萬四千二百三十五。

校勘記

〔一〕「徒管切」，「切」字脱，今補。

〔二〕「音征」，汪本「征」作「正」，據元本、明本、于本、殿本改。

〔三〕「春秋我心扃扃」，按此爲左傳襄五年引逸詩之文，應作「春秋傳」。
〔四〕「嬴秦姓也」，汪本「秦姓」二字互倒，據元本、明本、于本、殿本改。
〔五〕「禮十羽爲摶」，按周禮地官羽人職：「十羽爲審，百羽爲摶。」此處引文有誤。
〔六〕「亨」，汪本、元本、明本、皆作「享」，據于本、殿本改。
〔七〕「矜本矛柄也」，原本、元本、大德本「矜本」二字作「桼」，據殿本改。
〔八〕「扶未切」，汪本「未」作「末」，據元本、明本、于本、殿本改。
〔九〕「每敦一几」，汪本、元本、明本「几」作「凡」，據于本、殿本改。

六書略第五

起一成文圖

衡爲一。從爲丨。音袞。邪丨爲丿，房必切。反丿爲乀，分勿切。至乀而窮。折一爲┐，音及。反┐爲厂，呼旱切。轉厂爲乚，音隱。反乚爲亅，居月切。了从此，見了部。至亅而窮。折一爲┐者，側也，有側有正。正折爲∧，卽宀字也，又音帝，又音入。轉∧爲∨，側加切。側∨爲く，音畎。反く爲〉，音泉。至泉而窮。一再折爲冂，五犯切。轉冂爲凵，口犯切。側冂爲匚，音方。反匚爲コ，音播。至コ而窮。引一而繞合之，方則爲口，音圍。圓則爲〇，音星。至〇則環轉無異勢，一之道盡矣。丶音柱。與一偶，一能生，丶不能生，以不可屈曲，又不可引，引則成丨。然丶與一偶，一能生而丶不能生，天地之道，陰陽之理也。

因文成象圖

有到取：到丄爲丅下，到亯饗爲𣆪厚，到子子爲𠫓他骨切。到𦣻𦣻爲𥄕県，到了了爲𠄏鳥。有反取：反叀叀爲𠀬，反人人爲𠤎化，反𠤎化爲歺歺，反見爲𥃩，呼懇切。反止止爲𣥠撻，反欠欠爲旡旡，音既。反丿余制切。爲乀弋支反。反可可爲叵普可反。有向取：向父父爲子子，向左左爲右右，向司司爲后后，向丮几劇反。爲𠬪居玉反。向爪爲爪掌，向𠂢丑亦反。爲𠦬丑玉反。向刀刀爲匕匕，向身身爲㐆衣，〔一〕向𠄎居桀反。爲𠃉居月反。向爿爿戕，向永永爲𠂢𠂢，音派。向雲雲爲雷雷。有相向取：户户相向爲門門，𨸏阜相向爲𨺅，音阜。邑邑相向爲𨛜鄉，又音巷。𠃨相向爲鬥鬥。有相背取：止相背爲𣥠，蒲撥反。臣相背爲𦣝誑，己己相背爲弜弗，屮楚危反。相背爲𣥠外。有相背向取：向爲𠬞，音拱。背爲𠦃，音攀。向爲𠈌爲，背爲北北。向爲門門，背爲𠩀牖。向爲𡚬姐，背爲𡚸嫁。有近取：取天天於☰，乾體。於☷，坤體。取巛地，亦爲坤字。取巛水於☵，坎體。取火火於☲，離體。取六六於四四，取九九於七七，取十於五五，取升升於斗斗，取耳耳於鼻鼻，取目於目目，取鳥鳥於烏烏，取隹於隹隹。有遠取：取山於☶，長體。取雷於☳，震體。取風於☴，巽體。取澤於☱，兊體。取四、五、六、七、八、九、十於一、二、三，取千於百，取萬於千，取毛於髮，取男於女。有加取：一加一爲二，二加一爲三，二加二爲亖，百加百爲皕，必力反。爻加爻爲㸚，陟几反。山加山爲屾，所臻反。水加水爲沝。之壘反。有減取：減二十爲廿，音入。減三十爲卅，縣沓切。減四十爲卌，悉入反。減三十年爲𠀍世。又有減巛川爲巜澮，減巜爲ㄑ畎，亦是減法。有微加減取：加丿爲延，減丿爲㢟，丑連反。加一爲聿，聿，減一爲肀。尸輒反。加丿爲囪，楚江反。減丿爲囟。息進反。加一爲王，于況切。減一爲土。有上取：上向左爲禾禾，向右爲木。音稽。向左爲毛毛，向右爲手手。有下取：下向右爲少少，向左爲丿，子結反。向右爲丂訶，向左爲丂。音考。有中取：中貫爲毌毋，不貫爲毋母。中交爲交交，不交爲大。有方圓取：圓囗圍爲〇，音星，又音槃。方〇爲囗。有曲直取：曲丨音衮。爲乚乙，直乚爲丨。有離合取：離∧入爲八，合八爲∧。有從衡取：衡丨爲一，從一爲丨。有邪正取：正乂爲十，邪十爲乂。有順逆取：順理爲巛从，逆理爲巛比。有內外中間取：〇相內爲◎，音雷，又音回。相外爲∞鄰，相間爲ↀ環。

古今殊文圖

黄帝貨，貨作厂。帝嚳貨，貨作八。高陽貨，貨作厂。商貨，貨作圻，又作爪，又作爪，子貨、金貨作爪。周之圜法，貨作貨。景王大錢，貨作貨。齊公貨，貨作北。齊刀别種貨作北。莒貨，貨作化。公貨、刀貨作化。黄帝貨，帝作人。帝昊金，帝作○。古文帝作二。此古文常用者，未悉起自何代。師𠊱敦，帝作帀。古幣，金作仝。黄帝貨，金作全。帝昊金，金作仐。帝嚳金，金作全。商鍾，金作金。周鉦，金作金。晉鼎，金作金。堯泉，泉作𠔃，又作永。商泉，莊布泉作彡，巨泉泉作丿，古尺斗柄泉作帛。商貨，布作芇，又作𠂇。齊公布，布作大。齊布，布作又。商鍾，惟作鳥。周敦，惟作隹。商鍾，子作子。周敦，子作子。

古今殊文多矣，以此六條亦足見焉。

一代殊文圖

太昊金，昊作□，復作□。高陽金，高作□，復作□，復作□，復作□，復作□，復作□。堯泉，堯作□，復作□。又古文，堯作□，又作□。開元文字，堯作士。夏貨，夏作□，復作□，復作□。古文書，禹作□。雲臺碑，禹作□。商貨，商作□，復作□，復作□，復作□，復作□，復作□，復作□，復作用。商壺，辛作□。商卣，辛作□。祖辛爵，辛作□。祖戊匜，辛作□。齊刀，齊作品，復作□，復作□。郙敦又有作□。

一代殊文多矣，以此八條亦足見焉。

諸國殊文圖

晉姜鼎，通作□。虢姜鼎，通作□。宋公鼎，公作□。魯公鼎，公作□。晉姜鼎，文作□。周公鼎，文作□。周敦，文作□。屈生敦，君作□。姬寏簠，君作□。宋君鼎，君作□。周敦，在作□。尹彝，在作卄。父癸鼎，在作□。父乙彝，在作◆。周公鼎，作作𠃜。晉姜鼎，作作𠔿。孔父鼎，作作𠂔。楚王彝，作作𠂤。

諸國殊文多矣，以此六條亦足見焉。

殊文總論

觀古今殊文與一代殊文，則知先儒以義理說文字者，徒勞用心，一貨可說也，二貨何說乎？二貨可說也，三貨、四貨至于十三貨何說乎？既有十三文，豈亦有十三義乎？一高可說也，二高何說乎？二高可說也，三高、四高、五高、六高何說乎？既有六文，豈亦有六義乎？況此文盡出聖人之手，豈聖人之書無義，而秦人史隸之書反有義乎？大抵書以紀命爲本，豈在文義，以義取文者，書之失也。後人之書，附義成文，古人之書，舍義成文。文而無義者，皆古聖人之書也，附義成文者，皆是依緣意想而取象，舍依緣則其意無所繫著，此後人之用心也。觀諸國殊文，則知三代之時，諸國之書，有同有異，各隨所習而安，不可彊之使同。秦人無知，欲使天下好惡趨避盡狥於我，易天下之心而同吾之心，易天下之面而同吾之面。

諧聲變體論 急慢聲諧　高下聲諧

論急慢聲諧

急慢聲諧者，慢聲爲二，急聲爲一也，梵書謂二合聲是矣。梵人尚音，故有合二而成聲，合三、合四而成聲。華人尚文，惟存二合，此於梵書中論之矣。詩序曰：「聲成文謂之音。」知聲有急慢，則發而爲文，抑揚合度，鏗鏘中節。箋釋之家全不及此，至於語辭，渾而無別，但取言中之義，不問句中之節，故柳宗元極論語辭之義，良由不知急慢之節，所以辭與句不相當。慢聲爲「者焉」，急聲爲「旃」，「旃」爲「者焉」之應。慢聲爲「者與」，急聲爲「諸」，「諸」爲「者與」之應。又如慢聲爲「而已」，急聲爲「耳」；慢聲爲「之矣」，急聲爲「只」；慢聲爲「者也」，急聲爲「者」；慢聲爲「也者」，急聲爲「也」；慢聲爲「嗚呼」，急聲爲「嗚」；慢聲爲「噫嘻」，急聲爲「噫」，皆是相應之辭也。此並載籍中常語，先儒不知考究。又如語言之中，慢聲爲「激搏」，急聲爲「郭」；慢聲爲「中央」，急聲爲「張」者，亦是也。古艷歌曰：「蘭草自然香，生於大道傍，十月鈎鎌起，并在束薪中。」此「中央」之爲「張」也。張平子西京賦云：「翔鶤仰而弗逮，況青鳥與黄雀。伏檽檻而俯聽，聞雷霆之相激。」〔三〕此則「激搏」之爲「郭」也。可以觸類而長。

論高下聲諧音讀附

董正之董，亦爲督察之督者，東董湅督故也。改更之更，亦爲變革之革者，更梗更去聲。革故也。伊之爲已，大誥曰：「已予惟小子。」已之爲億，易曰：「億喪貝。」又曰：「億無喪有事。」伊已意億故也。非之爲匪，匪之爲弗，非匪沸弗故也。眅卽盼者，攀眅盼故也。儆類敬者，京儆敬故也。翻之爲反，庸之爲用，邪之爲也，之之爲只者，並此道也。而之爲爾，爾之爲汝，汝之爲若，于之爲於，於之爲與，與之爲與，音譽。亦此道也。是皆一義之所起，而發聲有輕重耳。乃若父雖甫音，讀若輔；道雖杜老切，讀若導；禮記大昕，昕音忻，讀若希；說文臑字，音儒，讀若襦；甹字，特一切，讀若亭。此爲音讀之别，無非聲之諧也。

論諧聲之惑

左氏曰：「止戈爲武。」武非从止，凡沚、芷、齒、耻之類从止。武从戈，从亾，从戈以見義，从亾以見聲。古文歌舞之舞作 ，振撫之撫作 ，廊廡之廡作庑，於古並从亾，於今並从無，而無於篆文亦从亾，則武之从亾，又何疑焉。若曰武欲見止戈，則古之武有作戊者，又有作戩者。戊之前垂，象執戈揚盾之義；戩之从習，有習用干戈之義。及戊爲戊己之戊，戩爲襲敵之襲，襲敵之字，古作戩，今用衣襲字。則戎事之武，專用武也。若曰武有止戈之義，又何必曰偃武乎。亾之與止，易得相紊，左氏所見，止之訛也。武於六書爲諧聲。武，戈類也，武之从亾，亦猶戰之从單，音善。戮之从翏，音六。戢之从咠，音緝。戣之从癸，皆聲之諧也。禮記曰：「祖者，且也。」祖非从且，凡置姐之類从且，徂祖之類从且，音徂。祖無且義。又曰：「荆者，侀也。」若荆之从井而有侀之義，則荆也，阱也，耕也，亦可曰荆乎？又曰：「富也者，福也。」若富之从畐，芳伏切。而有福之義，則輻也，幅也，副也，亦可曰福乎？若曰角觸也，商章也，秋之爲揫，春之爲蠢，皆此類也。凡此類是皆不識諧聲。

論象形之惑

左氏曰：「反正爲乏。」正無義也，正乃射侯之正，音征。象其形焉。正音征。以受矢，乏以藏矢，是相反也。反正爲乏，其義在此。或曰，反正爲丏。音沔。丏，蔽矢短牆也，正以受矢，丏以蔽矢，是相反也，此亦反正爲乏之義。邪正之正無所象，故正用侯正之正，邪用琅邪之邪，并協音而借，是爲假借之書也。韓子曰：「自營爲厶。」音私。厶非自營之義也，厶於篆文作[illegible]，象男子之勢，故又音鳥。[illegible]與[illegible]即了字。敵，了者交脛之端也，故厶勢下垂，了狀槌上，並是象形之文。若乃自營之厶，與了絶之了，並同音而借，亦爲假借之書。疊，古作疉，祭肉之積在器也。从宜，祭器也。从晶，音精。象積肉之形。疉與豐同意，豐亦俎豆之衍也。揚雄以疉爲古理官決罪，三日得其宜乃行，故从三日，从宜，此亦爲不識象形者也，何用識奇字之多乎。能，象熊之形，許氏謂能熊屬則可矣，又曰賢能之能，何也？出，象花英之形，許氏謂象屮木益滋上出亦可矣，又曰出進，何也？是皆惑象形於假借者也。三代之前有左氏、韓子，三代之後有揚雄、許慎，猶不達六書之義，況他人乎！

論一二之所生

臣六書證篇實本説文而作，凡許氏是者從之，非者違之。其同乎許氏者，因畫成文，文必有説，因文成字，字必有解。其異乎許氏者，每篇總文字之成，而證以六書之義，故曰六書證篇。然許氏多虚言，證篇惟實義，許氏所説多滯於死，證篇所説獨得其生。蓋許氏之義，著於簡書而不能離簡書，故謂之死。證篇之義，舍簡書之陳迹，能飛行走動不滯一隅，故謂之生。今舉一二之義爲説文之首篇者，可以見矣。説文於一則曰：「惟初太始，道立於一，造分天地，化成萬物。」故於一之類則生元，生天，生丕，生吏。然元从上，丕从地，吏从又，皆非一也，惟天从一。證篇於一則曰：「一數也，又象地之形，又象貫物之狀。在上爲一，故生天，生百。在中爲貫，故生毌，音貫。生𠦒。〔三〕古文車。在下爲地，故生旦，生丕。爲貫爲地者無音，以無所麗，則復爲一矣，是以無音。説文於丄音上。則曰：「丄，高也。」此古文丄指事也，故於丄之類則生帝，生旁，生下。然帝本象形，旁則形兼聲，下非从上，而與上偶。證篇於丄則曰：「二音貳，又音上。殺上者爲上，殺下者爲下，在物之中者，象編連之形，在物之上下者，象覆載之位。故於二則生竺，生于下則生丅，於上則生元，生帝；於下則生丙，音鎮。生㒳；良仞切。於中則生冊，生冄；於上下則生亟，生亘。在中在上下者無音，以自不能成體，必有所麗，是以無音。」此臣所作證篇之旨也。

論子母

立類爲母，從類爲子。母主形，子主聲。說文眼學，眼見之則成類，耳聽之則不成類。廣韻耳學，耳聽之則成類，眼見之則不成類。故說文主母而役子，廣韻主子而率母。說文形也，禮也，廣韻聲也，樂也。說文以母統子，廣韻以子該母。臣舊作象類書，總三百三十母，爲形之主，八百七十子，爲聲之主，合千二百文而成無窮之字。許氏作說文，定五百四十類爲字之母。然母能生而子不能生，今說文誤以子爲母者二百十類。且如說文有句類，生拘，生鉤。有卤類，生㮚〔四〕，生粟。有半類，生胖，生叛。有業類，生僕，生蹼。據拘當入手類，鉤當入金類，則句爲虛設。㮚當入木類，粟當入米類，則卤爲虛設〔五〕。胖當入肉類，叛當入反類，則半爲虛設。僕當入人類，蹼當入臣類，則業爲虛設。蓋句也卤也半也業也皆子也，子不能生，是爲虛設。此臣所以去其二百十，而取其三百三十也。

論子母所自

或曰：作文之始，其實一也，何以成母？何以成子？曰：顯成母，隱成子。近成母，遠成子。約成母，滋成子。同成母，獨成子。用成母，不用成子。得勢成母，不得勢成子。來與麥同物，麥顯而來隱，牙與齒同物，齒顯而牙隱，故麥爲母而來爲子，齒爲母而牙爲子。龍與魚同物，魚近而龍遠，故魚爲母而龍爲子，兔爲母而㲋爲子。㲋丑略切。與兔同物，兔近而㲋遠，故魚爲母而龍爲子，兔爲母而㲋爲子。東胡感切。與丂音同上。同象，丂約而東滋，豆與登同象，豆約而登滋，故丂爲母而東爲子，豆爲母而登爲子。烏與烏同體，烏同而烏獨，易與豸同體，豸同而易獨，故烏爲母而烏爲子，豸爲母而易爲子。眉與目相比，目用而眉不用，疋音疏。與足相比，足用而疋不用，故目爲母而眉爲子，足爲母而疋爲子。𠂇左與又右敵體，又得勢而𠂇不得勢，𠬜音攀。與廾音拱。敵體，廾得勢而𠬜不得勢，故又爲母而𠂇爲子，廾爲母而非爲子。舉此六條，可以觸類而長。

論省文

凡省文，有聲關於義者，有義關於聲者。甜之从舌者義也，舌之所嗜者甘，恬之从舌者非舌也，謂之从甜省，是之謂聲關於義。營之从𤇾音熒。者聲也，以呂爲主，以𤇾爲聲，勞之从𤇾者非聲也，謂之从營省，是之謂義關於聲。伊从人，从尹，謂伊尹能尹正天下，如蛜蝛之蛜从伊省，亦謂之聲關於義。和謂調和之和，如銛利之利从刀，从和省。易曰：「利者義之和。」此亦謂之義開於聲。凡省文之類，可以準此。

論篆隸

篆通而隸僻，故有左無右，有𠂤今作阝，音阜。無𨸏。音阜。於篆則左向右爲左，右向左爲右。獨向爲𠂤，相向爲𨸏。篆明而隸晦，故有王無玉，有未無朱。於篆則中一近上爲王，中一居中爲玉，中一直爲朱，中一不直爲未。篆巧而隸拙，故有冖音覓。無冂，音坰。有丶音柱。無丨。音袞。於篆則上冒爲冂，不冒爲冖。上加丶爲主，加丨爲亠。篆縱而隸拘，故有刀無匕，有禾無朩。音稽。於篆體向左爲刀，向右爲匕。首向左爲禾，向右爲朩。然則篆之於隸，猶筮之於龜。

論創意

炅　昋　炔。

右三字，並音桂，乃秦博士桂真之後，避地別居，各撰其姓之文而不殊本者。

靁、音彎。莔、音迄。霙、音觥。霁、音礸。㽞、音莽。畾、音舉。寇、音褭。燹。音擁。

右八字，孫亮命子，據桂氏命姓孫氏命子制。十一字惟炔猶得桂聲而又無義，餘十字聲義兩途俱不通，文而非文，字而非字者也。

論變更

辠、音沽。罪。

右二字，秦人以市買多得爲辠。罪舊作辠，始皇以其似皇字，改而爲罪。

𠀑代天，埊代地，𡆠代日，𡈡代月，又作𡴞。〇代星，𢘑代臣，𠁈代載，𠧋代初，𠡦代年，𠙺代正，又作𠙹。曌代照，𤯔代證，𨲢代聖，𥠢代授，𡔈代戴，圀代國。

右武后更造十八字代舊十六字，史臣儒生皆謂其草創無義。以臣觀之：天作𠀑，日作𡆠，並篆文也。年作𠡦，正作𠙺，並古文行於世者。授，古文亦有作𥠢、𥡝者，國亦有作圀者。地，籀文或有作埊者。〇，崔希裕纂古而作。孰謂其草創而無所本與。

對，舊作對，漢文以言多非誠，故去口而作對。隋，舊作隨，文帝以周、齊不遑寧處，故去辵而作隋。疊，舊作疊，新室以三日太盛，改爲三田。䯄，舊作騧，宋明以咼音喎。類禍，改而爲瓜。形影之影，舊作景，葛稚川加彡於右。軍陣之陣，舊作陳，王逸少去東用車。尼丘之山，三倉合而爲𡉏。音㞑。章貢之水，後人合而爲贛。音紺。荒昏二義，元次山謚隋煬帝合而爲𦤙。音荒。郝，火各切。本一名，分而爲高邑者，漢光武也。鄚，嫌近鄭，更而爲莫；豳，嫌近幽，更而爲邠，此並唐明皇所更也。

論遷革

鴉，本烏鴉之鴉，借爲雅頌之雅，復有鴉矣，故雅遂爲雅頌之雅，後人不知雅本爲鴉。

雇，本九扈之扈，借爲雇賃之雇，復有扈矣，故雇遂爲雇賃之雇，後人不知雇本爲扈。頌，本顔容之容，故从公，从頁，借爲歌頌之頌，今人見頌知歌頌之頌而已，安知頌本爲容。泉，本貨錢之錢，故於篆象古刀文，借爲泉水之泉，今人見泉知泉水之泉而已，安知泉本爲錢。

論衡從

人與蟲魚禽獸同物，同物者同爲動物也。天地之間，一經一緯，一從一衡，從而不動者成經，衡而往來者成緯。草木成經爲植物，人與蟲魚禽獸成緯爲動物，然人爲萬物之靈，所以異於蟲魚禽獸者，蟲魚禽獸動而俯，人動而仰，獸有四胑而衡行，人有四胑而從行。植物理從，動物理衡，從理向上，衡理向下。人，動物也，從而向上，是以動物而得植物之體。向上者得天，向下者得地，人生乎地而得天之道，本乎動物而得植物之理，此人之所以靈於萬物者，以其兼之也。人之體理從，故文字便從不便衡。坎、離、坤，衡卦也，以之爲字則必從，故☵必從而後能成巛，☲必從而後能成火，☷必從而後能成巛。舟以衡濟，車以衡運，舟車，衡器也，作舟者必楹航而後能成舟，作車者必弋軸而後能成車。

隹以衡飛，魚以衡走，隹魚，衡物也，作隹者必作縣隹之勢而後能成[illegible]，作魚者必作貫魚之勢而後能成[illegible]。鼻從竅，目衡竅，作鼻者必爲從[illegible]，作目者亦爲從目，此可知其務從也。蓋人理從，從則起，起則生。衡則臥，臥則尸。

論華梵

論華梵上

諸蕃文字不同而多本於梵書，流入中國，代有大鴻臚之職，譯經潤文之官，恐不能盡通其旨，不可不論也。梵書左旋，其勢向右，華書右旋，其勢向左。華以正錯成文，梵以偏纏成體。華則一音該一字，梵則一字或貫數音。華以直相隨，梵以橫相綴。華有象形之文，梵亦有之，尾作[illegible]，有尾垂之形，縛作[illegible]，有纏縛之象。華有省文之字，梵亦有之，地本作[illegible]，亦省作[illegible]，縛本作[illegible]，亦省作[illegible]，馱本作[illegible]，亦省作[illegible]。華有同聲而借之字，梵亦有之，野作[illegible]，而也亦作[illegible]，馱作[illegible]，而陁亦作[illegible]。華有協聲而借之字，微用[illegible]，而尾亦用[illegible]，薩用[illegible]，而散亦用[illegible]。華書有重二之義，如舊漢書「元元休息」，下元字只作二，石鼓文、嶧山碑重字皆作二。梵書凡疊句重言則小作□，但華書每字之重皆作二，梵書一字疊一言重者作一□，三字、四字疊三言、四言重者，亦只作□。華蓋以目傳，故必詳於書，梵以口傳，如曲譜然，書但識其大略。華之讀別聲，故就聲而借，梵之讀別音，故卽音而借。如史瑟同用□者，師史使瑟商音之和也。帝彈同用□者，低底帝彈亦商音之和也。娑薩同用□，亦商音之和。誐孽同用□，是爲角音之和。

論華梵中

觀今七音韻鑑出自西域，應琴七絃，天籟所作，故從衡正倒，展轉成圖，無非自然之文，極是精微，不比韻書但平上去入而已，七音之學，學者不可不究。華有二合之音，無二合之字。梵有二合、三合、四合之音，亦有其字。華書惟琴譜有之，蓋琴尚音，一音難可一字該，必合數字之體，以取數音之文。二合者取二體也，如娑作□，縛作□，二合娑縛，則取縛之下體以合於娑而爲□字。如囉作□，馱作□，曩作□，三合囉馱曩，則上取囉、中取馱、下取曩，而爲□字。如悉作□，底作□，哩作□，野亦作□，四合悉底哩野，則取悉之上體以合於野之下體，而包底哩爲錯文，不必具底哩，故其字作□。然二合者，是雙音合爲單音也，如雙爲「者焉」，單爲「旃」，雙爲「者與」，單爲「諸」，然則雙爲

「娑縛」，單爲「索」，雙爲「娑彈」，單爲「薩」，何不即一「索」足矣，安用合「娑縛」；一「薩」足矣，安用合「娑彈」哉？曰，華音論讀，必以一音爲一讀，故雖「者焉」可以獨言「旃」，雖「者與」可以獨言「諸」也。梵音論諷，雖一音而一音之中亦有抑揚高下，故「娑縛」不可以言「索」，「娑彈」不可以言「薩」，實有微引勾帶之狀焉。凡言二合者，謂此音非一亦非二也；言三合者，謂此音非一、非二亦非三也；言四合者，謂此音非一、非二、非三亦非四也。但言二合者，其音獨易，言三合、四合者，其音轉難。大抵華人不善音，今梵僧呪雨則雨應，呪龍則龍見，頃刻之間，隨聲變化。華僧雖學其聲而無驗者，實音聲之道有未至也。

論華梵下

梵人別音，在音不在字，華人別字，在字不在音。故梵書甚簡，只是數个屈曲耳，差別不多，亦不成文理，而有無窮之音焉。華人苦不別音，如切韻之學，自漢以前人皆不識，實自西域流入中土，所以韻圖之類，釋子多能言之，而儒者皆不識起例，以其源流出於彼耳。華書制字極密，點畫極多，梵書比之實相遼邈，故梵有無窮之音，而華有無窮之字。梵則音有妙義，而字無文彩，華則字有變通，而音無錙銖。梵人長於音，所得從聞入，故曰：「此方真教體，清淨在音聞。我昔三摩提，盡從聞中入。」有「目根功悳少，耳根功悳多」之説。華人長於文，所得從見入，故天下以識字人爲賢智，不識字人爲愚庸。

校勘記

〔一〕「衣」，汪本作「依」，據元本、明本、于本、殿本改。

〔二〕「況青鳥與黄雀伏櫺檻而俯聽聞雷霆之相激」，「況」，原作「淣」，「相」原作「指」，據文選二張平子西京賦改。

〔三〕「𠦝」，汪本作「毌」，據元本、明本、于本、殿本改。

〔四〕「生桌」，汪本「桌」作「稟」，據元本、明本、于本、殿本改。

〔五〕「桌當入木類稟當入米類則卤爲虛設」，汪本「桌」作「稟」，「稟」作「桌」，據元本、于本、殿本改。

七音略第一

七音序

天地之大，其用在坎離。人之爲靈，其用在耳目。人與禽獸，視聽一也，聖人制律所以導耳之聰，制字所以擴目之明，耳目根於心，聰明發於外，上智下愚，自此分矣。雖曰皇頡制字，伶倫制律，歷代相承，未聞其書。漢人課籀隸，始爲字書，以通文字之學。江左競風騷，始爲韻書，以通聲音之學。然漢儒識文字而不識子母，則失制字之旨。江左之儒識四聲而不識七音，則失立韻之源。獨體爲文，合體爲字，漢儒知以説文解字，而不知文有子母。生字爲母，從母爲子，子母不分，所以失制字之旨。四聲爲經，七音爲緯，江左之儒知縱有平、上、去、入爲四聲，而不知衡有宫、商、角、徵、羽、半徵、半商爲七音。縱成經，衡成緯，經緯不交，所以失立韻之源。

七音之韻，起自西域，流入諸夏。梵僧欲以其教傳之天下，故爲此書，雖重百譯之遠，一字不通之處，而音義可傳。華僧從而定之，以三十六爲之母，重輕清濁，不失其倫，天地萬物之音，備於此矣。雖鶴唳風聲，鷄鳴狗吠，雷霆驚天，蚊䖟過耳，皆可譯也，況於人言乎。所以日月照處，甘傳梵書者，爲有七音之圖，以通百譯之義也。今宣尼之書，自中國而東則朝鮮，西則涼夏，南則交阯，北則朔易，皆吾故封也，故封之外，其書不通。何瞿曇之書能入諸夏，而宣尼之書不能至跋提河，聲音之道，有障閡耳。此後學之罪也。舟車可通，則文義可及。今舟車所通而文義所不及者，何哉？臣今取七音編而爲志，庶使學者盡傳其學，然後能周宣宣尼之書以及人面之域，所謂用夏變夷，當自此始。

臣謹按：開皇二年，詔求知音之士，參定音樂。時有柱國沛公鄭譯，獨得其義，而爲議曰：「考尋樂府鍾石律呂，皆有宫商角徵羽變宫變徵之名，七聲之内，三聲乖應，每加詢訪，終莫能通。先是周武帝之時，有龜兹人曰蘇祇婆，從突厥皇后入國，善胡琵琶。聽其所奏，一均之中，間有七聲。問之，則曰：『父在西域，號爲知音，世相傳習，調有七種。』以其七調，校之七聲，冥若合符。一曰娑陁力，〔一〕華言平聲，卽宫聲也。二曰雞識，華言長聲，卽商聲也。〔二〕三曰沙識，華言質直聲，卽角聲也。四曰沙侯加濫，華言應聲，卽變徵聲也。五曰沙臘，華言應和聲，卽徵聲也。六曰般贍，〔三〕華言五聲，卽羽聲也。七曰俟利箑，〔四〕華言斛牛聲，卽變宫也。」譯因習而彈之，始得七聲之正。然其就此七調，又有五旦之名。旦作七調，以華譯之，旦即均也。譯遂因琵琶更立七均，合成十二，應十二律，律有七音，音立一調，故成七調，十二律合八十四調，旋轉相交，盡皆和合。仍以其聲考校太樂鍾律，乖戾不可勝數。譯爲是著書二十餘篇，太子洗馬蘇夔駁之，以五音所從來久矣，不言有變宮變徵，七調之作，實所未聞。譯又引古以爲據，周有七音之律，漢有七始之志。時何妥以舊學，牛弘以巨儒，不能精通，同加沮抑，遂使隋人之耳不聞七調之音。

臣又按：唐楊收與安浣論琴，五絃之外，復益二絃，因言七聲之義。西京諸儒惑圜鍾函鍾之説，故其郊廟樂惟用黄鍾一均，章帝時太常丞鮑業始旋十二宫。夫旋宫以七聲爲均，均言韻也，古無韻字，猶言一韻聲也，宫商角徵羽爲五聲，加少宫少徵爲七聲，始得相旋爲宫之意。琴者，樂之宗也，韻者，聲之本也，皆主於七，名之曰韻者，蓋取均聲也。臣初得七音韻鑑，一唱而三嘆，胡僧有此妙義，而儒者未之聞。及乎研究制字，考證諧聲，然後知皇頡、史籀之書已具七音之作，先儒不得其傳耳。今作諧聲圖，所以明古人制字通七音之妙，又述内外轉圖，所以明胡僧立韻得經緯之全。釋氏以參禪爲大悟，通音爲小悟，既七音一呼而聚，四聲不召自來，此其麤淺者耳。至於紐攝杳冥，盤旋寥廓，非心樂洞融天籟，通乎造化者，不能造其閫。字書主於母，必母權子而行，然後能别形中之聲。韻書主於子，必子權母而行，然後能別聲中之形。所以臣更作字書，以母爲主，亦更作韻書，以子爲主。今茲内外轉圖，用以別音聲，而非所以主子母也。

諧聲制字六圖

諧聲者，六書之一書也。凡諧聲之道，有同聲者，則取同聲而諧；無同聲者，則取協聲而諧；無協聲者，則取正音而諧；無正音者，則取旁音而諧。所謂聲者，四聲也。音者，七音也。制字之本，或取聲以成字，或取音以成字，不可備舉。今取其要，以證所諧，茲所不載，觸類而長。

正聲協聲同諧圖第一

空
- 倥 同聲
- 控 協聲

同
- 銅 同聲
- 洞 協聲

夭
- 妖 同聲
- 笑 協聲

隹
- 雖 同聲
- 惟 協聲

聲音俱諧圖第二

實牝擯　卑俾臂　必　密駜　閟泌

蚩齒幟　稱齒反稱拯　秤　尺　齝　齓

真軫震　之止至　質　懫郅音　懫至音

而耳餌　仍耳反仍拯　仍去聲　日　珥　耿

因引印　伊以饐　壹　懿壹音　懿

音諧聲不諧圖第三

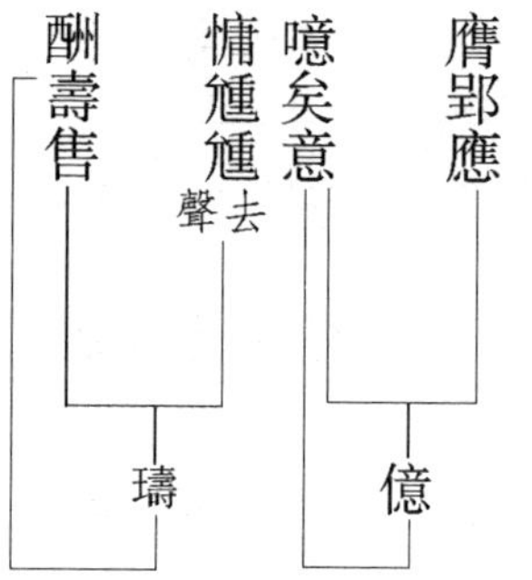

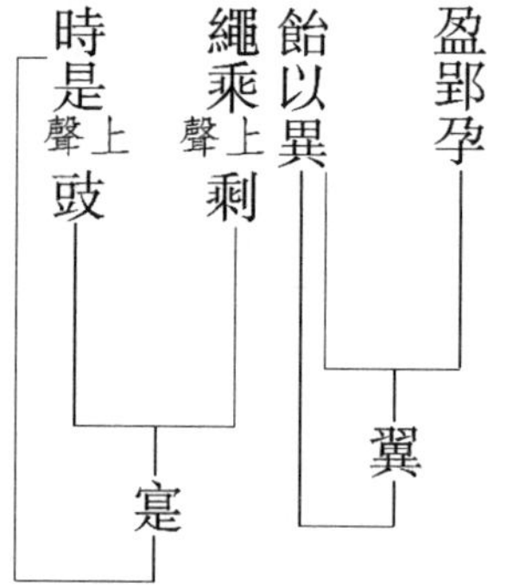

一聲諧二音圖第四

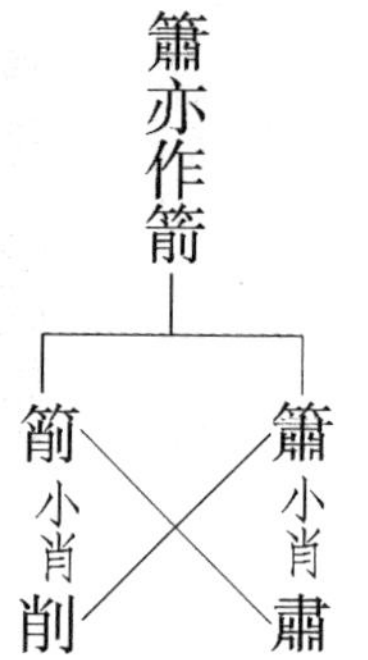

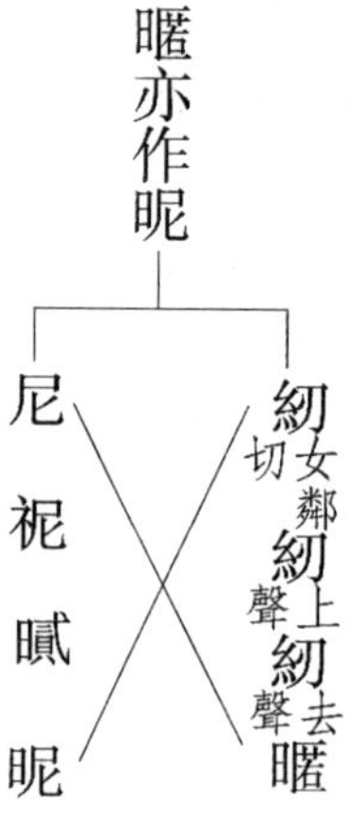

一音諧二聲圖第五

一音諧三聲圖第六

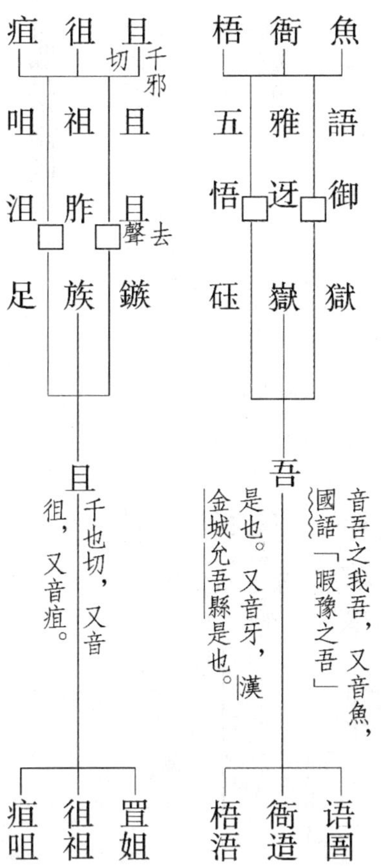

内轉第一	幫	滂	並	明	端	透	定	泥	見	溪	群	疑
					知	徹	澄	孃				
	羽				徵				角			
平		[illegible]	蓬	蒙	東	通	同		公	空		[illegible]
	風	豐	馮	瞢	中	忡	蟲		弓	穹	窮	
上	琫		桻	蠓	董	桶	動	[illegible]		孔		湡
去			槰	幪	凍	痛	洞	齈	貢	控		
	諷	賵	鳳	夢	中	蟲	仲			焪		
入	卜	扑	瀑	木	豰	禿	獨		穀	哭		
	福	蝮	伏	目	竹	蓄	逐	肭	菊	麴	驧	砡

精	清	從	心	邪	影	曉	匣	喻	來	日		
照	穿	床	審	禪								
商					宮				半商徵			
嵏	葱	叢	楤		翁	烘	洪		籠		東	重中重
	雗	崇										
終	充				硧	嗀	雄		隆	戎		
			嵩					融				
總		[illegible]	敵		蓊	嗊	澒		曨		董	
糉	謥	[illegible]	送		瓮	烘	哄		弄		送	
衆	銃											
	趥											
鏃	瘯	族	速		屋	縠			禄		屋	
縬	珿	簇	縮									
粥	俶	孰	叔		郁	蓄		囿	六	肉		
蹙	鼀	歡	肅									

内轉第二

	幫	滂	並	明	端	透	定	泥	見	溪	群	疑
	非	敷	奉	微	知	徹	澄	孃				
	羽				徵				角			
平												
	封	峰	逢			蹱	重	醲	恭	銎	蛩	顒
上												
				䳟	湩	統		𧳢				
	覂	捧	奉		冢	寵	重		拱	恐	梁	
去												
				霿	𪓰	統		癑				
	葑		俸	幪	湩		重	械	供	恐	共	
入												
	襮	蕌	僕	瑁	篤	儥	毒	褥	梏	酷		
				媢	瘃	棟	躅	溽	輂	曲	局	王

		日	來	喻	匣	曉	影	邪	心	從	清	精
								禪	審	床	穿	照
		半商徵				宮				商		
輕中輕	冬		鼕		𩗴				鬆	賨	聰	宗
	鍾	茸	龍			匈	邕	鱅	舂		衝	鍾
				容				松	淞	從	樅	縱
	腫											
			隴			洶	擁	尰			𨾴	腫
				悀					悚		嵷	樅
	宋		隆		硡				宋			綜
	用	𩋞	贚				雍				棰	種
				用				頌		從		縱
	沃		濼		鵠	熇	沃		洬	宗		傶
	燭								數	鸀	娕	
		辱	録			旭		蜀	束	贖	觸	燭
				欲				續	粟		促	足

外轉第三

	幫	滂	並	明	端	透	定	泥	見	溪	群	疑
					知	徹	澄	孃				
	羽				徵				角			
平												
	邦	胮	龐	龙	椿	惷	幢	𦗾	江	腔		岘
上												
	紺	耩	棒	𢘓					講			
去												
		胖			戇	惷	幢	鬞	绛			
入												
	剥	璞	雹	邈	斲	逴	濁	搦	覺	殼		嶽

重中重

商					宮				半徵商		
精 照	清 穿	從 床	心 審	邪 禪	影	曉	匣	喻	來	日	
											江
	牕	淙	雙		胦	肛	降		瀧		
											講
					慃	傋	項				
	糉	漴	淙			戇	巷				
											覺
捉	娖	浞	朔		渥	吒	學		犖		

内轉第四

疑	群	溪	見	泥	定	透	端	明	並	滂	幫	
				孃	澄	徹	知					
角				徵				羽				
												平
宜	奇	攲	羈		馳	摛	知	糜	皮	鈹	陂	
	祇							彌	陴	岥	卑	
												上
螘	技	綺	椅	狔	豸	褫	擳	靡	被	破	彼	
		企	枳					弭	婢	諀	比	
												去
議	芰	檹	寄				智	魅	髲	帔	賁	
		企	馶						避	譬	臂	
												入

	日	來	喻	匣	曉	影	邪	心	從	清	精
							禪	審	床	穿	照
	半商徵				宮			商			
支											
								釃	[illegible]	差	齜
	兒	離			犧	漪	匙	施		眵	支
			移		詑			斯	疵	雌	貲
紙											
								躧			批
	爾	邐			[illegible]	倚	是	弛	[illegible]	侈	紙
			酏					徙		此	紫
寘											
								屣			[illegible]
		詈			戲	倚	豉	翅		[illegible]	寘
			易			縊		賜	漬	刺	積

重中輕 内重

内轉第五

	幫	滂	並	明	端	透	定	泥	見	溪	群	疑
					知	徹	澄	孃				
	羽				徵				角			
平												
					腄		鬌		嬀	虧		危
上												
	萎				𤸷				詭	跪	跪	硊
										跬		
去												
							縋		䝿	𡯁		僞
									諉	瞡		
入												

輕中輕		日	來	喻	匣	曉	影	邪	心	從	清	精
								禪	審	床	穿	照
		半商徵				宮			商			
	支											
									衰			
		痿	羸	爲		麾	逶	垂	韉		吹	[illegible]
				蔿		隳		隨	眭			劑
	紙											
											揣	
		蘂	累	蔿		毀	委	菙				捶
								[illegible]	髓	惢		觜
	寘											
		枘	累	爲		毀	餧	睡			吹	惴
				瓗		孈	恚		[illegible]			

字母		音	平				上				去				入			
幫		羽			悲				鄙	匕			祕	痺				
滂		羽			丕	紕			嚭				濞	屁				
並		羽			邳	毗			否	牝			備	鼻				
明		羽			眉				美				郿	寐				
端	知	徵			胝				薾				致					
透	徹	徵			絺				[illegible]				屎					
定	澄	徵			墀				雉				緻	地				
泥	孃	徵			尼				柅				膩					
見		角			飢				几				冀	〔五〕蟿				
溪		角											器	弃				
群		角			耆				跽				臮					
疑		角			示								劓					

内轉第六

重中重

商					宮				半商徵		
精 照	清 穿	從 床	心 審	邪 禪	影	曉	匣	喻	來	日	
											脂
			師						梨		
脂	鴟		尸								
咨	郪	茨	私		伊	咦		夷			
											旨
秭											
旨			矢	視	歖	唏			履		
姊			死	兕							
											至
至	痓	示	屍	嗜	懿	齂			利	二	
恣	次	自	四			呬		肄			

疑	群	溪	見	泥	定	透	端	明	並	滂	幫	內轉第七
				孃	澄	徹	知					
		角				徵				羽		
												平
	逵	巋	龜		槌		追					
	葵											
												上
	郈	巋	軌									
	揆		癸									
												去
	匱	喟	媿		墜							
	悸		季				轛					
												入

輕中重 內輕		日	來	喻	匣	曉	影	邪	心	從	清	精
								禪	審	床	穿	照
		半商徵				宮				商		
	脂											
									衰			
		蕤	纍	帷				誰			推	隹
				惟		倠			綏	嫢		嗺
	旨											
		蘂	壘	洧					水			
				唯						䨻	趡	濢
	至											
									帥		歀	
			類	位		⿰犭壹			㾽		出	
				遺		侐		遂	邃	萃	翠	醉

內轉第八

疑	群	溪	見	泥	定	透	端	明	並	滂	幫	
				孃	澄	徹	知					
角				徵				羽				
												平
疑	其	欺	姬		治	癡						
												上
擬		起	紀	你	峙	耻	徵					
												去
䰻	忌	亟	記		值	眙	置					
												入

精	清	從	心	邪	影	曉	匣	喻	來	日	
照	穿	床	審	禪							
商					宮				半商徵		
											之
甾	輜	茌		漦							
之	蚩		詩	時	醫	僖		飴	釐	而	
茲		慈	思	詞							
											止
滓	剩	士	史	俟							
止	齒		始	市	譩	憙		矣	里	耳	
子			枲	似							
											志
胾	廁	事	駛								
志	熾		試	侍	噫	憙			吏	餌	
子	[illegible]	字	笥	寺				異			

重中重 內重

内轉第九

	羽				徵				角			
	幫	滂	並	明	端 知	透 徹	定 澄	泥 孃	見	溪	群	疑
平												
									機		祈	沂
上												
									蟣	豈		顗
去												
									既	氣	醿	毅
入												刈

重中重 內輕

精 照	清 穿	從 床	心 審	邪 禪	影	曉	匣	喻	來	日	
商					宮				半商徵		
											微
					衣	希					
											尾
					扆	豨					
											未
					衣	稀					
											廢

内轉第十

	羽				徵				角			
	幫	滂	並	明	端	透	定	泥	見	溪	群	疑
					知	徹	澄	孃				
平												
	非	霏	肥	微					歸	蘬		巍
上												
	匪	斐	朏	尾					鬼			
去												
	沸	費	屝	未					貴	髤		魏
入												

精	清	從	心	邪	影	曉	匣	喻	來	日	
照	穿	床	審	禪							
商					宮				半徵半商		
											微
					威	暉		韋			
											尾
					磈	虺		韙			
											未
					慰	諱		胃			
											廢

輕中輕（內輕）

内轉第十一

	羽				徵				角			
	幫	滂	並	明	端	透	定	泥	見	溪	群	疑
					知	徹	澄	孃				
平												
					猪	攄	除	袽	居	墟	渠	魚
上												
					貯	褚	佇	女	舉	去	拒	語
去												
					著	絮	箸	女	據	去	遽	御
入												

重中重

精照	清穿	從床	心審	邪禪	影	曉	匣	喻	來	日	
商					宮				半商徵		
											魚
菹	初	鋤	蔬								
諸			書	蜍	於	虛			臚	如	
苴	疽		胥	徐				余			
											語
阻	楚	齟	所								
鷟	杵	紓	暑	墅	淤	許			吕	汝	
苴	䀛	咀	諝	叙				與			
											御
詛	楚	助	疏								
翥	處		恕	署	飫	嘘			慮	洳	
怚	覷		絮	屐				豫			

內轉第十二	幫	滂	並	明	端	透	定	泥	見	溪	群	疑
					知	徹	澄	孃				
	羽				徵				角			
平	逋	鋪	蒲	模	都	⿰王余	徒	奴	孤	枯		吾
	膚	敷	扶	無	株	貙	厨		拘	區	劬	虞
上	補	普	簿	姥	覩	土	杜	弩	古	苦		五
	甫	撫	父	武	拄		柱		矩	齲	窶	俁
去	布	怖	捕	暮	妒	菟	渡	笯	顧	絝		誤
	付	赴	附	務	駐	閏	住		屨	驅	懼	遇
入												

精	清	從	心	邪	影	曉	匣	喻	來	日	
照	穿	床	審	禪							
商					宮				半商徵		
租	麤	徂	蘇		烏	呼	胡		盧		模
㑳	芻	雛	毹								虞
朱	樞		輸	殊	紆	訏		于	慺	儒	
諏	趨		須					俞			
祖	蔖	粗				虎	户	塢	魯		姥
											麌
主		䝒	數	豎	詡			羽	縷		
	取	聚	縝								
作	厝	祚	訴			謼	護		路		暮
趨	菆		捒								遇
注	䞃		戍	樹	嫗	煦		芋	屢	孺	
緅	娶	竪	㪷					裕			

輕中輕

内轉第十三

	幫	滂	並	明	端	透	定	泥	見	溪	群	疑
					知	徹	澄	孃				
	羽				徵				角			
平		娝	脴		[illegible]	胎	臺	能	該	開		皚
	碩	崺	排	埋	鯠	搋		搱	皆	揩		
	篦	磇	鼙	迷	氐	梯	題	泥	雞	谿		倪
上		啡	倍	穲	等	嚏	駘	乃	改	愷		
										楷		騃
	鞞	頩	陛	米	邸	體	弟	禰		啓		
去				穲	戴	貸	代	耐	溉	慨		礙
								褹	誡	烗		䁥
									猘	憩		劓
	閉	媲	薜	謎	帝	替	弟	泥	計	契		詣
入												
						蠆	䮚		犗			

		日	來	喻	匣	曉	影	邪	心	從	清	精
								禪	審	床	穿	照
		半商徵					宮			商		
重	咍	耑	來		殌	咍	哀		鰓	裁	猜	哉
中	皆		唻		諧		挨		崽	豺	差	齋
重												
	齊	臡	黎		兮	醯	鷖	移	西	齊	妻	齎
	海	疓	釔	佁	亥	海	欸		諰	在	采	宰
	駭		獺			駭	挨				茝	
	薺											堄
			禮			徯	吟		洗	薺	泚	濟
	代		賚		瀣	儗	愛		賽	在	菜	載
	怪				械	譮	噫		鎩	慫	瘥	瘵
	祭		例			〔六〕慧	緆	逝	世		掣	制
	霽		麗		蒵	昚	翳		細	嚌	砌	霽
	夬				[illegible]	講	喝		㗐	寨	碎	

外轉第十四	幫	滂	並	明	端	透	定	泥	見	溪	群	疑
					知	徹	澄	孃				
	羽				徵				角			
平	杯	肧	裴	枚	磓	鞋	穨	慺	傀	恢		鮠
							膭		乖	匯		
									圭	睽		
上			琲	浼	䐊	骽	鐓	餒	顝	䫥		頠
去	背	配	佩	妹	對	退	隊	內	憒	塊		磑
	拜	湃	憊	昒	顡				怪	蒯		
					綴		鐀		劌	䠓		聵
									桂	揆		
入												
	敗		敗	邁					夬	快		

		日	來	喻	匣	曉	影	邪	心	從	清	精
								禪	審	床	穿	照
			半徵半商			宮				商		
輕中重	灰		雷		回	灰	隈			摧	崔	嗺
	皆		膠		懷	虺	崴			膗		
	齊				攜	睳	[illegible]					
	賄		磥	倄	瘣	賄	猥			罪	皠	摧
	隊		藾		潰	誨	㥣		碎	啐	倅	晬
	怪				壞	豁			鎩		竄	
	祭	芮		衛				啜	税			贅
	霽				慧	嘒					毳	
	夬				話	咶	黯				嘬	

外轉第十五

	幫	滂	並	明	端	透	定	泥	見	溪	群	疑
					知	徹	澄	孃				
	羽				徵				角			
平												
			牌	⿰目買		杈		貎	佳			崖
上												
	擺		罷	買			廌	妳	解	楷	鎊	騃
去	貝	霈	旆	昧	帶	太	大	奈	蓋	礚		艾
	嶭			賣	媞				懈	⿱髟女		睚
	蔽	潎	獘	袂								
入												

		日	來	喻	匣	曉	影	邪	心	從	清	精
								禪	審	床	穿	照
		半商徵				宮				商		
重中輕	佳											
					暚	毉	娃		崽	柴	釵	
	蟹											
					蟹		矮		灑			
	泰		賴		害	餀	藹				蔡	
	卦				邂	譮	隘		曬	瘵	差	債
	祭			曳								祭
	廢											

外轉第十六	幫	滂	並	明	端	透	定	泥	見	溪	群	疑
					知	徹	澄	孃				
	羽				徵				角			
平												
									媧	咼		
上												
							挐		丫	[illegible]		
去					祋	娧	兊		儈	檜		
	派	庍	粺		膪				卦			
入												
	廢	肺	吠								衞	

精	清	從	心	邪	影	曉	匣	喻	來	日	
照	穿	床	審	禪							
商					宮				半商徵		
											佳
					蛙	竵	黿				
											蟹
						扮	夥				
最	襊	蕞	磙		懀	譮	會		酹		泰
			啐		諣		畫				卦
蕝			歲	篲				銳			祭
											廢
					穢	喙					

輕中輕

外轉第十七

	疑	群	溪	見	泥	定	透	端	明	並	滂	幫
					孃	澄	徹	知				
	角				徵				羽			
平	垠			根			吞					
	銀	墐		巾	紉	陳	獜	珍	珉	貧	砏	份
		趁										
上			墾	頣								
	釿			巹		紖	黰	駗	愍			
			螼	緊					泯	牝	礗	臏
去	皚		硍	艮								
	憖	僅				陣	疢	鎮				
									愍	遺	礗	儐
入												
	耴	姞		暨	暱	秩	秩	窒	蜜	弼		筆
			詰	吉	昵			蛭	密	邲	匹	必

精	清	從	心	邪	影	曉	匣	喻	來	日		
照	穿	床	審	禪								
商					宮				半商徵			
					恩	痕					痕	重
臻		蓁	莘								臻	中
真	瞋	神	申	辰	䜴			囩	鄰	人	真	重
津	親	秦	辛		因		礥	夤	苓			
							狠				很	
鱶	齓										隱	
軫			矧	腎		脪		愪	嶙	忍	軫	
[illegible]	笉	盡			引							
					[illegible]		恨				恨	
	襯		阠								惞	
震			眒	慎	隱	衅		酳	遴	刃	震	
晉	親		信	賮	印							
							麧				没	
櫛	剢	齜	瑟								櫛	
質	叱	實	失		乙	肸		颶	栗	日	質	
堲	七	疾	悉		一	欯		逸				

外轉第十八	幫	滂	並	明	端	透	定	泥	見	溪	群	疑
					知	徹	澄	孃				
	羽				徵				角			
平	奔	歕	盆	門	敦	暾	屯	黁	昆	坤		僤
					迍	椿	䣙		麏	囷		
									鈞			
上	本	栩	獖	懣		畽	囤	炳	䩲	閫		
						偆	蝽		窘	稛		
去	奔	噴	坌	悶	頓		鈍	嫩	睔	困		顐
									呁			
入		誖	教	没	咄		突	訥	骨	窟		
					柮	黜	述					
					崛	茁			橘			

		日	來	喻	匣	曉	影	邪	心	從	清	精
								禪	審	床	穿	照
			半商徵			宮				商		
輕	奫		論		奫	昏	温		孫	存	村	尊
中	諄										循	竣
輕		犉	倫	筠			贇	純	媋	脣	春	諄
				匀				旬	荀	脣	逡	遵
	混		惌		混	緫	穩		損	鱒	忖	剸
	準											
			輪	隕					賰	盾	蠢	準
				尹					笱		蹲	
	慁		論		慁	惽	搵		巽	鐏	寸	焌
	稕											
		閏						順	舜			稕
							狥	狥	峻			俊
	没		[illegible]			忽	頞		窣	捽	猝	卒
	術								率		[illegible]	[illegible]
		[illegible]	律	[illegible]		狘				術	出	
				驈		獝			恤	崒	焌	卒

外轉第十九	幫	滂	並	明	端	透	定	泥	見	溪	群	疑
					知	徹	澄	孃				
	羽				徵				角			
平												
									斤		勤	䖐
上												
									謹	赾	近	听
去												
									靳		近	垽
入												
									訖	乞	趌	疙

		日	來	喻	匣	曉	影	邪	心	從	清	精
								禪	審	床	穿	照
		半商徵				宮		商				
重中輕	欣											
						欣	殷					
	隱											
						[illegible]	隱					
	焮											
						焮	[illegible]					
	迄											
						迄						

外轉第二十

	幫	滂	並	明	端	透	定	泥	見	溪	群	疑
	非	敷	奉	微	知	徹	澄	孃				
	羽				徵				角			
平												
	分	芬	汾	文					君		羣	
上												
	粉	忿	憤	吻					攟	趣		齳
去												
	糞	湓	分	問					攈		郡	
入												
	弗	拂	佛	物					亥	屈	倔	崛

輕中輕

精 照	清 穿	從 床	心 審	邪 禪	影	曉	匣	喻	來	日	
商					宮				半商徵		
											文
					熅	熏		雲			
											吻
					惲			抎			
											問
					醞	訓		運			
											物
					鬱	颸		颶			

校勘記

〔一〕「一曰娑陁力」，隋書音樂志中同，宋史律曆志四作「婆陁力」。

〔二〕「二曰雞識華言長聲即商聲也」，「雞識」，隋書音樂志中同，宋史律曆志四作「稽識」。「商聲」，原作「南呂聲」，據宋史律曆志四改。

〔三〕「六曰般贍」，隋書音樂志中同，宋史律曆志四作「般瞻」。

〔四〕「七曰俟利箑」，隋書音樂志中同，宋史律曆志四作「侯利箑」。

〔五〕「蠻」，汪本作「繫」，據元本、明本、于本、殿本改。

〔六〕「慧」，汪本作「憓」，據元本、明本、于本、殿本改。

七音略第二

外轉二十一	羽				徵				角			
	幫	滂	並	明	端 知	透 徹	定 澄	泥 孃	見	溪	群	疑
平												
	褊				澶		[illegible]	嘫	間	掔		訮
									[illegible]	攑	[illegible]	言
	鞭	篇	便	緜					甄			
上												
	版	眅		[illegible]					簡	齦		眼
				冕		[illegible]			犍	言	寋	言
	褊	扁	楩	緬						遣		
去												
	扮	盼	辦	莔〔一〕			袒		澗			犴
									建	[illegible]	健	甗
	徧	騗	便	面						譴		
入												
	捌								鴶	[illegible]		
									訐		揭	钀
	鷩	瞥	嫳	滅					孑			

重中輕

	日	來	喻	匣	曉	影	邪	心	從	清	精
							禪	審	床	穿	照
		半商徵			宮				商		
山											
		斕		閑	羴	黰		山	戲	僝	
元					軒	蔫					
仙			延				涎	仙	錢	遷	煎
產				限				產	棧	剗	醆
阮					㦽	偃					
獮			演					獮	踐	淺	剪
襉				莧				帴		羼	
願					獻	堰					
線			衍				羨	線	賤		箭
									鑱		
鎋						䡊		殺	鐗	刹	
月											
薛			抴					薛		詧	蠽

外轉第二十二

音	聲	平				上				去				入			
羽	幫非			藩				反				販				髮	
羽	滂敷			飜								娩				怖	
羽	並奉			煩				飯				飯				伐	
羽	明微			攑				晩				萬				韈	
徵	端知				權										鵽		
徵	透徹														頢		
徵	定澄		窀														
徵	泥孃														妠		
角	見		鰥					孌	琄		鰥	孿	絹		刮	厥	
角	溪							[illegible]				券				闕	缺
角	群		權					𧯞	蜎			圈				鱖	
角	疑		頑	元				阮				願			刖	月	

		日	來	喻	匣	曉	影	邪	心	從	清	精
								禪	審	床	穿	照
		半商徵		宮				商				
輕中輕												
	山		[illegible]		湲		嬛		栓			恮
	元			袁		暄	鴛					
	仙			沿		翾	娟	旋	宣	全	詮	鐫
	阮			遠		晅	婉					
	獮			兗		蠉		[illegible]	選	雋	[illegible]	臇
	襇				幻				[illegible]			孨
	願			遠		楦	怨				[illegible]	
	線			掾				旋	選	泉	縓	
	鎋				頢				刷		纂	茁
	月			越		颰	嬮					
	薛			悅			妜	[illegible]	雪	絶	膬	蕝

疑	群	溪	見	泥	定	透	端	明	並	滂	幫	外轉二十三
				孃	澄	徹	知					
		角				徵			羽			
豻		看	千	難	壇	灘	單					平
顏		馯	姦									
	乾	愆			纏	㢟	邅					
妍		牽	堅	年	田	天	顛	眠	蹁		邊	
〔三〕⿰罕阝		侃	笴	灘	但	坦	亶					上
⿰齒干				赧								
齴	件	繾	蹇	趁	邅	搌	展	免	辡	鴘	辯	
齞		𥨍	繭	撚		腆	典	丏	辮			
岸		侃	旰	難	憚	炭	旦					去
雁			諫			㬥	娨					
彥	傿			輾	邅		驏		卞			
硯		俔	見	晛	電	瑱	殿	麪	辨	片		
嶭		渴	葛	捺	達	闥	怛					入
		⿰言瓜	戞	痆	噠	呾	哳	礣				
孽	傑	朅	揭		轍	徹	哲		別		⿱竹刖	
齧		猰	結	涅	姪	鐵	窒	蔑	蹩	嫳	彆	

		日	來	喻	匣	曉	影	邪	心	從	清	精
								禪	審	床	穿	照
			半商徵			宮				商		
重中重	寒		闌		寒	頇	安		珊	戔	餐	
	删								删	潺		
	仙	然	連	漹		嘕	焉	鋋	羶		燀	饘
	先		蓮		賢	祆	煙		先	前	千	牋
	旱		爛		旱	罕	侒		散	瓚		鬢
	潸				僩				潸	虥	㦃	
	獮	蹨	輦		㫃			善	僲		闡	噡
	銑				現	顯	蝘		銑			
	翰		爛		翰	漢	按		繖	灒	粲	贊
	諫				骭		晏		訕	棧	鏟	
	線		𤻬				躽	繕	扇		礸	戰
	霰		練		現	韅	宴		霰	荐	蒨	薦
	曷		刺		曷	顥	遏		躠	巀	攃	囋
	黠				黠		軋		椴		察	札
	薛	熱	列			娎	焆	折	設	舌	掣	浙
	屑				纈	咅	噎		屑	截	切	節

外轉二十四

	幫	滂	並	明	端	透	定	泥	見	溪	群	疑
					知	徹	澄	孃				
	羽				徵				角			
平	[illegible]	潘	盤	瞞	耑	湍	團	渜	官	寬		岏
	班	攀	朌	蠻				奻	關			瘝
				[illegible]		鐉	椽		勬	弮	權	
									涓			
上	瓪	坢	伴	滿	短	疃	斷	餪	管	款		輐
	板	眅	阪	矕								
					轉	腞	篆	腰	卷		圈	
									畎	犬		
去	半	判	畔	謾	鍛	彖	段	偄	貫	[illegible]		玩
	[illegible]	襻		慢				奻	慣		[illegible]	薍
	變				囀	[illegible]	傳		眷	絭	倦	
							縼		睊	駽		
入	撥	鏺	跋	末	掇	侻	奪		括	闊		枂
	八	汃	拔	傛	窡			豽	刮	[illegible]		聉
					輟	䟦		吶	蹶			
									玦	闋		

		日	來	喻	匣	曉	影	邪	心	從	清	精
								禪	審	床	穿	照
			半商徵			宮				商		
輕中重	桓		鸞		桓	歡	剜		酸	攢	𣧑	鑽
	刪				還		彎		擐	袀		跧
	仙	堧	攣	負			嬽	遄		船	穿	專
	先				玄	鋗	淵					
	緩		卵		緩		椀		算	鄹	憃	纂
	潸				皖		綰		𢷠	撰	㦃	蟤
	獮	臑	臠				宛	膞			舛	剸
	銑				泫		蜎		旋			
	換		亂		換	喚	惋		算	攢	竄	穳
	諫				患		綰		𢸗	饌	篡	恮
	線	[illegible]	戀	瑗					縳	𢮚	釧	剸
	霰				縣	絢	餶					
	末		捋		活	豁	斡		刷	柮	撮	繓
	黠				滑	傄	婠			齺	劕	茁
	薛	爇	劣			旻	噦	啜	說		歠	拙
	屑				穴	血	抉					

外轉二十五	幫	滂	並	明	端	透	定	泥	見	溪	群	疑
					知	徹	澄	孃				
			羽			徵				角		
平	褒	橐	袍	毛	刀	饕	陶	猱	高	尻		蔜
	包	胞	庖	茅	淍	颼	桃	鐃	交	敲		聱
	鑣	奧		苗	朝	超	晁		驕	趫	喬	
					貂	挑	迢	嬈	驍	鄡		堯
上	寶	皫	抱	蓩	倒	討	道	腦	暠	考		積
	飽		鮑	卯	獠	抓		獿	絞	巧		齩
	表	麃	藨			巐	趙		矯	蹻	驕	鱎
					鳥	朓	窕	嬲	皎	砒		磽
去	報	犥	暴	帽	到	韜	道	臑	誥	鎬		傲
	豹	奅	靤	皃	罩	趠	棹	撓	教	敲		樂
	俵	剽	膘	廟		朓	召		驕	趬	嶠	
					弔	糶	藋	尿	叫	竅		顤
入	博	䪙	泊	莫	沰	託	鐸	諾	各	恪		愕
	[illegible]	[illegible]	縛		芍	[illegible]	著	逽	脚	却	噱	虐

		日	來	喻	匣	曉	影	邪	心	從	清	精
								禪	審	床	穿	照
			半商徵			宮				商		
重中重	豪		勞		豪	蒿	爊		騷	曹	操	糟
	肴		顟		肴	虓	䫜		梢	巢	⿰言巢	⿰耳巢
	宵	饒	遼	鴞		囂	妖	韶	燒		怊	昭
	蕭		聊			膮	幺		蕭			
	皓		老		皓	好	襖		嫂	皁	草	早
	巧				⿱𦥯木		拗		㪢	⿺鬼堯	謅	爪
	小	擾	繚				夭	紹	少		麨	沼
	篠		了		皛	曉	杳		篠		悄	湫
	号		嫪		号	秏	奧		喿	漕	操	竈
	效				効	孝	靿		稍	巢	抄	抓
	笑	饒	寮			⿺鬼少		邵	少		覞	照
	嘯		⿰尞頁			敲	窔		嘯	噍	峭	醮
	鐸		落		涸	矐	惡		索	昨	錯	作
	藥									⿰耳戈		斮
		弱	略			謔	約		鑠		綽	灼
									削	嚼	鵲	爵

外轉二十六

	羽				徵				角			
	幫	滂	並	明	端	透	定	泥	見	溪	群	疑
					知	徹	澄	孃				
平												
	猋	漂	瓢	苗							蹻	翹
上												
	褾	縹	摽	眇								狢
去												
	裱	剽	驃	妙						趬		
入												

重中重

	日	來	喻	匣	曉	影	邪	心	從	清	精
							禪	審	床	穿	照
	半商徵				宮				商		
宵											
			遥			邀		霄	樵	鍫	焦
小											
			溔			闄		小		悄	勦
笑											
			耀			要		笑	噍	陗	醮

內轉二十七	幫	滂	並	明	端	透	定	泥	見	溪	群	疑
					知	徹	澄	孃				
	羽				徵				角			
平					多	他	䮾	那	歌	珂		莪
上					嚲	柁	爹	橠	哿	何		我
去					跢	柂	馱	奈	箇	坷		餓
入												

		日	來	喻	匣	曉	影	邪	心	從	清	精
								禪	審	床	穿	照
		半商徵				宮			商			
重中重	歌		羅		何	呵	阿		娑	醝	蹉	磋
	哿		櫑		荷	歌	閜		縒	𩭹	瑳	左
	箇		邏		賀	呵	侉		些		磋	佐

内轉二十八

	羽				徵				角			
	幫	滂	並	明	端	透	定	泥	見	溪	群	疑
					知	徹	澄	孃				
平	波	頗	婆	摩	陊	詑	牠	挼	戈	科		吪
										骲		
上	跛	叵	爸	麼	朶	妥	惰	姽	果	顆		扼
去	播	破	縛	磨	剁	唾	墮	懦	過	課		卧
入												

		日	來	喻	匣	曉	影	邪	心	從	清	精
								禪	審	床	穿	照
			半商徵			宮				商		
輕	戈		羸		和	吙	倭		蓑	矬	遳	侳
中												
輕			臠									
	果		躶		禍	火	腂		鏁	坐	脞	硰
	過		羸		和	貨	涴		膆	坐	剉	挫

外轉二十九	幫	滂	並	明	端	透	定	泥	見	溪	群	疑
					知	徹	澄	孃				
	羽				徵				角			
平												
	巴	葩	爬	麻	奓	侘	茶	拏	嘉	齣		牙
上												
	把		跁	馬	觰	奼	踷	䋈	檟	跒		雅
去												
	霸	怕	杷	禡	吒	詫	蛇	䝟	駕	髂		迓
入												

		日	來	喻	匣	曉	影	邪	心	從	清	精
								禪	審	床	穿	照
		半商徵			宮				商			
重	麻											
中					遐	呀	鴉		砂	楂	叉	樝
重		若	儸					闍	奢	虵	車	遮
				耶				邪	些	査	磋	嗟
	馬											
			藞		下	閜	啞		灑	槎	䉾	鮓
		若						社	捨		䪨	者
				野				灺	寫	担	且	姐
	禡											
					暇	嚇	亞		嗄	乍	攨	詐
									舍	射	趚	柘
				夜				謝	蝑	褯	筸	唶

外轉三十

	羽				徵				角			
	幫	滂	並	明	端	透	定	泥	見	溪	群	疑
					知	徹	澄	孃				
平												
					檛				瓜	誇		㕯
上						⿰禾寻			寡	髁		瓦
去									坬	跨		瓦
入												

		日	來	喻	匣	曉	影	邪	心	從	清	精
								禪	審	床	穿	照
		半商徵		宮				商				
輕中輕（一作重）	麻											
					譁	華	窊					䞡
	馬											
					踝		搲		葰		䂳	蛆
	禡											
					槬	化	窊		誜			

疑	群	溪	見	泥	定	透	端	明	並	滂	幫	外轉三十一
				孃	澄	徹	知					
角				徵				羽				
讝		龕	弇	南	覃	貪	耽					平
嵒		鴿	緘	諵			詀					
鹻	箝	烕		黏		覘	霑				砭	
		謙	兼	鮎	甜	添	䯾					
顉		坎	感	腩	禫	襑	黕					上
顲		床	鹻		湛	𠑗						
	儉	預	檢			諂		妥			貶	
顩		歉	孅	淰	簟	忝	點					
儑		勘	紺	妠	醰	僋	馾					去
顑		歉	顩	諵	賺		鮎					
驗						覘					窆	
		傔	趝	念	磹	㮇	店					
[illegible]		榼	閤	納	沓	錔	答					入
瘱		恰	夾	箇		盧	劄					
	笈	㾜	緳	聶	牒	鍤	輒					
		愜	頰	捻		帖	聑					

		日	來	喻	匣	曉	影	邪	心	從	清	精
								禪	審	床	穿	照
		半商徵		宮				商				
重中重	覃		婪		含	峆	諳		毿	蠶	參	簪
	咸				咸	㰹	偣		攕	讒		
	鹽	髯	廉	炎	嫌		淹	蟾	苫		韂	詹
	添		鬑			馦						
	感		壈		頷	喊	唵		糝	歜	慘	昝
	豏		膁		豏		黯		摻	巉	醶	斬
	琰		歛			險	奄	剡	陝			颭
	忝		稴		鼸						憯	
	勘		顲		憾	顑	暗		俕		謲	篸
	陷				陷		韽			儳		蘸
	豔	染	殮				愔	贍	閃		蹭	占
	㮇		稴				窨		碱	暫		僭
	合		拉		合	欱	姶		趿	雜	趛	匝
	洽				洽	䶜	跲		歃	𧽒	插	眨
	葉	讘	獵	曄			敏	涉	攝		謵	讋
	帖		甄		協	㛍			燮	䕹		浹

	幫	滂	並	明	端	透	定	泥	見	溪	群	疑
外轉三十二					知	徹	澄	孃				
	羽				徵				角			
平				姏	擔	蚺	談		甘	坩		
			[illegible]						監	嵌		巖
												嚴
											鍼	
上				[illegible]	膽	菼	噉			[illegible]		
										[illegible]		
										欦		儼
										脥		
去					擔	賧	憺		[illegible]	闞		
			埿						鑑			
										[illegible]		釅
入					[illegible]	榻	蹋	納	[illegible]	榼		[illegible]
							霅		甲			
									劫	怯		業

		日	來	喻	匣	曉	影	邪	心	從	清	精
								禪	審	床	穿	照
		半商徵		宮				商				
重中輕	談		藍		酣	蚶			三	慙		
	銜				銜				衫	巉	攙	
	嚴					[illegible]	醃					
	鹽			鹽			懕	燖	銛	潛	僉	鏨
	敢		覽			喊	埯			[illegible]	黲	
	檻				檻	[illegible]	黶		[illegible]	嵁	醶	
	儼						埯					
	琰			琰			[illegible]		憸	漸	槧	[illegible]
	闞		濫		憨	[illegible]			三	暫		
	鑑				[illegible]	[illegible]	[illegible]		釤	鑱	懺	[illegible]
	釅											
	豔			豔			厭			潛	[illegible]	[illegible]
	盍		臘		盍	[illegible]	鰪		[illegible]	[illegible]	囃	
	狎				狎	呷	鴨		翣	渫	囃	
	業					脅	腌					譖
	葉			葉			魘			捷	妾	接

外轉三十三

	幫非	滂敷	並奉	明微	端知	透徹	定澄	泥孃	見	溪	群	疑
	羽				徵				角			
平												
		芝	凡									
上												
	朘	釩	范	鋄		[illegible]			扟	丩		
去												
		汎	梵	蔢					劒	欠		
入												
	法	妹	乏			[illegible]		[illegible]		〔三〕猲		

		日	來	喻	匣	曉	影	邪	心	從	清	精
								禪	審	床	穿	照
		半商徵				宮			商			
輕中輕	凡											
	范											
	梵											
							俺					
	乏											

外轉三十四

	幫	滂	並	明	端	透	定	泥	見	溪	群	疑
					知	徹	澄	孃				
	羽				徵				角			
平	幫	滂	旁	茫	當	湯	棠	囊	岡	穅		昂
	方	芳	房	亡	張	倀	長	孃	薑	羌	彊	
上	榜	髈		莽	黨	曭	蕩	曩	骯	慷		駠
	昉	髣		岡	長	袒	丈	驤	繈	⿰石羌	强	仰
			驃									
去	螃	瞰	傍	漭	讜	儻	宕	儾	鋼	抗		枊
	放	訪	防	妄	悵	帳	仗	釀	疆	唴	弶	軻
入	博	⿰莫頁	泊	莫	沰	託	鐸	諾	各	恪		
	⿰車尃	⿱雨溥	縛		芍	⿺走乇	着	逽	脚	却	噱	虐

		日	來	喻	匣	曉	影	邪	心	從	清	精
								禪	審	床	穿	照
		半商徵			宮				商			
重	唐		郎		航	蚢	鴦		桑	藏	蒼	臧
中	陽								霜	牀	創	莊
重		穰	良			香	央	常	商		昌	章
				陽				詳	襄	牆	鏘	蔣
	蕩		郎		沆	汻	坱		顙	奘	蒼	駔
	養								爽		磢	
		壤	兩			響	鞅	上	賞		敞	掌
				養				象	想		搶	蔣
	宕		浪		吭		盎		喪	藏	槍	葬
	漾								灀	狀	刱	壯
		讓	亮			向	怏	尚	餉		唱	障
				漾					相	匠	蹡	醬
	鐸		落		涸	臛	惡		索	昨	錯	作
	藥									戠		斮
		弱	略			謔	約	妁	鑠	杓	綽	灼
				藥					削	嚼	鵲	爵

疑	群	溪	見	泥	定	透	端	明	並	滂	幫	內轉三十五
				孃	澄	徹	知					
		角			徵				羽			
		觥	光									
												平
	彺	匡	恇									
		懬	廣									
												入
	俇	恇	臩									
		曠	桄									
												去
	彺	眶	誆									
瓁		廓	郭									
												上
	戄	躩	玃									

		日	來	喻	匣	曉	影	邪	心	從	清	精
								禪	審	床	穿	照
		半商徵		宮				商				
輕中輕	唐				黃	⿰氵荒	汪					
	陽											
				王		妴						
	蕩				幌	慌	⿰氵枉					
	養											
				往		怳	枉					
	宕				攩	荒	汪					
	漾											
				迋		況						
												⿰口臬
	鐸		硑		穫	霍	臒					
	藥											
				籰		矐	嬳					

外轉三十六

	幫	滂	並	明	端	透	定	泥	見	溪	群	疑
					知	徹	澄	孃				
	羽				徵				角			
平												
	繃	榜	彭	盲	趟	瞠	棖	鬡	庚	坑		
	兵		平	明					京	卿	擎	迎
	并	娉		名						輕		
上												
	浜		鲆	猛	打	盯	瑒	檸	梗	沆		
	丙			皿					警			
	餅			眳		徎			頸			痙
去												
	榜		膨	命	倀	牚	鎊		更			
	柄		病	孟					敬	慶	競	迎
	摒	聘	偋	詺					勁	輕		
入												
	伯	柏	白	陌	磔	坼	宅	蹃	格	客		額
			欂						戟	隙	劇	逆
	辟	僻	擗									

重中輕

	日	來	喻	匣	曉	影	邪	心	從	清	精
							禪	審	床	穿	照
	半商徵		宮				商				
庚											
				行	亨			生	傖	鎗	
清		〔四〕冷	盈			嬰	餳		情	清	精
梗											
		〔五〕冷		杏				省			
		令				影					
靜		領				癭		省	靜	請	井
敬											
				行	諻	瀴				瀙	
						映					
勁						纓		性	淨	倩	精
陌											
	礐			垎	赫	啞		索	齚	栅	迮
昔			繹			益	席	昔	籍	皵	積

疑	群	溪	見	泥	定	透	端	明	並	滂	幫	内轉三十七
				孃	澄	徹	知					
角				徵				羽				
												平
		[illegible]	觥									
	瓊	傾										
		畀	礦									上
			璟									
	痙	頃										
												去
		蝍	虢									入
		[illegible]	鵙									

		日	來	喻	匣	曉	影	邪	心	從	清	精
								禪	審	床	穿	照
		半商徵		宮				商				
輕中輕	庚											
					橫	湟						
				榮		兄	謍					
	清			營		晌	縈					
	梗											
				永	丱		謍					
	靜			潁		苀						
	敬											
					蝗		宖					
				詠								
	勁					敻						
	陌											
				嚿	嚄	砉	韄					
	昔			役		瞁						

外轉三十八

	幫	滂	並	明	端	透	定	泥	見	溪	群	疑
					知	徹	澄	孃				
	羽				徵				角			
平	浜	怦	棚	甍	朾		橙	獰	耕	鏗		娙
					楨	檉	呈					
		竮	瓶	冥	丁	聽	庭	寧	經			
上	箳	絣	併	黽					耿			
					最	逞	裎					
	鞞	頩	並	茗	頂	挺		顊	頸	剄	謦	脛
去	迸	輧	偋	瞑			䂻					
						遉	鄭	䆵				
	跰	甹	屏	艵	叮	聽	定	甯	徑	磬		
入	蘗	擆	擗	麥	摘	蹢	擿		隔			
	碧	鈹	榑		黐							
	壁	劈	甓	覓	的	逖	擲	惄	激	喫		

		日	來	喻	匣	曉	影	邪	心	從	清	精
								禪	審	床	穿	照
		半商徵		宮				商				
重中重	耕		磷		莖		甖			崢	琤	爭
	清							成	聲			征
	青		靈		形	馨	晴		星		青	菁
	耿				幸	[illegible]	巊					
	靜		領									整
	迥		苓		婞				醒	汫		
	諍				嫈							諍
	勁		令					盛	聖			政
	徑		零		脛				腥		靘	
	麥		[illegible]		覈	[illegible]	戹		栜	賾	策	責
	昔		[illegible]					石	釋	麝	尺	隻
	錫		歷		檄	赥			錫	寂	戚	績

外轉三十九	幫	滂	並	明	端	透	定	泥	見	溪	群	疑
					知	徹	澄	孃				
	羽				徵				角			
平												
	繃											
									扃			
上												
									熲	褧		
去												
入												
									馘	蟈	趯	
									臬	闃		

		日	來	喻	匣	曉	影	邪	心	從	清	精
								禪	審	床	穿	照
		半商徵			宮			商				
輕中輕	耕											
					宏	訇	泓					
	青											
					熒							
	迥											
					廻	詗	濙					
	諍											
						轟						
	徑						鎣					
	麥											
					獲	劃			摵	趚		[illegible]
	錫					[illegible]						

内轉四十

疑	群	溪	見	泥	定	透	端	明	並	滂	幫	
				孃	澄	徹	知					
		角				徵				羽		
齵		彄	鉤	羺	頭	偷	兜	呣	裒			平
牛	求	丘	鳩		儔	抽	輈	謀	浮	飆	不	
	虯	怵	樛					繆	滮		彪	
藕		口	苟	㝅	蘥	妵	斗	母	部	剖	掊	上
	臼	糗	久	狃	紂	丑	肘		婦	紑	缶	
	蟉											
偶		寇	構	耰	豆	透	鬬	茂	䏔	仆		去
鼽	舊	䶑	救	糅	冑	畜	晝	苺	復	副	富	
	𧿒	䠗						謬				
												入

		日	來	喻	匣	曉	影	邪	心	從	清	精
								禪	審	床	穿	照
			半商徵				宮			商		
重	侯		婁		侯	齁	謳		涑	剶	誰	鯫
中									搜	愁	搊	鄒
重	尤	柔	留	尤		休	優	讎	收		犨	周
	幽		鏐	由		飍	幽	囚	脩	酋	秋	稵
	厚		塿		厚	吼	歐		藪	鯫	趣	走
	有			有					滲	穇	[illegible]	掫
		蹂	柳	酉		朽	颵	受			醜	帚
	黝						黝		滫	湫		酒
	侯	漏			侯	詬	漚		瘶	剶	輳	奏
	宥								瘦	驟	簉	僽
		糅	溜	宥		齅		授	狩		臭	呪
	幼			狖			幼	岫	秀	就	趥	僦

內轉四十一	幫	滂	並	明	端	透	定	泥	見	溪	群	疑
					知	徹	澄	孃				
	羽				徵				角			
平												
					碪	琛	沉	誑	今	欽	琴	吟
上												
	禀	品			戡	踸	朕	栣	錦	坅	噤	僸
去												
	禀				揕	闖	鴆	賃	禁		矜	吟
入												
	鵖			鴄	縶	湁	蟄	孨	急	泣	及	岌

		日	來	喻	匣	曉	影	邪	心	從	清	精
								禪	審	床	穿	照
		半商徵					宮		商			
重中重	侵											
									森	岑	參	簪
		壬	林			歆	音	諶	深		覘	斟
				淫			愔	尋	心	灊	侵	祲
	寑								痒	顩	磣	
		荏	凜			廞	飲	搇	沈	葚	瀋	枕
				潭					罧	蕈	寑	醋
	沁								滲		讖	譖
		妊	臨	類			蔭	甚	深			枕
											沁	浸
	緝								澀	霵	届	戢
		入	立	熤		吸	邑	十	濕		斟	執
				熠			揖	習	靸	集	緝	㗱

內轉四十二	幫	滂	並	明	端	透	定	泥	見	溪	群	疑
					知	徹	澄	孃				
	羽				徵				角			
平	崩	淜	朋	瞢	〔六〕登	〔六〕鼟	〔六〕騰	〔六〕能	〔六〕柦			
	冰	砅	凭	儚	徵	僜	澄		兢	硱	殑	凝
上		倗			〔六〕等			〔六〕能		〔六〕肯		
						〔六〕庱					〔六〕殑	
去	〔六〕[illegible]		〔六〕倗	懵	嶝		〔六〕鄧		〔六〕亘			
			〔六〕凭			覴	瞪				〔六〕殑	
入	〔六〕北	覆	菔	墨	德	忒	特	[illegible]	裓	刻		
	逼	堛	愎	窨	陟	敕	直	匿	殛	[illegible]	極	嶷
					[illegible]							

		日	來	喻	匣	曉	影	邪	心	從	清	精
								禪	審	床	穿	照
		半商徵		宮				商				
重	登		楞		〔六〕峘	〔六〕恒			〔六〕僧	〔六〕層		增
中	蒸								殑	磳		
重		仍	夌		蠅	興	膺	承	昇	繩	稱	蒸
									綅	繒	毟	驓
	等											
									殑			
	拯											拯
	嶝		倰						[illegible]	贈	蹭	增
	證	認	餕			興	應	丞	勝	乘	稱	證
				孕								甑
	德		勒		劾	黑	餩		塞	賊	墄	則
	職								色	崱	測	稄
		日	力			赩	憶	寔	識	食	瀷	職
				弋					息	堲		即

內轉四十三	幫	滂	並	明	端	透	定	泥	見	溪	群	疑
					知	徹	澄	孃				
	羽				徵				角			
平									肱	軦		
上												
去												
入									國			

		日	來	喩	匣	曉	影	邪	心	從	清	精
								禪	審	床	穿	照
		半商徵			宮			商				
輕中輕	登					弘	薨					
	蒸											
	等											
	拯											
	嶝											
	證											
	德				或	黑						
	職			域		洫						

校勘記

〔一〕「蕳」，汪本作「蕳」，據元本、明本、于本、殿本改。

〔二〕「鄵」，汪本作「鄵」，據元本、明本、于本、殿本改。

〔三〕「猲」，汪本作「猲」，據元本、明本、于本、殿本改。

〔四〕「冷」，汪本作「泠」，據元本、明本、于本、殿本改。

〔五〕「泠」，汪本作「冷」，據元本、明本、于本、殿本改。

〔六〕「登鼜騰能桓層僧恒峘等能肯夌殑竆倗鄧亘凭殑北」，以上二十一字，汪本脫，據元本、明本、于本、殿本補。

天文略第一

天文序

堯命羲和揭星鳥、星火、星虛、星昴之象以示人，使人知二至二分，以行四時。不幸而占候之說起，持吉凶以惑人，紛紛然務爲妖妄，是以刑網禁之。臣謹按：占候之學起於春秋、戰國，其時所謂精於其道者，梓慎、裨竈之徒耳，後世之言天者不能及也。魯昭公十七年冬，有星孛于大辰，〔一〕西及漢，裨竈言之於子産曰：「宋、衛、陳、鄭將同日火。若我用瓘斝玉瓚，鄭必不火。」子産弗與。明年五月壬午，四國皆火。裨竈曰：「不用吾言，鄭又將火。」鄭人請用之，子産復弗與。子太叔咎之曰：「寶以保民，子何愛也」？子産曰：「天道遠，人道邇。竈焉知天道，是亦多言矣，豈不或信。」卒弗與，亦不復火。昭公二十四年五月乙未朔，日有食之。梓慎曰：「將水。」昭子曰：「旱也。日過分而陽猶不克，克必甚，能無旱乎。」是秋大旱，如昭子之言。夫災旱易推之數也，慎、竈至精之術也，而或中或否，後世之愚瞽若之何而談吉凶！知昭子之言，則知陰陽消長之道可以理推，不可以象求也。知子産之言，則知言而中者亦不可聽，況於不中者乎。臣之所作天文書，正欲學者識垂象以授民時之意，而杜絶其妖妄之源焉。聊舉二條以爲證。

臣舊作圖譜志，謂天下之大學術者十有六，皆在圖譜，無圖有書不可用者，天文是其一也。而歷世天文志，徒有其書，無載象之義，故學者但識星名，不可以仰觀，雖有其書，不如無也。隋有丹元子者，隱者之流也，不知名氏，作步天歌，見者可以觀象焉。王希明纂漢、晉志以釋之，唐書誤以爲王希明也。天文藉圖不藉書，然書經百傳，不復訛謬，縱有訛謬，易爲考正。圖一再傳，便成顛錯，一錯愈錯，不復稽尋。所以信圖難得，故學者不復識星。臣向嘗盡求其書，不得其象，又盡求其圖，不得其信。一日得步天歌而誦之，時素秋無月，清天如水，長誦一句，凝目一星，不三數夜，一天星斗盡在胸中矣。此本只傳靈臺，不傳人間，術家秘之，名曰「鬼料竅」，世有數本，不勝其訛，今則取之仰觀以從稽定。然步天歌之言，不過漢、晉諸志之言也。漢、晉志不可以得天文者，謂所載者名數災祥，叢雜難舉故也。步天歌句中有圖，言下見象，或約或豐，無餘無失，又不言休祥，是深知天者。今之所作，以是爲本。舊於歌前亦有星形，然流傳易訛，所當削去，惟於歌之後，採諸家之書以備其書云。

東　方

角，兩星南北正直著，中有平道上天田。總是黑星兩相連，別有一烏名進賢。平道右畔獨淵然，最上三星周鼎形。角下天門左平星，雙雙横於庫樓上。庫樓十星屈曲明，樓中五柱十五星，〔三〕三三相著如鼎形。其中四星別名衡，南門樓外兩星横。

角，二星，十二度，爲主造化萬物，布君之威信，謂之天闕。其間，天門也。其内，天庭也。故黄道經其中，七曜之所行也。其星明則太平，芒動則國不寧。日食右角，國不寧。月食左角，天下道斷。金、火犯，有戰敵。金守之，大將持政。左角爲天田，爲理，主刑。其南爲太陽道，五星犯之爲旱。右角爲將，主兵。其北爲太陰道，五星犯之爲水。蓋天之三門，猶房之四表也。左右角間二星曰平道，爲天子八達之衢，明正則吉，動摇則法駕有虞。天田主天子畿内封疆，金守之，主兵；火守之，主旱；水守之，主潦。平道西一星曰進賢，在太微宫東，明則賢者在位，暗則在野。又曰，主卿相，舉逸才。周鼎三星，在攝提西，國之神器也，不見或移徙，則運祚不寧。天門二黑星，在平星北角之南，主天之門，爲朝聘待客之所，明則四方歸化，不見則兵革起，邪佞生。平星二星，〔三〕在庫樓北，平天下之法獄，廷尉之象也。庫樓十星，其六大星爲庫，南四星爲樓。在角南一曰天庫，兵車之府也。旁十五星，三三而聚者，柱也。中央四小星，衡也，主陳兵。其占曰：「庫中星不見，兵四合。無星則下臣謀上，明而動摇則兵出四方，盡不見則國無君。」庫樓東北二星曰陽門，主守隘塞也。南門二星在庫樓南，天之外門也，主守兵，明則遠方入貢，暗則夷狄畔。客星守之，主兵至。

亢，四星恰如彎弓狀，大角一星直上明，折威七子亢下横。大角左右攝提星，三三相似如鼎形。折威下左頓頑星，兩箇斜安黄色精。頑下二星號陽門，色若頓頑直下蹄。

亢，四星，九度，日月之中道，主天子内朝，天子之禮法也。又曰，總攝天下奏事、聽訟、理獄、録功者也。亦爲疏廟，主疾疫。其星明大，四海歸王，輔臣納忠，人無疾疫。移動，多病。不見，則天下鼎沸，而旱澇作矣。大角一星，在攝提間，天王坐也，又爲天子梁棟。金守之則兵起。日月食，主凶。亢南七黑星曰折威，主斬殺。金、火守之，夷狄犯邊，將有棄市者。攝提六星，直斗杓之南，主建時節，伺機祥。攝提爲盾，以夾擁帝坐也，主九卿。明大，三公恣横。客星入之，聖人受制。一曰，大臣之象。頓頑二星，在折威東南，主考囚察情僞也。陽門在庫樓東北，主邊塞險阻之地。客星出陽門，夷狄犯邊。

氐，四星似斗側量米。天乳氐上黑一星，世人不識稱無名。一箇招摇梗河上，梗河横列三星狀。帝席三黑河之西，亢池六星近攝提。氐下衆星騎官出，騎官之衆二十七。三三相連十欠一，陣車氐下騎官次。騎官下三車騎位，天輻兩星立陣傍，將軍陣裏振威霜。

氐，十六度。下二尺爲五星日月中道，爲天子之路寢，明則大臣妃后奉君不失節，如不見或移動，則臣將謀内，禍亂生矣。日月食，主内亂。木犯之，立后妃。火犯，臣僭上。金犯，拜將。水犯，天官憂。客星犯，婚禮不整。彗孛犯，暴兵起。月暈，人不安。一曰，氐爲后妃之府，休解之房，前二星適也，後二星妾也。將有徭役之事，氐先動。星明大則民無勞。天乳在氐北，主甘露，明則潤澤，甘露降。招摇一星，在梗河北，次北斗柄端，主胡兵，芒角變色摇動，則兵革大起。梗河三星，〔四〕在大角北，天子以備不虞，其色變動，有兵喪。帝席三星，在大角西北，天子宴樂獻壽之所。其星不見，大人失位。亢池六黑星，爲汎舟楫，主迎送，移徙則凶。騎官二十七星，在氐南，天子騎士之象，星衆則安，不見兵起。車騎三黑星，在氐南騎官之上，都車馬之將也。金、火犯，爲災。動摇，車騎行。天輻兩黄星，在房西，主鑾駕，客星來守之，則輦轂有憂也。騎陣將軍一星，在騎官東南，主騎將也，摇動則騎將出。

房，四星直下主明堂，鍵閉一黄斜向上，鈎鈐兩箇近其傍。罰有三星植鍵上，兩咸夾罰似房狀。房下一星號爲日，從官兩箇日下出。〔五〕

房，六度，爲明堂，天子布政之宫也，亦四輔也。下第一星，上將也。〔六〕次，次將也。次，次相也。上星，上相也。南二星君位，北二星夫人位。又爲四表，中間爲天衢之大道，亦謂之天闕，黄道之所經也。南間曰陽環，亦曰陽道，其南曰太陽。北間曰陰間，亦曰陰道，其北曰太陰。七曜由乎天衢，則天下平和；由陽道，則主旱喪；由陰道，則主水兵。房星亦曰天駟，爲天馬，主車駕。南星曰左驂，次左服，次右服，次右驂。亦曰天廐。又主開閉，爲蓄藏之所由也。房星明則王者明，驂星大則兵起，星離則人流。日月食，主昏亂，權臣横。彗孛犯之，兵起。下二星爲陰，五星犯之爲水。上二星爲陽，五星犯之爲旱。房北二小星曰鈎鈐，房之鈐鍵，天之管籥，主閉藏。鍵，天心也，王者孝則鈎鈐明；近房，天下同心；遠則天下不和，王者絶後。房鈎鈐間有星及踈坼，則地動河清。東咸、西咸各四星，在房、心北，日月五星之道也，爲房之户，所以防淫泆也，明則吉，暗則凶。日月五星犯守之，有陰謀。火守之，兵起。罰三星，在東咸正西，南北而列，主受金贖罪，正而直列則法令太平，曲而斜列則刑罰不中。日一星，在房中道前，太陽之精，主明德。金、火犯守之，有憂。從官二星，在積卒西北。

心，三星中央色最深，下有積卒共十二，三三相聚心下是。

心，六度。一名大火，天王位也。中星曰明堂，爲大辰，天子之正位也。前星爲太子，不明則太子不得位。後星爲庶子，明則庶子繼。心上四尺爲日月五星之中道。中心明則化成道昌，直則地動移徙，不見國亡。又曰，心變黑色，大人有憂，直則主失勢，動則國有憂，離則民流。金、火犯，血光不止。土、木犯，吉。日月食，吉。月暈，兵起。火來守之，國無主。客星及孛犯，天下兵荒。積卒十二星，在房、心西南，五營軍士也。微而小則吉，明大動摇，兵大起。一星亡，兵出；二星亡，兵半出；三星亡，兵出盡。他星守之，兵大起，近臣誅。

尾，九星如鉤蒼龍尾，下頭五點號龜星。尾上天江四横是，尾東一箇名傳説。傳説東畔一魚子，龜西一室是神宫，所以列在后妃中。

尾，十九度，后妃之府，後宫之場也。北之一丈爲天之中道。上第一星，后也。次三星，夫人。次則嬪妾。第三星傍一星，名曰神宫，解衣之内室。尾亦爲九子星，色欲均明，大小相承，則后妃無妒忌，後宫有叙，多子孫。星微細暗，后有憂疾；疎遠則后失勢；動移則君臣不和，天下亂；就聚則大水。木犯之及月暈，則后妃死。

火犯，宫中内亂。土犯，吉。水犯，宫中有事。客星犯，大臣誅。日月食，主飢。一曰，金、火守之，後宫兵起。龜五星，在尾南漢中，主占定吉凶。明則君臣和，不明則爲乖戾，亡則赤地千里。火守之，兵起；在外守之，則兵罷。天江四星，在尾之北，主太陰。不欲明，明而動，水暴出。參差則馬貴。其星不具，則津河關道不通。熒惑守之，有立主。客星入，河津絶。傅説一星，在尾後河中，主後宫女巫祝祀神靈祈禱子孕，故曰，主王后之内祭祀以求子孫。詩云：「克禋克祀，以弗無子。」此之象也。其星明大，王者多子孫；小而暗，後宫少子；動摇則後宫不安；星摇則天子無嗣。魚一星，在尾後河中，主陰事，知雲雨之期也。大明則陰陽和，風雨時；暗則魚多亡；動摇則大水暴出；出漢中則大魚多死。火守在南則旱，在北則水起。

臣謹按：傅説一星，惟主後宫女巫禱祠求子之事。謂之傅説者，古有傅母，有保母，傅而説者，謂傅母喜之也。今之婦人求子皆祀婆神，此傅説之義也。偶商之傅説與此同音，諸子百家更不詳審其義，則曰「傅説騎箕尾而去」，殊不知箕、尾專主后宫之事，故有傅説之佐焉。

箕，四星形狀如簸箕，箕下三星名木杵，箕前一黑是糠皮。

箕，十一度，亦謂之天津，後宫妃后之位。上六尺爲天之中道。箕一曰天雞，主八風，凡日月宿在箕、東壁、翼、軫者，風起。又主口舌，主客蠻夷胡貊，故蠻夷將動，先表箕焉。星大明直則五穀熟，君無讒間；踈暗則無君世亂，五穀貴，蠻夷不伏，內外有差；就聚細微，天下憂；動則蠻夷有使來；離徙則人流；若移入河，國災，人相食。月暈，金、火犯之，兵起。流星犯，大臣叛。日宿其野，風起。杵三星，在箕南，主杵春之用也。縱爲豐，橫爲飢。移徙，人失業。不見，人相食。客星入杵臼，天下有急變。糠一星，在箕口前杵臼西北，明則爲豐，暗則爲飢，不見，人相食。

北方

斗，六星其狀似北斗，魁上建星三相對，天弁建上三三九。斗下圓安十四星，雖然名鼈貫索形。天雞建背雙黑星，天籥柄前八黃精。狗國四方雞下生，天淵十星鼈東邊。更有兩狗斗魁前，農家丈人狗下眠，天淵十黃狗色玄。

斗，二十五度，天廟也，亦曰天機。五星貫中，日月正道，爲丞相太宰之位，酌量政事之宜，褒進賢良，禀授爵禄，又主兵。南二星魁，天梁也。中央二星，天相也。北二星，天府庭也。亦爲壽命之期。將有天子之事，占於南斗。星盛明，君臣一心，天下和平，爵禄行。芒角動摇，天子愁，兵起。移徙，其臣逐。日月五星逆入斗，天下流蕩。孛犯之，兵起。星小暗則廢宰相及死。鼈十四星，在南斗南。鼈爲水蟲，爲太陰，有星守之，白衣會，主有大水。火守之，旱。建六星，在斗背，亦曰天旗，臨於黄道，天之都關也。建、斗之間，七曜之道。建爲謀事，爲天皷，爲天馬。南二星，天庫也。中央二星，市也，鈇鑕也。上二星，旗跗也。建動摇則人勞。月暈之，蛟龍見，牛馬疫。月食，五星犯守，大臣相譖，臣謀主，亦爲關梁不通，有大水。天弁九星，在建星北，入河中，市官之長也，主列肆闤闠，若市籍之事以知市珍也。星明則吉。彗星犯守之，糴貴，兵起。天雞二星，在狗國北，主候時也。金、火守入，兵大起。天籥八星，在斗南斗杓西，主鑰籥關閉，明吉，暗凶。狗國四星，在建東北，主鮮卑、烏丸、沃沮，明則邊寇作。金、火犯守，外夷有變。太白逆守之，其國亂。客星守犯之，有大盗，其王且來。天淵十星，在鼈東南，一曰天海，主溉灌。火守之，大旱。水守之，大水。一曰，主海中魚鼈。狗二黑星，在斗魁前，主吠守禦姦回也，不居常處爲大災。農丈人一星，在南斗西南，老農主稼穡也，其占與糠略同。

牛，六星近在河岸頭，頭上雖然有兩角，腹下從來欠一脚。牛下九黑是天田，田下三三九坎連。牛上直建三河鼓，鼓上三星號織女。左旗右旗各九星，河鼓兩畔右邊明。更有四黄名天桴，河鼓直下如連珠，羅堰三烏牛東居。漸臺四星似口形，輦道東足連五丁。輦道漸臺在何許？欲得見時近織女。

牛，七度，天之關梁，日月五星之中道，主犧牲。其北二星，一曰卽路，一曰聚火。又曰，上一星主道路，次二星主關梁，次三星主南越。甘氏曰：「上二星主道路，次二星主關梁，次二星主南夷。中一星主牛，移動則牛多殃，明大則王道昌，其星曲則糴貴。」又曰，星明大則關梁通，牛貴，怒則馬貴，不明失常，穀不登，細則牛賤。中星移上下，牛多死。小星亡則牛多疫。月暈，損犢。金、火犯之，兵災。水、土犯之，吉。天田九星，牽牛南，太微東，主天子畿内之田，其占與角之天田同。九坎九黑星，在天田東，主溝渠，所以道達泉源，流瀉盈溢。明盛則有水災，夷狄侵邊。不明則吉。河鼓三星，在牽牛北，天鼓也，主軍鼓及鈇鉞。一曰三武，主天子三將軍，中央大星爲大將軍，左星爲左將軍，右星爲右將軍。左星，南星也，所以備關梁，設險阻，而拒難也。明大光潤，將軍吉；動摇差度，亂兵起；直則將有功，曲則將失律。左旗、右旗各九星，在河鼓左右，皆天之旗鼓也。旗星明潤，將軍吉；動摇，兵起；怒則馬貴。旗端四星南北列，曰天桴，鼓桴也。星不明，漏刻失時；動摇，軍鼓用。桴鼓相直亦然。織女三星，在河北天紀東端，天女也，主果蓏絲綿珍寶也。王者至孝，神祇咸喜，則織女星俱明，天下和平。大星怒角，布帛貴。又曰，三星俱明，女功善；暗而微，天下女功廢；不見，兵起。東足四星曰漸臺，臨水之臺也，主刻漏律呂之事。西足五星曰輦道，天子嬉游之道。金、火守之，御路兵起。羅堰三星，在牽牛東，主隄塘，壅蓄水潦，灌溉田苗。大而明，大水泛溢。

臣謹按：張衡云，「牽牛織女七月七日相見」者，卽此也。爾雅云：「河鼓，謂之牽牛。」又歌曰：「東飛百勞西飛燕，黄姑織女時相見。」黄姑卽河鼓也，音訛耳。

女，四星如箕主嫁娶，十二諸國在下陳。先從越國向東論，東西兩周次二秦，雍州南下雙雁門，代國向西一晉伸，韓魏各一晉北輪，楚之一國魏西屯，楚城南畔獨燕軍，燕西一郡是齊隣，齊北兩邑平原君，欲知鄭在越下存。十六黄星細區分，五箇離珠女上星，敗瓜珠上瓠瓜生，兩箇各五瓠瓜明。天津九箇彈弓形，兩星入牛河中横。四箇奚仲天津上，七箇仲側扶筐星。

女，十一度。下九尺爲日月中道，天之少府也。謂之須女者，須，賤妾之稱，婦職之卑者也。主婦女之位。其星如婦功之式，主布帛裁製嫁娶。星明，天下豐，女功昌。小暗則國藏虛。移動則嫁女受殃，産死者多，后妃廢。日月食，國憂。木犯，立后。火犯，女喪。金犯，災。土孛犯，損蠶。月暈，婦人災。又曰，水守之，萬物不成。火守之，布帛貴，人多死。土守之，有女喪。金守之，兵起。十二國有十六星，齊一星在九坎之東，齊北二星曰趙，趙北一星曰鄭，鄭北一星曰越，越東二星曰周，周東南北列二星曰秦，秦南二星曰代，代西一星曰晉，晉北一星曰韓，韓北一星曰魏，魏西一星曰楚，楚南一星曰燕。其星有變，各以其國。離珠五星，在須女北，須女之藏府也，爲女子之星。非其故，後宮亂。客星犯之，後宮凶。瓠瓜五星，在離珠北，主陰謀，主後宮，主果食。明則歲熟，微則后失勢，瓜果不登。客星守之，魚鹽貴。旁五星曰敗瓜，主種植，與瓠瓜略同。天津九星，在虛、危北，横漢中，津梁所度。明而動則兵起如流沙，死人如亂麻。參差不齊，馬貴。一星不備，關梁不通；三星不備，覆陷天下。；星亡，水災河溢，水賊稱王。奚仲四星，在天津北，古車正也。金、火守之，兵車必起。扶筐七黑星，主蠶事，見吉，不見則凶。

臣謹按：天之所覆者廣，而華夏所占者，牛、女下十二國耳。牛、女在東南，故釋氏謂華夏爲南贍部洲。其二十八宿所管者，多十二國之分野，隨其所隸耳。

虛，上下各一如連珠，命禄危非虛上呈。虛危之下哭泣星，哭泣雙雙下壘城。天壘團圓十三星，敗臼四星城下横，臼西三箇離瑜明。

虛，九度，少彊冢宰之官也，〔七〕主邑居廟堂祭祀之事，又主風雲死喪。下九尺爲天之中道。明靜則天下安，動摇則有死喪哭泣。日月食，兵起。流星犯，賊亂宗廟。五星犯，有災。虚北二星曰司命，主舉過行罰滅不祥。又北二星曰司禄，主爵禄增年延德，故在六宗之祀。司危二星在司禄之北，主矯枉失。司非二星在司危之北，主察愆過。凡此四司皆黑星，明大爲災，居常則平。虚南二星曰哭，主號哭也。哭東二星曰泣，主死。明則國多哭泣。金、火守之亦然。泣南十三星曰天壘城，如貫索形，主北夷丁零、匈奴。敗臼四星，在虚、危南，知凶災。他星守之，飢，兵起。秦代東三星南北列曰離瑜。離，袿衣也；瑜，玉飾，皆婦人之服也。星微則後宫儉約，明大則婦人奢。

危，三星不直舊先知。危上五黑號人星，人畔三四杵臼形。人上七烏號車府，府上天鈎九黄晶。鈎上五鵶字造父，危下四星號墳墓。墓下四星斜虚梁，十箇天錢梁下黄。墓傍兩星能蓋屋，身著黑衣危下宿。

危，十六度，主天府，曰天市，主架屋。甘氏云：「爲天市廟堂。」下九尺爲天之中道。主架屋，受藏風雨墓墳祠祀。如動則天下大動土功。張衡云：「虚、危等爲死喪哭泣之事，亦爲邑居廟堂祠祀之事。」冢宰之官動則死喪哭泣，火守則天子將兵，金守則飢饉兵起。虚、危動則有土功，火守則兵起，水守則下謀上。一云，危動而不明，土功兵革起。月暈，日月五星犯，即有災。車府東南五黑星曰人星，有如人象，主靜衆庶，柔遠能邇。一曰卧星，主防淫，不見則人有詐行詔書；明則人安；暗，凶。內杵三星，在人星傍，主軍糧。正直下臼，吉；不相當，糧絶；不直，民飢。內臼四星，在人星東南，主舂臼。覆則大飢，仰則大豐。隋志云：「客星入杵臼，兵起，天下聚米。」天津東南七星曰車府，東近河邊，抵司非，主官車之府。金、火守之，兵車大動。天鈎九星如鈎狀，在造父西河中，主乘輦服飾法式。直則地將動，明則服飾正也。傳舍南河中五星曰造父，御官也。一曰司馬，或曰伯樂。星亡，馬大貴；明則吉。墳墓四星，在危下，如墓形，主喪葬之事，明則多死亡。虛梁四星在蓋屋南，主園陵寢廟，非人所處，故曰虛梁。金、火守入犯，兵災大起。天錢十星，在北落西北，主錢帛。所聚星明則府藏盈，不爾虛耗。金、火守之，兵盜起。蓋屋二星，在危南，主天子所居室，亦爲宮室之官。金守之，國兵起，彗孛尤甚也。

室，兩星上有離宮出，遶室三雙有六星。下頭六箇雷電形，壘壁陣次十二星。十二兩頭大似升，陣下分布羽林軍，四十五卒三爲群。壁西四星多難論，子細歷歷看區分，三粒黃金名鈇鉞，一顆真珠北落門。門東八魁九箇子，門西一宿天綱是。電傍兩黑土公吏，螣蛇室上二十二。

室，十七度，亦謂之營室。甘氏云：「爲太廟天子之宫也。」石氏謂之玄宫。一曰清廟。又爲軍糧之府，及土功事。星明，國昌。小不明，祠祀鬼神不享，國多疾疫。動則有土功，兵出野。離宫六星，兩兩居之，分布室、壁之間，天子之别宫也，主隱藏休息之所。金、火守入則兵起。室南六星曰雷電，主興雷動蟄，明或動則震雷作。壘壁陣十二星，〔八〕在羽林北，横列營室之南，羽林之垣壘也。星衆而明則安寧；希而動則兵革起；不見，天下亂。五星入，天軍皆爲兵起，金、火、水尤甚。羽林四十五星，三三而聚，散在營室之南，天軍也，主軍騎，又主翼王也。〔九〕星衆而明則安寧；希而動則兵革起；不見，天下亂。金、火、水守入，兵起。斧鉞三星，亦曰斧鑕，在八魁西北，主誅夷。不明則斧鑕不用，移動則兵起。有星入之，皆爲大臣誅。北落師門一星，在羽林西南，天之蕃落也，亦曰天軍蕃之候門，長安北門曰北落門，以象此也。主非常以候兵。明大則軍安，微弱則兵起。金、火守之，有兵災。一曰，有星守之，虜入塞。北落東南九黑星曰八魁，主張捕禽獸之官也。客星入之，多盜賊，兵起。金、火入亦然。北落西南一星曰天綱，主武帳，天子游獵之所會。金、火守，兵起。室西南二星曰土功吏，主土功之官也。動摇則有修築之事。隋志：「土功吏，主司過度。」騰蛇二十二星，在營室北，若盤蛇之狀，居於河濱，謂之天蛇星羽林傍。

星，主水蟲。微則國安，明則不寧。移南，大旱；移北，大水。客星守之，水雷爲災，水物不收。

壁，兩星下頭是霹靂，霹靂五星横著行。雲雨次之口四方，壁上天廐十圓黄，鈇鑕五星羽林傍。

壁，九度。下九尺爲天之中道。主文章，天下圖書之秘府也，亦主土功。明則圖書集，道術行，小人退，君子進。星失色，大小不同，天子重武臣，賤文士，圖書隱，親黨回邪用。星動則有土功，離徙就聚，爲田宅事。日月食，損賢臣。五星孛犯，兵起。土功西南五星曰霹靂，主興雷奮擊。明而動，用事；不明，凶。霹靂南四星曰雲雨，明則多雨水，火守之，大旱。天廐十星，在東壁北，蓋天馬之廐，今之驛亭也。不見則天下道斷。鈇鑕五星，在天倉西南，刈具也，主斬芻飼牛馬。明則牛馬肥，微暗則牛馬飢餓并死喪也。

西　方

奎，腰細頭尖似破鞋，一十六星遶鞋生。外屏七烏奎下横，屏下七星天溷明，司空左畔土之精。奎上一宿軍南門，河中六箇閣道形，附路一星道傍明。五箇吐花王良星，良星近上一策名。

奎，十六度，天之武庫也。石氏謂之天豕，亦曰封豕。主兵。九尺下爲天之中道。又主溝瀆。西南大星，所謂天豕目，亦曰大將。明則天下安，動則兵亂。客星守入，兵起。金、火守，有水災。隋志云：「若帝淫泆，政不平，則奎有角，角動則有兵，不出年中，或有溝瀆之事。又曰，奎中星明，水大出。」日月食，五星犯，皆有凶。奎南七星曰外屏，以蔽天溷也。占與天囷同。天溷七星，在外屏南，天之厠也。不見則人不安，移徙亦然。天溷南一星曰土司空，主水土之事。大而黄明，天下安。若客星入之，多土功，天下大疫。軍南門一星，在天將軍西南，主誰何出入。動搖則軍行，不見則兵亂。閣道六星，在王良前，飛道也，從紫宮至河，神所乘也。一曰主道里。張衡云：「天子遊别宮之道。」一曰王良旗，一曰紫宮旗，亦所以爲旍表，而不欲其動搖。一星不具則輦道不通，動搖則宮掖之内兵起。附路一星，在閣道南，傍别道也，備閣道之敗，復而乘之也。〔一〇〕一曰太僕，主禦風雨，亦遊從之義也。一曰，占與閣道同。王良五星，在奎北，居河中，天子奉車御官也。其四星曰天駟，旁一星曰王良，亦曰天馬。其星動爲策馬，故曰「王良策馬，車騎滿野」。亦曰王梁，梁爲天橋，主禦風雨水道，故或占津梁。其星移，主有兵，亦曰馬病。客星守之，橋不通。金、火守之，皆爲兵憂。前一星曰策，王良之御策也，主天子僕御。在王良旁，若移在馬後，是謂策馬。

婁，三星不勻近一頭，左更右更烏夾婁，天倉六箇婁下頭，天庾四星倉東脚，婁上十二將軍侯。〔一二〕

婁，十二度。下九尺爲日月中道，亦爲天獄，主苑牧犧牲，供給郊祀，亦爲興兵聚衆。動摇則聚衆；星直則有執主之命者；就聚，國不安。金、火守之，則宮苑之内兵起。日月食，宮内亂。金、木、火、土犯，凶。水犯，吉。孛犯，起兵。月暈，兩軍各退。左更五星，在婁東，山虞也，主知山澤林藪之事，亦主仁智。右更五星，在婁西，牧師也，主官養牧牛馬，亦主禮義。金、火守之，山澤有兵。其占兩更同。兩更者，秦爵名。天倉六星，在婁南，倉穀所藏也。星黄而大，歲熟。東南四星曰天庾，積厨粟之所也。天將軍十二星，〔一三〕在婁北，主武兵。中央大星，天之大將也。外小星，吏士也。大將星摇，兵起。大將出，小星不具，兵起。

胃，三星鼎足河之次，天廩胃下斜四星，天囷十二如乙形，河中八星名太陵。陵北九箇天船名，陵中積尸一箇星，積水船中一黑精。

胃，十五度，天之儲藏五穀之倉也，又名大梁。明則四時和平，天下晏然，倉廩實；不明則上下失位；星小則少穀輸運。又云，動則有輸運事，就聚則穀貴人流，暗則凶荒。五星犯，日月食，孛侵，並有災。天廩四星，在昴南，一曰天廥。張衡云：「主積蓄黍稷，以供享祀。」春秋所謂御廩也。天囷十三星，在胃南，倉廩之屬，主給御糧也。明而黄則歲豐，微變常色則不吉。金、火守之卽災起。太陵八星，在胃北，主陵墓。明而大或中星多，則天下多死喪，或兵起。天船九星，在太陵之北，居河中，一曰舟星，主渡，亦主水旱。不在河中，津河不通，水泛溢。中四星欲其均明，即天下安，不則兵若喪，移徙亦然。客彗出入，爲大水有兵。太陵中一星曰積尸，明則死人如山。張衡云：「一名積廩。」積尸明而大，或其傍星多，則天下多死喪，或兵起。若不見而暗，皆吉。火守則天下大哭泣。天船中一星曰積水，主候水災。

南十六天苑形。〔一四〕河裏六星名卷舌，舌中黑點天讒星，礪石舌傍斜四丁。

昴，七星一聚實不少，阿西月東各一星。〔一三〕月下五黄天陰名，陰下六烏芻藳營，營

昴，十一度。下爲日月中道，天之耳目也，主西方，主獄事，又爲旄頭，胡星也，又主喪。甘氏云：「主口舌奏對。若明大則君無佞臣，天下安和；暗小則佞者被

誅；搖動，君信讒，殺忠良。」張衡云：「昴明則獄訟平，暗則刑罰濫。」六星與大星等，大水，有白衣會。七星黃，兵大起。動搖，有大臣下獄。大而盡動若跳躍者，胡兵大起。一星不見，皆憂兵之象也。天阿一星，〔一五〕在胃東，月一星，在昴東，皆黑星，並主女人災福。又曰天阿，主察山林妖變。天陰五星，在畢柄西，主從天子弋獵之臣，預陰謀也。不明則禁言漏洩。天苑十六星，在昴、畢南，如環狀，天子之苑囿，養禽獸之所也，主馬牛羊。明則牛馬羊盈，希則死。芻藁六星，在苑西，以供牛馬之食也。一曰天積，天子之藏府也。星盛則歲豐穰，希則貨財散。張衡云：「不見則牛暴死。」火守之則火災起。卷舌六星，在昴北天讒之外，主口語以知讒佞。張衡云：「主樞機。曲而靜則賢人用。直而動則讒人得志。卷舌移出漢，則天下多妄言。旁星繁則死人如丘山。」天讒一星，在卷舌中，主醫巫。占與從官同。礪石四星，〔一六〕在五車北，主磨礪鋒刃。明則兵起，如常則吉。金、火及客星守之，兵動。

畢，恰似瓜叉八星出，附耳畢股一星光。天街兩星畢背傍，天節耳下八烏幢，畢上橫列六諸王。王下四皂天高星，節下團圓九州城。畢口斜對五車口，車不三柱任縱橫，車中五箇天潢精，潢畔咸池三黑星。天關一星車腳邊，參旗九箇參車間，旗下直建九斿連，斿下十三烏天園，九斿天園參腳邊。

畢，十七度，主邊兵，主弋獵。其大星曰天高，一曰邊將，主四夷之尉也。星明大則遠夷來貢，天下安；失色則邊兵亂；一星亡，爲兵喪；動摇，邊城兵起，有讒臣；離徙，天下獄亂；就聚，法令酷。甘氏云：「畢主街巷陰雨，天之雨師也。故明而移動則霖潦，及街巷壅塞；明而定則天下安。」張衡云：「畢爲天馬。」一曰，日月食，邊兵凶，將衰。木犯，有軍功。昴、畢間二星曰天街，三光之道也，主伺候關梁。張衡云：「主國界也。」街南爲華夏，街北爲夷狄。金、火守之，胡夷兵起。明，王道正。暗，兵起。附耳一星，在畢下，天高東南隅，主聽得失，伺愆邪，察不祥。星盛則中國微，有盜賊，邊候警，外國反，鬭兵連年合。移動則佞讒行，兵大起，邊尤甚。月入畢，多雨。〔一七〕天節八星，在畢南，主使臣之所持也，宣威德於四方。明吉，闇凶。諸王六星，在五車南天漢之中，主宗社，蕃屏王室也。明則諸侯奉上，天下安；不見，宗社傾危，四方兵起。天高四星，在參旗西北，近畢，此臺榭之高，主遠望氣象。不見則官失其守，陰陽不和。五車五星，三柱九星，共十四星，在畢東北。五車主天子五兵，張衡云：「天子兵車舍也。」西北曰天庫，主太白，秦也。次東北星曰天獄，主辰星，燕、趙也。次東南星曰天倉，主歲星，衞、魯也。中央星曰司空，主鎮星，楚也。次西南星曰卿，主熒惑，魏也。五星有變，各以其所主而占之。三柱，一曰三泉，卽天淵。一曰休，卽天休。一曰旗。卽天旗。五星均明，柱皆具，卽人倉廩實；不具，其國絕食，兵且起。五車三柱有變，各以其國占之。三柱出，外兵出；柱入，兵入。柱出一月，米貴三倍，期一年。出兩月，米貴六倍，期二年。出三月，米貴十倍，期三年。柱出不與天倉相近，米穀運出千里，柱倒立尤甚。火入守，天下旱。金入守，兵起。水入，月暈，不爾則有赦。天潢五星，在五車中，主河梁津渡之處也，不見則河梁不通。咸池三星，在五車中天潢南，魚囿也。金、火犯之，則有大災。隋志云：「月五星入天潢，兵起，道不通，天下亂，易政。咸池明，有龍墮死，虎狼害人，兵起。」天關一星，在五車南畢西北，亦曰天門，日月五星所行之道也，主邊塞事，主關閉。芒角，有兵。五星守之，貴人多死。移徙，若與五車合，大將軍披甲。參旗九星，在參西五車之間，天旗也。明而希則邊寇不動，不然反是。隋志：「參旗，一曰天旗，一曰天弓，主司弓弩之張，候變禦難。」玉井西南九星曰九斿，天子之旗也，主邊軍進退。金、火守之，兵亂起。天苑之南十三星曰天園，植果菜之所也。曲而鉤則果菜熟，不然則否。

觜，三星相近作參糵，觜上坐旗直指天，尊卑之位九相連，司怪曲立坐旗邊，四鴉大近井鉞前。

觜，一度，在參之右角，如鼎足形，主天之關。明大則天下安，五穀熟。移動則君臣失位，天下旱。隋志云：「觜觿爲三軍之候，行軍之藏府，主葆旅，收斂萬物。明則軍儲盈，將得勢。動而明，盜賊羣行，葆旅起。動移，將有逐者。」張衡云：「葆旅，野生之可食者。」金、火來守，國易政，兵起，災生。日食，臣不忠。月食，君害臣。五星犯，災生。孛客星犯，兵起。坐旗九星，在司怪西北，主別君臣尊卑之位。明則國有禮，暗則反是。司怪四星，在井鉞前，候天地、日月、星辰、禽獸、蟲蛇、草木之變，與天高占同。

參，總有十星觜相侵，兩肩　足三爲心，伐有三星足裏深。玉井四星右足陰，屏星兩扇井南襟，軍井四星屏上吟。左足下四天厠臨，厠下一物天屎沉。

參，十度，上爲日月五星中道。甘氏曰：「參爲忠良孝謹之子，明大則臣忠子孝。安，吉。移動，殺忠臣。」一曰參伐，一曰大辰，一曰天市，一曰鈇鉞，主斬刈。又爲天獄，主殺伐。又主權衡，所以平理也。又主邊城，爲九譯故，不欲其動也。參，白獸之體，其中三星横列，三將也。東北曰左肩，主左將。西北曰右肩，主右將。東南曰左足，主後將軍。西南曰右足，主偏將軍。故黄帝占參應七將。中央三小星曰伐，天之都尉也，主胡、鮮卑、戎狄之國，故不欲明。又曰，七將皆明，天下兵精也。

王道缺則芒角張。伐星明與參等，大臣謀亂，兵起。參星失色，軍散敗。參芒角動搖，邊候有急，天下兵起。又曰，有斬伐之事。參左足入玉井中，兵大起，秦地大水，若有喪，山石爲怪。參足若突出玉井，則虎狼暴害人。差戾，王臣貳。金、火來守，則國易政，兵起，災生。日月食則田荒米貴。五星犯，災甚。玉井四星，在參西右足下，〔一八〕水象也。屏二星，在玉井南。屏爲屏風，客星入之，四足蟲大疾，人亦多死。不見則國内寢疾。玉井東下四星曰軍井，行軍之井也。軍井未達，將不言渴，名取此也。又曰，主軍營之事。天厠四星，在屏東，溷也，主天下疾病。黄，吉。青、赤、白皆凶。不見，與屏同。天屎一星，在厠南，色黄則吉，他色皆凶。

南　方

井，八星横列河中靜，〔一九〕一星名鉞井邊安。兩河各三南北正，天樽三星井上頭，樽上横列五諸侯，侯上北河西積水，欲覓積薪東畔是。鉞下四星名水府，水位東邊四星序，四瀆横列南河裏，南河下頭是軍市。軍市團圓十三星，中有一箇野雞精。孫子丈人市下列，各立兩星從東説。闕丘二箇南河東，丘下一狼光蒙茸。左畔九箇彎弧弓，一矢擬射頑狼胸。有箇老人南極中，春秋出入壽無窮。

井，三十四度。甘氏云：「井八星在河中，生泉水，日月五星貫之爲中道。」石氏謂之東井，亦曰天井，主諸侯帝戚三公之位。故明大則封侯建國，摇動失色則諸侯戚廢戮，三公帝師受殃矣。張衡云：「天之南門也，黄道所經，爲天之亭候，主水衡事，法令所取平也。」王者用法平，則井明而端列。鉞一星，附井之前，主伺奢淫而斬之，故不欲其明。大與井齊，或摇動，則天子用鉞於大臣。月宿井，有風雨之應。又曰，井爲天子府，暗芒并日月食五星逆犯，大臣謀亂，兵起。中有六星不欲大明，明即水災。南北兩河各三星分夾東井，一曰天高，天之闕門，主關梁。南河曰南戍，一曰南宫，一曰陽門，一曰越門，一曰權星，主火。北河曰北戍，一曰北宫，一曰陰門，一曰胡門，一曰衡星，主水。兩戍之間，三光之常道也。河戍動摇，中國兵起。張衡云：「河南星不具則南道不通，北亦如之。」動摇及火守，中國兵起。天樽三星，在五諸侯南，主盛饘粥，以給酒食之正也。張衡云：「以給貧餒。」明則豐，暗則荒。或言暗吉。五諸侯五星，在東井東北，近北河，主刺舉，戒不虞。又曰，治陰陽，察得失。亦曰，主帝心。一曰帝師，二曰帝友，三曰三公，四曰博士，五曰太史，又曰五曰大夫。此五者，常爲帝定疑議。星明大潤澤則天下大治，芒角則禍在中。張衡又曰：「五諸侯治陰陽，察得失，明而潤，大小齊等，則國之福。」又曰：「赤則豐，暗則荒。」積水一星，在北河北，所以供酒用也。不見爲災。又曰，主候水災。積薪一星，在積水東，以備庖厨之用。明則人主康。火守之，大旱。水府四星，在東井西南，水官也。占與水位同。水位四星，在東井東，主水衡，又主瀉溢流也。故巫咸氏贊曰：「水位四星瀉溢流。」移動近北河，則國没爲江河。若水、火及客星守犯之，百川盈溢。四瀆四星，在東井南軒轅東，以江、河、淮、濟之積精也，明大則水泛溢。軍市十三星，如錢狀，在參東南，天軍貨易之市。客星及金、火守之，軍大飢。野雞一星，在軍市中，主變怪也。以芒角動摇爲兵災，移出則諸侯兵起。軍市西南二星曰丈人，丈人東二星曰子，子東二星曰孫。丈人主壽考之臣，不見，人臣不得通。子與孫皆侍丈人之側，相扶而居，不見爲災，守常無咎。闕丘三星，在南河東，主象魏，天子之　闕，諸侯之兩觀也。金，火守之，兵戰闕下。狼一星，在天市東南，爲野將，主殺掠。色有常，不欲變動。角而變色動摇，盗賊作，胡兵起，人相食。躁則人主不静，不居其宫，馳騁天下。張衡云：「居非其處，則人相食。」色黄白而明，吉。黑，凶。赤芒角，兵起。金、火守之亦然。弧矢九星，在狼東南，天弓也，以備盗賊，常向狼。弧矢動摇不如常者，多盗賊。明則兵大起。狼弧張，害及胡，天下乖亂。又曰，天弓張，天下盡兵，主與臣相謀。張衡云：「引滿則天下兵起。」老人一星，在弧南，一曰南極。常以秋分之旦見于丙，春分之夕没于丁，常以秋分候之南郊。明大則人主有壽，天下安寧。不見則人主憂。

六間柳星次，天社六箇弧東倚，社東一星是天紀。

輿鬼，二度，爲日月五星之中道，主死亡疾病。張衡云：「主祠祀，天目也。」又鬼，四星册方似木櫃，中央白者積尸氣。鬼上四星是爟位，天狗七星鬼下是。外厨主視，明察姦謀。東北星主積馬，東南星主積兵，西南星主積布帛，西北星主積金玉，隨其變占之。中央一星名積尸，亦曰積尸氣者，但見氣而已，主死喪祠祀。一曰鈇鑕，主誅斬。鬼星明大則穀成；不明，人散。動而光，上賦斂重，徭役多。星徙，人愁，政令急。鬼質欲其忽忽不明則安，明則兵起，大臣謀主，下流亡。甘氏云：「積尸摇動失色則疾病，鬼哭人荒。」軒轅西四星曰爟，亦曰烽。爟主烽火，備警急。占以不明安静，明大甚則邊亭警急，摇動芒角亦然。又曰，明，吉；暗，凶。天狗七星，在鬼西南狼之北，横河中，以守賊也。〔二〇〕移徙則兵起。金、火犯之，人相食。外厨六星，在柳南，天子之外厨也。占與天厨同。弧南六星爲天社，在老人東南，似柳直，明則吉。隋志云：「共工之子勾龍，能平水土，故祀以配社，其精爲星。」外厨之南一星曰天紀，主知禽獸齒歲。金、火守之，禽獸多死。柳，八星曲頭垂似柳，近上三星號爲酒，享宴大酺五星守。

柳，十四度，上爲天之中道。甘氏云：「主飲食倉庫酒醋之位。明大則人豐酒食，摇動則大人酒死，失色則天下不安，飢饉流於道路，不過三五必應。」張衡云：「柳爲朱雀之嗉，天之厨宰也，主尚食和滋味。」隋志云：「又主雷雨。」一曰天相，一曰天庫，一曰注。又主木功。星明，大臣重慎，國安，厨食具。注舉首，王命興，輔佐出。星直，天下謀伐其主。就聚，兵鬬國門。酒旗三星，在軒轅右角之南，酒官之旗也，主享宴飲食。五星守酒旗，天下大酺，有酒肉財物之賜，及爵宗室。星，七星如鉤柳下生，星上十七軒轅形，軒轅東頭四内平，平下三箇名天相，相下稷星横五靈。

七星，七度。甘氏云：「主后妃御女之位，亦爲賢士。若失色芒動則后妃死，賢士誅。明大則道化成，國盛。」張衡云：「七星爲朱鳥之頸，一名天都，主衣裳文繡。」隋志云：「主急兵，守盗賊，故欲明。星明則王道昌，〔二二〕暗則賢良不處，天下空，天子疾。動則兵起，離則易政。」日食，兵飢，婦人災。木犯，人安。火犯，旱。金、土、水犯，俱災。月暈，孛犯，兵起。軒轅十七星，在七星北，黄帝之神，黄龍之體也。后妃之主，士女職也。一曰東陵，一曰權星，主雷雨之神。南大星，女主也。次北一星，夫人也，屏也，上將也。次北一星，妃也，次將也。其次諸星，皆次妃之屬也。女主南小星，女御也。左一星少民，少后宗也。右一星大民，太后宗也。欲其色黄，小而明也。張衡云：「軒轅如龍之體，主雷雨之神，後宫之象焉。陰陽交合，盛爲雷，激爲電，和爲雨，怒爲風，亂爲霧，凝爲霜，散爲露，聚爲雲，立爲虹蜺，離爲背矞，分爲抱珥：此十四變，皆軒轅主之。其星欲小而黄明則吉，移徙則國人流迸，東西角張而振，后敗。水、火、金守之，女主惡也。」漢注曰：「軒轅爲權，太微爲衡。月五星守犯者，如衡占。」内平四星，在中台南爟之北，平罪之官也。明則刑罰平，暗則否。酒旗南三星曰天相，丞相之象也。其占與相星略同。稷五星在七星之南，主農正也，取乎百穀之長以爲其號。明大則歲大豐，不明則儉，不見則人相食。張，六星似軫在星旁，張下只是有天廥，十四之星册四方。長垣少微雖向上，星數歌在太微傍，天尊一星直上黄。

張，十七度。甘氏云：「主天廟明堂御史之位。上爲天之中道。若明大則國盛彊；失色，宗廟不安，明堂宫廢。」隋志云：「主珍寶，宗廟所用及衣服。又主天厨飲食賞賚之事。星明則王者行五禮，得天之中。動則賞賚。離徙，天下有逆人。就聚，有兵。」金、火守之，有兵起。或云，主貢物。色細無光，王者少子孫。日食，虧修禮也。月食，大澇，魚行人道。火孛犯，兵起。水、土犯，國不寧。張南十四星曰天廟，天子祖廟也。客星守之，祠官有憂。其占與虛梁同。長垣四星，在少微南，主界域及胡夷。火守之，胡人入中國。太白入之，九卿謀反。少微四星，在太微西，南北列，士大夫之位也，一名處士，亦天子副主，或曰博士官，一曰主衛掖門。南第一星爲處士，第二星爲議士，第三星爲博士，第四星爲大夫。明大而黃，則賢士舉。月五星犯守之，處士女主憂，宰相易。

翼，二十二星大難識，上五下五橫著行，中心六箇恰如張，更有六星在何許？三三相連張畔附，必若不能分處所，更請向前看野取，五箇黑星翼下頭，欲知名字是東甌。

翼，十九度。甘氏云：「主太微三公化道文籍。失色則民流。日月交食，五星並逆，芒動，則化道不行，文籍壞滅。動移則三公廢，明大則化成。」隋志云：「翼爲天之樂府，主俳倡戲樂，又主夷狄遠客負海之賓。明大則禮樂興，四夷來賓。動則蠻夷使來。離徙則天子舉丘兵。」或云，明則禮樂興，暗則政教失。日食，臣僭。月食，婦人憂。五星孛流，客犯，大凶。東甌五星，在翼之南，蠻夷星也。張衡云：「主東越、穿胸、南越三夷。」金、火守之，其地有兵。芒角動移，兵內叛。

軫，四星似張翼相近，中央一箇長沙子，左轄右轄附兩星，軍門兩黃近翼是。門下四箇土司空，門東七烏青丘子，青丘之下名器府，器府之星三十二。以上便爲太微宮，黃道向上看取是。

軫，十七度。甘氏云：「軫四星，〔二二〕主將軍樂府歌讙之事。五星犯之，失位亡國，女子主政，人失業，賊黨掠人，禍生於百日內。若明大則天下昌，萬民康，四海歸王。」張衡云：「軫爲冢宰，輔臣也，主車騎。明大則車騎用。」一云，明大則車騎動。隋志云：「主載任，有軍出入，皆占於軫。又主死喪，明則車駕備，動則車騎用。離徙，天子憂。就聚，兵大起。轄兩星，附軫兩傍，主王侯，左轄爲王者同姓，右轄爲異姓。星明，兵大起。遠軫，凶。軫轄舉，南蠻侵。」張衡云：「轄不見，國有大憂。」長沙一星，在軫之中，主壽命也。長沙明則人壽長，子孫盛。軍門二黃星，在青丘西，天子六軍之門也，主營候豹尾威旗。占以移其處爲道不通。土司空四黃星，在軍門南，主土功。巫咸氏云：「金、火犯之，天下男不得耕，女不得織。」隋志云：「一曰司徒，主界域。」青丘七黑星，在軫東南，主東方三韓之國，占與東甌同。軫南三十二星曰器府，主樂器之府也。明則樂器調理，暗則有咎。

校勘記

〔一〕「有星孛于大辰」，汪本「辰」作「展」，據元本、明本、于本、殿本改。

〔二〕「樓中五柱十五星」，「五柱」，玉海三、通考象緯考二皆作「柱有」。

〔三〕「平星二星」，「二」，原作「一」，據晉書天文志上、隋書天文志中、通考象緯考二改。

〔四〕「梗河三星」，「三」，原作「二」，據晉書天文志上、隋書天文志上改。

〔五〕「從官兩箇日下出」，汪本「日」作「目」，據元本、明本、于本、殿本改。

〔六〕「下第一星上將也」，「一」，原作「四」，據晉書天文志上、隋書天文志上、宋史天文志三改。

〔七〕「少彊冢宰之官也」，「彊」，原作「疆」，據元本、殿本改。

〔八〕「壘壁陣十二星」，「壘」字脱，據晉書天文志上、隋書天文志中補。

〔九〕「又主翼王也」，「王」，原作「主」，據晉書天文志上、隋書天文志中、通考象緯考二改。

〔一〇〕「復而乘之也」，「復」，原作「傷」，據隋書天文志上、通考象緯考二改。

〔一一〕「婁上十二將軍侯」，「二」，原作「一」，據玉海三、通考象緯考二改。

〔一二〕「天將軍十二星」，「二」，原作「一」，據晉書天文志上、隋書天文志上、通考象緯考二改。

〔一三〕「阿西月東各一星」，「阿」，玉海三、通考象緯考二皆作「河」。

〔一四〕「營南十六天苑形」，汪本「苑」作「范」，據元本、明本、于本、殿本改。

〔一五〕「天阿一星」，「阿」，晉書天文志上、隋書天文志上、通考象緯考二皆作「河」。宋史天文志四「天河一星」小字注云：「一作天阿。」

〔一六〕「礪石四星」，通考象緯考二、宋史天文志四皆同，隋書天文志上作「五星」。

〔一七〕「月入畢多雨」，「月」字脱，「多雨」，原作「兵起」，據晉書天文志上、隋書天文志上補改。

〔一八〕「參西右足下」，通考象緯考二作「參西右下」，晉書天文志上、隋書天文志中、宋史天文志四皆作「參左足下」。

〔一九〕「八星横列河中静」，「静」，原作「淨」，據玉海三改。

〔二〇〕「以守賊也」，通考象緯考二同，晉書天文志上、隋書天文志中、宋史天文志四「守賊」皆作「守財」。

〔二一〕「星明則王道昌」，「星明」二字脱，據隋書天文志中補。

〔二二〕「軫四星」，「四」，原作「七」，據上文步天歌改。

八閩文庫

要籍選刊
36

通志略

四

[宋] 鄭樵 撰
王樹民 點校

海峽出版發行集團
THE STRAITS PUBLISHING & DISTRIBUTING GROUP
福建人民出版社

藝文略第五

道家老子　莊子　諸子　陰符經　黄庭經　參同契　目録　傳記　論　書　經　科儀　符籙　吐納　胎息　内視　道引　辟穀　内丹　外丹　金石藥　服餌　房中　修養

道家一

老子道德經，二卷。周柱下史李耳撰，戰國時河上丈人注。　又，二卷。漢文帝時河上公注。　又，二卷。漢長陵三老毌邱望之注。　又，二卷。漢處士嚴遵注。　又，二卷。政和御解。　又，二卷。王弼注。　又，二卷。鍾會注。　又，二卷。羊祜注。　又，二卷。蜀才注。　又，四卷。羊祜解釋。　又，二卷。晉尚書郎孫登注。　又，二卷。晉江州刺史王尚楚注。　又，二卷。劉仲融注。　又，二卷。晉中郎將袁真注。　又，二卷。張憑注。　又，二卷。曹道冲注。　又，二卷。盧景裕注。　又，四卷。陶弘景注。　又，二卷。陳臯注。　又，二卷。鍾樹山注。　又，二卷。李允愿注。　又，二卷。陳嗣古注。　又，二卷。僧惠琳注。　又，二卷。僧惠嚴注。

又，二卷。僧鳩摩羅什注。　又，二卷。僧義盈注。　又，二卷。程韶集注。　又，四卷。任真子集注。　又，四卷。道士張道相集三十家注。　又，四卷。梁曠等注。　又，二卷。偃松子注。　又，四卷。李約注。　又，三卷。道士李榮注。　又，二卷。唐明皇注。　又，二卷。辟閭仁諝注。　又，二卷。傅奕注。　又，二卷。楊上善注。　又，二卷。吴善經注。〔一〕　又小解，二卷。　又，二卷。道士成玄英注。　又，二卷。盧藏用注。　又新歌注道德經，一卷。李若愚撰。　老子音，一卷。晉孫登撰。　又，一卷。李軌撰。　又，一卷。戴逵撰。　又音解，二卷。李畋撰。　老子義疏，一卷。顧歡撰。　又，五卷。孟智周撰。　又，四卷。韋處玄撰。　又，九卷。戴詵注。　又，四卷。趙志堅撰。　又，八卷。唐明皇撰。　又，二卷。不著名氏。　又，四卷。王、顧等撰。　又，十四卷。江徵撰。　又，四卷。賈清夷撰。　老子古本，二卷。　老子講疏，四卷。梁武帝。　又，六卷。梁武帝撰。　又，四卷。何晏撰。　老子章句，二卷。毋邱望之撰。　老子指趣，三卷。毋邱望之撰。　老子指歸，十一卷。嚴遵注。　老子義綱，一卷。顧歡撰。　玄言新記道德，二卷。王肅撰。　道德經品，四卷。梁曠撰。　老子節解，二卷。　老子章門，一卷。　老子指略例，二卷。王弼撰。　老子指略論，二卷。　道德問，二卷。何晏撰。　道德經序訣，二卷。葛洪撰。　道德經開題序訣義疏，七卷。成玄英撰。　老子玄旨，八卷。韓莊撰。　道德經元譜，一卷。劉遺民撰。　道德經譜，二卷。道士扶少明撰。　道德經傳，四卷。陸希聲撰。　道德經廣聖義，三十卷。唐杜光庭撰。　老子述義，十卷。賈大隱撰。　老子道德簡要義，五卷。玄景先生撰。　道德經內解，一卷。　道德經兵論要義述，四卷。　道德經雜説，一卷。陸修靜撰。　道德經契源，一卷。　道德經纂微，二卷。道士陳景先撰。　道德經傳授圖，一卷。　老子猶龍傳，三卷。賈善翊撰。　老子昌言，二卷。呂氏撰。　老子心鏡，一卷。崔少元撰，王守愚注。　老子真義機要，一卷。

右老子九十部，二百九十卷。

莊子，二十卷。梁漆園吏莊周撰，晉散騎常侍向秀注。　又，十六卷。司馬彪注。　又，十卷。崔譔注。　又，十卷。郭象注。　又，三十卷。晉李頤注。　又，十八卷。孟氏注。　又，十卷。楊上善注。　又，十二卷。盧藏用注。　又，十卷。道士文如海注。　又，三十卷。成玄英注。　又，十卷。張昭補注。　又，十五卷。四家注。　又，二十卷。李頤集解。　又，二十卷。王玄古集解。　莊子音，一卷。李軌撰。　又，三卷。徐邈撰。　又，三卷。郭象撰。　又，一卷。王穆撰。　又直音，一卷。

賈善翊撰。　又注音，一卷。司馬彪撰。　又外篇雜音，一卷。　又內篇音義，一卷。　莊子講疏，三十卷。梁簡文帝撰。　又，二卷。張機撰。　又，八卷。　莊子義疏，三卷。宋處士李叔之撰。　又，八卷。戴詵撰。　又，十卷。王穆撰。　又，十二卷。道士成玄英撰。　莊子內篇講疏，八卷。周弘正撰。　莊子文句義，二十八卷。　莊子文句義，二十卷。陸德明撰。　莊子古文正義，十卷。馮廓撰。　南華論，二十五卷。梁曠撰。　南華論音，三卷。　莊子論，二卷。李充撰。　莊子指要，三十三篇。張九垓撰。　南華仙人莊子論，三十卷。梁曠撰。　莊子內要一卷。　南華真經篇目，三卷。　莊子餘事，一卷。陳景先撰。　莊子統略，三卷。　南華象罔說，十卷。張游朝撰。　南華通微，十卷。元載撰。　南華真經提綱，一卷。王曉撰。　莊子通真論，三卷。唐賈參寥撰。　莊子邈，一卷。　南華總章，一卷。碧虛子撰。　南華章句，七卷。碧虛子撰。

右莊子四十九部，五百一十六卷。

鬻子，一卷。周文王師楚人鬻熊撰，唐鄭縣尉逢行珪注。　又，三卷。王觀注。　列子沖虛至德真經，八卷。鄭穆公時隱者列禦寇撰，東晉張湛注，唐加「沖虛真經」，宋朝又加以「至德」。　又，八卷。盧重元注。　又，八卷。孫鶚注。　又，八卷。政和御注。

列子釋文，二卷。　列子統略，一卷。　列子音義，一卷。　列子指歸，一卷。　又，十二卷。朱弁注。　文子，十二卷。老子弟子也。唐徐靈府注。　又，十二卷。李暹訓注。　文子釋音，一卷。　文子統略，一卷。　文子家語要言，一卷。　鶡冠子，三卷。楚之隱人。　莊成子，十二卷。　蹇子，一卷。　唐子，十卷。吳唐滂撰。　蘇子，七卷。晉北中郎參軍蘇彥撰。　宣子，二卷。晉宜城令宣聘撰。　陸子，十卷。陸雲撰。　幽求子，二十卷。杜夷撰。　抱朴子内篇，二十卷。葛洪撰。　符子，二十卷。東晉員外郎符朗撰。　賀子，十卷。宋太學博士賀道養撰。　少子，五卷。齊司徒左長史張融撰。　無名子，一卷。張太衡撰。　玄子，五卷。　廣成子，十三卷。商洛公撰，張太衡注。　又，三卷。何璨注。〔二〕　亢倉子，三卷。老聃之徒庚桑楚撰，王士元注。　亢倉子音略，一卷。　無能子，三卷。唐光啓中隱者，不著名氏。　同光子，八卷。劉無待撰。　玄真子，三卷。張志和撰。　達觀子，一卷。　元淨住子，二十卷。蕭子良撰。　天隱子，一卷。　元中子，三卷。杜登暉撰。　筌子，一卷。珞琭子撰。　素履子，一卷。　淮南鴻烈解，二十卷。許慎注。　黄石公素書，一卷。　宋齊邱化書，六卷。

右諸子四十六部，二百九十四卷。

陰符經，一卷。黄帝撰，太公等十一家注。又，一卷七家注。又，一卷。唐張果注。又，一卷。袁淑真注。又，三卷。陸佃注。又，三卷。蕭真宰注。又，一卷。黄居真注。又，一卷。沈亞夫注。又，一卷。任照一注。又，一卷。蹇昌辰注。又，一卷。唐李筌注。〔三〕又，一卷。杜光庭注。陰符機，一卷。李靖撰。陰符經太無傳，一卷。唐張果得於道藏，不詳作者。陰符經正義，一卷。唐韋洪撰。陰符經要義，一卷。驪山母傳陰符妙義，一卷。唐李筌撰。新注陰符經序，一卷。陰符經辨命論，一卷。唐張果撰。陰符經小解，一卷。陰符天機經，一卷。陰符經玄談，二卷。玄解先生撰，釋陰符章句。陰符經，一卷。杜光庭撰。陰符十德經，一卷。葛洪撰。陰符經疏，三卷。袁淑真撰。陰符經頌，三卷。太玄子撰。釋自論集解陰符隨經玄義，五卷。頌陰符經，一卷。元陽子撰。李筌傳陰符經序，一卷。陰符經訣，一卷。陰符經解題，一卷。陰符經章句疏，三卷。張彬卿撰。陰符經序，一卷。陰符太玄傳，一卷。陰符經五賊義，一卷。陰符經玄義，一卷。唐張魯撰。太丹黄帝陰符經，一卷。房山長注。陰符太丹經，一卷。驪山母注。陰符太丹經解，一卷。

右陰符經三十九部，五十四卷。

太上黄庭内經，一卷。務成子注。太上黄庭内景玉經，一卷。梁邱子注。又，六卷。五家注。黄庭祕言内景經，一卷。尹真人注。黄庭内景經，一卷。唐白履忠注。黄庭内景保生延壽訣，一卷。務成子注。太上黄庭外景經，三卷。李子乘注。黄庭祕言外景經，一卷。尹真人注。黄庭中景經，一卷。黄庭外景玉經注訣，一卷。黄庭内外玉景經，十卷。蔣慎修撰。太上黄庭内外景經，二卷。黄庭玉景内篇，四卷。逍遥子注。黄庭玉景篇，二卷。黄庭二景三皇内譜，一卷。黄庭五藏道引玉軸經，一卷。黄庭五藏圖，一卷。老子黄庭内視圖，一卷。黄庭五藏内景圖，一卷。唐女子胡愔撰。黄庭外景圖，一卷。黄庭五藏道引圖，一卷。黄庭圖證訣，一卷。青鸞子撰。黄庭集訣，一卷。陶真人撰。黄庭經訣誦，一卷。黄庭五藏論，七卷。趙業撰。黄庭五藏經，一卷。黄庭内景真形籙，一卷。黄庭養神經，一卷。黄庭内景五藏六府圖，一卷。胡愔撰。黄庭内景五藏六府補瀉圖，一卷。

右黄庭三十部，五十七卷。

周易參同契，三卷。漢魏伯陽撰，抱素子注。又，五卷。翟直躬注。陰陽統略周易參同契，三卷。徐從事注。陰真君周易參同契，三卷。參同契合金丹行狀十六變通真訣，一卷。參同契太易志圖，一卷。張處撰。又，一卷。重元子撰。參同契太易二十四氣修煉大丹圖，一卷。參同契太易丹書，一卷。參同契手鑑圖，一卷。參同契明鑑訣，一卷。彭曉撰。參同契金碧潛通訣，一卷。周易參同契分章通真義，三卷。參同契還丹火訣，一卷。參同太丹次序火數，一卷。參同契特行丹，一卷。參同契五相類，一卷。漢魏伯陽撰。金碧五相類參同契，一卷。陰真君撰。參同金石至藥論，一卷。

右參同契一十九部，三十一卷。

隋朝道書總目，四卷。經戒三百一部，九百八卷；餌服四十六部，一百六十七卷；房中十三部，三十八卷；符籙十七部，百三卷。唐朝道藏音義目録，一百十三卷。宋朝明道宮道藏目録，六卷。洞元部道經目録，一卷。太真部道經目録，二卷。洞神部道經目録，一卷。三洞四輔部經目録，七卷。王欽若等撰。靈寶經目序，一卷。陸修靜撰。道藏經目，七卷。修真祕旨事目歷，一卷。司馬道隱撰。開元道經目，一卷。

右目録十一部，一百四十四卷。

道家二

列仙傳，二卷。漢劉向撰。

列仙傳贊，三卷。孫綽撰。

列仙傳贊，二卷。郭元祖撰。

列仙傳，十卷。葛洪撰。

説仙傳，一卷。朱思祖撰。

仙隱傳，十卷。周孫夷中撰。

集仙傳，十卷。

洞仙傳，十卷。見素子撰。

學道傳，二十卷。馬樞撰。〔四〕

續神仙傳，三卷。唐沈汾撰。

八仙傳，一卷。唐江積撰。

八仙圖，一卷。郟氏撰。

神仙傳略，一卷。葛洪撰。

神仙纂要録，一卷。

江淮異人録，三卷。宋朝吴淑撰。

賓仙傳，三卷。何光遠撰。

墉城集仙録，十卷。杜光庭集古今女子成仙者百九人。

玉清祕籙，二十卷。

仙傳拾遺，四十卷。杜光庭撰。

總仙記，一百三十卷。宋朝樂史撰。

神仙後傳，十卷。唐王方慶撰。

疑仙傳，三卷。

漢武内傳，三卷。

太元真人東鄉司命茅君内傳，一卷。唐李遵撰。

清虚真人王君内傳，一卷。弟子華存撰。

清虚真人裴君内傳，一卷。鄭雲千撰。

正一真人三天法師張君内傳，一卷。王褒撰。

黄帝内傳，三卷。

太極左仙公葛君内傳，一卷，按隋志已有此傳，而唐云，吕先生撰。

仙人馬君陰君内傳，一卷。趙昇等撰。

又，一卷。孫思邈撰。

老君内傳，三卷。尹喜撰。

紫虚元君南岳夫人内傳，一卷。范邈撰。

紫虚元君魏夫人内傳，一卷。項宗撰。

關令尹喜内傳，一卷。鬼谷先生

撰。

神仙内傳，一卷。唐道士胡慧超撰。仙史類辭，十卷。晉洪州西山十二真君内傳，一卷。唐天師胡慧超撰。吴天師内傳，一卷。唐謝良嗣撰。周義山内傳，一卷。後漢人，居紫陽山。劉真人内傳，一卷。漢王珍遇劉根事。桐柏真人升仙太子内傳，一卷。華陽陶先生内傳，三卷。賈嵩撰。雲中先生内傳，一卷。許氏神仙内傳，一卷。漢天師内傳，一卷。樓觀内傳，三卷。尹軌、韋節等撰。樓觀本行傳，一卷。青城山羅真人記，一卷。劉君内記，一卷。王珍撰。〔五〕太上真人内記，一卷。李氏撰。九華真妃内記，一卷。翊聖保德真君傳，三卷。宋朝王欽若撰，建隆中有神降于燕南山，告符命之事，故加以號焉。仙人許遠遊傳，一卷。王羲之撰。陸先生傳，一卷。孔稚珪撰。王喬傳，一卷。嵩高寇天師傳，一卷。宋都能撰。成仙君傳，一卷。蘇君記，一卷。周季通撰。紫陽真人周君傳，一卷。華嶠撰。真系傳，一卷。李渤撰。許遜修行傳，一卷。道士胡法超撰。洪崖先生傳，一卷。張説撰。洪崖先生別傳，一卷。胡慧超傳，一卷。冲虛子撰，慧超，高宗時道士。潘導師傳，一卷。唐武后時人。蔡尊師傳，一卷。葉法善傳，一卷。劉谷神撰。謫仙崔少元傳，一卷。唐王元師撰，少元者，崔氏女也。元州上卿蘇君記，一卷。漢周季通撰。瞿童述，一卷。温造撰，大曆八年，辰溪童子瞿栢庭於桃源觀升仙。

東極真人傳，一卷。李堅撰，記果州謝自然升仙事。

老君傳，一卷。 蘇耽傳，一卷。漢人，又有成武丁傳附。 裴元人傳，一卷。鄧子雲撰。 劉善慶傳，一卷。劉珍字善慶。 聶鍊師傳，一卷。宋朝吴淑撰，記僞吴道士聶紹元事。 侯真人傳，一卷。盧播撰。 零陵先賢傳，一卷。 陶弘景傳，一卷。

三茅處士王潛傳，一卷。 緱氏嶺會真王氏神仙傳，五卷。杜光庭撰。 九天玄女傳，一卷。 九天採訪真君傳，一卷。 南嶽九真人傳，一卷。 東華司命楊君傳，一卷。 成都山望仙宫十真記，一卷。 委羽山人有空明天真人司馬君傳，一卷。 李先生傳，一卷。 王仙聖母傳，一卷。 謝自然別傳，三卷。 廣成先生劉天師傳，一卷。趙櫓撰。 華頂先生張天師本傳，一卷。 桐栢真人王君外傳，一卷。 漢天師外傳，一卷。 賀蘭先生傳，一卷。 碧虛先生傳，一卷。

江西續仙録，一卷。 湖湘神仙顯異，三卷。 逍遥大師問政先生聶君傳，一卷。徐鍇撰。 中儒先遇神和子傳，一卷。 靈人辛元子自序，一卷。 華陽子自序，一卷。

右傳一百三部，四百四卷。

老君始終記，一卷。 混元皇帝升天記，一卷。 老子出塞記，一卷。宣虞撰。

老子化胡經，十卷。老子私記，十卷。梁簡文帝撰。太上混元皇帝聖紀，十卷。楊上器注。開元天記，一卷。皇天原太上老君現跡記，一卷。唐文明元年，現于虢州閿鄉縣皇天原，與豫章人鄔元宗語唐世祚運事。尹喜本行記，一卷。傳仙宗行記，一卷。陰日用撰。邊洞元升天記，一卷。議化胡經狀，一卷。唐武后時，侍郎劉如璿等議狀。道教經記，一卷。道教靈驗記，二十卷。杜光庭撰。歷代帝王崇道記，一卷。杜光庭撰。真教元符，三卷。唐戴簡撰。道經降代傳授年載記，一卷。杜光庭撰。平都山仙都觀記，二卷。山在忠州，陰長生成仙之所。神光寺聖跡記，一卷。元始上真記，一卷。紀聖賦，一卷。山水穴竇圖，一卷。二十四化記，三卷。唐段道士世貴撰，記蜀中二十四山神仙之所。正一真人二十四治圖，一卷。唐道士令狐見堯撰，敍蜀中二十四治之所名山福地。演正一氣化圖，一卷。段世貴撰。元化圖，一卷。朱閑集，敍福地十洲之地。混元圖，十卷。唐道士杜光庭撰。太清宮簡要記，一卷。王坤撰。晉州羊角山唐觀記，一卷。道士李用能撰。太上老君青羊肆瑞甎應見記，一卷。廣黄帝本行記，一卷。王瓘撰。真宗得道録，一卷。王欽若撰。

右記三十二部，九十三卷。

守白論，一卷。　任子道論，十卷。〔六〕魏河東太守任嘏撰。　夷夏論，一卷。顧歡撰。　顧道士論，三卷。〔七〕　顯正論，一卷。道士劉進喜撰。　三玄精辨論，一卷。唐白履忠撰。　神仙可學論，一卷。唐道士吳筠撰。　玄綱論，三卷。吳筠撰。　心目論，一卷。吳筠撰。　復淳化論，一卷。吳筠撰。　形神可固論，一卷。吳筠撰。　辨疑論，一卷。唐施肩吾撰。　中元論，一卷。李延章集。　坐忘論，三卷。唐司馬承禎撰。　又，一卷。吳筠撰。　葛仙翁序，一卷。葛洪撰。　龍虎篇，一卷。孫思邈撰。　大道清曠論，一卷。王承祐撰。　淨土論，一卷。　重真記，一卷。藍敏撰。　學道登真論，二卷。　道生旨，一卷。谷神子撰。或云，裴鉶。　大道形神論，一卷。上虞隱士玄黃子述。　正一論，一卷。　答客論，一卷。　道體論，一卷。　保真養生論，一卷。　靈寶修真論，一卷。李道綱撰。　靈信經旨，一卷。　太玄三破論，一卷。張融撰。　太玄三教論，一卷。　明真辨僞論，一卷。唐吳筠撰，蓋斥釋氏。　輔正除邪論，一卷。吳筠撰。　契真刊謬論，一卷。吳筠撰。　道釋優劣論，一卷。吳筠撰。　辨方正惑論，一卷。〔八〕吳筠撰。　陶陸問答，一卷。　會三教論，一卷。　三教解紛論，十五卷。孫夷中撰。　千金養生論，一卷。孫思邈撰。　混元正理論，一卷。　人元長生論，一卷。朱枍撰。　大道攝生論，一卷。李泳撰。 長生正義元門大論，三十八卷。 道典論，三十卷。

雲中子論，一卷。王鶴撰。 養生論，一卷。廣成子撰。 五嶽真形序論，一卷。

太易保生論，一卷。鮮遂撰。 通真論，一卷。陶植撰。 神仙祕論，一卷。

十異九迷論，一卷。道士李少卿撰。 九霄君論，一卷。 吳天師論，一卷。

大道感應論，三卷。 幽傳福壽論，一卷。 一切道書音義序，一卷。唐道士史崇與學士崔湜、薛稷等撰。 畢夷祕照論，五卷。李淳風撰。

右論五十八部，一百五十一卷。

真誥，十卷。梁陶弘景撰。 登真隱訣，六十卷。陶弘景撰。 上清握中訣，三卷。陶弘景撰。 靈臺祕寶符書，一卷。竇子通撰。 玉清祕録，二十卷。太白山沖隱子集。 襲古書，三卷。僞唐范朝撰。 元珠龜鑑，三卷。黄仲山撰。 左慈真人助相見規戒，一卷。 神異書，三卷。道士元真子撰。 修行旨要，三卷。道士朱洞微撰。 真誥抄，二卷。 先天紀，三十六卷。王欽若撰。 上清文苑，四十卷。樂史撰。 仙苑編珠，一卷。王松年撰。 至言，二卷。范修然撰。 玄門樞要，一卷。杜光庭撰。 道門四子治國樞要，二卷。范乾九撰。 道門樞要，一卷。杜光庭撰。 玉清隱書，一卷。尹先注。 潛真祕術，一卷。 歷鑒天元主物簿，三卷。

兩同書，二卷。羅隱撰。　付道内真訣，一卷。陳七子撰。　太上道鑑，四卷。道士張仙庭撰。　上清天中真鑑録，一卷。王松年撰。　道德消魔略例，一卷。威儀要訓，二卷。　道要，三十卷。　無上祕要，七十二卷。　學道要，一卷。杜沖和撰。　上清紫書，二卷。　謫仙心鑒，二卷。　廣成集，五十四卷。　三洞珠囊，三十卷。　四子統略，一卷。　造化權輿，一卷。　晉簡文談疏，六卷。遊玄桂林，二十一卷。張讖撰。　玄書通義，十卷。張讖撰。　太始天元玉册元誥，十卷。扁鵲注。　老君家令，一卷。　赤松子八誡録，一卷。陳摶撰。　許旌陽遺教，一卷。　遵戒避忌訣，一卷。

右書四十四部，四百五十二卷。

天真皇人經，一卷。　太上迴元九道飛行羽經，一卷。　上清洞玄内經，一卷。靈寶度人經，一卷。　又，四卷。李少微注。　又，四卷。道士成玄英疏義。靈寶五星祕授經，一卷。　靈寶玄微妙經，一卷。　混元聖紀經，一卷。道士尹文操撰。　老子西升經，四卷。沖元子注。　又，二卷。徐道邈注。　又，四卷。道士李榮注。　又，二卷。道士韋處玄注。　又，二卷。劉仁會注。　又，二卷。曹道沖注。又老子西升經疏，三卷。　老子存一經，一卷。　老子中經，一卷。　老子戒經，一卷。葛洪撰。　老子修身經，一卷。　老子守三一經，一卷。　太上老君歷劫經，一卷。李通撰。　太上玉歷經，一卷。　河圖龍文鮮甲元紀帝瑞神經，二卷。　入室思赤子經，一卷。　老子鎮元靈經，一卷。　皇人守三一經，三卷。　神寶經，一卷。裴真人撰。　天童護命妙經，一卷。　紫府玄珠經，十卷。曹唐撰。　靈奇墨子術經，七卷。崔知操撰。　太上三天正法經，一卷。　太上正一修真玉經，三卷。　上清丹景隱地八術經，二卷。　上清鎮元靈策經，一卷。　天真皇人九仙經，一卷。唐葉靜能撰，羅公遠、僧一行注。　太元真一本際經，一卷。　太上老君枕中保生祕密經，一卷。鄭元一注。　太上黄素經，一卷。　上清青要紫書金根衆經，一卷。　太上洞玄靈寶部經，一卷。　九域經，六卷。　妙真經，一卷。　靈寶昇元經，十卷。　流珠丹經，一卷。　玉京山經，一卷。　成清經，七卷。　峨嵋赤城隱士伏藥經，三卷。　度生死經，一卷。　神仙歷藏經，一卷。　金泛丹經，一卷。　三陽經，一卷。　巫仙翁因緣經，一卷。　靈寶安生宅妙經，一卷。　靈寶滅度經，一卷。　靈飛六甲經，一卷。　三元真經，一卷。　中央元素經，一卷。　内真妙用經，一卷。　内真經，二卷。　大道法元君說太陽元精經，二卷。　老君說六丁六甲玉女真神祕經，一卷。　混元經，二卷。

狼狐經，一卷。　老子青囊經，一卷。　三甲經，一卷。　鴻寶萬畢經，六卷。

靈寶先師太山北斗神光經，一卷。　天尊禁戒妙經，一卷。　玄都律，二十五卷。

玄都律編，八卷。　上清神州七轉七變舞天經，一卷。　文始先生說道經，一卷。

老子說十三靈無經，一卷。　五公子問虛無道，一卷。　老子傳正一天師印經，一卷。

太上混元上德皇說常清淨經，一卷。董朝奇注。　又，一卷。吳中起注。

又，一卷。周申注。　又，一卷。孫膺注。　又別解，一卷。　又，一卷。劉本注。

黃帝鑄鑑二儀通真經，三卷。

右經八十五部，一百八十六卷。

道家三

三洞奉道科誡，二卷。金明七真撰，當攷。　玄都九真明科，一卷。　太上洞玄靈寶長夜之府九幽玉匱明真科，一卷。　五等朝儀，一卷。張萬福撰。　三洞修道儀，一卷。孫夷中撰。　修黃籙齋儀，一卷。　安鎮城邑宮闕醮儀，一卷。杜光庭撰。

醮靈官位儀，一卷。　太上黃籙齋壇真文玉訣儀，一卷。杜光庭撰。　天經醮儀，一卷。

醮南辰北斗儀，一卷。　元始靈寶五帝醮祭召真玉訣，一卷。　告元圖，一卷。王欽若等定。　醮文，一卷。　許真君修九幽立成儀，一卷。亦名旌陽遺洞玄靈寶五嶽名山朝儀經，一卷。唐司馬子微撰。醮章奏儀，十八卷。杜光庭撰。真壇刊誤論，一卷。張若海撰。新修旨要，三卷。宋同微撰。入靜儀，一卷。靈寶明真齋懺燈儀，一卷。評刊誤論，三卷。商回撰。太上三洞度人出家儀，一卷。祭玉女神法，一卷。靈寶玉匱明真大齋言功德儀，一卷。杜光庭撰。太上河圖內元經一卷。太上明真救護章儀，一卷。太上三元醮儀，一卷。靈寶九等齋壇式，一卷。禳災九壇醮儀，一卷。杜光庭撰。靈寶拜章儀，一卷。靈寶祈謝天神儀，一卷。靈寶奏醮普天衆真儀，一卷。靈寶安宅齋儀，一卷。張先生撰。五穀醮儀，一卷。靈寶起土僻神儀，一卷。「僻」字更攷。太上二十四化醮儀，一卷。杜光庭撰。靈寶自然行道儀，一卷。杜光庭撰。太上北太元醮儀，一卷。太上迎送壇儀，一卷。上清露真奏表儀，一卷。太上高上太真科令，一醮儀，一卷。紫庭醮科，三卷。禹步儀訣，一卷。步卷。修真祕旨朝儀，一卷。唐明皇撰聖祖混元皇帝太清宮祠令，一卷。靈寶步虛詞，一卷。陸虛洞章，一卷。陸修靜撰。昇元步虛章，一卷。陸修靜撰。靈寶步虛經，一卷。修靜撰。金真飛元步虛玉章，一卷。太宗御製金籙齋道詞，一卷。真宗御製金籙齋道詞，一卷。徽宗御製金籙道場詞，一卷。

右科儀五十四部，七十八卷。

墨子枕中記，二卷。　女青鬼律，十卷。　老子六甲祕符妙籙，一卷。　修六丁八史用事科法，一卷。　九天玄女六甲將軍手訣，一卷。　九天玄女妙法，一卷。　六丁通應玉女真籙手訣，一卷。　祭六丁神法，一卷。　老子六甲祕符妙籙，一卷。　黄帝六甲符訣，一卷。　靈飛六甲左右内名玉符，一卷。　天蓬神呪，一卷。　太上北帝天蓬壇場印圖，一卷。　五嶽真形圖文，一卷。葛洪傳。　靈寶五嶽真形圖，一卷。　八卦仙人祕訣，一卷。　黄帝八卦真形圖，一卷。　太極左公説神符經，一卷。　太清越章，一卷。　太上洞玄靈寶元始五方赤書自然真文經，一卷。　太上習仙經契籙，一卷。　金書玉券，一卷。僞蜀任法知撰。　金書祕字，一卷。　紫文丹章，一卷。　佩符五色券，五卷。　太上洞玄靈寶投簡符文要訣，一卷。　神虎隱文，一卷。　太上靈寶護身符籙，一卷。　上清太上元籙，一卷。　上清洞真紫蘭北壁真文，一卷。　真教元符，三卷。戴簡撰。　太上禳灾解厄吉兆玉篆，一卷。　太上玉真章訣，三卷。　太上靈寶吞服真文玉字，一卷。　靈寶五符，三卷。　太上靈寶洞玄大道無極自然真一五稱符經，二卷。　天一太一日月星辰二十八宿行藏記，一卷。　洞真太上上皇氏籍定真玉籙，一卷。

洞真龍景九文紫鳳赤書，一卷。　太微帝君步天綱行地紀金簡玉字上經，一卷。
北帝三備經，三卷。　罔象成名圖，一卷。唐張果撰。　北帝神呪經，一卷。
三尸經，一卷。　老子三尸經，一卷。　孫真人延生長壽經，一卷。　北帝靈文，三卷。唐道士葉靜能撰。　太上北帝靈文，一卷。同上。　延壽赤書，一卷。唐裴煜撰。　天老神光經，一卷。蔡登撰。　太上北帝治病道法，一卷。　高上紫虛法籙，一卷。　靈寶五始五老赤書玉篇真文經，三卷。　上清洞真瓊宮五帝靈飛六甲內文，三卷。　上清瓊宮靈飛六甲籙，一卷。　北帝元樞內章，一卷。　泰乾祕要，三卷。　九證心戒，一卷。楊嗣復撰。　三五思神圖，一卷。　山栖要録，一卷。　守庚申服藥法，一卷。楊遇撰。　青崖子神仙金銀論，一卷。　掌決圖，一卷。　太上三五禁氣步罡法，一卷。　三洞瓊綱，三卷。唐道士張仙庭撰。　太上靈寶飛行三界妙經，一卷。　禁制虎獸符法，一卷。　太上洞真飛行羽經，一卷。
上清天心正法，三卷。　太上靈書三魂七魄經，一卷。　嘯旨，一卷。玉川子撰。　天一神符行度記，一卷。紅金子撰。　醮符傳，一卷。　左仙翁説神符，一卷。　靈飛符經，一卷。　白羽黑翮靈飛玉符，一卷。　通靈神印經，一卷。
六神經，一卷。　玉女祕法，一卷。　紫微元律經，三卷。　三部符籙，四卷。

金虎真符，一卷。　太上符鑑，一卷。　七元圖，一卷。　祝符文，三卷。

十二真君靈籤，一卷。　天皇内文，一卷。　内諱隱文，一卷。　紫微内庭祕籙，二卷。

房山長大篆符，一卷。　三皇内音，一卷。　雷篆玉牌，三卷。

三皇内文，一卷。　諸天隱語洞章玉訣，一卷。　聖祖歷代應見圖，三卷。杜光庭撰。

亳州太清宫混元皇帝變見靈跡圖，一卷。薛玉撰。　寧州寧真縣二十八宿真形圖，一卷。

五真圖，一卷。　太元金闕三洞八景陰陽仙班朝會圖，五卷。孫光憲撰。

修真登昇三十六天位圖，一卷。　萬靈朝真圖，五卷。　三皇真形圖，一卷。

森羅萬象北斗星君圖，一卷。

右符籙一百三部，一百五十九卷。

氣經新舊服法，三卷。唐康仲熊撰。　康真人氣訣，一卷。同上。　服内元氣訣，一卷。同上。

太無先生氣訣，一卷。唐大曆中人撰。　修生養氣訣，一卷。唐司馬承禎撰。

氣訣，一卷。孫思邈撰。　張果氣訣一卷。　達磨諸家氣訣，一卷。

養生服氣訣，一卷。　調元氣訣，一卷。　調三元氣訣，一卷。李真人撰。　太和真氣訣，一卷。河上公述。

中山玉櫃神氣訣，一卷。漢張道陵撰。　服内元氣訣，一卷。煙蘿子撰。

内指通真訣，三卷。陸知微撰。　沈真人服氣長生祕訣，六卷。

王老咽氣經，一卷。　服氣口訣，一卷。樊宗師撰。　真氣銘，一卷。孫處士撰。　服氣經，二卷。　氣術經，一卷。　神仙抱一法，一卷。　調氣養生録，一卷。　神仙密授三一訣，一卷。　出生入死法，一卷。王元正撰。　四氣攝生録，一卷。穆商撰。　四氣攝生圖，一卷。道士劉鼎撰。　修真府元洞幽訣，一卷。　谷神記，一卷。　指元篇，一卷。陳搏撰。　九真中經，二卷。　元氣論，一卷。　靜氣論，一卷。　洞氣訣，一卷。　流珠行氣法，一卷。　法眼六氣法，一卷。　太清調氣經，一卷。　太清氣養生經，一卷。　太清不傳氣經，一卷。　太無先生氣經，二卷。李奉時撰。　服氣要經，一卷。中皇子撰。　道德上清氣經，三卷。　新舊氣經，一卷。延陵君刊集。　服氣精義論，三卷。天台白雲先生撰。　服氣要訣，一卷。申天師撰。　莊周氣訣，一卷。　服氣訣，一卷。昇元真一法師撰。　氣法要妙志訣，一卷。　玄宗商量氣訣，一卷。　纂諸家得道氣訣，一卷。　服氣長生度世經訣，一卷。　商量新舊服氣法，一卷。王弁撰。　吐故納新除萬病法，一卷。　養形吐納六氣法，一卷。　神仙大道六字氣術，一卷。　神仙服食五牙氣真經，一卷。　六字氣訣，一卷。　三一帝君經，一卷。　中黃經，一卷。九仙君撰。　金房內經，一卷。　紫陽金碧經，三卷。　保神經，一卷。

保聖長生經，三卷。　五廚經，一卷。　養生適元經，一卷。　風露仙經，一卷。　三洞上清真元子集録，一卷。　十二時採一歌，一卷。　神仙食氣金櫃妙録，一卷。京里先生撰。　金鑠子訣，一卷。孫真人撰。　運元真氣圖，一卷。葛仙翁撰。　老子道氣圖，一卷。　内外神仙中經祕密圖，一卷。孫思邈撰。　赤松子服氣經，一卷。

右吐納七十四部，九十四卷。

太上混元上德皇帝胎息精義論，一卷。　太上真君告王母服氣胎息令氣通訣，一卷。　證道胎息服氣絶粒長生訣，一卷。　胎息氣經，三卷。　胎息訣，一卷。　又，一卷。　又，六卷。　元君胎息經，一卷。　達磨胎息訣，一卷。　葛洪胎息要訣，一卷。　玉皇聖胎神用訣，一卷。　胎息旨要，一卷。　心印胎息蜕殼妙道訣，一卷。　元真胎息訣，一卷。　胎息委氣術，一卷。　胎息精微論，三卷。　修真胎息歌，一卷。　胎息元妙，一卷。　抱一胎息歌訣，一卷。楊義撰。　聖神歸真胎息訣，一卷。崔元真撰。　胎息經頌，一卷。　胎息録，一卷。　胎息還元祕訣，一卷。　養生胎息祕訣，一卷。賈遵化撰。　服胎息留命術，一卷。　胎息泝流璚珠還元訣，一卷。　修養氣經，一卷。　胎息氣術，一卷。

六祖達磨真訣，一卷。王元正撰。　諸家胎息口訣，一卷。

右胎息三十部，三十九卷。

靈寶内觀經，一卷。　大洞真經，一卷。　胎息定觀經，一卷。達磨撰。　定觀經訣，一卷。　太上天帝青童大君傳，一卷。　大道存神五藏論，一卷。　内真通明歌，一卷。〔九〕煙蘿子撰。　九真祕訣，一卷。　内明訣，一卷。元九子撰。　内立内真通元訣，一卷。煙蘿子撰。　修生存思行氣訣，一卷。　老子存思圖，二卷。　老子存三一妙訣圖，一卷。　皇人三一圖，一卷。　存五星圖，一卷。　五帝雜修行圖，一卷。　老子道德經存想圖，一卷。　存神鍊氣銘，一卷。　元珠心鑑詩，一卷。唐女子崔少元撰。　坐忘真一寶章，一卷。　了一歌，一卷。　老子内觀經，一卷。　又，一卷。嚴輔璨注。

右内視二十三部，二十五卷。

老子五禽六氣訣，一卷。　六氣道引圖，一卷。　黄帝道引法，一卷。　按摩要法，一卷。　道引調氣經，一卷。　道引養生經，一卷。　服御五牙道引元精經，一卷。陸修靜撰。　太清道引養生經，一卷。　黄帝道引圖，一卷。　十二月道引圖，一卷。　道引養生圖，一卷。　五禽道引圖，一卷。　許先生按摩圖，一卷。　道引圖三十六訣，一卷。　新説道引圖，一卷。　唐上官翼養生經，一卷。
道引圖，一卷。陶弘景撰。　朱少陽道引録，三卷。　五藏道引明鑑圖，一卷。
道引治身經，一卷。吴昶撰。
右道引二十部，二十二卷。
太上老君中黄妙經，一卷。　太清經斷穀諸要法，一卷。　太清斷穀法，一卷。
斷穀諸要法，一卷。　張果休糧服氣法，一卷。　無上道絶粒訣，一卷。
停廚圓方，一卷。　休糧諸方，一卷。
右辟穀八部，八卷。
黄元經，一卷。涓子傳，李遵疏。　天皇經，一卷。赤松子注。　真子保一祕訣，一卷。　黄帝玉房祕訣，一卷。　黄帝玉櫃訣，一卷。　修真延祕集，三卷。隱士楊文人撰。　煙蘿子内真通元訣，一卷。　王真人陰丹訣，一卷。東晉王長生撰。
内真妙用訣，三卷。　金液頌，一卷。　金液中還祕訣，一卷。　正一真人十二時修神丹歌，一卷。　陰丹經，一卷。　周易内祕訣，一卷。淳于成撰。　攝生月令，一卷。吴興姚稱撰。　著生論，一卷。吴筠撰。　修真君五精論，一卷。陰長生撰。　還丹金術黄老經，一卷。陶植撰。　羅公遠記，一卷。　真元妙道經，一卷。修身歷驗，一卷。述内外丹法。還元丹論，一卷。李元光撰。修真内煉祕妙諸訣，一卷。華林隱書陰丹妙論，一卷。裴氏撰。七返還元内丹訣，一卷。既濟龍虎訣，一卷。内丹歌，一卷。廣德先生撰。内丹祕藏，一卷。崔祐撰。姹姹歌，一卷。真一子還丹内象金鑰匙，一卷。神仙煉内丹出入生死訣，一卷。紫河車訣，一卷。南統大君内丹九章經，一卷。神仙内外七返七還指歸訣，一卷。内丹書，一卷。諸真内丹口訣，一卷。洞元子内丹訣，一卷。陶真人内丹賦，一卷。陳先生内丹訣，一卷。青提帝君内丹訣，一卷。

右内丹四十部，四十四卷。

道家四

玉清内書，二卷。黄帝九鼎神丹經訣，二十卷。老君八純元鼎經，一卷。老君丹經，一卷。龍虎經，一卷。太上真君石室祕訣服食還丹驗法，一卷。常子田撰。龍虎上經金丹訣，一卷。三皇經，一卷。陰長生修。五金髓經，一卷。王白雲撰。日月混元經，一卷。元光撰。龍虎上經金碧潛通訣，三卷。劉演撰。大洞煉真寶經修服丹砂妙訣，一卷。唐陳少微撰。太清石壁記，一卷。晉蘇元明撰。太清金丹，一卷。太易丹書，一卷。太易陰陽備訣手鑑圖，一卷。丹華經，一卷。大洞煉真寶經，一卷。陳少微撰。九轉流珠神仙九丹經，二卷。神仙庚辛經，一卷。大丹記，一卷。魏伯陽撰。大丹九轉歌訣，一卷。魏伯陽撰。指黃芽成大還丹歌，三十首，一卷。中還丹篸製術，一卷。龍虎篸製法，一卷。秦鑑語，一卷。唐隱士守真子撰。金虎元君訣，一卷。洞源還金術，一卷。陶植撰。土兑訣，一卷。龍虎丹，一卷。侯道華録。爐鼎要子龍虎歌，一卷。五金龍虎歌，一卷。葛洪撰。龍虎大丹訣，一卷。黃妙圖經，一卷。金木萬靈訣，一卷。葛洪撰。靈砂聖石玉路丹訣，一卷。大還輿金丹密訣，一卷。剛子丹訣，一卷。張道陵撰。元君肘後方，三卷。九丹金虎白龍論，一卷。唐隱士還陽子撰。太上肘後玉經方，一卷。盧遵元撰。真中經四鎮九方，一卷。紫靈丹砂表，一卷。太丹會明論，一卷。玉碑子，一卷。靈飛散傳信録，一卷。齊推撰。大還心鑑，一卷。丹論訣旨心鑑，一卷。張元德撰。金丹肘後訣玉清內書大樂終篇，一卷。龍虎展掌訣，一卷。嚴真人撰。太上龍虎展九都金祕指仙經，一卷。河上公注。修煉太一三使還命大丹指訣經，一卷。太上老君撰。黃帝神竈經，三卷。孫思邈撰。黃壺經，三卷。陶植撰。草衣子還丹契祕圖，一卷。元子撰。金藏經，二卷。茅君撰。還金篇，一卷。唐海蟾子元英撰。黜假驗真，一卷。楊無名撰。太丹歌，一卷。通元子撰。
張果進服丹砂訣，一卷。開元二十二年進。九室指元篇，一卷。陳圖南撰。
七返靈砂歌，一卷。後漢魏伯陽撰，黄君注。金丹賦，一卷。青霞子龍虎訣妙箭，
一卷。太一真人五行重元論，一卷。日月元樞，一卷。唐劉知古撰。火鑑
周天圖，一卷。魏伯陽撰。中元論，一卷。唐李延章集。神仙金汋經，三卷。
燒煉祕訣，一卷。孫思邈撰。元君付道傳心訣，一卷。道術指歸望江南，一卷。
金石相數篇，一卷。金液歌，一卷。證太丹訣，一卷。巨勝歌，一卷。
陰君金木火丹論，一卷。修丹砂狀，一卷。丹樓子，三卷。密付金丹
大還丹口訣，一卷。金液小還固命丹砂論，一卷。朱房撰。葛仙公歌訣，一卷。
靈砂受氣用藥訣，一卷。崔元真撰。龍虎丹訣，一卷。魏伯陽撰。龍虎丹櫃
訣，一卷。龍虎丹名别訣，一卷。金陵子龍虎還丹訣，四卷。龍虎指真訣，
一卷。通幽訣，一卷。雜丹訣，一卷。彭仲堪易成子大丹訣，一卷。
李真人還丹歌，一卷。金精石液訣，一卷。諸家丹訣，一卷。上清真祕訣，
一卷。注金丹訣，一卷。陰長生撰。還金丹訣，三卷。陶植撰，朱辭注。金丹
真訣，一卷。金液丹祕訣，一卷。羅浮真人撰。金液指掌論，一卷。蘇元素撰。

得一歌，一卷。　丹臺新録，九卷。夏有章撰。　神丹中經，一卷。　九丹神祕
經，一卷。　道證，一卷。左掌子撰。　丹經訣要，一卷。孫思邈撰。　石精大丹
法，一卷。　神丹方，一卷。蘇遊撰。　紫金白丹訣，一卷。　煉五神丹法，一卷。
　赤龍金虎中鉛煉七返丹砂訣，一卷。馬明生撰。　靈寶還魂丹訣，一卷。　服
金丹應候訣，一卷。　忠州仙都觀陰真君金丹訣，一卷。　鉛汞指真，一卷。
徐真君丹訣，一卷。　龍虎通元訣，一卷。孫思邈撰。　道術藥徑歌，一卷。　大
藥祕盟了議口訣，一卷。　龍虎還丹詩，一卷。和士安撰。　五金雜訣，二卷。
王君立制丹砂訣，一卷。　茅魏真人詩，一卷。　鉛汞五行圖，一卷。曹聖圖撰。
大丹至論，一卷。唐嚴靜撰。　修真歷驗抄并圖，一卷。羅子一撰。　九轉真訣，
一卷。　黄白祕法，一卷。　又，二十卷。　真儀總鑑，三卷。夷真子撰。　龍
虎亂日篇，一卷。孫思邈撰。　靈砂受氣用藥訣，一卷。　大丹詩，一卷。　大丹
龜鑑，一卷。　龍虎大丹作用頌，一卷。　太白山十煉聖石神妙經二十一轉訣，一
卷。　麻姑歌，一首。　狐剛子五金訣疏，一卷。　狐剛子粉圖，四卷。　唐朝鍊
大丹感應頌，一卷。李林甫撰，開元中道士孫太冲鍊神丹事。　龍虎大還丹訣，一卷。
龍虎大丹行狀，一卷。　陶真人金丹訣，一卷。　神丹經訣，十卷。　金木萬

齡訣，一卷。　魏伯陽感應訣，一卷。　龍虎還丹通元要訣，二卷。晉蘇元明撰。　造化伏汞圖，一卷。昇元子撰。　賢解録，一卷。唐紇干衆序。　明真證道論，一卷。張鼉撰。　龍虎金液還丹通元論，一卷。晉蘇元明撰。　四家要訣，一卷。集劉向、陵陽子、抱朴子、狐剛子所記煉丹事。　群仙論金丹大藥歌訣，一卷。任逍遥撰。　陶真人金丹訣，三卷。陶弘景撰。　服龍虎丹訣，一卷。麥積山仙人誨老述。　金液丹訣，一卷。陶植撰。　青霞子寶藏論，三卷。蘇元明號青霞子。　青霞子授茅君歌，一卷。青霞子，晉太康時人。　玄珠歌、逍遥歌、内指黄芽歌，一卷。通元先生撰。　金碧經，一卷。　金碧潛通經，一卷。羊參微撰。　金碧潛通入藥火鑑記，一卷。崔元真撰。　白雲子通真祕旨五行圖，一卷。黄鶴白雲子撰。　張子陽周易潛契神符白雪圖，一卷。　大還丹照鑑登仙集，一卷。　玉芝五大還丹訣，一卷。　鬼谷先生還丹歌，一卷。　元陽子還丹訣，二卷。　元陽九轉金丹歌，一卷。　馬明君龍虎傳，一卷。　真一子還丹内象龍虎訣，一卷。　龍虎變化神候訣，一卷。　達元子大道指歸金丹祕訣，一卷。　老君授尹喜煉丹訣，一卷。　丹砂妙訣，一卷。　服龍虎丹訣，一卷。　元悟真人還丹，一卷。　十二時龍虎神丹歌，一卷。　魏真人還丹訣，一卷。　金碧要旨，一卷。真人劉演集。　金液神丹經，三卷。

金液神氣經，十卷。混元皇帝撰。　金華玉女經，一卷。　東竈丹經，三卷。
蓬萊山東西竈還丹歌，一卷。魏伯陽撰。　蓬萊西竈還丹歌，一卷。　金石真宰通
微論，一卷。　金液還丹龍虎歌，一卷。元陽子撰。　水簾洞大還丹賦，一卷。
通元祕要術，三卷。唐青蘿子道光撰。　道書口訣祕法，一卷。　還陽先生鉛黄芽
傳，一卷。　金液三魂法，一卷。　金石還丹術，一卷。狐剛子撰。　丹房鑒源，
三卷。獨孤滔撰。　草金丹法，一卷。　蓬萊山草藥還丹訣，一卷。黄元鍾撰。
靈劍子。許真君撰。　劍訣大丹法，一卷。　峨嵋山神異記，三卷。漢張道陵撰。
黄芽河車法，一卷。　返魂丹方，一卷。　圃田通元祕術方，三卷。鄭元撰。

右外丹二百三部，三百一十卷。

金石靈臺記，一卷。　金石靈臺刊誤，一卷。　太清論石流黄經，一卷。　雲
母論，二卷。唐崔元真撰。　服雲母粉療病方，一卷。韓藏法師撰。　太清真人煉雲
母訣，二卷。孫思邈撰。　金石藥法，一卷。　金石要訣，一卷。　太清諸石變化
神仙方集要，一卷。陶弘景撰。　仙翁鍊石經，一卷。　石藥爾雅，一卷。梅彪撰。
鍊三十六水石法，一卷。　金石藥方，一卷。　小玉消丹應候訣，一卷。
伏藥經，三卷。　煉服雲母法，一卷。陶弘景撰。　神仙餌石并行藥法，一卷。京里

先生撰。　淮南王煉聖石法，一卷。楊知元撰。　赤松子金石論，一卷。　還金
術，一卷。陶植撰。　五金題術，一卷。　金石薄五九數，一卷。　服朱砂訣，一
卷。　龍虎制伏丹砂雄黃法，一卷。　鍊金丹秋石訣，一卷。　橐籥子金石真宰
通微論，一卷。　變煉二石術，一卷。　石藥異名要訣，一卷。王道冲撰。　鐵粉
論，一卷。唐蘇遊撰。　鍾乳論，一卷。褚知載撰。　新修鍾乳論，一卷。尚藥吳昪
等撰。

右金石藥三十一部，三十五卷。

靈寶神仙玉芝瑞草圖，二卷。　太上靈寶芝品，一卷。　芝經，一卷。　靈芝
記，五卷。　種芝經，九卷。　芝草黃精經，一卷。　神仙芝草圖，二卷。　靈
寶服食五芝晶經，一卷。　延壽靈芝瑞圖，一卷。　白雲仙人靈草歌，一卷。
經食草木法，一卷。陶隱居撰。　神仙得道靈藥經，一卷。漢張道陵撰。　養生神仙
方，三卷。　洞靈仙方，一卷。梁邱子撰。　仙茅根方，一卷。　黑髮酒方，一卷。
葛洪撰。　達靈經，一卷。陶弘景撰。　菊潭法，一卷。記服薏苡，似菊。　採服松
葉等法，一卷。司馬承禎撰。　神仙長生藥訣，一卷。　辨服至藥人形神論，一卷。
漢武服餌法，一卷。　至藥詩，一卷。王賢芝撰。　神武藥名隱訣，一卷。

神仙服食經，一卷。老子妙術靈草，一卷。老子服食方，一卷。草石隱號，一卷。神珠草藥證驗，一卷。太清石壁靈草記，一卷。蘇元明撰。服餌仙方，一卷。孫思邈枕中記，一卷。大道靜神論，一卷。攝生服食禁忌，一卷。攝生藥忌法，一卷。錬花露仙醽法，一卷。服餌保真要訣，一卷。李八百方，一卷。太清經諸藥草木方集要，一卷。太清神仙服食經，五卷。神仙服食經，十二卷。服玉法并禁忌，一卷。古今服食藥方，三卷。服食神祕方，一卷。神仙金櫃服食方，二卷。〔一〇〕孟氏補養方，三卷。神仙服食經，一卷。集録古今服食道養方，三卷。

右服餌四十八部，八十六卷。

素女祕道經，一卷。素女方，一卷。彭祖養性，一卷。郯子説陰陽經，一卷。序房内祕術，一卷。葛氏撰。徐太山房内祕要，一卷。新撰玉房祕訣，一卷。冲和子玉房祕訣，十卷。又，一卷。

右房中九部，十八卷。

太上玄道真經，一卷。靈陽經，一卷。養性延命集，二卷。陶弘景撰。又，二卷。孫思邈撰。修真祕録，一卷。符虔仁撰。神仙修養法，一卷。孫思邈撰。

養生訣，一卷。陶真人撰。

修真指微訣，一卷。含光子撰。

抱朴子別旨，一卷。葛洪撰。

修真詩解，一卷。馬湘撰。

養真要旨，一卷。徐元一撰。

保生術，一卷。

鍊精存珠玉霞篇，一卷。

順四時理五穀谷神不死訣，一卷。趙遵撰。

長生保聖纂要術，一卷。古詵撰。

大道養生上仙雜法，一卷。

金房玉關保生術，一卷。

陶仙公勸仙引，一卷。

樂真人祕訣，一卷。

施肩吾養生辨疑訣，一卷。

修真隱訣，一卷。

理化安民除病術，一卷。

太一真人固命歌，一卷。

薛君口訣，一卷。陳少微撰。

長生祕訣，一卷。

新修攝生祕旨，一卷。逍遥子撰。

神仙祕訣，三論，三卷。

易元子，一卷。

道樞，一卷。

神氣養形論，一卷。

保生纂要，一卷。

養生自慎訣，一卷。

傳命寶銘，一卷。

修行要訣，一卷。李審真撰。

頤神論，一卷。

谷神賦，一卷。趙大信撰。

谷神祕妙，三卷。

茅君靜中吟，一卷。

混俗頤生録，二卷。劉詞撰。

羅浮山石壁記，一卷。太一仙師撰。

繕生養性法，一卷。

繕生集略，一卷。

攝生經，一卷。唐郭霽撰。

長生攝養仙經，一卷。

三真旨要玉訣，一卷。

修真祕旨，十卷。司馬道隱撰。

修真祕旨訣，一卷。徐元一撰。

十四家修行祕術，一卷。

煙蘿子養神關鍱祕訣圖，一卷。

養生月録，一卷。姜蜕撰。

養性雜録，

一卷。孫思邈撰。退居志，一卷。孫思邈撰。内指通真訣，二卷。韓知嚴撰。胡證玉景歌，二卷。煙蘿子内真通元歌，一卷。養生保神經，一卷。鄧隱峯歌，一卷。東艮子遇道歌，一卷。明先生詩，一卷。崔元真歌，一卷。赤松子歌，一卷。雲中子還命訣，一卷。性箴，一卷。修真祕要經，一卷。海蟾子詩，一卷。元黄子擬漁父詩，一卷。遠俗銘，一卷。元陽子歌，一卷。攝生録，三卷。唐高福撰。攝生纂録，一卷。唐王仲邱撰。養生要録，一卷。孫思邈撰。鍾離授吕公靈寶畢法，十卷。長生坐隅障，五卷。古詵撰。修真内象圖要訣，十二卷。

右修養七十四部，一百一十八卷。

凡道類二十五種，一千三百二十三部，三千七百六十六卷。

釋家 傳記 塔寺 論議 詮述 章鈔 儀律 目録 音義 頌贊 語録

名僧傳，三十卷。釋寶唱撰。高僧傳，十四卷。梁釋僧祐撰。江東名德傳，三卷。釋法進撰。法師傳，十卷。王巾撰。衆僧傳，二十卷。裴子野撰。〔一一〕薩婆多部傳，五卷。釋僧祐撰。尼傳，二卷。皎法師撰。比丘尼傳，四卷。釋寶唱撰。　高僧傳，六卷。虞孝恭撰。　名僧録，十五卷。裴子野撰。〔一二〕　高僧傳，十四卷。僧惠皎撰。　續高僧傳，三十二卷。釋道宗撰。　續高僧傳，二十卷。釋道宣撰。　後集續高僧傳，十卷。　大唐西域求法高僧傳，二卷。僧義淨撰。　師號，一卷。　真門聖胄集，五卷。唐僧元偉撰。　景德傳燈録，三十卷。宋朝僧道原纂。　傳燈玉英集，三十卷。楊億撰。　法顯傳，二卷。　法顯行傳，三卷。　梁故草堂法師傳，一卷。陶弘景撰。　又，一卷。蕭回理撰。　稠禪師傳，一卷。　寶林傳，十卷。唐僧智矩撰。　高僧懶殘傳，一卷。　僧伽行狀，一卷。辛崇撰。　法琳別傳，二卷。唐僧彦源撰。　釋氏系傳，一卷。一行撰。　一行傳，一卷。李吉甫撰。　雲居和尚示化實録，一卷。唐僧元偉撰。　一宿覺僧傳，一卷。　六祖傳，一卷。　真覺大師傳，一卷。　蓮社十八賢行狀，一卷。　西峰行狀，一卷。　古清涼傳，二卷。　續清涼傳，一卷。　禪門法師傳，五卷。蜀居士句令元撰。　往生淨土傳，五卷。唐僧飛錫集。　開皇三寶録，十四卷。　無上祕密小録，五卷。宋朝魏德譽撰。　潤文官録，一卷。　國清道場百録，一卷。隋僧灌頂纂智者事迹。　釋迦譜，十卷。南齊佐律師撰。　釋迦譜略，二卷。　歷代三寶記，三卷。費長房撰。　釋氏譜略，二卷。　前代國王修行記，五卷。唐僧師哲撰。　六祖法寳記，一卷。唐僧法海撰。迦葉祖裔記，一卷。釋迦方志，二卷。瑞像歷年記，一卷。僞吴僧十朋撰。皇帝菩薩清淨大捨記，三卷。謝吴撰。梁皇大捨記，三卷。嚴畧撰。華嚴經纂靈記，五卷。唐僧賢首撰。古今譯經圖記，一卷。唐僧靖邁撰。續古今譯經圖記，一卷。唐僧智昇撰。四天王行藏記，一卷。金剛經報應記，三卷。唐西川安撫使盧永撰。

右傳記六十部，三百六十一卷。

盧山南陵精舍記，一卷。洛陽伽藍記，五卷。後魏楊衒之撰。京師寺塔記，十卷。隋劉璆撰。華山精舍記，一卷。張光禄撰。京師寺塔記，二卷。釋曇景撰。金陵寺塔記，三十六卷。唐僧清徹撰。成都大慈寺記，三卷。舍利塔記，一卷。僞唐高越撰。大唐京寺録傳，十卷。僧彦琮撰。攝山栖霞寺記，一卷。唐僧靈湍撰。

右塔寺十部，七十卷。

齊三教論，七卷。衛元嵩撰。笑道論，三卷。甄鸞撰。甄正論，三卷。杜義撰。又，三卷。唐僧玄嶷撰。心鏡論，十卷。李思慎撰。崇正論，六卷。僧彦琮撰。福田論，一卷。唐僧彦琮撰，序沙門不拜王者之事。沙門不拜俗議，六卷。彦琮撰。　集古今佛道論衡，四卷。唐僧道宣撰。　辨正論，八卷。唐僧法琳撰。
破邪論，二卷。僧法琳撰。　又，一卷。楚南撰。　十門辨惑論，二卷。唐僧復禮撰。
六趣論，六卷。楊上善撰。　三教詮衡，十卷。楊上善撰。　安養蒼生論，一卷。
唐僧玄琬撰。　三德論，一卷。僧玄琬撰。　入道方便門，二卷。僧玄琬撰。　鑑諭
論，一卷。　內德論，一卷。唐李師正撰。　辨量三教論，三卷。唐僧法雲撰。　十
王正業論，十卷。僧法雲撰。　敬福論，十卷。唐僧玄惲撰。　略論，二卷。僧玄惲撰。　八漸
法寶記血脈，一卷。　釋疑論，一卷。　淨土論，二卷。唐僧道綽撰。
通真議，一卷。白居易撰。　起信論，二卷。唐僧宗密注。　起信論鈔，二卷。僧宗密
撰。　起信論疏，二卷。唐僧法藏撰。　釋摩訶衍論，五卷。馬鳴大師論，龍樹菩薩釋。
原人論，一卷。　略華嚴長者論，一卷。唐僧光仁撰。　續古今佛道論衡，一
卷。唐僧智昇撰。　僧肇論，二卷。偽秦釋僧肇撰，唐僧光瑶注。　勸修破迷論，一卷。
探微子撰。　金沙論，一卷。　寶藏論，三卷。偽秦釋僧肇撰。　通感決疑録，一
卷。僧道宣撰。　渾混子，三卷。不知名氏所釋肇法師法藏論之義。　參元語録，十卷。
唐僧神清撰。　禪關八問，一卷。　玄聖蘧廬，一卷。唐李繁撰。　天台止觀，一
卷。隋僧智顗禪師撰。　通應決疑，二卷。唐僧道宣撰。　明道宗論，一卷。統

略淨住子淨行法門，一卷。齊蕭子良嘗夢佛授以淨行二法，因著爲二十卷，〔一三〕唐僧道宣取其可用爲統略。慧海大師入道要門論，一卷。達磨血脉，一卷。唐僧惠可撰。菩提心記，一卷。東平大師默論，一卷。棲賢法雋，一卷。唐僧惠明撰。荷澤禪師微訣，一卷。大乘入道坐禪次第要論，一卷。三十一相，道信撰。傅大士心王傳語，一卷。竺道生法師十四科元贊義記，一卷。無礙緣起，一卷。涅槃無名論，一卷。般若無知論，一卷。觀心論，一卷。三乘入道記，一卷。

大小乘觀門，十卷。僧玄惲撰。破胡集，一卷。會昌沙汰佛法詔勅。

右論議六十四部，一百七十五卷。

法苑集，十五卷。梁釋僧祐撰。弘明集，十四卷。僧祐撰。内典博要，三十卷。虞孝恭撰。經論纂要，十卷。駱子義撰。廣弘明集，三十卷。唐僧道宣撰。法苑珠林集，一百卷。唐僧道世纂。四分律僧尼討要略，五卷。元覺永嘉集，十卷。希運傳心法要，一卷。禪源諸詮集，一百一卷。唐僧宗密撰。石頭和尚參同契，一卷。唐僧希遷撰，唐宗美注。僧美，三卷。唐僧智月撰。釋氏六帖，四卷。周顯德中，僧義楚撰。内典序記集，十卷。無名氏。請禱集，十卷。僞吴僧十朋撰。内典編要，十卷。僧夢微撰。僧史略，三卷。宋朝僧贊寧撰。釋氏㖊求，五卷。宋朝程讜撰。尼裳求，一卷。釋道誠撰。法門名義集，一卷。李師政撰。廣法門名義，三卷。宋朝僧修淨撰。高僧纂要，五卷。僧覺昱撰。法喜集，二卷。晉太子賓客致仕馬胤孫撰。感通賦，一卷。宋朝僧延壽撰。釋門要録，五卷。釋源集，五卷。法要，三卷。僧宗正撰。釋氏化源，三卷。三教名數，十二卷。覺海元珠藏，三卷。空門事鑑，三卷。釋氏會要，四十卷。野僧仁贊撰。北山語録，十卷。僧神清撰。真言要集，十卷。唐僧賢明撰。輔教編，三卷。釋契嵩撰。

右詮述〔一四〕三十五部，四百七十二卷。

三藏本疏，二十二卷。釋道岳撰。雜心玄章并鈔，八卷。釋道基撰。大乘章鈔，八卷。釋道基撰。華嚴疏，十卷。釋智正撰。雜心玄文，三十卷。釋慧淨撰。俱舍論文疏，三十卷。同上。大莊嚴論文疏，三十卷。法華經纘述，三十卷。義源文本，四卷。釋玄會撰。時文釋鈔，四卷。釋玄會撰。涅槃義章句，四卷。釋玄會撰。涅槃義疏，十三卷。釋靈潤撰。又玄章，三卷。遍攝大乘論義鈔，十三卷。又玄章，三卷。攝論疏，五卷。釋辯相撰。攝論義疏，八卷。釋法常撰。又玄章，五卷。金剛經口訣正義，一卷。六祖慧能撰。

天台智者詞旨，一卷。隋僧灌頂私記。又義記，一卷。五部區分鈔，二十卷。釋智首撰。四分疏，十卷。釋法礪撰。大乘要句，三卷。釋空藏撰。維摩經疏，六卷。釋神楷撰。大乘經要，一卷。釋良价撰。華嚴十地維摩纘義章，十二卷。釋慧覺撰。金剛經訣，一卷。唐太白和尚撰。華嚴法界觀門，一卷。僧法順撰。中觀論三十六門勢疏，一卷。沙門元康撰。四分律疏，二十卷。釋慧滿撰。那提大乘集議論，四十卷。

右章鈔三十二部，三百四十八卷。

十種讀經儀，一卷。唐僧玄琬撰。無盡藏儀，一卷。發戒緣起，二卷。法界僧圖，一卷。十不論，一卷。並同上。百願文，一卷。玄惲撰。懺悔罪法，一卷。禮佛儀式，一卷。並玄琬撰。注戒本，二卷。唐僧道宣撰。又疏記，四卷。注羯磨，二卷。又疏，三卷。僧法礪撰。又疏記，四卷。行事刪補律議，三卷。〔一五〕釋門正行懺悔儀，三卷。釋門立物輕重儀，一卷。釋門章服儀，二卷。釋門歸敬儀，二卷。釋門護法儀，二卷。捨懺悔儀，一卷。輕重儀，一卷。十誦私記，十三卷。唐僧慧旻撰。僧尼行事，三卷。〔一六〕尼衆羯磨，二卷。菩薩戒義疏，四卷。並僧慧旻撰。〔一七〕禪門規圓覺道場脩式，一卷。僧懷海撰。　無殷垂誡，十卷。　水陸法事儀式，一卷。

證儀，十八卷。唐僧宗密撰。

右儀律二十九部，九十二卷。

大唐貞觀內典録，十卷。　大唐內典録，十卷。西明寺僧撰。　續大唐內典録，一卷。唐僧智昇撰。　內典目録，十二卷。唐王彥威撰。　開元內外經録，十卷。毋煚撰。

唐衆經目録，五卷。

右目録六部，四十八卷。

大唐衆經音義，二十五卷。僧玄應撰。　郭迻音訣，十卷。　藏經音義，隨函二十卷。僧可洪撰。　大藏經音，四卷。

右音義四部，五十九卷。

龐藴詩偈，三卷。　智閑偈頌，一卷。　寒山子詩，七卷。　省經贊，一卷。

見道頌，一卷。唐寶覺禪師撰，寓言居士注。　行道難歌，一卷。梁傅大士撰。　禪宗理信偈，一卷。僧道觀撰。　偈宗祕論，一卷。　雍熙禪頌，三卷。晉馬胤孫撰。　法眼真贊，一卷。　淨慧偈頌，一卷。　寶誌歌，一卷。　浮漚歌，一卷。宋朝僧辨隆撰。　達磨妙用訣，一卷。　了迷破妄訣，一卷。　達磨信心銘，一卷。

三祖信心銘，一卷。　空王銘，一卷。　王梵志詩，一卷。　心賦，二卷。
唐賢金剛贊，一卷。　永嘉和尚證道歌，一卷。靈運注。　十六羅漢頌，一卷。　激
無相歌，一卷。　般若經品頌偈，一卷。釋楚南撰。　光仁四大頌，一卷。　聖
勵道俗頌偈，一卷。唐僧良价撰。　解金剛經贊頌，一卷。梁傅大士與僧寶誌頌。
迹見在圖贊，一卷。　佛化東漸圖贊，二卷。　釋華嚴漩澓偈，一卷。梁僧惟勁撰。
惟勁禪師贊頌，一卷。　玄中語寶，三卷。張雲表集禪門偈頌。　顯宗集，一卷。
竹林集，十卷。僧本先撰。　龐居士歌，一卷。唐居士龐蘊撰。　清居牧牛頌，一
卷。　清涼大法眼禪師偈頌，一卷。

右頌贊三十八部，六十一卷。

德山和尚語録，一卷。　雲門和尚語録，一卷。　漳州羅漢琛和尚法要，三卷。
弟子紹修纂。　龐居士語録，一卷。　大唐國師小録法要集，一卷。　祖堂集，一
卷。　永嘉一宿覺禪師宗集，一卷。唐慶州刺史魏靖纂。　法眼禪師集，一卷。
法眼前後録，六卷。元則等編。　遺聖集，一卷。雜鈔諸禪宗問對之語。　楞伽山主小
參録，一卷。　忠國師語，一卷。唐僧惠忠語。　天台國師百會語要，一卷。唐僧義
榮纂天台般若和尚語。　紫陵語，一卷。　僧齊堂禪師語要，三卷。　百丈廣語，

一卷。僧懷和語。　無住和尚説法記，三卷。唐僧純休集。　龍濟和尚語要，一卷。

淨本和尚語論，一卷。　積玄集，一卷。　七科義狀，一卷。雲南使段立之問，唐僧悟達答。　禪關，一卷。唐楊士達問，唐宗美對。　裴休拾遺問，一卷。　仰山辨宗論，一卷。　相傳雜語要，一卷。　德山集，一卷。　廬山集，十卷。晉僧惠遠集。　釋氏要語，一卷。　妙中語，三卷。　五位語，一卷。　三轉語，一卷。　淨因語録，一卷。　唐僧宗密與清涼國師書，一卷。　五峯集，三卷。　保寧語録，一卷。　投子語録，一卷。　秀禪師語録，一卷。　懷和尚語録，一卷。　海會語録，二卷。　靈隱勝和尚法要，五卷。　寶華軻和尚語録，一卷。　悦禪師揀泉集，三卷。　雪竇明覺大師住洞庭語録，一卷。　明覺祖英集，一卷。　明覺添泉集，一卷。　明覺後集，一卷。　汾陽第二代語録，一卷。　百丈常禪師語録，一卷。　汾陽紹二和尚語録，一卷。　法燈禪師拈古，一卷。　雲門正真大師對機語録，二卷。　明覺拈古，一卷。　三角山和尚語録，一卷。　風穴沼和尚語録，二卷。〔一八〕　富沙信老投機語録，一卷。　寶峰巖和尚語録，三卷。

右語録五十六部，九十一卷。

凡釋類十種，三百三十四部，一千七百七十七卷。

校勘記

〔一〕「吴善經注」，汪本脱「注」字，據元本、明本、于本、殿本補。

〔二〕「又三卷何璨注」，汪本脱此條，據元本、明本、于本、殿本補。

〔三〕「唐李筌注」，汪本脱「注」字，據元本、明本、于本、殿本補。

〔四〕「學道傳二十卷馬樞撰」，「學道」二字原互倒，「撰」原作「傳」，據新唐書藝文志三改。

〔五〕「王珍撰」，明本、于本「珍」下有「吴」字，殿本作「賢」，元本與汪本皆無。

〔六〕「任子道論十卷」，「十」，原作「一」，據隋書經籍志三、舊唐志下、新唐志三改。

〔七〕「顧道士論三卷」，上衍「任嘏」二字，據新唐志三删。顧道士論作者爲顧谷，本書失載。

〔八〕「辨方正惑論一卷」，汪本「正」作「士」，據元本、明本、于本、殿本改。

〔九〕「内真通明歌一卷」，汪本「通」作「道」，據元本、明本、于本、殿本改。

〔一〇〕「神仙金櫃服食方二卷」，汪本「二」作「一」，據元本、明本、于本、殿本改。

〔一一〕〔一二〕「衆僧傳二十卷裴子野撰」、「名僧録十五卷裴子野撰」，按，二書分别見於隋志與兩唐志，（衆僧傳見於隋志史部傳記類與子部雜家類，名僧録見於舊唐志史部傳記類，新唐志子部釋氏類。）應爲一書異名，唐代所傳，已爲殘本也。

〔一三〕「齊蕭子良嘗夢佛授以淨行二法因著爲二十卷」，「十」字脱，據隋書經籍志三、舊唐書經籍志下、新唐書藝文志三補。

〔一四〕「詮述」，「詮」，原作「銓」，據本卷釋家目改。

〔一五〕「行事删補律議三卷」，汪本「議」作「儀」，據元本、明本、于本、殿本改。

〔一六〕「僧尼行事三卷」，元本、明本、于本、殿本「卷」下皆有「慧旻撰」三小字，汪本無。

〔一七〕「菩薩戒義疏四卷並僧慧旻撰」，「並僧慧旻撰」五字惟汪本有，各本皆無。

〔一八〕「風穴沼和尚語録二卷」，元本、明本、于本、殿本「沼」皆作「紹」，今姑從汪本。

藝文略第六

法家

管子，十八卷。齊相管夷吾撰，漢劉向録校。　又，十九卷。唐尹知章注，舊有三十卷。　又，二十卷。唐房玄齡撰。　管氏指略，二卷。唐杜佑撰。　商君書，五卷。秦相衞鞅撰。漢有十九篇，今亡三篇。舊有十卷，漢有四十二篇，隋唐分爲十卷，今亡九卷三十七篇。　愼子，一卷。戰國時處士愼到撰。　韓子，二十卷。韓非撰。唐有尹知章注，今亡。　鼂氏新書，七卷。漢御史大夫鼂錯撰。　崔氏政論，六卷。漢尚書崔寔撰。　劉氏政論，五卷。魏侍中劉廙撰。　阮子政論，五卷。魏清河太守阮武撰。　劉氏法論，十卷。魏劉劭撰。〔一〕　桓氏世要論，十二卷。〔二〕魏大司農桓範撰。　陳子要言，十四卷。吴豫章太守陳融撰。　治道集，十卷。李文博撰。　正論，三卷。李敬玄撰。

凡法家一種，十六部，一百六十一卷。

名家

鄧析子，一卷。戰國時鄭大夫。　尹文子，二卷。尹文，周之處士，遊齊稷下。　公孫龍子，一卷。戰國時人，舊十四篇，今亡八篇。　又，一卷。陳嗣古注。　又，一卷。賈大隱注。　人物志，三卷。魏劉劭撰，僞涼劉昺注。　廣人物志，三卷。唐杜周士撰。　河西人物志，十卷。趙武孟撰。　吳興人物志，十卷。唐宋璲撰。　九州人士論，一卷。魏司空盧毓撰。　士操，一卷。魏文帝撰。　士緯新書，十卷。姚信撰，吳人。　姚氏新書，二卷。其書類士緯。　辨名苑，十卷。范謐撰。　兼名苑，二十卷。僧遠年撰。　天保正名論，八卷。龍昌期撰。

凡名家一種，十六部，八十四卷。

墨家

墨子，十五卷。宋大夫墨翟撰。墨翟與孔子同時，漢志注，在孔子後。　又，三卷。樂臺注。〔三〕唐志不載，當考。　隨巢子，一卷。墨翟弟子。　胡非子，一卷。墨翟弟子。　董子，一卷。戰國時董無心撰，其說本墨氏。

凡墨家一種，五部，二十一卷。

縱橫家

鬼谷子，三卷。皇甫謐注。鬼谷先生，楚人也，生於周世，隱居鬼谷。　又三卷。樂臺注。〔四〕　又，三卷。唐尹知章注。　又，三卷。梁陶弘景注。　補闕子，十卷。梁元帝撰。　縱橫集，二十卷。李緯撰，採六國至東漢辨說之詞。

凡縱橫一種，六部，四十二卷。

雜家

尸子，二十卷。秦相衛鞅上客尸佼撰。　呂氏春秋，二十六卷。秦相呂不韋撰，高誘注。　淮南子，二十一卷。漢淮南王劉安撰，許慎注。　又，二十一卷。高誘注。

淮南鴻烈音，二卷。　風俗通義，三十卷。應劭撰。　嘿記，三卷。吳大鴻臚張儼撰。

抱朴子外篇，三十卷。〔五〕葛洪撰。　金樓子，十卷。梁元帝撰。　博物志，十卷。張華撰。　又，十卷。　張公雜記，一卷。張華撰，梁有五卷，大8.似博物志。

雜記，十一卷。張華撰。　廣志，二卷。郭義恭撰。　又，十卷。　部略，十五卷。

博覽，十三卷。〔六〕　崔豹古今注，三卷。　伏侯古今注，三卷。　續古今
注，三卷。唐周蒙撰。　中華古今注，三卷。馬縞撰。　古今善言，二十卷。宋車騎將
軍范泰撰。　闕文，十三卷。陸澄撰。　記聞，二卷。宋後軍參軍徐益壽撰。　備遺
記，三卷。　方類，六卷。　袖中記，二卷。沈約撰。　袖中略集，一卷。沈約撰。
珠叢，一卷。沈約撰。　採璧，三卷。梁中書舍人庾肩吾撰。　物始，十卷。謝昊
撰。隋志，「昊」作「吳」。　事始，三卷。唐劉孝孫、房德懋撰，皆爲王府官，以教諸王始學。
續事始，三卷。唐劉睿撰。　續事始，五卷。僞蜀馮鑑撰。　鴻寶，十卷。　雜
略，十三卷。　清神，三卷。　前言，八卷。　會林，五卷。　對林，十卷。
道言，六卷。叱囉羨撰。　文府，五卷。　語對，十卷。朱澹遠撰。　語麗，十
卷。梁朱澹遠撰。　對要，十卷。　雜語，三卷。　衆書事對，三卷。　廊廟五
格，二卷。王彬撰。　名數，十卷。徐陵撰。　物重名，五卷。　真注要録，一卷。
天地體，二卷。　諸書要略，一卷。魏彥深撰。　雜事鈔，二十四卷。　雜書
鈔，四十四卷。　子鈔，三十卷。梁黟令庾仲容撰。　子鈔，三十卷。沈約撰。　子
林，三十卷。薛克構撰。　子書要略，一卷。盧藏用撰。　子談論，三卷。　文章
始，一卷。任昉撰。　續文章始，一卷。姚察撰。　翰墨林，十卷。　新舊傳，四

卷。文鑑，五卷。典要，三卷。宋朝王曉撰。古今辨作録，三卷。博覽，十五卷。統載，三十卷。韓潭撰。博雅志，十三卷。李文成撰。麟閣詞英，六十卷。唐高宗時敕撰。屬文要義，十卷。元懷景撰。意林，三卷。馬總撰。魏氏手略，二十卷。魏謩撰。博聞奇要，二十卷。古今精義，十五卷。薛洪撰。諭善録，七卷。庾敬休撰。諭蒙，一卷。馮伉撰。蒙求，三卷。唐李瀚撰。又，二十卷。同。續蒙求，三卷。唐王殷範撰。唐蒙求，三卷。唐白廷翰撰。系蒙，二卷。李伉撰。群書系蒙，三卷。劉濬撰。三足記，二卷。盧景亮撰。古今語要，十二卷。僞唐喬舜封撰。歷代創制儀，五卷。五書，一卷。李愚撰。物類相感志，十卷。釋贊寧撰。近事會元，五卷。格言，六卷。僞唐韓熙載撰。長短要術，十卷。唐趙蕤撰。

凡雜家一種，九十二部，九百六卷。

農家

范子計然，十五卷。問答。尹都尉書，三卷。氾勝之書，二卷。漢議郎氾勝之撰。齊民要術，十卷。後魏賈思勰撰。春秋濟世六常擬議，五卷。隋楊瑾撰。

武后兆民本業，三卷。　演齊民要術，李淳風撰。　大農孝經，一卷。宋朝賈元道撰。　農家切要，一卷。　農子，一卷。　山居要術，三卷。王珉撰。　本書，三卷。何亮撰。

凡農家一種，十二部，四十七卷。

小説

燕丹子，一卷。丹，燕王喜太子。　青史子，一卷。　宋玉子，一卷。楚大夫宋玉撰。　語林，十卷。東晉處士裴啓撰。　瑣語，一卷。梁金紫光禄大夫顧協撰。　郭子，三卷。東晉中郎郭澄之撰，賈泉注。　笑林，三卷。後漢給事中邯鄲淳撰。　又，三卷。路氏撰。　笑苑，四卷。　解頤，二卷。楊松玢撰。〔七〕　世説，八卷。宋臨川王劉義慶撰。　世説抄，一卷。　續世説，十卷。劉孝標撰。　俗説，一卷。　小説，十卷。梁武帝勑安右長史殷芸撰。　又，十卷。劉義慶撰。　邇説，十卷。梁南臺治書伏挺撰。〔八〕　辯林，二十卷。蕭賁撰。　辯林，二卷。席希秀撰。　瓊林，七卷。周虎門學士陰顥撰。　座右方，八卷。庾元威撰。　座右法，一卷。　類林，三卷。裴子野撰。　啓顔録，十卷。侯白撰。　説林，五卷。孔衍撰。　説林，二十卷。張

太素撰。中樞龜鑑，一卷。唐蘇瓌撰。盧陵官下記，二卷。唐段成式撰。劇
談録，三卷。康軿撰。雲溪友議，三卷。唐范攄撰。嵐齋集，二十五卷。唐李躍
撰。常侍言旨，一卷。幽閑鼓吹，一卷。唐張固撰。盧氏雜説，一卷。唐盧
言撰。桂苑叢譚，一卷。會昌解頤録，一卷。松窻録，一卷。瀟湘録，
十卷。唐柳祥撰。醉鄉日月，三卷。唐皇甫松撰。笑林，三卷。唐何自然撰。
牛羊日歷，一卷。唐劉軻撰。猗玗子，一卷。〔九〕元結撰。刊誤，一卷。唐李涪撰。
資暇，三卷。李匡乂撰。〔一〇〕炙轂子雜録注解，五卷。唐王叡撰。杜陽雜
編，三卷。蘇鶚撰。家學要録，二卷。唐柳珵撰。俳諧集，十五卷。劉訥言撰。
説纂，四卷。李繁撰。劉公嘉話録，一卷。韋絢撰。戎幕閑談，一卷。韋絢紀李
德裕鎮蜀時話。通微子十物志，一卷。因話録，六卷。唐趙璘撰。乾𦠆子，一
卷。温庭筠撰。酉陽雜俎，三十卷。段成式撰。演義，十卷。唐蘇鶚撰。雜
説，六卷。李後主撰。談藪，八卷。隋楊松玢撰。〔一一〕摭言，十五卷。王定保撰。
玉溪編事，三卷。僞蜀金利用撰。鄭氏談綺，一卷。野人閑話，五卷。宋朝
景焕撰。開顔集，三卷。周文玘撰。釋常談，一卷。原化記，一卷。皇甫氏撰。

小說，二卷。劉孝孫撰。世說簡要，十卷。賓朋宴語，三卷。邱時撰。山東野録，一卷。賈同撰。續玉堂閑話，一卷。王仁裕撰。祕閣閑談，四卷。吳淑撰。友會談叢，三卷。上官融撰。丁晉公談録，一卷。宋景文公筆録，一卷。取笑笙蹄，三卷。善謔集，一卷。竇苹撰。林下笑談，二十卷。燈下閑談，二卷。清夜録，一卷。筆奩録，七卷。三餘録，三卷。涉弼撰。昭義記室別録，一卷。同歸小說，三卷。張齊賢撰。續同歸小說，三卷。安儀鳳撰。雜纂，一卷。李商隱撰。脞說前、後集，二十卷。張君房撰。沈存中筆談，二十卷。唐語林，八卷。歐陽文忠公歸田録，五卷。摭遺集，二十卷。東軒筆録，十卷。魏泰撰。文房監古，三卷。李孝美撰。青瑣高議，十八卷。劉斧撰。翰府名談，二十五卷。劉斧撰。炎州拾翠，十卷。蘇軾撰。冷齋夜話，十卷。僧惠洪撰。塵史，三卷。王得臣撰。群玉雜俎，一卷。笑談可用集，三卷。郭思撰。緗素雜記，十卷。黃朝英撰。事物紀原類集，十卷。高承撰。

凡小說一種，一百一部，五百七十七卷。

兵家兵書　軍律　營陣　兵陰陽　邊策。

司馬兵法，三卷。齊將司馬穰苴撰。　孫子兵法，三卷。吳將孫武撰，魏武帝注。　又，一卷。蕭吉注。　又，二卷。孟氏解語。　又，一卷。孫子兵法，一卷。吳沈友撰。　又，二卷。唐李筌撰。　又，一卷。杜牧撰。　又，二卷。唐陳皞注。〔一二〕　又，一卷。唐賈林注。　又，一卷。何延錫注。　又，一卷。張預注。　又，三卷。王皙注。　又，一卷。宋朝梅堯臣撰。　孫武兵經，三卷。張子尚注。　鈔孫子兵法，一卷。魏太尉賈詡鈔。　續孫子兵法，二卷。魏武帝撰。　孫子遺説，一卷。鄭友賢撰。　吳起兵法，一卷。魏將吳起撰，賈詡注。　又，一卷。孫鎬注。　尉繚子，五卷。梁惠王時人。隋志，一卷。　太公六韜，五卷。世言太公撰，蓋後人作。　伍子胥兵法，一卷。　黄石公三略，三卷。下邳神人撰，成氏注。　三略，三卷。吕惠卿注。　黄帝兵法，一卷。宋武帝所傳神人書。　太公陰謀，一卷。　又，三卷。魏武帝注。　太公陰謀三十六用，一卷。　太公兵法，二卷。　又，六卷。　太公金匱，二卷。　太公枕中記，一卷。　周書陰符，九卷。　大將軍兵法，一卷。　兵書接要，十卷。魏武帝撰。　兵法接要，三卷。　兵書略要，九卷。魏

武帝撰。　魏武帝兵法，一卷。　黃石公素書，一卷。〔一三〕　素書，二卷。呂惠卿
注。　黃石公兵書，三卷。　黃石公祕經，二卷。　黃石公內記敵法，一卷。
黃石公記，三卷。　黃石公略注，三卷。　黃帝用兵法訣，一卷。　梁武帝兵
法，一卷。　梁武帝兵書鈔，一卷。　梁武帝兵書要鈔，一卷。〔一四〕　玉韜，十
卷。梁元帝撰。　金韜，十卷。劉佑撰。　金策，十九卷。　兵書要略，五卷。後周
宇文憲撰。　兵書要術，四卷。任景志撰。　兵記，八卷。司馬彪撰。　兵書要序，
十卷。趙氏撰。　軍勝見，十卷。許昉撰。　戎決，十三卷。許昉撰。　陰策，二十
二卷。劉祐撰。　陰策林，一卷。　戰略，二十六卷。金城公趙煚撰。　金海，三十
卷。蕭吉撰。　成氏三略訓，三卷。　張良經，一卷。　張氏七篇，七卷。　孔
衍兵林，六卷。　王略武林，一卷。　王佐祕書，五卷。樂產撰。　隋高祖兵書，
三十卷。　唐李衞公對問，〔一五〕三卷。　兵春秋，一卷。　武孝經，一卷。唐郭良
輔撰。　臨戎孝經，一卷。員半千撰。　兵書論語，三卷。　承神兵書，八卷。
秦戰鬭，一卷。　戰鬭亭亭，一卷。　玉帳經，一卷。　玉帳新書，十卷。
軍謀前鑒，十卷。李嶠撰。　兵家正史，九卷。吳兢撰。　止戈記，七卷。劉秩撰。
至德新義，十二卷。　統軍靈轄祕策，一卷。亦曰武記，李光弼撰。　王公亮兵書，

十八卷。　新集兵書要訣，三卷。杜希全撰。　張道古兵論，一卷。　韜珠祕訣，十卷。盧元撰。　諸葛武侯十六策，一卷。　契神經，一卷。周顯德中，劉可久撰。　神武要略，十卷。　李靖兵家心術，一卷。　諸葛亮將苑，一卷。　元戎機，二卷。嚴洞撰。　平朝陰府二十四機，一卷。諸葛武侯撰。　六軍鏡心訣，一卷。諸葛武侯撰。　明將祕要，三卷。李靖撰。　韜鈐要訣，一卷。　三朝經武聖略，十五卷。　神武祕略，二十卷。　軍志總要，十卷。　百將傳，十卷。張預編。　樵子，五卷。　韋子，二卷。　正元新書，一卷。　備急玉櫃訣，一卷。楊渭撰。

黎教授兵説，二卷。　閫外春秋，十卷。唐李筌撰，起周至唐八代將帥。　改正六韜，四卷。　裴子兵馬，六卷。　軍額目，一卷。

右兵書一百十二部，五百五十卷。

軍誡，三卷。裴守一撰。　裴子新令，二卷。裴緒撰。　長慶人事軍律，三卷。燕僧利正撰。　人事軍律，三卷。符彦卿撰。　行師類要，七卷。唐王公亮撰。　行軍賞罰符契勑，一卷。　刑兵律，一卷。

右軍律七部，二十卷。

孫子八陣圖，一卷。　吳孫子牝牡八變陣圖，二卷。〔一六〕　黄石公五壘圖，一卷。　隋朝雜兵圖，一卷。　吳孫子三十二壘經，一卷。〔一七〕　龍武玄兵圖，二卷。解忠鯁撰。　武德圖五兵八陣法要，一卷。　武侯八陣圖，一卷。　裴行儉安置軍營行陣等四十六訣，一卷。　五行陣圖，一卷。　八陣四象陣法，一卷。　神變隊陣圖，一卷。　風后握機圖經，一卷。　風后握奇八陣圖，一卷。　神機靈祕圖，一卷。　新法武備圖，一卷。　營陣圖經，一卷。　防城器具，一卷。　邊城器用圖，一卷。　行營要訣，三卷。李惟則撰。

右營陣二十部，二十四卷。

孫子兵法雜占，四卷。　太公陰符鈐録，一卷。　太公伏符陰陽謀，一卷。　黄帝兵法孤虚雜記，一卷。　太公三宫兵法，一卷。　太一兵法，一卷。　太一三宫兵法立成圖，一卷。　太公書禁忌立成集，二卷。　黄石公三奇法，一卷。　黄石公陰謀行軍祕法，一卷。　三宫用兵法，一卷。　玄女戰經，一卷。　黄帝問玄女兵法，四卷。　陰陽兵書，五卷。莫珍寶撰。　黄帝軍出大師年命立成，一卷。　黄帝複姓符，一卷。許昉撰。　辟兵法，一卷。　黄帝太一兵歷，一卷。　黄帝蚩尤風后行軍祕術，二卷。　黄帝蚩尤兵法，一卷。　老子兵書，一卷。　吳有道占出軍決勝負事，一卷。　風氣占軍決勝戰，二卷。太史令全範撰。　對

敵權變，一卷。吳氏撰。　對敵占風，一卷。　黃帝夏后氏占氣，六卷。　兵法風
氣等占，三卷。　對敵權變逆順，一卷。　兵法權儀，一卷。　六甲孤虛雜決，一
卷。　六甲孤虛兵法，一卷。　孤虛法，十卷。　兵法遁甲孤虛斗中域法，九卷。
決勝孤虛集，一卷。　兵法日月風雲背向雜占，十二卷。　虛占，三卷。
兵書雜歷，八卷。　太一兵書，十一卷。　用兵祕法雲氣占，一卷。　兵法三家
軍占祕要，一卷。李行撰。　氣經上部占，一卷。　天大芒霧氣占，一卷。　鬼谷
先生占氣，一卷。　五行候氣占災，一卷。　乾坤氣法，一卷。　雜匈奴占，一
卷。漢王朔撰。　對敵占，一卷。　黃石公陰陽乘斗魁罡行軍祕法，一卷。　葛
洪兵法孤虛月時祕要法，一卷。　真人水鑑，十卷。陶弘景撰。　握鏡方，三卷。
握鏡圖，一卷。　李靖六軍鏡，三卷。　李淳風懸鏡，十卷。　太白陰經，十
卷。李筌撰。　青囊括，一卷。李筌撰。　兵殺歷，一卷。　神機武略兵要望江南
詞，一卷。易靜撰。　天事序議，一卷。韓滉撰。　韜鈐祕録，五卷。莊廷範撰。
衛公手記，一卷。　鑒川漁子吟風詩，一卷。　周易占兵，一卷。　戰勝歌百首，
一卷。　行軍月令，一卷。　諸葛亮兵機法，一卷。　軍軌兵鈐祕訣，三卷。
神兵苑，三卷。　六十甲子軍法，一卷。　兵機將略論，一卷。　彭門玉帳，一

卷。　出軍祕訣，一卷。　會稽兵家術日月占，一卷。　兵書萬勝決，二卷。
至德元寶玉函經，十卷。唐董承祖撰。　統戎式鑒，一卷。　白起神妙行軍法，三
卷。李靖序。　六甲五神用兵法，一卷。　要訣兵法立成歌，一卷。　六甲攻城
破敵法，一卷。　馬前祕訣兵書，一卷。　靈關訣，二卷。　預知歌，一卷。　陰
太一厭禳法，一卷。　太一行軍六甲禳厭詩，一卷。　通玄玉鑑占，一卷。
符握機運要，五卷。　出軍祕占，五卷。張良撰。　大壬用兵太一心機要訣，一卷。
李靖撰。　三式風角用法立成，十二卷。王款撰。　靈關集益智，三卷。李洿撰。
氣神定行兵勝負立成，一卷。　小遊太一立成七十二局，一卷。　太一遊星圖，
一卷。　玄女孤虛法，一卷。　遁甲出軍歷，一卷。　唐賢祕密書，一卷。
天老神老經，一卷。　備急玉櫃訣，一卷。

右兵陰陽九十九部，二百四十卷。

定遠安邊策，三卷。郭元振撰。　開復西南夷事狀，十七卷。唐韋臯撰。　西陲
要略，二卷。范傳正撰。　禦戎新録，二十卷。李渤撰。　西南備邊録，十三卷。李德
裕撰。　徐德占策，三卷。　清邊備要，五十二卷。宋朝曾致堯撰。

右邊策七部，一百一十一卷。

凡兵家五種，二百四十部，九百四十五卷。

天文類第七

天文　歷數　算術

天文　天象　天文總占　竺國天文〔一八〕　五星占　雜星占　日月占　風雲氣候占　寶氣

周髀，一卷。趙嬰注。　又，一卷。甄鸞重述。　又，二卷。李淳風注。　周髀圖，一卷。　靈憲圖，一卷。張衡撰。　渾天儀，一卷。張衡撰。　渾天象注，一卷。吴散騎常侍王蕃注。　石氏渾天圖，一卷。　渾天圖記，一卷。　昕天論，一卷。吴姚信撰。　安天論，一卷。虞喜撰。　定天論，三卷。　天儀説要，一卷。陶弘景撰。　玄圖，一卷。　石氏星簿經贊，一卷。　星經，五卷。陶弘景撰。　甘氏四七法，一卷。　録軌象以頌其章，一卷。内有圖。　天文要集，四卷。　天文集要鈔，二卷。　天文書，二卷。　天文横圖，一卷。高文洪撰。　天文志，十二卷。吴雲撰。　天文，十二卷。史崇注。　天文十二次圖，一卷。　天官宿野圖，一卷。　石氏星經，七卷。陳卓記。　星經，七卷。郭歷撰。　中星經簿，十五卷。　星官簿贊，十三卷。　摩登伽經説星圖，一卷。　星圖，二卷。　二十八宿二百八十三宫圖，一卷。　二十八宿十二次，一卷。　二十八宿分野圖，一卷。　論二十八宿度數，一卷。　孝經内記星圖，一卷。　周易分野星圖，一卷。　太象玄文，一卷。李淳風撰。　法象志，七卷。　天文大象賦，一卷。唐黄冠子李播撰。　丹元子步天歌，一卷。唐右拾遺内供奉王希明撰。　大象玄機歌，三卷。試太子校書閭邱崇撰。　靈憲圖，三卷。仲林子撰，爲日紀、太陰紀、五星紀三篇。　天文録經要訣，三卷。　隔子圖，一卷。　大象歷，一卷。　星經手集，二卷。　括星詩，一卷。　入象度，一卷。　通占大象歷星經，三卷。　宿曜度分域名録，一卷。　大象垂萬列星圖，三卷。　甘氏星經，三卷。　小象賦，一卷。　陳卓星述，一卷。　天心紫微圖歌，一卷。李淳風撰。　小象千字詩，一卷。張華撰。　星經，一卷。郭璞撰。　大象列星圖，一卷。　正色列象注解圖，一卷。　史氏天官照，一卷。　玄象歷，一卷。　玄黄十二次分野圖，一卷。　司天監須知，一卷。　渾儀法要，十卷。祥符中作。　渾儀略例，一卷。祥符中作。

右天象六十七部，一百六十八卷。

天文集占，十卷。晉太史令陳卓定。　天文要集，四十卷。晉太史令韓楊撰。　石

氏天文占，八卷。　甘氏天文占，八卷。　天文占，六卷。李暹撰。　雜天文橫
占，六卷。　天文集占圖，十一卷。　天文五行圖，十二卷。　天文録，三十卷。
梁奉朝請祖暅之撰。　天文志雜占，一卷。吴雲撰。　陳卓四方宿占，一卷。　星
占，二十八卷。孫僧化等撰。　天官星占，十卷。陳卓撰。　著明集，十卷。　天
文外官占，八卷。　荆州占，二十卷。宋通直郎劉嚴撰。　十二次二十八宿星占，十
二卷。史崇撰。　垂象志，一百四十八卷。　太史注記，六卷。　靈臺祕苑，百二
十卷。隋太史令庾季才撰。　玄機内事，七卷。逢行珪撰。　乙巳占，十二卷。祕閣郎
李淳風撰。　乾坤祕奥，七卷。李淳風撰。　古今通占鏡，三十卷。唐武密撰。
大唐開元占經，一百一十卷。今存三卷。　通乾論，十五卷。董和撰。　荆州劉石甘
巫占，一卷。漢荆州牧劉表命武陵太守劉意集甘、石、巫咸等書之占，今存一卷。　天文占，一
卷。李淳風撰。　長短經天文篇，一卷。唐趙蕤撰。　天文總論，十二卷。右上武衛兵
曹康氏撰。　通玄玉鑑頌，一卷。仲林子撰。　證應集，三卷。徐彦卿撰。　星書
要略，六卷。徐承嗣撰。　天象應驗集，二十卷。　二十八宿分野五星巡應占，一
卷。　太霄論璧，一卷。　景祐乾象新書，三十卷。宋朝太子洗馬司天春官正楊惟德
撰。　天元玉册元誥，十卷。扁鵲撰。　天元玉册截法，六卷。　天元祕演，十

卷。陳蓬撰。　靈臺經，三卷。　星土占，一卷。　黄黑道内外坐休咎賦，一卷。

右天文總占四十三部，七百八十四卷。

婆羅門天文經，二十一卷。婆羅門捨仙人説。　婆羅門天文，一卷。　婆羅門竭伽仙人天文説，三十卷。　西門俱摩羅祕術占，一卷。　僧不空譯宿曜，二卷。　一行大定露膽訣，一卷。

右天竺國天文六部，五十六卷。

巫咸五星占，一卷。　黄帝五星占，一卷。　五星占，一卷。丁巡撰。　又，一卷。陳卓撰。　長慶算五星所在宿度圖，一卷。徐昇。　五星集占，六卷。　日月五星集占，十卷。　五星犯列宿占，六卷。　五緯合雜，一卷。　五星合雜説，一卷。　五星兵法，一卷。　京氏釋五星災異傳，一卷。　任常五星賦，一卷。　太白占，一卷。　太白會運逆兆通代記圖，一卷。李淳風、袁天綱集。

右五星占十五部，三十四卷。

雜星占，七卷。　又，十卷。　海中星占，一卷。　星圖海中占，一卷。　彗星占，一卷。　流星占，一卷。　妖星流星形名占，一卷。　彗孛占，一卷。　妖瑞星圖，一卷。宋均撰。　妖瑞星雜氣象圖，一卷。

右雜星占十部，二十五卷。

京氏日占圖，一卷。　夏氏日旁氣，一卷。　日食茀候占，一卷。　魏氏日旁氣圖，一卷。　日旁雲氣圖，五卷。　日食占，一卷。　日變異食占，一卷。　天文洪範日月變，一卷。　洪範占，一卷。　日月暈，三卷。　日月暈圖，二卷。　黄道晷景占，一卷。　日行黄道圖，一卷。　日月交會圖，一卷。　月暈占，一卷。　日月蝕暈占，四卷。　日月薄蝕圖，一卷。　日月暈珥雲氣圖占，一卷。

右日月占十八部，二十八卷。

翼氏占風，一卷。　天文占雲氣圖，一卷。　雜望氣經，八卷。　候氣占，一卷。　章賢十二時雲氣圖，二卷。　天機立馬占，一卷。鍾湛然撰。　推占龍母探珠詩，一卷。以望氣占説爲詩六十首。　推占青霄玉鏡經，一卷。　占風九天玄女經，一卷。　定風占詩，一卷。忠武軍節度巡官劉啓明撰。　雲氣圖，一卷。　象氣圖，一卷。　天涯地角經，一卷。　占風雲氣候日月星辰上下圖，一卷。　乾象占，一卷。　雲氣測候賦，一卷。劉啓明撰。　占候風雨賦，一卷。劉啓明撰。　望氣書，七卷。見隋志。　雲氣占，一卷。〔一九〕見隋志。

右風雲氣候占十九部，三十三卷。

望氣相山川寶藏祕記，三卷。見隋志。　地鏡，三卷。　金婁地鏡，一卷。

老子地鏡祕術，三卷。

右寶氣四部，十卷。

凡天文八種，一百八十二部，一千一百三十八卷。

歷數正歷　歷術　七曜歷　雜星歷　刻漏

四分歷，三卷。　又，三卷。漢修歷人李梵撰。　又，一卷。趙隱居撰。　劉歆三統歷，一卷。　魏甲子元三統歷，三卷。　姜氏三紀歷，一卷。姜岌撰。　姜氏歷序，一卷。　乾象歷，五卷。漢會稽都尉劉洪。　又，三卷。吳太子太傅闞澤撰。　魏景初歷，三卷。晉楊偉撰。　景初壬辰元歷，一卷。楊沖撰。　正歷，四卷。晉太常劉智撰。　河西甲寅元歷，一卷。涼太史趙𢾺撰。　河西壬辰元歷，一卷。趙𢾺撰。　甲寅元歷序，一卷。趙𢾺撰。　宋元嘉歷，二卷。何承天撰。　神龜壬子元歷，一卷。後魏將軍祖瑩撰。　後魏甲子歷，一卷。李業興撰。　壬子元歷，一卷。後魏校書郎李業興撰。　魏武定歷，一卷。　齊甲子元歷，一卷。宋氏撰。　周天和年歷，一卷。甄鸞撰。 周大象年歷，一卷。王琛撰。 壬辰元歷，一卷。 周甲寅元歷，一卷。馬顯撰。 周甲子元歷，一卷。 梁大同歷，一卷。虞劇撰。 後魏永安歷，一卷。孫僧化撰。 北齊天保歷，一卷。散騎常侍宋景業撰。 北齊甲子元歷，一卷。李業興撰。 隋開皇甲子元歷，一卷。劉孝孫撰。 隋開皇歷，一卷。李德林撰。 隋大業歷，十卷。張胄玄撰。 皇極歷，一卷。隋劉焯撰。 又，一卷。

傅仁均唐戊寅歷，一卷。 唐麟德歷，一卷。 唐甲子元辰歷，一卷。瞿曇謙撰。 合乾歷，三卷。曹士蔿撰。 合乾新歷，一卷。楊緯撰。 王勃千歲歷。亡卷帙。 僧一行開元大衍歷，五十二卷。 寶應五紀歷，四十卷。 建中貞元歷，二十八卷。 長慶宣明歷，三十四卷。 長慶宣明歷要略，一卷。 景福崇元歷，四十卷。邊岡撰。 大衍通元鑑新歷，三卷。自唐貞元至大中。 大唐長歷，一卷。起武德，止天祐。 天福調元歷，二十卷。晉司天監馬重績撰。 廣順明元歷，一卷。周王處訥撰。 顯德欽天歷，十五卷。周端明殿學士王朴撰。 同光乙酉長歷，一卷。 武成永昌歷，二卷。僞蜀司天監胡秀林撰。 保大齊政歷，十九卷。僞唐歷。 萬分歷，一卷。廣順中作。 拔長元歷，一卷。自唐乾符甲午至祥符丙辰。 建隆應天歷，六卷。宋朝司天少監王處訥撰。 開寶歷，一卷。 太平乾元歷，八卷。冬官正吳昭素等撰。咸平儀天歷，十六卷。太子洗馬兼春官正史序等撰。熙寧奉元歷，七卷。太宗長歷，一卷。

右正歷六十三部，三百六十七卷。

歷法，三卷。劉歆撰。又，一卷。歷術，一卷。吳太史令吳範撰。景初歷術，二卷。景初歷法，三卷。歷術，一卷。何承天撰。又，一卷。崔浩撰。又，一卷。王琛撰。又，一卷。華州刺史張賓撰。姜氏歷術，三卷。乾象歷術，三卷。漢劉洪撰。玄歷術，一卷。張胄玄。天圖歷術，一卷。歷日義說，一卷。律歷注解，一卷。龍歷草，一卷。光宅歷草，十卷。南宮說撰。歷草，二十四卷。推漢書律歷志術，一卷。歷疑質讞序，二卷。興和歷疏，二卷。算元嘉歷術，一卷。陰陽歷術，一卷。趙敺撰。雜歷術，一卷。太史記注，六卷。又，六卷。八家歷，一卷。歷日義統，一卷。歷日吉凶注，一卷。麟德歷出生記，十卷。歷議，十卷。歷立成，十二卷。宣明歷超捷例要略，一卷。景福歷術，一卷。真象論，一卷。靈臺編，一卷。大衍心照，一卷。正象歷經，一卷。僞蜀胡秀林撰。雜注，一卷。新修歷經，一卷。太平興國中作。歷注，一卷。驗日食法，三卷。何承天撰。日食論，一卷。　頻月合朔法，五卷。　歷記，一卷。　元嘉二十六年度日景數，一卷。　朔氣長歷，二卷。皇甫謐撰。　歷章句，二卷。　月令七十二候，一卷。　玉鈐步氣術，一卷。　三五歷説圖，一卷。　春秋去交分歷，一卷。　推二十四氣歷，一卷。

右歷術五十三部，一百四十三卷。

七曜本起，三卷。後漢甄叔遵撰。　七曜小甲子元歷，一卷。　七曜歷術，一卷。　七曜歷法，一卷。　七曜歷算，二卷。　七曜要術，一卷。　陳天嘉七曜歷，七卷。　陳永定七曜歷，四卷。　推七曜歷，一卷。　陳天康二年七曜歷，一卷。　陳光大元年七曜歷，二卷。　陳太建年七曜歷，十三卷。　陳至德年七曜歷，二卷。　陳禎明年七曜歷，二卷。　開皇七曜年歷，一卷。　仁壽二年七曜歷，一卷。　七曜歷經，四卷。張賓撰。　七曜歷數算經，一卷。趙敺撰。　七曜歷疏，一卷。李業興撰。　七曜義疏，一卷。李業興撰。　七曜術算，二卷。甄鸞撰。　七曜雜術，二卷。劉孝孫撰。　七曜歷疏，五卷。太史令張胄玄撰。　七曜符天歷，一卷。唐曹士蔿撰。　七曜符天人元歷，三卷。曹士蔿撰。　人天定分經，一卷。　地輪七曜，一卷。呂佐周撰。　七曜氣神歌訣，一卷。莊守德撰。　七曜氣神歌訣，一卷。　七政長歷，三卷。

右七曜歷三十部，六十七卷。

都利聿斯經，二卷。本梵書五卷，唐貞元初有都利術士李彌乾將至京師，推十一星行歷，知人命貴賤。　新修聿斯四門經，一卷。唐待詔陳輔重修。　徐氏續聿斯歌，一卷。　都利聿斯歌訣，一卷。安修睦撰，關子明注。　聿斯鈔略旨，一卷。　聿斯隱經，一卷。　羅濱都利聿斯大衍書，一卷。　文殊菩薩所説宿曜經，一卷。唐廣智三藏不空譯。　應輪心照，三卷。蔣權卿撰。　曹公小歷，一卷。唐曹士蔿撰，李思議重注，本天竺歷。　青蘿歷，一卷。青蘿山人王公佐撰。　清霄玉鑑，三卷。終南山鮑該撰，以十一星十二宫推知人命。　秤星經，一卷。唐昧撰。　符天行宫，一卷。　難逃論，一卷。　氣神經，三卷。　氣神鈐歷，一卷。　氣神隨日用局圖，一卷。　占課禽宿情性訣，一卷。　星宫運氣歌，一卷。　星禽進退歌，一卷。　紫堂經，五卷。李沂撰。　紫堂元草歷，二卷。黄粃撰。　紫堂指迷訣，二卷。黄粃撰。　紫堂經，三卷。　紫堂局經，一卷。　紫堂隱微歌，二卷。　紫堂明暗曜局，一卷。　紫堂要録，三卷。　大衍五行數，一卷。　九星行度歌，一卷。　九星長定歷，一卷。　大衍天心照歌，一卷。　細歷，一卷。　大歷，一卷。　草範治歷，一卷。　密藏金鎖歷，一卷。李瓊撰。　九曜星羅立成歷，一卷。婆毗大衍撰。

六甲周天歷，一卷。孫僧化撰。　五星正要歷，五卷。　新集五曹時要術，三卷。魯靖撰。

右雜星歷四十一部，六十五卷。

漏刻經，三卷。後漢待詔太史霍融等撰。〔二〇〕　又，一卷。梁朱史撰。　又，一卷。陳太史令宋景撰。　又，一卷。祖暅之撰。　又，一卷。梁代撰。　天監五年修漏刻事，一卷。　雜漏刻法，十一卷。皇甫洪澤撰。　晷漏經，一卷。　唐刻漏經，一卷。　東川蓮花漏圖，一卷。燕肅撰。　蓮花漏法，一卷。　更漏圖，一卷。　造漏法，一卷。　晝夜刻漏日出長短圖經，一卷。趙業撰。　刻漏記，一卷。

右刻漏，一十五部，二十五卷。

凡歷數五種，二百二部，六百六十七卷。

算術 竺國筭法

九章算術，十卷。劉徽撰。　九章算術，二卷。徐岳、甄鸞重述。　又，一卷。李遵義撰。　又，九卷。李淳風撰。　九九筭術，二卷。楊淑撰。　九章別術，二卷。

九章筭經，二十九卷。徐岳、甄鸞等撰。　又，二卷。徐岳注。　九章六曹算經，一卷。　九章重差，一卷。劉向撰。　九章重差圖，一卷。劉徽撰。　九章推圖經法，一卷。張峻撰。　算經要用百法，一卷。徐岳撰。　綴術，六卷。祖冲之撰。　孫子算經，二卷。　趙敺算經，一卷。　謝察微算經，三卷。　夏侯陽算經，一卷。　張邱建算經，二卷。　又，三卷。李淳風撰。　數術記遺，一卷。徐岳撰。　五經算術録遺，一卷。　五經算術，一卷。甄鸞撰。　又，二卷。李淳風注。　算經易義，一卷。張纘撰。　張去斤算疏，一卷。　黄鍾算法，三十八卷。　算律吕法，一卷。　衆家算陰陽法，一卷。　董泉三等數，一卷。　五曹算經，五卷。甄鸞撰。　又，五卷。韓延、夏侯陽等撰。　韓延夏侯陽算經，一卷。　九經術疏，九卷。宋泉之撰。　海島算經，一卷。劉徽撰。　又，一卷。李淳風注。　九章雜算文，二卷。劉祐撰。　七經算術通義，七卷。陰景愉撰。　周髀算經，二卷。李淳風撰。　九章算經要訣，一卷。李淳風撰。　五曹孫子等筭經，二十卷。李淳風注。　甄鸞孫子算經，三卷。李淳風注。　緝古算術，四卷。王孝通撰。　算經表序，一卷。　一位算法，二卷。江本撰。　得一算經，七卷。陳從運撰。　心機算術括，一卷。　龍受益算法，二卷。　周易軌限算，一卷。　新易一法算軌九例要訣，一卷。龍受益撰。　乘除算例，一卷。　法算細歷，一卷。　量田要例算法，一卷。 潁陽書，三卷。邢和璞撰。 求一指蒙算術玄要，一卷。李紹穀撰。 周髀算經音義，一卷。李籍撰。 求一算法九例，一卷。 謝經算術，三卷。 九章算經音義，一卷。李籍撰。 九章細草，九卷。賈憲撰。 法算敦古集，二卷。賈憲撰。

算學通玄九章，一卷。青陽中山子撰。

右算術六十二部，二百二十九卷。

婆羅門算法，三卷。 婆羅門陰陽算歷，一卷。 婆羅門算經，三卷。

右竺國算法三部，七卷。

凡算術二種，六十五部，二百三十六卷。

五行類第八

易占 軌革〔三二〕 筮占 龜卜 射覆 占夢 雜占 風角 鳥情 逆刺 遯甲 太一 九宮 六壬 式經 陰陽 元辰 三命 行年 相法 相笏 相印 相字 堪餘 易圖 婚嫁 產乳 登壇 宅經 葬書

五行一

周易林，十六卷。漢焦贛撰。 又，二卷。費直撰。 又，三卷。魯洪度撰。

又，四卷。管輅撰。　又，五卷。郭璞撰。　又，七卷。張滿撰。〔二二〕　又，一卷。陶弘景撰。　周易守林，三卷。京房撰。　周易集林，十二卷。京房撰。　又，十二卷。伏曼容撰。　又，一卷。伏氏撰。　易林變占，十六卷。焦贛撰。　易新林，一卷。後漢方士許峻撰。　又，四卷。郭璞撰。　又，九卷。　周易洞林，三卷。郭璞撰。　又，三卷。梁元帝。　周易集林律歷，一卷。虞翻撰。　易贊林，二卷。　易立成林，二卷。郭氏撰。　易立成，四卷。　易立成占，三卷。顏氏撰。　易林體，三卷。陶弘景撰。　周易經林雜纂，一卷。　周易紇骨林，一卷。　易法，一卷。　易林要訣，一卷。　易要訣，一卷。　周易卦林，一卷。　周易占，十二卷。　又，一卷。張皓撰。　周易妖占，十三卷。京房撰。　周易逆刺占災異，十二卷。京房撰，云費氏。　周易雜占，七卷。許峻撰。　又，八卷。尚廣撰。　又，八卷。武靖撰。　周易飛候，九卷。京房撰。　又，六卷。京房撰。　周易飛伏例，一卷。　周易四時候，四卷。京房撰。　周易飛候六日七分，八卷。　周易渾沌，四卷。京房撰。　周易委化，四卷。京房撰。　易災條，二卷。許峻撰。　易決，一卷。許峻撰。　周易通靈決，二卷。魏少府丞管輅撰。　周易通靈要訣，一卷。管輅撰。　周易錯卦，八卷。隋志，七卷。　郭氏易腦，一卷。　易髓，三卷。陶隱居撰。

周易卜法易髓，三卷。周易髓腦，二卷。周易玄品，二卷。周易通真釋例，一卷。神農重卦經，二卷。文王幡音，一卷。周易火竅，一卷。周易三備，三卷。上備言天文，中備卜筮，下備地理。又，一卷。周易三備雜機要，一卷。老子神符易，一卷。連山，三十卷。梁元帝撰。周易服藥法，一卷。周易問卜，十卷。周易骨髓決，一卷。嚴遵撰。蔀首經，一卷。周易八仙詩，一卷。周易鬼谷林，一卷。周易六神頌，一卷。周易六十四卦歌，一卷。周易十門要訣，一卷。爻象雜占，一卷。周易玄鑑林，三卷。周易玄悟，三卷。李淳風撰。周易薪冥軌，一卷。李淳風撰。易鏡玄要，一卷。袁天綱撰。周易律歷，一卷。京房撰。文王版詞，一卷。周易經類，一卷。易鏡，三卷。中條山道士無惑子撰。周易卜經，一卷。周易論，一卷。周易天門子卜法，二卷。周易太清易經訣，一卷。玉笥山人王曉撰。周易繚繞詞，一卷。仙人張晉祕訣。周易河圖術，一卷。靈隱子撰。周易通神歌，一卷。無惑先生撰。周易探玄，九卷。王守一撰。管公明隔山照，一卷。君平占卦法，一卷。周易靈真術，一卷。周易靈真訣，一卷。周易鬼靈經，一卷。周易象罔玄珠，五卷。周易備要，一卷。周易斷卦夢江南，一卷。杜陵賁周易歌，一卷。　八卦雜決，一卷。　周易竹木經，一卷。　周易卦纂神妙決，一卷。

周易八仙經疏，一卷。邢朝宗撰。　周易卦頌，一卷。黄景元撰。　周易玉鑑頌，一卷。阮兆撰。　周易子夏十八章，三卷。　周易三十八章，一卷。　周易斷卦例頭，一卷。　周易飛燕繞梁歌，一卷。　周易飛燕轉關林竅，一卷。　周易玄悟髓決，一卷。鬼谷先生撰。　周易轆轤關雜占，一卷。　周易灰神壽命歷，一卷。

易軌，一卷。　周易要訣占法，一卷。

右易占一百一十三部，三百六十八卷。

軌革入式例，一卷。　軌革歌象，一卷。　周易軌革指迷照膽訣，一卷。蒲乾虔瓘撰。　軌革六候詩，一卷。　軌革源命歌，一卷。　軌革易贊，一卷。　周易軌限算，一卷。　軌革心鑑内觀，六卷。　軌革時影，一卷。　軌限立成歷，一卷。　軌革金庭玉鑑經，一卷。　歷數緯文軌算，三卷。

右易軌革一十二部，一十九卷。

周易内卦神筮法，二卷。費直撰。　周易筮占林，五卷。費直撰。　周易筮占，二十四卷。晉處士徐苗撰。　周易雜筮占，四卷。　周易初學筮要法，一卷。　揲蓍圖，一卷。　周易竅書，三卷。郭璞撰。

右筮占七部，四十卷。

沈思經，一卷。晉掌卜大夫史蘇撰。　龜經，三卷。史蘇撰，一曰十卷。　又，三卷。柳彦詢撰。

又，三卷。柳世隆撰。　又，一卷。劉寶真撰。　又，一卷。王宏禮撰。

又，一卷。孫思邈撰。　又，一卷。莊道名撰。　又，十卷。齊廣撰。　龜卜要訣，四卷。

龜經髓訣，二卷。　龜親經，三十卷。周子曜撰。　龜經要略，一卷。

龜卜五兆動摇決，一卷。　五兆算經，一卷。　鑽龜造卜經，一卷。黄法真撰。

十二靈棊卜經，一卷。　黄石公備氣，三卷。　神龜經，一卷。　五兆連珠，一卷。

白龜經，一卷。毛賓撰。　巢父打瓦經，一卷。　春秋龜策經，一卷。

齊人行兵天文龜眼玉鈐經，二卷。

右龜卜二十四部，七十五卷。

易射覆，二卷。見隋志。　孔子通覆決，三卷。顔氏撰。　十二將射覆法，一卷。

鬼谷先生射覆歌，一卷。　閶邱淳射覆決，一卷。　東方朔射覆經，一卷。

神應射覆決，一卷。

右射覆七部，一十卷。

占夢書，三卷。京房撰。　又，一卷。崔元撰。　又，三卷。隋志，一卷。周宣等撰。　又，一卷。竭伽仙人撰。　又，四卷。盧重元撰。　夢雋，一卷。唐柳璨撰。

解夢録，一卷。僧紹端撰。

右占夢七部，一十四卷。

古今雜占，三十卷。　海中仙人占體瞤及雜吉凶書，三卷。　耳鳴書，一卷。　目瞤書，一卷。　嚏書，一卷。　和菟鳥鳴書，一卷。　王喬解鳥語經，一卷。　郯子占鳥經，一卷。　太上占鳥法，一卷。　百怪書，一卷。　白澤圖，一卷。　武王須臾，一卷。　占燈經，一卷。李淳風撰。　淮南王萬畢術，一卷。　靈棊經，一卷。張良撰。　又，一卷。唐李暹撰。　七術，一卷。　人倫寶鑑卜法，一卷。　昭明太子響應經，一卷。　破躁經，一卷。管輅撰。　七十二候法，一卷。

右雜占二十一部，五十二卷。

風角集要占，十二卷。　風角要占，三卷。京氏撰。　風角占三卷。　又，七卷。章仇太子翼撰。　風角總占要決，十一卷。　風角雜占，四卷。　風角要集，十卷。　又，一卷。　風角要候，十一卷。翼奉撰。　又，一卷。章仇太子翼撰。

風角占候，四卷。　風角鐶歷占，二卷。吕氏撰。　兵法風角式，一卷。　戰鬭風角鳥情，三卷。　鳥情逆占，一卷。　逆剌，三卷。〔二三〕　風角五音六情經，十三卷。　風角兵候，十二卷。　陰陽風角相動法，一卷。　風角迴風卒起占，五卷。　風角地辰，一卷。　風角望氣，八卷。　風雷集占，一卷。　風角五音圖，二卷。　風角雜占五音圖，五卷。翼氏撰。　又，十三卷。京房撰。　五音相動法，二卷。　黄帝飛鳥歷，一卷。張衡撰。　黄石公北斗三奇法，一卷。　黄帝四神歷，一卷。吴範撰。　黄帝地歷，一卷。　黄帝斗歷，一卷。

右風角三十二部，一百四十五卷。

風角鳥情，一卷。翼氏撰。　又，二卷。儀同劉孝恭撰。　戰鬭風角鳥情，三卷。　鳥情占，一卷。王喬撰。　鳥情逆占，一卷。管輅撰。　鳥情雜占禽獸語，一卷。　占鳥情，二卷。　六情決，一卷。　六情鳥音内祕，一卷。焦氏撰。　風角六情決，一卷。王琛撰。

右鳥情一十部，一十四卷。

逆剌，三卷。京房撰。隋志，一卷。　逆剌占，一卷。　逆剌總決，一卷。　壬子決，一卷。〔二四〕

右逆剌四部，六卷。

黃帝陰陽遁甲，六卷。　遁甲決，一卷。吳相伍子胥撰。　遁甲文，一卷。伍子胥撰。　遁甲經，三十三卷。後魏信都芳撰。　遁甲經要鈔，一卷。　遁甲萬一決，二卷。　遁甲九元九局立成法，一卷。　遁甲肘後立成囊中祕訣，一卷。葛洪撰。　遁甲囊中經，一卷。　遁甲囊中經疏，一卷。　遁甲立成，六卷。　遁甲敘三元玉歷立成，一卷。郭宏遠撰。　遁甲立成法，一卷。劉孝恭撰。　遁甲穴隱祕處經，一卷。　黃帝九元遁甲，一卷。王琛撰。　黃帝出軍遁甲式，一卷。　陽遁甲用局法，一卷。劉孝恭撰。　陽遁甲，九卷。釋智海撰。　陰遁甲，九卷。　陰陽遁甲，十四卷。　三元遁甲圖，三卷。葛洪撰。　三元遁甲立成圖，一卷。　遁甲九宮八門圖，一卷。　遁甲開山圖，三卷。滎氏撰。　遁甲反覆圖，一卷。葛洪撰。　遁甲年録，一卷。　遁甲支干決，一卷。　遁甲行日時，一卷。　遁甲，三卷。　遁甲要用，四卷。葛洪撰。　遁甲祕要，一卷。葛洪撰。　三元遁甲，六卷。許昉撰。　又，六卷。陳員外散騎常侍劉毗撰。　又，三卷。杜仲撰。　三元九宮遁甲，二卷。　三正遁甲，一卷。杜仲撰。　遁甲九星歷，一卷。　遁甲三奇，三卷。　遁甲三元九甲立成，一卷。　遁甲推時要，一卷。　遁甲萬一決，一卷。　元中祛惑遁甲經，三卷。劉烜撰。　遁甲十八局，一卷。唐一行撰。　陰陽二遁萬一決，四卷。 遯甲搜玄經，一卷。 遯甲符寳萬歲經國歷，一卷。唐司馬驤與弟裕撰。 遯甲元樞，二卷。廬山道士馮繼明撰。 天一遯甲鈐歷，一卷。 天一遯甲圖，一卷。 天一遯甲陰陽局鈐圖，一卷。 天一遯甲兵機舉要歌，一卷。茅山楊渭撰。 遯甲玉女反閉局法，一卷。 玄女遯甲祕訣，一卷。 天一遯甲式，一卷。 遯甲天一指陳，三卷。 陰陽二遯甲局，二卷。李靖撰。 遯甲天目圖，一卷。樊洞撰。 遯甲二局鈐，一卷。 遯甲歷，一卷。 遯甲隨局舉要歌，一卷。馮思古撰。 天一遯甲歌，一卷。 陰陽二遯入式法，一卷。 天元陰陽局，二卷。 天一遯甲賦，一卷。宋朝邱濬撰。 遯甲孤虛記，一卷。伍子胥撰。 遯甲孤虛注，一卷。 斗中孤虛圖，一卷。 景祐遯甲符應經，三卷。宋朝楊惟德等撰。 遯甲專征賦，一卷。員卓撰。 遯甲善奇金合盤，一卷。 遯甲九宮亭亭白姦，一卷。

右遯甲七十一部，一百七十九卷。

五行二

太一飛鳥歷，一卷。王琛撰。 又，二卷。 太一十精飛鳥歷，一卷。 太一太一飛鳥雜決捕盜賊法，一卷。　太一三合五元要決，一卷。
飛鳥立成，一卷。
太一龍首式經，一卷。董氏注。　太一經，二卷。宋琨撰。　太一式雜占，十卷。
太一九宫雜占，十卷。　黄帝太一度厄祕術，八卷。　黄帝太一雜書，十六卷。
太一王佐祕珠，五卷。隋樂産撰。　太一太游歷，二卷。　太游太一歷，一卷。
太一式經，二卷。　太一式經雜占，十卷。　太一元鑑，三卷。李淳風撰。
太一樞會賦，一卷。　太一金鏡式經，十卷。王希明撰。　天一太一經，一卷。僧一
行撰。　太一局遁甲經，一卷。　天寶太一靈應式記，五卷。唐馬先撰。　太一時
紀陰陽二遁立成歷，二卷。僞南漢胡萬頃撰。　日遊太一五子元出軍勝負七十二局，一
卷。　新修中樞祕頌太一明鑑法，五卷。唐劉啓明撰。　太一細行草，二卷。
太一雜集算草，一卷。　太一集，十卷。杜惟韓撰。　太一雜鑑，一卷。青溪子纂。
陰陽二遁太一，一卷。　太一時計鈐，一卷。　太一遁甲萬勝時定主客立成
訣，一卷。　十神太一巡遊分野立成圖，一卷。　太一陰陽二遁立成，一卷。
新修時遊太一立成，一卷。　太一陽九百六經，一卷。　新修太一青虎甲寅經，一
卷。宋朝司天少監王處訥撰。　太一神樞長歷，一卷。　太一歌，五卷。　又，一
卷。　太一祕歌，一卷。茅山道士廣夷撰。　太一循環歷，一卷。　景祐太一福應

集要，十卷。宋朝楊惟德撰。　黄帝集靈，三卷。　黄帝絳圖，一卷。　黄帝龍首經，一卷。　黄帝奄心圖，一卷。

右太一四十八部，一百五十二卷。

黄帝九宫經，一卷。　九宫經，三卷。鄭玄注。　九宫行棊經，三卷。鄭玄注。又，三卷。　九宫行棊法，一卷。房氏撰。　九宫行棊立成法，一卷。王琛撰。　九宫行棊雜法，一卷。　行棊新術，一卷。　九宫行棊鈔，一卷。　九宫推法，一卷。　三元九宫立成，一卷。　九宫要集，一卷。豆盧晃撰。　九宫經解，二卷。李氏注。　九宫圖，一卷。　九宫變圖，一卷。　九宫八卦式蟠龍圖，一卷。　九宫郡縣録，一卷。　九宫雜書，一卷。

右九宫一十八部，二十五卷。

六壬式經，三卷。　六壬式經雜占，九卷。　六壬釋兆經，六卷。　六壬歷，一卷。　六壬明鑑連珠歌，一卷。唐一行撰。　六壬髓經，三卷。一行撰。　六壬大玉帳歌，十卷。唐李筌撰。　玉帳經，一卷。李靖纂。　六壬軍鑒式，三卷。僞南漢長史胡萬頃撰。　金匱經，三卷。　神樞靈轄，十卷。陳記室樂産撰。　絳囊經，一卷。唐居士馬融撰。　玄女青華經，三卷。　六壬瓶記，一卷。　推人鈎元法，一卷。三傳四課鈐，一卷。六壬括明林經，一卷。六壬錄，六卷。六壬鈐，一卷。五真降符六壬神式經，一卷。六壬元鑑，一卷。余琇撰。祕寶翠羽歌，三卷。沙門令岑撰。六壬心鑑歌，三卷。徐道符撰。六壬六十四卦名，一卷。六壬軍帳賦，一卷。劉啓明撰。六壬戰勝歌，一卷。六壬啓蒙纂要，一卷。唐徐琬撰。玉闕歌，一卷。六壬詩，一卷。景祐六壬神定經，十卷。宋朝楊惟德等撰。六壬補闕新書，十卷。王升撰。六壬大橈經，三卷。玉女課訣，六卷。六壬透天關，一卷。六壬六經歌，一卷。徐道符撰。六壬心鑑拾遺，一卷。鬼料竅，一卷。天復傳課天剛六壬，一卷。夜叉經，一卷。六壬式苑，一卷。六壬明體經，一卷。六壬神樞萬一決，一卷。六壬精體經，一卷。六壬事神歌，一卷。六壬又妙歌，一卷。截壬歌，一卷。山陰道士經，三卷。漢道士姚可久撰。六壬竅甲經，一卷。玄女關格經，一卷。玉女肘後術，一卷。肘後歌，一卷。玉女面身術，一卷。太六壬出時日暮局，一卷。太元新書，一卷。六壬飛電歌，三卷。鄭德深撰。灰火經，一卷。擷翠經，一卷。蛇髓經，一卷。九門經，一卷。會靈經，一卷。志公通課，一卷。八門課，一卷。六壬了了歌，一卷。六壬賦，三卷。姜邱撰。　六壬密旨，一卷。黄公達撰。　六壬金經玉鑑，一卷。黄公達撰。　六壬心照，一卷。高濟撰。　六壬類苑，一卷。諸葛武侯撰。　淘金歌，一卷。　太上寶鑑略，一卷。王希明撰。　金匱八象統天元經，一卷。　梁簡文帝光明符，十二卷。　金英玉髓經，一卷。連肩吾撰。　開雲觀月歌，一卷。蔣日新撰。　六壬雕科，三卷。李靖撰。　六壬髓經心鑑，三卷。　星禽氣神占，一卷。　星禽妙課，一卷。　禽宿妙談，十卷。　七曜神氣經，三卷。　景祐神氣經，三卷。楊惟德撰。

大衍二十八宿要訣，一卷。

右六壬八十二部，一百九十一卷。

式經，三卷。桓安吴撰。　式經雜要決，九卷。　式經立成，九卷。　伍子胥式經章句，二卷。　范蠡玉笥式，二卷。　宋琨式經，一卷。　雷公式經，一卷。　玄女式經要法，一卷。　黄帝式經三十六用，一卷。曹氏撰。　連珠明鏡式經，十卷。唐拾遺内供奉李鼎祚撰。　景祐三式目録，一卷。楊惟德等撰。　式鑑經，一卷。　黄帝金式，一卷。　金匱入式法，一卷。　式例，一卷。　法式心經，一卷。　由吾裕式心經略，二卷。　課式法，一卷。　式精要節，一卷。李房撰。　五行用式法事神，一卷。楊可撰。　神機轉式經，三卷。　黄帝式用當陽經，二卷。

右式經二十二部，五十六卷。

天皇大神氣君注歷，一卷。太史公萬歲歷，一卷。司馬談。千歲歷祠，一卷。任氏撰。萬歲歷祠，二卷。萬歲歷二十八宿人神，一卷。歷祀，一卷。田家歷，十二卷。師曠書，三卷。海中仙人占災祥書，三卷。東方朔書，二卷。東方朔書鈔，二卷。東方朔歷，一卷。東方朔占候水旱下人善惡，一卷。太歲所在占善惡書，十卷。舉百事要略，一卷。五姓歲月禁忌，一卷。雜忌歷，二卷。魏高堂隆撰。百忌大歷要抄，一卷。歷忌新書，十二卷。太史百忌歷圖，一卷。太史百忌，一卷。周易神殺旁通歷，一卷。雜殺歷，九卷。唐七聖歷，一卷。賈耽撰。廣濟陰陽百忌歷，一卷。呂才撰。勝金歷要決，一卷。僧德濟撰。濟家備急廣要録，一卷。天寶歷，一卷。唐陳恭釗撰。五行家國通用圖歷，一卷。珞琭子撰。明時總要歷，一卷。橫推歷，一卷。月帳金鷄玉狗歷，一卷。呂才撰。選日大衍要歷，一卷。宋朝春官正史序撰。選日陰陽月鑑，一卷。廣聖歷，一卷。晉苗鋭集。陰陽書，三十卷。唐王璨撰。陰陽書，五十三卷。呂才撰。乾坤寶典，四百十七卷。宋朝判司天監史序撰。五符圖，一卷。洪範政鑒，十二卷。仁宗撰。黄帝枕中經，一卷。西天陰符紫微七政經論，一卷。天輪日直經，一卷。六十花甲子歌，一卷。李淳風撰。六十甲子時辰星吉凶法，一卷。天都經，一卷。三元奇門法，一卷。鐵掃帚年月，一卷。選日精要，四卷。活曜二十八宿日真星歌，一卷。陰陽實録，一卷。一行選日旁通法，一卷。推葬呼歷，一卷。大六壬葬送運詩，一卷。五姓萬事歷，四卷。萬年歷，十七卷。楊惟德撰。集聖歷，四卷。楊可撰。黄黑道經要纂，一卷。三輪造作法，一卷。晉災祥，一卷。災祥集，七十六卷。廣古今五行記，三十卷。竇維鋈撰。樵子五行志，五卷。唐陽夏撰。蓬瀛書，三卷。唐黎幹撰。三鑑，三卷。含文嘉，三卷。黄帝朔書，一卷。師曠、東方朔撰。月令圖，一卷。劉先之撰。四民福禄論，三卷。李淳風撰。年鑑，一卷。福禄論，三卷

右陰陽七十一部，七百六十九卷。

五　行　三

孝經元辰決，九卷。孝經元辰，二卷。又，四卷。元辰本屬經，一卷。

推元辰厄會，一卷。　元辰事，一卷。　元辰救生削死法，一卷。　元辰要祕次序，一卷。　元辰章用，二卷。　雜推元辰要祕立成，六卷。　元辰立成譜，一卷。　元辰五羅算，一卷。　五行元辰厄會，十三卷。　孝經元辰會，九卷。　元辰歷，一卷。　雜元辰禄命，二卷。　溢河禄命，三卷。

右元辰一十七部，五十八卷。

玉鈐三命祕術，一卷。　三命韜鈐祕術，三卷。劉進平撰。　三命抄略，二卷。　七殺三命歌，一卷。凝神子撰。　三命通元歷，一卷。　三命金書五行，一卷。陶隱居撰。　三命立成算經，一卷。陶隱居撰。　三命殺歷，一卷。陶隱居撰。　三命九中歌，一卷。李燕撰。　二十八家三命總要，三卷。公孫琥撰。　河上公宿命要訣，一卷。　天立三命訣，一卷。　三命消息賦，一卷。珞琭子撰。　又，一卷。僧叔昕撰。　又，一卷。杜崇龜撰。　三命消息賦，七卷。王班撰。　桑道茂禄命要訣，一卷。　僧一行禄命詩，一卷。　穿珠三命，一卷。　三命金箱記，一卷。　三命測神歌，一卷。趙自勤撰。　洞靈祕論，二卷。　八殺經，一卷。凝神子撰。　解悟經，一卷。凝神子撰。　楊備天心歌，一卷。　論建命法，一卷。　輪臺三命，一卷。　天三命，一卷。　支干定命圖，一卷。皮日休撰。　釋三命，一卷。

定命歌，一卷。衛韜撰。三命金書五行妙術，一卷。驛馬四位法，一卷。虞綽撰。胎骨經，一卷。五命歌，一卷。洪範要決，一卷。洪範五行消息訣，一卷。蕭吉撰。洪範碎金五行，一卷。洪範骨肉五行，一卷。飛練三命，一卷。拔元三命決，一卷。髓鑑三命血脉論，三卷。白雲先生撰。五子元氣候決，一卷。胎息運氣三命決，一卷。胎息經，一卷。羅浮山人和命篇，一卷。三命洞元五行書，一卷。耿鋭撰。五行三命真書，一卷。李遂通元三命，三卷。三命立成算經要訣，一卷。三命鈐，一卷。陳昉撰。三命鈐釋，一卷。太陰三命歌，一卷。董子平撰。三命機要決，一卷。徐鑑撰。三十二説三命，一卷。三命竹輪經要略，一卷。神傳三命，一卷。金合盤三命要訣，一卷。通元五命新格，三卷。洞微經，一卷。洞微飛宫法，一卷。通天大命算，一卷。主本五行祕要，一卷。凝神子，一卷。胎命三光，一卷。金鑑祕靈，一卷。五星明鑑經，一卷。金河流水決，一卷。金星八字決，一卷。劉進平撰。鬼谷先生五命，一卷。了了經，一卷。三命五行灾論決，一卷。十二宫八室歌，一卷。李乾撰。東方朔珞琭賦疏，十卷。禄命書，二十卷。劉孝恭撰。三命決，三卷。隋孟遇撰。考評三命決，一卷。孟遇撰。人元祕樞，三卷。劉啓明撰。三命通元論，三卷。翰林待詔李申撰。穆護詞，一卷。李燕撰。司馬先生三十六禽歌，一卷。風后三命，一卷。洪範碎金訓字，一卷。新集禄命書，一卷。太原生定命決，一卷。鮮鶚經，十卷。三命鳳髓經，一卷。五行九中歌，一卷。李燕撰。李虚中命術，一卷。李虚中命書補遺，一卷。林開五命祕訣，一卷。劉沔五行衡鑑，一卷。五命通靈括，三卷。竹輪經，一卷。聿師歌，一卷。天地細微科決，一卷。合乾頌，一卷。五德定分經，一卷。秤星經，一卷。靈臺歌，一卷。天陣三垣祕決，一卷。

右三命一百一部，一百六十四卷。

太行年祕術，三卷。李吉甫撰。三元經，三卷。禄命人元經，三卷。推計禄命厄運詩，一卷。楊龍光撰。三命運氣法，一卷。推太歲行年吉凶厄，一卷。唐王叔政撰。三命太行年入局韜鈐，三卷。李吉甫撰。推太歲行年吉凶厄，一卷。王叔政撰。行年五鬼轉運九宮法，一卷。禄命人元經，三卷。行年禄命骨，一卷。李吉甫撰。人元百六限，一卷。九宮太行年法，一卷。三運大運歌，一卷。五運九氣人元三限，一卷。費長房運氣歌，一卷。道士梁嗣真洞微歌，一卷。　注洞微限，一卷。　定胎元禄限，一卷。　交陽坐禄限，一卷。　劉進平氣運，一卷。　氣元運本，一卷。楊元素撰。　竹維三限幽妙集，一卷。　大小運行年要決，一卷。王靈辨撰。

右行年二十四部，三十四卷。

相書，四十六卷。見隋志。　相經要録，三卷。蕭吉撰。　相經，三十卷。鍾武隸撰。　相書圖，七卷。　袁天綱相書，七卷。　趙蕤相術，一卷。　人倫龜鑑，三卷。孫知古撰。　人倫龜鑑賦，一卷。袁天綱撰。　姑布子卿相法，三卷。　麻子經，三卷。　肉眼通神論，三卷。唐舉撰。　月波洞中記，一卷。老君記於太白山月波洞中，凡九篇。　元靈子相法，一卷。　顯光師相法，一卷。　柳隨風占氣色歌，一卷。〔二五〕　十七家集相書，一卷。　占氣色要訣圖，一卷。　袁天綱要決，三卷。　黄帝神光經，一卷。　唐舉相顯骨法，一卷。　論骨指歸心明決，一卷。　謝公論生死候法，一卷。　米昭形神外論，一卷。　黑寶經，一卷。　慶歷傳言集，三卷。孫知古撰。　許負相書，三卷。　武侯相書，一卷。　袁天綱氣神經，五卷。　楊龍光相詩，一卷。　玉册寶文，七卷。　玉册寶文髓心記，一卷。周世明撰。　張涉人倫真訣，十卷。　摩登女相經，一卷。范峒纂。　元珠囊，一卷。　李淳風元觀經，一卷。　通仙歌，一卷。李筌撰。　孫元骨法，一卷。

相髓，一卷。　洞靈祕訣，一卷。　洞元靈要訣，一卷。　峨嵋氣法，一卷。

宋齊邱玉管照神局，二卷。　玉環經，一卷。　析微祕章，一卷。　金歌氣色祕

訣，一卷。　十三家相書，一卷。　陳摶人倫風鑒，一卷。　危道士相法，一卷。

孤巖相法，一卷。　三輔學堂玉訣，一卷。劉虚白撰。　三輔學堂論，一卷。

玉課三停決，一卷。　學堂氣骨心鑑訣，一卷。　學堂相法，一卷。劉虚白撰。

五星相法，一卷。　洞天隱訣，一卷。　一行雜相歌，一卷。　心印相書，一

卷。　鬼谷子觀氣色出相圖，一卷。　袁天綱骨法，一卷。　天花經，一卷。

天授先生胎息三方主，一卷。　邱先生定性情詩，一卷。　海淵經，一卷。

玉仙人相書，一卷。　龜鑑骨法，一卷。　形神祕要，一卷。　三輔奇術，一卷。

林秀翁傳神相，一卷。　金鎖歌，一卷。　金麗相書，一卷。　許負金歌，一

卷。　歷代史相録，一卷。

右相法七十三部，一百九十五卷。

相手板經，六卷。　相笏經，一卷。陳混掌撰。　又，三卷。　東方朔相笏

經，一卷。　袁天綱相笏經，一卷。　郭先生相笏經，一卷。

右相笏六部，十三卷。

韋氏相板印法，一卷。　魏程申伯相印法，一卷。

右相印二部，二卷。

六神相押字法，一卷。　一行相字詩，一卷。

右相字二部，二卷。

五行四

二儀歷頭堪餘，一卷。　堪餘歷，二卷。　注歷堪餘，一卷。　地節堪餘，二卷。　堪餘歷注，一卷。　堪餘，四卷。　大小堪餘歷術，一卷。　堪餘天赦有書，七卷。　八會堪餘，一卷。　黃帝四序堪餘，二卷。殷紹撰。　太史堪餘歷，一卷。後魏殷紹撰。

右堪餘一十一部，二十三卷。

易通統卦驗玄圖，一卷。　易新圖序，一卷。　易八卦命錄斗內圖，一卷。　易斗圖，一卷。郭璞撰。　易八卦斗內圖，二卷。　又，二卷。　八卦五行圖，一卷。　易斗中八卦絕命圖，一卷。　易斗中八卦推遊年圖，一卷。　易通統圖，二卷。　易分野星圖，一卷。　乾坤氣法，一卷。許辨撰。

右易圖一十二部，一十五卷。

婚娶經，四卷。　陰陽嫁娶書，四卷。　婚嫁書，二卷。　婚嫁黄籍科，一卷。　六合婚嫁歷，一卷。　六合婚嫁書及圖，二卷。　嫁娶迎書，四卷。　嫁娶陰陽圖，二卷。　雜嫁娶房内圖術，四卷。　九天嫁娶圖，一卷。　婚書，一卷。　姚陳議婚書，一卷。

右婚嫁一十二部，二十七卷。

六甲貫胎書，一卷。　産乳書，二卷。　産經，一卷。　推産婦何時産法，一卷。王琛撰。　推産法，一卷。　生産符儀，一卷。　産圖，二卷。　崔知悌産圖，一卷。

右産乳八部，十卷。

拜官書，三卷。　臨官冠帶書，二卷。　仙人務子傳神通黄帝登壇經，一卷。　壇經，一卷。　登壇經，三卷。　五姓登壇圖，一卷。　登壇史，一卷。　龍紀聖異歷，一卷。唐翰林待詔李遠撰。　壇經，一卷。唐天寶中，趙同珍撰。　元法經，一卷。　上官祕決，一卷。

右登壇十一部，十五卷。

宅吉凶論，三卷。　相宅圖，八卷。　保生二宅經，一卷。　陰陽二神歌，一卷。王澄撰。　寶鑑決，一卷。　修造法，一卷。　宣聖宮道書，一卷。　囊金二宅，一卷。張吁撰。　諸家要術宅經，一卷。一行撰。　金祕書，三卷。王澄撰。　三元九宮修造法，一卷。　二宅黃黑道祕訣，一卷。一行撰。　李淳風應上象修造妙訣，一卷。　魁綱庫樓修造法，一卷。一行撰。　呂才陰陽遷造賓遑經，一卷。　王澄二宅髓脉經，一卷。　王澄陰陽二宅集要，一卷。　北斗行年修造，一卷。　龍子經，一卷。　天遷圖，一卷。　九星行年修造法，一卷。　活曜修造定吉凶法，一卷。　黃道修造法，一卷。　聽龍經，一卷。　天星歌，一卷。　相宅訣，一卷。　陰陽二宅圖經，一卷。　上象陰陽星圖，一卷。　天上九星修造吉凶歌，一卷。　陰陽二宅心鑑，一卷。　陰陽二宅相占，一卷。　陰陽二宅歌，一卷。　淮南王見機八宅經，一卷。　五姓宅經，一卷。蕭吉撰。　牛欄經，一卷。　竈經，十四卷。梁簡文帝撰。　祠竈經，一卷。

右宅經三十七部，六十一卷。

地形志，八十七卷。庚季才撰。　大唐地理經，十卷。呂才撰。　五音地理經，十五卷。一行撰。　地理三寶經，九卷。　地理新書，三十卷。　地理指南，三卷。　地理斗中記，一卷。　地理八山神將圖，一卷。　地理六壬六甲八山經，八卷。　五姓合諸家風水地理，一卷。　冢書，四卷。　黄帝葬山圖，四卷。　五音相墓書，五卷。　五音圖墓書，九十一卷。　五姓圖山龍，一卷。　青烏子，三卷。　葬經，八卷。　又，十卷。　葬書地脉經，一卷。　墓書五陰，一卷。　雜墓圖，一卷。　墓圖立成，一卷。　六甲冢名雜忌要訣，二卷。　郭氏五姓墓圖要訣，五卷。　壇中伏尸，一卷。　胡君玄女彈指五音法相冢經，一卷。　由吾公裕葬經，三卷。　葬範，三卷。孫季邕撰。　歷代山形圖，一卷。　山形總載圖，一卷。　寶星圖，一卷。　撥沙碎山形，一卷。　五音山崗決，一卷。　昭幽記，一卷。　周易枯骨經，一卷。　周易括地林，一卷。郭璞撰。　葬書，一卷。郭璞撰。　玉函經，一卷。邱延翰撰。　曜氣細斷，一卷。邱氏撰。　銅函記，一卷。邱氏撰。　騰靈正決，一卷。　撥沙經論詩，一卷。邱氏撰。　撥沙成明經，一卷。郭璞撰。　撥沙經，六卷。吕才撰。　一行相山取地決，一卷。　一行吉墓圖，一卷。　靈山秀水經，一卷。吕才撰。　秦皇青囊經解，三卷。　曾氏青囊子歌，一卷。　青囊經，二卷。郭璞撰。　青囊經，一卷。曾、楊二仙撰。

地理要決，八卷。　玄堂内範，二卷。　地理脉要，三卷。胡文翊撰。　八山圖局，一卷。　地理通玄祕決，一卷。　地理解經祕決，一卷。　天地鑑八山，一卷。　寶鑑經，一卷。　錦囊經，一卷。郭璞撰。　連山鬼運正經，一卷。　搜玄歌，一卷。　山卦放水決，一卷。　雪心正經，一卷。　曾山人識山經，一卷。　李望嶺識山經，一卷。　翎毛經，一卷。　騰雲八曜歌圖，一卷。　天卦放水訣，一卷。　紫囊經，一卷。　黄囊氣曜，一卷。　黄囊大卦訣，一卷。邱延翰撰。　真微正決經，一卷。　鼓角沙經，一卷。楊筠松撰。　饗福集，三卷。

五龍祕法真決，一卷。毛漸撰。　真機寶鑑治曜經，一卷。　枯骨枕中見經，一卷。　天華六龍經，一卷。　玄堂品決，三卷。郭璞撰。　亡魂八冢經頌，一卷。曾、楊二仙撰。　地理燈心祕決，一卷。　地理撥沙搜空論，一卷。　臨山寶鑑斷風決，一卷。　八分歌，一卷。　透天神殺百二十局，一卷。　寶曜騰雲決，一卷。　地理祕要九星決，一卷。　交星上山法，一卷。　天定六秀經，二十卷。　黄禪師星水正經，一卷。　五虎圖，一卷。　玉囊經，一卷。　叢金決，一卷。　羲皇論，一卷。　黄泉敗水吉凶，一卷。　撥沙正龍大形，十三卷。　八山微妙法，一卷。　斷墓法，一卷。　赤松子明鑑碎金，六卷。　地龍發水經，一卷。

金河流水決，一卷。　司馬頭陁名壁記，一卷。　山頭步水經，一卷。　撥沙山經，一卷。　九仙經，二卷。　駐馬經，二卷。　碎寶經，一卷。　天輪十二帝經，一卷。　夾竹桃花正經，一卷。　六壬龍首經，一卷。　龍子觀珠經，三卷。　九龍經，一卷。　鑒龍脉決，二卷。　陰陽金車論，一卷。　玉鑑論，一卷。　地理走馬穿山通玄論，一卷。　五家通天局，一卷。　天曜博龍換骨經，一卷。　尋龍入式歌，一卷。　周易穿地林，一卷。郭璞撰。　地理碎金式，一卷。郭璞撰。　八仙山水經，一卷。郭璞等撰。　諸葛武侯相山決，三卷。　大堂明鑑，一卷。諸葛武侯撰。　白鶴子宅骨記，一卷。　司馬頭陀地理括，一卷。

司馬頭陀六神回水決，一卷。　司馬頭陀括地記，一卷。　青烏子相地骨，一卷。

赤松子決，一卷。　楊烏子星水地理決，一卷。　李淳風星水地理經，一卷。

馬上尋山決，一卷。李淳風撰。　步穴要決，一卷。李淳風撰。　金華覆墳經，一卷。李筌撰。　稽古經，一卷。　地理賦詩論，三卷。朱仙桃撰。　玄女碎山經，一卷。　塋穴經，一卷。　金匱正經，一卷。　地理手鑑，一卷。　骨髓經，一卷。鄭弘農撰。　踏地賦，一卷。　地骨經，一卷。　塋穴神驗經，一卷。

元胎葬經，一卷。　青囊玄女指決，一卷。　枯骨林祕決，一卷。

右葬書一百四十九部，四百九十八卷。

凡五行三十種，一千一十四部，三千二百三十九卷。

校勘記

〔一〕「魏劉劭撰」，「劭」，原作「邵」，據三國志魏書本傳改。下同，不再出校。

〔二〕「桓氏世要論十二卷」，「桓」，原作「元」，據新唐書藝文志三改。

〔三〕「（墨子）又三卷樂臺注」，姚振宗隋書經籍志考證云，「臺」當作「壹」。

〔四〕「（鬼谷子）又三卷樂臺注」，姚氏隋書經籍志考證云，當作「樂壹」。按，隋志作「樂一」，玉海藝文類諸子篇引史記正義轉引七録作「樂壹」，王氏漢書藝文志考證從之。兩唐志皆作「樂臺」，今暫如舊。

〔五〕「抱朴子外篇三十卷」隋志同此。舊唐志作五十卷，新唐志作二十卷。此書今存五十卷。

〔六〕「博覽十三卷」，下頁第一行「博覽十五卷」，按，十三卷者出於隋志雜家，十五卷者出於兩唐志雜家，爲一書重出。

〔七〕「解頤二卷楊松玢撰」，隋書經籍志三文同，下文談藪作者又作「楊松玢」。姚振宗隋書經籍志考證以爲是一書而異名，據史通雜述篇稱：「陽玠松談藪，此之謂瑣言者也。」直齋書録解題史部傳記類亦同此名，於是認定其名應爲「陽玠松」，他名皆爲訛傳者。今姑用原名而存其説若是。

〔八〕「邇説十卷梁南臺治書伏挺撰」，「十卷」，原作「一卷」，「伏挺」，原作「伏恒」，據南史儒林傳改。

〔九〕「猗玗子一卷」，汪本「猗」作「琦」，據新唐書元結傳改。元本作「猗犴子」，明本、于本作「倚行子」，殿本作「猗豻」，皆誤。

〔一〇〕「李匡乂撰」，「乂」，原作「文」，據崇文總目二改，參看本書藝文略四校記〔一〕。

〔一一〕「談藪八卷隋楊松玠撰」，參看本篇校記〔七〕。

〔一二〕「唐陳皥注」，汪本「注」作「撰」，據元本、明本、于本、殿本改。

〔一三〕「黄石公素書一卷」，元本、明本、于本、殿本「卷」下皆有「吕惠卿注」四小字。按下文有吕注素書二卷，故汪本删之。宋史藝文志六有「黄石公素書一卷」，注云：「張良所傳。」應卽爲此書。

〔一四〕「梁武帝兵書要鈔一卷」，汪本「鈔」作「録」，據元本、明本、于本、殿本改。隋志三作「鈔」。

〔一五〕「唐李衛公對問」，「對問」二字互倒，據郡齋讀書志子部兵家類改。

〔一六〕「吴孫子牝牡八變陣圖二卷」，元本、明本、于本、殿本及隋志皆無「牡」字，張彦遠歷代名畫記有「牡」字，汪本據以補入。

〔一七〕「吴孫子三十二壘經一卷」，「二」，原作「三」，據舊唐志下、新唐志三改。

〔一八〕「竺國天文」，按文内作「天竺國天文」，此爲略稱。

〔一九〕「雲氣占一卷」，汪本「一」作「七」，據元本、明本、于本、殿本改。隋志三作「一卷」。

〔二〇〕「漏刻經三卷後漢待詔太史霍融等撰」，元本、明本、于本、殿本皆作「一卷」，無「等」字。按隋書經籍志三云：「漏刻經，一卷。」注云：「何承天撰。梁有後漢待詔太史霍融、何承天、楊偉等撰，三卷，亡。」是此書爲合三人所作者，原各一卷，故應從汪本作「三卷」，並補「等」字，否則不應獨舉霍融一種。

〔二一〕「軌革」，文内作「易軌革」，此爲略稱。

〔二二〕「張滿撰」，汪本「滿」作「蒲」，據元本、明本、于本、殿本改。

〔二三〕「逆刺三卷」，按下文逆刺項内有「逆刺三卷」，此處又錯入風角項内。

〔二四〕「壬子決一卷」，「壬」，原作「王」，據隋志三改。

〔二五〕「柳隨風占氣色歌一卷」，汪本「隨」作「清」，據元本、明本、于本、殿本改。

藝文略第七

藝術類第九

射　騎　畫録　畫圖　投壺　弈碁　博塞　象經　摴蒱　彈碁　打馬　雙陸
打毬　彩選　葉子格　雜戲格

古今藝術，二十卷。見隋志。　藝術略序，五卷。孫暢之撰。　今古藝術，十五
卷。見唐志。　伎術録，一卷。孫暢之撰。　述伎藝，一卷。見隋志。

右藝術五部，四十二卷。

射經，一卷。唐王琚撰。　又，一卷。田逸撰。　又，四卷。　射記，一卷。唐
張守忠撰。　射法，一卷。黄損撰。　又，一卷。劉懷德撰。　射口訣，一卷。張商
撰。　射書，十五卷。僞唐徐鍇、歐陽陌撰。　射鑒九圖，一卷。　九章射術，三卷。
張商撰。　神射訣，一卷。　集古今射法，一卷。　射訣要略，一卷。李廣撰。
五善正鵠格，一卷。　五善射序，一卷。程正柔撰。　射評，一卷。李廣撰。

射訓，一卷。　射議，一卷。王越石撰。　九鑑射經，一卷。　射法指訣，一卷。嚴悟撰。　弓箭啓蒙論，一卷。任權撰。　廣弓經，一卷。　弓訣，一卷。　射格，一卷。　金吾射法，一卷。　劉氏射法，一卷。　神射式，一卷。王德甫撰。　又，一卷。　射訣，一卷。王堅道撰。　又，一卷。韋韞撰。　又，一卷。馬思永撰。　又，一卷。魏氏撰。

右射三十一部，五十卷。

馬槊譜，一卷。見隋志。　騎馬都格，一卷。梁朝書籍。　騎馬變圖，一卷。見隋志。　馬射譜，一卷。見隋志。

右騎四部，四卷。

名手畫録，一卷。　畫品録，一卷。集唐世善畫人姓名。　古今畫品，一卷。後魏謝赫撰。　續畫品，一卷。唐姚最撰。採謝赫所遺以及梁朝，凡十七人。　又，一卷。蕭繹撰。　畫後品，一卷。唐李嗣真撰。以姚、謝二家多失，故始普通至上元三年，凡三十人。　續畫後品，一卷。　歷代名畫記，十卷。張彥遠撰。　畫評，一卷。顧況撰。　唐畫斷，三卷。朱景元撰。　畫品録，一卷。唐裴孝源撰。　又畫品，一卷。僧彥保撰。　畫拾遺，一卷。唐竇蒙撰。　吳恬畫山水録，

一卷。　梁朝畫目，三卷。宋朝胡嶠撰。　不絶筆畫圖，一卷。王叡撰。　益州名
畫録，三卷。宋朝黄休復撰。　荆浩筆法，一卷。唐洪谷子荆浩撰。　唐采畫録，一卷。
畫總載，一卷。張又新撰。　廣畫録，一卷。僧仁顯撰。　名畫獵精録，二卷。張
彦遠撰。　合畫筆訣，一卷。　五代名畫評，一卷。劉道醇撰。　聖朝名畫評，一
卷。劉道醇撰。　丁巳畫録，一卷。劉道醇撰。　圖畫見聞志，六卷。　貞觀公私
畫録，一卷。裴孝源撰。　歷代畫評，八卷。唐竇蒙撰。　翰林畫録，一卷。　歷
代畫斷，一卷。　四時設色，一卷。陸探微撰。　畫史，一卷。米芾撰。　古今名
畫記，三卷。

右畫録三十四部，六十四卷。

漢賢王圖。漢王元昌畫。　玉華宫圖。　鬬鷄圖。　文成公主降蕃圖。閻立
德畫。　秦府十八學士圖，一卷。閻立本畫。　凌煙功臣二十四人圖。　風俗圖。
范長壽畫。　醉道士圖。　本草訓誡圖。王定畫。　游春戲藝圖。檀智敏畫。
唐朝九聖圖。殷敹、韋無忝畫。　唐高祖及諸王圖。　太宗自定輦上圖。　開
元十八學士圖。　盤車圖。董萼畫。　後周、北齊、梁、陳、隋、武德、貞觀、永徽朝臣
圖。曹元廓畫。　高祖、太宗諸子圖。　望賢宫圖。楊升畫。　仕女圖。張萱畫。

乳母將嬰兒圖。　按羯鼓圖。張萱畫。　鞦韆圖。　武惠妃舞圖。譚皎畫。

佳麗寒食圖。　佳麗伎樂圖。　龍朔功臣圖。韓幹畫。　姚、宋及安禄山圖。

相馬圖。　明皇試馬圖。　寧王調馬打毬圖。　明皇馬射圖。　上黨十九瑞圖。　鹵簿圖。王象畫。　洪崖子橘朮圖。田琦畫。　内庫瑞錦對雉鬭羊翔鳳游麟圖。竇師綸畫。　天竺胡僧渡水放牧圖。韋鶠畫。　撲蝶、按箏、楊真人降真、五星等四圖。周昉畫。

右畫圖三十七，唐人所藏。今容有傳模之迹行於世者，故存其名號，或可尋訪，庶可見當時典章人物之象焉。

投壺經，一卷。郝沖、虞譚撰。　又，一卷。唐上官儀撰。　投壺圖，一卷。張承斌撰。

傾壺集，三卷。劉仁敏撰。　投壺道，一卷。郝沖撰。　投壺變，一卷。晉虞潭撰。

右投壺六部，八卷。

碁勢，四卷。見隋志。　又，七卷。湘東太守徐泓撰。　又，十卷。王子沖撰。

又，十卷。沈敞撰。　齊高碁圖，二卷。　碁後九品序，一卷。袁遵撰。　圍碁九品序録，五卷。范汪等撰。　圍碁勢，二十九卷。晉趙王倫舍人馬朗等撰。　建元永明碁品，二卷。宋褚思莊撰。　九品序録，一卷。范汪撰。　天監碁品，一卷。梁柳惲撰。　梁武碁評，一卷。　梁武碁法，一卷。　竹苑仙碁圖，一卷。　碁圖，一卷。韋珽撰。　碁訣，一卷。　圍碁品，一卷。梁武撰。　碁要訣，一卷。　奕碁經，一卷。　金谷園九局圖，一卷。唐開元中，王積薪、馮汪二人於太原尉陳九言金谷第弈碁，爲金谷園圖。　金谷園九局譜，一卷。僞唐徐鉉撰。　鳳池圖，一卷。王積薪撰。　碁本，一卷。　王延昭碁論一卷劉仲甫忘憂集，一卷。　角局圖，一卷。　應機子碁勢重元圖，一卷。　諸家精選新勢，一卷。　太宗皇帝碁圖，一卷。　國手綱格，一卷。　圍碁故事，一卷。

右奕碁三十一部，九十二卷。

博塞經，一卷。邵綱撰。　皇博經，一卷。魏文帝撰。　太一博法，一卷。梁東宮撰。　雙博法，一卷。見隋志。　大小博法，二卷。　大博經行碁戲法，二卷。　小博經，一卷。鮑宏撰。　雜博戲，五卷。　二儀十博經，一卷。　二儀博經，一卷。隋煬帝撰。　大博經，二卷。呂才撰。　博經，一卷。董叔經撰。

右博塞一十二部，一十九卷。

象經，一卷。周武帝撰。　又，一卷。王褒注。　又，一卷。何妥注。　又，三卷。王裕注。

象經發題義，一卷。見隋志。

右象經五部，七卷。

摴蒱經，三卷。盧還京撰。　又，一卷。　摴蒱經采名，一卷。　摴蒱象戲格，三卷。　象戲格，一卷。尹洙撰。　廣象戲格，一卷。晁補之撰。　五木經，一卷。

摴蒱格，一卷。

右摴蒱八部，一十二卷。

彈碁譜，一卷。徐廣撰。　彈碁經，一卷。張柬之撰。　又，一卷。

右彈碁三部，三卷。

謝景初打馬格，一卷。　宋迪打馬格，一卷。

右打馬二部，二卷。

雙陸格，一卷。　大雙陸格，一卷。

右雙陸二部，二卷。

打毬儀注，一卷。張直佐撰。　打毬要略，一卷。查同章撰。

右打毬二部，二卷。

骰子選格，三卷。唐李郃撰。　漢官儀彩選，三卷。　新修彩選，一卷。宋朝劉蒙叟撰。　文班彩選格，三卷。楊億撰。　宋朝文武彩選，三卷。尹洙撰。　又，二卷。張訪撰。　春秋彩選，一卷。趙明遠撰。　新定彩選，一卷。　刪繁彩選，一卷。　元豐官制彩選，一卷。　慶曆彩選圖，一卷。　尋仙彩選，七卷。　選仙格，一卷。洪濛子撰。　選佛圖，一卷。

右彩選一十四部，二十九卷。

偏金葉子格，一卷。　新定偏金葉子格，一卷。　擊蒙小葉子格，一卷。偽唐李煜妃周氏撰。　小葉子例，一卷。

右葉子格四部，四卷。

旋碁格，一卷。　謀戲格，一卷。　捉臥甕人格，一卷。趙昌言撰。　釣鼇圖，一卷。　採珠局格，一卷。　金龍戲格，一卷。　玉燭詩，一卷。　款飲集，一卷。　摴蒱滿席歡，一卷。曹氏撰。　改令式，一卷。　盡歡格，一卷。　角力記，一卷。

右雜戲格〔一〕十二部，十二卷。

凡藝術十七種，一百七十五部，三百五十二卷，三十七圖。

醫方類第十

脉經　明堂鍼灸　本草　本草音　本草圖　本草用藥　採藥　炮炙　方書
單方　胡方　寒食散　病源　五藏　傷寒　脚氣　嶺南方　雜病　瘡腫　眼藥
口齒　婦人　小兒　食經　香薰　粉澤

醫方上

黄帝素問，九卷。全元起注。　黄帝素問，二十四卷。晉王冰撰。　補注素問，二十四卷。林億補注。　素問音釋，一卷。　黄帝甲乙經，十二卷。　黄帝八十一難經，二卷。唐志注，秦越人。　難經疏，十三卷。侯自然撰。　黄帝衆難經，二卷。呂博望注。　黄帝流注脉經，一卷。　丁德甫補注難經，二卷。　靈寳注黄帝九靈經，十二卷。　三部四時五藏辨候診色決事脉經，一卷。　脉經，十卷。晉王叔和撰。　又，二卷。　耆婆脉經，一卷。　李勣脉經，一卷。　王子顒脉經，二卷。　甄權脉經，二卷。　黄帝脉訣，一卷。　扁鵲脉訣，一卷。　脉經祕録，一卷。　韓氏脉訣，一卷。　徐氏脉經訣，三卷。徐裔撰。　脉經鈔，二卷。許建吴撰。　華佗觀形察色并三部脉經，一卷。　秦承祖脉經，六卷。　康普思脉經，

黄帝内經明堂類成，十三卷。楊上善注。　黄帝内經太素，三十卷。楊上善
注。　黄帝太素經，三卷。　黄帝傳太素脉訣，一卷。　清溪子脉訣，一卷。
寶應靈樞，九卷。　内經靈樞經，九卷。　金鑑集歌，一卷。　金寶鑑，一卷。
唐衞嵩撰。　脉經手訣，一卷。張及撰。　百會要訣脉經，一卷。　鳳髓脉經機
要，五卷。　醫鑑，一卷。　碎金脉訣，一卷。　延齡至寶、診脉、定生死三部要
訣，一卷。　延齡寶抄，一卷。張尚容撰。　玄門脉訣，一卷。　太醫祕訣診候生
死部，一卷。　脉訣賦，一卷。甄權撰。　徐氏指下訣，一卷。徐裔撰。　倉公决
生死祕要，一卷。　新集脉色要訣，一卷。醫博士譚延鎬撰。　自經要集，一卷。
金匱指微訣，一卷。吴復圭撰。　金匱録，五卷。　素問入式鈐，一卷。藍先生撰。
玄珠密語，十卷。　三甲運氣經，三卷。　六甲天元運氣鈐，二卷。　五運
六氣玉鎖子，三卷。　靈元經，三卷。　張仲景脉經，一卷。　孫子脉論，一卷。
診脉要訣，一卷。唐强明撰。　診脉要會，一卷。　指難圖，一卷。　劉温舒
素問論奥，四卷。　内經靈樞略，一卷。　沖真子内經指微，十卷。　鈐和子，十
卷。賈和光撰。　王叔和脉訣發蒙，三卷。　柴先生脉訣，一卷。李上交注。　相
色經訣，一卷。華子顒撰。　脉訣機要，三卷。晋王叔和撰。　脉證口訣，一卷。

孫子脉決論，一卷。

右脉經七十三部，三百一卷。

黄帝明堂經，三卷。　又，三卷。楊玄注。　黄帝明堂經，三卷。　路氏明堂經，一卷。　黄帝内經明堂，十三卷。　秦承祖明堂圖，三卷。　黄帝十二經脉明堂五藏圖，一卷。　明堂孔穴，五卷。　明堂孔穴圖，三卷。　要用孔穴，一卷。　明堂偃側圖，八卷。　偃側人經，二卷。秦承祖撰。　神農明堂圖，一卷。　曹氏黄帝十二經明堂偃側人圖，十二卷。　明堂人形圖，一卷。　明堂論，一卷。唐朱遂撰。唐志，「朱」作「米」。　明堂蝦蟇圖，一卷。　明堂元真經訣，一卷。　黄帝鍼經，九卷。　徐悦龍御素鍼并孔穴蝦蟇圖，三卷。　程天祚鍼經，六卷。　玉匱鍼經，十二卷。　赤烏神鍼經，一卷。張子存撰。　流注鍼經，一卷。　商元鍼經，一卷。　謝氏鍼經，一卷。　九部鍼經，一卷。　三奇六儀鍼要經，一卷。　黄帝岐伯鍼論，二卷。　皇甫謐黄帝三部鍼灸經，十二卷。　黄帝雜注鍼經，一卷。　黄帝鍼經，一卷。　鍼經抄，三卷。甄權撰。　玄悟四神鍼經，一卷。　扁鵲鍼傳，一卷。　許希鍼經要訣，一卷。　孫思邈鍼經，一卷。　鍼經鈔，三卷。　鍼方，一卷。　徐叔嚮鍼灸要鈔，一卷。　黄帝鍼灸蝦蟇忌，一卷。

鍼灸圖經，十一卷。　十二人圖，一卷。　扁鵲偃側鍼灸圖，三卷。　鍼灸經，一卷。　華佗枕中灸刺經，一卷。　釋僧康鍼灸經，一卷。　黄帝鍼灸經，十二卷。　黄帝岐伯論鍼灸要訣，一卷。　銅人俞穴鍼灸圖經，三卷。宋朝翰林醫官王惟一編修，天聖中，詔以鍼灸之法鑄爲銅人式。　山兆鍼灸經，一卷。　公孫克鍼灸經，一卷。　灸經，五卷。見隋志。　曹氏灸經，一卷。　曹氏灸方，七卷。　岐伯灸經，一卷。　雷氏灸經，一卷。　楊齊顔灸經，十卷。　新集明堂灸法，三卷。　崔知悌灸勞法，一卷。

右明堂鍼灸六十部，一百九十三卷。

神農本草，八卷。陶隱居集注。　神農本草，四卷。雷公集注。　神農本草經，三卷。　蔡邕本草，七卷。　吳普本草，六卷。　本草經，四卷。蔡英撰。　本草，二卷。徐大山撰。　本草經略，一卷。　秦承祖本草，六卷。　李氏本草，三卷。　王季璞本草經，三卷。　隨費本草，九卷。　唐本草，二十卷。李勣等修。　新本草，四十一卷。王方慶撰。　開寶重定神農本草，二十一卷。李昉等撰。　新詳定本草，二十卷。宋朝盧多遜定。　嘉祐補注本草，二十卷。掌禹錫撰。　蜀本草，二十卷。僞蜀韓保昇等撰。　證類本草，三十二卷。唐慎微撰。　名醫別録，三卷。陶隱居集。本草集録，二卷。本草鈔，四卷。本草藥性，三卷。甄權撰。諸藥要性，二卷。本草性類，一卷。杜善方纂。藥性要訣，五卷。王方慶撰。本草韻略，五卷。四聲本草，四卷。蕭炳撰。本草拾遺，十卷。唐陳藏器撰。删繁本草，五卷。楊損之撰。四明人本草拾遺，二十卷。本草括要，三卷。張文懿撰。本草要訣，一卷。梁嘉慶撰。海藥本草，六卷。李珣撰。胡本草，七卷。鄭虔撰。南海藥譜，七卷。諸藥異名，十卷。沙門行矩撰。本草辨誤，二卷。崔源撰。本草衍義，二十卷。寇宗奭撰。

右本草三十九部，三百五十卷。

本草音義，三卷。姚最撰。又，七卷。甄權撰。又，二卷。殷子嚴撰。又，二卷。李含光撰。又，二十卷。孔志約撰。本草音，三卷。蘇敬撰。

右本草音六部，三十七卷。

靈秀本草圖，六卷。原平仲撰。藥圖，二十卷。圖經，七卷。並李勣等撰。新修本草圖，二十六卷。蘇敬撰。唐本草圖經，七卷。蘇敬撰。本草圖經，二十卷。宋朝掌禹錫等編撰。

右本草圖六部，八十六卷。

本草經類用，三卷。　本草雜要訣，一卷。　本草要方，三卷。甘濬之撰。　本草用藥要妙，九卷。　藥目要用，二卷。　藥類，二卷。　桐君藥録，二卷。〔二〕　本草用藥要妙，九卷。　藥對，二卷。北齊徐之才撰。　療癰疽耳眼本草要鈔，九卷。甘濬之撰。　新廣藥對，三卷。宗令祺撰。　方書藥類，三卷。　藥總訣，一卷。　文潞公藥準，一卷。　醫門指要用藥立成訣。葉傳古撰。　陶隱居集藥訣，一卷。　藥林，一卷。　藥證，一卷。　藥證病源歌，五卷。蔣淮撰。　象法語論，一卷。　删繁藥詠，三卷。江承宗撰。　藥録，二卷。　太清草木方集要，三卷。陶隱居撰。　本草病源合藥節度，五卷。　本草病源合藥要鈔，五卷。徐叔嚮撰。　體療雜病本草要鈔，十卷。徐叔嚮等四家撰。　小兒用藥本草，二卷。王永撰。

右本草用藥二十六部，八十卷。

入林採藥法，二卷。　太常採藥時月，一卷。　四時採藥及合和，四卷。　種植藥法，一卷。　採藥論，一卷。

右採藥五部，九卷。

炮炙論，三卷。雷敎撰。　陳雷炮炙論，三卷。　制藥法論，一卷。　乾寧晏先生制伏草石論，六卷。晏封撰。

右炮炙四部，十三卷。

張仲景方，十五卷。　華佗方，十卷。華佗弟子吳普撰。　秦承祖方，四十卷。
黄素方，二十五卷。謝泰撰。　耿奉方，六卷。　葛洪肘後救卒方，六卷。
梁武帝坐右方，十卷。　如意方，十卷。　陶隱居効驗方，十卷。　補肘後救卒
備急方，六卷。陶隱居撰。　阮河南方，十六卷。阮炳撰。　范東陽雜藥方，百七十
卷。尹穆纂。　集略雜方，十卷。　雜散方，八卷。　解散方，十三卷。　徐叔
嚮解散消息節度，八卷。　范氏解散方，七卷。　釋慧義解散方，一卷。　湯丸
方，十卷。　雜丸方，十卷。　胡居士治百病要方，三卷。胡洽。　徐叔嚮雜療
方，十二卷。　徐叔嚮體療雜病方，六卷。　姚大夫集驗方，十二卷。　徐文伯
藥方，二卷。　徐大山試驗方，二卷。　徐大山巾箱中方，三卷。　徐氏効驗方，
三卷。　徐嗣伯落年方，三卷。　徐大山墮年方，二卷。　小品方，十二卷。陳延
之撰。　千金方，三卷。范世英撰。　徐王八世家傳効驗方，十卷。徐之才撰。
姚僧坦集驗方，十卷。〔三〕　許證備急草要方，三卷。　徐辨卿方，二十卷。　刪
繁方，十卷。謝士泰撰。　吳山居方，三卷。　單複要驗方，三卷。釋莫滿撰。
釋道洪方，一卷。　療百病雜丸方，三卷。釋曇鸞撰。　扁鵲陷冰丸方，一卷。

扁鵲肘後方，三卷。　大略丸，五卷。　經心録方，八卷。宋俠撰。　褚澄雜藥方，十二卷。　陳山提雜藥方，十卷。　釋僧深集方，三十卷。　名醫集驗方，三卷。　雜湯方，八卷。　百病膏方，十卷。　古今録驗方，五十卷。　必効方，十卷。　崔氏纂要方，十卷。唐崔行功撰。　袖中備急要方，三卷。　千金方，三十卷。孫思邈撰。　千金髓方，二十卷。孫思邈撰。　千金翼方，三十卷。孫思邈撰。　神枕方，一卷。　明皇開元廣濟方，五卷。　劉晛真人肘後方，三卷。　外臺祕要，四十卷。王燾撰。　外臺祕要略，十卷。王燾撰。　貞元集要廣利方，五卷。德宗撰。　陸氏集驗方，十五卷。陸贄。　兵部手集方，三卷。李絳方，薛弘慶集。　薛景晦古今集驗方，十卷。　劉禹錫傳信方，二卷。　海上集驗方，十卷。崔玄亮撰。　鄭注藥方，一卷。〔四〕　韋氏獨行方，十二卷。唐韋宙撰。　張文仲隨身備急方，三卷。　羣方祕要，三卷。唐蘇越撰。　唐興集驗方，五卷。白仁叙撰。　包會應驗方，一卷。　篋中方，三卷。唐許孝宗撰。　梅崇獻方，五卷。道士梅崇獻撰。　太和濟要方，五卷。唐宣成公撰。　廣正集靈寶方，一百卷。僞蜀羅普宣撰。　續傳信方，十卷。僞唐王顔撰。　昇元廣濟方，三卷。僞唐華宗壽撰。　博濟安衆方，二卷。　纂集韓待詔肘後方，一卷。　鄭氏惠心方，三卷。　千金祕要備急方，一卷。　新集應病通神方，三卷。裴孝封撰。　普濟方，五卷。宋朝王守愚撰。
鄭氏惠民方，三卷。　塞上方，三卷。　延齡至寶方，十卷。唐姚和撰。〔五〕
删繁要略方，一卷。　備急方，一卷。　鄭氏纂祕要方，二卷。　萬全方，三卷。
安堰撰。　別集玉壺備急大方，一卷。　諸集纂驗方，一卷。　行要備急方，一
卷。元希聲集。　走馬備要方，一卷。段詠撰。　北京要術，一卷。唐陳元撰。
巾箱集，一卷。　千金纂録，一卷。　集妙方，三卷。沈承澤撰。〔六〕　王氏祕方，
五卷。　太平聖惠方，一百卷。宋朝王懷隱等奉詔撰。　神醫普救方，一千卷。宋朝
翰林學士賈黃中等撰。　勝金方，一卷。　宋氏千金方，三卷。　陳太醫方，一卷。
張處環方，三卷。　初虞世必用方，三卷。　續必用方，一卷。　意外方，三
卷。　二十八宿治病鬼鑑圖，一卷。　韋氏月録方，一卷。　聖惠經用方，一卷。
王趙選祕方，一卷。　孫尚藥方，三卷。　劉氏十全博救方，一卷。劉甫集。
千金一致方，一卷。錢象中集。　玉臺備急方，一卷。　彭祖養性備急方，一卷。
金鍊神妙方，一卷。　太清經藥方，一卷。　胡愔方，二卷。　隋朝四海類
聚方，二千六百卷。　簡要濟衆方，五卷。周應等撰。　聖惠選方，六十卷。　晏
相明効方，五卷。　王氏博濟方，三卷。王袞撰。　瀉内景方，一卷。　聖苑方，

三卷。　蘇沈良方，十五卷。　王氏醫門集，二十卷。　金鑑方，三卷。孫兼撰。〔七〕　孫用和傳家祕寶方，三卷。　慶曆善救方，一卷。　惠民局濟世方，十卷。　和劑局方，五卷。　靈方志，一卷。孔周南述。

右方書一百三十九部，四千九百二十三卷。

隋煬帝敕撰四海類聚單方，三百卷。唐只存十六卷。　王世榮單方，一卷。　賈耽備急單方，一卷。　草木諸藥單方，一卷。張秀言撰。　秦聞單方，一卷。　單方，一卷。崇文總目。　葛懷敏單方，一卷。　葛氏單方，三卷。　姚大夫單方，一卷。　太平聖惠單方，十五卷。

右單方一十部，三百二十五卷。

龍樹菩薩藥方，四卷。　西域諸仙所説藥方，二十三卷。　香山仙人藥方，二十卷。　西域波羅仙人方，三卷。　西域名醫所集要方，四卷。　婆羅門諸仙藥方，二十卷。　婆羅門藥方，五卷。　耆婆所述仙人命論方，二卷。　乾陀利治鬼方，十卷。　新録乾陀利治鬼方，四卷。　摩訶出胡國方，十卷。

右胡方一十一部，一百五卷。

寒食散論，二卷。　寒食散湯方，二十卷。　寒食散對療，一卷。釋道洪撰。

解寒食散方，二卷。釋智斌撰。　解寒食散論，二卷。　解寒食散方，六卷。徐叔嚮撰。　寒食解雜論，七卷。釋慧義撰。　解寒食方，十五卷。見唐志。　寒食散方并消息節度，二卷。　太一護命石寒食散，二卷。宋尚撰。

右寒食散一十部，五十九卷。

醫方下

醫方論，七卷。見隋志。　王叔和論病，六卷。　張仲景評病要方，一卷。　體療雜病疾源，三卷。徐悦撰。　吳景賢諸病源候論，五十卷。　巢氏諸病源候論，五十卷。隋巢元方撰。　徐嗣伯雜病論，一卷。　醫門金鑑，三卷。衛嵩撰。　許詠六十四問，一卷。唐許詠撰。　病源手鏡，一卷。唐段元亮撰。　伏氏醫苑，一卷。唐伏適撰。　名醫傳，七卷。唐甘伯宗撰。　素問醫療訣，一卷。　明醫顯微論，一卷。石昌璉撰。　醫門括源方，一卷。吳希言撰。　全體治世集，三十卷。五代劉翰撰。　金匱玉函，八卷。　金匱玉函要略，三卷。　金匱録，五卷。　萬病拾遺，三卷。　醫門簡要，十卷。華顒集。　新集病總要略，一卷。張叔和撰。　病源兆經，一卷。　醫明要略，一卷。　醫家要妙，五卷。孫思邈撰。　通元經，十

卷。周支義方撰。　耆婆八十四問，一卷。〔八〕　問答疾狀，一卷。　問病録，一
卷。　百一問答方，三卷。蕭存禮撰。　楊太僕醫方，一卷。唐天授二年進。　摭
醫新説，二卷。　意醫紀歷，一卷。僞蜀吴羣撰。　王勃醫語序，一卷。　醫語纂
要論，一卷。　扁鵲祕訣，一卷。　醫鑑後傳，一卷。　青溪子萬病拾遺，三卷。
孫思邈禁經，二卷。　龍樹呪法，一卷。
右病源四十部，二百三十一卷。
五藏訣，一卷。　五藏論，五卷。見隋志。　黄帝五藏論，一卷。　神農五藏
論，一卷。　張仲景五藏論，一卷。　裴璡五藏論，七卷。唐裴璡撰。　五藏傍通
明鑑圖，一卷。唐道士裴元靈撰。　五藏榮衛論，一卷。　五藏金鑑論，一卷。
大五藏論，一卷。張尚容撰。　小五藏論，一卷。張尚容撰。　五藏論應象，一卷。唐
吴兢撰。　五藏類合賦，五卷。唐劉清海撰。　連方五藏論，一卷。　五色傍通五
藏圖，一卷。唐裴光庭撰。　藏府通元賦，一卷。唐張文懿撰。　耆婆五藏論，一卷。
五藏鑑元，四卷。唐段元亮撰。　五藏要訣，一卷。　燕臺要術，五卷。沙門應
元撰。　五鑑論，五卷。　太元心論，一卷。　醫門祕録，五卷。道士梅崇獻撰。　華
新修榮衛養生用藥補瀉論，十卷。翰林待詔李鉞撰。　五藏類纂，十二卷。

氏中藏經，一卷。　五藏傍通導養圖，一卷。孫思邈撰。　諸家五藏論，五卷。
五藏攝養明鑑圖，一卷。　吴兢五藏論，五卷。　岐伯精藏論，一卷。　玄女五
藏論，一卷。　夭壽性術論，一卷。

右五藏三十三部，九十卷。

張仲景傷寒論，十卷。晉王叔和編次。　療傷寒身驗方，一卷。　徐文伯辨傷
寒，一卷。　傷寒總要，二卷。　巢氏傷寒論，一卷。　玉川傷寒論，一卷。
傷寒手鑑，二卷。田誼卿撰。　傷寒證辨集，一卷。　張果先生傷寒論，一卷。
百中傷寒論，三卷。太常主簿陳昌胤撰。　傷寒論後集，六卷。　石昌璉證辨傷寒
論，一卷。　傷寒百問經絡圖，一卷。　傷寒集論方，十卷。　孫王二公傷寒論
方，二卷。　上官均集傷寒要論方，一卷。　朱旦傷寒論，一卷。　明時政要傷
寒論，三卷。　鄭氏傷寒方，一卷。　孫兆傷寒方，二卷。　曾誼傷寒論，一卷。
陰毒形證訣，一卷。宋迪撰。　傷寒括要詩，一卷。通真子撰。　傷寒類要方，
十卷。　傷寒式例，一卷。劉君翰撰。　傷寒總病論，七卷。龐安時撰。　傷寒慈
濟集，三卷。

右傷寒二十七部，七十五卷。

脚弱方，八卷。徐叔嚮撰。　辨脚弱方，一卷。徐文伯撰。　脚病論，三卷。　李暄嶺南脚氣論，一卷。見唐志。　李暄脚氣方，一卷。　脚氣論，一卷。唐蘇鑒、徐玉、唐侍中三家之説。　三家脚氣，一卷。集蘇、徐、唐三家之説稍異者。　新撰脚氣論，三卷。唐李暄撰，以三家之説不論風土，述江淮、嶺南、秦川之異。

右脚氣九部，二十二卷。

嶺南急要方，三卷。見唐志。　南中四時攝生論，一卷。唐鄭景岫撰。　南行方，三卷。唐李繼皐撰。　治嶺南衆疾經効方，一卷。　廣南攝生方，一卷。

右嶺南方五部，九卷。

風疾論，一卷。朱元朴撰。　風論山兆經，二卷。吴希言撰。　論三十六種風，一卷。楊天業撰。　青烏子風論，一卷。　生風論，一卷。　發焰録，一卷。唐司空輿述治風方。　水氣論，三卷。蘭宗簡撰。〔九〕　西京巢家水氣論，一卷。　徒都子膜外氣方，一卷。即水氣也。　青溪子消渴論，一卷。唐李暄撰。　療消渴方，一卷。謝南郡撰。　玄感傳屍論，一卷。唐蘇遊撰。　骨蒸論，一卷。　五勞論，一卷。　治勞神祕方，二卷。　扁鵲療黄經，一卷。　療黄經歌，一卷。　療黄經，三卷。　烙三十六黄法并明堂，一卷。

右雜病一十九部，二十五卷。

甘濬之療癰疽金創要方，十四卷。又，十五卷。甘伯齊撰。甘濬之療癰疽毒埦雜病方，三卷。癰疽論方，一卷。療癰經，一卷。療癰疽要訣，一卷。唐喻義纂。沈泰之癰疽論，一卷。療癰疽諸瘡方，二卷。秦政應撰。瘡腫論，一卷。唐西州節度要藉喻義撰。〔一〇〕癰疽論，三卷。發背論，一卷。僧智宣撰。又，一卷。白岑撰。呑字帖腫方，一卷。唐波馳波利奉詔譯。療小兒丹法，一卷。劉涓子鬼遺方，十卷。宋龔慶宣撰。療三十六瘻方，一卷。瘰癧方，一卷。

右瘡腫一十七部，五十八卷。

療目方，五卷。陶氏撰。療耳眼方，十四卷。甘濬之撰。龍樹眼論，一卷。醫眼鍼鈎方論，一卷。穆昌敍眼方，一卷。審的選要歌，一卷。審的眼藥歌，三卷。眼論準的歌，一卷。劉皓撰。經驗眼藥方，十卷。眼論，三卷。楚人劉豹子眼論，一卷。

右眼藥一十一部，四十一卷。

張仲景口齒論，一卷。邵英俊口齒論，一卷。唐人。排玉集，二卷。唐邵英俊撰。　唐陵正師口齒論，一卷。〔一一〕唐供奉僧普濟集。　口齒論，三卷。沖和先生撰。〔一二〕　口齒玉地論，一卷。唐供奉僧普濟撰。　咽喉口齒方論，五卷。　療口齒雜方，一卷。

右口齒八部，一十五卷。

范氏療婦人方，十一卷。　張仲景療婦人方，二卷。　徐文伯療婦人瘕，一卷。　楊氏産乳集驗方，三卷。唐楊歸厚撰。　婦人方，二十卷。見唐志。　少女方，十卷。見唐志。　少女雜方，二十卷。見唐志。　産前後論，一卷。王守忠撰。〔一三〕　産後論，一卷。楊全迪、李壽集。　集産後十九論，一卷。　家寶義囊，一卷。　崔氏産鑑圖，一卷。　産寶，三卷。僞蜀周挺撰。　子母祕録，十卷。許仁則撰。　昝氏産寶，三卷。　王嶽産書，一卷。

右婦人一十六部，八十九卷。

小兒經，一卷。見隋志。　俞氏療小兒方，三卷。　徐叔嚮療少小百病方，三十七卷。　療少小雜方，二十卷。　范氏療小兒方，一卷。　王末療小兒方，十七卷。　少小方，一卷。　俞寶小女節療方，一卷。　衆童子祕訣，三卷。唐姚和撰。〔一四〕　衆童延齡至寶方，十卷。姚和撰。〔一五〕　孫會嬰孺方，十卷。　嬰孩病源論，一卷。　崔氏小兒論，一卷。　療小兒眼論，一卷。劉皓集。　小兒藥證，一卷。劉景裕撰。　小兒五疳二十四候論，一卷。　小兒宫氣集，三卷。　小兒方術論，一卷。　孩孺明珠變蒸七疳方論，一卷。朱篆撰。　小兒祕録，一卷。　仙人水鑑圖訣，一卷。唐王超撰。　保童方，一卷。僞蜀周挺撰。　嬰兒論，二卷。　嬰孩雜方，五卷小兒水鑑論，三卷。　小兒玉匱金鎖訣，一卷。　小兒葱臺訣，一卷。　童子元感祕訣，三卷。　嬰童寶鑑，三卷。　幼幼方，一卷。　小兒備急方，一卷。　小兒論，三卷。錢汶撰。　小兒訣，三卷。　童子要訣，三卷。　小兒病源，六卷。　錢氏小兒方，八卷。錢乙撰。　張涣小兒方，三卷。　潘氏小兒方，一卷。　陳氏小兒方，一卷。陳宗望撰。　陳琥小兒方，一卷。　王氏小兒方，一卷。

右小兒四十一部，一百六十七卷。

食經，十四卷。見隋志。　崔氏食經，四卷。崔浩。　馬琬食經，三卷。　盧仁宗食經，五卷。〔一六〕　竺暄食經，四卷。　劉休食經，一卷。齊冠軍將軍劉休撰。　又，十卷。〔一七〕　食饌次第法，一卷。　四時御食經，一卷。　梁太官食經，五卷。　梁太官食法，二十卷。　家政方，十二卷。〔一八〕　羹臛法，一卷。

食圖四時酒要方，一卷。　藏釀法，一卷。　膢朐法，一卷。　北方生醬法，一卷。　會稽郡造海味法，一卷。　淮南王食經，百六十五卷。大業中撰。　膳羞養療，二十卷。　膳夫經手録，四卷。唐楊曄撰。　嚴龜食法，十卷。唐嚴龜撰。　食目，十卷。　趙武四時食法，一卷。　太官食方，十九卷。　食療本草，三卷。唐孟詵撰。　食性本草，十卷。僞唐陳士良撰。　食醫心鑑，三卷。成都醫博士昝殷撰。〔一九〕　蕭家法饌，三卷。　侍膳圖，一卷。　江飧饌要，一卷。宋朝黄克明撰。　饌林，五卷。　古今食譜，三卷。　王易簡食法，十卷。　諸家法饌，一卷。　珍庖備録，一卷。　酒譜，一卷。　白酒方，一卷。　續法饌，五卷。曹子休撰。　老子禁食經，一卷。　黄帝雜飲食忌，二卷。

右食經四十一部，三百六十六卷。

香方，一卷。宋明帝撰。　雜香方，五卷。　龍樹菩薩和香法，二卷。

右香薰三部，八卷。

粧臺寶鑑集，三卷。楊氏撰。　粧臺方，一卷。隋宇文士及撰，士及之妻則南陽公主所傳之方。　雜香膏方，一卷。見隋志。

右粉澤三部，五卷。

凡醫方二十六種，六百六十二部，七千三百八十二卷。

類書類第十一

類書上

何承天并合皇覽，一百二十二卷。宋御史中丞何承天編。　徐爰并合皇覽，八十四卷。　劉孝標類苑，一百二十卷。　壽光書苑，二百卷。劉杳編。　華林遍略，六百卷。徐勉編。　修文殿御覽，三百六十卷。北齊祖孝徵等編。　長洲玉鏡，二百三十八卷。虞綽等編。　玄門寶海，百二十卷。諸葛穎撰。　張氏書圖泉海，七十卷。　檢事書目，一百六十卷。　帝王要覽，二十卷。　文思博要，一千二百卷。貞觀中高士廉等奉敕編。　又目，十二卷。　許敬宗瑶山玉彩，五百卷。　累璧，四百卷。　又目録，四卷。　東殿新書，二百卷。　藝文類聚，一百卷，唐歐陽詢撰。　北堂書鈔，一百七十三卷。隋祕書郎虞世南編。　册府，五百八十二卷。張太素編。　武后玄覽，一百卷。　三教珠英，一千三百卷。唐武后編。　又目，十二卷。

碧玉芳林，四百五十卷。孟利貞編。
玉藻瓊林，一百卷。
筆海，十卷。王義方撰。
明皇事類，一百三十卷。
初學記，三十卷。唐徐堅等編。
十九部書語類，十卷。唐是光乂撰。
政典，三十五卷。唐劉秩撰。
通典，二百卷。唐杜佑撰。
又目録，二卷。
續通典，二百卷。宋朝宋白、李宗諤等奉勑編。自唐至德初至周顯德末。
集類略，三卷。
備舉文言，二十卷。陸贄撰。
集類，一百卷。唐劉綺莊編。
集類略，三十卷。唐高邱詞撰，因劉綺莊之書而略之。
陸羽警年，十卷。
詞圃，十卷。唐張仲素撰。
元氏類集，三百卷。
白氏經史事類，三十卷。
六帖，三十卷。唐于政立編。
事鑑，五十卷。唐郭道規編。
青囊書，十卷。唐竇蒙撰。
瀛類，十卷。唐韋稔編。
應用類對，十卷。唐韋稔編。
韻對，十卷。唐高測撰。
四庫韻對，九十八卷。僞蜀陳鄂撰。
十經韻對，二十卷。僞蜀陳鄂撰。
學海，三十卷。唐温庭筠撰。
修文海，十七卷。唐王博古撰。
記室新書，三十卷。唐李途撰。
錦繡谷，五卷。唐孫翰撰。錦繡谷乃所居山名。
翰苑，七卷。唐張楚金撰。
鹿門家抄，九十卷。唐皮日休編，作五言詩類事。
戚苑纂要，十卷。唐劉揚名編，記宗族内外親姻事。
戚苑英華，十卷。唐劉揚名撰。
玉府新書，三卷。梁齊逸人撰。
編珠，五卷。隋杜公贍撰。
史海，十卷。顯德中曹化編。
元穆類事，十卷。
金鑾啓秀，二十卷。

顔真卿撰。　金鑰，二卷。李商隱撰。

右類書上六十二部，一萬二千四百三十一卷。

類書下

太平御覽，一千卷。太平興國中詔李昉等十四人編集，八年書成。初名太平總類，後改曰太平御覽，蓋以年號命名。　又目録，十卷。　太平廣記，五百卷。李昉編，御覽之外採其異事而爲廣記。　册府元龜，一千卷。景德中，詔王欽若、楊億編歷代君臣事迹，惟取經、史、國語、戰國策、管子、孟子、韓子、淮南子、晏子、吕氏春秋、韓詩外傳，其餘小説雜説不取。　天和殿御覽，四十卷。晏殊等，略采册府元龜。　麟角，一百二十卷。　麟角抄，十二卷。

唐書類苑，二卷。宋朝邵思撰。　新修唐書事類，十卷。僞蜀郭廷鈞編。　九經類義，二十卷。劉濟纂。　資談，六十卷。吴越范贊時撰。　雕金集，十卷。劉閏國撰。

屬文寶海，一百卷。僞蜀郭微撰。　文華心鑑，六卷。　經典正要，三卷。

修文異名録，十卷。　類要，七十四卷。晏殊編。　白氏傳家記，二十卷。　玉屑，二卷。　廣略新書，三卷。　琱玉集，二十卷。　珊瑚木，六卷。　碎金抄，十卷。　儒林碎寶，二卷。　羊頭山記，十卷。徐叔暘撰。　累玉集，十卷。

李欽元撰。寶鑑絲綸，二十卷。馮洪敏撰。文選抄，十二卷。宋朝蘇易簡撰。
仙凫羽翼，三十卷。宋朝僧智曉撰。古今纂類，十四卷。御覽要略，十二卷。
禁垣備對，十卷。淺學廣聞，十卷。登瀛祕策，三十卷。宋并撰。學選，
二十五卷。經語韻對，五卷。鄭潾撰。韻類題選，一百卷。續韻類選，三十
卷。慶曆萬題，六十卷。錢昌宗編。玉山題府，三十卷。壬寅題寶，十卷。
熙寧題髓，十五卷。羣書解題，八十卷。鄭齊編。注疏解題，三十一卷。周
識編。千題適變，十六卷。經傳集外注題，五十卷。楊損之編。解題，四十
五卷。方龜年編。唐書解題，三十卷。樓郁編。新唐書解題，二十卷。章辟光編。
題海，八十卷。續題海，八十卷。韻海，五十卷。許冠編。韻類解題，
五卷。張孟纂。猪肉臠，二十卷。邊崖類聚，三十卷。羣書新語，十卷。方
龜年撰。分門類海，一百卷。典類，一百卷。釋守能編撰。珠玉鈔，一卷。張
九齡撰。學林，三十卷。陳鎡編。採璧，十五卷。雞跖集，二十卷。會
史，一百卷。廣會史，二十五卷。諸史總要，五十卷。策苑，四十卷。
書叙指南，二十卷。任廣撰。羣書數類，一卷。林扶編撰。經子史集名數，六卷。
事類賦，三十卷。吴淑撰。

右類書下七十部，四千五百五十八卷。

凡類書一種，一百三十二部，一萬六千九百八十九卷。

文類第十二

楚辭　別集　總集　詩總集　賦　贊頌　箴銘　碑碣　制誥　表章　啟事　四六　軍書　案判　刀筆　俳諧　奏議　論　策　書　文史　詩評

楚辭

楚辭，十七卷。後漢校書郎王逸注。　楚辭，十一卷。宋何偃删王逸注。　楚辭，又一卷。

三卷。郭璞注。　楚辭音，一卷。徐邈撰。　又一卷。宋處士諸葛氏撰。　又一卷。

釋道騫撰。　離騷草木蟲魚疏，二卷。劉杳撰。　離騷章句，十七卷。　離騷約，

二卷。

凡楚辭一種，九部，五十五卷。

別集一

楚　漢　後漢　魏　蜀　吳

楚蘭陵令荀況集，二卷。　楚大夫宋玉集，二卷。

右楚別集二部，四卷。

漢武帝集，二卷。　淮南王安集，二卷。　賈誼集，四卷。　鼂錯集，三卷。

弘農都尉枚乘集，二卷。　太常孔臧集，二卷。　中書令司馬遷集，二卷。

丞相魏相集，二卷。　太中大夫東方朔集，二卷。　文園令司馬相如集，二卷。

膠西相董仲舒集，二卷。　騎都尉李陵集，二卷。　左馮翊張敞集，二卷。

諫大夫王褒集，五卷。　諫大夫劉向集，〔二〇〕六卷。　射聲校尉陳湯集，二卷。

丞相韋玄成集，二卷。　光禄大夫谷永集，〔二一〕二卷。　涼州刺史杜鄴集，五卷。

騎都尉李尋集，二卷。　司空師丹集，五卷。　光禄大夫息夫躬集，五卷。

太中大夫揚雄集，五卷。　太中大夫劉歆集，五卷。　成帝班婕妤集，一卷。

班昭集，三卷。　王莽建新大尹崔篆集，一卷。　保成師友唐林集，一卷。

中謁者史岑集，二卷。

右漢二十九部，八十一卷。

東平王蒼集，五卷。　桓譚集，二卷。　司隸從事馮衍集，五卷。　徐令班彪集，五卷。　司徒掾陳元集，一卷。　王隆集，二卷。　雲陽令朱勃集，二卷。

處士梁鴻集，二卷。　車騎從事杜篤集，五卷。　車騎司馬傅毅集，二卷。

大將軍護軍司馬班固集，十七卷。　魏郡太守黃香集，二卷。　長岑長崔駰集，十
卷。　侍中賈逵集，一卷。　校書郎劉騊駼集，二卷。　樂安相李尤集，五卷。
　大鴻臚竇章集，二卷。　濟北相崔瑗集，六卷。　劉珍集，二卷。　河間相
張衡集，十一卷。　郎中籍順集，二卷。　太傅胡廣集，二卷。　黃門侍郎葛龔
集，六卷。　司空李固集，十二卷。　南郡太守馬融集，九卷。　外黃令高彪集，
二卷。　王逸集，二卷。　司徒掾桓驎集，二卷。　處士崔琦集，一卷。　酈
炎集，三卷。　陳相邊韶集，二卷。　益州刺史朱穆集，二卷。　京兆尹延篤集，
一卷。　司農卿皇甫規集，五卷。　太常卿張奐集，二卷。　王延壽集，三卷。
　五原太守崔寔集，二卷。　趙壹集，一卷。　諫議大夫劉陶集，三卷。　外
黃令張升集，二卷。　侯瑾集，二卷。　盧植集，二卷，議郎廉品集，二卷。　司
空荀爽集，三卷。　野王令劉梁集，三卷。　鄭玄集，二卷。　左中郎將蔡邕集，
二十卷。　又蔡邕外文，一卷。　尚書令士孫瑞集，二卷。　太山太守應劭集，
四卷。　別部司馬張超集，五卷。　少府孔融集，十卷。　侍御史虞翻集，三卷。
　討虜長史張紘集，二卷。　處士禰衡集，二卷。　尚書右丞潘勗集，二卷。
　丞相倉曹屬阮瑀集，五卷。　丞相主簿繁欽集，十卷。　丞相軍謀掾陳琳集，十

丞相主簿楊脩集，二卷。　侍中王粲集，十一卷。　尚書丁儀集，二卷。

黄門郎丁廙集，二卷。　曹大家集，二卷。

右後漢六十四部，二百六十二卷。

魏武帝集，三十卷。　武帝逸集，十卷。　武帝集新撰，十卷。　文帝集，二十三卷。　明帝集，十卷。　高貴鄉公集，四卷。　陳思王曹植集，三十卷。

又，二十卷。　司徒華歆集，二卷。　司徒王朗集，二十四卷。　司徒陳羣集，五卷。　給事中邯鄲淳集，二卷。　太子文學徐幹集，五卷。　太子文學應瑒集，五卷。　太子文學劉楨集，四卷。　魏國郎中令路粹集，二卷。　行御史大夫袁渙集，五卷。　魏國奉常王脩集，二卷。　劉廙集，二卷。　侍中吳質集，五卷。

新城太守孟達集，三卷。　處士管寧集，三卷。　光禄勳高堂隆集，十卷。

光禄勳劉劭集，二卷。　散騎常侍繆襲集，五卷。　散騎常侍王象集，一卷。

光禄大夫韋誕集，三卷。　散騎常侍麋元集，五卷。　游擊將軍卞蘭集，二卷。

隰陽侯李康集，二卷。　陳郡太守孫該集，二卷。　尚書傅巽集，二卷。

章武太守殷褒集，二卷。　司空王昶集，五卷。　衛將軍王肅集，五卷。　桓範集，二卷。　中領軍曹羲集，五卷。　尚書何晏集，十一卷。　衛尉卿應璩集，十卷。　王弼集，五卷。　中書令劉階集，二卷。　太常卿傅嘏集，二卷。　樂安太守夏侯惠集，二卷。　校書郎杜摯集，二卷。　毌邱儉集，二卷。　征東軍司馬江奉集，二卷。　太常夏侯玄集，三卷。　車騎將軍鍾毓集，五卷。　步兵校尉阮籍集，十三卷。　中散大夫嵇康集，十五卷。　處士呂安集，二卷。　司徒鍾會集，十卷。　汝南太守程曉集，二卷。

右魏五十三部，三百四十七卷。

丞相諸葛亮集，二十五卷。　司徒許靖集，二卷。　征北將軍夏侯霸集，二卷。

右蜀三部，二十九卷。

輔義中郎將張溫集，六卷。　士燮集，五卷。　偏將軍駱統集，十卷。　太子少傅薛綜集，三卷。　選曹尚書暨豔集，二卷。　姚信集，二卷。　謝承集，四卷。　楊文厚集，二卷。　丞相陸凱集，五卷。　侍中胡綜集，二卷。　東觀令華覈集，五卷。　侍中張儼集，二卷。　韋昭集，二卷。　中書令紀隲集，三卷。　陸景集，一卷。

右吳十五部，五十四卷。

別集二晉

晉宣帝集，五卷。　又帝集，二卷。　明帝集，五卷。　簡文帝集，五卷。
孝武帝集，二卷。　齊王攸集，二卷。　王沈集，五卷。　鄭袤集，二卷。
宗正嵇喜集，二卷。　散騎常侍應貞集，五卷。　司隸校尉傅玄集，五十卷。
著作郎成公綏集，十卷。　裴秀集，三卷。　金紫光祿大夫何禎集，五卷。　袁
準集，二卷。　少傅山濤集，十卷。齊朝奉請裴聿注。　向秀集，二卷。　平原太
守阮种集，二卷。　阮侃集，五卷。　太傅羊祜集，二卷。　蔡玄通集，五卷。
太宰賈充集，五卷。　荀勗集，三卷。　征南將軍杜預集，二十卷。　輔國將
軍王濬集，二卷。　處士皇甫謐集，二卷。　侍中程咸集，三卷。　光祿大夫劉
毅集，二卷。　侍中庾峻集，二卷。　巴西太守郄正集，一卷。　散騎常侍薛瑩
集，三卷。　散騎常侍陶濬集，二卷。　通仕郎江偉集，六卷。　宣舒集，五卷。
散騎常侍曹志集，二卷。　鄒湛集，三卷。　汝南太守孫毓集，六卷。　處
士楊泉集，二卷。　司徒王渾集，五卷。　冀州刺史王深集，五卷。　處士閔鴻
集，三卷。　光祿大夫裴楷集，二卷。　司空張華集，十卷。　尚書僕射裴頠集，

十卷。　太子中庶子許孟集，三卷。　太宰何劭集，二卷。　光祿大夫劉頌集，三卷。　劉寔集，二卷。　散騎常侍王佑集，三卷。　驃騎將軍王濟集，二卷。　華嶠集，八卷。　祕書丞司馬彪集，四卷。　尚書庾儵集，二卷。　國子祭酒謝衡集，二卷。　漢中太守李虔集，二卷。　司隸校尉傅咸集，三十卷。　太子中庶子棗據集，二卷。　劉寶集，三卷。　馮翊太守孫楚集，十二卷。　散騎常侍夏侯湛集，十卷。　弋陽太守夏侯淳集，二卷。　散騎侍郎王讚集，五卷。　衛尉卿石崇集，六卷。　尚書郎張敏集，五卷。　黃門郎伏偉集，一卷。　黃門郎潘岳集，十卷。　太常卿潘尼集，十卷。　頓邱太守歐陽建集，二卷。　宗正劉訏集，二卷。　散騎常侍李重集，二卷。　光祿大夫欒廣集，二卷。　阮渾集，三卷。　侍中嵇紹集，二卷。　錢唐令楊建集，九卷。　長沙相盛彥集，五卷。　左長史楊乂集，三卷。　尚書盧播集，二卷。　欒肇集，五卷。　南中郎長史應亨集，二卷。　國子祭酒杜育集，二卷。　太常卿摯虞集，十卷。　祕書監繆證集，二卷。　齊王府記室左思集，五卷。　豫章太守夏靖集，二卷。　吳王文學鄭豐集，二卷。　大司馬東曹掾張翰集，二卷。　清河王文學陳略集，二卷。　揚州從事陸沖集，二卷。　平原内史陸機集，四十七卷。　清河太守陸雲黄門郎張協集，四卷。散騎常侍江統集，十卷。光祿勳閭邱沖集，二卷。太子洗馬阮脩集，二卷。廣州刺史嵇含集，十卷。平北將軍牽秀集，五卷。隴西太守閻纂集，二卷。太子洗馬陶佐集，五卷。東晉鄱陽太守虞溥集，三卷。兗州刺史宗岱集，二卷。散騎常侍棗嵩集，二卷。劉琨別集，十二卷。彭城王紘集，二卷。鎮東從事中郎傅毅集，五卷。司空賀循集，二十卷。

中書郎張載集，七卷。征南司馬曹攄集，三卷。中書令卞粹集，五卷。太子中舍人阮瞻集，二卷。太傅郭象集，五卷。松滋令蔡洪集，二卷。游擊將軍索靖集，三卷。交趾太守殷巨集，二卷。仲長敖集，二卷。開府山簡集，二卷。濟陽內史王曠集，五卷。太尉劉琨集，十卷。祕書丞傅暢集，五卷。會稽王道子集，八卷。驃騎將軍顧榮集，五卷。

少府孫拯集，二卷。著作郎束晳集，五卷。著作郎胡濟集，五卷。太傅從事中郎庾敳集，五卷。廣威將軍裴邈集，二卷。安豐太守孫惠集，十卷。車騎從事中郎蔡克集，二卷。〔二二〕秦州刺史張輔集，二卷。益陽令吴商集，五卷。太常卿劉宏集，三卷。侍中王峻集，二卷。襄陽太守棗腆集，二卷。司空從事中郎盧諶集，十卷。譙烈王集，九卷。衡陽內史曾瓌集，四卷。

散騎常侍張抗集，二卷。　車騎長史賈彬集，三卷。　光祿大夫衛展集，十五卷。　東晉太尉荀組集，三卷。　關内侯傅珉集，一卷。　光祿大夫周顗集，二卷。　太常謝鯤集，二卷。　祕書郎張委集，五卷。　驃騎將軍王廙集，十卷。

華譚集，二卷。　御史中丞熊遠集，十二卷。　湘州秀才谷儉集，一卷。

大鴻臚周嵩集，三卷。　弘農太守郭璞集，十七卷。　張駿集，八卷。　大將軍王敦集，十卷。　吳興太守沈充集，三卷。　散騎常侍傅純集，二卷。　光祿大夫梅陶集，二十卷。　金紫光祿大夫荀邃集，二卷。　散騎常侍王覽集，五卷。

著作佐郎王濤集，五卷。　廷尉卿阮放集，十卷。　宗正卿張悛集，二卷。

汝南太守應碩集，二卷。　金紫光祿大夫張闓集，二卷。　揚州從事陸沈集，二卷。

驃騎將軍卞壼集，二卷。　光祿勳鍾雅集，一卷。　衛尉卿劉超集，二卷。

衛將軍戴邈集，五卷。　光祿大夫荀崧集，一卷。　大將軍溫嶠集，十卷。

侍中孔坦集，十七卷。　臧沖集，一卷。　鎮南大將軍應瞻集，五卷。　太僕卿王嶠集，八卷。　衛尉荀闓集，一卷。　鎮北將軍劉隗集，二卷。　大司馬陶侃集，二卷。　丞相王導集，十卷。　太尉郗鑒集，十卷。　太尉庾亮集，二十卷。

虞預集，十卷。　平越司馬黄整集，十卷。　護軍長史庾堅集，十三卷。

司空庾冰集，二十卷。給事中庾闡集，十卷。著作郎王隱集，二十卷。散
騎常侍干寶集，四卷。太常卿殷融集，十卷。衛尉張虞集十卷。光禄大夫
諸葛恢集，五卷。車騎將軍庾翼集，二十二卷。司空何充集，四卷。御史
中丞郝默集，五卷。征西諮議甄述集，十二卷。武昌太守徐彥則集，十卷。
散騎常侍王愆期集，十卷。司徒左長史王濛集，五卷。丹陽尹劉恢集，二卷。
益州刺史袁喬集，七卷。尚書令顧和集，五卷。尚書僕射劉遐集，五卷。
處士江淳集，三卷。魏興太守荀述集，一卷。平南將軍賀翹集，五卷。
李軌集，八卷。李充集，二十二卷。司徒蔡謨集，十七卷。揚州刺史殷
浩集，五卷。吳興孝廉鈕滔集，五卷。宣城内史劉系之集，五卷。尋陽太
守庾純集，八卷。驃騎司馬王修集，二卷。衛將軍謝尚集，十卷。青州刺
史王浹集，二卷。西中郎將王胡之集，十卷。中書令王洽集，五卷。宜春
令范保集，七卷。處士范宣集，十卷。建安太守丁纂集，四卷。金紫光禄
大夫王羲之集，十卷。散騎常侍謝万集，十六卷。司徒長史張憑集，五卷。
高涼太守楊方集，二卷。處士許詢集，三卷。征西將軍張望集，十卷。
餘姚令孫統集，九卷。衛尉卿孫綽集，十五卷。太常江逌集，九卷。謝沈

集，十卷。　李顒集，十卷。　光禄勳曹毗集，十卷。　郡主簿王篋集，五卷。　沙門支遁集，八卷。　劉彧集，十六卷。　張重華酒泉太守謝艾集，七卷。　尚書僕射王述集，八卷。　撫軍長史蔡系集，二卷。　護軍將軍江彬集，五卷。　范汪集，十卷。　王度集，五卷。　中領軍庾龢集，二卷。　將作大匠喻希集，一卷。　吳興太守孔嚴集，十一卷。　大司馬桓温集，四十三卷。　桓温要集，二十卷。　豫章太守車灌集，五卷。　尚書僕射王坦之集，七卷。　左光禄王彪之集，二十卷。　中書郎郗超集，十卷。　南中郎桓嗣集，五卷。　平固令邵毅集，五卷。　太學博士滕輔集，五卷。　苻堅丞相王猛集，九卷。　顧夷集，五卷。　散騎常侍鄭襲集，四卷。　撫軍掾劉暢集，一卷。　太常卿韓康伯集，十六卷。　黄門郎范啓集，四卷。　豫章太守王恪集，十卷。　雲陵太守陶混集，七卷。　海鹽令祖撫集，三卷。　吳興太守殷康集，五卷。　太傅謝安集，十卷。　中軍參軍孫嗣集，三卷。　司徒左長史劉袞集，三卷。　御史中丞孔欣時集，八卷。　伏滔集，十一卷。　滎陽太守習鑿齒集，五卷。　祕書監孫盛集，五卷。　東陽太守袁宏集，十五卷。　黄門郎顧淳集，一卷。　尋陽太守熊鳴鵠集，十卷。　車騎司馬謝韶集，三卷。　金紫光禄大夫王獻之集，十卷。　琅琊内史袁質集，二卷。　湘東太守庾肅之集，十卷。　太宰從事中郎袁卲集，五卷。　車騎長史謝朗集，六卷。　車騎將軍謝頠集，十卷。　新安太守郗愔集，五卷。　吳郡功曹陸法之集，十九卷。　太常卿王珉集，十卷。　中散大夫羅含集，三卷。　太宰中郎長史庾蒨集，二卷。　大司馬參軍庾悠之集，三卷。〔二三〕　司徒右長史庾凱集，二卷。　國子博士孫放集，十卷。　聘士殷叔獻集，四卷。　北中郎參軍蘇彥集，十卷。　太子左率王肅之集，三卷。　黃門郎王徽之集，八卷。　處士謝敷集，五卷。　太常卿孔汪集，十卷。　陳統集，七卷。　太常王愷集，十五卷。　右將軍王忱集，五卷。　太常殷允集，十卷。　處士戴逵集，十卷。　光祿大夫孫廞集，十卷。　太子前率徐邈集，九卷。　給事徐乾集，二十一卷。　冠軍將軍張玄之集，五卷。　員外常侍荀世之集，八卷。　袁山松集，十卷。　黃門郎魏遏之集，五卷。　驃騎將軍卞湛集，五卷。　金紫光祿大夫褚爽集，十六卷。　豫章太守范甯集，十六卷。　餘杭令范弘之集，六卷。　司徒王珣集，十卷。　處士薄蕭之集，十集。〔二四〕　安北參軍薄要集，九卷。　薄邕集，七卷。　延陵令唐邁之集，十一卷。　孫恩集，五卷。　殿中將軍傅綽集，十五卷。　御史中丞魏叔齊集，十五卷。　司徒右長史劉寧之集，五卷。　臨海太守辛德遠集，五卷。　車騎參軍何瑾之集，十一卷。　太保王恭集，五卷。　殷覬集，十卷。　荊州刺史殷仲堪集，十二卷。　驃騎長史謝景重集，一卷。　桓玄集，二十卷。　丹陽令卞範之集。五卷。　光禄勳卞承之集，十卷。　東陽太守殷仲文集，七卷。　司徒王謐集，十卷。　光禄大夫伏系之集，十卷。　右軍參軍孔璠集，二卷。　衛軍諮議湛方生集，十卷。　光禄大夫祖台之集，二十卷。

通直常侍顧愷之集，十三卷。　太常卿劉瑾集，九卷。　左僕射謝混集，三卷。

祕書監滕演集，十卷。　司徒長史王誕集，二卷。　太尉諮議劉簡之集，十卷。

丹陽太守袁豹集，十卷。　廬江太守殷遵集，五卷。　興平令荀軌集，五卷。

西中郎長史羊徽集，十卷。　國子博士周祗集，十一卷。　相國主簿殷闡集，十卷。　太常傅迪集，十卷。　始安太守卞裕集，十五卷。　韋公藝集，六卷。

毛伯成集，一卷。　沙門支曇諦集，六卷。　沙門釋慧遠集，十二卷。　姚萇沙門釋僧肇集，一卷。　王茂略集，四卷。　曹毗集，四卷。　宗欽集，二卷。

中軍功曹殷曠之集，五卷。　太學博士魏説集，十卷。　征西主簿邱道護集，五卷。　柴桑令劉遺民集，五卷。　郭澄之集，十卷。　處士周元之集，一卷。

孔瞻集，九卷。　司徒王渾妻鍾夫人集，五卷。　晉武帝左九嬪集，四卷。

太宰賈充妻李扶集，一卷。武平都尉陶融妻陳窈集，一卷。都水使者妻陳玢集，五卷。海西令劉臻妻陳珍集，七卷。劉柔妻王卲之集，十卷。散騎常侍傅統妻辛蕭集，一卷。松楊令鈕滔母孫瓊集，二卷。成公道賢妻龐馥集，一卷。宣城太守何殷妻徐氏集，一卷。江州刺史王凝之妻謝道韞集，二卷。

右晉三百七十二部，二千四百九十八卷。

別集三 宋 齊 梁

宋武帝集，二十卷。文帝集，十卷。孝武帝集，三十一卷。廢帝景和集，十卷。明帝集，三十三卷。長沙王道憐集，十卷。臨川王道規集，四卷。臨川王義慶集，八卷。江夏王義恭集，十五卷。衡陽王義季集，十卷。南平王鑠集，五卷。竟陵王誕集，二十卷。建平王休佑集，十卷。新喻惠侯義宗集，十二卷。散騎常侍祖柔之集，二十卷。豫章太守謝瞻集，三卷。征虜將軍沈林子集，七卷。太常卿孔琳之集，十卷。王叙之集，十卷。太中大夫徐廣集，十五卷。祕書監盧繁集，十卷。侍中孔甯子集，十五卷。建安太守卞瑾集，十卷。太常卿蔡廓集，十卷。尚書令傅亮集，三十一卷。

征南長史孫康集，十卷。　左軍長史范述集，三卷。　王韶之集，二十四卷。
太常卿鄭鮮之集，十三卷。　處士陶潛集，二十卷。　張野集，十卷。　零
陵令陶階集，八卷。　東莞太守張元瑾集，八卷。　光禄大夫王曇首集，二卷。
中書郎荀昶集，十五卷。　卞伯玉集，五卷。　中散大夫羊欣集，七卷。　司
徒王弘集，二十卷。　金紫光禄大夫沈演集，十卷。　廣平太守范凱集，八卷。
沙門釋惠琳集，五卷。　宋太常謝弘微集，二卷。　臨川内史謝靈運集，二十卷。
給事中邱深之集，十五卷。　義成太守祖企之集，五卷。　荆州西曹孫詔之
集，十卷。　殷淳集，二卷。　揚州刺史殷景仁集，九卷。　國子博士姚濤之集，
二十卷。　周祋集，十一卷。　殷闡之集，一卷。　處士宗炳集，十六卷。
處士雷次宗集，三十卷。　奉朝請伍緝之集，十二卷。　南蠻主簿衛令元集，八卷。
范曄集，十五卷。　撫軍諮議范廣集，一卷。　范晏集十四卷。　司徒府參
軍謝惠連集，六卷。　右光禄大夫王敬集，五卷。　任豫集，一卷。　御史中丞
何承天集，二十卷。　太中大夫裴松之集，三十卷。　王韶之集，二十卷。　光
禄大夫江湛集，四卷。　太尉袁淑集，十一卷。　祕書監王微集，十卷。　太子
舍人王僧謙集，二卷。　金紫光禄大夫王僧綽集，一卷。　征北行參軍顧邁集，二

十卷。　魚復令陳超之集，十卷。　平南將軍何長瑜集，八卷。　員外郎荀雍集，二卷。　國子博士范演集，八卷。　錢唐令顧昱集，六卷。　韓濬之集，八卷。　南陽太守沈亮之集，七卷。　國子博士孔欣集，九卷。　臨海太守江玄叔集，四卷。　尚書郎劉馥集，十一卷。　太子中舍人張演集，八卷。　南昌令蔡眇之集，三卷。　太學博士顧雅集，十三卷。　巴東太守孫仲之集，十二卷。　太尉諮議參軍謝元集，一卷。　南海太守陸展集，九卷。　棘陽令山謙之集，十二卷。　廣州刺史楊希集，九卷。　太常卿范泰集，二十卷。　員外郎常侍周始之集，十一卷。　主客郎羊崇集，六卷。　太子舍人孔景亮集，三卷。　中書郎袁伯文集，十一卷。　丞相諮議蔡超集，七卷。　東中郎長史孫緬集，八卷。　賀道養集，十卷。　太子洗馬謝澄集，六卷。　新安太守張鏡集，十卷。　兼中書舍人褚詮之集，八卷。　特進顏延之集，二十五卷。　東揚州刺史顏竣集，十四卷。　大司馬録事顏測集，十一卷。　護軍將軍王僧達集，十卷。　江寧令蘇寶生集，四卷。　兖州別駕范義集，十二卷。　吳興太守劉瑀集，七卷。　會稽太守張暢集，十二卷。　司空何尚之集，十卷。　吏部尚書何偃集，十九卷。　侍中沈懷文集，十二卷。　太子中庶子殷琰集，七卷。　北中郎長史江智深集，九卷。

武陵太守袁覬集，八卷。　荀欽明集，六卷。　安北參軍王詢之集，五卷。
越騎校尉戴法興集，四卷。　黄門郎虞通之集，二十卷。　司徒左長史沈勃集，
二十卷。　金紫光禄大夫謝莊集，十九卷。　金紫光禄大夫謝協集，三卷。　三
巴校尉張悦集，十一卷。　揚州從事賀頎集，十一卷。　領軍長史孔邁之集，八卷。
撫軍參軍賀弼集，十六卷。　本州秀才劉遂集，二卷。　建平王景素集，十卷。
征虜記室參軍鮑照集，十卷。　武康令沈懷遠集，十九卷。　裴駰集，六卷。
删定郎劉鯤集，五卷。〔二五〕　宜都太尉費脩集，十卷。　太中大夫徐爰集，六
卷。　護軍司馬孫勃集，六卷。　右光禄大夫張永集，十六卷。　陽羨令趙繹
集，十六卷。　庾蔚之集，十六卷。　太子中舍人召不就王素集，十六卷。　豫
章太守劉愔集，十卷。　費景運集，二十卷。　光禄大夫孫敻集，十一卷。　太
尉從事中郎蔡頤集，三卷。　司空劉緬集，二十卷。　青州刺史明僧嵩集，十卷。
吳興太守蕭惠開集，七卷。　沈宗之集，十卷。　大司農張辨集，十六卷。
金紫光禄大夫王瓚集，十五卷。　郭坦之集，五卷。　會稽主簿辛湛之集，八卷。
東海王常侍鮑德遠集，六卷。　會稽郡丞張綏集，六卷。　寧國令劉薈集，七
卷。　江州從事吳邁遠集，一卷。　宛朐令湯惠休集，四卷。　南海太守孫奉伯

集，十卷。　右將軍成元範集，十卷。　奉朝請虞喜集，十一卷。　延陵令唐思賢集，十五卷。　戴凱之集，六卷。　司徒袁粲集，十一卷。　婦人韋氏集，一卷。　後宮司儀韓蘭英集，四卷。

右宋一百六十二部，一千七百一十六卷。

齊文帝集，十一卷。　晉安王子懋集，四卷。　隨王子隆集，七卷。　竟陵王子良集，四十卷。　聞喜公蕭遥欣集，十一卷。　領軍諮議劉祥集，十卷。　太宰褚彦回集，十五卷。　黄門侍郎崔祖思集，二十卷。　中軍佐鍾蹈集，十二卷。　餘杭令邱巨源集，十卷。　太尉王儉集，六十卷，東海太守謝顥集，十六卷。謝瀹集，十卷。　豫州刺史劉善明集，十卷。　侍中褚賁集，十二卷。　劉蚪集，二十四卷。　司徒主簿徵不就庾易集，十卷。　顧歡集，三十卷。　劉瓛集，三十卷。　射聲校尉劉璡集，三卷。　中書郎周顒集，八卷。　鮑鴻集，二十卷。　雍州秀才韋瞻集，十卷。　正員郎劉懷慰集，十卷。　永嘉太守江山圖集，十卷。　驃騎記室參軍荀憲集，十一卷。　前軍參軍虞羲集，九卷。　平陽令韋沈集，十卷。　車騎參軍任文集，十一卷。　卞鑠集，十六卷。　婁幼瑜集，六十六卷。　長水校尉祖沖之集，五十一卷。　中書郎王融集，十卷。　吏部郎謝朓集，十二卷。　又外集，一卷。　謝朓逸集，一卷。　司徒左長史張融集，二十七卷。　又張融玉海集，十卷。　又張融大澤集，十卷。　又張融金波集，六十卷。　羽林監庾韶集，十卷。　黃門郎王僧佑集，十卷。　太常卿劉悛集，二十卷。　祕書王寂集，五卷。　金紫光祿大夫孔稚珪集，十卷。　後軍法曹參軍陸厥集，八卷。　太尉徐孝嗣集，十卷。　侍中劉暄集，二十一卷。　通直常侍裴昭明集，九卷。　虞炎集，七卷。　吏部郎劉瑱集，十卷。　梁國從事中郎劉繪集，十卷。　侍中袁彖集，五卷。　中書郎江奐集，十一卷。　平西諮議宗躬集，十三卷。　太子舍人沈驎士集，六卷。

右齊五十六部，八百七十三卷。

梁武帝集，三十二卷。　武帝別集目錄，二卷。　武帝雜文集，九卷。　簡文帝集，八十五卷。　元帝集，五十卷。　元帝小集，十卷。　文帝集，十八卷。　昭明太子集，二十卷。　晉安成王集，三十卷。　岳陽王詧集，十卷。　梁主蕭巋集，十卷。　邵陵王綸集，六卷。　武陵王紀集，八卷。　蕭琮集，七卷。　安成煬王集，五卷。　司徒諮議宗夬集，九卷。　國子博士邱遲集，十卷。　謝朏集，十五卷。　金紫光祿大夫江淹集，二十卷。　江淹後集，十卷。　尚書僕射范雲集，十一卷。　太常卿任昉集，三十四卷。　晉安太守謝纂集，十卷。
撫軍將軍柳惔集，二十卷。　豫州刺史柳憕集，六卷。　尚書令柳忱集，十三卷。
義興郡丞何僩集，三卷。　撫軍中兵參軍韋温集，十卷。　鎮西録事參軍到洽
集，十一卷。　太子洗馬劉苞集，十卷。　南徐州秀才諸葛璩集，十卷。　特進
沈約集，一百卷。　謝綽集，十一卷。　中軍府諮議王僧孺集，三十卷。　尚書
左丞范縝集，十一卷。　護軍將軍周捨集，二十卷。　祕書張纘金河集，六十卷。
劉歊集，八卷。　玄貞處士劉訏集，一卷。　蕭洽集，二卷。　隱居先生陶
弘景集，三十卷。　又陶弘景内集，十五卷。　處士魏道微集，三卷。　黄門郎
張率集，三十八卷。　南徐州治中王囧集，三卷。　都官尚書江革集，六卷。
奉朝請吴均集，二十卷。　光禄大夫庾曇隆集，十卷。　儀同三司徐勉前集，三十
五卷。　又徐勉後集，十六卷。　吏部郎王錫集，七卷。　尚書左僕射王暕集，
二十一卷。　平西刑獄參軍劉孝標集，六卷。　鴻臚卿裴子野集，十四卷。　仁
威府長史司馬褧集，九卷。　太子洗馬王筠集，十一卷。　又王筠中書集，十一卷。
王筠臨海集，十一卷。　王筠左佐集，十一卷。　王筠尚書集，九卷。　西
昌侯蕭深藻集，四卷。　中書郎任孝恭集，十卷。　平北府長史鮑泉集，一卷。

雍州刺史張纘集，十一卷。　尚書僕射張綰集，十一卷。　度支尚書庾肩吾集，十卷。　太常卿劉之遴前集，十一卷。　又劉之遴後集，二十一卷。　豫章世子侍讀謝郁集，五卷。　安成蕃王蕭欣集，十卷。　中書舍人朱超集，一卷。　護軍將軍甄玄成集，十卷。　散騎常侍沈君攸集，十三卷。　蕭子暉集，九卷。　始興内史蕭子範集，十三卷。　建陽令江洪集，二卷。　鎮西府記室鮑機集，八卷。　尚書祠部郎虞嚼集，十卷。　新田令費昶集，三卷。　蕭機集，二卷。　周興嗣集，十卷。　東陽郡丞謝瑱集，八卷。　通直郎謝琛集，五卷。　仁威記室何遜集，七卷。　安西記室劉綬集，四卷。　沙門釋智藏集，五卷。　太常卿陸倕集，十四卷。　廷尉卿劉孝綽集，十四卷。　都官尚書劉孝儀集，二十卷。　太子庶子劉孝威集，十卷。　東陽太守王揖集，五卷。　黄門郎陸雲公集，十卷。　國子祭酒蕭子雲集，十九卷。　征西府長史楊眺集，十一卷。　後梁明帝集，一卷。　臨安恭公主集，三卷。武帝女。　征西記室范靖妻沈滿願集，三卷。　太子洗馬徐悱妻劉令嫺集，三卷。

右梁九十八部，一千三百五十卷。

校勘記

〔一〕「雜戲格」，「格」字據文前總目補。

〔二〕「桐君藥録二卷」，隋志三、舊唐志下、新唐志三皆作「三卷」。日本書目作「二卷」。

〔三〕「姚僧坦集驗方十卷」，「坦」，兩唐志皆作「垣」。周書四七、北史九〇藝術傳亦作「姚僧垣」，陳書二七、南史六九姚察傳則作「僧垣」，似「坦」字爲「垣」字脱筆而成。

〔四〕「鄭注藥方一卷」，元本、明本、于本、殿本「卷」下有「唐志鄭撰」四小字，汪本删之，以其非夾漈原文也。

〔五〕「延齡至寶方十卷唐姚和撰」，「和」下原衍「衆」字，據崇文總目三删。

〔六〕「集妙方三卷沈承澤撰」，「澤」字脱，據宋史藝文志六補。

〔七〕「金鑑方三卷孫兼撰」，宋史藝文志六作「孫廉」。

〔八〕「耆婆八十四問一卷」，崇文總目同，宋史藝文志六作「六十四問」。

〔九〕「水氣論三卷蘭宗簡撰」，宋史藝文志六作「蕭宗簡」，「蕭」下注云：「一作蘭。」

〔一〇〕「唐西州節度要藉喻義撰」，「州」字元本、明本、于本、殿本皆作「川」。「要」字元本、殿本同汪本，明本、于本作「史」。崇文總目三、宋史藝文志六惟稱「喻義撰」，無從校正。

〔一一〕「唐陵正師口齒論一卷」，「唐」，崇文總目三作「廣」，宋史藝文志六作「唐」，注云：「一作廣。」

〔一二〕「口齒論三卷沖和先生撰」，宋志六作「一卷」。崇文總目三作「中和先生」。似各有所失。

〔一三〕「王守忠撰」，「忠」，崇文總目三、宋史藝文志六皆作「患」。

〔一四〕「衆童子祕訣三卷唐姚和撰」，「衆」字原在「和」字下，據新唐書藝文志三改。唐志原文爲：「姚和衆童子祕訣，二卷。」鄭氏誤以「衆」字爲人名，又「三卷」似爲「二卷」之誤。

〔一五〕「衆童延齡至寶方十卷姚和撰」，「和」字下衍「衆」字，見上條校記。又此條爲前文「延齡至寶方」重出。

〔一六〕「盧仁宗食經五卷」，新唐書藝文志三作「三卷」。

〔一七〕「又十卷」，新唐書藝文志三此文接在「竺暄食經四卷」之下。

〔一八〕「家政方十二卷」，姚振宗隋書經籍志考證指出，下面所列者爲其解題子目，卽食圖、四時酒要方、白酒方、七日麴酒法、雜酒食要法、雜藏釀法、雜酒食要法、酒并飲食方、鮭及鐺蟹方、羹臛法、䱐膢朐法、北方生醬法各一卷，共十二卷。此文亦有脱誤，如「雜酒食要法」卽兩見。本書所列者既不全，更多誤，如「食圖、四時酒要方」作爲一卷，卽其一例。

〔一九〕「食醫心鑑三卷成都醫博士昝殷撰」，「殷」，原作「商」，宋人諱「殷」字，據宋史藝文志六改。宋志作「二卷」，誤，崇文總目三作「三卷」。

〔二〇〕「諫大夫王褒集」、「諫大夫劉向集」，二「諫」字下皆衍「議」字，據漢書各本傳删。

〔二一〕「光禄大夫谷永集」，「光禄大夫」，原作「諫議大夫」，按漢書谷永傳，永仕爲光禄大夫，又西漢無諫議大夫，止有諫大夫，後人追書多誤，今據漢書本傳改正。

〔二二〕「車騎從事中郎蔡克集二卷」，汪本「克」作「充」，據元本、明本、于本、殿本改。按，蔡克見晉書七七蔡謨傳，又三八梁王肜傳作蔡充，應爲形近而誤。

〔二三〕「大司馬參軍庾悠之集三卷」，汪本「悠」作「攸」，據元本、明本、于本、殿本改。按，隋志四作「悠之」，晉書七三庾冰傳作「攸之」。

〔二四〕「處士薄蕭之集十卷」，汪本「蕭」作「肅」，據元本、明本、于本、殿本改。按，兩唐志作「肅」，隋志作「蕭」。

〔二五〕「删定郎劉鯤集五卷」，汪本「鯤」作「緄」，據元本、明本、于本、殿本改。按，兩唐志作「緄」，隋志作「鯤」。

別集四 後魏　北齊　後周　陳　隋　唐

後魏孝文帝集，四十卷。　司空高允集，二十卷。　司農卿李諧集，十卷。　太常卿盧元明集，十七卷。　司空祭酒袁躍集，十三卷。　著作佐郎韓顯宗集，十卷。　散騎常侍温子昇集，三十九卷。　太常卿陽固集，三卷。　薛孝通集，六卷。　宗欽集，二卷。　魏孝景集，一卷。

右後魏十一部，一百六十一卷。

北齊特進邢子才集，三十卷。　尚書僕射魏收集，七十卷。　儀同劉逖集，二十六卷。　陽休之集，三十卷。

右北齊四部，一百五十六卷。

後周明帝集，五十卷。　趙平王集，十卷。　滕簡王集，十二卷。　儀同宗懔集，十二卷。　沙門釋忘名集，十卷。〔一〕　小司空王褒集，二十一卷。　少傅蕭撝集，十卷。　開府儀同庾信集，二十一卷。　又略集，三卷。　王衡集，三卷。

右後周十部，一百五十二卷。

陳後主集，五十五卷。〔二〕　後主沈后集，十卷。　大匠卿杜之偉集，十二卷。

金紫光禄大夫周弘讓集，九卷。　周弘讓後集，十二卷。　侍中沈炯前集，七卷。

沈炯後集，十三卷。　尚書僕射周弘正集，二十卷。　鎮南府司馬陰鏗集，一卷。

左衛將軍顧野王集，十九卷。　尚書左僕射徐陵集，三十卷。　右衛將軍張式集，十四卷。

度支郎張正見集，十四卷。　司農卿陸琰集，二卷。

少府卿陸玠集，十卷。〔三〕　光禄卿陸瑜集，十一卷。　護軍將軍蔡景歷集，五卷。

御史中丞褚玠集，十卷。　安右府諮議司馬君卿集，二卷。　著作佐郎張仲簡集，一卷。

沙門釋標集，二卷。　釋洪偃集，八卷。　釋靈裕集，四卷。

釋瑗集，六卷。　策上人集，五卷。〔四〕　釋暠集，六卷。

右陳二十六部，三百三十三卷。

隋煬帝集，五十五卷。　王祐集，一卷。　武陽太守盧思道集，三十卷。　金州刺史李元操集，十卷。　蜀王府記室辛德源集，三十卷。　太尉楊素集，十卷。

懷州刺史李德林集，十卷。　吏部尚書牛弘集，十二卷。　司隷大夫薛道衡集，三十卷。　國子祭酒何妥集，十卷。　祕書監柳䛒集，五卷。　開府江總集，三十卷。　江總後集，二卷。　記室參軍蕭慤集，九卷。　著作郎諸葛穎集，十四卷。　著作郎魏彥深集，三卷。　著作郎王胄集，十卷。　殷英童集，三十卷。

尹式集，五卷。　虞茂世集，五卷。　劉興宗集，三卷。　李播集，三卷。

道士江旻集，三十卷。　劉子政母祖氏集，九卷。

右隋二十四部，三百五十六卷。

唐太宗集，四十卷。　高宗集，八十六卷。　中宗集，四十卷。　睿宗集，十卷。　武后垂拱集，一百卷。　武后金輪集，十卷。　陳叔達集，十五卷。

竇威集，十卷。　褚亮集，二十卷。　虞世南集，三十卷。　蕭瑀集，一卷。

沈齊家集，十卷。　薛收集，十卷。　楊師道集，十卷。　庾抱集，十卷。　孔穎達集，五卷。　王勣集，五卷。　郎楚之集，五卷。〔五〕　魏徵集，二十卷。

許敬宗集，八十卷。　于志寧集，四十卷。　上官儀集，三十卷。　李義府集，四十卷。　顏師古集，六十卷。　岑文本集，六十卷。　劉子翼集，二十卷。

殷聞禮集，一卷。　陸士季集，十卷。　劉孝孫集，三十卷。　鄭世翼集，八卷。　崔君實集，十卷。　李百藥集，三十卷。　孔紹安集，五十卷。　高季輔集，二十卷。温彦博集，二十卷。李玄道集，十卷。謝偃集，十卷。沈叔安集，二十卷。陸楷集，十卷。曹憲集，三十卷。蕭德言集，二十卷。潘求仁集，三卷。殷芊集，三卷。蕭鈞集，三十卷。袁朗集，十四卷。楊續集，十卷。王約集，一卷。任希古集，十卷。淩敬集，十四卷。王德儉集，十卷。徐孝德集，十卷。杜之松集，十卷。宋令文集，十卷。陳子良集，十卷。顏頵集，十卷。劉潁集，十卷。〔六〕司馬僉集，十卷。鄭秀集，十二卷。耿義襃集，七卷。楊元亨集，五卷。劉綱集，三卷。王歸一集，十卷。馬周集，十卷。薛元超集，三十卷。高智周集，五卷。褚遂良集，二十卷。劉褘之集，七十卷。郝處俊集，十卷。崔知悌集，五卷。李安期集，二十卷。唐覲集，五卷。張太素集，十五卷。鄧元挺集，十卷。劉允濟集，二十卷。駱賓王集，十卷。盧照鄰集，二十卷。幽憂子集，三卷。盧照鄰撰。楊炯盈川集，三十卷。王勃集，三十卷。狄仁傑集，十卷。李懷遠集，八卷。盧受采集，二十卷。王適集，二十卷。喬知之集，二十卷。蘇味道集，十五卷。薛耀集，二十卷。郎餘慶集，十卷。盧光容集，二十卷。崔融集，六十卷。閻鏡機集，十卷。

李嶠集，五十卷。　喬備集，六卷。　陳子昂集，十卷。　元希聲集，十卷。
李適集，十卷。　沈佺期集，十卷。　徐彥伯前、後集，二十卷。　宋之問集，十
卷。　杜審言集，十卷。　谷倚集，十卷。　富嘉謨集，十卷。　吳少微集，十
卷。　劉希夷集，十卷。　張柬之集，十卷。　桓彥範集，三卷。　韋承慶集，
六十卷。　閻邱鈞集，二十卷。　郭元振集，二十卷。　魏知古集，二十卷。
閻朝隱集，五卷。　蘇環集，十卷。　員半千集，十卷。　李乂集，五卷。
姚崇集，十卷。　邱悅集，十卷。　劉子玄集，三十卷。　盧藏用集，三十卷。
明皇集。卷亡。　德宗集。卷亡。　濮王泰集，二十卷。　上官昭容集，二十
卷。　令狐德棻集。三十卷，　許彥伯集，十卷。　劉洎集，十卷。　來濟集，三
十卷。　杜正倫集。十卷。　李敬玄集，三十卷。　裴行儉集，二十卷。　崔
行功集，六十卷。　張文琮集，二十卷。　麴崇裕集，二十卷。　劉憲集，三十
卷。　薛稷集，三十卷。　宋璟集，十卷。　蔣儼集，五卷。　趙宏智集，二十
卷。　賀德仁集，二十卷。　許子儒集，十卷。　蔡允恭集，二十卷。　張昌
齡集，二十卷。　杜易簡集，二十卷。　顏元孫集，三十卷。　姚璹集，七卷。
杜元志集，十卷。　楊仲昌集，十五卷。　崔液集，十卷。裴耀卿纂。　張說

集，三十卷。又燕公外集，一卷。蘇頲集，三十卷。徐堅集，三十卷。
元海集，十卷。李邕集，七十卷。王澣集，十卷。張九齡集，二十卷。
康國安集，十卷。孫逖集，二十卷。趙冬曦集。卷亡。毛欽一集，三卷。
王助雕蟲集，一卷。王維集，十卷。康希銑集，二十卷。張均集，二十
卷。權若訥集，十卷。白履忠集，十卷。鮮于向集，十卷。許渾丁卯
集，二卷。康玄辨集，十卷。崔國輔集。卷亡。嚴從集，三卷。從卒，詔求其
藁，吕向集而進焉。高適集，二十卷。陶翰集。卷亡。崔國輔集。卷亡。〔七〕
賈至集，二十卷。又別集，十五卷。蘇冕編。張孝嵩集，十卷。儲光羲
集，七十卷。蘇源明前集，二十卷。李白草堂集，二十卷。李陽冰録。又度
北門集，一卷。杜甫集，六十卷。小集，六卷。潤州刺史樊晃集。岑參集，十
卷。盧象集，十二卷。蕭穎士游梁新集，三卷。又集，十卷。李華前
集，十卷。中集，二十卷。李翰前集，三十卷。王昌齡集，五卷。元結
文編，十卷。邵説集，十卷。裴倩集，五卷。裴均父。又溢城集，五卷。
劉彙集，三卷。樊澤集，十卷。崔良佐集，十卷。湯賁集，十五卷。〔八〕
劉迥集，五卷。武就集，五卷。元衡父。于休烈集，十卷。元載集，十

卷。張薦集，三十卷。劉長卿集，十卷。隨州外集，十卷。戎昱集，五
卷。崔祐甫集，三十卷。常袞集，十卷。楊炎集，十卷。顏真卿吳興
集，十卷。又廬陵集，十卷。又臨川集，十卷。歸崇敬集，二十卷。劉
太真集，三十卷。于邵集，四十卷。梁肅集，二十卷。〔九〕獨孤及毗陵集，
二十卷。竇叔向集，七卷。柳渾集，十卷。李泌集，二十卷。張建封
集，二百三十篇。顧況集，二十卷。皇甫湜編。鮑溶集，五卷。齊抗集，二十卷。
鄭餘慶集，五十卷。崔元翰集，三十卷。楊凝集，二十卷。歐陽詹集，
十卷。李觀集，三卷。陸希聲纂。又，一卷。呂溫集，十卷。穆員集，
十卷。竇常集，十八卷。鄭絪集，三十卷。符載集，十四卷。郗純集，
六十卷。戴叔倫述藁，十卷。張登集，六卷。陸迅集，十卷。柳冕集。
卷亡。姚南仲集，十卷。李吉甫集，二十卷。武元衡集，十卷。權德輿
童蒙集，十卷。又集，五十卷。韓愈集，四十卷。柳宗元集，三十卷。
韋貫之集，三十卷。李絳集，二十卷。令狐楚漆匳集，一百三十卷。韋武
集，十五卷。皇甫鏄集，十八卷。唐志作「鏞」。〔一〇〕樊宗師集，二百九十一卷。
武儒衡集，二十五卷。李道古文輿，三十卷。董侹武陵集。卷亡。劉

禹錫集，四十卷。　元氏長慶集，一百卷。　又小集，十卷。　白氏長慶集，七十五卷。　白行簡集，二十卷。　張仲方集，三十卷。　鄭澣集，三十卷。　馮宿集，四十卷。　劉伯芻集，三十卷。　段文昌集，三十卷。　韋處厚集，七十卷。　劉栖楚集，二十卷。　李翺集，十卷。　温造集，八十卷。　王起集，一百二十卷。　崔咸集，二十卷。　皇甫湜集，三卷。　舒元輿集，一卷。　李德裕姑臧集，五卷。　又會昌一品集，二十卷。　又一品外集，十卷。　又窮愁志，三卷。　又別集，八卷。　杜牧樊川集，二十卷。　又外集，一卷。　又別集，一卷。　沈亞之集，九卷。　羅讓集，三十卷。　王涯集，十卷。　魏謩集，十卷。　秣陵子集，一卷。寶曆中，應賢良來擇撰。　柳仲郢集，二十卷。　陳商集，十七卷。　歐陽袞集，二卷。　温庭筠握蘭集，三卷。　又金筌集，十卷。〔一一〕　又漢南真藁，十卷。　又詩，五卷。　陳陶文録，十卷。　劉蜕文泉子，十卷。　孫樵經緯集，三卷。　周慎辭寧蘇集，五卷。　皮日休集，十卷。　又詩，一卷。　又胥臺集，七卷。　陸龜蒙笠澤叢書，三卷。　又詩編，十卷。　楊夔集，五卷。　又冗書，十卷。　又冗餘集，一卷。　沈栖遠景臺編，十卷。　司空圖一鳴集，三十卷。　陸扆集，七卷。　賈島長江集，十卷。

又小集，三卷。　秦韜玉投知小録，三卷。〔一二〕　鄭賓集，十卷。　袁皓碧池書，三十卷。　鄭氏貽孫集，四卷。　養素先生遺榮集，三卷。　張玄晏集，二卷。　齊夔集，一卷。　黄璞霧居子集，十卷。　譚正夫集，一卷。　邱光庭集，三卷。　張安石涪江集，一卷。　張友正雜編，一卷。　沈光集，五卷。　程晏集，七卷。　李善夷集，一卷。　又江南集，十卷。　劉綺莊集，十卷。　孫郃集，四十卷。　又孫子文纂，四十卷。　又孫氏小集，三卷。〔一三〕　陳黯集，三卷。〔一四〕　羅衮集，二卷。　顧雲苕川總載集，十卷。　又集遺具録，十卷。

又鳳策聯華，三卷。　王秉集，一卷。　又編遺，十卷。　鄭準渚宫集，一卷。

李嵩集，三卷。　裴度集，三卷。　獨孤郁集，一卷。　牛僧孺集，二卷。

林藻集，一卷。　林藴集，一卷。　陳詡集，十卷。　黄滔集，十五卷。

右唐三百四十六部，六千四百三十五卷。

別集五五代　僞朝　宋　別集詩

羅紹威政餘集，五卷。　高輦丹臺集，三卷。　羅隱集，二十卷。　又羅隱江東後集，三卷。　又吳越掌記集，三卷。　李琪金門集，十卷。　崔拙集，二

卷。　賈緯集，二十卷。　又續草堂集，一卷。　梁震集，一卷。　公乘億珠
林集，一卷。〔一五〕　張沈一飛集，一卷。　王仁裕紫閣集，十一卷。　又乘軺集，
五卷。　熊皦屠龍集，五卷。　李愚白沙集，十卷。　李氏應歷小集，十卷。李
澣，晉末人。晉陷契丹，以僞遼應歷年號名集。　和凝演編集，五十卷。　又游藝集，五
十卷。　酈炎集，一卷。　孫光憲鞏湖編玩，三卷。　薛廷珪集，一卷。　孫
開物集，十六卷。　王朴集，三卷。　馮道詩，十卷。　邱光業詩，一卷。　劉
昭禹詩，一卷。

右五代二十七部，二百四十七卷。

杜光庭集，三十卷。　韋莊浣花集，二十卷。僞蜀。　王超洋源集，二卷。僞蜀。
楊九齡要録，十卷。僞蜀。　馮涓龍吟集，三卷。僞蜀。　又長樂集，十卷。
游恭集，一卷。僞吳。　又小東里集，三卷。　又廣東里集，四卷。　湯文主登
龍集，十卷。僞吳。　又冥搜集，二十卷。　周延禧百一集，二十卷。僞吳。　沈
顔聱書，十卷。僞吳。　又解聱書，十五卷。　李後主集，十卷。僞唐。　李後主
集略，十卷。　宋齊邱集，六卷。僞唐。　郭昭慶芸閣集，十卷。僞唐。　李爲先
斐然集，五十卷。僞唐。　成文幹梅嶺集，五卷。僞唐。　馮延己集，一卷。僞唐。

孟拱辰集，三卷。偽唐。　孫晟集，五卷。偽唐。　徐鍇集，十卷。偽唐。
潘舍人集，二十卷。偽唐，潘佑。　僧彙征集，七卷。吳越。　章震詩，十卷。偽唐。
孫魴詩，三卷。偽唐。　廖光凝詩，七卷。偽唐。　李建勳詩，二卷。偽唐。
又鍾山公集，二十卷。　李叔文詩，一卷。偽唐。　李存金陵古跡詩，四卷。偽
唐。　郭鵬詩，一卷。偽唐。　江爲詩，一卷。偽唐。　李明詩集，五卷。偽唐。

右偽朝三十六部，三百九十四卷。

真宗御集，三百卷。　又注，三百卷。宋綬、錢易、李淑等注。　仁宗御集，一百
卷。　神宗御集，一百六十卷。　哲宗前、後集。　王溥集，二十卷。　趙上
交集，二十卷。　范質集，三十卷。　薛居正集，三十卷。　高錫集，一卷。　嘉善
又簪履編，七卷。　端揆集，四十五卷。右僕射竇儀。　竇儼集，五十卷。
集，五十卷。吏部尚書張昭。　陶穀集，十卷。　扈載集，二十卷。　王祜集，二十
卷。　李至集，四十卷。　王禹偁小畜集，三十卷。　又别集，二十卷。　羅
處約東觀集，十卷。　郭贄文懿集，三十卷。　宋白集，一百卷。　盧稹曲肱集，
六卷。　孫何集，二十卷。　又西垣集，四十卷。　种隱君小集，二卷。种放。　張洎集，五
白稹集，十卷。　柳開河東先生集，十五卷。　徐鉉集，二十卷。

十卷。　李昉集，五十卷。　朱昂集，三十卷。　王旦集，二十卷。　劉賁集，一卷。　李瑩集，十卷。　鞠氏集，二十卷。鞠常。　楊億武夷集，二十卷。　又蓬山集，五十四卷。　册府應言，十卷。劉筠。　宋綬文館集，五十卷。　又託居集，三卷。　范魯公集，三十卷。范質。　呂文穆集，十卷。呂蒙正。　王文正公集，五十卷。王旦。　陳文惠愚邱編，三卷。陳堯佐。　寇忠愍集，三卷。寇準。　丁給事集，四卷。丁謂。　又丁晉公青衿集，三卷。　錢文僖集，十卷。錢惟演。　又伊川集，五卷。　又典懿集，三十卷。　又擁旄集，五卷。　晏相臨川集，三十卷。晏殊。　宋景文公集，七十八卷。宋祁。　又出麾小集，五卷。　清風集，五十卷。龐籍。　睢陽小集，十卷。孫復。　楊徽君東里集，一卷。楊朴。　徂徠集，二十卷。石介。　蔣康叔小集，一卷。　鄭國文莊公集，一百卷。夏竦。　范文正公集，十五卷。范仲淹。　又丹陽編，八卷。　宋元憲公集，五卷。宋庠。　又緹巾集，十二卷。　蘇子美集，十五卷。蘇舜欽。　仲樸翁集，十二卷。仲訥。　退居類藁，十二卷。李覯。　蔡端明集，三十卷。蔡襄。　曾子固集，三十卷。曾鞏。　又雜文，十五卷。　六一居士全集，一百五十卷。歐陽脩。　又六一居士別集，二十卷。　許少張集，一卷。許安世。　王岐公華陽集，一百卷。王珪。

臨川集，一百卷。王安石。　又臨川後集，八十卷。　劉恕澤畔集，一卷。　司馬
温公嘉謨前、後集，四十二卷。司馬光。　又文集，八十卷。　張微滄浪集，十卷。
沈存中集，七卷。沈括。　陳諫玉壺集，二卷。　王元澤集，三十四卷。王雱。
楊傑無爲集，九卷。　老蘇集，五卷。蘇洵。　又嘉祐集，三十卷。　蘭臺前
集，一百卷。蘇軾。　又蘭臺後集，七十卷。　又蘭臺續集，四十卷。　大成集，
八十卷。　蘇黄門集，七十卷。蘇轍。　又欒城前集，五十卷。　又欒城後集，二
十四卷。　又欒城第三集，十卷。　舒信道集，二十卷。舒亶。　陸農師陶山集，
三十卷。　馬子才集，十卷。馬存。　秦太虚淮海集，二十九卷。秦觀。　郭祥
正青山集，五卷。　張文潛集，一卷。　南昌集，九十一卷。黄庭堅。　又脩水
集，二十六卷。　後山陳無己集，十五卷。陳師道。　晁補之緡城集，八卷。　又
雞肋集，七十卷。　劉偉明集二十，五卷潘延之集，六十卷。潘興嗣。　唐子西集，
五卷。唐庚。　又别集，三卷。　吕吉甫集，二十卷。吕惠卿。　石懋橘林集，三
十卷。　張無盡集，五十三卷。張商英。　又别集，十七卷。　陳了翁前集，三十
卷。陳瓘。　又了翁後集，二十五卷。　甘露集，九卷。釋惠洪。　張載正蒙集，
十卷。　東溪集。十二卷。釋祖可。　王逢原集，十卷。　王平甫集，三十卷。

錢子高集，三十卷。　鄭毅夫集，六卷。　錢易集，六十卷。　殷文圭鏤冰集，二十卷。　柴成務集，二十卷。　晁迥昭德新編，三卷。　又道院別集，二十卷。　劉筠榮遇集，二十卷。　又翰林新著，一卷。　又鍾山雜述，二卷。　又汝陰雜述，一卷。　又玉堂雜編，一卷。　又肥川後集，一卷。　李遵勉閒燕集，二十卷。　張乖崖集，一卷。　梅聖俞集，十五卷。　初寮先生後集，十卷。　淇水釣翁文集，八十卷。李清臣。　豫章前、後集，八十卷。黄庭堅。　李憲成公文集，二十卷。李諮。　魏野東觀集，十卷。

右宋朝一百四十二部，四千六百六卷。

李嶠雜詠詩，十二卷。　劉希夷詩，四卷。　崔顥詩，一卷。　綦毋潛詩，一卷。　祖詠詩，一卷。　李頎詩，一卷。　孟浩然詩，三卷。　包融詩，一卷。　皇甫冉詩集，三卷。　嚴維詩，一卷。　張繼詩，一卷。　李嘉祐詩，一卷。　郎士元詩，一卷。　張南史詩，一卷。　暢當詩，二卷。　鄭常詩集，一卷。〔二六〕　蘇渙詩，一卷。　朱灣詩集，四卷。　吉中孚詩，一卷。　朱放詩，一卷。　劉方平詩，一卷。　常建詩，一卷。　麴信陵詩，一卷。　章八元詩，一卷。　秦系詩，一卷。　錢起詩，一卷。　李端詩，三卷。　韓翃詩集，五卷。　司空曙詩，二卷。　盧綸詩集，十卷。　耿湋詩集，二卷。　韋應物詩集，十卷。　崔峒詩，一卷。　許經邦詩集，一卷。　韋渠牟詩集，十卷。　劉商詩集，十卷。　王建詩，十卷。　張碧歌行集，二卷。〔一七〕　趙摶歌詩，二卷。　劉言史歌詩，六卷。　于濆古風，一卷。　雍裕之詩，一卷。　楊巨源詩，一卷。　孟郊詩集，十卷。　張籍詩集，七卷。　李涉詩，一卷。　李賀詩，五卷。　李紳追昔遊詩，三卷。　章孝標詩，一卷。　李敬方詩，一卷。　殷堯藩詩，一卷。　玉川子詩，一卷。盧仝。　裴夷直詩，一卷。　姚合詩集，十卷。　韓琮詩，一卷。　玉溪生詩，三卷。〔一八〕　張祜詩，一卷。〔一九〕　李遠詩，一卷。　雍陶詩集，十卷。　朱慶餘詩，一卷。　喻鳧詩，一卷。　馬戴詩，一卷。　李群玉詩，三卷。　又後集，五卷。　郁渾百篇集，一卷。　姚鵠詩，一卷。　項斯詩，一卷。　孟遲詩，一卷。　顧非熊詩，一卷。　章碣詩，一卷。　趙嘏渭南集，三卷。　又編年詩，二卷。　崔櫓無譏集，四卷。〔二〇〕　薛逢詩集，十卷。　又別紙，十三卷。　于武陵詩，一卷。　李頻詩，一卷。　李郢詩，一卷。　曹鄴詩，三卷。　劉滄詩，一卷。　崔珏詩，一卷。　劉得仁詩，一卷。　高蟾詩，一卷。　高駢詩，一卷。　薛能詩集，十卷。　又繁城集，一卷。　陸希聲頣山詩，一卷。　施肩吾詩集，十卷。　又春山百韻，一卷。

津陽門詩，一卷。鄭嵎。　于濆詩，一卷。　許棠詩，一卷。　公乘億詩，一卷。

聶夷中詩，二卷。　于鄴詩，一卷。　于鵠詩，一卷。　鄭谷雲臺編，三卷。

又宜陽集，一卷。　朱朴詩，四卷。　玄英先生詩集，十卷。方干。　李洞

詩，一卷。　吴融詩集，四卷。　韓偓詩，一卷。　又香匳集，一卷。　周賀

詩，一卷。　劉干詩，一卷。　崔塗詩，一卷。　唐彦謙詩集，三卷。　張喬詩

集，二卷。　王駕詩集，六卷。　吴仁壁詩，一卷。　王貞白詩，一卷。　張蠙

詩集，二卷。　翁承贊詩，一卷。　褚載詠史詩，三卷。　江遵詠史詩，一卷。

周曇詠史詩，八卷。　胡曾詠史，三卷。　王轂詩集，三卷。　曹松詩集，三

卷。　羅鄴詩，一卷。　周朴詩，二卷。〔二二〕　朱景元詩，一卷。　崔道融申

唐詩，三卷。　陳光詩，一卷。　王德輿詩，一卷。　灊陽雜題詩，三卷。湯緒。

韋靄詩，一卷。　張爲詩，一卷。　羅浩源詩，一卷。　薛瑩洞庭詩集，一

卷。　謝蟠隱雜感詩，二卷。　譚藏用詩，一卷。　白巖集，十卷。鄭良士。

嚴郾詩，二卷。　劉威詩，一卷。　鄭雲叟詩集，三卷。　來鵬詩，一卷。　陸

元皓詠劉子詩，三卷。〔二三〕　任翻詩，一卷。　李山甫詩，一卷。　行朝詩，一

卷。楊復恭。　曹唐大遊仙詩，一卷。　又小遊仙詩，一卷。　桂香詩，一卷。喬舜。　杜荀鶴詩集，一卷。　沈彬詩，二卷。　崔曙詩，一卷。　惠蹟集，八卷。　玄範集，二十卷。　法琳集，三十卷。　靈徹詩集，一十卷。　皎然詩集，十卷。　清塞詩，一卷。　尚顏詩，一卷。　自牧詩，一卷。　無願詩，一卷。　處默詩，一卷。　虛中詩，一卷。　脩睦詩，一卷。　智暹詩，一卷。　禪月詩，三十卷。貫休。　康白詩，一卷。　子蘭詩，一卷。　白蓮集，十卷。齊己。　又外編，十卷。　道士吳筠集，十卷。　天台道士主父果詩，一卷。　李季蘭詩，一卷。唐女道士李冶，字季蘭。

右別集詩一百六十九部，五百四十卷。

凡別集二十種，一千六百五十三部，二萬四百二十九卷，二百三十篇。

總集

文章流別集，六十卷。摯虞集。　文章流別志論，二卷。摯虞。　文章流別本，十二卷。謝混集。　續文章流別，三卷。孔甯集。　集林鈔，十一卷。　善文，四十九卷。杜預撰。　名文集，四十卷。謝混集。　集苑，六十卷。謝混集。　集林，二

百卷。宋臨川王劉義慶集。集鈔、十卷。沈約撰。集鈔、四十卷。邱遲撰。集
略、二十集。撰遺、六卷。翰林論、三卷。李充撰。文苑、一百卷。孔逭集。
文苑鈔、三十卷。文選、三十卷。梁昭明太子集。文選音、十卷。蕭該集撰。
又、十卷。釋道淹撰。又、十卷。許淹撰。又、十卷。公孫羅集。注文選、三
十卷。唐呂延濟等五臣注。又、六十卷。李善注。又、六十卷。公孫羅注。文
選辨惑、十卷。李善撰。駁文選異義、二十卷。康國安撰。續文選、十三卷。唐孟
利正集。又、三十卷。唐卜長福集。擬文選、三十卷。唐卜隱之集。詞林、五
十八卷。文海、五十卷。蕭圓集。漢書文府、三卷。吳朝文士集、十三卷。
巾箱集、七卷。小辭林、五十三卷。集古今帝王正位文章、九十卷。
辭苑麗則、三十卷。康明貞集。類文、三百七十卷。庾自直集。西府新文、十
卷。蕭淑集。新文要集、十卷。類集、百十三卷。虞綽等集。文苑詞英、八
卷。文館詞林、一千卷。許敬宗集。麗正文苑、二十卷。芳林要覽、三百
卷。翰苑、三十卷。張楚金集。文府、二十卷。徐堅集。太和通選、三十卷。
裴潾集。古今文集略、二十卷。李吉甫集。西漢文類、四十卷。唐柳宗直集。
東漢文類、三十卷。唐竇嚴集。〔三〕三國志文類、六十卷。梁苑文類、三卷。

令狐楚集。文藪，十卷。皮日休集。孫子文纂，四十卷。文苑英華，一千卷。宋朝宋白集。唐文粹，一百卷。宋朝姚鉉集。唐史文類，三十卷。古文苑，十卷。五代文章，一卷。文選菁英，二十四卷。蘇易簡編。文選類聚，十卷。文選彙聚，十卷。文房百衲，一十卷。西蜀賢良文類，二十卷。名賢集選，一百卷。晏殊集。宋文粹，十五卷。宋新文粹，三十卷。宋文藪，四十五卷。宋賢文集，三十卷。續宋賢文集，二十三卷。宋文選，二十卷。

凡總集一種，七十二部，四千八百六十二卷。

詩總集

詩集，五十卷。謝靈運集。補謝靈運詩集，一百卷。宋張敷、袁淑補。古今五言詩美文，五卷。荀綽集。詩鈔，十卷。謝靈運集。詩集鈔，十卷。謝靈運集。六代詩集鈔，四卷。許凌集。又，四卷。徐陵集。詩英，九卷。謝靈運集。詩集新撰，三十卷。宋明帝撰。詩集，二十卷。劉和集。詩集，一百卷。顔竣集。古詩集，九卷。今詩英，九卷。古今詩苑英華，二十卷。梁昭明太子集。詩林英選，十一卷。詩纘，十二卷。詩録，二十卷。衆詩英華，一卷。

詩類，六卷。玉臺新詠，十卷。徐陵集。百志詩集，五卷。干寶集。婦人詩集，二卷。顏竣集。又，三十卷。殷淳集。瑶池新詠，三卷。唐蔡省風集唐婦人所作。百一詩，八卷。應璩集。〔二四〕又，二卷。李彪集。文林館詩府，八卷。古百國詩，四十三卷。崔光集。續古今詩苑英華集，二十卷。唐僧惠淨集。歌録集，八卷。古今類聚詩苑，三十卷。劉孝孫集。古今詩類，七十九卷。郭瑜集。正聲集，三卷。玉臺後集，十卷。李康集。珠英學士集，五卷。唐崔融集。續正聲集，五卷。後唐王正範集。南薰集，二卷。唐竇常集。篋中集，一卷。元結集沈千運、趙微明輩七人詩。起予集，五卷。唐曹恩集。才調集、天歸集，十卷。唐韋穀集。麗文集，五卷。唐劉明素集。麗則集，五卷。自梁至唐開元間歌詩。唐詩類選，二十卷。唐顧陶集。唐詩，三卷。李戡集。奇章集，四卷。同題集，十卷。唐柳玄集。丹陽集，一卷。唐殷璠集。極玄集，一卷。唐姚合集。極玄律詩例，一卷。又玄集，一卷。僞蜀韋莊集。江南續又玄集，十卷。僞唐劉吉集。擬玄集，十卷。梁陳康圖集。正風集，十卷。集唐人詩。垂風集，十卷。采張籍等十人詩。搜玉集，十卷。唐人集當時詩。連璧詩集，三十二卷。檀溪子道民集。詩纂，三卷。梁陳康圖集。資吟集，五卷。梁鍾安禮集。

臨沂子觀光集三卷。梁王轂集禮部所投詩卷。　國風總類，五十卷。王仁裕集。　名公攢錦集，十二卷。宋朝段子昂集。　騷雅菁英，三卷。宋朝僧簡微集。　備遺綴英，二十卷。僞蜀王承範集。　名賢絶句詩，一卷。並唐人詩。　前輩詠題詩集，二卷。采唐開元至大中以來詠題之詩三百五十篇。　中書省試詠題詩，一卷。集唐中元以來中書所試詩筆。　唐五僧詩，一卷。鴻漸等。　唐十哲僧詩，一卷。清江等。　抒情集，二卷。唐盧瓌集。　本事詩，一卷。唐孟棨集。　續本事詩，二卷。　宜陽集，六卷。五代劉松集其里中人之所作。　王右軍蘭亭詩集，一卷。　燕歌行，一卷。梁元帝撰，僕射王褒以下皆和。　晉元正宴會詩集，四卷。　元嘉西池宴會詩集，三卷。顔延之集。　齊釋奠會詩集，十卷。　齊宴會詩，十七卷。　清溪詩，三十卷。齊宴會作。　徐伯陽文會詩集，四卷。　石城寺詩，一卷。　池陽境内詩記，一卷。　湖州碧瀾堂詩，一卷。　江夏古今記詠，一卷。　青城山丈人觀詩，二卷。　岳陽樓詩，一卷。　浮雲樓詩，一卷。　華林書堂詩，一卷。　廬山簡寂觀詩，一卷。　廬山瀑布詩，一卷。　唐集賢院壁記詩，二卷。　虎邱寺題真娘墓詩，一卷。唐劉禹錫等二十三人。　道林寺詩，二卷。唐袁皓集。　謝亭詩，一卷。唐李遜鎮襄陽，以所送行詩筆於襄陽謝亭。　諸朝彦過顧况宅賦詩，一卷。　雁蕩山詩，一卷。　麻姑山詩，三卷。留題惠山詩，一卷。九華山錄，一卷。唐僧應物集。道塗雜題詩，一卷。采唐人道塗間詩。廬山遊覽集，二十卷。宋朝姜嶼集。新安異政詩，二卷。宋朝高德光集。李氏花萼集，二十卷。韋氏兄弟集，二十卷。竇氏聯珠集，五卷。廖氏家集，一卷。唐末廖光圖集其家詩。唐翰林歌詞，一卷。大曆年浙東聯唱集，二卷。斷金集，一卷。李逢吉、令狐楚酬唱。元白繼和集，一卷。又三州唱和集，一卷。汝洛集，一卷。許昌詩，一卷。洛陽集，七卷。彭陽唱和集，三卷。桃源詩，一卷。吳蜀集，一卷。裴均壽陽唱詠集，十卷。又渚宮唱和集，二十卷。峴山唱詠集，八卷。荊潭唱和集，一卷。盛山唱和集，一卷。荊夔唱和集，一卷。劉白唱和集，三卷。僧廣宣與令狐楚唱和，一卷。唐名公唱和集，二十二卷。漢上題襟集，十卷。段成式、溫庭筠、余知古酬答詩牋。松陵集，十卷。皮日休與陸龜蒙酬唱，松陵乃吳江地名。僧靈徹酬唱集，十卷。李昉唱和詩，一卷。宋朝李昉等，興國中從駕至鎮陽過舊居。西崑酬唱集，二卷。景德中楊億與錢惟演、劉筠等。翰林酬唱集，一卷。宋朝王溥與李昉、湯悅、徐鉉等。應制賞花集，十卷。瑞花詩賦，一卷。宋朝館閣應制作。嘉祐禮闈唱和集，三卷。明良集，五百卷。真宗御製及羣臣進和歌。賀監歸鄉詩集，一卷。　送白監歸東都詩，一卷。　贈朱少卿詩，三卷。　追榮考德集，六卷。

蘇明允哀挽，二卷。　榮觀集，五卷。　九老詩，一卷。　潼川唱和集，一卷。張逸、楊諤。　李定西行唱和集，三卷。　續九華山歌詩，一卷。　南犍唱和詩，三卷。　西湖蓮社集，一卷。　續西湖蓮社集，一卷。　潼川集，三卷。

杭越寄和詩，一卷。　中山唱和集，五卷。　咸平唱和詩，一卷。　潁陰聯唱集，二卷。　祕閣雅會，一卷。

凡詩總集一種，一百五十四部，一千八百五卷。

賦

賦集，九十二卷。謝靈運集。　又，四十卷。宋明帝集。　又，五十卷。宋新喻惠侯集。　又，八十六卷。後魏祕書丞崔浩集。　續賦集，十九卷。　賦集鈔，一卷。

歷代賦，十卷。梁武帝集。　五都賦，五卷。張衡及左思撰。　司馬相如上林賦，一卷。　述征賦，一卷。　神雀賦，一卷。後漢傅毅撰。　獻賦集，十卷。卞鑠集。

班固幽通賦，一卷。曹大家注。　又，一卷。項岱注。　子虛上林賦，一卷。郭璞注。

張衡二京賦，二卷。薛綜注并音。　又，二卷。晁矯注。　又，二卷。傅巽注。

左思三都賦，三卷。左思齊都賦，一卷。齊都賦音，一卷。李軌撰。百賦音，一卷。褚詮之撰。賦音，二卷。郭微之撰。三京賦音，一卷。綦毋邃撰。又，三京賦，一卷。李軌撰。皇帝瑞應賦頌，十卷。圍碁賦，一卷。梁武帝撰。觀象賦，一卷。洛神賦，一卷。孫壑注。顏之推稽聖賦，一卷。李淳風注。木玄虛海賦，一卷。蕭廣濟注。庾信哀江南賦，一卷。唐張庭芳注。又，一卷。崔令欽注。又，一卷。魏彥淵注。枕賦，一卷。張君祖撰。海潮賦，一卷。唐宣歙團練盧肇撰。通屈賦，一卷。盧肇撰。大統賦，二卷。林絢撰，盧肇注，安裕重箋。又，二卷。盧肇撰。愍征賦，一卷。唐盧獻卿撰。謝觀賦，八卷。高邁賦，一卷。大隱賦，一卷。皇甫松撰。數賦，十卷。唐崔葆撰，乾寧中進士王克昭注。宋言賦，一卷。弔梁郊賦，一卷。唐張策撰。陳汀賦，一卷。欒朋龜賦，一卷。蔣凝賦，一卷。公乘億賦集，十二卷。林嵩賦，一卷。王翃賦，一卷。賈嵩賦，三卷。李山甫賦，二卷。〔二五〕李德裕賦，二卷。玉溪生賦，一卷。李商隱撰。朱鄴賦，一卷。薛逢賦，四卷。顧雲賦，二卷。陸龜蒙賦，六卷。羅隱賦，一卷。桑維翰賦，二卷。徐寅賦，一卷。僞唐人。又探龍集，一卷。倪曉賦，一卷。僞唐人。又獲藁，三卷。倪曉既亡，得其遺藁二十一首賦。郭賁體物賦集，一卷。偽唐人。邱明賦，一卷。偽唐人。江翰林賦集，三卷。偽唐江之蔚。江都宮賦，一卷。後唐侯圭撰，楊守業注。魯史分門屬類賦，二卷。崔昇撰。懷秦賦，一卷。偽蜀馮涓撰。大紀賦，一卷。偽吳沈顔撰。沃焦山賦，一卷。謝壁賦，一卷。不詳何代人。薛氏賦集，九卷。唐薛廷珪集。唐吳英雋賦集，七十卷。偽吳楊氏撰。賦苑，二百卷。偽吳徐鍇、歐陽陌集唐人及近代律賦。賦選，五卷。李魯集唐人律賦。廣類賦，二十五卷。採唐人雜賦。典麗賦集，六十四卷。宋朝楊翱集古今律賦。靈仙集賦，二卷。採唐人賦靈仙神異事。

凡賦一種，八十二部，八百一十六卷。

贊　頌

靖恭堂頌，一卷。晉涼王李暠撰。頌集，二十卷。王僧綽集。木連理頌，二卷。太元十九年，群臣上。寶圖贊，一卷。唐崔融撰，王起注。武成王廟十哲贊，一卷。唐奉天縣令盧挺撰。贊集，五卷。謝莊集。兩廟贊文，一卷。太宗、真宗御製文宣、武成王等贊。畫贊，五卷。漢明帝殿閣畫，曹桓贊。唐孝悌贊，五卷。宋朝樂史撰。

凡贊頌一種，九部，四十一卷。

箴銘

古今箴銘集，十四卷。張湛集。　衆賢誡集，十五卷。　誡林，三卷。綦毋邃撰。

四帝誡，三卷。王誕撰。　諸葛武侯誡，一卷。〔二六〕　雜誡箴，二十四卷。

霸國箴，一卷。唐李靖撰。

凡箴銘一種，七部，六十一卷。

碑碣

碑集，十卷。謝莊集。　釋氏碑文，三十卷。梁元帝集。　諸寺碑文，四十六卷。

釋僧祐集。　雜碑，二十二卷。　碑文，二十卷。晉將作大匠陳勰集。　碑文，十

卷。車灌集。　蜀國碑文集，八卷。唐劉贊集唐人所撰蜀中碑文。　朝賢墓誌，一百

卷。　朝賢神道碑，三十卷。　金石録，三十卷。趙明誠集。　類碑，三十八卷。

玄門碑誌，三十八卷。　王氏神道碑，二十卷。唐王方慶集。　寶刻叢章，三十

卷。　竇氏集古録，一卷。　碑籍，一卷。　翠琰集，一卷。

凡碑碣一種，十七部，四百三十五卷。

制誥

梁武帝制旨連珠，十卷。梁邵陵王綸注。　又，十卷。陸緬注。　詔集區分，四十一卷。後周獸門學士宗幹集。　魏朝雜詔，二卷。　録魏吳二志詔，一卷。　晉咸康詔，四卷。　晉雜詔書，一百卷。　又，二十八卷。　晉詔書黄素制，五卷。　晉定品制，一卷。　晉太元副詔，二十一卷。　晉崇安元興大亨副詔，八卷。　晉義熙詔，十卷。　義熙副詔，十卷。　宋永初詔，十三卷。　宋孝建詔，一卷。　宋元嘉詔，二十卷。　元嘉副詔，十五卷。　齊中興二年詔，三卷。　後魏詔集，十六卷。　後周雜詔，八卷。　雜赦書，六卷。　陳天嘉詔草，三卷。　霸朝雜集，五卷。李德林集。　隋詔集，九卷。　隋朝陳事詔，十三卷。　東漢詔儀，二十卷。　古今詔集，三十卷。温彦博集。　古今詔集，一百卷。李義府集。　唐德音録，三十卷。　太平内制，五卷。　明皇制詔録，十卷。　元和制集，十卷。　王言會最，十卷。馬文敏集。　唐舊制編録，六卷。　擬狀注制，十卷。

唐末中書擬狀及所下制命。王元制敕書奏，一卷。咸通後麻制，一卷。僞蜀毛文晏纂。

東壁出言，三卷。毛文晏纂唐制詔。唐批答，一卷。李紳撰。唐雜詔册誥命，二十一卷。陸贄制集，二卷。元稹制集，二卷。李紳撰。常袞詔集，六十卷。楊炎制集，十卷。權德輿制集，五十卷。武儒衡制集，二十卷。段文昌詔誥，二十卷。鄭畋鳳池藁草，三十卷。又玉堂集，二十卷。續鳳池藁草，三十卷。吴融詔誥，一卷。令狐滈表制，一卷。封敖翰藁，八卷。中和制集，十卷。唐中書舍人劉崇望撰。崔嘏制誥集，十卷。舟中録，二卷。唐中書舍人錢珝撰。李磎制集，四卷。李虞仲制集，四卷。鳳閣書詞，十卷。唐中書舍人薛廷珪撰。李白度北門集，一卷。金馬門待詔集，十卷。劉允濟撰。綸閣集，十卷。唐樂朋龜撰。盧文度制集，一卷。陸贄翰苑集，十卷。王仲舒制集，十卷。獨孤霖玉堂集，二十卷。唐懿宗朝。朱梁制誥，二卷。五代制誥，一卷。吴越石壁記，二卷。吴越王錢鏐以唐末貢奉答詔刻石于臨安。江南揖遜録，七卷。僞吴陳岳撰。玉堂遺範，三十卷。梁李琪纂唐以來禁林書詔。宣底，八卷。梁貞明中，四季宣行除授之文。兩制珠璣，一卷。制集，三卷。集唐末五代拜官制。五代制詞，一卷。麻藁集，三卷。後唐麻制表章。梁雜制，紅藥編，一卷。開平麻制，一卷。長興制集，四卷。後唐拜節度觀察制詞。

五卷。晉和凝所撰制誥。顯德制詔一卷。周顯德中賜外國書詔。李慎儀集，二十

卷。後唐至周制詞表狀。雜書，一卷。蜀人雜録制詔及鄰國書疏、後唐興復赦辭。內

外雜編，十卷。五代至宋初制詔及祠祭之文。雜麻制，十五卷。建隆至景德麻制。

西掖雅言，五卷。宣獻公詔勑，五卷。范景仁外制集，五卷。崇寧手詔，十

五卷。分門要覽，二十卷。初寮先生內制，十八卷。初寮先生外制，八卷。

承明集，十卷。王禹偁撰。王內翰制誥集，十二卷。翰苑制草集，二十卷。

絲綸集，十卷。宸章集，二十五卷。常山別制集，二十卷。絲綸點化，

十卷。扈蒙鼇山集，十卷。李昉內制，十卷。晏殊翰苑制詞，二十卷。

楊大年外制，二十卷。常山禁林甲、乙集，十卷。

凡制誥一種，一百五部，一千三百三十七卷。

表章

梁中表，十一卷。邵陵王撰。梁中書表集，二百五十卷。上法書表，一卷。

虞和撰。類表，五十卷。唐世章奏分爲門類。唐初表草，十卷。顔師古、張九齡等十

掌記略，十五卷。唐李太華集牋奏表狀書檄，自晉至唐。又集唐者爲新掌記。人所作。　新掌記略，十卷。唐有九卷。　續掌記略，十卷。唐林逢集。　管記苑，十卷。張鉚集。　李磎表疏，一卷。　朱朴雜表，一卷。　張濬表狀，一卷。　李程表狀，一卷。　劉三復表狀，一卷。　又別紙，五卷。　趙璘表狀，一卷。　繡囊，五卷。　雜表疏，一卷。石晉陽昭儉等表疏。　黃台江西表狀，二卷。　陳蟠隱集，五卷。　苑咸集，一卷。李林甫撰。　賀知章入道表，一卷。　薛逢別紙，十三卷。　安定集，十卷。胡曾奏表。　金臺倚馬集，九卷。唐朱閔撰。　淮海寓言，七卷。羅隱撰。　桂苑筆耕，二十卷。唐崔致遠表牋文檄。　記室集，三卷。唐沈文昌表狀。　張次宗牋記，六卷。　段全緯集，二十卷。　王虬集，十卷。　纂新文苑，十卷。顧雲別紙。　甘棠集，三卷。唐劉鄴撰。　愈風集，十卷。唐盧嗣業撰。　昌城後寓集，五卷。　湘南應用，三卷。羅隱撰。　飲河集，十五卷。唐張澤撰。　金臺鳳藻集，五十卷。僞蜀毛文晏撰。　敬翔表奏，十卷。梁人。　新集寶囊，五卷。梁嚴虔崧撰。　李琪應用集，三卷。後梁人作。　公乘億珠林集，三卷。後唐人。　劉筠表奏，七卷。　令狐楚表奏，十卷。　裴休狀，三卷。　真珠集，五卷。漢李崧撰。　乘軺集，一卷。周王仁裕撰。　林鼎吳江應用集，二十卷。僞吳人。

湯文圭筆耕，二十卷。偽吳人。　啓霸集，三十卷。偽吳朱潯撰。　李洪皐表狀，一卷。湖南馬氏撰。　金行啓運集，十卷。偽蜀庾傳昌集。　韋文靖箋表，一卷。偽蜀韋莊撰。　潛龍筆職集，二卷。偽蜀趙仁撰。　南燕染翰集，十卷。王鐸鎮滑州日牋記。　磨盾集，十卷。唐人表疏。　孫光憲荆臺集，四十卷。光憲爲荆南高季興記室所作牋奏。　又筆傭集，十卷。　蘇易簡章表，十卷。　號略集，七卷。楊億撰。　夏英公牋奏，三卷。　劉氏表奏集，六卷。　翰林牋奏集，三十卷。　王襄敏章表，三卷。　時格章表，十五卷。　文館詞林彈事，四卷。唐許敬宗集晉、宋、齊、梁以來者，舊有千卷。

凡表章一種，六十六部，八百六十六卷。

啓　事

山公啓事，三卷。　范甯啓事，三卷。　薦文，十二卷。見隋志。　又薦文，七卷。　善文，五十卷。杜預撰。　梁、魏、周、齊、陳、隋聘使雜啓，九卷。　唐顧雲啓事，一卷。　雜狀啓，一卷。唐彭霽撰。〔二七〕　羅貫書啓，二卷。後唐人。　臨淮尺題，二卷。武元衡西川從事撰。　顧垂象投知己啓事，一卷。　羅隱啓事，一卷。

凡啓事一種，十二部，九十二卷。

四六

樊南四六甲集，二十卷。李商隱撰。又樊南四六乙集，二十卷。崔致遠四六，一卷。唐人。李巨川四六，一卷。唐人。樊景四六集，五卷。唐人。鄭準四六，一卷。五代人。白巖四六，五卷。後唐人。關郎中四六，一卷。蹇蟠翁四六，一卷。邱光庭四六，一卷。殷文圭四六，三卷。趙文翼注。王禹偁四六，一卷。丁謂四六，二卷。宋齊邱四六，一卷。蕭貫四六，一卷。

凡四六一種，十五部，六十四卷。

軍書

魏武帝露布，九卷。雜露布，十二卷。梁書籍。雜檄文，十七卷。見隋志。

羽書，三卷。唐處士臧嘉猷集今古軍書符檄誥命。續羽書，六卷。自唐五代以來。

總戎集，十卷。唐沈常集軍中詔令表檄，自戰國至隋，舊三十卷。王紹顏軍書，十卷。僞

唐人。　止戈書，五十卷。宋朝趙化基集歷代軍中書檄表狀碑頌捷布禡牙祭纛之文。　湯
筠戎機集，五卷。僞吳人。　從軍藁，二十卷。僞吳湯文圭撰。

凡軍書一種，十部，一百四十二卷。

案判

百道判，一卷。駱賓王撰。　又，一卷。唐鄭寬撰。　又，一卷。白樂天撰。
又，一卷。唐崔銳撰。　穿楊集，四卷。唐馬昌撰。　龍筋鳳髓，十卷。唐張文成撰。
判格，三卷。唐張伾撰。　代耕心鑑甲乙判，一卷。唐張南華集唐代諸家判。　判
範，一卷。陳岠撰。　究判妙微，一卷。方仲舒撰。　書判幽燭，四十卷。　五經
評判，六卷。周明辨撰。　吳康仁判，一卷。不詳爵里。　張詠判辭，一卷。　拔
萃判，一卷。毛詢撰。　百道判圖，一卷。　尹師魯書判，一卷。　甲乙平等及第
判，二卷。　唐諸公試判，一卷。　唐諸公案判，一卷。

凡案判一種，二十部，七十九卷。

刀筆

王勃刀筆，一卷。　薛逢刀筆，一卷。　丁晉公刀筆，一卷。　劉鄴鳳池刀

東坡書簡，一卷。宋景文刀筆，二卷。楊文公刀筆，三卷。任筆，一卷。漁陽刀筆，一卷。劉筠中山刀筆，一卷。楊蒉書啓，一卷。豫章書簡，一卷。

凡刀筆一種，十一部，十四卷。

俳諧

俳諧文，一卷。沈宗之撰。俳諧文，十卷。袁淑撰。俳諧文，三卷。

博陽春秋，一卷。宋零陵令辛邕之撰。子春秋，一卷。杜嵩撰。

凡俳諧一種，五部，十六卷。

奏議

晉諸公奏，十一卷。魏名臣奏，三十卷。陳長壽撰。〔二八〕漢名臣奏，三十卷。陸

五卷。漢丞相匡衡大司馬王鳳奏，〔二九〕漢孔群奏，二十二卷。

晉中丞高崧奏事，五卷。晉中丞虞谷奏事，六卷。宣公奏議，十二卷。唐

諫書，八十卷。奏議集，二十卷。馬揔集唐人奏疏論議。名臣奏，七卷。吴兢集。

唐諫諍集，十卷。僞蜀九諫書，一卷。郭元振撰。集歷代君臣父子朋友諫諍之説。

趙元拱集。李絳論事，三卷。令狐綯表疏，一卷。大唐直臣諫奏，七卷。偽唐張易纂。奏議駁論，一卷。唐人集。韋相諫草，一卷。諫垣遺藁，五卷。范文正公奏議，十七卷。包孝肅奏議，一卷。熙寧臺諫章疏，七卷。呂獻可章疏，十五卷。勸農奏議，二卷。王黄州奏議，三卷。直言集，一卷。皇朝曾致堯撰。曲臺奏議，二十卷。偽唐陳致雍撰。郭子儀章奏，一卷。范景仁章奏，一卷。宋景文奏議，一卷。元城劉公諫草，二十卷。石待問諫史，一百卷。

凡奏議一種，三十二部，四百四十六卷。

論

劉楷設論集，三卷。謝靈運設論集，五卷。又連珠集，五卷。商仲堪雜論，九十五卷。明真論，一卷。晉兖州刺史宗岱撰。黄芳引連珠，一卷。梁武連珠，一卷。沈約注。東西晉興亡論，一卷。唐興替論，一卷。丁友亮撰。才命論，一卷。張鷟撰，郄昂注。一云，張説撰，潘詢注。牛僧孺論，一卷。質論，二卷。皇朝徐鉉集。經緯畧，一百卷。偽蜀李昊撰。楊偉時務論，十二卷。

皇朝三賢良論，三十卷。治平經綸集，十二卷。孫珠經緯集，十五卷。

凡論一種，十七部，二百八十六卷。

策

商仲堪策集，一卷。秀孝對策，十二卷。隋志。宋元嘉策秀孝文，十卷。古今類聚策苑，十四卷。唐周仁瞻集漢、唐制策奏議。魏鄭公時務策，一卷。元和制策，三卷。賢良元稹、獨孤郁、白居易三人制策。兩漢策要，六卷。陶叔獻纂。五子策林，十卷。唐許南容等五人策問。禮部策，十卷。唐白居易應制舉，自著策問，〔三〇〕而以禮部試策附于卷末。文館詞林策，二十卷。崔元暐訓注。宋伯宜策集，六卷。郭元振安邦策，一卷。劉蕡策，一卷。前賢策，三卷。

凡策一種，十四部，九十八卷。

書

書集，八十八卷。晉散騎常侍王履集。書林，十卷。雜逸書，六卷。應璩書林，八卷。夏赤松集。司徒書，三卷。蔡謨撰。晉左將軍王鎮惡與劉丹陽吳武陵書，一書，一卷。　後周與齊軍國書，二卷。　高澄與侯景書，一卷。
唐賢長書，一卷。　夏侯韞大中年與涼州書，一卷。
凡書一種，十一部，一百二十二卷。

文史

翰林論，三卷。晉李充撰。　文章始，一卷。梁任昉撰。　文心雕龍，十卷。梁劉勰撰。
孫郃文格，二卷。　制朴，三卷。白居易撰。　又，三卷。宋朝李淑撰。
王瑜文旨，一卷。　范傳正賦訣，一卷。唐人。　紇干俞賦格，一卷。渭南尉。
張仲素賦樞，三卷。　浩虛舟賦門，一卷。唐人。　任博文章妙格，一卷。　柳氏釋史，一卷。
劉餗史例，三卷。　沂公史例，一卷。田弘正客撰。　裴傑史漢異義三卷，開元人。
唐書直筆新例，四卷。呂夏卿撰。　馮鑑修文要訣，一卷。
應求類，二卷。唐劉蘧集。　僧神郁四六格，一卷。　金馬統例，一卷。　制格，一卷。
文心雕龍，十卷。辛處信注。
凡文史一種，二十三部，四十九卷。

詩評

河岳英靈集，一卷。唐殷璠撰。　顔竣詩例録，三卷。　鍾嶸詩評，三卷。　晝公詩式，五卷。　李嗣真詩品一卷。　元兢宋約詩格，一卷。　王昌齡詩格，一卷。　姚合詩例，一卷。　僧皎然詩評，三卷。　王起大中新行詩格，一卷。　賈島詩格，一卷。　炙轂子詩格，一卷。唐王叡撰。　元兢古今詩人秀句，二卷。　黄滔泉山秀句集，三十卷。　王起文場秀句，一卷。　李洞集賈島句圖，一卷。　文章龜鑑，一卷。唐倪宥集前人律詩。　倪宥詩圖，一卷。　徐蛻詩律大格，一卷。　騷雅式，一卷。　吟體類例，一卷。　寡和圖，三卷。僧定雅撰。　詩點化祕術，一卷。任傳撰。　風雅拾翠圖，一卷。僧惟鳳撰。　詩林句範，五卷。　杜氏詩律詩格，一卷。　徐三極律詩洪範，一卷。　徐衍風騷要式，一卷。　續金針詩格，三卷。　歷代吟譜，二十卷。　風騷格，五卷。閻東叟撰。　楊氏筆苑句圖，一卷。革鑑編。　續句圖，一卷。　九僧選句圖，一卷。　唐詩主客圖，三卷。張爲撰。　詩話，二十卷。　歐陽永叔詩話，一卷。　司馬君實詩話，一卷。　王禹玉詩話，一卷。　劉貢父詩話，一卷。　蘇子瞻詩話，一卷。

洪駒父詩話，一卷。　瑶溪集，十卷。　天厨禁臠，三卷。僧惠洪撰。

凡詩評一種，四十四部，一百四十六卷。

校勘記

〔一〕「沙門釋忘名集十卷」，汪本「忘」作「亡」，據元本、明本、于本、殿本改。

〔二〕「陳後主集五十五卷」，汪本作三十五卷，據元本、明本、于本、殿本改。按，新唐志四作「五十五卷」，舊唐志下作「五十卷」，隋志四作「三十九卷」，姚振宗隋書經籍志考證云：「兩唐志似併沈后集十卷在内。」

〔三〕「陸玠集十卷」，「玠」，原作「玢」，據陳書三四文學傳改。

〔四〕「策上人集五卷」，「五」下原衍「十」字，據隋志四删。

〔五〕「郎楚之集五卷」，舊唐志下「十卷」，新唐志四「三卷」，皆與此異。

〔六〕「劉潁集十卷」，舊唐志下作「穎」，新唐志四作「穎」。

〔七〕「崔國輔集卷亡」，重出。

〔八〕「湯賁集十五卷」，「湯」原作「楊」，據新唐志四改。

〔九〕「梁肅集二十卷」，「二」，原作「一」，據新唐志四改。

〔一〇〕「皇甫鎛集十八卷唐志作鏞」，「鎛」原作「鏄」，據元本、殿本改。「唐志作鏞」四字似爲後人所加，非夾漈原文。

〔一一〕「金筌集十卷」，汪本「筌」作「荃」，據元本、明本、于本、殿本改。

〔一二〕「秦韜玉投知小録三卷」，「投」，原作「技」，據新唐志四改。

〔一三〕「孫氏小集三卷」，「小」下原衍「録」字，據新唐志四删。

〔一四〕「陳黯集三卷」，「三」下原衍「十」字，據新唐志四删。

〔一五〕「公乘億珠林集一卷」，「公」，原作「又」，據宋史藝文志七、崇文總目五改。

〔一六〕「鄭常詩集一卷」，「一」，原作「四」，據新唐志四改。

〔一七〕「張碧歌行集二卷」，汪本作「三卷」，據元本、明本、于本、殿本改。新唐志四、崇文總目五皆作「二卷」。

〔一八〕「玉溪生詩三卷」，「三」，原作「一」，據新唐志四改。

〔一九〕「張祜詩一卷」，「一」，原作「三」，據新唐志四改。

〔二〇〕「崔櫓無譏集四卷」，汪本「譏」作「機」，據元本、明本、于本、殿本改。

〔二一〕「周朴詩二卷」，「二」原作「三」，據新唐志四改。

〔二二〕「陸元皓詠劉子詩三卷」，「三」，原作「二」，據新唐志四改。

〔二三〕「唐竇嚴集」，汪本「嚴」作「儼」，據元本、明本、于本、殿本改。

〔二四〕「百一詩八卷應璩集」，汪本作「一卷」，據元本、明本、于本、殿本改。隋志四作「應貞注應璩百一詩八卷」，依此應加「應貞注」三字。

〔二五〕「李山甫賦二卷」，「二」，原作「一」，據新唐志四改。

〔二六〕「衆賢誡集十五卷　誡林三卷綦毋邃撰　諸葛武侯誡一卷」，按，此三書已見於子部儒家類，今重出，而卷數有異，如衆賢誡集，子部依據隋志作十三卷，集部則依據舊唐志作十五卷。

〔二七〕「雜狀啓一卷唐彭霽撰」，「彭」字從汪本，崇文總目五亦作「彭」，元本、明本、于本、殿本皆作「彬」，似爲「彭」字訛誤。

〔二八〕「陳長壽撰」，汪本脱「長」字，據元本、明本、于本、殿本補。

〔二九〕「漢丞相匡衡」，「匡」，原作「康」，宋人諱「匡」字，以音近之字相代，今改回。

〔三〇〕「唐白居易應制舉自著策問」，「自」，原作「目」，據殿本改。

校讎略

秦不絶儒學論二篇

陸賈，秦之巨儒也。酈食其，秦之儒生也。叔孫通，秦時以文學召，待詔博士。數歲，陳勝起，二世召博士諸儒生三十餘人而問其故，皆引春秋之義以對，是則秦時未嘗不用儒生與經學也。況叔孫通降漢時，自有弟子百餘人，齊魯之風亦未嘗替。故項羽既亡之後，而魯爲守節禮義之國。則知秦時未嘗廢儒，而始皇所阬者，蓋一時議論不合者耳。

蕭何入咸陽，收秦律令圖書，則秦亦未嘗無書籍也。其所焚者，一時間事耳。後世不明經者，皆歸之秦火，使學者不覩全書，未免乎疑以傳疑。然則易固爲全書矣，何嘗見後世有明全易之人哉！臣向謂秦人焚書而書存，諸儒窮經而經絶，蓋爲此發也。詩有六亡篇，乃六笙詩本無辭，書有逸篇，仲尼之時已無矣，皆不因秦火。自漢已來，書籍至于今日，百不存一二，非秦人亡之也，學者自亡之耳。

編次必謹類例論六篇

學之不專者，爲書之不明也。書之不明者，爲類例之不分也。有專門之書則有專門之學，有專門之學則有世守之能。人守其學，學守其書，書守其類，人有存没而學不息，世有變故而書不亡。以今之書校古之書，百無一存，其故何哉？士卒之亡者，由部伍之法不明也。書籍之亡者，由類例之法不分也。類例分則百家九流各有條理，雖亡而不能亡也。巫醫之學亦經存没而學不息，釋老之書亦經變故而書常存。觀漢之易書甚多，今不傳，惟卜筮之易傳。法家之書亦多，今不傳，惟釋老之書傳。彼異端之學能全其書者，專之謂矣。

十二野者，所以分天之綱，即十二野不可以明天。九州者，所以分地之紀，即九州不可以明地。七略者，所以分書之次，即七略不可以明書。欲明天者在於明推步，欲明地者在於明遠邇，欲明書者在於明類例。噫！類例不明，圖書失紀，有自來矣。臣於是總古今有無之書爲之區别，凡十二類：經類第一，禮類第二，樂類第三，小學類第四，史類第五，諸子類第六，星數類第七，五行類第八，藝術類第九，醫方類第十，類書類第十一，文類第十二。經一類分九家，九家有八十八種書，以八十八種書而總爲九種書可乎？禮一類分七家，七家有五十四種書，以五十四種書而總爲七種書可乎？樂一類爲一家，書十一種。小學一類爲一家，書八種。史一類分十三家，十三家爲書九十種，朝代之書則以朝代分，非朝代書則以類聚分。諸子一類分十一家，其八家爲書八種，道、釋、兵三家書差多，爲四十種。星數一類分三家，三家爲書十五種。五行一類分三十家，三十家爲書三十三種。藝術一類爲一家，書十七種。醫方一類爲一家，書二十六種。類書一類爲一家，分上、下二種。文類一類分二家，二十二種，別集一家爲十九種書，餘二十一家二十一種書而已。總十二類，百家，四百二十二種，朱紫分矣。散四百二十二種書可以窮百家之學，斂百家之學可以明十二類之所歸。

易本一類也，以數不可合於圖，圖不可合於音，讖緯不可合於傳注，故分爲十六種。禮雖一類而有七種，以儀禮雜於周官可乎？春秋雖一類而有五家，以啖、趙雜於公、穀可乎？樂雖主於音聲，而歌曲與管絃異事。小學雖主於文字，而字書與韻書背馳。編年一家而有先後，文集一家而有合離。日月星辰豈可與風雲氣候同爲天文之學？三命元辰豈可與九宮太一同爲五行之書？以此觀之，七略所分，自爲苟簡，四庫所部，無乃荒唐。

類書猶持軍也，若有條理，雖多而治。若無條理，雖寡而紛。類例不患其多也，患處多之無術耳。

今所紀者，欲以紀百代之有無。然漢、晉之書，最爲希闊，故稍略；隋、唐之書，於今爲近，故差詳。崇文四庫及民間之藏，乃近代之書，所當一一載也。

類例既分，學術自明，以其先後本末具在。觀圖譜者可以知圖譜之所始，觀名數者可以知名數之相承。讖緯之學盛於東都，音韻之書傳於江左，傳注起於漢、魏，義疏成於隋、唐，覩其書可以知其學之源流。或舊無其書而有其學者，是爲新出之學，非古道也。

編次必記亡書論三篇

古人編書，皆記其亡闕。所以仲尼定書，逸篇具載。王儉作七志，已，又條劉氏七略及二漢藝文志、魏中經簿所闕之書爲一志。阮孝緒作七録，已，亦條劉氏七略及班固漢志、袁山松後漢志、魏中經、晉四部所亡之書爲一録。隋朝又記梁之亡書。自唐以前，書籍之富者，爲亡闕之書有所系，故可以本所系而求，所以書或亡於前而備於後，不出於彼而出於此。及唐人收書，只記其有，不記其無，是致後人失其名系，所以崇文四庫之書，比於隋唐亡書甚多，而古書之亡尤甚焉。

古人亡書有記，故本所記而求之。魏人求書有闕目録一卷，唐人求書有搜訪圖書目一卷，所以得書之多也。宋嘉祐中，〔二〕下詔并書目一卷，惜乎行之不遠，一卷之目亦無傳焉。臣今所作群書會紀，不惟簡別類例，亦所以廣古今而無遺也。

古人編書，必究本末，上有源流，下有沿襲，故學者亦易學，求者亦易求。謂如隋人於歷一家最爲詳明，凡作歷者幾人，或先或後，有因有革，存則俱存，亡則俱亡。唐人不能記亡書，然猶紀其當代作者之先後，必使具在而後已。及崇文四庫，有則書，無則否，不惟古書難求，雖今代憲章亦不備。

書有名亡實不亡論一篇

書有亡者，有雖亡而不亡者，有不可以不求者，有不可求者。文言略例雖亡，而周易具在。漢、魏、吴、晉鼓吹曲雖亡，而樂府具在。三禮目録雖亡，可取諸三禮。十三代史目録雖亡，可取諸十三代史。常鼎寶文選著作人名目録雖亡，可取諸文選。孫玉汝唐列聖實録雖亡，可取諸唐實録。開元禮目録雖亡，可取諸開元禮。名醫別録雖亡，陶隱居已收入本草。李氏本草雖亡，唐慎微已收入證類。春秋括甲子雖亡，不過起隱公至哀公甲子耳。韋嘉年號録雖亡，不過起漢後元至唐中和年號耳。續唐歷雖亡，不過起續柳芳所作至唐之末年，亦猶續通典續杜佑所作至宋初也。毛詩蟲魚草木圖蓋本陸璣疏而爲圖，今雖亡有陸璣疏在，則其圖可圖也。爾雅圖蓋本郭璞注而爲圖，今雖亡有郭璞注在，則其圖可圖也。張頻禮粹出於崔靈恩三禮義宗，有崔靈恩三禮義宗則張頻禮粹爲不亡。五服志出於開元禮，有開元禮則五服志爲不亡。有杜預春秋公子譜，無顧啓期大夫譜可也。有洪範五行傳，無春秋災異應録可也。丁副春秋三傳同異字可見於杜預釋例、陸淳纂例。京相璠春秋土地名可見於杜預地名譜、桑欽水經。李騰説文字源不離説文，經典分毫正字不離佩觿。李舟切韻乃取説文而分聲，天寶切韻即開元文字而爲韻。内外轉歸字圖、内外傳鈐指歸圖、切韻樞之類，無不見於韻海鏡源。書評、書論、書品、書訣之類，無不見於法書苑墨藪。唐人小説多見於語林，近代小説多見於集説。天文横圖、圓圖、分野圖、紫微圖、象度圖，但一圖可該。大象賦、小象賦、周髀星述、四七長短經、劉石甘巫占，但一書可備。開元占經、象應驗録之類，即古今通占鑑、乾象新書可以見矣。李氏本草拾遺、删繁本草，徐之才藥對、南海藥譜、藥林、藥論、藥忌之書，證類本草收之矣。紀肘後方、鬼遺方、獨行方、一致方及諸古方之書，外臺祕要、太平聖惠方中盡收之矣。

元之書，亡者甚多，不過紀運圖、歷代圖可見其略。編年紀事之書，亡者甚多，不過通歷、帝王歷數圖可見其略。凡此之類，名雖亡而實不亡者也。

編次失書論五篇

書之易亡，亦由校讎之人失職故也。蓋編次之時，失其名帙，名帙既失，書安得不亡也。按唐志，於天文類有星書，無日月風雲氣候之書，豈有唐朝而無風雲氣候之書乎，編次之時失之矣。按崇文目，有風雲氣候書，無日月之書，豈有宋朝而無日月之書乎，編次之時失之矣。四庫書目並無此等書，而以星禽洞微之書列於天文，且星禽洞微，五行之書也，何與於天文？

射覆一家，於漢有之，世有其書。唐志、崇文目並無，何也？

軌革一家，其來舊矣，世有其書。唐志、崇文目並無，四庫始收入五行類。

醫方類自有炮灸一家書，而唐、隋二志並無，何也？

人倫之書極多，唐志只有袁天綱七卷而已。婚書極多，唐志只有一部，崇文只有一卷而已，四庫全不收。

見名不見書論二篇

編書之家，多是苟且，有見名不見書者，有看前不看後者。尉繚子，兵書也，班固以爲諸子類，寘於雜家，此之謂見名不見書。隋、唐因之，至崇文目始入兵書類。顔師古作刊謬正俗，乃雜記經史，惟第一篇説論語，而崇文目以爲論語類，此之謂看前不看後。應知崇文所釋，不看全書，多只看帙前數行，率意以釋之耳。按刊謬正俗當入經解類。

按漢朝駮議、諸王奏事、魏臣奏事、魏臺訪議、南臺奏事之類，隋人編入刑法者，以隋人見其書也。若不見其書，即其名以求之，安得有刑法意乎？按唐志見其名爲奏事，直以爲故事也，編入故事類。况古之所謂故事者，即漢之章程也，異乎近人所謂故事者矣，是之謂見名不見書。按周易參同契三卷，周易五相類一卷，爐火之書也，唐志以其取名於周易，則以爲卜筮之書，故入周易卜筮類，此亦謂見名不見書。

收書之多論一篇

臣嘗見鄉人方氏望壺樓書籍頗多，問其家，乃云，先人守無爲軍日，就一道士傳之，尚不能盡其書也，如唐人文集無不備。又嘗見浮屠慧邃收古人簡牘，宋朝自開國至崇觀間，凡是名臣及高僧筆迹無不備。以一道士能備一唐朝之文集，以一僧能備一宋朝之筆迹，況於堂堂天府，而不能盡天下之圖書乎，患不求耳。然觀國家向日文物全盛之時，猶有遺書，民間所有，祕府所無者甚多，是求之道未至耳。

闕書備於後世論一篇

古之書籍，有不足於前朝，而足於後世者。觀唐志所得舊書，盡梁書卷帙而多於隋。蓋梁書至隋所失已多，而卷帙不全者又多。唐人按王儉七志、阮孝緒七録搜訪圖書，所以卷帙多於隋，而復有多於梁者。如陶潛集，梁有五卷，隋有九卷，唐乃有二十卷，諸書如此者甚多。孰謂前代亡書不可備於後代乎。

亡書出於後世論一篇

古之書籍，有不出於當時，而出於後代者。按蕭何律令，張蒼章程，漢之大典也，劉氏七略、班固漢志全不收。按晉之故事卽漢章程也，有漢朝駮議三十卷，漢名臣奏議三十卷，並爲章程之書，至隋、唐猶存，奈何闕於漢乎？·刑統之書本於蕭何律令，歷代增修，不失故典，豈可闕於當時乎？又況兵家一類，任宏所編，有韓信軍法三篇，廣武一篇，豈有韓信軍法猶在，而蕭何律令、張蒼章程則無之，此劉氏、班氏之過也。孔安國舜典不出於漢而出於晉，連山之易不出於隋而出於唐。應知書籍之亡者，皆校讎之官失職矣。

亡書出於民間論一篇

古之書籍，有上代所無，而出於今民間者。古文尚書音，唐世與宋朝並無，今出於漳州之吳氏。陸機正訓，隋、唐二志並無，今出於荆州之田氏。三墳自是一種古書，至熙豐間始出於野堂村校。按漳州吳氏書目，算術一家有數件古書，皆三館四庫所無者，臣已收入求書類矣。又師春二卷，甘氏星經二卷，漢官典義十卷，京房易鈔一卷，今世之所傳者皆出吳氏。應知古書散落人間者，可勝計哉，求之之道未至耳。

求書遣使校書久任論一篇

求書之官不可不遣，校書之任不可不專。漢除挾書之律，開獻書之路久矣，至成帝時，遣謁者陳農求遺書於天下，遂有七略之藏。隋開皇間，奇章公請分遣使人搜訪異本，後嘉則殿藏書三十七萬卷。禄山之變，尺簡無存，乃命苗發等使江淮括訪，至文宗朝，遂有十二庫之書。唐之季年，猶遣監察御史諸道搜求遺書。知古人求書欲廣，必遣官焉，然後山林藪澤可以無遺。司馬遷世爲史官，劉向父子校讎天禄，虞世南、顔師古相繼爲祕書監，令狐德棻三朝當修史之任，孔穎達一生不離學校之官。若欲圖書之備，文物之興，則校讎之官豈可不久其任哉！

求書之道有八論九篇

求書之道有八：一曰即類以求，二曰旁類以求，三曰因地以求，四曰因家以求，五曰求之公，六曰求之私，七曰因人以求，八曰因代以求，當不一於所求也。

凡星歷之書，求之靈臺郎。樂律之書，求之太常樂工。靈臺所無，然後訪民間之知星歷者。太常所無，然後訪民間之知音律者。眼目之方多，眼科家或有之。疽瘍之方多，外醫家或有之。紫堂之書多亡，世有傳紫堂之學者。九曜之書多亡，世有傳九星之學者。列仙傳之類，道藏可求。此之謂即類以求。

凡性命道德之書，可以求之道家。小學文字之書，可以求之釋氏。如素履子、玄真子、尹子、鬻子之類，道家皆有。如蒼頡篇、龍龕手鑑、郭迻音訣圖字母之類，釋氏皆有。周易之書，多藏於卜筮家。洪範之書，多藏於五行家。且如邢璹周易略例正義，今道藏有之。京房周易飛伏例，卜筮家有之。此之謂旁類以求。

孟少主實録，蜀中必有。王審知傳，閩中必有。零陵先賢傳，零陵必有。桂陽先賢贊，桂陽必有。京口記者，潤州記也。東陽記者，婺州記也。茅山記必見於茅山觀，神光聖迹必見於神光寺。如此之類，可因地以求。

錢氏慶系圖可求於忠懿王之家。章氏家譜可求於申公之後。黄君俞尚書關言雖亡，君俞之家在興化。王棐春秋講義雖亡，棐之家在臨漳。徐寅文賦，今莆田有之，以其家在莆田。潘佑文集，今長樂有之，以其後居長樂。如此之類，可因家以求。

禮儀之書，祠祀之書，斷獄之書，官制之書，版圖之書，今官府有不經兵火處，其書必有存者。此謂之求公。

書不存於祕府而出於民間者甚多，如漳州吴氏，其家甚微，其官甚卑，然一生文字間，至老不休，故所得之書多蓬山所無者。兼藏書之家例有兩目録，所以示人者未嘗載異書，若非與人盡誠盡禮，彼肯出其所祕乎？此謂求之私。

鄉人李氏曾守和州，其家或有沈氏之書，前年所進褚方回清慎帖，蒙賜百匹兩，此則沈家舊物也。鄉人陳氏嘗爲湖北監司，其家或有田氏之書，臣嘗見其有荆州田氏目録，若迹其官守，知所由來，容或有焉。此謂因人以求。

胡旦作演聖通論，余靖作三史刊誤。此等書卷帙雖多，然流行於一時，實近代之所作。書之難求者，爲其久遠而不可迹也，若出近代之人手，何不可求之有？此謂因代以求。

編次之訛論十五篇

隋志所類，無不當理，然亦有錯收者。謚法三部，已見經解類矣，而汝南君謚議又見儀注，何也？後人更不考其錯誤而復因之。按唐志經解類已有謚法，復於儀注類出魏晉謚議，蓋本隋志。

一類之書當集在一處，不可有所間也。按唐志謚法見於經解，一類而分爲兩處置。四庫書目以入禮類，亦分爲兩也。

唐志於儀注類中有玉璽、國寶之書矣，而於傳記類中復出此二書。四庫書目既立命書類，而三命五命之書復入五行卜筮類。

遁甲，一種書耳，四庫書目分而爲四類，兵書見之，五行卜筮又見之，壬課又見之，命書又見之。既立壬課類，則遁甲書當隸壬課類中。

月令，乃禮家之一類，以其書之多，故爲專類。不知四庫書目如何見於禮類，又見於兵家，又見於農家，又見於月鑑。按此宜在歲時類。

太玄經，以諱故崇文改爲太真。今四庫書目分太玄、太真爲兩家書。

貨泉之書，農家類也。唐志以顧烜錢譜列於農，至於封演錢譜又列於小説家，此何義哉，亦恐是誤耳。崇文、四庫因之，並以貨泉爲小説家書。正猶班固以太玄爲揚雄所作而列於儒家，後人因之，遂以太玄一家之書爲儒家類。是故君子重始作，若始作之訛，則後人不復能反正也。

有歷學，有算學。隋志以歷數爲主，而附以算法，雖不别條，自成兩類。後人始分歷、數爲兩家。不知唐志如何以歷與算二種之書相濫爲一，雖曰歷算同歸乎數，各自名家。

李延壽南北史，唐志類於集史是，崇文類於雜史非。吴紀九卷，唐志類於編年是，隋志類於正史非。海宇亂離志，〔二〕唐志類於雜史是，隋志類於編年非。

唐藝文志與崇文總目既以外丹煅法爲道家書矣，奈何藝文又於醫術中見太清神丹經、諸丹藥數條，崇文又於醫書中見伏火丹砂、通玄祕訣數條？大抵爐火與服餌兩種，向來道家與醫家雜出，不獨藝文與崇文，雖隋志亦如此。臣今分爲兩類，列於道家，庶無雜糅。

歲時自一家書。如歲時廣記百十二卷，崇文總目不列於歲時而列於類書，何也？類書者，謂總衆類不可分也，若可分之書，當入別類。且如天文有類書，自當列天文類，職官有類書，自當列職官類，豈可以爲類書而總入類書類乎？

諫疏時政論與君臣之事，隋、唐志並入雜家，臣今析出。按此當入儒家。大抵隋、唐志於儒、雜二家不分。

古今編書所不能分者五：一曰傳記，二曰雜家，三曰小説，四曰雜史，五曰故事。凡此五類之書，足相紊亂。又如文史與詩話，亦能相濫。

凡編書，每一類成，必計卷帙於其後。如何唐志於集史計卷而正史不計卷，實録與詔令計卷而起居注不計卷？凡書計卷帙皆有空別，唐志無空別，多爲抄寫所移。

隋志最可信，緣分類不攷，故亦有重複者。嘉瑞記、祥瑞記二書，既出雜傳，又出五行。諸葛武侯集誡、衆賢誡，曹大家女誡、正順志、〔三〕娣姒訓、女誡、女訓，凡數種書，既出儒類，又出總集。衆僧傳、高僧傳、梁皇大捨記、法藏目録、玄門寶海等書，既出雜傳，又出雜家。如此三種，實由分類不明，是致差互。若陶弘景天儀説要，天文類中兩出。

趙政甲寅元歷序，歷數中兩出。黄帝飛鳥歷與海中仙人占災祥書，五行類中兩出。庾季才地形志，地里類中兩出。凡此五書，是不校勘之過也。以隋志尚且如此，後來編書出於衆手，不經校勘者可勝道哉！於是作書目正訛。

崇文明於兩類論一篇

崇文總目，衆手爲之，其間有兩類極有條理，古人不及，後來無以復加也。道書一類有九節，九節相屬而無雜糅。又雜史一類，雖不標别，然分上下二卷，即爲二家，不勝冗濫。及覩崇文九節，正所謂大熱而濯以清風也。雜史一類，隋、唐二志皆不成條理，今觀崇文之作，賢於二志遠矣。此二類往往是一手所編，惜乎當時不盡以其書屬之也。

泛釋無義論一篇

古之編書，但標類而已，未嘗注解，其著注者，人之姓名耳。蓋經入經類，何必更言經？史入史類，何必更言史？但隨其凡目，則其書自顯。惟隋志於疑晦者則釋之，無疑晦者則以類舉。今崇文總目出新意，每書之下必著説焉。據標類自見，何用更爲之説？且爲之説也已自繁矣，何用一一説焉？至於無説者，或後書與前書不殊者，則强爲之説，使人意怠。且太平廣記者，乃太平御覽別出，廣記一書，專記異事，奈何崇文之目所説不及此意，但以謂博採羣書，以類分門？凡是類書，皆可博採羣書，以類分門，不知御覽之與廣記又何異？崇文所釋，大8.如此，舉此一條，可見其他。

書有不應釋論三篇

實録自出於當代。按崇文總目有唐實録十八部，既謂唐實録，得非出於唐人之手，何須一一釋云「唐人撰」？

凡編書皆欲成類，取簡而易曉。如文集之作甚多，唐人所作，自是一類，宋朝人所作，自是一類，但記姓名可也，何須一一言「唐人撰」，一一言「宋朝人撰」？然崇文之作所以爲衍文者，不知其爲幾何。此非不達理也，著書之時元不經心耳。

有應釋者，有不應釋者，崇文總目必欲一一爲之釋，間有見名知義者，亦彊爲之釋。如鄭景岫作南中四時攝生論，其名自可見，何用釋哉。如陳昌胤作百中傷寒論，其名亦可見，何必曰「百中者，取其必愈」乎。

書有應釋論一篇

隋志於他類只注人姓名，不注義説，可以睹類而知義也。如史家一類，正史、編年，各隨朝代易明，不言自顯。至於雜史，容有錯雜其間，故爲之注釋，其易知者則否。惟霸史一類，紛紛如也，故一一具注。蓋有應釋者，有不應釋者，不可執一槩之論。按唐志有應釋者而一槩不釋，謂之簡；崇文有不應釋者而一槩釋之，謂之繁，今當觀其可不可。

不類書而類人論三篇

古之編書，以人類書，何嘗以書類人哉。人則於書之下注姓名耳。唐志一例削注，一例大書，遂以書類人。且如别集類自是一類，總集自是一類，奏集自是一類。令狐楚集百三十卷，當入别集類，表奏十卷，當入奏集類，如何取類於令狐楚，而别集與奏集不分？皮日休文藪十卷，當入總集類，文集十八卷，當入别集類，如何取類於皮日休，而總集與別集無別？詩自一類，賦自一類。陸龜蒙有詩十卷，賦六卷，如何不分詩、賦，而取類於陸龜蒙？

按，隋志於書，則以所作之人或所解之人，注其姓名於書之下，文集則大書其名於上曰「某人文集」，不著注焉。唐志因隋志，係人於文集之上，遂以他書一槩如是。且春秋一類之學，當附春秋以顯，如曰劉向，有何義？易一類之學，當附易以顯，如曰王弼，有何義？

唐志以人寘於書之上而不著注，大有相妨。如管辰作管輅傳三卷，唐省文例去「作」字，則當曰「管辰管輅傳」，是二人共傳也。如李邕作狄仁傑傳三卷，當去「作」字，則當曰「李邕狄仁傑傳」，是二人共傳也。又如李翰作張巡姚誾傳三卷，當去「作」字，則當曰「李翰張巡姚誾傳」，是三人共傳也。若文集置人於上則無相妨，曰「某人文集」可也，即無某人作某人文集之理，所志惟「文集」置人於上，可以去「作」字，可以不著注而於義無妨也。又如盧槃佐作孝子傳三卷，又作高士傳二卷，「高士」與「孝子」自殊，如何因所作之人而合爲一？似此類極多。炙轂子雜録注解五卷，乃王叡撰，若從唐志之例，則當曰「王叡炙轂子雜録注解五卷」，是王叡復爲注解之人矣。若用隋志例，以其人之姓名著注於其下，無有不安之理。

編書不明分類論三篇

七略惟兵家一略任宏所校，分權謀、形勢、陰陽、技巧爲四種書，又有圖四十三卷，與書參焉。觀其類例，亦可知兵，況見其書乎。其次則尹咸校數術，李柱國校方技，亦有條理。惟劉向父子所校經傳、諸子、詩賦，冗雜不明，盡採語言，不存圖譜，緣劉氏章句之儒，胸中元無倫類。班固不知其失，是故後世亡書多，而學者不知源别。凡編書惟細分難，非用心精微，則不能也。兵家一略極明，若他略皆如此，何憂乎斯文之喪也。

史家本於孟堅。孟堅初無獨斷之學，惟依緣他人，以成門户。紀、志、傳則追司馬之蹤，律歷、藝文則躡劉氏之迹，惟地里志與古今人物表是其胸臆。地里一學，後代少有名家者，由班固修書之無功耳。古今人物表又不足言也。

古者脩書，出於一人之手，成於一家之學，班馬之徒是也。至唐人始用衆手，晉、隋二書是矣。然亦皆隨其學術所長者而授之，未嘗奪人之所能，而彊人之所不及。如李淳風、于志寧之徒，則授之以志；如顔師古、孔穎達之徒，則授之紀傳。以顔孔博通古今，于李明天文、地里、圖籍之學，所以晉隋二志高於古今，而隋志尤詳明也。

編次有敍論二篇

隋志每於一書而有數種學者，雖不標别，然亦有次第。如春秋三傳，雖不分爲三家，而有先後之列，先左氏，次公羊，次穀梁，次國語，可以次求類。唐志不然，三傳國語可以渾而雜出。四家之學猶方圓冰炭也，不知國語之文可以同於公、穀，公、穀之義可以同於左氏者乎？

隋志於禮類有喪服一種，雖不别出，而於儀禮之後，自成一類，以喪服者儀禮之一篇也。後之議禮者，因而講究，遂成一家之書，尤多於三禮，故爲之别異，可以見先後之次，可以見因革之宜，而無所紊濫。今唐志與三禮雜出，可乎？

編次不明論七篇

班固藝文志，出於七略者也。七略雖疎而不濫，若班氏步步趨趨，不離於七略，未見其失也。間有七略所無而班氏雜出者，則蹟矣。揚雄所作之書，劉氏蓋未收，而班氏始出，若之何以太玄、法言、樂箴三書合爲一總，謂之揚雄所序三十八篇，入於儒家類。按儒者舊有五十二種，固新出一種，則揚雄之三書也。且太玄易類也，法言諸子也，樂箴雜家也，奈何合而爲一家？是知班固胸中元無倫類。

舊類有道家，有道書，道家則老、莊是也。有法家，有刑法，法家則申、韓是也。以道家爲先，法家次之，至於刑法、道書，別出條例。刑法則律令也，道書則法術也，豈可以法術與老、莊同條，律令與申、韓共貫乎？不得不分也。唐志則併道家、道書、釋氏三類爲一類，命以「道家」，可乎？凡條例之書，古人草昧，後世詳明者有之，未有棄古人之詳明，從後人之紊濫也。其意謂釋氏之書難爲，在名、墨、兵、農之上，故以合於道家。殊不知凡目之書只要明曉，不如此論高卑，況釋、道二家之書自是矛盾，豈可同一家乎。

漢志於醫術類有經方，有醫經，於道術類有房中，有神仙，亦自微有分別。奈何後之人更不本此，同爲醫方，同爲道家者乎？足見後人之苟且也。

唐志別出明堂經脉一條，而崇文總目合爲醫書。據明堂一類亦有數家，以爲一條，已自疎矣，況合於醫書，而其類又不相附，可乎？

漢志以司馬法爲禮經，以太公兵法爲道家，此何義也？疑此二條非任氏劉氏所收，蓋出班固之，意亦如以太玄、樂箴爲儒家類也。

漢志以世本、戰國策、秦大臣奏事、漢著記爲春秋類，此何義也？唐志以選舉志入職官類，是。崇文總目以選舉志入傳記，非。

校勘記

〔一〕「宋嘉祐中」，原本此四字空格，據元本補。

〔二〕「海宇亂離志」，即淮海亂離志，出於鄭氏一時筆誤，見姚振宗隋書經籍志考證淮海亂離志條。

〔三〕「正順志」，即貞順志，宋人諱「貞」字，代以音近之字。

圖譜略

索象

河出圖，天地有自然之象。洛出書，天地有自然之理。天地出此二物以示聖人，使百代憲章必本於此而不可偏廢者也。圖，經也。書，緯也。一經一緯，相錯而成文。圖，植物也。書，動物也。一動一植，相須而成變化。見書不見圖，聞其聲不見其形；見圖不見書，見其人不聞其語。圖至約也，書至博也，卽圖而求易，卽書而求難。古之學者爲學有要，置圖於左，置書於右，索象於圖，索理於書，故人亦易爲學，學亦易爲功，舉而措之，如執左契。後之學者離圖卽書，尚辭務説，故人亦難爲學，學亦難爲功，雖平日胸中有千章萬卷，及寘之行事之間，則茫茫然不知所向。秦人雖棄儒學，亦未嘗棄圖書，誠以爲國之具，不可一日無也。蕭何知取天下易，守天下難，當衆人爭取之時，何則入咸陽先取秦圖書以爲守計。一旦干戈既定，文物悉張，故蕭何定律令而刑罰清，韓信申軍法而號令明，張蒼定章程而典故有倫，叔孫通制禮儀而名分有别。且高祖以馬上得之，一時間武夫役徒，知詩書爲何物？而此數公又非老師宿儒博通古今者，若非圖書有在，指掌可明見，則一代之典未易舉也。然是時挾書之律未除，屋壁之藏不啓，所謂書者有幾？無非按圖之效也。後世書籍既多，儒生接武，及乎議一典禮，有如聚訟，玩歲愒日，紛紛紜紜，縱有所獲，披一斛而得一粒，所得不償勞矣。何爲其然哉？歆向之罪，上通於天！漢初典籍無紀，劉氏創意，總括群書，分爲七略，只收書，不收圖，藝文之目，遞相因習，故天禄、蘭臺，三館四庫，内外之藏，但聞有書而已。蕭何之圖，自此委地。後之人將慕劉班之不暇，故圖消而書日盛。惟任宏校兵書，一類分爲四種，有書五十三家，有圖四十三卷，載在七略，獨異於他。宋齊之間，羣書失次，王儉於是作七志，以爲之紀，六志收書，一志專收圖譜，謂之圖譜志。不意末學而有此作也，且有專門之書則有專門之學，有專門之學則其學必傳而書亦不失。任宏之略，劉歆不能廣之；王儉之志，阮孝緒不能續之。孝緒作七録，散圖而歸部録，雜譜而歸記注。蓋積書猶調兵也，聚則易固，散則易亡。積書猶賦粟也，聚則易贏，散則易乏。按任宏之圖與書幾相等，王儉之志自當七之一，孝緒之録雖不專收，猶有總記，内篇有圖七百七十卷，外篇有圖百卷，未知譜之如何耳。隋家藏書，富於古今，然圖譜無所繫。自此以來，蕩然無紀。至今虞、夏、商、周、秦、漢，上代之書具在，而圖無傳焉。圖既無傳，書復日多，茲學者之難成也。天下之事，不務行而務説，不用圖譜可也。若欲成天下之事業，未有無圖譜而可行於世者。作圖譜略。

原學

何爲三代之前學術如彼，三代之後學術如此？漢微有遺風，魏、晉以降，日以陵夷。非後人之用心不及前人之用心，實後人之學術不及前人之學術也。後人學術難及，大槩有二：一者義理之學，二者辭章之學。義理之學尚攻擊，辭章之學務雕搜。耽義理者則以辭章之士爲不達淵源，玩辭章者則以義理之士爲無文彩。要之，辭章雖富，如朝霞晚照，徒焜燿人耳目，義理雖深，如空谷尋聲，靡所底止。二者殊途而同歸，是皆從事於語言之末，而非爲實學也。所以學術不及三代，又不及漢者，抑有由也，以圖譜之學不傳，則實學盡化爲虚文矣。其間有屹然特立，風雨不移者，一代得一二人，實一代典章文物法度紀綱之盟主也。然物希則價難平，人希則人罕識。世無圖譜，人亦不識圖譜之學。張華，晉人也，漢之宫室，千門萬户，其應如響，時人服其博物。張華固博物矣，此非博物之效也，見漢宫室圖焉。武平一，唐人也，問以魯三桓，鄭七穆，春秋族系，無有遺者，時人服其明春秋。平一固熟於春秋矣，此非明春秋之效也，見春秋世族譜焉。使華不見圖，雖讀盡漢人之書，亦莫知前代宫室之出處。使平一不見譜，雖誦春秋如建瓴水，亦莫知古人氏族之始終。當時作者，後世史臣皆不知其學之所自，況他人乎。臣舊亦不之知，及見楊佺期洛京圖，方省張華之由，見杜預公子譜，方覺平一之故。由是益知圖譜之學，學術之大者。且蕭何刀筆吏也，知炎漢一代憲章之所自。歆、向大儒也，父子紛爭於言句之末，以計較毫釐得失，而失其學術之大體。何秦人之典，蕭何能收於草昧之初，蕭何之典，歆、向不能紀於承平之後？是所見有異也。逐鹿之人，意在於鹿而不知有山。求魚之人，意在於魚而不知有水。劉氏之學，意在章句，故知有書而不知有圖。嗚呼！圖譜之學絶紐，是誰之過與。

明用

善爲學者，如持軍治獄。若無部伍之法，何以得書之紀？若無覈實之法，何以得書之情？今總天下之書，古今之學術，而條其所以爲圖譜之用者十有六：一曰天文，二曰地理，三曰宫室，四曰器用，五曰車旂，六曰衣裳，七曰壇兆，八曰都邑，九曰城築，十曰田里，十一曰會計，十二曰法制，十三曰班爵，十四曰古今，十五曰名物，十六曰書。凡此十六類，有書無圖，不可用也。人生覆載之間，而不知天文、地里，此學者之大患也。在天成象，在地成形，星辰之次舍，日月之往來，非圖無以見天之象。山川之紀，夷夏之分，非圖無以見地之形。天官有書，書不可以仰觀，地里有志，志不可以俯察，故曰天文地里，無圖有書，不可用也。稽之人事，有宫室之制，有宗廟之制，有明堂辟廱之制，有居廬堊室之制，有臺省府寺之制，有庭霤户牖之制。凡宫室之屬，非圖無以作室。有尊彝爵斝之制，有簠簋俎豆之制，有弓矢鈇鉞之制，有圭璋璧琮之制，有璽節之制，有金鼓之制，有棺槨之制，有重主之制，有明器祭器之制，有鉤盾之制。凡器用之屬，非圖無以制器。爲車旂者，則有車輿之制，有驂服之制，有旟旐之制，有儀衛鹵簿之制，非圖何以明章程？爲衣服者，則有弁冕之制，有衣裳之制，有屨舄之制，有笄總之制，有襚含之制，有杖絰之制，非圖何以明制度？爲壇域者，則有壇墠之制，有邱澤之制，有社稷之制，有兆域之制，大小高深之形，非圖不能辨。爲都邑者，則有京輔之制，有郡國之制，有閭井之制，有市朝之制，有蕃服之制，内外重輕之勢，非圖不能紀。爲城築者，則有郛郭之制，有苑囿之制，有臺門魏闕之制，有營壘斥候之制，非圖無以明關要。爲田里者，則有夫家之制，有溝洫之制，有原隰之制，非圖無以别經界。爲會計者，則有貨泉之制，有貢賦之制，有户口之制，非圖無以知本末。法有制，非圖無以定其制。爵有班，非圖無以正其班。有五刑，有五服，五刑之屬有適輕適重，五服之別有大宗小宗。權量所以同四海，規矩所以正百工，五聲八音十二律有節，三歌六舞有序，昭夏、肆夏，宫陳、軒陳，皆法制之目也，非圖不能舉。内而公卿大夫，外而州牧侯伯，貴而妃嬪，賤而妾媵，官有品，命有數，禄秩有多寡，考課有殿最，繅籍有數，玉帛有等，上下異儀，尊卑異事，皆班爵之序也，非圖不能舉。要通古今者，不可以不識三統五運，而三統之數，五運之紀，非圖無以通。要别名物者，不可以不識蟲魚草木，而蟲魚之形，草木之狀，非圖無以别。要明書者，不可以不識文字音韻，而音韻之清濁，文字之子母，非圖無以明。凡此十六種，可以類舉，爲學者而不知此，則章句無所用，爲治者而不知此，則紀綱文物無所施。

記有

楊佺期唐洛陽京城圖。　唐長安京城圖。　吕大防唐長安京城圖。　唐太極宫圖。　唐大明宫圖。　唐興慶宫圖。　三宫合爲一圖。　洛陽宫闕圖。　宋朝宫闕圖。　汴京圖。　唐九嵕山昭陵建陵合爲一圖。　梁元帝二十八國職貢圖。閻立本西域諸國風物圖。大遼對境圖。大金接境圖。契丹地里圖。西夏賀蘭山圖。山海經圖。勃海圖。三輔黄圖。天文横圖。隔子横圖。天文圓圖。隔子圓圖。紫薇天心圖。璇璣圖。日食圖。月暈圖。分野圖。七曜災祥圖。七曜歷文圖。海潮刻漏圖。九江刻漏圖。氣象圖。雲氣圖。日出長短圖。交廣時刻四應圖。華夷圖。守令圖。百川源委圖。灣閘圖。圖。諸路至京驛程圖。江行備用圖。禹穴圖經。春秋世系圖。春秋機要圖。春秋盟會圖。春秋列國圖。春秋十二國年歷。杜預釋例地名譜。杜預小公子譜。春秋明例總括圖。荆定易圖。先天圖。漢上易圖。八卦小成圖。乾生歸一圖。龍圖。伏羲俯仰畫卦圖。陳希夷易圖。劉牧鈎隱圖。稽覽圖。尚書治要圖。鄭康成詩圖。小戎圖。王制井田圖。方田圖。鄉遂圖。封建圖。律吕圖。聶崇義三禮圖。博古圖。考古圖。釋奠祭器圖。考正禮器圖。鄉飲禮圖。五服年月圖。大宗小宗圖。宫架圖。舞鑑圖。琴式尚象圖。景祐大樂圖。三樂圖。衙鼓格。投壺格。

摴蒱格。　象戲格。　聲韻圖。　指歸圖。　僧守温三十六字母圖。
定韻清濁鈐。　内外轉歸字圖。　徐浩書譜。　筆陣圖。　國相成名圖。
歷代君臣圖。　古今類聚年號圖。　帝王年代圖。　五運歷年紀。　劉恕
十國年表。　閩中王氏啓運圖。　唐孟冬祫饗于太廟禮科帝系圖。〔一〕　唐貞
元孟冬祫祭圖。　唐朝功臣配享圖。　唐貞元孟夏禘饗圖。　司馬温公歷年
圖。　大宋紹宗圖。　仙源積慶圖。　衣冠盛事圖。　太廟圖。　治平八
廟圖。　熙寧廟圖。　大宋配享功臣圖。　文武合班圖。　朔日視朝儀注
圖。　正冬大慶殿朝會立班圖。　大慶殿再坐上壽立班圖。　垂拱殿五日一次起居
門外敍班圖。　文德殿常朝朝堂敍班圖。　文德殿常朝立班圖。　東上閤門拜
表立班圖。　賀祥瑞勝捷紫宸殿外敍班圖。　同天節紫宸殿上壽圖。　集英殿
大宴坐次圖。　大禮尚書省受誓戒圖。　大禮大慶殿奏請致齋立班圖。　正冬
御殿朝賀上壽垂拱殿樞密使以下稱賀圖。　紫宸殿上壽賜宴圖。　紫宸殿常朝起
居圖。　垂拱殿常朝起居圖。　集英殿大宴門外立班圖。　集英殿大宴樞密使
以下起居圖。　唐宰相表。　唐官品圖。　武侯八陣圖。　攻守器械圖。
五陣圖。　文教圖。　閻立本歷代帝王圖。　歷代聖賢圖。　銅人腧穴鍼

灸圖。　仙人水鑑圖。　明堂偃側人圖。　難經圖。　素問氣圖。　金丹圖。　煙蘿圖。　含象鑑圖。　黄庭五藏圖。　黄庭五藏道引圖。　六氣道引圖。　道源宗師圖。　仙班朝會圖。　告元圖。　内外二景圖。　上清天關二圖經。　上清混合變化圖。　三五含景圖。　五常雜修行圖。　河圖寶録。　結璘奔日月圖。　九宫紫房圖。　長生寶鑑圖。　八道秘言圖。　五嶽真形神仙圖。　古今五嶽真形圖。　嶽瀆名山圖。　大洞九天圖。　山水穴竇圖。　萬靈朝真圖。　三皇真形圖。　列宿朝真圖。　攝生月令圖。　伏汞圖。〔二〕　狐剛子粉圖。　三才定位圖。　三十四鼎鑪圖。　黄帝鼎圖。　西傳宗派圖。　聲鐘圖。　趙少保辨才法師繫念圖。　六想圖。　重元圖。　綱格圖。　北齊六學士勘書圖。　慶曆彩選圖。　秦府十八學士圖。　明皇擊桐圖。〔三〕　明皇試馬圖。　王維春社圖。　王維輞川圖。　蓮社圖。　顧凱之列女圖。　月令圖。　郭子儀宴魚朝恩圖。　選日立成圖。　三元遁甲圖。　九宫八門圖。　山形總載圖。　寶星圖。　鬼谷子觀氣色出相圖。　勑律指掌圖。　姓氏譜。　錢譜。

記無

地里

地域方丈圖。　地域方尺圖。　僧道安江圖。　賈躭地圖。　裴矩西域圖。　華夷列國入貢圖。　馬寔諸道行程血脉圖。　開元分野圖。　冀州圖。　十七路轉運圖。　河北四十四郡圖。　十七路圖。　蜀程圖。　沈括使虜圖。〔四〕　洞庭譜。　嶽瀆福地圖。　蔣炳西山圖。

會要

南卓唐朝綱領圖。　王彥威占額圖。　孫結大唐國照圖。　大唐國要圖。　曹臻國照圖。　夏侯頗鹽鐵轉運圖。

紀運

王氏五運圖。　廣五運圖。　年歷圖。　帝王正閏五運圖。　路惟衡帝

王歷數圖。 薛璫唐聖運圖。 劉恕年略譜。 魏森古今通系圖。 侯利建
視古圖。 劉軻唐年曆。 龔穎運歷圖。 徐鍇歷年年譜。 古今年表。
帝王接受圖。 盧元福共和以來甲乙紀。 帝王真僞圖。 徐整三五歷記。
國朝年表。

百官

唐宰輔譜。 柳芳大唐宰相表。 萬當世文武百官圖。 全牧圖。

易

唐一行大衍玄圖。 范諤昌易源流圖。

詩

成伯璵毛詩圖。 草木蟲魚圖。

禮

賀循喪服圖。 崔游喪服圖。 蔡謨喪服圖。 張薦五服圖。 仲陵子

五服圖。夏侯伏明三禮圖。張鎰三禮圖。梁正三禮圖。紀僧真玉璽譜。袁郊二儀實録衣服名義圖。鹵簿圖。南郊圖。唐志凶儀圖。梁隱列國祖廟式。

樂

十二律譜。唐郊祀樂章譜。吕渭廣陵止息譜。王大力琴聲律譜。李良輔廣陵止息譜。陳康士琴譜。離騷譜。李約東杓引譜。琴式譜。阮咸譜。琴指圖。鶻栗格。沈括樂律圖。

春秋

嚴彭祖春秋圖。張傑春秋圖。顧啓期大夫圖。春秋車服圖。春秋宗族名氏圖。演左傳氏族圖。春秋名號歸一圖。春秋圖鑑。春秋手鑑圖。

孝經

應瑞圖。

論語

井田義圖。　論語世譜。

經學

授經圖。　韋表微九經歸授譜。

小學

郭璞爾雅圖。　辨字圖。

刑法

路仁恕五刑旁通圖。

天文

張衡靈憲圖。　高文弘天文横圖。　孝經内記星圖。　周易八野星圖。

太白會運逆兆通代記圖。　大象列星圖。　長慶筭五星所在宿度圖。　南陽

化元玄黄十二次分野圖。

時　令

王涯月令圖。

筭　數

劉徽九章重差圖。

陰　陽

三陰圖。　二宅圖。　五行家國通用圖。　太一游圖。　五符圖。

八曜圖。　五虎圖。　古墓圖。　氣神隨日用局圖。　揲蓍圖。　皮日休

支干定命圖。　遁甲天目圖。　占氣色要訣圖。

道　家

二十八宿真形圖。　正一真人二十四治圖。　正一氣化圖。　五帝修行

圖。四氣攝生圖。參同契大丹圖。太易陰陽手鑑圖。鉛汞五行圖。八卦真形圖。掌訣圖。八仙圖。元化圖。五禽道引圖。大象握機圖。皇人三一圖。存五星圖。火鑑周天圖。

釋氏

法界僧圖。道綽行圖。古今譯圖。

符瑞

玉芝瑞草圖。靈芝圖。侯亶祥瑞圖。孫柔之瑞應圖。顧野王符瑞圖。張掖郡玄石圖。上黨十九瑞圖。貫怪圖。

兵家

解忠鯁龍武元兵圖。神機靈秘圖。五行陣圖。

藝術

敧器圖。射鑑九圖。禮圖等雜畫。董蓴畫盤車圖。曹元廓畫後周、北齊、梁、陳、隋、武德、貞觀、永徽等朝臣圖。　韓幹畫龍朔功臣圖。　王象畫鹵簿圖。　竇師綸畫内庫瑞錦對雉鬬羊翔鳳游麟圖。　八駿圖。　辨馬圖。

食　貨

于公甫古今泉貨圖。

醫　藥

孔穴蝦蟇圖。　黄帝明堂五藏圖。　秦承祖明堂圖。　明堂人形圖。　指難圖。　王惟一鍼灸圖。　五藏攝養明鑑圖。　崔知悌産圖。　安濟圖。　侍膳圖。　原平仲靈秀本草圖。　藥圖。

世　系

帝系之譜。　皇帝之譜。　戚里之譜。　百官族姓之譜。　諸家譜。

校勘記

〔一〕「唐孟冬祫饗于太廟禮科帝系圖」，按，此爲一條，原本分作二條，以「帝系圖」别爲一條，則上文不成爲圖。元本、殿本「帝」字上空一字，原爲抬頭之意，刻書者因以致誤。

〔二〕「伏汞圖」，元本、明本、于本、殿本皆作「伏承圖」，下有注文：「藝文略作『汞』，此作『承』，當考。」此注乃後人所加者，藝文略之文在道家四外丹篇，汪本即據之改作「伏汞圖」。

〔三〕「明皇擊桐圖」，各本下有小字注：「桐字當考。」汪本删去。

〔四〕「沈括使虜圖」，元本、明本、于本、殿本「虜」皆作「北」，因元時諱「虜」字，爲刻書者所改，汪本復改用本字。

金石序

序曰：方册者，古人之言語。款識者，古人之面貌。以後學跂慕古人之心，使得親見其面而聞其言，何患不與之俱化乎。所以仲尼之徒三千皆爲賢哲，而後世曠世不聞若人之一二者，何哉？良由不得親見聞於仲尼耳。蓋閑習禮度，不若式瞻容儀，諷誦遺言，不若親承音旨。今之方册所傳者，已經數千萬傳之後，其去親承之道遠矣。惟有金石所以垂不朽，今列而爲略，庶幾式瞻之道猶存焉。且觀晉人字畫，可見晉人之風猷，觀唐人書蹤，可見唐人之典則，此道後學安得而舍諸！三代而上，惟勒鼎彝。秦人始大其制而用石鼓，始皇欲詳其文而用豐碑。自秦迄今，惟用石刻。散佚無紀，可爲太息，故作金石略。

歷代金石

蒼頡石室記有二十八字，在蒼頡北海墓中，土人呼爲藏書室。周時自無人識，逮秦李斯始識八字，曰「上天作命皇辟迭王」。漢叔孫通識十二字。夏禹書，十二字。見法帖，未詳出處。比干銅盤銘，十六字。西京。史籀，六字。見法帖，未詳出處。孔子書季札墓，十字。潤州。周穆王東巡，四字。邢州。

右上代文字見於模刻。

太昊金。尊盧氏幣。神農氏金。黄帝貨金。軒轅貨金。帝昊金。帝嚳金。高陽金。堯泉。舜策乘馬幣。舜策幣貨金。夏貨金。商貨莊布。商貨四布。商連幣。商湯金。商子貨金。周圜法貨。周圜法別種。齊公貨。齊刀別種。齊梁山幣。莒刀。齊布。齊刀。

右見錢譜，兵火以來，今贛州尚有本。

晉姜鼎。虢姜鼎。鄭伯姬鼎。宋君鼎。周姜鼎。文王鼎。

孔文父鼎。魯公鼎。宋公鼎。周公鼎。單囧鼎。伯姬鼎。
宋君夫人鼎。東宮方鼎。商鼎。得鼎。庚鼎。乙鼎。陀
大鼎。始鼎。欒鼎。趠鼎。辛鼎。癸鼎。龙鼎。師寏
鼎。東宮鼎。盤鼎。公鼎。子斯鼎。〔一〕王子吳鼎。父丁
鼎。父乙鼎。叔夜鼎。飤氏鼎。公癸鼎。父甲鼎。師旝
鼎。蟬文鼎。龙生鼎。召夫鼎。師毀鼎。師毛鼎。孟金
鼎。周姜敦。周虞敦。雁侯敦。屈生敦。仲駒敦。冀師
敦。剌公敦。叔貂敦。虢姜敦。散季敦。伯百父敦。周敦。
敦。龙敦。罳敦。始敦。何敦。尹敦。戠敦。
郘敦。牧敦。周公彝。召公彝。曹侯彝。司空彝。内
史彝。楚公彝。沈子彝。虘彝。單囧彝。伯宋彝。仲舉
彝。單從彝。品伯彝。李娟彝。敆姬彝。楚王盞彝。祖戊
彝。商兄癸彝。父癸彝。交父彝。祖乙彝。父乙彝。父丁
彝。父己彝。父辛彝。母乙彝。師艅彝。仲父彝。商彝。
五彝。伯彝。敆彝。甗彝。形彝。尹彝。應彝。

亞彝。伊彝。仲父彝。小子師彝。庚午鬲。高姜鬲。書
鬲。丁父鬲。父己鬲。毛乙鬲。乃子鬲。母鬲。虢叔鬲。
諸旅鬲。莫敖鬲。寶德鬲。聿遠鬲。伯鬲。慧季鬲。
許子鐘。甹鐘。商鐘。元子鐘。走鐘。遲父鐘。南和鐘。
分寧鐘。許子小鐘。盄和鐘。召公尊。朝事尊。韋子尊。
魚尊。叔寶尊。虎尊。父戊尊。祖戊尊。商從尊。中
爵。夫甲爵。父丁爵。祖辛爵。父癸爵。父辛爵。大田
爵。父庚爵。庚爵。丁青爵。商爵。父戊爵。祖己爵。
父己爵。己舉爵。己爵。舉爵。篆帶爵。父乙爵。祖乙
爵。伯爵。飲爵。觶爵。父甲爵。主人舉爵。癸舉。
父辛舉。寅簋。左父簋。叔高簋。師寏簋。師奕簋。弡中
匜。劉公医。太公缶。子斯医。史剩隘。姬寏医。姬寏豆。
單疑豆。仲虔洗。仲虞洗。田季匜。寒戊匜。叔匜。
杞公匜。義母匜。弡伯匜。季姬匜。季毫匜。祖戊匜。齊
侯匜。卬仲盤。伯戔盤。壽盤。史孫毂盤。邛仲盦。伯戔

盦。　應婦甗。　周陽侯甗。　仲信甗。　郤甗。　孟嫋甗。　父己甗。　庚甗。　飤甗。　伯温甗。　冀師舟。　師淮卣。　周卣。　冀卣。　商卣。　兄癸卣。　母辛卣。　母乙卣。　父甲卣。　祖癸卣。　父己卣。　祖戊卣。　伯王盫。　趠盫。　諸友盉。　伯王敦盉。　沈子盉。　盉豪盉。　父丁盉。　兹女觚。　象觚。　父庚觚。　甲子觚。　平周鉟。　遣罄。　丁舉甌。　伯索盂。　熙之戟。　銅角。　武安釜。　軹家釜。

右三代之款識，見於博古圖等。

石鼓文。秦。鳳翔府。宣和間移置東宫。臣有石鼓辨，明爲秦篆。　秦封泰山碑。兖州。　嶧山頌德碑。李斯篆。鄭文寶模。兖州。　秦相李斯等請刻始皇詔書。兖州。　之罘山刻石。可辨者十九字。登州。　之罘大篆。可辨者六十字。登州。　始皇朐山碑。海州。　稽山頌德碑。李斯篆。疑在越州。　刻二世詔文。李斯篆。密州。　殘碑二十字。李斯篆。登州州衙。　祀巫咸大湫文。俗呼詛楚文，李斯篆。鳳翔府。又渭州州學本，與鳳翔小異。

右秦

漢

陳留太守程封碑。東京。酸棗令劉熊紀績碑，有碑陰。東京。執金吾高褒碑。東京。太保高峻碑。東京。丞相陳平碑。東京。三老袁貢碑。永建六年。東京。袁騰碑。貢之子。在東京。西平令楊期碑。東京。征西大將軍楊僅碑。東京。大司農陳君碑。中平四年。有四碑，在東京。邊讓碑。東京。董襲碑。東京。八都神廟碑。鎮州。封龍山碑。鎮州。藁城長蔡湛碑，有碑陰。光和四年。鎮州。無極山碑。光和四年。〔二〕鎮州。上谷太守張秤碑。定州。孝子王立碑。定州。譙敏碑。蔡邕文。冀州。賈敏碑。冀州。李固碑。懷州。左伯桃碑。安肅軍。蘇武碑。京兆府。乞復華下民田租狀。華州。西嶽石闕銘。永和元年。華州。西嶽和山亭碑。華州。司徒劉奇碑。華州。西嶽華山廟碑。華州。劉黨碑。華州。立教院君神祠碑。華州。太尉楊震碑，并碑陰題名。華州。高陽令楊君碑，及碑陰。〔三〕華州。繁陽令楊尋碑。〔四〕熹平中。華州。金城太守楊統碑。華州。郭有道碑。蔡邕文并書。太原府。郭林宗碑。汾州。山陽太守祝睦二碑。延熹七年。南京。陽翟令許叔臺碑。南京。兖州從事丁仲禮墓碑。南京。太尉掾橋君墓碑。南京。宋國縣繹幕令碑。南京。漢橋玄碑。南京。慎令劉君墓碑。建寧四年。南京。光禄勳劉曜碑。〔五〕鄆州。袁安碑。徐州。太傅龔勝碑。徐州。劉熙碑，又碑陰。徐州。漢高祖感應碑。延熹十年。徐州。高祖廟碑。徐州。太尉陳球碑。蔡邕文并書，光和元年。徐州。太尉陳球後碑。徐州。陳球碑陰。御史大夫鄭宫碑。卜式墓碑。兖州。鮑宣碑。兖州。魯相史晨等奏出王家穀祠孔子碑。建寧二年。兖州。司徒吳雄等奏孔子廟置卒史碑。元嘉二年。兖州。魯相復顔氏繇發碑。永嘉三年。兖州。太山太守孔宙碑。延熹六年。兖州。孔彪碑及碑陰。建寧四年。兖州。漢碑，永壽三年，婺州從事孔君德立於孔子墓壇前。兖州。小篆碑。蔡邕書。兖州。河東太守孔雄碑。建寧四年。兖州。司農孔峽碑。建寧元年。兖州。魯相韓叔節修孔子廟碑。永壽二年。兖州。博士孔志碑。兖州。御史孔翊碑。兖州。博士逢汾墳前石柱碑篆。濰州。竹邑侯相張壽碑。建寧元年。單州。侯伯咸墓碑。建寧中立。單州。孫嵩碑。密州。王章碑。密州。安平王相孫根墓碑。光和四年。密州。廬江太守范式碑。蔡邕書。濟州。中郎王政碑。光和元年。濟州。任城府君頌。濟州。　司隸校尉魯峻碑。蔡邕書。濟州。　執金吾武榮碑。濟州。　故司馬城鐵碑。濟州。　謁者景君二碑。安帝元初元年。濟州。　御史大夫郗慮碑。濟州。　童恢墓雙石闕題。　太尉劉寬二碑，中平二年，門生、故吏各一碑，并碑陰姓名。西京。　蕭何碑。折作兩段，西京。　玄儒先生婁壽碑。襄州。　山陽太守碑。襄州。　築陽侯相景豹碑。襄州。　司徒掾梁君碑。建安二十七年。襄州。　學生碑。襄州。　侍中王逸碑。襄州。　南陽太守秦君碑。熹平五年。襄州。　司徒從事郭君碑。建寧五年。孟州。　北軍中侯郭君碑。建寧五年。孟州。　封觀碑。陳州。　蔡昭碑。隋州。　桐栢神碑。延熹六年。唐州。　中常侍曹騰碑。建和元年。亳州。　老子銘。延熹八年。唐州。　老子碑銘。鍾繇書。亳州。　幽州刺史朱龜碑，有碑陰。中平二年。〔六〕亳州。　趙王武臣碑。宿州。　東海祠碑。永壽元年。海州。　楚相孫叔敖碑，〔七〕延熹三年，固始令段君立，有碑陰。光州。　堂邑令費君碑。熹平六年，有碑陰。湖州。　梁相費君碑。湖州。　曹娥碑。越州。　羅訓碑。衡州。　南昌太守谷君墓碑。衡州。　青州刺史劉君碑。衡州。　胡騰墓碑。衡州。　桂陽太守周府君勳德碑。熹平三年。桂陽監。　桂陽太守周使君碑。韶州。　周公禮殿石楹記。初平五年，鍾會書。成都府。　陽泊侯墓碑。成都府。　文翁學生題名。

析里橋郙閣銘。建寧五年，李翕造。漢州。　刺史李頊碣。綿州。　中宮令楊暢墓碑。嘉州。　沛相范史墓闕文。劍州。　王褒墓碑。資州。　中常侍樊安碑。延熹元年，〔八〕故吏立。未詳。　河間相張平子墓志，有二碑。崔瑗篆。鄧州。　趙國相雝勸石闕碑。劍州。　秦君之碑。未詳。　泰山都尉孔宙碑。延熹七年。未詳。　小黄門譙君碑。中平四年。未詳。　改西嶽廟民賦碑。盧倣文，光和二年。未詳。　孔宙碑陰題名。未詳。　孔德讓碣。永興二年。兗州。　文歆碑。元光四年。絳州。　天禄辟邪字。篆書，鄧州南陽宗資墓前石獸。　周公禮殿記。蔡邕隸書。成都府。　蔡邕石經。西京人家尚收得殘石。趙殿撰家有遺字三卷。　窆室銘。永建元年。未詳。　周府君碑陰。桂陽監。　麟鳳贊并記。永建元年。未詳。　巴官鐵量銘。永平七年。未詳。　會稽東部都尉路君闕銘。永平八年。未詳。　南武陽墓闕銘。元和三年。未詳。　章和石記。章和三年。〔九〕未詳。　鄭令景君闕銘。元初四年。未詳。　北海相景君碑陰。漢安二年。未詳。　燉煌長史武班碑。建和元年。未詳。　武氏石闕記。〔一〇〕建和元年。未詳。　司隸陽厥開石門頌。建和二年。〔一一〕未詳。　吳郡丞武開明碑。建和二年。未詳。　張公廟碑。和平元年。未詳。　祝長嚴訢碑。元嘉元年。未詳。或作「和平」。　從事武梁碑。元嘉元年。未詳。　平都侯相蔣君碑。元嘉元年。〔一二〕未詳。

東海相桓君海廟碑〔一三〕。永壽元年。未詳。吉成侯州輔碑，有碑陰。永壽二年。韓府君
未詳。故民吳公碑。熹平元年。未詳。議郎元賓碑。延熹二年。未詳。封
孔子廟碑，有碑陰。永壽二年。〔一四〕未詳。丹陽太守郭旻碑。延熹元年。未詳。河東地界
丘令王元賞碑。延熹四年。未詳。冀州刺史王純碑。延熹四年。未詳。平輿令薛君
石記。延熹四年。未詳。成皋令任伯嗣碑。延熹五年，有碑陰。未詳。又堯廟碑。熹平四
碑。延熹六年。〔一五〕未詳。堯廟碑。延熹十年，有碑陰。未詳。蒼頡廟碑。光和二年，又三年。未
年，有碑陰。未詳。蒼頡廟人名。延熹五年。未詳。劉尋禹廟碑。光和二年。未詳。白石
詳。西嶽二碑。光和二年，又三年。未詳。荆州刺史度尚碑。未詳。車騎將軍
神君碑。未詳。禹廟碑。有碑陰。未詳。冀州從事張表
馮緄碑。永康元年。未詳。廣漢縣令王君神道。建寧元年。未詳。金鄉守長侯君碑。
碑。建寧元年。未詳。堵陽長謁者劉君碑。建寧元年。未詳。
建寧二年。未詳。柳孝廉碑。建寧二年。未詳。衛尉卿衡方碑。建寧元年。〔一六〕未
詳。沛相楊君碑。建寧三年，有碑陰。未詳。淳于長夏承碑。建寧三年。未詳。
中郎馬君碑。建寧三年。未詳。武都太守李翕碑。建寧四年，有碑陰。未詳。仲君

碑。建寧五年。未詳。 成陽靈臺碑。建寧五年，有碑陰。未詳。 廷尉仲定碑。熹平元
年。未詳。 堂谿典嵩高山石闕銘。熹平四年。未詳。 庌彰長斷碑。〔一七〕熹平六年。
未詳。 太尉郭禧碑。有碑陰。未詳。 逢童子碑。光和四年，有碑陰。未詳。 漢三
公碑。光和四年。未詳。 殽阬君神祠碑。光和四年，有碑陰。未詳。 揚州刺史敬使
君碑。光和四年。未詳。 涼州刺史魏君碑。光和四年。未詳。 昌陽令唐君
頌。〔一八〕光和六年，有碑陰。頌未詳。 都鄉正衛彈頌。中平二年。未詳。 尉氏令鄭
君碑。中平三年，有碑陰。未詳。 趙相劉衡碑。中和四年。未詳。 圉令趙君碑。初平
元年。未詳。 巴郡太守樊君碑。建安十年。未詳。 綏民校尉熊君碑。有碑陰。未
詳。 司空宗俱碑。有碑陰。未詳。 馮使君墓闕銘。未詳。 琅琊相王君墓闕銘。
未詳。 武陰令高君墓闕銘。未詳。 永樂少府賈君闕銘。未詳。 臨朐長仲君
碑。未詳。 富春丞張君碑。未詳。 蜀郡太守任君神道。未詳。 蜀郡屬國都尉
任君神道。未詳。 益州太守楊宗墓闕銘。未詳。 巴郡太守張府君功德敍。未詳。
河南尹蘇君碑額。未詳。 武氏石室畫像。未詳。

右兩漢。

三國晉兩朝

魏武帝受禪壇記。梁鵠書，王朗文。未詳。魏武帝大饗碑。子建文，武帝篆，鍾繇書。亳州。魏受禪表。梁鵠書，黄初元年。許州。魏郡公上尊號表。相國歆等四十五人，鍾繇書。魏酸棗令毌邱悦碑。東京。魏封議郎孔羡爲宗聖侯碑。梁鵠書。兖州。魏隱士程冲墓碑。東京。魏節婦白氏碑。冲妻也，晉咸熙中建，二碑同處。魏御史大夫袁涣碑。東京。魏鍾繇碑。東京。魏征虜將軍南州刺史王賢思碑。東京。魏横海將軍吕君碑。黄初二年。未詳。魏豫州刺史賈逵碑。陳州。魏劉盆碑。正始二年。未詳。魏邴原碑。密州。魏孫炎碑。甘露五年。淄州。魏太尉寵碑。魏管寧碑。密州。魏太妃郭氏碑。正元二年。西京。魏新野侯碑。黄初七年。魏立孔子廟碑。黄初元年。兖州。魏又立孔子廟碑。太和三年。魏三斷碑，皆漫滅，二碑無字。西京。魏范式碑。有碑陰，青龍三年。未詳。魏太僕荀君碑。正始五年，有碑陰。魏南陽太守卞統碑。嘉平二年。〔一九〕未詳。吳大帝碑。湖州。吳征北將軍陸禕碑。泰寧三年。秀州。魏襄州刺史劉君碑。正元三年，有碑陰。

未詳。　魏劉熹學生冢碑。有碑陰。未詳。　魏太保任公神道。未詳。　吳九真太守谷府君碑。　吳禪國山碑陰。未詳。　吳天璽元年紀功碑。未詳。　吳臨海侯相谷府君碑。未詳。　魏大長秋游述碑。泰始十年，有碑陰。未詳。

右三國。

南鄉太守司馬整德政碑頌。泰始四年，有碑陰。未詳。　南鄉建國碑。未詳。　阮籍碑。東京。　潘岳碑。東京。　王戎碑。惟存數十字，西京。　陳武王碑。索靖書。汾州。　丁議碑。南京。　老父嚴氏碑。咸康五年。杭州。　郭文碑。咸和中。杭州。　廣昌長暨遜碑。咸和中。杭州。　宣城内史陸喈碑。咸和七年。秀州。　巴西太守盧茂碑。綿州。　紀穆侯碑。建康府。　遂州刺史李豪碑。綿州。　陳壽墓碑。果州。　西平將軍葛府君碑。建康府。　議郎陳先生碑。元康二年。　尉氏令陳君單碑。未詳。　周胙墓石柱題。單州。　散騎常侍周處碑。陸機文，王右軍書，後人重立。常州。　西平侯顔含碑。建康府。　石柱文。太元十八年。劒州。　泰山君改高樓碑。升平三年。未詳。　黄庭經。永和十二年，無名氏。　世傳右軍書。未詳。　司馬士會碑。亳州。　墮淚碑。襄州峴山。　杜預碑。襄州史山。　路君墓石闕文。永和元年。濟州。　魏興郡太守覃毅德政碑。均州。　小字東方朔畫贊。王右軍書。

饒州。張愷碑。陝州。征虜將軍楊亮碑。未詳。天台觀題。葛仙公飛白。未詳。遺教經。無書人名氏。世言小王書。京兆府。洛神賦。王獻之書。未詳。平西將軍墓銘。王右軍書。未詳。定水寺題。王右軍書。京兆府。蘭亭修禊序。永和九年，王右軍書。薛家本爲上，定武次之，長安本次之。太子詹事裴權碑。元康九年，有碑陰。西京。裴權後碑。有碑陰。未詳。北嶽祠堂頌。泰始六年。未詳。右將軍鄭烈碑。太康四年。未詳。太公碑。太康十年。未詳。雲南太守碑。太熙元年。未詳。護羌校尉彭祈碑。元康元年，〔二〇〕有碑陰。未詳。議郎陳先生碑。元康二年。未詳。光禄勳向凱碑。永康元年。未詳。鴻臚成公重墓刻。永寧元年。〔二一〕未詳。青山君神頌。永安元年。未詳。安邑令徐君碑。未詳。金鄉長薛君頌。未詳。張平子碑。〔二二〕未詳。夜郎太守毋稚碑。隆安三年。未詳。樂毅論。方城侯鄧艾碑。僞漢司徒劉雄碑。嘉平五年立，即晉愍帝建興三年也。未詳。僞趙浮圖澄造像碑。劉曜光初五年，即晉元帝永昌元年。未詳。僞趙横山神李君碑。建武六年，即晉咸康五年也。未詳。僞趙西門豹祠殿基記。建武六年。未詳。

右晉。

宋武帝受禪壇記。永康元年，陸綜分書。壽州。宋武帝檄譙縱文。義熙九年。未詳。

宋文帝神道碑。潤州。宋宗慤母劉夫人墓誌。謝脁文，大明二年。江寧府。羅含碑。衡州。江淹碑。越州。齊海陵王照文墓誌。謝脁文。江寧府。齊桐栢山金庭觀碑。沈約文，倪珪書，〔二三〕齊永元二年。越州。梁闕内侯盛紹遠碑。門人立。杭州。梁茅君碑。孫文韜書，或云張澤正書，普通三年。江陵府。梁貞白先生陶弘景碑。蕭綸文，分書。江陵府。梁上元真人司命茅君九錫文碑。普通三年。江陵府。梁上清真人許長史舊館壇碑。普通三年，陶弘景文并書，有碑陰，江陵府。蕭梁二帝碑。江陵府。梁重立羊祜碑。大同十年。瘞鶴銘。華陽真逸文，世傳卽陶弘景也。潤州焦山。或云顧況。梁改墮淚碑。劉靈正書。梁開善寺大法師碑。蕭挹書，普通三年。建康府。梁招隱寺刹下銘。蕭綸書，普通三年。普州。吳延陵季子二碑。晉殷仲堪文，梁王僧恕書。潤州。麥積山應乾寺重修七佛龕銘。〔二四〕庾信文。秦州。慧遠法師碑。謝靈運文，張野書。江州。梁檀溪寺禪房碑。許璠書，天監十一年。未詳。齊佛龕碑。天統三年立，武平三年刊。西京。後魏兖州刺史賈司伯碑。神龜二年。西京。後魏兖州刺史元王匡碑。熙平二年。後魏孝侯碑。天平三年。東京。後魏中山太守常通碑。定州。後魏宣武帝御射碑。景明三年，沈馥書，有碑陰。虢州。後魏金鄉縣令徐公碑。景明中。濟州。後魏侍中廣平穆王碑。太昌元年。西京。後魏章陵太守呂君碑。鄧州。　後魏司徒斛律斯公碑。　後魏元成碑。正始五年。祁州。　後魏立宣尼廟記。延興四年。兗州。　後魏孝文帝弔比干文。衛州。有碑陰，今亡。　後魏并州刺史王坦墓碑。絳州。　後魏石佛像碑。武定四年。衛州。　後魏松滋公興温泉頌。京兆府。　古碑三，皆剥落，似魏齊時字。陝府。　後魏車騎將軍穆祚碑。汾州。

後魏侍中廣平穆王碑。〔二五〕俗云陵家碑，太昌元年。西京。　後魏景王碑。　後魏汝南文宣王碑。西京。　後魏碑。〔二六〕韓毅隷書，天平四年。西京。　後魏末帝碑。西京。　後魏升仙太子碑。梁雅文。西京。　後魏聖旨寺碑。永熙三年。北京。　後魏魯郡太守張猛龍清德碑。正元三年，有碑陰。未詳。　教戒經。後魏順思王書。未詳。

後魏崔浩碑。興光二年。華州。　大代華嶽廟碑。太武太延五年。未詳。　後魏修華嶽廟碑。興光二年。未詳。　後魏中嶽碑。太安二年，有碑陰。未詳。　後魏孔子廟碑。太和元年。未詳。　比干墓刻。　後魏大鴻臚卿鄭胤伯碑。未詳。　後魏北巡碑。太和二十年，〔二七〕有碑陰。未詳。　後魏太尉于烈碑。景明四年。未詳。　後魏瑶光寺碑。永平三年。未詳。　後魏鄭羲碑。又有上碑，皆永平四年。未詳。　後魏鄭道昭登雲峰山詩。永平四年。未詳。　後魏天柱山東堪石室銘。鄭道昭撰，永平四年。未詳。

後魏張夫人墓誌。延昌元年。未詳。　後魏鄭道昭哀子詩。延昌四年。未詳。　後魏王子晉碑。延昌四年。未詳。後魏宣武皇帝御講碑。延昌四年。未詳。後魏淮陽太守梁鑒碑。延昌四年。未詳。後魏齊兗二州刺史傅公碑。熙平元年。〔二八〕未詳。後魏劉使君德化頌。熙平三年，有碑陰。未詳。後魏兗州刺史元匡碑。〔二九〕熙平中立。未詳。後魏瀛州刺史孫惠蔚墓誌。神龜元年。未詳。後魏叱閭神寶造像記。神龜元年。未詳。後魏定州刺史崔亮頌。神龜三年。未詳。後魏堯廟碑。正光元年，有碑陰。後魏司空元暉碑。正光二年。〔三〇〕未詳。後魏郭太妃碑。正光三年。未詳。後魏邑義一千人造像記。正光六年。〔三一〕未詳。後魏房曇淵等造像記。永安三年。未詳。後魏賀拔岳碑。永熙三年。未詳。後魏孟思文等造像碑。正光六年。未詳。後魏化政寺石窟銘。大統九年。〔三二〕未詳。後魏范陽王誨碑。〔三三〕太昌元年。未詳。後魏御史臺雙塔頌。永熙三年。〔三四〕未詳。東魏鎮東將軍劉乾碑。未詳。東魏東平太守劉霸碑。天平元年。澶州。東魏相州刺史徐雅碑。天平二年。未詳。東魏膠州刺史祖淮碑。天平三年。密州。東魏大覺寺碑。天平四年，韓毅隸書，有碑陰。洛陽。東魏高翻碑。元象元年。〔三五〕未詳。東魏賈思同碑。興和二年。青州。東魏張烈碑。元象元年。未詳。東魏張早墓誌。興和二年。未詳。東魏孔子廟碑。興和三年。未詳。東魏魏蘭根碑。興和四年。未詳。魏岐州刺史王毅

墓誌。大統元年。〔三六〕未詳。東魏瀛州刺史李公碑。武定二年。未詳。東魏樂陵
太守劉公碑。武定二年。未詳。東魏劉起貴造像碑。武定二年。〔三七〕未詳。東魏
逢元彥造像記。武定二年。〔三八〕未詳。東魏安州刺史赫連栩碑。武定五年。〔三九〕未
詳。東魏荀君像頌。武定七年。未詳。北齊楚陽太守張樂碑。澶州。北齊大
將軍兗州刺史劉傑碑。澶州。北齊太祖大師正覺寺重修佛殿二記。一後魏武定四年，
一北齊天統三年建。〔四〇〕北齊臨清王假黃鉞碑。北齊二祖師碑。西京。北齊
造像記。天保四年。未詳。北齊郭道尊等造像記。天保四年。未詳。北齊孫士淵
造像記。天保四年。未詳。北齊建陵山修靖館碑。天保六年。未詳。北齊郁久閭
業碑。天保七年。未詳。北齊石當門等造像記。天保七年。未詳。北齊東兗州須
昌縣玉像頌。〔四一〕天保八年。北齊二聖寺龍華讚佛碑。未詳。北齊造釋迦像碑。
未詳。北齊夫子廟碑。乾明元年。未詳。北齊石像頌。皇建元年。未詳。北齊
崇因寺碑。陸乂文，姚淑分書，皇建二年。未詳。北齊閻亮造像記。〔四二〕比邱道常書，河清
元年。北齊救疾經偈。河清二年。未詳。北齊雲峰山題記。鄭述祖撰，河清二年。未
詳。北齊華陽公主碑。河清二年。未詳。北齊權法師碑。河清二年。未詳。北
齊天柱山銘。鄭述祖撰，天統元年。未詳。北齊邑義人造像記。天統二年。未詳。

北齊造雙塔碑。天統二年。未詳。
北齊造石經并記。天統四年。未詳。
北齊嵩山碑。王思誠八分書，天統五年。未詳。
北齊趙智和造像碑。天統五年。未詳。
北齊隴東王感孝頌。〔四三〕在齊州平陰。
北齊帝堯碑。武平二年，有碑陰。未詳。
北齊隴東王胡長仁碑。〔四四〕武平四年。齊州。
北齊觀世音石像碑。武平二年。未詳。
北齊唐邕造像碑。〔四五〕武平三年。未詳。
北齊長樂王平等碑。〔四六〕武平二年。未詳。
北齊馮翊王平等寺碑。〔四七〕武平二年。洛陽。
北齊臨淮王造像碑。〔四八〕
北齊白長命碑。武平四年。未詳。
北齊大安樂寺碑。武平五年。未詳。
北齊開明寺彌勒像碑。武平五年。未詳。
北齊邸珍碑。武平六年。未詳。
北齊宋悅和等造像碑。武平七年。未詳。
北齊司空趙起碑。有碑陰。
北齊宜陽國太妃傅氏碑。未詳。
北齊赫連子悅清德碑。許州。
北齊明公道場碑。〔四九〕未詳。
北齊宋使君像碑。未詳。
北齊高隆之造像記。
後周宇文衆造像碑。武成元年。未詳。
後周延壽公碑。保定元年。未詳。
後周太學生拓拔府墓誌。周弘正撰，保定元年。未詳。
後周華嶽廟碑。萬紐于瑾撰，趙文淵書，天和二年。華州。
後周河瀆碑。王褒撰，趙文淵書，天和二年。未詳。
後周同州刺史普六茹忠墓誌。天和二年。〔五〇〕未詳。
後周温州刺史烏丸僧修墓誌。天和六年。未詳。
後周雲州刺史胡歸德碑。天和六年。未詳。

右兩朝。

隋唐

平陳碑。薛道衡文。江陵府。善寶寺碑。大業中立。東京。尚書左丞郎茂碑。〔五一〕鎮州。恒嶽寺舍利塔。定州。北絳公夫人蕭氏墓誌。京兆府。梁州刺史陳茂碑。河中府。司徒觀德王楊公碑。華州。司隸大夫贈臨河縣公碑。絳州。縣令梁執威德政碑。絳州。啓法寺碑。〔五二〕周彪文，丁道護書，仁壽中。襄陽。興國寺碑。李德林文，丁道護書，開皇六年。襄陽。廬山西林寺道場碑。大業中，歐陽詢文。〔五三〕江州。益州至貞觀碑。劉曼才書，開皇十二年。成都。九門縣令李康清德碑。開皇十一年。未詳。九門縣令鉗耳文徹清德碑。大業六年。鄭州刺史李淵造碑像記。〔五四〕卽唐高祖。齊鄂國公爲國勸造龍龕碑。張公禮文，開皇六年。智永書千文。東京。景陽井欄銘。分書，開皇中。江陵府。源使君碑。開皇元年。未詳。老子廟碑。興福寺碑。張棻撰，龐夐書，開皇二年。未詳。呂軀碑。開皇二年。未詳。薛道衡撰，梁恭之分書，〔五五〕開皇二年。未詳。尒朱敞碑。開皇五年。〔五六〕未詳。

龍藏寺碑。張公禮撰，開皇六年。〔五七〕未詳。臨漳趙令清德頌。開皇六年。未詳。安定縣官寺碑。開皇六年。未詳。太平寺碑。開皇九年。未詳。修舍利塔碑。開皇九年。未詳。廣業郡守鄭君碑。韋霈書，開皇九年。未詳。齊國太夫人楊氏墓誌。開皇十年。未詳。午卯寺碑。開皇十年。未詳。潞州頌德碑。開皇十年。未詳。涇州興國寺碑。李德林撰，開皇十年。鄂國公造鎮國大像碑。開皇十年。〔五八〕未詳。賈普智造像碑。開皇十年。〔五九〕未詳。董明府清德頌。開皇十年。〔六〇〕未詳。正解寺造像碑。劉昇卿撰，開皇十二年。未詳。賈春英浮圖碑。開皇十二年。未詳。劉景韶造像碑。開皇十二年。〔六一〕未詳。趙君寶塔碑。開皇十二年。〔六二〕未詳。信行禪師碑。開皇十四年。未詳。化善寺碑。尹式撰，開皇十五年，碑陰有郎餘令記。徐州。驃騎將軍楊端墓誌。開皇十五年。未詳。上柱國韓擒虎碑。開皇十五年。未詳。李氏像碑。開皇十六年。未詳。滏山石窟碑。未詳。上儀同楊縉墓誌。許善心撰序，虞世基銘。未詳。平都治碑。大業十年。〔六三〕未詳。大都督袁君碑。大業十二年。未詳。車騎將軍盧瞻墓誌。開皇十六年。未詳。王明府造像碑。開皇十六年。〔六四〕未詳。五原國太夫人鄭氏墓誌。開皇二十年。未詳。張光墓誌。仁壽元年。未詳。賈使君墓誌。仁壽元年。未詳。棠州普光寺碑。仁壽元年。未詳。

大將軍梁恭墓誌。仁壽元年。未詳。　舍利塔銘。仁壽二年。未詳。　舍利寶塔下銘。仁壽二年。未詳。　願力寺雙七級浮圖銘。仁壽三年。未詳，北京。　願力寺舍利寶塔銘。仁壽三年。　周羅睺墓誌。徐敞撰，大業元年。未詳。　文儒先生劉炫碑。大業元年。未詳。　唐高祖造像記。太宗造像記附，大業二年。未詳。　禹廟殘碑。史陵書，大業二年。　欒州使君江夏徐公碑。郝士威撰，〔六五〕侯孝直分書，大業二年。未詳。　賀蘭才墓誌。大業二年。〔六六〕　隋文帝舍利塔銘。大業五年。未詳。　西平太守上官政墓誌。大業六年。未詳。　海州長史劉遥墓誌。大業六年。未詳。　黄門侍郎柳旦墓誌。大業六年。未詳。　開府鄭渙墓誌。大業六年。未詳。　孔子廟碑。仲孝俊撰，大業七年。未詳。

右隋。其係歐、虞等書，並見于後。

東平王寫真院記。東京。　窣堵波幢銘。薛希昌分書，〔六七〕天寶中。東京。　考城令王列德政碑。東京。　尉氏縣令李良清德碑。天寶五年。東京。　列子觀題名。李德裕，三起。東京。　左驍衛大將軍翟仵碑。永徽二年。東京。　長垣令鄭諲清德頌。東京。　陽武令陶公復故縣記。唐衢文分書。東京。　酸棗令毌邱悦碑。東京。　扶溝令馬公德政頌。東京。　潘孝子碑。東京。　魏郡太守苗晉卿德政碑。王維文。

北京。　魏博節度使田承嗣碑。邱絳文，楊志方書。北京。　韓王碑。北京。　贈太尉上黨公碑。北京。　南樂令鄭信臣碑。　願力寺碑。北京。　館陶令徐懿德政碑。朱瑶分書。北京。　護法寺碑。北京。　師陁寺碑。北京。　又宣王廟碑。北京。　宗城令薛寶德政碑。永徽二年。北京。　宗城令衛知全德政碑。長慶二年。北京。　魏博節度使田公碑。北京。　大理卿郎穎碑。宋才書，李百藥文。鎮州。　僧道源發願轉輪藏碑。王承規書，貞元十四年。鎮州。　述聖碑。冀州。　石橋記。張嘉貞文，柳讀銘。邢州。　河内寧寺鐘銘。武承泰文，武盡禮書，景龍三年。邢州。　周大宗伯唐瑾碑。于志寧文，歐陽詢書。京兆府。　相國崔群先廟碑。牛僧孺文，劉寬夫分書。以下並出京兆府。　江州刺史戴希謙墓誌。子崿分書。　太倉箴。李商隱文并書。　右驍衛將軍馬寔墓誌。歐陽詹文并書。　崇元觀聖祖院碑。徐挺古分書。　齊博滄景節度使李祐墓誌。分書。　昆明池堰銘。徐璜書。　太子右庶子韋維碑。郭謙光分書。　贈户部尚書楊瑒廟碑。王贈分書。　建中二年同官記。　十善業道經要略。　法順大師碑。許唐佐文并書。　智遠律師塔銘。陳瓌書。　懷素律師塔銘。韋鼎書。　懷素律師碑。僧行敏書。〔六八〕　贈太保郭欽之碑。蕭華書。　渭南令成克立碑。　道因法師碑。歐陽通書。　内常侍陳文叔碑。劉秦書。　臨汝太守郇國公韋斌

索法靖師碑。韋允書。　尚書郎官石記。蕭良童書。　太子中舍人楊承原碑。王君平
精行清德碑。范希璧書。　汾陽王霍國夫人王氏碑。蕭昕書。　佛牙寶塔碑。
中書。　崇福觀主魏尊師碑。裴炫書。　張懷英碑。　食堂記。羅希奭分書。
書令崔敦禮碑。于九政書。　吏部尚書沈傳師墓誌。姪堯章書。以上至崔群廟碑，並出京
兆府。　鳳翔節度使李昌言德政碑。李郜書。鳳翔府。　鳳翔節度使孫志直紀德碑。
劉儒之書。鳳翔府。　道法禪師志靜塔銘。鳳翔府。　法門寺舍利塔銘。賀蘭敏之書。
鳳翔府。　無憂王寺大聖真身塔碑。楊播書。鳳翔府。　李晟爲國修寺碑。僧潛瑾書。
鳳翔府。　八馬坊碑。韋崇訓書。鳳翔府。　晉衛瓘遺愛碑。張君靖書。解州。　鹽
池靈應公神祠記。〔六九〕韋縱書。解州。　鹽池神祠記。盛濤書。解州。　陽公舊隱碣。
黎熠書。陝州。　石柱銘。陝州。　吏部尚書楊仲昌碑。〔七〇〕鄔繇篆書。陝府。　召
伯祠堂記。房次卿書。陝府。　萬回禪師碑。陝府。　靈寶縣令李良弼德政頌。陝府。
開元寺汾陽王像殿碑。僧開祕書。河中府。　霓裳羽衣曲。黄幡綽書。河中府。
登幼樓賦。河中府。　鸛鵲樓記。顏防書。河中府。　七佛銘。河中府。　汾陽王將
佐略。河中府。　昭仁寺碑。邠州。　邠寧節度使高霞寓德政碑。王良寧書。邠州。
五夫人堂記。畢諴文并書。邠州。　楊正公德政碑。華州。　華嶽神廟之碑。華

華嶽精享昭應之碑。華州。靈臺觀主張欽忠碑。郭漸書。華州。中書侍郎平章事杜鴻漸碑。王縉書。華州。渭南令李思古清德碑。馬吉甫文。〔七二〕華州。段寬碑。蕭修正書。華州。華嶽廟題名，僅百有三十人。華州。太尉李光弼碑。張少悌書。耀州。阿那寺碑。僧開祕書。同州。鄭預注心經。同州。代國公主碑。鄭萬均書。同州。刺史崔綜遺愛碑。韋縱書。同州。四皓畫圖文。竇庠書。同州。四皓新廟記。商州。修武關驛記。商州。佛頂尊勝陀羅尼經。元載書。鳳翔府。贈太尉烏重胤碑。竇易直書。華州。修廟靈異記。衛包書及陰篆。華州。

右唐上。

晉祠新松記。顏頵書。太原府。聖宮石臺敕書。裴灌書，蕭誠題，潞州。玄宗哀册文。史鎬分書。潞州。東川節度使李叔明冠冕頌。趙滔書。潞州。雲麾將軍燕府君碑。晉州。絳守居園池記。絳州。贈太尉裴行儉碑。孫瓘書。絳州。石天尊像記。韓王元嘉諸子訓等爲妣妃建，篆書。絳州。大雲寺碑。絳州。朝散大夫王公德政碑。絳州。澤州晉城縣令贈祕書監盧俊碑。絳州。薛光裔碑。陸尚賓書。絳州。薛氏先宗文碑。絳州。龍門縣令皇甫君碑。絳州。龍門縣令王公善德政碑。絳州。山南西道節度掌書記右補闕裴公碑。絳州。巡狩碑。絳州。萬年縣令裴公德政碑。絳州。　太常寺禮院請創夏禹廟事。絳州。　祭禹廟祈雨文。
絳州。　右廂兵馬使母府君碑。絳州。　絳州刺史郇國公韋陟遺愛碑。蘇嬰分書。　司馬
絳州刺史李栖筠德政頌。劉均分書。　岷州司馬梁思楚碑。魏秀書。汾州。
山彌勒佛石像記。韓王元嘉諸子訓等爲妣妃建，篆書。澤州。　虞城令李錫去思碑。又碑
篆書。南京。　令長新誡。王遹篆書。南京。　雙廟記。杜勸書。南京。　馬先生廟
碑。崔植書。南京。　修張中丞許史君南特進廟記。趙晏書。南京。　牛龍堂記。郭
延禧書。南京。　微子廟碑。南京。　韓愈谿堂詩。牛僧孺書。鄆州。　五太守宴小
洞庭序。蘇源明文并書。鄆州。　徐泗掌書記題名。徐州。　使院石柱記。徐州。
燕子樓賦。徐州。　薛南陽春亭詩。徐州。　岱嶽天齊王靈應碑。萬賓書。兗州。
孔子、老子、顏子贊。屈安書。兗州。　兗州司馬王仁恭祭嶽頌。邢靈均分書。兗州。
沂州刺史徐孝德清德碑。沂州。　韋君清德頌。沂州。　齊州刺史封禪德政碑。
李思惲書。齊州。　齊州刺史薛寶積清德頌。齊州。　歷城令劉彥恪清德頌。齊州。
平盧軍節度使薛平紀績頌。淄州。　城門樓頌。淄州。　謚文宣王追封兗公等
詔。李瀾書。淄州。　啓母碑。楊炯文。以下並出西京。　唐碑，俗云金字碑。韓滉書。
義成軍節度使曹公碑。長慶四年。　程公碑。陸賢書。開元二十年。　劍南東西

川鹽鐵青苗租庸等使兼殿中侍御史虢州刺史嚴公碑。顏顒書。元和中。龍門石龕像碑。袁元哲書。彭王傅贈太子少師徐浩碑。次子峴書。啓聖宮臺勑。太子亨題。洛陽尉贈朝散大夫馬允中碑。開元九年。中書侍郎兼黃門侍郎同三品孫公碑。荆州都督長史孫公碑。張庭諷書。延州刺史贈幽州刺史太常卿孫公碑。開元二年。贈齊州刺史崔府君碑。崔平書。大中八年。陳公碑。疑蕭祐書。左衛親府中郎贈左僕射嗣曹王碑。貞元四年。左僕射牛公碑。長慶三年。邕州刺史邕州經略制置等使贈右散騎常侍裴公碑。鄭還古書。開成五年。故房州刺史盧府君碑。弟全嗣文並書。屯衛將軍東都留守盧府君碑。開元中。太原少尹盧府君碑。張文禧書。貞元九年。歙州刺史郭府君碑。開元十二年。散騎常侍黎公碑。嗣子書。太和中。薊州刺史靜塞軍使張公碑。丞相檢校司空李公碑。太和八年。明威將軍田府君碑。開元二年。玄元觀三洞韓尊師道德碑。開成四年。太子賓客贈尚書令王府君碑。周式書。大歷中。工部侍郎趙公碑。王宣書。開元十年。秦公碑。贈太子少師崔公碑。廬州司馬劉府君碑。開元三年。左右衛大將軍衛尉正卿卞國公贈羽林大將軍泉君碑。彭果書。開元十五年。左僕射太子少保睦杭二州刺史贈禮部尚書劉公碑。開元三年。都督隴右群牧使贈太僕卿韋公碑。天寶十

三年。　真堂記。　測景臺記。　會善寺碑。隸書。　嵩嶽廟碑。隸書。　嵩
山寺碑頌。胡莫書。開元二十七年。　辯正禪師奉先寺塔銘。徐峴書。　太子翊
善鄭公碑。徐洪書。大歷十三年。　光福寺塔題名。王仲舒書。元和四年。　與樊宗師
等遊嵩山題名。韓愈書。　江陰縣令武登碑。長慶三年。　澠池縣復南館記。盧元卿
分書。元和十四年。　太子賓客孟簡碑。開成元年。　左羽林軍統制普寧郡王贈太子
太保陳府君碑。蕭祐書。太和五年。　權公碑。分書。　太原尹贈工部尚書唐公碑。
盧曉分書。　工部侍郎趙國公碑。開元二十一年。　襄陽李公碑。景龍二年。　惠林
寺題名。韓愈書。　惠林寺新修軒廊記。元和十一年。　清河崔公碑。貞元二十一年。
太子賓客贈尚書孔府君碑。　諫議大夫興州司馬王府君碑。天寶元年。　諫議
大夫萬州刺史明公碑。〔七二〕貞元中。　白居易墓誌。　刑部尚書致仕白居易碑。譚
郊書。　檢校吏部郎中持節歙州諸軍事范陽盧府君碑。裴述書。　如雲筠禪師碑。
楊遠書。　尊勝經幢。篆書。　心經幢子。篆書。　龍門二十韻詩、醉吟先生傳、香
山寺八節灘詩。白居易。　鄭州司馬王公碑。景龍三年。　伊州刺史衔府君碑。長安
三年。　蕭府君碑。　杭州刺史李公碑。郜恭書。　卬州刺史狄公碑。　幽林思嵩
山詩。韓覃作。　冬日洛城北謁混元皇帝廟詩。杜甫作，陸肱書。　重修香山寺詩三

十韻。白居易作，賀拔惎書。　平泉山居詩。李德裕。　天后御制詩。王知敬書。
後魏大將軍贈并州大都督泉府君碑。　懷素草書三帖。　華夷圖。　洪州録事叅軍贈趙州刺史趙道先碑。　節度使畢公碑。庾惟蔚書。咸通六年。　魏公碑。太和六年。　隋州録事叅軍狄公碑。　竇公碑。　唐碑。楊友卿書。　唐王公碑。分書。　瀛州刺史王公碑。劉安書。開元二十九年。　嘉州羅目令贈鄭州刺史郭府君碑。崔納書。　竇叔向碑。姪昌直書。　嵩山閑居寺珪禪師碑。開元二十三年。　徐武臣碑。　周公祠。開元二年立。以上並西京。　贈太子少保顔杲卿碑。顔真卿文，盧元佐書。〔七三〕未詳處所。　左驍衛將軍馬寔墓誌。歐陽詹。京兆府。　劉貞亮碑。毛伯長書。京兆。　北平郡王馬燧新廟碑。于邵書。京兆。　崇徽公主手痕靈石并李山甫詩。汾州。　東風吹水日銜山。李王書。未詳。　徑山禪師影堂記。羊士諤書。杭州。　鍾離權草書。邢州。　孫真人養生銘。分書。嘉州。　唐立槜里子墓碣。鄭潞文，鄭公誼書。

右唐中。

鄭州刺史李淵造石像記。鄭州。〔七四〕　石井欄記。李掖書，會昌二年。　延慶院經藏記。裴光遠分書。襄州。咸通九年。　放生池石柱文。襄州。天寶十年。　尹仁恕旌表。襄州。
秦五羖大夫碣。鄭瑭書，開元二十三年。鄧州。
南陽縣廳西塘記。徐方回文并書，大中十一年。鄧州。
令長新誡。劉飛書。鄧州。
等慈寺碑。顏師古。孟州。
韓愈送李愿歸盤谷序。孟州。
廣成子廟。汝州。
復黄陂記。楊正臣書。元和三年。汝州。
滑臺記。永泰元年。滑州。
流盃亭碑陰記。趙穀書，光化中立。陳州。
説文字源。李騰篆，徐璹真書，貞元五年。滑州。
明皇送李邕滑州詩。程元封書。滑州。
李聽修堯祠記。開元二年。滑州。
混元皇帝廟題碑。吕獻臣書，開元中。亳州。
老子祠庭。薛道衡文。亳州。
老子聖母碑。吕獻臣分書。亳州。
符離濉水石橋碑。宿州。
重修鼓角樓記。李磎書。泗州。
遊琅邪山題名。李德裕男椅等遊，分書。滁州。
望江令麴信陵碑。舒州。
李翺題名。舒州。
天柱山司命真君。楊淑文并書，大歷中。舒州。
正覺大師碑。蘄州。
修文宣王廟記。鄭彦藻分書，咸通六年。黄州。
總管道國公周法明墓誌。至德中。黄州。
萬孝子碑。廬州。
淮南觀察崔公頌德碑。廬州。
紫極宫記。王惟真書，會昌四年。壽州。
壽州刺史張鎰去思頌。王湍分書。大歷中。
光州刺史郭道瑜德政碑。
四望亭記。李紳文并書。濠州。
龍興寺碑。李涉分書，景龍四年。杭州。
胥山銘。王遹書，元和十年。杭州。
大覺禪師塔銘。蕭起書，大中元年。杭州。
大覺禪師碑。王稱書，貞元十五年。杭州。

前餘杭縣令劉元恭德政碑。杭州。　前餘杭縣令陳允昇德政碑。上元二年。杭州。　內供奉道士吳晉關內侯廣昌長曁讓碣。咸通中湖州刺史孔彭立。內供奉道士在杭州。　天目山筠碑。貞元十年。杭州。　天柱山天柱宮碑。吳筠文并書，大曆五年。杭州。　天目山銘。杭州。　於潛縣令丁明府德政碑。殷亮書。杭州。　嘉興縣寶華寺碑。于頔書。秀州。　謝公碣。僧道鋭書。湖州。　題謝公詩。大曆七年。湖州。　有唐封崇孔宣父故事記。湖州。　茶山詩。袁高、于頔、李吉甫，碑陰徐璹書。湖州。　白蘋亭詩。史鎬分書。湖州。　陪封明父遊靈巖瀑布詩。康仲熊。睦州。　白居易與劉夢得唱和。蘇州。　刺史孟簡重開孟瀆記。常州。　遊善權觀呈李公曹。羊士諤詩，李飛書。常州。　忠烈公廟香爐贊。常州。　甘露寺李德裕沈傳師唱和。潤州。　佛頂心陁羅尼經。王奐之書，一本牛僧孺分書。潤州。　復禹廟衮冕記。馬稹書，元和五年。越州。　禹廟祈雨詩。薛平等唱和。越州。　法華山寺詩二十韻。李紳作。越州。　十哲贊。越州。　餘姚縣休光寺真法師行業讚。洪元眘書，天寶十五年。越州。　龍泉寺碑。虞世南文，太和六年董尋重建。越州。　虞世南碑。　越王碑。越州。　徐偃王廟碑。韓愈文。衢州。　西楚霸王廟碑。賀蘭咸書。〔七五〕衢州。　東陽令戴叔倫去思頌。興元二年。婺州。　蘭溪縣靈隱寺東峰亭記。婺州。　修桐栢觀記。元稹文并書。台州。　普濟寺碑。許欽宗文。台州。　長生田記。何歸儒書。台州。　仙都山銘。王光書，貞元三年。處州。　鍾山總悟上人林下集序。石洪文并書，貞元二十年。江陵府。　景陽宮石井欄銘。篆書，太和中。江陵府。　又銘。王震分書，開元中。　攝山明徵君碑。高正臣書，上元二年。江陵府。　福興寺碑。江陵府。　般若心經。篆書。江陵府。　三茅山君下泊宮記。盧士元書，貞元十五年。江陵府。　華陽洞主王軌先生記。王宗書，貞元中。江陵府。　太平觀主王遠知碑。徐碩隸書。江陵府。　茅山宗元觀碑。楊幽徑書。江陵府。　宗正觀聖祖院碑。徐挺古分書。江陵府。　茅山三洞景照法師韋公碑。竇臮書。江陵府。　禮部侍郎信州刺史劉太真碑。江陵府。　黄山亭碑，又題名碑陰。杜牧之。太平州。　左史洞述。張祐書。池州。　雪霽開講詩。鄭薰作，咸通九年。池州。　有待巖記。李綜書，會昌四年。池州。　圓通大師碑。張文裕書。江州。　寶稱大律師碑。陳去疾書。江州。　東林臨壇大德塔銘。弟子雲軻書。江州。　大孤山賦。篆書，李德裕作。江州。　僧靈澈詩五首。元和四年。江州。　辨石鍾山鍾記。太和中。江州。　修敬亭府君廟記。大中十年。宣州。　宣州東城門頌。張敬玄書，開元十一年。　東湖亭記。崔璹書，元和十五年。洪州。　宣歙觀察使薛邕去思頌。裴章分書。宣州。　江西使院小吏記。陸蔚之書，崔祐甫文。洪州。　洪州刺史王守真碑。崔璹書。洪州。長生粥疏。齊己書。洪州。龍鳴之寺。宋之問書。臨江軍。靖居寺記。吉州。董淑妻岑夫人墓誌。大曆中。吉州。沙門神縱墓誌。乾符四年。筠州。南嶽彌陀和尚碑。柳宗元文并書。潭州。龍牙山先大師塔銘。楊玗文并篆，太和中。潭州。修浯溪記。羅涓書。永州。二聖金剛神碑。瞿參文書，元和中。江陵府。桃源修壇記。甘從福書。鼎州。惠泉詩。宗文鼎。荆門軍。頭陁寺碑。鄂州。神光寺碑。盧充書。福州。聖泉寺三碑。內一碑于頔書。福州。二公亭記。歐陽詹。泉州。聖像記。歐陽詹文。福州南澗寺。南海廟記。陳諫書。廣州。貪泉銘。一篆書，一分書。廣州。石室題名。李紳，魏元忠。端州。諸葛武侯祠堂碑。柳公權書，元和四年。成都府。平南蠻碑。韋悟微書。成都府。學館朝堂記。顔有喜書。成都府。李太白碑。于邵文。綿州。天章雲篆碑。壽王清書。蜀州。南康郡王韋皋紀功碑。德宗制，太子書。簡州。張仙師靈廟碑。李泳書，〔七六〕元和十五年。仙井監。大像碑。張綽書。嘉州。仙人唐公碑。興元府。重陽亭銘。太和八年。劍州。光福寺楠木歌。嚴武，史俊。擊甌賦。張曙。巴州。光福寺詩。郗昂，霍容。巴州。欽明寺碑。南角山詩記。集州。樂公修紫極宮記。賈島書。普州。楊雲昇尊師碑。杜光庭文。雲安軍。哥舒翰紀功碑。熙州。代宗送令狐彰赴河南詩序。彰書。西京。　左驍衛將軍郭英傑碑。張蒙書。　大覺禪師塔銘。蕭起書。杭州。　雲臺觀三方贊。魏包篆書。華州。　唐昭義軍節度使李抱真德政碑。班宏書。潞州。　枯樹賦。褚登善書。蘇州。　搗練石記。西京。　韓公井記。西京。　洛祠志。西京。　天台觀題。台州。　桐柏之觀。台州。

右唐下。

温泉銘。京兆府。　鄭文貞公魏徵碑。京兆府。　登逍遥樓詩。河中府。　唐立晉祠銘。太原府。

右太宗。

英國公李勣碑。京兆府。　萬年宮銘并碑陰勑。鳳翔府。　大唐紀功之頌。孟州。　棲霞山亭記。未詳。　李勣碑。未詳。　登封紀號碑。未詳。　小字登封紀號碑。未詳。

右高宗。

升仙太子碑。

右武后。

道德經并注。懷州，陝府。　孝經。分書。太子亭題。　紀太山銘。分書。未詳。

謁混元皇帝廟齊慶壇詩。西京。　嶽寺大照和尚普寂碑陰批答。西京。　鶺鴒
頌。西京。　盧懷慎碑。分書。未詳。　真源觀鍾銘。太子亨題。亳州。　老子廟
碑。亳州。　登逍遥樓詩。河中府。　涼國長公主碑。分書。未詳。　后土神祠碑。
分書，太子鴻以下題名。河中府。　鄎國長公主碑。同州。　盧奐聽事贊。未詳。　金
仙長公主碑。同州。　上黨宫燕群臣故老詩。潞州。　龍角山慶唐紀聖之銘。晉州。
上黨宫啓聖頌。潞州。　贈兵部尚書楊元琰碑。太子亨題。京兆府。　貞順皇后
武氏碑。未詳。　侍郎裴光庭碑。潞州。　題桐栢觀頌。台州。　道德經幢。隸書。
蘇州。　武部尚書楊鄗碑。未詳。

右明皇。

批答沙門佛藏表。京兆府。

右代宗。

批答河中尹渾瑊賀表。京兆府。　太尉段秀實碑。太子誦書。　賜張建封
詩。〔七七〕徐州。

右德宗。

段秀實碑。未詳。　麟德殿宴群臣詩。未詳。　送張建封還鎮詩。未詳。　韋

皋紀功德碑。未詳。

右皇太子誦。

司空竇抗墓誌。分書，武德五年。未詳。

昭陵刻石文并六馬贊。貞觀十年，在九嵕山。

隋柱國皇甫誕碑。于志寧撰。京兆府。

周大宗伯唐瑾碑。于志寧撰。京兆府。

唐楚哀王稚詮碑。分書。京兆府。

右僕射温彦博碑。貞觀十一年。京兆府。

付善奴帖。鳳翔府。

骨利獻馬贊。鳳翔府。

尹喜殿記。鳳翔府。

宗聖觀碑。分書，武德七年。鳳翔府。

化度寺僧邕禪師塔銘。貞觀三年。〔七八〕西京。

道林之寺。潭州。

隋光禄姚辨墓誌。京兆府。大業七年。

隋廬山西林道場碑。江陵府。

九成宮醴泉銘。鳳翔府。貞觀六年。

鄱陽銘。饒州。

心經。饒州。

二吳論。西京。

千字文。未詳。

論飛白。未詳。

母州刺史元長壽碑。大業七年。〔七九〕未詳。

工部尚書段文振碑。未詳。

語箴。未詳。

右歐陽詢。

千字文傳，智永書，碑末有虞世南小楷七十八字。東京。

孔子廟堂碑。

周行軍總管羅刹碑。滑州。

昭仁寺碑。邠州。

隋隆聖宮道場碑。大業九年。定州。

白鶴詩。未詳。

孔憲公碑。未詳。

狄道人墓誌。未詳。

右虞世南。

帝京篇。太宗撰，貞觀十九年。東京。　述三藏聖教序并記。京兆府。永徽四年。

至德觀孟法師碑。貞觀十六年。岑文本撰。京兆府。　三藏聖教序記。京兆府。疑重出。

三龕碑。岑文本撰，貞觀十五年。西京。　獨孤延壽碑。未詳。　枯樹賦。未詳。

度人經變像。未詳。

右褚遂良。

隋信行禪師興教碑，并碑陰。〔八〇〕京兆府。　佛跡圖傳。京兆府。　周封中嶽
碑。登封元年。西京。　周昇仙太子碑陰。未詳。　周福昌令張君清德頌。大定元年。　封府
未詳。　唐王美暢碑。景雲二年。未詳。　洛陽令鄭敞碑。久視元年。西京。
君碑。西京。　三品李公碑。西京。　襄城令贈魏州刺史李公碑。西京。　偃師縣
令崔府君德政碑。西京。　杳冥君碑。未詳。　左散騎常侍同三品趙郡成公碑。
西京。

右薛稷。

左羽林將軍臧懷亮碑。耀州。　開元寺碑。淄州。　嶽寺大照和尚普寂碑。西
京。　李府君碑。西京。　普光寺碑。泗州。　娑羅木碑。楚州。　大雲禪寺碑。

海州。老子、孔子、顏回贊。海州。秦望山法華寺碑。越州。嶽麓山寺記。潭州。大律故懷道闍梨碑。福州。石室記。端州。有道先生葉公碑。東林寺碑。江州。左武尉大將軍李思訓碑。開元八年。未詳。大雲寺講堂碑。陳州。雲麾將軍李秀碑。〔八二〕鄂州刺史盧府君碑。未詳。

右李邕。

華萼樓記。京兆府。一行禪師真贊。京兆府。禹廟寶林寺二詩。東京。三藏不空和尚碑。京兆府。尚書右丞姚弈碑。西京。潯陽司馬程元封碑。西京。中嶽興慶観主郭元宗碑。西京。大證禪師碑。西京。前易州遂城縣令康正碑。西京。天封聖德感應頌。西京。般舟寺元隱禪師塔碑。西京。貝州刺史裴公碑。西京。陳州刺史陶公碑。西京。苗大夫碑。西京。太夫人京兆杜氏碑。西京。高嶽龍潭寺明禪師碑。西京。洛州刺史徐嶠之碑。西京。題經嵩山，在甘露寺。西京。嵩陽観紀聖德感應頌。分書。西京。金剛經。西京。心經。未詳。濟源令房琯遺愛頌。孟州。濟源縣令李造遺愛碑。孟州。令狐彰開河記。滑州。山谷寺容璨大師碑。舒州。法華寺玄儼律師碣。越州。謁禹廟詩。越州。廣德禪師碑。未詳。寶林寺詩。越州。董孝子碣。明州。

康珽誥。未詳。　中書令張九齡廟碑。　曇真碑。台州。　升仙太子廟碑。西京。
觀音堂記。西京。　天柱山司命真君廟碑。分書。舒州。　王密德政碑陰。明州。
遂城令康府君碑。未詳。　陳留太守徐惲碑。　開梁公堰頌。未詳。　新安
太守張公碑。未詳。　東光縣主碑。未詳。　文部郎中薛悌碑。分書。未詳。　資
州刺史裴仲將軍碑。分書。未詳。　山谷寺璨大師碑。分書。未詳。　魏少游碑。未
詳。　右神武將軍史繼先墓誌。未詳。　嚴峻碑。〔八二〕未詳。　王建昌碑。〔八三〕
未詳。

右徐浩。

大唐中興頌。永州。　周醴泉令張仁蘊德政碑。未詳。　東方朔畫贊。晉夏侯湛
文。德州。　周太師蜀國尉遲公廟。相州。　涇原節度使馬璘先廟碑。京兆府。
懷圓寂上人五言詩。京兆府。　杭州刺史杜濟墓誌。京兆府。　大慧禪師元侶碑。
京兆府。　夔州刺史顏勤禮碑。京兆府。　國子司業顏允南碑。京兆府。　多寶塔
感應碑。京兆府。　梁國公李抱玉碑。京兆府。　贈太保郭恭之廟碑。京兆府。
顏氏家廟碑。耀州。　臧氏糾宗碑。耀州。　工部尚書臧懷恪碑。耀州。　宋州官
吏八關齋報德碑。南京。　濠州刺史顏元孫碑。西京。　麗正殿學士殷踐猷碑。西

京。　顏君神道碑。西京。　與郭英乂書。西京。　河南府參軍贈祕書丞郭揆碑。西京。　與蔡明遠書。西京。　元魯山墓碣。西京。　與李大夫乞米帖。西京。　華陰等五郡節度使馬公碑。西京。　與盧八帖。西京。　故工部尚書蜀郡長史郭福善碑。西京。　二十二字帖。錢彥遠題。西京。　容州都督元結碑。汝州。　放生池記。湖州。　項王碑陰。湖州。　射堂記。湖州。　干祿字書。湖州。　丞相神道斷碑陰。越州。　西平侯顏含大宗碑。江寧府。〔八四〕　東林寺耶舍碑側題名。江州。　律藏寺永公碑陰題名。江州。　清涼山靖居寺題名。吉州。　律藏院戒壇記。撫州。　魏夫人上升記。撫州。　麻姑山仙壇記。建昌軍。　贈太子少保鮮于仲通碑。閬州。　鮮于氏離堆記。閬州。　送劉太冲序。未詳。　謁金天王題名。未詳。　江寧國題名。　華嚴寺鑒法師碑。杭州。　千金陂碑。未詳。　潁川殘碑。未詳。　涇縣斷碑。未詳。　祭原明文，祭季明文。未詳。　張敬因碑。〔八五〕未詳。　元次山墓銘。西京。　岑夫人碑。吉州。　小字麻姑壇記。建昌軍。　汝陰太守顏默碑。未詳。　西平靖侯顏含碑。江寧府。　大字慈竹詩。未詳。　寶應殿記。未詳。　玄靜先生李含光碑。江寧府。　尚書左丞韋璟碑。大歷中。未詳。　江陵少尹顏臧碑。未詳。　商州刺史歐陽琟碑。〔八六〕鄭州。　王密德政碑。李舟文，陽冰篆。明州。
工部尚書郭虛己碑。〔八七〕
顔惟貞并商夫人贈誥。〔八八〕未詳。
富平尉顔喬卿墓碣。未詳。
大斌令商攝碑。未詳。
宋璟碑。未詳。
台州刺史康希銑碑。未詳。

右顔真卿。

唐魏博等州節度使何進滔德政碑。北京。
西明寺宣公律院碣。京兆府。
升玄先生劉從政碑。京兆府。
柳尊師墓誌。京兆府。
太清宮鍾銘。京兆府。
相國魏謩先廟碑。京兆府。
太子太保李聽碑。京兆府。
武宗皇帝巡幸左神策軍紀聖德碑。京兆府。
嶺南節度使韋元貫碑。京兆府。
西平郡王李晟碑。京兆府。
淮南監軍韋元素碑。京兆府。
西明寺古本金剛經。〔八九〕京兆府。
大達法師端甫碑。京兆府。
少保牛僧孺碑。京兆府。
臨淮普光王寺主碑。京兆府。
將作監韋文恪墓誌。京兆府。
太子少保魏謩碑。鳳翔府。
散騎常侍致仕薛苹碑。河中府。
山南西道節度王起碑。耀州。
商於新驛記。商州。
司徒致仕太傅韓國公薛平碑。絳州。
吏部尚書高元裕碑。西京。
檢校吏部尚書贈太師崔陲碑。西京。
檢校户部尚書兼太子賓客高重碑。西京。
江西觀察使贈禮部尚書羅讓碑。西京。
宣武節度使太傅侍中雁門郡王王智興碑。西京。
陰符經序。鄭瀚作。西京。

衛尉卿李有裕碑。西京。　檢校金部郎中贈太尉羅公碑。西京。　唐公碑。西京。　贈太尉崔植碑。西京。　淮南節度使崔從碑。西京。　檢校吏部尚書東都留守李石碑。孟州。　心經。未詳。　國清寺題。台州。　復東林寺碑。江州。　涅槃和尚碑。洪州。　大覺禪師塔銘。虔州。　大中寺題。泉州。　靈巖寺空寂寺題。興化軍。　山南西道新驛路記。興化軍。　河中節度李說碑。西京。　砥柱銘。西京。　左僕射平章事王播碑。耀州。　華山燈記。未詳。　王播墓誌。耀州。　尊勝陀羅尼呪。未詳。　檢校金部郎中崔稹碑。　淄王傅元公碑。未詳。　昊天觀碑。未詳。　太子太傅劉沔碑。　河東監軍康約言碑。未詳。　觀音院記。未詳。　起居郎劉公碑。未詳。

右柳公權。

唐實諦寺詔碑〔九〇〕。順安軍。　聖像應見記。廣信軍。　易州刺史田仁琬德政碑。易州。　鐵像記。易州。　候臺記。未詳。　候臺記。易州。　唐夢真容碑。未詳。

右蘇靈芝。

嶲州都督姚懿碑。陝府。　彭城郡太夫人劉氏碑。西京。　鄭國夫人鄭氏碑。

西京。光禄卿姚彝碑。西京。懷州刺史陶公碑。西京。烏龍寺碑。睦州。

香嚴寺碑。未詳。高行先生徐公碑。未詳。孝義寺碑及碑陰。未詳。

右徐嶠之。

贈比干銘。分書。衛州。周辨法師碑。京兆府。砥柱銘。孟州。

右薛純陀。

大聖舍利寶塔銘。鳳翔府。攝山題名。江寧府。柳州井銘。酬侍御姚

員外遊道林嶽麓寺詩。潭州。達磨碑陰。未詳。黄陵廟碑。潭州。杜岐公莊

居記。未詳。惠泉詩。荆門軍。羅池廟碑。柳州。東京留守忠懿公李憕碑。

西京。

右沈傳師。

相國于頔先廟碑。京兆府。處道和尚碑。京兆府。侍中右僕射贈司空文獻

公裴耀卿碑。絳州。張延賞碑。分書。統軍劉昌啓碑。西京。少保趙公碑。

西京。大覺禪師國一碑。杭州。

右歸登。

襄州牧衛府君遺愛頌。襄州。襄州牧獨孤府君遺愛頌。襄州。襄陽令狄履

温遺愛頌。襄州。　淄州縣令裴大智碑。孟州。　前刺史李適之德政頌。唐州。
東陽令戴叔倫去思頌。婺州。　南嶽真君碑。潭州。　述聖宮碑陰。未詳。　玉真公主受道祥應記。未詳。

右蕭誠。

宣歙觀察使王質碑。西京。　唐塔記。西京。　東都留守令狐楚先廟記。西京。
邠州節度使贈右僕射史公碑。西京。　丞相檢校左僕射兼吏部尚書贈司空崔羣碑。西京。　廣乘禪師碑。袁州。　何文哲碑。未詳。　陽山祠神二碑。鼎州。

右劉禹錫。

百巖禪師碑。京兆府。　太子中允范陽盧府君碑。西京。　檢校工部尚書贈兵部尚書盧俊碑。絳州。　贈吏部尚書武就碑。未詳。　相國賈耽碑。未詳。　著作郎贈太子太保權貞孝公碑。分書。西京。　山南東道節度使樊澤遺愛碑。襄州。
左常侍路公碑。〔九二〕未詳。　尚書省新修記。未詳。　太子賓客孔述睿碑。未詳。

右鄭餘慶。

太常卿贈吏部尚書崔忠公碑。西京。　百巖禪師銘。京兆府。

右鄭絪。

　太子少傅竇希瑊碑。京兆府。　隴右節度使郭知運碑。京兆府。　豫州刺史魏
叔瑜碑。京兆府。
　右魏華。
　左散騎常侍致仕李衆碑。西京。　贈吏部尚書李公碑。西京。　寧武節度大使
贈司徒韓充碑。西京。　歙州刺史盧瑗碑。未詳。　趙公拜墓碑。西京。　唐濟亭
記。未詳。　商州刺史高承簡碑。未詳。　太子賓客呂元膺碑。未詳。　薛平增修
家廟碑。未詳。
　右裴潾。
　盧國公程知節碑。京兆府。　忍辱禪師塔銘。京兆府。　阿彌陀經。未詳。
清河公主碑。未詳。
　右暢整。
　定慧禪師傳法碑。京兆府。　祖堂字。襄州。　圭峰禪師碑。京兆府。　三乘
典祕之藏。襄州。　勑大寂禪寺題。洪州。　晉惠遠法師碑。江州。　殿中侍御史
韋翃墓誌。未詳。
　右裴休。

禹穴碑。越州。　會稽山神永興公祠堂碣。越州。　清泉寺大藏經記。明州。

右韓特材。

周都官郎中孔昌寓碑。未詳。　蘇瓌碑。分書。未詳。　洛陽縣尉馬元忠碑。〔九二〕分書。未詳。　周紀信碑。分書。未詳。　唐建福寺三門頌。東京。　龍興寺碑。分書。陳州。　景星寺碑。容州。　忠烈段太尉廟碑。隸書。鄭州。

右盧藏用。

七祖堂頌。潞州。　苗公歸鄉記。未詳。　宋州虞城縣令李府君碑。西京。　大智禪師碑。西京。　乘真禪師靈塔銘。未詳。

右胡霈然。

富平縣尉韋器墓誌。西京。　大聖舍利寶塔銘。鳳翔府。　觀軍容使魚朝恩碑。京兆府。　楚金禪師碑并陰。京兆府。　裴冕碑。未詳。　藏用上坐院序。未詳。

右吳通微。

大興善寺舍利塔銘。未詳。　虢王鳳碑。耀州。　御幸流盃亭侍宴集詩。西京。

右殷仲容。

兵部尚書東都留守顧少連碑。西京。　祭唐叔文。太原府。　魏博節度使田緒遺愛碑。北京。

右張弘靖。

左威衛將軍李藏用碑。京兆府。　集金剛經。京兆府。

右唐元序。

太谷縣令安廷堅美政頌。太原府。　交城縣石壁寺鐵彌勒像頌。汾州。

右房嶙妻高氏。

姜嫄公劉新廟碑。邠州。　郭汾陽廟碑。邠州。　唐立樗里子墓碣。獨孤及文。〔九三〕未詳。

右張誼。

新學記。襄州。　修劉景升廟記。襄州。

右羅讓。

修延陵季子廟碑。潤州。　鏡智禪師碑。〔九四〕未詳。　崔圓頌德碑。未詳。

龍興寺慎律和尚碑。揚州。　王師乾碑。江寧府。　立漢黃公碣。未詳。　玄靜先生李含光碑。江寧府。　平泉草木記〔九五〕。李德裕文，李陽冰篆題。未詳處所。

右張從申。

龍泉寺常住田碑。越州。　太白禪師塔銘。明州。　右軍祠。越州。　天童山景德寺記。明州。　又贊功德記。

右范的。

天台佛龕禪林寺碑。台州。　修禪道場碑。台州。

右徐放。

少姨廟碑。未詳。　啓母廟碑。未詳。　奉先觀老君像碑。未詳。

右沮渠智烈。

華嶽碑堂修飾記〔九六〕。華州。　金天王廟靈異述。未詳。　金籙齋頌。未詳。

華嶽古松詩。華州。　靈臺觀修三方功德頌。未詳。

右衛包。

豫章衣冠盛集記。洪州。　後石幢記。

右郭圓。

靜禪法師方墳碑。京兆府。　遍學寺禪師碑。襄州。　彌陀贊。未詳。　楊歷碑。未詳。　愛州刺史徐元貴碑。未詳。

右鍾紹京。

華州刺史裴乾正碑。京兆府。　龍牙禪師記。

右馮曉。

周升中述志碑。未詳。　周封中嶽碑。未詳。　應天皇帝聖教序。西京。　周

孝明高皇后碑。京兆府。　周許由廟碑。則天撰。未詳。　周武士彠碑。未詳。

龍興聖教序。未詳。

右相王旦。

司空扶風公寫真記。未詳。　六譯金剛經。八分書。未詳。　南瀆廣源公碑。八

分書。未詳。

右蓋巨源。

兵部尚書王承業墓誌。鄭言撰。未詳。　同昌公主碑。韋保衡撰。未詳。

右柳仲年。

襄州文宣王廟記。襄陽。　贈兵部尚書盧綸碑。未詳。

右崔倬。

東林寺白氏文集記。江州。　熙怡大師石墳誌。未詳。　律大德湊公塔銘。未

詳。　玭禪師碑。未詳。

右僧雲皐。

烏重胤碑。裴度撰。未詳。　左拾遺竇叔向碑。羊士諤撰。未詳。

右竇易直。

任邱令王公清德碑。未詳。　百家巖寺碑。未詳。

右崔倚。

鹽池靈應公神祠碑。未詳。　同州刺史崔涼遺愛碑。未詳。

右韋縱。

南海神廟碑。廣州。　昭義軍節度使辛秘碑。未詳。

右陳諫。

陰符經。未詳。　塔陰文。京兆府。

右唐元度篆書。

浯溪銘。永州。　浯臺銘。永州。

右李庚篆書。

般若臺記。福州。　鄂州題。　怡亭銘序。興國軍。　修文宣王廟記。處州。

忘歸臺銘。處州。　城隍廟記。處州。　李氏汙尊銘。處州。　黃帝祠宇記。

處州。　刺史裴公紀德碑。〔九七〕明州　西楚霸王靈祠題。和州。　李幼卿新鑿琅邪泉題。滁州。　庶子泉銘。滁州。　新驛記。滑州。　大曆十年具官名氏。西京。

龔邱縣令庾賁德政碑。兗州。　李氏三墳記。李幼卿撰。京兆府。　阮客舊居詩。〔九八〕未詳。　玄靜張先生碑題。

右李陽冰篆書。

唐立漢高祖頌。〔九九〕未詳。　虞城縣令長新誡。未詳。　虞城令李公去思碑。未詳。　胥山銘。正書。未詳。

右王遹篆書。

渭北節度使臧希讓碑。京兆府。　復鄠縣記。京兆府。

右張璪八分書。

中書令張東之碑。襄州。　窊尊銘。道州。　陽華巖銘。道州。　奏舜廟狀。道州。

右瞿令問八分書。

呂諲祠記。江陵府。　郭慎微碑。京兆府。　呂公表。江陵府。　五原太守郭英奇碑。未詳。

右顧戒奢八分書。

孔子廟碑。未詳。　魏州刺史狄仁傑生祠碑。分書。北京。　周信行禪師碑。未詳。　兗州刺史韋元珪遺愛頌。兗州。　桂州都督長史程文英碑。〔一〇〇〕分書。西京。　東林佛馱禪師舍利塔銘。分書。江州。　趙公碑。西京。　左僕射劉延景碑。未詳。

右張庭珪八分書。

狄梁公祠堂。北京。　胡珦碑。未詳。　工部尚書田宏正先廟碑。〔一〇一〕分書。京兆。　贈工部尚書烏承玼碑。分書。華州。　少府監胡珦碑。同州。　夏縣令韋公遺愛碑。未詳。　尚書省石幢記。分書。西京。　王粲石井欄記。分書。襄州。　忠武公將佐略。未詳。

右胡証八分書。

斛斯府君碑。西京。　光禄鄭曾碑。未詳。　張君碑。未詳。　同州刺史解琬碑。未詳。　御史臺精舍銘。〔一〇二〕西京，又京兆府。　岷州刺史王君碑。西京。　華州刺史楊公遺愛頌。未詳。　工部侍郎李景伯碑。西京。　寧州刺史裴守真碑。〔一〇三〕絳州。　龐承宗碑。未詳。　古義士伯夷叔齊碑。河中府。　贈吏部尚書蕭雍碑。京兆府。　李希倩碑。未詳。　贈梁州都督郭知運碑。未詳。　太子賓客楊元琰碑。崔紓文。未詳。　樊君祠堂碑。未詳。

右梁升卿八分書。

靈寶縣令裴遂遺愛碑。陝州。　華山詩。　香谷渠記。未詳。　李德遜碑。篆書。華州。　鄭瞿齊碑。未詳。　唐慶觀金籙齋頌。晉州。　郭英乂碑。未詳。　鄭嬰齊碑。〔一〇四〕西京。　新築隴州城記。未詳。　大照禪師普寂碑。西京。　李抱玉紀功碑。未詳。　大智禪師義福碑并碑陰。西京。　襄陽令盧僎遺愛碑。襄州。　刺史杜敏生祠碑。蘄州。　兵部張君碑。未詳。　春申君廟記。蘇州。　潁陽觀碑。未詳。　宇文顥山陰述。越州。　萬回大師神跡書。京兆。　沛令于默成碑。未詳。　京兆尹張公德政碑。　華州刺史鎮國軍節度使楊公遺愛頌。華州。　劉延州都督宋公碑。　太子詹事裴權碑。未詳。　郭子儀夫人李氏碑。未詳。　飛造像記。未詳。　曹能大師碑。未詳。　贈太子詹事王同晊碑。未詳。

右史惟則八分書。

任城縣橋亭記。未詳。　定進巖碑。未詳。　石經藏贊。未詳。　尉遲迴廟碑并碑陰。〔一〇五〕未詳。　張嘉貞後碑并碑陰。未詳。　常州刺史陶雲德政碑。未詳。

盧舍那珉像頌。定州。　顏惟貞碑。〔一〇六〕未詳。　叢臺賦。磁州。　元氏令龐公清德頌。未詳。　崔潭龜詩。未詳。

右蔡有隣八分書。

大戒德律師智舟碑。京兆府。　梁公李峴遺愛頌。鳳翔府。　吏部郎中楊仲昌碑。陝府。　蒲州刺史裴寬德政碑。河中府。　孔子廟碑。河中府。　隸王墓誌。未詳。　韓賞祭華岳廟文。華州。　左武衛中郎將臧希忱碑。耀州。　天台山桐柏觀碑。台州。　瑤臺寺大德碑。未詳。　歙州刺史葉君碑。處州。　萬年縣令徐昕碑。西京。　宇文顥山陰述。未詳。　三絕碑。西京。　滎陽王妣朱氏墓誌。正書。未詳。　贈梁州都督徐秀碑。西京。　洛陽縣食堂記。西京。　鳳翔節度使孫志直碑。京兆。　駙馬都尉豆盧建碑。未詳。　陽城太守趙公薁碑。未詳。　工部尚書來曜碑。未詳。　慈恩寺莊地碑。京兆府。

右韓擇木八分書。

故尚書左丞暢悅碑。西京。　工部尚書辛京杲碑。未詳。　長安縣尉贈祕書監王府君碑。西京。　鄭清叔碑。〔一〇七〕未詳。

右韓秀榮八分書

裴公碑。西京。　汝州刺史李深碑。汝州。　華州刺史李元諒懋功昭德頌。華
州。　西平郡王李晟先廟碑。京兆府。　御史中丞裴曠改葬碑。崔造文，李陽冰篆題。
未詳。　鮮于氏里門記。未詳。
右韓秀弼八分書。
少保李光進碑。耀州。　唐平蠻頌。桂州。　鮮于氏里門碑。閬州。
右韓秀實八分書。
蘇氏造觀音像碑。未詳。　徐州刺史蘇詵碑。未詳。
右劉升八分書。
左驍衛將軍趙元禮碑。未詳。　王方翼碑。未詳。　張嘉貞碑。未詳。
右陸堅八分書。
節堂記。未詳。　秋日望贊皇山詩。未詳。　冲虛真人廟記。未詳。　唐三像
記。未詳。
右李德裕八分書。
亳州刺史劉懷碑。未詳。　河橋城樓記。未詳。
右李著八分書。

蘇源明正德表。未詳。　壽張令劉公仁政碑。未詳。

右周良弼八分書。

明皇哀册文。未詳。　白蘋亭記。　甘棠館記。未詳。

右史鎬八分書。

右僕射裴遵慶碑。未詳。　兗州都督劉好順碑。未詳。

右盧曉八分書。

校勘記

〔一〕「子斯鼎」，元本、明本、于本、殿本皆作「丁斯鼎」。

〔二〕「無極山碑光和四年」，原作「八年」，據集古録一、金石録一改。

〔三〕「高陽令楊君碑及碑陰」，「陽」，原作「陵」，據集古録二、金石録二改。

〔四〕「繁陽令楊尋碑」，「陽」，原作「陰」，據集古録二、金石録一改。

〔五〕「光禄勳劉曜碑」，「曜」，原作「耀」，據集古録二、金石録二改。

〔六〕「幽州刺史朱龜碑有碑陰中平二年」，集古録三、金石録一皆作「光和六年」。

〔七〕「楚相孫叔敖碑」，「碑」字脱，據集古録三、金石録一補。

〔八〕「中常侍樊安碑延熹元年」，集古録三作「永壽四年」，金石録一作「延熹元年」，雅雨本盧文弨注，據隸釋應爲「延熹三年」。

〔九〕「章和石記章和三年」，金石録一作「二年」。

〔一〇〕「武氏石闕記」，「氏」「石」二字互倒，據金石録一改。

〔一一〕「司隸陽厥開石門頌建和二年」，「門」字脱，據金石録一補。「陽厥」，金石録作「楊厥」。「二年」，汪本作「三年」，據元本、明本、于本、殿本及金石録改。

〔一二〕「平都侯相蔣君碑元嘉元年」，金石録一作「二年三月」，盧文弨注：「隸釋云，蔣君以元嘉二年卒，其文有云，禮畢祥除，瞻望墳塋，則此碑乃後來所立。」

〔一三〕「東海相桓君海廟碑」，「桓」，原作「栢」，據金石録一改。

〔一四〕「韓府君孔子廟碑有碑陰永壽二年」，「二」，汪本作「三」，據元本、明本、于本、殿本改。

〔一五〕「平輿令薛君碑延熹六年」，「六」字原空格，據金石録一補。殿本作「五年」，誤。

〔一六〕「衛尉卿衡方碑建寧元年」，「元」，原作「三」，據集古録三改。金石録一作「三年」，盧文弨注，據隸釋應作「元年」。

〔一七〕「庌彰長斷碑」，「庌」，原作「斥」，據金石録一改。

〔一八〕「昌陽令唐君頌」，「昌」，原作「成」，集古録三跋尾稱，唐氏爲潁陽令，换昌陽令，今據改。

〔一九〕「魏南陽太守卞統碑嘉平二年」，金石録二作「三年」。

〔二〇〕「護羌校尉彭祈碑元康元年」，金石録二作「二年」。

〔二一〕「鴻臚成公重墓刻永寧元年」，金石録二作「二年」。

〔二二〕「張平子碑」，「平」「子」二字互倒，據金石録二改。

〔二三〕「齊桐栢山金庭觀碑沈約文倪珪書」，金石録二「觀」作「館」，「倪珪」作「倪珪之」。

〔二四〕「麥積山」，「麥」，原作「麦」，據元本改。

〔二五〕「後魏侍中廣平穆王碑」，「廣平穆王碑」似即上文所見者，重出於此。

〔二六〕「後魏碑」，「後」「魏」二字互倒，據殿本改。

〔二七〕「後魏北巡碑太和二十年」，金石録二盧文弨注，據集古録應作「二十一年」。

〔二八〕「後魏齊兖二州刺史傅公碑熙平元年」，「元」，原作「九」，據金石録二改。「齊」，金石録作「徐」。

〔二九〕「後魏兖州刺史元匡碑」，「匡」，原作「康」，據金石録二改。

〔三〇〕「後魏司空元暉碑正光二年」，金石録二作「三年」。

〔三一〕「後魏邑義一千人造像記正光六年」，金石録二作「五年」。

〔三二〕「後魏化政寺石窟銘大統九年」，金石録二作「七年」。

〔三三〕「後魏范陽王誨碑」，「范」，原作「鎮」，「王」字脱，據金石録二改補。

〔三四〕「後魏御史臺雙塔頌永熙三年」，金石録二作「二年」。

〔三五〕「東魏高翻碑元象元年」，金石録二盧文弨注，據本書跋尾應爲「元象二年」。

〔三六〕「魏岐州刺史王毅墓誌大統元年」，金石録二作「九年」。

〔三七〕「東魏劉起貴造像碑武定二年」，「定」，原作「平」，據金石録二改。

〔三八〕「東魏逢元彦造像記武定二年」，「元」字脱，「定」，原作「平」，據金石録二補改。

〔三九〕「東魏安州刺史赫連栩碑武定五年」，「栩」，原作「相」，「定」原作「平」，據金石録二改。

〔四〇〕「北齊天統三年建」，「天統」，原作「大統」，據北齊書後主紀改。

〔四一〕「北齊東兖州須昌縣玉像頌」，「玉」，原作「王」，據金石録三改。

〔四二〕「北齊閻亮造像記」，「閻」，原作「關」，據金石録三改。

〔四三〕「北齊隴東王感孝頌」，「王」，原作「平」，據金石録三改。

〔四四〕「北齊隴東王胡長仁碑」，「王」，原作「五」，據金石録三改。

〔四五〕「北齊唐邕造像碑」，元本、明本、于本、殿本「像」作「寺」。按金石録三作「像」。

〔四六〕「北齊長樂王平等碑」，按，據下條「馮翊王平等寺碑」，此條似亦脱「寺」字。又按，金石録三有「北齊長樂王尉景碑」，本書或因涉下文誤以「平等」代「尉景」二字。

〔四七〕「北齊馮翊王平等寺碑」，「寺」字脱，據金石録三補。

〔四八〕「北齊臨淮王造像碑」，金石録三無「造」字。

〔四九〕「北齊明公道場碑」，金石録三作「郎公」。

〔五〇〕「後周同州刺史普六茹忠墓誌天和二年」，汪本「二」作「三」，據元本、明本、于本、殿本改。

〔五一〕「尚書左丞郎茂碑」，集古録五作「隋郎茂碑」，貞觀五年立。金石録三作「唐尚書左丞郎茂碑」，貞觀五年十一月立。

〔五二〕「啓法寺碑」，「啓」，集古録五同，金石録三作「起」。

〔五三〕「廬山西林寺道場碑大業中歐陽詢文」，「詢」，原作「簡」，據金石録三改。

〔五四〕「鄭州刺史李淵造碑像記」，汪本「淵」作「某」，據元本、明本、于本、殿本改。

〔五五〕「老子廟碑薛道衡撰梁恭之分書」，「梁」，金石録三作「龐」。

〔五六〕「尔朱敞碑開皇五年」，「五」，原作「二」，據集古録五、金石録三改。

〔五七〕「龍藏寺碑張公禮撰開皇六年」，「六」，原作「五」，據集古録五、金石録三改。

〔五八〕「鄂國公造鎮國大像碑開皇十年」，「鄂」下衍「州」字，據金石録三删，又「十年」金石録作「十一年」。

〔五九〕「賈普智造像碑開皇十年」，金石録三作「十一年」。

〔六〇〕「董明府清德頌開皇十年」，金石録三作「十二年」。

〔六一〕「劉景詔造像碑開皇十二年」，金石録三作「十三年」。

〔六二〕「趙君寳塔碑開皇十二年」，金石録三作「十三年」。

〔六三〕「平都治碑大業十年」，金石録三作「十一年」。

〔六四〕「王明府造像碑開皇十六年」，金石録三作「十七年」。

〔六五〕「欒州使君江夏徐公碑郝士威撰」，「士」，原作「王」，據金石録三改。

〔六六〕「賀蘭才墓誌大業二年」，金石録三作「三年」。

〔六七〕「窣堵波幢銘薛希昌分書」，「昌」，原作「朝」，音近而訛。金石録七作「吕」，形近而訛。金石録他處如貪泉銘、貞一先生廟碣、宴濟瀆記等篇皆作「昌」，今據改。

〔六八〕「懷素律師碑僧行敏書」，金石録五「敏」作「敦」。

〔六九〕「鹽池靈應公神祠記」，「應」，原作「慶」，據金石録八改。

〔七〇〕「吏部尚書楊仲昌碑」，「尚書」，原作「郎中」，據金石録六改。

〔七一〕「渭南令李思古清德碑馬吉甫文」，「馬」，原作「馮」，據金石録四、集古録六改。

〔七二〕「諫議大夫萬州刺史明公碑」，「明」字原作墨釘，據殿本補。

〔七三〕「贈太子少保顔杲卿碑顔真卿文盧元佐書」，金石録九作「盧佐元」。

〔七四〕「鄭州刺史李淵造石像記鄭州」，按，「隋項」下已有此條，惟「石」字作「碑」，似爲重出者。李淵爲鄭州刺史在大業初年，亦不應著録於「唐下」項内。

〔七五〕「西楚霸王廟碑賀蘭咸書」，金石録七「咸」作「誠」。

〔七六〕「張仙師靈廟碑李泳書」，汪本「泳」作「沫」，據元本、明本、于本、殿本改。

〔七七〕「太尉段秀實碑太子誦書」、「賜張建封詩」，按，此二條與太子誦部分重複。

〔七八〕「化度寺僧邕禪師塔銘貞觀三年」，金石録三作「五年」。

〔七九〕「母州刺史元長壽碑大業七年」，金石録三作「八年」。

〔八〇〕「隋信行禪師興教碑並碑陰」，金石録五作「唐信行禪師碑上、下」。

〔八一〕「雲麾將軍李秀碑」，汪本「秀」作「琇」，據元本、明本、于本、殿本改。金石録六作「秀」。

〔八二〕「嚴峻碑」，金石録八作「嚴浚」。

〔八三〕「王建昌碑」，金石録八作「王延昌」。

〔八四〕「西平侯顏含大宗碑江寧府」，元本、明本、于本、殿本皆作「江陵府」。下文「西平靖侯顏含碑」、「玄静先生李含光碑」、「攝山題名」、「王師乾碑」、「玄静先生李含光碑」等各條，汪本皆作「江寧府」，四本皆作「江陵府」。

〔八五〕「張敬因碑」，「敬」，原作「恭」，據集古録七、金石録八改。夾漈爲宋帝諱「敬」。

〔八六〕「商州刺史歐陽琟碑」，「琟」，原作「璡」，據集古録七、金石録八改。

〔八七〕「工部尚書郭虚己碑」，「己」，原作「正」，據金石録七改。

〔八八〕「顔惟貞并商夫人贈誥」，「貞」，原作「正」，據金石録七改。夾漈爲宋帝諱「貞」。

〔八九〕「西明寺古本金剛經」，汪本「經」作「碑」，據元本、明本、于本、殿本改。

〔九〇〕「唐實諦寺詔碑」，「唐」下衍「陽」字，據金石録六删。

〔九一〕「左常侍路公碑」，「路」，原作「潞」，據金石録九改。

〔九二〕「洛陽縣尉馬元忠碑」，金石録五作「馬志忠」。

〔九三〕「唐立樗里子墓碣獨孤及文」，「及」，原作「寔」，據金石録八改。

〔九四〕「鏡智禪師碑」，「鏡」，原作「鑑」，據金石録八改。

〔九五〕「平泉草木記」，「草」，原作「華」，據集古録九、金石録十改。

〔九六〕「華嶽碑堂修飾記」，「飾」下衍「堂」字，據金石録七删。

〔九七〕「刺史裴公紀德碑」，「公」，原作「恭」，據集古録七、金石録八改。

〔九八〕「阮客舊居詩」，「詩」字脱，據集古録七、金石録十補。

〔九九〕「唐立漢高祖頌」，「立」，原作「邱」，據金石録九改。

〔一〇〇〕「桂州都督長史程文英碑」，金石録八作「程元英」。

〔一〇一〕「工部尚書田宏正先廟碑」，「宏」，原作「宋」，據金石録九改。

〔一〇二〕「御史臺精舍銘」，「舍」，原作「金」，據金石録五改。

〔一〇三〕「寧州刺史裴守真碑」，「真」，原作「正」，據金石録六改。

〔一〇四〕「鄭嬰齊碑」，「嬰」，原作「英」，據金石録七改。

〔一〇五〕「尉遲迥廟碑」，「迥」原作「迴」，據元本、殿本改。

〔一〇六〕「顔惟貞碑」，「貞」，原作「正」，據金石録七改。

〔一〇七〕「鄭清叔碑」，金石録九作「鄭叔清」。

災祥略

災祥序

仲尼既没，先儒駕以妖妄之説而欺後世，後世相承罔敢失墜者，有兩種學：一種妄學，務以欺人；一種妖學，務以欺天。凡説春秋者，皆謂孔子寓褒貶於一字之間，以陰中時人，使人不可曉解。三傳唱之於前，諸儒從之於後，盡推己意而誣以聖人之意，此之謂欺人之學。説洪範者，皆謂箕子本河圖洛書以明五行之旨。劉向創釋其傳於前，諸史因之而爲志於後，析天下災祥之變而推之於金、木、水、火、土之域，乃以時事之吉凶而曲爲之配，此之謂欺天之學。

夫春秋者，成周之典也。洪範者，皇極之書也。臣舊作春秋傳，專以明王道，削去三家褒貶之説，所以杜其妄。今作災祥略，專以紀實跡，削去五行相應之説，所以絶其妖。且萬物之理不離五行，而五行之理其變無方。離固爲火矣，而離中有水。坎固爲水矣，而坎中有火。安得直以秋大水爲水行之應，成周宣榭火爲火行之應乎？況周得木德而有赤烏之祥，漢得火德而有黃龍之瑞，此理又如何邪？豈其晉厲公一視之遠，周單公一言之徐，而能關於五行之沴乎？豈其晉申生一衣之偏，鄭子臧一冠之異，而能關於五行之沴乎？如是則五行之繩人甚於三尺矣。臣竊觀漢儒之說，以亂世無如春秋之深，災異無如春秋之衆者，是不考其實也。臣每謂春秋雖三王之亂世猶治於漢、唐之盛時，何哉？春秋二百四十年而日食三十六，唐三百年而日食過百。舉春秋地震五，漢和平中，積二十一日而地百二十四動。舉春秋山傾者二，漢文帝時，一年之間，齊、楚山二十九所同日圮。舉春秋大水者八，後漢延平中，一月之間，郡國三十六大水。其他小小災異，則二百四十年之事不及後世一年也，如李梅冬實，鸜鵒來巢之類，在後世不勝書。使春秋之人而親見後世事，豈但慟哭流涕而已哉。以春秋視後世不爲亂世也，何哉？後世之法度不及春秋之法度，後世之人才不及春秋之人才，其所以感和氣而弭災異者，又安可望春秋乎！

嗚呼！天地之間，災祥萬種，人間禍福，冥不可知，柰何以一蟲之妖，一氣之戾，而一一質之以爲禍福之應，其愚甚矣！況凶吉有不由於災祥者。宋之五石六鷁，可以爲異矣，而內史叔興以爲此陰陽之事，非吉凶所生。魏安平太守王基筮於管輅，輅曰：「君家有三怪：一則生男墮地，走入竈死。二則大蛇牀上銜筆。三則烏來入室，與燕鬭。兒入竈者，宋無忌之妖。蛇銜筆者，老書佐之妖。烏與燕鬭者，老鈴下之妖。此三者足以爲異，而無凶兆，無所憂也。」王基之家卒以無患。觀叔興之言，則國不可以災祥論興衰，觀管輅之言，則家不可以變怪論休咎。惟有和氣致祥，乖氣致異者，可以爲通論。

天

天裂。漢孝惠帝二年，天開東北，長二十餘丈，廣十餘丈。晉惠帝元康二年春二月，天西北大裂。太安二年秋八月庚午，天中裂爲二，無雲，有聲如雷者三。成帝咸和四年，天裂西北。穆帝升平五年秋八月己卯夜，天中裂，廣三四丈，有聲如雷，野雉皆鳴。梁武帝天監十三年春二月庚辰朔，震于西南，天如裂。太清二年夏六月，天裂于西北，長十丈，闊二丈，光出如電。冬十二月戊申，天西北裂，有光如火。陳後主至德元年冬十二月戊午夜，天開，自西北至東南，其内有青黄雜色，隆隆若雷。

天鳴。晉元帝太興二年秋八月戊戌，天鳴東南，有聲如風水相薄。三年冬十月壬辰，天鳴，至甲午止。安帝隆安五年閏月癸丑，天東南鳴。六年秋九月戊子，〔一〕天東南又鳴。義熙元年秋八月，天鳴在東南。〔二〕梁武帝中大通六年閏十二月丙午，天西南有聲如雷。中大同元年夏六月辛巳，〔三〕竟天有聲如風水相薄。陳宣帝太建十二年秋九月癸未夜，天東南有聲如風水相擊。十四年秋八月癸未，天有聲如風水相擊。乙酉夜，亦如之。九月辛亥夜，天東北有聲如蟲飛，漸移西北。後主至德元年秋九月丁巳，天東南有聲如蟲飛。北齊文宣帝天保四年夏四月戊午，天西南有大聲如雷。後周武帝建德六年春正月，天西方有聲如雷。隋文帝開皇二十年夏四月乙亥，〔四〕天有聲如瀉水，自南而北。

天變色。宋文帝元嘉十八年秋七月，天黃色洞照。齊武帝永明八年夏六月丙申，大雷雨，有黃光竟天，照地狀如金。

無雲而雨。隋文帝開皇末二。〔五〕

無雲而雷。漢成帝元延元年夏四月丁酉，無雲有雷，聲光耀耀，四面下至地，昏止。後漢獻帝初平三年夏五月丙申，無雲而雷。四年夏五月癸酉，無雲而雷。隋文帝開皇二十年春二月丁丑，無雲而雷。

天雨螽。春秋傳，文公三年，雨螽于宋。襄公二年，雨螽于江。

天雨魚。漢孝成帝鴻嘉四年秋，〔六〕雨魚，長五寸以下。

天雨土。漢孝昭帝始元中，雨土，晝昏。梁武帝大同元年冬十月，天雨黃塵。二年冬十一月丙寅，天雨黃塵。後魏宣武帝景明四年，涼州雨土如霧。後周宣帝大象二年春正月戊申，雨細黃土。隋文帝開皇二年春二月庚子，京師雨土。

天雨毛。漢武帝天漢元年春三月，天雨白毛。　三年秋八月，天雨白氂。　西晉武帝泰始八年，蜀地雨白毛。　隋文帝開皇六年秋七月乙丑，京師雨毛如馬尾，長者二尺餘，短者有六七寸。

天雨沙。梁簡文帝大寶元年春正月丁巳，天雨黄沙。

天雨灰。商紂末年，天雨灰。　梁武帝大同三年春正月壬寅，天雨灰，黄色。

天雨草。漢元帝永光二年秋八月，〔七〕天雨草，而葉相樛結，大如彈丸。　平帝元始三年春正月，天雨草，狀如永光時。　宋明帝太始四年，雨草于宫中。

天雨水銀。隋文帝仁壽二年，宫中再雨水銀花。　至四年，陝州又雨。

天雨冰。夏桀時，雨冰。　後漢時，京師雨冰。　張駿太元元年秋九月，雨冰。

天雨穀。後漢光武建武三十一年，陳留雨穀，形如稗實。

天雨血。漢孝惠帝四年，雨血於宜陽一頃所。　孝哀帝建平四年夏四月，山陽湖陵雨血，廣三尺，長五尺，大者如錢，小者如麻子。　晉惠帝元康六年春三月，彭城吕縣有流血，東西百餘步。　永康元年春三月，尉氏雨血。　陳後主至德三年，有赤物隕于太極殿前，初下時鍾皆鳴。　又嘗進白飲，忽變爲血，沾殿階瀝瀝然，至御榻。　北齊武成帝河清二年冬十二月，雨血於太原。　後主武平中，有血點地，自斛律明月宅至太廟。

天雨木冰。春秋魯成公十六年春正月，雨木冰。　魏文帝黄初六年春正月，雨木冰。　孝武帝太元十四年冬十二月乙巳，雨木冰。　晉元帝太興三年春二月辛未，雨木冰。　穆帝永和八年春正月乙巳，雨木冰。

天雨肉。漢孝桓帝建和三年秋七月，北地廉縣雨肉，如羊肋，或大如手。　魏公孫淵時，襄平北市生肉，〔八〕長圍各數尺，有頭目口喙，無手足而動摇。　晉愍帝建興元年冬十二月，河東雨肉。

天雨石。商紂末年，天雨石，如大甕。　秦始皇時，隕石。　漢孝惠帝三年，隕石緜諸一。　孝武帝征和四年春二月，隕石于雍二，聲聞四百里。　孝元帝建昭元年春正月戊辰，隕石梁國六。　成帝建始四年春正月隕石亳四，肥累一。　陽朔三年春三月壬戌，隕石東郡八。　鴻嘉二年夏五月，隕石杜衍三。　元延四年春三月，〔九〕隕石都關二。　孝哀帝建平元年春正月，隕石北地十。　其九月甲辰，隕石虞二。　平帝元始二年夏六月，隕石鉅鹿二。　自惠盡平，隕石凡十一，皆有光耀雷聲，成、哀尤屢。　後漢殤帝延平元年秋九月，隕石陳留四。　孝桓帝延熹七年春三月，隕石右扶風一，鄠又隕石二，皆有聲如雷。　魏明帝青龍三年春正月乙亥，隕石于壽光。　晉武帝太康五年夏五月丁巳，隕石于温及河陽各二。　六年春正月，隕石于温三。　成帝咸和八年夏五月，隕石于涼州二。　隋文帝開皇十七年，石隕於武安、滏陽間十餘。

天雨金。秦獻公時，櫟陽雨金。　晉惠帝二年，雨金。　隋文帝仁壽四年，諸軍州舍利塔成，陝州雨金。

日

日食。周平王五十一年春二月己巳，日有食之。　桓王十一年秋七月壬辰朔，日有食之。　莊王二年冬十月朔，日有食之。　惠王元年春三月，日有食之。　八年夏六月辛未朔，日有食之。　九年冬十二月癸亥朔，日有食之。　十三年秋九月庚午朔，日有食之。　二十二年秋九月戊申朔，日有食之。　襄王四年春三月庚午朔，日有食之。　七年夏五月，〔一〇〕日有食之。　二十六年春二月癸亥，日有食之。　匡王元年夏六月辛丑，日有食之。　定王六年秋七月甲子，日有食之，既。　八年夏四月丙辰，日有食之。　十五年夏六月癸卯，日有食之。　簡王十一年夏六月丙寅朔，日有食之。　十二年冬十二月丁巳朔，日有食之。　靈王十三年春二月乙未朔，日有食之。　十四年秋八月丁巳，日有食之。　十九年冬十月丙辰朔，日有食之。　二十年秋九月庚戌朔，日有食之。　冬十月庚辰朔，日有食之。　二十二年春二月癸酉朔，日有食之。　二十三年秋七月甲子朔，日有食之，既。　八月癸巳朔，日有食之。　二十六年冬十二月乙卯朔，〔一一〕日有食之。　景王十年夏四月甲辰朔，日有食之。　十八年夏六月丁巳朔，日有食之。

二十年夏六月甲辰朔，日有食之。

二十四年秋七月壬午朔，〔一二〕日有食之。

二十五年冬十二月癸酉朔，日有食之。

敬王二年夏五月乙未朔，日有食之。

九年冬十二月辛亥朔，日有食之。

十五年春三月辛亥朔，日有食之。

二十二年冬十一月丙寅朔，日有食之。

二十五年秋八月庚辰朔，日有食之。

三十九年夏五月庚申朔，日有食之。

貞定王二十六年，日有食之，晝晦，星見，史失紀月。

考王六年六月，日有食之。

威烈王十六年，日有食之。

安王五年，日有食之。

二十年，日有食之，晝晦。

烈王元年，日有食之。

七年，日有食之。

赧王十四年，日有食之，晝晦，並失紀月。

秦莊襄王二年四月，日有食之。

漢高帝三年冬十月甲戌晦，日有食之。

十一月癸卯晦，日有食之。

九年夏六月乙未晦，日有食之，既。

惠帝七年春正月辛丑朔，日有食之。

夏五月丁卯，先晦一日，食幾盡。

高后二年夏六月丙戌晦，日有食之。

七年春正月己丑晦，日有食之。

文帝二年冬十一月癸卯晦，日有食之。

三年冬十月丁酉晦，日有食之。

十一月丁卯晦，日有食之。

後四年夏四月丙寅晦，日有食之。

景帝三年二月壬子晦，日有食之。

四年十月戊戌晦，日有食之。

七年冬十一月庚寅晦，日有食之。

中二年秋九月甲戌晦，日有食之。

三年秋九月戊戌晦，日有食之，幾盡。

四年冬十月戊午，日有食之。

六年秋七月辛亥晦，日有食之。

後元年秋七月乙巳先晦一日，〔一三〕日有食之。

武帝建元二年春二月丙戌朔，日有食之。

三年秋九月丙子晦，日有食之。

元光元年秋七月癸未，日有食之。

元朔二年春三月乙亥晦，

日有食之。　元狩元年夏五月乙巳晦，日有食之。　元鼎五年夏四月丁丑晦，日有食之。
太始四年冬十月甲寅晦，日有食之。　征和四年秋八月辛酉晦，日有食之。　昭帝始元三年冬
十一月壬辰朔，日有食之。　元鳳元年秋七月己亥晦，〔一四〕日有食之。　宣帝地節元年冬十二
月癸亥晦，日有食之。　五鳳元年冬十二月乙酉朔，〔一五〕日有食之。　四年夏四月辛丑晦，日
有食之。　元帝永光二年春三月壬戌朔，日有食之。　四年夏六月戊寅晦，日有食之。　建
昭五年夏六月壬申晦，日有食之。　成帝建始三年冬十二月戊申朔，日有食之。　河平元年夏
四月己亥晦，日有食之。　三年秋八月乙卯晦，日有食之。　四年春三月癸丑朔，日有食之。
陽朔元年春二月丁未晦，〔一六〕日有食之。　永始元年秋九月丁巳晦，〔一七〕日有食之。　二
年春二月乙酉晦，〔一八〕日有食之。　三年春正月己卯晦，日有食之。　四年秋七月辛未晦，日
有食之。　元延元年春正月己亥朔，日有食之。　哀帝元壽元年春正月辛丑朔，日有食之，與惠
帝七年同月日。　二年夏四月壬辰晦，日有食之。　平帝元始元年夏五月丁巳朔，日有食之。
二年秋九月戊申晦，〔一九〕日有食之。　孺子嬰居攝元年冬十月丙辰朔，日有食之。　王莽
天鳳元年三月壬申晦，日有食之。　三年秋七月戊子晦，日有食之。　光武建武二年春正月甲
子朔，日有食之。　三年夏五月乙卯晦，日有食之。〔二〇〕　六年秋九月丙寅晦，日有食之。
七年春三月癸亥晦，日有食之。　十六年春三月辛丑晦，日有食之。　十七年春二月乙未
晦，〔二一〕日有食之。　二十二年夏五月乙未晦，日有食之。　二十五年春三月戊申晦，日有食

之。　二十九年春二月丁巳朔，日有食之。　三十一年夏五月癸酉晦，日有食之。　中元元年冬十一月甲子晦，日有食之。　明帝永平三年秋八月壬申晦，〔二二〕日有食之。　八年冬十月壬寅晦，日有食之，既。　十三年冬十月壬辰晦，日有食之。　十六年夏五月戊午晦，日有食之。　十八年冬十一月甲辰晦，日有食之。　章帝建初五年春二月庚辰朔，日有食之。　六年夏六月辛未晦，日有食之。　章和元年秋八月乙未晦，〔二三〕日有食之。　和帝永元二年春二月壬午，日有食之。史官不見，他官以聞。〔二四〕　四年夏六月戊戌朔，日有食之。　七年夏四月辛亥朔，日有食之。　十二年秋七月辛亥朔，日有食之。　十五年夏四月甲子晦，日有食之。安帝永初元年春三月二日癸酉，〔二五〕日有食之。　五年春正月庚辰朔，日有食之。　七年夏四月丙申晦，日有食之。　元初元年春二月癸酉，日有食之。　冬十月戊子朔，日有食之。　二年秋九月壬午晦，日有食之。　三年春三月二日辛亥，日有食之。　四年春二月乙巳朔，〔二六〕日有食之。　五年秋八月丙申朔，日有食之。　六年冬十二月戊午朔，日有食之，幾盡。　永寧元年秋七月乙酉朔，日有食之。　延光三年秋九月庚申晦，〔二七〕日有食之。　四年春三月戊午朔，日有食之。　順帝永建二年秋七月甲戌朔，日有食之。　陽嘉四年秋閏八月丁亥朔，日有食之。　永和三年冬十二月戊戌朔，日有食之。　五年夏五月己丑晦，日有食之。　六年秋九月辛亥晦，日有食之。　桓帝建和元年春正月辛亥朔，日有食之。　三年夏四月丁卯晦，日有食之。　元嘉二年秋七月庚辰，日有食之。　永興二年秋九月丁卯朔，日有食之。　永壽三年夏閏四月庚辰晦，日有食之。　延熹元年夏五月甲戌晦，日有食之。　八年春正月丙申晦，日有食之。　九年春正月辛卯朔，日有食之。　永康元年夏五月壬子晦，日有食之。　靈帝建寧元年夏五月丁未朔，日有食之。　冬十月甲辰晦，日有食之。　二年冬十月戊戌晦，日有食之。　三年春三月丙寅晦，日有食之。　四年春三月辛酉朔，日有食之。　熹平二年冬十二月癸酉晦，日有食之。　六年冬十月癸丑朔，日有食之。　光和元年春二月辛亥朔，日有食之。　冬十月丙子晦，日有食之。　二年夏四月甲戌朔，日有食之。　四年秋九月庚寅朔，日有食之。　中平三年夏五月壬辰晦，〔二八〕日有食之。　六年夏四月丙午朔，日有食之。　獻帝初平四年春正月甲寅朔，日有食之。　興平元年夏六月乙巳晦，日有食之。　建安五年秋九月庚午朔，日有食之。　六年春二月丁卯朔，〔二九〕日有食之。　十三年冬十月癸未朔，日有食之。　十五年春二月乙巳朔，日有食之。　十七年夏六月庚寅晦，日有食之。　二十一年夏五月己亥朔，日有食之。　二十四年春二月壬子晦，日有食之。　二十五年春二月丁未朔，日有食之。　魏文帝黃初二年夏六月戊辰晦，日有食之。　三年春正月丙寅朔，日有食之。　冬十一月庚申晦，日有食之。　五年冬十一月戊申晦，日有食之。　明帝太和五年冬十一月戊戌晦，日有食之。　六年春正月戊辰朔，日有食之。　青龍元年夏閏五月庚寅朔，日有食之。　齊王正始元年秋七月戊申朔，日有食之。　三年夏四月戊戌朔，日有食之。　四年夏五月丁丑朔，〔三〇〕日有食之，既。　五年夏四月丙辰朔，日有食之。　六年夏四月壬子朔，〔三一〕日有食之。　八年春二月庚午朔，日有食之。　九年春正月乙未朔，日有食之。　冬十月戊申朔，日有食之。　嘉平元年春二月己未朔，日有食之。　高貴鄉公甘露四年秋七月戊子朔，日有食之。　五年春正月乙酉朔，日有食之。　陳留王景元二年夏五月丁未朔，日有食之。　三年冬十一月己亥朔，日有食之。　晉武帝泰始二年秋七月丙午晦，日有食之。　冬十月丙午朔，日有食之。　七年冬十月丁丑朔，日有食之。　八年冬十月丁未朔，日有食之。　九年夏四月戊辰朔，日有食之。　秋七月丁酉朔，日有食之。　十年春正月乙未，日有食之。　三月癸亥，日有食之。　咸寧元年秋七月甲申晦，日有食之。　三年春正月丙子朔，日有食之。　四年春正月庚午朔，日有食之。　太康四年春三月辛丑朔，日有食之。　六年秋八月丙戌朔，日有食之。　七年春正月甲寅朔，日有食之。　八年春正月戊申朔，日有食之。　九年春正月壬申朔，日有食之。　夏六月庚子朔，日有食之。　惠帝元康九年冬十一月甲子朔，日有食之。　永康元年春正月辛卯，〔三二〕日有食之。　夏四月辛卯，日有食之。　永寧元年春閏三月丙戌朔，日有食之。　光熙元年春正月戊子朔，日有食之。　秋七月乙酉朔，日有食之。　冬十二月壬午朔，日有食之。　懷帝永嘉元年冬十一月戊申朔，日有食之。　二年春正月丙午朔，〔三三〕日有食之。　六年春二月壬子朔，日有食之。　愍帝建興四年夏六月丁巳朔，日有食之。　冬十二月乙卯朔，〔三四〕日有食之。　五年夏五月丙子，日有食之。　冬十一月丙子，日有食之。　元帝太興元年夏四月丁丑朔，日有食之。　明帝太寧三年冬十一月癸巳朔，日有食之。　六年春三月壬戌朔，日有食之。　九年冬十月乙未朔，日有食之。　成帝咸和二年夏五月甲申朔，日有食之。　七年春二月甲子朔，〔三五〕日有食之。　咸康元年冬十月乙未朔，日有食之。　八年春正月己未朔，日有食之。　穆帝永和二年夏四月己酉朔，〔三六〕日有食之。　七年春正月丁酉朔，日有食之。　八年春正月辛卯朔，日有食之。　十二年冬十月癸巳朔，日有食之。　升平四年秋八月辛丑朔，日有食之，既。　哀帝隆和元年春三月甲寅朔，〔三七〕日有食之。　冬十二月戊午朔，日有食之。　廢帝太和三年春三月丁巳朔，日有食之。　五年秋七月癸酉朔，日有食之。　孝武帝寧康三年冬十月癸酉朔，日有食之。　太元六年夏六月庚子朔，日有食之。　九年冬十月辛亥朔，日有食之。　十七年夏五月丁卯朔，日有食之。　二十年春三月庚辰朔，日有食之。　安帝隆安四年夏六月庚辰朔，日有食之。　元興二年夏四月癸巳朔，日有食之。　義熙三年秋七月戊戌朔，日有食之。　十年秋九月丁巳朔，日有食之。　十一年秋七月辛亥晦，日有食之。　十三年春正月甲戌朔，日有食之。　恭帝元熙元年冬十一月丁亥朔，日有食之。　宋少帝景平二年春二月癸巳朔，〔三八〕日有食之。　文帝元嘉四年夏六月癸卯朔，日有食之。　五年冬十一月乙未朔，日有食之。　六年夏五月壬辰朔，日有食之。　冬十一月己丑朔，日有食之，星晝見。　十二年春正月己未朔，〔三九〕日有食之。　十五年冬十一月丁卯朔，日有食之。　十七年夏四月戊午朔，日有食之。　十九年秋七月甲戌晦，日有食之。　二十二年夏六月戊子朔，日有食之。　二十三年夏六月癸未朔，日有食之。　二十六年夏四月丙申朔，日有食之。　三十年秋七月辛丑朔，日有食之。　孝武孝建元年秋七月丙申朔，日有食之。　大明四年秋九月庚申朔，日有食之。　五年秋九月甲寅朔，日有食之。　六年春二月壬子朔，日有食之。　明帝泰始三年冬十月己卯朔，〔四〇〕日有食之。　四年夏四月丙子朔，日有食之。　冬十月癸酉朔，日有食之。　五年冬十月丁卯朔，日有食之。　廢帝元徽元年冬十二月癸卯朔，日有食之。　二年春正月癸酉朔，日有食之。〔四一〕　順帝昇明元年冬十月辛亥朔，日有食之。　二年春三月己酉朔，日有食之。　秋九月乙巳朔，日有食之。　三年春三月癸卯朔，日有食之。　齊高帝建元二年秋九月甲午朔，日有食之。　三年秋七月己未朔，日有食之。　武帝永明元年冬十二月乙巳朔，〔四二〕日有食之。　六年春二月辛亥朔，日有食之。　八年春正月己巳朔，日有食之。　九年春正月癸亥晦，日有食之。　十一年夏六月庚辰朔，日有食之。　鬱林王隆昌元年夏五月甲戌朔，日有食之。　明帝建武元年冬十一月壬申朔，日有食之。　三年九月庚寅晦，日有食之。　東昏侯永元二年春正月辛丑朔，日有食之。　秋七月己亥朔，日有食之。　和帝中興元年春正月丙申朔，日有食之。　秋七月癸巳朔，日有食之。　梁武帝天監元年秋七月丁巳朔，日有食之。　五年春三月丙寅朔，日有食之。　七年秋八月壬子朔，日有食之。　八年秋八月丙午朔，日有食之。　十年冬十二月壬戌朔，日有食之。　十一年夏五月己未晦，日有食之。　十二年夏五月甲寅朔，日有食之。　十五年春三月戊辰朔，日有食之，既。　十八年春正月辛巳朔，日有食之。　普通元年春正月丙子，日有食之。　二年夏五月丁酉朔，日有食之。　三年夏五月壬辰朔，日有食之，既。　冬十一月己丑朔，日有食之。　四年冬十一月癸未朔，日有食之。　中大通元年冬十月己酉朔，〔四三〕日有食之。　三年夏六月己亥朔，日有食之。　四年冬十月辛酉朔，日有食之。　五年夏四月己未朔，日有食之。　六年夏四月癸丑朔，日有食之。　大同四年春正月辛酉朔，日有食之。　六年夏閏五月丁丑朔，日有食之。　太清元年春正月己亥朔，日有食之。　陳高祖永定三年夏五月丙辰朔，日有食之。　文帝天嘉二年夏四月丙子朔，日有食之。　冬十月甲戌朔，日有食之。　三年秋九月戊辰朔，日有食之。　四年春三月乙丑朔，日有食之。　五年春二月庚寅朔，日有食之。　秋八月丁亥朔，〔四四〕日有食之。　六年秋七月辛巳朔，日有食之。　天康元年春正月己卯朔，日有食之。　廢帝光大元年春正月癸酉朔，日有食之。　冬十一月戊戌朔，日有食之。　二年冬十一月壬辰朔，日有食之。　宣帝太建二年冬十月辛巳朔，日有食之。　三年夏四月戊寅朔，日有食之。　四年春三月癸卯朔，日有食之。　秋九月庚子朔，日有食之。　六年春二月壬辰朔，〔四五〕日有食之。　七年春二月丙戌朔，日有食之。　冬十二月辛亥朔，日有食之。　八年夏六月戊申朔，日有食之。　九年冬十一月己亥晦，日有食之。　十二年冬十月甲寅朔，〔四六〕日有食之。　後主至德元年春二月己巳朔，日有食之。　秋八月丁卯朔，〔四七〕日有食之。　二年春正月甲子朔，日有食之。　三年春正月戊午朔，日有食之。　禎明元年夏五月乙亥朔，日有食之。　隋文帝開皇十一年春二月辛巳晦，〔四八〕日有食之。　十二年秋七月壬申晦，日有食之。　十三年秋七月戊辰晦，日有食之。　仁壽元年春二月乙卯朔，日有食之。〔四九〕　大業十二年夏五月丙戌朔，日有食之。

日夜出。　前漢孝武帝建元二年夏四月戊申，有如日夜出。　晉元帝太興元年冬十一月乙卯，日夜出，高三丈，中有赤青珥。

日夜食。　後魏孝莊永安二年冬十月己酉，日從地下食出，虧從西南角起。

日薄食。　晉懷帝永嘉元年冬十一月乙亥，黄黑氣掩日，所照皆黄。

衆日並出。　晉孝愍帝建興二年春正月辛未，有三日相承出於西方而東行。　四年，三日並照。　五年春正月，三日並照，虹蜺彌天。　元帝太興三年，五日並見。　梁元帝承聖元年冬十一月，兩日俱見。

日鬬。　晉元帝太興四年春二月癸亥，日鬬。　後周武帝天和元年春二月庚午，日鬬，光遂微。

日隕于地。　晉建興二年春正月辛未，庚時，日隕于地。

日中烏見。　晉穆帝永和八年，張重華在涼，日暴赤如火，中有三足烏，形見分明，五日乃止。　後周武帝天和元年春二月庚午，日中見烏。　靜帝大象元年春二月癸未，日出，將入時，其中並有烏色。

日中飛鷰。　晉惠帝元康九年春正月，日中有若飛鷰者，數日乃消。　孝懷帝永嘉五年春三月庚申，日中有若飛鷰者。

日中黑子。晉武帝泰始四年冬十月乙未，日中有黑子。惠帝永寧元年秋九月甲申，日中有黑子。元帝太興四年春三月癸未，日中有黑子。永昌元年冬十月辛卯，日中有黑子。成帝咸康八年春正月壬申，日中有黑子。穆帝永和十年冬十月庚辰，日中有黑子，大如雞卵。十一年春三月戊申，日中有黑子，大如桃，二枚。升平三年冬十月丙午，日中有黑子，大如雞卵。海西公太和四年冬十月乙未，日中有黑子。五年春二月辛酉，日中有黑子，大如李。簡文帝咸安二年冬十月丁丑，日中有黑子。孝武帝寧康元年冬十一月己酉，日中有黑子，大如李。二年春三月庚寅，日中有黑子二枚，大如鴨卵。冬十一月己巳，日中有黑子，大如雞卵。太元十三年春二月庚子，日中有黑子，大如李。十四年夏六月辛卯，日中又有黑子，大如李。二十年冬十一月辛卯，日中又有黑子。安帝隆安四年冬十一月辛亥，日中有黑子。齊永元元年冬十二月乙酉，日中有黑子三枚。後周建德六年冬十一月甲辰，黑子大如杯。

日中黑氣。漢孝靈帝中平四年三月丙申，黑氣大如瓜，在日中。五年正月，日色赤黄，中有黑氣如飛鵲，數月乃銷。〔五〇〕晉惠帝永康三年冬十二月庚戌，日中有黑氣。太安元年冬十一月，日中有黑氣。永興元年冬十月，日中有黑氣分日。後魏孝文帝太和二年，日中有黑氣。三年夏六月癸卯，日中有黑氣。宣武帝景明二年秋八月戊辰，日赤無光，中有黑氣。三年正月乙巳，日中有黑氣。正始元年冬十二月丙戌，黑雲貫日。二年，日中有黑氣，形如月，從東南來衝日。三年春二月甲子，日中有黑氣三。四年冬十一月癸卯，日中有黑氣二，大如桃。　後周武帝天和二年冬十月辛卯，日中有黑氣。

日青無光。　隋文帝仁壽四年秋七月乙未，日青無光，八日乃復。

日光四散。　晉惠帝光熙元年夏五月壬辰、癸巳，日光四散，赤如流血，照地皆赤。甲午，又如之。　孝懷帝永嘉五年春三月庚申，日散光如血下流，所照皆赤。　隋煬帝大業十三年冬十一月辛酉，日光四散如流血。

日晝昏而黃黑霧。　晉惠帝永康元年冬十月乙未，日闇，黃霧四塞。　孝愍帝建興二年春正月己巳朔，黑霧著人如墨，連夜五日乃止。　明帝太寧元年春正月己卯朔，日暈無光。癸巳，黃霧四塞。　二月乙丑，黃霧四塞。　宋文帝元嘉四年冬十月辛卯，日晝昏，〔五一〕凡十日乃明。

日死。　漢成帝河平元年春正月二日，日出赤如血，無光，食後乃復。　孝靈帝時，日數出東方，正赤如血，無光，高二丈餘乃有景；且入西方，去地二丈，亦如之。　宋孝武帝大明七年冬十一月，日始出四五丈，色赤如血，未没四五丈亦如之。至八年春，凡三度，謂之日死。　齊建元元年冬十二月未時，日暈色黃，無光，至申乃散。　二年閏月乙酉，日黃無光。　四年冬十一月丙午，日黃色無光。　永明五年冬十一月丁亥，日出五竿，失色，赤黃暈抱珥直背。

日赤如血無光。　後魏文成帝興安元年冬十一月己卯，日出赤如血。　宣武帝正始三年冬十月乙巳，日赤無光。　延昌元年冬十月甲戌至辛卯，日初出及將没，赤白無光。

日五色。晉武帝太康元年春正月己丑朔，五色氣冠日，自卯至酉。

日無光。後魏孝文帝太和十一年冬十一月丁亥，日失色。孝明帝熙平元年春三月丁丑，日出無光，至申、酉時。正光三年冬十月己巳，太史奏，自八月以來，黄埃掩日，日出三丈，色如赭，無光曜。〔五二〕節閔帝普泰元年春三月丁亥，〔五三〕日月並赤赭色，天地溷濁。

日暈及背珥冠。後漢光武建武七年夏四月丙寅，〔五四〕日加卯，西面有抱，須臾成暈。殤帝延平元年夏六月丁未，日暈，上有半暈，暈中外有璚背兩珥。冬十二月丙寅，日暈，再重，中有背璚。孝順帝永和六年春正月己卯，暈兩珥，中赤外青，白虹貫暈中。晉孝愍帝建興五年春正月，日有重暈，左右兩珥。明帝太寧元年春正月己卯朔，日暈無光。安帝隆安元年冬十二月壬辰，日暈，有背璚。義熙六年夏五月丙子，日暈，有璚。恭帝元熙二年春正月壬辰，白氣貫日，東西有直珥各一丈，白氣貫之交匝。陳文帝天嘉七年夏四月甲子，日有交暈，白虹貫之。〔五五〕後魏道武帝皇始二年冬十月壬辰，日暈，有背珥。孝文帝太和二年春正月辛亥，日暈，東西兩珥。三年春正月癸丑，日暈，東西有珥。〔五六〕八年春正月戊寅，有白氣貫日。宣武帝肅宗熙平元年夏四月甲辰卯時，暈匝，西有一背黄，南北有珥，内赤外黄，漸滅。〔五七〕冬十二月己酉，日暈，北有一抱，内赤外黄白，兩傍有珥下。孝明帝正光五年閏月乙酉，日暈，内赤外青，南有珥，下有抱，兩背，内赤外青。冬十二月丙申，日暈，南北有珥，上有兩抱，一背。〔五八〕　孝昌三年夏五月戊戌辰時，暈匝，内赤外白，兩珥。　冬十一月戊寅辰時，暈，東面不合，内赤外黄。〔五九〕　孝武帝永熙三年夏六月己丑，日暈，有重珥，上有背長二丈餘。　冬十一月己巳辰時，日暈，不合，東西有珥背。

日暈再重。　周幽王末年，日暈，再重，内赤外青，有一黑畫，上下通在日中。　晉武帝泰始五年秋七月甲寅，日暈，再重，白虹貫之。　惠帝元康元年冬十一月甲申，日暈，再重，青赤有光。　永康元年春正月癸亥朔，日暈，三重。　太安二年春三月甲戌，日暈，東西兩處不合，其狀如抱。　孝愍帝建興五年春正月，日有重暈，左右兩珥。　後魏孝明帝正光五年春三月丁卯，日暈，三重，外青内赤。　孝昌元年夏五月，日暈，再重。　節閔帝普泰元年冬十一月，日暈，再重。　東魏孝靜帝武定三年冬十一月壬申，日暈，兩重，東南、東北有珥，在西兩重背。

日暈五重。　晉孝懷帝永嘉二年春二月癸卯，青黄暈五重。　海西公太和六年，日暈五重。

白虹貫日。　後漢光武建武七年夏四月丙寅，日有暈抱，白虹貫暈。　孝靈中平六年春二月乙未，〔六〇〕白虹貫日。　孝獻帝初平元年春二月壬辰，白虹貫日。　吴大帝赤烏十一年春二月，白虹貫日。　晉孝懷帝永嘉二年春正月戊申，白虹貫日。　二月癸卯，白虹貫日。　明帝太寧元年冬十一月丙子，白虹貫日。　成帝咸和九年秋七月，白虹貫日。　咸康元年秋七月，白虹貫日。　二年秋七月，白虹貫日。　海西公太和四年夏四月戊辰，白虹貫日。　六年春三月辛未，白虹貫日。　安帝元興元年春二月甲子，白虹貫日中。　三月庚子，白虹貫日。　義熙十年，日在東井，有白虹十餘丈在南干日。　梁武帝太清元年春二月，白虹貫日。　三年春正月，白虹貫日。　後魏孝文帝延興五年春正月丁酉，白虹貫日。　太和十二年春三月戊戌，〔六一〕白虹貫日。　宣武帝延昌元年冬十一月己酉，白虹貫日。　孝明帝神龜元年春三月丁丑，白虹貫日。　正光三年夏五月，白虹貫日。　孝昌三年冬十二月丙戌，白虹貫日。　東魏孝靜帝元象元年冬十二月，白虹貫日。　後周孝武帝保定五年，白虹貫日。　建德二年春二月辛亥，白虹貫日。　靜帝大定元年冬十二月己未，白虹貫日。　隋文帝開皇元年春正月己巳，白虹夾日。

月

兩月並見。漢孝成帝建始元年秋八月戊午晨，漏未盡三刻，有兩月相承，晨見東方。　梁武帝太清二年春正月癸巳朔，兩月相承如鈎，見于西方。〔六二〕　西魏文帝大統十四年春正月朔，兩月並見。〔六三〕　隋煬帝大業九年春正月二十七日，兩月並見。

月晝明。梁簡文帝大寶元年春正月丙寅，月晝見于東方。

星入月中。後漢孝明帝永平十五年冬十一月乙丑，太白入月中。　晉孝惠帝太安二年冬十一月庚辰，歲星入月中。　元帝太興三年冬十一月己未，太白入月，在斗。　成帝咸康元年春二月乙未，太白入月。　六年春二月乙未，太白入月。　孝武帝太元十二年春二月戊寅，熒惑入月。　十三年冬十二月戊子，辰星入月。　十八年春正月乙酉，熒惑入月。　隋文帝仁壽四年夏六月庚午，有星入月中，數日而退。

星

五星合聚。周武王將伐商，五星聚于房。　齊桓公將霸諸侯，五星聚于箕。　漢高祖元年入秦，五星聚于東井。以歷推之，從歲星也。

四星合聚。漢孝平帝元始四年，四星聚于柳、張，各五日。　後漢孝獻帝初平元年，四星聚于箕、尾。　建安二十二年，四星又聚。〔六四〕　西晉懷帝永嘉六年秋七月，四星聚于牛、女之間。　孝武帝太元十九年冬十月，四星合于氐。　安帝義熙三年春二月癸亥，土、火、金、水聚于奎、婁，從填星也。　九年春二月壬辰，木、火、土、金聚于東井，從歲星也。　後魏明元帝永興四年春二月壬辰，木、火、土、金聚于東井，後木、火入鬼。　節閔帝普泰元年冬十月甲寅，金、火、土、木入參、觜，甚明。

三星合聚。漢孝文帝後六年夏四月乙巳，三星合于東井。　孝景帝元年秋七月乙丑，金、木、水三星俱合于張。　後漢孝和帝永元二年春正月乙卯，金、木俱合于奎。丙寅，水又在奎。辛未，水、金、木在婁。　五年夏四月，金、火、水俱聚于東井。　七年春二月癸酉，金、火俱在參。戊寅，在井。　秋八月甲寅，水、土、金俱在軫。　冬十二月丙辰，〔六五〕火、金、水俱在斗。孝靈帝光和五年冬十月，木、火、金合于虛，相去各五六寸，如連珠。　孝獻帝初平元年冬十一月庚戌，土、火、金合于尾。　建安十八年秋，木、土、火合于太微，逆行，留守帝座百餘日。　晉惠帝元康三年，填星、歲星、太白三星聚于畢、昴。　孝懷帝永嘉六年秋七月，火、木、金聚于牛、女之間。孝武帝太元十七年秋九月丁丑，木、火、土同在亢、氐。〔六六〕　宋文帝元嘉二十二年春二月，〔六七〕金、火、水合於東井。　後魏道武帝天賜四年春二月癸亥，火、土、金、水聚于奎、婁。〔六八〕　後周宣帝宣政元年夏六月壬午，木、火、金合于井。　靜帝大象元年夏四月戊子，〔六九〕金、木、水合于井。

老人星。

梁天監四年秋八月庚子，老人星見。自此後每常以秋分後見於參南，至春分而伏矣。

流星。

自上而降曰流，自下而升曰飛。　秦始皇二年三月乙未，有流星大小西行，不可勝數，至曉乃息。　漢孝昭帝始元中，有流星下燕萬載宮，極東去。　元平元年春二月甲申，晨有流星大如月，衆星皆隨西行。　三月丙戌，流星出翼、軫東北，于太微，入紫宮，始出小，且入大，有光。入有頃，聲如雷，三鳴乃止。　孝成帝建始元年秋九月戊子，有流星出文昌，色白，光燭地，長可五六丈，大四圍所，詘折委曲，貫紫宮西；在斗西北子亥間，復詘如環，北方不合，留一刻所。　元延元年夏四月丁酉，日晡時，天腥晏，隱隱如雷，有流星頭大如缶，長十餘丈，皎然赤白色，從日下東南去。四面，或大如盂，或如雞子，燿燿如雨下，至昏止。　綏和元年春二月辛未，有流星從東南入北斗，長數十丈，二刻所息。　光武建武十年春三月癸卯，流星如月，從太微出，入北斗魁第六星，色白。旁有小星射者十餘枚，滅則有聲如雷，食頃止。　冬十二月己亥，大流星如缶，出柳，西南行入軫。且滅時，分爲十餘，如遺火狀，須臾，有聲隱隱如雷。　十二年春正月己未，小星流百枚以上，或西北，或正北，或東北，二夜止。　夏六月戊戌晨，小流星百枚以上，四面行。　中元二年冬十月戊子，大流星從西南東北行，聲如雷。　孝明帝永平元年夏四月丁酉，流星大如斗，起天市樓，西南行，光照地。　七年春正月戊子，流星大如杯，從織女西行，光照地。　孝章帝建初二年秋九月甲寅，流星過紫宮中，長數丈，散爲三，滅。　孝和帝永元元年春正月辛卯，有流星起參，長四丈，有光，色黄白。　一云，大如拳，起參東南。　又云，大如桃，色赤，起太微東蕃。　二月，流星起天棓，東北行三丈所，滅，色青白。　壬申，夜有流星起太微東蕃，長三丈。　三月丙辰，流星大如桃，起天津，東至斗，黄白頻有光。　壬戌，有流星起天將軍，東北行，色黄，無光。　二年春二月丁酉，有流星大如桃，起紫宮東蕃，西北行，五丈稍滅。　四月丙辰，有流星大如瓜，起文昌東北，西南行，至少微西滅。〔七〇〕有頃音如雷。　八月丁未，有流星如雞子，起太微西，東南行，四丈所消。　冬十月癸未，有流星大如桃，起天津，西行，六丈所消。　十一月辛酉，有流星大如拳，起紫宮，西行，到胃消。　三年秋九月丁卯，有流星大如雞子，起紫宮，西南至北斗柄間消。　七年春正月丁未，有流星起天津，入紫宮中滅，色青黄，有光。　冬十二月己卯，有流星起文昌，入紫宮消。　十一年夏五月丙午，有流星大如瓜，起氐，西南行，稍有光，白色。　十六年冬十月辛亥，流星起鈎陳，北行三丈，有光，色黃。　元興元年春二月庚寅，有流星起角、亢，五丈所。　夏四月辛亥，有流星起斗，東北行到須女。　秋七月己巳，有流星起天市五丈所，其色光赤。　孝順帝永和三年春二月辛丑，有流星大如斗，從西北東行，〔七二〕長八九尺，色赤黃，有聲隆隆然如雷。　孝桓帝永壽元年秋九月己酉，晝有流星，長二尺所，色黃白。　孝靈帝熹平二年夏四月，有流星出文昌，入紫宮，蛇行，有首尾無身，赤色，有光照垣牆。　光和元年夏四月癸丑，流星犯軒轅第二星，東北行，入北斗魁中。　中平中夏，流星赤如火，長三丈，起河鼓，入天市，抵觸宦者星，色白，長二三丈，後尾再屈，食頃乃滅。　魏明帝景初二年秋八月丙寅夜，有大流星，長數十丈，白色，有芒鬣，墜遼東襄平城東南。　陳留王景元四年夏六月，有大星二並如斗，見西方，分流南北，光照地，隆隆有聲。　蜀後主建興十三年，諸葛亮屯渭南。有星流投亮營，三投再還。　晉懷帝永嘉元年秋九月辛卯，有大星如日，自西南流于東北，小者如斗相隨，天盡赤，聲如雷。　元帝永昌元年秋七月甲午，有流星大如甕，長百餘丈，青赤色，從西方來，尾分爲百餘歧方散。　成帝咸康三年夏六月辛未，流星大如二斗魁，色青赤，光燿地，出奎中，没婁北。　六年春二月庚午朔，有流星大如斗，光燿地，出天市，西行入太微。　穆帝永和八年夏六月辛巳，日未入，有流星大如三斗魁，從辰巳上，東南行，以晷度推之，在奎斗之間，蓋燕分也。　十年夏四月癸未，流星大如斗，色赤黃，出織女，没造父，有聲如雷。

海西公太和四年冬十月壬申，有大流星西下，有聲如雷。　安帝隆安五年春三月甲寅，流星赤色，衆多，西行經牽牛、虛、危、天津、閣道，貫太微、紫宮。　宋文帝元嘉十年冬十二月，〔七二〕有流星大如甕，尾長二十餘丈。　孝武孝建初二月，流星大如月，西行。　梁武帝太清三年春正月戊辰，有流星長三十丈，墮武庫。　元帝承聖三年冬十一月庚子，夜有流星，墜江陵城中。　後魏道武帝登國四年春三月丁未，有大流星東南行，尾屬地六七丈，有聲。　天興元年冬十一月乙酉，有流星照地，啾啾有聲。〔七三〕　文成帝興安元年夏五月辛亥，流星大如五斗許，西南爲六七段，有聲。　後周武帝天和四年夏四月庚午，有流星大如斗，出左攝提，流至天津，滅，有聲如雷。　建德六年冬十二月癸丑，流星大如月，西流，有聲，蛇行屈曲，光照地。　戊辰，平旦有流星，大如三斗器，色赤，出紫宮。　靜帝大象元年夏六月丁卯，有流星，大如雞子，出氐中，西北流，有尾長一丈所，入月中，卽滅。　己丑，有流星，大如斗，出營室。〔七四〕　二年五月甲辰，有流星一，大如三斗器，〔七五〕出太微端門，流入翼，色青白，聲如風卷旗。　秋七月壬子，有流星大如斗，出五車東北。　隋文帝開皇元年冬十一月己巳，有流星，聲如隤牆，光燭地。　五年秋八月戊申，有流星數百，四散而下。　煬帝大業十二年秋八月壬子，有大流星如斗，出王良閣道，聲如隤牆。　癸丑，有流星大如甕，出羽林。

奔星。　光迹相連曰流，絶迹而去曰奔。　晉太元二年冬十月乙卯，有奔星，東南經翼、軫，聲如雷。

飛星。　飛類於流，自下而上曰飛。　漢成帝陽朔四年閏月庚午，飛星大如缶，西南入斗下。

星隕。周莊王十年夏四月辛卯夜，恒星不見，夜中，星隕如雨。　襄王元年，星晝隕秦。八年春正月戊申朔，隕石于宋五。傳曰，隕星也。　漢孝成帝永始二年春二月癸未，夜過中，星隕如雨，長一二丈，繹繹未至地滅，至雞鳴止。　後漢更始元年夏，有流星墜昆陽王尋王邑營中。晝有雲如壞山，當營而隕，不及地尺而散。　晉武帝泰始四年秋七月，星隕如雨，皆西流。　太康九年秋八月壬子，星隕如雨。〔七六〕　孝惠帝太安二年冬十一月辛巳，有星晝隕中天北下，光變白，有聲如雷。　永興元年秋七月乙丑，星隕，有聲。　二年冬十月，星又隕，有聲。　孝懷帝永嘉四年冬十月庚子，大星西北墜，有聲。　恭帝元熙元年，西涼星隕。　梁武帝中大通四年秋七月甲辰，星隕如雨。　元帝承聖元年，星隕吴郡。　後魏道武帝登國九年，有星墜于河北，聲如雷震，光明燭天地。　隋文帝開皇十九年，星隕于勃海。　煬帝大業十一年冬十二月戊寅，〔七七〕大流星如斛，墜賊盧明月營。　十二年夏五月，〔七八〕有大流星隕于吴郡爲石。　十三年夏五月辛亥，大流星隕於江都。

客星。非其常有曰客星。　漢武帝元光元年夏六月，有客星見于房。　孝昭帝元鳳四年，客星在紫宫中斗樞極間。　孝宣帝地節元年夏六月戊戌甲夜，客星居左右角間，東南指，長可二尺，色白。其丙寅，又有客星見于貫索東北，南行，至秋七月癸酉夜，入天市，芒炎東南指，其色白。　黄龍元年春三月，客星居王良東北可九尺，長丈許，西指，出閣道間，至紫宫。　孝元帝初元元年夏四月，有客星，大如瓜，色青白，在南斗第二星東可四尺。　二年夏五月，客星見于昴分，居卷舌東可五尺，色青白，炎長三寸。後漢光武建武三十一年秋七月，有客星見軒轅，炎二尺所，西南行，至明年二月二十二日，在輿鬼東北六尺所，凡百十三日，滅。〔七九〕孝明帝永平四年秋八月辛酉，客星出梗河，西北指貫索，七十日，去。八年冬十二月戊子，客星出東方。九年春正月戊申，客星出牽牛，長八尺，歷斗建箕，過角、亢，至翼，芒東指，見至五十日，滅。十三年冬十一月，客星出于軒轅，四十八日。十四年春正月戊子，有客星出昴，六十日，在軒轅右角，稍滅。孝章帝元和二年夏四月，〔八〇〕客星晨出東方，在胃八度，歷閣道入紫宫，留四十日，滅。孝和帝永元十三年冬十一月乙丑，〔八一〕軒轅第四星間有小客星，色青黄。十六年夏四月戊午，客星從紫宫西行至昴，五月壬申，滅。孝安帝永初元年秋八月戊申，有客星在東井弧星西南。四年夏六月甲子〔八二〕，客星大如李，蒼白，芒氣長二尺，指上階星。元初三年冬十一月甲午，客星見于西方，己亥，在虚、危，南至胃、昴。延光四年冬十一月，客星見天市。孝順帝永建六年冬十二月壬申，客星芒氣長二尺餘，西南指，色蒼白，在牽牛六度。陽嘉元年閏月戊子，客星氣白，廣二尺，長五丈，起天苑西南。孝桓帝延熹四年夏五月辛酉，客星在營室，相順行，生芒長五尺所，至心一度，轉爲彗。孝靈帝中平二年冬十月癸亥，有客星出南門中，大如半筵，五色喜怒稍小，至後年六月，消。五年夏六月丁卯，客星如三升椀，出貫索，西南行入天市，至尾而消。魏文帝黄初三年秋九月甲辰，客星見太微左掖門內。明帝景初二年冬十月，客星見危，逆行，在離宫北騰蛇南，甲辰，犯宗星，己酉乃滅。高貴鄉公甘露四年冬十月丁丑，客星見太微中，轉東南行，歷軫宿，七日，滅。〔八三〕　晉武帝太熙元年夏四月，客星在紫宮。　孝惠帝永興元年夏五月，客星守畢。　海西公太和四年春二月，客星見紫宮西垣，至七月乃滅。〔八四〕　孝武帝太元十一年春三月，客星在南斗，至六月乃滅。　十八年春二月，客星在尾中，至九月乃滅。　安帝元興元年冬十月，有客星，色白如粉絮，在太微西，至十二月入太微。　後周武帝保定元年秋九月乙巳，客星見于翼。　天和三年秋七月己未，客星見房、心，白如粉絮，大如斗；漸大，東行，八月入天市，長如匹許；復東行，犯河鼓右將，癸未，犯瓠瓜，又入室，犯離宮；九月壬寅，入奎，稍小，壬戌，至婁北一尺所，滅，凡六十九日。　建德三年春二月戊午，有客星大如桃，出五車東南，入文昌，又入北斗魁中，凡見九十三日。

彗星。隨志曰：「孛星，彗之屬也。偏指曰彗，芒氣四出曰孛。」彗星者，掃星也，有五色。春秋時，齊有彗星，齊君禳之，晏子曰，無益也。　周貞定王二年，彗星見。　顯王八年，彗星見于西方。　赧王十年，彗星四見。　十二年，彗星見。　十九年，彗星見。　秦始皇七年，彗星先見東方，見北方，五月見西方。　九年，彗星見，或竟天。　是歲，彗星復見西方，又見北方，從斗南八十日。　十三年，彗見東方。　漢孝景帝二年冬十二月，彗星出西南。　中三年春三月丁酉，彗星見西北，色白，長丈，在觜觿，且去益小，十五日不見。〔八五〕　孝元帝初元五年夏四月，彗星出西北，赤黃色，長八尺所，數日長丈餘，東北指，在參分。　孝哀帝建平二年春二月，彗星出牽牛，七十餘日。　後漢建武十五年春正月丁未，彗星見昴，炎長三丈，稍西北行，入營室，犯離宮，二月乙未至東壁，滅，四十九日。　三十年閏月甲午，水在東井二十度，生白氣，東南指，炎長五尺，爲彗，東北行，至紫宮西藩止，五月甲子不見，凡見三十一日。　孝明帝永平三年夏六月丁卯，彗星出天船北，長二尺所，稍北行，至亢南，見三十五日，去。〔八六〕　十八年夏六月己未，彗星出張，長三尺，轉在郎將南，入太微。　孝章帝建初元年秋八月庚寅，彗星出天市，長三尺所，稍行入牽牛三度，積四十日，稍滅。　二年冬十二月戊寅，彗星出婁三度，長八九尺，稍入紫宮，百六日，稍滅。〔八七〕　孝安帝永初　三年冬十二月，彗星起天苑南，東北指，長六七尺，色蒼白。　孝順帝永和六年春二月丁巳，彗星見東方，長六七尺，色青白，西南指營室及墳墓；丁丑，彗星在奎一度，長六尺；癸未，昏見西北，歷昴、畢；甲申，在東井，遂歷輿鬼、柳、七星、張，〔八八〕光炎及三台，至軒轅中滅。　孝桓帝建和三年秋八月乙丑，彗星芒長五尺，見天市中，東南指，色黃白，九月戊辰，不見。　孝靈帝光和元年秋八月，彗星出亢北，入天市中，長數尺，稍長至五六丈，赤色，經歷十餘宿，八十餘日，乃消於天苑中。　三年冬，彗星出狼、弧，東行至于張，乃去。　五年秋七月，彗星出三台下，東行入太微，〔八九〕至太子、幸臣，二十餘日而消。　中平五年春二月，彗星出奎，逆行入紫宮，復三出，六十餘日乃消。　孝獻帝初平四年冬十月，彗星出兩角間，〔九〇〕東北行，入天市中而滅。　魏明帝青龍四年冬十一月己亥，彗星見，犯宦者星、天紀星。　景初二年秋八月癸丑，彗星見張，長三尺，逆西行，四十一日乃滅。　齊王正始元年冬十月乙酉，彗星見于西方，在尾，長二丈，拂牽牛，犯太白，十一月甲子，進犯羽林。　六年秋八月戊午，彗星見七星，長二尺，色白，進至張，積二十三日，滅。七年冬十一月癸亥，彗星見軫，長一尺，積百五十六日，滅。九年春三月，彗星見昴，長六尺，色青白，芒西南指。秋七月，又見翼，長二尺，進至軫，積四十二日，滅。

嘉平四年春二月丁酉，彗星見于西方，在胃，長五六丈，色白，芒南指，貫參，積二十日，滅。五年冬十一月，彗星又見軫，長五丈，在太微左執法西，東南指，百九十日，滅。高貴鄉公正元

二年春正月，〔九一〕彗星見于吴楚分，西北竟天。甘露二年冬十一月，彗星見角，色白。陳留王景元三年冬十一月壬寅，彗星見亢，色白，長五寸，轉北行，積四十五日，滅。咸熙二年夏五月，彗星見王良，長丈餘〔九二〕，色白，東南指，積十二日，滅。晉武帝泰始四年春正月丙戌，彗星見軫，青白色，西北行，又轉東行。孝惠帝永康元年冬十二月，彗星出牽牛西，指天市。二年夏四月，彗星見于齊分。太安元年夏四月，彗星晝見。二年春三月，彗星見于東方，指三台。

成帝咸康二年春正月辛巳，彗星見西方，在奎。康帝建元元年冬十一月六日，彗星見亢，長七尺，白色。〔九三〕穆帝永和五年冬十一月乙卯，彗星見亢，芒西向，色白，長一丈。六年春正月丁丑，彗星又見亢。升平二年夏五月丁亥，彗星出天船，在胃。孝武帝寧康二年春三月丙戌，彗星見氐。安帝義熙十一年夏五月甲申，彗星二，出天市，掃帝座，在房、心北。十四年秋七月癸亥，彗星出太微西，柄起上相星下，芒漸長，至十餘丈，進掃北斗、紫微、中台。宋文帝元嘉十九年秋九月丙辰，有客星在北斗，因爲彗，入文昌，貫五車，掃畢，拂天節，經天苑，季冬乃滅。

二十六年，彗星見太微。二十八年夏四月己卯，〔九四〕彗星見昴。六月壬子，彗星見太

微中，對帝座。齊和帝中興元年，彗星竟天。梁武帝大同五年冬十月辛丑，彗星出南斗，長一尺餘，東南指，漸長丈餘，至婁，滅。陳文帝天嘉元年秋九月癸丑，彗星見，長四尺，芒指西南。六年夏六月辛酉，彗星見上台，長丈餘。廢帝光大二年夏六月，彗星見。宣帝太建十二年冬十二月辛巳，〔九五〕彗星見西南。後魏道武帝天興四年春正月，彗星見于西方。孝文帝太和六年秋八月戊午，彗星見于七星，長二尺，色白，行至張，積四十餘日，滅。七年冬十月癸亥，彗星見軫，長一丈，六十日乃滅。九年春二月，彗星見昴，長一尺。秋七月，又見翼，長二尺，進至軫。正光元年九月辛亥，彗星出東方，長尺三寸。北齊武成帝河清四年春三月，彗星見。後主天統元年夏六月壬戌，彗星出文昌東北，其大如手，〔九六〕經紫微，後稍長至丈餘，百餘日，滅於虛、危。四年夏六月，彗星見于東井。後周武帝保定五年夏六月庚申，彗星出三台，入文昌，經紫宫，漸長丈餘，後百餘日，稍短，長二尺五寸，在虛、危滅。天和三年夏六月甲戌，彗星見東井，長一丈，上白下赤而鋭，東行至鬼北八寸，乃滅。隋文帝開皇十四年十一月癸未，有彗星孛于虛、危，及奎、婁。煬帝大業三年春二月己丑，彗星見于東井、文昌，歷太陵、五車、北河，入太微，掃帝座前後，百餘日而止。四年秋九月戊寅，彗星出五車，掃文昌，至房而滅。大業十三年秋九月，有彗星見於營室。

孛星。偏指曰彗，芒氣四出曰孛。彗亦爲孛。孛者，非常惡氣之所生也，孛然爲粉絮。春秋，魯文公十四年，有星孛于北斗。昭公十七年冬，有星孛于大辰，西及漢。哀公十三年冬十一月，〔九七〕有星孛于東方。　十四年冬，有星孛。　漢高帝三年秋七月，有星孛于大角，旬餘乃入。　孝文帝後七年秋九月，有星孛于西方，其本直尾、箕，末指虛、危，長丈餘，及天漢，十六日不見。　孝景帝二年冬十二月，有星孛于西南。　中二年夏四月，有星孛于西北。　中三年秋九月，有星孛于西北。　孝武帝建元三年春三月，有星孛于星、張，歷太微，干紫宮，至于天漢。是歲夏四月，有星孛于天紀，至織女。　秋七月，有星孛于西北。　四年秋九月，〔九八〕有星孛于東北。　六年夏六月，有星孛于北方。　秋八月，有星孛于東方，長竟天。　元狩三年春，有星孛于東方。　四年春，有星孛于東北。　元封元年秋，有星孛于東井，又孛于三台。　元封中，有星孛于河戍。〔九九〕　太初中，有星孛于招搖。　後元二年秋七月有星孛于東方。孝昭帝始元三年春二月，有星孛于西北。　孝宣帝地節元年春正月，有星孛于西方，去太白二丈所。　神爵元年夏六月，有星孛于東方。　黃龍元年春三月，有星孛于王良閣道，入紫宮。孝元帝初元五年夏四月，有星孛于參。　孝成帝建始元年春正月，有星孛于營室，青白色，長六七丈，廣尺餘。　元延元年秋七月，有星孛于東井，踐五諸侯，出河戍北，率行軒轅、太微，後日六度有餘，晨出東方，十三日，夕見西方，犯次妃、長秋、斗、填，蠭炎再貫紫宮中，〔一〇〇〕大火當後，達天河，除于妃后之域，南逝度，犯大角、攝提，至天市而按節徐行，炎入市，中旬而後西去，五十六日，與蒼龍俱伏。　孝哀帝建平三年春三月，有星孛于河鼓。　王莽地皇三年冬十一月，有星孛于張，東南行，五日，不見。　後漢孝桓帝延熹四年夏五月，有星孛于心。　孝獻帝建安五年冬十月辛亥，有星孛于大梁。　九年冬十一月，有星孛于東井、輿鬼，入軒轅、太微。　十一年春正月，有星孛于北斗，首在斗中，尾貫紫宮及北辰。　十二年冬十月辛卯，有星孛于鶉尾。　十七年冬十二月，有星孛于五諸侯。　二十二年冬，有星孛于東北。　二十三年春三月，孛星晨見東方，二十餘日，夕出西方，犯歷五車、東井、五諸侯、文昌、軒轅、后妃、太微，鋒炎指帝座。　魏文帝黄初六年冬十月乙未，有星孛于少微，歷軒轅。　明帝太和六年冬十一月丙寅，〔一〇一〕有星孛于翼，近太微上將星。　青龍四年冬十月甲申，有星孛于大辰，長三尺。乙酉，又孛于東方。　齊王嘉平三年冬十一月癸亥，有星孛于營室，西行，積九十日，滅。　晉武帝泰始五年秋九月，有星孛于紫宮。　十年冬十二月，有星孛于軫。　咸寧二年夏六月甲戌，有星孛于氐。　秋七月，有星孛于大角。　八月，有星孛于太微，至翼、北斗、三台。　三年春正月，有星孛于西方。　三月，有星孛于胃。　夏四月，有星孛于女御。　五月，又孛于東方。　秋七月，有星孛于紫宮。　五年春三月，有星孛于柳。　夏四月，有星孛于女御。　秋七月，有星孛于紫宮。　太康二年秋八月，有星孛于張。　冬十一月，有星孛子軒轅。　四年春三月戊申，〔一〇二〕有星孛于西南。　八年秋九月，有星孛于南斗，長數十丈，十餘日，滅。　孝惠帝元康五年夏四月，有星孛于奎，至軒轅、太微，經三台、大陵。　永興二年秋八月，有星孛于昴、畢。　冬十月丁丑，有星孛于北斗。　成帝咸和四年秋七月，有星孛于西北，犯斗，二十三日，滅。　咸康六年春二月庚辰，有星孛于太微。　哀帝興寧元年秋八月，有星孛于角、亢，入天市。　孝武帝寧康二年春正月丁巳，有星孛于女、虚、經氐、亢、角、軫、翼、張。　秋九月丁丑，有星孛于天市。　太元十五年秋七月壬申，有星孛于北河，經太微、三台、文昌，入北斗，色白，長十餘丈，八月戊戌，入紫微，乃滅。　安帝隆安四年春二月己丑，有星孛于奎，長三丈，上至閣道、紫宫西蕃，入北斗魁，至三台，三月，遂經于太微帝座端門。　冬十二月戊寅，有星孛于貫索、天市、天津。　義熙十四年夏五月庚子，有星孛于北斗魁中。　恭帝元熙元年春正月戊戌，有星孛于太微西蕃。　宋武帝永初三年春二月丙戌，有星孛于虚、危。　是歲冬十一月戊子，有星孛于營室。　少帝景平元年春正月乙卯，有星孛于東壁。　冬十月己未，有星孛于氐。　陳宣帝太建七年夏四月丙戌，有星孛于大角。　北齊後主天統四年秋七月，有星孛于房、心，白如粉絮，大如斗，東行，八月入天市，漸長四丈，犯瓠瓜，歷虚、危，入室，犯離宫，九月入奎，至婁，滅。　後周武帝建德三年夏四月乙卯，有星孛于紫宫垣外，大如拳，赤白色，指五帝座，東南行，稍長丈五尺，五月甲子，至上台北，滅。　隋煬帝大業十一年夏六月，有星孛于文昌東南，長五六寸，色黑而鋭，夜動摇，西北行，數日至文昌，去紫宫四寸，不入，却行而滅。　十三年六月，有星孛于太微、五帝座，色黄赤，長三四尺，數日而滅。

天狗。　隋志曰：「狀如大奔星，色黄，有聲，其止地類狗所墜，望之炎炎，如火光衝天，其上鋭，其下圓，如數頃田處。或曰，星有毛，旁有短彗，〔一〇三〕下有狗形者。或曰，星出，其狀赤白有光，下卽爲天狗。一曰，流星有光，見人面，墜無音，若有足者，曰天狗。其色白，其中黄，如遺火狀。」　漢孝文帝六年秋八月，天狗下梁壄。　孝景帝三年秋七月，天狗下。　孝哀帝建平元年春正月丁未，日出時，有著天白氣，廣如一匹布，長十餘丈，西南行，讙如雷，西南行一刻而止，名曰天狗。後漢獻帝初平四年夏六月辛丑，天狗西北行。　晉穆帝升平四年冬十月庚戌，天狗見西南。　孝武帝太元十三年閏月戊辰，天狗東北下，有聲。　北齊孝昭帝皇建二年，天狗下晉陽。

枉矢。說苑曰：「枉矢，辰星盈縮之所生也。」又曰：「機星散爲枉矢。」又曰：「五星盈縮之所生也，弓弩之象也。」巫咸曰：「枉矢類大流星也，色蒼黑，蛇行，望之如有毛目，長數匹。」又曰：「黑彗分爲枉矢，枉矢者射是也。」　秦二世二年，項羽救鉅鹿，枉矢西流。　晉惠帝元康四年秋九月甲午，枉矢東北行，竟天。　六年夏六月丙午，夜有枉矢自斗魁東南行。　光熙元年夏五月，枉矢西南流。　元帝太興三年夏四月壬辰，枉矢出虛、危，没翼、軫。　穆帝升平二年冬十二月，枉矢自東南流于西北，其長半天。　隋煬帝大業十二年秋九月戊午，有枉矢二，出北斗魁，委曲蛇形，注於南斗。

蚩尤旗。孟康曰：「熒惑之精也，流爲蚩尤旗。」晉灼曰：「吕氏春秋云，其色黄上白下。」夏氏曰：「望之無雲，獨見赤雲成者是也。」或曰：「形如箕，可長三丈，末有星。」　漢武帝建元六年秋八月，長星出于東方，長亘天，三十日，去。占曰，爲蚩尤旗。　後漢獻帝初平三年秋九月，蚩尤旗見，長十餘丈，色白，出角、亢之南。　魏高貴鄉公正元元年冬十一月，〔一〇四〕白氣出南斗側，廣數丈，長亘天。王肅曰，蚩尤旗也。　晉武帝咸寧四年夏四月，蚩尤旗見于東井。

長星。漢孝文帝八年夏，有長星出于東方。　孝武帝元狩四年夏，有長星出于西北。　後漢孝明帝永平八年夏六月壬午，長星出于柳、張三十七度，犯軒轅，刺天船，陵太微，氣至上階，凡見五十六日，去。　晉孝武帝太元二十一年，長星見。　恭帝元熙二年夏四月，長星竟天。　齊東昏侯永元三年春正月乙巳，長星見，亘天。　梁武帝中大通五年春正月己酉，長星見。　隋煬帝大業二年春正月，有長星竟天，出于東壁，二旬而止。

蓬星。

漢孝景帝中三年夏六月壬戌，有蓬星見于西南，在房南，去房可二丈，如二斗器，色白；癸亥，在心東北，可長丈所；甲子，在尾北，可六丈；丁卯，在箕北，近漢，稍小；去時大如桃，壬申去，凡十日。　孝昭帝始元中，蓬星出于西方天市東門，行過河鼓，入營室中。

地 陷裂及山崩附

地震。

周幽王二年，西周涇、渭、洛三川皆震。　春秋，魯文公九年秋九月癸酉，地震。　襄公十六年夏五月甲子，地震。　昭公十九年夏五月己卯，地震。　二十三年秋八月乙未，地震。　哀公三年夏四月甲午，地震。　漢孝惠帝二年春正月，隴西地震，壓四百餘家。　呂后二年春正月乙卯，地震羌道。　孝文帝元年夏四月，齊、楚地震。　五年春二月，地震。　孝景帝後元年夏五月，地震。　孝武帝元光四年夏五月，地震。　征和二年秋八月癸亥，地震，壓殺人。　後元元年秋七月，地震，往往涌泉出。　孝宣帝本始元年夏四月庚午，地震。　四年夏四月孝元帝初元二年春二月壬寅，地震，河南以東四十九郡，北海、琅邪壞祖宗廟城郭，殺六千餘人。　永光戊午，地震于隴西郡，毁落太上皇廟殿壁木飾，壞敗豲道縣城郭官寺及民室屋，壓殺人衆。三年冬，地震。　建昭二年冬十一月，齊、楚地震。　孝成帝建始三年冬十二月戊申，夜未央宫殿中地震。　河平三年冬二月，犍爲地震，積二十一日，百二十四動。　綏和二年秋九月丙辰，地震，自京師至北邊郡國三十餘，壞城郭，凡殺四百一十五人。　後漢世祖建武二十二年秋九月，郡國四十二地震，南陽尤甚。　孝章帝建初元年春三月甲寅，山陽、東平地震。　孝和帝永元四年夏六月丙辰，郡國十三地震。　五年春二月戊午，隴西地震。　七年秋七月乙巳，易陽地裂。　九月癸卯，京師地震。　九年春三月庚辰，隴西地震。　孝安帝永初元年夏六月丁巳，河東楊地陷，〔一〇五〕東西百四十步，南北百二十步，深三丈五尺。　是歲郡國十八地震。　三年冬十二月辛酉，郡國九地震。　四年春三月癸巳，郡國九地震。　秋九月甲申，益州郡地震。　五年春正月丙戌，郡國十地震。　七年春二月丙午，郡國十八地震。　元初元年春二月己卯，日南地坼，長百八十二里，廣五十六里。　夏六月丁巳，河東地陷。　是歲，郡國十五地震。　二年夏六月，洛陽新城地裂。　冬十一月庚申，郡國十地震。　三年春二月，郡國十地震。　秋七月，緱氏地坼。〔一〇六〕　冬十一月癸卯，郡國九地震。　四年，郡國十三地震。　五年，郡國十四地震。　六年春二月乙巳，京都郡國四十二地震，或坼裂，水泉涌出，敗壞城郭民室屋，壓殺人。　冬十二月，郡國八地震。　永寧元年，郡國二十三地震。　建光元年冬十一月己丑，郡國三十五地震，或坼裂，壞城郭室屋，壓殺人。

延光元年秋七月癸卯，京都及郡國十三地震。九月甲戌，郡國二十七地震。二年，京都及郡國三十二地震。三年，京都及郡國二十三地震。四年冬十一月丁巳，〔一〇七〕京都及郡國十六地震。

孝順帝永建三年春正月丙子，京都地震，漢陽地裂，屋壞殺人。陽嘉二年夏四月己亥，京都地震。六月丁丑，雒陽宣德亭地坼，長八十五丈。四年冬十二月甲寅，京都地震。永和二年夏四月丙申，〔一〇八〕京都地震。冬十一月丁卯，京都地震。三年春二月乙亥，京都及金城、隴西地震裂，城郭室屋多壞，壓殺人。夏閏四月己酉，京都地震。四年春三月乙亥，京都地震。五年春二月戊申，京都地震。建康元年春正月，涼州郡六地震，從去年秋九月以來，至夏四月，凡百八十日震，〔一〇九〕山谷坼裂，壞敗城寺，傷害人物。秋九月丙午，京都及太原、雁門地震，三郡水涌土裂。〔一一〇〕

孝桓帝建和元年夏四月庚寅，京都地震。五月，〔一一一〕郡國六地裂，水涌出，井溢，壞寺屋，殺人。秋九月丁卯，京都地震。三年秋九月己卯，京都地震。庚寅，又震。元嘉元年冬十一月辛巳，京都地震。二年春正月丙辰，京都地震。冬十月乙亥，京都地震。永興二年春二月癸卯，京都地震。永壽二年冬十二月，京都地震。三年秋七月，河東地陷。延熹元年秋七月己巳，雲陽地裂。四年夏六月，京兆、扶風及涼州地震。五年夏五月乙亥，京都地震。八年夏六月丙辰，〔一一二〕緱氏地裂。秋九月丁未，京都地震。永康元年夏五月丙申，雒陽、高平永壽亭及上黨泫氏地裂。

孝靈帝建寧四年春二月癸卯，地震。夏五月，河東地裂十二處，裂合長十里一百七十步，廣者三十餘步，深不見底。　熹平二年夏六月，北海地震。　六年冬十月辛丑，地震。　光和元年春二月己未，地震。　夏四月丙辰，地震。　二年春三月，地震。　三年自秋至明年春，酒泉表是地八十餘震，涌水出，城中官寺民舍皆頓，縣易處更築城郭。〔一一三〕　孝獻帝初平二年夏六月丙戌，地震。　四年冬十月辛丑，地震。　十二月辛丑，〔一一四〕地震。　興平元年夏六月丁丑，地震。戊寅，又地震。　建安十四年冬十月，荆地震。

吴大帝黄武四年，江東地連震。　魏明帝青龍二年冬十一月，京都地震，從東來，隱隱有聲，摇屋瓦。　景初元年夏六月戊申，京師地震。　是歲，江東地亦震。　吴大帝赤烏二年春二月，地再震。　魏齊王正始二年冬十一月，南安郡地震。　三年秋七月甲申，南安郡地震。　冬十二月，魏郡地震。　六年春二月丁卯，南安郡地震。　吴赤烏十一年春二月，江東地仍震。　蜀後主炎興元年，蜀地震。是歲，蜀亡。　晉武帝泰始五年夏四月辛酉，地震。　七年夏六月丙申，地震。　咸寧二年秋八月庚辰，河東、平陽地震。　四年夏六月丁未，陰平、廣武地震。甲子，又震。　太康二年春二月庚申，淮南、丹陽地震。　五年春二月壬辰，京師地震。〔一一五〕　夏五月丙午，宣帝廟地陷。　六年秋七月己丑，地震。〔一一六〕　七年秋七月，南安、犍爲地震。　八月，京兆地震。　八年春正月，太廟地陷。　夏五月壬子，建安地震。　秋七月，陰平地震。是月，前殿地陷，方五尺，深數丈，中有破船。　八月，丹陽地震。　是歲，郡國五地震。　九年春正月，會稽、丹陽、吴興地震。　夏四月辛酉，長沙、南海等郡國八地震。　秋七月至于八月，地又四震，其三有聲如雷。　九月，臨賀地震。　冬十二月，又震。　十年冬十二月己亥，丹陽地震。　太熙元年春正月，地又震。　孝惠帝元康元年冬十二月辛酉，〔一一七〕京都地震。　四年春二月，上谷、上庸、遼東地震。　夏五月，淮南壽春地陷，方三十丈，壞城府，殺人。六月，壽春地圻，人家陷死。上庸亦如之。　秋八月，居庸地圻，廣三十六丈，長八十四丈，水出。　上庸四處地墜，廣三十丈，長百三十丈，水出，殺人。　冬十月，京都地震。　十一月，滎陽、襄城、汝陰、梁國、南陽地皆震。　十二月，京都又震。　五年夏五月丁丑，地震。　六月，金城地震。　六年春正月丁丑，地震。　八年春正月丙辰，地震。　九年夏六月，賈謐齋屋柱陷入地。　太安元年冬十月，地震。　二年冬十二月丙辰，地震。　孝懷帝永嘉元年春三月，洛陽東北步廣里地陷，有二鵝出，色蒼者冲天，白者不能飛。　三年秋七月戊辰，當陽地裂三所，各廣三丈，〔一一八〕長三百餘步。　冬十月，荆、湘二州地震。　四年夏四月，兖州地震。　五月，地震。　孝愍帝建興元年冬十二月，河東地震。　二年夏四月甲辰，地震。　三年夏六月丁卯，長安又地震。　元帝太興元年夏四月乙酉，西平地震，涌水出。　冬十二月，廬陵、豫章、武昌、西陵地震，涌水出。　二年夏五月己丑，祁山地震。　三年夏五月庚寅，丹陽、吴郡、晉陵地震。　成帝咸和二年春二月，江陵地震。　三月，益州地震。　夏四月己未，豫章地震。　九年春三月丁酉，〔一一九〕會稽地震。　穆帝永和元年夏六月癸亥，地震。　二年冬十月，地震。　三年春正月丙辰，地震。　秋九月，地又震。　四年冬十月己未，地震。　五年春正月庚寅，地震。　九年秋八月丁酉，京都地震，有聲如雷。　十年春正月丁卯，地震，聲如雷，雞雉皆鳴呴。〔一二〇〕　十一年夏四月乙酉，地震。　五月丁未，地又震。　升平二年冬十一月辛酉，地震。　五年秋八月，涼州地震。　哀帝隆和元年夏四月丁丑，梁州地震。　興寧元年夏四月甲戌，揚州地震。　二年春二月庚寅，〔一二一〕江陵地震。　海西公太和元年春二月，涼州地震，水湧。　簡文帝咸安二年冬十月辛未，安成地震。　孝武帝寧康二年春二月丁巳，地震。　秋七月甲午，涼州地震。　太元元年夏五月癸丑，〔一二二〕地震。　二年春閏三月壬午，地震。　夏五月丁丑，地震。　十一年夏六月己卯，地震。　十五年春三月己酉朔夜，地震。　秋八月己丑，京都地震。　冬十二月己未，地震。　十七年夏六月癸卯，地震。　冬十二月己未，地震。　十八年春正月癸亥朔，地震。　二月乙未夜，地震。　安帝隆安四年夏四月乙未，地震。　秋九月癸丑，地震。　義熙四年春正月壬子，夜，地震有聲。　冬十月癸亥，地震。　五年春正月戊戌，夜，尋陽地震，有聲如雷。　八年春三月甲寅，山陰地陷，方四丈，有聲如雷。自正月至于四月，南康、廬陵地四震。　十年春三月戊寅，地震。　夏五月戊寅，西明門地穿，湧水出。　宋武帝永初二年秋七月己巳，〔一二三〕地震。　文帝元嘉十二年夏四月，都下地震。　十五年秋七月辛未，都下地震。　孝武帝大明二年夏四月辛丑，地震。　六年秋七月甲申，地震，有聲如雷，兖州尤甚，於是魯郡山摇者二。　後廢帝元徽五年夏五月，地震。　齊東昏侯永元元年秋七月，地震。自此至來歲，晝夜不止，小屋多壞。　梁武帝天監五年冬十一月甲子，都下地震，生白毛。　普通二年秋八月丁亥，始平郡石鼓村地自開成井，方六尺六寸，深三十二丈。　三年春正月庚戌，都下地震。　六年冬十二月壬辰，都下地震。　中大通五年春正月戊申，都下地震。　大同二年冬十一月辛亥，都下地震，生白毛，長二尺。　三年冬十月丙辰，都下地震。　七年春二月乙卯，都下地震。　九年春閏正月丙申，地震，生毛。　太清二年秋九月戊辰，地震，江左尤甚，壞屋殺人，地生白毛，長二尺。　三年夏四月己丑，都下地震。丙申，又震。　冬十月丁未，又震。　陳武帝永定二年夏五月乙未，都下地震。　宣帝太建四年冬十一月己亥，地震。　後主禎明元年春正月乙未，地震。　後魏宣武帝延昌元年，肆州地震，陷裂殺人。　三年春二月，肆州秀容郡敷城縣、雁門郡原平縣並自去年四月以來，地震不已。　東魏孝靜帝武定二年冬十一月，西河地陷，有火出。　北齊武成帝河清二年，并州地震。　後周武帝天和二年夏閏六月庚午，地震。　建德三年，涼州地頻震，壞城郭，地裂水涌。　隋文帝開皇十四年夏五月辛酉，京師地震。　二十年冬十一月戊子，立皇太子廣，天下地皆震。　仁壽二年夏四月庚戌，岐、雍二州地震。　秋九月，隴西地震。

山崩。周幽王二年，岐山崩。　春秋，魯僖公十四年秋八月辛卯，沙鹿崩。　成公五年夏，晉梁山崩，壅河水三日不流。　漢高后二年春正月乙卯，武都道山崩，殺七百六十人。　孝文帝元年夏四月，齊、楚地山二十九所同日崩，大水潰出。　孝宣帝本始四年夏四月，郡國四十九地震，或山崩水出。　孝元帝初元二年春二月，隴西山崩，水泉涌出。　建昭四年夏六月，藍田地沙石孝成帝建始三年冬十二月，越巂山崩。　河平三年春二月丙戌，犍爲柏江、捐江山皆崩，壅江水，水逆流，壞城殺人。　四年春三月壬申，長陵臨涇岸崩，壅涇水。　元延三年春正月丙寅，蜀郡岷山崩，壅江三日，〔一二四〕江水竭。　後漢孝和帝永元元年秋七月，會稽南山崩。　十二年夏閏四月戊辰，南郡秭歸山高四百丈，崩填谿，殺百餘人。　孝殤帝延平元年夏五月壬辰，河東垣山崩。〔一二五〕　孝安帝永初六年夏六月壬辰，豫章員谿原山崩，共六十三所。　延光二年秋七月，丹陽山崩四十七所。　三年夏六月庚午，〔一二六〕巴郡閬中山崩。　四年冬十月丙午，蜀郡越巂山崩，殺四百餘人。　孝順帝永和三年春二月，金城、隴西山岸崩。　孝桓帝建和三年，郡國五山崩。　和平元年秋七月，廣漢梓潼山崩。　永興二年夏六月，〔一二七〕東海朐山崩。　永壽元年夏，巴郡、益州郡山崩。　延熹三年夏五月甲戌，漢中山崩。　四年夏六月庚子，泰山、博尤來山判解。　孝靈帝光和六年秋，〔一二八〕五原山崩。　孝獻帝初平四年夏六月，華山崩裂。　吳大帝赤烏十三年秋八月，丹陽句容及故鄣寧國諸山崩，鴻水溢。　魏元帝咸熙二年春二月，太行山崩。　晉武帝泰始三年春三月戊午，大石山崩。　四年秋七月，泰山崩，〔一二九〕墜三里。　太康六年冬十月，南安新興山崩，水涌出。　七年秋七月，朱提之大瀘山崩，震壞郡舍。　陰平之仇池崖隕。　惠帝元康四年，蜀郡山崩，殺人。　夏五月壬子，壽春山崩，洪水出。　六月，壽春大雷山崩。　秋八月，上庸四處山崩，殺人。　太安元年夏四月，西墉崩。　孝懷帝永嘉三年冬十月，宜都夷道山崩。　四年夏四月，湘東鄮縣黑石山崩。　元帝太興元年春二月，廬陵、豫章、武昌、西陽山崩。　二年夏五月，祁山山崩，殺人。　三年，南平郡山崩，出雄黃數千斤。　四年秋八月，恒山崩，水出，滹沱河溢。　成帝咸和四年冬十月，柴桑廬山西北崖崩。　穆帝永和七年秋九月，峻平、崇陽二陵崩。　十二年十一月，〔一三〇〕遣使修峻平陵，開埏道，崩，壓殺數十人。　孝武帝寧康二年秋七月，涼州山崩。　哀帝隆和元年夏四月丁丑，浩亹山崩。　安帝義熙十一年夏五月，霍山崩，出銅鐘六枚。　十三年秋七月，漢中城固縣岸崩，出銅鐘十有二枚。　隋文帝仁壽三年，梁州就谷山崩。　煬帝大業七年冬十月乙卯，底柱崩，壅河，逆流數十里。

山移。

晉惠帝元康四年夏五月，蜀郡山移。

山鳴。

後漢獻帝建安七八年中，〔一三一〕長沙醴陵縣有大山，常大鳴如牛呴聲，數年。

水　河決大雨水及水變異附

大水。

春秋桓公元年秋，大水。　十三年夏，大水。　莊公七年秋，大水，無麥苗。　十一年秋，宋大水。　二十四年，魯大水。　明年，仍大水。　宣公十年秋，大水，飢。　成公五年秋，大水。　襄公二十四年秋，大水。　漢高后三年夏，漢中、南郡大水，江、漢溢，流四千餘家。　四年秋，河南大水，伊、洛溢，流千六百餘家。　汝水流八百餘家。　八年夏，漢中、南郡水復出，流六千餘家。　南陽沔水流萬餘家。　孝文帝十二年冬十二月，河決東郡。　後三年，藍田山水出，流九百餘家，壞民室八千餘所，殺三百餘人。　孝武帝建元三年，河水溢于平原。　元光三年春，河水徙，從頓邱東南流，入勃海。　夏五月，河水決濮陽，汎郡十六。　元鼎二年夏，大水，關東飢死者以千數。　元封二年，河決東郡瓠子。　孝元帝初元元年秋九月，關東郡國十一大水。　初元二年，北海水溢。　永光五年夏及秋，大水。　成帝建始三年秋，大水，山谷水出，凡殺四千餘人，流官寺民舍八萬三千餘所。　四年秋，大水，河決東郡金隄。　陽朔二年秋，關東大水。　鴻嘉四年秋，勃海、清河河溢。　綏和二年秋，河南潁川郡水出，流殺人民，壞敗廬舍。　後漢世祖建武八年，大水。　三十年夏五月，大水。　三十一年夏五月，大水。　孝明帝永平三年，郡國七大水。　孝和帝永元元年秋七月，郡國九大水，傷稼。　十年夏五月，京師大水。　十二年夏六月，舞陽大水。　殤帝延平元年秋九月，六州大水。　冬十月，四州大水。　安帝永初元年冬十月辛酉，新城山泉水暴出，突壞人田，水深三丈。　二年夏六月，京師及郡國四十大水。〔一三二〕　四年秋七月，三郡大水。　質帝本初元年夏五月，〔一三三〕海水溢，樂安、北海漂溺人物。　桓帝建和二年秋七月，京師大水。　三年秋八月，京師大水。　永興元年秋，河水溢，漂害人物。　二年夏六月，彭城泗水增長，逆流。　永壽元年夏六月，洛水溢，至津陽城門，漂流人物。　永康元年秋八月，六州大水，勃海溢，殺人。　靈帝建寧四年春二月，海水溢。　夏五月，山水暴出，漂壞廬舍五百餘家。　熹平二年夏六月，東萊、北海水溢，漂殺人物。　三年秋，洛水溢。　四年夏四月，郡國七大水。　光和六年秋，金城河水溢出二十餘里。　中平五年夏六月，郡國七大水。　獻帝建安二年秋九月，漢水溢，流人民。　二十四年秋八月，漢水溢，漂流人民。　魏文帝黃初四年夏六月，伊洛溢，至津陽城門，漂數千家，殺人。　明帝景初元年秋九月，冀、兗、徐、豫四州水出，〔一三四〕漂溺人物。　吳大帝赤烏八年夏，茶陵縣鴻水溢出，漂二百餘家。　十三年秋八月，丹陽句容及故鄣寧國鴻水溢出。太元元年，大風，江海涌溢，平地深八尺。　會稽王五鳳元年夏，大水。　晉武帝泰始四年秋九月，青、徐、兗、豫四州大水，伊、洛溢。　七年夏六月，河、洛、伊、沁皆溢，流居人四千餘家，殺二百餘人。　咸寧元年秋九月，徐州大水。　二年秋七月癸亥，河南、魏郡暴水，殺百餘人。　閏九月，荆州郡國五大水，流四千餘家。　三年夏六月，益、梁二州郡國八暴水，殺三百餘人。　秋七月，荆州大水。　九月，始平郡大水。　冬十月，青、徐、兗、豫、荆、益、梁七州又大水。　四年秋七月，司、冀、兗、豫、荆、揚郡國二十大水，傷秋稼，壞屋宇，有死者。　太康二年夏六月，泰山、江夏大水，泰山流三百家，殺六十餘人，江夏亦殺人。　四年秋七月丙寅，兗州大水。　是歲，河南郡及荆州、揚州俱各大水。　五年秋九月，郡國五大水。　是月，南安等五郡大水。　六年夏四月，郡國十大水，壞廬舍。　七年秋九月，郡國八大水。　八年夏六月，郡國八大水。惠帝元康二年，水災。　五年夏五月，潁川、淮南大水。　六月，城陽、東莞大水，殺人。　荆、揚、徐、兗、豫五州又水。　六年夏五月，荆、揚二州大水。　八年秋九月，荆、揚、徐、冀、豫五州大水，雍州有年。〔一三五〕　永寧元年秋七月，南陽、東海大水。　太安元年秋七月，兖、豫、徐、冀四州大水。　懷帝永嘉四年夏四月，江東大水。　元帝太興三年夏六月，大水。　四年秋七月，大水。　明帝太寧元年夏五月，丹陽、宣城、吴興、壽春大水。　成帝咸和元年夏五月，大水。　二年夏五月戊子，京都大水。　四年秋七月，丹陽、宣城、吴興、會稽大水。　七年夏五月，大水。　咸康元年秋八月，長沙、武陵大水。　穆帝永和四年夏五月，大水。　五年夏五月，大水。　六年夏五月，大水。　七年秋七月甲辰，夜，濤水入石頭，死者數百人。　升平二年夏五月，大水。　五年夏四月，大水。　哀帝興寧元年夏四月，湖瀆溢。　廢帝太和六年夏六月，京師大水，平地數尺，〔一三六〕浸及太廟，朱雀大航纜斷，三艘流入大江。丹陽、晉陵、吴郡、吴興、臨海五郡並大水，禾稼蕩没，黎庶饑饉。　簡文帝咸安元年冬十二月壬午，濤水入石頭。　孝武帝太元三年夏六月，大水。　五年夏五月，大水。　六年夏六月，揚、荆、江三州大水。　八年春三月，始興、南康、廬陵大水，平地五丈。　十年夏五月，大水。　十三年冬十二月，濤水入石頭，毁大航，殺人。　十五年秋七月，沔中諸郡及兖州大水。　十七年夏六月甲寅，濤水入石頭，毁大航，漂船舫，有死者。京口、西浦亦濤入殺人。永嘉郡潮水湧起，近海四縣人多溺死。　十八年夏六月己亥，始興、南康、廬陵大水，深五丈。　十九年秋七月，荆、徐大水，傷秋稼。　二十年夏六月，荆、徐又大水。　二十一年夏五月癸卯，大水。　安帝隆安三年夏五月，荆州大水，平地三丈。　五年夏五月，大水。　元興三年春二月己丑朔，夜，濤水入石頭，漂没殺人，大航流敗。

其明年二月庚寅夜，〔一三七〕濤水入石頭，商旅方舟萬計，漂敗流斷，骸觜相望。江左雖頻有濤水之患，未有若斯之甚。　義熙元年冬十二月己未，濤水入石頭。　二年冬十二月己未，夜，濤水入石頭。　三年夏五月丙午，大水。　四年冬十二月戊寅，濤水入石頭。　六年夏五月丁巳，大水。　八年夏六月，大水。　九年夏五月辛巳，大水。　十年夏五月丁丑，大水。　秋七月乙丑，淮北風災，大水，殺人。　十一年秋七月丙戌，〔一三八〕京師大水，淹漬太廟，百官赴救。

宋文帝元嘉五年夏六月，都下大水。　七年，吴興、晉陵、義興大水。　十二年夏六月，丹陽、淮南、吴郡、吴興、義興大水，都下乘船。　十七年秋八月，徐、兖、青、冀四州大水。　十八年夏五月甲申，江水汎溢，〔一三九〕殺居人。　十九年夏閏五月，都下大水。　二十年，諸郡水。　二十四年，徐、兖、青、冀四州大水。　孝武帝大明元年夏五月，吴興、義興大水。　二年秋九月壬戌，襄陽大水。　四年秋八月，雍州大水。　後廢帝元徽元年夏六月乙卯，壽陽大水。　三年春三月己巳，都下水。　齊高帝建元元年，吴郡、吴興、義興三郡大水。　武帝永明九年秋八月，吴興、義興大水。　東昏侯永元元年秋七月，都下大水，死者甚衆。　梁武帝天監二年夏六月，太末、信安、豐安三縣大水。〔一四〇〕　六年秋八月戊戌，都下大水，濤上御道七尺。　七年夏五月，都下大水。　十二年夏四月，都下大水。　十五年，淮堰破，緣淮城戍村落十餘萬口皆漂入海。　普通元年秋七月己卯，江、淮、海並溢。　中大通五年夏五月戊子，都下大水，御道通船。

陳後主禎明二年夏六月，大風，自西北激濤水入石頭城。　淮渚暴溢，漂没舟乘。　後魏明元帝泰恒二年，勃海、范陽郡水。　獻文帝皇興二年，州鎮二十七水。　孝文帝延興二年夏六月，安州水。　是歲，州鎮十一大水。　三年，州鎮十一大水。　太和元年，州郡八大水。　二年，州鎮二十餘大水。　四年，州鎮十八水。　八年，州鎮十五大水。　九年，京師及州鎮十三大水。　二十三年，州鎮十八水。　宣武帝正始四年夏四月戊戌，鍾離大水。　延昌元年春三月甲午，州郡十一大水。　二年夏五月，壽春大水。　是夏，州郡十三大水。　東魏孝靜帝元象元年夏，山東大水，蝦蟇鳴于樹上。　北齊武成帝河清二年冬十二月，兗、趙、魏三州大水。　三年，西兗、梁、滄、趙州，司州之東郡、陽平、清河、武郡，冀州之長樂、勃海，水。　後主天統三年，并州汾水溢。　武平六年秋八月，冀、定、趙、幽、滄、瀛六州大水。　隋文帝開皇六年春二月乙酉，山南、荆、浙七州水。　秋七月辛亥，河南諸州大水。　十八年，杞、宋、陳、亳、曹、戴、潁等州水。　仁壽二年秋九月，河南北諸州大水。　三年冬十二月，河南諸州大水。　煬帝大業三年，河南諸州大水，漂没三十餘郡。

大雨水。

春秋，魯隱公九年春三月癸酉，大雨，震電。　秦二世三年秋七月，大雨霖，至于八月。　漢孝文帝後三年秋，大雨，晝夜不絶，凡三十五日。　孝景帝六年冬十二月，霖雨。　孝武帝元狩六年冬十月，雨水，無冰。　孝昭帝始元元年秋七月，大雨，渭橋絶。　孝元帝永光三年冬，雨水，大霧。　五年夏及秋，潁川、汝南、淮陽、盧江雨，壞鄉聚民屋舍，〔一四二〕及水流殺人。　孝成帝建始三年秋，三輔大雨，三十餘日。　四年秋九月，大雨十餘日。　後漢世祖建武六年秋九月，大雨連月，苗稼更生，鼠巢樹上。　七年夏，連雨水。　十七年，雒陽暴雨，壞民廬舍，壓殺人，傷禾稼。　孝明帝永平八年秋，郡國十四雨水。　和帝永元十年冬十月，五州大雨水。　十三年，荆州雨水。　十四、十五年，皆淫雨，傷禾稼。　殤帝延平元年夏六月，郡國三十七雨水。　安帝永初元年，郡國四十一雨水，或山水暴至。　三年，郡國四十一雨水。　五年，郡國八雨水。　元初四年秋七月，京師及郡國十雨水。　永寧元年，自三月至冬十月，京師及郡國凡三十三雨水。　建光元年，京師及郡國二十九雨水。　延光元年，京師及郡國二十七雨水。〔一四二〕　二年秋九月，郡國五雨水。　三年，京師及郡國三十六雨水。　順帝永建四年夏五月，司隸、荆、豫、兖、冀部雨水。　六年，冀州雨水，傷稼。　桓帝延熹二年夏，大霖雨五十餘日。　靈帝建寧元年夏六月，京師雨水。　熹平元年夏六月，京師霖雨七十餘日。　中平六年夏，霖雨八十餘日。　孝獻帝建安十八年夏五月，大雨水。　魏文帝黄初四年夏六月，大雨水。　明帝太和元年秋，數大雨，多暴雷電，非常至，殺鳥雀。　四年秋八月，大雨霖，凡三十餘日。　景初元年秋九月，淫雨。　四年秋八月，大雨霖三十餘日。　吴會稽王太平二年春二月甲寅，大雨，震電。　景帝永安四年夏五月，大雨，水泉涌出。〔一四三〕　五年秋八月壬午，大雨，震電，水泉涌溢。　晉武帝泰始七年夏六月，大雨霖，没秋稼千三百六十餘頃。　太康五年秋七月，任城、梁國暴雨，害豆麥。　九月，南安郡大霖雨，暴雪，樹木摧折，害秋稼。　是秋，魏郡、西平郡九縣、淮南、平原霖雨，暴水，霜，傷秋稼。　惠帝永寧元年冬十月，義陽、南陽、東海霖雨，淹害秋麥。　元帝太興三年春，雨，至于夏。　永昌元年春，雨四十餘日，晝夜雷電震，五十餘日。　成帝咸和四年春二月，大雨四十餘日，恒雷電。　咸康元年秋八月，荆州之長沙攸、醴陵，武陵之龍陽，三縣雨水，浮漂屋室，殺人，損秋稼。　宋孝武帝大明元年春，都下雨水。　梁武帝天監七年七月，雨，至十月乃霽。　陳宣帝太建十二年秋八月，大雨霖。　後魏明元帝泰恒三年秋八月，雁門、河内大雨水。　東魏孝靜帝武定五年秋，大雨七十餘日。　北齊武成帝河清三年夏六月庚子，大雨，晝夜不息，至甲辰，山東大水，人多飢死。　後主天統三年冬十月，積陰大雨。　武平七年秋七月，大霖雨，水漂，人户流亡。　後周武帝建德三年七月，霖雨三旬。

水赤。　秦武王三年，渭水赤三日。　昭王三十四年，渭水又赤三日。〔一四四〕　後漢安帝永初六年，河東池水變色，皆赤如血。　晉武帝太康五年夏四月，任城、魯國池水赤如血。　劉聰僞建元元年春正月，平陽地震，其崇明觀陷爲池，水赤如血，赤氣至天，有龍奮迅而去。　齊東昏侯永元元年秋七月辛未，淮水變赤如血。　陳孝宣帝太建十四年秋七月，自建鄴至荆州，江水色赤如血。〔一四五〕　後周宣帝大象元年夏六月，咸陽有池，水變爲血。

水黑。　陳後主禎明二年夏四月，郢州南浦水黑如墨。

水中有火。　晉穆帝升平三年春二月，涼州城東池中有火。　四年夏四月，姑臧澤水中又有火。

水鬬。　春秋，魯襄公二十三年，穀、洛水鬬。

河清。後漢孝桓帝延熹八年夏四月，濟陰、東郡、濟北河水清。　九年夏四月，濟陰、東郡、濟北、平原河水清。　孝靈帝建寧四年春二月，〔一四六〕河水清。　宋文帝元嘉二十四年夏四月，〔一四七〕河、濟俱清。　北齊武成帝河清元年夏四月，河、濟清。　隋煬帝大業三年，武陽郡河水清，數里鑑澈。　十二年，龍門河清。

井溢。前漢成帝建始二年春三月，北宮井水溢出。　後漢孝桓帝建和元年夏六月，井溢。　晉孝惠帝元康八年夏五月，金墉城井溢。　九年夏四月，宮中井水沸溢。

水影。宋文帝元嘉二十五年冬，青州城南遠望，見地中如水有影，謂之地鏡。

旱

旱。春秋，魯莊公三十一年冬，不雨。　僖公二年冬十月，不雨。　三年正月，不雨。四月，不雨。　六月，不雨。〔一四八〕　文公二年，自十二月不雨至秋七月。　十年，自正月不雨至秋七月。　十三年，自正月不雨至于秋七月。　宣公七年，大旱。　襄公五年秋，旱，雩。　八年秋九月，旱，雩。　二十八年秋八月，旱，雩。　昭公三年秋八月，旱，雩。　六年秋九月，旱，雩。　十六年秋九月，旱，雩。　二十四年秋八月，旱，雩。　二十五年秋七月，旱，再雩。　定公七年秋九月，〔一四九〕旱，雩。　漢惠帝五年夏五月，大旱，江河水少，谿谷絶。孝文帝三年秋，天下旱。九年春，大旱。後六年夏四月，大旱。孝景帝中三年夏，旱。後二年秋，大旱。孝武帝建元四年夏六月，旱。元光六年夏，大旱。元朔五年春，大旱。元狩三年夏，大旱。元封四年夏，大旱，民多暍死。六年秋，大旱。天漢元年夏，大旱。三年夏，大旱。太始二年秋，旱。孝昭帝始元六年夏，旱。元鳳五年夏，大旱。孝宣帝本始三年夏，大旱，東西數千里。神爵元年秋，大旱。孝元帝初元三年夏，旱。孝成帝建始二年夏，大旱。河平元年春三月，旱，傷麥，民食榆葉。鴻嘉三年夏，大旱。〔一五〇〕永始三年夏，大旱。四年夏，大旱。孝哀帝建平四年春，〔一五一〕大旱。孝平帝元始二年夏，郡國大旱。後漢光武建武五年夏四月，旱。六年夏六月，旱。九年春，旱。十二年夏五月，旱。二十一年夏六月，旱。孝明帝永平元年夏五月，旱。八年冬，旱。十一年秋八月，旱。十五年秋八月，旱。十八年春三月，旱。章帝建初元年，大旱。二年夏，雒陽旱。四年夏，旱。元和元年春，旱。章和二年夏，旱。孝和帝永元二年，郡國十四旱。〔一五二〕四年，郡國十旱。六年秋七月，京師旱。九年夏六月，旱。十五年，丹陽郡國二十二旱。〔一五三〕十六年秋七月，旱。孝安帝永初二年夏五月，旱。三年，郡國八旱。四年夏，旱。五年夏，旱。六年夏五月，旱。七年夏，旱。元初元年夏，京師及郡國五旱。二年夏五月，京師旱。三年夏四月，京師旱。五年春三月，京師及郡國五旱。六年夏五月，京師旱。　建光元年，郡國四旱。　延光元年，郡國五旱。　孝順帝永建二年春三月，旱。　三年夏六月，旱。　五年夏四月，京師旱。　陽嘉元年春，旱。　二年夏，旱。　三年，河南三輔大旱。　四年春二月，自去冬旱至于是月。　永和四年秋八月，太原郡旱。　冲帝永嘉元年夏，旱。　孝質帝太初元年春二月，京師旱。　孝桓帝元嘉元年夏，京師旱。　延熹元年夏六月，旱。　孝靈帝熹平五年夏，旱。　六年夏四月，大旱。　光和五年夏四月，旱。　六年夏，大旱。　孝獻帝興平元年秋七月，三輔大旱。　魏明帝太和二年夏五月，大旱。　五年春三月，自去冬十月至此月不雨，大雩。　齊王正始元年春二月，自去冬十二月至此月不雨。　高貴鄉公甘露三年春正月，自去秋至此月旱。　吳大帝嘉禾四年，自去冬十月不雨至于夏。　會稽王五鳳二年，大旱。　歸命侯寶鼎元年春、夏，旱。　晉武帝泰始七年夏五月、閏月，旱，大雩。　八年夏五月，旱。　九年，自正月不雨至于六月。　十年夏四月，旱。　咸寧二年夏六月，自春旱至于是月。　太康二年，自去冬旱至春。　三年夏四月，旱。　五年夏六月，旱。　六年春三月，青、梁、幽、冀郡國旱。　夏六月，濟陰、武陵旱，傷麥。　七年夏五月，郡國十三旱。　八年夏四月，冀州旱。　九年夏，郡國三十三旱。　扶風、始平、京兆、安定旱，傷麥。　十年春二月，旱。　太熙元年春三月，旱。　孝惠帝元康七年秋七月，秦、雍二州大旱。　九月，郡國五旱。　永寧元年，自夏及秋，青、徐、幽、并四州旱。　十二月，郡國又十二旱。　孝懷帝永嘉三年夏五月，大旱。　襄平縣梁水淡池竭。　河、洛、江、漢皆可涉。　孝愍帝建興元年夏六月，揚州旱。　元帝太興元年夏六月，旱。　四年夏五月，旱。　永昌元年夏六月，旱。　冬閏十一月，京都大旱，川谷並竭。　明帝太寧三年，自春不雨至于六月。　成帝咸和元年冬十一月，自六月不雨至于是月。　二年夏，旱。　五年夏五月，大旱。　六年夏四月，大旱。　八年秋七月，旱。　九年，自四月不雨至于八月。　咸康元年，大旱，米斗直五百，人有相鬻者。　二年春三月，旱。　三年夏六月，〔一五四〕旱。　康帝建元元年夏五月，旱。　穆帝永和元年夏五月，旱。　五年，自秋七月不雨至于十月。　六年夏，旱。　八年秋七月，旱。　九年春三月，旱。　升平三年冬，大旱。　四年冬，大旱。　哀帝隆和元年夏，旱。　海西公泰和元年夏四月，旱。　四年冬，旱。　涼州春旱至夏。　簡文帝咸安二年冬十月，三吴大旱，人多餓死。　孝武帝寧康元年夏五月，旱。　三年冬，旱。　太元四年夏，大旱。　八年夏六月，旱。　十年秋七月，旱。　十三年六月，旱。　十五年秋七月，旱。　十七年秋，旱，至冬。　安帝隆安二年冬，旱。　四年夏五月，旱。　五年夏、秋，大旱。　元興元年九月、十月，不雨，泉水涸。　二年六月，不雨。　冬，又旱。　三年八月，不雨。　義熙四年冬，不雨。　六年九月，不雨。　八年冬十月，不雨。　九年秋、冬，不雨。　十年九月，旱。　冬十二月，又旱，井瀆多竭。　宋文帝元嘉八年夏六月，旱，大雩。　二十年，諸州旱。　二十八年春，大旱。　孝武帝大明七年，浙江東諸郡大旱。　後廢帝元徽元年秋八月，都下大旱。　梁武帝天監元年，大旱，米斗五千，人多餓死。　簡文帝大寶元年，自春迄夏，大旱，人相食，都下尤甚。　陳宣帝太建十二年春，不雨，至于四月。　後魏文成帝太安五年，六鎮、雲中、高平、二雍、秦州旱。　和平五年夏閏四月，旱。　獻文帝天安元年，州鎮十一旱。　皇興二年，州鎮二十七旱。　孝文帝延興二年，州鎮十一旱。　三年，州鎮十一旱。　太和元年，州郡八旱。　二年，州鎮二十餘旱。　四年，郡鎮十八旱。　八年，州鎮十五旱。　九年，京師及州鎮十三旱。〔一五五〕　宣武帝正始元年夏六月，旱。　永平三年夏五月，冀、定二州旱。　延昌元年夏四月，旱。　正光元年秋七月，旱。　東魏孝靜帝天平二年春、夏，旱。　四年，并、肆、汾、建、晉、絳、秦、陜等諸州大旱。　武定二年春，旱。　六年，自去冬至春亢旱。　北齊文宣帝天保九年夏，大旱。　乾明元年春，旱。　武成帝河清二年夏四月，并、汾、晉、東雍、南汾五州旱。　後主天統二年春，旱。〔一五六〕　四年夏五月，自正月不雨至于是月。　武平五年夏五月，大旱。　晉陽得死魃，長二尺，面頂各二目。　後周武帝保定二年夏，旱。　建德元年夏，大旱。　二年秋七月，自春末不雨至于是月。　五年秋七月，京師旱。　隋文帝開皇四年，雍、同、華、岐、宜五州旱。　十四年，關內諸州旱。　秋八月，關中大旱。　煬帝大業四年，燕、代緣邊諸郡旱。　八年，天下旱，百姓流亡。　十三年，天下大旱。

火

災火。　春秋，魯桓公十四年秋八月壬申，御廩災。　莊公二十年夏，齊大災。　僖公二十年夏五月乙巳，西宮災。　宣公十六年夏，成周宣榭火。　成公三年春二月甲子，新宮災。襄公九年春，宋災。　三十年夏五月甲午，宋又災。　昭公六年夏六月丙戌，鄭災。　九年夏四月，陳火。　十八年夏五月壬午，宋、衛、陳、鄭災。　定公二年夏五月，〔一五七〕雉門及兩觀災。　哀公三年夏五月，桓、僖宮災。　四年夏六月辛丑，亳社災。　漢惠帝三年秋七月，〔一五八〕都廐災。　四年春三月，長樂宮鴻臺災。　秋七月乙亥，未央宮凌室災。　丙子，織室災。　吕后元年夏五月丙申，〔一五九〕趙王宮叢臺災。　孝文帝七年夏六月癸酉，未央宮東闕罘罳災。孝景帝三年春正月，淮陽王宮正殿災。　中五年秋八月己酉，未央宮東闕災。　孝武帝建元六年春二月乙未，遼東高廟災。　夏四月壬子，高園便殿火。　元鼎三年春正月戊子，陽陵園火。　太初元年冬十一月乙酉，未央宮栢梁臺災。　孝昭帝元鳳元年，燕城南門災。　四年夏五月丁丑，孝文廟正殿火。　孝宣帝甘露元年夏四月丙申，太上皇廟火。甲辰，孝文廟火。　四年冬十月丁卯，〔一六〇〕未央宮宣室閣火。　孝元帝初元三年夏四月乙未晦，茂陵白鶴館災。　永光四年夏六月甲戌，孝宣杜陵園東闕災。　孝成帝建始元年春正月乙丑，皇曾祖悼考廟災。河平四年夏六月，山陽火生石中。　鴻嘉三年秋八月乙卯，孝景廟北闕災。　永始元年春正月癸丑，太官凌室火。〔一六一〕戊午，戾后園南闕災。　四年夏四月癸未，長樂臨華殿及未央宮東司馬門皆災。　六月甲午，霸陵園門闕災。　孝哀帝建平三年春正月癸卯，帝太太后所居桂宮正殿火。　四年秋八月，恭皇園北門災。　孝平帝元始五年秋七月己亥，高皇帝原廟殿門災。

後漢光武建武三年，潞縣火，災起城中，飛出城外，燒千餘家，殺人。　六年冬十二月，洛陽市火。　二十四年春正月戊子，雷雨，霹靂火，災高廟北門。　孝明帝永平元年夏六月己亥，桂陽見火飛來，燒城寺。　孝章帝建初元年冬十二月，北宮火，燒壽安殿，延及右掖門。　元和三年夏六月丙午，雷雨，火燒北宮朱雀西闕。　孝和帝永元八年冬十二月丁巳，南宮宣室殿火。　十三年秋八月己亥，北宮盛饌門閤火。　十五年夏六月辛酉，漢中城固南城門災。　孝安帝永初元年冬十二月，河南郡縣火，燒殺百五人。　二年夏四月甲寅，漢陽阿陽城中失火，〔一六二〕燒殺三千五百七十人。　四年春三月戊子，杜陵園火。　六年，河南郡縣大火，燒殺五百八十四人。〔一六三〕元初四年春二月壬戌，武庫火，燒兵物百二十五種，直十萬以上。　延光元年秋八月戊子，陽陵園寢殿火。　四年秋七月乙丑，漁陽城樓災。　孝順帝永建二年夏五月戊辰，〔一六四〕守宮失火，燒宮藏所物盡。　秋七月丁酉，茂陵園寢災。　四年，河南郡縣失火，燒殺人畜。　陽嘉元年冬十二月庚子，恭陵百丈廡災，及東西莫府火。　是歲，河南郡國火，燒廬舍，殺人。　永和元年冬十月丁未，承福殿火。　漢安元年春三月甲午，洛陽劉漢等百九十七家被火所燒。　是歲冬十二月，洛陽失火。　孝桓帝建和二年夏五月癸丑，北宮掖庭中德陽殿火，及左掖門。　延熹四年春正月辛酉，南宮嘉德殿火。　戊子，丙署火。　二月壬辰，武庫火。　夏五月丁卯，原陵長壽門火。　五年春正月壬午，南宮丙署火。　夏四月乙丑，恭陵東闕火。　戊辰，虎賁掖門火。　五月，康陵園寢火。　甲申，中藏府承祿署火。　秋七月己未，南宮承善闥內火。　六年夏四月辛亥，康陵東署火。　秋七月甲申，平陵園寢火。　八年春二月己酉，南宮嘉德署，黃龍、千秋萬歲殿，皆火。　夏四月甲寅，安陵園寢火。　閏月甲午，南宮長秋、和歡殿後鈎盾、掖庭朔平署，各火。　冬十一月壬子，〔一六五〕德陽前殿西閣及黃門北寺火，殺人。　是時連月有火災，諸宮寺或一日再三發。　九年春三月癸巳，京都夜有火光轉行，人相驚譟。　孝靈帝熹平四年夏五月，延陵園災。　光和四年秋閏九月辛酉，北宮東掖庭永巷署災。　五年夏五月庚申，德陽前殿西北入門内永樂太后宮署火。　中平二年春二月己酉，南宮雲臺災。庚戌，樂城門災，延及北闕度道，西燒嘉德、和歡殿，火半月乃滅。　孝獻帝初平元年秋八月，霸橋災。　興平元年，益州天火，燒城府輜重，延及民家，館邑無餘。　魏明帝太和五年夏五月，清商殿災。　青龍元年夏六月，洛陽宮鞠室災。　二年夏四月，崇華殿災，延于南閣，繕復之。　三年七月，此殿又災。　吴會稽王建興元年冬十二月，武昌端門災，改作，端門又災。　太平元年春二月朔，建業火。　景帝永安五年春二月，城西門北樓災。　六年冬十月，石頭小城火，燒西南百八十丈。　歸命侯建衡二年春三月，〔一六六〕大火，燒萬餘家，死者七百人。　晉武帝太康八年春三月乙丑，震災西閣楚王所止坊，及臨商觀牕。　十年夏四月癸丑，崇賢殿災。　冬十一月庚辰，〔一六七〕含章鞠室、脩成堂前廡、景坊東屋、暉章殿南閣火。　孝惠帝元康五年閏月庚寅，武庫火，焚累代之寶。　八年冬十一月，高原陵火。　永康元年，帝納皇后羊氏，后將入宮，衣中忽有火，衆咸怪之。　永興二年秋七月甲午，尚書諸曹火起，延崇禮闥及閣道。　孝懷帝永嘉四年冬十一月，襄陽火，燒死者三千餘人。　元帝太興中，武昌災，火起，興衆救之，〔一六八〕救於此而發於彼，東西南北數十處俱應，數日不絶。　永昌二年春正月癸巳，京都大火。　三月，饒安、東光、安陵三縣火，燒七千餘家，死者萬五千人。　明帝太寧元年春正月，京都火。　成帝咸和二年夏五月，〔一六九〕京都火。　康帝建元元年秋七月庚申，〔一七〇〕吳郡災。　穆帝永和五年夏六月，震災石虎太武殿及兩廂、端門，〔一七一〕震災月餘乃滅，金石皆盡。　海西公太和中，郗愔爲會稽太守，夏六月，大旱，災，火燒數千家，延及山陰倉，米數百萬斛，炎煙蔽天，不可撲滅。　孝武帝寧康元年春三月，京師風、火大起。　太元十年春正月，國子學生因風放火，焚房百餘間。　十三年冬十二月乙未，延賢堂災。丙辰，螽斯則百堂及客館、驃騎府庫皆災。　安帝隆安二年春三月，龍舟二乘災。　元興元年秋八月庚子，尚書下舍曹火。　三年，盧循攻略廣州，刺史吳隱之閉城固守，其十月壬戌夜，火起，焚蕩府舍，燒死者萬餘人。　義熙四年秋七月丁酉，尚書殿中吏部曹火。　九年，京都大火，燒數千家。　十一年，京都所在大行火災，吳界尤甚。　王弘時爲吳郡，晝在廳事，見天上有一赤物下，狀如信幡，遥集路南人家屋上，火即大發。　宋文帝元嘉五年春正月戊子，都下大火。　七年冬十二月，都下大火，延燒太社北牆。　二十九年春，都下火。　齊武帝永明九年春三月癸巳，〔一七二〕明堂災。　東昏侯永元三年春二月丙寅，乾和殿西廂火。　梁武帝天監元年夏五月，中有盜入南北掖，燒神武門總章觀。　普通二年夏五月癸卯，琬琰殿火，延燒後宫屋三千間。　大通元年秋九月辛巳，朱雀航華表災。　大同三年春正月辛丑夜，朱雀門災。　十一年夏四月，同泰寺災。　元帝承聖三年冬十一月，江陵城内火，燒居人數千家。　陳武帝永定三年秋七月乙丑，重雲殿災。　後主禎明二年夏五月甲午，東冶鑄鐵，有物赤色，大如數升，自天墜鎔所，有聲隆隆如雷，鐵飛出牆外，燒人家。　是歲，大皇佛寺塔火從中起，飛至石頭，燒死者甚衆。　東魏孝靜帝天平二年冬十一月甲寅，〔一七三〕閶闔門災。　四年夏六月壬午，閶闔門災。　武定五年秋八月，廣宗郡火，〔一七四〕燒數千家。　北齊後主天統三年，〔一七五〕鄴宮九龍殿災，延燒西廊。　四年夏四月辛未，鄴宮昭陽殿災，延燒宣光、瑶華等殿。　隋文帝開皇十四年，將祠泰山，令使者致石像神祠之所，未至數里，野火欻起，燒像碎如小塊。　煬帝大業十二年，顯陽門災。

風

大風。春秋，僖公十六年春正月，六鷁退飛過宋都，大風也。　漢高帝二年夏四月，大風從西北起，折木發屋，揚砂，晝晦。　孝文帝二年夏六月，淮南王都壽春，大風毁民室，殺人。　五年十月，〔一七六〕楚王都彭城，大風從東南來，毁市門，殺人。　孝武帝建元四年夏，有風赤如血。　元光五年秋七月，大風拔木。　征和二年夏四月，大風發屋折木。　孝昭帝元鳳元年，燕王都薊，大風雨，拔宮中木七圍以上十六枚，壞城樓。　孝成帝建始元年，〔一七七〕夏四月壬寅，晨，大風從西北起，雲氣赤黄四塞天下終日夜，有着地者，黄土塵也。　冬十二月，大風拔甘泉畤中大木十圍以上。　孝平帝元始四年冬，大風吹長安東門屋瓦且盡。　王莽地皇四年，漢兵起，圍莽，大風屋瓦皆飛，雨下如注。　後漢安帝永初元年，郡國二十八大風。　二年夏，京都及郡國四十大風，〔一七八〕拔樹。　三年夏五月，京都大風，拔南郊道梓樹九十六枚。　七年秋八月，京都大風拔樹。　元初二年春二月，京都大風拔樹。　六年夏四月，沛國、勃海大風，拔樹二萬餘枚。　永寧元年冬十月，自三月至是月，京師及郡國三十三大風。　延光元年冬十二月，京師及郡國二十七大風。　二年春正月，河東、潁川大風。　夏六月，郡國十一大風。　三年，京師及郡國三十六大風，拔樹。　孝靈帝建寧二年夏四月癸巳，京都大風，拔郊道樹十圍以上百餘枚。　其後晨迎氣黃郊，道於雒水西橋，逢暴風雨，逆鹵簿車或發蓋，還不至郊，使有司行禮。　迎氣西郊，亦壹如此。　中平二年夏四月庚戌，大風。　五年夏六月丙寅，大風拔樹。　孝獻帝初平四年夏六月，右扶風大風，發屋拔木。　魏齊王正始九年冬十一月，大風數十日，發屋折木。　十二月戊午晦，尤甚，動太極東閤。　嘉平元年春正月壬辰朔，西北大風，發屋折木，昏塵蔽天。　吳大帝太元元年秋八月朔，大風，江海涌溢，平地水深八尺，拔高陵樹二千株，石碑蹉動，吳城兩門飛落。　會稽王建興元年冬十二月丙申，大風，震電。　景帝永安元年冬十一月甲午，風四轉五復，蒙霧連日。　十二月丁卯，夜，有大風，拔木揚沙。　晉武帝泰始五年夏五月辛卯朔，廣平大風折木。　咸寧元年夏五月，下邳、廣陵大風，壞千餘家，折樹木。　其月甲申，廣陵、下邳大風折木。　三年八月，河間大風折木。　太康二年夏五月，濟南暴風，折木，〔一七九〕傷麥。　六月，高平大風，折木，發壞邸閣四十餘區。　七月，上黨又大風，傷秋稼。　八年夏六月，郡國八大風。　九年春正月，京都風，發屋拔樹。　孝惠帝元康四年夏六月，大風拔樹。　五年夏四月庚寅，夜，暴風，城東渠波浪殺人。　秋七月，下邳大風，壞廬舍。　九月，雁門、新興、太原、上黨災風傷稼。六年夏四月，災風。　九年夏六月，飇風吹賈謐朝服飛數百丈。　十一月甲子朔，京都連大風，發屋折木。　永康元年春二月丁酉，大風，飛沙拔木。　三月，又大風，雷電。　夏四月，張華第舍飇風起，折木飛繒，折軸六七。　冬十一月戊午朔，大風從西北來，折木飛沙石，六日止。永寧元年秋八月，郡國三大風。　永興元年春正月乙丑，西北大風。　趙王倫建始元年春正月癸酉，倫祠太廟，災風暴起，塵四合。　孝懷帝永嘉四年夏五月，大風折木。　元帝永昌元年秋七月丙寅，大風，屋瓦皆飛。　八月，暴風壞屋，拔御道柳樹百餘株，其風縱橫無常，若風自八方來者。　成帝咸康四年春三月壬辰，成都大風，發屋折木。　康帝建元元年秋七月庚申，〔一八〇〕晉陵、吴郡災風。　穆帝升平元年秋八月丁未，疾風。　五年春正月戊戌朔，〔一八一〕疾風。　海西公太和六年春二月，〔一八二〕大風迅急。　孝武帝寧康元年春三月，京都大風，火大起。　三年春三月戊申朔，暴風迅起，從丑上來，須臾逆轉，從子上來，飛砂揚礫。　太元二年春二月乙丑朔，暴風折木。　閏三月甲子朔，暴風疾雨俱至，發屋折木。　夏六月己巳，暴風，揚砂石。　三年春三月乙丑，雷雨暴風，發屋折木。　夏六月，長安大風，拔苻堅宫中樹。　四年秋八月乙未，暴風，揚沙石。　十二年春正月壬子夜，〔一八三〕暴風，發屋折木。　秋七月甲辰，大風折木。

十三年冬十二月乙未，大風，晝晦。　十七年夏六月乙卯，〔一八四〕大風折木。　安帝元興二年春二月夜，大風雨，大航門屋瓦飛落。　三年春正月，桓玄出遊大航南，飄風飛其轎輗蓋。　夏五月，江陵又大風，折木。　冬十一月丁酉，大風，江陵多死者。　義熙四年冬，〔一八五〕十一月辛卯朔，西北疾風起，拔樹。　五年閏十月丁亥，〔一八六〕大風發屋。　六年夏五月壬申，〔一八七〕大風，拔北郊樹，樹幾百年也，并吹琅邪、揚州二射堂倒壞。是日，盧循大艦飄没。甲戌，又風，發屋折木。　九年春正月，大風，白馬寺浮圖剎柱折壞。　十年夏四月己丑朔，大風拔木。　六月辛亥，大風拔木。　七月，淮北大風，壞廬舍。　宋少帝景平二年春二月乙巳，大風。　文帝元嘉二十九年春三月壬午，大風折木。　齊武帝永明四年春二月丙寅，大風，吳郡偏甚，樹葉皆赤。　八年夏六月，都下大風，發屋。　梁武帝天監六年秋八月戊戌，大風拔木。　元帝承聖三年冬十月丁卯，帝出行江陵城柵，大風拔木。　十一月甲申，帝閱武於南城北，風雨總集，旗帳飄亂。〔一八八〕丁酉，又大風，城內火起。　陳文帝天嘉六年秋七月癸未，有大風自西南至，廣百餘步，夜，〔一八九〕大風從西地來，發屋拔樹。　後主禎明二年夏六月丁巳，大風自西北，激濤水入石頭。擊壞靈臺候樓。　宣帝太建十二年夏六月壬戌，大風吹壞皋門中闥。　十三年秋九月癸亥，是歲，大風拔朱雀門。　北齊武成帝河清二年，〔一九〇〕大風，三旬乃止。　後主天統三年夏五月，大風，晝晦，發屋拔樹。　四年夏六月甲申，〔一九一〕大風拔樹。　武平七年春二月丙寅，大風從西北起，發屋拔樹，五日乃止。　隋文帝開皇二十年冬十一月，〔一九二〕京都大風，發屋拔木。

仁壽元年夏五月壬辰，大風拔木。

校勘記

〔一〕「六年秋九月戊子」，「六」，原作「二」，據晉書天文志中改。

〔二〕「義熙元年秋八月天鳴在東南」，此下有二條：「元興元年秋八月，天鳴。」「二年秋九月，又鳴。」按，此二條不見於晉書天文志，元興元年即隆安六年，已見於上條，而誤書「九月」爲「八月」，「二年秋九月」亦爲上條誤文重出，故皆删去。

〔三〕「中大同元年夏六月辛巳」，「中」字脱，「元年」原作「十一年」，據梁書武帝紀下、南史梁本紀中改。

〔四〕「隋文帝開皇二十年夏四月乙亥」，原作「壬戌」，據隋書高祖紀下改。

〔五〕「隋文帝開皇末二」，諸本皆同，文疑有誤。

〔六〕「漢孝成帝鴻嘉四年秋」，「成」，原作「武」，據漢書五行志中之下改。

〔七〕「漢元帝永光二年秋八月」，「二」，原作「三」，據漢書五行志中之下改。

〔八〕「襄平北市生肉」，「北」，原作「比」，據元本、殿本改。

〔九〕「元延四年春三月」，「四」，原作「三」，據漢書五行志下之下改。

〔一〇〕「夏五月」，「五」，原作「三」，據元本改。

〔一一〕「二十六年冬十二月乙卯朔」，漢書五行志下之下作「乙亥朔」，春秋本作「乙卯」，阮元校勘記定在「乙亥」。左傳在「十一月」，杜預以長曆推定在「十一月」。

〔一二〕「二十四年秋七月壬午朔」，原作「二十一年」，春秋在昭公二十一年，即周景王二十四年，今據改。

〔一三〕「後元年秋七月乙巳先晦一日」，「先晦一日」，原作「晦」，據漢書五行志下之下改補。

〔一四〕「元鳳元年秋七月己亥晦」，「己亥」，原作「乙亥」，據漢書五行志下之下改。

〔一五〕「五鳳元年冬十二月乙酉朔」，「二」字脱，據漢書宣帝紀與五行志下之下補。

〔一六〕「陽朔元年春二月丁未晦」，「晦」，原作「朔」，據漢書成帝紀與五行志下之下改。

〔一七〕「永始元年」，「永」，原作「建」，據漢書五行志下之下改。

〔一八〕「二年春二月乙酉晦」，「乙酉」，原作「己酉」，據漢書成帝紀與五行志下之下改。

〔一九〕「二年秋九月戊申晦」，「二」，原作「三」，據漢書平帝紀與五行志下之下改。

〔二〇〕「三年夏五月乙卯晦日有食之」，此下有「五年秋九月丙寅晦日有食之」一條，不見於後漢書光武紀與五行志，乃因下文「六年秋九月丙寅晦日有食之」而誤衍，故删。

〔二一〕「十七年春二月乙未晦」，「乙未」，原作「乙亥」，據後漢書五行志六改。

〔二二〕「明帝永平三年秋八月壬申晦」，「三」，原作「二」，據後漢書明帝紀與五行志六改。

〔二三〕「章和元年秋八月乙未晦」，「章和」，原作「元和」，據後漢書章帝紀改。「晦」，汪本作「朔」，章帝紀與各本皆不誤，卽據改。

〔二四〕「和帝永元二年春二月壬午日有食之史官不見他官以聞」，按，此文原作：「和帝永元三年秋八月乙未晦，日有食之。史官不見，他官以聞。二年春二月壬午，日有食之。」其中「三年秋八月乙未晦日有食之」十二字乃涉上文而衍，今據後漢書五行志六改正。此文以「三年」列於「二年」之前，明爲後人傳寫之誤，而非鄭氏原文，後漢書章帝紀與五行志亦皆無永元三年八月日食之記載。

〔二五〕「安帝永初元年春三月二日癸酉」，「二日」，原作「朔日」，據後漢書五行志六改。

〔二六〕「四年春二月乙巳朔」，「乙巳」，原作「乙亥」，據後漢書安帝紀改。

〔二七〕「延光三年秋九月庚申晦」，「庚申」，原作「庚寅」，據後漢書安帝紀改。

〔二八〕「中平三年夏五月壬辰晦」，「三」，原作「二」，據後漢書靈帝紀與五行志六改。

〔二九〕「六年春二月丁卯朔」，「二」，原作「三」，據點校本後漢書獻帝紀與五行志六改。

〔三〇〕「四年夏五月丁丑朔」，晉書天文志中文同，按是年五月壬戌朔，文疑有誤。

〔三一〕「六年夏四月壬子朔」，晉書天文志中、宋書五行志五文同，按是年六月辛亥朔，文疑有誤。

〔三二〕「永康元年春正月辛卯」，按，晉書惠帝紀、天文志中皆作：「正月己卯，日有食之。」通鑑考異云：「按長曆，己卯十七日，安得日食？」」辛卯爲二十九日，正當月晦，則可能有日食。

〔三三〕「二年春正月丙午朔」，「丙午」，原作「丙子」，據晉書懷帝紀、宋書五行志五改。

〔三四〕「冬十二月乙卯朔」，「乙卯」，原作「甲申」，據宋書五行志五改。

〔三五〕「七年春二月甲子朔」，「甲子」，原作「甲午」，據晉書成帝紀、天文志中改。

〔三六〕「穆帝永和二年夏四月己酉朔」，按，晉書天文志中無「朔」字，穆帝紀有，實爲甲午朔，己酉爲十六日，不得有日食。

〔三七〕「哀帝隆和元年春三月甲寅朔」，按，是月壬辰朔，甲寅爲二十三日，不得有日食。

〔三八〕「宋少帝景平二年春二月癸巳朔」，「癸巳」，原作「己卯」，據宋書五行志五改。按是月爲壬辰朔，癸巳爲初二日，曆差，或爲史文有誤。

〔三九〕「十二年春正月己未朔」，「己未」，原作「乙未」，據資治通鑑一二二改。

〔四〇〕「明帝泰始三年冬十月己卯朔」，「己卯」，原作「己亥」，據魏書天象志一改。

〔四一〕「廢帝元徽元年冬十二月癸卯朔日有食之二年春正月癸酉朔日有食之」，按，二次日食，相隔一月，文必有誤。又按，此二次日食，宋書本紀與五行志及南史宋本紀皆不載，而見於魏書天象志一，魏書高祖紀亦不載，應爲出於誤記。

〔四二〕「武帝永明元年冬十二月乙巳朔」，「二」，原作「一」，據南齊書天文志上改。

〔四三〕「中大通元年冬十月己酉朔」，「己酉」，原作「乙酉」，據魏書天象志一改。

〔四四〕「秋八月丁亥朔」，「丁亥」，原作「丁未」，據北史周本紀下、資治通鑑一六九改。

〔四五〕「六年春二月壬辰朔」，陳書宣帝紀、北史陳本紀下皆同，按是月辛卯朔，壬辰爲初二日，曆差，或爲史文有誤。

〔四六〕「十二年冬十月甲寅朔」，按是月癸丑朔，甲寅爲朔之次日。通鑑一七四無「朔」字。

〔四七〕「秋八月丁卯朔」，「八」，原作「七」，「朔」，原作「晦」，據資治通鑑一七五改，考異云：「隋紀作七月丁卯，蓋曆差。」

〔四八〕「隋文帝開皇十一年春二月辛巳晦」，汪本「二」作「正」，據元本、明本、于本、殿本改。

〔四九〕「仁壽元年春二月乙卯朔日有食之」，汪本「日」作「食」，據元本、明本、于本、殿本改。

〔五〇〕「五年正月日色赤黄中有黑氣如飛鵲數月乃銷」，「五」，原作「三」，上有「孝獻帝光和」五字，按後漢書五行志六，此爲中平五年正月之事，光和亦非孝獻帝年號，今删此五字，並改「三年」爲「五年」。

〔五一〕「宋文帝元嘉四年冬十月辛卯日晝昏」，汪本「晝」作「書」，據元本、明本、于本、殿本改。

〔五二〕「正光三年冬十月己巳太史奏自八月以來黄埃掩日日出三丈色如赭無光曜」，「正光」，原作「神龜」，「八月」，作「入月」，據魏書天象志一改。

〔五三〕「節閔帝普泰元年春三月丁亥」，「丁亥」，原作「丁卯」，據魏書天象志一改。

〔五四〕「後漢光武建武七年夏四月丙寅」，「後漢光武建武」，原作「孝章建初」，據後漢書五行志六改。

〔五五〕「陳文帝天嘉七年夏四月甲子日有交暈白虹貫之」，「七」，原作「八」，「虹」字脱，據隋書天文志下改補。

〔五六〕「三年春正月癸丑日暈東西有珥」，「三」，原作「四」，「珥」，原作「背」，據魏書天象志一改。

〔五七〕「肅宗熙平元年夏四月甲辰卯時暈匝西有一背黄南北有珥内赤外黄漸滅」，「肅宗熙平元年」，原作「延昌二年」，「滅」，原作「減」，據魏書天象志一改。

〔五八〕「冬十二月丙申日暈南北有珥上有兩抱一背」，「兩」字脱，據魏書天象志一補。

〔五九〕「孝昌三年夏五月戊戌辰時暈匝内赤外白兩珥冬十一月戊寅辰時暈東面不合内赤外黄」，按魏書天象志一，「夏五月」云云爲莊帝永安三年之事，「冬十一月」云云方爲孝昌三年之事，此文合二事於一年之内，甚誤。

〔六〇〕「孝靈中平六年春二月乙未」，「中平」，原作「光和」，據後漢書五行志六改。

〔六一〕「太和十二年春三月戊戌」，「二」，原作「三」，據魏書天象志一改。

〔六二〕「梁武帝太清二年春正月癸巳朔兩月相承如鈎見于西方」，此文出於南史梁本紀。按，朔日不能見月，其文有誤。隋書天文志下作：「太清二年五月，兩月見。」通考象緯考八亦作：「梁武帝太清二年五月，兩月相承如鉤，見於西方。」依此則「正月」應作「五月」，删「朔」字。汪本「兩月」作「日月」，據元本、明本、于本、殿本改。

〔六三〕「西魏文帝大統十四年春正月朔兩月並見」，按，西魏大統十四年卽梁太清二年，所記者與上條爲一事。

〔六四〕「建安二十二年四星又聚」，原作「二十五年」，據宋書天文志三改。

〔六五〕「冬十二月丙辰」，原作「十一月」，據後漢書天文志中改。

〔六六〕「孝武帝太元十七年秋九月丁丑木火土同在亢氐」，「亢」字脱，據晉書天文志中補。

〔六七〕「宋文帝元嘉二十二年春二月」，原作「二十三年」，據宋書天文志四改。

〔六八〕「後魏道武帝天賜四年春二月癸亥火土金水聚于奎婁」，「水」及「于奎婁」四字脱，據魏書天象志三補。按卽上文義熙三年四星合聚事。

〔六九〕「静帝大象元年夏四月戊子」，汪本脱「静」字，據元本、明本、于本、殿本改。

〔七〇〕「四月丙辰有流星大如瓜起文昌東北西南行至少微西滅」，「西滅」二字脱，據後漢書天文志中補。

〔七一〕「孝順帝永和三年春二月辛丑有流星大如斗從西北東行」，「東」字脱，據後漢書天文志中補。

〔七二〕「宋文帝元嘉十年冬十二月」，按，宋書天文志四作「十月」，通考象緯考一四作「十二月」。

〔七三〕「天興元年冬十一月乙酉有流星照地啾啾有聲」，按，此事魏書與北史皆不載。通考象緯考一四作「獻文帝太安元年十一月乙酉」，「太安」爲文成帝年號，獻文帝年號爲「天安」，疑「天興」與「太安」皆爲「天安」之誤。

〔七四〕「己丑有流星大如斗出營室」，汪本「己丑」作「乙酉」，據元本、明本、于本、殿本改。隋書天文志下同各本。

〔七五〕「二年五月甲辰有流星一大如三斗器」，「五月」上原有「閏」字，「三」作「一」，據隋書天文志下改，按是年無閏月。

〔七六〕「太康九年秋八月壬子星隕如雨」，「星」下衍「晝」字，據晉書武帝紀、天文志下删。

〔七七〕「大業十一年冬十二月戊寅」，「二」，原作「一」，據隋書天文志下改。

〔七八〕「十二年夏五月」，汪本「年」作「月」，據元本、明本、于本、殿本改。

〔七九〕「後漢光武建武三十一年秋七月有客星見軒轅炎二尺所西南行至明年二月二十二日在輿鬼東北六尺所凡百十三日滅」，按，後漢書天文志上云，「七星間有客星」，如本文所叙者，其上又記火星出於七月，於十月己亥，「犯軒轅大星」，本文混火星與客星於一談，甚誤。

〔八〇〕「孝章帝元和二年夏四月」，「二」，原作「元」，據後漢書章帝紀改。

〔八一〕「孝和帝永元十三年冬十一月乙丑」，「三」，原作「二」，據後漢書天文志中改。

〔八二〕「四年夏六月甲子」，「甲子」，原作「丙子」，據後漢書天文志中改。

〔八三〕「甘露四年冬十月丁丑客星見太微中轉東南行歷軫宿七日滅」，「四」，原作「二」，「七」下衍「十」字，據宋書天文志一改删。

〔八四〕「客星見紫宫西垣至七月乃滅」，「月」，原作「日」，據宋書天文志二改。

〔八五〕「彗星見西北色白長丈在觜觿且去益小十五日不見」，「丈」，原作「大」，「且」，原作「旦」，據漢書天文志改。

〔八六〕「彗星出天船北長二尺所稍北行至亢南見三十五日去」，「見」，原作「百」，據後漢書章帝紀注引古今注改。

〔八七〕「彗星出婁三度長八九尺稍入紫宫百六日稍滅」，「六」下衍「十」字，據後漢書天文志中删。

〔八八〕「甲申在東井遂歷輿鬼柳七星張」，「柳」字脱，據後漢書天文志中補。

〔八九〕「彗星出三台下東行入太微」，「東」字脱，據後漢書天文志下補。

〔九〇〕「孝獻帝初平四年冬十月彗星出兩角間」，按後漢書天文志下作「孛星」。

〔九一〕「高貴鄉公正元二年春正月」，「元」，原作「光」，按高貴鄉公年號爲「正元」，無「正光」，今正。

〔九二〕「彗星見王良長丈餘」，「丈」，原作「尺」，據晉書天文志下改。

〔九三〕「彗星見亢長七尺白色」，汪本「白色」作「色白」，據元本、明本、于本、殿本改。

〔九四〕「二十八年夏四月己卯」，「己卯」，原作「己酉」，據南史宋本紀中改。

〔九五〕「宣帝太建十二年冬十二月辛巳」，「十二年」，原作「十三年」，據隋書天文志下改。

〔九六〕「彗星出文昌東北其大如手」，汪本「手」作「斗」，據元本、明本、于本、殿本改。北史齊本紀下作「手」。

〔九七〕「哀公十三年冬十一月」，「一」字脫，據春秋補。

〔九八〕「四年秋九月」，「九」，原作「七」，據漢書武帝紀改。

〔九九〕「元封中有星孛于河戍」，「戍」，原作「戒」，據漢書天文志改。

〔一〇〇〕「蠭炎再貫紫宫中」，「蠭」，原作「螽」，據漢書五行志下之下改。

〔一〇一〕「明帝太和六年冬十一月丙寅」，「一」字脫，據晉書天文志下補。

〔一〇二〕「四年春三月戊申」，「三」，原作「二」，據晉書天文志下改。

〔一〇三〕「星有毛旁有短彗」，「短」，原作「矩」，據隋書天文志中改。

〔一〇四〕「正元元年冬十一月」，「一」字脫，據宋書天文志一補。

〔一〇五〕「河東楊地陷」，「楊」字後漢書安帝紀無，五行志四有，應有。

〔一〇六〕「緱氏地坼」，原作「地震」，據後漢書安帝紀改。

〔一〇七〕「四年冬十一月丁巳」，「一」字脱，據後漢書順帝紀補。

〔一〇八〕「永和二年夏四月丙申」，「丙申」，原作「庚申」，據後漢書順帝紀改。

〔一〇九〕「從去年秋九月以來至夏四月凡百八十日震」，後漢書五行志四文同此。按順帝紀載建康元年春正月辛丑詔曰：「隴西、漢陽、張掖、北地、武威、武都，自去年九月已來，地百八十震。」是特就涼州六郡而言，地震一百八十次，非一百八十日，止於正月，非至四月。

〔一一〇〕「三郡水涌土裂」，汪本「土」作「上」，據元本、明本、于本、殿本改。

〔一一一〕「五月」，原作「六月」，據後漢書桓帝紀改。

〔一一二〕「八年夏六月丙辰」，「六」，原作「五」，據後漢書五行志四改。

〔一一三〕「城中官寺民舍皆頓縣易處更築城郭」，汪本「頓」作「傾」，據元本、明本、于本、殿本改。

〔一一四〕「十二月辛丑」，汪本「月」作「年」，據元本、明本、于本、殿本改。

〔一一五〕「五年春二月壬辰京師地震」，「二月」，原作「正月」，「辰」下有「朔」字，晉書五行志下文同。按，正月丙申朔，月内無壬辰，二月乙丑朔，則壬辰爲二十八日，武帝紀正作「二月壬辰」，今據改。

〔一一六〕「六年秋七月己丑地震」，晉書五行志下文同。按，七月丁巳朔，月内無「己丑」。武帝紀作「秋七月，巴西地震。」「己丑」或爲「巴西」之訛。

〔一一七〕「孝惠帝元康元年」，汪本脱「孝」字，據元本、明本、于本、殿本補。

〔一一八〕「當陽地裂三所各廣三丈」，「各」字脱，據晉書懷帝紀補。

〔一一九〕「九年春三月丁酉」，「三」，原作「二」，據晉書成帝紀、五行志下改。

〔一二〇〕「地震聲如雷雞雉皆鳴呴」，汪本脱「呴」字，據元本、明本、于本、殿本補。

〔一二一〕「二年春二月庚寅」，原作「三月」，據晉書哀帝紀改。

〔一二二〕「太元元年夏五月癸丑」，「五」，原作「四」，據晉書孝武帝紀改。

〔一二三〕「宋武帝永初二年」，汪本「永」作「宋」，據元本、明本、于本、殿本改。

〔一二四〕「蜀郡岷山崩壅江三日」，「日」，原作「月」，據漢書成帝紀改。

〔一二五〕「河東垣山崩」，「垣」，原作「恒」，據後漢書殤帝紀改。

〔一二六〕「三年夏六月庚午」，「庚午」，原作「庚辰」，據後漢書安帝紀改。

〔一二七〕「永興二年夏六月」，「二」，原作「三」，據後漢書桓帝紀改。

〔一二八〕「光和六年秋」，「秋」，原作「夏」，據後漢書靈帝紀改。

〔一二九〕「泰山崩」，「崩」字脱，據晉書五行志下、宋書五行志五補。

〔一三〇〕「十二年十一月」，「年十一」三字脱，據晉書五行志下補。

〔一三一〕「建安七八年中」，「七」，原作「十」，「中」字脱，據後漢書五行志三改補。

〔一三二〕「京師及郡國四十大水」，「十」下衍「九」字，據後漢書安帝紀刪。

〔一三三〕「質帝本初元年夏五月」，「本」，原作「太」，據後漢書質帝紀改。

〔一三四〕「冀兗徐豫四州水出」，「豫」，原作「青」，據三國志魏書明帝紀、晉書五行志上改。

〔一三五〕「雍州有年」，「年」，原作「半」，據晉書惠帝紀改。

〔一三六〕「京師大水平地數尺」，「尺」，原作「丈」，據晉書五行志上、宋書五行志四改。

〔一三七〕「其明年二月庚寅夜」，「其明年二月」五字脱，據晉書五行志上、宋書五行志四補。

〔一三八〕「十一年秋七月丙戌」，汪本「年」作「月」，據元本、明本、于本、殿本改。

〔一三九〕「江水汎溢」，「江」，原作「河」，據宋書五行志四改。

〔一四〇〕「太末信安豐安三縣大水」，「豐安」二字互倒，據梁書武帝紀中改。

〔一四一〕「壞鄉聚民屋舍」，「鄉」字脱，據漢書五行志上補。

〔一四二〕「延光元年京師及郡國二十七雨水」，此條與上條「京師及郡國二十九雨水」之文相似致脱，據後漢書安帝紀、五行志一補。

〔一四三〕「大雨水泉涌出」，「水」字重衍，據三國志吳書孫休傳、晉書五行志上刪。

〔一四四〕「渭水又赤三日」，「三」，原作「二」，據漢書五行志中之下改。

〔一四五〕「自建鄴至荆州江水色赤如血」，「江水」，原作「江州」，據陳書後主紀、隋書五行志下改。

〔一四六〕「建寧四年春二月」，「四」，原作「元」，據後漢書靈帝紀、五行志三改。

〔一四七〕「元嘉二十四年夏四月」，「二十」二字脱，據南史宋本紀補。

〔一四八〕「六月不雨」，按春秋經：「六月，雨。」此誤。

〔一四九〕「定公七年秋九月」，原作「宣公十年」，據春秋經改。

〔一五〇〕「鴻嘉三年夏大旱」，原在「永始四年夏大旱」之後，按漢書成帝紀，鴻嘉在永始之前，今據改。

〔一五一〕「孝哀帝建平四年春」，「建」，原作「延」，據漢書哀帝紀改。

〔一五二〕「郡國十四旱」，「四」字脱，據後漢書五行志一注引古今注補。

〔一五三〕「十五年丹陽郡國二十二旱」，「十五」之「十」字脱，據後漢書五行志一注引古今注補。又原在「六年秋七月京師旱」之前，今改在「九年夏六月旱」之後。

〔一五四〕「三年夏六月」，「三年」二字脱，據晉書五行志中補。

〔一五五〕「九年京師及州鎮十三旱」，「三」，原作「一」，據魏書高祖紀上、北史魏本紀三改。

〔一五六〕「後主天統二年春旱」，「二」，原作「三」，據北齊書後主紀、北史齊本紀下改。

〔一五七〕「定公二年夏五月」，「定」，原作「宣」，據元本改。

〔一五八〕「漢惠帝三年秋七月」，「三」，原作「二」，據漢書惠帝紀改。

〔一五九〕「吕后元年夏五月丙申」，「丙申」，原作「丙辰」，據漢書吕后紀改。

〔一六〇〕「四年冬十月丁卯」，「四」，原作「三」，據漢書宣帝紀改。

〔一六一〕「太官凌室火」，「官」，原作「宫」，據漢書成帝紀、五行志上改。

〔一六二〕「漢陽阿陽城中失火」，「阿陽」，原作「河陽」，據後漢書郡國志五改。

〔一六三〕「六年河南郡縣大火燒殺五百八十四人」，後漢書五行志二引古今注作「二年」。

〔一六四〕「永建二年夏五月戊辰」，「二」，原作「三」，「戊辰」，原作「戊申」，據後漢書五行志二注引古今注改。

〔一六五〕「冬十一月壬子」，「一」字脱，據後漢書桓帝紀、五行志二補。

〔一六六〕「歸命侯建衡二年春三月」，汪本「二」作「元」，據元本、明本、于本、殿本改。

〔一六七〕「冬十一月庚辰」，「一」字脱，據晉書武帝紀補。

〔一六八〕「火起興衆救之」，「興」字脱，據晉書五行志上、宋書五行志三補。

〔一六九〕「成帝咸和二年夏五月」，「二」，原作「三」，據晉書五行志上改。

〔一七〇〕「康帝建元元年秋七月庚申」，「庚申」，原作「庚辰」，據晉書康帝紀、五行志上改。

〔一七一〕「震災石虎太武殿及兩廂端門」，汪本「兩廂」，各本皆作「兩廟」，按宋書五行志三作「兩廂」，晉書五行志上作「兩廟」，以「兩廂」之義爲長。

〔一七二〕「永明九年春三月癸巳」，「三」，原作「二」，據南史齊本紀上改。

〔一七三〕「天平二年冬十一月甲寅」，「一」字脱，據魏書孝静帝紀、隋書五行志上補。

〔一七四〕「廣宗郡火」，「郡」，原作「都」，據隋書五行志上改。

〔一七五〕「北齊後主天統三年」，「三」，原作「五」，據隋書五行志上改。

〔一七六〕「五年十月」，「五年」二字脱，據漢書五行志下之上補。

〔一七七〕「孝成帝建始元年」，「孝成帝」三字依文例補入。

〔一七八〕「郡國二十八大風二年夏京都及郡國四十大風」，上「郡國」二字脱，「四十」下衍「八」字，據後漢書安帝紀、五行志四補删。

〔一七九〕「濟南暴風折木」，汪本「風」作「夙」，據元本、明本、于本、殿本改。

〔一八〇〕「康帝建元元年秋七月庚申」，「庚申」，原作「庚寅」，據晉書康帝紀、宋書五行志五改。

〔一八一〕「五年春正月戊戌朔」，「戊戌」，原作「戊午」，據宋書五行志五改。

〔一八二〕「海西公太和六年春二月」，「海西公」，原作「哀帝」，按「太和」爲海西公年號，今據改。

〔一八三〕「十二年春正月壬子夜」，「壬子」，原作「壬午」，據晉書孝武帝紀改。

〔一八四〕「十三年冬十二月乙未大風晝晦十七年夏六月乙卯」，「乙未」，原作「己未」，「乙卯」，原作「乙未」，據晉書孝武帝紀改。

〔一八五〕「十一月丁酉大風江陵多死者義熙四年冬」，此十七字全脱，據宋書五行志五補。

〔一八六〕「五年閏十月丁亥」，「十」下衍「一」字，據宋書五行志五刪。

〔一八七〕「六年夏五月壬申」，「壬申」，原作「壬辰」，據晉書五行志下、宋書五行志五改。

〔一八八〕「十一月甲申帝閲武於南城北風雨總集旗帳飄亂」，按，隋書五行志下云：「十一月癸未，帝閲武於南城，北風大急，普天昏闇。」南史梁本紀下云：「十一月甲申，幸津陽門講武，置南北兩城主，帝親觀閲，風雨總集，部分未交，旗幟飄亂，帝趣駕而回，無復次序。」本文出自此二處，删去「北」字，文意方明晰。又二書時間相差一日，本文取南史。

〔一八九〕「十三年秋九月癸亥夜」，「癸亥」，原作「癸未」，據陳書宣帝紀、南史陳本紀下改。

〔一九〇〕「河清二年」，「二」，原作「三」，據隋書五行志下改。

〔一九一〕「四年夏六月甲申」，「甲申」，原作「甲辰」，據北史齊本紀下改。

〔一九二〕「開皇二十年冬十一月」，上「十」字脱，「一」，原作「二」，據隋書高祖紀下、五行志下補改。

昆蟲草木略第一

序

學者皆操窮理盡性之説，而以虚無爲宗，至於實學，則置而不問。當仲尼之時，已有此患，故曰：「小子何莫學夫詩。詩可以興，可以觀，可以羣，可以怨，邇之事父，遠之事君，多識於鳥獸草木之名。」其曰「小子」者，無所識之辭也。其曰「何莫」者，苦口之辭也。故又曰「人而不爲周南召南，其猶正牆面而立」，此苦口之甚也。一部論語，言他書不過一再，惟詩則言之又言，凡十二度言焉。門弟子有能學詩者則深喜之，子貢、子夏在孔門未爲高弟，至於論詩，則與之，至子夏又發「起予」之嘆者，深嘉之也。夫樂之本在詩，詩之本在聲，竊觀仲尼初亦不達聲，至哀公十一年自衛反魯，質正於太師氏而後知之，故曰：「吾自衛反魯，然後樂正，雅、頌各得其所。」此言詩爲樂之本，而雅、頌爲聲之宗也。其曰：「師摯之始，關雎之亂，洋洋乎盈耳哉！」此言其聲之盛也。又曰：「關雎樂而不淫，哀而不傷。」此言其聲之和也。人之情聞歌則感，樂者聞歌則感而爲淫，哀者聞歌則感而爲傷，惟關雎之聲和而平，樂者聞之而樂其樂不至於淫，哀者聞之而哀其哀不至於傷，此關雎所以爲美也。緣漢人立學官，講詩專以義理相傳，是致衞宏序詩，以樂爲樂得淑女之樂，淫爲不淫其色之淫，哀爲哀窈窕之哀，傷爲無傷善之傷。如此說關雎，則「洋洋盈耳」之旨安在乎？

臣之序詩，於風、雅、頌曰，風土之音曰風，朝廷之音曰雅，宗廟之音曰頌。而不曰風者教也，〔一〕雅者正也，言王政之所由廢興也，頌者美盛德之形容也。於二南則曰，周爲河洛，召爲岐雍。河洛之南瀕江，岐雍之南瀕漢，江、漢之間，二南之地，詩之所起在於此，屈宋以來，騷人墨客多生江、漢，故仲尼以二南之地爲作詩之始。而不曰南言化自北而南。於王黍離，豳七月則曰，王爲王城，東周之地，豳爲豳豐，西周之地。七月者，西周之風，黍離者，東周之風。而不曰黍離降國風。臣之序詩，專爲聲歌，欲以明仲尼之正樂。臣之釋詩，深究鳥獸草木之名，欲以明仲尼教小子之意。然兩漢之言詩者，惟儒生論義不論聲，而聲歌之妙猶傳於瞽史，經董卓、赤眉之亂，禮樂淪亡殆盡，魏人得漢雅樂郎，僅能歌文王、鹿鳴、騶虞、伐檀四篇而已。太和之末，又亡其三，惟有鹿鳴，至晉又亡。自鹿鳴亡後，聲詩之道絶矣。

夫詩之本在聲，而聲之本在興，鳥獸草木乃發興之本，漢儒之言詩者既不論聲，又不知興，故鳥獸草木之學廢矣。若曰「關關雎鳩，在河之洲」，不識雎鳩，則安知河洲之趣與關關之聲乎？凡雁鶩之類，其喙褊者，則其聲關關；鷄雉之類，其喙鋭者，則其聲鷕鷕，此天籟也。雎鳩之喙似凫雁，故其聲如是，又得水邊之趣也。小雅曰「呦呦鹿鳴，食野之苹」，不識鹿則安知食苹之趣與呦呦之聲乎？凡牛羊之屬，有角無齒者，則其聲呦呦；駝馬之屬，有齒無角者，則其聲蕭蕭，此亦天籟也。鹿之喙似牛羊，故其聲如是，又得蔞蒿之趣也。使不識鳥獸之情狀，則安知詩人「關關」、「呦呦」之興乎？若曰「有敦瓜苦，蒸在栗薪」者，謂瓜苦引蔓於籬落間而有敦然之繫焉。若曰「桑之未落，其葉沃若」者，謂桑葉最茂，雖未落之時而有沃若之澤。使不識草木之精神，則安知詩人「敦然」、「沃若」之興乎？

陸璣者，江左之騷人也，深爲此患，爲毛詩作鳥獸草木蟲魚疏，然璣本無此學，但加採訪，其所傳者多是支離。自陸璣之後，未有似此明詩者，惟爾雅一種爲名物之宗，然孫炎、郭璞所得既希，張揖、曹憲所記徒廣。大抵儒生家多不識田野之物，農圃人又不識詩書之旨，二者無由參合，遂使鳥獸草木之學不傳。惟本草一家，人命所系，凡學之者務在識真，不比他書，只求説也。神農本經有三百六十，以應周天之數，陶弘景，隱者也，得此一家之學，故益以三百六十，以應周天之數而兩之。臣少好讀書，無涉世意，又好泉石，有慕弘景心，結茅夾漈山中，與田夫野老往來，與夜鶴曉猿雜處，不問飛潛動植，皆欲究其情性，於是取陶隱居之書，復益以三百六十，以應周天之數而三之。已得鳥獸草木之真，然後傳詩；已得詩人之興，然後釋爾雅。今作昆蟲草木略，爲之會同，庶幾衰晚少備遺忘，豈敢論實學也。夫物之難明者，爲其名之難明也，名之難明者，謂五方之名既已不同，而古今之言亦自差別。是以此書尤詳其名焉。

草類

芝曰菌，其類有五色，加以紫，是爲六芝。青曰龍芝，赤曰丹芝，黄曰金芝，白曰玉芝，黑曰玄芝，紫曰木芝。瑞草也，生則有雲氣，及禽獸之異。

蓍如蒿，華如菊，生上蔡白龜祠傍，一叢之幹二三十，或四五十，高五六赤。褚先生云，蓍滿百莖者，其下有神龜守之，其上有青雲以覆之。傳曰：「天下和平，王道得蓍，莖長丈，叢滿百。」

蘭即蕙，蕙即薰，薰即零陵香。楚辭云：「滋蘭九畹，植蕙百畝。」互言也。古方謂之薰草，故名醫別録出薰草條。近方謂之零陵香，故開寶本草出零陵香條。神農本經謂之蘭茝，昔修本草以二條貫於蘭後，明一物也。臣謹按：蘭舊名煎澤草，婦人和油澤頭，故以名焉。南越志云：「零陵香一名燕草，又名薰草，即香草，生零陵山谷，今湖嶺諸州皆有。」又別録云：「薰草一名蕙草，明薰蕙之爲蘭也。以其質香，故可以爲膏澤，可以塗宮室。」近世一種草如茅葉而嫩，其根謂之土續斷，其花馥郁，故得蘭名，誤爲人所賦詠。

芎藭曰胡藭，曰香果，關中者曰京藭，蜀道者曰川芎。其葉曰蘼蕪，〔二〕亦曰蘄茝，故爾雅：「蘄茝，蘼蕪。」亦曰江蘺。以其芬香，故多蒔於園庭。苗似芹、胡荽、蛇牀輩，故淮南子云，亂人者若芎藭之與藁本，蛇牀之與蘼蕪也。

蛇牀曰蛇粟，曰蛇米，曰虺牀，曰思益，曰繩毒，曰棗棘，曰牆蘼，曰盱，曰馬牀。爾雅所謂「盱，虺牀」也。花白，子如黍粒，葉似芎藭而細，亦香，故有「牆蘼」之名焉。

茜亦作蒨，可以染緋，故曰地血，亦曰茹藘，曰茅蒐。齊人謂之茜，徐人謂之牛蔓。詩所謂「茹藘在阪」。爾雅所謂「茹藘，茅蒐」。莖葉鹿澁而根紅，故許慎謂人血所生。周禮，庶氏掌除蠱毒，以嘉草攻之。陳藏器以蘘荷與茜爲嘉草。

杜若曰杜衡，曰杜蓮，曰白蓮，曰白苓，曰若芝，曰楚衡。根葉如山薑，花如荳蔻，騷人多取喻焉。故楚詞云：「山中人兮芳杜若。」九歌云：「採芳洲兮杜若。」又離騷云：「雜杜蘅與芳芷。」唐貞觀中，勑下度支求杜若，省郎以謝元暉詩云「芳洲採杜若」，乃責坊州貢之，當時以爲嗤笑。

決明曰芵茪，曰薢，關西曰薢茩。故爾雅云：「薢茩，芵茪。」共有三種。其一則山決明也，相似而不可食。其二曰馬蹄決明，實似馬蹄，尤良。

天名精曰麥句薑，曰蝦蟇藍，曰豕首，曰天門精，曰彘顱，曰蟾蜍蘭，曰覲，曰菵蘋，曰豨首，曰天蔓精，曰鹿活草，曰劉惜草。爾雅云：「菵蘋，豕首。」俗曰豨薟，又云火杴，又云地菘。異苑云：「宋元嘉中，青州劉愭射中一麞，既剖五藏，以此草塞之，蹶然而起，去之則仆，如此者三。是以知其治折傷，故其草得劉愭之名。」

菟絲曰菟蘆，曰菟縷，曰唐蒙，曰玉女，曰赤網，曰菟纍，曰女蘿。爾雅曰：「唐蒙，女蘿。女蘿，菟絲。」又曰：「蒙，玉女。」詩曰：「蔦與女蘿，施于松上。」草經曰：「蔓延草木之上，色黄而細曰赤網，色淺而大曰菟纍。」淮南子注云：「菟絲生茯苓上。」故世言下有茯苓，上有菟絲。又言菟絲初生之根，其形似兔，掘取，割其血，和丹服之，立變化。今皆不然，茯苓生山谷，菟絲生人間，清濁異處，何由同居。

薊曰虎薊，曰刺薊，曰山牛蒡。爾雅：「蘩，狗毒。」蘩即薊也。又有一種小薊曰猫薊，曰青刺薊，北方曰千針草，以其莖葉多刺故也。華如紅藍華而青紫色，多生於燕地，故曰薊門。

垣衣曰昔邪，曰烏韭，曰垣嬴，曰天韭，曰鼠韭。有數種：生於屋上曰屋游。生於屋陰曰垣衣。在石上謂之烏韭。在地上謂之地衣。在井中謂之井中苔。在牆上抽起茸茸然者謂之土馬騣。生於水中謂之陟釐，水中苔也，生海中者可食。又有生於石上連緣作暈者，謂之石花，石花生於海中石上，謂之紫萸，即紫菜也。松上之衣曰艾納香，以和香燒則煙氣直上。

海藻類紫萸而麄惡，曰落首，曰藫，曰石衣，曰海蘿。爾雅云：「藫，石衣。」郭氏云，石髮也。又云：「薚，海藻。」郭氏云，如亂髮。其說無別，致誤後人引據。且藫與薚，藻與藻，皆無異義，何得爲二物？海藻形如弊衣，石髮形如亂髮，自是二物。凡此之類，易得渾殽。又有石帆之於水松，亦能相亂。故陶弘景云：「石帆如柏，療石淋。水松如松，療溪毒。」吴都賦所謂「石帆水松」是也。又有海帶似帶，昆布似布。爾雅云：「綸，似綸；組，似組，東海有之。」綸即鹿角菜，組即海中苔。

藻生乎水中，萍生乎水上，萍之名類亦多，易相紊也。爾雅云：「苹，萍，其大者蘋。」又云：「苹，藾蕭。」足以惑人。蓱者，水中浮蓱也，江東謂之薸是也。蘋，水菜也，葉似車前，詩所謂「于以采蘋」是也。苹，蔞蒿也，即藾蕭，詩所謂「呦呦鹿鳴，食野之苹」是也。按萍亦曰水花，亦曰水白。

肉蓯蓉曰肉松容。舊曰馬精化爲蓯蓉，人血化爲茹藘，故蓯蓉生於沙中，在西方多馬處，然亦有生於大木間及土壍上者。

地膚曰地葵，曰地麥，曰益明，曰落帚子，曰鴨舌，即獨掃也，亦曰地掃。爾雅云：「荓，馬帚。」即此也。今人亦用爲箒。

蒺蔾曰旁通，曰屈人，曰止行，曰豻羽，曰升推，曰即蔾，曰茨。故爾雅謂「茨，蒺蔾」，詩謂「牆有茨」也。其實有芒刺，行軍之家以鐵象之而布地焉。又有白蒺蔾者，同名而異實。

防風曰銅芸，曰茴草，曰百枝，曰屏風，曰蕳根，曰百蜚。葉如青蒿，嫩苗可茹。

石龍蒭曰龍須，曰草續斷，曰龍朱，曰龍華，曰懸莞，曰草毒，曰方賓。爾雅所謂「蔗，鼠莞」也。生被崖垂下，故得龍須之名，可以爲席。

絡石曰石鯪，曰石蹉，曰略石，曰明石，曰領石，曰懸石。如薜荔而小，絡石以生。

千歲虆曰虆蕪。陸璣云：「一名巨苽，連蔓而生，幽州人謂之推纍。」此草藤生，大者盤礴，故有「千歲虆」之名。唐姜撫言，服常春藤，使白髮還鬒，明皇使取以賜中朝老臣。又言，終南山有旱藕，食之延年，狀類葛粉，帝作湯餅以賜大臣。右驍騎將軍甘守誠能名藥石，曰：「常春藤者，千歲藟也。旱藕者，牡蒙也。」

黃連曰王連，曰支連。

沙參，葉如枸杞，根如葵，曰苦心，曰志取，曰虎須，曰白參，曰識美，曰文希，亦曰知母，而得五參之名。

丹參，葉如薄荷，花如蘇，曰郄蟬草，曰赤參，曰木羊乳，曰山苓，本草作參。曰奔馬，俗謂之逐馬，言驅風之駃也。〔三〕

赤箭曰離母，曰鬼督郵，曰合離，曰獨搖，曰定風。有風不動，無風自搖。

蘠蘼曰滿冬，曰地門冬，曰筵門冬，在東嶽名淫羊藿，抱朴子作淫羊食。在中嶽名天門冬，在西嶽名管松，在北嶽名無不愈，在南嶽名百部，在京陸山阜名顛棘，今曰天門冬。爾雅：「蘠蘼，虋冬。」葉如絲縷。

禹葭曰禹餘糧，曰烏韭，曰爨火冬，曰忍冬，曰忍陵，曰不死藥，曰僕壘，曰隨脂，秦名羊韭，齊名愛韭，楚名馬韭，越名羊蓍，今曰麥門冬。其葉如韭，所以多得韭名。

山薊曰朮。爾雅：「朮，山薊。」蒼朮也。枹薊曰楊。爾雅：「楊，枹薊。」有兩種，赤朮、白朮也。生平地曰薊，生山中曰朮，亦曰山連，亦曰山精，亦曰天蘇，亦曰山芥，亦曰乞力伽。日華子作吃力伽。

萎蕤曰熒，曰地節，曰玉竹，曰馬薰，曰黄芝，曰玉女萎。

黄精曰重樓，曰菟竹，曰雞格，曰救窮，曰鹿竹，曰龍銜，曰萎蕤，曰狗格，本草作苟格。曰垂珠，曰馬箭，曰白及。陶弘景謂似鈎吻，非也，似蘘荷。

苄曰芑，地黄也。

藚曰屋菼，〔四〕曰起實，交州曰簳珠，薏苡也。

芣苢曰當道，曰蝦蟇衣，曰牛遺，曰勝舄，曰馬舄，車前也。

昌陽曰堯韭，菖蒲也。

蕀蒬曰葽繞，曰細草葉，曰小草，遠志也。

蕍曰蕮，曰藚，曰芒芋，曰鵠瀉，曰及瀉，澤瀉也。詩云："言采其藚。"爾雅云："蕍，蕮。"

薯蕷曰山蕷，曰脩脆，曰藷蕷，曰兒草，秦、楚名玉延，鄭、越名土藷，齊名山芋。

菊花曰日精，曰節華，曰女節，曰女華，曰女莖，曰更生，曰周盈，曰傳延年，〔五〕曰陰成，曰治蘠。其白花者，潁川曰回峰，汝南曰荼苦蒿，河内曰地薇蒿，上黨曰羊歡草。

甘草曰蕗草，曰蜜甘，曰美草，或曰大苦即此也。凡草屬惟甘草爲國老，大黄爲將軍，不言君臣佐使也。

茺蔚曰益母，曰益明，曰大札，曰貞蔚，曰萑，曰負檐，曰夏枯，曰鬱臭草，曰苦低草，曰蓷。葉似荏，方莖白華，詩所謂「中谷有蓷」也。

人參曰人銜，曰鬼蓋，曰神草，曰人微，曰土精，曰血參。如人形者則神，故多得人名。朝鮮之人贊云：「三椏五葉，背陽向陰，欲來求我，椵樹相尋。」

石斛曰林蘭，曰禁生，曰杜蘭，曰石遂。生于陰崖，莖如釵股。其生于櫟者木斛。石斛之莖如金釵，故謂之金釵。

牛膝之節如牛膝，故謂之牛膝。

卷栢曰萬歲，曰豹足，曰求股，曰交時。葉如栢，狀如雞足，生於陰崖。

細辛曰小辛，曰細草，而世以杜蘅亂其真。

獨活曰羌青，曰護羌使者，曰胡王使者，曰獨摇草。得風不摇，無風自動，雖與羌活異條，而亦曰羌活。

升麻曰周麻，曰落新婦。

茈胡曰地薰，曰山菜，曰茹草葉，曰芸蒿。辛香可食。生於銀夏者，芬馨之氣射於雲間，多白鶴青鶴翺翔其上。

防葵曰梨蓋，曰旁慈，曰爵離，曰農果，曰利茹，曰方蓋，而狼毒能亂其真。

菴藺，狀如蒿艾，駏驉食之仙。

白蒿，卽茵蔯蒿，白兔食之仙。

菥蓂曰蔑菥，曰大蕺，曰馬辛。爾雅曰：「姚莖，涂薺。」又曰：「菥蓂，大薺。」以似薺而大也。

龍膽曰陵游。莖如小竹，根似牛膝。

王不留行曰禁宮花，曰翦金花。葉似槐，實作房。

茵蔯蒿，南人所用者似香薷，北人所用者似菁蒿，卽白蒿也。南北所用俱有山茵蔯之名，同名異實。又有石香菜，亦名山茵蔯，而香薷亦名茵蔯，四種足相紊也。

漏蘆曰野蘭，而飛廉曰漏蘆，亦能相紊。

飛廉曰漏蘆，曰天薺，曰伏豬，曰飛輕，曰伏兔，曰飛雉，曰木禾。似苦芺而葉下附，莖有皮起，似箭羽刻缺。

蘠蘼曰營實，曰牆牀，本草作牆麻。曰牛棘，曰牛勒，曰薔蘼，曰山棘。

薇銜曰承膏，曰承肌，曰無心，曰無顛，曰鹿銜，曰吳風草。葉似茺蔚，叢生有毛。

五味子曰菋，曰荎藸。故爾雅云：「菋，荎藸。」引蔓，實如珠而赤。

旋花曰鼓子花，曰筋根花，曰金沸，曰美草，曰肫腸草。蔓生，花不作瓣，故謂之旋也。此草一名金沸，而旋覆花亦名金沸，旋花正謂之蓄旋，旋覆正謂之旋復，易相紊也。然方家所用者，蓄旋用根，旋復用花。

白兔藿曰白葛。蔓生，葉圓如蓴。

鬼督郵曰獨摇草。莖如箭簳，葉如繖蓋，花生葉心，根横而不生須。徐長卿、赤箭俱有鬼督郵之名，而實異。

藍有三種：蓼藍如蓼，染緑；大藍如芥，染碧；槐藍如槐，染青。三藍皆可作澱，色成勝母，故曰「青出於藍而青於藍」。

景天曰戒火。曰火母，曰救火，曰據火，曰慎火，今人皆謂之慎火。草植弱而葉嫩，種之階庭，能辟火。

續斷曰龍豆，曰屬折，曰接骨，曰南草，曰槐，曰大薊，曰馬薊。蜀本圖經云：「莖方，葉似苧，花似益母，根如大薊。」此北續斷也。范汪云：「卽馬薊也。與小薊相似，葉如菥蓂菜，兩邊有刺，花紫。」會稽者正爾，此南續斷也。

雲實曰員實，曰雲英，曰天豆，曰馬豆，曰臭草，曰羊石子。葉如苜蓿，花黄白，莢如大豆，實若大麻，能殺精物，燒之致鬼。

黄耆有白水耆，赤水耆，木耆三種。其莖葉曰戴糝，曰戴椹，曰芰草，曰蜀脂，曰百本，曰王孫。

徐長卿曰別仙蹤，曰鬼督郵。苗如小麥子，似蘿藦。

薛曰山蘄，曰白蘄，曰乾歸，曰文無。爾雅謂：「薛，山蘄。」又謂：「薜，白蘄。」卽當歸也。葉似芎藭，有兩種：大葉者謂之馬尾當歸，細葉者謂之蠶頭當歸，此方家之別也。

鋋曰何離，曰解倉，曰犂食，曰餘容，曰白朮，卽芍藥也。以有何離之名，所以贈別用焉。古今言木芍藥是牡丹。崔豹古今注云：「芍藥有二種，有草芍藥，有木芍藥，木者花大而色深，俗呼爲牡丹，非也。」安期生服鍊法云：「芍藥有二種，有金芍藥，有木芍藥，金者色白多脂，木者色紫多脉。」此則驗其根也。然牡丹亦有木芍藥之名，其花可愛如芍藥，宿枝如木，故得木芍藥之名。芍藥著於三代之際，風雅之所流詠也。牡丹初無名，故依芍藥以爲名，亦如木芙蓉之依芙蓉以爲名也。牡丹晚出，唐始有聞，貴游趨競，遂使芍藥爲落譜衰宗。

藁本曰鬼卿，曰地新，曰微莖。

葛曰雞齊根，曰鹿藿，曰黄斤，而蔨亦謂之鹿藿。

知母曰蚳母，曰連母，曰野蓼，曰地參，曰水參，曰水浚，曰貨母，曰蝭母，曰女雷，曰女理，曰兒草，曰鹿列，曰韭逢，曰兒踵草，曰東根，曰水須，曰沈藩，曰蕁，曰昌支。爾雅曰：「蕁，沈藩。」

貝母曰空草，曰藥實，曰苦花，曰苦菜，曰商草，曰勤母，曰莔。爾雅曰：「莔，貝母。」詩云：「言采其蝱。」

栝樓曰地樓，曰果蠃，曰天瓜，曰澤姑，曰白藥。其實曰黃瓜。詩云：「果蠃之實。」爾雅云：「果蠃之實，栝樓。」

玄參曰重臺，曰玄臺，曰鹿腸，曰正馬，曰咸，曰端，曰逐馬，曰馥草。

苦參曰水槐，曰苦蘵，曰地槐，曰菟槐，曰驕槐，曰白莖，曰虎麻，曰岑莖，曰祿白，曰陵郎。

石龍芮曰魯果能，曰地椹，曰石能，曰彭根，曰天豆。沈括云：「有兩種，水中生者葉光而末圓，陸生者葉毛而末銳。」

石韋曰石韀，曰石皮。生於石崖。其生瓦上者曰瓦韋。皆感陰濕而生，每莖抽一葉，背有毛而斑點，其狀如皮，故得韋名。

狗脊曰百枝，曰强膂，曰扶蓋，曰扶筋。葉類蕨，根類菝葜、萆薢。萆薢曰赤節。菝菝曰金剛根，謂其根堅；曰王瓜草，謂其苗葉與王瓜相近。

通草曰附支，曰丁翁，曰王翁。萬年方書亦謂之木通。爾雅曰：「離南，活莌。」以活莌亦謂之離南，今人謂之通草。其瓤白可愛，婦人取以爲首飾。其實曰燕蕧子，曰烏蕧，曰桴棪子，曰拏子。

瞿麥曰巨句麥，曰大菊，曰大蘭，曰茈萎，曰杜母韋，曰燕麥，曰蘥麥，曰雀麥，曰石竹。故爾雅云：「大菊，蘧麥。」其葉細嫩，花如錢可愛，唐人多像此爲衣服之飾，所謂「石竹繡羅衣」。

敗醬曰鹿腸，曰鹿首，曰馬草，曰澤敗，曰鹿醬。葉似狶薟，根似柴胡，作敗醬氣，故以得名。

澤芬曰白芷，曰白茝，曰虈，曰莞，曰苻蘺，楚人謂之葯。其葉謂之蒚麻。與蘭同德，俱生下濕，故蘭茝之香爲騷人所諷詠。

杜蘅曰杜，曰土鹵。能香人衣體，南人以亂細辛。其葉似馬蹄，故亦名馬蹄香。爾雅云：「杜，土鹵。」

白薇曰白幕，曰薇草，曰春草，曰骨美。

葈耳曰苓耳，曰羊負來，曰唱起草，曰白胡荽，江東曰常葈，幽州曰爵耳。爾雅：「菤耳，苓耳。」舊説即蒼耳也。其實似鼠耳而有澁刺，易黏人衣。中原本無此草，因羊自蜀來，其實帶毛而至，故有「羊負來」之名。然詩云，「采采卷耳」，以其可茹也，即今卷菜，葉如連錢者是也。若蒼耳，但堪入藥，不可食。

茅之根曰蘭根，曰茹根，曰地筋，曰兼杜。茅之類甚多，惟白茅擅名。其苗初出地者曰茅鍼，爾雅云：「菷，委葉。」詩云：「以薅荼蓼。」皆謂茅鍼也。茅之花曰茅秀，爾雅「蕛，苵荼」是也。茅之葉如菅，故亦名地菅。詩云：「白茅菅兮。」又云：「露彼菅茅。」

强瞿曰重邁，曰中庭，曰重箱，曰摩羅，曰中逢花，即百合也。俗呼强瞿。根如葫蒜，根美食，花美觀。舊云，蚯蚓化成。有二種，白花者良；其紅花者，一名山丹，一名連珠，俗呼川强瞿。莖上抽花，葉間結子。

酸漿曰寒漿，曰醋漿，江東曰苦葴，俗謂之三葉酸漿。沈括云：「即苦耽也。」其實如撮口袋，中有珠子，熟則紅，關中謂之洛神珠，亦曰王母珠，亦曰皮弁草，以其實又似弁也。又有一種小者，名苦蘵。

牡蒙曰衆戎，曰童腸，曰馬行，即紫參也。唐明皇令方士姜撫採終南山之旱藕，作湯餅賜大臣者，即此草根也。

淫羊藿曰剛前，曰黄連祖，曰千兩金，曰乾雞筋，曰放杖草，曰棄杖草，關中曰三枝五葉草。〔六〕舊云，西川北部有淫羊食此草，一日百交，今通謂之仙靈脾。

蠡實曰荔實，曰劇草，曰三堅，曰豕首，曰馬薤，即馬藺子也。北人呼爲馬楝子，江東呼爲旱蒲。多植於階庭。説文云：「荔似蒲而小，根可作刷。」月令云：「荔挺生。」

欵冬曰橐吾，曰顆東，曰虎須，曰菟奚，曰氐冬。藥家用。花如枇杷。舊云，花冬月在冰下生，緣此花傍莖近根生，故在冰下。爾雅以顆東爲顆凍，注又以欵冬作欵凍。

牡丹曰鹿韭，曰鼠姑宿枝。其花甚麗，而種類亦多，諸花皆用其名，惟牡丹獨言花，故謂之花王，文人爲之作譜記，此不復區別。然今人貴牡丹而賤芍藥，獨不言牡丹本無名，依芍藥得名，故其初曰木芍藥。古亦無聞，至唐始著。

澤蘭曰虎蘭，曰龍棗，曰虎蒲，曰水香，曰都梁香。如蘭而莖方，葉不潤，生於水中，故曰水香。荆州記，都梁縣有山，山下有水清淺，其中生蘭草，因以爲名。

馬蘭生澤傍，如澤蘭，氣臭，楚辭所喻惡草即此也。

王孫曰黄孫，曰黄昏，曰海孫，曰蔓延。又楚曰王孫，齊曰長孫，方家謂之牡蒙。

百部曰婆婦草，能去諸蟲，可以殺蠅蠓。其葉如薯蕷，根似天門冬，故天門冬亦有百部之名，一物足以相紊。

王瓜曰土瓜，曰藈姑，曰鉤𤬲，曰菲芴，均房閒曰老鴉瓜，又曰菟瓜。其根可生食，類瓜，故得瓜名。月令「王瓜生」，即此也。而鄭玄以爲菝葜，誤矣。爾雅言：「鉤，藈姑。」郭云：「鉤瓤，一名王瓜。」是矣。又言菲芴，又言黄菟瓜，皆謂此也。

薺苨之根，能亂人參而解藥毒，以其與毒藥共處，而毒皆自然歇。

爾雅曰：「艾，冰臺。」〔七〕

菟葵曰天葵。又曰：「莃，菟葵。」雷公炮炙所用紫背天葵是矣。葉如錢而厚嫩，背微紫，生於崖石。凡丹石之類，得此而後能神，所以雷公一書汲汲於天葵，恨世人不識之。臣近得之於天台僧。

鱧腸曰蓮子草，曰旱蓮子，曰金陵草。生園圃，葉似柳，莖似馬齒莧。其蓮翹亦曰旱蓮，植於庭院，其花可愛，非鱧腸也。

蒟醬曰浮留。劉淵林蜀都賦注云：「蒟醬緣木而生，其子如桑椹，熟時正青，以蜜藏而食之辛香。生巴、蜀、嶺南，司馬相如使蜀而求之也。」其狀似蓽撥，故有土蓽撥之號。今嶺南人但取其葉及藤，合檳榔食之，謂之蔞，而不用其實。

蘿摩曰芄蘭，曰苦丸，幽州人曰雀瓢，東人曰白環。藤可作菜，茹能補精益氣，故諺云：「去家千里，莫食蘿摩枸杞。」

剪草之根曰白藥。

蘹香即茴香。

鬱金即薑黃。周禮鬱人：「和鬱鬯。」注云：「煮鬱金以和鬯酒。」又云：「鬱爲草若蘭。」今之鬱金作蕁藩臭。其若蘭之香，乃鬱金香，生大秦國，花如紅藍花，四五月採之，即香。陳藏器謂，說文云，鬱，芳草也，十葉爲貫，捋以煮之，〔八〕用爲鬯，爲百草之英，合而釀酒，以降神也。然大秦國去長安四萬里，至漢始通，不應三代時得此草也。或云，鬱金與薑黃自別，亦芬馨，恨未識耳。

紅藍，亦曰黃藍。

蕫澄茄，亦曰毗陵茄子。

蓬莪茂，似薑黃而不黃。

廉薑，似山薑而根大，一名葰。

胡黃連，似黃連而心黑，一名割孤露澤。

大黃曰黃良。

常山曰互草。

桔梗曰利如，曰房圖，曰白藥，曰梗草，曰薺苨。以其能亂薺苨，故亦有其名。葉曰隱忍。

甘遂曰甘藁，曰陵藁，曰陵澤，曰重澤，曰主田，曰葶藶，曰丁藶，曰葷蒿，曰狗薺，曰大室，曰大適。爾雅：「葷，亭歷。」

大戟曰卬鉅，曰女木，曰蕎，曰髦。爾雅：「髦，顛蕀。」〔九〕其苗曰澤漆，曰漆莖。

旋覆花曰金沸草，曰戴椹，曰盛椹，曰盜庚。爾雅：「蕧，盜庚。」〔一〇〕似菊，俗呼金錢花。

鉤吻曰除辛，曰毒根。折之青煙出者名固活，即野葛也。

藜蘆曰葱苒，曰葱菼，曰山葱，曰葱葵，曰豐蘆，曰蕙葵。

赭魁，俗呼禹餘糧，葉如薯蕷，根如何首烏，儉歲人採之以療饑。陳藏器謂，禹會諸侯，棄糧於地，化爲此草。

芨，爾雅云「堇草」，即烏頭也。其類即別，而説者紛紜。初種之母曰烏頭，如芋魁是也。其形似烏鳥之首，故以爲名。兩岐如鳥開口者曰烏喙，亦取其似也。烏頭傍生者爲附子，附子傍生者爲側子。烏頭不生附子者爲天雄，極長大，故草經云長三寸以上也。蜀人種之，最忌生此。草經云：「春採爲烏頭，冬採爲附子。」廣雅又云：「一歲爲側子，二歲爲烏喙，三歲爲附子，四歲爲烏頭，五歲爲天雄。」今皆不然，但一歲下種而有此五物，皆以冬至前布種，至八月採出。於蜀中而綿州彰明縣猶多附子，爲百藥之長，一名奚毒，世以烏頭、天雄、附子爲三建者，以此三物舊皆出建平故也。又宜都佷山者，謂之西建，殊佳。錢塘間者，謂之東建，不及。故曰：「西冰猶勝東白。」烏頭曰奚毒，曰即子，曰莨，曰堇，曰千秋，曰毒公，曰果負，曰耿子。取其汁日煎爲膏曰射罔，射生者以傅矢，慘毒。

羊躑躅曰玉支。

茵芋曰莞草，曰卑共。

射干曰烏扇，曰烏蒲，曰烏翣，曰烏吹，曰草薑，曰鳳翼。射亦作夜。射干有三物。佛書云：「射干貂獄乃是惡獸，似青黃狗，食人。」荀子云：「西方有木名射干，莖長四寸，生於高山之上，而臨百仞之淵。」其花白，莖長，似射人執竿，故阮公詩云：「射干臨層城。」此則草類，狀如鹿蔥，葉稍大，邪張作扇如翅狀，故有烏扇、烏翣、鳳翼之名。

貫衆曰貫節，曰貫渠，曰百頭，曰虎卷，曰扁苻，曰伯萍，曰藥藻，曰濼，曰草鴟頭。爾雅云：「濼，貫衆。」

半夏曰守田，曰地文，曰水玉，曰示姑。

莨菪曰横塘，曰行塘。其實作小罌子，謂之天仙子。

常山曰互草。〔一一〕

青葙曰草蒿，曰萋蒿，曰草藁。花似後庭花，實如莨菪子，俗呼牛尾蒿。其主療與決明子同，故亦有決草明之名。

牙子曰狼牙，曰狼子，曰犬牙，今皆謂之狼牙子，以其根之萌若獸牙也。葉似蛇莓而大。

白歛曰菟核，曰白草，曰白根，曰崑崙藤。生葉如小桑，根如雞卵。

白芨曰甘根，曰連及。葉如初生栟櫚，根如菱米。

蛇全曰蛇銜，曰威蛇。曰小龍牙。

草蒿曰方潰，曰菣，江東曰犱蒿，即青蒿也。爾雅云：「蒿，菣。」

雚菌曰雚蘆，生於蘆葦中，云鸛矢所化，故曰鸛菌。

連翹曰異翹，曰蘭華，曰折根，曰軹，曰三廉，曰連苕，曰連草。爾雅云：「連，異翹。」即旱連也。葉似當歸，華似菡萏。

白頭翁曰野丈人，曰胡王使者，曰奈何草。狀似白薇，葉生莖端，上有白毛，近根處有白茸，正似垂白之翁。

䕡茹曰屈据，曰離婁。葉似大戟，根如蘿蔔，黄色，初斷時汁出，凝黑如漆，故云漆頭。

羊桃，詩曰萇楚。爾雅曰銚弋，亦曰鬼桃，曰羊腸，曰御弋。葉花似桃，子如棗核，劒南人名細子根。

羊蹄曰東方宿，曰連蟲陸，曰牛蘈，曰菲。詩曰：「言采其蓫。」爾雅曰：「菲，蒠菜。」又曰：「藬，牛蘈。」今人呼爲禿菜，蓫禿音訛耳。

鹿藿，爾雅曰：「蔨，鹿藿，其實莥。」田野呼爲鹿豆。

藎草曰菉蓐，曰王芻，曰鵖脚莎。爾雅曰：「菉，王芻。」又曰：「竹，萹蓄。」詩云：「綠竹猗猗。」即此是也。今人謂之萹竹。葉似竹而細薄，荆襄人煮以染黃，極鮮麗，故草經云：「可染黃，作金色。」

夏枯草曰夕句，曰乃東，曰燕面。

蚤休曰蚩休，曰螫休，曰重樓金線，曰重臺，曰草甘遂，今人謂之紫河車。服食家所用，而莖葉亦可愛，多植庭院間。

虎杖曰枯杖，曰苦杖，曰大蟲杖，曰酸杖，曰斑杖，曰蒤。故爾雅曰：「蒤，虎杖。」莖葉斑，亦似馬蓼而無毛。

鼠尾草曰葝，曰陵翹，曰烏草，曰水青。可以染皁。爾雅：「葝，鼠尾。」

苧，野生者曰蘚。爾雅云：「蘚，山麻。」

菰曰蓬，今人謂之茭。爾雅曰：「蘦，彫蓬。薦，黍蓬。」彫蓬者，米茭也，其米謂之彫胡，可作飯，故曰蘦。黍蓬者，野茭也，不能結實，惟堪薦藉，故曰薦。

葑，菰根也，亦名須，故爾雅曰：「須，葑蓯。」又名蓯焉。

劉寄奴曰金寄奴，即烏藤菜，故江東人云烏藤菜。劉寄奴因宋武帝而得名。帝微時，伐荻薪洲，遇大蛇，射之。明日往，見群兒擣藥，問之，乃曰：「我王爲劉寄奴所射，今擣此藥傳之。」帝呵之，群兒忽不見，遂收其藥還，以傅金瘡，無不愈者。帝姓劉，小名寄奴。江南人姓劉者或呼爲「金」，是以又有金寄奴之名。

牽牛子曰草金鈴，曰盆甑草。陶弘景云，以療水腫有功，田野人牽牛以易之，故得名。

猪膏莓曰虎膏，曰狗膏，亦曰豨薟，能亂天名精。

葎曰來莓草，曰葛葎蔓。葉似萆麻，子似大麻。

獨行根曰雲南根，曰兜零根，山南人謂之土青木香。其實曰馬兜零。

狼毒曰續毒。藥家以此與麻黄、橘皮、吴茱萸、半夏、枳實爲六陳。

鬼臼曰雀犀，曰馬目毒公，曰九臼，曰天臼，曰解毒。葉如荷葉，形如烏掌，年長一莖，莖枯則根爲一臼。服食家用之，以九臼相連者爲佳，亦名八角盤，以其葉然也。

蘆，爾雅曰：「葭，蘆。」又曰：「蒹，薕。」〔一二〕又曰：「菼，薍。」蘆之大者曰葭，小者曰荻，蒹即荻也，可爲簾箔，故曰蒹。其小而實者曰葦，菼即葦也。其萌曰虇。虇，蘆筍也。其榮曰艻，艻，蘆花也。故曰：「葦醜，艻。」亦謂之葭，故曰：「葭，華。」

萹蓄，即萹竹也。衛風云：「綠竹猗猗。」綠藎草，竹萹蓄。

酢漿草曰醋母草，曰鳩酸草，曰小酸茅，南人曰孫施。去銅鍮垢。

商陸曰蓫薚，曰募根，曰夜呼，曰馬尾，曰莧陸，曰章陸，曰章柳根，曰蓄，曰葍。詩云：「言采其蓄。」爾雅云：「葍，蓄。」又云：「蓫薚，馬尾。」皆此也。或言爾雅「拜，蔏藋」，亦爲此耳。根如人形者有神，道家以爲脯，謂之鹿脯。有赤白二種，白者服食所須，赤者爾雅謂之「蒮茅」。

灰藋曰金瑣天。葉心有粉，如鹽而不鹹。灰藋與藜亦是同類，但藜大可爲杖也。

瓦松曰昨葉何草。

骨碎補曰石菴藺，曰骨碎布，曰石毛薑，江南曰胡孫薑。根著木石上，有毛，葉如菴藺，俗呼猴薑。唐明皇以其主折傷補骨碎有奇功，故賜名。

雀麥曰蘥，曰燕麥，曰牡姓草。似麥而小，故得其名。

天南星曰鬼蒟蒻，而有毒。

蒟，其實曰蒟蒻，生於葉下，與天南星、斑杖相似，其根生時可爲糊黏，熟之可食。

續隨子曰拒冬，曰千金子，曰聯步，曰千兩金，曰菩薩豆。人家多種於園亭，其花似大戟，秋種冬長，春秀夏實。

穀精草，生於穀田中，亦曰戴星草，欲人早耕也。

列當曰栗當，曰草蓯蓉。生巖石上，根如藕，能亂蓯蓉。

威靈仙曰能消，惡聞水聲，能治痿弱。〔一三〕唐貞元中，周君巢爲之作傳。

何首烏曰野苗，曰交藤，曰夜合，曰地精，曰陳知白，曰桃柳藤。有赤白二種，赤者雄，白者雌，雌雄異本而能相交。何首烏者，順州南河人，初名田兒。生而閹弱，年五十八無妻子。卧田野中，見田中之藤，兩本異生而能相交，久乃解，解而復合，如此數四。田兒異之，斸根而服，七日而思人道，十年而生數男，頭白變黑，遂以名此草。其人年百三十，子庭服之，年百六十。唐元和間事也。

預知子曰仙沼子，曰聖知子，曰聖先子，曰盍合子。實如皂莢子。傳云，取二枚綴衣領上，遇蟲毒，初則聞其有聲，故有預知之名。蜀人貴重之。

仙茅曰獨茅根，曰茅瓜子，曰婆羅門參。傳云，十斤石乳，不及一斤仙茅。

萱草曰合歡草，曰無憂草，言能令人樂而忘憂。花曰宜男，婦人喜佩之。風土記云：「孕婦佩其花則生男。」

金星草，生於陰崖，或瓦木上，葉背有金星相對，爐火家所用也。

薇，生水傍，葉如萍，爾雅云：「薇，垂水。」三秦記，夷齊食之，三年顏色不變，武王戒之，不食而死。〔一四〕然詩云「采薇」者，金櫻芽也。

無風獨搖草，頭如彈子，尾若鳥尾，兩片開合，見人自動。

石蘂，生太山石上，如花蘂。王隱晉書云，庾衮入林慮山，餌石蘂，得長年。

孝文韭，人多食之能行。後魏孝文帝好食此，故得名。

陳家白曰吉利菜。葉如錢，根如防己。又有婆羅門白，甘家白，三白相似。

孟娘菜曰孟母菜，曰厄菜。葉似升麻，方莖。

越王餘筭，生南海水中，如竹算子，長赤許。異苑云，越王行海，作籌有餘，棄於水中而生。

風延母，細葉蔓生，纓繞草木。南都賦云，「風衍蔓延於衡皐」是也。

猈菜，字林云，味辛。南人食之，去冷氣。

優殿，南方草木狀曰：「合浦人種之，用醬汁而食，芳香。」

宜男草，廣州記云：「小男女佩之臂上，辟惡止驚。」生廣南，朝生暮落花，生糞穢處，頭如筆，紫色，朝生暮謝。小兒呼爲狗溺臺，又名鬼筆，菌類也，非槿。

蕕草曰軒于。爾雅云：「蕕，蔓于。」臭草也，生水中。江東人呼爲莤證。俗云，蕕，水草也。

藁蒿，先於百草而生。爾雅云：「莪，蘿。」注云：「藁蒿也。」小雅云：「菁菁者莪。」陸璣云：「莪，蒿也。一名蘿蒿。」

麗春草，河南曰龍芊草，河北曰蘘蘭艾，生上黨者曰定參草，亦曰仙女蒿。此草主黃疸之疾，唐天寶中始有聞焉。

蔬　類

白瓜曰水芝，曰地芝，即白冬瓜也。

葵之類多。爾雅曰：「莃，戎葵。」即蜀葵，一名莃。又曰：「荍，蚍衃。」注云，荊葵也。一名荍，一名蚍衃。又曰：「菟葵，蘩露。」注云，落葵也。一名承露，一名藤葵，一名胡烟脂。蔓生，繞籬落，葉圓而厚，子如豆，生青熟黑，挼之則色紫，女人以漬粉傅顏爲假色。又有龍葵，一名苦葵，葉圓似排風而無毛。

羅勒，俗呼西王母菜，北人呼爲蘭香，爲石勒諱也。

胡荽曰胡菓，并州人呼爲香荽，亦爲石勒諱也。

苦菜曰荼，曰選，曰游冬。爾雅云：「荼，苦菜。」詩國風云：「誰謂荼苦，其甘如薺。」月令云：「苦菜秀。」

萊服，一名雹葖，一名温菘，一名紫花菘，吳名楚菘，嶺南名秦菘，河朔名蘆菔。爾雅曰：「葖，蘆菔。」俗呼蘿葡。鎮州者一根可重十六斤。

薤，與韮同類，雖辛而不葷五藏，所以學道之人服之。有赤白二種，白者補而美，赤者主金創不結子，一名鴻薈。爾雅云：「䪥，鴻薈。」

韮之性温，故謂之草鍾乳。易稽覽圖云：「政道得則陰物變爲陽。」鄭玄注謂「若葱變爲韮」是也。可知葱冷而韮温。然葷臭非養性所宜，多食亦昏神。

蘇，爾雅曰：「蘇，桂荏。」此紫蘇也，葉實俱良。

水蘇曰雞蘇，曰勞祖，曰芥葅，曰芥苴，曰臭蘇，曰青白蘇。今人皆呼雞蘇，亦呼水蘇，不可食。

荏曰蕉，似蘇而高大。葉不可食，惟子可壓油，及雜米作糜，甚肥美。

蕨，一名虌，莽牙也。四皓食之而壽，夷齊食之而夭。搜神記曰：「郗鑒鎮丹徒，二月出獵，有甲士折一枝食之，覺心中淡淡成病，後吐一小蛇，垂之屋前，漸乾成蕨。」明此物不可生食。爾雅云：「蕨，虌。」又有一種大蕨，亦可食，謂之綦蕨，爾雅云：「綦，月爾。」

芸臺，亦作雲臺。爾雅云：「臺，夫須。」

蘩蔞曰菽。爾雅云：「菽，蔆蔞。」生於園圃，蔓細弱，田野人食之，可作牙藥。雞腸，似蓼而小，不辛，本草以合於蘩蔞共條，故蘇恭誤謂即蘩蔞也。

堇曰蘦，曰苦堇。爾雅云：「蘦，苦堇。」今人亦謂之堇菜。野出，味雖苦而甘，黄花者殺人。唐武后寘諸食中，以毒賀蘭氏暴死者，蓋此種也。

葴曰蘵。爾雅云：「蘵，黄蒢。」葉似蒟醬，蔓生田野陰濕處。關中曰蒩菜，以其生可爲葅也。

馬藍，田野人以爲菜茹。爾雅云：「葴，馬藍。」

苦苣，野生者曰褊苣，人家常食者曰白苣。

薺之菜甚小，自生園圃，其實曰蒫。爾雅云：「蒫，薺實。」詩云：「其甘如薺。」謂此菜之美也。或以薺爲薺苨。

芹，亦作靳。爾雅曰「芹，楚葵。」詩曰：「言采其芹。」一名水英，一名楚葵。

馬芹，爾雅曰：「茭，牛蘄。」俗謂胡芹。其根葉不可食，惟子香美，可調飲食，所謂「野人快炙背而美芹子」是也。

莪，莪蒿也。一名蘿，故又謂之蘿蒿。爾雅云：「莪，蘿。」詩云：「菁菁者莪。」本草謂藁蒿。

荇曰接余。爾雅云：「莕，接余。其葉，苻。」詩云：「參差荇菜。」今謂之水荇。蔓鋪水上，故杜詩：「水荇牽風翠帶長。」

蕪菁，亦作蔓菁，塞北名九英。此菜多生邊塞，一名須，一名蕵蕪，一名葑蓯，見爾雅。春食苗，夏食心，秋食莖，冬食根。菜之最益人者，惟此爾，多種可以備飢歲。昔諸葛孔明所止，輒令兵士種蔓菁，云取其才出則可生啖，一也；葉舒可煑食，二也；久居則隨以滋長，三也；棄不令惜，四也；回則易尋而採之，五也；冬有根可斸而食，六也。比諸蔬屬，其利溥乎。今三蜀、江陵人猶呼此爲諸葛菜。大槩似菘而有頭，南人取而種之，初年相類，至二三歲則變爲菘矣。惟河朔最多。詩谷風云：「采葑采菲。」此即葑也。

蓼，有三種。按陶弘景云，一種紫蓼，一種青蓼，一種香蓼。其葉有圓有尖，以圓者爲勝。入藥用蓼實。有一種馬蓼，亦可入藥，其最大者謂之葒草，亦謂之蘢葒。爾雅云：「紅，蘢古，其大者蘬。」

蘘荷，有白赤二種。陶弘景云，今人赤者爲蘘荷，白者爲覆葅。食用赤者，藥用白者。其性好陰，在木下者尤美，故潘岳閑居賦云，「蘘荷依陰，時藿向陽」也。搜神記云：「蔣士先得疾下血，言中蠱，家人蜜以蘘荷置其席下，忽大笑曰，蠱我者張小也，乃收小。」故以此爲治蠱之最。周禮庶氏，「掌除蠱毒，以嘉草攻之」。宗懔謂嘉草即此也。

蓴，滑而美，所以張翰思蓴羹而歸也。二月至八月采者名絲蓴，味甘而體軟。霜降以後名瑰蓴，味苦而體澁。

葫，大蒜也。蒜，小蒜也。小蒜一名亂子。

馬齒莧，一名馬莧，可煑丹砂結汞。又名五行草，以其葉青、梗赤、花黄、根白、子黑也。其葉間有水銀，可燒取。

雍菜，主解野葛毒。南人先食雍菜，後食野葛，自然無苦。又取汁滴野葛苗，當時菸死。張司空云，魏武帝噉野葛至一赤，應是先食此也。

菠薐菜，本出頗陵國，張騫帶來，語訛爲菠。

茭首，茭草之首，有一種可食，一名茭白，一名菰首，一名須。爾雅云：「須，葑蓯。」

稻粱類

稷，苗穗似蘆，而米可食，爲五穀之長。五穀不可徧祭，故祀其長以配社。今人謂之穄，關西謂之糜，冀州謂之鑒。粢，粱也。爾雅以粢爲稷，誤也。

胡麻曰巨勝，曰狗蝨，曰方莖，曰鴻藏，曰方金，曰藤茲，葉曰青蘘，今之油麻也，亦曰脂麻。本出大宛，張騫傳來，故名胡麻。沈括靈苑方中論之矣。今醫家認黃麻子作胡麻，用其子極苦，能殺人毒鼠，此豈可服食哉。陶弘景云，八穀之中，惟此爲良。而純黑者名巨勝，是爲大勝，此斷穀長生充飢之藥，故云：「胡麻好種無人種，正是歸時君不歸。」

麻子者，大麻子也。脂麻爲胡麻，此爲漢麻。脂麻爲細麻，此爲大麻，亦謂之枲。然有牝牡，其牡者生花曰麻蕡，亦曰麻勃，吐出茸茸然。蘇恭謂，爾雅云「蕡，枲實」，似麻蕡即麻子，不知爾雅之誤。

粱之類多。爾雅：「芑，白苗。」白粱也。又曰：「虋，赤苗。」赤粱也。又有青粱。有黃粱。氾勝之書云，粱是秫粟，今俗謂之粱，古祭祀所用粢盛是也。可作饔食，及釀酒亦如糯米。或云，粱亦有粳者，其謂蘖米，亦曰黃子。

黍，本草：「丹黍。」爾雅云：「秬，黑黍。〔一五〕秠，一稃二米。」秠是黑黍之有二米者。黍之糯者謂之秫，一名黃糯。

童粱曰稂，曰守田，曰皇。爾雅云：「稂，童粱。」〔一六〕又曰：「皇，守田。」今人謂之鬼稻，一穗未有數粒，易落在田中，明年復生，故有守田之名，亦能亂稼。

稻，有粳糯二種。古人謂糯爲稻。五穀之類，皆有粳糯。粟之糯曰粱，曰粢。黍之糯曰秫，曰衆，爾雅云「衆，秫」是也。顔師古刊謬正俗曰：「本草所謂稻米者，今之糯米也。」又說文云：「沛國謂稻爲糯。」

彫胡，菰蔣米也。爾雅云：「齧，彫蓬。」

罌子粟曰象穀，曰米囊，曰御米。

豆之類多。爾雅云：「蔨，鹿藿。其實，莥。」今之鹿豆也。苗似豌豆，蔓生，亦可爲菜。根黃而香。本草，大豆之蘖謂之黃卷，亦謂之卷蘖，小豆之花謂之腐婢。

校勘記

〔一〕「而不曰風風者教也」，諸本皆同，疑衍「風」字。

〔二〕「虋蕪」，「虋」，原作「蘼」，據爾雅釋草改。下同。

〔三〕「言驅風之駃也」，汪本「駃」作「駛」，據元本、明本、于本、殿本改。

〔四〕「蘈曰屋菼」，「蘈」，原作「蘈」，據元本、殿本改。

〔五〕「傳延年」，汪本「傳」作「傅」，據元本、明本、于本改。

〔六〕「三枝五葉草」，汪本「葉」作「華」，據元本、明本、于本、殿本改。

〔七〕「艾冰臺」，「艾」字脱，據爾雅釋草補。按，此處文似有脱誤。

〔八〕「捋以煮之」，「捋」，原作「將」，據元本、殿本改。

〔九〕「髦顛蕀」，「蕀」，原作「棘」，據爾雅釋草改。

〔一〇〕「葍盜庚」，「葍」，原作「復」，據元本、殿本改。

〔一一〕「常山曰亙草」，按，與上文重出。

〔一二〕「蒹薕」，「薕」，原作「葭」，據爾雅釋草改。

〔一三〕「能治痿弱」，汪本「痿」作「委」，據元本、殿本改。明本、于本作「萎蕤」，皆誤。

〔一四〕「不食而死」，汪本原作「乃餓而死」，元本、明本、于本、殿本皆作「乃食而死」。按大觀本草引三秦記作「不食而死」，是「乃」字爲「不」字之訛，而「乃食」於文義不合，汪本遂校改作「乃餓而死」，今依大觀本草引文校正之。

〔一五〕「秬黑黍」，「黑」字脱，據爾雅釋草補。

〔一六〕「稂童粱」，「稂」，原作「狼」，據爾雅釋草改。

昆蟲草木略第二

木類

茯苓曰茯菟，其抱根者曰茯神。典術云：「松脂入地，千年爲茯苓。」今詳茯苓乃松脂所化，而云千年，未必耳。龜策傳云：「茯苓在菟絲之下。」今詳茯苓生山林，而菟絲生人間叢薄，自清濁異趣，非同類相感者。

琥珀，漢書云：「出罽賓國。」舊云：「松脂入地千年化成。」又云：「茯苓千年爲琥珀。」又云：「松脂内溢入地而爲茯苓，外溢入地而爲琥珀。」今之所得，其中則有蚊蟲蜂螘之類如生，此皆是未入地所著者。又云：「楓脂千年爲琥珀。」大體中土不生，來從外國。皆云，初得之如桃膠，便可啖，須臾則堅凝。今人有煮鰕雞及青魚枕僞爲之者。

瑿曰瑿珀。舊云：「琥珀千年爲瑿。」然不生中國，不可知也。

栢，爾雅曰：「栢，椈。」生於乾陵者，其木之文理多作菩薩及雲氣人物鳥獸之形。

桂，本草有桂、菌桂、牡桂三條，云：「菌桂無骨，正圓如竹。牡桂一名梫，一名木桂。」古云丹桂者，謂其皮赤耳，其花實似吴茱萸，藥中之靈物。而薑桂之滋，爲食味所重。吕氏春秋云：「桂枝之下無雜木。」雷公云：「桂枝爲丁，入木中，其木即死。」江南李後主患清暑閣前草生，徐鍇令以桂屑布階縫中，宿草盡枯。爾雅云：「梫，木桂。」

杜仲曰思仙，曰思仲，曰木綿。其葉似辛夷，嫩時可食。江南人謂之綿芽。

荆，又有蔓荆、牡荆之别。荆可以作箠者，今人謂之黄荆。蔓荆亦曰小荆，其實入藥用。牡荆亦用實。登真隱訣注云：「北方無識者。」又云：「梁天監三年，將合神仙飯，奉勑論牡荆曰：『荆花白，多子，子麄大，歷歷疎生，不過三兩。莖多不能圓，或褊，或異，或多似竹節。葉與餘荆不殊，蜂多採牡荆。牡荆汁冷而甘，餘荆被燒則煙火氣苦。牡荆體慢汁實，煙火不入其中，主治心風第一。』」于時遠近尋覓不得，猶用荆葉，則牡荆殆绝矣。

寄生，生于木上，有兩種，一種大者葉如石榴，一種小者葉如麻黄，其實皆相似。云是鳥糞感木而生，入藥，以桑上者良。一名宛童，一名寄屑，一名寓木。爾雅云：「寓木，宛童。」詩云：「蔦與女蘿，施于松上。」大者曰蔦，小者曰女蘿，生松上者曰松蘿。

五加曰犲漆，曰犲節。葉作五义。蘄州呼爲木骨。入藥用根皮。道家呼爲金鹽母，與地榆皆可煮石，故曰：「何以得長久？何不食石蓄金鹽母。何以得長壽？何不食石用玉豉。」玉豉者，卽地榆也。又曰：「寧得一把五加，不用金玉滿車。寧得一斤地榆，安用明月寶珠。」

薰陸香卽乳香。南方草木狀云：「薰陸出大秦國，其木生於海邊沙上，盛夏木膠流出沙中，夷人取之，賣與賈客。」沈括云：「乳香卽薰陸，如乳頭者爲乳香，塌地者爲塌香。」

雞舌香卽丁香。陳藏器以雞舌香爲丁香母。今按沈括考究諸義，直是丁香無疑。齊民要術云：「雞舌香，世以其似丁子故，一名丁子香。」應劭爲漢侍中，年老口臭，帝賜雞舌香含之。後來三省故事，郎官日含雞舌香，欲其奏事對答芬芳。日華子曰：「丁香治口氣。」正以此也。

辛夷曰辛矧，曰侯桃，曰房木，北人曰木筆，南人曰迎香。人家園庭亦多種植。離騷云：「辛夷車兮結桂旗。」

木蘭曰林蘭，曰杜蘭。皮似桂而香，世言魯班刻木蘭舟，在七里洲中，至今尚存。凡詩詠所言木蘭舟卽此也。

榆曰零榆，曰白枌，曰白榆。其類有十數種，榆卽大榆也。生莢如錢，古人採其初生者作糜羹，食之令人多睡，故嵇康謂榆令人瞑也。今不復食者，惟用作醬，取陳者良。其皮至粘滑，可膠瓦石，北人用膠磑嘴，儉歲農人食之以當糧。有一種刺榆，有鍼刺如枳，其葉如榆，瀹而爲蔬，則滑美勝於白榆。爾雅云：「蘁，荎。」〔二〕唐風云：「山有樞。」即刺榆也。

槐有二種。爾雅云：「櫰槐，大葉而黑。」謂大葉而黑者，櫰也。又云：「守宮槐，葉晝聶宵炕。」謂晝聶合而夜炕布者，守宮槐也。又云：「槐小葉曰榎。大而皵，楸。小而皵，榎。」然楸，梓類也，檟，桐類也，不可謂之槐。

楮，亦謂之穀，其實入藥，其皮造紙，濟世之用也。桑穀共生者，即此也。

枸杞曰杞根，曰地骨，曰枸忌，曰地輔，曰羊乳，曰却暑，曰仙人杖，曰西王母，曰枸檵，曰苦杞，曰托盧，曰天精，曰却老，曰地仙苗。爾雅云：「杞，枸檵。」世言有兩種，無刺者曰枸杞，有刺者曰枸棘。又云，蓬萊南邱村者，高一二丈，其根盤結甚固，其村之人多壽考。南地生者，名枸棘，有刺，延蔓如草萊。沈括云：「陝西極邊生者，高丈餘，大可作柱，葉長數寸，無刺，根皮似厚朴，甘美異他處。」大體出河西諸郡，其次江淮間埂上者，實如櫻桃，暴乾爲餅，膏潤有味。

降真香曰紫藤香。主天行時氣。家舍怪異，和諸香燒，煙直上天，召鶴盤旋於其上。

厚朴曰厚皮，曰赤朴，曰烈朴，曰重皮。其植曰榛，其子曰逐折。

猪苓曰猳屎，曰豕橐，曰地烏桃。

竹之類不一。爾雅云：「桃枝，四寸有節。」今桃枝竹也。唐人有桃竹杖詩，以其宜爲杖也。又云：「粼，堅中。」〔二〕此竹類而中實者，今人謂之木竹也。又云：「簢，筡中。」此竹類而中虚薄者。又云：「仲，無笐。」今之簣簹竹也。又云：「篙，箭萌。」此箭筍。凡筍類惟箭筍爲美，故會稽竹箭有聞焉。又云：「篠，箭。」今箭竹小而希節者。然竹之良者，惟有篁竹。謝靈運所游之澗，今在雁蕩，其自死筍則謂之仙人杖。

枳生江北，橘生江南。考工記曰：「橘逾淮而北爲枳。」言橘過淮則亦化爲枳矣，故江北有枳無橘，江南枳橘皆有。

藙曰吴茱萸，或謂之椴。續齊諧記云：「汝南桓景隨費長房學，長房謂曰：『九月九日汝家有災，可急令家人縫絳囊盛茱萸以繫臂上，登高飲菊花酒，此禍可消。』景如其言，舉家登高山，夕還，見雞犬牛羊一時暴死。長房聞之曰：『此代之矣。』世人此日登高飲酒，帶茱萸囊，由此爾。」又風土記曰：「九日，折其房插頭，辟惡氣。」今人多臨井植之，云飲其水則無瘟疫。

山茱萸，其實似萇楚之實，一名蜀棗，一名雞足，一名魃實。

秦皮曰石檀，曰盆桂。其用在皮，故曰秦皮，亦曰岑皮。其木似檀，俗呼爲白樳木。取其皮漬水，染筆而書之，作青色，故墨家用之。

梔子曰木丹，曰越桃。其花六出，西域謂之薝蔔花。

合歡曰合昏，曰青裳，曰夜合。其木似梧桐，枝弱葉繁，互相交結，每一風來，輒似相解，了不相牽綴。植之庭階，使人不忿。其葉至暮而合，故曰合昏。今人皆謂之夜合花。嵇康云：「合歡蠲忿，萱草忘憂。」

秦椒曰榝，田野人呼爲樛子。爾雅云：「榝，大椒。」

衛矛曰鬼箭。莖有三羽，狀如箭翎，俗謂之狗骨。

紫葳曰陵苕，曰茇華，曰女葳，曰陵時，曰陵霄。藤生，依緣大木。今人謂之凌霄花，有黄白二種。爾雅云：「苕，陵苕。黄華，蔈。白華，茇。」白華者少，故詩云：「苕之華，云其黄矣。」

蕪荑曰無姑，曰　蔏，曰姑榆。爾雅云：「莁荑，蔱蘠。」榆類也。實似榆莢，臭如犼，可作醬。

欓子曰食茱萸，曰越。博雅云：「欓越與吴茱萸俱有藙名。」内則云：「三牲用藙。」是欓子也。爾雅云：「椒榝，醜菉。」

茶曰檟，曰蔎，曰荈。其芽曰茗。爾雅曰：「檟，苦荼。」本草云：「茗，苦搽，其品最有優劣。」薛能詩云：「鹽損添宜戒，薑宜著更誇。」茶而入薑鹽，則下品也，想薛能未知滿甌香雪之興，故云。

五木耳曰檽。蘇恭云：「楮、槐、榆、柳、桑之耳也。」其桑耳曰桑菌，曰木麥，曰桑巨，曰桑黄。

棘與棗皆有刺，故棘文列刺，棗文複刺。切韻云：「棘，小棗也，不生江南。」其刺曰棘鍼，曰棘刺。其實曰菥蓂，曰馬朐，曰刺原。爾雅云：「終，牛棘。」注云，馬棘也，刺麄而長。

菴摩勒，卽餘甘也，梵名之異耳。

盧會曰訥會，曰奴會。俗呼爲象膽。木中脂也。

石南曰鬼目。

巴豆曰巴椒。

椒曰蓎藙，曰陸撥，曰南椒。生於漢中者曰漢椒，蜀中者曰蜀椒，巴中曰巴椒。

莽草曰春草，〔三〕曰芒草，曰葞。爾雅云：「莽，數節。」以其似竹而中實促節。離騷云：「朝搴阰之木蘭兮，夕覽洲之宿莽。」

郁李曰爵李，曰車下李，曰棣。爾雅云：「常棣，棣。」詩云：「常棣之華，鄂不韡韡。」

鼠李曰牛李，曰鼠梓，曰椑，曰山李，曰楰，曰苦楸，卽烏巢子也。爾雅云：「楰，鼠梓。」詩：「北山有楰。」

杉曰柀，曰煔。松類也，而材爲良。爾雅云：「柀，煔。」

蔓椒曰豕椒，曰豬椒，曰彘椒，曰狗椒，以其作狗彘之氣。又曰地椒，言生於地上。

釣樟曰棆，亦樟之類也。爾雅云：「棆，無疵。」又名無疵。

豫章，其木甚大，南都之郡，因此得名。今人謂之樟木。

雷丸曰雷矢，曰雷實。

欅，榆類也，而杴烈。其實亦如榆莢似錢之狀。

楊之類亦多，白楊曰高飛，曰獨搖，人多種於墟墓間，故曰「白楊多悲風，蕭蕭愁殺人」。水楊曰楊柳，詩云：「楊柳依依。」又云蒲柳，爾雅云：「楊，蒲柳。」其條可爲箭簳，故左傳云：「董澤之蒲。」崔豹云：「水楊卽蒲楊，任矢用。」或言雚苻亦水楊也。栘楊曰栘，曰扶栘，其木大數十圍，無風葉動，華反復合，所謂「唐棣之華，偏其反而。」崔豹云：「栘楊，圓葉弱蔕，微風大搖。」故又曰：「一名高飛，一名獨搖。」與白楊之名相近，故郭璞云：「移似白楊。」

柳之類亦多，柳曰天棘，南人呼爲楊柳。楊與柳實兩種，說文：「楊，蒲柳也。柳，小楊也。」斬其枝，横倒曲直插之，皆生。其花謂之絮，隨風如飛雪，落地如鋪氊，故騷人之所取興也。杞柳亦曰澤柳，可爲桮棬者。爾雅曰：「旄，澤柳。」

桐之類亦多，陶隱居云，有四種：青桐，葉皮青，似梧而無子。梧桐，色白，葉似青桐，有子，其子亦可食。白桐，與岡桐無異，惟有花子耳。花二月舒，黄紫色，禮云「桐始華」者也。一名椅桐，人家多植之。岡桐無子，今此云花，便應是白桐也。白桐、岡桐俱堪作琴瑟。據此說則白桐者，梧桐也，其材可作琴瑟，諸桐惟此最大，可爲棺槨。左傳云：「桐棺三寸。」爾雅云，所謂「櫬，梧」；又謂「榮，桐木」者，此也。詩云：「椅桐梓漆，爰伐琴瑟。」注疏家不能别椅是岡桐，桐是梧桐，梓似楸，别是一物，爾雅謂之「椅，梓」，誤矣。又有一種赬桐，夏月繁花，其紅如火。又有紫桐，花如百合。又有刺桐，其花側敷如掌，枝幹有刺，花色深紅。又有一種，實如罌子粟，可作油，陳藏器所謂罌子桐也。

欒荆曰頑荆，莖葉似石南。

紫荆，人多種庭院間，卽田氏之荆也。

南藤曰丁公藤。南史，解叔謙，雁門人，母有疾，夜於庭中稽顙以祈，聞空中曰：「得丁公藤卽愈。」訪毉及本草皆無，乃至宜都山中，見一翁伐木，云丁公藤，療風，乃拜泣求得之，及漬酒法。受畢失翁所在，母疾遂愈。

黄藥，卽藥實根也。宋武帝患手瘡經年，有沙門與一黄藥，傅卽愈。又秦州出者，謂之紅藥子，葉似蕎麥，枝梗赤色。

梓，與楸相似。爾雅云以爲一物，〔四〕誤矣。按雜五行書曰：「舍西種楸梓各五根，令子孫孝順。」所以人家多種於園亭。陸璣謂：「楸之疏理白色而生子者爲梓。」齊民要術云：「白色有角者爲梓，無子爲楸。」是皆不辨楸梓也。梓與楸自異，生子不生角。

蒴藋曰陸英。葉似火杴，莖有節，節間分枝，弱植，高丈許。芹爲水英，接骨爲木英，蒴藋爲陸英，謂之三英。

枳椇曰木蜜，蜀人謂之枸。小雅「南山有枸」是也。陸璣云：「似白楊。其子大如指，長數寸，噉之如飴，故曰木蜜。」

烏臼曰楥，曰柜柳，田人謂之柳葉杴。臭而可染皁，子可壓油。爾雅云：「楥，柜柳。」

訶梨勒，如橄欖，其未熟之子隨風飄墮者，名隨風子。

樗，似椿，北人呼爲山椿，江東人呼爲虎目，葉脱處有痕如樗蒱子，又如眼目，故有其名。其材易大而不中器用。又有一種山樗，極似此，詩唐風所謂「山有栲」是也。故爾雅云：「栲，山樗。」注謂栲似樗，色小白，生山中，亦類漆。俗云「櫄樗栲漆，相似如一。」櫄卽椿也。

櫟曰橡，亦曰槲。其實作梂，曰皁斗，曰橡斗。然有二種，南土多槲，北土多櫟。爾雅釋木云：「櫟，其實梂。」詩秦風云：「山有苞櫟。」並此也。其釋木云：「栩，杼。」與唐風云：「集于苞栩。」並是柞木，而陸璣誤謂是此耳。橡實之類極多，大體皆栗屬也，可食。有似栗而圓者，大小有三四種。周禮籩人所謂「榛實」是也。一二實作一梂，正似栗而小者，大小有三四種。爾雅所謂「栵，栭」是也。注云，子如細栗。江東人亦呼爲栭栗，今俗謂之爲芧栗，猴栗，柯栗，皆其類也。或曰，槲之實似櫟而小，不可食。

楊櫨曰空疏，良材也。

南燭曰烏草，曰猴藥，曰男續，曰後草，曰維那木，曰黑飯草，以其可染黑飯也。道家謂之青精飯。亦曰牛筋，言食其飯則健如牛筋也。吳越名猴菽，又名染菽，亦名文燭。本經冬不凋，春夏採枝莖，秋冬採根。此木類而叢生，高三五尺，亦似草，故號爲南燭。本草圖經云：「人家多植於庭院間。俗謂之南天燭。其實如梧桐子，勻圓黑色，九月熟，兒童食之，極美。」今茅山道士採其嫩葉染飯，謂之烏飯，甚甘香，可以寄遠。杜詩云：「豈無青精飯，使我顏色好。」[五]謂食此能變白駐顏，故仙經云：「子服草木之王，氣與神通。子食青燭之津，命不復殞。」並謂此也。

鹽麩子曰叛奴鹽，蜀人曰酸桶，吳人曰烏鹽。其實秋熟爲穗，著粒如小豆，其上有鹽如雪，可以調羹。戎人亦用此，謂之木鹽，故有叛奴鹽之名。

無患子曰噤婁，曰桓，其子勻圓如漆，今人貫爲數珠。古今注云，程雅問木曰：「無患，何也？」答曰：「昔有神巫曰瑤眊，能符劾百鬼，得鬼則以此木爲棒棒殺之。世人相傳以爲器用厭鬼，故曰無患。」

檉曰河柳，曰雨師，曰春柳。木中脂曰檉乳。本草謂之赤檉木，以其材赤故也。大檉杉松之類，而意態似柳，故謂之檉柳。爾雅曰：「檉，河柳。」其材可卷爲盤合。又曰：「樓，落。」郭云，可以爲柸器素。此赤檉也。又有一種名赤楊，又名水松，與此相似，而植之水邊，其葉經秋盡紅，人多植於門巷。杜詩，「頳檉曉夜希」，即此也。

益智子，葉似蘘荷，實如李核，去皮用之，其中仁如梔子縮紗之類，可蜜煮爲粽食。昔盧循爲廣州刺史，遺劉裕益智粽，裕答以續命湯，是此也。按蘇軾記云：「海南産益智花，實皆長穗，而分爲三節，其實熟否以候歲之豐凶。其下節以候蚕禾，其上中亦然，大豐則實，凶歲皆不實，蓋罕有三節並熟者。其爲藥也，止治益於智。其得此名，豈以知歲邪？」

木槿曰蕣，曰椵，曰櫬，曰日及，齊魯名王蒸。其植如李，五月始花，故月令云：「仲夏之月，木槿榮。」此木類也。爾雅云入草例者，樊光云，其華朝生暮落，與草同氣，故在草中。今人謂之朝生暮落，人多植庭院間。唐人詩云，「世事方看木槿榮」，言可愛易凋也。亦可作籬，故謂之槿籬。

椶櫚曰栟櫚，曰箭，曰王蔧。注云，葉可爲帚蔧。然有兩種，一種有須，可作繩，耐水；一種小而無須，葉可爲帚。葩未吐時，割去須而取之，曰椶魚，瀹而食之，甚美。南方又有虎散桄榔、冬葉蒲葵、椰子檳榔、多羅等，與椶櫚同類。

芫花曰去水，曰毒魚，曰杜芫，曰敗華，曰兒草，曰黃大戟。其根曰蜀桑根。苗高三二尺，葉似白前及柳葉，根皮似桑根。正二月花紫碧色，頗似紫荆而作穗。絳州出者花黃，謂之芫花。爾雅云：「杬，魚毒。」本草亦云，可用毒魚，其皮可汁藏梅。

五倍子曰文蛤，曰百蟲倉。

靈壽木，漢書，孔光年老，賜靈壽杖。顏注曰：「木似竹有節，長不過八九尺，圍可三四寸，自然有合杖之制，不須削治也。」

柞木曰棫，曰栩，曰杼。爾雅云：「栩，杼。」詩：「析其柞薪。」又曰：「柞棫斯拔。」

陸璣云：「柞棫，櫟也。」三蒼云：「棫卽柞也。」其葉繁茂，其木堅韌，有刺。今人以爲梳，亦可以爲車軸。

果類

棗之類多。爾雅曰：「棗，壺棗。」郭曰：「棗大而銳上者爲壺。」又曰：「邊，要棗。」郭云：「細腰者，今謂鹿盧棗。」又曰：「櫅，白棗。」郭云：「卽今棗子白熟。」又曰：「樲，酸棗。」今藥家所用酸棗仁，孟子所謂「養其樲棘」是也。又曰：「楊徹，齊棗。」未詳。又曰「遵，羊棗。」郭云：「實小而圓，紫黑色，俗呼爲羊矢棗。孟子所謂『曾皙嗜羊棗』是也。」又曰：「洗，大棗。」郭云：「今河東猗氏縣出大棗，如雞卵。」本草云：「一名良棗，一名美棗，一名乾棗。」謂大棗也。爾雅又曰：「煑，填棗。」未詳。又曰：「蹶泄，苦棗。」其子味苦。「皙，無實棗。」不著子者。「還味，捻棗。」郭云：「還味，短味。」

橘柚之類多。爾雅曰：「櫠，椵。」卽大柚也，其大如杅，皮瓤極厚。又曰：「柚，條。」今謂之柚，似橘而大，皮瓤稍厚。然皆不可口。或言櫠卽枳，蓋江北無橘，所以爾雅只載枳柚。江南所産，有柑，有橘，有橙，人所常食，三者之間，而有數品。又有枸櫞，生於南方，土人謂之香　，如瓜，以瓤厚者爲美。

梅之類多。爾雅曰：「梅，柟。」又曰：「時，英梅。」梅類而實小，謂之雀梅。

梨之類多。爾雅曰：「檖，蘿。」山梨也。又曰：「梨，山樆。」野出之梨小而酢者。又曰：「杜，甘棠。」詩所謂「蔽芾甘棠」也，謂之棠梨，其花謂之海棠花，其實謂之海紅子。又曰：「杜，赤棠。白者，棠。」此別棠梨赤白之異也。

木瓜，爾雅曰：「楙，木瓜。」

豆蔻曰草菓，亦曰草豆蔻。苗葉似山薑、杜若輩，根似高良薑，花作穗，可愛，故杜牧云：「豆蔻梢頭二月春。」南人亦採其花，淹藏以當果品。

葡萄，藤生，傳自西域。史記云：「大宛以葡萄爲酒，富人藏葡萄酒至萬餘石，久者十數歲。張騫使西域，得其種而還，中國始有。」又有一種曰蘡薁，謂之山葡萄，野出，其實如葡萄而小，亦堪爲酒。其莖主嘔逆，斷其兩頭節，吹之，有汁出，如通草。

蓬虆曰覆盆，曰陵虆，曰陰虆，今人謂之苺。大小有數種，有蔓生者，有叢生者，有樹生者，惟叢生者大而可愛，謂之蓬虆。其樹生者謂之覆盆子，亦謂之西國草，亦謂之畢楞伽。爾雅云：「茥，蒛盆。」其鋪地蔓生者曰地苺，爾雅云「藨麃」者，地苺也。

蓮，爾雅曰：「荷，芙蕖。其莖茄，其葉蕸，其本蔤，其華菡萏，其實蓮，其根藕，其中的，的中薏。」按本草謂，近根處白莖也，實謂蓮房，的謂蓮子，亦謂之敫，爾雅曰：「的，敫。」薏謂蓮子中苦心。又按本草，藕實莖，一名水芝丹，一名蓮。宋太官作血䘓，庖人削藕，誤落血中，遂散不凝，自此醫家方知其散血也。

芡爲蔿子，曰鉤，曰芺，曰雁喙實，曰雁頭實，曰雞雍實。本草曰雞頭實。爾雅：「鉤，芺。」葉大如荷，皺而有刺，俗謂之雞頭盤。花下結房，形類雞頭。實正圓如榴核大。根謂之莜菜，莖謂之蔿菽，亦堪爲茹。

芰實，即菱也，俗謂之菱角，可以當糧。菱亦作蔆。爾雅：「蔆，蕨攈。」注云，今亦謂之蔆攈。

櫻桃曰朱茱，曰麥甘酣，曰楔，曰含桃，曰荆桃，曰李桃，曰柰桃。爾雅云：「楔，荆桃。」禮，含桃先薦寢廟。

柿，烏者謂之椑。

木瓜，短小者謂之榠樝，亦曰蠻樝，俗呼爲木梨。禮記謂之樝梨，鄭氏誤謂梨之不臧者。

甘蔗有三種：赤色者曰崑崙蔗；白色者亦曰竹蔗，亦曰蠟蔗；小而燥者曰荻蔗。

芋曰土芝，其母曰芋魁。史記，蜀卓氏云，汶山之下，沃野有蹲鴟，至死不飢。正謂芋魁，蓋其形似也。

烏芋曰藉姑，曰水萍，曰白地栗，曰河凫茨，曰槎牙，今人謂之茨菰。其葉曰剪刀草，曰燕尾草。

凫茨，爾雅曰：「芍，凫茈。」

荔支，亦曰離支，始傳於漢世。初出嶺南，後出蜀中，故蜀都賦云：「旁挺龍目，側生荔枝。」南海藥譜云：「荔枝熟，人未採則百蟲不敢近。才採之，則烏鳥蝙蝠之類無不殘傷。」然亦不必荔枝，諸果皆然。東觀漢記云：「南海舊獻荔枝龍眼，十里一置，五里一堠，奔馳險阻，道路爲患。孝和時唐羌上書言狀，帝詔太官勿復受獻。」蓋此物易變，一日色變，二日味變，三日色味俱變。古詩云：「色味不踰三日變。」舊時採貢，以蠟封其枝，或蜜漬之，而近代奸幸之徒，連株以進，南人苦之。不知土地所産之異而輒爲人患，何也？無乃尤物者歟！

龍眼曰益智，曰龍目，曰亞荔枝，曰荔枝奴。其味清甜，荔枝纔過，卽食龍眼。

桃之類多。爾雅曰：「旄，冬桃。」今謂之旄桃，藤生，出山谷，或言卽寒桃也，十月熟，故謂之冬桃。又曰：「榹桃，山桃。」今野出之桃也，味酸苦，不解核。桃之實乾而不落，其中實者曰桃梟，曰梟景。本草云：「主殺百鬼精物。」上古有神荼與鬱壘兄弟二人，桃樹之下，閱百鬼無理者，縛以葦索飼虎。今人本此而作桃符。

李之類多。爾雅曰：「休，無實李。」一名趙李。又曰：「痤，接慮李。」今之麥李，卽青李也。又曰：「駁，赤李。」此赤李著粉者也。陶隱居云：「李以姑熟所出南居李，解核如杏子者爲佳。」

菴羅果，若林檎而極大，佛書多言之。

石榴，本草謂之安石榴。爾雅云：「劉，劉杙。」劉與榴通用故也。一名丹若，一名若榴。其甜者又名天漿。入藥多用酸榴。

橄欖，最療鯸鮐毒。其木作楫，撥著魚皆浮出，故知物相畏者也。

榛有三四種，棗類也，似棗而小，正圓。

蟲魚類

蟬之類多。爾雅及他書多謬悠，惟陶弘景之注近之。本草「蚱蟬」，注云：「瘂蟬也。瘂蟬，雌蟬也，不能鳴者。蟬類甚多。」莊子云：「蟪蛄不知春秋。」則是今四月五月小紫青色者。而離騷云：「蟪蛄鳴兮啾啾，歲暮兮不自聊。」此乃寒螿耳，九月十月中鳴，甚悽急。又二月中便鳴者，名蟧母，似寒螿而小。七月八月鳴者，名蛁蟟，色青。今此云生楊柳樹上，是詩云「鳴蜩嘒嘒」者，形大而黑，昔人噉之。故禮有「雀鷃蜩范」，「范有冠而蟬有緌」，〔六〕亦謂此。蜩復五月鳴。俗云：「五月不鳴，嬰兒多夭。」今其療亦專主小兒也。按陶此說，今實考其物。寒螿、蟧母，蛩類也。蛁蟟與蜩，蟬類也。蛩類在階除間及叢薄中，夜鳴日不鳴。蟬類在木上，日鳴夜或鳴。字林云：「蟬，蟪蛄也。」莊子所謂蟪蛄者，蟬類之別名爾，而正名蟪蛄乃是寒螿。又螻蟈條，本經云：「一名蟪蛄。」寒螿與螻蛄類也，故名號相亂。凡本草所載名號有相亂者，皆是物類近似，故有互名，非若他傳釋有名號相亂者，非互名也，皆是訛謬。蜩蟬一物爾，方言云：「楚謂蟬爲蜩，宋衛謂之螗蜩，陳鄭謂之蜋蜩，秦晉謂之蟬。」究而言之，實爲二物。夏小正云：「五月螗蜩鳴，七月寒蟬鳴。」是其義也。今就而驗之，有四五種，有大如雀，黑色，其鳴震巖谷者，是爾雅所謂「蝒，馬蟬」是也。〔七〕五月以前鳴者，似大蠅而差大，青色，或有紅者，夜在草上，日在木上，聲小而清亮，此則正謂之蜩。七月以後鳴者，似虻，色亦斑，此則正謂之蟬，亦名蛁蟟。而陶謂七八月鳴者名蛁蟟，色青，此誤也。立秋已後，青紅二色者盡無之矣，獨斑蟬盛焉。有一種如大黃蜂，黑色，倦飛亦倦鳴，故謂之瘂蟬，卽蟬之雌者爾，本草蚱蟬是也，夏秋俱有。蘇恭云：「蚱者，鳴蟬也。諸蟲獸以雄者爲良。」以陶説爲誤，後來注釋者又引玉篇云：「蚱者蟬聲也。」明蘇説是。且陶謂之瘂蟬豈妄哉，蓋據當時所用之名物而言之。醫家多用蟬蜕，而希有用蟬者，故不親識其所用之名物，以意測度，又尋經引傳以釋證之爾。且萬物之理，若非的識其情狀，求之經傳，展轉生訛，況爾雅、玉篇，何可盡信。舊云，蟬是蜣蜋所轉丸久而化成，至夏便登木而蜕。此説非也，蜣蜋轉丸但成其子，而蟬正是蜣蜋化爾。又糞中蠐螬，及䖸蟲之類，亦化爲蟬也。蟬蜕曰枯蟬，曰伏蛸。

龜之類多。爾雅：「一曰神龜，二曰靈龜，三曰攝龜，四曰寶龜，五曰文龜，六曰筮龜，七曰山龜，八曰澤龜，九曰水龜，十曰火龜。」神龜，龜之最神者。靈龜，本草謂之秦龜，亦曰蟕蠵，其甲有文似瑇瑁而差薄耳，故名龜皮。此龜一名蟕蠵，俗呼靈蠵，能鳴，多出涪陵，其甲可以卜。攝龜，小龜也，一名蠳龜，一名來蛇龜，好食蛇，故亦謂之呷蛇龜。郭云：「腹甲曲折解，能自張閉，江東呼爲陵龜。」或言此龜乃蛇所化，故頭尾似蛇，俗呼䶬龜卽此。寶龜，傳國者所寶。文龜，甲有文彩者。河圖曰：「靈龜負書，丹甲青文。」筮龜，常在蓍叢下者，龜策傳曰：「蓍滿百莖，其下必有神龜守之。」山、澤、水、火之龜，皆其所生之處也。火龜，蓋生於火者，亦猶火山國所出火鼠是也。郭氏謂物有含異氣者，不可以常理推。龜溺，醫家謂之石腦油，最難得，惟以鑑照之，龜見影則失溺，急以荷葉承之。又法以紙炷火上焫熱，以點其尾，亦致失溺。

貝，即瑇瑁也。説文云：「貝，海介蟲也。」其甲人之所寶，古人以爲泉貨交易。

螽之類亦多。爾雅云：「蛗螽，蠜。草螽，負蠜。蜇螽，蜙蝑。蟿螽，螇蚸。土螽，蠰谿。」按蛗螽，蝗也。草螽，草蟲也，亦謂蚱蜢。蜙蝑，一名蜙蜙，即一種大青蚱蜢，股長而鳴甚響。螇蚸，郭云：「似蜙蜙而細長，飛翅作聲者。」蠰谿，似蝗而小，斑色，多生園中，郭云：「今謂之土蝶。」以其在土中也。

螘之類多。爾雅曰：「蚍蜉，大螘。小者，螘。蠪，朾螘。蠡，飛螘。其子蚳。」按蟻亦作螘。大螘即馬蟻也，大而黑，郭云：「俗呼馬蚍蜉。」小螘謂小黄蟻也，以其種極多，故專其名。朾螘是一種大蟻，赤色斑駁者。飛蟻，有翅而飛者。凡蟻老則皆生翅能飛，遂化爲他類矣。蚳，蟻卵也，似飯粒，亦可爲醬。周禮醢人：「蜃蚳醢。」

鼅鼄之類多。爾雅曰：「次蟗，鼅鼄。鼅鼄，鼄蝥。土鼅鼄。草鼅鼄。」按方言云：「關西秦晉之間謂之鼄蝥，關東趙魏之郊謂之鼅鼄。」在土中者曰土鼅鼄，在草中布網者曰草鼅鼄，土中者能毒人，俗謂天蛇。又曰：「蠨蛸，長踦。」詩所謂「蠨蛸在户」，即小鼅鼄。長脚者俗呼喜子。又曰「王蛈蝪」〔八〕，鼅鼄類也，一名蛭蟷，穴居，布網穴口，有蓋，河北人呼蛈蝪。

蠶之類多。爾雅曰：「蟓，桑繭。雔由，樗繭，棘繭，欒繭。蚢，蕭繭。」此皆蠶類，吐絲成繭者。食桑葉爲繭者曰蟓，蓋蠶也。或云，野蠶食樗葉，棘葉、欒葉爲繭者，曰雔由。食蕭葉爲繭者，曰蚢。蕭，蒿也。原蠶者，再熟之蠶也。淮南子：「原蠶一歲再熟，然王法禁之者，爲殘桑也。」周禮「禁原蠶者」注云：「爲其傷馬。」今以蠶爲末塗馬齒，卽不能食草，以桑葉拭去，乃還食。此明蠶馬類也，物莫兩盛。

蟹之類多，而螃蠏爲勝。其螯上有毛，仙方以化漆爲水，服之長生，以黑犬血灌之三日，燒之，諸鼠畢至。雖云取無時，然未被霜以前甚有毒，不可食。或曰，八月一日每蟹取稻芒長寸許，東方輸送海神，過八月乃可取也。又有彭蜞、彭蜎、擁劒、蝤蛑、蟣，並生海中，唯彭蜞不擇地生，多於溝渠間，其膏可塗濕癬疽瘡，肉不可食，令人吐下至困。蔡謨誤食者，此也。彭蜎，吴人語訛爲彭越，南人謂之林禽，可食，作胥尤佳。小者名擁劒，一名桀步，一名執火，其螯赤。此三種皆如小蟹，而蝤蛑一名蟳，大者徑赤，小者如螃蠏大，隨潮退殼，一退一長，兩螯至彊，故云能與虎鬬。蟣如升大，頗似蝤蛑而殼銳。

蜂之類多。本草，蜂卽蜜蜂也，大黄蜂卽土蜂也。一名蜚零，穴土以居。今宣城所生蜂兒者，土蜂也。木蜂卽㼌瓟蜂也，結窠如甑在木上者。

蠮螉曰土蜂，曰蜾蠃，曰蒲盧，俗謂之蠮螉。棲泥入於屋壁間及器物旁，作房或雙或隻，亦入竹管中，以泥封其口，其類不一也。凡蜂蟻皆不能生子，只取他物呪成。而陶隱居乃謂此生子如粟米大，在房内，仍取他蟲置其中，以擬其子大爲糧也，以詩云「螟蛉有子，蜾蠃負之」爲謬矣。後來人有壞其房而看之，果見有卵如粟，在死蟲之上，皆如陶所説。此蓋不究其義也，諸蟲在蟄尚不食，況其形體未定，猶在窠中時，何得有飢飽也。壞其房而見卵與死蟲者，是變與未變耳。將其故房看之，其蟲殼皆如蜕形，則非爲物所食明爾。且蚱蟬生於蜣蜋，衣魚生於瓜子，龜生於蛇，蛤生於雀，白鵙之相食，負蠜之相應，其類不一，然則螟蛉蜾蠃不爲異矣。

蚯蚓，爾雅曰：「螼蚓，蜸蠶。」亦謂之蛩蟺，江東呼寒蚓。

蜻蜓，爾雅曰：「虰蛵，負勞。」亦謂之蜻蛉。

螗蜋，爾雅曰：「不過，蟷蠰。其子蜱蛸。」又曰：「莫貈，蟷蜋，蛑。」謂螳蜋有斧。

蜱蛸亦曰食庬，曰螵蛸。

蚰蜒，關東謂之螾蜒，故爾雅曰：「螾衕，入耳。」以此蟲能入人耳，故得入耳之名。

蜚，爾雅曰：「蜚，蠦蜰。」郭云：「蜰卽負盤臭蟲。」按此亦謂之負蠜，卽草蟲也。

春秋書「蜚」，以其能害稼。本草謂之蜚蝱，亦謂之蜚蠊。

蜣蜋，爾雅曰：「蛣蜣，蜣蜋。」莊子曰：「蜣蜋之智，在於轉丸。」

蝎，木中蠹蟲也。爾雅曰：「蝎，蛣蝠。」

蠰，俗呼山羊，有長角，斑黑色，喜齧桑葉及橘柚。爾雅曰：「蠰，齧桑。」

蜉蝣，似蜣蜋而小，有文彩。爾雅曰：「蜉蝣，渠畧。」又曰：「蛂，蟥蛢。」郭璞云：「江東呼黄蛢。」以有金色。

守瓜者，瓜瓠之葉上黄甲小蟲能飛者。爾雅曰：「蠸，輿父，守瓜。」

縠蠹，米縠中小黑蟲也。爾雅曰：「蛄蟹，强蛘。」〔九〕建平人呼爲蛘子。

蜈蚣，爾雅曰：「蒺蔾，蝍蛆。」性能制蛇，見大蛇則噉其腦，蛇不動。而畏蚰蜒，每遇蚰蜒，亦不敢動，蚰蜒以涎繞其足盡落。

馬陸，似蜈蚣而小，尤多脚，不能毒人。曰百足，曰馬軸。所謂「百足之蟲至死不僵」者，此也。

蝦蟆之類多，以蟾蜍爲上。曰䗇，曰去甫，曰苦蠪。昔張暢弟收爲猘犬所傷，醫云，宜食蝦蟆鱠，收甚難之，暢含笑先嘗。蓋此物但入藥用，而非可食也。其肪塗玉，刻之如蠟。或不可得，但取肥者，剉煎膏以塗玉亦軟。古玉器有奇特非彫琢人功者，多是昆吾刀及蝦蟆肪所刻也。爾雅：「鼃，蟆。」有一種生於田中，大者三四枚重一斤，南人名爲水雞，亦名蛤。又一種生山谷中，黑色，肉紅，名石鱗魚，並可食。其小者名鼃，其大於鼃而青色者曰青鼃。凡蝦蟇之類皆不交合，惟雌雄相對吐沫，漸成魚子，遂變而成科斗。爾雅云：「科斗，活東。」亦曰活師。古人科斗書，蓋取象於此。

馬蠸，爾雅云：「蜋，馬蝬。」郭云：「馬蠲蚼，俗呼馬蠸。」方言云：「北燕謂之蛆蝶。其大者謂之馬蚰。」蚰即蠸也。

蛓蟲曰蛅，其毛能螫人，故爾雅曰：「蛅，毛蠹。」又曰：「蟔，蛅蟴」者，黑毛蟲也，其毛皆能射人。

蠐螬，爾雅云：「蟦蠐，螬。」糞土中大白蟲也。本草，一名蟦蠐，一名蜰蠐，一名勃齊。

蝤蠐，爾雅云：「蝤蠐，蝎。」木中蠹蟲也。方言：「關東謂之蝤蠐。梁益之間謂之蝎。」

鼠負，爾雅云：「蟠，鼠負。」又曰：「蛜威，委黍。」詩：「伊威在室，蠨蛸在户。」

牛蝱，蠅類，噉牛馬血。爾雅云：「强，蚚。」

衣魚，亦謂之蠹魚，以能蠹衣裳書帙，亦謂之蛃魚，亦謂之蟫。爾雅云：「蟫，白魚。」

莎雞曰酸雞，曰樗雞，曰天雞，曰樗鳩，曰螒。爾雅云：「螒，天雞。」黑身赤頭，似斑猫。

土蛹，爾雅曰：「國貉，蟲蠁。」郭云：「今呼蛹蟲爲蠁。」

螢火，爾雅云：「螢火，即炤。」本草，一名夜光，一名放光，一名熠燿。詩云：「熠燿宵行。」呂氏春秋云：「腐草化爲螢。」

螻蛄曰螜，曰天螻，曰蝚，曰蚍螻，亦曰螻蛄。故爾雅云：「螜，天螻。」又曰：「蝚，蚍螻。」方言云：「南楚謂之杜狗。」此物頗協神鬼，昔人獄中得其力者，今人夜忽見出，多打殺之，言爲鬼所使也。荀子所謂「梧鼠五技而窮」，蔡邕勸學篇云，「碩鼠五能，不成一技」者，此物爾。魏詩所謂「碩鼠」者，大鼠也。

蝸牛曰蚹蝓，曰陵蠡，曰土蝸，曰附蝸。爾雅：「蚹蠃，螔蝓。」凡蠃之類皆負殼，惟此能脱殼而行，頭有兩角，故曰蝸牛。

水蛭曰蚑，曰至掌。

蠓之類多。爾雅云：「蠓，蠛蠓。」似蚋而小，斜陽則群聚鬬飛。

蜥蜴之類多。爾雅云：「蠑螈，蜥蜴，蝘蜓，守宮也。」今按小而青者曰蜥蜴，大而黃者曰蝘蜓，最小在牆間砌下者曰守宮，種類既異，而此釋爲一物，恐亦未審也。又按本草，蜥蜴謂之石龍子，一名山龍子，一名石蜴，楚人謂之蛇醫，或謂之蠑螈，青尾有五彩。蝘蜓似蜥蜴而大，黃色，亦謂之蠦蝘也。守宮似蜥蜴而小，在屋壁間，故名守宮，故東方朔謂「非守宮則蜥蜴」也。守宮又名蠍虎。舊云，以朱飼之，滿三斤，殺之，乾末塗女子身，有交接事便脱，不爾如赤誌，故謂之守宮。

蝟有兩種，一種作猪蹄者，又名蠔猪；一種作鼠脚。舊云，蝟能跳入虎耳中，而見鵲便仰腹受啄，物有相制如此。

鼹鼠曰隱鼠，曰鼢鼠，形類鼠而肥，多膏，黑色，無尾，長鼻，常穿耕地中行，旱歲則爲田害。

蠖，屈伸蟲也。爾雅云：「蠖，蚇蠖。」

蛬曰蟋蟀，曰青蛚，楚人謂之王孫，幽州人謂之促織。秋至則鳴，故曰「促織鳴，懶婦驚。」

鼺鼠，卽飛生也，一名鼯鼠。

青蚨，一名蟱蝸。搜神記曰：「南方有蟲名蝍蠋，如蟬大，辛美可食。其子如蠶種，取其子則母飛來，雖潛取必知處，殺其母塗錢，子塗貫，用錢則自還。」淮南子，萬畢云：「青蚨一名魚伯，以母血塗八十一錢，以子血塗八十一錢，置子用母，置母用子，皆自還也。」或云，自是雄雌不相捨爾。

蛇之類多。爾雅曰：「蚨，蜸。」郭云：「蝮屬，大眼，最有毒，今淮南人呼蜸子。」又曰：「螣，螣蛇。」螣，音滕。郭云：「龍類也，能興雲霧而游其中。」淮南子云，蟒蛇，螣。又曰：「蟒，王蛇。」蟒蛇之大者，謂之王蛇。又曰：「蝮虺，博三寸，首大如擘。」江淮以南曰蝮，江淮以北曰虺。

鯉、鱣、鰋、鮎、鱧、鯇，爾雅無異名。鰋，今之黄鱣魚，短鼻，口在頷下，體有三行甲，無鱗，大者長二三丈，亦能化龍。鯇，今之鯶魚也。

鮒，廣雅云：「鰿魚也。」

鯊，爾雅云：「鯊，鮀。」小魚，體圓而有點文，常張口吹沙，故亦名吹沙。

鮂，爾雅云：「鮂，黑鰦。」郭氏謂卽白鯈，江東呼爲鮂。臣又疑卽鰲魚。以背黑，故亦名黑鰦。

鰦，爾雅云：「鰼，鰌。」今泥鰌也，似鱔而小。

鱧，爾雅云：「鰹，大鮦，小者鯢。」卽鱧也。郭云：「今青州呼小鱺爲鯢。」按鱺與鱧音與義同，又本草作蠡，一名鮦。舊言是公蠣蛇所化，頭有文。

鱯，爾雅云：「魾，大鱯，小者鮡。」郭云：「鱯似鮎而大，白色。」

魱，爾雅云：「鮥，當魱。」海中黄魚也，似鯿而大鱗，肥美，多鯁。江東呼其最大者爲當魱。

鮆，爾雅云：「鮤，鱴刀。」郭云：「今之鮆魚也，亦呼爲魛魚。」按鮆魚所在有之。

鮅，爾雅云：「鮅，鱒。」似鯶而小，眼赤，多生溪澗，傅麗水底，難網捕。

鯿，爾雅云：「魴，魾。」

鰻，爾雅云：「鰲，鯠。」今鰻魚亦呼鰻鰲。徽州一種鰻，頭似蝮蛇，背有五色，生溪澗。

鰕之類多。爾雅曰：「鰝，大鰕。」郭云：「鰕大者出海中，長二三丈，須長數尺。今青州呼鰕爲鰝。」

贏之類多。爾雅云：「贏，小者蜬。」郭云：「螺大者如斗，出日南漲海中，可以爲酒杯。」按今所謂鸚鵡杯者，出南海。

蚌之類多。爾雅云：「蜃，小者珧。」卽小蚌也，一名玉珧，可飾佩刀削。詩傳云，「天子玉琫而珧珌」是也。山海經，激女水中多蜃珧。今廣州東南道極多，人取以摩作棊子，礱之。

鼉亦作鮀，狀如鯪鯉，長一二丈者，能吐氣成霧致雨，善攻碕岸，性嗜睡，常閉目，極難死，聲甚可畏，其皮可冒鼓。凡鼉鼉之老者，能變爲邪魅。或云，多年鼉入水化爲龍。梁周興嗣常食其肉，後爲鼉所噴，便爲惡瘡，實彊靈之物，不可輕殺。

鯢，爾雅云：「鯢大者曰鰕。」卽雌鯨也。大者長八九尺，狀似鮎魚，脚前似獮猴，後似狗，聲如小兒啼，今洞庭有之。

禽類

隹，爾雅謂之鳺鴀，亦曰祝鳩，今所謂鵓鳩也，謹愿之鳥。凡鳥之短尾者皆謂之隹，惟夫不專名焉，故指隹爲鳺鴀也。鳺，方扶反。鴀，方浮反。

鶌鳩，爾雅謂之鶻鵃鶌，居物反。鶻、鵃，音骨、嘲。今謂之鸜鵒，似山鵲而小，短尾，青黑色，多聲，江東亦呼爲鶻鵃。廣雅謂斑鳩，誤矣。斑鳩卽勃鳩也。

鳲鳩，爾雅曰鴶鵴，卽布穀也，一名桑鳩，一名繫穀，江東呼爲穫穀，禮記謂之鳴鳩。鴶，苦八反。鵴音菊。

鵖鴔，爾雅曰鵧鵖。郭云：「小黑鳥，鳴自呼，江東名爲烏鴟。」按此似鸜鵒，無冠而長尾，多在山寺厨檻間，今謂之烏鴟。鵖，音及。按玉篇、廣韻無鵖字，惟有鵶字，音及。鵧，步丁反。

䳭鳩，爾雅曰王䳭。鳧類，多在水邊，尾有一點白，故揚雄云白鷢。舊説鵰類，誤矣。䳭，七徐反。

鳧鷖，陸璣云：「大如鳩，青灰色，卑腳，短喙，〔一〇〕水鳥之謹愿者也。」

鵅，爾雅曰鵋鵙。鵅，音格。鵋、鵙，音忌、欺。郭云：「今江東呼鵂鶹爲鵋鵙，亦謂之鴝鵒。」

䳌，爾雅云天狗。魚狗也，似翡翠而小，青碧可愛。䳌，音立。

鷚，爾雅曰天鸙。郭云：「大如鷃雀，色似鷚，好高飛作聲。江東名之曰天鷚，音綢繆之繆。」按此雀類似鷚而尾小長，以其能鳴，故人多養之，俗呼告天，所在寒月多有之。鸙，音藥。

鵱，爾雅曰鷜鵝，今之野鵝。鵱，音六。鷜，力于反。

鴒，爾雅曰鶶鷵，即鴒鷵也。

鵅，爾雅曰烏鸔。鵅，音洛。郭云：「水鳥也，似鶂而短頸，腹翅紫白，背上綠色，江東呼烏鸔，音駮。」

舒雁，爾雅曰鵝。

舒鳧，爾雅曰鶩。鴨也。

䴉，爾雅曰𪁉鶴。水鳥也，今亦謂之𪁉鶴。似鳧，脚高，毛冠。郭云：「江東人家養之，以厭火災。」

鵜，爾雅曰鴮鸅。鴮，音烏。鸅，音澤。鵜鶘也，形極大，喙長尺餘，頷下有胡大如數升囊，好群飛，沉水食魚，俗謂之淘河。許慎云，鶘也。

鶾，爾雅曰天雞。鶾，音汗。逸周書曰：「蜀人獻文鶾，文鶾者若翬雉。」按今有吐錦雞，蓋雉類，惟蜀中有之。仰日吐錦，甚有文彩。

鸒，爾雅曰山鵲，今喜鵲也。郭氏謂：「似鵲而有文彩，長尾，觜脚赤。」鸒，音握。

鷣，爾雅曰負雀。鷣，音淫。郭云：「鷣，鷂也，江南人呼之爲鷣，〔一一〕善捉雀，因名云。」按此卽今之小鷂也，蓋鶻類，南方無鷹，唯呼此爲鷹。

鵅，爾雅曰鵋老。鵅，音象。郭云：「鵋鵅也，俗呼癡鳥。」字林云：「句喙鳥。」按此蓋鴟類，能捕雀，句喙，目圓黄可畏，如拳大小者猶俊。

鳭鷯，爾雅曰剖葦。注云：「好剖葦皮，食其中蟲，因名云。」江東呼蘆虎，似雀，青斑，長尾。」鷯，音遼。

桃蟲，爾雅曰鷦，其雌鴱，音艾。似黄雀而小，一名鷦鷯，一名鷦鸎，一名桃雀，俗呼巧婦。

鳳凰，爾雅曰：「鶠，鳳。其雌皇。」神鳥也，其雛曰鸑鷟。雞冠，蛇頸，魚尾，龍文，龜背，燕頷，前後五色備舉，高六尺許。京房云：「高丈二。出於東方君子之國，飛則群鳥從以萬數，非梧桐不棲，非竹實不食。晨鳴曰發鳴，朝鳴曰上翔，晝鳴曰滿昌，昏鳴曰固常，夜鳴曰保長。」鳳，古作朋字。

鵬鴒，爾雅曰鵻渠。雀屬也，長尾，背上青赤色，腹下白，頸下黑，飛則鳴，行則搖。

鸒斯，爾雅曰鵯鶋，亦謂之雅烏。蓋雀類，差小，多群飛，食穀粟，俗呼必鳥。鵯，音匹，聲相近。

鴽，爾雅曰鴾母。即鵪也，青州呼鴾母，田鼠所化。鴽、鴾，音如、謀。

蜜肌，爾雅曰繫英。英雞也，喙啖石英，故得名焉。

嶲，爾雅曰嶲周。即子規也，多出蜀嶲郡，故名焉。蜀主望帝化爲子規。嶲，希規反。

燕，玄鳥也，爾雅曰鳦。陸璣云：「齊人謂之乙。」燕有二種，爾雅又曰：「燕，白脰烏。」則知此爲紫燕矣。

鴟鴞，爾雅曰鸋鴂。〔一二〕陸璣諸儒皆謂爲巧婦，誤看詩文也。今按郭氏説此及方言皆謂是鴟類，據下言茅鴟、怪鴟，則此應是鴟，無緣得是巧婦。鴞、鸋、鴂，音遥、寧、決。

狂，爾雅曰茅鴟。郭云：「今鵵鴟也，似鷹而白。」

白鴟，爾雅曰怪鴟，廣雅謂之鴟鵂。郭云：「今關東呼此屬爲怪鳥。」

梟，爾雅曰鴟。卽訓狐，日瞑而夜作，賈誼所賦鵩鳥是也。其肉甚美，可爲羹臛，又可爲炙，漢供御物。說文云：「梟食母，不孝之鳥，故冬至捕梟，磔之，字從鳥首在木上。」或說卽今伯勞也，食母。

爰居，爾雅曰雜縣。海鳥也，嘗止於魯東門之外。又漢元帝時，琅邪有大鳥如馬駒，時人謂之爰居。

鳸之類多，皆雀屬也。爾雅曰：「老鳸，鷃。」鷃，音晏，雀也。又曰：「春鳸，鳻鶞。夏鳸，竊玄。秋鳸，竊藍。冬鳸，竊黃。桑鳸，竊脂。棘鳸，竊丹。行鳸，唶唶。宵鳸，嘖嘖。」竊古淺字，言其色之淺。唶唶音卽嘖嘖，音責，皆其聲然也。或取其毛彩，或取其鳴聲以命名。鳸雖雀屬，皆以時見，亦猶鷃雁然，農家須其鳴以候時，故又命以四時也。桑鳸，郭云：「俗謂青雀。」今名臘觜，性慧可教，桑棘之鳸多在是木，故名。行鳸者，多在籬落，如雞雉然，不飛去，故名。宵鳸者，能傳衣，故名。鳻，音汾。鶞，敕倫反。

鵖鴔，爾雅曰戴鵀。鵖，彼及反。鴔，力丁反。〔一三〕鵀，女金反。郭云：「鵀卽頭上勝，今亦呼爲戴勝。鵖鴔猶鶝鵖，語聲轉耳。」按方言，關東曰戴鵀。

鷀，爾雅曰澤虞。鷀，孚往反。郭云：「今婟澤鳥，似水鴞，蒼黑色，常在澤中，見人輒鳴喚不去，有象主守之官，因名云，俗呼護田鳥。」〔一四〕按此鳥亦多在田中，閩人呼爲姑雞紡，以其聲類紡聲，且聒聒不輟。

鸕鷀，爾雅曰鷧。於計反。

鶬鶉，爾雅曰：「其雄鶛，牝痺。」鴿類，此別其雌雄之異名耳。鶉，蝦蟇所化。痺，音脾。

鸍，爾雅曰沈鳧。似鶩而小，〔一五〕尾白，俗呼水鵶，好没，故曰沈鳧。鸍，音施。

鳽，爾雅曰頭鵁。鳽，於鳥反。郭云：「似鳧，脚近尾，略不能行，江東謂之魚鵁。」〔一六〕許交反。按此鳥類野鴨而文彩，不能行，多溷野鴨群中浮游。

鵽鳩，爾雅曰寇雉。郭云：「鵽大如鴿，似雌雉，鼠脚無後指，岐尾，爲鳥憨急，群飛，出北方沙漠地。」

萑，爾雅曰老鵵。郭云：「木兔也，似鴟鵂而小，兔頭，有角，毛脚，夜飛，好食雞。」臣疑此卽訓狐，以其首似兔，故有此等名。鵵，音兔。

鵅，爾雅曰鶌鳥。鵅，音突。郭云：「似雉，青身，白頭。」

狂，爾雅曰𪇆鳥。山海經云：「粟廣之野，有五采之鳥，有冠，名曰狂鳥。」

皇，爾雅曰黄鳥。卽黄鸝也，一名倉庚，一名商庚，一名鵹黄，一名楚雀，一名摶黍，一名黄離留。陸璣云：「常以椹熟時來，故里語曰：『黄栗留，看我麥黄椹熟不。』故又名黄栗留。」

翡翠，爾雅曰鷸，音律。其羽可以餙器物。

鸍，爾雅曰山烏。郭云：「似烏而小，赤觜，穴乳，出西方。」

蝙蝠，爾雅曰服翼。今亦謂之蝙蝠，鼠所化，故又名仙鼠。

晨風，爾雅曰鸇。似鷂而小，青黄色，燕頷。

鸉，爾雅曰白鷢。鸉、鷢，音楊、厥。郭云：「似鷹，尾上白。」

鶨，爾雅曰鵋母。郭云：「似烏鸔而大，黄白雜文，鳴如鴿聲。今江東呼爲蚊母，俗説此鳥常吐蚊，因以名云。」鶨、鵋，音田、文。

鷉，爾雅曰須鸁。鷿鷉也，似鳬而小，其膏可瑩刀劒。古詩云：「馬銜苜蓿葉，劒瑩鷿鷉膏。」鷉、鸁，音梯、螺。

鼯鼠，爾雅曰夷由。似蝙蝠而大，翅尾長三尺許，背上蒼艾色，短爪，長飛且乳，故又名飛生。聲如人呼，食火烟能從高赴下，不能從下升高。鼯，音吾。

鴷，爾雅曰啄木。鴷，音列。今亦謂之斲木鳥，常啄木剥剥然，取蠹蟲食。

鷺，爾雅曰春鉏。白鷺也，亦曰鷺鷥。陸璣曰：「汶陽謂之白鷺，齊魯謂之春鉏，遼東、樂浪、吴、揚皆謂之白鷺。」

雉之類多。爾雅曰：「鷂雉，鷮雉。鳪雉，鷩雉。秩秩，海雉。鸐，山雉。雗雉，鵫雉。雉絶有力，奮。伊洛而南，素質五采皆備成章曰翬。江淮而南，青質五采皆備成章曰鷂，南方曰𠷎，東方曰鶅，北方曰鵗，西方曰鷷。」鷂，音遥。鷂雉即鷮雉也，青質而有五采者。鷮，音驕。鳪，音卜。鳪雉即鷩雉也，朱冠緑瞼，項背有文，腹下黄赤，大如雞，雄者有文彩，據文勢是如此。郭氏離此爲四物，誤矣。秩秩者，即海雉也。郭云：「如雉而黑，在海中山上。」鸐音狄。即山雉也。此與鷩雉是一種，小異，亦有文彩。郭云：「長尾者。」雗音汗。即鵫雉也，今謂之白鵫，似鴿而大，白色，紅瞼可愛。鳥之健勇者惟雉，雉之有力者曰奮。翬、鷂，皆所産之異。𠷎、鶅、鵗、鷷，皆所呼之異。𠷎，音儔。鷷，音遵。

鸛鷒，爾雅曰鶝鶔。如鵲短尾，射之，銜矢射人。鸛、鷒、鶝、鶔，音歡、團、福、柔。此鳥一名㜸羿，言雖羿亦懈惰不敢射之。

獸類

麕之類多。爾雅曰：「麋，牡麔，牝麎。〔一七〕其子，麇。其跡，躔。絶有力，狄。鹿，牡麚，牝麀。其子，麛。其跡，速。絶有力，麉。麕，牡麌，牝麜。其子，麆。其跡，解。絶有力，豣。」按，麕，麞也，麕其總名也。麔、麎、麇、麚、麛、麉、麌、麜、麆，音咎、辰、杳、加、迷、堅、俁、栗、鉏。又曰：「麠，大麃，牛尾一角。」麃音炮。卽麞也。漢武帝郊雍得一角獸，若麃然，謂之麟，卽此也。麠，音京。又曰：「麐，大麕，旄毛狗足。」今謂之麐，音几。旄毛，猥長毛也。旄，音冒。又曰：「麝父，麕足。」其脚似麞，食栢葉而臍甚香。父，音甫。

狼，爾雅曰：「狼，牡貛，牝狼。其子，獥。絶有力，迅。」又曰：「豺，狗足。」卽狼也。獥，音亦。

兎，爾雅曰：「兎子，嬎。其跡，迒。絶有力，欣。」

豕，爾雅曰：「豕子，豬。䝐，豶。幺，幼。奏者，豱。」「䝐，豶」者，䝐一名豶。郭云：「俗呼小豶豬爲䝐子。」謂豶犍豬也。「幺，幼」者，郭云：「俗呼豕最後生者爲幺豚。」「奏者，豱」者，皮理腠蹙者名豱。䝐、豶、幺、奏、豱，音偉、墳、腰、湊、温。又曰：「豕生三豵，二師一特，所寢，橧。四豴皆白，豥。絶有力，豝。牝豝。」橧，音增。豕所卧之簀也。豴，音滴。蹢也。蹢，蹄也。豝，音厄。豥，音垓。

虎之類，爾雅曰：「虎竊毛，謂之虥貓。」竊，古淺字。郭云：「豕高五赤者。」虥，音殘。郭氏引古律文，捕虎一賫錢三千，其狗半之。爾雅又曰：「虪，白虎。虪，黑虎。貀，無前足。」晉太康元年，〔一八〕召陵扶夷縣檻得一獸，似狗，豹文，有角，兩脚，卽此類也。或説貀似虎而黑，無前兩足。虪，音含。虪，式六反。貀，足滑反。

熊，羆之屬。爾雅曰：「羆，如熊，黄白文。」羆似熊，長頭高脚，猛憨過於熊，其脂似熊白而麤。又曰：「熊，虎醜。其子，狗。絶有力，麙。」醜，類也。麙，音咸。又曰：「魋，如小熊，竊毛而黄。」郭云：「今建平山中有此獸，狀如熊而小，俗呼爲赤熊。」卽魋也。音頹。

狐，貍之屬。爾雅曰：「貍、狐、貒、貈醜，其足蹯，其跡厹。」蹯，音煩。掌也。厹，音狃。指頭著地處。又曰：「貍子，隸。貈子，貆。」隸，音曳。貈，下各反。貈似狐，善睡，亦謂之貉。郭云：「今江東呼貉爲𧳜𧴚。」

貙，爾雅曰：「貙，獌，似貍。」貙、獌，音樞、萬。字林云：〔一九〕「貙似貍而大。」一名獌。郭氏云：「今山民呼貙虎之大者爲貙豻。」

麢羊，爾雅曰：「麢，大羊。」音靈。陶隱居云：「其角多節，蹙蹙員繞者爲真，惟一邊有節，節疎大者爲山羊。」按此二角俱似羊而大，在山崖間。又曰：「羱，如羊。」音元。郭云：「似吳羊而大角，角橢，出西方。」

犀，兕之屬。爾雅曰：「兕，似牛。」如野牛，青色，重千斤，一角長三赤餘，形如馬鞭柄。其皮堅厚，可制鎧。又曰：「犀，似豕。」今出交阯，形似水牛，豬頭，三角，一在頂上，一在額上，一在鼻上者，卽食角也，小而不橢，好食棘。亦有一角者。其通天犀乃是水犀，角上有一白縷，直上至端，能出氣通天，置露中，不濡；置屋中，烏鳥不敢集屋上；置米中，雞皆驚駭，故亦謂之駭雞犀。抱朴子曰：「通天犀角三寸以上者，刻爲魚，銜之入水，水常爲開三赤。」

猨，猱之屬。爾雅曰：「蒙頌，猱狀。」郭云：「卽蒙貴也，狀如蜼而小，紫黑色，可畜，健捕鼠，勝於猫，九真日南皆出之。猱亦獮猴之類。」又曰：「猱，蝯。」卽猨也，猨善攀援。

猰貐，爾雅云：「猰貐，類貙，虎爪，食人，迅走。」山海經云：「少咸山有獸，狀如牛而赤身，人面馬足，名曰窫窳，其音如孩兒，食人。」所説與此異。猰，烏八反。貐，羊主反。

驨，爾雅云：「驨，如馬，一角，不角者騏。」驨，音攜。郭云：「元康八年，九真郡獵一獸，大如馬，一角，角如鹿茸。此卽驨也，今深山中人時或見之。亦有無角者。」

貒，亦謂之貛。爾雅云：「貒子，貗。」貒、貗，音湍、窶。貒似豕而肥。

猶，爾雅云：「猶，如麂，善登木。」説文，猶，玃屬也。麂，音几。

狒狒，爾雅云：「狒狒，如人，被髮迅走，食人。」狒，扶味反。梟羊也，俗呼山都，人面長脣，見人則笑，笑則脣蔽其面，左手操管。

蜼，爾雅曰：「蜼，卬鼻而長尾。」狀如獼猴而大，黃黑色，尾長數尺，似獺，尾末有岐，鼻露向上，雨卽以尾塞鼻，或以兩指，所在山中有之。

麐麔，爾雅云：「麐麔，短脰。」

貙，有力，貙，呼犬反。郭云：「西海大秦國有養者，似狗，多力，獷惡。」

豦，爾雅曰：「豦，迅頭。」郭云：「今建平山中有豦，大如狗，似獼猴，黃黑色，多髯鬣，好奮迅其頭，能舉石擿人，玃類也。」豦，音據。

猩猩，爾雅云：「猩猩，小而好啼。」人面豕身，長髮，能言語，好飲酒，醉則人髡其髮爲髮，聲似小兒啼。

狻麑，爾雅云：「狻麑，如虦貓，食虎豹。」卽師子也。漢順帝時疏勒國獻師子，似虎，正黃，有　髵，尾端茸毛大如斗。

麐，爾雅云：「麐，麕身牛尾，一角。」此瑞應獸也，黄色，圓蹄馬足，角端有肉。麐卽麟字。

鼠之屬多。爾雅曰「鼢鼠」，音憤。地中行者，食竹根，今人謂之竹鰡，伯勞所化，廣雅謂之鶪鼠。又曰「鼸鼠」，刮忝反。大戴禮云：「田鼠者，鼸鼠也。」郭云：「以頰裏藏食者。」又曰「鼷鼠」，鼠之最小者。郭氏云：「謂有螫毒者。」一説甘口鼠也。又曰「鼶鼠」，音斯。似鼬鼠。夏小正曰，「鼶鼬則穴」，蓋九月也。又曰「鼬鼠」，弋救反。狀如鼦，赤黄色，大尾，能啖鼠，俗呼鼠郎，江東呼爲鼪，卽莊子云：「騏驥驊騮捕鼠不如狸鼪」是也。又曰「鼩鼠」，音劬。小鼠也，一名鼱鼠，亦謂之鼵鼩。又曰「鼭鼠」，〔二〇〕「鼣鼠」，音時、吠。並未詳。又曰「鼫鼠」，音石。郭云：「形大如鼠，頭似兔，尾有毛，青黄色，好在田中食粟豆，關西呼爲鼩鼠。」鼩，音雀。又曰「鼤鼠」，「鼨鼠」，音問、終。並未詳。又曰「豹文鼮鼠」，音廷。常在木上，如鼠大，其文似虎豹，今深林中甚多。漢武帝時得此鼠，孝廉郎終軍知之，賜絹百疋。又曰「鼳鼠」，古覓反。郭云：「今江東山中有鼳鼠，狀如鼠而大，蒼色，在木上，音覡」。按郭氏此説，又與鼮鼠相類。

馬之類多。爾雅曰：「騊駼，馬。」音陶徒。字林云：「北狄良馬也。」郭云：「色青。」又曰：「野馬。」郭云：「如馬而小。」穆天子傳云：「野馬日走五百里。」又曰：

「駮，如馬，倨牙，食虎豹。」倨卽鋸也。山海經云：「中曲山有獸如馬而身黑，二尾一角，音如鼓，名駮，食虎豹，可以禦兵。」又曰：「騉，蹄趼，善陞甗」。騉蹄者，其蹄如趼，秦時有騉蹄苑。甗，山嶺也。郭云：「形似甗，上大下小。」騉、趼，音昆、硯。又曰：「騉駼，枝蹄趼，善陞甗。」枝蹄，如牛蹄是也。牛枝蹄，馬溷蹄。又曰：「小領，盜驪。」穆天子傳云：「天子駕八駿，右盜驪，左緑耳。小領，細頸也。又曰：「絶有力，駥。」馬高八尺曰駥。音戎。又曰：「膝上皆白，〔二二〕惟馵。四骹皆白，驓。四蹢皆白，首。前足皆白，騱。後足皆白，狗。前右足白，啓。左白，踦。後右足白，驤。左白，馵。駵馬白腹，騵。驪馬白跨，驈。白州，驠。尾本白，騴。尾白，駺。馰顙，白顛。白達素，縣。面顙皆白，惟駹。」骹，膝下也。蹢，蹄也。駵，赤色，驪，黑色。跨，髀間也。州，竅也。尾本，尾根也。尾根白曰騴，尾毛白曰駺。顛，額上也。素，鼻莖也。顙，額也。駮、驓、騱、狗、踦、騵、驈、驠、騴、駺、馰，音敲、繒、奚、劬、欺、刓、聿、燕、晏、郎、的。又曰：「回毛在膺，宜乘。在肘後，減陽。在幹，茀方。在背，闋廣。」減、廣，音淡、光。回毛，旋毛也。膺，胷也。幹，脇也。又曰：「逆毛，居馻。」音究。郭云：「馬毛逆刺。」又曰：「騋牝，驪牡。」鄭玄謂七尺曰騋，牝者色驪，牡者色玄。注周禮復謂七尺已上者爲騋。又曰：「玄駒，褭驂。」褭，奴了反。郭云：〔二三〕「玄駒，小馬之别名。」又曰：「牡曰騭，牝曰騇。」郭云：「江東呼駁馬曰騭。」騇，音舍，草馬也。又曰：「駵白，駁。黃白，騜。〔二三〕駵馬黃脊，騝。驪馬黃脊，騽。青驪，駽。青驪驎，驒。青驪繁鬣，騥。驪白雜毛，駂。黃白雜毛，駓。陰白雜毛，駰。蒼白雜毛，騅。彤白雜毛，騢。白馬黑鬣，駱。白馬黑脣，駩。黑喙，騧。一目白，瞯。二目白，魚。」孫炎云：「駵，赤色也。」「青驪，駽」，郭云：「今之鐵驄也。」「青驪驎，驒」，謂青黑二色相雜如魚鱗，郭氏謂「今之連錢驄」是也。「駂」，郭云：「今之烏驄。」「駓」，郭云：「今之桃花馬。」陰，淺黑色也。「駰」，郭氏謂「今之泥驄」，蒼，淺青色也。彤，赤色也。喙，口也。凡此所言，皆典籍所載之馬，人或不曉其毛物，故爾雅釋之。騝、騽，音虔、習。駽，呼縣反。驎，良刃反。驒、騥、駂、駓、騢、駩、瞯，音陀、柔、保、皮、遐、詮、閑。

牛之屬多。爾雅曰：「犘牛，犦牛。犤牛。犩牛。犣牛。犝牛。犑牛。」犘，音麻。郭云：「出巴中，重千斤。」犦，音雹。郭云：「即犎牛也，〔二四〕領上肉犦胅起，高二尺許。如橐駝肉鞍一邊，犍者日行三百里，交州合浦徐聞縣出此牛。」按犎牛，漢順帝時疏勒王來獻此。犤，音皮。郭云：「犤牛庳小，今之㹇牛也，〔二五〕又呼果下牛，出廣州高涼郡。」犩，音危。郭云：「即犪牛也，如牛而大，肉數千斤，出蜀中。」犣，音獵。郭云：「即旄牛也，髀膝尾皆有長毛。」按此牛角向前，毛如白雪，其長毛今人以爲拂子，出荆夔間。犝，音童。無角牛。犑，古覓反。未詳何牛也。又曰：「角一俯一仰，觭。皆踊，䚢。黑脣，犉。

黑呰，犆。黑耳，犚。黑腹，牧。黑脚，犈。其子，犢。體長，牬。絶有力，欣犌。」犄，音欺。踊騰也，謂角騰起。犓，音誓。犉，閏旬反。呰，才細反。〔二六〕目圈也。犚，音尉。犈，音權。體，身也。牬，匹外反。犌，音加。

羊之屬多。爾雅曰：「羊，牡羒，牝牂。」吳羊牝曰羒，音墳。又曰：「夏羊，牡羭，牝羖。」郭云：「夏羊者，黑羖䍽也。」臣疑今胡羊也，多出夏州。羭，音俞。然今人呼牡羊爲羖。音古。又曰：「角不齊，觤。」音鬼。又曰：「角三觠，羷。」音險。此謂羊角捲三匝者。又曰：「羳羊，黄腹。」音煩。又曰：「未成羊，羜。」直吕反。郭云：「俗呼五月羔爲羜。」又曰：「絶有力，奮。」

狗之屬多。爾雅曰：「犬生三，猣，二師，一玂。」猣、玂，音宗、祈。又曰：「未成豪，狗。」郭云：「狗子未生乾毛者。」又曰：「長喙，獫。短喙，猲獢。」騶驖云：「載獫猲獢。」獫，音呼儉切。猲，音呼謁切。獢，音呼驕切。又曰：「絶有力，狣。」音兆。「尨，狗也。」

校勘記

〔一〕「藴莖」，「藴」，原作「樞」，據爾雅釋木改。

〔二〕「鄰堅中」，「鄰」，原作「鄰」，據爾雅釋草改。

〔三〕「莽草曰春草」，汪本作「莽章」，據元本、明本、于本、殿本改。

〔四〕「梓與楸相似爾雅云以爲一物」，按，爾雅釋木：「椅，梓。」注云：「卽楸。」此稱爾雅，應爲「爾雅注」。

〔五〕「使我顔色好」，汪本「顔」作「類」，據元本、明本、于本、殿本改。

〔六〕「范有冠而蟬有緌」，汪本「緌」作「綏」，據元本、殿本改。禮記檀弓下：「范則冠而蟬有緌。」「則冠」作「有冠」，古人引文不嚴格。

〔七〕「是爾雅所謂蝒馬蜩是也」，按爾雅釋蟲：「蝒，馬蜩。」郭璞注云：「蜩中最大者爲馬蟬。」此文所引者以注文混入正文。

〔八〕「王蛈蜴」，「蜴」，原作「蜴」，據爾雅釋蟲改。

〔九〕「强蚌」，「蚌」，原作弹」，據爾雅釋蟲改。

〔一〇〕「短喙」，原本「喙」作「啄」，據元本、殿本改。

〔一一〕「江南人呼之爲鸍」，汪本「南」作「東」，據元本、明本、于本、殿本改。

〔一二〕「鸋鴂」，「鸋」，原作「寧」，據爾雅釋鳥。

〔一三〕「鴝力丁反」，「力丁」，原作「皮及」，乃涉上文「彼及」而誤，今據經典釋文改正。

〔一四〕「俗呼護田鳥」，各本「鳥」作「雞」，汪本改作「鳥」，與爾雅郭注同。

〔一五〕「似鶩而小」，汪本「似」作「以」，據元本、明本、于本、殿本改。

〔一六〕「江東謂之魚鵁」，「魚」字脱，據爾雅注補。

〔一七〕「牝麐」，「牝」，原作「牡」，據殿本、爾雅釋獸改。

〔一八〕「太康元年」，汪本「元」作「七」，據元本、明本、于本、殿本改。

〔一九〕「字林云」，「字」字脱，據經典釋文補。

〔二〇〕「鼫鼠」，「鼫」，原作「鼦」，據爾雅釋獸改。

〔二一〕「膝上皆白」，「白」字脱，據爾雅釋畜補。

〔二二〕「郭云」，「郭」，原作「鄭」，據爾雅釋畜注改。

〔二三〕「騂白駁黄白騜」，汪本二「白」字作「曰」，據元本、明本、于本、殿本改。

〔二四〕「卽犎牛也」，「犎」，原作「犘」，據爾雅釋畜注改。

〔二五〕「今之㹩牛也」，汪本「㹩」作「犪」，據元本、明本、于本、殿本改。

〔二六〕「背才細反，」汪本「才」作「不」，據元本、明本、于本、殿本改。

附録一

通志略舊刻本序文

（一）吴繹序

夾漈先生通志，包括天地陰陽，禮樂制度，古今事實，大無不備，小無或遺。是集繡梓于三山郡庠，亦既獻之天府，藏之祕閣，然北方學者猶未之見。余叨守福唐，洪惟文軌會同，斯文豈宜專美一方？迺募僚屬，仍捐己俸，稟之省府，摹褙五十部，散之江北諸郡，嘉惠後學。熟而復之，若伐薪於林，探丸於穴，信手而得。用以輔佐清朝，參贊化育，豈云小補。倘博雅君子同予志者，益廣其傳，是所願望。至治二禩壬戌夏五，郡守可堂吴繹書于三山郡齋。

（二）龔用卿序

宋儒鄭夾漈先生，編集自有書契以來，聚成通志略一書，總二百卷。巡察侍御少岳陳公來按于閩，振揚綱紀，百廢具興，政事之暇，留心墳典，搜考舊文，謂是書實先生自得之學，非尋常著述之比，自氏族、六書至昆蟲艸木，凡二十略，謀諸署學政憲副鄭西張公，刻之以廣其傳，徵言於卿以識之。卿何人也，而敢序先生之略哉。然觀先生之所自序者，則已詳矣。先生慨古昔之立言者，各是其說，各執其見，未能會而通之，以歸于一。獨有取于司馬氏之史記，爲能上稽孔子之意，而猶譏其博雅之不足，於班固而下，則靡而遠之，以爲不能窺遷之堂奥。至自序，禮、刑五略謂漢、唐諸儒所得而聞，氏族、六書以下十五略漢、唐諸儒所不得而聞，則先生之所自許者，槩已見矣。今之所刻止於二十略者，以前之紀、傳、年譜，後之列傳、載記，散見于各史書者，歷歷可考也。先生之述作，可謂深得會通之旨矣。探神化之淵源，究萬物之始終，學通性命之精，識達天人之奥，先生之學可不謂博乎。其言贍而核，詳而典，曲而不隱，正而不誣，先生之學可不謂雅乎。然傳記止于隋而不及于唐者，先生之所自序者固已及之矣。是書至治間福唐郡守吳繹已嘗梓行之。彼胡元之朝，猶能行此，矧今當熙洽之時，〔一〕文教大同之日，而可無是舉哉。

刻既成，凡五十二卷。〔二〕舊刻只以通志稱，失先生本意，今以略稱者，仍其舊也。陳公名宗夔，湖之通山人，張公名謙，浙之慈谿人，其嘉惠後學之心一也。正德庚戌歲仲冬望日。賜進士及第朝列大夫南京國子祭酒前左春坊左諭德兼翰林院侍讀經筵講官同修會典國史三山後學龔用卿譔。〔三〕

（三）于敏中序

夾漈鄭先生通志略二百卷，明正德間御史陳宗夔刻氏族、六書以下至昆蟲草木二十略，共五十一卷，〔四〕行於世，不及紀、傳、年譜、列傳、載記諸卷，舊刻謂散見於各史書者可知也。夫博學於文，約之以禮，孔門顏氏藴之爲德行，發之爲事業，四代之禮樂政治，端緒循環，盡得其要領，故夫子語以斟酌百王之法。端木氏學識日益多，患夫動於用而離其本，是以示之以一；一非窈窈冥冥之謂也，卽嘗所學識而求其統宗也。迨其後，去聖人之世遠，百氏争鳴，學術大裂，而歷代因革損益，略可考見者，尚存於史。蓋六經皆史，不獨春秋也。諸史其有能稽周、孔之意者乎？先生推司馬氏之書，謂六經後惟有此作，著其美而深惜其所不足，爰自著此書，推天地之中，極古今之變，網羅數千載之典籍，而才與識足以貫之，有非漢、唐諸儒所能津逮者。於虖，可謂良史才也已！我國家崇儒重道，欽定易、詩、書、春秋、三禮經傳，日月光昭。皇上猶慮承學之徒見聞孤陋，命儒臣校定三通善本，俾薄海内外，士子嚮風，以通經學古爲要。是刻之傳世，其所係豈淺鮮哉！學者循是書而講肄習熟，牖其視聽，動其舞蹈，將研其思於至精，而可以通天地萬物之奥；守其氣於至一，而閎略偉畫有以達乎天下國家；卽進求之，而六經之文具在。始乎博，卒乎約，其不得爲孔氏之徒乎！爰重序行之，以諗世之君子。乾隆十有三年戊辰春仲，金壇于敏中書於武林試院之廉静堂。

（四）汪啓淑序

梁武帝撰通史六百卷，既湮没不傳，其有志、表與否，無從徵也。唐杜相君卿，因劉秩之書，復撰通典二百卷，上自唐虞，下迄本朝，制度詳而論議大，誠一代偉作也。南宋中興，莆田鄭氏，因杜氏之舊，始於炎漢，取十五史，更加芟緝，循流溯源，本末備具。通史之書雖未得見，觀此可以得其概矣。但其中可議者甚多，詆諆班氏不遺餘力，迹其論述，去西京之風益遠，言大而夸，昔人所以致慨于目睫也。君卿生唐中葉，柳芳、吴兢之史流布未廣，天寶以後，典籍散失，唯六典、開元禮爲儒生習見之書，故不復詳敘，其云「具開元禮」云云，是杜氏著書之本旨也。鄭生其後，故當拾遺補闕，曷爲仍襲此例？因陋就簡，難乎免矣。凡諸論斷，皆須自出新奇，折中衆論，鄭氏所言，皆襲君卿之説，輒加「臣按」，攘竊人善，妄呈乙覽，恥孰甚焉！序云：「五略，漢、唐諸儒所得而聞；其十五略，漢、唐諸儒所不得而聞。」夫鄭氏所長，六書、七音、姓氏而已，金石、草木乃小學之偏能，非國家之大事，即使不知，無關史學，其餘則盡見於列史，何云漢、唐諸儒所未聞乎？然其翦截浮辭，不支不漏，貫串衆説，有脊有倫，敘一千餘年之事，若指諸掌，目之良史，可謂不愧。鄭氏没後，復六七百年，學者衆矣，曾未有論及此書之得失者。余不揣稚昧，嘗取十五家之史志，參較此書，得以略窺其閫奥。因念舊刻繁重，明嘉靖中三山龔祭酒所刻二十略，〔五〕便於觀覽。鄉先輩杭堇浦先生勸余重鐫，以廣其傳。復從趙徵士意林借得南宋雕本覆校，而此書魯魚帝虎之譌繆，亦藉以稍稍是正。不敢云鄭氏之功臣，亦庶乎龔氏之争友矣。其云「通志略」者，仍龔舊云。乾隆歲在己巳清和月上浣三日，錢唐後學汪啓淑書。

校勘記

〔一〕「彼胡元之朝猶能行此刟」，汪本無此十字，似有所諱而删之，據于本補。

〔二〕「凡五十二卷」，諸本皆作「五十一卷」，據本書實卷數改正。

〔三〕「正德庚戌歲仲冬望日賜進士及第朝列大夫南京國子祭酒前左春坊左諭德兼翰林院侍讀經筵講官同修會典國史三山後學龔用卿譔」，「正德」，汪本作「嘉靖」，按，正德共十六年，無庚戌之歲，故汪本改作「嘉靖」。然龔氏作序，年號不容誤記，疑「庚戌」原作「庚辰」，刊板有誤。汪本改作嘉靖，則爲遷就「庚戌」之年，而非別有所據，于本作「正德庚戌歲」，卽據以改正。又此序汪本用宋體字，題作「原序」，下署「明朝列大夫南京國子祭酒龔用卿譔」。于本用隸體字，題作「刻通志二十略序」，署名在文末如本文。汪本改署於題下，故削去文末署名，今依于本補入。此序所見明本已失去，于本似就其原式模刻，故較汪本爲可取。

〔四〕「夾漈鄭先生通志略二百卷明正德間御史陳宗夔刻氏族六書以下至昆蟲草木二十略共五十一卷」，按，二百卷爲通志全書卷數，此文多一「略」字。又二十略共五十二卷，參看校記〔二〕。

〔五〕「明嘉靖中三山龔祭酒所刻二十略」，按，「嘉靖」應作「正德」，參看校記〔三〕。

附録 二

通志二百卷，内府刊本

宋鄭樵撰。樵有爾雅註，已著録。通史之例，肇於司馬遷，故劉知幾史通述二體，則以史記、漢書共爲一體；述六家，則以史記、漢書别爲兩家，以一述一代之事，一總歷代之事也。其例綜括千古，歸一家言，非學問足以該通，文章足以鎔鑄，則難以成書。梁武帝作通史六百二十卷，不久即已散佚。故後有作者，率莫敢措意於斯。樵負其淹博，乃網羅舊籍，參以新意，撰爲是編，凡帝紀十八卷，皇后列傳二卷，年譜四卷，略五十一卷，列傳一百二十五卷。〔一〕

其紀傳删録諸史，稍有移掇，大抵因仍舊目，爲例不純。其年譜仿史記諸表之例，惟間以大封拜、大政事錯書其中，或繁或漏，亦復多歧，均非其注意所在。其平生之精力，全帙之菁華，惟在二十略而已。一曰氏族，二曰六書，三曰七音，四曰天文，五曰地理，六曰都邑，七曰禮，八曰謚，九曰器服，十曰樂，十一曰職官，十二曰選舉，十三曰刑法，十四曰食貨，十五曰藝文，十六曰校讎，十七曰圖譜，十八曰金石，十九曰災祥，二十曰草本昆蟲。〔二〕其氏族、六書、七音、都邑、草木昆蟲五略，爲舊史之所無。案史通書志篇曰：「可以爲志者，其道有三：一曰都邑志，二曰氏族志，三曰方物志。」樵增氏族、都邑、草木昆蟲三略，蓋竊據是文。至於六書、七音，乃小學之支流，非史家之本義，矜奇炫博，泛濫及之，此於例爲無所取矣。餘十五略雖皆舊史所有，然謚與器服乃禮之子目，校讎、圖譜、金石乃藝文之子目，析爲別類，不亦冗且碎乎。且氏族略多挂漏，六書略多穿鑿，天文略祇載丹元子步天歌，地理略則全鈔杜佑通典州郡總序一篇，前雖列水道數行，僅雜取漢書地理志及水經注數十則，即禹貢山川亦未能一一詳載。謚略則別立數門，而沈約、扈琛諸家之謚法悉删不録，即唐會要所載「杲」字諸謚亦並漏之。器服略，器則所載尊彝爵觶之制，制既不詳，又與金石略複出；服則全鈔杜佑通典之嘉禮。其禮、樂、職官、食貨、選舉、刑法六略，亦但删録通典，無所辨證。至職官略中以通典註所引之典故，悉改爲案語大書，更爲草率矣。藝文略則分門太繁，又韓愈論語解，論語類前後兩出，〔三〕張弧素履子，儒家道家兩出，劉安淮南子，道家雜家兩出，荆浩筆法記乃論畫之語，而列於法書類，吳興人物志、河西人物志乃傳記之流，而列於名家類，段成式之玉格乃酉陽雜俎之一篇，而列於寶器類，尤爲荒謬。金石略則鐘鼎碑碣，核以博古、考古二圖，集古、金石二録，脱略至十之七八。災祥略則悉鈔諸史五行志。草木昆蟲略則并詩經、爾雅之註疏亦未能詳核。蓋宋人以義理相高，於考證之學罕能留意，樵恃其該洽，睥睨一世，諒無人起而難之，故高視闊步，不復詳檢，遂不能一一精密，致後人多所譏彈也。特其採摭既已浩博，議論亦多警闢，雖純駁互見，而瑕不掩瑜，究非游談無根者可及，至今資爲考鏡，與杜佑、馬端臨書並稱「三通」，亦有以焉。

（據中華書局影印四庫全書總目）

校勘記

〔一〕「略五十一卷列傳一百二十五卷」，按，此文有誤，應作「略五十二卷，列傳一百二十四卷」。

〔二〕「草木昆蟲」，按，應作「昆蟲草木略」。下同。

〔三〕「韓愈論語解論語類前後兩出，」按，藝文略經類論語門分古論語，正經，注解，章句，義疏，論難，辨正，名氏譜，音釋，讖緯，續語等十一種。注解項内有：「論語，十卷。」下注云：「韓愈。」論難項内有：「論語筆解，二卷。」下注云：「韓愈。」可知此爲一人所著之二書，不得謂之前後兩出。

附録 三

申鄭〔一〕

章學誠

子長、孟堅氏不作，而專門之史學衰。陳、范而下，或得或失，粗足名家。至唐人開局設監，整齊晉、隋故事，亦名其書爲一史；而學者誤承流別，不復辨正其體，於是古人著書之旨，晦而不明。至於辭章家舒其文辭，記誦家精其考核，其於史學，似乎小有所補，而循流忘源，不知大體，用功愈勤，而識解所至，亦去古愈遠而愈無所當。鄭樵生千載而後，慨然有見於古人著述之源，而知作者之旨，不徒以詞采爲文，考據爲學也。於是遂欲匡正史遷，益以博雅，貶損班固，譏其因襲，而獨取三千年來遺文故册，運以别識心裁，蓋承通史家風，而自爲經緯，成一家言者也。學者少見多怪，不究其發凡起例，絶識曠論，所以斟酌羣言，爲史學要删，而徒摘其援據之疏略，裁翦之未定者，紛紛攻擊，勢若不共戴天。古人復起，奚足當吹劍之一吷乎！

若夫二十略中，六書、七音與昆蟲草木三略，所謂以史翼經，本非斷代爲書，可以遞續不窮者比，誠所謂專門絶業，漢、唐諸儒不可得聞者也。創條發例，鉅製鴻編，卽以義類明其家學。其事不能不因一時成書，粗就隱括，原未與小學專家特爲一書者，絜長較短，亦未嘗欲後之人守其成説，不稍變通。夫鄭氏所振在鴻綱，而末學吹求則在小節，是何異譏韓、彭名將不能鄒魯趨蹌，繩伏、孔鉅儒不善作雕蟲篆刻耶？夫史遷絶學，春秋之後，一人而已。其範圍千古，牢籠百家者，惟創例發凡，卓見絶識，有以追古作者之原，自具春秋家學耳。若其事實之失據，去取之未當，議論之未醇，使其生唐、宋而後，未經古人論定；或當日所據石室金匱之藏，及世本、諜記、楚漢春秋之屬，不盡亡佚；後之溺文辭而泥考據者，相與錙銖而校，尺寸以繩，不知更作如何掊擊也。今之議鄭樵者，何以異是！

孔子作春秋，蓋曰其事則齊桓、晉文，其文則史，其義則孔子自謂有取乎爾。夫事卽後世考據家之所尚也，文卽後世詞章家之所重也，然夫子所取，不在彼而在此。則史家著述之道，豈可不求義意所歸乎？自遷、固而後，史家既無別識心裁，所求者徒在其事其文。惟鄭樵稍有志乎求義，而綴學之徒囂然起而争之，然則充其所論，卽一切科舉之文詞，胥吏之簿籍，其明白無疵，確實有據，轉覺賢於遷、固矣。

雖然，鄭君亦不能無過焉。馬、班父子傳業，終身史官，固無論矣。司馬温公資治通鑑，前後一十九年，書局自隨，自辟僚屬，所與討論又皆一時名流，故能裁成絶業，爲世宗師。鄭君區區一身，僻處寒陋，獨犯馬、班以來所不敢爲者而爲之，立論高遠，實不副名，又不幸而與馬端臨之文獻通考並稱於時，而通考之疎陋轉不如是之甚。末學膚受，本無定識，從而抑揚其間，妄相擬議，遂與比類纂輯之業同年而語，而衡短論長，岑樓寸木，且有不敵之勢焉。豈不誣哉！

（據道光壬辰本文史通義）

校勘記

〔一〕「申鄭」，按，章學誠對鄭樵之評議有劃時期之意義。其後顧頡剛作鄭樵著述考，收録章氏此文，並作有關問題之説明，但刊印欠精，文字頗有訛誤，故今兩收之，可以參看。

附録 四

鄭樵傳（一一〇四——一一六二）

顧頡剛

鄭樵是中國史上很可注意的人。他有極高的熱誠，極鋭的眼光，極廣的志願去從事學問。在謹守典型又欠缺徵實觀念的中國學界，真是特出異樣的人物。因爲他特出異樣，所以激起了無數的反響。有説他武斷的，有説他杜撰的，有説他迂僻的，有説他博而寡要的，有説他疎漏草率的，有説他切切于仕進的。大家没有曉得他的真性情，真學問，隨便給他加上幾個惡名。從他的當世，直到清代的中葉，他一向擔負不良的聲望。雖也有少數人説他在名物上是極精核的，但他的學問的全體到底是那一般的樣子，依然未能知道。雖有通志放在三通之内，但大家的眼光只看爲三通裏最壞的一部。自從章學誠出來，辨明著述與纂輯不是同等的事業，又作了申鄭、答客問諸篇，把他的真學問、真力量暢盡的説了，於是他的地位方才漸漸有提高的樣子。

宋史儒林傳裏也有他的傳文，但只寥寥的三百餘字，極浮淺的把他說了。宋元學案裏更少了，連了他的從兄鄭厚，只有三十一字。（卷四十六鄭樵條）他的兒子翁歸爲他做的家傳，已失傳了好久了。所以我們要曉得他的事實，很不容易。幸而有殘本的夾漈遺稿三卷流傳下來；更幸而在康熙四十四年修的莆田縣志裏，（卷二十一儒林傳中鄭厚、鄭樵二條）和乾隆二年修的福建省志裏，（卷一百八十八宋興化縣儒林傳）都有一篇較詳的傳文。這兩篇傳雖是仍只五六百字，但比宋史總着實的多了。（兩志雖在宋史之後，但看他們敘述的次序和事蹟的繁簡，自可斷定這傳文出於宋史之前，爲宋史所本）我現在就把這三種書裏尋出的材料，更加別種書裏的零碎記載，同他做一篇更詳的傳。雖則他一生的事蹟依舊不得完備，但比較宋史總是好的多了。

可以參考的材料，尚有鄭厚的藝苑卮言，（說郛中有節録本）梁玉繩的瞥記，（內引及汪應辰薦鄭樵狀）周必大的辛巳親征録。在京時事務太忙，未得覓讀，歸家後要看又不得了。記在這裏，備將來的補綴。

鄭樵，號漁仲，福建興化軍莆田縣人。生於一一〇四（宋徽宗崇寧三年），卒於一一六二（高宗紹興三十二年），他的一生，正當南宋和北宋的交界。（疑年録）

他的父親國器，是太學的學生。鄭國器曾經賣去了自己的田，築蘇洋陂的隄岸，當地的人都稱頌他的恩惠。一一一九年，從太學裏出來，病死在蘇州。那時鄭樵只有十六歲，就冒暑到蘇州，護柩歸葬。從此，他謝絶了人事，在越王山下造了房子，安心讀書，不去做科舉的生涯了。他在山裏，自己供給均極清苦，燒飯打掃的事也都親身去做。過了一些時候，又到夾漈山造了草堂住下。（省志，縣志）

他和他的堂兄厚，（號景韋，生一一〇〇）在小時候就都有脱略流俗的風度。他們二人才氣相同，十分投契。他們同在夾漈山讀書，往往寒月一窗殘鐙一席，讀書到天亮，不覺得喉舌的疲勞。或者掩了書卷，滅了鐙火，閉目而坐，想那所讀的書，别人呼唤也聽不見。曉得人家有藏書，就到那家去請求閲覽，不問他們的容納與否。看完了，也就去了。二三月間，他們手裏提了飯囊酒甕，向深山走去。碰到了奇泉、怪石、茂林、修竹，凡是看得心裏舒服的，就坐卧其下，喝酒做詩，連歸家也忘記了。牧童樵夫看見他們的形狀奇怪，決不定是人是鬼，雖站着看，但終不敢走近，面目上顯出疑惑的心情。他們夏天不必衣葛，冬天不必衣袍，吃飽不當頓，頭髮經月不梳，面目衣裳垢膩積得重重的也不洗。他們自己覺得「貞粹之地油然禮義充足」，但他們的弟兄、親戚、鄉黨、朋友都説他們是痴，是愚，是妄，甚而至於不屑和他們算做同輩。他們處世又極介介，不肯去廣交游。所以天地雖大，他們的身子在社會裏，竟像没有可以安插的地方。（遺稿卷下報宇

文樞密書）

那時太學裏行了「三舍」的法子，學生只要通了一經就夠了。鄭厚到了太學裏，却能做兼通的工夫。他從太學歸來，和鄭樵在薌林（夾漈山的一個地方）講學，跟着他們讀書的很多。宇文虛中一見他們，（那時在一一二六或二七年，虛中正是由樞密落職，奉祠住在福州的時候）很覺得驚異，給他們一封信道：「士弊於科舉久矣，安知亦有淵源深妙，不爲俗學所漬如二公者乎！」（宋史，縣志鄭厚傳）

一一二六年，金兵陷下汴京。一一二七年，（鄭厚年二十八，樵年二十四）徽宗和欽宗被擄北去。那時漢族人民驟然受了一個大刺激；鄭樵弟兄是血性男子，自然更加憤激。他們因爲宇文虛中是時勢上極有關係的人物，又很賞識他們，到過鄭家兩次，經過很暢快的交談，他們也極感激知遇，所以寫了一封二千五百字的長信，歷述自己的才氣性格，把自己比作程嬰、杵臼、荆軻、聶政、紀信、馬援、范滂、顔杲卿一類的人，要想在時勢上有所作爲。結論説：

然則厚也，樵也，何人也？沉寂人也！仁勇人也！古所謂能死義之士也！謂人生世間，一死耳！得功而死，死無悔！得名而死，死無悔！得義而死，死無悔！得知己而死，死無悔！死固無難，恨未得死所耳！今天子蒙塵，蒼生鼎沸，典午興亡，卜在深源一人耳。厚兄弟用甘一死，以售功，售名，售義，售知己，故比見閣下以求其所也！

這封信去後雖不知怎樣的結果，但宇文虚中在一一二七年便因議和之罪，流竄韶州去了。明年他又奉使金國，就終身被留住了，卽使願意薦引他們，也是做不到了。（遺稿，宋史）

他們還有投江給事書一篇，大約亦是此時所作。他們説自己是田家子，又是經生，没有什麽大本領。所靠得住的就是胸中没有膏肓之疾，肯真心爲人排難解紛。他們碰見了不平的事，熱情湧盪起來，就要趕出去幫助人家，彷彿像來不及似的。倘使不能就去，這一夜可就眠不着了！他們的信上又説：

且爲閣下言之。峩冠博帶，曳裾投刺者，或挾親而見，或挾故而見，或階緣親故先容而後見也。迹相仍，袂相屬也。〔一〕然有晝一奇，吐一策，爲閣下計者乎？有人於此，親非崔盧，故非王貢，又無左右介紹，爲之先容，敢仗天下大計堂堂求見，閣下謂此人胸中當何如哉？……厚與樵見今之士大夫齷齪不圖遠略，無足與計者，用自獻於閣下。

這封信去了也不見下文。其故雖不可知，但他們抱了一肚子的奇氣，去同「非親非故」的士大夫去自獻，想得着他們的真知和倚重，從此達到「攄生靈之憤，刷祖宗之辱」的大志，這總是不容易成就的事了。（遺稿卷下）

從這兩封信上，可以證明他們二人在少年時極有「用世」的大志願。但這等一任天真的去幹，那裏會揷進政界。他們受了好些挫折，於是移轉方向，專向學問方面發展去。他們就在夾漈山中布置起來。鄭厚住在溪的東面，——人家就稱呼他溪東先生，——鄭樵住在溪西瑞雲潭，——人家就叫他溪西先生，他自己也稱做溪西遺民。（四庫提要作溪西逸民，似誤）溪東有溪東草堂，溪西有夾漈草堂，此外又有天耐庵、幻住庵、通遊閣、宴寂閣等建築。（後來又有修史堂）鄭樵有題夾漈草堂一詩，序中說：

斯堂本幽泉、怪石、長松、修竹、榛、橡所叢會，與時風、夜月、輕煙、浮雲、飛禽、走獸、樵薪所往來之地。溪西遺民於其間爲堂三間，覆茅以居焉。斯人也，其斯之流也？（遺稿卷上）

又有題溪東草堂一詩，云：

春融天氣落微微，藥草葱茅脈脈肥。植竹舊竿從茂謝，栽桃新樹忽芳菲。天寒堂北燃柴火，日暖溪東解虱衣。興動便携樽到嶺，人生真性莫教違！（遺稿上）

可見他們隱居的生活是很舒服的。他們在山中，一意做「稽古之學」，不和人家往來。鄭樵更立下三個志願：要多讀古人的書籍，要盡通百家的學問，要研究六經而做他們的羽翼。他希望做一個學者，不希望做一個文人，看自己不在劉向、揚雄以下。（宋元學案，縣志輿地類，遺稿，宋史）

但鄭樵的才氣豈是書本上的學問限制得他的；況且他有了「西窗盡是農岐域，北牖無非花葛鄉」的環境，（夾漈草堂詩）又那得不和自然界接近。所以他入山之初，雖是志在六經和其他古書，但後來研究的範圍越放越大，天文，言語、動物、植物、醫藥上就都下實際的觀察了。他没有可以請教的先生，一切出於自己的摸索。他説自己學天文的經過道：

天文藉圖不藉書，……圖一再傳便成顛倒。……臣向盡求其書，不得其象，又盡求其圖，不得其信。一日，得步天歌而誦之，時素秋無月，清天如水，長誦一句，凝目一星，三數夜，一天星斗盡在胸中矣。（通志天文略敍）

又説他學動植物的經過道：

臣少好讀書，無涉世意，又好泉石，有慕弘景心。結茅夾漈山中，與田夫野老往來，與夜鶴曉猿雜處。不問飛潛動植，皆欲究其情性。（通志昆蟲草本略序）

因爲他有了這一副實驗的精神，所以他最恨的是「空言著書」。從前學者所做的書，凡要成一家之言的，總是説的道德和政治，凡要做善述的賢人的，總是章句的訓解，兩方面的態度雖不同，但不肯在實物上留心則一樣。董仲舒且老老實實的説道：

能説鳥獸之類者，非聖人所願説也。聖人所欲説，在於説仁義而理之。……觀於衆物，説不急之言而以惑後進者，君子所甚惡也。（繁露重政篇）

他看得讀書人是只應該説仁義的，一説到仁義以外的自然界，就不對；一班君子就應該厭惡他，屏棄他。這和樊遲請學稼，孔子駡他爲小人，是一樣的意思。因爲中國的傳統思想是如此，成了病態的科舉，所以科學不會發達，單是漢唐的注疏，明清的八股，堆山積海的製造出來。鄭樵是最恨這一類的空話的，所以他説：

自武帝立五經博士，開弟子員，設科射策，勸以官禄，訖於元始，百有餘年，傳業者寖盛，枝葉繁滋，一經説至百餘萬言，大師衆至千餘人，蓋禄利之路然也。且百年之間，其患至此，千載之後，弊將若何！況禄利之路，必由科目；科目之設，必由乎文辭。三百篇之詩，盡在聲歌；自置詩博士以來，學者不聞一篇之詩。六十四卦之易，該於象數；自置易博士以來，學者不見一卦之易。皇頡制字，盡由六書；漢立小學，凡文字之家不明一字之宗。伶倫製律，盡本七音；江左置聲韻，凡音律之家不達一音之旨。經既苟且，史又荒唐，如此流離，何時返本！（通志總序）

他看着不懂聲歌的詩博士，不懂象數的易博士，不明六書的小學，不達七音的聲韻，……都是無本之學，都是不切實物之學，所以他一力的反對。他自己做的詩傳就建設在聲歌上面，象類書就建設在六書上面，分音之類就建設在七音上面。他唯一的宗旨，就是必使學問在實物上發出，不使學問在書本上發出。他看着歷來學者專好説門面話覺得好笑，看着不懂名物的傳注家只會敷衍經文，含糊過去，尤其覺得可笑，所以他説：

凡書所言者，人情，事理，可即己意而求之，董遇所謂「讀百遍，理自見」也。〔二〕乃若天文、地理、車輿、器物、草木、蟲魚、鳥獸之名，不學問，雖讀千迴萬復，亦無由識也。奈何後之淺解家只務説人情物理，〔三〕至於學之所不識者反没其真，遇天文則曰「此星名」，遇地理則曰「此地名」，「此山名」，「此水名」，遇草木則曰「此草名」，「此木名」，遇蟲魚則曰「此蟲名」，「此魚名」，遇鳥獸則曰「此鳥名」，「此獸名」，更不言是何狀星，何地，何山，何水，何草，何木，何蟲，何魚，何鳥，何獸也，縱有言者亦不過引爾雅以爲據耳，其實未曾識也！（遺稿卷中寄方禮部書）

這一則話，揭破歷來傳注家的黑幕可謂深切著明了。他因爲不願意做這一等的經學家，所以他説自己：

已得鳥獸草木之真，然後傳詩；已得詩人之興，然後釋爾雅。（昆蟲草木略序）

又説：

故有此（爾雅）訛誤者，則正之；有闕者，則補之。自補之外；或恐人不能盡識其狀，故又有畫圖。爾雅之學既了然，則六經注疏皆長物也。（寄方禮部書）

他必定要對於這部書有完全的了解，對於這門學問有系統的知識，然後再去做傳注。譬如詩經，他看出他的用處在聲歌，要懂得他的説話在研究名物，無所謂正變美刺，所以要做詩傳時，先作系聲樂府來整理聲歌，做本草成書、本草外類、詩名物志來整理名物，等兩方面都貫通了，然後再做詩傳。他的心思裏，只有通盤籌算的學問，只有歸納事實而成的學問，但沒有「天經地義」、「專己守殘」的經書和注疏。他只看得書籍是學問由以表現的東西，而不是學問由以出發的東西。所以憑你是古書，他表現得不對，就得做正誤的工夫；他表現的不盡量，也得做補闕的工夫。他看古人與今人只是先後的分別，應該同在學問上努力，一層層的走上去，（通志總序云：「開基之人，不免草創，全屬繼志之士，爲之彌縫。」）絶沒有古書神聖不可侵犯的觀念。這種觀念，在現在稍有科學思想的人看來，固是平平無奇，但在從前的學界，實在是卓絶的見解。吾不敢說全部的中國史裏，沒有類似他的見解的人，但吾敢說全部的中國史裏沒有像他的真確、做的勇敢的人。

中國的社會和學術界看各種行業，各種學問，甚而至於各種書籍，差不多都是獨立的，可以各不相謀，所以不能互相輔助以求進步。這種界限，鄭樵是極端反對的，所以他說：

> 儒生之家多不識田野之物，農圃人又不識詩書之旨，二者無由參合，遂使鳥獸草木之學不傳。（通志昆蟲草木略序）

又說：

> 自司馬遷天官書以來，諸史各有其志，奈何曆官能識星而不能爲志，史官能爲志而不識星，

不過採諸家之説而合集之耳，實無所質正也！（寄方禮部書）

又説：

> 自班固以斷代爲史，無復相因之義，雖有仲尼之聖亦莫知其損益，會通之道自此失矣。語其同也，則紀而復紀，一帝而有數紀；傳而後傳，一人而有數傳；天文者，千古不易之象，而世世作天文志；洪範五行者，一家之書，而世世序五行傳。如此之類，豈勝繁文？語其異也，則前王不列於後王，後事不接於前事；郡縣各爲區域，而昧遷革之源；禮樂自爲更張，遂成殊俗之政。如此之類，豈勝斷綆？（通志總序）

他要打破職業上文人與工人的阻隔，以爲凡是做一種學問，都要親自去認識，不能專靠在書本上。所以儒生家做鳥獸草木之學，就得親身到田野裏去，和農圃人接近；史官要做天文志，就要懂得星象，有曆官的本領。至於書籍上的阻隔，如各種斷代的史書没有一貫的統系，更是應該改造的，所以他主張做通史。這種「會通」的精神，是怎樣的偉大！

他爲學的宗旨，一不願做哲學，二不願做文學，他實在想建設科學。他批評哲學和文學道：

> 義理之學尚攻擊，辭章之學務雕搜。耽義理者則以辭章之士爲不達淵源，玩辭章者則以義理之士爲無文采。要之辭章雖富，如朝霞晚照，徒焜耀人耳目；義理雖深，如空谷尋聲，靡所底

止。二者殊途而同歸，是皆從事於語言之末，而非爲實學也。（圖譜略原學篇）

又說：

如論語所謂「學而時習之，不亦說乎」，無箋注，人豈不識！孟子所謂「亦有仁義而已矣，何必曰利」，無箋注，人豈不識！中庸所謂「天命之謂性，率性之謂道」，無箋注，人豈不識！此皆義理之言，可詳而知，無待注釋。有注釋則人必生疑，疑則曰：「此語不徒然也。」乃舍經之言而泥注解之言，或者復舍注解之意而泥己之意以爲經意，故去經愈遠。正猶人夜必寢，旦必食，不須告人也，忽而告人曰：「吾夜已寢矣，旦已食矣。」聞之者豈信其直若此耳，必曰：「是言不徒發也，若夜寢旦食，又何須告人！」先儒箋解虛言，致後人疑惑，正類此。因疑而求，因求而迷，因迷而妄，指南爲北，俾日作月，欣欣然以爲自得之學，其實沈淪轉徙，可哀也哉！（爾雅注序）

他在理學極盛的時候，敢說出這樣反對理學的話，實在是胆大了！至於他自己爲學的宗旨呢？他說：

善爲學者如持軍、治獄：若無部伍之法，何以得書之紀，若無覈實之法，何以得書之情。（圖譜略明用篇）

這就是他的真本領！他看得做學問要像持軍一般有部伍的法子，要像治獄一般有覈實的法子，這就是極明白的科學觀念。他雖說的是書，但這樣的做去，早已離開了書的境界了。他因爲要「部伍」，所以他對於各種事物，都有很詳細的分析：象類書裏把二萬四千餘字都分配到六書，又以三百三十母爲形主，八百七十字爲聲主；分音之類以四聲爲經，七音爲緯，成爲極明白的韵書；從前的氏族書是極模糊的，他的氏族志却分成三十二類；從前的目録分類是很簡單的，他的羣書會紀却分成四百二十二類。他的宗旨，總在「明類例」，有了類例，事物就可以「釐然就範」了。又因爲要「覈實」，所以他於各種學科，都要去畫圖：他的書裏，有器物圖，有鄉飲酒圖，有韵圖，有天文圖，有爾雅圖，（上三種是書中的一部分，不是書名）有百川源委圖，又有圖書志一卷，説明圖譜的重要。他總要把事物的實狀清清楚楚地表現出來，不受一點文字的限制。

可憐這種精神是中國學界裏頂缺乏的，説到做學問，就要把一個人束縛在「家法」之内；説到讀書，就要把没有整理過的材料儘量記憶。至於學問的全部是怎樣的，一種學問内的條理是怎樣的，却全不曾顧及。所以鄭樵自己雖是對於學問有極明白的見解，但在這種的學術社會裏，到底生不出一點效果來，他的事業没有人肯接續去做，他的學問竟至和他的生命相終始！一班義理家、辭章家駡他，不必説了。最氣不過的，是一班考據家。原來中國的學問，較近於科學的，還是考據之學。他們學問的出發點，也是在事物上面。他們對於鄭樵的學問，應該有一種了解了。但是你説一聲「爾雅上把『劉杙』爲『安石榴』是錯了」，我説一聲「通志藝文略裏，張弧的素履子在儒家和道家中兩出了」，於是公同斷定鄭樵真是秪誤疎漏得很。這果是不錯，但鄭樵的真學問，原不在精上，也不在博上，乃在「部伍」與「覈實」的兩個方法上。一個人的智識，必不能把全世界的事物統記憶了；一個人的力量，也必不能把全世界的事物統考驗過了。鄭樵在舉世不做實驗功夫的時候，也要使得各種學問，都得一個實際的條理，自不能不拼着一身去做；但用盡了他一個人的氣力，所得能有幾何！考據家見不到他的實學問是如何的，更見不到整個的學問領域是怎樣大的，只會摘了零碎的事實去比長較短，那得不由他們尋出了幾個漏洞！漏洞尋出了，方法永看不見，而鄭樵逢到古人不合處不肯留一點餘地，又最犯他們的忌，於是他就成爲衆惡所歸了。我們試看他自己對於爾雅是何等的態度，他說爾雅以十數言而總一義，是不達於言理；又隨文敷義，是不達於物之情狀。照考據家的眼光看，他既經這樣説，應該是瞧不起這部書的了。但他又説：「爾雅訓釋六經，極有條理，……樵酷愛其書得法度。」可見他所以取爾雅之故，原在這個條理法度上面。他的見解以爲錯誤的地方，是隨時可以改正的，單是這個條理法度，是學問的骨幹，有了這個骨幹，才可有方法去對付事物，才可支配事物到學問的部下。這是他的學問的真功夫，非薄他的人能懂得嗎？

他因爲極富於「覈實」的精神，所以他喜歡尋出各種事物的真面目，不肯隨便信着傳說。他在詩辨妄裏說：

詩書可信，然不必字字可信。（非詩辨妄引，下同）

他對經文尚如此，何況傳注呢？所以不信易經的彖、象出於孔子，而以爲戰國時的兩家；不信爾雅出於周公，而以爲在離騷之後；不信石鼓是史籀所書，而以爲秦物。他最恨的是附會，所以說：

載籍本無說，腐儒惑之而說衆。（寄方禮部書）

又說：

亂先王之典籍而紛惑其說，使後學不知大道之本，自漢儒始。

他最恨的漢儒傳注，有兩類書，一是詩經，一是春秋。他以爲詩經主在樂章，春秋主在法制，原沒有什麽深微的意義。但春秋有三傳，詩經有毛傳、衛序、鄭箋，都是有力的附會，把經上的話，盡說成褒貶、美刺，弄得把真面目轉糊涂了。所以他做詩辨妄，尋出他們附會的痕迹，把詩序根本推翻，把傳、箋大加删削，使得他們不能再來欺人。又作春秋考，把三傳文字并列比較，尋出他們所以錯誤之故，并且杜絶他們褒貶的妄說。有了詩辨妄，然後詩經的真面目露出來了，原來是民間傳唱的歌和士大夫的詩，正和後世的樂府一樣。於是他更把詩經和樂府比較起來，說道：

上之回，聖人出，君子之作也，雅也。艾如張，雉子班，野人之作也，風也。……燕歌行，其音本幽薊，則列國之風也。煌煌京洛行，其音本京華，則都人之雅也。（樂略樂府總序）

又說：

詩在於聲，不在於義。猶今都邑有新聲，巷陌競歌之，豈爲其辭義之美哉，直爲其聲新耳！……孔子曰：……「關雎樂而不淫，哀而不傷。」亦謂關雎之聲和平，聞之者能令人感發而不失其度；若誦其文，習其理，能有哀樂之事乎？（樂略正聲序論）

經他這樣的一說，詩經就是一部極平常的書了；從前人辛辛苦苦把詩經分配到聖功王道上去的，或是卜筮占驗上去的，這番工夫都是白用的了。

他辨妄的宗旨，在災祥略裏說得最暢。他說：

仲尼既没，先儒駕以妖妄之說而欺後世，後世相承罔敢失墜者，有兩種學：一種妄學，務以欺人；一種妖學，務以欺天。

凡說春秋者，皆謂孔子寓褒貶於一字之間，以陰中時人，使人不可曉解。三傳唱之於前，諸儒從之於後，盡推己意而誣以聖人之意。此之謂欺人之學！

說洪範者，皆謂箕子本河圖洛書以明五行之旨。劉向創釋其傳於前，諸史因之而爲志於後，析天下災祥之變而推之於金木水火土之域，乃以時事之吉凶而曲爲之配。此之謂欺天之學！

夫春秋者，成周之典也；洪範者，皇極之書也。臣舊作春秋傳，專以明王道，削去三家褒貶之說，所以杜其妄。今作災祥略，專以記實迹，削去五行相應之説，所以絶其妖。……

嗚呼！天地之間，災祥萬種，人間禍福，冥不可知，奈何以一蟲之妖，一氣之戾，而一一質之以爲禍福之應，其愚甚矣！

他的災祥略只記某年月日是日食，某年某月是地震，某年是大旱或大水，實在是一部地文史，并加不上災祥兩字。他的春秋傳，則專在典章制度上注意，使得春秋實成爲一部史書。他自敍道：

十年爲經旨之學。以其所得者作書考，作書辨訛，作詩傳，作詩辨妄，作春秋傳，作春秋考，作諸經序，作匡謬正俗跋。

三年爲禮樂之學，以其所得者作謚法，作運祀議，作鄉飲酒禮，作鄉飲駁議，作系聲樂府。

三年爲文字之學。以其所得者作象類書，作字始連環，作續汗簡，作石鼓文考，作梵書編，作分音之類。

五六年爲天文地理之學，爲蟲魚草木之學，爲方書之學。以天文地理之所得者作春秋地名，作百川源委圖，作春秋列傳圖，作分野記，作大象略。〔四〕以蟲魚草木之所得者作爾雅注，作詩名物誌，作本草成書，作本草外類。以方書之所得者作鶴頂方，作食鑑，作採治録，作畏惡録。

八九年爲討論之學，爲圖譜之學，〔五〕爲亡書之學。以討論之所得者作羣書會記，作校讎備論，作書目正訛。以圖譜之所得者作圖書志，作圖譜有無記，作氏族源。以亡書之所得者作求書闕記，作求書外紀，作集古系時録，作集古系地録。

此皆已成之書也。其未成之書，在禮樂則有器服圖，在文字則有字書，有音讀之書，在天文則有天文志，在地理則有郡縣遷革誌，在蟲魚草木則有動植志，在圖譜則有氏族志，在亡書則有亡書備載。……

如詞章之文，論説之集，雖多，不得而與焉。（遺稿卷上獻皇帝書）

他的一生專放在做學問的上面，從没有顧及生計，雖則他自奉極其淡薄，但他常要到名勝地方去搜訪圖書和古物，他的性子又是歡喜施捨，只要有益於人，就肯勉力供給，於是窮下來了，弄得厨房裏屢屢不能舉火。但在這個時候，他依然的執筆不休，雖是窮到極端，却不曾把寸陰虚度！（遺稿，省志）

鄭厚在這許多年裏，不能像他堂弟一樣的努力了，不久就入了政界。一一三五年（紹興五年），他在禮部得了第二次的薦舉，奏賦第一，廷對六千言，盡情把時政指説了一番。高宗聽得他的名望已久，下詔特循兩資，給他升擢差遣，授左從事郎，泉州觀察推官。没有過幾時，就因事去職。隔了一年，除授昭信節度推官，改左承事郎，知湘鄉縣。因爲他的説話時時和古聖賢違悖，所以爲御史劾奏，十年不得調動。他就死在湘鄉縣的任上。遺著有存古易、藝圃折衷兩種。（縣志鄭厚傳）

鄭樵的名望漸漸的大了，所做的文字流傳頗廣。朝中大官如李綱、趙鼎、張浚等都很器重他。一一四九年（紹興十九，他四十五歲），他把所做的書，繕寫了十八韵一百四十卷，徒步二千里，到杭州闕下，把這些書獻上了。有獻皇帝書一篇，申説他的懷抱。（宋史本傳，獻皇帝書）

爲什麽要獻書呢？他家裏人丁極不興旺，他的弟兄都先他死了，（他有弟名檁，見遺稿卷上，餘無考）他的兒子也殤了，（他的幼子翁歸生於一一五五，已在獻書後六年，從直齋書録解題所記推出）他自己又是暮景逼迫而來了，他讀了白樂天的「恐君百歲後，滅泯人不聞，賴藏中祕書，百代無湮淪」的詩，總是嗚咽流涕。他想，書是做成了，但既没有子弟可傳，又没有名山石室可藏，倘使一旦死了，豈不是此書與此身同歸朽蠹！豈不是辜負了平生一番學問工夫！他在獻皇帝書裏説：

萬一臣之書有可採，望賜睿旨，許臣料理餘書，續當上進。……使臣得展盡底蘊，然後鶴歸蕙帳，狐正首丘，庶幾履陛下之地，食陛下之粟，不孤爲陛下之一民也。

這真是發揮學問的哀音了！

這封奏書獻了上去之後，果然有詔許他把著作送祕書省投納收藏。他很得意，以爲：「蓬山高迴，自隔塵埃；芸草芬香，永離蠹朽。百代之下，復何憂焉！」（上宰相書）

於是還到草堂，更是勉勵。就他讀書的學生，一時增至二百餘人。鄭樵的性情，非常伉爽，有來質疑問學的，日夜講説，不嫌得倦怠；看了人家的好處，就稱譽如不及。不久，他遭了母喪，住在墳屋裏守孝。部使者舉了他三回的孝廉，兩回的遺逸，他都不就。（縣志，省志）

他是一個徵文考獻的大家，他決不會因爲自己的書藏在祕府，就滿意了。他後來有一篇上宰相書（一一五九年所作），説他到京師來有三個志願：

（一）傳自己的書。（已在上面説過）

（二）整理圖書金石——宋代南渡之後，文物失去不少。祕書省年年求書，他極願意幫同討理，（求書闕記及外記就是他根據了祕書省所頒的闕書目録而做的）使得東南的圖書，今古的圖譜，没有一點遺漏。至於銘碣鼎彝一類東西，也願去整理一番。（獻皇帝書説：「今天下圖書，若有若無，在朝在野，臣雖不一一見之，而皆知其名數之所在。」）

（三）編輯通史——史家據一代之史，不能通前代之史，使得後代與前代不能聯絡，這是他最恨的。所以他要用了司馬遷的會通的法子，把歷代的史打一個統賬。他不但要打史書的統賬，而且要集天下之書爲一書，除掉説空話的書籍以外，他都要採取。

他的第二項志願，實在想辦一個規模極大的皇家圖書館。他擬了八種求書的法子；照了他去做，只要世上存着一部，總是漏不掉的。若是祕書省讓他掌管了，真不知道宋代的文獻該有怎樣的起色。第三項的志願，不但想把他終生的學問都彙集在這裏，更想把全部的學問都安着他的位置，實在是古今著作家中野心最高的一件事。他因爲想做到這一項的志願，又想把他的書成爲官書，所以逢人便鼓吹。他有寄方禮部書一篇，（一一五五年前後所作）說到：

有史，有書，學者不辨史、書。史者，官籍也；書者，儒生之所作也。自司馬以來，凡作史者皆是書，不是史。又諸史家各成一代之書，而無通體。樵欲自今天子中興，上達秦漢之前，著爲一書，曰通史，尋紀法制。嗚呼！三館四庫之中，不可謂無書也，然欲有法制，可爲歷代有國家者之紀綱規模，實未見其作。此非有朝廷之命，樵不敢私撰也。營營之業，熒熒之志，幸禮部侍郎而成就之！

他本了這個宗旨，草就了修史大例十二篇，尋伺機會做去。

一一五七年（紹興二十七），侍講王綸、賀允中（省志作工部侍郎王綸）在高宗前薦他說：「鄭樵終老韋布，可謂遺才。」高宗就下詔召他到行在。明年二月，召對。他又把這番意思申說之，并將修史大例獻了上去。高宗道：「聽到你的名望長久了，講說古學，自成一家，何其相見之晚呢！」看了這句話，似乎鄭樵很可借着皇帝的意旨，大大的做一番事業。但資格的限制，連皇帝也莫可如何。鄭樵是不應科舉的，只是一個白衣，雖則他極有學問，但資格上只能算一個雜流，職官上只可補一名吏員，所以高宗雖是和他恨相見晚，不但不能特設一個通史局，請他做總裁，連史舘的修撰，祕書省的著作郎、校書郎也都没有他的分；單給他一個從九品的「右迪功郎」的官銜，（加上一個「右」字便是表明他是雜流）叫他做禮兵部架閣一職。把一個大學問家屈没在官府的案牘裏，真是「英雄無用武之地」了！那時他不知爲了何事，御史葉義問把他彈劾起來。他力請還山，高宗就叫他改監潭州南嶽廟，並給了札子與他，叫他歸去鈔寫通志。（宋史，縣志，省志，玉海）

通志是他畢生的大事業；並且借了官書的力量，流傳得完備，最廣遠。現在他的别種書都失傳了，假使他不做這部書，他的學問精神，我們更無從了解。通志的敍述，從三皇到隋代，有帝后紀傳二十卷，年譜四卷，典章事物的略二十種五十二卷，列傳一百二十四卷。本紀和列傳是把各史合攏來的，只要使得他們没有重複衝突之處。年譜和二十略是他自己做的，但禮，刑、職官等略，是節録杜佑通典的文字。他做的一部分，只有年譜及都邑略是臨時編集，其餘氏族、六書等略，只是把他平日所做的書删節而成。這一部書，只是費了一番删節和鈔寫的功夫，極粗淺的整理一番，並没有精細的結構。所以致此之故，因爲這書只是急就而成。他在上宰相書裏説：

去年（一一五八）到家，今年（一一五九）料理文字，明年（一一六〇）修書。若無病不死，筆札不乏，遠則五年，近則三載，可以成書。

他在這封信上雖則説三年五載，但通志卽在一一六一年脱稿，實在還不足二年。他因爲急於覆皇帝的命，又恐怕自己病死，急急的把他修完，範圍這麽大，時間這麽短，自然不免有淺薄潦草之處。然而第一步的會通工夫，他總是已經做了。他至少可以給後人一個會通的觀念，讓後人繼續去工作。假使他在三十年隱居的時間，就把精神專注在這部書上，一生只作一部書，當然有很好的組織，極精密的翦裁；但私人的著作，又恐不易推行，不得流傳了。

最痛心的，他在通志裏還没有把自己的書多多收進。像氏族略，固已節録他的氏族志了；像藝文略，固已節録他的羣書會記了：雖卷數相差甚多，（氏族志五十七卷，氏族略六卷；羣書會記三十六卷，藝文略八卷）而體系自是完備。至於天文略原有他的天文志可採，昆蟲草木略也有他的動植志可採，但當時只把步天歌、本草成書等編録起來，使我們至今不能見到他完全的系統和細密的分類，實在是一個缺憾。更可惜的，他生平所畫的圖原可插入，但他以爲「流傳易訛，所當削去」，（天文略序）除了韵圖之外，一個也没有放進，於是他的别種圖就完全亡佚了！

後人因爲他屢次上書自薦，説他「切切於仕進」。但我們不要寃枉他，他的求仕完全爲了學問。這有兩個證據。第一，他的性情是狷介的，居鄉數十年，從不曾到過守令的衙門裏去。做通志的紙墨費雖是詔從官給，但他只把南嶽廟的俸禄應用，到底没有到官府支取。門人的束修，也一無所受。他的做官，那裏是爲的錢財！第二，他在上宰相書裏説：

萬一使樵有所際會，得援國朝陳烈、徐積，與近日胡瑗，以一命官本州學校教授，〔六〕庶沾寸禄，乃克修濟。或以布衣入直，得援唐蔣義、李雍例，與集賢小職，亦可以校讎，亦可以博極羣書，稍有變化之階，不負甄陶之力。

可見他原來想做一個州學教授，或是一個集賢院的小職，借此可以讀書和著述。他非分的妄想，只有一項，卽是以布衣而做文學的官職。他又何曾想做禮兵部架閣，去循資升遷呢！（縣志，省志，遺稿）

一一六一年，他做完了通志，就到闕下去請當面上書。恰巧高宗車駕到建康，戒嚴，不能得看見。有詔遷爲「樞密院編修官」。不久，又令兼權「檢詳諸房文字」。但他忍不住了，他借着請修「金國正隆朝的官制對於中國官制秩序的比較」的機會，就請求到祕書省翻閱書籍。果然得到許可。祕書省是他的目的物，他垂涎了好久了，一旦得請，是何等的欣幸！從此他又可以達到第二項的志願了！通志裏的藝文略固是他整理書籍的工作，如今得入祕書省，更可把整理書籍的事業進一步了！他從前做的許多書，也都有修正的機會了！他又可以得到不少的新著作了！但没有多少時候，又給御史參了一本，把這事停止了。（宋史，縣志）

他的一生，研究學問和發揮他所做的學問真勤勞極了。但社會上却没有如何的容納他，没有給他多大的幫助。他耐着窮，耐着苦，抱着「著述之功由人不由天」的精神，（上宰相書）抱着「不辱看來世，貪生託立言」（示弟櫄詩）的野心，只管拚命的做上去，但别人愛重他的很少，甚至加牽制。他只是做古學，做科學，并没有和當時的政治家有什麽衝碰，但竟來了兩次的御史參劾，（御史參劾爲了何事，史上没有説明，想來總是和參劾鄭厚一樣，爲的是「立論與古聖賢多悖」）他爲學問而求一小官，但别人只笑他不高尚，（周必大的親征録説他切切於仕進，宋史也就跟了他這樣説）他的學説並世的人如王厚之，如周孚，都把他痛駁了；雖是駁的是枝葉，或且連枝葉也夠不上，只是亂説了一番，然而一般的人，就以爲根本把他駁倒了。朱熹是懂得他的學問的，但因爲他的資望不高，時期過近，所以做的詩集傳雖是襲取了他的方法和言論，而懶得稱揚他的姓名；或者因爲他反對理學，所以不願意把他表彰了。

一一六二年的春天，他就死了。那時他五十九歲；他的兒子翁歸只有八歲。他家裏真窮了，翁歸在窮困中過了一生，活了八十餘歲。他很有父風，安貧食苦，不肯在錢財上争競。因爲没有錢，所以福建雖是刻書極便當的地方，鄭樵的遺書終於没有刻出。就現在推想，恐怕鄭樵生時刻出的，只有詩辨妄、石鼓文考等幾種，因爲除了這幾種都不見於當時人的稱引了。他一生在山中講學，也曾收了幾百個學生，但没有繼起的人，又没有傳布他的學説的人，他的著作始終不曾有過整個的表章。隔了一百六十餘年，元代虞集作他的詩傳序時，鄭氏子孫還藏着他的手筆五十餘種，以後不知作何下落。宋末陳振孫的書録解題尚收入他的遺書十餘種，但後來的各家書目上也就不見了，到如今，他的完全的書只有通志一種；爾雅注已没有補，没有圖，夾漈遺稿只是一部略之又略的詩文集，決不是他的定本。他重要的著作，如詩傳、詩辨妄、春秋傳、春秋考、天文志、春秋地名、動植志、羣書會記、亡書備載，都失傳了。可憐三十年精心結撰的著作，他的些些影子只留在一部書上，只留在一部一年半的時間草草集成的書上！（縣志，直齋書録解題，經義考）

社會上用了很冷酷的面目對他，但他在很艱苦的境界裏已經把自己的天才盡量發展了！我們現在看着他，只覺得一團飽滿充足的精神。他的精神不死！

（據原稿本，發表在北京大學國學季刊第一卷第二號，一九二三年）

校勘記

〔一〕「或階緣親故先容而後見也迹相仍袂相屬也」，「階」字脱，「仍」字作「似」，據夾漈遺稿（叢書集成排印藝海珠塵本，下同）補改。

〔二〕「董遇所謂讀百遍理自見也」，按夾漈遺稿作「讀書百遍理自見」，三國志一三注引魏略作「讀書百遍而義自見」，文字小異。

〔三〕「奈何後之淺解家只務説人情物理」，按夾漈遺稿「解」作「鮮」。

〔四〕「作春秋列傳圖」、「作大象略」，按，經義考二四五引此文作「春秋列國圖」，應從之。「大」，原作「天」，夾漈遺稿獻皇帝書、上宰相書皆作「大」，今據改。

〔五〕「爲圖譜之學」，此五字脱，據夾漈遺稿補。

〔六〕「以一命官本州學校教授」，「一命」二字互倒，據夾漈遺稿改。

附録 五

鄭樵著述攷

顧頡剛

我做這篇文字的動機，起于輯集鄭樵的詩辨妄。在輯集的時候，不免將他的著述通看一遍。看了之後，覺得他失傳的著作多極了，於是就想將他所做的書開一個名單。但後來漸積漸多，不但録出他的書名，並將關於這些書的記述和批評也收集起來，不期而得三萬餘字。現在我把這些材料略一整理，在季刊上發表。

鄭樵的學問，鄭樵的著作，綜括一句話，是富于科學的精神。他最恨的是「空言著書」，所以他自己做學問一切要實驗。他爲了考古，就到四方去游歷。他爲了做動物植物之學，就「與田夫野老往來，與夜鶴曉猿雜處」。他要曉得一切事物的實狀，所以他的著作裏有許多畫圖。他很能穀做「分析」的工夫，所以把民族分成三十二類，(二)書籍分成四百二十二類；字書裏把所有文字都分配到六書，韻書裏把所有文字都分配到七音。他一方面做分析，一方面就去「綜合」起來：他所做的書每一類裏必有一部書是籠罩全體的；結末做的通志就是他一生學問的綜合。他覺得學問是必須「會通」的，所有各家各派的不能相通的疆界，都應該打破。可憐他最富的精神就是中國學術界最缺乏的精神，他雖是勉力做書，勉力鼓吹，大家不但不能受到他的感化，并且把他盡情痛罵。自從他的當世，延至清代的中葉，他永是捱罵，永是擔負了惡名。直到章學誠起來，纔能瞭解他的學問的真相，作公平的判斷。我在此文之外，再做鄭樵傳一篇，豫備登在新潮三卷三號上，把他的學問詳細一説。

鄭樵因爲他三十餘年中做了一千多卷的著作，所以他自己就編了夾漈書目一卷。不幸這部書早已失傳，他著述的大意，也就湮没了。現在我們只能從他的獻皇帝書裏知道他的書名五十種，此外左右采訪也不過十餘種。但他的獻皇帝書是作于一一四九年，他卒于一一六二年，以他勇于著作的性情，到了學問成熟的期間，這十三年之内當然不止這十餘種。元代虞集在鄭氏詩傳序中曾經説起：

故御史中丞馬公伯庸，延祐末，（一三二〇年頃）奉旨閲海貨于泉南，覯于鄭氏，得十數種以去，將刻而傳之。馬公敭歷清要，出入臺閣，席不暇煖，未及如其志而殁。泰定中（一三二五年頃），故太史齊公履謙奉使宣撫治閩，亦取十餘種，將刻而傳之。太史還朝，不一二年而殁，亦不克如其志。

又說：

西夏斡公克莊……自南行臺而貳閩憲也……求諸鄭氏之子孫，夾漈之手筆猶有書五十餘種。

從這上看來，可見他的著述當有八九十種。虞集文中的「猶有」二字，很可證斡克莊所見的乃是馬、齊二人攟取之餘。馬、齊二人取去了鄭樵的手蹟三十種，沒有刻，都死了，這些書就沒有下文了。所以虞集又希望道，

二家皆有子弟，安知無能承其先志者乎？

但他的希望到底沒有實現。福建在宋代是刻書最盛的地方，鄭樵的子孫守了祖宗的手蹟二百年沒有刻，也可以想見他們的貧寒。他的書受了這許多挫折，能毅保存到現在的，只有一部通志是完書；爾雅注已沒有圖；夾漈遺稿只是一部極不完全的詩文集；六經奧論又有僞書的嫌疑，即使真出他手，但有許多別人插進去的說話是決不可諱的。其餘都亡了！

現在從下列諸書裏輯出他的著述的目錄和批評：——

（A）鄭樵所做的書：

1. 夾漈遺稿——内獻皇帝書，寄方禮部書，上宰相書三篇材料最多，亦最關重要。

2. 通志——鄭樵作通志時，頗將平生著述擇要録入二十略，所以他的佚書也可在内輯出幾種。他著作的本意屢屢在裏邊説及，均關重要。

3. 爾雅注——録其序跋。

（B）宋人的記載：

1. 中興館閣書目——從玉海録出。這就是鄭樵獻書秘書省的記載。但當時獻上一百四十卷，而玉海所引僅系聲樂府，象類書，字始連環，論梵書，春秋地名五種，合計不過五十卷。不知道是書目上原來没有全呢？還是王應麟没有全引呢？

2. 中興四朝藝文志——從通考的經籍考内録出。這書是南宋時四朝國史的一部分。即爲國史的藝文志，應當蒐羅書目比秘閣還要完備；但通考所引只有象類書及通志二條。通考輯録書目，如郡齋讀書志，直齋書録解題，都是完全收入，不應于此志獨加删削；這便可見得此志的脱略。

3. 朱子語類——詩辨妄一條。

4. 章樵的古文苑注——石鼓文一篇，章樵按語裏説及鄭樵的書，又引王厚之一文，駁鄭樵論石鼓的，均録出。

5. 陳振孫的直齋書録解題——他于一二三五年頃，曾佐興化軍。他歡喜傳寫書籍，又與鄭樵的兒子鄭翁歸相識，所以鈔得鄭樵的著作十九種。現在他所鈔的書大都亡了，賸下了幾條解題，幾乎是孤證，我們還可因此知道一點約略。只可惜他不懂得鄭樵的學問，不能有確當的批評和提要。

6. 王應麟的玉海。

（C）元人的記載：

1. 馬端臨的文獻通考經籍考——他是激烈反對鄭樵的一個人，但他所見的鄭樵著作似乎只通志略一種；詩傳和詩辨妄已經没有見了，所以批評的很隔膜；其餘只是完全鈔録直齋書録解題罷了。

2. 宋史藝文志——這書引的書名果然較多，但雜亂極了。論尚書的書考，會放入小學類。記金石的集古系時録既放入小學類，又説「不知作者」。鄉飲禮一書，禮類與儀注類兩見，内包亦各不同。我們只能在這部書上曉得一點他著述的卷數。

（D）明人的記載：

1. 黎温的六經奥論序。

2. 焦竑的國史經籍志。——這書只是鈔録各種書目而成，没有什麽關係。現在只録他和別種書目不同的地方。

（E）清人的記載：

1. 朱彝尊的經義攷。

2. 康熙朝的莆田縣志——康熙四十四年，知縣金皋謝修的。他的傳文，頗有別地方所不見的話，當是依據宋以來舊志。

3. 古今圖書集成經籍典裏邊引書辨訛三篇，詩辨妄二十三篇，春秋傳十篇；但內有二篇是通志裏的文字，其餘都在六經奧論，恐不可靠。

4. 四庫全書總目提要。

5. 章學誠的文史通義，校讐通義。

他在獻皇帝書裏將著作分成了「經旨之學」，「禮樂之學」……九類。他的分類是根據實質分的，所以用不到經、史、子、集的界限。所以春秋地名不歸「春秋」而歸在「地理」，詩名物志不歸「詩經」而歸在「蟲魚草木」。現在照了他分列。通志是他會通了一生學問而作的，所以把他另列爲一類。其餘文集及零碎著作別立四類。一共十四類，目次如下：

Ⅰ　經旨之學。　　Ⅱ　禮樂之學。

Ⅲ　文字之學。　Ⅳ　天文地理之學。

Ⅴ　蟲魚草木之學。　Ⅵ　方書之學。

Ⅶ　校讐之學。（原作「討論之學」。以目録校讐之學包括不完「討論」一名，所以改了。）

Ⅷ　亡書之學。　Ⅸ　圖譜之學。

Ⅹ　通志。　Ⅺ　記事。

Ⅻ　文集。　XIII　書目。

XIV　附録：（1）存疑。（2）傳文。

Ⅰ　經旨之學

書考，（獻皇帝書）

六卷。（宋志）

〔通志藝文略〕「按易，詩，書，春秋皆有古文，自漢以來，盡易以今文。惟孔安國得屋壁之書，依古文而隸之。安國授都尉朝，朝授膠東庸生；謂之『尚書古文之學』。鄭玄爲之注，亦不廢古文，使天下後學于此一書而得古意。不幸遭明皇更以今文，其不合義者，從今；有妨於義者，從古。度古今文義兩不相違，曰書考。逮武成而未及終篇。」
開元文字者謂之『野書』。然易以今文雖失古意，但參之古書，于理無礙亦足矣。明皇之時，去隸書既遠，不通變古之義，所用今文，違于古義尤多。臣于是考今書之文，無妨于

書辨訛。（獻帝書）〔二〕

七卷。（通志，直齋）

〔直齋書録〕「其目曰，『糾繆』四，『闕疑』一，『復古』二。」

〔經義考〕「或作書辨論，……存。」

剛案，此書不見于清代各家書目，朱氏謂之「存」，不知有何依據。

〔莆田志本傳〕「其論書，則先按伏生，孔壁之舊，與漢儒所傳，唐世所易，以辨其古今文字之所以訛。」

〔圖書集成經籍典卷一二四引〕（1）古文今文辨。（2）讀書當觀其意。（3）中星辨。

剛案，上二篇見奥論卷二，下一篇見卷六。

詩傳。（獻皇帝書，寄方禮部書）朱德潤序稱爲「詩傳訓詁」。

二十卷。（直齋，宋志）

〔寄方禮部書〕「以詩之難可以意度者，在於鳥獸草木之名也，故先撰本草成書，……外類。二書既成，乃敢傳詩。……辨大、小序之妄，然後知樵所以傳詩者得聖人意之由也。詩主在樂章而不在文義。」

〔通志昆蟲草木略序〕「夫樂之本在詩，詩之本在聲。……臣之序詩，于風雅頌曰，『風土之音曰「風」，朝廷之音曰「雅」，宗廟之音曰「頌」。』而不曰『風，風也，教也；〔三〕雅者，正也，言王政之所由廢興也；頌者，美盛德之形容也。』于二南，則曰『周爲河、洛，召爲岐、雍。河、洛之南瀕江，岐、雍之南瀕漢。江、漢之間，二南之地，詩之所起在于此。屈、宋以來，騷人墨客多生江、漢。故仲尼以二南之地爲作詩之始』。而不曰，『南，言化自北而南。』于王黍離，豳七月，則曰『王爲王城，東周之地；豳爲豳豐，西周之地。七月者，西周之風；黍離者，東周之風』。而不曰，『黍離，降國風』。臣之序詩，專爲聲歌，欲以明仲尼之『正樂』。臣之釋詩，深究鳥獸草木之名，欲以明仲尼『教小子』之意。……

「已得鳥獸草木之真，然後傳詩。」

〔直齋書録〕「謂小序非子夏作，可也。盡削去之，而以己意爲之序，可乎！樵之學雖自成一家，而其師心自是，殆孔子所謂『不知而作』者也。」

〔朱德潤鄭氏詩傳序（經義考卷一〇六引）〕「莆田林子發氏攜宋鄭夾漈先生詩傳訓詁……校正是本，俾德潤讀之。愚按，蕉溪黄氏（黄震）謂文公朱氏因雪山王公質，夾漈鄭公樵，去美刺以言詩；又嘗於鄭傳取其切於詩之要者以備集傳矣。獨惜當時門人學子各宗其宗，而不能參會折衷之，以見全書之有補於學者。……今觀鄭氏傳引，山川、草木、蟲魚之辨，五音、六律、六吕之所諧，誠可以發揮後學之未究，而涣明千載之微辭奥義者也。如以『雀無角』爲雀之角，以『龍盾之合』爲二盾之衞，『露被菅茅』非雨露之露，『有豕白蹢』爲江豚之豕，豳之風，雅，頌爲四器，十二器之聲合，其他如國風，二雅，三頌名物度數，毫分釐析，豈非『詩傳』之大備者乎！……德潤於朱、鄭之學有得焉：蓋朱氏之學淳，故其理暢；鄭氏之學博，故其理詳。學者不可不兼賅而並進也。……」

〔虞集鄭氏詩傳序（經義考卷一〇六引）〕「齊、魯、韓詩不傳，而毛氏猶存，言詩之家千數百年守此而已。至宋，歐陽子疑詩序之非而著本義。蘇欒城亦疑而去之，不免猶存其首句。譬諸山下之泉，其初出也，壅塞底滯，而端亦微見矣；漸而清通，沛如江河，後因於先而擴之，而水之源流遠矣：亦有其時也。至於朱子詩傳之出，然後悉屏去大、小序，別爲一編，存而不廢，以待考辨；即經以求其故，自爲之説，而天下學者從之。國家定以爲是，然後其説與聖賢之言詩者合，而學者有所用功矣。

「集之幼也，嘗從詩師得鄭氏經説，以爲大序不出于子夏，小序不出於毛公，蓋衞宏所爲而康成之爲説如此。心竊異之，欲求其全書不可得。中歲備員勸講，有阿魯灰叔仲自守泉南，入朝爲同官，始得其録本讀之。見其説風、雅、頌之分，蓋本諸音節之異於比、興、賦也。訓詁多不得興之説，而爲序者掇拾傅會以愚惑乎後之人；鳥獸草木之名，天文地理之説，或疎或繆，非一端也。剖晰訓詁之舊，痛快決裂，無復遺蘊。向之所謂纏繞穿鑿者，幸一快焉。……

「蓋竊感鄭氏去朱子之鄉若是其近，以年計之，不甚相遠，門人學者，里閈相錯，而不通見于一時，何哉？雖各自爲説，而多同者。豈閩多賢人，學者老于山林，嘗有其説，未達于外，而兩家各有所采乎？將二氏之卓識皆有以度越前人，不待相謀而有合乎？世遠地廣，未之有攷也。

「西夏斡公克莊嘗以禮經舉進士。……其僉憲淮西也，以項氏易玩辭足補程朱之遺，諗于集也，爲序其説而刻之。自南行臺而貳閩憲也，以爲閩在山海之間，豈無名家舊學，諮詢之暇，且有以表章之。予因及鄭氏之詩；即使録以來示，且曰，『果可傳也，略爲我序之』。故著其説如此。……」

剛案，讀此序，可見詩傳在元代曾有刻本。不知尚有傳本否。

又案，虞集謂朱熹與鄭樵「不待相謀而有合」，實誤。朱熹明在鄭樵之後，采鄭氏書。黄震、朱德潤之言可信。朱子語類八〇云，「舊曾有一老儒鄭漁仲，更不信小序，只依古本與疊在後面。某今亦只如此，令人虚心看正文，久之其義自見。」可見朱熹治詩學用鄭樵的法子，原不諱言。不過鄭樵前朱熹不久，又没有赫赫的盛譽，所以朱熹雖是用他的方法，取他的解説，但不甚高興提出他的名字來。

又案，元代劉瑾作詩傳通釋，明永樂中本之以修詩經大全，凡朱子一派的經説集録甚多。鄭樵當然屬于這一派，但這兩部分裏一點没有引到。可見鄭樵的書流傳極少，雖經學家亦不易看見。斡克莊即有刻本，亦未必行之甚廣。

〔莆田志本傳〕「説詩，則辨大、小序之文，別風，雅，頌之音，正二南王化之地，明鳥獸草木之實。」

詩辨妄。（獻皇帝書）

六卷。（通志，直齋，宋志）

〔通志，藝文略〕「按詩，舊惟魯、齊、韓，三家而已，魯申公，齊轅固，燕韓嬰也。終于後漢，惟此三家並立學官。漢初，又有趙人毛萇者，自言其詩傳自子夏，蓋本論語『起予者商』之言也。河間獻王雖好之，而漢世不以立學官。毛公嘗爲北海相，其詩傳于北海；鄭玄，北海人，故爲之箋。毛詩自鄭氏既箋之後，而學者篤信鄭玄，故此詩專行，三家遂廢。齊詩亡于魏；魯詩亡于西晉；隋唐之世猶有韓詩可據。迨五代之後，韓詩亦亡。致令學者只憑毛氏，且以序爲子夏所作，更不敢擬議。蓋事無兩造之辭，則學有偏聽之惑。臣爲作詩辨妄六卷，可以見其得失。

〔朱子語類卷八〇〕「詩序實不足信。向見鄭漁仲有詩辨妄，力詆詩序。其間言語太甚，以爲皆是『村野妄人』所作。始亦疑之，後來子細看一兩篇，因質之史記、國語，然後知詩序之果不足信。因是看行葦、賓之初筵、抑數篇，序與詩全不相似。以此看其他詩序，其不足信者煞多。以此知人不可亂説話，便都被人看破了！……」

〔周孚非詩辨妄自序〕「周子曰，古之教人者未嘗有訓詁也，故曰『不憤不啓，不悱不發，不以三隅反則不復也。』自聖人没而異端起，先儒急于警天下之方悟者，故即六經之書而訓詁之，雖其教與古異，而意則一也。自漢以來，六經之綱維具矣，學者世相傳之，雖聖人起，未易廢也。而鄭子乃欲盡廢之，此予所以不得已而有言也！故撮其害理之甚者見于予書；而其爲詩之義則有先儒之傳在。嗚呼，聚訟之學，古人惡之，安知不有以是規予者哉，然予之所不暇恤也！于是總而次之，凡四十二事，爲一卷。」

剛案，周孚的非詩辨妄都是些枝辭碎義，實在没有什麽價值。因爲他代表一班學究説話，所以爲學究所歡迎，這書便因此而有很大的名望。我現在把這書從涉聞梓舊内録出，又以四庫本蠹齋鉛刀編校對，豫備放在詩辨妄的後面，做一個附録。關於他的議論，也做了一個跋，把他批評了。

〔直齋書録〕「辨妄者，專指毛、鄭之妄。」

〔通考經籍考〕「按夾漈專詆詩序，晦庵從其説。所謂「事無兩造之辭，則獄有偏聽之惑」者，大意謂毛序不可偏信也。然愚以爲譬之聽訟，詩者，其事也；齊，魯，韓，毛，則證驗之人也。毛詩本書具在，流傳甚久，譬如其人親身到官，供指詳明，具有本末者也。齊、魯、韓，三家本書已亡，于他書中間見一二，而真僞未可知，譬如其人元不到官，又已身亡，無可追對，徒得風聞道聽，以爲其説如此者也。今捨毛詩而求證于齊、魯、韓，猶聽訟者以親身到官所供之案牘爲不可信，乃採之于旁人傳説，而欲以斷其事也，豈不誤哉！」

剛案，鄭樵爲書之義，以詩經建設在樂章上，以解釋建設在名物上，更把拘章的傳説一切推翻。藝文略中立語不善，似乎薄毛氏而尊齊、魯、韓，于是來馬端臨的反對。使馬氏看見他的書，或者可以不是這樣説，因爲三家的精神原和毛氏一致，鄭樵是反對這種精神，並不是反對某家宗派。且就馬氏的話而論，他能保證親身到官的不説謊話嗎？

〔四庫提要〕「孔穎達等因鄭箋而爲正義，……終唐之世，人無異詞。……至宋，鄭樵恃其才辨，無故而發難端；南渡諸儒始以掊擊毛、鄭爲能事。……然朱子從鄭樵之説，不過攻小序耳，至于詩中訓詁，用毛、鄭者居多。後儒不考古書，不知小序是小序，傳、箋自傳、箋，鬨然佐鬭，遂併毛鄭而棄之。……」（毛詩正義條）

「鄭樵作詩辨妄，決裂古訓，横生臆解，實汩亂經義之渠魁。南渡諸儒，多爲所惑，而孚陳四十二事以攻之，根據詳明，辨證精確，尤爲有功于詩教。今樵書未見傳本，而孚書巋然獨存，豈非神爲呵護以延風雅一脈哉！……」卷一〇九（蠹齋鉛刀篇條）

〔圖書集成經籍典卷一四一引〕鄭樵詩辨妄自序一篇。

〔又經籍典卷一五一引〕（1）四家詩。（2）二南辨。（3）關雎辨。（4）國風辨。（5）風有正變辨。（6）雅非有正變辨。（7）豳風辨。（8）風雅頌辨。（9）頌辨。（10）商魯頌辨。（11）逸詩辨。（12）諸儒逸詩辨。（13）亡詩六篇。（14）樂章辨。（15）删詩辨。（16）詩序辨。（17）詩箋辨。（18）讀詩法。（19）詩有美刺。

（20）毛鄭之失。（21）詩亡然後春秋作。（32）秦以詩廢而亡。（23）序草木類兼論詩聲。

剛案，末一篇即是通志昆蟲草木略的序；其餘都在六經奥論卷三。奥論卷末有解經不可牽强一篇，集成没有。第一篇集成題爲四家詩，奥論題爲毛氏傳。其他文字亦略有異同，不過真是極少。我起初疑集成是從永樂大典轉録來的，因爲大典寫夾行，不甚便于細注，而奥論本之注多爲集成本所没有。但奥論的凡例説，

「詩之論辨，錯雜尤多。至故更考次第，始爲定卷，皆歸一類；觀者詳之。」

這凡例並没有署欵，不知道是那一个人的；看黎温序中有「謹予校正」的話，自可假定爲黎温所做。黎温的序作于成化九年，離永樂大典的編纂已有五十年了。這序次既是黎温所定，不應大典豫先與之符合。所以我的「集成中的詩辨妄本于大典」的推想可以作廢。但我終不敢信爲出于編纂集成諸臣的僞題，因爲鄭樵在學術界上並不占重要地位，詩辨妄更是衆矢之的，他們決不會有保存遺書的見解；而且集成中方且編入子貢詩傳，申培詩説，他們決不會對于詩經真有研究，確然知道鄭樵詩學的位置。我猜想黎温校定之後，集成編纂之前，必然有一个人痛惜鄭樵書籍的失傳，就現存文字同他輯集，加上原來的名目；但没有揀擇的眼光，弄得名

不副實。到編纂集成時，他們也不去看看新刻的通志堂經解裏的六經奧論，就胡亂把他編上了。

又案，六經奧論一書實在有可疑的地方。即就詩經一卷而論：毛氏傳即葉夢得的毛詩說；詩序辨即葉夢得的衛宏毛詩說；國風辨及讀詩法又與程大昌詩議的第十四、十七兩章略同。葉夢得在鄭樵之前，尚可說爲鄭樵鈔襲他；程大昌在鄭樵之後，詩議又不是一部大著作，要多多取材的，兩个人都說不上鈔襲。就議論而言，他是很反對毛傳、詩序、鄭箋的，但裏邊竟說毛詩「貫穿先秦古書」，詩序「委曲明白」，鄭箋「不出臆見」。他是主張風、雅、頌是由聲音上分別的，但風雅頌辨上竟主張以意義爲分別。他是主張「詩爲人心之樂，不以世之興衰而存亡」的，但詩亡然後春秋作一篇竟會說「美刺之詩亡，而褒貶之書作」。即使說他的思想上有早晚的不同，也不致于如此的走成兩極端。但亦有相同的，如關雎辨說，「古人學詩，最要理會詩之聲」，國風辨又說，「詩者，聲詩也，……古者三百篇之詩皆可歌，歌則各從其國之聲。……夫風之詩出于土風，而雅之詩則出于朝廷大夫爾。……雅、頌之音與天下同，列國之音隨風土而異。若謂降黍離而爲國風，則豳詩亦可降耶！」這種話就與他平生主張沒有兩樣。又如亡詩六篇裏說，「六亡詩乃笙詩，……初無辭之可傳」，删詩辨裏説，「删詩之説與春秋始隱終獲麟之事，皆漢儒倡之」，這些都與他平素的疑古精神相一致。在這種地方看，實在有可信的價值。所以我假定六經奥論一書，有真出于鄭樵的，亦有拿别人的話雜凑的，總之出于後來人的纂輯，不是鄭樵的真本。餘論記在奥論條（附録一）内。

又案，集成所引詩辨妄自序，根于經義攷；經義攷根于通考；通考並没有看見原書，不過要發抒他的反對的議論，所以抓了藝文略的「按語」加以删節，算做他的自序；實在是不可信的。

辨詩序妄。（寄方書）

一百二十七篇。（同上）

剛案，詩辨妄兼辨傳、箋，而此專辨詩序，當是全書中之一部份。

原切廣論。（寄方書）

三百二十篇。（同上）

〔寄方禮部書〕「以學者所不識詩者以大、小序及毛、鄭爲之蔽障也，……作原切廣論三百二十篇，以辨詩序之妄，然後人知自毛鄭以來所傳詩者皆是録傳。……觀原切廣論，雖三尺童子亦知大、小序之妄説。……豈孤寒小子欲斥先賢而爲此輕薄之行哉！蓋無彼以傳其妄，則此説（詩主在樂章而不在文義）無由明，學者亦無由信也。」

剛案，此名只見于寄方禮部書，爲書之義即詩辨妄之義，疑即詩辨妄之異名。又原切廣論與辨詩序妄同見于一文，篇數很不同而意義没兩樣，亦不可解。

春秋傳。（獻書，寄方書）

十二卷。（寄方書，通志，直齋，玉海，宋志）

〔寄方禮部書〕「辨三傳之妄，然後知樵所以傳春秋者得聖人意之由也。春秋主在法制而不在褒貶。」

〔通志謚略〕「嗚呼！春秋紀實事，而褒貶之説行。……當其時已紛紜矣，後之人何獨不然。臣想褒貶之説不已，則春秋或幾乎息矣，于是作春秋考，春秋傳。」

〔通志藝文略〕「又有春秋傳十二卷，以明經之旨，備見周之憲章。」

〔通志災祥略〕「凡説春秋者，皆謂孔子寓褒貶于一字之間，以陰中時人，使人不可曉解。三傳唱之于前，諸儒從之于後，盡推己意而誣以聖人之意，此之謂『欺人之學』！……夫春秋者，成周之典也。……臣舊作春秋傳，專以明王道，削去三家褒貶之説，所以杜其妄。」

〔圖書集成經籍典卷一八六引〕（1）看春秋須立三節。（2）「褒貶」。（3）

「例」非春秋之法。（4）論「始隱」。（5）終「獲麟」。（6）三傳各有得失。（7）左氏非丘明辨。（8）左氏喜言詩、書、易。（9）公、穀二傳。（10）論左氏解。

剛案，前九篇見奥論卷四，末一篇見通志藝文略，春秋五家傳注中。

春秋攷。（獻書，寄方書）

十二卷。（寄方書，玉海，宋志）一卷。（直齋）

〔寄方禮部書〕「以學者所以不識春秋者，以三傳爲之蔽障也，作春秋攷十二卷，以辨三家異同之文。春秋所以有三家異同之説，各立褒貶之門户者，乃各主其文之詞。今春秋攷所以攷三家有異同之文者，皆是字之訛誤耳。乃原其所以訛誤之端由，然後人知三傳之錯。……觀春秋攷，雖三尺童子亦知三傳之妄。……豈孤寒小子欲斥先賢而爲此輕薄之行哉！蓋無彼以傳其妄，則此説（春秋主在法制而不在褒貶）無由明，學者亦無由信也。」

〔通志藝文略〕「按春秋之經，則魯史記也，初無同異之文，亦無彼此之説。良由三家所傳之書有異同，故是非從此起。臣作春秋攷，所以是正經文，以凡有異同者皆是訛誤。古者簡編艱繁，學者希見親書，惟以口相授。左氏世爲楚史，親見官書，其訛差少，然有所訛從文起。公，穀，漢之經生，惟是口傳，其訛差多，然有所訛從音起。以此辨之，了無滯礙。」

〔玉海卷四〇〕「凡經文音義之訛者正之。」

〔莆田志本傳〕「傳春秋，則首三家之文，參以同異，而斷其簡策傳寫于口耳授受之互有異。」

剛案，春秋傳是考明周代的法制的，春秋考是辨明三傳的訛誤的。莆田志所記，乃是春秋攷，不是春秋傳。「傳春秋」的「傳」字應當改成「攷」字。

諸經序。（獻書）

剛案，此恐即六經奥論之所本，見奥論條按語。

刊謬正俗跋。（獻書）

八卷。（直齋，玉海，宋志。）

〔玉海卷四四〕「鄭樵跋正八卷，辨其（刊謬正俗）差舛。」

Ⅱ　禮樂之學。

器服圖。（獻書）

剛案，獻皇帝書中列于未成書類。

諡法。（獻書，上宰相書）直齋題「鄭氏諡法」。

三卷。（直齋，宋志）

〔通志諡略〕「諡法别昭穆，而美刺之説行。當其時已紛紜矣，後之人亦何獨不然。臣恐……美刺之説不已，則周公之意其亡矣夫，于是作諡法。使百代之下爲人臣，爲人子者知尊君，嚴父，奉亡如存，不敢以輕重之意行乎其間以傷名教者也。」

〔直齋書録〕「上卷序五篇，中卷諡三篇，下卷後論四篇。」

剛案，直齋所記與今通志諡略完全一致，可見諡略全取諡法爲書。

運祀議。（獻書，上相書）

鄉飲禮。（獻書，上相書）

三卷。（宋志）

〔通志禮略〕「臣謹按，鄉飲酒者，王道之始也。尚齒尊賢，莫尚乎此。自漢歷唐，未嘗廢也。惟宋家以淳化中講究未備，遂爾因循。近日緣明州舉行其事，朝廷遂下明州會例而頒之天下。未幾而廢，以明州之士不識禮意，不可以行也。何哉？鄉飲酒者，惟儀禮詳明，所以唐太宗但録其一卷而頒之。明州之行，不知本儀禮，但取禮記鄉飲義；

不本全經，何以行事！臣爲是作鄉飲禮三種書，蓋本儀禮于古，而參開元禮于今，復取歷代而損益之。」

鄉飲駁議。（獻書）

一卷。

剛案，宋史藝文志于鄉飲禮一書複見，儀注類作三卷，禮類作七卷：蓋禮類所收即禮略所謂鄉飲禮三種書，合三種而言，故多四卷。又直齋書録于鄉飲禮題七卷，通考引此條作「計七卷」謂之「計」，亦可見其不止一種書。今宋志于鄉飲禮題三卷，于鄉飲禮圖亦題三卷，則駁議自當爲一卷。

鄉飲禮圖。（宋志儀注類）

三卷。（同上）

系聲樂府。（獻書，上相書）宋志，「府」誤作「譜」。

二十四卷。（館閣書目，宋志）

〔通志總序〕「詩者，人心之樂也，不以世之興衰而存亡。繼風雅之作者，樂府也。史家不明仲尼之意，棄樂府不收，乃取工伎之作以爲志。臣舊作系聲樂府，以集漢、魏之辭，正爲此也。今取篇目以爲次。曰『樂府正聲』者，所以明風雅。曰『祀享正聲』

者，所以明頌。又以『琴操』明絲竹，以『遺聲』準逸詩。」〔通志樂略，遺聲序論〕「遺聲者，逸詩之流也。今以義類相從，分二十五正門，二十附門，總四百十八曲，無非雅言幽思。當採其目，以俟可考。今採其詩以入系聲樂府。」〔中興館閣書目（玉海卷一〇六引）〕「系聲樂府二十四卷。紹興中，鄭樵撰集前代樂府系之聲樂，百五十一曲系之風雅聲，八十四曲系之頌聲，百二十曲系之別聲，四百十九曲系之遺聲。」

剛案，讀此可見通志樂略完全取材于系聲樂府，不過樂略只記了題目，沒有録出他的全文。

Ⅲ 文字之學。

象類書。（獻書，上相書）通志六書略序作「象類之書」。

十一卷。（玉海，通考，宋志）

〔通志六書略序〕「臣舊有象類之書，極深研幾，盡制作之妙義。奈何小學不傳已久，見者不無驚駭。今取象類之義約而歸于六書，使天下文字無所逃，而有目者可以盡曉。」

〔通志六書略，論子母〕「立類爲母，從類爲子。母主形，子主聲。……說文，形也……；廣韻，聲也……。說文以母統子，廣韻以子該母。臣舊作象類書，縱三百三十母，爲形之主；八百七十子，爲聲之主；合千二百文而成無窮之字。許氏作說文，定五百四十類爲字之母。然母能生而子不能生，今說文誤以子爲母者二百十類。……此臣所以去其二百十而取其三百三十也。」

〔中興館閣書目（玉海卷四十五引）〕「象類書……論文字象類。謂獨體爲文，合體爲字。文有八象，字有六類，八象不至，則有假借之文；六類不及，則有假借之字。」

〔中興藝文志（通考經籍考十七引）〕「中興後，安石之字說既廢，樵復理其緒餘，初有象類之書，復約而歸于六書：象形類六百八，指字類百七，會意類七百四十，轉注類三百七十二，諧聲類二萬一千八百十，假借類五百九十八。」

字書。（獻書，寄方書）

剛案，獻皇帝書列于未成書類。

〔寄方禮部書〕「其字書謂字家之學以許慎爲宗，許慎雖知文與字不同，故立文以攝字，然又不知制文字之機，故錯說六書也。夫文之立，有形，有象，有機，有體。形者，如草木之名，所以狀其形，所以昭其象。機者，如一二三三之文是也。體者，本無所取義，但辨其體耳，如五六七八九是也。許愼實不知文有此也。字者以母統子，則爲諧聲；子統子，母統母，則爲會意。……如草木之類，是母文矣。以盧附草爲蘆；以狄附草爲荻。以盧附木爲櫨；以狄附木爲楸。盧與狄但從草木之類而爲聲音，不能自立體者，謂之子文。故五百四十之中，皆無盧狄文也。此之謂諧聲。凡從蟲者有蟲類，凡從皿者有皿類，……。蟲皿……皆母文也。以蟲合皿爲蠱，只是以二母文相合而取其意耳。二體既敵，無所附從，故不曰諧聲而曰會意也。」

〔通志七音略〕「音書主于母，必母權子而行，然後能別形中之聲。……所以臣更作字書，以母爲主。」

六書證篇。（通志六書略）

〔通志六書略，論一二之所生〕「臣六書證篇實本説文而作，凡許氏是者從之，非者違之。其同乎許氏者，因畫成文，文必有説；因文成字，字必有解。其異乎許氏者，每篇總文字之成，而證以六書之義；故曰六書證篇。然許氏多虛言，證篇惟實義。許氏所説多滯于死，證篇所説獨得其生。蓋許氏之義著于簡書而不能離簡書，故謂之死；證篇之義舍簡書之陳迹，能飛行走動不滯一隅，故謂之生。……説文于『一』，則曰，『惟初太始，道立于一，造分天地，化成萬物』，故于一之類則生元，生天，生丕，生吏。然元從上，丕從地，吏從又，皆非一也。惟天從一。證篇于『一』，則曰，『一，數也，又象地之形，又象貫物之狀。在上爲一，故生天，生百。在中爲貫，故生毌（音貫），生（古文車）。在下爲地，故生旦，生丕。爲貫爲地者無音，以無所麗，則復爲一矣，是以無音。』……此臣所作證篇之旨也。」

辨體。（寄方書）

〔寄方禮部書〕「字書雖多，學者不知制作之意。……以文之變，自古文籀體而變爲小篆，小篆變隸，隸變楷。又三代之時，諸國不盡同，猶今諸番之所用字皆不同也。秦始皇混一車書，然後天下之書皆用秦體。以其體有不同，故曰辨體。」

剛案，此書各家書目均未引及。寄方禮部書中，以論韻書而及「分音」，以論字書而及「辨體」，鄭樵既有分音之類一書，此間對舉，當是書名。又此辨歷代文字異同，與上述數書以子母立說者不同，故當另出。

續汗簡。（獻書）

石鼓文考。（獻書）金石畧稱爲「石鼓辨」；國史經籍志稱爲「注石鼓文」；古文苑稱爲「石鼓文音釋」，又作「釋音」。

三卷。（直齋，通考）一卷。（宋志，國史經籍志）

〔通志金石略〕「臣有石鼓辨，明爲秦篆。」

〔王厚之論石鼓文（古文苑注卷一引）〕「石鼓文，周宣王之獵碣也。……韋應物、韓愈稱述爲尤詳。至本朝歐陽修作集古録，始設三疑，以韋、韓之説爲無所考據。後人因其疑而增廣之。南渡之後，有鄭樵者，作釋音，且爲之序，乃摘丞（烝）殹（也）二字，以爲見於秦斤秦權而指以爲秦鼓。僞劉詞臣馬定國以宇文泰嘗蒐岐陽而指以爲後周物。嗚呼！二子固不足爲石鼓重輕，然近人稍有惑其説者，故予不得不辨。……小篆之作，本于大篆：丞殹二字見于秦器固無害。况丞字從山，取山高奉丞之義，著在説文，字體宜然，非始于秦也。……好異者附會異説而詆訾之，亦已甚矣！……紹興己卯内，予得此本于上庠，……因取薛尚功、鄭樵二音參校同異，并考覈字書而是正之。」

〔章樵古文苑注〕「石鼓文十篇，近世薛尚功、鄭樵各爲之音釋；王厚之考正而集録之，施宿又參以諸家之本，訂以石鼓籀文真刻，壽梓于淮東倉司。……此編（古文苑）……字畫音訓每與鄭本合，豈鄭爲音釋時嘗得此本參校邪？惟甲乙之次與薛、鄭本俱不同。今合諸家之説……載于下，；甲乙仍其舊，以薛、鄭之次附于左。」

剛案，鄭樵石鼓文考雖亡，猶可從古文苑注輯録。惟注所録者，專是音釋；其論辨所在之序，則不可見矣。

論梵書。〔獻書，上相書〕獻皇帝書題爲「梵書編」。

一卷。〔直齋，通考〕三卷。〔館目，宋志〕

剛案，通志六書略五有論華梵三篇，論華文與梵文不同處；通考節録之爲此書解題。

分音之類。〔獻書，上相書，寄方書〕通志作「韻書」。

〔寄方禮部書〕「世有韻書雖多，學者不達聲音之意。……樵于是爲韻書，每韻分宮，商，角，徵，羽，與半徵，半宮，是爲七音，縱横成文，蓋本浮屠之家作也，故曰分音。」

〔通志七音略〕「韻書主于子，必子權母而行，然後能别聲中之形。……所以臣更作韻書，以子爲主。」

〔通志藝文略〕「切韻之學起自西域。舊所傳十四字貫一切音，文省而音博，謂之婆羅門書。然猶未也。其後又得三十六字母，而音韻之道始備。中華之韻只彈四聲，然有聲有音，聲爲經，音爲緯。平，上，去，入者，四聲也，其體縱，故爲經。宮，商，角，徵，羽，半徵，半商，七音也，其體横，故爲緯。經緯成文，臣所作韻書備矣。釋氏謂此學爲小悟，學者誠不可忽也！」

剛案，韻書一名不見于遺稿中三書，獨見于通志。核通志藝文略所言之韻書，與寄方禮部書所言之分音之類意義全同。且寄方禮部書謂「樵于是爲韻書，……故曰分音」，則其爲一書亦甚明也。

類韻（？）（上宰相書）

剛案，上宰相書云，「觀樵之分音，類韻，字始連環之類，則知樵所作韻書非沈約之徒所得而聞」，似分音與類韻爲二書；然不見于他處徵引，或是分音之類之訛文亦未可知。

音讀之書。（獻書）

剛案，獻皇帝書中列于未成書類。

字始連環。（獻書，上相書）

二卷。（館目，直齋，宋志）

〔中興館閣書目（玉海卷四十五引）〕「論字畫音韻」。

〔直齋書録〕「大略謂六書惟類聲之生無窮；音切之學自西域流入中國，而古人取音指字乃與韻圖脗合。」

剛案，通志七音略序云，「臣初得七音韻鑑一書，一唱而三歎，胡僧有此妙義，而儒者未之聞。及乎研究制字，考證諧聲，然後知皇頡、史籀之書已具七音之作，先儒不得其傳耳。今作諧聲圖，所以明古人制字通七音之妙。」以此數語與在直齋書録對勘，可見通志中諧聲制字六圖蓋出于字始連環。

Ⅳ　天文地理之學。

天文志。（獻書，寄方書）通志作「天文書」。

剛案，獻皇帝書中列于未成書類。

〔寄方禮部書〕「樵于爾雅之外又爲天文志。以自司馬遷以來，諸史各有其志，奈何歷官能識星而不能爲志，史官能爲志而不識星，不過採諸家之説而合集之耳，實無所質正也。樵天文志略于災福之説，傳記其實而圖其狀也。」

〔通志天文略〕「臣之所作天文書，正欲學者識垂象以授民時之意，而杜絶其妖妄之源焉。」

分野記。（獻書，上相書）

大象略。（獻書，上相書）

〔上宰相書〕「觀樵分野記、大象略之類，則天文志可知。」

剛案，此天文志即通志之天文畧，非上書。

百川源委圖。（獻書）

剛案，通志地理略有四瀆一篇，當是取材於此。

春秋地名。（獻書，寄方書）直齋書録及宋志作「春秋地名譜」。十卷。（寄方書，館目，直齋，宋志）

〔寄方禮部書〕「地理家緣司馬遷無地理書，班固以來皆非制作之手，雖有書而不如無也。樵爲是故，作春秋地名。雖曰『春秋地名』，其實地理之家無不該貫，最有條理也。」

〔上宰相書〕「觀春秋地名，則樵之地理志異乎諸史之地理。」

〔中興館閣書目（玉海卷十五引）〕「凡分類國邑地六，山一，水六爲敍十。」

春秋列傳圖。（獻書）

郡縣遷革誌。（獻書）寄方禮部書題爲「郡縣改更」。

剛案，獻皇帝書中列于未成書類。

V　蟲魚草木之學。

動植志。（獻書）

剛案，獻皇帝書中列于未成書類。

本草成書。（獻書，寄方書，上相書）

二十四卷。（寄方書）

〔寄方禮部書〕「以詩之難可以意度明者，在于鳥獸草木之名也，故先撰本草成書。其曰成書者爲自舊注外陶弘景集名醫别録而附成之，乃爲之注釋最爲明白。自景祐以來，諸家補注紛然無紀。樵于是集二十家本草及諸方家所言補治之功，及諸名物之書所言異名同狀，同名異狀之實，乃一一纂附其經文，爲之注釋。凡草經諸儒書異録備于一家書，故曰成書。舊經有三品，合三百六十五種，以法天三百六十五度，日星經緯以成一歲也。弘景以爲未備，乃取名醫别録以應成歲之數而兩之。樵又别擴諸家以應成歲之數而三之。」

〔通志昆蟲草木略〕「爾雅一種，爲名物之宗。然孫炎、郭璞所得既希，張揖、孫憲，所記徒廣。大抵儒生家多不識田野之物，農圃人又不識詩、書之旨，二者無由參合，遂使鳥獸草木之學不傳。惟本草一家，人命所係，凡學之者務在識真，不比他書只求説也。神農本經有三百六十，以應周天之數。陶弘景，隱者也，得此一家之學，故益以三百六十，以應周天之數而兩之。臣少好讀書，無涉世意，又好泉石有慕弘景心，結茅夾漈山中，與田夫野老往來，與夜鶴曉猿雜處，不問飛潛動植，皆欲究其情性。于是取陶隱居之書，復益以三百六十，以應周天之數而三之。」

本草外類。（獻書，寄方書）

五卷。（寄方書，宋志）

〔寄方禮部書〕「自纂成書外，其隱微之物留之不足取，去之猶可惜也。纂三百八十八種，曰外類。」

詩名物志。（獻書，上相書）

〔通志昆蟲草木略序〕「陸璣者，江左之騷人也，……爲毛詩作鳥獸草木蟲魚疏。然璣本無此學，但加採訪，其所傳者多是支離。自陸璣之後，未有以此明詩者。」

爾雅注。（獻書，寄方書，上相書）

三卷。（直齋，宋志）

存。（1）津逮祕書本。（2）四庫全書本。（3）學津討原本。（4）侯官鄭杰刊巾箱本（乾隆己亥）。（5）貴州刻本（嘉慶中）。

〔自序〕「大道失而後有六經，六經失而後有爾雅，爾雅失而後有箋注。爾雅與注，俱奔走六經者也；但爾雅逸，箋注勞。爾雅者，約六經而歸爾雅，故逸。箋注者，散爾雅以投六經，故勞。有詩、書而後有爾雅，爾雅憑詩、書以作，往往出自漢代箋注未行之前，其孰以爲周公哉！爾雅，應釋者也；箋注，不應識者也。人所不識者，當釋而釋之，曰『應釋』。人所不釋者，當釋而不釋，（剛案，此間疑有脱文。）所識者，不當釋而釋之，曰『不應釋』。古人語言，于今有變，生今之世，仍由識古人語，此釋詁所由作。五方言語不同，生于夷何由識華語，此釋言所由作。物有可以理言之，以理言之；有不可以理言，但喻其形容而已：形容不明，故借言之訓以爲證，此釋訓所由作。宗族婚媾，稱謂不同，宮室器樂，命名亦異，此釋親、釋宮、釋器、釋樂所由作。人之所用者，人之事爾，何由知天之物，此釋天所由作。生于此土，識此土而已，九州之遠，山川丘陵之異何由歷，此釋地、釋丘、釋山、釋水所由作。動物，植物，五方所産各有名，古今所名亦異謂，此釋草、釋木、釋蟲、釋魚、釋鳥、釋獸、釋畜所由作。何物爲六經？集言語，稱謂，宮室，器服，禮樂，天地，山川，草木，蟲魚，鳥獸，而爲經，以義理行乎其間而爲緯，一經一緯，錯綜而成文，故曰『六經之文』。爾雅謂：言語，稱謂，宮室，器服，禮樂，天地，山川，草木，蟲魚，鳥獸，之所命不同，人生不應識者也，故爲之訓釋；義理者，人之本有，人生應識者也，故嬰兒知好惡，瞽者聾者知信義，不憑文字而後顯，不藉訓釋而後知，六經所言早爲長物，何況言下復有言哉！故爾雅不釋焉。後之箋注家反是，于人不應識者則略，應釋者則詳；舍經而從緯，背實以從虛，致後學昧其所不識而妄其所識也。蓋人所不應識者，經也，實也，不得釋則惑，得釋則明。若曰，『關關雎鳩，在河之洲』，不得釋則人知『雎鳩』爲何禽，『河洲』爲何地哉！人所應識者，緯也，虛也，釋則不顯，不釋則顯。董遇有言，『讀百遍，理自見』者，爲此也。若『雎鳩』，『河洲』不得旨，言雖千誦何益哉！何謂釋則不顯？且如論語所謂『學而時習之，不亦説乎』，無箋注，人豈不識！孟子所謂『亦有仁義而已矣，何必曰利』，無箋注，人豈不識！中庸所謂『天命之謂性，率性之謂道』，無箋注，人豈不識！此皆義理之言，可詳而知，無待注釋。有注釋則人必生疑，疑則曰，『此語不徒然也！』乃舍經之言而泥注解之言，或者復舍注解之意而泥己之意以爲經意，故去經愈遠。正猶人夜必寢，旦必食，不須告人也；忽而告人曰，『吾夜已寢矣，旦已食矣』，聞之者豈信其直如此耳，必曰，『是言不徒發也；若夜寢旦食，又何須告人！』先儒箋解虛言，致後人疑惑，正類此。因疑而求，因求而迷，因迷而妄，指南而北，俾日作月，欣欣然以爲自得之學，其實沈輪轉徙，可哀也哉！此患無他，生于疑爾。其疑無他，生于本來識者而作不識者解爾。

「爾雅訓釋六經，極有條理，然只是一家之見，又多徇于理而不達乎情狀，故其所釋六經者，六經本意未必然。」樵酷愛其書得法度；今之所注只得據爾雅意旨所在，因採經以作證，不可叛之也。其于物之名有拘礙處，亦略爲之摭正云爾。謹序。」

〔又後序〕「一字本一言，一言本一義。饘自饘，餬自餬，不得謂餬爲饘。訊自訊，言自言，不得謂訊爲言。襺自襺，袍自袍，不得謂袍爲襺。衮自衮，黻自黻，不得謂衮爲黻。不獨此也，大抵動以十數言而總一義。今舉此四條，亦可知其昧于言理。詩云，『奉璋峨峨』，謂助祭之士執圭璋峨峨然；釋言『峨峨，祭也。』『伐木丁丁』，丁丁者，伐木聲也；『鳥鳴嚶嚶』，嚶嚶者，鳥聲也：奈何曰，『丁丁，嚶嚶，相切直也！』此亦三條，亦可知其不達物之情狀。爾雅所釋，盡本詩、書，見爾雅自可見，不待言也。離騷曰，『令飄風兮先驅，使涷雨兮灑塵，』故釋風雨云，『暴雨謂之涷』。此句專爲離騷釋，知爾雅在離騷後，不在離騷前。謂華爲荂，謂草木初生爲芛，謂蘆笋爲藿，謂藕紹緒爲茇，皆江南人語，又知作爾雅者爲江南人。謹序。」

〔寄方禮部書〕「凡書所言者，人情事理可即已意而求，董遇所謂『讀百遍，理自見』也；乃若天文，地理，車輿，器服，草木，蟲魚，鳥獸之名，不學問，雖讀千迴萬復，亦無由識也。奈何後之淺鮮家只務説人情物理，至于學之所不識者反没其真：遇天文，則曰此星名，遇地理，則曰，此地名，此山名，此水名，遇草木，則曰，此草名，此木名，遇蟲魚，則曰，此蟲名，此魚名，遇鳥獸，〔四〕則曰，此鳥名，此獸名，更不言是何狀星，何地，何山，何水，何草，何木，何蟲，何魚，何鳥，何獸也！縱有言者，亦不過引爾雅以爲據耳，其實未曾識也。然爾雅之作者蓋本當時之語耳，古以爲此名，當其時又名此也。自爾雅之後以至今，所名者又與爾雅不同矣。且如爾雅曰『芍，鳧茈』，『茨，蒺藜』者，以舊名芍今曰鳧茈，舊名茨今曰蒺藜，所以曉後人也。乃若所謂『朮，山薊』，『梅，柟』，此又惑人也。古曰朮，當爾雅之時則曰山薊，或其土人則曰山薊也。古曰梅，當爾雅之時則曰柟，或其土人則曰柟也。今之言者又似古矣：謂之朮，不謂之山薊，謂之梅，不謂之柟也。人若以朮爲山薊，則人必以今朮爲非朮也；以梅爲柟，則人必以今梅爲非梅也。樵于是注釋爾雅。爾雅，往人……纂經籍之所難釋者而爲此書，最有機綜，奈何作爾雅之時所名之物與今全别；現書生所辨容有是非者，樵于所釋者亦不可專守云爾。故有此訛誤者則正之；有闕者則補之；自補之外，或恐人不能盡識其狀，故又有畫圖。爾雅之學既了然，則六經注疏皆長物也。」

剛案，讀此可見當時爾雅注有補文，有畫圖，今皆不可見矣！

〔通志昆蟲草木略序〕「已得鳥獸草木之真，然後傳詩；已得詩人之興，然後釋爾雅。」

〔直齋書録〕「其言……爾雅明則百家箋注皆可廢，……爲説雖僞，而論注釋之害則名言也。」

〔毛晉跋〕「舊有爾雅注什餘家，……湮而不傳。惟郭景純攷采二九載，詮成三卷，最爲稱首。第晉代迄今幾千餘年，况本文多江南人語，而郭氏居河東，古今世殊，南北俗異，意義聲音之間誠有未盡合者。迨宋，邢昺、杜鎬九人疏之，非不詳洽。漁仲又懼後人舍經而泥箋注，復舍箋注而泥己意，别出手眼，採經爲證，不畔作者本旨。郭氏所謂『擁篲清道，企望塵躅』者，其在斯乎？余……客秋從錫山購得斯帙，……實南宋善版，狂喜竟日，亟授梓人。其間淆訛，……一一更定。又如『弇，同也』，『葦，醜艿』，『蛭，蟣』，『倉庚，黧黄也』，及『由膝以下爲揭，由膝以上爲涉，由帶以上爲厲』數條，俱已脱落；未見其注，不敢妄補。始信落葉難掃，雖宋刻不無遺憾云。」

〔四庫提要〕「南宋諸儒大抵崇義理而疏考證，故樵以博洽傲睨一時，遂至肆作聰明，詆諆毛鄭。……惟作是書，乃通其所可通，闕其所不可通，文似簡略，而絶無穿鑿附會之失，于説爾雅家爲善本。中間駁正舊文，如後序中所列『饘，餬』，『訊，言』，『𦳝，袍』，『哀，㦤』四條，『峨峨』，『丁丁』，『嚶嚶』三條，註中所列釋詁『台』，『朕』，『陽』之『予』爲『我』，『賚』，『畀』，『卜』之『予』爲『與』一條，『闗闗』，『噰噰』當入釋訓一條，釋親據左傳辨正『娣姒』一條，釋天『謂之景風』上脱文一條，釋蟲『食根蟊』一條，釋魚『鯉鱣』一條，『蝮虺首大如臂』一條，皆極精確。惟『魚枕謂之丁』一條，牽引假借以就其六書略之説，又堅執作爾雅者江南人，凡郭璞所云蜀語，河中語者，悉駁辨之，是則偏僻之過，習氣猶未盡除。又汪師韓集有書此書後一篇，駁其誤改郭注者，以『劉劉杙』爲『安石榴』，以『鬣雕篷』爲『其米雕胡』二條；補郭注而未確者，『孟，勉也』以爲『孟』即『督』，『於，代也』以爲更詞二條；仍郭注之誤未改者，訓『郵，過也』爲道路所經過，不知『郵』古字同『尤』，訓『比目魚』爲『王餘』，不知吴都賦『雙則比目，片則王餘』二條：亦頗中其失。至于議其……經文脱……字，……當爲毛氏寫本之誤，併以詆樵則過矣。」

Ⅵ　方書之學。

鶴頂方。（獻書）

二十四卷。（宋志）

食鑑。（獻書）

四卷。（宋志）

採治録。（獻書）

畏惡録。（獻書）

Ⅶ 校讐之學。

羣書會記。（獻書，上相書）玉海及宋志俱誤作「羣玉會記」。

三十六卷。（玉海，通考，宋志）二十六卷。（直齋）

〔上宰相書〕「觀羣書會記，則知樵之藝文志異乎諸史之藝文。」〔通志校讐略，編次必謹類例論〕「欲明天者，在乎明推步；欲明地者，在乎明遠邇；欲明書者，在乎明類例。噫！類例不明，圖書失紀，有自來矣。臣于是總古今有無之書，爲之區別，凡十二類：——

經類第一。 禮類第二。 樂類第三。

小學類第四。 史類第五。 諸子類第六。

星數類第七。 五行類第八。 藝術類第九。

醫方類第十。　　類書類第十一。　　文類第十二。

經一類分九家,九家有八十八種書;以八十八種書而總爲九種,可乎!禮一類分七家,七家有五十四種書,以五十四種書而總爲七種書,可乎!樂一類爲一家,書十一種。小學一類爲一家,書八種。史一類分十三家,十三家爲書九十種;朝代之書則以朝代分,非朝代書則以類聚分。諸子一類分十一家,其八家爲書八種,道、釋、兵三家書差多,爲四十種。星數一類分三家,三家爲書十五種。五行一類分三十家,三十家爲書三十種。藝術一類爲一家,書十七種。醫方一類爲一家,書二十六種。類書一類爲一家,分上下二種。文類一類分二家,二十二種;別集一家爲十九種書,餘二十一家,二十一種書而已。總十二類,百家,四百二十二種,朱紫分矣。散四百二十二種,可以窮百家之學;斂百家之學,可以明四十二類之所歸。

「易本一類也,以數不可合于圖,圖不可合于音,讖緯不可合于傳注,故分爲十六種。詩本一類也,以圖不可合于音,音不可合于譜,名物不可合于詁訓,故分爲十二種。禮雖一類而有七種,以儀禮雜于周官,可乎!春秋雖一類而有五家,以啖趙雜于公穀,可乎!樂雖主于音聲,而歌曲與管弦異事。小學雖主于文字,而字書與韻書背馳。編年一家而有先後。文集一家而有合離。日月星辰豈可與風雲氣候同爲天文之學!三命元辰豈可與九宫太一同爲五行之書！以此觀之，七略所分，自爲苟簡；四庫所部，無乃荒唐！「今所紀者，欲以紀百代之有無。然漢魏之書最爲希闊，故稍略；隋唐之書于今爲近，故差詳。」崇文、四庫及民間之藏乃近代之書，所當一一載也。」

〔通志校讎略，編次必記亡書論〕「古人亡書有記，故本所記而求之。魏人求書有闕目録一卷，唐人求書有搜訪圖書目一卷，所以得書之多也。……臣今所作羣書會記，不惟簡别類例，亦所以廣古今而無遺也。」

剛案，通志藝文略全本此書而作，惟星數一名易爲天文而已。此書有三十六卷，而藝文略只八卷，固以卷帙併合，諒此書于類例存亡之間有甚詳之説明，亦未可知。

又案：直齋書録解題于此書記云，「大抵記世間所有之書，非必其家皆有之也。」以好書籍編目録之陳振孫，乃對于此書毫不瞭解其「簡别類例總集存亡」之精神，疑其不盡爲家藏，猜其大抵爲世間所有，可見鄭樵之學儘管精密，曾不能使人懂得，發生出什麽影響。

校讎備論。（獻書，上相書）

〔上宰相書〕「觀圖書志，集古系時録，校讎備論，則知樵校讎之集于劉向、虞世南之徒有一日之長。」

剛案，通志校讐略列論題凡二十一，爲論六十九篇，當卽本于此書。

書目正訛。（獻書）

〔通志校讐略編次之訛論〕「隋志最可信，緣分類不考，故亦有重複者。嘉瑞記、祥瑞記二書，既出雜傳，又出五行。諸葛武侯集誡、衆賢誡……數種書，既出儒類，又出總集。……實由分類不明，是致差互。若乃陶弘景天儀説要，天文類中兩出；趙政甲寅元曆序，曆數中兩出：……是不校勘之過也。以隋志尚且如此，後來編書出于衆手，不經校勘者，可勝道哉！于是作書目正訛。」

Ⅷ　亡書之學。

亡書備載。（獻書）

剛案，獻皇帝書中列于未成書類。

求書闕記。（獻書）

七卷。（玉海，宋志）

〔獻皇帝書〕「臣竊見兵火之餘，文物無幾，陛下留心聖學，篤志斯文，擢用儒臣，典司東觀，于是内外之藏，始有條理，百代之典，煥然可觀。臣伏覩秘書省歲歲求書之勤，臣雖身在草萊，亦欲及兹時效尺寸。顧臣究心于此殆有年矣，今天下書圖若有，若無，在朝，在野，臣雖不一一見之，而皆知其名數之所在；獨恨無力抄致，然紀記之耳。」〔五〕

〔通志校讐略，求書之道有八論〕「求書之道有八：

一曰『即類以求』。凡星曆之書求之靈臺郎；樂律之書求之太常樂工。……

二曰『旁類以求』。凡性命道德之書可以求之道家；小學文字之書可以求之釋氏。

……

三曰『因地以求』。孟少主實録，蜀中必有；王審知傳，閩中必有。……

四曰『因家以求』。錢氏慶系圖，可求于忠懿王之家。……潘佑文集，今長樂有之，以其後居長樂。……

五曰『求之公』。禮儀之書，祠祀之書，斷獄之書，官制之書，版圖之書，今官府有不經兵火處，其書必有存者。……

六曰『求之私』。書不存于祕府而出于民間者甚多。……

七曰『因人以求』。鄉人陳氏嘗爲湖北監司，其家或有田氏之書，臣嘗見其荆州田氏書目。若迹其官守，知所由來，容或有焉。……

八曰『因代以永』。書之難求者，爲其久遠而不可迹也；若出近代人之手，何不可求之有！……

〔通志校讐略亡書出于民間論〕「按漳州吴氏書目，算術一家有數件古書，皆三館四庫所無者。臣已收入求書類矣。」

〔玉海卷五十二〕「紹興十七年，鄭樵按祕省所頒闕書目録集爲求書闕記七卷，外紀十卷。」

求書外記。（獻書）

十卷。（玉海，宋志）

Ⅸ 圖譜之學。

剛案，獻皇帝書以集古系時，系地二録入亡書，恐誤。今改入圖譜。

圖書志。（獻書，上相書）

一卷。（直齋，通考）

〔直齋書録〕「志者，蓋述其著作之意也。」

剛案，獻皇帝書謂「觀圖書志則知樵校讐之集于劉向之徒有一日之長」，上宰相書謂「以圖譜之所得者作圖書志」，則圖書志乃是論圖譜之學者，卽通志圖譜略所載索象，原學，明用諸篇之義。直齋書録于此書解題連夾漈書目而下，謂自述其著作之意，語恐未盡。蓋此書述其著作之方法則有之，似非述其所著之書之大意也。

圖譜有無記。（獻書）

二卷。（宋志）

〔通志總序〕「卽圖而求易，卽書而求難。舍易從難，成功者少。臣乃立爲二記：一曰記有，記今之所有者，不可不聚；二曰記無，記今之所無者，不可不求。」

剛案，今通志圖譜略有記有，記無二篇，此書雖亡而實存。記有篇不分類。記無篇分類如下：

（1）地理。（2）會要。（3）紀運。

（4）百官。（5）易。（6）詩。

（7）禮。（8）樂。（9）春秋。

（10）孝經。（11）論語。（12）經學。

(13) 小學。 (14) 刑法。 (15) 天文。

(16) 時令。 (17) 算數。 (18) 陰陽。

(19) 道家。 (20) 釋氏。 (21) 符瑞。

(22) 兵家。 (23) 藝術。 (24) 食貨。

(25) 醫藥。 (26) 世系。

集古系時録。(獻書,上相書) 宋志,「古」下衍「今」字。

十卷。(直齋,通考) 一卷。(宋志)

剛案,通志金石略以時代爲次,唐代碑記更以書家爲次,當本此書。

集古系地録。(獻書)

十一卷。(直齋,通考)

〔直齋書録〕「大抵因集古(歐陽修集古録)之舊,詳考其時與地而系之。二書相爲表裏。」

氏族志。(獻書)

五十七卷。(通志氏族略序)

剛案,獻皇帝書列于未成書類。

氏族源。（獻書，氏族略序）

氏族韻。（氏族略序）

〔通志氏族略序〕「臣……又有氏族源、氏族韻等書，幾七十卷。今不能備，姑載其略云。」

〔通志氏族略卷二十九〕「臣謹按舊氏族家皆以聲類，或以字别。今之所修，盡本所系，故以國，以邑，以地，以人，以官，以爵，以姓，以謚爲主。其有不得所系者，則莫爲之主，遂從舊書從聲分類云耳。」

剛案，以上三書均爲通志氏族略所本。氏族韻尚可以四聲歸之，氏族志與氏族源則不復可别。今録通志所分「得姓受氏」三十二類于下，以見志、源二書之大凡。

（1）國（郡國附）。	（2）邑。	（3）鄉。
（4）亭。	（5）地（所居附）。	（6）姓（氏附）。
（7）字。	（8）名。	（9）次（親附）。
（10）族（夷狄大姓附）。	（11）官。	（12）爵。
（13）凶德。	（14）吉德。	（15）技。
（16）事。	（17）謚。	（18）爵系。

(19)國系。　(20)族系。　(21)名氏(國邑鄉附)。
(22)國爵(邑爵附)。　(23)邑系(邑國附)。　(24)官名(官氏附)。
(25)邑謚。　(26)謚氏。　(27)爵謚。
(28)代北複姓。　(29)關西複姓。　(30)諸方複姓。
(31)代北三字姓。　(32)代北四字姓。

X　通志

通志。(寄方書，上相書)寄方禮部書中，初定名爲「通史」。

二百卷。

存(1)元刻本(京師圖書館及江寧圖書館均有)。(2)明刻本。(3)武英殿本(乾隆十三年刻)。(4)浙江書局刻本。

〔寄方禮部書〕「樵於春秋有云，有文有字，學者不辨文字；有史有書，學者不辨史書。史者，官籍也；書者，儒生之所作也。自司馬以來，凡作史者皆是書，不是史。又諸史家各成一代之書而無通體。樵欲自今天子中興，上達秦漢之前，著爲一書，曰『通史』，尋紀法制。嗚呼！三館四庫之中不可謂無書也，然欲有法制可爲歷代有國家者之紀綱規模，實未見其作。此非有朝廷之命，樵不敢私撰也，營營之業，煢煢之志，幸禮部侍郎而成就之！

〔上宰相書〕「修書自是一家，作文自是一家。修書之人必能文，能文之人未必能修書。如之何後世皆以文人修書！……凡賦物不同形，然後爲造化之妙；編書不同體，然後爲自得之工。……後之史家初無所得，自同於馬遷。馬遷之書，遷之面也；假遷之面而爲己之面，可乎！……按馬遷之法，得處在表，用處在紀傳；以其至要者條而爲綱，以其滋蔓者釐而爲目。後之史家既自不通司馬遷作表之意，是未知遷書之所在也。且……史家據一代之史，不能通前代之史；本一書而修，不能會天下之書而修；故後代與前代之事不相因依。又諸家之書散落人間，靡所底定，安得爲成書乎！樵前年所獻之書，以爲水不會於海則爲濫水，途不通於夏則爲窮途，論會通之義，以爲宋中興之後不可無修書之文；修書之本不可不據仲尼、司馬遷會通之法。……

「去年到家，今年料理文字，明年修書。若無病不死，筆札不乏，遠則五年，近則三載，可以成書。其書上自羲皇，下終五代，集天下之書爲一書，惟虛言之書不在所用。雖曰繼馬遷而作，凡例殊途，經緯異制，自有成法，不蹈前修。觀春秋地名，則樵之地理志異乎諸史之地理。觀羣書會記，則知樵之藝文志異乎諸史之藝文。觀樵分野記、大象略之類，則天文志可知。觀樵謚法、運祀議、鄉飲禮、系聲樂府之類，則禮樂志可知。觀樵之象類書、論梵書之類，則知樵所作字書非許慎之徒所得而聞。觀樵分音類韻、（剛按，『分音類韻』或是『分音之類』之誤。）字始連環之類，則知樵所作韻書非沈約之徒所得而聞。觀本草成書、爾雅注、詩名物志之類，則知樵所識鳥獸草木之名於陸璣、郭璞之徒有一日之長。觀圖書志、集古系時録、校讐備論，則知樵校讐之集于劉向、虞世南之徒有一日之長。以此觀之，則知樵之修書斷不用諸史舊例，明驗在前。……樵……三十年著書，十年搜訪圖書，竹頭木屑之積亦云多矣，將欲一旦而用之可也。嗚呼，功業難成，風波易起，深恐傳者之誤，謂擅修國史，將容置喙矣！」（剛案，末句有訛脱。）

〔通志總序〕「百川異趨，必會於海，然後九州無浸淫之患。萬國殊途，必通諸夏，然後八荒無壅滯之憂。會通之義大矣哉！……

「臣今總天下之大學術而條其綱目，名之曰『略』，凡二十略：百代之憲章，學者之能事，盡於此矣。其五略，漢唐諸儒所得而聞；其十五略，漢唐諸儒所不得而聞也。

（1）生民之本在於姓氏。……男子稱氏所以別貴賤；女子稱姓所以別婚姻。……臣今所推有三十二類，……故作氏族略。

（2）文字之本出於六書：象形，指事，文也；會意，諧聲，轉注，字也；假借者，文與字也。……臣今驅天下文字盡歸六書，軍律既明，士乃用命。故作六書略。

（3）天籟之本，自成經緯：縱有四聲以成經，橫有七音以成緯。……故作七音略。

（4）天文之家在於圖象。……臣今取隋丹元子步天歌，句中有圖，言下成象，靈臺所用，可以仰觀。不取甘、石本經，惑人以妖妄，速人於罪戾。故作天文略。

（5）九州有時而移，山川千古不易。……臣今準禹貢之書而理川源，本開元十道圖以續今古。故作地理略。

（6）都邑之本，金湯之業。臣……以梁汴者四朝舊都，爲痛定之戒；南陽者疑若可爲中原之新宅。故作都邑略。

（7）古之帝王存亡皆用名。……周公制禮，不忍名其先君，武王受命之後，乃追謚太王、王季、文王，此謚法所由立也。本無其書，後世僞作周公謚法，欲以生前之善惡爲死後之勸懲。……『幽』，『厲』，『桓』，『靈』之字本無凶義，謚法欲名其惡，則引辭以遷就其意。……臣今所纂，並以一字見義，削去引辭而除其曲說。故作謚略。

（8）今之祭器，出於禮圖；徒務説義，不思適用；形制既乖，豈便歆享！……故作器服略。

（9）樂以詩爲本，詩以樂爲用。……詩者，人心之樂也，不以世之興衰而存亡。繼風雅之作者樂府也。……故作樂略。

（10）學術之苟且，由源流之不分；書籍之散亡，由編次之無紀。……故作藝文略。

（11）册府之藏不患無書，校讎之司未聞其法。欲三館無素餐之人，四庫無蠹魚之簡，千章萬卷日見流通，故作校讎略。

（12）古之學者左圖右書，不可偏廢。劉氏作七略，收書不收圖；班固卽其書爲藝文志：自此以還，圖譜日亡，書籍日冗。所以困後學而隳良材者皆由於此。……故作圖譜略。

（13）金石之功寒暑不變，以此稽古，庶不失真。……臣於是采……蒼頡石室之文，下逮唐人之書，各列其人而名其地。故作金石略。

（14）天地之間災祥萬種，人間禍福冥不可知。若之何一蟲之妖，一物之戾，皆繩之以五行！……臣故削去五行而作災祥略。

（15）語言之理易推，名物之狀難識。……五方之名本殊，萬物之形不一。必廣覽動植，洞見幽潛，通鳥獸之情狀，察草木之精神，然後參之載籍，明其品彙。故作昆蟲草木略。

凡十五略，出臣胸臆，不涉漢唐諸儒議論。禮略所以敍五禮，職官略所以秩百官，選舉略言掄材之方，刑法略言用刑之術，食貨略言財貨之源流：凡茲五略，雖本前人之典，亦非諸史之文也。……

「桓君山曰，『太史公三代世表旁行邪上，並效周譜。』古者紀年……謂之譜，太史公改而爲表。今復表爲譜，率從舊也。然西周經幽王之亂，紀載無傳，……『共和』之名已不可據，況其年乎！今之所譜自春秋之前稱世，謂之『世譜』；春秋之後稱年，謂之『年譜』。

「紀傳者，編年紀事之實蹟，自有成規，不爲智而增，不爲愚而減。故於紀傳，卽其舊文，從而損益。……唐書，五代史，皆本朝大臣所修，微臣所不敢議，故紀傳迄隋。若禮樂政刑，務存因革，故引而至唐云。……」

剛案，鄭樵做通志，本來想要從古代直到當世，看寄方禮部書可見。後來給札歸鈔，不想做到當世了，但還想做到五代，看上宰相書可見。等到寫定的時候，不但沒有到五代，也沒有到唐，只到得隋就止了。節節退步，非但不能記本朝的事，甚至不敢損益本朝大臣所修的史，他的委曲以求成書的心在此很可見出了。

〔通志總目〕

卷次	篇名	卷數	總數
一	三皇紀,	一	
二	五帝紀,	一	
三	三王紀,	一	
四	秦紀,	一	
五	前漢紀,	一	
六	後漢紀,	一	
七	魏紀,	一	
八	蜀紀,	一	
九	吳紀,	一	
十	晉紀,	一	

续表

卷次	篇名	卷數	總數
一一	宋紀,	一	
一二	南齊紀,	一	
一三	梁紀,	一	
一四	陳紀,	一	
一五	後魏紀,	一	
一六	北齊紀,	一	
一七	後周紀,	一	
一八	隋紀,	一	
一九—二〇	后妃傳,	二	以上帝后紀傳,凡二十卷
二一—二四	年譜,	四	以上年譜四卷

续表

卷次	篇名	卷數	總數
二五—三〇	氏族略，	六	
三一—三五	六書略，	五	
三六—三七	七音略，	二	
三八—三九	天文略，	二	
四〇	地理略，	一	
四一	都邑略，	一	
四二—四五	禮略，	四	
四六	謚略，	一	
四七—四八	器服略，	二	
四九—五〇	樂略，	二	

续表

卷次	篇名	卷數	總數
五一—五七	職官略，	七	
五八—五九	選舉略，	二	
六〇	刑法略，	一	
六一—六二	食貨略，	二	
六三—七〇	藝文略，	八	
七一	校讎略，	一	
七二	圖譜略，	一	
七三	金石略，	一	
七四	災祥略，	一	
七五—七六	昆蟲草木略，	二	以上二十略，凡五十二卷

续表

卷次	篇名	卷數	總數
七七	周同姓世家，	一	
七八—八五	宗室傳，	八	
八六—八七	周同姓世家，	二	
八八—一六四	列傳，	七七	
一六五	外戚傳，	一	
一六六	忠義傳，	一	
一六七	孝友傳，	一	
一六八	獨行傳，	一	
一六九—一七〇	循吏傳，	二	
一七一	酷吏傳，	一	

续表

卷次	篇名	卷數	總數
一七二—一七四	儒林傳,	三	
一七五—一七六	文苑傳,	二	
一七七—一七八	隱逸傳,	二	
一七九	宦者傳,	一	
一八〇	游俠傳,	一	
一八一—一八三	藝術傳,	三	
一八四	佞幸傳,	一	
一八五	列女傳,	一	
一八六—一九三	載記,	八〔六〕	
一九四—二〇〇	四夷傳,	七	以上列傳,凡一百二十四卷

〔通志二十略取材表〕

篇名	所取之材	知其取材之故
氏族略	氏族志，氏族源，氏族韻。	序説。
六書略	象類書，論梵書。	序説，推勘。
七音略	字始連環，分音之類。	推勘。
天文略	步天歌，大象略，分野記。	序説，推勘。
地理略	百川源委圖，通典州郡總序，開元十道圖。	序説，推勘。
都邑略	（臨時輯録）	
禮略	通典禮類。	校對。
謚略	鄭氏謚法。	推勘。
器服略	器服圖，通典嘉禮。	猜測，校對。

续表

篇名	所取之材	知其取材之故
樂略	系聲樂府。	序説。
職官略	通典職官類。	校對。
選舉略	通典選舉類。	校對。
刑法略	通典刑類。	校對。
食貨略	通典食貨類。	校對。
藝文略	羣書會記。	推勘。
校讐略	校讐備論，書目正訛。	推勘。
圖譜略	圖書志，圖譜有無記。	序説，推勘。
金石略	集古系時録。	推勘。
災祥略	天文志。	猜測。

续表

篇名	所取之材	知其取材之故
昆蟲草木略	本草成書，詩傳，爾雅注。	序説。

〔玉海卷四十七〕「紹興二十八年，二月，乙巳，鄭樵召對，授迪功郎。其所著通志令有司給札寫進。通志二百卷，樵以歷代史册及采他書，上自三皇，下迄隋代，通爲一書，倣遷、固體爲本紀列傳，而改表爲譜，改志爲略。」

〔莆田縣志本傳〕「自監南嶽廟，還家論著，閱四年，通志成。……生平所考論者，弘綱機要皆聚於此。乃詣闕請上之。會車駕幸建康，戒嚴，樵未得見。……明年春，高宗至自建康，命以通志繳進；會病卒。」

剛案，通志不是在紹興二十八年鄭樵召對時就叫他寫進的，玉海所説的不可靠。應該依莆田縣志上所説，是他監廟還家時所作。理由見於我所做的鄭樵傳。

〔通考經籍考卷二十八〕「按鄭氏此書，名之曰『通志』，其該括甚大。卷首序論譏詆前人，高自稱許，蓋自以爲無復遺憾矣。然夷考其書，則氏族，六書，七音等略考訂詳明，議論精到，所謂『出臣胸臆，非諸儒所得聞』者，誠是也。至於天文，地理，器服，則失之太簡。如古人器服之制度至詳，今止罇罍一二而謂之器服略可乎！若禮及職官，選舉，刑罰，食貨五者，則古今經制甚繁，沿革不一，故杜岐公通典之書五者居十之八。然杜公生貞元間，故其所記述止於唐天寶。今通志既自爲一書，則天寶而後，宋中興以前，皆合陸續銓次，如班固漢書續史記武帝以後可也。今通志此五略，天寶以前則盡寫通典全文，略無增損；天寶以後則竟不復陸續；又以通典舊注稱爲己意，附其旁，而亦無所發明，（通志此五略中，所謂『臣按』云云，低一字寫者，皆通典舊注耳。）疏略如此，乃自謂『雖本前人之典而亦非諸史之文』，不亦誣乎！夾漈譏司馬子長『全用舊文，間以里俗，采摭未備，筆削不遑』；又譏班孟堅『全無學術，專事剽竊，自高祖至武帝七世，盡竊遷書，不以爲慚』：至其所自爲書則不堪檢點如此。然則著述豈易言哉！」

〔四庫全書總目卷五十〕「通史之例肇於司馬遷。……其例綜括千古歸一家言，非學問足以賅通，文章足以鎔鑄，則難以成書。……樵負其淹博，乃網羅舊籍，參以新意，撰爲是編。……其紀傳刪録諸史，稍有移綴，大抵因仍舊目，爲例不純。其年譜仿史記諸表之例，惟間以大封拜、大政事錯書其中，或繁或漏，亦復多歧。均非其注意所在。其平生之精力，全帙之精華，惟在二十略而已。……

「其氏族，六書，七音，都邑，昆蟲草木五略，爲舊史之所無。案史通書志篇曰，『可以爲志者其道有三：一曰都邑志，二曰氏族志，三曰方物志。』樵增氏族、都邑、草木昆蟲三略，蓋竊是文。至於六書、七音，乃小學之支流，非史家之本義；矜奇炫博，泛濫及之，此於例爲無所取矣。餘十五略雖皆舊史所有，然謚與器服乃禮之子目，校讐、圖譜、金石乃藝文之子目；析爲別類，不亦冗且碎乎！且氏族略多掛漏。六書略多穿鑿。天文略祇載丹元子步天歌。地理略則全鈔杜佑通典州郡總序一篇；前雖先列水道數行，僅雜取漢書地理志及水經注數十則；卽禹貢山川亦未能一一詳載。謚略則別立數門，而沈約、扈琛諸家之謚法悉删不録；卽唐會要所載『杲』字諸謚亦並漏之。器服略，『器』則所載尊彝爵觶之制，制既不詳，又與金石略複出；『服』則全鈔杜佑通典之嘉禮。其禮、樂、職官、食貨、選舉、刑法六略，亦但删録通典，無所辨證，至職官略中以通典注所引之典故悉改爲案語大書，則更爲草率矣。藝文略則分門太繁；又韓愈論語解，論語類先後兩出；張弧素履子，儒家道家兩出；劉安淮南子，道家雜家兩出；荆浩筆法記乃論畫之語，而列於法書類；吴興人物志、河西人物志乃傳記之流，而列於名家類；段成式之玉格乃酉陽雜俎之一篇，而列於寳器類，尤爲荒謬。金石略則鐘鼎碑碣，核以博古、考古二圖，集古、金石二録，脱略至十之七八。災祥略則悉鈔諸史五行志。草木昆蟲略則并詩經、爾雅之注疏亦未能詳核。

「蓋宋人以義理相高，於考證之學罕能留意，樵恃其博洽，睥睨一世，諒無人起而難之，故高視闊步，不復詳檢，遂不能一一精密，致後人多所譏彈也。特其採摭既已浩博，議論亦多警闢，雖純駁互見，而瑕不掩瑜，究非游談無根者可及。至今資爲考鏡，與杜佑、馬端臨書並稱『三通』，亦有以焉。」

〔文史通義内篇五申鄭〕「子長、孟堅氏不作而專門之史學衰。陳、范而下，或得或失，粗足名家。至唐人開局設監，整齊晉、隋故事，亦名其書爲一史，而學者誤承流別，不復辨正其體，於是古人著書之旨晦而不明。至於辭章家舒其文辭，記誦家精其考核，其於史家似乎小有所補，〔七〕而循流忘源，不知大體，用功愈勤，而識解所至亦去古愈遠而愈無所當。

「鄭樵生千載而後，慨然有見於古人著述之源，而知作者之旨不徒以詞采爲文，考據爲學也，於是遂欲匡正史遷，益以博雅，貶損班固，譏其因襲，而獨取三千年來遺文故册，運以別識心裁，蓋承通史家風而自爲經緯，成一家言者也。

「學者少見多怪，不究其發凡起例，絶識曠論，所以斟酌羣言爲史學要删，而徒摘其援據之疎略，裁剪之未定者紛紛攻擊，勢若不共戴天。古人復起，奚足當吹劍之一吷乎！

「若夫二十略中，六書、七音與昆蟲草木三略，所謂以史翼經，本非斷代爲書，可以遞續不窮者比，誠所謂專門絶業，漢唐諸儒不可得聞者也。創條發例，鉅製鴻編，卽以義類明其家學，其事不能不因一時成書粗就隐括，原未嘗與小學專家特爲一書者絜長較短，亦未嘗欲後之人守其成説不稍變通。夫鄭氏所振在鴻綱，而末學吹求則在小節，是何異譏韓、彭名將不能鄒魯趨蹌，繩伏、孔鉅儒不善作雕蟲篆刻耶！

「夫史遷絶學，春秋之後一人而已。其範圍千古，牢籠百家者，惟創例發凡，卓見絶識，有以追古作者之原，自具春秋家學耳。若其事實之失據，去取之未當，議論之未醇，使其生唐宋而後，未經古人論定，或當日所據石室金匱之藏及世本、諜記、楚漢春秋之屬不盡亡佚，後之溺文辭而泥考據者相與錙銖而校，尺寸以繩，不知更作如何掊擊也！今之議鄭樵者何以異是！孔子作春秋，蓋曰『其事則齊桓、晉文，其文則史』，其義則孔子自謂有取乎爾。夫事卽後世考據家之所尚也，文卽後世詞章家之所重也，然夫子所取不在彼而在此，則史家著述之道豈可不求義意所歸乎！自遷、固而後，史家既無別識心裁，所求者徒在其事其文；惟鄭樵稍有志乎求義，而綴學之徒囂然起而爭之。然則充其所論，卽一切科舉之文詞，胥吏之簿籍，其明白無疵，確實有據，轉覺賢於遷、固遠矣！

「雖然，鄭君亦不能無過焉。馬班父子傳業，終身史官，固無論矣；司馬溫公資治通鑑，前後一十九年書局自隨，自辟僚屬，所與討論又皆一時名流，故能裁成絶業，爲世宗師。鄭君區區一身，僻處寒陋，獨犯馬、班以來所不敢爲者而爲之，立論高遠，實不副名；又不幸而與馬端臨之文獻通考並稱於時，而通考之疎陋轉不如是之甚。末學膚受本無定識，從而抑揚其間，妄相擬議，遂與比類纂輯之業同年而語；〔八〕而衡短論長，岑樓尺木，且有不敵之勢焉。豈不誣哉！」

剛案，文史通義及校讐通義中，論鄭氏通志的話很多；申鄭篇原名續通志敍書後（見貴陽刻本申鄭篇題下注），是專爲鄭樵辯護的；他後來又作答客問三篇，其上中兩篇也是引申申鄭篇的意思的。申鄭篇説「鄭氏所振在鴻綱，而末學吹求則在小節」，這是章氏爲他辯護的根本態度。章氏所謂鴻綱，卽是「獨取三千年來遺文故册，運以別識心裁；承通史家風而自爲經緯，成一家言。」但申鄭諸篇究竟不曾説出通志的別識心裁在於那一點。文史通義別有釋通篇，雖不專論鄭樵，却能指出通志的價值。通志本名「通史」，見寄方禮部書；而後人不知此意，乃使此書與文獻通考一類的書並列，故章氏深替鄭樵抱不平。釋通篇很鄭重的指出通志乃是一部獨具別識心裁的通史；他説通史凡有四類，而通志代表第一類：

「梁武帝以遷、固而下，斷代爲書，於是上起三皇，下訖梁代，撰爲通史一編，欲以包羅衆史。史籍標通，此濫觴也。嗣是而後，源流漸別。（1）總古今之學術，而紀傳一規乎史遷，鄭樵通志作焉。（原注：通志精要在乎義例；蓋一家之言，諸子之學識，而寓於諸史之規矩，原不以考據見長也。後人議其疏陋，非也。）（2）統前史之書志，而撰述取法乎官禮，杜佑通典作焉。（3）合紀傳之互文，而編次總括乎荀（荀悦漢紀）袁（袁宏後漢紀），司馬光資治通鑑作焉。（4）彙公私之述作，而銓録略倣乎孔（孔逭文苑）蕭（蕭統文選），裴潾太和通選作焉。此四子者，或存正史之規（通志），或正編年之的（通鑑），或以典故爲紀綱（通典），或以詞章存文獻（通選）。史部之通，於斯爲極盛也。」

章氏所以獨取通志，乃是因爲這書能「總古今之學術」。他把通志和通典看作兩類的書：杜佑側重典章制度，而鄭樵則能兼重學術藝文。這個區別，可算是章學誠的卓識。通鑑仍是一部朝代興亡史，於文化史很少關係；通典能注重典章制度，已高一等，而終不免忽略了學術與文藝。能知通志是補正通典的大缺陷之書，則知通志典故諸略雖全鈔通典，正自無害其爲一家之書。我們可以説，通志乃是綜合紀傳志表各體，總括典章學術的一部通史。書中前面的紀與譜，後面的列傳，雖也有删併之功，而因襲的方面居多。鄭樵的創造的部分正在六書、七音、諡略、樂略、校讐、金石、昆蟲草木諸略，中鄭篇對於六書、七音，與昆蟲草木三略，尤爲推崇；釋通篇說通史有六便，其「均類例」一條，亦舉此三略爲例。其實通志各略可貴者不止此三篇。謚略駁正舊說，樂略知樂府之足繼風雅；金石略能知金石器物在史學上的功用，並且「各列其人而名其地」，更爲有卓識。校讎一略，注重方法，章學誠的校讎通義卽是繼此而作的。章學誠說：「鄭樵生千載而後，慨然有會於向歆討論之旨，因取歷朝著録，略其魚魯亥豕之細，而特以部次條别，疏通倫類，考其得失之故，而爲之校讎。蓋自石渠天禄以還，學者所未嘗窺見者也。」（校讎通義序）又說：

「其論求書之法，校書之業，既詳且備。」（同上）

凡此，皆是章氏所謂别識心裁。不幸鄭樵當時成書太速，有開山的義例，有獨具的心裁，而缺乏了考索修飾的工夫，遂使這一部異書爲後來一班挑剔文義的小儒所指摘非議。這就是章氏所謂「鄭君亦不能無過焉」的了。（以上案語一節，因頡剛覺得不滿意，有信來囑爲修改，我大胆替他重作了一節；因校印匆匆，不及寄給他，徵求他的同意，故附記於此。胡適。）

又案，章學誠對於鄭樵不滿意的地方，犖犖大者也有幾端。第一，他以爲史文惟恐出於自己，無所謂盜竊。班固是史學很好的人，他鈔司馬遷諸家的書並没有什麽嫌疑。鄭樵因爲自己主張作通史，而班固是斷代爲史的第一人，所以屢次有意挑剔；這是不對的。第二，鄭樵極看重圖譜，特立了圖譜一略，但他自己做的通志裏就没有圖。到如今，圖譜略裏著録的圖都失傳了。假使他做通志時就把圖譜略裏的圖加了進去，這些圖就不會亡逸。而且現在讀通志的人對於書上説的形勢和名象依然不能明白。所以他説，「爭於著録之功小；創定史體之功大，」鄭樵只爭於著録，這是他錯誤了。（剛案，通志天文略序説圖畫流傳易訛，所以削去，可見通志裏没有圖畫之故，都因爲那時印刷術的不工，恐怕反而弄錯。假使鄭樵生在今日，没有這一層的危險，他所做的史裏必然多多插入圖畫了）第三，著録的事，應當依了學術流别去分類，所以一人一書儘可出入幾類。鄭樵不明白這個「互著」的道理，所以藝文略的經部著了石經，金石略裏就没有石經了。藝文略有了地動圖、文翁學堂圖等，圖譜略裏也就不載這些了。這不是牴牾錯雜嗎！（剛案，這正可與四庫提要合看。提要因爲藝文略裏淮南子一書複見於道家和雜家，説他不合；章學誠則正因爲他不能充互著之義，説他不合。這觀點的不同，就是見解高低的區别。）以上幾條，都是評論他宗旨上的錯誤，可説是愛而能知其惡，不是那班專會挑剔小瑕疵的人所能具備的眼光了。

又案，歷來評論通志的人太多了，等將來專論通志時再來輯集；現在只鈔馬、章二家及四庫提要的話作一個代表。

通志略。

（1）明陳宗夔刊本。（2）于敏中重刊陳本。（3）雍正己巳汪啟淑刊本。〔九〕

〔通考經籍考卷二十八〕「此書刊本，元無卷數，止是逐略分為二十耳。中興四朝藝文志別史類載通志二百卷，其後敍述云，『中興初，鄭樵采歷代史及他書，自三皇迄隋，為書曰通志：倣遷固為紀傳，而改表為譜，志為略。』則其為書似是節鈔刪正歷代之正史，如高峻之小史，蘇子由之古史，而非此二十略之書也。但二十略序文後言，『于紀傳，卽其舊文，從而損益；制詔分疏，寘之別錄。唐書、五代史，本朝大臣所修，非微臣敢議，故紀傳迄隋。若禮樂刑政，務存因革，故引而至唐云』，則亦略言其作書之意。豈彼二百卷者自為一書，亦名之曰通志，而於此序附言其意耶？或併二十略共為一書耶？當俟續考。」

剛案，讀此可見通志略在宋元間已是單行；足本之通志反不若單行之二十略流傳得廣。雖像馬氏這般的歡喜徵文考獻，尚不能見。

〔莆田縣志鄭鉞傳〕「鄭鉞（宋末元初人）……嘗與陳子修校通志略，盡復夾漈詮次之舊。」

剛案，讀此可見通志略有被後人竄亂的地方。不知道現在通行的本子是不是卽鄭鉞等校正的本子？

通志六書略。（宋志）

五卷。（同上）

剛按，此書或當時單行，或書目中別出，所以做宋史藝文志的人把他另列在小學類裏。

修史大例。（莆田志）

十二篇。（同上）

〔莆田縣志本傳〕「紹興二十七年，以侍講王綸、賀允中薦，應召。明年，上殿，奏言：『臣處山林三十餘年，修書五十種，皆已成；其未成者，臣取歷代之籍始自三皇，終於五季，通爲一書，名曰通志。參用馬遷之體，而異馬遷之法。謹摭其要覽十二篇，名曰修史大例先上之。』」

通志敍論。（宋志）

二卷。（同上）

剛案，這書當時諒有單行本，像現在的三通序一般，所以宋志也把他別出。

XI　記事。

彭門紀亂。（宋志傳記類）

三卷。（同上）

XII　文集。

十説。（宋志雜家類）

二卷。（同上）

谿西集。（莆志）

五十卷。（同上）

夾漈遺稿。

三卷。

存。（1）四庫全書本。（2）函海本。（3）藝海珠塵本。（4）重刊函海本。

〔四庫提要卷一五九〕「樵鋭於著述，嘗上書自陳，稱所作已成者凡四十一種，未成者八種；當時頗以博洽著，而未嘗以文章名。其集自陳振孫書録解題以下亦皆不著録。此本前後無序跋，不知爲何人所編。上卷古近體詩五十六首；中卷記一篇，論一篇，書二篇；下卷書三篇。其詩不甚修飾，而蕭散無俗韻。其文滉漾恣肆，多類唐李覯、孫樵、劉蜕，在宋人爲别調。其獻皇帝書自譽甚至；上宰相書、上方禮部書益放言高論，排斥古人，秦漢來著述之家無一書能當其意。至投宇文樞密、江給事二書，置學問而誇抱負，傲睨萬狀，不可一世，其量殊嫌淺狹。然南、北宋間記誦之富，考證之勤，實未有過於樵者，其高自位置亦非盡無因也。……」

剛案，投宇文樞密、江給事二書實作於鄭樵的早年。那時宋室剛才南渡，正是國家受了非常的耻辱之後，鄭樵的事功之心又比學問之心高得多，所以他大誇其抱負而求見用，只爲編遺稿的人把這二書排在末一卷，所以反像他在埋頭著述之後忽然一反平日的態度而改言事功了。四庫館臣没有考他們的時代，就説他「置學問而誇抱負」，這是錯的。

〔夾漈遺稿目録〕

第一卷（詩）：

(1) 題夾漈草堂。 (2) 題南山草堂。

(3) 穀城山松隱巖。 (4) 送芹齋。

(5) 題溪東草堂。 (6) 湘妃怨。

(7) 昭君怨。 (8) 輓通判黄子方。

(9) 昭君解。 (10) 靈龜潭。

(11) 北山巖。 (12) 東山採藥。

(13) 過桃花洞，田家留飲。 (14) 薌林閒居二首。

(15) 晨雨。 (16) 夜雨。

(17) 村雨。 (18) 潤雨。

(19) 滌愫十首。 (20) 家園示弟櫄八首。

(21) 夏日題王右丞冬山書屋圖。（四庫本作「夏日題薌林李徵仲家藏王右丞山水障子真蹟」。這依函海本。）

(22) 弔采石渡頭將軍。 (23) 採茶行。

(24) 秋水歌(效少陵)。　(25) 負耒歌。

(26) 插秧歌。　(27) 餉饁歌。

(28) 漫興十首。　(29) 福寧州藍溪寺前蒙井。

第二卷(文):

(1) 重修木蘭陂記。　(2) 論秦以詩廢而亡。

(3) 獻皇帝書。　(4) 寄方禮部書。

第三卷(文):

(1) 上宰相書。　(2) 與景韋兄投宇文樞密書。

(3) 與景韋兄投江給事書。

剛案,此必谿西集的摘本。谿西集有五十卷,這書只有三卷,真是不完備極了。鄭樵在獻皇帝書裏説,「如詞章之文,論説之集,雖多,不得而與焉。」他根本看不起文人,所以他對他自己做的文章,大概也不很注重。他極盡心力的保存他的專門著述,但論説詞章就很隨便,所以容易失散了。

又案,函海和藝海珠塵兩種本子,都是把四庫著録的原本做根據的。四庫著録的原本是宋刻呢,還是翻刻呢,牠没有説明,我們也無從曉得。四庫全書的一本,是把根據的原本修飾過的，所以和函海、珠塵兩本有不相同的地方。函海本有幾處闕文；四庫本則不闕，但看牠繕寫的字跡和全文不同，顯見是校官的補綴。

又案，此書雖到四庫全書始行著録，但乾隆朝以前亦不是絶不可見。看朱彝尊引及他的獻皇帝書（經義攷中六經奥論條），可知。

XIII　書目。

夾漈書目。（直齋，通考）

一卷。（同上）

〔直齋書録〕「記其生平自著之書。」

〔寄方禮部書〕「餘書或著而未成，或成而未寫。如韻目録一卷。……韻字之書極多，雖二三人亦未易得也。」

剛案，看這條，他的目録是依韻編的。但「韻字之書極多」一語未得其解。或者他的著述的材料是依韻編的，所謂「如韻目録一卷」，乃是著述材料的目録，不是著述的目録。

XIV 附録。

（1）存疑。

六經奥論。

六卷。

存。（1）通志堂本。（2）四庫全書本。（3）藤花榭本。（4）嘉慶甲子蔡熙曾刻本。

〔黎温序文〕「……宋德隆盛，……文運光啟，……應生於濂洛關閩之羣哲。於是諸經皆有傳義之説，如日麗中天，聖道丕顯，而頓回鄒魯洙泗之風教。粤若夾漈鄭先生，……亦出於宋隆平之世，典教之際，述作是書，而爲六經管轄之論啟其關鍵，闡發幽秘，俾學者直覩升堂之精藴，是則有功於聖門誠不鮮矣！

「温自往年遊於盱郡，常請益於灣溪子由危先生。講論之暇，出家藏厥祖訓導邦輔所録是書，啓誨於温。既而舊冬遂請是稿，敬携入於書林。一旦，訪謁日新劉氏克常，細閲其義，欣然珍留，擊節歎曰，『滄海誠有遺珠矣！』而請予校正之。……

「明成化九年，孟春月，昭武黎温撰。」

〔六經奥論凡例〕

（1）夾漈先生所著是書，目之爲六經奥論，特發場屋之資，考論深有本原。惜乎舊本相傳，錯雜紕繆。愚故以次定之，庶俾讀者則無惑矣。

（2）六經總論如夫子作六經，秦人禍六經，漢儒傳經之類，凡諸條目，悉列於卷首，俾開卷一覽皆知其大概焉。

（3）六經之論，總在於卷端而不離析，則爲統紀；餘列諸經，分爲卷數：則知次第之不紊矣。

（4）……

（5）易，書，詩三經，舊本條目錯雜甚多，愚敬收歸各卷，以爲一定。

（6）諸經之圖悉依舊本，增入各卷之内，以便觀覽。

（7）易學舉正與先天圖數，舊本錯在於後；今並置之於首卷之中。

（8）書禹貢、職方九州同異之辨，及禹貢、職方山川之名，與九州之總圖，舊本亦錯附於末；今悉收歸二卷之内。

（9）詩之論辨錯雜尤多，愚故更考次第，始爲定卷，皆歸一類。……

（10）……

〔六經奥論目録〕

卷首（總論六經）：

（1）夫子作六經。

（2）魯共王獻古文。

（3）河間獻王獻書。

（4）劉向校中書。

（5）劉歆校祕書。

（6）六經總論。

（7）漢世傳經之人。

（8）朝廷立五經博士。

（9）六經古文辨。

（10）六經字音辨。

（11）諸儒著述訓釋圖

（12）六經注疏辨。

（13）詩、書逸篇猶存於春秋之世。

（14）讀詩、易法。

（15）讀詩、書、春秋法。

卷一（易經）：

（1）三易。

（2）宓戲先天之易。

（3）文王後天之易。

（4）先天圖。

（5）未成之卦自上畫下圖。

（6）已成之卦自下畫上圖。

（7）宓戲八卦。
（9）河圖。
（11）禹叙九疇圖。
（13）又辨。
（15）河圖八卦大衍之數。
（17）揲蓍法。
（19）今約法。
（21）易經總論。
（23）卦辭作於文王。
（25）十翼出於夫子。
（27）彖辭。
（29）繫辭。
（31）序卦。
（33）占筮。
（35）易之遺書。

（8）文王八卦。
（10）洛書。
（12）河圖洛書辨。
（14）河圖七八九六之數。
（16）蓍用七八九六之數。
（18）舊約卦法。
（20）内外體。
（22）上下經辨。
（24）爻辭作於周公。
（26）象辭。
（28）文言。
（30）説卦。
（32）无咎，悔，亡。
（34）易舉正。

卷二（書經）：

（1）書脱於秦火，又有大不幸之幸。（2）今文尚書序。

（3）伏生口授二十八篇。（4）古文尚書序。

（5）孔壁續出二十五篇。（6）今文古文尚書辨。

（7）禹貢地理辨。（8）禹貢、職方九州同異辨。

（9）辨禹貢、職方山川地名。（10）禹貢、洪範相爲用。

（11）禹貢九州之圖。（12）洪範、禹貢、堯典相類。

（13）洪範之數出於洛書。（14）洛書。

（15）九疇數。（16）書序。

（17）書疑。（18）武成辨。

（19）君牙、伯冏、吕刑辨。（20）秦誓。

（21）讀書當觀其意。

卷三（詩經）：

（1）毛氏傳。（2）二南辨。

（3）關雎辨。（4）國風辨。

(5)風有正變辨。
(6)雅非有正變辨。
(7)豳風辨。
(8)風、雅、頌辨。
(9)頌辨。
(10)商、魯頌辨。
(11)逸詩辨。
(12)諸儒逸詩辨。（『諸儒』，恐是『論語』之誤。）
(13)亡詩六篇。
(14)樂章圖。
(15)删詩辨。
(16)詩序辨。
(17)詩箋辨。
(18)讀詩法。
(19)詩有美刺。
(20)毛、鄭之失。
(21)詩亡然後春秋作。
(22)秦以詩廢而亡。
(23)解經不可牽强。

卷四（春秋經）：

(1)春秋總辨。
(2)「始隱」辨。
(3)終「獲麟」。
(4)正朔總論。
(5)六經正朔圖。
(6)春秋用夏正辨。

（1）周禮辨。（2）周禮傳授。
（3）天文總辨。（4）中星辨。
（5）中星圖。（6）漢古郡圖。
（7）分野辨。（8）山河兩戒圖。
（9）雲漢圖。（10）三辰圖。
（11）五服九服辨。（12）六服朝禮。
（13）封國圖。（14）周禮圖。
（15）孟子，王制圖。（16）王制開方合周禮數。
（17）王制開方法。（18）封國辨。
（19）貢助徹法。（20）田税辨。
（21）溝洫辨。（22）讀法辨。
（23）牛耕耦耕辨。

〔經義攷卷二四五〕「按世傳六經奥論六卷，成化中盱江危邦輔藏本，黎温序而行之，云是鄭漁仲所著；荆川唐氏輯稗編從之。今觀其書，議論與通志略不合。漁仲嘗上書曰，『十年爲經旨之學，以其所得者作書序，作書辨譌，作詩傳，作詩辨妄，作春秋考，作諸經序，作刊謬正俗跋。五六年爲天文、地理、蟲魚、草木之學，以其所得者作春秋列國圖，作爾雅注，作詩名物志，……』而奥論曾未之及。則非漁仲所著審矣。」

〔四庫提要卷三三〕「舊本題宋鄭樵撰。……崑山徐氏刻九經解，仍題樵名。今檢書中論詩皆主毛、鄭，已與所著詩辨妄相反。又天文辨一條，引及樵説，稱『夾漈先生』，足證不出樵手。又論詩一條，引『晦庵』説。考宋史樵本傳，卒於紹興三十二年；朱子詩傳之成在淳熙四年，而晦庵之號則始於淳熙二年，皆與樵不相及。論書一條，併引朱子語録，且稱朱子之謚，則爲宋末人所作具有明驗。不知顧湄校九經解時何未一檢也？第相傳既久，所論亦頗有可採，故仍録存之，綴諸宋人之末，而樵之名則從删焉。」

〔鮚埼亭集外編卷三四，跋六經奥論〕「竹垞先輩跋六經奥論，據漁仲所上書祗有書攷、書辨譌……而無奥論；且謂其書議論頗與通志略不合。然其於是書之妄則有未盡者。蓋漁仲卒於高宗末年，其於乾、淳諸老，則前輩也，而書中稱薛常州者四，則孝宗以後人之書矣。稱朱文公者一，則寧宗以後人之書矣。又引晁公武易解，皆漁仲後輩也。而最發露者，其天文總辨中論鬼料竅一條，謂『夾漈先生嘗得是書而讀之』，尚得以爲漁仲所著乎！乃笑明中葉人傳是書爲漁仲而行之者，蓋終未嘗讀是書也。予又觀其論易，謂先天諸圖康節得之希夷將啟手足之際，則作是書者其於人之系代源流本不知也。其引福州道藏所刻郭京周易舉正，則意其亦閩人。而要其中議論固有發前人所未逮者，如論秦誓之類是也。惜其撰人之不傳耳。」

剛案，這部書經過全祖望與四庫提要的考論，自爲宋末人所做無疑。但我的意思終不敢説定牠和鄭樵全没關係。第一，這書的治學方法頗與鄭樵相一致。鄭樵歡喜做圖譜，這書裏有中星圖，分野圖，封國圖，山河兩戒圖等。鄭樵歡喜講校讐，這書裏有魯共王，河間獻王的獻書，向歆父子的校書，漢世傳經的人名，今古文尚書的序録……等條。鄭樵歡喜做分析的功夫，這書裏如六經正朔圖、六經字音辨、三傳各有得失……等條，都是能用很好的分析方法的。第二，這書的議論頗和鄭樵類似。鄭樵説「詩之本在聲」，牠的國風辨也説「歌則各從其國之聲」。鄭樵不信序，牠的詩序辨與雅非有正變辨也疑詩序。鄭樵説取興無義，牠的讀詩易法也説取興不可以理義求。鄭樵説春秋不主在褒貶，牠的褒貶條也説春秋只是實録其事。鄭樵要拆去三傳的蔽障，所以辨三傳異同之文，指出牠們的訛誤；牠的三傳、公穀二傳、穀梁傳等條考牠們的異同，辨牠們的是非，也很清楚。鄭樵的經説傳下來的雖不多，但卽在他的僅存的經説上看來，符合的地方已是很多了。固然有許多是不合於他的學説的，——如詩箋辨中説鄭玄不出臆見，——但在奥論的本身上已就發生了衝突——如毛鄭之失中卽指出他的曲解。第三，這書有極好的議論。如左氏非邱明辨説做左傳的左氏是六國時人，不是論語上的左邱明。終獲麟説春秋終於獲麟是偶然的事，並没有什麽大意義；後人説孔子有意把這事做絶筆，乃是推尋聖人太過。因舊史以修春秋説孔子決不會把私意增損舊史；後人説他專天子之事，也是求之過高。例非春秋之法説春秋的記事只是詳本國而略外國，並没有所謂例；若是真有例的，何以忽褒忽貶，全無一定。三禮同異辨説三禮各各不同，後人只是糅異作同，硬把儒者的意見與先王的禮制打亂了。禮文損益辨説商、周的興所以要損益禮文，有三個緣故：一是看諸侯的從違，二是盛本朝的文物，三是張大先王的制度。凡是這一類的解釋，都是要打倒聖人的權威和儒者的習慣；這種精神很和鄭樵相像。若是不出於鄭樵而出於別人，這人何以全無名氣，又何以定要假託了鄭樵？

我對於這書的假定，是：

這書原來是鄭樵的諸經序，傳到後來，給人竄亂了；加上許多別人的説話，改了六經奥論的名目；自宋至明，經過好幾次的重編，成爲今本。

我所以説牠原來是鄭樵的諸經序，因爲諸經序的體裁照我們的理想應當和奥論相像。我所以説牠經過別人的竄亂，因爲黎温的凡例上説，「特發塲屋之資」，又説，「惜乎舊本相傳，錯雜紕繆」。他説這話，可見這書原來是考塲裏用的，和近世的十三經策案之類差不多。這種書是最容易改變面目的，所以黎温也覺得牠錯雜紕繆。凡是考塲裏用的書，總要門類繁多，使得一拿到題目就可檢來鈔襲和脱調。鄭樵的諸經序，固然是爲了論辨經學源流而做的書，但供給做經義文時的取材，是最便利不過的；正如他的通志叙論原意只要説明史學的家法，但因爲牠的門類多，所以也成了「塲屋之資」，供給做史論文時的取材了。宋史藝文志既把通志叙論提出著録，説不定諸經序也有單行的刊本。諸經序既經用到考塲裏去，就免不掉要經過書賈和學究的改竄了。這一家書鋪裏這樣改，那一家書鋪裏又那樣改，自然日益失真。同在一書，終獲麟、三禮同異辨，……何等的警闢，但夫子作六經、六經總論，……又何等的陳腐！同在一卷，終獲麟説獲麟不過適逢其會，聖人之意初不在此，看聖人何等的平淡；但論始隱説周家歷年八百，隱公元年正是後四百年的第一年，孔子在這年起頭是要記載周史的後一半，這樣聖人又何等的神説！若這書是一個人做出來的，何以態度倏忽變更如此？依了我上面的假定，就可以説，終獲麟、三禮同異辨，……是鄭樵諸經序上的文字；夫子作六經、論始隱，……是書賈加入的文字。他們看這書没有綜括六經推尊孔子的大文章，所以一定要加上「天不生堯舜，百世無治功；天不生夫子，萬世如長夜」的腐爛文字。他們看這書只有終獲麟而没有始隱，所以一定要加一篇始隱辨，發揮他們的「春秋始隱之意在周不在魯」的謬見。他們全不瞧瞧意思上是不是一貫，只會要求題目上是不是完全；因爲題目全了，他們的營業就好了！諸經序的改名爲六經奧論也是同一的理由：諸經序的名目太平淡了，不能招致顧客；六經奧論是一個好名目，可以顯出内容的美滿。我一向疑惑，鄭樵是屢屢被人痛駡的，何以竟有人自己做了書不居名，也不去依附程頤、朱熹等名望特高的人，偏來影戤他的名兒，豈不是太不會冒名了嗎？現在纔明白了！

（2）傳文。

夾漈家傳。（直齋，通考）所著書目附。

一卷。（同上）

〔直齋書録解題〕「莆田鄭翁歸述其父事蹟。樵死時，翁歸年八歲；安貧不競。頃佐莆郡時猶識之。」

（據北京大學國學季刊第一卷第一、二號，一九二三年）

校勘記

〔一〕「把民族分成三十二類」，按，「民族」應作「氏族」。
〔二〕「獻帝書」，按，依文義「帝」上應有「皇」字。
〔三〕「風風也教也」，按通志原文作「風風者教也」，似衍一「風」字。此文所引「者」字作「也」，不知所據何本。
〔四〕「則曰此蟲名此魚名遇鳥獸」，此十一字脱，據夾漈遺稿補。
〔五〕「然紀記之耳」，夾漈遺稿作「默而識之耳」，文義較明。
〔六〕「載記八」，「八」字脱，據原書卷數補入。
〔七〕「其於史家似乎小有所補」，按「史家」應作「史學」。
〔八〕「遂與比類纂輯之業同年而語」，按，「纂」應作「纂」。
〔九〕「雍正己巳汪啓淑刊本」，按此文誤記，「雍正」應作「乾隆」。